Springer-Lehrbuch

Mehr Informationen zu dieser Reihe auf http://www.springer.com/series/1183

Hartmut Oetker
Felix Maultzsch

Vertragliche Schuldverhältnisse

5. Auflage

 Springer

Hartmut Oetker
Lehrstuhl für Bürgerliches Recht,
Arbeitsrecht und Wirtschaftsrecht
Christian-Albrechts-Universität zu Kiel
Kiel
Deutschland

Felix Maultzsch
Lehrstuhl für Zivilrecht, Zivilprozessrecht,
Internationales Privatrecht und
Rechtsvergleichung
Goethe-Universität Frankfurt am Main
Frankfurt am Main
Deutschland

ISSN 0937-7433   ISSN 2512-5214 (electronic)
Springer-Lehrbuch
ISBN 978-3-662-57499-7   ISBN 978-3-662-57500-0 (eBook)
https://doi.org/10.1007/978-3-662-57500-0

Die Deutsche Nationalbibliothek verzeichnet diese Publikation in der Deutschen Nationalbibliografie;
detaillierte bibliografische Daten sind im Internet über http://dnb.d-nb.de abrufbar.

Springer ist ein Imprint der eingetragenen Gesellschaft Springer-Verlag GmbH, DE und ist ein Teil von
Springer Nature.
Die Anschrift der Gesellschaft ist: Heidelberger Platz 3, 14197 Berlin, Germany

Vorwort zur 5. Auflage

Seit Erscheinen der 4. Auflage im Jahre 2013 hat der Gesetzgeber wiederholt das Recht der vertraglichen Schuldverhältnisse nicht zuletzt aufgrund der Vorgaben des Unionsrechts z. T. tief greifend verändert. Hinzuweisen ist nicht nur auf die Umsetzung der Verbraucherrechterichtlinie (Richtlinie 2011/83/EU) sowie der Richtlinie über Wohnimmobilienkreditverträge für Verbraucher (Richtlinie 2014/17/EU), die u. a. zur Einfügung von Sonderbestimmungen für Immobiliar-Verbraucherdarlehensverträge geführt hat. Unionsrechtlich veranlasst waren zudem die im Frühjahr 2018 in Kraft getretenen Änderungen im Recht der Zahlungsdiensteverträge (Richtlinie [EU] 2015/2366) sowie die seit dem 01.07.2018 geltende Neugestaltung des Reisevertragsrechts, die auf der Umsetzung der neu gefassten Pauschalreiserichtlinie (Richtlinie [EU] 2015/2302) beruht. Besonders hervorzuheben sind schließlich die durch das Gesetz vom 28.04.2017 eingefügten Änderungen im Recht der kaufrechtlichen Mängelhaftung sowie vor allem des Werkvertragsrechts, durch die u. a. der Bauvertrag in die im Bürgerlichen Gesetzbuch normierten Vertragstypen eingefügt wurde. Diese Entwicklungen und zahlreiche weitere Änderungen des Bürgerlichen Gesetzbuches, die z. B. erstmals zur Kodifizierung des Arbeitnehmerbegriffs in § 611a Abs. 1 BGB führten, sowie vielfältige Konkretisierungen durch die höchstrichterliche Rechtsprechung haben eine Neuauflage des Lehrbuches notwendig gemacht.

Hierbei berücksichtigt die 5. Auflage des Lehrbuches alle bis zum 01.07.2018 in Kraft getretenen Gesetzesänderungen einschließlich der bis dahin publizierten Rechtsprechung und Literatur. Aufgegriffen wurden zudem Anregungen aus dem Kreise der Leserschaft, die auch zukünftig willkommen sind. Dank schulden wir unseren Mitarbeiterinnen und Mitarbeitern für die sorgfältige redaktionelle Betreuung des Manuskripts.

Frankfurt am Main und Kiel
im Juli 2018

Hartmut Oetker
Felix Maultzsch

Aus dem Vorwort zur 1. Auflage

Das Recht der vertraglichen Schuldverhältnisse zählt zu den zentralen Bausteinen des Bürgerlichen Rechts mit einer entsprechend großen Bedeutung in der universitären Ausbildung und in der Rechtspraxis. Dieser Materie durch ein eigenständiges, von den gesetzlichen Schuldverhältnissen losgelöstes Lehrbuch Rechnung zu tragen, rechtfertigt sich insbesondere aufgrund der jüngsten Aktivitäten des Gesetzgebers: Mit dem am 01.09.2001 wirksam gewordenen Mietrechtsreformgesetz sowie vor allem aber dem am 01.01.2002 in Kraft getretenen und europarechtlich fundierten Schuldrechtsmodernisierungsgesetz hat sich das Recht der vertraglichen Schuldverhältnisse in zentralen Partien verändert. Die Regelung des Kauf- und Werkvertrages, der Kreditverträge sowie des Mietvertrages hat eine zum Teil einschneidende inhaltliche bzw. systematische Umgestaltung erfahren. Auch die anderen Vertragstypen werden von den im Zuge der Schuldrechtsreform erfolgten Änderung des Allgemeinen Schuldrechts erheblich beeinflusst. Wie auch immer man sich in der teilweise leidenschaftlich geführten Debatte um die Konsistenz und Qualität der Reform positionieren mag, werden Ausbildung, Wissenschaft und Praxis in Zukunft mit den neuen Vorschriften leben und arbeiten müssen: Alea iacta est. Dies hat die Verfasser des vorliegenden Lehrbuches – dessen erste Anfänge bereits mehrere Jahre zurückliegen – bewogen, die Darstellung vollständig und ausschließlich auf der Grundlage des neuen Rechts anzufertigen. Damit einher geht auch der Abschied von nunmehr obsoleten, wenn auch liebgewonnenen Begriffen wie z. B. demjenigen des Gewährleistungsrechts, das im neuen Recht der Leistungsstörungen aufgeht. Auf das „alte" Recht wird im Haupttext nur noch insoweit eingegangen, als dies für das Verständnis der nun geltenden Regelungen unmittelbar erforderlich ist. Dies befreit insbesondere denjenigen Leser, der sich die Materie unter Geltung des neuen Rechts erstmals aneignet, von der nur wenig ertragreichen Auseinandersetzung mit nicht mehr maßgeblichen Regelungen.

Das Lehrbuch verfolgt innerhalb der bereits zahlreich vorhandenen und bewährten Ausbildungsliteratur zum Recht der vertraglichen Schuldverhältnisse nicht nur das Anliegen, zu einem relativ frühen Zeitpunkt eine Darstellung des selbstverständlich noch „im Fluß" befindlichen neuen Rechts zu bieten. Zwar können die vertraglichen Schuldverhältnisse nicht zuletzt aufgrund der großen Bedeutung privatautonomer Gestaltungen in der Vertragspraxis und internationaler Einflüsse keineswegs als ein abgeschlossenes, homogenes Rechtsgebiet begriffen werden. Dies berührt aber nicht das Vorhandensein übergreifender systematischer und methodischer Zusammenhänge, die aufzuzeigen ein Hauptanliegen der vorliegenden Darstellung ist. Die Autoren haben sich daher bemüht, so wenig Stoff wie möglich als nicht näher begründete „Fakten" darzustellen. Nur die Vermittlung der dogmatischen und methodischen Zusammenhänge verschafft insbesondere dem studentischen Leser das argumentative Rüstzeug, das für die Beantwortung neuer Fragestellungen unerlässlich ist und als „Schlüsselqualifikation" für alle beruflichen Betätigungsfelder zu den Grundvoraussetzungen gehört. Besonderer Wert wurde dabei auf die Verzahnung mit dem Allgemeinen Schuldrecht, vor allem mit den jüngsten Veränderungen des Leistungsstörungsrechts gelegt. Dieser Ansatz hat dazu geführt, dass sich der Umfang des Lehrbuches über denjenigen hinaus entwickelt hat, der für eine komprimierte Darstellung der vertraglichen Schuldverhältnisse verbreitet ist. Das Durcharbeiten des Buches erfordert daher einige Ausdauer, die aufzubringen jedoch insbesondere für ambitionierte Studierende als Vorbereitung auf juristische Prüfungen, seien es Übungen oder Examina, nicht unverhältnismäßig erscheint. Hierzu bedarf es aber stets einer aufmerksamen Lektüre des jeweils in bezug genommenen Gesetzestextes. Sollte es über das didaktische Anliegen hinaus gelungen sein, auch der noch in den Anfängen stehenden wissenschaftlichen Diskussion zum neuen Recht die eine oder andere Anregung für die Beantwortung offener Fragen zu geben, würde dies die Autoren freuen.

Soweit für die Nachweise auf Kommentarliteratur zum alten Recht zurückgegriffen wurde, mag die Paragraphenbenennung zuweilen irritieren; dies war aber hinzunehmen, wenn die jeweilige Regelung unter anderer Zählung im neuen Recht wiederkehrt.

Jena   Hartmut Oetker
im Februar 2002   Felix Maultzsch

Inhaltsverzeichnis

Abkürzungsverzeichnis

a. A.	anderer Ansicht
a. a. O.	am angegebenen Ort
a. E.	am Ende
a. F.	alte Fassung
ABl. EG (EU)	Amtsblatt der Europäischen Gemeinschaften (Union)
Abs.	Absatz
AcP	Archiv für die civilistische Praxis (Zeitschrift)
ADHGB	Allgemeines Deutsches Handelsgesetzbuch v. 05.06.1869 (BGBl. 1869 S. 404)
AEUV	Vertrag über die Arbeitsweise der Europäischen Union v. 09.05.2008
AG	Amtsgericht
AGG	Allgemeines Gleichbehandlungsgesetz v. 14.08.2006 (BGBl. I S. 1897)
AktG	Aktiengesetz v. 06.09.1965 (BGBl. I S. 1089)
allg.	allgemein(e)
Alt.	Alternative
AnfG	Gesetz über die Anfechtung von Rechtshandlungen des Schuldners außerhalb des Insolvenzverfahrens v. 05.10.1994 (BGBl. I S. 2911)
Anh.	Anhang
AP	Arbeitsrechtliche Praxis (Entscheidungssammlung)
ArbGG	Arbeitsgerichtsgesetz in der Fassung der Bekanntmachung v. 02.07.1979 (BGBl. I S. 853)
ArbSchG	Gesetz über die Durchführung von Maßnahmen des Arbeitsschutzes und zur Verbesserung der Sicherheit und des Gesundheitsschutzes der Beschäftigten bei der Arbeit v. 07.08.1996 (BGBl. I S. 1246)
ARS	Arbeitsrechtssammlung. Entscheidungen des Reichsarbeitsgerichts, der Landesarbeitsgerichte und der Arbeitsgerichte
Art.	Artikel

Aufl.	Auflage
BAG	Bundesarbeitsgericht
BAGE	Entscheidungen des Bundesarbeitsgerichts – Amtliche Sammlung
BauR	Zeitschrift für das gesamte öffentliche und zivile Baurecht
Baur/Stürner	*Jürgen F. Baur/Rolf Stürner* Sachenrecht, 18. Aufl. 2009
BB	Betriebs-Berater (Zeitschrift)
Bd.	Band
BeckOGK	*Beate Gsell/Wolfang Krüger/Stephan Lorenz/Jörg Mayer* (Hrsg.), beck-online.Großkommentar zum Zivilrecht, 2015 ff.
BeckRS	Beck-online Rechtsprechung
Begr.	Begründer/Begründung
BeurkG	Beurkundungsgesetz v. 28.08.1969 (BGBl. I S. 1513)
bez.	bezüglich
BGB	Bürgerliches Gesetzbuch in der Fassung der Bekanntmachung v. 02.01.2002 (BGBl. I S. 45)
BGB-InfoV	Verordnung über Informations- und Nachweispflichten nach bürgerlichem Recht in der Fassung v. 05.08.2002 (BGBl. I S. 342)
BGBl.	Bundesgesetzblatt
BGH	Bundesgerichtshof
BGHZ	Entscheidungen des Bundesgerichtshofes in Zivilsachen – Amtliche Sammlung
Bork	*Reinhard Bork* Allgemeiner Teil des Bürgerlichen Gesetzbuchs, 4. Aufl. 2016
BörsG	Börsengesetz v. 16.07.2007 (BGBl. I S. 1330)
BR	*Heinz Georg Bamberger/Herbert Roth* (Hrsg.), Kommentar zum Bürgerlichen Gesetzbuch, 3. Aufl. 2012
BRAO	Bundesrechtsanwaltsordnung v. 01.08.1959 (BGBl. I S. 565)
BR-Drucks.	Drucksachen des Deutschen Bundesrates
Brox/Walker	*Hans Brox/Wolf-Dietrich Walker* Besonderes Schuldrecht, 42. Aufl. 2018
BT-Drucks.	Drucksachen des Deutschen Bundestages
BUrlG	Mindesturlaubsgesetz für Arbeitnehmer v. 08.01.1963 (BGBl. I S. 2)
BVerfG	Bundesverfassungsgericht
BVerfGE	Entscheidungen des Bundesverfassungsgerichts – Amtliche Sammlung
bzw.	beziehungsweise
d. h.	das heißt
DAR	Deutsches Autorecht (Zeitschrift)
DB	Der Betrieb (Zeitschrift)
DCFR	Draft Common Frame of Reference
DepotG	Gesetz über die Verwahrung und Anschaffung von Wertpapieren v. 04.02.1937 (RGBl. I S. 171)
ders.	derselbe
dies.	dieselbe(n)
DIN	Deutsche Industrie-Norm(en)

DNotZ	Deutsche Notarzeitschrift
DWW	Die Wohnungswirtschaft (Zeitschrift)
DZWIR	Deutsche Zeitschrift für Wirtschafts- und Insolvenzrecht
e. V.	eingetragener Verein
EFZG	Gesetz über die Zahlung des Arbeitsentgelts an Feiertagen und im Krankheitsfall v. 26.05.1994 (BGBl. I S. 1014)
EG	Europäische Gemeinschaft
EGBGB	Einführungsgesetz zum Bürgerlichen Gesetzbuch in der Fassung der Bekanntmachung v. 21.09.1994 (BGBl. I S. 2494)
EGV	Vertrag zur Gründung der Europäischen Gemeinschaft in der konsolidierten Fassung v. 16.06.1997 (ABl. EG Nr. C 340 v. 10.11.1997, S. 173)
Ehmann/Sutschet	*Horst Ehmann/Holger Sutschet* Modernisiertes Schuldrecht, 2002
Emmerich	*Volker Emmerich* BGB – Schuldrecht Besonderer Teil, 15. Aufl. 2018
Enneccerus/Lehmann	*Ludwig Enneccerus/Heinrich Lehmann* Recht der Schuldverhältnisse, 15. Aufl. 1958
Enneccerus/Nipperdey	*Ludwig Enneccerus/Hans Carl Nipperdey* Allgemeiner Teil des Bürgerlichen Rechts, Bd. I – 15. Aufl. 1959, Bd. II – 15. Aufl. 1960
ErbbauRG	Gesetz über das Erbbaurecht v. 15.01.1919 (RGBl. S. 72)
Erman	*Walter Erman* (Begr.), Handkommentar zum BGB, 15. Aufl. 2017
Esser/Weyers BT 1	*Josef Esser/Hans-Leo Weyers* Schuldrecht, Bd. II, Besonderer Teil, Teilbd. 1, 8. Aufl. 1998
etc.	et cetera
EU	Europäische Union
EuGH	Europäischer Gerichtshof/Gerichtshof der Europäischen Union
EuZW	Europäische Zeitschrift für Wirtschaftsrecht
f./ff.	folgende
FamRZ	Ehe und Familie im privaten und öffentlichen Recht – Zeitschrift für das gesamte Familienrecht
Fikentscher/Heinemann	*Wolfgang Fikentscher/Andreas Heinemann* Schuldrecht, 11. Aufl. 2017
Flume AT 2	*Werner Flume* Allgemeiner Teil des Bürgerlichen Rechts, Bd. 2 – Das Rechtsgeschäft, 4. Aufl. 1992
Fn.	Fußnote
GEKR	Gemeinsames Europäisches Kaufrecht
Gernhuber/Coester-Waltjen	*Joachim Gernhuber/Dagmar Coester-Waltjen* Lehrbuch des Familienrechts, 6. Aufl. 2010

GG	Grundgesetz für die Bundesrepublik Deutschland v. 23.05.1949 (BGBl. I S. 1)
GmbHG	Gesetz betreffend die Gesellschaften mit beschränkter Haftung v. 20.04.1896 (RGBl. S. 477)
GOÄ	Gebührenordnung für Ärzte in der Fassung der Bekanntmachung v. 09.02.1996 (BGBl. I S. 210)
GOZ	Gebührenordnung für Zahnärzte v. 22.10.1987 (BGBl. I S. 2316)
GPR	Zeitschrift für Gemeinschaftsprivatrecht
GrdstVG	Gesetz über Maßnahmen zur Verbesserung der Agrarstruktur und zur Sicherung land- und forstwirtschaftlicher Betriebe v. 28.07.1961 (BGBl. I S. 1091)
Greiner	*Stefan Greiner* Schuldrecht Besonderer Teil: Vertragliche Schuldverhältnisse, 2011
Grunewald	*Barbara Grunewald* Kaufrecht, 2006
GRUR	Gewerblicher Rechtsschutz und Urheberrecht (Zeitschrift)
Gursky	*Karl-Heinz Gursky* Schuldrecht Besonderer Teil, 5. Aufl. 2005
GVBl.	Gesetz- und Verordnungsblatt
GVG	Gerichtsverfassungsgesetz v. 09.05.1975 (BGBl. I S. 1077)
GWB	Gesetz gegen Wettbewerbsbeschränkungen in der Fassung der Bekanntmachung v. 26.06.2013 (BGBl. I S. 1750, 3245)
h. L.	herrschende Lehre
h. M.	herrschende Meinung
Harke AS	*Jan Dirk Harke* Allgemeines Schuldrecht, 2010
Harke	*Jan Dirk Harke* Besonderes Schuldrecht, 2011
HGB	Handelsgesetzbuch v. 10.05.1897 (RGBl. S. 219)
HK	*Reiner Schulze* (Hrsg.), Bürgerliches Gesetzbuch. Handkommentar, 9. Aufl. 2016
HOAI	Verordnung über die Honorare für Architekten- und Ingenieurleistungen v. 10.07.2013 (BGBl. I S. 2276)
Hoeren/Martinek	*Thomas Hoeren/Michael Martinek* (Hrsg.), Systematischer Kommentar zum Kaufrecht, 2002
Hrsg.	Herausgeber
Huber/Bach	*Peter Huber/Ivo Bach* Examens-Repetitorium Besonderes Schuldrecht 1 – Vertragliche Schuldverhältnisse, 6. Aufl. 2018
Huber/Faust	*Peter Huber/Florian Faust* Schuldrechtsmodernisierung, 2002
i. E.	im Ergebnis
i. S.	im Sinne
i. V.	in Verbindung
InsO	Insolvenzordnung v. 05.10.1994 (BGBl. I S. 2866)
JA	Juristische Arbeitsblätter (Zeitschrift)
Jauernig	*Othmar Jauernig* (Hrsg.), Bürgerliches Gesetzbuch, 16. Aufl. 2015
JBl.	Juristische Blätter (österreichische Zeitschrift)
JR	Juristische Rundschau (Zeitschrift)

Jura	Juristische Ausbildung (Zeitschrift)
JuS	Juristische Schulung (Zeitschrift)
JW	Juristische Wochenschrift (Zeitschrift)
JZ	Juristen Zeitung (Zeitschrift)
KG	Kammergericht
Kötz	*Hein Kötz* Vertragsrecht, 2. Aufl. 2012
KWG	Gesetz über das Kreditwesen in der Fassung der Bekanntmachung v. 09.09.1998 (BGBl. I S. 2776)
Lange/Kuchinke	*Heinrich Lange/Kurt Kuchinke* Lehrbuch des Erbrechts, 5. Aufl. 2001
Larenz BT 1	*Karl Larenz* Lehrbuch des Schuldrechts, Bd. II, Besonderer Teil, Halbbd. 1, 13. Aufl. 1986
Larenz SchR AT	*Karl Larenz* Lehrbuch des Schuldrechts, Bd. I, 14. Aufl. 1987
Larenz/Canaris BT 2	*Karl Larenz/Claus-Wilhelm Canaris* Lehrbuch des Schuldrechts, Bd. II, Besonderer Teil, Halbbd. 2, 13. Aufl. 1994
LG	Landgericht
LM	*Fritz Lindenmaier/Philipp Möhring* (Hrsg.), Nachschlagewerk des Bundesgerichtshofs (Entscheidungssammlung)
LMK	Kommentierte BGH-Rechtsprechung Lindenmaier-Möhring
Löhnig/Gietl	*Martin Löhnig/Andreas Gietl* Schuldrecht II Besonderer Teil 1: Vertragliche Schuldverhältnisse, 2. Aufl. 2018
Looschelders AT	*Dirk Looschelders* Schuldrecht Allgemeiner Teil, 15. Aufl. 2017
Looschelders	*Dirk Looschelders* Schuldrecht Besonderer Teil, 13. Aufl. 2018
Lorenz/Riehm	*Stephan Lorenz/Thomas Riehm* Lehrbuch zum neuen Schuldrecht, 2002
LPartG	Gesetz über die Eingetragene Lebenspartnerschaft v. 16.02.2001 (BGBl. I S. 266)
m. w. N.	mit weiteren Nachweisen
MaBV	Verordnung über die Pflichten der Makler, Darlehens- und Anlagenvermittler, Bauträger und Baubetreuer in der Fassung der Bekanntmachung v. 07.11.1990 (BGBl. I S. 2479)
MDR	Monatsschrift für Deutsches Recht (Zeitschrift)
Medicus/Lorenz	*Dieter Medicus/Stephan Lorenz* Schuldrecht II – Besonderer Teil, 17. Aufl. 2014
Medicus/Lorenz AT	*Dieter Medicus/Stephan Lorenz* Schuldrecht I – Allgemeiner Teil, 21. Aufl. 2015
Medicus/Petersen	*Dieter Medicus/Jens Petersen* Bürgerliches Recht, 26. Aufl. 2017
Mot.	Motive zum Bürgerlichen Gesetzbuch

MünchKomm.	*Franz Jürgen Säcker/Roland Rixecker/Hartmut Oetker/ Bettina Limperg* (Hrsg.), Münchener Kommentar zum Bürgerlichen Gesetzbuch, 7. Aufl. 2015 ff.
MünchKomm. ZPO	*Wolfgang Krüger/Thomas Rauscher* (Hrsg.), Münchener Kommentar zur Zivilprozessordnung, 5. Aufl. 2016
n. F.	neue Fassung
NJOZ	Neue Juristische Online-Zeitschrift
NJW	Neue Juristische Wochenschrift (Zeitschrift)
NJW-RR	Neue Juristische Wochenschrift – Rechtsprechungs-Report (Zeitschrift)
NK-BGB	*Barbara Dauner-Lieb/Werner Langen* (Hrsg.), Nomos-Kommentar BGB, Schuldrecht, 3. Aufl. 2016
Nr.	Nummer
NZA	Neue Zeitschrift für Arbeitsrecht
NZBau	Neue Zeitschrift für Baurecht
NZG	Neue Zeitschrift für Gesellschaftsrecht
NZI	Neue Zeitschrift für Insolvenzrecht
NZM	Neue Zeitschrift für Mietrecht
NZS	Neue Zeitschrift für Sozialrecht
NZV	Neue Zeitschrift für Verkehrsrecht
Oechsler	*Jürgen Oechsler* Vertragliche Schuldverhältnisse, 2. Aufl. 2017
Oertmann	*Paul Oertmann* Recht der Schuldverhältnisse, 2. Abteilung, 5. Aufl. 1929
OLG	Oberlandesgericht
OLG-NL	OLG-Rechtsprechung Neue Länder (Zeitschrift)
p. a.	per annum
Palandt	*Otto Palandt* (Begr.) Bürgerliches Gesetzbuch, 77. Aufl. 2018
PAngV	Preisangabenverordnung in der Fassung der Bekanntmachung v. 18.10.2002 (BGBl. I S. 4197)
PartGG	Gesetz über Partnerschaftsgesellschaften Angehöriger Freier Berufe v. 25.07.1994 (BGBl. I S. 1744)
PflegeZG	Gesetz über die Pflegezeit v. 26.05.2008 (BGBl. I S. 874)
ProdhaftG	Gesetz über die Haftung für fehlerhafte Produkte v. 15.12.1989 (BGBl. I S. 2198)
Prot.	Protokolle zum Bürgerlichen Gesetzbuch
PWW	*Hanns Prütting/Gerhard Wegen/Gerd Weinrich* BGB-Kommentar, 13. Aufl. 2018
RabelsZ	Rabels Zeitschrift für ausländisches und internationales Privatrecht
RAG	Reichsarbeitsgericht
RdA	Recht der Arbeit (Zeitschrift)
Reinecke/Tiedtke	*Dietrich Reinecke/Klaus Tiedtke* Kaufrecht, 8. Aufl. 2009
RG	Reichsgericht
RGBl.	Reichsgesetzblatt

RGRK	Das Bürgerliche Gesetzbuch mit besonderer Berücksichtigung der Rechtsprechung des Reichsgerichts und des Bundesgerichtshofes, hrsg. von Mitgliedern des Bundesgerichtshofes, 12. Aufl. 1978 ff.
RGZ	Entscheidungen des Reichsgerichts in Zivilsachen – Amtliche Sammlung
RIW	Recht der internationalen Wirtschaft (Zeitschrift)
RL	Richtlinie
Rn.	Randnummer
RNotZ	Rheinische Notar-Zeitschrift
Rom I-VO	Verordnung (EG) Nr. 593/2008 des Europäischen Parlaments und des Rates vom 17.06.2008 über das auf vertragliche Schuldverhältnisse anzuwendende Recht (Abl. EU Nr. L 177 v. 04.07.2008, S. 6)
S.	Seite
ScheckG	Scheckgesetz v. 14.08.1933 (RGBl. I S. 597)
Schlechtriem	*Peter Schlechtriem* Schuldrecht Besonderer Teil, 6. Aufl. 2003
Schwarze	*Roland Schwarze* Das Recht der Leistungsstörungen, 2. Aufl. 2017
scil.	scilicet
SeuffBl.	Seufferts Blätter für Rechtsanwendung (Zeitschrift)
SGB II	Sozialgesetzbuch (SGB) – Zweites Buch (II). Grundsicherung für Arbeitsuchende v. 13.05.2011 (BGBl. I S. 850)
SGB III	Sozialgesetzbuch (SGB) – Drittes Buch (III). Arbeitsförderung v. 24.03.1997 (BGBl. I S. 594)
SGB IV	Sozialgesetzbuch (SGB) – Viertes Buch (IV.). Gemeinsame Vorschriften für die Sozialversicherung v. 23.12.1976 (BGBl. I S. 3845)
SGB V	Sozialgesetzbuch (SGB) – Fünftes Buch (V.). Gesetzliche Krankenversicherung v. 20.12.1988 (BGBl. I S. 2477)
SGB XII	Sozialgesetzbuch (SGB) – Zwölftes Buch (XII). Sozialhilfe v. 27.12.2003 (BGBl. I S. 3022)
Soergel	*Hans Soergel* (Begr.), Bürgerliches Gesetzbuch mit Einführungsgesetz und Nebengesetzen, 12. Aufl. 1987 ff., 13. Aufl. 1999 ff.
sog.	sogenannte(r)
Staudinger	*J. v. Staudinger* (Begr.), Kommentar zum Bürgerlichen Gesetzbuch mit Einführungsgesetz und Nebengesetzen, Neubearbeitungen (das Erscheinungsjahr ist in Klammern nach der Angabe des Bearbeiters hinzugefügt)
Staudinger/Eckpfeiler	*J. v. Staudinger* (Begr.), Eckpfeiler des Zivilrechts, 6. Aufl. 2018
StGB	Strafgesetzbuch in der Fassung der Bekanntmachung v. 13.11.1998 (BGBl. I S. 3322)

StVG	Straßenverkehrsgesetz in der Fassung der Bekanntmachung v. 05.03.2003 (BGBl. I S. 310)
ThürOLG	Thüringer Oberlandesgericht
Tonner	*Klaus Tonner* Schuldrecht – Vertragliche Schuldverhältnisse, 4. Aufl. 2016
TVG	Tarifvertragsgesetz in der Fassung v. 25.08.1969 (BGBl. I S. 1323)
TzBfG	Gesetz über Teilzeitarbeit und befristete Arbeitsverträge v. 21.12.2000 (BGBl. I S. 1966)
u. a.	und andere/unter anderem
UKlaG	Gesetz über Unterlassungsklagen bei Verbraucherrechts- und anderen Verstößen v. 27.08.2002 (BGBl. I S. 3422)
UrhG	Gesetz über Urheberrecht und verwandte Schutzrechte v. 09.09.1965 (BGBl. I S. 1273)
UStG	Umsatzsteuergesetz in der Fassung der Bekanntmachung v. 21.02.2005 (BGBl. I S. 386)
v.	vom(n)
VerbrKrG	Verbraucherkreditgesetz v. 29.06.2000 (BGBl. I S. 940)
VermAnlG	Gesetz über Vermögensanlagen v. 06.12.2011 (BGBl. I S. 2481)
VersR	Versicherungsrecht (Zeitschrift)
vgl.	vergleiche
VOB	Vergabe- und Vertragsordnung für Bauleistungen
Vorb.	Vorbemerkungen
VVG	Gesetz über den Versicherungsvertrag v. 23.11.2007 (BGBl. I S. 2631)
WEG	Gesetz über das Wohnungseigentum und das Dauerwohnrecht v. 15.03.1951 (BGBl. I S. 175)
WG	Wechselgesetz v. 21.06.1933 (RGBl. I S. 399)
WiStG	Gesetz zur weiteren Vereinfachung des Wirtschaftsstrafrechts in der Fassung der Bekanntmachung v. 03.06.1975 (BGBl. I S. 1313)
WM	Wertpapier-Mitteilungen (Zeitschrift)
Wolf/Neuner	*Manfred Wolf/Jörg Neuner* Allgemeiner Teil des Bürgerlichen Rechts, 11. Aufl. 2016
WoVermittG	Gesetz zur Regelung der Wohnungsvermittlung v. 04.11.1971 (BGBl. I S. 1745)
WpHG	Gesetz über den Wertpapierhandel in der Fassung der Bekanntmachung v. 09.09.1998 (BGBl. I S. 2708)
z. B.	zum Beispiel
ZBB	Zeitschrift für Bankrecht und Bankwirtschaft
ZfA	Zeitschrift für Arbeitsrecht
ZfBR	Zeitschrift für deutsches und internationales Baurecht
ZfPW	Zeitschrift für die gesamte Privatrechtswissenschaft
ZGR	Zeitschrift für Unternehmens- und Gesellschaftsrecht
ZGS	Zeitschrift für das gesamte Schuldrecht
ZHR	Zeitschrift für das gesamte Handels- und Wirtschaftsrecht
ZIP	Zeitschrift für Wirtschaftsrecht

ZPO	Zivilprozessordnung in der Fassung der Bekanntmachung v. 05.12.2005 (BGBl. I S. 3202)
ZRP	Zeitschrift für Rechtspolitik
ZVglRWiss.	Zeitschrift für Vergleichende Rechtswissenschaft
ZZP	Zeitschrift für Zivilprozess

§ 1 Überblick zu den vertraglichen Schuldverhältnissen

Inhaltsverzeichnis

A. Stellung der vertraglichen Schuldverhältnisse im System des Bürgerlichen Rechts

Das Recht der Schuldverhältnisse ist im Zweiten Buch des BGB geregelt (§§ 241 bis 853 BGB). Die einleitende Vorschrift des § 241 Abs. 1 Satz 1 BGB definiert das Schuldverhältnis dabei als eine Rechtsbeziehung, kraft derer der Gläubiger von dem Schuldner eine Leistung fordern kann. Diese Regelung umreißt den *Begriff des Schuldverhältnisses im engeren Sinne*, das die Grundlage einer einzelnen Forderung bildet.   **1**

Hiervon zu unterscheiden ist der gesetzlich nicht unmittelbar definierte *Begriff des Schuldverhältnisses im weiteren Sinne*. Nach in der Literatur häufig anzutreffenden   **2**

© Springer-Verlag GmbH Deutschland, ein Teil von Springer Nature 2018
H. Oetker, F. Maultzsch, *Vertragliche Schuldverhältnisse*, Springer-Lehrbuch,
https://doi.org/10.1007/978-3-662-57500-0_1

Formulierungen stellt dieses einen „Organismus"[1] oder ein „sinnhaftes Gefüge"[2] dar und bildet regelmäßig die Quelle mehrerer subjektiver Rechte (Forderungen, Gestaltungsrechte).[3] Der Überschrift „Einzelne Schuldverhältnisse" zum Achten Abschnitt des Zweiten Buches (§§ 433 bis 853 BGB) liegt dieses weitere Verständnis des Schuldverhältnisses zugrunde.[4] Allerdings handelt es sich nicht bei allen dieser „Einzelnen Schuldverhältnisse" um *vertragliche Schuldverhältnisse*. Letztere kommen durch inhaltlich übereinstimmende, mit Bezug aufeinander abgegebene Willenserklärungen mindestens zweier Personen zustande, d. h. durch einen Vertrag.[5] Die übrigen Schuldverhältnisse im weiteren Sinne beruhen demgegenüber auf anderen Entstehungsgründen. So können bestimmte Schuldverhältnisse zwar wiederum durch ein Rechtsgeschäft, aber nicht durch einen Vertrag, sondern durch eine *einseitige Willenserklärung* entstehen. Das Hauptbeispiel hierfür bildet die Auslobung, die in den §§ 657 bis 661a BGB geregelt ist. Darüber hinaus existieren Schuldverhältnisse, die nicht durch Rechtsgeschäft begründet und deshalb als *gesetzliche Schuldverhältnisse* bezeichnet werden.[6] Zu dieser Gruppe gehören neben bereicherungsrechtlichen (§§ 812 bis 822 BGB) und deliktischen Schuldverhältnissen (§§ 823 bis 853 BGB) auch die Geschäftsführung ohne Auftrag (§§ 677 bis 687 BGB) und die Haftung des Gastwirtes nach den §§ 701 bis 704 BGB.[7] Auch eine Bruchteilsgemeinschaft i. S. der §§ 741 bis 758 BGB entsteht regelmäßig kraft Gesetzes.[8] In der systematischen Abfolge der §§ 433 bis 853 BGB sind die vertraglichen von den nicht-vertraglichen Schuldverhältnissen somit nicht in zwei vollkommen geschlossene Blöcke unterteilt, sondern miteinander verschränkt. Dies hat zum Teil historische, zum Teil aber auch inhaltliche Gründe. Z. B. verweisen die Regelungen des gesetzlichen Schuldverhältnisses der Geschäftsführung ohne Auftrag in den §§ 681, 683 BGB zu großen Teilen auf die Vorschriften, die in den §§ 662 ff. BGB für den Auftrag als ein vertragliches Schuldverhältnis vorgesehen sind, weshalb die Geschäftsführung ohne Auftrag plausibler Weise im Anschluss an den Auftrag geregelt wird.

3   Die vertraglichen Schuldverhältnisse sind darüber hinaus eng mit dem *Allgemeinen Teil des Schuldrechts* verbunden, da die allgemeinen Vorschriften (§§ 241 bis 432 BGB) vorbehaltlich spezieller Regelungen für einzelne Vertragstypen auf alle Schuldverhältnisse Anwendung finden. Daher beurteilen sich die Rechtsfolgen einer Pflichtverletzung bei vertraglichen Schuldverhältnissen nach den §§ 280 ff. BGB,

---

[1] Grundlegend *Siber* Der Rechtszwang im Schuldverhältnis, 1903, S. 92 sowie *Herholz* AcP 130 (1929), 257 ff.

[2] *Larenz* SchR AT, § 2 V, S. 26 ff.

[3] Zum Begriff des Schuldverhältnisses weiterführend *Gernhuber* Das Schuldverhältnis, 1989, § 2 I, S. 7 ff.; kritisch zu der Unterscheidung zwischen Schuldverhältnissen im engeren und weiteren Sinne *Harke* AS, Rn. 16 f.

[4] *Ernst* MünchKomm. Einl. zu Bd. 2 Rn. 10; *Fikentscher/Heinemann* Rn. 790.

[5] Zum Vertragsbegriff *Flume* AT 2, § 33/2, S. 601 ff.; *Wolf/Neuner* § 29 Rn. 6 ff.

[6] *Medicus/Lorenz* Rn. 2; kritisch zu der Unterscheidung zwischen vertraglichen und gesetzlichen Schuldverhältnissen wiederum *Harke* AS, Rn. 18 f.

[7] Die Haftung des Gastwirtes beruht nicht auf einem Vertrag, sondern der tatsächlichen Aufnahme des Gastes in den Beherbergungsbereich; hierzu statt aller *Erman/F. Graf von Westphalen* Vor § 701 Rn. 1 f.

[8] *Medicus/Lorenz* Rn. 2; *Schlechtriem* Rn. 608.

wenn das Gesetz für das jeweilige Schuldverhältnis keine Sonderregelung trifft, wie z. B. die §§ 437 bis 441 BGB für die Rechte des Käufers bei Leistung eines mangelhaften Gegenstandes.

Durch ihren rechtsgeschäftlichen Entstehungsgrund stehen die vertraglichen **4** Schuldverhältnisse schließlich in enger Beziehung zum *Allgemeinen Teil des BGB*. Dieser enthält in den §§ 104 ff. BGB allgemeine Vorschriften über Rechtsgeschäfte und speziell in den §§ 145 ff. BGB Regelungen für den Abschluss von Verträgen. Nach diesen Normen beurteilen sich auch der Abschluss und die Wirksamkeit vertraglicher Schuldverhältnisse, wiederum unter dem Vorbehalt, dass für den betreffenden Vertragstyp keine Sonderregelungen existieren, wie z. B. spezielle Formvorschriften (§ 766 BGB etc.).

Verträge können nicht nur zur Begründung von Schuldverhältnissen abgeschlossen werden, sondern sind auch in anderen Rechtsgebieten anzutreffen. Neben familienrechtlichen Verträgen (z. B. einem Ehevertrag gemäß den §§ 1408 ff. BGB) und erbrechtlichen Verträgen (z. B. einem Erbvertrag nach den §§ 2274 ff. BGB) haben sachenrechtliche Verträge eine besondere Bedeutung. Als Hauptbeispiel ist die sog. dingliche Einigung zu nennen, die zur rechtsgeschäftlichen Übertragung von absoluten Rechten erforderlich ist (§§ 873 Abs. 1, 929 Satz 1 BGB etc.). Derartige Verträge begründen anders als ein vertragliches Schuldverhältnis nicht lediglich eine relative Rechtsbeziehung zwischen den Vertragsparteien, sondern sie übertragen ein Recht mit Wirkung gegenüber jedermann (Verfügung).[9] Demgegenüber berechtigt oder verpflichtet ein vertragliches Schuldverhältnis nur in seltenen Fällen auch am Vertragsschluss unbeteiligte Dritte (Grundsatz der *Relativität des Schuldverhältnisses*).[10] Ein Beispiel für die Berechtigung Dritter bilden sog. echte Verträge zugunsten Dritter gemäß den §§ 328 ff. BGB. Nicht nur eine Berechtigung, sondern auch eine Verpflichtung Dritter kommt beispielsweise unter den Voraussetzungen der §§ 566, 578 BGB in Betracht, nach denen der Erwerber einer Wohnung oder eines Grundstücks kraft Gesetzes in die Rechte und Pflichten aus einem Mietvertrag eintritt, den der Veräußerer zuvor mit einem Dritten abgeschlossen hat.

B. Vertragliche Schuldverhältnisse und Kodifikation

I. Veränderungen durch die Bedürfnisse des Rechtsverkehrs

Das BGB trat am 01.01.1900 mit dem Anspruch in Kraft, eine Kodifikation des **6** Bürgerlichen Rechts, d. h. eine relativ vollständige und abgeschlossene Regelung

---

[9] Gegebenenfalls bedarf es hierfür neben der vertraglichen Einigung weiterer Voraussetzungen, insbesondere sog. Publizitätserfordernisse. Bei der Übereignung einer beweglichen Sache betrifft dies die Übergabe gemäß § 929 Satz 1 BGB oder das Vorliegen eines Übergabesurrogates nach den §§ 929 Satz 2, 930 f. BGB.

[10] Weiterführend *Ernst* MünchKomm. Einl. zu Bd. 2 Rn. 18 ff.; *Spielbüchler* Der Dritte im Schuldverhältnis, 1973; zum Relativitätsgrundsatz *Henke* Die sog. Relativität des Schuldverhältnisses, 1989.

dieses Rechtsgebietes zu begründen.[11] Im Vordergrund standen dabei hinsichtlich der vertraglichen Schuldverhältnisse die „klassischen" Vertragstypen wie der Kaufvertrag, der Dienstvertrag und der Werkvertrag.

7 Da die vertraglichen Schuldverhältnisse bei der Ordnung moderner Gesellschaften eine herausragende Bedeutung einnehmen,[12] muss ihre Ausgestaltung aber auch *Änderungen der sozialen und wirtschaftlichen Rahmenbedingungen* reflektieren und für eine dynamische Entwicklung offen sein. Diese Flexibilität kann sich zum einen ohne einen äußerlichen Eingriff in die Kodifikation durch die gesetzesauslegende und rechtsfortbildende Tätigkeit der (höchstrichterlichen) Rechtsprechung ergeben, der eine ständig wachsende Bedeutung zukommt.[13] Zum anderen kann aber auch ein Bedürfnis für gesetzgeberisches Eingreifen entstehen. Sofern neue Regelungen dabei in Gestalt privatrechtlicher Sondergesetze außerhalb des BGB erlassen werden, relativiert dies den Kodifikationsgedanken. So wurde z. B. bereits im Jahr 1908 das Gesetz über den Versicherungsvertrag (VVG) erlassen.[14] Später erfolgte sodann im Zuge der Ausweitung des internationalen Handels und aufgrund einer internationalen Rechtsvereinheitlichung die Schaffung von Sondergesetzen für wertpapierrechtliche Verbindlichkeiten aus Schecks und Wechseln, welche im Jahr 1933 neben die allgemeinen Vorschriften der §§ 783 ff. BGB traten.[15] Auch das Recht der Arbeitsverhältnisse als Sonderform der Dienstverträge hat sich seit dem ersten Drittel des 20. Jahrhunderts zu einer eigenständigen Rechtsmaterie von erheblicher gesellschaftlicher Tragweite entwickelt.[16] Ferner stand das wichtige Sonderprivatrecht der Kaufleute als Regelungsgegenstand des Handelsgesetzbuches, das z. B. Vorschriften über den Handelskauf enthält (§§ 373 bis 381 HGB), von Beginn an neben den bürgerlich-rechtlichen Normen bzw. diente in Gestalt des ADHGB zum Teil sogar als Regelungsvorbild für das später in Kraft getretene BGB (etwa im Bereich des Leistungsstörungsrechts).

8 In jüngerer Zeit wurde zur Verwirklichung des *europarechtlich fundierten Verbraucherschutzes* zudem eine Vielzahl von Regelungen für einzelne vertragliche Schuldverhältnisse erlassen, die zwischen einem Unternehmer und einem Verbraucher zustande kommen. Während die Vorschriften über den Reisevertrag dabei als eine Sonderform des Werkvertrages noch in das BGB integriert wurden (§§ 651a ff. BGB),[17] waren zahlreiche Regelungen des Verbraucherschutzes zunächst außerhalb des BGB angesiedelt. Insbesondere schuf der Gesetzgeber für

---

[11] Einschränkend jedoch *Gernhuber* Das Schuldverhältnis, 1989, § 7 IV 4, S. 154.

[12] Grundlegend *Henry Sumner Maine* Ancient Law, 15. Aufl. 1894, Kapitel 5.

[13] Hierzu für Deutschland vor einem rechtsvergleichenden Hintergrund *G. Hager* Rechtsmethoden in Europa, 2009, 2/4 ff., 3/79 ff. und 4/14 ff.

[14] Gesetz über den Versicherungsvertrag v. 30.05.1908, RGBl. S. 263 ff.; neu gefasst durch Gesetz v. 23.11.2007, BGBl. I S. 2631.

[15] Scheckgesetz v. 14.08.1933, RGBl. I, S. 597 ff.; Wechselgesetz v. 21.06.1933, RGBl. I, S. 399 ff.

[16] Zur Entstehung des Arbeitsrechts im Überblick *Richardi* Münchener Handbuch zum Arbeitsrecht Bd. I, 3. Aufl. 2009, § 2.

[17] Gesetz v. 04.05.1979, BGBl. I, S. 509 ff.

Fernunterrichtsverträge (FernUSG),[18] Verbraucherkreditverträge (VerbrKrG)[19] und Teilzeit-Wohnrechteverträge (TzWrG)[20] zunächst eigenständige Gesetze.

II. Schuldrechtsreform und Europäisierung

Das am 01.01.2002 in Kraft getretene *Gesetz zur Modernisierung des Schuldrechts* **9** reformierte die Vorschriften des Allgemeinen Schuldrechts über Pflichtverletzungen grundlegend i. S. einer Angleichung an internationale Standards und gestaltete auch die Vorschriften zu verschiedenen „klassischen" Vertragstypen neu. Insbesondere wurde das Kaufrecht auf Basis der *Verbrauchsgüterkauf-Richtlinie* der EG und unter Anlehnung an die Grundgedanken des UN-Kaufrechts modernisiert.[21] Ferner integrierte das Schuldrechtsmodernisierungsgesetz zahlreiche Vorschriften des Verbraucherschutzrechts in das BGB, um dem Kodifikationsgedanken wieder stärker zur Geltung zu verhelfen.[22] Neben Materien des Allgemeinen Schuldrechts wie dem Vertragsschluss unter Verwendung Allgemeiner Geschäftsbedingungen (§§ 305 ff. BGB) sowie den Grundsätzen bei Verbraucherverträgen und den Regelungen zu sog. besonderen Vertriebsformen (außerhalb von Geschäftsräumen geschlossene Verträge, Fernabsatzverträge, elektronischer Geschäftsverkehr) in den §§ 312 ff. BGB betrifft dies auch einzelne vertragliche Schuldverhältnisse. So wurden die Vorschriften des Teilzeit-Wohnrechtegesetzes in die neu gefassten §§ 481 bis 487 BGB übertragen und die Regelungen des Verbraucherkreditgesetzes in den Titel über Kreditverträge (§§ 491 bis 515 BGB) eingefügt.

Der mit der Schuldrechtsreform erreichte Stand bildet jedoch nicht den Schluss- **10** punkt der Europäisierung des deutschen Schuldrechts. Vorschriften des BGB, die der Umsetzung europäischer Richtlinien dienen, werden durch die Novellierung dieser Richtlinien und durch die Rechtsprechung des EuGH kontinuierlich fortentwickelt. Ein wichtiges Beispiel auf der legislativen Ebene bildet in diesem Zusammenhang die sog. *Verbraucherrechte-Richtlinie* vom 25.10.2011,[23] die unter anderem die Rechte der Verbraucher bei Fernabsatz- und Haustürgeschäften neu geordnet hat und dem *Konzept der Vollharmonisierung* folgt, d. h. grundsätzlich nicht mehr nur Mindest-, sondern zugleich Höchststandards für das Maß des Verbraucherschutzes

---

[18] Fernunterrichtsschutzgesetz in der Fassung v. 04.12.2000, BGBl. I, S. 1670 ff.

[19] Verbraucherkreditgesetz in der Fassung v. 29.06.2000, BGBl. I, S. 940 ff.

[20] Gesetz über die Veräußerung von Teilzeitnutzungsrechten an Wohngebäuden (Teilzeit-Wohnrechtegesetz – TzWrG) in der Fassung v. 29.06.2000, BGBl. I, S. 957 ff.

[21] Hierzu noch § 2 Rn. 1 ff.

[22] Zu diesem Anliegen *Schmidt-Räntsch* in: Schulze/Schulte-Nölke (Hrsg.), Die Schuldrechtsreform vor dem Hintergrund des Gemeinschaftsrechts, 2001, S. 169 ff.; differenzierend *Müller-Graff* GPR 2009, 106 ff.

[23] Richtlinie 2011/83/EU des Europäischen Parlaments und des Rates vom 25.10.2011 über die Rechte der Verbraucher, ABl. EU Nr. L 304 v. 22.11.2011, S. 64 ff.

setzt.[24] Die *Rechtsprechung des EuGH* prägt ihrerseits die Auslegung und Fortbildung des Rechts der vertraglichen Schuldverhältnisse vor dem Hintergrund der Verbrauchsgüterkauf-Richtlinie vor allem im Kaufrecht.[25]

11   Neben diesen unmittelbaren Auswirkungen der Europäisierung auf das geltende Vertragsrecht haben in den vergangenen Jahrzehnten verschiedene Expertengruppen umfangreiche *Regelungsvorschläge für ein einheitliches europäisches (Schuld-)Vertragsrecht* erarbeitet.[26] Ein wichtiges frühes Beispiel hierfür bilden die von der Kommission für Europäisches Vertragsrecht entwickelten „Grundregeln des Europäischen Vertragsrechts" (Principles of European Contract Law) aus den Jahren 1998/2003.[27] Auch der im Jahr 2009 veröffentlichte „Entwurf eines Gemeinsamen Referenzrahmens" (Draft Common Frame of Reference – DCFR), den die Study Group on a European Civil Code und die Research Group on EC Private Law (Acquis Group) im Auftrag der EU erarbeitet haben, stellt eine bedeutsame Wegmarke dar.[28] Der DCFR soll die Kernfragen des Privatrechts in Europa auf einer rechtsvergleichenden Grundlage und unter Berücksichtigung des bereits vorliegenden Bestands europäischer Rechtsakte (des sog. Acquis communautaire) aufarbeiten und kann als ein Modellgesetzbuch für ein europäisches Vermögensrecht begriffen werden,[29] d. h. grob gesprochen für die Regelungsmaterien, die sich im BGB im Ersten bis Dritten Buch finden. Allerdings haben die Institutionen der EU bereits seit geraumer Zeit erkannt, dass eine umfassende Vereinheitlichung des Zivilrechts oder auch nur des Vertragsrechts in Europa rechtspolitisch kaum durchsetzbar erscheint. Vor diesem Hintergrund hatte die Europäische Kommission im Jahr 2011 ihre Bemühungen sodann auf ein begrenzteres Vereinheitlichungsprojekt in Gestalt des „Vorschlag[es] für eine Verordnung des Europäischen Parlaments und des Rates über ein Gemeinsames Europäisches Kaufrecht" (GEKR) konzentriert.[30] Bei diesem sog. Optionalen Instrument sollte es sich nicht um ein Regelwerk handeln, das die nationalen Kaufrechte der EU-Mitgliedsstaaten umfassend ablöst, sondern nur eingreifen würde, wenn die Vertragsparteien die Anwendbarkeit des GEKR für ihren Vertrag nach Maßgabe bestimmter Voraussetzungen gesondert

---

[24] Eingehend zu den hiermit verbundenen Fragen *Gsell/Herresthal* (Hrsg.), Vollharmonisierung im Privatrecht, 2009.

[25] Siehe unten § 2 Rn. 194 f., 257 und 623.

[26] Dazu im Überblick *Herresthal* in: Langenbucher (Hrsg.), Europarechtliche Bezüge des Privatrechts, 4. Aufl. 2017, § 2 Rn. 3 ff.; *Kötz* Rn. 18 ff. und *Honsell*, in: *Staudinger*/Eckpfeiler, A. Rn. 48.

[27] Vollständige englischsprachige Ausgabe *Lando* u. a. (Hrsg.), Principles of European Contract Law, Parts I-III, 2 Bände, 2000/2003.

[28] *Von Bar/Clive* (Hrsg.), Principles, Definitions and Model Rules of European Private Law – Draft Common Frame of Reference (DCFR) Full Edition, 6 Bände, 2009.

[29] Zu der Kontroverse um die möglichen Funktionen des DCFR siehe einerseits *Schulte-Nölke* NJW 2009, 2161 ff. und andererseits *Jansen/Zimmermann* NJW 2009, 3401 ff.

[30] Vorschlag für eine Verordnung des Europäischen Parlaments und des Rates über ein Gemeinsames Europäisches Kaufrecht vom 11.10.2011, KOM(2011) 635 endgültig. Hierzu einführend *Staudenmeyer* NJW 2011, 3491 ff. (aus Sicht der EU-Kommission) sowie eingehender *Schmidt-Kessel* (Hrsg.), Ein einheitliches europäisches Kaufrecht?, 2012.

vereinbaren.[31] Auch dieser Regelungsvorstoß stieß jedoch in zahlreichen Mitgliedstaaten der EU auf erhebliche Widerstände und wurde dementsprechend durch die Europäische Kommission im Jahr 2014 wieder fallengelassen.[32]

Gegenwärtig konzentrieren sich die Rechtssetzungsinitiativen der EU im Bereich **12** der vertraglichen Schuldverhältnisse dementsprechend wieder auf punktuellere Maßnahmen. Ein wichtiges Anliegen bildet dabei die *Entfaltung eines „digitalen Binnenmarktes"*, durch den der europäische Wirtschaftsraum für die Herausforderungen der Zukunft gestärkt werden soll. Aus Sicht der vertraglichen Schuldverhältnisse sind in diesem Zusammenhang vor allem zwei gegenwärtig diskutierte Richtlinienentwürfe aus dem Jahr 2015 von Bedeutung, die einerseits Verträge über die Bereitstellung digitaler Inhalte[33] und andererseits bestimmte Aspekte des Online-Warenhandels[34] betreffen.

Eine auch nur annähernd abschließende Regelung von vertraglichen Schuldver- **13** hältnissen kann ein einziges Gesetzbuch in einer komplexen und dynamischen Verkehrswirtschaft ohnehin nicht leisten. Bei der Lösung schuldvertraglicher Probleme sind daher stets auch *Vorschriften außerhalb des BGB* in Betracht zu ziehen. Hierbei muss es sich in spezielleren Kontexten nicht immer um Bundesgesetze handeln. Teilweise formen auch Ländergesetze einzelne Vertragstypen aus, so z. B. in verschiedenen Bundesländern den Altenteilsvertrag[35] und in Bayern (!) den Bierlieferungsvertrag.[36] Gleichwohl sind die wichtigsten vertraglichen Schuldverhältnisse im BGB geregelt. Auf diese Vertragstypen sowie Mischformen von ihnen konzentriert sich die Darstellung in diesem Lehrbuch.

C. Möglichkeiten der Gruppierung vertraglicher Schuldverhältnisse

I. Kriterien der Gruppenbildung

Das BGB regelt die verschiedenen Formen vertraglicher Schuldverhältnisse **14** zumeist in eigenen Titeln oder Untertiteln. Dies beruht darauf, dass sich die einzelnen Vertragsverhältnisse aufgrund ihres jeweiligen Inhaltes von den anderen

---

[31] Allg. zu dieser Technik „optionaler" Regelsetzung *Fleischer* RabelsZ 76 (2012), 235 ff.

[32] Zu den Hintergründen *Basedow* ZEuP 23 (2015), 432 f.; zu einer kritischen Würdigung des GEKR aus deutscher Sicht siehe *Eidenmüller/Jansen/Kieninger/Wagner/Zimmermann* JZ 2012, 269 ff.

[33] Vorschlag für eine Richtlinie des Europäischen Parlaments und des Rates über bestimmte vertragsrechtliche Aspekte der Bereitstellung digitaler Inhalte vom 09.12.2015, COM(2015) 634 final; hierzu im Überblick *Schmidt-Kessel/Erler/Grimm/Kramme* GPR 2016, 2 ff. und 54 ff.

[34] Vorschlag für eine Richtlinie des Europäischen Parlaments und des Rates über bestimmte vertragsrechtliche Aspekte des Online-Warenhandels und anderer Formen des Fernabsatzes von Waren vom 09.12.2015, COM(2015) 635 final; hierzu im Überblick *Maultzsch* JZ 2016, 236 ff.

[35] Siehe die Nachweise bei *Habersack* MünchKomm. Art. 96 EGBGB Rn. 2.

[36] Art. 5 und 6 des Gesetzes zur Ausführung des Bürgerlichen Gesetzbuches und anderer Gesetze v. 20.09.1982, GVBl. S. 805.

Vertragsformen unterscheiden und daher trotz ihrer im Rechtsverkehr unterschiedlichen Ausgestaltung sog. *Typen von Schuldverträgen* darstellen.[37] So bestimmt sich z. B. der Typus des Kaufvertrages dadurch, dass er für eine Partei die Verpflichtung begründet, einen Rechtsgegenstand gegen eine Geldzahlung auf den Vertragspartner dauerhaft zu übertragen, während der Verwahrungsvertrag eine Partei dazu verpflichtet, eine bewegliche Sache aufzubewahren, was gegen oder ohne eine Vergütung geschehen kann (vgl. § 689 BGB).

15   Die Unterscheidung verschiedener Schuldvertragstypen schließt es allerdings nicht aus, mehrere dieser Typen auf einer höheren Abstraktionsstufe wiederum zu einer einheitlichen Gruppe mit bestimmten Gemeinsamkeiten zusammenzufassen. Bereits die Einordnung von Rechtsverhältnissen als vertragliche Schuldverhältnisse stellt ja eine Zurückführung auf die Gemeinsamkeit dar, dass ein durch Vertrag begründetes Schuldverhältnis im weiteren Sinne vorliegt. Eine darüber hinausgehende Zusammenfassung verschiedener Schuldvertragsformen zu Gruppen kann sich an *verschiedenen Kriterien* orientieren:

16   Zunächst sind gegenseitige Verträge, bei denen eine synallagmatische Verknüpfung zwischen jeweils mindestens einer Leistungspflicht der Parteien besteht,[38] von Verträgen zu unterscheiden, die keine derartige Verknüpfung aufweisen. Im letzteren Fall kann wiederum danach differenziert werden, ob zwar beide Parteien Leistungspflichten treffen, diese aber nicht in einem Verhältnis des „do ut des" stehen (sog. unvollkommen zweiseitige Verträge) oder ob von vornherein nur eine Partei eine Leistungspflicht übernimmt (sog. einseitige Verträge). Nur auf gegenseitige Verträge, z. B. Kaufverträge, finden die §§ 320 ff. BGB Anwendung. Jenseits dessen fehlt es jedoch an verallgemeinerungsfähigen Gemeinsamkeiten aller gegenseitigen Schuldverträge. Auch zwischen den unvollkommen zweiseitigen Verträgen (z. B. einem Auftrag gemäß § 662 BGB) und den einseitigen Verträgen (insbesondere der Schenkung i. S. des § 516 BGB) lassen sich Gemeinsamkeiten, welche über die Nichtanwendbarkeit der §§ 320 ff. BGB hinausgehen, nur schwer feststellen. Zwar knüpft das Gesetz an die unentgeltliche Übernahme einer Leistungspflicht häufig Privilegierungen, z. B. eine erleichterte Lösungsmöglichkeit von der Verpflichtung (vgl. z. B. die §§ 528 ff. BGB bei der Schenkung, § 604 BGB bei der Leihe, § 671 BGB bei einem Auftrag) oder eine Haftungsprivilegierung zugunsten des unentgeltlich Leistenden (vgl. bei der Schenkung die §§ 523, 524 BGB, bei der Leihe § 600 BGB).[39] Auch diese Gemeinsamkeiten bestehen aber nicht ausnahmslos (z. B. keine Haftungsprivilegierung des Beauftragten).[40]

17   Üblicherweise orientiert sich die Gruppierung verschiedener Schuldvertragstypen daher am Inhalt bestimmter Leistungspflichten. Bei Verträgen, die nicht nur eine Partei verpflichten, ist hierfür auf die sog. *vertragstypische Leistung* abzustellen. Darunter ist diejenige Leistung zu verstehen, welche den jeweiligen Vertragstyp von

---

[37] Näher zum Begriff des Rechtstypus *Larenz* Methodenlehre der Rechtswissenschaft, 6. Aufl. 1991, S. 461 ff.

[38] Hierzu *Larenz* SchR AT, § 15, S. 202 ff.

[39] Weiterführend *Grundmann* AcP 198 (1998), 457 ff.

[40] Näher dazu unten § 11 Rn. 48 ff.

möglichst vielen anderen Vertragsformen abgrenzt und ihm daher sein „Gesicht" verleiht.[41] Während z. B. sowohl bei einem Kaufvertrag als auch bei einem Dienstvertrag eine der Parteien eine Geldzahlung schuldet, verpflichtet sich die andere Partei zur dauerhaften Verschaffung eines Gegenstandes (Kaufvertrag) bzw. zur Erbringung einer Tätigkeit (Dienstvertrag). Die letztgenannten Leistungen bilden daher die vertragstypischen Leistungen dieser Verträge.

II. Gruppen von Schuldvertragstypen

Auf der vorstehend skizzierten Grundlage lassen sich die vertraglichen Schuldver- **18** hältnisse in folgende Gruppen unterteilen:[42]

*   Veräußerungsverträge,
*   Überlassungsverträge,
*   Tätigkeitsverträge,
*   Verträge gemeinsamer Zweckverfolgung,
*   Risikoverträge sowie
*   Verträge zur Bereinigung von Schuldverhältnissen und zur abstrakten Schuldbegründung.

1. Veräußerungsverträge

Die Gemeinsamkeit der Veräußerungsverträge besteht darin, dass sich eine der Ver- **19** tragsparteien verpflichtet, einen Gegenstand des Rechtsverkehrs (eine Sache, ein Recht oder einen sonstigen Gegenstand) dauerhaft auf die andere Partei zu übertragen. Steht diese Verpflichtung im Synallagma mit einer Geldzahlungspflicht des anderen Vertragspartners, so liegt ein *Kaufvertrag* vor (§§ 433 bis 479 BGB); ist ein anders geartetes Entgelt geschuldet, so handelt es sich gegebenenfalls um einen *Tauschvertrag* (§ 480 BGB). Schließlich zeichnet sich eine *Schenkung* (§§ 516 bis 534 BGB) dadurch aus, dass die Verpflichtung zur Übertragung des jeweiligen Gegenstandes unentgeltlich übernommen wird.[43] Bei allen Veräußerungsverträgen ist zu beachten, dass der Schuldvertrag als solcher noch nicht die dingliche Übertragung des betreffenden Gegenstandes bewirkt (sog. Trennungsprinzip); diese ist sogar in ihrer Rechtswirksamkeit von der Wirksamkeit des Schuldvertrages unabhängig (sog. Abstraktionsprinzip).[44]

---

[41] *Medicus/Lorenz* Rn. 6; *Schlechtriem* Rn. 1.

[42] Zu einer abweichenden Systematisierung in Anknüpfung an römisch-rechtliche Traditionen siehe *Harke* Rn. 4 ff.

[43] Näher zum Begriff der Unentgeltlichkeit unten § 4 Rn. 10 ff.

[44] Siehe unten § 2 Rn. 23 ff.

2. Überlassungsverträge

20   Der Begriff der Überlassungsverträge fasst diejenigen vertraglichen Schuldverhältnisse zusammen, bei denen sich ein Vertragspartner zwar dazu verpflichtet, der anderen Partei einen Rechtsgegenstand zur Verfügung zu stellen, dies aber anders als bei den Veräußerungsverträgen nicht dauerhaft, sondern nur auf Zeit geschehen soll. Die Überlassungsverträge zielen daher nicht auf eine Änderung der dinglichen Rechtszuständigkeit (Eigentum, Rechtsinhaberschaft etc.) ab, sondern lediglich auf die Einräumung der Nutzungsmöglichkeit an Sachen, Rechten oder sonstigen Gegenständen (sog. Überlassung). Aufgrund der zeitlichen Komponente der vertragstypischen Leistungspflicht handelt es sich regelmäßig um Dauerschuldverhältnisse.[45]

21   Sofern der Vertrag lediglich ein Gebrauchsrecht ohne die Befugnis zur Fruchtziehung einräumt (vgl. dazu die §§ 99, 100 BGB), spricht man im Fall einer entgeltlichen Überlassung von einem *Mietvertrag* (§§ 535 bis 580a BGB), bei Unentgeltlichkeit von einer *Leihe* (§§ 598 bis 606 BGB). Soll der durch die Überlassung Begünstigte neben der Nutzung auch zur Fruchtziehung i. S. des § 99 BGB berechtigt sein, liegt bei Entgeltlichkeit ein *Pachtvertrag* (§§ 581 bis 597 BGB), bei Unentgeltlichkeit demgegenüber ein atypischer Leihvertrag vor. Charakteristisch für derartige Überlassungsverträge ist z. B. die Verpflichtung des Mieters, Pächters oder Entleihers zu einer besonderen Obhut über die zum Gebrauch überlassene Sache (vgl. die §§ 536c, 540 f., 603 BGB), die er dem Vertragspartner nach Ablauf des Vertragsverhältnisses möglichst unversehrt zurückgeben muss. Darüber hinaus sind bei diesen Verträgen jeweils Regelungen über die Beendigung des Rechtsverhältnisses erforderlich (insbesondere durch eine Kündigung).

22   Eine Sonderstellung nehmen die in den §§ 488 ff., 607 ff. BGB geregelten *Darlehensverträge* ein. Sie zeichnen sich dadurch aus, dass nicht die überlassenen individuellen Gegenstände, sondern gleichartige vertretbare Gegenstände zurückzugewähren sind (z. B. ein Geldbetrag im Fall des § 488 BGB). Bei rein formaler Betrachtung handelt es sich daher um Veräußerungsverträge.[46] Da jedoch die Gegenstände, die der Darlehensnehmer dem Darlehensgeber zurückzugeben hat, mit den ursprünglich erhaltenen Gegenständen funktionell vergleichbar sind, werden die Darlehensverträge im Rahmen einer materiellen Betrachtung typischerweise den Überlassungsverträgen zugeordnet.[47] Weil nicht die konkret überlassenen Gegenstände zurückgewährt werden, besteht bei diesen Verträgen aber folgerichtig keine Obhutspflicht.

3. Tätigkeitsverträge

23   Bei den Tätigkeitsverträgen verpflichtet sich eine Vertragspartei zum Einsatz „menschlicher Fähigkeiten".[48] Dabei kann vorgesehen sein, dass der Verpflichtete

---

[45] *Oetker* Das Dauerschuldverhältnis und seine Beendigung, 1994, S. 145 f.

[46] So *E. Wolf* Schuldrecht II, 1978, S. VI f.

[47] Vgl. *Larenz* BT 1, § 51 I, S. 296 ff.

[48] *Esser/Weyers* BT 1, § 27 I, S. 229.

persönlich tätig werden muss (vgl. die §§ 613, 664 BGB). Notwendige Voraussetzung für einen Tätigkeitsvertrag ist dies jedoch nicht. Auch bei Tätigkeitsverträgen handelt es sich häufig um Dauerschuldverhältnisse.[49] Im Übrigen fasst der Oberbegriff der Tätigkeitsverträge unter Anknüpfung an römisch-rechtliche Wurzeln allerdings ganz unterschiedliche Vertragsverhältnisse zusammen:[50]

Erschöpft sich die vertragstypische Pflicht in der Tätigkeit als solcher und ist **24** für diese ein Entgelt geschuldet, so liegt ein *Dienstvertrag* vor (§§ 611 bis 630 BGB). Dabei sind Dienstverträge, die auf eine unselbständige Tätigkeit gerichtet sind, dem Arbeitsrecht zuzuordnen, das sich aufgrund sozialer Schutzbedürfnisse zu einer Sondermaterie entwickelt hat, die weitgehend außerhalb des BGB steht.[51] Aber auch für sonstige, sog. freie Dienstverträge existieren zahlreiche Sondervorschriften, die häufig öffentlich-rechtlicher Natur sind und die neben die Regelungen des BGB treten (z. B. Berufsordnungen der freien Berufe). Für die gesonderten Regelungen zum ärztlichen *Behandlungsvertrag* (§§ 630a bis 630h BGB) hat sich der Gesetzgeber hingegen wiederum für eine Integration in das BGB entschieden.

Darüber hinaus kann ein Tätigkeitsvertrag auch Leistungen umfassen, zu deren **25** Inhalt nicht nur die Tätigkeit als solche, sondern ein bestimmter aus dieser resultierender Erfolg zählt. So ist ein Kfz-Reparateur regelmäßig nicht nur verpflichtet, eine Tätigkeit zu entfalten, sondern seine Pflicht umfasst auch die Herbeiführung eines Reparaturerfolges. Eine derartige erfolgsbezogene Tätigkeit ist, wenn sie gegen ein Entgelt erbracht wird, Gegenstand eines *Werkvertrages* (§§ 631 bis 650 BGB). Ist ein solcher Vertrag jedoch auf die Lieferung einer neu herzustellenden beweglichen Sache gerichtet, so tritt das Tätigkeitsmoment in so starkem Maße hinter das Erfolgsmoment zurück, dass der Vertrag einem Veräußerungsvertrag in Form eines Kaufvertrages ähnelt. Aus diesem Grund ordnet § 650 Satz 1 BGB für derartige Verträge die Anwendung des Kaufrechts an. In der Rechtspraxis wichtige und wirtschaftlich bedeutsame besondere Formen des Werkvertrages stellen *Bau-, Architekten- und Ingenieurverträge* dar, die mit Wirkung zum 01.01.2018 eine eigenständige Ausformung in den §§ 650a bis 650v BGB erfahren haben. Vergleichbares gilt für die bereits seit längerer Zeit existierenden Sondervorschriften für *Reiseverträge* in den §§ 651a bis 651m BGB.

Der *Maklervertrag* (§§ 652 bis 656 BGB) zeichnet sich durch die Besonderheit **26** aus, dass der Makler zwar keine Vermittlungstätigkeit schuldet, eine Vergütung aber nur im Erfolgsfall beanspruchen kann. Die *Verwahrung* (§§ 688 bis 700 BGB) umfasst die entgeltliche oder unentgeltliche Obhut über bewegliche Sachen.

Schließlich stellen sich besondere Rechtsprobleme, wenn die vertraglich geschul- **27** dete Tätigkeit einen besonders engen Bezug zu der Interessensphäre des Gläubigers aufweist und somit ein besonderes Vertrauensverhältnis zwischen den Vertragsparteien begründet wird (sog. Geschäftsbesorgung).[52] Sofern eine derartige Tätigkeit

---

[49] Ausführlich *Oetker* Das Dauerschuldverhältnis und seine Beendigung, 1994, S. 150 ff.

[50] *Esser/Weyers* BT 1, § 27 I, S. 229 f.; *Fikentscher/Heinemann* Rn. 1119.

[51] Zur Abgrenzung noch unten § 7 Rn. 19 ff.

[52] Siehe unten § 11 Rn. 77 ff.

unentgeltlich erfolgt, liegt ein *Auftrag* vor (§§ 662 bis 674 BGB); bei einer entgeltlichen Geschäftsbesorgung im Rahmen eines Dienst- oder Werkvertrages handelt es sich hingegen um einen *Geschäftsbesorgungsvertrag* (§§ 675 bis 675b BGB). Große Bedeutung hat die Geschäftsbesorgung im Bankenverkehr, die das BGB für den Fall der *Zahlungsdienste* mittlerweile relativ ausführlich regelt (§§ 675c bis 676c BGB). Im Übrigen bildet das Bankvertragsrecht jedoch eine Sondermaterie, die in der Kodifikation nicht umfassend geregelt ist. Einen Werkvertrag mit Elementen der Geschäftsbesorgung stellt schließlich auch der durch das Verlagsgesetz (VerlG)[53] ausgestaltete *Verlagsvertrag* dar.

4. Verträge gemeinsamer Zweckverfolgung

28   Für vertragliche Schuldverhältnisse ist, wie die vorstehend behandelten Gruppen von Schuldvertragstypen belegen, die Erbringung von Leistungen zwischen den Parteien charakteristisch. Aufgrund des durch den Vertrag begründeten besonderen Kontaktes existieren zwar auch zusätzliche Rechtspflichten der Beteiligten (z. B. Schutz- und Interessenwahrungspflichten i. S. des § 241 Abs. 2 BGB). Diese verleihen der betreffenden Vertragsbeziehung aber nicht ihr charakteristisches Gepräge, sondern treten nur ergänzend zu den Leistungspflichten hinzu. Es gibt allerdings auch Schuldverträge, bei denen nicht der Leistungstransfer, sondern die Verfolgung eines gemeinsamen Zwecks im Vordergrund steht. Im BGB ist dies die *Gesellschaft* i. S. der §§ 705 bis 740 BGB (BGB-Gesellschaft oder auch GbR), auf deren rechtlicher Ausgestaltung auch die *Offene Handelsgesellschaft* (vgl. § 105 Abs. 3 HGB) und die *Kommanditgesellschaft* (vgl. § 161 Abs. 2 HGB) als Handelsgesellschaften basieren. Soweit diese Gesellschaften als solche am Rechtsverkehr teilnehmen (sog. Außengesellschaften), zeichnen sie sich durch ein besonderes organisationsrechtliches Moment aus, welches sie von den „reinen" Schuldverträgen unterscheidet.[54] Die Verträge gemeinsamer Zweckverfolgung sind Gegenstand des Gesellschaftsrechts als Spezialmaterie und werden in diesem Lehrbuch nicht behandelt.

5. Risikoverträge

29   Jedem vertraglichen Schuldverhältnis wohnt für die Parteien insoweit ein Risikomoment inne, als seine Rechtswirksamkeit nicht von der Erreichung solcher subjektiven Ziele abhängt, die weder zum Inhalt noch zur Geschäftsgrundlage (vgl. § 313 BGB) des Vertrages erhoben wurden. Beispiel: Der Käufer von Eheringen kann

---

[53] Gesetz über das Verlagsrecht v. 19.06.1901, RGBl. S. 217 ff.
[54] Dies wird infolge einer wegweisenden Entscheidung des BGH (29.01.2001 BGHZ 146, 341 ff.) mittlerweile auch für die BGB-Außengesellschaft anerkannt; siehe hierzu im Überblick *Grunewald* Gesellschaftsrecht, 10. Aufl. 2017, § 1 Rn. 107 ff.

nicht mit der Begründung von dem Vertrag Abstand nehmen, dass die geplante Ehe-schließung aufgrund eines kurzfristigen Sinneswandels der Beteiligten scheitert. Jenseits der Unbeachtlichkeit bloßer außervertraglicher Motivlagen sind manche Vertragstypen jedoch bereits ihrem Inhalt nach darauf angelegt, dass die geschulde-ten Leistungen bei Abschluss des Vertrages in bestimmter Hinsicht ungewiss sind.

So verpflichtet der *Bürgschaftsvertrag* (§§ 765 bis 777 BGB) den Bürgen, für die **30** Erfüllung der Verbindlichkeit eines Dritten gegenüber seinem Vertragspartner ein-zustehen. Erbringt der Dritte seine Leistung, so erlischt auch die Schuld des Bürgen (vgl. § 767 Abs. 1 Satz 1 BGB). Von geringerer praktischer Bedeutung sind *Leibren-tenversprechen* (§§ 759 bis 761 BGB), die hinsichtlich ihrer Laufzeit ungewiss sein können (vgl. § 759 Abs. 1 BGB), sowie *Spiel und Wette* (§§ 762, 763 BGB). Eine im Finanzverkehr bedeutende Form von Differenzgeschäften stellen *Finanztermin-geschäfte* dar, welche die §§ 37e ff. WpHG näher regeln und die als Sondermaterie zum privaten Wirtschaftsrecht zählen.[55] Ebenfalls außerhalb des BGB ist der *Ver-sicherungsvertrag* geregelt, für den vor allem das Gesetz über den Versicherungs-vertrag (VVG) gilt.[56]

Bei allen Risikogeschäften besteht aufgrund der Ungewissheit über die zu erbrin- **31** gende Leistung ein besonderes Schutzbedürfnis, dem das Gesetz in verschiedener Weise Rechnung trägt. Für Leibrentenversprechen und Bürgschaftsverträge werden Formerfordernisse statuiert (§§ 761, 766 BGB), während Spiel und Wette – vorbe-haltlich einer staatlichen Konzessionierung (§ 763 BGB) – lediglich als unvollkom-mene Verbindlichkeiten[57] ausgestaltet sind (§ 762 BGB). Das Versicherungswesen sowie Finanztermingeschäfte unterliegen schließlich einer umfangreichen staatli-chen Regulierung.

6. Verträge zur Bereinigung von Schuldverhältnissen und zur abstrakten Schuldbegründung

Nicht selten wird eine Zahl weiterer Schuldvertragstypen unter dem Begriff der **32** „Feststellungsgeschäfte" zusammengefasst. Hierbei handelt es sich insbesondere um den Vergleich (§ 779 BGB), das Schuldversprechen und das Schuldanerkenntnis (§§ 780 bis 782 BGB) sowie verschiedene wertpapierrechtliche Verbindlichkeiten. Bei näherer Betrachtung wird der Begriff des Feststellungsgeschäfts den Besonder-heiten dieser Verträge jedoch nur bedingt gerecht, sodass die folgende Unterteilung angemessener erscheint:

Der *Vergleich* beschränkt sich nicht ohne weiteres auf die bloße „Feststellung" **33** bestimmter Rechtsbeziehungen, sondern zeichnet sich durch einen Bereinigungs-zweck aus, der auch rechtsgestaltende Momente umfassen kann.[58]

---

[55] Überblick bei *Einsele* Bank- und Kapitalmarktrecht, 3. Aufl. 2014, § 8 Rn. 85 ff.

[56] Einführend *Ebel* JuS 1983, 260 ff.

[57] Hierzu auch im Zusammenhang mit § 656 BGB unten § 10 Rn. 47 ff.

[58] Siehe unten § 14 Rn. 1 f.

34   Eine weitere Gruppe von Schuldverträgen dient der Begründung sog. abstrakter Verbindlichkeiten. Diese Verträge tragen anders als die bisher behandelten Vertragstypen ihren Rechtsgrund (vgl. § 812 BGB) nicht „in sich selbst", sondern erzeugen Rechte und Pflichten, deren Bestand nicht unmittelbar davon abhängt, ob eine materielle Legitimation für sie vorliegt.[59] Dies trifft vor allem auf das *Schuldversprechen und Schuldanerkenntnis* i. S. der §§ 780 bis 782 BGB zu.

35   Eine besondere Form solcher abstrakter Schuldverträge bildet nach h. M. die Grundlage von *wertpapierrechtlichen Verpflichtungen* gemäß den §§ 793 ff. BGB bzw. aus Schecks und Wechseln (sog. Begebungsverträge).[60] Gleiches trifft auf eine *angenommene Anweisung* i. S. des § 784 BGB zu. Auch das Wertpapierrecht stellt eine eigenständige Rechtsmaterie dar, die in diesem Buch ausgeklammert bleibt.

D. Grenzen der Typisierbarkeit vertraglicher Schuldverhältnisse

36   Können einerseits verschiedene Schuldvertragstypen zu gemeinsamen Gruppen mit teilweise identischen Regelungsproblemen zusammengefasst werden, sind aber andererseits auch die Grenzen eines solchen Typisierungsansatzes im Blick zu behalten. Diese resultieren vor allem aus dem Prinzip der Vertragsfreiheit (§ 311 Abs. 1 BGB) als wichtiger Ausprägung der Privatautonomie. Die gesetzlichen Vorschriften zu vertraglichen Schuldverhältnissen sind überwiegend dispositiv, greifen also nur dann ein, wenn die Parteien in ihrem Vertrag keine eigenständige Regelung für die betreffende Rechtsfrage getroffen haben. Die berühmte Regelung in Art. 1103 des französischen Code civil, nach welcher der Vertrag das Gesetz der Vertragsparteien ist, hat deshalb trotz der Beschränkungen, welche die moderne Gesetzgebung zum Schutz bestimmter Gruppen von Marktteilnehmern der vertraglichen Gestaltungsfreiheit auferlegt (z. B. Verbraucherschutzrecht), ihre allgemeine Bedeutung nicht eingebüßt.

37   Im Rahmen ihrer Gestaltungsfreiheit ist es den Vertragspartnern nicht nur möglich, von einzelnen dispositiven Vorschriften des BGB innerhalb eines gesetzlichen Vertragstyps abzuweichen. Sie können ihre Rechtsbeziehungen in den Grenzen des zwingenden Gesetzesrechts vielmehr auch so ausgestalten, dass bereits die Zuordnung zu einer der typischen Vertragsformen (Kaufvertrag, Mietvertrag etc.) nicht ohne weiteres möglich ist.[61] Es handelt sich in diesem Fall um sog. *atypische oder gemischte Verträge*, bei denen fraglich sein kann, welche der zwingenden und dispositiven Gesetzesbestimmungen anwendbar sind. Einige dieser gemischten

---

[59] Dazu § 15 Rn. 1 ff.

[60] Überblick zum Meinungsstand bei *Hueck/Canaris* Recht der Wertpapiere, 12. Aufl. 1986, § 3, S. 28 ff.

[61] Ausführlich unten § 16 Rn. 1 ff.

Verträge haben jedoch in der Vertragspraxis, d. h. außerhalb des Gesetzes, so feste Konturen gewonnen, dass sie als „verkehrstypische Verträge" bezeichnet werden können.[62] Es handelt sich hierbei insbesondere um das *Factoring*, das *Franchising* und das *Leasing*, für deren Beurteilung die Rechtsprechung relativ klare Leitlinien herausgearbeitet hat.[63]

---

[62] *Emmerich* MünchKomm. § 311 Rn. 25.
[63] Näher unten § 16 Rn. 30 ff.

§ 2 Der Kaufvertrag und verwandte Verträge

Inhaltsverzeichnis

© Springer-Verlag GmbH Deutschland, ein Teil von Springer Nature 2018
H. Oetker, F. Maultzsch, *Vertragliche Schuldverhältnisse*, Springer-Lehrbuch,
https://doi.org/10.1007/978-3-662-57500-0_2

A. Überblick zu den gesetzlichen Vorschriften

1 An die Spitze der gesetzlich geregelten Schuldverhältnisse stellt das BGB den Kaufvertrag und trägt damit der überragenden Bedeutung dieses Vertragstyps in einer modernen Verkehrswirtschaft Rechnung.

2 Die kaufrechtlichen Regelungen in den §§ 433 bis 479 BGB sind zum 01.01.2002 grundlegend neu gestaltet worden. Diese Neuregelung dient der Umsetzung der *EG-Richtlinie 1999/44/EG zum Verbrauchsgüterkauf* (im Folgenden: Verbrauchsgüterkauf-RL),[1] die neben Änderungen in den allgemeinen Kaufrechtsvorschriften die Einführung des Untertitels zum Verbrauchsgüterkauf (§§ 474 bis 479 BGB) bewirkt hat.[2] Eine zweite wichtige europarechtliche Grundlage des

---

[1] Richtlinie 1999/44/EG des Europäischen Parlaments und des Rates v. 25.05.1999 zu bestimmten Aspekten des Verbrauchsgüterkaufs und der Garantien für Verbrauchsgüter, ABl. EG Nr. L 171 v. 07.07.1999, S. 12 ff.

[2] Näher unten § 2 Rn. 578 ff. Zu einer allgemeinen Bewertung des Umsetzungsprozesses siehe *Glöckner* JZ 2007, 652 ff. und *Wagner* ZEuP 2016, 87 ff.

Verbrauchsgüterkaufrechts bildet seit dem Jahr 2013 die sog. *Verbraucherrechte-Richtlinie* (im Folgenden Verbraucherrechte-RL).[3] Die Spezialregelungen zum Verbrauchsgüterkaufrecht greifen mit den ebenfalls zum 01.01.2002 in das BGB integrierten Verbraucherschutzbestimmungen aus den §§ 305 bis 310 BGB (Allgemeine Geschäftsbedingungen), den §§ 312 bis 312k BGB (Grundsätze bei Verbraucherverträgen, besondere Vertriebsformen und elektronischer Geschäftsverkehr) und den §§ 358 ff. BGB (verbundene und zusammenhängende Verträge) ineinander.

Die Vorgaben der Verbrauchsgüterkauf-RL sowie weiterer einschlägiger europarechtlicher Vorgaben, die insbesondere durch Urteile des EuGH konkretisiert werden, sind bei der Auslegung und Fortbildung der §§ 433 ff. BGB zu berücksichtigen (sog. richtlinienkonforme Auslegung bzw. Rechtsfortbildung).[4] Die Spielräume für eine europarechtskonforme Rechtsanwendung sind dabei sehr weit: Nach der Rechtsprechung des EuGH müssen die nationalen Gerichte zur Herstellung eines Einklangs mit den Richtlinienvorgaben zwar keine contra legem-Entscheidungen treffen, aber den gesamten Spielraum ausnutzen, den ihnen das nationale Methodeninstrumentarium zur Verfügung stellt.[5] Daher muss zunächst für eine *richtlinienkonforme Auslegung* der gesamte mögliche Wortsinn der nationalen Regelungen ausgeschöpft werden.[6] Nach der jüngeren Rechtsprechung des BGH ist darüber hinaus eine *richtlinienkonforme Rechtsfortbildung*, die den möglichen Wortsinn des deutschen Gesetzes in Form einer Analogie oder einer teleologischen Reduktion über- oder unterschreitet, jedenfalls dann möglich und geboten, wenn davon auszugehen ist, dass der deutsche Gesetzgeber mit seinen Regelungen die Richtlinie korrekt umsetzen wollte, d. h. einen sog. konkreten Umsetzungswillen hatte.[7] In diesem Fall können etwaige Fehler, die dem Gesetzgeber bei der Fassung des deutschen Gesetzes unterlaufen sind und eine drohende Abweichung von den Richtlinienvorgaben bewirken, durch die Rechtsprechung korrigiert werden.[8]

Eine methodisch interessante Folgefrage ergibt sich daraus, dass der deutsche Gesetzgeber nicht sämtliche Vorgaben der Verbrauchsgüterkauf-RL in dem gesonderten Abschnitt für Verbrauchsgüterkaufverträge (§§ 474 bis 479 BGB) umgesetzt, sondern hierzu auch die allgemeinen Regelungen der §§ 433 ff. BGB genutzt hat.

3

4

---

[3] Richtlinie 2011/83/EU des Europäischen Parlaments und des Rates vom 25.10.2011 über die Rechte der Verbraucher, ABl. EG Nr. L 304 v. 22.11.2011, S. 64 ff.

[4] Hierzu allg. *G. Hager* Rechtsmethoden in Europa, 2009, 6/43; *Langenbucher* in: dies. (Hrsg.), Europarechtliche Bezüge des Privatrechts, 4. Aufl. 2017, § 1 Rn. 83 ff.; *W.-H. Roth/Jopen* in: Riesenhuber (Hrsg.), Europäische Methodenlehre, 3. Aufl. 2015, § 13, S. 263 ff. sowie speziell zur Verbrauchsgüterkauf-RL *Unberath* ZEuP 2005, 5 ff.

[5] EuGH 05.10.2004 NJW 2004, 3547 Rn. 113 ff. m. w. N. sowie aus verfassungsrechtlicher Sicht BVerfG 26.09.2011 BVerfGK 19, 89 Rn. 43 ff.

[6] Siehe BGH 21.12.2011 BGHZ 192, 148 Rn. 25 ff.

[7] BGH 26.11.2008 BGHZ 179, 27 Rn. 25; BGH 21.12.2011 BGHZ 192, 148 Rn. 31 ff.; *Herresthal* WM 2007, 1354 ff.; kritisch zu diesen großzügigen Rechtsfortbildungsgrenzen aber *Gsell* JZ 2009, 522 ff. und *Schürnbrand* JZ 2007, 910 (913 ff.); zu einem möglichen Staatshaftungsanspruch des durch eine richtlinienkonforme Rechtsfortbildung Belasteten *Schinkels* JZ 2011, 394 ff.

[8] Siehe hierzu beispielsweise unten § 2 Rn. 623.

Daher beziehen sich die Umsetzungsregelungen des deutschen Rechts nicht selten
neben den durch die Verbrauchsgüterkauf-RL geregelten Unternehmer-Verbrau-
cher-Geschäften auch auf sonstige Kaufverträge wie beispielsweise reine Privat-
geschäfte oder rein unternehmerische Verträge (sog. *überschießende Richtlinienum-
setzung*).[9] So beruht etwa der Nacherfüllungsanspruch bei mangelhaften Leistungen
mit einem Wahlrecht des Käufers zwischen Nachbesserung und Nachlieferung auf
der Vorgabe des Art. 3 Abs. 3 der Verbrauchsgüterkauf-RL, ist in § 439 BGB aber
für alle Kaufverträge umgesetzt worden. Wenn sich in Bezug auf eine derartige
Vorschrift das Erfordernis einer richtlinienkonformen Auslegung oder Rechtsfortbildung stellt, muss somit entschieden werden, ob die betreffende „Anpassung" der
deutschen Norm auf Unternehmer-Verbraucher-Geschäfte zu beschränken ist (sog.
gespaltene Rechtsanwendung) oder ob sie aufgrund des einheitlichen Regelungsansatzes des BGB-Gesetzgebers auch sonstige Kaufverträge erfasst.[10] Die Rechtsprechung knüpft zur Lösung dieses Problems an den hypothetischen Willen des Gesetzgebers an. Es ist somit zu fragen, ob Letzterer die richtlinienkonforme Korrektur der
betreffenden Regelung auf Unternehmer-Verbraucher-Geschäfte begrenzt oder für
alle Kaufverträge vorgenommen hätte, wenn ihm das Problem bewusst gewesen
wäre. Bei richtlinienkonformen Auslegungen im engeren Sinne, die sich noch im
Rahmen des Wortlauts der betreffenden deutschen Vorschrift halten, besteht dabei
eine gewisse Grundtendenz zu einer einheitlichen Anwendung auf alle Kaufverträge.[11] Demgegenüber sollen richtlinienkonforme Rechtsfortbildungen (Analogien
bzw. teleologische Reduktionen), die den Gesetzeswortlaut über- oder unterschreiten, typischerweise auf Unternehmer-Verbraucher-Geschäfte begrenzt bleiben.[12]
Bei dieser Unterscheidung handelt es sich aber nur um eine grobe Richtschnur;[13]
letztlich entscheidend ist immer die Analyse des hypothetischen Gesetzgeberwil-
lens im konkreten Fall.

5   Die methodischen Mittel einer richtlinienkonformen Auslegung bzw. Rechtsfortbildung vermeiden zwar einen Widerspruch zwischen der europarechtlich
gebotenen und der nationalen Rechtslage, führen aber insoweit noch nicht zu einer
optimalen Lösung des Verzahnungsproblems, als der Rechtsverkehr die letztlich einschlägige Rechtslage den nationalen Gesetzesregelungen äußerlich nur

---

[9] Weiterführend hierzu aus rechtspolitischer Sicht *Wagner* ZEuP 2016, 87 (115 ff.).

[10] Zu diesem Problem allg. *Habersack/Mayer* in: Riesenhuber (Hrsg.), Europäische Methodenlehre, 3. Aufl. 2015, § 14 Rn. 20 ff. und *Wagner* ZEuP 2016, 87 (116 ff.).

[11] Siehe BGH 13.04.2011 BGHZ 189, 196 Rn. 47 (Erfüllungsort der Nacherfüllung); dazu noch
unten § 2 Rn. 191.

[12] Vgl. BGH 26.11.2008 BGHZ 179, 27 Rn. 26 ff. (teleologische Reduktion der Nutzungsersatzpflicht nach § 439 Abs. 4 BGB a. F. i. V. mit § 346 BGB vor Einführung des jetzigen § 475 Abs. 3
Satz 1 BGB) und BGH 21.12.2011 BGHZ 192, 148 Rn. 44 (teleologische Reduktion des Einwands
absoluter Unverhältnismäßigkeit nach § 439 Abs. 3 Satz 3 Halbsatz 2 BGB a. F.).

[13] Zu einem Beispiel für eine auf Unternehmer-Verbraucher-Geschäfte begrenzte richtlinienkonforme Auslegung siehe BGH 17.10.2012 BGHZ 195, 135 Rn. 20 ff. (Umfang der Nacherfüllung
in den sog. Einbaufällen).

unvollkommen entnehmen kann. Um eine *hinreichende Transparenz* zu gewähr-leisten,[14] ist der deutsche Gesetzgeber daher vermehrt dazu übergegangen, einschlä-gige Entscheidungen des EuGH zur Verbrauchsgüterkauf-RL nicht nur durch die deutsche Rechtsprechung in das nationale Recht transportieren zu lassen, sondern die betreffenden Gesetzesregelungen selbst im Sinne einer eindeutig europarechts-konformen Lösung anzupassen. Wichtige Beispiele hierfür bilden der Ausschluss einer Nutzungsersatzpflicht bei mangelbedingten Ersatzlieferungen in Unterneh-mer-Verbraucher-Verträgen gemäß (dem jetzigen) § 475 Abs. 3 Satz 1 BGB[15] sowie die Neuregelungen zum Umfang der Nacherfüllungspflicht in den sog. Einbaufällen zum 01.01.2018 in den §§ 439 Abs. 3, 474 Abs. 4 BGB und den §§ 445a f. BGB.[16] Derartige Anpassungen erfolgen jedoch häufig erst mit einer erheblichen zeitlichen Verzögerung und zudem auch nicht in allen einschlägigen Problemfällen,[17] so dass die Grundsätze der richtlinienkonformen Auslegung bzw. Rechtsfortbildung weiter-hin eine große praktische Bedeutung haben.

Über die Umsetzung der spezifisch europarechtlichen Vorgaben hinaus hat **6** das Gesetz zur Modernisierung des Schuldrechts die Ansprüche des Käufers bei Mängeln des verkauften Gegenstandes in *Abkehr von der römisch-rechtlich ver-wurzelten Sachmängelgewährleistung* der §§ 459 ff. BGB a. F. (sog. aedilizische Rechtsbehelfe)[18] eng mit den Vorschriften des Allgemeinen Schuldrechts über Pflichtverletzungen (§§ 280 ff. BGB) verzahnt.[19] Hierbei diente zu großen Teilen das *UN-Kaufrecht (CISG)[20] als Vorbild*. Dessen unmittelbarer Regelungsbereich betrifft Vertragsbeziehungen zwischen solchen Unternehmern, die in verschiedenen Staaten ansässig sind, und ist rechtssystematisch dem Handelsrecht zuzuordnen.[21] Auch in Zukunft wird die Angleichung des deutschen Kaufrechts an internationale und vor allem europäische Standards eine wichtige Rolle spielen, wobei gegenwär-tig den Regelungsvorschlägen zur Schaffung eines „digitalen Binnenmarktes" eine besondere Bedeutung zukommt.[22]

---

[14] Zu der Verpflichtung der mitgliedstaatlichen Gesetzgeber, Richtlinienvorgaben im nationalen Recht hinreichend transparent umzusetzen, EuGH 30.05.1991 EuZW 1991, 440 Rn. 24 sowie weiterführend *Schinkels* JZ 2011, 394 ff.

[15] Im Anschluss an EuGH 17.04.2008 NJW 2008, 1433 ff.; dazu noch unten § 2 Rn. 257 und 599.

[16] Im Anschluss an EuGH 16.06.2011 NJW 2011, 2269 ff.; dazu noch unten § 2 Rn. 195 ff.

[17] Siehe etwa zu der mangels entsprechender gesetzgeberischer Klarstellung weiterhin gebotenen richtlinienkonformen Auslegung des Fristsetzungserfordernisses aus § 323 BGB bei mangelhaften Leistungen unten § 2 Rn. 273.

[18] Dazu weiterführend *Honsell/Mayer-Maly/Selb* Römisches Recht, 4. Aufl. 1987, § 116 I 3, S. 316 ff.

[19] Siehe unten § 2 Rn. 146 ff.

[20] United Nations Convention on Contracts for the International Sale of Goods v. 11.04.1980. Die Konvention ist in Deutschland seit 1991 als Bundesrecht in Kraft (BGBl. 1989 II, S. 586).

[21] Siehe im Überblick *K. Schmidt* Handelsrecht, 6. Aufl. 2014, § 30 Rn. 18 ff.

[22] Hierzu oben § 1 Rn. 12.

7   Der Abschnitt über den Kaufvertrag enthält neben dem Verbrauchsgüterkauf *weitere Sonderformen von Kaufverträgen:*[23] den Kauf unter Eigentumsvorbehalt (§ 449 BGB), den Kauf auf Probe (§§ 454 f. BGB), den Wiederkauf (§§ 456 bis 462 BGB) sowie den Vorkauf (§§ 463 bis 473 BGB). Für den Handelskauf ergänzen die §§ 373 bis 381 HGB die bürgerlich-rechtlichen Normen.[24] Der Erbschaftskauf wird in den §§ 2371 bis 2385 BGB speziell geregelt.[25] Schließlich ordnet § 480 BGB für den Tausch die entsprechende Anwendung der Vorschriften über den Kauf an.[26]

B. Begriff des Kaufs

I. Überblick

8   Ungeachtet der Vielfältigkeit der kaufrechtlichen Vertragsgestaltungen, die im Rechtsverkehr auftreten, besteht das Wesen des Kaufvertrages darin, dass er eine Partei verpflichtet, einen Rechtsgegenstand endgültig gegen eine Geldzahlung[27] auf die andere Partei zu übertragen.[28] Der Kaufvertrag ist deshalb stets ein gegenseitiger Vertrag i. S. der §§ 320 ff. BGB.

9   Der Gegenstand eines Kaufvertrages können nach § 433 Abs. 1 Satz 1 BGB zunächst *Sachen* sein. Ergänzend erklärt § 453 Abs. 1 BGB aber unter dem Oberbegriff des „Rechtskaufs" die für den Sachkauf geltenden Regelungen der §§ 433 ff. BGB auf den Kauf von *Rechten* und *sonstigen Gegenständen* für entsprechend anwendbar. Dadurch verliert die Abgrenzung zwischen den verschiedenen Kaufobjekten an Bedeutung, ist jedoch nicht vollkommen entbehrlich, da § 453 Abs. 1 BGB eine „entsprechende Anwendung" der §§ 433 ff. BGB anordnet und hierdurch einen Spielraum eröffnet, die für den Sachkauf geltenden Bestimmungen an Besonderheiten bei dem Kauf von Rechten und sonstigen Gegenständen anzupassen. Zudem können sich z. B. auch für die Kosten der Vertragsdurchführung aus § 448 BGB einerseits und § 453 Abs. 2 BGB andererseits je nach Art des Kaufgegenstandes unterschiedliche Rechtsfolgen ergeben.

---

[23] Im Einzelnen unten § 2 Rn. 485 ff.

[24] Dazu *Canaris* Handelsrecht, 24. Aufl. 2006, § 29, S. 427 ff.; *Oetker* Handelsrecht, 7. Aufl. 2015, § 8, S. 225 ff.; *K. Schmidt* Handelsrecht, 6. Aufl. 2014, § 29, S. 923 ff. Wegen Art. 2 EGBGB ist auch bei einem Handelskauf von den bürgerlich-rechtlichen Vorschriften auszugehen, die jedoch zum Teil von den §§ 373 bis 381 HGB als leges speciales verdrängt werden.

[25] Hierzu z. B. *Lange/Kuchinke* § 45, S. 1107 ff.

[26] Näher unten § 2 Rn. 645 ff.

[27] Zu gesetzlich nicht anerkannten Zahlungsmitteln wie z. B. sog. Bitcoins siehe noch unten § 2 Rn. 646.

[28] Vgl. *Schlechtriem* Rn. 2; *Staudinger/Beckmann* (2014) Vorbem. zu §§ 433 ff. Rn. 9; *H.P. Westermann* MünchKomm. Vor § 433 Rn. 1.

II. Gegenstand des Sachkaufs

Aus der Regelungssystematik der §§ 433 Abs. 1, 453 Abs. 1 BGB folgt, dass „Sachen" **10**
i. S. der §§ 433 ff. BGB nur bewegliche oder unbewegliche *körperliche Gegenstände*
i. S. der §§ 90 ff. BGB sind.[29] Über § 90a Satz 3 BGB zählen hierzu auch Tiere. Die
betreffende Sache muss verkehrsfähig sein, weshalb z. B. der menschliche Körper
weder vor noch nach dem Tod verkauft werden kann.[30] Gemäß § 311c BGB ist mit
einer Sache im Zweifel zugleich auch deren *Zubehör* i. S. des § 97 BGB verkauft,
wofür § 98 BGB einige historisch überkommene Beispiele aufzählt.

War der verkaufte Gegenstand im Zeitpunkt des Vertragsschlusses bereits kon- **11**
kretisiert (z. B. ein bestimmter Gebrauchtwagen), liegt ein sog. *Stück- oder Spezies-
kauf* vor. Denkbar ist aber auch, dass die verkaufte Sache durch die Vertragsparteien
nur i. S. des § 243 BGB gattungsmäßig bestimmt wird (z. B. ein PKW des Typs X).
In diesem Fall handelt es sich um einen sog. *Gattungskauf*.

Als Gegenstand eines Sachkaufs kommen auch *künftige Sachen* in Betracht (Bei- **12**
spiel: Kauf einer erwarteten Ernte). Insoweit ist nach Maßgabe der vertraglichen
Risikoverteilung zu unterscheiden:[31] Soll der Vertrag nur wirksam werden, wenn
die betreffende Sache tatsächlich zur Entstehung gelangt (sog. emptio rei spera-
tae), liegt ein Sachkauf vor, der unter der aufschiebenden Bedingung abgeschlossen wird, dass die Sache entsteht. Soll der Käufer den Kaufpreis hingegen nach
dem Parteiwillen unabhängig von der Entstehung der Sache schulden (sog. emptio
spei), so ist nicht die künftige Sache selbst, sondern die bloße Erwerbschance als
„sonstiger Gegenstand" i. S. des § 453 Abs. 1 Alt. 2 BGB Objekt des Kaufs. Für
die Auslegung, welche der beiden Fallgestaltungen vorliegt, gewinnt mangels ausdrücklicher Vereinbarung insbesondere der Umstand Bedeutung, ob der Kaufpreis
im Verhältnis zu den üblichen Marktpreisen einen Risikoabschlag enthält.

III. Gegenstand eines Rechtskaufs im engeren Sinne

Typische Gegenstände für einen Rechtskauf im engeren Sinne des § 453 Abs. 1 **13**
Alt. 1 BGB bilden schuldrechtliche Forderungen (z. B. Mietzahlungsforderung),
beschränkte dingliche Rechte an einem Grundstück (z. B. Hypothek) oder an einer
beweglichen Sache (z. B. Pfandrecht), aber auch der Geschäftsanteil an einer GmbH
(siehe § 15 Abs. 4 GmbHG) oder gewerbliche Schutzrechte wie z. B. Patente.[32]

---

[29] BR/*Faust* § 433 Rn. 24 ff.; *Staudinger/Beckmann* (2014) § 433 Rn. 3.

[30] Zu weiteren Einzelheiten *Soergel/Huber* § 433 Rn. 26.

[31] *Brox/Walker* § 1 Rn. 5; *Larenz* BT 1, § 39 I, S. 8 f.; *H.P. Westermann* MünchKomm. § 433
Rn. 13; weiter differenzierend *Staudinger/Beckmann* (2014) § 433 Rn. 14.

[32] Überblick bei *Staudinger/Beckmann* (2014) § 453 Rn. 3.

Wenn ein Recht zwar nicht übertragen, einem anderen aber zur Nutzung überlassen werden kann (wie z. B. bei einem Nießbrauch [§ 1059 BGB] oder bei Urheberrechten [§§ 29 Abs. 2, 31 ff. UrhG]), so ist dieses Nutzungsrecht möglicher Gegenstand eines Kaufvertrages.[33] Die Abgrenzung zur Rechtspacht i. S. des § 581 BGB ergibt sich in diesem Fall daraus, dass das Nutzungsrecht dem Begünstigten nicht nur zum Gebrauch überlassen, sondern endgültig übertragen werden soll.[34]

14   Unter den Kauf eines Rechts könnte rein begrifflich auch der entgeltliche Erwerb des Eigentums an einer Sache gefasst werden, der jedoch bereits dem Sachkauf unterfällt.[35] Für den Kauf noch nicht entstandener Rechte gelten die Ausführungen zum Kauf künftiger Sachen entsprechend.[36] In diesem Sinne hat der Kauf eines Loses die Gewinnchance zum Gegenstand und ist daher § 453 Abs. 1 Alt. 2 BGB zuzuordnen.[37] Der Kauf von Wertpapieren ist in der Regel primär auf den Erwerb der abstrakten Forderung, die aus dem Wertpapier resultiert,[38] gerichtet und somit ein Rechtskauf. Wenn – wie bei Inhaberpapieren – hierzu die Übereignung des Wertpapiers erforderlich ist, liegt daneben auch ein Sachkauf vor.[39]

IV. Kauf „sonstiger Gegenstände"

15   Besondere Bedeutung hat schließlich der ebenfalls dem Rechtskauf zugeordnete Kauf „sonstiger Gegenstände" i. S. des § 453 Abs. 1 Alt. 2 BGB. Hierunter fallen aufgrund der Vertragsfreiheit (§ 311 Abs. 1 BGB) alle Vereinbarungen, die auf den Erwerb eines Gegenstandes gegen Geld gerichtet sind, der weder eine Sache i. S. der §§ 90 ff. BGB noch ein Recht im engeren Sinne ist.[40]

16   Dazu gehören *unkörperliche Gegenstände* wie z. B. Elektrizität oder Fernwärme,[41] aber auch Informationen, insbesondere Know-how.[42] Für Software ist wie folgt zu differenzieren: Während die Erstellung von Individualsoftware dem Werkvertragsrecht unterliegt, bildet der entgeltliche Erwerb von Standardsoftware den

---

[33] *Erman/Grunewald* § 453 Rn. 3 (analoge Anwendung des Kaufrechts); *Soergel/Huber* § 433 Rn. 59; differenzierend zu sog. Lizenzverträgen *H.P. Westermann* MünchKomm. Vor § 433 Rn. 24.

[34] *Schlechtriem* Rn. 28.

[35] *Medicus/Lorenz* Rn. 363.

[36] Siehe oben § 2 Rn. 12.

[37] *Larenz* BT 1, § 39 I, S. 8 f.; *Staudinger/Beckmann* (2014) Vorbem. zu §§ 433 ff. Rn. 243; für die Einordnung des Vertrages als Spiel i. S. des § 762 BGB *Soergel/Huber* Vor § 433 Rn. 76.

[38] Siehe unten § 15 Rn. 8.

[39] RG 10.12.1924 RGZ 109, 295 (297); *Larenz* BT 1, § 45 I, S. 162; für reinen Rechtskauf *Soergel/Huber* § 433 Rn. 41 f.; für den Kauf eines sonstigen Gegenstandes i. S. des § 453 Abs. 1 Alt. 2 BGB *Staudinger/Beckmann* (2014) § 453 Rn. 76.

[40] BT-Drucks. 14/6040, S. 242; BR/*Faust* § 453 Rn. 23.

[41] Vgl. BGH 06.12.1978 NJW 1979, 1304 (1305); *Schlechtriem* Rn. 31.

[42] Statt aller *Staudinger/Beckmann* (2014) § 453 Rn. 42 ff.

Gegenstand eines Kaufvertrages.[43] Dabei ist auf körperlichen Datenträgern gespeicherte Standardsoftware wiederum einem Sachkauf i. S. des § 433 BGB zuzuordnen,[44] während der Kauf datenträgerloser Standardsoftware dem § 453 Abs. 1 Alt. 2 BGB unterfällt. Bei dem Erwerb von Software sind neben kaufrechtlichen Fragen aber auch urheberrechtliche Aspekte zu beachten.[45] Des Weiteren zählen zu den sonstigen Gegenständen i. S. des § 453 Abs. 1 Alt. 2 BGB auch *Sach- und Rechtsgesamtheiten*. Das Hauptbeispiel bilden neben dem Erbschaftskauf, für den die §§ 2371 ff. BGB ergänzende Regelungen treffen, bestimmte Gestaltungen des Unternehmenskaufs.[46]

Ein taugliches Kaufobjekt i. S. des § 453 Abs. 1 Alt. 2 BGB setzt jedoch immer **17** die Trennbarkeit des jeweiligen Vertragsgegenstandes von der Person des Verkäufers voraus.[47] Aus diesem Grund ist z. B. die *Arbeitskraft* kein sonstiger Gegenstand i. S. des § 453 Abs. 1 Alt. 2 BGB, sondern wird regelmäßig aufgrund eines Dienst- oder Werkvertrages eingesetzt.

V. Insbesondere: Der Unternehmenskauf

Für den Kauf eines Unternehmens[48] kommen *zwei Gestaltungen* in Betracht. Zum **18** einen kann sich der Unternehmensträger verpflichten, die Gesamtheit der Vermögenswerte, die das Unternehmen bilden, auf den Käufer zu übertragen; sog. *Asset Deal*. Hierbei kann es sich um bewegliche und unbewegliche Sachen (Fuhrpark, Betriebsgrundstück), Rechte (Forderungen gegen Kunden, Patente), aber auch sonstige Werte wie Geschäftsgeheimnisse, den Kundenstamm oder die Vertriebsstruktur des Unternehmens (sog. Goodwill) handeln. Daher liegt im Fall eines Asset Deals der Kauf eines sonstigen Gegenstandes (scil.: des Unternehmens) i. S. des § 453 Abs. 1 Alt. 2 BGB vor.[49] Den maßgeblichen Bezugspunkt für etwaige Sach- oder Rechtsmängel bildet dementsprechend das Unternehmen als Gesamtheit und nicht die in ihm zusammengefassten Einzelgegenstände.[50] Zudem folgt aus der Konstruktion des Asset Deals, dass dieser formbedürftig ist, sobald für einen Vertrag über einen der Vermögensgegenstände, die zu dem Unternehmen gehören, ein Formerfordernis

---

[43] BGH 04.11.1987 BGHZ 102, 135 (141 ff.); BGH 18.10.1989 BGHZ 109, 97 (99); *Oechsler* Rn. 68; weiterführend *Bydlinski* AcP 198 (1998), 309 ff.

[44] BGH 15.11.2006 NJW 2007, 2394 Rn. 15.

[45] Vgl. im Einzelnen *Junker* JZ 1989, 316 ff.

[46] Dazu sogleich näher unter § 2 Rn. 18 ff.

[47] *Larenz* BT 1, § 45 II, S. 164; zum sog. Spielerkauf im Profisport *H.P. Westermann* MünchKomm. § 433 Rn. 15.

[48] Ausführlich zum Unternehmensbegriff *K. Schmidt* Handelsrecht, 6. Aufl. 2014, § 3, S. 73 ff.

[49] BT-Drucks. 14/6040, S. 242; *Staudinger/Beckmann* (2014) § 453 Rn. 94; der Sache nach bereits RG 15.11.1907 RGZ 67, 86 (89 f.).

[50] Hierzu im Einzelnen unten § 2 Rn. 124 ff.

besteht. Deshalb ist der Unternehmenskauf nach § 311b Abs. 1 Satz 1 BGB notariell zu beurkunden, wenn zu dem Unternehmen ein Grundstück gehört.

19 Eine alternative Vertragsgestaltung kommt in Betracht, wenn eine Personen- oder Kapitalgesellschaft (z. B. eine GmbH) Rechtsträger des Unternehmens ist. Dann können der oder die Gesellschafter ihre Gesellschaftsanteile ganz oder teilweise auf den Käufer übertragen; sog. *Share Deal*. Dogmatisch liegt dann ein Rechtskauf der Gesellschaftsanteile i. S. des § 453 Abs. 1 Alt. 1 BGB vor, während die Unternehmensträgerschaft bei der betreffenden Gesellschaft verbleibt.[51] Folglich müssen zur Erfüllung eines solchen Kaufvertrages nur die Gesellschaftsanteile nach den einschlägigen Vorschriften (z. B. § 15 Abs. 3 GmbHG) und nicht die einzelnen Vermögensgegenstände des Unternehmens (Sachen, Forderungen etc.) auf den Erwerber übertragen werden. Auch die Pflicht zu einer mangelfreien Verschaffung i. S. des § 433 Abs. 1 Satz 2 BGB bezieht sich dementsprechend im Grundsatz[52] nur auf die Anteile als solche und nicht auf das Unternehmenssubstrat. Schließlich finden Formvorschriften, die sich wie § 311b Abs. 1 BGB auf Verpflichtungsverträge über Gegenstände des Unternehmensvermögens beziehen, bei einem Share Deal keine Anwendung.

20 Eine *besondere Fallgestaltung* liegt beim Share Deal jedoch vor, wenn (1.) entweder alle Gesellschaftsanteile übertragen werden sollen oder zumindest ein solcher Prozentsatz derselben, der dem Käufer einen alleinigen Einfluss auf die Unternehmenspolitik gestattet, *und* (2.) der nach den §§ 133, 157 BGB zu ermittelnde Parteiwille darauf gerichtet ist, dass der Käufer eine *beherrschende Beteiligung* erlangt. Hierfür reicht es nicht aus, dass der Erwerber aufgrund der Größe des Anteils durch andere Gesellschafter nicht überstimmt werden kann, sondern es dürfen nur ganz unerhebliche Anteile bei dem Verkäufer oder bei Dritten verbleiben.[53] Durch eine solche Vertragsgestaltung wird ein Ergebnis erzielt, das wirtschaftlich mit einem Asset Deal, d. h. der unmittelbaren Übertragung der Unternehmensträgerschaft, vergleichbar ist. Dies rechtfertigt es, bei der durch § 453 Abs. 1 BGB angeordneten entsprechenden Anwendung der Vorschriften über den Sachkauf nach denselben Grundsätzen zu verfahren wie bei einem direkten Unternehmenskauf (Asset Deal). Deshalb kann eine mangelhafte Beschaffenheit des Unternehmens auch für den Käufer eines Geschäftsanteils, der die Beherrschung des Unternehmens ermöglicht, einen Mangel des Kaufgegenstandes i. S. des § 453 Abs. 1 BGB i. V. mit den §§ 434, 435 BGB darstellen, obwohl das Unternehmen als solches nicht den unmittelbaren Kaufgegenstand bildet.[54] Das Hauptproblem stellt in diesem Zusammenhang

---

[51] BGH 12.11.1975 BGHZ 65, 246 (250); *Erman/Grunewald* § 453 Rn. 2; *Larenz* BT 1, § 45 II a, S. 169; *Soergel/Huber* § 433 Rn. 61.

[52] Zu möglichen Ausnahmen bei dem Erwerb einer beherrschenden Beteiligung sogleich unter § 2 Rn. 20.

[53] Im Einzelnen umstritten; siehe BR/*Faust* § 453 Rn. 32; *Fikentscher/Heinemann* Rn. 922; weiterführend *Schröcker* ZGR 2005, 63 (65 ff.); *Zimmer* NJW 1997, 2345 ff.

[54] BGH 12.11.1975 BGHZ 65, 246 (251 f.); BGH 25.03.1998 NJW 1998, 2360 (2362); BR/*Faust* § 453 Rn. 32; *Esser/Weyers* BT 1, § 4 IV 3b, S. 27; *Looschelders* Rn. 241; *Oechsler* Rn. 70; *Staudinger/Beckmann* (2014) § 453 Rn. 101.

die Frage dar, ob eine von den vertraglichen Vereinbarungen negativ abweichende Ertragskraft des Unternehmens oder Mängel einzelner Unternehmensgegenstände (defekter Fuhrpark etc.) den §§ 434, 435 BGB unterfallen.[55]

Daneben muss berücksichtigt werden, dass es sich bei der mängelrechtlichen **21** Gleichstellung des Erwerbs einer beherrschenden Beteiligung mit einem Asset Deal um eine Ausnahme handelt, die der funktionellen Austauschbarkeit dieser beiden Vertragsgestaltungen geschuldet ist. Entgegen einer in der Literatur[56] teilweise vertretenen Ansicht ist es daher nicht möglich, auch bei sonstigen Anteilskäufen über § 453 Abs. 1 BGB eine bestimmte Beschaffenheit des Unternehmens als Mangel des Kaufgegenstandes in Ansatz zu bringen.[57] Die abweichende Auffassung berücksichtigt nicht hinreichend, dass es sich bei einem Anteilskauf um einen Rechtskauf handelt, so dass im Grundsatz nach § 453 Abs. 1 Alt. 1 BGB i. V. mit § 433 Abs. 1 Satz 2 BGB nur der Gesellschaftsanteil frei von Mängeln (z. B. Pfandrechten) sein muss. Eine bestimmte Beschaffenheit des Unternehmens kann auch nicht zugleich als „Beschaffenheit" des Anteils interpretiert werden,[58] da ansonsten die rechtliche Selbständigkeit der unternehmenstragenden Gesellschaft vernachlässigt würde. Schließlich verpflichtet auch § 453 Abs. 3 BGB den Verkäufer bei einem Anteilskauf nicht zu einer mangelfreien Verschaffung des Unternehmens selbst: Besitzberechtigt an den Unternehmensgegenständen ist die betreffende Gesellschaft und nicht der einzelne Anteilsinhaber.[59]

Nach heute h. M. ist der Verkauf der *freiberuflichen Praxis eines Arztes oder* **22** *Rechtsanwaltes* nicht per se gemäß § 138 Abs. 1 BGB sittenwidrig.[60] Dies kommt erst dann in Betracht, wenn die wirtschaftlichen Verpflichtungen, die der Erwerber vertraglich übernommen hat, eine dem Berufsethos entsprechende Ausübung der freiberuflichen Tätigkeit gefährden.[61] Die Vereinbarung einer marktüblichen Umsatzbeteiligung zugunsten des Veräußerers bewirkt dies in der Regel jedoch nicht.[62] Nach der Rechtsprechung darf aufgrund des informationellen Selbstbestimmungsrechts eine Verpflichtung zur Weitergabe der Patienten- bzw. Mandantenkartei an einen außenstehenden Erwerber aber nur begründet werden, wenn die Betroffenen dem zugestimmt haben.[63] Ansonsten ist die Vereinbarung nach

---

[55] Dazu näher unten § 2 Rn. 124 ff.

[56] *Gaul* ZHR 166 (2002), 35 (39); *Gronstedt/Jörgens* ZIP 2002, 52 (55); *Triebel/Hölzle* BB 2002, 521 (523 f.); *Wolf/Kaiser* MDR 2002, 411 (416 ff.).

[57] Wie hier BR/*Faust* § 453 Rn. 21; *Eidenmüller* ZGS 2002, 290 (294); *Gomille* JA 2012, 487 (493); *Grunewald* NZG 2003, 372 (373); *Schlechtriem* Rn. 25; weiterführend *U. Huber* AcP 202 (2002), 179 (229 ff.). Möglich bleibt eine selbständige Garantie; siehe unten § 2 Rn. 416.

[58] Näher zum Begriff der Beschaffenheit unten § 2 Rn. 53 ff.

[59] BR/*Faust* § 453 Rn. 21; *Erman/Grunewald* § 453 Rn. 13; *Wälzholz* DStR 2002, 500 (502).

[60] BGH 13.07.1988 NJW 1989, 763; *Reinicke/Tiedtke* Rn. 1263 f.; *Soergel/Huber* § 433 Rn. 37; *H.P. Westermann* MünchKomm. § 453 Rn. 17; a. A. noch RG 12.08.1939 RGZ 161, 153 (155 ff.).

[61] BGH 20.01.1965 BGHZ 43, 46 (50); *Larenz* BT 1, § 45 III, S. 170; *Staudinger/Beckmann* (2014) § 453 Rn. 204; kritisch *Erman/Grunewald* § 453 Rn. 22.

[62] Siehe BGH 26.10.1972 NJW 1973, 98 (100).

[63] BGH 11.12.1991 BGHZ 116, 268 (274); BGH 17.05.1995 NJW 1995, 2026 (2027).

§ 134 BGB i. V. mit § 203 StGB nichtig. Entsprechendes gilt für den Verkauf von Honorarforderungen; für Rechtsanwälte trifft § 49b Abs. 4 BRAO insoweit eine Sonderregelung.

VI. Der Kaufvertrag als Verpflichtungsgeschäft

23   Wie sich bereits aus dem Wortlaut des § 433 Abs. 1 BGB ergibt, begründet der Kaufvertrag lediglich Verpflichtungen der Vertragsparteien und bewirkt nicht unmittelbar die Übertragung des verkauften Gegenstandes auf den Käufer. Selbstverständlich ist dies, soweit die Übertragung tatsächliche Handlungen erfordert, wie z. B. die Weitergabe von Informationen bei dem Kauf von Know-how. Auch die Erlangung des Besitzes an einer gekauften Sache setzt regelmäßig deren tatsächliche Übergabe voraus (Ausnahme: § 854 Abs. 2 BGB). Nicht denknotwendig ist allerdings, dass das Eigentum an einer gekauften Sache bzw. die Inhaberschaft eines gekauften Rechts nicht automatisch mit dem Abschluss des Kaufvertrages auf den Käufer übergeht. Vielmehr ist auch eine gesetzliche Regelung vorstellbar, nach der z. B. der Käufer eines PKW ohne weiteres dessen Eigentümer wird oder eine gekaufte Forderung automatisch dem Käufer als neuem Gläubiger zusteht (sog. *Einheits- oder Konsensualprinzip*).[64]

24   Das BGB hat sich für eine Trennung des Kaufvertrages als obligatorischem Verpflichtungsgeschäft von der Übertragung des Eigentums an der verkauften Sache (Übereignung gemäß den §§ 873, 925 BGB oder den §§ 929 ff. BGB) bzw. der Übertragung des verkauften Rechts (z. B. der Abtretung einer Forderung gemäß § 398 BGB) entschieden; sog. *Trennungsprinzip*. Der Kunde, der in einem Autohaus einen individualisierten Gebrauchtwagen aussucht und diesen kauft, wird somit erst dessen Eigentümer, wenn ihm der Wagen gemäß § 929 Satz 1 BGB mit einer entsprechenden – zumeist konkludenten – Einigung (dinglicher Vertrag) übergeben wird. Zuvor hat er nach § 433 Abs. 1 Satz 1 BGB lediglich einen Anspruch auf die Verschaffung des Eigentums. Das Trennungsprinzip greift nicht nur bei einem Kauf ein, sondern bei allen auf die Veräußerung von Sachen oder Rechten gerichteten Verträgen, z. B. auch bei einer Schenkung. Die danach neben dem Verpflichtungsvertrag erforderlichen Übertragungsakte in Bezug auf die Sache (Übereignung) oder das Recht (z. B. Abtretung) sind sog. Verfügungen, die den Verpflichtungsvertrag i. S. des § 362 BGB erfüllen.[65]

25   Aus dem Trennungsprinzip folgt auch, dass der Eigentümer eine Sache mehrfach voll wirksam verkaufen kann. Das Eigentum erlangt dann nur derjenige

---

[64] Darstellung und rechtspolitische Diskussion einer solchen Regelung bei *Larenz* BT 1, § 39 II c/d, S. 16 ff.; eingehend aus europäisch-rechtsvergleichender Sicht *Lurger/Faber* (Hrsg.), Principles of European Law: Acquisition and Loss of Ownership of Goods, 2011, Art. VIII. – 2:101, Comments C., S. 411 ff.

[65] Zum Begriff der Verfügung allg. *Wolf/Neuner* § 29 Rn. 31 ff.

Käufer, an den die Sache gemäß den §§ 929 ff. BGB übereignet wird, während dem anderen lediglich Ansprüche wegen einer Pflichtverletzung des Verkäufers nach den §§ 280 ff. BGB zustehen. Hingegen begründet das bloß relative, d. h. nur gegenüber dem Verkäufer bestehende Recht aus dem Kaufvertrag keinen Anspruch auf Übereignung der Sache gegen den Dritterwerber, sofern dessen Eigentumserlangung nicht ausnahmsweise als sittenwidrige Schädigung i. S. des § 826 BGB zu bewerten ist.[66]

In Verbindung mit dem Grundsatz, dass sich eine Verfügung immer nur auf einen **26** konkreten Gegenstand beziehen kann (sog. *Spezialitätsprinzip*), führt das Trennungsprinzip bei dem Kauf von Sach- und Rechtsgesamtheiten (z. B. dem Kauf eines Unternehmens) dazu, dass die Sachen und Rechte in Erfüllung des einheitlichen Kaufvertrages jeweils einzeln nach den für sie geltenden Vorschriften (§§ 398, 929 ff. BGB etc.) zu übertragen sind.[67] Dies bedeutet allerdings nicht, dass in Bezug auf jeden gleichartigen Gegenstand eine separate Verfügungserklärung abgegeben werden müsste. Vielmehr ist die Übereignung eines Warenlagers z. B. auch durch die Übergabe des Schlüssels zu dem Lagerraum und eine einheitliche Einigungserklärung gemäß § 929 Satz 1 BGB möglich.[68]

Darüber hinaus können diejenigen Erklärungen, die den Verpflichtungsvertrag **27** begründen, und diejenigen, die zu seiner Erfüllung führen, *äußerlich* zusammenfallen (sog. Handgeschäft).[69] Beispiel: Der Kunde legt entsprechend einer zwischen den Parteien bestehenden Gepflogenheit an einem Kiosk eine 2 Euro-Münze hin und nimmt sogleich die Tageszeitung entgegen. Auch in einem solchen Fall sind die jeweiligen Erklärungen jedoch *rechtlich* streng voneinander zu unterscheiden. Im vorstehenden Beispiel liegen drei Verträge vor: der Kaufvertrag über die Zeitung, die Einigung nach § 929 Satz 1 BGB über die Übereignung des Geldstückes sowie die Einigung gemäß § 929 Satz 1 BGB im Hinblick auf die Übereignung der Zeitung.

Das Trennungsprinzip beruht vor allem auf dem Bedürfnis nach Rechtsklarheit **28** und Rechtssicherheit. Um dieses Ziel bestmöglich zu erreichen, geht das BGB im Anschluss an *Savigny*[70] noch über das Trennungsprinzip hinaus, indem es die Verfügung, die den Verpflichtungsvertrag erfüllt, in ihrer Rechtswirksamkeit eigenständig

---

[66] In diesem Fall kann von dem Dritterwerber nach § 826 BGB i. V. mit § 249 Abs. 1 BGB (Grundsatz der Naturalrestitution) die Übereignung der Kaufsache verlangt werden; dazu *Medicus/Petersen* Rn. 625. Derjenige, der einen Anspruch auf die Übertragung des Rechts an einem Grundstück hat, kann sich zudem durch eine Vormerkung gemäß § 883 BGB gegen die Veräußerung des Grundstücks an einen Dritten absichern; näher *Baur/Stürner* § 20, S. 250 ff.

[67] Eine Besonderheit gilt für das Zubehör von Grundstücken. Unter den Voraussetzungen des § 926 BGB geht das Eigentum an dem Zubehör gemeinsam mit dem Grundstückseigentum auf den Erwerber über; siehe *Baur/Stürner* § 22 Rn. 22 f.

[68] Vgl. *Baur/Stürner* § 57 Rn. 13.

[69] Dazu, dass in diesem Fall kein Verpflichtungsvertrag im strengen Sinne, sondern ein bloßer Kausalvertrag vorliegt, unten § 4 Rn. 22 für die sog. Handschenkung.

[70] Das Obligationenrecht als Theil des heutigen Römischen Rechts, Bd. II, 1853, S. 254 ff.

von dem Verpflichtungsvertrag beurteilt.[71] Die Unwirksamkeit des Verpflichtungsgeschäfts strahlt daher nicht ipso iure auf das Verfügungsgeschäft aus; sog. *Abstraktionsprinzip*. Ist das Verfügungsgeschäft (z. B. die Übereignung einer beweglichen
Sache gemäß den §§ 929 ff. BGB) rechtswirksam, leidet das Verpflichtungsgeschäft (z. B. ein Kaufvertrag) hingegen an einem rechtlichen Mangel (z. B. fehlende
Genehmigung bei beschränkt Geschäftsfähigen, § 108 Abs. 1 BGB), dann muss die
infolge des Verfügungsgeschäfts eingetretene Vermögensmehrung des neuen Eigentümers über das Bereicherungsrecht (§§ 812 ff. BGB) rückgängig gemacht werden,
da der Eigentumsübergang als solcher rechtswirksam ist.[72] Hierdurch wird vor allem
der Rechtsverkehr geschützt: Auch der bereicherungsrechtlich zur Herausgabe verpflichtete Erwerber bleibt verfügungsbefugter Eigentümer, so dass ein Dritter von
ihm ohne Rücksicht auf die Voraussetzungen eines gutgläubigen Erwerbs (§§ 892,
932 ff. BGB) Eigentum erlangen kann. Die rein schuldvertraglichen Beziehungen
zwischen Verkäufer und Käufer sind somit für den Dritterwerber bedeutungslos.

29   Die Auswirkungen des Abstraktionsprinzips können die Parteien jedoch bis
zu einem gewissen Grade abschwächen, indem sie ihre Verfügungsgeschäfte in
bestimmter Hinsicht mit dem zugrunde liegenden Kaufvertrag verknüpfen. So
kann der Verkäufer die verkaufte Sache an den Käufer nach den §§ 929 Satz 1, 158
Abs. 1 BGB unter der Bedingung übereignen, dass der Käufer den Kaufpreis zahlt.
In diesem Fall geht das Eigentum an der Sache erst mit der Zahlung des Kaufpreises auf den Erwerber über; die Parteien haben einen sog. *Eigentumsvorbehalt* vereinbart.[73] Darüber hinaus ist es den Vertragschließenden aufgrund ihrer Privatautonomie grundsätzlich auch gestattet, als Bedingungsinhalt für die Wirksamkeit des
Verfügungsgeschäfts ganz allgemein die Rechtswirksamkeit des Kaufvertrags zu
vereinbaren (sog. *Bedingungszusammenhang*) oder durch eine entsprechende Vereinbarung das Verfügungsgeschäft analog § 139 BGB in seiner Wirksamkeit von
derjenigen des zugrunde liegenden Verpflichtungsgeschäfts abhängig zu machen
(sog. *Geschäftseinheit*).[74] Aufgrund eines gewissen Spannungsverhältnisses zum
Grundgedanken des Abstraktionsprinzips bedürfen derartige Konstruktionen aber
stets einer hinreichend deutlichen Grundlage in den jeweiligen Parteivereinbarungen. Zudem können die skizzierten Abschwächungen des Abstraktionsprinzips
nach § 925 Abs. 2 BGB bei der Übereignung eines Grundstücks nicht vereinbart

---

[71] Zu diesem Zusammenhang statt aller *Flume* AT 2, § 12 III 3, S. 176 f. Eingehende rechtsverglei-
chend-rechtspolitische Diskussion der möglichen Alternativlösung, nach der eine Wirksamkeit der
Verfügung auch eine wirksame zugrunde liegende Verpflichtung voraussetzt (sog. *Kausalprinzip*),
bei *Lurger/Faber* (Hrsg.), Principles of European Law: Acquisition and Loss of Ownership of
Goods, 2011, Art. VIII. – 2:101, Comments E., S. 452 ff.

[72] Im Zuge des Bereicherungsausgleiches findet der Umstand, dass die Vermögensmehrung auf
einem fehlgeschlagenen gegenseitigen Verpflichtungsvertrag beruht, jedoch in verschiedener Hinsicht Berücksichtigung; siehe *Larenz/Canaris* BT 2, § 73 III, S. 321 ff.

[73] Zum Kauf unter Eigentumsvorbehalt unten § 2 Rn. 485 ff.

[74] *H.P. Westermann* MünchKomm. Vor § 433 Rn. 6; kritisch hingegen *Flume* AT 2, § 12 III 4,
S. 177 f.

werden.[75] Das Bedürfnis nach einer klaren, aus dem Grundbuch ersichtlichen Rechtslage genießt in diesem Fall besonderen Schutz.

C. Abschluss und Wirksamkeit des Kaufvertrages

Den Abschluss des Kaufvertrages als solchen regeln nicht die §§ 433 ff. BGB. Viel- **30** mehr gelten hierfür die Vorschriften des Allgemeinen Teils über Willenserklärungen und den Abschluss von Verträgen (§§ 104 ff., 145 ff. BGB). Die Willenserklärungen müssen die sog. essentialia negotii umfassen, zu denen bei einem Kauf neben den Vertragsparteien auch der Kaufgegenstand und der Kaufpreis zählen.[76]

Gerade bei Kaufgeschäften im Massenverkehr erlangt die Abgrenzung eines bin- **31** denden Antrages auf Abschluss eines Kaufvertrages von einer unverbindlichen *invitatio ad offerendum* (z. B. einer Schaufensterauslage) besondere Bedeutung.[77] So ist bei Selbstbedienungsläden regelmäßig nicht bereits in der Auslegung der Ware, sondern erst in deren Vorlage durch den Kunden an der Kasse ein auf Abschluss eines Kaufvertrages gerichteter Antrag zu sehen, da es dem Geschäftsinhaber bzw. seinen Angestellten möglich sein muss, mit Rücksicht auf die Person des Kunden über den Vertragsabschluss zu entscheiden und vor diesem gegebenenfalls auch noch etwaige Preisauszeichnungsfehler zu korrigieren.[78]

Unter bestimmten Voraussetzungen können für Kaufverträge besondere *antidis-* **32** *kriminierungsrechtliche Vorschriften* als Grenzen der Privatautonomie eingreifen. Sofern der Kaufvertrag ein Geschäft darstellt, das typischerweise ohne Ansehen der Person zu vergleichbaren Bedingungen in einer Vielzahl von Fällen zustande kommt (sog. Massengeschäft), darf bei der Auswahl des Vertragspartners gemäß § 19 Abs. 1 Nr. 1 AGG keine Benachteiligung aus den dort genannten Gründen erfolgen (insbesondere Rasse, Geschlecht, Religion, Alter). Liegt zwar kein Massengeschäft vor, wird der Kaufgegenstand aber i. S. des § 2 Abs. 1 Nr. 8 AGG gegenüber der Öffentlichkeit angeboten (z. B. durch Zeitungsinserate), umfasst das Diskriminierungsverbot lediglich die Merkmale der Rasse und der ethnischen Herkunft (§ 19 Abs. 2 AGG). Allerdings ist umstritten, ob sich aus einem Verstoß gegen diese Verbote ein Anspruch des Benachteiligten auf Abschluss eines Vertrages als Form der Beeinträchtigungsbeseitigung nach § 21 Abs. 1 Satz 1 AGG ergeben

---

[75] Dies gilt in analoger Anwendung über den Wortlaut des § 925 Abs. 2 BGB hinaus, der nur Bedingungen ausschließt, richtigerweise auch für die Unzulässigkeit einer Geschäftseinheit i. S. des § 139 BGB: *Kohler* MünchKomm. § 873 Rn. 54 m. w. N.

[76] Vgl. BGH 07.02.2006 NJW-RR 2006, 1139 Rn. 21 sowie *U. Jung* JuS 1999, 28 ff.

[77] Dazu *Bork* Rn. 705 ff.; *Wolf/Neuner* § 37 Rn. 6 ff.

[78] *Erman/Armbrüster* § 145 Rn. 10; *H.P. Westermann* MünchKomm. § 433 Rn. 28; a. A. (Antrag durch Auslegung der Ware, der bereits mit Vorlage derselben an der Kasse angenommen wird) RGRK/*Mezger* vor § 433 Rn. 55; *Soergel/Huber* Vor § 433 Rn. 97; offengelassen durch BGH 28.01.1976 BGHZ 66, 51 (55 f.).

kann[79] oder ob der Betroffene auf Schadensersatzansprüche aus § 21 Abs. 2 AGG beschränkt bleibt.

33   Im Allgemeinen Teil des Schuldrechts geregelte Besonderheiten zum Vertragsschluss (vgl. die §§ 312 ff., 355 ff. BGB) greifen bei verschiedenen Formen des *Kaufs durch Verbraucher* i. S. des § 13 BGB ein, so z. B. bei außerhalb von Geschäftsräumen geschlossenen Verträgen oder Fernabsatzverträgen. In diesen Fällen ist insbesondere die abgeschwächte Bindung des Verbrauchers an seine Willenserklärung zu beachten, die aus dem 14tägigen Widerrufsrecht folgt (§§ 312g, 355 BGB).[80]

34   Nach den §§ 450, 451 BGB ist bei einem Verkauf, der im Wege der Zwangsvollstreckung (§ 450 Abs. 1 BGB) oder aufgrund einer gesetzlichen Vorschrift für Rechnung eines anderen (§ 450 Abs. 2 BGB; z. B. ein Pfandverkauf nach den §§ 1228 ff. BGB) erfolgt, der Kauf des Gegenstandes durch den Leiter des Verkaufs oder seine Gehilfen sowohl als Eigen- wie als Vertretergeschäft nur wirksam, wenn die als Schuldner, Eigentümer oder Gläubiger Beteiligten diesem Geschäft nach den §§ 182 ff. BGB zustimmen. Diese mit dem Rechtsgedanken des § 181 BGB verwandte Regelung soll die unparteiische Durchführung des Verkaufsverfahrens sicherstellen.[81]

35   Für den Kaufvertrag gelten zudem die *allgemeinen Außenschranken der Privatautonomie*, insbesondere die §§ 134, 138 BGB. So ist etwa der Verkauf von Diebesgut nach § 134 BGB i. V. mit § 259 StGB nichtig. Sittenwidrigkeit nimmt die Rechtsprechung z. B. bei dem Verkauf eines Radarwarngeräts an, da derartige Geräte Verkehrsordnungsverstöße erleichtern.[82] Im Bereich des *Anfechtungsrechts* unterliegt § 119 Abs. 2 BGB jedoch in Abgrenzung zu der Mängelhaftung gemäß den §§ 437 ff. BGB gewissen Einschränkungen.[83]

36   Der Kaufvertrag unterliegt nur ausnahmsweise einem *Formerfordernis*. Das praktisch wichtigste Beispiel hierfür bildet § 311b Abs. 1 Satz 1 BGB, der für Verpflichtungsverträge, die auf die Übertragung des Eigentums an einem Grundstück gerichtet sind, die notarielle Beurkundung vorschreibt.[84] Der bei Missachtung der Formvorschrift nach § 125 Satz 1 BGB nichtige Vertrag wird jedoch gemäß § 311b Abs. 1 Satz 2 BGB geheilt, wenn der Käufer in „Vollzug" des unwirksamen Vertrages das Eigentum an dem Grundstück erlangt.[85] Entsprechende Anwendung findet

---

[79] Bejahend *Gaier/Wendtland* AGG, 2006, § 4 Rn. 207; *Thüsing* MünchKomm. § 21 AGG Rn. 17 ff.; verneinend *Bachmann* ZBB 2006, 257 (265). Allg. zum AGG *Schreier* JuS 2007, 308 ff.

[80] Siehe noch unten § 2 Rn. 579.

[81] Mot. II, S. 331; *Staudinger/Beckmann* (2014) § 450 Rn. 1; *H.P. Westermann* MünchKomm. § 450 Rn. 1.

[82] BGH 23.02.2005 NJW 2005, 1490 f.; zu den Folgewirkungen für ein etwaiges Widerrufsrecht des Käufers nach § 312d BGB siehe BGH 25.11.2009 BGHZ 183, 235 ff.

[83] Näher unten § 2 Rn. 345 ff.

[84] Der Verkauf eines land- oder forstwirtschaftlichen Grundstücks bedarf zudem einer öffentlich-rechtlichen Genehmigung gemäß § 2 GrdstVG.

[85] Zu den Einzelheiten *Erman/Grziwotz* § 311b Rn. 71 ff.

§ 311b Abs. 1 BGB auf den Verkauf von Wohnungseigentum (§ 4 Abs. 3 WEG) oder Erbbaurechten (§ 11 Abs. 2 ErbbauRG). Einer notariellen Beurkundung bedarf nach § 311b Abs. 3 BGB auch der Kaufvertrag über das gegenwärtige Vermögen einer Partei oder einen Bruchteil desselben. Hiermit wird eine Warnung der Parteien bezweckt, die wegen des nur abstrakt umschriebenen Vertragsgegenstandes und der hiermit verbundenen Ungewissheit angemessen erscheint.[86] Ebenso unterliegt der Verkauf einer angefallenen Erbschaft durch den Erben nach § 2371 BGB dem Erfordernis einer notariellen Beurkundung.[87] Vergleichbare Formvorschriften sind auch außerhalb des BGB anzutreffen. So bedarf z. B. der Vertrag, der die Verpflichtung zur Abtretung eines Geschäftsanteils an einer GmbH begründet, einer notariellen Beurkundung (§ 15 Abs. 4 GmbHG). Die Einzelheiten zum notariell beurkundeten Vertragsschluss regeln die §§ 127a, 128 BGB sowie die §§ 8 ff. BeurkG.

D. Pflichten des Verkäufers

I. Hauptpflichten des Verkäufers

1. Hauptpflichten des Verkäufers beim Sachkauf

a) Überblick

Die Hauptpflichten des Verkäufers beim Sachkauf legt § 433 Abs. 1 BGB fest. **37** Dabei wird die Pflicht aus § 433 Abs. 1 Satz 2 BGB zu einer von Sach- und Rechtsmängeln freien Leistung allerdings ab der Lieferung des Kaufgegenstandes durch die §§ 437 bis 441 BGB modifiziert.[88]

Der Verkäufer ist nach § 433 Abs. 1 Satz 1 BGB verpflichtet, dem Käufer die ver- **38** kaufte(n) Sache(n) zu *übergeben* und ihm das *Eigentum zu verschaffen*. § 311c BGB erstreckt diese Pflichten im Zweifel auch auf das Zubehör des verkauften Gegenstandes i. S. der §§ 97, 98 BGB. Zu der Hauptleistungspflicht des Verkäufers eines technischen Gerätes zählt es daher z. B. auch, die dazugehörige Bedienungsanleitung zu übergeben und zu übereignen.[89] Des Weiteren muss der Verkäufer die Sache dem Käufer *frei von Sach- und Rechtsmängeln* i. S. der §§ 434, 435 BGB leisten (§ 433 Abs. 1 Satz 2 BGB).

---

[86] Mot. II, S. 188; BGH 19.06.1957 BGHZ 25, 1 (4 f.).

[87] Für künftige Erbschaften gelten § 311b Abs. 4 und 5 BGB.

[88] Dazu näher unten § 2 Rn. 146 ff.

[89] BGH 04.11.1992 NJW 1993, 461 ff.; *Soergel/Huber* § 459 Rn. 52; für eine Zuordnung dieser Pflicht zu § 433 Abs. 1 Satz 2 BGB u. a. *Erman/Grunewald* § 434 Rn. 59; umfassend *Krebber* AcP 201 (2001), 333 ff.

b) Verschaffung des Eigentums

39 Der Verkäufer hat dem Käufer nach § 433 Abs. 1 Satz 1 BGB das Eigentum an der Sache zu verschaffen (sog. Rechtsverschaffungspflicht). Bei einem nur gattungsmäßig bestimmten Kaufgegenstand (z. B. ein Radiogerät des Typs X) bezieht sich die Verpflichtung auf einen dieser Gattung zugehörigen Gegenstand.[90] Die Übertragung des Eigentums erfolgt regelmäßig durch ein Rechtsgeschäft. In Ausnahmefällen kann es jedoch genügen, wenn der Verkäufer die Voraussetzungen für einen kraft Gesetzes eintretenden Eigentumsübergang herbeiführt.

aa) Rechtsgeschäftliche Eigentumsübertragung

40 Für die rechtsgeschäftliche Übertragung des Eigentums an Sachen durch Übereignung ist zwischen beweglichen und unbeweglichen Sachen zu unterscheiden. Bei *beweglichen Sachen* sind die §§ 929 ff. BGB einschlägig, was zunächst eine Einigung über den Eigentumsübergang in Form eines dinglichen Vertrages voraussetzt (§ 929 Satz 1 BGB). Hinzukommen muss entweder die Übergabe der Sache gemäß § 929 Satz 1 BGB, d. h. die einverständliche Neubegründung eines unmittelbaren oder mittelbaren Sachbesitzes des Käufers unter Aufgabe jeglichen Sachbesitzes seitens des Verkäufers, oder ein in den §§ 929 Satz 2, 930 sowie 931 BGB geregeltes Übergabesurrogat.[91] Bei *unbeweglichen Sachen* (Grundstücke und deren wesentliche Bestandteile) vollzieht sich der Eigentumswechsel nach den §§ 873, 925 BGB durch Abschluss eines gemäß § 925 Abs. 1 BGB formbedürftigen dinglichen Vertrages, der sog. Auflassung, und durch die Eintragung der Rechtsänderung in das Grundbuch.[92]

41 Schwierigkeiten können sich ergeben, wenn der Verkäufer nicht Eigentümer der verkauften Sache ist und auch nicht aus einem anderen Grund die Verfügungsbefugnis über den Gegenstand innehat (z. B. aufgrund einer Zustimmung des Rechtsinhabers nach § 185 BGB). Dann ist zunächst zu berücksichtigen, dass das BGB für bewegliche Sachen in den §§ 932 bis 935 BGB und für Grundstücke in § 892 BGB einen *gutgläubigen Eigentumserwerb* vom Nichtberechtigten ermöglicht. Erwirbt der Käufer nach diesen Vorschriften gutgläubig das Eigentum, so hat der Verkäufer seine Eigentumsverschaffungspflicht erfüllt.[93] Entstehen für den Käufer durch den gutgläubigen Erwerb mehr als nur unerhebliche Belästigungen (z. B.: der ursprüngliche Eigentümer strengt eine nicht offensichtlich aussichtslose Vindikationsklage nach § 985 BGB an), hat der Verkäufer jedoch eine Nebenpflicht i. S. des § 241

---

[90] Zu den Rechtsfolgen einer Falschlieferung unten § 2 Rn. 164 ff.

[91] Im Einzelnen *Baur/Stürner* § 51 Rn. 6 ff.

[92] Näher *Baur/Stürner* § 19 Rn. 9 ff., § 22 Rn. 1 ff.

[93] BGH 15.01.1957 WM 1957, 634; *Erman/Grunewald* § 433 Rn. 19; PWW/*D. Schmidt* § 433 Rn. 21; *Staudinger/Beckmann* (2014) § 433 Rn. 120; *H.P. Westermann* MünchKomm. § 433 Rn. 49.

Abs. 2 BGB verletzt, die unter den entsprechenden Voraussetzungen zu Schadensersatzpflichten nach § 280 Abs. 1 BGB oder einem Rücktrittsrecht gemäß § 324
BGB führen kann.[94]

Wenn die Voraussetzungen eines gutgläubigen Erwerbs nicht vorliegen, muss **42**
sich der Verkäufer bis zur Grenze des § 275 Abs. 2 BGB darum bemühen, die Voraussetzungen für eine Eigentumsübertragung an den Käufer herbeizuführen, z. B.
durch den Erwerb des verkauften Gegenstandes von dem wahren Eigentümer (sog.
Beschaffungspflicht).[95] Auch sonstige Hindernisse, die einer Eigentumsübertragung
auf den Käufer entgegenstehen, wie z. B. bei einem Grundstückskaufvertrag die
Grundbucheintragung eines nichtberechtigten Dritten (siehe § 39 Abs. 1 GBO),
hat der Verkäufer grundsätzlich zu beseitigen.[96] Ist die Ausräumung derartiger
Hindernisse nicht möglich (z. B. weil der wahre Eigentümer nicht verkaufsbereit
ist oder die verkaufte Sache gar nicht existiert), so ist der Verkäufer von seiner
Eigentumsverschaffungspflicht nach § 275 Abs. 1 oder 2 BGB befreit. Die Wirksamkeit des Kaufvertrages bleibt hiervon gemäß § 311a Abs. 1 BGB aber selbst
dann unberührt, wenn der Tatbestand der Leistungsbefreiung bereits bei Abschluss
des Vertrages vorlag,[97] z. B. wenn der verkaufte Oldtimer der Marke Bugatti zuvor
in der Garage des Verkäufers abgebrannt ist. Vielmehr bemessen sich die Rechte des
Käufers in diesen Fällen eines anfänglichen Ausschlusses der Leistungspflicht nach
den §§ 311a Abs. 2, 320 ff. BGB. Tritt der Ausschluss der Leistungspflicht nach
Vertragsschluss ein, z. B. durch eine Zerstörung des Bugattis nach Abschluss des
Kaufvertrages, so beurteilt sich die Rechtsstellung des Käufers nach den §§ 280 ff.,
320 ff. BGB.[98]

bb) Eigentumsübergang kraft Gesetzes

In einzelnen Fällen kann der Verkäufer seiner Pflicht zur Verschaffung des Eigen- **43**
tums auch dadurch nachkommen, dass er einen gesetzlichen Übergang des Eigentums an der verkauften Sache auf den Käufer herbeiführt. Z. B. erwirbt der Käufer
das Eigentum an einer gekauften Badewanne nach § 946 BGB i. V. mit § 94 BGB
durch Verbindung, wenn der Verkäufer die Badewanne in das Haus des Käufers
einbaut, ohne dass zuvor eine Übereignung nach den §§ 929 ff. BGB stattgefunden

---

[94] Ein Rechtsmangel gemäß § 435 Satz 1 BGB scheidet hingegen aus, da es insoweit des wirklichen
Vorliegens eines Drittrechts bedarf, das die Position des Käufers schmälert; siehe unten § 2 Rn. 91.
[95] BR/*Unberath* § 275 Rn. 44; *Canaris* JZ 2004, 214 (215 ff.); *Ernst* MünchKomm. § 275 Rn. 95;
Grigoleit in: Artz/Gsell/Lorenz (Hrsg.), Zehn Jahre Schuldrechtsmodernisierung, 2014, S. 55
(61 ff.). Zum genauen Verhältnis zwischen der Beschaffung durch den Verkäufer und der Eigentumsübertragung an den Käufer im kaufvertraglichen Pflichtenprogramm *Bartels/Sajnovits* JZ
2014, 322 ff. m. w. N. Kritisch zu Beschaffungspflichten insbesondere bei Stückschulden aber
Lobinger Die Grenzen rechtsgeschäftlicher Leistungspflichten, 2004, S. 218 ff.
[96] Vgl. BGH 19.11.2007 BGHZ 174, 61 Rn. 44 ff.
[97] Zur abweichenden Lage im alten Recht *Ernst* MünchKomm. § 311a Rn. 10 ff.
[98] Näher zum Ganzen unten § 2 Rn. 135 ff.

hat. In derartigen Fällen liegt jedoch häufig kein Kaufvertrag, sondern ein Werkvertrag i. S. des § 631 BGB vor.[99]

c) Übergabe der Sache

aa) Verschaffung des unmittelbaren Besitzes

44 Neben der Verschaffung des Eigentums schuldet der Verkäufer nach § 433 Abs. 1 Satz 1 BGB auch die Übergabe der Sache an den Käufer. Vorbehaltlich einer abweichenden Vereinbarung ist hiermit die Verschaffung des *unmittelbaren Besitzes* i. S. des § 854 BGB gemeint.[100] Die Parteien können jedoch auch vorsehen, dass die Sache einem Dritten ausgehändigt werden soll (sog. Geheißerwerb), z. B. wenn der Käufer die Sache seinerseits bereits an einen Dritten verkauft hat und die Lieferung direkt an den Abkäufer des Käufers erfolgen soll (sog. Streckengeschäft).[101]

45 Die Pflicht zur Übergabe erlangt neben derjenigen zur Eigentumsverschaffung bei einem Verkauf von Grundstücken besondere Bedeutung. Denn hier vollzieht sich die Eigentumsübertragung durch Auflassung und Eintragung im Grundbuch (§§ 873, 925 BGB), d. h. ohne einen Besitzübergang auf den Käufer. Wird eine bewegliche Sache verkauft, erfolgt die Übertragung des unmittelbaren Besitzes auf den Käufer hingegen regelmäßig bereits im Rahmen einer Übereignung i. S. des § 929 Satz 1 BGB.[102] In diesem Fall kann die Erfüllung der Pflicht zur Übergabe von derjenigen zur Übereignung zwar rechtlich, nicht aber tatsächlich getrennt werden. Wurde der verkaufte Gegenstand dem Käufer bereits vor der Übertragung des Eigentums übergeben, so vermittelt ihm der Kaufvertrag ein Recht zum Besitz i. S. des § 986 Abs. 1 Satz 1 BGB und schützt ihn vor einem auf § 985 BGB gestützten Herausgabeverlangen des Verkäufers.[103]

bb) Einräumung des mittelbaren Besitzes als Übergabe

46 Problematisch ist die Rechtslage, wenn dem Käufer das Eigentum übertragen wird, ohne dass er zugleich unmittelbaren Besitz i. S. des § 854 BGB (= tatsächliche Sachherrschaft) erlangt. Dies kommt insbesondere bei der Übereignung unter Verwendung eines Übergabesurrogates i. S. der §§ 930, 931 BGB in Betracht. Lässt sich z. B. der Käufer ein Gemälde unter Vereinbarung eines Besitzmittlungsverhältnisses

---

[99] Zur Abgrenzung zwischen einem Kauf mit Montageverpflichtung und einem Werkvertrag noch unten § 2 Rn. 83.

[100] *Erman/Grunewald* § 433 Rn. 14; *Esser/Weyers* BT 1, § 4 II 2, S. 15; *Staudinger/Beckmann* (2014) § 433 Rn. 106; *H.P. Westermann* MünchKomm. § 433 Rn. 43. Zur Wirkung der Übergabe sog. kaufmännischer Traditionspapiere (vgl. die §§ 448, 475 g und 524 HGB) *Soergel/Huber* § 433 Rn. 90 ff.

[101] Zu den diesbezüglichen Rechtsfragen ausführlich *Padeck* Jura 1987, 454 ff.

[102] Siehe oben § 2 Rn. 40.

[103] Statt aller *Larenz* BT 1, § 40 I a, S. 23 f. Zur Regelung des § 449 Abs. 2 BGB bei einem Eigentumsvorbehalt noch unten § 2 Rn. 502 f.

i. S. des § 868 BGB (z. B. Leihe, Mietvertrag) nach den §§ 929 Satz 1, 930 BGB übereignen und belässt er das Bild noch für einige Tage in der Galerie des Verkäufers, so stellt sich die Frage, ob als „Übergabe" i. S. des § 433 Abs. 1 Satz 1 BGB auch die Einräumung eines mittelbaren Besitzes i. S. des § 868 BGB genügt und der Verkäufer damit seiner Besitzverschaffungspflicht bereits nachgekommen ist.

Diese Frage ist insbesondere dann bedeutsam, wenn der Kaufgegenstand vor der **47** Einräumung des unmittelbaren Besitzes an den Käufer ohne Verschulden einer Partei untergeht oder verschlechtert wird (z. B. wenn das Gemälde in der Galerie verbrennt, bevor es der Käufer abholen kann). Hatte der Verkäufer wie in dem soeben genannten Beispiel das Eigentum bereits übertragen, muss entschieden werden, ob er durch die Einräumung des mittelbaren Besitzes auch seine Pflicht zur Übergabe und damit von seiner Seite den gesamten Kaufvertrag bereits erfüllt hat und deshalb trotz des späteren Untergangs der Sache den Kaufpreis beanspruchen kann[104] oder ob eine Übergabe i. S. des § 433 Abs. 1 Satz 1 BGB die Einräumung des unmittelbaren Besitzes voraussetzt, so dass dem Verkäufer die Erfüllung seiner synallagmatischen Hauptpflicht nach § 275 Abs. 1 BGB teilweise (nämlich in Bezug auf die Übergabe) unmöglich geworden ist und damit der Kaufpreisanspruch nach § 326 Abs. 1 Satz 1 BGB entfällt.[105] Sofern der Verkäufer mit dem mittelbaren Besitz nicht zugleich auch das Eigentum an den Verkäufer übertragen hat, stellt sich in ganz ähnlicher Weise das Problem, ob bereits eine Übergabe i. S. des § 446 Satz 1 BGB[106] erfolgt ist und der Käufer damit die Gefahr des zufälligen Untergangs der Sache trägt.

Die Frage, ob eine Übergabe i. S. des § 433 Abs. 1 Satz 1 BGB die Verschaffung **48** des unmittelbaren Besitzes voraussetzt oder ob die Erlangung des mittelbaren Besitzes ausreicht, kann nicht generell in die eine oder die andere Richtung beantwortet werden.[107] Vielmehr steht zunächst die *Auslegung des jeweiligen Vertrages* im Vordergrund, da das Problem privatautonom in beide Richtungen geregelt werden kann.[108] Wenn hierzu eine ausdrückliche Regelung fehlt, lässt sich aus dem Rechtsgedanken des § 446 Satz 2 BGB eine *Zweifelsregelung* ableiten, die jedoch stets unter dem Vorbehalt der Besonderheiten des Einzelfalles steht. Mit der Übergabe der Kaufsache an den Käufer geht nicht nur gemäß § 446 Satz 1 BGB die Gefahr des

---

[104] Dies gilt allerdings nur dann, wenn der Verkäufer den Untergang oder die Verschlechterung nicht i. S. der §§ 276 ff. BGB zu vertreten hat. Sonst wäre er dem Käufer nach den §§ 280 Abs. 1, 241 Abs. 2 BGB aufgrund der Verletzung einer Obhutspflicht zum Schadensersatz verpflichtet und der Käufer könnte mit diesem Anspruch gegen den Anspruch des Verkäufers auf Zahlung des Kaufpreises aufrechnen. Nach Maßgabe des § 324 BGB käme auch ein Rücktritt von dem Vertrag in Betracht.

[105] Eine bloße Minderung nach § 326 Abs. 1 Satz 1 Halbsatz 2 BGB i. V. mit § 441 Abs. 3 BGB käme mangels eines bezifferbaren Wertes des von dem Besitz getrennten Eigentums nicht in Betracht; siehe BGH 30.10.1998 NJW-RR 1999, 346 f.; BR/*Faust* § 433 Rn. 31.

[106] Dazu näher unten § 2 Rn. 444 ff.

[107] So aber *Oertmann* § 446 Anm. 1a, nach dem die Einräumung mittelbaren Besitzes stets für eine Übergabe i. S. des § 433 Abs. 1 Satz 1 BGB ausreicht.

[108] *Enneccerus/Lehmann* § 103 II 1, S. 416; *Erman/Grunewald* § 446 Rn. 5; *Schlechtriem* Rn. 16; *Staudinger/Beckmann* (2014) § 433 Rn. 112; *H.P. Westermann* MünchKomm. § 433 Rn. 43.

zufälligen Untergangs oder der zufälligen Verschlechterung auf ihn über,[109] sondern ihm gebühren von diesem Zeitpunkt an nach § 446 Satz 2 BGB auch die aus der Sache fließenden Nutzungen i. S. des § 100 BGB und er hat umgekehrt die Lasten der Sache zu tragen, insbesondere öffentliche Abgaben (näher § 103 BGB). Dieses Leitbild spricht im Zweifel dafür, dass die Übertragung eines mittelbaren Besitzes i. S. des § 868 BGB (nur) dann für eine Übergabe nach § 433 Abs. 1 Satz 1 BGB ausreicht, wenn das Besitzmittlungsverhältnis aus Sicht des Käufers *eigennützig* angelegt ist, er also aus diesem Vorteile für sich ziehen kann.[110]

49   Im obigen Beispiel des Gemäldekaufs ist dies z. B. zu bejahen, wenn der Käufer das Gemälde für die Dauer einer Ausstellung gegen ein Entgelt mietweise in der Galerie belässt und daher aus der Sache bereits Nutzungen i. S. des § 99 Abs. 3 BGB zieht (die Miete als mittelbare Sachfrucht).[111] Da der Verkäufer seine Pflicht zur Übergabe nach § 433 Abs. 1 Satz 1 BGB dann bereits durch die Begründung des mittelbaren Besitzes erfüllt hat, schuldet der Verkäufer die Verschaffung des unmittelbaren Besitzes nicht mehr nach § 433 Abs. 1 Satz 1 BGB, sondern nach Ablauf der Mietzeit aus § 546 Abs. 1 BGB und § 985 BGB. Anders ist in der Regel zu entscheiden, wenn der Käufer das Gemälde für den Zeitraum der Ausstellung noch unentgeltlich und damit fremdnützig in Form einer Leihe i. S. der §§ 598 ff. BGB in der Galerie belässt. In dieser Konstellation kann der Käufer Nutzungen i. S. des § 100 BGB erst mit der Einräumung des unmittelbaren Besitzes ziehen, so dass nach dem Leitbild des § 446 Satz 2 BGB von einer Übergabe i. S. des § 433 Abs. 1 Satz 1 BGB durch die Erlangung des mittelbaren Besitzes nicht gesprochen werden kann.[112] Folglich wird die Übertragung des unmittelbaren Besitzes nach Ablauf der Leihfrist im Wege der Anspruchskonkurrenz[113] sowohl aus § 433 Abs. 1 Satz 1 BGB als auch nach § 604 Abs. 1 BGB und § 985 BGB geschuldet.

d) Mängelfreie Verschaffung der Sache

aa) Mängelfreiheit als Inhalt des Erfüllungsanspruchs des Käufers

50   Weiterhin zählt es nach § 433 Abs. 1 Satz 2 BGB zu den Hauptpflichten des Verkäufers, die Sache frei von Sach- und Rechtsmängeln i. S. der §§ 434, 435 BGB zu

---

[109] Dazu näher unten § 2 Rn. 444 ff.

[110] *Brox* JuS 1975, 1 (4); *Larenz* BT 1, § 42 II a, S. 96 f. Teilweise a. A. *G. Hager* Die Gefahrtragung beim Kauf, 1982, S. 76 ff., der einen Gefahrübergang auf den Käufer gemäß § 446 Satz 1 BGB auch dann annimmt, wenn die Belassung des unmittelbaren Besitzes bei dem Verkäufer durch den Käufer zwar aus altruistischen Motiven, aber auf einer neuen formellen Vertragsgrundlage erfolgt, z. B. aufgrund eines parallel zu dem Kaufvertrag tretenden Leihvertrages.

[111] Vgl. *Wolf/Neuner* § 27 Rn. 6.

[112] Entgegengesetzt ist wiederum zu entscheiden, wenn der Käufer die Sache bei dem Verkäufer in Verwahrung belässt. Obwohl der Käufer auch in diesem Fall kein Entgelt erhält, ist das Rechtsverhältnis aus seiner Sicht eigennützig, da der Verkäufer nach § 688 BGB eine besondere Obhut über die Sache schuldet und diese nicht gebrauchen darf (näher unten § 12 Rn. 3 ff.).

[113] Siehe zu diesem Begriff *Wolf/Neuner* § 21 Rn. 9 f.

verschaffen. Auch insoweit besteht ein Erfüllungsanspruch des Käufers, so dass die mangelhafte Leistung eine Pflichtverletzung i. S. der §§ 280 ff. BGB darstellt.[114] Dieser Anspruch entfällt vor der Lieferung der Sache nur unter den Voraussetzungen des § 275 Abs. 1 oder 2 BGB. Weist z. B. der verkaufte Gebrauchtwagen einen Sachmangel auf (defekter Motor), so muss der Verkäufer diesen vor der Übereignung an den Käufer reparieren (lassen). Nach der Lieferung erfährt die Erfüllungspflicht in Bezug auf die Mängelfreiheit wegen § 437 Nr. 1 BGB durch § 439 BGB jedoch gewisse Modifikationen (Nacherfüllungsanspruch).[115] Soweit im Folgenden im Zusammenhang mit den Hauptleistungspflichten des Verkäufers Sach- und Rechtsmängel behandelt werden, geht es deshalb darum, die Leistungspflicht des Verkäufers aus § 433 Abs. 1 Satz 2 BGB in Form einer negativen Abgrenzung zu konkretisieren.

bb) Freiheit von Sachmängeln (§ 434 Abs. 1 und 2 BGB)

(1) Aufbau der gesetzlichen Regelung

Wann die Sache frei von Sachmängeln ist, folgt aus der Regelung in § 434 Abs. 1 und 2 BGB. Hierbei enthält das Gesetz *verschiedene denkbare Bezugspunkte* für die Beurteilung eines Sachmangels und legt zugleich eine „Hierarchie" für die Maßgeblichkeit dieser Kriterien fest:[116]   **51**

- In erster Linie ist eine ausdrückliche oder konkludente Beschaffenheitsvereinbarung der Parteien maßgeblich (§ 434 Abs. 1 Satz 1 BGB).
- Soweit eine Beschaffenheitsvereinbarung fehlt, ist sodann die Eignung für die vertraglich vorausgesetzte Verwendung entscheidend (§ 434 Abs. 1 Satz 2 Nr. 1 BGB).[117]
- Liegt weder eine Beschaffenheits- noch eine Verwendungsvereinbarung vor, ist auf die Eignung für eine gewöhnliche Verwendung und eine übliche Beschaffenheit abzustellen (§ 434 Abs. 1 Satz 2 Nr. 2 BGB). Dieser Maßstab wird gemäß § 434 Abs. 1 Satz 3 BGB durch den Rückgriff auf bestimmte öffentliche Äußerungen konkretisiert.
- Schließlich trifft § 434 Abs. 2 BGB ergänzende Regelungen für den Fall, dass die Kaufsache durch den Verkäufer zu montieren bzw. dem Käufer eine Montageanleitung zu liefern ist.

---

[114] Demgegenüber war der Verkäufer nach dem bis zum 01.01.2002 geltenden Recht zu einer rechts- und sachmängelfreien Leistung nach h. M. nur bei einem Gattungskauf verpflichtet, während beim Stückkauf (siehe oben § 2 Rn. 11) nur die Freiheit von Rechts-, nicht aber von Sachmängeln geschuldet war. Für Letztere griff nach § 462 BGB a. F. eine verschuldensunabhängige „Gewährleistung" ein; dazu im Überblick *Brox/Elsing* JuS 1976, 1 ff.

[115] Dazu näher unten § 2 Rn. 188 ff.

[116] Zur Vereinbarkeit mit der Verbrauchsgüterkauf-RL *Unberath* ZEuP 2005, 5 (9 ff.).

[117] Zu möglichen Widersprüchen zwischen Beschaffenheitsvereinbarungen und vertraglich vorausgesetzten Verwendungen unten § 2 Rn. 66.

52 Gemeinsam ist den Regelungen des § 434 Abs. 1 BGB, dass sie *in zeitlicher Hinsicht jeweils auf den Gefahrübergang abstellen.*[118] Dieser tritt alternativ durch die Übergabe der Sache an den Käufer (§ 446 Satz 1 BGB), den Annahmeverzug des Käufers i. S. der §§ 293 ff. BGB (§ 446 Satz 3 BGB) sowie außerhalb des Verbrauchsgüterkaufs (vgl. § 475 Abs. 2 BGB) bei einem Versendungskauf durch die Übergabe der Sache an den Transporteur (§ 447 Abs. 1 BGB) ein.[119] Nach diesem Zeitpunkt eintretende Verschlechterungen begründen grundsätzlich keinen Sachmangel mehr, sondern können allenfalls als Verstoß gegen eine Schutzpflicht i. S. des § 241 Abs. 2 BGB angesehen werden, sofern sie auf ein Verhalten des Verkäufers zurückgehen.[120] Sofern allerdings die Kaufsache nach einem zunächst erfolgten Gefahrübergang im Zusammenhang mit der Abwicklung des Kaufvertrages noch einmal in die Obhut des Verkäufers zurückgelangt, ist der ursprüngliche Gefahrübergang gleichsam neutralisiert und können auch alle späteren Verschlechterungen einen Sachmangel bilden, die nach der Obhutserlangung und bis zu einem neuerlichen Gefahrübergang i. S. der §§ 446, 447 BGB auftreten. Beispiel: Der Verkäufer nimmt den verkauften Computer nach der Übergabe an den Käufer zur Beseitigung eines Mangels (siehe § 439 Abs. 1 Alt. 1 BGB) wieder an sich; in der Werkstatt des Verkäufers erfährt der Computer entweder im Zuge der Reparaturarbeiten oder durch einen unbekannten Dritten eine zusätzliche Beschädigung. In diesen Fällen kommt auch die zusätzliche Beschädigung als Sachmangel gemäß § 434 Abs. 1 BGB in Betracht.[121]

(2) Übereinstimmung mit der vereinbarten Beschaffenheit (§ 434 Abs. 1 Satz 1 BGB)

53 Nach § 434 Abs. 1 Satz 1 BGB ist die Sache frei von Sachmängeln, wenn sie im Zeitpunkt des Gefahrübergangs die vereinbarte Beschaffenheit aufweist. Als maßgeblichen Bezugspunkt legt das Gesetz somit keine objektive Beurteilung, sondern den Parteiwillen fest (sog. *subjektiver Mangelbegriff*).[122]

54 Deshalb liegt ein Sachmangel i. S. des § 434 Abs. 1 Satz 1 BGB z. B. auch dann vor, wenn die Parteien einen Kaufvertrag über eine Schiffsladung „Haakjöringsköd" in der irrigen gemeinsamen Annahme abschließen, dass es sich um Walfleisch handele, während die Ladung in Übereinstimmung mit der zutreffenden

---

[118] Zur abweichenden Rechtslage bei § 434 Abs. 2 BGB siehe unten § 2 Rn. 80.

[119] Näher zu den Gefahrtragungsregelungen unten § 2 Rn. 442 ff.

[120] Dazu noch unten § 2 Rn. 450.

[121] BR/*Faust* § 439 Rn. 23 und 64; *Gsell* Festschrift für Derleder, 2015, S. 145 ff.; *Reinicke/Tiedtke* Rn. 838; differenzierend *Kasper* Das Erfolgsrisiko des Verkäufers, 2017, S. 653 ff.: Verantwortlichkeit des Verkäufers i. S. der §§ 434 ff. BGB nur für solche späteren Verschlechterungen, die in einem inneren Zusammenhang mit dem Nacherfüllungshandeln des Verkäufers stehen; a. A. OLG Saarbrücken 25.07.2007 NJW 2007, 3503 ff.; *Staudinger/Matusche-Beckmann* (2014) § 439 Rn. 45: nur Schadensersatzansprüche nach Maßgabe des § 280 Abs. 1 BGB i. V. mit § 241 Abs. 2 BGB.

[122] BT-Drucks. 14/6040, S. 210 ff.; *Oechsler* Rn. 95; *Staudinger/Matusche-Beckmann* (2014) § 434 Rn. 36; *H.P. Westermann* MünchKomm. § 434 Rn. 6.

Bedeutung des norwegischen Wortes aus Haifischfleisch besteht.[123] In diesem Fall ist die Ladung als Walfleisch verkauft (die falsche Bezeichnung „Haakjöringsköd" ist unschädlich: falsa demonstratio non nocet) und nach der Parteivereinbarung stellt das Haifischfleisch zugleich „mangelhaftes Walfleisch" dar, selbst wenn es an sich von einwandfreier Qualität ist. Es kommt somit auf die Vertragsmäßigkeit der Beschaffenheit an, was verbreitet mit dem Schlagwort der Übereinstimmung der *Ist-Beschaffenheit* mit der (vertraglich festgelegten) *Soll-Beschaffenheit* umschrieben wird.[124]

Zu beachten ist jedoch, dass nach Art. 2 Abs. 2a der Verbrauchsgüterkauf-RL **55** diejenige Beschaffenheit bis zum Beweis einer abweichenden Vereinbarung als vertragsgemäß zu vermuten ist, die eine dem Käufer vorgelegte *Probe* oder ein ihm vorgelegtes *Muster* hatte. In diesem Sinne muss auch § 434 Abs. 1 Satz 1 BGB in den betreffenden Fällen im Wege einer richtlinienkonformen Auslegung angewendet werden.[125] Obwohl der Regelungsanspruch der Richtlinie auf den Kauf von Gütern durch Verbraucher beschränkt ist, gilt diese richtlinienkonforme Auslegung des § 434 Abs. 1 Satz 1 BGB auch für Kaufverträge zwischen anderen Vertragsparteien, da sich der deutsche Gesetzgeber entschieden hat, den Anspruch auf eine mangelfreie Lieferung einheitlich und nicht gesondert für den Verbrauchsgüterkauf zu regeln.[126] Des Weiteren erzwingt der Normzweck des § 434 Abs. 1 Satz 1 BGB eine gewisse Einschränkung seines Wortlauts: Ein Sachmangel liegt nur dann vor, wenn die gelieferte Sache *negativ von der vereinbarten Beschaffenheit abweicht*.[127] Daran fehlt es z. B., wenn der verkaufte Ring einen höheren Goldgehalt als den vertraglich vereinbarten aufweist. Allerdings ist eine für den Käufer ungünstige Abweichung nicht nur dann gegeben, wenn der Verkehrswert negativ betroffen ist, sondern es reicht bereits jede Beeinträchtigung des Gebrauchswertes. Liefert etwa der Verkäufer eines PKW ein Exemplar mit einer höheren Motorvariante als der vereinbarten, so ist dies zumindest dann als Mangel anzusehen, wenn hiermit beispielsweise zugleich ein erhöhter Kraftstoffverbrauch verbunden ist.[128]

Ungeachtet der Maßgeblichkeit des Parteiwillens kann sich ein Sachmangel nur **56** aus einer bestimmten *Beschaffenheit* der verkauften Sache ergeben. Dies ist stets zu

---

[123] Vgl. RG 08.06.1920 RGZ 99, 147 ff.

[124] *Fikentscher/Heinemann* Rn. 836; *Larenz* BT 1, § 41 I a, S. 39; *Looschelders* Rn. 34; *Lorenz/ Riehm* Rn. 483; *Medicus/Lorenz* Rn. 74; *Schlechtriem* Rn. 33.

[125] *Gsell* JZ 2001, 65 (66); *Staudinger/Matusche-Beckmann* (2014) § 434 Rn. 45; *H.P. Westermann* MünchKomm. § 434 Rn. 17; kritisch *Hoffmann* ZRP 2001, 347 (348).

[126] BT-Drucks. 14/6040, S. 211; *Grigoleit/Herresthal* JZ 2003, 118 (119) sowie allg. oben § 2 Rn. 4.

[127] *Staudinger/Matusche-Beckmann* (2014) § 434 Rn. 40; *Wiese* AcP 206 (2006), 902 (905 ff.).

[128] Ein Mangel i. S. des § 434 Abs. 1 Satz 1 BGB kann daher bei einer entsprechenden Gebrauchswertbeeinträchtigung durchaus auch dann vorliegen, wenn die gelieferte Sache einen höheren Marktwert als die vertraglich geschuldete hat; zu den hiermit verbundenen Folgefragen siehe unten § 2 Rn. 170 ff.

bejahen, wenn die negative Abweichung ausschließlich *physische Eigenschaften* der Sache betrifft, wie z. B. den Lackschaden eines PKW. Weitere Beispielsfälle: Ein Gebrauchtwagen ist gemäß § 434 Abs. 1 Satz 1 BGB mangelhaft, wenn er ein höheres als das vereinbarte Alter aufweist,[129] ein Gemälde nicht von der vereinbarten Beschaffenheit, wenn es von einem anderen Künstler als dem angegebenen gemalt wurde.[130]

57   Darüber hinaus können zur Beschaffenheit i. S. des § 434 BGB auch *Beziehungen der Sache zu ihrer Umwelt* zählen. Umstritten ist aber, inwieweit diese Umweltbeziehungen einen Bezug zur physischen Beschaffenheit des Kaufgegenstandes aufweisen müssen, um § 434 Abs. 1 Satz 1 BGB unterfallen zu können. Nach h. M. bedarf es keines oder allenfalls eines marginalen Bezuges der Umweltbeziehung zu der physischen Sachbeschaffenheit.[131] Begründet wird dies vor allem mit der subjektiven Bestimmung des Sachmangels nach Maßgabe der Parteivereinbarung, weshalb die Parteien jegliche Umstände als geschuldete „Beschaffenheit" i. S. des § 434 Abs. 1 Satz 1 BGB festlegen könnten.

58   Diese Sichtweise erscheint jedoch zu weitgehend. Zwar gleicht das neue Kaufrecht die Rechtsfolgen eines Sachmangels in den §§ 437 ff. BGB zu großen Teilen an die Konsequenzen bei sonstigen Pflichtverletzungen an, gibt jedoch bewusst nicht die Unterscheidung zwischen Mängeln und sonstigen Pflichtverletzungen (insbesondere Aufklärungspflichten) auf, weshalb der Begriff des Sachmangels eines handhabbaren Rahmens bedarf.[132] Insbesondere gilt für die Freiheit von Sachmängeln eine verschuldensunabhängige Erfüllungspflicht (§§ 433 Abs. 1 Satz 2, 439 BGB), während für sonstige Pflichtverletzungen nur nach Maßgabe der §§ 280 ff. BGB gehaftet wird. Es liegt nahe, den Sachmangelcharakter eines bestimmten Umstandes und die hieraus folgende verschuldensunabhängige Erfüllungspflicht des Verkäufers auf einen besonderen *Kontroll- und Informationsvorsprung* des Letzteren im Hinblick auf den betreffenden Umstand zurückzuführen. Ein solcher Vorsprung besteht jedoch zumindest typischerweise nur dann, wenn der betreffende Umstand zumindest mittelbar an die physische Beschaffenheit der Kaufsache anknüpft.[133] Als Beschaffenheit i. S. des § 434 Abs. 1 Satz 1 BGB

---

[129] Die a. A. in BGH 09.10.1980 BGHZ 78, 216 (218 f.) war durch die Schwächen der damals geltenden Gewährleistungsvorschriften im Vergleich mit den Vorschriften des allgemeinen Leistungsstörungsrechts motiviert. Für die Einbeziehung des Alters der Kaufsache in den Beschaffenheitsbegriff auch *Erman/Grunewald* § 434 Rn. 9; *Soergel/Huber* Vor § 459 Rn. 194.

[130] BGH 15.01.1975 BGHZ 63, 369 (371); vgl. auch BGH 09.10.2013 NJW 2013, 3570 Rn. 13.

[131] BGH 15.06.2016 NJW 2016, 2874 Rn. 9 ff.; *C. Berger* JZ 2004, 276 (278 ff.); *Dauner-Lieb/ Thiessen* ZIP 2002, 108 (110); *Emmerich* § 4 Rn. 11 f.; *Häublein* NJW 2003, 388 (389 ff.); *Huber/ Bach* § 5 Rn. 56; *Kötz* Rn. 581; *Oechsler* Rn. 96 ff.; *Redeker* NJW 2012, 2471 (2473 f.); *Schlechtriem* Rn. 35; *Wolf/Kaiser* DB 2002, 411 (412).

[132] Kritikwürdig daher der „Agnostizismus" in BT-Drucks. 14/6040, S. 213; siehe *Grigoleit/Herresthal* JZ 2003, 118 (122 ff.); *Häublein* NJW 2003, 388 (389); *Ostendorf* JZ 2011, 822 f.

[133] Näher *Grigoleit/Herresthal* JZ 2003, 118 (121 ff.); weitergehend bei der Interpretation des Beschaffenheitsbegriffes nach diesem „Sphärengesichtspunkt" aber *Canaris* in: E. Lorenz (Hrsg.), Karlsruher Forum 2002: Schuldrechtsmodernisierung, 2003, S. 58 ff.

kommen somit richtigerweise nur solche Verhältnisse in Betracht, die ihren Grund in der physischen Beschaffenheit der Sache selbst haben und für deren Wertschätzung von Bedeutung sind.[134] Insoweit stimmt der Begriff der Beschaffenheit i. S. des § 434 BGB aus systematischer Sicht mit demjenigen der Eigenschaft in § 119 Abs. 2 BGB überein, der ebenfalls voraussetzt, dass das betreffende Merkmal in der Sache selbst „angelegt" ist.[135] Ein nicht unmittelbar aus der physischen Beschaffenheit bzw. Erscheinung der Sache herrührender *Verdacht* einer negativen Abweichung von der vereinbarten Beschaffenheit (z. B. des Salmonellenbefalls von verkauftem Fleisch) begründet daher entgegen der Rechtsprechung[136] als bloße Umweltbeziehung beispielsweise keinen Sachmangel.[137] Gleiches gilt für das Fehlen einer vertraglich durch den Verkäufer versprochenen *Herstellergarantie bei einem PKW-Kauf*; in einem solchen Fall ist richtigerweise nicht von einem Sachmangel, sondern von einer allgemeinen teilweisen Nichterfüllung durch den Verkäufer auszugehen.[138] Auch die *steuerrechtliche Behandlung* einer gekauften Immobilie kann nicht zum Gegenstand einer Beschaffenheitsvereinbarung gemacht werden, sondern nur von Aufklärungs- bzw. Beratungspflichten erfasst sein.[139] Anderes gilt wiederum für die *Ertragskraft* eines bebauten und vermieteten Grundstücks, die einen hinreichend engen Bezug zu den physischen Eigenschaften der Immobilie aufweist.[140]

Auch *rechtliche Beziehungen*, die ihren Grund in der physischen Beschaffenheit der Sache selbst finden, können unter den Begriff des Sachmangels fallen. So stuft die Rechtsprechung die fehlende Bebaubarkeit eines Grundstückes aufgrund

59

---

[134] OLG Hamm 13.05.2003 ZGS 2003, 394 f.; *Grigoleit* in: Artz/Gsell/Lorenz (Hrsg.), Zehn Jahre Schuldrechtsmodernisierung, 2014, S. 55 (66 ff.); *Grigoleit/Herresthal* JZ 2003, 118 (124); *Grunewald* § 7 Rn. 4 ff.; *Ostendorf* JZ 2011, 822 (823 ff.); *Tonner* § 7 Rn. 13 f.; etwas großzügiger hinsichtlich des erforderlichen Bezuges zur physischen Beschaffenheit BR/*Faust* § 434 Rn. 19 ff.; *H.P. Westermann* MünchKomm. § 434 Rn. 10; für eine Festlegung der Grenzen des Beschaffenheitsbegriffs nach der jeweils vorherrschenden Verkehrsauffassung *Müller* WM 2017, 981 (983 ff.).

[135] Siehe *Flume* AT 2, § 24/3a, S. 484 f. sowie *Wolf/Neuner* § 41 Rn. 56.

[136] BGH 16.04.1969 BGHZ 52, 51 (54 f.); BGH 22.10.2014 BGHZ 203, 98 Rn. 43 ff.; zurückhaltender zwischenzeitlich BGH 23.11.1988 NJW 1989, 218 (220); weiterführend aus rechtsökonomischer Sicht *Schmolke* AcP 215 (2015), 351 (369 ff.).

[137] Wie hier *Erman/Grunewald* § 434 Rn. 7. Eine andere Beurteilung kann gerechtfertigt sein, wenn sich der Verdacht aus einer konkret nachgewiesenen früheren Verwendung des Kaufgegenstandes ableitet, z. B. ein Altlastenverdacht aufgrund einer typischerweise bodenschädlichen Nutzung eines Grundstücks; dazu BGH 21.07.2017 NJW 2018, 389 Rn. 6 ff.

[138] A. A. BGH 15.06.2016 NJW 2016, 2874 Rn. 14 f.

[139] Vgl. BGH 13.06.2008 NJW 2008, 2852 Rn. 11 ff.

[140] Im Ergebnis auch BGH 05.11.2010 NJW 2011, 1217 Rn. 13; *Müller* WM 2017, 981 (982 f.); zur Problematik der Ertragskraft eines Unternehmens bei einem Unternehmenskauf unten § 2 Rn. 127.

öffentlichen Baurechts überzeugend als einen Sachmangel i. S. des § 434 BGB ein, wenn die räumliche Lage hierfür ursächlich ist.[141] Umweltbeziehungen, welche die genannten Voraussetzungen nicht erfüllen, bilden hingegen keine „Beschaffenheit" i. S. des § 434 BGB, sondern können einen *Rechtsmangel* gemäß § 435 BGB darstellen.[142] Dies ist insbesondere bei Rechten Dritter an der Sache, wie z. B. einem Pfandrecht, der Fall.

60   Da die §§ 433 Abs. 1 Satz 2, 437 BGB Rechts- und Sachmängel im Wesentlichen einheitlichen Rechtsfolgen unterwerfen, hat die in Grenzfällen schwierige Unterscheidung zwischen diesen beiden Mangelformen jedoch zumeist nur eine geringe praktische Bedeutung. Ein solcher Grenzfall liegt z. B. vor, wenn der physische Mangel eines verkauften Wertpapiers (Unleserlichkeit etc.) dazu führt, dass die durch das Papier verbriefte Forderung nicht erfolgreich geltend gemacht werden kann.[143] Die Abgrenzung kann aber insoweit relevant werden, als der Verkäufer die Freiheit von Sachmängeln nur bis zum Zeitpunkt des Gefahrübergangs schuldet,[144] die Freiheit von Rechtsmängeln hingegen bis zur Eigentumsverschaffung vorliegen muss.[145] Wenn die Übertragung des Eigentums erst nach dem Gefahrübergang (z. B. der Übergabe gemäß § 446 Satz 1 BGB) erfolgt und ein bestimmter, dem Käufer ungünstiger Umstand zwischen Gefahrübergang und Eigentumsverschaffung eintritt, muss deshalb entschieden werden, ob § 434 BGB oder § 435 BGB eingreift, da der Verkäufer seine Pflicht aus § 433 Abs. 1 Satz 2 BGB dann nur im Fall eines Rechtsmangels verletzt hat. Daneben bezieht sich die Vermutung des § 477 BGB[146] bei Verbrauchsgüterkaufverträgen nur auf Sach- und nicht auf Rechtsmängel.

61   Neben der vorstehend erläuterten erforderlichen Beziehung zu den physischen Eigenschaften der Kaufsache muss der betreffende Umstand, um eine „Beschaffenheit" bilden zu können, *von einer gewissen Dauer* sein.[147] Allerdings darf dieses Kriterium vor dem Hintergrund des subjektiven Mangelbegriffes nicht zu eng verstanden werden.[148] Es genügt jede nicht ganz flüchtige negative Abweichung bei Gefahrübergang, z. B. auch eine nicht ganz kurzfristige Krankheit eines verkauften Tieres.

---

[141] RG 19.02.1931 RGZ 131, 343 (348); BGH 17.03.1989 NJW 1989, 2388; BGH 07.02.1992 BGHZ 117, 159 (162 f.); a. A. noch RG 15.11.1902 RGZ 52, 429 (431).

[142] Dazu näher unten § 2 Rn. 90 ff.

[143] Für einen Rechtsmangel plädieren in diesem Fall *Esser/Weyers* BT 1, § 4 IV 3a, S. 27; *Larenz* BT 1, § 45 I, S. 162 f.; offen *Staudinger/Beckmann* (2014) § 453 Rn. 76.

[144] Siehe oben § 2 Rn. 51.

[145] Dazu unten § 2 Rn. 97.

[146] Näher unten § 2 Rn. 620 ff.

[147] Auch insoweit besteht eine gewisse Parallele zur Regelung des § 119 Abs. 2 BGB (vgl. bereits oben § 2 Rn. 58), bei welcher das Erfordernis der Dauerhaftigkeit jedoch noch strenger verstanden wird; siehe *Wolf/Neuner* § 41 Rn. 56 ff.

[148] Für eine gänzliche Aufgabe dieses Erfordernisses BR/*Faust* § 434 Rn. 24; *Reinicke/Tiedtke* Rn. 314; *Staudinger/Matusche-Beckmann* (2014) § 434 Rn. 55; wie hier *U. Huber* AcP 202 (2002), 179 (228).

Eine Beschaffenheitsvereinbarung, welche die Hauptpflicht des Verkäufers aus **62**
§ 433 Abs. 1 Satz 2 BGB konkretisiert, liegt stets nur insoweit vor, als bezüglich
der Beschaffenheit des Kaufgegenstandes eine *Willensübereinstimmung der Ver*
tragsparteien gegeben ist. Erwartungen und Annahmen einer Vertragspartei führen
deshalb nur dann zu einer dahingehenden Beschaffenheitsvereinbarung, wenn sich
die andere Seite mit diesen einverstanden erklärt.[149] Hierbei handelt es sich um eine
Frage der Auslegung der beiderseitig abgegebenen Willenserklärungen nach den
§§ 133, 157 BGB, bei der alle Umstände des jeweiligen Falles zu würdigen sind.[150]
So sind bei einem *Gebrauchtwagenkauf unter Privaten* etwaige Angaben des Verkäufers zu der technischen Beschaffenheit des Fahrzeugs (bisherige Laufleistung,
Vorhandensein einer Umweltplakette etc.) jedenfalls dann regelmäßig nicht als Vereinbarung i. S. des § 434 Abs. 1 Satz 1 BGB, sondern als bloße Wissenserklärungen anzusehen, wenn der Verkäufer für die Überprüfung der Angaben keine hinreichende Beurteilungsgrundlage hat und in dem Vertrag auch keinen besonderen
Einstandswillen für die betreffenden Umstände erkennen lässt.[151] Demgegenüber
kann bei einer *Internetauktion* aus einem niedrigen Startpreis nicht automatisch auf
eine mindere Produktqualität bzw. das Vorliegen eines bloßen Plagiats geschlossen werden, wenn der Artikel in der Angebotsbeschreibung als ein Markenprodukt beschrieben ist, da ein niedriger Startpreis häufig das Bieterinteresse anregen
soll und zu dem erzielbaren Endpreis in keiner notwendigen Relation steht.[152] Die
Beschaffenheitsvereinbarung muss zudem nicht ausdrücklich getroffen werden. Es
genügt, wenn sich die Einigung über die Beschaffenheit *konkludent* aus den Erklärungen oder Handlungen der Parteien ableiten lässt,[153] woran allerdings keine zu
geringen Anforderungen gestellt werden dürfen.[154] Darüber hinaus erstreckt sich die
Formbedürftigkeit eines Vertrages (z. B. nach § 311b BGB) auch auf Beschaffenheitsvereinbarungen,[155] was nach der herrschenden Andeutungstheorie[156] konkludent getroffenen Abreden Grenzen setzt. Diese sind nur dann wirksamer Bestandteil

---

[149] BGH 20.05.2009 BGHZ 181, 170 Rn. 9; *Staudinger/Matusche-Beckmann* (2014) § 434 Rn. 64;
H.P. Westermann MünchKomm. § 434 Rn. 16.

[150] BGH 29.06.2016 NJW 2016, 3015 Rn. 18; BGH 18.10.2017 NJW 2018, 150 Rn. 17. Zur
umstrittenen Einordnung von Angaben in Auktionskatalogen bei Kunstversteigerungen vor dem
Hintergrund des § 434 Abs. 1 Satz 1 BGB *Schapiro* JZ 2013, 549 ff. m. w. N.

[151] BGH 13.03.2013 NJW 2013, 2107 Rn. 22 m. w. N. Strengere Auslegungsgrundsätze gelten
demgegenüber bei gewerblichen Verkäufern, bei denen Angaben zu technischen Umständen
regelmäßig eine Beschaffenheitsvereinbarung zugunsten des Käufers begründen; siehe BGH
13.03.2013 NJW 2013, 2749 Rn. 14 ff.

[152] BGH 28.03.2012 NJW 2012, 2723 Rn. 23 ff.; vgl. auch unten § 2 Rn. 100 zur Parallelfrage auf
der Ebene des § 442 BGB.

[153] BGH 20.05.2009 BGHZ 181, 170 Rn. 9; BGH 19.12.2012 NJW 2013, 1074 Rn. 16.

[154] BGH 18.10.2017 NJW 2018, 150 Rn. 16 m. w. N.

[155] BGH 06.11.2015 BGHZ 207, 349 Rn. 16; weiterführend *Baldus/Raff* GPR 2017, 71 ff.

[156] Siehe dazu RG 03.04.1939 RGZ 160, 109 (111); BGH 09.04.1981 BGHZ 80, 242 (245); *Wolf/*
Neuner § 35 Rn. 37 f.; weiterführend *Brox* JA 1984, 549 ff.

des formbedürftigen Vertrages, wenn sie in dem Text der Urkunde einen hinreichenden Anklang gefunden haben.

(3) Eignung für die vertraglich vorausgesetzte Verwendung (§ 434 Abs. 1 Satz 2 Nr. 1 BGB)

63   Eine nach dem Vertrag „vorausgesetzte" Verwendung i. S. des § 434 Abs. 1 Satz 2 Nr. 1 BGB liegt nur dann vor, wenn die Parteien eine *gemeinsame Vorstellung* von der Verwendung hatten und diese zudem im Zusammenhang mit dem Vertragsschluss *artikuliert* wurde. Dies ergibt sich auch aus der Regelung des Art. 2 Abs. 2b Verbrauchsgüterkauf-RL, die § 434 Abs. 1 Satz 2 Nr. 1 BGB zugrunde liegt und die auf einen Zweck abstellt, den der Käufer dem Verkäufer zur Kenntnis gebracht und dem Letzterer zugestimmt hat.

64   Ob es sich bei dieser einvernehmlichen Zweckbestimmung um einen Vertragsbestandteil im engeren Sinne oder um eine dem Rechtsgeschäft vorgelagerte Vereinbarung handelt, an die § 434 Abs. 1 Satz 2 Nr. 1 BGB entsprechende rechtliche Konsequenzen knüpft, geht aus der gesetzlichen Regelung allerdings nicht eindeutig hervor.[157] Jedenfalls kann die Vereinbarung des Verwendungszwecks auch konkludent erfolgen, z. B. wenn der Käufer die beabsichtigte Verwendung mit der Bitte um Beratung darlegt und der Verkäufer daraufhin ein bestimmtes Produkt empfiehlt. Darüber hinaus auf jegliche *Vereinbarung* hinsichtlich der Verwendung zu verzichten und eine bloß tatsächliche Übereinstimmung der Parteivorstellungen ausreichen zu lassen,[158] würde aber allgemeinen Grundsätzen der Rechtsgeschäftslehre widersprechen und große Rechtsunsicherheit heraufbeschwören. Auch der Wortlaut des Gesetzes fordert, dass die Verwendung „nach dem Vertrag" und nicht bloß i. S. eines inneren Willens vorausgesetzt ist. Eine Parteivereinbarung über den Verwendungszweck wird insbesondere dann in Betracht kommen, wenn die Sache in einer Art und Weise genutzt werden soll, die von der gewöhnlichen Verwendung (vgl. § 434 Abs. 1 Satz 2 Nr. 2 BGB) abweicht. Das ist z. B. gegeben, wenn ein Computer für einen langfristigen ununterbrochenen Betrieb geeignet sein muss.

65   Ebenso wie die Beschaffenheitsvereinbarung i. S. des § 434 Abs. 1 Satz 1 BGB erfordert auch die Verwendungsvereinbarung nach § 434 Abs. 1 Satz 2 Nr. 1 BGB, dass *Formerfordernissen* entsprochen wird, die für den Vertrag bestehen. Die Verwendungsvereinbarung muss deshalb bei notariell zu beurkundenden Kaufverträgen in dem Text der Urkunde einen gewissen Anklang gefunden haben.[159] Die

---

[157] Vgl. BT-Drucks. 14/6040, S. 213.

[158] So *Oechsler* Rn. 114 f.; NK-BGB/*Büdenbender* § 434 Rn. 21 und – unter Berufung auf die Verbrauchsgüterkauf-RL – *Schinkels* ZGS 2004, 226 (228); wohl auch BGH 26.04.2017 NJW 2017, 2817 Rn. 16; wie hier BR/*Faust* § 434 Rn. 50; *Grigoleit/Herresthal* JZ 2003, 233 (235); *Staudinger/Matusche-Beckmann* (2014) § 434 Rn. 76; tendenziell auf einen – durch umfassende Auslegung zu ermittelnden – Parteikonsens abstellend auch BGH 06.12.2017 MDR 2018, 329 Rn. 28 ff.

[159] Siehe oben § 2 Rn. 62; BR/*Faust* § 434 Rn. 50; *Canaris* in: E. Lorenz (Hrsg.), Karlsruher Forum 2002: Schuldrechtsmodernisierung, 2003, S. 58.

gegenteilige Ansicht[160] führt zu dem fragwürdigen Ergebnis, dass sich formunwirksame Beschaffenheitsvereinbarungen in formfreie Verwendungsvereinbarungen umdeuten lassen. Ein etwaiger Formmangel kann zwar unter Umständen geheilt werden (vgl. z. B. § 311b Abs. 1 Satz 2 BGB). In einem Prozess gilt für die Beweislast aber die Vermutung der Vollständigkeit und Richtigkeit der Urkunde.[161]

Die *Abgrenzung* zwischen der Verwendungsvereinbarung i. S. des § 434 Abs. 1 **66** Satz 2 Nr. 1 BGB und einer vorrangigen *Beschaffenheitsvereinbarung* i. S. des § 434 Abs. 1 Satz 1 BGB erfolgt danach, ob sich die Vereinbarung unmittelbar auf konkrete Eigenschaften der Sache bezieht (dann § 434 Abs. 1 Satz 1 BGB) oder lediglich allgemein auf eine bestimmte Funktionsweise des Gegenstandes (dann § 434 Abs. 1 Satz 2 Nr. 1 BGB).[162] Diese Abgrenzung verläuft allerdings fließend und ist mangels unterschiedlicher Rechtsfolgen nur von untergeordneter Bedeutung. So kann etwa die Angabe des Käufers, ein technisches Gerät gemeinsam mit einem anderen nutzen zu wollen, dazu führen, dass eine nach dem Vertrag vorausgesetzte Verwendung i. S. des § 434 Abs. 1 Satz 2 Nr. 1 BGB vorliegt, aber auch als Grundlage einer Beschaffenheitsvereinbarung nach § 434 Abs. 1 Satz 1 BGB gedeutet werden, nämlich derjenigen der Gerätekompatibilität. In einzelnen Fällen kann allerdings prima facie sogar ein *Widerspruch* zwischen einer Beschaffenheitsvereinbarung und einer vorausgesetzten Verwendung eintreten.[163] Beispiel: Der Vertrag sieht für die verkaufte Farbe eine bestimmte Beschaffenheit (z. B. einen bestimmten DIN-Standard) vor, die jedoch mit der zugleich vertraglich vorausgesetzten Verwendung der Farbe (z. B. deren Haltbarkeit für einen Außenanstrich) in Konflikt steht. Insoweit erscheint im Einklang mit der Systematik des § 434 BGB die folgende Lösung plausibel: Soweit die vertraglich vorausgesetzte Verwendung in Rede steht, entfaltet die Beschaffenheitsvereinbarung nach dem ergänzend ausgelegten Parteiwillen keine Wirkung, so dass es möglich ist, die geschuldete Qualität letztlich anhand der vertraglich vorausgesetzten Verwendung zu bestimmen.[164] In dem genannten Beispiel wäre daher eine Farbe geschuldet, die für Außenanstriche geeignet ist, selbst wenn diese einem anderen DIN-Standard als dem vertraglich spezifizierten genügen muss.

Wenn die nach dem Vertrag vorausgesetzte Verwendung in einer Weiterveräu- **67** ßerung durch den Käufer (Zwischenhändler) besteht, können auch Hindernisse für diesen Weiterverkauf dem § 434 Abs. 1 Satz 2 Nr. 1 BGB widersprechen.[165] Das gilt jedoch nur dann, wenn eine *Beschaffenheit* der Sache der Verwendung

---

[160] *Oechsler* Rn. 114 f. unter Bezugnahme auf RG 05.10.1939 RGZ 161, 330 (335 ff.).

[161] Vgl. BGH 14.10.1988 NJW 1989, 898; *Flume* AT 2, § 15 III 1, S. 263; *Larenz/Wolf* § 27 Rn. 27.

[162] Demgegenüber will *Gsell* JZ 2001, 65 (66) zwischen § 434 Abs. 1 Satz 1 und Satz 2 Nr. 1 BGB danach unterscheiden, ob die Verwendungsart vertraglich vereinbart (dann Satz 1) oder lediglich „vorausgesetzt" wurde (dann Satz 2 Nr. 1). Dies berücksichtigt jedoch nicht, dass § 434 Abs. 1 Satz 1 BGB nicht auf eine Verwendungs-, sondern eine Beschaffenheitsvereinbarung abstellt; ähnlich wie hier *Brox/Walker* § 4 Rn. 12; *Medicus/Lorenz* Rn. 81; *Palandt/Weidenkaff* § 434 Rn. 20.

[163] Vgl. BR/*Faust* § 434 Rn. 48; *Schinkels* ZGS 2004, 226 (230).

[164] Weiter differenzierend *H.P. Westermann* MünchKomm. § 434 Rn. 21 und *Staudinger/Matusche-Beckmann* (2014) § 434 Rn. 75.

[165] BGH 16.04.1969 BGHZ 52, 51 (53); *H.P. Westermann* MünchKomm. § 434 Rn. 19.

entgegenstehen könnte. Zwar trifft es zu, dass das Gesetz die Begriffe der Verwendung und der Beschaffenheit in § 434 Abs. 1 Satz 2 Nr. 2 BGB nebeneinander stellt. Hieraus sollte jedoch nicht geschlossen werden, dass die nach dem Vertrag vorausgesetzte Verwendung auch auf Gründen beruhen kann, die zwar „in der Sache liegen", sich aber nicht auf ihre Beschaffenheit beziehen.[166] Denn ohne eine Anknüpfung an die Beschaffenheit lässt sich nicht sinnvoll bestimmen, ob ein Umstand „in der Sache liegt" und somit von einem Rechtsmangel oder einer Nebenpflicht (insbesondere: einer Aufklärungspflicht) abzugrenzen ist. Die Anforderungen des § 434 Abs. 1 Satz 2 Nr. 1 BGB beziehen sich somit nach der hier vertretenen Auffassung nicht auf Verwendungsvoraussetzungen, die ihren Grund in keiner Weise in der physischen Beschaffenheit der Sache, sondern in reinen Umweltbeziehungen haben.[167] Wenn z. B. ein Gegenstand nach dem Willen der Parteien zur Weiterveräußerung durch den Käufer verkauft wird und das Recht eines Dritten an diesem Gegenstand (etwa ein Pfandrecht) die Weiterveräußerung hindern würde, schuldet der Verkäufer die Abwesenheit solcher Rechte nicht nach § 433 Abs. 1 Satz 2 BGB i. V. mit § 434 Abs. 1 Satz 2 Nr. 1 BGB, sondern i. V. mit § 435 BGB (Rechtsmangel).

(4) Objektiv bestimmte Freiheit von Sachmängeln (§ 434 Abs. 1 Satz 2 Nr. 2 und Satz 3 BGB)

(a) Überblick

68 Liegen weder eine Beschaffenheitsvereinbarung noch eine nach dem Vertrag vorausgesetzte Verwendung vor, dann muss die Sache nach § 434 Abs. 1 Satz 2 Nr. 2 BGB bis zu drei *kumulativen Anforderungen* genügen, um frei von Sachmängeln zu sein:

- Erstens muss sie sich für die *gewöhnliche Verwendung* eignen. Darunter ist der Gebrauch zu verstehen, der unter durchschnittlichen Lebensverhältnissen von Sachen dieser Art gemacht zu werden pflegt.[168]
- Zweitens stellt das Gesetz darauf ab, ob die Sache eine *Beschaffenheit* aufweist, die *für Sachen dieser Art üblich ist.* Dies setzt regelmäßig voraus, dass die Sache einschlägigen öffentlich-rechtlichen Schutzvorschriften oder DIN-Normen genügt.[169] Insbesondere bedarf es eines Mindestmaßes an Sicherheit (sog. Basissicherheit), darüber hinausgehender Vorzüge jedoch nur unter Berücksichtigung

---

[166] So aber BR/*Faust* § 434 Rn. 28 ff. und wohl auch *Wolf/Kaiser* DB 2002, 411 (412).

[167] Siehe oben § 2 Rn. 56 ff. sowie *Erman/Grunewald* § 434 Rn. 17 und *Grigoleit/Herresthal* JZ 2003, 233 f., die in § 434 Abs. 1 Satz 2 Nr. 1 BGB einen gesetzlich typisierten Fall einer konkludenten Beschaffenheitsvereinbarung sehen.

[168] BR/*Faust* § 434 Rn. 56 ff.; *Staudinger/Matusche-Beckmann* (2014) § 434 Rn. 84; *H.P. Westermann* MünchKomm. § 434 Rn. 24.

[169] *Erman/Grunewald* § 434 Rn. 22; *Medicus/Lorenz* Rn. 84; *Schlechtriem* Rn. 80. Zur Problematik des Einbaus von Software in PKW, welche die Ergebnisse von Abgastests beeinflusst, *Ring* NJW 2016, 3121 (3122) und *Witt* NJW 2017, 3681 f., jeweils m. w. N.

des vereinbarten Preisniveaus.[170] Generell bildet der jeweilige Stand der Technik die Obergrenze dessen, was der Käufer vorbehaltlich einer gesonderten Beschaffenheitsvereinbarung erwarten darf.[171] Für gesundheitsrelevante Eigenschaften ist der maßgebliche Beurteilungszeitpunkt diesbezüglich jedoch nicht derjenige der Herstellung der betreffenden Sache, sondern derjenige des Kaufvertragsschlusses.[172] Schließlich genügen Kraftfahrzeuge der üblichen Beschaffenheit grundsätzlich nicht, wenn sie einen Unfallschaden aufweisen, der über einen bloßen Bagatellschaden hinausgeht. Denn selbst sofern dieser Schaden fachgerecht repariert wurde, verbleibt in diesem Fall ein sog. merkantiler Minderwert aufgrund des Vorschadens.[173]

- Drittens muss die *Beschaffenheit* demjenigen entsprechen, was der *Käufer nach der Art der Sache erwarten kann*. Diese letzte Voraussetzung gewinnt jedoch nur dann selbständige Bedeutung, wenn die beiden ersten Kriterien aufgrund der Art des verkauften Gegenstandes nicht einschlägig sind.[174] Ansonsten kann der Käufer genau diejenige Beschaffenheit erwarten, die üblich ist und eine gewöhnliche Verwendung ermöglicht.

Bei einer fehlenden Parteivereinbarung greifen folglich objektive Beurteilungskriterien ein, um die vertragliche Vereinbarung „aufzufüllen".[175] Dabei korrespondiert die gewöhnliche Verwendung mit der nach dem Vertrag vorausgesetzten Verwendung i. S. des § 434 Abs. 1 Satz 2 Nr. 1 BGB und die übliche Beschaffenheit mit der vereinbarten Beschaffenheit gemäß § 434 Abs. 1 Satz 1 BGB.   **69**

(b) Bestimmung des Vergleichsmaßstabes

Der Vergleichsmaßstab von „Sachen der gleichen Art", der sowohl für die Bestimmung der „gewöhnlichen Verwendung" als auch der „üblichen Beschaffenheit" maßgeblich ist, setzt die Zuordnung des Kaufgegenstandes zu einer *Gattung* voraus.[176] Das ist unproblematisch, wenn der Kaufvertrag selbst eine gattungsmäßig bestimmte Sache zum Gegenstand hat (ein PKW des Typs X). In diesem Fall ergibt   **70**

---

[170] BR/*Faust* § 434 Rn. 59 f.; *Oechsler* Rn. 118; *Staudinger/Matusche-Beckmann* (2014) § 434 Rn. 92.

[171] BGH 04.03.2009 NJW 2009, 2056 Rn. 10 f.

[172] BGH 27.03.2009 BGHZ 180, 205 Rn. 7 ff.

[173] BGH 10.10.2007 NJW 2008, 53 Rn. 18 ff.

[174] *Jorden/Lehmann* JZ 2001, 952 (954); ähnlich BR/*Faust* § 434 Rn. 54.

[175] Man kann mit *Grigoleit/Herresthal* JZ 2003, 233 f. hierin einen typisierten Fall einer konkludenten Beschaffenheitsvereinbarung erblicken, muss sich aber zugleich des Unterschiedes bewusst sein, der zwischen individualisierten und gesetzlich typisierten Vereinbarungen verbleibt. Hiermit ist der allgemeine Problemkreis des Verhältnisses von individuellen Willensentscheidungen und dispositivem Recht angesprochen; dazu ausführlich *Cziupka* Dispositives Vertragsrecht, 2009, S. 66 ff.

[176] BGH 04.03.2009 NJW 2009, 2056 Rn. 9: gattungsmäßige Unterscheidung zwischen Dieselfahrzeugen mit und ohne Dieselpartikelfilter.

sich aus § 243 Abs. 1 BGB zugleich, dass die übliche Beschaffenheit i. S. des § 434
Abs. 1 Satz 2 Nr. 2 BGB die Leistung einer Sache mittlerer Art und Güte aus der
betreffenden Gattung voraussetzt. Auch bei dem Verkauf eines konkreten Gegenstandes (der PKW des Typs X mit der Fahrgestellnummer 123) werden in der Regel
andere Sachen gleicher Art existieren, deren durchschnittliche Beschaffenheit als
Vergleichsmaßstab dienen kann.[177] Daran fehlt es jedoch bei *Unikaten* wie z. B.
Gemälden. In einem solchen Fall bildet die Beschaffenheit, die der Käufer „nach
der Art der Sache erwarten kann", den allein maßgeblichen Bezugspunkt, wobei es
auf den Erwartungshorizont des Durchschnittskäufers ankommt (vgl. Art. 2 Abs. 2d
Verbrauchsgüterkauf-RL: „die der Verbraucher vernünftigerweise erwarten kann").
Besondere Wünsche des konkreten Käufers finden mangels einer entsprechenden
Parteivereinbarung demgegenüber keine Berücksichtigung.[178]

71   Bei dem Kauf *gebrauchter Gegenstände* ist darüber hinaus zu beachten, dass als
„Sachen gleicher Art" nur solche in Betracht kommen, die der Kaufsache in ihrem
Alter entsprechen.[179] Ist die Intensität der bereits erfolgten Nutzung gebrauchter
Gegenstände ersichtlich (Kilometerstand eines PKW), so bestimmt auch diese die
maßgebliche Vergleichsgattung. Ist der Umfang der bereits erfolgten Nutzung hingegen nicht erkennbar und auch nicht Gegenstand einer Parteivereinbarung, bestimmt
die durchschnittliche Abnutzung, die eine Sache des betreffenden Alters aufweist, die
geschuldete Beschaffenheit, so dass nur eine übermäßige Nutzung in der Vergangenheit einen Sachmangel i. S. des § 434 Abs. 1 Satz 2 Nr. 2 BGB begründet.[180] Welche
Umstände in den Begriff der „Sachen gleicher Art" einfließen und damit den *Ver-*
gleichsmaßstab für das Vorliegen eines Sachmangels bilden und welche Umstände
selbst zu der am Maßstab des § 434 BGB zu beurteilenden *Beschaffenheit* gehören,
kann folglich je nach Kaufgegenstand unterschiedlich zu beurteilen sein.[181]

(c) Konkretisierung durch öffentliche Äußerungen

72   Gemäß § 434 Abs. 1 Satz 3 BGB gehören zu der Beschaffenheit i. S. des § 434
Abs. 1 Satz 2 Nr. 2 BGB auch solche Eigenschaften, die der Käufer nach öffentlichen Äußerungen des Verkäufers, des Herstellers der Sache oder dessen Gehilfen
erwarten kann. Da diese Vorschrift § 434 Abs. 1 Satz 2 Nr. 2 BGB ergänzt, sind
jedoch entsprechende individuelle Beschaffenheitsvereinbarungen oder Verwen-
dungsvorgaben stets vorrangig.[182]

---

[177] Siehe BGH 29.06.2011 NJW 2011, 2872 Rn. 12.

[178] BT-Drucks. 14/6040, S. 214; BGH 20.05.2009 BGHZ 181, 170 Rn. 14; *Staudinger/Matusche-*
Beckmann (2014) § 434 Rn. 95.

[179] BR/*Faust* § 434 Rn. 64; *Looschelders* Rn. 48; *Oechsler* Rn. 121; *H.P. Westermann* Münch-
Komm. § 434 Rn. 25.

[180] OLG Celle 16.04.2008 ZGS 2008, 312 (313 f.).

[181] Vgl. BGH 29.06.2016 NJW 2016, 3015 Rn. 42; BR/*Faust* § 434 Rn. 72 ff.; *Grigoleit/Herresthal*
JZ 2003, 233 (235).

[182] BGH 22.04.2016 NJW 2017, 150 Rn. 18.

Als öffentliche Äußerungen nennt das Gesetz beispielhaft („insbesondere") **73** solche in der Werbung oder bei der Kennzeichnung der Produkte (Etikettangaben etc.). Über diese Beispiele hinaus liegt eine öffentliche Äußerung immer dann vor, wenn sie gegenüber einem im Einzelnen *nicht bestimmten Adressatenkreis* erfolgt.[183] Insoweit trägt die Regelung dem Umstand Rechnung, dass sich Kaufinteressenten über Produkte und deren Merkmale häufig nicht mehr erst im Zuge des konkreten Vertragsschlusses bei dem Verkäufer, sondern bereits im Vorfeld aus allgemein zugänglichen Quellen (Internet etc.) informieren.[184] Erforderlich ist jedoch stets, dass sich die Äußerung auf „Eigenschaften", d. h. auf Merkmale der Sache bezieht, die einer Nachprüfung zugänglich sind. In diesem Sinne spricht Art. 2 Abs. 2d der Verbrauchsgüterkauf-RL ausdrücklich von „konkreten Eigenschaften". Allgemeine reißerische Anpreisungen („bestes Produkt aller Zeiten") fallen daher nicht unter § 434 Abs. 1 Satz 3 BGB.[185]

In dem dargelegten Rahmen richtet sich die geschuldete Beschaffenheit der Sache **74** somit auch nach Angaben, die der *Verkäufer* (einschließlich seiner Gehilfen[186]) nicht im Zusammenhang mit dem konkreten Vertragsschluss getätigt hat oder die von Dritten, nämlich dem *Hersteller* oder *dessen Gehilfen* stammen. Die Zurechnung von Angaben des Herstellers oder seiner Gehilfen zu Lasten des Verkäufers beruht auf dem Gedanken, dass dieser von den Herstellerangaben bei dem Vertrieb der Produkte profitiert und ihm eine Überprüfung des Wahrheitsgehaltes eher möglich ist als dem Käufer.[187] Den Hersteller der Sache definiert § 434 Abs. 1 Satz 3 BGB dabei durch eine Bezugnahme auf § 4 Abs. 1 und 2 ProdHaftG. Ihm unterfallen somit auch diejenigen Personen, die ein Teilprodukt herstellen, ihre Marke an dem Produkt anbringen oder dieses in den Geltungsbereich des Abkommens über den Europäischen Wirtschaftsraum importieren. Der Begriff des Herstellergehilfen ist nicht mit demjenigen des Erfüllungsgehilfen i. S. des § 278 BGB identisch, da der Käufer zu dem vom Verkäufer verschiedenen Hersteller regelmäßig in keiner Sonderverbindung steht. Er umfasst vielmehr alle Personen, die der Hersteller zur Information über seine Produkte einsetzt, z. B. autorisierte Kundendienststellen oder Werbeagenturen.[188] Nicht erforderlich ist hingegen aufgrund des Gedankens

---

[183] BR/*Faust* § 434 Rn. 81; *Erman/Grunewald* § 434 Rn. 23; zur an Fachkreise adressierten Werbung *Weiler* WM 2002, 1784 (1786 f.).

[184] Exemplarisch zur Bewerbung zu verkaufender Produkte in Online-Portalen BGH 27.09.2017 NJW 2018, 146 Rn. 21.

[185] *Lorenz/Riehm* Rn. 487; *Staudinger/Matusche-Beckmann* (2014) § 434 Rn. 102; näher zur Abgrenzung *Lehmann* JZ 2000, 280 (284 f.).

[186] Siehe BR/*Faust* § 434 Rn. 78; *Grigoleit/Herresthal* JZ 2003, 233 (237 f.).

[187] Vgl. *Lehmann* JZ 2000, 280 (287 f.); *Peifer* JR 2001, 265 (268 f.). Die Äußerungen des Herstellers oder seiner Gehilfen werden dem Verkäufer nach § 434 Abs. 1 Satz 3 BGB jedoch nur insoweit zugerechnet, als sie die *geschuldete Beschaffenheit* des Gegenstandes bestimmen. Damit wird der Hersteller nicht zum Erfüllungsgehilfen des Verkäufers i. S. des § 278 BGB, soweit es um die *Schadensersatzhaftung* für eine mangelhafte Beschaffenheit der Sache nach § 437 Nr. 3 BGB i. V. mit den §§ 280 ff. BGB geht; siehe noch unten § 2 Rn. 315.

[188] *Weiler* WM 2002, 1784 (1789 f.); *H.P. Westermann* MünchKomm. § 434 Rn. 32.

der Organisationszurechnung, dass die konkrete Äußerung des Gehilfen durch den Hersteller autorisiert war.[189]

75   Die Regelung des § 434 Abs. 1 Satz 3 BGB *kompensiert teilweise Nachteile des Käufers in mehrstufigen Absatzketten*, die daraus entstehen, dass er bei Vertragsschluss mit einem reinen Händler vorbehaltlich einer besonderen Herstellergarantie keine direkten vertraglichen oder quasi-vertraglichen Ansprüche gegenüber dem Hersteller hat (etwa aus einem Vertrag mit Schutzwirkung für Dritte).[190] Vor diesem Hintergrund sollen etwaige Herstellerangaben wenigstens den Pflichtenkreis des Verkäufers als Vertragspartner des Käufers bestimmen (z. B. die Herstellerangabe über den Kraftstoffverbrauch eines PKW dessen vertragsgemäße Beschaffenheit).[191] Dabei ist es aufgrund des *abstrakt-generalisierenden Regelungskonzeptes* des § 434 Abs. 1 Satz 3 BGB, der sich an anonymen Massengeschäften orientiert, unerheblich, ob der Käufer die öffentliche Äußerung konkret zur Grundlage seiner Vertragsentscheidung gemacht hat oder ob er diese überhaupt kannte.[192] Dies ergibt sich zum einen aus einem Umkehrschluss zu § 434 Abs. 1 Satz 3 BGB a. E., wonach die öffentliche Äußerung unbeachtlich ist, wenn sie die Kaufentscheidung nicht beeinflussen *konnte*,[193] nicht aber schon dann, wenn sie diese nicht beeinflusst hat. Zum anderen ist aus systematischer Sicht zu berücksichtigen, dass die öffentlichen Äußerungen einer Konkretisierung der üblichen Beschaffenheit i. S. des § 434 Abs. 1 Satz 2 Nr. 2 BGB dienen und es bei Letzterer anerkanntermaßen unerheblich ist, ob der Käufer konkrete Kenntnis von ihr hatte. Entscheidend und ausreichend für das Eingreifen des § 434 Abs. 1 Satz 3 BGB ist somit, dass die öffentliche Angabe *„im Raum stand"* und dazu geeignet war, für potentielle Käufer als Orientierung zu dienen. Sofern der betreffende Kaufvertrag einem speziellen *Formerfordernis* unterliegt (insbesondere § 311b Abs. 1 Satz 1 BGB), sprechen jedoch gute Gründe dafür, dieses Erfordernis auch auf die betreffende öffentliche Äußerung zu erstrecken.[194] Wenn deren Inhalt in der endgültigen Vertragsurkunde keinen hinreichenden Anklang findet, prägt die öffentliche Äußerung somit bei formbedürftigen Verträgen nicht die Verkäuferpflichten aus § 433 Abs. 1 Satz 2

---

[189] *Grigoleit/Herresthal* JZ 2003, 233 (237); a. A. *Weiler* WM 2002, 1784 (1789 f.).

[190] Siehe § 2 Rn. 417. Zu in gravierenden Fällen (vorsätzlich-täuschende Angaben des Herstellers zur Beschaffenheit der Ware, zielgerichtete Manipulationen an der hergestellten Sache) denkbaren Ansprüchen des Erwerbers gegen den Hersteller aus § 826 BGB, die auf eine Freistellung von dem unerwünschten Vertrag nach § 249 Abs. 1 BGB gerichtet wären, siehe *Oechsler* NJW 2017, 2865 ff.

[191] So bereits zum alten Recht BGH 14.02.1996 BGHZ 132, 55 (60).

[192] *Erman/Grunewald* § 434 Rn. 29; *Grunewald* § 7 Rn. 24; für Ausschluss bei Unkenntnis des Käufers hingegen BR/*Faust* § 434 Rn. 87; *Staudinger/Matusche-Beckmann* (2014) § 434 Rn. 112; *Weiler* WM 2002, 1784 (1792).

[193] Näher dazu sogleich unter § 2 Rn. 79.

[194] Vgl. BGH 22.04.2016 NJW 2017, 150 Rn. 17 f.

BGB.[195] Dies kann beispielsweise bei Grundstückskaufverträgen im Hinblick auf Angaben in (Makler-)Exposés praktische Bedeutung erlangen, die im Vorfeld des Vertragsschlusses öffentlich zugänglich zirkulieren.

Schließlich legt § 434 Abs. 1 Satz 3 BGB a. E. *drei alternative Ausnahmekon-* **76** *stellationen* fest, bei denen die betreffende öffentliche Äußerung die geschuldete Beschaffenheit nicht bestimmt, und die nach der Systematik der Vorschrift („es sei denn") durch den Verkäufer zu beweisen sind:

Unerheblich sind zunächst Angaben des Herstellers oder seiner Gehilfen, die der **77** *Verkäufer* bei Abschluss des Vertrages *weder kannte noch kennen musste*, d. h. ohne Fahrlässigkeit nicht kannte (vgl. § 122 Abs. 2 BGB). Nach dem Grundgedanken der Vorschrift, dass Herstellerangaben eher in den Risikobereich des Verkäufers als in denjenigen des Käufers fallen, ist jedoch im Regelfall anzunehmen, dass ein professioneller Verkäufer alle Äußerungen des Herstellers kennen muss, die in allgemein zugänglichen Medien abgegeben worden sind.[196] Eine andere Beurteilung kann aber bei dem Verkauf gebrauchter Produkte durch Privatleute geboten sein. Ein privater Verkäufer muss in der Regel nicht über sämtliche öffentlichen Herstellerangaben zu der betreffenden Sache informiert sein, die bis zum Abschluss des Kaufvertrages gemacht worden sind.[197]

Keinen Einfluss auf die Leistungspflicht des Verkäufers haben zudem (fehler- **78** hafte) Angaben, die im Zeitpunkt des Vertragsschlusses *in gleichwertiger Weise berichtigt* waren. Die „Berichtigung" erfordert hierbei eine Bezugnahme auf die ursprüngliche fehlerhafte Angabe, da ansonsten nicht die gebotene Signalwirkung vorliegt.[198] Das Merkmal „in gleichwertiger Weise" bezieht sich seinerseits auf die Art der ursprünglichen öffentlichen Äußerung über das Produkt. Ihm ist nur Genüge getan, wenn die Korrektur entweder individuell gegenüber dem Käufer oder in einer Art und Weise erfolgt, deren Wirkungsgrad mit demjenigen vergleichbar ist, den die ursprüngliche öffentliche Äußerung aufgewiesen hat.[199] Diese Anforderungen sind z. B. nicht erfüllt, wenn eine in Rundfunk-, Fernseh- oder Internetwerbespots

---

[195] Über die Formbedürftigkeit hinaus sollte ein genereller Vorrang des beurkundeten Vertragsinhaltes vor außerhalb desselben liegenden öffentlichen Äußerungen in Betracht gezogen werden, der dann auch ein späteres Wirksamwerden des § 434 Abs. 1 Satz 3 BGB im Wege einer Heilung (vgl. § 311b Abs. 1 Satz 2 BGB) ausschließen würde; dazu *Gräf* ZfPW 2017, 286 (303 ff.); *Weber* RNotZ 2016, 650 (653 f.).

[196] BR/*Faust* § 434 Rn. 85; *Kötz* Rn. 585; *H.P. Westermann* MünchKomm. § 434 Rn. 33.

[197] *Erman/Grunewald* § 434 Rn. 26; *Looschelders* Rn. 53; *Reinicke/Tiedtke* Rn. 335; *Staudinger/ Matusche-Beckmann* (2012) § 434 Rn. 110. Umfassendere rechtspolitische Kritik an der Einbeziehung von Verkäufen durch Verbraucher in die Regelung des § 434 Abs. 1 Satz 3 BGB bei *Gräf* ZfPW 2017, 286 (288 ff.).

[198] BR/*Faust* § 434 Rn. 86; *Grigoleit/Herresthal* JZ 2003, 233 (238); a. A. PWW/*Schmidt* § 434 Rn. 57; *Weiler* WM 2002, 1784 (1792).

[199] BT-Drucks. 14/7052, S. 196; *Staudinger/Matusche-Beckmann* (2014) § 434 Rn. 111.

getroffene Aussage durch die Anzeige in einer – sei es auch überregionalen – Tageszeitung berichtigt werden soll. Sofern aber eine effektive allgemeine Berichtigung erfolgt, ist es nach dem abstrakt-generalisierenden Maßstab des § 434 Abs. 1 Satz 3 BGB unerheblich, ob der konkrete Käufer diese Berichtigung zur Kenntnis genommen hat oder auch nur nehmen konnte. Diese Unbeachtlichkeit der Kenntnisnahmemöglichkeit des Käufers von der allgemein zugänglichen Berichtigung widerspricht nicht dem Umstand, dass umgekehrt eine Zurechnung von Herstellerangaben nach § 434 Abs. 1 Satz 3 BGB bereits dann ausscheidet, wenn der Verkäufer diese nicht kennen musste. Vielmehr steht die Zurechnung der Angaben nach der Struktur des Gesetzes insoweit unter strengeren Voraussetzungen als der Ausschluss der Zurechnung.

79   Schließlich sind die öffentlichen Angaben auch dann unbeachtlich, wenn sie die *Kaufentscheidung nicht beeinflussen konnten*. Aufgrund des abstrakt-generalisierenden Ansatzes der Vorschrift reicht es hierfür nicht aus, dass die Äußerungen die Vertragsentscheidung des Käufers tatsächlich nicht beeinflusst haben.[200] Auch die mangelnde Bedeutung der Angabe für eine konkrete Verwendungsabsicht des Käufers führt nicht dazu, dass diese Angabe die Entscheidung nicht i. S. des § 434 Abs. 1 Satz 3 BGB beeinflussen konnte,[201] da der Käufer an einen Verwendungszweck, der nicht i. S. des § 434 Abs. 1 Satz 2 Nr. 1 BGB vertraglich vorausgesetzt wurde, nicht gebunden ist. Der Ausschlusstatbestand greift aber z. B. ein, wenn fehlerhafte Angaben in einer Art und Weise richtiggestellt wurden, die zwar in ihrem Verbreitungsgrad nicht der ursprünglichen Angabe entspricht, so dass keine Berichtigung „in gleichwertiger Weise" gegeben ist, der Käufer aber gleichwohl vor dem Vertragsschluss konkret von der Richtigstellung Kenntnis genommen hat. Dann steht die öffentliche Äußerung für den Käufer nicht mehr „im Raum", was diesen Fall von der Konstellation unterscheidet, in welcher der Käufer die (nicht berichtigte) öffentliche Äußerung von vornherein nicht zur Kenntnis genommen hat und in dem die Angabe nach der hier vertretenen Auffassung durchaus die vertragsgemäße Beschaffenheit bestimmt.[202] Schließlich können auch solche öffentlichen Äußerungen keinen Einfluss auf die Kaufentscheidung haben, die erst nach dem Abschluss des betreffenden Kaufvertrages gemacht wurden.[203]

(5) Anforderungen an Montage und Montageanleitungen (§ 434 Abs. 2 BGB)

(a) Bedeutung des § 434 Abs. 2 BGB

80   Letztlich stellt § 434 Abs. 2 BGB im Hinblick auf die Pflicht zur sachmangelfreien Verschaffung von Kaufgegenständen, die einer Montage bedürfen, gewisse

---

[200] *Erman/Grunewald* § 434 Rn. 29; *Staudinger/Matusche-Beckmann* (2014) § 434 Rn. 112; a. A. BR/*Faust* § 434 Rn. 87; *Grigoleit/Herresthal* JZ 2003, 233 (238 f.).

[201] So aber *Erman/Grunewald* § 434 Rn. 29; *Haas* BB 2001, 1313 (1314).

[202] Näher oben § 2 Rn. 75.

[203] BGH 17.03.2010 NJW 2010, 1329 Rn. 17.

Anforderungen an eine vereinbarte Montage und eine zu liefernde Montageanleitung auf. Die Hauptbedeutung dieser Vorschrift, die auf Art. 2 Abs. 5 Verbrauchsgüterkauf-RL beruht, besteht darin, dass sie die betreffenden Verpflichtungen (sachgemäße Montage, Lieferung einer mangelfreien Montageanleitung) in die *synallagmatische Hauptleistungspflicht* des Verkäufers einbezieht. Erfüllt also z. B. der Verkäufer seine Montagepflicht i. S. des § 433 Abs. 1 Satz 2 BGB i. V. mit § 434 Abs. 2 Satz 1 BGB nicht wie geschuldet, so kann der Käufer nach § 320 BGB den Kaufpreis zurückhalten und ist nicht auf die Geltendmachung des schwächeren Zurückbehaltungsrechts aus § 273 BGB angewiesen. Entsprechendes gilt bei einer fehlerhaften Montageanleitung. Daneben besitzt § 434 Abs. 2 BGB auch in *zeitlicher Hinsicht* Bedeutung, weil er entgegen der Grundregel des § 434 Abs. 1 BGB solche Vorgänge (fehlerhafte Montage etc.) in den Begriff des Sachmangels einbezieht, die gegebenenfalls erst nach dem Gefahrübergang stattfinden.[204]

(b) Sachgemäße Montage (§ 434 Abs. 2 Satz 1 BGB)

Nach § 434 Abs. 2 Satz 1 BGB liegt ein Sachmangel vor, wenn der Verkäufer oder **81** dessen Gehilfen die vereinbarte Montage unsachgemäß durchgeführt haben.

Dies setzt zunächst eine *vertragliche Pflicht* des Verkäufers zur Montage voraus.[205] **82** Nimmt der Verkäufer die Montage ohne Rechtsbindungswillen aus Kulanz vor, so gehört deren Sachgemäßheit nicht zu der Erfüllungspflicht aus § 433 Abs. 1 Satz 2 BGB. In der Regel ist jedoch davon auszugehen, dass die Montage aufgrund einer vertraglichen Vereinbarung erfolgt. Der Umstand, dass die Montage erst nach Abschluss des Kaufvertrages verabredet wird, steht dem nicht entgegen. Insoweit liegt eine teilweise Änderung des Kaufvertrages vor.

Darüber hinaus muss es sich bei dem Vertrag trotz der Montage um einen Kauf- **83** vertrag handeln (sog. Kauf mit Montageverpflichtung), so dass es der *Abgrenzung zu einem Werkvertrag* i. S. des § 631 BGB bedarf. Diese ist im Ausgangspunkt danach vorzunehmen, ob der Schwerpunkt des Vertrages auf der Verschaffung der betreffenden Sache liegt (dann Kauf mit Montageverpflichtung) oder die Montage als solche aufgrund ihrer Komplexität im Vordergrund steht (dann Werkvertrag).[206] Ist aufgrund der Schwerpunktbetrachtung von einem Werkvertrag auszugehen, muss sodann weiter differenziert werden:[207] Grundsätzlich sind in diesem Fall die §§ 631 ff. BGB anzuwenden; über § 650 BGB findet aber letztlich doch das

---

[204] BR/*Faust* § 434 Rn. 92; *Staudinger/Matusche-Beckmann* (2014) § 434 Rn. 117.

[205] BT-Drucks. 14/6040, S. 215; *Erman/Grunewald* § 434 Rn. 52.

[206] Zur Verbrauchsgüterkauf-RL: EuGH 07.09.2017 NJW 2017, 3215 Rn. 38 und 44. Zum deutschen Recht: RG 02.07.1907 RGZ 66, 279 (283 f.); BGH 22.07.1998 NJW 1998, 3197 (3198); BGH 02.06.2016 NJW 2016, 2876 Rn. 11; *Soergel/Huber* Vor § 433 Rn. 279; weiterführend *Schneidewindt* NJW 2013, 3751 ff. Der Sache nach handelt es sich dabei um die rechtliche Einordnung eines gemischten Vertrages, die § 434 Abs. 2 BGB für seinen Anwendungsbereich gesetzlich regelt; vgl. *H.P. Westermann* MünchKomm. § 434 Rn. 36 sowie allg. unten § 16 Rn. 10 ff.

[207] Siehe *Beckmann*, in: *Staudinger/Eckpfeiler*, N. Rn. 20.

Kaufrecht Anwendung, wenn die Montage zur Erzeugung einer neuen beweglichen Sache führt.[208] Es wäre aber zirkulär, hieraus zu folgern, dass auch ein Vertrag mit dem Schwerpunkt auf der Montage bereits von vornherein einen Kaufvertrag darstellt.[209] Denn dann würde der Rechtsgedanke des § 650 BGB genutzt, um dessen eigenen Anwendungsbereich auszuschließen.

84   Wann die *Montage „sachgemäß"* ist, bestimmt sich in Anlehnung an § 434 Abs. 1 BGB, indem dessen Anforderungen statt auf die Kaufsache auf deren Montage bezogen werden. Entscheidend ist somit vorrangig eine Vereinbarung über die Beschaffenheit der Montage, hilfsweise die übliche Beschaffenheit derselben.[210] Diese gedankliche Anlehnung an § 434 Abs. 1 BGB führt z. B. dazu, dass sich die Unsachgemäßheit einer Montage auch aus der negativen Abweichung von Werbeaussagen ergeben kann, welche der Hersteller der Kaufsache über die Montage abgibt (vgl. § 434 Abs. 1 Satz 3 BGB). Die Unsachgemäßheit der Montage setzt hingegen nicht voraus, dass diese die Beschaffenheit der Kaufsache selbst beeinträchtigt (Beispiel: schiefe Anbringung eines Hängeschrankes ohne Substanzverletzung).[211] Auch auf ein Verschulden kommt es in diesem Zusammenhang nicht an, da die primäre Erfüllungspflicht des Verkäufers in Rede steht.

(c) Mangelfreie Montageanleitung (§ 434 Abs. 2 Satz 2 BGB)

85   Nach § 434 Abs. 2 Satz 2 BGB umfasst die Erfüllungspflicht aus § 433 Abs. 1 Satz 2 BGB bei Sachen, die zur Montage durch den Nutzer bestimmt sind, eine mangelfreie Montageanleitung.

86   Die *Pflicht zur Lieferung einer Montageanleitung* als solche ergibt sich hingegen bereits aus § 433 Abs. 1 Satz 1 BGB i. V. mit den §§ 133, 157 BGB und unterliegt nicht dem § 434 BGB.[212] Ob die gekaufte Sache zur Montage bestimmt ist, folgt mangels einer besonderen Abrede aus der gewöhnlichen Verwendung des Kaufgegenstandes. Hauptbeispiel sind zerlegt gelieferte Möbelstücke. Nicht erforderlich ist, dass gerade der konkrete Käufer die Montage ausführen soll.[213] § 434 Abs. 2 Satz 2 BGB ist dementsprechend auch auf den Verkauf einer Sache durch einen Großhändler an einen Zwischenhändler anwendbar, dessen Abkäufer diese dann bestimmungsgemäß montieren soll.

---

[208] Näher unten § 8 Rn. 10 ff. Anders wiederum, wenn die Herstellung der neuen beweglichen Sache ihrer Montage vorangeht; bildet in diesem Fall die Montage den Schwerpunkt, findet einheitlich Werkvertragsrecht Anwendung: *Schreiber* Jura 2013, 21 (23).

[209] So aber *Huber/Faust* 12/52; *Rappenglitz* JA 2003, 36 f.; wie hier BR/*Faust* § 434 Rn. 90; *Staudinger/Matusche-Beckmann* (2014) § 434 Rn. 116.

[210] Siehe oben § 2 Rn. 51 f.

[211] BT-Drucks. 14/6040, S. 215; *H.P. Westermann* MünchKomm. § 434 Rn. 36.

[212] Siehe oben § 2 Rn. 38; a. A. *Brüggemeier* WM 2002, 1376 (1378); *Erman/Grunewald* § 434 Rn. 58; für § 434 Abs. 1 Satz 2 Nr. 2 BGB *Brand* ZGS 2003, 96 (97); *Palandt/Weidenkaff* § 434 Rn. 48.

[213] BT-Drucks. 14/6040, S. 215.

Die Montageanleitung ist grundsätzlich frei von Mängeln, wenn sie optisch **87**
lesbar ist und ihr Inhalt einen *durchschnittlichen Käufer* befähigt, den Kaufgegenstand sachgemäß zu montieren.[214] Deshalb muss sie (auch) in der Landessprache
am Ort des Vertragsabschlusses abgefasst sein.[215] Ist die Montageanleitung so transparent wie möglich gestaltet, liegt hingegen selbst dann kein Fall des § 434 Abs. 2
Satz 2 BGB vor, wenn einem fachlich nicht geschulten Käufer die Montage faktisch nicht möglich ist, weil diese nicht nur allgemeine handwerkliche Fähigkeiten, sondern *besondere Kenntnisse* voraussetzt. Hatte der Verkäufer den Käufer auf
die Erforderlichkeit derartiger Spezialkenntnisse nicht hingewiesen, so nimmt die
Rechtsprechung die Verletzung einer vorvertraglichen Aufklärungspflicht i. S. des
§ 241 Abs. 2 BGB i. V. mit § 311 Abs. 2 Nr. 1 BGB an, die den Käufer im Rahmen
eines Schadensersatzanspruchs aus den §§ 280 Abs. 1, 249 Abs. 1 BGB zu einer
Rückgängigmachung des Vertrages berechtigen soll.[216] Überzeugender ist es hingegen, in diesen Fällen einen Sachmangel gemäß § 434 Abs. 1 Satz 2 Nr. 2 BGB
anzunehmen, da der Käufer regelmäßig erwarten kann, dass eine Montage keine
besonderen Kenntnisse erfordert, sofern ihn der Verkäufer nicht gegenteilig unterrichtet.[217] Daher stehen ihm die Rechte aus § 437 BGB zu, welche die allgemeinen
Ansprüche wegen einer Aufklärungspflichtverletzung verdrängen.[218]

Ein Verstoß gegen die Verpflichtung zur Lieferung einer mangelfreien Montage-   **88**
anleitung bleibt gemäß § 434 Abs. 2 Satz 2 BGB a. E. jedoch folgenlos, d. h. es
entfällt ein Sachmangel und der Verkäufer hat den Vertrag insoweit erfüllt, wenn
die Sache gleichwohl fehlerfrei montiert worden ist. In diesem Fall hat sich der
Zweck der Montageanleitung erschöpft. Nach der Systematik des § 434 Abs. 2
Satz 2 BGB muss der Verkäufer diese Voraussetzungen beweisen („es sei denn").
Darüber hinaus entlastet nur die *bereits erfolgte fehlerfreie Montage* den Verkäufer
i. S. eines nachträglichen Heilungstatbestandes.[219] Zu einem Montageversuch ist der
Käufer, dem eine mangelhafte Montageanleitung geliefert wurde, allenfalls gemäß
§ 242 BGB bei geringfügigen Mängeln derselben verpflichtet. Zudem reicht es bei
Gegenständen, die zum wiederholten Auf- und Abbau bestimmt sind, für einen Aus-
schluss des Sachmangels auch nicht aus, wenn zwar die erste Montage geglückt ist,
für die Zukunft aber weiterhin ein Risiko des Fehlschlagens besteht.[220] § 434 Abs. 2
Satz 2 BGB a. E. setzt hingegen im Grundsatz nicht voraus, dass die fehlerfreie

---

[214] *Brand* ZGS 2003, 96 (97); *Staudinger/Matusche-Beckmann* (2014) § 434 Rn. 126; *H.P. Westermann* MünchKomm. § 434 Rn. 39; auf eine Verständlichkeit für den „ganz überwiegenden Teil
der voraussichtlichen Käufer" stellen ab BR/*Faust* § 434 Rn. 97; *Erman/Grunewald* § 434 Rn. 56.

[215] BR/*Faust* § 434 Rn. 99; *Staudinger/Matusche-Beckmann* (2014) § 434 Rn. 129.

[216] BGH 13.06.2007 NJW 2007, 3057 Rn. 35.

[217] Vgl. *Kulke* ZGS 2007, 380 (382 ff.).

[218] Siehe unten § 2 Rn. 356 ff.

[219] BT-Drucks. 14/6040, S. 216; BR/*Faust* § 434 Rn. 100; *H.P. Westermann* MünchKomm. § 434
Rn. 40.

[220] *H.P. Westermann* MünchKomm. § 434 Rn. 40; a. A. BR/*Faust* § 434 Rn. 102.

Montage gerade durch den Käufer vorgenommen wurde, so dass ein Sachmangel z. B. auch dann zu verneinen ist, wenn der Abkäufer des Käufers den Gegenstand korrekt montiert hat. Anderes gilt wiederum, wenn die fehlerfreie Montage aufgrund der mangelhaften Anleitung mit einem erheblichen Mehraufwand verbunden war (z. B. Hinzuziehung eines Spezialisten). Dann gebietet der Normzweck des § 434 Abs. 2 BGB, dass der Käufer diesen Mehraufwand nach Maßgabe der Mängelrechte geltend machen kann.

89 Der unmittelbare Anwendungsbereich des § 434 Abs. 2 Satz 2 BGB bezieht sich lediglich auf die Anleitung zu einer Montage, d. h. zu einer mechanischen Zusammensetzung. Bei technischen und elektronischen Geräten gewinnt hingegen das Vorhandensein einer korrekten *Bedienungsanleitung* besondere Bedeutung. Wie in den durch § 434 Abs. 2 Satz 2 BGB erfassten Sachverhalten besteht dann das Problem, dass den berechtigten Erwartungen des Käufers nicht schon mit der Verschaffung des betreffenden Gegenstandes genügt ist, sondern erst dann, wenn ihn eine Anleitung in die Lage versetzt, die Sache sinnvoll zu gebrauchen. Aus diesem Grund folgt aus einer Analogie zu § 433 Abs. 1 Satz 2 BGB i. V. mit § 434 Abs. 2 Satz 2 BGB auch die Pflicht des Verkäufers, die bei technischen und elektronischen Geräten übliche Bedienungsanleitung mangelfrei zu liefern.[221] Folgerichtig greift insoweit auch der Heilungstatbestand des § 434 Abs. 2 Satz 2 BGB a. E. ein, wenn sich die mangelhafte Bedienungsanleitung in der Handhabung des Gerätes nicht auswirkt.[222] Dies wird jedoch seltener als bei Montageanleitungen der Fall sein, da die Bedienung nicht einmalig, sondern fortlaufend erfolgt.

cc) Freiheit von Rechtsmängeln (§ 435 BGB)

90 Nach § 433 Abs. 1 Satz 2 BGB ist der Verkäufer auch verpflichtet, dem Käufer die Sache frei von Rechtsmängeln zu verschaffen, wobei § 435 BGB den Umfang dieser Verpflichtung umschreibt. Gemäß Satz 1 dieser Vorschrift ist die Sache nur dann frei von Rechtsmängeln, wenn Dritte in Bezug auf die Sache keine oder nur die im Kaufvertrag von dem Käufer übernommenen Rechte geltend machen können. Das Recht eines Dritten ist von dem Käufer „übernommen", wenn der Verkäufer nach dem Inhalt des Kaufvertrages zu dessen Beseitigung nicht verpflichtet sein soll, z. B. weil die durch das Recht des Dritten eintretende Wertminderung den Kaufpreis beeinflusst hat. Nicht übernommene Rechte, welche die Voraussetzungen des § 435 BGB erfüllen, muss der Verkäufer hingegen nach § 433 Abs. 1 Satz 2 BGB vor der Übereignung der Sache an den Käufer beseitigen.

---

[221] *Emmerich* § 4 Rn. 28; *Honsell* JZ 2001, 278 (280); NK-BGB/*Büdenbender* § 434 Rn. 62; a. A. *Brand* ZGS 2003, 96 (97); *Brox/Walker* § 4 Rn. 25; *Fikentscher/Heinemann* Rn. 847. Die Pflicht zur Lieferung der Bedienungsanleitung als solche folgt jedoch wiederum, wie auch bei einer Montageanleitung, aus § 433 Abs. 1 Satz 1 BGB und unterliegt nicht dem § 434 BGB; siehe oben § 2 Rn. 86 m. w. N. auch zur a. A.

[222] *Erman/Grunewald* § 434 Rn. 59; a. A. BR/*Faust* § 434 Rn. 96; *Staudinger/Matusche-Beckmann* (2014) § 434 Rn. 130.

Entscheidend ist i. S. des § 435 Satz 1 BGB nicht zwangsläufig die Art des Rechts   **91**
des Dritten (dingliches oder obligatorisches Recht), sondern ob dieses auch *gegenüber dem Käufer wirkt.* Deshalb liegt ein Rechtsmangel bereits dann vor, wenn
das Recht gegenüber dem Käufer aus rechtlicher Sicht geltend gemacht werden
kann; unerheblich ist, ob es tatsächlich geltend gemacht wird.[223] Diese Rechtswirkung gegenüber dem Käufer entfalten in erster Linie *dingliche Rechte.* Dabei erfasst
§ 435 Satz 1 BGB allerdings nicht die Konstellation, dass der *Kaufgegenstand im
Eigentum eines Dritten steht* und der Käufer das Eigentum auch nicht gutgläubig
erwirbt.[224] Vielmehr ist in diesem Fall die Pflicht zur Eigentumsverschaffung nach
§ 433 Abs. 1 Satz 1 BGB betroffen.[225]

Sog. *beschränkte dingliche Rechte* unterfallen § 435 BGB, wenn diese auch   **92**
dem Erwerber eines Gegenstandes entgegengehalten werden können wie z. B. bei
beweglichen Sachen ein Pfandrecht oder bei Grundstücken ein dingliches Vorkaufsrecht, ein Nießbrauch oder ein Grundpfandrecht (Hypothek, Grundschuld).
Diese Rechte können gegenüber dem Käufer aber dann nicht geltend gemacht
werden und bilden somit keinen Rechtsmangel, wenn er das Eigentum an der
Sache gutgläubig lastenfrei erworben hat, z. B. nach den §§ 892, 936 BGB. Als
Rechtsmangel i. S. des § 435 BGB kommen auch *Immaterialgüterrechte* Dritter
in Betracht, die sich auf die verkaufte Sache beziehen und die dem Erwerber entgegengehalten werden können, so z. B. ein Patentrecht oder das Persönlichkeits-
recht desjenigen, dessen Name oder Bild sich ohne seine Einwilligung auf der
Kaufsache befindet.[226]

Obligatorische Rechte eines Dritten, insbesondere vertragliche Forderungen,   **93**
wirken typischerweise nur zu Lasten desjenigen, gegenüber dem sie entstanden
sind, und können daher, wenn sie den Verkäufer verpflichten, regelmäßig nicht auch
dem Käufer i. S. des § 435 Satz 1 BGB entgegengehalten werden. Wenn also z. B.
der Eigentümer eine Sache zweimal verkauft und sie sodann an einen der Käufer
übereignet, stellt die Forderung des anderen Käufers aus § 433 Abs. 1 Satz 1 BGB
aus Sicht des Erwerbers keinen Rechtsmangel dar, da sie nur gegenüber dem Verkäufer wirkt. Eine Drittwirkung gegenüber Erwerbern der Sache entfalten jedoch
nach den §§ 566, 578, 581 Abs. 2, 593b BGB ausnahmsweise das aus einem Miet-
oder Pachtvertrag resultierende Recht des Mieters oder Pächters von Räumen oder
Grundstücken sowie nach § 986 Abs. 2 BGB das Besitzrecht des Besitzers einer

---

[223] BT-Drucks. 14/6040, S. 217 f.; *Oechsler* Rn. 149; *Schlechtriem* Rn. 46.

[224] BGH 19.10.2007 BGHZ 174, 61 Rn. 27 f.; *Jerger/Bühler* NJW 2017, 2789 (2790); BR/*Faust*
§ 435 Rn. 15; *Erman/Grunewald* § 435 Rn. 3; *H.P. Westermann* MünchKomm. § 435 Rn. 7; a. A.
Fikentscher/Heinemann Rn. 910; *Oechsler* Rn. 148; *Pahlow* JuS 2006, 289 (293).

[225] Siehe oben § 2 Rn. 39 ff. Zu den verjährungsrechtlichen Folgefragen noch unten § 2 Rn. 329.

[226] RG 11.07.1939 RGZ 163, 1 (8); BGH 31.01.1990 BGHZ 110, 196 (200); *Brox/Walker* § 4
Rn. 28; *Esser/Weyers* BT 1, § 4 II 5, S. 16; *Schlechtriem* Rn. 45; *H.P. Westermann* MünchKomm.
§ 435 Rn. 4; für Sachmangel BR/*Faust* § 435 Rn. 11; ausführlich zu technischen Schutzrechten
Laub/Laub GRUR 2003, 654 ff.

nach § 931 BGB veräußerten Sache. Diese obligatorischen Rechte sind deshalb auch von § 433 Abs. 1 Satz 2 BGB i. V. mit § 435 Satz 1 BGB erfasst.[227]

94 Eine Sonderstellung zwischen dinglichen und obligatorischen Rechten nimmt im Liegenschaftsrecht die zugunsten eines Dritten eingetragene *Vormerkung* ein, die der Sicherung des Anspruchs auf Übertragung eines dinglichen Rechts an dem Grundstück dient.[228] Soweit dies gemäß § 883 Abs. 2 BGB dazu führt, dass der Eigentumserwerb des Käufers gegenüber dem Vormerkungsbegünstigten relativ unwirksam ist, handelt es sich um einen Rechtsmangel i. S. des § 435 Satz 1 BGB.

95 Einem Recht, das gegenüber dem Käufer eines Grundstücks wirkt, stellt § 435 Satz 2 BGB die unrichtige Eintragung eines solchen Rechts im Grundbuch gleich (sog. *Scheinbelastungen*). Eine solche Situation kann z. B. eintreten, wenn die Bestellung einer Hypothek in Ermangelung einer zu sichernden Forderung unwirksam war (vgl. die §§ 1113 Abs. 1, 1163 Abs. 1 Satz 1 BGB), gleichwohl aber eingetragen wurde. Die Regelung des § 435 Satz 2 BGB beruht darauf, dass die eingetragene Scheinbelastung eine Weiterveräußerung der Kaufsache behindert (vgl. § 891 Abs. 1 BGB) und ein Dritter das eingetragene, aber nicht bestehende Recht nach den §§ 892, 893 BGB gutgläubig zu Lasten des Käufers erwerben könnte.[229] Auch Scheinbelastungen muss der Verkäufer daher vor der Übereignung des Grundstücks an den Käufer nach § 433 Abs. 1 Satz 2 BGB beseitigen, indem er deren Löschung im Grundbuch herbeiführt. Bei dem Kauf von Kraftfahrzeugen als beweglichen Sachen kann eine vergleichbare Situation eintreten, wenn das Fahrzeug in einer offiziellen Datenbank als (möglicherweise) gestohlen registriert ist; hier begründen die aus einem solchen Eintrag für den Käufer resultierenden Unannehmlichkeiten unabhängig davon einen Rechtsmangel i. S. des § 435 Satz 1 BGB, ob der Eintrag zu Recht erfolgt ist.[230]

96 Als Rechte eines „Dritten", deren Nichtvorhandensein der Verkäufer nach den §§ 433 Abs. 1 Satz 2, 435 Satz 1 BGB schuldet, kommen auch *gesetzliche Beschränkungen* in Betracht, die durch privatrechtliche oder öffentlich-rechtliche Vorschriften begründet werden.[231] Hierzu gehören jedoch nicht die allgemeingültigen Eigentumsschranken, denen jeder Rechtsinhaber unterworfen ist, wie z. B. die nachbarrechtlichen Duldungspflichten aus den §§ 906 ff. BGB oder die abstrakte Störerverantwortlichkeit nach den Ordnungs- und Polizeigesetzen der Länder.[232]

---

[227] RG 04.05.1920 RGZ 99, 56 (60); BGH 17.05.1991 NJW 1991, 2700; *Erman/Grunewald* § 435 Rn. 8; *Schlechtriem* Rn. 45; *Staudinger/Matusche-Beckmann* (2014) § 435 Rn. 15.

[228] Zur Rechtsnatur der Vormerkung *Baur/Stürner* § 20 Rn. 9 ff.

[229] BT-Drucks. 14/6040, S. 218; *H.P. Westermann* MünchKomm. § 435 Rn. 11.

[230] BGH 18.01.2017 NJW 2017, 1666 Rn. 22 ff.; BGH 26.04.2017 NJW 2017, 3292 Rn. 10; hierzu auch *Heese* JZ 2017, 529 ff.

[231] BGH 18.01.2017 NJW 2017, 1666 Rn. 18; *Erman/Grunewald* § 435 Rn. 11; *Soergel/Huber* § 434 Rn. 52; *Staudinger/Matusche-Beckmann* (2014) § 435 Rn. 23 ff.

[232] BGH 13.02.1981 NJW 1981, 1362; BeckOGK/*Gutzeit*, 15.10.2017, § 435 Rn. 13; *Larenz* BT 1, § 40 II b, S. 29; *Staudinger/Matusche-Beckmann* (2014) § 435 Rn. 23.

Folgerichtig stellt *§ 436 Abs. 2 BGB* klar, dass der Verkäufer eines Grundstücks nicht für dessen Freiheit von anderen als den in § 436 Abs. 1 BGB genannten öffentlichen Abgaben und öffentlichen Lasten, die zur Eintragung in das Grundbuch nicht geeignet sind, „haftet" (d. h. bereits deren Abwesenheit nicht nach § 433 Abs. 1 Satz 2 BGB schuldet). Bei diesen Lasten, insbesondere der Grundsteuerpflicht, handelt es sich um allgemeine Beschränkungen, die auf dem Grundstück ruhen und mit deren Existenz der Käufer stets rechnen muss.[233] Entsprechendes gilt gemäß § 452 BGB für den Kauf von Schiffen und Schiffsbauwerken, die in das Schiffsregister bzw. Schiffsbauregister eingetragen sind. Als Rechtsmangel i. S. des § 435 Satz 1 BGB kommen daher nur *Individualbelastungen* in Betracht, die an die Spezifika des jeweiligen Kaufgegenstandes anknüpfen.[234] Dazu kann z. B. eine öffentlich-rechtliche Beschlagnahmebefugnis in Bezug auf den verkauften Gegenstand zählen, zumindest wenn dem Käufer hierdurch eine Eigentumsentziehung oder eine Besitzentziehung für einen mehr als nur unwesentlichen Zeitraum droht.[235] Für die *Abgrenzung zu Sachmängeln* i. S. des § 434 BGB ist darauf abzustellen, ob die gesetzliche Beschränkung ihren Grund in der Beschaffenheit der Sache selbst findet (dann Sachmangel).[236] Eine Beschlagnahmebefugnis unterfällt damit § 434 BGB, wenn sie auf einer gefährlichen Beschaffenheit des Kaufgegenstandes beruht (verseuchte Lebensmittel), während § 435 BGB z. B. einschlägig ist, wenn die Sache beschlagnahmt werden darf, um einen Notbedarf der Allgemeinheit zu decken.[237]

Ohne dass § 435 BGB dies ausdrücklich erwähnt, ist der Zeitpunkt, in dem der Verkäufer die Freiheit des Kaufgegenstandes von Rechtsmängeln nach § 433 Abs. 1 Satz 2 BGB schuldet, nicht wie bei Sachmängeln der Gefahrübergang (§ 434 Abs. 1 Satz 1 BGB), sondern der *Zeitpunkt der Eigentumsverschaffung* gemäß § 433 Abs. 1 Satz 1 BGB.[238] Als Rechtsmangel kommen aber auch solche Drittberechtigungen in Betracht, die zu diesem Zeitpunkt zwar noch nicht geltend gemacht werden konnten, aber bereits in ihrer Wurzel angelegt waren (Beispiel: aufschiebend bedingtes Pfandrecht).[239]   **97**

---

[233] Rückständige Lasten, die für den Zeitraum vor der Übergabe des Grundstücks an den Käufer entstanden sind, muss im Innenverhältnis des Verkäufers zum Käufer mangels abweichender Vereinbarung gemäß § 446 Satz 2 BGB aber der Verkäufer unabhängig davon tragen, wer nach öffentlichem Recht deren Schuldner ist.

[234] *Soergel/Huber* § 434 Rn. 52; *Staudinger/Matusche-Beckmann* (2014) § 434 Rn. 25.

[235] BGH 18.02.2004 NJW 2004, 1802 f.; BR/*Faust* § 435 Rn. 18; *Wertenbruch* ZGS 2004, 367 (368 ff.); weiterführend *Jerger/Bühler* NJW 2017, 1639 ff. und *Wais* AcP 217 (2017), 337 ff.

[236] Näher oben § 2 Rn. 56 ff.

[237] BGH 05.12.1990 BGHZ 113, 106 (112 f.); *Larenz* BT 1, § 40 II b, S. 29; *Staudinger/Matusche-Beckmann* (2014) § 434 Rn. 32 ff.

[238] BGH 05.12.1990 BGHZ 113, 106 (113); BR/*Faust* § 435 Rn. 5; *Staudinger/Matusche-Beckmann* (2014) § 435 Rn. 5; *H.P. Westermann* MünchKomm. § 435 Rn. 6; a. A. *Schlechtriem* Rn. 48 (Zeitpunkt des Gefahrübergangs).

[239] RG 09.06.1925 RGZ 111, 86 (89); *Soergel/Huber* § 434 Rn. 82; *H.P. Westermann* MünchKomm. § 435 Rn. 6.

dd) Ausschluss oder Beschränkung der Verkäuferpflicht aus § 433 Abs. 1 Satz 2 BGB

(1) Überblick

98   Einschränkungen kann die Pflicht des Verkäufers zur Verschaffung einer sach- und rechtsmängelfreien Kaufsache insbesondere durch die Regelung des § 442 BGB oder aufgrund einer vertraglichen Vereinbarung erfahren. Im *Handelsverkehr* besteht eine Einschränkung der Rechtsstellung des Käufers zudem dann, wenn er seiner Rügeobliegenheit (§ 377 HGB) nicht nachkommt.[240] Bei einem Verkauf im Rahmen der *Zwangsvollstreckung* wird schließlich nach § 806 ZPO und § 56 Satz 3 ZVG keine Mangelfreiheit geschuldet, während bei dem Verkauf eines Pfandes in *öffentlicher Versteigerung* außerhalb der Zwangsvollstreckung die Rechte des Käufers „wegen eines Mangels" nach § 445 BGB nur bei Arglist oder Garantieübernahme seitens des Verkäufers bestehen.[241]

(2) Ausschluss gemäß § 442 BGB

(a) Kenntnis oder grob fahrlässige Unkenntnis des Käufers

99   Nach § 442 Abs. 1 Satz 1 BGB sind die „Rechte des Käufers wegen eines Mangels" ausgeschlossen, wenn er den Mangel bei Abschluss des Vertrages positiv kennt.[242] Gleiches gilt gemäß § 442 Abs. 1 Satz 2 BGB, wenn dem Käufer das Vorhandensein des Mangels bei Abschluss des Vertrages infolge grober Fahrlässigkeit unbekannt geblieben ist und der Verkäufer den Mangel weder arglistig verschwiegen noch eine Garantie für die Beschaffenheit der Sache übernommen hat. Rechtsgedanke des § 442 Abs. 1 BGB ist die *mangelnde Schutzwürdigkeit des Käufers*, die bei Kenntnis des Mangels stets, bei grob fahrlässiger Unkenntnis dann gegeben ist, wenn den Verkäufer seinerseits keine überwiegende Verantwortlichkeit für den Mangel trifft (Arglist, Garantie).[243] Sofern sich der Vertragsschluss zeitlich gestreckt vollzieht, bildet die Abgabe der Vertragserklärung des Käufers den für § 442 BGB maßgeblichen Zeitpunkt bzw. – soweit einschlägig – deren Beurkundung.[244]

100   Da den Käufer außerhalb des Anwendungsbereiches des § 377 HGB grundsätzlich *keine besondere Untersuchungsobliegenheit* trifft, können grob fahrlässig nur

---

[240] Dazu *Canaris* Handelsrecht, 24. Aufl. 2006, § 29 Rn. 42 ff.; *Oetker* Handelsrecht, 7. Aufl. 2015, § 8 Rn. 27 ff.; *K. Schmidt* Handelsrecht, 6. Aufl. 2014, § 29 Rn. 34 ff.

[241] Dazu sogleich näher unter § 2 Rn. 100.

[242] Diese Regelung kann allerdings abbedungen werden; so z. B., wenn der Mangel bei den Vertragsverhandlungen angesprochen wird und der Verkäufer seine Beseitigung zusagt; siehe BR/*Faust* § 442 Rn. 32; *Schlechtriem* Rn. 49.

[243] Statt aller *Staudinger/Matusche-Beckmann* (2014) § 442 Rn. 1 m. w. N.; zum ökonomischen Hintergrund BR/*Faust* § 442 Rn. 2.

[244] BGH 15.06.2012 BGHZ 193, 326 Rn. 18 ff. m. w. N.

ganz offensichtliche Mängel verkannt werden.[245] Diese Offensichtlichkeit wird
z. B. verneint, wenn ein Kunde in Selbstbedienungsgeschäften das abgelaufene
Mindesthaltbarkeitsdatum von Lebensmitteln übersieht.[246] Weiterhin kann bei
einer Internetauktion aus einem niedrigen Startpreis allein keine grobe Fahrlässigkeit des Käufers dahingehend gefolgert werden, dass es sich bei dem Artikel
nicht wie beschrieben um ein hochwertiges Markenprodukt handeln kann; der
Annahme grober Fahrlässigkeit steht hier bereits entgegen, dass der Startpreis zu
dem erzielbaren Endpreis keine notwendige Korrelation aufweist.[247] Ein *arglistiges Verschweigen* des Mangels liegt vor, wenn der Verkäufer zumindest bedingt
vorsätzlich (1.) mit dem Vorliegen des Mangels, (2.) der Erheblichkeit desselben für die Kaufentscheidung des Käufers und (3.) der Unkenntnis des Käufers
von dem Mangel rechnet, ohne dass es einer Schädigungsabsicht bedarf.[248] Ob
die betreffende Falschangabe aus Sicht des konkreten Käufers tatsächlich kausal
für den Kaufentschluss war, ist ebenfalls unerheblich.[249] Die Voraussetzungen der
Arglist erfüllen auch *Behauptungen „ins Blaue hinein"*, bei denen der Verkäufer
Erklärungen über die Kaufsache ohne jegliche Informationsbasis abgibt.[250] Eine
Garantie für die Beschaffenheit der Kaufsache i. S. des § 442 Abs. 1 Satz 2 BGB
setzt einen unbedingten Einstandswillen gemäß § 276 Abs. 1 Satz 1 BGB a. E.
voraus.[251]

(b) Erstreckung des Ausschlusstatbestandes auf den Erfüllungsanspruch

Problematisch ist, ob sich die Ausschlussregelung des § 442 BGB auch auf die   **101**
Pflicht des Verkäufers zur rechts- und sachmängelfreien Verschaffung des Gegenstandes gemäß § 433 Abs. 1 Satz 2 BGB bezieht,[252] d. h. auf die ursprüngliche Erfüllungspflicht, oder ob die Vorschrift lediglich *nach* der Lieferung der mangelhaften

---

[245] RG 19.02.1931 RGZ 131, 343 (353); *Larenz* BT 1, § 41 I d 2, S. 47; *Oechsler* Rn. 437; *Stau-dinger/Matusche-Beckmann* (2014) § 442 Rn. 25 ff.

[246] *Erman/Grunewald* § 442 Rn. 15; *Soergel/Huber* § 460 Rn. 20; *H.P. Westermann* MünchKomm. § 442 Rn. 11; für eine entsprechende Beschaffenheitsvereinbarung aufgrund des Aufdrucks des abgelaufenen Mindesthaltbarkeitsdatums und damit schon einen Sachmangel verneinend *Stau-dinger/Matusche-Beckmann* (2014) § 442 Rn. 30.

[247] BGH 28.03.2012 NJW 2012, 2723 Rn. 26; vgl. auch oben § 2 Rn. 62 zur Parallelfrage auf der Ebene der Beschaffenheitsvereinbarung.

[248] BGH 19.03.1991 BGHZ 117, 363 (368); BGH 07.03.2003 WM 2003, 1680 (1681); *Erman/Grunewald* § 438 Rn. 24; *H.P. Westermann* MünchKomm. § 438 Rn. 29.

[249] BGH 15.07.2011 BGHZ 190, 272 Rn. 10 ff. zu § 444 BGB.

[250] BGH 21.01.1975 BGHZ 63, 382 (388); BR/*Faust* § 438 Rn. 40; kritisch *Staudinger/Matusche-Beckmann* (2014) § 438 Rn. 94.

[251] Näher zu den verschiedenen Formen der Garantie unten § 2 Rn. 410 ff.

[252] So *Bachmann* AcP 211 (2011), 395 (420); BeckOGK/*Stöber*, 01.11.2017, § 442 Rn. 8; BR/*F-aust* § 442 Rn. 30; *Ernst* Festschrift für Ulrich Huber, 2006, S. 187; *Harke* Rn. 80; *Staudinger/Matusche-Beckmann* (2014) § 442 Rn. 49; *H.P. Westermann* MünchKomm. § 442 Rn. 18.

Sache die Rechte aus § 437 BGB ausschließen soll.[253] Die Gesetzesmaterialien enthalten keine eindeutige Stellungnahme hierzu.[254]

102   Für eine Begrenzung der Ausschlusswirkung auf die Ansprüche aus § 437 BGB, d. h. die Ausklammerung der ursprünglichen Erfüllungspflicht nach § 433 Abs. 1 Satz 2 BGB, spricht der Wortlaut des § 442 Abs. 1 BGB, der sich auf die Rechte „wegen" eines Mangels bezieht, während § 433 Abs. 1 Satz 2 BGB dem Käufer einen Anspruch auf die Mangelfreiheit als solche gewährt. In diese Richtung weist auch die systematische Stellung des § 442 BGB direkt nach den §§ 437 ff. BGB. Zudem war die auf Rechtsmängel bezogene Vorgängervorschrift des jetzigen § 442 Abs. 1 BGB in § 439 BGB a. F. so formuliert, dass der Verkäufer den Mangel unter den besagten Voraussetzungen nicht „zu vertreten" hatte, wodurch der Erfüllungsanspruch als solcher nach allerdings umstrittener Auffassung der Rechtsprechung nicht berührt wurde.[255]

103   Nach der jetzt geltenden Gesetzeslage sprechen überwiegende Gründe dafür, dass § 442 Abs. 1 BGB *bereits den Erfüllungsanspruch aus § 433 Abs. 1 Satz 2 BGB ausschließt*. Erstens dient § 442 BGB der Umsetzung des Art. 2 Abs. 3 der Verbrauchsgüterkauf-RL, wonach schon keine Vertragswidrigkeit der Sache vorliegt, wenn der Käufer von dem Mangel Kenntnis hatte oder vernünftigerweise nicht in Unkenntnis über diesen sein konnte.[256] Zweitens ist eines der durch § 442 Abs. 1 BGB unzweifelhaft ausgeschlossenen Rechte des Käufers der Nacherfüllungsanspruch (§ 437 Nr. 1 BGB i. V. mit § 439 BGB). Dieser stellt aber lediglich eine Modifizierung des Erfüllungsanspruchs aus § 433 Abs. 1 Satz 2 BGB dar,[257] so dass es unstimmig wäre, wenn die Ausschlusswirkung des § 442 BGB nicht auch den Letzteren erfassen würde. Drittens schließt § 442 Abs. 1 BGB die Rechte wegen eines Sachmangels auch bei Verträgen aus, die sich auf konkrete und nicht nur gattungsmäßig bestimmte Sachen beziehen (Stückkauf), wie dies früher § 460 BGB a. F. tat. Für den Stückkauf bestand aber nach h. M. vor der Neugestaltung des Kaufrechts zum 01.01.2002 kein Anspruch auf eine von Sachmängeln freie Verschaffung des Gegenstandes, sondern lediglich eine Gewährleistung nach den §§ 459 ff. BGB a. F.[258] Deshalb schloss § 460 BGB a. F. für Stückschulden unstrittig alle denkbaren Rechte des Käufers in Bezug auf den Mangel aus. Es kann nicht angenommen werden, dass dieser „Gesamtausschluss" nach dem neuen Recht nicht mehr gelten soll. Das wäre jedoch der Fall, wenn § 442 Abs. 1 BGB nicht auf die Erfüllungspflicht aus § 433 Abs. 1 Satz 2 BGB bezogen würde. Nach § 442 Abs. 1 BGB entfällt somit bereits die Pflicht des Verkäufers, dem Käufer die Sache frei von Sach- oder Rechtsmängeln zu verschaffen.

---

[253] So etwa *Erman/Grunewald* § 442 Rn. 21.

[254] Vgl. BT-Drucks. 14/6040, S. 236.

[255] RG 30.03.1931 RGZ 132, 145 (148); BGH 21.05.1987 WM 1987, 986 (988); a. A. *Soergel/Huber* § 439 Rn. 7 ff.

[256] Siehe BT-Drucks. 14/6040, S. 236.

[257] Siehe unten § 2 Rn. 146 f.

[258] Dazu oben § 2 Rn. 50 in Fn. 114.

(c) Besonderheiten bei Rechtsmängeln

Da das *fehlende Eigentum des Verkäufers* an dem Kaufgegenstand nach hier ver-   **104**
tretener Auffassung keinen Rechtsmangel bildet, sondern zu einer Verletzung der
Rechtsverschaffungspflicht aus § 433 Abs. 1 Satz 1 BGB führt, greift insoweit auch
§ 442 Abs. 1 BGB nicht ein.[259] Wenn der Käufer über das mangelnde Eigentum des
Verkäufers informiert ist, kann jedoch eine Auslegung des Vertrages im Einzelfall
ergeben, dass nicht die unbedingte Rechtsverschaffung i. S. des § 433 Abs. 1 Satz 1
BGB geschuldet ist, sondern nur das Bemühen, dem Käufer das Eigentum zu übertragen (z. B. durch den Versuch des vorherigen Erwerbs des Gegenstandes von dem
Eigentümer).

Nach § 442 Abs. 2 BGB hat der Verkäufer eines Grundstücks *im Grundbuch*   **105**
eingetragene Rechte, die i. S. des § 435 BGB gegen den Käufer geltend gemacht
werden können und nicht von diesem übernommen worden sind (Nießbrauch,
Grundpfandrechte etc.), selbst dann zu beseitigen, wenn die Voraussetzungen des
§ 442 Abs. 1 BGB vorliegen. Nach § 435 Satz 2 BGB gehört hierzu auch die Herbeiführung der Löschung von bloßen Scheinbelastungen. Der Regelung liegt der
Gedanke zugrunde, dass der Verkäufer diese Rechte Dritter typischerweise mittels
des Kaufpreises ablösen soll.[260]

(3) Ausschluss oder Beschränkung durch Vertrag

(a) Individualvereinbarungen

Außerhalb des Anwendungsbereiches der Vorschriften über den Verbrauchsgüter-   **106**
kauf (§§ 474, 476 BGB)[261] ist die Pflicht des Verkäufers zu einer von Sach- und
Rechtsmängeln freien Verschaffung des Kaufgegenstandes grundsätzlich bis zur
Grenze des § 138 BGB abdingbar. Nach § 444 BGB können die Rechte des Käufers
wegen eines Mangels, zu denen auch die Erfüllungspflicht gemäß § 433 Abs. 1
Satz 2 BGB zählt, allerdings nicht ausgeschlossen oder beschränkt werden, wenn
der Verkäufer den Mangel *arglistig verschwiegen*[262] oder für die Beschaffenheit der
Sache eine *Garantie übernommen hat*.[263] Die Formulierung des § 444 BGB („kann
sich der Verkäufer nicht berufen") stellt klar, dass die Unwirksamkeit des Ausschlusses der Käuferrechte nicht zu einer Gesamtnichtigkeit des Vertrages gemäß

---

[259] Siehe oben § 2 Rn. 91.

[260] Mot. II, S. 216; *Erman/Grunewald* § 442 Rn. 23; *H.P. Westermann* MünchKomm. § 442 Rn. 16.

[261] Siehe unten § 2 Rn. 610 ff.

[262] Allg. hierzu oben § 2 Rn. 100 sowie zu dem notwendigen Maß an Konkretheit, mit dem der
Verkäufer den Käufer über ihm bekannte Mängel aufklären muss, um insoweit eine (negative)
Beschaffenheitsvereinbarung i. S. des § 434 Abs. 1 Satz 1 BGB herbeizuführen und damit ein arg-
listiges Verschweigen zu verhindern, *Schinkels* ZGS 2005, 333 (334 f.).

[263] Dazu bereits oben § 2 Rn. 100.

§ 139 BGB führt.[264] Wurde die Erfüllungspflicht des Verkäufers in Bezug auf die Freiheit von Sach- und Rechtsmängeln wirksam abbedungen, schließt dies auch die Rechtsbehelfe des § 437 BGB in dem entsprechenden Umfang aus.[265]

107   Als *Beschaffenheitsgarantien* i. S. des § 444 BGB kommen sowohl sog. selbständige Garantien als auch unselbständige Garantien gemäß § 276 Abs. 1 Satz 1 BGB a. E. in Betracht.[266] Die Unwirksamkeit von Haftungsausschlüssen bei Vorliegen einer Garantie beruht auf dem Rechtsgedanken, dass Unklarheiten und Widersprüche, die sich aus der Kombination von Garantien und Haftungseinschränkungen ergeben, zu Lasten des Verkäufers gehen:[267] Was der Verkäufer im Vertrag garantiert, soll er nicht im „Kleingedruckten" wieder zurücknehmen dürfen.[268] Hingegen schließt es § 444 BGB bei einer entsprechend klaren Vertragsgestaltung nicht aus, dass der Verkäufer die Rechte des Käufers aus § 437 BGB für den Fall des Fehlens der garantierten Beschaffenheit in anderer Hinsicht zugleich beschränkt (z. B. Garantieübernahme für eine bestimmte Eigenschaft der Kaufsache unter einer summenmäßigen Begrenzung etwaiger Schadensersatzansprüche und Ausschluss des Rücktritts nach § 437 Nr. 2 Alt. 1 BGB).[269] Denn § 444 BGB greift schon nach seinem – im Jahr 2004 geänderten – Wortlaut immer nur „soweit" ein, wie die betreffende Garantie im Ergebnis der Auslegung reicht.[270] Dies ist insbesondere für *Unternehmenskäufe* relevant, bei denen der Verkäufer nicht selten zahlreiche Umstände garantiert, zum Ausgleich aber die Rechtsbehelfe beschränkt, die dem Käufer im Fall des Abweichens zustehen. Nach dem Gesagten müssen die Beschränkungen der Rechte aus § 437 BGB dann aber klar festgelegt werden. Die betreffende Begrenzung muss mindestens mit derselben Deutlichkeit erfolgen wie die Garantieübernahme als solche.

108   Wenn der Verkäufer keine Garantie übernimmt, aber mit dem Käufer eine bestimmte *Beschaffenheit i. S. des § 434 Abs. 1 Satz 1 BGB vereinbart* und gleichzeitig seine Haftung für Mängel pauschal ausschließt, greift zwar nicht § 444 BGB ein. Aber es wäre auch in diesem Fall widersprüchlich, wenn sich der Verkäufer

---

[264] BT-Drucks. 14/6040, S. 240; *Erman/Grunewald* § 444 Rn. 14.

[265] Vgl. BGH 05.04.1967 BGHZ 47, 312 (318); *Staudinger/Matusche-Beckmann* (2014) § 444 Rn. 2 f. Stehen dem sich freizeichnenden Verkäufer aufgrund des Mangels seinerseits Ersatzansprüche gegen einen Lieferanten zu, ist umstritten, ob diese dem Käufer analog § 285 BGB (so *Jud* Festschrift für Ulrich Huber, 2006, S. 370 ff.) oder aus ergänzender Vertragsauslegung (so BGH 20.12.1996 NJW 1997, 652; restriktiv BGH 13.02.2004 NJW 2004, 1873 f.) abgetreten werden müssen.

[266] Näher zur Terminologie unten § 2 Rn. 410 ff.

[267] Ausführlich *Faust* ZGS 2002, 271 (272 ff.); auch *Staudinger/Matusche-Beckmann* (2014) § 444 Rn. 56 und *H.P. Westermann* MünchKomm. § 444 Rn. 14 stützen sich auf das Verbot eines venire contra factum proprium.

[268] Siehe *Brüggemeier* WM 2002, 1376 (1381); *U. Huber* AcP 202 (2002), 179 (239).

[269] Bei einem Verbrauchsgüterkauf kann allerdings gemäß § 476 BGB nur der Anspruch auf Schadensersatz ausgeschlossen oder beschränkt werden.

[270] Zu der zuvor bestehenden Kontroverse im Überblick BR/*Faust* § 444 Rn. 18 ff.

bezüglich der Beschaffenheitsvereinbarung auf den Haftungsausschluss berufen könnte. Daher erstreckt sich dieser Ausschluss nach den §§ 133, 157 BGB nicht auf vereinbarte Beschaffenheiten i. S. des § 434 Abs. 1 Satz 1 BGB, sondern nur auf Mängel nach § 434 Abs. 1 Satz 2 BGB.[271] Im Rahmen der Letzteren erscheint zudem noch eine weitere Differenzierung geboten: Richtigerweise sollte der Vorrang der Abrede zur Mängelfreiheit gegenüber vertraglichen Haftungsausschlüssen auch auf *vertraglich vorausgesetzte Verwendungen i. S. des § 434 Abs. 1 Satz 2 Nr. 1 BGB* erstreckt werden, die nach der hier vertretenen Auffassung ähnlich wie Beschaffenheitsvereinbarungen i. S. des § 434 Abs. 1 Satz 1 BGB ebenfalls auf einer konkreten Vereinbarung der Vertragsparteien beruhen müssen und von Beschaffenheitsvereinbarungen häufig nur schwer abzugrenzen sind.[272] Die Haftungsfreizeichnung kann nach vorzugswürdiger Auffassung somit nur für etwaige Mängel i. S. des § 434 Abs. 1 Satz 2 Nr. 2 BGB wirken, denen nach der Gesamtsystematik des § 434 BGB auch öffentliche Äußerungen gemäß § 434 Abs. 1 Satz 3 BGB zuzurechnen sind.[273] Entsprechende Grundsätze wie für Sachmängel gelten schließlich, wenn die Parteien in dem Vertrag einerseits *ausdrücklich die Rechtsmängelfreiheit des Kaufgegenstandes vereinbaren* und andererseits einen Haftungsausschluss vorsehen; in diesem Fall bezieht sich der Ausschluss nicht auf Rechtsmängel.[274]

(b) Allgemeine Geschäftsbedingungen

Ein Ausschluss oder eine Beschränkung der Pflicht zur mangelfreien Lieferung in Allgemeinen Geschäftsbedingungen unterliegt verschiedenen Einschränkungen, die über § 444 BGB hinausgehen. **109**

(aa) Neu hergestellte Sachen

Bei *neu hergestellten Sachen* macht § 309 Nr. 8b BGB detaillierte Vorgaben für die Zulässigkeit vertraglicher Modifizierungen. Da § 309 BGB jedoch nach § 310 Abs. 1 Satz 1 BGB keine direkte Anwendung auf Allgemeine Geschäftsbedingungen findet, die gegenüber einem Unternehmer verwendet werden, und da die §§ 474, 476 BGB bei dem Kauf eines Verbrauchers von einem Unternehmer ohnehin zwingende Regelungen treffen, verbleibt für § 309 Nr. 8b BGB nur der eher seltene Fall eines Kaufvertrages über neu hergestellte Sachen, der zwischen zwei Verbrauchern abgeschlossen wird. Für einen Kaufvertrag zwischen Unternehmern können die Rechtsgedanken des § 309 Nr. 8b BGB allerdings bei der Kontrolle auf eine unangemessene Benachteiligung des Käufers i. S. des § 307 Abs. 1 BGB eine **110**

---

[271] BGH 29.11.2006 BGHZ 170, 86 Rn. 30 f.; BGH 19.12.2012 NJW 2013, 1733 Rn. 15; *Fikentscher/Heinemann* Rn. 883; kritisch *Gutzeit* NJW 2007, 1350 f.

[272] Siehe oben § 2 Rn. 64.

[273] Insoweit zutreffend BGH 27.09.2017 NJW 2018, 146 Rn. 22 ff. m. w. N.

[274] BGH 26.04.2017 NJW 2017, 3292 Rn. 24.

Indizwirkung entfalten.[275] Nach § 310 Abs. 1 Satz 2 BGB ist dabei jedoch auf die im Handelsverkehr geltenden Gewohnheiten und Gebräuche Rücksicht zu nehmen.

(bb) Gebrauchte Sachen

111 Bei einem Kaufvertrag über *gebrauchte Sachen* (insbesondere Gebrauchtwagenkauf), der nicht bereits den Regelungen über den Verbrauchsgüterkauf unterfällt (§§ 474, 476 BGB), ist bei der Verwendung Allgemeiner Geschäftsbedingungen zu unterscheiden:

112 Ein Ausschluss oder eine Beschränkung der Pflicht zur Verschaffung eines sachmangelfreien Gegenstandes entspricht in dieser Konstellation einem legitimen Interesse des Verkäufers und ist grundsätzlich zulässig.[276] § 433 Abs. 1 Satz 2 BGB stellt insoweit für den Kauf gebrauchter Sachen keinen wesentlichen Grundgedanken der gesetzlichen Regelung i. S. des § 307 Abs. 2 Nr. 1 BGB dar. Es bedarf jedoch stets einer genauen Auslegung der Klausel, um den Umfang der Freizeichnung zu ermitteln. So schließt etwa die Formulierung „gekauft wie besichtigt" nur die Pflichten des Verkäufers hinsichtlich solcher Mängel aus, die der Käufer bei ordnungsgemäßer Besichtigung mit seinem Sachverstand entdecken konnte.[277]

113 Für *Rechtsmängel* ist bei gebrauchten Gegenständen hingegen eine analoge Anwendung des § 309 Nr. 8b BGB in Erwägung zu ziehen. Zwar ist dessen Wortlaut auf neu hergestellte Sachen begrenzt; die Nichteinbeziehung gebrauchter Gegenstände beruht aber vor allem darauf, dass bei diesen ein größerer Spielraum für die Modifizierung der Sachmängelrechte bestehen soll, da ein Käufer gebrauchter Sachen eher mit Sachmängeln rechnen muss. Dieser Gedanke trifft bei Rechtsmängeln weit weniger zu. Insoweit besteht kein maßgeblicher teleologischer Unterschied zu neuen Sachen.[278] Daher ist auch nicht davon auszugehen, dass § 309 Nr. 8b BGB eine bewusste Nichtregelung für die Grenzen des Ausschlusses oder die Modifizierung der Rechtsmängelhaftung beim Verkauf gebrauchter Gegenstände enthält, zumal die Vorgängervorschrift (§ 11 Nr. 10 AGBG) von vornherein auf die Sachmängelgewährleistung begrenzt war. Daher ist § 309 Nr. 8b BGB bei einem zwischen Verbrauchern abgeschlossenen Kaufvertrag über eine gebrauchte Sache auf Rechtsmängel analog anzuwenden, während bei einem Vertrag zwischen Unternehmern die Rechtsgedanken der dortigen Regelungen im Rahmen der Generalklausel des § 307 Abs. 1 BGB nach Maßgabe des § 310 Abs. 1 Satz 2 BGB heranzuziehen sind.

---

[275] BT-Drucks. 14/6040, S. 157 f.; siehe allg. auch BGH 19.09.2007 BGHZ 174, 1 Rn. 11 f.; *Wolf/ Neuner* § 47 Rn. 59.

[276] BGH 11.06.1979 BGHZ 74, 383 (386 ff.); *Wurmnest* MünchKomm. § 307 Rn. 87.

[277] RG 21.01.1919 RGZ 94, 285 (287); BGH 06.04.2016 NJW 2016, 2495 Rn. 22; *Soergel/Huber* § 459 Rn. 119.

[278] Siehe *Wurmnest* MünchKomm. § 309 Nr. 8 Rn. 14: höheres *Sach*mängelrisiko bei gebrauchten Sachen.

e) Tragung von Erschließungs- und Anliegerbeiträgen (§ 436 Abs. 1 BGB)

Nach § 436 Abs. 1 BGB ist der Verkäufer im Innenverhältnis zum Käufer mangels **114**
abweichender Vereinbarungen verpflichtet, öffentlich-rechtliche Erschließungs-
und Anliegerbeiträge zu tragen, die bei dem Käufer für Maßnahmen erhoben
werden, welche bis zum Tag des Vertragsschlusses bautechnisch bereits begonnen
wurden. Diese Vorschrift gehört nicht zum Regelungskomplex der Rechtsmängel,
da der Verkäufer *nicht* gemäß § 433 Abs. 1 Satz 2 BGB die Abwesenheit von derartigen Beitragspflichten schuldet, sondern den Käufer lediglich von diesen analog
§ 257 BGB befreien muss.[279] Gleichwohl handelt es sich um eine *synallagmatische Hauptpflicht*, die das Äquivalenzverhältnis des Vertrages berührt, so dass sich
die Rechtsfolgen bei einer Verletzung dieser Pflicht nach den §§ 280 ff., 320 ff.
BGB bemessen. Durch § 436 Abs. 1 BGB wird für die Lastentragungspflicht im
Innenverhältnis zwischen dem Verkäufer und dem Käufer die öffentlich-rechtliche
Beitragsschuld für unmaßgeblich erklärt, die üblicherweise den jeweiligen Grundstückseigentümer zum Zeitpunkt des Erlasses des Beitragsbescheides trifft. Vielmehr soll der Verkäufer für alle bautechnischen Maßnahmen aufkommen müssen,
die im Zeitpunkt des Vertragsschlusses bereits begonnen wurden und für die der
Käufer daher davon ausgehen durfte, dass sie ihm keine zusätzlichen Kosten über
den Kaufpreis hinaus verursachen werden.[280]

2. Hauptpflichten des Verkäufers beim Rechtskauf

a) Rechtskauf im engeren Sinne (§ 453 Abs. 1 Alt. 1 BGB)

aa) Rechtsverschaffungspflicht des Verkäufers

Bei dem Kauf eines Rechts ist der Verkäufer verpflichtet, dem Käufer das Recht zu **115**
verschaffen (§ 453 Abs. 1 Alt. 1 BGB i. V. mit § 433 Abs. 1 Satz 1 BGB). Er schuldet sowohl den einredefreien Bestand als auch die Übertragbarkeit des Rechts (sog.
Verität), mangels einer abweichenden Vereinbarung aber nicht die sog. *Bonität* des
Rechts, d. h. die Leistungsfähigkeit des aus dem verkauften Recht Verpflichteten,
z. B. des Schuldners einer verkauften Forderung.[281] Soweit die Verität des Rechts
fehlt, ist der Kaufvertrag nach § 311a Abs. 1 BGB gleichwohl wirksam. Ein gutgläubiger Erwerb von Rechten, die nicht dem Verkäufer zustehen, kommt bei im
Grundbuch eingetragenen Rechtspositionen nach Maßgabe der §§ 892, 893 BGB,

---

[279] BT-Drucks. 14/6040, S. 219; BR/*Faust* § 436 Rn. 3; *Oechsler* Rn. 152.

[280] BT-Drucks. 14/6040, S. 219; kritisch daher für nicht offensichtliche Baumaßnahmen *H.P. Westermann* MünchKomm. § 436 Rn. 3.

[281] BR/*Faust* § 453 Rn. 20; *Esser/Weyers* BT 1, § 4 IV, S. 24; *Kötz* Rn. 596 f.; *Larenz* BT 1, § 45 I,
S. 160 f.; *Medicus/Lorenz* Rn. 365 f.; *Staudinger/Beckmann* (2014) § 453 Rn. 7 f.

ansonsten aber nur in eng begrenzten Ausnahmefällen in Betracht (z. B. § 405 BGB). Die Rechte des Käufers bei fehlender Verität des Rechts bemessen sich je nach dem Zeitpunkt des Eintritts des Leistungshindernisses nach den §§ 311a Abs. 2, 320 ff. BGB bzw. den §§ 280 ff., 320 ff. BGB.[282]

116 Welche Handlungen der Verkäufer zur Verschaffung des Rechts vornehmen muss, hängt von der *Art des veräußerten Rechts* ab. Sofern keine abweichenden gesetzlichen Regelungen vorliegen, werden Rechte durch einen verfügenden Abtretungsvertrag übertragen (vgl. die §§ 398, 413 BGB). Ist z. B. eine Forderung verkauft, dann besteht das Verfügungsgeschäft in deren Abtretung nach den §§ 398 ff. BGB. Bei dem Verkauf eines GmbH-Geschäftsanteils erfolgt die Abtretung eines sonstigen Rechts i. S. des § 413 BGB i. V. mit § 398 BGB, die nach § 15 Abs. 3 GmbHG – ebenso wie der zugrunde liegende Kaufvertrag (§ 15 Abs. 4 GmbHG) – einer notariellen Beurkundung bedarf. Die Erfüllung der Pflicht zur Verschaffung des Rechts kann aber auch tatsächliche Handlungen umfassen. So erfordert z. B. die Übertragung einer Briefhypothek gemäß § 1154 Abs. 1 Satz 1 BGB neben dem Abschluss des Abtretungsvertrages die Übergabe des Hypothekenbriefes oder ein Übergabesurrogat i. S. des § 1117 BGB. Bei der Übertragung anderer Grundstücksrechte, z. B. einer Reallast i. S. des § 1105 BGB, kann eine Eintragung der Rechtsänderung in das Grundbuch gemäß § 873 Abs. 1 BGB Erwerbsvoraussetzung sein. In diesem Fall schuldet der Verkäufer allerdings nicht die Grundbucheintragung selbst (die er als solche nicht vornehmen kann), sondern die Abgabe der für die Eintragung erforderlichen Erklärungen (vgl. die §§ 19, 20 GBO), wenngleich die Rechtsverschaffungspflicht erst mit der Eintragung gemäß § 362 Abs. 1 BGB erfüllt ist.[283] Über die Vornahme der Übertragungshandlungen im engeren Sinne hinaus hat der Verkäufer nach § 242 BGB bei dem Rechtserwerb mitzuwirken, soweit dies erforderlich ist, und Hindernisse, die dem Erwerb des Käufers entgegenstehen, möglichst zu beseitigen.[284] Diese Pflicht kann insbesondere bedeutsam werden, wenn der Rechtserwerb eine Eintragung in das Grundbuch oder in ein anderes öffentliches Register (z. B. in die Patentrolle) erfordert und dafür gewisse formale Voraussetzungen hergestellt werden müssen (z. B. die Voreintragung des Veräußerers im Grundbuch gemäß § 39 GBO).

bb) Übergabe der Sache (§ 453 Abs. 3 BGB)

117 Sofern der Verkäufer ein Recht verkauft, das zum Besitz einer Sache berechtigt, muss er diese Sache dem Käufer gemäß § 453 Abs. 3 BGB übergeben. Derartige Rechte sind beispielsweise das *Pfandrecht an einer beweglichen Sache* (§ 1251

---

[282] Bis zum 01.01.2002 traf den Verkäufer für die Verität des Rechts hingegen gemäß § 437 BGB a. F. eine Garantiehaftung.

[283] Vgl. RG 08.05.1926 RGZ 113, 403 (405); BGH 17.06.1994 NJW 1994, 2947 (2948); *Baur/Stürner* § 20 Rn. 17.

[284] *Erman/Grunewald* § 453 Rn. 6; *Staudinger/Beckmann* (2014) § 453 Rn. 14; *H.P. Westermann* MünchKomm. § 453 Rn. 9.

Abs. 1 BGB) und der *Nießbrauch* (§ 1036 Abs. 1 BGB). Wenn der Käufer des Rechts einen solchen Anspruch auf Übergabe einer Sache hat, kann sich das bereits für den Sachkauf erörterte Problem stellen, unter welchen Voraussetzungen der Verkäufer mit der Übertragung eines bloß mittelbaren Besitzes seine Übergabepflicht erfüllt.[285]

cc) Freiheit von Rechts- und Sachmängeln

Über die Verweisung des § 453 Abs. 1 Alt. 1 BGB auf das Recht des Sachkaufs findet **118** auch bei einem Rechtskauf der § 433 Abs. 1 Satz 2 BGB Anwendung. Deshalb ist der Verkäufer verpflichtet, das Recht *frei von Rechtsmängeln* i. S. des § 435 BGB zu übertragen.[286] Diese Pflicht ist z. B. verletzt, wenn ein verkauftes Mobiliarpfandrecht seinerseits mit einem Pfandrecht i. S. der §§ 1273 ff. BGB belastet ist.

Die Verweisung des § 453 Abs. 1 Alt. 1 BGB auf § 433 Abs. 1 Satz 2 BGB **119** bewirkt hingegen *grundsätzlich keine Anwendbarkeit des § 434 Abs. 1 und 2 BGB für Sachmängel.*[287] Denn Gegenstand des Kaufvertrages ist keine Sache, sondern ein Recht. Insoweit sind jedoch *zwei Ausnahmen* zu beachten:

Erstens wurde bereits dargelegt, dass ein *Kauf von Gesellschaftsanteilen* dem **120** Kauf des Unternehmens, das von dieser Gesellschaft betrieben wird, gleichgestellt werden kann, wenn der Anteilskauf dem Erwerber einen beherrschenden Einfluss auf die Gesellschaft und damit auf das Unternehmen selbst ermöglichen soll.[288] Soweit dies der Fall ist, finden über § 453 Abs. 1 BGB die §§ 434, 435 BGB auch auf solche Sach- und Rechtsmängel entsprechende Anwendung, die dem Unternehmen selbst anhaften.[289] Hinzu kommt, wie allgemein beim Rechtskauf, der Anspruch des Käufers auf Rechtsmängelfreiheit der Gesellschaftsanteile (§ 453 Abs. 1 Alt. 1 BGB i. V. mit den §§ 433 Abs. 1 Satz 2, 435 BGB), z. B. auf die Freiheit von dem Pfandrecht eines Dritten i. S. der §§ 1273 ff. BGB.

Zweitens legt § 453 Abs. 3 BGB fest, dass der Verkäufer eines *Rechts, das zum* **121** *Besitz einer Sache berechtigt*, verpflichtet ist, dem Käufer die Sache frei von Sach- und Rechtsmängeln zu übergeben. Dabei kommt es nach der Konzeption des Gesetzes nicht darauf an, ob das jeweilige Recht den Käufer auch zur Nutzung der Sache berechtigt (was z. B. bei einem Pfandrecht nicht zutrifft).[290] Dies beruht darauf, dass zwar nicht der Bestand, wohl aber der Wert des verkauften Rechts in diesen

---

[285] Siehe oben § 2 Rn. 46 ff.

[286] Näher oben § 2 Rn. 90 ff.

[287] BR/*Faust* § 453 Rn. 4; *Grigoleit* in: Artz/Gsell/Lorenz (Hrsg.), Zehn Jahre Schuldrechtsmodernisierung, 2014, S. 55 (75 ff.); *U. Huber* AcP 202 (2002), 179 (229 ff.); NK-BGB/*Büdenbender* § 453 Rn. 14; a. A. *M. Zimmermann* AcP 213 (2013), 652 (659 ff.).

[288] Siehe oben § 2 Rn. 20.

[289] Dazu noch § 2 Rn. 124 ff.

[290] *Erman/Grunewald* § 453 Rn. 16; NK-BGB/*Büdenbender* § 453 Rn. 14; a. A. BR/*Faust* § 453 Rn. 5; *Eidenmüller* ZGS 2002, 290 (291); *H.P. Westermann* MünchKomm. § 453 Rn. 7.

Fällen maßgeblich von der Mangelfreiheit der Sache abhängt, auf die sich das Recht bezieht. Nicht ausreichend für § 453 Abs. 3 BGB ist allerdings ein relatives Besitzrecht (z. B. aus einer erworbenen Forderung i. S. des § 433 Abs. 1 Satz 1 BGB oder aus § 535 Abs. 1 Satz 1 BGB), da anderenfalls der Unterschied zwischen dem Erwerb von dinglichen und obligatorischen Rechten verwischt würde.[291] In derartigen Fällen muss sich der Käufer der Forderung vielmehr im Hinblick auf etwaige Mängel des Forderungsgegenstandes nach den jeweils einschlägigen Regelungen an den Schuldner der Forderung halten. Soweit § 453 Abs. 3 BGB eingreift, schuldet der Verkäufer im Ergebnis eine *„doppelte" Mängelfreiheit*:[292] Erstens muss das Recht selbst nach § 453 Abs. 1 Alt. 1 BGB i. V. mit den §§ 433 Abs. 1 Satz 2, 435 BGB frei von Rechtsmängeln sein. Zweitens darf nach § 453 Abs. 3 BGB i. V. mit den §§ 434, 435 BGB auch die Sache, zu deren Besitz das Recht berechtigt, keine Sach- und Rechtsmängel aufweisen. Der Verkäufer eines Pfandrechts an einer beweglichen Sache ist folglich nicht nur verpflichtet, dieses frei von Rechtsmängeln auf den Käufer zu übertragen (§ 453 Abs. 1 Alt. 1 BGB i. V. mit den §§ 433 Abs. 1 Satz 2, 435 BGB), sondern er hat auch die verpfändete Sache selbst frei von Sach- und Rechtsmängeln i. S. der §§ 434, 435 BGB zu übergeben (§ 453 Abs. 3 BGB).

b) Kauf sonstiger Gegenstände (§ 453 Abs. 1 Alt. 2 BGB)

aa) Verschaffungspflicht des Verkäufers

122   Wenn ein „sonstiger Gegenstand" i. S. des § 453 Abs. 1 Alt. 2 BGB verkauft ist, muss dieser dem Käufer i. V. mit § 433 Abs. 1 Satz 1 BGB verschafft werden. So hat der Verkäufer dem Käufer verkauftes Know-how in dem vereinbarten Umfang zugänglich zu machen; gegebenenfalls sind zu diesem Zweck Datenträger zu übergeben.[293] Bei Sach- und Rechtsgesamtheiten muss der Verkäufer die Sachen und Rechte nach dem Spezialitätsprinzip[294] unter Einhaltung der jeweils für sie geltenden Bestimmungen übertragen und unter Umständen übergeben. Bei Standardsoftware stellt die fehlende Funktionsfähigkeit des Programms einen Sachmangel dar, während eine fehlende Verschaffung der urheberrechtlichen Nutzungsmöglichkeit durch den Verkäufer als Rechtsmangel zu qualifizieren ist (§ 453 Abs. 1 Alt. 2 BGB i. V. mit § 433 Abs. 1 Satz 2 BGB).[295]

123   Besondere Bedeutung erlangt wiederum der Unternehmenskauf in Form des Asset Deals.[296] Bei diesem hat der Käufer gemäß § 453 Abs. 1 Alt. 2 BGB i. V. mit

---

[291] BR/*Faust* § 453 Rn. 5; *Staudinger/Beckmann* (2014) § 453 Rn. 18; differenzierend *Eidenmüller* ZGS 2002, 290 (291); a. A. *M. Zimmermann* AcP 213 (2013), 652 (674).

[292] Vgl. BT-Drucks. 14/6040, S. 242.

[293] Zu Einzelheiten *Staudinger/Beckmann* (2014) § 453 Rn. 44 ff.

[294] Siehe oben § 2 Rn. 26.

[295] *Esser/Weyers* BT 1, § 4 IV 3a, S. 26.

[296] Zu diesem Begriff oben § 2 Rn. 18.

§ 433 Abs. 1 Satz 1 BGB nicht nur einen Anspruch auf die Übergabe und Übertragung der zu dem Unternehmen gehörenden Sachen und Rechte, sondern auch
auf die Schaffung der sonstigen Voraussetzungen, die eine Fortführung des Unternehmens ermöglichen, z. B. auf eine Einführung in den Tätigkeitsbereich und in die
laufenden Geschäftsbeziehungen (Kunden, Kreditgeber etc.).[297]

bb) Freiheit von Sach- und Rechtsmängeln, insbesondere beim Unternehmenskauf

Wegen der in § 453 Abs. 1 Alt. 2 BGB angeordneten entsprechenden Anwendung **124**
des § 433 Abs. 1 Satz 2 BGB schuldet der Verkäufer auch bei einem Kaufvertrag
über „sonstige Gegenstände", dass der Gegenstand frei von Sach- und Rechtsmängeln ist. Besonders problematisch ist die Konkretisierung dieser Pflicht bei einem
Unternehmenskauf.[298] Da der Kaufgegenstand nach dem Parteiwillen nicht in den
einzelnen Sachen und Rechten, sondern in dem *Unternehmen in seiner Gesamtheit*
besteht, muss sich auch die Beurteilung, ob ein Sach- oder Rechtsmangel i. S. der
§§ 434, 435 BGB vorliegt, auf diese Gesamtheit und nicht auf die Einzelgegenstände
beziehen.[299] Aus diesem Grund liegt z. B. bei dem Kauf eines größeren Transportunternehmens nicht schon in jedem kleineren Defekt eines der dazugehörigen LKW
ein Sachmangel des Unternehmens i. S. des § 453 Abs. 1 Alt. 2 BGB i. V. mit § 434
BGB, den der Verkäufer zu beseitigen hätte. Ähnlich kann auch der Umstand, dass
eines oder mehrere der Fahrzeuge zur Sicherheit an eine Bank übereignet worden
sind,[300] dann keinen Rechtsmangel des Transportunternehmens i. S. des § 435 BGB
begründen, wenn das Unternehmen nach der kaufvertraglichen Vereinbarung entsprechende Kreditverbindlichkeiten aufweist, die typischerweise durch derartige
Sicherungsgeschäfte flankiert werden.

Vielmehr liegt ein Sach- oder Rechtsmangel, dessen Abwesenheit der Ver- **125**
käufer schuldet, nur vor, wenn das Unternehmen insgesamt negativ von der vertragsgemäß geschuldeten „Beschaffenheit" abweicht.[301] Hierbei ist der nach den
§§ 133, 157 BGB auszulegende Vertrag maßgebend (vgl. § 434 Abs. 1 Satz 1 und
Satz 2 Nr. 1 BGB), hilfsweise der Zustand des Unternehmens, den der Käufer
objektiv erwarten durfte (vgl. § 434 Abs. 1 Satz 2 Nr. 2 BGB).[302] Allerdings wohnt

---

[297] BGH 09.10.1985 NJW 1986, 308 f.; *Larenz* BT 1, § 45 II, S. 165; vgl. auch *Erman/Grunewald*
§ 453 Rn. 20.

[298] Die folgenden Ausführungen gelten auch für einen solchen Kauf von Geschäftsanteilen einer
unternehmenstragenden Gesellschaft (Share Deal), der unter funktionalen Gesichtspunkten einem
Unternehmenskauf im engeren Sinne (Asset Deal) gleichzustellen ist. Siehe oben § 2 Rn. 20 und 120.

[299] RG 09.03.1928 RGZ 120, 283 (287); BGH 16.01.1991 ZIP 1991, 321 f.; *Gomille* JA 2012, 487
(491); *Larenz* BT 1, § 45 II, S. 166; *Staudinger/Beckmann* (2014) § 453 Rn. 148 ff.; weiterführend
zum Ganzen BeckOGK/*Wilhelmi*, 01.03.2018, § 453 Rn. 612 ff. und *Canaris* ZGR 1982, 395 ff.

[300] Zur Sicherungsübereignung allg. *Baur/Stürner* § 57, S. 784 ff.

[301] *Larenz* BT 1, § 45 II, S. 166; *Soergel/Huber* § 459 Rn. 270 ff.; *H.P. Westermann* MünchKomm.
§ 453 Rn. 24 ff.

[302] Näher zu den einzelnen Varianten der Bestimmung einer vertragsgemäßen Beschaffenheit i. S.
des § 434 BGB oben § 2 Rn. 51 ff.

dem Unternehmenskauf ein gewisses *Risikoelement* inne, das nicht einseitig dem Verkäufer aufgebürdet werden darf.[303] In dem Beispiel des Kaufs eines Transportunternehmens liegt danach vorbehaltlich einer gesonderten Vereinbarung ein Sachmangel i. S. des § 433 Abs. 1 Satz 2 BGB nur dann vor, wenn der Zustand des Fuhrparkes *im Durchschnitt* nicht demjenigen entspricht, der bei Fahrzeugen des betreffenden Alters zu erwarten ist.[304] Ein Rechtsmangel i. S. des § 435 BGB liegt demgegenüber z. B. vor, wenn einzelne LKW an eine Bank sicherungsübereignet sind, obwohl der Verkäufer das Unternehmen als schuldenfrei verkauft hat.

126   Soweit ein *Sach- oder Rechtsmangel eines einzelnen Gegenstandes*, der zu dem Unternehmensvermögen gehört, nach dem Dargelegten keinen Sach- oder Rechtsmangel des Unternehmens selbst bildet und somit seine Abwesenheit nicht zu der Hauptpflicht des Verkäufers i. S. des § 433 Abs. 1 Satz 2 BGB zählt, kann sein Vorliegen im Einzelfall gleichwohl Gegenstand einer vorvertraglichen Aufklärungspflicht i. S. des § 311 Abs. 2 BGB sein oder die Geschäftsgrundlage i. S. des § 313 BGB berühren.[305] Hingegen finden die §§ 434, 435 BGB i. V. mit den §§ 433 Abs. 1 Satz 2, 437 BGB für die Einzelgegenstände keine isolierte Anwendung, da nicht deren Summe, sondern die Einheit der Unternehmensmittel i. S. des § 453 Abs. 1 Alt. 2 BGB i. V. mit § 433 BGB verkauft ist.[306]

127   Schließlich besteht keine Einigkeit darüber, inwieweit bei einem Unternehmenskauf bestimmte, dem Vertragsinhalt widersprechende Umstände *inhaltlich einen Sach- oder Rechtsmangel bilden* oder vielmehr nur anderen Rechtsbehelfen unterfallen können. Insbesondere ist problematisch, ob zu der geschuldeten Beschaffenheit i. S. des § 453 Abs. 1 Alt. 2 BGB i. V. mit den §§ 433 Abs. 1 Satz 2, 434 BGB auch eine *Ertragskraft des Unternehmens* gehört, die den für vergangene Geschäftsjahre vorgelegten (unrichtigen) Bilanzen entspricht, d. h. ob ihr Fehlen einen Sachmangel begründet. Abzugrenzen ist dieses umstrittene Problem von der Frage, ob der Käufer über § 433 Abs. 1 Satz 2 BGB eine Fortschreibung der bisher durch den Verkäufer erzielten Umsätze auch für den Zeitraum seiner Unternehmensinhaberschaft erwarten darf. Letzteres ist zu verneinen, da der erzielte Umsatz maßgeblich von der Person und dem Engagement des Unternehmensinhabers abhängt.[307] Bei der Ertragskraft geht es hingegen um ein Erwerbspotential, das sich aus der Stellung des Unternehmens im Markt, aus seiner Organisationsstruktur etc. ergibt. Im Zentrum des Streites steht dabei die Frage, ob dieses Ertragspotential in der Beschaffenheit des Unternehmens selbst „angelegt" ist – wie dies § 434 BGB voraussetzt – oder ob

---

[303] *Esser/Weyers* BT 1, § 4 IV 3b, S. 27; tendenziell großzügiger bei der Bejahung von Unternehmensmängeln aber NK-BGB/*Büdenbender* Anhang II zu §§ 433–480 Rn. 82 ff.

[304] Zu den Auswirkungen des Kaufs gebrauchter Sachen auf die Pflichten des Verkäufers siehe oben § 2 Rn. 71.

[305] BGH 05.10.1988 NJW-RR 1989, 306 (307).

[306] BR/*Faust* § 453 Rn. 27; *Canaris* ZGR 1982, 395 (431); *Gaul* ZHR 166 (2002), 35 (40); *Medicus/Lorenz* Rn. 375; *Wolf/Kaiser* DB 2002, 411 (414 f.); a. A. *Fikentscher/Heinemann* Rn. 923; *Oechsler* Rn. 243.

[307] *Oechsler* Rn. 104 m. w. N.

es vor allem auf externen Faktoren (Engagement des Unternehmers, Marktlage etc.) beruht. Die Rechtsprechung zum alten Sachmängelrecht bezog eine der vertraglichen Vereinbarung entsprechende Ertragskraft nicht in die geschuldete „Beschaffenheit" des Unternehmens ein, sondern ließ bei negativen Abweichungen andere Rechtsbehelfe eingreifen (Irrtumsanfechtung gemäß § 119 Abs. 2 BGB, culpa in contrahendo, Fehlen der Geschäftsgrundlage).[308] Diese Auffassung war jedoch maßgeblich davon geprägt, dass sich das alte Gewährleistungsrecht mit einer Verjährungsfrist von nur sechs Monaten (§ 477 Abs. 1 Satz 1 BGB a. F.) und der Möglichkeit einer Rückgängigmachung des Kaufvertrages bei jedwedem Sachmangel (Wandelung gemäß den §§ 462, 465 ff. BGB a. F.) nicht dazu eignete, das Problem einer unzureichenden Ertragskraft angemessen zu bewältigen.[309] Durch die Neuverzahnung der Rechtsfolgen von Sachmängeln mit den allgemeinen Vorschriften über Pflichtverletzungen und die auf zwei Jahre verlängerte Verjährungsfrist (§ 438 Abs. 1 Nr. 3 BGB) sind diese rechtsfolgenorientierten Erwägungen jedoch weitgehend überholt.[310] Deshalb sprechen gute Gründe dafür, die Ertragskraft des verkauften Unternehmens, die anders als dessen Umsatz nicht überwiegend von der Person des Unternehmers, sondern von objektiven Faktoren abhängt, zu der Beschaffenheit i. S. der §§ 433 Abs. 1 Satz 2, 434 BGB zu rechnen und sie damit im Fall einer negativen Abweichung dem Sachmängelrecht zu unterstellen.[311]

Ein vergleichbares Problem betrifft hinsichtlich der Pflicht zu einer rechtsmängelfreien Verschaffung des Unternehmens (§ 453 Abs. 1 Alt. 2 BGB i. V. mit den §§ 433 Abs. 1 Satz 2, 435 BGB) die Frage, ob zu den Rechten Dritter „in Bezug auf die Sache" (scil.: in Bezug auf das Unternehmen als Kaufgegenstand) i. S. des § 435 Satz 1 BGB auch *Unternehmensverbindlichkeiten* gehören, für die der Erwerber gegenüber den Gläubigern nach *§ 25 Abs. 1 HGB* einstehen muss, ohne dass ihre Übernahme in dem Kaufvertrag vorgesehen ist.[312] Zum alten Recht verneinte die h. M. dies mit dem Argument, dass die Verbindlichkeiten nicht den Betrieb des Unternehmens als solchen, sondern nur dessen Rentabilität beeinträchtigen, und verwies wiederum auf eine Anwendung der §§ 119 Abs. 2, 311 Abs. 2, 313 BGB.[313] Jedoch haben auch die unter § 25 Abs. 1 HGB fallenden Verbindlichkeiten einen

128

---

[308] RG 22.10.1931 RGZ 134, 83 (86); BGH 18.03.1977 NJW 1977, 1538 (1539); BGH 03.07.1992 NJW 1992, 2564 (2565); zustimmend *Enneccerus/Lehmann* § 108 II 1b, S. 435.

[309] Statt aller *Staudinger/Beckmann* (2014) § 453 Rn. 131 m. w. N.

[310] BT-Drucks. 14/6040, S. 242; kritisch aber *U. Huber* AcP 202 (2002), 179 (231 ff.).

[311] *Gaul* ZHR 166 (2002), 35 (42 ff.); *Gomille* JA 2012, 487 (491 ff.); *Harke* Rn. 46; *Staudinger/Beckmann* (2014) § 453 Rn. 135; *H.P. Westermann* MünchKomm. § 453 Rn. 29; a. A. *Grigoleit* in: Artz/Gsell/Lorenz (Hrsg.), Zehn Jahre Schuldrechtsmodernisierung, 2014, S. 55 (79 f.); *Grigoleit/Herresthal* JZ 2003, 118 (124 ff.); *Grunewald* § 7 Rn. 8; *U. Huber* AcP 202 (2002), 179 (224 ff.).

[312] Zur Haftung bei Firmenfortführung nach § 25 Abs. 1 HGB *Canaris* Handelsrecht, 24. Aufl. 2006, § 7 Rn. 1 ff.; *Oetker* Handelsrecht, 7. Aufl. 2010, § 4 Rn. 84 ff.; *K. Schmidt* Handelsrecht, 6. Aufl. 2014, § 8 Rn. 1 ff.

[313] RG 11.11.1934 RGZ 146, 120 (124); BGH 02.06.1980 NJW 1980, 2408 (2409); *Soergel/Huber* § 434 Rn. 76.

hinreichend engen Bezug zu dem Unternehmen, um sie § 435 Satz 1 BGB zuzurechnen, selbst wenn der Schuldner dieser Forderungen nicht das Unternehmen, sondern dessen Käufer als Unternehmensträger ist.[314] Entscheidend hierfür ist, dass nach dem Rechtsgedanken des § 25 Abs. 1 HGB unter den dort genannten Voraussetzungen (insbesondere: Firmenfortführung) die Verbindlichkeiten kontinuierlich an die Unternehmensträgerschaft gebunden sind.

II. Nebenpflichten des Verkäufers beim Sach- und Rechtskauf

129   Die Nebenpflichten des Verkäufers können je nach dem Gegenstand des Kaufvertrages und dessen Ausgestaltung einen höchst unterschiedlichen Inhalt haben. Sie sind durch Auslegung nach den §§ 133, 157 BGB und unter Rückgriff auf § 242 BGB zu konkretisieren. Eine ausdrückliche Regelung enthält das Gesetz in den §§ 448 Abs. 1, 453 Abs. 2 BGB zu der Frage, inwieweit den Verkäufer und Käufer jeweils die *Kosten der Vertragsdurchführung* treffen.

130   Ein Verkäufer, der als sachkundig am Markt auftritt (z. B. als Fachhändler) oder ein besonders risikoreiches Produkt vertreibt (z. B. eine spekulative Geldanlage), muss seinen Kunden vor der Kaufentscheidung *beraten bzw. aufklären*.[315] Im Rahmen einer laufenden Geschäftsbeziehung hat der Verkäufer den Kunden über Änderungen der Beschaffenheit eines regelmäßig bezogenen Produktes zu informieren.[316] Vorvertragliche Aufklärungs- und Beratungspflichten des Verkäufers i. S. des § 311 Abs. 2 BGB treten allerdings häufig in ein Konkurrenzverhältnis zu den Mängelrechten des Käufers gemäß § 437 BGB.[317]

131   Zu den *Schutzpflichten* i. S. des § 241 Abs. 2 BGB (gegebenenfalls i. V. mit § 311 Abs. 2 BGB) gehört es z. B., dass ein Kaufhaus seinen Boden von unfallträchtigen Bananenschalen säubert.[318] Gleiches gilt bei dem Verkauf einer an den Käufer zu liefernden Ware in der Regel für die ordnungsgemäße Adressierung und Verpackung des Kaufgegenstandes.[319] Zum Inhalt der im Synallagma stehenden Hauptleistungspflicht zählt die korrekte Verpackung hingegen nur, wenn ihr eine ganz besondere Bedeutung zukommt, weil sie z. B. besonders konstruiert werden muss (aufwendiger Versand von Spezialgeräten etc.).

---

[314] Offen BR/*Faust* § 453 Rn. 28; a. A. *Erman/Grunewald* § 435 Rn. 9.

[315] BGH 11.07.1988 BGHZ 105, 108 (110); *Esser/Weyers* BT 1, § 4 II 6, S. 17; *Larenz* BT 1, § 40 I c, S. 27; *Staudinger/Beckmann* (2014) § 433 Rn. 154. Zu den Grenzen: BGH 16.06.2004 NJW 2004, 2301 (2302).

[316] BGH 13.03.1996 BGHZ 132, 175 (177).

[317] Dazu näher unten § 2 Rn. 356 ff.

[318] BGH 26.09.1961 NJW 1962, 31 f.

[319] BGH 27.03.1968 BGHZ 50, 32 (36); BGH 07.03.1983 NJW 1983, 1496 (1497); *Erman/Grunewald* § 433 Rn. 35; *Larenz* BT 1, § 40 I c, S. 26; *Staudinger/Beckmann* (2014) § 447 Rn. 30; *H.P. Westermann* MünchKomm. § 433 Rn. 58.

Bei einem Kaufvertrag über technische Geräte, Maschinen oder Fahrzeuge kann **132** den Verkäufer die nachvertragliche Pflicht zur Bereitstellung von *Ersatzteilen* treffen, soweit diese nicht ohne weiteres am Markt erhältlich sind.[320] Allerdings ist insoweit zu unterscheiden: Der mit dem Hersteller identische Verkäufer schuldet die Bereitstellung von Ersatzteilen über einen angemessenen Zeitraum, wenn der Käufer aufgrund der Wertigkeit des erworbenen Produktes nach Treu und Glauben auf deren Verfügbarkeit vertrauen durfte (§ 242 BGB).[321] Einen von dem Hersteller verschiedenen Verkäufer trifft eine derartige Pflicht – sofern eine besondere Vereinbarung fehlt – hingegen regelmäßig nur bei einer längeren Geschäftsbeziehung zu dem Kunden, welche die Lieferung von Ersatzteilen bereits zum Gegenstand hatte.[322] Soweit diese Voraussetzungen nicht vorliegen, kann den Verkäufer aber gemäß § 242 BGB im Einzelfall eine Pflicht treffen, seine Verbindungen zu dem Hersteller der Kaufsache zu nutzen, um dem Käufer auf dessen Kosten ein Ersatzteil zu besorgen.

Bei einem Unternehmenskauf kann auch ohne besondere Vereinbarung ein *Wett-* **133** *bewerbsverbot* des Verkäufers für einen angemessenen Zeitraum eingreifen. Das kommt insbesondere dann in Betracht, wenn die Höhe des Kaufpreises maßgeblich auf der starken Marktposition des Unternehmens beruht oder der Verkäufer über einen gewissen Zeitraum nach dem Vertragsschluss noch an dem Umsatz des Unternehmens partizipiert.[323] In diesen Fällen darf der Käufer nach Treu und Glauben darauf vertrauen, dass sein Vertragspartner nur mit einem entsprechenden zeitlichen Abstand zu ihm in Konkurrenz tritt.

E. Pflichtverletzungen und Haftung des Verkäufers

Für die Rechtsfolgen, die bei Pflichtverletzungen des Verkäufers eingreifen, ist **134** zunächst zwischen *Hauptpflichten und Nebenpflichten*[324] zu unterscheiden. In Bezug auf die *Hauptpflichten* bedarf es dann der weiteren Unterscheidung, ob eine *Nichtleistung* mit der Konsequenz der direkten Anwendung der Vorschriften des allgemeinen Leistungsstörungsrechts gegeben ist[325] oder ein unter die lex specialis des § 437 BGB zu fassender *Sonderfall der mangelhaften Leistung* vorliegt.[326]

---

[320] Für die Ableitung dieser Pflicht aus einem konkludenten Optionsvertrag *Nietsch* JZ 2014, 229 (233 ff.).

[321] *Staudinger/Beckmann* (2014) § 433 Rn. 165; *H.P. Westermann* MünchKomm. § 433 Rn. 62.

[322] *Staudinger/Beckmann* (2014) § 433 Rn. 165; *H.P. Westermann* MünchKomm. § 433 Rn. 62.

[323] RG 31.05.1927 RGZ 117, 176 (179); BGH 18.12.1954 BGHZ 16, 71 (76); *Staudinger/Beckmann* (2014) § 453 Rn. 183.

[324] Zu Nebenpflichtverletzungen siehe unten § 2 Rn. 406 ff.

[325] Dazu § 2 Rn. 135 ff.

[326] Siehe § 2 Rn. 146 ff.

I. Nichtleistung des Verkäufers

1. Tatbestände der Nichtleistung

135 Erfüllt der Verkäufer seine Hauptpflichten aus den §§ 433 Abs. 1, 436 Abs. 1, 453 Abs. 1 und 3 BGB nicht oder nicht vertragsgemäß, greifen im Grundsatz die *allgemeinen Vorschriften aus den §§ 280 ff., 320 ff. BGB* ein. Das betrifft insbesondere den Fall, dass der Verkäufer bei einem Sachkauf den geschuldeten Gegenstand überhaupt nicht oder verspätet übergibt oder übereignet, also eine dauerhafte Nichtleistung oder ein Verzug vorliegt.

136 Eine qualitative Nichtleistung ist ferner gegeben, wenn der Verkäufer seiner Pflicht zur Verschaffung einer mangelfreien Sache nicht oder nicht rechtzeitig nachkommt. Dies ergibt sich aus § 433 Abs. 1 Satz 2 BGB, der diese Pflicht des Verkäufers in den Kreis der Hauptleistungspflichten einbezieht. Ist die verkaufte Sache mit einem Sach- oder Rechtsmangel behaftet, so stehen dem Käufer daher grundsätzlich neben dem primären Anspruch auf Erfüllung alle durch das allgemeine Leistungsstörungsrecht vorgesehenen Rechtsbehelfe in den §§ 280 ff., 320 ff. BGB zu. Eine Ausnahme gilt bei Sach- und Rechtsmängeln jedoch, wenn die *Voraussetzungen des § 437 BGB* erfüllt sind, da diese Vorschrift als *lex specialis* verschiedene Modifikationen der Rechte des Käufers anordnet.[327] Wegen der Gleichstellung in *§ 434 Abs. 3 BGB* gilt dies auch, wenn der Verkäufer eine andere als die geschuldete Sache (aliud) oder in zu geringer Menge liefert. Für die Abgrenzung zwischen der unmittelbaren Anwendung der allgemeinen Vorschriften und den in §§ 437 ff. BGB geregelten Modifizierungen ist dabei die „Lieferung" des Kaufgegenstandes von entscheidender Bedeutung.[328]

2. Rechte des Käufers im Überblick

a) Einrede des nicht erfüllten Vertrages (§ 320 BGB)

137 Sofern die allgemeinen Vorschriften Anwendung finden, berührt die unterbliebene Leistung des Verkäufers zunächst grundsätzlich nicht den Erfüllungsanspruch des Käufers, es sei denn, nach § 275 Abs. 1 oder 2 BGB tritt eine Leistungsbefreiung des Verkäufers ein. Nach Maßgabe des § 320 BGB kann der Käufer somit auch den Kaufpreis zurückhalten, bis der Verkäufer seinen Pflichten aus den §§ 433 Abs. 1, 436 Abs. 1, 453 Abs. 1 und 3 BGB nachkommt.

---

[327] Näher zum Anwendungsbereich des § 437 BGB unten § 2 Rn. 148 ff.
[328] Dazu ausführlich unten § 2 Rn. 149 ff.

b) Ansprüche auf Schadensersatz

aa) Zum Schadensersatz verpflichtende Leistungsstörungen

Befindet sich der Verkäufer mit seiner Leistung nach § 286 BGB in Verzug, so kann **138** der Käufer gemäß § 280 Abs. 2 BGB *Ersatz seines Verzögerungsschadens* verlangen und es tritt die Haftungsverschärfung des § 287 BGB ein. Unter den Voraussetzungen der §§ 281, 283, 311a Abs. 2 BGB (fruchtloser Ablauf einer Nachfrist, nachträgliche oder anfängliche Leistungsbefreiung gemäß § 275 BGB etc.) kann der Käufer Ersatz seines Erfüllungsinteresses, d. h. *Schadensersatz statt der Leistung*, bzw. den *Ersatz vergeblicher Aufwendungen* (§ 284 BGB[329]) fordern. Zum Schadensersatz statt der Leistung zählt neben dem Wert der nicht erbrachten Leistung auch ein entgangener Gewinn i. S. des § 252 BGB.[330]

Erfüllt der Verkäufer seine Hauptleistungspflicht teilweise nicht, so setzt der **139** Anspruch auf einen *Schadensersatz statt der ganzen Leistung* nach § 281 Abs. 1 Satz 2 BGB einen Wegfall des Interesses an der Teilleistung voraus. Hierfür muss die erbrachte Teilleistung mit der ausgebliebenen Teilleistung in einem derartigen inneren Zusammenhang stehen, dass sie isoliert für den Gläubiger keinen (proportionalen) Wert hat.[331] Dies ist z. B. regelmäßig zu bejahen, wenn der Verkäufer dem Käufer zwar den Besitz, nicht aber das Eigentum an der Kaufsache verschafft. Allerdings muss der Käufer die bereits erbrachte Teilleistung gemäß § 281 Abs. 5 BGB nach Maßgabe der Rücktrittsvorschriften (§§ 346 bis 348 BGB) zurückgewähren. Sofern dies in dem soeben gegebenen Beispiel nicht möglich ist, weil der Käufer die Sache nach § 985 BGB an den wahren Eigentümer herausgegeben hat, liegt in dieser rechtmäßigen Herausgabe kein zum Wertersatz nach § 346 Abs. 2 Satz 1 Nr. 3 BGB verpflichtender Verstoß gegen die eigenübliche Sorgfalt i. S. des § 346 Abs. 3 Satz 1 Nr. 3 BGB (diligentia quam in suis i. S. des § 277 BGB).[332]

bb) Verantwortlichkeit des Verkäufers für die Verletzung der Hauptpflicht

Der Anspruch auf Schadens- oder Aufwendungsersatz wegen der Nichterfül- **140** lung einer Hauptpflicht setzt ein *Vertretenmüssen* der Pflichtverletzung durch den

---

[329] Dabei ist umstritten, inwieweit Aufwendungen, die der Käufer für eine weitere Verwendung der Kaufsache eingegangen ist, für den Verkäufer konkret vorhersehbar gewesen sein müssen, um ersatzfähig zu sein; dazu *Huber/Faust* 4/20 ff. einerseits und *Ernst* MünchKomm. § 284 Rn. 26 andererseits. Näher zu den Grundlagen und Einzelproblemen des § 284 BGB *Stoppel* AcP 204 (2004), 81 ff. und *Tröger* ZIP 2005, 2238 ff.

[330] Allg. zum Begriff des Erfüllungsinteresses *Lange/Schiemann* Schadensersatz, 3. Aufl. 2003, § 2 IV 3, S. 65 f.

[331] Näher BR/*Unberath* § 281 Rn. 56 f.; *Ernst* MünchKomm. § 281 Rn. 142.

[332] Dies entspricht im Ergebnis den bis zum 01.01.2002 geltenden Voraussetzungen der sog. Eviktionshaftung des Verkäufers nach § 440 Abs. 2 BGB a. F.; dazu BGH 28.03.1952 BGHZ 5, 337 (340 f.); *Soergel/Huber* § 440 Rn. 54.

Verkäufer voraus, das nach der Systematik des § 280 Abs. 1 Satz 2 BGB („dies gilt nicht") beweisrechtlich allerdings vermutet wird. Maßstab des Vertretenmüssens ist nach § 276 Abs. 1 Satz 1 BGB grundsätzlich ein *Verschulden* i. S. von Vorsatz und Fahrlässigkeit. Über § 278 BGB haftet der Verkäufer auch für das Verschulden seiner Erfüllungsgehilfen. Eine Modifizierung dieses Maßstabes kommt neben gesetzlichen Haftungsmilderungen (z. B. § 300 Abs. 1 BGB) oder Haftungsverschärfungen (z. B. § 287 BGB) insbesondere aufgrund einer vertraglichen Abrede in Betracht. § 276 Abs. 1 Satz 1 BGB nennt insoweit die Übernahme einer Garantie oder eines Beschaffungsrisikos.

141 Eine *Garantie* i. S. des § 276 Abs. 1 Satz 1 BGB kann Teil einer Beschaffenheitsgarantie des Verkäufers nach § 443 Abs. 1 Alt. 1 BGB sein. Während eine solche Beschaffenheitsgarantie dem Käufer jedoch zusätzlich eigenständige Rechte gewährt, die über die Rechtsfolgen einer Pflichtverletzung hinausgehen,[333] führt die Übernahme einer „bloßen" Garantie i. S. des § 276 Abs. 1 Satz 1 BGB nur dazu, dass der Verkäufer die objektive Verletzung einer seiner Pflichten (Rechtsverschaffungspflicht gemäß § 433 Abs. 1 Satz 1 BGB etc.) unabhängig von einem Verschulden zu vertreten hat, d. h. unbedingt auf Schadensersatz haftet.[334] Ob und inwieweit der Verkäufer eine derartige Garantie übernommen hat, ist durch *Auslegung des Vertrages* nach den §§ 133, 157 BGB zu ermitteln.

142 Aus § 311a Abs. 2 Satz 2 BGB ergibt sich im Umkehrschluss, dass den Verkäufer für sein *subjektives anfängliches Vermögen*, d. h. für seine im Zeitpunkt des Vertragsschlusses bestehende Möglichkeit, dem Käufer den verkauften Gegenstand zu verschaffen, ohne eine besondere Abrede keine Garantiehaftung trifft.[335] Denn § 311a Abs. 2 Satz 2 BGB stellt für die Schadensersatzpflicht auf das Vertretenmüssen der Unkenntnis des anfänglichen Leistungshindernisses durch den Schuldner ab[336] und nach § 276 Abs. 1 Satz 1 BGB weicht dieses Vertretenmüssen wiederum nur bei einer besonderen Vereinbarung vom Verschuldensprinzip ab. Ist der Verkäufer z. B. nicht Eigentümer des verkauften PKW und kann der Käufer das Eigentum auch nicht nach den §§ 932 ff. BGB gutgläubig erwerben, etwa weil die Sache dem Eigentümer i. S. des § 935 Abs. 1 BGB abhanden gekommen ist, so schuldet der Verkäufer keinen Schadensersatz statt der Leistung, wenn er nachweist, dass er sein

---

[333] Näher unten § 2 Rn. 414.

[334] BT-Drucks. 14/6040, S. 132; *Canaris* DB 2001, 1815 (1819); *Grundmann* MünchKomm. § 276 Rn. 176.

[335] BT-Drucks. 14/6040, S. 165; BGH 05.10.2005 BGHZ 164, 196 (211); BGH 19.11.2007 BGHZ 174, 61 Rn. 35 ff.; *Canaris* Festschrift für Heldrich, 2005, S. 28 ff.; PWW/*M. Stürner* § 311a Rn. 16. Für eine Garantiehaftung bei einer anfänglichen subjektiven Unmöglichkeit (Unvermögen) trat die h. M. für das bis zum 01.01.2002 geltende Recht ein; dazu *Larenz* SchR AT, § 8 II, S. 100 ff. m. w. N. und nach neuem Recht noch *Sutschet* NJW 2005, 1404 (1406).

[336] Zu der Kontroverse über den Haftungsgrund des § 311a Abs. 2 BGB: *Canaris* Festschrift für Heldrich, 2005, S. 11 ff.; *Ernst* MünchKomm. § 311a Rn. 15 m. w. N.; sehr kritisch zu der verschuldensabhängigen Haftung auf das positive Interesse bei anfänglichen Leistungshindernissen aber *Lobinger* Die Grenzen rechtsgeschäftlicher Leistungspflichten, 2004, S. 42 ff. und 279 ff.

fehlendes Eigentum im Zeitpunkt des Vertragsschlusses weder kannte noch kennen musste (§ 311a Abs. 2 Satz 2 BGB i. V. mit § 276 Abs. 1 Satz 1 BGB). Auch der Verkäufer eines Rechts haftet für dessen Verität[337] nur bei einer besonderen Abrede verschuldensunabhängig.[338] Dies ergibt sich zugleich implizit aus der Streichung des § 437 BGB a. F., der bis zum 01.01.2002 eine gesetzliche Garantiehaftung des Rechtsverkäufers begründete.

Eine verschuldensunabhängige Haftung greift nach § 276 Abs. 1 Satz 1 BGB dem-　**143** gegenüber wiederum bei der *Übernahme eines Beschaffungsrisikos* ein, was insbesondere anzunehmen sein kann, wenn ein nur der Gattung nach bestimmter Gegenstand verkauft wurde (ein PKW des Typs X), den der Verkäufer erst noch beschaffen muss.[339] Allerdings sind stets die Umstände des Einzelfalls zu berücksichtigen. Aus diesen kann sich sogar ergeben, dass der Verkäufer nicht die Verschaffung als solche, sondern lediglich hierauf gerichtete Bemühungen schulden will, z. B. wenn er bei den Vertragsverhandlungen zu erkennen gegeben hat, dass er nicht Eigentümer bzw. Inhaber des verkauften Gegenstandes ist oder diesen erst noch besorgen muss. Ist die Verpflichtung des Verkäufers derart beschränkt, dann führt die Ergebnislosigkeit des ordnungsgemäßen Bemühens nicht zu einer verschuldensunabhängigen Haftung, sondern es liegt bereits keine Pflichtverletzung vor.[340]

c) Rücktritt oder Wegfall der Pflicht zur Zahlung des Kaufpreises

Erfüllt der Verkäufer seine Hauptpflichten nicht, so steht dem Käufer unter den Vor-　**144** aussetzungen des § 323 BGB (der grundsätzlich eine Nachfristsetzung i. S. des § 323 Abs. 1 BGB erfordert) auch ein Recht zum Rücktritt vom Vertrag zu. Dieser Rechtsbehelf hängt nicht davon ab, ob der Verkäufer die Pflichtverletzung zu vertreten hat. Der Rücktritt schließt das Recht, nach den §§ 280 ff. BGB Schadensersatz zu verlangen, nicht aus (§ 325 BGB). Ist der Verkäufer gemäß § 275 Abs. 1 oder 2 BGB von seiner Leistungspflicht befreit, so entfällt die Pflicht des Käufers zur Zahlung des Kaufpreises aus § 433 Abs. 2 BGB nach § 326 Abs. 1 Satz 1 BGB automatisch. Dabei begründet die in § 275 Abs. 2 BGB geregelte Unverhältnismäßigkeit der Leistungserbringung allerdings nur ein Leistungsverweigerungsrecht, das die Gegenleistung gemäß § 326 Abs. 1 Satz 1 BGB erst entfallen lässt, wenn sich der Schuldner auf sein Leistungsverweigerungsrecht – gegebenenfalls konkludent – beruft.[341] Die Rechtsfolge des § 326 Abs. 1 Satz 1 BGB tritt überdies nach

---

[337] Zu diesem Begriff oben § 2 Rn. 115.

[338] BT-Drucks. 14/6040, S. 202; *Emmerich* § 2 Rn. 10; *Ernst* MünchKomm. § 311a Rn. 56; *H.P. Westermann* MünchKomm. § 453 Rn. 10.

[339] BT-Drucks. 14/6040, S. 132; *Grundmann* MünchKomm. § 276 Rn. 178; eingehend *Canaris* Festschrift für Wiegand, 2005, S. 179 ff.

[340] Vgl. eingehend *Canaris* JZ 2001, 499 (518 f.) und *U. Huber* AcP 210 (2010), 319 (331 ff.).

[341] BT-Drucks. 14/6040, S. 188; *Ernst* MünchKomm. § 326 Rn. 8.

§ 326 Abs. 2 Satz 1 BGB nicht ein, wenn der Käufer für das Leistungshindernis allein oder weit überwiegend verantwortlich ist oder sich im Zeitpunkt des Eintritts der Leistungsbefreiung des Verkäufers in Annahmeverzug befand. Gleiches gilt, wenn die Gegenleistungsgefahr nach den kaufrechtlichen Sondervorschriften (§§ 446, 447 BGB) auf den Käufer übergegangen ist.[342]

d) Herausgabe des stellvertretenden commodums (§ 285 Abs. 1 BGB)

145 Erlangt der Verkäufer aufgrund des Umstandes, der ihn nach § 275 BGB von seiner Leistungspflicht befreit, einen Ersatz oder einen Ersatzanspruch (z. B.: Versicherungssumme für die untergegangene Kaufsache; Anspruch aus § 823 Abs. 1 BGB gegen einen Dritten wegen Zerstörung der verkauften Sache), so kann der Käufer nach § 285 Abs. 1 BGB auch die Übertragung dieses sog. stellvertretenden commodums verlangen. Die Leistungsbefreiung kann dabei entweder die Gesamtpflicht aus § 433 Abs. 1 BGB betreffen oder auch nur die Pflicht zu einer mangelfreien Leistung i. S. des § 433 Abs. 1 Satz 2 BGB.[343] Beispiel: Ein Dritter beschädigt das verkaufte Gemälde irreparabel durch eine deliktische Handlung i. S. des § 823 Abs. 1 BGB. Verlangt der Käufer das stellvertretende commodum, so bleibt nach § 326 Abs. 3 BGB seine Pflicht zur Zahlung des Kaufpreises (anteilig) bestehen bzw. ein etwaiger Schadensersatzanspruch nach den §§ 280 ff. BGB mindert sich gemäß § 285 Abs. 2 BGB um den Wert des Ersatzes.

II. Rechte des Käufers bei Mängeln nach § 437 BGB

1. Bedeutung der Sondervorschrift in § 437 BGB

146 An sich würden die allgemeinen Vorschriften in den §§ 280 ff., 320 ff. BGB auch immer dann eingreifen, wenn der Verkäufer seiner Pflicht aus den §§ 433 Abs. 1 Satz 2, 453 Abs. 1 und Abs. 3 BGB zu einer sach- und rechtsmängelfreien Verschaffung des Kaufgegenstandes nicht nachkommt, da es sich bei dieser Pflicht um eine synallagmatische Hauptpflicht des Verkäufers handelt.[344] Das Gesetz sieht jedoch in § 437 BGB bei Rechts- und Sachmängeln besondere Rechtsbehelfe für den Käufer vor, die zwar zu großen Teilen wiederum auf die allgemeinen Vorschriften verweisen, diese aber in den §§ 438 bis 441 BGB modifizieren. Den Anwendungsbereich dieser Sonderregelungen erweitert zudem § 434 Abs. 3 BGB auf Falsch- und Minderlieferungen, was über die Verweisung des § 453 Abs. 1 BGB auch bei dem Kauf eines Rechts oder eines sonstigen Gegenstandes gilt.

---

[342] Dazu unten § 2 Rn. 442 ff.

[343] Näher BR/*Faust* § 437 Rn. 154 ff.

[344] Siehe oben § 2 Rn. 50.

Dogmatisch ist diese „Modifikation" des ursprünglichen Anspruchs aus den §§ 433 **147**
Abs. 1, 453 Abs. 1 und 3 BGB so zu verstehen, dass sich der *Inhalt des Schuldver-*
hältnisses bei Eintritt der entsprechenden Voraussetzungen *kraft Gesetzes ändert*, und
zwar dahingehend, dass der Käufer fortan nur noch die Ansprüche und Rechte aus
§ 437 BGB i. V. mit den §§ 438 bis 441 BGB geltend machen kann. Infolgedessen ist
er nicht mehr nach den §§ 433 Abs. 1, 453 Abs. 1 und 3 BGB i. V. mit den allgemeinen
Vorschriften aus den §§ 280 ff., 323 ff. BGB berechtigt. Diese inhaltliche Änderung
des Schuldverhältnisses führt allerdings nicht dazu, dass der Anspruch des Käufers
aus den §§ 433 Abs. 1 Satz 2, 453 Abs. 1 und 3 BGB auf die Verschaffung eines mangelfreien Gegenstandes[345] i. S. des § 362 BGB erfüllt wäre. Vielmehr „entfällt" dieser
Anspruch in seiner ursprünglichen Gestalt auf andere Weise, nämlich dadurch, dass
das Gesetz an seine Stelle jetzt die Ansprüche und Rechte des Käufers aus § 437 BGB
setzt. Dieser Umstand kann insbesondere für die Kondizierbarkeit mangelhafter Leistungen durch den Verkäufer bedeutsam sein.[346] Ebenso wenig tritt bei einem Gattungskauf eine Konkretisierung der Schuld des Verkäufers auf den geleisteten mangelhaften
Gegenstand ein (vgl. § 243 BGB). Hierfür spricht bereits die gleichlautende h. M.[347]
zu der Rechtslage für den Gattungskauf vor dem 01.01.2002, die erklärtermaßen als
Vorbild für die Neuordnung der Ansprüche des Käufers bei Mängeln gedient hat.[348]

2. Anwendungsvoraussetzungen des § 437 BGB

Die Rechte des Käufers bestimmen sich nur dann nach § 437 BGB i. V. mit den **148**
§§ 438 bis 441 BGB, wenn ihm

- entweder ein sach- oder rechtsmängelbehafteter Gegenstand geliefert wurde oder
- ein anderer als der geschuldete Gegenstand bzw. eine zu geringe Menge geliefert
  wurde (§ 434 Abs. 3 BGB) und
- jeweils „nicht ein anderes bestimmt ist" (§ 437 BGB).

a) „Lieferung" eines sach- oder rechtsmängelbehafteten Kaufgegenstandes

aa) Vorliegen eines Sach- oder Rechtsmangels

Die in § 437 BGB aufgezählten Ansprüche und Rechte greifen dann ein, wenn **149**
der Kaufgegenstand i. S. der §§ 434 Abs. 1 oder 2, 435 BGB mangelhaft ist.

---

[345] Bzw. der Anspruch auf Verschaffung des geschuldeten Gegenstandes oder der geschuldeten
Menge aus den §§ 433 Abs. 1 Satz 1, 453 Abs. 1 BGB bei der Lieferung eines anderen Gegenstandes oder einer zu geringen Menge gemäß § 434 Abs. 3 BGB.

[346] Näher unten § 2 Rn. 170 ff.

[347] BGH 09.06.1999 BGHZ 142, 36 (38 ff.); *Esser/Weyers* BT 1, § 5 IV 6, S. 63 f.; *Larenz* BT 1,
§ 41 III, S. 77 f.; *Soergel/Huber* § 480 Rn. 12; a. A. *Kirchhof* NJW 1970, 2052 (2053); *Köhler* JuS
1979, 496 (499) und zum neuen Recht *Ernst* Festschrift für Ulrich Huber, 2006, S. 218 ff.

[348] Siehe BT-Drucks. 14/6040, S. 208 ff.

Die Voraussetzungen eines Sach- oder Rechtsmangels wurden oben bereits erörtert.[349]

150   Bei einem *Gattungskauf* gilt jedoch eine Besonderheit: Hier setzt der Gefahrübergang i. S. der §§ 446, 447 BGB,[350] der gemäß § 434 BGB den maßgeblichen Zeitpunkt für das Bestehen eines Sachmangels bildet, eine Konkretisierung der Schuld auf einen bestimmten Gegenstand voraus, die aber durch die vertragswidrige Leistung nicht bewirkt wird.[351] Daher ist in diesem Fall der Zeitpunkt des Gefahrübergangs bei *unterstellter Erfüllungstauglichkeit* maßgeblich, um zu bestimmen, ob der Gegenstand einen Mangel aufweist, für den der Verkäufer einzustehen hat (sog. fiktiver Gefahrübergang).[352]

bb) „Lieferung" des Kaufgegenstandes

(1) Die Lieferung als Abgrenzungskriterium

151   Selbst wenn ein Mangel vorliegt, ist § 437 BGB erst anwendbar, sofern der Kaufgegenstand dem Käufer „geliefert" wurde. Dies ergibt sich im Umkehrschluss aus § 437 Nr. 1 BGB i. V. mit § 439 BGB, der als primären Rechtsbehelf eine „Nacherfüllung" vorsieht, die begrifflich voraussetzt, dass zuvor eine – wenn auch mangelhafte – Leistung erfolgt ist. Diese Abgrenzung zwischen dem Anwendungsbereich des allgemeinen Leistungsstörungsrechts und den Ansprüchen bei Sach- bzw. Rechtsmängeln entspricht der Rechtslage, die für den Gattungskauf vor der Neufassung des Kaufrechts zum 01.01.2002 i. S. der h. L. galt[353] und die als Vorbild für die einheitliche Neuregelung der §§ 433 ff. BGB gedient hat.[354] An den Zeitpunkt der „Lieferung" knüpft auch Art. 3 Abs. 1 der Verbrauchsgüterkauf-RL diejenigen Rechte des Käufers, die § 437 BGB in das deutsche Recht umsetzt. Vor der Lieferung gelten für den Anspruch aus § 433 Abs. 1 Satz 2 BGB auf eine sach- und rechtsmängelfreie Verschaffung des Gegenstandes daher die allgemeinen Vorschriften der §§ 280 ff., 320 ff. BGB unmittelbar.[355]

---

[349] Ausführlich § 2 Rn. 50 ff.

[350] Dazu näher unten § 2 Rn. 442 ff.

[351] Siehe oben § 2 Rn. 147.

[352] BR/*Faust* § 434 Rn. 35; *P. Huber* NJW 2002, 1004 (1005); vgl. auch *Kasper* Das Erfolgsrisiko des Verkäufers, 2017, S. 455 ff.; zu § 480 BGB a. F. *Larenz* BT 1, § 41 III, S. 79; *Soergel/Huber* § 459 Rn. 83 jeweils m. w. N.

[353] *Köhler* JuS 1979, 496 (498 f.); *Reinicke/Tiedtke* Kaufrecht, 6. Aufl. 1997, Rn. 525; *Rieble* JZ 1997, 485 (486); a. A. *Soergel/Huber* § 480 Rn. 11 ff.

[354] Siehe oben § 2 Rn. 147.

[355] *Ball* NZV 2004, 217 (218); BeckOGK/*Höpfner*, 01.06.2018, § 437 Rn. 9 f.; BR/*Faust* § 437 Rn. 4 ff.; *Fikentscher/Heinemann* Rn. 835; *Greiner* S. 85 f.; *Reinicke/Tiedtke* Rn. 397 ff.; wohl auch *Kötz* Rn. 577. Vgl. auch BT-Drucks. 14/6040, S. 220, wo nur die „Neulieferung" § 437 BGB i. V. mit § 439 BGB unterstellt wird, nicht aber die ursprüngliche Lieferung. Zur Gegenansicht, die auf den Zeitpunkt des Gefahrübergangs abstellt, siehe unten § 2 Rn. 156 f.

(2) Voraussetzungen für eine Lieferung

Deshalb ist die Frage, wann eine Lieferung der mangelhaften Sache vorliegt, **152** von zentraler Bedeutung für die Umgestaltung der Rechte des Käufers i. S. des § 437 BGB. Eine ausdrückliche Lösung für dieses Problem sieht das Gesetz nicht vor. Deshalb ist an den Grund anzuknüpfen, der es teleologisch rechtfertigt, die Pflicht des Verkäufers aus § 433 Abs. 1 Satz 2 BGB durch § 437 BGB i. V. mit den §§ 438 bis 441 BGB zu modifizieren. Ohne einer detaillierten Erörterung der einzelnen Rechte des Käufers vorzugreifen, kann festgehalten werden, dass die Sonderregelungen in den §§ 438 bis 441 BGB dem Umstand Rechnung tragen sollen, dass bereits ein *Leistungstransfer* stattgefunden hat. Aufgrund dessen haben die Parteien ein *erhöhtes Interesse an der Rechtsbeständigkeit* der erfolgten Transaktion, dem eine unmodifizierte Anwendung der allgemeinen Vorschriften nicht hinreichend Rechnung tragen würde.[356] Dies drückt sich z. B. in der Verkürzung der Verjährungsfrist nach § 438 Abs. 1 Nr. 3 BGB (zwei Jahre) um ein Jahr im Verhältnis zu der Regelfrist des § 195 BGB (drei Jahre) aus, die für den ursprünglichen Anspruch des Käufers aus den §§ 433 Abs. 1, 453 Abs. 1 und 3 BGB gilt. Daneben sind das erst mit der Anwendbarkeit der §§ 437 Nr. 1, 439 Abs. 1 BGB entstehende Wahlrecht des Käufers zwischen Nachbesserung und Nachlieferung[357] sowie das Recht des Verkäufers zu nennen, die Nacherfüllung bei mangelhafter Leistung nicht nur unter den Voraussetzungen des § 275 BGB, sondern bereits bei „Unverhältnismäßigkeit" (§ 439 Abs. 4 BGB) verweigern zu können.[358]

Ein Leistungstransfer, der ein erhöhtes Interesse an Rechtsbeständigkeit auslöst, **153** d. h. eine Lieferung als Anwendungsvoraussetzung des § 437 BGB, liegt vor, wenn der *Verkäufer seine Hauptleistungspflicht aus den §§ 433 Abs. 1 Satz 1, 453 Abs. 1 BGB unter Billigung des Käufers zumindest teilweise erfüllt hat.* Bei einem Sachkauf setzt dies z. B. voraus, dass der Verkäufer die Sache dem Käufer übergeben und/oder übereignet hat bzw. bei einem Rechtskauf, dass die Inhaberschaft an dem Recht oder dem sonstigen Gegenstand übertragen worden ist. Erforderlich ist darüber hinaus aber auch, dass der Käufer die Leistung als (teilweise) Erfüllung der Verkäuferpflicht billigt (vgl. § 363 BGB),[359] was regelmäßig konkludent durch die

---

[356] Näher *Maultzsch* ZGS 2003, 411 (414 ff.). Zur Kritik an der hier vertretenen Position siehe vor allem *Bachmann* AcP 211 (2011), 395 (408 ff.), der dafür plädiert, die §§ 437 ff. BGB nach Maßgabe ihrer jeweiligen tatbestandlichen Voraussetzungen bereits ab Vertragsschluss anzuwenden (a. a. O., 410 ff.). Allerdings berücksichtigen die dort vorgebrachten Bedenken (a. a. O., 408) nicht, dass der Gedanke der Rechtsbeständigkeit keinesfalls nur der Erklärung derjenigen Regelungen der §§ 438 bis 441 BGB dient, die dem Verkäufer günstig sind, sondern auch die dem Käufer günstigen Sonderregelungen erfasst; siehe dazu unten § 2 Rn. 231 und 324.

[357] Dazu näher § 2 Rn. 216 ff.

[358] Siehe unten § 2 Rn. 235 ff.

[359] Diese „Billigung" ist weitgehend identisch mit dem unten vertretenen Begriff der Abnahme in § 640 BGB bei einem Werkvertrag; siehe § 8 Rn. 206 ff.

Entgegennahme der betreffenden Leistung erfolgt.[360] Denn inhaltlich bezieht sich die Billigung nicht auf die Mangelfreiheit des geleisteten Gegenstandes, sondern lediglich auf eine zumindest teilweise Erfüllung der Hauptleistungspflicht durch den Verkäufer. Die Umgestaltung der Verkäuferpflichten i. S. der §§ 437 ff. BGB scheitert daher z. B. nicht daran, dass sich der Gläubiger bei der Annahme der Sache seine Rechte wegen des Mangels vorbehält, etwa im Rahmen einer Mängelrüge nach § 377 HGB.[361]

154   Allerdings kann der Käufer den Übergang von dem ursprünglichen Erfüllungsanspruch (§ 433 Abs. 1 Satz 2 BGB) zu den speziellen Rechten wegen eines Mangels (§ 437 BGB) nach der hier vertretenen Auffassung verhindern, indem er die ihm angebotene mangelhafte Leistung *zurückweist*.[362] Tut er dies, kann er nach § 433 Abs. 1 Satz 2 BGB (nicht § 439 BGB!) auf einer Beseitigung des Sach- oder Rechtsmangels bestehen.[363] Hierfür kann er eine angemessene Nachfrist setzen, nach deren Ablauf er gemäß § 281 Abs. 1 Satz 1 BGB Schadensersatz verlangen und/oder (vgl. § 325 BGB) nach § 323 Abs. 1 BGB von dem Vertrag zurücktreten kann (nicht nach § 437 Nr. 2 und 3 BGB!). Sofern der Anspruch auf eine Mangelbeseitigung gemäß § 275 BGB ausgeschlossen ist, entfällt vor der Lieferung des Kaufgegenstandes im Gegenzug der Anspruch des Verkäufers auf Zahlung des Kaufpreises nach § 326 Abs. 1 Satz 1 BGB.[364]

155   Dogmatisch ist die *Billigung* des Geleisteten als eine *rechtsgeschäftsähnliche Handlung* einzustufen, für welche die §§ 104 ff. BGB entsprechend gelten. Erfolgt die Lieferung einer mangelhaften Kaufsache z. B. an einen minderjährigen Käufer ohne die Zustimmung des gesetzlichen Vertreters, fehlt dem Minderjährigen mit der Empfangszuständigkeit für die Leistung[365] zugleich auch die Befugnis zur Billigung, so dass eine Lieferung mit der Folge der Anwendung des § 437 BGB nicht

---

[360] BR/*Faust* § 437 Rn. 6; *Grigoleit* in: Artz/Gsell/Lorenz (Hrsg.), Zehn Jahre Schuldrechtsmodernisierung, 2014, S. 55 (99 ff.); *Reinicke/Tiedtke* Rn. 400. Insoweit kritisch *Grunewald* § 9 Rn. 5 und *dies.* Festschrift für Ulrich Huber, 2006, S. 292 ff., nach der die Anwendbarkeit der §§ 437 ff. BGB zwar eine Überprüfungsmöglichkeit des Käufers, aber keine Billigung voraussetzt.

[361] Dies verkennt *Soergel/Huber* § 480 Rn. 13 f.; wie hier *Ernst* Festschrift für Ulrich Huber, 2006, S. 190.

[362] So jetzt auch BGH 26.10.2016 NJW 2017, 1100 Rn. 32 ff.; ausführlich *Ernst* NJW 1997, 896 ff.

[363] A. A. HK/*Saenger* § 433 Rn. 10; *Jansen* ZIP 2002, 877 (878 f.) für den Fall, dass der Käufer den angebotenen Gegenstand nach erfolgter Lieferung nicht zurückgeben dürfte, etwa weil der Mangel i. S. des § 323 Abs. 5 Satz 2 BGB unerheblich ist; insoweit zustimmend *Lamprecht* ZIP 2002, 1790. Diese Sichtweise berücksichtigt jedoch nicht, dass ein Recht zur „präventiven" Zurückweisung geringeren Voraussetzungen unterliegen kann als ein Recht zur Rückabwicklung, welches das Interesse an Rechtsbeständigkeit des erfolgten Leistungstransfers berücksichtigen muss; siehe BGH 26.10.2016 NJW 2017, 1100 Rn. 33 f.; *Canaris* in: E. Lorenz (Hrsg.), Karlsruher Forum 2002: Schuldrechtsmodernisierung, 2003, S. 74 f.; *Faust* JZ 2015, 149 (150); *Huber/Faust* 13/149 ff.; *Kasper* Das Erfolgsrisiko des Verkäufers, 2017, S. 671 ff. und weiterführend *Maultzsch* ZGS 2003, 411 (414 ff.).

[364] Zur Nichtanwendung des § 326 Abs. 1 Satz 2 BGB in diesem Fall unten § 2 Rn. 159 ff.

[365] Dazu *Medicus/Petersen* Rn. 171; *Wolf/Neuner* § 34 Rn. 35 f.

vorliegt. Es verbleibt dann vielmehr bei der Anwendbarkeit des § 433 Abs. 1 Satz 2 BGB, wenn der Kaufvertrag als solcher wirksam zustande gekommen ist.

(3) Unbeachtlichkeit des Zeitpunkts des Gefahrübergangs

Die h. L. nimmt hingegen an, dass die Anwendbarkeit der §§ 437 ff. BGB nicht an **156** einen Leistungstransfer mit eingeschlossener Billigung, sondern an den *Übergang der Gegenleistungsgefahr* auf den Käufer nach den §§ 446, 447 BGB geknüpft ist.[366] Dabei kann der Gefahrübergang in Ansehung der Mängelrechte vor allem dann früher eintreten als eine Leistung, wenn ein Versendungskauf gemäß § 447 Abs. 1 BGB vereinbart wurde. Bei einem Gattungskauf setzt die Konkretisierung als Voraussetzung des Gefahrübergangs zwar an sich die Mangelfreiheit des Gegenstandes voraus. Für die Frage der Mängelrechte ist aber der Zeitpunkt des Gefahrübergangs bei unterstellter Erfüllungstauglichkeit maßgeblich,[367] so dass die h. L. die §§ 437 ff. BGB im Fall des Versendungskaufs bereits mit Absendung der mangelhaften Ware durch den Verkäufer anwendet. Vergleichbar müsste die h. L. die Anwendbarkeit der §§ 437 ff. BGB auch dann befürworten, wenn der Verkäufer die mangelhafte Sache dem Käufer bei einer Hol- oder Bringschuld anbietet. Denn bei unterstellter Erfüllungstauglichkeit geriete der Käufer durch die Zurückweisung dann in Annahmeverzug, was nach § 446 Satz 3 BGB zu einem Gefahrübergang führen würde.[368]

Die Konzeption der h. L. vermag jedoch nicht zu überzeugen. Zwar ist für die **157** Frage, ob ein bestimmter Umstand einen Sachmangel des Kaufgegenstandes darstellt, in zeitlicher Hinsicht der Gefahrübergang maßgebend (§ 434 Abs. 1 Satz 1 BGB). Dies beantwortet aber nicht die separate Frage, ab welchem Zeitpunkt die Rechte aus den §§ 437 ff. BGB den allgemeinen Erfüllungsanspruch auf eine mangelfreie Leistung verdrängen.[369] Das „Ob" des Mangels betrifft die Verantwortungsbereiche von Schuldner und Gläubiger für Verschlechterungen des Kaufgegenstandes und wird durch den Zeitpunkt des Gefahrübergangs bestimmt. Demgegenüber verändert der Übergang von dem allgemeinen Erfüllungsanspruch auf die speziellen Mängelrechte den Inhalt (das „Wie") der feststehenden Verantwortlichkeit des Verkäufers. Insoweit sprechen die oben dargelegten Gründe dafür, als Abgrenzungskriterium auf eine teilweise Erfüllung der Hauptleistungspflicht unter Billigung des Käufers abzustellen.

---

[366] *Canaris* in: E. Lorenz (Hrsg.), Karlsruher Forum 2002: Schuldrechtsmodernisierung, 2003, S. 72; *Emmerich* § 4 Rn. 5; *Harke* Rn. 80; *Hoeren/Martinek/Müller* § 439 Rn. 25; *Oechsler* Rn. 80 ff.; NK-BGB/*Büdenbender* § 437 Rn. 7; *Staudinger/Matusche-Beckmann* (2014) § 437 Rn. 20; *Tonner* § 8 Rn. 2; *H.P. Westermann* MünchKomm. § 437 Rn. 6; für eine Anwendbarkeit der §§ 437 ff. BGB bereits ab Vertragsschluss *Ernst* Festschrift für Ulrich Huber, 2006, S. 194 ff. und im Grundsatz auch *Bachmann* AcP 211 (2011), 395 (410 ff.).

[367] Siehe oben § 2 Rn. 150.

[368] Insoweit harmoniert die Sichtweise der h. L. nur bedingt mit dem mittlerweile auch durch die Rechtsprechung anerkannten Recht des Käufers zur Zurückweisung eines mangelhaften Kaufgegenstandes; siehe oben § 2 Rn. 154.

[369] BR/*Faust* § 437 Rn. 6; *Reinicke/Tiedtke* Rn. 400.

cc) Auswirkungen bei behebbaren und unbehebbaren Sachmängeln

158 Allerdings dürfen die Auswirkungen der Kontroverse um den maßgeblichen Zeitpunkt für das Eingreifen der §§ 437 ff. BGB nicht überbewertet werden. Denn insbesondere bei *behebbaren Sachmängeln* führt es aufgrund der weitgehenden Angleichung der Mängelrechte an die allgemeinen Vorschriften für Leistungsstörungen nur
selten zu wesentlichen Unterschieden in den Ergebnissen, ob nach dem Gefahrübergang, aber vor der Lieferung des Kaufgegenstandes schon die §§ 437 ff. BGB (so
die h. L.) oder noch die allgemeinen Vorschriften (so die hier vertretene Auffassung)
anzuwenden sind. Insbesondere legt § 438 Abs. 2 BGB für den Beginn der verkürzten Verjährung ausdrücklich die Ablieferung als maßgeblich zugrunde,[370] so dass
insoweit von vornherein nicht auf einen anderen Zeitpunkt abgestellt werden kann.
Unterschiedliche Ergebnisse können sich somit im Wesentlichen nur für die Fragen
ergeben, ab wann das Wahlrecht des Käufers nach § 439 Abs. 1 BGB und das erleichterte Leistungsverweigerungsrecht des Verkäufers aus § 439 Abs. 4 BGB eingreifen.

159 Erheblicher sind die praktischen und dogmatischen Auswirkungen der hier ver-
tretenen Auffassung, nach denen die Anwendung der speziellen Mängelrechte eine
Lieferung voraussetzt, hingegen bei *unbehebbaren Sachmängeln*. Dies soll anhand
des nachfolgenden Beispiels verdeutlicht werden: A verkauft B ein Gemälde als
Original des Malers X, während es sich in Wirklichkeit um eine Fälschung handelt.
Die nicht mit der vertraglichen Beschaffenheitsvereinbarung i. S. des § 434 Abs. 1
Satz 1 BGB übereinstimmende Urheberschaft stellt einen Sachmangel dar.[371] Dass
dieser i. S. des § 275 Abs. 1 BGB nicht behoben werden kann und A die Erfüllung
seiner Pflicht aus § 433 Abs. 1 Satz 2 BGB daher anfänglich unmöglich ist, lässt die
Wirksamkeit des Kaufvertrages nach § 311a Abs. 1 BGB unberührt.

160 Wenn A die Übergabe und Übereignung des Bildes anbietet und B dies mit Verweis
auf den zuvor entdeckten Mangel ablehnt, so findet nicht § 437 BGB, sondern das
allgemeine Leistungsstörungsrecht Anwendung.[372] Gemäß § 311a Abs. 2 Satz 1
BGB kann B nun Schadensersatz statt der Leistung (d. h. Ersatz des Erfüllungsinteresses an einem von X gemalten Bild) oder nach § 284 BGB Aufwendungsersatz
verlangen (z. B. für eine eigens zum Schutz des Gemäldes angeschaffte Alarmanlage). Einer Haftung kann A nur entgehen, wenn er nachweist, dass er die nicht
vertragsgemäße Urheberschaft weder kannte noch kennen musste.[373] Die Pflicht des

---

[370] Dazu näher unten § 2 Rn. 335.

[371] Siehe oben § 2 Rn. 53 ff.

[372] Dazu oben § 2 Rn. 154.

[373] Hingegen findet die Vorschrift des § 281 Abs. 1 Satz 3 BGB, auf die § 311a Abs. 2 Satz 3 BGB
verweist, keine Anwendung. Voraussetzung hierfür wäre vielmehr, dass bereits eine – nicht wie
geschuldet erbrachte – Leistung bewirkt worden ist, d. h. bereits ein Leistungstransfer stattgefunden hat, was die durch § 281 Abs. 1 Satz 3 BGB angeordnete Modifikation des Schadensersatzanspruchs (Schadensersatz statt der ganzen Leistung nur bei nicht unerheblicher Pflichtverletzung)
legitimiert; siehe *Ernst* MünchKomm. § 281 Rn. 149. Wenn dieser Leistungstransfer bereits stattgefunden hätte (Übergabe und/oder Übereignung des mangelhaften Bildes), würde vorliegend
zudem § 437 BGB als lex specialis eingreifen (dazu sogleich näher).

B zur Zahlung des Kaufpreises entfällt gemäß § 326 Abs. 1 Satz 1 BGB.[374] Des Weiteren kann B auch nach § 326 Abs. 5 BGB von dem Kaufvertrag zurücktreten, was sich z. B. empfiehlt, wenn er keinen Schaden erlitten hat, der über den geschuldeten Kaufpreis hinausgeht.[375]

Lässt sich B das Gemälde hingegen übereignen oder übergeben, liegt ein vom **161** Käufer gebilligter Leistungstransfer vor, d. h. eine Lieferung als Voraussetzung des § 437 BGB. Dem steht es auch nicht entgegen, wenn B bei der Übergabe auf den Mangel hinweist und sich diesbezüglich „seine Rechte" vorbehält.[376] Denn nachdem der Verkäufer seine Pflicht aus § 433 Abs. 1 BGB im Einverständnis mit dem Käufer teilweise erfüllt hat, stehen diesem aufgrund des erfolgten Leistungstransfers und des hieraus folgenden Interesses an Rechtsbeständigkeit wegen des Mangels anstelle der allgemeinen Regelungen des Leistungsstörungsrechts die in § 437 BGB genannten Rechte zu.[377] Eine Nacherfüllung (§ 437 Nr. 1 BGB i. V. mit § 439 BGB) kommt allerdings wegen der Unbehebbarkeit des Mangels nicht in Betracht. Für ein Rücktrittsrecht bzw. einen Anspruch auf Schadensersatz statt der ganzen Leistung greifen nun die einschränkenden Regelungen des § 326 Abs. 5 BGB i. V. mit § 323 Abs. 5 Satz 2 BGB bzw. des § 311a Abs. 2 Satz 3 BGB i. V. mit § 281 Abs. 1 Satz 3 BGB ein. Zudem verjähren die Rechte des Käufers aus § 437 BGB nach § 438 Abs. 1 Nr. 3 BGB bereits in zwei Jahren.

Die mit der Lieferung verbundenen Rechtsfolgen beschränken sich indes nicht **162** auf die Rechte des Käufers, sondern können auch auf den Kaufpreisanspruch des Verkäufers ausstrahlen, wenn ein unbehebbarer Sachmangel vorliegt. In dem Beispiel ist daher die folgende Besonderheit zu beachten: Der an sich gemäß § 326 Abs. 1 Satz 1 BGB i. V. mit den §§ 275 Abs. 1, 433 Abs. 1 Satz 2 BGB eintretende Wegfall des Kaufpreisanspruchs wird durch die Lieferung gleichsam wieder „rückgängig" gemacht. Denn wenn der unbehebbar mangelhafte Kaufgegenstand geliefert worden ist, schließt § 326 Abs. 1 Satz 2 BGB einen automatischen Entfall der Gegenleistungspflicht aus und es stehen B nur noch die Rechte aus § 437 BGB zu. D. h. er muss nach Maßgabe des § 437 Nr. 2 Alt. 1 BGB i. V. mit § 326 Abs. 5 BGB von dem Kaufvertrag zurücktreten, wenn er seine Kaufpreisschuld beseitigen will. Dieses (vorläufige) „Wiederaufleben" der Gegenleistungspflicht lässt sich durch den vollzogenen Leistungstransfer legitimieren (scil.: die Erfüllung des Anspruchs

---

[374] § 326 Abs. 1 Satz 2 BGB würde wiederum eine bereits bewirkte nicht vertragsgemäße Leistung voraussetzen; siehe die vorangehende Fn.

[375] Der Ausschlussgrund des § 323 Abs. 5 Satz 2 BGB bei unerheblichen Mängeln greift trotz des Verweises in § 326 Abs. 5 Halbsatz 2 BGB wiederum nicht ein, da es an einer „bewirkten" vertragswidrigen Leistung fehlt; vgl. *Grigoleit* in: Artz/Gsell/Lorenz (Hrsg.), Zehn Jahre Schuldrechtsmodernisierung, 2014, S. 55 (101); a. A. *S. Lorenz* NJW 2013, 1341 (1344).

[376] Ist der Mangel beiden Vertragsparteien bei der Übergabe bekannt und erfolgt diese vorbehaltlos, kann gegebenenfalls ein konkludenter Änderungsvertrag vorliegen, nach dem die tatsächliche Beschaffenheit fortan als vertragsgemäß i. S. des § 434 Abs. 1 Satz 1 BGB gelten soll; vgl. BT-Drucks. 14/6040, S. 205.

[377] A. A. *Heyers/Heuser* NJW 2010, 3057 ff., die bei unbehebbaren Sachmängeln auch nach dem Zeitpunkt der Lieferung das allgemeine Leistungsstörungsrecht anwenden wollen; hiergegen zutreffend *Schall* NJW 2011, 343 ff.

aus § 433 Abs. 1 Satz 1 BGB unter Billigung des Käufers). Ein ähnlicher Gedanke liegt auch der Heilung eines formnichtigen Grundstückskaufvertrages nach § 311b Abs. 1 Satz 2 BGB zugrunde. Hier entstehen gemäß § 125 Satz 1 BGB zunächst keine Leistungsansprüche. Wenn der Leistungstransfer seitens des Verkäufers aber stattgefunden hat, führt das Interesse an Rechtsbeständigkeit zu einer Vertragswirksamkeit und somit auch zu einer wirksamen Kaufpreisforderung.[378] Die (vorläufige) „Heilungswirkung" des § 326 Abs. 1 Satz 2 BGB in Bezug auf die Gegenleistungspflicht betrifft jedoch nur den Fall einer schon erbrachten (unbehebbar) mangelhaften Leistung. Erkennt der Gläubiger hingegen vor der Erbringung der Leistung, dass diese vertragswidrig erfolgen wird, kann er sie ablehnen und ist nach § 326 Abs. 1 Satz 1 BGB von seiner Gegenleistungspflicht befreit.[379] Dies folgt bereits aus dem Wortlaut des § 326 Abs. 1 Satz 2 BGB, der den Anwendungsbereich dieser Norm auf den Ausschluss (§ 275 BGB) einer *Nach*-Erfüllung beschränkt. Erst das Interesse an Rechtsbeständigkeit, das durch einen erfolgten Leistungstransfer entstanden ist, rechtfertigt eine (vorläufige) „Heilung" der Gegenleistungspflicht.

b) Lieferung einer anderen Sache oder Minderlieferung i. S. des § 434 Abs. 3 BGB

163 Der Anwendungsbereich des § 437 BGB wird durch § 434 Abs. 3 BGB über die Fälle eines Mangels im engeren Sinne hinaus erweitert. Danach steht es einem Sachmangel gleich, wenn der Verkäufer eine andere als die vertraglich geschuldete Sache oder eine zu geringe Menge liefert. Bei einem Rechtskauf oder einem Kauf sonstiger Gegenstände gilt nach § 453 Abs. 1 BGB Entsprechendes.

aa) Lieferung eines aliuds durch den Verkäufer

(1) Rechte des Käufers bei einer aliud-Lieferung

164 Vor allem bei einem *Gattungskauf* kann die Abgrenzung zwischen der Lieferung einer mangelhaften Sache (sog. *peius*) und einer anderen als der geschuldeten Gattungssache (sog. *aliud*) sehr schwierig sein. Stellt z. B. die Lieferung von glykolhaltigem Wein ein peius oder ein aliud gegenüber dem nach § 433 Abs. 1 BGB geschuldeten „reinen" Wein dar?[380] Wegen der Gleichstellung der Falschlieferung mit der mangelhaften Lieferung in § 434 Abs. 3 BGB kann dieses Abgrenzungsproblem dahingestellt bleiben, da die Rechtsbehelfe des § 437 BGB in beiden Fällen eingreifen. Die wesentliche Funktion des § 434 Abs. 3 Alt. 1 BGB liegt daher in der Entbehrlichkeit von Differenzierungen zwischen einem peius und einem aliud.

---

[378] Vgl. *Kanzleiter* MünchKomm. § 311b Rn. 74.
[379] So wohl auch *Canaris* Schuldrechtsreform 2002, XXIII f.; a. A. BR/*Grothe* § 326 Rn. 23; *S. Lorenz* NJW 2013, 1341 (1344); *Lorenz/Riehm* Rn. 327.
[380] Vgl. BGH 23.11.1988 NJW 1989, 218 ff.

Aufgrund der weiten Gesetzesfassung ist die Norm aber auch im Rahmen von   **165**
Stückkäufen uneingeschränkt anwendbar, wenn wegen einer Verwechselung der
geleistete Gegenstand nicht mit der geschuldeten Sache übereinstimmt (sog. *Iden-*
titätsaliud).[381] Einem Sachmangel steht es somit nach § 434 Abs. 3 Alt. 1 BGB
gleich, wenn der Verkäufer das verkaufte Gemälde „Sonnenaufgang" des Malers
X mit dem Gemälde „Sonnenuntergang" desselben Künstlers verwechselt und das
letztgenannte Bild dem Käufer übereignet.

Allerdings ist wiederum zu berücksichtigen, dass die besonderen Mängelrechte   **166**
aus § 437 BGB auch im Fall des § 434 Abs. 3 Alt. 1 BGB und in Abgrenzung zu
dem originären Erfüllungsanspruch gemäß § 433 Abs. 1 Satz 1 BGB erst dann eingreifen, wenn das *aliud an den Käufer geliefert worden ist*. Ob eine Lieferung i. S.
des § 434 Abs. 3 BGB vorliegt, bestimmt sich nach den oben dargelegten Kriterien:
Erforderlich ist ein (teilweiser) Leistungstransfer i. S. des § 433 Abs. 1 Satz 1 BGB,
den der Käufer durch eine rechtsgeschäftsähnliche Handlung als Erfüllung billigt.[382]

§ 437 BGB einschließlich der dort genannten Rechte des Käufers ist deshalb bei   **167**
einer Falschleistung erst anwendbar, wenn der Käufer dieselbe (irrtümlich) als Erfüllung der Verkäuferpflicht aus § 433 Abs. 1 Satz 1 BGB annimmt. Dieser Umstand
erlangt vor allem in folgendem Zusammenhang Bedeutung: Für die Anwendung
des § 434 Abs. 3 BGB und damit für eine teilweise Verdrängung der Vorschriften
des allgemeinen Leistungsstörungsrechts durch § 437 BGB kommt es nicht darauf
an, *in welchem Maß* das tatsächlich Geleistete von der geschuldeten Kaufsache
abweicht.[383] Würde man vor diesem Hintergrund mit der h. L. die §§ 437 ff. BGB
bereits ab dem Eintritt des (fiktiven) Gefahrübergangs eingreifen lassen[384] und für
die Gleichstellung eines aliuds mit einem Mangel i. S. des § 434 Abs. 3 Alt. 1 BGB
einzig an den nach §§ 133, 157 BGB ermittelten Erfüllungswillen des Verkäufers
anknüpfen (sog. Tilgungsbestimmung),[385] könnte dieser beispielsweise bei einem
Versendungskauf durch die Absendung eines Fahrrades anstatt des geschuldeten
Oberklassewagens einseitig die Anwendung der §§ 437 ff. BGB anstelle der allgemeinen Vorschriften erzwingen, sofern er nur durch eine entsprechende Tilgungsbestimmung den Bezug des abgesendeten Gutes zu seiner Schuld deutlich genug
macht (beispielsweise durch beigefügte Lieferdokumente). Dies erscheint nicht

---

[381] BR/*Faust* § 434 Rn. 107; *Erman/Grunewald* § 434 Rn. 62; *Dauner-Lieb/Arnold* JuS 2002,
1175 f.; *Grigoleit* in: Artz/Gsell/Lorenz (Hrsg.), Zehn Jahre Schuldrechtsmodernisierung, 2014,
S. 55 (84); *Gursky* S. 11; *S. Lorenz* JuS 2003, 36 (38 f.); *Staudinger/Matusche-Beckmann* (2014)
§ 434 Rn. 146 ff.; *Wiese* AcP 206 (2006), 902 (907 ff.); a. A. *Lettl* JuS 2002, 866 (871); *Oechsler*
Rn. 133 ff. und weiterführend *Thier* AcP 203 (2003), 399 (403 ff.).

[382] Siehe oben § 2 Rn. 152 ff. sowie KG 27.10.2011 NJW-RR 2012, 507; *Kohler* AcP 204 (2004),
606 (617 ff.) und *Wiese* AcP 206 (2006), 902 (920).

[383] *Huber/Faust* 12/60; *Lettl* JuS 2002, 866 (868); *Staudinger/Matusche-Beckmann* (2014) § 434
Rn. 147 f.; im Grundsatz auch *H.P. Westermann* MünchKomm. § 434 Rn. 44.

[384] Siehe oben § 2 Rn. 156 f.

[385] BT-Drucks. 14/6040, S. 216; *S. Lorenz* JuS 2003, 36 (37 f.); *Medicus/Lorenz* Rn. 97; NK-
BGB/*Büdenbender* § 434 Rn. 70; *Tiedtke/Schmitt* JZ 2004, 1092 (1095 ff.); *Thier* AcP 203 (2003),
399 (414 ff.).

tragbar.[386] Die beschriebene Problematik löst sich jedoch zwanglos auf, wenn die Anwendung der speziellen Mängelrechte anstelle des allgemeinen Erfüllungsanspruchs aus § 433 Abs. 1 BGB an einen *durch den Käufer gebilligten Leistungstransfer* geknüpft wird. Dann sind die §§ 437 ff. BGB über § 434 Abs. 3 Alt. 1 BGB erst einschlägig, wenn der Käufer das aliud (irrtümlich) als Erfüllung der Verschaffungspflicht aus § 433 Abs. 1 Satz 1 BGB akzeptiert hat. Theoretisch können in diesem Rahmen allerdings auch extreme Abweichungen einem Mangel gleichgestellt werden (z. B.: der Käufer von 100 Blumentöpfen nimmt irrtümlich 100 Topfblumen als Erfüllung an). Dieses im Gesetz angelegte Ergebnis ist jedoch aufgrund der erforderlichen Mitwirkung des Käufers auch wertungsmäßig vertretbar.

168 Weist der Käufer hingegen die angebotene Sache (z. B. das von dem Verkäufer mit dem vertraglich geschuldeten verwechselte Gemälde) als nicht vertragsgemäß zurück, fehlt es an einer Lieferung i. S. des § 437 BGB und es liegt eine Nichterfüllung der Pflicht aus § 433 Abs. 1 Satz 1 BGB mit den allgemeinen Rechtsfolgen der §§ 280 ff., 320 ff. BGB vor. Selbst in diesem Fall ist bei einem Gattungskauf die Unterscheidung zwischen einem aliud und einem peius aber wegen der identischen Rechtsfolgen entbehrlich: Jedenfalls hat der Verkäufer seine Hauptleistungspflicht verletzt; ob sich diese Verletzung auf § 433 Abs. 1 Satz 1 BGB (aliud) oder auf § 433 Abs. 1 Satz 2 BGB (peius) bezieht, kann offenbleiben, da jeweils die §§ 280 ff., 320 ff. BGB eingreifen.

(2) Auswirkungen der aliud-Lieferung auf die Kaufpreisforderung

(a) Grundfall

169 Besondere Rechtsfolgen ergeben sich im Fall des § 434 Abs. 3 BGB auch für die Pflicht des Käufers zur Zahlung des Kaufpreises. Konnte der vertraglich geschuldete Gegenstand überhaupt nicht geliefert werden (das verkaufte Gemälde „Sonnenaufgang" ist verbrannt, der Käufer nimmt jedoch irrtümlich das Gemälde „Sonnenuntergang" als Erfüllung an), so lebt der eigentlich nach § 326 Abs. 1 Satz 1 BGB entfallene Kaufpreisanspruch wegen der Regelung in § 434 Abs. 3 Alt. 1 BGB i. V. mit den §§ 437, 326 Abs. 1 Satz 2 BGB wie bei einem unbehebbaren Mangel wieder auf („Heilung" zugunsten der Rechtsbeständigkeit).[387]

(b) Höherwertiges aliud und Rückforderungsrechte des Verkäufers

170 Zweifelhaft sind die Rechtsfolgen in Bezug auf den Kaufpreis, wenn der Verkäufer eine höherwertige als die geschuldete Sache gemäß § 434 Abs. 3 Alt. 1 BGB

---

[386] Insoweit zutreffend *Altmeppen/Reichard* Festschrift für Ulrich Huber, 2006, S. 90 ff. und *Ehmann/Sutschet* S. 221, die jedoch – de lege lata nicht vertretbar – § 434 Abs. 3 BGB nach dem Rechtsgedanken des § 378 HGB a. F. auf genehmigungsfähige aliud- und Minderleistungen begrenzen wollen. Gegen eine Anwendung des § 434 Abs. 3 Alt. 1 BGB bei „Extremabweichungen" *Oechsler* Rn. 134 ff. Wie hier hingegen BR/*Faust* § 434 Rn. 108.

[387] Siehe oben § 2 Rn. 161 f.

geliefert hat (sog. *melius*). Beispiel: Statt des verkauften PKW des Typs X in der Basisausstattung wird ein Fahrzeug mit einem Luxusausstattungspaket geliefert. Im Ausgangspunkt findet die Vorschrift des § 434 Abs. 3 Alt. 1 BGB auch auf höherwertige aliud-Leistungen Anwendung.[388] Gleichwohl tritt mangels einer entsprechenden gesetzlichen Vorschrift keine Erhöhung des Kaufpreises ein.[389] Andererseits bezweckt § 434 Abs. 3 BGB aber nicht, dem Käufer ohne zusätzliche Gegenleistung eine höherwertige Sache als den gekauften Gegenstand zu sichern. Vielmehr soll die Vorschrift lediglich eine Abgrenzung zwischen aliud und peius entbehrlich machen und dem erfolgten Gütertransfer insoweit Rechnung tragen, als die Verkäuferpflicht aus § 433 Abs. 1 Satz 1 BGB nach der Falschlieferung nicht unverändert fortbesteht, sondern § 437 BGB mit den dort genannten Rechten eingreift. Deshalb wird ein *Rückforderungsrecht des Verkäufers* in Bezug auf die geleistete Sache anzunehmen sein.[390] Allerdings begründet § 439 Abs. 5 BGB ein solches Recht des Verkäufers nach Maßgabe der §§ 346 bis 348 BGB nur dann, wenn der Käufer seinen Nachlieferungsanspruch auf die vertraglich geschuldete Sache geltend macht,[391] was bei einem geleisteten höherwertigen aliud im Zweifel unterbleibt.

Dies steht einem Rückforderungsanspruch des Verkäufers jedoch im Grundsatz **171** nicht entgegen. Nach der hier vertretenen Auffassung führt § 437 BGB i. V. mit § 434 Abs. 3 Alt. 1 BGB nicht dazu, dass der Verkäufer durch die Falschlieferung seine Pflicht aus § 433 Abs. 1 BGB erfüllt hat.[392] Deshalb kann der Verkäufer im Grundsatz nach *§ 812 Abs. 1 Satz 1 Alt. 1 BGB* die Herausgabe verlangen, sofern er das aliud irrtümlich geleistet hat (vgl. § 814 BGB). Denn ein Rechtsgrund für die aliud-Leistung läge nur vor, wenn der Verkäufer mit dieser seine Schuld erfüllt, d. h. sich der Leistungsanspruch in einen Behaltensgrund gewandelt hätte.[393] Tatsächlich wird die Schuld aber nur kraft Gesetzes i. S. des § 437 BGB modifiziert.

---

[388] BR/*Faust* § 437 Rn. 204 ff.; *Oechsler* Rn. 137; *Staudinger/Matusche-Beckmann* (2014) § 434 Rn. 151; a. A. *Thier* AcP 203 (2003), 399 (419 f.).

[389] *Fikentscher/Heinemann* Rn. 848. Die zu § 378 HGB a. F. teilweise vertretene a. A. (vgl. die Nachweise bei *K. Schmidt* Handelsrecht, 5. Aufl. 1999, § 29 III 5c, S. 822) ist auf § 434 Abs. 3 BGB nicht übertragbar, da nach § 378 HGB a. F. i. V. mit § 377 Abs. 2 HGB die nicht rechtzeitig gerügte aliud-Lieferung als „genehmigt" galt, woraus von der betreffenden Auffassung die Erhöhung des Kaufpreises abgeleitet wurde.

[390] *Erman/Grunewald* § 434 Rn. 61; *Lettl* JuS 2002, 866 (870); *Looschelders* Rn. 74; *S. Lorenz* JuS 2003, 36 (39); *H.P. Westermann* MünchKomm. § 434 Rn. 46.

[391] A. A. *Wiese* AcP 206 (2006), 902 (928 ff.). Sofern die Rückforderung des aliuds aber ausschließlich nach § 439 Abs. 5 BGB zugelassen wird, scheitert der Anspruch jedenfalls dann, wenn keine mangelfreie Sache geliefert werden kann (z. B. in Fällen des § 275 Abs. 1 BGB). Dies erscheint jedoch unbillig; auch in einem solchen Fall sollte der Käufer das aliud nicht endgültig behalten dürfen, sondern auf etwaige Rechte aus den §§ 283, 326 Abs. 5 BGB verwiesen werden.

[392] Siehe oben § 2 Rn. 147 mit Fn. 345.

[393] Siehe *Lettl* JuS 2002, 866 (869); *Lorenz/Riehm* Rn. 493; a. A. BR/*Faust* § 437 Rn. 205; *Huber/Faust* 13/156; *Staudinger/Matusche-Beckmann* (2014) § 437 Rn. 60; *Thier* AcP 203 (2003), 399 (417), die aus den Mängelrechten des Käufers einen Behaltensgrund ableiten wollen; dazu sogleich näher unter § 2 Rn. 174 f.

172   Hieraus ergibt sich zugleich, dass der Kondiktionsanspruch des Verkäufers tatbe-
standsmäßig nicht notwendig an die Lieferung eines höherwertigen aliuds geknüpft
ist, sondern im Grundsatz immer dann besteht, wenn durch die mangelhafte Leistung nicht die vertragliche Verschaffungspflicht aus § 433 Abs. 1 *Satz 1* BGB
(gegebenenfalls i. V. mit § 453 Abs. 1 BGB) erfüllt worden ist. Dies gilt nicht nur
bei einem aliud, sondern auch bei *mangelhaften Gattungssachen*, deren Lieferung
keine Konkretisierung und damit keine – auch nur teilweise – Erfüllung bewirkt.[394]

173   Gegenüber diesem Kondiktionsanspruch *greift* selbst bei Verbrauchergeschäften
der Ausschlusstatbestand des *§ 241a Abs. 1 BGB nicht ein*, der unter teleologischen
Gesichtspunkten auf Lieferungen zum Zweck eines Vertragsschlusses zu begrenzen
ist und die Konstellationen des § 434 Abs. 3 Alt. 1 BGB daher nicht erfasst.[395]

174   In der Literatur wird aber zu Recht darauf hingewiesen, dass durch den Kondiktionsanspruch des Verkäufers den *Mängelrechten des Käufers eine „Aushöhlung"
drohen kann*. Der Käufer habe ein Recht, die erbrachte mangelhafte Leistung –
unter Umständen i. V. mit einem Nachbesserungsverlangen gemäß § 439 Abs. 1
Alt. 1 BGB bzw. einer Minderung nach § 441 BGB – zu behalten, weshalb § 812
Abs. 1 Satz 1 Alt. 1 BGB grundsätzlich unanwendbar sei. Das Regelungsgefüge der
§§ 437 ff. BGB fungiere als Rechtsgrund im Rahmen des § 812 BGB. Lediglich in
Ausnahmefällen (z. B. bei der Lieferung eines höherwertigen aliuds) könne der Verkäufer seine mit der Lieferung verbundene Tilgungsbestimmung nach § 119 Abs. 2
BGB anfechten und die Leistung sodann kondizieren.[396] Jedoch lässt diese Auffassung eine Begründung dafür vermissen, warum die Kondiktion im Anfechtungsfall
mit den Käuferrechten aus den §§ 439 Abs. 1, 441 BGB vereinbar sein soll. Wenn
man den §§ 437 ff. BGB unabhängig davon den Charakter eines Rechtsgrundes
beimisst, ob der Verkäufer mit der vertragswidrigen Leistung seine Pflicht aus den
§§ 433 Abs. 1 Satz 1, 453 Abs. 1 BGB erfüllt hat, löst auch die Anfechtung der Tilgungsbestimmung nicht das Spannungsverhältnis zwischen den Mängelrechten und
dem Bereicherungsrecht auf.

175   Vielmehr erscheint die folgende Unterscheidung angebracht: Bei Leistung eines
aliuds bzw. einer mangelhaften Gattungssache steht dem Verkäufer tatbestandlich
ein Herausgabeanspruch aus § 812 Abs. 1 Satz 1 Alt. 1 BGB zu. Mittels dessen
wird aber unter Umständen eine Minderung durch den Käufer gemäß § 441 BGB
oder dessen Wahlrecht auf eine Nachbesserung aus § 439 Abs. 1 Alt. 1 BGB

---

[394] Siehe oben § 2 Rn. 147 und *Altmeppen/Reichard* Festschrift für Ulrich Huber, 2006, S. 89 f.;
a. A. *Wiese* AcP 206 (2006), 902 (916 ff.). Bei einem Stückkauf hat der Verkäufer hingegen bei
Mängeln i. S. des § 434 Abs. 1 und 2 BGB seine Pflicht zur Verschaffung des verkauften Gegenstandes (§ 433 Abs. 1 Satz 1 BGB) als solche erfüllt, so dass er diesen nicht kondizieren kann.

[395] *Emmerich* § 4 Rn. 30; *S. Lorenz* JuS 2003, 36 (40); *Oechsler* Rn. 138; *Staudinger/Matusche-
Beckmann* (2014) § 434 Rn. 150; *Tiedtke/Schmitt* JZ 2004, 1092 (1099); im Ergebnis auch *Kohler*
AcP 204 (2004), 606 (616 ff.); differenzierend *Thier* AcP 203 (2003), 399 (410 ff.).

[396] BR/*Faust* § 437 Rn. 206; *Canaris* Schuldrechtsmodernisierung 2002, XXIII f.; *Oechsler*
Rn. 137; *Thier* AcP 203 (2003), 399 (422 f.); *Tiedtke/Schmitt* JZ 2004, 1092 (1098); ähnlich
Huber/Faust 13/157: § 119 Abs. 1 BGB analog.

unterlaufen,[397] was der Verbrauchsgüterkauf-RL widerspricht.[398] Der Kondiktions-anspruch des Verkäufers wird daher durch eine *teleologisch bedingte Subsidiari-tät*[399] gesperrt, wenn dem Käufer entweder ein Minderungsrecht nach § 441 BGB oder ein Nachbesserungsanspruch aus § 439 Abs. 1 Alt. 1 BGB zusteht.[400] Bei einer vertragswidrigen Leistung, die höherwertiger als die geschuldete ist, bestehen diese Rechte regelmäßig nicht.[401]

Will der Verkäufer das aliud (bzw. die mangelhafte Gattungssache) nach Berei-cherungsrecht zurückverlangen, muss dies jedoch aufgrund des Bedürfnisses nach Rechtsklarheit *unverzüglich* nach dem Bemerken des Irrtums geschehen (vgl. § 121 Abs. 1 Satz 1 BGB); ansonsten ist sein Kondiktionsanspruch gemäß § 242 BGB verwirkt.[402] Darüber hinaus lebt der ursprüngliche Erfüllungsanspruch des Käufers aus den §§ 433 Abs. 1 Satz 1, 453 Abs. 1 BGB wieder auf, wenn der Verkäufer seinen Kondiktionsanspruch geltend und somit die Lieferung als Voraussetzung des § 437 BGB wieder rückgängig macht. Diesen Erfüllungsanspruch kann der Käufer dem Rückforderungsverlangen des Verkäufers in entsprechender Anwendung des § 439 Abs. 5 BGB i. V. mit den §§ 348 Satz 2, 320 BGB einredeweise entgegen-halten (*Zug-um-Zug-Leistung*).[403]

176

(c) Vertragsänderung und aliud-Lieferung

Einen *höheren Kaufpreis* kann der Verkäufer bei der Lieferung eines höherwertigen aliuds hingegen nur dann beanspruchen, wenn eine Vertragsänderung vorliegt, nach der die gelieferte Sache fortan auch als die geschuldete gelten soll. In diesem Fall stehen dem Käufer einerseits keine Rechte aus § 437 BGB zu und tritt andererseits unter Umständen eine verhältnismäßige Erhöhung der Kaufpreisschuld ein. Inso-weit bedarf es jedoch stets einer Auslegung des Verhaltens der Parteien analog den §§ 133, 157 BGB, ob ein entsprechender Geschäftswille vorliegt.

177

Die in der Lieferung des aliuds enthaltene Billigung des Käufers[404] reicht hierfür grundsätzlich ebenso wenig aus wie die Übersendung einer Rechnung, die den

178

---

[397] Denn eine Kondiktion unter Lieferung eines Ersatzgegenstandes kommt einer Nachlieferung i. S. des § 439 Abs. 1 Alt. 2 BGB gleich.

[398] Siehe deren Erwägungsgrund 10.

[399] Zu dieser Form der Gesetzeskonkurrenz *Dietz* Anspruchskonkurrenz bei Vertragsverletzung und Delikt, 1934, S. 62.

[400] Ähnlich *Altmeppen/Reichard* Festschrift für Ulrich Huber, 2006, S. 86 ff.; *Lettl* JuS 2002, 866 (869 f.); *S. Lorenz* JuS 2002, 36 (39 f.); *Lorenz/Riehm* Rn. 574.

[401] Dabei scheitert ein Anspruch auf Nachbesserung regelmäßig an § 275 Abs. 1 BGB. Sollte dies nicht der Fall sein (Beispiel: bei dem Kauf eines PKW des Typs X könnte eine vertraglich nicht geschuldete Spezialausstattung des gelieferten Fahrzeugs ausgebaut werden), so wird eine Nach-besserung jedenfalls regelmäßig gemäß § 439 Abs. 4 BGB unverhältnismäßig sein. Hierzu näher unten § 2 Rn. 235 ff.

[402] *K. Schmidt* Handelsrecht, 5. Aufl. 1999, § 29 III 5c, S. 823 für § 378 HGB a. F.

[403] Vgl. *Schlinker* JR 2007, 221 (224).

[404] Siehe oben § 2 Rn. 152 ff.

höheren Kaufpreis ausweist. Dies gilt selbst dann, wenn der Verkäufer dort die aliud-Lieferung richtig bezeichnet. Etwas anderes kommt bei dieser sog. *offenen Falschlieferung* erst in Betracht, wenn der Käufer die Rechnung in der Kenntnis begleicht, dass der Verkäufer ein aliud geliefert hat.[405]

bb) Minderlieferung durch den Verkäufer

179   Nach § 434 Abs. 3 Alt. 2 BGB greifen auch bei der *Lieferung einer geringeren als der verkauften Menge* die Rechtsbehelfe des § 437 BGB ein. Hingegen erfasst § 434 Abs. 3 BGB nicht den umgekehrten Fall einer Zuviellieferung.[406] Eine solche erfolgt – vorbehaltlich einer Änderung des Kaufvertrages[407] – ohne Rechtsgrund, so dass der Verkäufer den zuviel gelieferten Teil gemäß § 812 Abs. 1 Satz 1 Alt. 1 BGB kondizieren kann.

180   Unter einer „zu geringen Menge" i. S. des § 434 Abs. 3 Alt. 2 BGB ist nur eine *Mankoleistung in Bezug auf mehrere gleichartige Kaufgegenstände* zu verstehen. Dies bedeutet zum einen, dass sog. Quantitätsmängel, d. h. Abweichungen eines einzelnen Stücks in Maß und Gewicht, bereits der Regelung des § 434 Abs. 1 BGB unterfallen.[408] Zum anderen sind Quantitätsabweichungen in Bezug auf mehrere ungleichartige Gegenstände nicht dem § 434 Abs. 3 Alt. 2 BGB zuzuordnen, sondern als teilweise Nichterfüllung anzusehen, da insoweit keine vergleichbar großen Abgrenzungsprobleme zu „echten" Sachmängeln i. S. des § 434 Abs. 1 und 2 BGB bestehen wie bei einer aliud-Lieferung. So stellt z. B. das Fehlen einer Bedienungs-anleitung bei einem verkauften technischen Gerät eine teilweise Nichterfüllung und keine Leistungsstörung i. S. des § 434 Abs. 3 Alt. 2 BGB dar.[409] Auf das Maß der Quantitätsabweichung kommt es hingegen für die Gleichstellung nicht an.[410]

181   Auch die Minderleistung im dargelegten Sinne unterfällt der Gleichstellungs-vorschrift jedoch nur, wenn die zu geringe Menge „geliefert" wurde. Dies setzt voraus, dass der Käufer das Geleistete (irrtümlich) *als volle Erfüllung* der Ver-schaffungspflicht des Verkäufers aus § 433 Abs. 1 Satz 1 BGB *billigt*.[411] Bean-standet der Käufer hingegen bei der Übergabe oder der Übereignung die

---

[405] Vgl. *Oetker* Handelsrecht, 7. Aufl. 2015, § 8 Rn. 37 und 59 m. w. N.

[406] *Oechsler* Rn. 143; *Oetker* Festschrift für Canaris, Bd. II, 2007, S. 315 ff.; *Staudinger/Matusche-Beckmann* (2014) § 434 Rn. 153; differenzierend *H.P. Westermann* MünchKomm. § 434 Rn. 50; a. A. *Pfeiffer* ZGS 2002, 138 ff.

[407] Hierzu näher *Oetker* Festschrift für Canaris, Bd. II, 2007, S. 322 ff. m. w. N.

[408] *Oetker* Festschrift für Canaris, Bd. II, 2007, S. 317; NK-BGB/*Büdenbender* § 434 Rn. 76.

[409] So auch zum alten Kaufrecht *Soergel/Huber* § 459 Rn. 52; offen jetzt *Coester-Waltjen* Jura 2002, 535 (540).

[410] NK-BGB/*Büdenbender* § 434 Rn. 73; a. A. bei extremen Quantitätsabweichungen wiederum *Ehmann/Sutschet* S. 218.

[411] Siehe oben § 2 Rn. 152 ff.; die h. L. stellt wiederum auf den Tilgungswillen des Verkäufers ab: statt aller BR/*Faust* § 434 Rn. 113 m. w. N.

Quantitätsabweichung, so liegt eine nach den allgemeinen Vorschriften zu beurteilende teilweise Nichtleistung vor. Das Gleiche gilt im Fall einer sog. *offenen Minderlieferung*, bei der bereits der Verkäufer die erbrachte Leistung als bloße Teilleistung ausweist.[412]

Wenn § 434 Abs. 3 Alt. 2 BGB bei einer Minderleistung eingreift, so besteht der **182** *Kaufpreisanspruch* des Verkäufers vorbehaltlich eines Vorgehens des Käufers nach § 437 Nr. 2 BGB (Rücktritt oder Minderung) *zunächst in voller Höhe* weiter. Eine automatische Minderung gemäß § 326 Abs. 1 Satz 1 Halbsatz 2 BGB tritt auch dann nicht ein, wenn die Leistung der noch ausstehenden Menge nach § 275 BGB ausgeschlossen ist.[413] Nach einer a. A. gilt die Gleichstellung der Minderleistung mit einer mangelhaften Leistung durch § 434 Abs. 3 Alt. 2 BGB hingegen nur im Rahmen der kaufrechtlichen Vorschriften der §§ 438 bis 441 BGB, während im Rahmen der Vorschriften des allgemeinen Leistungsstörungsrechts wiederum von einer Teilleistung auszugehen sei.[414] Danach wären statt der §§ 281 Abs. 1 Satz 3, 323 Abs. 5 Satz 2, 326 Abs. 1 Satz 2 BGB (nicht vertragsgemäße Leistung) doch die §§ 281 Abs. 1 Satz 2, 323 Abs. 5 Satz 1 BGB, 326 Abs. 1 Satz 1 Halbsatz 2 BGB (Teilleistung) anzuwenden.[415] Dies würde bei unbehebbaren Zuwenigleistungen zu einer automatischen Minderung des Kaufpreises nach § 326 Abs. 1 Satz 1 Halbsatz 2 BGB führen, anstelle einer Minderung durch Gestaltungserklärung gemäß § 441 BGB und in den zeitlichen Grenzen des § 438 BGB. Dies sei vertretbar, weil sich eine Minderleistung anders als ein aliud hinreichend klar von einer mangelhaften Leistung abgrenzen lasse und zudem geboten, weil die Vorschriften über Teilleistungen im allgemeinen Leistungsstörungsrecht ansonsten weitgehend ihres Anwendungsbereiches beraubt würden. Da das Gesetz in § 434 Abs. 3 Alt. 2 BGB jedoch eine umfassende Gleichstellung der Minderleistung mit Mängeln anordnet, entbehrt diese Differenzierung zwischen den Auswirkungen im Rahmen der §§ 437 ff. BGB einerseits und im Rahmen der §§ 280 ff., 320 ff. BGB andererseits einer tragfähigen Grundlage und ist daher abzulehnen.[416]

---

[412] *Oetker* Festschrift für Canaris, Bd. II, 2007, S. 320 ff. m. w. N. Dort auch dazu, dass in der Entgegennahme einer offenen Teilleistung regelmäßig keine Vertragsänderung liegt, nach welcher der Verkäufer nur noch die geleistete Menge gegen einen entsprechend reduzierten Preis schulden würde.

[413] BT-Drucks. 14/6040, S. 222 f.

[414] *Canaris* ZRP 2001, 329 (334 f.); *Thier* AcP 203 (2003), 399 (425 ff.); ausführlich *Grigoleit/Riehm* ZGS 2002, 114 ff. und *Heiderhoff/Skamel* JZ 2006, 383 ff.

[415] Dabei wirkt sich der Streit nicht nur auf den *inhaltlichen Maßstab* aus, nach dem die Minderlieferung Rechte bezüglich des Gesamtvertrages begründet (mangelndes Interesse bei Teilleistungen, Unerheblichkeit der Pflichtverletzung bei nicht vertragsgemäßen Leistungen), sondern auch auf die *Beweislast* (die für das mangelnde Interesse den Gläubiger trifft, für die Unerheblichkeit hingegen den Schuldner; siehe die §§ 281 Abs. 1, 323 Abs. 5 BGB).

[416] BR/*Faust* § 434 Rn. 115; *Grunewald* § 7 Rn. 35; *Palandt/Grüneberg* § 281 Rn. 38; *Soergel/Gsell* § 323 Rn. 203.

c) Keine anderweitige Bestimmung

183 Nach § 437 BGB finden die Rechte des Käufers wegen eines Mangels oder einer gemäß § 434 Abs. 3 BGB gleichgestellten Vertragswidrigkeit nur Anwendung, „soweit nicht ein anderes bestimmt ist", was sich sowohl aus dem Gesetz als auch aus einer vertraglichen Vereinbarung ergeben kann.

184 Als Gründe für einen *gesetzlichen Ausschluss* der Mängelrechte des Käufers kommen alle Bestimmungen in Betracht, die auch den primären Anspruch auf eine mangelfreie Lieferung aus den §§ 433 Abs. 1 Satz 2, 453 Abs. 1 und 3 BGB ausschließen. Neben den §§ 377 HGB, 445 BGB, 806 ZPO, 56 Satz 3 ZVG kann eine Verkürzung der Rechte des Käufers daher nach § 442 BGB insbesondere aus einer Kenntnis des Mangels oder einer grob fahrlässigen Unkenntnis im Zeitpunkt des Vertragsschlusses folgen.[417]

185 Ein *vertraglicher Ausschluss* oder eine vertragliche Beschränkung der Rechte des Käufers bei Mängeln unterliegen den oben dargelegten allgemeinen Grenzen (§§ 138, 444 BGB) und den besonderen Einschränkungen bei der Verwendung Allgemeiner Geschäftsbedingungen.[418] Für Verbrauchsgüterkaufverträge sind zudem die strikten Regelungen des § 476 BGB zum Schutz des Verbraucher-Käufers zu beachten.[419]

3. Rechte des Käufers gemäß § 437 BGB

a) Überblick

186 Wenn der Anwendungsbereich des § 437 BGB eröffnet ist, stehen dem Käufer in Umsetzung von Art. 3 der Verbrauchsgüterkauf-RL verschiedene Rechte zu:

- Primärer Rechtsbehelf ist die Nacherfüllung gemäß § 439 BGB (§ 437 Nr. 1 BGB).
- Erst in zweiter Linie und unter weiteren Voraussetzungen kann der Käufer von dem Kaufvertrag zurücktreten (§ 437 Nr. 2 Alt. 1 BGB) oder gemäß § 441 BGB den Kaufpreis mindern (§ 437 Nr. 2 Alt. 2 BGB) und Schadensersatz oder Aufwendungsersatz verlangen (§ 437 Nr. 3 BGB).

187 Da § 437 BGB die dem Käufer zustehenden Ansprüche bzw. Gestaltungsrechte selbst nicht vollständig regelt, folgt die jeweilige Anspruchsgrundlage bzw. das jeweilige Gestaltungsrecht nicht unmittelbar aus § 437 BGB, sondern aus den dort in Bezug genommenen Vorschriften. Für den Anspruch auf Nacherfüllung bedeutet dies z. B., dass dieser in § 439 Abs. 1 BGB seine Grundlage findet.

---

[417] Dazu ausführlich oben unter § 2 Rn. 99 ff.

[418] Siehe § 2 Rn. 106 ff. sowie zur formularmäßigen Beschränkung von Schadensersatzansprüchen § 2 Rn. 616.

[419] Näher unten § 2 Rn. 608 ff.

b) Anspruch des Käufers auf Nacherfüllung gemäß § 439 Abs. 1 BGB i. V. mit § 437 Nr. 1 BGB

aa) Einbeziehung des Anspruchs in das Synallagma des Kaufvertrages

Nach § 439 Abs. 1 BGB kann der Käufer nach seiner Wahl Mangelbeseitigung oder **188** Lieferung einer mangelfreien Sache verlangen. Dieser Anspruch stellt eine *Modifikation des ursprünglichen Käuferanspruchs aus § 433 Abs. 1 Satz 2 BGB* dar.[420] Er steht genauso wie der originäre Anspruch auf eine mangelfreie Verschaffung des Kaufgegenstandes (bzw. auf Verschaffung desselben im Fall des § 434 Abs. 3 BGB) im Synallagma mit der Pflicht des Käufers aus § 433 Abs. 2 BGB, den Kaufpreis zu zahlen. Soweit dem Käufer ein Anspruch auf Nacherfüllung zusteht und der Verkäufer diesen noch nicht erfüllt hat, kann der Käufer folgerichtig auch den Kaufpreis nach Maßgabe des § 320 BGB zurückhalten.

Ebenso wie der originäre Erfüllungsanspruch aus den §§ 433 Abs. 1, 453 Abs. 1 **189** und 3 BGB besteht der Anspruch auf Nacherfüllung unabhängig davon, ob der Verkäufer den Mangel i. S. der §§ 276 ff. BGB zu vertreten hat. Er knüpft zwar an die Lieferung eines mangelhaften Gegenstandes bzw. ein nach § 434 Abs. 3 BGB gleichgestelltes Verhalten an, das jeweils eine Pflichtverletzung darstellt. Mit der Nacherfüllung wird aber nicht funktional diese Pflichtverletzung i. S. eines sekundären Ersatzanspruchs (z. B. auf Schadensersatz) sanktioniert, sondern dem Umstand Rechnung getragen, dass der Verkäufer durch die vertragswidrige Lieferung seine Hauptpflicht noch nicht vollständig erfüllt hat.[421]

bb) Fortentwicklung des Nacherfüllungsanspruchs zu einem „verschuldensunabhängigen Schadensersatzanspruch"?

(1) Ausgangspunkt der Problematik

Ein komplexes und vieldiskutiertes Problem stellt die Frage dar, inwieweit der **190** Inhalt und die Reichweite des Nacherfüllungsanspruchs für den Käufer sogar günstiger ausgestaltet sein können als der ursprüngliche Erfüllungsanspruch aus den §§ 433 Abs. 1, 453 Abs. 1 und 3 BGB.[422] Den Anknüpfungspunkt dieser Diskussion bildet das *Ziel der Verbrauchsgüterkauf-RL, ein hohes Verbraucherschutzniveau zu gewährleisten.*[423] Näher spezifiziert wird dieses Ziel in Art. 3 Abs. 3 und 4 der Verbrauchsgüterkauf-RL, der dem Käufer einen Anspruch auf eine unentgeltliche und ohne erhebliche Unannehmlichkeiten erfolgende Nacherfüllung gewährt. Dieser

---

[420] BGH 15.07.2008 BGHZ 177, 224 Rn. 18; BGH 17.10.2012 BGHZ 195, 135 Rn. 24; BR/*Faust* § 439 Rn. 6; *P. Huber* NJW 2002, 1004 (1005); *Oechsler* Rn. 80.

[421] Siehe oben § 2 Rn. 147.

[422] Eingehend zu diesem Problemkreis *Skamel* Nacherfüllung beim Sachkauf, 2008, S. 68 ff.

[423] Vgl. den Erwägungsgrund 1 der Verbrauchsgüterkauf-RL; zu einer umfassenderen, rechtsökonomisch orientierten Perspektive auf die Problematik aber *Bien* ZEuP 2012, 644 (655 ff.) und *Tröger* AcP 212 (2012), 296 (303 ff.).

Hintergrund beansprucht im BGB nicht notwendig nur für Verbrauchsgüterkaufverträge i. S. des § 474 BGB Beachtung, da den §§ 433 ff. BGB ein „überschießendes" Umsetzungsmodell für die Verbrauchsgüterkauf-RL zugrunde liegt.[424] Das Ziel
eines hohen Verbraucher- bzw. Käuferschutzes lässt sich dabei besonders effektiv
durch eine günstige Ausgestaltung des Nacherfüllungsanspruchs verwirklichen, da
dieser Anspruch verschuldensunabhängig eingreift.[425] Sofern die Kompensation
bestimmter Einbußen, die sich für den Käufer im Zusammenhang mit mangelhaften Leistungen ergeben, hingegen nicht dem Nacherfüllungsanspruch, sondern dem
Regelungsbereich des Schadensersatzrechts zugeordnet wird, stehen die Ansprüche des Käufers unter dem Vorbehalt eines Vertretenmüssens i. S. des § 280 Abs. 1
Satz 2 BGB i. V. mit §§ 276 ff. BGB. An diesem Erfordernis kann ein Schadensersatzanspruch des Käufers in Bezug auf nachteilige Folgen einer mangelhaften
Leistung vor allem deshalb häufig scheitern, weil sich Händler im deutschen Recht
ein etwaiges Verschulden des Herstellers in Bezug auf eine mangelhafte Produktion
des verkauften Gutes nach der h. M. nicht gemäß § 278 BGB zurechnen lassen
müssen.[426] Es geht somit im Kern um die Frage, inwieweit die „Lücken", die das
Schadensersatzrecht hinsichtlich einer Haftung für fehlerhafte Produkte lässt, zum
Schutz des Käufers über den Primäranspruch aus § 439 BGB geschlossen werden
können.[427] Dabei wird aber zugleich deutlich, dass eine zu großzügige Ausgestaltung des verschuldensunabhängigen Nacherfüllungsanspruchs aus § 439 BGB in
Gefahr steht, mit den Wertungen der §§ 276 ff. BGB in Konflikt zu geraten, die
ihrerseits einen Ausgleich zwischen den Interessen des Käufers und des Verkäufers
bezwecken. Vor diesem Hintergrund haben sich vor allem zwei Aspekte des Inhaltes
und Umfanges des Nacherfüllungsanspruchs als problematisch erwiesen:

(2) Erste Teilproblematik: Erfüllungsort des Anspruchs aus § 439 BGB

191   Der erste Streitpunkt betrifft den Erfüllungsort des Anspruchs aus § 439 BGB. Eine
Auffassung leitet aus der Rechtsnatur dieses Anspruchs als eine modifizierte Fortwirkung des ursprünglichen Erfüllungsanspruchs ab, dass auch die Nacherfüllung
dort zu erfolgen habe, wo der Verkäufer seine ursprüngliche Verschaffungspflicht
zu erfüllen hatte.[428] Dies würde im Fall einer Holschuld bedeuten, dass der Käufer
die Kosten für den Rücktransport der mangelhaften Sache zum Verkäufer und die
Abholung der reparierten bzw. nachgelieferten Sache selbst zu tragen hätte, sofern

---

[424] Dazu bereits oben § 2 Rn. 4.

[425] Siehe oben § 2 Rn. 189.

[426] Näher unten § 2 Rn. 315.

[427] Siehe *Bien* ZEuP 2012, 644 ff.; *Maultzsch* GPR 2011, 253 (255 f.); *Mörsdorf* GPR 2009, 134
(137 ff.).

[428] OLG München 20.06.2007 NJW 2007, 3214 f.; *Muthorst* ZGS 2007, 370 ff.; *Reinking* NJW
2008, 3608 (3609 ff.); *Skamel* ZGS 2006, 227 ff.; im Ausgangspunkt auch *Gsell* JZ 2011, 988 ff.
und *Unberath/Cziupka* JZ 2008, 867 (868 ff.).

der Verkäufer die mangelhafte Leistung nicht zu vertreten hat und dem Käufer deshalb kein Schadensersatzanspruch aus § 280 Abs. 1 BGB i. V. mit § 437 Nr. 3 BGB zusteht. Daher nimmt eine Gegenansicht vor dem Hintergrund des Art. 3 Abs. 3 und 4 der Verbrauchsgüterkauf-RL, der dem Käufer einen Anspruch auf eine unentgeltliche und ohne erhebliche Unannehmlichkeiten erfolgende Nacherfüllung einräumt, an, dass die Nacherfüllung stets an dem momentanen Belegenheitsort der Kaufsache zu erfüllen sei.[429] Eine vermittelnde Auffassung vertritt schließlich die Rechtsprechung:[430] Danach soll sich der Ort der Nacherfüllung auf einer ersten Stufe nach der allgemeinen Regelung des § 269 BGB bestimmen, so dass gemäß § 269 Abs. 1 und 2 BGB der Sitz des Verkäufers einschlägig ist, soweit sich nicht aus der vertraglichen Vereinbarung oder den Umständen etwas anderes ergibt. Letzteres wird insbesondere bei schwer zu transportierenden Gegenständen angenommen, weshalb in diesem Fall der Erfüllungsort an dem momentanen Belegenheitsort der Kaufsache liegen soll.[431] Befindet sich der Nacherfüllungsort nach Maßgabe der Auffangregelung in § 269 Abs. 1 und 2 BGB am Sitz des Verkäufers, so nimmt der BGH auf einer zweiten Stufe an, dass der Verkäufer dem Käufer die notwendigen Transportkosten nach § 439 Abs. 2 BGB zu erstatten habe, um dem Unentgeltlichkeitsgebot des Art. 3 Abs. 3 und 4 der Verbrauchsgüterkauf-RL zu genügen; der Aufwendungsersatzanspruch wird dabei jedoch nicht auf Verbrauchsgüterkaufverträge i. S. des § 474 BGB begrenzt.[432]

Diese Lösung, die den Inhalt des Nacherfüllungsanspruchs von der Reichweite der Kostentragungspflicht des Verkäufers entkoppelt, erscheint jedoch problematisch.[433] Insbesondere provoziert sie ein Streitpotential hinsichtlich der Frage, ob Kosten, die der Käufer für den Rücktransport aufgewendet hat, tatsächlich erforderlich waren und damit von dem Verkäufer nach § 439 Abs. 2 BGB zu erstatten sind. Darüber hinaus widerspricht sie dem Gedanken des Vorrangs der Nacherfüllung,[434] da der Verkäufer mit einer Kostentragungspflicht belastet wird, ohne die Möglichkeit zu erhalten, den Transport selbst und damit möglicherweise kostengünstiger durchzuführen. Vor diesem Hintergrund liegt die stimmigere Lösung darin, *grundsätzlich den momentanen Belegenheitsort der mangelhaften Kaufsache* als einschlägigen

192

---

[429] BT-Drucks. 14/6040, S. 231; OLG München 12.10.2005 NJW 2006, 449 (450); *Brors* NJW 2013, 3329 (3330 ff.); BR/*Faust* § 439 Rn. 13a; *Staudinger/Matusche-Beckmann* (2014) § 439 Rn. 21 ff., 30; *H.P. Westermann* MünchKomm. § 439 Rn. 7 f.

[430] BGH 13.04.2011 BGHZ 189, 196 Rn. 20; BGH 19.07.2017 NJW 2017, 2758 Rn. 21 ff.

[431] BGH 13.04.2011 BGHZ 189, 196 Rn. 34; ähnlich bereits *Pils* NJW 2008, 767 (769). Kritisch zu den Rechtsunsicherheiten, die für die Vertragsparteien aus der Anwendung der flexiblen Maßstäbe des § 269 Abs. 1 BGB folgen, *Cziupka* NJW 2013, 1043 ff. und *Gsell* JZ 2011, 988 (991 ff.).

[432] BGH 13.04.2011 BGHZ 189, 196 Rn. 37 und 47; weiterführend *Nemeczek* NJW 2016, 2375 ff. Bei einem Verbrauchsgüterkaufvertrag i. S. des § 474 BGB hat der Käufer zudem nach § 475 Abs. 6 BGB auch einen Anspruch auf Kostenvorschuss; siehe noch unten § 2 Rn. 607.

[433] *Ringe* NJW 2012, 3393 (3396); gegen eine solche Entkoppelung auch noch die frühere Rechtsprechung: BGH 15.07.2008 BGHZ 177, 224 Rn. 24 f.

[434] Dazu unten § 2 Rn. 262.

Nacherfüllungsort anzusehen.[435] Wertungsmäßig problematisch erscheint dies allerdings dann, wenn das Ausmaß der Entfernung des Kaufgegenstandes von dem Ort der Lieferung deutlich über das üblicherweise zu erwartende Maß hinausgeht und auch in dem konkreten Kaufvertrag keinen Niederschlag gefunden hat, z. B. wenn ein reines Platzgeschäft vorliegt, das beiderseitig am Sitz des Verkäufers abgewickelt wird.[436] In Extremfällen kann der Erfüllungsort daher gemäß § 242 BGB zu korrigieren sein, etwa wenn derjenige, der in einem Elektronikgroßmarkt ein Fernsehgerät zur Mitnahme gekauft hat, nach Neuseeland übersiedelt und nun eine Mangelbeseitigung oder Neulieferung an seinem neuen Wohnsitz fordert.[437] Einer derartigen Korrektur kann selbst der europa(!)-rechtliche Hintergrund des § 439 BGB sinnvollerweise nicht entgegenstehen.

(3) Zweite Teilproblematik: Umfang der Nacherfüllung in den sog. Einbaufällen

193   Der zweite zentrale Problemfall betrifft den Umfang der Nacherfüllungspflicht in Fällen, in denen der Käufer die mangelhafte Kaufsache bestimmungsgemäß in eine andere Sache eingebaut hat (sog. Einbaufälle). Typische Beispiele bilden z. B. der Kauf von Parkettstäben oder Bodenfliesen, die der Käufer in Eigenregie einbaut.[438] Erweisen sich diese Materialien später als mangelhaft, stellt sich die Frage, ob der Käufer aus § 439 BGB neben der Nachlieferung mangelfreier Materialien von dem Verkäufer auch den Ausbau der mangelhaften Gegenstände und den Neueinbau der Ersatzgegenstände bzw. zumindest Ersatz der hierfür anfallenden Kosten verlangen kann. Als Folgefrage würde sich dann das Problem stellen, ob der Verkäufer eine derart erweiterte Nacherfüllung gegebenenfalls nach § 439 Abs. 4 BGB wegen einer sog. absoluten Unverhältnismäßigkeit verweigern könnte. Die Alternative zu einer Abwicklung über § 439 BGB wäre, diesen Aufwand nur als Schaden im Rahmen der §§ 280 ff. BGB zu ersetzen, wobei sich reine Händler hinsichtlich der Mangelhaftigkeit häufig gemäß § 280 Abs. 1 Satz 2 BGB exkulpieren könnten.

---

[435] Zu einem identischen Ergebnis, aber mit unnötig komplizierter Konstruktion, gelangt die Auffassung von *Picker/Nemeczek* ZGS 2011, 447 (452 ff.), nach der sich der Nacherfüllungsort aus § 269 BGB bestimmt, den Käufer aber eine separate Transportpflicht trifft. Vgl. auch *Gsell* JZ 2011, 988 (992 ff.), nach welcher der Verkäufer zumindest den Transport der mangelhaften Sache zum Nacherfüllungsort als Vorbereitungshandlung für die Nacherfüllung schuldet.

[436] Dieser Problematik will *Ringe* NJW 2012, 3393 (3394 ff.) de lege ferenda damit begegnen, dass der Erfüllungsort am Ort des gewöhnlichen Aufenthaltes des Käufers zum Zeitpunkt des Vertragsschlusses verortet werden sollte.

[437] Hingegen hilft dem Verkäufer das Leistungsverweigerungsrecht aus § 439 Abs. 4 BGB in einem solchen Fall nicht notwendig, da sich das Leistungsinteresse des Käufers an der Nacherfüllung „vor Ort" proportional zu dem Leistungsaufwand des Verkäufers erhöhen kann, was eine Unverhältnismäßigkeit nach richtiger Ansicht ausschließt; siehe unten § 2 Rn. 237.

[438] Beispiele aus der Rechtsprechung: BGH 15.07.2008 BGHZ 177, 224 ff. – Parkettstäbe; BGH 14.09.2009 NJW 2009, 1660 ff. – Bodenfliesen; AG Schorndorf 25.02.2009 ZGS 2009, 525 ff. – Einbauspülmaschine.

Zu dieser Problematik, deren Lösung lange Zeit heftig umstritten war,[439] hat der **194**
EuGH vor dem Hintergrund der Verbrauchsgüterkauf-RL im Jahr 2011 ein vielbe-
achtetes Urteil erlassen.[440] In diesem leitet er aus Art. 3 Abs. 2 bis 4 der Richtlinie,
nach denen die Nacherfüllung für den Käufer „unentgeltlich" und „ohne erhebliche
Unannehmlichkeiten" zu erfolgen hat, ab, dass das nationale Recht dem Käufer
entweder einen verschuldensunabhängigen Anspruch gegen den Verkäufer auf Vornahme des Aus- und Neueinbaus oder einen diesbezüglichen Kostenerstattungs-
anspruch gewähren muss.[441] Den diesbezüglichen Aufwand soll der Verkäufer im
Wege des Verkäuferregresses (vgl. jetzt die §§ 445a f. BGB) auf den Hersteller und
damit auf den für den Mangel primär Verantwortlichen zurückverlagern können.
Weiterhin geht das Gericht davon aus, dass dem Verkäufer nach Art. 3 Abs. 3 der
Verbrauchsgüterkauf-RL grundsätzlich nur ein Recht zustehen kann, im Wege einer
sog. relativen Unverhältnismäßigkeit eine Form der Nacherfüllung gegenüber der
jeweils anderen zu verweigern, nicht aber aufgrund einer sog. absoluten Unverhältnismäßigkeit die Nacherfüllung insgesamt.[442] Gleichwohl soll es für die spezielle
Konstellation der Einbaufälle zulässig sein, wenn das nationale Recht die Kosten-
erstattungspflicht des Verkäufers für den Aus- und Einbauaufwand auf einen Betrag
beschränkt, der im Verhältnis zum Wert einer mangelfreien Kaufsache „angemessen" ist.[443]

Dieses Urteil, das in der Literatur sowohl Zustimmung als auch Kritik erfahren **195**
hat,[444] hat der *deutsche Gesetzgeber* mit einer nicht unerheblichen Verzögerung zum
Anlass genommen, mit Wirkung zum 01.01.2018 eine *klarstellende und konkretisierende Änderung des § 439 BGB* vorzunehmen.[445] Danach hat der Käufer gemäß
§ 439 Abs. 3 Satz 1 BGB, wenn er eine mangelhafte Sache gemäß ihrer Art und
ihrem Verwendungszweck in eine andere eingebaut oder sie an eine andere Sache
angebracht hat, im Rahmen der Nacherfüllung gegen den Verkäufer einen *Anspruch
auf Ersatz der erforderlichen Aufwendungen* für das Entfernen der mangelhaften
und den Einbau oder das Anbringen der nachgebesserten oder gelieferten mangelfreien Sache.

---

[439] Umfassende Darstellung des ursprünglichen Meinungsstandes bei BGH 14.01.2009 NJW 2009,
1660 Rn. 12 ff.

[440] EuGH 16.06.2011 NJW 2011, 2269 ff.

[441] EuGH 16.06.2011 NJW 2011, 2269 Rn. 45 ff; anders zuvor noch BGH 15.07.2008 BGHZ 177,
224 Rn. 8 ff.

[442] EuGH 16.06.2011 NJW 2011, 2269 Rn. 66 ff. Zu den unterschiedlichen Formen der Unverhältnismäßigkeit noch unten § 2 Rn. 240 ff.

[443] EuGH 16.06.2011 NJW 2011, 2269 Rn. 74 ff.

[444] In den sachlichen Grundlinien, wenn auch nicht in der Begründung, zustimmend *Bien* ZEuP
2012, 644 ff.; *Tröger* AcP 212 (2012), 296 ff. und *Wagner* ZEuP 2016, 87 (104 ff.); kritisch *Förster*
ZIP 2011, 1493 ff.; *Kaiser* JZ 2011, 978 ff.; *S. Lorenz* NJW 2011, 2241 ff.; *Maultzsch* GPR 2011,
253 ff.

[445] Siehe zu der zwischenzeitlichen richtlinienkonformen Anwendung der Altfassung des § 439
BGB BGH 21.12.2011 BGHZ 192, 148 ff. und BGH 17.10.2012 BGHZ 195, 135 ff. sowie dazu
die Vorauflage unter § 2 Rn. 183b.

196   In *gegenständlicher Hinsicht* erfasst § 439 Abs. 3 Satz 1 BGB nur den Kauf beweglicher Sachen.[446] Von einem *Einbau* ist dabei auszugehen, wenn es zu einer eigentumsrelevanten Verbindung der Kaufsache mit einer anderen beweglichen oder unbeweglichen Sache i. S. der §§ 946 f. BGB kommt (z. B. Verlötung von gekauften Schaltkreisen in einer elektronischen Anlage, Einbau von Fliesen in ein Badezimmer).[447] Ein *Anbringen* liegt demgegenüber vor, wenn entweder aufgrund der Art der Kaufsache nur schwer von einem „Einbau" gesprochen werden kann (z. B. bei der Aufbringung von Farben oder Lacken auf eine Wand) oder sogar die Voraussetzungen der §§ 946 f. BGB nicht vorliegen, aber gleichwohl eine feste Verbindung zwischen der Kaufsache und einer anderen Kaufsache hergestellt wird, deren Rückgängigmachung bzw. Wiederherstellung einen mehr als nur unerheblichen Aufwand erfordert. Beispiel: Ein gekauftes Möbelstück wird durch den Käufer fest an einer Wand montiert. Mangels unterschiedlicher Rechtsfolgen ist die Abgrenzung zwischen beiden Varianten in Grenzfällen aber regelmäßig ohne praktische Relevanz.[448] Ob die Sache *„gemäß ihrer Art und ihrem Verwendungszweck"* für einen Einbau oder eine Anbringung bestimmt ist, kann sich dabei entweder aus dem gewöhnlichen Verwendungszweck nach § 434 Abs. 1 Satz 2 Nr. 2 BGB[449] oder – vorrangig – aus einer spezifischen Abrede zwischen den Kaufvertragsparteien i. S. des § 434 Abs. 1 Satz 1 oder Satz 2 Nr. 1 BGB ergeben.[450] Schließlich werden in diesem Zusammenhang auch etwaige Werbeangaben nach § 434 Abs. 1 Satz 3 BGB zu berücksichtigen sein.[451] Beispiel: Der Hersteller eines grundsätzlich als Standmöbel zu nutzenden Sideboards äußert in der einschlägigen Werbung, dass auch eine Wandmontage möglich sei.

197   Keine Erweiterung erfährt der Nacherfüllungsanspruch durch § 439 Abs. 3 BGB demgegenüber für *Kaufverträge i. S. des § 453 BGB*.[452] Zwar ordnet § 453 Abs. 1 BGB für diese Verträge generell die „entsprechende Anwendung" der §§ 433 ff. BGB an. Die auf körperliche Gegenstände bezogene Entstehungsgeschichte des § 439 Abs. 3 BGB spricht jedoch dagegen, diese Regelung über die Verweisung des

---

[446] Zu möglichen parallelen Fragen bei sonstigen Kaufverträgen noch unten § 2 Rn. 197.

[447] Vgl. *Oechsler* Rn. 179.

[448] Weniger differenzierend daher BT-Drucks. 18/11437, S. 40.

[449] Hierauf fokussierend BT-Drucks. 18/8486, S. 39 f. und *Palandt/Weidenkaff* § 439 Rn. 12.

[450] BeckOGK/*Höpfner*, 01.06.2018, § 439 Rn. 61; *Erman/Grunewald* § 439 Rn. 10; *Höpfner/Fallmann* NJW 2017, 3745 (3746); *Maultzsch* ZfPW 2018, 1 (4); *Nietsch/Osmanovic* NJW 2018, 1 (2) und *von Westphalen* BB 2015, 2883 (2885 f.); a. A. de lege lata *Fries* AcP 217 (2017), 534 (564). Allerdings wird man für die Zwecke eines etwaigen Regresses gemäß den §§ 445a, 445b BGB fordern müssen, dass die betreffende privatautonome Konkretisierung des Einbauzwecks auch in dem jeweiligen Regressverhältnis nach Maßgabe des § 434 BGB wirkt (dass also beispielsweise der Einzelhändler den atypischen Einbauzweck bereits mit dem regressschuldnerischen Zwischenhändler abgesprochen hat). Nur in diesem Fall kann der besondere Aufwand aus § 439 Abs. 3 BGB auch gegenüber vorangehenden Gliedern in der Lieferkette geltend gemacht werden.

[451] *Maultzsch* ZfPW 2018, 1 (4).

[452] *Maultzsch* ZfPW 2018, 1 (5).

§ 453 Abs. 1 BGB auch auf andere Kaufgegenstände zu erstrecken.[453] Hat z. B. der Verkäufer umfangreicher Datenbestände (Kauf eines sonstigen Gegenstandes i. S. des § 453 Abs. 1 Alt. 2 BGB bzw. bei Erwerb eines Lizenzrechts Rechtskauf i. S. des § 439 Abs. 1 Alt. 2 BGB)[454] die Daten in fehlerhaft formatierter Weise geliefert und hat der Käufer sie ohne Kenntnis dieses Mangels bereits mit einem größeren Aufwand in seine datentechnische Infrastruktur integriert, so kann der Aufwand für eine Wiederholung dieser Prozedur mit ordnungsgemäß formatierten Daten nicht über § 439 BGB, sondern nur über einen Schadensersatzanspruch nach § 280 Abs. 1 BGB i. V. mit § 437 Nr. 3 BGB geltend gemacht werden.

In *persönlicher Hinsicht* greift die Regelung des § 439 Abs. 3 BGB nicht nur **198** für Verbrauchsgüterkäufe nach § 474 BGB ein, sondern *für alle Kaufgeschäfte*.[455] Diese „überschießende" Umsetzung der Vorgaben des EuGH hat insbesondere in der Zuliefer- und Baustoffindustrie erhebliche wirtschaftliche Konsequenzen.[456] So muss beispielsweise ein Händler, der mangelhafte Baustoffe an einen Bauunternehmer verkauft, diesem Bauunternehmer nach § 439 Abs. 3 Satz 1 BGB verschuldensunabhängig alle Kosten ersetzen, die dem Bauunternehmer dadurch entstehen, dass er die verbauten Materialien später im Rahmen des Bauvertrages mit seinem Besteller-Kunden nach den §§ 635, 650a BGB auszutauschen hat. Gemäß *§ 309 Nr. 8b, cc BGB* darf diese Kostentragungslast zudem bei dem Verkauf neu hergestellter Sachen durch Allgemeine Geschäftsbedingungen nicht zu Lasten des Käufers abgeändert werden. Dieses Klauselverbot gilt zwar nach § 310 Abs. 1 Satz 1 BGB im unternehmerischen Verkehr nicht direkt. Es entfaltet aber auch in diesen Konstellationen eine Indizwirkung für einen Verstoß gegen die Generalklausel des § 307 Abs. 1 und 2 BGB (vgl. § 310 Abs. 1 Satz 2 BGB),[457] so dass auch bei Unternehmer-Kaufverträgen regelmäßig nur durch Individualabreden zu Lasten des Käufers von der Regelung des § 439 Abs. 3 Satz 1 BGB abgewichen werden kann.[458] Der Gesetzgeber geht davon aus, dass die hiermit verbundenen wirtschaftlichen Lasten für die Zuliefer- und Baustoffindustrie durch das Kriterium der Erforderlichkeit in § 439 Abs. 3 Satz 1 BGB, durch das Leistungsverweigerungsrecht bei

---

[453] Vgl. insoweit BT-Drucks. 18/11437, S. 40 im Gegensatz zu BR-Drucks. 123/16(B), S. 5.

[454] Allg. oben § 2 Rn. 13 und 16.

[455] Anders noch die Rechtsprechung zur richtlinienkonformen Auslegung des § 439 BGB a. F., die auf Verbrauchsgüterkaufgeschäfte beschränkt war: BGH 17.10.2012 BGHZ 195, 135 Rn. 20 ff.; BGH 02.04.2014 BGHZ 200, 337 Rn. 27.

[456] Siehe BT-Drucks. 18/8486, S. 39; BeckOGK/*Höpfner*, 01.06.2018, § 439 Rn. 54; *Brox/Walker* § 4 Rn. 41d; *Faust* ZfPW 2017, 250 (252); weiterführend zur Interessenlage *Fries* AcP 217 (2017), 534 (566 ff.).

[457] Allg. BGH 19.09.2007 BGHZ 174, 1 Rn. 11 f.; *Wolf/Neuner* § 47 Rn. 59.

[458] BT-Drucks. 18/8486, S. 36 f.; *Faust* ZfPW 2017, 250 (256); *Mediger* NJW 2018, 577 (578 ff.) sowie *Maultzsch* ZfPW 2018, 1 (20 f.) mit weiteren Differenzierungen; a. A. *Picht* JZ 2017, 807 (814 f.). Bei Verbrauchsgüterkaufverträgen i. S. des § 474 BGB ist auch eine Abweichung durch Individualvereinbarungen nach § 476 Abs. 1 Satz 1 BGB ausgeschlossen; siehe noch unten § 2 Rn. 608 ff.

Unverhältnismäßigkeit i. S. des § 439 Abs. 4 BGB[459] und durch die Regressregelungen der §§ 445a, 445b BGB hinreichend kompensiert werden. Zudem entfaltet die Rügeobliegenheit des § 377 HGB bei beiderseitigen Handelskäufen einen gewissen Verkäuferschutz, da bei einer verspäteten Rüge auch der Aufwendungsersatzanspruch aus § 439 Abs. 3 Satz 1 BGB ausgeschlossen ist.

199   Die Regelung des § 439 Abs. 3 BGB gilt nach dem Willen des Gesetzgebers gleichermaßen für *beide Nacherfüllungsvarianten* des § 439 Abs. 1 BGB (Mangelbeseitigung und Nachlieferung).[460] Üblicherweise sind Ansprüche auf Aufwendungsersatz im Vorfeld mit einem Recht auf eine entsprechende Vorschusszahlung verbunden (vgl. etwa § 637 Abs. 3 BGB); da § 475 Abs. 6 BGB ein solches Vorschussrecht für die Einbau- bzw. Anbringungskosten aber ausdrücklich nur bei Verbrauchsgüterkaufverträgen i. S. des § 474 BGB vorsieht,[461] kommt bei sonstigen Kaufverträgen nur eine ex post-Abrechnung nach bereits erfolgter Neuinstallation in Betracht.[462] Soweit der Käufer durch den erneuten Einbau oder die erneute Anbringung Kosten erspart (etwa weil bereits die ursprüngliche Installation nicht fachgerecht und daher erneuerungsbedürftig war), sind diese sog. *Sowieso-Kosten* von den erstattungsfähigen Aufwendungen abzuziehen.[463] Schließlich ist der Käufer nicht schutzwürdig, wenn er spätestens bei Vornahme des Einbaus von der Mangelhaftigkeit wusste bzw. insoweit grob fahrlässig war, ohne dass der Verkäufer den Mangel arglistig verschwiegen oder eine Garantie für dessen Abwesenheit übernommen hätte. In diesen Fällen ist es dem Käufer zuzumuten, seine Mängelrechte vorab durchzusetzen und keine zusätzlichen Einbau- bzw. Montagekosten zu verursachen.[464] Deshalb ist gemäß § 439 Abs. 3 Satz 2 BGB die Regelung des *§ 442 Abs. 1 BGB* mit der Maßgabe anzuwenden, dass an die Stelle des Zeitpunktes des Vertragsschlusses derjenige des Einbaus bzw. des Anbringens tritt.[465] Dieser Rechtsausschluss bezieht sich jedoch nur auf den besonderen Aufwendungsersatzanspruch des Käufers aus § 439 Abs. 3 Satz 1 BGB. Seine sonstigen Mängelrechte (insbesondere auf die Mangelbeseitigung oder die Nachlieferung als solche) verliert der Käufer demgegenüber nur dann, wenn bereits bei Vertragsschluss ein relevanter Ausschlussgrund i. S. des § 442 Abs. 1 BGB vorlag.[466]

---

[459] Hierzu noch unten § 2 Rn. 235 ff.

[460] BT-Drucks. 18/8486, S. 39; BeckOGK/*Höpfner*, 01.06.2018, § 439 Rn. 55; *Looschelders* Rn. 90; *Picht* JZ 2017, 807 (808). Zu Zweifeln an der Europarechtskonformität für die Fälle der Mangelbeseitigung noch unten § 2 Rn. 203.

[461] Hierzu noch unten § 2 Rn. 607.

[462] BeckOGK/*Höpfner*, 01.06.2018, § 439 Rn. 72; *Picht* JZ 2017, 807 (810 f.); grundsätzlich auch *Erman/Grunewald* § 439 Rn. 11; a. A. *Palandt/Weidenkaff* § 439 Rn. 13.

[463] BT-Drucks. 18/8486, S. 40.

[464] *Erman/Grunewald* § 439 Rn. 12; *Picht* JZ 2017, 807 (812).

[465] Zu den Einzelheiten des § 442 Abs. 1 BGB einschließlich des Umstandes, dass den Käufer regelmäßig keine besondere Untersuchungspflicht in Bezug auf etwaige Mängel trifft, oben § 2 Rn. 99 ff.

[466] *Maultzsch* ZfPW 2018, 1 (5 f.); *Weidt* NJW 2018, 263 (264).

Wie dargelegt, hat der EuGH es den nationalen Gesetzgebern überlassen, ob **200** der Käufer in den sog. Einbaufällen einen Anspruch auf Naturalvornahme des Aus- und Neueinbaus durch den Verkäufer oder lediglich einen diesbezüglichen Aufwendungsersatzanspruch hat.[467] Unabhängig von der allgemeinen, nunmehr überwiegend rechtspolitischen Frage, ob hierdurch nicht die Grenzen zwischen Kauf- und Werkvertrag bzw. zwischen Nacherfüllung und Schadensersatz unzulässig verwischt werden,[468] erscheint die Entscheidung des deutschen Gesetzgebers in § 439 Abs. 3 Satz 1 BGB für die *Variante eines unmittelbaren Aufwendungsersatzes* problematisch.[469]

Zunächst wird der *Vorrang der Nacherfüllung geschwächt*, indem den Verkäufer **201** gemäß § 439 Abs. 3 Satz 1 BGB eine Kostentragungslast trifft, ohne dass ihm die Möglichkeit eingeräumt würde, den Aus- und Neueinbau in erster Linie selbst und somit beispielsweise unter Vermeidung zusätzlicher Gewinnspannen von Drittunternehmern vorzunehmen, die der Käufer einschaltet.[470] Dies kann zahlreiche *Folgefragen zur Erforderlichkeit der Aufwendungen* i. S. des § 439 Abs. 3 Satz 1 BGB auslösen. Nach dem Willen des Gesetzgebers sollen solche Kosten erforderlich sein, die ein wirtschaftlich denkender und sachkundig beratener Käufer aus der Sicht ex ante für eine Neuinstallation aufwenden würde.[471] Hieraus lässt sich beispielsweise ableiten, dass zusätzliche Folgekosten, die daraus entstehen, dass ein von dem Käufer ordnungsgemäß ausgewählter Monteur die Neuinstallation sachwidrig vornimmt, zu Lasten des Verkäufers gehen.[472] Der sehr abstrakte Erforderlichkeitsstandard beantwortet aber beispielsweise noch nicht die Frage, ob den Käufer, der die mangelhafte Kaufsache in Eigenleistung eingebaut oder angebracht hatte, eine Obliegenheit trifft, auch im Rahmen der Nacherfüllung die betreffende Leistung

---

[467] Siehe oben § 2 Rn. 194. Diese Alternativität findet sich auch in Art. 10 Abs. 2 des Richtlinienvorschlages zum Online-Warenhandel; dazu oben § 1 Rn. 12.

[468] Vgl. zu dieser Frage die Nachweise oben § 2 Rn. 195 in Fn. 444.

[469] BeckOGK/*Höpfner*, 01.06.2018, § 439 Rn. 65 ff.; *Maultzsch* ZfPW 2018, 1 (9 f.) sowie zu parallelen Erwägungen bei der umstrittenen Bestimmung des Erfüllungsortes für den Anspruch aus § 439 Abs. 1 BGB bereits oben § 2 Rn. 192. Differenzierend zur Systemkonformität eines unmittelbaren Geldzahlungsanspruchs *Oechsler* Rn. 179 f.; der gesetzgeberischen Lösung zustimmend *Fries* AcP 217 (2017), 534 (552 ff.).

[470] Dementsprechend hatte die Rechtsprechung zur richtlinienkonformen Auslegung des § 439 BGB a. F. eine Ausdehnung der Naturalerfüllungspflicht des Verkäufers auf den Aus- und Neueinbau vorgesehen: BGH 21.12.2011 BGHZ 192, 148 Rn. 24 ff.; vgl. im Zuge des Gesetzgebungsverfahrens auch noch BT-Drucks. 18/8486, S. 39. Ebenso zum alten Recht *Höpfner* JZ 2012, 473 (474); *Jaensch* NJW 2012, 1025 (1027); *S. Lorenz* NJW 2011, 2241 (2243) sowie ähnlich, wenn auch mit abweichender Konstruktion, *Maultzsch* GPR 2011, 253 (256 f.); differenzierend *Tröger* AcP 212 (2012), 296 (315 ff.). Für einen direkten Aufwendungsersatzanspruch des Käufers bereits *Unberath/Cziupka* JZ 2009, 313 (315); *Harke* ZGS 2011, 536 (538 f.) sowie *Kaiser* JZ 2011, 978 (984 ff., 988).

[471] BT-Drucks. 18/11437, S. 40 unter Verweis auf die Rechtsprechung zu § 637 Abs. 1 BGB: BGH 31.01.1991 NJW-RR 1991, 789 m. w. N.

[472] *Faust* ZfPW 2017, 250 (253).

selbst zu erbringen und damit die diesbezüglichen Aufwendungen gering zu halten. Dies wird man i. S. eines effektiven Käuferschutzes verneinen, d. h. ihm nunmehr die Hinzuziehung eines gewerblichen Unternehmers zu marktüblichen Sätzen auf Kosten des Verkäufers gestatten müssen.[473] Sofern der Käufer hingegen auch den Aus- und Neueinbau selbst vornimmt, stellt sich zudem die Frage, ob ihm für den erbrachten Arbeitsaufwand eine angemessene Vergütung zusteht. Insoweit könnte aus der familienrechtlichen Regelung des § 1835 Abs. 3 BGB zunächst der Schluss gezogen werden, dass eine solche Vergütung generell nur dann in Betracht komme, wenn der Aus- und Neueinbau zugleich in die berufliche Tätigkeit des Käufers fällt. Hierdurch würde aber einerseits gerade für private Käufer die gebotene Effektivität der Nacherfüllung i. S. des Art. 3 der Verbrauchsgüterkauf-RL relativiert und entstünden zudem Anreize für die Käufer, regelmäßig Fachhandwerker mit dem Aus- und Neueinbau zu beauftragen, was wirtschaftlich über § 439 Abs. 3 Satz 1 BGB letztlich die Verkäufer belasten würde. Aus diesen Gründen ist richtigerweise auch für die eigene Arbeitsleistung des Käufers im Rahmen des § 439 Abs. 3 Satz 1 BGB eine angemessene Vergütung zu gewähren, die allerdings unterhalb der Stundensätze für professionelle Werkunternehmer anzusiedeln und deren Höhe nach den konkreten Umständen zu bestimmen ist (Aufwendigkeit und Schwierigkeit des Aus- und Neueinbaus etc.).[474]

202   Die vorstehend geschilderten Probleme eines unmittelbaren Aufwendungsersatzes werfen die Frage auf, ob nicht aus dem Kriterium der „Erforderlichkeit" der Aufwendungen in § 439 Abs. 3 Satz 1 BGB und gegebenenfalls i. V. mit § 242 BGB abgeleitet werden könnte, dass der Verkäufer den Aus- und Neueinbau zumindest dann primär selbst durchführen darf, wenn er hierzu unverzüglich bereit ist und hieraus für den Käufer keine unzumutbaren Belastungen entstehen (vgl. § 440 Satz 1 Alt. 3 BGB). Durch den Vorbehalt der Zumutbarkeit für den Käufer könnte auch dessen berechtigten Interessen in Konstellationen Rechnung getragen werden, in denen er die gelieferte mangelhafte Sache seinerseits im Rahmen eines weiteren (Werk-)Vertrages bei einem Dritten eingebaut hat und vermeiden möchte, dass der Austausch bei dem Dritten durch einen „Vertragsfremden" (den Verkäufer) erfolgt.[475] Im Gesetzgebungsprozess ist jedoch ein *Wahlrecht des Verkäufers generell verworfen worden*,[476] so dass es de lege lata auch nicht in begrenzter Form über das Erforderlichkeitskriterium realisiert werden kann.[477]

---

[473] *Faust* ZfPW 2017, 250 (254); *Maultzsch* ZfPW 2018, 1 (12).

[474] *Faust* ZfPW 2017, 250 (254) unter Verweis auf ein übliches Arbeitnehmerentgelt; *Maultzsch* ZfPW 2018, 1 (12 f.); vgl. auch *von Westphalen* BB 2015, 2883 (2888).

[475] Siehe zu dieser, insbesondere bei der Lieferung mangelhafter Baumaterialien auftretenden, Konstellation BT-Drucks. 18/11437, S. 40.

[476] BT-Drucks. 18/11437, S. 40.

[477] *Faust* ZfPW 2017, 250 (254); *Looschelders* Rn. 90b; *Maultzsch* ZfPW 2018, 1 (8 ff.); *Palandt/Weidenkaff* § 439 Rn. 12; *Picht* JZ 2017, 807 (809).

Umgekehrt führt die Regelung des § 439 Abs. 3 BGB dazu, dass *auch der Käufer* **203** *von dem Verkäufer nicht die Neuinstallation als solche verlangen kann.*[478] Der Gesetzgeber hat für die Einbaufälle eine eigenständige Vorschrift geschaffen, die ersichtlich außerhalb der Grundregelung des § 439 Abs. 1 BGB steht, welche die Naturalerfüllungspflicht des Verkäufers abdeckt. Allerdings erscheint für den *Fall der Mangelbeseitigung* (§ 439 Abs. 1 Alt. 1 BGB) fraglich, ob die Obliegenheit des Käufers, den Aus- und Neueinbau – wenn auch auf Kosten des Verkäufers – in Eigenregie vornehmen zu müssen, mit den Vorgaben des EuGH zur Verbrauchsgüterkauf-RL im Einklang steht.[479] Zumindest für Verbrauchsgüterkaufverträge i. S. des § 474 BGB könnte daher eine *richtlinienkonforme Korrektur des § 439 Abs. 3 BGB* dahingehend geboten sein, dass bei einer Nachbesserung der Verkäufer auch den Aus- und Neueinbau in natura leisten muss.[480]

(4) Verbleibende Grenzen im Verhältnis zu Schadensersatzansprüchen

Aus den vorstehend geschilderten Entwicklungslinien folgt, dass sich die verschul- **204** densunabhängige Nacherfüllungspflicht für die typischen Auswirkungen einer mangelhaften Leistung, die in einem engen Zusammenhang mit der Lage und dem Zustand des Kaufgegenstandes stehen (Transportkosten bei Ortsveränderung der mangelhaften Sache, Aus- und Neueinbau- bzw. Anbringungskosten), aus funktionaler Sicht deutlich einer verschuldensunabhängigen Schadensersatzpflicht angenähert hat. Diese durchaus bedenkliche Entwicklung sollte nicht weitergetrieben werden, so dass *andere Folgeschäden eines Mangels*, wie z. B. Nutzungsausfallschäden,[481] weiterhin ausschließlich dem Anwendungsbereich eines verschuldensabhängigen Schadensersatzanspruchs i. S. des § 437 Nr. 3 BGB i. V. mit den §§ 280 ff. BGB zuzuordnen sind.[482]

cc) Inhalt des Anspruchs auf Mangelbeseitigung (§ 439 Abs. 1 Alt. 1 BGB)

Mit einer Beseitigung des Mangels, die der Käufer nach § 439 Abs. 1 Alt. 1 BGB **205** beanspruchen kann, ist bei einem Sachkauf und dem Vorliegen eines Sachmangels

---

[478] *Höpfner/Fallmann* NJW 2017, 3745 (3748 f.); *Maultzsch* ZfPW 2018, 1 (7 f.); *Oechsler* Rn. 179; *Palandt/Weidenkaff* § 439 Rn. 12; *Picht* JZ 2017, 807 (809); a. A. *Erman/Grunewald* § 439 Rn. 9; *Grunewald/Tassius/Langenbach* BB 2017, 1673.

[479] Vgl. EuGH 16.06.2011 NJW 2011, 2269 Rn. 51: „Es steht aber fest, dass die Nachbesserung eines vertragswidrigen Verbrauchsguts im Allgemeinen an diesem Verbrauchsgut in der Situation erfolgt, in der es sich zum Zeitpunkt des Auftretens des Mangels befand […]."

[480] *Maultzsch* ZfPW 2018, 1 (8); vgl. allg. auch *Picht* JZ 2017, 807 (809).

[481] Zu diesen unten § 2 Rn. 295 ff.

[482] Vgl. auch die restriktive Position gegenüber schadensersatzähnlichen Ausweitungen des § 439 BGB bei BGH 17.10.2012 BGHZ 195, 135 Rn. 25; BGH 18.10.2017 NJW 2018, 291 Rn. 18 ff. (zu Erweiterungen in Allgemeinen Geschäftsbedingungen); *S. Lorenz* NJW 2013, 207 (208 f.) und *Mörsdorf* JZ 2013, 191 (194 f.); für eine flexiblere Erweiterung des § 439 BGB aber *Tröger* AcP 212 (2012), 296 (323 ff.).

i. S. des § 434 Abs. 1 BGB eine Angleichung der Beschaffenheit der Kaufsache an den vertraglich geschuldeten Zustand gemeint, ohne dass ein komplett neuer Gegenstand geliefert wird. Art. 3 Abs. 3 Verbrauchsgüterkauf-RL spricht insoweit plastisch von einer *„Nachbesserung"*. Beispielsweise kann die Mangelbeseitigung bei dem Defekt eines technischen Gerätes in einer Reparatur bestehen.

206 Hat sich der *Mangel an der Kaufsache „weitergefressen"*, indem z. B. die defekten Bremsen eines PKW zu einem Unfall mit Blechschaden an dem Fahrzeug führen, umfasst die Nachbesserung auch den Ausgleich dieser Weiterungen.[483] Denn Verschlechterungen, die ursächlich auf einem Mangel der Kaufsache beruhen, sind dem Risikobereich des Verkäufers zuzuordnen. Einer derartigen Mangelerweiterung steht es im Fall einer i. S. des § 434 Abs. 2 Satz 2 BGB *mangelhaften Montageanleitung* gleich, wenn der Käufer die Sache fehlerhaft montiert hat. Hier schuldet der Verkäufer gemäß § 439 Abs. 1 Alt. 1 BGB nicht nur die Nachbesserung der Montageanleitung, sondern auch der Montage als solcher.[484] Grund hierfür ist, dass die Montageanleitung nach dem Inhalt des Kaufvertrages „final" auf die Durchführung der Montage ausgerichtet ist. Über den Fall einer mangelhaften Montageanleitung hinaus ist aufgrund der Entwicklung, die durch die sog. Einbaufälle eingeleitet worden ist,[485] ganz allgemein davon auszugehen, dass die Mangelbeseitigungspflicht auch die *Wiederherstellung von Veränderungen* umfasst, die der Käufer in vorhersehbarer und sachgerechter Weise an der Kaufsache vorgenommen hat.[486] Beispiel: Hat der Käufer den gekauften Naturholzschrank lackiert und muss diese Lackierung im Zuge einer Reparatur des Schrankes (teilweise) zerstört werden, so schuldet der Verkäufer nach § 439 Abs. 1 Alt. 1 BGB und somit verschuldensunabhängig auch die Wiederherstellung der Lackierung. Für den speziellen Fall eines Einbaus oder einer Anbringung der Kaufsache sieht § 439 Abs. 3 BGB insoweit zwar einen eigenständigen Aufwendungsersatzanspruch des Käufers vor.[487] Aufgrund der rechtspolitischen Fragwürdigkeit dieser Entscheidung[488] ist für sonstige Veränderungen jedoch von einer Naturalherstellungspflicht des Verkäufers

---

[483] OLG Koblenz 21.11.2012 MDR 2013, 402; BeckOGK/*Höpfner*, 01.06.2018, § 439 Rn. 83; BR/*Faust* § 439 Rn. 15; *Greiner* S. 44 f.; *Grunewald* § 9 Rn. 33; *Gsell* Festschrift für Derleder, 2015, S. 142; *Kasper* Das Erfolgsrisiko des Verkäufers, 2017, S. 610 ff.; *P.W. Tettinger* JZ 2006, 641 (644 ff.); *H.P. Westermann* MünchKomm. § 439 Rn. 10; a. A. *Schollmeyer* NJOZ 2009, 2729 ff. Zur schadensrechtlichen Behandlung siehe unten § 2 Rn. 313 und 374 ff.

[484] *H.P. Westermann* MünchKomm. § 439 Rn. 9; für eine Pflicht (nur) zur Zerlegung der fehlerhaft montierten Sache *Haedicke* ZGS 2006, 55 (57 ff.) und *Staudinger/Matusche-Beckmann* (2014) § 439 Rn. 43; a. A. *Erman/Grunewald* § 439 Rn. 3.

[485] Hierzu bereits ausführlich oben § 2 Rn. 193 ff. Aufgrund der Verwurzelung dieser Entwicklung in der Verbrauchsgüterkauf-RL beansprucht das Folgende allerdings für Kaufverträge über andere Gegenstände als Sachen (§ 453 BGB) keine Geltung; dazu bereits § 2 Rn. 197.

[486] Siehe BR/*Faust* § 439 Rn. 18 f.; a. A. *Nietsch/Osmanovic* NJW 2018, 1 f.; *Oechsler* Rn. 179.

[487] Dazu, dass dieser außerhalb des Naturalerfüllungsprogramms aus § 439 Abs. 1 BGB steht, näher oben § 2 Rn. 200 ff.

[488] Näher oben § 2 Rn. 200 ff.

auszugehen.[489] Analog angewendet werden kann insoweit jedoch § 439 Abs. 3 Satz 2 BGB, d. h. der Käufer ist nicht schutzwürdig, wenn im Zeitpunkt der Vornahme der Veränderung ein Tatbestand des § 442 Abs. 1 BGB vorlag.

Sofern dem Verkäufer zur Durchführung der Nachbesserung der Besitz an der **207** mangelhaften Sache übertragen wird, trägt er auch die *Gefahr weiterer Verschlechterungen oder des Untergangs der Kaufsache während der Dauer der Nachbesserung*.[490] Beispiel: Die zur Reparatur überlassene Kaufsache wird in der Werkstatt des Verkäufers durch einen Einbrecher beschädigt oder gestohlen. In einem solchen Fall ist der Verkäufer für neue Verschlechterungen gemäß den §§ 437 ff. BGB analog verantwortlich, während bei einem Sachuntergang § 326 BGB analog eingreift.

Ein *Rechtsmangel* i. S. des § 435 BGB wird durch die Beseitigung des Dritt- **208** rechts behoben. Z. B. kann der Verkäufer einer vertragswidrig mit einem Pfandrecht (§§ 1204 ff. BGB) belasteten Sache diesen Rechtsmangel beseitigen, indem er den Pfandnehmer zu einem Verzicht auf das Pfandrecht bewegt. Wurde der Kaufvertrag über ein Recht oder einen sonstigen Gegenstand (Unternehmenskauf etc.) abgeschlossen, so gilt dies nach § 453 Abs. 1 BGB entsprechend.

dd) Inhalt des Anspruchs auf Nachlieferung (§ 439 Abs. 1 Alt. 2 BGB)

Die Lieferung einer mangelfreien Sache, die der Käufer nach § 439 Abs. 1 Alt. 2 **209** BGB beanspruchen kann, bedeutet die komplette *Neuleistung eines anderen vertragsgemäßen Gegenstandes*, mit dem der Verkäufer seine Vertragspflichten aus § 433 Abs. 1 BGB erfüllt.

So kann z. B. der Käufer eines nur gattungsmäßig bestimmten technischen **210** Gerätes (ein Fernsehapparat des Typs X) die Lieferung eines Ersatzgerätes verlangen, wenn das gelieferte Gerät einen Mangel aufweist. Über § 453 Abs. 1 BGB gilt für andere Kaufgegenstände als Sachen wiederum Entsprechendes.

Parallel zu den Ausführungen zur Nachbesserung[491] schuldet der Verkäufer im **211** Rahmen der Nachlieferung auch die *Wiederherstellung von Veränderungen*, die der Käufer an der mangelhaften Kaufsache vorgenommen hat. Muss zum Beispiel der unlackiert verkaufte, durch den Käufer danach lackierte, sich nun aber

---

[489] *Maultzsch* ZfPW 2018, 1 (10 f.); für einen Aufwendungsersatzanspruch analog § 439 Abs. 3 Satz 1 BGB hingegen *Faust* ZfPW 2017, 250 (255) und ähnlich *Höpfner/Fallmann* NJW 2017, 3745 (3746).

[490] BR/*Faust* § 439 Rn. 23 und 64; *Gsell* Festschrift für Derleder, 2015, S. 145 ff.; *Reinicke/Tiedtke* Rn. 838; differenzierend *Kasper* Das Erfolgsrisiko des Verkäufers, 2017, S. 653 ff.: Verantwortlichkeit des Verkäufers i. S. der §§ 434 ff. BGB nur für solche späteren Verschlechterungen, die in einem inneren Zusammenhang mit dem Nacherfüllungshandeln des Verkäufers stehen; a. A. OLG Saarbrücken 25.07.2007 NJW 2007, 3503 ff.; *Staudinger/Matusche-Beckmann* (2014) § 439 Rn. 45: nur Schadensersatzansprüche nach Maßgabe des § 280 Abs. 1 BGB i. V. mit § 241 Abs. 2 BGB.

[491] Siehe oben § 2 Rn. 206; dort auch zur Abgrenzung von der Sonderregelung des § 439 Abs. 3 Satz 1 BGB für die sog. Einbaufälle.

als irreparabel mangelhaft erweisende Schrank ausgetauscht werden, so hat der Verkäufer nach § 439 Abs. 1 Alt. 2 BGB grundsätzlich auch für eine Lackierung des Ersatzschrankes zu sorgen. In ähnlicher Weise muss der Verkäufer, der eine zu montierende Kaufsache mit einer i. S. des § 434 Abs. 2 Satz 2 BGB mangelhaften Montageanleitung geliefert hat, im Rahmen einer Ersatzlieferung nicht nur eine mangelfreie Montageanleitung liefern, sondern zusätzlich auch die Montage ordnungsgemäß durchführen, wenn der Käufer die Sache aufgrund des Anleitungsmangels zuvor bereits fehlerhaft montiert hatte.[492]

ee) Inhalt des Anspruchs bei Minderlieferung und Falschlieferung

212 Wenn § 439 BGB über § 437 Nr. 1 BGB wegen eines Umstandes anwendbar ist, den § 434 Abs. 3 BGB einem Sachmangel gleichstellt, ist zwischen einer Minderlieferung und der Lieferung eines aliuds zu unterscheiden:

213 Bei einer *Minderlieferung* wird die Nacherfüllung typischerweise in einer Nachleistung der noch ausstehenden Differenz als „Beseitigung des Mangels" (d. h.: der Quantitätsabweichung) i. S. des § 439 Abs. 1 Alt. 1 BGB bestehen, da eine Neulieferung nach § 439 Abs. 1 Alt. 2 BGB einen Austausch der mangelbehafteten Lieferung voraussetzt, was bei einer Minderlieferung regelmäßig nicht im Interesse der Parteien liegt. Etwas anderes kommt jedoch dann in Betracht, wenn gerade die Zusammenfügung mehrerer Teilleistungen dem Käufer erhebliche Unannehmlichkeiten bereitet (z. B.: die Teilmengen müssen zum Zweck des Weiterverkaufs aufwendig gemeinsam verpackt werden).[493] In diesem Fall kann auch bei Minderleistungen eine Zurücknahme der gelieferten zu geringen Menge unter kompletter Neulieferung des korrekten Volumens i. S. des § 439 Abs. 1 Alt. 2 BGB beansprucht werden.

214 Bei einer *aliud-Lieferung* ist hingegen eine Nachbesserung nur selten möglich, so dass der Käufer regelmäßig eine Ersetzung durch den geschuldeten Gegenstand gemäß § 439 Abs. 1 Alt. 2 BGB verlangen kann (Lieferung einer mangelfreien Sache). Da die Gleichstellung durch § 434 Abs. 3 BGB eine Abgrenzung des aliuds von einem mangelbehafteten Gegenstand im engeren Sinne (peius) entbehrlich machen soll,[494] muss im Einzelfall wegen der fehlenden Unterschiede in den Rechtsfolgen nicht entschieden werden, ob ein Nacherfüllungsanspruch besteht, weil ein peius i. S. des § 434 Abs. 1 BGB geliefert wurde oder eine Falschlieferung i. S. des § 434 Abs. 3 BGB vorliegt.

215 Bei anderen Kaufgegenständen als Sachen kommt über § 453 Abs. 1 BGB wiederum eine entsprechende Anwendung des § 439 BGB in Betracht. Hat beispielsweise A dem B eine Forderung gegen X verkauft, ihm aber unter irrtümlicher Billigung

---

[492] *H.P. Westermann* MünchKomm. § 439 Rn. 9; für eine Pflicht (nur) zur Zerlegung der fehlerhaft montierten Sache *Erman/Grunewald* § 439 Rn. 3; *Haedicke* ZGS 2006, 55 (57 ff.) und *Staudinger/ Matusche-Beckmann* (2014) § 439 Rn. 43.

[493] BT-Drucks. 14/6040, S. 216.

[494] Siehe oben § 2 Rn. 164.

des B eine Forderung in gleicher Höhe gegen Y abgetreten („Lieferung" i. S. der §§ 434 Abs. 3, 453 Abs. 1 BGB), so kann B nach § 439 Abs. 1 Alt. 2 BGB von A die Abtretung der Forderung gegen X verlangen.[495]

ff) Das Verhältnis der durch § 439 Abs. 1 BGB begründeten Ansprüche zueinander

Nach § 439 Abs. 1 BGB steht dem Käufer zwischen den beiden Formen der Nach- **216** erfüllung ein *Wahlrecht* zu, soweit die jeweilige Variante der Nacherfüllung nicht ausgeschlossen ist.[496] Der Käufer, dem ein defektes Gerät geliefert worden ist, muss sich z. B. nicht auf eine Nachbesserung durch den Verkäufer einlassen, sondern kann die Lieferung eines Ersatzgegenstandes verlangen.

§ 439 Abs. 1 BGB begründet jedoch *keine Wahlschuld i. S. der §§ 262 ff. BGB*, **217** die zur Folge hätte, dass durch die Wahl des Berechtigten (hier: des Käufers) die gewählte Leistung als von Anfang an allein geschuldet gelten würde (vgl. § 263 Abs. 2 BGB).[497] Vielmehr soll durch § 439 BGB das Erfüllungsinteresse des Käufers in Bezug auf die Mangelfreiheit des Kaufgegenstandes effektiv befriedigt werden.[498] Dies ist jedoch erst dann zu bejahen, wenn diejenige Form der Nacherfüllung, für die sich der Käufer entschieden hat, von dem Verkäufer ordnungsgemäß erbracht worden ist. In diesem Fall ist der Anspruch aus § 439 Abs. 1 BGB insgesamt erfüllt (§ 362 Abs. 1 BGB). Solange der Verkäufer die durch den Käufer gewählte Form der Nacherfüllung indes noch nicht ordnungsgemäß erbracht hat, kann der Käufer deren Erfüllung verlangen oder zu der anderen Form der Nacherfüllung überwechseln. Dies ist insbesondere dann von Bedeutung, wenn die ursprünglich gewählte Form der Nacherfüllung aufgrund eines nach dieser Wahl eintretenden Ereignisses nicht mehr erbracht werden kann (z. B. die Nachlieferung eines bestimmten PKW wird unmöglich, weil der betreffende Typ mittlerweile nicht mehr produziert wird).[499] Würde § 439 Abs. 1 BGB als Wahlschuld qualifiziert, wäre der Nacherfüllungsanspruch dann aufgrund der Gestaltungswirkung der Wahl gemäß § 263 Abs. 2 BGB insgesamt erloschen (im Beispiel: der Käufer könnte keine Reparatur

---

[495] Die erlangte Forderung gegen Y ist nach § 439 Abs. 5 BGB i. V. mit § 346 Abs. 1 BGB an A zurückzugewähren. Wie oben dargelegt (§ 2 Rn. 169 ff.), kann A diese Forderung zudem von B gemäß § 812 Abs. 1 Satz 1 Alt. 1 BGB kondizieren.

[496] Wählt der Käufer eine Nachbesserung gemäß § 439 Abs. 1 Alt. 1 BGB, so entscheidet in den Grenzen des § 242 BGB allerdings der *Verkäufer*, in welcher Form diese erbracht wird, sofern dafür verschiedene Modalitäten in Betracht kommen: OLG Celle 19.12.2012 NJW 2013, 2203 (2204); *Erman/Grunewald* § 439 Rn. 4; *Fikentscher/Heinemann* Rn. 859; *Huber/Faust* 13/24; *Staudinger/Matusche-Beckmann* (2014) § 439 Rn. 31.

[497] A. A. jedoch *Büdenbender* AcP 205 (2005), 386 (403 ff.); *Gursky* S. 22; *Jauernig/Berger* § 439 Rn. 17; *Schellhammer* MDR 2002, 301; der Sache nach auch *Oechsler* Rn. 169 („Willenserklärung mit Gestaltungswirkung").

[498] Siehe oben § 2 Rn. 146 f.

[499] Liegt der Ausschlusstatbestand hingegen bereits im Zeitpunkt der Wahl vor, geht die Wahlerklärung auch nach dem Recht der Wahlschuld gemäß § 265 BGB „ins Leere"; die andere Nacherfüllungsvariante stünde weiter offen; siehe *Spickhoff* BB 2003, 589 (590).

des defekten PKW mehr verlangen), was dem Erfüllungsinteresse des Käufers zuwiderliefe.[500] Dies kann durch folgende Kontrollüberlegung verdeutlicht werden: Stünde dem Verkäufer das Wahlrecht zwischen Nachbesserung und Nachlieferung zu,[501] müsste er die Nacherfüllung erbringen, solange nicht für beide Varianten ein Ausschlussgrund (§§ 275, 439 Abs. 4 BGB) vorliegt. Das Wahlrecht des Käufers soll dessen Position aber stärken, was durch die Anwendung des Rechts der Wahlschuld wie dargelegt aber in sein Gegenteil verkehrt würde.

218   Deshalb besteht zwischen dem Anspruch auf Mangelbeseitigung (§ 439 Abs. 1 Alt. 1 BGB) und dem Anspruch auf Neulieferung (§ 439 Abs. 1 Alt. 2 BGB) richtigerweise eine sog. *elektive Konkurrenz*.[502] Nach dieser Rechtsfigur wirkt die Erfüllung des einen Anspruchs zwar auch in Bezug auf den anderen; bis dahin kann der Käufer aber unter den beiden Ansprüchen grundsätzlich frei wählen.[503] Liegt nur für die gewählte Variante der Nacherfüllung ein Ausschlussgrund vor (§§ 275, 439 Abs. 4 BGB), steht dem Käufer daher ohne weiteres noch ein auf die andere Form der Nacherfüllung begrenzter Anspruch zu (siehe § 275 Abs. 1 und 2 BGB: „soweit"). Bestehen keine Ausschlussgründe, kann der Käufer die beiden Ansprüche zwar nicht kumulativ, aber solange alternativ geltend machen, bis der Verkäufer einen von beiden erfüllt.

219   Eine *Grenze für den Wechsel zwischen Mangelbeseitigung und Neulieferung* besteht jedoch nach § 242 BGB insoweit, als der Käufer dem Verkäufer eine angemessene Frist zur Erfüllung der einmal geltend gemachten Form der Nacherfüllung gewähren muss.[504] Die hierfür anzusetzende Zeitspanne bemisst sich nach den Umständen des Einzelfalles. Begehrt z. B. der Käufer, dem ein defekter Fernsehapparat geliefert wurde, dessen Reparatur (§ 439 Abs. 1 Alt. 1 BGB) und führt der Verkäufer diese in einer angemessenen Frist nicht oder i. S. des § 434 Abs. 1 BGB nicht ordnungsgemäß durch, so kann der Käufer immer noch diesen Anspruch auf Nachbesserung einklagen, gemäß § 439 Abs. 1 Alt. 2 BGB aber auch die Lieferung eines anderen Gerätes verlangen.

220   Ebenfalls aus § 242 BGB folgt, dass der Käufer wegen des Mangels nicht mehr gemäß § 320 BGB die Zahlung des Kaufpreises zurückhalten darf, wenn er sein

---

[500] *Oechsler* Rn. 170 plädiert in diesem Fall für eine Irrtumsanfechtung der Wahl nach § 119 Abs. 2 BGB, während *Gsell* Festschrift für Ulrich Huber, 2006, S. 309 ff. den § 439 Abs. 1 BGB generell als „Wahlschuld ohne Bindungswirkung" interpretiert. Diese Konstruktionen sind nach der hier vertretenen Auffassung unnötig.

[501] Wie dies bei einem Werkvertrag nach § 635 Abs. 1 BGB der Fall ist; siehe unten § 8 Rn. 82 ff.

[502] Dazu allg. *Krüger* MünchKomm. § 262 Rn. 11 f. und *Pöschke* JZ 2010, 349 ff.; generell kritisch zu dieser Rechtsfigur *Stamm* JZ 2015, 920 ff.

[503] *Ball* NZV 2004, 217 (219); BR/*Faust* § 439 Rn. 9; *Jacobs* in: Dauner-Lieb u. a. (Hrsg.), Das neue Schuldrecht in der Praxis, 2003, S. 371 (376 f.); *Kandler* Kauf und Nacherfüllung, 2004, S. 436 ff.; *Spickhoff* BB 2003, 589 (591 ff.); *Staudinger/Matusche-Beckmann* (2014) § 439 Rn. 9; *H.P. Westermann* MünchKomm. § 439 Rn. 4.

[504] OLG Saarbrücken 29.05.2008 NJW 2009, 369 (370 f.); OLG Celle 19.12.2012 NJW 2013, 2203 (2204); BR/*Faust* § 439 Rn. 10; *H.P. Westermann* MünchKomm. § 439 Rn. 5.

Wahlrecht nicht in angemessener Frist ausübt und dem Verkäufer damit die Nacherfüllung unmöglich macht.[505]

gg) Ausschluss des Anspruchs auf Nacherfüllung

Der Anspruch auf Nacherfüllung kann aus verschiedenen Gründen entweder in einer   **221**
seiner beiden Formen oder aber auch gänzlich ausgeschlossen sein. Neben dem speziellen Ausschlusstatbestand in § 439 Abs. 4 BGB steht der Anspruch des Käufers auf Mangelbeseitigung (§ 439 Abs. 1 Alt. 1 BGB) oder Nachlieferung (§ 439 Abs. 1 Alt. 2 BGB) dabei unter dem Vorbehalt der Bestimmungen des allgemeinen Leistungsstörungsrechts. Somit kommt ein (teilweiser) Ausschluss des Anspruchs auf Nacherfüllung vor allem nach § 275 Abs. 1 und 2 BGB, aber auch bei einer nach den §§ 323 Abs. 6, 326 Abs. 2 Satz 1 BGB zu beurteilenden Verantwortlichkeit des Käufers für den Mangel[506] in Betracht. Hingegen wird § 275 Abs. 3 BGB mangels persönlicher Verpflichtung des Verkäufers zur Erbringung der Nacherfüllung keine Relevanz erlangen.[507]

(1) Befreiung des Verkäufers von der Pflicht zur Nacherfüllung wegen Unmöglichkeit (§ 275 Abs. 1 BGB)

(a) Unmöglichkeit der Mangelbeseitigung

Eine Mangelbeseitigung i. S. des § 439 Abs. 1 Alt. 1 BGB ist dem Verkäufer nach   **222**
§ 275 Abs. 1 BGB bei einem unbehebbaren Mangel *objektiv unmöglich*.[508] Wurde z. B. ein gefälschtes Gemälde als Original eines Alten Meisters verkauft, so kommt eine Nachbesserung nicht in Betracht. Ein Fall *subjektiver Unmöglichkeit* (Unvermögen) der Mangelbeseitigung liegt z. B. bei einer vertragswidrig mit einem Pfandrecht belasteten Kaufsache (Rechtsmangel i. S. des § 435 Satz 1 BGB) dann vor, wenn sich der Pfandrechtsinhaber – auch gegen Zahlung einer Entschädigung – weigert, auf das Pfandrecht zu verzichten. Dann ist es zwar nicht dem Pfandrechtsinhaber, wohl aber dem Verkäufer unmöglich, den Rechtsmangel zu beseitigen. Die Nachbesserung scheidet hingegen nicht schon deshalb wegen Unvermögens aus, weil der Verkäufer sie nur mit Hilfe Dritter erbringen kann (Beispiel: der Verkäufer eines gebrauchten Wagens kann diesen in einer Werkstatt reparieren lassen).[509]
Da eine Leistungsbefreiung gemäß § 275 Abs. 1 BGB nur eingreift, „soweit" die   **223**
geschuldete Leistung unmöglich ist, kommt auch ein Anspruch des Käufers auf eine

---

[505] *Schroeter* NJW 2006, 1761 (1764 f.).

[506] Dazu näher unten § 2 Rn. 245 ff.

[507] Dies kann allerdings bei der entsprechenden Anwendung des § 439 BGB auf bestimmte Werkverträge gemäß § 650 Satz 1 BGB anders sein, wenn der Unternehmer die Werkleistung ausnahmsweise persönlich zu erbringen hat; BT-Drucks. 14/6040, S. 130.

[508] Siehe bereits oben § 2 Rn. 159 ff.

[509] *Gursky* S. 23; a. A. wohl *H.P. Westermann* JZ 2001, 530 (535).

teilweise Beseitigung des Mangels in Betracht, wenn ein gänzlicher Ausgleich nicht möglich ist.[510] Beispiel: Das verkaufte Gemälde weist eine Beschädigung auf, die zwar nicht gänzlich, aber zumindest teilweise durch eine fachgerechte Restauration beseitigt werden kann. In solchen Fällen richten sich die Rechte des Käufers wegen des verbleibenden Leistungsdefizits nach den Regeln der qualitativen Unmöglichkeit (insbesondere §§ 283 Satz 2, 311a Abs. 2 Satz 2 BGB i. V. mit § 281 Abs. 1 Satz 3 BGB und § 326 Abs. 5 BGB i. V. mit § 323 Abs. 5 Satz 2 BGB). Macht der Käufer den Anspruch auf eine teilweise Nachbesserung in Kenntnis der notwendig verbleibenden Defizite geltend, kann er wegen dieser jedoch gemäß § 242 BGB unabhängig von den Standards der §§ 281 Abs. 1 Satz 3, 323 Abs. 5 Satz 2 BGB nicht mehr Schadensersatz statt der ganzen Leistung fordern oder von dem Vertrag zurücktreten (Verbot eines venire contra factum proprium); möglich bleibt dann insbesondere eine Minderung i. S. des § 441 BGB.[511]

224　　Eine verwandte Problematik besteht schließlich, wenn eine Beseitigung des vorliegenden Mangels zwangsläufig zu einer *anderweitigen Verschlechterung des Kaufgegenstandes* führt, die ihrerseits nicht behebbar ist. Beispielsweise wäre es bei dem Kauf eines PKW denkbar, dass ein Update der Fahrzeugsoftware, welches vorgenommen wird, um die gemäß § 434 Abs. 1 BGB vertraglich geschuldeten Abgasgrenzwerte des PKW einzuhalten, zugleich unvermeidbar zu einem erhöhten Kraftstoffverbrauch führt. Solchen Fällen wird man am besten mit einem *Wahlrecht des Käufers* gerecht: Der Käufer muss sich nicht auf die mit einem Folgemangel verbundene Nachbesserung einlassen, sondern kann sich insoweit auf § 275 Abs. 1 BGB (analog) bzw. eine Unzumutbarkeit der Nachbesserung i. S. des § 440 Satz 1 Alt. 3 BGB berufen und sofort auf die anderen Mängelrechte aus § 437 BGB zurückgreifen.[512] Es muss ihm aber umgekehrt grundsätzlich auch gestattet sein, die Nachbesserung einzufordern[513] und für den Folgemangel seinerseits die Rechte aus § 437 BGB – unter Ausschluss des Schadensersatzes statt der ganzen Leistung und des Rücktritts[514] – geltend zu machen.[515] Bei der Frage, ob dem Verkäufer gegen

---

[510] BGH 06.02.2013 NJW 2013, 1365 Rn. 12; *Gutzeit* NJW 2007, 956 ff.; *Löhnig/Gietl* Rn. 81; *Staudinger/Matusche-Beckmann* (2014) § 439 Rn. 100; a. A. *Erman/Grunewald* § 439 Rn. 2.

[511] BR/*Faust* § 439 Rn. 37; *Staudinger/Matusche-Beckmann* (2014) § 439 Rn. 100; vgl. auch BGH 06.02.2013 NJW 2013, 1365 Rn. 12.

[512] Die Regelungen der §§ 281 Abs. 1 Satz 3, 323 Abs. 5 Satz 2 BGB, welche die Mängelrechte des Käufers begrenzen können, sind in diesem Fall richtigerweise nur auf den ursprünglichen Mangel, nicht aber den Folgemangel zu beziehen, da der Käufer eine mit *diesem* Mangel behaftete Sache noch nicht i. S. eines gebilligten Leistungstransfers angenommen hat; siehe oben § 2 Rn. 151 ff. und 158 ff. A. A. im Ergebnis *Horn* NJW 2017, 289 (291 ff.).

[513] *Horn* NJW 2017, 289 (290).

[514] Siehe oben § 2 Rn. 223.

[515] Dass dieser Mangel bei Gefahrübergang i. S. des § 434 Abs. 1 Satz 1 BGB noch nicht unmittelbar vorlag, ist unschädlich, da er in Gesamtschau mit den Erfordernissen der Nachbesserung bereits in dem ursprünglichen Mangel „angelegt" war; vgl. *Staudinger/Matusche-Beckmann* (2014) § 434 Rn. 165; *H. P. Westermann* MünchKomm. § 434 Rn. 50.

dieses kombinierte Vorgehen des Käufers der Einwand der Unverhältnismäßigkeit nach § 439 Abs. 4 BGB zusteht, muss dann allerdings der Gesamtaufwand in Rechnung gestellt werden, der dem Verkäufer aus der Nachbesserung und den Mängelrechten des Käufers für den Folgemangel entsteht.[516]

(b) Unmöglichkeit der Nachlieferung

Die Frage, unter welchen Voraussetzungen die ersatzweise Lieferung eines mangelfreien Gegenstandes (§ 439 Abs. 1 Alt. 2 BGB) i. S. des § 275 Abs. 1 BGB unmöglich ist, wirft bei einem *Gattungskauf* regelmäßig keine Probleme auf. Da der Verkäufer den Kaufvertrag auch durch die Neulieferung einer anderen Sache aus der Gattung erfüllen kann, liegt eine Unmöglichkeit erst dann vor, wenn die gesamte Gattung erschöpft oder mangelbehaftet ist. Ist Letzteres der Fall, kann der Käufer allerdings nicht nach § 439 Abs. 1 Alt. 2 BGB die Lieferung eines Stücks aus einer anderen Gattung verlangen, da sich der Schuldinhalt nicht auf diese erstreckt. Beispiel: Wenn alle Exemplare einer bestimmten Modellgeneration eines PKW deswegen mangelhaft sind, weil sie die vertraglich nach § 434 Abs. 1 BGB geschuldeten Abgaswerte nicht einhalten, kann der Käufer nicht die Lieferung eines PKW aus einer mittlerweile neu konstruierten Fahrzeuggeneration verlangen, welche die betreffenden Werte einhält.[517] **225**

Schwieriger gestaltet sich die rechtliche Beurteilung bei einem *Stückkauf.* Denkbar ist hier zunächst ein formaler Standpunkt: Eine Nachlieferung wäre danach bei jedem Stückkauf unmöglich, weil die Schuld des Verkäufers durch den Vertrag auf einen Gegenstand konkretisiert ist und die Lieferung jeder anderen Sache (selbst wenn diese derselben Gattung angehört) nicht vertragsgemäß wäre.[518] Die „Lieferung einer mangelfreien Sache" käme dementsprechend nur bei einem Gattungskauf in Frage, bei dem sich die Schuld durch die Leistung einer mangelhaften Sache nicht konkretisiert.[519] Diese Sichtweise führt zwar zu eindeutigen Ergebnissen, erscheint jedoch wenig sachgerecht. Ein Stückkauf liegt z. B. bei nahezu jedem Kauf in Selbstbedienungsläden vor, bei denen der Vertrag erst dadurch zustande kommt, dass der Käufer den von ihm ausgewählten Gegenstand an der Kasse vorlegt.[520] Es widerspricht aber **226**

---

[516] *Horn* NJW 2017, 289 (291). Zu Einzelheiten der Unverhältnismäßigkeit i. S. des § 439 Abs. 4 BGB unten § 2 Rn. 235 ff.

[517] Vgl. LG Heidelberg 30.06.2017 BeckRS 2017, 117357 Rn. 20 ff.; differenzierend und m. w. N. *Witt* NJW 2017, 3681 (3682).

[518] So *Ackermann* JZ 2002, 378 (379 ff.); BR/*Faust* § 439 Rn. 27 ff.; *Faust* ZGS 2004, 252 ff.; *U. Huber* AcP 209 (2009), 143 (156 ff.); *Huber/Faust* 13/20; *Lorenz/Riehm* Rn. 505; *Musielak* NJW 2008, 2801 (2804); im Grundsatz auch *Picker* Festschrift für H.P. Westermann, 2008, S. 594 ff.

[519] Siehe oben § 2 Rn. 147.

[520] Vgl. § 2 Rn. 31 sowie *Bitter/Meidt* ZIP 2001, 2114 (2119). Anders *Dieckmann* ZGS 2009, 9 ff.; *Musielak* NJW 2008, 2801 (2806); *Reinicke/Tiedtke* Rn. 423 ff. und *Tiedtke/Schmitt* JuS 2005, 583 (584 ff.), nach denen immer dann, wenn nach dem Parteiwillen auch ein anderer Gegenstand erfüllungstauglich ist, ein bloßer Gattungskauf vorliegt. Die Annahme eines Gattungskaufs, obwohl die Parteien bereits im Zuge des Vertragsschlusses den konkreten Leistungsgegenstand auswählen, ist jedoch mit der Systematik des § 243 BGB nur schwer vereinbar.

dem Anliegen des § 439 BGB, dem Käufer möglichst eine mangelfreie Sache in natura zu verschaffen, wenn z. B. der Käufer eines defekten, irreparablen Rasenmähers in einem Baumarkt schon deshalb keinen Anspruch auf Lieferung eines anderen Rasenmähers desselben Typs hätte, weil ein Stückkauf in Rede steht.[521] In diesem Fall kommt der Konkretisierung auf das entsprechende Gerät bei Abschluss des Kaufvertrages nach dem Parteiwillen keine besondere Bedeutung zu. Die rein formale Unterscheidung zwischen Stück- und Gattungsschuld ist daher für § 439 Abs. 1 Alt. 2 BGB kein geeigneter Bezugspunkt. Diese Sichtweise findet eine Stütze sowohl in den Gesetzesmaterialien zu § 439 BGB als auch in den Erwägungsgründen zu Art. 3 Abs. 3 der Verbrauchsgüterkauf-RL, die als Fälle der Unmöglichkeit einer Nachlieferung jeweils den Verkauf gebrauchter Güter („in der Regel"), nicht aber jeden konkretisierten Kaufgegenstand nennen.[522]

227   Vor diesem Hintergrund liegt die folgende Unterscheidung nahe, die unabhängig davon gilt, ob es sich bei dem Kaufvertrag um einen Verbrauchsgüterkauf i. S. der §§ 474 ff. BGB handelt:[523] Eine Nachlieferung gemäß § 439 Abs. 1 Alt. 2 BGB ist nicht bloß bei einem Gattungskauf möglich, sondern auch bei einem solchen *Stückkauf, der funktional mit einem Gattungskauf vergleichbar ist*, weil andere gleichartige und gleichwertige Gegenstände existieren.[524] Wann diese funktionale Vergleichbarkeit und damit eine Ersetzbarkeit des Vertragsgegenstandes gegeben sind, bemisst sich nach der *Interessenlage der Parteien*.[525] Kam es ihnen maßgeblich darauf an, nur ein ganz bestimmtes Stück zu verkaufen, fehlt es an der funktionellen Vergleichbarkeit mit einer Gattungsschuld und die Neulieferung ist nach § 275 Abs. 1 BGB aufgrund einer „strengen" Konkretisierung des Kaufgegenstandes unmöglich. Dies trifft z. B. zu, wenn ein privater Verkäufer von zwei ihm gehörenden identischen Vasen eine verkauft. Wird diese mangelhaft geliefert, so kann der Käufer regelmäßig nicht gemäß § 439 Abs. 1 Alt. 2 BGB die Neulieferung der anderen verlangen, wenn der Verkäufer nur eine Vase veräußern wollte. War

---

[521] Umgekehrt würde die Ablehnung einer Ersatzlieferungsmöglichkeit in diesem Fall bei unterstellter Reparaturmöglichkeit gegebenenfalls dazu führen, dass der Verkäufer mit hohem Aufwand die Reparatur durchführen müsste, obwohl die Lieferung eines Ersatzgerätes ökonomisch sinnvoller wäre. Denn das Recht auf Verweigerung der Mangelbeseitigung wegen Unverhältnismäßigkeit gemäß § 439 Abs. 4 BGB hängt u. a. davon ab, ob auf die andere Art der Nacherfüllung zurückgegriffen werden kann (§ 439 Abs. 4 Satz 2 BGB). Näher zu § 439 Abs. 4 BGB unten § 2 Rn. 235 ff.

[522] BT-Drucks. 14/6040, S. 232; Erwägungsgrund 16 der Verbrauchsgüterkauf-RL.

[523] Siehe zu der Vereinbarkeit der hier vorgeschlagenen Lösung mit § 476 Abs. 1 BGB unten § 2 Rn. 615.

[524] BGH 07.06.2006 BGHZ 168, 64 Rn. 18 ff.; BGH 29.11.2006 BGHZ 170, 86 Rn. 17; *Bitter* ZIP 2007, 1881 (1882 ff.); *Canaris* JZ 2003, 831 (835); *Erman/Grunewald* § 439 Rn. 5; *Grunewald* § 9 Rn. 45; *Kandler* Kauf und Nacherfüllung, 2004, S. 465 ff.; *Leible* in: Gebauer/Wiedmann (Hrsg.), Zivilrecht unter europäischem Einfluss, 2. Aufl. 2010, 10/88; *Looschelders* Rn. 85; *Schroeter* AcP 207 (2007), 28 (49 ff.); *H.P. Westermann* MünchKomm. § 439 Rn. 12.

[525] Ausführlich zu einer Beurteilung der Ersetzbarkeit anhand des (hypothetischen) Parteiwillens *Tröger* ZVglRWiss. 107 (2008), 383 (416 ff.); siehe auch *Grigoleit* in: Artz/Gsell/Lorenz (Hrsg.), Zehn Jahre Schuldrechtsmodernisierung, 2014, S. 55 (65 f.).

hingegen die Konkretisierung der Kaufsache aus mehreren Stücken des Verkäufers eher zufällig, liegt zwar formal eine Stückschuld, funktional aber eine Art „Gattungsschuld" vor, so dass der Käufer eine Nachlieferung aus den übrigen mangelfreien Stücken verlangen kann, die dann ebenfalls vertragsgemäß ist.

Ein Indiz für die funktionale Ersetzbarkeit liefert die *Vertretbarkeit des Kaufgegenstandes i. S. des § 91 BGB*, die beispielsweise regelmäßig in den Selbstbedienungsfällen gegeben ist. Entgegen einer häufig vertretenen Auffassung[526] handelt es sich bei diesem Kriterium jedoch nicht um eine eigenständige objektive Bestimmung des Anwendungsbereiches des § 439 Abs. 1 Alt. 2 BGB bei Stückkäufen, die unabhängig von dem Kriterium der funktionalen Austauschbarkeit nach dem Parteiwillen wäre. So kann sich beispielsweise aus den besonderen Umständen des Einzelfalles auch bei Stückkäufen über vertretbare Sachen eine Unmöglichkeit der Nachlieferung ergeben. Wenn z. B. ein Kunde in einem Großmarkt ein mangelhaftes Stück aus einem „Restposten" gekauft hat, der inzwischen aufgebraucht ist, muss der Verkäufer wegen § 275 Abs. 1 BGB nicht nachliefern, obwohl es sich um eine vertretbare Sache i. S. des § 91 BGB handelt und am Markt noch vergleichbare Stücke verfügbar sein mögen.[527] Auch für den Fall eines Stückkaufs über gebrauchte Güter kommt eine Nacherfüllung nicht stets bereits deshalb in Betracht, weil am Markt noch vergleichbare Sachen existieren.[528] Z. B. fehlt es an der funktionalen Vergleichbarkeit mit einem Stückkauf, wenn ein Kraftfahrzeughändler bei Abschluss des Kaufvertrages über einen sog. Jahreswagen mit einer typischen Laufleistung und Ausstattung deutlich macht, dass er nur Fahrzeuge aus seinem Vorrat verkaufen will und dieser Vorrat bei der Geltendmachung des Nachlieferungsverlangens bereits erschöpft ist. Umgekehrt kann es auch dem Käufer selbst bei vertretbaren Sachen darauf ankommen, dass nur ein ganz bestimmter Gegenstand erfüllungstauglich ist, etwa wenn er einen Gebrauchtwagen vor dem Kauf in Augenschein genommen und gerade an dem konkreten Fahrzeug Gefallen gefunden hat.[529] In ähnlicher Weise scheidet schließlich eine Nachlieferung bei einem Tierkauf mangels funktionaler Ersetzbarkeit zumindest dann aus, wenn es sich nicht um reine Nutztiere, sondern um Haustiere handelt, zu denen der Käufer typischerweise eine besondere emotionale Beziehung aufbaut.[530]

Ein *Folgeproblem* besteht darin, ob die Differenzierung nach der funktionalen Ersetzbarkeit des verkauften Gegenstandes auch außerhalb der §§ 437 Nr. 1,

228

229

---

[526] Siehe BT-Drucks. 14/6040, S. 209; LG Ellwangen 13.12.2002 NJW 2003, 517; *Bitter/Meidt* ZIP 2001, 2114 (2119 f.); *Oechsler* Rn. 140; *Pammler* NJW 2003, 1992 (1993); *Spickhoff* BB 2003, 589 (590).

[527] Im Einzelnen kann der Kreis der erfüllungstauglichen Gegenstände je nach Fallgestaltung unterschiedlich sein. Siehe allg. zur Bestimmung des Reservoirs, aus dem der Schuldner zu leisten hat (unbegrenzte Gattungsschuld, Vorratsschuld etc.) *Emmerich* MünchKomm. § 243 Rn. 5 ff.

[528] So aber OLG Braunschweig 04.02.2003 NJW 2003, 1053 f.; *Bitter/Meidt* ZIP 2001, 2114 (2120); *Canaris* JZ 2003, 831 (836); *Jauernig/Berger* § 439 Rn. 24.

[529] Vgl. BGH 07.06.2006 BGHZ 168, 64 Rn. 23 f.; BGH 28.11.2007 BGHZ 174, 290 Rn. 12.

[530] BGH 22.06.2005 BGHZ 163, 234 (243); *Wertenbruch* NJW 2012, 2065 f.

439 BGB anwendbar ist. Dies betrifft zum einen die Frage, ob der Käufer einer funktional austauschbaren Stücksache die Leistung eines Ersatzgegenstandes auch dann verlangen kann, wenn nicht nur ein unbehebbarer Mangel vorliegt, sondern die *Stücksache vor Gefahrübergang untergeht*. Beispiel: Der Käufer hat in einem Baumarkt einen bestimmten Rasenmäher ausgesucht und gekauft, will diesen aber erst am Nachmittag abholen und bezahlen. In der Zwischenzeit wird der Rasenmäher zerstört; der Verkäufer hat keine weiteren Exemplare mehr auf Lager und weigert sich, eine Ersatzsache zu beschaffen. Es erschiene systematisch durchaus konsequent, dem Käufer auch hier einen Anspruch auf Leistung eines vergleichbaren Rasenmähers aus § 433 Abs. 1 Satz 1 BGB zuzugestehen. Jedoch beruht die oben vertretene „materiale" Abgrenzung der geschuldeten Ersatzstücke maßgeblich auf dem europarechtlichen Hintergrund des § 439 BGB, der nur für Mängel und nicht für den Sachuntergang gilt. Daher sollte für die Frage der Erfüllungstauglichkeit anderer Gegenstände im Rahmen des § 433 Abs. 1 Satz 1 BGB ausschließlich an das „formale" Vorliegen eines Stückkaufs angeknüpft werden und in dem gegebenen Beispiel der Leistungsanspruch des Käufers dementsprechend nach § 275 Abs. 1 BGB verneint werden.[531] Dies führt allerdings zugleich dazu, dass die Grenzen der Ersatzbeschaffungspflicht bei einem gänzlichen Untergang der Stücksache einerseits und einer Reparaturpflicht bei bloßer Beschädigung andererseits unterschiedlich zu bestimmen sind.[532] Während eine Ersatzbeschaffung bei Untergang der Stücksache vor Lieferung nach der hier vertretenen Auffassung nicht geschuldet ist, trifft den Verkäufer bei einer reparablen Beschädigung in den Grenzen des § 275 Abs. 2 BGB demgegenüber eine Pflicht zur Reparatur, um seine Leistung mangelfrei i. S. des § 433 Abs. 1 Satz 2 BGB erbringen zu können.[533]

230 Weiterhin stellt sich die Frage, ob die Grundsätze der funktionalen Ersetzbarkeit bei Mängeln der verkauften Stücksache auch auf den *ursprünglichen Erfüllungsanspruch aus § 433 Abs. 1 Satz 2 BGB* Anwendung finden, der vor der Lieferung besteht.[534] Beispiel: Der Käufer des Rasenmähers belässt das Gerät – ohne dass es ihm übereignet oder übergeben, d. h. i. S. des § 437 BGB geliefert worden wäre – vorläufig noch bei dem Verkäufer. Stellt sich danach die irreparable Mangelhaftigkeit des Gerätes heraus, wäre dem Verkäufer die Erfüllung seiner Pflicht aus § 433 Abs. 1 Satz 2 BGB zur mangelfreien Verschaffung der Kaufsache nach § 275 Abs. 1 BGB an sich unmöglich (Stückschuld!) und der Käufer gemäß § 326 Abs. 1 Satz 1 BGB von seiner Pflicht zur Zahlung des Kaufpreises befreit.[535] Allerdings hätte der Käufer nach der Lieferung, d. h. bei Anwendbarkeit der §§ 437 Nr. 1, 439 BGB,

---

[531] *Canaris* JZ 2003, 1156; *Fest* ZGS 2005, 18 ff.; *Gruber* JZ 2006, 707 (711 f.); *H. Roth* NJW 2006, 2954 (2955); a. A. *Balthasar/Bolten* ZGS 2004, 411 (413 f.); *Bitter* ZIP 2007, 1881 (1886 ff.).

[532] Kritisch zu dieser Differenzierung *Bitter* ZIP 2007, 1881 (1887); den Unterschied verteidigend BR/*Faust* § 439 Rn. 27.1.

[533] *Freytag* Grundstrukturen des Kaufvertrages, 2007, S. 127 ff.

[534] Eingehend hierzu *Freytag* Grundstrukturen des Kaufvertrages, 2007, S. 172 ff.

[535] Siehe oben § 2 Rn. 159.

einen Anspruch auf ein anderes Gerät desselben Typs, da eine funktional ersetzbare Stückschuld vorliegt. Es ließe sich nun argumentieren, dass dem Käufer dieses
Recht auch schon vor der Lieferung zustehen muss, d. h. solange der Anspruch
nicht aus § 439 Abs. 1 BGB, sondern aus § 433 Abs. 1 Satz 2 BGB folgt. Da der
Käufer einer Stücksache trotz des Mangels einen Anspruch auf Lieferung dieses
Gegenstandes aus § 433 Abs. 1 Satz 1 BGB hat, wäre es in der Tat purer Formalismus, ihm den Nachlieferungsanspruch erst nach der – ja erzwingbaren – Lieferung
zuzugestehen.[536]

Allerdings ist, wenn sowohl eine Reparatur des Mangels als auch die Lieferung   **231**
einer funktional vergleichbaren Sache in Betracht kommen (im Beispiel: der Defekt
des Rasenmähers kann beseitigt werden), vor der Lieferung und anders als nach
§ 439 Abs. 1 BGB dem Verkäufer das Wahlrecht zu belassen, wie er seiner Pflicht
aus § 433 Abs. 1 BGB nachkommt (Reparatur oder Verschaffung eines anderen
Rasenmähers).[537] Denn in der Wahlmöglichkeit des § 439 Abs. 1 BGB spiegelt sich
das erhöhte Interesse des Käufers an der Art der Mangelbeseitigung wider, das erst
nach der Erlangung des betreffenden Gegenstandes besteht (Gedanke der Rechtsbeständigkeit). Anderes fordert auch Art. 3 Abs. 3 Verbrauchsgüterkauf-RL nicht,
der dem Käufer das Wahlrecht erst ab der Lieferung gewährt.

(2) Befreiung des Verkäufers von der Pflicht zur Nacherfüllung wegen groben Missverhältnisses (§ 275 Abs. 2 BGB)

Nach § 275 Abs. 2 BGB ist eine bestimmte Form der Nacherfüllung nicht nur dann   **232**
ausgeschlossen, wenn deren Vornahme im strengen Sinne unmöglich ist (§ 275
Abs. 1 BGB), sondern auch dann, wenn sie nach Maßgabe einer *umfassenden Interessenabwägung*[538] einen Aufwand erfordert, der nach Treu und Glauben in einem
groben Missverhältnis zu dem Leistungsinteresse des Käufers an einem mangelfreien Gegenstand steht. Die Vorschrift lässt den Anspruch des Käufers auf die
Nacherfüllung jedoch – im Unterschied zu § 275 Abs. 1 BGB – nicht automatisch
entfallen; dem Verkäufer wird – ebenso wie in § 439 Abs. 4 BGB – nur das Recht
eingeräumt, die Leistung einredeweise zu verweigern.[539]

Die beiden *Bezugspunkte der Abwägung* bilden nicht etwa der vereinbarte Kauf-   **233**
preis und der Nacherfüllungsaufwand des Verkäufers, sondern Letzterer und das
Interesse des Käufers an einer mangelfreien Sache.[540] Ein – wenn auch im Verhältnis

---

[536] Vgl. *Bachmann* AcP 211 (2011), 395 (404 f.); *Gruber* JZ 2005, 707 (710); a. A. wohl *H. Roth*
NJW 2006, 2953 (2955).

[537] BR/*Faust* § 439 Rn. 6; *Grigoleit/Riehm* AcP 203 (2003), 727 (757 f.); a. A. *Bachmann* AcP 211
(2011), 395 (416 f.); *Ernst* Festschrift für Ulrich Huber, 2006, S. 195.

[538] Bei der insbesondere auch ein Vertretenmüssen des Verkäufers zu berücksichtigen ist: § 275
Abs. 2 Satz 2 BGB.

[539] Im Einzelnen *Ernst* MünchKomm. § 275 Rn. 97 ff.

[540] Zweck des § 275 Abs. 2 BGB ist dementsprechend die Verhinderung ökonomisch sinnloser
Leistungen: BT-Drucks. 14/6040, S. 129 ff.; *Bitter/Meidt* ZIP 2001, 2114 (2121); *Ernst* Münch-
Komm. § 275 Rn. 70 und ausführlich *Huber/Faust* 2/40 ff.

zu dem vereinbarten Kaufpreis besonders hoher – Aufwand zur Nacherfüllung, dem zugleich ein entsprechendes Leistungsinteresse des Käufers gegenübersteht, unterfällt daher als bloße Äquivalenzstörung nicht dem § 275 Abs. 2 BGB. Diese Fälle einer sog. *wirtschaftlichen Unmöglichkeit* sind vielmehr nach § 313 BGB zu beurteilen.[541] Diese restriktive Beurteilung des Regelungsgehaltes des § 275 Abs. 2 BGB wird in der Literatur allerdings für den Fall kritisiert, dass der Verkäufer die Leistungserschwerung nicht zu vertreten hat: Büße der Verkäufer in diesem Fall bei einem unbehebbaren Leistungshindernis über die §§ 275 Abs. 1, 326 Abs. 1 Satz 1 BGB lediglich seinen Kaufpreisanspruch ein, so dürfe er aus Gründen der Wertungsgleichheit auch bei überwindbaren Hindernissen nur bis zur Grenze desjenigen Kaufpreisanteils zur Leistung verpflichtet sein, welcher mit der vertragswidrigen Beschaffenheit des Kaufgegenstandes korrespondiere (vgl. § 441 Abs. 3 BGB).[542] Jedoch stellt das Gesetz in § 275 Abs. 2 BGB auf einen Vergleich von Leistungsaufwand und Leistungsinteresse ab, ohne die Leistungspflicht des Verkäufers auf dasjenige zu begrenzen, was dieser bei einer Unüberwindbarkeit des Leistungshindernisses einbüßen würde (d. h. den – anteiligen – Kaufpreis). Im Rahmen der Rechtsanwendung kann diese „Friktion" umso leichter hingenommen werden, als § 275 Abs. 1 und 2 BGB letztlich unterschiedliche Regelungsfunktionen haben. Zwar handelt es sich auch bei § 275 Abs. 1 BGB formal um einen Tatbestand der Leistungsbefreiung, doch könnte in den betreffenden Fällen selbst ohne diese Norm die Leistung regelmäßig rein faktisch nicht erfolgen, so dass der Hauptzweck des § 275 Abs. 1 BGB nicht in der Leistungsbefreiung des Schuldners als solcher, sondern über den Mechanismus des § 326 Abs. 1 Satz 1 BGB in der Befreiung des Gläubigers von seiner Gegenleistungspflicht besteht. Hingegen betrifft § 275 Abs. 2 BGB originär die Frage des geschuldeten Leistungsaufwandes, weshalb insoweit auch ein von § 326 Abs. 1 Satz 1 BGB verschiedener Maßstab gelten kann.[543]

234   Ein grobes Missverhältnis i. S. des § 275 Abs. 2 BGB liegt daher lediglich in den Fällen einer sog. *faktischen Unmöglichkeit* vor, in denen die Leistung nur mit einem gänzlich irrationalen Aufwand zu erbringen wäre. Beispiel: Für die Reparatur eines nicht besonders hochwertigen technischen Gerätes müsste erst eine eigene Maschine konstruiert und hergestellt werden. Auch insoweit spielt § 275 Abs. 2 BGB im Rahmen des § 439 Abs. 1 BGB aber praktisch eine geringe Rolle, da häufig bereits das Leistungsverweigerungsrecht wegen Unverhältnismäßigkeit aus § 439 Abs. 4 BGB unter weniger strengen Voraussetzungen eingreift.[544]

---

[541] BT-Drucks. 14/6040, S. 130; *Ernst* MünchKomm. § 275 Rn. 75 ff.; grundlegend kritisch zu der Konzeption des Gesetzes *Lobinger* Die Grenzen rechtsgeschäftlicher Leistungspflichten, 2004, S. 119 ff.

[542] *Ackermann* JZ 2002, 378 (382 ff.); *U. Huber* Festschrift für Schlechtriem, 2003, S. 545 f.

[543] Eingehend *Finn* Erfüllungspflicht und Leistungshindernis, 2007, S. 358 ff. sowie zu weiteren Argumenten noch *Canaris* JZ 2004, 214 (218 ff.).

[544] Siehe unten § 2 Rn. 235.

(3) Leistungsverweigerung des Verkäufers wegen unverhältnismäßiger Kosten (§ 439 Abs. 4 BGB)

(a) Normzweck des Leistungsverweigerungsrechts

Die Vorschrift des § 439 Abs. 4 Satz 1 BGB gibt dem Verkäufer auch außerhalb **235** des § 275 Abs. 2 BGB („unbeschadet") das Recht, die durch den Käufer gewählte Art der Nacherfüllung zu verweigern, wenn er diese nur mit unverhältnismäßigen Kosten erbringen kann. Hierdurch wird dem Umstand Rechnung getragen, dass die Mangelbeseitigung insbesondere nicht-gewerbliche Verkäufer oder – in Bezug auf die Nachbesserung gemäß § 439 Abs. 1 Alt. 1 BGB – Händler ohne Reparaturlogistik unangemessen belasten kann.[545] Darüber hinaus kompensiert die Bestimmung teilweise die Nachteile, die sich für den Verkäufer daraus ergeben, dass nicht er die für ihn günstigere Form der Nacherfüllung bestimmen darf, sondern § 439 Abs. 1 BGB hierzu den Käufer berechtigt. Vergleichbar mit der Regelung des § 275 Abs. 2 BGB lässt § 439 Abs. 4 BGB den betreffenden Anspruch des Käufers jedoch nicht automatisch entfallen, sondern stellt es in das Belieben des durch die Norm geschützten Verkäufers, ob er sein Leistungsverweigerungsrecht als Einrede ausübt oder die Nacherfüllung trotz der unverhältnismäßigen Kosten vornimmt und dadurch gegebenenfalls die Ausübung der in § 437 Nr. 2 und 3 BGB genannten subsidiären Käuferrechte verhindert.[546]

(b) Kriterien für die Prüfung der Unverhältnismäßigkeit

Als Kriterien für die Entscheidung, ob die durch den Käufer gewählte Form der **236** Nacherfüllung unverhältnismäßige Kosten verursacht, nennt § 439 Abs. 4 Satz 2 BGB in *nicht abschließender Weise* („insbesondere") den Wert der mangelfreien Sache, die Bedeutung des Mangels (scil.: das Maß der Minderung des Wertes bzw. der Gebrauchstauglichkeit durch diesen) und die Möglichkeit des Käufers, auf die andere Art der Nacherfüllung ohne erhebliche Nachteile zurückzugreifen. Somit bedarf es einer *umfassenden Abwägung der gegenseitigen Interessen* unter Berücksichtigung aller Umstände des Einzelfalles, um zu ermitteln, ob der Vorteil, der dem Käufer aus der gewählten Nacherfüllung erwächst, die Kosten, die dem Verkäufer dadurch entstehen, ausnahmsweise nicht rechtfertigt.[547] Bei dieser Abwägung ist zu

---

[545] BT-Drucks. 14/6040, S. 232.

[546] BGH 21.12.2005 NJW 2006, 1195 (1197); *Jorden/Lehmann* JZ 2001, 952 (958); *Staudinger/ Matusche-Beckmann* (2014) § 439 Rn. 104. Zu der Frage, bis zu welchem Zeitpunkt der Verkäufer die Leistungsverweigerung erklären muss, BGH 16.10.2013 NJW 2014, 213 Rn. 17 und *S. Lorenz* NJW 2007, 1 (5 f.) m. w. N.

[547] BGH 04.04.2014 BGHZ 200, 350 Rn. 41; *Palandt/Weidenkaff* § 439 Rn. 16a; *Staudinger/Matu- sche-Beckmann* (2014) § 439 Rn. 116 ff. Hingegen sehen *Jorden/Lehmann* JZ 2001, 952 (958 f.) es für den Bereich des Verbrauchsgüterkaufs i. S. des § 474 BGB wegen Art. 3 Abs. 3 Satz 2 der Verbrauchsgüterkauf-RL als geboten an, die dort genannten Abwägungskriterien als abschließend zu betrachten.

Lasten des Verkäufers nach dem Rechtsgedanken des § 275 Abs. 2 Satz 2 BGB auch zu berücksichtigen, ob er den Mangel zu vertreten hat.[548]

237　　Die *maßgeblichen Bezugspunkte*, die bei der Anwendung des § 439 Abs. 4 Satz 1 BGB in einen angemessenen Ausgleich zu bringen sind, bilden einerseits das durch § 439 Abs. 1 BGB grundsätzlich geschützte Interesse des Käufers an einem vertragsgemäßen Gegenstand („pacta sunt servanda") und andererseits die gesetzliche Wertentscheidung, dass ein Verkäufer nicht bis zur allgemeinen Grenze der faktischen Unmöglichkeit i. S. des § 275 Abs. 2 BGB an seiner Erfüllungspflicht festgehalten werden soll. Eine Übereinstimmung mit § 275 Abs. 2 BGB besteht aber nach zutreffender Sichtweise insoweit, als sich auch die Unverhältnismäßigkeit der Nacherfüllung nach dem *Verhältnis zwischen dem Nacherfüllungsaufwand des Verkäufers und dem Nacherfüllungsinteresse des Käufers* bemisst, nicht aber nach einem Vergleich des Nacherfüllungsaufwandes mit dem vereinbarten Kaufpreis.[549] Auch der durch § 439 Abs. 4 BGB erfasste Sachverhalt ist daher von einer bloßen Äquivalenzstörung i. S. des § 313 BGB zu unterscheiden.

238　　Die Rechtsprechung hat diese sinnvolle Trennung allerdings in den sog. *Einbaufällen* teilweise durchbrochen, um die finanziellen Auswirkungen der wirtschaftlichen Ausdehnung der Nacherfüllungspflicht auf den Aus- und Neueinbau (jetzt § 439 Abs. 3 BGB)[550] für den Verkäufer abzufedern. Danach soll der Verkäufer den Käufer auf eine bloß anteilige Kostenerstattung verweisen können, wenn die Aus- und Neueinbaukosten den Wert der mangelfreien Kaufsache (und damit in der Regel auch den Kaufpreis) erheblich überschreiten.[551] Trotz der Kritikwürdigkeit dieser teilweisen „Umdeutung" des Regelungszwecks des § 439 Abs. 4 BGB in Richtung einer Äquivalenzkontrolle[552] sind die Vorgaben der Rechtsprechung nunmehr de lege lata als verbindlich zu betrachten, da der Gesetzgeber für Verbrauchsgüterkaufverträge in § 475 Abs. 4 Satz 2 und 3 BGB eine spezielle Regelung getroffen hat,[553] die auf den Grundgedanken der besagten Rechtsprechung aufbaut.[554] Aufgrund der

---

[548] BGH 04.04.2014 BGHZ 200, 350 Rn. 36; BR/*Faust* § 439 Rn. 46; *Erman/Grunewald* § 439 Rn. 17; *Huber/Faust* 13/40; *Oechsler* Rn. 189; *Staudinger/Matusche-Beckmann* (2014) § 439 Rn. 124; einschränkend *Reinicke/Tiedtke* Rn. 447.

[549] OLG Braunschweig 04.02.2003 NJW 2003, 1053 (1054); *Bitter/Meidt* ZIP 2001, 2114 (2121); *Huber/Faust* 13/40; wohl auch *Oechsler* Rn. 188. Zu § 275 Abs. 2 BGB vgl. bereits oben § 2 Rn. 233.

[550] Hierzu näher oben § 2 Rn. 195 ff.

[551] BGH 21.12.2011 BGHZ 192, 148 Rn. 36 ff. im Anschluss an EuGH 16.06.2011 NJW 2011, 2269 Rn. 74 ff.

[552] Bezieht man den Aus- und Neueinbau wirtschaftlich in die Nacherfüllungspflicht des Verkäufers ein, so erhöht dies korrespondierend auch das Käuferinteresse an einer Nacherfüllung und fehlt es somit an einer Grundlage dafür, die Neuinstallationskosten allein deswegen für unverhältnismäßig zu erklären, weil sie den Wert der mangelfreien Kaufsache deutlich überschreiten; vgl. *S. Lorenz* NJW 2009, 1633 (1636 f.); *Maultzsch* GPR 2011, 253 (258 f.); *Tröger* AcP 212 (2012), 296 (330 f.) sowie *Kaiser* JZ 2013, 346 (348 f.).

[553] Zu dieser Regelung näher unten § 2 Rn. 603 ff.

[554] Weiterführend *Maultzsch* ZfPW 2018, 1 (13 ff.).

Systemwidrigkeit dieser Entwicklung sollte jedoch für Fälle außerhalb der Einbaukonstellationen daran festgehalten werden, dass eine Unverhältnismäßigkeit i. S. des § 439 Abs. 4 BGB nicht schon aus einer besonderen wirtschaftlichen Belastung des Verkäufers, sondern nur aus einem Missverhältnis zu dem Leistungsinteresse des Käufers an einer (vollständigen) Nacherfüllung resultieren kann.

Bei der Abwägung im Rahmen des § 439 Abs. 4 BGB ist ferner zu beachten, **239** dass die Verhältnismäßigkeit keine Voraussetzung des Nacherfüllungsanspruchs ist, sondern umgekehrt die Unverhältnismäßigkeit – vergleichbar mit § 251 Abs. 2 Satz 1 BGB – ausnahmsweise einen Befreiungsgrund darstellt. Deshalb trägt der Verkäufer nicht nur die Beweislast für die Unverhältnismäßigkeit, sondern das Leistungsverweigerungsrecht ist auch *nur unter restriktiven Voraussetzungen* zu bejahen.

(c) Formen der Unverhältnismäßigkeit

Eine Art der Nacherfüllung gemäß § 439 Abs. 1 BGB (Mangelbeseitigung oder **240** Nachlieferung) kann dabei grundsätzlich aus zwei Gründen unverhältnismäßig sein: Zum einen, weil sie einen erheblich größeren Aufwand erfordert als die andere Variante (sog. relative Unverhältnismäßigkeit), zum anderen, weil der aus ihr resultierende Nutzen den erforderlichen Aufwand schon als solchen nicht rechtfertigt (sog. absolute Unverhältnismäßigkeit).[555] Im Rahmen von *Verbrauchsgüterkaufverträgen* i. S. des § 474 BGB kommt in Abweichung von der allgemeinen Regelung des § 439 Abs. 4 Satz 3 Halbsatz 2 BGB allerdings grundsätzlich nur eine relative Unverhältnismäßigkeit in Betracht (§ 475 Abs. 4 Satz 1 BGB), d. h. auch nach der Ausübung des Leistungsverweigerungsrechts aus § 439 Abs. 4 BGB muss dem Verbraucher weiterhin eine Nacherfüllungsvariante zustehen.[556]

Eine *relative Unverhältnismäßigkeit* liegt nicht bereits dann vor, wenn eine Form **241** der Nacherfüllung für den Verkäufer nicht ganz zu vernachlässigende Mehrkosten gegenüber der anderen Form verursachen würde, da auf diesem Wege das Wahlrecht des Käufers aus § 439 Abs. 1 BGB weitgehend entwertet würde. Der Vorschlag, die durch den Käufer gewählte Variante der Nacherfüllung sei bereits dann unverhältnismäßig, wenn sie 10 % höhere Kosten als die andere verursacht,[557] ist daher problematisch. Gleichwohl führt § 439 Abs. 4 BGB in der Regel dazu, dass bei hochwertigen Kaufgegenständen mit kleineren Mängeln die Neulieferung häufig einer Reparatur weichen muss, während bei Massenprodukten eine kostenintensive Reparatur nicht verlangt werden kann, wenn ein Austausch ohne erhebliche Nachteile für den Käufer möglich ist.

---

[555] *Bitter/Meidt* ZIP 2001, 2114 (2120 ff.); *Heinrich* ZGS 2003, 253 (256 ff.); *H.P. Westermann* MünchKomm. § 439 Rn. 23.

[556] Hierzu sowie zu den Folgeregelungen des § 475 Abs. 4 Satz 2 und 3 BGB näher unten § 2 Rn. 601 ff.

[557] *Bitter/Meidt* ZIP 2001, 2114 (2122); für 5–25 % je nach dem Vertretenmüssen des Verkäufers BR/*Faust* § 439 Rn. 47; für 20 % LG Ellwangen 13.12.2002 NJW 2003, 517.

242   Auch hinsichtlich der *absoluten Unverhältnismäßigkeit* einer Nacherfüllungsform ist keine trennscharfe Abgrenzung möglich. Klarheit besteht im systematischen Zusammenspiel mit § 275 Abs. 2 BGB nur insoweit, als das Leistungsverweigerungsrecht unterhalb der Schwelle eines „groben Missverhältnisses", d. h. der
sog. faktischen Unmöglichkeit, eingreift.[558] Die im Rahmen des Schadensersatzrechts für Kraftfahrzeuge entwickelte Richtgröße, nach der eine Reparatur unverhältnismäßig ist, wenn sie mehr als 130 % des Wiederbeschaffungswertes kostet,[559]
ist dabei nicht ohne weiteres auf § 439 Abs. 4 BGB übertragbar.[560] Denn anders als
die §§ 249 ff. BGB schützt § 439 Abs. 4 BGB nicht das Integritätsinteresse, sondern
ein vertraglich begründetes Erfüllungsinteresse des Käufers, das nicht vorschnell
unterlaufen werden darf. Anhaltspunkte bieten die in der Literatur vorgeschlagenen
Werte, nach denen der Nacherfüllungsaufwand je nach den sonstigen Umständen
bis zu 150 % des Wertes der mangelfreien Sache bzw. 200 % des mangelbedingten
Minderwertes betragen kann, ohne die Schwelle der absoluten Unverhältnismäßigkeit zu übersteigen.[561] In der Sonderkonstellation der sog. *Einbaufälle* ist in die
Abwägung jedoch richtigerweise auch das Interesse des Käufers an einer Kompensation für die Neuinstallationskosten einzubeziehen, so dass selbst bei besonders
hohen Kosten dieser Art und auch außerhalb des Anwendungsbereiches des § 475
Abs. 4 Satz 2 BGB zumindest eine „angemessene" Kostenbeteiligung des Verkäufers geboten ist.[562]

(d) Separate Prüfung der Unverhältnismäßigkeit

243   § 439 Abs. 4 Satz 3 BGB stellt klar, dass die Unverhältnismäßigkeit für beide
Formen der Nacherfüllung (Mangelbeseitigung, Nachlieferung) gesondert zu
beurteilen ist und dass das Leistungsverweigerungsrecht in Bezug auf eine Variante
den Anspruch auf die andere Form der Nacherfüllung nicht berührt. Daher ist dem
Käufer ohne weiteres eine *Änderung des Nacherfüllungsverlangens* möglich, wenn
der Verkäufer sein Leistungsverweigerungsrecht bezüglich der gewählten Form der
Nacherfüllung ausübt (Prinzip der elektiven Konkurrenz).[563] Die grundsätzlich nach
den beiden Arten der Nacherfüllung getrennte Prüfung der Unverhältnismäßigkeit steht jedoch insoweit in einem inneren Zusammenhang, als nach § 439 Abs. 4
Satz 2 BGB bei der Abwägung auch zu beachten ist, inwieweit der Käufer auf die

---

[558] BT-Drucks. 14/6040, S. 232; BGH 14.01.2009 NJW 2009, 1660 Rn. 18; BR/*Faust* § 439 Rn. 49;
a. A. *Staudinger/Matusche-Beckmann* (2014) § 439 Rn. 114.

[559] Dazu *Oetker* MünchKomm. § 251 Rn. 41 ff.

[560] A. A. aber *P. Huber* NJW 2002, 1004 (1008).

[561] *Bitter/Meidt* ZIP 2001, 2114 (2121); grundsätzlich zustimmend BGH 14.01.2009 NJW 2009,
1660 Rn. 15. Enger hingegen bei Grundstückskaufverträgen BGH 04.04.2014 BGHZ 200, 350
Rn. 41, wonach eine Unverhältnismäßigkeit bereits in Betracht kommen soll, wenn der Nacherfüllungsaufwand 100 % des Wertes der mangelfreien Sache übersteigt.

[562] Näher dazu noch unten § 2 Rn. 605.

[563] Siehe oben § 2 Rn. 216 ff.

andere Art der Nacherfüllung zurückgreifen kann. Es wäre daher fehlerhaft, wenn die Unverhältnismäßigkeit einer Variante des § 439 Abs. 1 BGB wegen des Offenstehens der anderen Nacherfüllungsform bejaht (relative Unverhältnismäßigkeit) und sodann auch die letztere für (absolut) unverhältnismäßig erklärt würde.

(e) Keine „Vorwirkung" des Leistungsverweigerungsrechts

Problematisch erscheint, ob das Leistungsverweigerungsrecht aus § 439 Abs. 4 **244** Satz 1 BGB eine „Vorwirkung" auf den Zeitraum vor der Lieferung des mangelhaften Gegenstandes und damit der direkten Anwendbarkeit der §§ 437 Nr. 1, 439 BGB entfaltet. Kann der Verkäufer auch schon den *ursprünglichen Anspruch auf eine mangelfreie Leistung aus § 433 Abs. 1 Satz 2 BGB* unter Berufung auf eine Unverhältnismäßigkeit (analog) § 439 Abs. 4 BGB zu Fall bringen? Insoweit lässt sich gegen die Analogie anführen, dass das Interesse des Verkäufers, keinen unverhältnismäßigen, aber unterhalb der Schwelle des § 275 Abs. 2 BGB liegenden Aufwand zur Mangelbeseitigung erbringen zu müssen, erst dann schutzwürdig ist, wenn der Käufer den Gegenstand als Erfüllung der kaufvertraglichen Verschaffungspflicht angenommen hat (Lieferung).[564] Anderes gilt nur dann, wenn der Käufer einer irreparabel mangelhaften Stücksache bereits vor der Lieferung die Leistung eines funktional vergleichbaren Ersatzgegenstandes verlangt.[565] Denn dann macht der Käufer vorgezogen ein Recht aus § 439 Abs. 1 Alt. 2 BGB geltend, so dass folgerichtig auch § 439 Abs. 4 BGB eingreifen muss.

(4) Sonstige Fälle des Ausschlusses des Anspruchs

(a) Verantwortlichkeit des Käufers für den Mangel

Aus den §§ 323 Abs. 6 Alt. 1, 326 Abs. 2 Satz 1 Alt. 1 BGB folgt der allgemeine **245** Rechtsgedanke, dass der Gläubiger bei einem gegenseitigen Vertrag aufgrund solcher Leistungsstörungen keine Rechte geltend machen kann, die er alleine oder weit überwiegend zu „verantworten" hat. Deshalb entfällt der Nacherfüllungsanspruch des Käufers in Bezug auf solche Mängel, für die er *allein oder weit überwiegend verantwortlich* ist.[566] Da ein Verhalten des Gläubigers und nicht ein solches des Schuldners in Rede steht, bestimmt sich die Verantwortlichkeit des Käufers nicht unmittelbar nach den §§ 276 ff. BGB. Die Maßstäbe dieser Vorschriften sind jedoch bei dieser Form des sog. Verschuldens gegen sich selbst entsprechend heranzuziehen.

---

[564] Vgl. § 2 Rn. 152 ff. und weiterführend *Maultzsch* ZGS 2003, 411 ff.; zustimmend BR/*Faust* § 439 Rn. 6; *Harke* Rn. 80; a. A. *Bachmann* AcP 211 (2011), 395 (417 f.); *Ernst* Festschrift für Ulrich Huber, 2006, S. 195.

[565] Siehe oben § 2 Rn. 230.

[566] BR/*Faust* § 439 Rn. 59 f.; NK-BGB/*Büdenbender* § 439 Rn. 36 f.; *Reinicke/Tiedtke* Rn. 453; kritisch wegen der Vorgaben der Verbrauchsgüterkauf-RL hingegen *Gsell* JZ 2001, 65 (70 f.).

[567] Deshalb entfällt der Anspruch des Käufers auf Nacherfüllung z. B., wenn dieser die Kaufsache aus Unachtsamkeit bei der Lieferung selbst beschädigt hat.

(b) Annahmeverzug des Käufers

246 Hingegen scheidet der Rechtsgedanke der §§ 323 Abs. 6 Alt. 2, 326 Abs. 2 Satz 1 Alt. 2 BGB als Grundlage eines Ausschlusses des Nacherfüllungsanspruchs bei *Sachmängeln* aus: Tritt eine negative Abweichung von der vertragsgemäßen Beschaffenheit i. S. des § 434 BGB zu einem Zeitpunkt ein, in dem sich der Käufer in Annahmeverzug befindet, so ist die Gefahr bereits gemäß § 446 Satz 3 BGB auf den Käufer übergegangen und fehlt es nach § 434 Abs. 1 Satz 1 BGB folglich schon an einem Sachmangel.[568]

247 Anders ist die Lage bei *Rechtsmängeln*. Deren Abwesenheit schuldet der Verkäufer grundsätzlich nicht nur bis zum Gefahrübergang, sondern bis zur Eigentums- oder Rechtsübertragung (bzw. der Sachübergabe im Fall des § 453 Abs. 3 BGB),[569] so dass nach dem Rechtsgedanken der §§ 323 Abs. 6 Alt. 2, 326 Abs. 2 Satz 1 Alt. 2 BGB der Nacherfüllungsanspruch ausgeschlossen ist, wenn der Rechtsmangel zu einem Zeitpunkt eintritt, in dem sich der Käufer nach den §§ 293 ff. BGB im Annahmeverzug befindet und wenn der Verkäufer diesen Rechtsmangel nach dem Maßstab des § 300 Abs. 1 BGB (Vorsatz und grobe Fahrlässigkeit) nicht zu vertreten hat.[570]

(c) Ausübung subsidiärer Rechtsbehelfe durch den Käufer

248 Schließlich ist der Anspruch auf Nacherfüllung ausgeschlossen, wenn der Käufer rechtswirksam einen der in § 437 Nr. 2 und 3 BGB genannten Rechtsbehelfe ausgeübt hat, der mit einer Nacherfüllung unvereinbar ist (z. B. Rücktritt, Schadensersatz statt der Leistung gemäß § 281 Abs. 1 und 4 BGB).

hh) Durchführung der Nacherfüllung

(1) Pflicht des Verkäufers zur Kostentragung (§ 439 Abs. 2 BGB)

249 Gemäß § 439 Abs. 2 BGB hat der Verkäufer diejenigen Aufwendungen zu tragen, die für die Nacherfüllung erforderlich sind, insbesondere Transport-, Wege-, Arbeits- und Materialkosten. Bei einer Neulieferung (§ 439 Abs. 1 Alt. 2 BGB)

---

[567] Allg. *Ernst* MünchKomm. § 326 Rn. 52 ff.

[568] Hat umgekehrt der Verkäufer einen „Sachmangel" nach Gefahrübergang zu vertreten, liegt hierin eine gemäß § 280 Abs. 1 BGB zum Schadensersatz verpflichtende Handlung, aber keine Pflichtverletzung i. S. des § 433 Abs. 1 Satz 2 BGB; näher § 2 Rn. 450.

[569] Siehe oben § 2 Rn. 97.

[570] BR/*Faust* § 439 Rn. 59; *Reinicke/Tiedtke* Rn. 453; vgl. auch *Gsell* JZ 2001, 65 (70 in Fn. 63).

umfasst dies auch den für eine Ersatzbeschaffung durch den Verkäufer aufgewendeten Betrag. Gleiches gilt für etwaige Lagerkosten während der Nacherfüllungsphase.[571] Für derartige eigene Kosten kann der Verkäufer von dem Käufer daher keinen Ersatz verlangen.

Der Regelungsgehalt des § 439 Abs. 2 BGB erschöpft sich jedoch nicht in dieser **250** deklaratorischen Kostentragungslast des Verkäufers, sondern kann darüber hinaus auch einen *Aufwendungsersatzanspruch des Käufers* begründen.[572] Eine spezielle Regelung hierzu für die Neuinstallationskosten in den sog. *Einbaufällen* findet sich nunmehr in § 439 Abs. 3 BGB.[573] Jenseits dessen ist die praktische Reichweite von nacherfüllungsbezogenen Aufwendungsersatzansprüchen des Käufers jedoch relativ begrenzt: Zunächst kann der Käufer den Ersatz eigener Aufwendungen, die er im Zusammenhang mit der Nacherfüllung eingegangen ist, analog § 670 BGB nur beanspruchen, soweit er sie für *erforderlich* halten durfte.[574] Hierbei ist vor allem zu berücksichtigen, dass grundsätzlich ein Vorrang der Nacherfüllung besteht, der ein originäres Recht des Käufers zu einer Selbstbeseitigung des Mangels grundsätzlich ausschließt.[575] Aufwendungen für Nacherfüllungsmaßnahmen, die primär der Verkäufer schuldet, kann der Käufer daher in der Regel nicht nach § 439 Abs. 2 BGB geltend machen,[576] sondern allenfalls dann, wenn er die Selbstvornahme mit dem Verkäufer abgesprochen hatte.[577] Nach § 439 Abs. 2 BGB sind hingegen die *Kosten einer Untersuchung des gelieferten Gegenstandes* ersatzfähig, die zur Entdeckung des Mangels geführt hat.[578] Die Rechtsprechung gewährt einen Aufwendungsersatzanspruch aus § 439 Abs. 2 BGB darüber hinaus, um den Käufer von *Transportkosten im Zuge der Nacherfüllung* zu entlasten, die er deshalb aufwenden muss, weil

---

[571] BGH 26.10.2016 NJW 2017, 1100 Rn. 40.

[572] BGH 13.04.2011 BGHZ 189, 196 Rn. 37; BGH 30.04.2014 BGHZ 201, 83 Rn. 11; BGH 19.07.2017 NJW 2017, 2758 Rn. 29; Erman/*Grunewald* § 439 Rn. 8; *Harke* Rn. 61; *Staudinger/ Matusche-Beckmann* (2014) § 439 Rn. 88 ff.; a. A. BR/*Faust* § 439 Rn. 21; *Hellwege* AcP 206 (2006), 136 (159 ff.); *Skamel* Nacherfüllung beim Sachkauf, 2008, S. 155 ff.; *H.P. Westermann* MünchKomm. § 439 Rn. 17 f.: Kostenersatz grundsätzlich nur nach den §§ 280 ff. BGB.

[573] Hierzu bereits ausführlich oben § 2 Rn. 193 ff.

[574] Vgl. auch *Nemeczek* NJW 2016, 2375 (2376). Zur Konkretisierung des Erforderlichkeitsbegriffes unten § 11 Rn. 55 f.

[575] Zu den weiteren Folgewirkungen einer eigenmächtigen Selbstvornahme siehe sogleich unter § 2 Rn. 251 f. Hingegen besteht im Werkvertragsrecht nach Maßgabe des § 637 BGB ein subsidiäres Recht zum Aufwendungsersatz bei Selbstvornahme einer Nacherfüllung durch den Besteller; näher unten § 8 Rn. 112 ff.

[576] Vgl. BGH 21.12.2011 BGHZ 192, 148 Rn. 27; *Harke* Rn. 61; *Tröger* AcP 212 (2012), 296 (320 f.); *H.P. Westermann* MünchKomm. § 439 Rn. 18.

[577] *Hellwege* AcP 206 (2006), 136 (149 f.) geht in einem solchen Fall von einem eigenständigen Auftragsverhältnis aus, das parallel neben den Kaufvertrag tritt. Näher liegt es jedoch, eine bloße Modifizierung des Kaufvertrages anzunehmen.

[578] BGH 30.04.2014 BGHZ 201, 83 Rn. 14 ff.; *Erman/Grunewald* § 439 Rn. 8; a. A. *S. Lorenz* NJW 2014, 2319 (2321 f.) und wohl auch *H.P. Westermann* MünchKomm. § 439 Rn. 17.

die Rechtsprechung den Erfüllungsort für den Anspruch aus § 439 BGB nicht unbedingt am Belegenheitsort der Kaufsache ansiedelt.[579] Demgegenüber fallen *sonstige Folgeschäden*, die aufgrund der Lieferung eines mangelhaften Gegenstandes entstehen, nicht unter § 439 Abs. 2 BGB, sondern sind über § 437 Nr. 3 BGB nach den §§ 280 ff. BGB und damit nur verschuldensabhängig auszugleichen.[580]

(2) „Eigenmächtige" Selbstvornahme

251 Bessert der Käufer eine mangelhafte Kaufsache „eigenmächtig" nach, ohne dass die Voraussetzungen eines Anspruchs auf Schadensersatz statt der Leistung gegeben sind (insbesondere: Ablauf einer Nachfrist gemäß § 281 Abs. 1 Satz 1 BGB),[581] so kann er hierfür keinen Ersatz nach § 439 Abs. 2 BGB geltend machen. Auch wird der Rückgriff auf die §§ 677 ff. BGB (Geschäftsführung ohne Auftrag) oder das Bereicherungsrecht (§ 812 Abs. 1 Satz 1 Alt. 2 BGB) insoweit durch die sachnähere Regelung des § 439 BGB gesperrt.[582]

252 Fraglich ist aber, ob sich der Verkäufer in *Analogie zu § 326 Abs. 2 Satz 2 BGB*[583] wenigstens denjenigen Betrag auf die Kaufpreisschuld anrechnen lassen muss, den er für eine Nacherfüllung hätte aufwenden müssen. Dies kommt von vornherein nur dann in Betracht, wenn neben der – nun obsoleten – Nachbesserung nicht auch noch die Nachlieferung einer Ersatzsache i. S. des § 439 Abs. 1 Alt. 2 BGB denkbar ist, da in letzterem Fall eine Nacherfüllung weiter möglich ist.[584] Aber auch dann, wenn eine Nachlieferung ausscheidet (insbesondere bei nicht ersetzbaren Stückschulden), verneint die h. M.[585] eine Analogie zu § 326 Abs. 2 Satz 2 BGB. Hierfür

---

[579] Siehe oben § 2 Rn. 191 f. sowie die dort geäußerte Kritik. Zu der Folgefrage, ob der die Kaufsache selbst zum Verkäufer transportierende Käufer die anfallenden Kosten auch dann nach § 439 Abs. 2 BGB verlangen kann, wenn nach den Maßstäben der Rechtsprechung der Erfüllungsort ausnahmsweise am Belegenheitsort der Kaufsache anzusiedeln ist, oder ob dann die Grundsätze einer eigenmächtigen Selbstvornahme (§ 2 Rn. 251 f.) eingreifen, *Nemeczek* NJW 2016, 2375 (2377 f.) m. w. N.

[580] LG Hildesheim 13.02.2003 DAR 2003, 273 (274); BR/*Faust* § 439 Rn. 22; *H.P. Westermann* MünchKomm. § 439 Rn. 16.

[581] Näher hierzu unten § 2 Rn. 301 ff.

[582] BGH 23.02.2005 BGHZ 162, 219 (228 f.); *Staudinger/Matusche-Beckmann* (2014) § 439 Rn. 57; *H.P. Westermann* MünchKomm. § 439 Rn. 11; a. A. *Katzenstein* ZGS 2005, 184 ff.: Bereicherungsausgleich; *Oechsler* NJW 2004, 1825 (1826): Geschäftsführung ohne Auftrag.

[583] Einer direkten Anwendung der Norm stehen dabei zwei Gesichtspunkte entgegen: Zum einen schließt § 326 Abs. 1 Satz 2 BGB bei einer unbehebbar mangelhaften Leistung den Entfall der Gegenleistungspflicht aus, so dass auch die Folgenorm des § 326 Abs. 2 BGB nicht direkt anwendbar ist; siehe *S. Lorenz* NJW 2003, 1417 (1418 f.). Zum anderen wird die Mangelbeseitigung im Fall der eigenmächtigen Selbstvornahme nicht im technischen Sinne des § 275 Abs. 1 BGB unmöglich, sondern entfällt wegen Zweckerreichung; so *Gsell* ZIP 2005, 922 (923); *Schroeter* JR 2004, 441 (442 f.).

[584] Siehe *Dauner-Lieb/Arnold* ZGS 2005, 10 (11); *S. Lorenz* NJW 2006, 1175 (1177).

[585] BGH 23.02.2005 BGHZ 162, 219 (225 ff.); BGH 07.12.2005 NJW 2006, 988 (989 f.); BGH 20.01.2009 NJW-RR 2009, 667 Rn. 14; *Dauner-Lieb/Arnold* ZGS 2005, 10 ff.; *Greiner* S. 83 ff.; *Grunewald* § 9 Rn. 60; *Looschelders* Rn. 98; NK-BGB/*Büdenbender* § 437 Rn. 102; *Schroeter* JR 2004, 441 ff.; *ders.* AcP 207 (2007), 28 (59 ff.); *H.P. Westermann* MünchKomm. § 439 Rn. 11.

wird angeführt, dass die §§ 437 ff. BGB eine abschließende Regelung der Rechte des Käufers enthielten und über eine Anwendung des § 326 Abs. 2 Satz 2 BGB der Vorrang der Nacherfüllung ausgehebelt werde. Schließlich dürfe in Abgrenzung zu den §§ 536a Abs. 2, 637 BGB im Kaufrecht kein Selbstvornahmerecht statuiert werden.

Diese Argumente vermögen aber letztlich nicht zu überzeugen, da der Käufer **253** gemäß § 326 Abs. 2 Satz 2 BGB analog gerade nicht seine eigenen Selbstvornahmekosten, sondern lediglich die – in aller Regel niedrigeren – Aufwendungsersparnisse des Verkäufers angerechnet erhält. Insoweit bleiben auch die beweisrechtlichen Interessen des Verkäufers gewahrt, da für die Höhe der ersparten Aufwendungen der Käufer beweispflichtig ist. Aus teleologischer Sicht trifft § 326 Abs. 2 Satz 2 BGB jedenfalls für eine vollständige oder teilweise Leistungsunmöglichkeit die Wertentscheidung, dass dem Gläubiger ersparte Aufwendungen zugute kommen sollen, obwohl er selbst für die Leistungsstörung verantwortlich ist. Es ist nicht ersichtlich, warum das Ergebnis bei einer Vereitelung der Mangelbeseitigung anders ausfallen sollte.[586]

(3) Rückgewährpflicht des Käufers (§ 439 Abs. 5 BGB)

Erfolgt die Nacherfüllung durch die ersatzweise Lieferung einer mangelfreien Sache **254** (§ 439 Abs. 1 Alt. 2 BGB), so hat der Käufer die erhaltene mangelhafte Sache bzw. im Fall des § 434 Abs. 3 BGB das aliud dem Verkäufer nach Maßgabe der §§ 346 bis 348 BGB zurückzugewähren (§ 439 Abs. 5 BGB). Dieser Rückgewähranspruch, der gemäß § 348 BGB Zug-um-Zug mit der Nachlieferung zu erfüllen ist, setzt jedoch stets voraus, dass der Käufer tatsächlich einen Anspruch auf Nachlieferung aus § 439 Abs. 1 Alt. 2 BGB geltend gemacht hat (§ 439 Abs. 5 BGB: „zum Zwecke der Nacherfüllung"). Verzichtet der Käufer hierauf, so steht dem Verkäufer aber im Fall einer Gattungssache oder eines aliuds ein Kondiktionsanspruch gemäß § 812 Abs. 1 Satz 1 Alt. 1 BGB zu.[587]

Nicht einheitlich beurteilt wird die Frage, ob der Rückgewährpflicht des Käufers **255** im Rahmen des § 439 Abs. 5 BGB auch eine *Rücknahmepflicht des Verkäufers* in Bezug auf die mangelhafte Sache gegenübersteht.[588] Diese Problematik wurde im Anschluss an eine Entscheidung des BGH zum alten Kaufrecht[589] häufig mit der Frage verbunden, ob den Verkäufer eine Pflicht zum Ausbau der gelieferten mangelhaften Sache trifft, wenn diese durch den Käufer bestimmungsgemäß in eine andere

---

[586] BR/*Faust* § 437 Rn. 37 f.; *Bydlinski* ZGS 2005, 129 ff.; *Ebert* NJW 2004, 1761 (1763); *Fikentscher/Heinemann* Rn. 861; *Gsell* ZIP 2005, 922 (924 ff.); *Harke* Rn. 61; *Herresthal/Riehm* NJW 2005, 1457 ff.; *S. Lorenz* NJW 2005, 1321 ff.

[587] Siehe oben § 2 Rn. 170 ff.

[588] Befürwortend: OLG Köln 21.12.2005 NJW-RR 2006, 677; BR/*Faust* § 439 Rn. 32; *Höpfner* ZGS 2009, 270 (272 f.); *Staudinger/Matusche-Beckmann* (2014) § 439 Rn. 133 f.; ablehnend: *Katzenstein* ZGS 2009, 29 (34 ff.).

[589] BGH 09.03.1983 BGHZ 87, 104 (109) – Dachziegel.

Sache eingebaut worden ist. Die Problematik der wirtschaftlichen Lastentragung im Hinblick auf den Ausbau wird nun jedoch speziell durch § 439 Abs. 3 BGB geregelt.[590] Eine hiervon zu trennende Rücknahmepflicht im Hinblick auf die gelieferte mangelhafte Sache trifft den Verkäufer im Einklang mit den zu §§ 346 ff. BGB geltenden Grundsätzen richtigerweise immer dann, wenn der Käufer ein legitimes Interesse an einer Entlastung von dem mangelhaften Kaufgegenstand hat (z. B. wegen dessen Größe oder schwieriger Entsorgbarkeit).[591]

256   Kann der Käufer der Rückgewährpflicht aus § 346 Abs. 1 BGB nicht nachkommen, z. B. weil die gelieferte Sache mittlerweile untergegangen ist, so schuldet er unter den Voraussetzungen des § 346 Abs. 2 bis 4 BGB gegebenenfalls *Wertersatz oder Schadensersatz*. Dies gilt jedoch nicht, wenn die Verschlechterung auf den Mangel des gelieferten Gegenstandes zurückzuführen ist (in diesem Fall hat der Verkäufer die Verschlechterung i. S. des § 346 Abs. 3 Satz 1 Nr. 2 Alt. 1 BGB zu vertreten[592]). Auch für mangelunabhängige Verschlechterungen schuldet der Käufer nach § 346 Abs. 3 Satz 1 Nr. 3 BGB keinen Wertersatz, wenn sie i. S. dieser Vorschrift zufällig eingetreten sind.[593] Beispiel: Der defekte PKW ist vor der Durchführung der Nachlieferung von einem Unbekannten verbeult worden. In einem solchen Fall ist die Nachlieferung für den Käufer grundsätzlich vorteilhafter als eine Nachbesserung, die nur den Mangel selbst und solche Folgewirkungen umfasst, die ursächlich auf dem Mangel beruhen.[594] Diese Diskrepanz ist jedoch die konsequente Folge des Umstandes, dass § 439 Abs. 1 Alt. 2 BGB dem Käufer ein Rückgaberecht gewährt, das nicht gegenüber der Nachbesserung subsidiär ist und ihm i. V. mit § 346 Abs. 3 Satz 1 Nr. 3 BGB[595] die Möglichkeit gibt, im Hinblick auf zufällige Verschlechterungen der mangelhaften Kaufsache die *Gefahr auf den Verkäufer „zurückzuwälzen"*.[596] Diese gesetzgeberische Entscheidung darf auch nicht dadurch

---

[590] Siehe oben § 2 Rn. 195 ff.

[591] In diese Richtung auch *H.P. Westermann* MünchKomm. § 439 Rn. 14; allg. *Gaier* MünchKomm. § 346 Rn. 16; *Staudinger/Kaiser* (2012) § 346 Rn. 91 ff.

[592] Statt aller *Gaier* MünchKomm. § 346 Rn. 51 m. w. N.

[593] Derartige Zufallsschäden muss der Käufer auch nicht in natura durch eine Reparatur ausgleichen; siehe BGH 10.10.2008 BGHZ 178, 182 Rn. 22 ff.; *Wiese/Hauser* JuS 2011, 301 (304) m. w. N.

[594] Siehe BR/*Faust* § 439 Rn. 16 sowie oben § 2 Rn. 206. *Ernst* Festschrift für Ulrich Huber, 2006, S. 233 ff. will diese Friktion durch eine Wertersatzpflicht aus § 346 Abs. 3 Satz 2 BGB lösen, da eine Zufallsverschlechterung, die bei dem Verkäufer nicht eingetreten wäre, keine relevante Entreicherung darstelle. Diese Konstruktion umgeht jedoch die Regelung des § 346 Abs. 3 Satz 1 Nr. 3 BGB.

[595] Für die von *Stodolkowitz* ZGS 2009, 496 (499 f.) vorgeschlagene Ausnahme des § 346 Abs. 3 Satz 1 Nr. 3 BGB aus der Verweisung des § 439 Abs. 5 BGB besteht angesichts des eindeutigen Willens des Gesetzgebers, die Modalitäten der Nachlieferung auf die §§ 346 ff. BGB zu stützen, keine hinreichende Grundlage.

[596] Dabei besteht dieses für den Käufer hinsichtlich der Zufallsverschlechterungen günstige Nachlieferungsrecht, anders als ein Rücktrittsrecht (siehe § 323 Abs. 5 Satz 2 BGB), grundsätzlich selbst dann, wenn der Mangel nur unerheblich war, sofern sich nicht aus der Unerheblichkeit nach den konkreten Umständen ein Leistungsverweigerungsrecht i. S. des § 439 Abs. 4 BGB ergibt. Zum systematischen Gesamtzusammenhang auch *Kasper* Das Erfolgsrisiko des Verkäufers, 2017, S. 568 ff.

umgangen werden, dass die Neulieferung im Vergleich mit einer Nachbesserung nur deswegen als unverhältnismäßig i. S. des § 439 Abs. 4 BGB angesehen wird, weil sie den Verkäufer mit den zufälligen Verschlechterungen belastet. Die Unverhältnismäßigkeit ist somit nach den allgemeinen Kriterien[597] und unabhängig von den Konsequenzen des § 346 Abs. 3 Satz 1 Nr. 3 BGB zu ermitteln.

Lange Zeit sehr umstritten war die Frage, ob der Verweis auf § 346 Abs. 1 BGB **257** auch die dort angeordnete Pflicht zur *Herausgabe von Nutzungen* (§ 100 BGB) umfasst, die der Käufer aus dem mangelhaften Gegenstand gezogen hat.[598] Diese Problematik hat zu einer Entscheidung des EuGH geführt, nach der die Anordnung einer Nutzungsersatzpflicht im Anwendungsbereich der Verbrauchsgüterkauf-RL gegen die Vorgaben aus Art. 3 Abs. 2 bis 4 der Richtlinie verstößt, nach denen der Verkäufer die Vertragswidrigkeit „unentgeltlich" und „ohne erhebliche Unannehmlichkeiten" für den Käufer zu beseitigen hat.[599] Der deutsche Gesetzgeber hat dieses Urteil zum Anlass für eine Änderung des BGB genommen, welche die Streitfrage eindeutig löst:[600] Danach schuldet der Käufer bei einem Verbrauchsgüterkaufvertrag i. S. des § 474 BGB im Fall der Nachlieferung gemäß § 475 Abs. 3 Satz 1 BGB keinen Nutzungsersatz. Im Umkehrschluss und im Einklang mit der Position, die der deutsche Gesetzgeber bereits im Rahmen der Schuldrechtsmodernisierung favorisiert hatte,[601] bleibt es hingegen für alle anderen Kaufverträge dabei, dass der Verweis des § 439 Abs. 5 BGB auf § 346 Abs. 1 BGB auch eine Pflicht einschließt, die Nutzungen herauszugeben oder zu ersetzen, die der Käufer aus der mangelhaften Sache gezogen hat.[602] Die zwischen Verbrauchsgüterkaufverträgen und sonstigen Kaufverträgen differenzierende Lösung des Gesetzes ist ungeachtet des Umstandes hinzunehmen, dass eine Nutzungsersatzpflicht auch außerhalb des § 475 Abs. 3 Satz 1 BGB wertungsmäßig problematisch erscheinen kann, wenn der Käufer den Kaufpreis bereits bei der Lieferung der mangelhaften Sache entrichtet hat und deshalb nicht „unentgeltlich" in den Genuss der Nutzungen gekommen ist. Daher besteht unter der jetzigen Gesetzeslage auch kein Raum mehr für die Auffassung, dass der Käufer im Rahmen des § 439 Abs. 5 BGB generell keinen vollständigen Nutzungsersatz schulde, sondern nur eine aus dem Schadensersatzrecht bekannte Vorteilsausgleichung „neu für alt",[603] um die längere Lebensdauer des gelieferten Ersatzgegenstandes auszugleichen.[604]

Die damit im Rahmen des allgemeinen Kaufrechts grundsätzlich anzunehmende **258** Nutzungsersatzpflicht kann jedoch in *Widerspruch zu schadensersatzrechtlichen*

---

[597] Zu diesen oben § 2 Rn. 236 ff.

[598] Zum alten Streitstand siehe BGH 16.08.2006 NJW 2006, 3200 Rn. 9 ff. m. w. N.

[599] EuGH 17.04.2008 NJW 2008, 1433 ff. und hierzu *Herresthal* ZEuP 2009, 598 ff.

[600] Zur Rechtslage für Altfälle siehe BGH 26.11.2008 BGHZ 179, 27 ff.

[601] Siehe BT-Drucks. 14/6040, S. 232 f.

[602] BR/*Faust* § 439 Rn. 34; *Erman/Grunewald* § 439 Rn. 22; *H.P. Westermann* MünchKomm. § 439 Rn. 19.

[603] Hierzu allg. BR/*Schubert* § 249 Rn. 141 ff.; *Oetker* MünchKomm. § 249 Rn. 348 ff.

[604] So noch der Vorschlag von *Gsell* NJW 2003, 1969 (1971 ff.); *dies.* JuS 2006, 203 (204).

Wertungen geraten. Denn sobald dem Käufer wegen der verzögerten Behebung des Mangels ein Anspruch auf Ersatz des Verzugsschadens (§ 280 Abs. 2 BGB) bzw. sogar auf Schadensersatz statt der Leistung (§ 280 Abs. 3 BGB) zusteht, ist er schadensrechtlich so zu stellen, wie wenn ihm eine mangelfreie Sache zur Nutzung zur Verfügung stünde. Hiermit ist eine eigene Nutzungsersatzpflicht des Käufers nicht vereinbar,[605] so dass eine solche ab dem Eingreifen der genannten Schadensersatzansprüche ausgeschlossen sein muss.[606] Vielmehr muss sich der Käufer in diesem Fall lediglich die oben erwähnte Vorteilsausgleichung „neu für alt" auf seinen Schadensersatzanspruch anrechnen lassen.[607]

c) Recht des Käufers zum Rücktritt vom Vertrag (§ 323 Abs. 1 Alt. 2 BGB i. V. mit § 437 Nr. 2 Alt. 1 BGB)

aa) Allgemeines

259   Die Vorschrift des § 437 Nr. 2 Alt. 1 BGB gewährt dem Käufer bei der Lieferung eines mangelhaften Gegenstandes oder einer durch § 434 Abs. 3 BGB gleichgestellten Vertragsverletzung (Lieferung eines aliuds oder Minderlieferung) auch ein Recht zum Rücktritt von dem Kaufvertrag. Hierbei handelt es sich um ein *Gestaltungsrecht*,[608] dessen wirksame Ausübung durch eine einseitige empfangsbedürftige Willenserklärung den *Kaufvertrag in ein Rückgewährschuldverhältnis umwandelt*, für das die §§ 346 ff. BGB gelten.[609] Ab diesem Zeitpunkt kann der Käufer deshalb keine Nacherfüllung i. S. des § 439 Abs. 1 BGB mehr verlangen und grundsätzlich auch keine Minderung i. S. des § 441 BGB mehr erklären (siehe § 441 Abs. 1 Satz 1 BGB: „statt zurückzutreten").[610] Demgegenüber bleibt ein etwaiger Anspruch auf

---

[605] Siehe noch unten § 2 Rn. 307.

[606] Zustimmend zu einer Angleichung der Frage der Nutzungsersatzpflicht an die Wertungen des Schadensersatzrechts *Kandler* Kauf und Nacherfüllung, 2004, S. 556 f. und *P. Schmidt* ZGS 2006, 408 (411).

[607] Siehe *Gsell* JuS 2006, 203 (205 f.); *Soergel/Gsell* § 325 Rn. 11; kritisch hingegen *Höpfner* NJW 2010, 127 (129 f.).

[608] Zu diesem Begriff *Wolf/Neuner* § 20 Rn. 29 ff. Nach dem alten Kaufrecht in der Fassung bis zur Schuldrechtsreform konnte der Käufer statt zurückzutreten den Kaufvertrag „wandeln"; die Natur dieses Rechts war umstritten; dazu *Soergel/Huber* § 462 Rn. 48 ff.

[609] Zur Übertragbarkeit der Wertentscheidung des § 439 Abs. 3 BGB, nach der bei sog. Einbaufällen die wirtschaftlichen Lasten des Ausbaus der mangelhaften Sache grundsätzlich den Verkäufer treffen, auf die Rückabwicklung bei einem Rücktritt näher *Keiser* NJW 2014, 1473 (1476 ff.) sowie zur Problematik einer Rücknahmepflicht bereits oben § 2 Rn. 255.

[610] Nach *Wertenbruch* JZ 2002, 862 (864 ff.) soll der Verkäufer jedoch einem späteren Wechsel des Käufers zu einer Minderung i. S. des § 441 BGB gemäß § 242 BGB (venire contra factum proprium) nicht widersprechen dürfen, wenn er die Rückabwicklung des Vertrages grundlos verweigert hat; ähnlich *Soergel/Gsell* § 325 Rn. 31; a. A. BGH 09.05.2018 VIII ZR 26/17 Rn. 30 f.; *Althammer/Löhnig* AcP 205 (2005), 520 (535 f.); BR/*Faust* § 437 Rn. 171.

Schadensersatz i. S. des § 437 Nr. 3 BGB von der Ausübung des Rücktrittsrechts
gemäß § 325 BGB unberührt.[611]

Umstritten ist, ob ein bestehendes Rücktrittsrecht bereits vor seiner Ausübung   **260**
zu einer *Verweigerung der Kaufpreiszahlung* berechtigt.[612] Hieran kann der Käufer
z. B. dann ein Interesse haben, wenn bereits andere Gründe den Nacherfüllungsanspruch ausschließen (z. B. § 275 BGB) und daher kein Leistungsverweigerungsrecht nach § 320 BGB besteht. Da das Rücktrittsrecht gemäß § 438 Abs. 4 Satz 2
BGB selbst dann noch gegenüber dem Kaufpreisanspruch einredeweise geltend
gemacht werden kann, wenn seine Ausübung wegen Verjährung des Nacherfüllungsanspruchs unwirksam wäre, muss auch ein noch bestehendes Rücktrittsrecht
erst recht als Einrede erhoben werden können.

Die Rechtsgrundlage für das Rücktrittsrecht ist aus denjenigen Normen zu ent-   **261**
nehmen, auf die § 437 Nr. 2 Alt. 1 BGB verweist. Das Rücktrittsrecht beruht deshalb
entweder auf § 323 Abs. 1 Alt. 2 BGB oder – im Fall unbehebbarer Mängel – auf
§ 326 Abs. 5 Halbsatz 1 BGB.

bb) Verhältnis des Rücktrittsrechts zum Anspruch auf Nacherfüllung

(1) Grundsätzliche Subsidiarität des Rücktrittsrechts

Das Recht des Käufers zu einem Rücktritt steht nicht gleichrangig neben dem   **262**
Anspruch auf Nacherfüllung aus § 439 BGB. Dies ergibt sich zwar nicht unmittelbar aus § 437 Nr. 2 Alt. 1 BGB, aber mittelbar aus den §§ 323 Abs. 1, 326 Abs. 5
BGB, deren tatbestandliche Voraussetzungen für die Ausübung des Rücktrittsrechts
vorliegen müssen. Danach kann der Käufer das Gestaltungsrecht vorbehaltlich
besonderer Umstände[613] erst nach Ablauf einer angemessenen Nachfrist und somit
nur subsidiär geltend machen.[614] Es ist jedoch nicht ganz treffend, wenn dieser
Zusammenhang als ein „Recht" des Verkäufers zur zweiten Andienung umschrieben wird.[615] Dem Verkäufer steht kein subjektives Recht auf eine Nacherfüllung zu
und den Käufer trifft keine Pflicht i. S. des § 280 BGB, eine solche zu dulden.[616]

---

[611] Zu weiteren Einzelheiten siehe unten § 2 Rn. 307 f.

[612] So BGH 18.01.1991 BGHZ 113, 232 (235 f.) zu § 478 BGB a. F.; *Huber/Faust* 13/153; *Soergel/
Gsell* § 320 Rn. 60; a. A. *Joost* Festschrift für Canaris, Bd. I, 2007, S. 521 f.; *Lorenz/Riehm*
Rn. 501; *H.P. Westermann* MünchKomm. § 437 Rn. 22: Käufer muss sich auf eines der bestehen-
den Rechte aus § 437 BGB festlegen.

[613] Zu diesen unten § 2 Rn. 266 ff.

[614] Eingehend *Schroeter* AcP 207 (2007), 28 ff.

[615] So die Bezeichnung bei BR/*Faust* § 439 Rn. 2; *Brox/Walker* § 4 Rn. 40; *Looschelders* Rn. 82.

[616] Zutreffend *Mankowski* JZ 2011, 781 ff.; *Medicus/Lorenz* Rn. 123; *Oechsler* Rn. 78. Auch die Ansicht,
ein subjektives Recht des Verkäufers zur zweiten Andienung folge aus der Abnahmepflicht des Käufers
i. S. des § 433 Abs. 2 BGB (so *Schroeter* AcP 207 [2007], 28 [33 f.]; zustimmend *Skamel* Nacherfüllung beim Sachkauf, 2008, S. 229) erscheint problematisch, da diese Käuferpflicht den Verkäufer
lediglich von der Innehabung des Kaufgegenstandes als solcher entlasten soll (vgl. § 2 Rn. 478 ff.), was
gegen eine weite Auslegung i. S. einer Pflicht zur „Abnahme der Nacherfüllung" spricht.

Vielmehr ist lediglich das Recht des Käufers zum Rücktritt (in der Regel) gegenüber der Nacherfüllung nachrangig, so dass von einer *zweiten Erfüllungschance des
Verkäufers* gesprochen werden sollte.[617] Wertungsmäßig findet diese ihre Grundlage
darin, dass dem Verkäufer die Vorteile des abgeschlossenen Vertrages (insbesondere eine erzielte Gewinnspanne) nicht schon bereits aufgrund einer mangelhaften
Leistung genommen, sondern vielmehr das Prinzip der Vertragsbindung gestärkt
werden sollte („pacta sunt servanda"). Zudem ist es dem Verkäufer im modernen
Massenverkehr typischerweise auch möglich, effektiv etwaige Mängel zu beseitigen, so dass sich der vorrangige Rechtbehelf des Käufers hieran orientieren sollte.[618]

263   In diesem Sinne knüpft § 323 Abs. 1 Alt. 2 BGB, auf den § 437 Nr. 2 Alt. 1 BGB
verweist, den Rücktritt bei gegenseitigen Verträgen im Fall einer nicht vertragsgemäß erbrachten Leistung grundsätzlich an den *Ablauf einer angemessenen Nachfrist*. Das Erfordernis der Nachfristsetzung bezieht sich dabei auf die Nacherfüllung
gemäß § 439 Abs. 1 BGB in der von dem Käufer gewählten und nicht ausnahmsweise ausgeschlossenen[619] Form, d. h. entweder auf die Mangelbeseitigung oder
die Neulieferung.[620] Die Fristsetzung erfolgt durch eine *empfangsbedürftige Willenserklärung* (vgl. § 130 BGB).[621] Dabei genügt es in inhaltlicher Hinsicht, wenn
der Käufer den Verkäufer zur Beseitigung einer hinreichend präzise umschriebenen
Funktionsstörung auffordert, während er die genaue Quelle der Störung schon wegen
seiner regelmäßig eingeschränkten Sachkunde nicht benennen muss.[622] Allerdings
ist die Fristsetzung nur dann wirksam, wenn der Käufer dem Verkäufer auch durch
die Einräumung einer Untersuchungsmöglichkeit an dem jeweils für die Nacherfüllung einschlägigen Erfüllungsort[623] weitere Nacherfüllungsmaßnahmen gestattet.[624]
Ob die gewählte *Länge der Nachfrist* dem Verkäufer in zeitlicher Hinsicht eine
hinreichende Erfüllungschance einräumt und damit angemessen ist, bestimmt sich
nach den Umständen des Einzelfalles.[625] Setzt der Käufer eine unangemessen kurze

---

[617] So etwa *Huber/Faust* 13/8; *Oechsler* Rn. 78.

[618] Im Überblick zu den Wertungshintergründen aus historischer Perspektive und m. w. N. *Harke*
in: Artz/Gsell/Lorenz (Hrsg.), Zehn Jahre Schuldrechtsmodernisierung, 2014, S. 237 (239 ff.).

[619] Siehe oben § 2 Rn. 221 ff.

[620] BT-Drucks. 14/6060, S. 221; *Brox/Walker* § 4 Rn. 50; *Huber/Faust* 13/66.

[621] Zu dieser Qualifizierung der Nachfristsetzung *Ernst* MünchKomm. § 323 Rn. 50 m. w. N.; für
eine geschäftsähnliche Handlung *Soergel/Gsell* § 323 Rn. 58.

[622] Vgl. BGH 25.03.2010 NJW 2010, 2200 Rn. 16.

[623] Hierzu oben § 2 Rn. 191 f.

[624] Zu dieser Obliegenheit des Käufers BGH 10.03.2010 NJW 2010, 1448 Rn. 12; BGH
19.07.2017 NJW 2017, 2758 Rn. 27. Sofern der Nacherfüllungsort am Sitz des Käufers liegt,
steht dem Käufer bei einem Verbrauchsgüterkaufvertrag i. S. des § 474 BGB allerdings gemäß
§ 475 Abs. 6 BGB ein Anspruch auf Vorschuss der Transportkosten zu, so dass gleichwohl eine
wirksame Fristsetzung vorliegt, wenn der Transport zum Verkäufer nur daran scheitert, dass dieser
nicht bereit ist, den Vorschuss zu leisten; vgl. BGH 19.07.2017 NJW 2017, 2758 Rn. 29 ff.

[625] Im Einzelnen *Ernst* MünchKomm. § 323 Rn. 71 ff.; *Soergel/Gsell* § 323 Rn. 81.

Nachfrist, wird ex lege eine objektiv angemessene Frist in Lauf gesetzt, nach deren Ablauf der Käufer zurücktreten kann.[626] Gleiches gilt, wenn der Käufer von vornherein auf die Benennung einer konkreten Zeitspanne verzichtet, dem Verkäufer aber durch die Forderung nach einer „schnellen", „sofortigen" oder „unverzüglichen" Nacherfüllung deutlich macht, dass diesem für die Beseitigung der Leistungsstörung nur ein begrenzter Zeitraum zur Verfügung steht.[627] Maßgeblich dafür, ob die Nacherfüllung fristgemäß erbracht wurde, ist die Vornahme der Leistungshandlung, nicht der Eintritt des Leistungserfolges (d. h. bei einem Versendungskauf z. B. die Absendung der Ware).[628] Allerdings stellt die Nacherfüllungspflicht nach der hier vertretenen Auffassung in der Regel eine Bringschuld dar,[629] so dass Leistungshandlung und Leistungserfolg typischerweise zusammenfallen.

Problematisch erscheint das *Verhältnis zu einer bereits für die ursprüngliche Leistung aus den §§ 433 Abs. 1, 453 Abs. 1 BGB gesetzten Frist.* Beispiel: Der Käufer **264** weist eine ihm angebotene Sache mit dem Hinweis auf einen erkannten Mangel zurück und setzt zugleich eine Nachfrist für die Pflicht zur mangelfreien Lieferung (vgl. § 433 Abs. 1 Satz 2 BGB). Später wird die Sache geliefert, der gerügte Mangel besteht jedoch – jetzt unerkannt – fort bzw. alternativ: dieser Mangel wurde vor der Lieferung beseitigt, aber die Sache weist noch einen anderen Mangel auf. Da der Nacherfüllungsanspruch eine modifizierte Fortsetzung des Anspruchs aus § 433 Abs. 1 Satz 2 BGB darstellt,[630] wird man im ersten Fall (der ursprüngliche Mangel besteht fort) keine erneute Nachfristsetzung als Voraussetzung eines Rücktritts nach § 437 Nr. 2 Alt. 1 BGB fordern können. Anders ist es hingegen im zweiten Fall (die Sache weist noch einen anderen Mangel auf) zu entscheiden, da die mit der Zurückweisung der Ware verbundene Nachfristsetzung zu diesem Mangel keinen Bezug aufweist.[631] Ein Rücktritt ohne erneute Fristsetzung kommt dann nur in Betracht, wenn der Käufer aufgrund einer Vielzahl fortbestehender Mängel berechtigterweise das Vertrauen in eine ordnungsgemäße Nacherfüllung verloren hat und ihm diese daher i. S. des § 440 Satz 1 Alt. 3 BGB unzumutbar ist.[632]

---

[626] *Ernst* MünchKomm. § 323 Rn. 79 f.

[627] BGH 12.08.2009 NJW 2009, 3153 Rn. 10; BGH 13.07.2016 NJW 2016, 3654 Rn. 25 ff.; BR/*Unberath* § 281 Rn. 16; a. A. *Staudinger/Schwarze* (2015) § 323 Rn. B 60; kritisch auch *Dubovitskaya* JZ 2012, 328 ff.; *Faust* JZ 2010, 202 f. und *Schollmeyer* ZGS 2009, 491 (493).

[628] Vgl. BGH 12.12.1990 NJW 1991, 1292 (1294); *Erman/H.P. Westermann* § 323 Rn. 22; *Staudinger/Schwarze* (2015) § 323 Rn. B 74.

[629] Siehe § 2 Rn. 192.

[630] Vgl. oben § 2 Rn. 146 f.

[631] LG Hanau 27.03.2003 NJW-RR 2003, 1561 (1562); *Gsell* Festschrift für Derleder, 2015, S. 150 ff.; *Palandt/Grüneberg* § 323 Rn. 16; *Soergel/Gsell* § 323 Rn. 74; a. A. *Bitter/Meidt* ZIP 2001, 2114 (2117); *Canaris* DB 2001, 1815 (1816); *Dauner-Lieb* Festschrift für Canaris, Bd. I, 2007, S. 143 ff.; *Huber/Faust* 13/83.

[632] Siehe § 2 Rn. 275.

265   Erbringt der Verkäufer die *Nacherfüllung erst nach Ablauf der angemessenen
        Nachfrist*, bleibt das Rücktrittsrecht aus Gründen der Rechtssicherheit unberührt.[633]
        Wirkt der Käufer an der Nacherfüllung allerdings noch mit, ist ihm der Rücktritt
        nach § 242 BGB verwehrt (venire contra factum proprium).[634]

(2) Ausnahmen von der Subsidiarität

266   Von der Nachrangigkeit der Vertragsauflösung gegenüber dem Anspruch auf Nach-
        erfüllung aus § 439 Abs. 1 BGB bestehen allerdings zahlreiche Ausnahmen.

(a) Befreiung von der Nacherfüllung gemäß § 275 BGB

267   Nach § 437 Nr. 2 Alt. 1 BGB i. V. mit § 326 Abs. 5 BGB besteht ein eigenständiges
        Rücktrittsrecht ohne das Erfordernis der Nachfristsetzung, wenn der Verkäufer von
        der Nacherfüllungspflicht gemäß § 275 BGB befreit ist.[635] Dies ist z. B. bei einem
        i. S. des § 275 Abs. 1 BGB unbehebbaren Mangel zu bejahen.[636] Voraussetzung ist
        jedoch stets, dass *beide Formen der Nacherfüllung*, die § 439 Abs. 1 BGB nennt,
        nach § 275 BGB ausgeschlossen sind.[637] Der Umstand, dass z. B. keine Nachlie-
        ferung, sondern nur eine Nachbesserung in Betracht kommt und der Käufer somit
        seine Wahlmöglichkeit aus § 439 Abs. 1 BGB kraft Gesetzes verliert, führt somit
        nicht zur Anwendbarkeit des § 326 Abs. 5 BGB.

(b) Ausnahmen vom Fristsetzungserfordernis gemäß § 323 Abs. 2 BGB

268   Die Setzung einer Nachfrist ist ferner unter den allgemeinen Voraussetzungen des
        § 323 Abs. 2 BGB entbehrlich. In Betracht kommt dies z. B., wenn der Verkäufer
        die durch den Käufer wirksam gewählte Form der *Nacherfüllung zu Unrecht ernst-
        haft und endgültig verweigert* (§ 323 Abs. 2 Nr. 1 BGB). Die Forderung nach einer
        unberechtigten Erfüllungsverweigerung in Bezug auf beide Nacherfüllungsvarian-
        ten würde hingegen das Wahlrecht des Käufers aus § 439 Abs. 1 BGB unzulässig
        aushöhlen.[638] Inhaltlich liegt eine ernsthafte und endgültige Erfüllungsverweigerung

---

[633] Im Grundsatz auch *Gsell* Festschrift für Ulrich Huber, 2006, S. 305 ff.; *Soergel/Gsell* § 323
Rn. 144 ff.; *Schroeter* AcP 207 (2007), 28 (46): Gläubiger muss das Recht haben, ein verspäte-
tes Nacherfüllungsangebot in angemessener Frist zurückzuweisen. Anders BT-Drucks. 14/6040,
S. 223; *Reinicke/Tiedtke* Rn. 475.

[634] Vgl. auch OLG Bremen 21.06.2007 ZGS 2007, 470 (471).

[635] In diesem Sonderfall beruht das Rücktrittsrecht nicht auf § 323 Abs. 1 BGB, sondern auf § 326
Abs. 5 Halbsatz 1 BGB.

[636] Siehe oben § 2 Rn. 159 ff. Im Fall des § 275 Abs. 2 BGB setzt die Entbehrlichkeit der Fristsetzung zusätzlich voraus, dass sich der Schuldner auf sein Leistungsverweigerungsrecht berufen
hat; siehe BGH 19.12.2012 NJW 2013, 1074 Rn. 28.

[637] BT-Drucks. 14/6040, S. 234; BR/*Faust* § 440 Rn. 11; *Oechsler* Rn. 263.

[638] BR/*Faust* § 440 Rn. 15; *Staudinger/Matusche-Beckmann* (2014) § 440 Rn. 13.

allerdings nur dann vor, wenn der Verkäufer eindeutig zum Ausdruck bringt, dass er seinen Pflichten keinesfalls nachkommen werde. Daher ist eine Nachfristsetzung nicht schon dann entbehrlich, wenn die Vertragsbedingungen des Verkäufers einen rechtlich unwirksamen Ausschluss[639] der Mängelrechte des Käufers enthalten, da nicht auszuschließen ist, dass sich der Verkäufer durch eine Nachfristsetzung gleichwohl zu einer Nacherfüllung im Einklang mit der wahren Rechtslage bewegen lässt.[640] Gleiches gilt, wenn der Verkäufer dem Käufer vor einer Nachfristsetzung (irrtümlich) mitteilt, alle Mängel seien behoben,[641] oder äußert, dass eine Mangelhaftigkeit für ihn derzeit nicht erkennbar sei.[642]

Die Entbehrlichkeit einer Nachfristsetzung wegen einer *Interessenabwägung i. S.* **269** *des § 323 Abs. 2 Nr. 3 BGB* nimmt der BGH unter anderem an, wenn der Verkäufer[643] den Käufer über einen Mangel arglistig täuscht, da in einem solchen Fall das Vertrauensverhältnis unter den Vertragsparteien regelmäßig irreparabel gestört sei.[644] Vorzugswürdig erscheint es jedoch, die Entbehrlichkeit der Nachfristsetzung in diesen und weiteren Fällen eines nachhaltig gestörten Vertrauensverhältnisses zwischen den Vertragsparteien auf eine *Unzumutbarkeit i. S. des § 440 Satz 1 Alt. 3 BGB* zu stützen.[645] Diese Norm ist zwar nach dem Wortlaut des § 440 Satz 1 BGB gegenüber § 323 Abs. 2 Nr. 3 BGB subsidiär („Außer in den Fällen [...] des § 323 Abs. 2"), würde jedoch durch eine vorrangige Anwendung der allgemeinen Abwägungsklausel des § 323 Abs. 2 Nr. 3 BGB weitgehend ihres Anwendungsbereiches beraubt. Jedenfalls greift die Entbehrlichkeit einer Nachfristsetzung in den Fällen einer arglistigen Täuschung über Mängel nicht mehr ein, wenn der Käufer dem Verkäufer gleichwohl eine Frist zur Nacherfüllung gesetzt hat und der Mangel in dieser Frist auch beseitigt wurde; in diesem Fall schließt der nunmehr vertragsgemäße Zustand der Kaufsache einen Rücktritt aus.[646]

---

[639] Hierzu allg. oben § 2 Rn. 106 ff. sowie zur Rechtslage beim Verbrauchsgüterkauf unten § 2 Rn. 610 ff.

[640] BGH 13.07.2011 NJW 2011, 3435 Rn. 30 ff.; anders für den Fall einer formularmäßigen Freizeichnung noch BGH 15.11.2006 BGHZ 170, 31 Rn. 44.

[641] BGH 29.06.2011 NJW 2011, 2872 Rn. 14 f.

[642] BGH 26.10.2016 NJW 2017, 153 Rn. 18; vgl. auch BGH 19.12.2012 NJW 2013, 1074 Rn. 22.

[643] Unberührt bleibt das Fristsetzungserfordernis demgegenüber von einer etwaigen Täuschung durch solche Dritte, die nicht zum Kreis der Erfüllungsgehilfen des Verkäufers i. S. des § 278 BGB gehören. Dies trifft insbesondere auch auf eine Täuschung durch den vom Verkäufer verschiedenen Hersteller des verkauften Produktes zu; siehe OLG München 03.07.2017 BeckRS 2017, 119589 Rn. 19; *Ring* NJW 2016, 3121 (3124 f.) sowie näher unten § 2 Rn. 315.

[644] BGH 08.12.2006 NJW 2007, 835 Rn. 12 ff.; BGH 09.01.2008 NJW 2008, 1371 Rn. 19 f.; BGH 12.03.2010 NJW 2010, 1805 Rn. 9; zustimmend *Oechsler* Rn. 255; kritisch *Gutzeit* NJW 2008, 1359 (1361 f.) und eingehend zu dem Problemkreis *Derleder/Sommer* JZ 2007, 338 ff.

[645] So BR/*Faust* § 440 Rn. 37; *Kulke* ZGS 2008, 169 (175) und *H.P. Westermann* MünchKomm. § 440 Rn. 8. Zu § 440 Satz 1 Alt. 3 BGB noch unten § 2 Rn. 274 ff.

[646] BGH 12.03.2010 NJW 2010, 1805 Rn. 10; vgl. auch noch unten § 2 Rn. 276.

(c) Entbehrlichkeit der Nachfrist nach § 440 BGB

270 Schließlich enthält § 437 Nr. 2 Alt. 1 BGB i. V. mit § 440 BGB besondere Tatbestände, bei deren Vorliegen dem Käufer ein Rücktrittsrecht ohne eine Nachfristsetzung zusteht. Die anderen Voraussetzungen für ein Rücktrittsrecht aus § 323 BGB
lässt § 440 BGB hingegen unberührt, so dass auch bei den dort genannten Tatbeständen die Ausschlussgründe des § 323 Abs. 5 Satz 2 und Abs. 6 BGB eingreifen
können.[647]

(aa) Unverhältnismäßigkeit der Nacherfüllung (§ 440 Satz 1 Alt. 1 BGB)

271 Ergänzend zu § 326 Abs. 5 BGB ist die Nachfristsetzung entbehrlich, wenn die
Pflicht des Verkäufers zur Nacherfüllung zwar nicht nach § 275 BGB ausgeschlossen ist, der Verkäufer aber *beide Formen der Nacherfüllung gemäß § 439 Abs. 4
BGB verweigert*, d. h. wenn ein solches Leistungsverweigerungsrecht objektiv
besteht und der Verkäufer sich hierauf auch beruft (§ 440 Satz 1 Alt. 1 BGB).[648]
Einer analogen Anwendung bedarf die Vorschrift jedoch, wenn eine Form der Nacherfüllung nach § 439 Abs. 4 BGB ausgeschlossen ist, die andere aber nach § 275
BGB. In diesem Fall greift weder § 326 Abs. 5 BGB noch § 440 Satz 1 Alt. 1 BGB
direkt ein; die Nachfristsetzung wäre mangels eines bestehenden Nacherfüllungsanspruchs aber gleichwohl sinnlos.[649]

(bb) Fehlschlagen der Nacherfüllung (§ 440 Satz 1 Alt. 2 BGB)

272 Des Weiteren kann ein Rücktritt ohne die erfolglose Setzung einer Nachfrist erklärt
werden, wenn die dem Käufer zustehende, d. h. von ihm wirksam gewählte Art
der Nacherfüllung „fehlgeschlagen" ist (§ 440 Satz 1 Alt. 2 BGB). In diesem Fall
besteht das Recht zum sofortigen Rücktritt unabhängig davon, ob die andere Form
der Nacherfüllung noch möglich wäre.[650] § 440 Satz 2 BGB konkretisiert dies für
den Fall der Nachbesserung in nicht abschließender Weise dahingehend, dass eine
solche *im Zweifel nach dem erfolglosen zweiten Versuch* als fehlgeschlagen gilt.
Diese Richtgröße dürfte für erfolglose Nachlieferungsversuche i. S. des § 439
Abs. 1 Alt. 2 BGB ebenfalls anzuwenden sein.[651] Die Besonderheiten des Einzelfalles können es jedoch gebieten, von diesem Maßstab abzuweichen.

---

[647] Dazu näher unten § 2 Rn. 277 ff.

[648] Vgl. BGH 21.12.2005 NJW 2006, 1195 (1197).

[649] NK-BGB/*Büdenbender* § 440 Rn. 7; *H.P. Westermann* MünchKomm. § 440 Rn. 6.

[650] BT-Drucks. 14/6040, S. 233; BGH 15.11.2006 NJW 2007, 504 (505); BR/*Faust* § 440 Rn. 13;
Lorenz/Riehm Rn. 512.

[651] Im Grundsatz auch *H. P. Westermann* MünchKomm. § 440 Rn. 9; für ein Fehlschlagen bereits
bei einer ersten erfolglosen Nachlieferung hingegen *Fikentscher/Heinemann* Rn. 867 und NK-
BGB/*Büdenbender* § 440 Rn. 13.

Nach den Gesetzesmaterialien soll ein Fehlschlagen auch dann vorliegen, wenn **273**
der Verkäufer nach einer bloßen *Aufforderung zur Nacherfüllung ohne Nachfristsetzung* die gewählte Form der Nacherfüllung nicht in einer objektiv angemessenen
Frist erbringt.[652] Hierdurch soll vor allem Art. 3 Abs. 5 der Verbrauchsgüterkauf-RL
Rechnung getragen werden, nach dem der Käufer bei einer vertragswidrigen Leistung immer dann ein Recht zur Vertragsauflösung hat, wenn der Verkäufer nicht
innerhalb einer angemessenen Frist nach Aufforderung zur Nacherfüllung Abhilfe
schafft. Diese starke Ausdehnung des Begriffs des Fehlschlagens der Nacherfüllung
würde die in § 323 Abs. 1 BGB i. V. mit § 437 Nr. 2 Alt. 1 BGB enthaltene Voraussetzung einer Nachfristsetzung allerdings weitgehend zur Makulatur machen.[653]
Deshalb ist der abweichenden Auffassung zuzustimmen, die eine richtlinienkonforme Korrektur von vornherein auf den Anwendungsbereich der Verbrauchsgüterkauf-RL (d. h. Geschäfte i. S. des § 474 BGB) beschränkt und hierfür auch nicht auf
die wenig passende Kategorie des Fehlschlagens der Nacherfüllung, sondern auf
die allgemeine *Abwägungsklausel des § 323 Abs. 2 Nr. 3 BGB* abstellt.[654] Bei deren
Anwendung ist allerdings zu beachten, dass in den geschilderten Fällen zwar die
Setzung einer Nachfrist, nicht aber eine Aufforderung des Verkäufers zur Nacherfüllung und das fruchtlose Verstreichen einer objektiv angemessenen Frist entbehrlich sind.[655] Darüber hinaus hat die geschilderte Problematik dadurch an Schärfe
verloren, dass die Rechtsprechung für eine Fristsetzung i. S. des § 323 Abs. 1 BGB
mittlerweile auch ein Verlangen nach „sofortiger" bzw. „unverzüglicher" Nacherfüllung ohne Benennung einer konkreten Zeitspanne ausreichen lässt, so dass sich
zumindest in diesen Fällen die Frage nach der Entbehrlichkeit der Fristsetzung
erübrigt.[656]

(cc) Unzumutbarkeit der Nacherfüllung für den Käufer (§ 440 Satz 1 Alt. 3 BGB)

Schließlich kann der Rücktritt sofort erfolgen, wenn die dem Käufer zustehende   **274**
(d. h. nicht gemäß §§ 275, 439 Abs. 4 BGB ausgeschlossene) Art der Nacherfüllung
für ihn „unzumutbar" ist (§ 440 Satz 1 Alt. 3 BGB). Aufgrund einer teleologischen
Reduktion der Norm kann es dem Käufer allerdings in dem Fall, in dem nur eine
Variante der Nacherfüllung unzumutbar ist, nicht offenstehen, sich auf diese Variante
zu berufen und damit zugleich das Fristsetzungserfordernis entbehrlich zu machen.
Vielmehr bedarf es in der Regel, ähnlich wie bei § 440 Satz 1 Alt. 1 BGB, einer

---

[652] BT-Drucks. 14/6040, S. 222; zustimmend *Brox/Walker* § 4 Rn. 54; *Leible* in: Gebauer/Wied-
mann (Hrsg.), Zivilrecht unter europäischem Einfluss, 2. Aufl. 2010, 10/97.

[653] Gegen die geschilderte Ausdehnung des § 440 Satz 1 Alt. 2 BGB daher OLG Köln 01.09.2003
ZGS 2003, 392 (393 f.) und *Reinicke/Tiedtke* Rn. 462 f.

[654] BR/*Faust* § 437 Rn. 18 ff.; *Kötz* Rn. 964; *Looschelders* Rn. 101; *S. Lorenz* MünchKomm. Vor
§ 474 Rn. 21a; *Unberath* ZEuP 2005, 5 (28 ff.).

[655] Vgl. BR/*Faust* § 437 Rn. 18; *R. Koch* NJW 2010, 1636 (1638); *Skamel* JuS 2010, 671 (673).

[656] Siehe oben § 2 Rn. 263 sowie *Gutzeit* NJW 2015, 2565 (2566).

Unzumutbarkeit beider Nacherfüllungsformen.[657] Diese Sichtweise steht auch im Einklang mit Art. 3 Abs. 5 Spiegelstrich 3 der Verbrauchsgüterkauf-RL, nach dem der Käufer nicht vorrangig auf eine Nacherfüllung verwiesen werden kann, wenn ihm diese „erhebliche Unannehmlichkeiten" bereitet. Dies trifft jedoch solange nicht zu, wie ihm zumindest eine zumutbare Form der Nacherfüllung offensteht.

275 Für die Beurteilung der Unzumutbarkeit sind insbesondere die *Art des Kaufgegenstandes und der von dem Käufer mit der Anschaffung verfolgte Zweck* bedeutsam (siehe Art. 3 Abs. 3 Satz 3 der Verbrauchsgüterkauf-RL). Eine Unzumutbarkeit der Nacherfüllung liegt daher insbesondere dann vor, wenn es dem Käufer auf die sofortige Verfügbarkeit des Kaufgegenstandes ankommt (Beispiel: Erwerb eines Fotoapparates im Urlaub, der aufgrund des Mangels erst repariert werden müsste).[658] Jedoch muss der Verwendungszweck dem Verkäufer bei Abschluss des Vertrages zumindest erkennbar sein. Als weitere Fallgruppe der Unzumutbarkeit kommt eine *besondere Erschütterung des Vertrauens des Käufers* in eine ordnungsgemäße (Nach-)Erfüllung in Betracht. Dies kann beispielsweise gegeben sein, wenn sich an einem gekauften PKW in kurzer Zeit zahlreiche Mängel zeigen, so dass berechtigte Zweifel an einer vollständigen ordnungsgemäßen Herstellung des Fahrzeugs bestehen (sog. Montagsauto).[659] Daneben kann die Unzumutbarkeit auch aus den Umständen der mangelhaften Leistung folgen, insbesondere wenn der Verkäufer den Käufer arglistig über den Mangel getäuscht hat.[660] Gleiches gilt schließlich, wenn der Verkäufer unangemessen hohe Anforderungen an die Darlegung eines erheblichen (insbesondere sicherheitsrelevanten) Mangels stellt; dann kann der Käufer auch ohne eine gesonderte Nachfristsetzung zurücktreten.[661] In allen diesen Fällen kommt es zu Überschneidungen mit einem sofortigen Rücktrittsrecht aus § 323 Abs. 2 Nr. 3 BGB, dem die speziellere Regelung des § 440 Satz 1 Alt. 3 BGB allerdings richtigerweise vorgeht.[662]

276 Umstritten ist, ob Art. 3 Abs. 5 Spiegelstrich 3 der Verbrauchsgüterkauf-RL – der zwingende Vorgaben allerdings nur für den Verbrauchsgüterkauf i. S. des § 474 BGB[663] aufstellt – ein Rücktrittsrecht wegen Unzumutbarkeit i. S. des § 440 Satz 1

---

[657] BR/*Faust* § 440 Rn. 14 (auch zu Ausnahmekonstellationen); *Staudinger/Matusche-Beckmann* (2014) § 440 Rn. 12; im Ergebnis ähnlich *Erman/Grunewald* § 440 Rn. 4; a. A. *Jorden/Lehmann* JZ 2001, 952 (960).

[658] Ist die sofortige oder fristgemäße Verfügbarkeit des Kaufgegenstandes derart in den Vertrag eingegangen, dass der Käufer den Fortbestand seines Leistungsinteresses mit der Rechtzeitigkeit der Leistung verknüpft (sog. relative Fixschuld), kann der Rücktritt bereits nach § 323 Abs. 2 Nr. 2 BGB ohne Nachfristsetzung erfolgen. Zu den diesbezüglichen Abgrenzungsfragen *Ernst* Münch-Komm. § 323 Rn. 113 ff.

[659] BGH 23.01.2013 NJW 2013, 1523 Rn. 26; weiterführend *Erger* NJW 2013, 1485 ff.

[660] Dazu bereits oben § 2 Rn. 269.

[661] BGH 26.10.2016 NJW 2017, 153 Rn. 22 ff.

[662] Siehe oben § 2 Rn. 269.

[663] Dazu näher unten § 2 Rn. 578 ff.

Alt. 3 BGB auch dann noch gebietet, wenn die *Nacherfüllung unter „erheblichen Unannehmlichkeiten" für den Käufer bereits erfolgt ist*[664] oder ob das Rücktrittsrecht nur dann besteht, wenn der Käufer die Nacherfüllung wegen Unzumutbarkeit präventiv ablehnt.[665] Für die letztere Auffassung spricht, dass bei bereits erfolgter Nacherfüllung eine Auflösung des nunmehr erfüllten Vertrages nicht mehr interessengerecht erscheint. Es kann dann allenfalls noch um den Ausgleich der dem Käufer entstandenen „Unannehmlichkeiten" gehen, der über § 437 Nr. 3 BGB, aber in den Grenzen des § 253 BGB im Wege des Schadensersatzrechts zu erfolgen hat.

cc) Ausschluss des Rücktrittsrechts

(1) Unerheblichkeit des Mangels

Nach § 437 Nr. 2 Alt. 1 BGB i. V. mit § 323 Abs. 5 Satz 2 BGB kann der Käufer von dem Vertrag nicht zurücktreten, wenn der Mangel unerheblich ist.[666] Dies ist stets zu verneinen, wenn der Verkäufer für die betreffende Beschaffenheit eine *Garantie* übernommen hat; gleiches gilt in der Regel bei einer *arglistigen Täuschung* durch den Verkäufer über den Mangel.[667] Im Übrigen geht die wohl h. M. davon aus, dass eine Unerheblichkeit bereits dann vorliegt, wenn der Wert des Kaufgegenstandes durch den Mangel nur in einem geringfügigen Maß beeinträchtigt ist bzw. wenn sich der Mangel mit einem geringfügigen Kostenaufwand beseitigen lässt. Dies würde aber dazu führen, dass ein Rücktrittsrecht selbst bei einer erheblichen Einschränkung der Gebrauchstauglichkeit ausscheiden müsste, sofern die Mangelbeseitigung nur einen relativ geringen Kostenaufwand erfordert.[668] Hiermit würde dem Käufer aber das Druckmittel genommen, den Verkäufer durch eine Nachfristsetzung mit Rücktrittsandrohung zu einer zügigen und reibungslosen Nacherfüllung zu bewegen, an welcher der Käufer im Fall einer erheblichen Einschränkung der Gebrauchsfähigkeit selbst dann ein großes Interesse hat, wenn der Kostenaufwand für die Nacherfüllung nur gering ist. Vor diesem Hintergrund liegt eine Unerheblichkeit i. S. des § 323 Abs. 5 Satz 2 BGB richtigerweise nur dann vor, wenn durch den Mangel *sowohl der Wert als auch die Gebrauchstauglichkeit des Kaufgegenstandes nur in*

277

---

[664] Hierfür *Ernst/Gsell* ZIP 2000, 1410 (1417 f.); *Hoffmann* ZRP 2001, 347 (350); *W.H. Roth* in: Ernst/Zimmermann (Hrsg.), Zivilrechtswissenschaft und Schuldrechtsreform, 2001, S. 225 (242 ff.); ausführlich *Unberath* ZEuP 2005, 5 (25 ff.).

[665] So BT-Drucks. 14/6040, S. 223; BR/*Faust* § 437 Rn. 24; *Erman/Grunewald* § 440 Rn. 4; *Staudinger/Matusche-Beckmann* (2014) § 441 Rn. 43.

[666] Dieses Kriterium und nicht dasjenige des Interessenfortfalls gemäß § 323 Abs. 5 Satz 1 BGB gilt auch für eine Minderlieferung, die gemäß § 434 Abs. 3 BGB einem Sachmangel gleichsteht; siehe oben § 2 Rn. 182.

[667] BGH 24.03.2006 BGHZ 167, 19 Rn. 11 ff.; a. A. *Kulke* ZGS 2006, 412 ff.; *Looschelders* JR 2007, 309 ff.; *Soergel/Gsell* § 323 Rn. 216.

[668] BGH 14.09.2005 NJW 2005, 3490 (3493); BGH 29.06.2011 NJW 2011, 2872 Rn. 19 ff.; BGH 28.05.2014 BGHZ 201, 290 Rn. 30 ff. (Unerheblichkeit in der Regel, wenn Mangelbeseitigungsaufwand nicht mehr als 5 % des Kaufpreises beträgt); BR/*Faust* § 437 Rn. 26 und wohl auch *Müller/Matthes* AcP 204 (2004), 732 (747 f.).

einem geringfügigen Maß gemindert sind.[669] Ein solcher Fall liegt z. B. vor, wenn
der Kraftstoffmehrverbrauch eines Neuwagens im Verhältnis zu den einschlägigen
Herstellerangaben weniger als 10 % beträgt[670] oder das Fahrzeug an einer versteckten Stelle einen marginalen Lackschaden aufweist. Demgegenüber stellt die Abweichung zwischen einer i. S. des § 434 Abs. 1 Satz 1 BGB besonders vereinbarten und
der tatsächlichen Beschaffenheit der Kaufsache, z. B. im Hinblick auf die Lackfarbe
eines PKW, in aller Regel keinen nur unerheblichen Mangel dar.[671] *Maßgeblicher
Zeitpunkt* für die Beurteilung der Unerheblichkeit ist aus Gründen der Rechtssicherheit stets der Zeitpunkt der Rücktrittserklärung.[672] Lässt sich die konkrete Ursache
eines Mangels zunächst nicht feststellen und beheben, liegt somit selbst dann kein
unerheblicher Mangel vor, wenn sich nach der Ausübung des Rücktrittsrechts herausstellt, dass der betreffende Mangel relativ harmlos ist.

278   Die Unerheblichkeitsklausel trägt dem Umstand Rechnung, dass eine geringfügige Vertragswidrigkeit den Bestand des Schuldverhältnisses nicht mehr in Frage
stellen soll, wenn der *Kaufgegenstand bereits geliefert wurde* (siehe § 323 Abs. 5
Satz 2 BGB: „hat der Schuldner die Leistung nicht vertragsgemäß bewirkt"). In
diesem Fall ist der Käufer auf die anderen Ansprüche und Rechte beschränkt, die
§ 437 BGB aufzählt. Hingegen hindert § 323 Abs. 5 Satz 2 BGB den Käufer nicht
daran, die ihm zur Lieferung angebotene mangelhafte Sache als vertragswidrig
zurückzuweisen und nach erfolglosem Ablauf einer Nachfrist von dem Kaufvertrag
zurückzutreten.[673]

(2) Verantwortlichkeit des Käufers für den Rücktrittsgrund

279   Der Rücktritt des Käufers ist ferner ausgeschlossen, wenn er für den Rücktrittsgrund
allein oder weit überwiegend verantwortlich ist (§ 437 Nr. 2 Alt. 1 BGB i. V. mit
§ 323 Abs. 6 Alt. 1 BGB).[674] Dabei kann sich die Verantwortlichkeit nicht nur auf
den Mangel selbst, sondern auch auf einen Umstand beziehen, der den Vorrang der
Nacherfüllung entfallen lässt.[675] Dies ist eine logische Folge der Subsidiarität des
Rücktritts gegenüber der Nacherfüllung: Wenn der Gläubiger für den Tatbestand
verantwortlich ist, der diese Subsidiarität ausschließt, darf hieraus kein Rücktrittsrecht entstehen. Zerstört der Käufer z. B. die mangelhafte Kaufsache vorsätzlich,

---

[669] BT-Drucks. 14/6040, S. 223; *Höpfner* NJW 2011, 3693 (3694 f.).

[670] Siehe BGH 08.05.2007 NJW 2007, 2111 Rn. 3 f.

[671] BGH 17.02.2010 NJW-RR 2010, 1289 Rn. 23 ff.; BGH 06.02.2013 NJW 2013, 1365 Rn. 16.

[672] BGH 05.11.2008 NJW 2009, 508 Rn. 19 f.; BGH 15.06.2011 NJW 2011, 3708 Rn. 9; BGH
06.02.2013 NJW 2013, 1365 Rn. 18.

[673] Siehe oben § 2 Rn. 152 ff. sowie BGH 26.10.2016 NJW 2017, 1100 Rn. 33 und *Ernst* Münch-
Komm. § 323 Rn. 240.

[674] Diese Regelung verstößt nicht gegen die Verbrauchsgüterkauf-RL: BR/*Faust* § 437 Rn. 40;
S. Lorenz MünchKomm. Vor § 474 Rn. 14; a. A. *Gsell* JZ 2001, 65 (70 f.).

[675] Näher BR/*Faust* § 437 Rn. 34; *Kohler* AcP 203 (2003), 539 (546 ff.).

dann ist der an sich offenstehende Rücktritt (§ 326 Abs. 5 Halbsatz 1 BGB i. V. mit § 437 Nr. 2 Alt. 1 BGB) gemäß § 323 Abs. 6 Alt. 1 BGB i. V. mit § 326 Abs. 5 Halbsatz 2 BGB ausgeschlossen.[676] Aus § 346 Abs. 3 Satz 1 Nr. 3 BGB ergibt sich jedoch mittelbar, dass als Verantwortlichkeit des Gläubigers nicht jede einfache Fahrlässigkeit analog § 276 Abs. 2 BGB in Betracht kommt, sondern nur ein *Verstoß gegen die eigenübliche Sorgfalt i. S. des § 277 BGB*. Denn wenn der Käufer bei einer Beachtung dieser Sorgfalt im Rahmen des Rücktritts trotz der Verschlechterung bzw. des Untergangs der Kaufsache nicht einmal Wertersatz leisten muss, kann aufgrund seines Verhaltens nicht schon das Rücktrittsrecht selbst ausgeschlossen sein.[677]

Der Rücktritt scheidet schließlich auch aus, wenn ein durch den Verkäufer nicht **280** i. S. des § 300 Abs. 1 BGB zu vertretender Rücktrittsgrund eintritt, während sich der *Käufer in Annahmeverzug* befindet (§ 437 Nr. 2 Alt. 1 BGB i. V. mit § 323 Abs. 6 Alt. 2 BGB). Beispiel: Der Verkäufer hat eine Nacherfüllung in Annahmeverzug begründender Weise angeboten; danach geht der mangelhafte Kaufgegenstand bei dem Käufer durch Zufall unter. Gleiches gilt, wenn ein von dem Verkäufer nicht zu vertretender Rechtsmangel zu einem Zeitpunkt eingetreten ist, zu dem sich der Käufer in Annahmeverzug befand.[678] Hingegen ist § 323 Abs. 6 Alt. 2 BGB nicht als besonderer Ausschlussgrund für ein an sich bestehendes Rücktrittsrecht einschlägig, wenn ein „Mangel" der Kaufsache erst während des Annahmeverzugs des Käufers eingetreten ist. Die Verschlechterung stellt in diesem Fall wegen des Gefahrübergangs nach § 446 Satz 3 BGB bereits keinen Sachmangel i. S. des § 434 BGB dar, so dass § 437 BGB nicht anwendbar ist und ein Rücktrittsrecht von vornherein ausscheidet.[679]

d) Minderung des Kaufpreises nach § 441 Abs. 1 Satz 1 BGB i. V. mit § 437 Nr. 2 Alt. 2 BGB

aa) Rechtsnatur der Minderung

Nach § 437 Nr. 2 Alt. 2 BGB kann sich der Käufer anstelle eines Rücktritts von dem **281** Kaufvertrag auch dafür entscheiden, den Kaufpreis nach Maßgabe des § 441 BGB zu mindern. Die Minderung wandelt den Kaufvertrag anders als ein Rücktritt nicht insgesamt in ein Rückgewährschuldverhältnis um. Vielmehr reduziert sich lediglich die Kaufpreiszahlungspflicht des Käufers. Deren Höhe bemisst sich nach rechtswirksamer Ausübung des Minderungsrechts nicht mehr nach der vertraglichen

---

[676] Der Kaufpreis mindert sich aber analog § 326 Abs. 2 Satz 2 BGB um den Nacherfüllungsaufwand, den der Verkäufer erspart hat; BR/*Faust* § 437 Rn. 34; *S. Lorenz* NJW 2002, 2497 (2499); a. A. BGH 23.02.2005 BGHZ 162, 219 (225 ff.).

[677] Siehe *Kohler* AcP 203 (2003), 539 (551 ff.).

[678] § 326 Abs. 2 Satz 2 BGB ist wiederum analog anzuwenden; siehe § 2 Rn. 253 und BR/*Faust* § 437 Rn. 39.

[679] Siehe oben § 2 Rn. 246.

Abrede, sondern nach Maßgabe des § 441 Abs. 3 Satz 1 BGB.[680] Dementsprechend kann der Käufer der Geltendmachung des Kaufpreisanspruchs bereits vor der Ausübung des Minderungsrechts eine Einrede entgegenhalten, die sich auf den entfallenden Kaufpreisanteil bezieht.[681]

282   Die Minderung, d. h. die Herabsetzung des geschuldeten Kaufpreises, tritt nicht kraft Gesetzes ein, sondern ist im Kaufrecht als *Gestaltungsrecht* konzipiert. Dessen Ausübung erfolgt durch eine empfangsbedürftige Willenserklärung (§ 441 Abs. 1 Satz 1 BGB). Sind auf einer Seite des Vertrages mehrere Personen beteiligt, so kann die Minderung nach § 441 Abs. 2 BGB nur von allen bzw. gegenüber allen erklärt werden.[682]

283   Mit Zugang der Erklärung bei dem Verkäufer ist die Minderung wirksam, so dass der Käufer diese nicht mehr einseitig widerrufen kann.[683] Auch eine Anfechtung wegen Irrtums ist nur eingeschränkt möglich. Insbesondere ist es dem Käufer verwehrt, sich später auf einen Irrtum über die Rechtsfolgen der Minderung (d. h. die Höhe derselben) zu berufen, wenn er zu der Überzeugung gelangt, der Rücktritt vom Vertrag wäre für ihn günstiger gewesen.[684] Weist die Kaufsache hingegen noch einen weiteren, in dem Minderungsbegehren nicht berücksichtigten Mangel auf, kann der Käufer deswegen weiter Nacherfüllung verlangen oder auf den Rücktritt übergehen.[685]

bb) Voraussetzungen der Minderung

284   § 441 Abs. 1 Satz 1 BGB gewährt das Recht zur Minderung „statt" des Rücktritts. Daher müssen für das Minderungsrecht *grundsätzlich alle Voraussetzungen eines Rücktrittsrechts* erfüllt sein.[686] Insbesondere ist auch die Minderung regelmäßig

---

[680] Zur Berechnung näher unten § 2 Rn. 286 f.

[681] Siehe oben § 2 Rn. 260 zur Parallelfrage bei einem Rücktritt.

[682] Diese Regelung entspricht derjenigen in § 351 Satz 1 BGB für das Rücktrittsrecht, weshalb § 351 Satz 2 BGB auf das Minderungsrecht analog angewendet werden sollte; so BR/*Faust* § 441 Rn. 19; *H.P. Westermann* § 441 Rn. 6.

[683] Nach *Stöber* NJW 2017, 2785 (2786 f.) soll dem Käufer auch nach erklärter Minderung jedoch noch ein uneingeschränkter Übergang auf den Rücktritt offenstehen; zutreffend a. A. BGH 09.05.2018 VIII ZR 26/17 Rn. 17 ff.; *Erman/Grunewald* § 437 Rn. 45 und *H. P. Westermann* MünchKomm. § 441 Rn. 4. In Betracht kommt allenfalls eine Einschränkung der Bindungswirkung nach § 242 BGB, insbesondere wenn der Verkäufer seinen Pflichten aus der erfolgten Minderung (z. B. anteilige Kaufpreisrückzahlung nach § 441 Abs. 4 BGB) nicht ordnungsgemäß nachkommt; vgl. dazu bereits oben § 2 Rn. 259 in Fn. 610.

[684] Zur grundsätzlichen Unbeachtlichkeit eines Rechtsfolgenirrtums im Rahmen des § 119 Abs. 1 BGB *Wolf/Neuner* § 41 Rn. 87 ff.

[685] *H.P. Westermann* in: Schulze/Schulte-Nölke (Hrsg.), Die Schuldrechtsreform vor dem Hintergrund des Gemeinschaftsrechts, 2001, S. 109 (127).

[686] *Huber/Faust* 13/87; *Schlechtriem* Rn. 79. Insbesondere kommt keine Minderung, sondern nur eine Anrechnung ersparter Aufwendungen analog § 326 Abs. 2 Satz 2 BGB in Betracht, wenn der Käufer dafür verantwortlich ist, dass der Verkäufer nicht nacherfüllen kann: BR/*Faust* § 441 Rn. 28; a. A. *Grunewald* § 9 Rn. 81 m. w. N.

gegenüber dem Anspruch auf Nacherfüllung aus § 439 BGB subsidiär.[687] Eine
weitere Parallele zum Rücktritt[688] besteht darin, dass bei einer bereits erfolgten Nacherfüllung dem Käufer richtigerweise selbst dann kein Minderungsrecht
zusteht, wenn die Nacherfüllung ihm „erhebliche Unannehmlichkeiten" i. S. des
Art. 3 Abs. 5 Spiegelstrich 3 der Verbrauchsgüterkauf-RL bereitet hat.[689]

Lediglich in einer Konstellation lässt *§ 441 Abs. 1 Satz 2 BGB* die Minderung zu,   **285**
obwohl dem Käufer kein Rücktrittsrecht zusteht. Ist der Mangel nur unerheblich,
soll zwar nach § 323 Abs. 5 Satz 2 BGB nicht der gesamte Vertrag rückabgewickelt
werden; ein Ausschluss der Herabsetzung des Kaufpreises durch Minderung wird
von dem Regelungszweck dieser Vorschrift aber nicht getragen.

cc) Berechnung der Minderung

Die Minderung ist gemäß § 441 Abs. 3 Satz 1 BGB nach einer *relativen Methode*   **286**
zu berechnen. Der Kaufpreis wird in dem Verhältnis herabgesetzt, in dem zur Zeit
des Vertragsschlusses der Wert der Sache in mangelfreiem Zustand zu dem wirklichen Wert (d. h. der mangelhaften Sache) gestanden hätte. Der Wert der mangelhaften Sache (a) verhält sich mithin zu dem Wert der mangelfrei gedachten Sache (b)
wie der geminderte Kaufpreis (x) zu dem vereinbarten Kaufpreis (p): $a/b = x/p$.
Zur Ermittlung des geminderten Kaufpreises ist daher das Produkt aus Kaufpreis
und Wert des mangelhaften Kaufgegenstandes durch den Wert des vertragsgemäß
gedachten Kaufgegenstandes zu dividieren: $x = (a*p)/b$.[690] Beispiel: Der Kaufpreis
beträgt 100 Euro, der Wert des Kaufgegenstandes in mangelfreiem Zustand ist 150
Euro und der Wert unter Berücksichtigung des Mangels ist 100 Euro. In diesem Fall
beträgt der geminderte Kaufpreis: (100 Euro*100 Euro)/150 Euro = 66,67 Euro.

Diese relative Berechnungsmethode überträgt somit das spezifische *subjektive*   **287**
Äquivalenzverhältnis des Kaufvertrages, das sich aus einer Abweichung des Kaufpreises von dem objektiven Wert der vertragsgemäßen Sache ergeben kann, auf den
geminderten Kaufpreis.[691] In dem soeben genannten Beispiel findet somit der für den
Käufer günstige Ausgangskaufpreis durch eine anteilige Minderung Berücksichtigung, obwohl selbst der mangelhafte Kaufgegenstand noch den Wert des Ausgangs-
kaufpreises hat. Entsprechendes gilt umgekehrt bei einem für den Käufer ungünstigen Ausgangskaufpreis. Die für die Berechnung der Minderung erforderlichen
Werte des Kaufgegenstandes in mangelfreiem und mangelbehaftetem Zustand sind
nach § 441 Abs. 3 Satz 2 BGB erforderlichenfalls durch eine Schätzung zu ermitteln.

---

[687] Siehe oben § 2 Rn. 262 ff.

[688] Siehe oben § 2 Rn. 276.

[689] Wie hier *Greiner* S. 62 f.; *Staudinger/Matusche-Beckmann* (2014) § 441 Rn. 46; ebenso BR/*F-
aust* § 441 Rn. 29 ff., allerdings unter Annahme eines Verstoßes des deutschen Rechts gegen die
Richtlinie.

[690] Statt aller *Staudinger/Matusche-Beckmann* (2014) § 441 Rn. 13 f.

[691] BGH 27.05.2011 NJW 2011, 2953 Rn. 9; *Esser/Weyers* BT 1, § 5 III 2, S. 48; *Medicus/Lorenz*
Rn. 164; *Staudinger/Matusche-Beckmann* (2014) § 441 Rn. 15.

dd) Rückerstattungsanspruch des Käufers (§ 441 Abs. 4 BGB)

288 Hat der Käufer bereits einen höheren Betrag an den Verkäufer entrichtet, als er nach der Ausübung des Minderungsrechts als Kaufpreis schuldet, so ist die Differenz gemäß § 441 Abs. 4 Satz 1 BGB zurückzuerstatten. Hierbei finden gemäß § 441 Abs. 4 Satz 2 BGB auch die Vorschriften über die Herausgabe von Nutzungen bei einem Rücktritt entsprechende Anwendung. Der vertragliche Rückgewähranspruch besteht allerdings nur, wenn der Käufer den Mehrbetrag geleistet hat, bevor die Gestaltungswirkung der Minderung eingetreten ist.[692] Zahlt er irrtümlich den ursprünglich vereinbarten Betrag nach der Minderung, so ergibt sich sein Rückforderungsrecht auf den Differenzbetrag aus § 812 Abs. 1 Satz 1 Alt. 1 BGB.[693]

e) Anspruch des Käufers auf Schadens- oder Aufwendungsersatz

289 Schließlich kann der Käufer, dem ein mangelhafter (§§ 434, 435 BGB) Kaufgegenstand geliefert worden ist, nach Maßgabe der in § 437 Nr. 3 BGB genannten Anspruchsgrundlagen von dem Verkäufer Schadensersatz oder den Ersatz vergeblicher Aufwendungen i. S. des § 284 BGB verlangen.

aa) Ansprüche auf Schadensersatz

290 Hinsichtlich des Schadensersatzes ist dabei nach *verschiedenen Schadensposten* zu unterscheiden:[694]

291 Auf einer ersten Stufe kann danach differenziert werden, ob die betreffende Schadensposition das Interesse des Käufers an einer (zeitlich und sachlich) ordnungsgemäßen Leistung oder an dem Schutz seiner sonstigen Rechtsgüter betrifft, die unabhängig von seinem kaufvertraglichen Erfüllungsinteresse bestehen. Ist Letzteres der Fall (z. B.: das gelieferte Tier ist krank und steckt andere Tiere der Herde an), geht es um den Ersatz von *Integritätsschäden*, der sich ausschließlich nach § 280 Abs. 1 BGB richtet (sog. *einfacher Schadensersatz*).[695]

292 Steht hingegen das *Erfüllungsinteresse* des Käufers in Rede, muss auf einer zweiten Stufe weiter gefragt werden, ob der Schaden die Verzögerung einer mangelfreien Leistung betrifft. Dann ist § 280 Abs. 1 BGB nur i. V. mit § 280 Abs. 2

---

[692] Vgl. BT-Drucks. 14/6040, S. 235 f.; wohl auch *H.P. Westermann* MünchKomm. § 441 Rn. 17.

[693] Einer etwaigen Berufung des Verkäufers auf eine Entreicherung (§ 818 Abs. 3 BGB) können jedoch die Besonderheiten des Bereicherungsausgleichs bei gegenseitigen Verträgen entgegenstehen. Dazu ausführlich *Larenz/Canaris* BT 2, § 73 III, S. 321 ff.

[694] Wie hier *Huber/Faust* 13/105; weiterführend *Grigoleit/Riehm* AcP 203 (2003), 727 ff.; zu anderen Abgrenzungsversuchen BR/*Faust* § 437 Rn. 51 ff.; *S. Lorenz* NJW 2002, 2497 (2500); *Ostendorf* NJW 2010, 2833 ff. und ausführlich *Hellwege* Die §§ 280 ff. BGB, 2005, S. 14 ff. sowie *Soergel/Benicke/Hellwig* § 280 Rn. 285 ff.

[695] Dazu unten § 2 Rn. 311 ff.

BGB und § 286 BGB einschlägig (*Schadensersatz wegen Verzögerung der Leistung*).[696] Geht es hingegen um einen Ausgleich für das endgültige Vorhandensein eines Mangels, beurteilen sich die Voraussetzungen des Schadensersatzes neben § 280 Abs. 1 BGB nach § 280 Abs. 3 BGB i. V. mit den §§ 281, 283 BGB bzw. nach § 311a Abs. 2 BGB (*Schadensersatz statt der Leistung*).[697]

Besonderde Bedeutung für einen Schadensersatzanspruch aufgrund einer mangel- **293** haften Leistung erlangt das *Vertretenmüssen der Pflichtverletzung* durch den Verkäufer, da dieses für alle in § 437 Nr. 3 BGB genannten Schadensersatzansprüche erforderlich ist (vgl. § 280 Abs. 1 Satz 2 BGB i. V. mit den §§ 281, 283 BGB sowie § 311a Abs. 2 Satz 2 BGB). In diesem Zusammenhang ist allerdings zu beachten, dass die objektive Pflichtverletzung i. S. des § 280 Abs. 1 Satz 1 BGB bereits in der mangelhaften Leistung als solcher liegt, während das Vertretenmüssen i. S. des § 280 Abs. 1 Satz 2 BGB sich auf die subjektive Verantwortlichkeit des Verkäufers für die mangelhafte Leistung bezieht.[698] Bedeutung hat diese Unterscheidung insbesondere im Hinblick auf die *unterschiedliche Beweislast*, die für das Vorliegen einer objektiven Pflichtverletzung den Käufer, hinsichtlich des (mangelnden) Vertretenmüssens hingegen den Verkäufer trifft.

(1) Ersatz des Verzugsschadens (§ 280 Abs. 1 und 2 BGB i. V. mit § 437 Nr. 3 BGB)

Nach § 280 Abs. 1 und 2 BGB i. V. mit § 437 Nr. 3 BGB kann der Käufer Scha- **294** densersatz wegen Verzögerung der Leistung verlangen. Dabei bezieht sich die Leistungsverzögerung im Rahmen des § 437 Nr. 3 BGB darauf, dass sich der Verkäufer nach Maßgabe des § 286 BGB mit seiner *Pflicht zur Nacherfüllung (§ 439 BGB) in Verzug befindet*. Unter den ersatzfähigen Verzögerungsschaden fallen z. B. Kosten der Rechtsverfolgung des Käufers, die nach dem Verzugseintritt aufgewandt wurden. Eine verzugsbegründende Mahnung muss dabei nicht ausdrücklich erfolgen, sondern liegt in jeder eindeutigen Aufforderung zur Nacherfüllung. Da der Verzug eine fortbestehende und durchsetzbare Leistungspflicht des Schuldners voraussetzt,[699] entfällt allerdings ein Anspruch auf den Ersatz des Verzugsschadens ab dem Zeitpunkt, ab dem den Verkäufer aus einem beliebigen Grund keine Pflicht zur Nacherfüllung i. S. des § 439 BGB mehr trifft.[700]

---

[696] Siehe unten § 2 Rn. 294 ff. Anders BR/*Faust* § 437 Rn. 69 f., der den Verzögerungsschaden als einen Unterfall des einfachen Schadensersatzes betrachtet, da dieser durch eine spätere Nacherfüllung nicht mehr aus der Welt geschafft werden kann. Jedoch betrifft auch der Verzögerungsschaden das Leistungsinteresse. Es geht um einen Schadensersatz „statt der rechtzeitigen Leistung", der § 280 Abs. 3 BGB näher steht als dem einfachen Schadensersatz nach § 280 Abs. 1 BGB. Dies wirkt sich insbesondere auf die Voraussetzungen des Ausgleichs von Nutzungsausfallschäden bei mangelhafter Leistung aus; siehe § 2 Rn. 295 ff.

[697] Vgl. unten § 2 Rn. 301 ff.

[698] Hierzu eingehend *Looschelders* Festschrift für Canaris, Bd. I, 2007, S. 738 ff. und *Kohler* ZZP 118 (2005), 25 ff.

[699] Statt aller *Ernst* MünchKomm. § 286 Rn. 20 ff.

[700] Dazu oben § 2 Rn. 221 ff.

295   Sehr umstritten ist, ob der aus einem Mangel entstehende *Nutzungsausfallscha-*
den nur nach Verzugsgrundsätzen oder als Integritätsschaden bereits unter den Voraussetzungen des § 280 Abs. 1 BGB[701] zu ersetzen ist. Beispiel: Eine durch den Verkäufer gelieferte defekte Maschine „stoppt" die Produktion eines Unternehmens,
was zu einem Gewinnausfall führt. Die alleinige Anwendung des § 280 Abs. 1 BGB
würde den Käufer in diesem Fall relativ günstig stellen, da ihm dann – vorbehaltlich
eines Entlastungsbeweises des Verkäufers i. S. des § 280 Abs. 1 Satz 2 BGB – sämtliche Gewinnausfälle zu ersetzen wären. Demgegenüber wären nach der Lösung
über § 280 Abs. 2 BGB nur diejenigen Schäden zu ersetzen, die nach Verzugseintritt entstehen. Dieser setzt zum einen grundsätzlich eine Mahnung nach § 286
Abs. 1 Satz 1 BGB voraus. Zum anderen tritt selbst dann nach richtiger Auffassung
kein Verzug ein, wenn der Schuldner unverzüglich nach Zugang der Mahnung die
geschuldete Leistung (d. h. hier die Nacherfüllung) erbringt.[702]

296   Nach der h. M.[703] soll der Nutzungsausfallschaden dem § 280 Abs. 1 BGB ohne
das Verzugserfordernis der §§ 280 Abs. 2, 286 BGB unterfallen. Diese Sichtweise
wird, neben einem Verweis auf eine entsprechende Einschätzung in den Gesetzesmaterialien,[704] vor allem auf die folgenden Argumente gestützt: Zum einen stelle
die mangelhafte Lieferung selbst eine Pflichtverletzung i. S. des § 280 Abs. 1
Satz 1 BGB dar, so dass es für den Schadensersatz keines Anknüpfens an die Verspätung der vertragsgemäßen Leistung bedürfe. Zum anderen sei der Käufer im
Fall mangelhafter Leistungen regelmäßig besonders schutzbedürftig, da ihm das
Leistungsdefizit häufig zunächst verborgen bleibe und er sich daher – anders als
bei einer gänzlichen Nichtleistung – nicht durch eine rechtzeitige Mahnung oder
eine Terminbestimmung i. S. des 286 Abs. 2 Nr. 1 BGB im Rahmen des Verzugs-
rechts absichern könne. Der gebotene Schutz des Verkäufers vor einer übermäßigen
Inanspruchnahme sei bereits dadurch sichergestellt, dass eine Schadensersatzpflicht
nach § 280 Abs. 1 Satz 2 BGB ausscheide, wenn er sich hinsichtlich des betreffenden Mangels exkulpieren könne.

297   Diese Sichtweise erscheint zwar hinsichtlich des Arguments der Schutzbedürftigkeit des Käufers durchaus plausibel, ist jedoch mit der *Systematik der §§ 280 ff.*
BGB nur schwer vereinbar. Die Norm des § 280 BGB knüpft die unterschiedlichen
Voraussetzungen des Schadensersatzes an die *Art des geltend gemachten Scha-*
dens und in diesem Rahmen resultiert der Nutzungsausfall aus einer verzögerten
mangelfreien Leistung bzw. Nacherfüllung i. S. des § 280 Abs. 2 BGB. Betroffen

---

[701] Hierzu näher unten § 2 Rn. 311 ff.

[702] Siehe *U. Huber* Leistungsstörungen, Bd. I, 1999, § 19 I 1, S. 455 f.; *Larenz* SchR AT, § 23 I a,
S. 345 f.; *Staudinger/Löwisch/Feldmann* (2014) § 286 Rdnr. 60; differenzierend *Schwarze* § 28
Rn. 37; a. A. BR/*Unberath* § 286 Rn. 60.

[703] BGH 19.06.2009 BGHZ 181, 317 Rn. 12 ff.; BR/*Faust* § 437 Rn. 58 f.; *Ernst* MünchKomm.
§ 280 Rn. 58 ff.; *Fikentscher/Heinemann* Rn. 506; *Grunewald* § 9 Rn. 83; *Reinicke/Tiedtke*
Rn. 520 ff.; *Staudinger/Schwarze* (2014) § 280 Rn. C 27 ff.; *H.P. Westermann* MünchKomm.
§ 437 Rn. 34.

[704] BT-Drucks. 14/6040, S. 225.

ist somit das *Leistungsinteresse des Käufers* an einer termingerechten Erlangung des mangelfreien Gegenstandes, das der Regelung des Verzugsschadens und nicht dem leistungsunabhängigen Integritätsinteresse unterfällt.[705] Als Vergleich kann die Lage herangezogen werden, die bestünde, wenn der Verkäufer seiner Lieferpflicht überhaupt nicht (statt: mangelhaft) nachgekommen wäre. In diesem Fall ist der Nutzungsausfall als Leistungsinteresse unstreitig nur unter den Voraussetzungen des § 286 BGB ersatzfähig. Dann sollte bei einer vertragswidrigen Leistung aber nichts anderes gelten.

Eine abweichende Einschätzung ist auch dann nicht gerechtfertigt, wenn der Nut- **298** zungsausfall, wie in dem oben angeführten Beispiel, die gewerbliche Produktion des Käufers beeinträchtigt. Zwar stellt der sog. eingerichtete und ausgeübte Gewerbebetrieb eine Position dar, die im Rahmen des § 823 Abs. 1 BGB als absolutes Recht, d. h. als geschützte Integrität, anerkannt ist.[706] Der Nutzungsausfallschaden, der aus einer mangelhaften Lieferung resultiert, stellt aber keinen Eingriff in diese Integrität dar.[707] Denn wenn der Unternehmer sich entschließt, einen neuen Kaufgegenstand in seinen Gewerbebetrieb zu integrieren, besteht insoweit keine Integrität mehr, die von seinem Interesse an einer fristgerechten mangelfreien Leistung verschieden wäre. Schließlich könnte man an einen Integritätsschaden i. S. des § 280 Abs. 1 BGB im Fall des Nutzungsausfalls dann denken, wenn der Käufer im Vertrauen auf die Mangelfreiheit der Leistung alternative Kompensationsmaßnahmen unterlassen hat.[708] Beispiel: Wenn der Käufer um die Mangelhaftigkeit einer neuen Maschine gewusst hätte, so hätte er die Produktion bis zur Mangelbeseitigung noch mit seiner alten Maschine fortgeführt und dadurch einen Gewinn erwirtschaftet. Zwar steht in einem solchen Fall ein Vertrauensschaden in Rede, der typischerweise § 280 Abs. 1 BGB unterfällt. Doch bezieht sich das Vertrauen dabei nicht auf das Ausbleiben schädigender Eingriffe, sondern auf die Funktionsfähigkeit des Kaufgegenstandes, so dass letztlich doch wieder das Interesse an einer fristgemäßen Leistung in Rede steht.

Folglich sind Nutzungsausfallschäden gemäß § 280 Abs. 2 BGB i. V. mit § 286 **299** BGB *nur bei einem Verzug des Verkäufers zu ersetzen.* In der Literatur wird darüber hinaus vorgeschlagen, dass der Verzug bei einer mangelhaften Leistung aufgrund einer typisierten Interessenabwägung i. S. des § 286 Abs. 2 Nr. 4 BGB stets ohne eine Mahnung eintrete.[709] Diese Sichtweise nähert sich im Ergebnis einer Anwendung

---

[705] *Dauner-Lieb/Dötsch* DB 2001, 2535 (2537); *Huber/Faust* 3/223; *Kandler* Kauf und Nacherfüllung, 2004, S. 533 ff.; NK-BGB/*Büdenbender* § 437 Rn. 74 ff.; *Petersen* Jura 2002, 461 (462 f.); *Wieser* JR 2002, 269 (270).

[706] Statt aller *Fikentscher/Heinemann* Rn. 1572 ff. m. w. N.

[707] A. A. *von Wilmowsky* JuS 2002/Beilage Heft 1, 1 (20) und ähnlich *Canaris* ZIP 2003, 321 (323 f.).

[708] BR/*Faust* § 437 Rn. 143; *Gsell* Festschrift für Canaris, Bd. I, 2007, S. 352 f.; *Reinicke/Tiedtke* Rn. 524; *Schwarze* § 30 Rn. 3.

[709] *Grigoleit/Riehm* AcP 203 (2003), 727 (754 ff.); *dies.* JuS 2004, 745 (747 f.); in der Sache ähnlich *Harke* Rn. 77.

des § 280 Abs. 1 BGB an, ist jedoch mit dieser nicht vollkommen identisch. Denn selbst wenn eine Mahnung für entbehrlich gehalten wird, kann ein Verzug nach zutreffender Auffassung erst eintreten, nachdem der Käufer sein Nacherfüllungs-recht geltend gemacht hat, da vor diesem Zeitpunkt aufgrund des Wahlrechts des Käufers aus § 439 Abs. 1 BGB insbesondere unklar sein kann, ob der Verkäufer eine Nachlieferung oder eine Nachbesserung schuldet und der Nacherfüllungsan-spruch somit noch nicht fällig ist.[710] Im Übrigen stützt sich die hier referierte ver-mittelnde Meinung, die zwar § 280 Abs. 2 BGB anwenden will, aber eine Mahnung für entbehrlich hält, auf ähnliche Argumente wie die h. M.: Der Gläubiger, dem der Mangel verborgen bleiben könne und der daher weniger Anlass für eine Mahnung (zur Mangelbeseitigung) habe als im Fall einer gänzlichen Nichtleistung, sei beson-ders schutzbedürftig. Darüber hinaus laufe die mit der Mahnung bezweckte Appell-funktion leer, da der Schuldner seine Leistungspflicht mit der mangelhaften Leis-tung implizit bereits anerkannt habe. Dies erscheint jedoch fragwürdig, da auch dem Verkäufer der Mangel und damit das Fehlen einer vollständigen Erfüllung seiner Pflicht selbst dann verborgen geblieben sein kann, wenn seine vertragswidrige Leis-tung auf Fahrlässigkeit beruht und somit das nach § 286 Abs. 4 BGB für den Ver-zugseintritt ebenfalls erforderliche Verschulden vorliegt. Aus diesem Grund ist eine *Mahnung auch bei Nutzungsausfallschäden nicht per se entbehrlich*, sondern die Ausnahmetatbestände des § 286 Abs. 2 BGB greifen nur aufgrund der besonderen Umstände des Einzelfalls ein.[711]

300   Damit entsteht das *Folgeproblem, inwieweit ein Verzugstatbestand „ausstrahlen"* *kann*, wenn er bereits für den ursprünglichen Erfüllungsanspruch aus § 433 Abs. 1 BGB begründet worden ist. Beispiel: Für die Lieferung einer Maschine war ein Termin i. S. des § 286 Abs. 2 Nr. 1 BGB bestimmt; der Verkäufer liefert unerkannt mangelhaft. Haftet der Verkäufer nun auch im Hinblick auf die nicht rechtzeitige mangelfreie Leistung nach § 280 Abs. 1 und 2 BGB i. V. mit § 286 BGB ohne das Erfordernis einer Mahnung?[712] Dies ist bereits im Hinblick auf das Erfordernis einer fälligen Leistung gemäß § 286 Abs. 1 Satz 1 BGB problematisch: Sofern die Nach-erfüllung i. S. des § 439 BGB sowohl durch Nachbesserung als auch durch Nach-lieferung erfolgen kann, kommt ein Verzugsbeginn erst dann in Betracht, wenn der Käufer sein Wahlrecht ausgeübt und die betreffende Nacherfüllungsvariante damit fällig gestellt hat.[713] Die Fälligkeit der Nacherfüllungspflicht setzt zudem voraus,

---

[710] Siehe BR/*Faust* § 439 Rn. 11; *Staudinger/Matusche-Beckmann* (2014) § 439 Rn. 1; a. A. NK-BGB/*Büdenbender* § 439 Rn. 27.

[711] Dabei wird eine Mahnung bei vorsätzlich-mangelhafter Leistung des Schuldners allerdings in aller Regel gemäß § 286 Abs. 2 Nr. 4 BGB entbehrlich sein; siehe *Ernst* MünchKomm. § 286 Rn. 68. Insoweit haftet auch der Verkäufer, der den Mangel nach der Lieferung erkennt, aber nicht unverzüglich die Mangelbeseitigung einleitet, nach der hier vertretenen Auffassung ab diesem Zeitpunkt unabhängig von einer Mahnung nach den §§ 280 Abs. 2, 286 Abs. 2 Nr. 4 BGB, was bei *Gsell* Festschrift für Canaris, Bd. I, 2007, S. 354 ff. unberücksichtigt bleibt.

[712] So *Arnold/Dötsch* BB 2003, 2250 (2253 mit Fn. 32).

[713] Vgl. BR/*Faust* § 437 Rn. 147; *Hellwege* Die §§ 280 ff. BGB, 2005, S. 93; *Huber/Bach* § 10 Rn. 285.

dass der Käufer den Mangel zumindest in seinen Symptomen hinreichend genau beschreibt und dem Verkäufer durch die Einräumung einer Untersuchungsmöglichkeit am jeweils für die Nacherfüllung einschlägigen Erfüllungsort[714] weitere Nacherfüllungsmaßnahmen gestattet.[715] Darüber hinaus erfüllt die Terminbestimmung für die Lieferung als solche im Hinblick auf die Mangelfreiheit nicht die durch § 286 BGB angestrebte Appellfunktion. Somit liegt ein Verzug mit der Nacherfüllungspflicht stets nur dann vor, wenn der betreffende Tatbestand des § 286 BGB (z. B. eine Mahnung i. S. des § 286 Abs. 1 Satz 1 BGB) eine hinreichende Verbindung zu dem jeweiligen Mangel aufweist (d. h.: wenn gerade die Beseitigung des betreffenden Mangels angemahnt wurde).[716]

(2) Schadensersatz statt der Leistung (§§ 280 Abs. 3, 281, 283 und 311a Abs. 2 BGB)

(a) Allgemeines

Ein Anspruch des Käufers auf Schadensersatz statt der Leistung kann sich aus den **301** in § 437 Nr. 3 BGB genannten Anspruchsgrundlagen, d. h. aus den §§ 280 Abs. 3, 281, 283 und 311a Abs. 2 BGB ergeben. Im Fall eines Mangels geht es dabei jeweils um eine „nicht wie geschuldet" erbrachte Leistung i. S. des § 281 Abs. 1 Satz 3 BGB, gegebenenfalls i. V. mit den §§ 283 Satz 2, 311a Abs. 2 Satz 3 BGB.

In der Regel folgt der Schadensersatzanspruch statt der Leistung wegen des **302** Mangels aus § 281 Abs. 1 Satz 1 Alt. 2 BGB, d. h. er setzt *grundsätzlich eine erfolglose Nachfrist für die Nacherfüllung* voraus.[717] § 283 BGB findet Anwendung, wenn der Mangel nach Vertragsschluss i. S. des § 275 BGB unbehebbar geworden ist, während § 311a Abs. 2 BGB bei anfänglich unbehebbaren Mängeln eingreift.[718]

Umstritten ist dabei, ob die *relevante Pflichtverletzung*, die der Verkäufer i. S. **303** des § 280 Abs. 1 Satz 2 BGB zu vertreten haben muss, nur die Nichterbringung der Nacherfüllung sein kann[719] oder auch die ursprüngliche mangelhafte Lieferung

---

[714] Hierzu oben § 2 Rn. 191 f.

[715] Zu diesen Obliegenheiten des Käufers BGH 10.03.2010 NJW 2010, 1448 Rn. 12; BGH 19.12.2012 NJW 2013, 1074 Rn. 24; BGH 01.05.2015 NJW 2015, 3455 Rn. 30; BGH 26.10.2016 NJW 2017, 153 Rn. 25; BGH 19.07.2017 NJW 2017, 2758 Rn. 27.

[716] Siehe bereits oben § 2 Rn. 264 m. w. N. zum Parallelproblem bei der Nachfristsetzung und *Grunewald* Festschrift für Ulrich Huber, 2006, S. 296; *Huber/Faust* 3/46. Diese Lösungsmöglichkeit übersieht *Ernst* MünchKomm. § 280 Rn. 59 in seiner Kritik an der Verzugslösung.

[717] Siehe dazu noch unten § 2 Rn. 309 f.

[718] Zu der Kontroverse um den Haftungsgrund des § 311a Abs. 2 BGB: *Canaris* Festschrift für Heldrich, 2005, S. 11 ff.; *Ernst* MünchKomm. § 311a Rn. 15 m. w. N.; sehr kritisch zu der verschuldensabhängigen Haftung auf das positive Interesse bei anfänglichen Leistungshindernissen *Lobinger* Die Grenzen rechtsgeschäftlicher Leistungspflichten, 2004, S. 42 ff. und 279 ff.

[719] So *Dauner-Lieb* Festschrift für Konzen, 2006, S. 80 f.; *S. Lorenz* NJW 2002, 2497 (2501 ff.); *Lorenz/Riehm* Rn. 534 f.; *Riehm* Festschrift für Canaris, Bd. I, 2007, S. 1093 f. und wohl auch OLG Celle 28.06.2006 NJW-RR 2007, 353 (354).

i. S. der §§ 434, 435 BGB.[720] Nähme man Letzteres an, würde der Verkäufer auch dann Schadensersatz statt der Leistung schulden, wenn er zwar den Mangel vor der Lieferung erkennen und beseitigen konnte (§ 276 Abs. 2 BGB), er die Nicht-erbringung der Nacherfüllung aber nicht zu vertreten hat.[721] Dies kann z. B. der Fall sein, wenn die mangelhafte und nicht ersetzbare Stückkaufsache vor Ablauf der Nachbesserungsfrist durch Zufall untergegangen ist oder wenn die Nacherfül-lung aufgrund eines Importverbotes für die benötigten Ersatzteile nicht in der Frist des § 281 Abs. 1 Satz 1 BGB erbracht werden konnte. Eine solche Zufallshaftung aufgrund eines „vorgelagerten" Vertretenmüssens bedarf jedoch einer besonderen gesetzlichen Anordnung, wie § 287 Satz 2 BGB für den Verzug implizit bestätigt.[722] Darüber hinaus würde die extensive Auffassung die gesetzlich vorgesehene *Nach-erfüllungschance des Verkäufers* entwerten.[723] Aus diesem Gedanken ergibt sich zugleich, wann der Verkäufer ausnahmsweise bereits wegen einer durch ihn zu ver-tretenden mangelhaften Lieferung Schadensersatz statt der Leistung schuldet: Dies ist der Fall, wenn eine Nachfristsetzung gemäß §§ 281 Abs. 2, 440 Satz 1 Alt. 3 BGB entbehrlich ist und dem Verkäufer die Nacherfüllungschance damit durch das Gesetz bewusst entzogen wird.[724] Im Übrigen knüpft ein Schadensersatz statt der Leistung im Rahmen des § 437 Nr. 3 BGB aber richtigerweise (nur) an das Aus-bleiben der Nacherfüllung an, während die mangelhafte Leistung als solche ledig-lich Grundlage eines einfachen Schadensersatzes gemäß § 280 Abs. 1 BGB sein kann (insbesondere für Integritätsschäden).[725] Die praktischen Unterschiede der hier

---

[720] So mit Unterschieden im Einzelnen BR/*Faust* § 437 Rn. 7, 113 ff.; *Faust* Festschrift für Canaris, Bd. I, 2007, S. 235 ff.; *Gsell* Festschrift für Canaris, Bd. I, 2007, S. 341 ff.; *Huber/Faust* 13/111; *U. Huber* Festschrift für Schlechtriem, 2003, S. 528; *Reinicke/Tiedtke* Rn. 532 ff., 537 ff.; *Schubel* DB 2004, 119 (121).

[721] War der Mangel allerdings bereits bei *Vertragsschluss* unbehebbar, kommt es nach der Konzep-tion des § 311a Abs. 2 BGB nur darauf an, ob der Verkäufer dies wusste oder seine Unkenntnis zu vertreten hatte.

[722] Hingegen entnimmt *Looschelders* Festschrift für Canaris, Bd. I, 2007, S. 748 dem § 287 Satz 2 BGB einen verallgemeinerungsfähigen Rechtsgedanken, nach dem das Vertretenmüssen der ursprünglichen mangelhaften Leistung stets ausreichen soll. Diese Sichtweise überzeugt aber des-wegen nicht, weil § 287 Satz 2 BGB an die spezifischen Voraussetzungen eines Verzugs i. S. des § 286 Abs. 1 und 2 BGB anknüpft und nicht schlicht an eine zu vertretende Leistungsstörung.

[723] Dazu oben § 2 Rn. 262 f. Kritisch *Looschelders* Festschrift für Canaris, Bd. I, 2007, S. 751, der jedoch zu Unrecht davon ausgeht, dass dieses Argument die Nacherfüllung bereits zu einem subjektiven Recht des Verkäufers aufwertet.

[724] Anders wiederum, wenn die Nacherfüllung wegen eines Leistungsverweigerungsrechts des Ver-käufers aus den §§ 275 Abs. 2, 439 Abs. 4 BGB ausbleibt. Denn hier beschränkt das Gesetz lediglich die Nacherfüllungspflicht des Verkäufers, nicht aber seine Nacherfüllungschance. In diesen Fällen kommt es für den Schadensersatzanspruch somit nicht darauf an, ob die mangelhafte Lieferung zu vertreten war, sondern nur darauf, ob der Verkäufer die Umstände zu vertreten hat, die zu dem Leis-tungsverweigerungsrecht führen; vgl. *S. Lorenz* NJW 2007, 1 (6); a. A. *Harke* ZGS 2006, 9 (11).

[725] Siehe zu dem ähnlich gelagerten Abgrenzungsproblem zwischen § 280 Abs. 1 und 2 BGB bei mangelhafter Leistung bereits oben § 2 Rn. 295 ff.

vertretenen Auffassung zu der weitergehenden Sichtweise, nach der ein Anspruch auf Schadensersatz statt der Leistung generell auch an die ursprüngliche mangelhafte Lieferung als Pflichtverletzung anknüpfen kann, relativieren sich jedoch durch die bereits genannte Vorschrift des § 287 Satz 2 BGB. Denn sobald sich der Verkäufer mit der Mangelbeseitigung in Verzug befindet, kommt es nicht mehr darauf an, ob er auch das Verstreichenlassen der Nachfrist (§ 281 Abs. 1 BGB) oder die Unmöglichkeit der Nacherfüllung (§ 283 BGB) zu vertreten hat.[726] In diesem Zusammenhang kann somit wieder die Streitfrage relevant werden, unter welchen Voraussetzungen bei mangelhaften Leistungen Verzug eintritt.[727]

Durch den Schadensersatz statt der Leistung erhält der Käufer sein Erfüllungsinteresse an einem mangelfreien Gegenstand ersetzt, wozu gemäß § 252 BGB auch ein entgangener Gewinn zählt.[728] Anders als bei Verzugsschäden handelt es sich aber nicht nur um einen Ausgleich für die Leistungsverzögerung, sondern der *Käufer liquidiert dauerhaft sein Erfüllungsinteresse*. Ein typisches Beispiel hierfür bilden die Mehrkosten für ein Deckungsgeschäft, durch das sich der Käufer bei einem anderen Anbieter einen mangelfreien Kaufgegenstand verschafft.[729] **304**

(b) Berechnung des Schadensersatzes statt der Leistung

Im Anwendungsbereich des § 437 Nr. 3 BGB kommen grundsätzlich *zwei Berechnungsmethoden* für den Schadensersatz statt der Leistung in Betracht: Einmal kann der Käufer den mangelhaften Gegenstand (bzw. im Fall des § 434 Abs. 3 BGB das aliud oder die Minderlieferung) behalten und den Differenzschaden geltend machen (sog. *kleiner Schadensersatz*). Denkbar ist aber auch, dass der Käufer den mangelhaften Gegenstand an den Verkäufer zurückgibt und sein gesamtes, nach den §§ 249 ff. BGB bemessenes Erfüllungsinteresse verlangt (sog. *großer Schadensersatz*). **305**

Im Ausgangspunkt kann der Käufer nach § 437 Nr. 3 BGB i. V. mit den §§ 281 Abs. 1 Satz 1, 283 Satz 1, 311a Abs. 2 Satz 1 BGB nur den sog. kleinen Schadensersatz beanspruchen. Denn die vorgenannten Bestimmungen gewähren den Ersatzanspruch nur „soweit" der Verkäufer die Leistung nicht wie geschuldet, d. h. mangelhaft, erbracht hat.[730] Der Käufer kann aber ein berechtigtes Interesse daran haben, den gesamten Nichterfüllungsschaden gegen Rückgabe des gelieferten Gegenstandes zu liquidieren. Die Grenzen, in denen das Gesetz dieses Interesse anerkennt, ergeben sich aus § 281 Abs. 1 Satz 3 BGB, den auch die §§ 283 Satz 2, **306**

---

[726] Vgl. *S. Lorenz* Festschrift für Ulrich Huber, 2006, S. 430 f.; *Riehm* Festschrift für Canaris, Bd. I, 2007, S. 1099 f.; *Schwarze* § 19 Rn. 30.

[727] Dazu oben § 2 Rn. 299 f.

[728] Allg. zum Begriff des Erfüllungsinteresses *Lange/Schiemann* Schadensersatz, 3. Aufl. 2003, § 2 IV 3, S. 65 f.

[729] Vgl. BGH 03.07.2013 BGHZ 197, 357 Rn. 27 f.

[730] *Canaris* DB 2001, 1815 (1817); *S. Lorenz* JZ 2001, 742 (744).

311a Abs. 2 Satz 3 BGB in Bezug nehmen. Danach ist der sog. große Schadensersatz (Schadensersatz statt der ganzen Leistung) nur dann ausgeschlossen, wenn die Pflichtverletzung (scil.: die mangelhafte Leistung) unerheblich ist.[731] Dies harmoniert mit dem Ausschluss des Rücktrittsrechts bei unerheblichen Mängeln durch § 437 Nr. 2 Alt. 1 BGB i. V. mit § 323 Abs. 5 Satz 2 BGB.[732]

(c) Verhältnis zum Rücktrittsrecht

307   Nach § 325 BGB *berührt ein Rücktritt nicht das Recht des Käufers auf Schadensersatz statt der Leistung.* Bei einer Kumulation beider Rechtsbehelfe handelt es sich stets um den sog. großen Schadensersatz (Schadensersatz statt der ganzen Leistung).[733] Die Kombination aus Rücktritt und Schadensersatz darf allerdings nicht zu einem unangemessenen Vorteil des Käufers führen, so dass z. B. ein aufgrund des Rücktritts nach § 346 Abs. 1 BGB zurückgewährter Kaufpreis von der Schadenssumme abzuziehen ist (sog. Differenzmethode).[734] Auch in anderer Hinsicht harmonieren ein Schadensersatz statt der Leistung, der den Gläubiger vermögensmäßig wie im Fall einer ordnungsgemäßen Erfüllung stellen soll, und die Rücktrittsfolgen aus den §§ 346 ff. BGB, die grundsätzlich am negativen Interesse der Beteiligten orientiert sind, nur bedingt.[735] Dies gilt insbesondere für die Pflicht des Käufers, Nutzungen, die er aus dem mangelhaften Gegenstand gezogen hat, nach § 346 Abs. 1 BGB herauszugeben. Denn im Rahmen des Schadensersatzes statt der Leistung muss der Verkäufer den Käufer gerade so stellen, als ob Letzterer eine mangelfreie Sache hätte nutzen können.[736] Umgekehrt wird die korrekte Schadensbemessung auch dann gestört, wenn dem Käufer hinsichtlich des zurückzugewährenden Kaufpreises gemäß § 346 Abs. 1 BGB Zinsen als Nutzungen des Verkäufers zuerkannt werden,[737] da dem Käufer im Rahmen des Schadensersatzes bereits die entgangenen Gebrauchsvorteile in Bezug auf eine mangelfreie Sache ersetzt werden.[738] Eine denkbare Lösung dieser schwierigen Abstimmungsproblematik zwischen Rücktritts- und Schadensersatzrecht besteht darin, die Rechtsfolgen des Rücktritts und des Schadensersatzes statt der Leistung im Rahmen einer Gesamtbetrachtung zu ermitteln, bei der den *Wertungen des Schadensersatzrechts*

---

[731] Dieses Kriterium und nicht dasjenige des Interessenfortfalls gemäß § 281 Abs. 1 Satz 2 BGB gilt auch für eine Minderlieferung i. S. des § 434 Abs. 3 BGB; siehe oben § 2 Rn. 182.

[732] Näher dazu oben § 2 Rn. 277 f.

[733] Siehe oben § 2 Rn. 305 f. Demgegenüber schließt eine wirksam erklärte Minderung einen Anspruch auf Schadensersatz statt der ganzen Leistung aus: BGH 09.05.2018 VIII ZR 26/17 Rn. 42 ff. m. w. N.; vgl. auch oben § 2 Rn. 283.

[734] BR/*Faust* § 437 Rn. 172; *Canaris* JZ 2001, 499 (514).

[735] Vgl. BGH 28.11.2007 BGHZ 174, 290 Rn. 10; *Staudinger/Schwarze* (2015) § 325 Rn. 32; eingehend *Herresthal* JuS 2007, 798 ff.

[736] Siehe *Gsell* JuS 2006, 203 (205 f.).

[737] Grundsätzlich kommen Zinsen als Nutzungen eines nach § 346 Abs. 1 BGB zurückzugewährenden Geldbetrages in Betracht: *Gaier* MünchKomm. § 346 Rn. 29.

[738] BGH 14.04.2010 NJW 2010, 2426 Rn. 27 f.; *Staudinger/Schwarze* (2015) § 325 Rn. 39.

im Konfliktfall der Vorrang zukommt.[739] Daher steht dem Käufer in den Fällen des § 325 BGB grundsätzlich ein Anspruch auf Rückzahlung des Kaufpreises ohne Verzinsung, aber zuzüglich eines Schadensersatzes für die entgangenen Nutzungen aus dem Kaufgegenstand zu.[740] Auf diesen Betrag muss er sich jedoch den Wertverlust anrechnen lassen, den ein mangelfreier Kaufgegenstand in dem betreffenden Nutzungszeitraum erlitten hätte.[741] Denn diese Einbuße wäre bei dem Käufer auch im Fall einer ordnungsgemäßen Leistung des Verkäufers angefallen, so dass ihre Außerachtlassung dem schadensersatzrechtlichen Prinzip des Bereicherungsverbotes widersprechen würde.[742] Darüber hinaus ist der Käufer gemäß § 254 Abs. 2 Satz 1 Alt. 2 BGB gehalten, sich binnen eines angemessenen Zeitraums einen mangelfreien Ersatzgegenstand zu beschaffen, und darf sich somit nicht darauf beschränken, ohne Ersatzbeschaffung dauerhaft den Nutzungsausfallschaden bei dem Verkäufer zu liquidieren.[743] Entstehen ihm für die Ersatzbeschaffung Mehrkosten im Verhältnis zu dem Kaufpreis, den er nach § 346 Abs. 1 BGB von dem Verkäufer zurückerhalten hat, sind diese wiederum als Teil des Schadensersatzes statt der Leistung ersatzfähig.[744]

Macht der Käufer einen *Schadensersatz statt der ganzen Leistung* geltend, ver- **308** pflichtet ihn § 281 Abs. 5 BGB (gegebenenfalls i. V. mit den §§ 283 Satz 2, 311a Abs. 2 Satz 3 BGB) dazu, dem Verkäufer den *mangelhaften Gegenstand nach Maßgabe der §§ 346 bis 348 BGB zurückzugewähren.* Ist dies nicht mehr möglich oder der Gegenstand verschlechtert, muss der Käufer unter den Voraussetzungen des § 346 Abs. 2 bis 4 BGB Wert- bzw. Schadensersatz leisten.

(d) Verhältnis zum Anspruch auf Nacherfüllung

War der Verkäufer von seiner Pflicht zur mangelfreien Leistung bzw. zur Nacher- **309** füllung gemäß § 275 BGB anfänglich oder aufgrund eines nach Vertragsabschluss eintretenden Ereignisses befreit,[745] so kann der Käufer nach Maßgabe der §§ 311a Abs. 2, 283 BGB sofort Schadensersatz statt der Leistung verlangen. Kommt hingegen eine Nacherfüllung i. S. des § 439 Abs. 1 BGB in Betracht, besteht das Recht auf Ersatz des Erfüllungsinteresses ebenso wie das Recht zum Rücktritt und zur Minderung nur *subsidiär.* Gemäß § 281 Abs. 1 Satz 1 Alt. 2 BGB kann der Käufer einen Schadensersatz statt der Leistung dann erst nach dem erfolglosen Ablauf einer

---

[739] In diese Richtung auch *Staudinger/Schwarze* (2015) § 325 Rn. 32 ff. m. w. N. auch zu abweichenden Konzeptionen.

[740] Zur Ersatzfähigkeit des Nutzungsausfallschadens trotz Rücktritts siehe BGH 28.11.2007 BGHZ 174, 290 Rn. 6 ff.; BGH 14.04.2010 NJW 2010, 2426 Rn. 16 ff.; *Soergel/Gsell* § 325 Rn. 3.

[741] *Faust* JZ 2008, 471 (472).

[742] Hierzu allg. *Oetker* MünchKomm. § 249 Rn. 20.

[743] BGH 14.04.2010 NJW 2010, 2426 Rn. 32 m. w. N.

[744] Siehe oben § 2 Rn. 304.

[745] Dazu näher oben § 2 Rn. 222 ff.

Frist zur Nacherfüllung verlangen.[746] Hiervon lassen jedoch die §§ 281 Abs. 2, 440
BGB i. V. mit § 437 Nr. 3 BGB verschiedene Ausnahmen zu.[747]

310   Macht der Käufer von seinem Recht auf Schadensersatz statt der Leistung durch
eine empfangsbedürftige Willenserklärung Gebrauch, so *schließt § 281 Abs.
4 BGB den Anspruch auf Nacherfüllung aus.*[748] Der Käufer kann deshalb auch keine Naturalrestitution i. S. des § 249 Abs. 1 BGB verlangen.[749] Im Übrigen bemessen sich
Inhalt und Umfang des Ersatzes nach den §§ 249 ff. BGB. Ein *Mitverschulden des
Käufers* ist gemäß § 254 BGB anspruchsmindernd zu berücksichtigen, wobei eine
bloß einfach-fahrlässige Unkenntnis des Mangels allerdings außer Betracht bleibt
(argumentum e contrario aus § 442 Abs. 1 BGB).[750]

(3) Ersatz von Integritätsschäden

311   Die Verweisung des § 437 Nr. 3 BGB auf § 280 BGB schließt auch den Ersatz
„sonstiger" Schäden nach § 280 Abs. 1 BGB ein. Diese betreffen nicht das Erfüllungsinteresse an einem mangelfreien Gegenstand, sondern *Schäden an den weiteren Rechtsgütern des Käufers,* die gerade durch die mangelhafte Leistung als
Pflichtverletzung des Verkäufers entstanden sind (sog. Integritäts- oder Mangelfolgeschäden).[751] Denn der Schutzzweck der Pflicht zu einer mangelfreien Leistung umfasst nicht nur das Erfüllungsinteresse des Käufers, sondern auch die Vermeidung von Beeinträchtigungen der bereits bestehenden Rechtsgüter des Käufers
durch den mangelhaften Kaufgegenstand.[752] Beispiele: Ein geliefertes defektes

---

[746] Zu den Einzelheiten siehe oben § 2 Rn. 262 ff.

[747] Näher zu den Voraussetzungen des § 440 BGB oben § 2 Rn. 270 ff.

[748] Dazu BT-Drucks. 14/6040, S. 140 f.; *Oechsler* Rn. 341. In dem umgekehrten Fall, dass der
Käufer trotz des Vorliegens der Voraussetzungen des § 281 BGB zunächst weiter Nacherfüllung
verlangt, greift hingegen im Umkehrschluss keine Gestaltungswirkung ein, d. h. der Käufer muss
keine erneute Nachfrist setzen, wenn er mangels ordnungsgemäßer Nacherfüllung später doch auf
den Schadensersatz übergehen will; vgl. BGH 20.01.2006 NJW 2006, 1198 f.

[749] Vgl. BGH 11.10.2012 NJW 2013, 370 Rn. 9. Dies rechtfertigt jedoch nicht den generellen Schluss,
der Käufer dürfe nach § 281 Abs. 1 Satz 1 Alt. 2 BGB i. V. mit § 437 Nr. 3 BGB auch nicht die
Kosten einer Beseitigung des Mangels durch Dritte liquidieren; siehe BR/*Faust* § 437 Rn. 136; a. A.
wohl *Schlechtriem* Rn. 91. Wenn der Verkäufer jedoch die Nacherfüllung zu Recht als unverhältnismäßig i. S. des § 439 Abs. 4 BGB verweigert hat, folgt aus dem Zweck dieses Leistungsverweigerungsrechts, dass sich auch ein etwaiger Schadensersatzanspruch nur auf den mangelbedingten
Minderwert und nicht auf die Mangelbeseitigungskosten erstrecken kann; BGH 04.04.2014 BGHZ
200, 350 Rn. 34 ff.; teilweise a. A. (Anspruch auf Ersatz der noch verhältnismäßigen Mangelbeseitigungskosten) *Gutzeit* NJW 2015, 445 (446) und *Jaensch* NJW 2013, 1121 (1125 f.).

[750] *Staudinger/Matusche-Beckmann* (2014) § 442 Rn. 46; a. A. *Picht* JZ 2017, 807 (813 f.).

[751] BT-Drucks. 14/6040, S. 135; *Canaris* DB 2001, 1815 (1816 f.); *Grigoleit/Riehm* AcP 203
(2003), 727 (751 ff.). Näher zum Begriff des Integritätsschadens *Lange/Schiemann* Schadensersatz, 3. Aufl. 2003, § 2 V 5, S. 70.

[752] *Ernst* MünchKomm. § 280 Rn. 56; *S. Lorenz* NJW 2002, 2497 (2500 f.); a. A. BR/*Faust* § 437
Rn. 144 ff., der den Schadensersatzanspruch insoweit auf die Verletzung einer Schutzpflicht i. S.
des § 241 Abs. 2 BGB stützt. Bedeutung kann diese Abgrenzung insbesondere für die Frage erlangen, ob auf Integritätsschäden die kurze kaufrechtliche Verjährung nach § 438 BGB anwendbar
ist; dazu unten § 2 Rn. 325.

Gerät verursacht Körperschäden bei dem Käufer oder ein gekauftes Tier steckt infolge einer Krankheit andere Tiere des Käufers an. Da hier nicht das Erfüllungsinteresse des Käufers betroffen ist, muss für die Geltendmachung solcher Schäden *keine Nachfrist* gesetzt werden.

Keinen Integritätsschaden stellt aber z. B. der Diebstahl eines Gemäldes dar, der **312** durch den Defekt der gekauften Alarmanlage ermöglicht wurde. Mit dem Gemälde ist zwar das Eigentum des Käufers betroffen, jedoch nicht unabhängig von seinem Leistungsinteresse: Schadensursache ist das Fehlen einer vertragsgemäßen, einsatzbereiten Anlage. Zweifelhaft erscheint dieses Ergebnis allerdings, wenn der Käufer im Vertrauen auf die Funktionsfähigkeit der Alarmanlage sonstige Sicherungsmaßnahmen unterlassen hat, die den Diebstahl verhindert hätten, so dass dieser Vertrauensschaden mit den klassischen Integritätsschäden verglichen werden könnte.[753] Bessere Gründe sprechen aber auch in diesem Fall für die Anwendung des § 280 Abs. 2 und 3 BGB i. V. mit den §§ 281, 286 BGB, da sich das Vertrauen gegenüber dem Verkäufer gerade nicht auf ein Ausbleiben schädigender Eingriffe, sondern die Funktionsfähigkeit des Kaufgegenstandes und somit das Leistungsinteresse bezieht.[754]

Problematisch gestaltet sich die Abgrenzung zwischen einem Schadensersatz **313** statt der Leistung und dem Integritätsinteresse schließlich, wenn ein Mangel zu weiteren Verschlechterungen an der Kaufsache selbst geführt hat (sog. *Weiterfresserschäden*).[755] Beispiel: Die defekten Bremsen eines PKW führen zu einem Unfall mit Blechschaden an dem Fahrzeug. Hier sprechen die besseren Gründe dafür, den Ausgleich der Weiterungen (im Beispiel: des Blechschadens) als Schadensersatz statt der Leistung anzusehen und diesen nur unter den Voraussetzungen der §§ 281, 283 BGB zu ersetzen.[756] Folgerichtig erstreckt sich umgekehrt aber die Nacherfüllungspflicht des Verkäufers aus § 439 BGB auch auf die Beseitigung der Folgeschäden, die der Mangel an der Kaufsache selbst verursacht hat.[757]

(4) Maßstab des Vertretenmüssens

(a) Allgemeines

Alle in § 437 Nr. 3 BGB genannten Schadensersatzansprüche setzen ein Vertre- **314** tenmüssen der mangelhaften Lieferung als Pflichtverletzung durch den Verkäufer voraus (§ 280 Abs. 1 Satz 2 BGB) bzw. erfordern im Fall des bereits anfänglich – d. h.

---

[753] Siehe *Schwarze* § 30 Rn. 3 sowie für Aufwendungen, die der Käufer im Vertrauen auf die Mangelfreiheit des Kaufgegenstandes getätigt hat, *Arnold/Dötsch* BB 2003, 2250 (2251 f.); vgl. im deliktsrechtlichen Zusammenhang auch BGH 17.03.1981 BGHZ 80, 186 (189 f.).

[754] Dazu, dass eine Nachfristsetzung in einem solchen Fall auch nicht pauschal gemäß § 281 Abs. 2 Alt. 2 BGB entbehrlich ist, siehe oben § 2 Rn. 299 zur Parallelnorm des § 286 Abs. 2 Nr. 4 BGB.

[755] Zu deren Behandlung im Rahmen des Deliktsrechts unten § 2 Rn. 374 ff.

[756] So auch *Heßeler/Kleinhenz* JuS 2007, 706 (707 ff.); vgl. zudem OLG Koblenz 21.11.2012 MDR 2013, 402; a. A. *Schollmeyer* NJOZ 2009, 2729 (2738).

[757] Siehe oben § 2 Rn. 206.

bei Vertragsschluss – vorhandenen und gemäß § 275 BGB nicht zu beseitigenden Mangels eine Kenntnis von diesem Leistungshindernis oder ein Vertretenmüssen der Unkenntnis seitens des Verkäufers (§ 311a Abs. 2 Satz 2 BGB). Da nach der Systematik dieser Vorschriften das *Vertretenmüssen jeweils zu vermuten ist* („dies gilt nicht"), geht es in diesem Zusammenhang jeweils um den Maßstab für eine Exkulpationsmöglichkeit des Verkäufers.

315   Grundsätzlich hat der Verkäufer nach den §§ 276 Abs. 1 Satz 1, 278 Satz 1 BGB eigenen Vorsatz und eigene Fahrlässigkeit sowie ein entsprechendes Verschulden seiner Erfüllungsgehilfen zu vertreten. *Erfüllungsgehilfen* des Verkäufers sind nach allgemeinen Grundsätzen alle diejenigen, die mit Wissen und Wollen des Verkäufers bei der Erfüllung der gegenüber dem Käufer bestehenden Verpflichtungen tätig werden.[758] Hierzu gehört nach der h. M. *regelmäßig nicht der Hersteller des Kaufgegenstandes*, da die interne Beschaffung dieses Gegenstandes durch den Verkäufer keine Pflicht gegenüber dem Käufer betrifft.[759] Dies gilt entgegen einer in der Literatur im Vordringen befindlichen Auffassung[760] selbst angesichts des Umstandes, dass der Verkäufer nach dem modernisierten Kaufrecht gemäß § 433 Abs. 1 Satz 2 BGB auch die mangelfreie Verschaffung der Sache schuldet, bezüglich derer er auf das Herstellerverhalten angewiesen ist. Denn nach dem Willen des Gesetzgebers sollte sich aus dieser Erweiterung der Erfüllungspflicht des Verkäufers auf eine mangelfreie Leistung keine erhebliche Ausdehnung der Schadensersatzhaftung des Verkäufers ergeben,[761] was bei einer hieraus abgeleiteten Zurechnung des Herstellerverschuldens aber der Fall wäre. Erfüllungsgehilfe ist aber z. B. derjenige, der die Ware zum Versand an den Käufer verpackt. Bei der Beurteilung der Fahrlässigkeit des Verkäufers oder seiner Leute hinsichtlich der mangelhaften Leistung ist zu berücksichtigen, dass einen Verkäufer *im Grundsatz keine Pflicht zur Untersuchung des Kaufgegenstandes* trifft.[762] Ein Fahrlässigkeitsvorwurf kann sich daher nur aus besonderen Umständen ergeben, z. B. wenn aufgrund der besonderen Gefährlichkeit des Kaufgegenstandes ausnahmsweise eine Untersuchungspflicht des Verkäufers anzunehmen ist oder besondere Anhaltspunkte für das Bestehen eines Mangels vorliegen.[763] Schließlich werden verstärkte Untersuchungspflichten

---

[758] BGH 08.02.1974 BGHZ 62, 119 (124); *Grundmann* MünchKomm. § 278 Rn. 20. Zu den Folgen bei Leistungsstörungen im Rahmen von Drittleistungen i. S. des § 267 BGB siehe *Schlinker* AcP 207 (2007), 399 ff.

[759] RG 04.01.1921 RGZ 101, 157 (158); BGH 15.07.2008 BGHZ 177, 224 Rn. 29; BGH 19.06.2009 BGHZ 181, 317 Rn. 19; BGH 18.10.2017 NJW 2018, 291 Rn. 24; *Erman/Grunewald* § 437 Rn. 26; *Palandt/Grüneberg* § 278 Rn. 13; *Staudinger/Caspers* (2014) § 278 Rn. 37; a. A. *Grundmann* MünchKomm. § 278 Rn. 31.

[760] Siehe *Bien* ZEuP 2012, 644 (662); *Peters* ZGS 2010, 24 (26 ff.); *Schroeter* JZ 2010, 495 (497 ff.); *M. Weller* NJW 2012, 2312 (2315).

[761] BT-Drucks. 14/6040, S. 210.

[762] BGH 18.02.1981 NJW 1981, 1269 (1270); *Staudinger/Beckmann* (2014) § 433 Rn. 147; *H.P. Westermann* MünchKomm. § 433 Rn. 61; a. A. *Schlechtriem* Rn. 85.

[763] RG 26.06.1929 RGZ 125, 76 (78); BGH 11.06.1979 BGHZ 74, 383 (388); *Erman/Grunewald* § 433 Rn. 28; *Staudinger/Beckmann* (2014) § 433 Rn. 147.

auch bei gewerblichen Gebrauchtwagenhändlern angenommen, um deren Verantwortung für eine ordnungsgemäße Gestaltung des Gebrauchtwagenmarktes Rechnung zu tragen (Gebot einer „fachmännischen Sichtprüfung").[764]

Steht im Fall eines Gattungskaufs eine Nacherfüllung durch Nachlieferung i. S.   **316**
des § 439 Abs. 1 Alt. 2 BGB in Rede, so ist zu beachten, dass der Verkäufer für
sein Vermögen zur Beschaffung eines mangelfreien Ersatzgegenstandes nach dem
Parteiwillen regelmäßig ein *Beschaffungsrisiko nach § 276 Abs. 1 Satz 1 BGB a. E.*
übernommen hat.[765] Scheitert diese Beschaffung, so greift der Anspruch auf Schadensersatz daher unabhängig von einem Verschulden ein. Hingegen folgt in Bezug
auf eine ursprünglich mangelhafte Leistung aus dem bloßen Vorliegen einer Gattungsschuld kein verschuldensunabhängiges Vertretenmüssen, da das mit der Gattungsschuld übernommene Risiko nur die Beschaffbarkeit als solche und nicht die
Mangelfreiheit des dem Käufer verschafften Gegenstandes betrifft.[766]

(b) Erweiterung der Verantwortlichkeit durch Übernahme einer Garantie

Die Regelung des § 276 Abs. 1 Satz 1 BGB erweitert die Verantwortlichkeit des   **317**
Schuldners, d. h. hier des Verkäufers, neben gesetzlichen Haftungsverschärfungen
(z. B. § 287 Satz 2 BGB) und Haftungsmilderungen (z. B. § 300 Abs. 1 BGB) auch
im Fall einer Garantie. Hat der Verkäufer eine solche für die Freiheit von bestimmten
Mängeln übernommen, so haftet er verschuldensunabhängig, wenn der Kaufgegenstand doch einen solchen Mangel aufweist und daraus Schäden entstehen.[767] Das
Vorliegen der Garantie ist aus den *Vertragserklärungen der Parteien* zu ermitteln,[768]
so dass sich eine gegebenenfalls einzuhaltende Formvorschrift (z. B. § 311b Abs. 1
Satz 1 BGB) auch auf die Garantie erstreckt.[769] Inhaltlich muss aus der getroffenen
Abrede nach Treu und Glauben mit Rücksicht auf die Verkehrssitte – gegebenenfalls auch aus einem Handelsbrauch i. S. des § 346 HGB – abzuleiten sein, dass
der Verkäufer für die Abwesenheit des betreffenden Mangels *unbedingt einstehen
will* (Verpflichtungswille).[770] Eine solche Garantie kommt insbesondere im Hinblick
auf eine Beschaffenheitsvereinbarung i. S. des § 434 Abs. 1 Satz 1 BGB oder die
Tauglichkeit für die vertraglich vorgesehene Verwendung i. S. des § 434 Abs. 1
Satz 2 Nr. 1 BGB in Betracht.

---

[764] Siehe BGH 11.02.2004 NJW 2004, 1032 (1033); BGH 15.04.2015 NJW 2015, 1669 Rn. 14
sowie *Andreae* NJW 2007, 3457 (3460 f.) m. w. N.

[765] BR/*Faust* § 437 Rn. 103; *S. Lorenz* NJW 2002, 2497 (2504); *Reinicke/Tiedtke* Rn. 584 ff.

[766] *Canaris* Festschrift für Wiegand, 2005, S. 230 ff.

[767] Siehe oben § 2 Rn. 141 f.

[768] RG 01.04.1903 RGZ 54, 219 (223); BGH 21.06.1967 BGHZ 48, 118 (124); *Erman/Grunewald*
§ 437 Rn. 27 ff.; *Soergel/Huber* § 459 Rn. 159. Eine nach Vertragsschluss getroffene Vereinbarung
kann jedoch eine Garantie in Form einer Vertragsänderung begründen: RG 18.02.1919 RGZ 95,
116 (120).

[769] *Larenz* BT 1, § 41 I b, S. 43.

[770] BGH 05.07.1972 BGHZ 59, 158 (160 f.); BGH 17.03.2010 NJW-RR 2010, 1329 Rn. 10;
Erman/Grunewald § 437 Rn. 28.

318   Da das Äquivalent für eine auf die Freiheit von Sachmängeln bezogene Beschaffenheitsgarantie im früheren Kaufrecht eine sog. Eigenschaftszusicherung i. S. des § 459 Abs. 2 BGB a. F. war,[771] spricht auch die Verwendung des Begriffes *„Zusicherung"* durch die Parteien für einen unbedingten Einstandswillen des Verkäufers. Aufgrund der verschuldensunabhängigen Haftungsfolge ist bei der Annahme *konkludenter Garantien jedoch Zurückhaltung* geboten.[772] In jedem Fall muss der Inhalt der betreffenden Vereinbarung über die Festlegung des Maßstabes der Vertragsgemäßheit der Sache i. S. der §§ 434, 435 BGB hinausgehen.[773] Allgemeine Anpreisungen begründen deshalb ebenso wenig eine verschuldensunabhängige Einstandspflicht[774] wie bloße Warenbezeichnungen[775] und nicht besonders qualifizierte Angaben in den Katalogen eines Kunstauktionators (anders bei dem Verweis auf eine „Expertise").[776] Hingegen stellt die Rechtsprechung an die Übernahme einer Garantie i. S. des § 276 Abs. 1 Satz 1 BGB durch Gebrauchtwagenhändler keine hohen Anforderungen; so soll z. B. ein vom Verschulden unabhängiger Einstandswille aus der Angabe „fahrbereit" folgen.[777] Enthält ein Grundstückskaufvertrag über ein Vermietungsobjekt eine explizite Angabe zu der erzielbaren Miete, so nimmt die Rechtsprechung auch insoweit eine Garantie hinsichtlich der Ertragsfähigkeit des Kaufobjekts an.[778] Liegt nach dem vorstehend Gesagten eine Garantieübernahme vor, so entfalten ein zugleich vereinbarter Haftungsausschluss oder eine Haftungsbeschränkung gemäß § 444 BGB keine Wirkung.[779]

319   Selbst wenn der Verkäufer eine Garantie übernommen hat, ist nur derjenige Schaden verschuldensunabhängig zu ersetzen, den die Garantie nach ihrem *Schutzzweck* umfasst.[780] Dies ist für das Erfüllungsinteresse des Käufers (Schadensersatz statt der Leistung) selbst dann ohne weiteres zu bejahen, wenn es den vereinbarten Kaufpreis um ein Vielfaches übersteigt.[781] Bezüglich der Einbeziehung von

---

[771] BT-Drucks. 14/6040, S. 132; BGH 29.11.2006 BGHZ 170, 86 Rn. 20; *Brambring* DNotZ 2001, 590 (602) und *H.P. Westermann* JZ 2001, 530 (534).

[772] RG 05.10.1939 RGZ 161, 330 (337); BGH 28.11.1994 BGHZ 128, 111 (114); BGH 17.03.2010 NJW-RR 2010, 1329 Rn. 10; *Medicus/Lorenz* Rn. 204; *Soergel/Huber* § 459 Rn. 157.

[773] BGH 21.06.1967 BGHZ 48, 118 (122); *Esser/Weyers* BT 1, § 5 II 2c, S. 40; *Soergel/Huber* § 459 Rn. 157.

[774] BGH 21.06.1967 BGHZ 48, 118 (122); BGH 17.03.2010 NJW-RR 2010, 1329 Rn. 11.

[775] BGH 11.02.1958 BB 1958, 284 (284).

[776] BGH 15.01.1975 BGHZ 63, 369 (372); vgl. zu Garantien im Kunsthandel auch BGH 15.02.1995 NJW 1995, 1673 (1674).

[777] BGH 21.04.1993 BGHZ 122, 256 (259 f.). Weitere Fälle: BGH 25.05.1983 BGHZ 87, 302 (305): „werkstattgeprüft"; BGH 24.02.1988 BGHZ 103, 275 (280 ff.): „TÜV neu". Zur Rechtsprechung auch *Andreae* NJW 2007, 3457 (3461).

[778] BGH 05.10.2001 NJW-RR 2002, 522 m. w. N.

[779] Siehe oben § 2 Rn. 106 ff.

[780] BGH 29.05.1968 BGHZ 50, 200 (204 f.); BGH 12.02.1975 BGHZ 63, 393 (395); *Fikentscher/Heinemann* Rn. 880; *Larenz* BT 1, § 41 II c, S. 61 f.; *Soergel/Huber* § 463 Rn. 60 ff.

[781] BGH 19.05.1993 NJW 1993, 2103 (2104) m. w. N.

Integritätsschäden bedarf es demgegenüber einer Auslegung der Garantieübernahme im Einzelfall.[782] So soll z. B. die Versicherung, dass ein verkauftes Gerät mit
einem anderen kompatibel ist, den Käufer gerade auch vor einem Integritätsschaden
an diesem anderen Gerät schützen. Schließlich steht es dem Verkäufer stets frei,
seine Garantie inhaltlich – z. B. summenmäßig – zu begrenzen.[783]

bb) Anspruch des Käufers auf Ersatz vergeblicher Aufwendungen nach § 284 BGB

Nach § 284 BGB i. V. mit § 437 Nr. 3 BGB kann der Käufer anstelle des Scha   **320**
densersatzes statt der Leistung auch den Ersatz von solchen Aufwendungen verlangen, die er im Vertrauen auf den Erhalt der Leistung billigerweise machen durfte
und deren Zweck die Pflichtverletzung des Verkäufers vereitelt hat (sog. *frustrierte
Aufwendungen*).[784] Ein Beispiel für solche Aufwendungen sind die Kosten für eine
Alarmanlage, die ein Gemälde sichern sollte, das als original Picasso verkauft
wurde, sich später aber als billige Fälschung herausstellte. Unter § 284 BGB fallen
aber auch die Kosten für den Vertragsschluss (Notargebühren etc.) oder Finanzierungskosten.[785] Handelt es sich bei den Aufwendungen um Verwendungen auf
die Sache,[786] z. B. Einbauten in den gekauften, aber mangelhaften PKW, zeitigt
die Regelung des § 347 Abs. 2 BGB über die Ersatzfähigkeit von Verwendungen
selbst dann keine Sperrwirkung gegenüber § 284 BGB, wenn der Käufer parallel zu
seinem Aufwendungsersatzbegehren von dem Kaufvertrag zurücktritt (vgl. § 325
BGB).[787]

Da der Käufer Aufwendungsersatz nur *„anstelle"* des Schadensersatzes statt   **321**
der Leistung verlangen kann (§ 284 BGB),[788] müssen sämtliche Voraussetzungen für dessen Geltendmachung vorliegen. Hierzu zählen insbesondere das nach
§ 280 Abs. 1 Satz 2 BGB zu vermutende Vertretenmüssen der Vertragswidrigkeit
durch den Verkäufer und gegebenenfalls auch der erfolglose Ablauf einer Nachfrist

---

[782] BGH 29.05.1968 BGHZ 50, 200 (204 f.); BGH 19.05.1993 NJW 1993, 2103 (2104); *Fikentscher/Heinemann* Rn. 880.

[783] Im Einzelnen oben § 2 Rn. 107.

[784] Dabei ist umstritten, inwieweit die Aufwendungen für eine bestimmte Verwendung der Kaufsache aus Sicht des Schuldners konkret vorhersehbar gewesen sein müssen, um ersatzfähig zu sein;
dazu *Huber/Faust* 4/20 ff. einerseits und *Ernst* MünchKomm. § 284 Rn. 26 andererseits. Näher zu
den Grundlagen und Einzelproblemen des § 284 BGB: *Stoppel* AcP 204 (2004), 81 ff. und *Tröger*
ZIP 2005, 2238 ff.

[785] BT-Drucks. 14/6040, S. 225; BGH 20.07.2005 BGHZ 163, 381 (388 f.); BR/*Faust* § 437
Rn. 152; *Brox/Walker* § 4 Rn. 112.

[786] Allg. hierzu *Gaier* MünchKomm. § 347 Rn. 18.

[787] BGH 20.07.2005 BGHZ 163, 381 (385).

[788] Die Alternativität zum Schadensersatz statt der Leistung besteht jedoch entgegen dem Wortlaut
nicht kategorisch, sondern soll lediglich die doppelte Kompensation desselben Käuferinteresses
ausschließen; vgl. BGH 20.07.2005 BGHZ 163, 381 (386 f.); *Gsell* NJW 2006, 125 f.; a. A. *Staudinger/Schwarze* (2014) § 284 Rn. 14.

i. S. des § 281 Abs. 1 Satz 1 BGB bei einem behebbaren Mangel bzw. die Voraussetzungen des § 440 BGB.[789]

4. Verjährung der Rechte des Käufers wegen eines Mangels (§ 438 BGB)

a) Verjährung als Einrede

322   Die Vorschrift des § 438 BGB trifft besondere Regelungen für die Verjährung der in § 437 BGB genannten Ansprüche und Gestaltungsrechte des Käufers wegen einer mangelhaften Leistung oder einer nach § 434 Abs. 3 BGB gleichgestellten Pflichtverletzung. Der Eintritt der Verjährung beseitigt nicht die Leistungspflicht des Schuldners, sondern gewährt ihm lediglich ein *präventives Leistungsverweigerungsrecht*, das nicht zur Rückforderung bereits erbrachter Leistungen berechtigt (§ 214 BGB).[790]

b) Abgrenzung zum Anwendungsbereich der allgemeinen Verjährungsfristen

323   Für die Reichweite der speziellen Verjährungsbestimmung in § 438 BGB ist zu berücksichtigen, dass sich die Verjährung vor der Anwendbarkeit des § 437 BGB, d. h. vor der Lieferung des Kaufgegenstandes im oben dargelegten Sinne,[791] nicht nach § 438 BGB, sondern nach den allgemeinen Vorschriften des § 195 BGB bzw. für den Rücktritt nach § 218 BGB bemisst und somit einheitlich drei Jahre ab dem Schluss des Jahres beträgt, in dem der Anspruch entstanden ist und der Gläubiger zumindest ohne grobe Fahrlässigkeit von den anspruchsbegründenden Tatsachen Kenntnis erlangen musste (§ 199 Abs. 1 BGB).

324   Dies gilt nicht nur, soweit sich aus § 438 BGB eine kürzere Verjährungsfrist ergeben würde (insbesondere § 438 Abs. 1 Nr. 3 BGB), sondern auch für die in dieser Vorschrift angeordneten verlängerten Verjährungsfristen (z. B. § 438 Abs. 1 Nr. 1 BGB: 30 Jahre). Denn die Sonderregelungen des § 438 BGB beruhen auf dem *Interesse an Rechtsbeständigkeit*, das durch die Lieferung geschaffen wurde.[792] Dies rechtfertigt es z. B. unter den Aspekten der Klarheit der Beweislage und des Schutzes der Planungssicherheit des Verkäufers, dass dieser für Mängel, die nicht unter § 438 Abs. 1 Nr. 1 und 2 BGB fallen, nur noch zwei Jahre ab dem in § 438 Abs. 2 BGB genannten Zeitpunkt statt drei Jahre ab Jahresschluss und Kenntnismöglichkeit (§§ 195, 199 Abs. 1 BGB) einstandspflichtig ist. Umgekehrt ist die lange Verjährungsfrist des § 438 Abs. 1 Nr. 1a BGB von 30 Jahren nur deshalb gerechtfertigt,

---

[789] Siehe oben § 2 Rn. 301 ff.

[790] Allg. *Wolf/Neuner* § 22 Rn. 54 ff.

[791] Dazu oben § 2 Rn. 152 ff.

[792] Dazu näher oben § 2 Rn. 152 ff.

weil der Käufer nach dem Erhalt der Kaufsache nicht abschätzen kann, ob der Inhaber eines ihm regelmäßig unbekannten (vgl. § 442 BGB) dinglichen Rechts dieses nach mehreren Jahren geltend machen wird. Erkennt der Käufer hingegen einen solchen Rechtsmangel vor der Lieferung, besteht kein sachlicher Grund, von ihm nicht zu verlangen, seinen Anspruch aus § 433 Abs. 1 Satz 2 BGB auf Rechtsmängelfreiheit innerhalb der regelmäßigen Verjährungsfrist der §§ 195, 199 Abs. 1 BGB (drei Jahre ab Jahresschluss) durchzusetzen.[793]

Sobald die Lieferung erfolgt ist, greifen allerdings nur noch die Ansprüche und **325** Gestaltungsrechte aus § 437 BGB und mit diesen die Verjährungsfristen des § 438 BGB ein.[794] Dies gilt auch für den *Ersatz von Integritätsschäden*, die durch einen Mangel eintreten, da auch diese auf einer Verletzung der Pflicht zur mangelfreien Leistung und nicht auf der Verletzung einer separaten Schutzpflicht aus § 241 Abs. 2 BGB beruhen.[795] Die allgemeinen Verjährungsregelungen der §§ 195, 199 BGB gelten in diesen Fällen jedoch für parallele deliktische Ansprüche, sofern diese nach Maßgabe der §§ 823 ff. BGB bestehen.[796] Auch soweit § 438 BGB keine Regelungen enthält (z. B. bezüglich der Hemmung und des Neubeginns der Verjährung), greifen noch die allgemeinen Vorschriften aus den §§ 194 ff. BGB. So kann z. B. in einem Nacherfüllungsversuch seitens des Verkäufers häufig ein Anerkenntnis des Nacherfüllungsanspruchs zu erblicken sein, das gemäß § 212 Abs. 1 Nr. 1 BGB den Neubeginn der Verjährung auslöst.[797]

c) Länge der Verjährungsfristen nach § 438 BGB

aa) Allgemeine Grundsätze

§ 438 Abs. 1 BGB bemisst die Länge der Verjährungsfrist je nach Art des Mangels **326** unterschiedlich. Dabei gelten die Verjährungsfristen i. S. der allgemeinen Regel des § 194 Abs. 1 BGB unmittelbar nur für die in § 437 Nr. 1 und 3 BGB aufgezählten *Ansprüche* (Nacherfüllung, Schadensersatz, Aufwendungsersatz).

Für die in § 437 Nr. 2 BGB genannten *Gestaltungsrechte* (Rücktritt, Minderung) **327** verweisen § 438 Abs. 4 Satz 1 und Abs. 5 BGB auf § 218 BGB. Nach Abs. 1 Satz 1

---

[793] Versäumt der Käufer dies und beruft sich der Verkäufer nun auf die Verjährung seiner Pflicht zur mangelfreien Verschaffung des Kaufgegenstandes, kann der Käufer aber immer noch gemäß § 320 BGB den Kaufpreis zurückhalten, selbst wenn der Kaufpreisanspruch aufgrund besonderer Umstände seinerseits noch nicht gemäß den §§ 195, 199 Abs. 1 BGB verjährt ist; vgl. *Emmerich* MünchKomm. § 320 Rn. 36.

[794] Zu deren Beginn siehe unten § 2 Rn. 334 ff.

[795] *Grunewald* § 10 Rn. 45; *Kötz* Rn. 1189; *Mansel* NJW 2002, 89 (95); *Staudinger/Matusche-Beckmann* (2014) § 438 Rn. 30; im Ergebnis auch BR/*Faust* § 438 Rn. 9; a. A. *Brüggemeier* WM 2002, 1376 (1382); *Canaris* ZRP 2001, 329 (335); *Mankowski* JuS 2006, 481 (484 ff.); *G. Wagner* JZ 2002, 475 (479 f.).

[796] Siehe *Kötz* Rn. 1189 sowie unten § 2 Rn. 364.

[797] Näher hierzu noch unten § 2 Rn. 336.

dieser Vorschrift ist die Ausübung des jeweiligen Gestaltungsrechts unwirksam, wenn der Anspruch auf die zugrunde liegende Leistung (hier: der Anspruch auf Nacherfüllung gemäß § 439 Abs. 1 BGB) verjährt ist und der Schuldner (Verkäufer) sich auf diese Verjährung beruft. § 218 Abs. 1 Satz 2 BGB regelt ergänzend, dass die Ausübung des Rücktritts- oder Minderungsrechts (§ 438 Abs. 5 BGB) auch dann unwirksam ist, wenn eine Nacherfüllung gemäß den §§ 275, 439 Abs. 4 BGB nicht geleistet werden muss, aber ein unterstellter Nacherfüllungsanspruch nach Maßgabe des § 438 BGB verjährt wäre. Hat der Käufer hingegen ein Rücktritts- oder Minderungsrecht wirksam ausgeübt, bemisst sich die Verjährung der daraus resultierenden *Rückgewähransprüche* (§§ 346 Abs. 1, 441 Abs. 4 Satz 1 BGB) nach den allgemeinen Regelungen der §§ 194 ff. BGB. Auch eine analoge Anwendung des § 438 BGB ist insoweit ausgeschlossen.[798]

bb) 30-Jahres-Frist (§ 438 Abs. 1 Nr. 1a und b BGB)

328 Eine Verjährungsfrist von 30 Jahren gilt, wenn der Mangel in dem *dinglichen Recht eines Dritten* besteht, aufgrund dessen Herausgabe der Kaufsache verlangt werden kann (§ 438 Abs. 1 Nr. 1a BGB), oder in einem sonstigen Recht, das in das Grundbuch eingetragen ist (§ 438 Abs. 1 Nr. 1b BGB). Dies betrifft z. B. Mobiliarpfandrechte, Grundpfandrechte (Hypotheken, Grundschulden) und Grunddienstbarkeiten. Die lange Verjährungsfrist von 30 Jahren trägt dem Umstand Rechnung, dass Ansprüche aus solchen dinglichen Rechten nach § 197 Abs. 1 Nr. 1 BGB ihrerseits erst in dreißig Jahren verjähren bzw. Ansprüche aus im Grundbuch eingetragenen Rechten nach § 902 BGB gänzlich der Verjährung entzogen sind.

329 Obwohl die *Nichtverschaffung des Eigentums an der Kaufsache* keinen Rechtsmangel i. S. des § 435 BGB, sondern eine Nichterfüllung der Rechtsverschaffungspflicht aus § 433 Abs. 1 Satz 1 BGB darstellt,[799] wird die Verjährungsfrist des § 438 Abs. 1 Nr. 1a BGB hierauf dann analog anzuwenden sein, wenn der Verkäufer dem Käufer die Sache übergeben hat.[800] Denn Zug-um-Zug mit der Übergabe wird der Käufer regelmäßig seinen Kaufpreis entrichten, aber noch dreißig Jahre der Gefahr ausgesetzt sein, die Sache an den wahren Eigentümer herausgeben zu müssen (vgl. § 197 Abs. 1 Nr. 1 BGB), so dass er sich in der von § 438 Abs. 1 Nr. 1a BGB

---

[798] BGH 15.11.2006 NJW 2007, 674 (677); BR/*Faust* § 438 Rn. 49; *H.P. Westermann* Münch-Komm. § 438 Rn. 4; a. A. *G. Wagner* ZIP 2002, 789 (790 ff.); *Mansel/Budzikiewicz* Jura 2003, 1 (8 f.).

[799] Siehe oben § 2 Rn. 91.

[800] Für eine direkte Anwendung *Eidenmüller* NJW 2002, 1625 (1626); *Oechsler* Rn. 148; wie hier BeckOGK/*Arnold*, 01.03.2018, § 438 Rn. 68; BR/*Faust* § 438 Rn. 14; *Harke* Rn. 34; *Looschelders* Rn. 79; *Palandt/Weidenkaff* § 438 Rn. 6; *Staudinger/Matusche-Beckmann* (2014) § 438 Rn. 49; *H.P. Westermann* MünchKomm. § 438 Rn. 13; offen BGH 19.11.2007 BGHZ 174, 61 Rn. 28.

erfassten Gefährdungslage befindet. Entsprechendes gilt über § 453 Abs. 1 BGB, wenn ein verkauftes Recht oder ein sonstiger Kaufgegenstand nicht verschafft werden, weil diese entweder nicht existieren oder einem Dritten zustehen.[801]

cc) 5-Jahres-Frist (§ 438 Abs. 1 Nr. 2a und b BGB)

Eine Verjährung in fünf Jahren schreibt § 438 Abs. 1 Nr. 2a BGB für *Mängel bei einem Bauwerk* vor. Gleiches gilt für Mängel solcher Sachen, die entsprechend ihrer üblichen Verwendungsweise für ein Bauwerk eingesetzt worden sind – insbesondere Baumaterial – und die dessen Mangelhaftigkeit verursacht haben (§ 438 Abs. 1 Nr. 2b BGB). Der üblichen Verwendungsweise muss dabei eine vertraglich besonders vorausgesetzte Verwendungsweise i. S. des § 434 Abs. 1 Satz 2 Nr. 1 BGB gleichstehen.[802] Als Bauwerk ist entweder die Neuerrichtung einer i. V. mit dem Erdboden hergestellten unbeweglichen Sache bzw. eine Erneuerungs- oder Umbauarbeit an einer derartigen Sache zu verstehen, wenn diese für den Bestand oder die Benutzbarkeit des Gebäudes von wesentlicher Bedeutung ist.[803] Die Verlängerung der Verjährung rechtfertigt sich in diesen Fällen dadurch, dass sich einerseits Mängel in Bezug auf ein Bauwerk häufig erst in größerem zeitlichen Abstand zeigen und andererseits ein effektiver Regress von Bauhandwerkern, die für den Einbau fehlerhaften Materials ihrerseits nach den §§ 634, 634a Abs. 1 Nr. 2 BGB fünf Jahre haften, gegenüber den Lieferanten sichergestellt sein muss.[804]

330

dd) 2-Jahres-Frist (§ 438 Abs. 1 Nr. 3 BGB)

In *allen übrigen Fällen* gilt gemäß § 438 Abs. 1 Nr. 3 BGB eine zweijährige Verjährungsfrist. Bei einem Verbrauchsgüterkauf (§ 474 BGB) entspricht dies den Mindestvorgaben aus Art. 5 Abs. 1 der Verbrauchsgüterkauf-RL. Diese Regelung vermittelt zwischen dem Interesse des Käufers an einer mangelfreien Leistung und dem Bedürfnis des Verkäufers, nicht übermäßig lang mit einer weiteren Verpflichtung gemäß § 437 BGB rechnen zu müssen und etwaige Beweisprobleme in Bezug auf den Zeitpunkt der Mangelentstehung gering halten zu können.[805]

331

---

[801] BR/*Faust* § 438 Rn. 18; *Heerstraßen/Reinhard* BB 2002, 1429 (1430 ff.); a. A. für nicht existente Rechte *Eidenmüller* NJW 2002, 1625 (1626).

[802] BR/*Faust* § 438 Rn. 24; NK-BGB/*Büdenbender* § 438 Rn. 26; a. A. *Erman/Grunewald* § 438 Rn. 10; für eine objektiv-pauschalisierende Betrachtung wohl auch BT-Drucks. 14/6040, S. 227.

[803] BGH 24.02.2016 NJW 2016, 2645 Rn. 44 ff.; *H.P. Westermann* MünchKomm. § 438 Rn. 17.

[804] BT-Drucks. 14/6040, S. 227; *Brox/Walker* § 4 Rn. 125; *Medicus/Lorenz* Rn. 219.

[805] BT-Drucks. 14/6040, S. 228 f.; *Jorden/Lehmann* JZ 2001, 952 (962); kritisch zur Abweichung von der dreijährigen Regelfrist aber *Rühl* AcP 207 (2007), 614 (639 ff.).

ee) Sondervorschriften bei Arglist des Verkäufers

332 Hat der Verkäufer einen Mangel arglistig verschwiegen,[806] ist er nur vermindert schutzwürdig. Folgerichtig legt § 438 Abs. 3 Satz 1 BGB fest, dass in diesem Fall die Ansprüche des Käufers abweichend von § 438 Abs. 1 Nr. 2 und 3 und Abs. 2 BGB[807] in der dreijährigen Frist des § 195 BGB verjähren und dabei auch ein für den Käufer gegenüber § 438 Abs. 2 BGB regelmäßig günstigerer Fristbeginn gilt, der auf den Schluss des Jahres abstellt, in dem der Anspruch entstanden ist und in dem der Gläubiger von diesem Anspruch Kenntnis erlangt oder ohne grobe Fahrlässigkeit erlangen müsste (§ 199 Abs. 1 BGB). Die Vorschrift des § 199 Abs. 2 bis 4 BGB enthält ergänzend abgestufte Höchstfristen für die Verjährung, die relevant werden, wenn die subjektiven Voraussetzungen des § 199 Abs. 1 Nr. 2 BGB erst sehr spät vorliegen.

333 Da der Verkäufer jedoch von seiner Arglist nicht profitieren soll, tritt die Verjährung bei einem unter § 438 Abs. 1 Nr. 2 BGB fallenden Mangel nach § 438 Abs. 3 Satz 2 BGB nicht vor dem Ablauf der Fünf-Jahres-Frist ein, wenn die Verjährungsfrist nach den §§ 195, 199 BGB aufgrund einer relativ frühen Kenntnis bzw. grob fahrlässigen Unkenntnis des Käufers von dem Mangel kürzer ausfallen sollte.

d) Beginn der Verjährung

334 Den Beginn der Verjährung legt § 438 Abs. 2 BGB bei *Grundstücken auf den Zeitpunkt der Übergabe* fest. Hier erlangt wiederum die Streitfrage Bedeutung, ob und unter welchen Voraussetzungen die Einräumung eines mittelbaren Besitzes i. S. des § 868 BGB eine „Übergabe" darstellen kann.[808]

335 Im Übrigen knüpft der Beginn der Verjährung an die *„Ablieferung"* der Sache bzw. im Fall des § 453 BGB des andersgearteten Kaufgegenstandes an. Darunter ist bei Sachen – auch im Fall des Versendungskaufs gemäß § 447 BGB – die *Erlangung des unmittelbaren Besitzes* i. S. des § 854 BGB durch den Käufer zu verstehen, der mit einer Untersuchungsmöglichkeit verbunden ist.[809] Bei *Rechten und sonstigen Kaufgegenständen* bedarf es der Übertragung i. S. des § 453 Abs. 1 BGB i. V. mit § 433 Abs. 1 Satz 1 BGB bzw. der Besitzerlangung gemäß § 453 Abs. 3 BGB.[810] Die „Ablieferung" als Zeitpunkt des Verjährungsbeginns kann daher unter Umständen später eintreten als eine „Lieferung", die als Anwendungsvoraussetzung des § 437 BGB fungiert und die jeden durch den Käufer gebilligten Leistungstransfer

---

[806] Zu den diesbezüglichen Voraussetzungen siehe oben § 2 Rn. 100.

[807] Die dreißigjährige Frist des § 438 Abs. 1 Nr. 1 BGB bleibt folgerichtig unberührt.

[808] Dazu oben § 2 Rn. 46 ff.

[809] BGH 30.01.1985 BGHZ 93, 338 (345); *Esser/Weyers* BT 1, § 5 III 4b, S. 53; *Larenz* BT 1, § 41 II d, S. 63; RGRK/*Mezger* § 477 Rn. 13; *Staudinger/Matusche-Beckmann* (2014) § 438 Rn. 58; *H.P. Westermann* MünchKomm. § 438 Rn. 25. Die Besitzübertragung kann allerdings auch auf Geheiß des Käufers an einen Dritten, z. B. einen Abkäufer, erfolgen; dazu oben § 2 Rn. 44.

[810] BT-Drucks. 14/6040, S. 227; *Oechsler* Rn. 462.

mit Bezug auf die Verkäuferpflichten aus den §§ 433 Abs. 1 Satz 1, 453 Abs. 1 und 3 BGB umfasst (z. B. auch eine Übereignung der Kaufsache ohne Übertragung des unmittelbaren Besitzes).[811]

Umstritten ist, ob im Fall einer *wiederum mangelhaften Nacherfüllung* i. S. des   **336** § 439 Abs. 1 BGB ein Neubeginn der Verjährung eintritt (sog. Kettengewährleistung).[812] Da man in der (mangelhaften) Nacherfüllung – soweit diese nicht nur aus Kulanz erfolgt – ein Anerkenntnis der Pflicht aus § 439 Abs. 1 BGB erblicken kann,[813] sollte dies regelmäßig gemäß § 212 Abs. 1 Nr. 1 BGB bejaht werden.[814] Läuft die Verjährungsfrist an sich bereits vor Beginn der Nacherfüllung, aber nach dem Setzen einer gemäß den §§ 323 Abs. 1, 281 Abs. 1 Satz 1 BGB notwendigen Nachfrist ab, greift der Hemmungstatbestand des § 203 BGB analog ein.[815] Die teleologische Vergleichbarkeit mit einer Verhandlungssituation ergibt sich daraus, dass ein Käufer, dem das Gesetz ein einseitiges Recht zur Nachfristsetzung einräumt, nicht schlechter als ein Gläubiger stehen darf, der sich in bloßen Verhandlungen über die Nacherfüllung befindet (argumentum a fortiori).

e) Vertragliche Abänderung der Verjährungsfristen aus § 438 Abs. 1 BGB

Die Verjährungsfristen des § 438 Abs. 1 Nr. 2 und 3 BGB können nach § 202 Abs. 2   **337** BGB vertraglich *auf bis zu dreißig Jahre verlängert werden.*[816]

In Bezug auf *Verjährungserleichterungen* zugunsten des Verkäufers ist zu diffe-   **338** renzieren: Liegt ein Verbrauchsgüterkauf i. S. des § 474 BGB vor, gilt für eine Verkürzung der Verjährung – gleich in welcher Form – die Grenze des § 476 Abs. 2 und 3 BGB.[817] Im Übrigen wird eine Verkürzungsvereinbarung, die nicht die Haftung wegen Vorsatzes betrifft (§ 202 Abs. 1 BGB), vorbehaltlich der allgemeinen Vorschrift des

---

[811] Siehe oben § 2 Rn. 152 ff.

[812] So BR/*Faust* § 438 Rn. 59; *Ernst/Gsell* ZIP 2000, 1410 (1420 f.); *Staudinger/Matusche-Beckmann* (2014) § 438 Rn. 21 f. und wohl auch BGH 05.10.2005 BGHZ 164, 196 (206); zweifelnd *H.P. Westermann* Festschrift für Canaris, Bd. I, 2007, S. 1276 ff.; a. A. OLG Celle 20.06.2006 NJW 2006, 2643 (2644); *W.H. Roth* in: Ernst/Zimmermann (Hrsg.), Zivilrechtswissenschaft und Schuldrechtsreform, 2001, S. 225 (245 ff.).

[813] Siehe BGH 05.10.2005 BGHZ 164, 196 (204 f.); BGH 23.08.2012 NJW 2012, 3229 Rn. 11 f.; *Reinicke/Tiedtke* Rn. 716.

[814] Demgegenüber wollen *Gsell* Festschrift für Derleder, 2015, S. 156 ff. und *Menges* JuS 2008, 395 ff. den Neubeginn der Verjährung bei einer mangelhaften Nacherfüllung direkt aus § 438 Abs. 2 BGB ableiten. Für eine bloße Hemmung der Verjährung nach § 203 BGB hingegen *Mansel/Budzikiewicz* Das neue Verjährungsrecht, 2002, § 8 Rn. 21 ff. und *Reiling/Tilmann* BB 2012, 982 (984).

[815] *Auktor* NJW 2003, 120 (122); BR/*Faust* § 438 Rn. 58; *G. Wagner* ZIP 2002, 789 (793 f.).

[816] Restriktiv im Hinblick auf § 307 Abs. 2 Nr. 1 BGB bei einer Verlängerung auf über zwei Jahre durch Allgemeine Geschäftsbedingungen des Käufers jedoch BGH 17.01.1990 BGHZ 110, 88 (92 ff.) zu § 477 BGB a. F.

[817] Dazu unten § 2 Rn. 614 ff.

§ 138 Abs. 1 BGB nur bei der Verwendung von Allgemeinen Geschäftsbedingungen durch den Verkäufer und einem Kaufvertrag über eine neu hergestellte Sache beschränkt. Nach § 309 Nr. 8b, ff BGB darf in diesem Fall die fünfjährige Verjährungsfrist aus § 438 Abs. 1 Nr. 2 BGB nicht verkürzt und im Übrigen die Verjährungsfrist nicht auf unter ein Jahr ab dem gesetzlichen Verjährungsbeginn i. S. des § 438 Abs. 2 BGB abgesenkt werden. Es ist jedoch zu erwägen, § 309 Nr. 8b, ff BGB auch bei Gebrauchtwaren auf die Verjährung der Ansprüche wegen Rechtsmängeln analog anzuwenden.[818]

f) Leistungsverweigerungsrecht des Käufers gemäß § 438 Abs. 4 und 5 BGB

339 Für die *Gestaltungsrechte Rücktritt und Minderung* (§ 439 Nr. 2 BGB) ist zu berücksichtigen, dass ihre Ausübung nach Ablauf der Verjährungsfristen aus § 438 Abs. 1 BGB unwirksam ist, wenn sich der Verkäufer auf die Verjährung beruft (§ 438 Abs. 4 Satz 1 und Abs. 5 BGB i. V. mit § 218 Abs. 1 BGB).[819] Gleichzeitig kann aber der Anspruch des Verkäufers auf die Kaufpreiszahlung nach den §§ 195, 199 Abs. 1 BGB weiterhin unverjährt bestehen. Wenn der Käufer diesen Anspruch noch nicht erfüllt hat, wäre es jedoch unangemessen, ihn zu der Kaufpreiszahlung zu verpflichten, obwohl er bisher keinen besonderen Beweggrund hatte, einseitig gegen den Verkäufer vorzugehen und nach den §§ 203 ff. BGB eine Hemmung oder einen Neubeginn der Verjährung seiner Ansprüche aus § 437 BGB herbeizuführen.[820]

340 Der Schutz des Käufers kann dabei auf verschiedenen Wegen erfolgen: Falls ein, wenn auch verjährter, Anspruch auf Nacherfüllung besteht, folgt ein Recht zur Verweigerung der Kaufpreiszahlung bereits aus § 320 BGB.[821] Unabhängig davon gewährt § 438 Abs. 4 Satz 2 bzw. Abs. 5 BGB dem Käufer in der geschilderten Konstellation das Recht, die Kaufpreiszahlung insoweit zu verweigern, als er aufgrund eines wirksamen Rücktritts oder einer wirksamen Minderung (d. h. in diesem Fall nur in der sich aus § 441 Abs. 3 Satz 1 BGB ergebenden Höhe) hierzu berechtigt wäre. Das Leistungsverweigerungsrecht betrifft jedoch nur diejenigen Konstellationen, in denen ein Rücktritt bzw. eine Minderung *wegen der Verjährung* („nach § 218 Abs. 1") unwirksam ist. Solange das betreffende Gestaltungsrecht aufgrund einer Subsidiarität gegenüber der Nacherfüllung ausgeschlossen ist, steht dem Käufer folglich ausschließlich die Einrede aus § 320 BGB zu. Dies führt zu dem Ergebnis, dass der Verkäufer seine Kaufpreisforderung selbst dann noch Zug-um-Zug gegen Erbringung der Nacherfüllung durchsetzen kann, wenn der Nacherfüllungsanspruch des Käufers bereits verjährt ist.[822]

---

[818] Näher oben § 2 Rn. 113.

[819] Siehe oben § 2 Rn. 327.

[820] Vgl. *H.P. Westermann* MünchKomm. § 438 Rn. 38.

[821] Vgl. *Emmerich* MünchKomm. § 320 Rn. 36.

[822] BR/*Faust* § 438 Rn. 53; *Grunewald* § 10 Rn. 76; *von Olshausen* JZ 2002, 385 (387 f.); a. A. *Reinicke/Tiedtke* Rn. 708 f.

Entscheidet sich der Käufer nach § 438 Abs. 4 Satz 2 BGB für eine Zurück- **341** haltung des gesamten Kaufpreises, so muss der Verkäufer eine Möglichkeit haben, den *mangelhaften Kaufgegenstand herauszuverlangen*. Diese verschafft ihm § 438 Abs. 4 Satz 3 BGB, der im Fall der Leistungsverweigerung durch den Käufer dem Verkäufer seinerseits das Recht einräumt, von dem Kaufvertrag mit der Folge einer Rückabwicklung nach den §§ 346 ff. BGB zurückzutreten. Dann ist auch der Käufer genauso gestellt, wie wenn sein Rücktritt nicht gemäß § 218 Abs. 1 BGB unwirksam gewesen wäre.

Soweit hingegen der *Käufer den Kaufpreis bereits entrichtet hat*, entspricht der **342** Umstand, dass er seine Leistung nicht mehr zurückfordern kann, selbst dann dem Zweck der Verjährung seiner in § 437 BGB genannten Rechte, wenn die Zahlung des Kaufpreises erst nach dem Eintritt der Verjährung erfolgt ist. Aus diesem Grund stellt das Leistungsverweigerungsrecht aus § 438 Abs. 4 Satz 2 und Abs. 5 BGB keine „dauernde Einrede" i. S. des § 813 Abs. 1 Satz 1 BGB dar, die zu einer Kondiktion des Kaufpreises berechtigen würde.[823] Ob das Leistungsverweigerungsrecht auch gegenüber einem zur Erfüllung der Kaufpreisschuld hingegebenen Wechsel oder Scheck wirkt, ist umstritten.[824]

5. Konkurrenz des § 437 BGB mit anderen Rechten der Parteien

Mit den Rechten des Käufers aus den §§ 437 bis 441 BGB wegen einer mangelhaf- **343** ten Leistung oder einer gemäß § 434 Abs. 3 BGB gleichgestellten Pflichtverletzung hat der Gesetzgeber einen Interessenausgleich zwischen den Parteien des Kaufvertrages geschaffen. Dieser wird durch die parallele Anwendung weiterer Rechtsinstitute, die unter anderen Voraussetzungen stehen, möglicherweise gestört. Es bedarf daher einer genaueren Betrachtung, ob andere Rechte neben denjenigen aus § 437 BGB anwendbar sind oder ob die Vorschriften über die Rechte des Käufers bei Mängeln unter teleologisch-systematischen Gesichtspunkten ihnen gegenüber eine Sperrwirkung entfalten.

Unberührt bleibt von der folgenden Darstellung, dass die Sonderregelungen **344** der §§ 437 bis 441 BGB erst ab der Lieferung des Kaufgegenstandes eingreifen und vor diesem Zeitpunkt bei einer Nichterfüllung der Pflicht zur Verschaffung eines mangelfreien Gegenstandes die §§ 280 ff., 320 ff. BGB direkte Anwendung finden.[825] Auch das Verhältnis der Mängelrechte zu einem bereicherungsrechtlichen Anspruch des Verkäufers auf Herausgabe des geleisteten Gegenstandes wurde bereits behandelt.[826]

---

[823] RG 22.11.1929 RGZ 128, 211 (215); *Esser/Weyers* BT 1, § 5 III 4c, S. 53; *Larenz* BT 1, § 41 II d, S. 65; *Staudinger/Matusche-Beckmann* (2014) § 438 Rn. 129.

[824] Siehe dazu bejahend BGH 30.01.1986 NJW 1986, 1872 f. mit ablehnender Anmerkung *Canaris* JZ 1986, 684 ff.

[825] Näher oben § 2 Rn. 152 ff.

[826] Siehe oben § 2 Rn. 170 ff.

a) Anfechtungsrechte der Parteien

aa) Anfechtung nach § 119 Abs. 2 BGB wegen eines Eigenschaftsirrtums

345 Nach § 119 Abs. 2 BGB kann der Erklärende eine Willenserklärung anfechten, wenn er sich bei ihrer Abgabe in einem Irrtum über solche Eigenschaften einer Person oder einer Sache befand, die im Verkehr als wesentlich angesehen werden. Die Verkehrswesentlichkeit bemisst sich dabei nach dem wirtschaftlichen Zweck des jeweiligen Geschäfts.[827] Hierunter ließe sich im Ansatz auch ein *Irrtum des Käufers über eine Eigenschaft des Kaufgegenstandes* fassen, deren Fehlen zugleich einen Mangel i. S. des § 434 BGB begründet.[828] Dies wäre nicht auf den Kauf von Sachen i. S. der §§ 90 ff. BGB begrenzt, da „Sachen" i. S. des § 119 Abs. 2 BGB alle Rechtsobjekte und somit z. B. auch Forderungen umfassen.[829]

346 Von einer Ansicht wird die Anwendbarkeit des § 119 Abs. 2 BGB zugunsten des Käufers neben den Mängelrechten bejaht.[830] Hierfür lässt sich anführen, dass beide Rechtsinstitute einem unterschiedlichen Schutzzweck dienen. Während § 119 Abs. 2 BGB die Privatautonomie des Käufers schützt, ist § 437 BGB auf ein anderes Interesse, nämlich das vertragliche Äquivalenzinteresse ausgerichtet. Zudem stellt § 119 Abs. 2 BGB auf den Zeitpunkt der Erklärungsabgabe ab, während für einen Mangel i. S. der §§ 434, 435 BGB bei Sachmängeln der Zeitpunkt des Gefahrübergangs und bei Rechtsmängeln derjenige der Rechtsverschaffung maßgebend ist.[831]

347 Eine Anwendung des § 119 Abs. 2 BGB auf solche Eigenschaften, die zugleich einen Mangel i. S. der §§ 434, 435 BGB bilden, würde aber trotz der dargelegten Unterschiede die Ausgestaltung der vertraglichen Rechte des Käufers unterlaufen und ist daher *mit der h. M.[832] abzulehnen.* Erstens ist im Rahmen der §§ 437 ff. BGB eine Rückabwicklung des Vertrages regelmäßig gegenüber einer Nacherfüllung i. S. des § 439 BGB subsidiär, während die Anfechtung zu einer sofortigen

---

[827] Vgl. *Wolf/Neuner* § 41 Rn. 60 ff.

[828] Hingegen ist ein Eigenschaftsirrtum über einen Rechtsmangel i. S. des § 435 BGB wohl ausgeschlossen, da ein solcher nicht in der Beschaffenheit des Kaufgegenstandes „angelegt" ist (siehe oben § 2 Rn. 59), was aber die Voraussetzung für eine Eigenschaft i. S. des § 119 Abs. 2 BGB ist: *Wolf/Neuner* § 41 Rn. 56.

[829] *Flume* AT 2, § 24/2e, S. 481 f.

[830] BR/*Faust* § 437 Rn. 182 f.; *Emmerich* § 5 Rn. 51 f.; *Krampe* JuS 2005, 773 (778); im Grundsatz auch *Schur* AcP 204 (2004), 883 (897 ff.); zum alten Kaufrecht *Oertmann* vor § 459 Anm. 2 g; *R. Schmidt* NJW 1962, 710 ff.

[831] Siehe oben § 2 Rn. 60.

[832] RG 10.03.1938 RGZ 157, 173 (174); BGH 09.10.1980 BGHZ 78, 216 (218); *Brors* WM 2002, 1780 (1781); *Erman/Grunewald* Vor § 437 Rn. 23; *Esser/Weyers* BT 1, § 6 I 3a/c, S. 66 f.; *Larenz* BT 1, § 41 I c, S. 45; *G. Müller* Festschrift für Ulrich Huber, 2006, S. 465 ff.; *Schlechtriem* Rn. 116; *Soergel/Huber* Vor § 459 Rn. 187 ff.; *Staudinger/Matusche-Beckmann* (2014) § 437 Rn. 24 ff.; *Wertenbruch* NJW 2004, 1977 (1979); *H.P. Westermann* MünchKomm. § 437 Rn. 53; grundlegend *Flume* Eigenschaftsirrtum und Kauf, 1948, S. 132 ff.

Rückabwicklung nach Maßgabe der §§ 812 ff. BGB führt.[833] Zweitens sind die Rechte des Käufers aus § 437 BGB nach § 442 Abs. 1 Satz 2 BGB vorbehaltlich einer Arglist oder einer Garantie des Verkäufers ausgeschlossen, wenn der Käufer den Mangel bei Abschluss des Vertrages grob fahrlässig nicht erkannt hat; ein zur Anfechtung berechtigender Irrtum i. S. des § 119 Abs. 2 BGB wäre aber auch bei grober Fahrlässigkeit noch gegeben. Eine vergleichbare Kollision tritt auf, wenn die Rechte wegen Mängeln vertraglich ausgeschlossen sind.[834] Drittens muss eine Irrtumsanfechtung gemäß § 121 Abs. 1 Satz 1 BGB zwar unverzüglich, d. h. ohne schuldhaftes Zögern erfolgen. Sie ist im Übrigen aber nach § 121 Abs. 2 BGB bis zu zehn Jahre lang zulässig. Die Rechte des Käufers wegen eines Mangels verjähren hingegen nach Maßgabe des § 438 BGB in der Regel weitaus schneller.

Folglich würde eine Anwendung des § 119 Abs. 2 BGB auf Eigenschaften, die **348** einen Sachmangel bilden, das differenzierte Regelungssystem der §§ 437 ff. BGB und den damit angestrebten Interessenausgleich stören. Dies gilt auch für den *Zeitraum vor Anwendbarkeit des § 437 BGB*, da der bis dahin bestehende Anspruch auf eine mangelfreie Leistung aus den §§ 433 Abs. 1 Satz 2, 453 Abs. 1 und 3 BGB ähnlichen Restriktionen (z. B. § 442 Abs. 1 Satz 2 BGB)[835] unterliegt.[836] Somit sprechen die besseren Gründe dafür, eine Irrtumsanfechtung des Käufers in Bezug auf solche Eigenschaften des Kaufgegenstandes, die zugleich einen Mangel darstellen, zeitlich umfassend und unabhängig davon auszuschließen, ob der Verkäufer für diesen Mangel im Einzelfall nach § 437 BGB haften muss.[837] Dogmatisch lässt sich dies dadurch begründen, dass ein solcher Irrtum unter Berücksichtigung der Gesetzessystematik *nicht „im Verkehr als wesentlich" i. S. des § 119 Abs. 2 BGB* anzusehen ist.[838]

Sofern sich der *Eigenschaftsirrtum nicht auf einen Mangel bezieht* (Beispiel: **349** der Käufer hat eine Eigenschaft der Kaufsache angenommen, die der Verkäufer nach Maßgabe des § 434 Abs. 1 und 2 BGB nicht schuldet), sind die vorstehenden

---

[833] Dem kann nicht entgegengehalten werden, die Anfechtung nach § 119 Abs. 2 BGB gewähre kein „Reurecht" und sei daher ausgeschlossen, wenn der Verkäufer unverzüglich nacherfülle (so aber BR/*Faust* § 437 Rn. 183 m. w. N.). Der Vorrang des § 439 BGB darf nicht nur in diesem Fall gelten. Selbst wenn der Verkäufer eine Nacherfüllung widerrechtlich ablehnt, muss der Käufer seinen Anspruch aus § 439 BGB durchsetzen oder nach § 437 Nr. 2 und 3 BGB vorgehen und darf nicht auf eine Anfechtung ausweichen.

[834] BGH 15.01.1975 BGHZ 63, 369 (376); *Soergel/Huber* Vor § 459 Rn. 199 f.; *Staudinger/Matusche-Beckmann* (2014) § 437 Rn. 32 f.; *H.P. Westermann* MünchKomm. § 437 Rn. 54.

[835] Dazu oben § 2 Rn. 99 ff.

[836] Diejenigen Auffassungen zur Rechtslage vor der Schuldrechtsreform, die mit Unterschieden in Detailfragen eine Anfechtung vor der Anwendbarkeit der §§ 459 ff. BGB a. F. zuließen, sind dadurch überholt; vgl. BT-Drucks. 14/6040, S. 210; *Huber/Faust* 14/6; *Oechsler* Rn. 478; differenzierend *Staudinger/Matusche-Beckmann* (2014) § 437 Rn. 29 ff.; a. A. *Brox/Walker* § 4 Rn. 134; *Looschelders* Rn. 174. Zum alten Streitstand *Soergel/Huber* Vor § 459 Rn. 191 f.

[837] Der Ausschluss der Irrtumsanfechtung gilt daher dann auch, wenn die Mängelrechte des Käufers durch eine besondere gesetzliche Vorschrift wie § 56 Satz 3 ZVG ausgeschlossen sind: BGH 18.10.2007 NJW-RR 2008, 222 Rn. 9 f.

[838] Siehe oben § 2 Rn. 345.

Erwägungen nicht einschlägig.[839] Es wäre verfehlt, in diesem Fall einen Erst-recht-Schluss zu ziehen, nach dem ein Ausschluss der Anfechtung bei gegebener Verkäuferhaftung aus § 437 BGB a fortiori auch den Fall erfassen müsse, in dem es schon an einer solchen Verpflichtung des Verkäufers fehle. Der Ausschluss des Anfechtungsrechts knüpft gerade daran an, dass die Vorstellung des Käufers der vertraglich geschuldeten Beschaffenheit entspricht und die Balance aus Vor- und Nachteilen, die in den Beschränkungen der Mängelrechte zum Ausdruck kommt, nicht unterlaufen werden darf. Ist somit eine Anfechtung wegen des Irrtums über eine Eigenschaft, die keinen Mangel begründet, nicht kategorisch ausgeschlossen, so bleibt jedoch stets sorgfältig zu prüfen, ob die betreffende Eigenschaft verkehrswesentlich ist (§ 119 Abs. 2 BGB).[840] Dies trifft insbesondere bei atypischen Vorstellungen des Käufers in Bezug auf den Kaufgegenstand, mit denen der Verkäufer nicht rechnen musste, nicht zu.

350   Dem *Verkäufer* ist ein Anfechtungsrecht aus § 119 Abs. 2 BGB zu versagen, wenn sich sein Irrtum auf eine mangelbegründende Eigenschaft bezieht und er mit der Anfechtung dem Käufer die Rechte aus § 437 BGB bzw. den §§ 433 Abs. 1 Satz 2, 453 Abs. 1 und 3 BGB entziehen würde.[841] Auch insoweit fehlt stets die Verkehrswesentlichkeit des Irrtums.[842] Falls die betreffende Eigenschaft keinen Mangel bildet, z. B. den Wert der Kaufsache erhöht,[843] greift § 119 Abs. 2 BGB wie bei einem entsprechenden Irrtum des Käufers hingegen ein. Beispiel: Das als Kopie verkaufte Bild erweist sich als Original.

bb) Sonstige Anfechtungstatbestände

351   Ein Anfechtungsrecht wegen eines *Inhalts- oder Erklärungsirrtums gemäß § 119 Abs. 1 BGB* (Beispiel: der Käufer verwechselt den zu verkaufenden Gegenstand) bezieht sich nicht auf einen Mangel des Kaufgegenstandes und ist daher für keine der Parteien wegen der in § 437 BGB genannten speziellen Rechtsbehelfe ausgeschlossen.[844]

---

[839] BGH 09.10.1980 BGHZ 78, 216 (218 f.); *Esser/Weyers* BT 1, § 6 I 3b, S. 67; *Grunewald* § 9 Rn. 14; *Staudinger/Matusche-Beckmann* (2014) § 437 Rn. 39; a. A. *Huber/Faust* 14/5; *G. Müller* Festschrift für Ulrich Huber, 2006, S. 468 ff.; *Reinicke/Tiedtke* Rn. 802; *Soergel/Huber* Vor § 459 Rn. 193 ff.; *H.P. Westermann* MünchKomm. § 437 Rn. 53.

[840] Vgl. *Wolf/Neuner* § 41 Rn. 62 f.; noch enger: *Erman/Grunewald* Vor § 437 Rn. 24; *Flume* AT 2, § 24/3a, S. 485.

[841] BT-Drucks. 14/6040, S. 165; BGH 08.06.1988 NJW 1988, 2597 (2598); *Brox/Walker* § 4 Rn. 137; *Erman/Grunewald* Vor § 437 Rn. 28; *Staudinger/Matusche-Beckmann* (2014) § 437 Rn. 35; *H.P. Westermann* MünchKomm. § 437 Rn. 55.

[842] Für den flexiblen Ausschlussgrund des Rechtsmissbrauchs (§ 242 BGB) z. B. BR/*Faust* § 437 Rn. 201.

[843] Vgl. RG 22.02.1929 RGZ 124, 115 (116 f.); *Fikentscher/Heinemann* Rn. 895.

[844] *Erman/Grunewald* Vor § 437 Rn. 22; *Soergel/Huber* Vor § 459 Rn. 201; *Staudinger/Matusche-Beckmann* (2014) § 437 Rn. 40.

Eine *arglistige Täuschung oder widerrechtliche Drohung i. S. des § 123 Abs. 1*   **352**
BGB kann zwar zum Abschluss eines Kaufvertrages führen, bei dem ein Sach- oder
Rechtsmangel auftritt. Beispiel: Der Verkäufer täuscht dem Käufer arglistig vor,
der verkaufte Ring sei aus massivem Gold. Der Täuschende oder Drohende ist
aber nicht schutzwürdig, so dass ein Anfechtungsrecht aus § 123 BGB in der Frist
des § 124 BGB uneingeschränkt ausgeübt werden kann.[845] Mit der Ausübung des
Anfechtungsrechts entfallen Ansprüche aus dem Kaufvertrag ex tunc (§ 142 Abs. 1
BGB). Bei der bereicherungsrechtlichen Rückabwicklung sind die Besonderheiten
für fehlgeschlagene Austauschverträge zu berücksichtigen.[846]

b) Störung der Geschäftsgrundlage (§ 313 BGB)

Die Regelungen des § 313 BGB sind nicht anwendbar, soweit die Vertragsstörung   **353**
einen Mangel des Kaufgegenstandes darstellt.[847] Denn insoweit liegt eine Abweichung von dem vertraglich Vereinbarten und *keine bloße Störung der Geschäftsgrundlage* vor. Das gilt auch dann, wenn gesetzliche oder vertragliche Bestimmungen die Rechte des Käufers wegen Mängeln ausschließen.[848]

Für die Rechtsstellung des Verkäufers bei einer *unerwartet aufwendigen Nacher-*   **354**
füllung gilt folgendes: Sofern die Erschwernis zu einer Disproportionalität von Nacherfüllungsaufwand des Schuldners und Nacherfüllungsinteresse des Gläubigers führt,
greift ausschließlich § 439 Abs. 4 BGB als lex specialis ein. Beispiel: Ein mittlerweile
nicht mehr produziertes, defektes Fernsehgerät kann nur mit exorbitantem Aufwand
repariert werden, während ein ähnliches Modell am Markt zu wesentlich niedrigeren Kosten verfügbar ist. § 313 BGB ist daher allenfalls dann einschlägig, wenn der
Nacherfüllungsaufwand nicht am Maßstab des Käuferinteresses unverhältnismäßig
ist, sondern eine schwere Äquivalenzstörung in Bezug auf den vereinbarten Kaufpreis
eintritt.[849] In der Regel darf sich der Verkäufer aber seiner Pflicht zur Nacherfüllung
nicht mit dem Verweis auf eine Störung der Geschäftsgrundlage entziehen.[850]

Bei *Umständen, die nicht zu einem Mangel i. S. der §§ 434, 435 BGB führen*,   **355**
bleibt § 313 BGB hingegen anwendbar.[851] Dies gilt z. B. dann, wenn die Parteien

---

[845] BGH 02.02.1990 BGHZ 110, 220 (221 f.); *Soergel/Huber* Vor § 459 Rn. 204; *H.P. Westermann*
MünchKomm. § 437 Rn. 55; im Ergebnis auch *Staudinger/Matusche-Beckmann* (2014) § 437
Rn. 52.

[846] Dazu *Larenz/Canaris* BT 2, § 73 III, S. 321 ff.

[847] RG 05.10.1939 RGZ 161, 330 (337); BGH 06.06.1986 BGHZ 98, 100 (103 f.); *Soergel/Huber*
Vor § 459 Rn. 203; *Staudinger/Matusche-Beckmann* (2014) § 437 Rn. 43.

[848] BGH 06.06.1986 BGHZ 98, 100 (103 f.); *Erman/Grunewald* Vor § 437 Rn. 19; *Fikentscher/
Heinemann* Rn. 906.

[849] Siehe oben § 2 Rn. 237.

[850] BR/*Faust* § 437 Rn. 203; *Oechsler* Rn. 480; *Reinicke/Tiedtke* Rn. 818.

[851] *Staudinger/Matusche-Beckmann* (2014) § 437 Rn. 43; *H.P. Westermann* MünchKomm. § 437
Rn. 56.

davon ausgehen, dass ein verkauftes Grundstück erst zu einem bestimmten Zeitpunkt nach Gefahrübergang bebaubar werden soll (daher kein Sachmangel i. S. des § 434 Abs. 1 Satz 1 BGB), sich diese Erwartung aber nicht erfüllt.[852]

c) Verletzung vorvertraglicher Pflichten und Nebenpflichtverletzungen

356 Ein Konkurrenzproblem zwischen den Ansprüchen des Käufers bei Mängeln und Ersatzansprüchen wegen der Verletzung vorvertraglicher Pflichten (§ 311 Abs. 2 BGB) sowie Nebenpflichten ergibt sich nur dann, wenn sich die Verletzung der vorgenannten Pflichten *zugleich auf einen Mangel bezieht* und damit neben eine Verletzung der Hauptpflicht zur Lieferung eines mangelfreien Gegenstandes aus den §§ 433 Abs. 1 Satz 2, 453 Abs. 1 und 3 BGB tritt, die durch § 437 BGB und die dort genannten Rechte sanktioniert wird.

357   Eine solche Kollision kann z. B. eintreten, wenn ausnahmsweise eine Untersuchungspflicht des Verkäufers hinsichtlich der vertragsgemäßen Beschaffenheit besteht[853] oder wenn ihn eine Beratungspflicht in Bezug auf die Beschaffenheit der Kaufsache trifft. Beispiel: Der Verkäufer müsste über eine besonders gefährliche Beschaffenheit aufklären, mit welcher der Käufer nicht zu rechnen braucht und deren Abwesenheit damit gemäß § 433 Abs. 1 Satz 2 BGB i. V. mit § 434 Abs. 1 Satz 2 Nr. 2 BGB geschuldet wird.[854] Denkbar ist auch, dass eine fehlerhafte Verpackung des Kaufgegenstandes zu einem Sachmangel führt.[855]

358   In diesen Fällen führt ein Verstoß gegen die Beratungs-, Untersuchungs- oder Verpackungspflicht nicht nur dazu, dass der Verkäufer die mangelhafte Leistung i. S. der §§ 280 Abs. 1 Satz 2, 276 Abs. 1 Satz 1 BGB zu vertreten hat und somit nach Maßgabe des § 437 Nr. 3 BGB Schadensersatz schuldet. Zumindest rein begrifflich liegt zugleich auch die Verletzung einer Schutzpflicht i. S. des § 241 Abs. 2 BGB gegebenenfalls i. V. mit § 311 Abs. 2 BGB vor, die zu einem eigenständigen Schadensersatzanspruch aus § 280 Abs. 1 BGB[856] bzw. nach Maßgabe des § 324 BGB im Fall der Unzumutbarkeit zu einem Rücktrittsrecht führen könnte.

359   Diese Ansprüche bzw. Rechte stören jedoch das differenzierte Regelungsgefüge der §§ 437 bis 441 BGB, z. B. den grundsätzlichen Vorrang der Nacherfüllung vor einer Vertragsauflösung.[857] Auch in Bezug auf Integritätsschäden (z. B. eine Körperverletzung durch das defekte Produkt) ist eine direkte Anwendung des § 280 Abs. 1 BGB aufgrund der Verletzung einer Schutzpflicht nicht geboten, weil diese

---

[852] BGH 15.10.1976 WM 1977, 118.

[853] Dazu oben § 2 Rn. 315.

[854] Siehe oben § 2 Rn. 130.

[855] Vgl. BGH 07.03.1983 BGHZ 87, 88 (92 f.).

[856] Dieser Schadensersatzanspruch könnte im Rahmen des Prinzips der Naturalrestitution i. S. des § 249 Abs. 1 BGB insbesondere bei der Verletzung vorvertraglicher Pflichten auf eine Auflösung des Vertrages gerichtet sein; siehe allg. *Oetker* MünchKomm. § 249 Rn. 355 m. w. N.

[857] Im Einzelnen oben § 2 Rn. 186 ff.

Schäden nach § 437 Nr. 3 BGB i. V. mit § 280 Abs. 1 BGB geltend gemacht werden können.[858] Soweit dieser Anspruch ausgeschlossen ist (z. B. wegen einer Verjährung gemäß § 438 BGB oder eines Haftungsausschlusses nach § 442 BGB), darf dieses sachgerechte Ergebnis nicht durch die Bejahung eines separaten Schadensersatzanspruchs wegen einer Schutzpflichtverletzung umgangen werden. Daher sind Ansprüche gegen den Verkäufer wegen der Verletzung vorvertraglicher Pflichten oder Nebenpflichten *grundsätzlich durch die §§ 433 Abs. 1 Satz 2, 437 BGB gesperrt*, wenn sie sich auf einen Mangel des Kaufgegenstandes i. S. der §§ 434, 435 BGB beziehen.[859] Methodisch ergibt sich dies aus einer teleologisch bedingten Subsidiarität der allgemeinen Vorschriften.[860] Denn auch die Haftung für die Verletzung vorvertraglicher Pflichten oder von Nebenpflichten würde auf einem besonderen Kontakt zwischen den Vertragsparteien beruhen, den – soweit er sich auf einen Mangel des Kaufgegenstandes bezieht – die §§ 433 ff. BGB sachnäher und abschließend ausgestalten.[861] Einzig wenn der Verkäufer die betreffende *Pflichtverletzung vorsätzlich begeht*, erscheint er nicht schutzwürdig, so dass eine parallele Anwendung der allgemeinen Regelungen in Betracht kommt.[862]

Nach der hier vertretenen Auffassung betrifft der grundsätzliche Vorrang der **360** §§ 437 bis 441 BGB z. B. auch eine negativ von den vertraglichen Abreden abweichende *Ertragskraft eines Unternehmens*, da diese einen Sachmangel bildet.[863] Hat der Verkäufer insoweit unrichtige Angaben gemacht, kann der Käufer somit nicht nach den §§ 311 Abs. 2, 249 Abs. 1 BGB die Auflösung des Vertrages verlangen (Vertragsabschluss als Schaden),[864] sondern ist auf sein Rücktrittsrecht verwiesen, das vor der Übergabe des Unternehmens direkt aus § 326 Abs. 5 BGB (i. V. mit den §§ 453 Abs. 1 Alt. 2, 433 Abs. 1 Satz 2 BGB), danach aus § 326 Abs. 5 BGB i. V. mit § 437 Nr. 2 Alt. 1 BGB folgt, dann jedoch der kurzen Verjährung nach § 438 Abs. 1 Nr. 3 BGB unterliegt.[865] Nur auf diesem Wege lässt sich die mit der

---

[858] Siehe oben § 2 Rn. 311.

[859] BGH 27.03.2009 BGHZ 180, 205 Rn. 19 ff.; *Erman/Grunewald* Vor § 437 Rn. 12 ff.; *Grigoleit/ Herresthal* JZ 2003, 118 (126); *Staudinger/Matusche-Beckmann* (2014) § 437 Rn. 53, 73 ff.; *H.P. Westermann* MünchKomm. § 437 Rn. 57 ff.; a. A. *Barnert* WM 2003, 416 (424 f.); *Häublein* NJW 2003, 388 (391 ff.) sowie beschränkt auf vorvertragliche Pflichten BR/*Faust* § 437 Rn. 190.

[860] Zu dieser Form der Gesetzeskonkurrenz *Dietz* Anspruchskonkurrenz bei Vertragsverletzung und Delikt, 1934, S. 62.

[861] Die grundlegende Kritik von *Esser/Weyers* BT 1, § 6 II 3, S. 69 ff. an der Ausschlusswirkung des kaufvertraglichen Mängelrechts, die auf der Rechtslage vor dem 01.01.2002 beruht, ist durch dessen Neufassung und Abstimmung mit dem allgemeinen Leistungsstörungsrecht weitgehend gegenstandslos.

[862] BGH 27.03.2009 BGHZ 180, 205 Rn. 24; BGH 16.12.2009 NJW 2010, 858 Rn. 20; kritisch hingegen *Looschelders* JR 2007, 309 (310) und *H. Roth* JZ 2009, 1174 (1175).

[863] Siehe oben § 2 Rn. 127 f.

[864] *Reinicke/Tiedtke* Rn. 1252 ff.; *Staudinger/Matusche-Beckmann* (2014) § 437 Rn. 81 f.; *H.P. Westermann* MünchKomm. § 453 Rn. 29; a. A. zum alten Kaufrecht BGH 12.11.1969 NJW 1970, 653 (655).

[865] Vgl. § 2 Rn. 151 ff.

Neufassung des Kaufrechts bezweckte harmonische Verbindung der Mängelansprüche mit den allgemeinen Vorschriften erreichen.

361   Anderweitige *Pflichtverletzungen, die nicht (auch) von § 437 BGB erfasst werden*, bleiben hiervon unberührt und unterliegen den allgemeinen Regelungen.[866] Beispiel: Der Verkäufer zerstört bei der Anlieferung des verkauften Klaviers drei Vasen des Käufers aus der Ming-Dynastie. Oder: Eine fehlende Bedienungsanleitung (kein Mangel, sondern teilweise Nichtleistung!)[867] führt zu einer Beschädigung der Kaufsache.[868] Ebenso greift § 311 Abs. 2 BGB i. V. mit § 280 Abs. 1 BGB ein, wenn eine Beratungspflicht verletzt wurde, ohne dass die Beschaffenheit des Kaufgegenstandes, über die nicht aufgeklärt wurde, einen Mangel i. S. des § 434 BGB darstellt. Denn den §§ 433 Abs. 1 Satz 2, 437 BGB kann keine Sperrwirkung in Bezug auf Umstände beigemessen werden, die zwar bei einer entsprechenden Vereinbarung einen Mangel hätten begründen können, in dem konkreten Vertrag aber nicht in die geschuldete Beschaffenheit eingegangen sind.[869] In diesem Fall umfasst der zu leistende Schadensersatz auch die Rückgängigmachung des Vertrages (§ 249 Abs. 1 BGB).[870]

362   Eine von § 437 BGB unabhängige Haftung kommt ferner in Betracht, wenn der Käufer mit dem Verkäufer einen *selbständigen Beratungsvertrag* abgeschlossen hat.[871] Bei der Annahme eines solchen Vertrages ist jedoch größte Zurückhaltung geboten, soweit sich die Beratungspflicht auf einen Mangel des Kaufgegenstandes beziehen soll, um nicht die oben getroffene Abgrenzung zu unterlaufen. Von der Konkurrenzproblematik unberührt bleibt schließlich die *Eigenhaftung sog. Sachwalter oder Vertreter* des Verkäufers nach § 311 Abs. 3 BGB, da diese nicht Vertragspartner werden.[872]

---

[866] Statt aller *Esser/Weyers* BT 1, § 6 II 1, S. 68. Für eine analoge Anwendung des § 438 BGB auf sog. leistungsbezogene Nebenpflichten *Müller/Hempel* AcP 205 (2005), 246 (255 ff.); dies erscheint jedoch nur dann gerechtfertigt, wenn die Pflicht einen Mangelbezug aufweist, und in diesem Fall sind nach der hier vertretenen Auffassung eigenständige Schadensersatzansprüche neben § 437 Nr. 3 BGB ohnehin ausgeschlossen.

[867] Siehe oben § 2 Rn. 180.

[868] Hingegen wird man eine *mangelhafte* Bedienungsanleitung mit entsprechenden Schadensfolgen analog § 434 Abs. 2 Satz 2 BGB als Mangel der Kaufsache selbst anzusehen haben; siehe § 2 Rn. 89; a. A. vor Geltung des § 434 Abs. 2 Satz 2 BGB: BGH 05.04.1967 BGHZ 47, 312 (319).

[869] *Canaris* in: E. Lorenz (Hrsg.), Karlsruher Forum 2002: Schuldrechtsmodernisierung, 2003, S. 5 (89 f.); *Grigoleit/Herresthal* JZ 2003, 118 (126); im Grundsatz auch *Staudinger/Matusche-Beckmann* (2014) § 437 Rn. 86; a. A. *Huber/Faust* 13/26 und in der Tendenz BGH 06.11.2015 BGHZ 207, 349 Rn. 24: Haftung nur bei Vorsatz (vgl. insoweit § 2 Rn. 359).

[870] Hierzu allg. BR/*Schubert* § 249 Rn. 185; *Oetker* MünchKomm. § 249 Rn. 355 sowie näher *Fleischer* AcP 200 (2000), 91 (111 f.).

[871] BGH 23.06.1999 NJW 1999, 3192 ff.; *Staudinger/Matusche-Beckmann* (2014) § 437 Rn. 92. Allg. zum Beratungsvertrag unten § 11 Rn. 19 ff.

[872] BGH 25.05.1983 BGHZ 87, 302 (304). Soweit sich die Haftung des Dritten auf einen Sachmangel bezieht, kann der Dritte aber unter Umständen nur subsidiär zu einer Ausübung der Rechte, die aus § 437 BGB gegenüber dem Verkäufer bestehen, in Anspruch genommen werden; siehe unten § 2 Rn. 585.

d) Deliktische und deliktsähnliche Ansprüche

Ein Konkurrenzverhältnis zwischen der vertraglichen Mängelhaftung und delikti- **363**
schen oder deliktsähnlichen Ansprüchen ergibt sich im engeren Sinne nur dann,
wenn sich diese Ansprüche ebenfalls gegen den Verkäufer richten, der gegebenenfalls zugleich der Hersteller einer mangelhaften Sache sein kann.[873] Hierbei ist zwischen solchen Schäden zu unterscheiden, die mit dem *kaufvertraglichen Erfüllungsinteresse* (vgl. die §§ 281, 283, 311a Abs. 2 BGB)[874] zumindest teilweise identisch
sind und solchen, die das *Integritätsinteresse des Käufers* betreffen.

aa) Verletzung der vertragsunabhängigen Integrität des Käufers

Betrifft ein Schaden nicht das Interesse des Käufers an einer mangelfreien Leis- **364**
tung des Kaufgegenstandes, sondern bereits unabhängig von dem Kaufvertrag
bestehende Rechtspositionen, so greift die *deliktische Haftung des Verkäufers ohne
Einschränkungen* ein.[875] Insbesondere sind die Verjährungsregelungen des § 438
BGB auf deliktische Ansprüche des Käufers nicht analog anwendbar.[876]

(1) Schadensersatzpflicht nach § 823 Abs. 1 BGB

Nach Maßgabe des § 823 Abs. 1 BGB haftet der Verkäufer für die Verletzung absolu- **365**
ter Rechte und Rechtsgüter, unter anderem für Körperschäden, die der Käufer durch
die Benutzung einer fehlerhaften Kaufsache erleidet. Voraussetzung der Haftung
ist dabei jedoch stets die *schuldhafte Verletzung einer Verkehrspflicht* zum Schutz
des Kunden vor fehlerhaften Produkten.[877] Die *„Fehlerhaftigkeit"* eines Produktes
im deliktsrechtlichen Sinne ergibt sich dabei nicht automatisch aus einer negativen
Abweichung von der vertragsgemäßen Beschaffenheit i. S. des § 434 BGB, sondern
aus einer *über das verkehrstypische Maß hinausgehenden Gefährlichkeit.*[878]
    Eine solche Verkehrspflichtverletzung kann sich aus einer *Untersuchungspflicht* **366**
ergeben, die einen von dem Hersteller verschiedenen Verkäufer nur unter besonderen Umständen trifft,[879] den verkaufenden Hersteller hingegen regelmäßig ebenso

---

[873] Zu den Rechtsbeziehungen des Käufers zu einem von dem Verkäufer verschiedenen Hersteller
unten § 2 Rn. 417.

[874] Siehe oben § 2 Rn. 301 ff.

[875] Statt aller BGH 24.11.1976 BGHZ 67, 359 (363); *Erman/Grunewald* Vor § 437 Rn. 31;
Fikentscher/Heinemann Rn. 908.

[876] BR/*Faust* § 437 Rn. 197; *Canaris* in: E. Lorenz (Hrsg.), Karlsruher Forum 2002: Schuldrechtsmodernisierung, 2003, S. 5 (96 f.); *Staudinger/Matusche-Beckmann* (2014) § 438 Rn. 36; a. A. mit
Ausnahme von Personenschäden *Mansel* NJW 2002, 89 (95).

[877] Allg. *Larenz/Canaris* BT 2, § 76 III, S. 399 ff.; *Wandt* Gesetzliche Schuldverhältnisse, 8. Aufl.
2017, § 22 Rn. 55 ff.

[878] *Larenz* BT 1, § 41a, S. 81 f.

[879] Dazu oben § 2 Rn. 315.

wie eine Pflicht zur verkehrssicheren *Konstruktion, Fabrikation und Instruktion* (Bedienungsanleitung etc.).[880] Der verkaufende Hersteller bzw. der Importeur hat auch eine sog. *Produktbeobachtungspflicht*, welche ihn dazu verpflichtet, die Wirkungsweise seines Produktes über den Zeitpunkt des Verkaufs hinaus in angemessenem Umfang zu kontrollieren und die Abnehmer auf etwaige Gefahren hinzuweisen.[881] Steht fest, dass ein Defekt aus dem Gefahrenbereich des Hersteller-Verkäufers stammt, so wird zugleich vermutet, dass dieser schuldhaft eine Verkehrspflichtverletzung begangen hat (*Beweislastumkehr nach Gefahrenbereichen*).[882] Ergänzend hat die Rechtsprechung eine weitere Beweislastumkehr entwickelt, nach der bei Produkten mit besonderen Risiken sogar eine verkehrswidrige Beschaffenheit im Zeitpunkt der Auslieferung zu vermuten ist, wenn der Hersteller-Verkäufer den Zustand des Produktes nicht geprüft und dies dokumentiert hat (sog. *Befundsicherungspflicht*).[883]

367   Verletzt der Verkäufer eine Verkehrspflicht schuldhaft oder ist dies unwiderlegt zu vermuten, greift nach § 823 Abs. 1 BGB eine Haftung wegen Eigentumsverletzung auch für den *Schaden an anderen Sachen des Käufers* ein, mit denen dieser die mangelhafte Kaufsache verbunden hat.[884] Beispiel: Defekte Kondensatoren werden in ein Anlagensystem eingebaut, das dadurch beschädigt wird.[885] Besteht die Verkehrspflichtverletzung hingegen darin, dass der *Hersteller die Wirksamkeit seines Produktes nicht hinreichend überwacht hat* und führt dies bei dem Käufer zu Schäden an anderen Sachen, die durch das Produkt eigentlich geschützt werden sollten (Beispiel: ein Schädlingsbekämpfungsmittel versagt und verhindert Schäden an Pflanzen nicht), so ist, wenn das Produkt direkt von dem Hersteller gekauft wurde, richtigerweise einzig das vertragliche Leistungsinteresse betroffen und kann daher keine deliktische Haftung neben den §§ 437 ff. BGB eingreifen.[886]

368   Auch soweit nach dem Gesagten ein Anspruch aus § 823 Abs. 1 BGB besteht, kommt parallel eine Haftung des Verkäufers aus § 280 Abs. 1 BGB i. V. mit § 437 Nr. 3 BGB in Betracht. Dies ist jedoch kein Widerspruch, da das Vertragsverhältnis als Rechtsbeziehung aus einem besonderen Kontakt in der Regel nicht

---

[880] Siehe im Einzelnen zu den Verkehrspflichten des Herstellers *Kötz/Wagner* Deliktsrecht, 13. Aufl. 2016, Rn. 616 ff.; *Wandt* Gesetzliche Schuldverhältnisse, 8. Aufl. 2017, § 22 Rn. 61 ff.

[881] BGH 09.12.1986 BGHZ 99, 167 (171 ff.).

[882] BGH 26.11.1968 BGHZ 51, 91 (103 ff.); BGH 17.03.1981 BGHZ 80, 186 (196 f.); *Larenz* BT 1, § 41a, S. 85 ff.; *Wandt* Gesetzliche Schuldverhältnisse, 8. Aufl. 2017, § 22 Rn. 66 f.

[883] BGH 07.06.1988 BGHZ 104, 323 (332 ff.).

[884] BGH 04.03.1971 BGHZ 55, 392 (394 f.); *Staudinger/Matusche-Beckmann* (2014) § 437 Rn. 66; *H.P. Westermann* MünchKomm. § 437 Rn. 62.

[885] BGH 12.02.1992 BGHZ 117, 183 ff.; kritisch *Esser/Weyers* BT 1, § 6 III 1, S. 73 f.

[886] Siehe bereits oben § 2 Rn. 312. Für eine Anwendbarkeit des § 823 Abs. 1 BGB neben den kaufrechtlichen Rechtsbehelfen hingegen BGH 17.03.1981 BGHZ 80, 186 (188 ff.); BGH 17.03.2010 NJW-RR 2010, 1329 Rn. 18. Auch ein von dem Verkäufer verschiedener Hersteller soll nach der Auffassung des BGH für die mangelnde Wirksamkeit seines Produktes aus § 823 Abs. 1 BGB haften können: BGH 17.03.1981 BGHZ 80, 199 (201).

die Pflichten im allgemeinen Verkehr (Deliktsrecht) einschränkt, sondern parallel zu ihnen hinzutritt. Insoweit besteht ein Unterschied zu der Verletzung von vertraglichen Nebenpflichten, die sich auf einen Mangel der Kaufsache beziehen und welche die *innervertragliche Risikoverteilung* (Verjährung gemäß § 438 BGB etc.) nicht verschieben dürfen.[887] Allerdings ist nicht zu übersehen, dass die Rechtsprechung die deliktische Haftung des (verkaufenden) Herstellers durch die Begründung umfangreicher Verkehrspflichten und einer weitgehenden Beweislastumkehr zugunsten des Käufers einer reinen Risikohaftung angenähert hat.

(2) Schadensersatzpflicht nach § 823 Abs. 2 BGB

Eine deliktische Haftung kommt darüber hinaus in Betracht, wenn der Verkäufer ein **369** *Schutzgesetz i. S. des § 823 Abs. 2 BGB* rechtswidrig und schuldhaft verletzt, z. B. indem er bei Abschluss des Vertrages einen Betrug i. S. des § 263 StGB begeht. In diesem Fall hat der Verkäufer den Käufer nach den §§ 249 ff. BGB so zu stellen, als ob der Vertrag (in dieser Form) nicht zustande gekommen wäre.

Neben dem Ersatz etwaiger Integritätsschäden, die durch den Kaufgegenstand **370** verursacht wurden (Körperverletzungen etc.), umfasst dies regelmäßig auch eine *Auflösung des Vertrages* (§ 249 Abs. 1 BGB). Sofern sich die Täuschung zugleich auf einen Mangel der Kaufsache bezieht, kommt somit zwar eine Vertragsauflösung ohne Rücksicht auf die Voraussetzungen eines vertraglichen Rücktrittsrechts in Betracht. Anders als eine Schadensersatzhaftung wegen der Verletzung vorvertraglicher Aufklärungspflichten[888] können die Vorschriften über die Ansprüche des Käufers wegen Mängeln (insbesondere § 437 BGB) die deliktische Haftung jedoch nicht verdrängen, da diese auf der Verletzung von Pflichten im allgemeinen Verkehr und nicht auf der Rechtsbeziehung aus einem besonderen Kontakt beruhen.

Hingegen tritt gemäß § 823 Abs. 2 BGB i. V. mit § 263 StGB keine Haftung **371** auf die Vermögensposition ein, welche der Käufer bei unterstellter Wahrheit der Angaben des Verkäufers erlangt hätte.[889] Beispiel: Täuscht der Verkäufer dem Käufer vor, dass der zu erwerbende Ring aus purem Gold sei, während es sich in Wahrheit um ein Imitat handelt, kann der Käufer nach § 823 Abs. 2 BGB i. V. mit § 263 StGB lediglich die Auflösung des Vertrages und die Rückerstattung des Kaufpreises verlangen, da er auch bei einer wahrheitsgemäßen Aussage des Verkäufers keinen goldenen Ring erhalten hätte (§ 249 Abs. 1 BGB). Das Erfüllungsinteresse an einem goldenen Ring kann er nur über § 311a Abs. 2 BGB i. V. mit § 437 Nr. 3 BGB liquidieren.[890]

---

[887] Siehe oben § 2 Rn. 356 ff.

[888] Dazu oben § 2 Rn. 356 ff.

[889] RG 10.11.1921 RGZ 103, 154 (159); *Soergel/Huber* Vor § 459 Rn. 207.

[890] Bzw. vor der Lieferung des Rings gemäß § 311a Abs. 2 BGB i. V. mit § 433 Abs. 1 Satz 2 BGB; siehe oben § 2 Rn. 158 ff.

(3) Ersatzpflicht nach dem ProdHaftG

372   Sofern der Verkäufer zugleich Hersteller i. S. des § 4 ProdHaftG ist, trifft ihn nach § 1 ProdHaftG auch eine *verschuldensunabhängige Gefährdungshaftung* für Lebens- und Körperverletzungen sowie Sachbeschädigungen nach Maßgabe der §§ 1 ff. ProdHaftG.[891] Diese hat jedoch aufgrund des umfangreichen Ausbaus der deliktischen Herstellerhaftung i. S. des § 823 Abs. 1 BGB durch die Rechtsprechung bisher keine besonders große Bedeutung erlangt, da die deliktische Haftung in verschiedener Hinsicht günstiger ausgestaltet ist als diejenige nach dem Prod-HaftG (z. B. keine Selbstbeteiligung bei Sachschäden i. S. des § 11 ProdHaftG).

(4) Ausschluss der vertraglichen Haftung

373   Ein Ausschluss der Haftung für Mängel nach § 442 BGB oder aufgrund einer vertraglichen Bestimmung[892] bezieht sich mangels einer ausdrücklichen anderweitigen Vereinbarung nicht auf die vorstehend genannten deliktischen und deliktsähnlichen Ansprüche (vgl. auch § 14 ProdHaftG).[893]

bb) Schäden an der Kaufsache

374   Problematisch ist, inwieweit Schäden an der Kaufsache selbst, die auf einem Sachmangel i. S. des § 434 BGB beruhen, zu einer Ersatzpflicht des Verkäufers nach § 823 Abs. 1 BGB führen können. Diese Frage betrifft keine „Verdrängung" der deliktischen Haftung durch die vertragliche Verantwortlichkeit im eigentlichen Sinne, sondern die *Reichweite des Begriffes der Eigentumsverletzung in § 823 Abs. 1 BGB*, wenngleich bei dessen Auslegung auch das Zusammenspiel mit den vertraglichen Pflichten Berücksichtigung finden muss.[894]

375   Fest steht zunächst, dass die *Lieferung einer mangelhaften Sache* als solche keine Eigentumsverletzung, sondern eine bloße Vertragsverletzung darstellt, da der Käufer insoweit von vornherein nur das Eigentum an einer mangelhaften Sache erlangt und dadurch keine Einbuße an vorhandener Integrität erleidet.[895] Die Rechtsprechung nimmt eine Eigentumsverletzung jedoch dann an, wenn sich ein Mangel

---

[891] Zum ProdHaftG *Larenz/Canaris* BT 2, § 84 VI 1, S. 643 ff.; *Wandt* Gesetzliche Schuldverhältnisse, 8. Aufl. 2017, § 21 Rn. 71 ff.

[892] Ausführlich dazu oben § 2 Rn. 98 ff. sowie § 2 Rn. 183 ff.

[893] BGH 24.11.1976 BGHZ 67, 359 (365); *Soergel/Huber* Vor § 459 Rn. 258; *Staudinger/Matusche-Beckmann* (2014) § 437 Rn. 71.

[894] Vgl. *Soergel/Huber* Vor § 459 Rn. 259; grundlegend zum Zusammenspiel von vertraglichen Vereinbarungen mit dem Deliktsrecht *Schlechtriem* Vertragsordnung und außervertragliche Haftung, 1972.

[895] BGH 25.10.1988 BGHZ 105, 346 (355); *Brox/Walker* § 4 Rn. 142; *Staudinger/Matusche-Beckmann* (2014) § 437 Rn. 65.

des Kaufgegenstandes nach dessen Übereignung noch auf andere, zunächst vertragsgemäß beschaffene Sachteile ausdehnt (sog. *weiterfressender Mangel*).[896] In diesem Fall sei der durch die Ausbreitung des Mangels eingetretene Wertverlust nicht „stoffgleich" mit dem ursprünglichen Mangel und stelle daher eine Eigentumsverletzung dar, die bei Vorliegen der weiteren Voraussetzungen des § 823 Abs. 1 BGB zum Ersatz des nicht stoffgleichen Schadens verpflichte, der über das Ausmaß der bereits bei der Übereignung vorhandenen Vertragswidrigkeit hinausgehe.[897] Eine mangelnde Stoffgleichheit von vertragswidriger Leistung und letztlich eintretendem Schaden soll vor allem dann vorliegen, wenn der ursprüngliche Mangel zunächst nur ein funktionell abgrenzbares Teil betrifft und sich nach der Übereignung an den Käufer auf weitere Teile der Kaufsache ausdehnt.[898] Beispiel: Die gekaufte Produktionsanlage gerät in Brand, weil ein Schwimmerschalter, der die Stromzufuhr unterbrechen soll, nicht funktioniert.

Die Rechtsprechung zur deliktischen Haftung für weiterfressende Mängel ist **376** jedoch in der Literatur zu Recht auf starke Kritik gestoßen.[899] Allerdings schließt der Umstand, dass der geschädigte Käufer im Zeitpunkt der potenziellen Verletzung der Verkehrspflicht durch den Verkäufer (mangelnde Untersuchung etc.) noch nicht Eigentümer der betreffenden Sache war, eine Haftung wegen einer Eigentumsverletzung nicht kategorisch aus, da Verkehrspflichten auch in Bezug auf zukünftige Rechtsinhaber bestehen können.[900] Jedoch ist einerseits das Abgrenzungskriterium des sich „stoffungleich" ausdehnenden Mangels willkürlich (wenn sich der Mangel bereits vor der Übereignung an den Käufer ausgedehnt hat, scheidet eine Eigentumsverletzung unstrittig aus) und andererseits *umgeht die Rechtsprechung die Restriktionen der Mängelhaftung nach den §§ 437 ff. BGB*. So kann der Käufer in Bezug auf die Weiterfresserschäden einen Nacherfüllungsanspruch gemäß § 439 BGB bzw. unter den Voraussetzungen des § 437 Nr. 3 BGB i. V. mit den §§ 281, 283 BGB einen Anspruch auf Schadensersatz statt der Leistung geltend machen.[901] Jedoch verjähren diese Mängelansprüche des Käufers nach § 438 Abs. 1 Nr. 3 und Abs. 2 BGB regelmäßig früher als der deliktische Anspruch aus § 823 Abs. 1 BGB i. V. mit den §§ 195, 199 BGB. Da auch der weiterfressende Mangel nicht wirklich das Integritätsinteresse des Käufers, sondern sein vertragliches Erfüllungsinteresse an einer vertragsgemäßen Kaufsache betrifft,[902] sollten sich seine diesbezüglichen

---

[896] BGH 24.11.1976 BGHZ 67, 359 (363 ff.); BGH 18.01.1983 BGHZ 86, 256 (259 ff.); BGH 11.02.2004 NJW 2004, 1032 (1033).

[897] BGH 18.01.1983 BGHZ 86, 256 (259 ff.).

[898] BGH 24.11.1976 BGHZ 67, 359 (364 f.).

[899] *Erman/Grunewald* Vor § 437 Rn. 31; *Soergel/Huber* Vor § 459 Rn. 268 f.; *Staudinger/Matusche-Beckmann* (2014) § 437 Rn. 68; *H.P. Westermann* MünchKomm. § 437 Rn. 62; offen *Reinicke/Tiedtke* Rn. 950 ff.; weiterführend *G. Hager* AcP 184 (1984), 413 ff.

[900] BGH 15.12.1992 NJW 1993, 655 (656 f.).

[901] Siehe oben § 2 Rn. 206 und 313.

[902] Ausführlich *Esser/Weyers* BT 1, § 6 III 2, S. 74 ff.; a. A. *Larenz* BT 1, § 41 II e, S. 73.

Rechte ausschließlich nach § 437 BGB richten.[903] Die aus der Parteivereinbarung und den §§ 433 ff. BGB folgende Vertragsordnung stellt für das besagte Problem ein wesentlich sachnäheres und differenzierteres Regelungssystem zur Verfügung als § 823 Abs. 1 BGB. Dogmatisch lässt sich das Nichtvorliegen einer Eigentumsverletzung i. S. dieser Vorschrift damit begründen, dass die durch den Verkäufer verletzte Verkehrspflicht (Untersuchung auf Mängel, Instruktion über vorhandene Mängel[904] etc.) nicht den *Schutzzweck* hat, einen zukünftigen Erwerber vor einer Ausbreitung des Defektes in derselben Sache zu schützen.[905] Im Rahmen des *ProdHaftG* besteht aufgrund der Regelung in § 1 Abs. 1 Satz 2 ProdHaftG ohnehin weitgehend Einigkeit darüber, dass „weiterfressende" Schäden an der Kaufsache selbst keine Beschädigung einer „anderen Sache" darstellen und daher keine Haftung auslösen.[906]

6. Rückgriff des Verkäufers (§§ 445a, 445b BGB)

a) Allgemeines

377   Sofern der Verkäufer eines mangelhaften Gegenstandes nicht zugleich der Hersteller der Ware ist und der Käufer Rechte wegen des Mangels geltend macht, kann sich folgendes Problem ergeben: Selbst wenn der Mangel nicht im Verantwortungsbereich des konkreten Verkäufers, sondern bereits in der Sphäre seines Lieferanten oder einer in der Lieferkette noch weiter zurückstehenden Person entstanden ist, würde ihn die Last der Mängelrechte möglicherweise endgültig treffen, wenn seine Rechtsstellung gegenüber dem Lieferanten ihrerseits nur nach den allgemeinen kaufrechtlichen Regelungen der §§ 437 ff. BGB bemessen würde. Beispielsweise könnten die Rechte des Letztverkäufers aus § 437 BGB gegenüber den Lieferanten im Zeitpunkt der Inanspruchnahme durch den Käufer nach § 438 BGB bereits verjährt sein, wenn eine größere zeitliche Diskrepanz zwischen dem Abschluss der beiden Kaufverträge liegt. Diese Problematik wird als sog. *Regressfalle* bezeichnet.[907]

378   Art. 4 Satz 1 der Verbrauchsgüterkauf-RL schreibt vor diesem Hintergrund vor, dass das innerstaatliche Recht eine effektive Regressmöglichkeit für einen Unternehmer vorsehen muss, der gegenüber dem Verbraucher für eine Vertragswidrigkeit

---

[903] Neben den in Fn. 899 genannten Stimmen auch *Brors* WM 2002, 1780 (1784); *Brüggemeier* WM 2002, 1376 (1384); *Lorenz/Riehm* Rn. 582; in der Tendenz ebenso *Oechsler* Rn. 373; vgl. auch BT-Drucks. 14/6040, S. 228 f.; a. A. NK-BGB/*Büdenbender* § 437 Rn. 130 und weiterführend *Gsell* Substanzverletzung und Herstellung, 2003, S. 319 ff. sowie *Koch* AcP 203 (2003), 603 (610 ff.).

[904] Auf eine Instruktionspflichtverletzung stützt insbesondere *Gsell* Substanzverletzung und Herstellung, 2003, S. 95 ff. und *dies.* NJW 2004, 1913 (1914 f.) die deliktische Haftung für Weiterfresserschäden.

[905] Ähnlich *P.W. Tettinger* JZ 2006, 641 (647 ff.).

[906] *Erman/Wilhelmi* § 1 ProdHaftG Rn. 3; *Larenz/Canaris* BT 2, § 84 VI 1c, S. 646; *Marburger* AcP 192 (1992), 1 (6 ff.); *G. Wagner* MünchKomm. § 1 ProdHaftG Rn. 9 ff.; im Hinblick auf den europarechtlichen Hintergrund des ProdHaftG auch *Cahn*, ZIP 1990, 482 (484); differenzierend *Staudinger/Oechsler* (2018) § 1 ProdHaftG Rn. 19 f.

[907] *Ernst/Gsell* ZIP 2001, 1389 (1393); *Lorenz/Riehm* Rn. 588.

haftet, die dem Verantwortungsbereich eines in der Lieferkette weiter zurück stehenden Beteiligten zuzurechnen ist. Die nähere Ausgestaltung dieses Regresses überlässt Art. 4 Satz 2 der Verbrauchsgüterkauf-RL jedoch den nationalen Gesetzgebern. Der deutsche Gesetzgeber hatte sich im Zuge der *Schuldrechtsreform* zunächst dafür entschieden, spezielle Regelungen für den Verkäuferregress ebenfalls als eine *Sonderfrage des Verbrauchsgüterkaufrechts* i. S. der §§ 474 ff. BGB anzusehen und in diesem Zusammenhang die Regelungen der §§ 478, 479 BGB a. F. geschaffen.[908] Im Zuge der nochmaligen *Ausweitung der Mängelrechte zum 01.01.2018*, insbesondere in Gestalt des § 439 Abs. 3 BGB für die sog. Einbaufälle, setzte sich jedoch die Auffassung durch, dass die Regressproblematik dem *allgemeinen Kaufrecht* zuzuordnen ist und grundsätzlich unabhängig von der Frage geregelt werden sollte, ob eine Absatzkette in einen Verbrauchsgüterkauf i. S. des § 474 BGB mündet.[909] Paradigmatisch ist etwa der Fall, dass an einen Bauunternehmer (= Käufer) durch einen Zwischenhändler (= Verkäufer) mangelhafte Bauteile geliefert werden, die der Hersteller (= Lieferant) unsorgfältig produziert hat und die der Käufer dann im Rahmen eines Werkvertrages i. S. der §§ 631 ff. BGB bei einem Besteller einbaut. Ein ähnliches Beispiel bildet die Konstellation, in welcher der Letztkäufer der Ware kein Verbraucher i. S. des § 13 BGB, sondern ein Unternehmer i. S. des § 14 BGB ist. In derartigen Konstellationen halfen die §§ 478, 479 BGB a. F. dem (Letzt-)Verkäufer, wenn dieser von dem (Letzt-)Käufer nach den §§ 437 ff. BGB in Anspruch genommen wird, für seinen Regress bei dem Lieferanten nicht weiter, da die Absatzkette nicht in einen Verbrauchsgüterkaufvertrag i. S. des § 474 BGB mündet.[910] Dementsprechend wurden mit Wirkung zum 01.01.2018 die Regelungen der §§ 445a, 445b BGB eingefügt, die sich sachlich zu großen Teilen an die verbrauchsgüterkaufrechtlichen Vorgängerregelungen der §§ 478, 479 BGB a. F. anlehnen.[911] Auch im neuen Recht erfahren die allgemeinen Regressregelungen jedoch gewisse Ergänzungen für die spezifische Konstellation von Verbrauchsgüterkaufverträgen (§ 478 BGB n. F.).[912]

Die Vorschriften der §§ 445a, 445b BGB enthalten die folgenden Regelungskomplexe, die dazu dienen, dem Verkäufer grundsätzlich dieselben Rechte gegenüber

379

---

[908] Zu diesen Regelungen die Vorauflage unter § 2 Rn. 562 ff.

[909] BT-Drucks. 18/8486, S. 41 f.; *Looschelders* Rn. 184; *Oechsler* Rn. 503; kritisch insoweit *Nietsch/Osmanovic* NJW 2018, 1 (4 f.).

[910] Siehe zu den §§ 478, 479 BGB a. F. BGH 02.04.2014 BGHZ 200, 337 Rn. 38; BR/*Faust* § 478 Rn. 5; *Jacobs* JZ 2004, 225 (226); *S. Lorenz* MünchKomm. § 478 Rn. 14; *Soergel/Wertenbruch* § 478 Rn. 21 f.; *Witt* NJW 2014, 2156 (2157); a. A. NK-BGB/*Büdenbender* § 478 Rn. 12 und grundsätzlich auch *Tröger* AcP 204 (2004), 115 (121 ff.). In Lieferketten, an deren Ende ein Unternehmer steht, stellte es nach Auffassung der Rechtsprechung sogar einen Verstoß gegen § 307 Abs. 1 BGB dar, wenn eine vertragliche Geltung der §§ 478, 479 BGB a. F. durch Allgemeine Geschäftsbedingungen vereinbart wurde: BGH 05.10.2005 BGHZ 164, 196 (215).

[911] Die folgenden Ausführungen und Nachweise nehmen daher zu großen Teilen auch auf die Stellungnahmen zu den §§ 478, 479 BGB a. F. Bezug, soweit diese auch unter Geltung des neuen Rechts einschlägig erscheinen.

[912] Hierzu näher unten § 2 Rn. 626 ff.

seinem Lieferanten zu sichern, die auf einer späteren Absatzstufe auch der Käufer
gegenüber dem Verkäufer hat:

- einen eigenständigen Aufwendungsersatzanspruch des Verkäufers gegenüber
  dem Lieferanten in Bezug auf die Aufwendungen für eine Nacherfüllung nach
  § 439 Abs. 2 und 3 BGB sowie § 475 Abs. 4 und 6 BGB (§ 445a Abs. 1 BGB);
- eine Entbindung von dem Fristsetzungserfordernis als Erleichterung der Voraussetzungen, unter denen der Verkäufer seinerseits die Rechte aus § 437 Nr. 2 und 3
  BGB gegenüber seinem Lieferanten geltend machen kann (§ 445a Abs. 2 BGB);
- eine für den regressnehmenden Verkäufer günstige Sonderregelung der Verjährung (§ 445b Abs. 1 und 2 BGB).
- Schließlich werden diese Besonderheiten des Regresses grundsätzlich auf einen
  weiteren Rückgriff in der Lieferkette erstreckt, der durch den jeweiligen Verkäufer gegenüber seinem Lieferanten erfolgt (§§ 445a Abs. 3, 445b Abs. 3 BGB).

380   Ein Regress i. S. der §§ 445a, 445b BGB liegt dabei jedoch nur dann vor, wenn der
Regressnehmer bereits *dieselbe Sache* gekauft hat, die er später weiterveräußert
(§ 445a Abs. 1 BGB: „die Sache"). Dies trifft z. B. dann nicht zu, wenn der Verkäufer von seinem Lieferanten nur Einzelteile erworben und diese vor einem Weiterverkauf zusammengesetzt hat.[913] In diesem Fall tritt nicht das Problem der Verantwort-
lichkeitszuweisung in einer Absatzkette, sondern die Problematik arbeitsteiliger
Produktion auf, die durch die Regressvorschriften nicht geregelt wird.

381   Zudem verdrängen die §§ 445a, 445b BGB nicht die direkte Anwendung der
§§ 437 ff. BGB in der jeweiligen Kaufvertragsbeziehung, sondern sie enthalten lediglich eine *ergänzende Verbesserung der Rechtsstellung* für den jeweils Begünstigten.
Sofern zugunsten eines Teilnehmers in der Absatzkette bereits die allgemeinen Voraussetzungen eines Käuferrechts i. S. des § 437 BGB erfüllt sind, kann er dieses
somit ohne weiteres gegenüber seinem jeweiligen Vertragspartner geltend machen.

382   Schließlich sind die Regelungen der *§§ 445a, 445b BGB grundsätzlich dispositiv.*
Somit können sie zum einen in den Grenzen des § 444 BGB durch Individualvereinbarungen abbedungen werden; lediglich in den Fällen, in denen der letzte Vertrag in
der Absatzkette einen Verbrauchsgüterkaufvertrag darstellt, setzt § 478 Abs. 2 BGB
abweichenden Vereinbarungen Grenzen.[914] Zum anderen dürfte auch eine Abweichung in Allgemeinen Geschäftsbedingungen in der Regel keinen Verstoß gegen
die §§ 307 ff. BGB darstellen, was aus einem Umkehrschluss zu § 309 Nr. 8b BGB
folgt, der die Regelungen der §§ 445a, 445b BGB nicht in Bezug nimmt.[915]

---

[913] *Emmerich* § 5 Rn. 49b; *Erman/Grunewald* § 445a Rn. 5; *Mankowski* DB 2002, 2419 ff.;
Maultzsch JuS 2002, 1171 (1172); *Oechsler* Rn. 525; *Staudinger/Matusche-Beckmann* (2014)
§ 478 Rn. 162 ff.; *Wagner/Neuenhahn* ZGS 2002, 395 ff.; a. A. *Heß* NJW 2002, 253 (259).

[914] Hierzu noch unten § 2 Rn. 629 ff. Kritisch zu dieser Differenzierung *Fries* AcP 217 (2017), 534
(575).

[915] *Erman/Grunewald* § 445a Rn. 16; *Maultzsch* ZfPW 2018, 1 (22 f.); im Ergebnis auch *Palandt/Wei-
denkaff* § 445a Rn. 4; a. A. *Mediger* NJW 2018, 577 (580 f.) und wohl auch *Weidt* NJW 2018, 263 (264).

b) Aufwendungsersatz für geleistete Nacherfüllung (§ 445a Abs. 1 BGB)

aa) Allgemeines

Hat der Käufer von seinem Verkäufer eine Nacherfüllung i. S. des § 439 BGB ver- **383** langt, so kann der Verkäufer wiederum von seinem Verkäufer einen Ersatz der Aufwendungen verlangen, die der nach § 439 Abs. 2 und 3 BGB sowie gegebenenfalls nach § 475 Abs. 4 und 6 BGB gegenüber dem Käufer zu tragen hatte.[916] Den Verkäufer des Verkäufers bezeichnet § 445a Abs. 1 BGB dabei im Wege einer Legaldefinition als *Lieferant*. Unerheblich ist dabei nach der Neuregelung des Verkäuferrückgriffes, ob es sich bei dem Lieferanten um einen Unternehmer oder um einen Verbraucher handelt.[917]

Allerdings greift der Anspruch aus § 445a Abs. 1 BGB nur dann ein, wenn der **384** *Mangel bereits bei dem Übergang der Gefahr von dem Lieferanten auf den Verkäufer vorhanden war*, was im Streitfall durch den Letzteren zu beweisen ist.[918] Zudem greift der Aufwendungsersatzanspruch nur bei *Verträgen über neu hergestellte Sachen* ein.[919] Somit sind beispielsweise Regressansprüche im mehrstufigen Absatz von Gebrauchtwagen nicht erfasst. Der Aufwendungsersatzanspruch erfordert hingegen *kein Verschulden* des jeweiligen Lieferanten, da die wirtschaftlichen Aufwendungen für die Nacherfüllung auch über nicht-schuldhaft handelnde Zwischenglieder in der Absatzkette möglichst bis zu dem für den Mangel letztverantwortlichen Glied zurückgereicht werden sollen.[920]

Voraussetzung für einen Anspruch auf Aufwendungsersatz nach § 445a Abs. 1 **385** BGB ist schließlich, dass der Verkäufer gegenüber seinem Käufer *zur Nacherfüllung verpflichtet war*.[921] Konnte er sich hingegen beispielsweise hinsichtlich einer Nacherfüllungsvariante auf eine Unverhältnismäßigkeit i. S. des § 439 Abs. 4 BGB

---

[916] Zur (anteiligen) Ersatzfähigkeit von Gemeinkosten für eine Struktur, die der Verkäufer zur Mängelbehebung vorhält *Jacobs* JZ 2004, 225 (231); *Marx* BB 2002, 2566 (2568 ff.).

[917] BT-Drucks. 18/8486, S. 41; a. A. wohl *Palandt/Weidenkaff* § 445a Rn. 3, allerdings ohne Auseinandersetzung mit der Gesetzesfassung. Zur Problematik der Begrenzung eines weiteren Regresses in der Lieferkette auf Ansprüche gegen Unternehmer durch § 445a Abs. 3 BGB noch unten § 2 Rn. 401 f.

[918] Vgl. *Erman/Grunewald* § 445a Rn. 4. Eine Beweislastumkehr gilt allerdings nach § 477 BGB i. V. mit § 478 Abs. 1 BGB, wenn die Absatzkette in einen Verbrauchsgüterkauf mündet; hierzu unten § 2 Rn. 628.

[919] Das Merkmal der „Neuheit" ist dabei auf bewegliche Sachen unter Ausschluss von Immobilien zugeschnitten; a. A. im Grundsatz *Erman/Grunewald* § 445a Rn. 3. Den Ausschluss gebrauchter Sachen betrachten *Ernst/Gsell* ZIP 2001, 1389 (1402) und *Leible* in: Gebauer/Wiedmann (Hrsg.), Zivilrecht unter europäischem Einfluss, 2. Aufl. 2010, 10/186 als einen Verstoß gegen Art. 4 der Verbrauchsgüterkauf-RL; a. A. *Soergel/Wertenbruch* § 478 Rn. 28 ff. m. w. N.

[920] BT-Drucks. 14/6040, S. 248 f.; BR/*Faust* § 478 Rn. 23; *Erman/Grunewald* § 445a Rn. 2; *Oechsler* Rn. 513; *Soergel/Wertenbruch* § 478 Rn. 110.

[921] BT-Drucks. 18/8486, S. 41 f.; *Erman/Grunewald* § 445a Rn. 4; *Huber/Faust* 15/33; *Tröger* ZGS 2003, 296 (299 f.); zu dem diesbezüglichen Prognoserisiko *Schubel* ZIP 2002, 2061 (2065 ff.).

berufen[922] und nimmt diese Variante gleichwohl vor, so steht ihm der Anspruch aus § 445a Abs. 1 BGB gegen seinen Lieferanten nur in Höhe derjenigen Aufwendungen zu, die für die andere Variante angefallen wären.[923] Wegen des Wortlautes des § 445a Abs. 1 BGB, der Aufwendungen in Bezug nimmt, die der Unternehmer „zu tragen hatte", kann dieser von dem Lieferanten nicht schon im Voraus Befreiung von der Nacherfüllungspflicht gemäß § 257 BGB verlangen.[924]

bb) Beschränkung des Aufwendungsersatzanspruchs auf das Regressinteresse

386 Der Aufwendungsersatzanspruch aus § 445a Abs. 1 BGB ist nach dem Zweck der Regressvorschriften, eine Regressfalle zu vermeiden, jedoch auf das *berechtigte Regressinteresse des Verkäufers* zu beschränken.[925] Die §§ 445a, 445b BGB sollen den Verkäufer nicht abstrakt gegenüber den allgemeinen Regelungen der §§ 437 ff. BGB privilegieren, sondern nur die *konkreten Nachteile auffangen*, die sich für den betreffenden Verkäufer aus den Mängelrechten seines Käufers ergeben, wenn er für den Mangel im Verhältnis zu seinem Lieferanten nicht verantwortlich ist.[926] Somit gebietet es insbesondere der *Vorrang der Nacherfüllung*,[927] der auch das Regressverhältnis zwischen dem Verkäufer und dem Lieferanten betrifft, dass sich der Verkäufer den Ersatzgegenstand für eine Nachlieferung an den Käufer i. S. des § 439 Abs. 1 Alt. 2 BGB vorrangig bei seinem Lieferanten besorgt.[928] Ein Deckungsgeschäft am Markt mit der Folge des Aufwendungsersatzes nach § 445a Abs. 1 BGB kommt daher erst dann in Betracht, wenn in dem Regressverhältnis eine Ausnahme von dem Vorrang der Nacherfüllung gegeben ist.[929] Eine derartige Ausnahme folgt allerdings nicht aus § 445a Abs. 2 BGB,[930] da auch diese Vorschrift nach der hier vertretenen Auffassung folgerichtig auf das Regressinteresse des Verkäufers zu begrenzen ist und somit bei einer Nacherfüllung nicht eingreift.[931]

---

[922] Dazu ausführlich oben § 2 Rn. 235 ff.

[923] BR/*Faust* § 478 Rn. 25; NK-BGB/*Büdenbender* § 478 Rn. 44; *Soergel/Wertenbruch* § 478 Rn. 115.

[924] S. *Lorenz* MünchKomm. § 478 Rn. 27; *Soergel/Wertenbruch* § 478 Rn. 135; a. A. BR/*Faust* § 478 Rn. 27.

[925] Näher NK-BGB/*Büdenbender* § 478 Rn. 49 ff.; ähnlich BR/*Faust* § 478 Rn. 25; *Reinicke/Tiedtke* Rn. 780; *Staudinger/Matusche-Beckmann* (2014) § 478 Rn. 80 unter Rückgriff auf das Kriterium der Erforderlichkeit der Aufwendungen.

[926] In diese Richtung deuten auch die Gesetzesmaterialien: BT-Drucks. 14/6040, S. 247 f.

[927] Dazu oben § 2 Rn. 262 ff.

[928] Hingegen wollen *Erman/Grunewald* § 445a Rn. 7 und S. *Lorenz* MünchKomm. § 478 Rn. 32 den § 445a Abs. 1 BGB auch in diesem Fall anwenden und dem Lieferanten nur ausnahmsweise einen Schadensersatzanspruch gegen den Verkäufer aus den §§ 280 Abs. 1, 241 Abs. 2 BGB gewähren, wenn er sich trotz Zumutbarkeit nicht bei dem Lieferanten eingedeckt hat.

[929] Ausführlich hierzu § 2 Rn. 266 ff.

[930] So auch *Nietsch* AcP 210 (2010), 722 (734 ff.); a. A. S. *Lorenz* MünchKomm. § 478 Rn. 32; *Oechsler* Rn. 514.

[931] Siehe unten § 2 Rn. 392 ff.

c) Entbehrlichkeit der Fristsetzung als Voraussetzung für die in § 437 BGB genannten Rechte (§ 445a Abs. 2 BGB)

aa) Allgemeines

Die Vorschrift des § 445a Abs. 2 BGB ergänzt den § 445a Abs. 1 BGB für diejeni- **387** gen Regresssituationen, in denen der Käufer gegenüber seinem Verkäufer andere Mängelrechte als eine Nacherfüllung i. S. des § 439 BGB geltend gemacht hat und in denen dem Verkäufer ein bloßer Aufwendungsersatzanspruch gegenüber seinem Lieferanten dementsprechend nicht weiterhilft. Gemeinsamkeiten mit § 445a Abs. 1 BGB bestehen jedoch darin, dass auch die Regelung des § 445a Abs. 2 BGB unabhängig davon eingreift, welche persönliche Rolle die Vertragsbeteiligten einnehmen (Verbraucher, Unternehmer), andererseits aber voraussetzt, dass eine neu hergestellte Sache in Rede steht.[932]

Die Norm ordnet an, dass der Verkäufer bei der Geltendmachung der Ansprüche **388** und Rechte aus § 437 BGB gegenüber dem Lieferanten *von einem Fristsetzungserfordernis befreit ist*, das nach den allgemeinen Vorschriften eigentlich erforderlich wäre (§ 281 Abs. 1 BGB [Schadensersatz statt der Leistung] oder § 323 Abs. 1 BGB [Rücktritt, i. V. mit § 441 Abs. 1 BGB auch bei einer Minderung]). Somit ist diese Regelung nur dann praktisch bedeutsam, wenn sich die Entbehrlichkeit der Fristsetzung nicht schon aus einer anderen Vorschrift ergibt, z. B. aus § 440 BGB. Auch soweit dies nicht der Fall ist, soll der i. S. des § 445a Abs. 2 BGB durch den Käufer in Anspruch genommene Verkäufer ohne Fristsetzung gegen seinen Lieferanten vorgehen können. Dies erscheint insbesondere in den Fällen *rechtspolitisch fragwürdig*, in denen der Käufer nur deshalb zurücktreten oder mindern konnte, weil der *Verkäufer seiner Nachbesserungspflicht grundlos nicht nachgekommen ist*. Gleichwohl erscheint es als zu weitgehend, § 445a Abs. 2 BGB in diesen Fällen nicht anzuwenden,[933] da auf diesem Wege alle Streitigkeiten darüber, ob der Verkäufer im Verhältnis zu dem Käufer unrechtmäßig nicht nacherfüllt hat, in das Regressverhältnis getragen würden.[934]

Die *übrigen Voraussetzungen für die in § 437 BGB genannten Ansprüche und* **389** *Rechte* lässt § 445a Abs. 2 BGB jedoch unberührt.[935] Dies gilt z. B. für das Erfordernis eines – gemäß § 280 Abs. 1 Satz 2 BGB zu vermutenden – Vertretenmüssens des Lieferanten, wenn der Verkäufer einen Anspruch auf Schadensersatz statt der

---

[932] Dazu bereits oben § 2 Rn. 383 f.

[933] So aber mit Unterschieden im Einzelnen *Jacobs* JZ 2004, 225 (229); NK-BGB/*Büdenbender* § 478 Rn. 19; *Oechsler* Rn. 510; *Staudinger/Matusche-Beckmann* (2014) § 478 Rn. 18; weiterführend *Tröger* AcP 204 (2004), 115 (128 ff.).

[934] Im Ergebnis auch BR/*Faust* § 478 Rn. 18; *Erman/Grunewald* § 445a Rn. 13; *Lepsius* AcP 207 (2007), 340 (357 f.); *S. Lorenz* MünchKomm. § 478 Rn. 19.

[935] BT-Drucks. 18/8486, S. 42; *Erman/Grunewald* § 445a Rn. 11; *Löhnig/Gietl* Rn. 138; *Soergel/ Wertenbruch* § 478 Rn. 93.

Leistung gegen ihn geltend macht. Denkbar ist auch, dass die Beschaffenheit, die im Verhältnis zwischen dem Käufer und dem Verkäufer einen Sachmangel darstellt, im Verhältnis zwischen dem Verkäufer und dem Lieferanten bereits nicht vertragswidrig i. S. des § 434 BGB ist. Dies trifft z. B. zu, wenn der Lieferant den Verkäufer auf einen Lackschaden an dem verkauften PKW hingewiesen, der Verkäufer dies dem Käufer aber verschwiegen hat. Auch in diesem Fall stehen dem Verkäufer gegenüber dem Lieferanten keine Rechte zu.[936]

390 Des Weiteren setzt § 445a Abs. 2 BGB voraus, dass der *Verkäufer die Kaufsache infolge ihrer Mangelhaftigkeit zurücknehmen musste* (Nachlieferung gemäß § 439 Abs. 1 Alt. 2 und Abs. 5 BGB, Rücktritt gemäß § 323 Abs. 1 BGB i. V. mit § 437 Nr. 2 Alt. 1 BGB bzw. großer Schadensersatz gemäß § 281 Abs. 1 Satz 1 und 3, Abs. 5 BGB i. V. mit § 437 Nr. 3 Alt. 1 BGB)[937] *oder der Käufer den Kaufpreis gemindert hat* (§ 441 BGB i. V. mit § 437 Nr. 2 Alt. 2 BGB). Als Minderung i. S. des § 445a Abs. 2 BGB ist aufgrund der insoweit gegebenen funktionalen Äquivalenz auch die Geltendmachung des sog. kleinen Schadensersatzes gemäß § 281 Abs. 1 Satz 1 BGB i. V. mit § 437 Nr. 3 Alt. 1 BGB zu bewerten, der den Minderwert der Sache enthält.[938] Die Vorschrift ist aber nicht – auch nicht analog[939] – anwendbar, wenn der Käufer eine Nachbesserung (§ 439 Abs. 1 Alt. 1 BGB) verlangt hat[940] oder überhaupt keine der in § 437 BGB genannten Rechte geltend gemacht worden sind.

391 Die Regelung des § 445a Abs. 2 BGB ist zudem nur dann anwendbar, wenn die *gesetzlichen Voraussetzungen für eine Pflicht des Verkäufers zur Rücknahme der Sache* („zurücknehmen musste") *bzw. für eine Minderung* vorlagen.[941] Lässt der Verkäufer daher z. B. aus Kulanz einen Rücktritt unter freiwilligem Verzicht auf das Fristsetzungserfordernis des § 323 Abs. 1 BGB zu, so greift § 445a Abs. 2 BGB nicht ein.

bb) Beschränkung der Entbehrlichkeit der Fristsetzung auf das Regressinteresse

392 Der Wortlaut des § 445a Abs. 2 BGB bezieht die Privilegierung des Verkäufers im Regress unterschiedslos auf alle Ansprüche und Rechte, die § 437 BGB gewährt.[942] Daraus folgt zunächst, dass die Entbehrlichkeit der Fristsetzung nicht nur dann eingreift, wenn der Verkäufer genau denselben Rechtsbehelf ausübt, den auch der

---

[936] *S. Lorenz* MünchKomm. § 478 Rn. 23; *Schlechtriem* Rn. 96; weiterführend zu Werbeaussagen i. S. des § 434 Abs. 1 Satz 3 BGB BR/*Faust* § 478 Rn. 11 ff. und *Oechsler* Rn. 508.

[937] Für den Fall der Nachlieferung ist im Ergebnis allerdings eine teleologische Reduktion der Norm angebracht; siehe unten § 2 Rn. 393.

[938] *Lorenz/Riehm* Rn. 589; *Staudinger/Matusche-Beckmann* (2014) § 478 Rn. 22.

[939] So aber *Böhle* WM 2004, 1616 (1617 f.); BR/*Faust* § 478 Rn. 20; *Jacobs* JZ 2004, 225 (229 f.); wie hier *S. Lorenz* MünchKomm. § 478 Rn. 18; *Reinicke/Tiedtke* Rn. 772; *Tröger* AcP 204 (2004), 115 (126 f.).

[940] Dann greift § 445a Abs. 1 BGB ein; siehe oben § 2 Rn. 383 ff.

[941] BT-Drucks. 14/6040, S. 248; *Erman/Grunewald* § 445a Rn. 11; *Huber/Faust* 15/27; differenzierend *S. Lorenz* MünchKomm. § 478 BGB Rn. 19; *Oechsler* Rn. 507; *Schubel* ZIP 2002, 2061 (2063 f.).

[942] Hierzu bereits kritisch *Ernst/Gsell* ZIP 2001, 1389 (1397 f.).

Käufer ihm gegenüber geltend gemacht hat. Erklärt der Käufer z. B. unter Berufung auf § 440 Satz 1 Alt. 3 BGB gegenüber dem Verkäufer einen sofortigen Rücktritt ohne Nachfristsetzung, so spricht nichts dagegen, dass der Verkäufer seinerseits unter Berufung auf § 445a Abs. 2 BGB gegenüber dem Lieferanten sofort den Kaufpreis nach Maßgabe des § 441 BGB mindert.[943] Problematisch erscheinen demgegenüber diejenigen Fälle, in denen § 445a Abs. 2 BGB zu einer „überschießenden" Privilegierung des Verkäufers führen würde: Kann der Verkäufer z. B. gegenüber seinem Lieferanten gemäß § 281 BGB i. V. mit § 437 Nr. 3, 445a Abs. 2 BGB ohne eine Nachfristsetzung einen Schadensersatz statt der Leistung einschließlich seines entgangenen Gewinns (§ 252 BGB) geltend machen, obwohl der Käufer ihm gegenüber nur zurückgetreten ist?

393 Entsprechend dem bereits zu § 445a Abs. 1 BGB Gesagten,[944] ist auch die Privilegierung des § 445a Abs. 2 BGB nach dem ihr zugrunde liegenden Regelungszweck, eine Regressfalle zu vermeiden, richtigerweise auf die Geltendmachung von Ansprüchen und Rechten zu beschränken, die das *Regressinteresse des Unternehmers nicht überschreiten*.[945] Danach kann sich der Unternehmer, dem gegenüber gemindert wurde, z. B. regelmäßig nicht auf die Entbehrlichkeit der Fristsetzung gemäß § 445a Abs. 2 BGB berufen, um seinen Vertrag mit dem Lieferanten mittels eines Rücktritts aufzulösen.[946] Auch für die Geltendmachung von Schadensersatz statt der Leistung einschließlich eines entgangenen Gewinns seitens des Verkäufers erscheint die Privilegierung des § 445a Abs. 2 BGB nicht sachgerecht, wenn der Käufer ihm gegenüber nur den Kaufpreis gemindert hat oder von dem Vertrag zurückgetreten ist.[947] Schließlich folgt aus dem Gedanken des Regressinteresses, dass § 445a Abs. 2 BGB im Fall einer Nachlieferung an den Käufer (§ 439 Abs. 1 Alt. 2 BGB) praktisch kaum zur Anwendung kommen kann, selbst wenn der Wortlaut der Vorschrift auch diese Konstellation erfasst.[948] In einem derartigen

---

[943] *Oechsler* Rn. 505.

[944] Siehe oben § 2 Rn. 386.

[945] *Maultzsch* JuS 2002, 1171 (1173); zustimmend *Bitterich* JR 2004, 485 (488); *Böhle* WM 2004, 1616 (1619 ff.); für Teilbereiche auch NK-BGB/*Büdenbender* § 478 Rn. 30 ff.; a. A. die h. L.: BR/*Faust* § 478 Rn. 15; *Grunewald* § 12 Rn. 10; *Lepsius* AcP 207 (2007), 340 (351 ff.); *S. Lorenz* MünchKomm. § 478 Rn. 22; *Oechsler* Rn. 505; *Reinicke/Tiedtke* Rn. 774 ff.; *Soergel/Wertenbruch* § 478 Rn. 97 ff.; *Tröger* AcP 204 (2004), 115 (131).

[946] Zwar ist im Hinblick auf die Ausführungen von *Reinicke/Tiedtke* Rn. 777 zuzugeben, dass der Rücktritt im Verhältnis Verkäufer-Lieferant hier über die Wertersatzpflicht des Verkäufers aus § 346 Abs. 2 Satz 1 Nr. 2 und Satz 2 BGB einer Minderung im Ergebnis häufig gleichkommt. Doch muss dies insbesondere dann nicht der Fall sein, wenn der Verkäufer von dem Lieferanten zu einem ungünstigen Preis gekauft hat. Denn dann liegt der geminderte Kaufpreis gemäß § 441 Abs. 3 BGB über dem objektiven Wert der mangelhaften Kaufsache, während dieser Wert nach einer häufig vertretenen Auffassung die Obergrenze des nach § 346 Abs. 2 Satz 2 BGB geschuldeten Wertersatzes bildet; vgl. *Soergel/Lobinger* § 346 Rn. 96 ff. m. w. N.

[947] *Ernst/Gsell* ZIP 2001, 1389 (1398).

[948] Im Ergebnis ebenso NK-BGB/*Büdenbender* § 478 Rn. 30 ff.; *Reinicke/Tiedtke* Rn. 770; *Salewski* ZGS 2008, 212 ff.; a. A. BR/*Faust* § 478 Rn. 17; *Erman/Grunewald* § 445a Rn. 12; *Lorenz/Riehm* Rn. 589; *Oechsler* Rn. 506; *Tröger* AcP 204 (2004), 115 (125 f.).

Fall beschränkt sich das Regressinteresse des Verkäufers gegenüber seinem Lieferanten nämlich seinerseits auf eine Nacherfüllung bzw. einen ergänzenden Aufwendungsersatzanspruch aus § 445a Abs. 1 BGB, für die es ohnehin keiner Fristsetzung bedarf. Z. B. wäre es unangemessen, wenn der Verkäufer einen gefallenen Marktpreis für das verkaufte Gut dadurch ausnutzen könnte, dass er sich am Markt günstig mit einem Nacherfüllungsgegenstand eindeckt und von seinem Lieferanten mittels eines sofortigen Rücktritts i. S. des § 445a Abs. 2 BGB den (höheren) Kaufpreis zurückfordert. Derartige unberechtigte Profite soll der Vorrang der Nacherfüllung gerade verhindern, was auch für das Regressverhältnis gelten muss.

394   Methodisch handelt es sich bei der Beschränkung des § 445a Abs. 2 BGB auf das Regressinteresse um eine *teleologische Reduktion*. Der systematische Zusammenhang mit § 445a Abs. 1 BGB unterstützt das hier befürwortete Verständnis zusätzlich. Denn diese Vorschrift gewährt dem Verkäufer, der von dem Käufer auf Nacherfüllung in Anspruch genommen wurde, nur einen das Regressinteresse abdeckenden Aufwendungsersatzanspruch,[949] privilegiert ihn aber nicht in Bezug auf alle Ansprüche und Rechte aus § 437 BGB.

395   Unberührt bleiben von dieser Einschränkung hingegen die durch die §§ 445a, 445b BGB nicht modifizierten Rechte des Verkäufers gegenüber seinem Lieferanten aus § 437 BGB. Sind z. B. alle Voraussetzungen eines Rücktritts nach § 323 Abs. 1 BGB i. V. mit § 437 Nr. 2 Alt. 1 BGB erfüllt, so kann der Verkäufer von dem Kaufvertrag mit dem Lieferanten selbst dann zurücktreten, wenn der Käufer ihm gegenüber lediglich den Kaufpreis gemindert hat. Nur wenn der Verkäufer sich auf die §§ 445a, 445b BGB stützt, ist es sachgerecht, die insoweit begründeten Privilegierungen auf das Regressinteresse zu beschränken.

d) Verjährung der Rückgriffsansprüche

396   § 445b Abs. 1 und 2 BGB regeln die Verjährung der in § 445a Abs. 1 und 2 BGB gewährten bzw. modifizierten Rückgriffsansprüche und -rechte des Verkäufers.

aa) Verjährung des Aufwendungsersatzanspruchs

397   Dabei legt § 445b Abs. 1 BGB zunächst für den Aufwendungsersatzanspruch aus § 445a Abs. 1 BGB eine zweijährige Verjährungsfrist ab Ablieferung der Sache an den Verkäufer fest, was der allgemeinen Regelung für die Rechte aus § 437 BGB in § 438 Abs. 1 Nr. 3 i. V. mit Abs. 2 BGB entspricht.[950] Sofern der Lieferant den Mangel arglistig verschwiegen hat, ist § 438 Abs. 3 BGB analog anzuwenden.[951]

---

[949] Näher oben § 2 Rn. 383 ff.
[950] Dazu oben § 2 Rn. 322 ff.
[951] NK-BGB/*Büdenbender* § 479 Rn. 9; a. A. *Erman/Grunewald* § 445a Rn. 2.

bb) Ablaufhemmung der Verjährung

Des Weiteren sieht § 445b Abs. 2 Satz 1 BGB vor, dass die Verjährung aller Rück- **398**
griffsansprüche des Verkäufers gegenüber dem Lieferanten aus § 437 BGB und aus
§ 445a Abs. 1 BGB wegen eines Mangels der weiterverkauften neu hergestellten
Sache frühestens zwei Monate nach dem Zeitpunkt eintritt, in dem der Verkäufer
die Ansprüche des Käufers erfüllt hat (Ablaufhemmung). Als „Ansprüche" i. S. des
§ 445b Abs. 2 Satz 1 BGB sind auch die Rechte zum Rücktritt und zur Minderung gemäß § 437 Nr. 2 BGB zu verstehen. Die Ablaufhemmung der Verjährung
im Regressverhältnis ist wichtig, wenn zwischen dem Kauf des Verkäufers von dem
Lieferanten und dem Weiterverkauf an den Käufer eine größere Zeitspanne verstrichen ist, so dass die Ansprüche und Rechte des Verkäufers nach den §§ 438,
445b Abs. 1 BGB an sich bereits verjährt wären. Zum Schutz des Lieferanten sieht
§ 445b Abs. 2 Satz 2 BGB lediglich eine absolute Höchstgrenze für die Verjährung
von fünf Jahren ab dem Zeitpunkt vor, in dem der Lieferant die Sache bei dem Verkäufer abgeliefert hat.[952]

Nach dem Zweck des § 445b Abs. 2 BGB, den Regress des Verkäufers zu ermög- **399**
lichen, ist die Vorschrift jedoch nur dann anzuwenden, wenn der *Käufer den Verkäufer tatsächlich in Anspruch genommen hat*,[953] was aus dem Wortlaut des § 445b
Abs. 2 Satz 1 BGB allerdings nicht deutlich wird. Beispiel: Der Verkäufer kauft bei
einem Lieferanten eine sofort abgelieferte Sache, verkauft diese aber erst drei Jahre
später an einen Käufer weiter, der seinerseits nach sechs Monaten wegen eines
Sachmangels die Minderung erklärt. Das Recht des Verkäufers, gegenüber dem Lieferanten gemäß § 441 BGB i. V. mit den §§ 437 Nr. 2 Alt. 2, 478 Abs. 1 und 3 BGB
den Kaufpreis zu mindern, ist in diesem Fall nach Maßgabe des § 438 Abs. 1 Nr. 3
und Abs. 5 BGB i. V. mit § 218 Abs. 1 Satz 1 BGB zunächst nach zwei Jahren verjährt; die Inanspruchnahme des Verkäufers durch den Käufer beseitigt diese Verjährung jedoch gemäß § 445b Abs. 2 Satz 1 BGB.[954] Es bleibt aber bei der Verjährung,
solange der Käufer gegen den Verkäufer faktisch nicht vorgeht, da es in diesem
Fall an einer besonderen Schutzbedürftigkeit des Verkäufers fehlt. Zudem ist die
Verlängerung der Verjährung nach dem oben Dargelegten nicht auf Ansprüche oder
Rechte des Verkäufers zu erstrecken, die sein *Regressinteresse* übersteigen.[955] Der

---

[952] Zum Begriff der Ablieferung oben § 2 Rn. 335.

[953] *Erman/Grunewald* § 445b Rn. 4; *S. Lorenz* MünchKomm. § 479 Rn. 13; *Sendmeyer* NJW 2008,
1914 (1917); *Staudinger/Matusche-Beckmann* (2014) § 479 Rn. 9; *Mansel/Budzikiewicz* Das neue
Verjährungsrecht, 2002, § 5 Rn. 190 ff.; a. A. BR/*Faust* § 479 Rn. 10; *Reinicke/Tiedtke* Rn. 784.

[954] Insbesondere darf aus dem Begriff der „Ablaufhemmung" nicht gefolgert werden, dass die
Regelung des § 445b Abs. 2 BGB nur dann eingreifen kann, wenn der Verkauf an den Käufer
bereits erfolgt ist, bevor in dem Rechtsverhältnis zwischen dem Lieferanten und dem Verkäufer
die Verjährung i. S. der §§ 438, 445b Abs. 1 BGB eintritt; siehe BR/*Faust* § 479 Rn. 6; *Erman/
Grunewald* § 445a Rn. 5; *Soergel/Wertenbruch* § 479 Rn. 48 ff.; a. A. NK-BGB/*Büdenbender*
§ 479 Rn. 14.

[955] Näher oben § 2 Rn. 386 und 392 ff. sowie *Maultzsch* JuS 2002, 1171 (1174); a. A. BR/*Faust*
§ 479 Rn. 13; *S. Lorenz* MünchKomm. § 479 Rn. 15.

Verkäufer könnte daher in dem gebildeten Beispiel nicht unter Berufung auf § 445b Abs. 2 Satz 1 BGB von dem Vertrag mit dem Lieferanten gemäß § 323 Abs. 1 BGB i. V. mit § 437 Nr. 2 Alt. 1 BGB zurücktreten, sondern selbst ebenfalls nur den Kaufpreis mindern.

e) Weiterer Rückgriff in der Lieferkette

aa) Allgemeines

400 Die §§ 445a Abs. 3, 445b Abs. 3 BGB erstrecken die Sondervorschriften über den Rückgriff auch auf diejenigen Beteiligten in der Lieferkette, die „hinter" dem (Letzt-) Verkäufer und dem Lieferanten stehen. Beispiel: Der Hersteller hat ein Produkt an einen Großhändler verkauft, dieser an einen Einzelhändler, der es wiederum an einen Endkäufer absetzt. Geht der Endkäufer gemäß den § 437 ff. BGB gegen den Einzelhändler (Verkäufer i. S. der §§ 445a, 445b BGB) vor, so kann dieser unproblematisch nach Maßgabe der §§ 445a, 445b BGB i. V. mit den allgemeinen Vorschriften bei dem Großhändler (Lieferant) Rückgriff nehmen. Die Erstreckung der Rückgriffsvorschriften auf alle Teile der Lieferkette ermöglicht es aber auch dem Großhändler, sich gegenüber seinem Lieferanten, d. h. dem Hersteller, auf die Verbesserung seiner Rechtsstellung durch die §§ 445a, 445b BGB zu berufen. Jedoch wird hierdurch immer nur das jeweilige Kaufrechtsverhältnis modifiziert (vgl. die §§ 445a Abs. 3, 445b Abs. 3 BGB: „gegen die jeweiligen Verkäufer"), ein direkter Durchgriff auf den Hersteller ist dem Einzelhändler nicht möglich.

401 Zudem setzt der Wortlaut der §§ 445a Abs. 3, 445b Abs. 3 BGB für die entsprechende Anwendung der Sondervorschriften über den Rückgriff in der weiteren Lieferkette voraus, dass der *jeweilige Regressschuldner ein Unternehmer i. S. des § 14 BGB* ist.[956] Diese Voraussetzung, die der Gesetzgeber relativ unbesehen aus dem Kontext der spezifisch verbraucherschutzrechtlichen Vorschriften der §§ 478, 479 BGB a. F.[957] übernommen hat,[958] ist im Rahmen der neuen Regelungsstruktur der §§ 445a, 445b BGB *problematisch*.[959] Denn für das „erste" Regressverhältnis i. S. der §§ 445a, 445b BGB kommt es gerade nicht darauf an, ob der Lieferant als Regressschuldner ein Unternehmer ist.[960] Es leuchtet nicht ein, warum dies dann im weiteren Regress maßgeblich sein sollte. In dem – praktisch allerdings wohl sehr seltenen – Fall, dass in einer Absatzkette zwischen den Hersteller des mangelhaften Produktes und dem Endkäufer drei nicht-unternehmerisch handelnde „Zwischenverkäufer" geschaltet sind, kann das Unternehmererfordernis der §§ 445a Abs. 3, 445b Abs. 3 BGB sogar zu einer sachwidrigen Unterbrechung der Regresskette

---

[956] Zu diesem Begriff näher unten § 2 Rn. 591.

[957] Siehe hierzu oben § 2 Rn. 378.

[958] Vgl. BT-Drucks. 18/8486, S. 42 f.

[959] Hierzu bereits *Maultzsch* ZfPW 2018, 1 (23 f.).

[960] Siehe oben § 2 Rn. 383 und 387.

führen. Beispiel: Der Hersteller H produziert ein Computerbauteil, das zum Einbau in private PCs geeignet ist, mangelhaft. Der Private V1 kauft dieses Teil direkt bei H, baut dieses jedoch nicht selbst ein, sondern verkauft es über eine Online-Plattform weiter an den Privaten V2, der es seinerseits an den Privaten V3 absetzt, bevor dieser es an den K verkauft, der das Teil in seinen PC einbaut. Wenn K nun Mängelrechte gegen V3 geltend macht, kann dieser sich zwar im Regress nach den §§ 445a, 445b BGB an den V2 halten; diesem stünden nach dem Wortlaut der §§ 445a Abs. 3, 445b Abs. 3 BGB hingegen keine entsprechenden Rechte gegen V1 zu, da Letzterer kein Unternehmer ist. Hierdurch kann im Ergebnis ein reibungsloser Rücklauf des wirtschaftlichen Aufwandes für die Mängelrechte des K bis zu dem verantwortlichen Glied in der Lieferkette (dem Hersteller H) konterkariert werden.

Für das vorstehend geschilderte Problem erscheinen die *folgenden Lösungsansätze* denkbar: Zum Teil sind die Regelungen der §§ 445a, 445b BGB zumindest nach ihrem jeweiligen Wortlaut unabhängig davon anwendbar, ob es sich um die erste oder eine weiter zurückreichende Stufe des Regresses handelt. Will etwa in dem soeben gegebenen Beispiel V2 nach einem Rücktritt des K gegenüber V3 und des V3 gegenüber V2 selbst gegenüber V1 ohne eine Nachfristsetzung zurücktreten, kann er dies nach dem Wortlaut des § 445a Abs. 2 BGB bereits unmittelbar nach dieser Regelung, da Letztere unabhängig davon anwendbar ist, auf welcher Stufe einer Absatzkette das betreffende Rechtsverhältnis (hier zwischen V1 und V2) angesiedelt ist. Zumindest in einem solchen Fall sollte auch für den weiteren Regress unmittelbar auf § 445a Abs. 2 BGB zurückgegriffen und § 445a Abs. 3 BGB mit dem, wie dargelegt, nicht überzeugenden Unternehmererfordernis außer Betracht gelassen werden, obwohl Abs. 3 formal auch auf Abs. 2 verweist. Demgegenüber sind die Regelungen der §§ 445a Abs. 1 und 445b Abs. 1 und 2 BGB bereits nach ihrem Wortlaut zumindest teilweise so strukturiert, dass sie unmittelbar nur den „Erstregress" am Ende der Lieferkette erfassen. Will beispielsweise V2 bei V1 die Kosten für einen Ausbau des mangelhaften Bauteils, die bei K angefallen sind, geltend machen, kann er sich nicht unmittelbar auf § 445a Abs. 1 BGB berufen, da er seinerseits keine Aufwendungen i. S. des § 439 Abs. 3 BGB, sondern i. S. des § 445a Abs. 1 BGB einfordert und insoweit nur eine „entsprechende" Anwendung des § 445a Abs. 1 BGB über § 445a Abs. 3 BGB in Betracht kommt.[961] Da es aber willkürlich wäre, V2 einen entsprechenden Regress zu versagen und damit zugleich den problemlosen Rücklauf der wirtschaftlichen Kosten des Mangels auf H zu verhindern, ist das durch die §§ 445a Abs. 3, 445b Abs. 3 BGB angeordnete Unternehmererfordernis auch in diesen Fällen als Redaktionsversehen außer Betracht zu lassen, weil es im Rahmen des Grundmodells der §§ 445a, 445b BGB einen gesetzgeberisch nicht reflektierten Fremdkörper darstellt.

402

---

[961] BT-Drucks. 18/8486, S. 42; BR/*Faust* § 478 Rn. 26; *Erman/Grunewald* § 445a Rn. 14; *S. Lorenz* MünchKomm. § 478 Rn. 55; *Staudinger/Matusche-Beckmann* (2014) § 478 Rn. 52.

bb) Beschränkung der Privilegierungen auf das Regressinteresse

403   Problematisch kann wiederum sein, ob einem hinter dem Verkäufer stehenden Lieferanten über die §§ 445a Abs. 3, 445b Abs. 3 BGB auch solche Privilegierungen
erwachsen können, die dem Verkäufer selbst nicht zustanden. Beispiel: Der Käufer
mindert gegenüber dem Verkäufer, dieser verlangt hingegen von seinem Lieferanten
Nachlieferung gemäß § 439 Abs. 1 Alt. 2 BGB. Hat der Lieferant gegenüber seinem
Verkäufer nun einen Aufwendungsersatzanspruch gemäß § 445a Abs. 1 BGB i. V.
mit § 445a Abs. 3 BGB, obwohl dem Verkäufer mangels eigener Nacherfüllung ein
solcher nicht zustand?

404   Dieses Problem verkleinert sich zumindest, wenn die Privilegierungen der
§§ 445a, 445b BGB, wie hier vorgeschlagen, insgesamt auf das *jeweilige Regressinteresse des in Anspruch Genommenen* beschränkt werden.[962] In dem gegebenen Beispiel hätte sich daher der Verkäufer z. B. gegenüber seinem Lieferanten für einen
Anspruch auf Nachlieferung schon gar nicht auf die §§ 445a, 445b BGB berufen
können, weil dieser Anspruch sein Regressinteresse übersteigt, das aus der Minderung des Käufers entsteht. Konnte er die Nachlieferung hingegen schon aufgrund
der allgemeinen Vorschrift des § 439 Abs. 1 Alt. 2 BGB i. V. mit § 438 BGB verlangen (d. h. beispielsweise ohne sich auf die Verjährungshemmung gemäß § 445b
Abs. 2 Satz 1 BGB berufen zu müssen), handelt es sich im Rechtsverhältnis des Lieferanten zu seinem Verkäufer nicht mehr um ein spezifisches Regressproblem, was
gegen die Anwendung des § 445a Abs. 2 BGB zugunsten des Lieferanten spricht.[963]
Deshalb erwachsen einem in der Lieferkette weiter zurückstehenden Beteiligten
unter teleologischen Aspekten aus den §§ 445a, 445b BGB keine Privilegierungen,
die dem jeweiligen Vordermann nicht zugute kommen. Dogmatisch ist dies bei der
durch die §§ 445 Abs. 3, 445b Abs. 3 BGB angeordneten „entsprechenden" Anwendung der Regressvorschriften zu verorten.

f) Rügeobliegenheit nach § 377 HGB

405   Die Vorschriften über den Verkäuferregress berühren nach § 445a Abs. 4 BGB nicht
die bei einem beiderseitigen Handelskauf i. S. der §§ 377 Abs. 1, 343 Abs. 1 HGB
bestehende Obliegenheit des Regressnehmers, Mängel der Kaufsache nach
Maßgabe des § 377 HGB unverzüglich zu rügen.[964] Kommt er dieser Obliegenheit

---

[962] Siehe oben § 2 Rn. 386, 392 ff. und 399.

[963] Vgl. *Maultzsch* JuS 2002, 1171 (1174); ähnlich *Ernst/Gsell* ZIP 2001, 1389 (1395); a. A.
S. Lorenz MünchKomm. § 478 Rn. 55; *Soergel/Wertenbruch* § 478 Rn. 208; *Tröger* AcP 204
(2004), 115 (132 f.).

[964] Ausführlich *von Sachsen Gessaphe* RIW 2001, 721 (727 f.). In Bezug auf Mängel, die sich erst
während einer Benutzung der Sache zeigen, ist das Verhalten des Käufers dem Verkäufer nicht
zurechenbar, so dass § 377 Abs. 3 HGB erst dann eingreift, wenn der Verkäufer positive Kenntnis
von dem Mangel erlangt: *Oechsler* Rn. 519; noch großzügiger *Schubel* ZIP 2002, 2061 (2070 f.).

nicht nach, so gilt die Ware in Bezug auf den betreffenden Mangel als genehmigt
(§ 377 Abs. 2 HGB), so dass alle Ansprüche gegen den Lieferanten wegen dieses
Mangels ausgeschlossen sind.[965]

III. Verletzung von Nebenpflichten

Für die Verletzung von Nebenpflichten durch den Verkäufer[966] gelten die allgemei-   **406**
nen Grundsätze mit dem Vorbehalt, dass aus der Verletzung einer Nebenpflicht oder
einer vorvertraglichen Pflicht, die sich zugleich auf einen Mangel des Kaufgegenstandes bezieht, keine eigenständigen Ansprüche und Rechte des Käufers neben den
§§ 437 ff. BGB folgen.[967]

Verletzt der Verkäufer *Schutz- oder Interessenwahrungspflichten* i. S. des § 241   **407**
Abs. 2 BGB, so schuldet er dem Käufer Ersatz des daraus entstehenden Schadens
nach § 280 Abs. 1 Satz 1 BGB, wenn er die Pflichtverletzung nach den §§ 276 ff.
BGB oder spezielleren Haftungsmaßstäben[968] zu vertreten hat, was nach § 280
Abs. 1 Satz 2 BGB wiederum zu vermuten ist. Dabei muss sich der ersatzfähige
Schaden nicht auf die Wiederherstellung des status quo ante beschränken, sondern
kann auch einen entgangenen Gewinn umfassen, wenn sich der Schutzzweck der
betreffenden Pflicht auf diesen erstreckt.[969] Beispiel: Aufgrund einer Aufklärungspflichtverletzung durch den Verkäufer hat der Käufer nicht nur einen nachteiligen
Vertrag abgeschlossen (der gemäß § 249 Abs. 1 BGB aufzulösen ist), sondern auch
ein lukratives Alternativgeschäft versäumt (§ 252 BGB).

Nach § 324 BGB kann dem Käufer bei der Verletzung einer Schutz- oder Inter-   **408**
essenwahrungspflicht durch den Verkäufer auch ein Recht zum *Rücktritt von dem
Kaufvertrag* zustehen. Allerdings setzt dies voraus, dass dem Käufer infolge der
Pflichtverletzung ein Festhalten an dem Vertrag nicht mehr zuzumuten ist. Hierfür
bedarf es einer umfassenden Abwägung der Interessen beider Parteien.[970] Ein Verschulden seitens des Verkäufers ist dabei zwar nicht zwingend erforderlich, kann
aber im Rahmen der Interessenabwägung erhebliches Gewicht erlangen. Zudem
erfordert eine auf § 324 BGB gestützte Auflösung des Vertrages regelmäßig eine
vorherige Abmahnung des Verkäufers durch den Käufer, sofern dieses Mittel nicht

---

[965] Näher *Canaris* Handelsrecht, 24. Aufl. 2006, § 29 Rn. 42 ff.; *Oetker* Handelsrecht, 7. Aufl. 2015,
§ 8 Rn. 27 ff.; *K. Schmidt* Handelsrecht, 6. Aufl. 2014, § 29 III, S. 937 ff.

[966] Zu den insoweit bestehenden Pflichten oben § 2 Rn. 129 ff.

[967] Näher oben § 2 Rn. 356 ff.

[968] Ob sich die nach § 300 Abs. 1 BGB bei einem Annahmeverzug des Käufers eingreifende Haftungsprivilegierung auch auf die Verletzung von Nebenpflichten, insbesondere Schutzpflichten
i. S. des § 241 Abs. 2 BGB, bezieht, ist umstritten; siehe *Ernst* MünchKomm. § 300 Rn. 2 m. w. N.

[969] Dazu *Medicus* Festschrift für Canaris, Bd. I, 2007, S. 848 f. m. w. N.

[970] Vgl. BT-Drucks. 14/6040, S. 142; *Ernst* MünchKomm. § 324 Rn. 7 ff.

aussichtslos erscheint (vgl. auch § 314 Abs. 2 Satz 1 BGB).[971] Ein Rücktritt von dem Kaufvertrag wegen Unzumutbarkeit gemäß § 324 BGB kommt z. B. in Betracht, wenn bei einem länger andauernden Ratenlieferungsvertrag der Verkäufer die Vertrauensbasis nachhaltig untergräbt, so dass dem Käufer ein Festhalten an dem Vertrag nach Treu und Glauben nicht zumutbar ist. Im Allgemeinen ist § 324 BGB jedoch nur restriktiv anzuwenden, um die Verbindlichkeit geschlossener Verträge nicht zu unterminieren („pacta sunt servanda"). Neben dem Rücktritt (vgl. § 325 BGB) kann der Käufer bei Unzumutbarkeit der Fortsetzung des Vertragsverhältnisses unter den Voraussetzungen des § 280 Abs. 1 BGB auch *Schadensersatz statt der Leistung* verlangen und somit sein Erfüllungsinteresse liquidieren; § 282 BGB.

F. Ansprüche des Käufers aus einer Beschaffenheits- oder Haltbarkeitsgarantie (§ 443 BGB)

409 Den Parteien des Kaufvertrages steht es in den Grenzen des zwingenden Gesetzesrechts frei, ihre Rechtsbeziehung abweichend von den §§ 433 ff. BGB auszugestalten. Neben der im Gesetz unmittelbar vorgesehenen Möglichkeit, dass der Verkäufer in Bezug auf seine Pflichten eine Garantie i. S. des § 276 Abs. 1 Satz 1 BGB übernimmt und deshalb bei einer Verletzung der betreffenden Pflicht verschuldensunabhängig auf Schadensersatz haftet,[972] haben sich in der Vertragspraxis auch darüber hinausgehende oder abweichende Formen von Garantien entwickelt. Diese besitzen eine erhebliche Bedeutung, weil sie nicht nur mit dem *Verkäufer* (sog. Eigengarantie), sondern auch mit einem von diesem verschiedenen *Hersteller* vereinbart werden können. Entsprechende Abreden sind in erster Linie eine Frage der Vertragspraxis, so dass das Gesetz in § 443 BGB nur wenige Fragen für typische Garantieformen klärt. Für den Bereich des Verbrauchsgüterkaufs enthält zudem § 479 BGB einige Sonderbestimmungen.[973]

I. Grundformen von Garantien

1. Garantien des Verkäufers

410 Bei Vereinbarungen zwischen dem Käufer und dem Verkäufer ist zwischen sog. *unselbständigen* und *selbständigen Garantien* zu unterscheiden.[974] Beiden Formen

---

[971] BT-Drucks. 14/6040, S. 142; *Palandt/Grüneberg* § 324 Rn. 4; kritisch *Ernst* MünchKomm. § 324 Rn. 9.

[972] Siehe dazu § 2 Rn. 141 f. sowie § 2 Rn. 317 ff.

[973] Dazu unten § 2 Rn. 634 ff.

[974] BT-Drucks. 14/6040, S. 237; *Fikentscher/Heinemann* Rn. 1359 f. Terminologie und Abgrenzung sind dabei uneinheitlich; vgl. *Larenz/Canaris* BT 2, § 64 II 4c, S. 70 f.; kritisch zu dieser Unterscheidung BR/*Faust* § 443 Rn. 12; *Staudinger/Matusche-Beckmann* (2014) § 443 Rn. 12.

von Garantien ist gemeinsam, dass sie auch unter der geltenden Fassung des § 443 BGB[975] nicht einseitig, sondern nach allgemeinen vertraglichen Prinzipien zustande kommen, obwohl Abs. 1 dieser Regelung missverständlich von der Abgabe der Garantie „in einer Erklärung oder einschlägigen Werbung" spricht.[976]

Unselbständige Garantien betreffen bloße Modifikationen des Kaufvertrages, die **411** zugunsten des Käufers im Hinblick auf die Mängelfreiheit des Kaufgegenstandes erfolgen. Als Inhalt des Kaufvertrages unterliegen sie auch einer für diesen Vertrag vorgeschriebenen Form (z. B. § 311b Abs. 1 Satz 1 BGB). Im Hinblick auf die Art der unselbständigen Garantie des Verkäufers sind wiederum zwei Grundmodelle zu unterscheiden, die § 443 BGB aufgreift: einerseits die Beschaffenheits- und andererseits die Haltbarkeitsgarantie.[977]

Selbständige Garantien betreffen demgegenüber Anforderungen, die über die **412** Beschaffenheit des Kaufgegenstandes hinausgehen, und kommen regelmäßig durch ein Schuldverhältnis zustande, das dogmatisch von dem Kaufvertrag als solchem zu trennen ist.[978]

a) Beschaffenheitsgarantien i. S. des § 443 Abs. 1 BGB

Bei der Beschaffenheitsgarantie i. S. des § 443 Abs. 1 BGB[979] übernimmt der Ver- **413** käufer eine Garantie dafür, dass der Kaufgegenstand *in dem für die Bestimmung eines Mangels maßgeblichen Zeitpunkt* (Sachmängel: Gefahrübergang; Rechtsmängel: Rechtsverschaffung)[980] bestimmte Merkmale aufweist. Hierbei geht die Abrede über eine bloße Vereinbarung zur vertragsgemäßen Beschaffenheit i. S. des § 434 Abs. 1 Satz 1 BGB hinaus, da sich der Verkäufer regelmäßig verpflichtet, im Fall des Nichtvorhandenseins des betreffenden Merkmals *verschuldensunabhängig auf Schadensersatz* zu haften (Garantie i. S. des § 276 Abs. 1 Satz 1 BGB).[981]

Die Beschaffenheitsgarantie kann jedoch einen noch weitergehenden Regelungs- **414** gehalt aufweisen, z. B. wenn dem Käufer im Fall des Nichtvorliegens der garantierten Beschaffenheit der Kaufsache *zusätzliche Rechte* gewährt werden, die über die in § 437 BGB genannten Ansprüche und Rechte hinausgehen (vgl. § 443 Abs. 1

---

[975] Diese ist zum 13.06.2014 zur Umsetzung des Art. 2 Nr. 14 der Verbraucherrechte-RL in Kraft getreten.

[976] BR/*Faust* § 443 Rn. 18; *Looschelders* Rn. 165; *Palandt/Weidenkaff* § 443 Rn. 4; *Picht* NJW 2014, 2609 (2611). Für ein Zustandekommen der Garantie aufgrund einer einseitigen Erklärung des Garanten hingegen *Reich* NJW 1999, 2397 (2403).

[977] Näher unter § 2 Rn. 413 ff.

[978] Dazu unten § 2 Rn. 416.

[979] Bei der entsprechenden Anwendung des § 443 BGB auf andere Kaufgegenstände als Sachen nach § 453 Abs. 1 BGB ist der Begriff der „Beschaffenheit" gegebenenfalls abweichend zu interpretieren. So kann es sich z. B. auch um die Garantie der Einredefreiheit einer verkauften Forderung handeln; siehe BT-Drucks. 14/7052, S. 184 und *Picht* NJW 2014, 2609 (2611).

[980] Siehe § 2 Rn. 60.

[981] Vgl. § 2 Rn. 141 f. sowie § 2 Rn. 317 ff.

BGB: „zusätzlich zu der gesetzlichen Mängelhaftung").[982] In § 443 Abs. 1 BGB
sind beispielhaft („insbesondere") verschiedene mögliche Inhalte dieser weitergehenden Rechte aufgelistet, ohne dass dieser Aufzählung jedoch ein abschließender,
die Vertragspraxis einschränkender Charakter zukäme.[983] Beispiel: Der Verkäufer
einer Maschine garantiert dem Käufer ein bestimmtes Maß an Leistungsfähigkeit;
für den Fall des Ausbleibens der Leistung verpflichtet er sich, dem Käufer ersatzweise den nächsthöheren Maschinentyp zu liefern. In diesem Fall geht der durch die
Garantie gewährte Anspruch über denjenigen aus § 439 Abs. 1 BGB hinaus, da sich
die Nacherfüllung nur auf eine Nachbesserung der gelieferten Maschine oder die
Neulieferung eines Gerätes desselben Typs beziehen könnte.[984] Eine Beschaffenheitsgarantie entbindet den Käufer jedoch nicht von dem Beweis, dass der betreffende Mangel bereits in dem nach §§ 434, 435 BGB maßgeblichen Zeitpunkt vorlag.

b) Haltbarkeitsgarantien i. S. des § 443 Abs. 2 BGB

415 Demgegenüber hat eine Haltbarkeitsgarantie i. S. des § 443 Abs. 2 BGB zum Inhalt,
dass die Kaufsache eine bestimmte Beschaffenheit *über den für die Bestimmung eines
Mangels maßgeblichen Zeitpunkt hinaus* behält und der Käufer bestimmte, in der Vereinbarung festgelegte Rechte (etwa ein Rücktrittsrecht oder einen Anspruch auf Nacherfüllung) haben soll, wenn die Beschaffenheit vor der besagten Frist wegfällt, ohne
dass dies auf einer äußeren Einwirkung auf die Kaufsache beruht.[985] Das betrifft z. B.
den Fall, dass die Elektronik des verkauften Fernsehgerätes zu einem bestimmten Zeitpunkt nach dem Übergang der Gefahr auf den Käufer versagt, ohne dass dieser Defekt
bereits in feststellbarer Weise bei Gefahrübergang angelegt war. In einem solchen Fall
kann der Käufer gegen den Verkäufer weder aus § 437 BGB[986] noch aus einer Beschaffenheitsgarantie, sondern allenfalls aus einer Haltbarkeitsgarantie Ansprüche geltend
machen. Die Abgrenzung zu einer Beschaffenheitsgarantie ergibt sich dabei aus einer
Auslegung der vom Verkäufer abgegebenen Erklärung nach den §§ 133, 157 BGB.[987]

c) Selbständiger Garantievertrag

416 Von den Formen unselbständiger Garantien, welche die kaufvertraglichen Rechte
im Hinblick auf eine bestimmte Beschaffenheit des Kaufgegenstandes zugunsten

---

[982] BR/*Faust* § 443 Rn. 11; *Looschelders* Rn. 166; *H.P. Westermann* MünchKomm. § 443 Rn. 8.

[983] BT-Drucks. 17/12637, S. 91; NK-BGB/*Büdenbender* § 443 Rn. 16; *Palandt/Weidenkaff* § 443
Rn. 13; *Picht* NJW 2014, 2609 (2611).

[984] Näher oben § 2 Rn. 205 ff.; a. A. *Bitter* ZIP 2007, 1881 (1886).

[985] *Schlechtriem* Rn. 121; *Staudinger/Matusche-Beckmann* (2014) § 443 Rn. 14; *H.P. Westermann*
MünchKomm. § 443 Rn. 9.

[986] Allerdings kann in derartigen Fällen bei einem Verbrauchsgüterkauf nach h. M. die Vermutung
der Mangelhaftigkeit gemäß § 477 BGB eingreifen; dazu unten § 2 Rn. 622 f.

[987] Näher *Larenz/Canaris* BT 2, § 64 II 2b, S. 68.

des Käufers modifizieren, ist ein selbständiger Garantievertrag mit dem Verkäufer zu unterscheiden. Dieser enthält eine *Einstandspflicht des Verkäufers für einen weitergehenden Erfolg*,[988] z. B. für den Jahresverdienst, der durch den Betrieb einer bestimmten Anlage erzielbar ist.[989] Ein weiteres Beispiel bildet die Zusage eines Grundstücksverkäufers, dass das Grundstück durch den späteren Erlass eines Bebauungsplans zukünftig bebaubar werde.[990] Die Zulässigkeit solcher Abreden folgt bereits aus dem allgemeinen Prinzip der Vertragsfreiheit (§ 311 Abs. 1 BGB) und wird durch § 443 Abs. 1 BGB noch einmal bestätigt, indem dieser davon spricht, dass die Garantie auch „andere als die Mängelfreiheit betreffende Anforderungen" umfassen kann.[991] Der selbständige Garantievertrag bildet – unabhängig davon, ob er äußerlich mit dem Kaufvertrag verbunden ist – grundsätzlich ein separates Schuldverhältnis, so dass sich ein für den Kaufvertrag vorgeschriebenes Formerfordernis im Ausgangspunkt nicht auf die Garantie erstreckt.[992] Sofern eine selbständige Garantie die Rechte, die dem Käufer bei Ausbleiben des garantierten Erfolges zustehen sollen, nicht hinreichend spezifiziert, begründet sie im Zweifel eine Pflicht des Verkäufers, den Käufer entsprechend den §§ 249 ff. BGB schadlos zu halten.[993]

2. Garantien des Herstellers

Bei Garantievereinbarungen mit einem von dem Verkäufer verschiedenen Hersteller der Kaufsache tritt die Abgrenzungsfrage zwischen unselbständigen und selbständigen Garantien nicht auf, da zwischen dem Käufer und einem Dritthersteller – vorbehaltlich der Garantievereinbarung – kein Vertrag besteht. Nach ganz h. M. ist der Endabnehmer weder in den Schutzbereich des Kaufvertrages zwischen dem Hersteller und dem Verkäufer bzw. einem vorangehenden Zwischenhändler einbezogen, noch kann der Vertragspartner des Herstellers etwaige Schäden des Endkäufers im Wege der Drittschadensliquidation geltend machen.[994] Schließlich begründet ein nicht über das übliche Maß (Werbung etc.) hinausgehender Kontakt des Käufers zu dem Hersteller auch kein Schutzpflichtverhältnis i. S. des § 311 Abs. 3 BGB.[995] Vielmehr ist der Käufer gegenüber dem Dritthersteller auf außervertragliche Ansprüche

417

[988] *Esser/Weyers* BT 1, § 7 III 2, S. 87; *Soergel/Huber* § 459 Rn. 209; *Staudinger/Matusche-Beckmann* (2014) § 443 Rn. 12.

[989] RG 01.11.1918 JW 1919, 241.

[990] BT-Drucks. 17/12637, S. 68.

[991] BR/*Faust* § 443 Rn. 1; *Looschelders* Rn. 164.

[992] Vgl. aber *Einsele* MünchKomm. § 125 Rn. 33 m. w. N. zu einer möglichen Ausdehnung des Formzwangs aufgrund eines nach dem Parteiwillen bestehenden „rechtlichen Zusammenhanges" zwischen einem formbedürftigen und einem nicht-formbedürftigen Rechtsgeschäft.

[993] RG 01.11.1918 JW 1919, 241; *Reinicke/Tiedtke* Rn. 883.

[994] BGH 26.11.1968 BGHZ 51, 91 (93 ff.); *Esser/Weyers* BT 1, § 7 IV, S. 90 f.; *Larenz* BT 1, § 41a, S. 83 f.; *Medicus/Lorenz* Rn. 336 f.

[995] BGH 11.10.1988 NJW 1989, 1029 (1030); *Larenz* BT 1, § 41a, S. 84 f.; a. A. *Canaris* JZ 1968, 494 (501 f.).

aus dem Deliktsrecht oder dem ProdHaftG angewiesen, die nach richtiger Auffassung aber nicht sein Erfüllungsinteresse an einer mangelfreien und mangelfrei bleibenden Sache abdecken.[996] Aus diesem Grund ist jedwede Garantievereinbarung zwischen dem Käufer und einem von dem Verkäufer verschiedenen Hersteller „selbständig".[997]

418   Der Garantievertrag mit dem Hersteller kommt nach den allgemeinen Vorschriften gemäß §§ 145 ff. BGB zustande. Dabei gewinnt eine *Annahme durch den Käufer nach § 151 BGB* besondere Bedeutung, z. B. wenn der Hersteller dem Produkt einen Garantieschein beilegt, den der Käufer zustimmend zur Kenntnis nimmt.[998] Nach Art. 6 Abs. 1 der Verbrauchsgüterkauf-RL muss eine Garantie denjenigen, der sie anbietet, binden, so dass die Vorschriften der §§ 147 Abs. 2, 148 BGB keine Anwendung finden können, sondern die Bindung an den Antrag besteht, bis der Käufer über dessen Annahme entschieden hat.[999] Denkbar ist aber auch, dass der Hersteller und der Verkäufer einen *Garantievertrag zugunsten des Endabnehmers i. S. des § 328 BGB* abschließen.[1000] Inhaltlich ist eine Garantie des Herstellers typischerweise als Beschaffenheits- oder Haltbarkeitsgarantie ausgestaltet, die § 443 BGB ebenfalls explizit erfasst, soweit ein anderer als der Verkäufer sie übernimmt.

II. Regelungsgehalt des § 443 BGB für Beschaffenheits- und Haltbarkeitsgarantien

˙1. Beschaffenheitsgarantie (§ 443 Abs. 1 BGB)

419   In Bezug auf eine Beschaffenheitsgarantie „regelt" § 443 Abs. 1 Alt. 1 BGB zunächst, dass der Käufer die Rechte aus der Garantie zu den in der Garantieerklärung und der einschlägigen Werbung angegebenen Bedingungen gegenüber dem Garanten hat. Diese Aussage ist rein deklaratorisch, soweit sie die in der Garantieerklärung gewährten Rechte betrifft; Anspruchsgrundlage ist insoweit die Garantievereinbarung selbst und nicht § 443 Abs. 1 BGB.[1001]

---

[996] Siehe oben § 2 Rn. 374 ff. Vgl. zu Ansprüchen aus § 826 BGB, die selbst bei Vorliegen der strengen tatbestandlichen Voraussetzungen lediglich auf eine Freistellung von dem Vertrag nach § 249 Abs. 1 BGB gerichtet sind, *Oechsler* NJW 2017, 2865 ff.

[997] *Esser/Weyers* BT 1, § 7 III 3, S. 88; *Larenz* BT 1, § 41a, S. 83; *Medicus/Lorenz* Rn. 335.

[998] BGH 12.11.1980 BGHZ 78, 369 (371 ff.); BR/*Faust* § 443 Rn. 14; *Larenz/Canaris* BT 2, § 64 II 5, S. 72; *H.P. Westermann* MünchKomm. § 443 Rn. 6.

[999] *Medicus* in: Grundmann u. a. (Hrsg.), Europäisches Kaufgewährleistungsrecht, 2000, S. 219 (229 f.).

[1000] BGH 28.06.1979 BGHZ 75, 75 (77 f.); *Larenz* BT 1, § 41a, S. 83; *Staudinger/Matusche-Beckmann* (2014) § 443 Rn. 8; *H.P. Westermann* MünchKomm. § 443 Rn. 6.

[1001] BT-Drucks. 14/6040, S. 238; vgl. auch *Flume* AT 2, § 1/3a, S. 3.

Fraglich ist, wie weit der Begriff der *einschlägigen Werbung*[1002] zu ziehen ist, **420** die i. S. des § 443 Abs. 1 BGB „vor oder bei Abschluss des Kaufvertrags verfügbar war" und die den Garantieinhalt mitbestimmt. Soweit es um Werbung geht, die bei der Vereinbarung der Beschaffenheitsgarantie in Bezug genommen wurde, folgt ihre Beachtlichkeit für die Rechte des Käufers bereits aus den §§ 133, 157 BGB. Es sprechen jedoch gute Gründe dafür, bei einer von dem Verkäufer übernommenen Beschaffenheitsgarantie die Regelung des § 434 Abs. 1 Satz 3 BGB insoweit entsprechend anzuwenden, als ihn unter den dort genannten Voraussetzungen auch Werbeangaben des Herstellers binden, die eine mit dem Verkauf standardmäßig verbundene Verkäufergarantie betreffen.[1003]

Bei der *inhaltlichen Ausgestaltung* der Beschaffenheitsgarantie sind den Parteien **421** grundsätzlich keine besonderen Grenzen gezogen, da diese dem Käufer einen atypischen Vorteil einräumt und vor diesem Hintergrund eine gesetzliche Inhaltskontrolle fernliegt.[1004] Auch die in § 443 Abs. 1 BGB beispielhaft („insbesondere") aufgezählten Rechte, die dem Käufer durch die Garantie eingeräumt werden können, sind nicht abschließend zu verstehen und beschränken die Gestaltungsmacht der Parteien nicht.[1005] Allerdings nimmt die jüngere Rechtsprechung bei formularmäßigen Garantien eine *Inhaltskontrolle am Maßstab des § 307 Abs. 1 Satz 1 BGB* zumindest dann vor, wenn der Verkäufer oder der Hersteller die Garantie entgeltlich übernommen hat.[1006] Da für eine Garantie aber kein dispositives Leitbild besteht, von dem der Inhalt der Garantie abweichen oder das eine solche ergänzen könnte, sprechen die besseren Gründe dafür, gemäß § 307 Abs. 3 BGB keine umfassende Inhalts-, sondern nur eine Transparenzkontrolle durchzuführen, durch welche die berechtigten Interessen des Käufers hinreichend geschützt werden können.[1007] Wird die Beschaffenheitsgarantie von einer anderen Person als dem Verkäufer abgegeben, d. h. zumeist von dem Hersteller, so begründet dies keine Vermutung dafür, dass auch gegenüber dem Garanten alle Ansprüche und Rechte aus § 437 BGB bestehen sollen (was z. B. in Bezug auf den Rücktritt rechtlich unmöglich wäre). Regelmäßig verpflichtet sich der Hersteller nur zu einer Nachbesserung oder Ersatzlieferung.[1008]

[1002] Die Formulierung beruht auf Art. 6 Abs. 1 der Verbrauchsgüterkauf-RL und Art. 2 Nr. 14 der Verbraucherrechte-RL.

[1003] *Graf von Westphalen* in: Henssler/Graf von Westphalen, Praxis der Schuldrechtsreform, 2. Aufl. 2003, § 443 Rn. 38; wohl auch *H.P. Westermann* MünchKomm. § 443 Rn. 8. A. A. BR/*Faust* § 443 Rn. 20; *Looschelders* Rn. 165; NK-BGB/*Büdenbender* § 443 Rn. 32; *Picht* NJW 2014, 2609 (2612 f.), nach denen der Verkäufer auf die Herstellerangaben Bezug genommen bzw. sich diese zu eigen gemacht haben muss.

[1004] Vgl. BGH 23.03.1988 BGHZ 104, 82 (86); *Medicus/Lorenz* Rn. 335; *H.P. Westermann* Münch-Komm. § 443 Rn. 11.

[1005] Siehe oben § 2 Rn. 414.

[1006] BGH 17.10.2007 NJW 2008, 214 Rn. 12 ff.; BGH 06.07.2011 NJW 2011, 3510 Rn. 10 ff.; BGH 25.09.2013 NJW 2014, 209 Rn. 16 ff.; zustimmend *Abeling* ZGS 2010, 66 (67 f.); offen zum Eingreifen einer Inhaltskontrolle noch BGH 05.12.2007 NJW 2008, 843 Rn. 12.

[1007] In diese Richtung auch *Medicus/Lorenz* Rn. 335 und *Steimle* NJW 2014, 192 (194).

[1008] BT-Drucks. 14/6040, S. 239; weitergehend BR/*Faust* § 443 Rn. 34.

Die Garantie kann auf bestimmte Teile der Kaufsache oder – soweit sie einen Geldzahlungsanspruch zum Inhalt hat – summenmäßig beschränkt werden.[1009] Da eine Beschaffenheitsgarantie lediglich die Freiheit von Mängeln in dem Zeitpunkt betrifft, auf den die §§ 434, 435 BGB abstellen, ist eine Garantiefrist hier als Verjährungsfrist für die Rechte aus der Garantie auszulegen. Fehlt es an einer solchen Frist, so ist § 438 BGB analog anzuwenden.[1010]

422 Darüber hinaus legt § 443 Abs. 1 BGB fest, dass die Beschaffenheitsgarantie *„unbeschadet der gesetzlichen Ansprüche"* besteht. Hiermit sind die Ansprüche und Gestaltungsrechte[1011] des Käufers gegen den Verkäufer wegen einer Verletzung der Pflicht zur mangelfreien Lieferung des Kaufgegenstandes gemeint. Diese Regelung ist insbesondere von Bedeutung, wenn nicht der Verkäufer, sondern der Hersteller die Beschaffenheitsgarantie abgegeben hat. In diesem Fall kann der Verkäufer – soweit nicht die Ansprüche und Rechte des Käufers wegen Mängeln gesondert wirksam abbedungen worden sind (vgl. insbesondere § 309 Nr. 8b, aa BGB) – nicht mit einem Verweis auf die Herstellergarantie die Erfüllung seiner aus § 437 BGB folgenden Pflichten verweigern. Der Verkäufer und der garantierende Hersteller sind im Außenverhältnis zu dem Käufer vielmehr regelmäßig Gesamtschuldner i. S. der §§ 421 ff. BGB.[1012]

2. Haltbarkeitsgarantie (§ 443 Abs. 2 BGB)

423 Für eine Haltbarkeitsgarantie gelten zunächst dieselben Regelungen wie für eine Beschaffenheitsgarantie, da § 443 Abs. 2 BGB für Haltbarkeitsgarantien lediglich ergänzende, neben den Regelungsgehalt des Abs. 1 tretende Vorgaben enthält.[1013] Auch hier ist folglich die „einschlägige Werbung" für die Rechte des Käufers aus der Garantie mitbestimmend. Ebenso bleiben die kaufvertraglichen Mängelrechte durch die Garantie unberührt.

424 Darüber hinaus statuiert § 443 Abs. 2 BGB bei der Übernahme einer Haltbarkeitsgarantie die *beweisrechtliche Vermutung*, dass ein während ihrer Geltungsdauer auftretender Sachmangel die Rechte aus der Garantie begründet. Diese Vermutung ist erforderlich, da die Haltbarkeitsgarantie regelmäßig nach den §§ 133, 157 BGB dahingehend auszulegen ist, dass sie keinen Anspruch begründen soll,

---

[1009] BT-Drucks. 14/7052, S. 184; *Brox/Walker* § 4 Rn. 121. Zum Verhältnis derartiger Begrenzungen zur Regelung des § 444 BGB oben § 2 Rn. 107.

[1010] BR/*Faust* § 443 Rn. 31; *Staudinger/Matusche-Beckmann* (2014) § 443 Rn. 42.

[1011] Siehe zu dieser Erweiterung gegenüber dem Wortlaut *Hammen* NJW 2003, 2588 ff.

[1012] BT-Drucks. 14/6040, S. 238; BR/*Faust* § 443 Rn. 38; Staudinger/*Matusche-Beckmann* (2014) § 443 Rn. 53; vgl. auch *Oechsler* Rn. 426.

[1013] Siehe NK-BGB/*Büdenbender* § 443 Rn. 6.

wenn die Verschlechterung der Beschaffenheit auf einer äußeren Einwirkung beruht (z. B. auf einer unsachgemäßen Benutzung).[1014] Aus § 443 Abs. 2 BGB ergibt sich nun, dass der Käufer als Gläubiger einer Haltbarkeitsgarantie nur beweisen muss, dass der betreffende Mangel im Garantiezeitraum aufgetreten ist. Es liegt dann an dem Garanten, seine Inanspruchnahme durch den Beweis abzuwenden, dass die Verschlechterung auf einer äußeren Einwirkung beruht; eine Darlegung technisch einwandfreier Herstellung genügt hierfür nicht.[1015] Die Vermutungswirkung des § 443 Abs. 2 BGB wird als zwingend anzusehen sein, sofern tatsächlich eine Haltbarkeitsgarantie vorliegt.[1016] Will der Garant diese Vermutung abwenden, so muss er sich auf die Vereinbarung einer Beschaffenheitsgarantie beschränken, weil dann der Begünstigte den Beweis zu erbringen hat, dass der Mangel bereits anfänglich vorhanden bzw. angelegt war.[1017]

Weil die Haltbarkeitsgarantie auch solche Sachmängel erfasst, die erst nach **425** Gefahrübergang auftreten, ist das *Verhältnis der Garantiefrist zur Verjährung* der Ansprüche und Rechte aus der Garantie problematisch. Aus § 443 Abs. 2 BGB kann abgeleitet werden, dass die Garantieansprüche nicht schon mit dem Ablauf der Garantiefrist verjähren, da auch ein ganz am Ende der Garantiefrist auftretender Mangel entsprechende Rechte des Käufers begründen soll und diese auch praktisch durchsetzbar sein müssen.[1018] Mangels einer anderweitigen ausdrücklichen Vereinbarung wird jedoch anzunehmen sein, dass ab der *Entdeckung des Mangels durch den Käufer* eine Verjährungsfrist analog § 438 Abs. 1 BGB zu laufen beginnt.[1019] Dies gilt selbst dann, wenn die Garantiefrist als solche über den derart bestimmten Verjährungszeitraum hinausgeht.[1020] Beispiel: Hat der Hersteller eines PKW eine dreijährige Garantie für Mängel übernommen und zeigt sich dem Käufer nach sechs Monaten ein Mangel, so muss er von nun an innerhalb zweier Jahre (§ 438 Abs. 1 Nr. 3 BGB analog) gegen den Hersteller vorgehen und kann nicht bis zum Ablauf der Dreijahresfrist warten.

[1014] BGH 19.06.1996 NJW 1996, 2504 (2505); *Larenz/Canaris* BT 2, § 64 II 3b, S. 69; *Soergel/Huber* § 459 Rn. 211; *Staudinger/Matusche-Beckmann* (2014) § 443 Rn. 24.

[1015] BT-Drucks. 14/6040, S. 239; *H.P. Westermann* MünchKomm. § 443 Rn. 23.

[1016] A. A. *Erman/Grunewald* § 443 Rn. 17.

[1017] Dazu oben § 2 Rn. 414.

[1018] A. A. *Mansel/Buzikiewicz* Das neue Verjährungsrecht, 2002, § 5 Rn. 178.

[1019] Vgl. RG 25.01.1907 RGZ 65, 119 (121); BGH 28.06.1979 BGHZ 75, 75 (81); BR/*Faust* § 443 Rn. 31 (Verjährungsbeginn allerdings bereits ab Eintreten des Mangels); *Larenz/Canaris* BT 2, § 64 II 4a, S. 69; *Soergel/Huber* § 459 Rn. 214; für eine Regelverjährung nach §§ 195, 199 BGB hingegen *Erman/Grunewald* § 443 Rn. 16; *Grützner/Schmidl* NJW 2007, 3610 (3614).

[1020] BGH 12.03.1986 NJW 1986, 1927 (1928); *Erman/Grunewald* § 443 Rn. 16; *H.P. Westermann* MünchKomm. § 443 Rn. 22.

G. Pflichten und Haftung des Käufers

I. Hauptpflichten des Käufers

1. Pflicht zur Zahlung des Kaufpreises

426   Nach § 433 Abs. 2 BGB hat der Käufer die Pflicht, den vereinbarten Kaufpreis zu entrichten. Diese steht mit den Pflichten des Verkäufers zur Rechtsverschaffung und zur Übergabe des mangelfreien Kaufgegenstandes nach den §§ 433 Abs. 1, 453 Abs. 1 und 3 BGB im Synallagma i. S. der §§ 320 ff. BGB. Gleiches gilt auch für einen etwaigen Nacherfüllungsanspruch gemäß § 439 Abs. 1 BGB.[1021]

a) Allgemeines zum Inhalt der Verpflichtung

427   Der zu entrichtende Kaufpreis besteht regelmäßig in der *Zahlung eines Geldbetrages*,[1022] dessen Höhe die Vertragsparteien in den Grenzen des § 138 BGB regelmäßig frei aushandeln können. Wurde hingegen eine *anderweitige Gegenleistung* vereinbart, so handelt es sich um einen gemischten Vertrag, konkret um einen Vertrag mit anderstypischer Gegenleistung.[1023] Gleichwohl findet auf die Leistung des Verkäufers auch in diesem Fall regelmäßig Kaufrecht Anwendung.[1024] Ein gesetzlich geregeltes Beispiel für einen derartigen gemischten Vertrag bildet der Tausch i. S. des § 480 BGB.[1025]

428   Der Kaufpreis ist – vorbehaltlich einer abweichenden Vereinbarung – nach § 320 BGB Zug-um-Zug mit der Erfüllung der Pflichten des Verkäufers aus den §§ 433 Abs. 1, 453 Abs. 1 und 3 BGB zu zahlen.[1026] Soll die Höhe des Kaufpreises nach der vertraglichen Vereinbarung erst später bestimmt werden, steht das Leistungsbestimmungsrecht gemäß § 316 BGB im Zweifel dem Verkäufer zu. Sog. *Tagespreisklauseln*, bei denen der zunächst vereinbarte Kaufpreis für einen nicht sofort lieferbaren Gegenstand automatisch an den Listenpreis angepasst wird, der am Tag der Lieferung gilt, sind in Allgemeinen Geschäftsbedingungen des Verkäufers nach § 309 Nr. 1 BGB unwirksam, wenn die voraussichtliche Lieferfrist vier Monate nicht übersteigt. Bei einer längeren Lieferfrist räumt die Rechtsprechung

---

[1021] Siehe oben § 2 Rn. 188.

[1022] Hierunter fallen nicht gesetzlich nicht anerkannte „Parallelwährungen" wie z. B. sog. Bitcoins. Deren Einsatz führt juristisch regelmäßig zu einem Tauschvertrag i. S. des § 480 BGB; siehe noch unten § 2 Rn. 646.

[1023] Dazu unten § 16 Rn. 15 f.

[1024] Siehe § 16 Rn. 27 f.

[1025] Dazu noch unten § 2 Rn. 645 ff.

[1026] Zu abweichenden Vereinbarungen *Staudinger/Beckmann* (2014) § 433 Rn. 199 ff.

dem Käufer im Fall von Preiserhöhungen unter gewissen Voraussetzungen über die §§ 307, 306 Abs. 2 BGB aufgrund einer ergänzenden Vertragsauslegung ein Rücktrittsrecht ein.[1027]

Grundsätzlich ist der Kaufpreis durch *Barzahlung* nach Maßgabe des § 270 BGB **429** zu entrichten. Eine *bargeldlose Zahlung* (Banküberweisung, Scheck, Kreditkarte) setzt das Einverständnis des Verkäufers voraus,[1028] das er auch konkludent erklären kann, z. B. durch die Angabe einer Bankverbindung auf der Rechnung oder das Anbringen des Logos eines Kreditkartenunternehmens in den Geschäftsräumen. Bei der Vereinbarung einer bargeldlosen Zahlung muss durch Auslegung der Abrede gegebenenfalls noch ermittelt werden, ob es sich insoweit um eine direkte Erfüllung der Pflicht zur Zahlung des Kaufpreises, um eine Leistung an Erfüllungs statt oder um eine bloße Leistung erfüllungshalber handelt.[1029] Wegen der Auslegungsregel des § 364 Abs. 2 BGB stellt die Hingabe eines Schecks grundsätzlich nur eine Leistung erfüllungshalber dar.[1030] Demgegenüber begründet die vorbehaltlose Gutschrift auf dem Konto des Verkäufers bei einer Banküberweisung aufgrund der funktionellen Äquivalenz mit einer Barzahlung eine unmittelbare Erfüllung der Kaufpreiszahlungspflicht i. S. des § 362 Abs. 1 BGB.[1031] Die Überweisung auf das Konto eines Dritten, z. B. auf ein Notaranderkonto, bewirkt hingegen mangels ausdrücklicher Vereinbarung (vgl. § 362 Abs. 2 BGB) keine Erfüllung; diese tritt erst mit der Weiterleitung des Betrages an den Verkäufer ein.[1032]

Erfüllt der Käufer seine Pflicht zur Zahlung des Kaufpreises nicht, so kann der **430** Verkäufer neben einer Klage auf Erfüllung auch unter den Voraussetzungen des § 280 Abs. 1 und 2 BGB i. V. mit § 286 BGB seinen Verzögerungsschaden geltend machen. Zudem ist die Kaufpreisschuld während des Verzuges nach Maßgabe des § 288 BGB zu verzinsen. Unter den Voraussetzungen des § 323 Abs. 1 BGB kann der Verkäufer von dem Kaufvertrag zurücktreten und/oder (vgl. § 325 BGB) nach Maßgabe des § 281 BGB seinen Nichterfüllungsschaden liquidieren.

b) Insbesondere: Der Verkauf unter Inzahlungnahme

Besondere Probleme kann die Erfüllung der Kaufpreisverbindlichkeit berei- **431** ten, wenn der Käufer einen Teil des Kaufpreises durch die Inzahlunggabe eines

---

[1027] BGH 01.02.1984 BGHZ 90, 69 (71 ff.); anders für den kaufmännischen Verkehr BGH 16.01.1985 BGHZ 93, 252 (256 ff.); kritisch *Esser/Weyers* BT 1, § 8 II 1, S. 93.

[1028] BGH 05.05.1986 BGHZ 98, 24 (30); *Staudinger/Beckmann* (2014) § 433 Rn. 171 ff.; *H.P. Westermann* MünchKomm. § 433 Rn. 66; für ein regelmäßiges Einverständnis bei „umfangreicheren Käufen" *Esser/Weyers* BT 1, § 8 II 1, S. 92 f.

[1029] Näher zur bargeldlosen Kaufpreiszahlung *Fikentscher/Heinemann* Rn. 260 ff. und *Staudinger/Beckmann* (2014) § 433 Rn. 171 ff.

[1030] *Schlechtriem* Rn. 128; *Soergel/Huber* § 433 Rn. 214.

[1031] *Staudinger/Beckmann* (2014) § 433 Rn. 174; für Leistung an Erfüllungs statt *Schlechtriem* Rn. 128; offengelassen durch BGH 05.05.1986 BGHZ 98, 24 (30).

[1032] BGH 25.03.1983 BGHZ 87, 156 (162 ff.); BGH 30.06.1988 BGHZ 105, 60 (64).

Gegenstandes entrichten darf und dieser Gegenstand nicht den von den Vertragsparteien vorausgesetzten Anforderungen entspricht. Beispiel: Der Käufer eines Neuwagens im Wert von 40 000 Euro gibt sein Gebrauchtfahrzeug zum vereinbarten
Preis von 10 000 Euro in Zahlung, das jedoch einen unerkannten Motorschaden
aufweist. Fraglich ist dann, wie die Inzahlungnahme rechtsdogmatisch zu beurteilen ist, was wiederum auf die Rechtsfolgen einer Vertragswidrigkeit des in Zahlung
gegebenen Gegenstandes zurückwirkt.

432   Einigkeit besteht darüber, dass ein *einheitliches Vertragsverhältnis* besteht und nicht
zwei separate, über eine Aufrechnungsabrede miteinander verbundene Kaufverträge
vorliegen (im Beispiel: Kauf des Neuwagens einerseits und Kauf des Gebrauchtwagens andererseits). Etwas anderes gilt jedoch, wenn die „Inzahlungnahme" einen
eigenständigen Umsatzzweck hat, was z. B. in Betracht kommt, wenn der in Zahlung
gegebene PKW ein begehrter Oldtimer ist, an dessen Erhalt der Neuwagenverkäufer
ein eigenständiges Interesse hat.[1033] In der Praxis wird allerdings teilweise auch eine
abweichende Konstruktion gewählt. Bei dieser kauft der Neuwagenverkäufer den
Gebrauchtwagen nicht an, sondern verkauft ihn als Vertreter des Neuwagenkäufers
weiter und garantiert diesem hierbei einen Mindestpreis (sog. Agenturvertrag).[1034]

433   Nach der wohl h. M. stellt die Inzahlunggabe eine *Leistung an Erfüllungs statt*
i. S. des § 364 Abs. 1 BGB mit einer korrespondierenden Ersetzungsbefugnis[1035]
des Käufers dar.[1036] Dies hätte in dem angeführten Beispiel zur Folge, dass der Neuwagenverkäufer nach § 365 BGB hinsichtlich des Motorschadens des Gebrauchtwagens als Mangel i. S. des § 434 Abs. 1 Satz 2 Nr. 2 BGB[1037] von seinem Kunden –
soweit möglich und nicht unverhältnismäßig – eine Nacherfüllung i. S. des § 439
Abs. 1 BGB i. V. mit § 437 Nr. 1 BGB verlangen bzw. unter den Voraussetzungen
des § 323 Abs. 1 BGB i. V. mit § 437 Nr. 2 Alt. 1 BGB von der Inzahlungnahme
zurücktreten könnte. Dadurch erhielte der Neuwagenkäufer zwar seinen Gebrauchtwagen zurück, hätte aber auch den restlichen Kaufpreis in Höhe von 10 000 Euro
für den Neuwagen in bar zu entrichten. Gleiches würde gelten, wenn der Gebrauchtwagen vor der Übergabe an den Neuwagenverkäufer unterginge, da in diesem Fall
die Annahme an Erfüllungs statt nicht zustande käme. Für diese Lösung lässt sich
anführen, dass der Neuwagenverkäufer an der Erlangung des Gebrauchtwagens
kein besonderes Interesse hat, d. h. dem Käufer insoweit entgegenkommt und daher
bei einer Mangelhaftigkeit bzw. einem Untergang des Gebrauchtwagens auf seine
„ursprüngliche" Kaufpreisforderung in voller Höhe zurückgreifen können sollte.

[1033] *Giesen* Jura 1983, 169 (175).

[1034] Bei Verbrauchsgüterkaufverträgen können sich dann Probleme der Gesetzesumgehung i. S. des
§ 475 Abs. 1 Satz 2 BGB stellen; siehe § 2 Rn. 582 ff.

[1035] Dazu allg. *Krüger* MünchKomm. § 262 Rn. 9.

[1036] BGH 18.01.1967 BGHZ 46, 338 (340 f.); BGH 30.11.1983 BGHZ 89, 126 (128); HK/*Saenger*
§ 433 Rn. 7; *Löhnig/Gietl* Rn. 5 f.; *Oechsler* Rn. 536; *Palandt/Grüneberg* § 262 Rn. 7; *Schlechtriem* Rn. 133; *Soergel/Huber* Vor § 433 Rn. 215.

[1037] Zu der Möglichkeit eines konkludenten Ausschlusses der Mängelhaftung des in Zahlung
gebenen Käufers BGH v. 21.04.1982 BGHZ 83, 334 (338 ff.); BGH 19.12.2012 NJW 2013, 1733
Rn. 15.

Demgegenüber bewertet die Gegenauffassung den Verkauf unter Inzahlungnahme **434**
regelmäßig als einen *typengemischten Vertrag*, bei dem in Bezug auf den Leistungsteil, den der in Zahlung gegebene Gegenstand abdeckt, ein Tausch i. S. des § 480 BGB
und nur im Übrigen ein „reiner" Kaufvertrag vorliegt.[1038] Danach könnte der Neuwagenverkäufer von seinem Kunden zwar im Grundsatz gemäß § 439 Abs. 1 BGB i. V.
mit den §§ 437 Nr. 1, 480 BGB auch eine Beseitigung des Motorschadens verlangen.
Wenn dies aber nicht möglich oder für den Käufer – in der vorliegenden Konstellation naheliegend – i. S. des § 439 Abs. 4 BGB unverhältnismäßig wäre, bezöge sich
z. B. ein Rücktrittsrecht des Neuwagenverkäufers nach Maßgabe des § 323 Abs. 1
BGB i. V. mit § 437 Nr. 2 Alt. 1 BGB auf den gesamten typengemischten Vertrag,
so dass das Vertragsverhältnis insgesamt nicht durchgeführt bzw. rückabgewickelt
würde. Ginge das Gebrauchtfahrzeug vor der Übergabe unter, so entfiele danach die
Leistungspflicht des Neuwagenverkäufers nach Maßgabe des § 326 Abs. 1 Satz 1
BGB, und zwar wegen deren Unteilbarkeit zur Gänze. Aufgrund derselben Vorschrift
würde daraufhin auch die anteilige Barzahlungspflicht des Neuwagenkäufers entfallen. Hierfür spricht, dass der Neuwagenkäufer nicht den gesamten Kaufpreis in
Form einer Geldzahlung aufbringen wollte; vielmehr sollte der gesamte Vertrag mit
dem Erfolg der Inzahlungnahme „stehen und fallen".[1039] Jedenfalls bestehen auch
nach dieser Lösung keine Bedenken, dem Neuwagenkäufer eine Ersetzungsbefugnis
dergestalt einzuräumen, dass er anstelle des Gebrauchtwagens auch eine Barzahlung
in entsprechender Höhe leisten kann, so z. B. wenn er den Neuwagenkauf trotz des
Defektes oder des Untergangs seines Altwagens durchführen möchte.[1040]

Kommt es zu einer Rückabwicklung des Kaufs unter Inzahlungnahme infolge **435**
eines *Rücktritts*, so muss der Käufer gemäß § 346 Abs. 1 BGB unstrittig den von
ihm hingegebenen Gegenstand zurücknehmen und kann nicht eine entsprechende
Geldsumme verlangen.[1041]

c) Aufrechterhaltung der Pflicht zur Zahlung des Kaufpreises trotz
Leistungsbefreiung des Verkäufers

aa) Überblick

Grundsätzlich folgt aus der *synallagmatischen Verknüpfung* der Pflicht zur Zahlung **436**
des Kaufpreises mit der Hauptleistungspflicht des Verkäufers (§§ 433 Abs. 1, 453
Abs. 1 und 3 BGB), dass der rechtliche Bestand beider Pflichten voneinander
abhängt (vgl. die §§ 320, 326 BGB). Fällt somit z. B. die Pflicht des Verkäufers zur

---

[1038] *Gsell* NJW 2008, 2002 ff.; *Honsell* Jura 1983, 523 (524); *Larenz* BT 1, § 42 I a, S. 92 f.; weiterführend *Behr* AcP 185 (1985), 401 ff.
[1039] Für die Möglichkeit der Hereingabe des Gebrauchtwagens als Geschäftsgrundlage i. S. des
§ 313 BGB *Esser/Weyers* BT 1, § 8 II 1, S. 94.
[1040] *Larenz* BT 1, § 42 I a, S. 93.
[1041] Statt aller BGH 20.02.2008 BGHZ 175, 286 Rn. 12 m. w. N.

Rechtsverschaffung bzw. zur Übergabe nach § 275 BGB weg, so beseitigt dies nach § 326 Abs. 1 Satz 1 BGB ex lege zugleich die Pflicht des Käufers zur Zahlung des Kaufpreises. Während somit der Käufer nach Maßgabe des § 275 BGB die Gefahr trägt, dass sein Anspruch aus den §§ 433 Abs. 1, 453 Abs. 1 und 3 BGB erfüllt werden kann (sog. *Leistungsgefahr*), verliert der Verkäufer nach § 326 Abs. 1 Satz 1 BGB regelmäßig seinen Kaufpreisanspruch, wenn er selbst nicht leisten muss (sog. *Gegenleistungs- oder Preisgefahr*).[1042]

437   Die Grundregel des § 326 Abs. 1 Satz 1 BGB wird jedoch durch wichtige Ausnahmen durchbrochen, bei denen der Anspruch des Verkäufers auf den Kaufpreis trotz eines Wegfalls seiner korrespondierenden Pflicht fortbesteht. Man spricht in diesem Fall von einem *Übergang der Gegenleistungsgefahr* (oder auch Preisgefahr) auf den Käufer. Als Abweichung von der synallagmatischen Verbundenheit der Hauptleistungspflichten bedürfen diese Ausnahmen aber stets einer spezifischen Legitimation durch eine gesetzliche oder in dem Kaufvertrag enthaltene Bestimmung. Die im Gesetz geregelten Durchbrechungen der Gegenleistungsgefahr, die den Kaufpreisanspruch aufrechterhalten, sind *sowohl im allgemeinen Leistungsstörungsrecht als auch in speziellen kaufrechtlichen Vorschriften* enthalten. Im allgemeinen Leistungsstörungsrecht ordnet § 326 Abs. 2 Satz 1 BGB diese Rechtsfolge an, wenn der Verkäufer von seiner im Synallagma stehenden Pflicht zur Hauptleistung frei wird und der Käufer hierfür allein oder weit überwiegend verantwortlich ist (§ 326 Abs. 2 Satz 1 Alt. 1 BGB) oder die Unmöglichkeit während eines Annahmeverzugs des Käufers eintritt (§ 326 Abs. 2 Satz 1 Alt. 2 BGB). Daneben bestehen ergänzende kaufrechtliche Spezialregelungen zum Übergang der Gegenleistungsgefahr, wobei wiederum zwischen dem Grundfall des § 446 BGB und dem Sonderfall des Versendungskaufs (§ 447 BGB) zu unterscheiden ist.

438   Nach dem soeben Gesagten knüpft die Kategorie der Gegenleistungsgefahr grundsätzlich an die vorrangige Beurteilung der Leistungsgefahr nach § 275 BGB an. Jedoch bestehen umgekehrt auch gewisse Rückwirkungen des Übergangs der Gegenleistungsgefahr auf die Frage, inwieweit der Schuldner (Verkäufer) seinerseits noch zu einer Leistung verpflichtet ist, wenn sich Störungen einstellen. In diesem Sinne kann von einer *beiderseitigen Wechselwirkung zwischen Leistungs- und Gegenleistungsgefahr* gesprochen werden. Die wichtigste Form einer Rückwirkung der Gegenleistungsgefahr auf die Leistungspflichten des Verkäufers ist in § 434 Abs. 1 Satz 1 BGB geregelt und besteht darin, dass der Verkäufer nur für solche Sachmängel verantwortlich ist, die bis zum Zeitpunkt des Übergangs der Gegenleistungsgefahr eintreten.[1043] Darüber hinaus kann von einem allgemeinen Rechtsgedanken ausgegangen werden, nach dem Leistungsstörungen, die hinsichtlich der Leistung des Verkäufers zu einem Zeitpunkt eintreten, in dem die Gegenleistungsgefahr bereits auf den Käufer übergegangen ist, nicht mehr durch den Verkäufer kompensiert werden müssen, sofern dieser die betreffende Leistungsstörung nicht nach Maßgabe der §§ 276 ff. BGB zu vertreten hat.[1044]

[1042] Allg. *Larenz* SchR AT, § 21 I b, S. 308 ff.

[1043] Siehe oben § 2 Rn. 52.

[1044] Siehe oben § 2 Rn. 245 ff. sowie allg. *Canaris* JuS 2007, 793 (797 f.).

bb) Vom Käufer zu vertretende Leistungsbefreiung und Annahmeverzug des Käufers (§ 326 Abs. 2 BGB)

Nach § 326 Abs. 2 Satz 1 Alt. 1 BGB entfällt der Anspruch auf den Kaufpreis nicht, **439** wenn der Käufer für den Grund der Leistungsbefreiung des Verkäufers entweder allein oder weit überwiegend[1045] verantwortlich ist. Da es sich insoweit um eine *Verantwortlichkeit des Gläubigers* handelt, kann der hierfür anzulegende Maßstab den §§ 276 ff. BGB nicht unmittelbar, sondern nur in einer analogen Anwendung entnommen werden,[1046] da die §§ 276 ff. BGB nach ihrem Wortlaut ausschließlich die Verantwortlichkeit des Schuldners, hier also des Verkäufers, regeln. Die Voraussetzungen für die Befreiung des Verkäufers von seiner Pflicht zur Hauptleistung, auf der die Regelung des § 326 Abs. 2 Satz 1 Alt. 1 BGB aufbaut, sind § 275 BGB zu entnehmen. Neben dem klassischen Fall der objektiven oder subjektiven Unmöglichkeit (§ 275 Abs. 1 BGB) wird der Verkäufer auch dann von seiner Hauptleistungspflicht frei, wenn er wegen eines groben Missverhältnisses des hierfür erforderlichen Aufwandes sein in § 275 Abs. 2 BGB begründetes Leistungsverweigerungsrecht ausübt.

Nach § 326 Abs. 2 Satz 1 Alt. 2 BGB bleibt die Pflicht zur Zahlung des Kauf-   **440** preises zudem bestehen, wenn die durch den Verkäufer nicht zu vertretende Leistungsbefreiung zu einem Zeitpunkt eintritt, in dem sich der *Käufer in Annahmeverzug* befand. Dessen Voraussetzungen beurteilen sich nach den §§ 293 ff. BGB und setzen kein Vertretenmüssen des Gläubigers voraus (Obliegenheitsverletzung).[1047] Das die Rechtsfolge des § 326 Abs. 2 Satz 1 Alt. 2 BGB ausschließende Vertretenmüssen des Verkäufers bemisst sich während des Annahmeverzuges nach § 300 Abs. 1 BGB und ist somit auf Vorsatz und grobe Fahrlässigkeit beschränkt. Beispiel: Der Verkäufer erscheint mit der Kaufsache zum Zweck der Übergabe und Übereignung zu dem genau festgesetzten Termin (vgl. § 299 BGB) am Wohnort des Käufers, der jedoch aufgrund eines Verkehrsstaus nicht eintrifft. Auf dem Rückweg des Verkäufers wird der Gegenstand ohne sein Verschulden zerstört. Obwohl dem Verkäufer nunmehr die Erfüllung der Hauptleistungspflicht unmöglich ist und § 275 Abs. 1 BGB seine Leistungsbefreiung anordnet, bleibt der Anspruch gegen den Käufer auf Zahlung des Kaufpreises nach § 326 Abs. 2 Satz 1 Alt. 2 BGB bestehen. Das gilt wegen des modifizierten Haftungsmaßstabes selbst bei einem fahrlässigen Verhalten des Verkäufers (§ 276 Abs. 2 BGB) oder seiner Erfüllungsgehilfen

---

[1045] Problematisch erscheint, ob diese Regelung die früher sehr umstrittene Frage der beiderseitig zu vertretenden Leistungsbefreiung (siehe zum alten Streitstand *Looschelders* JuS 1999, 949 ff.) i. S. einer „alles oder nichts"-Lösung entschieden hat. Nähme man dies an, bliebe der volle Gegenleistungsanspruch bestehen, wenn der Verantwortungsbeitrag des Gläubigers „weit überwiegt"; im anderen Fall würde § 326 Abs. 1 Satz 1 BGB uneingeschränkt gelten. Mit der h. L. ist jedoch davon auszugehen, dass das Schuldrechtsmodernisierungsgesetz nicht in diesen Streitpunkt des allgemeinen Leistungsstörungsrechts eingreifen wollte; siehe *Canaris* JZ 2001, 499 (511); *Huber/Faust* 7/44; *Lorenz/Riehm* Rn. 350; a. A. *Gruber* JuS 2002, 1066 ff.

[1046] Siehe oben § 2 Rn. 245.

[1047] Statt aller *Ernst* MünchKomm. § 293 Rn. 20.

(§ 278 BGB), sofern dieses nicht die Schwelle zur groben Fahrlässigkeit überschreitet (§ 300 Abs. 1 BGB).

441   In beiden Fällen des § 326 Abs. 2 Satz 1 BGB mindert sich jedoch der Kaufpreis um Aufwendungen, die der Verkäufer infolge der Leistungsbefreiung erspart (z. B. Transportkosten; § 326 Abs. 2 Satz 2 BGB).[1048] Zudem schließen die Tatbestände in § 326 Abs. 2 Satz 1 BGB bei einer bloßen Verschlechterung des Kaufgegenstandes auch den Anspruch des Käufers auf Nacherfüllung (§ 439 Abs. 1 BGB) aus.[1049]

cc) Übergang der Gegenleistungsgefahr auf den Käufer nach kaufrechtlichen Regelungen

(1) Einführung

442   Neben den in § 326 Abs. 2 BGB genannten Fällen sind die §§ 446, 447 BGB bedeutsam, nach denen die Gefahr des zufälligen Untergangs und der zufälligen Verschlechterung des Kaufgegenstandes auf den Käufer übergeht. Dabei ist der „Untergang" des Kaufgegenstandes nicht nur im tatsächlichen Sinne zu verstehen, sondern erfasst *jede Form der Leistungsbefreiung* nach § 275 BGB.[1050] Auch die §§ 446, 447 BGB stellen eine Ausnahme zu § 326 Abs. 1 Satz 1 BGB dar und erhalten die Pflicht des Käufers zur Zahlung des Kaufpreises trotz der Leistungsbefreiung des Verkäufers aufrecht. Zudem ist nach einem Übergang der Gegenleistungsgefahr i. S. der §§ 446, 447 BGB auch ein Rücktritt des Käufers nach § 326 Abs. 5 BGB ausgeschlossen.

443   Wie in den Fällen des § 326 Abs. 2 BGB darf jedoch der Verkäufer seine Befreiung von der Leistungspflicht nicht selbst nach den jeweils geltenden Maßstäben (grundsätzlich die §§ 276 ff. BGB) zu vertreten haben. Dies ergibt sich daraus, dass nach den §§ 446, 447 BGB die Gefahr nur bei einer *zufälligen Leistungsbefreiung* des Verkäufers auf den Käufer übergeht und unter den Begriff des Zufalls nur eine *von keiner Vertragspartei zu vertretende Leistungsstörung* fällt.[1051] Hat der Käufer die Leistungsbefreiung zu vertreten, so folgt die Aufrechterhaltung der Pflicht zur Zahlung des Kaufpreises bereits aus § 326 Abs. 2 Satz 1 Alt. 1 BGB.[1052] Hat der Verkäufer das Leistungshindernis zu vertreten, entfällt nicht nur gemäß § 326 Abs. 1 Satz 1 BGB sein Anspruch auf Zahlung des Kaufpreises, sondern der Käufer kann von ihm für die ausgebliebene Leistung nach Maßgabe der §§ 280 ff. BGB auch

---

[1048] War die später untergegangene Kaufsache mangelhaft, sind über § 326 Abs. 2 Satz 2 BGB auch die Kosten anzusetzen, die der Verkäufer aufgrund eines Entfalls seiner Nacherfüllungspflicht erspart hat; siehe oben § 2 Rn. 252 f.

[1049] Siehe oben § 2 Rn. 245 ff.

[1050] *Larenz* BT 1, § 42 II a, S. 98; *Soergel/Huber* § 446 Rn. 31; *Staudinger/Beckmann* (2014) § 446 Rn. 34; *H.P. Westermann* MünchKomm. § 446 Rn. 11.

[1051] *Erman/Grunewald* § 446 Rn. 10; *Staudinger/Beckmann* (2014) § 446 Rn. 36; *H.P. Westermann* MünchKomm. § 446 Rn. 10.

[1052] Siehe § 2 Rn. 439.

Schadensersatz verlangen.[1053] Hingegen liegt ein zufälliger Untergang auch dann vor, wenn ein nicht von § 278 BGB erfasster Dritter die Leistungsbefreiung des Verkäufers zu vertreten hat, z. B. ein Dieb die Kaufsache entwendet.

(2) Übergabe der verkauften Sache (§ 446 Satz 1 BGB)

Nach § 446 Satz 1 BGB trägt der Verkäufer die Preisgefahr lediglich bis zur Übergabe der Sache an den Käufer. Diese Regelung gewinnt jedoch nur dann Bedeutung, wenn der Verkäufer die Sache nicht zugleich mit der Übergabe an den Käufer übereignet bzw. im Fall des § 453 Abs. 3 BGB das Recht, das zu dem Besitz der Sache berechtigt, nicht zugleich übertragen hat. Wäre dies der Fall, so hätte der Verkäufer den Kaufvertrag – vorbehaltlich einer Mangelhaftigkeit des Gegenstandes – von seiner Seite vollständig erfüllt, so dass sich ein Problem der Gefahrtragung nicht mehr stellen würde. Eine Übergabe ohne Übereignung mit der Möglichkeit einer späteren Leistungsbefreiung gemäß § 275 BGB (z. B. durch eine Zerstörung der Kaufsache) kommt insbesondere bei einem *Kauf unter Eigentumsvorbehalt* in Betracht, bei dem das Eigentum bis zur vollständigen Zahlung des Kaufpreises bei dem Verkäufer verbleibt.[1054]

444

Die Rechtfertigung für den in § 446 Satz 1 BGB angeordneten Übergang der Gegenleistungsgefahr auf den Käufer ist darin zu sehen, dass sich die Sache mit der Übergabe im *Einflussbereich des Käufers* befindet, der sie regelmäßig auch *wirtschaftlich nutzen kann*.[1055] Folgerichtig legt die dispositive Vorschrift des § 446 Satz 2 BGB fest, dass dem Käufer im Verhältnis zu dem Verkäufer von diesem Zeitpunkt an die Nutzungen der Kaufsache gebühren (vgl. § 100 BGB) und er die Lasten zu tragen hat (z. B. Steuern), selbst wenn er noch nicht Eigentümer der Sache geworden ist. Die näheren Modalitäten bestimmen sich nach den §§ 101, 103 BGB. Von diesen Erwägungen ausgehend ist oben zu der Streitfrage, inwieweit als „Übergabe" i. S. des § 446 Satz 1 BGB auch die Einräumung eines mittelbaren Besitzes gemäß § 868 BGB gilt, die Auffassung vertreten worden, dass dies im Zweifel dann zu bejahen ist, wenn der Käufer mit dem mittelbaren Besitz zugleich die Möglichkeit der wirtschaftlichen Nutzung des Kaufgegenstandes erlangt.[1056]

445

Bei einem Kaufvertrag, der gemäß § 158 BGB bedingt ist, erfordert die Anwendung des § 446 Satz 1 BGB differenzierende Lösungen. Fällt bei einem nach § 158 Abs. 1 BGB *aufschiebend bedingten Kaufvertrag* die Bedingung aus, so entfaltet

446

[1053] Siehe oben § 2 Rn. 138 ff.

[1054] Näher unten § 2 Rn. 485 ff.

[1055] *Brox/Walker* § 3 Rn. 14; *Esser/Weyers* BT 1, § 8 III 2a, S. 96; *Larenz* BT 1, § 42 II a, S. 96 f.; *Schlechtriem* Rn. 121; *Staudinger/Beckmann* (2014) § 446 Rn. 9.

[1056] Ausführlicher oben § 2 Rn. 46 ff. Etwas weitergehend *G. Hager* Die Gefahrtragung beim Kauf, 1982, S. 76 ff., der einen Gefahrübergang daneben auch dann annimmt, wenn die Belassung des unmittelbaren Besitzes bei dem Verkäufer durch den Käufer zwar aus altruistischen Motiven, aber auf einer neuen formellen Vertragsgrundlage erfolgt, z. B. aufgrund eines parallel zu dem Kaufvertrag tretenden Leihvertrages.

§ 446 Satz 1 BGB keine Rechtswirkungen, d. h. der Käufer muss den Kaufpreis nicht entrichten bzw. kann – sofern er bereits geleistet hat – diesen nach § 812 Abs. 1 Satz 2 Alt. 1 BGB zurückfordern.[1057] Tritt die Bedingung hingegen ein, so wirkt der Gefahrübergang auch dann, wenn die Sache vor dem Eintritt der Bedingung untergegangen ist, da dem Käufer bereits die Nutzungsmöglichkeit zugestanden hat (vgl. § 159 BGB).[1058] Bei einem *auflösend bedingten Kaufvertrag* entfällt mit dem Bedingungseintritt die Pflicht des Käufers zur Zahlung des Kaufpreises, wenn die Sache zuvor untergegangen ist.[1059] Ein bereits gezahlter Kaufpreis kann jedoch nicht mehr zurückgefordert werden, da die Wertungen der §§ 158 Abs. 2, 446 Satz 1 BGB auch bei der bereicherungsrechtlichen Rückabwicklung zu berücksichtigen sind.[1060]

447 Der Übergang der Preisgefahr durch Übergabe der Kaufsache bewirkt jedoch nur, dass die Pflicht des Käufers zur Zahlung des Kaufpreises entgegen der Grundregel des § 326 Abs. 1 Satz 1 BGB aufrechterhalten bleibt, nicht aber, dass bereits bestehende Ansprüche oder Rechte des Käufers – insbesondere etwaige *Mängelrechte* – untergehen.[1061] So kann der Käufer, dem eine i. S. des § 434 BGB mangelhafte Kaufsache übergeben, aber noch nicht übereignet wurde, nach deren zufälligem Untergang gemäß den §§ 326 Abs. 5, 323 BGB i. V. mit § 437 Nr. 2 Alt. 1 BGB von dem Kaufvertrag zurücktreten; nach § 346 Abs. 3 Satz 1 Nr. 3 BGB hat er auch keinen Wertersatz für die untergegangene Sache zu leisten.[1062] Gleiches gilt bei einer aliud-Lieferung i. S. des § 434 Abs. 3 BGB. War der Verkäufer zur Verschaffung des Eigentums dauerhaft unvermögend (§ 275 Abs. 1 BGB), so mindert sich der Kaufpreis nach § 326 Abs. 1 Satz 1 Halbsatz 2 BGB i. V. mit § 441 Abs. 3 BGB auf den bloßen Besitzwert. Trotz eines nach Übergabe erfolgten Sachuntergangs kann der Käufer in diesem Fall zudem immer noch gemäß den §§ 326 Abs. 5, 323 BGB von dem Kaufvertrag zurücktreten.

(3) Annahmeverzug des Käufers (§ 446 Satz 3 BGB)

448 Nach § 446 Satz 3 BGB steht es für den Gefahrübergang einer Übergabe gleich, wenn sich der Käufer hinsichtlich der Pflicht des Verkäufers zur Rechtsverschaffung

---

[1057] BGH 19.02.1975 NJW 1975, 776; *Soergel/Huber* § 446 Rn. 45; *Staudinger/Beckmann* (2014) § 446 Rn. 16; *H.P. Westermann* MünchKomm. § 446 Rn. 6.

[1058] *Erman/Grunewald* § 446 Rn. 4; *Fikentscher/Heinemann* Rn. 820; *Larenz* BT 1, § 42 II a, S. 99; a. A. *Enneccerus/Lehmann* § 103 III 1, S. 419.

[1059] *Palandt/Weidenkaff* § 446 Rn. 10; *Soergel/Huber* § 446 Rn. 47; *Staudinger/Beckmann* (2014) § 446 Rn. 17.

[1060] *Erman/Grunewald* § 446 Rn. 4; *Larenz* BT 1, § 42 II a, S. 99 f.; a. A. *Enneccerus/Lehmann* § 103 III 1, S. 419.

[1061] *Coester-Waltjen* Jura 2002, 535 (538); *Staudinger/Beckmann* (2014) § 446 Rn. 29; *H.P. Westermann* MünchKomm. § 446 Rn. 11.

[1062] Dabei ist die Wertung des § 346 Abs. 3 Satz 1 Nr. 3 BGB bereits im Rahmen der Frage zu berücksichtigen, ob die Unmöglichkeit der Nacherfüllung durch Sachuntergang i. S. des § 326 Abs. 5 BGB i. V. mit § 323 Abs. 6 Alt. 1 BGB durch den Käufer zu vertreten ist, d. h. dieser hat insoweit nur die Verletzung der eigenüblichen Sorgfalt zu vertreten; siehe oben § 2 Rn. 279.

oder zur Übergabe in Annahmeverzug befindet. Diese Rechtsfolge ergibt sich jedoch bereits aus der allgemeinen Vorschrift des § 326 Abs. 2 Satz 1 Alt. 2 BGB.[1063] Die Hauptbedeutung des § 446 Satz 3 BGB liegt daher nicht in einer Regelung der Gegenleistungsgefahr, sondern in den folgenden zwei Punkten:

Erstens gebühren dem Käufer nach § 446 Satz 3 BGB i. V. mit § 446 Satz 2 BGB **449** ab dem Eintritt des Annahmeverzuges die *Nutzungen des Gegenstandes* (vgl. aber insoweit auch § 302 BGB), und er hat im Verhältnis zu dem Verkäufer die *Lasten* zu tragen. Wenn z. B. der Verkäufer eines Grundstücks nach dem Eintritt des Annahmeverzuges des Käufers in Bezug auf die Übereignung (§§ 873, 925 BGB) noch Grundsteuer entrichten muss, kann er diesen Betrag nach § 446 Satz 3 BGB i. V. mit § 446 Satz 2 BGB von dem Käufer ersetzt verlangen.

Zweitens ist der Gefahrübergang der *maßgebliche Zeitpunkt für das Vorliegen von* **450** *Sachmängeln* i. S. des § 434 Abs. 1 BGB.[1064] Sofern die „vertragswidrige" Beschaffenheit der Kaufsache während des Annahmeverzuges des Käufers eintritt, stellt dies somit keinen Verstoß gegen die Pflicht des Verkäufers aus den §§ 433 Abs. 1 Satz 2, 453 Abs. 3 BGB dar und begründet nach der Lieferung keine Rechte des Käufers aus § 437 BGB. Dies gilt selbst dann, wenn der Verkäufer die Verschlechterung zu vertreten hat. Beispiel: Der Verkäufer verursacht auf dem Rückweg von dem im Annahmeverzug befindlichen Käufer grob fahrlässig – § 300 Abs. 1 BGB – einen Verkehrsunfall, bei dem das verkaufte Gemälde beschädigt wird. Zwar betrifft die Regelung der Gegenleistungsgefahr als solche nur eine zufällige Verschlechterung. Die Regelung des § 434 Abs. 1 BGB stellt aber für Sachmängel *in rein zeitlicher Hinsicht* auf den Gefahrübergang ab, ohne dass der Grund der Vertragswidrigkeit bedeutsam ist.[1065] Folglich stellen durch den Verkäufer zu vertretende Verschlechterungen der Beschaffenheit, die nach dem Zeitpunkt des Annahmeverzuges eintreten, keine Verletzung der Hauptleistungspflicht (§§ 433 Abs. 1 Satz 2, 453 Abs. 3 BGB) dar, sondern bloße Schutzpflichtverletzungen, die jedoch den Verkäufer nach Maßgabe der §§ 280 Abs. 1, 282 BGB zum Schadensersatz verpflichten und den Käufer gemäß § 324 BGB gegebenenfalls zum Rücktritt berechtigen können.[1066] Die Freiheit von Rechtsmängeln i. S. des § 435 BGB schuldet der Verkäufer hingegen bis zur Rechtsverschaffung, so dass insoweit eine nach Maßgabe des § 300 Abs. 1 BGB durch den Verkäufer zu vertretende Verschlechterung auch

---

[1063] Siehe oben § 2 Rn. 440.

[1064] Siehe oben § 2 Rn. 51.

[1065] Vgl. OLG Saarbrücken 25.07.2007 NJW 2007, 3503 ff.; *Esser/Weyers* BT 1, § 8 III 2b, S. 97; *Stamm* AcP 217 (2017), 165 (173 f.); *H.P. Westermann* MünchKomm. § 434 Rn. 50. Nach *Ernst* Festschrift für Ulrich Huber, 2006, S. 183 f. und 210 f. liegt insoweit ein Verstoß gegen Art. 3 Abs. 1 Verbrauchsgüterkauf-RL vor, der Rechte für alle Vertragswidrigkeiten gewährt, die bis zum Zeitpunkt der Lieferung eintreten und nicht nur bis zu einem Annahmeverzug. Dem lässt sich jedoch entgegenhalten, dass die Richtlinie die Mitgliedstaaten ausweislich ihres Erwägungsgrundes 14 nicht verpflichtet, ihre jeweiligen Vorschriften über den Gefahrübergang zu ändern: *Staudinger/Matusche-Beckmann* (2014) § 434 Rn. 162.

[1066] Vgl. § 2 Rn. 406 ff.

im Annahmeverzug des Käufers die Rechte nach sich zieht, die § 437 BGB bei einer Verletzung der Pflichten aus den §§ 433 Abs. 1 Satz 2, 453 Abs. 1 und 3 BGB begründet.[1067]

(4) Gefahrübergang beim Versendungskauf (§ 447 BGB)

(a) Auseinanderfallen von Erfüllungs- und Erfolgsort als Besonderheit des Versendungskaufs

451   Eine besondere Ausgestaltung des Kaufvertrages regelt § 447 BGB, der die Unterscheidung des Erfüllungsortes (oder auch: Leistungsortes) von dem Erfolgsort voraussetzt. *Erfüllungsort* ist derjenige Ort, an dem der Schuldner nach dem Vertragsinhalt die von ihm geschuldeten Leistungshandlungen (Entäußerung des Besitzes an einer Sache in Richtung auf den Gläubiger, Abgabe einer Einigungserklärung gemäß § 929 Satz 1 BGB etc.) vornehmen muss, wohingegen an dem *Erfolgsort* die Bewirkung der geschuldeten Leistung i. S. des § 362 BGB eintritt (Besitz- bzw. Eigentumserlangung durch den Gläubiger).[1068] Während sich bei einer *Holschuld* sowohl der Erfüllungs- als auch der Erfolgsort am Wohnsitz oder an der Niederlassung (vgl. § 269 Abs. 1 und 2 BGB) des Verkäufers befinden und der Vertrag bei der *Bringschuld* umgekehrt sowohl hinsichtlich der Leistungshandlungen als auch des Leistungserfolges am Wohnsitz oder an der Niederlassung des Käufers zu erfüllen ist, kann bei der Durchführung des Kaufvertrages die Besonderheit auftreten, dass der Käufer den Verkäufer bittet, die Ware an ihn zu senden, ohne dass neben dem Erfolgsort zugleich auch der Erfüllungsort am Wohnsitz des Käufers liegen soll.[1069] In diesem Fall liegt eine *Schickschuld* vor, die im Kaufrecht unter den Begriff des Versendungskaufs gefasst wird.

452   Für diese Konstellation ordnet § 447 Abs. 1 BGB eine Verlagerung der Gegenleistungsgefahr an, d. h. der Anspruch des Verkäufers auf Zahlung des Kaufpreises geht entgegen § 326 Abs. 1 Satz 1 BGB nicht unter, wenn später eine zufällige Leistungsbefreiung des Verkäufers gemäß § 275 BGB eintritt.[1070] Aufgrund des Auseinanderfallens von Erfüllungsort (Wohnsitz oder Niederlassung des Verkäufers) und Erfolgsort (Wohnsitz oder Niederlassung des Käufers) kann bei einem Versendungskauf für den Gefahrübergang nicht auf die Übergabe an den Käufer abgestellt werden (dann wäre § 446 Satz 1 BGB anwendbar), sondern es ist bereits an die *Versendung als solche* anzuknüpfen. Durch diese nimmt der Verkäufer seine auf die Übergabe bezogene Leistungshandlung vor, selbst wenn der Übergabeerfolg erst mit dem Eintreffen des Gegenstandes bei dem Käufer eintritt. Da der Transport der verkauften Sache – anders

---

[1067] Siehe oben § 2 Rn. 97 und 247.

[1068] Dazu *Krüger* MünchKomm. § 269 Rn. 2.

[1069] Allg. zu den aus dem jeweiligen Erfüllungsort/Leistungsort folgenden Arten der Schuld *Krüger* MünchKomm. § 269 Rn. 4 ff.

[1070] Dazu bereits oben § 2 Rn. 436 f.

als bei der Bringschuld – nicht mehr zu den vertraglichen Pflichten des Verkäufers gehört, ist es gerechtfertigt, die Gegenleistungsgefahr bereits mit der Absendung auf den Käufer übergehen zu lassen, der damit das Transportrisiko trägt.[1071]

§ 447 BGB besitzt bei Vorliegen eines Versendungskaufs noch größere Bedeu- **453** tung als § 446 Satz 1 BGB bei einer Hol- oder Bringschuld, da mit der Versendung als solcher die Pflichten des Verkäufers aus den §§ 433 Abs. 1, 453 Abs. 1 und 3 BGB noch nicht erfüllt sind, sich also bei einer späteren Leistungsbefreiung des Verkäufers regelmäßig das Problem der Tragung der Gegenleistungsgefahr stellt. Demgegenüber wird im Fall einer Hol- oder Bringschuld mit der Übergabe der verkauften Sache häufig zugleich auch die Rechtsverschaffungspflicht erfüllt, so dass ein Gefahrtragungsproblem nicht mehr entstehen kann.[1072]

(b) Persönlicher Anwendungsbereich des § 447 BGB

Nach dem Wortlaut des § 447 BGB greift die dort normierte Gefahrtragungsregel **454** bei jedem Versendungskauf ein. Bei *Verbrauchsgüterkaufverträgen*, bei denen auf Seiten des Verkäufers ein Unternehmer und auf Seiten des Käufers ein Verbraucher steht, ist § 447 BGB jedoch nach Maßgabe des § 475 Abs. 2 BGB *regelmäßig nicht anwendbar*.[1073] Deshalb ist § 447 BGB entgegen dem weit gefassten Wortlaut vor allem bei einem Kaufvertrag zwischen Unternehmern oder einem solchen zwischen Privatpersonen einschlägig. Der darüber hinaus von § 447 BGB erfasste Fall, dass eine Privatperson als Verkäufer und ein Unternehmen als Käufer auftritt, dürfte geringere praktische Bedeutung erlangen.

(c) Voraussetzungen des Übergangs der Gegenleistungsgefahr auf den Käufer

(aa) Versendung an einen anderen Ort als den Erfüllungsort

Die Anwendung des § 447 Abs. 1 BGB setzt voraus, dass die Versendung der **455** geschuldeten Sache an einen anderen Ort als den Erfüllungsort erfolgt. Damit ist derjenige Ort gemeint, an dem der Verkäufer seine Leistungshandlungen zu vollziehen hat, unabhängig davon, an welchem Ort deren Erfolg (Eigentums-, Besitzerlangung des Käufers etc.) eintritt.[1074] Wegen dieses Tatbestandsmerkmals ist § 447 BGB *bei einer Bringschuld nicht anwendbar*, da der Verkäufer bei dieser seine Leistungshandlungen an dem Wohnsitz oder der Niederlassung des Käufers zu vollziehen hat.[1075] Nach der dispositiven Grundregel des § 269 Abs. 1 BGB liegt

---

[1071] *Larenz* BT 1, § 42 II c, S. 101; *Soergel/Huber* § 447 Rn. 4; *Staudinger/Beckmann* (2014) § 447 Rn. 5; *H.P. Westermann* MünchKomm. § 447 Rn. 2.

[1072] Vgl. § 2 Rn. 444.

[1073] Vgl. dazu auch unten § 2 Rn. 598.

[1074] *Krüger* MünchKomm. § 269 Rn. 2.

[1075] *Erman/Grunewald* § 447 Rn. 4; *Staudinger/Beckmann* (2014) § 447 Rn. 12.

im Zweifel keine Bringschuld vor. Die Vorschrift des § 269 Abs. 3 BGB ergänzt dies dahingehend, dass allein die Übernahme der Versendungskosten durch den Schuldner (= Verkäufer) nicht zu der Annahme berechtigt, es sei konkludent eine Bringschuld vereinbart worden. Eine solche kann sich aber aus besonderen Umständen ergeben, z. B. der Schwierigkeit des Transports bei umfangreichen Mengen oder bei sperrigen Gütern (Lieferung eines Klaviers in die 3. Etage).[1076]

456 Der Begriff des *„anderen Ortes"* ist räumlich und nicht politisch zu verstehen.[1077] Eine Versendung i. S. des § 447 Abs. 1 BGB kommt daher auch dann in Betracht, wenn der Kaufgegenstand innerhalb derselben Gemeinde von dem Erfüllungs- an den Erfolgsort transportiert wird (sog. *Platzgeschäft*).

457 Ein besonderes Problem tritt auf, wenn die *Versendung nicht von dem Erfüllungsort*, d. h. dem Wohnsitz oder der Niederlassung des Verkäufers, sondern von einem anderen Ort aus erfolgt. Dies kann z. B. auftreten, wenn der Verkäufer den Hersteller anweist, die Ware direkt an den Käufer zu liefern. In diesem Fall stellt sich die Frage, ob § 447 BGB auch auf den Transport auf einer Route anwendbar ist, die von der Strecke Erfüllungsort-Erfolgsort abweicht. Mit der h. M. ist dies nicht stets, sondern nur dann zu bejahen, wenn der Käufer mit dem abweichenden Transportweg einverstanden war.[1078] Auf dieses Einverständnis des Käufers ist selbst dann nicht zu verzichten, wenn sich die Transportgefahr durch die Streckenabweichung nicht maßgeblich erhöht hat,[1079] da dies ein zu unscharfes Kriterium darstellt. Das Einverständnis kann jedoch auch konkludent erteilt werden, z. B. wenn der Kaufvertrag die Klausel „ab Werk" enthält.

458 Einigkeit besteht schließlich darüber, dass § 447 BGB auch dann anwendbar ist, wenn der Käufer die Ware an einen anderen Ort als seinen Wohnsitz oder seine Niederlassung liefern lässt, etwa direkt an einen weiteren Abnehmer, an den er die Ware weiterverkauft hat (sog. *Streckengeschäft*).[1080] In diesem Fall ist dieser andere Ort der von dem Erfüllungsort abweichende Erfolgsort.

(bb) Versendung auf Verlangen des Käufers

459 Die Versendung muss auf Verlangen des Käufers erfolgt sein. Aus diesem Grund ist § 447 BGB auch *bei einer Holschuld nicht anwendbar*: Liegen nach dem Vertrag sowohl der Erfüllungs- als auch der Erfolgsort bei dem Verkäufer, so kann dieser die Gefahr nicht durch eine unerbetene Versendung an den Käufer verlagern, selbst

---

[1076] BGH 05.12.1990 NJW 1991, 915 (916); *Krüger* MünchKomm. § 269 Rn. 20.

[1077] BR/*Faust* § 447 Rn. 6; *Erman/Grunewald* § 447 Rn. 6; *Palandt/Weidenkaff* § 447 Rn. 12; *Schlechtriem* Rn. 122; *Staudinger/Beckmann* (2014) § 447 Rn. 11; *H.P. Westermann* MünchKomm. § 447 Rn. 7; a. A. *Soergel/Huber* § 447 Rn. 24.

[1078] BGH 05.12.1990 NJW 1991, 915 (916); *Brox/Walker* § 3 Rn. 24; *Staudinger/Beckmann* (2014) § 447 Rn. 15; *H.P. Westermann* MünchKomm. § 447 Rn. 5; offen *Esser/Weyers* BT 1, § 8 III 3a, S. 98.

[1079] Hierfür aber *Grunewald* § 7 Rn. 45; *Soergel/Huber* § 447 Rn. 20.

[1080] Prot. II, S. 67; *Staudinger/Beckmann* (2014) § 447 Rn. 16.

wenn er die anfallenden Versandkosten übernimmt.[1081] Liegt eine Holschuld vor
und nimmt der Käufer dem Verkäufer den Kaufgegenstand nicht wie vereinbart ab,
gerät der Käufer allerdings regelmäßig in Annahmeverzug, so dass die Gegenleistungsgefahr nach den §§ 326 Abs. 2 Satz 1 Alt. 2, 446 Satz 3 BGB auf den Käufer
übergeht.[1082]

Problematisch erscheint, ob ein *„Verlangen des Käufers"* über das formale Vor-   **460**
liegen einer Schickschuld hinaus erfordert, dass die Versendung gerade von dem
Käufer in den Vertrag eingeführt wurde. Hieran fehlt es z. B. im klassischen Ver-
sandhandel, bei dem der Verkäufer den Versand unter Vereinbarung einer Schickschuld regelmäßig selbst anbietet.[1083] Aus Gründen der Rechtsklarheit sollte man
jedoch nicht auf die ursprüngliche Initiative abstellen, sondern eine Versendung auf
„Verlangen des Käufers" bereits immer dann annehmen, wenn sich die Parteien
vertraglich auf eine Schickschuld geeinigt haben.[1084] Die praktische Relevanz dieses
Problems vermindert sich dadurch, dass § 447 BGB bei einem Verbrauchsgüterkauf
gemäß § 475 Abs. 2 BGB regelmäßig nicht anwendbar ist.[1085]

(cc) Versendung der „verkauften Sache"

Gegenstand der Versendung muss die „verkaufte Sache" sein, ohne dass diese aber   **461**
in jeder Hinsicht der geschuldeten Beschaffenheit genügen muss. Vielmehr kommt
es darauf an, ob sich die Schuld des Verkäufers auf den versendeten Gegenstand *konkretisiert* hat.[1086] Dies ist bei einem Stückkauf stets der Fall, sofern keine Objekts-
verwechselung vorliegt.[1087] Bei einem Gattungskauf richtet sich dies nach § 243
Abs. 2 BGB. Sofern ein Versendungskauf vorliegt, hat der Verkäufer das i. S. dieser
Vorschrift seinerseits Erforderliche jedoch nur unternommen, wenn die abgesendete
Sache keine Mängel i. S. der §§ 434, 435 BGB aufweist, da bei deren Vorliegen
keine Konkretisierung eintritt.[1088] Beschränkt sich die Schuld des Verkäufers nicht
auf den versendeten Gegenstand, so führt dessen Untergang oder Verschlechterung
nicht zu einer Leistungsbefreiung des Verkäufers i. S. des § 275 Abs. 1 BGB. Die
Frage einer Tragung der Gegenleistungsgefahr stellt sich dann bereits im Ansatz

---

[1081] NK-BGB/*Büdenbender* § 447 Rn. 10; *Staudinger/Beckmann* (2014) § 447 Rn. 17; *H.P. Westermann* MünchKomm. § 447 Rn. 8.

[1082] Dazu oben § 2 Rn. 440 und 448.

[1083] Gegen die Anwendung des § 447 Abs. 1 BGB daher *Medicus/Petersen* Rn. 275.

[1084] BGH 16.07.2003, NJW 2003, 3341 (3342); BeckOGK/*Tröger*, 01.04.2018, § 447 Rn. 35; BR/
Faust § 447 Rn. 7; *Looschelders* Rn. 193; *Wertenbruch* JuS 2003, 625 (626).

[1085] Siehe oben § 2 Rn. 454.

[1086] RG 19.09.1916 RGZ 88, 389 (390); *Erman/Grunewald* § 447 Rn. 11; *Soergel/Huber* § 447
Rn. 29; *Staudinger/Beckmann* (2014) § 447 Rn. 41.

[1087] Die Mängelrechte des Käufers bleiben durch den Gefahrübergang indes unberührt; statt aller
BR/*Faust* § 447 Rn. 15.

[1088] Siehe oben § 2 Rn. 147.

nicht. Der Verkäufer bleibt uneingeschränkt zur Leistung verpflichtet, § 326 Abs. 1 Satz 1 BGB kann nicht eingreifen, und der Käufer schuldet unverändert die Zahlung des Kaufpreises.

(dd) Auslieferung an die Transportperson

462   Schließlich setzt der Gefahrübergang auf den Käufer voraus, dass der Verkäufer die Kaufsache an die Transportperson ausgeliefert hat. Hierzu gehören sowohl die *physische Übergabe* an die Transportperson als auch die Ergreifung aller *weiteren Maßnahmen*, die erforderlich sind, damit der Gegenstand unter gewöhnlichen Umständen bei dem Käufer ankommt, z. B. die korrekte Adressierung der Ware.[1089] Sind diese Kriterien erfüllt, tritt der Gefahrübergang bereits ein, bevor der Transport als solcher begonnen hat.[1090] Beispiel: Die dem Speditionsunternehmen übergebene Ware wird auf dessen Gelände vernichtet, wo sie in Kürze verladen werden sollte.

463   Umstritten ist, ob der Gefahrübergang nach § 447 Abs. 1 BGB auch dann eintritt, wenn der Verkäufer den Transport selbst oder durch eigene Mitarbeiter durchführt, gleichwohl aber keine Bring-, sondern eine Schickschuld vereinbart wurde (sog. *Selbsttransport*). Beispiel: Der Kleinunternehmer liefert bei einem vereinbarten Versendungskauf die verkaufte Maschine selbst mit einem Transporter an den Käufer aus; auf dem Weg dorthin wird er schuldlos in einen Verkehrsunfall verwickelt, bei dem die Maschine zerstört wird. In diesem Fall ist der Verkäufer nach § 275 Abs. 1 BGB von seiner Leistungspflicht befreit, was nach § 326 Abs. 1 Satz 1 BGB eigentlich zu einem Entfallen des Anspruchs auf den Kaufpreis führen würde. Etwas anderes könnte sich jedoch aus § 447 Abs. 1 BGB ergeben, wenn diese Norm auch auf den Selbsttransport anwendbar wäre.[1091]

464   Von einer Auffassung wird dies verneint.[1092] Hierfür spricht zunächst der Wortlaut der Vorschrift, die mit einem „Spediteur" und einem „Frachtführer" jeweils selbständige Transportpersonen aufführt.[1093] Auch die Erwägungen des historischen Gesetzgebers zu der heute in § 447 Abs. 1 BGB enthaltenen Regelung hatten in

---

[1089] BGH 05.12.1990 NJW 1991, 915 (916); *Soergel/Huber* § 447 Rn. 26; *Staudinger/Beckmann* (2014) § 447 Rn. 20.

[1090] BGH 05.12.1990 NJW 1991, 915 (916); *Soergel/Huber* § 447 Rn. 26; *Staudinger/Beckmann* (2004) § 447 Rn. 20.

[1091] Von dieser Frage ist das mögliche Folgeproblem zu unterscheiden, ob der Verkäufer bei einem Selbsttransport auch bei Anwendbarkeit des § 447 Abs. 1 BGB für ein etwaiges eigenes Verschulden einzustehen hat bzw. sich ein Verschulden seiner Mitarbeiter über § 278 BGB mit der Folge zurechnen lassen muss, dass jeweils kein *zufälliger* Untergang in Rede steht; dazu unten § 2 Rn. 468 f.

[1092] *E. Schmidt* AcP 175 (1975), 165 (167); *Soergel/Huber* § 447 Rn. 35 f.; *Wertenbruch* JuS 2003, 625 (628 f.) und ausführlich *G. Hager* Die Gefahrtragung beim Kauf, 1982, S. 81 ff.

[1093] *Wertenbruch* JuS 2003, 625 (628); mit Blick auf die Entstehungsgeschichte des BGB im Vergleich mit der verwandten Regelung des § 345 ADHGB auch *G. Hager*, Die Gefahrtragung beim Kauf, 1980, S. 84.

erster Linie die Versendung mittels selbständiger Transportpersonen vor Augen.[1094] Darüber hinaus sollen teleologische Argumente gegen eine Anwendung des § 447 Abs. 1 BGB auf den Transport durch eigene Leute sprechen. Die geschuldete Sache verlasse bei einem Selbsttransport noch nicht den Einflussbereich des Verkäufers, so dass der Grundgedanke des § 447 BGB nicht einschlägig sei.[1095] Schließlich wird darauf verwiesen, dass dem Käufer im Fall der Einschaltung selbständiger Transportpersonen wesentlich großzügigere Haftungsansprüche gegen den Transporteur als bei einem Selbsttransport zustünden.[1096] So habe der Adressat einer Fracht im Fall der Zerstörung oder Beschädigung des Frachtguts gemäß den §§ 421 Abs. 1 Satz 2, 425 Abs. 1 HGB einen eigenen verschuldensunabhängigen Anspruch gegen den Frachtführer.[1097] Im Fall des Selbsttransports bestünden gegen den Verkäufer bzw. seine Angestellten keine vergleichbaren Ansprüche, weshalb die Anwendung des § 447 Abs. 1 BGB zu einer unbilligen Benachteiligung des Käufers führen könnte.

Der vorstehend skizzierten Argumentation ist jedoch i. S. der h. M. nicht zu **465** folgen. So nennt die Norm zwar als konkrete Beispiele Frachtführer und Spediteure, daneben aber auch jede „sonst zur Ausführung der Versendung bestimmte[n] Person oder Anstalt", was Angestellte des Verkäufers durchaus einschließt.[1098] Zudem ist aus teleologischer Sicht festzuhalten, dass der Gefahrübergang nach § 447 Abs. 1 BGB weniger auf der Entlassung der Sache aus dem eigenen Herrschaftsbereich beruht. Eine solche liegt selbst bei einer Bringschuld vor, wenn der Verkäufer den Transport zum Käufer durch einen selbständigen Unternehmer vornehmen lässt. Entscheidend ist vielmehr, dass der Verkäufer den Transport als solchen wegen der vertraglichen Bestimmung des Erfüllungsortes nicht mehr schuldet und daher auch die Transportrisiken nicht tragen sollte.[1099] Schließlich bleiben auch die schadensrechtlichen Interessen des Käufers bei einer Anwendung des § 447 Abs. 1 BGB auf den Selbsttransport nicht gänzlich unberücksichtigt. Zwar kann in diesem Fall keine verschuldensunabhängige Haftung nach Maßgabe der §§ 421 Abs. 1 Satz 2, 425 Abs. 1 HGB eingreifen.[1100] Für ein eigenes Verschulden bleibt der Verkäufer aufgrund einer fortbestehenden Obhutspflicht i. S. des § 241 Abs. 1 BGB aber weiter verantwortlich; gleiches gilt über § 278 BGB bei einem Verschulden seiner Angestellten.[1101]

[1094] Siehe Mot. II, S. 326 ff.

[1095] *Soergel/Huber* § 447 Rn. 35 f.; *Wertenbruch* JuS 2003, 625 (628).

[1096] Hierzu *Wertenbruch* JuS 2003, S. 625 (629).

[1097] Dazu noch unten § 2 Rn. 473.

[1098] Vgl. RGZ 96, 258 (259); *Faust* DB 1991, 1556.

[1099] RGZ 96, 258 (259); BeckOGK/*Tröger*, 01.04.2018, § 447 Rn. 54; BR/*Faust* § 447 Rn. 9; *Erman/Grunewald* § 447 Rn. 10; *Esser/Weyers* BT 1, § 8 III 3b, S. 98; NK-BGB/*Büdenbender* § 447 Rn. 8; *Staudinger/Beckmann* (2014) § 447 Rn. 23; *H.P. Westermann* MünchKomm. § 447 Rn. 17; weiterführend *Faust* DB 1991, 1556 ff.

[1100] Für eine analoge Anwendung aber BR/*Faust*, § 447 Rn. 26; *Erman/Grunewald* § 447 Rn. 10.

[1101] Dazu näher unten § 2 Rn. 468 f.

466   Sofern der Verkäufer den Transport allerdings nicht einmal durch eigene Mitarbeiter, sondern wie in dem oben gegebenen Beispiel selbst durchführt, fehlt es
an einer „Auslieferung", so dass § 447 Abs. 1 BGB nur analog anwendbar ist, und
zwar ab dem Zeitpunkt, ab dem er alle diejenigen Vorkehrungen für den Transport
getroffen hat, die bei der Beförderung durch einen anderen die Auslieferung bewirken würden.

(d) Rechtsfolgen des § 447 Abs. 1 BGB

(aa) Grundsatz

467   Als Rechtsfolge ordnet § 447 Abs. 1 BGB an, dass die „Gefahr" auf den Käufer
übergeht. Hiermit ist wie bei § 446 Satz 1 BGB die Gegenleistungsgefahr als
Gefahr des zufälligen Untergangs gemeint. Unstrittig greift § 447 Abs. 1 BGB als
Ausnahme zu § 326 Abs. 1 Satz 1 BGB deshalb nicht ein, wenn der Verkäufer die
Leistungsbefreiung zu vertreten hat.[1102] Das ist immer dann der Fall, wenn er die
Ware nicht ordnungsgemäß auf den Weg gebracht, z. B. falsch adressiert oder verpackt oder keine zuverlässige Transportperson ausgewählt hat (sog. Auswahlverschulden).[1103] Umstritten ist das Verhältnis des § 447 Abs. 1 BGB zur Zufallshaftung
des Verkäufers aus § 287 Satz 2 BGB, wenn dieser die Ware erst absendet, nachdem
er mit seiner Leistungspflicht in Verzug geraten ist. Da der Verzug mit Vornahme
der Leistungshandlung (hier: Absendung des Kaufgegenstandes) endet,[1104] ist § 287
Satz 2 BGB während des Transports richtigerweise nicht mehr anwendbar.[1105]

(bb) Schuldhaftes Verhalten beim Selbsttransport

468   Als Folgeproblem der Anwendung des § 447 BGB auf den Selbsttransport[1106] stellt
sich die Frage, ob der Verkäufer ein eigenes Verschulden oder ein solches seiner
Mitarbeiter, das zu dem Untergang der Kaufsache auf dem Transport führt, nach
den §§ 276 ff. BGB zu vertreten hat. Bejahendenfalls würde es an einer *zufälligen*

[1102] Siehe oben § 2 Rn. 443. Unberührt hiervon bleibt nach den Ausführungen zu § 446 Satz 3
BGB (§ 2 Rn. 450) aber, dass nach dem Gefahrübergang eintretende „Mängel" der Kaufsache die
speziellen Rechte aus § 437 BGB selbst dann nicht mehr auslösen, wenn der Verkäufer die spätere
Verschlechterung zu vertreten hat; vgl. hierzu allg. *Stamm* AcP 217 (2017), 165 (173 f.) und für
§ 447 BGB *Stieper* AcP 208 (2008), 818 (821 ff.). Einschlägig sind dann vielmehr die §§ 280
Abs. 1, 282, 324 BGB wegen einer Schutzpflichtverletzung.

[1103] RG 21.12.1920 RGZ 101, 152 (153); *Erman/Grunewald* § 447 Rn. 13; *Esser/Weyers* BT 1, § 8
III 3c, S. 99; *Larenz* BT 1, § 42 II c, S. 101.

[1104] Statt aller *Ernst* MünchKomm. § 286 Rn. 96, 98.

[1105] *Soergel/Huber* § 447 Rn. 56; *Wertenbruch* JuS 2003, 625 (630 f.); a. A. *Staudinger/Beckmann*
(2014) § 447 Rn. 34.

[1106] Siehe oben § 2 Rn. 463 ff.

Leistungsbefreiung fehlen, so dass in diesen Fällen letztendlich doch die Gegenleistungspflicht nach § 326 Abs. 1 Satz 1 BGB entfiele.[1107]

Unstrittig ist, dass der Verkäufer bei der Versendung durch einen selbständigen   **469**
Unternehmer dessen etwaiges Verschulden nicht nach § 278 BGB zu vertreten hat,
da er den Transport als solchen nicht schuldet und der Transporteur damit kein Erfüllungsgehilfe des Verkäufers ist.[1108] Hingegen ist eine Einstandspflicht für eigenes
Verschulden und das Verschulden eigener Angestellter bei einem Selbsttransport
mit der h. L. wiederum zu bejahen.[1109] Obwohl der Verkäufer nicht den Transport als
solchen schuldet, trifft ihn eine *Obhutspflicht i. S. des § 241 Abs. 2 BGB*, solange er
die Sache nicht aus dem eigenen Einflussbereich entlässt.[1110] Dieser Umstand rechtfertigt es somit zwar nicht, § 447 BGB auf den Selbsttransport von vornherein nicht
anzuwenden;[1111] wohl aber ist eine zufällige Leistungsbefreiung bei einem Verschulden i. S. der §§ 276 ff. BGB zu verneinen. Die Zurechnung des Verschuldens
eigener Leute im Gegensatz zu demjenigen selbständiger Transporteure findet in
dem Rechtsgedanken des § 664 Abs. 1 Satz 2 und 3 BGB eine gesetzliche Stütze.[1112]
Danach hat ein Beauftragter bei der gestatteten Übertragung der Ausführung des
Auftrags auf eine andere selbständige Person (sog. Substitution) nur ein Auswahlverschulden zu vertreten, während bei der Einschaltung eigener Leute § 278 BGB
gilt.[1113]

(cc) Einbeziehung atypischer Transportrisiken

Selbst wenn eine zufällige Leistungsbefreiung des Verkäufers vorliegt, ist des Wei-   **470**
teren umstritten, ob sich die Gefahrtragung des Käufers nach § 447 Abs. 1 BGB nur
auf typische Transportrisiken erstreckt. Beispiel: Nach dem Beginn des Transportes
wird die betreffende Ware aufgrund eines Erdbebens zerstört, das ein großes Gebiet
einschließlich des Wohnsitzes der beiden Vertragsparteien erfasst. In diesem Fall
hat sich kein spezifisches Transportrisiko verwirklicht, da die Zerstörung ohnehin
eingetreten wäre.

Im Gegensatz zu § 446 Satz 1 BGB verzichtet § 447 Abs. 1 BGB darauf, den   **471**
Umfang des Gefahrübergangs weiter zu präzisieren. Der Wortlaut des § 447 Abs. 1

[1107] Dazu oben § 2 Rn. 443.

[1108] BGH 05.12.1990 NJW 1991, 915 (917); *Erman/Grunewald* § 447 Rn. 10; *Looschelders*
Rn. 198; *Soergel/Huber* § 447 Rn. 64.

[1109] BeckOGK/*Tröger*, 01.04.2018, § 447 Rn. 55; *Esser/Weyers* BT 1, § 8 III 3c, S. 99; *Fikentscher/
Heinemann* Rn. 825; *Larenz* BT 1, § 42 II c, S. 103; RGRK/*Mezger* § 447 Rn. 9; *Schlechtriem*
Rn. 122; *Reinicke/Tiedtke* Rn. 169; *Staudinger/Beckmann* (2014) § 447 Rn. 39; a. A. BR/*Faust*
§ 447 Rn. 26; *Enneccerus/Lehmann* § 103 II 3 b/c, S. 418.

[1110] *Larenz* BT 1, § 42 II c, S. 103; ähnlich *Staudinger/Beckmann* (2014) § 447 Rn. 39:
Leistungstreuepflicht.

[1111] Siehe oben § 2 Rn. 465.

[1112] *Kuchinke* Festschrift für Heinrich Lange, 1970, S. 264 f.

[1113] Näher zu § 664 BGB unten § 11 Rn. 49 ff.

BGB stellt nur auf die „Gefahr" und nicht wie § 446 Satz 1 BGB auf die Gefahr des
zufälligen Untergangs oder einer zufälligen Verschlechterung ab, worunter jede von
keiner Vertragspartei zu vertretende Leistungsbefreiung des Verkäufers zu verstehen
ist.[1114] Diejenige Meinung, die als ratio legis des § 447 Abs. 1 BGB das Ausscheiden des Kaufgegenstandes aus dem Herrschaftsbereich des Verkäufers annimmt,
erstreckt den Gefahrübergang bei einem Versendungskauf folgerichtig nur auf typische Transportrisiken, die im Herrschaftsbereich des Verkäufers nicht eingetreten
wären.[1115] Da die Vorschrift jedoch richtigerweise daran anknüpft, dass den Verkäufer das weitere Schicksal der Kaufsache bei einer Schickschuld nach der Vornahme seiner Leistungshandlung (Einleitung der Versendung) rechtlich nicht mehr
betrifft, sind unter § 447 Abs. 1 BGB sämtliche zufälligen Leistungsbefreiungen zu
subsumieren.[1116] Es sind somit nicht nur diejenigen Risiken erfasst, die *durch* den
Transport eintreten, sondern auch diejenigen, die *während* desselben auftreten.[1117]
Im Beispielsfall schuldet der Käufer folglich aufgrund des § 447 Abs. 1 BGB und
entgegen § 326 Abs. 1 Satz 1 BGB weiterhin den Kaufpreis.

*(e) Schadensabwicklung bei Leistungsbefreiung des Verkäufers infolge
Drittverschuldens*

472   Problematisch ist des Weiteren, inwieweit ein Dritter zum Ersatz herangezogen
werden kann, der die unter § 447 Abs. 1 BGB fallende Leistungsbefreiung des Verkäufers verschuldet hat.[1118]

473   Dies betrifft zum einen Fälle, in denen der (selbständige[1119]) *Transporteur die Verschlechterung oder den Untergang zu vertreten hat.* Sofern es sich bei dem Transporteur um einen Vertragspartner des Verkäufers handelt, hat dieser zwar einen
vertraglichen Ersatzanspruch gegen den Transporteur, aufgrund der Befreiung von
seiner Leistungspflicht gegenüber dem Käufer unter Aufrechterhaltung des Kaufpreisanspruchs nach h. M. aber keinen Schaden.[1120] Bei dem Käufer ist hingegen ein
Schaden eingetreten (die Pflicht zur Kaufpreiszahlung bleibt trotz Nichtlieferung
bestehen); er hat gegen den Transporteur jedoch grundsätzlich keinen Anspruch,
da er im Zeitpunkt der Schädigung noch nicht i. S. des § 823 Abs. 1 BGB Eigentümer der beschädigten Sache war und auch nicht in den Schutzbereich des Vertrages zwischen dem Transporteur und dem Verkäufer einbezogen ist. Anders ist

---

[1114] Vgl. oben § 2 Rn. 443.

[1115] RG 16.10.1926 RGZ 114, 405 (407); BGH 24.03.1965 NJW 1965, 1324; *Emmerich* § 3 Rn. 27;
Enneccerus/Lehmann § 103 I 3d, S. 418; RGRK/*Mezger* § 447 Rn. 13.

[1116] *Larenz* BT 1, § 42 II c, S. 102; *Oechsler* Rn. 491; *Staudinger/Beckmann* (2014) § 447 Rn. 26;
H.P. Westermann MünchKomm. § 447 Rn. 19 f.

[1117] *Bettermann* ZHR 111 (1948), 102 (104 ff.).

[1118] Ausführlich *Oetker* JuS 2001, 833 ff.

[1119] Siehe oben § 2 Rn. 468 f. zur Zurechnung bei einem Selbsttransport.

[1120] Siehe *Oetker* MünchKomm. § 249 Rn. 299 ff. m. w. N. auch zu der Gegenauffassung, die einen
Eigenschaden des Verkäufers bejaht (sog. Objektschaden).

die Rechtslage nur dann, wenn zwischen dem Verkäufer und dem Transporteur ein Frachtvertrag i. S. des § 407 HGB bestand. Dann soll aus den §§ 425 Abs. 1, 421 Abs. 1 Satz 2 HGB ein eigenständiger Ersatzanspruch des Käufers gegen den Frachtführer folgen.[1121]

Auch diese Lösung versagt jedoch, wenn ein *Dritter, der in keinerlei vertrag-* **474** *lichen Beziehungen zu den Parteien des Kaufvertrages steht*, den Untergang der Kaufsache verschuldet hat. Beispiel: Der Transporteur wird durch das Verschulden eines Dritten in einen Unfall verwickelt.[1122] Das Eigentum als geschütztes Recht i. S. des § 823 Abs. 1 BGB steht wiederum noch dem Verkäufer zu, der aber keinen Schaden hat, während der Käufer einen solchen erleidet, ohne dass eines seiner absoluten Rechte verletzt worden wäre.

In den vorstehend umrissenen Fällen bewirkt die Gefahrtragungsregel des § 447 **475** Abs. 1 BGB ein Auseinanderfallen von Anspruch und Schaden, obwohl die Vorschrift nur bezweckt, den Verkäufer gegenüber § 326 Abs. 1 Satz 1 BGB zu privilegieren und Drittschädiger nicht entlasten soll.[1123] Somit ist der Anwendungsbereich der sog. *Drittschadensliquidation* eröffnet.[1124] Der Verkäufer kann folglich den Schaden des Käufers mit seinem Anspruch (aus Vertrag bzw. aus § 823 Abs. 1 BGB) geltend machen und hat diesen Anspruch bzw. den eingezogenen Ersatz nach § 285 Abs. 1 BGB an den Käufer weiterzuleiten. Umstritten ist, ob die *Höhe des Ersatzanspruchs* des Verkäufers gegen den Dritten durch die Höhe des Kaufpreises begrenzt ist, dessen Summe den hypothetischen Schaden des Verkäufers bei Nichteingreifen der Gefahrverlagerung aus § 447 Abs. 1 BGB bilden würde.[1125] Die Pflicht des Verkäufers aus § 285 Abs. 1 BGB steht im Synallagma mit der fortbestehenden Pflicht des Käufers zur Zahlung des Kaufpreises, so dass § 320 BGB eingreift. Nach § 285 Abs. 1 BGB steht dem Käufer auch ein Anspruch auf die Abtretung einer Forderung gegen eine Versicherung zu, die für den Schaden an der Kaufsache aufzukommen hat.

(f) Schadensersatzanspruch des Käufers gemäß § 447 Abs. 2 BGB

Schließlich ordnet § 447 Abs. 2 BGB an, dass der Verkäufer dem Käufer für einen **476** Schaden verantwortlich ist, der entsteht, weil der Verkäufer ohne dringenden Grund

---

[1121] Dazu *Oechsler* Rn. 498 ff.; *Oetker* JuS 2001, 833 (836 f.) m. w. N. sowie ausführlich *Becker* AcP 202 (2002), 722 ff.

[1122] Ein etwaiger frachtrechtlicher Anspruch gegen den Transporteur scheitert hier jedenfalls an § 426 HGB.

[1123] Statt aller *Staudinger/Beckmann* (2014) § 447 Rn. 48 m. w. N.

[1124] Allg. hierzu *Larenz* SchR AT, § 27 IV b, S. 462 ff. sowie BR/*Schubert* § 249 Rn. 154 ff.; *Oetker* MünchKomm. § 249 Rn. 289 ff. Grundsätzlich kritisch zum Institut der Drittschadensliquidation *Stamm* AcP 217 (2017), 165, (177 ff.).

[1125] Dagegen *Oetker* MünchKomm. § 249 Rn. 303 m. w. N.; a. A. insbesondere diejenigen Vertreter im Schrifttum, die einen normativen Eigenschaden des Verkäufers annehmen und daher nicht auf die Drittschadensliquidation zurückgreifen: *Peters* AcP 180 (1980), 329 (336 ff.); *Staudinger/Beckmann* (2014) § 447 Rn. 50; offengelassen durch BGH 29.01.1968 BGHZ 49, 356 (360 ff.).

von einer *Anweisung des Käufers über die Art der Versendung* abweicht. Beispiel: Der Käufer hatte um einen Versand per Bahn gebeten, während der Verkäufer ohne besonderen Anlass einen Straßentransport veranlasst, auf dem die Sache untergeht. Ein dringender Grund, der die Haftungsfolge des § 447 Abs. 2 BGB ausschließt, liegt z. B. vor, wenn mit der durch den Käufer gewählten Versendungsart ein Gefährdungspotential verbunden ist, das von dem Käufer nicht erkannt wurde.[1126] Analog § 665 Satz 2 BGB hat der Verkäufer dem Käufer dies jedoch anzuzeigen und – soweit möglich – dessen Entschließung abzuwarten.[1127] Trotz des offenen Wortlauts der Vorschrift haftet der Verkäufer gemäß § 447 Abs. 2 BGB nur, wenn er die Abweichung von der Anweisung nach den §§ 276 ff. BGB zu vertreten hat, was ausscheidet, wenn er ohne ein Verschulden angenommen hat, es liege ein dringender Grund vor.[1128] Entsprechend § 280 Abs. 1 Satz 2 BGB ist das Vertretenmüssen des Verkäufers allerdings zu vermuten.

477   Die Regelung des § 447 Abs. 2 BGB *berührt als solche nicht den Gefahrübergang* nach § 447 Abs. 1 BGB.[1129] Ein Verstoß gegen die Anweisung führt jedoch gegebenenfalls dazu, dass der Verkäufer einen Untergang der Kaufsache auf dem Transport zu vertreten hat, was die Pflicht zur Zahlung des Kaufpreises gemäß § 326 Abs. 1 Satz 1 BGB erlöschen lässt. Soweit dies nicht zutrifft, ist der Käufer auf seinen Schadensersatzanspruch beschränkt, mit dem er gegen seine fortbestehende Pflicht zur Zahlung des Kaufpreises aufrechnen kann.

2. Pflicht des Käufers zur Abnahme des gekauften Gegenstandes

a) Abnahme der Sache als Vertragspflicht des Käufers

478   Den Käufer trifft nicht nur eine *Obliegenheit*, bei der Erfüllung der Verkäuferpflichten mitzuwirken, deren Verletzung i. S. der §§ 293 ff. BGB zu einem Annahmeverzug des Käufers mit den Rechtsfolgen der §§ 300 ff., 326 Abs. 2, 446 Satz 3 BGB führt, sondern darüber hinaus hat der Käufer nach § 433 Abs. 2 BGB auch die *Pflicht*, dem Verkäufer die verkaufte Sache abzunehmen. Insoweit ist der Käufer im Hinblick auf die Übergabe der Sache sowohl Gläubiger als auch Schuldner in dem Sinne, dass er die ihm vom Verkäufer angebotene Sache übernehmen muss. Ein Annahmeverzug des Käufers und eine Verletzung seiner Pflicht zur Abnahme sind in ihren Voraussetzungen und Rechtsfolgen streng voneinander zu unterscheiden.

[1126] *Erman/Grunewald* § 447 Rn. 18; *Soergel/Huber* § 447 Rn. 52; *Staudinger/Beckmann* (2014) § 447 Rn. 57.

[1127] Näher zu § 665 BGB unten § 11 Rn. 33 ff.

[1128] *Palandt/Weidenkaff* § 447 Rn. 20; *Soergel/Huber* § 447 Rn. 53; differenzierend *Staudinger/ Beckmann* (2014) § 447 Rn. 57.

[1129] *Soergel/Huber* § 447 Rn. 55.

b) Inhalt der Pflicht zur Abnahme

Unter Abnahme i. S. des § 433 Abs. 2 BGB ist bei *beweglichen Sachen* die tat- **479** sächliche Entgegennahme der Ware zu verstehen, d. h. regelmäßig die *Mitwirkung an der Übergabe*.[1130] Demgegenüber gehört bei *Grundstücken* zur Abnahmepflicht *auch die Mitwirkung an der Eigentumsübertragung*, da erst durch diese im Außenverhältnis die Pflicht zur Tragung öffentlicher Lasten auf den Käufer übergeht (zum Innenverhältnis siehe § 446 Satz 2 BGB) und der Verkäufer einer unbeweglichen Sache auch bei einem Annahmeverzug des Käufers keine Möglichkeit der Hinterlegung nach § 372 BGB hat.[1131] Ort und Zeit der Abnahme sind nach der vertraglichen Vereinbarung zu bestimmen, ersatzweise nach den §§ 269, 271 BGB. Zur Abnahme ist der Käufer jedoch nur in Bezug auf vertragsgemäße Gegenstände verpflichtet.[1132] Eine Abnahmepflicht besteht daher insbesondere dann nicht, wenn die Gegenstände mit einem Mangel behaftet sind (§§ 434, 435 BGB).[1133]

c) Nichtabnahme als Pflichtverletzung

Die Verpflichtung des Käufers zur Abnahme steht *grundsätzlich nicht im Synal-* **480** *lagma*, da der Verkäufer den Vertrag regelmäßig nicht um der Abnahme, sondern des Kaufpreises willen abschließt.[1134] Gleichwohl zeitigt eine Verletzung der Abnahmepflicht nicht nur die allgemeinen Folgen von Pflichtverletzungen (§§ 280 ff. BGB; insbesondere Verzug gemäß § 286 BGB), sondern berechtigt unter den Voraussetzungen des § 323 BGB den Verkäufer auch zu einem Rücktritt vom Vertrag. Denn diese Norm findet bei gegenseitigen Verträgen sowohl nach ihrem Wortlaut als auch nach dem ausdrücklichen Willen des Gesetzgebers auf alle Leistungspflichten

---

[1130] RG 22.03.1904 RGZ 57, 400 (402); *Staudinger/Beckmann* (2014) § 433 Rn. 215; *H.P. Westermann* MünchKomm. § 433 Rn. 70. Zum abweichenden Abnahmebegriff im Werkvertragsrecht unten § 8 Rn. 206 ff.

[1131] RG 24.06.1908 RGZ 69, 103 (107); BGH 17.03.1972 BGHZ 58, 246 (247 ff.); *Erman/Grunewald* § 433 Rn. 55; *Soergel/Huber* § 433 Rn. 266.

[1132] RG 22.11.1902 RGZ 53, 70 (73); *Soergel/Huber* § 433 Rn. 261; *Staudinger/Beckmann* (2014) § 433 Rn. 220.

[1133] Entgegen HK/*Saenger* § 433 Rn. 10; *Jansen* ZIP 2002, 877 (878 f.) und *Lamprecht* ZIP 2002, 1790 ist dies selbst dann der Fall, wenn der Mangel nach erfolgter Annahme keine Rückabwicklung des Vertrages rechtfertigen würde (siehe § 323 Abs. 5 Satz 2 BGB). Denn der Ausschluss der Rückabwicklung bei unerheblichen Mängeln beruht auf dem Prinzip der Rechtsbeständigkeit, das erst eingreift, wenn der mangelhafte Gegenstand geleistet worden ist; näher *Maultzsch* ZGS 2003, 411 (414 ff.).

[1134] RG 23.02.1904 RGZ 57, 105 (112); BGH 26.10.2016 NJW 2017, 1100 Rn. 29; *Erman/Grunewald* § 433 Rn. 54; *Esser/Weyers* BT 1, § 8 II 2, S. 95; *Medicus/Lorenz* Rn. 40; *H.P. Westermann* MünchKomm. § 433 Rn. 65, 69; a. A. zum alten Leistungsstörungsrecht *Soergel/Huber* § 433 Rn. 275.

unabhängig davon Anwendung, ob gerade die verletzte Pflicht im Synallagma steht.[1135] Regelmäßig nicht anwendbar sind hingegen die §§ 320 bis 322 BGB, die auf dem Gegenseitigkeitsverhältnis der betreffenden Pflichten aufbauen.

481 In *Ausnahmefällen* kann eine Auslegung des Vertrages jedoch ergeben, dass die Abnahme für den Verkäufer so wesentlich ist, dass sie mit seiner eigenen Leistungspflicht sogar zu einem Synallagma verknüpft ist.[1136] Dies ist bei einer ausdrücklichen Parteiabrede oder auch aufgrund der Besonderheiten des Vertragsgegenstandes zu bejahen, wenn dieser so beschaffen ist, dass es dem Verkäufer für den Käufer erkennbar gerade auf die Abnahme ankommt (z. B. leicht verderbliche Ware). In diesen Fällen sind auch die §§ 320 bis 322 BGB anwendbar, so dass der Verkäufer z. B. seiner Übereignungspflicht nur Zug-um-Zug gegen körperliche Abnahme des Kaufgegenstandes nachkommen muss.

II. Nebenpflichten des Käufers

482 Nur wenige der Nebenpflichten des Käufers außer der Pflicht zur Abnahme nach § 433 Abs. 2 BGB sind gesetzlich besonders geregelt. Gemäß § 446 Satz 2 BGB muss der Käufer ab Übergabe der Sache bzw. Eintritt eines Annahmeverzuges im Verhältnis zu dem Verkäufer die Lasten der Kaufsache übernehmen.[1137] Nach § 448 Abs. 2 BGB hat der Käufer eines Grundstückes schließlich die Kosten der Beurkundung des Kaufvertrages (vgl. § 311b Abs. 1 Satz 1 BGB) sowie der Handlungen zu tragen, die zu dem Eigentumsübergang erforderlich sind. Entsprechendes gilt gemäß § 452 BGB für den Käufer eines eingetragenen Schiffes oder Schiffsbauwerkes.

483 Im Übrigen sind die Nebenpflichten des Käufers – ebenso wie diejenigen des Verkäufers – durch *Auslegung des Vertrages* nach den §§ 133, 157 BGB i. V. mit den §§ 242, 241 Abs. 2 BGB zu ermitteln.[1138] Z. B. hat der Käufer einen ihm gelieferten, nicht vertragsgemäßen Gegenstand für eine angemessene Zeitspanne auf Kosten des Verkäufers in *Obhut* zu nehmen (vgl. auch § 379 HGB).[1139] Eine praktisch bedeutsame Form der Verletzung einer Rücksichtnahmepflicht i. S. des § 241 Abs. 2 BGB stellt es auch dar, wenn der Käufer *vermeintliche Mängelrechte geltend macht*, obwohl ihm diese objektiv nicht zustehen. Ein Vertretenmüssen gemäß § 280 Abs. 1 Satz 2 BGB und damit eine Pflicht zum Schadensersatz (z. B. zum Ersatz von

---

[1135] BT-Drucks. 14/6040, S. 183; BR/*Faust* § 433 Rn. 61; *Brox/Walker* § 2 Rn. 20; *Oechsler* Rn. 501; *Soergel/Gsell* § 323 Rn. 24 ff.; a. A. *Ernst* MünchKomm. § 323 Rn. 13.

[1136] *Larenz* BT 1, § 42 I b, S. 94; RGRK/*Mezger* § 433 Rn. 65; *Staudinger/Beckmann* (2014) § 433 Rn. 223 f.

[1137] Dazu oben § 2 Rn. 444 ff.

[1138] Vgl. oben § 2 Rn. 129 ff.

[1139] *Erman/Grunewald* § 433 Rn. 60; *Schlechtriem* Rn. 136; *Staudinger/Beckmann* (2014) § 433 Rn. 242; *H.P. Westermann* MünchKomm. § 433 Rn. 76.

Rechtsverteidigungskosten des Verkäufers) setzen in diesem Fall aber voraus, dass der Käufer die zu seinen Gunsten vermeintlich bestehende Rechtsposition bei der gebotenen sorgfältigen Prüfung nicht einmal als plausibel ansehen durfte.[1140]

Verletzt der Käufer eine seiner Nebenpflichten, so kann der Verkäufer im Fall **484** einer Schutzpflicht unter den Voraussetzungen der §§ 280 Abs. 1, 282 BGB bzw. im Fall einer Leistungspflicht unter den Voraussetzungen der § 280 Abs. 2 und 3 BGB i. V. mit den §§ 281 ff. BGB *Schadensersatz* verlangen. Nach Maßgabe der §§ 323 f. BGB steht ihm zudem ein *Rücktrittsrecht* zu.[1141]

H. Besondere Formen des Kaufvertrages

I. Kauf unter Eigentumsvorbehalt

1. Allgemeines

Nach der dispositiven Vorschrift des § 320 BGB sind die Parteien des Kaufvertrages **485** verpflichtet, ihre synallagmatisch verknüpften Hauptpflichten aus den §§ 433, 453 BGB Zug-um-Zug zu erfüllen. Häufig besteht jedoch ein Interesse daran, dass der Käufer den Kaufgegenstand bereits vor der (vollständigen) Entrichtung des Kaufpreises nutzen kann, z. B. weil er diesen ratenweise aus dem Gewinn aufbringen will, den er mit einer gekauften Maschine erwirtschaftet. Dem steht jedoch ein *Sicherungsinteresse des vorleistenden Verkäufers* gegenüber, dessen Kaufpreisforderung bei einer Insolvenz des Käufers nahezu wertlos zu werden droht, wenn er sowohl den Besitz als auch das Eigentum an dem Kaufgegenstand bereits auf den Käufer übertragen hat.

Die Vereinbarung eines *Pfandrechts* für den Verkäufer an der verkauften Sache **486** würde wegen der damit verbundenen Rechtsfolgen an sich den Interessen der Parteien entsprechen (Verwertungsrecht des Verkäufers bei Nichtbegleichung der Kaufpreisforderung). Dementsprechend wird die Vorleistung des Verkäufers eines Grundstücks auch regelmäßig über ein Grundpfandrecht abgesichert (Kaufpreishypothek, Kaufpreisgrundschuld).[1142] Bei beweglichen Sachen trägt ein Pfandrecht den Bedürfnissen der Vertragsparteien demgegenüber nicht hinreichend Rechnung, da dieses nach den §§ 1205, 1253 BGB voraussetzt, dass der Verpfänder (hier: der Käufer) den Besitz an der Sache dem Pfandnehmer (hier: dem Verkäufer) überträgt und bei diesem belässt. Dies entzieht dem Käufer jedoch die Nutzungsmöglichkeit an der Sache.

[1140] BGH 23.01.2008 NJW 2008, 1147 Rn. 12 f.; BGH 16.01.2009 BGHZ 179, 238 Rn. 8 ff. sowie eingehend und zum Teil kritisch *Deckenbrock* NJW 2009, 1247 ff.; *Kaiser* NJW 2008, 1709 ff.; *Lange/Widmann* ZGS 2008, 329 ff. und *Thole* AcP 209 (2009), 498 ff.

[1141] Siehe dazu bereits § 2 Rn. 408.

[1142] Näher *Baur/Stürner* § 36 Rn. 20 f.

487 Aus diesem Grund hat sich zugunsten des vorleistenden Verkäufers einer beweglichen Sache ein anderes Sicherungsrecht herausgebildet, der sog. *Eigentumsvorbehalt*. Diesen definiert § 449 Abs. 1 BGB als Übertragung des Eigentums unter der aufschiebenden Bedingung vollständiger Zahlung des Kaufpreises. Während somit der Besitz an der Kaufsache bei der Vereinbarung eines Eigentumsvorbehaltes regelmäßig schon vor der vollständigen Zahlung des Kaufpreises auf den Käufer übertragen wird, erfolgt die Eigentumsübertragung i. S. der §§ 929 ff. BGB unter der *aufschiebenden Bedingung* (§ 158 Abs. 1 BGB) der Zahlung des Kaufpreises.[1143] Bis zu dessen vollständiger Entrichtung bleibt der Verkäufer deshalb Eigentümer des Gegenstandes, obwohl das Verfügungsgeschäft bereits zuvor – regelmäßig im Zusammenhang mit der Übergabe – abgeschlossen worden ist. Umgekehrt hat die Vereinbarung eines Eigentumsvorbehaltes im Vergleich mit einer gänzlichen Verschiebung der Übereignung bis zum Zeitpunkt der Kaufpreiszahlung für den Käufer den Vorteil, dass er mit der vollständigen Erfüllung dieser Verpflichtung *automatisch neuer Eigentümer* der Sache wird und deshalb bereits zuvor eine quasi-dingliche Position innehat (sog. *Anwartschaftsrecht*).[1144]

488 Bei *Grundstücken* scheidet die vorstehend skizzierte Vertragsgestaltung aus, da gemäß § 925 Abs. 2 BGB eine *bedingte Auflassung unwirksam* ist, um die Ersichtlichkeit der Eigentumsverhältnisse aus dem Grundbuch zu bewahren. Der Käufer kann hier jedoch eine gesicherte Rechtsposition dadurch erlangen, dass er sich eine *Auflassungsvormerkung* bestellen lässt (§ 883 BGB).[1145]

2. Begründung des Eigentumsvorbehaltes

489 In Bezug auf die Voraussetzungen und Konsequenzen eines Eigentumsvorbehaltes bedarf es stets einer *Trennung zwischen der schuldrechtlichen Ebene* des Kaufvertrages (Verpflichtung) *und der sachenrechtlichen Ebene* des den Kaufvertrag erfüllenden Verfügungsgeschäfts (Übereignung).[1146] Der Inhalt der dinglichen Einigung gemäß § 929 Satz 1 BGB entscheidet darüber, ob das Eigentum erst mit der vollständigen Zahlung des Kaufpreises übergeht, d. h. ob eine entsprechende aufschiebende Bedingung i. S. des § 158 Abs. 1 BGB vorliegt. Demgegenüber bemisst sich nach dem Inhalt des Kaufvertrages, ob es vertragsgemäß ist, wenn der Verkäufer die Übereignung nicht unbedingt, sondern unter der aufschiebenden Bedingung der Zahlung des Kaufpreises vornimmt.

[1143] Der Kaufvertrag als solcher wird hingegen unbedingt abgeschlossen; statt aller *Fikentscher/ Heinemann* Rn. 959.

[1144] Siehe noch unten § 2 Rn. 507.

[1145] Näher *Baur/Stürner* § 20 Rn. 33 ff.

[1146] Siehe allg. oben § 2 Rn. 23 ff.

a) Schuldrechtliche Ebene

Wenn der Verkäufer zwar nach dem Vertrag vorleistungspflichtig ist bzw. unter Verzicht auf sein Recht aus § 320 BGB faktisch vorleistet, zugleich aber berechtigt sein soll, die Übereignung nicht unbedingt, sondern nur unter der aufschiebenden Bedingung der Kaufpreiszahlung vorzunehmen, so bedarf dies einer *Vereinbarung in dem Kaufvertrag*. Von der stillschweigenden Einbeziehung eines Eigentumsvorbehaltes kann in diesen Fällen vorbehaltlich weiterer Anhaltspunkte allenfalls im kaufmännischen Geschäftsverkehr ausgegangen werden.[1147] **490**

Ein sog. einfacher Eigentumsvorbehalt i. S. des § 449 Abs. 1 BGB[1148] kann ohne Verstoß gegen § 307 BGB auch in *Allgemeinen Geschäftsbedingungen* des Verkäufers enthalten sein, da dieser die Vorleistung angemessen ausgleicht.[1149] Erklärt der Käufer in eigenen Allgemeinen Geschäftsbedingungen, einen Eigentumsvorbehalt des Verkäufers nicht zu akzeptieren (sog. *Abwehrklausel*), liegt bezüglich dieser Vertragsbedingung ein offener Dissens vor, der nach der Rechtsprechung entgegen der Zweifelsregelung des § 154 Abs. 1 Satz 1 BGB die Wirksamkeit des Vertrages im Übrigen gemäß § 242 BGB nicht berührt, wenn die Parteien den Vertrag gleichwohl durchführen.[1150] In diesem Fall kommt der Kaufvertrag ohne den Eigentumsvorbehalt zustande, wofür auch der Rechtsgedanke des § 306 Abs. 1 BGB spricht. **491**

Möglich ist es jedoch auch, einen Eigentumsvorbehalt *nachträglich im Wege einer Vertragsänderung* in den Kaufvertrag aufzunehmen. Das kommt insbesondere bei einer freiwilligen Vorleistung des Verkäufers in Betracht. Allerdings kann der Verkäufer dies nach den allgemeinen Regeln für die Begründung und Abänderung vertraglicher Rechtsverhältnisse (§§ 145 ff. BGB) nicht durch eine einseitige Erklärung, z. B. auf einer übersandten Rechnung, bewirken. Ist der Käufer aber auf der dinglichen Ebene mit einer aufschiebend bedingten Übereignung einverstanden, so liegt darin häufig zugleich auch eine entsprechende Änderung des Kaufvertrages.[1151] **492**

[1147] BGH 15.06.1964 BGHZ 42, 53 (55 f.); *Esser/Weyers* BT 1, § 9 I 2a, S. 101; *Larenz* BT 1, § 43 II a, S. 109; weitergehend BR/*Faust* § 449 Rn. 12; *H.P. Westermann* MünchKomm. § 449 Rn. 15.

[1148] Zu Sonderformen des Eigentumsvorbehaltes siehe unten § 2 Rn. 508 ff.

[1149] Statt aller *H.P. Westermann* MünchKomm. § 449 Rn. 13.

[1150] BGH 26.09.1973 BGHZ 61, 282 (288 f.); BGH 20.03.1985 NJW 1985, 1838; *Soergel/Mühl* § 455 Rn. 15; *Staudinger/Beckmann* (2014) § 449 Rn. 26; weiterführend *Bonin* JuS 2002, 438 (439 f.). Zuvor hatte die Rechtsprechung die sog. *Theorie des letzten Wortes* vertreten, nach welcher diejenigen Allgemeinen Geschäftsbedingungen maßgeblich waren, auf die eine der Parteien zuletzt Bezug genommen hatte: BGH 17.09.1954 LM BGB § 150 Nr. 3.

[1151] RG 09.04.1929 JW 1930, 1421; *Baur/Stürner* § 59 Rn. 10; *Staudinger/Beckmann* (2014) § 449 Rn. 33; kritisch *Erman/Grunewald* § 449 Rn. 3.

b) Sachenrechtliche Ebene

aa) Grundsatz

493   § 449 Abs. 1 BGB enthält eine *Auslegungsregel für das Verfügungsgeschäft*. Nach ihr erfolgt die Übereignung im Zweifel unter der aufschiebenden Bedingung der vollständigen Zahlung des Kaufpreises, wenn sich der Verkäufer in dem Kaufvertrag das Eigentum bis zur Zahlung des Kaufpreises vorbehalten hat (Eigentumsvorbehalt i. S. des Gesetzes).

bb) Der vertragswidrige Eigentumsvorbehalt

494   Die Auslegungsregel in § 449 Abs. 1 BGB erlaubt jedoch nicht den Gegenschluss, dass der Verkäufer eine bedingte Übereignung nur dann erklären kann, wenn in dem Kaufvertrag ein Eigentumsvorbehalt vorgesehen ist. Der Käufer hat anderenfalls zwar aus § 433 Abs. 1 Satz 1 BGB einen *Anspruch auf unbedingte Übereignung*, und in der nur aufschiebend bedingten Eigentumsübertragung liegt gegebenenfalls eine Pflichtverletzung mit den möglichen Rechtsfolgen der §§ 280 ff., 323 BGB (jeweils vorbehaltlich eines Eingreifens des § 320 BGB, wenn der Verkäufer zur Vorleistung nicht vertraglich verpflichtet war, sondern diese freiwillig geschah). Nach dem Trennungs- und Abstraktionsprinzip[1152] berührt die Nichtvereinbarung des Eigentumsvorbehaltes in dem Kaufvertrag jedoch nicht die wirksame Einbeziehung der aufschiebenden Bedingung in die Übereignung selbst. In diesem Fall liegt ein sog. *vertragswidriger Eigentumsvorbehalt* vor. Da jedoch das Trennungs- und das Abstraktionsprinzip nicht verbieten, den Inhalt des Kaufvertrages bei der Auslegung der nachfolgenden Übereignung heranzuziehen, ist diese *im Zweifel in Übereinstimmung mit dem Inhalt des Kausalvertrages zu interpretieren*, dessen Erfüllung sie dient.[1153]

495   Ein vertragswidriger Eigentumsvorbehalt entsteht somit auf dinglicher Ebene nur, wenn der Verkäufer bei der Abgabe seiner Übereignungserklärung *deutlich zum Ausdruck bringt*, trotz des entgegenstehenden Inhaltes des Kaufvertrages nur bedingt übereignen zu wollen, und dem Erklärungsempfänger die Kenntnisnahme von dieser Einschränkung zumutbar ist.[1154] Hierfür reicht ein unauffälliger Vermerk auf einer mitübersandten Rechnung nicht aus.[1155] Die Rechtsprechung fordert bei einer Entgegennahme der Kaufsache durch Gehilfen des Käufers zudem, dass die Erklärung des vertragswidrigen Eigentumsvorbehaltes einer Person zugehen muss, die der Käufer zur Ausgestaltung von Verträgen mit Eigentumsvorbehalt

---

[1152] Vgl. oben § 2 Rn. 23 ff.

[1153] Statt aller BR/*Faust* § 449 Rn. 9.

[1154] BGH 09.07.1975 BGHZ 64, 395 (397); *Erman/Grunewald* § 449 Rn. 3; *Staudinger/Beckmann* (2014) § 449 Rn. 32; *H.P. Westermann* MünchKomm. § 449 Rn. 18.

[1155] Vgl. BGH 02.10.1952 NJW 1953, 217 ff.; *Larenz* BT 1, § 43 II a, S. 109 f.

bevollmächtigt hat.[1156] Sind diese Kriterien nicht erfüllt, so ist die Übereignungs-erklärung des Verkäufers gemäß den §§ 133, 157 BGB als unbedingt auszulegen.

Umstritten ist, ob der Käufer die Übereignungsofferte als bedingte verstehen **496** muss, wenn ein Eigentumsvorbehalt zwar in *Allgemeinen Geschäftsbedingungen* enthalten war, die der Verkäufer bei Abschluss des Kaufvertrages zugrunde gelegt hat, diese Geschäftsbedingungen aber *nicht nach Maßgabe der §§ 305 ff. BGB wirksamer Bestandteil des Kaufvertrages* geworden sind.[1157] Auch in diesem Fall sollte der Grundsatz Anwendung finden, dass die Übereignung im Zweifel, d. h. mangels deutlicher abweichender Erklärung, in Übereinstimmung mit dem rechtsverbind-lichen Inhalt des zugrunde liegenden Kausalgeschäftes auszulegen ist, so dass eine unbedingte Übereignung zustande kommt. Hat der Verkäufer die Übereignung aber eindeutig nur unter der aufschiebenden Bedingung vollständiger Kaufpreiszahlung erklärt, kann in dem Einverständnis des Käufers hiermit wiederum auch eine nach-trägliche Einbeziehung des Eigentumsvorbehaltes in den Kaufvertrag liegen, was zugleich die Vertragswidrigkeit beseitigt.[1158] Wurde hingegen die vertragswidrig bedingt erklärte Übereignungsofferte des Verkäufers in Übereinstimmung mit dem Kaufvertrag nur unbedingt „angenommen", fehlt grundsätzlich eine dingliche Eini-gung i. S. des § 929 Satz 1 BGB. Da es der Käufer jedoch regelmäßig vorziehen wird, zumindest aufschiebend bedingtes Eigentum statt überhaupt kein Eigentum zu erwerben, ist seine Einigungserklärung analog § 140 BGB in eine Annahme der aufschiebend bedingten Übereignungsofferte umzudeuten, sofern er nicht aus-drücklich auf einer unbedingten Übereignung beharrt hat. Die Vertragswidrigkeit des Eigentumsvorbehaltes bleibt in einem derartigen Fall allerdings bestehen.

cc) Der nachträgliche Eigentumsvorbehalt

Sofern der Verkäufer zunächst unbedingt übereignet hat, danach aber seinen Kauf- **497** preisanspruch doch noch absichern möchte, ist umstritten, unter welchen Vorausset-zungen ein derartiger sog. nachträglicher Eigentumsvorbehalt auf dinglicher Ebene zustande kommen kann.

Die *Rechtsprechung* vertritt die Auffassung, dass der Käufer die Sache dem Ver- **498** käufer unter Vereinbarung eines Besitzmittlungsverhältnisses gemäß den §§ 929 Satz 1, 930 BGB zurückübereignen muss und von diesem die Sache sodann wie-derum gemäß § 929 Satz 1 und 2 BGB (brevi manu traditio) unter Vereinbarung der aufschiebenden Bedingung der Kaufpreiszahlung (§ 158 Abs. 1 BGB) auf den bereits besitzenden Käufer zu übertragen sei.[1159] Dabei begründet nach Ansicht der Rechtsprechung der (geänderte) Kaufvertrag kein ausreichendes Besitzmittlungs-verhältnis i. S. des § 868 BGB, das gemäß § 930 BGB für die Rückübereignung an

---

[1156] BGH 25.10.1978 NJW 1979, 213 f.; BGH 30.05.1979 NJW 1979, 2199 (2200).

[1157] Befürwortend: BGH 03.02.1982 NJW 1982, 1749 (1750); BGH 09.02.1994 BGHZ 125, 83 (89 f.); ablehnend: *Erman/Grunewald* § 449 Rn. 4.

[1158] Siehe oben § 2 Rn. 492.

[1159] RG 28.04.1903 RGZ 54, 396; BGH 02.10.1952 NJW 1953, 217 ff.

den Verkäufer erforderlich ist, sondern es muss ein eigenständiges Rechtsverhältnis, z. B. in Form einer Leihe, vereinbart werden. Hieran fehlt es zumeist, so dass ein nachträglicher Eigentumsvorbehalt nach diesen Maßstäben häufig scheitert.[1160]

499 Die *h. L.* wendet gegen diese Konstruktion einer doppelten Übereignung jedoch mit Recht ein, dass für einen nachträglichen Eigentumsvorbehalt eine Form der Rückübereignung an den Verkäufer ausreiche, die gemäß § 158 Abs. 2 BGB durch die Kaufpreiszahlung auflösend bedingt ist und bei welcher der zugleich geänderte Kaufvertrag als Besitzmittlungsverhältnis i. S. des § 930 BGB fungiert.[1161] Da der Verkäufer in diesem Fall sein Eigentum jedoch einmal verloren hatte, wird der Rückübereignung nur die *Wirkung einer Sicherungsübereignung* beizumessen sein, die in der Insolvenz des Käufers eine schwächere Rechtsstellung begründet als ein Eigentumsvorbehalt (vgl. die §§ 47, 51 Nr. 1 InsO).[1162]

3. Wirkungen und Beendigung des Eigentumsvorbehaltes

a) Schuldrechtliche Ebene

500 Sofern der Kaufvertrag einen Eigentumsvorbehalt enthält, hat der Verkäufer die von ihm geschuldeten Leistungshandlungen vorgenommen, sobald er die Sache dem Käufer übergeben und diesem gegenüber eine Übereignung erklärt hat, die durch die Kaufpreiszahlung aufschiebend bedingt ist. Die *Erfüllung* der Rechtsverschaffungspflicht aus § 433 Abs. 1 Satz 1 BGB tritt allerdings auch in diesem Fall erst ein, wenn das Eigentum mit dem Bedingungseintritt auf den Käufer übergeht.[1163] Daher verstößt der Verkäufer gegen seine Rechtsverschaffungspflicht aus § 433 Abs. 1 Satz 1 BGB und nicht nur gegen eine Schutzpflicht i. S. des § 241 Abs. 2 BGB, wenn er nach der bedingten Übereignung den Eigentumsübergang auf den Käufer verhindert, z. B. indem er die Sache zerstört.[1164] In diesem Fall steht dem

---

[1160] In einer neueren Entscheidung wird allerdings die Möglichkeit eingeräumt, dass die Parteien einen Feststellungsvertrag abschließen, in dem der Käufer „anerkennt", dass die Lieferung unter Eigentumsvorbehalt erfolgt ist. Diese Abrede begründet jedoch nicht dinglich, d. h. mit Wirkung gegenüber jedermann, einen Eigentumsvorbehalt zugunsten des Verkäufers, sondern stellt die Parteien in ihrem relativen Rechtsverhältnis lediglich so, *als ob* eine Lieferung unter Eigentumsvorbehalt erfolgt wäre; BGH 09.07.1986 BGHZ 98, 160 (164 ff.).

[1161] *Baur/Stürner* § 51 Rn. 34; *Larenz* BT 1, § 43 II a, S. 110; RGRK/*Mezger* § 455 Rn. 5; *Staudinger/Beckmann* (2014) § 449 Rn. 35 f.; *H.P. Westermann* MünchKomm. § 449 Rn. 19.

[1162] *Rühl* Eigentumsvorbehalt und Abzahlungsgeschäft, 1930, S. 72 f.; ablehnend *Larenz* BT 1, § 43 II a, S. 110; *Staudinger/Beckmann* (2014) § 449 Rn. 37.

[1163] RG 02.06.1931 RGZ 133, 40 (43); BGH 14.12.1960 NJW 1961, 1252; BR/*Faust* § 449 Rn. 22; *Brox/Walker* § 7 Rn. 28; *Erman/Grunewald* § 449 Rn. 9; offen *Staudinger/Beckmann* (2014) § 449 Rn. 57 m. w. N. Die hier vertretene Auffassung wird durch § 107 InsO als Ausnahme zu § 103 InsO bestätigt.

[1164] So auch *Fikentscher/Heinemann* Rn. 961; *Soergel/Mühl* § 455 Rn. 59; *H.P. Westermann* MünchKomm. § 449 Rn. 25 und wohl *Larenz* BT 1, § 43 II a, S. 111.

Käufer neben den Rechten aus den §§ 280 ff., 320 ff. BGB auch ein Schadensersatzanspruch gemäß § 160 Abs. 1 BGB gegen den Verkäufer zu, wenn die Kaufpreiszahlung erfolgt, da dann die Bedingung erfüllt ist.

Umgekehrt trifft den Käufer eine *Pflicht zur Obhut über den Kaufgegenstand* **501** i. S. des § 241 Abs. 2 BGB, solange nicht infolge der Zahlung des Kaufpreises das Eigentum auf ihn übergegangen ist.[1165] Verfügen darf er über die bedingt übereignete Sache während der Fortdauer des Eigentums des Verkäufers nur, wenn dieser ihm hierzu eine Ermächtigung i. S. des § 185 Abs. 1 BGB erteilt hat.[1166]

Ein *Recht auf die Herausgabe der Sache* aus § 985 BGB steht dem Verkäufer **502** jedoch auch vor der vollständigen Entrichtung des Kaufpreises nach § 449 Abs. 2 BGB nur zu, wenn er von dem Kaufvertrag zurückgetreten ist. Deshalb entfällt das vertragliche Recht des Käufers zum Besitz i. S. des § 986 Abs. 1 Satz 1 BGB auch bei einem Kauf unter Eigentumsvorbehalt nicht bereits durch einen Zahlungsverzug des Käufers.[1167] Das Recht des Verkäufers aus § 320 BGB, die Übergabe der Kaufsache bis zur Entrichtung des Kaufpreises zurückzuhalten, auf das er verzichtet hat, lebt daher nicht in der Form erneut auf, dass der Verkäufer die Sache wieder an sich nehmen könnte, um die Befriedigung seiner Kaufpreisforderung zu erzwingen.[1168]

Vielmehr besteht ein Herausgabeanspruch des Verkäufers nur nach § 346 Abs. 1 **503** BGB, wenn er aufgrund der ausgebliebenen Kaufpreiszahlung wirksam von dem Kaufvertrag zurückgetreten ist, was nach § 323 Abs. 1 BGB grundsätzlich eine Nachfristsetzung voraussetzt. Sofern es sich bei dem Kaufvertrag um ein *Teilzahlungsgeschäft zwischen einem Unternehmer und einem Verbraucher* i. S. des § 507 BGB handelt, schränkt § 508 BGB i. V. mit § 498 Abs. 1 Satz 1 BGB das Rücktrittsrecht zusätzlich ein.[1169] Ein Rücktritt hindert den Verkäufer nach § 325 BGB jedoch nicht, daneben Schadensersatz nach Maßgabe der §§ 280 ff. BGB zu verlangen. Zudem kann der Rücktritt wegen der Nichterfüllung der Kaufpreisforderung gemäß den §§ 216 Abs. 2 Satz 2, 218 Abs. 1 Satz 3 BGB aufgrund des Eigentumsvorbehaltes auch dann noch erfolgen, wenn die Ausübung dieses Rechts aufgrund einer Verjährung der Kaufpreisforderung gemäß § 218 Abs. 1 Satz 1 BGB eigentlich unwirksam wäre.[1170]

[1165] BGH 14.12.1960 NJW 1961, 1252; *Erman/Grunewald* § 449 Rn. 15; *Staudinger/Beckmann* (2014) § 449 Rn. 72; *H.P. Westermann* MünchKomm. § 449 Rn. 25.

[1166] Was insbesondere bei der Vereinbarung eines sog. verlängerten Eigentumsvorbehaltes in Betracht kommt; dazu unten § 2 Rn. 509 ff.

[1167] Dies war vor der Einführung des § 449 Abs. 2 BGB zum 01.01.2002 umstritten: siehe *Soergel/ Mühl* § 455 Rn. 67.

[1168] Vgl. BT-Drucks. 14/6040, S. 241; zur Abdingbarkeit des § 449 Abs. 2 BGB siehe *Habersack/ Schürnbrand* JuS 2002, 833 (836 f.).

[1169] Dazu noch unten § 3 Rn. 116 sowie *Habersack/Schürnbrand* JuS 2002, 833 (835).

[1170] Siehe bereits oben § 2 Rn. 327.

b) Sachenrechtliche Ebene

aa) Erlöschen des Eigentumsvorbehaltes

504   Mit Eintritt der aufschiebenden Bedingung, die im Rahmen der Übereignung vereinbart worden ist, d. h. der vollständigen Zahlung des Kaufpreises, endet der Vorbehalt und der Käufer erlangt das Eigentum. Dies geschieht *unabhängig von einem
fortdauernden Übereignungswillen* der Parteien.[1171] Im Übrigen erlischt das Vorbehaltseigentum des Verkäufers nach den allgemeinen Grundsätzen, so z. B. wenn
der Käufer die Sache wirksam an einen Dritten veräußert – sei es gemäß § 185
BGB, sei es im Wege eines gutgläubigen Erwerbes vom Nichtberechtigten nach den
§§ 932 ff. BGB, § 366 HGB – oder wenn ein originärer Eigentumserwerb gemäß
den §§ 946 ff. BGB (Verbindung, Verarbeitung etc.) eintritt. Umstritten ist, ob der
Verkäufer einseitig auf sein Vorbehaltseigentum mit der Wirkung verzichten kann,
dass das Eigentum auch ohne die Kaufpreiszahlung auf den Käufer übergeht.[1172]

bb) Rechtsstellung des Käufers vor Bedingungseintritt

505   Vor der Zahlung des Kaufpreises *schützt § 161 BGB den Käufer* vor weiteren Verfü-
gungen des Verkäufers, die den Rechtserwerb des Käufers beeinträchtigen könnten.
So ist z. B. eine weitere Eigentumsübertragung, die der Verkäufer vor dem Bedin-
gungseintritt an einen Dritten vornimmt, nach den §§ 929 Satz 1, 931 BGB mit der
Zahlung des Kaufpreises gemäß § 161 Abs. 1 Satz 1 BGB unwirksam, d. h. der
Käufer erwirbt gleichwohl Eigentum.

506   Dies steht nach § 161 Abs. 3 BGB allerdings unter dem Vorbehalt eines gutgläubigen Erwerbs durch den Dritten, der sich in diesem Kontext auf die Freiheit von der
bedingten Berechtigung des Käufers bezieht. Diese Regelung ist geboten, da derjenige, der von einem „Noch"-Berechtigten (dem Vorbehaltseigentümer) erwirbt,
nicht schlechter stehen darf als bei dem Erwerb von einem Nichtberechtigten. Die
Voraussetzungen des gutgläubigen Erwerbs ergeben sich dabei nach h. L. aber nicht
aus den §§ 932 bis 934 BGB, sondern aus § 936 BGB, da die bedingte Eigentü-
merstellung des Käufers überwiegend als eine „Belastung" des noch bestehenden

---

[1171] RG 04.04.1933 RGZ 140, 223 (226); BGH 21.09.1959 BGHZ 30, 374 (377); *H.P. Westermann*
MünchKomm. § 449 Rn. 22.

[1172] Siehe BGH 14.11.1977 NJW 1978, 696; *Staudinger/Beckmann* (2014) § 449 Rn. 54 m. w. N.
Das RG – RG 04.10.1907 RGZ 66, 344 (348) – erblickte in der vollstreckungsrechtlichen Pfändung einer unter Eigentumsvorbehalt verkauften Sache durch den Verkäufer bei dem Käufer zum
Zweck der Befriedigung der Kaufpreisforderung einen Verzicht auf den Eigentumsvorbehalt, um
einen Verstoß gegen § 160 Abs. 1 BGB durch die Pfändung zu verneinen. Dieses Ergebnis lässt
sich allerdings auch ohne die Verzichtskonstruktion erzielen, da der Verkäufer mit der Pfändung
lediglich eine gesetzlich vorgesehene und damit nicht pflichtwidrige Verwertungsbefugnis ausübt:
Baur/Stürner § 59 Rn. 42 f. m. w. N. auch zu den aus § 508 Satz 5 BGB folgenden Rückwirkungen
der Pfändung auf den Kaufvertrag bei einem Teilzahlungsgeschäft i. S. des § 507 BGB.

Eigentums des Verkäufers eingeordnet wird.[1173] Somit scheidet ein gutgläubiger Erwerb des Dritten nach § 161 Abs. 3 BGB i. V. mit § 936 Abs. 3 BGB aus, wenn der Vorbehaltseigentümer dem Dritten das Eigentum durch die Abtretung seines Herausgabeanspruchs überträgt und der Käufer als bedingt Berechtigter selbst im Besitz der Sache ist.

Über die Schutzwirkung des § 161 BGB hinaus hat der Vorbehaltskäufer vor dem   **507** Bedingungseintritt aufgrund der bedingten Übereignung ein sog. *Anwartschaftsrecht* inne.[1174] Dieses wird schlagwortartig als „wesensgleiches Minus" zum Vollrecht, d. h. hier: zum Eigentum, begriffen.[1175] Es entsteht, wenn bereits so viele Elemente des Erwerbstatbestandes (hier: des Eigentumserwerbs) verwirklicht sind, dass der das Recht Übertragende (hier: der Verkäufer) den Eintritt des Rechtserwerbs nicht mehr einseitig vereiteln kann.[1176] Dies ist bei einer durch die Kaufpreiszahlung aufschiebend bedingten Übereignung der Fall, weil mit dieser Zahlung – die nach § 267 BGB auch ein Dritter erbringen kann – das Eigentum automatisch auf den Käufer übergeht und selbst eine grundlose Ablehnung der Kaufpreisannahme durch den Verkäufer wegen § 162 Abs. 1 BGB als Bedingungseintritt gilt. Das Anwartschaftsrecht des Käufers wird als quasi-dingliche Position qualifiziert,[1177] die als sonstiges Recht i. S. des § 823 Abs. 1 BGB geschützt ist und nach einer umstrittenen Ansicht sogar gegenüber dem Eigentümer ein selbständiges Recht zum Besitz i. S. des § 986 Abs. 1 Satz 1 BGB gewährt.[1178] Die weiteren Einzelheiten eines derartigen Anwartschaftsrechts, z. B. die Übertragung oder seine Bedeutung in der Zwangsvollstreckung, sind Gegenstand des Sachenrechts.[1179] Der Bestand des Anwartschaftsrechts des Vorbehaltskäufers hängt jedoch stets von dem *noch möglichen Eintritt der Bedingung* (Erfüllung der Kaufpreisschuld) ab. Es erlischt deshalb z. B., wenn der Verkäufer nach § 323 BGB rechtswirksam von dem Kaufvertrag zurücktritt.[1180]

4. Sonderformen des Eigentumsvorbehaltes

Neben dem in § 449 Abs. 1 BGB definierten einfachen Eigentumsvorbehalt haben   **508** sich in der Vertragspraxis weitere Sonderformen herausgebildet.

[1173] *Erman/Grunewald* § 449 Rn. 23; *Medicus/Petersen* Rn. 462; *Palandt/Herrler* § 936 Rn. 1; *Staudinger/Beckmann* (2014) § 449 Rn. 77.

[1174] Ausführlich *Flume* AcP 161 (1962), 385 ff.; kritisch *Armgardt* AcP 206 (2006), 654 ff.; *Eichenhofer* AcP 185 (1985), 162 ff.; *Mülbert* AcP 202 (2002), 912 (936 ff.).

[1175] *Staudinger/Berg*[11] § 929 Nr. 28c, S. 622.

[1176] Statt aller *H.P. Westermann* MünchKomm. § 449 Rn. 38 m. w. N.

[1177] *Staudinger/Beckmann* (2014) § 449 Rn. 75 m. w. N.

[1178] *Palandt/Herrler* § 929 Rn. 41; *Soergel/Henssler* Anh. § 929 Rn. 79; a. A. BGH 21.05.1953 BGHZ 10, 69 (71 f.); *Staudinger/Gursky* (2012) § 986 Rn. 13.

[1179] Eingehend *Baur/Stürner* § 59 Rn. 32 ff.

[1180] BGH 10.04.1961 BGHZ 35, 85 (94); *Esser/Weyers* BT 1, § 9 I 2b, S. 102; *Schlechtriem* Rn. 153; *Staudinger/Beckmann* (2014) § 449 Rn. 85; *H.P. Westermann* MünchKomm. § 449 Rn. 40.

a) Verlängerter Eigentumsvorbehalt

509 Wie dargelegt[1181] erlischt das Vorbehaltseigentum des Verkäufers, wenn der Käufer die Sache wirksam an einen Dritten weiterveräußert bzw. diese i. S. des § 950 Abs. 1 BGB zu einer anderen Sache verarbeitet. Da in diesen Fällen aber die Zahlung des Kaufpreises weiter ausstehen kann, besteht das Sicherungsbedürfnis des Verkäufers fort. Er lässt sich deshalb, wenn er dem Käufer die Weiterveräußerung des Gegenstandes gemäß § 185 Abs. 1 BGB gestattet, häufig die Forderungen des Käufers aus dieser Weiterveräußerung im Voraus abtreten bzw. vereinbart für den Fall der Verarbeitung mit dem Käufer, dass er an der neuen Sache selbst Eigentum erlangen soll, wobei dessen Übergang auf den Käufer wiederum durch die Kaufpreiszahlung aufschiebend bedingt ist. Bei einer derartigen Fallgestaltung handelt es sich um einen verlängerten Eigentumsvorbehalt, der *auch durch Allgemeine Geschäftsbedingungen* des Verkäufers begründet werden kann.[1182]

510 Die Vereinbarung eines verlängerten Eigentumsvorbehaltes wirft zahlreiche Rechtsprobleme außerhalb des Kaufrechts auf.[1183] So ist z. B. eine durch den Vorbehaltsverkäufer erteilte Weiterveräußerungsermächtigung i. S. des § 185 Abs. 1 BGB, die mit einer Vorausabtretung der im Zuge dieser Weiterveräußerung erlangten Forderungen an den Verkäufer verbunden wird, regelmäßig auf Veräußerungen im *„ordnungsgemäßen Geschäftsgang"* beschränkt. Eine solche liegt nicht vor, wenn die Vorausabtretung zugunsten des Verkäufers keine Wirkung entfaltet, weil die aus der Weiterveräußerung erlangte Forderung bereits zuvor wirksam an einen anderen Sicherungsnehmer, z. B. eine kreditgewährende Bank, abgetreten wurde.[1184] Allerdings nimmt die h. M. an, dass die Globalzession künftiger Forderungen an einen Geldkreditgeber, die zu Lasten des Vorbehaltsverkäufers die Wirksamkeit eines verlängerten Eigentumsvorbehaltes beeinträchtigt, regelmäßig gemäß § 138 Abs. 1 BGB sittenwidrig und damit nichtig ist.[1185]

511 Zudem muss die Vorausabtretung zugunsten des Vorbehaltsverkäufers dem *Bestimmtheitserfordernis* genügen. Dafür reicht es allerdings aus, wenn im Zeitpunkt der Entstehung der Forderung feststeht, ob dieselbe unter die Abtretung fällt oder nicht.[1186] Beispiel: Der Vorbehaltskäufer wird zur Weiterveräußerung der gekauften Sachen gemäß § 185 Abs. 1 BGB ermächtigt und tritt im Voraus alle Forderungen gegen Abnehmer mit den Anfangsbuchstaben A-K ab, die aus der Weiterveräußerung entstehen. Die im Rahmen des verlängerten Eigentumsvorbehaltes an den Vorbehaltsverkäufer abgetretenen Forderungen darf der Vorbehaltskäufer gleichwohl regelmäßig selbst bei den jeweiligen Schuldnern einziehen

---

[1181] Siehe oben § 2 Rn. 504.
[1182] BGH 24.03.1971 BGHZ 56, 34 (35); *Flume* NJW 1959, 913 (915); *H.P. Westermann* Münch-Komm. § 449 Rn. 81.
[1183] Vgl. *Staudinger/Beckmann* (2014) § 449 Rn. 120 ff.
[1184] BGH 03.12.1987 BGHZ 102, 293 (308).
[1185] *Baur/Stürner* § 59 Rn. 50 ff. m. w. N.
[1186] BGH 07.12.1977 BGHZ 70, 86 (89 ff.); *Staudinger/Beckmann* (2014) § 449 Rn. 123 ff.

(sog. *Einziehungsermächtigung*);[1187] nachfolgend hat er den Erlös zwecks Tilgung seiner Kaufpreisschuld in der entsprechenden Höhe an den Vorbehaltsverkäufer weiterzuleiten.

Soweit ein verlängerter Eigentumsvorbehalt zum Ausgleich eines Eigentums- **512** übergangs aufgrund einer Verarbeitung der Kaufsache nach § 950 Abs. 1 BGB vereinbart wurde, ist umstritten, ob der Vorbehaltsverkäufer an der neuen Sache originär Eigentum erwerben kann, indem er mit dem Vorbehaltskäufer vereinbart, dass er *„Hersteller" i. S. des § 950 BGB* sein soll, oder ob der Herstellerbegriff im Rahmen des § 950 BGB rein objektiv zu bestimmen ist, so dass der Vorbehaltskäu-fer zunächst nach § 950 BGB das Eigentum an der neuen Sache erwirbt und es einer antizipierten Übereignung der verarbeiteten Sache gemäß den §§ 929 Satz 1, 930 BGB an den Vorbehaltsverkäufer bedarf.[1188]

b) Erweiterter Eigentumsvorbehalt

Bei einem erweiterten Eigentumsvorbehalt wird nicht nur die Begleichung der Kauf- **513** preisforderung, sondern auch die *Erfüllung weiterer Forderungen* als Bedingung des Eigentumsübergangs auf den Käufer vereinbart. In der Praxis ist häufig eine Aus-gestaltung anzutreffen, nach der das Eigentum an der Kaufsache auf den Käufer erst übergehen soll, wenn dieser alle Forderungen des Verkäufers aus einer laufenden Geschäftsverbindung erfüllt hat (sog. *Kontokorrentvorbehalt*). Da auf diesem Wege der Eigentumserwerb des Käufers weit über den Zeitpunkt der Begleichung der Kauf-preisforderung aufgeschoben und damit der Zweck des Kaufvertrages gefährdet sein kann, liegt bei der Vereinbarung eines erweiterten Eigentumsvorbehaltes durch All-gemeine Geschäftsbedingungen des Verkäufers ein Verstoß gegen § 307 Abs. 2 Nr. 2 BGB nahe.[1189] Die Rechtsprechung erkennt den formularmäßigen erweiterten Eigen-tumsvorbehalt im kaufmännischen Verkehr jedoch als wirksam an.[1190]

Eine andere Form des erweiterten Eigentumsvorbehaltes erklärt § 449 Abs. 3 **514** BGB hingegen für nichtig. Danach darf der Vorbehaltsverkäufer den Eigentums-übergang nicht davon abhängig machen, dass der Vorbehaltskäufer auch seine Ver-bindlichkeiten gegenüber Dritten erfüllt. Beispielhaft („insbesondere") nennt die Vorschrift Forderungen eines Unternehmens, das i. S. des § 15 AktG mit dem Ver-käufer verbunden ist, gegen den Käufer (sog. *Konzernvorbehalt*). Die Nichtigkeit erfasst sowohl die Aufnahme der entsprechenden Bedingung in den Kaufvertrag als auch in das Verfügungsgeschäft, ohne dass dies die Wirksamkeit dieser Rechts-geschäfte im Übrigen berührt (keine Anwendung des § 139 BGB).[1191]

[1187] Dazu *Flume* AT 2, § 57/1c, S. 904 f.

[1188] Eingehend *Serick* Eigentumsvorbehalt und Sicherungsübertragung, Band IV, 1976, S. 138 ff.

[1189] Hierfür *Brox/Walker* § 7 Rn. 32; *Erman/Grunewald* § 449 Rn. 58; vgl. auch *Soergel/Mühl* § 455 Rn. 49.

[1190] BGH 08.10.1986 BGHZ 98, 303 (307); BGH 04.03.1991 NJW 1991, 2285 f.

[1191] *Erman/Grunewald* § 449 Rn. 60; *Palandt/Weidenkaff* § 449 Rn. 22; vgl. auch BGH 27.03.2008 BGHZ 176, 86 Rn. 8.

515 Eine übermäßige wirtschaftliche Belastung des Vorbehaltskäufers droht auch bei einem *umgekehrten Konzernvorbehalt*, bei dem der Verkäufer den Eigentumsübergang davon abhängig macht, dass nicht nur der Käufer, sondern auch Dritte, die in einer bestimmten Beziehung zu dem Käufer stehen (z. B. i. S. des § 15 AktG mit diesem verbunden sind), ihren Zahlungspflichten gegenüber dem Verkäufer nachkommen. Angesichts dessen wird verbreitet eine analoge Anwendung des § 449 Abs. 3 BGB bejaht.[1192]

c) Nachgeschalteter und weitergeleiteter Eigentumsvorbehalt

516 Ein *nachgeschalteter Eigentumsvorbehalt* liegt vor, wenn der Vorbehaltskäufer die Sache seinerseits unter Eigentumsvorbehalt an einen Dritten weiterveräußert, ohne sein mangelndes Eigentum offenzulegen. Bei einer Ermächtigung des Vorbehaltskäufers zur Weiterveräußerung gemäß § 185 Abs. 1 BGB bzw. unter den Voraussetzungen der §§ 932 ff. BGB erwirbt der Drittabnehmer hier (gutgläubig) Vorbehaltseigentum dergestalt, dass er mit Zahlung seines Kaufpreises unabhängig davon Eigentümer wird, ob auch der erste Vorbehaltskäufer seine Kaufpreisforderung gegenüber dem Erstverkäufer erfüllt.

517 Hingegen verpflichtet ein *weitergeleiteter Eigentumsvorbehalt* den Vorbehaltskäufer, den Eigentumsvorbehalt dem Zweitkäufer mitzuteilen, so dass dieser erst dann Eigentum erwirbt, wenn der Erstkäufer seine Kaufpreisschuld entrichtet hat. Eine Verpflichtung zur Weiterleitung eines Eigentumsvorbehaltes in Allgemeinen Geschäftsbedingungen verstößt jedoch gegen § 307 Abs. 2 Nr. 2 BGB mit der Nichtigkeitsfolge des § 307 Abs. 1 Satz 1 BGB, wenn der Vorbehaltskäufer die Sache nach dem Vertragsinhalt zum Zweck der Weiterveräußerung erworben hat. Denn aufgrund des weiterzuleitenden Eigentumsvorbehaltes wird sich kaum ein Abnehmer für die Sache finden und somit der Vertragszweck aus dem Erstkaufvertrag vereitelt.[1193]

II. Kauf auf Probe

1. Begriff und Rechtsnatur

518 Nach § 454 Abs. 1 Satz 1 BGB steht bei einem Kauf auf Probe oder auf Besichtigung die Billigung des gekauften Gegenstandes im Belieben des Käufers. § 454 Abs. 1 Satz 2 BGB ergänzt dies durch die Auslegungsregel, dass die Parteien den

---

[1192] Hierfür BR/*Faust* § 449 Rn. 37; *Habersack/Schürnbrand* JuS 2002, 833 (838 f.); NK-BGB/ *Büdenbender* § 449 Rn. 36; a. A. jedoch *Palandt/Weidenkaff* § 449 Rn. 22.

[1193] BGH 04.03.1991 NJW 1991, 2285 f.; *Erman/Grunewald* § 449 Rn. 63; *Larenz* BT 1, § 43 II e 2, S. 126; *H.P. Westermann* MünchKomm. § 449 Rn. 88.

Kaufvertrag *im Zweifel unter der aufschiebenden Bedingung der Billigung* abschließen (§ 158 Abs. 1 BGB).[1194] Folglich kann der Käufer bei einem Kauf auf Probe oder Besichtigung die Verbindlichkeit des Kaufvertrages durch ein einseitiges, nicht begründungsbedürftiges Verhalten (Billigung nach Belieben) herbeiführen.

Der Umstand, dass das Rechtsgeschäft einerseits erst durch ein im Belieben des **519** Käufers stehendes Verhalten endgültig Verbindlichkeit erlangt und dass dieses Verhalten andererseits seinem Inhalt nach gerade funktional in einer Einwirkung auf den Kaufvertrag besteht, hat eine Literaturansicht dazu veranlasst, den Kauf auf Probe abweichend von der gesetzlichen Vorgabe des § 454 Abs. 1 Satz 2 BGB zu konstruieren.[1195] Nach dieser Auffassung begründet die Einigung der Parteien noch keinen Kaufvertrag, sondern legt lediglich dessen potentiellen Inhalt fest. Auf einer zweiten Stufe soll der „Käufer" die Möglichkeit haben, durch seine Gestaltungserklärung (Billigung) den Kaufvertrag einseitig in Geltung zu setzen, wozu ihn die vorgelagerte Vereinbarung ermächtige. Diese Konstruktion beruht auf der Auffassung, dass als Bedingung für die Wirksamkeit eines Rechtsgeschäfts i. S. des § 158 BGB nicht das freie Einverständnis einer Partei mit diesem Rechtsgeschäft in Betracht komme (sog. *Wollensbedingung*), da in einem solchen Fall für diese Partei noch keinerlei Bindungswirkung bestünde, von deren Vorliegen die §§ 160 ff. BGB aber ausgingen.[1196] Bedingung i. S. des § 158 BGB könne das nicht durch einschränkende Vorgaben gebundene Verhalten einer Partei nur insoweit sein, als es inhaltlich-funktional nicht gerade auf die Geltung des bedingten Rechtsgeschäfts gerichtet sei (sog. *Potestativbedingung*).[1197] Beispiel: Der Großvater verspricht dem Enkel in einer notariellen Urkunde (vgl. § 518 Abs. 1 Satz 1 BGB) die schenkweise Übereignung seiner Münzsammlung für den Fall, dass dieser im nächsten Prüfungstermin sein Staatsexamen besteht. In diesem Fall hat das Verhalten, das den Gegenstand der Bedingung bildet (erfolgreiche Absolvierung der Prüfung), inhaltlich nicht die Wirksamkeit des Schenkungsvertrages zum Gegenstand, sondern diese ist nur seine sekundäre Folge. Demgegenüber bezieht sich die Billigung des Käufers i. S. des § 454 Abs. 1 BGB gerade auf die Geltung des Kaufvertrages.

Dem vorstehenden Ansatz ist jedoch nicht zu folgen, da es dem Gesetzgeber frei **520** steht, auch eine Wollensbedingung als Bedingung i. S. der §§ 158 ff. BGB einzustufen, was er durch die Regelung des § 454 Abs. 1 Satz 2 BGB getan hat. Auch zwingt dieser Umstand nicht, die Billigung als ein rein tatsächliches Verhalten aufzufassen; sie stellt vielmehr eine Willenserklärung dar, auf welche die §§ 104 ff. BGB Anwendung finden.[1198] Die fehlende Bindung des Käufers vor der Billigung kann

---

[1194] Denkbar wäre jedoch auch die Vereinbarung der Nichtbilligung als auflösende Bedingung (§ 158 Abs. 2 BGB).

[1195] *Flume* AT 2, § 38/2d, S. 685 f.; *Larenz* BT 1, § 44 I, S. 144 f.

[1196] Dazu *Flume* AT 2, § 38/2d, S. 684 ff. sowie *Wolf/Neuner* § 52 Rn. 17 ff.

[1197] Vgl. *Wolf/Neuner* § 52 Rn. 15 f.

[1198] *Medicus/Lorenz* Rn. 314; *Soergel/Wertenbruch* § 454 Rn. 27; *Staudinger/Mader/Schermaier* (2014) § 454 Rn. 23; a. A. aufgrund der Deutung der Billigung als eines bloßen Bedingungsinhaltes *Oertmann* § 495 Anm. 6, S. 483; *H.P. Westermann* MünchKomm. § 454 Rn. 8.

bei der Anwendung der §§ 158 ff. BGB hinreichende Berücksichtigung finden.[1199] Beispielsweise erfolgt eine Verweigerung der Billigung durch den Käufer regelmäßig nicht wider Treu und Glauben i. S. des § 162 Abs. 1 BGB, weil dessen Entscheidungsfreiheit nicht unterlaufen werden darf. Somit bestehen keine durchgreifenden Bedenken, den Kauf auf Probe entsprechend der gesetzlichen Vorgabe als durch die Billigung des Käufers aufschiebend bedingt anzusehen.[1200] Es handelt sich um eine *Form des Optionsvertrages*, dessen Abschluss der für entsprechende Verträge vorgeschriebenen Form bedarf, z. B. derjenigen des § 311b Abs. 1 Satz 1 BGB bei dem Kauf eines Grundstücks auf Probe.[1201]

2. Abgrenzung zu verwandten Vertragsgestaltungen

521 Zu unterscheiden ist der Kauf auf Probe von einem *einseitigen Angebot des Verkäufers*, das ihn gemäß den §§ 145 ff. BGB bindet und bei dem erst die Annahmeerklärung des Käufers zu dem Abschluss eines (dann unbedingten) Vertrages führt. Aus diesem Grund können in einem derartigen Fall die §§ 158 ff. BGB keine Anwendung finden. Ebenso bezieht sich ein etwaiges Formerfordernis auf die beiden zeitlich versetzten Willenserklärungen der Parteien.[1202] Die Abgrenzung zu einem Kauf auf Probe bemisst sich in Zweifelsfällen i. S. der §§ 133, 157 BGB danach, ob für den (potentiellen) Verkäufer bereits vor der endgültigen Erklärung des (potentiellen) Käufers eine Bindung i. S. der §§ 158 ff. BGB *in Bezug auf den Vertragsgegenstand* erzeugt werden soll oder ob er lediglich *in Bezug auf seinen Willen* gemäß den §§ 145 ff. BGB gebunden sein soll.

522 Bei einem sog. *Prüfungskauf* steht die „Billigung" des Käufers nicht wie von § 454 Abs. 1 Satz 1 BGB vorausgesetzt in dessen freiem Belieben, sondern der Käufer muss umgekehrt anhand vertraglich festgelegter Kriterien begründen, warum er die Billigung versagt.[1203] Beispiel: Der Käufer soll zur Rückgabe berechtigt sein, wenn sich die Maschine nicht für bestimmte Arbeiten eignet. Hier wird der Kaufvertrag entweder unter der aufschiebenden Bedingung eines positiven Prüfungsergebnisses oder unter der auflösenden Bedingung der begründeten Ablehnung des Kaufgegenstandes nach seiner Erprobung abgeschlossen.[1204] Von einer Beschaffenheitsgarantie

[1199] Vgl. Mot. II, S. 333 f. sowie Prot. II, S. 77 f.

[1200] *Erman/Grunewald* § 454 Rn. 1; *Soergel/Wertenbruch* § 454 1; *Staudinger/Mader/Schermaier* (2014) § 454 Rn. 2; *H.P. Westermann* MünchKomm. § 454 Rn. 1.

[1201] *Enneccerus/Nipperdey* § 194 IV 3, S. 1190 f.; *Wolf/Neuner* § 36 Rn. 8; im Ergebnis auch *Larenz* BT 1, § 44 I, S. 145.

[1202] *Enneccerus/Nipperdey* § 194 IV 3, S. 1190 f.; *Wolf/Neuner* § 36 Rn. 8.

[1203] BGH 25.05.1970 WM 1970, 877 (878); *Erman/Grunewald* § 454 Rn. 4; *Larenz* BT 1, § 44 I, S. 145 f.; *Soergel/Wertenbruch* § 454 Rn. 3; *Staudinger/Mader/Schermaier* (2014) § 454 Rn. 9; *H.P. Westermann* MünchKomm. § 454 Rn. 5.

[1204] *Esser/Weyers* BT 1, § 10/1, S. 112 f.; *Larenz* BT 1, § 44 I, S. 146; *Staudinger/Mader/Schermaier* (2014) § 454 Rn. 9.

des Verkäufers i. S. des § 443 Abs. 1 Alt. 1 BGB[1205] unterscheidet sich der Prüfungs-kauf dadurch, dass die betreffende Eignung nicht zum Inhalt einer unbedingt zuge-sagten Beschaffenheit der Kaufsache gehört, sondern dass ihr Nichtvorhandensein die Geltung des Kaufvertrages beseitigen soll.

Der sog. *Kauf mit Umtauschvorbehalt* zeichnet sich schließlich durch die Beson-derheit aus, dass ein unbedingter Vertrag abgeschlossen worden ist, dem Käufer aber die Ersetzungsbefugnis zusteht, innerhalb einer bestimmten Frist anstelle des ursprünglichen Gegenstandes die Lieferung einer anderen Ware aus dem Sortiment des Verkäufers verlangen zu können.[1206] Dieses Recht steht jedoch unter der auf-schiebenden Bedingung der unversehrten Rückgabe der Erstware.[1207] Deshalb ist nicht der Kaufvertrag, sondern die Ersetzungsbefugnis des Käufers bedingt. **523**

3. Rechtslage bis zur Entscheidung des Käufers über die Billigung

Nach § 454 Abs. 2 BGB ist der Verkäufer verpflichtet, dem Käufer die *Untersu-chung des Gegenstandes zu gestatten*, um ihm die Entscheidung über eine Billigung zu ermöglichen. Auf diese Pflicht sind die §§ 320 ff. BGB anwendbar, obwohl sich der Kaufvertrag vor der Billigung noch in einem Schwebezustand befindet, da die Freigabe zur Untersuchung als eine Vorwirkung der potentiellen Verkäuferpflichten aus § 433 Abs. 1 BGB zu begreifen ist.[1208] Der Umfang dieser Pflicht bemisst sich nach § 242 BGB und dabei vor allem nach der Art des Kaufgegenstandes. Soweit erforderlich, insbesondere bei Maschinen, darf der Käufer die Sache für einen ange-messenen Zeitraum in Gebrauch nehmen. Die Kosten der Untersuchung hat der Verkäufer dem Käufer allerdings nicht zu erstatten.[1209] **524**

Aus dem aufschiebend bedingten Kaufvertrag ergibt sich für den untersuchenden Käufer umgekehrt eine *Obhutspflicht i. S. des § 241 Abs. 2 BGB*. Deren Verlet-zung verpflichtet den Käufer nach Maßgabe des § 280 Abs. 1 BGB zum Schadens-ersatz,[1210] wobei dieser Anspruch des Verkäufers in der kurzen Frist des § 548 Abs. 1 BGB analog verjährt.[1211] Wird dem Käufer der Kaufgegenstand zum Zweck der Untersuchung übergeben, bemisst sich der Gefahrübergang i. S. des § 446 Satz 1 BGB nach den Maßstäben für aufschiebend bedingte Kaufverträge.[1212] **525**

[1205] Dazu oben § 2 Rn. 413 f.

[1206] *Larenz* BT 1, § 44 I, S. 145; *Oertmann* SeuffBl. 71 (1908), 685 (695); *Soergel/Wertenbruch* § 456 Rn. 20; *Staudinger/Mader/Schermaier* (2014) Vorbem. zu §§ 454 f. Rn. 5; abweichende Konstruktion bei RGRK/*Mezger* § 495 Rn. 4; offen *H.P. Westermann* MünchKomm. Vor § 454 Rn. 4. Allg. zur Ersetzungsbefugnis *Krüger* MünchKomm. § 262 Rn. 8 ff.

[1207] *Staudinger/Mader/Schermaier* (2014) Vorbem. zu §§ 454 f. Rn. 8.

[1208] RGRK/*Mezger* § 495 Rn. 5; *Staudinger/Mader/Schermaier* (2014) § 454 Rn. 17; *H.P. Wester-mann* MünchKomm. § 454 Rn. 6.

[1209] *Staudinger/Mader/Schermaier* (2014) § 454 Rn. 20.

[1210] BGH 24.06.1992 BGHZ 119, 35 (39); *Erman/Grunewald* § 454 Rn. 7; *Soergel/Wertenbruch* § 454 Rn. 21; *Staudinger/Mader/Schermaier* (2014) § 454 Rn. 20.

[1211] BGH 24.06.1992 BGHZ 119, 35 (39 ff.).

[1212] Dazu oben § 2 Rn. 446.

4. Billigung und Nichterklärung der Billigung

526 Die Billigung als empfangsbedürftige Willenserklärung des Käufers[1213] *bedarf nicht der Form*, die das Gesetz für den Abschluss des bedingten Kaufvertrages vorschreibt.[1214] Mit ihrem Zugang entfaltet der Kaufvertrag Wirksamkeit und es bestehen für beide Vertragsparteien die Rechte und Pflichten aus den §§ 433 ff. BGB.

527 § 455 Satz 1 BGB bestimmt bezüglich der Billigung zunächst deklaratorisch, dass diese nur innerhalb einer vereinbarten Frist erfolgen kann; maßgeblicher Zeitpunkt ist insofern der Zugang der Erklärung gemäß den §§ 130 ff. BGB.[1215] Des Weiteren ist der Verkäufer berechtigt, dem Käufer mangels einer vertraglich vereinbarten Billigungsfrist eine *angemessene Frist* für die Erklärung zu setzen. Ist diese unangemessen kurz, so wird ex lege eine objektiv angemessene Frist in Gang gesetzt.[1216] Nach Fristablauf kann die Billigung nicht mehr erfolgen, so dass die Bedingung ausfällt und der Kaufvertrag keine Wirkung entfaltet. Gleiches gilt bereits zuvor, wenn der Käufer die Billigung gegenüber dem Verkäufer positiv ablehnt.[1217]

528 Eine Ausnahme von diesen Grundsätzen regelt § 455 Satz 2 BGB. Wurde die Sache *dem Käufer zum Zweck der Probe oder Besichtigung übergeben*, so gilt sein Schweigen bis zum Ablauf der Billigungsfrist i. S. des § 455 Satz 1 BGB als Billigung. In diesem Fall entfaltet das Schweigen aufgrund der durch die Übergabe geschaffenen Vertrauenslage ausnahmsweise Rechtswirkung,[1218] so dass der Käufer eine Ablehnungserklärung abgeben muss, wenn er den Bedingungseintritt verhindern möchte. Da das Schweigen selbst keine Billigung beinhaltet, sondern das Gesetz diese nur willensunabhängig als solche fingiert („gilt […] als"), kann es von dem Käufer nicht nach § 119 Abs. 1 BGB mit der Begründung angefochten werden, dass er sich über die Wirkung seines Schweigens im Unklaren gewesen sei.[1219] Aus § 455 Satz 2 BGB, nach dem die Sache zum Zweck der Probe oder Besichtigung übergeben worden sein muss, ergibt sich jedoch, dass als Übergabe in diesem Sinne nur die Einräumung unmittelbaren Besitzes, nicht aber eines lediglich mittelbaren Besitzes i. S. des § 868 BGB in Betracht kommt.[1220] Verweigert der Käufer die Billigung rechtzeitig, muss er den Besitz an dem Gegenstand nach Maßgabe des § 812 Abs. 1 Satz 2 Alt. 1 BGB wieder herausgeben.

[1213] Siehe oben § 2 Rn. 520.

[1214] *Staudinger/Mader/Schermaier* (2014) § 454 Rn. 23; im Ergebnis auch *Flume* AT 2, § 38/2d, S. 687 und *Larenz* BT 1, § 44 I, S. 145.

[1215] BR/*Faust* § 455 Rn. 4; *Staudinger/Mader/Schermaier* (2014) § 455 Rn. 6.

[1216] *Erman/Grunewald* § 455 Rn. 2; *Staudinger/Mader/Schermaier* (2014) § 455 Rn. 2; *H.P. Westermann* MünchKomm. § 455 Rn. 1.

[1217] RG 04.10.1932 RGZ 137, 297 (299); *Larenz* BT 1, § 44 I, S. 144.

[1218] Grundsätzlich ist dies nicht der Fall: *Wolf/Neuner* § 31 Rn. 11 ff.

[1219] Sog. normiertes Schweigen: *Erman/Grunewald* § 455 Rn. 3; allg. *Wolf/Neuner* § 31 Rn. 21 ff.

[1220] *Staudinger/Mader/Schermaier* (2014) § 455 Rn. 7; *H.P. Westermann* MünchKomm. § 455 Rn. 3.

III. Wiederkauf

1. Begriff und Rechtsnatur

Hat sich der Verkäufer in dem Kaufvertrag das Recht des Wiederkaufs vorbehalten, **529** so kommt dieser nach § 456 Abs. 1 Satz 1 BGB zustande, wenn der Verkäufer das Wiederkaufsrecht gegenüber dem Käufer ausübt. Das vereinbarte Wiederkaufsrecht ermöglicht es ihm folglich, durch eine *einseitige Erklärung* einen Anspruch gegen den Käufer auf Rückerwerb des verkauften Gegenstandes zu dem vereinbarten Wiederkaufpreis[1221] zu begründen.

Da das Zustandekommen des Wiederkaufs wie bei einem Kauf auf Probe von **530** dem einseitigen Verhalten einer Partei (hier: des Verkäufers) abhängt, das mangels abweichender Vereinbarungen unter keinen rechtlichen Vorgaben steht, ist auch die Rechtsnatur des Wiederkaufs umstritten.[1222] Die h. M. deutet diesen als einen durch die Wiederkaufserklärung *aufschiebend bedingten Kaufvertrag.*[1223] Dem hält eine a. A. entgegen, dass sich die im Belieben des Verkäufers stehende Wiederkaufserklärung als sog. Wollensbedingung nicht in die §§ 158 ff. BGB einfüge, so dass es sich bei dem Wiederkaufsrecht um ein Gestaltungsrecht des Verkäufers handele.[1224]

Im Rahmen der Erörterung des Kaufs auf Probe wurde jedoch bereits dargelegt, **531** dass die Annahme eines bedingten Vertrages, bei dem die Bedingung in der Gestaltungserklärung einer Partei besteht, keinen Widerspruch darstellt.[1225] Genauso wie bei einem Kauf auf Probe ist der Wiederkauf somit eine *Form des Optionsvertrages*, bei dem die Entstehung der Hauptpflichten unter der aufschiebenden Bedingung der Gestaltungserklärung des Berechtigten, d. h. der Erklärung des Wiederkaufs durch den Verkäufer, steht.[1226] Die Vereinbarung eines Wiederkaufsrechts bedarf deshalb der für entsprechende Rechtsgeschäfte vorgeschriebenen Form (z. B. derjenigen des § 311b Abs. 1 Satz 1 BGB bei dem Wiederkaufvertrag über ein Grundstück), d. h. muss von dieser umfasst sein, wenn es bereits im Rahmen des ursprünglichen Kaufvertrages vereinbart worden ist. Bei einer nachträglichen Abrede muss diese selbständig der Form genügen.[1227]

[1221] Dazu unten § 2 Rn. 548.

[1222] Siehe bereits oben § 2 Rn. 519 f.

[1223] RG 02.07.1928 RGZ 121, 367 (369); BGH 14.01.1972 BGHZ 58, 78 (80 f.); *Enneccerus/ Lehmann* § 116 II, S. 470; *Fikentscher/Heinemann* Rn. 931; RGRK/*Mezger* § 497 Rn. 2; *Soergel/ Wertenbruch* § 456 Rn. 9.

[1224] *Esser/Weyers* BT 1, § 10/2, S. 113; *Larenz* BT 1, § 44 II, S. 147 f.; *Medicus/Lorenz* Rn. 317; wohl auch *H.P. Westermann* MünchKomm. § 456 Rn. 4.

[1225] Siehe oben § 2 Rn. 520.

[1226] BGH 17.12.1958 BGHZ 29, 107 (110); *Erman/Grunewald* § 456 Rn. 3; *Fikentscher/Heinemann* Rn. 931; *Staudinger/Mader/Schermaier* (2014) Vorbem. zu §§ 456 ff. Rn. 7.

[1227] RG 21.03.1925 RGZ 110, 327 (333); *Larenz* BT 1, § 44 II, S. 148 f.; *Medicus/Lorenz* Rn. 317; *Staudinger/Mader/Schermaier* (2014) § 456 Rn. 2; *H.P. Westermann* MünchKomm. § 456 Rn. 7.

2. Abgrenzung zu verwandten Vertragsgestaltungen

532 Anders als der in den §§ 456 bis 462 BGB geregelte Wiederkauf gibt ein sog. *Wiederverkaufsrecht* dem *Käufer* die Möglichkeit, durch eine einseitige Erklärung dem Verkäufer den gekauften Gegenstand zu einem bestimmten Preis zurückzuverkaufen. Die Vorschriften über den Wiederkauf können auf einen derartigen Vertrag zwar nicht uneingeschränkt, aber im Wege einer Einzelfallanalyse bei teleologischer Vergleichbarkeit analoge Anwendung finden.[1228]

533 Darüber hinaus ist auch der Wiederkauf von einem bloß *einseitigen Angebot des Käufers* zum Rückverkauf des Gegenstandes zu unterscheiden, das diesen gemäß den §§ 145 ff. BGB bindet und erst durch die Annahmeerklärung des Verkäufers zu dem Abschluss eines zweiten Kaufvertrages mit umgekehrter Parteirolle führt. Die Abgrenzung zu einem Wiederkauf bemisst sich in Zweifelsfällen gemäß den §§ 133, 157 BGB danach, ob für den ursprünglichen Käufer bereits vor der endgültigen Erklärung des ursprünglichen Verkäufers eine Bindung i. S. der §§ 158 ff. BGB mit entsprechenden Pflichten *in Bezug auf den Vertragsgegenstand* erzeugt werden soll oder ob jener lediglich *in Bezug auf seinen Willen* nach den §§ 145 ff. BGB gebunden sein soll.[1229]

3. Zustandekommen des Wiederkaufs

534 Der Wiederkauf kommt nach § 456 Abs. 1 Satz 1 BGB auf der Basis des Wiederkaufsrechts durch eine *einseitige, empfangsbedürftige Willenserklärung des Verkäufers* zustande. Dabei bedarf die Ausübung des Wiederkaufsrechts nach § 456 Abs. 1 Satz 2 BGB nicht der Form, die für den Wiederkaufvertrag vorgeschrieben ist. Dies gilt auch für § 311b Abs. 1 Satz 1 BGB.[1230]

535 Für die Ausübung des Wiederkaufsrechts kann der Vertrag eine *Frist* bestimmen (§ 462 Satz 2 BGB).[1231] Fehlt diese, so muss die Ausübung nach § 462 Satz 1 BGB bei Grundstücken innerhalb von dreißig Jahren und bei anderen Gegenständen bis zum Ablauf von drei Jahren nach der Vereinbarung des Wiederkaufsvorbehaltes erfolgen. Maßgeblicher Zeitpunkt ist insoweit der Zugang der Wiederkaufserklärung gemäß den §§ 130 f. BGB.

[1228] Zu den Einzelheiten siehe BGH 31.01.1990 BGHZ 110, 183 (191); BGH 07.11.2001 NJW 2002, 506; *Soergel/Wertenbruch* § 456 Rn. 21; *Staudinger/Mader/Schermaier* (2014) Vorbem. zu §§ 456 ff. Rn. 14; *H.P. Westermann* MünchKomm. § 456 Rn. 6 sowie eingehend *Stoppel* JZ 2007, 218 ff.

[1229] Siehe oben § 2 Rn. 521.

[1230] RG 21.11.1929 RGZ 126, 308 (312); BGH 11.12.1998 NJW 1999, 941; *Erman/Grunewald* § 456 Rn. 11; *H.P. Westermann* MünchKomm. § 456 Rn. 10.

[1231] Dabei sind auch sehr lange laufende Fristen grundsätzlich zulässig: BGH 29.10.2010 NJW 2011, 515 Rn. 8 ff. (90jähriges Wiederkaufsrecht).

Das Wiederkaufsrecht ist vererblich und nach h. M.[1232] ohne besondere Zustim- **536** mung des Käufers nach den §§ 413, 398 BGB übertragbar. Besondere Regelungen für den Fall, dass das Wiederkaufsrecht mehreren Personen zusteht, trifft § 461 BGB.

4. Pflichten und Haftung der Vertragsparteien

a) Pflichten und Haftung des Wiederverkäufers

aa) Pflichten

(1) Rechtsverschaffung und Übergabe

Nach § 457 Abs. 1 BGB ist der Wiederverkäufer (= der ursprüngliche Käufer) ver- **537** pflichtet, dem Wiederkäufer (= der ursprüngliche Verkäufer) den gekauften Gegenstand nebst Zubehör „herauszugeben". Dies bedeutet jedoch nicht, dass die Ausübung des Wiederkaufsrechts dingliche Wirkung hätte, durch die der Wiederkäufer unmittelbar wieder Inhaber des Eigentums an der verkauften Sache bzw. Inhaber des verkauften Rechts würde. Vielmehr stellt der Wiederkauf ein *schuldrechtliches Verpflichtungsgeschäft* dar, das den Wiederverkäufer nach den §§ 433 Abs. 1 Satz 1, 453 Abs. 1 und 3 BGB zur Rechtsverschaffung und gegebenenfalls Übergabe der wiederverkauften Sache verpflichtet.[1233] Maßgeblicher Zeitpunkt für die Zubehöreigenschaft i. S. des § 457 Abs. 1 BGB ist der Zugang der Wiederkaufserklärung.[1234]

(2) Freiheit von Sach- und Rechtsmängeln

Ob der Wiederverkäufer zu einer sach- und rechtsmängelfreien Rückverschaffung **538** des Kaufgegenstandes verpflichtet ist, wie dies die §§ 433 Abs. 1 Satz 2, 453 Abs. 1 und 3 BGB für den ursprünglichen Kaufvertrag vorsehen,[1235] ist problematisch. Insoweit ist zwischen Sach- und Rechtsmängeln zu unterscheiden.

(a) Sachmängel

Aus der differenzierten Haftungsregelung des § 457 Abs. 2 BGB für die Fälle einer **539** Verschlechterung der Kaufsache vor Ausübung des Wiederkaufsrechts ergibt sich,

---

[1232] BGH 30.11.1990 WM 1991, 642 (643); *Erman/Grunewald* § 456 Rn. 12; *Soergel/Wertenbruch* § 456 Rn. 34; *Staudinger/Mader/Schermaier* (2014) § 456 Rn. 8; *H.P. Westermann* MünchKomm. § 456 Rn. 9; a. A. *Larenz* BT 1, § 44 II, S. 148.

[1233] RGRK/*Mezger* § 498 Rn. 1; *Staudinger/Mader/Schermaier* (2014) § 457 Rn. 2 f.; *H.P. Westermann* MünchKomm. § 457 Rn. 1.

[1234] RG 21.11.1929 RGZ 126, 308 (314); *Erman/Grunewald* § 457 Rn. 2; RGRK/*Mezger* § 498 Rn. 2; weitergehend (Rückübertragung des Kaufgegenstandes als maßgeblicher Zeitpunkt) *Soergel/Wertenbruch* § 457 Rn. 3; einschränkend *H.P. Westermann* MünchKomm. § 457 Rn. 2.

[1235] Näher oben § 2 Rn. 50.

dass der Wiederverkäufer auf der Ebene der Primärpflichten lediglich verpflichtet sein soll, die Sache in ihrem *tatsächlichen Zustand im Zeitpunkt der Ausübung des Wiederkaufsrechts* rückzuübereignen.[1236] Vorher eingetretene Verschlechterungen müssen daher nicht beseitigt werden, selbst wenn dies tatsächlich möglich wäre. Diese Privilegierung rechtfertigt sich dadurch, dass den Wiederverkäufer bis zur Ausübung des Wiederkaufsrechts keine Pflicht zur Rückverschaffung des Gegenstandes trifft, so dass er vor diesem Zeitpunkt nur zur Erhaltung i. S. des § 241 Abs. 2 BGB verpflichtet ist.[1237] Für Verschlechterungen, die nach der Ausübung des Gestaltungsrechts eintreten, ist demgegenüber folgerichtig von einer Anwendbarkeit der §§ 433 Abs. 1 Satz 2, 453 Abs. 1 und 3 BGB auszugehen.[1238]

(b) Rechtsmängel

540 Anderes gilt nach § 458 Satz 1 BGB für Rechte Dritter, die durch Verfügungen des Wiederverkäufers vor der Ausübung des Wiederkaufsrechts über den Kaufgegenstand begründet worden sind (z. B. Pfandrechte).[1239] Diese sind als Rechtsmängel zu beseitigen. Für Rechtsmängel, die nach der Ausübung des Wiederkaufsrechts eintreten, gelten wiederum die §§ 433 Abs. 1 Satz 2, 453 Abs. 1 und 3 BGB direkt. Dass ein Wiederverkäufer, der den Kaufgegenstand veräußert hat, sich bis zur Grenze des § 275 BGB um die Rückverschaffung bemühen muss, folgt nicht erst aus § 458 Satz 1 BGB,[1240] sondern bereits aus der Pflicht zur Rechtsverschaffung nach § 457 Abs. 1 BGB.

bb) Pflichtverletzungen und Haftung

(1) Leistungsstörungen vor Ausübung des Wiederkaufsrechts

541 Auch in Bezug auf die Haftung des Wiederverkäufers für Pflichtverletzungen vor der Ausübung des Wiederkaufsrechts ist *zwischen tatsächlichen Einwirkungen* auf den Kaufgegenstand *und Rechtsmängeln zu unterscheiden*.

(a) Haftung für Untergang, Verschlechterung oder Veränderung

542 Für den erstgenannten Bereich trifft § 457 Abs. 2 BGB einige Sonderregelungen, die an den Umstand anknüpfen, dass den Wiederverkäufer vor der Gestaltungserklärung

---

[1236] RG 21.11.1929 RGZ 126, 308 (314); *Soergel/Wertenbruch* § 457 Rn. 6; *Staudinger/Mader/ Schermaier* (2014) § 457 Rn. 6; *H.P. Westermann* MünchKomm. § 457 Rn. 4.

[1237] *Brox/Walker* § 7 Rn. 47; *Larenz* BT 1, § 44 II, S. 149; *Looschelders* Rn. 249; *Schlechtriem* Rn. 173.

[1238] BR/*Faust* § 457 Rn. 13; *Erman/Grunewald* § 457 Rn. 3; *Soergel/Wertenbruch* § 457 Rn. 18.

[1239] Gleichgestellt sind gemäß § 458 Satz 2 BGB Verfügungen im Wege der Zwangsvollstreckung.

[1240] So aber BR/*Faust* § 458 Rn. 2 m. w. N.

des Wiederkäufers nur eine Erhaltungspflicht i. S. des § 241 Abs. 2 BGB trifft.[1241] Insoweit haftet der Wiederverkäufer für eine *Verschlechterung oder die Unmöglichkeit der Herausgabe* verschuldensabhängig auf Schadensersatz nach Maßgabe der §§ 249 ff. BGB. Wird der Wiederkauf als aufschiebend bedingter Kaufvertrag aufgefasst,[1242] so folgt ein inhaltsgleicher Anspruch zudem aus § 160 Abs. 1 BGB. Der Verschuldensmaßstab ist den §§ 276, 278 BGB ohne eine Haftungsmilderung zu entnehmen, da der Wiederverkäufer mit einer Ausübung des Wiederkaufsrechts rechnen musste.[1243]

Bei einer durch den Wiederverkäufer vorgenommenen *wesentlichen Veränderung* tritt die Schadensersatzhaftung nach § 457 Abs. 2 Satz 1 BGB sogar verschuldensunabhängig ein, weil eine solche aufgrund des möglichen Zustandekommens des Wiederkaufs stets auf eigenes Risiko vorgenommen wird. Die Ansprüche und Rechte aus § 437 BGB greifen hingegen bei Sachmängeln, die vor der Ausübung des Wiederkaufsrechts begründet wurden, nicht ein,[1244] da der Wiederverkäufer als Inhalt seiner Primärleistungspflicht wie dargelegt nur die Rückverschaffung im Zustand bei der Ausübung des Wiederkaufs schuldet.[1245] Für den Fall der Minderung bestätigt dies § 457 Abs. 2 Satz 2 BGB exemplarisch.   **543**

(b) Haftung für Rechtsmängel i. S. des § 458 BGB

Entfällt nach § 275 BGB die Pflicht zur Beseitigung von Rechtsmängeln aus § 458   **544** BGB, so greift gemäß § 311a Abs. 2 BGB eine Haftung bei – zu vermutendem – Vertretenmüssen ein. Parallel ist wiederum § 160 Abs. 1 BGB in Betracht zu ziehen. Kommt der Wiederverkäufer der Beseitigungspflicht rein tatsächlich nicht nach, so gelten die §§ 280 ff., 320 ff. BGB.

(c) Befreiung des Wiederkäufers von der Pflicht zur Zahlung des Kaufpreises

Ist der Kaufgegenstand vor der Ausübung des Wiederkaufsrechts unverschuldet   **545** verschlechtert worden oder untergegangen, so findet in Bezug auf die Pflicht des Wiederkäufers zur Entrichtung des Wiederkaufpreises § 326 BGB Anwendung.[1246] Die Herausgabe eines stellvertretenden commodums folgt der Regelung des § 285 BGB.

[1241] Siehe oben § 2 Rn. 539.

[1242] Dazu oben § 2 Rn. 529 ff.

[1243] *Erman/Grunewald* § 457 Rn. 4; *Soergel/Wertenbruch* § 457 Rn. 9; *Staudinger/Mader/Schermaier* (2014) § 457 Rn. 7; *H.P. Westermann* MünchKomm. § 457 Rn. 5.

[1244] RG 21.11.1929 RGZ 126, 308 (314); *Erman/Grunewald* § 457 Rn. 3; *Soergel/Wertenbruch* § 457 Rn. 6; *Staudinger/Mader/Schermaier* (2014) § 457 Rn. 6; *H.P. Westermann* MünchKomm. § 457 Rn. 4.

[1245] Siehe oben § 2 Rn. 539.

[1246] *Soergel/Wertenbruch* § 457 Rn. 17; *Staudinger/Mader/Schermaier* (2004) § 457 Rn. 7.

(d) Ausnahmen bei Wiederkauf zum Schätzungswert

546 Alles dies gilt gemäß § 460 BGB nicht, wenn als Wiederkaufpreis der Schätzungswert des Gegenstandes im Zeitpunkt der Ausübung des Wiederkaufsrechts vereinbart worden ist, da ein angemessener Interessenausgleich in diesem Fall bereits über
die Höhe des Wiederkaufpreises erfolgt.

(2) Leistungsstörungen nach Ausübung des Wiederkaufsrechts

547 Liegt der Grund für die Verletzung der Pflichten des Wiederverkäufers aus den
§§ 433 Abs. 1, 453 Abs. 1 und 3 BGB in einem Ereignis nach der Ausübung des
Wiederkaufsrechts, so gelten die *allgemeinen Regeln für eine Verletzung der Verkäuferpflichten*, d. h. auch § 437 BGB.[1247]

b) Pflichten des Wiederkäufers

aa) Hauptpflichten

548 Gemäß § 433 Abs. 2 BGB ist der Wiederkäufer zur Zahlung des Wiederkaufpreises
verpflichtet. Dieser bemisst sich im Zweifel nach dem ursprünglichen Verkaufspreis
(§ 456 Abs. 2 BGB).

bb) Nebenpflichten

549 Den Wiederkäufer treffen stets die allgemeinen Nebenpflichten eines Käufers.
Hierzu zählt regelmäßig auch die Pflicht zur Abnahme aus § 433 Abs. 2 BGB.[1248]

550 Zudem hat der Wiederkäufer dem Wiederverkäufer nach § 459 Satz 1 BGB *Verwendungen zu ersetzen*, die dieser vor der Ausübung des Wiederkaufsrechts auf den
gekauften Gegenstand gemacht hat. Allerdings müssen diese den Wert erhöhen. Die
Ersatzpflicht gilt auch für solche werterhöhenden Verwendungen, die zur Erhaltung
des Gegenstandes notwendig waren.[1249] Nach § 460 BGB entfällt diese Pflicht wiederum bei einem Wiederkauf zum Schätzungswert, da die Werterhöhung in diesem
Fall in die Bemessung des Wiederkaufpreises eingeht.

551 Schließlich ist der Wiederverkäufer nach § 459 Satz 2 BGB berechtigt, *Einrichtungen wegzunehmen*, mit denen er den Kaufgegenstand versehen hat. Ist die Sache
bereits an den Wiederkäufer übergeben, so muss dieser gemäß § 258 Satz 2 BGB
die Wegnahme derartiger Einrichtungen gestatten. Den Wiederverkäufer trifft in
beiden Fällen jedoch die Wiederherstellungspflicht aus § 258 Satz 1 BGB.

[1247] Siehe oben § 2 Rn. 539.

[1248] Dazu oben § 2 Rn. 478 ff.

[1249] RGRK/*Mezger* § 500 Rn. 2; *Soergel/Wertenbruch* § 457 Rn. 2 f.; *Staudinger/Mader/Scher-
maier* (2014) § 459 Rn. 4; a. A. *Palandt/Weidenkaff* § 459 Rn. 1.

IV. Vorkauf

1. Begriff und Rechtsnatur

Nach § 463 BGB kann derjenige, der bezüglich einer Sache oder eines Gegenstandes **552** i. S. des § 453 Abs. 1 BGB zum Vorkauf berechtigt ist, dieses Recht ausüben, sobald der Verpflichtete mit einem Dritten einen Kaufvertrag über den Gegenstand abgeschlossen hat (sog. *Vorkaufsfall*).[1250] Durch die Ausübung des Vorkaufsrechts kommt nach § 464 Abs. 2 BGB zwischen dem Berechtigten und dem Verpflichteten ein Kaufvertrag zu den Bedingungen zustande, die der Verpflichtete mit dem Dritten vereinbart hat.

Anders als bei einem Kauf auf Probe oder einem Wiederkaufsrecht kann der **553** Vorkaufsberechtigte somit *nicht rein einseitig* einen wirksamen Kaufvertrag über einen bestimmten Gegenstand herbeiführen, sondern sein Vorkaufsrecht kann er nur ausüben, wenn der Vorkaufsverpflichtete diesen Gegenstand an einen Dritten verkauft. Das Erwerbsinteresse des Vorkaufsberechtigten wird daher nur in Kombination mit einem Abwehrinteresse gegenüber einer „drohenden" Veräußerung der Sache an einen Dritten geschützt. Beispiel: Der Vater überträgt das familieneigene Unternehmen seinem Sohn, behält sich aber für den Fall des Weiterverkaufs durch den Sohn ein Vorkaufsrecht vor, um eine Veräußerung an Dritte zu verhindern. Sofern der Vorkaufsverpflichtete die Sache nicht verkauft, kann der Vorkaufsberechtigte nicht einseitig zu seinen Gunsten einen Kaufvertrag herbeiführen.

Als Rechtsgrundlage für ein Vorkaufsrecht kommen sowohl eine Vereinbarung **554** zwischen dem Berechtigten und dem Verpflichteten als auch eine Rechtsvorschrift in Betracht; in letzterem Fall spricht man von einem *gesetzlichen Vorkaufsrecht*.[1251] So sieht z. B. das BGB in § 2034 BGB ein Vorkaufsrecht der Miterben hinsichtlich des Erbteils eines anderen Miterben vor, das nach § 2035 BGB unter gewissen Voraussetzungen auch gegenüber dem Drittkäufer ausgeübt werden kann.[1252] Nach § 577 BGB ist der Mieter einer Wohnung, an der Wohnungseigentum begründet wird, zum Vorkauf berechtigt. Ein gesetzliches Vorkaufsrecht zur Sicherung öffentlicher Aufgaben, das die Realisierung der Bauplanung bezweckt, regeln die §§ 24 ff. BauGB zugunsten der Gemeinden.[1253] Auch auf dieses Vorkaufsrecht sind die meisten Vorschriften der §§ 463 bis 473 BGB anwendbar (§ 28 Abs. 2 Satz 2 BauGB).

Wie bei einem Kauf auf Probe und einem Wiederkauf ist die *Rechtsnatur des* **555** *vertraglichen Vorkaufs umstritten.* Die h. M.[1254] nimmt einen doppelt aufschiebend

---

[1250] Näher unten § 2 Rn. 563 ff.

[1251] Überblick zu den gesetzlichen Vorkaufsrechten bei *Staudinger/Mader/Schermaier* (2014) Vorbem. zu §§ 463 ff. Rn. 9 ff.

[1252] Eingehend dazu *Lange/Kuchinke* § 42 III, S. 1038 ff.

[1253] Näher *Groschupf* NJW 1998, 418 ff.

[1254] RG 13.06.1932 RGZ 137, 29 (33); BGH 04.03.1955 BGHZ 32, 375 (377); *Fikentscher/Heinemann* Rn. 933; *RGRK/Mezger* § 504 Rn. 3 f.; *Schlechtriem* Rn. 163; *Soergel/Wertenbruch* § 463 Rn. 13; differenzierend *Staudinger/Mader/Schermaier* (2014) Vorbem. zu §§ 463 ff. Rn. 29 ff.

bedingten Kaufvertrag mit zunächst noch teilweise unbestimmtem Inhalt (vgl. § 464 Abs. 2 BGB) an. Dabei wird als erste Bedingung der Abschluss eines Kaufvertrages zwischen dem Vorkaufsverpflichteten und einem Dritten i. S. des § 463 BGB angenommen (Vorkaufsfall) und als zweite, kumulative Bedingung die Ausübung des Vorkaufsrechts durch den Berechtigten betrachtet. Die erste Bedingung stellt hierbei eine sog. Potestativbedingung dar, da der Abschluss des Kaufvertrages zwischen dem Vorkaufsverpflichteten und dem Dritten nicht inhaltlich-funktional auf die Herbeiführung des Vorkaufs gerichtet ist, während die zweite Bedingung als sog. Wollensbedingung in einer Ingeltungsetzung des Kaufvertrages durch den Vorkaufsberechtigten besteht.[1255]

556   Aus der angenommenen Unvereinbarkeit der §§ 158 ff. BGB mit Wollensbedingungen sowie aus dem Wortlaut des § 464 Abs. 2 BGB, nach dem der Kauf (erst) mit der Ausübung des Vorkaufsrechts „zustande" kommt, schließt eine abweichende Ansicht hingegen, dass es sich bei der rechtsgeschäftlichen Begründung von Vorkaufsrechten nicht um den Abschluss eines doppelt bedingten Kaufvertrages, sondern um eine Vereinbarung handelt, die dem Berechtigten die Befugnis verleiht, unter den in § 463 BGB genannten Voraussetzungen den Kaufvertrag einseitig durch eine Gestaltungserklärung zu begründen.[1256] Für die gesetzlichen Vorkaufsrechte ist in der Tat nur das Moment der Gestaltungserklärung seitens des Berechtigten relevant. Jedoch lassen sich bei rechtsgeschäftlichen Vorkaufsrechten die Annahmen eines Gestaltungsrechts und eines bedingten Kaufvertrages vereinbaren (*Optionsvertrag*),[1257] so dass der h. M. zu folgen ist. Da die Vereinbarung eines rechtsgeschäftlichen Vorkaufsrechts somit bereits den Abschluss eines doppelt bedingten Kaufvertrages enthält, muss sie in einer für entsprechende Kaufverträge vorgeschriebenen Form erfolgen, beispielsweise bei Grundstücken in der Form des § 311b Abs. 1 Satz 1 BGB.[1258]

2. Abgrenzung zu verwandten Vertragsgestaltungen

a) Dingliche Vorkaufsrechte gemäß den §§ 1094 ff. BGB

557   Die Ausübung eines Vorkaufsrechts i. S. des § 463 BGB bewirkt nach § 464 Abs. 2 BGB lediglich, dass zwischen den Parteien ein Kaufvertrag zu den Bedingungen zustande kommt, die der Verpflichtete mit dem Drittkäufer vereinbart hat. Es

---

[1255] Siehe im Einzelnen oben § 2 Rn. 518 ff.

[1256] *Larenz* BT 1, § 44 III, S. 151 f.; *Medicus/Lorenz* Rn. 322.

[1257] Näher oben § 2 Rn. 520.

[1258] RG 29.05.1935 RGZ 148, 105 (108); *Erman/Grunewald* § 463 Rn. 7; *Soergel/Wertenbruch* § 463 Rn. 34; *Staudinger/Mader/Schermaier* (2014) § 463 Rn. 6; *H.P. Westermann* MünchKomm. § 463 Rn. 11; im Ergebnis auch *Larenz* BT 1, § 44 III, S. 152; a. A. *Häsemeyer* Die gesetzliche Form der Rechtsgeschäfte, 1971, S. 235 f.

handelt sich somit um ein *schuldrechtliches Vorkaufsrecht*, dessen Ausübung für die Parteien die Rechte und Pflichten der §§ 433 ff. BGB nach sich zieht. Dieses Vorkaufsrecht begründet keine unmittelbare Rechtsbeziehung zwischen dem Vorkaufsberechtigten und dem Drittkäufer.[1259] Übereignet somit der Vorkaufsverpflichtete nach der Ausübung des Vorkaufsrechts den Gegenstand an den Drittkäufer, so verletzt er zwar seine Pflicht gegenüber dem Vorkaufsberechtigten aus § 433 Abs. 1 Satz 1 BGB, der Dritte wird jedoch Eigentümer, ohne dass der Vorkaufsberechtigte die Sache von ihm herausverlangen könnte.

Von dem schuldrechtlichen Vorkaufsrecht der §§ 463 bis 473 BGB ist daher das **558** *dingliche Vorkaufsrecht* i. S. der §§ 1094 bis 1104 BGB zu unterscheiden, das nach § 1094 Abs. 1 BGB nur an Grundstücken bestellt werden kann.[1260] Dieses entsteht nicht durch einen schuldrechtlichen Vertrag, sondern gemäß § 873 BGB durch dingliche Einigung und Eintragung in das Grundbuch.[1261] Auch bei einem dinglichen Vorkaufsrecht bemisst sich zwar das Rechtsverhältnis zwischen dem Vorkaufsberechtigten und dem Vorkaufsverpflichteten nach den §§ 463 bis 473 BGB (§ 1098 Abs. 1 Satz 1 BGB). Ein dingliches Vorkaufsrecht entfaltet darüber hinaus aber nach § 1098 Abs. 2 BGB gegenüber Dritten die *Wirkung einer Vormerkung* zur Sicherung des mit der Ausübung des Vorkaufsrechts entstehenden Anspruchs auf Übertragung des Eigentums an dem Grundstück. Daher ist nach § 1098 Abs. 2 BGB i. V. mit § 883 Abs. 2 Satz 1 BGB die Übertragung des Eigentums an dem betreffenden Grundstück auf einen Drittkäufer gegenüber dem Vorkaufsberechtigten relativ unwirksam. Aus diesem Grund kann der Vorkaufsberechtigte von dem Vorkaufsverpflichteten weiterhin die Übereignung verlangen (Ausschluss des § 275 Abs. 1 BGB), an welcher der Dritte nach Maßgabe des § 888 Abs. 1 BGB grundbuchrechtlich mitwirken muss.[1262]

Eine derartige Drittwirkung entfaltet ein schuldrechtliches Vorkaufsrecht in Bezug **559** auf ein Grundstück nur, wenn der zugunsten des Vorkaufsberechtigten bestehende, doppelt bedingte Anspruch auf Übereignung[1263] durch eine nach Maßgabe des § 885 BGB separat bestellte Vormerkung gesichert wird (vgl. § 883 Abs. 1 Satz 2 BGB). Demgegenüber löst ein dingliches Vorkaufsrecht die Rechtswirkungen einer Vormerkung nach § 1098 Abs. 2 BGB automatisch aus.

b) Einseitiges Angebot zum Abschluss eines Kaufvertrages

Zu unterscheiden ist das Vorkaufsrecht weiterhin von einem bloß einseitigen **560** Angebot des Verkäufers, den Gegenstand unter bestimmten Bedingungen an den

---

[1259] Siehe noch unten § 2 Rn. 577.

[1260] Näher *Baur/Stürner* § 21 Rn. 23 ff.

[1261] BGH 22.11.2013 NJW 2014, 622 Rn. 10 m. w. N.

[1262] Im Einzelnen *Baur/Stürner* § 20 Rn. 34 ff.

[1263] Vgl. oben § 2 Rn. 555.

Adressaten zu verkaufen.[1264] In diesem Fall erfolgt keine Gestaltungserklärung durch den Käufer, die zur Wirksamkeit der Pflichten aus einem bedingten Kaufvertrag führen würde, sondern der Kaufvertrag kommt erst durch die Annahmeerklärung des Käufers mit der jeweiligen Bedingung zustande. Die vereinbarte aufschiebende Bedingung wird hierbei jedoch anders als bei § 463 BGB selten in dem Abschluss eines Kaufvertrages mit einem Dritten bestehen.

c) Vorhand

561 Als Vorhand wird eine Abrede bezeichnet, in der einer Partei in Bezug auf einen Gegenstand (z. B. ein bestimmtes Gemälde) ein vorzugsweiser Vertragsschluss oder vorzugsweise Vertragsverhandlungen zugesagt werden.[1265] Derartige Vereinbarungen können unterschiedliche Bindungswirkungen haben, die von einem vorvertraglichen Schuldverhältnis i. S. des § 311 Abs. 2 BGB bis zu einem bedingten Vorvertrag reichen. Die §§ 463 ff. BGB sind auf die Vorhand in aller Regel nicht anwendbar.[1266]

3. Zustandekommen des Vorkaufs

562 Die Wirksamkeit des Kaufvertrages zwischen den Beteiligten des Vorkaufsrechts steht nach den §§ 463, 464 Abs. 2 BGB unter *zwei Voraussetzungen*: Erstens muss der Vorkaufsverpflichtete über den Gegenstand einen Vertrag mit einem Dritten abschließen (sog. *Vorkaufsfall*) und zweitens muss der Vorkaufsberechtigte infolgedessen sein *Vorkaufsrecht ausgeübt haben*.

a) Eintritt des Vorkaufsfalls

563 Nach § 463 BGB eröffnet nur der *Abschluss eines Kaufvertrages zwischen dem Vorkaufsverpflichteten und einem Dritten* die Möglichkeit zur Ausübung des Vorkaufsrechts. Den Begriff des Kaufvertrages interpretiert die h. M. eng, so dass ihm weder Tauschverträge noch Schenkungen unterfallen.[1267] Wird jedoch eine

---

[1264] A. A. *Schurig* Das Vorkaufsrecht im Privatrecht, 1975, S. 81 ff.

[1265] *Erman/Grunewald* § 463 Rn. 5; *Larenz* BT 1, § 44 IV 2, S. 156 f.; *Schlechtriem* Rn. 172; *Staudinger/Mader/Schermaier* (2014) Vorbem. zu §§ 463 ff. Rn. 46; *H.P. Westermann* MünchKomm. § 463 Rn. 4.

[1266] *Staudinger/Mader/Schermaier* (2014) Vorbem. zu §§ 463 ff. Rn. 46.

[1267] RG 17.06.1929 RGZ 125, 123 (125); BGH 27.10.1967 BGHZ 49, 7 (10 f.) – sog. Ringtausch; *Soergel/Wertenbruch* § 463 Rn. 39 ff.; *Staudinger/Mader/Schermaier* (2014) § 463 Rn. 10 ff.; tendenziell a. A. aufgrund einer Auslegung des typischen Parteiwillens *Erman/Grunewald* § 463 Rn. 8. Zum Sonderfall einer sog. gemischten Schenkung siehe BGH 25.09.1986 NJW 1987, 890 (892) sowie unten § 4 Rn. 18 ff.

Vertragsgestaltung gewählt, die funktional einem Kaufvertrag nahezu entspricht, so kann eine Umgehung des § 463 BGB vorliegen, die gemäß § 162 Abs. 1 BGB i. V. mit § 242 BGB den Vorkaufsfall auslöst.[1268] Beispiel: Die Kaufsache wird i. S. des § 480 BGB gegen Wertpapiere eingetauscht, die sogleich liquidiert werden. Zudem ist § 463 BGB dispositiv, so dass die Parteien des Vorkaufvertrages den Vorkaufsfall auch auf andere Vertragstypen (z. B. Schenkungen) erstrecken können.[1269]

Der Kaufvertrag mit dem Dritten muss *rechtswirksam* sein.[1270] Ein nichtiger **564** Vertrag oder ein genehmigungsbedürftiger Vertrag, bei dem die Genehmigung nicht erteilt wird, begründet somit keinen Vorkaufsfall. Verkauft der Vorkaufsverpflichtete an den Dritten mit dessen Einverständnis nur zum Schein, um den Vorkaufsfall zu provozieren, greift der Nichtigkeitsgrund des § 117 Abs. 1 BGB ein. Unterschiedlich wird die *Bedeutung von Anfechtungsrechten* in Bezug auf den Drittkaufvertrag beurteilt: Einigkeit besteht insoweit, als nur ein wirksam ausgeübtes Anfechtungsrecht, nicht aber bereits die Anfechtungsmöglichkeit den Vorkaufsfall hindert (vgl. § 142 Abs. 1 BGB). Weitergehend wird vertreten, dass ein Anfechtungsrecht des Drittkäufers auch im Fall seiner Ausübung nicht den Vorkaufsfall beseitigen soll, da dieses nur den Schutz des Dritten bezwecke, nicht aber das Verhältnis zwischen dem Vorkaufsverpflichteten und dem Vorkaufsberechtigten berühre.[1271] Dem ist jedoch entgegenzuhalten, dass das Vorkaufsrecht an einen wirksamen Drittkaufvertrag anknüpft, auf dessen Basis der Vorkaufsverpflichtete an den Dritten veräußern könnte, wenn das Vorkaufsrecht nicht ausgeübt würde. Dies ist aber nicht der Fall, wenn der Dritte wirksam anficht. Im Interesse einer Balance von Chance und Risiko sprechen daher die besseren Gründe dafür, dass jede wirksame Anfechtung den Eintritt des Vorkaufsfalls hindert.[1272]

Auch ein *bedingter Kaufvertrag mit einem Dritten* erzeugt bereits eine Bindungs- **565** wirkung i. S. der §§ 158 ff. BGB und löst daher das Vorkaufsrecht aus. Nach der allgemeinen Regelung des § 464 Abs. 2 BGB bestimmt die Bedingung dann grundsätzlich auch den Inhalt des Kaufvertrages zwischen dem Vorkaufsberechtigten und dem Vorkaufsverpflichteten.[1273] Gleiches gilt für ein mit dem Dritten vereinbartes

---

[1268] BGH 11.10.1991 BGHZ 115, 335 (338 ff.); *Esser/Weyers* BT 1, § 10/3, S. 114; *Staudinger/Mader/Schermaier* (2014) § 463 Rn. 21; *H.P. Westermann* MünchKomm. § 463 Rn. 20 ff.

[1269] *Larenz* BT 1, § 44 III, S. 153; *Staudinger/Mader/Schermaier* (2014) § 463 Rn. 10; *H.P. Westermann* MünchKomm. § 463 Rn. 15; weitergehend *Erman/Grunewald* § 463 Rn. 8.

[1270] BGH 01.10.2010 NJW 2010, 3774 Rn. 20; *Larenz* BT 1, § 44 III, S. 152; *Erman/Grunewald* § 463 Rn. 11; *Schlechtriem* Rn. 165; *Staudinger/Mader/Schermaier* (2014) § 463 Rn. 35; *H.P. Westermann* MünchKomm. § 463 Rn. 16.

[1271] *Erman/Grunewald* § 463 Rn. 11; *Soergel/Wertenbruch* § 463 Rn. 60; *Staudinger/Mader/Schermaier* (2014) § 463 Rn. 38; *H.P. Westermann* MünchKomm. § 463 Rn. 17.

[1272] Vgl. auch *Burkert* NJW 1987, 3157 (3158).

[1273] RG 24.02.1923 RGZ 106, 320 (324); differenzierend *Erman/Grunewald* § 463 Rn. 13; *Staudinger/Mader/Schermaier* (2014) § 463 Rn. 41 f.; *H.P. Westermann* MünchKomm. § 463 Rn. 18. Zum Ausnahmefall des § 465 BGB unten § 2 Rn. 574.

vertragliches Rücktrittsrecht.[1274] Dessen Ausübung beseitigt den Vertrag nicht ex tunc, sondern wandelt diesen lediglich in ein Rückgewährschuldverhältnis um.[1275]

566 Zwei Formen von Kaufgeschäften nehmen die §§ 470, 471 BGB von dem Bereich der Kaufverträge i. S. des § 463 BGB, die den Vorkaufsfall auslösen, aus. Nach der Auslegungsregel („im Zweifel") des § 470 BGB erstreckt sich das Vorkaufsrecht nicht auf einen Verkauf, der mit Rücksicht auf ein künftiges Erbrecht, d. h. im Rahmen der sog. vorweggenommenen Erbfolge, an einen gesetzlichen Erben erfolgt. Beispiel: Der Vater überträgt sein Unternehmen zu einem geringen Kaufpreis an seinen Sohn als alleinigen Erben, um die Unternehmensnachfolge nicht erst im Zeitpunkt seines Todes eintreten zu lassen. Weiterhin sieht § 471 BGB zwingend[1276] vor, dass ein Verkauf im Wege der Zwangsvollstreckung oder aus der Insolvenzmasse das Vorkaufsrecht nicht auslöst.

567 Der Verkauf muss gemäß § 463 BGB an einen *„Dritten"* erfolgen. Dieses Kriterium ist nicht erfüllt, wenn im Rahmen der Aufhebung einer Bruchteilsgemeinschaft (§§ 741 ff. BGB) der Gegenstand auf einen Bruchteilsinhaber oder bei der Auseinandersetzung einer Gesamthand (GbR, Erbengemeinschaft) auf einen der Gesamthänder übertragen wird.[1277] Das Vorkaufsrecht kann dann aber ausgeübt werden, wenn der neue (alleinige) Rechtsinhaber den Gegenstand weiterverkauft. Verkauft der Vorkaufsverpflichtete an einen von mehreren Vorkaufsberechtigten allein, ist für die anderen Berechtigten der Vorkaufsfall eingetreten, die sodann nach Maßgabe des § 472 BGB an dem Verkauf zu beteiligen sind.

b) Ausübung des Vorkaufsrechts

568 Ist der Vorkaufsfall eingetreten,[1278] so kann der Vorkaufsberechtigte sein Recht nach § 464 Abs. 1 Satz 1 BGB durch eine *einseitige, empfangsbedürftige Willenserklärung* gegenüber dem Vorkaufsverpflichteten ausüben. Diese bedarf gemäß § 464 Abs. 1 Satz 2 BGB nicht der für den Kaufvertrag bestimmten Form, was nach h. M. auch im Hinblick auf § 311b Abs. 1 Satz 1 BGB gilt.[1279]

[1274] BGH 11.02.1977 BGHZ 67, 395 (397); *Soergel/Wertenbruch* § 463 Rn. 62; *H.P. Westermann* MünchKomm. § 463 Rn. 17. Zu § 465 BGB wiederum § 2 Rn. 574.

[1275] Allg. dazu *Gaier* MünchKomm. Vor § 346 Rn. 26.

[1276] Statt aller *Staudinger/Mader/Schermaier* (2014) § 471 Rn. 3.

[1277] BGH 23.04.1954 BGHZ 13, 133 (139); *Staudinger/Mader/Schermaier* (2014) § 463 Rn. 46 ff.; *H.P. Westermann* MünchKomm. § 463 Rn. 26 f.

[1278] Bei einem genehmigungsbedürftigen Drittvertrag kann das Vorkaufsrecht bereits vor der Genehmigungserteilung mit Wirkung auf den Genehmigungszeitpunkt geltend gemacht werden: BGH 15.05.1998 BGHZ 139, 29 ff.

[1279] Prot. II, S. 99; BT-Drucks. 14/6857, S. 62; *Erman/Grunewald* § 464 Rn. 1; *Soergel/Wertenbruch* § 464 Rn. 3; *H.P. Westermann* MünchKomm. § 464 Rn. 2; teilweise kritisch *Staudinger/Mader/Schermaier* (2014) § 464 Rn. 6.

Für die *zeitliche Grenze der Ausübung des Vorkaufsrechts* sieht § 469 Abs. 2 **569**
Satz 2 BGB die Möglichkeit einer Fristvereinbarung durch die Parteien vor.
Fehlt eine solche Bestimmung in dem Vorkaufvertrag, so gilt gemäß § 469 Abs. 2
Satz 1 BGB bei Grundstücken eine Frist von zwei Monaten, ansonsten eine Frist
von einer Woche. Maßgeblicher Zeitpunkt für die Fristwahrung ist der Zugang der
Gestaltungserklärung des Vorkaufsberechtigten bei dem Vorkaufsverpflichteten.

Die jeweilige Frist beginnt nicht bereits mit dem Abschluss des Kaufvertrages **570**
mit dem Dritten zu laufen, sondern erst dann, wenn der Vorkaufsverpflichtete dem
Vorkaufsberechtigten den *Inhalt des Drittkaufvertrages mitteilt*. Diese Mitteilung
muss nach § 469 Abs. 1 Satz 1 BGB unverzüglich (vgl. § 121 Abs. 1 Satz 1 BGB)
erfolgen.[1280] Als „empfangen" i. S. des § 469 Abs. 2 Satz 1 BGB gilt die Mitteilung, wenn sie zugegangen ist, wobei die §§ 130 f. BGB für diese Wissenserklärung
analog gelten.[1281] Eine entsprechende Mitteilung des Drittkäufers ersetzt die Mitteilung des Vorkaufsverpflichteten (§ 469 Abs. 1 Satz 2 BGB). Die Frist des § 469
Abs. 2 BGB wird allerdings nur durch eine Mitteilung in Gang gesetzt, die *nach
der Rechtswirksamkeit des Kaufvertrages mit dem Dritten* (z. B. einer erforderlichen Genehmigungserteilung) erfolgt, da dem Vorkaufsberechtigten erst dann eine
hinreichende Informationsbasis zur Verfügung steht, um seine Entscheidung über
die Ausübung des Vorkaufsrechts zu treffen.[1282] Mitzuteilen ist der gesamte Inhalt
des Kaufvertrages, da dieser bei Ausübung des Vorkaufsrechts auch den Inhalt des
Vertragsverhältnisses zwischen den Parteien des Vorkaufs bestimmt (§ 464 Abs. 2
BGB).[1283]

Das *Vorkaufsrecht erlischt*, wenn der Berechtigte es nicht in der jeweils geltenden **571**
Frist ausübt. Wird der Gegenstand auf den Dritten i. S. des § 463 BGB übertragen
und verkauft dieser nun seinerseits, steht dem ursprünglich Vorkaufsberechtigten
kein erneutes Vorkaufsrecht zu. Das gilt ebenfalls, wenn der Kaufvertrag mit dem
Dritten, der den Vorkaufsfall begründet, rein faktisch nicht durchgeführt wird und
der Verpflichtete den Gegenstand erneut verkauft. In diesem Fall gilt das Vorkaufsrecht mangels einer abweichenden Vereinbarung für diesen zweiten Verkauf nicht
mehr.[1284]

Nach der dispositiven Vorschrift des § 473 Satz 1 BGB ist das Vorkaufsrecht **572**
zudem *nicht übertragbar* und auf der Seite des Berechtigten (sog. Aktivseite) *nicht
vererblich*. Letzteres gilt wiederum im Zweifel nicht, wenn das Recht auf eine
bestimmte Zeit beschränkt ist (§ 473 Abs. 2 BGB).

[1280] Bei einer Verletzung dieser Nebenpflicht haftet der Vorkaufsverpflichtete nach den §§ 280 ff.
BGB auf Schadensersatz: RG 12.12.1942 RGZ 170, 208 (213); *H.P. Westermann* MünchKomm.
§ 469 Rn. 1.

[1281] BR/*Faust* § 469 Rn. 7; *Staudinger/Mader/Schermaier* (2014) § 469 Rn. 13.

[1282] BGH 20.02.1957 BGHZ 23, 342 (348); *Erman/Grunewald* § 469 Rn. 7; *Staudinger/Mader/
Schermaier* (2014) § 469 Rn. 5.

[1283] BGH 29.10.1993 NJW 1994, 315 (316); *Larenz* BT 1, § 44 III, S. 153; *Staudinger/Mader/
Schermaier* (2014) § 469 Rn. 10; *H.P. Westermann* MünchKomm. § 469 Rn. 4.

[1284] *Erman/Grunewald* § 463 Rn. 10; *Staudinger/Mader/Schermaier* (2014) § 463 Rn. 61.

4. Rechtsverhältnis zwischen dem Vorkaufsberechtigten und dem Vorkaufsverpflichteten

573   Die wirksame Ausübung des Vorkaufsrechts führt dazu, dass gemäß § 464 Abs. 2
       BGB der Kauf zwischen dem Berechtigten und dem Verpflichteten mit den Bestim-
       mungen zustande kommt, die der Verpflichtete mit dem Dritten vereinbart hat. Der
       Vorkaufsberechtigte tritt also nicht etwa in den Drittkaufvertrag ein, sondern der
       durch die Ausübung des Vorkaufsrechts wirksam gewordene *Vertrag steht neben
       dem Kaufvertrag mit dem Dritten.* Die Vorschrift des § 464 Abs. 2 BGB ist inso-
       weit dispositiv, als der Vorkaufsberechtigte und der Vorkaufsverpflichtete für den
       zwischen ihnen bestehenden Kaufvertrag Konditionen vereinbaren können, die von
       dem Kaufvertrag mit dem Dritten abweichen, z. B. einen niedrigeren Kaufpreis
       (sog. *limitiertes Vorkaufsrecht*).[1285] Die §§ 466 (Nebenleistungen) und 467 BGB
       (Gesamtpreis) sehen Abweichungen des Kaufvertrages zwischen dem Vorkaufsbe-
       rechtigten und dem Vorkaufsverpflichteten von dem Kaufvertrag mit dem Dritten
       vor, die auf der Natur der betreffenden Konditionen beruhen.[1286]

574   Zum Schutz des Vorkaufsberechtigten ordnet § 465 BGB *kraft Gesetzes zwei
       Ausnahmen von dem Grundsatz der inhaltlichen Identität mit dem Drittkaufvertrag*
       an. Erstens ist eine Vereinbarung, welche den Kauf des Dritten von der Nichtaus-
       übung des Vorkaufsrechts abhängig macht, gegenüber dem Vorkaufsberechtigten
       unwirksam (§ 465 Alt. 1 BGB). Gäbe es diese Regelung nicht, würde eine derartige
       Bedingung gemäß § 464 Abs. 2 BGB auch Inhalt des Vorkaufvertrages und damit
       die wirksame Ausübung des Vorkaufsrechts vereiteln, da mit ihr zugleich der Dritt-
       kaufvertrag wegfiele. Zweitens gilt Gleiches für eine Vereinbarung mit dem Dritten,
       nach welcher der Vorkaufsverpflichtete für den Fall der Ausübung des Vorkaufs-
       rechts berechtigt sein soll, von dem Vertrag zurückzutreten (§ 465 Alt. 2 BGB). Im
       Rechtsverhältnis zwischen dem Vorkaufsverpflichteten und dem Dritten sind der-
       artige Bestimmungen hingegen wirksam. Ihre Vereinbarung ist für den Vorkaufsver-
       pflichteten regelmäßig sogar erforderlich, damit er durch eine Erfüllung des Vertra-
       ges mit dem Vorkaufsberechtigten gegenüber dem Dritten keine Vertragsverletzung
       begeht.[1287]

575   Eine Privilegierung für den Vorkaufsverpflichteten enthält § 468 BGB. Auf eine
       Stundung des Kaufpreises zugunsten des Dritten kann sich der Vorkaufsberechtigte
       gemäß § 468 Abs. 1 BGB nur berufen, wenn er für den Betrag Sicherheit i. S. der
       §§ 232 ff. BGB leistet. Diese Regelung beruht darauf, dass eine Stundung regel-
       mäßig nur mit Rücksicht auf die persönliche Bonität des Schuldners gewährt wird.
       Folgerichtig bedarf es der Sicherheitsleistung nach § 468 Abs. 2 BGB nicht, wenn
       Grundpfandrechte den Kaufpreis absichern.

[1285] RG 12.12.1942 RGZ 170, 208 (214); *Soergel/Wertenbruch* § 464 Rn. 16; *Staudinger/Mader/
Schermaier* (2014) § 464 Rn. 18.

[1286] Siehe weiterführend BGH 25.11.1987 BGHZ 102, 237 (241); BGH 14.07.1995 NJW 1995,
3183 (3184).

[1287] Siehe dazu § 2 Rn. 576.

5. Rechtsverhältnis zwischen dem Vorkaufsverpflichteten und dem Drittkäufer

Die Ausübung des Vorkaufsrechts berührt die Wirksamkeit des Vertrages zwischen **576** dem Vorkaufsverpflichteten und dem Dritten grundsätzlich nicht.[1288] Haben die Parteien dieses Vertrages nicht vereinbart, dass ihr Vertrag durch die Ausübung des Vorkaufsrechts auflösend bedingt sein soll, oder eine vergleichbare Abrede getroffen, so stellt die Erfüllung des Vertrages mit dem Vorkaufsberechtigten eine *Pflichtverletzung des Vorkaufsverpflichteten gegenüber dem Dritten* i. S. der §§ 280 ff., 320 ff. BGB dar.[1289] Ob sich aus der Kenntnis des Dritten von dem Vorkaufsrecht die stillschweigende Vereinbarung einer solchen Bedingung ableiten lässt, ist im Einzelfall durch Auslegung zu beantworten.[1290]

6. Rechtsverhältnis zwischen dem Vorkaufsberechtigten und dem Drittkäufer

Vorbehaltlich einer Schadensersatzpflicht nach § 826 BGB treffen den Dritten **577** gegenüber dem Vorkaufsberechtigten keine Pflichten;[1291] Entsprechendes gilt umgekehrt. Erfüllt der Vorkaufsverpflichtete den Kaufvertrag mit dem Dritten, so hat der Vorkaufsberechtigte keine Ansprüche gegen diesen, sondern ist auf seine Ansprüche und Rechte gegen den Vorkaufsverpflichteten beschränkt, die aus einer Verletzung der Pflicht aus den §§ 433 Abs. 1, 453 Abs. 1 und 3 BGB folgen (Schadensersatz, Rücktritt, Herausgabe des erlangten Kaufpreises nach § 285 BGB).

V. Verbrauchsgüterkauf

1. Überblick

Der Untertitel über den Verbrauchsgüterkauf, der die §§ 474 bis 479 BGB umfasst, **578** beruht wie viele weitere Regelungen in den §§ 433 ff. BGB auf der *Verbrauchsgüterkauf-RL der EG*,[1292] deren erklärtes Ziel darin besteht, „einen Beitrag zur Erreichung eines hohen Verbraucherschutzniveaus" und zu der „Vollendung des

---

[1288] Statt aller *Larenz* BT 1, § 44 III, S. 154.

[1289] RG 10.05.1928 RGZ 121, 137 (139); *Larenz* BT 1, § 44 III, S. 154; *Staudinger/Mader/Schermaier* (2014) § 463 Rn. 56.

[1290] Vgl. *Erman/Grunewald* § 464 Rn. 11; *Staudinger/Mader/Schermaier* (2014) § 463 Rn. 57; *H.P. Westermann* MünchKomm. § 464 Rn. 9.

[1291] *Brox/Walker* § 7 Rn. 55; *Erman/Grunewald* § 464 Rn. 13; *Schlechtriem* Rn. 171; *Soergel/Wertenbruch* § 464 Rn. 43; *Staudinger/Mader/Schermaier* (2014) § 463 Rn. 59. Anders bei einem dinglichen Vorkaufsrecht an einem Grundstück oder dem Bestehen einer Vormerkung für den doppelt bedingten Übereignungsanspruch des Vorkaufsberechtigten; siehe § 2 Rn. 559.

[1292] Siehe bereits oben § 2 Rn. 2.

Binnenmarkts" zu leisten.[1293] Diese Zielsetzungen und die spezifischen Vorgaben der Richtlinie sind bei der Anwendung der §§ 474 bis 479 BGB zu berücksichtigen (sog. *richtlinienkonforme Auslegung bzw. Rechtsfortbildung*).[1294] Der Untertitel über den Verbrauchsgüterkauf regelt folgende Gegenstände:

- den Begriff des Verbrauchsgüterkaufs (§ 474 BGB),
- die Nichtanwendbarkeit bzw. die zwingende Anwendbarkeit einzelner Normen aus den §§ 433 ff. BGB auf Verbrauchsgüterkaufverträge (§§ 475, 476 BGB),
- die Beweislast für die Feststellung von Sachmängeln (§ 477 BGB),
- Sonderbestimmungen für den Verkäuferregress i. S. der §§ 445a, 445b BGB, wenn die Lieferkette in einen Verbrauchsgüterkaufvertrag mündet (§ 478 BGB) und
- Garantien, die einem Verbraucher eingeräumt werden (§ 479 BGB).

579   Diese Regelungen sind im Zusammenhang mit *weiteren Vorschriften zum Schutz des Verbrauchers* zu sehen, die insbesondere im Allgemeinen Schuldrecht enthalten sind.[1295] Zu nennen ist vor allem das zweiwöchige Widerrufsrecht nach § 355 BGB bei außerhalb von Geschäftsräumen geschlossenen Verträgen (§ 312b BGB) und bei Fernabsatzverträgen (§ 312c BGB). Ein umfangreicher Schutz folgt auch aus den §§ 491 ff. BGB i. V. mit den §§ 355 ff. BGB, wenn einem Verbraucher die Zahlung des Kaufpreises mittels eines Darlehens oder einer vergleichbaren Finanzierungshilfe ermöglicht wird (sog. Abzahlungskauf).[1296]

2. Begriff des Verbrauchsgüterkaufs

580   Den Anwendungsbereich der Vorschriften über den Verbrauchsgüterkauf legt § 474 BGB sowohl in persönlicher als auch in sachlicher Hinsicht fest. Sprachlich ist der Begriff „Verbrauchsgüterkauf" dabei allerdings missverständlich, da sich der Anwendungsbereich der §§ 474 ff. BGB nicht in erster Linie nach objektiven Kriterien (dem Vertragsgegenstand) bemisst, sondern nach dem *Status der beteiligten Personen* (sog. subjektives System).

a) Persönlicher Anwendungsbereich

aa) Die §§ 13, 14 BGB als Definitionsnormen

581   Nach der Legaldefinition des Verbrauchsgüterkaufs in § 474 Abs. 1 Satz 1 BGB muss es sich um einen Vertrag handeln, bei dem der *Käufer ein Verbraucher* i. S. des § 13 BGB und der *Verkäufer ein Unternehmer* i. S. des § 14 BGB ist. Dies entspricht

---

[1293] Erwägungsgründe 1 und 4 der Richtlinie.
[1294] Näher hierzu oben § 2 Rn. 3 f.
[1295] Siehe bereits oben § 2 Rn. 33.
[1296] Dazu näher unten § 3 Rn. 47 ff.

den Vorgaben in Art. 1 Abs. 2 der Verbrauchsgüterkauf-RL. Die Vorschriften über den Verbrauchsgüterkauf finden daher keine Anwendung auf Kaufverträge unter Unternehmern,[1297] unter Verbrauchern sowie auf den insbesondere im Gebrauchtwagenhandel nicht nur theoretischen Fall des Verkaufs eines Verbrauchers an einen Unternehmer.

Da somit die Inzahlungnahme eines Gebrauchtwagens[1298] als solche nicht den   **582** Vorschriften des Verbrauchsgüterkaufs unterfällt, wohl aber die Weiterveräußerung des PKW durch den Händler an einen Verbraucher, tendiert die Vertragspraxis zu Gestaltungen, nach denen der Gebrauchtwagenhändler den PKW nicht selbst, sondern nur als Vertreter des Neuwagenkäufers weiterverkauft (sog. *Agenturvertrag*).[1299] Es stellt sich dann die Frage, ob hierin eine unzulässige Umgehung der §§ 474 ff. BGB liegt, die in analoger Anwendung des § 476 Abs. 1 Satz 2 BGB[1300] doch zu einem Verbrauchsgüterkauf führt. Bedeutsam kann dies vor allem deswegen sein, weil die Rechte des Käufers bei Mängeln im Rahmen von Privatgeschäften wirksam ausgeschlossen werden können,[1301] während dies bei Verbrauchsgüterkaufverträgen nach Maßgabe des § 476 BGB nicht möglich ist.[1302]

Die h. M. geht zum Schutz des Gebrauchtwagenkäufers von einer Anwendbar   **583** keit der §§ 474 ff. BGB dann aus, wenn der *Händler wirtschaftlich die Chancen und Risiken des Weiterverkaufs trägt*, insbesondere indem er dem Neuwagenkäufer einen Mindestpreis in Bezug auf den Weiterverkauf des Gebrauchtwagens garantiert.[1303] In diesem Fall sei gemäß § 476 Abs. 1 Satz 2 BGB von einer direkten Rechtsbeziehung zwischen dem Händler und dem Gebrauchtwagenkäufer auszugehen, die den §§ 474 ff. BGB unterfalle.[1304] Jedoch soll bei einem Agenturvertrag

---

[1297] Siehe aber unten § 2 Rn. 626 ff. zum Regress des Unternehmers.

[1298] Dazu oben § 2 Rn. 431 ff.

[1299] Siehe oben § 2 Rn. 432. Sofern der Händler nicht i. S. des § 164 Abs. 1 BGB hinreichend deutlich macht, dass er nicht im eigenen Namen, sondern für einen anderen handeln will, kommt demgegenüber ohne weiteres ein Eigengeschäft des Händlers zustande, das den §§ 474 ff. BGB unterfällt; siehe zur Verbrauchsgüterkauf-RL EuGH 09.11.2016 NJW 2017, 874 Rn. 31 ff. sowie zum deutschen Recht BGH 27.09.2017 NJW 2018, 146 Rn. 41.

[1300] Eine direkte Anwendung der Norm scheidet aus, da sie die Eröffnung des Anwendungsbereiches der §§ 474 ff. BGB durch § 474 BGB bereits voraussetzt.

[1301] Siehe oben § 2 Rn. 106 ff.

[1302] Näher unten § 2 Rn. 610 ff.

[1303] BGH 26.01.2005 NJW 2005, 1039 (1040); BGH 22.11.2006 NJW 2007, 759 (760 f.); *Katzenmeier* NJW 2004, 2632 (2633); *Kötz* Rn. 609 f.; *Reinel* Jura 2005, 850 (853 ff.); *Reinking* DAR 2002, 15 (22); *Schlechtriem* Rn. 98; *Soergel/Wertenbruch* § 475 Rn. 122 ff.; *Staudinger/Matusche-Beckmann* (2014) § 475 Rn. 50 ff.; für eine generelle Unzulässigkeit BeckOGK/*Augenhofer*, 01.05.2018, § 476 Rn. 38 ff. und *Hofmann* JuS 2005, 8 (9 ff.).

[1304] Demgegenüber nehmen BR/*Faust* § 474 Rn. 7 und *Hofmann* JuS 2005, 8 (11 f.) an, dass neben den Kaufvertrag zwischen den beiden beteiligten Verbrauchern lediglich eine parallele zwingende Mängelhaftung des Händlers gegenüber dem Gebrauchtwagenkäufer i. S. der §§ 437 ff. BGB trete; offen insoweit BGH 22.11.2006 NJW 2007, 759 (760).

nach dem erklärten Willen der Beteiligten gerade keine direkte vertragliche Beziehung zwischen dem Gebrauchtwagenkäufer und dem Händler entstehen. Es gibt keinen sachlichen Grund dafür, die Privatautonomie im Verhältnis zwischen dem Händler und dem Gebrauchtwagenkäufer i. S. der §§ 474 ff. BGB zwingend zu beschränken, nur weil der Händler gegenüber dem Gebrauchtwagenverkäufer das wirtschaftliche Risiko des Weiterverkaufs übernommen hat, etwa um ihn zu einem Neuwagenkauf zu animieren.[1305] Schon wegen dieser *Relativität der Schuldverhältnisse* sind die Vorschriften über den Verbrauchsgüterkauf nicht geeignet, eine vertragliche Beziehung zwischen zwei Personen zu fingieren. Vielmehr gestalten sie lediglich ein bereits bestehendes Vertragsverhältnis durch zwingende Vorgaben aus.[1306] Ganz in diesem Sinne hat der BGH z. B. auch anerkannt, dass bei einem *Finanzierungsleasingvertrag*, bei dem der Unternehmer-Leasinggeber dem Verbraucher-Leasingnehmer lediglich seine Rechte aus den §§ 437 ff. BGB gegen den Verkäufer des geleasten Gegenstandes abtritt, die Vorschrift des § 476 Abs. 1 Satz 2 BGB nicht einschlägig ist und daher nicht bewirkt, dass auf diese Rechte gegen den Verkäufer die §§ 474 ff. BGB anwendbar wären.[1307]

584   Ein Verbrauchsgüterkaufvertrag könnte somit im Fall des Agenturvertrages allenfalls im Verhältnis zwischen dem Neuwagenkäufer als Verkäufer des Gebrauchtwagens und dem Gebrauchtwagenkäufer mit der Begründung angenommen werden, dass Ersterer als „*Strohmann*" des Händlers tätig werde und daher selbst als Unternehmer i. S. des § 14 Abs. 1 BGB zu behandeln sei.[1308] Dies würde jedoch die schutzwürdigen Interessen des Neuwagenkäufers vernachlässigen, der sich nicht treuwidrig zum „Werkzeug" des Händlers macht, sondern legitime eigene Interessen verfolgt. Bei einem Agenturvertrag sind daher die *§§ 474 ff. BGB richtigerweise nicht anwendbar*.

585   Zugunsten des Gebrauchtwagenkäufers greift im Verhältnis zu dem Unternehmer wegen dessen Vertrauensstellung aber ein *Schutzpflichtverhältnis i. S. der §§ 311 Abs. 3, 241 Abs. 2 BGB* ein.[1309] Macht der Händler unrichtige Angaben über den Zustand des Fahrzeugs oder offenbart er Mängel nicht, die ihm bekannt waren oder hätten bekannt sein müssen, haftet er dem Erwerber auf Schadensersatz, der gemäß § 249 Abs. 1 BGB auch in einer Freistellung von dem Vertrag mit dem veräußernden

---

[1305] Näher *Grunewald* § 3 Rn. 32; *Maultzsch* ZGS 2005, 175 (177 f.).

[1306] *Erman/Grunewald* § 476 Rn. 8; *Harke* Rn. 22; *Ziegler/Rieder* ZIP 2001, 1789 (1797). Näher zu den Konstruktionsschwierigkeiten bei einer analogen Anwendung des § 475 Abs. 1 Satz 2 BGB *Czaplinski* ZGS 2007, 92 (94 ff.) und *Müller* NJW 2003, 1975 (1980). Gegen eine automatische Unwirksamkeit des Vertrages zwischen den beiden Verbrauchern jetzt auch BGH 12.12.2012 NJW-RR 2013, 687 Rn. 15.

[1307] BGH 21.12.2006 NJW 2005, 1066 (1067).

[1308] So in der Tat *S. Lorenz* MünchKomm. § 475 Rn. 40; *ders.* Festschrift für H.P. Westermann, 2008, S. 423 ff. und *Medicus/Lorenz* Rn. 241; ablehnend BGH 22.11.2006 NJW 2007, 759 (760 f.); allg. zu § 14 BGB und „Strohmann"-Geschäften BGH 13.03.2002 NJW 2002, 2030 f.

[1309] Allg. zu einer Eigenhaftung des Stellvertreters kraft Inanspruchnahme besonderen Vertrauens *Emmerich* MünchKomm. § 311 Rn. 178 ff.

Verbraucher bestehen kann.[1310] Sofern dem Käufer aber Rechte wegen etwaiger Mängel gegen den Verkäufer zustehen, z. B. weil diese entgegen der üblichen Vertragspraxis im Gebrauchtwagengeschäft unter Privaten nicht ausgeschlossen wurden, greift die Dritthaftung des Unternehmers erst dann ein, wenn der Käufer diese Rechte erfolglos geltend gemacht hat.[1311]

bb) Verbrauchereigenschaft i. S. des § 13 BGB

Der Verbraucher ist gemäß § 13 BGB eine natürliche Person, die das Rechtsgeschäft **586** zu einem Zweck abschließt, der weder ihrer gewerblichen noch ihrer selbständigen beruflichen Tätigkeit zugerechnet werden kann. Wegen der *Beschränkung auf natürliche Personen* unterfällt z. B. ein eingetragener Verein als juristische Person selbst dann nicht dem Verbraucherbegriff, wenn er karitativ tätig ist (sog. Idealverein).[1312] Zu den natürlichen Personen zählen hingegen solche *Gemeinschaften natürlicher Personen*, die keine juristischen Personen darstellen (Bruchteilsgemeinschaft, Erbengemeinschaft, BGB-Gesellschaft, WEG-Gemeinschaft); dies gilt unabhängig davon, ob die Gemeinschaft als solche teilrechtsfähig ist.[1313]

Bei natürlichen Personen ist die Verbrauchereigenschaft nur dann ausgeschlossen, **587** wenn der Kauf entweder ihrer gewerblichen oder selbständigen beruflichen Tätigkeit zugerechnet werden kann, da in diesen Fällen eine erhöhte Schutzbedürftigkeit fehlt. Der *Begriff der gewerblichen Tätigkeit* ist anhand des handelsrechtlichen Gewerbebegriffes in § 1 Abs. 1 HGB zu konkretisieren. Es muss sich somit um eine auf Dauer angelegte, selbständige berufliche, am Markt rechtsgeschäftlich anbietende Tätigkeit nicht wissenschaftlicher, künstlerischer oder freiberuflicher Art (vgl. § 1 Abs. 2 PartGG) handeln.[1314] Von dem *Begriff der (sonstigen) selbständigen beruflichen Tätigkeit* werden insbesondere Freiberufler erfasst, nicht aber unselbständig Beschäftigte (insbesondere Arbeitnehmer).[1315] Sofern ein Arbeitnehmer daher für berufliche Zwecke einen Kauf (z. B. von Arbeitskleidung) tätigt, kommt eine Anwendung der Vorschriften über den Verbrauchsgüterkauf durchaus in Betracht.[1316]

[1310] Ausführlich *Reinicke/Tiedtke* Rn. 759 ff.; vgl. auch *Soergel/Wertenbruch* § 475 Rn. 127.

[1311] Vgl. BGH 12.01.2011 NJW-RR 2011, 462 Rn. 14 ff.

[1312] EuGH 22.11.2001 NJW 2002, 205; *Palandt/Ellenberger* § 13 Rn. 2; mit Bedenken wohl auch *Micklitz/Purnhagen* MünchKomm. § 13 Rn. 13 ff.; kritisch *Flume* ZIP 2000, 1427 (1428).

[1313] BGH 23.10.2001 BGHZ 149, 80 ff.; BGH 25.03.2015 BGHZ 204, 325 Rn. 30 ff.; *Palandt/ Ellenberger* § 13 Rn. 2; kritisch *K. Schmidt* JuS 2006, 1 (4 f.); a. A. *Micklitz/Purnhagen* Münch-Komm. § 13 Rn. 17 ff. Sofern hingegen an einer teilrechtsfähigen Gemeinschaft auch juristische Personen beteiligt sind, scheidet eine Verbrauchereigenschaft nach ganz überwiegender Auffassung aus; siehe BGH 30.03.2017 NJW 2017, 2752 Rn. 25 ff.

[1314] Vgl. *Canaris* Handelsrecht, 24. Aufl. 2006, § 2 Rn. 1 ff.; *Oetker* Handelsrecht, 7. Aufl. 2015, § 2 Rn. 7 ff.; *K. Schmidt* Handelsrecht, 6. Aufl. 2014, § 9 Rn. 17 ff.

[1315] Zum Arbeitnehmerbegriff siehe unten § 7 Rn. 19 ff.

[1316] Insoweit geht § 474 Abs. 1 BGB über Art. 1 Abs. 2a der Verbrauchsgüterkauf-RL hinaus, wonach bereits jeder als Unternehmer auftritt, dessen Vertragsschluss seiner „beruflichen" Tätigkeit, d. h. auch einer unselbständigen beruflichen Tätigkeit, zugerechnet werden kann (für eine

588   In bestimmten Fällen ist zweifelhaft, ob der Kaufvertrag einer gewerblichen oder selbständigen beruflichen Tätigkeit i. S. des § 13 BGB „zuzurechnen" ist. Das gilt insbesondere für *Existenzgründungsgeschäfte*. Beispiel: Ein Arzt kauft zur Einrichtung seiner neu zu eröffnenden Praxis ein Röntgengerät. Die nunmehr überwiegende Ansicht geht von einer Unternehmereigenschaft des Existenzgründers aus, da sich dieser bereits in den unternehmerischen Geschäftsverkehr „begebe" und § 513 BGB nur ausnahmsweise bestimmte Existenzgründungsgeschäfte in den Verbraucherschutz einbeziehe (argumentum e contrario).[1317] Hingegen werden Rechtsgeschäfte, die ihrerseits erst der Entscheidung über eine nur mögliche Existenzgründung dienen sollen, noch dem Bereich des Verbraucherhandelns zugerechnet.[1318]

589   Eine gesetzgeberische Regelung hat mittlerweile die Problemlage bei Sachen gefunden, die sowohl für den privaten als auch für den unternehmerischen Gebrauch genutzt werden sollen, z. B. der PKW eines Einzelkaufmanns oder Freiberuflers (sog. *Dual Use-Fälle*). Die Verbraucherrechte-RL[1319] geht für ihren Anwendungsbereich dabei von einer Schwerpunktbetrachtung aus, nach der eine parallele unternehmerische Nutzung die Verbrauchereigenschaft solange nicht berührt, als sie nicht „überwiegt",[1320] d. h. eine zu mindestens 50 % private Nutzung genügt für eine Verbrauchereigenschaft. Der deutsche Gesetzgeber hat diese Vorgabe in § 13 BGB allgemein und somit auch mit Wirkung für die §§ 474 ff. BGB umgesetzt, allerdings redaktionell ungenau, da der Wortlaut der Vorschrift bei exakt gleich verteilter privater und unternehmerischer Nutzung strenggenommen zu einem Ausschluss der Verbrauchereigenschaft führen würde. Diese Ungenauigkeit ist richtlinienkonform zu korrigieren, so dass es bei der Verbrauchereigenschaft bleibt, solange der unternehmerische Zweck nicht überwiegt.[1321] Verbleiben tatsächliche Zweifel über die Nutzung, so spricht der Rechtsgedanke des § 344 HGB dafür, eine Zurechnung zur gewerblich-beruflichen Tätigkeit vorzunehmen.[1322]

---

einschränkende Interpretation auch der Richtlinie i. S. einer selbständigen beruflichen Tätigkeit aber *Soergel/Wertenbruch* § 474 Rn. 12). Europarechtlich problematisch ist dieser erweiterte Verbraucherbegriff des § 13 BGB nicht, wenn der unselbständig Berufstätige als Käufer auftritt (dann liegt eine nach Art. 8 Abs. 2 der Verbrauchsgüterkauf-RL zulässige Schutzerweiterung gegenüber den Vorgaben der Richtlinie vor), sondern allenfalls dann, wenn er als Verkäufer gegenüber einem Verbraucher handelt; siehe dazu einerseits BR/*Faust* § 474 Rn. 12 und *Mohr* AcP 204 (2004), 660 (671 ff.), andererseits *S. Lorenz* MünchKomm. § 474 Rn. 22b.

[1317] BGH 24.02.2005 BGHZ 162, 253 (257 f.); BGH 15.11.2007 NJW 2008, 435 Rn. 6; *Erman/ Saenger* § 13 Rn. 16; *Soergel/Wertenbruch* § 474 Rn. 24; *Staudinger/Kannowski* (2013) § 13 Rn. 55 ff.; a. A. *Micklitz/Purnhagen* MünchKomm. § 13 Rn. 66; *Schünemann/Blomeyer* JZ 2010, 1156 (1159 f.).

[1318] BGH 15.11.2007 NJW 2008, 435 Rn. 7; *Grädler/Marquart* ZGS 2008, 250 (252).

[1319] Zu dieser bereits oben § 1 Rn. 10.

[1320] Siehe den Erwägungsgrund 17 Satz 2 der Verbraucherrechte-RL; weiterführend hierzu *Loacker* JZ 2013, 234 ff.

[1321] Vgl. BT-Drucks. 17/13951, S. 96; *Palandt/Ellenberger* § 13 Rn. 4; für Ausschluss der Verbrauchereigenschaft bei gleichverteiltem Zweck hingegen *Oechsler* Rn. 416 m. w. N.

[1322] BGH 13.07.2011 NJW 2011, 3435 Rn. 18 ff.; *S. Lorenz* MünchKomm. § 474 Rn. 26; kritisch *Pfeiffer* NJW 1999, 169 (173 f.).

Selbst wenn nach den vorstehenden Kriterien die Verbrauchereigenschaft zu **590** bejahen ist, kann sich die betreffende Person nicht auf den daraus resultierenden Schutz berufen, wenn sie *dem Vertragspartner arglistig vorgespiegelt hat*, sie sei Unternehmer, z. B. um einen Vorsteuerabzug zu erschleichen. Denn die §§ 13, 14 BGB knüpfen zwar im Grundsatz an eine objektive Beurteilung an, diese findet aber ihre Grenze im Verbot eines venire contra factum proprium (§ 242 BGB).[1323] Hingegen schließen bloße Indizien für ein mögliches unternehmerisches Handeln, die der Käufer ohne eine Täuschungsabsicht gesetzt hat, die Verbrauchereigenschaft nicht aus, wenn der Käufer tatsächlich zu privaten Zwecken handelt (z. B. Angabe einer Kanzleianschrift als Lieferadresse für einen privat zu nutzenden Gegenstand).[1324] Erst recht kann der Verkäufer die Anwendbarkeit der §§ 474 ff. BGB aufgrund der *zwingenden Natur des Verbraucherschutzes* nicht dadurch ausschließen, dass er in den Vertrag eine Klausel aufnimmt, nach welcher Verbraucher für die Zwecke des Vertrages als Unternehmer anzusehen ist.[1325]

cc) Unternehmereigenschaft i. S. des § 14 BGB

Unternehmer ist nach § 14 BGB eine natürliche oder juristische Person oder eine **591** rechtsfähige Personengesellschaft, die bei Abschluss des Rechtsgeschäfts *in Ausübung*[1326] *ihrer gewerblichen oder selbständigen beruflichen Tätigkeit* handelt. Dabei muss diese Tätigkeit nach der zwingenden Vorgabe des Art. 1 Abs. 2c der Verbrauchsgüterkauf-RL nicht schwerpunktmäßig auf Verkäufe der jeweiligen Art ausgerichtet sein. Die Vorschriften über den Verbrauchsgüterkauf sind daher z. B. auch dann anwendbar, wenn ein Freiberufler einen zuvor als Betriebsfahrzeug genutzten PKW an einen Verbraucher verkauft.[1327] Bei Kaufleuten i. S. des § 1 HGB ist gemäß § 344 HGB ein derartiger Zusammenhang mit der gewerblichen Tätigkeit im Ausgangspunkt zu vermuten, so dass im Zweifel alle ihre Geschäfte der unternehmerischen Sphäre und damit dem Anwendungsbereich des § 14 BGB zuzurechnen sind.[1328] Allerdings kann diese Vermutung durchaus widerlegt werden, beispielsweise wenn ein Einzelkaufmann einen bisher privat genutzten Gegenstand

---

[1323] BGH 22.12.2004 NJW 2005, 1045 ff.; ähnlich EuGH 20.01.2005 NJW 2005, 653 (655); *Schroeter* JuS 2006, 682 (683); *Soergel/Wertenbruch* § 474 Rn. 27; ablehnend aufgrund des zwingenden Charakters des Verbraucherschutzrechts *Schürnbrand* JZ 2009, 133 (136 f.); eingehend zu verschiedenen Rechtsscheinkonstellationen *Herresthal* JZ 2006, 695 (699 ff.).

[1324] BGH 30.09.2009 NJW 2009, 3780 Rn. 11.

[1325] BGH 19.07.2017 NJW 2017, 2758 Rn. 17.

[1326] Darunter fallen nach h. M. grundsätzlich auch Existenzgründungsgeschäfte; siehe oben § 2 Rn. 588.

[1327] BR/*Faust* § 474 Rn. 13; *S. Lorenz* MünchKomm. § 474 Rn. 21; *Staudinger/Matusche-Beckmann* (2014) § 474 Rn. 22; a. A. *Brüggemeier* WM 2002, 1376 (1385).

[1328] BGH 13.07.2011 NJW 2011, 3435 Rn. 19 f.; *Soergel/Pfeiffer* § 14 Rn. 10; kritisch *Micklitz/Purnhagen* MünchKomm. § 14 Rn. 34.

weiterverkauft.[1329] Den Begriff der rechtsfähigen Personengesellschaft konkretisiert § 14 Abs. 2 BGB, der nach nunmehr h. M. auch die BGB-Außengesellschaft erfasst.[1330] Eine solche kann somit ebenso wie eine natürliche Person je nach der Zwecksetzung ihrer Tätigkeit sowohl Verbraucher als auch Unternehmer sein.

b) Sachlicher Anwendungsbereich

592   Der Gegenstand, den der Verbraucher von dem Unternehmer kauft, muss gemäß § 474 Abs. 1 Satz 1 BGB eine *bewegliche Sache* als körperlicher Gegenstand i. S. des § 90 BGB sein. Der Kauf eines Grundstücks oder von Rechten und sonstigen Gegenständen i. S. des § 453 Abs. 1 BGB unterfällt deshalb nicht den Vorschriften über den Verbrauchsgüterkauf. Ausgeschlossen sind daher z. B. auch Elektrizität und Fernwärme sowie nicht gesondert abgefüllte Mengen von Wasser und Gas (Art. 1 Abs. 2b Spiegelstrich 2 und 3 der Verbrauchsgüterkauf-RL).[1331]

593   Im Übrigen kommt es jedoch nicht darauf an, ob die Sache ein „Verbrauchsgut" im engeren Sinne, d. h. ein Gut von begrenztem Wert und nur kurzer Verwendungsdauer ist. Die §§ 474 ff. BGB sind daher z. B. auch auf den Kauf eines PKW oder eines teuren Diamantencolliers anwendbar. Es ist grundsätzlich auch unerheblich, ob die Sache neu hergestellt oder gebraucht ist. Deshalb hätte der Begriff „Verbraucherkauf" den Anwendungsbereich der Vorschriften besser umschrieben.

594   § 474 Abs. 2 Satz 2 BGB nimmt allerdings *gebrauchte Sachen* dann aus dem Anwendungsbereich aus, wenn sie in einer *öffentlichen Versteigerung* verkauft werden, an welcher der Verbraucher *persönlich teilnehmen* kann.[1332] Ob eine Sache gebraucht ist, beurteilt sich dabei rein objektiv und ist keiner Parteivereinbarung zugänglich, da anderenfalls die zwingende Wirkung des Verbraucherschutzes (§ 476 Abs. 1 Satz 1 BGB) umgangen werden könnte.[1333] Für den Begriff der öffentlichen Versteigerung gilt die Legaldefinition in § 383 Abs. 3 BGB.[1334] Durch diese Regelung unterliegen insbesondere öffentlich organisierte Fundversteigerungen über gebrauchte Sachen den allgemeinen Vorschriften der §§ 433 ff. BGB, was z. B. die

---

[1329] BGH 18.10.2017 NJW 2018, 150 Rn. 35 ff.; vgl. auch BGH 29.07.2017 NJW 2018, 146 Rn. 44. Für juristische Personen, die keine von ihrer unternehmerischen Sphäre zu trennende Privatsphäre besitzen, kommt ein gegenteiliger Nachweis jedoch nicht in Betracht, so dass stets ein Handeln i. S. des § 14 BGB vorliegt; so zutreffend *Staudinger/Matusche-Beckmann* (2014) § 474 Rn. 22 und *Witt* NJW 2011, 3402 ff.

[1330] Vgl. BGH 29.01.2001 BGHZ 146, 341 ff. sowie näher *Grunewald* Gesellschaftsrecht, 10. Aufl. 2017, § 1 Rn. 107 ff.

[1331] Siehe auch oben § 2 Rn. 16.

[1332] Vgl. auch Art. 1 Abs. 2b Spiegelstrich 1 der Verbrauchsgüterkauf-RL.

[1333] BGH 15.11.2006 BGHZ 170, 31 Rn. 33; *S. Lorenz* MünchKomm. § 474 Rn. 15; a. A. *Staudinger/Matusche-Beckmann* (2014) § 474 Rn. 54.

[1334] BGH 09.11.2005 NJW 2006, 613 f.; BGH 24.02.2010 NJW-RR 2010, 1210 Rn. 12; *S. Lorenz* MünchKomm. § 474 Rn. 13; *Soergel/Wertenbruch* § 474 Rn. 75 ff.; a. A. noch *Wertenbruch* NJW 2004, 1977 (1981).

Vereinbarung von weitgehenden Haftungsausschlüssen ermöglicht.[1335] Nicht von der Ausnahmeregelung erfasst sind allerdings sog. Internetauktionen, weil diese jedenfalls nicht das Kriterium einer „persönlichen" Teilnahmemöglichkeit mit einer daran geknüpften Prüfungsmöglichkeit der Ware erfüllen.[1336]

Unschädlich ist es für die Anwendbarkeit der §§ 474 ff. BGB nach § 474 Abs. 1 **595** Satz 2 BGB, wenn der Vertrag neben dem Kauf einer beweglichen Sache auch die *Erbringung einer „Dienstleistung" durch den Unternehmer* zum Gegenstand hat. Aufgrund des europarechtlichen Hintergrundes dieser Regelung[1337] ist der Begriff der Dienstleistung dabei nicht rechtstechnisch i. S. der §§ 611 ff. BGB zu verstehen, sondern umfasst auch zu den kaufvertraglichen Elementen hinzutretende Werkleistungen i. S. der §§ 631 ff. BGB.[1338] Die §§ 474 ff. BGB sind daher nicht nur unproblematisch bei einem Kauf mit Montageverpflichtung i. S. des § 434 Abs. 2 Satz 1 BGB anwendbar, sondern beispielsweise auch dann, wenn der Unternehmer im Hinblick auf die Kaufsache noch spezielle Beratungs- oder Wartungsleistungen schuldet. Stets muss aber der *Schwerpunkt auf dem kaufvertraglichen Element* und nicht auf der hinzutretenden Tätigkeit oder Herstellung liegen.[1339] Wenn das Herstellungselement überwiegt, können die §§ 474 ff. BGB allerdings immer noch über § 650 Satz 1 BGB Anwendung finden.[1340]

3. Modifikation bzw. zwingender Charakter einzelner schuld- und kaufrechtlicher Vorschriften

a) Modifizierte Vorschriften des Schuld- und Kaufrechts (§ 475 BGB)

Die Vorschrift des § 475 BGB sieht vor, dass auf einen Verbrauchsgüterkauf i. S. des **596** § 474 BGB einige Vorschriften des Allgemeinen Schuldrechts bzw. des Kaufrechts nicht anwendbar sind, und setzt an deren Stelle zum Teil eigenständige Regelungen.

aa) Überblick

§ 475 Abs. 1 BGB modifiziert zunächst die einschlägige *Leistungszeit für die* **597** *Pflichten der Vertragsparteien aus § 433 BGB*.[1341] Abweichend von der allgemeinen

---

[1335] Siehe oben § 2 Rn. 106 ff. und 185. Zu den Grenzen für Haftungsausschlüsse nach § 476 Abs. 1 BGB unten § 2 Rn. 610 ff.

[1336] BR/*Faust* § 474 Rn. 20; *Staudinger/Matusche-Beckmann* (2014) § 474 Rn. 59.

[1337] Die Vorschrift geht auf Art. 2 Nr. 5 der vollharmonisierenden Verbraucherrechte-RL zurück; dazu bereits oben § 1 Rn. 10.

[1338] Vgl. *Erman/Grunewald* § 474 Rn. 6; *S. Lorenz* MünchKomm. § 474 Rn. 4a f.

[1339] Hierzu bereits oben § 2 Rn. 83.

[1340] Eingehend hierzu § 8 Rn. 10 ff.

[1341] Die Regelung beruht auf Art. 18 Abs. 1 der vollharmonisierenden Verbraucherrechte-RL; dazu bereits oben § 1 Rn. 10.

Fälligkeitsregelung des § 271 Abs. 1 BGB kann der betreffende Gläubiger (Käufer oder Verkäufer) die Leistungen i. S. des § 433 BGB[1342] nicht sofort, sondern nur „unverzüglich" verlangen, wenn für die Leistung eine Zeit weder bestimmt noch aus den Umständen zu entnehmen ist. Üblicherweise wird der Begriff des unverzüglichen Handelns im deutschen Recht gemäß § 121 Abs. 1 Satz 1 BGB als ein solches ohne schuldhaftes Zögern definiert. Im Zuge der Fälligkeitsregelung des § 475 Abs. 1 Satz 1 BGB würde dies jedoch beispielsweise dazu führen, dass bei einem Verbrauchsgüterkaufvertrag auch ein Rücktritt i. S. des § 323 Abs. 1 BGB ein Vertretenmüssen der Nichtleistung durch den jeweiligen Schuldner voraussetzen würde, da es ohne ein solches bereits an der Fälligkeit der betreffenden Leistung fehlen würde.[1343] Im Ergebnis sollte die Regelung des § 475 Abs. 1 Satz 1 BGB jedoch i. S. einer rein objektiv zu bestimmenden und in ihrer Länge nach den jeweiligen Vertragsumständen angemessenen Leistungsfrist interpretiert werden.[1344] Auch wenn der Unternehmer aufgrund einer längeren Krankheit und somit durchaus nicht-schuldhaft i. S. des § 276 BGB seine Leistung nicht erbringt, kann der Verbraucher daher richtigerweise nach Ablauf einer angemessenen Nachfrist von dem Kaufvertrag gemäß § 323 Abs. 1 BGB zurücktreten. Für die Übergabepflicht des Unternehmers aus § 433 Abs. 1 Satz 1 BGB setzt § 475 Abs. 1 Satz 2 BGB zudem eine formale Obergrenze für die Leistungszeit, nach der die Leistung unabhängig von den konkreten Vertragsumständen jedenfalls spätestens 30 Tage nach Vertragsschluss zu erfolgen hat.[1345] Während § 475 Abs. 1 BGB die Fälligkeit und damit die Leistungspflichten nach hinten verschiebt, trifft dies gemäß § 475 Abs. 1 Satz 3 BGB nicht auf das korrespondierende Leistungsrecht des jeweiligen Schuldners zu; dieser kann nach § 475 Abs. 1 Satz 3 BGB die Leistung vorbehaltlich einer abweichenden Vereinbarung sofort bewirken.[1346]

598   Keine Anwendung findet im Verbrauchsgüterkaufrecht grundsätzlich der vorgezogene *Gefahrübergang bei einem Versendungskauf* gemäß § 447 Abs. 1 BGB[1347] (§ 475 Abs. 2 BGB). Eine – praktisch äußerst seltene – Ausnahme gilt nur dann,

---

[1342] Nicht erfasst sind demgegenüber die Mängelrechte aus den §§ 437 ff. BGB: *Looschelders* Rn. 263; *S. Lorenz* MünchKomm. § 474 Rn. 34; NK-BGB/*Büdenbender* § 474 Rn. 28.

[1343] Zu Recht kritisch zu der Gesetzesfassung daher *Kohler* NJW 2014, 2817 (2820).

[1344] Dem steht auch der europarechtliche Hintergrund der Regelung nicht entgegen, da der Begriff der „Unverzüglichkeit" in Art. 18 Abs. 1 der Verbraucherrechte-RL nicht ohne weiteres i. S. des deutschen Verständnisses des § 121 Abs. 1 Satz 1 BGB ausgelegt werden kann, sondern Raum für eine objektive Interpretation lässt; siehe *Kohler* NJW 2014, 2817 (2820); offener für eine subjektivierende Interpretation jedoch BT-Drucks. 17/12637, S. 70; *S. Lorenz* MünchKomm. § 474 Rn. 35.

[1345] Für eine Einbeziehung aller Pflichten des Unternehmers aus § 433 Abs. 1 BGB in diese Höchstfrist wohl *S. Lorenz* MünchKomm. § 474 Rn. 36; NK-BGB/*Büdenbender* § 474 Rn. 29; wie hier *Looschelders* Rn. 263.

[1346] Dies gilt gemäß § 271 Abs. 2 BGB im Ergebnis auch in dem abweichenden Fall, dass eine Leistungszeit bestimmt ist und § 475 Abs. 1 BGB daher von vornherein nicht die allgemeine Regelung des § 271 BGB verdrängt.

[1347] Dazu ausführlich oben § 2 Rn. 451 ff.

wenn der Verbraucher die Transportperson selbst beauftragt und der Unternehmer ihm die betreffende Person zuvor nicht benannt hat.[1348] Dabei reicht für eine
„Benennung" i. S. des § 475 Abs. 2 BGB eine bloße unverbindliche Empfehlung
aus.[1349] Liegt die Sonderkonstellation einer Eigenbeauftragung durch den Verbraucher ohne Benennung seitens des Unternehmers nicht vor, geht somit auch bei der
Vereinbarung einer Schickschuld die Preisgefahr erst in dem nach § 446 Satz 1
oder 3 BGB maßgeblichen Zeitpunkt auf den Verbraucher über (Übergabe an den
Käufer oder Annahmeverzug).[1350] Als Folgewirkung fällt deshalb auch die spezielle,
an den vorgelagerten Gefahrübergang nach § 447 Abs. 1 BGB geknüpfte, Schadens-
ersatzregelung des § 447 Abs. 2 BGB weg (§ 474 Abs. 3 Satz 2 BGB). Die *übrigen*
Wirkungen einer Schickschuld bleiben jedoch auch bei einem Verbrauchsgüterkauf
unberührt. So tritt z. B. bei einem Gattungskauf mit der Absendung eine Konkretisierung der Schuld des Verkäufers i. S. des § 243 Abs. 2 BGB ein[1351] und der Verkäufer schuldet den Transport als solchen nicht mehr, so dass ihm das Verschulden einer
selbständigen Transportperson nicht über § 278 BGB zugerechnet werden kann.[1352]

Nicht anwendbar ist auf Verträge i. S. des § 474 BGB ferner die grundsätzlich aus   **599**
§ 439 Abs. 5 BGB i. V. mit § 346 Abs. 1 BGB abzuleitende Pflicht des Käufers, im
Fall einer Nachlieferung auch *Nutzungen* herauszugeben, die er zuvor aus der mangelhaften Kaufsache gezogen hat (§ 475 Abs. 3 Satz 1 BGB). Hintergrund der Regelung ist eine Entscheidung des EuGH, nach der eine Nutzungsersatzpflicht nicht mit
den Vorgaben der Verbrauchsgüterkauf-RL vereinbar wäre.[1353] Anknüpfend hieran
ist diskutiert worden, ob der Ausschluss der Nutzungsersatzpflicht dazu führen
kann, dass eine Nachlieferung für den Verkäufer im Vergleich mit einer (möglichen) Reparatur des mangelhaften Gegenstandes i. S. des § 439 Abs. 4 BGB relativ
unverhältnismäßig ist.[1354] Dem ist jedoch nicht zuzustimmen, da es sich bei den
Fragen nach der Unverhältnismäßigkeit der Nacherfüllung und nach den Rückab-
wicklungsfolgen im Rahmen einer Nachlieferung jeweils um separate Regelungskomplexe handelt, die nicht miteinander vermengt werden sollten.[1355] Schließlich

---

[1348] Auch die gegenwärtige Fassung des § 475 Abs. 2 BGB geht auf die vollharmonisierende Regelung des Art. 20 Satz 2 der Verbraucherrechte-RL zurück; vgl. oben § 1 Rn. 10.

[1349] BT-Drucks. 17/12637, S. 70; *Erman/Grunewald* § 475 Rn. 4; *Oechsler* Rn. 419a; NK-BGB/
Büdenbender § 474 Rn. 31.

[1350] Die Rechtswirkung des § 447 Abs. 1 BGB kann wegen § 476 Abs. 1 Satz 1 BGB auch eine
vertragliche Abrede nicht wiederherstellen; siehe näher unten § 2 Rn. 619.

[1351] Siehe BGH 16.07.2003 NJW 2003, 3341 f.; BGH 06.11.2013 NJW 2014, 454 Rn. 12; BR/*Faust*
§ 474 Rn. 25; *Fikentscher/Heinemann* Rn. 942; *Reinicke/Tiedtke* Rn. 730; *Staudinger/Matusche-
Beckmann* (2014) § 474 Rn. 74.

[1352] Vgl. oben § 2 Rn. 468 f.

[1353] Siehe oben § 2 Rn. 257 f.

[1354] So *Herresthal* NJW 2008, 2475 (2478); *Kaeding* NJW 2010, 1031 (1033 f.) und *S. Lorenz*
MünchKomm. § 474 Rn. 46.

[1355] Vgl. auch oben § 2 Rn. 256 zur Parallelproblematik des § 346 Abs. 3 Satz 1 Nr. 3 BGB.

entfaltet § 475 Abs. 3 Satz 1 BGB dann keine Wirkung, wenn der Verbraucher aufgrund des Mangels keine Nachlieferung verlangt, sondern nach § 437 Nr. 2 BGB
i. V. mit §§ 323, 326 Abs. 5 BGB von dem Vertrag zurücktritt, so dass es in diesem
Fall bei einer Nutzungsersatzpflicht aus § 346 Abs. 1 BGB bleibt, da der Käufer
dann im Gegenzug auch seinen Kaufpreis verzinst zurückerlangt.[1356]

600   Gemäß § 475 Abs. 2 Satz 2 BGB ist letztlich eine Anwendung des § 445 BGB
über die Beschränkung der Rechte des Käufers bei einem *Pfandverkauf in öffentli-*
cher Versteigerung ausgeschlossen. Eine andere Regelung wäre wiederum mit den
Vorgaben der Verbrauchsgüterkauf-RL unvereinbar.[1357] Sofern es sich bei dem Pfand
um eine gebrauchte Sache handelt, kommt jedoch ein Ausschluss der §§ 475 ff.
BGB durch § 474 Abs. 2 Satz 2 BGB in Betracht.[1358]

bb) Sonderregelungen zur Nacherfüllung

601   Nicht unerhebliche Modifikationen erfährt schließlich der Nacherfüllungsanspruch
aus § 439 BGB durch § 475 Abs. 4 bis 6 BGB. Im Zentrum steht dabei zunächst
die Regelung des § 475 Abs. 4 Satz 1 BGB, die den *Einwand der absoluten Unver-*
hältnismäßigkeit ausschließt. Danach darf der Unternehmer eine Form der Nacherfüllung nicht nach § 439 Abs. 4 Satz 1 BGB verweigern, sofern die andere Form
bereits nach § 275 BGB oder ihrerseits nach § 439 Abs. 4 Satz 1 BGB ausgeschlossen ist. Diese Regelung dient der Umsetzung des Art. 3 Abs. 3 der Verbrauchsgüterkauf-RL, der zum Schutz der Verbraucher ebenfalls vorsieht, dass der Verkäufer
mit dem Unverhältnismäßigkeitseinwand nur der jeweils aufwendigeren Form der
Nacherfüllung, nicht aber dem Nacherfüllungsanspruch insgesamt entgegentreten
kann.[1359]

602   Unberührt hiervon bleibt aber zunächst das *Leistungsverweigerungsrecht wegen*
eines groben Missverhältnisses i. S. des § 275 Abs. 2 BGB, da die Richtlinie den
nationalen Gesetzgebern einen weiten Gestaltungsspielraum bei der Bestimmung
des Begriffes der „Unmöglichkeit" i. S. des Art. 3 Abs. 3 Satz 1 der Verbrauchsgüterkauf-RL einräumt und die Fälle des § 275 Abs. 2 BGB daher als solche einer
Unmöglichkeit i. S. der Richtlinie angesehen werden können.[1360]

603   Zudem räumt der deutsche Gesetzgeber dem Unternehmer in Ausnutzung des
durch den EuGH gewährten Spielraums mittels § 475 Abs. 4 Satz 2 BGB das Recht
ein, dem Verbraucher für die Nacherfüllungskosten aus den § 439 Abs. 2 oder 3

[1356] BGH 16.09.2009 BGHZ 182, 241 Rn. 15.

[1357] Vgl. BT-Drucks. 14/7052, S. 198 f.

[1358] Siehe oben § 2 Rn. 594.

[1359] Dazu EuGH 16.06.2011 NJW 2011, 2269 Rn. 66 ff. Zweifel an der Richtlinienkonformität des
§ 475 Abs. 4 BGB bei *Georg* NJW 2018, 199 ff.

[1360] Vgl. auch BGH 14.01.2009 NJW 2009, 1660 Rn. 17 m. w. N. sowie *Erman/Grunewald* § 475
Rn. 8.

BGB nicht vollständig, sondern *nur in Höhe eines „angemessenen Betrages" Aufwendungsersatz* zu leisten, wenn diese Kosten die Nacherfüllung an sich insgesamt (d. h. absolut) unverhältnismäßig machen würden.[1361] Als Bezugspunkt für die Ermittlung der noch zu tragenden Nacherfüllungskosten legt § 475 Abs. 4 Satz 3 BGB dabei in nicht abschließender Weise („insbesondere") den Wert der mangelfreien Sache und die Bedeutung des Mangels fest. Ein weiteres relevantes Kriterium kann beispielsweise ein etwaiges Verschulden des Unternehmers im Hinblick auf den Mangel bilden.[1362] Für den Fall eines durch den Unternehmer nicht zu vertretenden, primär ästhetischen und nicht funktionsbezogen wirkenden Mangels ist der BGH beispielsweise davon ausgegangen, dass sich der Unternehmer an den Austauschkosten i. S. des § 439 Abs. 3 BGB mit bis zu 50 % des Werts der mangelfreien Sache zu beteiligen hat.[1363]

Die Regelung des § 475 Abs. 4 BGB, welche die – ihrerseits problematische[1364] – **604** Ausweitung des Nacherfüllungsinhaltes auf Folgewirkungen der mangelhaften Lieferung abfedern soll, und die aus praktischer Sicht einer Äquivalenzkontrolle außerhalb und unabhängig von den Voraussetzungen des § 313 BGB nahekommt, stellt einen *Fremdkörper im Gefüge des kaufrechtlichen Mängelrechts* dar.[1365] Sie sollte daher grundsätzlich restriktiv angewendet werden. Dies bedeutet zum einen, dass die Privilegierung des Unternehmers im Einklang mit dem Wortlaut des § 475 Abs. 4 Satz 2 BGB auf etwaige Aufwendungsersatzansprüche des Verbrauchers aus § 439 Abs. 2 und 3 BGB beschränkt bleiben sollte; auf Kosten, die bei dem Unternehmer bereits im Rahmen seiner Naturalerfüllungspflicht aus § 439 Abs. 1 BGB anfallen, kann er eine Einrede aus § 475 Abs. 4 Satz 2 BGB jedenfalls nicht stützen. Zudem hat der EuGH den Vorbehalt, auf den sich der deutsche Gesetzgeber mit der Sonderregelung bezieht, nur für die spezielle Konstellation der Einbaufälle formuliert.[1366] Dies spricht dafür, das Kürzungsrecht im Hinblick auf sonstige Aufwendungsersatzansprüche aus § 439 Abs. 2 BGB (z. B. Transportkosten im Zuge der

---

[1361] Dogmatisch beruht der (anteilige) Aufwendungsersatzanspruch auch in diesen Fällen weiterhin auf § 439 Abs. 2 oder 3 BGB; § 475 Abs. 4 BGB statuiert selbst nur ein durch den Unternehmer einredeweise zu erhebendes (teilweises) Leistungsverweigerungsrecht; siehe *Picht* JZ 2017, 807 (811 f.).

[1362] Siehe zu § 439 Abs. 4 Satz 2 BGB bereits oben § 2 Rn. 236 sowie noch unten § 2 Rn. 604.

[1363] BGH 21.12.2011 BGHZ 192, 148 Rn. 54. Eine Besonderheit bestand allerdings darin, dass in dem konkreten Fall nur noch die Ausbaukosten streitgegenständlich waren; jedoch hätte das Gericht die 50 %-Grenze wohl auch auf die Gesamtheit von Aus- und Einbaukosten angewendet (vgl. Rn. 55).

[1364] Zur Kritik oben § 2 Rn. 190 ff.

[1365] Siehe oben § 2 Rn. 237 f. sowie *Maultzsch* ZfPW 2018, 1 (13 ff.). Kritisch zum Einsatz des Unverhältnismäßigkeitseinwands als Mittel einer Äquivalenzkontrolle bereits *Maultzsch* GPR 2011, 253 (258 f.) und *Tröger* AcP 212 (2012), 296 (330 f.); ebenso jetzt *Fries* AcP 217 (2017), 534 (565).

[1366] Siehe EuGH 16.06.2011, 2269 Rn. 74 ff. Nicht hinreichend reflektiert in BT-Drucks. 18/8486, S. 43 f.

Nacherfüllung)[1367] noch einmal restriktiver zu handhaben.[1368] Schließlich kann dem Unternehmer auch im Hinblick auf Neuinstallationskosten i. S. des § 439 Abs. 3 BGB die Möglichkeit, den Aufwendungsersatz einredeweise zu kürzen, dann nicht zustehen, wenn er die mangelhafte Leistung i. S. der §§ 276 ff. BGB zu vertreten hat.[1369] Denn in diesem Fall muss der Unternehmer dem Verbraucher nach schadensersatzrechtlichen Grundsätzen für die gesamten Austauschkosten nach § 437 Nr. 3 BGB i. V. mit den §§ 280 ff. BGB Ersatz leisten.[1370] Dann sollte der Käufer aber auch im Rahmen des Nacherfüllungsanspruchs aus § 439 Abs. 3 BGB nicht schlechter stehen,[1371] was dogmatisch dadurch umzusetzen ist, dass ein Vertretenmüssen des Unternehmers im Rahmen der Beurteilung nach § 475 Abs. 4 Satz 2 BGB nicht nur als ein bloßes Abwägungskriterium, sondern als eine Sperre gegenüber einer kostenmäßigen Privilegierung des Unternehmers anzusehen ist.

605   Im Ergebnis ist somit von einer begrenzten Reichweite des § 475 Abs. 4 Satz 2 BGB auszugehen. Sofern nach Maßgabe des Gesagten ein reduzierter Aufwendungsersatzanspruch in Betracht kommt, sollte diese Lösung aber auch im *allgemeinen Kaufrecht* im Rahmen des § 439 Abs. 4 Satz 3 Halbsatz 2 BGB angewendet werden.[1372] Denn die Alternative bestünde insbesondere bei solchen Nacherfüllungskosten i. S. des § 439 Abs. 3 BGB, die im Vergleich mit dem reinen Wert der Kaufsache besonders hoch sind, einzig darin, dem Käufer über eine vollständige Verweigerung des Aufwendungsersatzes wegen Unverhältnismäßigkeit keinerlei Kompensation zuzugestehen.[1373] Dies würde die Unverhältnismäßigkeitsprüfung jedoch noch weiter von einer Orientierung am Leistungsinteresse des Käufers entfernen, das die Kosten der Neuinstallation nach der Wertung des § 439 Abs. 3 BGB grundsätzlich einschließt. Deshalb kommt eine reduzierte Kostentragungspflicht nach Art des § 475 Abs. 4 Satz 2 BGB auch außerhalb von Verbrauchsgüterkaufverträgen im allgemeinen Kaufrecht in Betracht. Den dogmatischen Anknüpfungspunkt hierfür bildet die Annahme, dass eine Unverhältnismäßigkeit immer nur „soweit" zu bejahen ist, wie eine unangemessene Belastung des Verkäufers vorliegt (vgl. auch § 275 Abs. 1 und 2 BGB).

606   Wenn der Verbraucher gemäß § 475 Abs. 4 Satz 2 BGB keinen vollen Aufwendungsersatz verlangen kann, so muss es ihm als Alternative zu einem wirtschaftlich reduzierten Nacherfüllungsanspruch umgekehrt möglich sein, *ohne*

[1367] Hierzu bereits oben § 2 Rn. 250.

[1368] Vgl. auch BT-Drucks. 18/8486, S. 44; a. A. *Picht* JZ 2017, 807 (811).

[1369] *Maultzsch* ZfPW 2018, 1 (16 f.).

[1370] Vgl. *Höpfner* ZGS 2009, 270 (271 f.); *Skamel* NJW 2008, 2820 (2821 f.).

[1371] Praktische Relevanz erlangt diese Einschätzung insbesondere dadurch, dass etwaige Schadensersatzansprüche des Verbrauchers aus § 437 Nr. 3 BGB i. V. mit den §§ 280 ff. BGB nach § 476 Abs. 3 BGB und anders als der Nacherfüllungsanspruch aus § 439 BGB grundsätzlich dispositiv sind und daher ihrerseits abbedungen werden können; vgl. noch unten § 2 Rn. 616.

[1372] *Maultzsch* ZfPW 2018, 1 (17).

[1373] In diese Richtung jedoch *Grunewald/Tassius/Langenbach* BB 2017, 1673 (1674) und *Picht* JZ 2017, 807 (810 f.); wohl auch *Palandt/Weidenkaff* § 439 Rn. 21a.

Nachfristsetzung zu den sekundären Rechtsbehelfen aus § 437 Nr. 2 und 3 BGB überzugehen.[1374] Dies stellt § 475 Abs. 5 BGB sicher, der über die Inbezugnahme des § 440 Satz 1 BGB eine weitere Ausnahme von dem Fristsetzungserfordernis statuiert.[1375] Praktisch relevant werden kann dabei insbesondere ein sofortiges Minderungsrecht des Verbrauchers, der aufgrund des drohenden nur teilweisen Aufwendungsersatzes für die Kosten der Neuinstallation i. S. des § 439 Abs. 3 BGB i. V. mit § 475 Abs. 4 Satz 2 BGB auf eine Nacherfüllung insgesamt verzichten und mit dem eingebauten defekten Gegenstand vorliebnehmen möchte.

Schließlich kann der Verbraucher nach § 475 Abs. 6 BGB für Aufwendungen, **607** die ihm nach § 439 Abs. 2 und 3 BGB i. V. mit § 475 Abs. 4 BGB durch den Unternehmer zu ersetzen sind, von Letzterem auch eine *Vorschusszahlung* verlangen.[1376] Dem Verbraucher steht jedoch kein Wahlrecht zu, ob er den Vorschuss tatsächlich für eine Mangelkompensation aufwenden möchte oder nicht; setzt er den Vorschuss nicht in einer angemessenen Frist hierfür ein, ist er dem Unternehmer rückzahlungspflichtig.[1377]

b) Zwingende Anwendung einzelner Vorschriften des Kaufrechts (§ 476 BGB)

aa) Allgemeines

Gemäß § 476 Abs. 1 Satz 1 BGB kann sich der Unternehmer auf eine Vereinbarung, **608** die vor der Mitteilung eines (Sach- oder Rechts-)Mangels an ihn abgeschlossen wurde, nicht berufen, wenn diese zum Nachteil des Verbrauchers entweder von den §§ 433 bis 435, 437, 439 bis 443 BGB oder von den Vorschriften des Untertitels über den Verbrauchsgüterkauf abweicht. Dadurch, dass § 476 Abs. 1 Satz 1 BGB abweichende Vereinbarungen nicht für nichtig erklärt, sondern ihnen nur einseitig, nämlich zugunsten des Verbrauchers, die Verbindlichkeit nimmt, ist klargestellt, dass die abweichende Vereinbarung nicht zur Gesamtunwirksamkeit des Vertrages führt (vgl. § 139 BGB).[1378] Ob die für den Verbraucher nachteilige Vereinbarung *individualvertraglich oder durch Allgemeine Geschäftsbedingungen* getroffen wurde, ist unerheblich. Weiterhin sichert § 476 Abs. 1 Satz 2 BGB die zwingende Geltung der durch § 476 Abs. 1 Satz 1 BGB in Bezug genommenen Vorschriften dadurch ab, dass auch ihre Umgehung für den Verbraucher nicht bindend ist, selbst wenn im rein formalen Sinne nicht von ihnen abgewichen wird.[1379] Diese Regelungen dienen der Umsetzung von Art. 7 Abs. 1 der Verbrauchsgüterkauf-RL.

[1374] Siehe bereits EuGH 16.06.2011 NJW 2011, 2269 Rn. 77 und BGH 21.12.2011 BGHZ 192, 148 Rn. 48; kritisch aus rechtspolitischer Sicht *Kaiser* JZ 2013, 346 (349).

[1375] BT-Drucks. 18/8486, S. 45.

[1376] Vgl. bereits BGH 13.04.2011 BGHZ 189, 196 Rn. 37 und BGH 19.07.2017 NJW 2017, 2758 Rn. 29 ff.

[1377] *Erman/Grunewald* § 475 Rn. 11 f.; *Kaiser* JZ 2013, 346 (348).

[1378] BT-Drucks. 14/7052, S. 199; BR/*Faust* § 475 Rn. 15; *Soergel/Wertenbruch* § 475 Rn. 69.

[1379] Siehe zu einem Beispiel der Umgehung unten § 2 Rn. 611 ff.

609   Andererseits steht § 476 Abs. 1 Satz 1 BGB solchen Abreden nicht entgegen, die *nach einer Entdeckung und Mitteilung des betreffenden Sach- oder Rechtsmangels* an den Unternehmer getroffen werden, z. B. im Wege eines Vergleichs i. S. des § 779 BGB.[1380] Darüber hinaus sind nach dem Wortlaut und dem Schutzzweck der Vorschrift Vereinbarungen stets wirksam, welche die Rechte des Verbrauchers verbessern, z. B. wenn sie dem Verbraucher für den Fall eines Mangels neben den in § 437 BGB genannten Rechten ein sofortiges, von den Voraussetzungen der §§ 323, 440 BGB unabhängiges Rücktrittsrecht einräumen.

bb) Die durch § 476 Abs. 1 Satz 1 BGB in Bezug genommenen Vorschriften

(1) Anspruch des Käufers auf mangelfreie Verschaffung des Kaufgegenstandes

610   Zwingend ist insbesondere die Pflicht des Verkäufers zur Verschaffung einer mangelfreien Sache (§ 433 Abs. 1 BGB i. V. mit den §§ 434, 435 BGB).[1381] Z. B. kann der Unternehmer nicht vertraglich vereinbaren, keinen Bindungen an Werbeaussagen des Herstellers i. S. des § 434 Abs. 1 Satz 3 BGB zu unterliegen.

611   Besondere Bedeutung erlangt diese Regelung bei der *Veräußerung von Gebrauchtwaren*, zumeist Kraftfahrzeugen, durch Unternehmer an Verbraucher. Nach der bis zum 01.01.2002 üblichen Vertragspraxis wurden Gebrauchtwagen unter Ausschluss jeglicher Gewährleistung für Mängel verkauft. Dies ist nach § 476 Abs. 1 Satz 1 BGB i. V. mit § 433 Abs. 1 Satz 2 BGB nicht mehr möglich. Bedeutsam wird diese Regelung jedoch nur, wenn überhaupt ein Sachmangel vorliegt, wobei für Gebrauchtwaren zu beachten ist, dass die typische Abnutzung vorbehaltlich einer besonderen Vereinbarung gemäß § 434 Abs. 1 Satz 2 Nr. 2 BGB keinen derartigen Mangel darstellt.[1382] Für eine atypische negative Beschaffenheit kann der Verkäufer seine Pflichten und Haftungsrisiken jetzt allerdings nur noch dadurch begrenzen, dass er diese *Beschaffenheit der Kaufsache zum Inhalt der vertragsgemäßen Beschaffenheit macht*, so dass sie nach § 434 Abs. 1 Satz 1 BGB bereits keinen Sachmangel bildet.[1383] Jedoch besteht hierbei stets die *Gefahr einer Umgehung* der zwingenden Wirkung des § 476 Abs. 1 Satz 1 BGB, die gemäß § 476 Abs. 1 Satz 2 BGB ebenfalls zur Anwendung der gesetzlichen Vorschriften führt (hier: des § 433 Abs. 1 Satz 2 BGB i. V. mit § 434 Abs. 1 Satz 2 BGB). Die wirksame Einbeziehung einer Beschaffenheit in die vertragliche Vereinbarung i. S. des § 434 Abs. 1 Satz 1 BGB, die negativ von dem üblichen Standard einer vergleichbaren Gebrauchtsache abweicht, kann daher nur unter zwei kumulativen Voraussetzungen angenommen werden:

[1380] BT-Drucks. 14/6040, S. 244; *Lorenz/Riehm* Rn. 564.

[1381] Ausführlich zu dieser Pflicht oben § 2 Rn. 37 ff.

[1382] Vgl. oben § 2 Rn. 65.

[1383] *S. Lorenz* MünchKomm. § 475 Rn. 9; *Staudinger/Matusche-Beckmann* (2014) § 475 Rn. 58; *H.P. Westermann* JZ 2001, 530 (536).

Erstens muss der Unternehmer den Verbraucher *deutlich und konkret auf die*   **612**
Beschaffenheit hinweisen, während z. B. deren Erwähnung im „Kleingedruckten"
gemäß § 475 Abs. 1 Satz 2 BGB unwirksam sein dürfte.[1384] Auch darüber hinaus
reichen rein formelhafte Angaben wie „gekauft wie gesehen" oder die pauschale
Bezeichnung eines PKW als „Unfallfahrzeug" nicht für eine Beschaffenheitsvereinbarung i. S. des § 434 Abs. 1 Satz 1 BGB hin, sondern stehen gemäß § 476 Abs. 1
Satz 2 BGB einem unwirksamen Haftungsausschluss gleich.[1385] Dies ergibt sich
bereits aus den Vorgaben in Art. 2 Abs. 2a der Verbrauchsgüterkauf-RL, nach dem
eine individuelle Beschaffenheitsvereinbarung eine gehaltvolle „Beschreibung" der
Kaufsache voraussetzt.[1386]

Zweitens ist eine unzulässige Umgehung des § 475 Abs. 1 Satz 1 BGB immer   **613**
dann anzunehmen, wenn der Verkäufer trotz einer klaren Beschreibung der jeweiligen negativen Beschaffenheit den Eindruck erweckt, dass diese nicht sicher,
sondern *nur möglicherweise* gegeben ist.[1387] Beispiel: Der Gebrauchtwagenhändler
erklärt gegenüber dem Käufer, er könne keine Gewähr dafür übernehmen, dass der
Motor noch lange „durchhalte", vielleicht habe der Käufer mit dem Wagen aber
auch „Glück". Eine solche Vereinbarung macht das Vorliegen der Beschaffenheit
(Tauglichkeit des Motors) gerade zu einem *Risiko des Käufers*. Ein maßgeblicher
Unterschied zwischen einer (für den Käufer negativen) Beschaffenheitsvereinbarung und einem nach § 476 Abs. 1 BGB unzulässigen Gewährleistungsausschluss
besteht aber gerade darin, dass der Käufer im letzteren Fall nach den §§ 133, 157
BGB in der (berechtigten) Hoffnung gewogen wird, die Kaufsache könne eventuell doch einwandfrei funktionieren. Eine Konsequenz der zwingenden Geltung
der §§ 437 ff. BGB nach § 476 Abs. 1 BGB besteht somit darin, dass Verbrauchern Risikogeschäfte unmöglich gemacht werden, während nach dem Vertragsinhalt zweifelsfrei defekte Gegenstände durchaus ohne Mängelansprüche erworben
werden können.

(2) Ansprüche und Rechte des Käufers bei Lieferung eines mangelhaften Kaufgegenstandes

Des Weiteren dürfen nach § 476 Abs. 1 Satz 1 BGB die Ansprüche und Rechte   **614**
des Käufers bei der Lieferung einer mangelhaften Kaufsache nicht beeinträchtigt
werden (§§ 437, 439 bis 442 BGB).[1388] Anderenfalls wäre die Unabdingbarkeit der

---

[1384] *Huber/Faust* 15/12; *Kesseler* ZRP 2001, 70 (71); ähnlich BR/*Faust* § 475 Rn. 9; *Schlechtriem* in: Ernst/Zimmermann (Hrsg.), Zivilrechtswissenschaft und Schuldrechtsreform, 2001, S. 205 (222); *Soergel/Wertenbruch* § 475 Rn. 46.

[1385] Zahlreiche Beispiele bei *Staudinger/Matusche-Beckmann* (2014) § 475 Rn. 63 ff.

[1386] Weiterführend *Schulte-Nölke* ZGS 2003, 184 ff.

[1387] Eingehend *Schinkels* ZGS 2003, 310 (312 ff.); *ders.* ZGS 2004, 226 (229 ff.); zustimmend *S. Lorenz* MünchKomm. § 475 Rn. 10; *Soergel/Wertenbruch* § 475 Rn. 48 f.; a. A. *Grunewald* § 7 Rn. 65.

[1388] Ausführlich dazu oben § 2 Rn. 146 ff.

Pflicht, eine mangelfreie Sache verschaffen zu müssen (§ 433 Abs. 1 Satz 2 BGB), größtenteils bedeutungslos.

615 Hier stellt sich die Frage, ob der *Nachlieferungsanspruch eines Verbrauchers*, dem eine mangelhafte Kaufsache geliefert wurde, aus § 439 Abs. 1 Alt. 2 BGB dadurch wirksam eingeschränkt werden kann, dass der Verkäufer bei Vertragsschluss erklärt, er wolle nur dieses Stück bzw. nur bis zur Erschöpfung eines bestimmten Vorrates schulden. Ein direkter Verstoß gegen § 476 Abs. 1 Satz 1 BGB liegt hierin nicht, da keine Begrenzung der Rechtsfolgen des § 439 Abs. 1 BGB vereinbart wird, sondern bereits auf der tatsächlichen Ebene die funktionale Ersetzbarkeit der mangelhaften Kaufsache als Voraussetzung eines Nachlieferungsanspruchs eingeschränkt wird.[1389] Jedoch könnte eine unzulässige Umgehung des Nachlieferungsanspruchs i. S. des § 476 Abs. 1 Satz 2 BGB vorliegen. Von einer Auffassung wird dies mit der Konsequenz bejaht, dass der Verkäufer im Anwendungsbereich der §§ 474 ff. BGB immer dann zwingend eine Ersatzbeschaffung nach § 439 Abs. 1 Alt. 2 BGB schulde, wenn der Kaufgegenstand objektiv ein vertretbarer i. S. des § 91 BGB sei.[1390] Weder § 439 Abs. 1 BGB noch die Verbrauchsgüterkauf-RL zwingen jedoch zu der Annahme, dass der Kreis der erfüllungstauglichen Gegenstände ausschließlich durch eine bestimmte Beschaffenheit i. S. des § 434 Abs. 1 BGB, nicht aber durch sonstige Abreden (z. B. die Vereinbarung einer Vorratsschuld) begrenzt werden kann. Somit stellt eine Abrede, welche die funktionale Ersetzbarkeit des Kaufgegenstandes und damit die Grenzen einer möglichen Nachlieferung einschränkt, keine unzulässige Umgehung der §§ 439 Abs. 1 Alt. 2, 476 Abs. 1 Satz 1 BGB dar.

616 Des Weiteren ist nach § 476 Abs. 3 BGB der *Ausschluss oder die Beschränkung des Anspruchs auf Schadensersatz* i. S. des § 437 Nr. 3 BGB grundsätzlich zulässig, wobei hierunter auch der Aufwendungsersatz gemäß § 437 Nr. 3 BGB i. V. mit § 284 BGB fällt, der sachlich einen Schaden ersetzt (sog. Frustrierungsschaden).[1391] Insoweit bleibt es bei dem Schutz durch § 444 BGB. Danach ist eine Haftungserleichterung unwirksam, wenn der Verkäufer den Mangel arglistig verschwiegen oder für die Mängelfreiheit eine Garantie übernommen hat. Ferner greift bei der Verwendung Allgemeiner Geschäftsbedingungen durch den Unternehmer eine zusätzliche Kontrolle der Klausel anhand der §§ 307 bis 309 BGB ein (insbesondere § 309 Nr. 7 BGB).[1392] Dabei untersagt § 309 Nr. 7b BGB eine Freizeichnung für einfache Fahrlässigkeit grundsätzlich dann nicht, wenn aus einer mangelhaften Leistung nicht unter § 309 Nr. 7a BGB fallende Eigentums- oder Vermögensschäden resultieren. Die Rechtsprechung lässt jedoch auch eine Freizeichnung für einfache Fahrlässigkeit an der Generalklausel des § 307 Abs. 2 Nr. 2 BGB scheitern, sofern die betreffenden Schäden auf der Verletzung von Pflichten beruhen, die für das jeweilige Vertragsverhältnis ganz wesentlich sind (sog. *Kardinalpflichten*).[1393]

[1389] Eingehend oben § 2 Rn. 226 ff.

[1390] *Gsell* JuS 2007, 97 (98 ff.); ähnlich *Bitter* ZIP 2007, 1881 (1885).

[1391] *Canaris* JZ 2001, 499 (516 f.); *Soergel/Wertenbruch* § 475 Rn. 81.

[1392] Einzelheiten bei *P.W. Tettinger* AcP 205 (2005), 1 ff. und *Tiedtke/Burgmann* NJW 2005, 1153 (1154 ff.).

[1393] BGH 27.09.2000 BGHZ 145, 203, 244 m. w. N.

Zu diesen Kardinalpflichten wird man richtigerweise auch die Pflicht zu einer mangelfreien Leistung beim Kauf zählen müssen,[1394] so dass im Ergebnis eine formularmäßige Haftungsfreizeichnung auch für einfach-fahrlässiges Verhalten des Verkäufers unzulässig ist.

Die Regelung des § 476 Abs. 2 BGB erstreckt die Einschränkungen für abwei-   **617**
chende Vereinbarungen zunächst auf die *Verjährung der in § 437 BGB genannten
Ansprüche* i. S. des § 438 BGB, wiederum mit Ausnahme des Anspruchs auf Schadensersatz gemäß § 437 Nr. 3 BGB (§ 476 Abs. 3 BGB). Die Dispositionsfrei-
heit wird jedoch insoweit aufrechterhalten, als im Anwendungsbereich des § 438
Abs. 1 Nr. 1 und 2 BGB eine Verkürzung der Verjährung bis auf zwei Jahre ab dem
gesetzlichen Verjährungsbeginn gemäß § 438 Abs. 2 BGB möglich ist.[1395] Bei dem
Verkauf *gebrauchter Sachen* gestattet der Wortlaut des § 476 Abs. 2 BGB sogar eine
Verkürzung der Verjährung auf ein Jahr. Der EuGH hat jedoch jüngst entschieden,
dass eine solche Regelung für denjenigen Fall nicht mit den Vorgaben der Art. 5
Abs. 1 und 7 Abs. 1 der Verbrauchsgüterkauf-RL vereinbar ist, in dem der betreffende Mangel zumindest innerhalb eines Jahres „offenbar" geworden ist; in diesem
Fall ist aus europarechtlicher Sicht auch für gebrauchte Sachen eine mindestens
zweijährige Verjährungsfrist geboten.[1396] Diese Vorgabe ist im Wege einer richtlinienkonformen teleologischen Reduktion[1397] in die Regelung des § 476 Abs. 2 BGB
zu übertragen, sodass eine vertragliche Verkürzung der Verjährungsfrist auf unter
zwei Jahre auch bei gebrauchten Sachen nur dann möglich ist, wenn sich der Mangel
der Sache nicht innerhalb eines Jahres ab der Ablieferung i. S. des § 438 Abs. 2
BGB gezeigt hat.[1398] Eine restriktive Beurteilung erfordert zudem die Eigenschaft
einer Kaufsache als gebrauchte Sache. Für Kraftfahrzeuge begründet – insbesondere wegen des Umgehungsverbotes in § 476 Abs. 1 Satz 2 BGB – nicht bereits eine
rein formale Zulassung (sog. Tageszulassung), sondern erst die Inbetriebnahme im
allgemeinen Straßenverkehr die Eigenschaft als Gebrauchtwagen.[1399] Ebenso wenig
sind „junge" Haustiere als gebraucht i. S. des § 475 Abs. 2 BGB anzusehen.[1400]

(3) Vorschriften für die Übernahme einer Garantie i. S. des § 443 BGB

Auch von den Regelungen des § 443 BGB zu Beschaffenheits- und Haltbar-   **618**
keitsgarantien darf nicht zu Lasten des Verbrauchers abgewichen werden. Da die

---

[1394] BGH 27.09.2000 BGHZ 145, 203, 246; offen *Wurmnest* MünchKomm. § 309 Nr. 7 Rn. 29;
a. A. *P.W. Tettinger* AcP 205 (2005), 1 (16 ff.).

[1395] Eine Verkürzung der fünfjährigen Frist in § 438 Abs. 1 Nr. 2 BGB ist jedoch gemäß § 309 Nr. 8b,
ff BGB in Allgemeinen Geschäftsbedingungen des Verkäufers nicht möglich.

[1396] EuGH 13.07.2017 JZ 2018, 298 Rn. 32 ff.; näher dazu *Leenen* JZ 2018, 284 ff.

[1397] Hierzu allg. oben § 2 Rn. 3 ff.

[1398] Ähnlich *Leenen* JZ 2018, 284 (288 f.); kritisch *Köhler* GPR 2018, 37 (41 f.). Zum „Sich-Zei-
gen" eines Mangels näher bei § 477 BGB unten § 2 Rn. 624.

[1399] BR/*Faust* § 474 Rn. 18; HK/*Saenger* § 475 Rn. 2; *S. Lorenz* MünchKomm. § 474 Rn. 16.

[1400] BGH 15.11.2006 NJW 2007, 674 (676 f.); näher *Soergel/Wertenbruch* § 474 Rn. 88 ff.

Vermutungswirkung des § 443 Abs. 2 BGB bei der Übernahme einer Haltbarkeitsgarantie nach der hier vertretenen Auffassung ohnehin zwingende Wirkung entfaltet,[1401] erschöpft sich der Regelungsgehalt des § 476 Abs. 1 Satz 1 BGB weitgehend darin, dass für die Rechte aus der Garantie auch zwingend die „einschlägige Werbung" maßgeblich ist und aufgrund der Garantieübernahme nicht die gesetzlichen Käuferrechte aus § 437 BGB ausgeschlossen oder eingeschränkt werden dürfen (vgl. § 443 Abs. 1 BGB: „unbeschadet der gesetzlichen Ansprüche"). Das gilt allerdings nicht nur für eine Verkäufer-, sondern auch für eine Herstellergarantie, die somit in den Garantiebedingungen keinesfalls zu Lasten des Verbrauchers und zugunsten des Verkäufers (vgl. § 328 BGB) negative Abweichungen von § 437 BGB vorsehen darf, insbesondere den Käufer nicht auf die vorrangige Inanspruchnahme der Garantie verweisen kann.[1402]

(4) Vorschriften des Untertitels über den Verbrauchsgüterkaufvertrag

619   Schließlich erklärt § 476 Abs. 1 Satz 1 BGB eine Abweichung von den besonderen Vorschriften über den Verbrauchsgüterkauf zu Lasten des Käufers selbst für unwirksam. Neben den §§ 477, 479 BGB[1403] betrifft dies insbesondere die in § 475 BGB angeordnete Modifizierung bestimmter Vorschriften des Allgemeinen Schuldrechts und des allgemeinen Kaufrechts, so dass z. B. bei einem Versendungskauf ein Gefahrübergang mit Übergabe der Ware an den Transporteur auch nicht vertraglich vorgesehen werden kann.[1404]

4. Beweislastumkehr bei der Feststellung von Sachmängeln (§ 477 BGB)

620   Zeigt sich innerhalb von sechs Monaten seit dem Gefahrübergang[1405] ein Sachmangel, so ist nach § 477 BGB zugunsten des Verbrauchers zu vermuten, dass die Sache bereits im Zeitpunkt des Gefahrübergangs mangelhaft war, es sei denn, diese Vermutung ist mit der Art der Sache oder des Mangels unvereinbar. Diese Regelung entspricht Art. 5 Abs. 3 der Verbrauchsgüterkauf-RL.[1406]

621   Damit wird der Verbraucher, der einen Anspruch oder ein Recht aufgrund eines behaupteten Sachmangels geltend machen will, innerhalb der besagten Frist von

---

[1401] Siehe oben § 2 Rn. 424.

[1402] BR/*Faust* § 475 Rn. 6; *S. Lorenz* MünchKomm. § 475 Rn. 7.

[1403] Dazu näher unter § 2 Rn. 620 ff.

[1404] Vgl. zu dieser vor der Umsetzung der Verbraucherrechte-RL streitigen, nunmehr aber eindeutig geklärten Frage *S. Lorenz* MünchKomm. § 475 Rn. 6 m. w. N.

[1405] Zu dem maßgeblichen Zeitpunkt oben § 2 Rn. 442 ff.

[1406] Gleichwohl handelt es sich bei dieser Vermutungsregelung der Sache nach nicht um eine originäre Errungenschaft des modernen Verbraucherschutzes. Eine vergleichbare Bestimmung enthielt bereits § 484 BGB a. F. für den Viehkauf, wenn sich ein sog. Hauptmangel innerhalb einer durch Kaiserliche Verordnung bestimmten Gewährfrist zeigte.

dem häufig schwierigen, ihm aber aufgrund der Regelung des § 363 BGB nach der Annahme grundsätzlich obliegenden Beweis entlastet, dass die betreffende Beschaffenheit bereits im Zeitpunkt des Gefahrübergangs i. S. des § 446 Satz 1 oder 3 BGB vorlag, der nach § 434 Abs. 1 Satz 1 BGB für die Bestimmung von Sachmängeln maßgeblich ist. Vielmehr muss im Anwendungsbereich des § 477 BGB der *Verkäufer i. S. des § 292 ZPO beweisen*, dass eine spätere Beschaffenheitsverschlechterung, z. B. durch einen unsachgemäßen Gebrauch, eingetreten ist.[1407] Diese Regelung beruht zum einen auf dem Gedanken, dass dem Verkäufer typischerweise bessere Erkenntnis- und Beweismöglichkeiten hinsichtlich der Beschaffenheit der Kaufsache zur Verfügung stehen als dem Käufer.[1408] Zum anderen stärkt das Eingreifen der Vermutungswirkung das Verbrauchervertrauen und vereinfacht somit die reibungslose Abwicklung von Transaktionen auch zum Vorteil der Verkäuferseite.[1409]

Der Käufer wird hingegen nicht von dem Beweis entlastet, dass die betreffende **622** Beschaffenheit *in gegenständlicher Hinsicht einen Sachmangel i. S. des § 434 BGB* darstellt. Dies ist insbesondere bei typischen Verschleißerscheinungen gebrauchter Sachen nicht der Fall.[1410] Wenn hingegen binnen sechs Monaten eine negative Beschaffenheit auftritt, die in sachlicher Hinsicht hinter den Anforderungen des § 434 BGB zurückbleibt, und lediglich unaufklärbar ist, ob diese bereits bei Gefahrübergang vorlag oder erst später aufgrund einer Fehlbenutzung seitens des Käufers eingetreten ist, greift die Vermutung des § 477 BGB richtigerweise ein.[1411] Beispiel: Bei der Inspektion eines vor vier Monaten übergebenen Neuwagens wird ein defekter Zahnriemen entdeckt; es bleibt offen, ob dieser Defekt bereits anfänglich vorlag oder auf einem falschen Schaltverhalten des Käufers beruht. Hier hat der Käufer nämlich mit dem defekten Zahnriemen eine Beschaffenheit nachgewiesen, die zum einen gegenständlich einen Sachmangel i. S. des § 434 Abs. 1 Satz 2 Nr. 2 BGB begründet und die zum anderen in zeitlicher Hinsicht möglicherweise bereits bei Gefahrübergang vorlag. Mehr fordert § 477 BGB für das Eingreifen der Vermutungswirkung nicht.

Lange Zeit sehr umstritten war die Frage, ob bei Verschlechterungen, die definitiv **623** erst nach dem Zeitpunkt des Gefahrübergangs eingetreten sind, auch zu vermuten ist, dass diese Verschlechterungen ihrerseits auf einem schon *ursprünglich angelegten „Grundmangel"* beruhen. Beispiel: Ein verkauftes Fernsehgerät funktioniert

---

[1407] BGH 12.10.2016 NJW 2017, 1093 Rn. 59 f. m. w. N.

[1408] BT-Drucks. 14/6040, S. 245. Das Eingreifen der Vermutungswirkung des § 477 BGB setzt jedoch nicht voraus, dass der Verkäufer den Mangel auch in dem konkreten Fall bei zumutbaren Überprüfungsmaßnahmen ex ante hätte erkennen können, sofern dieser bereits bei Gefahrübergang vorlag: BGH 11.07.2007 NJW 2007, 2619 Rn. 11; *Gsell* JZ 2008, 29 (33 f.); *Maultzsch* NJW 2006, 3091 (3094); a. A. *Wietoska* ZGS 2004, 8 (10).

[1409] Näher *Maultzsch* NJW 2006, 3091 (3092) und *Oechsler* BB 2015, 1923 (1925).

[1410] Siehe oben § 2 Rn. 71.

[1411] BGH 18.07.2007 NJW 2007, 2621 Rn. 16; BGH 12.10.2016 NJW 2017, 1093 Rn. 34 ff.; *Maultzsch* NJW 2006, 3091 (3093 f.); *Reinking* DAR 2004, 530; *H. Roth* ZIP 2004, 2025 (2026 f.); anders noch BGH 02.06.2004 BGHZ 159, 215 (217 ff.) und *Wertenbruch* LMK 2004, 156.

zunächst einen Monat, versagt dann aber aufgrund einer Elektronikstörung. Hier stellt sich das Problem, ob der Käufer nun seinerseits beweisen muss, dass die später eingetretene Störung (Ausfall des Fernsehgerätes) in einer vorgelagerten, bereits ursprünglich angelegten mangelhaften Beschaffenheit des Gerätes wurzelt oder ob sich die Vermutungswirkung des § 477 BGB auch auf das Vorliegen eines solchen vorgelagerten Mangels erstreckt. Während die h. M. eine solche Ausdehnung der Vermutungswirkung ursprünglich ablehnte,[1412] hat der EuGH in Konkretisierung des Art. 5 Abs. 3 der Verbrauchsgüterkauf-RL entschieden, dass sich die Vermutung aus europarechtlicher Sicht auch auf das Vorliegen eines „Grundmangels" erstreckt.[1413] Dem folgt mittlerweile auch die deutsche Rechtsprechung im Wege einer richtlinienkonformen Auslegung des § 477 BGB.[1414] In der Sache erscheint diese Lösung allerdings nicht unproblematisch. So kommt die extensive Sichtweise aus funktionaler Sicht einer sechsmonatigen Haltbarkeitsgarantie[1415] sehr nahe, die jedoch richtigerweise auch bei Verbrauchsgüterkaufverträgen nicht kraft Gesetzes eingreifen, sondern einer privatautonomen Vereinbarung überlassen bleiben sollte.[1416] Zudem kann den legitimen Interessen des Käufers in relativ eindeutigen Fällen (z. B.: ein neuwertiges Elektronikgerät versagt zeitnah nach dem Gefahrübergang, ohne dass Hinweise auf unzulässige äußere Einwirkungen bestünden) bereits mit dem prozessualen Institut eines sog. Anscheinsbeweises Rechnung getragen werden.[1417]

624   Unstrittig muss der Verbraucher zur Auslösung der Vermutungswirkung beweisen, dass sich die vertragswidrige Beschaffenheit *innerhalb von sechs Monaten seit Gefahrübergang „gezeigt" hat*, d. h. er muss darlegen, dass sie innerhalb dieses Zeitraums bereits vorhanden war.[1418] Problematisch gestaltet sich hingegen der seinerseits wiederum dem Verkäufer obliegende Beweis des Zeitpunktes des

---

[1412] BGH 23.11.2005 NJW 2006, 434 (436); BGH 15.01.2014 BGHZ 200, 1 Rn. 21; *Gsell* JuS 2005, 967 (970 ff.); *dies.* JZ 2008, 29 (30 ff.); *Soergel/Wertenbruch* § 476 Rn. 21 ff.; a. A. bereits ursprünglich BR/*Faust* § 476 Rn. 9 ff.; *S. Lorenz* MünchKomm. § 476 Rn. 4; NK-BGB/ *Büdenbender* § 476 Rn. 12; *Saenger/Veltmann* ZGS 2005, 450 ff.

[1413] EuGH 04.06.2015 NJW 2015, 2237 Rn. 66 ff. Für die Interpretation der Entscheidung i. S. einer „Grundmangelvermutung" auch *Fikentscher/Heinemann* Rn. 946; *Koch* JZ 2015, 834 (836); *Looschelders* Festschrift 200 Jahre Heymanns Verlag, 2015, S. 98 f.; *S. Lorenz* MünchKomm. § 476 Rn. 4; für die Interpretation i. S. der bloßen Möglichkeit eines Anscheinsbeweises demgegenüber *Oechsler* BB 2015, 1923 (1924).

[1414] BGH 12.10.2016 NJW 2017, 1093 Rn. 46 ff. sowie dazu *Gsell* JZ 2017, 576 (577 ff.). Allg. zu den Grundsätzen der richtlinienkonformen Aussetzung oben § 2 Rn. 3 ff.

[1415] Hierzu oben § 2 Rn. 415.

[1416] Siehe *Maultzsch* JZ 2016, 236 (242); *Rukteschler* ZEuP 2016, 528 (540 f.); *Sagan/Scholl* JZ 2016, 501 (508).

[1417] Zum Rechtsinstitut des Anscheinsbeweises siehe *Rosenberg/Schwab/Gottwald* Zivilprozessrecht, 17. Aufl. 2010, § 113 Rn. 16 ff.

[1418] BGH 02.06.2004 BGHZ 159, 215 (218); BR/*Faust* § 476 Rn. 4; *S. Lorenz* MünchKomm. § 476 Rn. 8.

Beginns dieser Frist von sechs Monaten, wenn ein Gefahrübergang kraft Annahmeverzugs (§ 446 Satz 3 BGB) in Betracht kommt.[1419] Denn der Annahmeverzug setzt grundsätzlich das Angebot einer mangelfreien Sache voraus,[1420] welches der Verkäufer somit als Voraussetzung des Ablaufs der sechsmonatigen Frist beweisen müsste, damit die Vermutungswirkung des § 477 BGB nicht mehr zu seinen Lasten eingreift. Sind sechs Monate von dem Zeitpunkt abgelaufen, in dem der Annahmeverzug vorbehaltlich einer Mangelhaftigkeit der Sache eingetreten ist, soll der Verkäufer nach der Wertung dieser Vorschrift aber gerade nicht mehr mit dem Beweis belastet sein, dass ein sich jetzt zeigender Mangel nicht schon bei Gefahrübergang vorlag. Deshalb ist § 477 BGB so zu interpretieren, dass der Verkäufer in Bezug auf den Ablauf der sechsmonatigen Frist nicht die Mangelfreiheit der Sache als Voraussetzung für einen fristauslösenden Annahmeverzug zu beweisen hat.

Schließlich gilt die Vermutung nicht, wenn sie *mit der Art der Sache oder des* **625** *Mangels unvereinbar ist*, was nach der gesetzlichen Systematik („es sei denn") allerdings wiederum von dem Verkäufer (= Unternehmer) zu beweisen ist. Um den Verbraucherschutz nicht zu stark einzuschränken, darf ein solcher Ausschluss der Vermutungswirkung allerdings nicht bereits immer dann angenommen werden, wenn ein Mangel in Rede steht, der typischerweise jederzeit eintreten kann.[1421] Vielmehr sollte die Ausschlussregelung des § 477 BGB a. E. auf solche Fälle begrenzt werden, in denen *nach typischen Erfahrungssätzen ein Anschein* dafür besteht, dass die betreffende Verschlechterung erst nach Gefahrübergang eingetreten ist.[1422] Dies kommt für manche Tierkrankheiten, bei einem Verfall verderblicher Waren oder für starke Beschädigungen in Betracht, die normalerweise bereits bei der Übergabe hätten auffallen müssen.[1423] Hingegen ist es nicht gerechtfertigt, Gebrauchtwaren über § 477 BGB a. E. generell von der Vermutungswirkung auszunehmen.[1424]

[1419] Zu diesem Problem auch BR/*Faust* § 476 Rn. 6; *Gsell* JZ 2001, 65 (73 f.); *S. Lorenz* MünchKomm. § 476 Rn. 10 und *Soergel/Wertenbruch* § 476 Rn. 34 ff.

[1420] Statt aller *Ernst* MünchKomm. § 294 Rn. 6 m. w. N.

[1421] BGH 14.09.2005 NJW 2005, 3490 (3492); BGH 11.07.2007 NJW 2007, 2619 Rn. 10; *Looschelders* Festschrift 200 Jahre Heymanns Verlag, 2015, S. 103; *S. Lorenz* MünchKomm. § 476 Rn. 17; *Reinicke/Tiedtke* Rn. 738.

[1422] Näher *Maultzsch* NJW 2006, 3091 (3094 ff.); ähnlich *Gsell* JuS 2005, 967 (969 f.); *dies.* JZ 2008, 29 (30); *Kötz* Rn. 590; *Soergel/Wertenbruch* § 476 Rn. 53; nach *Saueressig* NJOZ 2008, 2072 (2079) ist die Vermutungswirkung immer dann ausgeschlossen, wenn der betreffende Mangel für den Käufer bei Lieferung erkennbar gewesen wäre; für eine einzelfallbezogene Abwägung *Klöhn* NJW 2007, 2811 (2813 f.).

[1423] BT-Drucks. 14/6040, S. 245; BGH 14.09.2005 NJW 2005, 3490 (3492 f.); *Staudinger/Matusche-Beckmann* (2014) § 476 Rn. 34 ff.

[1424] BGH 02.06.2004 BGHZ 159, 215 ff.; *Erman/Grunewald* § 477 Rn. 7; *Fikentscher/Heinemann* Rn. 946; *S. Lorenz* MünchKomm. § 476 Rn. 16; *Reinicke/Tiedtke* Rn. 737; anders wohl BT-Drucks. 14/6040, S. 245.

5. Sonderbestimmungen für den Rückgriff des Unternehmers (§ 478 BGB)

a) Allgemeines

626   In § 478 BGB sind einige Sonderregelungen für die Ausgestaltung des Verkäuferregresses nach den §§ 445a, 445b BGB enthalten, die gemäß § 478 Abs. 1
BGB immer dann eingreifen, wenn der *letzte Vertrag in der Lieferkette einen Verbrauchsgüterkauf i. S. des § 474 BGB* darstellt. In einem solchen Fall räumen die
§§ 474 ff. BGB dem Verbraucher als dem letzten Käufer besondere Privilegierungen ein, die durch die Vorschrift des § 478 BGB teils unmittelbar, teils zumindest
wirtschaftlich in das Regressverhältnis übertragen werden, um einen *möglichst
reibungslosen Rücklauf der Mangelfolgen* bis zu dem primär verantwortlichen
Glied in der Lieferkette (z. B. dem Hersteller einer mangelhaften Ware) zu ermöglichen. Die Regelung des § 478 BGB enthält dabei kein umfassendes eigenständiges Regressmodell, sondern baut auf den allgemeinen Vorschriften der §§ 445a,
445b BGB[1425] auf und sieht lediglich einige ergänzende Modifikationen für den
Regress vor.

627   Strenggenommen kann die Frage, ob i. S. des § 478 Abs. 1 BGB der „*letzte*"
Vertrag in der Lieferkette ein Verbrauchsgüterkauf ist, nur vorläufig beantwortet
werden, solange der Verbraucher den Kaufgegenstand nicht im Rahmen der Ausübung von Mängelrechten an den Unternehmer zurückgegeben hat. Denn anderenfalls wäre es beispielsweise denkbar, dass die Sache später noch von dem
Verbraucher an einen anderen Verbraucher weiterverkauft wird und somit auf
der letzten Stufe wiederum kein Vertrag i. S. des § 474 Abs. 1 BGB steht. Diese
Problematik lässt sich am plausibelsten dadurch auflösen, dass einerseits § 478
BGB – unter gewisser Korrektur seines Wortlautes – bereits immer dann angewendet wird, wenn auf einer beliebigen späteren, nach dem jeweiligen Regressverhältnis liegenden Stufe der Lieferkette ein Verbrauchsgüterkauf vorliegt, dass
andererseits aber auch die Regelungen des § 478 BGB auf das *Regressinteresse
des jeweiligen Verkäufers* begrenzt werden, wie dies hier bereits für die §§ 445a,
445b BGB vorgeschlagen worden ist.[1426] Beispiel: Wenn der Hersteller eine Ware
zunächst an einen gewerblichen Zwischenhändler verkauft, die dieser an einen
Verbraucher weiterveräußert, sollte sich der Zwischenhändler für den Regress
bei dem Hersteller selbst dann auf die Beweislastumkehr nach § 477 BGB i. V.
mit § 478 Abs. 1 BGB berufen können, wenn der Verbraucher die Sache seinerseits an einen anderen Verbraucher weiterverkauft hat (damit kein Verbrauchsgüterkauf auf der „letzten" Stufe der Lieferkette), jedoch nur soweit er selbst
entsprechend durch seinen Vertragspartner in Anspruch genommen worden ist
(Regressinteresse).

[1425] Hierzu ausführlich oben § 2 Rn. 377 ff.
[1426] Näher oben § 2 Rn. 386, 392 ff., 399 und 403 f.

b) Erstreckung der Beweislastumkehr auf den Regress

Die Vorschrift des § 478 Abs. 1 BGB erstreckt zunächst die *Beweislastumkehr des*   **628**
§ 477 BGB auf das Rückgriffsverhältnis. Innerhalb von sechs Monaten wird somit
nach näherer Maßgabe des § 477 BGB vermutet, dass der jeweilige Mangel bereits
im Zeitpunkt des Gefahrübergangs auf den Unternehmer vorlag.[1427] Die sechsmona-
tige Frist beginnt dabei allerdings nicht mit dem Gefahrübergang auf den Unternehmer, sondern erst mit dem Gefahrübergang auf den Verbraucher als Abkäufer des
Unternehmers. Hierdurch soll sich der Unternehmer gegenüber seinem Lieferanten
solange auf die Vermutung des § 477 BGB berufen können, wie dies dem Verbraucher ihm gegenüber möglich ist.

c) Zwingende Geltung der Mängel- und Rückgriffsvorschriften

Weiterhin ordnet § 478 Abs. 2 Satz 1 BGB an, dass sich der Lieferant gegenüber dem   **629**
Unternehmer auf eine vor der Mitteilung des Mangels an den Lieferanten getroffene
Vereinbarung, die zum Nachteil des Unternehmers von den §§ 478 Abs. 1 BGB,
479 BGB bzw. den in der Vorschrift genannten Regelungen des allgemeinen Kauf-
rechts abweicht, im Grundsatz nicht berufen kann. Ergänzt wird diese zwingende
Geltung der Mängel- und Rückgriffsrechte durch § 478 Abs. 2 Satz 3 BGB, der ein
Umgehungsverbot statuiert. Insoweit gelten die Ausführungen zu § 476 Abs. 1 BGB
entsprechend.[1428]

Die Vorschrift bezweckt wiederum, dass dem Unternehmer gegenüber dem Lie-   **630**
feranten im Regress die gleichen Rechte zustehen, die der Verbraucher ihm gegenüber hat.[1429] Nach dem Regelungsziel des § 478 Abs. 2 BGB sollte daher auch
diese zwingende Wirkung auf das *Regressinteresse des Unternehmers* begrenzt
werden.[1430] Beispiel: Hat der Verbraucher gegenüber dem Unternehmer wirksam
den Kaufpreis gemindert, so ist eine Vereinbarung zwischen dem Unternehmer und
seinem Lieferanten, nach der dem Unternehmer entgegen § 437 Nr. 2 Alt. 1 BGB
zwar der Rücktritt, nicht aber die Minderung infolge eines Sachmangels versagt ist,
nicht gemäß § 478 Abs. 2 Satz 1 BGB unwirksam.[1431]

Die zwingende Wirkung gilt nach § 478 Abs. 2 Satz 2 BGB – vorbehaltlich des   **631**
§ 307 BGB bei der Verwendung von Allgemeinen Geschäftsbedingungen durch den
Lieferanten – nicht für eine *Beschränkung oder den Ausschluss eines Anspruchs*

[1427] Siehe im Einzelnen oben § 2 Rn. 620 ff.

[1428] Oben § 2 Rn. 608 ff.

[1429] BT-Drucks. 14/7052, S. 199; vgl. auch PWW/*D. Schmidt* § 478 Rn. 3.

[1430] Dazu bereits oben § 2 Rn. 386, 392 ff., 399 und 403 f.

[1431] A. A. *Erman/Grunewald* § 478 Rn. 4.

auf Schadensersatz gemäß § 437 Nr. 3 BGB. Auch diese Regelung stimmt weitgehend[1432] mit § 476 Abs. 3 BGB überein, so dass die hierzu dargelegten Grundsätze entsprechend gelten.[1433]

632   Schließlich greift die zwingende Wirkung der angeführten Vorschriften nach § 478 Abs. 2 Satz 1 BGB a. E. nicht ein, wenn der Lieferant dem Unternehmer einen *gleichwertigen Ausgleich* einräumt. Einen solchen bewirken z. B. pauschale Ausgleichssysteme für den Regress bei Mängeln der bezogenen Waren.[1434]

d) Weiterer Rückgriff in der Lieferkette

633   Abschließend ordnet § 478 Abs. 3 BGB in Anlehnung an die §§ 445a Abs. 3, 445b Abs. 3 BGB an, dass die Privilegierungen des Regressnehmers aus § 478 Abs. 1 und 2 BGB auch auf die weiteren, in der Lieferkette vorgelagerten, Stufen des Regresses Anwendung finden, wenn die *jeweiligen Regressschuldner Unternehmer i. S. des § 14 BGB sind.* Während das Unternehmererfordernis im Rahmen der allgemeinen Regelungen der §§ 445a Abs. 3, 445b Abs. 3 BGB kritikwürdig erscheint,[1435] ist es im Rahmen des § 478 Abs. 3 BGB sinnvoll, da es hier um die „Rückspiegelung" spezifisch verbraucherschützender Regelungen in die Regresskette geht und dies nur dann angemessen erscheint, wenn der hiervon Betroffene ein Unternehmer ist.

6. Sonderbestimmungen für Garantien (§ 479 BGB)

a) Anwendungsbereich

aa) Grundfall

634   Die Regelung des § 479 BGB stellt zusätzliche Anforderungen an Garantieerklärungen i. S. des § 443 BGB (Beschaffenheits- oder Haltbarkeitsgarantie)[1436] auf, die insbesondere die *Transparenz der Erklärung* (§ 479 Abs. 1 BGB) und einen *Anspruch auf Mitteilung in Textform* (§ 479 Abs. 2 BGB) betreffen. Jedoch bereitet die Bestimmung des Anwendungsbereiches dieser Vorschrift Schwierigkeiten. Das

---

[1432] Die Nichterwähnung der §§ 308, 309 BGB beruht darauf, dass diese Vorschriften im Rechtsverhältnis zwischen Unternehmern gemäß § 310 Abs. 1 BGB keine Anwendung finden. Die Rechtsgedanken der dort enthaltenen Klauselverbote sind jedoch bei der Konkretisierung des § 307 BGB zu berücksichtigen: BGH 19.09.2007 BGHZ 174, 1 Rn. 11 f.; *Wurmnest* MünchKomm. § 307 Rn. 78 f.

[1433] Siehe § 2 Rn. 616.

[1434] BT-Drucks. 14/6040, S. 249; näher *Erman/Grunewald* § 478 Rn. 5 ff.; *K. Schmidt* in: Dauner-Lieb u. a. (Hrsg.), Das neue Schuldrecht in der Praxis, 2003, S. 427 (442 f.); *Schubel* JZ 2001, 1113 (1118).

[1435] Hierzu oben § 2 Rn. 401 f.

[1436] Näher oben § 2 Rn. 409 ff.

gilt allerdings nicht für den zweifelsfrei erfassten Grundfall, dass ein Verbrauchsgüterkauf i. S. des § 474 BGB vorliegt und der Verkäufer zugleich der Garant ist.

bb) Garantie durch Dritte

Problematisch gestaltet sich die Rechtslage hingegen bereits dann, wenn zwar ein **635** Verbrauchsgüterkauf vorliegt, die Garantie aber ein Dritter, insbesondere der von dem Verkäufer verschiedene Hersteller, erteilt. Hier stellt sich die Frage, ob § 479 BGB auch diesen nicht an dem Verbrauchsgüterkaufvertrag beteiligten Dritten bindet. Der Wortlaut des Gesetzes lässt dies nicht eindeutig erkennen. Für eine Bindung des Dritten spricht aber neben den Gesetzesmaterialien, die auch den Hersteller oder andere Dritte als Garanten i. S. des § 479 BGB erwähnen,[1437] eine richtlinienkonforme Auslegung dieser Norm.[1438] Denn Art. 6 der Verbrauchsgüterkauf-RL, dessen Umsetzung § 479 BGB dient, umschreibt die Person des verpflichteten Garanten in seinem Abs. 1 nur allgemein als „denjenigen", während die übrigen Vorschriften der Richtlinie ausdrücklich auf den „Verkäufer" abstellen. Man wird einen Drittgaranten aber auch bei einem Verbrauchsgüterkauf i. S. des § 474 BGB nur dann als durch § 479 BGB gebunden ansehen können, wenn er die Garantie *selbst als Unternehmer i. S. des § 14 BGB* erklärt,[1439] was jedoch regelmäßig der Fall ist.

cc) Nichteinbeziehung des Kaufvertrages in den persönlichen Anwendungsbereich des § 474 BGB

Die Anwendung des § 479 BGB ist ferner zweifelhaft, wenn der Kaufvertrag über **636** ein Verbrauchsgut i. S. des § 474 BGB, für das ein Dritter eine Garantie übernommen hat, deshalb keinen Verbrauchsgüterkauf darstellt, weil der persönliche Anwendungsbereich des § 474 Abs. 1 Satz 1 BGB nicht eröffnet ist. Beispiel: Ein Verbraucher verkauft eine Sache, für die noch eine (übertragbare) Herstellergarantie besteht, an einen anderen Verbraucher. In dieser Konstellation stellt sich die Frage, ob Letzterer sich gegenüber dem Hersteller auf § 479 BGB berufen kann.[1440]

In einem derartigen Fall kommt, da der Anwendungsbereich der §§ 474 ff. **637** BGB nach dem Wortlaut des § 474 Abs. 1 Satz 1 BGB nicht eröffnet ist, allenfalls eine *analoge Anwendung des § 479 BGB* in Betracht. Hierfür sprechen gute Gründe, wenn das Rechtsverhältnis des (Letzt-)Käufers zu dem Garanten wie in

---

[1437] BT-Drucks. 14/6040, S. 245.

[1438] *Erman/Grunewald* § 479 Rn. 1; *Grundmann* in: ders. u. a. (Hrsg.), Europäisches Kaufgewährleistungsrecht, 2000, S. 281 (314); *Medicus* in: Grundmann u. a. (Hrsg.), Europäisches Kaufgewährleistungsrecht, 2000, S. 219 (223).

[1439] Dazu oben § 2 Rn. 591 sowie *Soergel/Wertenbruch* § 477 Rn. 17.

[1440] Ein vergleichbares Problem des Verbraucherschutzes in den Fällen der Aufspaltung verschiedener Rechtsverhältnisse stellt sich z. B. auch im Bürgschaftsrecht; siehe unten § 13 Rn. 27 f.

dem angeführten Beispiel ein solches eines Verbrauchers zu einem Unternehmer ist.[1441] Dann besteht insoweit die typisierte Ungleichgewichtslage, auf welche die §§ 474 ff. BGB abgestimmt sind.[1442] Zudem lautet der amtliche Titel der zugrunde liegenden Verbrauchsgüterkauf-RL „Richtlinie 1999/44/EG des Europäischen Parlaments und des Rates vom 25. Mai 1999 zu bestimmten Aspekten des Verbrauchsgüterkaufs und der Garantien für Verbrauchsgüter", so dass die Regelungen über Garantien für Verbrauchsgüter nicht nur bei einem Verbrauchsgüterkauf i. S. des § 474 BGB, sondern stets dann einschlägig sind, wenn die Garantie für das Verbrauchsgut von einem Unternehmer gegenüber einem Verbraucher erklärt wird. Selbst wenn entgegen dieser Auffassung eine analoge Anwendung des § 479 BGB in dieser Konstellation abgelehnt würde, bliebe der Verbraucher nicht schutzlos, wenn die Garantie in Allgemeinen Geschäftsbedingungen enthalten ist. In einem derartigen Fall folgt die Transparenzkontrolle bereits aus § 307 Abs. 1 und 3 BGB,[1443] zu deren Konkretisierung die Vorgaben des § 479 Abs. 1 BGB als einschlägige Rechtsgedanken herangezogen werden können.[1444]

b) Anforderungen an die Garantieerklärung

638   Nach § 479 Abs. 1 Satz 1 BGB ist eine Garantierklärung i. S. des § 443 BGB *einfach und verständlich* abzufassen. Dieses auf Art. 6 Abs. 2 der Verbrauchsgüterkauf-RL beruhende Transparenzgebot konkretisiert § 479 Abs. 1 Satz 2 BGB:[1445]

- Die Garantie muss auf die gesetzlichen Rechte des Verbrauchers wegen Mängeln der Kaufsache (§§ 437 ff. BGB) sowie darauf hinweisen, dass sie diese gesetzlichen Rechte nicht einschränkt (§ 479 Abs. 1 Satz 2 Nr. 1 BGB). Letzteres gibt für den Verbrauchsgüterkauf die nach § 443 Abs. 1 BGB i. V. mit § 476 Abs. 1 Satz 1 BGB zwingende Gesetzeslage wieder.[1446]
- Des Weiteren muss die Erklärung den Inhalt der Garantie, d. h. den Umfang der durch sie gewährten Rechte, sowie die Angaben enthalten, die für die Geltendmachung der Garantie wesentlich sind (§ 479 Abs. 1 Satz 2 Nr. 2 BGB). Exemplarisch

---

[1441] Zustimmend BeckOGK/*Augenhofer*, 01.05.2018, § 479 Rn. 15; BR/*Faust* § 477 Rn. 3; *S. Lorenz* MünchKomm. § 477 Rn. 3; *Staudinger/Matusche-Beckmann* (2014) § 477 Rn. 8; für eine direkte Anwendung *Soergel/Wertenbruch* § 477 Rn. 18.

[1442] Allg. zu dem Gedanken des typisierten Verhandlungsungleichgewichts als Grundlage des Verbraucherschutzrechts *Bork* Rn. 1739; *Micklitz/Purnhagen* MünchKomm. Vor §§ 13, 14 Rn. 38 ff.

[1443] Siehe oben § 2 Rn. 421.

[1444] Es handelt sich hier um eine Form der nicht seltenen Ausstrahlungswirkung einer Spezialvorschrift auf die Angemessenheitskontrolle nach § 307 Abs. 1 BGB; vgl. allg. *Wurmnest* MünchKomm. § 307 Rn. 78 f.

[1445] Die in dieser Vorschrift enthaltenen Vorgaben gelten jedoch nur für die Garantieerklärung als solche, nicht hingegen für eine Werbung, mit der die Übernahme einer Garantie erst angekündigt wird: BGH 14.04.2011 NJW 2011, 2653 Rn. 26 ff.

[1446] Vgl. § 2 Rn. 618.

(„insbesondere") nennt das Gesetz die Dauer und den räumlichen Geltungsbereich der Garantie sowie den Namen und die Anschrift des Garantiegebers.

Über diese speziellen Anforderungen hinaus ist aus dem Verständlichkeitsgebot des   **639**
§ 479 Abs. 1 Satz 1 BGB abzuleiten, dass die Garantie regelmäßig in der *Sprache*
des Staates abzufassen ist, in dem das Verbrauchsgut verkauft wird.[1447] Bei Vertragsabschlüssen im Internet ist jedoch häufig auch Englisch als eine verständliche
Sprache anzusehen.[1448]

Auf Verlangen des Verbrauchers ist ihm eine Garantieerklärung, die den Anforde-   **640**
rungen des § 479 Abs. 1 BGB genügt, in der *Textform des § 126b BGB* mitzuteilen
(§ 479 Abs. 2 BGB).

c) Rechtsfolgen eines Verstoßes gegen § 479 Abs. 1 und 2 BGB

Zu den Rechtsfolgen eines Verstoßes gegen die Anforderungen des § 479 Abs. 1   **641**
und 2 BGB enthält die Norm keine vollständige Regelung. § 479 Abs. 3 BGB stellt
insoweit lediglich klar, dass die genannten Anforderungen *keine Wirksamkeitsvor-*
aussetzungen für die Garantie sind, diese also auch bei einem Verstoß gegen § 479
Abs. 1 und 2 BGB mit ihrem jeweiligen Inhalt und nach Maßgabe der Regelungen
in § 443 BGB gültig bleibt.

Allerdings verpflichtet ein Verstoß gegen § 479 Abs. 1 und 2 BGB *nach Maßgabe*   **642**
der §§ 280 ff. BGB zum Schadensersatz.[1449] Ein Schaden des Verbrauchers aufgrund
einer intransparenten Herstellergarantie kommt z. B. dann in Betracht, wenn diese
den Eindruck erweckt, sie schließe die in § 437 BGB genannten gesetzlichen Rechte
aus, und wenn der Verbraucher daraufhin die Geltendmachung dieser Rechte gegenüber dem Verkäufer innerhalb der Verjährungsfrist unterlässt.[1450] In einem derartigen Fall hat der Hersteller den Verbraucher nach den §§ 249 ff. BGB so zu stellen,
als ob die gesetzlichen Ansprüche und Rechte noch nicht verjährt wären, z. B. muss
er gemäß § 249 Abs. 1 BGB i. V. mit § 439 Abs. 1 BGB für eine Nachbesserung
oder Nachlieferung sorgen.

Weiterhin könnte die *Unklarheitenregelung des § 305c Abs. 2 BGB* bei einem   **643**
Verstoß gegen das Transparenzgebot aus § 479 Abs. 1 BGB auch dann (analog) anzuwenden sein, wenn die Garantie ausnahmsweise nicht in Allgemeinen Geschäftsbedingungen enthalten ist.[1451] Bleibt z. B. mehrdeutig, ob der Hersteller nur eine Beschaffenheitsgarantie i. S. des § 443 Abs. 1 Alt. 1 BGB oder eine Haltbarkeitsgarantie

---

[1447] BT-Drucks. 14/6040, S. 246; BR/*Faust* § 477 Rn. 5; *Grunewald* § 11 Rn. 22.

[1448] *Tonner/Crellwitz/Echtermeyer* in: Micklitz u. a. (Hrsg.), Schuldrechtsreform und Verbraucherschutz, 2001, S. 293 (348); restriktiv aber *Soergel/Wertenbruch* § 477 Rn. 29 f.

[1449] BT-Drucks. 14/6040, S. 247; *Huber/Faust* 15/22; *Looschelders* Rn. 286; *Staudinger/Matusche-*
Beckmann (2014) § 477 Rn. 38.

[1450] Vgl. BGH 23.03.1988 BGHZ 104, 82 ff.

[1451] Vgl. BT-Drucks. 14/6040, S. 246; NK-BGB/*Büdenbender* § 477 Rn. 10.

i. S. des § 443 Abs. 2 BGB übernommen hat,[1452] wäre Letzteres als dem Verbraucher günstigere Variante anzunehmen.

644   Schließlich ermöglicht ein Verstoß gegen § 479 BGB die Erhebung einer *Verbandsklage nach § 2 UKlaG* durch Verbraucherschutzverbände.

I. Der Tausch

I. Begriff und Abgrenzung

645   Das BGB regelt den Vertragstyp des Tausches lediglich in einer knappen Vorschrift als Untertitel des Kaufrechts. Gemäß § 480 BGB finden auf den Tausch die Vorschriften über den Kauf entsprechende Anwendung.

646   Die Gesetzesmaterialien[1453] definieren den Tausch als „Umsatz eines individuellen Wertes gegen einen anderen individuellen Wert". Gemeint ist damit, dass durch einen Tausch Güter ohne die Zwischenschaltung des „Tauschmittels" Geld umgesetzt werden.[1454] Vielmehr verpflichten sich bei einem Tausch beide Parteien jeweils dazu, der anderen einen Gegenstand i. S. der §§ 433 Abs. 1, 453 Abs. 1 BGB (Sachen, Rechte, sonstige Gegenstände)[1455] zu verschaffen, der nicht in Geld besteht. Dies ist dahingehend einzuschränken, dass bei einem Tauschvertrag *keine Partei Geld als Wertsumme schuldet*. Der „Tausch" von Sammlermünzen stellt daher durchaus einen Tausch i. S. des § 480 BGB dar. Gleiches gilt für die Lieferung von Waren gegen die Summe einer gesetzlich nicht offiziell anerkannten „Parallelwährung" (z. B. sog. Bitcoins bei Zahlungsprozessen im Internet);[1456] die „Währung" als Inhalt der Leistungspflicht einer Partei stellt hier einen sonstigen Gegenstand i. S. des § 453 Abs. 1 Alt. 2 BGB dar.[1457]

647   Bei dem Tauschvertrag handelt es sich um den gesetzlich geregelten Fall eines sog. gemischten Vertrages, genauer: eines Vertrages mit anderstypischer Gegenleistung.[1458] Die Parteien müssen sich allerdings wie bei einem Kaufvertrag jeweils dazu verpflichten, dem anderen Teil *endgültig* ein Recht, z. B. das Eigentum an einer Sache, zu verschaffen.[1459] Erfolgt z. B. lediglich eine gegenseitige Besitzüberlassung

---

[1452] Zu der Unterscheidung oben § 2 Rn. 413 ff.

[1453] Mot. II, S. 366.

[1454] *Esser/Weyers* BT 1, § 10/4, S. 114; *Larenz* BT 1, § 46, S. 194; *Staudinger/Mader/Schermaier* (2014) § 480 Rn. 1; *H.P. Westermann* MünchKomm. § 480 Rn. 1.

[1455] Siehe näher oben § 2 Rn. 8 ff.

[1456] *Omlor* JZ 2017, 754 (760); *H.P. Westermann* MünchKomm. § 480 Rn. 1; für die Anerkennung von Bitcoins als „Kaufpreis" i. S. des § 433 Abs. 2 BGB hingegen *Beck/König* JZ 2015, 130 (133 ff.) m. w. N.

[1457] Siehe noch unten § 2 Rn. 649.

[1458] Dazu näher unten § 16 Rn. 15 f.

[1459] *Erman/Grunewald* § 480 Rn. 1.

an Sachen auf Zeit, so liegt kein Tausch, sondern ein gemischter Vertrag mit mietrechtlichen Elementen vor.[1460]

Der Tauschvertrag ist ein *gegenseitiger Vertrag i. S. der §§ 320 ff. BGB.* Erforder-   **648**
lich ist daher, dass nach der vertraglichen Vereinbarung zwischen den jeweiligen
Leistungspflichten ein Synallagma besteht, wobei sich eine für den Vertrag vor-
geschriebene Form (z. B. § 311b Abs. 1 Satz 1 BGB) auch auf diese synallagmatische Verknüpfung bezieht.[1461] Eine derartige Verknüpfung liegt z. B. nicht vor,
wenn sich beide Parteien jeweils zu der Übertragung eines Gegenstandes um des
Erhaltes einer Geldsumme willen verpflichten und die gegenseitigen Geldansprüche
lediglich gemäß den §§ 387 ff. BGB oder auf andere Weise verrechnen (sog. *Doppelkauf mit Verrechnungsabrede*).[1462] Der Doppelkauf ist im Zweifel danach von
einem Tausch abzugrenzen, ob jede der beiden Veräußerungen einen eigenständigen Umsatzzweck verfolgt, so dass die Verpflichtungen nach dem Parteiwillen auch
selbständig hätten erfolgen können (dann Doppelkauf). Dies trifft z. B. nicht auf den
oben erörterten Fall der Inzahlungnahme eines Gebrauchtwagens bei dem Verkauf
eines Neuwagens zu, da der Neuwagenhändler an der Erlangung des Gebrauchtwagens regelmäßig kein eigenständiges Interesse hat, sondern die Inzahlungnahme
lediglich als Instrument zum Absatz des Neuwagens einsetzt.[1463] Umgekehrt ist aber
auch denkbar, dass sich zwei Parteien formal jeweils zur Übertragung eines Gegenstandes gegen eine Geldsumme verpflichten, in Wirklichkeit aber nach dem Parteiwillen ein unmittelbares Synallagma zwischen den gegenständlichen Leistungen
besteht, so dass ein Tausch vorliegt.[1464]

Die von den Parteien des Tauschvertrages jeweils geschuldete *Leistung muss nicht*   **649**
gleichartig sein. Denkbar ist daher z. B. neben dem Tausch einer Sache i. S. des § 90
BGB gegen eine andere Sache auch der Tausch einer Sache gegen ein Recht. Wenn
jedoch eine Sache (insbesondere ein mit einem Grundpfandrecht belastetes Grundstück) gegen die Übernahme einer Schuld veräußert wird, handelt es sich bei der
Schuldübernahme durch die andere Partei lediglich um eine besondere Form der
Verrechnung des Kaufpreises und somit um einen Kaufvertrag.[1465]

Die Abgrenzung des Tausches von besonderen kaufvertraglichen Gestaltungen   **650**
hat jedoch auch in Grenzfällen nur wenig praktische Bedeutung, da § 480 BGB
die entsprechende Anwendung der Kaufrechtsvorschriften auf den Tauschvertrag

---

[1460] Zur rechtlichen Behandlung derartiger Verträge wiederum unten § 16 Rn. 19 ff.

[1461] *Staudinger/Mader/Schermaier* (2014) § 480 Rn. 3; *H.P. Westermann* MünchKomm. § 480
Rn. 2.

[1462] *Erman/Grunewald* § 480 Rn. 2; *Staudinger/Mader/Schermaier* (2014) § 480 Rn. 2.

[1463] Siehe oben § 2 Rn. 431 ff.

[1464] Der Tausch kann sich auch über Dritte erstrecken, sog. Ringtausch; vgl. RG 15.06.1939 RGZ
161, 1 (3); BGH 27.10.1967 BGHZ 49, 7 (10); *Erman/Grunewald* § 480 Rn. 4; *Soergel/Werten-
bruch* § 480 Rn. 5.

[1465] *Soergel/Wertenbruch* § 480 Rn. 50; *H.P. Westermann* MünchKomm. § 480 Rn. 3; a. A. *Stau-
dinger/Mader/Schermaier* (2014) § 480 Rn. 1.

anordnet und somit hinsichtlich der Rechtsfolgen keine Unterschiede eintreten.[1466] Darüber hinaus hat der Tausch in Zeiten relativ großer Geldwertstabilität ohnehin nur eine *geringe Bedeutung im Wirtschaftsleben*, da sich unter diesen Voraussetzungen Geld als ein effektives „Tauschmittel" erweist und deshalb der Abschluss von Kaufverträgen denjenigen von Tauschverträgen zahlenmäßig bei weitem überwiegt. Eine gewisse Bedeutung behält der Tausch bei Sachgütern oder Rechten, die gegen Geld nur schwer umsetzbar sind, so dass z. B. der Verkauf unter Inzahlungnahme gebrauchter Gegenstände nach einer Auffassung ein tauschrechtliches Moment enthält.[1467] In der Praxis häufiger vorkommende Formen stellen auch der Tausch „gemieteter Wohnungen" oder der Studienplatztausch dar, wobei es sich jeweils um einen Tausch von Rechten (mietvertragliches Recht, Inkorporation in die Universität) handelt.[1468]

II. Entsprechende Anwendung der Kaufrechtsvorschriften

651 Nach § 480 BGB finden auf den Tauschvertrag die §§ 433 ff. BGB entsprechende Anwendung. Das Erfordernis einer lediglich entsprechenden Anwendung ergibt sich daraus, dass bei einem Tausch quasi *beide Parteien zugleich als „Verkäufer"* *und als „Käufer"* auftreten,[1469] weil sie sich jeweils zur Übertragung eines nicht in Geld bestehenden Gegenstandes verpflichten. So trifft z. B. bei dem Tausch zweier Sachen jede Partei gemäß § 433 Abs. 1 Satz 2 BGB die Pflicht, eine Leistung zu erbringen, die frei von Sach- und Rechtsmängeln i. S. der §§ 434, 435 BGB ist.

652 Hat eine Partei des Tauschvertrages den Untergang der von ihr zu verschaffenden Sache vor Austausch der Leistungen oder ein anderweitiges dauerhaftes Leistungshindernis zu vertreten, so stehen dem anderen Teil in Bezug auf einen Ersatz seines Schadens zwei Möglichkeiten offen. Zwar entfällt in diesem Fall nach Maßgabe des § 326 Abs. 1 Satz 1 BGB seine Pflicht zur Erbringung der Gegenleistung. Er kann nach seiner Wahl aber auch seine Leistung erbringen, z. B. wenn er die eingetauschte Sache loswerden möchte, und gemäß § 283 Satz 1 BGB i. V. mit § 280 Abs. 1 BGB den vollen Schaden liquidieren, der ihm durch die Nichtleistung entsteht (sog. *Surrogationsmethode*).[1470] Beruft sich der Gläubiger des untergegangenen Gegenstandes hingegen auf die Leistungsbefreiung nach § 326 Abs. 1 Satz 1 BGB, so mindert sich der Umfang seines Schadensersatzanspruchs um den Wert der ersparten Gegenleistung (sog. *Differenzmethode*).[1471]

[1466] Allerdings stellt der Abschluss eines Tauschvertrages bei Bestehen eines Vorkaufsrechts nach h. M. keinen Vorkaufsfall i. S. des § 463 BGB dar; siehe § 2 Rn. 563.

[1467] Näher oben § 2 Rn. 434.

[1468] Vgl. *Staudinger/Mader/Schermaier* (2014) § 480 Rn. 8.

[1469] Siehe Mot. II, S. 367.

[1470] Näher *Ernst* MünchKomm. § 326 Rn. 14 ff.

[1471] Eingehend *U. Huber* AcP 210 (2010), 319 (335 ff.).

Schwierigkeiten bereitet bei einem Tausch die *Durchführung einer Minderung* **653**
gemäß § 441 BGB i. V. mit § 437 Nr. 2 Alt. 2 BGB, da die eigene Leistung des Gläubigers der mangelhaften Leistung häufig gegenständlich nicht teilbar ist und daher
nicht i. S. des § 441 Abs. 3 Satz 1 BGB verhältnismäßig gekürzt werden kann. Beispiel: A tauscht mit B eine seiner Briefmarken mit einem Katalogwert von 100 Euro
gegen eine Briefmarke des B mit einem Katalogwert von 50 Euro. Bei der Übergabe
der Marke des A stellt sich heraus, dass diese leicht eingerissen ist, was ihren Wert
um 50 % verringert. Die Gegenleistung des B kann in diesem Fall aus tatsächlichen Gründen nicht herabgesetzt werden, obwohl er nach Maßgabe des § 441 Abs. 3
Satz 1 BGB bei Geltendmachung der Minderung rechnerisch nur eine Gegenleistung
in Höhe von 25 Euro schulden würde.[1472] In einem derartigen Fall bestünde eine
denkbare Lösung darin, A zu einer Barzahlung der Minderungsdifferenz in Höhe von
25 Euro an B zu verpflichten.[1473] Mangels einer geeigneten Rechtsgrundlage für diese
Lösung[1474] spricht jedoch mehr dafür, den Gläubiger der mangelhaften Leistung auf
die anderen in § 437 BGB genannten Rechte zu beschränken. Bei der Beurteilung der
Unerheblichkeit der Pflichtverletzung als Ausschlussgrund für das Rücktrittsrecht
i. S. des § 323 Abs. 5 Satz 2 BGB i. V. mit § 437 Nr. 2 Alt. 1 BGB ist dann allerdings
zu berücksichtigen, dass dem Gläubiger die Minderung als Alternative verwehrt ist.

J. Teilzeit-Wohnrechteverträge

I. Begriff und Erscheinungsformen

1. Allgemeines

Die Vorschriften der §§ 481 bis 487 BGB integrieren die Regelungen für den Teil- **654**
zeit-Wohnrechtevertrag (auch sog. Time-Sharing), die bis zum 01.01.2002 im Teilzeit-Wohnrechtegesetz[1475] enthalten waren, in das BGB. Sie dienten ursprünglich
der *Umsetzung der europarechtlichen Vorgaben* der Richtlinie 94/47/EG[1476] und

---

[1472] Zur Berechnung siehe oben § 2 Rn. 286 f.

[1473] *Brox/Walker* § 8 Rn. 2; *H.P. Westermann* MünchKomm. § 480 Rn. 6; *Soergel/Wertenbruch*
§ 480 Rn. 67 f.; *Staudinger/Mader/Schermaier* (2014) § 480 Rn. 18. So auch die Lösung der h. M.
zum alten Recht auf Basis des – ersatzlos gestrichenen – § 473 Satz 2 BGB a. F.: RG 12.03.1910
RGZ 73, 152 (153); *Larenz* BT 1, § 46, S. 195; *Soergel/Huber* § 515 Rn. 15.

[1474] Siehe die vorangehende Fn. zur Streichung des § 473 Satz 2 BGB a. F. Allenfalls denkbar
erschiene noch eine entsprechende ergänzende Vertragsauslegung gemäß den §§ 133, 157 BGB.

[1475] Gesetz über die Veräußerung von Teilzeitnutzungsrechten an Wohngebäuden 29.06.2000
BGBl. I, S. 957.

[1476] Richtlinie 94/47/EG des Europäischen Parlaments und des Rates v. 26.10.1994 zum Schutz
der Erwerber im Hinblick auf bestimmte Aspekte von Verträgen über den Erwerb von Teilzeitnutzungsrechten an Immobilien, ABl. EG Nr. L 280 v. 29.10.1994, S. 83 ff.

sind mit Wirkung zum 23.02.2011 im Einklang mit der neuen Richtlinie 2008/22/ EG[1477] novelliert worden. Hierbei sind auch die Regelungen zu Verträgen über langfristige Urlaubsprodukte sowie Vermittlungs- und Tauschsystemverträge in den §§ 481a f. BGB als Ergänzung zum Vertragstyp des Teilzeit-Wohnrechtevertrages eingefügt worden. Die europarechtlichen Vorgaben einschließlich ihrer Interpretation durch den EuGH sind bei der Auslegung der deutschen Umsetzungsvorschriften zu berücksichtigen.

655   Die Vorschrift des § 481 Abs. 1 Satz 1 BGB definiert den Teilzeit-Wohnrechtevertrag als einen Vertrag, durch den ein Unternehmer i. S. des § 14 BGB einem Verbraucher i. S. des § 13 BGB gegen Zahlung eines Gesamtpreises das Recht einräumt oder zu verschaffen verspricht, für die Dauer von mehr als einem Jahr ein Wohngebäude jeweils für einen bestimmten oder zu bestimmenden Zeitraum des Jahres zu Übernachtungszwecken zu nutzen. Es handelt sich deshalb um einen gegenseitigen Vertrag i. S. der §§ 320 ff. BGB. Aufgrund des durch § 481 Abs. 1 Satz 1 BGB festgelegten persönlichen Anwendungsbereiches (Unternehmer-Verbraucher-Vertrag)[1478] haben die §§ 481 ff. BGB zudem einen spezifisch *verbraucherschützenden Charakter*.[1479] Aus diesem Grund werden Verträge mit einer kürzeren Laufzeit von maximal einem Jahr nicht erfasst, da der Gesetzgeber in diesen Fällen kein besonderes Schutzbedürfnis annimmt. Ein solches Bedürfnis fehlt auch in den Fällen, in denen sich das jeweilige Nutzungsrecht nicht nur auf einen bestimmten Abschnitt des Jahres, sondern auf das ganze Jahr erstreckt. Dann geht das Gesetz davon aus, dass dem Verbraucher die Tragweite seiner Entscheidung vollständig bewusst und zurechenbar ist. Nach § 481 Abs. 2 Satz 2 BGB kann das eingeräumte Recht auch darin bestehen, die Nutzung eines Wohngebäudes jeweils aus einem Bestand von verschiedenen Gebäuden zu wählen, und gemäß § 481 Abs. 3 BGB steht einem Wohngebäude ein Teil eines Wohngebäudes oder eine bewegliche, als Übernachtungsunterkunft gedachte Sache oder ein Teil derselben gleich (z. B. ein Hausboot). Gegenstand eines Teilzeit-Wohnrechtevertrages kann somit z. B. auch das Recht sein, innerhalb der Laufzeit des Vertrages jeweils zwischen der Nutzung einer Ferienwohnung auf Hawaii und einer Skihütte in den Alpen zu wählen.

656   Sofern sich die jeweilige Immobilie im Ausland befindet, stellt sich allerdings stets die Frage des auf den Vertrag anwendbaren Rechts. Insoweit gelten in der Regel die kollisionsrechtlichen Vorschriften der Rom I-VO (insbesondere Art. 6 Rom I-VO) sowie die ergänzende Vorschrift des Art. 46b Abs. 4 EGBGB.[1480]

[1477] Richtlinie 2008/122/EG des Europäischen Parlaments und des Rates v. 14.01.2009 zum Schutz der Verbraucher im Hinblick auf bestimmte Aspekte von Teilzeitnutzungsverträgen, Verträgen über langfristige Urlaubsprodukte sowie Wiederkaufs- und Tauschverträgen, ABl. EG Nr. L 33 v. 03.02.2009, S. 10 ff.

[1478] Zu den Begriffen Unternehmer und Verbraucher oben § 2 Rn. 586 ff.

[1479] BR/*Eckert* § 481 Rn. 2; *Schlechtriem* Rn. 194.

[1480] Hierzu im Überblick *Looschelders* Rn. 304.

2. Rechtsnatur des Teilzeit-Wohnrechts

Die systematische Stellung der Vorschriften im unmittelbaren Anschluss an das   **657**
Kaufrecht erklärt sich dadurch, dass Teilzeitwohnrechte-Verträge im Grundsatz eine
besondere Ausprägung des Rechtskaufs sein sollen.[1481] Hiergegen spricht jedoch,
dass diese Qualifikation von der *jeweiligen Ausgestaltung des Nutzungsrechts*
abhängt und das Vorliegen einer kaufrechtlichen Gestaltung keine begriffsnotwen-
dige Voraussetzung für einen Teilzeit-Wohnrechtevertrag ist. Dies folgt bereits aus
§ 481 Abs. 2 BGB. Danach kann das einzuräumende Recht ein dingliches oder ein
anderes sein und zudem auch durch die Mitgliedschaft in einem Verein oder den
Anteil an einer Gesellschaft eingeräumt werden. Die jeweilige Art des Rechts, das
aufgrund des Teilzeit-Wohnrechtevertrages einzuräumen ist, bestimmt insbesondere den Kreis derjenigen Vorschriften (Kaufrecht etc.), die für Fragen anzuwenden
sind, die in den §§ 481 ff. BGB keine Regelung erfahren haben. In der Vertragspraxis treten vor allem die folgenden Grundformen auf:

a) Dingliche Ausgestaltung

Dinglich ausgestaltet werden kann das jeweilige Nutzungsrecht zunächst durch ein   **658**
Bruchteilseigentum der beteiligten Verbraucher an der jeweiligen Immobilie bzw. an
der jeweiligen Eigentumswohnung i. S. der §§ 1008 ff. BGB i. V. mit den §§ 741 ff.
BGB.[1482] In diesem Fall handelt es sich um eine spezielle Form des Sachkaufs. Die
zeitliche Nutzung kann in einer Nutzungsvereinbarung i. S. des § 745 BGB i. V. mit
§ 1010 BGB geregelt werden. Diese Gestaltung hat jedoch den Nachteil, dass das
Recht gemäß § 925 Abs. 2 BGB bzw. § 4 Abs. 2 Satz 2 WEG nicht zeitlich befristet
werden kann. Sofern die Nutzung einer Eigentumswohnung in Rede steht, bietet
sich daher die Bestellung eines *Dauerwohn- bzw. Dauernutzungsrechts i. S. des
§ 31 WEG* an, da dieses auch befristet sein kann (arg. § 41 WEG). Ein solches Recht
kann mehreren Verbrauchern wiederum zu Bruchteilen eingeräumt werden,[1483] so
dass eine entsprechende zeitliche Aufteilung der Nutzung i. S. des § 481 Abs. 1
Satz 1 BGB durch eine Nutzungsvereinbarung gemäß § 745 BGB möglich ist.[1484]
Weniger praktikabel und verbreitet sind demgegenüber die Einräumung eines *Nieß-
brauches* oder einer *Dienstbarkeit* in Bezug auf die Immobilie.[1485]

[1481] So BT-Drucks. 14/6040, S. 250; kritisch *Franzen* MünchKomm. § 481 Rn. 3.

[1482] *Baur/Stürner* § 29 Rn. 87; *Reinkenhof* Jura 1998, 561 (563); *Staudinger/Martinek* (2004)
Vorbem. zu §§ 481–487 Rn. 15 ff.

[1483] BGH 30.06.1995 BGHZ 130, 150 (157 ff.).

[1484] Umstritten ist, ob von vornherein für jeden einzelnen Verbraucher ein zeitlich begrenztes
Dauerwohnrecht (z. B. für A im April und für B im Mai) bestellt werden kann, das eine nur schuldrechtlich wirkende Aufteilung der Nutzungszeiten gemäß § 745 BGB überflüssig machen würde;
vgl. *Baur/Stürner* § 29 Rn. 89 m. w. N.

[1485] Siehe *Staudinger/Martinek* (2004) Vorbem. zu §§ 481–487 Rn. 25 f.

b) Schuldrechtliche Ausgestaltung

659   Denkbar ist auch, dass das dem Verbraucher einzuräumende Nutzungsrecht
schuldrechtlich ausgestaltet wird. Es kommen z. B. ein *modifizierter Mietvertrag*
(§§ 535 ff. BGB)[1486] oder eine *Treuhandvereinbarung* in Betracht. Im letzteren Fall
ist ein Treuhänder (der Unternehmer i. S. des § 481 Abs. 1 Satz 1 BGB oder ein
Dritter) zwar Inhaber des Eigentums bzw. eines Dauerwohnrechts an der Immobilie
oder der Eigentumswohnung, er muss diese Rechtsstellung im schuldrechtlichen
Verhältnis zu dem Verbraucher i. S. des § 481 Abs. 1 Satz 1 BGB (Treugeber) aber
in dessen Interesse ausüben (sog. Verwaltungstreuhand).[1487] An die Transparenz
einer solchen Treuhandvereinbarung sind gemäß § 242 BGB bzw. bei der Verwendung Allgemeiner Geschäftsbedingungen nach § 307 Abs. 1 Satz 2 BGB strenge
Anforderungen zu stellen.[1488]

c) Gesellschaftsrechtliche Ausgestaltung

660   Schließlich kann der Teilzeit-Wohnrechtevertrag auch auf die Beteiligung des Verbrauchers an einer Gesellschaft (Genossenschaft, GmbH etc.) gerichtet sein, welche
das Wohngebäude hält und dem Verbraucher *auf mitgliedschaftlicher Basis* eine
Nutzung in dem vereinbarten Zeitraum eines jeden Jahres gewährt.[1489]

II. Die Sonderregelungen der §§ 482 bis 487 BGB

1. Allgemeines

661   Die §§ 482 bis 486a BGB treffen überwiegend Regelungen in Bezug auf vorvertragliche Pflichten und den Vertragsschluss, von denen gemäß § 487 Satz 1 BGB
nicht zum Nachteil des Verbrauchers abgewichen werden darf und die gemäß § 487
Satz 2 BGB auch bei einer Umgehung durch anderweitige Vertragsgestaltungen
anzuwenden sind. Andere Rechtsfragen sind nach denjenigen Vorschriften zu
beurteilen, die für die jeweilige Ausgestaltung des einzuräumenden Teilzeit-Wohn-
rechts gelten, z. B. nach Kaufrecht, wenn ein Bruchteil an einem Dauerwohnrecht
i. S. des § 31 WEG übertragen werden soll. Nach der allgemeinen Vorschrift des
§ 138 Abs. 1 BGB kommt eine Nichtigkeit des Vertrages wegen Sittenwidrigkeit

---

[1486] *Baur/Stürner* § 29 Rn. 94; *Reinkenhof* Jura 1998, 561 (564 f.).

[1487] *Baur/Stürner* § 29 Rn. 91 f.; *Franzen* MünchKomm. § 481 Rn. 16 f.

[1488] BGH 30.06.1995 BGHZ 130, 150 (153 ff.).

[1489] *Baur/Stürner* § 29 Rn. 93; *Staudinger/Martinek* (2004) Vorbem. zu §§ 481–487 Rn. 27 ff.

insbesondere dann in Betracht, wenn zwischen dem von dem Verbraucher zu ent-
richtenden Preis und dem Marktwert der Gegenleistung ein grobes Missverhältnis
besteht.[1490]

2. Vorvertragliche Informationspflichten und Formvorschriften

Die Vorschrift des § 482 BGB erlegt dem Unternehmer, der den Abschluss von Teil-   **662**
zeit-Wohnrechteverträgen anbietet, die Pflicht auf, dem Verbraucher rechtzeitig vor
Vertragsschluss Informationen in Textform (§ 126b BGB) zur Verfügung zu stellen,
deren Inhalt sich nach Art. 242 § 1 EGBGB i. V. mit den dort genannten Vorschriften der EG-Richtlinie bemisst. Ferner sind diese Informationen nach § 483 Abs. 1
BGB in der Sprache des Staates abzufassen, in dem der Verbraucher seinen Wohnsitz hat bzw. dessen Staatsbürger er ist. Eine Verletzung dieser Pflichten begründet
nach Maßgabe des § 280 BGB i. V. mit § 311 Abs. 2 BGB einen Schadensersatzanspruch des Verbrauchers.[1491] Nach näherer Maßgabe des § 484 Abs. 2 Satz 1 bis 4
BGB werden die vorvertraglichen Angaben grundsätzlich *Inhalt eines später abgeschlossenen Vertrages*.

Nach § 483 Abs. 3 BGB ist ein Teilzeit-Wohnrechtevertrag nichtig, wenn er den   **663**
Sprachanforderungen des § 483 Abs. 1 und 2 BGB nicht genügt. Diese Rechtsfolge
tritt gemäß § 125 Satz 1 BGB auch dann ein, wenn der Vertrag nicht in der *erforderlichen Form* abgeschlossen worden ist. § 484 Abs. 1 BGB sieht für Teilzeit-Wohnrechteverträge die Schriftform vor, soweit sich nicht aus anderen Vorschriften ein
strengeres Formerfordernis ergibt. Letzteres ist z. B. gemäß § 311b Abs. 1 Satz 1
BGB der Fall, wenn das einzuräumende Teilzeit-Wohnrecht in einem Bruchteilseigentum an dem Wohngebäudegrundstück besteht. Nach § 484 Abs. 2 Satz 5 Nr. 1
BGB muss der Vertrag zwar auch die in Art. 242 § 1 EGBGB aufgelisteten Pflichtangaben enthalten. Ein Verstoß hiergegen zieht aber nicht die Nichtigkeit des Vertrages gemäß § 125 Satz 1 BGB nach sich.[1492] § 484 Abs. 3 BGB gewährt dem
Verbraucher einen *Anspruch auf Aushändigung einer Vertragsurkunde* oder einer
Abschrift derselben.

3. Widerrufsrecht des Verbrauchers

Nach § 485 BGB steht dem Verbraucher ein *zweiwöchiges Widerrufsrecht* nach   **664**
Maßgabe des § 355 BGB zu. Aus § 486 Abs. 1 BGB ergibt sich, dass der Unternehmer während des Laufes dieser Widerrufsfrist keine Anzahlungen fordern oder

---

[1490] Konkretisierend BGH 25.02.1994 BGHZ 125, 218 ff.

[1491] *Brox/Walker* § 7 Rn. 69; *Looschelders* Rn. 301; *Franzen* MünchKomm. § 482 Rn. 11.

[1492] BR/*Eckert* § 484 Rn. 8; *Franzen* MünchKomm. § 484 Rn. 6, 15; *Palandt/Weidenkaff* § 484
Rn. 3.

annehmen darf. Ein Verstoß hiergegen lässt die Wirksamkeit des Vertrages im Übrigen aber grundsätzlich unberührt.[1493] Der Unternehmer ist dann jedoch gemäß § 280 Abs. 1 BGB zum Schadensersatz verpflichtet. Wird der Teilzeit-Wohnrechtevertrag von dem Verbraucher kreditfinanziert und stellt der Kreditvertrag einen verbundenen Vertrag i. S. des § 358 Abs. 3 BGB dar, so greifen zusätzlich die §§ 358, 359 BGB ein.[1494]

[1493] *Franzen* MünchKomm. § 486 Rn. 15.
[1494] Hierzu näher unten § 3 Rn. 88 ff.

§ 3 Kreditverträge

Inhaltsverzeichnis

© Springer-Verlag GmbH Deutschland, ein Teil von Springer Nature 2018
H. Oetker, F. Maultzsch, *Vertragliche Schuldverhältnisse*, Springer-Lehrbuch,
https://doi.org/10.1007/978-3-662-57500-0_3

A. Überblick zu den gesetzlichen Vorschriften

Neben dem Kaufrecht wurde zum 01.01.2002 auch das Recht der Kreditverträge[1] **1** grundlegend neu gestaltet. In Bezug auf Darlehensverträge unterscheidet das Gesetz systematisch zwischen dem Gelddarlehensvertrag in den §§ 488 bis 505e BGB und dem in den §§ 607 bis 609 BGB geregelten Sachdarlehensvertrag.[2] Der Alltagssprache folgend bezeichnet es dabei Verträge über ein Gelddarlehen verkürzt als Darlehensverträge.[3] Unter diesen haben Verbraucherdarlehensverträge, die ein Unternehmer als Darlehensgeber mit einem Verbraucher abschließt, in der Praxis besonders große Bedeutung. Die hierfür maßgebenden §§ 491 bis 505e BGB integrieren zu weiten Teilen die Vorschriften des früher geltenden VerbrKrG[4] in das BGB. Einige bedeutsame Änderungen haben insoweit jedoch die Umsetzung der Verbraucherkreditrichtlinien der EU[5] bewirkt und führten dazu, dass das Gesetz nunmehr zwischen dem Allgemein-Verbraucherdarlehensvertrag (§ 491 Abs. 2 BGB) und dem Immobiliar-Verbraucherdarlehensvertrag (§ 491 Abs. 3 BGB) differenziert. Sofern die §§ 491 ff. BGB nicht ausdrücklich auf eine dieser Arten eines Verbraucherdarlehensvertrages Bezug nehmen, sondern in allgemeiner Form den Verbraucherdarlehensvertrag benennen, gelten die Bestimmungen gleichermaßen für Allgemein-Verbraucherdarlehensverträge und für Immobiliar-Verbraucherdarlehensverträge. Darüber hinaus enthält der Dritte Titel weitere Formen von Verbraucherkreditgeschäften. Bei diesen handelt es sich um Finanzierungshilfen wie z. B. einen Zahlungsaufschub (§ 506 Abs. 1 BGB) oder Teilzahlungsgeschäfte (§§ 507 und 508 BGB) sowie Ratenlieferungsverträge (§ 510 BGB). Diese Formen der Konsumfinanzierung ersetzen in der Rechtspraxis häufig den Abschluss separater Darlehensverträge, werfen aber ähnliche Regelungsprobleme auf. Ergänzt werden die vorstehenden Bestimmungen durch Sonderregeln für unentgeltliche Verbraucherdarlehensverträge und unentgeltliche Finanzierungshilfen zugunsten eines Verbrauchers (§§ 514 und 515 BGB).[6]

---

[1] Zum Begriff „Kreditverträge" als Oberbegriff der in den §§ 488 bis 515 BGB geregelten Vereinbarungen Köndgen WM 2001, 1637 (1640 f.).

[2] Zu Letzterem unten § 3 Rn. 119 ff.

[3] Dazu auch im Überblick *Mülbert* WM 2002, 465 ff.

[4] Verbraucherkreditgesetz (VerbrKrG) v. 17.12.1990, BGBl. I, S. 2840 ff. in der Fassung der Bekanntmachung v. 29.06.2000, BGBl. I, S. 940 ff.

[5] Richtlinie 2008/48/EG des Europäischen Parlaments und des Rates v. 23.04.2008 über Verbraucherkreditverträge und zur Aufhebung der Richtlinie 87/102/EWG des Rates, ABl. EU Nr. L 133 v. 22.05.2008, S. 66 ff. sowie Richtlinie 2014/17/EU des Europäischen Parlaments und des Rates v. 04.02.2014 über Wohnimmobilienkreditverträge (…), ABl. EU Nr. L 60 v. 28.02.2014, S. 34 ff.

[6] Siehe z. B. für Allgemein-Verbraucherdarlehensverträge §§ 499 Abs. 1, 505b Abs. 1 BGB. Für Immobiliar-Verbraucherdarlehensverträge z. B. §§ 492a, 492b, 495 Abs. 3, 505 Abs. 2, 505c BGB.

B. Der Darlehensvertrag

I. Begriff

2 Nach § 488 Abs. 1 BGB verpflichtet der Darlehensvertrag den Darlehensgeber, dem Darlehensnehmer den vereinbarten Geldbetrag zur Verfügung zu stellen (Satz 1), während der Darlehensnehmer einen geschuldeten Zins zu entrichten und bei Fälligkeit das Darlehen zurückzuerstatten hat (Satz 2).

3 Gegenstand des Darlehensvertrages ist somit die *Überlassung eines bestimmten Kapitalbetrages auf Zeit*.[7] Dabei können sowohl die Überlassung als auch die Rückerstattung des Darlehens in verschiedener Form (Übereignung von Bargeld, Überweisung auf ein Bankkonto, Inanspruchnahme einer eingeräumten Überziehungsmöglichkeit (§ 504 BGB) erfolgen. Selbst wenn Geldscheine oder -stücke als vertretbare Sachen i. S. des § 91 BGB hingegeben werden, ist der Darlehensnehmer nicht verpflichtet, diese individualisierten Geldzeichen zurückzugewähren. Andernfalls wäre ein Gebrauchmachen von dem Darlehen faktisch ausgeschlossen und der Vertragszweck vereitelt. Deshalb trägt das Darlehen den Charakter einer *Wertsumme*, sodass sich die Rückzahlungsverpflichtung nur auf eine entsprechende Summe und nicht auf die zuvor gewährten individuellen Gegenstände bezieht, die als solche endgültig in das Vermögen des Darlehensnehmers übergehen.[8] Wenn z. B. Bargeld den Gegenstand des Darlehens bildet, sind die betreffenden Geldzeichen dem Darlehensnehmer zu übereignen. Dies unterscheidet das Darlehen von einer Leihe, bei der genau die verliehenen Gegenstände nach Ablauf der Vertragslaufzeit zurückzugeben sind[9] und die daher in Bezug auf Geld praktisch nicht vorkommt. Fehlt eine Rückerstattungspflicht des Empfängers, so liegt kein Darlehen, sondern eine Schenkung vor.[10]

4 Die nach § 488 Abs. 1 Satz 2 BGB bestehende Pflicht des Darlehensnehmers zur *Zinszahlung* ist keine unabdingbare Voraussetzung für einen Darlehensvertrag („einen geschuldeten Zins").[11] Sehen weder der Vertrag noch das Gesetz einen Zinsanspruch des Darlehensgebers vor, dann erfolgt die zeitweise Überlassung der Geldsumme unentgeltlich,[12] was z. B. bei einem Gefälligkeitsdarlehen unter Freunden der Fall sein kann, sofern in derartigen Sachverhalten überhaupt ein Vertrag abgeschlossen wird. Der Darlehensvertrag ist dann zwar ein beiderseitig verpflichtender,

---

[7] *Esser/Weyers* BT 1, § 26 II 1, S. 213 f.; *K.P. Berger* MünchKomm. Vor § 488 Rn. 6; *Larenz* BT 1, § 51 I, S. 297; *Looschelders* Rn. 340; siehe bereits oben § 1 Rn. 22.

[8] Mot. II, S. 307; *K.P. Berger* MünchKomm. § 488 Rn. 26; *Brox/Walker* § 17 Rn. 10; *Esser/Weyers* BT 1, § 26 II 1, S. 214; *Larenz* BT 1, § 51 I, S. 297; *Looschelders* Rn. 340 f. Zur Abgrenzung von der unregelmäßigen Verwahrung (§ 700 BGB) unten § 12 Rn. 47 ff.

[9] Siehe unten § 6 Rn. 2.

[10] Ebenso *Brox/Walker* § 17 Rn. 24.

[11] Treffend auch *Looschelders* Rn. 341, 344.

[12] Zum Begriff der Unentgeltlichkeit näher unten § 4 Rn. 10 ff.

aber kein gegenseitiger Vertrag i. S. der §§ 320 ff. BGB, da die Pflicht zur Rückerstattung des Darlehens nach Ablauf der Vertragslaufzeit nicht im Synallagma mit
der Pflicht des Darlehensgebers zur Überlassung des Darlehens steht.[13] Regelmäßig
ist der Darlehensnehmer jedoch aufgrund des Vertrages zur Zahlung eines Zinses
verpflichtet, insbesondere im Geschäftsverkehr mit Kreditinstituten. Dementsprechend gelten die §§ 491 ff. BGB ausschließlich für entgeltliche Verbraucherdarlehensverträge, sofern nicht § 514 BGB einzelne Vorschriften auch bei unentgeltlichen Darlehen an Verbraucher für entsprechend anwendbar erklärt. Im Fall eines
entgeltlichen Darlehensvertrages besteht zwischen der Zinszahlung des Darlehensnehmers und der zeitweisen Überlassung des Kapitals durch den Darlehensgeber
ein Gegenseitigkeitsverhältnis i. S. der §§ 320 ff. BGB,[14] sodass die Rechtsnatur des
Darlehensvertrages als gegenseitiger Vertrag von dem Vorliegen einer Verzinsungspflicht abhängt.

Hingegen zählt es zum Wesen eines jeden Darlehensvertrages, dass die Leistung   **5**
des Darlehensgebers (Überlassung und *Belassung* der Darlehenssumme) nicht nur
in einem Zeitpunkt, sondern über einen mehr oder weniger langen Zeitraum erfolgt,
sodass es sich stets um ein Dauerschuldverhältnis handelt.[15]

II. Abschluss und Wirksamkeit des Darlehensvertrages

1. Allgemeines

Der Darlehensvertrag kommt nach den allgemeinen Vorschriften über Willens-   **6**
erklärungen und den Abschluss von Verträgen zustande (§§ 104 ff., 145 ff. BGB).[16]
Sofern es sich nicht um einen Verbraucherdarlehensvertrag handelt, bedarf der Dar-
lehensvertrag keiner besonderen Form.[17] Eine in der Praxis häufige Sonderform des
Darlehensvertrages stellt der sog. *Krediteröffnungsvertrag* dar. Bei diesem wird der
Vertrag unter der aufschiebenden Bedingung (§ 158 Abs. 1 BGB) abgeschlossen,

---

[13] *Brox/Walker* § 17 Rn. 24; *K.P. Berger* MünchKomm. Vor § 488 Rn. 10; *Esser/Weyers* BT 1, § 26
II 2, S. 215; *Fikentscher/Heinemann* Rn. 1086; *Looschelders* Rn. 353.

[14] RG 30.06.1939 RGZ 161, 52 (56); *Brox/Walker* § 17 Rn. 20; *K.P. Berger* MünchKomm. Vor
§ 488 Rn. 10; *Emmerich* § 8 Rn. 22; *Larenz* BT 1, § 51 I, S. 298 f.; *Looschelders* Rn. 341; BR/*Rohe*
§ 488 Rn. 90; *Schlechtriem* Rn. 201; *Staudinger/Freitag* (2015) § 488 Rn. 25.

[15] *Esser/Weyers* BT 1, § 26 II 2, S. 215; *K.P. Berger* MünchKomm. Vor § 488 Rn. 12; *Staudinger/
Freitag* (2015) § 488 Rn. 24 sowie ausführlich *Oetker* Das Dauerschuldverhältnis und seine Beendigung, 1994, S. 148 ff.

[16] Vor der Neufassung des Darlehensrechts wurde teilweise die Auffassung vertreten, dass es sich
bei dem Darlehensvertrag um einen sog. Realvertrag handelt, der als solcher erst durch die Gewährung des Darlehens zustande kommt; vgl. *Looschelders* Rn. 344; *Staudinger/Freitag* (2015) § 488
Rn. 11 m. w. N. Durch die Regelung in § 488 Abs. 1 BGB ist diese konstruktive Streitfrage obsolet;
ebenso *Brox/Walker* § 17 Rn. 9; *Harke* Rn. 376; *Staudinger/Freitag* (2015) § 488 Rn. 12 m. w. N.

[17] Anders § 492 Abs. 1 Satz 1 BGB für den Verbraucherdarlehensvertrag; dazu unten § 3 Rn. 56 ff.

dass der Darlehensnehmer die betreffende Summe abruft (Optionsvertrag).[18] Ein Anwendungsfall dieser Gestaltung ist die dem Inhaber eines Girokontos eingeräumte Überziehungsmöglichkeit (§ 504 BGB).[19]

7   Bei minderjährigen Darlehensnehmern bedarf ein rechtswirksamer Vertragsschluss neben der Zustimmung der gesetzlichen Vertreter (§§ 107, 108 BGB) nach § 1643 Abs. 1 BGB i. V. mit § 1822 Nr. 8 BGB auch der Genehmigung des Familiengerichts; solange diese fehlt, ist der Darlehensvertrag schwebend unwirksam (§ 1643 Abs. 3 BGB i. V. mit § 1829 Abs. 1 BGB). Sind die Darlehensbedingungen in Allgemeinen Geschäftsbedingungen des Darlehensgebers enthalten, kommt der Transparenzkontrolle nach § 307 Abs. 1 Satz 2 BGB besondere Bedeutung zu.[20] Bei Verbraucherdarlehensverträgen i. S. des § 491 Abs. 1 BGB bestehen zudem besondere Regelungen zu den vorvertraglichen Informationspflichten und für die Form des Vertragsschlusses sowie über die Bindung des Verbrauchers an seine Willenserklärung.[21]

2. Insbesondere: Nichtigkeit aufgrund der vereinbarten Zinshöhe

8   Die Rechtswirksamkeit des Darlehensvertrages kann vor allem infrage gestellt sein, wenn die vereinbarte Zinshöhe in besonderem Maße den Marktzins übersteigt. Dessen Höhe ergab sich früher aus den von der Bundesbank monatlich veröffentlichten Schwerpunktzinsen; der nunmehr als Alternative befürwortete Rückgriff auf die EWU-Zinsstatistik[22] bzw. MFI-Zinsstatistik ist indessen Bedenken ausgesetzt.[23] Grundsätzlich ist eine Überschreitung des Marktzinses durch den Vertragzins unbedenklich; insofern gelten keine anderen Grundsätze als für alle Austauschverträge. Eine Inhaltskontrolle findet nur anhand der Außenschranken der Privatautonomie statt, insbesondere der §§ 134, 138 BGB. Da ein wucherisches Geschäft i. S. des § 138 Abs. 2 BGB (bzw. des § 134 BGB i. V. mit § 291 StGB) die nur selten vorliegende bzw. beweisbare Ausbeutung einer individuellen Zwangslage voraussetzt,[24] steht bei der Kontrolle der Zinshöhe der Maßstab der „guten Sitten" (§ 138 Abs. 1 BGB) im Zentrum.

---

[18] *Schlechtriem* Rn. 204; *K.P. Berger* MünchKomm. Vor § 488 Rn. 55 ff. jeweils m. w. N. zu abweichenden Konstruktionen. Zum Optionsvertrag oben § 2 Rn. 520.

[19] *K.P. Berger* MünchKomm. Vor § 488 Rn. 52.

[20] Aus der Rechtsprechung z. B. BGH 24.11.1988 BGHZ 106, 42 (45 ff.). Zur Unwirksamkeit sog. Vorfälligkeitsklauseln, nach denen auch bei unverschuldetem Zahlungsrückstand des Darlehensnehmers die gesamte Restschuld sofort fällig wird, gemäß § 307 Abs. 1 Satz 1 BGB siehe BGH 30.10.1985 BGHZ 96, 182 (190 ff.).

[21] Näher unten § 3 Rn. 53 ff.

[22] Hierfür z. B. OLG Schleswig 17.03.2010 WM 2010, 1074 (1076).

[23] Siehe *K.P. Berger* MünchKomm. § 488 Rn. 108; *Staudinger/Freitag* (2015) § 488 Rn. 136.

[24] Allgemein dazu *Wolf/Neuner* § 46 Rn. 49 ff.

Die durch § 138 Abs. 1 BGB gezogene Grenze ist erst überschritten, wenn erstens **9** ein auffälliges Missverhältnis von Leistung und Gegenleistung vorliegt und zweitens der Darlehensgeber eine wirtschaftlich schwächere Lage des Darlehensnehmers ausgenutzt oder sich der Erkenntnis von deren Vorliegen zumindest leichtfertig verschlossen hat. Liegen beide Voraussetzungen vor, hat der Darlehensvertrag einen „wucherähnlichen Charakter". Hierfür sind zwar grundsätzlich alle Umstände des Einzelfalls zu würdigen.[25] Bei *gewerbsmäßigen Kreditgebern* hat die Rechtsprechung aber abstrakte Leitlinien herausgearbeitet, die sich an einem Vergleich des effektiven Vertragszinses mit dem marktüblichen Effektivzins für Kredite dieser Art orientieren[26] und damit auf ein Mindestmaß an nicht nur formeller, sondern auch materieller Vertragsgerechtigkeit abzielen.[27] Dabei gehen in den effektiven Vertragszins auch einmalige Belastungen wie Bearbeitungs- oder Vermittlungskosten ein.[28]

Ein nach § 138 Abs. 1 BGB zu beanstandendes auffälliges Missverhältnis zwi- **10** schen Leistung und Gegenleistung kann aus dem *relativen* oder dem *absoluten* Unterschied zum marktüblichen Zins folgen, wobei der BGH jeweils Richtwerte gesetzt hat, deren Überschreitung beim Fehlen besonderer Umstände zum Sittenverstoß führt. In einem solchen Fall werden auch die subjektiven Voraussetzungen des § 138 Abs. 1 BGB, d. h. eine zumindest leichtfertige Verkennung der wirtschaftlichen Zwangslage des Darlehensnehmers durch die Bank, jedenfalls dann vermutet, wenn der Darlehensnehmer ein Verbraucher ist.[29] Für den relativen Zinsunterschied zieht der BGH 100 %[30] und für den absoluten Zinsunterschied 12 % p.a.[31] als Richtwert heran. Da es sich nicht um starre Grenzwerte handelt, kommt die Anwendung des § 138 Abs. 1 BGB jedoch auch dann noch in Betracht, wenn die relative Zinsdifferenz zwischen 90 und 100 % beträgt sowie besondere Umstände hinzutreten (sonstige Kreditbedingungen, z. B. Fehlinformationen über den Effektivzins).[32]

---

[25] BGH 12.03.1981 BGHZ 80, 153 (160 f.); BGH 13.03.1990 BGHZ 110, 336 (338 f.); *Erman/Schmidt-Räntsch* § 138 Rn. 59; *Schlechtriem* Rn. 209 f.; *K.P. Berger* MünchKomm. § 488 Rn. 105.

[26] BGH 24.03.1988 BGHZ 104, 102 (104 f.). Auf nicht gewerbsmäßige Kreditgeber ist diese Rechtsprechung nicht ohne weiteres übertragbar, siehe BGH 19.06.1990 WM 1990, 1322 (1324); *Staudinger/Freitag* (2015) § 488 Rn. 135; weiterführend *Schäfer* BB 1990, 1139 ff.; ablehnend gegenüber der vorgenannten Beschränkung z. B. OLG Brandenburg 02.04.2007 WM 2007, 1021 (1023).

[27] Dieser Paradigmenwechsel von einer formellen Vertragsgerechtigkeit (Richtigkeitsgewähr des Vertrages: *Schmidt-Rimpler* AcP 147 [1942], 130 [151]) hin zu einer materiell orientierten Überprüfung des Konsenses schlägt sich auch in anderen Anwendungsfällen des § 138 BGB nieder, z. B. bei der Beurteilung der Sittenwidrigkeit von Angehörigenbürgschaften (siehe unten § 13 Rn. 55 ff.). Grundlegend zu dem gesamten Problemkreis *Canaris* AcP 200 (2000), 273 ff.

[28] Einzelheiten zur Berechnung bei *K.P. Berger* MünchKomm. § 488 Rn. 107 ff.; *Staudinger/Freitag* (2015) § 488 Rn. 134 m. w. N.

[29] BGH 14.06.1984 NJW 1984, 2292 (2294); BGH 11.01.1995 BGHZ 128, 255 (257 f.).

[30] BGH 24.03.1988 BGHZ 104, 102 (105); BGH 13.03.1990 BGHZ 110, 336 (338).

[31] BGH 13.03.1990 BGHZ 110, 336 (339 f.).

[32] BGH 24.03.1988 BGHZ 104, 102 (105); zahlreiche Beispiele bei *K.P. Berger* MünchKomm. § 488 Rn. 114.

Andererseits ist ein auffälliges Missverhältnis regelmäßig zu verneinen, wenn der Vertragszins den Marktzins um weniger als 90 % übersteigt.[33] In derartigen Fällen kann nur noch ein absoluter Zinsunterschied von mehr als 12 % p.a. die Sittenwidrigkeit begründen.

11   Ist der Darlehensvertrag wegen einer überhöhten Verzinsung gemäß § 138 Abs. 1 oder 2 BGB nichtig, wirft die Rückabwicklung nach § 812 Abs. 1 Satz 1 Alt. 1 BGB verschiedene Rechtsprobleme auf.[34] Einigkeit besteht weitgehend darüber, dass die Kondiktionssperre des § 817 Satz 2 Halbsatz 1 BGB nicht zu einem vollständigen Ausschluss des Herausgabeanspruchs des Darlehensgebers führt, sondern nur bewirkt, dass der Darlehensnehmer den Betrag erst nach Ablauf der vorgesehenen Laufzeit des Darlehens bzw. der ordentlichen Kündigungsfrist herausgeben muss.[35] Denn geleistet i. S. der §§ 812, 817 BGB war lediglich die Kapitalüberlassung auf Zeit, sodass auch nur für diesen Zeitraum als Leistungsgegenstand der Ausschlusstatbestand des § 817 Satz 2 Halbsatz 1 BGB eingreift. Sehr umstritten ist hingegen, ob der Darlehensnehmer für diese Nutzungszeit gemäß § 818 Abs. 1 und 2 BGB einen marktüblichen Zins als Nutzungsentgelt zu entrichten hat oder ob § 138 BGB insoweit eine Sperrwirkung entfaltet, um nicht die risikolose Vereinbarung von stark überhöhten Zinsen zu ermöglichen.[36]

III. Pflichten und Haftung des Darlehensgebers

1. Hauptpflicht des Darlehensgebers

a) Überlassung des Darlehens

12   Nach § 488 Abs. 1 Satz 1 BGB ist der Darlehensgeber verpflichtet, dem Darlehensnehmer den vereinbarten Geldbetrag „zur Verfügung zu stellen". Der Inhalt dieser Verpflichtung ergibt sich aus dem Begriff des Darlehensvertrages:[37] Da sich die Rückerstattungspflicht des Darlehensnehmers auf einen entsprechenden Kapitalbetrag beschränkt, scheidet der konkrete Gegenstand des Darlehens aus dem Vermögen des Darlehensgebers aus und geht als solcher dauerhaft auf den Darlehensnehmer über. Schuldet der Darlehensgeber nach dem Vertragsinhalt Bargeld als

---

[33] BGH 24.03.1988 BGHZ 104, 102 (105).

[34] Dazu z. B. *Bodenbenner* JuS 2001, 1172 ff.

[35] RG 30.06.1939 RGZ 161, 52 (56); BGH 29.11.1993 NJW-RR 1994, 291 (293); *Brox/Walker* § 17 Rn. 19; *Larenz/Canaris* BT 2, § 68 III 3 c, S. 164; *Looschelders* Rn. 350; BR/*Rohe* § 488 Rn. 12; *K.P. Berger* MünchKomm. § 488 Rn. 126.

[36] Zu diesem bereicherungsrechtlichen Problem mit jeweils unterschiedlichen Auffassungen BGH 15.06.1989 NJW 1989, 3217; *Schwab* MünchKomm. § 817 Rn. 48 ff.; *Medicus* Gedächtnisschrift für Dietz, 1973, S. 61 (71 ff.).

[37] Siehe oben § 3 Rn. 2 ff.

Darlehen, muss er deshalb Geldzeichen in entsprechender Höhe nach den §§ 929 ff. BGB an den Darlehensnehmer übereignen.[38]

Im geschäftlichen Verkehr sieht der Darlehensvertrag jedoch häufig eine Aus- **13** zahlung des Darlehens in Form einer Kontogutschrift vor (sog. Buchgeld). In diesem Fall hat der Darlehensgeber seine Hauptpflicht erst erfüllt, wenn die Summe auf dem im Vertrag genannten Konto gutgeschrieben ist und nicht storniert wird, mangels abweichender Vereinbarung (vgl. § 362 Abs. 2 BGB) nicht aber schon mit der Übermittlung des Betrages an einen Dritten, z. B. auf ein Notaranderkonto[39] oder ein Sammelkonto der kontoführenden Bank.[40] Auch die Hingabe eines Schecks oder Wechsels erfolgt im Zweifel nur erfüllungshalber (§ 364 Abs. 2 BGB), sodass das Darlehen erst mit der Einlösung des Wertpapiers dem Darlehensnehmer i. S. des § 488 Abs. 1 Satz 1 BGB zur Verfügung gestellt worden ist.

Da die Darlehenssumme in der entsprechenden Form (Eigentum an Geldzeichen, **14** Inhaberschaft einer Forderung etc.) dem Darlehensnehmer zu seiner Verfügung übertragen wird, muss der Darlehensgeber nach dieser Überlassung in der Regel keine weiteren Leistungshandlungen zur Erfüllung seiner Hauptpflicht vornehmen. Die Belassung der Darlehenssumme bei dem Darlehensnehmer stellt konstruktiv nichts anderes dar als das zeitliche Hinausschieben der Fälligkeit des Rückerstattungsanspruchs bis zum Eingreifen eines Beendigungstatbestandes[41] für das Darlehensverhältnis.[42] Nur wenn von der konkret eingeräumten Rechtsposition (Eigentum an Geldzeichen, Inhaberschaft einer Forderung etc.) abstrahiert und der *Kapitalbetrag* als Gegenstand des Darlehens betrachtet wird, ist die Pflicht des Darlehensgebers auf die zeitweise Überlassung der Nutzung dieser Wertsumme gerichtet. Diese Sichtweise rechtfertigt es, das Darlehen den Überlassungsverträgen zuzuordnen.[43]

b) Rechtsfolgen einer Verletzung der Hauptpflicht

Kommt der Darlehensgeber mit der Verschaffung des Darlehens nach Maßgabe des **15** § 286 BGB in Verzug, was vorbehaltlich des Abs. 2 dieser Vorschrift insbesondere eine Mahnung seitens des Darlehensnehmers voraussetzt, so kann dieser gemäß § 280 Abs. 1 und 2 BGB Ersatz seines Verzögerungsschadens verlangen. Dies ist z. B. der Fall, wenn der Darlehensnehmer wegen der nicht rechtzeitigen Verfügbarkeit der Darlehenssumme ein gewinnbringendes Geschäft unterlassen muss (§ 252 BGB). Zudem stehen ihm Verzugszinsen nach Maßgabe des § 288 BGB zu. Für das

---

[38] *Medicus/Lorenz* Rn. 575; *Schlechtriem* Rn. 211.

[39] BGH 12.12.1990 BGHZ 113, 151 (158); BR/*Rohe* § 488 Rn. 16; differenzierend *Staudinger/ Freitag* (2015) § 488 Rn. 157.

[40] Siehe *K.P. Berger* MünchKomm. § 488 Rn. 29 m. w. N.

[41] Dazu unten § 3 Rn. 33 ff.

[42] *Oertmann* vor § 607 Anm. 5a; siehe auch *Staudinger/Freitag* (2015) § 488 Rn. 163.

[43] Siehe oben § 1 Rn. 22 sowie *Larenz* BT 1, § 51 I, S. 299. Dieser Umstand spricht auch entscheidend gegen die vollstreckungsrechtliche Pfändbarkeit des Anspruchs auf Auszahlung des Darlehens; vgl. *Esser/Weyers* BT 1, § 26 III 1, S. 218 m. w. N.

Vertretenmüssen der Nichtleistung i. S. der §§ 280 Abs. 1 Satz 2, 286 Abs. 4 BGB ist zu berücksichtigen, dass den Darlehensgeber eine Geldschuld trifft und er für deren Erfüllung regelmäßig das Beschaffungsrisiko i. S. des § 276 Abs. 1 Satz 1 BGB übernimmt.[44] Folglich greift die Schadensersatzhaftung mangels einer besonderen Vereinbarung unabhängig von einem Verschulden der Nichtleistung durch den Darlehensgeber ein. Eine andere Auslegung des Darlehensvertrages ist möglich, kommt aber nur im Einzelfall in Betracht, so insbesondere bei zinslosen, d. h. unentgeltlich gewährten Darlehen. Bei diesen kann der Parteiwille darauf gerichtet sein, dass der Darlehensgeber nur bei einer verschuldeten Nichtgewährung der Darlehenssumme zum Schadensersatz verpflichtet sein soll. Über den Ersatz des Verzugsschadens hinaus kann der Darlehensnehmer bei einer Leistungsverzögerung dem Darlehensgeber auch eine angemessene Nachfrist für die Erbringung der Leistung setzen und nach erfolglosem Ablauf sein Erfüllungsinteresse (Schadensersatz statt der Leistung) dauerhaft liquidieren (§ 281 Abs. 1 Satz 1 BGB).

16   Ferner kann der Darlehensnehmer bei einer Nichtleistung des Darlehensgebers auch nach § 323 BGB vorgehen. Hat das Darlehen den Charakter eines Dauerschuldverhältnisses,[45] tritt jedoch auf der Rechtsfolgenebene an die Stelle des Rechts zum Rücktritt eine zur Vertragsabwicklung ex nunc führende Kündigung (§ 314 BGB).[46] Diese kann nach § 314 Abs. 4 BGB bzw. analog § 325 BGB mit einem Schadensersatzbegehren nach den §§ 280 ff. BGB verbunden werden.[47] Für den Zeitraum der Nichtgewährung des Darlehens tritt wegen der Zeitbezogenheit der Pflicht zur Überlassung des Kapitalbetrages (absolute Fixschuld) gemäß § 275 Abs. 1 BGB eine Leistungsbefreiung des Darlehensgebers ein, sodass für diesen Zeitraum nach § 326 Abs. 1 Satz 1 BGB ebenfalls die Pflicht zur Entrichtung von Zinsen entfällt.[48]

2. Nebenpflichten des Darlehensgebers

17   Auch der Darlehensgeber unterliegt den allgemeinen Nebenpflichten aus den §§ 241 Abs. 2, 242 BGB. Ihn treffen deshalb Schutz- und Interessenwahrungspflichten, deren sachgerechte Konkretisierung insbesondere im Bankengeschäft schwierig

---

[44] Vgl. BT-Drucks. 14/7052, S. 184; *K.P. Berger* MünchKomm. § 488 Rn. 38.

[45] Siehe oben § 3 Rn. 5.

[46] *Schlechtriem* Rn. 218 sowie z. B. *Staudinger/Freitag* (2015) § 488 Rn. 235 f. Es ist allerdings umstritten, ob eine ex tunc wirkende Rückabwicklung von Dauerschuldverhältnissen durch einen Rücktritt erst ab der In-Vollzug-Setzung desselben ausgeschlossen ist, was im Fall des Darlehens die Gewährung des Kapitalbetrages voraussetzen würde; ausführlich zum Ganzen *Oetker* Das Dauerschuldverhältnis und seine Beendigung, 1994, S. 352 ff. Soweit es an einer In-Vollzug-Setzung fehlt, zeitigen jedoch sowohl der Rücktritt als auch die Kündigung identische Rechtsfolgen (Entfall der jeweiligen Leistungspflichten), sodass aus Gründen der Rechtsklarheit stets nur die Kündigung zulässig sein sollte.

[47] *Staudinger/Freitag* (2015) § 488 Rn. 239.

[48] Allgemein zur absoluten Fixschuld *Ernst* MünchKomm. § 275 Rn. 46 ff.

sein kann.[49] So darf eine Bank vor dem Hintergrund des Bankgeheimnisses die Kreditwürdigkeit eines Kunden nicht durch öffentliche Äußerungen gefährden.[50] Daneben haben Banken nach der Rechtsprechung bei der Aufstockung eines Kredites eine besondere Aufklärungspflicht über die tatsächliche Belastung durch eine derartige Erweiterung.[51] Eine allgemeine Aufklärungspflicht des Darlehensgebers über die Sinnhaftigkeit der Kreditaufnahme ist hingegen ebenso abzulehnen[52] wie eine generelle Prüfung der Kreditwürdigkeit, da § 505a Abs. 1 BGB diese ausschließlich für den Abschluss von Verbraucherdarlehensverträgen anordnet. Das gilt grundsätzlich ebenfalls im Hinblick auf die Risiken, die für den Darlehensnehmer aus einem Geschäft drohen, das er mithilfe eines Bankdarlehens finanziert.[53] Eine gesteigerte Aufklärungspflicht trifft die finanzierende Bank nur ausnahmsweise, wenn diese im Hinblick auf die speziellen Risiken des Geschäfts einen konkreten Wissensvorsprung hat[54] oder dieser aufgrund eines institutionalisierten Zusammenwirkens widerlegbar zu vermuten ist,[55] über ihre Rolle als Kreditgeberin hinaus an dem finanzierten Geschäft beteiligt ist, für den Kunden einen besonderen Gefährdungstatbestand[56] geschaffen bzw. dessen Entstehen begünstigt hat oder sich im Zusammenhang mit der Kreditgewährung in einem schwerwiegenden Interessenkonflikt befindet.[57]

Bei der Verletzung einer Nebenpflicht schuldet der Darlehensgeber nach **18** Maßgabe der §§ 280 ff. BGB Ersatz des daraus dem Darlehensnehmer entstandenen Schadens.[58] Ist aufgrund der Verletzung einer Pflicht i. S. des § 241 Abs. 2 BGB eine Fortsetzung des Vertragsverhältnisses unzumutbar, sieht § 324 BGB ein Rücktrittsrecht vor, das wegen des Dauerschuldcharakters des Darlehens durch ein

---

[49] Zu den speziellen vorvertraglichen Informationspflichten bei Verbraucherdarlehensverträgen siehe § 491a Abs. 1 BGB; dazu unten § 3 Rn. 54 f.

[50] BGH 24.01.2006 NJW 2006, 831 (833 f.) – Kirch/Deutsche Bank AG.

[51] BGH 08.07.1982 NJW 1982, 2433 ff.

[52] BGH 08.06.1978 BGHZ 72, 92 (104); BGH 12.10.1989 NJW-RR 1990, 431; BGH 21.07.2003 NJW 2003, 2821 (2822); *K.P. Berger* MünchKomm. Vor § 488 Rn. 73.

[53] So z. B. BGH 18.04.2000 NJW 2000, 2352 (2353); BGH 20.5. 2003 ZIP 2003, 1336 (1338).

[54] Exemplarisch z. B. BGH 27.06.2000 NJW 2000, 3558 (3559). Allerdings reicht ein Wissensvorsprung, der sich nur auf die Werthaltigkeit eines mittels des Kredites anzuschaffenden Erwerbsobjektes bezieht, in aller Regel nicht aus: BGH 20.05.2003 VersR 2003, 1396 (1398); BGH 18.11.2003 ZIP 2004, 209 (210 ff.).

[55] BGH 24.04.2007 NJW 2007, 2404 Rn. 39 m. w. N.; BGH 18.03.2008 NJW-RR 2008, 1149 Rn. 43 f.; BGH 27.05.2008 NJW-RR 2008, 1495 Rn. 18; dazu auch *Lang* WM 2007, 1728 ff.

[56] Dazu z. B. BGH 20.03.2007 NJW 2007, 2396 Rn. 19; BGH 18.03.2008 NJW-RR 2008, 1149 Rn. 35.

[57] Zusammenfassend z. B. BGH 18.03.2008 NJW-RR 2008, 1149 Rn. 15; *K.P. Berger* MünchKomm. Vor § 488 Rn. 73 ff.; BR/*Rohe* § 488 Rn. 82 ff. m. w. N sowie allgemein *Richrath* WM 2004, 653 ff.

[58] Sofern überhaupt eine vorvertragliche Aufklärungspflicht besteht, führt deren Verletzung über § 311 Abs. 2 BGB zur Schadensersatzpflicht.

Kündigungsrecht zu ersetzen ist.[59] Parallel dazu kann sich der Darlehensnehmer auf ein außerordentliches Kündigungsrecht nach § 314 BGB stützen.[60]

IV. Pflichten und Haftung des Darlehensnehmers

1. Hauptpflichten des Darlehensnehmers

a) Rückerstattung des Darlehens

19   Die Überlassung von Geld hat nur dann den Charakter eines Darlehens, wenn der Empfänger der Leistung nach einer bestimmten Zeit zur Rückerstattung des überlassenen Kapitalbetrages verpflichtet ist (§ 488 Abs. 1 Satz 2 BGB).[61] Dieser Pflicht des Darlehensnehmers entspricht ein Rückerstattungsanspruch des Darlehensgebers. Mangels besonderer Vereinbarung ist das Darlehen in derselben Art und Weise zurückzuerstatten, in der es gewährt wurde. Erhielt der Darlehensnehmer z. B. Bargeld ausgezahlt, so muss er einen entsprechenden Betrag in Bargeld zurückzahlen; bei einer Banküberweisung hat auch die Rückzahlung in Form von Buchgeld zu erfolgen. Der Umfang der rückzuerstattenden Summe bemisst sich regelmäßig nach dem Nominalbetrag des zur Verfügung gestellten Darlehens. Eine etwaige Geldentwertung muss der Darlehensgeber daher über die Vereinbarung entsprechender Zinsen ausgleichen.[62] Die Rückerstattung kann entweder als Gesamtsumme oder in Raten vorgesehen sein.

20   Da der Darlehensbetrag dem Darlehensnehmer zu seiner Verfügung verschafft wurde (Eigentum an Geldzeichen, Inhaberschaft an einer Forderung etc.), trägt er die Gefahr des zufälligen, d. h. von keiner Vertragspartei zu vertretenden, Untergangs des Darlehens während des Überlassungszeitraums (casum sentit dominus).[63] Deshalb entfällt der Rückzahlungsanspruch des Darlehensgebers nicht bereits dadurch, dass dem Darlehensnehmer das übereignete Bargeld gestohlen wird.

21   Die *Entstehung* des Rückzahlungsanspruchs verknüpft das Gesetz mit dem Zur-Verfügung-Stellen des Darlehens.[64] Das ergibt sich aus dem Wortlaut des § 488 Abs. 1 Satz 2 BGB, nach dem (nur) „das zur Verfügung gestellte Darlehen zurückzuerstatten" ist. Hingegen hängt die *Fälligkeit* dieses Anspruchs vom Eingreifen eines Tatbestandes ab, der zur Beendigung des Darlehensverhältnisses führt

---

[59] Vgl. oben § 3 Rn. 16.

[60] Näher unten § 3 Rn. 41.

[61] BGH 13.07.1957 BGHZ 25, 174 (178); *Brox/Walker* § 17 Rn. 24; *Erman/Saenger* § 488 Rn. 9; *Looschelders* Rn. 353.

[62] *K.P. Berger* MünchKomm. § 488 Rn. 46 f.; BR/*Rohe* § 488 Rn. 46; *Schlechtriem* Rn. 216.

[63] *K.P. Berger* MünchKomm. § 488 Rn. 45; *Erman/Saenger* § 488 Rn. 17.

[64] *Esser/Weyers* BT 1, § 26 III 1, S. 217; *Larenz* BT 1, § 51 III, S. 304; BR/*Rohe* § 488 Rn. 34; *Schlechtriem* Rn. 211.

(insbesondere Kündigung).[65] In diesem Zusammenhang meint der Begriff der Fälligkeit anders als im Allgemeinen grundsätzlich nicht nur den Zeitpunkt, in dem der Gläubiger (= Darlehensgeber) den Anspruch durchsetzen kann, sondern zugleich auch denjenigen Zeitpunkt, ab dem der Schuldner (= Darlehensnehmer) zur Erfüllung des Anspruchs berechtigt ist (sog. Erfüllbarkeit).[66] Das folgt im Umkehrschluss aus § 488 Abs. 3 Satz 3 BGB, der eine Erfüllbarkeit vor Fälligkeit abweichend von § 271 Abs. 2 BGB nur bei zinslosen Darlehen anordnet.[67]

b) Zahlung vereinbarter Zinsen

Ob das Darlehen dem Darlehensnehmer entgeltlich oder unentgeltlich überlassen wird, hängt von dem Inhalt des Vertrages ab. Eine Pflicht zur Zahlung von Zinsen trifft den Darlehensnehmer deshalb nur, wenn die Parteien dies ausdrücklich oder gegebenenfalls konkludent vereinbart haben. Eine den §§ 612, 632, 653 BGB vergleichbare Vermutung zugunsten einer entgeltlichen Überlassung kennen die §§ 488 ff. BGB nicht; auch über eine ergänzende Vertragsauslegung kann dieses Defizit nicht überwunden werden, da jedenfalls bezüglich der Zinshöhe in der Regel belastbare Anhaltspunkte fehlen. Liegt jedoch eine Abrede vor, dann steht die Verpflichtung zur Zahlung von Zinsen im Gegenseitigkeitsverhältnis mit der Überlassungspflicht des Darlehensgebers.[68] **22**

Die Zinshöhe bestimmen – in den Grenzen des § 138 BGB[69] – in erster Linie die Vertragsparteien. Sie können diese auch variabel gestalten, z. B. nach den Erträgen bemessen, die der Darlehensnehmer mit dem Darlehen erwirtschaftet (sog. partiarisches Darlehen).[70] Vereinbaren die Parteien zwar die Verzinsung des Darlehens, fehlt aber eine Einigung über die Höhe der Zinsen, gilt ein Zinssatz von vier Prozentpunkten p.a. (§ 246 BGB) bzw. fünf Prozentpunkten p.a. im Handelsverkehr (§ 352 Abs. 1 Satz 2 HGB). Gemäß § 488 Abs. 2 BGB sind die Zinsen vorbehaltlich einer abweichenden Vereinbarung nach Ablauf je eines Jahres der Vertragslaufzeit zu entrichten bzw. bei der Rückerstattung des Darlehens, wenn dies zuvor geschieht. **23**

Ein Entgelt für die Kapitalüberlassung kann nicht nur in der Entrichtung von Zinsen im engeren Sinne, d. h. in einem laufzeitabhängigen prozentualen Anteil der Darlehenssumme, sondern auch in anderen Formen bestehen. Ein in der Praxis insbesondere aus steuerlichen Gründen anzutreffendes Beispiel ist das sog. Disagio. Bei diesem erhält der Darlehensnehmer nicht den vollen, zurückzuerstattenden Nominalbetrag des Darlehens ausgezahlt, sondern einen geringeren Betrag, z. B. **24**

---

[65] Dazu näher unten § 3 Rn. 33 ff.

[66] Allgemein zu den Begriffen Fälligkeit und Erfüllbarkeit *Krüger* MünchKomm. § 271 Rn. 2 f.

[67] Näher BR/*Rohe* § 488 Rn. 37.

[68] Siehe oben § 3 Rn. 4.

[69] Dazu oben § 3 Rn. 8 ff.

[70] Dazu noch unten § 16 Rn. 18 sowie zur Abgrenzung von Gesellschaftsverträgen näher *Larenz/Canaris* BT 2, § 63 III 2, S. 56 ff.

90 % der Summe. Hiermit würde bei einem Darlehen für ein Jahr der gleiche Effekt erzielt, wie durch Vereinbarung eines Zinssatzes von 11,11 Prozentpunkten p.a. Wegen dieser funktionellen Vergleichbarkeit des Disagios mit einer Zinsvereinbarung hat sich die Auffassung durchgesetzt, dieses – soweit es nach dem Parteiwillen nicht lediglich eine Verwaltungsgebühr darstellt – weitgehend den für Zinsen geltenden Regelungen zu unterwerfen.[71] Dies ist z. B. bei einer vorzeitigen Auflösung des Darlehensvertrages bedeutsam und führt in diesem Fall in der Regel zu einer anteiligen Erstattung des Disagios nach § 812 Abs. 1 Satz 2 Alt. 1 BGB, die Allgemeine Geschäftsbedingungen des Darlehensgebers wegen § 307 Abs. 1 Satz 1 BGB nicht ausschließen können.[72]

c) Verletzung von Hauptpflichten

aa) Rückerstattungspflicht

25   Erfüllt der Darlehensnehmer den Rückerstattungsanspruch des Darlehensgebers nicht, sind die §§ 320 ff. BGB auf diese Leistungspflicht nicht anwendbar, da es bezüglich dieses Anspruchs an einem Gegenseitigkeitsverhältnis fehlt.[73] Wenn es sich um ein verzinsliches Darlehen handelt und somit ein gegenseitiger Vertrag vorliegt, ist aber zumindest § 323 BGB anwendbar (modifizierte Rechtsfolge = Kündigungsrecht). Denn das Eingreifen dieser Norm setzt nicht voraus, dass gerade die verletzte Leistungspflicht im Synallagma steht.[74] Im Fall des Verzuges gelangen ebenso wie bei der Pflicht des Darlehensgebers zur Überlassung des Kapitalbetrages die §§ 280 Abs. 1 und 2, 286 ff. BGB zur Anwendung.[75]

26   Insbesondere kann der Darlehensgeber gemäß § 280 Abs. 1 und 2 BGB Ersatz seines Verzögerungsschadens verlangen, was vor allem von großer Bedeutung ist, wenn er gewerbsmäßig Darlehen gewährt und ihm wegen der Nichtverfügbarkeit des Kapitalbetrages ein möglicher Zinsgewinn aus einem anderen Geschäft entgeht (§ 252 BGB). Ein gewerbsmäßiger Darlehensgeber muss dies – sofern es sich nicht um ein Verbraucherdarlehen handelt (siehe § 497 Abs. 1 Satz 2 BGB) – nicht konkret nachweisen, sondern er kann im Wege einer sog. abstrakten Schadensberechnung einen Schaden in Höhe des Durchschnittszinssatzes liquidieren, den er mit seinem Kreditgeschäft erzielt.[76] Für den Zeitraum des Verzuges kann der Darlehensgeber

---

[71] BGH 29.05.1990 BGHZ 111, 287 (288 ff.); BGH 08.10.1996 NJW 1996, 3337; *Esser/Weyers* BT 1, § 26 III 2a, S. 218; *K.P. Berger* MünchKomm. § 488 Rn. 202 ff.; *Schlechtriem* Rn. 214; siehe auch BR/*Rohe* § 488 Rn. 27 m. w. N.; a. A. im Grundsatz *Larenz* BT 1, § 51 III, S. 304 f.

[72] BGH 29.05.1990 BGHZ 111, 287 (291 f.); a. A. noch BGH 02.07.1981 BGHZ 81, 124 (126 ff.).

[73] Siehe oben § 3 Rn. 4.

[74] BT-Drucks. 14/6040, S. 183; a. A. *Ernst* MünchKomm. § 323 Rn. 13.

[75] Siehe *Staudinger/Freitag* (2015) § 488 Rn. 244.

[76] BGH 01.02.1974 BGHZ 62, 103 (105 ff.); BGH 28.04.1988 BGHZ 104, 337 (344 f.); *Staudinger/Freitag* (2015) § 488 Rn. 245; allgemein zur abstrakten Schadensberechnung *Oetker* MünchKomm. § 252 Rn. 44 ff.

auch schadensunabhängig Zinsen in Höhe von fünf Prozentpunkten p.a. über dem in § 247 BGB definierten Basiszinssatz verlangen (§ 288 Abs. 1 Satz 2 i. V. mit Abs. 4 BGB).[77]

Ob dem Darlehensgeber unabhängig von einem bei ihm eingetretenen Schaden **27** und seinem Anspruch auf die Entrichtung von Verzugszinsen für den Zeitraum, in dem der Darlehensnehmer das Kapital pflichtwidrig nicht zurückerstattet, ein Anspruch auf Fortentrichtung eines vertraglich vereinbarten Zinssatzes zusteht, ist problematisch. Aus § 288 Abs. 3 BGB kann dies nicht entnommen werden, da die Vorschrift keine Anspruchsgrundlage für einen höheren Zinssatz begründet, sondern lediglich deklaratorisch festlegt, dass § 288 Abs. 1 BGB keine abschließende Regelung trifft.[78] Teilweise wird ein Anspruch auf Weiterzahlung der vertraglich geschuldeten Zinsen bei Nichterfüllung der Rückerstattungspflicht in Analogie zu § 546a Abs. 1 BGB bejaht,[79] nach dem der Vermieter nach Beendigung des Mietverhältnisses die Fortentrichtung der vereinbarten oder einer ortsüblichen Miete bis zum Zeitpunkt der Rückgabe der Mietsache verlangen kann. Die Rechtsprechung hat diese Auffassung abgelehnt und verweist zur Begründung auf die grundsätzliche Korrelation der vertraglichen Zinszahlungspflicht mit der – nach Fälligkeit nicht mehr bestehenden – Berechtigung zur Nutzung des Kapitals sowie auf den Ausnahmecharakter des § 546a Abs. 1 BGB.[80] Zugleich wird die Vereinbarung einer Zinsfortzahlungspflicht bis zur tatsächlichen Rückerstattung in Allgemeinen Geschäftsbedingungen als Verstoß gegen § 309 Nr. 5a und Nr. 6 BGB bewertet.[81] Für diese Abweichung vom Mietrecht spricht, dass der Vermieter bei einem Mietverhältnis Eigentümer der vermieteten Sache bleibt und seine Rechtsposition somit stärker ist als diejenige des Darlehensgebers, dem lediglich ein schuldrechtlicher Rückerstattungsanspruch zusteht. Der BGH gewährt dem Darlehensgeber, der den Vertrag aus wichtigem Grund gekündigt hat, jedoch in Analogie zu § 628 Abs. 2 BGB einen Anspruch auf Fortentrichtung der vertraglichen Zinsen bis zum Termin der nächstmöglichen ordentlichen Kündigung durch den Darlehensnehmer.[82] Darüber hinaus steht dem Darlehensgeber bei ausbleibender Rückerstattung wegen des entfallenen Rechts zur Kapitalnutzung ein bereicherungsrechtlicher Anspruch auf Nutzungsherausgabe nach den §§ 812 Abs. 1 Satz 2 Alt. 1, 818 Abs. 1 BGB zu, dessen Höhe jedoch regelmäßig hinter dem Anspruch auf Verzugszinsen aus § 288 Abs. 1 BGB zurückbleibt.

---

[77] Da die Rückerstattungspflicht nicht mit der Pflicht des Darlehensgebers zur Überlassung des Kapitalbetrages im Synallagma steht, findet § 288 Abs. 2 BGB keine Anwendung.

[78] BGH 28.04.1988 BGHZ 104, 337 (341).

[79] Hierfür *Canaris* Bankvertragsrecht, Bd. 1, 3. Aufl. 1988, Rz. 1327; *Larenz* BT 1, § 51 III, S. 305; *Mack* WM 1986, 1337 (1343); siehe auch *Staudinger/Freitag* (2015) § 488 Rn. 249.

[80] BGH 31.01.1985 ZIP 1985, 466 (467); bestätigend BGH 28.04.1988 BGHZ 104, 337 (341).

[81] BGH 28.04.1988 BGHZ 104, 337 (339 f.); BGH 08.10.1991 BGHZ 115, 268 (269).

[82] BGH 28.04.1988 BGHZ 104, 337 (341 ff.); *K.P. Berger* MünchKomm. § 488 Rn. 216 m. w. N.

bb) Zinsen

28   Kommt der Darlehensnehmer seiner Pflicht zur termingerechten Entrichtung der geschuldeten Zinsen nicht nach, finden zunächst die §§ 280, 286 ff. BGB mit der Besonderheit Anwendung, dass Verzugszinsen von Zinsen nicht geschuldet sind (§ 289 BGB).[83] Zugleich kann der Darlehensgeber wegen der synallagmatischen Verknüpfung der Zinszahlungspflicht mit dem Zur-Verfügung-Stellen des Darlehens nach den §§ 320 ff. BGB vorgehen. Abermals ist § 323 BGB nur mit der Modifikation anzuwenden, dass an die Stelle des in § 323 Abs. 1 BGB vorgesehenen Rücktrittsrechts für das Darlehen als Dauerschuldverhältnis ein Kündigungsrecht tritt.[84]

2. Nebenpflichten

29   Ebenso wie den Darlehensgeber treffen auch den Darlehensnehmer die allgemeinen Nebenpflichten (§§ 241 Abs. 2, 242 BGB). Diese können ihn z. B. verpflichten, die Verwendung des Darlehens gegenüber dem Darlehensgeber offenzulegen, wenn ein bestimmter Verwendungszweck vereinbart war. Häufig besteht auch eine vertragliche Nebenleistungspflicht des Darlehensnehmers zur Stellung von Sicherheiten für die Rückzahlungsforderung (Hypothek, Bürgschaft etc.).[85]

30   Verletzt der Darlehensnehmer seine Nebenpflichten, so schuldet er nach Maßgabe der §§ 280 ff. BGB Schadensersatz, und der Darlehensgeber kann den Vertrag in entsprechender Anwendung des § 324 BGB kündigen, wenn dessen Fortführung für ihn unzumutbar ist.

3. Abnahmepflicht

31   Im Unterschied zum Kaufvertrag, für den § 433 Abs. 2 Alt. 2 BGB den Käufer zur Abnahme des Kaufgegenstandes verpflichtet,[86] verzichtet § 488 Abs. 1 Satz 2 BGB für den Darlehensnehmer auf eine vergleichbare Festlegung. Der besonderen Interessenlage des Darlehensgebers wird dies jedoch nicht stets gerecht, insbesondere, wenn er für die Bereitstellung des Darlehens (Refinanzierungs-)Aufwendungen tätigen muss oder gewerbsmäßig Darlehen vergibt. Dem können die Vertragsparteien einerseits durch die Vereinbarung einer Abnahmepflicht Rechnung tragen. Aus dem Fehlen einer entsprechenden Abrede kann jedoch andererseits nicht zwingend geschlossen werden, dass den Darlehensnehmer keine Abnahmepflicht trifft. Vielmehr kann sich diese aufgrund der Besonderheiten des Einzelfalles aus § 242 BGB

---

[83] Eine Ausnahme von diesem Zinseszinsverbot findet sich für das kaufmännische Kontokorrent in § 355 Abs. 1 HGB.

[84] *Schlechtriem* Rn. 218.

[85] Näher *K.P. Berger* MünchKomm. § 488 Rn. 56 ff.

[86] Zu den Einzelheiten oben § 2 Rn. 478 ff.

ergeben, wenn für den Darlehensnehmer ein wirtschaftliches Interesse des Darlehensgebers an einer Abnahme des Darlehens bei Abschluss des Vertrages hinreichend deutlich erkennbar war und dieses über das Interesse des Darlehensgebers am Erhalt der vertraglich ausbedungenen Zinsen hinausgeht.[87] Dies kann es im Einzelfall sogar rechtfertigen, die Abnahme als Hauptpflicht zu bewerten. Insbesondere bei einer gewerbsmäßigen Überlassung verzinslicher Darlehen ist hiervon im Zweifel auszugehen.[88]

Verletzt der Darlehensnehmer eine gegebenenfalls bestehende Abnahmepflicht, **32** gelten die zur Nichterfüllung der Rückerstattungspflicht dargelegten Rechtsfolgen[89] entsprechend, vor allem ist der Darlehensnehmer nach Maßgabe der §§ 280 ff. BGB verpflichtet, dem Darlehensgeber den aus der gänzlich unterbliebenen oder verzögerten Abnahme des Darlehens entstandenen Schaden zu ersetzen (sog. Nichtabnahmeentschädigung). Zudem kommt unter den Voraussetzungen des § 323 BGB ein Recht des Darlehensgebers zur Kündigung des Darlehensvertrages in Betracht (= Modifikation der Rechtsfolge des § 323 Abs. 1 BGB wegen des Dauerschuldcharakters des Darlehens).

V. Beendigung des Darlehensverhältnisses

1. Allgemeines

Wie lange die Kapitalüberlassung zu erfolgen hat, d. h. in welchem Zeitpunkt der **33** Rückerstattungsanspruch des Darlehensgebers fällig ist und bis wann umgekehrt ein etwaiger vertraglicher Zinsanspruch des Darlehensgebers besteht, bestimmt sich in erster Linie nach den Abreden der Parteien. Sie können bestimmte Beendigungstatbestände in ihren Vertrag aufnehmen, z. B. eine auflösende Bedingung oder eine Befristung i. S. der §§ 158 ff. BGB.

Fehlt eine derartige Vereinbarung, hängen die Fälligkeit der Rückerstattung und **34** das Ende der Pflicht zur Kapitalüberlassung nach § 488 Abs. 3 Satz 1 BGB grundsätzlich von einer Kündigung des Darlehensverhältnisses durch eine der Parteien ab. Nur wenn Zinsen nach dem Vertragsinhalt nicht geschuldet sind, ist der Darlehensnehmer mangels eines schutzwürdigen Interesses des Darlehensgebers am Fortbestand des Darlehensverhältnisses auch ohne Kündigung zu einer Rückerstattung berechtigt (§ 488 Abs. 3 Satz 3 BGB). Diese beseitigt umgekehrt auch die Pflicht aus § 488 Abs. 1 Satz 1 BGB, das Darlehen zur Verfügung zu stellen. Zwar

---

[87] Ebenso im Ansatz *K.P. Berger* MünchKomm. § 488 Rn. 67; ablehnend demgegenüber *Staudinger/Freitag* (2015) § 488 Rn. 218 f.

[88] Siehe z. B. BGH 12.03.1991 NJW 1991, 1817 (1818); BR/*Rohe* § 488 Rn. 24; für eine Nebenpflicht zur Abnahme bei verzinslichen Darlehen jedoch *Harke* Rn. 379; *Looschelders* Rn. 353; *Medicus/Lorenz* Rn. 585; a. A. *K.P. Berger* MünchKomm. § 488 Rn. 67.

[89] Oben § 3 Rn. 25 ff.

knüpft § 488 Abs. 3 Satz 3 BGB nach seiner systematischen Stellung an das einer (ordentlichen) Kündigung zugängliche und somit nicht auf eine bestimmte Zeit eingegangene Darlehensverhältnis i. S. des § 488 Abs. 3 Satz 1 BGB an. Es ist aber kein Grund ersichtlich, warum bei dem auf eine bestimmte Zeit eingegangenen (bedingten oder befristeten) Darlehensverhältnis ohne Zinszahlungspflicht dem Darlehensnehmer eine kündigungsunabhängige Rückgewähr versagt sein sollte. In einem solchen Fall ist somit § 271 Abs. 2 BGB eine – unter dem Vorbehalt des § 242 BGB stehende – jederzeitige Rückgewährmöglichkeit zu entnehmen.[90]

2. Kündigung des Darlehensverhältnisses

35 Soweit die Fälligkeit des Darlehens von einer Kündigung abhängt, ist zwischen einer ordentlichen Kündigung als Regelfall und einer nur in besonderen Konstellationen eröffneten außerordentlichen Kündigung zu unterscheiden. Für das einem Verbraucher gewährte Teilzahlungsdarlehen bestehen dabei Sonderregelungen.[91]

a) Ordentliche Kündigung

aa) Grundsätze

36 Gemäß § 488 Abs. 3 Satz 2 BGB kann jede der Vertragsparteien ein auf unbestimmte Zeit eingegangenes Darlehensverhältnis mit einer Frist von drei Monaten ordentlich, d. h. ohne eine weitere Begründung, kündigen. Haben die Vertragsparteien hingegen einen bestimmten Beendigungstatbestand vereinbart (Bedingung, Befristung), ist die ordentliche Kündigung nach dem Vertragszweck ausgeschlossen. Auch im Übrigen steht es den Parteien frei, das ordentliche Kündigungsrecht des § 488 Abs. 3 Satz 2 BGB abweichend zu gestalten, indem sie z. B. die Kündigungsfrist verlängern.[92] Die ordentliche Kündigung steht zudem unter dem Vorbehalt des § 242 BGB.[93] So ist z. B. die Kündigung eines zu Sanierungszwecken gewährten Darlehens unwirksam, wenn der Darlehensgeber diese erklärt, obwohl die planmäßig ablaufende Sanierung vor ihrem Abschluss steht.

bb) Besondere ordentliche Kündigungsrechte des Darlehensnehmers

37 Neben dem Recht zur ordentlichen Kündigung gemäß § 488 Abs. 3 Satz 2 BGB, das dem Darlehensgeber und dem Darlehensnehmer gleichermaßen zusteht, begründet § 489 Abs. 1 und 2 BGB besondere ordentliche Kündigungsrechte bei verzinslichen Darlehen, die ausschließlich zugunsten des Darlehensnehmers bestehen. Diese

---

[90] *K.P. Berger* MünchKomm. § 488 Rn. 222; BR/*Rohe* § 488 Rn. 45.

[91] Dazu noch unten § 3 Rn. 74 ff.

[92] *Larenz* BT 1, § 51 III, S. 305; *Schlechtriem* Rn. 220; *K.P. Berger* MünchKomm. § 488 Rn. 240.

[93] BGH 28.05.1977 WM 1977, 834 (835 f.); *K.P. Berger* MünchKomm. § 488 Rn. 236.

Rechte sind nach § 489 Abs. 4 Satz 1 BGB nicht abdingbar oder einschränkbar,[94] sofern der Darlehensnehmer nicht zu den in § 489 Abs. 4 Satz 2 BGB genannten juristischen Personen des öffentlichen Rechts zählt. Sie greifen daher auch ein, wenn der Vertrag für das Darlehen eine feste Laufzeit vorsieht und dessen ordentliche Kündigung nach § 488 Abs. 3 Satz 2 BGB an sich ausgeschlossen ist. Allerdings steht die Wirksamkeit einer auf § 489 Abs. 1 oder 2 BGB gestützten Kündigung unter dem Vorbehalt, dass der Darlehensnehmer den Rückerstattungsanspruch des Darlehensgebers aus § 488 Abs. 1 Satz 2 BGB binnen zwei Wochen nach der Kündigungserklärung erfüllt (§ 489 Abs. 3 BGB). Unterlässt er dies, dann kann der Darlehensgeber z. B. die Fortzahlung der vertraglich vereinbarten Zinsen verlangen.

Den Kündigungsrechten aus § 489 BGB liegt zwar der gemeinsame Gedanke **38** zugrunde, dem Darlehensnehmer eine zwingende Lösungsmöglichkeit von seiner Zinszahlungspflicht einzuräumen; im Übrigen verfolgen die Regelungen aber unterschiedliche Zwecke.[95] Während § 489 Abs. 1 Nr. 1 und Abs. 2 BGB dem Darlehensnehmer die Lösung von dem Vertrag im Fall möglicher Änderungen des geschuldeten Zinssatzes einräumen will, beugt § 489 Abs. 1 Nr. 2 BGB überlangen Bindungen des Darlehensnehmers vor. Generell ist danach zu unterscheiden, ob der Zinssatz für einen bestimmten Zeitraum fest vereinbart oder veränderlich ist.

(1) Darlehen mit festem Zinssatz

Ist bei dem Darlehen für einen bestimmten, nicht notwendig die gesamte Vertrags- **39** dauer abdeckenden Zeitraum ein fester Zinssatz vereinbart, bestehen zwei unterschiedliche Kündigungstatbestände:

- Eine Kündigung kann mit einer Kündigungsfrist von einem Monat frühestens (bzw. bei einer vereinbarten Zinsanpassung in bestimmten Zeiträumen nur) für den Ablauf des Tages erklärt werden, an dem eine Zinsbindung endet, solange keine neue Vereinbarung über den Zinssatz getroffen worden ist (§ 489 Abs. 1 Nr. 1 BGB).
- Schließlich kann das Darlehensverhältnis nach § 489 Abs. 1 Nr. 2 BGB jedenfalls nach Ablauf von zehn Jahren seit dem vollständigen Empfang des Kredites bzw. bei einer späteren neuen Vereinbarung über die Rückzahlung oder den Zinssatz zehn Jahre nach diesem Zeitpunkt mit einer Frist von sechs Monaten gekündigt werden.

(2) Darlehen mit veränderlichem Zinssatz

Bei einem veränderlichen Zinssatz, z. B. einer Bindung an das Durchschnittszins- **40** niveau des Marktes, kann der Darlehensnehmer gemäß § 489 Abs. 2 BGB jederzeit mit einer Frist von drei Monaten kündigen.

---

[94] Eine Erschwerung liegt z. B. in der Verpflichtung des Darlehensnehmers zur Zahlung einer Vorfälligkeitsentschädigung (dazu noch unten § 3 Rn. 46): *Esser/Weyers* BT 1, § 26 III 3b, S. 221.

[95] Vgl. *K.P. Berger* MünchKomm. § 489 Rn. 2 f.

b) Außerordentliche Kündigung

aa) Überblick

41   Ein Recht zur außerordentlichen Kündigung sieht § 490 BGB für beide Vertrags-parteien unter getrennten Voraussetzungen vor. Daneben bleiben wegen § 490 Abs. 3 BGB die allgemeine Kündigung des Darlehensverhältnisses aus wichtigem Grund gemäß § 314 BGB sowie die Vorschrift über das Fehlen oder den Wegfall der Geschäftsgrundlage (§ 313 BGB) anwendbar.[96] Die Tatbestände der außeror-dentlichen Kündigung nach § 490 BGB greifen zwar auch bei auf bestimmte Zeit abgeschlossenen Darlehensverträgen ein, sind im Gegensatz zu dem allgemeinen Kündigungsrecht aus § 314 BGB aber dispositiv, weil sie das Lösungsrecht nicht mit der Unzumutbarkeit der weiteren Fortsetzung des Darlehensverhältnisses ver-knüpfen. Hieraus folgt, dass bei einer entsprechenden Abrede das nicht zur Dis-position stehende allgemeine außerordentliche Kündigungsrecht (§ 314 BGB) in den Mittelpunkt tritt[97] und insbesondere bei einer unmittelbar drohenden Gefahr der Zahlungsunfähigkeit des Darlehensnehmers zugunsten des Darlehensgebers eingreift.[98]

bb) Außerordentliches Kündigungsrecht des Darlehensgebers (§ 490 Abs. 1 BGB)

42   § 490 Abs. 1 BGB räumt dem Darlehensgeber unter bestimmten Voraussetzungen ein Recht zur fristlosen außerordentlichen Kündigung vor der Auszahlung des Dar-lehens im Zweifel (d. h. vorbehaltlich einer abweichenden Vereinbarung) „stets", nach der Auszahlung hingegen nur „in der Regel" ein.

43   Beide Fälle setzen voraus, dass in den Vermögensverhältnissen des Darlehens-nehmers oder in der Werthaltigkeit einer für das Darlehen gestellten Sicherheit (z. B. Insolvenz eines Bürgen, Zerstörung einer zur Sicherheit übereigneten Sache)[99] eine wesentliche Verschlechterung eintritt oder einzutreten droht, die die Rückzahlung des Darlehens auch unter Berücksichtigung bestellter Sicherheiten gefährdet. Eine entsprechende Verschlechterung „droht" i. S. des § 490 Abs. 1 BGB, wenn sich diese „sichtbar abzeichnet".[100]

---

[96] Zum Anwendungsbereich der §§ 313, 314 BGB im Rahmen von Kreditverträgen siehe *Mülbert* WM 2002, 465 (473 ff.).

[97] *Köndgen* WM 2001, 1637 (1642).

[98] Siehe z. B. BGH 20.05.2003 ZIP 2003, 1336 (1337).

[99] Entgegen dem Gesetzeswortlaut („oder") müssen beide Voraussetzungen kumulativ vorliegen, wenn für das Darlehen eine Sicherheit bestellt wurde, da nur in diesem Fall bei einer Verschlechte-rung der Vermögensverhältnisse eine Gefährdung des Rückzahlungsanspruchs in Betracht kommt; siehe näher *K.P. Berger* MünchKomm. § 490 Rn. 11; *Staudinger/Mülbert* (2015) § 490 Rn. 29.

[100] BT-Drucks. 14/6040, S. 254; *K.P. Berger* MünchKomm. § 490 Rn. 7; *Staudinger/Mülbert* (2015) § 490 Rn. 22.

Dass das Kündigungsrecht nach der Auszahlung des Darlehens nur „in der **44** Regel" besteht, was eine Gesamtwürdigung aller Umstände erzwingt,[101] beruht auf dem durch die Auszahlung geschaffenen Vertrauenstatbestand, aufgrund dessen ein anderer Weg als die Kündigung den Interessen beider Parteien möglicherweise besser Rechnung tragen kann.[102] Als Alternative kommt z. B. eine Anpassung der Tilgungsraten nach Maßgabe des § 313 Abs. 1 BGB in Betracht.[103]

cc) Außerordentliches Kündigungsrecht des Darlehensnehmers (§ 490 Abs. 2 BGB)

Der Darlehensnehmer kann nach § 490 Abs. 2 Satz 1 BGB ein für bestimmte Zeit **45** mit einem festen Zinssatz vergebenes Darlehen, das durch ein Grund- oder Schiffspfandrecht gesichert ist, unter Einhaltung der Fristen des § 488 Abs. 3 Satz 2 BGB kündigen, wenn dies seine berechtigten Interessen gebieten. Diese liegen nach § 490 Abs. 2 Satz 2 BGB „insbesondere" in dem Bedürfnis nach einer anderweitigen Verwertung der beliehenen Sache, in der Regel eines Grundstücks.[104] Jedenfalls muss sich das berechtigte Interesse auf die beliehene Sache beziehen, da ansonsten die Beschränkung des Kündigungsrechts auf entsprechend gesicherte Kredite unverständlich wäre.[105] Hierfür spricht auch, dass § 490 Abs. 2 BGB ausweislich der Gesetzesmaterialien[106] eine frühere Rechtsprechung kodifizieren soll, die auf ein Interesse des Darlehensnehmers an der beliehenen Sache abstellte.[107]

Da das Kündigungsrecht dem Darlehensnehmer nur die Handlungsfreiheit in **46** Bezug auf das Sicherungsgut erhalten, nicht aber die Lösung von mittlerweile ungünstig erscheinenden Darlehensbedingungen ermöglichen soll, verpflichtet § 490 Abs. 2 Satz 3 BGB den Darlehensnehmer folgerichtig, dem Darlehensgeber den Schaden zu ersetzen, der aus der vorzeitigen (d. h. vor einer ordentlichen Kündigung nach § 488 Abs. 3 Satz 2 BGB oder § 489 Abs. 1 Nr. 1 oder 2 BGB erfolgenden) Kündigung entsteht (Vorfälligkeitsentschädigung). Hierzu kann insbesondere ein entgangener Zinsgewinn zählen.[108]

---

[101] Statt aller *Looschelders* Rn. 360.

[102] BT-Drucks. 14/6040, S. 254.

[103] Vgl. *Köndgen* WM 2001, 1637 (1642 f.).

[104] Sofern dem Darlehensnehmer eine alternative Sicherheit zur Verfügung steht, die das Risiko des Darlehensgebers gleichwertig abdeckt, hat Ersterer nach § 242 BGB auch einen Anspruch auf Fortsetzung des Darlehens unter Austausch der Sicherheiten: BGH 03.02.2004 ZIP 2004, 801 (802 ff.). Hiermit kann der Darlehensnehmer insbesondere der an eine Kündigung geknüpften Vorfälligkeitsentschädigung nach § 490 Abs. 2 Satz 3 BGB entgehen.

[105] Ebenso i. E. *Staudinger/Mülbert* (2015) § 490 Rn. 64.

[106] BT-Drucks. 14/6040, S. 254 f.; einschränkend jedoch BT-Drucks. 14/7052, S. 200.

[107] Vgl. BGH 01.07.1997 BGHZ 136, 161 ff.

[108] Zur Berechnung siehe BGH 07.11.2000 BGHZ 146, 5 ff.; BR/*Rohe* § 490 Rn. 30 ff.m. w. N. Zur Vorfälligkeitsentschädigung bei vorzeitiger Rückzahlung eines Verbraucherdarlehens unten § 3 Rn. 83.

C. Der Verbraucherdarlehensvertrag

I. Überblick

47   Die §§ 491 bis 505e BGB enthalten Sondervorschriften für bestimmte entgeltliche Darlehensverträge, die ein Unternehmer als Darlehensgeber mit einem Verbraucher als Darlehensnehmer abschließt; auf unentgeltliche Darlehensverträge zwischen einem Unternehmer und einem Verbraucher finden diese Bestimmungen teilweise entsprechend Anwendung (§ 514 BGB). Diese Regelungen hat der Gesetzgeber zunächst weitgehend aus dem bis zum 31.12.2001 geltenden VerbrKrG übernommen,[109] das seinerseits auf einer Richtlinie der EG beruhte.[110] Eine gravierende Änderung erfuhr das Recht des Verbraucherdarlehensvertrages zunächst infolge der auf eine Vollharmonisierung abzielenden Revision der Verbraucherkredit-Richtlinie durch die Richtlinie 2008/48/EG,[111] die an die Stelle der zuvor maßgeblichen Richtlinie 87/102/EWG trat.[112] Wegen der nachfolgenden Richtlinie 2014/17/EU über Wohnimmobilienkreditverträge[113] wurden die Vorschriften zum Verbraucherdarlehensvertrag abermals grundlegend umgestellt,[114] insbesondere ist im Verbraucherdarlehensrecht seitdem zwischen Allgemein-Verbraucherdarlehensverträgen (§ 491 Abs. 2 BGB) und Immobiliar-Verbraucherdarlehensverträgen (§ 491 Abs. 3 BGB) zu unterscheiden. Bezüglich der den Darlehensgeber treffenden Informationspflichten werden die §§ 491 bis 505e, 514 BGB durch die detaillierten Vorschriften in Art. 247 § 1 bis 11, 14 bis 18 und Art. 247a EGBGB sowie die in Anlage 4 bis 9 zum EGBGB aufgenommenen Muster für die geschuldeten Informationen (z. B. Anlage 4: Europäische Standardinformationen für Verbraucherkredite; Anlage 7: Muster für eine Widerrufsinformation für Allgemein-Verbraucherdarlehensverträge) ergänzt. Die Normen bezwecken einen Schutz des Verbrauchers vor den nicht unbeträchtlichen Risiken aus mittlerweile alltäglich gewordenen Darlehensgeschäften (Konsumfinanzierung etc.)[115] und tragen hierbei auch den besonderen Schutzbedürfnissen bei Immobiliar-Verbraucherdarlehen Rechnung. Im Einzelnen lassen sich folgende Regelungskomplexe bilden:

---

[109] Siehe bereits oben § 3 Rn. 1.

[110] Richtlinie 87/102/EWG des Rates v. 22.12.1986 zur Angleichung der Rechts- und Verwaltungsvorschriften der Mitgliedstaaten über den Verbraucherkredit, ABl. EG Nr. L 42 v. 12.12.1987, S. 48 ff.

[111] Richtlinie 2008/48/EG des Europäischen Parlaments und des Rates v. 23.04.2008 über Verbraucherkreditverträge und zur Aufhebung der Richtlinie 87/102/EWG des Rates, ABl. EU Nr. L 133 v. 22.05.2008, S. 66 ff.

[112] Siehe im Überblick zum Umsetzungsgesetz v. 29.07.2009 (BGBl. I S. 2355) *Derleder* NJW 2009, 3195 (3198 ff.); *Schürnbrand* MünchKomm. Vor § 491 Rn. 12; *Staudinger/Kessal-Wulf* (2012) Einl. zu §§ 491 ff. Rn. 25.

[113] ABl. EU Nr. L 60 v. 28.02.2014, S. 34 ff.; hierzu z. B. *Schürnbrand* MünchKomm. Vor § 491 Rn. 26 ff.

[114] Siehe *Schürnbrand* MünchKomm. Vor § 491 Rn. 16.

[115] *Schürnbrand* MünchKomm. Vor § 491 Rn. 1 f.

- Anwendungsbereich der Vorschriften (§ 491 BGB),
- Bestimmungen über den Abschluss und die Wirksamkeit des Vertrages, insbesondere Informationspflichten (§ 491a BGB sowie Art. 247 §§ 1 ff. EGBGB), Formvorschriften (§ 492 BGB) und ein Widerrufsrecht des Verbrauchers (§ 495 BGB) sowie
- weitere Sonderregelungen (§§ 496 bis 505e BGB), unter anderem auch zur vorzeitigen Rückzahlung des Darlehens (§§ 500 Abs. 2, 502 BGB), zur Überziehung eines laufenden Kontos (§§ 504, 505 BGB) und zur Kreditwürdigkeitsprüfung (§§ 505a bis 505e BGB).

Die §§ 491 bis 505d BGB sind gemäß § 512 Satz 1 BGB halbseitig zwingendes **48** Recht, da von ihnen nicht zum Nachteil des Verbrauchers abgewichen werden darf und sie nach § 512 Satz 2 BGB auch Anwendung finden, wenn sie durch anderweitige Vertragsgestaltungen umgangen werden. Soweit die §§ 491 bis 505d BGB auf der Umsetzung der Richtlinie 2008/48/EG beruhen, gilt für diese nicht nur das Gebot einer unionsrechtskonformen Auslegung. Wegen des in Art. 22 der Richtlinie 2008/48/EG zum Ausdruck gelangten Konzepts der Vollharmonisierung sind nicht nur dem nationalen Gesetzgeber Erhöhungen des Verbraucherschutzniveaus untersagt, zugleich ist hiermit auch eine Auslegung der nationalen Vorschriften unvereinbar, die den Schutz des Verbrauchers über die Vorgaben der Richtlinie hinaus verstärken würde. Bei Immobiliar-Verbraucherdarlehensverträgen gilt dies jedoch nur eingeschränkt, weil die Richtlinie 2014/17/EU nach dessen Art. 2 grundsätzlich nur auf eine Mindestharmonisierung ausgerichtet ist.[116]

II. Anwendungsbereich der §§ 491 bis 505e BGB

1. Persönlicher Anwendungsbereich

Hinsichtlich des persönlichen Anwendungsbereiches der §§ 491 bis 505e BGB **49** legen § 491 Abs. 2 Satz 1 BGB für Allgemein-Verbraucherdarlehensverträge und § 491 Abs. 3 Satz 1 BGB für Immobiliar-Verbraucherdarlehensverträge fest, dass es sich bei dem Darlehensgeber um einen Unternehmer i. S. des § 14 BGB und bei dem Darlehensnehmer um einen Verbraucher i. S. des § 13 BGB handeln muss.[117] Obwohl § 13 BGB an sich nur natürliche Personen in den *Verbraucherbegriff* einbezieht, hat die höchstrichterliche Rechtsprechung zu § 1 Abs. 1 VerbrKrG auch die *BGB-Gesellschaft* als Empfängerin des Darlehens in die Bestimmungen zum Schutz des Verbrauchers einbezogen.[118] Dies erscheint angesichts der sich immer weiter durchsetzenden Zuordnung der BGB-Gesellschaft zu den „rechtsfähigen

---

[116] *Schürnbrand* MünchKomm. Vor § 491 Rn. 27.
[117] Näher hierzu oben § 2 Rn. 586 ff.
[118] Siehe BGH 23.10.2001 BGHZ 149, 80 (83).

Personengesellschaften" i. S. des § 14 BGB nicht unproblematisch,[119] ist aber im Hinblick auf die unbeschränkte persönliche Haftung der Gesellschafter analog § 128 HGB vertretbar, durch die sich die Personengesellschaft fundamental von juristischen Personen unterscheidet.[120] Voraussetzung für die Einbeziehung in den Verbraucherschutz muss jedoch sein, dass es sich bei den Gesellschaftern um natürliche Personen handelt.[121] Für den *Unternehmerbegriff* ist ausschließlich auf § 14 BGB zurückzugreifen. Da der Wortlaut in § 491 Abs. 2 Satz 1 BGB und § 491 Abs. 3 Satz 1 BGB auf jegliche Einschränkungen verzichtet, ist es aufseiten des Darlehensgebers nicht erforderlich, dass die gewerbliche oder selbstständige berufliche Tätigkeit in der Vergabe von Krediten besteht.[122] So unterliegt z. B. auch das von einem Rechtsanwalt seinem Mandanten gewährte Darlehen den Bestimmungen über das Verbraucherdarlehen. Aus Sicht des Schutzzwecks der Vorschriften ist dies zu billigen, da es für den Verbraucher unerheblich ist, ob er das Darlehen von einem Kreditinstitut oder einem anderen Unternehmen erhält.

50 Nach § 513 BGB sind die Vorschriften über das Verbraucherdarlehen auch anzuwenden, wenn das Darlehen einer natürlichen Person als Darlehensnehmer dazu dient, eine gewerbliche oder selbstständige berufliche Tätigkeit aufzunehmen, sofern der Nettodarlehensbetrag 75 000 Euro nicht übersteigt. Die h.M. misst dieser Regelung konstitutive Bedeutung bei, da Existenzgründer nach ihrer Auffassung nicht dem allgemeinen Verbraucherbegriff des § 13 BGB unterfallen.[123] Ein Widerspruch zu der Richtlinie 2008/48/EG und der mit ihr bezweckten Vollharmonisierung[124] ist in dieser Ausdehnung des Verbraucherschutzes nicht zu sehen, da die Richtlinie die an Existenzgründer gewährten Darlehen nicht erfasst.[125] Den Begriff des Nettodarlehensbetrages definiert Art. 247 § 3 Abs. 2 Satz 2 EGBGB als den Höchstbetrag, den der Darlehensnehmer aufgrund des Darlehensvertrages beanspruchen kann. Bei Existenzgründungsdarlehen von über 75 000 Euro nimmt das Gesetz an, dass sich der Darlehensnehmer der Tragweite seiner Entscheidung bewusst und nicht einem Verbraucher vergleichbar schutzbedürftig ist.[126]

2. Sachlicher Anwendungsbereich

51 Im Ausgangspunkt unterfallen nach § 491 Abs. 2 Satz 1, Abs. 3 Satz 1 BGB grundsätzlich alle dem soeben dargestellten persönlichen Anwendungsbereich zugehörenden

---

[119] Kritisch deshalb *Looschelders* Rn. 364; vgl. auch oben § 1 Rn. 28 mit Fn. 54.

[120] Siehe auch oben § 2 Rn. 586.

[121] So auch der Sachverhalt in BGH 23.10.2001 BGHZ 149, 80 ff.

[122] BGH 09.12.2008 BGHZ 179, 126 Rn. 16 ff.; zustimmend z. B. *Looschelders* Rn. 364; *Schürnbrand* MünchKomm. § 491 Rn. 7.

[123] Dazu oben § 2 Rn. 588.

[124] Siehe oben § 3 Rn. 48.

[125] Ebenso *Schürnbrand* MünchKomm. § 513 Rn. 1a.

[126] BT-Drucks. 11/8274, S. 20 f.; kritisch *Staudinger/Kessal-Wulf* (2012) § 512 Rn. 2.

Darlehensverträge den §§ 491a ff. BGB, sofern diese *entgeltlich* sind und deshalb für den Darlehensnehmer ein besonderes Schutzbedürfnis besteht.[127] Da dieses nicht nur bei dem Abschluss eines Darlehensvertrages vorliegt, sondern auch bei dem Schuldbeitritt[128] eines Dritten zu der Schuld des Darlehensnehmers, finden die §§ 491a ff. BGB auf ein derartiges Rechtsgeschäft unabhängig davon entsprechende Anwendung, ob auch der Darlehensnehmer ein Verbraucher ist.[129] Als Entgelt i. S. des § 491 Abs. 2 Satz 1, Abs. 3 Satz 1 BGB ist jede Gegenleistung des Verbrauchers für die Kapitalüberlassung zu verstehen, also neben Zinsen z. B. auch ein laufzeitabhängiges Disagio, nicht aber reine Bearbeitungsgebühren.[130] Demgegenüber liegt ein § 514 BGB unterfallendes *unentgeltliches Darlehen* vor, wenn der Verbraucher für dessen Gewährung keine Gegenleistung schuldet. Das gilt auch in den Sachverhalten einer sog. Nullprozent-Finanzierung, solange der vom Verbraucher für die Rückzahlung des Darlehens aufzuwendende Betrag nicht höher als der Barzahlungspreis des finanzierten Gegenstandes ist.[131]

Über das Erfordernis der Entgeltlichkeit hinaus sieht § 491 Abs. 2 Satz 2 und Abs. 3 Satz 2 und 4 BGB unterschiedlich weit reichende Bereichsausnahmen vor: **52**

- So finden die §§ 491a bis 505e BGB für die in § 491 Abs. 2 Satz 2 Nr. 1 bis 5 BGB genannten Allgemein-Verbraucherdarlehensverträge keine Anwendung. Bei diesen traut das Gesetz dem Verbraucher aufgrund des jeweiligen Vertragsinhaltes (Kleinstdarlehen bis 200 Euro, beschränkte Haftung des Darlehensnehmers, kurzzeitige Überlassung des Darlehens, Arbeitnehmerdarlehen sowie öffentliche Baudarlehen unter marktüblichen Zinssätzen) eine hinreichende Beherrschung der Risiken zu.
- Bestimmte Vorschriften des Verbraucherdarlehensrechts und/oder über verbundene Verträge[132] finden keine Anwendung, wenn es sich um einen nach den Vorschriften der ZPO protokollierten Darlehensvertrag handelt (§ 491 Abs. 4 BGB). Hierbei geht es um die Ausnahme von Vorschriften, die für diese Verträge in verschiedener Hinsicht nicht sachgerecht sind.[133]

---

[127] Zu unentgeltlichen Verbraucherdarlehensverträgen siehe § 514 BGB.

[128] Dazu allgemein *Bydlinski* MünchKomm. Vor § 414 Rn. 10 ff.

[129] BGH 05.06.1996 BGHZ 133, 71 (74 ff.); BGH 27.06.2000 NJW-RR 2000, 3496 ff.; *Brox/Walker* § 17 Rn. 38; *Erman/Saenger* § 491 Rn. 19. Dem steht nicht entgegen, dass der Beitretende geschäftsführender Gesellschafter der darlehensnehmenden GmbH ist: BGH 08.11.2005 BGHZ 165, 43 (47 ff.); a. A. *K. Schmidt* ZIP 1986, 1510 (1515). Zur Anwendbarkeit der §§ 491a ff. BGB auf Bürgschaftsverträge unten § 13 Rn. 27 f.

[130] *Staudinger/Kessal-Wulf* (2012) § 491 Rn. 48 f.; *Schürnbrand* MünchKomm. § 491 Rn. 36 f. sowie bereits oben § 3 Rn. 24.

[131] *Schürnbrand* MünchKomm. § 491 Rn. 37; im Ergebnis auch BGH 30.09.2014 BGHZ 202, 302 Rn. 18 ff.

[132] Dazu noch unten § 3 Rn. 88 ff.

[133] *Staudinger/Kessal-Wulf* (2012) § 491 Rn. 88.

III. Abschluss und Wirksamkeit des Vertrages

53   Für Abschluss und Wirksamkeit von Verbraucherdarlehensverträgen gelten im Grundsatz die allgemeinen Vorschriften. Die Regelungen zum Verbraucherdarlehen enthalten jedoch Besonderheiten über vorvertragliche Informationspflichten des Darlehensgebers, die Form des Vertrages sowie ein Widerrufsrecht des Darlehensnehmers.

1. Vorvertragliche Informationspflichten

54   Damit der Verbraucher seine Verpflichtungen aus dem Darlehensvertrag vollständig überblicken kann bzw. sich vor Abschluss des Vertrages bei Dritten wegen des Vertragsinhaltes beraten lassen kann, begründet § 491a BGB weit reichende Informationspflichten zulasten des Darlehensgebers, die in den Details Art. 247 § 1, §§ 3 bis 5, 8 bis 13b EGBGB festlegt. Um ihrem Schutzzweck zu genügen, müssen die Informationspflichten nicht nur vor Abschluss des Darlehensvertrages erfüllt werden, sondern auch eine verkörperte Form aufweisen, wobei nach Art. 247 § 1 Abs. 2 Satz 1 EGBGB (Immobiliar-Verbraucherdarlehensverträge) und Art. 247 § 2 Abs. 1 Satz 2 EGBGB (Allgemein-Verbraucherdarlehensverträge) die Wahrung der Textform (§ 126b BGB) ausreicht. Für den Regelfall ist der Darlehensgeber bei einem Allgemein-Verbraucherdarlehensvertrag zudem verpflichtet, hierbei das als Anlage 4 zum EGBGB veröffentlichte Muster der Europäischen Standardinformationen für Verbraucherkredite zu verwenden (Art. 247 § 2 Abs. 2 EGBGB).[134] Hat er dieses ordnungsgemäß in Textform ausgefüllt, dann ist unwiderlegbar zu vermuten, dass er seine nach § 491a BGB bestehenden Informationspflichten erfüllt hat (Art. 247 § 2 Abs. 4 Satz 1 EGBGB).[135] Unterlässt der Darlehensgeber die nach § 491a Abs. 1 BGB i.V. mit Art. 247 EGBGB geschuldete Information des Darlehensnehmers, dann korrespondiert hiermit nicht nur ein Informationsanspruch, sondern die Verletzung der spezialgesetzlichen Informationspflichten führt zu einer Schadensersatzverpflichtung nach § 311 Abs. 2 BGB.[136]

55   Ferner kann der Darlehensnehmer beanspruchen, dass ihm vor Abschluss des Verbraucherdarlehensvertrages dessen Entwurf ausgehändigt wird (§ 491a Abs. 2 Satz 1 BGB) und die wesentlichen vertraglichen Pflichten einschließlich der Folgen eines Zahlungsverzugs erläutert werden (§ 491a Abs. 3 Satz 2 BGB), damit er

---

[134] Zu Sonderfällen siehe auch Art. 247 § 2 Abs. 3 EGBGB. Ähnliches gilt für Immobiliar-Verbraucherdarlehensverträge, da Art. 247 § 1 Abs. 2 Satz 2 EGBGB die Verwendung des entsprechend ausgefüllten ESIS-Merkblatts (Anlage 6 zum EGBGB) vorschreibt (siehe auch § 491a Abs. 4 BGB).

[135] Zur früher geltenden Vermutung in § 14 Abs. 1 BGB-InfoV a. F. BGH 15.08.2012 WM 2012, 1886 Rn. 11 ff.

[136] So auch *Harke* Rn. 385; *Schürnbrand* MünchKomm. § 491a Rn. 54.

beurteilen kann, ob der Vertrag dem von ihm verfolgten Zweck sowie seinen Vermögensverhältnissen gerecht wird. Hiermit korrespondiert die in § 505a Abs. 1 BGB normierte Pflicht des Darlehensgebers, die Kreditwürdigkeit des Darlehensnehmers zu prüfen.[137]

2. Formerfordernisse

a) Gesetzliche Formvorgaben

Verbraucherdarlehensverträge sind nach § 492 Abs. 1 Satz 1 BGB schriftlich abzu-   **56**
schließen, sofern das Gesetz keine strengere Form vorschreibt. Letztere ergibt sich z. B. aus § 311b Abs. 1 Satz 1 BGB, wenn der Darlehensvertrag untrennbarer Bestandteil eines Grundstückskaufvertrages ist.[138] Im Unterschied zur früheren Rechtslage (s. § 492 Abs. 1 Satz 2 BGB a. F.) kann die elektronische Form i. S. des § 126a BGB die Schriftform ersetzen.[139] Abweichend von § 126 Abs. 2 Satz 1 BGB können Antrag und Annahme gemäß § 492 Abs. 1 Satz 3 BGB getrennt schriftlich erklärt werden. Ferner bedarf eine automatisch erstellte Erklärung des *Darlehensgebers* nach § 492 Abs. 1 Satz 2 BGB keiner Unterzeichnung (anders § 126 Abs. 1 BGB).

Zudem zählen Art. 247 §§ 6 bis 13 EGBGB (§ 492 Abs. 2 BGB) detailliert die   **57**
Mindestangaben für die von dem Darlehensnehmer zu unterzeichnende Urkunde auf. Für die damit angestrebte informationelle Transparenz hat die Nennung des effektiven Jahreszinses besondere Bedeutung (Art. 247 § 6 Abs. 1 Nr. 1 EGBGB i. V. mit Art. 247 § 3 Abs. 1 Nr. 3 EGBGB), den § 6 PAngV definiert und konkretisiert (Art. 247 § 3 Abs. 2 Satz 3 EGBGB). Gemäß § 492 Abs. 3 Satz 1 BGB hat der Darlehensgeber dem Darlehensnehmer eine Abschrift der Vertragserklärung mit den in Art. 247 §§ 6 bis 13 EGBGB genannten Angaben zur Verfügung zu stellen.

Das Formerfordernis des § 492 Abs. 1 Satz 1 BGB erstreckt § 492 Abs. 4 Satz 1   **58**
BGB entgegen der allgemeinen Regel in § 167 Abs. 2 BGB auch auf eine von dem Darlehensnehmer erteilte Vollmacht, soweit es sich nicht um eine Prozessvollmacht oder notariell beurkundete Vollmacht handelt (§ 492 Abs. 4 Satz 2 BGB).[140] Dies schränkt die Möglichkeit einer gewillkürten Vertretung des Verbraucher-Darlehensnehmers ein, um die mit § 492 Abs. 1 BGB bezweckte Warnung und informationelle Transparenz abzusichern, da die nach § 492 Abs. 2 BGB i. V. mit Art. 247 §§ 6 bis 13 EGBGB in den Darlehensvertrag aufzunehmenden Angaben im Zeitpunkt einer Vollmachtserteilung häufig noch nicht vorliegen.[141]

---

[137] Dazu noch unten § 3 Rn. 85 ff.

[138] Siehe *Erman/Grziwotz* § 311b Rn. 53 m. w. N.

[139] Siehe *Schürnbrand* MünchKomm. § 492 Rn. 9; *Staudinger/Kessal-Wulf* (2012) § 492 Rn. 7.

[140] Dies stellt eine Abkehr von der Rechtsprechung des Bundesgerichtshofs vor Einführung des § 492 Abs. 4 BGB dar; siehe BGH 24.04.2001 NJW 2001, 1931 (1932).

[141] Vgl. BT-Drucks. 14/7052, S. 201.

59   Umgekehrt unterliegen Überziehungskredite, die ein Kreditinstitut einem Verbraucher im Rahmen eines laufenden Kontos einräumt (eingeräumte Überziehungsmöglichkeit), gemäß § 504 Abs. 2 Satz 2 BGB nicht den Formerfordernissen des
§ 492 Abs. 1 BGB, wenn für das Darlehen außer den Zinsen keine weiteren Kosten
in Rechnung gestellt und die Zinsen nicht in kürzeren Perioden als drei Monaten
erhoben werden. Zum Ausgleich erlegt § 504 Abs. 1 Satz 1 BGB i. V. mit Art. 247
§ 16 EGBGB dem Kreditinstitut spezifische Informationspflichten auf, deren Verletzung Schadensersatzansprüche nach § 280 BGB begründen kann.[142] Vergleichbare
Informationspflichten begründet § 505 Abs. 2 BGB i. V. mit Art. 247 § 17 EGBGB
im Hinblick auf Kontoüberziehungen, die nicht von einer vorab vereinbarten Kre-
ditlinie gedeckt sind, von dem Kreditinstitut aber geduldet werden (geduldete Überziehung). Eine Duldung i. S. dieser Vorschrift liegt nur vor, wenn das Kreditinstitut
die Überziehung zumindest konkludent billigt.[143]

b) Rechtsfolgen von Formverstößen

60   Bei einer Verletzung der gesetzlichen Form i. S. des § 492 Abs. 1 BGB greift nicht
die Nichtigkeitssanktion des § 125 Satz 1 BGB ein, da § 494 BGB als *lex specialis*
die Rechtsfolgen eigenständig regelt.[144] Im Grundsatz sind der Darlehensvertrag
bzw. die von dem Verbraucher erteilte Vollmacht jedoch nichtig, wenn die Schriftform insgesamt nicht eingehalten wurde oder in der Vertragsurkunde eine der in
Art. 247 §§ 6 und 9 bis 13 EGBGB vorgeschriebenen Angaben fehlt (§ 494 Abs. 1
BGB).

61   Der Vertrag wird aber trotz eines Formverstoßes gemäß § 494 Abs. 2 Satz 1 BGB
gültig, soweit (d. h. gegebenenfalls nur anteilig) der Verbraucher das Darlehen emp-
fängt oder anderweitig in Anspruch nimmt (z. B. durch eine eigenständige Abhebung).[145] Um die mit dem Informationskatalog des Art. 247 § 6 EGBGB verfolgten
gesetzgeberischen Anliegen durchzusetzen, legt § 492 Abs. 2 Satz 2 bis Abs. 6 BGB
jedoch verschiedene gesetzliche Anpassungen des Vertragsinhaltes fest, wenn eine
oder mehrere der geforderten Angaben in der Vertragsurkunde fehlen. So ermäßigt sich z. B. der Sollzinssatz nach § 494 Abs. 2 Satz 2 BGB auf den gesetzlichen Zinssatz von vier Prozentpunkten p.a. (§ 246 BGB), wenn die Angabe des
effektiven Jahreszinses oder des Gesamtbetrages fehlt. War der effektive Jahreszins
hingegen zu niedrig angegeben, ist der Vertrag zwar stets – d. h. unabhängig von
dem Empfang oder der Inanspruchnahme des Darlehens – wirksam, es tritt aber

---

[142] *Schürnbrand* MünchKomm. § 504 Rn. 14; *Staudinger/Kessal-Wulf* (2012) § 504 Rn. 23.

[143] *Staudinger/Kessal-Wulf* (2012) § 505 Rn. 1 ff.; *Schürnbrand* MünchKomm. § 505 Rn. 6 ff.

[144] Treffend *Looschelders* Rn. 367.

[145] Nach vorherrschendem Verständnis gilt die Heilung jedoch nicht, wenn der Verstoß gegen die
Formvorschrift die Vollmacht betrifft. Ist diese wegen Verletzung der Schriftform nach § 494
Abs. 1 BGB nichtig, handelte der Vertreter ohne Vertretungsmacht, sodass der Vertrag nur bei einer
formgerecht erteilten Genehmigung rechtswirksam wird. Zum Vorstehenden z. B. *Schürnbrand*
MünchKomm. § 494 Rn. 17.

eine entsprechende Zinsminderung um den absoluten Prozentsatz ein, um den die Angabe zu niedrig war (§ 494 Abs. 3 BGB).[146] Ferner können gemäß § 494 Abs. 6 Satz 2 BGB Sicherheiten (Grundpfandrechte etc.) für den Rückerstattungsanspruch eines Allgemein-Verbraucherdarlehens bis zu 75 000 Euro nicht gefordert werden, wenn die Vertragsurkunde entgegen Art. 247 § 7 Abs. 1 Nr. 2 EGBGB hierüber keine Angaben enthält. Bereits gewährte Sicherheiten können nach umstrittener Ansicht in diesem Fall gemäß § 812 Abs. 1 Satz 1 Alt. 1 BGB herausverlangt werden.[147]

3. Widerrufsrecht des Verbrauchers

Gemäß § 495 Abs. 1 BGB steht dem Verbraucher ein Widerrufsrecht nach § 355 **62** BGB zu, dessen wirksame Ausübung seine Bindung an den Darlehensvertrag beseitigt. Das Rechtsverhältnis zwischen den Vertragsparteien bemisst sich in diesem Fall gemäß § 357a Abs. 1 BGB grundsätzlich nach den Vorschriften über den gesetzlichen Rücktritt, d. h. den §§ 346 ff. BGB. Wurde der Verbraucherdarlehensvertrag außerhalb geschlossener Geschäftsräume (§ 312b BGB) oder unter Einsatz von Fernkommunikationsmitteln (§ 312c BGB) abgeschlossen, dann richtet sich das Widerrufsrecht ausschließlich nach § 495 BGB; das Widerrufsrecht nach § 312g Abs. 1 BGB findet in dieser Konstellation keine Anwendung (§ 312g Abs. 3 BGB).

Form und Frist (14 Tage) des Widerrufs richten sich nach § 355 Abs. 1 Satz 2, **63** Abs. 2 BGB, wobei die Frist erst zu laufen beginnt, wenn der Verbraucher eine den Anforderungen des Art. 247 § 6 Abs. 2 EGBGB genügende Information über sein Widerrufsrecht sowie die Pflichtangaben nach § 492 Abs. 2 BGB i. V. mit Art. 247 §§ 6 bis 13 EGBGB erhalten hat (§ 356b Abs. 2 BGB). In diesem Fall beträgt die Widerrufsfrist bei allen Verbraucherdarlehensverträgen einen Monat (§ 356b Abs. 2 Satz 3 BGB). Ausschließlich für Immobiliar-Verbraucherdarlehensverträge normiert § 356b Abs. 2 Satz 4 BGB eine zeitliche Obergrenze (zwölf Monate und 14 Tage nach Vertragsschluss); im Übrigen können die Grundsätze der Verwirkung (§ 242 BGB) der Ausübung des Widerrufsrechtes entgegenstehen.

Nach § 495 Abs. 2 Nr. 3 BGB ist das Widerrufsrecht indes ausgeschlossen, wenn **64** es sich bei dem Verbraucherdarlehensvertrag um einen Überziehungskredit i. S. des § 504 Abs. 2 Satz 1 BGB handelt, das Darlehen also keine längere Laufzeit als drei Monate hat und der Darlehensnehmer das Darlehen ohne Einhaltung einer Kündigungsfrist zurückzahlen kann. Entsprechendes gilt bei einer geduldeten Überziehung i. S. des § 505 Abs. 1 BGB, da § 495 BGB keine Anwendung findet, was § 495 Abs. 2 Nr. 3 BGB zusätzlich klarstellt. In diesen Fällen fehlt es an einer besonderen Schutzbedürftigkeit des Verbrauchers.

---

[146] *Staudinger/Kessal-Wulf* (2012) § 494 Rn. 34 ff. m. w. N. zu abweichenden Auffassungen.

[147] So *Schürnbrand* MünchKomm. § 494 Rn. 39; a. A. jedoch BGH 18.07.2008 BGHZ 177, 345 Rn. 17 ff.; *Staudinger/Kessal-Wulf* (2012) § 494 Rn. 33 m. w. N.

IV. Weitere Sondervorschriften

65 Weitere zwingende Sondervorschriften enthalten die §§ 496 bis 505e BGB, die den Schutz des Darlehensnehmers bei Verbraucherdarlehensverträgen bezwecken. Es handelt sich unter anderem um folgende Regelungskomplexe:

1. Informationspflichten während der Vertragsdurchführung

66 Die detaillierten Informationspflichten, denen der Darlehensgeber nach § 491a BGB i. V. mit Art. 247 § 3 EGBGB vor Abschluss des Vertrages unterliegt,[148] setzen sich in zwei Sonderfällen auch während der Durchführung des Vertrages fort. So ist bei Verbraucherdarlehensverträgen mit einem gebundenen Sollzinssatz der Darlehensnehmer drei Monate vor Ablauf der Sollzinsbindung von dem Darlehensgeber darüber zu unterrichten, ob dieser zu einer neuen Sollzinsbindungsabrede bereit ist (§ 493 Abs. 1 Satz 1 BGB). Ferner hängt die Anpassung des Sollzinssatzes bei Verträgen mit veränderlichem Zinssatz von einer vorherigen Unterrichtung des Darlehensnehmers ab (§ 493 Abs. 3 BGB i. V. mit Art. 247 § 15 EGBGB). Schließlich verpflichtet § 493 Abs. 2 BGB den Darlehensgeber dazu, seine Bereitschaft zur Fortführung des Verbraucherdarlehensvertrages drei Monate vor dessen Beendigung dem Darlehensnehmer anzuzeigen. Gegebenenfalls hat dies unter Mitteilung der nunmehr maßgebenden Pflichtangaben nach § 491a Abs. 1 BGB i. V. mit Art. 247 § 3 EGBGB zu geschehen. Im Hinblick auf den bei Immobiliar-Verbraucherdarlehen in Fremdwährung ggf. nach § 503 BGB bestehenden Anspruch des Verbrauchers auf Umwandlung in die Landeswährung des Darlehensnehmers, trifft den Darlehensgeber die Pflicht, den Darlehensnehmer unverzüglich darüber zu informieren, wenn die 20 Prozent-Grenze überschritten ist (§ 493 Abs. 4 BGB).

67 Besondere Informationspflichten statuiert das Gesetz ferner für den Fall, dass der Darlehensgeber die Forderung aus dem Verbraucherdarlehensvertrag an einen Dritten abtritt. Erstens unterliegt der Zessionar nunmehr ebenfalls den Informationspflichten aus § 493 Abs. 1 bis 3 BGB (§ 493 Abs. 6 BGB). Zweitens ist der Darlehensnehmer über die Abtretung unter Mitteilung der in Art. 246b § 1 Abs. 1 Nr. 1, 3 und 4 EGBGB konkretisierten Kontaktdaten des Zessionars zu unterrichten (§ 496 Abs. 2 Satz 1 BGB). Eine Ausnahme von beiden Informationspflichten gilt nur, wenn der bisherige Forderungsinhaber aufgrund einer mit dem Zessionar getroffenen Abrede im Verhältnis zum Darlehensnehmer auch weiterhin wie ein Darlehensgeber auftritt (§§ 493 Abs. 6, 496 Abs. 2 Satz 2 BGB).

---

[148] Dazu oben § 3 Rn. 54 f.

2. Unwirksamkeit von Einwendungsverzichten

Ein Verzicht auf die aus den §§ 404, 406 BGB folgenden Rechte, Einwendungen **68** aus dem Darlehensvertrag auch gegenüber dem Zessionar einer Forderung aus dem Darlehensverhältnis (Rückerstattungsanspruch, Zinsanspruch etc.) geltend machen zu können bzw. mit einer Forderung gegen den Darlehensgeber auch gegenüber dem Zessionar aufrechnen zu können, ist unwirksam (§ 496 Abs. 1 BGB).

3. Wechsel- und Scheckverbot

Der Darlehensnehmer darf nach § 496 Abs. 3 Satz 1 und 2 BGB nicht verpflichtet **69** werden, für die Ansprüche des Darlehensgebers aus dem Verbraucherdarlehensvertrag eine Wechselverbindlichkeit einzugehen bzw. der Unternehmer darf zur Sicherung seiner Ansprüche keinen Scheck entgegennehmen. Bei einem Verstoß gegen dieses Verbot kann der Verbraucher jederzeit die Herausgabe des Wechsels oder des Schecks verlangen (§ 496 Abs. 3 Satz 3 BGB). Da die Vorschrift den Verbraucher umfassend vor den Gefahren aus der Eingehung abstrakter Verbindlichkeiten (Beweislastumkehr in Bezug auf einen materiellen Rechtsgrund der Verbindlichkeit, Möglichkeit eines Urkunden- und Wechselprozesses i. S. der §§ 592 ff. ZPO etc.) schützen soll, erstreckt die h. L. die Verbotstatbestände in analoger Anwendung auf sonstige abstrakte Schuldversprechen und Schuldanerkenntnisse i. S. der §§ 780, 781 BGB;[149] der BGH steht dem jedoch wegen des Fehlens einer planwidrigen Regelungslücke ablehnend gegenüber.[150]

Ein Verbot i. S. des § 134 BGB begründet § 496 Abs. 3 Satz 1 und 2 BGB jedoch **70** nur für die Verpflichtung zur *Eingehung* einer abstrakten Verbindlichkeit bzw. die *Zweckvereinbarung*, die diese Verbindlichkeit mit der Darlehensforderung verbindet.[151] Die wertpapierrechtliche Verbindlichkeit aus Wechsel, Scheck entsteht demgegenüber zunächst wirksam, sodass diese von dem Verbraucher gemäß § 812 Abs. 1 Satz 1 Alt. 1 BGB i. V. mit § 812 Abs. 2 BGB kondiziert werden muss. Zuvor steht dem Verbraucher gegen die abstrakte Verbindlichkeit die Einrede der ungerechtfertigten Bereicherung analog § 821 BGB zu.[152] Dies verhindert jedoch nicht, dass ein Dritter eine entgegen § 496 Abs. 3 BGB eingegangene Wechsel- oder Scheckverbindlichkeit gemäß Art. 17 WG, Art. 22 ScheckG gutgläubig einredefrei erwirbt.[153] Gerade in einem solchen Fall erlangt die Haftung des Darlehensgebers

---

[149] Statt aller *Staudinger/Kessal-Wulf* (2012) § 496 Rn. 30 m. w. N.

[150] So noch zu der Vorgängernorm in § 10 Abs. 2 VerbrKrG BGH 15.03.2005 NJW 2005, 1576 Rn. 32; BGH 05.04.2005 NJW-RR 2005, 985 Rn. 29.

[151] BT-Drucks. 11/5462, S. 25; *Staudinger/Kessal-Wulf* (2012) § 496 Rn. 31 f.; *Schürnbrand* MünchKomm. § 496 Rn. 20.

[152] Dazu noch unten § 15 Rn. 32.

[153] Zu den Einzelheiten *Staudinger/Kessal-Wulf* (2012) § 496 Rn. 40 f. m. w. N.

aus § 496 Abs. 3 Satz 4 BGB besondere Bedeutung, da sie diesen zum Ersatz des aus der abstrakten Schuldbegründung entstandenen Schadens im Sinne einer verschuldensunabhängigen Garantiehaftung verpflichtet.[154]

4. Verzugszinsen

71 Nach § 497 Abs. 1 Satz 1 BGB hat der Darlehensnehmer, der mit Zahlungen aufgrund des Verbraucherdarlehensvertrages im Verzug ist, den geschuldeten Betrag im Grundsatz nach § 288 Abs. 1 BGB, d. h. mit fünf Prozentpunkten p.a. über dem Basiszinssatz (§ 247 BGB) zu verzinsen. Hierbei handelt es sich nicht lediglich um eine deklaratorische Verweisung auf § 288 Abs. 1 BGB, sondern die Verzinsungspflicht wird im Verzug auch für solche Beträge angeordnet, die selbst schon auf einem Zinsanspruch des Darlehensgebers beruhen. Damit statuiert die Vorschrift eine Ausnahme vom Zinseszinsverbot des § 289 BGB.[155] Bei Immobiliar-Verbraucherdarlehensverträgen i. S. des § 491 Abs. 3 BGB ermäßigt sich der Verzugszinssatz auf 2½ Prozentpunkte p.a. über dem Basiszinssatz (§ 497 Abs. 4 BGB).

72 Nach § 497 Abs. 1 Satz 2 BGB kann der Darlehensnehmer einen niedrigeren Schaden oder der Darlehensgeber einen höheren Schaden nachweisen und als Verzugsschaden ersetzt verlangen. Insoweit begründet § 497 Abs. 1 Satz 1 BGB lediglich eine Pauschalierung des Verzugsschadens in Form einer widerleglichen Vermutung.[156] Weist der Verbraucher einen niedrigeren Schaden des Darlehensgebers nach, vermindert sich der Zinssatz entsprechend; umgekehrt kann der Darlehensgeber einen nachgewiesenen höheren Schaden nach Maßgabe der §§ 280 Abs. 1 und 2, 286 BGB geltend machen.

5. Anrechnung von Teilleistungen und Verjährung

73 Eine von § 367 Abs. 1 BGB abweichende Sonderregelung trifft § 497 Abs. 3 Satz 1 BGB für die Tilgungsanrechnung, wenn der Verbraucher Zahlungen leistet, die nicht zur Erfüllung seiner gesamten Schuld ausreichen. Die Anrechnung auf die Zinsen erst nach einer Anrechnung auf den geschuldeten Darlehensbetrag soll vermeiden, dass der Darlehensnehmer fortlaufend Zahlungen nur auf Zinsen leistet, ohne dass sich die Hauptverbindlichkeit verringert (sog. Schuldturmproblematik).[157] Abweichend von § 266 BGB darf der Darlehensgeber Teilzahlungen nicht zurückweisen (§ 497 Abs. 3 Satz 2 BGB). Schließlich trifft § 497 Abs. 3 Satz 3 und 4 BGB Sonderregelungen für die Verjährung der Ansprüche des Darlehensgebers.[158]

---

[154] *Looschelders* Rn. 373; *Staudinger/Kessal-Wulf* (2012) § 496 Rn. 38.

[155] BT-Drucks. 14/6040, S. 256; BR/*Möller* § 497 Rn. 7.

[156] *Erman/Nietsch* § 497 Rn. 20 ff.; *Esser/Weyers* BT 1, § 26 V 4, S. 227; *Schürnbrand* MünchKomm. § 497 Rn. 14; *Staudinger/Kessal-Wulf* (2012) § 497 Rn. 24.

[157] *Erman/Nietsch* § 497 Rn. 34.

[158] Dazu im Überblick *Budzikiewicz* WM 2003, 264 (272 f.).

6. Kündigung von Teilzahlungsdarlehen

Ist ein Verbraucherdarlehen in Teilzahlungen zu tilgen, kann der Darlehensgeber   **74**
dieses nach § 498 Abs. 1 Satz 1 BGB nur kündigen, wenn

- der Darlehensnehmer mit mindestens zwei aufeinanderfolgenden Teilzahlungen
  ganz oder teilweise und mit mindestens zehn Prozent bzw. bei einer Laufzeit von
  über drei Jahren mit fünf Prozent des Nennbetrages des Darlehens (Nettodarlehensbetrag i. S. des Art. 247 § 3 Abs. 2 Satz 2 EGBGB zuzüglich laufzeitun-
  abhängiger Einmalkosten wie z. B. Bearbeitungsgebühren[159]) in Verzug ist und
- der Darlehensgeber erfolglos eine zweiwöchige Frist zur Zahlung des rück-
  ständigen Betrages mit der Erklärung gesetzt hat, bei Nichtzahlung die gesamte
  Restschuld zu verlangen.

Keine weitere Tatbestandsvoraussetzung für eine rechtswirksame Kündigung des   **75**
Darlehens ist die Unterbreitung des von § 498 Abs. 1 Satz 2 BGB lediglich als Soll-
Vorschrift vorgesehenen Gesprächsangebotes des Darlehensgebers über die Mög-
lichkeiten einer einverständlichen Regelung.[160] Das Kündigungsrecht nach § 498
Abs. 1 Satz 1 BGB ist ein fristloses, das jedoch nur innerhalb eines angemessenen
Zeitraums ausgeübt werden kann, um nicht durch Verwirkung zu erlöschen.[161]

Umstritten ist die Reichweite der Sperrwirkung, die die Sonderregelung gegen-   **76**
über anderen Kündigungsrechten entfaltet. Da bei einem Teilzahlungsdarlehen
regelmäßig eine Zeit für die Rückerstattung der jeweiligen Raten vereinbart wird,
ist ein ordentliches Kündigungsrecht des Darlehensgebers aus § 488 Abs. 3 BGB
ohnehin bereits nach allgemeinen Grundsätzen ausgeschlossen.[162] In Bezug auf eine
außerordentliche Kündigung muss § 498 Abs. 1 Satz 1 BGB nach seinem Normzweck eine Sperrwirkung für alle Fälle begründen, in denen Zahlungsschwierigkei-
ten des Verbrauchers einen möglichen Kündigungsgrund nach den §§ 490 Abs. 1,
314 BGB darstellen würden.[163] Unberührt bleibt eine Kündigung gemäß § 314 BGB
aus sonstigen wichtigen Gründen, z. B. bei unrichtigen Angaben des Verbrauchers
über seine Vermögenslage, die dazu führen, dass dem Darlehensgeber die Fortsetzung des Darlehensverhältnisses unzumutbar ist.[164]

Ist das Teilzahlungs-Verbraucherdarlehen rechtswirksam gekündigt worden, so   **77**
vermindert sich nach § 501 BGB die Restschuld des Darlehensnehmers um die
Zinsen und sonstigen laufzeitabhängigen Kosten (z. B. Anteil eines Disagios[165]), die

---

[159] *Schürnbrand* MünchKomm. § 498 Rn. 13; *Staudinger/Kessal-Wulf* (2012) § 498 Rn. 13.

[160] Zu möglichen schadensersatzrechtlichen Konsequenzen einer Nichtunterbreitung *Schürnbrand* MünchKomm. § 498 Rn. 20; BR/*Möller* § 498 Rn. 9; *Staudinger/Kessal-Wulf* (2012) § 498 Rn. 9.

[161] BGH 12.07.1984 WM 1984, 1273; *Schürnbrand* MünchKomm. § 498 Rn. 23.

[162] Siehe oben § 3 Rn. 36.

[163] *Schürnbrand* MünchKomm. § 498 Rn. 24; a. A. in Bezug auf § 490 Abs. 1 BGB *Staudinger/ Kessal-Wulf* (2012) § 498 Rn. 6.

[164] So z. B. auch BR/*Möller* § 498 Rn. 3.

[165] Dazu siehe oben § 3 Rn. 24.

auf die Zeit nach dem Wirksamwerden der Kündigung entfallen.[166] Dies trägt dem
Umstand Rechnung, dass diese laufzeitabhängigen Kosten im Synallagma mit der
Pflicht zur Kapitalüberlassung in dem jeweiligen Zeitabschnitt stehen,[167] die durch
die Kündigung wegfällt.

7. Vereinbarungen über das Kündigungsrecht

78   Auch beim Verbraucherdarlehensvertrag richtet sich das Kündigungsrecht der Vertragsparteien – abgesehen von der Sonderregelung in § 498 BGB – grundsätzlich
nach den allgemeinen Vorschriften in den §§ 488 Abs. 3, 489 und 490 BGB. Dem
spezifischen Schutz des Verbrauchers dienen in diesem Zusammenhang die §§ 499
und 500 BGB, die unter anderem die Vereinbarungsfreiheit der Vertragsparteien
beschränken, jedoch auf Immobiliar-Verbraucherdarlehensverträge keine Anwendung finden, wenn die Vorschriften ausschließlich Allgemein-Verbraucherdarlehensverträge erfassen (so z. B. § 499 Abs. 1 BGB).

79   So untersagt § 499 Abs. 1 BGB bei Allgemein-Verbraucherdarlehensverträgen Vereinbarungen über das *Kündigungsrecht des Darlehensgebers*, wenn eine
bestimmte Vertragslaufzeit bestimmt wurde oder die Kündigungsfrist zwei Monate
unterschreitet. Dies bedeutet, dass bei Darlehensverträgen mit einer bestimmten
Laufzeit der hieraus an sich folgende Ausschluss der ordentlichen Kündigung nicht
durch eine abweichende Parteiabrede aufgehoben werden kann. Die auf die Kündigungsfrist bezogene Einschränkung der Privatautonomie betrifft demgegenüber ausschließlich Allgemein-Verbraucherdarlehensverträge, bei denen für die Rückzahlung des Darlehens keine Zeit bestimmt ist. Das nach § 488 Abs. 3 BGB bestehende
und an eine Frist von drei Monaten gebundene Recht zur ordentlichen Kündigung
gilt im Grundsatz auch bei Allgemein-Verbraucherdarlehensverträgen, jedoch wird
die bezüglich der Kündigungsfrist (§ 488 Abs. 3 Satz 2 BGB) bestehende Disposi-
tionsfreiheit dahin gehend eingeschränkt, dass keine kürzere Kündigungsfrist als
zwei Monate vereinbart werden darf. Die Vereinbarung einer längeren Kündigungsfrist zulasten des Darlehensgebers bleibt demgegenüber von § 499 Abs. 1 BGB
unberührt. Ferner untersagt § 499 Abs. 1 BGB auch bei Allgemein-Verbraucherdarlehensverträgen mit einer bestimmten Vertragslaufzeit nicht die Vereinbarung eines
ordentlichen Kündigungsrechts zugunsten des Darlehensnehmers.

80   Während § 499 Abs. 1 BGB ausschließlich das ordentliche Kündigungsrecht des
Darlehensgebers betrifft, schützt § 500 Abs. 1 BGB das ordentliche *Kündigungsrecht des Darlehensnehmers* bei Allgemein-Verbraucherdarlehensverträgen mit
unbestimmter Vertragslaufzeit. Abweichend von § 488 Abs. 3 Satz 1 und 2 BGB ist
der Darlehensnehmer vorbehaltlich einer abweichenden Parteiabrede jederzeit zu
einer Kündigung des Allgemein-Verbraucherdarlehens berechtigt, ohne hierbei eine
Frist einhalten zu müssen. Sowohl aus § 511 Satz 1 BGB als auch aus § 500 Abs. 1

---

[166] Zur genauen Berechnung *Staudinger/Kessal-Wulf* (2012) § 498 Rn. 5 ff.
[167] Siehe oben § 3 Rn. 4.

Satz 2 BGB ergibt sich, dass das Recht zur ordentlichen Kündigung bei derartigen Verbraucherdarlehensverträgen nicht ausgeschlossen werden darf. Vertragliche Vereinbarungen bleiben lediglich hinsichtlich der Kündigungsfrist möglich, allerdings dürfen diese die Kündigungsfreiheit des Darlehensnehmers nicht für einen längeren Zeitraum als einen Monat einschränken. Umgekehrt folgt aus § 500 Abs. 1 Satz 2 BGB, dass eine kürzere Kündigungsfrist und damit eine Abweichung von § 500 Abs. 1 Satz 1 BGB vereinbart werden darf. Ebenso ist der sachliche Anwendungsbereich der Norm ausschließlich auf das Kündigungsrecht des Darlehensnehmers beschränkt. Abreden zum ordentlichen Kündigungsrecht des Darlehensgebers schränkt § 500 Abs. 1 BGB nicht ein, insoweit bleibt lediglich die Mindestkündigungsfrist von zwei Monaten zu beachten (§ 499 BGB). Einem Ausschluss des ordentlichen Kündigungsrechts des Darlehensgebers bei Allgemein-Verbraucherdarlehensverträgen mit unbestimmter Laufzeit stehen die §§ 499, 500 BGB nicht entgegen.

8. Vorzeitige Rückzahlung des Darlehens

Unabhängig von dem Recht des Darlehensnehmers eines Allgemein-Verbraucherdarlehensvertrages mit unbestimmter Laufzeit, diesen ohne Einhaltung einer Frist ordentlich zu kündigen, eröffnet ihm § 500 Abs. 2 BGB das Recht zur gänzlichen oder teilweisen *vorzeitigen Rückzahlung* des Verbraucherdarlehens;[168] insbesondere bedarf es hierfür abweichend von § 488 Abs. 3 Satz 1 BGB keiner Kündigung. Da § 500 Abs. 2 Satz 1 BGB das Recht zur vorzeitigen Rückzahlung nicht auf bestimmte Arten von Verbraucherdarlehen beschränkt, besteht dieses unabhängig davon, ob die Parteien für die Rückzahlung eine Zeitbestimmung getroffen haben, also auch dann, wenn eine bestimmte Mindestlaufzeit vereinbart wurde. Wegen § 512 Satz 1 BGB darf die von § 271 Abs. 2 BGB (danach bestünde lediglich „im Zweifel" ein vorzeitiges Rückzahlungsrecht) abweichende, zwingende Rechtsposition des Darlehensnehmers nicht durch abweichende Abreden ausgeschlossen oder eingeschränkt werden. Der zugunsten des Darlehensnehmers zwingenden Geltung des § 500 Abs. 2 Satz 1 BGB widersprechen nicht nur Abreden, die eine vorzeitige Rückzahlung des Darlehens mit einer vom Darlehensnehmer zu wahrenden Frist verknüpfen, sondern auch solche Vereinbarungen, die dem Darlehensnehmer für den Fall der Rechtsausübung finanzielle Lasten (z. B. Vertragsstrafe) auferlegen.[169]

Bei Immobiliar-Verbraucherdarlehensverträgen gilt § 500 Abs. 2 Satz 1 BGB **82** ebenfalls, jedoch schränkt § 500 Abs. 2 Satz 2 BGB diese Rechtsposition bei einem Darlehen mit gebundenem Sollzinssatz ein. In dieser Konstellation ist der Darlehensnehmer nur dann zur gänzlichen oder teilweisen vorzeitigen Erfüllung

---

[168] Wegen des allgemein gehaltenen Gesetzeswortlauts in § 500 Abs. 2 Satz 1 BGB gilt dieses Recht nicht nur für Allgemein-Verbraucherdarlehensverträge, sondern auch für Immobiliar-Verbraucherdarlehensverträge; siehe *Schürnbrand* MünchKomm. § 500 Rn. 8.

[169] Siehe *Schürnbrand* MünchKomm. § 500 Rn. 16.

der Darlehensverbindlichkeit berechtigt, wenn er sich hierfür auf ein berechtigtes Interesse stützen kann. Zur Konkretisierung des „berechtigten Interesses" wird verbreitet eine Orientierung an dem identischen Termin in § 490 Abs. 2 Satz 1 BGB[170] befürwortet.[171]

83   Soweit der Darlehensnehmer von seinem Recht zur vorzeitigen Rückzahlung Gebrauch macht, befreit § 501 BGB ihn nicht nur von den auf die Restlaufzeit entfallenden Zinsen, sondern zeitanteilig auch von sonstigen laufzeitabhängigen Kosten. Soweit seitens des Darlehensgebers vertragliche Vereinbarungen zum Schutz seiner Zinserwartungen getroffen werden, begrenzt § 502 BGB entsprechende Abreden auf eine *Vorfälligkeitsentschädigung* und reguliert deren Höhe bei Allgemein-Verbraucherdarlehensverträgen (§ 502 Abs. 3 BGB). Abreden, die zulasten des Darlehensnehmers hiervon abweichen, sind rechtsunwirksam (§ 511 BGB). Damit weicht § 502 BGB insbesondere von § 490 Abs. 2 Satz 3 BGB ab, der zugunsten des Darlehensgebers einen Anspruch auf vollständige Kompensation begründet. Dieser bleibt auch bei Verbraucherdarlehensverträgen von § 502 BGB unberührt, da die dortigen Schranken ausschließlich für die Sachverhalte einer von § 500 Abs. 2 BGB eröffneten vorzeitigen Rückzahlung eingreifen.[172]

9. Überziehung eines laufenden Kontos

84   Auf die Besonderheiten eines zwischen Unternehmer und Verbraucher geführten Girokontos (laufendes Konto) reagieren die §§ 504 und 505 BGB. Wird dieses von dem Verbraucher überzogen, führt dies zur Begründung eines gesonderten Verbraucherdarlehensvertrages. Das gilt nicht nur, wenn der Verbraucher eine bereits im Girovertrag eingeräumte Überziehungsmöglichkeit in Anspruch nimmt (§ 504 Abs. 1 Satz 1 BGB), sondern auch, wenn der Unternehmer die Überziehung des Kontos duldet (§ 505 Abs. 1 BGB). In diesen Konstellationen kommen auf die abgeschlossenen Verbraucherdarlehensverträge die §§ 491a ff. BGB nur nach Maßgabe der Sonderbestimmungen in den §§ 504 und 505 BGB zur Anwendung. Das gilt insbesondere für aufgrund einer geduldeten Überziehung abgeschlossene Verbraucherdarlehensverträge (§ 505 Abs. 4 BGB), während sich § 504 BGB bei den in Ausübung einer Überziehungsmöglichkeit abgeschlossenen Verbraucherdarlehensverträgen weitgehend auf einige Modifizierungen beschränkt, wie z. B. den Ausschluss einer Vorfälligkeitsentschädigung bei vorzeitiger Rückzahlung des Darlehens (§ 504 Abs. 1 Satz 2 BGB). Zum Ausgleich erlegt Art. 247 § 16 EGBGB bzw. Art. 247 § 17 Abs. 1 EGBGB dem Unternehmer für die Überziehungsmöglichkeit (§ 504 Abs. 1 Satz 1 BGB) sowie die geduldete Überziehung (§ 505 Abs. 1 BGB) eigenständige Informationspflichten auf, die für die Überziehungsmöglichkeit von einer eigenständigen Pflicht des Darlehensgebers zur Beratung flankiert wird, wenn

---

[170] Dazu oben § 3 Rn. 44 f.

[171] Näher *Schürnbrand* MünchKomm. § 500 Rn. 12.

[172] Ebenso *Schürnbrand* MünchKomm. § 502 Rn. 4.

der Darlehensnehmer die Überziehungsmöglichkeit über einen längeren Zeitraum in erheblichem Umfang in Anspruch genommen hat (§ 504a BGB).

10. Kreditwürdigkeitsprüfung

Abweichend von den allgemeinen Grundsätzen zum Abschluss von Darlehensver- **85** trägen[173] trifft den Darlehensgeber bei Verbraucherdarlehensverträgen nach § 505a Abs. 1 Satz 1 BGB eine generelle Pflicht, vor Abschluss des Darlehensvertrages die Kreditwürdigkeit des Darlehensnehmers zu prüfen. Bestehen hieran erhebliche Zweifel, dann untersagt § 505a Abs. 1 Satz 2 BGB bei Allgemein-Verbraucherdarlehensverträgen deren Abschluss. Bei Immobiliar-Verbraucherdarlehensverträgen gilt dies ebenfalls, jedoch nur, wenn der Darlehensnehmer seinen Pflichten aus dem Darlehensvertrag, insbesondere seiner Pflicht zur Rückzahlung der Darlehensvaluta und der Zahlung der Darlehenszinsen wahrscheinlich nicht nachkommen wird.

Schließt der Darlehensgeber den Verbraucherdarlehensvertrag entgegen dem **86** Verbot in § 505a Abs. 1 Satz 2 BGB ab, dann führt dies nicht zu dessen Nichtigkeit nach § 134 BGB, da § 505d BGB insoweit abschließende Wirkung beigemessen wird.[174] Zweifelsfrei ist dies allerdings nicht, da sich die dort normierten Rechtsfolgen ausschließlich auf die Pflicht zur Prüfung der Kreditwürdigkeit beziehen, nicht hingegen auf einen Verstoß gegen das Kreditvergabeverbot.

Bei einer Verletzung der Pflicht zur Prüfung der Kreditwürdigkeit wird der Ver- **87** braucherdarlehensvertrag – wie von § 505d Abs. 1 BGB vorausgesetzt – in seiner Rechtswirksamkeit nicht berührt; kraft Gesetzes tritt jedoch eine Reduzierung des vereinbarten Sollzinses ein (§ 505d Abs. 1 Satz 1 BGB). Zudem ist der Darlehensnehmer zur jederzeitigen fristlosen Kündigung des Darlehensvertrages berechtigt, ohne dass dem ein Anspruch des Darlehensgebers auf eine Vorfälligkeitsentschädigung gegenübersteht (§ 505d Abs. 1 Satz 3 BGB). Ferner wird es dem Darlehensgeber verwehrt, Pflichtverletzungen des Darlehensnehmers geltend zu machen, wenn dies auf Umständen beruht, die bei einer Kreditwürdigkeitsprüfung zu einem Kreditvergabeverbot (§ 505a Abs. 1 Satz 2 BGB) geführt hätten (§ 505d Abs. 2 BGB).

V. Exkurs: Verbundene Verträge

1. Allgemeines

Ein Verbraucherdarlehensvertrag wird häufig zur Finanzierung von Konsumge- **88** schäften abgeschlossen. Ungeachtet dessen liegt das Risiko aus der Verwendung des Darlehens grundsätzlich bei dem Darlehensnehmer.[175] Allerdings erscheint dies

---

[173] Siehe oben § 3 Rn. 17.

[174] So z. B. *Schürnbrand* MünchKomm. § 505a Rn. 9.

[175] Zur Gefahrtragung sowie zu den Aufklärungspflichten einer das Geschäft finanzierenden Bank bereits oben § 3 Rn. 17, 20.

nicht angemessen, wenn der Verbraucherdarlehensvertrag und das Geschäft, zu dem der Darlehensbetrag verwendet wird (z. B. ein Kaufvertrag), in einem sachlichen Zusammenhang stehen, der es zum Schutz des Verbrauchers auch gegenüber dessen Vertragspartnern (Darlehensgeber und z. B. Verkäufer) rechtfertigt, beide Verträge rechtlich einheitlich zu beurteilen.[176] In einem derartigen Fall spricht das Gesetz von verbundenen Verträgen; für diese treffen die §§ 358 und 359 BGB Regelungen, die zu großen Teilen aus § 9 VerbrKrG übernommen wurden.[177] Ergänzt werden diese durch § 360 BGB, wenn ein Vertrag mit einem Verbraucherdarlehensvertrag zusammenhängt (s. § 360 Abs. 2 BGB).

2. Voraussetzungen

89   Zunächst legt § 358 Abs. 3 BGB fest, wann ein Verbraucherdarlehensvertrag i. S. des § 491 Abs. 1 BGB und ein Vertrag über die Lieferung von Waren oder die Erbringung einer anderen Leistung in diesem Sinne verbundene Verträge sind. Das Gesetz stellt hierfür in § 358 Abs. 3 Satz 1 BGB darauf ab, ob beide Verträge eine *wirtschaftliche Einheit* bilden. Entscheidend ist somit nicht die formale Rechtsgestaltung, sondern ein objektiver innerer Zusammenhang zwischen beiden Verträgen, der so beschaffen sein muss, dass die Parteien keinen der Verträge ohne den anderen abgeschlossen hätten.[178] In § 358 Abs. 3 Satz 2 BGB wird dies dahin gehend konkretisiert, dass eine wirtschaftliche Einheit insbesondere anzunehmen ist, wenn der Unternehmer (z. B. der Verkäufer) selbst die Gegenleistung des Verbrauchers finanziert oder sich ein dritter Darlehensgeber bei der Vorbereitung oder dem Abschluss des Verbraucherdarlehensvertrages der Mitwirkung des Unternehmers bedient.[179]

90   Verbundene Verträge liegen daher z. B. vor, wenn in einem Autohaus Kreditformulare einer Bank ausliegen und der Autohändler mit dem Käufer zugleich als Stellvertreter der Bank einen Finanzierungskredit abschließt. Der Darlehensgeber „bedient" sich aber der Mitwirkung des Unternehmers nicht i. S. des § 358 Abs. 3 Satz 2 BGB, wenn Letzterer den Autokäufer lediglich zum Zweck der Finanzierung zu einer Bank schickt, ohne dies mit ihr abgesprochen zu haben.[180] Ein starkes Indiz für ein verbundenes Geschäft liegt hingegen vor, wenn der Darlehensnehmer das Darlehen aufgrund einer Zweckbindung seitens des Darlehensgebers nur für ein bestimmtes Geschäft verwenden darf.[181]

---

[176] Siehe *Esser/Weyers* BT 1, § 9 III 1, S. 106 f.

[177] Weiterführend zum Ganzen *Fuchs* AcP 199 (1999), 305 ff.

[178] BGH 29.03.1984 BGHZ 91, 9 (11); *Habersack* MünchKomm. § 358 Rn. 36 f.; BR/*Müller-Christmann* § 358 Rn. 37; *Staudinger/Herresthal* (2012) § 358 Rn. 109 ff.

[179] Selbst wenn die Voraussetzungen für ein verbundenes Geschäft im engeren Sinne nicht vorliegen, erstreckt § 360 Abs. 1 BGB die Anwendbarkeit verschiedener Regelungen des § 358 BGB auf die wertungsmäßig verwandte Konstellation eines zusammenhängenden Vertrages (§ 360 Abs. 2 BGB).

[180] *Habersack* MünchKomm. § 358 Rn. 41 m. w. N.

[181] BGH 05.05.1992 NJW 1992, 2560 (2562); *Erman/Koch* § 358 Rn. 8; *Staudinger/Herresthal* (2012) § 358 Rn. 110.

Sofern der Verbraucherdarlehensvertrag der Finanzierung des Erwerbs eines **91** Grundstücks oder eines grundstücksgleichen Rechts dient, stellt § 358 Abs. 3 Satz 3 BGB strengere Kriterien für das Vorliegen eines verbundenen Geschäftes auf, als dies sonst der Fall ist.[182] Diese Regelung verstößt nicht gegen die Vorgaben der EU-Verbraucherkreditrichtlinie.[183] Nach der Rechtsprechung des EuGH kann ein Widerruf des finanzierenden Darlehens jedoch dann Auswirkungen auf den Bestand des Grundstücksgeschäftes haben, wenn zwar die Voraussetzungen des § 358 Abs. 3 Satz 3 BGB nicht vorliegen, der Verbraucher aber nicht ordnungsgemäß i. S. des Art. 247 § 12 EGBGB i. V. mit Art. 247 § 6 Abs. 2 EGBGB über die Widerruflichkeit des Darlehens informiert wurde und er den Grundstückskaufvertrag bei ordnungsgemäßer Belehrung (möglicherweise) nicht abgeschlossen hätte.[184] In diesem Fall kommt ein Schadensersatzanspruch gegen den Kreditgeber auf Übernahme des Grundstückskaufvertrages gemäß § 311 Abs. 2 BGB i. V. mit § 249 Abs. 1 BGB (Naturalrestitution) in Betracht.[185]

Da die §§ 358, 359 BGB den zweiten Vertragspartner des Verbrauchers neben **92** dem Darlehensgeber als „Unternehmer" bezeichnen, muss dieser bei Abschluss des Vertrages (z. B. eines Kaufvertrages) mit dem Verbraucher die persönlichen Voraussetzungen des § 14 BGB erfüllen, damit verbundene Verträge i. S. des § 358 Abs. 3 BGB vorliegen können. Deshalb sind die §§ 358, 359 BGB z. B. nicht anwendbar, wenn der Verbraucherdarlehensvertrag der Finanzierung eines Geschäftes unter Verbrauchern dient. Denkbar ist dies z. B. im Gebrauchtwagenhandel, wenn der „Händler" als Vertreter des privaten Verkäufers den Kaufvertrag mit dem privaten Käufer abschließt und die Zahlung des Kaufpreises dadurch ermöglicht, dass er zugleich als Vertreter einer Bank mit dem Käufer (= Darlehensnehmer) einen Verbraucherdarlehensvertrag vereinbart. Es stellt sich dann die Frage, ob eine derartige Gestaltung den Verbraucherschutz unzulässigerweise umgeht, was nach der hier vertretenen Auffassung allerdings zu verneinen ist.[186]

3. Rechtsfolgen

Sind die Verträge nach Maßgabe des § 358 Abs. 3 BGB „verbunden", dann unter- **93** liegen sie einer einheitlichen rechtlichen Beurteilung insbesondere in Bezug auf zwei Aspekte, die den Verbraucher vor den drohenden Folgen der rechtlichen Aufspaltung der wirtschaftlich zusammengehörenden Vertragsverhältnisse schützen.

---

[182] Dazu z. B. BGH 19.06.2007 NJW 2007, 3200 Rn. 19 ff.

[183] EuGH 25.10.2005 NJW 2005, 3551 (3553) – Schulte.

[184] EuGH 25.10.2005 NJW 2005, 3551 (3554) – Schulte; EuGH 25.10.2005 NJW 2005, 3555– Crailsheimer Volksbank; dazu umfassend und kritisch *Benedict* AcP 206 (2006), 56 ff.

[185] Dazu grundlegend BGH 19.09.2006 BGHZ 169, 109 Rn. 40 ff.; nachfolgend z. B. BGH 26.02.2008 NJW 2008, 1585 Rn. 18 ff. Zu den Sachverhalten einer vorsätzlichen Verletzung von Aufklärungspflichten BGH 19.10.2010 NZG 2010, 192 Rn. 13 ff.

[186] Siehe oben § 2 Rn. 582 ff. zu § 476 Abs. 1 Satz 2 BGB.

a) Erstreckung eines Widerrufs nach § 355 BGB auf den jeweils anderen Vertrag

aa) Widerrufsvoraussetzungen

94 Erstens ist der Verbraucher auch an seine Willenserklärung auf Abschluss des Darlehensvertrages nicht mehr gebunden, wenn er seine auf den Abschluss des Vertrages über die Warenlieferung oder eine sonstige Leistung gerichtete Willenserklärung wirksam widerrufen hat (§ 358 Abs. 1 BGB). Dies setzt voraus, dass dem Verbraucher in Bezug auf den mit dem Darlehensgeschäft verbundenen Vertrag ein eigenständiges Widerrufsrecht nach Maßgabe des § 355 BGB zusteht, das sich z. B. bei außerhalb von Geschäftsräumen geschlossenen Verträgen (§ 312b BGB) und Fernabsatzverträgen (§ 312c BGB) aus § 312g Abs. 1 BGB ergeben kann.

95 Umgekehrt führt ein wirksamer Widerruf des Verbraucherdarlehensvertrages i. S. des § 495 Abs. 1 BGB i. V. mit § 355 BGB dazu, dass die Bindung des Verbrauchers an seine auf den Abschluss des damit verbundenen Vertrages gerichtete Willenserklärung entfällt (§ 358 Abs. 2 BGB).[187] Die früher in § 358 Abs. 2 Satz 2 BGB a. F. getroffene Anordnung, dass wenn für den verbundenen Vertrag ein Widerrufsrecht nach Maßgabe des § 355 BGB besteht (§§ 312 Abs. 1 Satz 1, 312d Abs. 1 Satz 1 BGB a. F. etc.), allein dieses Widerrufsrecht gilt und dasjenige nach § 495 Abs. 1 BGB ausgeschlossen ist, wurde wegen der Unvereinbarkeit mit der neu gefassten Verbraucherkredit-Richtlinie für Verbraucherdarlehensverträge aufgehoben.[188]

96 Damit der Verbraucher von dem Widerruf eines der verbundenen Verträge nicht durch den Irrtum abgehalten wird, gleichwohl weiterhin an den anderen – dann zumeist für ihn sinnlosen – Vertrag gebunden zu sein, sieht Art. 247 § 12 Abs. 1 EGBGB vor, dass die nach Art. 247 § 6 Abs. 2 EGBGB erforderliche Belehrung über das Widerrufsrecht auch auf die Rechtsfolgen des § 358 Abs. 1 und 2 BGB hinweisen muss. Ansonsten beginnt die 14 tägige Widerrufsfrist des § 355 Abs. 2 Satz 1 BGB nicht zu laufen und der Verbraucher kann den Vertrag auch nach Ablauf der Frist widerrufen. Dies gilt auch für den Verbraucherdarlehensvertrag. Für diesen ersetzt § 495 Abs. 2 Satz 1 Nr. 1 BGB die Widerrufsbelehrung zwar ausdrücklich durch die in Art. 247 § 6 Abs. 2 EGBGB konkretisierte Information über das Widerrufsrecht, diese muss aber ebenfalls über die sich aus den §§ 358 und 359 BGB ergebenden Rechte unterrichten, wenn der Verbraucherdarlehensvertrag mit einem Vertrag i. S. des § 358 Abs. 1 BGB verbunden ist (Art. 247 § 12 Abs. 1 Satz 2 Nr. 2 lit. b EGBGB). Die hieraus folgenden Anforderungen an den Darlehensgeber erleichtert das Gesetz durch das in Anlage 7 und 8 zum EGBGB aufgenommene Muster einer Widerrufsinformation, da bei dessen Übernahme unwiderlegbar zu vermuten ist, dass die gesetzlichen Anforderungen erfüllt sind (Art. 247 § 12 Abs. 1 Satz 3 EGBGB). Fehlt in der Vertragsurkunde die von Art. 247 § 12 EGBGB geforderte Information, beginnt die Widerrufsfrist nach § 356b Abs. 2 BGB nicht zu

---

[187] Entsprechendes gilt für unentgeltliche Darlehensverträge eines Unternehmers mit einem Verbraucher; § 358 Abs. 2 BGB i. V. mit § 514 Abs. 2 BGB.

[188] Anders aber § 514 Abs. 2 Satz 2 BGB für unentgeltliche Darlehensverträge, wenn ein Widerrufsrecht nach § 312g Abs. 1 BGB besteht.

laufen, da die Angaben nach Art. 247 § 12 EGBGB ebenfalls zu den Pflichtangaben i. S. des § 492 Abs. 2 BGB zählen. Ausschließlich für Immobiliar-Verbraucherdarlehensverträge legt § 356b Abs. 2 Satz 4 BGB eine zeitliche Obergrenze von einem Jahr und 14 Tagen nach Vertragsschluss fest. Hieraus folgt im Umkehrschluss, dass das Widerrufsrecht bei Allgemein-Verbraucherdarlehensverträgen ohne zeitliche Schranke besteht; äußerstenfalls kommen die Grundsätze der Verwirkung (§ 242 BGB) als allgemeine Grenze der Rechtsausübung in Betracht. Wird die Belehrung nachgeholt, dann beträgt die Frist für den Widerruf einen Monat (§ 356b Abs. 2 Satz 3 BGB).

bb) Durchführung der Rückabwicklung

Liegt ein wirksamer Widerruf i. S. des § 358 Abs. 1 oder 2 BGB vor, dann ordnet **97** § 358 Abs. 4 BGB einige Besonderheiten für die Rückabwicklung der Verträge an. Zunächst gilt wegen der Verweisung in § 358 Abs. 4 Satz 1 BGB auf § 357 BGB das Recht des gesetzlichen Rücktritts (§ 357 Abs. 1 Satz 1 BGB i. V. mit §§ 346 ff. BGB) für den verbundenen Vertrag entsprechend, wenn nicht dieser selbst, sondern der Darlehensvertrag gemäß § 495 Abs. 1 BGB i. V. mit § 355 BGB widerrufen worden ist. Wurde der Widerruf gemäß § 358 Abs. 1 BGB erklärt, dürfen dem Verbraucher nach § 358 Abs. 4 Satz 4 BGB bei der Rückabwicklung des Darlehensvertrages nicht aufgrund einer Vertragsbestimmung Zinsen oder Kosten auferlegt werden.

Schließlich tritt der Darlehensgeber im Verhältnis zu dem Verbraucher nach § 358 **98** Abs. 4 Satz 5 BGB hinsichtlich der Rückabwicklung in die Rechte und Pflichten des Unternehmers (d. h. des zweiten Vertragspartners des Verbrauchers) ein, wenn das Darlehen dem Unternehmer bei Wirksamwerden des Widerrufs bereits zugeflossen ist (keine Abwicklung „über das Dreieck"). Dies verhindert z. B., dass der Verbraucher das auf sein Geheiß an den Unternehmer ausgezahlte Darlehen gegenüber dem Darlehensgeber nach § 357a Abs. 1 BGB i. V. mit § 346 Abs. 1 BGB zurückgewähren muss und seinerseits auf Ansprüche gegen den Unternehmer auf Rückzahlung des Kaufpreises aus § 357a Abs. 1 BGB i. V. mit § 346 Abs. 1 BGB verwiesen ist.[189] Denn der Darlehensgeber wäre aufgrund des § 358 Abs. 4 Satz 5 BGB gegenüber dem Verbraucher zugleich sowohl Berechtigter der Rückerstattung als auch (wegen seines Einrückens in die Pflichten des Unternehmers) Verpflichteter, sodass eine Saldierung dieser Rechtspositionen eintritt.[190] Umgekehrt hat der Darlehensnehmer gemäß § 358 Abs. 4 Satz 5 BGB einen bei dem Unternehmer mit der Darlehenssumme gekauften und ihm übereigneten Gegenstand an den Darlehensgeber

---

[189] Gäbe es § 358 Abs. 4 Satz 3 BGB nicht, wäre nach den allgemeinen Regeln der Rückabwicklung abgekürzter Leistungsbeziehungen derart „über das Dreieck", d. h. in den jeweiligen Vertragsbeziehungen rückabzuwickeln, obwohl der Darlehensbetrag direkt von dem Darlehensgeber an den Unternehmer geflossen ist; vgl. *Gaier* MünchKomm. § 346 Rn. 30.

[190] BGH 29.03.1984 BGHZ 91, 9 (18); *Erman/Koch* § 358 Rn. 28; *Habersack* MünchKomm. § 358 Rn. 84; *Staudinger/Herresthal* (2012) § 358 Rn. 211.

zurückzugewähren. Die Rückabwicklung zwischen dem Darlehensgeber und dem Unternehmer vollzieht sich dann ihrerseits nach einer Ansicht[191] gemäß § 358 Abs. 4 Satz 5 BGB analog (Darlehensgeber tritt im Verhältnis zum Unternehmer in die Verbraucherposition ein), nach anderer Auffassung[192] über das Bereicherungsrecht.

b) Einwendungsdurchgriff

aa) Grundlagen

99   Rechtliche Probleme verursacht die Aufspaltung eines wirtschaftlich einheitlichen Geschäfts i. S. des § 358 Abs. 3 BGB zu zwei separaten Verträgen nicht nur in Bezug auf die Einheitlichkeit des Widerrufs. Gleichermaßen gilt dies für Einwendungen, die dem Verbraucher gegenüber einem seiner Vertragspartner zustehen. In diesem Fall ist stets die Frage zu beantworten, ob er diese auch dem anderen Vertragspartner entgegenhalten kann.

100   Hat z. B. ein Verbraucher einen Kaufvertrag wirksam wegen Inhaltsirrtums nach § 119 Abs. 1 Alt. 1 BGB angefochten, entfällt mit dem Vertrag gemäß § 142 Abs. 1 BGB auch seine Pflicht zur Kaufpreiszahlung. Hat der Verbraucher zur Finanzierung dieses Kaufpreises ein Darlehen bei einem Dritten aufgenommen und ist der Darlehensbetrag bereits zwecks Tilgung der (nach § 142 Abs. 1 BGB ex tunc entfallenen) Kaufpreisschuld an den Verkäufer abgeführt worden, so müsste der Verbraucher grundsätzlich das Darlehen gegenüber dem Darlehensgeber gemäß § 488 Abs. 1 Satz 2 BGB zurückzahlen und wäre auf einen Kondiktionsanspruch gegenüber dem Verkäufer in Höhe des an diesen abgeführten Darlehensbetrages gemäß § 812 Abs. 1 Satz 1 Alt. 1 BGB verwiesen.[193] Diese Problematik tritt nur dann nicht auf, wenn der Nichtigkeitsgrund im Hinblick auf den Kaufvertrag auch den Darlehensvertrag erfasst, was z. B. der Fall wäre, wenn der Verkäufer den Verbraucher arglistig getäuscht hat und der Darlehensvertrag mit dem Kaufvertrag einen verbundenen Vertrag i. S. des § 358 Abs. 3 BGB darstellt. Denn dann wäre der Verkäufer im Verhältnis zu dem Darlehensgeber kein Dritter i. S. des § 123 Abs. 2 Satz 1 BGB, sodass der Verbraucher auch den Darlehensvertrag anfechten könnte.[194]

101   Auch wenn sich der rechtliche Mangel eines mit dem Darlehensvertrag i. S. des § 358 Abs. 3 BGB verbundenen Vertrages nicht in diesem Sinne auf den Darlehensvertrag erstreckt, erscheint jedoch die für eine Anfechtung wegen Inhaltsirrtums beispielhaft angedeutete Geltendmachung von Rechten „über das Dreieck" nicht sachgerecht. Deshalb ordnet § 359 Abs. 1 Satz 1 BGB für derartige Sachverhalte

---

[191] *Coester* Jura 1992, 617 (622); *Habersack* MünchKomm. § 358 Rn. 89.

[192] BGH 29.03.1984 BGHZ 91, 9 (19); BR/*Müller-Christmann* § 358 Rn. 73; *Staudinger/Herresthal* § 358 Rn. 215 ff.

[193] Da nur der Verbraucher gegenüber dem Verkäufer einen spezifischen Tilgungszweck in Bezug auf die (vermeintliche) Schuld aus dem Kaufvertrag verfolgt, wäre er und nicht der Darlehensgeber als Leistender gegenüber dem Verkäufer i. S. des § 812 BGB anzusehen. Allgemein zur Bestimmung des Leistenden bei abgekürzten Leistungsketten *Larenz/Canaris* BT 2, § 70 II, S. 201 ff.

[194] Vgl. BGH 20.02.1967 BGHZ 47, 224 (228 ff.); *Habersack* MünchKomm. § 359 Rn. 33.

an, dass der Verbraucher auch die Rückzahlung des Darlehens gegenüber dem Darlehensgeber insoweit verweigern kann, als Einwendungen aus dem verbundenen Vertrag ihn gegenüber dem Unternehmer (im Beispiel dem Verkäufer) zur Verweigerung seiner Leistung berechtigen würden. Entsprechend dem Normzweck des § 359 Satz 1 BGB, den Verbraucher vor den für ihn ungünstigen Folgen einer formalen Aufspaltung des Darlehensvertrages und des mit diesem verbundenen Vertrages zu schützen, ist der Begriff der „Einwendung" in dieser Vorschrift nicht im rechtstechnischen Sinne zu verstehen,[195] sondern umfasst alle rechtshindernden, rechtshemmenden und rechtsvernichtenden Einwendungen und Einreden.[196] Das gilt z. B. für Nichtigkeitsgründe, die Einrede des nicht erfüllten Vertrages gemäß § 320 BGB oder die Einrede der Verjährung nach § 214 Abs. 1 BGB. Das Leistungsverweigerungsrecht aus § 359 Abs. 1 Satz 1 BGB besteht jedoch nur, soweit eine Einwendung im dargelegten weiten Sinne gegenüber dem Unternehmer auch wirksam geltend gemacht werden könnte. Wäre z. B. ein Rücktrittsrecht wegen § 218 Abs. 1 Satz 1 BGB gegenüber dem Unternehmer ausgeschlossen, so kann sich auch der Darlehensgeber hierauf berufen und damit das Leistungsverweigerungsrecht aus § 359 Abs. 1 Satz 1 BGB abwehren. Ferner können Gestaltungsrechte, die den verbundenen Vertrag betreffen (Anfechtung, Aufrechnung etc.), nur gegenüber dem Unternehmer ausgeübt und dem Darlehensgeber erst nach erfolgter Ausübung gemäß § 359 Abs. 1 Satz 1 BGB entgegengehalten werden.[197]

Aus § 359 Abs. 1 Satz 1 BGB ergibt sich allerdings nicht, ob die Vorschrift lediglich ein präventives Leistungsverweigerungsrecht gegenüber dem Darlehensgeber gewährt oder auch ein Anspruch auf Rückforderung bereits geleisteter Darlehenszahlungen in Betracht kommt (sog. Rückforderungsdurchgriff). Relevant ist dies insbesondere, wenn der Unternehmer, mit dem der Verbraucher den verbundenen Vertrag abgeschlossen hat, insolvent ist und Letzterer daher von Ersterem keine Leistungen mehr erlangen könnte. Insoweit wird verbreitet versucht, eine Lösung über das Bereicherungsrecht (§ 813 Abs. 1 Satz 1 BGB) zu erreichen. Dabei bejaht die wohl h. L. einen bereicherungsrechtlichen Anspruch gegen den Darlehensgeber, wenn die „Einwendung" i. S. des § 359 Abs. 1 Satz 1 BGB eine dauernde war und als solche bereits in dem Zeitpunkt vorlag, in dem die betreffende Leistung zur Tilgung der Rückerstattungsschuld aus § 488 Abs. 1 Satz 2 BGB von dem Verbraucher erbracht wurde, d. h. wenn die formalen Voraussetzungen des § 813 Abs. 1 Satz 1 BGB vorliegen.[198] Dem hält eine abweichende Ansicht mit guten Gründen entgegen, dass der Schutzzweck des § 359 Abs. 1 Satz 1 BGB nur darauf gerichtet ist, den Verbraucher vor den *rechtlichen* Folgen einer formalen Aufspaltung der beiden Verträge zu schützen, dies aber nicht im Hinblick auf eine *faktische* Insolvenz des

102

---

[195] Hierzu *Wolf/Neuner* § 21 Rn. 20 ff.

[196] *Habersack* MünchKomm. § 359 Rn. 37; BR/*Möller* § 359 Rn. 4; *Staudinger/Kessal-Wulf* (2012) § 359 Rn. 7.

[197] *Habersack* MünchKomm. § 359 Rn. 38; *Staudinger/Kessal-Wulf* (2012) § 359 Rn. 9.

[198] *Coester* Jura 1992, 617 (623 f.); *Emmerich* WM 1991, 1451 f.; *Habersack* MünchKomm. § 359 Rn. 66 f., 75 ff.; *Reinking/Niessen* ZIP 1991, 79 (84).

Unternehmers gelte.[199] Nach dieser Auffassung kann der Verbraucher über § 813 Abs. 1 Satz 1 BGB folgerichtig nur solche Darlehensrückzahlungen kondizieren, die er noch nach seiner *Kenntnis* von der Einwendung gegenüber dem Unternehmer geleistet hat, da er gegenüber diesem seine Zahlungen dann im Zweifel sofort eingestellt hätte und sich daher *insoweit* ein Risiko realisiert hat, das auf der Aufspaltung der Vertragsverhältnisse beruht. Über die vorstehenden Ansätze ging der BGH jedoch zeitweilig hinaus und bejahte eine analoge Anwendung des für den Widerruf normierten Rückforderungsanspruches in § 358 Abs. 4 Satz 5 BGB, wenn die Voraussetzungen für einen Einwendungsdurchgriff vorlagen.[200] Allerdings war dieser Ansatz problematisch, da es sich bei § 358 Abs. 4 Satz 5 BGB um eine Sonderregelung handelt, die den Verbraucher über das Aufspaltungsrisiko hinausgehend privilegiert. Deshalb sprechen die vorstehend gegen die bereicherungsrechtliche Lösung erhobenen Einwände auch gegen eine teleologische Vergleichbarkeit mit dem von § 359 BGB erfassten Sachverhalt. Dem hat sich inzwischen im Grundsatz auch der BGH angeschlossen und lehnt unter Aufgabe seiner bisherigen Judikatur eine analoge Anwendung der mit § 358 Abs. 4 Satz 5 BGB übereinstimmenden Regelung des früher geltenden § 9 Abs. 2 Satz 4 VerbrKrG nunmehr ab, gestattet dem Darlehensnehmer i. S. der h. L. aber anstelle dessen eine bereicherungsrechtliche Rückforderung nach § 813 Abs. 1 Satz 1 BGB.[201]

bb) Ausnahmen und Einschränkungen

103   Die Privilegierung des Verbrauchers in § 359 Abs. 1 Satz 1 BGB schränken Satz 2 und 3 derselben Vorschrift sowie § 359 Abs. 2 BGB jedoch ein:

104   Zunächst scheidet ein Einwendungsdurchgriff aus, wenn entweder das finanzierte Entgelt aus dem mit dem Darlehensvertrag verbundenen Vertrag weniger als 200 Euro beträgt (Bagatellgrenze; § 359 Abs. 2 BGB) oder die Einwendung i. S. des § 359 Abs. 1 Satz 1 BGB auf einer Vertragsänderung zwischen dem Unternehmer und dem Verbraucher nach Abschluss des Verbraucherdarlehensvertrages beruht (§ 359 Satz 2 BGB). Eine solche ist dem Darlehensgeber nicht zuzurechnen.

105   Schließlich kann der Verbraucher im Fall eines Anspruchs auf Nacherfüllung aus dem Vertrag mit dem Unternehmer (z. B. nach § 439 Abs. 1 BGB) die Rückzahlung des Darlehens nach § 359 Abs. 1 Satz 3 BGB erst verweigern, wenn die Nacherfüllung fehlgeschlagen ist. Diese Regelung beruht auf dem Gedanken, dass dem Verbraucher eine Weiterzahlung der Raten bis zu einem Fehlschlagen der Nacherfüllung[202] zumutbar ist.[203] Gleichwohl ist diese unter systematischen Gesichtspunkten

---

[199] *Larenz/Canaris* BT 2, § 68 I 5a, S. 156 f.; *Soergel/Häuser* § 9 VerbrKrG Rn. 113; *Staudinger/ Kessal-Wulf* (2012) § 359 Rn. 32 ff.; ausführlich *Fuchs* AcP 199 (1999), 306 (330 ff.).

[200] So noch zu den Vorläuferbestimmungen im VerbrKrG BGH 21.07.2003 BGHZ 156, 46 (54 ff.); ebenso bereits *Esser/Weyers* BT 1, § 9 III 2 c, S. 108 ff.; zustimmend auch BR/*Möller* § 359 Rn. 9.

[201] BGH 04.12.2007 BGHZ 174, 334 Rn. 30 ff.; BGH 10.11.2009 BGHZ 183, 112 Rn. 50 ff.

[202] Zum Fehlschlagen der Nacherfüllung beim Kaufvertrag oben § 2 Rn. 272 f.

[203] BT-Drucks. 11/5462, S. 24; *Habersack* MünchKomm. § 359 Rn. 49; BR/*Müller-Christmann* § 359 Rn. 27.

fragwürdig, da zumindest ein gesetzlicher Nacherfüllungsanspruch wie derjenige aus § 439 Abs. 1 BGB eine Fortsetzung des ursprünglichen Leistungsanspruchs aus § 433 Abs. 1 BGB darstellt,[204] bei dessen Nichterfüllung der Verbraucher die Rückzahlung des Darlehens unstrittig gemäß § 359 Abs. 1 Satz 1 BGB i. V. mit § 320 BGB (vorübergehend) verweigern kann.

D. Finanzierungshilfen zwischen einem Unternehmer und einem Verbraucher

I. Grundsätze

Ein Kreditgeschäft kann auch in anderer Form als einem Darlehensvertrag auftreten. Räumt z. B. der Verkäufer einer Sache dem Käufer einen Zahlungsaufschub ein, ergibt sich ein sachlich vergleichbares Ergebnis mit der alternativen Konstruktion, dass der Kaufpreis sofort zu entrichten ist, der Verkäufer dem Käufer aber zugleich für den entsprechenden Zeitraum ein Darlehen in Höhe des Kaufpreises gewährt. Wird ein derartiges Kreditgeschäft zwischen einem Unternehmer i. S. des § 14 BGB und einem Verbraucher i. S. des § 13 BGB abgeschlossen,[205] besteht deshalb ein vergleichbares Schutzbedürfnis wie bei einem Verbraucherdarlehensvertrag.   **106**

Dementsprechend ordnet § 506 Abs. 1 Satz 1 BGB an, dass die §§ 358 bis 360 BGB sowie die §§ 491a, 492 (ohne Abs. 4), 493 bis 502 BGB sowie die §§ 505a bis 505e BGB auf Verträge grundsätzlich entsprechende Anwendung finden, in denen ein Unternehmer einem Verbraucher einen entgeltlichen Zahlungsaufschub *von mehr als drei Monaten*[206] oder eine sonstige entgeltliche Finanzierungshilfe gewährt. Diese muss mit einem Darlehen oder einem Zahlungsaufschub funktionell vergleichbar sein und setzt voraus, dass an den Verbraucher eine zeitweilige entgeltliche Überlassung von Kaufkraft erfolgt, die der Verwendung künftigen Einkommens dient.[207] Das trifft z. B. auf die von § 506 Abs. 2 BGB erfassten Finanzierungsleasingverträge zu, für die die genannte Vorschrift die Eigenschaft einer entgeltlichen Finanzierungshilfe unwiderlegbar vermutet. Neben der Geltung der vorstehend genannten Regelungen des Verbraucherdarlehensrechts greift bei Finanzierungshilfen wegen der Verweisung in § 506 Abs. 1 Satz 1 BGB auf § 505a Abs. 1 BGB eine eigenständige Pflicht des Unternehmers zur vorvertraglichen Prüfung der Kreditwürdigkeit des Verbrauchers, um diesen vor der Eingehung übermäßiger   **107**

---

[204] Siehe oben § 2 Rn. 188 f.

[205] Zu diesen Begriffen näher oben § 2 Rn. 586 ff. Bei Existenzgründungsgeschäften ist in Bezug auf den persönlichen Anwendungsbereich wiederum die 75 000 Euro-Grenze des § 513 BGB zu beachten.

[206] Die Drei-Monats-Grenze ergibt sich aus dem Ausschlusstatbestand in § 506 Abs. 4 Satz 1 BGB, der auch § 491 Abs. 2 Satz 2 Nr. 3 BGB in Bezug nimmt.

[207] *Schürnbrand* MünchKomm. § 506 Rn. 6; *Staudinger/Kessal-Wulf* (2012) § 506 Rn. 2.

finanzieller Verpflichtungen zu schützen. Verstößt der Unternehmer gegen diese Pflicht, greift zwar nicht die Nichtigkeitsfolge i. S. des § 134 BGB ein; dem Verbraucher stehen aber die Rechte in § 505d BGB zu.

108 Wie bei einem Verbraucherdarlehensvertrag erkennt das Gesetz ein besonderes Schutzbedürfnis des Verbrauchers auch bei Finanzierungshilfen aber nur an, wenn er für diese eine Gegenleistung schuldet (Entgeltlichkeit i. S. des § 506 Abs. 1 Satz 1 BGB).[208] Beispiel: Der Verkäufer eines Neuwagens räumt dem Verbraucher-Käufer einen Zahlungsaufschub von sechs Monaten ein, wodurch sich der Preis des PKW um 3 % erhöht. In diesem Fall muss z. B. der Kaufvertrag den Formerfordernissen des § 492 Abs. 1 BGB i. V. mit § 506 Abs. 1 BGB genügen (mit den Rechtsfolgen des § 494 BGB bei einem Verstoß), und dem Käufer steht ein 14 tägiges Widerrufsrecht nach den §§ 355, 495 Abs. 1 BGB i. V. mit § 506 Abs. 1 BGB zu. In ebenso konsequenter Parallele zu den Regelungen des Verbraucherdarlehensvertrages erstreckt § 506 Abs. 4 Satz 1 BGB die Bereichsausnahmen in § 491 Abs. 2 Satz 2 Nr. 1 bis 5, Abs. 3 Satz 2 BGB auch auf Finanzierungshilfen i. S. des § 500 Abs. 1 bis 3 BGB. Danach findet § 506 Abs. 1 BGB z. B. keine Anwendung, wenn der Zahlungsaufschub eine Forderung bis zu 200 Euro betrifft (§ 491 Abs. 2 Satz 2 Nr. 1 BGB i. V. mit § 506 Abs. 4 Satz 1 BGB).

109 Für Finanzierungsleasingverträge und Teilzahlungsgeschäfte als besondere Formen von Finanzierungshilfen i. S. des § 506 Abs. 1 Satz 1 BGB enthalten die §§ 506 Abs. 2, 507, 508 BGB Sondervorschriften.[209] Alle Bestimmungen in den §§ 506 bis 508 BGB sind gemäß § 512 BGB halbzwingend (d. h. nicht zulasten des Verbrauchers dispositiv) und mit einem Umgehungsverbot bewehrt.

II. Besondere Finanzierungshilfen

1. Finanzierungsleasingverträge

110 Leasingverträge stellen sog. gemischte Verträge dar und werden an einer anderen Stelle näher behandelt.[210] Unter den Begriff des Finanzierungsleasings fallen diese, wenn der Leasingnehmer für die Amortisierung der Aufwendungen und Kosten des Leasinggebers einzustehen hat (§ 506 Abs. 2 Satz 1 Nr. 3 BGB) oder der Unternehmer von dem Verbraucher den Erwerb des Gegenstandes verlangen kann (§ 506 Abs. 2 Satz 1 Nr. 2 BGB) bzw. dieser hierzu verpflichtet ist (§ 506 Abs. 2 Satz 1 Nr. 1 BGB).

---

[208] Dazu bereits oben § 3 Rn. 51.

[209] Auch für diese müssen jedoch die Voraussetzungen des Unternehmer-Verbraucher-Geschäfts und der Entgeltlichkeit erfüllt sein (§ 506 Abs. 2 BGB) und es darf keine der Bereichsausnahmen in § 491 Abs. 2 und 3 BGB i. V. mit § 506 Abs. 4 Satz 1 BGB vorliegen.

[210] Siehe unten § 16 Rn. 47 ff.

Wegen der Besonderheiten dieser Verträge ordnet § 506 Abs. 2 Satz 1 BGB an, **111** dass diese als entgeltliche Finanzierungshilfen gelten, sodass die in der Verweisungsnorm des § 506 Abs. 1 Satz 1 BGB aufgezählten Vorschriften auch für die von § 506 Abs. 2 Satz 1 BGB erfassten Finanzierungsleasingverträge gelten.

2. Teilzahlungsgeschäfte

a) Allgemeines

Sonderregelungen stellen die §§ 506 bis 508 BGB auch für Teilzahlungsgeschäfte **112** zwischen einem Unternehmer und einem Verbraucher auf. Diese definiert § 506 Abs. 3 BGB als Verträge, die die Lieferung einer bestimmten Sache oder die Erbringung einer bestimmten anderen Leistung gegen Teilzahlungen zum Gegenstand haben, wenn z. B. der Verkäufer eines PKW dem Verbraucher gestattet, den Kaufpreis mit einem entsprechenden Aufschlag (§ 506 Abs. 1 BGB: entgeltlich) über 24 Monate verteilt in 12 Raten zu leisten. Sachlich handelt es sich bei einem Teilzahlungsgeschäft um eine besondere Form des Zahlungsaufschubes.[211]

Auf Teilzahlungsgeschäfte finden die Verweisungsobjekte in § 506 Abs. 1 Satz 1 **113** BGB vorbehaltlich der Bereichsausnahme in § 506 Abs. 4 BGB grundsätzlich Anwendung, werden jedoch in §§ 507 und 508 BGB z. T. erheblich modifiziert.

b) Sonderregelungen

aa) Formvorschriften

Abweichend von der früheren Rechtslage finden die für Verbraucherdarlehensverträge **114** geltenden Formvorschriften (§ 492 Abs. 1 bis 3 BGB) über die Verweisungsnorm in § 506 Abs. 1 BGB auch auf Teilzahlungsgeschäfte Anwendung, sodass sich § 507 BGB weitgehend darauf beschränkt, Sonderregelungen zu treffen, wenn der Vertrag dem Schriftformgebot nicht entspricht oder nicht die vom Gesetz geforderten inhaltlichen Angaben enthält. Besondere Regelungen im Hinblick auf die Schriftform trifft § 507 Abs. 1 Satz 2 BGB für den Vertragsabschluss im Rahmen des Fernabsatzes.

bb) Rücktritt

Nach § 506 Abs. 1 Satz 1 BGB steht dem Verbraucher auch bei Teilzahlungsge- **115** schäften ein Recht zum Widerruf nach § 495 Abs. 1 BGB zu, dessen Rechtsfolgen

---

[211] Nach einer Auffassung unterfallen dem Begriff des Teilzahlungsgeschäftes sogar jegliche Formen eines Zahlungsaufschubes, d. h. unabhängig von der Entrichtung mehrerer Raten: *Schürnbrand* MünchKomm. § 506 Rn. 11; *Staudinger/Kessal-Wulf* (2012) § 506 Rn. 23. Dies hat der Gesetzgeber bei der Neufassung des § 499 Abs. 2 BGB a. F. bzw. § 506 Abs. 3 BGB jedoch nicht aufgegriffen; vgl. BT-Drucks. 14/6040, S. 257.

sich nach § 357a BGB richten. Die früher bestehende Möglichkeit, das Widerrufsrecht durch ein Rückgaberecht zu ersetzen (§ 508 Abs. 1 BGB a. F.), ist inzwischen entfallen.

116   Ein Recht zum Rücktritt wegen eines Zahlungsverzuges des Verbrauchers steht dem Unternehmer gemäß § 508 Satz 1 BGB nur unter den Voraussetzungen des § 498 Abs. 1 Satz 1 BGB zu.[212] Hierdurch wird insbesondere die allgemeine Vorschrift des § 323 BGB verdrängt. § 508 Satz 5 BGB fingiert die Ansichnahme der aufgrund des Teilzahlungsgeschäftes gelieferten Sache durch den Unternehmer als Ausübung des Rücktrittsrechts, wenn sich die Parteien über eine Vergütung des gewöhnlichen Verkaufswertes der Sache nicht einigen. Diese Vorschrift soll verhindern, dass der Verbraucher an dem Vertrag festgehalten wird, obwohl die Wegnahme ihm die Nutzungsmöglichkeit an der Sache entzieht.[213] Dabei kann die Ansichnahme auch im Rahmen einer Zwangsvollstreckung erfolgen, die der Unternehmer zur Befriedigung seiner Zahlungsansprüche aus dem Vertrag in die Sache betreibt.[214] Zudem greift die Fiktion des § 508 Satz 5 BGB wegen des Normzwecks ebenfalls ein, wenn ein Rücktrittsgrund nach § 508 Satz 1 BGB i. V. mit § 498 Abs. 1 Satz 1 BGB nicht vorlag.[215] Ist ein Rücktritt nach § 508 Satz 1 BGB erklärt oder fingiert § 508 Satz 5 BGB diesen, so finden auf die Rückabwicklung neben den §§ 346 ff. BGB die Sonderregelungen in § 508 Satz 2 bis 4 BGB Anwendung.

117   Eine Rücktrittsfiktion gilt nach § 508 Satz 6 BGB auch dann, wenn ein Vertrag über die Lieferung einer Sache (der selbst kein Teilzahlungsgeschäft i. S. des § 506 Abs. 3 BGB sein muss) mit einem Verbraucherdarlehensvertrag i. S. des § 358 Abs. 3 BGB verbunden ist und der Darlehensgeber die Sache an sich nimmt (z. B. in Ausübung eines an der Sache bestellten Sicherungsrechts). In einem derartigen Fall findet die Rückabwicklung des gesamten Rechtsverhältnisses nach § 508 Satz 6 Halbsatz 2 BGB zwischen dem Verbraucher und dem Darlehensgeber statt; der verbundene Vertrag bleibt hiervon unberührt.[216] So kann z. B. der Verbraucher von dem Darlehensgeber eine Anzahlung zurückverlangen, die er dem Unternehmer geleistet hatte.

---

[212] Dazu oben § 3 Rn. 74 ff.

[213] Vgl. RG 13.01.1933 RGZ 139, 205 (207 f.); BGH 23.06.1988 NJW 1989, 163 (164); *Schürnbrand* MünchKomm. § 508 Rn. 45; *Medicus/Lorenz* Rn. 308.

[214] Dies hat die – auf den ersten Blick paradox erscheinende – Folge, dass der zu vollstreckende Anspruch mit der Wegnahme der Sache durch den Gerichtsvollzieher nach § 346 Abs. 1 BGB entfällt und der Verbraucher eine Vollstreckungsgegenklage gemäß § 767 ZPO erheben kann: *Staudinger/Kessal-Wulf* (2012) § 508 Rn. 60 ff.

[215] *Schürnbrand* MünchKomm. § 508 Rn. 47; *Karollus* JuS 1993, 820 (824); a. A. z. B. *Soergel/ Häuser* § 13 VerbrKrG Rn. 6; *Staudinger/Kessal-Wulf* (2012) § 508 Rn. 33 f., welche die Vorschrift lediglich als unwiderlegliche Vermutung eines mit der Ansichnahme einhergehenden Rücktrittswillens auffassen.

[216] *Erman/Nietsch* § 508 Rn. 84; *Staudinger/Kessal-Wulf* (2012) § 508 Rn. 48; teilweise a. A. *Schürnbrand* MünchKomm. § 508 Rn. 66.

cc) Vorzeitige Zahlung bei Teilzahlungsgeschäften

Schließlich enthält § 507 Abs. 3 Satz 2 und 3 BGB besondere Vorschriften über die **118**
Auswirkungen einer vorzeitigen Erfüllung von Verbindlichkeiten aus einem Teilzahlungsgeschäft durch den Verbraucher auf die Zinsen oder sonstigen laufzeitabhängigen Kosten (z. B. Disagio[217]), welche sich entsprechend vermindern (§ 501
BGB). Zu einer derartigen vorzeitigen Erfüllung ist der Verbraucher wegen der Verweisung in § 506 Abs. 1 Satz 1 BGB auf § 500 Abs. 2 BGB auch ohne eine vorherige Kündigung berechtigt. Ergänzend zu § 501 BGB hält § 507 Abs. 3 Satz 2 BGB
fest, dass hinsichtlich der Kostenermäßigung der gesetzliche Zinssatz (§ 246 BGB)
zugrundezulegen ist. Bezüglich einer etwaigen Vorfälligkeitsentschädigung würde
wegen § 506 Abs. 1 Satz 1 BGB zwar an sich § 502 BGB eingreifen; dies schließt
aber die lex specialis in § 507 Abs. 3 Satz 3 BGB aus, da hiernach der Anspruch
auf Vorfälligkeitsentschädigung entfällt und hiervon wegen § 512 BGB nicht zum
Nachteil des Verbrauchers abgewichen werden darf.

E. Ratenlieferungsverträge

Eine letzte Form zumindest kreditähnlicher Verträge stellen sog. Ratenlieferungs-   **119**
verträge dar, die den Regelungen in § 510 BGB unterfallen, wenn ein Unternehmer
diese mit einem Verbraucher abschließt (§ 510 Abs. 1 Satz 1 BGB).[218] Auch die
Bestimmungen des § 510 BGB sind gemäß § 512 Satz 1 BGB zugunsten des Verbrauchers zwingend. Legaldefinitionen des Ratenlieferungsvertrages enthält § 510
Abs. 1 Satz 1 Nr. 1 bis 3 BGB. Er muss gerichtet sein auf

- die Lieferung mehrerer als zusammengehörend verkaufter Sachen in Teilleistungen, bei der das Entgelt für die Gesamtheit der Sachen in Teilzahlungen zu
  entrichten ist (Beispiel: sukzessive Lieferung des „Großen Brockhaus" in 24
  Bänden) oder
- die regelmäßige Lieferung von Sachen gleicher Art (Beispiel: Abonnement über
  die Lieferung von Ergänzungslieferungen zu einem juristischen Loseblattwerk)
  oder
- die Verpflichtung zum wiederkehrenden Erwerb oder Bezug von Sachen (Beispiel: vierteljährliche Bezugspflicht des Teilnehmers an einem – nicht vereins-
  rechtlich organisierten – „Buchclub").[219]

---

[217] Dazu oben § 3 Rn. 24.

[218] Zu den Voraussetzungen der §§ 13, 14 BGB oben § 2 Rn. 581 ff. Bei Existenzgründungsgeschäften ist die 75 000 Euro-Grenze des § 513 BGB zu beachten.

[219] Auf Verträge über Dienstleistungen findet § 510 BGB weder unmittelbar noch entsprechend
Anwendung; siehe BGH 13.03.2003 NJW 2003, 1932 (1933 f.).

120   Bei einem Ratenlieferungsvertrag erfolgt zwar keine Kreditierung im engeren
Sinne, der Verbraucher verpflichtet sich aber zur Erbringung von Leistungen, die
er in ihrer Gesamtheit typischerweise nicht sofort erbringen wollte oder könnte.
Aus diesem Grund räumt § 510 Abs. 1 Satz 1 BGB dem Verbraucher ein 14tägiges
Widerrufsrecht nach § 355 BGB ein, sofern nicht eine der Bereichsausnahmen in
§ 491 Abs. 2 Satz 2 oder 3 BGB eingreift (§ 510 Abs. 1 Satz 2 und 3 BGB).

121   Zudem bedarf der Ratenlieferungsvertrag grundsätzlich der schriftlichen Form
(§ 510 Abs. 1 Satz 1 BGB). Ein Verstoß gegen das Formgebot führt gemäß § 125
Satz 1 BGB zur Nichtigkeit.[220] Das Formerfordernis des § 510 Abs. 1 Satz 1 BGB
gilt jedoch nicht, wenn dem Verbraucher im elektronischen Verkehr die Möglichkeit verschafft wird, die Vertragsbestimmungen einschließlich der Allgemeinen
Geschäfsbedingungen des Unternehmers bei Vertragsschluss abzurufen und in wie-
dergabefähiger Form zu speichern (§ 510 Abs. 1 Satz 2 BGB). In jedem Fall hat der
Unternehmer dem Verbraucher nach § 510 Abs. 1 Satz 3 BGB den Vertragsinhalt in
Textform (§ 126b BGB) mitzuteilen, woran sich bei einer Verletzung die allgemeinen Rechtsfolgen knüpfen (z. B. §§ 280 ff. BGB).

F. Anhang: Der Sachdarlehensvertrag

I. Überblick

122   Die §§ 607 bis 609 BGB enthalten einige Regelungen über den Sachdarlehensvertrag. Dieser ist gemäß § 607 Abs. 1 Satz 1 BGB auf die Überlassung einer anderen
vertretbaren Sache als Geld (§ 607 Abs. 2 BGB, insoweit greifen die §§ 488 ff. BGB
ein) seitens des Darlehensgebers gerichtet und verpflichtet den Darlehensnehmer
bei Fälligkeit zur Rückerstattung von Sachen gleicher Art, Güte und Menge sowie
eines gegebenenfalls vereinbarten Darlehensentgelts (§ 607 Abs. 1 Satz 2 BGB).
Daher bestehen starke Parallelen zum Darlehensvertrag i. S. der §§ 488 ff. BGB:[221]
Während formal ein Veräußerungsvertrag vorliegt, schuldet der Darlehensgeber
materiell die zeitweise Überlassung der betreffenden vertretbaren Sachen. Sofern
ein Darlehensentgelt vereinbart ist, handelt es sich um einen gegenseitigen Vertrag
i. S. der §§ 320 ff. BGB. Ferner begründet auch der Sachdarlehensvertrag wegen
des Zeitbezuges der Leistung des Darlehensgebers ein Dauerschuldverhältnis.

123   Anders als das Gelddarlehen hat das Sachdarlehen im Wirtschaftsleben eine
eher geringe Bedeutung. Die Gesetzesmaterialien nennen als wichtigsten Anwendungsfall der §§ 607 bis 609 BGB die sog. Wertpapierleihe,[222] die den Darlehensnehmer verpflichtet, Wertpapiere gleicher Art und Menge zurückzuerstatten und die daher entgegen ihrer Bezeichnung keinen Leihvertrag, sondern einen

---

[220] Einzelheiten bei *Staudinger/Kessal-Wulf* (2012) § 510 Rn. 28.

[221] Siehe oben § 3 Rn. 2 ff., 12 ff.

[222] BT-Drucks. 14/6040, S. 258 f.

Sachdarlehensvertrag darstellt.[223] Einen weiteren Anwendungsbereich findet das Sachdarlehen im persönlich geprägten Rechtsverkehr. Beispiel: Frau A „leiht" ihrer Nachbarin eine Tüte Mehl, um ihr das Backen eines Sonntagskuchens zu ermöglichen. Am Montag gibt die Nachbarin eine entsprechende Tüte Mehl an Frau A zurück. In derartigen Konstellationen bedarf es jedoch stets einer Abgrenzung zu reinen Gefälligkeitsbeziehungen.[224]

Gegenstand eines Sachdarlehensvertrages können nur vertretbare Sachen i. S. des § 91 BGB sein, da nur bei diesen eine Rückerstattung von Gegenständen gleicher Art, Menge und Güte gemäß § 607 Abs. 1 Satz 2 BGB in Betracht kommt.[225] Ausgeschlossen sind daher wegen § 91 BGB insbesondere Grundstücke. **124**

II. Abschluss des Sachdarlehensvertrages und Pflichten der Vertragsparteien

Für den Abschluss des Sachdarlehensvertrages gelten die allgemeinen Vorschriften der §§ 104 ff., 145 ff. BGB.[226] **125**

Die Pflichten des Darlehensgebers und des Darlehensnehmers entsprechen im Ausgangspunkt denjenigen beim Darlehensvertrag i. S. der §§ 488 ff. BGB.[227] Ein Darlehensentgelt nach § 607 Abs. 1 Satz 2 BGB wird bei einem Sachdarlehensvertrag jedoch anders als bei § 488 Abs. 1 Satz 2 BGB nur selten in einem laufzeitabhängigen prozentualen Anteil an dem überlassenen vertretbaren Gegenstand (Zinsen[228]), sondern regelmäßig in einer bestimmten Geldsumme bestehen, die aber ebenfalls nach Zeiteinheiten bemessen sein kann. Das Darlehensentgelt hat der Darlehensnehmer nach der dispositiven Vorschrift des § 609 BGB spätestens bei der Rückerstattung der überlassenen Sache zu entrichten; die Regelung des § 271 BGB soll hiervon jedoch unberührt bleiben.[229] **126**

Ein besonderes Problem des Sachdarlehens kann sich stellen, wenn die von dem Darlehensgeber übereigneten vertretbaren Sachen nicht der Qualität entsprechen, die der Darlehensnehmer erwarten durfte. Bei wörtlicher Anwendung des § 607 Abs. 1 Satz 2 BGB würde dies dazu führen, dass der Darlehensgeber auch nur entsprechend minderwertigere Gegenstände zurückerstatten müsste. Dies wäre jedoch häufig kein sachgerechtes Ergebnis (etwa im obigen Beispiel, wenn Frau A **127**

---

[223] Dazu noch unten § 6 Rn. 2.

[224] Hierzu allgemein *Wolf/Neuner* § 28 Rn. 17 ff.

[225] Statt aller *Brox/Walker* § 17 Rn. 8.

[226] Durch die Neufassung des § 607 BGB im Zuge der Schuldrechtsreform wurde klargestellt, dass das Sachdarlehen einen Konsensual- und keinen Realvertrag darstellt; siehe *K.P. Berger* MünchKomm. § 607 Rn. 5, 19.

[227] Siehe oben § 3 Rn. 12 ff.

[228] Zum Zinsbegriff *Grundmann* MünchKomm. § 246 Rn. 3 ff.

[229] BT-Drucks. 14/6040, S. 259.

der Nachbarin verdorbenes Mehl überlassen hätte). Man wird daher zu unterscheiden haben: Bei einer negativen Qualitätsabweichung hat der Darlehensgeber nicht die „vereinbarte vertretbare Sache" i. S. des § 607 Abs. 1 Satz 1 BGB überlassen. Wird ein Darlehensentgelt geschuldet und liegt somit ein gegenseitiger Vertrag vor, sollten die §§ 437 bis 441 BGB analoge Anwendung finden.[230] Bei einem unentgeltlichen Sachdarlehen ist das angemessene Ergebnis durch eine ergänzende Vertragsauslegung nach den §§ 157, 242 BGB zu gewinnen. Im vorstehenden Beispiel könnte dies z. B. dahin gehen, dass Frau A nicht die Überlassung einer anderen Tüte Mehl schuldet, die Nachbarin aber auch nichts zurückerstatten muss.

III. Beendigung des Sachdarlehensverhältnisses

128 Die Beendigung des Sachdarlehensverhältnisses bemisst sich wie bei einem Gelddarlehen vorrangig nach der Parteivereinbarung, z. B. einer Bedingung oder Befristung i. S. der §§ 158 ff. BGB.[231] Fehlen solche Absprachen, hängt die Fälligkeit des Rückerstattungsanspruches nach § 608 Abs. 1 BGB von einer Kündigung durch eine der beiden Parteien ab. Eine solche ist im Zweifel gemäß § 608 Abs. 2 BGB jederzeit ganz oder teilweise möglich. Ist ein bestimmter Beendigungstatbestand vorgesehen, kommt darüber hinaus für das Sachdarlehen als Dauerschuldverhältnis eine Kündigung aus wichtigem Grund nach § 314 BGB in Betracht.

---

[230] Dies führt bei beiderseitigen Handelsgeschäften auch zu einer analogen Anwendung des § 377 HGB: vgl. BGH 27.03.1985 NJW 1985, 2417 (2418 f.); *K.P. Berger* MünchKomm. § 607 Rn. 34.

[231] Siehe oben § 3 Rn. 33.

§ 4 Die Schenkung

Inhaltsverzeichnis

A. Die gesetzliche Regelung im Überblick

Während der Kaufvertrag und der Tausch die entgeltliche Verschaffung von   **1**
Gegenständen betreffen, ist die Schenkung auf die unentgeltliche Übertragung
von Vermögenswerten gerichtet und in den §§ 516 bis 534 BGB ausgestaltet. Als

© Springer-Verlag GmbH Deutschland, ein Teil von Springer Nature 2018   355
H. Oetker, F. Maultzsch, *Vertragliche Schuldverhältnisse*, Springer-Lehrbuch,
https://doi.org/10.1007/978-3-662-57500-0_4

regelungsbedürftig hat der Gesetzgeber insbesondere folgende Problembereiche angesehen:

- Formbedürftigkeit des Schenkungsversprechens (§ 518 BGB),
- Privilegierung des Schenkers durch eine beschränkte Haftung (§§ 521 bis 524 BGB),
- Verknüpfung der Schenkung mit einer Auflage (§§ 525 bis 527 BGB) sowie
- Rückforderung des Geschenkes und Widerruf der Schenkung (§§ 528 bis 534 BGB).

2   Die vorgenannten Bestimmungen gehören weitgehend dem dispositiven Recht an. Vor allem die Haftung des Schenkers können die Parteien abweichend regeln, wofür jedoch stets die allgemeinen Schranken der Privatautonomie (§§ 134, 138 BGB) gelten. Bei vertraglichen Haftungsbeschränkungen, die zugunsten des Schenkers vom Gesetz abweichen, ist zusätzlich zu beachten, dass die Haftung des Schuldners für vorsätzliches Verhalten einschließlich Arglist im Voraus nicht ausgeschlossen werden kann (§ 276 Abs. 3 BGB). Auch die Formvorschrift des § 518 Abs. 1 Satz 1 BGB ist aufgrund ihres Zwecks nicht abdingbar.[1] Entsprechendes gilt für diejenigen Vorschriften, die die Rechtsbeständigkeit der Schenkung einschränken.[2]

B. Die Schenkung als Rechtsbegriff

3   Eine von den §§ 516 bis 534 BGB erfasste Schenkung liegt nur vor, wenn die in der Legaldefinition des § 516 Abs. 1 BGB genannten Voraussetzungen erfüllt sind. Danach erfordert die Schenkung einen Zuwendungsvorgang, der

- zum Eintritt einer Vermögensminderung (Entreicherung) aufseiten des Schenkers führt,
- eine Vermögensmehrung (Bereicherung) aufseiten des Beschenkten hervorruft und
- von einer Einigung der Parteien über die Unentgeltlichkeit der Zuwendung getragen wird.[3]

---

[1] Siehe im Einzelnen unten § 4 Rn. 25 ff.

[2] Siehe unten § 4 Rn. 42 ff.

[3] Teilweise wird neben dieser Unentgeltlichkeitsabrede als gleichrangige Voraussetzung des § 516 Abs. 1 BGB eine „objektiv" verstandene Unentgeltlichkeit angeführt; so z. B. *Esser/Weyers* BT 1, § 12 I 2b, S. 121 f. Ob Unentgeltlichkeit vorliegt oder nicht, lässt sich jedoch einzig anhand des nach den §§ 133, 157 BGB auszulegenden Parteiwillens feststellen. Folglich wird das Merkmal der Unentgeltlichkeit lediglich als Inhalt der Vertragsabrede relevant, auch wenn der *Begriff* der Unentgeltlichkeit selbst objektiv zu definieren ist. Wie hier *J. Koch* MünchKomm. § 516 Rn. 24; *Larenz* BT 1, § 47 I, S. 198; ebenso *Staudinger/Chiusi* (2013) § 516 Rn. 38.

I. Eintritt einer Vermögensminderung (Entreicherung)

Für eine Zuwendung i. S. des § 516 Abs. 1 BGB verlangt das Gesetz, dass der Wert **4**
der Schenkung aus dem Vermögen des Schenkers stammt. Geschenk kann deshalb
jede vermögenswerte Rechtsposition sein, sodass die Schenkung nicht auf Sachen
(§ 90 BGB) beschränkt ist, sondern auch in der Übertragung von Rechten bestehen
kann. Eine Vermögensminderung aufseiten des Schenkers tritt ebenso ein, wenn
dieser eine Schuld erlässt, von einer Verbindlichkeit befreit oder ein dingliches
Recht an einer Sache bestellt.[4] Rein ideelle Güter scheiden hingegen als Gegenstand der Schenkung aus.

Die von § 516 Abs. 1 BGB verlangte Vermögensminderung liegt nur vor, wenn **5**
sich der vermögensrechtliche Status quo durch die Zuwendung zum Nachteil des
Schenkers verändert. Daher ordnet § 517 BGB klarstellend an, dass in dem Unterlassen eines Vermögenserwerbs, dem Verzicht auf ein noch nicht endgültig erworbenes Recht und der Ausschlagung einer Erbschaft oder eines Vermächtnisses
keine Vermögensminderungen i. S. des § 516 Abs. 1 BGB liegen. Diese exemp-
larischen Regelungen sind Ausdruck der Wertentscheidung, die Verminderung der
bestehenden *Vermögenssubstanz* des Schenkers über das Vorliegen einer Entreicherung gemäß § 516 Abs. 1 BGB entscheiden zu lassen;[5] der Schenker muss „ärmer
werden".[6]

Eine Gesamtschau von § 516 Abs. 1 BGB mit § 517 Alt. 1 BGB (Unterlassen **6**
eines Vermögenserwerbs) ergibt, dass der Gesetzgeber der Arbeitskraft als solcher
zumindest im Rahmen des Schenkungsrechts keinen bereits bestehenden Vermögenswert beimisst.[7] Eine unentgeltliche Dienstleistung stellt somit keine Schenkung
dar, sondern ist gegebenenfalls dem Auftragsrecht zuzuordnen (§§ 662 ff. BGB).[8]
Auch der Begriff des noch nicht endgültig erworbenen Rechts i. S. des § 517 BGB
muss anhand des Kriteriums eines mangelnden Verlustes an Vermögenssubstanz
ausgelegt werden. Problematisch ist insofern der Verzicht auf ein Anwartschaftsrecht. Da die h. M. dieses als eigenständige Rechts- und damit Vermögensposition
anerkennt, sprechen gute Gründe dafür, den Verzicht auf ein derartiges Recht als Entreicherung zu betrachten.[9] Die in § 517 BGB deklaratorisch angeordnete Ausnahme
der Ausschlagung einer Erbschaft oder eines Vermächtnisses vom Schenkungsrecht

---

[4] Zum Vorstehenden *J. Koch* MünchKomm. § 516 Rn. 6; *Staudinger/Chiusi* (2013) § 516 Rn. 15.

[5] *Esser/Weyers* BT 1, § 12 I 2a, S. 120; *J. Koch* MünchKomm. § 516 Rn. 8; *Larenz* BT 1, § 47 I, S. 197.

[6] Siehe Mot. II, S. 287.

[7] *Brox/Walker* § 9 Rn. 7; *J. Koch* MünchKomm. § 516 Rn. 6; *Larenz* BT 1, § 47 I, S. 197; *Looschelders* Rn. 306; *Staudinger/Chiusi* (2013) § 516 Rn. 23. Siehe zu diesem Problem im Zusammenhang mit dem Schadensersatzrecht BGH 05.05.1970 BGHZ 54, 45 (50 ff.).

[8] Näher dazu unten § 11 Rn. 6 ff.

[9] So auch *Soergel/Mühl/Teichmann* § 517 Rn. 5; *Staudinger/Chiusi* (2013) § 517 Rn. 5; anders z. B.
J. Koch MünchKomm. § 517 Rn. 4, der in den Auswirkungen des Verzichts auf das dem Anwartschaftsrecht zugrunde liegende Forderungsrecht gegebenenfalls eine Schenkung erblicken will.

lässt sich mit der allgemeinen Definition des Vermögensopfers vereinbaren, weil infolge der Ausschlagung die betreffende Rechtsposition nach den §§ 1953 Abs. 1, 2180 Abs. 3 BGB schon als nicht angefallen gilt und daher im Rechtssinne keine Verminderung der Vermögenssubstanz eintritt.

7   Anhand des Vorliegens bzw. Nichtvorliegens eines Opfers aus der Vermögenssubstanz ist auch die Streitfrage zu entscheiden, ob die unentgeltliche Überlassung eines Gegenstandes zum Gebrauch eine Schenkung darstellt. Die h. M. verneint dies mit dem Argument, dass eine dauerhafte Vermögensminderung vorliegen müsse.[10] Dies hat zumindest bei langzeitigen unentgeltlichen Gebrauchsüberlassungen wenig Überzeugungskraft. Gleichwohl soll auch in diesem Fall nur eine Leihe bzw. ein Darlehen vorliegen, ohne dass Vorschriften des Schenkungsrechts wie z. B. § 518 BGB direkt oder analog zur Anwendung kommen.[11] Entscheidend kann aber wiederum nur sein, ob eine Minderung der Vermögenssubstanz vorliegt. Diese ergibt sich zwar nicht aus dem Verzicht auf ein Entgelt (§ 517 BGB). Wenn aber bereits der Gebrauchsmöglichkeit als solcher ein Vermögenswert beigemessen wird, wie dies nach der Rechtsprechung zum Schadensersatzrecht z. B. bei Gütern der Fall ist, „auf deren ständige Verfügbarkeit die eigenwirtschaftliche Lebenshaltung des Eigentümers typischerweise angewiesen ist",[12] dann liegt es nahe, auf die dauerhafte Gebrauchsüberlassung derartiger Güter die Schutzvorschriften des Schenkungsrechts zumindest analog anzuwenden.[13]

8   § 516 Abs. 1 BGB setzt nicht voraus, dass gerade der dem Beschenkten zugewendete *Gegenstand* aus dem Vermögen des Schenkers stammt. Das Objekt der Entreicherung muss mit demjenigen der Bereicherung nicht identisch sein.[14] Voraussetzung ist nur der Eintritt einer (abstrakten) Vermögensverschiebung zwischen den Vertragsparteien. Das Schenkungsrecht ist daher auch anzuwenden, wenn der Gegenstand der Schenkung zu keinem Zeitpunkt zum Vermögen des Schenkers gehört hat, wohl aber mit Mitteln dieses Vermögens beschafft wurde (sog. mittelbare Zuwendung).[15] Dies trifft z. B. zu, wenn der Schenker einen Kaufvertrag zugunsten eines Dritten – des Beschenkten – abschließt, an den die Sache sodann direkt übereignet wird.

---

[10] BGH 11.12.1981 BGHZ 82, 354 (357); BGH 01.07.1987 BGHZ 101, 229 (232); *Brox/Walker* § 9 Rn. 7; *J. Koch* MünchKomm. § 516 Rn. 7; *Larenz* BT 1, § 47 I, S. 197; *Looschelders* Rn. 306; *Medicus/Lorenz* Rn. 384; a. A. *Enneccerus/Lehmann* § 120 II 2, S. 488.

[11] BGH 11.12.1981 BGHZ 82, 354 (357); *Esser/Weyers* BT 1, § 12 I 2a, S. 121; *J. Koch* MünchKomm. § 516 Rn. 7; *Schlechtriem* Rn. 187; *Staudinger/Chiusi* (2013) § 516 Rn. 20 ff.

[12] BGH 09.07.1986 BGHZ 98, 212 (222).

[13] In diese Richtung auch *Reinicke* JA 1982, 326 (329); ablehnend *J. Koch* MünchKomm. § 516 Rn. 8. Zum Ganzen *Nehlsen-von Stryk* AcP 187 (1987), 522 (568 ff.) sowie unten § 6 Rn. 6.

[14] BGH 03.12.1971 NJW 1972, 247 (248); *J. Koch* MünchKomm. § 516 Rn. 9.

[15] *J. Koch* MünchKomm. § 516 Rn. 9 f.; *Staudinger/Chiusi* (2013) § 516 Rn. 13, 25.

II. Eintritt einer Vermögensmehrung (Bereicherung)

Der Vermögensminderung aufseiten des Schenkers muss aufseiten des Beschenkten **9** eine „Bereicherung", d. h. eine Vermögensmehrung, gegenüberstehen. Ebenso wie bei der Entreicherung des Schenkers ist deren Form gleichgültig. Wenn der Gegenstand der Bereicherung und der Gegenstand der Entreicherung nicht identisch sind,[16] kann indes zweifelhaft sein, was eigentlich das „Geschenk" darstellt. Dies ist insbesondere von Bedeutung, wenn dessen Rückforderung nach den §§ 528 ff. BGB in Betracht kommt. Nach Maßgabe des Parteiwillens ist zu unterscheiden:[17] Wird mit Geldmitteln bei einem Dritten ein Gegenstand erworben und dieser dem Beschenkten von dem Dritten direkt übertragen, so hat der Beschenkte nur diesen Gegenstand erlangt und auch nur dieser ist das Geschenk. Wenn dem Beschenkten Geld zur weitgehend freien Verfügung zugewendet wird, so ist im Zweifel das Geld geschenkt. Demgegenüber ist die mit dem überlassenen Geld erworbene Sache das Geschenk, wenn das Geld ausschließlich zu dem Zweck gegeben wurde, die betreffende Sache zu erwerben.

III. Einigung über die Unentgeltlichkeit der Zuwendung

Nach § 516 Abs. 1 BGB gehört die Einigung der Parteien über die Unentgeltlich- **10** keit der Zuwendung zu den wesentlichen Vertragsbestandteilen (den *essentialia negotii*). Da die Legaldefinition ausdrücklich auf die Unentgeltlichkeit abstellt, wird eine Schenkung nicht erst bei positiver Entgeltlichkeit ausgeschlossen, sondern es bedarf umgekehrt für deren Vorliegen der Vereinbarung einer Zuwendung „*donandi causa*". Daran fehlt es z. B., wenn eine Partei die Zuwendung als Abgeltung einer Leistung ansieht und dies gemäß den §§ 133, 157 BGB für den anderen Teil erkennbar ist.[18] Auch die Leistung auf eine unvollkommene Verbindlichkeit aus Spiel, Wette oder Ehevermittlung (§§ 762, 656 BGB) schließt die Unentgeltlichkeit aus. Liegt wie bei der sog. mittelbaren Schenkung[19] eine Dreiecksbeziehung vor, muss die Einigung über die Unentgeltlichkeit nur unter den Parteien des Schenkungsvertrages, d. h. im sog. Valutaverhältnis erfolgen.[20] Der im sog. Deckungsverhältnis zur Beschaffung des Geschenkes abgeschlossene Vertrag zugunsten Dritter (in der Regel ein Kaufvertrag) muss seinerseits das Unentgeltlichkeitsmerkmal naturgemäß nicht erfüllen.

---

[16] Zur sog. mittelbaren Schenkung oben § 4 Rn. 8.

[17] *J. Koch* MünchKomm. § 516 Rn. 9; *Staudinger/Chiusi* (2013) § 516 Rn. 13.

[18] BGH 18.05.1990 WM 1990, 1790 (1792).

[19] Dazu oben § 4 Rn. 8.

[20] *Staudinger/Chiusi* (2013) § 516 Rn. 25.

11   Die Unentgeltlichkeit ist nicht gegeben, wenn der Zuwendung nach dem Inhalt des Vertrages oder einer hinzutretenden Vereinbarung eine Leistung gegenübersteht und beide miteinander verbunden sind. Die Verknüpfung zweier Leistungen kann jedoch unterschiedlich intensiv sein, wobei dem Gesetz nicht eindeutig zu entnehmen ist, welcher Grad an Intensität erreicht sein muss, damit die Leistung des Empfängers der Zuwendung deren Unentgeltlichkeit entgegensteht. Insbesondere sind Leistungsverknüpfungen, die bereits die Unentgeltlichkeit ausschließen, von der *Schenkung unter Auflage* nach § 525 BGB abzugrenzen, da diese denknotwendig nicht den Voraussetzungen des Schenkungsbegriffes entgegensteht.

12   An der Unentgeltlichkeit fehlt es jedenfalls, wenn die Bereicherung des Empfängers mit einer von ihm erbrachten oder versprochenen Leistung zu einem *Synallagma* verknüpft ist, d. h. wenn die Zuwendung um dieser Leistung willen erfolgt *(„do ut des")*.[21] Bei der Schenkung unter Auflage steht demgegenüber das nach § 525 Abs. 1 BGB geschuldete Verhalten der Zuwendung nicht gleichrangig gegenüber, sondern schränkt den durch die Schenkung erlangten Vorteil lediglich nach Art einer Nebenbestimmung ein.[22] Dementsprechend entsteht die Verpflichtung aus der Auflage nach § 525 Abs. 1 BGB erst, wenn das Geschenk geleistet wurde (vgl. demgegenüber § 320 BGB). Im Fall einer synallagmatischen Verknüpfung liegt ein gegenseitiger Vertrag vor, wobei es für die „Entgeltlichkeit" der Vermögensmehrung unbeachtlich ist, worin die Leistung des „Beschenkten" besteht. Es muss sich nicht um eine vermögenswerte Leistung handeln (z. B. Erleichterung einer Ehescheidung).[23] Da die Unentgeltlichkeit der Leistung vereinbart sein muss, bedarf es zum Ausschluss einer Schenkung auch keiner objektiven Gleichwertigkeit der Leistungen. Selbst wenn sich die Parteien des Missverhältnisses von Leistung und Gegenleistung bewusst sind, führt dies nicht per se zu einer Unentgeltlichkeit in Bezug auf die Wertdifferenz. Vielmehr müssen sich die Vertragspartner über eine Unentgeltlichkeit des Mehrwertes positiv einig sein,[24] damit eine sog. gemischte Schenkung vorliegt.[25]

13   Die Unentgeltlichkeit ist nicht nur zu verneinen, wenn zwei Leistungen zu einem Synallagma verbunden sind, sondern auch, wenn die Parteien eine schwächere Verknüpfung vereinbart haben. Das ist z. B. der Fall, wenn eine Zuwendung final an die *Bedingung* geknüpft ist, dass der Empfänger seinerseits eine Leistung erbringt *(konditionale Verknüpfung)*.[26] Im Unterschied zu einer synallagmatischen Verknüpfung übernimmt der Empfänger der Zuwendung seinerseits keine Leistungspflicht,

---

[21] Statt aller BGH 15.12.1955 WM 1956, 353 (354); *Brox/Walker* § 9 Rn. 9; *J. Koch* MünchKomm. § 516 Rn. 25; *Staudinger/Chiusi* (2013) § 516 Rn. 45.

[22] *Staudinger/Chiusi* (2013) § 516 Rn. 44; zu den Grenzen einer Auflage unten § 4 Rn. 53.

[23] *J. Koch* MünchKomm. § 516 Rn. 25 mit zahlreichen Beispielen.

[24] BGH 21.06.1972 BGHZ 59, 132 (136); *Esser/Weyers* BT 1, § 12 I 3, S. 122; *Larenz* BT 1, § 47 I, S. 198.

[25] Dazu näher unten § 4 Rn. 18 ff.

[26] BGH 10.01.1951 NJW 1951, 268; BGH 28.05.2009 NJW 2009, 2737 Rn. 10 ff.; *Brox/Walker* § 9 Rn. 10; *J. Koch* MünchKomm. § 516 Rn. 27; *Staudinger/Chiusi* (2013) § 516 Rn. 46.

sondern erbringt die Leistung freiwillig als Vorbedingung der Zuwendung, wie z. B. bei der Auslobung i. S. des § 657 BGB. Eine konditionale Verknüpfung geht über eine Schenkung unter Auflage (§ 525 BGB) hinaus, weil das Medium der Bedingung die Leistung des Zuwendungsempfängers und die Leistungsverpflichtung des Zuwendenden zu einer Einheit verbindet: Tritt die Bedingung nicht ein, dann besteht auch keine Leistungspflicht. Anders ist die Rechtslage bei der Schenkung unter Auflage, bei der die Zuwendung als solche nach der Vereinbarung nicht davon abhängt, ob die Auflage erfüllt worden ist. Dadurch bleibt Raum für die Abrede der Unentgeltlichkeit. Es besteht vielmehr – anders als bei konditionaler Verknüpfung – ein Erfüllungsanspruch des Schenkers in Bezug auf die Auflage (§ 525 Abs. 1 BGB) oder im Fall ihrer Nichterfüllung ein Rückforderungsanspruch im Hinblick auf das Geschenk (§ 527 Abs. 1 BGB).

Schließlich ist die Unentgeltlichkeit einer Vermögensmehrung auch zu verneinen, wenn das Verhalten des Empfängers zwar nicht zur Bedingung erhoben wird, die Vermögensmehrung aber gerade deshalb erfolgt, weil der Empfänger seinerseits ein bestimmtes Verhalten vollziehen soll oder vollzogen hat (*kausale Verknüpfung*).[27] Das Verhalten des Empfängers ist in diesem Fall Gegenstand einer rechtsgeschäftlichen Vereinbarung, die sich von einem synallagmatischen Vertrag nur dadurch unterscheidet, dass der Zuwendende ihre „Erfüllung" nicht erzwingen kann, d. h. aufseiten des Zuwendungsempfängers keine Verpflichtungswirkung eintritt (sog. Rechtsgrundabrede).[28] Demgegenüber betrachtet eine abweichende Ansicht die Erbringung der erstrebten Gegenleistung als „Geschäftsgrundlage" für die eigene Zuwendung.[29] Der Begriff der Geschäftsgrundlage setzt aber denknotwendig voraus, dass außerhalb dieser bloßen Grundlage ein Rechtsgeschäft als causa für die Leistung existiert, das einen anderen Inhalt als die Geschäftsgrundlage hat. Hieran fehlt es bei der kausalen Verknüpfung gerade: Rechtsgrund ist einzig das rechtsgeschäftliche Einverständnis der Parteien in Bezug auf die Gegenleistung, bei deren Ausbleiben eine Kondiktion gemäß § 812 Abs. 1 Satz 2 Alt. 2 BGB *(condictio ob rem)* eingreift. Wie bei der synallagmatischen Verknüpfung ist die kausale Verknüpfung von der Schenkung unter Auflage dadurch abzugrenzen, dass die – bei kausaler Verknüpfung nicht erzwingbare – Gegenleistung die Zuwendung nicht wie die Auflage lediglich als Nebenbestimmung einschränkt, sondern dieser quasi gleichrangig gegenübersteht. Ein Beispiel für eine derartige, die Unentgeltlichkeit ausschließende kausale Leistungsverknüpfung ist die Erbringung einer Leistung durch eine Partei in der übereinstimmenden Erwartung, dass nachträglich ein entgeltlicher Vertrag über diese Leistung abgeschlossen werden soll (sog. Leistung *obligandi causa*). Auch Zuwendungen unter Ehegatten sind in der Regel über eine konkludente Rechtsgrundabrede kausal mit dem Bestand der Ehe verknüpft,

14

---

[27] BGH 29.04.1970 FamRZ 1970, 376 (377); *Brox/Walker* § 9 Rn. 11; *J. Koch* MünchKomm. § 516 Rn. 28; *Staudinger/Chiusi* (2013) § 516 Rn. 47.

[28] Siehe dazu *Larenz/Canaris* BT 2, § 68 I 3a, S. 150 ff.; zur andersgearteten Rechtsgrundabrede bei der Handschenkung unten § 4 Rn. 22.

[29] *J. Koch* MünchKomm. § 516 Rn. 28; *Staudinger/Chiusi* (2013) § 516 Rn. 45.

sodass es ihnen an der für Schenkungen konstitutiven Unentgeltlichkeit fehlt (sog. unbenannte oder ehebedingte Zuwendungen).[30] Gleiches gilt bei nach dem LPartG eingetragenen Lebenspartnerschaften und anderen nichtehelichen Lebensgemeinschaften.[31] Eine kausale Verknüpfung kann auch mit einem in der Vergangenheit liegenden Verhalten des Empfängers erfolgen. Deshalb sind Gratifikationen für besonders gute Arbeitsleistungen oder Trinkgelder keine Schenkungen, sondern beziehen sich auf einen geleisteten Dienst.[32] Von einer Anstandsschenkung i. S. des § 534 BGB, die z. B. an einen Retter aus Gefahr erbracht werden kann, unterscheiden sich diese Leistungen durch ihre Einbettung in einen Kontext wirtschaftlichen Austausches, der die Unentgeltlichkeit ausschließt.[33]

15 Die kausale Leistungsverknüpfung ist von der sog. *Zweckschenkung* abzugrenzen. Letzterer liegt eine Zuwendung zugrunde, die nach dem Parteiwillen ebenfalls erfolgt, um den Leistungsempfänger zu einem bestimmten Verhalten zu veranlassen, ohne dass dieses aber als faktische Gegenleistung begriffen würde.[34] So z. B., wenn das erwartete Verhalten der Schenkung nicht gleichrangig gegenübersteht, sondern die Zuwendung nur einschränken soll. Dies führt zu einer Verwandtschaft der Zweckschenkung mit der Schenkung unter Auflage, von der sich die Zweckschenkung wiederum dadurch unterscheidet, dass das erwartete Verhalten für den Beschenkten keine Verpflichtung i. S. des § 525 Abs. 1 BGB begründet. Beispiel: Der Schenker bringt seinen „Wunsch" zum Ausdruck, der Zuwendungsgegenstand solle nur in einer bestimmten Weise verwendet werden. Während also die kausale Verknüpfung den Charakter einer „faktischen Gegenleistung" hat, liegt bei der Zweckschenkung bildhaft eine „faktische Auflage" vor. Allerdings begründet das Ausbleiben des erwarteten Verhaltens bei der Zweckschenkung entgegen der h. M. keine Zweckverfehlungskondiktion nach § 812 Abs. 1 Satz 2 Alt. 2 BGB.[35] Denn zu dieser Vorschrift ist anerkannt, dass der verfehlte Zweck gerade den Charakter einer faktischen Gegenleistung haben muss.[36] Deshalb führt das Ausbleiben

---

[30] BGH 24.03.1983 BGHZ 87, 145 (146); BGH 02.10.1991 NJW 1992, 238 (239); BGH 13.11.2012 NJW-RR 2013, 618 Rn. 8; BGH 06.05.2014 NJW 2014, 2638 Rn. 9; *Esser/Weyers* BT 1, § 12 I 2b, S. 121 f.; *Staudinger/Chiusi* (2013) § 516 Rn. 47. Weitergehend zum gesamten Problemkreis, insbesondere dem Zusammenhang mit dem Zugewinnausgleich *Lipp* JuS 1993, 89 ff.; *W. Lorenz* 50 Jahre Bundesgerichtshof – Festgabe aus der Wissenschaft Bd. I, 2000, S. 571 ff.

[31] BGH 09.07.2008 BGHZ 177, 193 Rn. 40 ff.; BGH 25.11.2009 BGHZ 183, 242 Rn. 17 ff.; BGH 19.09.2012 NJW 2012, 3374 Rn. 23. Anderes gilt nach neuerer Rechtsprechung jedoch für Zuwendungen der Schwiegereltern an ein Schwiegerkind; siehe dazu unter Aufgabe der früheren Rechtsprechung BGH 03.02.2010 BGHZ 184, 190 Rn. 19 ff.; BGH 21.07.2010 NJW 2010, 2884 Rn. 12; BGH 20.07.2011 NJW 2012, 523 Rn. 19; BGH 26.11.2014 NJW 2015, 690 Rn. 17.

[32] *Larenz* BT 1, § 47 I, S. 199; *Medicus/Lorenz* Rn. 387.

[33] *Larenz* BT 1, § 47 I, S. 199.

[34] BGH 23.09.1983 NJW 1984, 233; *J. Koch* MünchKomm. § 516 Rn. 29; *Staudinger/Chiusi* (2013) § 516 Rn. 53.

[35] So aber BGH 23.09.1983 NJW 1984, 233; BGH 13.11.2012 NJW 2013, 618 Rn. 21; *Staudinger/Chiusi* (2013) § 516 Rn. 45; wie hier *J. Koch* MünchKomm. § 525 Rn. 8.

[36] Siehe *von Caemmerer* Festschrift für Rabel, Bd. 1, 1954, S. 347; *Kupisch* JZ 1985, 163 (169); *Larenz/Canaris* BT 2, § 68 I 3a, S. 151.

einer mit der Zuwendung kausal verknüpften Leistung zu einer *condictio ob rem*, nicht aber die Verfehlung eines Zwecks, der lediglich den Charakter einer faktischen Auflage trägt. Das Nichteingreifen der *condictio ob rem* sowie – aufgrund des Nichtvorliegens einer Auflage – des Herausgabeanspruchs nach § 527 BGB[37] darf auch nicht durch die Annahme umgangen werden, bei Verfehlung des mit der Zweckschenkung verfolgten Zwecks liege ein Wegfall der Geschäftsgrundlage vor (§ 313 BGB).[38] Vielmehr ergibt die Risikozuweisung, die aus dem Nichteingreifen der angeführten Rückforderungsinstitute folgt, dass das erwartete Verhalten ein bloßer „Wunsch" bleibt, aus dessen Nichterfüllung keine rechtlichen Konsequenzen folgen. Im Ergebnis ist somit die Zweckschenkung eine gewöhnliche Schenkung.

Zusammenfassend scheidet eine Unentgeltlichkeitsabrede aus, wenn die   **16** Zuwendung

- mit einer Gegenleistung synallagmatisch verknüpft ist oder
- die Erbringung einer nicht geschuldeten Gegenleistung zur Bedingung für die Zuwendung gemacht wird (konditionale Verknüpfung) oder
- nach Maßgabe einer Rechtsgrundabrede von dem Zuwendungsempfänger eine nicht geschuldete Gegenleistung erwartet wird (kausale Verknüpfung).

Hingegen hindert es die Unentgeltlichkeit nicht, wenn der Zuwendungsempfänger   **17** eine Leistung erbringen soll, welche der Zuwendung nicht gleichrangig gegenübersteht, sondern diese lediglich einschränkt. In diesem Fall liegt eine Schenkung unter Auflage vor, wenn sich der Beschenkte zur Erbringung der einschränkenden Leistung verpflichtet hat. Fehlt es an einer derartigen Verpflichtung (Zweckschenkung), dann hat nach der hier vertretenen Auffassung die Nichterbringung der Leistung durch den Zuwendungsempfänger keinen Einfluss auf den Bestand der Schenkung, während die h. M. eine Zweckverfehlungskondiktion befürwortet.

IV. Die gemischte Schenkung

Einen gesetzlich nicht geregelten Sonderfall stellt die gemischte Schenkung dar,[39]   **18** die ein anschauliches Beispiel für die besonderen Rechtsprobleme bei typengemischten Verträgen liefert.[40] Charakteristisch ist z. B. eine Vermischung von Kauf und Schenkung, wobei eine gemischte Schenkung vorliegt, wenn zwischen dem Wert des Kaufgegenstandes und dem vom Käufer geschuldeten Kaufpreis eine deutliche Differenz besteht *und* sich der Parteiwille auf eine unentgeltliche Zuwendung

---

[37] Dazu unten § 4 Rn. 54.

[38] So der Vorschlag von *J. Koch* MünchKomm. § 525 Rn. 8.

[39] Siehe bereits oben § 4 Rn. 12 und ausführlich *Schlinker* AcP 206 (2006), 28 ff.

[40] Dazu allgemein unten § 16 Rn. 10 ff.

der Wertdifferenz richtet,[41] ohne dass diese den Wert etwaiger Gegenleistungen um das Doppelte übersteigen muss.[42] Problematisch ist in diesem Fall, ob der gesamte Vertrag den Regelungen des Schenkungsrechts unterliegt, z. B. der Formvorschrift des § 518 BGB oder den Haftungsbeschränkungen der §§ 521 ff. BGB. Denkbar sind dabei zunächst zwei kategorisierende Ausgangspunkte:

19 Zum einen könnte der gesamte Vertrag den Vorschriften beider enthaltener Vertragstypen unterliegen, im vorstehenden Beispiel also sowohl dem Kaufrecht als auch dem Schenkungsrecht.[43] Auf diesem Wege soll der Einheitlichkeit des Rechtsgeschäfts Rechnung getragen werden. Soweit die Vorschriften der Vertragstypen inhaltlich kollidieren – wie etwa bei der Haftung für Mängel (siehe die §§ 434 ff. BGB einerseits sowie die §§ 523 f. BGB andererseits) –, wäre dann die dem Vertragszweck am besten entsprechende Norm anzuwenden, wofür insbesondere die Wertverhältnisse zwischen Kauf- und Schenkungsteil von Bedeutung sind.[44] Eine weitere Konsequenz dieser Auffassung ist, dass im Fall eines Schenkungsversprechens der gesamte Vertrag der Form des § 518 BGB unterliegen würde.

20 Demgegenüber zerlegte das RG die gemischte Schenkung in einen entgeltlichen und einen unentgeltlichen Teil, auf den dann jeweils nur die Regelungen des betreffenden Vertragstyps angewendet wurden.[45] Sofern die Zuwendung keinen teilbaren Gegenstand hat, soll eine wertmäßige Aufteilung erfolgen.[46] Für diese Auffassung wird neben den Gesetzesmaterialien[47] angeführt, dass Entgeltlichkeit und Unentgeltlichkeit zwei sich ausschließende Gegensätze seien, welche nicht zu einer Einheit verbunden werden könnten. Die Bemessung des unentgeltlichen Teils dürfte dabei aufgrund der Konzeption des § 516 Abs. 1 BGB nicht nach dem objektiven Wertverhältnis erfolgen, sondern nach dem Umfang, in dem die Parteien selbst die Zuwendung als unentgeltlich angesehen haben.[48] In Bezug auf die Formvorschrift

---

[41] BGH 21.06.1972 BGHZ 59, 132 (136); BGH 18.10.2011 NJW 2012, 605 Rn. 14; *Esser/Weyers* BT 1, § 12 I 3, S. 122; *J. Koch* MünchKomm. § 516 Rn. 34; *Larenz* BT 1, § 47 I, S. 198; *Staudinger/Chiusi* (2013) § 516 Rn. 63. Fehlt es an der positiven Unentgeltlichkeitsabrede, liegt ein reiner Kaufvertrag vor (sog. Freundschaftskauf).

[42] BGH 18.10.2011 NJW 2012, 605 Rn. 14.

[43] Sog. Einheitstheorie: *Endemann* Bürgerliches Recht, Bd. I, 2. Buch, 8. Aufl. 1903, § 164 Fn. 23, S. 1029; *von Tuhr* Der allgemeine Teil des Deutschen Bürgerlichen Rechts, Bd. II/2, 1918, § 72 II 3, S. 77 f.

[44] *von Tuhr* Der Allgemeine Teil des Deutschen Bürgerlichen Rechts, Bd. II/2, 1918, § 72 II 3, S. 78.

[45] Sog. Trennungstheorie: RG 07.03.1903 RGZ 54, 107 (110 f.); RG 27.06.1935 RGZ 148, 236 (238 ff.).

[46] In Bezug auf die Rechtsfolgen von Sachmängeln grundsätzlich zustimmend *Schlinker* AcP 206 (2006), 28 (41 ff.).

[47] Mot. II, S. 287.

[48] RG 27.06.1935 RGZ 148, 236 (240); siehe bereits oben § 4 Rn. 10 ff.

des § 518 BGB hätte dieser Ansatz zur Konsequenz, dass nur die Wirksamkeit des unentgeltlichen Vertragsteils von deren Einhaltung abhinge. Der entgeltliche Teil wäre demgegenüber von einer etwaigen Formnichtigkeit nur nach Maßgabe des § 139 BGB betroffen.

In Abkehr von diesen schematisierenden Auffassungen hat sich die sog. Zweck-   **21** würdigungstheorie als differenzierende Ansicht durchgesetzt. Sie stellt zu Recht zunächst darauf ab, welche Bedeutung der unentgeltliche Teil des Vertrages *nach dem Parteiwillen* für den Gesamtvertrag hat.[49] Sollen der unentgeltliche und der entgeltliche Teil des Vertrages unabhängig voneinander bestehen, dann finden die Vorschriften des Schenkungsrechts nur auf den unentgeltlichen Teil Anwendung. Gegenstand der Schenkung ist danach nicht der real zugewendete Gegenstand, sondern lediglich die Wertdifferenz, bezüglich derer Unentgeltlichkeit vereinbart worden ist. Bei einer Rückforderung des Schenkers nach den §§ 527, 528, 530 f. BGB führt dies z. B. dazu, dass lediglich diese Wertdifferenz in Geld herausverlangt werden kann.[50] Auch das Formerfordernis des § 518 BGB greift nur in Bezug auf die Wertdifferenz, nicht aber bezüglich des Leistungsaustausches im Übrigen ein. Prägt hingegen das Unentgeltlichkeitsmoment die gesamte Vereinbarung, „überwiegt" also der Schenkungsteil,[51] so sind die Vorschriften des Schenkungsrechts im Grundsatz auf den gesamten Leistungsaustausch anzuwenden.[52] Einen Anhaltspunkt für den diesbezüglichen Parteiwillen kann z. B. die Wertrelation des unentgeltlichen zum entgeltlichen Vertragsteil bieten. Selbst wenn das Schenkungsmoment nach dem Parteiwillen den Gesamtvertrag prägt, ist aber auf einer zweiten Stufe noch der *Normzweck* der jeweiligen Schenkungsvorschrift zu beachten:[53] So kann in diesem Fall unter den Voraussetzungen der §§ 527, 528 BGB oder der §§ 530 f. BGB die Zuwendung zwar in natura herausverlangt werden (sie ist nach dem Parteiwillen in ihrer Gesamtheit das „Geschenk"), die erbrachte Gegenleistung ist aber Zug-um-Zug zurückzugewähren.[54] Deren Einbehalt wird vom Zweck der Rückforderungsvorschriften nicht gedeckt, die lediglich die unentgeltliche Vermögensverschiebung neutralisieren sollen.

---

[49] BGH 07.04.1989 BGHZ 107, 156 (159); BGH 02.07.1990 BGHZ 112, 40 (53); *Esser/Weyers* BT 1, § 12 I 3, S. 122 f.; *J. Koch* MünchKomm. § 516 Rn. 38 f.; *Larenz/Canaris* BT 2, § 63 III 1, S. 54 ff.; *Staudinger/Chiusi* (2013) § 516 Rn. 76.

[50] *Larenz/Canaris* BT 2, § 63 III 1 c/d, S. 55 f.

[51] Siehe BGH 18.10.2011 NJW 2012, 605 Rn. 15, wonach die Zuwendung des Schenkers hierfür den doppelten Wert im Vergleich zur Gegenleistung aufweisen muss.

[52] *J. Koch* MünchKomm. § 516 Rn. 40.

[53] *Brox/Walker* § 9 Rn. 28; *Emmerich* § 6 Rn. 54; *Larenz/Canaris* BT 2, § 63 III 1, S. 54 ff.; *Medicus/Lorenz* Rn. 407; *Schlechtriem* Rn. 192.

[54] BGH 23.05.1959 BGHZ 30, 120 (122 ff.); BGH 07.04.1989 BGHZ 107, 156 (159).

C. Abschluss des Schenkungsvertrages

I. Handschenkung und Schenkungsversprechen

22 Die Schenkung ist nach inzwischen einhelliger Ansicht stets ein Vertrag, der allen Regeln des Vertragsrechts unterliegt.[55] Das gilt nicht nur, wenn – wie beim Schenkungsversprechen – der Abschluss des Schenkungsvertrages und der Vollzug der Schenkung zeitlich auseinanderfallen, sondern auch für den vom Gesetz unterstellten Regelfall einer Handschenkung (§ 516 BGB).[56] Allerdings besteht bei dieser die Besonderheit, dass die Leistung des Schenkers als Verfügung über den Schenkungsgegenstand mit der Schenkungsvereinbarung als causa für diese Verfügung zeitlich zusammenfällt, was der Typizität eines Handgeschäftes entspricht. Eine teilweise vertretene Ansicht deutet die Schenkung jedoch auch in dieser Konstellation als Verpflichtungsvertrag, bei dem allerdings die Verpflichtung zugleich mit ihrer Begründung durch Erfüllung untergehen soll.[57] Dieser gekünstelten Konstruktion bedarf es nicht, da es bei einer Handschenkung ausreicht, dem Schenkungsvertrag den Charakter einer bloßen Rechtsgrundabrede für die Verfügung ohne verpflichtendes Element beizumessen.[58] Anders ausgedrückt beinhaltet die Handschenkung keinen „Erhaltensgrund" i. S. eines Forderungsrechts des Schenkers, sondern lediglich einen „Behaltensgrund" (causa) i. S. des § 812 BGB. Dagegen spricht nicht, dass sich aus der Handschenkung für den Schenker unter Umständen Schadensersatzpflichten nach den §§ 523 Abs. 1, 524 Abs. 1 BGB ergeben können, da diese auf Schutz- und nicht auf Leistungspflichten beruhen.[59] Demgegenüber stellt der vor Bewirkung der Zuwendung abgeschlossene Schenkungsvertrag, der seitens des Schenkers ein Schenkungsversprechen i. S. des § 518 BGB ist, einen gewöhnlichen Verpflichtungsvertrag dar.

II. Vertragsschluss und Fiktion der Annahmeerklärung

23 Der Abschluss des Schenkungsvertrages unterliegt grundsätzlich den allgemeinen Vorschriften zum Vertragsschluss.[60] Dabei erfordern insbesondere Schenkungen an Minderjährige eine Auseinandersetzung mit der Frage, ob diese für sie „lediglich

---

[55] Statt aller *J. Koch* MünchKomm. § 516 Rn. 14; *Looschelders* Rn. 313; *Staudinger/Chiusi* (2013) § 516 Rn. 3.

[56] *Esser/Weyers* BT 1, § 12 I 1, S. 120; *Staudinger/Chiusi* (2013) § 516 Rn. 5.

[57] *Schlechtriem* Rn. 185.

[58] *Brox/Walker* § 9 Rn. 2; *Fikentscher/Heinemann* Rn. 974; *Larenz* BT 1, § 47 I, S. 200; *Staudinger/Chiusi* (2013) § 516 Rn. 13; zur Rechtsgrundabrede bei kausaler Leistungsverknüpfung oben § 4 Rn. 14.

[59] Siehe unten § 4 Rn. 36 f.

[60] *J. Koch* MünchKomm. § 516 Rn. 16 ff.

rechtlich vorteilhaft" i. S. des § 107 BGB sind. Die Rechtsprechung verneint dies schon dann, wenn sich aus dem *dinglichen Erwerb* des Schenkungsgegenstandes rechtliche Nachteile ergeben, um zu verhindern, dass Eltern derartige schenkungsbedingte Verfügungen als In-sich-Geschäfte i. S. des § 181 BGB a. E. vornehmen können.[61]

Eine von den §§ 145 ff. BGB abweichende Besonderheit gilt für die *Annahme der*   **24**
Schenkung: Zwar muss sich im Grundsatz niemand einen Vorteil ohne seinen Willen aufdrängen lassen (Privatautonomie; vgl. § 397 Abs. 1 BGB). Für die Erklärung über die Annahme kann der Schenker dem Beschenkten aber eine angemessene Frist setzen, wenn die Zuwendung als solche bereits ohne den Willen des Empfängers vollzogen wurde (§ 516 Abs. 2 Satz 1 BGB). Dies kommt in der Regel nur bei solchen Zuwendungen in Betracht, die keiner Mitwirkung des Bereicherten bedürfen, z. B. bei der Tilgung einer fremden Schuld nach § 267 BGB. § 516 Abs. 2 BGB gelangt aber auch im Fall eines Schenkungsversprechens zur Anwendung, wenn die Zuwendung nach dem Versprechen aber vor der Erklärung über dessen Annahme erfolgt. Wenn der Empfänger die ihm gesetzte Erklärungsfrist ohne Äußerung verstreichen lässt, durchbricht § 516 Abs. 2 Satz 1 BGB wegen der Unentgeltlichkeit der Schenkung den Grundsatz,[62] nach dem bloßem Schweigen kein zustimmender Erklärungswert zukommt. Vielmehr genießt das Interesse des Schenkers, dass der Vorgang durch eine fristgerechte Ablehnung entweder rasch zu einer Klärung gelangt oder aber die erfolgte Zuwendung als rechtsbeständig fixiert wird, Vorrang vor der Autonomie des Beschenkten, da die Schenkung für ihn keine Verpflichtungen begründet. Somit ist es – vergleichbar mit § 416 Abs. 1 Satz 2 BGB – gerechtfertigt, die Erklärung der Annahme mit Ablauf der angemessenen Frist zu fingieren. Nach § 130 BGB ist der Zeitpunkt des Zugangs der Ablehnungserklärung für deren Rechtzeitigkeit maßgeblich. Für den Fall einer rechtzeitigen Ablehnung verweist § 516 Abs. 2 Satz 3 BGB deklaratorisch auf das Bereicherungsrecht zur Herausgabe der – nun endgültig rechtsgrundlosen – Zuwendung (Rechtsgrundverweisung).[63] Aus der Rechtfertigung für die Anordnung der Fiktion ergibt sich zugleich, dass § 516 Abs. 2 BGB aufgrund einer teleologischen Reduktion nicht eingreift, wenn der Beschenkte ausnahmsweise doch einmal eine Verpflichtung eingehen würde, wie bei gemischten Schenkungen[64] sowie Schenkungen unter Auflage (§ 525 BGB).[65]

---

[61] BGH 09.07.1980 BGHZ 78, 28 (33 ff.); kritisch *Jauernig* JuS 1982, 576 ff. Dementsprechend hat der BGH den schenkweisen Erwerb einer Eigentumswohnung nicht als lediglich rechtlich vorteilhaft i. S. des § 107 BGB bewertet; siehe BGH 30.09.2010 BGHZ 187, 119 Rn. 11 ff.

[62] Vgl. *Wolf/Neuner* § 31 Rn. 12.

[63] Ebenso i. S. einer Rechtsgrundverweisung *Staudinger/Chiusi* (2013) § 516 Rn. 62; a.A. zugunsten einer Rechtsfolgenverweisung *J. Koch* MünchKomm. § 516 Rn. 50.

[64] Siehe oben § 4 Rn. 18 ff.

[65] *J. Koch* MünchKomm. § 516 Rn. 49; *Staudinger/Chiusi* (2013) § 516 Rn. 80.

III. Formbedürftigkeit des Schenkungsversprechens

25 Weicht die Schenkung von dem gesetzlichen Regelfall der Handschenkung ab und beschränken sich die Parteien auf den Abschluss eines Schenkungsvertrages, dann ist der Schenker vor übereilten Verpflichtungen besonders zu schützen. Zu diesem Zweck fordert § 518 Abs. 1 BGB – in noch größerer Formstrenge als bei der wesentlich risikoreicheren Bürgschaft (siehe § 766 BGB: Schriftform i. S. des § 126 BGB) –, dass das Schenkungsversprechen notariell beurkundet wird (näher die §§ 8 ff. BeurkG). Gleichzeitige Anwesenheit der Parteien vor der beurkundenden Stelle, wie z. B. bei der Auflassung (§ 925 Abs. 1 Satz 1 BGB), ist jedoch nicht erforderlich. Das Gesetz erstreckt das Formerfordernis wegen des mit diesem einzig verfolgten Warnzwecks – insofern nicht anders als bei der Bürgschaft – nur auf das Versprechen des Schenkers. Lediglich dessen Verpflichtungserklärung muss notariell beurkundet werden.[66] Folglich bedarf z. B. die Einigung über die Unentgeltlichkeit als solche keiner notariellen Beurkundung.[67] Da die Annahmeerklärung keinem Formerfordernis unterliegt, steht § 518 BGB schließlich einer Fiktion der Annahmeerklärung (§ 516 Abs. 2 Satz 2 BGB) nicht entgegen.

26 Unterbleibt die notarielle Beurkundung, ist das Schenkungsversprechen nach § 125 Satz 1 BGB nichtig und begründet keine Pflicht des Versprechenden, die Leistung zu erbringen. Im Hinblick auf den Zweck der gesetzlichen Formvorschrift (Übereilungsschutz) eröffnet das Gesetz jedoch die Möglichkeit einer *Heilung*, indem der Schenker die von ihm versprochene Leistung bewirkt (§ 518 Abs. 2 BGB). Damit greift es eine verbreitete Regelungstechnik auf, wenn die Formvorschrift in erster Linie den Verpflichteten vor einer Übereilung schützen soll (ebenso z. B. die §§ 311b Abs. 1 Satz 2, 766 Satz 3 BGB). In diesem Fall ist der Schuldner durch die Leistung selbst hinreichend gewarnt.[68] Aus diesem Grund ist die Handschenkung von vornherein formfrei. Die Heilung des Formverstoßes beim Schenkungsversprechen setzt jedoch zweierlei voraus: Erstens muss die zugesagte Vermögensverschiebung eintreten (objektive Voraussetzung) und zweitens muss der Inhalt des ursprünglichen Schenkungsversprechens auch noch im Zeitpunkt der Leistungsbewirkung von dem Schenker gewollt sein (subjektive Voraussetzung). Fehlt dieser Wille im Zeitpunkt der Leistungsbewirkung (z. B. weil bei dem Schuldner eine kausale Verknüpfung hinzutritt), dann greift die Heilungswirkung des § 518 Abs. 2 BGB nicht ein, weil nicht mehr das ursprünglich Gewollte vollzogen wird und somit kein Äquivalent für die Warnfunktion des Formerfordernisses gegeben ist.

27 In Bezug auf die Bewirkung der versprochenen Leistung (objektive Voraussetzung) ist umstritten, ob hierfür der Leistungserfolg eintreten muss[69] oder es

---

[66] Eine Beurkundungsbedürftigkeit des gesamten Vertrages kann sich allerdings aus einer anderen Formvorschrift ergeben, z. B. § 311b Abs. 1 Satz 1 BGB im Fall einer Grundstücksschenkung.

[67] *J. Koch* MünchKomm. § 518 Rn. 4.

[68] *Esser/Weyers* BT 1, § 12 II 1, S. 124.

[69] So z. B. OLG Frankfurt a. M. 19.02.1991 NJW-RR 1991, 1157 f.; *Brox/Walker* § 9 Rn. 4; *J. Koch* MünchKomm. § 518 Rn. 9 f.; *Staudinger/Chiusi* (2013) § 518 Rn. 16.

ausreicht, wenn der Schenker alle seinerseits erforderlichen Leistungshandlungen vorgenommen hat.[70] Für die Notwendigkeit des Leistungserfolges spricht zwar im Vergleich mit § 362 Abs. 1 BGB der Begriff der „Bewirkung" in § 518 Abs. 2 BGB. Im Hinblick auf den Zweck des Formerfordernisses verdient aber die letztgenannte Auffassung den Vorzug, da ein weiterer Übereilungsschutz entbehrlich ist, wenn der Schuldner alle für den Eintritt des Leistungserfolges notwendigen Handlungen vorgenommen hat. Bei der Schenkung eines Schecks genügt hierfür aber nicht bereits die Hingabe desselben. Diese begründet zwar schon eine abstrakte Scheckverbindlichkeit des Ausstellers (Art. 12 ScheckG), unterfällt aber als abstraktes Schuldversprechen i. S. des § 518 Abs. 1 Satz 2 BGB ihrerseits dem Formerfordernis des § 518 Abs. 1 Satz 1 BGB.[71] Der Regelung des § 518 Abs. 1 Satz 2 BGB liegt der Gedanke zugrunde, dass die Erteilung abstrakter Schuldversprechen noch nicht als Leistungsbewirkung begriffen werden kann (vgl. auch die §§ 762 Abs. 2, 656 Abs. 2 BGB).[72] Die Heilung des Formmangels tritt folglich erst mit der Einlösung des Schecks ein. Ob eine Bewirkung der „versprochenen" Leistung auch vorliegt, wenn der Vollzug (z. B. die Übereignung einer Sache) aufschiebend oder auflösend bedingt erfolgt, obwohl die Zuwendung unbedingt oder unbefristet versprochen wurde, lässt sich dem Gesetz nicht zweifelsfrei entnehmen. Im Vergleich zur unbedingten Leistung liegt zwar ein Minus gegenüber der „versprochenen" Leistung vor, der Zweck des § 518 BGB spricht aber dafür, dass dieses einer Heilung nicht entgegensteht,[73] da dem Übereilungsschutz auch im Fall des bedingten oder befristeten Schenkungsvollzugs ausreichend Rechnung getragen wird. Wenn die dauerhafte Erbringung von Leistungen schenkweise versprochen wird, dann tritt Heilung gemäß § 518 Abs. 2 BGB nur für die jeweils erbrachten Leistungen ein, nicht aber für die erst zukünftigen Leistungsabschnitte.[74]

Eine erbrechtliche Besonderheit ist zu beachten, wenn die Schenkung unter der **28** Bedingung steht, dass der Beschenkte den Schenker überlebt (*Schenkung von Todes wegen*). Nach § 2301 Abs. 1 BGB verdrängen die Formvorschriften über letztwillige Verfügungen in diesem Fall § 518 Abs. 1 BGB.[75] Die testamentarische Form setzt jedoch nicht notwendig eine Beurkundung voraus (vgl. § 2247 Abs. 1 BGB). Diese Abschwächung des Formerfordernisses gegenüber § 518 Abs. 1 BGB ist dadurch gerechtfertigt, dass der Schenker nicht in gleichem Maße gewarnt werden muss, wenn das Vermögensopfer erst nach seinem Tod eintreten soll. Die allgemeinen

---

[70] So die h. M.; siehe BGH 06.03.1970 NJW 1970, 941 (942); *Esser/Weyers* BT 1, § 12 II 1, S. 124; *Harke* Rn. 413; *Palandt/Weidenkaff* § 518 Rn. 9 m. w. N.

[71] Siehe BGH 06.03.1975 BGHZ 64, 340 ff.

[72] *Esser/Weyers* BT 1, § 12 II 1, S. 124 f.

[73] Ebenso BGH 10.05.1989 NJW-RR 1989, 1282; *Brox/Walker* § 9 Rn. 4; a. A. jedoch *J. Koch* MünchKomm. § 518 Rn. 11; *Staudinger/Chiusi* (2013) § 518 Rn. 47.

[74] *Esser/Weyers* BT 1, § 12 I, S. 125.

[75] Ein Sonderfall tritt auf, wenn die Schenkung unter Lebenden auf den Todesfall durch einen Vertrag zugunsten Dritter vereinbart wird. In dieser Konstellation kommt – wie von der h. M. befürwortet – eine Verdrängung des § 2301 BGB durch § 331 BGB in Betracht; so vor allem BGH v. 29.01.1964 BGHZ 41, 95 (96 f.); BGH 19.10.1983 NJW 1984, 480 (481).

Vorschriften zur Schenkung greifen jedoch ein – und verdrängen die Formvorschriften zur Verfügung von Todes wegen –, wenn die Schenkung bereits zu Lebzeiten des Schenkers von diesem vollzogen wird (§ 2301 Abs. 2 BGB). Ebenso wie bei § 518 Abs. 2 BGB reicht es auch für § 2301 Abs. 2 BGB aus, wenn der „Vollzug" (= Verfügungsgeschäft) unter einer aufschiebenden oder auflösenden Bedingung steht,[76] selbst wenn die Zuwendung ohne Bedingung versprochen wurde. Mit dem Vollzug i. S. des § 2301 Abs. 2 BGB tritt zugleich eine Heilung nach § 518 Abs. 2 BGB ein, wenn das zuvor abgegebene Schenkungsversprechen nicht der Form des § 518 Abs. 1 BGB genügte.

D. Vertragspflichten und Haftung

I. Der Erfüllungsanspruch des Beschenkten

29   Die §§ 516 ff. BGB verzichten darauf, anders als z. B. die §§ 433, 535 BGB, die Leistungsverpflichtung des Schenkers besonders hervorzuheben. Ein sachlicher Unterschied ist hiermit für den Fall des Schenkungsversprechens als Verpflichtungsgeschäft jedoch nicht verbunden.[77] Aufgrund des Schenkungsvertrages steht dem Beschenkten ein mit der Verpflichtung des Schenkers korrespondierender Anspruch auf Erfüllung zu, was § 519 Abs. 2 BGB ausdrücklich bestätigt („Ansprüche mehrerer Beschenkten"). Demgegenüber begründet die Handschenkung nach hiesiger Auffassung[78] als Rechtsgrundabrede keine Leistungspflicht, sondern allenfalls Schutzpflichten in Bezug auf die Integrität der Parteien (§ 241 Abs. 2 BGB).[79]

30   Ein besonderes *Leistungsverweigerungsrecht* gegenüber dem noch nicht erfüllten Anspruch räumt § 519 Abs. 1 BGB bei einem sog. *Notbedarf* ein. Würde die Erfüllung des Schenkungsversprechens den angemessenen Unterhalt des Schenkers oder die Erfüllung seiner gesetzlichen Unterhaltspflichten unter Berücksichtigung seiner sonstigen Verbindlichkeiten[80] gefährden, ist der Schenker berechtigt, die Erfüllung zu verweigern. Darin kommt zum Ausdruck, dass eine Verpflichtung zur Freigiebigkeit dann unangemessen ist, wenn diese den Schenker in den „Ruin" führen würde. Unerheblich ist dabei, aus welchem Grund (z. B. auch Leichtsinn des Schenkers) und zu welchem Zeitpunkt die Gefahrenlage eingetreten ist.[81] Die Vorschrift kann

---

[76] BGH 16.04.1986 NJW-RR 1986, 1133 (1134); *Musielak* MünchKomm. § 2301 Rn. 21; *Staudinger/Kanzleiter* (2006) § 2301 Rn. 22.

[77] Siehe auch oben § 4 Rn. 22.

[78] Siehe oben § 4 Rn. 22.

[79] Dazu unten § 4 Rn. 31 ff.

[80] Zu diesen zählen nicht anderweitige Schenkungsversprechen. Für das Verhältnis der Beschenkten untereinander gilt nach § 519 Abs. 2 BGB das Prioritätsprinzip.

[81] *J. Koch* MünchKomm. § 519 Rn. 2; *Looschelders* Rn. 322; *Soergel/Mühl/Teichmann* § 519 Rn. 1.

als typisierte Spezialregelung des Fehlens bzw. Wegfalls der Geschäftsgrundlage angesehen werden (vgl. allgemein § 313 BGB).[82] Allerdings besteht das Leistungsverweigerungsrecht wegen seines Zwecks nur solange und soweit aufgrund einer Prognoseentscheidung die von § 519 Abs. 1 BGB erfasste Gefährdungslage existiert. Unter Umständen darf der Schenker die Erfüllung deshalb nur teilweise verweigern.[83] Ebenso begründet die Gefährdungslage keine dauernde (peremptorische) Einrede, sondern dieses Recht steht dem Schenker lediglich zu, solange die Gefährdungslage anhält (dilatorische Einrede).[84] Tritt die in § 519 Abs. 1 BGB umschriebene Notlage erst nach Vollzug der Schenkung ein, dann trägt das Gesetz der Schutzbedürftigkeit des Schenkers durch einen eigenständigen Rückforderungsanspruch nach § 528 Abs. 1 Satz 1 BGB Rechnung, der jedoch strengeren Voraussetzungen unterliegt.[85]

II. Pflichtverletzungen außerhalb der §§ 523, 524 BGB

Nicht bei der Handschenkung, wohl aber beim Schenkungsversprechen kann die **31** Situation eintreten, dass der Schenker seine Leistung nicht oder nicht wie geschuldet erbringt (z. B. Verzug) und damit eine Pflicht i. S. des § 280 Abs. 1 Satz 1 BGB verletzt. Bei diesen Leistungsstörungen richten sich die Rechtsfolgen ausschließlich nach den §§ 280 ff. BGB. Allerdings entbindet § 522 BGB den Schenker in Durchbrechung der allgemeinen Vorschrift des § 288 Abs. 1 BGB von den Verzugszinsen. Wegen der Unentgeltlichkeit der Schenkung sind die §§ 320 ff. BGB nicht anwendbar.[86]

Soweit es für die in den §§ 280 ff., 323 ff. BGB genannten Rechtsfolgen auf **32** das Vertretenmüssen des Schenkers ankommt (§§ 280 Abs. 1 Satz 2, 286 Abs. 4 BGB), begründet das Schenkungsrecht einen *speziellen Haftungsmaßstab*. Wegen der Unentgeltlichkeit begrenzt § 521 BGB die allgemeine Vorschrift des § 276 Abs. 1 Satz 1 BGB: Der Schenker haftet nur für Vorsatz und grobe Fahrlässigkeit. Diese Privilegierung greift auch für ein Verschulden etwaiger Erfüllungsgehilfen des Schenkers i. S. des § 278 BGB ein.[87] Umgekehrt gilt die Privilegierung nicht, wenn den Schenker eine *verschuldensunabhängige Haftung* trifft. Für seine Haftung wegen anfänglichen Unvermögens nach § 311a Abs. 2 BGB ist § 521 BGB

[82] *Looschelders* Rn. 322; *Staudinger/Chiusi* (2013) § 519 Rn. 3.

[83] *J. Koch* MünchKomm. § 519 Rn. 3; *Staudinger/Chiusi* (2013) § 519 Rn. 10.

[84] *J. Koch* MünchKomm. § 519 Rn. 3; *Larenz* BT 1, § 47 II c 1, S. 205; *Staudinger/Chiusi* (2013) § 519 Rn. 8.

[85] Dazu noch unten § 4 Rn. 43 ff.

[86] Auch die Schenkung unter Auflage i. S. des § 525 BGB begründet keinen gegenseitigen Vertrag; siehe oben § 4 Rn. 11 sowie unten § 4 Rn. 52.

[87] *Staudinger/Chiusi* (2013) § 521 Rn. 2.

gleichwohl anzuwenden, wenn die Frage zu beantworten ist, ob der Schenker eine Unkenntnis bezüglich des Leistungshindernisses zu vertreten hat.[88]

33 Sehr umstritten ist, für welche Arten von Pflichtverletzungen das Haftungsprivileg gilt. Methodisch knüpft dieser Streit an die Auslegung des Begriffs „Schenker" in § 521 BGB an. Die Frage ist, ob die verletzte Pflicht für die Anwendung dieser Norm einen funktionellen Bezug gerade zu dem unentgeltlich überlassenen Gegenstand haben muss oder der Zuwendende auch hinsichtlich weiterer aus der Sonderverbindung hervorgehender Pflichten als Schenker *i. S. dieser Vorschrift* anzusehen ist. Daraus ergibt sich zunächst, dass nach unbestrittener Auffassung § 521 BGB eingreift, wenn das Leistungsinteresse (Erfüllungsinteresse) des Beschenkten betroffen ist.[89] Ist der Schenker jedoch in Verzug geraten, so geht die Haftungsverschärfung des § 287 BGB nach h. M. § 521 BGB vor.[90] Dies rechtfertigt sich dadurch, dass der *Eintritt* des Verzuges nach § 286 Abs. 4 BGB seinerseits ein (zu vermutendes) Vertretenmüssen der Nichtleistung i. S. des § 521 BGB voraussetzt; soweit dies gegeben ist, besteht für eine weitere Privilegierung des Schenkers kein Anlass.

34 Der eigentliche Streit um die Reichweite des § 521 BGB betrifft die Frage, ob das Haftungsprivileg auch bei *Schutzpflichtverletzungen* in Bezug auf die Integrität des Beschenkten (siehe § 241 Abs. 2 BGB) eingreift. Dies wird teilweise unterschiedslos bejaht[91] bzw. verneint.[92] Herrschend ist eine vermittelnde Position, die § 521 BGB anwendet, wenn die betreffende Schutzpflicht einen Bezug zum Leistungsgegenstand aufweist (z. B.: Pflicht zur Aufklärung über eine gefährliche Beschaffenheit des Geschenkes),[93] nicht aber, wenn eine vom Leistungsgegenstand losgelöste Schutzpflicht in Rede steht (z. B.: Beschädigung der Einrichtung des Beschenkten bei der Ablieferung des Geschenkes).[94] Diesen Auffassungen liegen jeweils unterschiedliche Ansichten zur Reichweite des Zwecks von § 521 BGB zugrunde, zu der Frage also, ob und inwieweit die Freigiebigkeit auch über die Leistungsbeziehung im engeren Sinne hinaus auf die Schutzpflichtverbindung ausstrahlt, d. h. der Zuwendende auch insoweit als „Schenker" i. S. des § 521 BGB handelt. Dabei

---

[88] *J. Koch* MünchKomm. § 521 Rn. 3; *Looschelders* Rn. 315; *Medicus/Lorenz* Rn. 390, 392; *Staudinger/Chiusi* (2013) § 521 Rn. 5; a. A. *Brox/Walker* § 9 Rn. 16.

[89] Statt aller *J. Koch* MünchKomm. § 521 Rn. 2; *Staudinger/Chiusi* (2013) § 521 Rn. 3 ff.

[90] *Jauernig/Mansel* § 521 Rn. 1; *J. Koch* MünchKomm. § 521 Rn. 3; *Palandt/Weidenkaff* § 521 Rn. 4; *Staudinger/Chiusi* (2013) § 521 Rn. 7.

[91] *Enneccerus/Lehmann* § 121 IV 2c, S. 493; *Staudinger/Chiusi* (2013) § 521 Rn. 10.

[92] *Esser/Weyers* BT 1, § 12 II 2, S. 125; *Larenz* BT 1, § 47 II a, S. 202; *Stoll*, JZ 1985, 384 (385 f.); eingehend *Schlechtriem* Vertragsordnung und außervertragliche Haftung, 1972, S. 332 ff.

[93] Soweit sich ein Integritätsschaden nicht aus der Verletzung einer allgemeinen Schutzpflicht, sondern einem Mangel des Geschenkes ergibt (sog. Mangelfolgeschaden), gelten jedoch die §§ 523 Abs. 1, 524 Abs. 1 BGB als *leges speciales*: BGH 20.11.1984 BGHZ 93, 23 (28). Siehe dazu unten § 4 Rn. 35 ff.

[94] BGH 20.11.1984 BGHZ 93, 23 (27 ff.); *Erman/Hähnchen* § 521 Rn. 3; *Gerhardt* JuS 1970, 597 (600); *Jauernig/Mansel* § 521 Rn. 1; *J. Koch* MünchKomm. § 521 Rn. 5; *Looschelders* Rn. 316 f.; *Medicus/Lorenz* Rn. 395; *Soergel/Mühl/Teichmann* Vor § 521 Rn. 7.

erscheint die Anknüpfung der h. M. an einen Bezug der Schutzpflicht auf den unentgeltlich zugewendeten Gegenstand zwar im Ansatz plausibel. Infolge der Neuregelung des Rechts der Leistungsstörungen hat der Gesetzgeber aber in § 280 Abs. 1 Satz 1 BGB den einheitlichen Begriff der Pflichtverletzung eingeführt und damit zum Ausdruck gebracht, dass er Leistungs- und Schutzpflichten weitgehend einheitlichen Regelungen unterstellt wissen will.[95] Dies liefert zumindest ein weiteres Argument dafür, § 521 BGB auf alle Pflichten des Schenkers anzuwenden.

III. Haftung für Rechts- und Sachmängel

Der Unentgeltlichkeit des Leistungsversprechens trägt ferner eine eingeschränkte Haftung für Rechts- und Sachmängel Rechnung, wobei die §§ 523, 524 BGB als *leges speciales* die allgemeinen Bestimmungen über Pflichtverletzungen in den §§ 280 ff. BGB ausschließen. Dabei treffen die §§ 523 Abs. 1, 524 Abs. 1 BGB stets anwendbare Regelungen, während sich die §§ 523 Abs. 2, 524 Abs. 2 BGB auf Sachverhalte beziehen, in denen der Schenker den Schenkungsgegenstand im Zeitpunkt des Vertragsschlusses erst noch erwerben muss.   **35**

Sowohl § 523 Abs. 1 BGB (Rechtsmängel) als auch § 524 Abs. 1 BGB (Sachmängel) betreffen die Geltendmachung eines *Schadensersatzanspruchs* durch den Beschenkten, der besteht, wenn der Schenker den Mangel *arglistig verschwiegen* hat. Hinsichtlich des „Mangels im Rechte" (§ 523 Abs. 1 BGB) sowie des Fehlerbegriffs (§ 524 Abs. 1 BGB) gelten im Ausgangspunkt ebenso die kaufrechtlichen Grundsätze der §§ 434, 435 BGB[96] wie bezüglich der Arglist, für deren Konkretisierung auf die zu den §§ 438 Abs. 3, 442 Abs. 1 Satz 2, 444 BGB anerkannten Grundsätze zurückzugreifen ist.[97] In Bezug auf den *Umfang* des geschuldeten Schadensersatzes ergibt sich aus zwei Gründen eine Begrenzung auf das negative Interesse (Vertrauensschaden):[98] Erstens führt ein Blick auf die Sonderregeln in den §§ 523 Abs. 2, 524 Abs. 2 BGB und die dort ausdrücklich normierte Rechtsfolge eines Schadensersatzes wegen Nichterfüllung im Wege einer systematischen Auslegung zu dem Ergebnis, dass im Rahmen der §§ 523 Abs. 1, 524 Abs. 1 BGB lediglich der Ersatz des Vertrauensschadens geschuldet ist. Zweitens ist nach dem Wortlaut der Vorschriften nicht der Schaden zu ersetzen, der aus dem Mangel als solchem resultiert (Erfüllungsschaden), sondern derjenige, der aufgrund des arglistigen   **36**

---

[95] Siehe BT-Drucks. 14/6040, S. 134 f.; kritisch zu dieser Konzeption aber z. B. *U. Huber* ZIP 2000, 2273 ff. und *Schapp* JZ 2001, 583 ff.

[96] Statt aller *J. Koch* MünchKomm. § 523 Rn. 2, § 524 Rn. 2; *Looschelders* Rn. 318; *Staudinger/ Chiusi* (2013) § 523 Rn. 4, § 524 Rn. 2. Lediglich die Verantwortlichkeit für Herstelleräußerungen i. S. des § 434 Abs. 1 Satz 3 BGB erscheint bei der Schenkung unangemessen.

[97] *J. Koch* MünchKomm. § 523 Rn. 3; zum Begriff der Arglist oben § 2 Rn. 100.

[98] BGH 02.10.1981 NJW 1982, 818 (819); *Brox/Walker* § 9 Rn. 18; *Esser/Weyers* BT 1, § 12 II 2, S. 125; *J. Koch* MünchKomm. § 523 Rn. 3; *Looschelders* Rn. 319; *Medicus/Lorenz* Rn. 391; *Staudinger/Chiusi* (2013) § 523 Rn. 5, § 524 Rn. 3.

Verschweigens des Mangels eintritt. Damit ist das negative Interesse gemeint. Der Beschenkte ist so zu stellen, wie er bei rechtzeitiger Kenntnis von dem Mangel stünde. Daraus erhellt sich, dass im Fall der §§ 523 Abs. 1, 524 Abs. 1 BGB keine Pflicht zu einer mangelfreien Lieferung, sondern eine Aufklärungspflicht als *Schutzpflicht* verletzt worden ist.[99]

37   Außerhalb der Sonderregelungen in den §§ 523 Abs. 2, 524 Abs. 2 BGB trifft den Schenker keine Pflicht zu mangelfreier Leistung. Dies gilt auch bei Arglist, da diese als besondere Verschuldensform immer schon auf die Verletzung einer bestimmten objektiven Pflicht bezogen sein muss, die bei der Schenkung eben nur die Aufklärung über den etwaigen Mangel beinhaltet. Gehaftet wird dann nach den §§ 523 Abs. 1, 524 Abs. 1 BGB wiederum nur, wenn diese Pflicht arglistig verletzt wurde. Da die §§ 523 Abs. 1, 524 Abs. 1 BGB in Gestalt einer Schutzpflicht nur das Integritäts- und nicht das Erfüllungsinteresse[100] des Beschenkten schützen, erstreckt sich die Haftungsprivilegierung zwingend auf *Mangelfolgeschäden*.[101] Denn der Schaden, der durch das *Verschweigen des Mangels* entsteht, ist stets ein Schaden an einem anderen Rechtsgut als der Vermögensverlust durch den Minderwert des Geschenkes (Mangelschaden).[102] Somit stellen diese Haftungsvorschriften einen Spezialfall der oben erörterten leistungsbezogenen (da auf die Beschaffenheit des Schenkungsgegenstandes zielenden) Schutzpflichten dar, für die der Haftungsmaßstab gegenüber § 521 BGB nochmals gemildert ist.

38   Eine haftungsrechtliche Sonderregelung treffen schließlich die §§ 523 Abs. 2, 524 Abs. 2 BGB in Bezug auf das *Erfüllungsinteresse* des Beschenkten:[103] Hatte der Schenker die Leistung eines Gegenstandes versprochen, den er erst noch erwerben sollte, besteht zunächst ein Anspruch auf mangelfreie Lieferung.[104] Wurde ein mangelhafter Gegenstand zugewendet, haftet der Schenker, wenn er den Rechts- bzw. Sachmangel beim Erwerb kannte oder ihm dieser infolge grober Fahrlässigkeit unbekannt geblieben ist. Über den Wortlaut des Gesetzes hinaus ist zum Schutz des Schenkers zu fordern, dass ihm die Vermeidung oder Beseitigung des Mangels mit zumutbaren Mitteln (vgl. § 275 Abs. 2 BGB) möglich gewesen sein muss.[105] Unter

---

[99] Vgl. Prot. II, S. 27 ff.; *Larenz* BT 1, § 47 II b, S. 202 f.

[100] Allgemein zu den Begriffen Erfüllungs- und Integritätsinteresse *H. Lange/Schiemann* Schadensersatz, 3. Aufl. 2003, § 2 IV 3 und § 2 V 5.

[101] BGH 20.11.1984 BGHZ 93, 23 (28); *Gerhardt* JuS 1970, 597 (600); *Palandt/Weidenkaff* § 524 Rn. 6; *Staudinger/Chiusi* (2013) § 524 Rn. 4; a. A. *Esser/Weyers* BT 1, § 12 II 2, S. 125; *J. Koch* MünchKomm. § 521 Rn. 7, § 524 Rn. 2; *Looschelders* Rn. 320.

[102] Insofern ist es strenggenommen sogar unrichtig, in diesem Zusammenhang überhaupt von Mangel- und Mangelfolgeschäden zu sprechen: Pflichtverletzung ist nicht die Lieferung eines mangelhaften Gegenstandes als solche, sondern das Unterlassen der diesbezüglichen Aufklärung.

[103] Für den Ersatz von Integritätsschäden sind aber auch in diesen Fällen die §§ 523 Abs. 1, 524 Abs. 1 BGB einschlägig.

[104] *Staudinger/Chiusi* (2013) § 523 Rn. 10; ebenso bis zum Gefahrübergang *J. Koch* MünchKomm. § 523 Rn. 5.

[105] *J. Koch* MünchKomm. § 523 Rn. 4.

diesen Voraussetzungen steht dem Beschenkten beim Rechtsmangel ein Anspruch auf Schadensersatz wegen Nichterfüllung zu (§ 523 Abs. 2 Satz 1 BGB). Bei einem Sachmangel tritt diese Rechtsfolge erst ein, wenn der Schenker eine Gattungssache schuldet und den Sachmangel arglistig verschwiegen hat (§ 524 Abs. 2 Satz 2 BGB); ansonsten verbleibt es in Anlehnung an § 439 Abs. 1 Alt. 2 BGB bei einem Anspruch des Beschenkten auf Nachlieferung (§ 524 Abs. 2 Satz 1 BGB). Hinsichtlich der weiteren Einzelheiten – wie z. B. der Anspruchsverjährung – verweist das Gesetz weitgehend auf die kaufrechtlichen Vorschriften (§§ 523 Abs. 2 Satz 2, 524 Abs. 2 Satz 3 BGB).

IV. Ausstrahlung schenkungsrechtlicher Haftungsprivilegierungen auf das Deliktsrecht

Die Frage nach der Reichweite der §§ 521 ff. BGB gewinnt zusätzliche Brisanz **39** durch den Umstand, dass die h. M. die Beschränkung des Vertretenmüssens des Schenkers auf Vorsatz und grobe Fahrlässigkeit (§ 521 BGB) bzw. sogar auf Arglist (§§ 523 Abs. 1, 524 Abs. 1 BGB) auch auf einen etwaigen deliktischen Anspruch des Beschenkten aus den §§ 823 ff. BGB erstreckt.[106] Bei diesem Problem handelt es sich um einen Ausschnitt aus der umfassenderen Frage der Anspruchs- und Anspruchsnormenkonkurrenz.[107]

Dementsprechend wird gegen die Ausdehnung der Haftungsprivilegierung auf **40** das Deliktsrecht vorgebracht, dass diese Privilegierung in unlösbarer Verbindung zu der vertraglichen Sonderbeziehung stehe und es den mit einer derartigen Sonderverbindung intendierten Regelungszweck eines erhöhten Gläubigerschutzes (vgl. die §§ 280 ff. BGB) in sein Gegenteil verkehre, wenn auf die Sonderverbindung bezogene Privilegierungen auch den allgemeinen Verkehrsschutz abschwächen würden.[108]

Das überzeugt jedoch nicht. Die vertragliche Haftung soll nicht schlicht ein **41** zusätzliches Haftungsinstrument neben dem Deliktsschutz darstellen, sondern vielmehr eine spezifische Regelung treffen, die den Besonderheiten des jeweiligen Rechtsverhältnisses Rechnung trägt. Insoweit ist aufgrund der Freigiebigkeit eine Privilegierung des Schenkers geboten, die unterlaufen würde, wenn der deliktische Haftungsmaßstab unverändert bliebe. Dessen Anpassung ist lediglich Ausdruck der vom Regelfall abweichenden besonderen Beziehung der Vertragsparteien, die in Teilbereichen durchaus auch Nachteile für den Beschenkten gegenüber den allgemeinen Regeln bewirken kann. Ferner trifft es nicht zu, dass die Schenkung

---

[106] BGH 20.11.1984 BGHZ 93, 23 (29); *Erman/Hähnchen* § 521 Rn. 4; *J. Koch* MünchKomm. § 521 Rn. 6; *Looschelders* Rn. 316; *Medicus* Festschrift für Odersky, 1996, S. 596 ff.; *Staudinger/Chiusi* (2013) § 521 Rn. 11.

[107] Dazu *Wolf/Neuner* § 21 Rn. 5 ff.; zum Parallelproblem im Recht der Leihe unten § 6 Rn. 20 f.

[108] *Esser/Weyers* BT 1, § 12 II 2, S. 125.

durch die Ausstrahlung der Haftungsmilderung auf das Deliktsrecht für minderjährige Zuwendungsempfänger kein lediglich rechtlich vorteilhaftes Geschäft i. S. des § 107 BGB mehr wäre.[109] Die Abschwächung des Vertretenmüssens auch bei den §§ 823 ff. BGB tritt nicht als Inhalt des Schenkungsvertrages, sondern kraft Gesetzes aufgrund der Überformung des allgemeinen Verkehrsschutzes durch die Sonderverbindung ein.[110] Zu berücksichtigen ist allerdings, dass eine Ausstrahlung auf das Deliktsrecht konsequenterweise nur in Betracht kommt, wenn die jeweilige Pflichtverletzung auf vertraglicher Ebene auch dem Anwendungsbereich der Haftungsprivilegierung unterfällt, was insbesondere bei § 521 BGB umstritten sein kann.[111]

E. Rückgewähransprüche des Schenkers

42 Neben den Privilegierungen des Schenkers in den §§ 521 bis 524 BGB trägt das Gesetz der Unentgeltlichkeit der Zuwendung dadurch Rechnung, dass es dem Schenker unter erleichterten Voraussetzungen ermöglicht, die Rückabwicklung der Leistung herbeizuführen. Diese Vorschriften sind Ausdruck einer in verschiedenen Regelungen anzutreffenden „Schwäche" des unentgeltlichen Erwerbs (vgl. auch die §§ 816 Abs. 1 Satz 2, 822, 2287, 2325, 2329 BGB, § 134 InsO, § 4 AnfG).[112] Dabei ist zwischen dem Rückforderungsanspruch (§ 528 Abs. 1 Satz 1 BGB) und dem Herausgabeanspruch nach Ausübung eines Widerrufsrechts (§ 812 Abs. 1 Satz 2 Alt. 1 BGB i. V. mit § 531 Abs. 2 BGB) zu unterscheiden. Für beide Anspruchsgrundlagen gilt gleichermaßen der Ausschlusstatbestand des § 534 BGB.[113] Auch wenn es sich bei den Sachverhalten in den §§ 528, 530 Abs. 2 BGB um Sonderfälle des Wegfalls der Geschäftsgrundlage handelt, stellen diese keine abschließende Spezialregelung für das Schenkungsrecht dar, die den Rückgriff auf das allgemeine Institut (§ 313 BGB) generell ausschließt.[114] Eine Sperrwirkung gilt vielmehr ausschließlich im Anwendungsbereich der vorgenannten schenkungsrechtlichen Bestimmungen.[115]

---

[109] So aber *Schlechtriem* Rn. 191.

[110] Dazu, dass der rechtliche Nachteil i. S. des § 107 BGB Inhalt des jeweiligen Rechtsgeschäfts sein muss, *Flume* AT 2, § 13/7b, S. 192; anders allerdings jetzt in einem anderen Zusammenhang BGH 25.11.2004 NJW 2005, 415 (417 f.).

[111] Dazu oben § 4 Rn. 33 f.

[112] Zu den Implikationen für die gemischte Schenkung *Schlinker* AcP 206 (2006), 28 (42 ff.).

[113] Dazu unten § 4 Rn. 51.

[114] Exemplarisch für als Schenkung zu bewertende Zuwendungen von Schwiegereltern an Schwiegerkinder BGH 26.11.2014 NJW 2015, 690 Rn. 18 ff.

[115] BGH 03.02.2010 BGHZ 184, 190 Rn. 25 ff.; BGH 21.07.2010 NJW 2010, 2884 Rn. 13 ff.

I. Der Rückforderungsanspruch (§ 528 Abs. 1 Satz 1 BGB)

Das Schenkungsrecht unterstellt, dass der Schenker die Zuwendung an den **43** Beschenkten vornimmt, weil er das entsprechende Vermögen für seinen eigenen Unterhalt und seine anderweitigen Unterhaltsverpflichtungen nicht benötigt. Diese vom Gesetz für die Schenkung angenommene Geschäftsgrundlage entfällt jedoch, wenn der Schenker nach deren Vollzug nicht mehr seinen eigenen angemessenen Unterhalt bestreiten oder seine gesetzlichen Unterhaltspflichten erfüllen kann.[116] Für diesen Fall einer Notlage soll er berechtigt sein, die Zuwendung von dem Beschenkten zurückzufordern,[117] ist aber im Hinblick auf den Umfang der Herausgabe auf dasjenige beschränkt, was zur Behebung der Notlage erforderlich ist.[118]

Anders als bei der Einrede des Notbedarfs (§ 519 BGB) genügt wegen der Schutz- **44** bedürftigkeit des Beschenkten (Vertrauen auf die Rechtsbeständigkeit des erfolgten Erwerbs) indes nicht bereits der Eintritt einer Gefährdungslage. Der Rückforderungsanspruch ist aus dem vorgenannten Grund zudem nach § 529 BGB ausgeschlossen, wenn

- der Schenker seine Bedürftigkeit vorsätzlich oder infolge grober Fahrlässigkeit herbeigeführt hat oder
- seit der Leistung 10 Jahre verstrichen sind oder
- bei Erfüllung der Herausgabepflicht bei dem Beschenkten eine mit § 519 BGB deckungsgleiche Unterhaltsgefährdung eintreten würde (§ 529 Abs. 2 BGB).[119] In diesem Fall befinden sich beide Parteien in einer vergleichbaren Notlage, deren Umschichtung durch eine Rückgewähr aufgrund des Vertrauensaspektes nicht gerechtfertigt wäre.

In den vorgenannten Konstellationen genießt das Vertrauen des Beschenkten in die **45** Rechtsbeständigkeit des Erwerbs den Vorrang. Liegen hingegen die tatbestandlichen Voraussetzungen für einen Rückforderungsanspruch vor und greift keiner der in § 529 BGB genannten Ausschlusstatbestände ein, dann begründet § 528 Abs. 1 Satz 1 BGB einen *eigenständigen Anspruch* auf Rückgewähr der vom Schenker zugewandten Leistung.

---

[116] Ebenso für die Parallelnorm in § 519 BGB als Sonderfall des Wegfalls der Geschäftsgrundlage *Staudinger/Chiusi* (2013) § 519 Rn. 3.

[117] Praktische Relevanz erhält die Vorschrift häufig erst bei einem Regress durch Sozialhilfeträger; vgl. § 93 Abs. 1 Satz 1 SGB XII sowie exemplarisch BGH 20.05.2003 NJW 2003, 2449 ff.; BGH 19.10.2004 NJW 2005, 670 f. Entsprechendes ordnet § 33 Abs. 1 SGB II an, wenn Leistungen zur Sicherung des Lebensbedarfs bezogen werden.

[118] BGH 20.05.2003 NJW 2003, 2449 (2450); BGH 17.12.2009 NJW 2010, 2655 Rn. 16. Zur Abwendung einer anteiligen Wertersatzpflicht durch volle Rückgabe eines unteilbaren Geschenkes an den Schenker siehe wiederum BGH 17.12.2009 NJW 2010, 2655 Rn. 16 sowie BGH 22.04.2010 NJW 2011, 218 Rn. 28.

[119] Es handelt sich um eine dilatorische Einrede: BGH 06.09.2005 NJW 2005, 3638.

46   Die Bezugnahme in § 528 Abs. 1 Satz 1 BGB auf das Bereicherungsrecht ist i. S. einer *Rechtsfolgenverweisung* zu verstehen,[120] da die Vorschrift die Voraussetzungen für die Verpflichtung zur Rückgewähr abschließend festlegt und der Rechtsgrund für die Vermögenszuwendung aufgrund der Notlage – die nur die Geschäftsgrundlage berührt – nicht entfällt. Die Einzelheiten des Rückforderungsanspruchs, insbesondere die Rechtsfolgen, wenn die zugewandte Leistung nicht mehr vorhanden oder verschlechtert ist, sind somit nach den §§ 818 ff. BGB zu beurteilen.[121] So schuldet der Beschenkte z. B. nach § 818 Abs. 2 BGB Wertersatz, wenn ihm die Herausgabe des Geschenkes unmöglich ist. Auch § 822 BGB ist analog anwendbar, wenn der Beschenkte den Gegenstand weiterverschenkt hat.[122]

47   Da § 528 BGB nach seinem Regelungszweck nur das vermögensbezogene Interesse an der Rückerlangung des Schenkungswertes schützt, kann der Beschenkte die Rückgewähr in natura mit einer Geldzahlung abwenden, die den Unterhaltsbedarf bis zur Höhe des Zuwendungswertes abdeckt (§ 528 Abs. 1 Satz 2 BGB). Unter mehreren Beschenkten gilt für die Rückforderung das Prioritätsprinzip (§ 528 Abs. 2 BGB); bei gleichzeitig Beschenkten besteht eine Gesamtschuld mit den Ausgleichsfolgen des § 426 BGB.[123]

II. Der Herausgabeanspruch (§ 812 Abs. 1 Satz 2 Alt. 1 BGB i. V. mit § 531 Abs. 2 BGB)

48   Dem altruistischen Charakter der Schenkung trägt auch das Recht zum Widerruf wegen groben Undanks Rechnung (§ 530 Abs. 1 BGB). Im Gegensatz zu § 528 Abs. 1 Satz 1 BGB begründet dieser nicht unmittelbar einen Rückforderungsanspruch des Schenkers oder gegebenenfalls seiner Erben (§ 530 Abs. 2 BGB). Das Gesetz räumt lediglich ein Gestaltungsrecht (Widerruf) ein, sodass die Herausgabe des Geschenkes erst verlangt werden kann, wenn der Widerruf gegenüber dem Beschenkten rechtswirksam erklärt worden ist (§ 531 Abs. 1 BGB).

49   Die Schwelle für eine zum Widerruf berechtigende „schwere Verfehlung" ist – wie § 530 Abs. 2 BGB zeigt (Tötung des Schenkers) – aus Gründen der Rechtssicherheit und -beständigkeit sehr hoch anzusetzen und darf auch nicht durch einen Rückgriff auf die allgemeinen Regeln zum Wegfall der Geschäftsgrundlage (§ 313 BGB) unterlaufen werden.[124] Nach einer allerdings vagen Formel der

---

[120] BGH 19.12.2000 NJW 2001, 1207 (1208); *J. Koch* MünchKomm. § 528 Rn. 5; *Looschelders* Rn. 325; *Medicus/Lorenz* Rn. 399; *Staudinger/Chiusi* (2013) § 528 Rn. 36.

[121] Siehe BGH 20.05.2003 NJW 2003, 2449 (2451).

[122] BGH 03.02.1989 BGHZ 106, 354 (357 f.); BGH 10.02.2004 NJW 2004, 1314 f.

[123] Vgl. BGH 13.02.1991, NJW 1991, 1824 (1825).

[124] Siehe BGH 21.12.2005 NJW-RR 2006, 699 (700); *Medicus/Lorenz* Rn. 400. Der Vorrang des § 530 Abs. 2 BGB gilt allerdings nicht außerhalb des Anwendungsbereichs der speziellen Rückgabeansprüche.

Rechtsprechung muss das Fehlverhalten objektiv eine gewisse Schwere und subjektiv eine tadelnswerte Gesinnung aufweisen, die einen Mangel an Dankbarkeit erkennen lässt,[125] wofür die Tatbestände in den §§ 2333, 2339 BGB einen Anhaltspunkt liefern. Das Fehlverhalten muss nicht schuldhaft im Rechtssinne, wohl aber moralisch vorwerfbar sein,[126] wobei dies ausscheidet, wenn die Verschuldensfähigkeit nach den §§ 827, 828 BGB fehlt.[127] Wird diese Schwelle überschritten, dann steht dem Schenker ein Widerrufsrecht zu (§ 531 Abs. 1 BGB), für dessen Ausübung die allgemeinen Vorschriften über empfangsbedürftige Willenserklärungen gelten. Die §§ 532, 533 BGB regeln allerdings wichtige Tatbestände (Verzeihung, Fristablauf nach Kenntniserlangung, Tod des Beschenkten, *nachträglicher* Verzicht), die das Widerrufsrecht ausschließen.

Wurde das Widerrufsrecht wirksam ausgeübt, steht dem Schenker ein Anspruch **50** auf Herausgabe des Geschenkes zu. Da der Rechtsgrund für die Zuwendung durch den Widerruf nachträglich i. S. des § 812 Abs. 1 Satz 2 Alt. 1 BGB entfallen ist, stellt die Bezugnahme auf das Bereicherungsrecht in § 531 Abs. 2 BGB eine *Rechtsgrundverweisung* mit lediglich deklaratorischer Bedeutung dar.[128]

III. Pflicht- und Anstandsschenkungen als Ausschlusstatbestände

Sowohl der Rückforderungsanspruch (§ 528 Abs. 1 Satz 1 BGB) als auch der Her- **51** ausgabeanspruch (§ 812 Abs. 1 Satz 2 Alt. 1 BGB i. V. mit § 531 Abs. 2 BGB) können grundsätzlich bei allen Schenkungen eingreifen. Eine wichtige und für beide Anspruchsgrundlagen geltende Ausnahme regelt jedoch § 534 BGB. Entsprach die Schenkung einer „sittlichen Pflicht" oder einer auf den „Anstand zu nehmenden Rücksicht" (Anstandspflicht), dann schließt dies sowohl die Rückforderung des Geschenkes wegen Bedürftigkeit (§ 528 BGB) als auch den Widerruf der Schenkung wegen groben Undanks (§ 530 BGB) aus. Beispiele für die von § 534 BGB erfassten Schenkungen sind übliche Gelegenheitsgeschenke wie Geburtstags-, Weihnachts- und Hochzeitsgeschenke (Anstandspflicht) oder die Unterstützung bedürftiger naher, aber nicht unterhaltsberechtigter Verwandter, z. B. von Geschwistern (sittliche Pflicht).[129]

---

[125] BGH 30.06.1993 NJW-RR 1993, 1410 (1411); BGH 13.11.2012 NJW-RR 2013, 618 Rn. 11; BGH 25.03.2014 NJW 2014, 3021 Rn. 18.

[126] *J. Koch* MünchKomm. § 530 Rn. 7.

[127] *J. Koch* MünchKomm. § 530 Rn. 7; *Staudinger/Chiusi* (2013) § 530 Rn. 8.

[128] Für die allgemeine Ansicht *J. Koch* MünchKomm. § 531 Rn. 4; *Medicus/Lorenz* Rn. 402; *Staudinger/Chiusi* (2013) § 531 Rn. 1.

[129] Vgl. zu weiteren Einzelfällen *J. Koch* MünchKomm. § 534 Rn. 4 f.

F. Die Schenkung unter Auflage

52 Als eine besondere Form der Schenkung regeln die §§ 525 bis 527 BGB die Schenkung unter Auflage. Für diese ist charakteristisch, dass die Schenkung zwar unbedingt erfolgt, der Beschenkte aber gleichwohl zur Vornahme einer bestimmten Handlung verpflichtet sein soll. Da die aus der Auflage resultierende Verpflichtung der Zuwendung nicht nach Art einer Gegenleistung gegenübersteht, sondern die Zuwendung quasi einschränkt, bleibt letztere unentgeltlich.[130] Die Einklagbarkeit der Auflage unterscheidet diese Art der Schenkung zudem von der Zweckschenkung, bei der dem Schenker bei Nichterfüllung des Zwecks zwar nach der h. M., nicht aber nach der hier vertretenen Auffassung ein bereicherungsrechtlicher Herausgabeanspruch (§ 812 Abs. 1 Satz 2 Alt. 2 BGB) zusteht.[131]

53 Die Schenkung unter Auflage unterliegt im Ausgangspunkt den allgemeinen Vorschriften über die Schenkung. Zu dem möglichen *Inhalt einer Auflage* schweigt das Gesetz. Angesichts fehlender Einschränkungen in § 525 Abs. 1 BGB kann jede Verpflichtung des Beschenkten zu einem bestimmten Verhalten materieller oder immaterieller Art Gegenstand einer Auflage sein.[132] Es ist auch nicht erforderlich, dass diese aus dem Wert der Zuwendung erfüllt werden muss, was z. B. bei ideellen Auflagen unmöglich wäre. Ebenso ist es im Grundsatz unbeachtlich, wenn der Wert der Zuwendung denjenigen der Auflage nicht nennenswert übersteigt (siehe indirekt § 526 Satz 1 BGB). Verbleibt bei dem Empfänger der Zuwendung nach dem insoweit allein maßgeblichen *Parteiwillen* jedoch durch die Erfüllung der Auflage keinerlei – sei es auch immaterielle – Bereicherung, fehlt es bereits tatbestandlich an einer Schenkung,[133] da die „Auflage" nicht mehr als bloße Einschränkung der Zuwendung begriffen werden kann. Wenn der Wert der Auflage auch aus subjektiver Sicht der Vertragspartner den Wert der Zuwendung übersteigt, liegt somit eine Schenkung nur vor, wenn der Wert der Auflage im Vermögen des Beschenkten verbleibt.

54 Die Besonderheit der Schenkung unter Auflage zeigt sich in der Verknüpfung der Auflage mit der Schenkung. Dabei regelt das Schenkungsrecht drei Komplexe:

- Erstens steht dem Schenker ein eigenständiger, einklagbarer Anspruch auf Vollziehung der Auflage zu, der allerdings voraussetzt, dass der Schenker seinerseits die Zuwendung erbracht hat (§ 525 Abs. 1 BGB). Begünstigt die Auflage einen Dritten, handelt es sich nach der Auslegungsregel des § 330 Satz 2 BGB im Zweifel um einen echten, berechtigenden Vertrag zugunsten Dritter. Liegt

---

[130] Siehe oben § 4 Rn. 12.

[131] Dazu oben § 4 Rn. 15.

[132] BGH 30.01.1970 FamRZ 1970, 185 (186); *J. Koch* MünchKomm. § 525 Rn. 2.

[133] RG 07.03.1905 RGZ 60, 238 (240 f.); *J. Koch* MünchKomm. § 525 Rn. 6; *Larenz* BT 1, § 47 III, S. 209.

die Erfüllung der Auflage im öffentlichen Interesse, kann diese nach dem Tod des Schenkers durch die zuständige Behörde durchgesetzt werden (§ 525 Abs. 2 BGB).

• Zweitens sind bei einer Nichtvollziehung der Auflage die allgemeinen Vorschriften des Leistungsstörungsrechts (§§ 280 ff. BGB) zwar in Bezug auf einen Schadensersatz zum Ausgleich der Nichterfüllung anwendbar. Hinsichtlich eines Herausgabeanspruchs bezüglich des Geschenkes wegen der Nichtvollziehung der Auflage verweist § 527 Abs. 1 BGB aber lediglich als *Tatbestandsvoraussetzung* auf die Voraussetzungen des Rücktrittsrechts bei gegenseitigen Verträgen (§ 323 BGB), ohne dass es einer Rücktrittserklärung bedarf.[134] Denn als *Rechtsfolge* ordnet § 527 Abs. 1 BGB keine Rückgewähr nach den §§ 346 ff. BGB, sondern im Wege einer *Rechtsfolgenverweisung* die Herausgabe des Geschenkes nach den Vorschriften des Bereicherungsrechts (§§ 818 ff. BGB) an. Die Herausgabe hat jedoch nur insoweit zu erfolgen, als das Geschenk zur Vollziehung der Auflage hätte verwendet werden müssen. Daraus ergibt sich Folgendes: Betrifft die Auflage den Schenkungsgegenstand in seiner Substanz (z. B. Auflage einer bestimmten Verwendung desselben), ist dieser zurückzugeben; war das Geschenk in einem Teil seines Wertes zur Erfüllung der Auflage einzusetzen (Beispiel: mit einem wertvollen Geschenk verbundene Auflage, einen kleineren Betrag an eine gemeinnützige Organisation zu spenden), hat gemäß § 818 Abs. 2 BGB eine Herausgabe des Wertes der Auflage zu erfolgen; bei einer immateriellen Auflagepflicht ohne Bezug zum Schenkungsgegenstand muss folgerichtig nichts herausgegeben werden.[135]

• Drittens sichert § 526 Satz 1 BGB den Beschenkten durch ein Leistungsverweigerungsrecht davor, dass er die Auflage vollziehen muss, obwohl die Zuwendung mit einem Rechts- oder Sachmangel behaftet ist und *dadurch* der Wert der Zuwendung die Höhe der zur Vollziehung der Auflage erforderlichen Aufwendungen nicht erreicht. Hat der Beschenkte die Auflage in Unkenntnis des Mangels bereits vollzogen, steht ihm nach § 526 Satz 2 BGB ein Anspruch auf Ersatz desjenigen Aufwendungswertes zu, der infolge des Rechts- oder Sachmangels nicht von der Zuwendung gedeckt ist. Erreicht der Wert der Zuwendung aus einem anderen, den Parteien bei Vertragsschluss unbekannten Grund nicht den Wert der Auflage, ist § 526 BGB als spezielle Regelung der Geschäftsgrundlage analog anzuwenden.[136]

---

[134] Wohl a. A. *Fikentscher/Heinemann* Rn. 978.

[135] *J. Koch* MünchKomm. § 527 Rn. 3; *Staudinger/Chiusi* (2013) § 527 Rn. 10.

[136] *Esser/Weyers* BT 1 § 12 IV 1, S. 127; *J. Koch* MünchKomm. § 526 Rn. 3; *Larenz* BT 1, § 47 III, S. 210.

§ 5 Miet- und Pachtverträge

Inhaltsverzeichnis

A. Überblick

1 Miet- und Pachtverträge zählen zu den sog. Überlassungsverträgen.[1] Für diese ist kennzeichnend, dass sich der Vermieter bzw. Verpächter verpflichtet, dem Mieter bzw. Pächter einen Gegenstand auf Zeit zur Nutzung zu überlassen (Gebrauchsüberlassung). Nach der Beendigung des Rechtsverhältnisses muss der Mieter bzw. Pächter den Gegenstand zurückgeben. Anders als bei Veräußerungsverträgen, z. B. einem Kauf, kommt es somit zu keiner Übertragung der rechtlichen Inhaberschaft an dem Vermögensgegenstand (Eigentumsübertragung an Sachen etc.). Als Gegenleistung für die Überlassung erhält der Vermieter bzw. Verpächter ein Entgelt, die Miete bzw. Pacht, sodass ein gegenseitiger Vertrag i. S. der §§ 320 ff. BGB vorliegt. Miet- und Pachtverträge begründen zudem Dauerschuldverhältnisse, da sich diese nicht in einem einmaligen Leistungsaustausch erschöpfen. Vielmehr entstehen die vertraglichen Pflichten der Parteien während der gesamten Vertragsdauer fortlaufend neu, sodass sie kontinuierlich Leistungen zu erbringen haben.[2] Dieses Rechtsverhältnis endet erst mit dem Eintritt eines Beendigungstatbestandes (Ablauf einer Befristung, Kündigung etc.).[3]

2 Beide Vertragstypen unterscheiden sich hauptsächlich durch den Umfang der gewährten Nutzung (vgl. § 100 BGB). Der Mietvertrag gibt dem Mieter nur das Recht zum Gebrauch der Mietsache, während der Pachtvertrag zugunsten des Pächters zusätzlich das Recht zur Fruchtziehung begründet, sodass ihm nach § 581 Abs. 1 Satz 1 BGB im Rahmen der ordnungsgemäßen Wirtschaft die Früchte des

---

[1] Dazu oben § 1 Rn. 20 ff.

[2] *Larenz* BT 1, § 48 I, S. 212; *Häublein* MünchKomm. Einl. Vor § 535 Rn. 5; *Looschelders* Rn. 391; hierzu auch jüngst *Weller* JZ 2012, 881 ff.

[3] Dazu näher unten § 5 Rn. 114 ff.

betreffenden Gegenstandes i. S. des § 99 BGB zustehen.[4] Deshalb ist der Pachtvertrag ein um das Fruchtziehungsrecht erweiterter Mietvertrag. Die Verwandtschaft beider Vertragstypen spiegelt sich auch in ihrer gesetzlichen Ausgestaltung. Für den Mietvertrag treffen die §§ 535 bis 580a BGB eine ausführliche Regelung, die § 581 Abs. 2 BGB im Wege der Verweisung auf den Pachtvertrag überträgt. Die speziellen gesetzlichen Bestimmungen zum Pachtvertrag in den §§ 582 bis 584b BGB beschränken sich dementsprechend auf Besonderheiten, die sich aus der Einräumung des Fruchtziehungsrechts ergeben. Weitgehend eigenständige Vorschriften existieren lediglich für den Landpachtvertrag (§§ 585 bis 597 BGB).

Weder den Miet- noch den Pachtvertrag regelt das BGB abschließend, sondern ergänzend treten weitere Gesetze und Verordnungen hinzu wie z. B. das Landpachtverkehrsgesetz,[5] die Heizkostenverordnung[6] oder das öffentlich-rechtliche Wohnungsrecht.[7] Diese Zersplitterung der Rechtsmaterie hat das zum 01.09.2001 in Kraft getretene Mietrechtsreformgesetz[8] zwar verringert, indem es z. B. das frühere Gesetz zur Regelung der Miethöhe in das BGB integriert hat; eine vollständige Zusammenfassung der Materie unterblieb aber.[9]   **3**

B. Der Mietvertrag im Allgemeinen

I. Grundstruktur der gesetzlichen Regelung

Das Mietvertragsrecht des BGB enthält im Ersten Untertitel des Fünften Titels   **4** allgemeine Vorschriften für Mietverhältnisse (§§ 535 bis 548 BGB). Im Zweiten Untertitel fassen die §§ 549 bis 577a BGB Bestimmungen für Mietverhältnisse über Wohnraum zusammen. Für diese gelten nach § 549 Abs. 1 BGB zwar im Grundsatz auch die allgemeinen Vorschriften in den §§ 535 bis 548 BGB, die §§ 549 bis 577a BGB sehen aber für Wohnraummietverträge umfangreiche Sonderregelungen vor. Schließlich ergänzen die §§ 578 bis 580a BGB in einem Dritten Untertitel das Mietvertragsrecht durch weitere Vorschriften für Mietverträge über Grundstücke, Räume oder Schiffe, verweisen aber zu großen Teilen auf ausgewählte Normen zur Wohnraummiete.

---

[4] *Schlechtriem* Rn. 231; *Häublein* MünchKomm. Vor § 535 Rn. 3; *Staudinger/Emmerich* (2018) Vorbem. zu § 535 Rn. 31.

[5] Gesetz über die Anzeige und Beanstandung von Landpachtverträgen v. 08.11.1985, BGBl. I, S. 2075.

[6] Verordnung über die verbrauchsabhängige Abrechnung der Heiz- und Warmwasserkosten in der Fassung der Bekanntmachung v. 06.10.2009, BGBl. I, S. 3250.

[7] Überblick zu dessen Entwicklung bei *Häublein* MünchKomm. Vor § 535 BGB Rn. 74 ff.

[8] Gesetz zur Neugliederung, Vereinfachung und Reform des Mietrechts (Mietrechtsreformgesetz) v. 19.06.2001, BGBl. I, S. 1149.

[9] BT-Drucks. 14/4553, S. 35; dazu auch *B. Grundmann* NJW 2001, 2497 ff.

5   Die allgemeinen Bestimmungen in den §§ 535 ff. BGB entsprechen weitgehend dem liberalen, an der Privatautonomie orientierten Vertragsbild des BGB.[10]
Der Wohnraummietvertrag hat demgegenüber wegen der sozialen Bedeutung der
Wohnung für den Mieter und der immer wieder bestehenden Wohnungsknappheit
eine Sonderentwicklung genommen. Dabei hatte zunächst die Wohnungszwangs-
wirtschaft den Vertrag als Mittel des Gütertransfers weitgehend verdrängt.[11] Mit
deren Auslaufen entwickelte sich teils innerhalb, teils außerhalb des BGB ein sozia-
les Wohnraummietrecht, das zwar den privatautonom gestalteten Vertrag zugrunde
legt, die Inhaltsfreiheit zum Schutz des Mieters aber erheblich begrenzt. Im Gegensatz zu den §§ 535 bis 548 BGB, die dem klassischen Bild des Vertrages als Aus-
gleichsmechanismus zwischen den Vertragsparteien entsprechen,[12] berücksichtigen
die Vorschriften zum Wohnraummietvertrag die typische strukturelle Unterlegenheit des Mieters, der auf die Wohnung als Teil seiner Existenzgrundlage angewiesen ist und deshalb sowohl bei Abschluss des Vertrages als auch während der Vertragsdurchführung eine ungünstigere Verhandlungsposition als der Vermieter hat.[13]
Die im Laufe der Zeit eingeführten Regelungen zum Schutz des Mieters vertrauen
anders als der Gesetzgeber des ausgehenden 19. Jahrhunderts nicht auf einen Ausgleich durch die „unsichtbare Hand des Marktes", sondern schränken rechtspater-
nalistisch die Vertragsfreiheit ein.[14] Schwerpunkte sind dabei der Schutz vor einer
zu hohen Miete und einer Verletzung des Persönlichkeitsrechts sowie das Interesse
des Mieters am Fortbestand des Vertragsverhältnisses.[15]

II. Gegenstand des Mietvertrages und Abgrenzung von anderen Vertragstypen

1. Gegenstand der Überlassung

6   Der Mietvertrag verpflichtet zur entgeltlichen Gebrauchsüberlassung einer Mietsache (§ 535 BGB). Hierunter fallen sowohl die Überlassung beweglicher als auch

---

[10] Grundlegend dazu *Flume* AT 2, § 1.

[11] Zur Historie *Häublein* MünchKomm. Vor § 535 Rn. 41 ff.; *Larenz* BT 1, § 48 VI a, S. 255 f.; *Staudinger/Emmerich* (2018) Vorbem. zu § 535 Rn. 1 ff.

[12] Grundsatz der Richtigkeitsgewähr des Vertrages: *Schmidt-Rimpler* AcP 147 (1942), 130 (151).

[13] *Esser/Weyers* BT 1, § 19 I und II, S. 159 ff.; *Larenz* BT 1, § 48 I, S. 213 f.

[14] Grundlegend hierzu *Enderlein* Rechtspaternalismus und Vertragsfreiheit, 1996; siehe demgegenüber auch den Versuch von *Weller* JZ 2012, 881 ff., zur Legitimation die Dogmatik der Dauerschuldverhältnisse zu aktivieren.

[15] Zur grundrechtlichen Überlagerung des durch das Mietverhältnis vermittelten Besitzes durch
Art. 14 Abs. 1 GG siehe BVerfG 26.05.1993 NJW 1993, 2035 (2036), wonach das Minimum staat-
lichen Schutzes zumindest die Abwehr von Kündigungen gebietet, „die das Bestandsinteresse des
Mieters gänzlich mißachten oder unverhältnismäßig beschränken"; kritisch dazu z. B. *Depenheuer*
NJW 1993, 2561 ff.

unbeweglicher *Sachen* sowie von Sachgesamtheiten (z. B. Fuhrpark).[16] Vermietbar sind aber nicht nur Sachen i. S. des § 90 BGB im Ganzen, sondern auch Teile einer solchen, wenn diese selbständig gebraucht werden können, wie Kabelschächte oder Wände von Häusern und Straßenbahnen für Plakatwerbung,[17] weil der Mietvertrag nicht auf eine Änderung der dinglichen Rechtszuständigkeit abzielt[18] und deshalb die Vermietung von Sachbestandteilen nicht gegen die §§ 93, 94 BGB verstößt. Wegen des nur verpflichtenden Charakters des Mietvertrages kommt auch die Vermietung fremder oder sogar die Anmietung eigener Sachen in Betracht.[19] Einen Mietvertrag über *Rechte* kennt das BGB hingegen nicht.[20] Diese können im Gegensatz zu Sachen nicht gebraucht, sondern lediglich i. S. einer Fruchtziehung gemäß § 99 BGB genutzt werden. Nur die Rechtspacht und das Immaterialgüterrecht eröffnen deshalb die Nutzung von Rechten.

Die Verpflichtung aus dem Mietvertrag beschränkt sich nicht auf die Überlassung der Hauptsache, sondern erstreckt sich im Zweifel auch auf deren wesentliche und unwesentliche Bestandteile, die Einrichtungsgegenstände und das Zubehör.[21] Nur bei deren Mitvermietung ist dem Mieter der vertraglich vorgesehene Gebrauch der Hauptmietsache möglich, den der Vermieter einzuräumen hat. Zudem kann die Mietsache dem Mieter zur alleinigen oder zur gemeinschaftlichen Nutzung mit anderen Personen überlassen werden, wie bei Hausfluren oder Sammelgaragen.[22]   **7**

2. Abgrenzung des Mietvertrages zu anderen Vertragstypen

Die Gebrauchsüberlassung einer Sache kann nicht nur Gegenstand eines Mietvertrages sein, sondern ebenfalls zu den Pflichten aus anderen Verträgen zählen. So ist auch im Rahmen eines *Dienst- oder Werkvertrages* eine Sachüberlassung denkbar, z. B. wenn Maschinen mit Bedienungspersonal zur Verfügung gestellt werden. Für die Abgrenzung zwischen Miet-, Werk- und Dienstvertrag ist in derartigen Fällen vor allem der von den Parteien verfolgte Zweck maßgeblich; gegebenenfalls liegt auch ein gemischter Vertrag vor,[23] z. B. bei Verträgen mit Taxi- oder Fuhrunternehmen, Bewirtungsverträgen, Gastaufnahmeverträgen oder Krankenhausverträgen.   **8**

---

[16] *Häublein* MünchKomm. § 535 Rn. 62 f.

[17] *Staudinger/Emmerich* (2018) § 535 Rn. 2.

[18] Siehe oben § 5 Rn. 1.

[19] Mot. II, S. 371 f.; BGH 26.02.1954 BGHZ 12, 380 (392 ff.); *Häublein* MünchKomm. § 535 Rn. 64; *Looschelders* Rn. 401; *Staudinger/Emmerich* (2018) § 535 Rn. 4.

[20] Mot. II, S. 369; *Emmerich* § 7 Rn. 2; *Staudinger/Emmerich* (2018) § 535 Rn. 2.

[21] Z. B. der zum gemieteten Raum gehörende Briefkasten, die Schlüssel zum gemieteten PKW, die Zu- und Abwege; dazu *Esser/Weyers* BT 1, § 14 II, S. 133; *Staudinger/Emmerich* (2018) § 535 Rn. 5.

[22] *Staudinger/Emmerich* (2018) § 535 Rn. 7 ff. m. w. N.

[23] BGH 22.05.1968 MDR 1968, 918 (918); *Häublein* MünchKomm. Vor § 535 Rn. 14 ff.; *Staudinger/Emmerich* (2018) Vorbem. zu § 535 Rn. 38 f.

Diese zwingen zu einer gesonderten Prüfung, inwieweit die mietrechtlichen Regelungen auf die jeweiligen vertraglichen Leistungspflichten anwendbar sind.[24]

9   Von der Sachmiete ist der *Sachdarlehensvertrag* (§§ 607 bis 609 BGB) zu unterscheiden. Er zeichnet sich dadurch aus, dass der Darlehensnehmer Eigentümer der überlassenen vertretbaren Sache wird und somit über diese verfügen darf; er schuldet nur die Rückgewähr einer Sache gleicher Art und Güte (§ 607 Abs. 1 Satz 2 BGB). Demgegenüber muss der Mieter die ihm überlassene Mietsache zurückgeben (§ 546 Abs. 1 BGB). Während es sich bei dem Sachdarlehen somit formal um einen Veräußerungsvertrag und materiell um einen Überlassungsvertrag handelt,[25] zählt der Mietvertrag auch formal zu den Letzteren.

10   Bei Verträgen, die auf die Überlassung von Räumen und Plätzen zur Unterbringung einer anderen Sache abzielen, ist zwischen einem Mietvertrag und einem (entgeltlichen) *Verwahrungsvertrag* zu differenzieren. Die Besonderheit der Verwahrung, die diese zugleich von der Miete unterscheidet, besteht darin, dass sich der Verwahrer neben der Raumgewährung zugleich zur Obhut über die dort befindlichen Sachen des Vertragspartners als Inhalt seiner Hauptleistung verpflichtet und zu diesem Zweck auch typischerweise den unmittelbaren Besitz an ihnen erlangt.[26] Umgekehrt bleibt derjenige, der fremden Raum mietweise in Anspruch nimmt, Besitzer der dort eingebrachten Sache und erhält in der Regel auch unmittelbaren Fremdbesitz an dem betreffenden Raum(-Teil), während eine Obhutspflicht des Vermieters nur als allgemeine Schutzpflicht i. S. des § 241 Abs. 2 BGB besteht. Ein Vertrag über die entgeltliche Nutzung eines Parkplatzes ist daher nur dann ein Verwahrungsvertrag, wenn derjenige, der den Gebrauch überlässt, für die Sicherheit der Fahrzeuge besonders einsteht (bewachter Parkplatz), andernfalls liegt ein Mietvertrag vor.[27] Bei der Überlassung von Bankschließfächern handelt es sich trotz des Interesses der Vertragsparteien an der Sicherheit der eingeschlossenen Sachen um einen Mietvertrag, da die Bank in der Regel keine besondere Obhut über die Sachen als Hauptleistung schulden will und dementsprechend auch keinen Alleinbesitz an den Sachen des Einbringenden erlangt.[28]

11   Von einem *Leihvertrag* i. S. der §§ 598 ff. BGB unterscheidet sich der Mietvertrag durch die Entgeltlichkeit der Gebrauchsüberlassung (§ 535 Abs. 2 BGB).[29] Bei unverhältnismäßig niedriger Miete ist nach dem Parteiwillen zu entscheiden, ob es sich um einen Gefälligkeitsmietvertrag, einen Leihvertrag oder einen gemischten Vertrag handelt.[30]

---

[24] Zur Behandlung gemischter Verträge näher unten § 16 Rn. 10 ff.

[25] Dazu oben § 3 Rn. 122.

[26] BGH 05.10.1951 BGHZ 3, 200 (202); *Häublein* MünchKomm. Vor § 535 Rn. 12; *Staudinger/Emmerich* (2018) Vorbem. zu § 535 Rn. 35; näher unten § 12 Rn. 3 ff.

[27] *Häublein* MünchKomm. Vor § 535 Rn. 13; *Staudinger/Emmerich* (2018) Vorbem. zu § 535 Rn. 36.

[28] RG 13.05.1933 RGZ 141, 99 (101).

[29] Zur Abgrenzung exemplarisch BGH 31.01.2003 NJW 2003, 1317 f.

[30] BGH 04.05.1970 WM 1970, 853 (854 f.); *Häublein* MünchKomm. Vor § 535 Rn. 11; *Staudinger/Emmerich* (2018) Vorbem. zu § 535 Rn. 34; näher § 6 Rn. 7 ff.

III. Abschluss und Wirksamkeit des Vertrages

1. Allgemeines

Für den Abschluss eines Mietvertrages gelten die allgemeinen Regelungen, sodass zwei **12** übereinstimmende Willenserklärungen genügen. Die Einhaltung einer bestimmten Form ist für die Rechtswirksamkeit des Vertrages nicht erforderlich.[31] Die Gebrauchsüberlassung im Rahmen eines Mietvertrages ist eine „entgeltliche Leistung" i. S. des § 312 Abs. 1 BGB; erfolgt diese von einem Unternehmer an einen Verbraucher i. S. des § 13 BGB, steht dem Mieter gemäß § 312 Abs. 1 BGB ein Widerrufsrecht zu, wenn der Mietvertrag außerhalb von Geschäftsräumen (§ 312b Abs. 1 BGB) oder mittels Fernkommunikationsmitteln (§ 312c Abs. 1 BGB) abgeschlossen wird. Das gilt nach § 312 Abs. 4 BGB grundsätzlich auch bei Verträgen über die Vermietung von Wohnraum (§ 312 Abs. 4 Satz 1 BGB i. V. mit § 312 Abs. 3 Nr. 7 BGB), bei Begründung des Mietverhältnisses jedoch nicht, wenn der Mieter die Wohnung zuvor besichtigt hat (§ 312 Abs. 4 Satz 2 BGB).

Sofern die Vermietung der betreffenden Sache ein Geschäft darstellt, das typi **13** scherweise ohne Ansehen der Person zu vergleichbaren Bedingungen in einer Vielzahl von Fällen zustande kommt (sog. Massengeschäft, z. B. Vermietung von Fahrzeugen), darf bei der Auswahl des Vertragspartners gemäß § 19 Abs. 1 Nr. 1 AGG allerdings keine Benachteiligung aus den dort genannten Gründen erfolgen (insbesondere Rasse, Geschlecht, Religion, Alter). Nach der Zweifelsregelung des § 19 Abs. 5 Satz 3 AGG stellt die Vermietung von Wohnraum in der Regel jedoch kein Massengeschäft dar, wenn der Vermieter insgesamt nicht mehr als 50 Wohnungen vermietet. Liegt danach kein Massengeschäft vor, wird der Mietgegenstand aber i. S. des § 2 Abs. 1 Nr. 8 AGG gegenüber der Öffentlichkeit angeboten (z. B. durch Zeitungsinserate), umfasst das Diskriminierungsverbot lediglich die Merkmale der Rasse und der ethnischen Herkunft (§ 19 Abs. 2 AGG). Allerdings ist umstritten, ob sich aus einem Verstoß gegen diese Verbote ein unter dem Vorbehalt der Unmöglichkeit (§ 275 Abs. 1 BGB) stehender Anspruch des Benachteiligten auf Abschluss eines Vertrages als Form der Beeinträchtigungsbeseitigung nach § 21 Abs. 1 Satz 1 AGG ergeben kann[32] oder ob der Betroffene auf Schadensersatzansprüche aus § 21 Abs. 2 AGG beschränkt bleibt. Hiernach kann nicht nur der Ausgleich eines Nichtvermögensschadens begehrt werden (§ 21 Abs. 2 Satz 3 AGG); der nach § 21 Abs. 2

---

[31] Dies gilt auch für das Schriftlichkeitsgebot in § 550 Satz 1 BGB für Wohnraummietverträge; näher unten § 5 Rn. 159 ff.

[32] Bejahend *Bauer/Krieger* AGG, 4. Aufl. 2015, § 21 Rn. 6; *Gaier/Wendtland* AGG, 2006, § 4 Rn. 207; *Staudinger/Serr* (2018) § 21 AGG Rn. 15 ff.; *Thüsing/von Hoff* NJW 2007, 21 ff.; *Thüsing* MünchKomm. § 21 AGG Rn. 17 ff.; *Wendeling-Schröder* in: Wendeling-Schröder/Stein AGG, 2008, § 21 Rn. 12 ff.; verneinend *Adomeit/Mohr* AGG, 2. Aufl. 2011, § 21 Rn. 10 f.; *Bachmann* ZBB 2006, 257 (265); *Brox/Walker* § 12 Rn. 10. Allgemein zum AGG *Schreier* JuS 2007, 308 ff. und speziell für das Mietrecht *Rolfs* NJW 2007, 1489 ff.

Satz 1 AGG zu ersetzende Vermögensschaden soll nach verbreitet anzutreffender
Auffassung als Naturalrestitution (§ 249 Abs. 1 BGB) auch den Abschluss des Vertrages umfassen.[33] Wurde der Vertrag jedoch bereits mit einem Dritten abgeschlossen, dann ist diese Form der Naturalrestitution unmöglich und der Ersatzanspruch
richtet sich nach § 251 Abs. 1 BGB auf eine Entschädigung, die das Wertinteresse
des Geschädigten ausgleicht.

14   Häufig erfolgt der Vertragsschluss durch Einheitsmietverträge, die den Mieter als
Allgemeine Geschäftsbedingungen binden, wenn diese gemäß § 305 BGB in den
Mietvertrag einbezogen wurden. Den Mietvertrag kann eine Mehrzahl von Mietern
oder Vermietern abschließen. Sie sind in diesem Fall in der Regel Gesamtschuldner i. S. der §§ 421 ff. BGB und Mitgläubiger (§ 432 BGB); Entsprechendes gilt
umgekehrt bei einer Mehrheit von Vermietern.[34] Schwierigkeiten bereitet die Feststellung der Vertragsparteien, wenn hinsichtlich der Mietsache mehrere Personen
berechtigt bzw. verpflichtet sind. So ist aufseiten des Vermieters stets zu klären, ob
der Mietvertrag von ihnen als Gesamtschuldner abgeschlossen wird oder sie eine
Gesamthandsgemeinschaft bilden und den Vertrag für diese abschließen, was wiederum deren Rechtsfähigkeit voraussetzt. Praktisch relevant ist dies unter anderem,
wenn die Mietsache zum Nachlass einer Erbengemeinschaft gehört, da diese nach
h. M. nicht rechtsfähig ist und damit nicht Partei eines Mietvertrages sein kann.
Anders kann die Rechtslage bei einer BGB-Außengesellschaft sein. Bei dieser ist
gegebenenfalls durch Auslegung zu ermitteln, ob die Stellung als Vertragspartei von
der Gesellschaft[35] oder von den Gesellschaftern eingenommen werden soll. Vergleichbare Probleme treten auf der Seite des Mieters auf, wenn die Mietsache von
mehreren natürlichen Personen genutzt werden soll. Sofern diese eine BGB-Außengesellschaft bilden,[36] kommt entweder diese oder die zu der Gesellschaft zusammengeschlossenen Personen als Vertragspartei(en) in Betracht.

15   Die Rechtswirksamkeit des Mietvertrages wird durch die allgemeinen Regeln wie
z. B. die §§ 104, 134, 138, 142 Abs. 1 BGB beschränkt.[37] Das Eingreifen derartiger
Nichtigkeitsvorschriften führt auch bei einem bereits in Vollzug gesetzten Mietvertrag trotz möglicher Rückabwicklungsschwierigkeiten nach allerdings umstrittener Auffassung zur Unwirksamkeit *ex tunc*.[38] Die für den Arbeitsvertrag und den

---

[33] So z. B. *Bruns* JZ 2007, 385 (389); *Deinert* in: Däubler/Bertzbach AGG, 3. Aufl. 2013, § 21
Rn. 80; *Rolfs* NJW 2007, 1489 (1493); a. A. jedoch *Adomeit/Mohr* AGG, 2. Aufl. 2011, § 21
Rn. 13.

[34] Zu Einzelheiten *Staudinger/Emmerich* (2018) Vorbem. zu § 535 Rn. 73 ff.

[35] BGH 14.12.2016 NJW 2017, 547 Rn. 21.

[36] Hierfür im Zweifel *Emmerich* § 7 Rn. 13.

[37] Zur Konkurrenz der Irrtumsanfechtung nach § 119 Abs. 2 BGB mit der Haftung des Vermieters
für Mängel unten § 5 Rn. 82.

[38] BGH 06.08.2008 BGHZ 178, 16 Rn. 33 ff. (zur Anfechtung wegen arglistiger Täuschung); KG
04.10.2001 NJW-RR 2002, 155; RGRK/*Gelhaar* Vor § 535 Rn. 123; *Häublein* MünchKomm.
§ 536 Rn. 13; *Soergel/Heintzmann* Vor § 542 Rn. 2; *Looschelders* Rn. 435; *Staudinger/Emmerich*
(2018) Vorbem. zu § 535 Rn. 70; a. A. *Brox* Die Einschränkung der Irrtumsanfechtung, 1960,
S. 274 f.; *Paschke* Das Dauerschuldverhältnis der Wohnraummiete, 1991, S. 260 f.; *Weller* JZ
2012, 881 (888).

Gesellschaftsvertrag anerkannte Lehre vom fehlerhaften Vertragsverhältnis, die eine Abwicklung des Vertrages nur *ex nunc* zulässt, ist auf den Mietvertrag teleologisch nicht übertragbar. Rückabwicklungsschwierigkeiten bei in Vollzug gesetzten Dauerschuldverhältnissen rechtfertigen für sich alleine nicht, die Rechtsfolgen von Nichtigkeitsvorschriften zu modifizieren. Erst die Eingliederung in eine Organisation (des Arbeitgebers, der Gesellschaft etc.) führt zu besonderen Bestandsinteressen, die eine Anpassung etwaiger Unwirksamkeitsfolgen erzwingen.[39] Eine vergleichbare Interessenlage ist im Mietrecht nicht gegeben.

2. Drittwirkungen des Mietvertrages

Während der Laufzeit des Vertrages ist ein vertraglicher Mieterwechsel möglich, **16** indem entweder Mieter, Nachmieter und Vermieter einen dreiseitigen Vertrag abschließen oder Mieter und Nachmieter sich alleine einigen und der Vermieter dem zustimmt.[40] Auf der Vermieterseite führt eine entsprechende gewillkürte Vertragsübernahme ebenfalls zu einem Personenwechsel. Eine Sonderregelung besteht allein zugunsten der Wohnraum-, Grundstücks- und Raummieter sowie der Mieter eingetragener Schiffe nach den §§ 566, 578, 578a Abs. 1 BGB, die unter bestimmten Voraussetzungen eine gesetzliche Vertragsübernahme durch den Erwerber einer Mietsache anordnen.[41]

Darüber hinaus kann der Mietvertrag nach allgemeinen Prinzipien Schutzwirkun- **17** gen zugunsten Dritter i. S. des § 241 Abs. 2 BGB entfalten.[42] Diesen steht zwar kein Erfüllungsanspruch in Bezug auf die Leistungspflichten des Vermieters aus § 535 Abs. 1 BGB zu. Vertragliche Pflichten zum Schutz der Rechtsgüter des Mieters, wie Leben und Gesundheit, erstrecken sich aber auch auf diejenigen Personen, bei denen der Vermieter damit rechnen musste, dass sie die überlassene Mietsache in einer mit dem Mieter vergleichbaren Weise benutzen werden.[43] Zu dem geschützten Personenkreis zählen insbesondere Mitarbeiter eines Unternehmens, die in angemieteten Geschäftsräumen tätig werden,[44] sowie der Ehegatte, die Verwandten und die Angehörigen des Mieters einer Wohnung, sofern sie nicht selbst Partei des Mietvertrages sind.[45]

---

[39] Siehe *Maultzsch* JuS 2003, 544 (545 ff.) m. w. N.; dies betont im Ansatz ebenfalls BGH 06.08.2008 BGHZ 178, 16 Rn. 38; ferner unten § 7 Rn. 29 ff.

[40] BGH 03.10.1997 NJW 1998, 531 (532); *Larenz* BT 1, § 48 I, S. 216.

[41] Näher unten § 5 Rn. 201 ff.

[42] BGH 19.09.1973 BGHZ 61, 227 (233 f.); BGH 29.03.1978 BGHZ 71, 175 (178); BGH 21.07.2010 NJW 2010, 3152 Rn. 19; *Häublein* MünchKomm. § 535 Rn. 146 ff.; *Oechsler* Rn. 510; allgemein zum Vertrag mit Schutzwirkung für Dritte *Gottwald* MünchKomm. § 328 Rn. 164 ff.

[43] *Esser/Weyers* BT 1, § 15 I 6d, S. 141.

[44] BGH 21.07.2010 NJW 2010, 3152 Rn. 20.

[45] *Staudinger/Emmerich* (2018) § 536a Rn. 18.

IV. Pflichten des Vermieters

1. Hauptpflichten des Vermieters

a) Überblick

18   Der Vermieter ist nach § 535 Abs. 1 Satz 1 BGB verpflichtet, dem Mieter den Gebrauch der Mietsache während der Mietzeit zu gewähren. Konkretisierend sieht § 535 Abs. 1 Satz 2 BGB vor, dass der Vermieter die Mietsache in einem zum vertragsgemäßen Gebrauch geeigneten Zustand *überlassen* und während der Dauer der Mietzeit in diesem Zustand *erhalten* muss. Diese vertragstypischen Hauptpflichten des Vermieters stehen i. S. der §§ 320 ff. BGB im Synallagma mit der Pflicht des Mieters, die Miete zu zahlen.[46]

19   Anders als z. B. für den Kaufvertrag (vgl. § 433 Abs. 1 Satz 2 BGB) ordnet das Gesetz nicht ausdrücklich die Pflicht des Vermieters an, dafür zu sorgen, dass die Sache frei *von Sach- und Rechtsmängeln* ist. Diese Verpflichtung ist jedoch bereits implizit in den Pflichten aus § 535 Abs. 1 Satz 1 und 2 BGB (Überlassung und Erhaltung zum vertragsgemäßen Gebrauch) enthalten.[47] Dabei stehen Rechtsmängel (vgl. § 536 Abs. 3 BGB) typischerweise der Überlassung der Mietsache für den vertraglich vorgesehenen Zeitraum entgegen, während Sachmängel (vgl. § 536 Abs. 1 Satz 1 BGB) die Tauglichkeit zum vertragsgemäßen Gebrauch beeinträchtigen. Da die §§ 536 bis 536d BGB besondere Rechtsfolgen anordnen, wenn die Mietsache mit Sach- oder Rechtsmängeln behaftet ist, werden diese Mängel bereits bei der folgenden Darstellung der Hauptpflichten des Vermieters aus § 535 Abs. 1 Satz 1 und 2 BGB an den entsprechenden Stellen erörtert. Es ist jedoch stets zu berücksichtigen, dass insoweit nicht ein zusätzliches Kriterium neben den gesetzlich statuierten Vermieterpflichten in Rede steht, sondern lediglich die Leistungspflicht des Vermieters aus § 535 Abs. 1 Satz 1 und 2 BGB in Form einer negativen Abgrenzung (keine ordnungsgemäße Vertragserfüllung des Vermieters bei Sach- oder Rechtsmängeln) konkretisiert wird.[48]

b) Überlassung des Gebrauchs der Mietsache

aa) Inhalt und Umfang der Überlassung

20   Zur Erfüllung seiner vertraglichen Pflichten muss der Vermieter dem Mieter die Mietsache zum Gebrauch „überlassen". Selbst wenn ihm dies bereits bei Abschluss des Mietvertrages objektiv oder subjektiv unmöglich ist, bleibt dessen Rechtswirksamkeit hiervon unberührt (§ 311a Abs. 1 BGB).

---

[46] Statt aller BR/*Ehlert* § 535 Rn. 165, 183.

[47] Vgl. *Häublein* MünchKomm. Vor § 536 Rn. 1.

[48] Zu der entsprechenden Rechtslage beim Kauf oben § 2 Rn. 50.

Die Überlassung setzt in der Regel voraus, dass der Vermieter dem Mieter den **21** unmittelbaren Alleinbesitz an der Sache i. S. des § 854 BGB verschafft,[49] wie z. B. bei der Vermietung eines PKW oder eines Geschäftsraumes. Zugleich muss er den unmittelbaren Besitz an allen Bestandteilen und Zubehörstücken verschaffen, die mitvermietet sind, wie die Schlüssel oder der Fahrzeugschein des PKW.[50] Hat der Mieter die Sache nur zur gemeinsamen Benutzung mit Dritten gemietet, so bedarf es zur Überlassung lediglich der Einräumung des Mitbesitzes (§ 866 BGB). Der Vermieter bleibt mittelbarer Besitzer der Sache i. S. des § 868 BGB.

Für die Überlassung zum vertragsgemäßen Gebrauch kann es im Einzelfall **22** genügen, wenn der Vermieter die Mietsache dem Mieter zeitweilig zugänglich macht.[51] So reicht es z. B. bei der Vermietung einer Hauswand oder eines Busses als Werbeträger aus, dem Mieter das Anbringen der Werbung zu ermöglichen. Im Einzelfall ist anhand des vertraglich vereinbarten Gebrauchs zu ermitteln, in welchem Umfang der Vermieter dem Mieter den Zugriff auf die Mietsache einräumen muss, um ihm die versprochenen Gebrauchsmöglichkeiten zu verschaffen. Soweit erforderlich, hat der Vermieter den Mieter zudem in den Gebrauch der Sache einzuweisen,[52] z. B. bei der Vermietung eines PKW dessen Bedienung in angemessenem Umfang zu erläutern.

Der Vermieter ist nach § 535 Abs. 1 Satz 1 und 2 BGB auch verpflichtet, die Miet- **23** sache für die Dauer des Vertragsverhältnisses bei dem Mieter zu *belassen* und deren vertragsgemäßen Gebrauch durch den Mieter zu dulden (Dauerschuldcharakter der Miete).[53] So darf z. B. ein vermietender Eigentümer die Mietsache vor Ablauf der Vertragslaufzeit nicht nach § 985 BGB herausverlangen; dem Mieter steht insoweit ein Recht zum Besitz i. S. des § 986 Abs. 1 Satz 1 Alt. 1 BGB zu. Darüber hinaus kann die fortdauernde Überlassungspflicht auch die Abwehr eines durch Dritte drohenden Entzuges der Mietsache umfassen.

bb) Insbesondere: Freiheit von Rechtsmängeln

Einer Überlassung und Belassung des Gebrauchs der Mietsache an den Mieter **24** können Rechte Dritter entgegenstehen (Rechtsmängel i. S. des § 536 Abs. 3 BGB). Anders als bei einem Kaufvertrag[54] gehört es aber nicht schon zu der Erfüllungspflicht des Vermieters, dass Dritten keinerlei Rechte zustehen, durch die sie den Gebrauch der Mietsache seitens des Mieters verhindern *können* (vgl. § 435 Satz 1

---

[49] BGH 22.10.1975 BGHZ 65, 137 (139 f.); *Häublein* MünchKomm. § 535 Rn. 67; *Larenz* BT 1, § 48 II a, S. 218; *Looschelders* Rn. 401; *Staudinger/Emmerich* (2018) § 535 Rn. 15.

[50] Siehe oben § 5 Rn. 7.

[51] *Esser/Weyers* BT 1, § 14 II, S. 133; *Larenz* BT 2, § 48 II a, S. 219; *Looschelders* Rn. 401; *Schlechtriem* Rn. 227; *Staudinger/Emmerich* (2018) § 535 Rn. 15.

[52] *Häublein* MünchKomm. § 535 Rn. 67.

[53] *Larenz* BT 1, § 48 II a, S. 219; *Looschelders* Rn. 402; *Oechsler* Rn. 506; *Schlechtriem* Rn. 237. Näheres zum Umfang des zu duldenden vertragsgemäßen Gebrauchs unten § 5 Rn. 95 ff., 163 ff.

[54] Siehe oben § 2 Rn. 90 ff.

BGB). Denn dem Mieter ist nicht die Übereignung der Sache zur alleinigen Verfügung geschuldet, sondern nur die Überlassung zum vertragsgemäßen Gebrauch.
Demzufolge hat der Vermieter lediglich dafür zu sorgen, dass Dritte ein dem
Gebrauch zuwiderlaufendes Recht *nicht ausüben*.[55] Er muss jedoch bereits die *konkrete Gefahr* verhindern, dass ein Dritter Rechte gegenüber dem Mieter geltend
macht, welche den Sachgebrauch beeinträchtigen.[56]

25   Rechtsmängel können nur solche Rechte an der Mietsache sein, die der Dritte
nicht nur dem Vermieter, sondern auch dem Mieter entgegenhalten kann.[57] Damit
scheiden vertragliche Ansprüche als Ursache für einen Rechtsmangel aus, wenn
der Vertrag nur mit dem Vermieter geschlossen wurde und daher nur diesem gegenüber Rechte einräumt. Dingliche Rechte an der Mietsache wirken hingegen absolut
und somit auch gegenüber dem Mieter. Deren Geltendmachung begründet einen
Rechtsmangel, wenn das dingliche Recht die Nutzung der Sache durch den Mieter
einschränkt oder ausschließt. Hierzu zählt z. B. das Eigentum eines Dritten an der
Mietsache, aufgrund dessen er von dem Mieter die Herausgabe der Mietsache nach
§ 985 BGB verlangen kann, wenn er nicht ausnahmsweise infolge des Erwerbs
nach den §§ 566, 578, 578a Abs. 1 BGB in die Vermieterposition eingerückt ist[58]
oder ein Fall des § 986 Abs. 2 BGB vorliegt. Eine Auflassungsvormerkung i. S. der
§§ 883, 885 BGB begründet hingegen nach h. M. keine Rechte gegenüber einer
Person, die das betreffende Grundstück nach Eintragung der Vormerkung anmietet[59]
und kann dementsprechend auch nicht zu einem Rechtsmangel führen. Als Rechte
eines „Dritten" i. S. des § 536 Abs. 3 BGB kommen jedoch öffentlich-rechtliche
Beschränkungen wie z. B. Beschlagnahmerechte in Betracht, wenn sie nicht in der
Beschaffenheit der Sache selbst begründet sind (dann liegt ein Sachmangel i. S.
des § 536 Abs. 1 Satz 1 BGB vor).[60] Der Vermieter ist aber nicht verpflichtet, den
Mietgegenstand frei von den allgemeinen Gebrauchsschranken zu überlassen, wie
z. B. der abstrakten Störerverantwortlichkeit nach den Ordnungs- und Polizeigesetzen der Länder.[61] Der Gebrauch der Mietsache kann stets nur innerhalb dieser
rechtlichen Schranken überlassen werden, sodass diese der vertraglich geschuldeten
Gebrauchsüberlassung nicht zuwiderlaufen.

---

[55] BGH 10.07.2008 NJW 2008, 2771 Rn. 8; *Esser/Weyers* BT 1, § 15 I 2, S. 137; *Larenz* BT 1,
§ 48 III b, S. 233 f.

[56] BGH 10.07.2008 NJW 2008, 2771 Rn. 9; *Esser/Weyers* BT 1, § 15 I 2 c, S. 137; *Häublein*
MünchKomm. § 536 Rn. 26; *Staudinger/Emmerich* (2018) § 536 Rn. 46.

[57] BGH 26.04.1991 BGHZ 114, 277 (280); *Staudinger/Emmerich* (2018) § 536 Rn. 43 f.

[58] Näher unten § 5 Rn 201 ff.

[59] Gegen eine analoge Anwendung des § 883 Abs. 2 Satz 1 BGB BGH 03.03.1954 BGHZ 13, 1
(3 ff.); *Soergel/Stürner* § 883 Rn. 30; *Staudinger/Emmerich* (2018) § 566 Rn. 6; a. A. z. B. *Canaris*
Festschrift für Flume, Band I, 1978, S. 371 (393); *Kohler* MünchKomm. § 883 Rn. 54.

[60] *Häublein* MünchKomm. § 536 Rn. 20; a. A. *Staudinger/Emmerich* (2018) § 536 Rn. 42 und wohl
auch BGH 26.04.1991 BGHZ 114, 277 (280). Zu der Abgrenzung von Sachmängeln siehe bereits
oben beim Kaufvertrag § 2 Rn. 96 sowie unten § 5 Rn. 29 ff.

[61] Zum Kaufvertrag oben § 2 Rn. 96.

c) Pflicht zur Überlassung in vertragsgemäßem Zustand und zur Erhaltung desselben

aa) Vertragsgemäßer Gebrauch als maßgeblicher Bezugspunkt

Der Vermieter ist nicht nur verpflichtet, dem Mieter die Sache überhaupt zum **26** Gebrauch zu überlassen. Vielmehr muss sich diese gemäß § 535 Abs. 1 Satz 2 BGB bei der Überlassung in einem Zustand befinden, der zum vertragsgemäßen Gebrauch geeignet ist und während der Dauer des Mietverhältnisses von dem Vermieter in diesem Zustand erhalten werden. Diese kontinuierliche Verpflichtung des Vermieters rechtfertigt sich dadurch, dass der Mieter im Gegenzug die vereinbarte Miete für die gesamte Vertragsdauer entrichtet (§ 535 Abs. 2 BGB).

Der genaue Zustand, in dem die Sache zu überlassen und zu erhalten ist, bestimmt **27** sich vor allem nach dem aus dem Mietvertrag zu entnehmenden Gebrauchszweck der Mietsache, da sie speziell für diesen beschaffen sein muss. Beispiel: Ein Mietwagen muss andere Qualitäten aufweisen, je nachdem ob er für die Teilnahme am allgemeinen Straßenverkehr oder an einer Wüstenrallye verwendet werden soll. Die Parteien können den vertragsgemäßen Gebrauch der Mietsache entweder ausdrücklich oder konkludent vereinbaren, wofür z. B. die Miethöhe einen Anhaltspunkt geben kann.[62] Fehlt eine solche Abrede, gilt der übliche Gebrauch als vereinbart, der anhand der Verkehrssitte und der Eigenschaften der Mietsache zu ermitteln ist.[63]

bb) Insbesondere: Freiheit von Sachmängeln

Die Mietsache ist in einem vertragsgemäßen „Zustand", d. h. frei von Sachmän- **28** geln, wenn sie so beschaffen ist, dass sie zu dem vereinbarten oder subsidiär dem verkehrstypischen Gebrauch geeignet ist. Umgekehrt liegt ein der Erfüllung der Vermieterpflicht aus § 535 Abs. 1 Satz 2 BGB entgegenstehender Sachmangel vor, wenn die Beschaffenheit der Mietsache von derjenigen abweicht, die für ihre Gebrauchstauglichkeit erforderlich ist (vgl. § 536 Abs. 1 Satz 1 BGB).[64] Die Abweichung muss für den Mieter nachteilig sein, andernfalls ist der Gebrauch der Mietsache weder eingeschränkt noch ausgeschlossen.[65]

Die geschuldete Beschaffenheit der Sache (sog. Sollbeschaffenheit) legen die **29** Vertragsparteien fest (subjektiver Mangelbegriff).[66] Ein Rückgriff auf objektive Kriterien zur Ermittlung der Sollbeschaffenheit ist erst gestattet, wenn die Parteien weder über die Beschaffenheit der Mietsache noch über deren Gebrauch eine ausdrückliche oder konkludente Abrede getroffen haben. In diesem Fall ist auf den nach der Verkehrsanschauung üblichen Gebrauch abzustellen und anhand dessen sind die

---

[62] *Larenz* BT 1, § 48 III a, S. 229.

[63] *Larenz* BT 1, § 48 III a, S. 229; *Staudinger/Emmerich* (2018) § 535 Rn. 35.

[64] *Esser/Weyers* BT 1, § 15 I 2, S. 135; *Staudinger/Emmerich* (2018) § 536 Rn. 5.

[65] *Staudinger/Emmerich* (2018) § 536 Rn. 5.

[66] BGH 21.07.2010 NJW 2010, 3152 Rn. 13; BGH 29.04.2015 NJW 2015, 2177 Rn. 18; *Looschelders* Rn. 410; *Schlechtriem* Rn. 235; *Staudinger/Emmerich* (2011) § 536 Rn. 5.

Anforderungen an die Beschaffenheit der Sache zu ermitteln.[67] Dabei zählen zur Beschaffenheit der Mietsache nicht nur deren physische Eigenschaften, sondern auch alle rechtlichen, tatsächlichen und wirtschaftlichen Verhältnisse als *Umweltbeziehungen*, wenn diese einen engen Zusammenhang mit der physischen Beschaffenheit der Mietsache aufweisen und deren Gebrauchswert für den Mieter unmittelbar beeinflussen.[68] Andernfalls kommen entweder ein Rechtsmangel oder eine sonstige Verletzung der Pflicht zur Gewährung des vertragsgemäßen Gebrauchs in Betracht. Wegen der identischen Rechtsfolgen von Sach- und Rechtsmängeln (vgl. § 536 Abs. 1 bis 3 BGB) entfaltet die in Grenzfällen schwierige Unterscheidung zwischen diesen jedoch nur eine geringe praktische Bedeutung. Wichtiger ist die Abgrenzung derjenigen Voraussetzungen, welche der Vermieter nach § 535 Abs. 1 Satz 2 BGB zu schaffen und erhalten hat, von den Risiken, die in den Verantwortungsbereich des Mieters fallen.[69]

30   Mängel der Beschaffenheit sind bei der Vermietung von Maschinen z. B. Funktionsstörungen, bei Gebäuden vor allem Baumängel, welche die Gebrauchstauglichkeit erheblich beschränken oder aufheben.[70] Dies kann auch auf Rechtsakten beruhen, z. B. einer ordnungsrechtlichen Abrissverfügung, Nutzungsuntersagung oder Nutzungsbeschränkung, sofern diese z. B. mit der Baurechtswidrigkeit der Mietsache oder der räumlichen Ungeeignetheit für den Betrieb einer Gaststätte begründet werden und somit in der physischen Beschaffenheit wurzeln.[71] Die Mietsache ist insbesondere mangelhaft, wenn Gesundheitsgefahren mit der Nutzung des Bauwerks einhergehen. Auch der Mieter einer gebrauchten Sache, z. B. einer Altbauwohnung, kann jedenfalls einen Mindeststandard erwarten, der ein zeitgemäßes Wohnen erlaubt (Schallschutz, Stromversorgung etc.).[72] Hingegen liegt kein Sachmangel vor, wenn die Nutzung der Mietsache aus Gründen scheitert, die in der Person des Mieters liegen, z. B. dem Mieter wegen Unzuverlässigkeit eine Gaststättenerlaubnis versagt oder die Gewerbeerlaubnis entzogen wird.[73] Solche mit der Person des Mieters verknüpften Hindernisse gehören – wie § 537 BGB bestätigt – in dessen Risikobereich.

---

[67] Siehe BGH 17.06.2009 NJW 2009, 2441 Rn. 10; BGH 07.07.2010 NJW 2010, 3088 Rn. 13; BGH 29.04.2015 NJW 2015, 2177 Rn. 18, 23.

[68] RG 12.05.1933 RGZ 147, 304 (307 f.); BGH 20.04.1977 BGHZ 68, 294 (296); BGH 16.02.2000 ZIP 2000, 887 (889); BGH 15.10.2008 NJW 2009, 664 Rn. 34; BGH 13.07.2011 NJW 2011, 3151 Rn. 8; BGH 10.10.2012 NJW 2013, 44 Rn. 30; *Esser/Weyers* BT 1, § 15 I 2, S. 136; *Häublein* MünchKomm. § 536 Rn. 14; *Looschelders* Rn. 411; *Staudinger/Emmerich* (2018) § 536 Rn. 7.

[69] *Esser/Weyers* BT 1, § 15 I 2b, S. 136 f.

[70] BGH 14.01.1963 NJW 1963, 804 (804 f.); *Häublein* MünchKomm. § 536 Rn. 7 ff.; *Staudinger/ Emmerich* (2018) § 536 Rn. 12 ff.

[71] Anders hingegen in Bezug auf den Erlass eines gesetzlichen Rauchverbots für Gaststätten BGH 13.07.2011 NJW 2011, 3151 Rn. 9.

[72] BGH 26.07.2004 NJW 2004, 3174 (3175 f.); BGH 06.10.2004 NJW 2005, 218 f.; BGH 05.06.2013 NJW 2013, 2417 Rn. 15.

[73] *Esser/Weyers* BT 1, § 15 I 2, S. 136; *Staudinger/Emmerich* (2018) § 536 Rn. 22.

Zu umweltbedingten Beeinträchtigungen zählen vor allem Lärmbelästigungen **31** durch Baustellen oder damit verbundene Hindernisse beim Zugang zur Mietsache. Bei Lärmbelästigungen wird teilweise § 906 BGB als Maßstab herangezogen, um Beeinträchtigungen der Gebrauchstauglichkeit von hinzunehmenden Belästigungen abzugrenzen.[74] Allerdings legt diese Norm nur fest, welche Immissionen der jeweilige *Eigentümer* im Verhältnis zwischen den benachbarten Grundstücken hinnehmen muss. Zwischen Vermieter und Mieter besteht wegen des Mietvertrages jedoch eine wesentlich engere rechtliche Bindung, sodass der Vermieter nicht nur die Grenzen des § 906 BGB, sondern auch jene Anforderungen sicherstellen muss, die sich aus dem vereinbarten Gebrauch ergeben.[75] Deshalb ist z. B. Lärm bei der Vermietung einer ruhigen Ferienwohnung zur Erholung eher als Mangel zu qualifizieren als bei der Vermietung einer Wohnung an einer Durchgangsstraße. Ebenso sind Störungen durch andere Mieter eines Hauses durch den Vermieter nur zu beseitigen, soweit diese das nach der Verkehrssitte übliche Maß überschreiten.[76]

Tatsächliche Verhältnisse, an denen der Mieter bei der Nutzung ein Interesse **32** haben kann, sind auch die bestehende Infrastruktur im Umfeld der Mietsache (wie z. B. Parkplätze), die Anbindung an den öffentlichen Nahverkehr oder die vollständige Vermietung eines Geschäftszentrums, in dem der gemietete Verkaufsraum liegt. Das allgemeine Lebensrisiko, das mit der Benutzung einer Sache verbunden ist, insbesondere das Wirtschafts- und Gewinnerzielungsrisiko, muss der Mieter jedoch selbst tragen.[77] Somit ist die Behinderung des Publikumszustroms zu einem Gewerbebetrieb durch eine Baustelle kein Mangel, wenn mit einer solchen während der Vertragslaufzeit gerechnet werden musste, da es sich um eine allgemeine Infrastrukturmaßnahme handelt. Die von den tatsächlichen Verhältnissen ausgehenden Risiken für die Gebrauchstauglichkeit der Mietsache können dem Vermieter insbesondere dann nicht auferlegt werden, wenn diese für ihn nicht beherrschbar oder versicherbar sind. Gleichwohl kann der Vermieter in *einer gesonderten Abrede* versprechen, derartige Voraussetzungen herzustellen. Diese Pflicht steht dann jedoch selbständig neben derjenigen aus § 535 Abs. 1 Satz 2 BGB.[78]

Ein Sachmangel, dessen Abwesenheit nach § 535 Abs. 1 Satz 2 BGB geschuldet **33** wird, liegt hingegen vor, wenn der Vermieter eines Gewerberaumes auf demselben Grundstück ein Konkurrenzgeschäft eröffnet oder Gewerberäume hierfür an Dritte

---

[74] BGH 21.12.1960 WM 1961, 654 (657); im Grundsatz auch *Oechsler* Rn. 518, wenn keine Abreden zwischen den Parteien vorliegen.

[75] *Esser/Weyers* BT 1, § 15 I 2, S. 137; *Staudinger/Emmerich* (2018) § 536 Rn. 26; siehe auch BGH 29.04.2015 NJW 2015, 2177 Rn. 30 ff.: Lärm von nachträglich errichtetem Schulhof-Bolzplatz.

[76] Exemplarisch BGH 15.10.2008 NJW 2009, 664 Rn. 34 ff.: Arbeitsgemeinschaft der Bundesagentur für Arbeit (ARGE) als gewerblicher Mitmieter in einem Bürohaus; ferner BGH 22.08.2017 NJW-RR 2017, 1290 Rn. 13: Kinderlärm aus Nachbarwohnung.

[77] BGH 01.07.1981 NJW 1981, 2405 (2405); BGH 16.02.2000 ZIP 2000, 887 (889); *Esser/Weyers* BT 1, § 15 I 2, S. 137; *Staudinger/Emmerich* (2018) Vorbem. zu § 536 Rn. 21 ff.

[78] Dazu, dass es sich in derartigen Fällen nicht um eine Eigenschaftszusicherung i. S. des § 536 Abs. 2 BGB handelt, unten § 5 Rn. 57 f.

vermietet.[79] Zwar ist Wettbewerb ein integraler Bestandteil einer marktorientierten Wirtschaftsordnung, der Mietvertrag verpflichtet den Vermieter aber zur Gewährung des vertragsgemäßen Gebrauchs. Deshalb ist Wettbewerb, der den Geschäftsbetrieb des Mieters hindert und gegebenenfalls sogar wegen Unrentabilität unmöglich macht, in diesem *relativen Rechtsverhältnis* eine für den Mieter rechtswidrige Beeinträchtigung. Der Vermieter ist aber nicht zu einem absoluten Schutz vor Konkurrenz verpflichtet, sondern er muss lediglich sicherstellen, dass nicht durch sein Zutun in einem Gebäudekomplex zwei Geschäfte mit denselben Hauptartikeln eröffnen.[80] Überschneidungen bei Nebenartikeln sind demgegenüber unerheblich. So verbietet sich z. B. der gleichzeitige Betrieb von zwei Lebensmittelgeschäften oder eines Cafés mit Konditorei und eines italienischen Eiscafés auf einem Grundstück. Nur ausnahmsweise trifft den Vermieter hingegen die Pflicht, den Betrieb eines Konkurrenzunternehmens auf einem Nachbargrundstück abzuwehren, so z. B. wenn er dessen Eigentümer ist oder aus einem anderen Rechtsgrund allein über dessen Nutzung entscheidet.[81]

cc) Erhaltung des vertragsgemäßen Zustandes während der Vertragslaufzeit

34 Da der Mietvertrag ein Dauerschuldverhältnis ist, muss die vermietete Sache nicht nur bei deren Überlassung, sondern während der gesamten Vertragslaufzeit zum vertraglich vorgesehenen Gebrauch tauglich sein. Der Vermieter hat diese deshalb in einem mangelfreien Zustand zu erhalten (§ 535 Abs. 1 Satz 2 BGB). Die Pflicht zur mangelfreien Überlassung setzt sich somit in der Pflicht zur Erhaltung der Mangelfreiheit durch Instandhaltung und Instandsetzung fort.[82] Hierzu gehört nach Ablauf angemessener Zeitabschnitte auch die Beseitigung von Abnutzungen infolge des vertragsgemäßen Gebrauchs der Mietsache (arg. § 538 BGB).[83] Ferner hat der Vermieter alle Gefahren oder Störungen für den Gebrauch der Mietsache abzuwehren, die von Dritten (z. B. Mitmietern in einem Wohngebäude) für den vertragsgemäßen Gebrauch ausgehen, sowie die Funktionsfähigkeit der Sache und des mitvermieteten Zubehörs sicherzustellen und deren Verkehrssicherheit zu gewährleisten.[84] Dazu zählen z. B. das Heizen der vermieteten Räume während der Heizperiode, die Reinigung und Beleuchtung von Zu- und Abgängen sowie das Schneeräumen im Winter.

---

[79] BGH 07.12.1977 NJW 1978, 585 (586); BGH 10.10.2012 NJW 2013, 44 Rn. 32 ff.; *Lieder* AcP 218 (2018), 109 (119 ff.); *Staudinger/Emmerich* (2018) § 535 Rn. 23 ff. Das gilt auch für freie Berufe: BGH 07.12.1977 BGHZ 70, 79 (80 ff.); *Staudinger/Emmerich* (2018) § 535 Rn. 25.

[80] BGH 07.12.1977 BGHZ 70, 79 (80 ff.); *Häublein* MünchKomm. § 535 Rn. 139 ff.; *Staudinger/Emmerich* (2018) § 535 Rn. 24.

[81] *Staudinger/Emmerich* (2018) § 535 Rn. 23. Es genügt nicht, wenn der Vermieter nur Mitglied der Erbengemeinschaft über das Nachbargrundstück ist, da er als Miterbe nicht allein über die Nutzung des Grundstücks bestimmen kann (§ 2038 Abs. 1 Satz 1 BGB).

[82] BGH 06.05.1992 BGHZ 118, 194 (198); *Esser/Weyers* BT 1, § 14 II 2, S. 133; *Larenz* BT 1, § 48 II a, S. 219.

[83] Siehe aber unten § 5 Rn. 41 ff. zur Übertragung der sog. Schönheitsreparaturen auf den Mieter.

[84] *Harke* Rn. 296; *Staudinger/Emmerich* (2018) § 535 Rn. 28; a. A. (Nebenpflicht) BGH 15.10.2008 NJW 2009, 143 Rn. 13; siehe auch unten § 5 Rn. 45.

Bei einer langfristigen Vermietung kann sich während der Laufzeit des Vertrages **35**
der Standard für die Mängelfreiheit und damit die Vertragsmäßigkeit einer Sache
verändern, z. B. infolge neuer Erkenntnisse über Gesundheitsgefahren durch die
verwendeten Baustoffe. Da der Umfang der Erhaltungspflicht grundsätzlich bei
Vertragsschluss mit der Einigung über den geschuldeten Gebrauch festgelegt wird,
folgt im Einzelfall aus einer ergänzenden Vertragsauslegung, ob die vermietete
Sache ausnahmsweise nachträglich den neuen Standards genügen muss.[85] Dabei
ist die Art der Gefahren, die abzuwenden sind, ebenso zu berücksichtigen wie der
Beseitigungsaufwand, der den Vermieter belastet und somit das Verhältnis von Leistung und Gegenleistung beeinflusst.

Mit der Pflicht zur Erhaltung des vertragsgemäßen Zustands steht ferner die dis- **36**
positive[86] Anordnung des § 535 Abs. 1 Satz 3 BGB im Zusammenhang. Danach hat
der Vermieter auch während der Dauer des Mietverhältnisses die auf der Mietsache
ruhenden Lasten zu tragen (Grundschuldzinsen, Steuern, Gebühren, Beiträge).[87]
Die negativen Folgen einer Nichterfüllung dieser Pflicht (z. B. Einstellung öffentlicher Versorgungsleistungen) können den Gebrauch der Sache durch den Mieter
beeinträchtigen und berühren deshalb das vertragliche Synallagma.[88]

d) Ausschluss oder Beschränkung der Pflichten des Vermieters aus § 535 Abs. 1 BGB

aa) Ausschluss kraft Gesetzes

Der Vermieter schuldet die Erhaltung bzw. Wiederherstellung der Mietsache – **37**
ebenso wie die ursprüngliche Überlassung – nur in den Grenzen der allgemeinen
Vorschriften aus *§ 275 Abs. 1 und 2 BGB*.[89] Da er zwar zu einer Instandsetzung,
nicht aber zu der Neuherstellung oder -beschaffung einer zerstörten Mietsache verpflichtet ist,[90] tritt im Zerstörungsfall gemäß § 275 Abs. 1 BGB eine Leistungsbefreiung ein.[91] Darüber hinaus ist aufgrund der vergleichbaren Interessenlage eine
Analogie zu den §§ 439 Abs. 4, 635 Abs. 3 BGB geboten, sodass dem Vermieter
in Bezug auf die Erhaltung ein Leistungsverweigerungsrecht zusteht, wenn diese
einen unverhältnismäßigen Aufwand erfordern würde (Überschreitung der Opfergrenze).[92] Hierfür ist durch eine Abwägung aller Umstände des Einzelfalles zu

---

[85] *Staudinger/Emmerich* (2018) § 536 Rn. 12.

[86] *Häublein* MünchKomm. § 535 Rn. 145.

[87] Überblick zu den erfassten Lasten bei *Staudinger/Emmerich* (2018) § 535 Rn. 65.

[88] Statt aller *Schlechtriem* Rn. 238.

[89] § 275 Abs. 3 BGB erlangt mangels einer Verpflichtung des Vermieters zur persönlichen Leistung
hingegen keine Relevanz.

[90] *Häublein* MünchKomm. § 535 Rn. 104; *Staudinger/Emmerich* (2018) Vorbem. zu § 536 Rn. 5.

[91] *Brox/Walker* § 11 Rn. 3; *Medicus/Lorenz* Rn. 432.

[92] Enger demgegenüber die h. M., die als dogmatische Grundlage für die Opfergrenze ausschließlich auf § 275 Abs. 2 BGB zurückgreift, siehe BGH 20.07.2005 NJW 2005, 3284; BGH
21.04.2010 NJW 2010, 2050 Rn. 21 ff.; *Brox/Walker* § 11 Rn. 10; *Hau* JuS 2003, 130 (136); *Stau-
dinger/Emmerich* (2018) Vorbem. zu § 536 Rn. 7 f.

ermitteln, ob dem Vermieter im Lichte des Gebrauchsinteresses des Mieters eine bestimmte Maßnahme zugemutet werden kann.[93] Die bloße Minderung der Rentabilität der Vermietung reicht dabei jedoch nicht aus, um in Bezug auf die Erhaltungspflicht ein Leistungsverweigerungsrecht anzuerkennen, sofern kein Wegfall der Geschäftsgrundlage gemäß § 313 Abs. 1 BGB vorliegt. So ist der Vermieter z. B. bei teilzerstörten Häusern in der Regel zum Wiederaufbau verpflichtet.[94]

38   Zu erwägen ist ferner, ob die Ausschlusstatbestände in den §§ *536b, 536c BGB* (Kenntnis des Mieters von einem Mangel bei Vertragsschluss, grob fahrlässige Unkenntnis ohne arglistiges Verschweigen des Vermieters, Kenntnis des Mangels bei Annahme ohne Vorbehalt, pflichtwidrig unterlassene Mängelanzeige) bereits dem Erfüllungsanspruch des Mieters aus § 535 Abs. 1 BGB entgegenstehen. Beim Kaufvertrag wurde dies für § 442 Abs. 1 BGB, der in § 536b Satz 1 und 2 BGB eine Parallele findet, befürwortet.[95] Andererseits schließen die §§ 536b, 536c Abs. 2 Satz 2 BGB nur bestimmte Rechtsfolgen aus, wenn einer der in den §§ 536, 536a BGB genannten Tatbestände vorliegt (Mietminderung, Schadensersatz etc.). Dieser Regelung ist im Umkehrschluss der Wille des Gesetzgebers zu entnehmen, den Erfüllungsanspruch des Mieters aus § 535 Abs. 1 BGB unberührt zu lassen.[96] Dies erscheint zwar systematisch inkonsequent, weil z. B. § 536b BGB auch das Recht des Mieters auf Aufwendungsersatz ausschließt, das gemäß § 536a Abs. 2 BGB bei einer erlaubten Selbstbeseitigung von Mängeln besteht und sachlich auf einer Selbsthilfe zur Durchsetzung des Erfüllungsanspruches aus § 535 Abs. 1 BGB beruht.[97] Die Regelung in den §§ 536b, 536c BGB ist aber eindeutig, sodass eine Erstreckung der Ausschlusstatbestände auf den Erfüllungsanspruch eine Entscheidung contra legem wäre. Denkbar ist lediglich, dass die Kenntnis des Mieters von einem bestimmten, für ihn negativen Umstand im Zeitpunkt des Vertragsschlusses oder bei Übernahme der Mietsache gemäß den §§ 133, 157, 242 BGB den Schluss gestattet, dass dieser (fortan) als vertragsgemäß gelten soll.[98] Hierfür bedarf es aber besonderer Anhaltspunkte, insbesondere im Hinblick auf einen dahin gehenden Rechtsbindungswillen der Parteien.

39   Aus § 326 Abs. 2 Satz 1 BGB ergibt sich hingegen der allgemeine Rechtsgedanke, dass der Gläubiger eines gegenseitigen Vertrages in Bezug auf solche

---

[93] BGH 21.04.2010 NJW 2010, 2050 Rn. 24; ausführlich zu § 439 Abs. 4 BGB oben § 2 Rn. 235 ff., auch zu der Frage, ab welchem Zeitpunkt das Verhältnismäßigkeitskriterium maßgeblich ist.

[94] BGH 26.09.1990 NJW-RR 1991, 204 f.

[95] Näher oben § 2 Rn. 101 ff.

[96] So die h. M.: BGH 05.07.1989 NJW 1989, 3222 (3224); BGH 03.11.2010 NJW-RR 2011, 447 Rn. 11; RGRK/*Gelhaar* § 539 Rn. 1; *Häublein* MünchKomm. § 536b Rn. 11; *Larenz* BT 1, § 48 III b 3, S. 238 f.; *Medicus/Lorenz* Rn. 431.

[97] Für einen Ausschluss des Erfüllungsanspruches daher systematisch konsequent *Wilhelm* JZ 1982, 488 (494).

[98] Vgl. BGH 01.07.1987 BGHZ 101, 253 (269 f.); *Staudinger/Emmerich* (2018) § 536b Rn. 4. Zu den Auswirkungen auf die Einrede des § 320 BGB siehe BGH 03.11.2010 NJW-RR 2010, 447 Rn. 12.

Leistungshindernisse unter Aufrechterhaltung seiner eigenen Leistungspflicht keine Rechte haben soll, für die er selbst verantwortlich ist oder die ohne ein Vertretenmüssen des Schuldners (§ 300 Abs. 1 BGB) während eines Annahmeverzugs i. S. der §§ 293 ff. BGB eintreten. Dabei kann die Verantwortlichkeit des *Gläubigers* (hier des Mieters) nicht einer direkten, sondern nur einer analogen Anwendung der §§ 276 ff. BGB entnommen werden, da anders als von diesen Normen vorausgesetzt nicht das Verhalten des *Schuldners* in Rede steht.[99] Ist dem Mieter in diesem Sinne ein vertragswidriger Zustand der Mietsache zurechenbar, so hat er nach dem Rechtsgedanken des § 326 Abs. 2 Satz 1 Alt. 1 BGB keinen Anspruch auf dessen Beseitigung durch den Vermieter nach § 535 Abs. 1 Satz 2 BGB.[100] Das ist z. B. der Fall, wenn der Mieter eines PKW durch Unaufmerksamkeit einen Blechschaden an diesem verursacht.

bb) Ausschluss oder Beschränkung durch Vertrag

Den Vertragsparteien steht es grundsätzlich frei, die Pflichten des Vermieters aus **40** § 535 Abs. 1 BGB vertraglich einzuschränken oder abzubedingen. Der Vermieter kann sich somit von seiner Verpflichtung zum Konkurrenzschutz befreien und auch seine Instandhaltungspflichten limitieren, indem er z. B. das Schneeräumen oder die Müllbeseitigung dem Mieter überträgt. Derartige vertragliche Regelungen unterliegen allerdings den allgemeinen Schranken der §§ 134, 138, 242 BGB bzw. bei Allgemeinen Geschäftsbedingungen auch den §§ 305 ff. BGB. Insbesondere muss die Übertragung von Vermieterpflichten auf den Mieter in Allgemeinen Geschäftsbedingungen klar und eindeutig formuliert sein (§§ 305c Abs. 2, 307 Abs. 1 Satz 2 BGB).[101]

Große praktische Bedeutung hat die vertragliche Abwälzung sog. *Schönheitsre-* **41** *paraturen* auf den Mieter. Diese umfassen insbesondere bei gemieteten Räumen alle Ausbesserungen, die wegen der Abnutzung der Mietsache von Zeit zu Zeit im Inneren erforderlich sind, wie z. B. das Tapezieren, das Anstreichen von Wänden, Türen, Decken und Fenstern.[102] Nach der gesetzlichen Ausgangslage zählen diese Ausbesserungen zu der Instandhaltungspflicht des Vermieters. Der Mieter kann jedoch vertraglich zu den besagten Reparaturen in einem bestimmten Turnus verpflichtet werden,[103] was zugleich die entsprechende Verpflichtung des Vermieters aus § 535 Abs. 1 Satz 2 BGB aufhebt.

---

[99] Dazu allgemein sowie zu abweichenden Konzeptionen für die Bestimmung der Gläubigerverantwortlichkeit *Ernst* MünchKomm. § 326 Rn. 43 ff.

[100] *Esser/Weyers* BT 1, § 15 I 7b, S. 143; *Häublein* MünchKomm. § 536 Rn. 32; *Staudinger/Emmerich* (2018) § 536 Rn. 63; siehe auch noch unten § 5 Rn. 78.

[101] BGH 27.11.1984 NJW 1985, 484 (484 f.); BGH 09.06.2010 NJW 2010, 2877 Rn. 9 ff.; BGH 21.07.2010 NJW 2010, 3152 Rn. 28 ff.

[102] BGH 30.10.1984 BGHZ 92, 366 (368); *Larenz* BT 1, § 48 II, S. 220; *Staudinger/Emmerich* (2018) § 535 Rn. 102 f.

[103] Zur Einbeziehung dieser Mieterpflicht in das Synallagma und weiteren Einzelheiten unten § 5 Rn. 92 ff.

42   Eine Übertragung von Schönheitsreparaturen auf den Mieter schränkt zwar nicht unerheblich die Hauptpflichten des Vermieters aus § 535 Abs. 1 Satz 2 BGB ein, ist aber selbst bei Verwendung Allgemeiner Geschäftsbedingungen nicht generell unwirksam. Sie bewirkt nach h. M. nicht per se eine unangemessene Benachteiligung des Mieters i. S. des § 307 Abs. 1 Satz 1 i. V. mit Abs. 2 BGB, da die Übernahme der Reparaturen regelmäßig die von ihm geschuldete Miete verringert.[104] Zudem kann er die Schönheitsreparaturen bei eigener Arbeitsleistung kostengünstiger durchführen als der Vermieter, der einen Handwerker einschaltet. Der Einschränkung der vertraglichen Hauptpflichten des Vermieters steht somit eine Begünstigung des Mieters gegenüber. Ungeachtet dessen bewertet der BGH die vertragliche Abwälzung der Schönheitsreparaturen auf den Mieter stets dann als eine unangemessene Benachteiligung i. S. des § 307 Abs. 1 Satz 1 BGB, wenn dem Mieter unrenovierter oder renovierungsbedürftiger Wohnraum übergeben wird, ohne dem Mieter einen angemessenen Ausgleich zu gewähren.[105]

43   Bedient sich der Vermieter zur Übertragung der Schönheitsreparaturen Allgemeiner Geschäftsbedingungen, bestehen allerdings in verschiedener Hinsicht besondere Anforderungen.[106] So genügt es wegen der Unklarheitenregelung des § 305c Abs. 2 BGB z. B. nicht, wenn lediglich eine Verpflichtung zur Rückgabe der Mietsache im ordnungsgemäßen bzw. bezugsfähigen Zustand vereinbart wird. Vielmehr muss für den Mieter deutlich erkennbar sein, dass ihn an Stelle des Vermieters in dem betreffenden Umfang die Erhaltungspflicht trifft. Darüber hinaus verstoßen Schönheitsreparaturklauseln dann gegen § 307 Abs. 2 Nr. 1 BGB und sind somit gemäß § 307 Abs. 1 Satz 1 BGB unwirksam, wenn diese dem Mieter einen „starren" Fristenplan auferlegen (z. B. Streichen der Wände alle 3 Jahre), ohne ihm den Nachweis zu gestatten, dass der Abnutzungszustand im konkreten Fall eine Ausbesserung noch nicht erfordert.[107] Denn hierdurch wird dem Mieter eine stärkere Renovierungspflicht auferlegt, als sie den Vermieter nach der Grundregel des § 535 Abs. 1 Satz 2 BGB träfe, die auf den konkreten Abnutzungszustand abstellt. Erforderlich ist deshalb ein sog. „weicher" bzw. flexibler Fristenplan, der eine Anpassung etwaiger Regelintervalle an einen abweichenden Abnutzungszustand zulässt.[108] Allerdings kann ein formularmäßig vorgesehener starrer Fristenplan wegen des Verbots der geltungserhaltenden Reduktion gemäß § 306 Abs. 2 BGB nicht in einen zulässigen weichen Fristenplan umgedeutet werden.[109] Vielmehr trifft den Mieter dann keine

---

[104] BGH 30.10.1984 BGHZ 92, 363 (367 ff.); BGH 12.09.2007 NJW 2007, 3776 Rn. 16; BGH 09.06.2010 NJW 2010, 2877 Rn. 20; *Häublein* MünchKomm. § 535 Rn. 117 f.; *Larenz* BT 1, § 48 II a, S. 220.

[105] BGH 18.03.2015 NJW 2015, 1594 Rn. 15 ff., 24 ff.; BGH 18.03.2015 NJW 2015, 1871 Rn. 20 ff.

[106] Dazu im Überblick z. B. *Beyer* ZGS 2009, 353 ff.; *ders.* NJW 2008, 2065 ff.

[107] BGH 23.06.2004 NJW 2004, 2586 (2587); BGH 05.04.2006 NJW 2006, 2113 (2114); BGH 26.09.2007 NJW 2007, 3632 Rn. 15 ff.; BGH 18.03.2015 NJW 2015, 1594 Rn. 20; eingehend *Emmerich* NZM 2006, 761 ff. sowie *Staudinger/Emmerich* (2018) § 535 Rn. 121.

[108] BGH 16.02.2005 NJW 2005, 1188 (1189 f.); BGH 20.03.2012 NJW-RR 2012, 907 Rn. 3.

[109] BGH 23.06.2004 NJW 2004, 2586 (2587); BGH 28.06.2006 NJW 2006, 2915 (2916 f.); *Staudinger/Emmerich* (2018) § 535 Rn. 122 m. w. N.

Pflicht zu Schönheitsreparaturen und es bleibt insoweit bei der Erhaltungspflicht des Vermieters aus § 535 Abs. 1 Satz 2 BGB. Schließlich ist es unzulässig, eine turnusmäßige Renovierungspflicht mit einer unbedingten Pflicht zur Endrenovierung bei Auszug zu verbinden, die nicht auf das turnusmäßige Intervall abgestimmt ist.[110] Als „unangemessen" i. S. des § 307 Abs. 1 Satz 1 BGB hat es der BGH ferner bewertet, wenn der Mieter durch sog. Fachhandwerkerklauseln daran gehindert wird, die in mittlerer Art und Güte (§ 243 Abs. 1 BGB) geschuldeten Schönheitsreparaturen durch eine kostensparende Eigenleistung vorzunehmen,[111] oder mittels einer Farbwahlklausel auf eine einzige Farbe (z. B. Weiß) beschränkt wird.[112] Nimmt der Mieter Schönheitsreparaturen in Unkenntnis der Unwirksamkeit einer entsprechenden Vertragsbestimmung vor, dann richtet sich der Ausgleich nach den bereicherungsrechtlichen Vorschriften; ein Rückgriff auf die Regeln einer Geschäftsführung ohne Auftrag (§§ 677 ff. BGB) scheidet wegen des fehlenden Fremdgeschäftsführungswillens des Mieters aus.[113]

Ebenso wie Schönheitsreparaturen kann der Vermieter auch sonstige Reparaturen **44** dem Mieter übertragen. Zumeist beteiligt er den Mieter aber nur an deren Kosten. Eine Überwälzung der Erhaltungskosten, die nach der gesetzlichen Konzeption an sich den Vermieter treffen (§§ 535 Abs. 1 Satz 2, 538 BGB), ist zulässig, da der Mieter dann wie bei den Schönheitsreparaturen eine geringere Grundmiete zahlen muss. Bei einer formularmäßigen Vereinbarung zieht die Rechtsprechung die Angemessenheitsgrenze i. S. des § 307 Abs. 1 Satz 1 BGB für die Wohnraummiete aber enger als bei anderen Mietsachen.[114] Zudem können dem Mieter die Reparaturkosten bei Wohnraummietverträgen im Hinblick auf § 536 Abs. 4 BGB nur mit festen (Bagatell-)Obergrenzen wirksam übertragen werden.[115]

2. Nebenpflichten des Vermieters

Zu den Nebenpflichten des Vermieters, die sich insbesondere aus den §§ 241 Abs. 2, **45** 242 BGB ergeben, zählen vor allem Schutz- und Interessenwahrungspflichten. Bei deren Konkretisierung ist jedoch zu berücksichtigen, dass die Pflicht des Vermieters zur Herstellung und Erhaltung des vertragsgemäßen Zustands der Mietsache regelmäßig auch den Schutz von Rechtsgütern des Mieters umfasst und insoweit zu den

---

[110] BGH 14.05.2003 NJW 2003, 2234 (2235); BGH 12.09.2007 NJW 2007, 3776 Rn. 13 ff. für die Wohnraummiete; BGH 06.04.2005 NJW 2005, 2006 ff. für die Gewerbemiete. Vielmehr muss dem Mieter die Wahl zwischen einer nur anteiligen Kostenbeteiligung und einer fachgerechten Renovierung eingeräumt werden: BGH 26.05.2004 NJW 2004, 3042 (3043 f.)

[111] BGH 09.06.2010 NJW 2010, 2877 Rn. 19 ff.; siehe auch BGH 29.05.2013 NJW 2013, 2505 Rn. 12 ff.; BGH 18.03.2015 NJW 2015, 1594 Rn. 22; *Staudinger/Emmerich* (2018) § 535 Rn. 123.

[112] BGH 14.12.2010 NJW 2011, 514 Rn. 3; *Staudinger/Emmerich* (2018) § 535 Rn. 124.

[113] Zum Vorstehenden siehe BGH 27.05.2009 BGHZ 181, 188 ff.

[114] BGH 07.06.1989 BGHZ 108, 1 (8 ff.); *Staudinger/Emmerich* (2018) § 535 Rn. 147, 151.

[115] BGH 07.06.1989 BGHZ 108, 1 (8 ff.); *Staudinger/Emmerich* (2018) § 535 Rn. 152.

synallagmatischen Leistungspflichten gehört, sodass ein gesonderter Rückgriff auf § 241 Abs. 2 BGB entbehrlich ist.[116]

V. Pflichtverletzungen und Haftung des Vermieters

46 Hinsichtlich der Rechtsfolgen bei Pflichtverletzungen des Vermieters ist zunächst zwischen den Hauptpflichten und den Nebenpflichten[117] zu unterscheiden. Für die Hauptpflichten ist wiederum danach zu differenzieren, ob eine zur Anwendung der Vorschriften des allgemeinen Leistungsstörungsrechts führende Nichtleistung[118] oder ein Sonderfall vorliegt, der den spezielleren Regelungen in den §§ 536, 536a BGB[119] unterfällt.

1. Nichtleistung des Vermieters

a) Allgemeines

47 Wenn der Vermieter seine Pflichten aus § 535 Abs. 1 BGB nicht erfüllt, liegt vorbehaltlich der §§ 536, 536a BGB für Mängel der Mietsache[120] eine nach den allgemeinen Vorschriften der §§ 280 ff., 320 ff. BGB zu beurteilende Pflichtverletzung vor. Diese ist z. B. gegeben, wenn der Vermieter die Mietsache dem Mieter nicht i. S. des § 535 Abs. 1 Satz 1 BGB zum Gebrauch überlässt. In diesem Fall steht dem Mieter außer im Fall einer Leistungsbefreiung des Vermieters (z. B. durch § 275 Abs. 1 BGB) zunächst ein fortbestehender *Anspruch auf Erfüllung* zu. Nach Maßgabe des § 320 BGB korrespondiert dies mit einem Recht des Mieters, die Miete zurückzuhalten, bis der Vermieter seine Pflichten aus § 535 Abs. 1 BGB erfüllt. Ein Gegenseitigkeitsverhältnis i. S. des § 320 BGB besteht bei einer Bemessung der Miete nach Zeitabschnitten jedoch nur zwischen der Pflicht zur Gebrauchsüberlassung und der Mietzahlung in dem betreffenden Zeitabschnitt. Wenn der Vermieter dem Mieter den Sachgebrauch z. B. im Februar entzieht, kann der Mieter nicht gemäß § 320 BGB die Miete zurückhalten, die er für die Gebrauchsgewährung im davorliegenden Januar schuldet; bezüglich dieses Zeitraums greifen lediglich die §§ 273, 274 BGB ein.[121]

---

[116] *Harke* Rn. 296; *Häublein* MünchKomm. § 535 Rn. 146; *Staudinger/Emmerich* (2018) § 535 Rn. 82; a. A. hingegen BGH 15.10.2008 NJW 2009, 143 Rn. 13, der die Pflicht des Vermieters, die Mietsache in einem verkehrssicheren Zustand zu erhalten, den vertraglichen Nebenpflichten zuordnet.

[117] Zu Nebenpflichtverletzungen unten § 5 Rn. 83.

[118] Dazu § 5 Rn. 47 ff.

[119] Siehe § 5 Rn. 53 ff.

[120] Näher zum Anwendungsbereich der §§ 536, 536a BGB unten § 5 Rn. 54 ff.

[121] Ausführlich zu diesem Problemkreis *Oetker* Das Dauerschuldverhältnis und seine Beendigung, 1994, S. 390 ff.

b) Nachholbare Leistung

Besteht die Pflichtverletzung des Vermieters in einer Leistungsverzögerung, so **48** kann der Mieter grundsätzlich unter den Voraussetzungen der §§ 280 Abs. 1 und 2, 286 BGB seinen *Verzögerungsschaden* ersetzt verlangen. Eine Liquidierung seines dauerhaften *Erfüllungsinteresses* oder ein Anspruch auf den *Ersatz vergeblicher Aufwendungen* (§ 284 BGB) erfordern wegen § 281 Abs. 1 Satz 1 BGB zudem den erfolglosen Ablauf einer dem Vermieter für die Erbringung der Leistung gesetzten angemessenen Nachfrist.

Ist der Vermieter seiner Pflicht aus § 535 Abs. 1 BGB nur teilweise, insbesondere **49** nur vorübergehend nachgekommen, so besteht ein Anspruch auf Schadensersatz statt der ganzen Leistung nach § 281 Abs. 1 Satz 2 BGB lediglich, wenn infolge der teilweisen Nichtleistung das Leistungsinteresse des Mieters insgesamt entfallen ist. Hierfür muss die erbrachte Teilleistung mit der ausgebliebenen Teilleistung in einem derartigen inneren Zusammenhang stehen, dass sie isoliert für den Gläubiger keinen Wert hat.[122] Beispiel: Ein Messegebäude ist nur für den ersten Tag einer mehrtägigen Messe nutzbar. Gerade dieses Beispiel zeigt jedoch, dass bei Mietverträgen die Erbringung der Vermieterleistung zu einer bestimmten Zeit häufig integraler Bestandteil der Leistungspflicht ist (absolute Fixschuld).[123] In einem derartigen Fall tritt mit der Nichtleistung eine (teilweise) Unmöglichkeit i. S. des § 275 Abs. 1 BGB ein, und es sind die Regeln für nicht nachholbare Leistungen anzuwenden.[124]

Während die Schadensersatzansprüche aus den §§ 280 ff. BGB von einem – **50** gemäß § 280 Abs. 1 Satz 2 BGB zu vermutenden – Vertretenmüssen der Pflichtverletzung durch den Vermieter abhängen, gewährt § 323 BGB unter bestimmten Voraussetzungen (grundsätzlich: Nachfrist gemäß § 323 Abs. 1 BGB) wegen der Nichterbringung einer Hauptleistung ein Rücktrittsrecht. Für den Mietvertrag als Dauerschuldverhältnis[125] tritt an die Stelle dieser Rechtsfolge allerdings ein ex nunc wirkendes Kündigungsrecht, wobei umstritten ist, ob diese Modifikation erst ab der In-Vollzug-Setzung des Mietverhältnisses eingreift.[126] Daneben kommt auch eine außerordentliche fristlose Kündigung nach § 543 Abs. 1 i. V. mit Abs. 2 Satz 1 Nr. 1 BGB in Betracht. Ein Anspruch auf Schadensersatz bleibt von einem Rücktritt bzw. einer Kündigung unberührt (§ 325 BGB).

---

[122] Allgemein zum Interessenwegfall an Teilleistungen *Ernst* MünchKomm. § 323 Rn. 199 ff. sowie BR/*Lorenz* § 281 Rn. 54.

[123] Zur zeitbedingten Unmöglichkeit, insbesondere auch zur Abgrenzung zwischen absolutem und relativem Fixgeschäft, das in § 323 Abs. 2 Nr. 2 BGB geregelt ist, BR/*Lorenz* § 275 Rn. 36; *Ernst* MünchKomm. § 275 Rn. 45 ff. sowie *Looschelders* AT, Rn. 471 f.; *Medicus/Lorenz* AT, Rn. 420 f.

[124] Dazu sogleich unter § 5 Rn. 51 f.

[125] Siehe oben § 5 Rn. 1.

[126] Gründe der Rechtsklarheit sprechen dafür, das Kündigungsrecht auch auf die Zeit vor Überlassung der Mietsache zu erstrecken; siehe bereits oben § 3 Rn. 16 in Fn. 44. Vgl. auch BGH 10.07.1968 BGHZ 50, 312 (315 f.) sowie ausführlich zu dem Problemkreis *Oetker* Das Dauerschuldverhältnis und seine Beendigung, 1994, S. 352 ff.

c) Nicht nachholbare Leistung

51   Ist der Vermieter gemäß § 275 BGB oder auch aufgrund einer Unverhältnismäßigkeit analog den §§ 439 Abs. 4, 635 Abs. 3 BGB von seiner Leistungspflicht
befreit,[127] dann erlischt zunächst nach Maßgabe des § 326 BGB aufgrund ihrer synallagmatischen Verbundenheit die Pflicht des Mieters zur Zahlung der Miete, sofern
nicht das Leistungshindernis dem Mieter zuzurechnen ist (§ 326 Abs. 2 BGB).[128]
Folgt die Unmöglichkeit der Leistungserbringung daraus, dass der Vermieter den
Gebrauch der Sache einem Dritten überlassen hat, besteht ein Anspruch auf Herausgabe eines durch den Dritten gezahlten Nutzungsentgelts gemäß § 285 BGB dann,
wenn der Inhalt des Nutzungsrechts des Mieters und des Dritten identisch war.[129]

52   Ein Anspruch auf Schadensersatz statt der Leistung bzw. Aufwendungsersatz
(§ 284 BGB) bemisst sich in diesem Fall nach § 283 BGB i. V. mit § 280 Abs. 1
BGB (insbesondere: zu vermutendes Vertretenmüssen), wenn das Leistungshindernis nach Abschluss des Vertrages eingetreten ist. Lag es bereits bei Vertragsschluss
vor, folgt ein derartiger Ersatzanspruch aus § 311a Abs. 2 BGB. Befand sich in
diesem Fall der Vermieter bei Vertragsschluss in Unkenntnis des Leistungshindernisses, dann schuldet er Schadensersatz jedoch nur, wenn er seine fehlende Kenntnis zu vertreten hat, was gemäß § 311a Abs. 2 Satz 2 BGB zu vermuten ist. Das
Vertretenmüssen setzt aber auch in diesem Fall – vorbehaltlich der gesonderten
Übernahme einer Garantie – ein Verschulden i. S. des § 276 Abs. 1 BGB voraus.[130]

2. Rechtsstellung des Mieters bei Mängeln nach den §§ 536, 536a BGB

a) Bedeutung der Sondervorschriften

53   Im Ausgangspunkt stellt jede Nichterfüllung einer Pflicht aus § 535 Abs. 1 BGB
durch den Vermieter eine Pflichtverletzung i. S. der §§ 280 ff., 320 ff. BGB dar. Der
Gesetzgeber hat jedoch in den §§ 536, 536a BGB Sonderregelungen für bestimmte
Formen dieser Pflichtverletzungen geschaffen. Wie bei § 437 BGB ändern diese Vorschriften den Inhalt des Schuldverhältnisses kraft Gesetzes dahin gehend, dass der
Mieter bei den betreffenden Pflichtverletzungen auf die Rechtsfolgen und Rechte
aus §§ 536, 536a BGB beschränkt ist und nicht auf die §§ 280 ff., 323 ff. BGB
zurückgreifen kann.[131] Hiervon bleibt allerdings der Erfüllungsanspruch aus § 535
Abs. 1 BGB unberührt, der vorbehaltlich einer Leistungsbefreiung des Vermieters

---

[127] Zu Letzterem oben § 5 Rn. 37.

[128] Zu Letzterem bereits oben § 5 Rn. 39 in Bezug auf den Erfüllungsanspruch.

[129] BGH 10.05.2006 NJW 2006, 2323 (2324 f.).

[130] BT-Drucks. 14/6040, S. 165; *Canaris* Festschrift für Heldrich, 2005, S. 28 ff. Für eine Garantiehaftung im Fall einer anfänglichen subjektiven Unmöglichkeit (Unvermögen) trat die h. M. für das
bis zum 01.01.2002 geltende Recht ein; dazu *Larenz* SchR AT, § 8 II, S. 100 ff. m. w. N. und nach
neuem Recht noch *Sutschet* NJW 2005, 1404 (1406).

[131] Siehe oben § 2 Rn. 146 f.

(§ 275 BGB etc.) unverändert fortbesteht[132] und den Mieter nach Maßgabe des § 320 BGB auch zu einer vorübergehenden Verweigerung der geschuldeten Miete berechtigt.[133] Keine Einschränkung erfährt ferner das Recht zur außerordentlichen fristlosen Kündigung gemäß § 543 Abs. 1 BGB i. V. mit § 543 Abs. 2 Satz 1 Nr. 1 BGB.

b) Anwendungsvoraussetzungen der §§ 536, 536a BGB

aa) Sach- oder Rechtsmangel

Die Anwendung der §§ 536, 536a BGB und damit ein hieraus folgender Vorrang **54** gegenüber den allgemeinen Vorschriften zu Pflichtverletzungen des Schuldners setzt voraus, dass die Mietsache einen Mangel aufweist, der deren Tauglichkeit zum vertragsgemäßen Gebrauch aufhebt oder mindert (Sachmangel i. S. des § 536 Abs. 1 Satz 1 und 2 BGB) oder das Recht eines Dritten dem Mieter den vertragsgemäßen Gebrauch ganz oder zum Teil entzieht (Rechtsmangel i. S. des § 536 Abs. 3 BGB). Die Voraussetzungen für einen Rechts- oder Sachmangel wurden bereits im Rahmen der Erfüllungspflicht des Vermieters aus § 535 Abs. 1 BGB erörtert.[134] Eine Anwendung der §§ 536, 536a BGB scheidet demgegenüber z. B. aus, wenn die Mietsache aufgrund einer Zerstörung nicht zum Gebrauch überlassen werden kann.[135]

bb) Überlassung der Mietsache als weitere Anwendungsvoraussetzung

Ob die §§ 536, 536a BGB erst anwendbar sind und damit die allgemeinen Vor- **55** schriften der §§ 280 ff., 323 ff. BGB verdrängen, wenn die Mietsache dem Mieter bereits überlassen worden ist, wobei die Überlassung regelmäßig in einer Übertragung des unmittelbaren Besitzes besteht,[136] ist umstritten.

Für eine derartige zeitliche Beschränkung der §§ 536, 536a BGB spricht der **56** Wortlaut des § 536 BGB, der z. B. für Rechtsmängel darauf abstellt, dass dem Mieter der Gebrauch durch das Recht eines Dritten „entzogen" wird. Unter teleologischen Aspekten muss es allerdings darauf ankommen, ob die Besonderheiten der §§ 536, 536a BGB erst dann sachgerecht erscheinen, wenn eine Überlassung der Mietsache an den Mieter stattgefunden hat.[137] Ohne die Erörterung zur Rechtsstellung des Mieters aus den §§ 536, 536a BGB vorwegzunehmen, sei zur Bestimmung des zeitlichen Anwendungsbereiches dieser Vorschriften exemplarisch der Umstand angeführt, dass der Vermieter nach § 536a Abs. 1 Alt. 1 BGB für bereits bei

---

[132] *Emmerich* § 7 Rn. 49; *Staudinger/Emmerich* (2018) § 536 Rn. 59.

[133] BGH 26.03.2003 NJW-RR 2003, 873 (874); *Emmerich* § 7 Rn. 49; *Larenz* BT 1, § 48 III b 2, S. 234; *Oechsler* Rn. 546; *Staudinger/Emmerich* (2018) § 536 Rn. 59 ff.

[134] Siehe oben § 5 Rn. 24 f. und 28 ff.

[135] Siehe oben § 5 Rn. 37.

[136] Dazu oben § 5 Rn. 21 f.

[137] Diese Methode wurde im Rahmen des Kaufrechts bereits zur Konkretisierung des Anwendungsbereiches des § 437 BGB angewendet: § 2 Rn. 152 ff.

Vertragsschluss vorhandene Mängel verschuldensunabhängig auf Schadensersatz haftet.[138] Diese Abweichung von den allgemeinen Vorschriften in den §§ 280 ff. BGB ist erst gerechtfertigt, wenn zugunsten des Mieters durch die Überlassung der Mietsache eine besondere Vertrauensposition begründet wurde.[139] Dem lässt sich allerdings entgegenhalten, dass die h. L. unter der bis zum 01.01.2002 geltenden Rechtslage die Sondervorschriften für Sach- und Rechtsmängel auch vor der Überlassung der Mietsache angewendet hat.[140] Dies erfolgte aber maßgeblich zu dem Zweck, bei unbehebbaren Mängeln eine nach den allgemeinen Vorschriften eingreifende (Teil-)Nichtigkeit des Mietvertrages gemäß § 306 BGB a. F. zu vermeiden.[141] Nach der neuen Rechtslage berührt ein derartiger Sachverhalt jedoch nicht mehr die Rechtswirksamkeit des Vertrages (§ 311a Abs. 1 BGB), sodass nunmehr die besseren Gründe dafür streiten, die §§ 536, 536a BGB erst nach Überlassung der Mietsache an den Mieter anzuwenden und zuvor die §§ 280 ff., 311a Abs. 2, 323 ff. BGB eingreifen zu lassen.[142]

cc) Fehlen oder Wegfall zugesicherter Eigenschaften als eigenständige Pflichtverletzung?

57 Problematisch erscheint, ob es sich bei dem Fehlen bzw. dem Wegfall einer zugesicherten Eigenschaft (§ 536 Abs. 2 BGB) um eine zusätzliche Form der Pflichtverletzung handelt, die den Anwendungsbereich der §§ 536, 536a BGB eröffnet. Da weitgehend Einigkeit darüber besteht, dass insoweit der Eigenschaftsbegriff des § 119 Abs. 2 BGB maßgeblich ist, der neben den physischen Eigenschaften der Sache nur solche Umweltbeziehungen umfasst, die ihren Grund in der Beschaffenheit des Mietobjekts selbst haben,[143] deckt sich der Kreis der zusicherungsfähigen Eigenschaften mit den Beschaffenheitsmerkmalen der Mietsache nach § 536 Abs. 1 Satz 1 BGB, sodass das Fehlen oder der Wegfall einer zugesicherten Eigenschaft immer auch einen Sachmangel der Mietsache darstellt.[144]

---

[138] Näher unten § 5 Rn. 63 ff.

[139] BGH 18.06.1997 BGHZ 136, 102 (107 ff.); BGH 25.11.1998 NJW 1999, 635.

[140] *Larenz* BT 1, § 48 III b 3, S. 238; *Staudinger/Emmerich* (1995) Vorbem. zu § 537 Rn. 4 ff.; zweifelnd *Esser/Weyers* BT 1, § 15 II 1a (2), S. 144.

[141] Vgl. insoweit auch die Entscheidungen BGH 07.12.1984 BGHZ 93, 142 (145 f.); BGH 29.10.1986 BGHZ 99, 54 (57 f.).

[142] Wie hier *Medicus/Lorenz* Rn. 454. Anders jedoch die vorherrschende Ansicht; für diese z. B. *Brox/Walker* § 11 Rn. 9, 15; *Staudinger/Emmerich* (2018) Vorbem. zu § 536 Rn. 4 f. (anders aber § 536 Rn. 9); *Harke* Rn. 317; i. E. auch *Ahrens* ZGS 2003, 134 (136 f.) sowie *Oechsler* Rn. 522, der für die Anwendung des § 536a Abs. 1 BGB vor Überlassung der Mietsache den Rechtsgedanken des § 323 Abs. 4 BGB heranzieht; siehe ferner *Häublein* MünchKomm. Vor § 536 Rn. 9 ff.

[143] So BGH 16.02.2000 ZIP 2000, 887 (889); *Staudinger/Emmerich* (2018) § 536 Rn. 36.

[144] In diesem Sinne auch *Häublein* MünchKomm. § 536 Rn. 22; abweichend *Oechsler* Rn. 524, der einen eigenständigen Anwendungsbereich der Zusicherung hinsichtlich solcher Umstände annimmt, die nicht als Mangel der Mietsache in Betracht kommen, dabei jedoch die Grenzen des Eigenschaftsbegriffs nicht näher thematisiert.

Aus diesen Gründen ist das Fehlen bzw. der Wegfall einer zugesicherten Eigen- **58** schaft keine eigenständige Form einer objektiven Pflichtverletzung.[145] Bedeutung hat die Eigenschaftszusicherung jedoch bei zwei Punkten, die auf dem Vorliegen eines Sachmangels der Mietsache als der einschlägigen Pflichtverletzung aufbauen:

- Insbesondere bei Schadensersatzansprüchen des Mieters als Folge eines Sachmangels gewinnt der Maßstab des Vertretenmüssens des Vermieters Bedeutung (§ 536a Abs. 1 Alt. 2 BGB). Im Fall einer Eigenschaftszusicherung liegt eine Garantie i. S. des § 276 Abs. 1 Satz 1 BGB vor, sodass ein Verschulden des Vermieters insoweit für die an ein Vertretenmüssen geknüpften Haftungsfolgen entbehrlich ist.[146] Eine Eigenschaftszusicherung setzt allerdings voraus, dass sich der Vermieter in dem Vertrag ausdrücklich oder konkludent verpflichtet, für die Folgen eines bestimmten Sachmangels unbedingt, d. h. verschuldensunabhängig, einstehen zu wollen.[147]
- Des Weiteren ordnet § 536 Abs. 1 Satz 3 BGB zur Wahrung des Rechtsfriedens an, dass die Rechtsfolgen der §§ 536, 536a BGB bei einem Sachmangel nicht eingreifen, wenn die durch ihn hervorgerufene Minderung der Gebrauchstauglichkeit unerheblich ist.[148] Dies gilt jedoch nicht, wenn eine Eigenschaft zugesichert wurde, da § 536 Abs. 2 BGB nicht auf § 536 Abs. 1 Satz 3 BGB verweist.[149]

c) Rechtsstellung des Mieters nach den §§ 536, 536a BGB im Einzelnen

aa) Aufhebung bzw. Minderung der Mietzahlungspflicht

Solange die Mietsache mit einem Mangel behaftet ist, wird der Mieter bei einer **59** Aufhebung der Gebrauchstauglichkeit von der Entrichtung der Miete befreit (§ 536 Abs. 1 Satz 1 BGB) bzw. schuldet bei einer Minderung der Gebrauchstauglichkeit nur eine angemessen herabgesetzte Miete (§ 536 Abs. 1 Satz 2 BGB).[150] Diese Rechtsfolge hängt nicht von einem Vertretenmüssen des Mangels durch den Vermieter ab, da § 536 Abs. 1 Satz 1 und 2 BGB die Äquivalenz zwischen Leistung und

---

[145] Treffend *Hau* JuS 2003, 130 (133). Auch die Gesetzesmaterialien messen § 536 Abs. 2 BGB nur eine eingeschränkte Bedeutung bei: BT-Drucks. 14/4553, S. 40.

[146] Ebenso im Anschluss *Looschelders* Rn. 416.

[147] Zu Einzelheiten *Staudinger/Emmerich* (2018) § 536 Rn. 34 f. sowie zur Garantie des Verkäufers in Bezug auf Sachmängel oben § 2 Rn. 317 ff.

[148] Vgl. *Häublein* MünchKomm. § 536 Rn. 21.

[149] *Häublein* MünchKomm. § 536 Rn. 21; *Looschelders* Rn. 415; *Staudinger/Emmerich* (2018) § 536 Rn. 33; siehe auch mit deutlicher Kritik *Hau* JuS 2003, 130 (132 f.).

[150] Zum Umfang der Herabsetzung BGH 06.04.2005 BGHZ 163, 1 (4 ff.); BGH 10.03.2010 NJW 2010, 1745 Rn. 12; *Staudinger/Emmerich* (2018) § 536 Rn. 57 f. Bei einer unerheblichen Minderung der Tauglichkeit i. S. des § 536 Abs. 1 Satz 3 BGB tritt die Minderung jedoch nur dann ein, wenn eine Eigenschaftszusicherung gemäß § 536 Abs. 2 BGB vorliegt; siehe § 5 Rn. 58 a. E.

Gegenleistung für den Zeitraum mangelhafter Pflichterfüllung sicherstellt.[151] Die Vorschriften stellen somit eine spezielle Ausprägung des Rechtsgedankens in § 326 BGB dar.[152] Eingeschränkt wird die Minderung der Mietzahlungspflicht lediglich in dem Sonderfall, dass die Tauglichkeit des Mietgegenstandes aufgrund einer Maßnahme zur energetischen Gebäudesanierung eintritt; für die Dauer von drei Monaten bleibt die Minderung der Tauglichkeit außer Betracht (§ 536 Abs. 1a BGB).

60   Anders als im Kaufrecht (vgl. § 437 Nr. 2 BGB i. V. mit den §§ 323 Abs. 1, 441 Abs. 1 Satz 1 BGB) erfordert die gänzliche bzw. teilweise Befreiung von der Mietzahlungspflicht keine Gestaltungserklärung des Mieters, sondern diese tritt – auch insoweit mit § 326 BGB übereinstimmend – kraft Gesetzes ein.[153] Hiervon unberührt bleibt allerdings die *Pflicht* des Mieters zur Mängelanzeige nach § 536c Abs. 1 Satz 1 BGB.[154]

61   Entrichtet der Mieter in Unkenntnis des Mangels die Miete ungekürzt fort, dann kann er den Minderungsbetrag von dem Vermieter nach § 812 Abs. 1 Satz 1 Alt. 1 BGB herausverlangen.[155] Kennt er im Zeitpunkt der Zahlung sowohl den Mangel als auch den konkreten Minderungsbetrag, ist dieses Recht allerdings nach § 814 Alt. 1 BGB ausgeschlossen, sofern nicht § 536b BGB (Kenntnis bei Vertragsschluss)[156] einer Minderung bereits dem Grunde nach entgegensteht. Ist ihm schließlich der Mangel, nicht aber die konkrete Höhe der angemessenen Mietminderung bekannt, greift zwar nicht § 814 Alt. 1 BGB ein; das Rückforderungsrecht ist aber gemäß § 242 BGB ausgeschlossen, wenn der Mieter trotz Kenntnis von dem Mangel die Miete noch für mehrere Monate ohne Vorbehalt ungekürzt fortentrichtet.[157] Die Rechtslage im Mietrecht weicht damit zwar vom Kauf- und Werkvertragsrecht ab, das in den §§ 441 Abs. 4, 638 Abs. 4 BGB jeweils auf das Rücktrittsrecht verweist; dies ist aber hinzunehmen und kann auch nicht im Wege einer angleichenden Rechtsfortbildung korrigiert werden. Dieser steht insbesondere die Regelung in § 556b Abs. 2 BGB entgegen, die als Rechtsgrundlage für den Ausgleich zu viel gezahlter Miete ausdrücklich auf das Bereicherungsrecht Bezug nimmt.

---

[151] BGH 06.04.2005 BGHZ 163, 1 (6); BGH 10.03.2010 NJW 2010, 1745 Rn. 12; BGH 10.10.2012 NJW 2013, 44 Rn. 41; *Esser/Weyers* BT 1, § 15 I 4, S. 138; *Larenz* BT 1, § 48 III b 2, S. 235.

[152] Treffend auch *Weller* JZ 2012, 881 (889); im Ergebnis auch BGH 10.10.2012 NJW 2013, 44 Rn. 41.

[153] *Harke* Rn. 309; *Häublein* MünchKomm. § 536 Rn. 27; *Hau* JuS 2003, 130 (131); *Looschelders* Rn. 420; *Oechsler* Rn. 515; *Staudinger/Emmerich* (2018) § 536 Rn. 52; *Weller* JZ 2012, 881 (889).

[154] Näher dazu unten § 5 Rn. 76 f.

[155] *Harke* Rn. 311; *Häublein* MünchKomm. § 536 Rn. 28; *Looschelders* Rn. 420; *Medicus/Lorenz* Rn. 457; *Oechsler* Rn. 515; *Weller* JZ 2012, 881 (889).

[156] Siehe § 5 Rn. 38, 72 ff.

[157] Näher unten § 5 Rn. 75.

bb) Ansprüche auf Schadensersatz

§ 536a Abs. 1 BGB gewährt dem Mieter unter drei verschiedenen Voraussetzungen **62** einen Schadensersatzanspruch:

- Einen vom Vertretenmüssen des Vermieters unabhängigen Anspruch auf Ersatz von Schäden, die aus Mängeln entstehen, die bereits bei Abschluss des Vertrages vorlagen (§ 536a Abs. 1 Alt. 1 BGB),
- einen Anspruch aufgrund von nachträglich eintretenden Mängeln, die der Vermieter zu vertreten hat (§ 536a Abs. 1 Alt. 2 BGB), sowie
- einen Anspruch auf den Ersatz von Schäden, die während eines Verzugs des Vermieters mit der Mängelbeseitigung eintreten (§ 536a Abs. 1 Alt. 3 BGB).

(1) Schäden aufgrund anfänglicher Mängel

Für alle Sach- und Rechtsmängel i. S. des § 536 BGB, die bereits bei Abschluss **63** des Vertrages vorliegen, trifft den Vermieter eine umfassende Garantiehaftung. Dabei genügt es, wenn der Schaden auf Risiken beruht, die schon bei Vertragsschluss angelegt waren.[158] Es ist nicht erforderlich, dass der vorhandene Mangel zu diesem Zeitpunkt bereits erkennbar hervorgetreten ist.[159] Beispiel: Ein Zuleitungsrohr zu der Gasheizung vermieteter Räume weist einen Materialfehler auf, der später zu einer Explosion führt. Eine Beschränkung der Garantiehaftung auf solche Mängel, die zumindest bei der Anwendung äußerster Sorgfalt erkennbar sind,[160] ist wegen fehlender Anhaltspunkte im Gesetz abzulehnen.[161] Die damit verbundene weitreichende Garantiehaftung des Vermieters ist nach Überlassung der Mietsache gerechtfertigt, da sich der Mieter in einen von dem Vermieter beherrschten Bereich begibt und somit seine Rechtsgüter einer erhöhten Gefährdung aussetzt. Zudem ist er vor Überlassung der Mietsache regelmäßig nicht in der Lage, diese eingehend zu untersuchen und die Gefahren selbst abzuwenden. Die Anwendung des § 536a Abs. 1 Alt. 1 BGB ist allerdings infrage gestellt, wenn die Mietsache erst nach Vertragsschluss hergestellt werden muss, da § 536a Abs. 1 Alt. 1 BGB nach seinem Wortlaut voraussetzt, dass die Mietsache bereits bei Vertragsschluss existierte. Ist diese erst noch herzustellen, dann ist die Norm gleichwohl entsprechend anzuwenden, bedarf jedoch einer Modifikation, die die Garantiehaftung auf solche Mängel beschränkt, die schon bei der Fertigstellung vorliegen; eine Erstreckung der

---

[158] BGH 21.07.2010 NJW 2010, 3152 Rn. 14; *Esser/Weyers* BT 1, § 15 I 6, S. 139; *Larenz* BT 1, § 48 III b 3, S. 235.

[159] BGH 21.07.2010 NJW 2010, 3152 Rn. 14.

[160] Hierfür *Diederichsen* AcP 165 (1965), 150 (168); *Fikentscher/Heinemann* Rn. 1003; *Larenz* BT 1, § 48 III b 3, S. 235 ff.

[161] Prot. VI, S. 186; BGH 18.12.1974 BGHZ 63, 333 (335); *Brox/Walker* § 11 Rn. 16; *Esser/Weyers* BT 1 § 15 I 6b, S. 139; *Staudinger/Emmerich* (2018) § 536a Rn. 4.

verschuldensunabhängigen Haftung auf den noch späteren Zeitpunkt der Übergabe wäre hingegen eine unangemessene Belastung des Vermieters.[162]

64   Auf der Rechtsfolgenebene umfasst die Garantiehaftung nach h. M.[163] nicht nur den Ersatz des Erfüllungsinteresses, sondern auch Integritätsschäden, die aus dem ursprünglichen Mangel resultieren.[164] Folglich muss der Vermieter z. B. nicht nur einen entgangenen Gewinn des Mieters (§ 252 BGB), sondern auch alle Schäden an anderen Rechtsgütern (Gesundheit, Eigentum etc.) verschuldensunabhängig ausgleichen. Würden Integritätsschäden hingegen der allgemeinen Vorschrift des § 280 Abs. 1 BGB unterstellt,[165] liefe die Garantiehaftung typischerweise leer, da Mängel der Mietsache regelmäßig Schäden an anderen Rechtsgütern hervorrufen. Ferner ist für die Einbeziehung der Integritätsschäden anzuführen, dass sich der Mieter in den Risikobereich der Mietsache begibt, für deren Mangelfreiheit im Zeitpunkt des Vertragsschlusses der Vermieter nach der gesetzgeberischen Wertung die uneingeschränkte Verantwortung trägt.[166] Keinen Ausgleich über § 536a Abs. 1 BGB kann der Mieter hingegen für solche Vermögenseinbußen von dem Vermieter beanspruchen, die er durch eine von ihm selbst vorgenommene Mängelbeseitigung erlitten hat, da insoweit die Vorschrift in § 536a Abs. 2 BGB[167] eine abschließende Sonderregelung trifft.[168]

65   Umstritten ist, ob auch Integritätsschäden *Dritter*, die in den Schutzbereich des Mietvertrages einbezogen sind,[169] verschuldensunabhängig gemäß § 536a Abs. 1 Alt. 1 BGB zu ersetzen sind[170] oder ob es insoweit bei einer verschuldensabhängigen Haftung aus § 280 Abs. 1 BGB bleibt.[171] Der erstgenannten Auffassung ist zu folgen. Obwohl die Dritten nicht in einer Leistungs-, sondern lediglich einer Schutzpflichtbeziehung zu dem Vermieter stehen, sind sie in gleicher Weise dem

---

[162] Überwiegend wird alternativ auf den Zeitpunkt der Fertigstellung oder der Übergabe abgestellt: BGH 29.04.1953 BGHZ 9, 320 (321); gegen die Übergabe als maßgebliches Kriterium jedoch *Häublein* MünchKomm. § 536a Rn. 8.

[163] RG 30.03.1942 RGZ 169, 84 (92); BGH 20.09.1984 BGHZ 92, 177 (180); BGH 05.12.1990 NJW-RR 1991, 970 (970); *Esser/Weyers* BT 1, § 15 I 6 c, S. 141; *Häublein* MünchKomm. § 536a Rn. 13; *Larenz* BT 1, § 48 III b 3, S. 235 f.; *Oechsler* Rn. 527; RGRK/*Gelhaar* § 538 Rn. 15; *Staudinger/Emmerich* (2018) § 536a Rn. 19 f.; weiterführend *Medicus* Festschrift für Kern, 1968, S. 313 ff.

[164] Allgemein zur Unterscheidung von Erfüllungs- und Integritätsinteresse H. *Lange/Schiemann* Schadensersatz, 3. Aufl. 2003, § 2 IV 3 und V 5.

[165] Dahingehend *Enneccerus/Lehmann* § 128 III 2, S. 518; *Oertmann* § 538 Anm. 1.

[166] *Larenz* BT 1, § 48 III b 3, S. 235 f.

[167] Dazu unten § 5 Rn. 67 f.

[168] BGH 16.01.2008 NJW 2008, 1216 Rn. 25.

[169] Dazu oben § 5 Rn. 17.

[170] Befürwortend BGH 22.01.1968 BGHZ 49, 350 (354); BGH 21.07.2010 NJW 2010, 3152 Rn. 19; *Gottwald* MünchKomm. § 328 Rn. 190; *Neuner* JZ 1999, 126 (130) sowie *Looschelders* Rn. 423; *Staudinger/Emmerich* (2018) § 536a Rn. 18 m. w. N.

[171] So *Esser/Schmidt* Schuldrecht Band I, Allgemeiner Teil, Teilband 2, 8. Aufl. 2000, § 34 IV 2d, S. 273.

Gefährdungspotenzial anfänglicher Mängel ausgesetzt, sodass auch für sie die Garantiehaftung angemessen ist. Dem kann nicht entgegengehalten werden, dass die Dritten keine Pflicht zur Mietzahlung trifft und sie daher haftungsrechtlich nicht wie der Mieter privilegiert werden dürften. Denn die Aufnahme der Drittgeschützten in das Mietobjekt ist vom vertragsmäßigen Gebrauch abgedeckt,[172] sodass der Mieter gleichsam für die Garantiehaftung zugunsten der Dritten „mit bezahlt".

(2) Schäden aufgrund nachträglicher Mängel

Bei allen nachträglichen Mängeln haftet der Vermieter hingegen nur dann auf Scha-   **66**
densersatz, wenn er den Mangel zu vertreten hat (§ 536a Abs. 1 Alt. 2 BGB)[173] oder der Schaden eintritt, weil der Vermieter sich nach Maßgabe des § 286 BGB mit der aus § 535 Abs. 1 Satz 2 BGB geschuldeten Mängelbeseitigung in Verzug befindet. Diese Regelung stellt eine folgerichtige Konsequenz der Erhaltungspflicht des Vermieters dar. Wegen der speziellen Ausschlusstatbestände in den §§ 536b und c BGB scheidet ein paralleler Rückgriff auf § 280 Abs. 1 BGB aus.[174]

cc) Mängelbeseitigung durch den Mieter und Ersatz erforderlicher Aufwendungen

Das Mietvertragsrecht überlässt die Mängelbeseitigung nicht ausschließlich dem   **67**
Vermieter, sondern räumt dem Mieter in § 536a Abs. 2 BGB unter bestimmten Voraussetzungen ein Selbsthilferecht ein. Dieses berechtigt ihn dazu, die Mängel der Mietsache selbst zu beseitigen, wenn der Vermieter mit seiner Pflicht nach Maßgabe des § 286 BGB in Verzug ist (§ 536a Abs. 2 Nr. 1 BGB)[175] oder sich die umgehende Beseitigung des Mangels zur Erhaltung oder Wiederherstellung der Mietsache als notwendig erweist (§ 536a Abs. 2 Nr. 2 BGB). Zum Schutz des Vermieters sind die Voraussetzungen des Selbsthilferechts jedoch eng auszulegen, da ihm grundsätzlich die Entscheidungsbefugnis über die Art der Beseitigung zusteht.[176] Deshalb ist das Beseitigungsrecht des Mieters aus § 536a Abs. 2 Nr. 2 BGB auf sog. Notmaßnahmen beschränkt, bei denen ein Handeln des Vermieters nicht abgewartet werden kann, z. B. bei einem Hausbrand.[177]

Die mit der erlaubten Mängelbeseitigung des Mieters verbundenen erforderli-   **68**
chen Aufwendungen muss der Vermieter nach § 536a Abs. 2 BGB ersetzen. Der Aufwendungsersatzanspruch umfasst alle eingesetzten Geld- bzw. Sachwerte sowie die aufgewandte Arbeit, wenn die Kosten nach einer objektiven Betrachtungsweise

---

[172] Siehe oben § 5 Rn. 17 sowie unten § 5 Rn. 102.

[173] Wenn eine Eigenschaftszusicherung i. S. des § 536 Abs. 2 BGB vorliegt, setzt das Vertretenmüssen allerdings kein Verschulden voraus; siehe oben § 5 Rn. 58.

[174] Ebenso *Oechsler* Rn. 531 sowie allgemein oben § 5 Rn. 53.

[175] Exemplarisch BGH 16.01.2008 NJW 2008, 1216 Rn. 15 f.

[176] *Staudinger/Emmerich* (2018) § 536a Rn. 38.

[177] BT-Drucks. 14/4553, S. 41; BGH 16.01.2008 NJW 2008, 1216 Rn. 17; *Häublein* MünchKomm. § 536a Rn. 26; *Staudinger/Emmerich* (2018) § 536a Rn. 39.

ex ante zur Beseitigung des Mangels erforderlich waren.[178] Zudem kann der Mieter wie ein Auftragnehmer die mit der Beseitigungshandlung verbundenen Schäden analog § 536a Abs. 2 BGB ersetzt verlangen, wenn sich in diesen ein typisches Risiko der Mängelbeseitigung niederschlägt,[179] wie z. B. in Gesundheitsschäden, die bei Löscharbeiten eintreten.

69 Solche Aufwendungen hingegen, die nicht unter § 536a Abs. 2 BGB fallen, kann der Mieter nur nach Maßgabe des § 539 Abs. 1 BGB ersetzt verlangen. Die dortige Bezugnahme auf die Vorschriften über die Geschäftsführung ohne Auftrag (§§ 677 ff. BGB) ist als eine Rechtsgrundverweisung zu verstehen, sodass insbesondere ein Fremdgeschäftsführungswille des Mieters vorliegen muss.[180] Um den Charakter des § 536a Abs. 2 BGB als eine an enge tatbestandliche Voraussetzungen gebundene Sonderregelung nicht zweckwidrig zu konterkarieren, ist der Rückgriff auf § 539 Abs. 1 BGB allerdings nur für solche Aufwendungen eröffnet, die nicht der Beseitigung von Mängeln dienen.[181]

70 Sämtliche Aufwendungsersatzansprüche des Mieters verjähren abweichend von den §§ 195 ff. BGB gemäß § 548 Abs. 2 BGB in sechs Monaten nach Beendigung des Mietverhältnisses.[182]

d) Ausschluss und Beschränkung der Rechtsfolgen der §§ 536, 536a BGB

aa) Gesetzlicher Ausschluss

71 Eine gesetzliche Einschränkung der Rechte des Mieters aus den §§ 536, 536a BGB ordnen insbesondere die §§ 536b und 536c BGB an. Darüber hinaus ergeben sich aus der allgemeinen Vorschrift des § 326 Abs. 2 BGB Grenzen.

(1) Ausschluss gemäß § 536b BGB

72 Dem Mieter stehen die Rechte aus den §§ 536, 536a BGB sowie das Recht zur außerordentlichen fristlosen Kündigung nach § 543 Abs. 1 und 2 Satz 1 Nr. 1 BGB (§ 543 Abs. 4 Satz 1 BGB) nicht zu, wenn er den Mangel bei Abschluss des Mietvertrages kennt; § 536b Satz 1 BGB.[183] In Bezug auf § 536 BGB ist die Bezeichnung „Recht" allerdings missverständlich, weil die Kürzung bzw. der Wegfall der

---

[178] BGH 21.04.2010 NJW 2010, 2050 Rn. 18; *Staudinger/Emmerich* (2018) § 536a Rn. 32 sowie noch unten § 11 Rn. 54 ff.

[179] Siehe zu § 670 BGB § 11 Rn. 60 ff.

[180] BT-Drucks. 14/4553, S. 42; *Häublein* MünchKomm. § 539 Rn. 8; *Looschelders* Rn. 425; *Oechsler* Rn. 535; *Staudinger/Emmerich* (2018) § 539 Rn. 6.

[181] BGH 16.01.2008 NJW 2008, 1216 Rn. 19 ff.

[182] Dies gilt auch, wenn dem Mieter Ersatzansprüche nicht nach Mietrecht, sondern wie z. B. bei der Vornahme nicht geschuldeter Schönheitsreparaturen aus einer Geschäftsführung ohne Auftrag oder aus Bereicherungsrecht zustehen; siehe BGH 04.05.2011 NJW 2011, 1866 Rn. 14 f.

[183] Zu den Auswirkungen auf den Erfüllungsanspruch aus § 535 Abs. 1 BGB oben § 5 Rn. 38.

Mietzahlungspflicht kraft Gesetzes eintritt.[184] Die von § 536b Satz 1 BGB geforderte positive Kenntnis hat der Mieter nur, wenn er den konkreten Mangel und dessen Folgen für die Gebrauchstauglichkeit der Mietsache kennt.[185] Deshalb genügt es z. B. nicht, wenn er nur von den Tatsachen erfährt, die einer behördlichen Nutzungsuntersagung zugrunde liegen, nicht aber von dem Verbot.[186] Andererseits schadet selbst eine positive Kenntnis dem Mieter jedoch nicht, wenn ihm der Vermieter Abhilfe zugesagt hatte.

Die Rechte aus den §§ 536, 536a BGB schließt § 536b Satz 2 BGB ferner aus, **73** wenn der Mangel dem Mieter bei Abschluss des Vertrages grob fahrlässig unbekannt geblieben ist und der Vermieter diesen nicht arglistig verschwiegen hat.[187] Da dem Mieter bei Vertragsabschluss grundsätzlich keine Untersuchung der Mietsache obliegt, kommt ein grob fahrlässiges Verkennen eines Mangels nur bei ganz offensichtlichen Umständen in Betracht.[188]

Schließlich sieht § 536b Satz 3 BGB vor, dass der Mieter Mängel, die er bei **74** der Annahme der Mietsache kennt, nur dann i. S. der §§ 536, 536a BGB geltend machen kann, wenn er sich seine Rechte vorbehält. Der Begriff der Annahme ist in diesem Zusammenhang mit demjenigen der Überlassung der Mietsache identisch, erfordert also in der Regel einen Besitzerwerb des Mieters.[189]

Die in § 536b BGB geregelten Haftungsausschlüsse finden nicht nur bei einem **75** erstmaligen Vertragsschluss Anwendung, sondern auch bei Vertragsänderungen, wenn diese das Äquivalenzgefüge des Mietvertrages wesentlich verändern.[190] Wird hingegen lediglich eine vertraglich eingeräumte Verlängerungsoption ausgeübt, steht dies weder einem Vertragsschluss i. S. des § 536b BGB gleich, noch ist in dieser Konstellation eine entsprechende Anwendung der Vorschrift gerechtfertigt.[191] Keine Regelung trifft § 536b BGB indes für den praktisch bedeutsamen Fall, dass der Mangel zwar erst nach Überlassung der Mietsache eintritt, der Mieter trotz seiner Kenntnis hiervon aber *ohne Vorbehalt* und über einen längeren Zeitraum die Miete ungekürzt weiterzahlt. Während der BGH in derartigen Konstellationen früher die mit § 536b BGB vergleichbare Vorschrift des § 539 Abs. 2 BGB a. F. analog anwandte, lehnt er dies nunmehr wegen des Fehlens einer planwidrigen Regelungslücke ab, da nach der Überlassung auftretende Mängel von § 536c BGB erfasst werden und diese Norm nach dem Willen des Gesetzgebers abschließenden

---

[184] Siehe oben § 5 Rn. 60.

[185] BGH 28.01.1958 BGHZ 26, 282 (290); *Staudinger/Emmerich* (2018) § 536b Rn. 8. Ein Unterschätzen der Folgen für die Gebrauchstauglichkeit ist hingegen unerheblich; vgl. *Staudinger/Emmerich* (2018) § 536b Rn. 8.

[186] BGH 07.11.1962 WM 1962, 1379 (1380); *Häublein* MünchKomm. § 536b Rn. 4.

[187] Zum Begriff der Arglist siehe oben § 2 Rn. 100.

[188] *Häublein* MünchKomm. § 536b Rn. 5.

[189] *Staudinger/Emmerich* (2018) § 536b Rn. 16; siehe auch oben § 5 Rn. 20 ff.

[190] BGH 24./28.07.1970 NJW 1970, 1740 (1742); *Häublein* MünchKomm. § 536b Rn. 15.

[191] BGH 05.11.2014 NJW 2015, 402 Rn. 19 ff.

Charakter habe.[192] Ungeachtet dessen kann dem Vermieter jedoch gegenüber dem Mieter möglicherweise der Einwand des § 242 BGB zustehen,[193] da in der längeren vorbehaltlosen Weiterzahlung der Miete trotz Kenntnis des Mangels aufgrund der Besonderheiten des Einzelfalles nicht nur ein stillschweigender Verzicht, sondern gegebenenfalls auch eine Verwirkung der Mängelrechte liegen kann.[194]

(2) Ausschluss gemäß § 536c BGB

76　　Der Mieter hat die Mietsache zumeist in unmittelbarem Besitz, sodass der Vermieter auf diese nicht direkt zugreifen kann. Daher ist er zur Erfüllung seiner vertraglichen Erhaltungspflicht und zum Schutz seines Eigentums auf Informationen des Mieters über das Vorliegen von Mängeln angewiesen.[195] Demzufolge verpflichtet § 536c Abs. 1 Satz 1 BGB den Mieter, alle während der Mietzeit aufgetretenen Mängel sowie die Erforderlichkeit einer Maßnahme zum Schutz der Mietsache vor einer nicht vorhergesehenen Gefahr dem Vermieter unverzüglich (vgl. § 121 Abs. 1 Satz 1 BGB) anzuzeigen. Gleiches gilt nach § 536c Abs. 1 Satz 2 BGB, soweit sich ein Dritter ein Recht an der Sache anmaßt, diese z. B. als angeblicher Eigentümer wegnimmt. Kommt der Mieter dieser Pflicht nicht nach, dann verliert er unter anderem gemäß § 536c Abs. 2 Satz 2 BGB eine etwaige Leistungsbefreiung aus § 536 BGB sowie einen Schadensersatzanspruch nach 536a Abs. 1 BGB, *soweit* der Vermieter infolge der unterlassenen Anzeige dem Mangel oder der Gefahr nicht abhelfen konnte. Ein etwaiger Anspruch auf Aufwendungsersatz aus § 536a Abs. 2 BGB bleibt im Umkehrschluss hiervon unberührt, da er in § 536c Abs. 2 Satz 2 BGB – im Gegensatz zu den Ansprüchen aus § 536a Abs. 1 BGB – nicht genannt wird.

77　　Zum Schutz des Vermieters besteht die Anzeigepflicht unabhängig davon, ob der Mieter die Sache gebraucht und somit die Obhut über diese ausübt.[196] Ein Mangel oder eine unvorhergesehene Gefahr „zeigt" sich i. S. des § 536c Abs. 1 Satz 1 BGB jedoch nur und löst die Pflicht zur unverzüglichen Anzeige aus, wenn die Unkenntnis von dem betreffenden Umstand auf *grober Fahrlässigkeit* beruht.[197] Insbesondere trifft den Mieter keine Prüfungspflicht, sodass er verdeckte Mängel nicht

---

[192] BGH 16.07.2003 BGHZ 155, 380 (386 ff.); BGH 18.10.2006 NJW 2007, 147 (148 f.); zustimmend z. B. *Häublein* MünchKomm. § 536b Rn. 9; *Medicus/Lorenz* Rn. 431; *Staudinger/Emmerich* (2018) § 536 Rn. 70; kritisch *Timme* NJW 2003, 3099 ff.

[193] So BGH 16.07.2003 BGHZ 155, 380 (391); siehe auch *Häublein* MünchKomm. § 536b Rn. 10; *Staudinger/Emmerich* (2018) § 536 Rn. 70.

[194] Ablehnend dazu *Weller* JZ 2012, 881 (889 f.).

[195] RG 25.11.1904 RGZ 59, 162 (162); BGH 04.04.1977 BGHZ 68, 281 (286); *Häublein* MünchKomm. § 536c Rn. 1; *Staudinger/Emmerich* (2018) § 536c Rn. 1.

[196] *Häublein* MünchKomm. § 536c Rn. 3.

[197] BGH 04.04.1977 BGHZ 68, 281 (284 ff.); *Staudinger/Emmerich* (2018) § 536c Rn. 7; mit Einschränkungen auch *Häublein* MünchKomm. § 536c Rn. 6, der auf die Erkennbarkeit für den durchschnittlichen Mieter abstellt.

ausforschen muss.[198] Zudem ist eine Anzeige nach § 242 BGB entbehrlich, wenn der Vermieter den Mangel bereits kennt oder dessen Beseitigung unmöglich ist, sodass die Anzeige ohnehin folgenlos bliebe.

(3) Dem Mieter zurechenbare Mängel

Unabhängig von den vorstehenden Haftungsausschlüssen greifen die Rechtsfolgen der §§ 536, 536a BGB auch dann nicht ein, wenn der Mangel dem Mieter zurechenbar ist.[199] Dies folgt aus dem Rechtsgedanken des § 326 Abs. 2 Satz 1 BGB. Es kommt also darauf an, ob der Mieter analog den §§ 276 ff. BGB für den Mangel alleine oder weit überwiegend verantwortlich ist (§ 326 Abs. 2 Satz 1 Alt. 1 BGB)[200] oder der von dem Vermieter nach Maßgabe des § 300 Abs. 1 BGB nicht zu vertretende Mangel zu einem Zeitpunkt eingetreten ist, in dem sich der Mieter gemäß den §§ 293 ff. BGB im Annahmeverzug befand (§ 326 Abs. 2 Satz 1 Alt. 2 BGB).[201] Gleichzustellen ist dem der Sonderfall, dass der Mieter seiner aus § 555a Abs. 1 BGB folgenden Duldungspflicht nicht genügt und er hierdurch eine Beseitigung des Mangels durch den Vermieter verhindert.[202]

78

bb) Ausschluss oder Beschränkung durch Vertrag

Das Mietvertragsrecht ist abgesehen von Ausnahmen zugunsten des Wohnraummieters[203] dispositiv, sodass es den Vertragsparteien freisteht, die §§ 536, 536a BGB ganz oder teilweise abzubedingen.[204] Allerdings kann sich der Vermieter – ebenso wie der Verkäufer (§ 444 BGB) – nach § 536d BGB auf einen vertraglichen Haftungsausschluss nicht berufen, wenn er den betreffenden Mangel arglistig verschwiegen hat. Die haftungsbeschränkende Vereinbarung ist in dieser Konstellation jedoch nicht nichtig, sondern entfaltet lediglich keine Rechtswirkung, was eine Anwendung des § 139 BGB auf den Restvertrag ausschließt.[205]

79

---

[198] BGH 04.04.1977 BGHZ 68, 281 (285 f.); *Staudinger/Emmerich* (2018) § 536c Rn. 1.

[199] BGH 15.12.2010 JZ 2011, 428 Rn. 18 mit Anm. *Maultzsch* sowie aus dem Schrifttum ebenso *Esser/Weyers* BT 1, § 15 I 7b, S. 143; *Häublein* MünchKomm. § 536 Rn. 32; *Medicus/Lorenz* Rn. 432; *Staudinger/Emmerich* (2018) § 536 Rn. 63.

[200] Dazu näher *Maultzsch* JZ 2011, 429 (430 ff.), mit Kritik an der weitergehenden Auffassung in BGH 15.12.2010 JZ 2011, 428 Rn. 18 f., nach der eine Zurechenbarkeit bereits zu bejahen ist, wenn der Mangel objektiv aus der „Sphäre" des Mieters stammt. Siehe auch § 8 Rn. 224 zum Sphärengedanken im Werkvertragsrecht.

[201] Zum Ganzen bereits oben § 5 Rn. 39.

[202] Einer Berufung auf eine angemessen herabgesetzte Miete steht in diesem Fall das Verbot eines venire contra factum proprium (§ 242 BGB) entgegen; siehe BGH 13.05.2015 NJW 2015, 2419 Rn. 17 f.

[203] Dazu unten § 5 Rn. 149 ff.

[204] BGH 21.07.2010 NJW 2010, 3152 Rn. 22; *Staudinger/Emmerich* (2018) § 536 Rn. 123 ff.

[205] BT-Drucks. 14/4553, S. 42.

80   Vertragliche Haftungsausschlüsse unterliegen den allgemeinen Schranken der §§ 134, 138, 242 BGB. Bei Allgemeinen Geschäftsbedingungen ist deren Rechtswirksamkeit zudem durch die §§ 307 ff. BGB begrenzt.[206] So schließt § 309 Nr. 12b BGB aus, dass der Mieter formularvertraglich die Mangelfreiheit der Mietsache anerkennt und somit seine Rechte bei Mängeln verliert.[207] Auch ein Ausschluss des Schadensersatzanspruches für die vom Vermieter grob fahrlässig oder vorsätzlich verursachten Mängel ist nach § 309 Nr. 7b BGB rechtsunwirksam. Das auf Mängel bezogene absolute Klauselverbot in § 309 Nr. 8b BGB findet hingegen nur auf die kauf- und werklieferungsvertragliche Haftung Anwendung.[208] Im Übrigen steht einer Abbedingung der Rechte infolge eines Sach- oder Rechtsmangels allein § 307 BGB bei einer unangemessenen Benachteiligung des Mieters entgegen. Deshalb darf der vertragliche Haftungsausschluss die Rechte des Mieters bei verdeckten Mängeln nicht so weit einschränken, dass dieser einen unbrauchbaren Gegenstand erhält, trotzdem aber an den Vertrag gebunden bleibt und somit auch die Miete weiter zahlen muss.[209]

e) Konkurrenz der §§ 536, 536a BGB zu anderen Rechten des Mieters

81   Die Abgrenzung des Anwendungsbereiches der Sondervorschriften bei Mängeln von den allgemeinen Regelungen über Pflichtverletzungen (§§ 280 ff., 323 ff. BGB) wurde oben bereits erörtert.[210] Verletzungen von Nebenpflichten oder vorvertraglichen Pflichten seitens des Vermieters, die sich zugleich auf einen Mangel der Mietsache beziehen (z. B. Aufklärung über eine gefährliche Beschaffenheit), bewirken keine eigenständigen Haftungsfolgen neben § 536a BGB.[211] Auch die Regelungen über das Fehlen oder den Wegfall der Geschäftsgrundlage (§ 313 BGB) sind nur anwendbar, wenn die Störung des Vertragsverhältnisses nicht in einem Mangel der Mietsache besteht.[212] Deliktische Ansprüche des Mieters aus den §§ 823 ff. BGB bleiben hingegen von den §§ 536, 536a BGB unberührt.

82   Problematisch ist schließlich, ob der Mieter nach § 119 Abs. 2 BGB zur Anfechtung berechtigt sein soll, wenn die Eigenschaft, über die er sich geirrt hat, zugleich einen Sachmangel i. S. des § 536 Abs. 1 BGB begründet. Um dem besonderen Regelungsgefüge der §§ 536 ff. BGB und insbesondere den Ausschlusstatbeständen in den §§ 536b, 536c BGB gerecht zu werden, muss entgegen der früher h. M.[213]

---

[206] Exemplarisch BGH 21.07.2010 NJW 2010, 3152 Rn. 23 ff.

[207] BGH 09.11.1966 VersR 1967, 254 (254).

[208] BT-Drucks. 14/6040, S. 157; *Wurmnest* MünchKomm. § 309 Nr. 8 Rn. 12.

[209] BGH 22.06.1988 NJW 1988, 2664 (2664); *Staudinger/Emmerich* (2018) § 536 Rn. 124.

[210] Siehe § 5 Rn. 54 ff.

[211] BGH 10.07.2008 NJW 2008, 2771 Rn. 21; *Staudinger/Emmerich* (2018) Vorbem. zu § 536 Rn. 13 sowie zum Parallelproblem beim Kaufvertrag ausführlich oben § 2 Rn. 356 ff.

[212] *Häublein* MünchKomm. Vor §§ 536 Rn. 25.

[213] RG 10.03.1938 RGZ 157, 173 (174); *Staudinger/Emmerich* (2018) Vorbem. zu § 535 Rn. 71.

eine Sperrwirkung gegenüber § 119 Abs. 2 BGB angenommen werden.[214] Dies gilt wegen des abweichenden Schutzzwecks indes nicht für eine auf § 123 BGB gestützte Anfechtung der zum Abschluss des Mietvertrages führenden Willenserklärung.[215]

3. Nebenpflichtverletzungen des Vermieters

Verletzt der Vermieter eine seiner Nebenpflichten, so ist er nach Maßgabe der   **83**
§§ 280 ff. BGB zum Schadensersatz verpflichtet, wenn nicht § 536a BGB vorrangig eingreift.[216]

VI. Pflichten und Haftung des Mieters

1. Hauptpflichten des Mieters

a) Pflicht des Mieters zur Zahlung der Miete

aa) Allgemeines

Als Gegenleistung für den Gebrauch der gemieteten Sache muss der Mieter die   **84**
vereinbarte Miete zahlen (§ 535 Abs. 2 BGB). Üblicherweise ist diese in Geld zu entrichten; bei einer andersartigen Gegenleistung liegt ein sog. Vertrag mit anderstypischer Gegenleistung vor.[217] Ein Beispiel hierfür stellt die Übertragung von Schönheitsreparaturen auf den Mieter dar.[218]

Es kann eine einheitliche Mietsumme festgelegt werden. Vor allem bei der Ver-   **85**
mietung von Räumen ist aber auch die Vereinbarung einer Grund- oder Kaltmiete zuzüglich eines angemessenen Betriebskostenvorschusses üblich. Die Miete ist je nach der vertraglichen Vereinbarung entweder einmalig oder in bestimmten Zeitabständen wiederkehrend zu zahlen. Gemäß § 579 Abs. 1 Satz 1 und 2 BGB ist die Miete vorbehaltlich einer abweichenden Vereinbarung am Ende der Mietzeit bzw. eines Zeitabschnittes fällig, bei der Vermietung von Räumen (einschließlich Wohnräumen) hingegen schon am dritten Werktag eines jeden Zeitabschnittes (§§ 556b Abs. 1, 579 Abs. 2 BGB).[219] Die Höhe der Miete können die Parteien nach den allgemeinen Vorschriften für Mietverhältnisse bis zur Grenze der §§ 134

---

[214] *Brox/Elsing* JuS 1976, 1 (5); *Häublein* MünchKomm. Vor § 536 Rn. 24; *Soergel/Heintzmann* Vor § 542 Rn. 2; *Looschelders* Rn. 435. Ausführlicher im Rahmen des Kaufrechts oben § 2 Rn. 345 ff.

[215] Treffend BGH 06.08.2008 BGHZ 178, 16 Rn. 34 f.; ebenso *Häublein* MünchKomm. Vor § 536 Rn. 24; siehe auch *Staudinger/Emmerich* (2018) Vorbem. zu § 535 Rn. 71.

[216] Dazu oben § 5 Rn. 81.

[217] Zu derartigen Verträgen auch unten § 16 Rn. 15 f.

[218] Dazu näher unten § 5 Rn. 92 ff.

[219] Dazu unten § 5 Rn. 176.

BGB (i. V. mit § 291 StGB bzw. § 5 WiStG), 138 BGB frei festlegen.[220] Verstößt
die vertragliche Festlegung zur Miethöhe gegen die vorgenannten Grenzen, bleibt
der Vertrag entgegen der Auslegungsregel des § 139 BGB im Übrigen rechtswirksam, d. h. mit einer noch zulässigen Miethöhe.[221] Fehlt eine Einigung der Parteien über die konkrete Höhe der Miete, kann eine entsprechende Anwendung der
§§ 612 Abs. 2, 632 Abs. 2 BGB die im Vertrag verbliebene Lücke durch einen
Rückgriff auf die ortsübliche Vergleichsmiete schließen.[222]

86   Kommt der Mieter mit der Zahlung der Miete i. S. des § 286 BGB in Verzug,
muss er Verzugszinsen zahlen (§ 288 BGB) und den Verzögerungsschaden des Vermieters ersetzen (§ 280 Abs. 1 und 2 BGB). Um Letzterem die Möglichkeit einer
wirtschaftlichen Verwertung der Sache zu sichern, steht diesem zudem ein Recht
zur außerordentlichen fristlosen Kündigung nach § 543 Abs. 1 BGB i. V. mit § 543
Abs. 2 Satz 1 Nr. 3 BGB zu, wenn der Mieter zu zwei aufeinanderfolgenden Terminen mit der Entrichtung der Miete in Verzug geraten ist oder die Summe der
ausstehenden Zahlungen über einen längeren Zeitraum die Höhe von mindestens
zwei Mieten erreicht und keiner der Ausschlusstatbestände in § 543 Abs. 2 Satz 2
oder 3 BGB eingreift.[223] Durch diese Regelung wird der Rückgriff auf § 323 Abs. 1
BGB bei einer Verletzung der Pflicht zur Zahlung der Miete gesperrt.[224] Ist das
Mietverhältnis rechtswirksam gekündigt, kann der Vermieter wegen eines ihm entgangenen Gewinns (§ 252 BGB) Schadensersatz statt der Leistung nach Maßgabe
des § 283 BGB beanspruchen. Hierbei ist der entgangene Gewinn jedoch nur bis
zu dem Zeitpunkt zu ersetzen, in dem der Mieter seinerseits das Mietverhältnis
hätte beenden können (Begrenzung des ersatzfähigen Schadens durch rechtmäßiges
Alternativverhalten).[225]

bb) Pflicht zur Mietzahlung bei Leistungsbefreiung des Vermieters

87   Wegen der synallagmatischen Verknüpfung der Pflichten des Vermieters aus § 535
Abs. 1 BGB mit der Pflicht des Mieters zur Mietzahlung entfällt bzw. mindert sich
letztere grundsätzlich, wenn zugunsten des Vermieters eine Leistungsbefreiung

---

[220] Zur Miethöhe bei Wohnraum siehe auch die Begrenzung bei Neuvermietungen in § 556d Abs. 1
BGB (maximal 10 Prozent über der ortsüblichen Vergleichsmiete), wenn sich der Wohnraum in
einem Gebiet mit angespanntem Wohnungsmarkt befindet; siehe näher unten § 5 Rn. 174 f.

[221] Einzelheiten bei *Staudinger/Emmerich* (2018) Vorbem. zu § 535 Rn. 117 ff.

[222] BGH 31.01.2003 NJW 2003, 1317 (1318).

[223] Dabei ist nur die regelmäßig zu entrichtende Miete zu berücksichtigen, nicht aber Einmal-
zahlungen wie Kautionen oder Kostenerstattungsansprüche: *Bieber* MünchKomm. § 543 Rn. 45;
Staudinger/Emmerich (2018) § 543 Rn. 49. Nebenkostenvorschüsse zählen hingegen als Miete
i. S. des § 543 Abs. 2 Satz 1 Nr. 3 BGB: *Bieber* MünchKomm. § 543 Rn. 45; *Staudinger/Emmerich*
(2018) § 543 Rn. 50.

[224] BGH 10.07.1968 BGHZ 50, 312 (315 f.); *Bieber* MünchKomm. § 543 Rn. 45; *Brox/Walker* § 11
Rn. 33; *Esser/Weyers* BT 1, § 16 I 1b, S. 149; *Larenz* BT 1, § 48 II b, S. 224; *Staudinger/Emmerich*
(2018) § 543 Rn. 43.

[225] Dazu allgemein *Oetker* MünchKomm. § 249 Rn. 217 ff.

eintritt. Dies ergibt sich aus § 326 Abs. 1 Satz 1 BGB bzw. der Sondervorschrift des § 536 BGB.

Der Mieter bleibt allerdings dennoch zur Zahlung verpflichtet, wenn ihm die **88** Nichterfüllung der Vermieterpflichten aus § 535 Abs. 1 BGB selbst zuzurechnen ist (§§ 326 Abs. 2, 536b, 536c BGB).[226] Eine derartige Zurechnung enthält auch die Sondervorschrift des § 537 Abs. 1 Satz 1 BGB. Nach dieser bleibt die Pflicht des Mieters zur Mietzahlung bestehen, wenn er das Gebrauchsrecht aus Gründen in seiner eigenen Person nicht ausüben kann. Diese Anordnung ist rein deklaratorisch, sofern dem Mieter die Mietsache bereits überlassen wurde, da sich die Leistungspflicht des Vermieters aus § 535 Abs. 1 Satz 1 BGB nur darauf bezieht, die *Gebrauchsmöglichkeit* einzuräumen, sodass diese Pflicht in den besagten Fällen bereits erfüllt ist und ein Wegfall des Anspruchs auf Zahlung der Miete von vornherein nicht in Betracht kommt.[227] Das Risiko, die eingeräumte Gebrauchsmöglichkeit tatsächlich selbst ausnutzen zu können, trägt der Mieter schon nach den allgemeinen Regeln. Zu berücksichtigen ist jedoch, dass zu der einzuräumenden Gebrauchsmöglichkeit im Einzelfall nicht nur die Überlassung der Mietsache in einem bestimmten Zustand, sondern auch ein darüber hinausgehender Umstand zählen kann. Bekanntes Beispiel sind die in heutiger Zeit selten gewordenen Fälle der Anmietung eines Raumes mit Blick auf einen Krönungszug, der aufgrund einer Krankheit des Monarchen abgesagt wird. In einer derartigen Konstellation greift § 326 Abs. 1 BGB ein.[228]

Eine eigenständige Bedeutung entfaltet § 537 Abs. 1 Satz 1 BGB hingegen, **89** wenn der Hinderungsgrund dazu führt, dass die Mietsache nicht überlassen und damit die Gebrauchsmöglichkeit nicht eingeräumt werden kann. Wenn die Pflicht des Vermieters zur Überlassung zugleich eine absolute Fixschuld darstellt, tritt kein Annahmeverzug ein (der nach h. M. eine fortbestehende Leistungsmöglichkeit voraussetzt),[229] sodass § 326 Abs. 2 Satz 1 Alt. 2 BGB nicht anwendbar ist. Für diese Konstellation weist § 537 Abs. 1 Satz 1 BGB als weitere *Ausnahmevorschrift zu § 326 Abs. 1 BGB* dem Mieter das Risiko derjenigen Hinderungsgründe zu, die „in seiner Person liegen". Abweichend von dem Wortlaut der Vorschrift ist hierbei jedoch nicht schematisch zwischen subjektiv begründeten Hindernissen (z. B. Krankheit des Mieters) und objektiv begründeten Hindernissen (z. B. Witterungseinflüsse) abzugrenzen. Die Risikosphären von Mieter und Vermieter sind allein anhand der vertraglichen Vereinbarung aufzuteilen.[230] Einen Anhaltspunkt hierfür bietet die Frage, ob der Mieter durch das besagte Geschehen bei unterstellter

---

[226] Siehe oben § 5 Rn. 71 ff.

[227] BGH 23.10.1996 NJW 1997, 193 (194); *Esser/Weyers* BT 1, § 16 II 2, S. 153; *Harke* Rn. 306; *Larenz* BT 1, § 48 II b, S. 223.

[228] *Esser/Weyers* BT 1, § 16 II 2, S. 154; allgemein zu diesen Fällen des sog. Zweckfortfalls *Finkenauer* MünchKomm. § 313 Rn. 156 f.

[229] Dazu *Ernst* MünchKomm. § 293 Rn. 7 ff. m. w. N.

[230] BGH 28.11.1962 BGHZ 38, 295 (297 f.); *Staudinger/Emmerich* (2018) § 537 Rn. 8; für eine alleinige Aufteilung nach Risikobereichen hingegen *Bieber* MünchKomm. § 537 Rn. 4 f.

Nachholbarkeit der Vermieterleistung nach den §§ 293 ff. BGB in Annahmeverzug geraten wäre. Ist dies zu bejahen, spricht vieles für eine Anwendung des § 537 Abs. 1 Satz 1 BGB. Ein Verschulden des Leistungshindernisses durch den Mieter ist in keinem Fall erforderlich[231]; bei dessen Vorliegen wäre bereits § 326 Abs. 2 Satz 1 Alt. 1 BGB erfüllt.[232]

90   Selbst wenn die Voraussetzungen des § 537 Abs. 1 Satz 1 BGB vorliegen, wird der Mieter allerdings gleichwohl von seiner Mietzahlungspflicht gemäß § 326 Abs. 1 Satz 1 BGB frei, solange der Vermieter infolge der Überlassung des Gebrauchs an einen Dritten außerstande ist, dem Mieter den Gebrauch zu gewähren (§ 537 Abs. 2 BGB). Dieser Regelung ist der allgemeine Rechtsgedanke zu entnehmen, dass § 537 Abs. 1 Satz 1 BGB in allen Fällen keine Anwendung findet, in denen der dem Mieter zurechenbare Umstand keine condicio sine qua non für die Leistungsbefreiung des Vermieters darstellt.[233] Dafür sprechen sowohl der Wortlaut des § 537 Abs. 1 Satz 1 BGB („durch") als auch die Wertung des § 297 BGB, der einen Annahmeverzug bei mangelnder Leistungsfähigkeit des Schuldners ausschließt.

91   In jedem Fall muss sich der Vermieter nach § 537 Abs. 1 Satz 2 BGB den Betrag anrechnen lassen, den er durch seine Leistungsbefreiung an Aufwendungen erspart (z. B. Betriebskosten) oder infolge einer anderweitigen Verwertung des Gebrauchs erlangt. Allerdings trifft den Vermieter keine Pflicht, die Sache an Dritte zu vermieten, sodass es anders als im Rahmen des § 326 Abs. 2 Satz 2 BGB unerheblich ist, ob der Vermieter den Erwerb von Vorteilen böswillig unterlassen hat. Verwertet er zugunsten des Mieters die Gebrauchsmöglichkeit durch eine erneute Vermietung zu einem niedrigeren Mietbetrag, ist sein Mietzahlungsanspruch aufgrund einer teleologischen Reduktion nicht nach § 537 Abs. 2 BGB gänzlich ausgeschlossen, sondern nur nach Maßgabe des § 537 Abs. 1 Satz 2 BGB gekürzt.[234]

b) Ausführung übertragener Schönheitsreparaturen

92   Die wirksam übertragene Pflicht zu Schönheitsreparaturen an der Mietsache[235] ist für den Mieter eine synallagmatische Hauptpflicht, da sie nach dem Parteiwillen einen Teil der Miete ersetzt.[236] Die Rechtsfolgen einer Nichterfüllung dieser Pflicht

---

[231] *Bieber* MünchKomm. § 537 Rn. 4.

[232] Treffend *Staudinger/Emmerich* (2018) § 537 Rn. 4.

[233] BGH 28.11.1962 BGHZ 38, 295 (300); BGH 31.03.1993 BGHZ 122, 163 (167); *Staudinger/Emmerich* (2018) § 537 Rn. 33.

[234] BGH 31.03.1993 BGHZ 122, 163 (167 ff.); *Esser/Weyers* BT 1, § 16 II 2, S. 153; RGRK/*Gelhaar* § 552 Rn. 10.

[235] Dazu bereits oben § 5 Rn. 41 ff.

[236] BT-Drucks. 14/4553, S. 45; BGH 25.06.1980 BGHZ 77, 301 (305); *Larenz* BT 1, § 48 II a, S. 220.

sind nach den §§ 280 ff., 323 ff. BGB zu bestimmen.[237] Als Schaden kann der Vermieter insbesondere die Kosten der Schönheitsreparaturen und einen entgangenen Gewinn wegen nur verzögert möglicher Weitervermietung geltend machen.[238]

Auch wenn der Vermieter die vom Mieter bei Beendigung des Mietverhältnisses **93** pflichtwidrig unterlassenen Schönheitsreparaturen nicht selbst durchführt, sondern einen Nachmieter gefunden hat, der die Instandsetzung zu Vertragsbeginn übernimmt, besteht ein Schadensersatzanspruch des Vermieters nach Maßgabe der §§ 281, 283 BGB.[239] Der Schaden des Vermieters ergibt sich in diesem Fall daraus, dass nach den Grundsätzen der Vorteilsausgleichung die Entlastung des Vermieters, die aus der Renovierung des Nachmieters resultiert, keine Besserstellung des Vormieters rechtfertigt und daher bei der Vermögenssaldierung nach § 249 Abs. 1 BGB außer Betracht bleibt.[240] Ein anderes Ergebnis kann allerdings aus einer zwischen Vormieter und Nachmieter getroffenen Abrede folgen, in der sich der Nachmieter bereit erklärt, die von dem Vormieter geschuldeten Schönheitsreparaturen zu übernehmen.

Ein ersatzweiser Zahlungsanspruch des Vermieters in Höhe der für die Schön- **94** heitsreparaturen zu veranschlagenden Kosten trifft den Mieter nach der Rechtsprechung auch dann, wenn die Schönheitsreparaturen bei Ende des Mietverhältnisses wegen einer Umgestaltung der Mietsache überflüssig werden (z. B. Umbau gemieteter Räume nach Auszug des Mieters).[241] Dieser Zahlungsanspruch wird einer ergänzenden Vertragsauslegung gemäß §§ 157, 242 BGB entnommen, da der Vermieter ohne die Übertragung der Pflicht zu Schönheitsreparaturen (vermutlich) eine höhere Miete erzielt hätte. Die Schönheitsreparaturen sollen somit nicht nur eine direkte Weiternutzung nach Beendigung des Mietverhältnisses ermöglichen, sondern betreffen das Äquivalenzgefüge des Vertrages. Daher tritt nach dem hypothetischen Parteiwillen für den Fall, dass die Renovierung keine sinnvolle Funktion erfüllt, eine Zahlungspflicht an die Stelle der Reparaturpflicht. Diese ist jedoch gemäß § 242 BGB nur in der Höhe gerechtfertigt, in der der Mieter Aufwendungen für die Schönheitsreparaturen gehabt hätte.[242] Hätte er diese selbst ordnungsgemäß ausgeführt, wird somit ein niedrigerer Betrag als für die Renovierung durch einen Fachhandwerker geschuldet.

---

[237] Bei der Anwendung des § 323 Abs. 1 BGB – der zumindest nach der In-Vollzug-Setzung des Mietverhältnisses kein Rücktritts-, sondern ein Kündigungsrecht gewährt (siehe oben § 5 Rn. 50) – sind aufgrund der funktionellen Äquivalenz mit einer Mietzahlung die Wertungen des § 543 Abs. 2 Satz 1 Nr. 3 BGB zu beachten.

[238] BGH 15.11.1967 BGHZ 49, 56 (60); *Larenz* BT 1, § 48 II a, S. 220 f.; *Staudinger/Emmerich* (2018) § 535 Rn. 142; siehe auch *Häublein* MünchKomm. § 535 Rn. 128.

[239] BGH 15.11.1967 BGHZ 49, 56 (61 ff.); RGRK/*Gelhaar* § 535 Rn. 94; a. A. *Staudinger/Emmerich* (2018) § 535 Rn. 144.

[240] Allgemein zu den Grundsätzen der Vorteilsausgleichung *Oetker* MünchKomm. § 249 Rn. 228 ff.

[241] BGH 25.06.1980 BGHZ 77, 301 (304 f.); BGH 05.06.2002 BGHZ 151, 53 (57 ff.); *Schlechtriem* Rn. 270; a. A. *Staudinger/Emmerich* (2018) § 535 Rn. 135.

[242] BGH 20.10.2004 NJW 2004, 425 (426 f.).

2. Nebenpflichten des Mieters

a) Unterlassen eines vertragswidrigen Gebrauchs der Mietsache

aa) Allgemeines

95　Der Vermieter ist nach § 535 Abs. 1 BGB verpflichtet, dem Mieter die Möglichkeit zu einem vertragsgemäßen Gebrauch der Mietsache einzuräumen; Veränderungen der Mietsache infolge eines derartigen Gebrauchs sind keine Pflichtverletzungen des Mieters (§ 538 BGB). Umgekehrt muss der Mieter jegliche Einwirkungen auf die Mietsache unterlassen, die die Grenze des vertragsgemäßen Gebrauchs überschreiten.[243] Das ergibt sich mittelbar aus § 541 BGB, der die Voraussetzungen einer Unterlassungsklage regelt, die gegen einen vertragswidrigen Gebrauch gerichtet ist.[244]

96　Dem Mietvertrag widerspricht einerseits ein übermäßiger Gebrauch der gemieteten Sache, der zu einer höheren Abnutzung führt, als er durch die Gegenleistung des Mieters abgegolten wird (Beispiel: Begrenzung der Kilometerzahl bei Anmietung eines PKW).[245] Andererseits ist auch ein sorgfaltswidriger Gebrauch vertragswidrig. Insbesondere sind Gefährdungen, Beschädigungen oder die Zerstörung der Mietsache zu unterlassen. Art und Intensität des vertraglich gestatteten Gebrauchs legen die Vertragsparteien ausdrücklich oder konkludent im Mietvertrag fest; im Zweifel ist das Gebrauchsrecht nach der Verkehrssitte zu ermitteln (§§ 133, 157 BGB).[246] So gilt z. B. die Reklame an Außenwänden eines gemieteten Gewerberaumes auch ohne vertragliche Vereinbarung als erlaubt, wenn dieser in einem Geschäftsviertel liegt.[247]

97　Ebenso wie die Pflicht des Vermieters zur Gebrauchsgewährung kann sich auch das Gebrauchsrecht des Mieters während der Vertragsdauer durch eine ergänzende Vertragsauslegung (§§ 157, 242 BGB) inhaltlich ändern.[248] Dabei orientiert sich die Auslegung an der Verkehrsüblichkeit des vom Mieter angestrebten Gebrauches und an der Zumutbarkeit für den Vermieter.[249] So ist z. B. bei der Vermietung von Gewerberäumen ein Wechsel des Gewerbes zulässig, wenn keine wesentlich höhere Abnutzung der Mietsache zu erwarten ist und sich die mit dem neuen Gewerbe einhergehenden Störungen der anderen Mieter oder des Vermieters im Rahmen des Zumutbaren halten.[250]

bb) Insbesondere: Nutzung der Mietsache durch Dritte

98　Bei der Frage, inwieweit der Mieter auch Dritte in den Gebrauch der Mietsache einbeziehen darf, ist zu unterscheiden.

---

[243] *Esser/Weyers* BT 1, § 16 I 2a, S. 151; *Larenz* BT 1, § 48 II b, S. 225.

[244] Wie hier im Ansatz auch *Brox/Walker* § 11 Rn. 28.

[245] Bezüglich der Verschlechterung einer Wohnung durch exzessives Rauchen als vertragswidriger Gebrauch siehe BGH 05.03.2008 NJW 2008, 1439 Rn. 23.

[246] BGH 16.05.2007 NJW-RR 2007, 1243 Rn. 8.

[247] RG 26.10.1912 RGZ 80, 281 (284); *Staudinger/Emmerich* (2018) § 535 Rn. 11.

[248] Siehe bereits oben § 5 Rn. 35.

[249] *Staudinger/Emmerich* (2018) § 535 Rn. 38.

[250] *Staudinger/Emmerich* (2018) § 535 Rn. 38 f.

(1) Grundsatz

Vom Gebrauchsrecht des Mieters ist es nach § 540 Abs. 1 Satz 1 BGB nicht gedeckt, **99** wenn er die Mietsache einem Dritten ganz oder zum Teil ohne Erlaubnis des Vermieters zum Gebrauch überlässt, weil eine Gebrauchsüberlassung an Dritte das Risiko einer stärkeren Abnutzung der Mietsache begründet und dem Vermieter zudem die Möglichkeit einer Einflussnahme auf die Personen erhalten bleiben soll, die die Sache nutzen.[251] Als Gebrauchsüberlassung i. S. des § 540 Abs. 1 Satz 1 BGB ist nach nunmehr h. M. jede auf eine gewisse Dauer angelegte, gänzliche oder teilweise Überlassung des Gegenstandes an Dritte zum selbstständigen oder unselbstständigen (d. h. unter Aufsicht des Mieters erfolgenden) Gebrauch.[252] Wichtigster Anwendungsfall ist die Untervermietung durch den Mieter an einen Dritten.[253] Nicht von § 540 Abs. 1 Satz 1 BGB erfasst sind hingegen kurzfristige Überlassungen wie z. B. beim Empfang von Besuch durch einen Mieter.

Zum Ausgleich für die Erlaubnispflichtigkeit der Gebrauchsüberlassung gewährt **100** § 540 Abs. 1 Satz 2 BGB dem Mieter ein Recht zur außerordentlichen Kündigung mit gesetzlicher Frist (vgl. die §§ 573d Abs. 2 Satz 1, 580a Abs. 4 BGB), wenn der Vermieter die Erlaubnis verweigert, ohne dass hierfür in der Person des Dritten ein wichtiger Grund vorliegt. Ein solcher ist insbesondere die Gefahr einer übermäßigen Abnutzung der Mietsache.

(2) Zulässigkeit der Drittnutzung

(a) Erlaubnis des Vermieters

Die Gebrauchsüberlassung an Dritte ist zunächst gemäß § 540 Abs. 1 Satz 1 BGB **101** zulässig, wenn der Vermieter hierfür ausdrücklich oder konkludent entweder in dem Mietvertrag oder zu einem späteren Zeitpunkt seine Erlaubnis erteilt hat. Bei der Vermietung von Geschäftsräumen ergibt sich z. B. aus dem Vertragszweck, dass neben dem Mieter sämtliche Mitarbeiter dauerhaften Zutritt zu den Räumen haben.[254] Nach dem Rechtsgedanken des § 540 Abs. 1 Satz 2 BGB darf der Vermieter die Erlaubnis aber widerrufen, wenn in der Person des Dritten ein wichtiger Grund für die Verweigerung der Erlaubnis vorliegt, der dem Vermieter bei der Erteilung nicht bekannt war.[255]

---

[251] *Bieber* MünchKomm. § 540 Rn. 1; *Esser/Weyers* BT 1, § 16 I 2a, S. 150; *Larenz* BT 1, § 48 III a, S. 230; *Oechsler* Rn. 511.

[252] BGH 05.11.2003 BGHZ 157, 1 (4); *Staudinger/Emmerich* (2018) § 540 Rn. 7 m. w. N.; für eine Begrenzung auf den selbstständigen Gebrauch noch BGH 29.11.1967 WM 1968, 252 (253).

[253] Zum Untermietverhältnis *Bieber* MünchKomm. § 540 Rn. 22 f.; *Staudinger/Emmerich* (2018) § 540 Rn. 24 ff.

[254] BGH 21.07.2010 NJW 2010, 3152 Rn. 20; *Häublein* MünchKomm. § 535 Rn. 82; *Oechsler* Rn. 510.

[255] BGH 11.02.1987 NJW 1987, 1692 (1693); *Staudinger/Emmerich* (2018) § 540 Rn. 14; a. A. *Bieber* MünchKomm. § 540 Rn. 16.

(b) Zulässigkeit kraft objektiven Rechts

102 In Ausnahmefällen kann sich die Befugnis des Mieters, Dritte in den Gebrauch der Mietsache einzubeziehen, auch aus Wertungen des objektiven Rechts ergeben. So folgt aus Art. 6 Abs. 1 GG, dass der Mieter einer Wohnung berechtigt ist, seinen Ehepartner bzw. seine Kinder auch ohne gesonderte Erlaubnis des Vermieters bis zur Grenze der Überbelegung in die Räume aufzunehmen.[256] Diese gelten im Ergebnis nicht als „Dritte" i. S. des § 540 BGB; entgegenstehende Vertragsbestimmungen sind gemäß § 138 Abs. 1 BGB nichtig. Aus der Ableitung dieser Privilegierung aus Art. 6 Abs. 1 GG (Schutz von Ehe und Familie) folgt zugleich aber auch, dass die Aufnahme nichtehelicher Lebensgefährten oder Lebenspartner i. S. des LPartG erlaubnispflichtig bleibt.[257]

cc) Rechtsfolgen bei Pflichtverletzungen

103 Macht der Mieter von der Mietsache vertragswidrigen Gebrauch, ist er nach Maßgabe der §§ 280 ff. BGB zum *Schadensersatz* verpflichtet.[258] Dabei hat er gemäß § 540 Abs. 2 BGB auch das Verschulden eines Dritten zu vertreten, dem er die Mietsache ganz oder teilweise zum Gebrauch überlassen hat. Dies gilt nach dieser Vorschrift selbst dann, wenn die Gebrauchsüberlassung als solche noch keine Pflichtverletzung darstellt, insbesondere bei einer Erlaubnis des Vermieters. Insoweit dient § 540 Abs. 2 BGB wie § 278 BGB der Zurechnung von Pflichtverletzungen eines Dritten, die sich durch die Risikoerhöhung rechtfertigt, die mit der Gebrauchsüberlassung verbunden ist.[259]

104 Bei den Tatbeständen in § 543 Abs. 1 BGB i. V. mit § 543 Abs. 2 Satz 1 Nr. 2 BGB (erhebliche Pflichtverletzung und erhebliche Gefährdung der Mietsache oder unbefugte Überlassung an Dritte) kann der Vermieter zudem eine *außerordentliche fristlose Kündigung* erklären, die jedoch nach § 543 Abs. 3 BGB in der Regel voraussetzt, dass der Mieter das pflichtwidrige Verhalten nach einer Abmahnung fortgesetzt hat.

105 § 541 BGB sieht ferner vor, dass der Vermieter auf *Unterlassung* klagen kann, wenn der Mieter den vertragswidrigen Gebrauch der Mietsache trotz einer Abmahnung fortsetzt. Die Abmahnung ist jedoch analog § 543 Abs. 3 Satz 2 Nr. 1 BGB

---

[256] BGH 30.10.1963 BGHZ 40, 252 (254); BGH 05.11.2003 NJW 2004, 56 (57); *Brox/Walker* § 11 Rn. 29; *Staudinger/Emmerich* (2018) § 540 Rn. 4 f.

[257] Siehe BGH 05.11.2003 BGHZ 157, 1 ff. m. w. N.; zustimmend z. B. *Brox/Walker* § 11 Rn. 29; siehe ferner *Staudinger/Emmerich* (2018) § 540 Rn. 5; a. A. *Oechsler* Rn. 509 f., der sich hierfür auf § 563 Abs. 1 Satz 2 BGB stützt. Zu einem möglichen Anspruch auf Zustimmung nach § 553 BGB unten § 5 Rn. 167 ff.

[258] Pflichtwidrig an der Mietsache verursachte Schäden sind dabei als sog. einfacher Schadensersatz nach § 280 Abs. 1 BGB zu ersetzen; der Vermieter muss dem Mieter somit keine Nachfrist i. S. des § 281 Abs. 1 BGB für eine Schadensbeseitigung setzen: BGH 28.02.2018 NJW 2018, 1746 Rn. 9 ff. m. w. N. Ein bereicherungsrechtlicher Anspruch auf Herausgabe eines unberechtigt erzielten Untermietererlöses besteht hingegen nach der Rechtsprechung nicht: BGH 13.12.1995 BGHZ 131, 297 (305 ff.); zum Ganzen näher z. B. *Oechsler* Rn. 513.

[259] *Bieber* MünchKomm. § 540 Rn. 24; *Looschelders* Rn. 450.

entbehrlich, wenn diese offensichtlich keinen Erfolg verspricht, weil sich der Mieter z. B. ernsthaft weigert, den vertragswidrigen Gebrauch einzustellen.[260] Das Erfordernis einer vorherigen Abmahnung soll nach verbreiteter Ansicht zusätzliche Voraussetzung für den materiellen Unterlassungsanspruch sein.[261] Dem lässt sich allerdings entgegenhalten, dass ein materiellrechtlicher Anspruch auf Unterlassung eines vertragswidrigen Gebrauchs – unabhängig von einer Abmahnung – bereits aufgrund des Vertragsverhältnisses besteht. Der Regelungsgehalt der Vorschrift erschöpft sich daher in einer Konkretisierung des prozessualen Rechtsschutzbedürfnisses. Diese Deutung des Abmahnungserfordernisses folgt auch aus dem Wortlaut des § 541 BGB („kann […] auf Unterlassung klagen"). Obwohl sich § 541 BGB nach seinem Wortlaut auf die „Unterlassung" beschränkt, stützt die Norm nach h. M. auch ein Begehren des Vermieters, die *Beseitigung* eines vom Mieter geschaffenen vertragswidrigen Zustandes durchzusetzen,[262] wodurch ein auf § 1004 Abs. 1 BGB gestützter Beseitigungsanspruch verdrängt wird.[263]

b) Obhutspflicht in Bezug auf die Mietsache

Durch die Überlassung der Mietsache erlangt der Mieter in der Regel die unmittelbare Sachherrschaft über diese und hat hierdurch das Rechtsgut eines anderen in der Hand. Dies verpflichtet ihn zur Obhut über die Mietsache (§ 241 Abs. 2 BGB). Er muss diese bis zur Rückgabe im üblichen Maß pflegen und Gefahren abwehren, soweit ihm dies möglich und zumutbar ist.[264] Z. B. muss der Mieter von Räumen bei Regen und Frost die Fenster schließen sowie ein Mindestmaß an Reinigung und Lüftung beachten. Ferner ist ein gemieteter PKW bei Verlassen abzuschließen. Außerdem trifft den Mieter in Notfällen die Pflicht, alle Maßnahmen zur Abwendung von Gefahren vorzunehmen, die für ihn zumutbar sind.[265] So hat er z. B. bei einem Wasserrohrbruch den Abstellhahn zu schließen. Allerdings ist der Mieter grundsätzlich nicht verpflichtet, die gemietete Sache zu gebrauchen, es sei denn, dies ist erforderlich, um sonst drohende Schäden von ihr abzuwenden.[266] **106**

Eine besondere Ausprägung der Obhutspflicht stellt die Pflicht des Mieters aus § 536c Abs. 1 BGB dar, dem Vermieter alle auftretenden Mängel sowie Gefahren für die Mietsache, die Abwehrmaßnahmen tunlich erscheinen erlassen, unverzüglich **107**

---

[260] *Staudinger/Emmerich* (2018) § 541 Rn. 8; *Harke* Rn. 302.

[261] *Bieber* MünchKomm. § 541 Rn. 1.

[262] BGH 17.04.2007 NJW 2007, 2180 Rn. 6; BGH 16.05.2007 NJW-RR 2007, 1243 Rn. 8; *Looschelders* Rn. 448.

[263] BGH 17.04.2007 NJW 2007, 2180 Rn. 6.

[264] *Esser/Weyers* BT 1, § 16 I 2b, S. 151; *Larenz* BT 1, § 48 II, S. 225; *Looschelders* Rn. 445; *Staudinger/Emmerich* (2018) § 535 Rn. 93 ff.

[265] Grundsätzlich besteht hingegen keine Reparaturpflicht: *Staudinger/Emmerich* (2018) § 535 Rn. 96.

[266] *Häublein* MünchKomm. § 535 Rn. 166; *Medicus/Lorenz* Rn. 439; *Staudinger/Emmerich* (2018) § 535 Rn. 91.

anzuzeigen.[267] Bei einer Verletzung der Anzeigepflicht erleidet der Mieter nicht nur nach Maßgabe des § 536c Abs. 2 Satz 2 BGB einen Rechtsverlust, sondern er muss dem Vermieter auch den aus der Pflichtverletzung entstandenen Schaden ersetzen (§ 536c Abs. 2 Satz 1 BGB).

108 Für sonstige Verletzungen der Obhutspflicht greift § 280 Abs. 1 BGB als Grundlage für den Anspruch des Vermieters auf Schadensersatz ein. Daneben kommt eine außerordentliche fristlose Kündigung gemäß § 543 Abs. 1 BGB i. V. mit § 543 Abs. 2 Satz 1 Nr. 2 BGB in Betracht.

c) Kurze Verjährung von Ersatzansprüchen des Vermieters (§ 548 Abs. 1 BGB)

aa) Allgemeines

109 Entsteht aus einem vertragswidrigen Gebrauch der Mietsache durch den Mieter oder aus einer Verletzung der Obhutspflicht ein Schaden, unterliegen Ersatzansprüche des Vermieters abweichend von den allgemeinen Vorschriften der §§ 195 ff. BGB der kurzen Verjährung in § 548 Abs. 1 BGB. Die Verjährungsfrist beträgt danach sechs Monate ab Rückgabe der Mietsache (§ 548 Abs. 1 Satz 1 und 2 BGB) und soll eine schnelle Abwicklung der Ansprüche aus dem Mietverhältnis ermöglichen sowie Schwierigkeiten der Beweisführung vermeiden, ob eine bestimmte Veränderung der Mietsache auf einer Pflichtverletzung des Mieters beruht.[268]

110 Vor dem Hintergrund dieses Normzwecks erfasst § 548 Abs. 1 Satz 1 BGB nur Ansprüche wegen Veränderungen oder Verschlechterungen der Mietsache, nicht aber solche aufgrund ihrer vollständigen Zerstörung.[269] Bei diesen entstehen keine besonderen Beweisschwierigkeiten, sodass sich die Verjährung nach den §§ 195, 199 BGB bemisst. Unter § 548 Abs. 1 BGB fallen andererseits aber Ansprüche des Vermieters auf Schönheitsreparaturen durch den Mieter sowie Ansprüche aus deren pflichtwidriger Nichtvornahme.[270] Obwohl diesen Ansprüchen eine Entgeltfunktion zukommt, besteht aufgrund ihres Inhaltes ein besonderes Interesse an schneller Abwicklung, sodass es sich um Ersatzansprüche wegen einer „Veränderung der Mietsache" handelt.

---

[267] Zu den Voraussetzungen der Anzeigepflicht oben § 5 Rn. 76 f.

[268] BGH 19.09.1973 BGHZ 98, 235 (237); BGH 23.10.2013 NJW 2014, 684 Rn. 13; *Bieber* Münch-Komm. § 548 Rn. 1; *Larenz* BT 1, § 48 VII b, S. 277; *Staudinger/Emmerich* (2018) § 548 Rn. 1.

[269] BGH 23.05.2006 NJW 2006, 2399 (2400); *Larenz* BT 1, § 48 VII b, S. 277; *Staudinger/Emmerich* (2018) § 548 Rn. 18.

[270] BT-Drucks. 14/4553, S. 45; BGH 19.09.1973 BGHZ 61, 227 (230); BGH 04.05.2011 NJW 2011, 1866 Rn. 13 ff.; *Bieber* MünchKomm. § 548 Rn. 11; *Larenz* BT 1, § 48 VII b, S. 276; *Staudinger/Emmerich* (2018) § 548 Rn. 10.

bb) Erstreckung der Verjährungsfrist auf konkurrierende Ansprüche und Drittrechtsbeziehungen

Nach h. M. ist die kurze Verjährungsfrist des § 548 Abs. 1 BGB in ihrem Anwendungsbereich auf konkurrierende deliktische Ansprüche des Vermieters (z. B. aus § 823 Abs. 1 BGB wegen Eigentumsverletzung) analog anzuwenden.[271] Dem hält eine abweichende Ansicht zwar die systematische Stellung des § 548 Abs. 1 BGB im Mietrecht und das Argument entgegen, dass der allgemeine Verkehrsschutz der §§ 823 ff. BGB durch ein hinzutretendes Vertragsverhältnis allenfalls verstärkt, nicht jedoch abgeschwächt werden dürfe.[272] Diese Argumentation übersieht aber, dass eine vertragliche Sonderbeziehung nicht lediglich summarisch zu den allgemeinen Schädigungsverboten hinzutritt, sondern mit ihren Regelungen nach Maßgabe des jeweiligen Normzwecks eine sachnähere und somit allein maßgebliche Ordnung des jeweiligen Rechtsverhältnisses begründet.[273] Da eine Anwendung der §§ 195, 199 BGB auf deliktische Ansprüche des Vermieters wegen Verschlechterungen der Mietsache die von § 548 Abs. 1 BGB bezweckte schnelle Abwicklung verhindern würde, ist die kurze Verjährung in ihrem Anwendungsbereich auch für Ansprüche aus den §§ 823 ff. BGB maßgeblich.[274] **111**

Zudem ist § 548 Abs. 1 BGB analog auf (deliktische) Ansprüche des Vermieters gegen solche Dritte anzuwenden, die in den Schutzbereich des Mietvertrages einbezogen sind.[275] Beispiel: Die Ehefrau des Mieters von Wohnräumen verursacht fahrlässig einen Küchenbrand. Die Verkürzung der Verjährung stellt somit einen Teil der Schutzwirkung des Mietvertrages dar. Zugleich wird auf diesem Wege verhindert, dass der Mieter durch einen Regress des Schädigers (z. B. eines seiner Arbeitnehmer) letztlich doch noch über die Frist des § 548 Abs. 1 BGB hinaus für einen Schaden aufzukommen hat. **112**

cc) Beginn der Verjährung

Die Verjährung der Ersatzansprüche beginnt mit der Rückgabe der Mietsache zu laufen (§ 548 Abs. 1 Satz 2 BGB).[276] Hierfür muss der Vermieter die unmittelbare Sachherrschaft an der Mietsache erlangen, sodass er diese auf Veränderungen und Verschlechterungen untersuchen und hierdurch sichere Kenntnis über seine **113**

---

[271] BGH 24.05.1976 BGHZ 66, 315 (320); BGH 18.09.1986 BGHZ 98, 235 (237 f.); *Harke* Rn. 323; *Larenz* BT 1, § 48 VII b, S. 276 f.; *Staudinger/Emmerich* (2018) § 548 Rn. 6.

[272] *Dietz* Anspruchskonkurrenz bei Vertragsverletzung und Delikt, 1934, S. 146 ff.

[273] Zu diesem Gedanken bereits oben § 4 Rn. 40 f.

[274] Siehe oben § 5 Rn. 70.

[275] BGH 19.09.1973 BGHZ 61, 227 (233); BGH 29.03.1978 BGHZ 71, 175 (178 f.); *Larenz* BT 1, § 48 VII b, S. 277; *Staudinger/Emmerich* (2018) § 548 Rn. 15.

[276] Dies gilt nach dem Normzweck einer schnellen Klärung der Haftungslage auch, wenn die Rückgabe bereits vor Ablauf des Mietverhältnisses erfolgt: BGH 15.03.2006 NJW 2006, 1588 f.

Ansprüche erlangen kann.[277] Allerdings kann es im Einzelfall genügen, wenn der Mieter ihm den freien Zutritt einräumt, indem er z. B. die Schlüssel zu den gemieteten Räumen herausgibt.[278] Fordert der Vermieter die Mietsache nicht zurück, dann verjähren die Ersatzansprüche gemäß § 548 Abs. 1 Satz 3 BGB gleichzeitig mit dem Anspruch auf Rückgabe nach den §§ 195, 199 BGB.

VII. Beendigung des Mietverhältnisses

1. Überblick

114 Das Mietverhältnis als Dauerschuldverhältnis endet regelmäßig nicht durch Erfüllung i. S. des § 362 BGB, da sich die Pflichten der Parteien anders als bei Veräußerungsverträgen nicht in punktuellen Leistungstransfers erschöpfen. Vielmehr bedarf es anderer Beendigungstatbestände.

115 Vor allem § 542 BGB enthält ein System von Beendigungstatbeständen, das exemplarisch für alle Dauerschuldverhältnisse steht. Bei diesem ist zwischen Mietverhältnissen zu unterscheiden, die für eine bestimmte Zeit eingegangen worden sind (§ 542 Abs. 2 BGB), und solchen, bei denen eine entsprechende Zeitbestimmung fehlt und die deshalb regelmäßig aufgrund einer ordentlichen Kündigung i. S. der §§ 573c, 580a BGB enden (§ 542 Abs. 1 BGB). Hiervon zu unterscheiden ist die an das Vorliegen eines wichtigen Grundes geknüpfte außerordentliche Kündigung gemäß § 543 BGB.

116 Neben den Tatbeständen in § 542 BGB sind die allgemeinen Beendigungstatbestände zu beachten, zu denen z. B. der Eintritt einer auflösenden Bedingung i. S. des § 158 Abs. 2 BGB, der Abschluss eines Aufhebungsvertrages sowie die Abwicklung des Mietverhältnisses im Rahmen von Leistungsstörungen (§§ 275, 323 BGB etc.) zählen.[279] Als Korrektiv für das Eingreifen eines Beendigungstatbestandes sieht § 545 BGB eine Verlängerung des beendeten Vertragsverhältnisses vor, wenn der Mieter den Gebrauch der Mietsache nach Eintritt eines Beendigungstatbestandes widerspruchslos fortsetzt.[280] Umfangreiche Sonderregelungen bestehen für die Beendigung von Mietverhältnissen über Wohnraum,[281] auf die § 578 BGB teilweise verweist, wenn andere Räume oder Grundstücke vermietet worden sind.[282]

---

[277] BGH 12.10.2011 NJW 2012, 144 Rn. 14; BGH 23.10.2013 NJW 2014, 684 Rn. 13; *Bieber* MünchKomm. § 548 Rn. 13; *Staudinger/Emmerich* (2018) § 548 Rn. 26.

[278] BGH 10.07.1991 NJW 1991, 2416 (2418); BGH 12.10.2011 NJW 2012, 144 Rn. 16; BGH 23.10.2013 NJW 2014, 684 Rn. 13; *Bieber* MünchKomm. § 548 Rn. 13; *Staudinger/Emmerich* (2018) § 548 Rn. 27.

[279] Hierzu im Überblick *Staudinger/Rolfs* (2018) § 542 Rn. 155 ff.

[280] Siehe unten § 5 Rn. 130 ff.

[281] Dazu unten § 5 Rn. 212 ff.

[282] Siehe dazu noch unten § 5 Rn. 150.

2. Beendigung des Mietverhältnisses infolge Zeitablaufs

Die Vertragsparteien können die Dauer des Mietverhältnisses durch eine Befristung **117** i. S. des § 163 BGB beschränken. Diese knüpft die Beendigung an den Eintritt eines von den Parteien als gewiss angesehenen Ereignisses, wenn auch der Zeitpunkt dieses Ereignisses bei Vertragsschluss noch ungewiss sein kann.[283] Eine Befristung ist daher durch die Festlegung eines bestimmten Enddatums oder einer begrenzten Mietdauer möglich (Beispiel: Vermietung eines PKW für drei Tage). Das Mietverhältnis kann aber auch auf die im Einzelnen noch ungewisse Lebenszeit des Vermieters oder des Mieters befristet sein.[284]

Wie sich im Umkehrschluss aus § 542 Abs. 2 Nr. 1 BGB ergibt, schließt die **118** Befristung eines Mietverhältnisses aufgrund ihres Zweckes eine *ordentliche Kündigung* aus.[285] Die Parteien können jedoch Abweichendes vereinbaren, sodass der Befristung nur die Bedeutung zukommt, die Höchstlaufzeit des Vertragsverhältnisses ohne das Erfordernis einer Kündigung zu bestimmen, während die Befristung im Normalfall neben der Höchst- auch die regelmäßige Mindestdauer der Vertragsbeziehung festlegt. Unabhängig davon steht den Parteien bei einer Befristung des Mietverhältnisses das Recht zur *außerordentlichen Kündigung* nach § 543 BGB zu (§ 542 Abs. 2 Nr. 1 BGB).

Übermäßigen Bindungen durch eine lange Befristung des Mietverhältnisses **119** beugt § 544 Satz 1 BGB vor. Er räumt bei Abschluss eines Mietvertrages für eine längere Zeit als 30 Jahre jeder Vertragspartei nach Ablauf von 30 Jahren ein nicht begründungsbedürftiges Recht zur außerordentlichen Kündigung mit der gesetzlichen Frist (§§ 573d Abs. 2 Satz 1, 580a Abs. 4 BGB) ein. Dieses besteht aufgrund eines besonderen Vertrauenstatbestandes jedoch nach § 544 Satz 2 BGB nicht, wenn das Mietverhältnis für die Lebenszeit des Vermieters oder des Mieters abgeschlossen worden ist. Daneben schützt § 138 Abs. 1 BGB die Parteien des Mietverhältnisses vor einer unverhältnismäßig langen Bindung. Wurde diese in einem Formularmietvertrag vereinbart, so greift zwar nicht das spezielle Klauselverbot in § 309 Nr. 9 BGB, wohl aber die Generalklausel des § 307 Abs. 1 Satz 1 BGB ein, wenn die von dem Verwender gesetzte Dauer der Vertragsbindung die andere Vertragspartei unangemessen benachteiligt.

3. Beendigung des Mietverhältnisses durch ordentliche Kündigung

Die ordentliche Kündigung beendet das Mietverhältnis mit Ablauf der gesetzlichen **120** oder vertraglich vereinbarten Kündigungsfrist. Seine Rechtsgrundlage findet das Recht zur ordentlichen Kündigung in § 542 Abs. 1 BGB i. V. mit § 580a BGB,

---

[283] *Wolf/Neuner* § 52 Rn. 2.

[284] *Bieber* MünchKomm. § 542 Rn. 21; *Staudinger/Rolfs* (2018) § 542 Rn. 141 ff.

[285] BGH 18.04.2007 NJW 2007, 2177 Rn. 19; *Medicus/Lorenz* Rn. 473; *Staudinger/Rolfs* (2018) § 542 Rn. 136, 146.

der die ordentliche Kündigung des Mietverhältnisses sowie die dabei einzuhaltende Kündigungsfrist regelt.

121 Die Kündigung ist als einseitiges Rechtsgeschäft eine empfangsbedürftige Willenserklärung, die lediglich bei Mietverhältnissen über Wohnraum einem Formerfordernis unterliegt (§ 568 Abs. 1 BGB). Unter einer Bedingung i. S. des § 158 BGB kann eine Kündigung zum Schutz des Erklärungsempfängers nur erklärt werden, wenn für diesen keine unzumutbare Unklarheit über die Beendigung des Mietverhältnisses entsteht. Das ist sichergestellt, wenn der Eintritt der Bedingung ausschließlich vom Willen des Empfängers der Kündigungserklärung abhängt (sog. Potestativbedingung).[286] Sind an dem Mietvertrag auf einer Seite mehrere Personen beteiligt, so hat die Kündigung analog § 351 BGB einheitlich zu erfolgen.

122 Die Kündigungserklärung muss nicht notwendigerweise das Ende der Kündigungsfrist benennen. Es genügt, wenn erkennbar ist, dass die Kündigung fristgemäß erfolgen soll.[287] In diesem Fall wirkt diese zum nächst zulässigen Termin, sofern kein anderer Wille des Erklärenden ersichtlich ist. Dasselbe gilt, wenn der Kündigende die Kündigungsfrist falsch berechnet hat. Die Kündigungsfrist beginnt mit dem Wirksamwerden der Kündigungserklärung zu laufen, d. h. regelmäßig mit Zugang beim Kündigungsempfänger, und ist nach den §§ 186 ff. BGB zu berechnen.[288] Die Länge der Frist bestimmt sich außerhalb von Mietverhältnissen über Wohnraum[289] und mangels einer abweichenden Vereinbarung nach § 580a BGB, der zwischen beweglichen Sachen, Geschäftsräumen sowie sonstigen Räumen, Grundstücken und eingetragenen Schiffen differenziert und abgestufte Zeiträume festsetzt. So legt z. B. § 580a Abs. 3 BGB bei einem Mietverhältnis über bewegliche Sachen sehr kurze Kündigungsfristen fest: Die ordentliche Kündigung kann zum Ablauf des folgenden Tages erklärt werden, wenn die Miete nach Tagen bemessen ist (§ 580a Abs. 3 Nr. 1 BGB).

123 Das Recht zur ordentlichen Kündigung kann vertraglich eingeschränkt werden, indem es an bestimmte Gründe gebunden oder für eine bestimmte Zeit ausgeschlossen wird.[290] Ein zeitlich begrenztes Kündigungsverbot kann insbesondere zum Schutz eines Mieters vereinbart werden, der in die Mietsache investiert hat, um zu verhindern, dass der Vermieter durch eine frühzeitige Kündigung eine Amortisierung der Aufwendungen vereitelt. Grenzen für die Beschränkung des Rechts zur ordentlichen Kündigung ergeben sich jedoch aus § 138 Abs. 1 BGB und bei Formularmietverträgen aus § 307 BGB.

---

[286] BGH 21.03.1986 BGHZ 97, 264 (267); RGRK/*Gelhaar* § 542 Rn. 10; *Soergel/Heintzmann* § 542 Rn. 12.

[287] *Larenz* BT 1, § 48 VI, S. 254; RGRK/*Gelhaar* § 564 Rn. 12; *Staudinger/Rolfs* (2018) § 542 Rn. 76.

[288] Dazu im Überblick *Schroeter* JuS 2007, 29 ff.

[289] Zu diesen noch unten § 5 Rn. 218 ff.

[290] Ausführlich *Staudinger/Rolfs* (2018) § 542 Rn. 54 ff.

4. Beendigung des Mietverhältnisses durch außerordentliche Kündigung

Beim Vollzug des Mietvertrages erhält der Mieter Zugriff auf die Mietsache und **124**
kann diese beschädigen oder zerstören. Gleichzeitig setzt er seine eigenen Rechtsgüter während des Vertrages den von der Mietsache ausgehenden Risiken aus. Deshalb
erfordert die Durchführung eines Mietvertrages ein vertrauensvolles Zusammenwirken der Vertragspartner.[291] Ist einem von ihnen die Fortsetzung des Mietverhältnisses bis zum Ablauf der Frist für die ordentliche Kündigung oder zum Eintritt
eines sonstigen Beendigungstatbestandes nicht zumutbar, dann steht ihm gemäß
§ 543 BGB ein Recht zur außerordentlichen fristlosen Kündigung zu. Diese Vorschrift stellt für das Mietvertragsrecht eine *lex specialis* gegenüber § 314 BGB dar.

Für die Beurteilung, ob die Fortsetzung des Mietverhältnisses bis zum Eingrei- **125**
fen eines ordentlichen Beendigungstatbestandes unzumutbar ist, sind gemäß § 543
Abs. 1 Satz 2 BGB alle Umstände des Einzelfalles zu berücksichtigen und die beiderseitigen Interessen abzuwägen. Die Vorschrift nennt exemplarisch („insbesondere") das Verschulden der Vertragsparteien an der Vertragsstörung als einen der
dabei zu berücksichtigenden Umstände. Im Übrigen verhalten sich die Anforderungen an einen wichtigen Grund umgekehrt proportional zu der Länge der verbleibenden Vertragslaufzeit; d. h. je kürzer der Zeitraum bis zur regulären Beendigung des
Mietverhältnisses ist, desto gewichtiger muss der Grund sein, der zu einer sofort
wirkenden Beendigung des Mietverhältnisses berechtigt. Eine nicht abschließende
gesetzliche Konkretisierung des wichtigen Grundes enthält § 543 Abs. 2 BGB,[292]
bei dessen Tatbeständen die Vertragsfortsetzung nicht im Sinne einer zusätzlichen
Voraussetzung unzumutbar sein muss.[293] In jedem Fall ist die außerordentliche Kündigung „ultima ratio" und kann aufgrund einer Pflichtverletzung der anderen Partei
im Grundsatz erst erklärt werden, wenn ein Abhilfeverlangen oder eine Abmahnung
erfolglos geblieben ist (Einzelheiten in § 543 Abs. 3 BGB).

Bei Mietverträgen mit mehreren Mietern oder Vermietern entsteht der wichtige **126**
Grund gegebenenfalls nur in der Person eines Mieters bzw. Vermieters. In diesem
Fall ist mittels einer Auslegung des Vertrages zu entscheiden, ob die Kündigung
nur gegenüber dem einzelnen Mieter bzw. Vermieter oder gegenüber allen erklärt
werden kann bzw. muss.[294] Bei einem vertragswidrigen Verhalten eines Mieters ist
in der Regel die Kündigung gegenüber allen Mietern zulässig, da ihnen sein Fehlverhalten zuzurechnen ist. Verursacht der Zustand der Mietsache hingegen nur bei
einem Mieter Gesundheitsbeschwerden, ist eine außerordentliche Kündigung meist
nur mit der Wirkung möglich, dass er allein aus dem Mietverhältnis ausscheidet.

---

[291] *Bieber* MünchKomm. § 543 Rn. 1.

[292] Dazu bereits oben § 5 Rn. 50, 86, 105 und 108.

[293] BGH 29.04.2009 NJW 2009, 2297 Rn. 16.

[294] Siehe näher *Staudinger/Rolfs* (2018) § 542 Rn. 8 ff.

127   Die außerordentliche Kündigung muss anders als im Dienstvertragsrecht (§ 626 Abs. 2 Satz 1 BGB) nicht innerhalb einer bestimmten Frist seit Kenntnis des wichtigen Grundes erklärt werden. Allerdings kann ein Zuwarten mit der Kündigungserklärung bei der Interessenabwägung im Rahmen des § 543 Abs. 1 Satz 2 BGB relevant werden, wenn der Zeitablauf indiziert, dass der Kündigende die Vertragsstörung selbst als nicht besonders schwerwiegend einschätzt.[295] In diesem Fall verliert der Kündigungsgrund infolge Zeitablaufs seine „Wichtigkeit". Wird der Zeitablauf indes nicht bereits in die Prüfung des wichtigen Grundes integriert, dann folgt jedenfalls aus § 314 Abs. 3 BGB, dass eine außerordentliche Kündigung innerhalb einer nach den Umständen des Einzelfalles zu bemessenden „angemessenen Frist" zu erklären ist, da die *lex specialis* in § 543 BGB mangels eines vergleichbaren Regelungsinhalts zumindest insoweit nicht die *lex generalis* in § 314 BGB verdrängt.[296] Der zur Kündigung berechtigten Vertragspartei steht aber ungeachtet dessen und auch bei dem letztgenannten Ansatz stets eine angemessene Überlegungsfrist zu, die sich allerdings ebenfalls nach den Umständen des Einzelfalles bemisst.

128   Für die Rechtswirksamkeit der außerordentlichen Kündigung ist nur erheblich, ob im Zeitpunkt des Zugangs der Kündigungserklärung objektiv ein wichtiger Grund vorlag, der dazu führte, dass der kündigenden Vertragspartei eine Fortsetzung des Mietverhältnisses unzumutbar war. Die Mitteilung eines Kündigungsgrundes ist keine Wirksamkeitsvoraussetzung, jedoch ergibt sich aus § 242 BGB die Pflicht, dem Vertragspartner die für die Kündigung maßgeblichen Erwägungen auf sein Verlangen mitzuteilen.[297] Unterlässt der Kündigende dies schuldhaft, muss er dem anderen Teil gemäß § 280 Abs. 1 BGB den daraus entstehenden Schaden ersetzen (z. B. die Kosten eines aussichtslosen Rechtsstreites).

129   Das Recht zur außerordentlichen Kündigung nach § 543 Abs. 1 BGB kann im Gegensatz zum ordentlichen Kündigungsrecht vertraglich weder abbedungen noch wesentlich erschwert werden.[298] Es steht den Parteien jedoch frei, wichtige Gründe i. S. des § 543 Abs. 1 BGB vertraglich zu konkretisieren. Zudem sind die Ausschlussgründe des § 536b BGB gemäß § 543 Abs. 4 Satz 1 BGB auch auf das außerordentliche Kündigungsrecht des Mieters wegen Nichtüberlassung des vertragsgemäßen Gebrauchs anzuwenden. Ist die außerordentliche Kündigung mangels eines wichtigen Grundes rechtsunwirksam, dann kann die Kündigungserklärung gemäß § 140 BGB in eine ordentliche Kündigung zum nächstmöglichen Termin

---

[295] BT-Drucks. 14/4553, S. 44. So im Ergebnis auch *Bieber* MünchKomm. § 543 Rn. 30; *Staudinger/Rolfs* (2018) § 543 Rn. 12.

[296] A. A. BGH 13.07.2016 NJW 2016, 3720 Rn. 16 ff.; ausdrücklich offen noch BGH 15.04.2015 NJW 2015, 2417 Rn. 29; wie hier jedoch BGH 23.10.2010 NJW-RR 2010, 1500 Rn. 13, für die auf § 594a Abs. 1 BGB gestützte außerordentliche Kündigung eines Landpachtvertrages.

[297] RGRK/*Gelhaar* § 542 Rn. 8; *Staudinger/Rolfs* (2018) § 542 Rn. 79.

[298] *Bieber* MünchKomm. § 543 Rn. 74.

umgedeutet werden, wenn es dem Kündigenden darauf ankam, das Mietverhältnis auf jeden Fall zu beenden.[299]

5. Stillschweigende Verlängerung des Mietverhältnisses (§ 545 BGB)

Ein eigentlich beendetes Mietverhältnis verlängert sich auch ohne erneute Einigung **130** der Vertragspartner auf unbestimmte Zeit, wenn der Mieter nach Ablauf der Mietzeit den Gebrauch der Mietsache fortsetzt, ohne dass eine der beiden Parteien ihren der Verlängerung entgegenstehenden Willen innerhalb von zwei Wochen erklärt (§ 545 Satz 1 BGB). Hierdurch begründet das Gesetz nach h. M. die unwiderlegliche Vermutung einer Vertragsverlängerung, was im Unterschied zu einer Fiktion die Geschäftsfähigkeit der Beteiligten erfordert.[300] Der tatsächliche Wille der Vertragsparteien ist hingegen unerheblich und begründet auch kein Recht zur Anfechtung nach § 119 Abs. 1 BGB.[301]

Eine Fortsetzung des Gebrauches i. S. des § 545 Satz 1 BGB setzt voraus, dass **131** der Mieter die Mietsache nach Art und Umfang ebenso behandelt wie zu der Zeit, als der Mietvertrag bestand.[302] Eine bloße Vorenthaltung der Sache gegenüber dem Vermieter genügt nicht. Der Inhalt des „verlängerten" Vertrages entspricht dem des beendeten mit dem Unterschied, dass eine ursprünglich vorgesehene Zeitbestimmung nicht übernommen wird (§ 545 Satz 1 BGB: „auf unbestimmte Zeit").

Die Rechtsfolge des § 545 Satz 1 BGB tritt nicht ein, wenn eine der Vertragspar- **132** teien dem anderen Teil innerhalb von zwei Wochen ihren entgegenstehenden Willen bekundet. Der Widerspruch selbst ist eine empfangsbedürftige Willenserklärung, die ausdrücklich oder konkludent den Willen zur Beendigung des Mietverhältnisses zum Ausdruck bringen muss. Hierfür genügt es z. B., wenn der Vermieter eine Räumungsklage erhebt. Die Widerspruchsfrist läuft für den Mieter ab Fortsetzung des Gebrauchs der Mietsache, für den Vermieter erst, wenn er das Verhalten des Mieters kennt (§ 545 Satz 2 BGB). Der Widerspruch kann jedoch auch bereits vor dem Fristbeginn erklärt werden, z. B. anlässlich einer Kündigungserklärung.[303] Wurde die Vorschrift des § 545 BGB im Mietvertrag rechtswirksam abbedungen, dann schließt dies eine Fortsetzung des Mietverhältnisses durch konkludentes Verhalten der Parteien nicht zwingend aus.[304]

---

[299] *Looschelders* Rn. 462.

[300] So der Sache nach, wenn auch mit unterschiedlicher und teilweise widersprüchlicher Terminologie *Bieber* MünchKomm. § 545 Rn. 1; *Esser/Weyers* BT 1, § 17 I 3, S. 156; *Larenz* BT 1, § 48 VI d, S. 265 f.; *Staudinger/Emmerich* (2018) § 545 Rn. 2 f.

[301] *Larenz* BT 1, § 48 VI d, S. 265; *Staudinger/Emmerich* (2018) § 545 Rn. 2.

[302] *Esser/Weyers* BT 1, § 17 I 3, S. 156; *Larenz* BT 1, § 48 VI d, S. 265; *Staudinger/Emmerich* (2018) § 545 Rn. 8 f.

[303] BGH 21.04.2010 NJW 2010, 2124 Rn. 8 ff.; *Staudinger/Emmerich* (2018) § 545 Rn. 14.

[304] BGH 02.05.2012 NJW 2012, 1034 Rn. 10 f.

VIII. Abwicklung des Mietverhältnisses

133 Das Eingreifen eines Beendigungstatbestandes führt dazu, dass das Mietverhältnis für die Zukunft keine neuen Ansprüche und Rechte zwischen den Mietvertragsparteien mehr erzeugt. Darüber hinaus löst die Beendigung für beide Parteien Rechte und Pflichten aus, die der Abwicklung des Mietverhältnisses dienen.[305]

1. Rechte des Vermieters

a) Rückgabe der Mietsache

aa) Allgemeines

134 Mit der rechtlichen Beendigung des Mietverhältnisses ist der Mieter nach § 546 Abs. 1 BGB verpflichtet, dem Vermieter die Mietsache zurückzugeben. Diese Pflicht steht nicht mit derjenigen des Vermieters aus § 535 Abs. 1 BGB im Synallagma. Mangels einer abweichenden Vereinbarung muss der Mieter dem Vermieter den unmittelbaren Besitz an der Sache verschaffen, wenn er diesen selbst nach § 535 Abs. 1 BGB erhalten hatte.[306] Der Anspruch erstreckt sich auf alle mitvermieteten Gegenstände wie z. B. Schlüssel.[307] Für den Ort der Rückgabe gilt § 269 BGB.

135 Der Mieter muss die Mietsache in einem vertragsgemäßen Zustand zurückgeben. Diese darf zwar vertragsgemäße Abnutzungen aufweisen (§ 538 BGB); im Übrigen sind aber zuvor alle Veränderungen rückgängig zu machen und alle Verschlechterungen der Mietsache zu beseitigen.[308] Zusätzlich muss der Mieter die Schönheitsreparaturen durchführen, wenn er diese vertraglich schuldet.[309] Eine Rückgabe der Mietsache in nicht vertragsgemäßem Zustand berechtigt den Vermieter nach der Rechtsprechung jedoch nicht in jedem Fall dazu, deren Annahme zu verweigern, ohne in Annahmeverzug zu geraten.[310] Entscheidendes Abgrenzungskriterium ist hierbei, ob überhaupt eine Rückgabe der „Mietsache" i. S. des § 546 Abs. 1 BGB von dem Mieter angeboten wird. Dies kann z. B. zu verneinen sein, wenn der Mieter seine privaten Sachen zu großen Teilen in den gemieteten Räumen belassen hat.[311]

---

[305] Nach Ansicht des BGH soll sich das Mietverhältnis nach seiner Beendigung in ein gesetzliches Schuldverhältnis verwandeln; siehe BGH 27.05.2015 NJW 2015, 2795 Rn. 18.

[306] BGH 10.07.1991 NJW 1991, 2416 (2418); *Bieber* MünchKomm. § 546 Rn. 4; *Larenz* BT 1, § 48 VII a, S. 272; *Staudinger/Rolfs* (2018) § 546 Rn. 9.

[307] *Bieber* MünchKomm. § 546 Rn. 6; *Staudinger/Rolfs* (2018) § 546 Rn. 17.

[308] *Esser/Weyers* BT 1, § 17 II, S. 156; *Larenz* BT 1, § 48 VII a, S. 272; *Staudinger/Rolfs* (2018) § 546 Rn. 20; siehe auch BGH 06.11.2013 NJW 2014, 143 Rn. 17 ff.

[309] Siehe oben § 5 Rn. 92 ff.

[310] BGH 10.01.1983 BGHZ 86, 204 (210); zustimmend *Bieber* MünchKomm. § 546 Rn. 8; *Harke* Rn. 320; *Larenz* BT 1, § 48 VII a, S. 272; *Staudinger/Rolfs* (2018) § 546 Rn. 19.

[311] Dahingehend *Staudinger/Rolfs* (2018) § 546 Rn. 29.

Wenn der Vermieter zugleich Eigentümer der Mietsache ist, konkurriert sein **136** Rückgabeanspruch aus § 546 Abs. 1 BGB mit seinem dinglichen Herausgabeanspruch (§ 985 BGB).[312] Kommt der Mieter seiner Rückgabepflicht als solcher pflichtwidrig nicht nach, dann bestimmen sich die Rechtsfolgen nach der Sondervorschrift des § 546a Abs. 1 BGB[313] sowie den allgemeinen Regeln aus § 280 Abs. 2 BGB i. V. mit 286 BGB (Verzug) bzw. den §§ 281, 283 BGB.[314] Befindet sich die zurückgegebene Sache hingegen aufgrund eines vertragswidrigen Gebrauchs oder einer Vernachlässigung der Obhutspflicht in einem vertragswidrigen Zustand, schuldet der Mieter Schadensersatz nach Maßgabe des § 280 Abs. 1 BGB wegen Verletzung seiner aus § 241 Abs. 1 BGB folgenden Schutzpflichten.[315]

bb) Rückgabeanspruch gegen Dritte (§ 546 Abs. 2 BGB)

Dem Vermieter steht gemäß § 546 Abs. 2 BGB nach der Beendigung des Miet- **137** verhältnisses zudem ein Anspruch auf Rückgabe der Mietsache gegenüber Dritten zu, denen der Mieter die Mietsache willentlich zum Gebrauch überlassen hat und die sich gegenüber dem Vermieter nicht auf eine eigenständige Besitzberechtigung stützen können (z. B. gegen einen Untermieter).[316] Hierdurch ordnet § 546 Abs. 2 BGB einen gesetzlichen Schuldbeitritt des Dritten zu der Pflicht des Mieters aus § 546 Abs. 1 BGB an.[317] Beide sind vorbehaltlich einer ausnahmsweisen Leistungsbefreiung des Mieters nach § 275 BGB Gesamtschuldner für die Rückgabe der Mietsache.

Ob der Mieter die Mietsache berechtigt oder unberechtigt weitergegeben hat, ist **138** für den Rückgabeanspruch aus § 546 Abs. 2 BGB unerheblich.[318] Dessen Inhalt richtet sich allein nach dem Hauptmietverhältnis zwischen Vermieter und Mieter; das Rechtsverhältnis zwischen dem Mieter und dem Dritten ist hierfür ohne Bedeutung. Ein Recht des Dritten zum Besitz gegenüber dem Mieter hindert daher nicht den Herausgabeanspruch des Vermieters.[319]

---

[312] Sofern ein Dritter Eigentümer der Mietsache ist, kann sich eine Kollision der Ansprüche aus § 546 Abs. 1 BGB und § 985 BGB ergeben. Hierzu ausführlich unten § 6 Rn. 28 ff. im Rahmen des Leihvertrages.

[313] Dazu sogleich unter § 5 Rn. 139 ff.

[314] Zu den ebenfalls anwendbaren §§ 987 ff., 812 ff. BGB siehe BGH 12.07.2017 NJW 2017, 2997 Rn. 29 ff.

[315] Siehe z. B. BGH 06.11.2013 NJW 2014, 143 Rn. 18: Rückgabe der Mietsache in nicht akzeptabler Dekoration (Farbanstrich).

[316] Ausführlich zur Rechtsstellung des Untermieters gegenüber dem Vermieter bei Beendigung des Hauptmietverhältnisses *Staudinger/Rolfs* (2018) § 546 Rn. 78 ff.

[317] *Larenz* BT 1, § 48 VII, S. 270; *Staudinger/Rolfs* (2018) § 546 Rn. 64.

[318] *Bieber* MünchKomm. § 546 Rn. 22; *Staudinger/Rolfs* (2018) § 546 Rn. 68.

[319] *Larenz* BT 1, § 48 VII a, S. 270; *Soergel/Heintzmann* § 546 Rn. 11; *Staudinger/Rolfs* (2018) § 546 Rn. 68.

b) Ansprüche wegen Vorenthaltung der Mietsache (§ 546a BGB)

139 Wenn der Mieter die Mietsache nach dem Ende des Mietverhältnisses „vorent-
hält", gewährt § 546a Abs. 1 BGB dem Vermieter einen verschuldensunabhängigen Entschädigungsanspruch gegen den Mieter. Eine derartige Vorenthaltung liegt
aber nur vor, wenn der Mieter die gemietete Sache entgegen dem Willen des Vermieters und pflichtwidrig nicht zurückgibt.[320] Daher ist ein Anspruch aus § 546a
Abs. 1 BGB z. B. ausgeschlossen, wenn eine Befreiung von der Rückgabepflicht
nach § 275 BGB vorliegt, was bei einer Gebrauchsüberlassung durch den Mieter an
Dritte jedoch nur ausnahmsweise zu bejahen ist.[321] Entsprechendes gilt, wenn der
Vermieter von einem Fortbestand des Mietverhältnisses absieht, weil er z. B. der
Auffassung ist, eine vom Mieter erklärte (ordentliche oder außerordentliche) Kündigung sei rechtsunwirksam; auch in dieser Konstellation fehlt ein Rücknahmewille
des Vermieters, sodass ein Anspruch auf Entschädigung nach § 546a Abs. 1 BGB
bereits tatbestandlich mangels Rückerlangungswillens ausscheidet.[322]

140 Im Fall einer Vorenthaltung entsteht gemäß § 546a Abs. 1 BGB ein gesetzliches
Schuldverhältnis zwischen den Parteien des beendeten Mietvertrages.[323] Der Mieter
ist verpflichtet, zumindest die Miete zu zahlen, die er zuvor vertraglich geschuldet hat. Der Vermieter kann aber stattdessen auch die Zahlung einer höheren ortsüblichen Miete für vergleichbare Sachen verlangen.[324] Daneben ergibt sich aus
dem gesetzlichen Schuldverhältnis eine Obhuts- und Rücksichtnahmepflicht des
Mieters. Hingegen bestehen die vertraglichen Pflichten des Vermieters nach § 535
Abs. 1 BGB für den Zeitraum der Vorenthaltung nicht mehr.[325] Das gilt auch für die
Pflicht des Vermieters, die Mietsache in einem vertragsgemäßen Zustand zu erhalten (§ 535 Abs. 1 Satz 2 BGB),[326] sodass die vom Mieter während des Vorenthal-
tungszeitraums geschuldete Miete nicht entsprechend § 536 Abs. 1 BGB gemindert
ist, wenn die Mietsache mit einem Mangel behaftet ist.[327]

141 Neben der Nutzungsentschädigung kann der Vermieter wegen der Vorenthaltung
der gemieteten Sache auch nach den allgemeinen Vorschriften (§§ 280 ff. BGB)
Schadensersatz verlangen (§ 546a Abs. 2 BGB). Das gilt auch für Ansprüche aus

---

[320] BGH 15.02.1984 BGHZ 90, 145 (148); BGH 12.07.2017 NJW 2017, 2997 Rn. 19; *Bieber*
MünchKomm. § 546a Rn. 4; *Staudinger/Rolfs* (2018) § 546a Rn. 15.

[321] BGH 15.02.1984 BGHZ 90, 145 (148 f.); *Bieber* MünchKomm. § 546a Rn. 6; *Larenz* BT 1,
§ 48 VII a, S. 273; *Staudinger/Rolfs* (2018) § 546a Rn. 22 ff.

[322] BGH 12.07.2017 NJW 2017, 2997 Rn. 19 f.

[323] BGH 27.05.2015 NJW 2015, 2795 Rn. 18; *Staudinger/Rolfs* (2018) § 546a Rn. 34. Anders BGH
27.04.1977 BGHZ 68, 307 (310); *Bieber* MünchKomm. § 546a Rn. 7: vertraglicher Anspruch
eigener Art (dagegen jedoch *Harke* Rn. 322).

[324] Hierzu bedarf es keiner vorangehenden Gestaltungserklärung des Vermieters: BT-Drucks.
14/4553, S. 44 f.; *Staudinger/Rolfs* (2018) § 546a Rn. 50 ff.; ebenso zu § 557 a. F. BGH 14.07.1999
BGHZ 142, 186 ff.

[325] Näher *Staudinger/Rolfs* (2018) § 546a Rn. 6 f.

[326] BGH 27.05.2015 NJW 2015, 2795 Rn. 18.

[327] BGH 27.05.2015 NJW 2015, 2795 Rn. 19 ff.

den §§ 987 ff. BGB sowie dem Bereicherungsrecht (§ 812 Abs. 1 Satz 2 Alt. 1 BGB),[328] was jedoch hinsichtlich eines bereicherungsrechtlichen Ausgleiches voraussetzt, dass der Mieter die vermietete Sache tatsächlich genutzt hat.[329] Weder der alleinige Besitz des Mieters noch die Nutzung der Sache durch einen Dritten führt deshalb zu einem bereicherungsrechtlichen Anspruch des Vermieters gegen den Mieter auf Ausgleich des bei dem Vermieter eingetretenen Nutzungsausfalls.[330]

2. Rechte des Mieters

a) Erstattung im Voraus entrichteter Miete

Nach der Beendigung des Mietverhältnisses hat der Vermieter dem Mieter eine für die Zeit danach im Voraus entrichtete Miete zurückzuerstatten und ab dem Zeitpunkt des Empfanges nach Maßgabe des § 246 BGB zu verzinsen (§ 547 Abs. 1 Satz 1 BGB). **142**

Von diesem Grundsatz weicht § 547 Abs. 1 Satz 2 BGB ab, wenn der Vermieter die Beendigung des Mietverhältnisses nicht zu vertreten hat. In diesem Fall ist er aufgrund der Rechtsfolgenverweisung in § 547 Abs. 1 Satz 2 BGB nur zur Herausgabe nach den Regeln des Bereicherungsrechts verpflichtet. An einem Vertretenmüssen fehlt es grundsätzlich bei Ablauf einer Befristung oder dem Eintritt einer Bedingung. Bei Kündigungen kommt es hingegen darauf an, wer die Ursache für die Beendigung schuldhaft gesetzt hat, unabhängig davon, welche Person letztlich den Vertrag gekündigt hat.[331] Einer Entreicherung des Vermieters i. S. des § 818 Abs. 3 BGB stehen in diesem Zusammenhang aber regelmäßig die besonderen Grundsätze des Bereicherungsausgleichs bei der Abwicklung gegenseitiger Verträge entgegen.[332] **143**

Auf andere Leistungen als Mietzahlungen, die jedoch auf die Miete angerechnet werden, ist § 547 BGB analog anzuwenden. Das gilt z. B. für bestimmte Formen von heute eher seltenen Baukostenzuschüssen des Mieters.[333] **144**

b) Wegnahme von Einrichtungen

Der Mieter darf nach der Beendigung des Mietverhältnisses alle Einrichtungen wegnehmen, mit denen er die Mietsache versehen hat (§ 539 Abs. 2 BGB).[334] Hierzu zählen alle beweglichen Sachen, die dem Zweck der Mietsache dienen und die die **145**

---

[328] BGH 12.07.2017 NJW 2017, 2997 Rn. 29.

[329] BGH 12.07.2017 NJW 2017, 2997 Rn. 30 ff.

[330] BGH 12.07.2017 NJW 2017, 2997 Rn. 30 ff.

[331] *Bieber* MünchKomm. § 547 Rn. 9; *Staudinger/Rolfs* (2018) § 547 Rn. 14, 17.

[332] Dazu ausführlich *Larenz/Canaris* BT 2, § 73 III, S. 321 ff.

[333] Siehe im Einzelnen BGH 26.04.1978 BGHZ 71, 243 (249 ff.); *Larenz* BT 1, § 48 VII a, S. 275; *Staudinger/Rolfs* (2018) § 547 Rn. 9 f.

[334] Bei der Vermietung von Räumen gelten die Sondervorschriften der §§ 552, 578 Abs. 2 BGB.

Verkehrsanschauung trotz der Verbindung mit der Mietsache weiterhin als zusätzliche Ausstattung bewertet.[335] Dies trifft z. B. auf Waschbecken, Gas- oder Elektroherde zu, nicht aber auf Tapeten oder Fensterscheiben.

146   Die Begründung eines Wegnahmerechts ist einerseits erforderlich, weil der Vermieter möglicherweise nach den §§ 946 f. BGB Eigentümer der Einrichtungen geworden ist.[336] Sofern der Mieter Eigentümer bleibt, bewirkt das Wegnahmerecht andererseits vor allem eine Sperrwirkung gegenüber anderweitigen Ansprüchen des Mieters, z. B. aus § 985 BGB. Der Vermieter muss dementsprechend nur die Wegnahme dulden.[337]

147   Solange der Mieter die Mietsache noch in Besitz hat, darf er die Einrichtungen abtrennen, hat aber nach § 258 Satz 1 BGB die Folgen der Wegnahme zu beseitigen. Befindet sich die Mietsache indes bereits wieder im Besitz des Vermieters, muss dieser dem Mieter die Wegnahme nach Maßgabe des § 258 Satz 2 BGB gestatten. Gemäß § 548 Abs. 2 BGB verjähren diese Ansprüche sechs Monate nach Beendigung des Mietverhältnisses.

c) Nachvertragliche Interessenwahrungspflichten des Vermieters

148   Aus dem Mietvertrag können sich auch nach der Beendigung des Mietverhältnisses Schutz- und Interessenwahrungspflichten i. S. des § 241 Abs. 2 BGB ergeben. Z. B. darf der Mieter von Gewerberäumen nach deren Rückgabe für einen angemessenen Zeitraum, der sich maßgeblich nach der Dauer des abgelaufenen Mietverhältnisses richtet, ein Schild mit dem Hinweis auf seine neue Adresse anbringen. Ebenso treffen den Vermieter Obhuts- und Aufbewahrungspflichten hinsichtlich der Geschäftspost, die ein gewerblicher Mieter nach Beendigung des Mietverhältnisses in den Briefkasten der bisherigen Geschäftsräume eingeworfen erhält.[338]

C. Besonderheiten des Wohnraummietvertrages

149   Das Recht der Wohnraummiete hat sich aufgrund der sozialen Schutzbedürftigkeit des Mieters zu einer umfangreichen Sondermaterie innerhalb und außerhalb des BGB entwickelt.[339] Die folgenden Ausführungen beschränken sich darauf, die Sonderregelungen für Wohnraummietverträge innerhalb des BGB in Grundzügen

---

[335] BGH 13.05.1987 BGHZ 101, 37 (41 f.); *Bieber* MünchKomm. § 539 Rn. 13; *Larenz* BT 1, § 48 VII a, S. 274; *Staudinger/Emmerich* (2018) § 539 Rn. 27.

[336] *Larenz* BT 1, § 48 VII a, S. 274; *Looschelders* Rn. 407; *Staudinger/Emmerich* (2018) § 539 Rn. 28.

[337] BGH 13.05.1987 BGHZ 101, 37 (48); *Larenz* BT 1, § 48 VII a, S. 275; *Staudinger/Emmerich* (2018) § 539 Rn. 24.

[338] Siehe z. B. LG Darmstadt 30.12.2013 NJW-RR 2014, 454 f.

[339] Siehe oben § 5 Rn. 5 sowie jüngst, jedoch aus der Perspektive des Dauerschuldcharakters der Miete, *Weller* JZ 2012, 881 ff.

darzustellen. Trotz der systematischen Verselbstständigung des Rechts der Wohnraummietverträge im 2. Untertitel gelten auch für diese grundsätzlich die allgemeinen Bestimmungen in den §§ 535 bis 548 BGB (§ 549 Abs. 1 BGB), die jedoch teilweise hinter die speziellen §§ 549 bis 577a BGB zurücktreten.

I. Anwendungsvoraussetzungen des Wohnraummietrechts

1. Privat genutzter Wohnraum als Vertragsgegenstand

Das in den §§ 549 bis 577a BGB geregelte Wohnraummietrecht gilt gemäß § 549 Abs. 1 BGB nur für privaten Wohnraum, der von sonstigen Räumen abzugrenzen ist. Für deren Vermietung sowie bei der Vermietung von Grundstücken sind die Sondervorschriften über die Wohnraummiete nur anzuwenden, soweit § 578 BGB auf diese ausdrücklich verweist. Einzelne Regelungen der Wohnraummiete finden gemäß § 578a BGB schließlich auf die Vermietung von Schiffen Anwendung, wenn diese in einem Schiffsregister eingetragen sind. **150**

Für die Charakterisierung als Wohnraum kommt es nicht auf objektive Kriterien an, sondern auf den Willen der Parteien, einen Raum zu Wohnzwecken zu vermieten. Deshalb kann ein Mieter den weitreichenden Schutz der §§ 549 bis 577a BGB nicht dadurch erlangen, dass er angemietete Räume vertragswidrig zu Wohnzwecken nutzt.[340] Umgekehrt droht der gebotene Mieterschutz leerzulaufen, wenn ein gewerblicher Zwischenmieter von dem Eigentümer (sog. Hauptvermieter) Wohnungen zu dem Zwecke anmietet, diese an Private (sog. Endmieter) als Wohnraum weiterzuvermieten. In einem derartigen Fall unterliegt das Rechtsverhältnis zwischen dem Hauptvermieter und dem Zwischenmieter wegen seines gewerblichen Zweckes nicht den §§ 549 ff. BGB. Eine Beendigung dieses Mietverhältnisses beträfe aber mittelbar auch den Endmieter, da sein Mietvertrag mit dem Zwischenmieter grundsätzlich keine Rechte gegenüber dem Hauptvermieter begründet (Relativität des Schuldverhältnisses).[341] Daher ordnet § 565 BGB zwingend an, dass bei der Beendigung eines auf gewerbliche Weitervermietung gerichteten Vertragsverhältnisses entweder der Hauptvermieter (§ 565 Satz 1 BGB) oder vorrangig ein neuer gewerblicher Zwischenmieter (§ 565 Satz 2 BGB) kraft Gesetzes in das Mietverhältnis mit dem Endmieter eintritt, das den Schutzvorschriften der §§ 549 bis 577a BGB unterliegt. **151**

Die Anwendbarkeit des Wohnraummietrechts ist zweifelhaft, wenn Geschäftsräume wie Kanzleien oder Arztpraxen zusammen mit einer dazugehörenden Wohnung vermietet werden. Da eine Aufspaltung des einheitlichen Mietvertrages nach dem Parteiwillen ausscheidet, muss die Zuordnung nach dem Stellenwert des Wohnraumes für das gesamte Mietverhältnis erfolgen. Hiernach ist die Anwendung **152**

---

[340] BGH 26.03.1969 WM 1969, 625 (625); *Staudinger/Emmerich* (2018) Vorbem. zu § 535 Rn. 24.
[341] BGH 21.04.1982 NJW 1982, 1696 ff.

des Mieterschutzes in den §§ 549 bis 577a BGB nur geboten, wenn die Wohnung den Schwerpunkt des Mietvertrages bildet.[342] Für alle Wohnungen, die lediglich als Nebenräume zu den Geschäftsräumen überlassen sind, bleibt es demgegenüber bei der Anwendung allgemeiner Regelungen in den §§ 535 bis 548 BGB und deren Ergänzungen in den §§ 578 bis 580a BGB.

2. Bereichsausnahmen

153 Darüber hinaus ordnet § 549 Abs. 2 und 3 BGB an, dass zahlreiche bestandschützende Vorschriften (Schutz vor Mieterhöhungen, Kündigungsschutz etc.) auf verschiedene Gruppen von Wohnraummietverträgen keine Anwendung finden, die sich durch besondere Interessenlagen auszeichnen. Hierzu zählen:

* Verträge über Wohnraum, der nur zum vorübergehenden Gebrauch gemietet ist, wie z. B. Ferienwohnungen (§ 549 Abs. 2 Nr. 1 BGB). Bei ihnen ist der Mieter nur eingeschränkt schutzbedürftig, da der Vertragsgegenstand nicht seinen Lebensmittelpunkt bildet.
* Mietverhältnisse über möblierten Einliegerwohnraum, wenn dieser dem Mieter nicht zum dauernden Gebrauch mit seiner Familie oder anderen Haushaltsangehörigen überlassen worden ist (§ 549 Abs. 2 Nr. 2 BGB). Unter diesen Voraussetzungen gestattet das Gesetz dem Vermieter wegen des engen Kontaktes der Vertragsparteien eine erleichterte Auflösung des Mietverhältnisses.
* Wohnraum, den eine juristische Person des öffentlichen Rechts oder ein anerkannter privater Träger der Wohlfahrtspflege zur Behebung von Wohnraumnot weitervermietet hat, wenn gegenüber dem Endmieter ein entsprechender Hinweis erfolgt ist (§ 549 Abs. 2 Nr. 3 BGB).
* Wohnraum in einem Studenten- oder Jugendwohnheim (§ 549 Abs. 3 BGB).

II. Abschluss und Wirksamkeit des Wohnraummietvertrages

1. Hausordnungen

154 Bestandteil des Wohnraummietvertrages sind häufig in Allgemeinen Geschäftsbedingungen niedergelegte Hausordnungen, die der Vertragstext in Bezug nimmt. Diese regeln die gemeinsame Benutzung bestimmter Keller- und Nebenräume sowie der Zu- und Abgänge durch die Mieter, gegebenenfalls auch deren Reinhaltung oder die Verpflichtung zum Schneeräumen. Hat sich der Vermieter eine einseitige Änderung der Hausordnung vorbehalten, findet auf diese Abrede neben den §§ 307 ff. BGB

---

[342] BGH 16.04.1986 NJW-RR 1986, 877 (877); *Emmerich* § 7 Rn. 11; *Staudinger/Emmerich* (2018) Vorbem. zu § 535 Rn. 27 ff.

auch § 315 BGB Anwendung.[343] Neben dem Vermieter können im Zweifel auch die anderen Mieter nach § 328 BGB die Einhaltung der Hausordnung beanspruchen.[344]

2. Schriftform gemäß § 550 Satz 1 BGB

a) Tatbestandsvoraussetzungen

Der Wohnraummietvertrag bedarf nach § 550 Satz 1 BGB der Schriftform i. S. des   **155** § 126 BGB, wenn er für längere Zeit als ein Jahr abgeschlossen wird.[345] Das ist der Fall, wenn der Vertrag auf mehr als ein Jahr befristet ist oder bei unbefristeten Verträgen die Kündigung erst nach Ablauf des ersten Mietjahres möglich ist, weil der Vermieter auf eine frühere Kündigung verzichtet hat oder die vertraglich vereinbarte Kündigungsfrist entsprechend lang ist.[346] Es genügt bei befristeten Verträgen aber auch, wenn der Vertrag zugunsten des Mieters eine Verlängerungsklausel enthält, sodass sich der Mietvertrag bei Ausübung dieses Optionsrechts über ein Jahr hinaus verlängert.[347] Besondere Bedeutung hat das Formerfordernis des § 550 BGB jedoch weniger bei Wohnraummietverträgen, sondern bei der Vermietung von Gewerberaum, bei dem über § 578 Abs. 2 BGB ebenfalls die Schriftform zu wahren ist. Da bei diesen Verträgen das Recht zur ordentlichen Kündigung in der Regel sehr langfristig ausgeschlossen wird, bietet die Berufung auf einen Formverstoß die Möglichkeit zu einer vorzeitigen Beendigung eines z. B. auf 20 Jahre abgeschlossenen Mietverhältnisses.

Das Schriftformerfordernis soll primär einem etwaigen Erwerber der Mietsache,   **156** der nach § 566 Abs. 1 BGB in den Mietvertrag eintritt, die Möglichkeit geben, die ihm durch die besondere Vertragsgestaltung auferlegte Bindung[348] zur Kenntnis zu nehmen.[349] Darüber hinaus misst die h. M. dem Formerfordernis eine Beweisfunktion für das Verhältnis zwischen den Vertragsparteien bei,[350] die zudem im

---

[343] *Esser/Weyers* BT 1, § 20 I 4, S. 167; *Staudinger/Emmerich* (2018) Vorbem. zu § 535 Rn. 108 ff.

[344] BGH 12.12.2003 BGHZ 157, 188 (194) m. w. N.

[345] Dazu im Überblick *Timme/Hülk* NJW 2007, 3313 ff.

[346] Dazu BGH 04.04.2007 NJW 2007, 1742 Rn. 17 f.; *Bieber* MünchKomm. § 550 Rn. 6; *Staudinger/Emmerich* (2018) § 550 Rn. 8 ff.

[347] Steht das Verlängerungsrecht dem Vermieter zu, ist der sogleich darzulegende Normzweck des § 550 Satz 1 BGB hingegen nicht einschlägig.

[348] Eine Zeitbestimmung schließt das Recht zur ordentlichen Kündigung des Mietverhältnisses aus; siehe oben § 5 Rn. 118.

[349] BGH 04.04.2007 NJW 2007, 1742 Rn. 17; BGH 24.01.2012 NJW-RR 2012, 909 Rn. 6; *Bieber* MünchKomm. § 550 Rn. 2 f.; *Larenz* BT 1, § 48 I, S. 215; näher zu den Regelungen der §§ 566 ff. BGB unten § 5 Rn. 201 ff.

[350] BGH 24.09.1997 BGHZ 136, 357 (370); BGH 04.04.2007 NJW 2007, 1742 Rn. 17; BGH 07.05.2008 BGHZ 176, 301 Rn. 17; BGH 24.01.2012 NJW-RR 2012, 909 Rn. 6; *Esser/Weyers* BT 1, § 20 I 2, S. 166; *Looschelders* Rn. 468; *Staudinger/Emmerich* (2018) § 550 Rn. 3; a. A. demgegenüber *Bieber* MünchKomm. § 550 Rn. 2; *Brox/Walker* § 10 Rn. 12.

Hinblick auf die Eingehung einer langfristigen Bindung durch eine Warnfunktion ergänzt wird.[351]

157   Die Schriftform ist nach den allgemeinen Grundsätzen nur gewahrt, wenn die *essentialia negotii* sowie alle wesentlichen Nebenabreden und gegebenenfalls sich auf diese Punkte beziehende Vertragsänderungen in einer Urkunde fixiert und von den Parteien unterschrieben sind.[352] Sind auf einer Seite des Vertrages mehrere Personen Vertragspartei, dann ist der Vertrag entweder von allen zu unterzeichnen oder es sind eindeutige Vermerke über ein Vertretungsverhältnis erforderlich, damit eindeutig feststellbar ist, zwischen welchen Personen das Mietverhältnis besteht.[353] Bedeutsam ist dies vor allem, wenn der Wohnraum zum Nachlass einer Erbengemeinschaft gehört oder von einer BGB-Außengesellschaft vermietet wird. In diesen Sachverhalten ist insbesondere durch entsprechende Zusätze klarzustellen, ob der Unterzeichnende den Vertrag im eigenen Namen oder als Vertreter für die in der Erbengemeinschaft zusammengeschlossenen Miterben bzw. als Vertreter für die Gesellschaft abschließt. Bei einem *Vorvertrag* über die Vermietung von Wohnraum ist unter teleologischen Gesichtspunkten weder der Schutz des Erwerbers, der nicht an einen Vorvertrag gebunden ist, noch die Beweis- bzw. Warnfunktion in dem Maße wie bei einem Mietvertrag einschlägig, sodass § 550 Satz 1 BGB auf den Vorvertrag keine Anwendung findet.[354]

158   Bei *Untermietverträgen* kommt es darauf an, ob der Erwerberschutz und die Beweis- bzw. Warnfunktion alternative oder kumulative Normzwecke des § 550 Satz 1 BGB sind: An einen nicht von dem Eigentümer des Wohnraumes abgeschlossenen (Unter-)Mietvertrag ist der Erwerber nicht nach § 566 Abs. 1 BGB gebunden, wohl aber bestünde zwischen den Parteien des Untermietvertrages ein Beweisinteresse.[355] Die Entstehungsgeschichte des heutigen § 550 BGB, der erst mit der Einführung der gesetzlichen Vertragsübernahme (§ 566 BGB n.F.) in das Gesetz eingefügt wurde, spricht jedoch dafür, den Erwerberschutz als notwendige Anwendungsvoraussetzung der Norm zu begreifen und somit Untermietverträge nicht dem Formerfordernis zu unterstellen. Diese Beurteilung führt allerdings nicht dazu, dass § 550 BGB nur eingreift, wenn *tatsächlich* ein Erwerb i. S. des § 566 BGB erfolgt; es genügt aufgrund einer abstrakten Betrachtung die theoretische Möglichkeit eines solchen.

---

[351] Ausdrücklich zugunsten einer Warnfunktion BGH 07.05.2008 BGHZ 176, 301 Rn. 17; BGH 24.01.2012 NJW-RR 2012, 909 Rn. 6.

[352] Allgemein *Wolf/Neuner* § 44 Rn. 20.

[353] Siehe z. B. BGH 23.01.2013 NJW 2013, 1082 Rn. 10 ff.

[354] BGH 15.06.1981 BGHZ 81, 46 (51); *Bieber* MünchKomm. § 550 Rn. 5; *Staudinger/Emmerich* (2018) § 550 Rn. 6.

[355] Für eine Anwendung auf Untermietverträge: BGH 15.06.1981 BGHZ 81, 46 (51); dagegen: *Larenz* BT 1, § 48 I, S. 216.

b) Rechtsfolgen eines Formverstoßes

Die Nichtbeachtung der Form des § 550 Satz 1 BGB führt abweichend von § 125 **159**
Satz 1 BGB nicht zur Nichtigkeit des Mietvertrages, sondern dazu, dass dieser
auf unbestimmte Zeit gilt.[356] Damit besteht hinsichtlich der Vertragslaufzeit keine
Besonderheit gegenüber dem gesetzlichen Regelfall, sodass ein etwaiger Grund-
stückserwerber, der gemäß § 566 Abs. 1 BGB in das Mietverhältnis eintritt, durch
diese Rechtsfolge hinreichend geschützt ist.

Bei dem Beitritt eines neuen Mieters zu dem Mietvertrag hat die Verletzung der **160**
Form allerdings nur für den Beitretenden die Verlängerung des Vertrages auf unbestimmte Zeit zur Folge, sofern der ursprüngliche Vertrag der Schriftform genügt.[357]
Eine Ausnahme von der Rechtsfolge des § 550 Satz 1 BGB lässt der BGH auch bei
der nicht formgerechten Verlängerung eines bereits auf eine bestimmte Zeit eingegangenen formgerechten Vertrages zu.[358] In diesem Fall bleibt die in dem ursprünglichen Vertrag vereinbarte Laufzeit als solche wirksam, da § 550 Satz 1 BGB primär
einem Erwerber der Mietsache die Kenntnis von der Dauer des Wohnraummietvertrages ermöglichen soll; der formwidrige Verlängerungsvertrag gilt hingegen seinerseits als auf unbestimmte Zeit geschlossen.

Nach § 550 Satz 2 BGB darf das Mietverhältnis jedoch auch bei einem Form- **161**
mangel nicht vor Ablauf eines Jahres seit der Überlassung des Wohnraumes gekündigt werden, weil § 550 Satz 1 BGB eine Bindung bis zu einem Jahr implizit für
unerheblich erklärt und das Gesetz somit bei einer Überschreitung dieser Frist dem
nicht formgerecht erklärten Parteiwillen zumindest im Hinblick auf den Kündi-
gungsausschluss in den noch „zulässigen" zeitlichen Grenzen Rechnung tragen will.

III. Rechte und Pflichten der Vertragsparteien

Bei einem Wohnraummietvertrag sind nicht nur verschiedene der allgemeinen Vor- **162**
schriften über die Rechtsstellung des Mieters zu dessen Gunsten unabdingbar, wie
z. B. der Wegfall bzw. die Minderung der Miete für den Zeitraum einer nur mangelhaften Gewährung des Sachgebrauchs (§ 536 Abs. 4 BGB). Zudem ist auch der
Inhalt der vertraglichen Rechte und Pflichten der Parteien in verschiedener Hinsicht
auf die Besonderheiten der Wohnraummiete zugeschnitten.

---

[356] Auch bezüglich des Formerfordernisses nach § 550 BGB kann die Berufung auf den Formverstoß nur in Ausnahmefällen den Geboten von Treu und Glauben (§ 242 BGB) widersprechen; siehe
BGH 09.04.2008 NJW 2008, 2181 Rn. 28; BGH 30.01.2013 NJW 2013, 1083 Rn. 26.

[357] BGH 02.07.1975 BGHZ 65, 49 (54); *Larenz* BT 1, § 48 I, S. 216.

[358] BGH 27.03.1968 BGHZ 50, 39 (43); BGH 22.02.1994 NJW 1994, 1649 (1651); *Bieber* Münch-
Komm. § 550 Rn. 14; *Larenz* BT 1, § 48 I, S. 216.

1. Besonderheiten beim Umfang des vertragsgemäßen Gebrauchs der Mietsache

a) Allgemeines

163 Auch im Wohnraummietrecht obliegt es grundsätzlich den Vertragspartnern, Art und Umfang des vertragsgemäßen Gebrauchs zu bestimmen. Dazu zählt insbesondere die Überlassung der vermieteten Räume zu Wohnzwecken, mit denen eine nach außen in Erscheinung tretende geschäftliche Tätigkeit nicht vereinbar ist.[359] Eine Vereinbarung, die den Mieter in bestimmter Hinsicht, insbesondere in seiner privaten Lebensführung in den angemieteten Räumen beschränkt, ist nur rechtswirksam, wenn diese nicht gegen die guten Sitten i. S. des § 138 Abs. 1 BGB verstößt.[360] Ein solcher Verstoß kann sich im Rahmen des Wohnraummietrechts insbesondere auch aus den *Grundrechten des Mieters* ergeben, die über die mittelbare Drittwirkung in das Bürgerliche Recht einstrahlen.[361]

164 So gehört z. B. zum vertragsgemäßen Gebrauch einer Wohnung aufgrund der Wertentscheidung des Art. 5 Abs. 1 Satz 1 Alt. 2 GG (Informationsfreiheit) auch der Zugang zu den üblichen Kommunikationsmitteln, der allerdings auf eigene Kosten des Mieters zu schaffen ist. Der Vermieter muss daher grundsätzlich dulden, dass der Mieter eine Fernsehantenne montiert oder einen Telefonanschluss legen lässt.[362]

165 Ferner hat ein behinderter Mieter nach § 554a BGB einen nicht abdingbaren Anspruch auf Zustimmung des Vermieters zu baulichen Veränderungen, wenn diese Maßnahmen für eine behindertengerechte Nutzung der Wohnung bzw. den Zugang zu dieser erforderlich sind und der Mieter hieran ein berechtigtes Interesse hat (§ 554a Abs. 1 Satz 1 BGB). Der Vermieter darf die Zustimmung nach § 554a Abs. 1 Satz 2 und 3 BGB nur verweigern, wenn sein Interesse an der unveränderten Erhaltung der Mietsache oder auch die berechtigten Interessen der anderen Mieter die durch Art. 3 Abs. 3 Satz 2 GG gestützte Position des Behinderten überwiegen.[363] In die hierfür erforderliche Abwägung sind insbesondere Art, Dauer und Schwere der Behinderung, aber auch der Umfang des Umbaus, die Dauer der Bauzeit und die Möglichkeit des Rückbaus einzubeziehen.[364] Stimmt der Vermieter der baulichen Veränderung zu, dann ist diese bei der Beendigung des Mietverhältnisses wieder

---

[359] BGH 14.07.2009 NJW 2009, 3157 Rn. 13 ff.

[360] Exemplarisch zu sog. Haustierklauseln BGH 14.11.2007 NJW 2008, 218 Rn. 14 ff.; BGH 20.03.2013 NJW 2013, 1526 Rn. 16 ff.

[361] Ausführlich zu diesem Problemkreis *Canaris* Grundrechte und Privatrecht, 1999 sowie *G. Hager* JuS 2006, 769 ff.

[362] BVerfG 09.02.1994 NJW 1994, 1147 (1148); BGH 16.05.2007 NJW-RR 2007, 1243 Rn. 11 ff.; *Esser/Weyers* BT 1, § 20 III 2, S. 172; *Oechsler* Rn. 506; zu Einzelheiten der zu duldenden Empfangsanlagen insbesondere bei fremdsprachigen Mietern BGH 10.10.2007 NJW 2008, 216 Rn. 13 ff.; *Häublein* MünchKomm. § 535 Rn. 83 ff.

[363] Hierzu BVerfG 28.03.2000 NJW 2000, 2658.

[364] Vgl. BT-Drucks. 14/5663, S. 78; *Staudinger/Rolfs* (2018) § 554a Rn. 11 ff.

zu beseitigen (§ 546 Abs. 1 BGB); hierfür kann der Vermieter nach Maßgabe des § 554a Abs. 2 BGB eine zusätzliche Sicherheitsleistung als Voraussetzung für seine Zustimmung verlangen.

b) Insbesondere: Einbeziehung Dritter in den Gebrauch der Mietsache

Der Vermieter darf in dem Vertrag oder einer einbezogenen Hausordnung die **166** Besuche der Familie oder sonstiger Angehöriger des Mieters nicht verbieten oder limitieren.[365] Ebenso kann er bis zur Grenze der Überbelegung der Wohnräume wegen Art. 6 Abs. 1 GG nicht den Mitgebrauch durch enge Familienangehörige des Mieters verbieten.[366] Auch Vorgaben zur Erwünschtheit von Kindern sind unzulässig.[367]

Darüber hinaus muss der Vermieter der *teilweisen* Gebrauchsüberlassung des **167** Wohnraums an Dritte zustimmen, wenn der Mieter ein *nach* Abschluss des Mietvertrages entstandenes berechtigtes Interesse hieran hat und die Überlassung für den Vermieter nicht unzumutbar ist (§ 553 Abs. 1 BGB). Diese Regelung ist im systematischen Zusammenhang mit dem allgemeinen Zustimmungserfordernis des § 540 Abs. 1 Satz 1 BGB zu sehen.[368] Ggf. bedarf eine bereits erteilte Untervermietungserlaubnis der Auslegung, ob diese auch die konkrete Überlassung an Dritte umfasst.[369] Stets ist jedoch erforderlich, dass der Mieter den Gewahrsam an dem Wohnraum nicht vollständig aufgibt.[370]

Als berechtigt gelten alle von der Rechts- und Sozialordnung anerkannten Inte- **168** ressen des Mieters.[371] Der Vermieter darf bei deren Vorliegen die Zustimmung nur verweigern, wenn wichtige Gründe in der Person des Dritten vorliegen, eine übermäßige Abnutzung der Wohnung durch Überbelegung droht oder sonstige Gründe vorliegen, die die Bewertung tragen, dass eine teilweise Gebrauchsüberlassung an Dritte unzumutbar ist (§ 553 Abs. 1 Satz 2 BGB). Beispiele für einen wichtigen Grund in der Person des Dritten sind die Gefahr einer Begehung von Straftaten durch diesen von der Wohnung aus oder dessen Absicht, den vertragsgemäßen Gebrauch zu

---

[365] BGH 30.10.1963 BGHZ 40, 252 (254 f.); *Esser/Weyers* BT 1, § 20 III 2, S. 172.

[366] Siehe oben § 5 Rn. 102.

[367] *Esser/Weyers* BT 1, § 20 III 2, S. 172; *Häublein* MünchKomm. § 535 Rn. 32; *Staudinger/Emmerich* (2018) § 540 Rn. 5.

[368] Dazu oben § 5 Rn. 99 ff., insbesondere auch zur Herausnahme engster Angehöriger aus dem Begriff der „Dritten".

[369] Siehe für eine tageweise Überlassung an Touristen BGH 08.01.2014 NJW 2014, 622 Rn. 11, die von einer allgemeinen Untervermietungserlaubnis nicht umfasst ist.

[370] BGH 11.06.2014 NJW 2014, 2717 Rn. 30: Zurückbehaltung eines Zimmers in einer größeren Wohnung genügt für einen verbleibenden Gewahrsam des Mieters an dem Wohnraum.

[371] BGH 03.10.1984 BGHZ 92, 213 (218 ff.); BGH 11.06.2014 NJW 2014, 2717 Rn. 14; *Bieber* MünchKomm. § 553 Rn. 7; *Staudinger/Emmerich* (2018) § 553 Rn. 4.

überschreiten.[372] Abweichende moralische Vorstellungen zwischen den Vertragspartnern genügen jedoch nicht für die Verweigerung der Zustimmung wegen Unzumutbarkeit. Ein Anspruch auf Zustimmung besteht daher mangels besonderer Gegengründe insbesondere auch für die Aufnahme eines neuen nichtehelichen Lebenspartners des Mieters in die Wohnung.[373] Allerdings muss das berechtigte Interesse des Mieters an einer teilweisen Untervermietung nicht gerade auf ein Zusammenleben mit der aufzunehmenden Person gerichtet sein; es kann auch auf rein wirtschaftlichen Erwägungen beruhen, wie z. B. dem Ausgleich häufiger Abwesenheit aus beruflichen Gründen.[374] Gegebenenfalls ist dem Vermieter die Zustimmung (z. B. aufgrund eines höheren Abnutzungsrisikos) nur bei einer angemessenen Erhöhung der Miete (Untermietzuschlag) zuzumuten. In einem derartigen Fall kann er die Erlaubnis nach § 553 Abs. 2 BGB von dem Einverständnis des Mieters zu einer Mieterhöhung abhängig machen.

169   Durch eine grundlose Verweigerung der Erlaubnis verletzt der Vermieter seine Pflichten i. S. der §§ 280 ff. BGB, was neben dem fortbestehenden Anspruch auf Erlaubniserteilung zu Schadensersatzansprüchen des Mieters führen kann, z. B. wenn diesem ein Untermietzins entgeht (§ 252 BGB).[375] Nimmt der Mieter die Untervermietung ohne Zustimmung des Vermieters vor, verletzt Ersterer zwar seine Vertragspflichten; etwaigen Rechtsbehelfen des Vermieters (z. B. außerordentliche Kündigung § 573 Abs. 2 Nr. 1 BGB) kann jedoch der Einwand des Rechtsmissbrauchs entgegenstehen, wenn der Vermieter die Erlaubnis hätte erteilen müssen, um sich selbst vertragsgemäß zu verhalten.[376]

2. Pflicht des Mieters zur Duldung von Einwirkungen des Vermieters

170   Der Vermieter ist zwar grundsätzlich verpflichtet, den Mieter nicht beim Gebrauch der Mietsache zu stören (§ 535 Abs. 1 Satz 1 BGB), zugleich hat er aber auch die Mietsache zu erhalten (§ 535 Abs. 1 Satz 2 BGB). An dieser hat er zudem ein genuines eigenes Interesse. Deshalb muss der Wohnraummieter alle Maßnahmen dulden, die zur Erhaltung der Mietsache erforderlich sind (§ 555a Abs. 1 BGB).

171   Da der Mieter von Wohnräumen vor einer Kündigung besonders geschützt ist,[377] kann der Vermieter auch mit Modernisierungen nicht immer bis zur Beendigung des Mietverhältnisses warten, sodass den Mieter nach Maßgabe des § 555d BGB auch insoweit eine Pflicht zur Duldung trifft. Dabei handelt es sich insbesondere um Maßnahmen zur Verbesserung der Mietsache, zur Einsparung von Energie

---

[372] Weiteres bei *Esser/Weyers* BT 1, § 20 III 2 b, S. 174; *Staudinger/Emmerich* (2018) § 553 Rn. 13 f.

[373] BGH 05.11.2003 BGHZ 157, 1 (7 f.); *Bieber* MünchKomm. § 553 Rn. 7; *Staudinger/Emmerich* (2018) § 553 Rn. 8.

[374] BGH 23.11.2005 NJW 2006, 1200 f.; BGH 11.06.2014 NJW 2014, 2717 Rn. 14 ff.; *Bieber* MünchKomm. § 553 Rn. 7.

[375] Zum Verschulden des Vermieters BGH 11.06.2014 NJW 2014, 2717 Rn. 32 ff.

[376] BGH 02.02.2011 NJW 2011, 1065 Rn. 20 ff. m. w. N.

[377] Siehe unten § 5 Rn. 212 ff.

oder Wasser oder zur Schaffung neuen Wohnraumes (§ 555b BGB). Zur Duldung ist der Mieter jedoch nicht verpflichtet, wenn die Maßnahme des Vermieters eine besondere Härte für ihn, seine Familie oder sonstige Angehörige seines Haushaltes darstellen würden, die bei einer Abwägung der beteiligten Interessen nicht zu rechtfertigen ist (§ 555d Abs. 2 Satz 1 BGB). Ist eine Modernisierungsmaßnahme nach § 555d Abs. 1 BGB zu dulden, räumen die §§ 555c, 555d Abs. 6 i. V. mit § 555a Abs. 3, 555e BGB dem Mieter zum Ausgleich gewisse Rechtspositionen ein (Pflicht des Vermieters zu rechtzeitiger Information, Anspruch auf Aufwendungsersatz, außerordentliches Kündigungsrecht), wobei die entsprechende Information des Mieters Voraussetzung dafür ist, dass zu seinen Lasten eine Pflicht zur Duldung der Modernisierungsmaßnahme entsteht.[378] Von der vorgenannten Regelung bleibt eine nach § 536 Abs. 1 BGB eintretende Mietminderung grundsätzlich[379] unberührt.

Abgrenzungsschwierigkeiten zwischen den nur eingeschränkt möglichen Modernisierungen i. S. des § 555b BGB und den Erhaltungsmaßnahmen i. S. des § 555a Abs. 1 BGB bestehen vor allem, wenn die Maßnahmen nicht nur eine Verschlechterung ausgleichen, sondern die Mietsache zugleich verbessern. Zum Schutz des Mieters ist nicht darauf abzustellen, ob die Erhaltung oder Verbesserung den Schwerpunkt der Maßnahme bildet. Ist die Modernisierung nicht von der Erhaltung der Mietsache trennbar, so ist der Mieter nur zur Duldung verpflichtet, wenn die Voraussetzungen des § 555c und d BGB vorliegen.[380] **172**

Außerhalb der §§ 555a ff. BGB hat der Vermieter nur dann ein Recht zur Besichtigung der Wohnung, wenn seine Interessen erheblich gefährdet sind.[381] Deshalb darf er bei Gefahr im Verzug oder bei einem begründeten Verdacht einer erheblichen Pflichtverletzung durch den Mieter die Mieträume betreten. Darüber hinaus muss der Mieter beim Verkauf des Mietobjekts dem potenziellen Käufer oder bei einem bevorstehenden Ende des Mietverhältnisses potenziellen Nachmietern die Besichtigung ermöglichen, sofern diese nicht zur Unzeit erfolgen soll (§ 242 BGB). **173**

3. Pflicht zur Mietzahlung und Mieterhöhungen

a) Allgemeines

Die Höhe der vom Mieter zu zahlenden Miete unterliegt im Ausgangspunkt der Parteivereinbarung, der jedoch abgesehen von allgemeinen Schranken der Privatautonomie (§§ 134, 138 BGB) bei der Vermietung von Wohnraum spezialgesetzliche Schranken gezogen sind. Neben § 291 Abs. 1 StGB greift zunächst § 5 WiStG **174**

---

[378] *Emmerich* § 7 Rn. 36.

[379] Siehe jedoch einschränkend § 536 Abs. 1a BGB bei Maßnahmen zur energetischen Modernisierung, die das Gesetz auch durch einen teilweisen Ausschluss der Mietminderung fördern will.

[380] Siehe zu § 554 BGB a. F. *Bieber* MünchKomm. § 554 Rn. 9; *Staudinger/Emmerich* (2018) § 554 Rn. 6. Demgegenüber sieht § 559 Abs. 2 BGB bei einer Mieterhöhung nach Durchführung von Modernisierungsmaßnahmen eine Aufteilung der Kosten vor.

[381] Dazu *Larenz* BT 1, § 48 III, S. 228; *Staudinger/Emmerich* (2018) § 535 Rn. 97 ff.

als allgemeine Schranke gegenüber einem unangemessen hohen Entgelt für den überlassenen Wohnraum ein. Die hierdurch gezogene Grenze ist nach § 5 Abs. 2 Satz 1 WiStG überschritten, wenn die vereinbarte Miete die ortsübliche Vergleichsmiete um mehr als 20 Prozent übersteigt. Verstößt die vereinbarte Miethöhe gegen § 5 Abs. 1 WiStG, dann führt dies nach § 134 BGB i. V. mit § 139 BGB zur Teilnichtigkeit des Mietvertrages, wobei sich die Nichtigkeit der Entgeltabrede wegen des Zwecks des Verbotsgesetzes auf den die 20 %-Grenze überschreitenden Betrag beschränkt.[382] Bereits geleistete Beträge kann der Mieter über das Bereicherungsrecht zurückfordern.[383] Ergänzt wird der Schutz des § 5 WiStG durch § 556d BGB, der allerdings nur die Mietzinsabrede bei Neuabschluss eines Wohnraummietvertrages erfasst. In durch Rechtsverordnung bestimmten Gebieten mit einem angespannten Wohnungsmarkt darf die vereinbarte Miete die ortsübliche Vergleichsmiete (§ 558 Abs. 2 BGB) um höchstens 10 Prozent übersteigen.

175   Den Maßstab für die vorstehenden Grenzwerte bildet das vereinbarte Entgelt für die Überlassung des Wohnraumes. Die umfasst neben der sog. Kaltmiete auch das Entgelt für Garagen und Stellplätze sowie in der Wohnung befindliches Mobiliar (z. B. Einbauküche). Wegen des Zwecks der Verbotstatbestände dürfen die hierfür angesetzten Beträge nicht ihrerseits außer Verhältnis zu dem tatsächlichen Wert stehen, andernfalls handelt es sich bei überhöhten Beträgen um verschleiertes Entgelt für die Überlassung des Wohnraumes.[384] Problematisch bei der Anwendung der Grenzwerte ist darüber hinaus die Bestimmung der ortsüblichen Vergleichsmiete, da diese bei mitvermieteten Gegenständen nicht feststellbar ist.[385]

176   Die vom Mieter zu zahlende Miete ist gemäß § 556b Abs. 1 BGB bereits am dritten Werktag des Zeitabschnitts (üblicherweise ein Monat) fällig, für den diese zu zahlen ist. Da sich der Leistungsort am Wohnort des Schuldners befindet, genügt die rechtzeitige Vornahme der Leistungshandlung (Erteilung eines Zahlungsauftrags an Zahlungsdienstleister); der Leistungserfolg (Gutschrift auf dem Empfängerkonto) muss deshalb nicht bis zum dritten Werktag des Zeitabschnitts eintreten.[386] § 556b Abs. 2 BGB erhält dem Mieter entgegen etwaiger vertraglicher Bestimmungen in bestimmten Konstellationen das Recht zur Aufrechnung oder zum Zurückbehalt (§§ 273, 274 BGB) gegenüber Mietforderungen.

b) Mieterhöhungen

177   Der Gesetzgeber hat die Frage von Mieterhöhungen während der Laufzeit des Mietverhältnisses nicht gänzlich frei ausgehandelten Vertragsänderungen überlassen, zu

---

[382] BGH 11.01.1984 NJW 1984, 722 (723 f.); *Artz* MünchKomm. § 5 WiStG Rn. 19; *Staudinger/Emmerich* (2018) Vorbem.zu § 535 Rn. 118.

[383] *Artz* MünchKomm. § 5 WiStG Rn. 19.

[384] Treffend auch *Staudinger/Emmerich* (2018) § 556d Rn. 25 sowie *Staudinger/Emmerich* (2018) Vorbem. zu §§ 556d-g Rn. 5.

[385] Siehe *Staudinger/Emmerich* (2018) § 556d Rn. 25.

[386] BGH 05.10.2016 NJW 2017, 1596 Rn. 20 ff.

denen die Parteien nach dem Leitbild eines privatautonomen Interessenausgleiches gelangen würden, um eine ansonsten „drohende" Kündigung des anderen Teils zu vermeiden. Dieser Umstand folgt einerseits aus der Schutzbedürftigkeit des Wohnraummieters und andererseits aus den eingeschränkten Kündigungsmöglichkeiten des Vermieters,[387] da § 573 Abs. 1 Satz 2 BGB eine Kündigung zum Zwecke der Mieterhöhung explizit ausschließt. Nach der zwingenden (vgl. § 557 Abs. 4 BGB) gesetzlichen Regelung der §§ 557 bis 561 BGB ist zwischen der Vereinbarung über Mieterhöhungen (§ 557 Abs. 1 und 2 BGB) einerseits und einem einseitigen Verlangen des Vermieters nach einer Mieterhöhung (§ 557 Abs. 3 BGB) andererseits zu unterscheiden.

aa) Vereinbarungen über Mieterhöhungen

(1) „Statische" Mieterhöhungen

§ 557 Abs. 1 BGB bestimmt, dass die Parteien während des Mietverhältnisses eine Erhöhung der Miete vereinbaren können. Hiervon wird nur die einmalige Erhöhung, nicht aber die Abrede einer kontinuierlichen Mietsteigerung in der Zukunft erfasst, die § 557 Abs. 2 BGB unterfällt. Dies schließt jedoch nicht aus, dass die Vertragsparteien während der Laufzeit des Vertrages mehrfach eine Mieterhöhung i. S. des § 557 Abs. 1 BGB vereinbaren. Eine Mieterhöhung i. S. des § 557 Abs. 1 BGB unterliegt den allgemeinen Wirksamkeitsschranken, insbesondere aus den §§ 134 (i. V. mit § 291 StGB, § 5 WiStG), 138 BGB.[388]

178

(2) „Dynamische" Mieterhöhungen

Nach § 557 Abs. 2 i. V. mit Abs. 4 BGB können die Parteien künftige, d. h. sich automatisch wiederholende Änderungen der Miethöhe (nur) als Staffelmiete nach § 557a BGB oder als Indexmiete nach § 557b BGB vereinbaren.

179

(a) Staffelmiete

Eine Miete in unterschiedlicher Höhe für unterschiedliche Zeitabschnitte des Mietverhältnisses (Staffelmiete) muss schriftlich vereinbart werden (§ 557a Abs. 1 BGB). Zudem darf die Vereinbarung nicht auf Mieterhöhungen in kürzeren Zeitabständen als jeweils einem Jahr gerichtet sein und die Miete während der Laufzeit der Staffelmiete nicht nach den §§ 558 bis 559b BGB durch ein Verlangen des Vermieters erhöht werden (§ 557a Abs. 2 BGB). Schließlich bestehen Sondervorschriften für die Beschränkung des Kündigungsrechts des Mieters während der Laufzeit der Staffelmiete (§ 557a Abs. 3 BGB).

180

---

[387] Dazu noch unten § 5 Rn. 210 ff.

[388] Dazu oben § 5 Rn. 174.

(b) Indexmiete

181 Die schriftlich abzufassende Vereinbarung einer Indexmiete knüpft die Miethöhe
an die Änderung des durch das Statistische Bundesamt ermittelten Preisindexes für
Lebenshaltungskosten (§ 557b Abs. 1 BGB). Die Mietanpassung mit Beginn des
übernächsten Monats erfordert jedoch zusätzlich jeweils eine empfangsbedürftige
Willenserklärung in Textform (§ 557b Abs. 3 Satz 1 BGB). Während der Geltung
der Indexmiete muss die Miethöhe zugunsten des Mieters mindestens jeweils ein
Jahr unverändert bleiben; zudem sind anderweitige Mieterhöhungen nur eingeschränkt möglich (§ 557b Abs. 2 BGB).

bb) Verlangen des Vermieters nach Mieterhöhung

(1) Zustimmungsbedürftiges Erhöhungsverlangen (§§ 558 bis 558e BGB)0

182 Der Vermieter kann die Zustimmung des Mieters zu einer Mieterhöhung bis zur
ortsüblichen Vergleichsmiete nach § 558 Abs. 1 bis 4 BGB verlangen, wenn die
Miete seit 15 Monaten unverändert ist, bereits erfolgte Mieterhöhungen außerhalb
der §§ 559 bis 560 BGB mindestens ein Jahr zurückliegen und die Miete sich innerhalb von drei Jahren grundsätzlich nicht um mehr als 20 Prozent[389] erhöht hat (Kappungsgrenze). Die ortsübliche Vergleichsmiete ist in § 558 Abs. 2 BGB definiert.[390]

183 Die Mieterhöhung muss der Vermieter in Textform mit einer Begründung verlangen, um so die Gründe für die Mieterhöhung transparent zu machen (§ 558a
BGB). Dabei kann er sich insbesondere auf Mietspiegel, qualifizierte Mietspiegel
oder Mietdatenbanken beziehen (§§ 558c bis 558e BGB).[391] Besondere Bedeutung
hat ein qualifizierter Mietspiegel (§ 558d BGB), da § 558d Abs. 3 BGB diesen mit
der Vermutung privilegiert, dass dieser die ortsübliche Vergleichsmiete wiedergibt.

184 Liegen die Voraussetzungen der §§ 558, 558a BGB vor, muss der Mieter der
Mieterhöhung zustimmen. Lehnt er dies ab, kann der Vermieter nach Maßgabe des
§ 558b Abs. 2 und 3 BGB auf Zustimmung klagen und diese durch das Gericht
ersetzen lassen (vgl. § 894 ZPO). Die erteilte oder ersetzte Zustimmung bewirkt die
Erhöhung der Miete nach Maßgabe des § 558b Abs. 1 BGB.

(2) Erhöhungsverlangen als Gestaltungsrecht (§§ 559 bis 560 BGB)

185 Der Vermieter kann die Miete ausnahmsweise mittels einseitiger Gestaltungserklärung nach Vornahme bestimmter Modernisierungsmaßnahmen an der Mietsache (§§ 559 bis 559b BGB) oder bei angestiegenen Betriebskosten erhöhen

---

[389] In durch Rechtsverordnung festgelegten Gebieten, in denen die Versorgung der Bevölkerung
mit Mietwohnungen zu angemessenen Bedingungen besonders gefährdet ist, reduziert sich die
Kappungsgrenze auf 15 Prozent (§ 558 Abs. 3 Satz 2 und 3 BGB).

[390] Siehe BGH 21.11.2012 NJW 2013, 775 Rn. 13.

[391] Dazu z. B. BGH 21.11.2012 NJW 2013, 775 Rn. 14 ff.

(§ 560 BGB). Modernisierungsmaßnahmen i. S. des § 559 Abs. 1 BGB erlauben dem Vermieter, 11 % der Baukosten auf die jährliche Miete aufzuschlagen. Die Mieterhöhung ist in Textform zu erklären und zu begründen (§§ 559b Abs. 1, 560 Abs. 1 BGB). Der Zeitpunkt des Inkrafttretens der Erhöhung bestimmt sich nach den §§ 559b Abs. 2, 560 Abs. 2 BGB.

cc) Sonderkündigungsrecht des Mieters bei Mieterhöhungen

Als Ausgleich für das Recht des Vermieters, von dem Mieter einseitig eine Erhö-		**186**
hung der Miete verlangen zu können, gewährt § 561 BGB dem Mieter ein nicht abdingbares außerordentliches Kündigungsrecht bei Mieterhöhungen nach den §§ 558, 559 BGB, um eine für ihn nicht tragbare finanzielle Verpflichtung, wenn auch um den Preis des Wohnraumverlustes, abwenden zu können. Die Kündigung muss in und mit den Fristen des § 561 Abs. 1 Satz 1 BGB erklärt werden und verhindert den Eintritt der Mieterhöhung (§ 561 Abs. 1 Satz 2 BGB).

IV. Sicherung der Ansprüche des Vermieters

Der Vermieter ist bei der Vereinbarung von Sicherungsrechten für seine Forderun-		**187**
gen aus dem Mietverhältnis durch § 551 BGB begrenzt. Umgekehrt begründen die §§ 562 ff. BGB zu seinen Gunsten ein gesetzliches Pfandrecht.

1. Sicherheitsleistungen (§ 551 BGB)

Eine Sicherheitsleistung zugunsten des Vermieters erfolgt zumeist als sog. Barkau-		**188**
tion in Geld; die Parteien können aber auch jede andere Form vereinbaren (z. B. Pfandrecht, Beschaffung einer Bürgschaft).[392] Nach der zwingenden Vorschrift des § 551 Abs. 1 BGB darf der Vermieter als Sicherheitsleistung aber keine höhere Summe als drei Kaltmieten (= Miete ohne Betriebskosten) verlangen. Wurde seitens des Mieters eine weitergehende Sicherheit geleistet, kann er diese gemäß § 812 Abs. 1 Satz 1 Alt. 1 BGB kondizieren.[393] Schwierig ist die Beurteilung solcher Sachverhalte, in denen sich der Mieter nicht nur zur Zahlung einer Barkaution verpflichtet, sondern zusätzlich ein Dritter eine weitere Sicherheit (z. B. Bürgschaft) übernimmt. Diese zweite Sicherheit unterfällt jedenfalls dann nicht den Schranken in § 551 BGB, wenn sich der Dritte unaufgefordert unter der Bedingung des Mietvertragsabschlusses gegenüber dem Vermieter verbürgt und dies mit keinen

---

[392] *Bieber* MünchKomm. § 551 Rn. 9; *Staudinger/Emmerich* (2018) § 551 Rn. 5; ausführlich *Kieß-ling* JZ 2004, 1146 ff.
[393] BGH 20.04.1989 BGHZ 107, 210 (212); *Staudinger/Emmerich* (2018) § 551 Rn. 11.

Belastungen für den Mieter verbunden ist.[394] Die teilweise anzutreffende Praxis, den Wohnraummietvertrag nur mit solchen Personen abzuschließen, die „unaufgefordert" die zusätzliche Bürgschaft eines Dritten beibringen, steht jedenfalls nicht im Widerspruch zu dem Ziel des § 551 BGB, den Mieter nicht über das dortige Maß zu belasten.[395] Andererseits hat der BGH die von einem Dritten gestellte Bürgschaft dann als Sicherheitsleistung i. S. des § 551 BGB bewertet, wenn der Vermieter den Abschluss des Mietvertrages ausdrücklich davon abhängig macht, dass der Mieter neben einer Barkaution zusätzlich eine Bürgschaft für alle Ansprüche aus dem Mietverhältnis stellt.[396] Verstößt die Sicherheitsleistung des Dritten gegen § 551 BGB, kann er diese ebenfalls nach § 812 Abs. 1 Satz 1 Alt. 1 BGB kondizieren bzw. einer Inanspruchnahme aus der Sicherheit (Bürgschaft) die Einrede der ungerechtfertigten Bereicherung (§ 821 BGB) entgegenhalten.

189   Bei einer Barkaution darf der Mieter die Sicherheitsleistung in drei gleichen monatlichen Teilraten ab dem Beginn des Mietverhältnisses zahlen (§ 551 Abs. 2 BGB)[397]; ein Verzug des Mieters kann den Vermieter unter Umständen zu einer außerordentlichen fristlosen Kündigung des Mietverhältnisses berechtigen (§ 569 Abs. 2a BGB). Der Vermieter muss die Geldsumme vorbehaltlich der Vereinbarung einer abweichenden Anlageform bei einem Kreditinstitut zu dem für Spareinlagen mit dreimonatiger Kündigungsfrist üblichen Zinssatz anlegen (§ 551 Abs. 3 Satz 1 und 2 BGB). Die Anlage hat gesondert von dem Vermögen des Vermieters zu erfolgen und die Zinsen stehen dem Mieter zu, wenngleich sie diesem während der Laufzeit des Mietverhältnisses nicht ausgezahlt werden, sondern die Sicherheit erhöhen (§ 551 Abs. 3 Satz 3 und 4 BGB). Verletzt der Vermieter eine dieser Pflichten, schuldet er nach Maßgabe der §§ 280 ff. BGB dem Mieter Schadensersatz,[398] insbesondere auch dann, wenn der Vermieter bereits während des laufenden Mietverhältnisses zwecks Befriedigung behaupteter Ansprüche auf die Kaution zugreift.[399] Zudem steht dem Mieter in der Insolvenz des Vermieters ein Recht auf Aussonderung (§ 47 InsO) zu.

190   Nach Beendigung des Mietverhältnisses ist die Kaution zurückzuzahlen, soweit sie nicht aufgrund einer Nichtleistung des Mieters verbraucht wurde. Der Mieter hat hierauf einen Anspruch, der jedoch erst nach Ablauf einer angemessenen Frist für die Abrechnung der Vermieterforderungen fällig wird. Diese Frist ist nach den Umständen des Einzelfalles zu bemessen, dürfte jedoch höchstens neun und in der Regel nicht länger als sechs Monate betragen.[400]

---

[394] So BGH 07.06.1990 BGHZ 111, 361 (363).

[395] Einschränkend indes OLG Düsseldorf 18.07.1997 NJW-RR 1998, 91 f., wonach eine Vermutung dafür streite, dass es sich bei der Bürgschaft um eine Sicherheitsleistung i. S. des § 551 BGB handele; ebenso *Staudinger/Emmerich* (2018) § 551 Rn. 7.

[396] BGH 20.04.1989 BGHZ 107, 210 (213).

[397] Zu den Rechtsfolgen einer unwirksamen Fälligkeitsklausel für die Mietkautionsabrede siehe BGH 25.06.2003 NJW 2003, 2899 f.

[398] *Staudinger/Emmerich* (2018) § 551 Rn. 22, 30.

[399] Siehe BGH 07.05.2014 NJW 2014, 2496 Rn. 10 f.

[400] BGH 01.07.1987 BGHZ 101, 244 (250 f.); noch restriktiver *Staudinger/Emmerich* (2018) § 551 Rn. 29.

2. Vermieterpfandrecht

Der Vermieter hat für seine Forderungen aus dem Mietverhältnis (Mietzahlung,   **191**
Schadensersatzansprüche etc.) nach § 562 Abs. 1 BGB ein Pfandrecht an den eingebrachten Sachen des Mieters, soweit diese nicht nach zivilprozessualen Vorschriften
(insbesondere § 811 ZPO) von der Pfändung i. S. der §§ 803 ff. ZPO ausgenommen
sind.

a) Entstehungsvoraussetzungen

Das Vermieterpfandrecht entsteht mit der „Einbringung" der Sachen des Mieters in   **192**
die gemieteten Räume. Hierfür muss der Mieter die Gegenstände willentlich und zu
einem nicht nur vorübergehenden Zweck in den Machtbereich des Vermieters ver-
bracht haben.[401] Dies trifft z. B. auf die in der Wohnung aufgestellten Möbel oder
den in einer mitgemieteten Garage untergestellten PKW zu. Auf die Geschäftsfähigkeit des Mieters kommt es hierbei nicht an, da die Einbringung ein Realakt ist.[402]
Ein Einbringen i. S. des § 562 Abs. 1 Satz 1 BGB liegt auch bei jenen Sachen vor,
die der Mieter von dem Vermieter oder dem Vormieter erworben hat und sich bei
seinem Einzug bereits in der Wohnung befanden und nach dem Willen des Mieters
dort verbleiben sollen.

„Sachen des Mieters" i. S. des § 562 Abs. 1 Satz 1 BGB sind grundsätzlich nur   **193**
solche, die in seinem Eigentum stehen. Mangelt es hieran, kommt ein gutgläubiger
Erwerb des Vermieterpfandrechts nicht in Betracht, da es hierfür an einer gesetzlichen Grundlage fehlt. Auch § 1257 BGB, der für gesetzliche Pfandrechte auf die
Regelungen über das rechtsgeschäftliche Pfandrecht verweist, enthält diese nicht.
Die Norm setzt tatbestandlich voraus, dass das gesetzliche Pfandrecht *bereits entstanden ist*, sodass sich die Verweisung nicht auf den gutgläubigen Erwerb nach
§ 1207 BGB als Entstehungstatbestand bezieht. Dies ist auch gerechtfertigt, weil
das Vermieterpfandrecht kraft Gesetzes entsteht und nicht mit einer Besitzerlangung des Vermieters verbunden ist, sodass ein entsprechender Rechtsscheintatbe-
stand als teleologische Voraussetzung für einen gutgläubigen Erwerb fehlt.[403]

Ein Vermieterpfandrecht besteht somit z. B. nicht an Sachen, die der Mieter an   **194**
einen Dritten zur Sicherheit übereignet hat, bevor er diese in die Wohnung einbringt.
Erfolgt eine Sicherungsübereignung hingegen erst nach der Einbringung, erlangt
der Dritte das Eigentum nach dem sachenrechtlichen Prioritätsprinzip nur mit der

---

[401] BGH 06.12.2017 NJW 2018, 1083 Rn. 11; *Artz* MünchKomm. § 562 Rn. 12; *Larenz* BT 1,
§ 48 V, S. 250; *Looschelders* Rn. 472; *Staudinger/Emmerich* (2018) § 562 Rn. 10.

[402] *Brox/Walker* § 11 Rn. 47; *Larenz* BT 1, § 48 V, S. 250; *Looschelders* Rn. 473; RGRK/*Gelhaar*
§ 559 Rn. 5; *Staudinger/Emmerich* (2018) § 562 Rn. 10.

[403] *Artz* MünchKomm. § 562 Rn. 14; *Brox/Walker* § 11 Rn. 48; *Esser/Weyers* BT 1, § 20 IV 2 b,
S. 178; *Larenz* BT 1, § 48 V, S. 250; *Looschelders* Rn. 474 f.; *Staudinger/Emmerich* (2018) § 562
Rn. 3.

Belastung durch das Vermieterpfandrecht, solange Letzteres nicht erloschen ist.[404]
Schwierigkeiten bestehen aber, wenn die Übereignung der Sache durch den Mieter
an einen Dritten gerade in dem Moment der Einbringung in die Räumlichkeiten
wirksam werden soll (Beispiel: antizipierte Sicherungsübereignung von Möbeln an
eine Bank, die von dem Möbelhaus in die Wohnung des Mieters geliefert werden).
Pfandrechtsentstehung und Eigentumsübergang auf den Dritten fallen somit zeitlich zusammen, sodass das Prioritätsprinzip zu keinem eindeutigen Ergebnis führt.
Gleichwohl erwirbt der Sicherungsnehmer in diesen Fällen nach der Rechtsprechung nur eine mit dem Vermieterpfandrecht belastete Sache, da die Sicherungsübereignung keinen Vorrang gegenüber dem gesetzlichen Pfandrecht genießt und
das Sicherungsrecht des Vermieters insbesondere nicht durch die Sicherungsübereignung von Warenlagern (vgl. § 562 Abs. 1 BGB i. V. mit § 578 Abs. 2 Satz 1
BGB) ausgehöhlt werden darf.[405] Bei Sachen, die der Mieter unter Eigentumsvorbehalt erworben hat, belastet das Vermieterpfandrecht zudem das Anwartschaftsrecht
als „Minus" des Vollrechts.[406]

b) Erlöschen des Vermieterpfandrechts

195   Das Pfandrecht des Vermieters erlischt zum einen nach den allgemeinen Vorschrif-
ten, z. B. durch Aufgabe seitens des Vermieters (§ 1255 Abs. 1 BGB i. V. mit § 1257
BGB) oder den gutgläubig lastenfreien Erwerb der Sache durch einen Dritten (§ 936
BGB).

196   Daneben regelt § 562a BGB einen besonderen Erlöschenstatbestand. Erste Voraussetzung für ein Erlöschen des Pfandrechts ist danach die Entfernung der Sache
von dem Grundstück, was ein willentliches Wegschaffen der eingebrachten Sache
durch den Mieter oder einen Dritten erfordert.[407] Umstritten ist, ob als Entfernung
i. S. des § 562a Satz 1 BGB nur ein auf Dauer angelegtes Wegschaffen zu begreifen
ist. Eine Ansicht verneint dies, weil die Rechtsstellung des Vermieters nach den
§§ 562 ff. BGB aufgrund seines besitzlosen Pfandrechts bewusst schwach ausgestaltet sei und es für eine stärkere Sicherung rechtsgeschäftlicher Absprachen
bedürfe.[408] Hierfür spricht der allgemeine Sprachgebrauch, nach dem der Begriff des
„Entfernens" auch ein vorübergehendes Wegschaffen umfasst. Dies hätte aber beispielsweise zur Folge, dass das Pfandrecht an dem in einer mit gemieteten Garage

---

[404] Dazu unten § 5 Rn. 195 ff.

[405] BGH 12.02.1992 NJW 1992, 1156 (1156); weiterführend zu diesem Problemkreis *D.V. Simon*
Festschrift für J.G. Wolf, 2000, S. 221 ff.

[406] *Artz* MünchKomm. § 562 Rn. 16; *Larenz* BT 1, § 48 V, S. 250; *Staudinger/Emmerich* (2018)
§ 562 Rn. 15. Näher zum Begriff des Anwartschaftsrechts oben § 2 Rn. 507.

[407] *Artz* MünchKomm. § 562a Rn. 4. Bei Wohnungen genügt nach anderer Ansicht das Entfernen
aus der Wohnung und den mitvermieteten Zu- und Abgängen, selbst wenn sich die Sache noch auf
dem Grundstück des Vermieters befindet: *Staudinger/Emmerich* (2018) § 562a Rn. 4.

[408] BGH 06.12.2017 NJW 2018, 1083 Rn. 19 ff.; *Artz* MünchKomm. § 562a Rn. 5; *Staudinger/
Emmerich* (2018) § 562a Rn. 5.

untergestellten PKW mit jeder Fahrt erlöschen und mit der Rückkehr neu entstehen würde.[409] Das wäre nicht nur lebensfremd, sondern würde das Vermieterpfandrecht weitgehend entwerten. Denn zwischenzeitlich zugunsten Dritter begründete Sicherungsrechte (Sicherungsübereignung, Werkunternehmerpfandrecht gemäß § 647 BGB) würden dem neuen, erst mit der Wiedereinbringung entstehenden Vermieterpfandrecht vorgehen. Folglich liegt eine „Entfernung" der Sache nur vor, wenn sie mit der Absicht geschieht, dieselbe auf absehbare Zeit nicht wieder in die Räume zu verbringen.[410] Unerheblich ist hingegen, ob ein Dritter Besitz an der Sache erlangt oder der Mieter die Sachherrschaft behält.[411]

Das Vermieterpfandrecht erlischt nach § 562a Satz 1 BGB selbst bei einer Entfernung der Sache grundsätzlich nur, wenn der Vermieter von diesem Vorgang Kenntnis hat und nicht widerspricht. Das Widerspruchsrecht steht dem Vermieter gemäß § 562a Satz 2 BGB jedoch nicht zu, wenn die Entfernung entweder den gewöhnlichen Lebensverhältnissen entspricht (Beispiel: Austausch von abgenutzten Möbeln) oder die verbleibenden, d. h. weiterhin von dem Vermieterpfandrecht umfassten Sachen zur Sicherung des Vermieters offenbar ausreichen. Hat der Vermieter danach kein Widerspruchsrecht, erlischt sein Pfandrecht mit der Entfernung über den Wortlaut des § 562a Satz 1 BGB hinaus unter teleologischen Gesichtspunkten auch, wenn der Vermieter keine Kenntnis hat oder (unwirksam) widerspricht.[412] **197**

Dem Vermieter stehen in Fortsetzung seines Widerspruchsrechts nach Maßgabe des § 562b Abs. 1 BGB ein Selbsthilferecht zur Verhinderung einer rechtswidrigen Entfernung (lex specialis zu § 229 BGB) sowie gemäß § 562b Abs. 2 BGB ein Herausgabeanspruch gegen den Besitzer nach einer rechtswidrig erfolgten Entfernung zu. **198**

c) Rechtsposition des Vermieters aufgrund des Pfandrechts

Der Vermieter hat nach § 1257 BGB die Rechtsstellung eines Pfandrechtsinhabers i. S. der §§ 1209 ff. BGB. Aus dem Pfandrecht kann er insbesondere Befriedigung für seine Forderungen aus dem Mietverhältnis nach Maßgabe der §§ 1228 ff. BGB erlangen. Das Pfandrecht sichert jedoch gemäß § 562 Abs. 2 BGB nicht künftige, d. h. noch nicht entstandene Entschädigungsansprüche oder den Mietzahlungsanspruch, der auf eine spätere Zeit als das laufende und das folgende Mietjahr entfällt.[413] Überdies kann der Mieter die Geltendmachung des Pfandrechts durch eine Sicherheitsleistung abwenden (§ 562c BGB). **199**

---

[409] So konsequent z. B. *Staudinger/Emmerich* (2018) § 562a Rn. 5.

[410] *Harke* Rn. 329; *Jauernig/Teichmann* § 562a Rn. 2; RGRK/*Gelhaar* § 560 Rn. 2; *Soergel/Heintzmann* § 562a Rn. 3; a. A. BGH 06.12.2017 NJW 2018, 1083 Rn. 19 ff.

[411] A.A. *Esser/Weyers* BT 1, § 20 IV 2 d, S. 179, die eine Entfernung i. S. des § 562a Satz 1 BGB bei einer nur vorübergehenden Wegschaffung annehmen, wenn ein Dritter (z. B. ein Werkunternehmer) unmittelbaren Besitz an dieser erhält.

[412] Statt aller *Staudinger/Emmerich* (2018) § 562a Rn. 12.

[413] Einzelheiten bei *Staudinger/Emmerich* (2018) § 562 Rn. 29 ff.

200   Pfändet ein Dritter die von dem Pfandrecht erfassten Sachen im Wege der Zwangsvollstreckung, so kann der Vermieter nach § 805 ZPO vorzugsweise Befriedigung
verlangen. Dies gilt jedoch gemäß § 562d BGB nicht in Bezug auf Mietzahlungs-
ansprüche für eine frühere Zeit als das letzte Jahr vor der Pfändung.

V. Schutz des Mieters gegenüber Drittberechtigten an der Mietsache

1. Allgemeines

201   Wenn der Vermieter nicht Eigentümer der Mietsache ist oder diese mit einem Recht
(z. B. einem Nießbrauch nach den §§ 1030 ff. BGB) belastet hat, ist er häufig nicht
in der Lage, dem Mieter den Gebrauch der Mietsache zu gewähren. Im Grundsatz
trägt der Mieter diese Risiken, da ihm der Mietvertrag zunächst nur Rechte gegenüber dem Vermieter einräumt, bei deren Nichterfüllung er auf Ansprüche nach den
§§ 280 ff. BGB verwiesen ist. Zum Schutz des Wohnraummieters[414] ordnet § 566
Abs. 1 BGB jedoch an, dass derjenige, der den vermieteten Wohnraum nach der
Überlassung an den Mieter von dem Vermieter durch Rechtsgeschäft erwirbt, an
Stelle des Vermieters in die Rechte und Pflichten aus dem Mietverhältnis eintritt.
Unterschiedlich wird beurteilt, ob es sich hierbei um einen Fall der gesetzlichen
Vertragsübernahme mit der Konsequenz der Anwendbarkeit der §§ 412, 404 ff.
BGB zugunsten des Mieters handelt[415] oder um die gesetzlich angeordnete Ent-
stehung eines neuen Mietverhältnisses mit dem Erwerber, dessen Inhalt demjenigen
des ursprünglichen Mietvertrages entspricht.[416] Eine Lösungsmöglichkeit für diesen
Streit besteht in der Annahme, dass es sich zwar um eine gesetzlich angeordnete
Vertragsübernahme handelt, deren Wirkung jedoch auf die Rechte und Pflichten aus
dem Mietverhältnis unter Ausschluss sonstiger Rechtsbeziehungen zwischen dem
ursprünglichen Vermieter und dem Mieter beschränkt ist. Daher kann der Mieter
beispielsweise nur solche Einreden nach den §§ 412, 404 BGB gegenüber dem
Erwerber geltend machen, die aus dem Mietvertrag selbst resultieren, nicht aber
aus sonstigen Rechtsbeziehungen zu dem ursprünglichen Vermieter. Darüber hinaus
enthalten die §§ 566b bis 566e BGB einige Spezialregelungen, die den §§ 412,
404 ff. BGB vorgehen, soweit ihr Anwendungsbereich reicht.[417]

202   Entsprechende Rechtsfolgen wie bei einer Veräußerung durch den Erstvermie-
ter gelten auch, wenn der Erwerber i. S. des § 566 Abs. 1 BGB die Sache seinerseits weiterveräußert (§ 567b BGB), der Vermieter die Mietsache mit dinglichen
Rechten eines Dritten belastet, die den vertragsgemäßen Gebrauch des Mieters

---

[414] Bzw. des Mieters von Grundstücken oder sonstigen Räumen: § 578 BGB.

[415] So BGH 28.11.2001 NJW-RR 2002, 730; *Häublein* MünchKomm. § 566 Rn. 23; *Staudinger/
Emmerich* (2018) § 566 Rn. 5.

[416] Dafür BGH 03.05.2000 NJW 2000, 2346; BGH 02.02.2006 BGHZ 166, 125 Rn. 15; BGH
25.07.2012 NJW 2012, 3032 Rn. 25; *Erman/Lützenkirchen* § 566 Rn. 14.

[417] Siehe unten § 5 Rn. 209 ff.

beeinträchtigen (§ 567 BGB), oder bei einer gewerblichen Zwischenvermietung das Hauptmietverhältnis endet (§ 565 BGB[418]).[419]

2. Voraussetzungen des § 566 Abs. 1 BGB

Die in § 566 Abs. 1 BGB angeordnete Vertragsübernahme setzt voraus, dass vor der **203** Veräußerung an den Dritten bzw. der Belastung (§ 567 BGB) ein rechtswirksames Mietverhältnis über die betreffenden Wohnräume mit dem Verfügenden bestand und die Räume dem Mieter bereits zuvor überlassen wurden. Nur in diesem Fall besteht ein besonderes Schutzbedürfnis des Mieters und der Erwerber hatte hinreichende Erkenntnismöglichkeiten in Bezug auf das Mietverhältnis. Erfolgt die Veräußerung oder Belastung vor der Überlassung, greift die Vertragsübernahme nach § 567a BGB nur ein, wenn der Erwerber der Mietsache gegenüber dem Vermieter die Erfüllung der aus dem Mietverhältnis folgenden Pflichten übernommen hat. Eine vor der Überlassung an den Mieter entstandene Auflassungsvormerkung zugunsten des Erwerbers hindert die Rechtsfolgen des § 566 Abs. 1 BGB nach h. M. jedoch nicht, da die Überlassung an den Mieter keine Verfügung i. S. des § 883 Abs. 2 BGB darstellt.[420] Umgekehrt kommt der durch § 566 Abs. 1 BGB vermittelte Schutz des Mieters nicht mehr in Betracht, wenn die Überlassung an den Mieter bereits vor dem Eigentumswechsel beendet wurde.[421]

Darüber hinaus muss der Verfügende nicht nur Vermieter, sondern zugleich auch **204** dinglich Berechtigter an der Mietsache, d. h. regelmäßig Eigentümer sein.[422] Der Mieter wird daher nicht geschützt, wenn der nichtberechtigte Vermieter über das Grundstück „verfügt" und sein Vertragspartner kraft guten Glaubens, d. h. letztendlich kraft Gesetzes, Eigentum erwirbt (§ 892 BGB).[423] In diesem Fall fehlt eine „Veräußerung" i. S. des § 566 Abs. 1 BGB, was wertungsmäßig dadurch gerechtfertigt ist, dass der Mieter auch gegenüber dem ursprünglichen Eigentümer keine Rechte aus dem Mietverhältnis hatte.

---

[418] Hierzu bereits oben § 5 Rn. 151.

[419] Zu dem Problemkreis des Schutzes des Wohnraummieters gegenüber Drittrechten können ferner die Vorschriften der §§ 577, 577a BGB bei der Bildung von Wohnungseigentum an vermieteten Wohnungen gezählt werden. Zum gesetzlichen Vorkaufsrecht nach § 577 BGB siehe auch oben § 2 Rn. 554.

[420] BGH 03.03.1954 BGHZ 13, 1 (3 ff.); *Soergel/Stürner* § 883 Rn. 30; *Staudinger/Emmerich* (2018) § 566 Rn. 6; a. A. z. B. *Canaris* Festschrift für Flume, Band I, 1978, S. 371 (393); *Kohler* MünchKomm. § 883 Rn. 54.

[421] BGH 04.04.2007 NJW 2007, 1818 Rn. 6 ff.

[422] BGH 12.03.2003 BGHZ 154, 171 (175); BGH 22.10.2003 NJW-RR 2004, 657 (658); *Larenz* BT 1, § 48 IV, S. 243; *Staudinger/Emmerich* (2018) § 566 Rn. 21; ferner BVerfG 12.09.2013 NJW 2013, 3774 Rn. 20; a. A. *Häublein* MünchKomm. § 566 Rn. 20.

[423] Zum gutgläubigen Erwerb als gesetzlichem Erwerb auf der Basis eines scheinbaren rechtsgeschäftlichen Erwerbs *Wolf/Raiser* Sachenrecht, 10. Bearbeitung 1957, § 68 Vor I, S. 247.

205   Hingegen ist unerheblich, welche Art von Kausalgeschäft der Veräußerung (oder
der Belastung i. S. des § 567 BGB) zugrunde liegt. Die amtliche Überschrift zu
§ 566 BGB „Kauf bricht nicht Miete" ist daher unpräzise.[424]

3. Rechtsfolgen der Vertragsübernahme

a) Eintritt in die Rechte und Pflichten aus dem Mietverhältnis

206   Der Erwerber tritt gemäß § 566 Abs. 1 BGB gleichzeitig mit dem Übergang des
dinglichen Rechts an der Mietsache in alle Rechte und Pflichten ein, die nach ihrem
materiellen Gehalt in einem untrennbaren Zusammenhang mit dem Mietvertrag
stehen.[425] In zeitlicher Hinsicht ist § 566 Abs. 1 BGB eine Zäsur zu entnehmen, da
der Eintritt des Erwerbers in die Rechte und Pflichten auf diejenigen beschränkt ist,
die sich „während der Dauer seines Eigentums ergeben".[426] In Bezug auf Ansprüche
ist dabei maßgeblich, ob sie vor oder nach dem Eigentumserwerb *fällig* geworden
sind.[427] Alle bereits vorher fälligen Ansprüche bestehen weiterhin für bzw. gegen
den ursprünglichen Vermieter. Eine Ausnahme gilt nur hinsichtlich solcher Ansprüche, die nach ihrem Zweck nicht ausschließlich dem bisherigen Vermieter zuzuordnen sind.[428] Gegen den Erwerber entstehen aber solche Schadensersatzansprüche
des Mieters, die auf einem Mangel der Mietsache beruhen, der zwar bereits vor
dem Eigentumserwerb vorlag, bis zu diesem Zeitpunkt aber mangels eines Schadens noch nicht zu einem fälligen Anspruch des Mieters geführt hat.[429] Zudem entsteht die Überlassungspflicht des Vermieters aus § 535 Abs. 1 BGB aufgrund des
Dauerschuldcharakters der Miete fortlaufend neu,[430] sodass sie für die Zukunft den
Erwerber trifft. Eine Anfechtung durch den Mieter ist aufgrund ihrer *ex tunc*-Wir-
kung (§ 142 Abs. 1 BGB) gegenüber dem ursprünglichen Vermieter zu erklären
und beseitigt damit rückwirkend auch die Vertragsübernahme, während eine Kündigung nach der Veräußerung gegenüber dem Erwerber zu erfolgen hat.[431] War das

---

[424] Statt aller *Häublein* MünchKomm. § 566 Rn. 17; *Looschelders* Rn. 490.

[425] Näher BGH 25.07.2012 NJW 2012, 3032 Rn. 26 ff.

[426] Mit dieser zeitlichen Zäsur weicht § 566 Abs. 1 BGB deutlich von § 613a Abs. 1 Satz 1 BGB
ab, der auf eine vergleichbare Begrenzung verzichtet, sodass der Erwerber des Betriebes bzw.
Betriebsteiles auch für die Ansprüche aus dem Arbeitsverhältnis einzustehen hat, die vor dem
Betriebsübergang fällig geworden sind.

[427] BGH 25.07.2012 NJW 2012, 3032 Rn. 31 f.; *Häublein* MünchKomm. § 566 Rn. 30; *Larenz*
BT 1, § 48 IV, S. 243; *Staudinger/Emmerich* (2018) § 566 Rn. 48 ff.

[428] So bezüglich des Anspruchs auf Leistung einer Sicherheit (Kaution) BGH 25.07.2012 NJW
2012, 3032 Rn. 33 f.

[429] BGH 22.01.1968 BGHZ 49, 350 (352); *Häublein* MünchKomm. § 566 Rn. 38; *Staudinger/
Emmerich* (2018) § 566 Rn. 54.

[430] Siehe oben § 5 Rn. 1.

[431] Einzelheiten bei *Staudinger/Emmerich* (2018) § 566 Rn. 42 ff.

Mietverhältnis bereits vor der Veräußerung gekündigt, kann sich die Vertragsübernahme auch auf das Abwicklungsverhältnis aus den §§ 546 ff. BGB beschränken.[432]

b) Bürgenhaftung des ursprünglichen Vermieters

Erfüllt der Erwerber die ihn nach § 566 Abs. 1 BGB treffenden Pflichten nicht, dann **207** haftet der Vermieter für Schadensersatzansprüche gegen den Erwerber gemäß § 566 Abs. 2 Satz 1 BGB zunächst wie ein selbstschuldnerischer Bürge.[433] Auf sonstige Geldzahlungsansprüche des Mieters ist die Vorschrift analog anzuwenden.[434] Diese Haftung des Vermieters endet jedoch, wenn er dem Mieter die Übereignung mitteilt und dieser nicht zum nächstmöglichen Termin kündigt (§ 566 Abs. 2 Satz 2 BGB).

c) Mietsicherheiten (§ 566a BGB)

Zum Schutz des Mieters tritt der Erwerber auch in alle Rechte und Pflichten hinsicht- **208** lich der Sicherheitsleistungen ein, die mit dem Mietvertrag verbunden sind (§ 566a Satz 1 BGB). Er muss somit zum Vertragsende eine dem Vermieter geleistete Sicherheit (Barkaution etc.) an den Mieter unabhängig davon zurückerstatten, ob der Vermieter diese dem Erwerber übertragen hat. Im Fall der Leistungsunfähigkeit des Erwerbers ist der Vermieter weiterhin zur Rückgewähr verpflichtet (§ 566a Satz 2 BGB).[435] Allerdings trifft diesen anders als nach § 566 Abs. 2 Satz 1 BGB keine Haftung wie bei einer selbstschuldnerischen Bürgschaft. Der Mieter muss daher zunächst gegen den Erwerber vorgehen, sofern dies nicht offensichtlich aussichtslos ist.

d) Vorausverfügung über die Miete

Im Gegenzug begrenzt § 566b BGB zugunsten des Erwerbers die Wirksamkeit **209** von Vorausverfügungen des Vermieters über diejenige Miete, die auf die Zeit der Berechtigung des Erwerbers (§ 566 Abs. 1 BGB) entfällt.[436] Ansonsten wäre dieser mit der Pflicht zur Gebrauchsüberlassung belastet, ohne den Mietertrag als Ausgleich zu erlangen. Als Vorausverfügungen kommen insbesondere eine vorzeitige Einziehung der Miete[437] oder eine Abtretung der Mietansprüche in Betracht.

---

[432] *Häublein* MünchKomm. § 566 Rn. 12; *Staudinger/Emmerich* (2018) § 566 Rn. 28.

[433] Zu dieser Form der Bürgschaft näher unten § 13 Rn. 82.

[434] BGH 18.12.1968 BGHZ 51, 273 (274 f.); *Staudinger/Emmerich* (2018) § 566 Rn. 60.

[435] Das Gesetz übernimmt insoweit die frühere Rechtsprechung des Bundesgerichtshofes (BGH 24.03.1999 BGHZ 141, 160 [164 f.]); siehe BT-Drucks. 14/4553, S. 63.

[436] Vgl. *Esser/Weyers* BT 1, § 22/4, S. 192 m. w. N. zu abweichenden Auffassungen über den Normzweck.

[437] Dass § 566b BGB auch Rechtsgeschäfte mit dem Mieter umfasst, ist nicht unbestritten; a. A. z. B. *Häublein* MünchKomm. § 566b Rn. 8; wie hier RGRK/*Gelhaar* § 573 Rn. 4.

Die Verfügung ist höchstens für den Mietanspruch hinsichtlich des Folgemonates nach dem Eigentumsübergang auf den Erwerber wirksam (Einzelheiten in § 566b Abs. 1 BGB). § 566b Abs. 1 BGB ist jedoch teleologisch einzuschränken, wenn der Mieter die Miete in Form eines Baukostenzuschusses im Voraus gezahlt hat und dieser zweckentsprechend verwendet wurde. In diesem Fall kommt dem Erwerber der erhöhte Substanz- oder Gebrauchswert der Mietsache zugute, sodass er keines Schutzes bedarf.[438] Das gleiche gilt, wenn die Vorauszahlung in Form eines Darlehens speziell für den Umbau der Mietsache an den Vermieter gewährt wurde und die periodische Rückzahlung mit der Miete aufgerechnet wird. Die Vorausverfügungen wirken nach § 566b Abs. 2 BGB zudem auch dann gegenüber dem Erwerber, wenn er von diesen bei dem Eigentumsübergang Kenntnis hatte.

e) Schutz des Rechtsscheins zugunsten des Mieters

210   Der Mieter, der an der Veräußerung bzw. Belastung des Grundstücks regelmäßig nicht beteiligt ist, kann sich aufgrund der Regelung des § 566 Abs. 1 BGB im Ungewissen über die Person seines Vertragspartners befinden. Vor den hieraus resultierenden Gefahren schützen ihn die §§ 566c bis 566e BGB.

211   Nach § 566c BGB als *lex specialis* zu den §§ 407, 412 BGB sind Rechtsgeschäfte zwischen dem Mieter und dem Vermieter über eine Mietforderung, die eigentlich nach § 566 Abs. 1 BGB dem Erwerber zusteht, in den zeitlichen Grenzen des § 566c Satz 1 und 2 BGB rechtswirksam, sofern nicht der Mieter bei der Vornahme des Rechtsgeschäftes (insbesondere bei einer Entrichtung der Miete, aber z. B. auch bei einem Erlass nach § 397 Abs. 1 BGB) von dem Eigentumsübergang Kenntnis hatte (§ 566c Satz 3 BGB). Daneben erweitert § 566d BGB die Aufrechnungsmöglichkeiten zugunsten des Mieters entsprechend § 406 BGB. Schließlich schützt § 566e BGB den Mieter gegenüber dem Vermieter wie § 409 BGB vor den Folgen einer unrichtigen Anzeige der Veräußerung der Mietsache an einen Dritten. Zahlt er im Vertrauen hierauf an den Dritten z. B. die Miete, wird er insoweit frei.

VI. Beendigung des Mietverhältnisses

212   Die Möglichkeiten des Vermieters von Wohnraum, das Mietverhältnis zu beenden, unterliegen nach den §§ 568 bis 575a BGB besonderen Beschränkungen,[439] soweit nicht eine der Bereichsausnahmen in § 549 Abs. 2 oder 3 BGB eingreift.[440] Für

---

[438] BGH 06.06.1952 BGHZ 6, 202 (206 f.); *Larenz* BT 1, § 48 IV, S. 247.

[439] Zur grundrechtlichen Fundierung des Kündigungsschutzes zugunsten des Mieters in der Eigentumsgarantie (Art. 14 Abs. 1 GG) siehe BVerfG 26.05.1993 NJW 1993, 2035 (2036) sowie oben in Fn. 15.

[440] Zu Letzteren oben § 5 Rn. 153.

Werkwohnungen gelten nach den §§ 576 bis 576b BGB zusätzliche Sonderregelungen. Ferner wird das Abwicklungsverhältnis i. S. der §§ 546 ff. BGB durch die §§ 570, 571 BGB modifiziert.

1. Befristung, Bedingung, Rücktrittsvorbehalt

Um eine Umgehung des Kündigungsschutzes im Wohnraummietrecht[441] auszuschließen, schränkt das Gesetz die Möglichkeiten zu einer Befristung des Mietvertrages (sog. Zeitmietvertrag) ein. Eine solche ist nur zulässig, wenn einer der Befristungsgründe in § 575 Abs. 1 Satz 1 BGB vorliegt, die Befristung schriftlich vereinbart und gegenüber dem Mieter begründet wird. Fehlt eine dieser Voraussetzungen, gilt das Mietverhältnis als auf unbestimmte Zeit geschlossen (§ 575 Abs. 1 Satz 2 BGB). Abgesehen von dem Begründungserfordernis entspricht die Rechtslage im Wohnraummietrecht damit weitgehend derjenigen für Arbeitsverhältnisse (siehe § 14 Abs. 1 und 4 TzBfG sowie § 16 Satz 1 TzBfG).   **213**

Ein zulässiger Befristungsgrund ist zunächst der Eigenbedarf des Vermieters oder   **214**
einer seiner Familien- oder Haushaltsangehörigen (§ 575 Abs. 1 Satz 1 Nr. 1 BGB). Daneben sind ein geplanter zulässiger Abriss oder eine wesentliche Veränderung der Wohnräume ein Befristungsgrund; im letzteren Fall aber nur dann, wenn die Maßnahmen durch das Bewohnen der Räume wesentlich erschwert würden (§ 575 Abs. 1 Satz 1 Nr. 2 BGB). Ein letzter Befristungsgrund besteht bei der Vermietung von Dienstwohnungen (§ 575 Abs. 1 Satz 1 Nr. 3 BGB). Das gilt nicht nur, wenn der Dienstverpflichtete die Wohnung bewohnen soll, sondern auch für den Mietvertrag mit einem Dritten, wenn dadurch ein zwischenzeitlicher Leerstand der Dienstwohnung vermieden und erst später ein Dienstverpflichteter als Nachfolger in die Wohnung einziehen soll.[442] Der Katalog zulässiger Befristungsgründe in § 575 Abs. 1 Satz 1 BGB ist abschließend und unterscheidet sich dadurch wesentlich von der arbeitsrechtlichen Regelung, da die dort aufgezählten Tatbestände nicht abschließend sind (§ 14 Abs. 1 Satz 2 TzBfG: „insbesondere") und zudem durch eine Generalklausel (§ 14 Abs. 1 Satz 1 TzBfG) ergänzt werden. Ebenso wie für Arbeitsverhältnisse (siehe § 22 TzBfG) erklärt § 575 Abs. 4 BGB Abreden zwischen den Vertragsparteien für rechtsunwirksam, wenn diese zum Nachteil des Mieters vom Gesetz abweichen.

Vor Ablauf des Mietvertrages hat der Mieter ein Recht auf Auskunft darüber, ob   **215**
der Befristungsgrund noch vorliegt (§ 575 Abs. 2 BGB). Bei dessen Wegfall steht dem Mieter ein Anspruch auf Verlängerung des Mietverhältnisses auf unbestimmte Zeit zu (§ 575 Abs. 3 Satz 2 BGB). Wenn der Befristungsgrund erst später eintritt, kann der Mieter eine Verlängerung des Mietverhältnisses um den Zeitraum verlangen, den der Befristungsgrund verspätet eintreten wird (§ 575 Abs. 3 Satz 1 BGB). Die Beweislast trifft insoweit jeweils den Vermieter (§ 575 Abs. 3 Satz 3 BGB).

---

[441] Dazu näher unten § 5 Rn. 217 ff.

[442] BT-Drucks. 14/4553, S. 70; *Staudinger/Rolfs* (2018) § 575 Rn. 34.

216   Ist eine Befristung des Wohnraummietverhältnisses in den dargelegten Grenzen zulässig, kann sich der Vermieter hingegen auf einen vertraglichen Rücktrittsvorbehalt für die Zeit nach der Überlassung des Wohnraumes oder eine zum Nachteil des Mieters gereichende auflösende Bedingung generell nicht berufen (§ 572 BGB). Da nicht die Nichtigkeit entsprechender Vereinbarungen angeordnet wird, ist § 139 BGB unanwendbar.[443]

2. Kündigung des Mietverhältnisses

a) Schriftformerfordernis (§ 568 Abs. 1 BGB)

217   Die Kündigung eines Mietverhältnisses über Wohnraum bedarf gemäß § 568 Abs. 1 BGB der Schriftform i. S. des § 126 BGB. Bei einem Formverstoß ist die Kündigung nach § 125 Satz 1 BGB nichtig. Anders als bei Arbeitsverhältnissen (siehe § 623 BGB) kann die Schriftform durch die elektronische Form (§ 126a BGB) ersetzt werden (§ 126 Abs. 3 BGB). Das Schriftformerfordernis gilt für jede Art der Kündigung,[444] ist aber auch auf diesen Beendigungstatbestand beschränkt und damit enger als das Formerfordernis in § 623 BGB, der auch die einvernehmliche Beendigung durch Abschluss eines Aufhebungsvertrages erfasst.[445]

b) Ordentliche Kündigung

218   Die ordentliche Kündigung eines Wohnraummietvertrages ist nur dem Mieter ohne besondere Einschränkungen mit einer Kündigungsfrist von drei Monaten möglich, wobei diese Frist vertraglich nicht verlängerbar ist (§ 573c Abs. 1 Satz 1 und Abs. 4 BGB). Der Vermieter kann eine wirksame ordentliche Kündigung hingegen nur erklären, wenn er an dieser ein berechtigtes Interesse hat, wobei eine Kündigung zum Zweck der Mieterhöhung in jedem Fall ausgeschlossen ist (§ 573 Abs. 1 Satz 2 BGB). § 573a BGB klammert jedoch Rechtsverhältnisse aus dem Anwendungsbereich des § 573 BGB aus, bei denen eine enge Beziehung zum eigenen Lebensbereich des Vermieters besteht. Bei ihnen verzichtet das Gesetz auf das Erfordernis eines berechtigten Interesses zur Kündigung. Im Gegenzug verlängert § 573a Abs. 1 Satz 2 BGB die Kündigungsfrist gegenüber der allgemeinen Regelung in § 573c Abs. 1 Satz 2 BGB um drei Monate. Ähnliches gilt für die Teilkündigung von nicht zum Wohnen bestimmten Nebenräumen oder Grundstücksteilen nach Maßgabe des § 573b BGB.

---

[443] BT-Drucks. 14/4553, S. 45; *Häublein* MünchKomm. § 572 Rn. 5.

[444] *Looschelders* Rn. 496.

[445] Deshalb scheidet auch eine analoge Anwendung von § 568 Abs. 1 BGB auf Aufhebungsverträge aus. Ebenso *Häublein* MünchKomm. § 568 Rn. 4; *Looschelders* Rn. 496; *Soergel/Heintzmann* § 568 Rn. 3; *Staudinger/Rolfs* (2018) § 568 Rn. 11.

Das berechtigte Interesse des Vermieters an der ordentlichen Kündigung konkreti- **219**
siert § 573 Abs. 2 BGB beispielhaft („insbesondere"), ohne dass hieraus der Umkehrschluss gezogen werden kann, dass ein Eigenbedarf ausschließlich unter den Voraussetzungen in § 573 Abs. 2 BGB eine ordentliche Kündigung rechtfertigen kann.[446] Ein
solches besteht bei erheblicher, schuldhafter Pflichtverletzung durch den Mieter, die
aber nicht so gewichtig wie bei der außerordentlichen Kündigung nach § 543 BGB
sein muss (§ 573 Abs. 2 Nr. 1 BGB)[447] und in der Regel auch keine vorherige Abmahnung wegen der Pflichtverletzung erfordert.[448] Daneben genügen der Eigenbedarf
des Vermieters oder seiner Familien- bzw. Haushaltsangehörigen (§ 573 Abs. 2 Nr. 2
BGB)[449] sowie erhebliche wirtschaftliche Nachteile für den Vermieter, wenn die Fortsetzung des Mietverhältnisses ihn an einer angemessenen Verwertung des Grundstücks hindert (Einzelheiten in § 573 Abs. 2 Nr. 3 BGB). Hierunter kann z. B. eine
bauliche Sanierung fallen. Zu den in § 573 Abs. 2 BGB nicht genannten berechtigten
Interessen zählen unter anderem die Gefahr eines Widerrufs öffentlicher Förderungs-
mittel, wenn Sozialwohnungen an nicht berechtigte Personen vermietet werden, oder
der Mieter einer Genossenschaftswohnung aus der Genossenschaft austritt.[450]

Der Vermieter muss die ordentliche Kündigung schriftlich unter Angabe der **220**
Gründe, auf die er sein berechtigtes Interesse stützt, erklären (§§ 568 Abs. 1, 573
Abs. 3 Satz 1 BGB). Unterlässt er die Angabe von Gründen, ist die Kündigungserklärung nicht nach § 125 Satz 1 BGB nichtig; dieser fehlt bereits tatbestandlich
eine Wirksamkeitsvoraussetzung,[451] sodass aus diesem Grunde die Rechtsunwirk-
samkeit eintritt. Die Möglichkeit in § 573 Abs. 3 Satz 2 BGB zur Berücksichtigung von nachträglich entstandenen Gründen führt zu keiner abweichenden Würdigung,[452] da sich der Regelungsgehalt darauf beschränkt, derartige Gründe bei
der Rechtmäßigkeitsprüfung überhaupt zu berücksichtigen.[453] Hierdurch weicht

---

[446] BGH 29.03.2017 NJW 2017, 2018 Rn. 19 ff.: Berufs- oder Geschäftsbedarf des
Wohnraumvermieters.

[447] Dabei hat der Mieter auch das Verschulden eines Erfüllungsgehilfen zu vertreten, wobei zu dem
von § 278 BGB erfassten Kreis auch ein Mieterverein gehört, der den Mieter bei der Erfüllung
seiner Mietzahlungspflicht berät: BGH 25.10.2006 NJW 2007, 428 (430).

[448] BGH 28.11.2007 NJW 2008, 508 Rn. 22 ff.

[449] Steht dem Vermieter jedoch in derselben Wohnlage eine freie Wohnung zur Verfügung, so ist
eine gleichwohl auf den Eigenbedarf gestützte ordentliche Kündigung rechtsmissbräuchlich, wenn
der Vermieter dem Mieter diese Wohnung nicht zur Anmietung angeboten hat; allerdings besteht
diese Pflicht grundsätzlich nur bis zum Ablauf der Kündigungsfrist (BGH 09.07.2003 NJW 2003,
2604 f.; BGH 14.12.2016 NJW 2017, 547 Rn. 54 ff.).

[450] *Esser/Weyers* BT 1, § 21 I 2 a, S. 183; *Häublein* MünchKomm. § 573 Rn. 42 f.; *Larenz* BT 1,
§ 48 VI, S. 257; *Staudinger/Rolfs* (2018) § 573 Rn. 177, 187 f.

[451] BT-Drucks. 14/4553, S. 66; BGH 15.12.2010 NJW 2011, 914 Rn. 10; *Häublein* MünchKomm.
§ 573 Rn. 94; *Staudinger/Rolfs* (2018) § 573 Rn. 201; a. A. *Medicus/Lorenz* Rn. 518.

[452] Hierfür aber *Medicus/Lorenz* Rn. 518, die § 573 Abs. 3 Satz 2 BGB als Rechtsfolgenorm bewerten und aus dieser eine materiellrechtliche Präklusion ableiten.

[453] Hiervon abzugrenzen sind solche Tatsachen, die den geltend gemachten Kündigungsgrund
lediglich erläutern, ergänzen oder ausfüllen; siehe BGH 12.05.2010 NJW 2010, 3015 Rn. 36.

das Gesetz von dem allgemeinen Grundsatz ab, dass die Rechtswirksamkeit von Kündigungserklärungen nach Maßgabe der Sach- und Rechtslage im Zeitpunkt des Zugangs der Kündigungserklärung zu beurteilen ist. Das Gesetz entbindet den Vermieter deshalb lediglich davon, eine erneute Kündigung erklären zu müssen.

c) Außerordentliche Kündigung

aa) Außerordentliche fristlose Kündigung

221 Für die außerordentliche fristlose Kündigung von befristeten und unbefristeten Wohnraummietverhältnissen gelten grundsätzlich die allgemeinen Regeln, insbesondere § 543 BGB. Die nach § 568 Abs. 1 BGB in schriftlicher Form abzugebende Kündigungserklärung muss gemäß § 569 Abs. 4 BGB auch den zur Kündigung führenden wichtigen Grund enthalten. Fehlt dieser, dann ist die Kündigungserklärung rechtsunwirksam.[454] Nach Zugang der Kündigungserklärung entstandene Gründe für eine außerordentliche fristlose Kündigung können wegen des Fehlens einer mit § 573 Abs. 3 Satz 2 BGB vergleichbaren Regelung bei der Rechtmäßigkeitsprüfung nicht berücksichtigt werden. Der Vermieter muss bei derartigen Sachverhalten vielmehr eine erneute und den gesetzlichen Formerfordernissen genügende Kündigungserklärung abgeben.[455]

222 Im Vergleich zu § 543 Abs. 1 BGB konkretisiert § 569 Abs. 1 bis 2a BGB den „wichtigen Grund" durch drei weitere Tatbestände: Die Kündigung wegen erheblicher Gesundheitsgefahren für den Mieter, wegen der nachhaltigen Störung des Hausfriedens durch eine Vertragspartei sowie wegen des Verzugs mit Leistung einer Sicherheit nach § 551 BGB. Das Vorliegen einer erheblichen *Gesundheitsgefährdung* durch den Gebrauch der Wohnräume i. S. des § 569 Abs. 1 Satz 1 BGB beurteilt sich nach einem objektiven Maßstab, wobei die Ursache der Gefahr in der Beschaffenheit des vermieteten Raumes liegen muss, was z. B. Lärmeinwirkungen einschließt.[456] Nur ganz vorübergehende oder unschwer zu beseitigende Gefahren genügen nicht.[457] Der Mieter muss nicht den Eintritt von Gesundheitsschäden abwarten, sondern kann die außerordentliche Kündigung z. B. bereits bei einem Schimmelpilzbefall, erheblicher Ungezieferbelastung oder ausdünstenden Chemikalien erklären.[458] Selbst wenn sich nur ein Raum der Wohnung in einem

---

[454] BGH 04.02.2009 NJW 2009, 1491 Rn. 16; BGH 12.05.2010 NJW 2010, 3015 Rn. 25; *Häublein* MünchKomm. § 569 Rn. 38; *Medicus/Lorenz* Rn. 518; a. A. *Staudinger/Emmerich* (2018) § 569 Rn. 66, der die Kündigungserklärung wegen eines Verstoßes gegen die Schriftform (§ 568 Abs. 1 BGB) für nichtig (§ 125 Satz 1 BGB) erachtet. Zur Rechtslage bei der ordentlichen Kündigung siehe oben § 5 Rn. 218.

[455] Wie hier *Häublein* MünchKomm. § 569 Rn. 37; a. A. *Staudinger/Emmerich* (2018) § 569 Rn. 66.

[456] *Häublein* MünchKomm. § 569 Rn. 9 f.

[457] *Häublein* MünchKomm. § 569 Rn. 8; *Staudinger/Emmerich* (2018) § 569 Rn. 8.

[458] Das Kündigungsrecht steht auch einem gewerblichen Zwischenmieter zu, der die Räume nicht selbst bewohnt, sondern an Dritte weitervermietet hat: BGH 17.12.2003 NJW 2004, 848 (849 f.).

gesundheitsgefährdenden Zustand befindet, steht dem Mieter das außerordentliche Kündigungsrecht zu, falls die Benutzbarkeit der Wohnung wesentlich beeinträchtigt wird.[459] Eine *Störung des Hausfriedens* liegt insbesondere vor, wenn die Pflicht zur gegenseitigen Rücksichtnahme verletzt wurde. Es bedarf im Einzelfall einer Abwägung zwischen den Interessen des Mieters und des Vermieters, bei der auch das Verschulden der Parteien zu berücksichtigen ist (§ 569 Abs. 2 BGB). Zur Kündigung berechtigt z. B. die anhaltende Erzeugung schwerwiegenden Lärms durch Mieter, der andere Mitmieter stört,[460] oder eine Geruchsbelästigung der Mitbewohner durch Zigarettenrauch wegen einer Intensität, die ein unerträgliches und/oder gesundheitsgefährdendes Ausmaß annimmt.[461]

Schließlich ergänzt § 569 Abs. 3 BGB für das Wohnraummietrecht § 543 Abs. 2 Satz 1 Nr. 3 BGB, indem er die Anforderungen an eine außerordentliche Kündigung wegen eines *Zahlungsverzuges des Mieters* erhöht.[462] Ein für die außerordentliche Kündigung hinreichender Verzug mit der Mietzahlung nach § 543 Abs. 2 Satz 1 Nr. 3 lit. a BGB liegt danach nur vor, wenn dieser eine Monatsmiete übersteigt (§ 569 Abs. 3 Nr. 1 BGB).[463] Zudem kann der Mieter die Unwirksamkeit der außerordentlichen Kündigung auch dadurch herbeiführen, indem er die ausstehenden Zahlungen noch innerhalb von zwei Monaten nach dem Eintritt der Rechtshängigkeit des Räumungsanspruchs nachholt (§ 569 Abs. 3 Nr. 2 BGB). § 569 Abs. 3 Nr. 3 BGB schränkt schließlich das außerordentliche Kündigungsrecht des Vermieters wegen Zahlungsverzuges nach einer Mieterhöhung ein. **223**

bb) Außerordentliche Kündigung mit gesetzlicher Frist

Daneben treffen die §§ 573d, 575a BGB besondere Regelungen für die außerordentliche Kündigung mit gesetzlicher Frist, die das Gesetz in einzelnen Fällen zulässt.[464] Bei Wohnraummietverträgen muss der Vermieter auch bei diesen außerordentlichen Kündigungen ein berechtigtes Interesse an der Kündigung i. S. des § 573 BGB haben (§§ 573d Abs. 1, 575a Abs. 1 BGB). Die Kündigungsfrist ergibt sich aus den §§ 573d Abs. 2, 575a Abs. 3 BGB. **224**

---

[459] *Häublein* MünchKomm. § 569 Rn. 7; *Staudinger/Emmerich* (2018) § 569 Rn. 11.

[460] *Staudinger/Emmerich* (2018) § 569 Rn. 32.

[461] Siehe BGH 18.02.2015 NJW 2015, 1239 Rn. 14 ff.

[462] Zum Sonderfall des Verzugs mit der Leistung einer Sicherheit siehe § 569 Abs. 2a BGB.

[463] Diese Sonderregelung für eine fristlose Kündigung entfaltet jedoch nach der Rechtsprechung (BGH 10.10.2012 NJW 2013, 159 Rn. 16 ff.) keine Sperrwirkung gegenüber einer auf den Zahlungsverzug des Mieters gestützten ordentlichen, fristgemäßen Kündigung i. S. des § 573 Abs. 2 Nr. 1 BGB. Inhaltlich kommt eine solche mangels einer erheblichen Pflichtverletzung des Mieters nach der Entscheidung des BGH aber nicht in Betracht, wenn der Zahlungsverzug eine Monatsmiete nicht übersteigt *und* die Verzugsdauer weniger als einen Monat beträgt.

[464] §§ 540 Abs. 1 Satz 2, 544 Satz 1, 563 Abs. 4, 563a Abs. 2, 564 Satz 2 BGB.

d) Widerspruchsrecht des Mieters gegenüber einer Kündigung

225   Selbst wenn eine wirksame Kündigung vorliegt, hat der Mieter grundsätzlich ein
Recht, dieser zu widersprechen, wenn der Verlust des Wohnraums für ihn oder seine
Haushaltsangehörigen eine besondere, nicht durch die Interessen des Vermieters
gerechtfertigte Härte darstellt (§ 574 Abs. 1 Satz 1 BGB). Hierfür bedarf es einer
umfassenden Abwägung,[465] wobei jedoch § 574 Abs. 3 BGB i. V. mit § 573 Abs. 3
BGB die zu berücksichtigenden Vermieterinteressen begrenzt. Als besondere Härte
gelten insbesondere das Fehlen einer zumutbaren Ersatzwohnung (§ 574 Abs. 2
BGB) oder besondere Schwierigkeiten, die dem Mieter oder seinen Angehörigen
durch den Umzug infolge Alters, Krankheit oder sozialer Absicherung in der alten
Wohnung entstehen würden.[466]

226   Das Widerspruchsrecht ist jedoch ausgeschlossen, sofern zugunsten des Vermieters ein Grund für eine außerordentliche fristlose Kündigung vorliegt, selbst wenn die
tatsächlich erklärte Kündigung eine ordentliche Kündigung oder eine außerordentliche Kündigung mit gesetzlicher Frist gewesen sein sollte (§ 574 Abs. 1 Satz 2 BGB).

227   Der Mieter muss den Widerspruch schriftlich und spätestens zwei Monate vor
Beendigung des Mietverhältnisses erklären (Einzelheiten in § 574b BGB). Der
Widerspruch suspendiert die Rechtsfolgen der Kündigung und der Mieter kann verlangen, das Mietverhältnis zwischen den Parteien – gegebenenfalls zu geänderten
Bedingungen – für angemessene Zeit fortzusetzen (§ 574a Abs. 1 BGB). Können
sie sich hierüber nicht einigen, erfolgt eine gerichtliche Entscheidung durch Gestal-
tungsurteil (§ 574a Abs. 2 BGB).

VII. Fortsetzung des Mietverhältnisses nach dem Tod des Mieters

1. Allgemeines

228   Mit dem Tod des Mieters endet das Mietverhältnis nicht, sondern geht grundsätzlich
im Wege der Gesamtrechtsnachfolge auf den Erben oder die Erbengemeinschaft
über (§§ 1922 Abs. 1, 1967 Abs. 1 BGB). In einem solchen Fall räumt § 564 Satz 2
BGB jedoch beiden Parteien des Wohnraummietvertrages ein außerordentliches
Kündigungsrecht mit gesetzlicher Frist (§ 573d Abs. 2 Satz 1 BGB) ein, das innerhalb eines Monats nach Kenntnis vom Tod des Mieters auszuüben ist.

229   Hierbei enthalten allerdings die §§ 563, 563a BGB gegenüber dem Erbrecht Sonderregelungen zum Schutz von Personen, die in einem gemeinsamen Haushalt mit
dem verstorbenen Mieter gelebt haben. Zu ihren Gunsten ordnet das Gesetz eine

---

[465] *Häublein* MünchKomm. §§ 574 Rn. 15 ff.; *Larenz* BT 1, § 48 VI, S. 266; *Staudinger/Rolfs*
(2018) § 574 Rn. 37 ff.
[466] *Esser/Weyers* BT 1, § 21 I 2c, S. 184; *Häublein* MünchKomm. §§ 574 Rn. 15 ff.; *Staudinger/
Rolfs* (2018) § 574 Rn. 49 ff.

Sonderrechtsnachfolge der betreffenden Person in das Mietverhältnis an; der Erbe tritt als Gesamtrechtsnachfolger nur subsidiär ein (§ 564 Satz 1 BGB). Insoweit ist zu unterscheiden, ob die begünstigte Person bereits Partei des Mietvertrages war (Rn. 228) oder nicht (Rn. 229 ff.).

2. Fortsetzung mit überlebenden Mietern (§ 563a BGB)

War der Erblasser gemeinsam mit anderen Haushaltsangehörigen i. S. des § 563 **230** BGB[467] Mieter, wird das Mietverhältnis ausschließlich mit den überlebenden Mietern fortgesetzt (§ 563a Abs. 1 BGB). Es liegt eine Sonderrechtsnachfolge in Bezug auf den „Mietanteil" des Verstorbenen vor.[468] Zum Schutz der Rechtsnachfolger räumt § 573d Abs. 2 Satz 1 BGB ihnen das Recht ein, das Mietverhältnis innerhalb eines Monates, nachdem sie vom Tod des Mieters Kenntnis erlangt haben, außerordentlich mit der gesetzlichen Frist (§ 573d Abs. 2 Satz 1 BGB) zu kündigen.

3. Eintritt anderer Haushaltsangehöriger (§ 563 BGB)

Liegt kein Fall des § 563a BGB vor, sieht § 563 Abs. 1 und 2 BGB eine abgestufte **231** Sonderrechtsnachfolge von Haushaltsangehörigen des verstorbenen Mieters in das Mietverhältnis vor. Im Einzelnen gilt folgendes:

- In erster Linie treten der Ehegatte bzw. der Lebenspartner des Verstorbenen i. S. des LPartG in das Mietverhältnis ein, wenn sie mit diesem einen gemeinsamen Haushalt geführt haben (§ 563 Abs. 1 BGB).[469]
- Leben in dem Haushalt Kinder des Mieters, treten diese ein, wenn nicht der Ehegatte eintritt (§ 563 Abs. 2 Satz 1 BGB); neben einem Lebenspartner des Verstorbenen treten diese Kinder parallel als Mitmieter in das Mietverhältnis ein (§ 563 Abs. 2 Satz 2 BGB).
- Andere Familienangehörige, die mit dem Mieter einen gemeinsamen Haushalt geführt haben, treten nur ein, wenn weder ein Ehegatte noch ein Lebenspartner nach § 563 Abs. 1 BGB in das Mietverhältnis eintritt (§ 563 Abs. 2 Satz 3 BGB). Neben Kindern i. S. des § 563 Abs. 2 Satz 1 BGB erfolgt ein paralleler Eintritt.
- Dasselbe wie für andere Familienangehörige als Kinder gilt auch für sonstige Personen, die mit dem Mieter einen auf Dauer angelegten gemeinsamen Haushalt führen (§ 563 Abs. 2 Satz 4 BGB). Ein „auf Dauer angelegter gemeinsamer Haushalt" setzt mehr voraus als eine bloße Haushaltsgemeinschaft i. S. des § 563

---

[467] Dazu näher unter § 5 Rn. 231 ff.

[468] BT-Drucks. 14/4553, S. 62; *Häublein* MünchKomm. § 563a Rn. 1.

[469] Zu den Voraussetzungen einer gemeinsamen Haushaltsführung *Staudinger/Rolfs* (2018) § 563 Rn. 14 ff.

Abs. 1 und Abs. 2 Satz 1 und 3 BGB. Er ist nur anzunehmen, wenn zwischen dem verstorbenen Mieter und der betreffenden Person eine dauerhafte innere Bindung i. S. eines Füreinander-Einstehens existiert, die weitere gleichartige Bindungen ausschließt.[470] Von § 563 Abs. 2 Satz 4 BGB werden somit im Wesentlichen nur nichteheliche Lebensgefährten des Mieters erfasst.

232 Zum Schutz der in § 563 BGB genannten Personen begründet § 563 Abs. 3 BGB zu ihren Gunsten das Recht, innerhalb eines Monates, nachdem sie vom Tod des Mieters Kenntnis erlangt haben, den Eintritt der Sonderrechtsnachfolge jeweils einzeln abzulehnen (§ 563 Abs. 3 BGB).[471] In diesem Fall gilt der Eintritt als nicht erfolgt und es kommt die Sonderrechtsnachfolge durch eine i. S. des § 563 Abs. 2 BGB „nachrangige" Person in Betracht, der dann wiederum das Ablehnungsrecht zusteht.

233 Der Vermieter kann das Mietverhältnis mit dem Sonderrechtsnachfolger durch eine außerordentliche Kündigung mit der gesetzlichen Frist (§ 573d Abs. 2 Satz 1 BGB) beenden, wenn in der Person des Eingetretenen ein wichtiger Grund vorliegt (§ 563 Abs. 4 BGB). Die Kündigung ist innerhalb eines Monates nach Kenntnis von dem endgültigen Eintritt des neuen Vertragspartners zu erklären. Die Frist läuft somit erst ab dem Ende der Ablehnungsfrist nach § 563 Abs. 3 BGB.

4. Rechtsfolgen der Sonderrechtsnachfolge nach den §§ 563, 563a BGB

234 Liegen die Voraussetzungen des § 563 BGB vor, dann werden die betreffenden Personen Vertragspartner des Vermieters mit allen Rechten und Pflichten bzw. ihre Vertragspartnerstellung dehnt sich bei § 563a BGB auf den „Anteil" des Verstorbenen aus. Sie haften dem Vermieter neben dem Erben für die Verbindlichkeiten, die aus dem Mietverhältnis vor dem Tod des Mieters entstanden sind (§ 563b Abs. 1 Satz 1 BGB). Im Innenverhältnis trägt aber allein der Erbe als Gesamtrechtsnachfolger die Last der Nachlassverbindlichkeiten (§ 563b Abs. 1 Satz 2 BGB). Hat der verstorbene Mieter die geschuldete Miete für eine Zeit nach seinem Tod im Voraus entrichtet, müssen diejenigen, die den Mietvertrag fortsetzen, dem Erben den Betrag herausgeben, den sie infolge der Vorausentrichtung der Miete ersparen oder (z. B. nach § 547 BGB) erlangen. § 563b Abs. 4 BGB regelt den Anspruch des Vermieters gegen die eingetretenen Personen auf eine Sicherheitsleistung.

---

[470] BT-Drucks. 14/4553, S. 61; *Häublein* MünchKomm. § 563 Rn. 14 f.; *Staudinger/Rolfs* (2018) § 563 Rn. 27.

[471] Für die Personen i. S. von § 563 Abs. 2 BGB beginnt die Widerspruchsfrist erst zu laufen, wenn sie Kenntnis sowohl von dem Tod des Mieters als auch der Ablehnungserklärung der Bevorrechtigten erlangt haben: *Häublein* MünchKomm. § 563 Rn. 25; *Staudinger/Rolfs* (2018) § 563 Rn. 41.

D. Der Pachtvertrag

I. Gegenstand und Abgrenzung

Der Pachtvertrag, den das Gesetz in den §§ 581 bis 584b BGB regelt, kann sich im **235** Gegensatz zum Mietvertrag nicht nur auf Sachen, sondern auch auf Rechte sowie Rechts- und Sachgesamtheiten beziehen.[472] Ein Beispiel für Letzteres ist die Unternehmenspacht, z. B. die in der Praxis bedeutsame Gaststättenpacht.[473] Der Pächter erhält gemäß § 581 Abs. 1 Satz 1 BGB an dem Pachtgegenstand nicht nur das Gebrauchs-, sondern in den Grenzen einer ordnungsgemäßen Wirtschaft auch ein Fruchtziehungsrecht (§§ 99, 100 BGB). Allerdings ist der Pachtvertrag als solcher lediglich ein schuldrechtliches Verpflichtungsgeschäft.[474] Der Übergang der dinglichen Inhaberschaft an den Früchten (Ernte eines landwirtschaftlichen Grundstücks, Forderungen eines gepachteten Unternehmens etc.) erfordert daher einen eigenständigen Erwerbstatbestand, der sich bei Sachen nach den §§ 953 ff. BGB bemisst.[475] Der Eigentumserwerb des Pächters vollzieht sich dabei gemäß § 956 BGB aufgrund einer Aneignungsgestattung seitens des Verpächters, auf deren Erteilung der Pächter in den Grenzen des § 581 Abs. 1 Satz 1 BGB (ordnungsgemäße Wirtschaft) einen Anspruch aus dem Pachtvertrag hat.[476]

Abgrenzungsschwierigkeiten zwischen Miet- und Pachtvertrag treten vor allem **236** bei der Überlassung von Räumen für den Betrieb eines Unternehmens auf. Dabei kommt es nicht auf die von den Parteien gewählte Bezeichnung, sondern auf den objektiven Gehalt ihrer – gegebenenfalls nach den §§ 133, 157 BGB auszulegenden – Vereinbarung an. Nach der Rechtsprechung des RG ist ein „Raumpachtvertrag" anzunehmen, wenn die Räume mit einer für den Betrieb des Unternehmens erforderlichen Inventarausstattung überlassen werden.[477] Allerdings werden etwaige Erträge in diesen Fällen nicht mit den Räumen als solchen, sondern dem in diesen betriebenen Unternehmen erwirtschaftet. Die Abgrenzung ist deshalb nicht zwischen Raummiete und „Raumpacht", sondern zwischen Raummiete und Unternehmenspacht vorzunehmen.[478] Hierfür bietet das von der Rechtsprechung herausgearbeitete Kriterium der Inventarüberlassung einen gewichtigen Anhaltspunkt. Es ist jedoch zu berücksichtigen, dass zu einem Unternehmen auch immaterielle Geschäftswerte wie z. B. der Kundenstamm oder Geschäftsbeziehungen gehören.

---

[472] *Larenz* BT 1, § 49 I, S. 278.

[473] Hier stellt sich häufig das Problem der Sittenwidrigkeit von überlangen Bierbezugsverpflichtungen des Pächters gemäß § 138 Abs. 1 BGB; dazu *Erman/Schmidt-Räntsch* § 138 Rn. 86 m. w. N.

[474] Zur Unterscheidung von Verpflichtungs- und Verfügungsgeschäft oben § 2 Rn. 23 ff.

[475] Siehe hierzu *Baur/Stürner* § 53 Rn. 45 ff.

[476] Treffend z. B. *Brox/Walker* § 14 Rn. 4.

[477] RG 11.12.1917 RGZ 91, 310 (311); zustimmend *Harke* MünchKomm. § 581 Rn. 11.

[478] BGH 04.06.1986 WM 1986, 1359 (1360); *Larenz* BT 1, § 49 I, S. 279 f.; *Staudinger/Emmerich* (2018) Vorbem. zu § 535 Rn. 31.

Soll der Nutzer der Räume diese Geschäftswerte ganz oder überwiegend allein aufbauen, liegt auch bei der Überlassung von Räumen, die mit Inventar versehen sind,
ein Raummietvertrag und keine Unternehmenspacht vor.

II. Rechtsstellung der Vertragsparteien im Allgemeinen

237   Nach § 581 Abs. 2 BGB finden auf den Pachtvertrag mit Ausnahme des Landpachtvertrages[479] die Vorschriften über den Mietvertrag entsprechende Anwendung,
soweit das Recht des Pachtvertrages keine Sonderregelungen trifft.

1. Pflichten der Vertragsparteien

a) Pflichten des Verpächters

238   Anders als der Vermieter ist der Verpächter nicht nur zur Gebrauchsüberlassung,
sondern auch dazu verpflichtet, die Ziehung von Früchten i. S. des § 99 BGB zu
ermöglichen, soweit diese nach den Regeln einer ordnungsgemäßen Wirtschaft als
Ertrag der Pachtsache anzusehen sind (§ 581 Abs. 1 Satz 1 BGB). Bei der Unternehmenspacht muss er daher z. B. die Kundenlisten, die Geschäftsadressen und
die Unterlagen über die laufenden Geschäftsbeziehungen übergeben oder zugänglich machen. Gewinne, die das Unternehmen im Laufe der Pachtzeit erwirtschaftet,
stehen dem Pächter als § 99 Abs. 1 BGB analog unterfallende Früchte einer Rechts-
und Sachgesamtheit zu.[480]

239   Anders ist die Rechtslage bei sog. Übermaßfrüchten, d. h. solchen, die nicht als
ordnungsgemäßer Ertrag der Pachtsache anzusehen sind. Auch bei diesen muss
genau zwischen der schuldrechtlichen und der sachenrechtlichen Ebene getrennt
werden. Schuldrechtlich stehen dem Pächter die Übermaßfrüchte nicht zu. Hiervon
zu unterscheiden ist die sachenrechtliche Situation, die sich nach den §§ 953 ff.
BGB beurteilt. Beispiel: Der Pächter eines Waldgrundstücks beginnt, den gesamten
Wald abzuholzen. In diesem Fall ist der Verpächter vertraglich nicht verpflichtet,
die Aneignung des Holzes über das Maß des ordnungsgemäßen Einschlags hinaus
i. S. des § 956 Abs. 1 Satz 1 BGB zu gestatten. Regelmäßig liegt in Bezug auf die
Übermaßfrüchte auch keine derartige Aneignungsgestattung vor, sodass der Pächter
kein Eigentum an dem Holz erlangt.

240   Der Verpächter ist nur zur Überlassung eines fruchtziehungsfähigen Gegenstandes verpflichtet. Demzufolge liegt bei tatsächlichen Störungen der Fruchtziehung
nur dann ein Mangel der Pachtsache i. S. des § 536 Abs. 1 BGB i. V. mit § 581
Abs. 2 BGB vor, wenn die Störungen auf die Beschaffenheit der Pachtsache selbst

---

[479] Dazu unten § 5 Rn. 248 ff.
[480] Näher *Wolf/Neuner* § 27 Rn. 12 f. m. w. N. auch zu abweichenden Konstruktionen.

zurückführbar sind.[481] Dies ist z. B. bei Naturereignissen erst der Fall, wenn sich das Pachtgrundstück in einer besonders gefährdeten räumlichen Lage befindet.

b) Pflichten des Pächters

Der Pächter hat gemäß § 581 Abs. 1 Satz 2 BGB die vereinbarte Pacht zu entrichten. **241** Insoweit gelten die Ausführungen zur Mietzahlungspflicht entsprechend.[482]

Zu den Nebenpflichten des Pächters kann gemäß den §§ 241 Abs. 2, 242 BGB **242** häufiger als bei der Miete auch eine Pflicht zum Betrieb des Pachtgegenstandes zählen.[483] Das gilt insbesondere für die Unternehmenspacht, da ohne den Betrieb des Unternehmens die Stammkundschaft verloren geht und Geschäftsbeziehungen abgebrochen werden. Insoweit ergibt sich die Betriebspflicht mittelbar auch aus § 581 Abs. 2 BGB i. V. mit § 546 Abs. 1 BGB, da der Pächter bei einem Abbruch des Unternehmensbetriebes nach der Beendigung des Pachtverhältnisses nicht in der Lage sein wird, den Pachtgegenstand (das Unternehmen) in einem ordnungsgemäßen Zustand zurückzugeben.

2. Beendigung des Pachtverhältnisses

Darüber hinaus gelten beim Pachtvertrag Besonderheiten hinsichtlich der Vertrags- **243** beendigung. Insbesondere die Kündigungsfristen sind wegen der längeren Bewirtschaftungsperioden bei der Verpachtung von Grundstücken oder Rechten im Vergleich zum Mietvertrag verlängert, sodass eine ordentliche Kündigung oder eine außerordentliche Kündigung mit gesetzlicher Frist nur zum Ende des Pachtjahres erklärt werden kann (§ 584 BGB). Die Kündigungsfrist beträgt gemäß § 584 Abs. 1 BGB ein halbes Jahr. Des Weiteren schließt § 584a BGB die Rechte zur außerordentlichen Kündigung mit gesetzlicher Frist aus § 540 Abs. Abs. 1 Satz 2 BGB für den Pächter bei Verweigerung der Erlaubnis zur Nutzungsüberlassung an Dritte bzw. aus § 580 BGB für den Verpächter bei Tod des Pächters aus.

Als *lex specialis* gegenüber § 546a Abs. 1 BGB trifft § 584b Satz 1 BGB eine **244** besondere Regelung über die Fortentrichtung der Pacht bei einer Vorenthaltung der Pachtsache durch den Pächter nach Beendigung des Pachtverhältnisses. Der vom Pächter fort zu entrichtende Betrag bemisst sich auf der Basis der vereinbarten Pacht nach dem Verhältnis der Nutzungsmöglichkeiten während der Vorenthaltung zu den Nutzungsmöglichkeiten des ganzen Jahres (§ 584b Satz 1 BGB). Diese Regelung beruht auf dem Umstand, dass nicht alle Pachtsachen während des gesamten Jahres gleichmäßig Erträge abwerfen. Beispiel: Erwirtschaftet ein Unternehmen während

---

[481] *Esser/Weyers* BT 1, § 23 II 2, S. 196; *Harke* MünchKomm. § 581 Rn. 37; *Larenz*, BT 1, § 49 I, S. 280. Siehe oben § 5 Rn. 29.

[482] Siehe oben § 5 Rn. 84 ff.

[483] *Soergel/Heintzmann* § 581 Rn. 5; a. A. *Harke* MünchKomm. § 581 Rn. 9.

einer im Januar eines jeden Jahres stattfindenden Messe 30 % des gesamten Jahresgewinns und enthält der Pächter dem Verpächter die Pachtsache (nur) während dieses Zeitraumes i. S. des § 584b Satz 1 BGB vor, kann der Verpächter die Fortentrichtung von 30 % der Jahrespacht und nicht nur den für Januar geschuldeten Betrag verlangen.

III. Besonderheiten bei der Verpachtung eines Grundstücks mit Inventar

245 Bei der Verpachtung eines Grundstücks mit Inventar ergänzt das Pachtrecht mit den §§ 582 bis 583a BGB die entsprechend anzuwendenden mietvertraglichen Bestimmungen, um die Behandlung und den Ersatz von beschädigten oder untergegangenen Inventarstücken zu regeln. Die Vorschriften sind bei einer Unternehmenspacht, die Inventar einschließt, analog anzuwenden[484] und wirken über die Pachtzeit hinaus bis zur Rückgabe der Pachtsache.[485]

246 Als *Inventar i. S. des Pachtrechts* gelten alle Sachen, die der wirtschaftlichen Nutzung des verpachteten Grundstücks dienen und in einem entsprechenden räumlichen Verhältnis zu diesem stehen wie Geräte, Maschinen, Transportmittel und Vieh (sog. lebendes Inventar).[486] Somit sind von den Regelungen nicht nur Zubehörstücke i. S. des § 97 BGB, sondern auch wesentliche und unwesentliche Bestandteile des Grundstücks mit dienender Funktion erfasst. Nach dem gesetzlichen Modell ist zwischen der einfachen Verpachtung des Inventars (§ 582 BGB) und der Globalübernahme des Inventars durch den Pächter zum Schätzwert (§ 582a BGB) zu unterscheiden.

247 Bei der *einfachen Verpachtung* hat der Pächter zunächst die einzelnen Inventarstücke zu erhalten (§ 582 Abs. 1 BGB). Hierzu zählen die Wartung von Maschinen, die Fütterung von Tieren etc. Kommen hingegen Inventarstücke infolge eines von dem Pächter nicht zu vertretenden Umstandes, wozu auch die vertragsgemäße Nutzung der Pachtsache zählt (§ 581 Abs. 2 BGB i. V. mit § 538 BGB), „in Abgang", d. h. werden sie irreparabel unbrauchbar,[487] hat hingegen der Verpächter für Ersatz zu sorgen (§ 582 Abs. 2 Satz 1 BGB).[488] Eine Unterausnahme hiervon enthält wiederum § 582 Abs. 2 Satz 2 BGB, nach dem der Pächter den *gewöhnlichen* Abgang von Tieren (durch Schlachtung, nicht außergewöhnliche Krankheit etc.) ohne Rücksicht

---

[484] *Harke* MünchKomm. § 582 Rn. 1; RGRK/*Gelhaar* vor § 586 Rn. 1.

[485] *Harke* MünchKomm. § 582a Rn. 3.

[486] RG 09.11.1933 RGZ 142, 201 (202 f.); *Harke* MünchKomm. § 582 Rn. 2; *Larenz* BT 1, § 49 I, S. 282.

[487] *Harke* MünchKomm. § 582 Rn. 4.

[488] Zur Sicherung dieses Anspruchs besteht ein Pfandrecht an den Inventarstücken nach Maßgabe des § 583 BGB. Nach der Rechtsprechung umfasst dieses Pfandrecht auch Inventarstücke im Eigentum Dritter: BGH 21.12.1960 BGHZ 34, 153 (157).

auf sein Vertretenmüssen insoweit zu ersetzen hat, als dies einer ordnungsgemäßen Wirtschaft entspricht. Dann gilt sachlich also wieder die Bestimmung in § 582
Abs. 1 BGB.

Bei der *Globalübernahme* zum Schätzwert ist der Pächter hingegen verpflich-   **248**
tet, nach der Beendigung des Pachtverhältnisses das Inventar zum Schätzwert
zurückzugewähren (§ 582a Abs. 3 Satz 1 BGB). Demzufolge muss er das Inventar
während der Laufzeit des Pachtvertrages nicht nur erhalten und erneuern (§ 582a
Abs. 2 Satz 1 BGB), sondern auch die Risiken des zufälligen Untergangs tragen
(§ 582a Abs. 1 Satz 1 BGB). Im Gegenzug darf er innerhalb der Grenzen einer
ordnungsgemäßen Wirtschaft über einzelne Inventarstücke verfügen und hat hierzu
auch die Verfügungsbefugnis (§ 582a Abs. 1 Satz 2 BGB).[489] Umgekehrt ordnet
§ 582a Abs. 2 Satz 2 BGB wiederum an, dass ersatzweise angeschaffte Stücke
mit deren Einverleibung in das Inventar kraft Gesetzes Eigentum des Verpächters
werden (sog. dingliche Surrogation). Dies setzt allerdings voraus, dass der Pächter
die Stücke vorher zu Eigentum erworben hat; ein gutgläubiger Erwerb des Verpächters scheidet wegen eines fehlenden Rechtsgeschäftes aus.[490]

Probleme können sich ergeben, wenn der Pächter das Inventar nicht nur erhalten,   **249**
sondern verbessert hat. In diesem Fall muss der Verpächter grundsätzlich die Wertdifferenz in Geld ausgleichen (§ 582a Abs. 3 Satz 3 und 4 BGB). Für diesen Ausgleichsanspruch besteht nach Maßgabe des § 583 BGB ein gesetzliches Pfandrecht
an den Inventarstücken, die in den Besitz des Pächters gelangt sind. Der Verpächter
seinerseits wird vor der Aufdrängung von zusätzlichen Inventarstücken und dem
damit einhergehenden Ausgleichsanspruch geschützt, indem er deren Rücknahme
ablehnen darf, wenn diese für eine ordnungsgemäße Bewirtschaftung des Grundstücks nicht erforderlich sind. Mit der Ablehnung fallen diese Inventarstücke wieder
kraft Gesetzes in das Eigentum des Pächters zurück (§ 582a Abs. 3 Satz 2 BGB).

E. Der Landpachtvertrag

I. Allgemeines

In den §§ 585 bis 597 BGB erfährt die Verpachtung von Grundstücken für Acker-   **250**
bau, Gartenbau und Viehzucht eine eigene Regelung. Für diese Verträge gilt die
Globalverweisung des § 581 Abs. 2 BGB auf das Mietrecht nicht (vgl. § 585 Abs. 2
BGB), sondern das Gesetz schafft unter Inkaufnahme von Doppelregelungen einen
relativ selbstständigen Normenkomplex, der nur punktuell auf das Mietrecht Bezug
nimmt. Daneben gelten aus dem allgemeinen Pachtrecht die §§ 581 Abs. 1, 582
bis 583a BGB (§ 585 Abs. 2 BGB). Zunächst wurde der Landpachtvertrag zum

---

[489] Schuldrechtliche Beschränkungen dieses Rechts unterliegen nach § 583a BGB bestimmten
Wirksamkeitsvoraussetzungen. Auf dinglicher Ebene kann die Verfügungsbefugnis des Pächters
gemäß § 137 Satz 1 BGB ohnehin nicht ausgeschlossen werden.

[490] *Harke* MünchKomm. § 582a Rn. 5.

Schutz des Verpächters vor der Fehlbewirtschaftung seines Gutes gesondert geregelt. Später stand der Schutz des Pächters im Vordergrund, für den das gepachtete Grundstück typischerweise die wirtschaftliche Existenzgrundlage bildet.[491] Außerhalb des BGB ergänzt das Landpachtverkehrsgesetz[492] das Landpachtrecht um eine ordnungsrechtliche Komponente.

II. Überblick zu den gesetzlichen Regelungen

251   Der Landpachtvertrag bedarf der Schriftform, wenn er für längere Zeit als zwei Jahre geschlossen wird (§ 585a BGB). Bei Nichtbeachtung der Form ist der Pachtvertrag nicht nichtig, sondern gilt ebenso wie ein formwidrig abgeschlossener Mietvertrag (§ 550 Satz 1 BGB)[493] als auf unbestimmte Zeit geschlossen. Die Anordnung eines mit § 550 Satz 2 BGB vergleichbaren Kündigungsausschlusses war hingegen entbehrlich, da die Kündigung eines Landpachtvertrages ohnehin nur mit einer Frist von zwei Jahren zum Ende des Pachtjahres erklärt werden kann (§ 594a Abs. 1 BGB). Bei Vertragsschluss und Vertragsende sollen die Vertragsparteien zudem eine Beschreibung der Pachtsache anfertigen (§ 585b Abs. 1 BGB), um spätere Streitigkeiten möglichst zu vermeiden.[494] Können sich die Parteien nicht auf eine Beschreibung einigen, entscheidet ein vom Landwirtschaftsgericht ernannter Sachverständiger (§ 585b Abs. 2 BGB).

252   Der Landpachtvertrag verpflichtet den Verpächter gemäß § 586 Abs. 1 Satz 1 BGB ebenso wie ein Pachtvertrag im Allgemeinen zur Überlassung und Erhaltung der Pachtsache. Allerdings muss der Pächter die gewöhnlichen Ausbesserungen auf eigene Kosten vornehmen (§ 586 Abs. 1 Satz 2 BGB). Das ist ihm zumutbar, da er bei der Landpacht aufgrund der langen Dauer der Verträge in der Lage ist, die Kosten der anfallenden Ausbesserungen aus den Erträgen zu decken.[495] Im Übrigen gelten für Sach- und Rechtsmängel § 536 Abs. 1 bis 3 BGB und die §§ 536a bis 536d BGB entsprechend (§ 586 Abs. 2 BGB). Ein ersatzfähiger Mangel liegt aber nicht vor, wenn die Ernte wegen Misswuchses oder Wetterschäden vermindert oder ausgefallen ist.[496] Nur wenn eine nachhaltige Änderung der Grundstücksverhältnisse eintritt, kann der Pächter nach § 593 BGB von dem Verpächter eine Vertragsanpassung verlangen; die Norm ist insofern *lex specialis* zu § 313 BGB.[497]

---

[491] *Larenz* BT 1, § 49 II, S. 285; insbesondere zum Kündigungsrecht *Esser/Weyers* BT 1, § 23 III 2, S. 199.

[492] Gesetz über die Anzeige und Beanstandung von Landpachtverträgen v. 08.11.1985, BGBl. I, S. 2075.

[493] Hierzu oben § 5 Rn. 155 ff.

[494] *Harke* MünchKomm. § 585b Rn. 1; *Larenz* BT 1, § 49 II, S. 286.

[495] *Larenz* BT 1, § 49 II, S. 287.

[496] Siehe oben § 5 Rn. 238.

[497] *Esser/Weyers* BT 1, § 23 III 2, S. 198 f.; *Larenz* BT 1, § 49 II, S. 289.

Der Pächter ist zur Bewirtschaftung verpflichtet, um eine Entwertung der Pacht-   **253**
sache durch Verwilderung zu vermeiden (§ 586 Abs. 1 Satz 3 BGB). Dafür erlaubt
das Landpachtrecht dem Pächter grundsätzlich, die Nutzung des Grundstücks
während der Pachtzeit einseitig zu ändern. Einer Zustimmung des Verpächters
bedarf die Änderung nur, wenn sie über das Ende der Pachtzeit hinaus Wirkungen
entfaltet bzw. Gebäude errichtet werden sollen (§ 590 Abs. 2 BGB). Bei einer Verweigerung der Zustimmung kann der Pächter das Landwirtschaftsgericht anrufen.
Diese Regelungen gelten jedoch nur für Nutzungsänderungen *im Rahmen* der landwirtschaftlichen Bestimmung (z. B. Wechsel zwischen dem Anbau verschiedener
Getreidearten). Die landwirtschaftliche Bestimmung selbst darf der Pächter stets
nur mit vorheriger Erlaubnis des Verpächters ändern (§ 590 Abs. 1 BGB).

Weitere Besonderheiten für den Landpachtvertrag bestehen bei der Beendigung   **254**
des Vertragsverhältnisses, da eine landwirtschaftliche Verpachtung nur für einen
längeren Zeitraum wirtschaftlich sinnvoll ist. Die ordentliche Kündigung des Pachtvertrages ist daher immer nur zu Beginn des Pachtjahres zum Ende des nächsten
Jahres möglich (§ 594a Abs. 1 Satz 1 und 2 BGB). Kürzere Fristen können die Parteien allerdings unter Beachtung der Schriftform vereinbaren (§ 594a Abs. 1 Satz 3
BGB). Ein besonderes Kündigungsrecht gewährt § 594c Satz 1 BGB dem Pächter
bei Berufsunfähigkeit, wenn ihm eine Unterverpachtung wegen eines Widerspru-
ches des Verpächters unmöglich ist. Die Kündigungserklärungen bedürfen überdies der Schriftform (§ 594f BGB). In Härtefällen hat der Pächter auch nach dem
Eingreifen eines Beendigungstatbestandes nach Maßgabe des § 595 BGB einen
Anspruch auf Fortsetzung des Pachtverhältnisses für eine angemessene Dauer.

Nach der Beendigung des Pachtverhältnisses muss der Pächter das Grundstück   **255**
gemäß § 596 Abs. 1 BGB in einem Zustand herausgeben, der einer ordnungsgemäßen Bewirtschaftung entspricht. Außerdem hat er von den landwirtschaftlichen
Erzeugnissen so viel zurückzulassen, dass eine Weiterführung des Betriebes bis zur
nächsten Ernte möglich ist (§ 596b Abs. 1 BGB). Endet das Pachtverhältnis ausnahmsweise vor Ablauf eines Pachtjahres, so muss zudem ein wertmäßiger Ausgleich zwischen Pächter und Verpächter in Bezug auf die noch nicht getrennten
Früchte erfolgen (§ 596a BGB).

§ 6 Die Leihe

Inhaltsverzeichnis

A. Begriff der Leihe

I. Unentgeltliche Überlassung des Sachgebrauchs als charakteristisches Merkmal

Während bei Miete und Pacht die Gebrauchsüberlassung an den Vertragspart-   1
ner entgeltlich geschieht, zeichnet sich die Leihe dadurch aus, dass der Verleiher dem Entleiher den Gebrauch *unentgeltlich* gestattet. Dabei beurteilt sich die

Unentgeltlichkeit nach denselben Grundsätzen wie bei der Schenkung.[1] Erforderlich ist also insbesondere auch eine Einigung über die Unentgeltlichkeit der Gebrauchsgestattung.[2] Mit der Miete und der Pacht hat die Leihe ihren Charakter als *Dauerschuldverhältnis* gemeinsam.[3]

2   Im Gegensatz zur Schenkung, bei der die §§ 516 ff. BGB auch die Übertragung von Rechten erfassen, beschränken sich die §§ 598 bis 606 BGB auf die Überlassung von *Sachen i. S. des § 90 BGB*, unabhängig davon, ob es sich um bewegliche oder unbewegliche Sachen handelt.[4] Eine für die Leihe konstitutive bloße „Gebrauchsgestattung" setzt zudem voraus, dass die verliehenen Gegenstände selbst und nicht nur solche gleicher Art und Güte nach Ablauf der Leihfrist zurückzugeben sind (siehe § 604 Abs. 1 BGB: „die geliehene Sache"). Andernfalls läge ein Geld- oder Sachdarlehen i. S. der §§ 488 ff. BGB bzw. der §§ 607 f. BGB vor.[5] Wer seinem Nachbarn z. B. 20 € zur Anschaffung eines Gegenstandes „leiht", schließt keinen Leihvertrag, sondern einen Vertrag über ein unentgeltliches Gelddarlehen ab (§ 488 BGB), da der Parteiwille ersichtlich nicht darauf gerichtet ist, dass der Empfänger zur Rückgewähr des übergebenen Geldzeichens verpflichtet ist.

3   Die aufgrund des Leihvertrages geschuldete Gebrauchsgestattung erfordert zumeist, dass der Entleiher (in der Regel: unmittelbaren) Besitz an der Leihsache erlangt, den er als Fremdbesitzer für den Verleiher ausübt und der dadurch mittelbarer Besitzer ist (§ 868 BGB).[6] Die als Alternative in Betracht zu ziehende persönlich-weisungsgebundene Besitzdienerschaft i. S. des § 855 BGB entspricht nicht dem Typus der Leihe als Rechtsverhältnis zwischen selbstständigen Vertragspartnern und muss dem jeweiligen Regelungskontext unterworfen bleiben, aus dem das Besitzdienerverhältnis hervorgegangen ist (Arbeitsvertrag etc.), nicht aber den §§ 598 bis 606 BGB. Unter Umständen kann für die Erfüllung des Leihvertrages auch auf eine Besitzbeziehung verzichtet werden, solange dem Entleiher die nach dem Leihvertrag notwendige Einwirkungsmöglichkeit eingeräumt wird.[7]

4   Die Eigentumsverhältnisse im Hinblick auf die verliehene Sache sind für die Rechtswirksamkeit des Leihvertrages bedeutungslos; Verleiher und Eigentümer müssen nicht identisch sein.[8] Gegenüber einem Herausgabeanspruch des von dem Verleiher verschiedenen Eigentümers aus § 985 BGB vermittelt die Leihe jedoch

---

[1] Näher dazu oben § 4 Rn. 10 ff.

[2] *Häublein* MünchKomm. § 598 Rn. 21; *Staudinger/Reuter* (2013) § 598 Rn. 2.

[3] BGH 11.12.1981 BGHZ 82, 354 (359); *Esser/Weyers* BT 1, § 25 IV, S. 211; *Fikentscher/Heinemann* Rn. 48.

[4] Näher *Häublein* MünchKomm. § 598 Rn. 3; *Staudinger/Reuter* (2013) § 598 Rn. 6.

[5] Zu diesen Vertragstypen oben § 3, S. 235 ff.

[6] *Esser/Weyers* BT 1, § 25 I, S. 209; *Häublein* MünchKomm. § 598 Rn. 23; a. A. *Staudinger/Reuter* (2013) Vorbem. zu §§ 598 ff. Rn. 19.

[7] BGH 28.07.2004 NJW-RR 2004, 1566 (1566).

[8] OLG Koblenz 15.09.2010 DWW 2011, 214; *Esser/Weyers* BT 1, § 25 I, S. 209.

nur unter den eingeschränkten Voraussetzungen des § 986 Abs. 1 Satz 1 Alt. 2 i. V. mit Satz 2 BGB oder § 986 Abs. 2 BGB ein Recht zum Besitz.[9]

II. Rechtsleihe

Die Überlassung von *Rechten* zum unentgeltlichen Gebrauch, z. B. gewerbliche **5** Schutzrechte (Patent, Marke etc.), ist vom unmittelbaren Anwendungsbereich der §§ 598 ff. BGB nicht erfasst.[10] Gleichwohl wendet die h. M. diese Bestimmungen auf die Rechtsleihe analog an[11] und schließt etwaige Lücken mittels einer ergänzenden Vertragsauslegung.

III. Abgrenzung zur Schenkung

Wegen ihrer Unentgeltlichkeit ähnelt die Leihe der Schenkung, sodass die unent- **6** geltliche Gebrauchsüberlassung als deren Sonderfall bewertet werden könnte.[12] Aus § 517 BGB ergibt sich jedoch, dass der Verzicht auf ein Entgelt nicht ohne weiteres zum Vorliegen einer Schenkung führt. Diese erfordert vielmehr eine Beeinträchtigung des vermögensmäßigen Status quo beim Schenker. Die h. M. verweist insoweit auf den Umstand, dass ein derartiges Vermögensopfer eine dauerhafte Vermögensübertragung auf den Empfänger der Zuwendung voraussetzt, die bei einer Leihe nicht vorliege (siehe z. B. das Kündigungsrecht in § 605 BGB).[13] Dementsprechend lehnt sie auch eine analoge Anwendung des Schenkungsrechts neben den §§ 598 ff. BGB selbst bei langfristigen Leihgaben wie einem lebenslangen Wohnrecht oder einer sog. Dauerleihgabe (z. B. Gemäldesammlung) ab, was insbesondere die Anwendung der Formvorschrift in § 518 BGB betrifft.[14] Im Rahmen des Schenkungsrechts wurde indessen dargelegt, dass eine Leihe dem Schenkungsrecht

---

[9] Zu einem konkurrierenden Herausgabeanspruch des Verleihers nach § 604 Abs. 1 BGB unten § 6 Rn. 28 ff.

[10] Offener demgegenüber die Bestimmung zum Pachtvertrag, da der Begriff des Pachtgegenstandes (§ 581 Abs. 1 Satz 1 BGB) auch die Gebrauchsüberlassung von Rechten erfasst; siehe oben § 5 Rn. 233.

[11] *Fikentscher/Heinemann* Rn. 1080; *Häublein* MünchKomm. § 598 Rn. 4; *Looschelders* Rn. 526; *Schlechtriem* Rn. 325; *Staudinger/Reuter* (2013) § 598 Rn. 9 m. w. N.

[12] Siehe näher z. B. BGH 11.12.1981 BGHZ 82, 354 (357 f.) sowie *Staudinger/Reuter* (2013) Vorbem. zu §§ 598 ff. Rn. 1 m. w. N.

[13] Siehe BGH 11.12.1981 BGHZ 82, 354 (356 f.); OLG Koblenz 15.09.2010 DWW 2011, 214; *Larenz* BT 1, § 50, S. 293 sowie oben § 4 Rn. 7.

[14] BGH 11.12.1981 BGHZ 82, 354 (359 f.); *Fikentscher/Heinemann* Rn. 1080; *Häublein* Münch-Komm. § 598 Rn. 9; *Looschelders* Rn. 527; *Loschelder* NJW 2010, 705 (707); *Medicus/Lorenz* Rn. 555; Bedenken bei *Esser/Weyers* BT 1, § 25 I, S. 209.

in analoger Anwendung unterfallen kann, wenn ausnahmsweise ein Opfer an *Vermögenssubstanz* beim Verleiher eintritt, weil der Möglichkeit zum Gebrauch des Leihgegenstandes selbst ein Vermögenswert zukommt.[15] Dabei wurde darauf hingewiesen, dass dies nach der Rechtsprechung zum Schadensersatzrecht bei allen Gütern der Fall ist, „auf deren ständige Verfügbarkeit die eigenwirtschaftliche Lebenshaltung des Eigentümers typischerweise angewiesen ist", wozu z. B. auch der Wohnraum zählen kann.[16] Die dauerhafte Gebrauchsüberlassung derartiger Güter ist nach der gesetzlichen Typologie zwar primär Leihe, ergänzend sollten aber die Schutzvorschriften des Schenkungsrechts – wie z. B. § 518 BGB – analog angewendet werden.[17]

IV. Gemischte Leihe

7   Sind sich die Parteien darüber einig, dass die Gebrauchsüberlassung im Rahmen eines unüblich niedrigen Nutzungsentgelts teilweise unentgeltlich erfolgen soll, ist umstritten, ob – wie bei der gemischten Schenkung – ein typengemischter Vertrag vorliegt.[18]

8   Nach einer Auffassung ist dies zu verneinen und der Vertrag, je nachdem ob der Schwerpunkt auf der Entgeltlichkeit oder der Unentgeltlichkeit liegt, einzig als Miete oder als Leihe zu behandeln.[19] Dabei soll der diesbezügliche „Schwerpunkt" nach dem Parteiwillen zu ermitteln sein, wobei das Wertverhältnis zwischen dem unentgeltlichen und dem entgeltlichen Teil einen gewissen, wenn auch nicht zwingenden Anhaltspunkt hierfür gibt. Bei einem mehr als nur symbolischen Entgelt soll daher im Zweifel ein reiner Mietvertrag vorliegen.

9   Für diese Ansicht wird angeführt, dass das Recht der Leihe im Gegensatz zum Schenkungsrecht kaum besondere Schutzbestimmungen enthält, deren Anwendung in den „Mischfällen" sichergestellt werden muss.[20] Jedoch beweisen bereits die Privilegierungen des Verleihers nach den §§ 599, 600 BGB das Gegenteil. Zudem beantwortet sich die Frage der Unentgeltlichkeit und der deshalb anzuwendenden Vorschriften nach der Parteiabrede, die eine Mischung aus Entgeltlichkeit und Unentgeltlichkeit vorsehen kann.[21] Deshalb müssen die Grundsätze der gemischten Schenkung auch auf die gemischte Leihe Anwendung finden. Die einschlägigen Vorschriften sind dementsprechend nach der sog. Zweckwürdigungstheorie dem

---

[15] Siehe oben § 4 Rn. 7.

[16] BGH 09.07.1986 BGHZ 98, 212 (222).

[17] In diese Richtung auch *Reinicke* JA 1982, 326 (329); *Soergel/Mühl* § 518 Rn. 7; zum Ganzen noch *Nehlsen-von Stryk* AcP 187 (1987), 522 (568 ff.).

[18] Zur gemischten Schenkung oben § 4 Rn. 18 ff.

[19] *Kollhosser* MünchKomm., 5. Aufl., § 598 Rn. 13.

[20] *Kollhosser* MünchKomm., 5. Aufl., § 598 Rn. 13.

[21] *Staudinger/Reuter* (2013) § 598 Rn. 3.

Parteiwillen und dem jeweiligen Normzweck zu entnehmen.[22] Aus diesem Grund kann z. B. der unentgeltliche Teil der Gebrauchsüberlassung gemäß den §§ 604, 605 BGB beendet werden, was je nach dem Parteiwillen entweder zur Beendigung des gesamten Vertragsverhältnisses oder zu einer Erhöhung der Miete führt. Bezüglich des Haftungsmaßstabes werden die §§ 599, 600 BGB beim Umfang eines unter Umständen zu ersetzenden Schadens nach dem Verhältnis des unentgeltlichen zum entgeltlichen Teil des Vertrages zu berücksichtigen sein.

B. Abschluss des Leihvertrages

Soweit nicht ausnahmsweise schenkungsrechtliche Regelungen wie § 518 BGB analog anzuwenden sind,[23] gelten für den Abschluss des Leihvertrages keine Abweichungen von den allgemeinen Vorschriften zum Abschluss von Verträgen. Wie die Schenkung kann die Leihe eine sofort bewirkte „Handleihe" oder eine „Versprechensleihe" sein, bei der die Gebrauchsüberlassung erst nach Vertragsabschluss erfolgen soll.[24] Anders als bei der Handschenkung[25] lässt sich die vertragliche Vereinbarung bei der Handleihe aber nicht als bloße Rechtsgrundabrede ohne Verpflichtungswirkung einordnen, da auch mit der Handleihe einerseits der Verleiher die Verpflichtung übernimmt, dem Entleiher den Gebrauch für die vereinbarte Zeit zu belassen, und andererseits der Entleiher die Verpflichtung eingeht, die Sache nach Ablauf der Leihfrist zurückzugeben (§ 604 BGB). Weil die Rückgabepflicht mit der Pflicht des Verleihers zur Gebrauchsüberlassung nicht im Synallagma steht, stellt die Leihe aber keinen gegenseitigen Vertrag i. S. der §§ 320 ff. BGB, sondern einen sog. unvollkommen zweiseitigen Vertrag dar.[26]

10

Besonders in den Vordergrund tritt bei der Leihe die Abgrenzung zwischen Vertragsverhältnissen auf der einen und Gefälligkeitsverhältnissen auf der anderen Seite. Hierfür gelten die allgemeinen Kriterien.[27] Insbesondere bei Gebrauchsgestattungen im Alltag (z. B. kurzzeitige Überlassung eines Gesetzestextes in der Vorlesung) liegt regelmäßig keine Leihe, sondern lediglich ein Gefälligkeitsverhältnis vor, weil den Beteiligten ein Rechtsbindungswille fehlt.[28] Für diesen Fall ist umstritten, ob trotz des Fehlens von Leistungspflichten zumindest Schutzpflichten

11

---

[22] Näher oben § 4 Rn. 21.

[23] Dazu oben § 6 Rn. 6.

[24] Statt aller *Häublein* MünchKomm. § 598 Rn. 1; *Looschelders* Rn. 527 sowie *Larenz* BT 1, § 50, S. 293 f. mit Nachweisen auch zu der älteren Auffassung, die lediglich den Realvertrag der Handleihe anerkennen wollte.

[25] Siehe oben § 4 Rn. 22.

[26] *Brox/Walker* § 16 Rn. 1; *Esser/Weyers* BT 1, § 25 II, S. 210; *Fikentscher/Heinemann* Rn. 1081; *Larenz* BT 1, § 50, S. 293; *Looschelders* Rn. 526; *Schlechtriem* Rn. 324.

[27] Dazu *Wolf/Neuner* § 22 Rn. 24 ff.

[28] Siehe *Häublein* MünchKomm. § 598 Rn. 6.

zur Rücksichtnahme auf die Integrität des anderen i. S. des § 241 Abs. 2 BGB
bestehen, die von den allgemeinen Schädigungsverboten (§§ 823 ff. BGB) zum Teil
abweichen.[29] Damit ist ein Teilausschnitt des übergeordneten Problems betroffen,
inwieweit ein besonderer Kontakt auch außerhalb von (wirksamen) Vertragsverhältnissen ein die allgemeinen Regeln des Rechtsverkehrs überformendes Sonder-
rechtsverhältnis schaffen kann.[30] Die Vorschrift des § 311 Abs. 2 BGB ist hierfür
nicht einschlägig, da diese lediglich Schutzpflichten im Umfeld eines potenziellen
vertraglichen Kontaktes begründet (culpa in contrahendo),[31] der bei Gefälligkeitsverhältnissen gerade nicht angestrebt wird. Die Frage ist nicht nur für die Anwendbarkeit der §§ 278, 280 ff. BGB von Bedeutung, sondern deren Beantwortung
entscheidet auch darüber, ob mit den Schutzpflichten gegebenenfalls zugleich die
Haftungsmilderungen der §§ 599, 600 BGB sowie die kurze Verjährung nach § 606
BGB eingreifen und möglicherweise auch auf das Deliktsrecht ausstrahlen.[32]

C. Vertragspflichten und Haftung des Verleihers

I. Überlassung der verliehenen Sache und Gestattung des Gebrauchs

12   Die mit Abschluss des Leihvertrages übernommene Hauptpflicht des Verleihers ist
auf die *Über*lassung der verliehenen Sache zum Gebrauch an den Entleiher bei der
Versprechensleihe und die *Be*lassung des Gebrauchs bei der Handleihe gerichtet.[33]
Hierin erschöpft sich seine vertragliche Leistungspflicht. Anders als beim Mietvertrag (§ 535 Abs. 1 BGB) muss der Verleiher den Gebrauch nicht „gewähren", er
muss diesen lediglich „gestatten" (§ 598 BGB).[34] Deshalb trifft ihn nicht die Pflicht,
die verliehene Sache in dem bei Übergabe befindlichen Zustand zu erhalten.[35] Im
Gegenteil: Den gewöhnlichen Erhaltungsaufwand hat wegen der Unentgeltlichkeit
der Leihe der Entleiher zu tragen (§ 601 Abs. 1 BGB).

---

[29] Befürwortend: *Enneccerus/Lehmann* § 27/6, S. 120; *Fikentscher/Heinemann* Rn. 25; ablehnend
die Rechtsprechung: BGH 27.11.1979 BGHZ 76, 32 (33 ff.); tendenziell auch *Häublein* Münch-
Komm. § 598 Rn. 7.

[30] Dazu grundlegend *Canaris* Die Vertrauenshaftung im deutschen Privatrecht, 1971.

[31] Siehe BT-Drucks. 14/6040, S. 161 ff.

[32] Vgl. zu diesem Problem in Bezug auf Haftungsmilderungen BGH 09.06.1992 NJW 1992,
2474 (2475) m. w. N. und für die Verjährung *Häublein* MünchKomm. § 606 Rn. 5. Zum direkten
Anwendungsbereich der §§ 599, 600 BGB siehe unten § 6 Rn. 17.

[33] Siehe oben § 6 Rn. 10.

[34] *Häublein* MünchKomm. § 598 Rn. 20; *Larenz* BT 1, § 50, S. 295; *Oechsler* Rn. 505; *Staudinger/
Reuter* (2013) § 598 Rn. 13.

[35] *Brox/Walker* § 16 Rn. 2; *Larenz* BT 1, § 50, S. 295; *Looschelders* Rn. 527; *Medicus/Lorenz*
Rn. 557; *Schlechtriem* Rn. 326.

Mit der Pflicht zur Gebrauchsüberlassung ist die Pflicht des Verleihers verbun- **13** den, den *vertragsgemäßen* Gebrauch der verliehenen Sache durch den Entleiher zu dulden; gegenüber dem Verleiher erlangt der Entleiher ein Besitzrecht i. S. des § 986 Abs. 1 Satz 1 Alt. 1 BGB.[36] Selbst wenn der Entleiher die Grenze des vertragsmäßigen Gebrauchs überschreitet, gelten für sein Rechtsverhältnis zum Verleiher nach heute allgemeiner Meinung jedoch nicht die §§ 985 ff. BGB, sondern es kommen ausschließlich das Vertrags- und Deliktsrecht zur Anwendung,[37] da die Besitzberechtigung i. S. des § 986 BGB abstrakt zu bestimmen ist, mit der Folge, dass ein Exzess des Entleihers („Nicht-so-Berechtigter") diese *nicht* beseitigt. Hinsichtlich des Umfangs des „vertragsgemäßen Gebrauchs" gelten für die Leihe dieselben Grundsätze wie für den Mietvertrag.[38] Die Leihe berechtigt deshalb weder zum Verbrauch der Sache (z. B. durch Verwertung) noch – sofern nicht eine vertragliche Abrede Gegenteiliges vorsieht – zur Fruchtziehung i. S. der §§ 99, 100 BGB.[39]

II. Dauer der Überlassung

Bezüglich der *Dauer der Überlassung* trägt das Recht des Leihvertrages vor allem **14** dem unentgeltlichen Charakter der Leihe Rechnung, indem es dem Verleiher die Rückforderung der verliehenen Sache wesentlich erleichtert und das Interesse des Entleihers an einer Fortdauer des Sachgebrauchs weitgehend ausblendet.

Ausgangspunkt für die Dauer der Leihe ist die Abrede zwischen den Vertrags- **15** parteien. Vereinbaren sie eine bestimmte Zeit, dann endet die Leihe mit deren Ablauf (§ 604 Abs. 1 BGB). Entsprechendes gilt, wenn die Leihe einen bestimmten Zweck erreichen soll (§ 604 Abs. 2 BGB). Das Recht des Verleihers zur vorzeitigen fristlosen Kündigung der Leihe bleibt hiervon unberührt, steht aber unter der einschränkenden Voraussetzung eines Kündigungsgrundes (§ 605 BGB). Als solche zählt § 605 BGB den unvorhergesehenen Bedarf des Verleihers (Nr. 1), den vertragswidrigen Gebrauch durch den Entleiher (Nr. 2) sowie dessen Tod (Nr. 3) auf. Bei anderen als den in § 605 BGB genannten Tatbeständen scheidet eine vorzeitige Kündigung der Leihe durch den Verleiher grundsätzlich aus. Da es sich bei der Leihe um ein Dauerschuldverhältnis handelt,[40] findet aber neben dem nicht abschließend gedachten § 605 BGB die allgemeine Vorschrift des § 314 BGB zur Kündigung aus wichtigem Grund Anwendung.[41] Darüber hinaus spricht der Zweck des § 544

---

[36] Siehe oben § 6 Rn. 4.

[37] *Baur/Stürner* § 11 Rn. 27 m. w. N.

[38] Näher oben § 5 Rn. 95 ff.

[39] Siehe *Häublein* MünchKomm. § 598 Rn. 16, 18; *Staudinger/Reuter* (2013) § 598 Rn. 11, 13.

[40] Siehe oben § 6 Rn. 1.

[41] BGH 11.12.1981 BGHZ 82, 354 (359); *Esser/Weyers* BT 1, § 25 IV, S. 211; *Häublein* Münch-Komm. § 605 Rn. 1; *Looschelders* Rn. 531; *Palandt/Weidenkaff* § 605 Rn. 1; *Erman/v. Westphalen* § 605 Rn. 1.

Satz 1 BGB dafür, das dortige Sonderkündigungsrecht bei Leihverhältnissen mit einer über 30 Jahre hinausreichenden Bindung entsprechend anzuwenden.[42] Ist die Dauer der Leihe weder nach der Zeit noch nach dem Zweck bestimmt, kann der Verleiher den Gegenstand der Leihe jederzeit zurückfordern, ohne dass er hierfür eine Kündigung erklären muss (§ 604 Abs. 3 BGB).[43]

III. Pflichtverletzungen und Haftung

1. Allgemeine Pflichtverletzungen

16 Auch der Verleiher kann dem Entleiher aufgrund der §§ 280 ff. BGB zum Schadensersatz verpflichtet sein, wenn z. B. Leistungsstörungen eintreten (die verliehene Sache geht nach Abschluss des Leihvertrages und vor Übergabe unter, der Verleiher gerät mit deren Übergabe in Verzug[44]) oder der Verleiher Schutzpflichten (§ 241 Abs. 2 BGB) in Bezug auf die Rechtsgüter des Entleihers verletzt.

17 Bei einer Pflichtverletzung des Verleihers ordnet § 599 BGB – wie für die Schenkung (§ 521 BGB) – eine Beschränkung der Haftung auf Vorsatz und grobe Fahrlässigkeit an. Über deren konkrete Reichweite besteht jedoch – wie bei § 521 BGB[45] – Streit. Auch für die Leihe ist deshalb die Frage zu beantworten, in Bezug auf welche Pflichten als „Verleiher" i. S. des § 599 BGB gehandelt wird, wie weit also das Unentgeltlichkeitsprivileg reicht. Sachgründe für eine von § 521 BGB abweichende Streitentscheidung sind nicht ersichtlich, sodass die Haftungsprivilegierung des § 599 BGB nach h. M. nur, aber auch immer dann entfällt und der allgemeine Haftungsmaßstab der §§ 276, 278 BGB zur Anwendung gelangt, wenn der Verleiher Verhaltenspflichten verletzt, die sich nicht auf den Vertragsgegenstand (die verliehene Sache) beziehen.[46] Im Rahmen der Ausführungen zu § 521 BGB wurde indes bereits angedeutet, dass die Vereinheitlichung des Rechts der Pflichtverletzungen in den §§ 280 ff. BGB dafür spricht, derartige Haftungsprivilegierungen auf alle Vertragspflichten zu erstrecken.[47]

---

[42] Ebenso BR/C. *Wagner* § 605 Rn. 1; *Loschelder* NJW 2010, 705 (708).

[43] Siehe BT-Drucks. 14/6040, S. 258; für die Deutung der Rückforderung als konkludente Kündigung *Staudinger/Reuter* (2013) § 604 Rn. 10.

[44] Zum Vorrang des § 287 BGB vor besonderen Haftungsprivilegierungen wie § 599 BGB siehe oben § 4 Rn. 33.

[45] Dazu oben § 4 Rn. 34.

[46] OLG Stuttgart 29.05.1991 VersR 1993, 192 (193); *Fikentscher/Heinemann* Rn. 1082; *Häublein* MünchKomm. § 599 Rn. 3; *Larenz* BT 1, § 50, S. 294; *Looschelders* Rn. 528; *Medicus* Festschrift für Odersky, 1996, S. 589 ff.; *Thiele* JZ 1967, 649 (654); siehe auch *Staudinger/Reuter* (2013) § 599 Rn. 2.

[47] Siehe oben § 4 Rn. 34.

2. Rechts- und Sachmängelhaftung

Wie bei der Schenkung privilegiert das Gesetz den Verleiher wegen der Unentgelt- **18**
lichkeit der von ihm erbrachten Leistung in § 600 BGB auch im Hinblick auf seine
Haftung für Rechts- oder Sachmängel. Diese Vorschrift geht den Regelungen über
allgemeine Pflichtverletzungen (§§ 280 ff. BGB i. V. mit § 599 BGB) als *lex specia-*
lis vor. Hinsichtlich des „Mangels im Rechte", des Fehlerbegriffs sowie der Konkretisierung der Arglist gelten – wie bei den §§ 523, 524 BGB[48] – die kaufrechtlichen
Grundsätze.[49] Auch darüber hinaus ist der Anwendungsbereich des § 600 BGB aufgrund des identischen Normzwecks parallel zu den §§ 523 Abs. 1, 524 Abs. 1 BGB
zu bestimmen. Danach gilt Folgendes:

Der Verleiher ist nicht zur mangelfreien Lieferung verpflichtet.[50] Deshalb betrifft **19**
§ 600 BGB nicht das Erfüllungsinteresse, sondern regelt eine auf den Gegenstand
der Leihe bezogene *Schutzpflicht* hinsichtlich der Integrität des Entleihers (Aufklärungspflicht in Bezug auf die Mangelhaftigkeit der Sache), bei deren Verletzung der
Verleiher in nochmaliger Milderung des § 599 BGB nur für Arglist haftet.[51] Wie bei
den §§ 523 Abs. 1, 524 Abs. 1 BGB wird daher für sog. *Mangelfolgeschäden,* d. h.
für diejenigen Schäden, die nicht aus dem Minderwert der Leihsache selbst resultieren (Mangelschäden), lediglich nach Maßgabe des § 600 BGB gehaftet, da diese
Norm gerade und ausschließlich einen derartigen Integritätsschutz bezweckt.[52]
Insoweit greifen nicht die §§ 276 ff. BGB ein.[53] Zu ersetzen hat der Verleiher nach
§ 600 BGB das sog. negative Interesse, also „den daraus (d. h. aus dem Verschweigen des Mangels, nicht dem Mangel selbst!) entstehenden Schaden". Der Entleiher
ist daher von dem Verleiher so zu stellen, wie er bei rechtzeitiger Kenntnis des
Mangels gestanden hätte (Vertrauensschaden).[54] Das positive Interesse an einem
mangelfreien Gegenstand (Mangelschaden) bleibt unberücksichtigt, da den Verleiher bereits keine Pflicht zu mangelfreier Leistung trifft.

---

[48] Dazu oben § 4 Rn. 35 ff.

[49] Statt aller *Häublein* MünchKomm. § 600 Rn. 2; *Staudinger/Reuter* (2013) § 600 Rn. 4. Lediglich
eine Zurechnung von Herstelleräußerungen gemäß § 434 Abs. 1 Satz 3 BGB kann – wie bei der
Schenkung – nicht stattfinden.

[50] *Brox/Walker* § 16 Rn. 2; *Medicus/Lorenz* Rn. 557; *Schlechtriem* Rn. 326.

[51] Siehe oben § 4 Rn. 36 f.

[52] Näher oben § 4 Rn. 37.

[53] Wie hier *Häublein* MünchKomm. § 599 Rn. 5; *Medicus/Lorenz* Rn. 558; *Staudinger/Reuter*
(2013) § 600 Rn. 3; *Erman/v. Westphalen* § 600 Rn. 2; a. A. *Harke* Rn. 412.

[54] *Häublein* MünchKomm. § 600 Rn. 3; *Looschelders* Rn. 528; *Staudinger/Reuter* (2013) § 600
Rn. 5.

3. Ausstrahlung der Haftungsprivilegierungen auf das Deliktsrecht

20 Kontrovers wird diskutiert, ob die Haftungsprivilegierungen der §§ 599, 600 BGB auch auf parallel bestehende *deliktsrechtliche Anspruchsgrundlagen* (z. B. § 823 Abs. 1 BGB) ausstrahlen. Dieses Problem der Anspruchs- und Anspruchsnormenkonkurrenz wurde bereits in Bezug auf die schenkungsrechtlichen Regelungen der §§ 521, 523 Abs. 1, 524 Abs. 1 BGB erörtert;[55] für die Leihe ergeben sich insoweit keine Besonderheiten.

21 Auch bei den §§ 599, 600 BGB kann daher die Auffassung, dass die Haftungsprivilegierung nur den „Verleiher" in seiner Eigenschaft als Vertragspartner begünstigen und nicht den allgemeinen Verkehrsschutz abschwächen soll,[56] nicht überzeugen. Mit der h. M. ist entgegenzuhalten, dass die vertragliche Verbindung nicht isoliert neben den allgemeinen Integritätsschutz tritt, sondern diesen überformt und daher die mit den §§ 599, 600 BGB bezweckte Privilegierung bei einer ausschließlichen Anwendung des § 276 BGB im Rahmen der §§ 823 ff. BGB unterlaufen würde.[57] Allerdings ist erneut zu beachten, dass eine Ausstrahlung auf das Deliktsrecht untrennbar mit dem – umstrittenen – Anwendungsbereich der Haftungsprivilegierungen verbunden ist.[58] Greifen diese auf vertraglicher Ebene nicht ein, dann scheidet auch eine Ausstrahlung der Haftungsprivilegierung auf parallel bestehende deliktsrechtliche Anspruchsgrundlagen aus.

IV. Verpflichtung zum Ersatz von Verwendungen

22 Aufwendungen des Entleihers im Hinblick auf die ihm überlassene Sache erhält dieser vom Verleiher grundsätzlich nicht ersetzt. Für die gewöhnlichen Erhaltungskosten, die der Entleiher auf die entliehene Sache verwendet, schließt § 601 Abs. 1 BGB die Ersatzpflicht des Verleihers ausdrücklich aus. Dies ist eine konsequente Folgerung aus der fehlenden Pflicht des Verleihers zur Erhaltung des Gegenstandes der Leihe.[59] Insoweit rechtfertigt die Unentgeltlichkeit der Leihe abermals eine Privilegierung des Verleihers gegenüber dem Vermieter (siehe für diesen die §§ 536a Abs. 2, 539 BGB). Da § 601 Abs. 1 BGB bereits einen Ersatz der gewöhnlichen Erhaltungskosten ausschließt, gilt dies erst Recht für die Aufwendungen des Entleihers, die mit dem Gebrauch der Sache verbunden sind (z. B. Betriebskosten).

23 Hinsichtlich anderer Verwendungen verweist § 601 Abs. 2 Satz 1 BGB – ebenso wie § 1049 Abs. 1 BGB für den Nießbrauch – i. S. einer *Rechtsgrundverweisung*

---

[55] Siehe oben § 4 Rn. 39 ff.

[56] OLG Hamm 02.02.1994 NJW-RR 1994, 1370 (1371); *Esser/Weyers* BT 1, § 25 III, S. 210.

[57] BGH 09.06.1992 NJW 1992, 2474 (2475); für § 521 BGB BGH 20.11.1984 BGHZ 93, 23 (29); *Staudinger/Reuter* (2013) § 599 Rn. 3; im Grundsatz a. A. *Häublein* MünchKomm. § 599 Rn. 4.

[58] Dazu vorstehend § 6 Rn. 18 f.

[59] Siehe oben § 6 Rn. 12.

auf das Recht der Geschäftsführung ohne Auftrag.[60] Sie sind nur nach Maßgabe des Willens bzw. des Interesses des Verleihers sowie bei Vorliegen eines Fremdgeschäftsführungswillens des Entleihers zu ersetzen.[61] Dabei ist die Grenze zwischen gewöhnlichen und außergewöhnlichen Erhaltungskosten anhand der Verkehrsanschauung bei den regelmäßig wiederkehrenden, laufenden Ausgaben zu ziehen (Beispiel: Ölwechsel = gewöhnlich; Austauschmotor = außergewöhnlich).[62] Die *Reparatur* des normalen Verschleißes ist hingegen eine „andere Verwendung" i. S. des § 601 Abs. 2 BGB (arg. § 602 BGB).

Über § 601 Abs. 2 Satz 1 BGB hinaus ist der Verleiher nicht zum Ersatz der Verwendungen verpflichtet. Den diesbezüglichen Interessen des Entleihers trägt das Gesetz nur eingeschränkt Rechnung, indem es ihn zur Wegnahme von Einrichtungen berechtigt, mit denen er die verliehene Sache versehen hat (§ 601 Abs. 2 Satz 2 BGB).[63] Diese Restriktion darf nicht durch die Gewährung von Bereicherungsansprüchen für solche Aufwendungen umgangen werden, die nicht unter § 601 Abs. 2 Satz 1 BGB fallen.   **24**

D. Vertragspflichten und Haftung des Entleihers

I. Pflicht zur Rückgewähr

Hauptpflicht des Entleihers ist die – mit der Überlassungspflicht des Verleihers nicht im Synallagma stehende – Rückgabe der entliehenen Sache nach Beendigung der Leihfrist.[64] Wegen der Freigiebigkeit des Verleihers ergibt sich „aus den Umständen" (§ 269 Abs. 1 BGB) mangels abweichender Vereinbarung, dass er nicht die Lasten der Abholung tragen muss; vielmehr ist der Entleiher zur Rückgabe der entliehenen Sache am Wohnsitz des Verleihers verpflichtet (Bringschuld).[65]   **25**

Umgekehrt begründet § 604 Abs. 1 BGB für den Verleiher einen vertraglichen Anspruch auf Herausgabe der verliehenen Sache. Über den dort ausdrücklich genannten Fall des Zeitablaufs hinaus ist die Vorschrift in allen anderen Fällen analog anzuwenden, in denen die Leihe endet (z. B. aufgrund einer Kündigung nach § 605 BGB). Zu einer Beendigung der Leihe kann es ferner auch durch den Entleiher kommen, wenn er die verliehene Sache vorzeitig zurückgibt. Zweifelhaft   **26**

---

[60] Ebenso im Sinne einer Rechtsgrundverweisung *Häublein* MünchKomm. § 601 Rn. 6; *Schlechtriem* Rn. 329; *Staudinger/Reuter* (2013) § 601 Rn. 4.

[61] *Medicus/Lorenz* Rn. 561.

[62] *Häublein* MünchKomm. § 601 Rn. 2; *Staudinger/Reuter* (2013) § 601 Rn. 2.

[63] Eine entsprechende Rechtsposition verleiht § 1049 Abs. 2 BGB dem Nießbraucher.

[64] Dazu oben § 6 Rn. 14 f.

[65] *Häublein* MünchKomm. § 604 Rn. 6; *Staudinger/Reuter* (2013) § 604 Rn. 2.

ist insoweit lediglich, ob er hierzu bereits nach § 271 Abs. 2 BGB berechtigt ist[66] oder ob er eine jederzeit mögliche Kündigung erklären muss.[67]

27   Die Rückgabepflicht des Entleihers stellt eine Leistungspflicht dar, sodass deren schuldhafte Verletzung (z. B. Verzug) nach Maßgabe der §§ 280 Abs. 2, Abs. 3, 281 ff. BGB zum Schadensersatz verpflichten kann. Für Verschlechterungen einer Sache, die gleichwohl noch zurückgegeben werden kann, ist demgegenüber § 603 BGB i. V. mit § 280 Abs. 1 Satz 1 BGB einschlägig (Schutzpflichtverletzung).[68] Eine Haftungsprivilegierung des Entleihers erkennt das Gesetz im Hinblick auf die Rückgabepflicht nicht an; § 599 BGB betrifft ausschließlich die Haftung des Verleihers. Auch eine entsprechende Anwendung der Norm kommt nicht in Betracht, sodass der Entleiher jeden Fahrlässigkeitsgrad im Hinblick auf die Pflichtverletzung zu vertreten hat.[69] Sofern dem Entleiher gemäß § 601 Abs. 2 Satz 1 BGB ein Verwendungsersatzanspruch zusteht,[70] begründet dieser gegenüber seiner Rückgabepflicht ein Zurückbehaltungsrecht nach § 273 Abs. 1, Abs. 2 BGB.

28   In der Sonderkonstellation, dass der Verleiher nicht Eigentümer der Sache ist, ist der Entleiher indes möglicherweise nicht nur dem Herausgabeanspruch des Verleihers aus § 604 Abs. 1 BGB ausgesetzt, da den Entleiher auch dem Eigentümer gegenüber nach § 985 BGB eine Pflicht zur Herausgabe trifft. Kann sich der Entleiher gegenüber dem Eigentümer nicht nach § 986 Abs. 1 oder Abs. 2 BGB auf ein Besitzrecht berufen, so tritt eine Kollision der Ansprüche aus § 604 Abs. 1 BGB und § 985 BGB ein. Diesbezüglich ist der h. M. insoweit im Ansatz zuzustimmen, als nicht schon das mangelnde Eigentum des Verleihers *als solches* den Herausgabeanspruch aus § 604 Abs. 1 BGB beseitigt (keine *exceptio ex iure tertii*).[71] Hierin erschöpft sich die Problematik jedoch nicht: Gibt nämlich der Entleiher die Sache entweder dem Verleiher oder dem Eigentümer zurück, so kann er gegenüber dem jeweils anderen gegebenenfalls schadensersatzpflichtig sein (§§ 280 ff. BGB bzw. §§ 989, 990 BGB). Es bedarf also einer Kollisionsregelung, damit der Entleiher eine der Pflichten erfüllen kann, ohne gegenüber dem anderen eine Pflichtverletzung zu begehen. Nach dem Rechtsgedanken des § 34 StGB ist deshalb die *höherrangige Herausgabepflicht* zu bestimmen.

29   Dies muss im Grundsatz der Anspruch aus absolutem Recht sein (§ 985 BGB), der nicht durch das lediglich relative Rechtsverhältnis Verleiher-Entleiher beeinträchtigt werden kann. Die Interessen des Verleihers sind aufgrund seines mangelnden Eigentums bereits in gewisser Weise entwertet.[72] Anderes, d. h. ein Vorrang der

---

[66] So *Häublein* MünchKomm. § 605 Rn. 1; *Looschelders* Rn. 531.

[67] Hierfür *Staudinger/Reuter* (2013) § 604 Rn. 3.

[68] Siehe unten § 6 Rn. 32 ff.

[69] Statt aller *Looschelders* Rn. 529.

[70] Dazu oben § 6 Rn. 22 ff.

[71] BGH 14.02.1979 BGHZ 73, 317 (321 f.); *Erman/v. Westphalen* § 604 Rn. 1; *Soergel/Kummer* § 604 Rn. 1.

[72] *Häublein* MünchKomm. § 604 Rn. 8; *Staudinger/Reuter* (2013) § 604 Rn. 5.

Herausgabepflicht des § 604 Abs. 1 BGB, soll nach h. M. aber gelten, wenn der Verleiher aufgrund von Verwendungen auf die fremde Sache nach den §§ 994 ff. BGB oder aus einem anderen Rechtsgrund gegen den Eigentümer ein Zurückbehaltungsrecht geltend machen kann.[73] In diesem Fall soll der Entleiher an den Verleiher zurückgeben müssen, damit dieser sich gegenüber dem Eigentümer wiederum auf seine Ersatzansprüche berufen kann.[74] Dem steht aber entgegen, dass etwaige Verwendungsersatzansprüche des Verleihers nach den §§ 994 ff. BGB mit der Besitzüberlassung der Sache gemäß § 999 Abs. 1 BGB auf den Entleiher übergehen. Diesem steht also selbst das Zurückbehaltungsrecht nach § 1000 BGB zu, weswegen es einer Herausgabe „über das Dreieck" auch in diesem Fall zur Wahrung schutzwürdiger Interessen nicht bedarf. Im Fall anderweitiger Ersatzansprüche des Verleihers kann dieser den Entleiher zu deren Geltendmachung gegenüber dem Eigentümer ermächtigen.[75] Der Entleiher ist dann im Verhältnis zum Verleiher nach § 242 BGB verpflichtet, sich gegenüber dem Herausgabebegehren des Eigentümers auf den Ersatzanspruch zu berufen, wenn er diesen kennt, um den erlangten Ersatz sodann im Innenverhältnis mit dem Verleiher auszugleichen.

Daraus ergibt sich, dass in jedem Fall die Herausgabepflicht nach § 985 BGB **30** vorgeht; deren Erfüllung befreit den Entleiher nicht nur gemäß § 275 Abs. 1 BGB von seiner Herausgabepflicht gegenüber dem Verleiher, sondern die Herausgabe an den Eigentümer begründet auch keine Verletzung der Pflichten nach § 604 Abs. 1 BGB. Der Verleiher kann somit in diesem Sonderfall nicht Herausgabe an sich, wohl aber als Minus zu § 604 Abs. 1 BGB an den Eigentümer verlangen.[76] Auf der anderen Seite ist der Entleiher wie dargelegt nach § 242 BGB verpflichtet, sich gegenüber dem Eigentümer auf ein Zurückbehaltungsrecht zur Geltendmachung von Ersatzansprüchen zu berufen, die in der Person des Verleihers entstanden und mit der Besitzüberlassung auf ihn übergegangen sind bzw. zu deren Geltendmachung er ermächtigt wurde. Verletzt der Entleiher diese Pflicht gegenüber dem Verleiher schuldhaft, so ist er diesem nach § 280 Abs. 1 BGB zum Schadensersatz verpflichtet.

§ 604 Abs. 4 BGB gewährt dem Verleiher nach Beendigung der Leihe auch einen **31** Rückgabeanspruch gegenüber Dritten, denen der Entleiher die Sache – befug oder unbefug – zum Gebrauch überlassen hat. Insofern gelten die Ausführungen zur mietrechtlichen Parallelvorschrift in § 546 Abs. 2 BGB entsprechend.[77]

---

[73] Wenn der Verleiher gegenüber dem Eigentümer nicht nur ein Zurückbehaltungs-, sondern ein Besitzrecht hat, kann der Eigentümer nach § 986 Abs. 1 Satz 2 BGB von vornherein nur Herausgabe an den Verleiher verlangen. In diesem Fall tritt also bereits keine Kollision zwischen § 604 Abs. 1 BGB und § 985 BGB ein.

[74] *Häublein* MünchKomm. § 604 Rn. 8 Fn. 32; *Staudinger/Reuter* (2013) § 604 Rn. 5.

[75] Zu derartigen Ermächtigungen *Wolf/Neuner* § 54 Rn. 29.

[76] Nach *Kollhosser* MünchKomm., 5. Aufl., § 604 Rn. 8 soll sich dieses Recht des Verleihers aus § 242 BGB ergeben.

[77] Siehe oben § 5 Rn. 137 f.

II. Erhaltungspflicht

32   Aus § 601 Abs. 1 BGB ergibt sich nicht nur, dass der Verleiher die gewöhnlichen Erhaltungskosten dem Entleiher nicht erstatten muss,[78] sondern auch, dass Letzterer während der Leihe verpflichtet ist, gewöhnliche Erhaltungsmaßnahmen durchzuführen.[79] Insoweit ähnelt die Rechtsstellung des Entleihers derjenigen des Nießbrauchers (siehe § 1041 BGB). Analog § 1045 Abs. 1 BGB trifft den Entleiher deshalb zumindest bei besonders wertvollen Gegenständen die Pflicht, diese vor Beschädigung oder Verlust zu versichern.[80] Zudem folgt für den Entleiher aus § 241 Abs. 2 BGB die Pflicht, den überlassenen Gegenstand vor Schäden zu bewahren.[81] Bedarf es außergewöhnlicher Erhaltungsmaßnahmen, muss der Entleiher diese zwar nicht selbst vornehmen; nach den §§ 241 Abs. 2, 242 BGB hat er den Verleiher hierüber aber zu informieren.[82] Unterlässt er dies und entsteht dem Verleiher daraus ein Schaden, haftet er diesem nach den §§ 280 Abs. 1, 276 BGB für Vorsatz und Fahrlässigkeit.

III. Unterlassung eines vertragswidrigen Gebrauchs

33   Solange die Leihe andauert, beschränkt das Gesetz den Entleiher auf einen „vertragsmäßigen Gebrauch" der verliehenen Sache (§ 603 Satz 1 BGB). Beachtet er diese Grenze, so hat er – ebenso wie der Nießbraucher (§ 1050 BGB) – Veränderungen und Verschlechterungen der verliehenen Sache nicht zu vertreten (§ 602 BGB). Schadensersatzansprüche des Verleihers wegen einer derartigen Verschlechterung der Sache schließt das Gesetz damit ausdrücklich aus.

34   Erst wenn der Entleiher die Grenze des vertragsgemäßen Gebrauchs überschreitet, haftet er dem Verleiher für den hieraus an der verliehenen Sache entstehenden Schaden nach § 280 Abs. 1 BGB, ohne dass auf der Verschuldensebene eine Haftungsprivilegierung eingreift.[83] In Analogie zu § 540 Abs. 2 BGB hat der Entleiher

---

[78] Dazu oben § 6 Rn. 22.

[79] *Häublein* MünchKomm. § 601 Rn. 1; *Looschelders* Rn. 529; i. E. auch *Staudinger/Reuter* (2013) § 601 Rn. 1.

[80] Ebenso i. E. *Erman/v. Westphalen* § 601 Rn. 1; a. A. *Staudinger/Reuter* (2013) § 601 Rn. 3.

[81] Siehe *Häublein* MünchKomm. § 601 Rn. 1; *Looschelders* Rn. 529.

[82] *Brox/Walker* § 16 Rn. 6; *Erman/v. Westphalen* § 601 Rn. 5; *Häublein* MünchKomm. § 601 Rn. 4; *Staudinger/Reuter* (2013) § 601 Rn. 4. Zur Anzeigepflicht des Nießbrauchers siehe § 1042 BGB.

[83] Insoweit allgemeine Ansicht; siehe z. B. *Häublein* MünchKomm. § 603 Rn. 3; *Larenz* BT 1, § 50, S. 295; *Schlechtriem* Rn. 328; *Staudinger/Reuter* (2013) § 602 Rn. 3. Weitergehend wird erwogen, die Haftung in Anlehnung an den Rechtsgedanken des § 678 BGB auch für Zufall zu bejahen (so OLG Koblenz 11.01.2008 NJW-RR 2008, 1613; *Erman/v. Westphalen* § 603 Rn. 1; ablehnend aber *Larenz* BT 1, § 50, S. 295; siehe hierzu auch *Staudinger/Reuter* [2013] § 602 Rn. 3).

auch das Verschulden Dritter zu vertreten, denen er die Sache befugt oder unbefugt überlassen hat. Präventiv kann der Verleiher analog § 541 BGB auf Unterlassung eines vertragswidrigen Gebrauchs klagen,[84] was insbesondere von Bedeutung ist, wenn er nicht Eigentümer ist und ihm somit der allgemeine Unterlassungsanspruch nach § 1004 Abs. 1 Satz 2 BGB nicht zusteht. Darüber hinaus berechtigt der vertragswidrige Gebrauch des Entleihers den Verleiher, die Leihe vorzeitig zu kündigen (§ 605 Nr. 2 BGB).

Als besondere Ausprägung der Pflicht zur Unterlassung eines vertragswidrigen **35** Gebrauchs ist das den Entleiher treffende Verbot zu bewerten, Dritten nicht ohne Erlaubnis des Verleihers den Gebrauch der Sache zu überlassen (§ 603 Satz 2 BGB), wobei es unerheblich ist, ob dies entgeltlich (Miete oder Pacht) oder unentgeltlich (Leihe) geschieht.[85] Folgerichtig kann der Verleiher bei unbefugter Weitergabe alle für den Fall eines nicht vertragsgemäßen Gebrauchs angeführten Rechtsbehelfe geltend machen.

Etwaige Ersatzansprüche des Verleihers wegen Veränderungen oder Verschlech- **36** terungen der Sache verjähren gemäß § 606 Satz 1 BGB in sechs Monaten. Die kurze Verjährungsfrist soll beweisrechtliche Probleme in Bezug auf den wirklichen Zustand der Sache bei der Rückgabe sowie die mit zunehmendem Zeitablauf eintretende Verkomplizierung der Frage, ob dieser Zustand aus einem vertragswidrigen Gebrauch resultiert, vermeiden. Daher kann sie im Fall eines Untergangs der Sache, bei dem sich derartige Probleme nicht in vergleichbarer Weise stellen, nicht analog angewendet werden.[86] Wie bei der mietrechtlichen Parallelvorschrift in § 548 Abs. 1 BGB gebietet der mit der kurzen Verjährungsfrist verfolgte „Bereinigungszweck" jedoch eine Erstreckung derselben auf konkurrierende deliktische Ansprüche;[87] die §§ 195, 199 BGB werden insoweit verdrängt.[88] Schließlich ist die verjährungsrechtliche Privilegierung des § 606 BGB auf alle Ansprüche wegen Veränderungen oder Verschlechterungen der Sache gegenüber Dritten anzuwenden, die nach den allgemeinen Grundsätzen des Vertrages mit Schutzwirkung für Dritte in den Schutzbereich des Leihvertrages einbezogen sind.[89]

---

[84] *Häublein* MünchKomm. § 603 Rn. 4; *Staudinger/Reuter* (2013) § 603 Rn. 1.

[85] *Esser/Weyers* BT 1, § 25 IV, S. 211.

[86] Dazu oben § 5 Rn. 111 f.

[87] BGH 14.07.1970 BGHZ 54, 264 (267 f.); BGH 24.06.1992 BGHZ 119, 35 (41); OLG Koblenz 11.01.2008 NJW-RR 2008, 1613; *Esser/Weyers* BT 1, § 25 IV, S. 211; *Häublein* MünchKomm. § 606 Rn. 4; *Larenz* BT 1, § 50, S. 296; *Looschelders* Rn. 530; *Medicus/Lorenz* Rn. 563.

[88] *Staudinger/Reuter* (2013) § 606 Rn. 10.

[89] *Staudinger/Reuter* (2013) § 606 Rn. 10.

§ 7 Dienstverträge

Inhaltsverzeichnis

© Springer-Verlag GmbH Deutschland, ein Teil von Springer Nature 2018   497
H. Oetker, F. Maultzsch, *Vertragliche Schuldverhältnisse*, Springer-Lehrbuch,
https://doi.org/10.1007/978-3-662-57500-0_7

A. Überblick zur gesetzlichen Regelungssystematik

1 Neben dem Werkvertrag zählt der Dienstvertrag zu den klassischen Schuldverträgen, bei denen die vertragstypische Hauptleistung in der Erbringung einer Tätigkeit besteht. Denjenigen, der diese Tätigkeit schuldet, bezeichnet das BGB als Dienstverpflichteten, seinen Vertragspartner als Dienstberechtigten. Dieser schuldet dem Dienstverpflichteten eine Vergütung für die Dienstleistung (§ 611 Abs. 1 BGB), sodass der Dienstvertrag ein gegenseitiger Vertrag i. S. der §§ 320 ff. BGB ist.

2 Eine gesetzliche Ausgestaltung erfährt das Dienstvertragsrecht vor allem in den §§ 611 bis 630h BGB, die unter dem Oberbegriff des „Dienstverhältnisses" verschiedene Arten von Dienstverträgen zusammenfassen. Neben dem Behandlungsvertrag (§§ 630a bis 630h BGB), den die Überschrift des 8. Titels als einen dem Dienstvertrag ähnlichen Vertrag qualifiziert,[1] gestalten die §§ 611 bis 630 BGB den

---

[1] Näher zu diesem unten § 7 Rn. 135 ff.

Dienstvertrag im engeren Sinne aus. Diesbezüglich kann auf einer ersten Ebene innerhalb der §§ 611 ff. BGB zwischen „vorübergehenden" Dienstverhältnissen und „dauernden" Dienstverhältnissen unterschieden werden. Für Letztere treffen die §§ 617, 629, 630 BGB Sonderregelungen.[2] Auch wenn die Voraussetzungen eines dauernden Dienstverhältnisses nicht vorliegen, handelt es sich bei Dienstverträgen, die sich nicht in einzelnen punktuellen Tätigkeiten erschöpfen, aufgrund ihres Zeitbezugs regelmäßig um Dauerschuldverhältnisse.[3]

Auf einer zweiten Stufe ist der sog. freie Dienstvertrag vom „abhängigen" **3** Dienstvertrag, dem Arbeitsvertrag, abzugrenzen, den ein Arbeitnehmer (Dienstverpflichteter) und ein Arbeitgeber (Dienstberechtigter) abschließen.[4] Sowohl bei dem freien Dienstvertrag als auch bei dem Arbeitsvertrag kann es sich wiederum um einen dauernden Dienstvertrag handeln, was für den Arbeitsvertrag regelmäßig zu bejahen ist. Die Vorschriften des Dienstvertragsrechts gelten auch für den Arbeitsvertrag, sofern die §§ 611 ff. BGB oder eine spezialgesetzliche Regelung nicht ausdrücklich etwas Anderes anordnen, da der Arbeitsvertrag ein spezieller Unterfall des Dienstvertrages ist. Ein Beispiel für diese Regelungstechnik gibt § 621 BGB, der den personellen Anwendungsbereich der Vorschrift ausdrücklich auf Dienstverhältnisse begrenzt, die keine Arbeitsverhältnisse i. S. des § 622 BGB sind. Ebenso ist § 627 BGB zum außerordentlichen Kündigungsrecht formuliert, während sich bei § 620 BGB und § 630 BGB ein vergleichbares Ergebnis erst aus der Systematik der Normen erschließt, da diese für Arbeitsverhältnisse auf die jeweiligen speziellen Bestimmungen verweisen (siehe §§ 620 Abs. 3, 630 Satz 4 BGB). Umgekehrt sind mehrere Bestimmungen der §§ 611 bis 630 BGB ihrem Inhalt nach ausschließlich auf Arbeitsverhältnisse anwendbar, so die §§ 611a, 612a, 613a, 615 Satz 3, 619a, 622 und 623 BGB.

Das Recht des Arbeitsverhältnisses hat über diese Normen hinaus in Spezial- **4** gesetzen umfangreiche Sonderregelungen erfahren, die nicht selten das Recht des Dienstvertrages verdrängen und als eigenständige Materie des Sonderprivatrechts gelten.[5] Dies liegt darin begründet, dass die grundsätzlich auf alle Formen von Dienstverträgen anwendbaren §§ 611 ff. BGB dem klassischen Bild des privatautonomen Kräftegleichgewichts zwischen den Vertragspartnern verpflichtet und insoweit „sozial indifferent" sind.[6] Arbeitnehmer haben gegenüber den jeweiligen Arbeitgebern aber typischerweise keine gleich starke Verhandlungsposition. Wegen dieses Machtungleichgewichts würde ein rein privatautonom-liberales Rechtsgefüge in Bezug auf Arbeitsverhältnisse zu einseitig belastenden Vertragsgestaltungen

---

[2] Näher zum dauernden Dienstverhältnis unten § 7 Rn. 125 ff.

[3] *Larenz* BT 1, § 52 I, S. 312 f.; *Müller-Glöge* MünchKomm. § 611 Rn. 17; *Soergel/Kraft* Vor § 611 Rn. 23 sowie ausführlich *Oetker* Das Dauerschuldverhältnis und seine Beendigung, 1994, S. 152 ff.

[4] Siehe näher zur Abgrenzung unten § 7 Rn. 19 ff.

[5] *Larenz* BT 1, § 52 I, S. 307 f.; *Medicus/Lorenz* Rn. 617; RGRK/*Schliemann* § 611 Rn. 803; *Staudinger/Richardi/Fischinger* (2016) Vorbem. zu §§ 611 ff. Rn. 135 ff.

[6] *Medicus/Lorenz* Rn. 614.

führen, sodass der Gesetzgeber mittels der besagten Sondervorschriften zugunsten der Arbeitnehmer interveniert. Die besonderen Schutzanliegen des Arbeitsrechts werden dabei teilweise auf individualrechtlicher Ebene durch Einschränkungen der vertraglichen Abschluss- oder Inhaltsfreiheit (z. B. Kündigungsschutzgesetz) und teilweise auf kollektivrechtlicher Ebene (z. B. Betriebsverfassungsgesetz, Tarifvertragsrecht) verwirklicht.[7] Vereinzelt gehen die jeweiligen Schutzgesetze indes über den Kernbereich des Arbeitsrechts hinaus, indem diese ihren personellen Anwendungsbereich durch den Begriff des Beschäftigten auch auf andere Personengruppen ausdehnen, die ansonsten dem Dienstvertragsrecht unterliegen (siehe z. B. § 6 Abs. 1 Satz 1 AGG, § 2 Abs. 2 ArbSchG, § 7 Abs. 1 PflegeZG).

5   Als weitere Sonderform des Dienstvertrages ist der *Handelsvertretervertrag* im Handelsrecht speziell geregelt (§§ 84 ff. HGB); soweit es an einer Sonderregelung fehlt, sind die §§ 611 ff. BGB und – da es sich um einen Geschäftsbesorgungsvertrag[8] handelt – § 675 Abs. 1 BGB anwendbar.[9] Der *Kommissionsvertrag* nach den §§ 383 ff. HGB stellt, je nach seinem Inhalt, einen Spezialfall des Dienst- oder des Werkvertrages dar.[10]

B. Abgrenzung des freien Dienstvertrages zu anderen Vertragstypen

6   Gegenstand der folgenden Erörterungen ist der freie Dienstvertrag des Bürgerlichen Gesetzbuches, sowohl in seiner Erscheinungsform als vorübergehendes wie auch als dauerndes Dienstverhältnis. Dies erfordert eine Abgrenzung zu anderen Vertragstypen innerhalb und außerhalb der §§ 611 bis 630 BGB.

I. Abgrenzung vom Werkvertrag

7   Dienst- und Werkvertrag zeichnen sich gleichermaßen dadurch aus, dass jeweils eine Tätigkeit gegen Zahlung einer Vergütung geschuldet ist. Das entscheidende Merkmal für die Abgrenzung beider Vertragstypen enthält § 631 Abs. 2 BGB: Während der Dienstverpflichtete beim Dienstvertrag gemäß § 611 Abs. 1 BGB ausschließlich die Erbringung einer Tätigkeit schuldet (das „Wirken"), verpflichtet sich der Unternehmer beim Werkvertrag nach § 631 Abs. 2 BGB zusätzlich dazu, dass

---

[7] Überblick zu den für Arbeitsverhältnisse bedeutsamen Sondergesetzen bei *Soergel/Kraft* Vor § 611 Rn. 122 ff.

[8] Dazu näher unten § 11 Rn. 77 ff.

[9] *Canaris* Handelsrecht, 24. Aufl. 2006, § 15, S. 247 ff.; *Oetker* Handelsrecht, 7. Aufl. 2015, § 6 Rn. 10 f.; *K. Schmidt* Handelsrecht, 6. Aufl. 2014, § 27 Rn. 39 f.

[10] *K. Schmidt* Handelsrecht, 6. Aufl. 2014, § 31 Rn. 50 ff. m. w. N. Zur Abgrenzung zwischen Dienst- und Werkvertrag sogleich unter § 7 Rn. 7 ff.

aufgrund der Tätigkeit ein *weiterer Erfolg* eintritt (das „Werk"). Beim Dienstvertrag sind „die Dienste für sich betrachtet" der Gegenstand der Verpflichtung, während beim Werkvertrag „das Erzeugnis der Dienste" geschuldet wird.[11] Leistungshandlung und Leistungserfolg fallen beim Dienstvertrag notwendigerweise zusammen, während beim Werkvertrag der mit der Tätigkeit verfolgte Zweck als geschuldeter Erfolg zum Inhalt des Leistungsversprechens gehört.[12]

Dieser Unterschied manifestiert sich in unterschiedlichen Rechtsfolgeregelungen: Während der Werkunternehmer das vereinbarte Werk insbesondere frei von Rechts- und Sachmängeln herzustellen hat (§ 633 Abs. 1 BGB) und die §§ 634 ff. BGB für den Fall der Mangelhaftigkeit bestimmte Haftungsfolgen normieren bzw. bei gänzlichem Ausbleiben des Erfolges die Pflicht zur Zahlung einer Vergütung entfällt (vgl. § 644 Abs. 1 Satz 1 BGB), fehlen für den Dienstvertrag entsprechende Vorschriften, da der zur Dienstleistung Verpflichtete keinen außerhalb der Tätigkeit selbst gelegenen Erfolg schuldet. Umgekehrt knüpft § 613 Satz 1 BGB an die Beschränkung des Dienstverhältnisses auf die Tätigkeit als solche die Konsequenz, dass der Dienstverpflichtete im Zweifel zu einer persönlichen Leistung verpflichtet ist: Die mangelnde Erfolgsbezogenheit wird durch eine stärkere Regulierung des Tätigkeitsmoments „ausgeglichen". Im Werkvertragsrecht fehlt eine vergleichbare Vorschrift, da der geschuldete Erfolg und nicht die Tätigkeit im Vordergrund steht. Schließlich kann der Werkunternehmer bei einer vorzeitigen Kündigung des Vertrages grundsätzlich die volle Vergütung beanspruchen (§ 649 Satz 2 BGB), während dem Dienstverpflichteten nur ein anteiliger Anspruch auf die Vergütung zusteht (§ 628 Abs. 1 Satz 1 BGB).[13] Folglich besteht zwischen Dienst- und Werkvertrag ein *aliud*-Verhältnis; der Werkvertrag ist kein „qualifizierter" Dienstvertrag.

8

Relativ einfach ist die Abgrenzung des Dienstvertrages vom Werkvertrag, wenn die Tätigkeit der Herstellung oder Veränderung einer Sache dienen soll. In diesem Fall wird regelmäßig ein entsprechender Erfolg geschuldet, sodass ein Werkvertrag zur Herstellung eines körperlichen Werkes vorliegt (§ 631 Abs. 2 BGB).[14] Ob in anderen Konstellationen ein über die Tätigkeit hinausgehender unkörperlicher Erfolg zu bewirken ist und damit kein Dienst-, sondern ein Werkvertrag vorliegt, ist häufig problematisch, weil auch der Dienstberechtigte den Vertrag regelmäßig nicht ausschließlich wegen der Tätigkeit des Dienstverpflichteten abschließt, sondern an einem entsprechenden Tätigkeitserfolg interessiert ist, obwohl dieser nach dem Vertragsinhalt nicht geschuldet wird. Insoweit stellt eine Auffassung zur Abgrenzung nicht auf ein festes Kriterium, sondern auf eine typologische Betrachtung anhand

9

---

[11] Mot. II, S. 455 und 471.

[12] BGH 16.07.2002 NJW 2002, 3323 (3324); *Larenz* BT 1, § 52 I, S. 310; *Busche* MünchKomm. § 631 Rn. 16; *Soergel/Kraft* Vor § 611 Rn. 37; *Staudinger/Richardi/Fischinger* (2016) Vorbem. zu §§ 611 ff. Rn. 33 ff.

[13] Näher zur Beendigung des Dienstverhältnisses unten § 7 Rn. 103 ff.

[14] Anders kann es sich im Einzelfall dann verhalten, wenn die Bearbeitung der Sache ein besonders großes Risiko umfasst, das der Schuldner erkennbar nicht tragen möchte, z. B. bei der schwierigen Restaurierung eines beschädigten Gemäldes. Zum Risikotragungswillen als Abgrenzungskriterium sogleich.

des „Gesamtgepräges" des Vertrages ab.[15] Mehrere der insoweit zur Berücksichtigung vorgeschlagenen „Vertragszüge" können jedoch bei näherer Betrachtung nicht überzeugen:[16]

10   Wenig hilfreich ist z. B. eine Abgrenzung nach dem „sozialen Leitbild" anhand des Merkmals der wirtschaftlichen oder persönlichen Selbstständigkeit bzw. Unselbstständigkeit der Tätigkeitserbringung. Zwar unterfällt eine unter strenger persönlicher Weisungsgebundenheit zu erbringende Tätigkeit nicht den §§ 631 ff. BGB, sondern stellt in der Regel ein Arbeitsverhältnis dar.[17] Andererseits kann aber auch der Werkunternehmer gewissen Weisungen des Bestellers unterliegen, wie § 645 Abs. 1 Satz 1 BGB zeigt,[18] und von diesem wirtschaftlich abhängig sein. Umgekehrt unterliegt auch der Dienstverpflichtete einem umfassenden persönlichen Weisungsrecht des Dienstberechtigten nur im Rahmen von Arbeitsverhältnissen,[19] nicht aber bei freien Dienstverträgen. Zudem fehlt insbesondere bei der Leistung von Diensten „höherer Art" häufig auch eine wirtschaftliche Unselbstständigkeit gegenüber dem Vertragspartner.[20] Die vereinbarte Vergütungsart erlaubt ebenfalls keinen klaren Rückschluss auf die Rechtsnatur des Vertrages: Zwar wird die Vergütung beim Dienstvertrag typischerweise zeitbezogen bemessen, doch kann auch eine feste Vergütung unabhängig von dem letztendlich für die Tätigkeit erforderlichen Zeitaufwand vereinbart werden oder die Entlohnung je nach dem Erfolg der Arbeitsleistung variieren (z. B. Akkordlohn), selbst wenn dieser Erfolg definitionsgemäß nicht geschuldet wird.[21] Andererseits kann auch beim Werkvertrag die Zeit, die für die Herstellung des Werkes erforderlich war, die Höhe der Vergütung beeinflussen (z. B. bei Sachverständigengutachten).[22]

11   Entscheidendes Abgrenzungskriterium ist vielmehr die *vertragliche Risikozuweisung* in Bezug auf die Leistungs- und Vergütungsgefahr:[23] Soll der Verpflichtete nach dem gemäß den §§ 133, 157 BGB auszulegenden Vertragsinhalt solange

---

[15] *Larenz* BT 1, § 52 I, S. 310; *Soergel/Kraft* Vor § 611 Rn. 39. Allgemein zum Typusbegriff *Larenz* Methodenlehre der Rechtswissenschaft, 6. Aufl. 1991, S. 461 ff.

[16] Kritisch zur typologischen Abgrenzung auch *Esser/Weyers* BT 1, § 27 II, S. 233; *Staudinger/Richardi/Fischinger* (2016) Vorbem. zu §§ 611 ff. Rn. 37 ff.

[17] Statt aller *Erman/Edenfeld* § 611 Rn. 17; *Larenz* BT 1, § 52 I, S. 309.

[18] BGH 22.10.1981 BGHZ 82, 100 (106); *Esser/Weyers* BT 1, § 27 II 3b, S. 233; *Busche* MünchKomm. § 631 Rn. 19; *Staudinger/Richardi/Fischinger* (2016) Vorbem. zu §§ 611 ff. Rn. 31.

[19] Näher unten § 7 Rn. 19 ff.

[20] *Esser/Weyers* BT 1, § 27 II 3b, S. 233; RGRK/*Anders/Gehle* § 611 Rn. 25; *Busche* MünchKomm. § 631 Rn. 19.

[21] *Esser/Weyers* BT 1, § 27 II, S. 233; *Staudinger/Richardi/Fischinger* (2016) Vorbem. zu §§ 611 ff. Rn. 41.

[22] *Larenz* BT 1, § 52 I, S. 310; *Busche* MünchKomm. § 631 Rn. 19.

[23] Wie hier BGH 16.07.2002 NJW 2002, 3323 (3324); *Esser/Weyers* BT 1, § 27 II 3c, S. 233; *Larenz* BT 1, § 52 I, S. 309 f.; *Soergel/Kraft* Vor § 611 Rn. 37; einseitiges Abstellen auf die Vergütungsgefahr bei *Busche* MünchKomm. § 631 Rn. 19; *Staudinger/Richardi/Fischinger* (2016) Vorbem. zu §§ 611 ff. Rn. 46.

Herstellungsversuche bzw. Nachbesserungen unternehmen müssen, bis ein mangelfreier Erfolg vorliegt (§§ 631 Abs. 1, 633, 635 BGB) oder anderenfalls keine Vergütung für seine Bemühungen erhalten (§ 644 Abs. 1 Satz 1 BGB), so handelt es sich um einen Werkvertrag. Vorbehaltlich einer abweichenden Erklärung des Verpflichteten kann dies grundsätzlich nur dann angenommen werden, wenn der Eintritt des außerhalb der Tätigkeit gelegenen Erfolges für ihn beherrschbar ist.[24] Liegt der Erfolgseintritt hingegen außerhalb seiner Einflusssphäre, dann ist davon auszugehen, dass er sich nicht zur Herbeiführung desselben, sondern lediglich zu der Tätigkeit als solcher verpflichten wollte (Dienstvertrag).[25] In diesem Fall kann eine Haftung nur dann eintreten, wenn die Tätigkeit selbst nicht pflichtgemäß erbracht wurde.[26] Im umgekehrten Fall ist das Vorliegen eines Werkvertrages allerdings nicht zwingend, da der Umstand, dass die Herbeiführung eines Erfolges ausschließlich vom Willen des Tätigwerdenden abhängt, nicht notwendig zu einem entsprechenden Einstandswillen führt.[27] Ob der Arbeitserfolg außervertraglicher Zweck bleibt oder Inhalt des Leistungsversprechens wird, ist vielmehr der Parteiabrede unter Berücksichtigung aller Umstände des Einzelfalles zu entnehmen.[28]

Nach Maßgabe dessen ist der Vertrag mit einem *Rechtsanwalt*, der eine Prozessführung zum Gegenstand hat, regelmäßig ein Dienstvertrag, da der Rechtsanwalt den Prozessausgang nur bedingt beeinflussen kann.[29] Andererseits liegt bei der Erstellung eines Rechtsgutachtens ein Werkvertrag vor.[30] Entsprechendes gilt für einen *Steuerberater*, der eine Steuererklärung erstellt (= Werkvertrag), während ein auf die umfassende Wahrnehmung der steuerlichen Interessen des Auftraggebers gerichteter Vertrag dem Dienstvertragsrecht zuzuordnen ist.[31] Bei diesem fehlt ein isolierbarer Erfolg, den es zu bewirken gelten könnte. Da Rechtsanwälte und Steuerberater fremde Geschäfte besorgen, handelt es sich jeweils und unabhängig von der Zuordnung zum Dienst- oder Werkvertragsrecht um Geschäftsbesorgungsverträge i. S. des § 675 Abs. 1 BGB.[32]

12

---

[24] *Brox/Walker* § 19 Rn. 9 f.; *Larenz* BT 1, § 52 I, S. 310 f.; *Medicus/Lorenz* Rn. 691; RGRK/*Anders/Gehle* § 611 Rn. 20; *Soergel/Kraft* Vor § 611 Rn. 42.

[25] Zustimmend *Looschelders* Rn. 543.

[26] Siehe unten § 7 Rn. 60 ff.

[27] Vgl. *Brox/Walker* § 19 Rn. 10; *Soergel/Kraft* Vor § 611 Rn. 42.

[28] Vgl. BGH 10.06.1999 NJW 1999, 3118 f.

[29] *Palandt/Weidenkaff* Einf. v. § 611 Rn. 20; *Staudinger/Richardi/Fischinger* (2016) Vorbem. zu §§ 611 ff. Rn. 57.

[30] BGH 06.07.1971 BGHZ 56, 355 (364); *Esser/Weyers* BT 1, § 27 II, S. 235; *Busche* Münch-Komm. § 631 Rn. 161.

[31] BGH 04.06.1970 BGHZ 54, 106 (107 f.); BGH 06.11.1980 BGHZ 78, 335 (337 f.); *Soergel/Kraft* Vor § 611 Rn. 45.

[32] Dazu näher unten § 11 Rn. 78 ff.

13   Den *Arztvertrag* ordnete die h. M. – auch im operativen Bereich – bereits vor
Einfügung der §§ 630a ff. BGB als Dienstvertrag ein, soweit keine ausdrückliche
Erfolgszusage vorliegt.[33] Ob die erwünschte Heilung des Patienten eintritt, liegt
außerhalb des Einflussbereiches des Arztes; er kann lediglich anstreben, durch
eine fachgerechte Behandlung das ihm Mögliche zu unternehmen, um die Heilung
eintreten zu lassen. Die Einordnung des Behandlungsvertrages in den 8. Titel hat
diese Sichtweise nunmehr bestätigt.[34] Bei einer zahnprothetischen Behandlung gilt
dies für die Einpassung der Prothese, während sich die Herstellung derselben nach
Werkvertragsrecht beurteilt, das gemäß § 650 Satz 1 BGB für diesen Fall wiederum auf das Kaufrecht verweist, sodass z. B. in Bezug auf Sachmängel § 434 BGB
eingreift (typengemischter Vertrag).[35] Mangels Beherrschbarkeit des Lernerfolges
sind auch Verträge über die Erteilung von *Privatunterricht* als Dienstverträge einzustufen.[36] Verträge über eine *Krankenhausaufnahme* sind typengemischte Verträge,
deren Behandlungselement sich nach den §§ 611 ff. BGB bemisst. Hierbei kommen
unterschiedliche Vertragsgestaltungen, insbesondere auch Kombinationsmöglich-
keiten mit zusätzlichen Arztverträgen (Chefarztbehandlung) in Betracht.[37]

14   Besonders umstritten war die Zuordnung lange Zeit für die verschiedenen Leistungen von *Architekten*. Schon relativ früh entschied der BGH, dass der sowohl die
Bauplanung als auch die Bauleitung und Bauaufsicht umfassende Architektenvertrag ein einheitlich auf das Entstehen des Bauwerks gerichteter Werkvertrag ist.[38]
Mit den in das Werkvertragsrecht integrierten §§ 650p bis 650t BGB hat der Gesetzgeber diese dogmatische Einordnung bestätigt. Nach neuerer Rechtsprechung stellt
aber auch die isolierte Bauleitung bzw. -aufsicht eine Werkleistung dar, weil sich
in diesem Fall die Einzelleistungen im Entstehen des Bauwerkes niederschlagen
sollen.[39] Geschuldeter Erfolg ist allerdings nicht das Bauwerk in natura, sondern die
Koordination der einzelnen Bauleistungen, sodass sich auch die §§ 633 ff. BGB nur
auf derartige „Koordinationsmängel", nicht aber unmittelbar auf physische Mängel
am Bauwerk beziehen.[40]

---

[33] BGH 18.03.1980 BGHZ 76, 259 (261); *Erman/Edenfeld* § 611 Rn. 14; *Larenz* BT 1, § 52 I,
S. 309 f.; RGRK/*Anders/Gehle* § 611 Rn. 165; *Schlechtriem* Rn. 337; kritisch *Staudinger/Richardi/
Fischinger* (2016) Vorbem. zu §§ 611 ff. Rn. 55 f.

[34] Siehe unten § 7 Rn. 137.

[35] BGH 09.12.1974 BGHZ 63, 306 (309); *Busche* MünchKomm. § 631 Rn. 126 f.; *Soergel/Kraft*
Vor § 611 Rn. 43.

[36] BGH 08.03.1984 NJW 1984, 1531; *Larenz* BT 1, § 52 I, S. 311; RGRK/*Anders/Gehle* § 611
Rn. 752.

[37] Überblick dazu bei *Medicus/Lorenz* Rn. 681 ff. sowie *Müller-Glöge* MünchKomm. § 611
Rn. 105 ff.; siehe auch unten § 7 Rn. 147.

[38] BGH 26.11.1959 BGHZ 31, 224 (226 ff.); zustimmend *Larenz* BT 1, § 52 I, S. 311; *Medicus/
Lorenz* Rn. 691; *Soergel/Kraft* Vor § 611 Rn. 44; a. A. RG 01.12.1914 RGZ 86, 75 (77 f.).

[39] BGH 22.10.1981 BGHZ 82, 100 (105 ff.) m. w. N. und gegen BGH 06.07.1972 BGHZ 59, 163
(166); kritisch zur neueren Rechtsprechung *Esser/Weyers* BT 1, § 27 II 3d, S. 235. Näher unten
§ 8 Rn. 26.

[40] BGH 26.11.1959 BGHZ 31, 224 (228); *Soergel/Kraft* Vor § 611 Rn. 44; *Staudinger/Richardi/
Fischinger* (2016) Vorbem. zu §§ 611 ff. Rn. 59; näher unten § 8 Rn. 26.

II. Abgrenzung vom Dienstverschaffungsvertrag

Bei dem gesetzlich nicht eigens geregelten Dienstverschaffungsvertrag verpflich- **15**
tet sich eine Partei nicht i. S. des § 611 Abs. 1 BGB zur Leistung der Tätigkeit
selbst, sondern dazu, dem Vertragspartner die Tätigkeit eines Dritten zur Verfügung zu stellen, der zur Erbringung der betreffenden Dienstleistung geeignet und
bereit ist.[41] Vertragliche Beziehungen bestehen dabei typischerweise nur zwischen
dem Dienstverschaffenden und dem an der Dienstleistung Interessierten einerseits
(Dienstverschaffungsvertrag) und dem Dienstverschaffenden und dem die Tätigkeit Erbringenden andererseits (Dienst-, Arbeitsvertrag etc.); ein direktes Vertragsverhältnis zwischen dem Dienstleistenden und dem Dienstbegünstigten fehlt indes
regelmäßig.[42]

Die Dienstverschaffung unterscheidet sich von einem Dienstvertrag unter Ein- **16**
schaltung eines Dritten bei gleichzeitiger Befreiung von der persönlichen Leistungspflicht i. S. des § 613 Satz 1 BGB dadurch, dass der Dienstverschaffende die
Tätigkeit selbst nicht mehr schuldet. Folglich haftet er für Ausführungsmängel nicht
nach § 278 BGB, sondern nur für die sorgfältige Auswahl und die Dienstbereitschaft
des Dritten.[43] Umgekehrt steht das Weisungsrecht über den die Tätigkeit Erbringenden nicht dem Dienstverschaffenden, sondern dem Dienstbegünstigten zu.[44] Wenn –
wie regelmäßig – kein unmittelbarer Vertrag zwischen dem Dienstleistenden und
dem Dienstbegünstigten besteht, ergibt sich dessen Weisungsrecht daraus, dass der
Dienstverschaffende sein aus dem Innenverhältnis zum Dienstleistenden resultie-
rendes Weisungsrecht auf den Dienstbegünstigten übertragen hat.

Von der bloßen Dienstvermittlung unterscheidet sich die Dienstverschaffung **17**
dadurch, dass nicht (lediglich) der Abschluss eines Dienstvertrages mit einem
Dritten vermittelt wird, sondern die Dienste eines zur Erbringung der betreffenden Tätigkeit Geeigneten und Bereiten zur Verfügung zu stellen sind.[45] Letzteres
umfasst einen über die Bemühungen des Dienstverschaffenden hinausgehenden
unkörperlichen Erfolg (vgl. § 631 Abs. 2 BGB), sodass es nahe liegt, den Dienstverschaffungsvertrag als Werkvertrag einzuordnen;[46] zum geschuldeten Erfolg gehört
allerdings nicht der Arbeitserfolg der Tätigkeit selbst, die der Dienstverschaffende
als solche nicht schuldet. Hauptbeispiel für einen Dienstverschaffungsvertrag ist

---

[41] *Esser/Weyers* BT 1, § 27 II 3e, S. 236; *Larenz* BT 1, § 52 I, S. 311 f.; RGRK/*Anders/Gehle* § 611
Rn. 28; *Soergel/Kraft* Vor § 611 Rn. 49.

[42] BAG 04.07.1979 DB 1979, 2282 f.; RGRK/*Anders/Gehle* § 611 Rn. 30; *Soergel/Kraft* Vor § 611
Rn. 49.

[43] BGH 09.03.1971 NJW 1971, 1129; *Esser/Weyers* BT 1, § 27 II 3e, S. 236; *Larenz* BT 1, § 52 I,
S. 312; RGRK/*Anders/Gehle* § 611 Rn. 33; *Soergel/Kraft* Vor § 611 Rn. 50.

[44] *Medicus/Lorenz* Rn. 622; *Müller-Glöge* MünchKomm. § 611 Rn. 36.

[45] *Müller-Glöge* MünchKomm. § 611 Rn. 36; *Soergel/Kraft* Vor § 611 Rn. 49; *Staudinger/Richardi/
Fischinger* (2016) Vorbem. zu §§ 611 ff. Rn. 73.

[46] Für Vertrag sui generis die h. M.: *Esser/Weyers* BT 1, § 27 II 3e, S. 236; *Larenz* BT 1, § 52 I,
S. 312; *Schlechtriem* Rn. 340.

die Überlassung von eigenen Arbeitnehmern an Dritte, die im Arbeitnehmerüberlassungsgesetz näher geregelt ist.[47]

III. Abgrenzung vom Auftrag

18   Während der Dienstvertrag i. S. des § 611 Abs. 1 BGB eine entgeltliche Tätigkeit
voraussetzt, umfasst der Auftrag i. S. des § 662 BGB die unentgeltliche Besorgung eines fremden Geschäfts. Inwieweit die §§ 662 ff. BGB auf unentgeltlich
erbrachte Dienstleistungen Anwendung finden, hängt folglich von der Definition
der Geschäftsbesorgung in § 662 BGB ab.[48] Soweit das Auftragsrecht nicht anwendbar ist, können gegebenenfalls einzelne Vorschriften in den §§ 613 ff. BGB, die
nicht gerade an der Entgeltlichkeit anknüpfen, analoge Anwendung finden.[49] Falls
ein (entgeltlicher) Dienstvertrag nach seinem Inhalt auf eine Geschäftsbesorgung
gerichtet ist, finden nach § 675 Abs. 1 BGB *neben* den §§ 611 ff. BGB zahlreiche
Vorschriften des Auftragsrechts parallele Anwendung.[50]

IV. Abgrenzung vom Arbeitsvertrag

19   Sowohl die Vorschriften des Dienstvertragsrechts, die ausschließlich für Arbeitsverhältnisse gelten (§§ 611a, 612a, 613a, 615 Satz 3, 619a, 622 und 623 BGB), als auch
diejenigen Normen, die Arbeitsverhältnisse ausdrücklich aus ihrem Anwendungsbereich ausklammern (§§ 621, 627 BGB sowie §§ 620 Abs. 3, 630 Satz 4 BGB),
zwingen dazu, den freien Dienstvertrag vom Arbeitsvertrag abzugrenzen.

20   Hierbei stehen die privatrechtlichen Austauschbeziehungen zwischen den Vertragsparteien in Rede, sodass der arbeitsrechtliche Arbeitnehmerbegriff das
maßgebliche Kriterium bildet. Für diesen hat § 7 Abs. 1 SGB IV, der das sozial-
versicherungsrechtliche Beschäftigungsverhältnis umschreibt, keine Bedeutung, da dessen Inhalt weiter ist als derjenige des Arbeitsverhältnisses.[51] Entsprechendes gilt für die Umschreibung des Arbeitnehmerbegriffs in § 1 der
Lohnsteuer-Durchführungs-Verordnung.

21   Die in § 611a Abs. 1 Satz 1 BGB zum Ausdruck gelangte h. M. zieht die *persönliche Abhängigkeit* des Dienstverpflichteten vom Dienstberechtigten als maßgebliches

---

[47] Arbeitnehmerüberlassungsgesetz v. 03.02.1995, BGBl. I S. 158.

[48] Dazu unten § 11 Rn. 78 ff.

[49] *Müller-Glöge* MünchKomm. § 611 Rn. 34; *Soergel/Kraft* Vor § 611 Rn. 29; a. A. unter Befür-
wortung einer extensiven Anwendung des Auftragsrechts *Larenz* BT 1, § 52 I, S. 312; *Medicus/
Lorenz* Rn. 620.

[50] Näher unten § 11 Rn. 8.

[51] Siehe den Wortlaut von § 7 Abs. 1 Satz 1 SGB IV: „nichtselbständige Arbeit, insbesondere in
einem Arbeitsverhältnis".

Kriterium für die Arbeitnehmereigenschaft im arbeitsrechtlichen Sinne heran („unselbständiger" Dienstvertrag).[52] Hierfür muss der Arbeitnehmer unter Zugrundelegung eines typologischen Verständnisses seine Dienste im Rahmen einer von Dritten bestimmten Arbeitsorganisation leisten.[53]

Traditioneller Ausgangspunkt für die Bestimmung einer Eingliederung in die **22** Organisationsstruktur des Dienstberechtigten ist das Nichtvorliegen einer selbstständigen Tätigkeit i. S. des § 84 Abs. 1 Satz 2 HGB.[54] Selbstständig ist nach dieser Norm, wer seine Tätigkeit im Wesentlichen frei gestalten und seine Arbeitszeit selbst bestimmen kann. Hieraus folgt – wie § 611a Abs. 1 Satz 3 BGB ausdrücklich bestimmt – umgekehrt, dass derjenige, der im Hinblick auf seine Tätigkeit, den Arbeitsort und die Arbeitszeit im Wesentlichen den Weisungen seines Vertragspartners unterliegt (*persönliche Weisungsgebundenheit*), unselbstständige Dienste und damit eine Arbeitsleistung erbringt.[55] In diesem Fall liegt ein Arbeitsverhältnis z. B. bei Rundfunkmitarbeitern vor, deren Tätigkeit durch Dienstpläne fremdbestimmt werden kann.[56]

Neben der in Abgrenzung zu § 84 Abs. 1 Satz 2 HGB in § 611a Abs. 1 Satz 2 und **23** 3 BGB definierten persönlichen Weisungsgebundenheit ist für die Einbindung in die fremde Arbeitsorganisation als Ausdruck einer persönlichen Abhängigkeit und damit für die Arbeitnehmereigenschaft *keine umfassende fachliche Weisungsbefugnis* des Dienstberechtigten erforderlich; der hinsichtlich Zeit und Ort der Dienstleistung in die Krankenhausstruktur eingegliederte Chefarzt ist Arbeitnehmer, obwohl er in Bezug auf seine Behandlungsmethoden keiner Fremdbestimmung unterliegt.[57] Trotz des Weisungsrechts der Gesellschafter nach § 37 Abs. 1 GmbHG wird hingegen GmbH-Geschäftsführern wie anderen Organmitgliedern juristischer Personen regelmäßig die Arbeitnehmereigenschaft abgesprochen, da sie die juristische Person als potenziellen Arbeitgeber selbst repräsentieren.[58]

---

[52] Für die ständige Rechtsprechung BAG 15.02.2012 NJW 2012, 2903 Rn. 13 sowie aus dem Schrifttum *Erman/Edenfeld* § 611 Rn. 56; *Hueck* RdA 1969, 216 (217); *Soergel/Kraft* Vor § 611 Rn. 5; Nachweise zu abweichenden Konzeptionen bei RGRK/*Schliemann* § 611 Rn. 1005 ff.

[53] BAG 20.07.1994 BAGE 77, 226 (232); *Müller-Glöge* MünchKomm. § 611 Rn. 171; *Staudinger/Richardi/Fischinger* (2016) § 611 Rn. 31 ff.

[54] BAG 15.03.1978 BAGE 30, 163 (169); BAG 30.11.1994 BAGE 78, 343 (353); *Esser/Weyers* BT 1, § 27 II 2, S. 232; *Müller-Glöge* MünchKomm. § 611 Rn. 174; RGRK/*Schliemann* § 611 Rn. 990; *Soergel/Kraft* Vor § 611 Rn. 7.

[55] BAG 09.09.1981 BAGE 36, 77 (82); BAG 15.02.2012 NJW 2012, 2903 Rn. 13; *Erman/Edenfeld* § 611 Rn. 59; *Soergel/Kraft* Vor § 611 Rn. 9 f.

[56] BAG 30.11.1994 BAGE 78, 343 (352); ebenso für die Einteilung von Lehrkräften in Stundenpläne BAG 15.02.2012 NJW 2012, 2903 Rn. 17.

[57] BAG 10.11.1955 BAGE 2, 221 ff.; *Müller-Glöge* MünchKomm. § 611 Rn. 176; *Staudinger/Richardi/Fischinger* (2016) § 611 Rn. 35.

[58] BGH 09.11.1967 BGHZ 49, 30 (31); BGH 29.01.1981 BGHZ 79, 291 (292); *Staudinger/Richardi/Fischinger* (2016) § 611 Rn. 351 ff. m. w. N. Besonderheiten können bei GmbH-Fremdgeschäftsführern bestehen, wenn diese aufgrund des primären oder sekundären Unionsrechts wegen des Gebots einer autonomen Auslegung zum Kreis der Arbeitnehmer zählen; dazu EuGH 11.11.2010 NJW 2011, 2343 ff. „Danosa".

24   Eine *wirtschaftliche Abhängigkeit* des Dienstverpflichteten vom Dienstberechtigten genügt weder für das Vorliegen eines Arbeitsvertrages noch ist diese hierfür erforderlich.[59] Dies bestätigt § 92a HGB. Danach verliert der Handelsvertreter seine Selbstständigkeit nicht allein dadurch, dass er ausschließlich für seinen Vertragspartner tätig werden darf oder aufgrund des Umfangs der verlangten Tätigkeit sein kann (sog. Einfirmenvertreter). Vielmehr wird dem hieraus resultierenden Schutzbedürfnis des Handelsvertreters dadurch Rechnung getragen, dass gemäß § 92a Abs. 1 HGB eine Rechtsverordnung Untergrenzen für die vertraglichen Leistungen des Unternehmers festsetzen kann. Auf den lediglich wirtschaftlich, nicht aber persönlich Abhängigen finden somit diejenigen Vorschriften der §§ 611 ff. BGB, deren Geltungsbereich auf Arbeitsverhältnisse beschränkt ist, grundsätzlich keine Anwendung.

25   Führt die wirtschaftliche Abhängigkeit zu einer mit dem persönlich abhängigen Arbeitnehmer *vergleichbaren sozialen Schutzbedürftigkeit*, handelt es sich bei dem zur Dienstleistung Verpflichteten um eine arbeitnehmerähnliche Person (vgl. die Legaldefinition in § 12a Abs. 1 Nr. 1 TVG).[60] Diese hat der Gesetzgeber in *einzelnen* Bestimmungen außerhalb des BGB mit Arbeitnehmern gleichgestellt (z. B. § 6 Abs. 1 Satz 1 Nr. 3 AGG, § 2 Satz 2 BUrlG, § 7 Abs. 1 Nr. 3 PflegeZG, § 5 Abs. 1 Satz 2 ArbGG).[61] Aus diesen singulären Vorschriften kann keine generelle Gleichstellungsabsicht des Gesetzgebers abgeleitet werden (argumentum e contrario), sodass auf arbeitnehmerähnliche Personen im Übrigen grundsätzlich das Recht des freien Dienstvertrages Anwendung findet. Lediglich zurückhaltend ist eine analoge Anwendung einzelner arbeitsrechtlicher Normen zu erwägen.[62]

C. Abschluss des Dienstvertrages

I. Vertragsschluss

26   Für den Abschluss des Dienstvertrages legen die §§ 611 bis 630 BGB grundsätzlich keine Besonderheiten fest. Es genügen zwei übereinstimmende Willenserklärungen i. S. der §§ 145 ff. BGB. *Formvorschriften* sind beim Abschluss von freien Dienstverträgen nicht zu beachten.

---

[59] BAG 20.07.1994 BAGE 77, 226 (232); *Erman/Edenfeld* § 611 Rn. 58; RGRK/*Schliemann* § 611 Rn. 990; *Staudinger/Richardi/Fischinger* (2016) § 611 Rn. 25; so auch die Rechtsprechung des Reichsarbeitsgerichts seit RAG 15.02.1930 ARS 8, 451.

[60] Zum Begriff der arbeitnehmerähnlichen Person siehe *Staudinger/Richardi/Fischinger* (2016) § 611 Rn. 232 ff. m. w. N.

[61] Übersicht über die für arbeitnehmerähnliche Personen ausdrücklich geltenden Schutzvorschriften bei *Erman/Edenfeld* § 611 Rn. 136.

[62] Hierzu z. B. *Buchner* NZA 1998, 1144 ff.; *Hromadka* NZA 1997, 1249 ff.; *Oetker* Festschrift zum 50jährigen Bestehen der Arbeitsgerichtsbarkeit Rheinland-Pfalz, 1999, S. 311 ff.; *Pfarr* Festschrift für Kehrmann, 1997, S. 75 ff.; *Rieble* ZfA 1998, 327 (345 ff.) sowie ausführlich *C. Schubert* Der Schutz arbeitnehmerähnlicher Personen, 2004. Ablehnend z. B. bezüglich § 622 Abs. 1 und 2 BGB BAG 08.05.2007 AP Nr. 15 zu § 611 BGB Arbeitnehmerähnlichkeit.

Soll ein Minderjähriger Partei des Dienstvertrages werden, benötigt er regelmä- **27**
ßig die Zustimmung beider Elternteile als gesetzliche Vertreter i. S. der §§ 107 f.,
1629 Abs. 1 BGB. Nimmt der Minderjährige, der das siebente Lebensjahr vollendet
hat, die Stellung des Dienstberechtigten ein, bedarf es der Zustimmung freilich
nicht, wenn er nach Maßgabe des § 112 Abs. 1 BGB zum Betrieb eines Erwerbs-
geschäfts ermächtigt worden ist und der Vertragsabschluss zum Betrieb dieses
Geschäfts gehört. Ist der Minderjährige umgekehrt Dienstverpflichteter, entfällt
das Zustimmungserfordernis nach § 113 Abs. 1 BGB, wenn eine entsprechende
Ermächtigung vorliegt, in Dienst oder Arbeit zu treten. Eine Genehmigung durch
das Familiengericht ist nach § 1822 Nr. 7 BGB erforderlich, wenn ein Mündel durch
den Dienstvertrag zu persönlichen Leistungen für eine längere Zeit als ein Jahr verpflichtet werden soll.

Der Abschluss von Dienstverträgen unterliegt regelmäßig nicht den Bindungen **28**
durch die in § 1 AGG aufgezählten Diskriminierungsverbote. Bei Dienstverträgen
handelt es sich zumeist nicht um Massengeschäfte i. S. des § 19 Abs. 1 Nr. 1 AGG
und auch der Beschäftigtenschutz in den §§ 6 ff. AGG erfasst freie Dienstverhältnisse nur in bestimmten Konstellationen. Durch den im Vergleich zum Arbeitnehmerbegriff weiter gefassten Begriff des Beschäftigten werden jedoch zumindest
arbeitnehmerähnliche Personen[63] (§ 6 Abs. 1 Satz 1 Nr. 3 AGG) einbezogen; ferner
gelten die Diskriminierungsverbote im Hinblick auf den Zugang zu einer Erwerbstätigkeit auch für Anstellungsverhältnisse mit Organmitgliedern sowie deren kör-
perschaftliche Bestellung (§ 6 Abs. 3 AGG).[64] Ungeachtet der eingeschränkten
Reichweite des Allgemeinen Gleichbehandlungsgesetzes für Dienstverträge können
Diskriminierungen aus den in § 1 AGG aufgezählten Gründen jedoch nach § 138
Abs. 1 BGB wegen eines Verstoßes gegen die guten Sitten nichtig sein bzw. nach
§ 826 BGB zum Schadensersatz verpflichten.

Bei der Dienstleistung im Rahmen eines Dienstvertrages handelt es sich um eine **29**
„entgeltliche Leistung" i. S. des § 312 Abs. 1 BGB. Schließt ein Verbraucher i. S.
des § 13 BGB mit einem dienstleistenden Unternehmer (§ 14 BGB) einen Vertrag
unter Benutzung von Fernkommunikationsmitteln i. S. des § 312c Abs. 2 BGB ab,
steht ihm grundsätzlich ein 14tägiges Widerrufsrecht nach Maßgabe der §§ 312g,
355 BGB zu. Allerdings nimmt § 312g Abs. 2 Satz 1 Nr. 8 bis 10 BGB verschiedene
Formen von Dienstleistungen hiervon generell heraus. Das gilt indes wegen § 310
Abs. 3 Nr. 7 BGB nicht, wenn der Unternehmer soziale Dienstleistungen, wie z. B.
Kinderbetreuung und Pflegeleistungen, zu erbringen hat. Entsprechendes gilt, wenn
der Verbraucher als Gläubiger der Dienstleistung den Dienstvertrag außerhalb von
Geschäftsräumen des zur Dienstleistung verpflichteten Unternehmers abgeschlossen hat (§ 312g BGB i. V. mit § 312b BGB). Wird der Dienstvertrag unter Einsatz
vorformulierter Vertragsbedingungen abgeschlossen, sind für deren Einbeziehung
§ 305 Abs. 2 und 3 BGB maßgebend; lediglich bei Arbeitsverhältnissen gilt insoweit Abweichendes (§ 310 Abs. 4 Satz 2 BGB).

---

[63] Siehe oben § 7 Rn. 25.
[64] Dazu BGH 23.04.2012 NJW 2012, 2346 Rn. 18 ff.

II. Abschlussmängel

30   Ein Dienstvertrag kann nach allgemeinen Vorschriften unwirksam, insbesondere
nichtig sein (z. B. §§ 105, 134, 138, 142 Abs. 1 BGB). Im Arbeitsrecht ist allerdings
weitgehend anerkannt, dass ein *in Vollzug gesetztes* Arbeitsverhältnis, das an einem
Unwirksamkeitsgrund leidet, aufgrund einer teleologischen Reduktion der jeweiligen Nichtigkeitsnorm grundsätzlich nur noch durch eine Erklärung mit Wirkung *ex
nunc* beendet werden kann.[65]

31   Es stellt sich die Frage, ob diese Rechtsprinzipien des sog. fehlerhaften Arbeitsverhältnisses auf freie Dienstverträge übertragbar sind, die einen Abschlussmangel
aufweisen. Dies ist zu bejahen, wenn man die rechtliche Legitimation für die Einschränkung der Unwirksamkeitsfolgen gänzlich oder zumindest überwiegend darin
erblickt, dass bei Dauerschuldverhältnissen Rückabwicklungsschwierigkeiten auftreten können, auf die das Bereicherungsrecht nicht angemessen reagiere.[66]

32   Ein allgemeines Rechtsprinzip dergestalt, dass in Vollzug gesetzte Dauerschuldverhältnisse nicht *ex tunc* abgewickelt werden dürften, existiert jedoch nicht.
Vielmehr liegt die Begründung für die vorläufige Rechtswirksamkeit fehlerhafter
Arbeitsverhältnisse richtigerweise nicht ausschließlich in möglichen Rückabwicklungsschwierigkeiten, sondern vielmehr darin, dass mit der Invollzugsetzung eine
Eingliederung in die Organisation des Arbeitgebers erfolgt, die zu einer erhöhten
sozialen Schutzbedürftigkeit führt (z. B. Entgeltfortzahlung im Krankheitsfall nach
§ 3 EFZG) und der eine bereicherungsrechtliche Rückabwicklung nicht hinreichend Rechnung tragen würde.[67] Eine derartige persönliche Abhängigkeit fehlt aber
bei freien Dienstverträgen, da bei diesen der Austauschcharakter im Vordergrund
steht.[68]

33   Zwei Entscheidungen des BGH, in denen die Grundsätze des fehlerhaften
Arbeitsverhältnisses auf andere dienstvertragliche Rechtsbeziehungen angewendet
wurden, betrafen Sonderkonstellationen: In dem einen Fall ging es um das fehlerhafte Anstellungsverhältnis des Vorstandes einer Aktiengesellschaft, das ähnlich
wie ein Arbeitsverhältnis durch eine organisationsrechtliche Komponente geprägt
wurde;[69] die zweite Entscheidung betraf die Rechtsstellung einer arbeitnehmerähnlichen Person.[70] Bei „reinen" freien Dienstverträgen sind jedoch die Rechtsfolgen

---

[65] Grundlegend BAG 15.11.1957 BAGE 5, 58 (65 f.) sowie BAG 05.12.1957 BAGE 5, 159 (161 f.);
Müller-Glöge MünchKomm. § 611 Rn. 639; RGRK/*Schliemann* § 611 Rn. 936; *Soergel/Kraft*
§ 611 Rn. 40 ff.; *Staudinger/Richardi/Fischinger* (2016) § 611 Rn. 700 ff.

[66] In diese Richtung vor allem *Brox* Die Einschränkung der Irrtumsanfechtung, 1960, S. 231 ff.; *Brox/
Walker* § 19 Rn. 24; *Soergel/Kraft* § 611 Rn. 41; ebenso i. E. *Harke* Rn. 238; *Looschelders* Rn. 556.

[67] So insbesondere *Wiedemann* Das Arbeitsverhältnis als Austausch- und Gemeinschaftsverhältnis,
1966, S. 75 ff.

[68] Siehe oben § 7 Rn. 19 ff.

[69] Siehe BGH 06.04.1964 BGHZ 41, 282 (286 ff.).

[70] BGH 12.01.1970 BGHZ 53, 152 (157 f.). Zum Begriff der arbeitnehmerähnlichen Person siehe
oben § 7 Rn. 25.

von Unwirksamkeitsgründen unmodifiziert anzuwenden, sodass auch bei bereits in Vollzug gesetzten Beziehungen eine bereicherungsrechtliche Rückabwicklung vorzunehmen ist.[71]

Für die Bemessung der durch die Dienstleistung eingetretenen Vermögensmehrung, d. h. des „Erlangten" i. S. des § 812 BGB, ist allerdings die durch den – wenn auch unwirksamen – Vertrag vorgesehene Risikoverteilung zu berücksichtigen:[72] Da der „Dienstverpflichtete" das Erfolgsrisiko seiner Tätigkeit gerade nicht tragen sollte, darf das Ausbleiben eines solchen Erfolges nicht zum Anlass genommen werden, jegliche Bereicherung des „Dienstberechtigten" infolge der Tätigkeit von vornherein zu verneinen.[73] **34**

III. Vergütungsabrede

Eine den §§ 632, 653, 689 BGB strukturell entsprechende Besonderheit regelt § 612 Abs. 1 und 2 BGB in Bezug auf die Vergütungsvereinbarung. Die Anwendbarkeit des Dienstvertragsrechts setzt grundsätzlich voraus, dass die Tätigkeit entgeltlich erbracht wird.[74] Nach § 612 Abs. 1 BGB „gilt" aber eine Vergütung unabhängig von der sonstigen Parteiabrede als stillschweigend vereinbart, wenn die Dienstleistung den Umständen nach nur gegen eine Vergütung zu erwarten ist. Entsprechendes (d. h. eine Vergütungserhöhung) greift ein, wenn einvernehmlich höherwertigere Dienste geleistet werden als diejenigen, auf die sich die Vergütungsvereinbarung bezieht.[75] **35**

Die Rechtsnatur der Vorschrift ist umstritten: Nach einer sich an den Wortlaut anlehnenden Ansicht handelt es sich um eine Fiktion („gilt als [...] vereinbart").[76] Da jedoch die „stillschweigende Vereinbarung" einer Vergütung unabhängig von den objektiven Umständen unstreitig ausscheidet, wenn die Parteien die Entgeltlichkeit einverständlich ausgeschlossen haben, liegt es näher, § 612 Abs. 1 BGB in Anlehnung an die Gesetzesmaterialien als *besondere Form einer widerleglichen Vermutung* zu bewerten.[77] **36**

---

[71] So wohl auch *Esser/Weyers* BT 1, § 28 I 2, S. 238.

[72] Allgemein zu den bereicherungsrechtlichen Besonderheiten fehlgeschlagener Austauschverträge *Larenz/Canaris* BT 2, § 73 III, S. 321 ff.

[73] Vgl. zu den bereicherungsrechtlichen Konsequenzen *Schwab* MünchKomm. § 812 Rn. 19 ff.; *Staudinger/Lorenz* (2007) § 812 Rn. 72 jeweils m. w. N.

[74] Siehe oben § 7 Rn. 18.

[75] BAG 16.02.1978 AP Nr. 31 zu § 612 BGB; *Soergel/Raab* § 612 Rn. 30; *Staudinger/Richardi/Fischinger* (2016) § 612 Rn. 25 f.

[76] *Erman/Edenfeld* § 612 Rn. 1; *Esser/Weyers* BT 1, § 28 I 3, S. 238; *Larenz* BT 1, § 52 I, S. 314 f.; *Müller-Glöge* MünchKomm. § 612 Rn. 5.

[77] Mot. II, S. 459; RGRK/*Hilger* § 612 Rn. 7; *Soergel/Raab* § 612 Rn. 3; wohl auch *Staudinger/Richardi/Fischinger* (2016) § 612 Rn. 5.

37   Die Wirkung des § 612 Abs. 1 BGB kann deshalb nur eine abweichende positive Erklärung mindestens einer Partei (regelmäßig des Dienstberechtigten) ausschließen. Die Vorschrift verhindert somit insbesondere die Unwirksamkeit des Vertrages wegen eines versteckten Dissenses (§ 155 BGB). Hingegen findet § 612 Abs. 1 BGB entgegen der h. L. keine Anwendung, wenn der „Dienstberechtigte" offen erklärt hat, kein Entgelt schulden zu wollen (offener Dissens i. S. des § 154 BGB), da der „Dienstverpflichtete" in diesem Fall hinreichend gewarnt ist.[78] Andernfalls würde die Vorschrift zu stark in die Nähe einer Fiktion gerückt.

38   Zudem setzt die Anwendung des § 612 Abs. 1 BGB voraus, dass zumindest in Bezug auf die Tätigkeitspflicht eine ausdrückliche oder konkludente Übereinkunft erzielt worden ist.[79] Hat der Dienstberechtigte in diesem Fall keinen offenen Vorbehalt der Unentgeltlichkeit erklärt, obwohl die Dienstleistung den objektiven Umständen nach nur gegen eine Vergütung zu erwarten war, kann er seine Willenserklärung selbst dann nicht nach § 119 Abs. 1 BGB anfechten, wenn er subjektiv von einer Unentgeltlichkeit der Tätigkeit ausging, weil die Vermutung des § 612 Abs. 1 BGB nur durch eine positive gegenteilige Erklärung ausgeschaltet werden kann, die in diesem Fall gerade fehlt.[80]

39   Anhand dieser Kriterien lässt sich auch das sog. *Fehlschlagen einer Vergütungserwartung* zutreffend rechtlich erfassen. Damit sind Sachverhalte gemeint, in denen eine Dienstleistung in der Erwartung einer späteren „Gegenleistung", z. B. einer Erbschaft, erbracht wurde, die letztlich jedoch ausbleibt.[81] Dabei kann die „Gegenleistung" entweder bloß unverbindlich in Aussicht gestellt oder in rechtsunwirksamer Weise (z. B. durch ein nach den §§ 125 Satz 1, 2247 Abs. 1 BGB formnichtiges Testament) versprochen worden sein. In diesen Sachverhalten soll § 612 Abs. 1 BGB nach der Rechtsprechung eine „Auffangfunktion" übernehmen und an Stelle der fehlgeschlagenen Vergütung eine angemessene dienstvertragliche Entlohnung eingreifen, selbst wenn sich derjenige, der die Dienstleistung erbringt, seinerseits nicht zu der jeweiligen Tätigkeit verpflichtet hatte, sondern diese rein tatsächlich durchführt.[82]

40   Diese Auffassung denaturiert die Vorschrift jedoch zu einer dem Bereicherungsrecht ähnlichen Regelung. Die Rechtsfolge des § 612 Abs. 1 BGB ist nur dann

---

[78] Wohl auch *Staudinger/Richardi/Fischinger* (2016) § 612 Rn. 19; ähnlich *Canaris* BB 1967, 165; a. A. *Esser/Weyers* BT 1, § 28 I 3, S. 238; RGRK/*Hilger* § 612 Rndr. 4; *Soergel/Kraft* § 612 Rn. 12.

[79] *Erman/Edenfeld* § 612 Rn. 1; *Soergel/Raab* § 612 Rn. 17; *Staudinger/Richardi/Fischinger* (2016) § 612 Rn. 11 ff.

[80] Ebenso im Ergebnis *Larenz* BT 1, § 52 I, S. 315; *Müller-Glöge* MünchKomm. § 612 Rn. 7; *Soergel/Raab* § 612 Rn. 16; *Staudinger/Richardi/Fischinger* (2016) § 612 Rn. 17.

[81] *Erman/Edenfeld* § 612 Rn. 5; RGRK/*Hilger* § 612 Rn. 29; *Staudinger/Richardi/Fischinger* (2016) § 612 Rn. 8; eingehend zum Ganzen *Beuthien* RdA 1969, 161 (166 ff.).

[82] BAG 24.09.1960 AP Nr. 15 zu § 612 BGB; BAG 14.07.1966 AP Nr. 24 zu § 612 BGB; BGH 23.02.1965 AP Nr. 3 zu § 196 BGB; zustimmend RGRK/*Hilger* § 612 Rn. 29 ff.; *Müller-Glöge* MünchKomm. § 612 Rn. 14.

gerechtfertigt, wenn der Dienstleistende sich zu seiner Tätigkeit verpflichtet hatte; die Norm soll ersichtlich nur die Vergütungskomponente des Dienstvertrages regeln.[83] Wenn eine Vergütung in nichtiger Weise versprochen oder in offener Weise nur unverbindlich in Aussicht gestellt wurde, fehlt es zudem an der ambivalenten Situation, vor der § 612 Abs. 1 BGB den die Tätigkeit Erbringenden nach richtiger Auffassung schützen soll.[84] Insoweit ist das Fehlgehen einer artikulierten Vergütungserwartung gegenüber dem in § 612 Abs. 1 BGB geregelten Fall der objektiven Vergütungsüblichkeit kein „Minus", sondern ein *aliud*, das entgegen der Auffassung des Bundesarbeitsgerichts[85] keinen Erst-recht-Schluss (*argumentum a majore ad minus*) für die Anwendung der Vorschrift erlaubt. Schließlich lässt sich dogmatisch nicht erklären, wie die über § 612 Abs. 1 BGB erzielte dienstvertragliche Vergütung wieder entfallen soll, wenn sich die ursprüngliche Vergütungserwartung letztlich doch realisiert (z. B. bei Abfassung eines neuen, formwirksamen Testaments zugunsten des Dienstleistenden).[86] Die Fälle einer fehlgeschlagenen Vergütungserwartung sind daher außerhalb des Dienstvertragsrechts zu lösen. Regelmäßig kommt eine Zweckverfehlungskondiktion in Betracht (§ 812 Abs. 1 Satz 2 Alt. 2 BGB);[87] sofern es sich um eine Dienstleistung im familiären Bereich handelt, können auch vorrangige familienrechtliche Ausgleichsinstitute einschlägig sein.[88]

Gilt eine Vergütung für die Dienste nach § 612 Abs. 1 BGB als stillschweigend **41** vereinbart oder haben sich die Vertragsparteien in sonstigen Fällen nicht über die Vergütungshöhe verständigt, dann gilt gemäß § 612 Abs. 2 BGB eine taxmäßige, in Ermangelung einer Taxe eine übliche Vergütung als vereinbart. Dabei sind als Taxe i. S. des § 612 Abs. 2 BGB nur staatlich festgesetzte Vergütungssätze anzusehen wie z. B. die Gebührenordnungen für freie Berufe (Ärzte, Rechtsanwälte).[89] Aufgrund des ersatzweisen Eingreifens einer üblichen Vergütung scheidet ein Leistungsbestimmungsrecht des Dienstberechtigten nach den §§ 315, 316 BGB regelmäßig aus; dieses ist erst anzuerkennen, wenn Anhaltspunkte für eine „übliche Vergütung" fehlen.

---

[83] *Soergel/Raab* § 612 Rn. 29; *Staudinger/Richardi/Fischinger* (2016) § 612 Rn. 11. Da zu den *essentialia negotii* eines Dienstvertrages auch die Vergütung gehört, setzt die Anwendbarkeit des § 612 Abs. 1 BGB jedoch nicht das Bestehen eines Dienstvertrages voraus, sondern ein solcher Vertrag wird durch die Vorschrift in den betreffenden Konstellationen erst erzeugt (*Erman/Edenfeld* § 612 Rn. 1). Vorausgesetzt wird nach richtiger Ansicht aber eine Dienstverpflichtung.

[84] *Canaris* BB 1967, 165; *Medicus/Lorenz* Rn. 1144; *Soergel/Raab* § 612 Rn. 25; *Staudinger/Richardi/Fischinger* (2016) § 612 Rn. 18.

[85] BAG 15.03.1960 AP Nr. 13 zu § 612 BGB.

[86] *Beuthien* Anmerkung zu AP Nr. 27, 28 zu § 612 BGB; *Canaris* BB 1967, 165; *Soergel/Raab* § 612 Rn. 25.

[87] *Soergel/Raab* § 612 Rn. 28; *Staudinger/Richardi/Fischinger* (2016) § 612 Rn. 10.

[88] Siehe dazu BGH 02.10.1991 NJW 1992, 427 ff.; *Gernhuber/Coester-Waltjen* § 20 Rn. 17 ff.

[89] *Müller-Glöge* MünchKomm. § 612 Rn. 28.

D. Pflichten und Haftung des Dienstverpflichteten

I. Inhalt der Dienstleistung

42   Nach dem Dienstvertrag muss der Dienstverpflichtete als Hauptleistung die versprochenen Dienste erbringen; hierauf hat der Dienstberechtigte einen Anspruch (§ 611 Abs. 1 BGB). Eine Erzwingung der Tätigkeit im Wege der Zwangsvollstreckung schließt indes § 888 Abs. 3 ZPO aus, der aber lediglich eine prozessuale Vollstreckungssperre errichtet. Dementsprechend ist materiellrechtlich mit der h. M. davon auszugehen, dass der Dienstverpflichtete seine Schuld nicht bereits mit der Bereitschaft zur Dienstleistung und deren Anbieten erfüllt hat, sondern erst, wenn er die Dienste tatsächlich erbringt.[90]

43   Hinsichtlich des Inhalts der Tätigkeit gilt grundsätzlich die Vertragsfreiheit; § 611 Abs. 2 BGB hält ausdrücklich fest, dass „Dienste jeder Art" Gegenstand des Dienstvertrages sein können. Auch der Unterricht eines juristischen Nachhilfelehrers („Repetitors") kann deshalb aufgrund eines Dienstvertrages vereinbart werden. Äußerste Grenzen werden der Vereinbarungsfreiheit lediglich durch die §§ 134, 138 BGB gezogen. Die Begehung eines Verbrechens kann ebenso wenig wie eine sittlich anstößige Handlung Gegenstand eines rechtswirksamen Dienstvertrages sein.

44   Umschreibt der Vertrag die geschuldeten Dienste nur grob, dann sind die im konkreten Fall geschuldeten Tätigkeiten im Wege der Auslegung gemäß den §§ 133, 157 BGB aus dem Vertrag zu entnehmen. Ergänzend ist auf § 242 BGB unter Berücksichtigung der Interessen des Dienstberechtigten zurückzugreifen. Gegebenenfalls steht dem Dienstberechtigten in Anlehnung an § 315 BGB ein Weisungsrecht zur Konkretisierung der zu erbringenden Tätigkeit zu.[91]

45   Bei der Bestimmung des Inhalts der Leistungspflicht ist zudem die besondere *Personenbezogenheit des Dienstvertrages* zu beachten. Der Dienstberechtigte schließt den Dienstvertrag im Zweifel nicht nur wegen der vom Vertragspartner geschuldeten Tätigkeit, sondern auch im Hinblick auf dessen individuelle Fähigkeiten ab. Dies hat im Wesentlichen zwei Konsequenzen:

46   Erstens handelt es sich bei den versprochenen Diensten im Zweifel um eine höchstpersönliche Leistungspflicht (§ 613 Satz 1 BGB), sodass der Dienstverpflichtete die Ausführung der Tätigkeit nicht einem Dritten zur weitgehend selbstständigen Wahrnehmung übertragen darf. Allerdings wird das Recht, weisungsgebundene und sachkundige Hilfspersonen hinzuzuziehen, bei freien Dienstverträgen durch § 613 Satz 1 BGB so lange nicht berührt, als der Vertragschließende die Leistung in ihren wesentlichen Teilen selbst erbringt.[92] Ist die Dienstleistung nach dem Vertragsinhalt

---

[90] Statt aller *Staudinger/Richardi/Fischinger* (2016) § 611 Rn. 1038.

[91] *Brox/Walker* § 20 Rn. 2; *Esser/Weyers* BT 1, § 28 II 1b, S. 239; *Schlechtriem* Rn. 355. Soweit ein Geschäftsbesorgungsvertrag vorliegt (dazu unten § 11 Rn. 77 ff.), folgt das Weisungsrecht bereits aus den §§ 675 Abs. 1, 665 BGB.

[92] *Larenz* BT 1, § 52 II a, S. 315; *Looschelders* Rn. 561; *Medicus/Lorenz* Rn. 625; *Müller-Glöge* MünchKomm. § 613 Rn. 3 ff.; a. A. *Staudinger/Richardi/Fischinger* (2016) § 613 Rn. 4.

von einem Unternehmen (z. B. auch einer Anwaltssozietät) geschuldet, kann diese mit der Gesamtheit der bestehenden Unternehmensorganisation bewirkt werden (d. h. im Beispiel durch alle Anwälte der Sozietät).[93]

Wegen der höchstpersönlichen Leistungspflicht ist der Dienstleistungsanspruch **47** auf der Passivseite nicht vererblich; für vermögensrechtliche Ansprüche gegen den verstorbenen Dienstverpflichteten (z. B. Schadensersatzansprüche) haften aber dessen Erben nach § 1967 Abs. 1 BGB.[94] Zudem ordnet § 613 Satz 2 BGB an, dass umgekehrt auch der Anspruch des Dienstberechtigten im Zweifel nicht ohne Zustimmung des Dienstverpflichteten übertragbar ist. Darunter fällt jedoch nur eine *rechtsgeschäftliche* Übertragung nach den §§ 398 ff. BGB; eine Vererblichkeit der Dienstberechtigung wird auf der Aktivseite somit nicht durch § 613 Satz 2 BGB, sondern allenfalls von den §§ 412, 399 Alt. 1 BGB ausgeschlossen, wenn spezifisch auf die Person des Dienstberechtigten bezogene Tätigkeiten geschuldet sind (z. B. Pflegedienste).[95] Die Bestimmungen des § 613 BGB enthalten zudem lediglich Zweifelsregelungen, sodass die Vertragsparteien abweichende Vereinbarungen treffen können.

Zweitens folgt aus der engen Beziehung der Dienstleistung zur Person des Ver- **48** pflichteten, dass sich das Niveau der geschuldeten Tätigkeit (Leistungsstandard) regelmäßig nicht nach rein objektiven Kriterien, sondern nach den Fähigkeiten des Dienstverpflichteten bemisst.[96] Schöpft er diese aus, liegt selbst dann keine Pflichtverletzung i. S. der §§ 280 ff., 628 BGB vor, wenn von anderen Personen eine qualitativ höherwertige Leistung zu erwarten gewesen wäre; vielmehr tritt Erfüllung i. S. des § 362 Abs. 1 BGB ein.[97] Dies schließt es allerdings nicht aus, für bestimmte *Berufsgruppen* (Ärzte, Rechtsanwälte etc.) hinsichtlich typisierbarer Tätigkeiten generalisierte Leistungsstandards anzunehmen, sodass sich z. B. ein Rechtsanwalt durchgängig über die für ein Mandat relevante höchstrichterliche Rechtsprechung informieren muss.[98] Zudem stellt die Übernahme einer Dienstverpflichtung, die der Schuldner nicht einmal annähernd mit dem typischen durchschnittlichen Leistungsniveau erfüllen kann, eine Pflichtverletzung beim Vertragsschluss i. S. der §§ 241 Abs. 2, 311 Abs. 2 Nr. 1 BGB mit den allgemeinen Haftungsfolgen bei Pflichtverletzungen dar (sog. Übernahmeverschulden).[99] Umgekehrt darf sich ein eigens engagierter Spezialist nicht auf einen durchschnittlichen Leistungsstandard beschränken, sondern muss seine Sonderfähigkeiten einsetzen.

---

[93] BGH 06.07.1971 BGHZ 56, 355 (359 f.); RGRK/*Ascheid* § 613 Rn. 5; *Staudinger/Richardi/Fischinger* (2016) § 613 Rn. 8; *Soergel/Raab* § 613 Rn. 10.

[94] *Erman/Edenfeld* § 613 Rn. 2; *Staudinger/Richardi/Fischinger* (2016) § 613 Rn. 14.

[95] BAG 02.05.1958 AP Nr. 20 zu § 626 BGB; *Medicus/Lorenz* Rn. 626; RGRK/*Ascheid* § 613 Rn. 9; *Staudinger/Richardi/Fischinger* (2016) § 613 Rn. 22; *Soergel/Raab* § 613 Rn. 22.

[96] BAG 17.07.1970 BAGE 22, 402 (406); *Müller-Glöge* MünchKomm. § 611 Rn. 19; RGRK/*Schliemann* § 611 Rn. 1366; *Staudinger/Richardi/Fischinger* (2016) § 611 Rn. 1053; kritisch *Esser/Weyers* BT 1, § 28 II 1c, S. 239.

[97] Zu sog. Schlechtleistungen unten § 7 Rn. 60 ff.

[98] Vgl. BGH 30.09.1993 NJW 1993, 3323 (3325 f.).

[99] Vgl. Mot. II, S. 458 f.; *Müller-Glöge* MünchKomm. § 611 Rn. 20; *Soergel/Kraft* § 611 Rn. 111.

49   Allerdings wird – nicht selten mehr implizit als ausdrücklich – auch die Auffassung geäußert, dass ein nach den vorstehend beschriebenen Maßstäben bestimmter Leistungsstandard überhaupt nicht zum Inhalt der *Leistungs*-Pflicht des Dienstverpflichteten zählt, sondern mit jeder Form des Tätigwerdens Erfüllung i. S. des § 362 Abs. 1 BGB eintritt und alles Weitere eine Frage der Verletzung von Interessenwahrungspflichten i. S. des § 241 Abs. 2 BGB ist.[100] Die Konsequenzen der Einbeziehung bzw. Nichteinbeziehung des vertragsgemäßen Tätigkeitsstandards in den Leistungsbegriff zeigen sich vor allem bei den später zu erörternden Rechtsfolgen einer diesbezüglichen Pflichtverletzung.[101]

50   Hat der Dienstberechtigte die Leistungsfähigkeit seines Vertragspartners aufgrund konkreter Fehlvorstellungen über bestimmte Eigenschaften bei Vertragsschluss gravierend überschätzt, so ist eine Irrtumsanfechtung gemäß § 119 Abs. 2 BGB in Betracht zu ziehen.[102] Darüber hinaus ist für den Fall, dass die persönliche Leistungspflicht entgegen § 613 Satz 1 BGB aufgehoben ist, durch Vertragsauslegung zu ermitteln, ob dadurch lediglich der Dienstverpflichtete privilegiert werden sollte oder insgesamt die Personenbezogenheit der Leistungspflicht derart gelockert ist, dass ein typisiert-durchschnittliches Leistungsniveau geschuldet wird. Vom geschuldeten Leistungsstandard als Frage des Inhalts der Dienstpflicht ist der Maßstab des *Vertretenmüssens von Pflichtverletzungen* bei negativen Abweichungen von diesem Leistungsstandard zu unterscheiden.[103] Insoweit greift grundsätzlich der objektiv-typisierte Maßstab der im Verkehr erforderlichen Sorgfalt i. S. des § 276 Abs. 2 BGB ein.[104]

II. Nebenpflichten des Dienstverpflichteten

51   Wie für jedes Schuldverhältnis begründen die §§ 241 Abs. 2, 242 BGB auch für den Dienstverpflichteten Nebenpflichten, die in Übernahme einer veralteten arbeitsrechtlichen Terminologie teilweise mit dem Begriff der Treuepflichten umschrieben werden.[105] Nach neuerer Auffassung unterliegt der Dienstverpflichtete nicht nur Schutzpflichten im Hinblick auf die Rechtsgüter des Vertragspartners, sondern ist darüber hinaus zur Rücksichtnahme auf die berechtigten Interessen des

---

[100] Vgl. BGH 04.03.1982 NJW 1983, 1188 (1189); BGH 15.07.2004 VersR 2005, 270 f.; *Larenz* BT 1, § 52 II a, S. 315 f.; *Staudinger/Richardi/Fischinger* (2016) § 611 Rn. 1282; *Ullrich* NJW 1984, 585 (587 f.).

[101] Dazu ausführlich unten § 7 Rn. 60 ff.

[102] *Soergel/Kraft* § 611 Rn. 33; *Staudinger/Richardi/Fischinger* (2016) § 611 Rn. 662.

[103] *Müller-Glöge* MünchKomm. § 611 Rn. 21; *Walker/Lohkemper* RdA 1994, 105 ff.

[104] Dazu allgemein *Grundmann* MünchKomm. § 276 Rn. 53 ff.; zu etwaigen Haftungsmilderungen unten § 7 Rn. 71 f.

[105] Zur Begriffsgeschichte *Staudinger/Richardi/Fischinger* (2016) § 611 Rn. 1162 ff. m. w. N.

Vertragspartners verpflichtet (sog. Interessenwahrungspflichten).[106] Für den Handelsvertreter ist dies in § 86 Abs. 1 HGB speziell normiert. Eine besondere Bedeutung bei der Konkretisierung von Nebenpflichten kommt auch den Standesordnungen für freie Berufe zu, z. B. der Bundesrechtsanwaltsordnung (BRAO).

Die Intensität der Nebenpflichten variiert je nach Inhalt und Dauer des Vertragsverhältnisses. Den Dienstverpflichteten treffen insbesondere Mitteilungs- und Verschwiegenheitspflichten, gegebenenfalls ist er nach § 241 Abs. 2 BGB auch gehalten, drohende Gefahren abzuwenden.[107] Schließlich kann es wegen des besonderen Vertragsinhalts auch gegen die Interessenwahrungspflichten verstoßen, wenn der Dienstverpflichtete entweder selbst oder durch Unterstützung Dritter während der Vertragsdauer in Konkurrenz zu dem Dienstberechtigten tritt. Während ein umfassendes vertragliches Wettbewerbsverbot für Arbeitnehmer die Regel darstellt,[108] müssen für entsprechende Unterlassungspflichten bei freien Dienstverträgen besonders enge Vertragsbeziehungen zwischen den Parteien bestehen.[109] So darf z. B. ein Handelsvertreter während der Vertragsdauer keine Konkurrenzprodukte vertreiben.[110]

52

III. Rechtsfolgen bei Pflichtverletzungen

1. Verletzung der Pflicht zur Dienstleistung

Erbringt der Dienstverpflichtete die geschuldete Tätigkeit nicht oder nicht in der geschuldeten Weise, so liegt eine Pflichtverletzung i. S. der §§ 280 ff. BGB vor. Hinsichtlich der Einzelheiten ist jedoch zwischen verschiedenen Konstellationen und Problemen auf der Rechtsfolgenebene zu unterscheiden:[111]

53

a) Nichtleistung durch den Dienstverpflichteten

aa) Nicht nachholbare Dienstleistungen

Sollte die Dienstleistung nach ihrem Zweck zu einer genau bestimmten Zeit bzw. in einem genau bestimmten Zeitraum erbracht werden (Beispiel: anwaltlicher Beistand während eines Polizeiverhörs), so ist die betreffende Leistungszeit integraler

54

---

[106] *Brox/Walker* § 20 Rn. 5; *Larenz* BT 1, § 52 II c, S. 326 f.; *Looschelders* Rn. 564; *Schlechtriem* Rn. 358; *Soergel/Kraft* § 611 Rn. 142.

[107] *Esser/Weyers* BT 1, § 28 II 3, S. 240 f.; *Medicus/Lorenz* Rn. 627; *Schlechtriem* Rn. 358 f.

[108] Vgl. RGRK/*Schliemann* § 611 Rn. 1469 ff. m. w. N.

[109] Ebenso *Looschelders* Rn. 565.

[110] BGH 17.10.1991 NJW-RR 1992, 481 (482); *Oetker* Handelsrecht, 7. Aufl. 2015, § 6 Rn. 32; *K. Schmidt* Handelsrecht 6. Aufl. 2014, § 27 Rn. 43 ff.

[111] Dazu auch im Überblick *Alexander* JA 2015, 321 ff.

Bestandteil der geschuldeten Leistung (absolute Fixschuld) und die Erbringung der Dienste mit Ablauf der Zeit gemäß § 275 Abs. 1 BGB unmöglich.[112] Gleiches gilt, wenn die Tätigkeit aus einem anderen Grund nicht nachholbar ist.

55   In diesen Fällen kann der Dienstberechtigte nach § 283 BGB i. V. mit § 280 Abs. 1 und 3 BGB Schadensersatz statt der Leistung – d. h. Ersatz des Nichterfüllungsschadens – verlangen, wenn der Dienstverpflichtete die Nichtleistung gemäß den §§ 276 ff. BGB zu vertreten hat, was wegen der Systematik des § 280 Abs. 1 Satz 2 BGB zu vermuten ist.

56   Waren nach dem Gegenstand des Vertrages wiederholte Dienstleistungen zu erbringen und wurde nur die Erbringung einzelner von diesen gemäß § 275 Abs. 1 BGB unmöglich, dann kann Schadensersatz statt der ganzen Leistung nach § 283 Satz 2 BGB i. V. mit § 281 Abs. 1 Satz 2 BGB nur verlangt werden, wenn die teilweise Nichtleistung dazu führt, dass das Leistungsinteresse des Dienstberechtigten insgesamt entfällt. Das trifft insbesondere zu, wenn der bereits erbrachte Teil der Dienstleistung einen derartigen inneren Zusammenhang mit der ausgebliebenen Tätigkeit aufweist, dass dieser isoliert für den Gläubiger keinen Wert hat.[113] Beispiel: Ein Dolmetscher soll bei mehreren Terminen einer Vertragsverhandlung mitwirken, erscheint aber nach der ersten Sitzung nicht mehr, woraufhin die Verhandlungen endgültig abgebrochen werden.

57   Wird dem Dienstverpflichteten die Erfüllung seiner Schuld aufgrund der Nichtleistung unmöglich, entfällt zugleich gemäß § 326 Abs. 1 Satz 1 BGB die Vergütungspflicht; soweit eine Teilleistung erbracht wurde, tritt eine anteilige Minderung ein (§ 326 Abs. 1 Satz 1 Halbsatz 2 BGB i. V. mit § 441 Abs. 3 BGB). Diese Rechtsfolge gilt unabhängig davon, ob der Dienstverpflichtete die Nichtleistung zu vertreten hat, da § 326 BGB Ausdruck der synallagmatischen Verknüpfung von Leistung und Gegenleistung ist (hier: Dienstleistungspflicht und Vergütungspflicht). Der Vergütungsanspruch bleibt jedoch nach § 326 Abs. 2 Satz 1 BGB bestehen, wenn der Dienstberechtigte als Gläubiger die Befreiung des Dienstverpflichteten von der Leistung zu verantworten hat oder sich bei Eintritt der Unmöglichkeit im Annahmeverzug befand, ohne dass ein Vertretenmüssen des Schuldners vorliegt (beachte § 300 Abs. 1 BGB). Zu einer Lockerung des Synallagmas führen ferner die §§ 615, 616 BGB.[114]

bb) Nachholbare Dienstleistungen

58   Ist die Dienstleistung nachholbar, dann haftet der Schuldner unter den Voraussetzungen des § 286 BGB gemäß § 280 Abs. 1 und 2 BGB für den Verzugsschaden. Zudem kann der Dienstberechtigte gemäß § 320 BGB die Vergütung bis zur Erbringung der Tätigkeit zurückhalten sowie nach Maßgabe des § 323 BGB – d. h.

---

[112] Allgemein zur zeitbedingten Unmöglichkeit, insbesondere auch zur Abgrenzung des absoluten zum relativen Fixgeschäft (welches nunmehr in § 323 Abs. 2 Nr. 2 BGB geregelt ist) *Ernst* MünchKomm. § 275 Rn. 45 ff.

[113] BT-Drucks. 14/6040, S. 140; vgl. im Übrigen zum Interessenwegfall an Teilleistungen *Ernst* MünchKomm. § 323 Rn. 203 ff.

[114] Dazu näher unten § 7 Rn. 84 ff., 94 ff.

ohne Rücksicht auf das Vorliegen eines Schuldnerverzugs – den Vertrag aufgrund der Leistungsverzögerung beenden. Dabei tritt an die Stelle des Rücktritts i. S. der §§ 346 ff. BGB für den Dienstvertrag als Dauerschuldverhältnis allerdings die Rechtsfolge einer *ex nunc* wirkenden Kündigung, ohne dass es nach wohl überwiegender Ansicht darauf ankommt, ob der Vertrag bereits in Vollzug gesetzt wurde.[115] Darüber hinaus können die Voraussetzungen einer außerordentlichen Kündigung nach den §§ 626, 627 BGB vorliegen.[116]

Ist der Vertrag nach Maßgabe des § 323 BGB gekündigt, dann kann der Dienst- **59** berechtigte zusätzlich (§ 325 BGB) seinen Nichterfüllungsschaden nach § 281 BGB unter den Voraussetzungen des § 280 Abs. 1 BGB (insbesondere: zu vermutendes Verschulden) liquidieren. Wurde nach § 626 BGB oder § 627 BGB die Kündigung erklärt, ist der Nichterfüllungsschaden hingegen nach § 628 Abs. 2 BGB zu ersetzen, der über seinen Wortlaut hinaus allerdings ebenfalls ein *schuldhaftes* vertragswidriges Verhalten voraussetzt (vgl. auch § 89a Abs. 2 HGB).[117] Mit der Kündigung entfällt zugleich die Vergütungspflicht; für bereits erbrachte Teilleistungen gilt § 628 Abs. 1 BGB (in analoger Anwendung, wenn die Kündigung entsprechend § 323 BGB erfolgt).

b) Schlechtleistung

Problematisch ist die Rechtslage, wenn der Dienstverpflichtete seine Tätigkeit man- **60** gelhaft verrichtet hat (sog. Schlechtleistung).[118] Anders als beim erfolgsbezogenen Werkvertrag (vgl. §§ 633 ff. BGB) fehlen hierfür im Dienstvertragsrecht spezielle Regelungen. Zudem verkomplizieren die Neuregelungen des allgemeinen Leistungsstörungsrechts infolge des Schuldrechtsmodernisierungsgesetzes die Lösung der Rechtsprobleme zusätzlich. In diesem Zusammenhang ist insbesondere der oben erwähnte Streit bedeutsam, ob ein bestimmter Leistungsstandard zum Inhalt der Leistungspflicht i. S. des § 611 Abs. 1 BGB gehört oder dieser lediglich die Nebenpflicht zur Interessenwahrung betrifft.[119]

Folgt man letzterer Ansicht, liegt strenggenommen keine Schlecht-*Leistung* vor. **61** Vielmehr ist danach die geschuldete Leistung durch jedwedes Tätigwerden, das der vertraglich vereinbarten Tätigkeitsart entspricht, i. S. des § 362 Abs. 1 BGB erbracht

---

[115] RG 05.02.1918 RGZ 92, 158 (159 f.); BGH 22.05.1990 NJW 1990, 2549 (2550); *Erman/ Belling/Riesenhuber* § 626 Rn. 37; *Schlechtriem* Rn. 345; *Henssler* MünchKomm. § 627 Rn. 5; *Staudinger/Preis* (2016) § 627 Rn. 12; ausführlich zum Ganzen *Oetker* Das Dauerschuldverhältnis und seine Beendigung, 1994, S. 352 ff.

[116] Dazu näher unten § 7 Rn. 112 ff.

[117] BGH 16.01.1984 NJW 1984, 2093 (2094); BAG 25.05.1962 AP Nr. 1 zu § 628 BGB; *Soergel/ Kraft* § 628 Rn. 11; *Staudinger/Preis* (2016) § 628 Rn. 34. Näher zum Umfang des ersatzfähigen Schadens unten § 7 Rn. 124.

[118] Siehe zur Bestimmung des insoweit geschuldeten Qualitätsstandards oben § 7 Rn. 48.

[119] Siehe oben § 7 Rn. 49 sowie *Tillmanns* Strukturfragen des Dienstvertrages, 2007, S. 94 ff.

und damit Erfüllung eingetreten.[120] Eine mangelfreie Neuleistung könnte nicht verlangt werden, und es läge auch keine Leistungsstörung i. S. des § 326 Abs. 1 BGB vor. Die Nachlässigkeit der Leistungserbringung berührt bei diesem Ansatz nicht das vertragliche Synallagma.

62 Zugunsten dieser Sichtweise wird insbesondere vorgebracht, dass für die Beantwortung der Frage, ob aufgrund einer Schlecht-„Leistung" die Tätigkeit zu wiederholen sei bzw. ob und in welcher Höhe sich die Vergütung mindern solle, mangels gesetzlicher Gewährleistungsvorschriften jeder Maßstab fehle.[121] So sei z. B. der „Minderwert" eines nachlässig erteilten Klavierunterrichts nicht messbar.

63 Die Nachlässigkeit ist nach dieser Auffassung eine bloße Nebenpflichtverletzung i. S. des § 241 Abs. 2 BGB, die bei einem – gemäß § 280 Abs. 1 Satz 2 BGB zu vermutenden – Verschulden nach § 280 Abs. 1 BGB zum Ersatz etwaiger Schäden i. S. der §§ 249 ff. BGB verpflichtet.[122] Hierunter wären sowohl Integritätsschäden (Beispiel: pflichtwidrige Körperverletzung durch den operierenden Arzt) als auch solche Schäden zu fassen, die daraus resultieren, dass ein bestimmter Arbeitserfolg nicht eingetreten ist, der bei mangelfreiem Tätigwerden erzielt worden wäre. Scheitert z. B. ein Vertragsschluss mit ausländischen Geschäftspartnern, weil ein hinzugezogener Dolmetscher pflichtwidrig und schuldhaft schlecht übersetzt, so wäre gemäß den §§ 280 Abs. 1, 241 Abs. 2, 252 BGB auch ein entgangener Gewinn zu ersetzen, da die Anwendbarkeit der §§ 281 ff. BGB als *leges speciales* zu § 280 Abs. 1 BGB eine Verletzung der Leistungspflicht voraussetzt.[123] Als Schaden i. S. der §§ 249 ff. BGB ließe sich aber nicht die Pflicht zur Zahlung einer Vergütung trotz minderwertiger Tätigkeit erfassen; dementsprechend wäre die Vergütung von dem Dienstberechtigten – vorbehaltlich einer Aufrechnung mit anderen Schadensposten – ungekürzt zu entrichten.[124]

64 Zu anderen Ergebnissen gelangt indes die gegenteilige Auffassung, nach der die Einhaltung des geschuldeten Qualitätsstandards zum Inhalt der Leistungspflicht zählt, die in den betreffenden Fällen somit in Form einer „nicht wie geschuldet" erbrachten Leistung verletzt wäre (vgl. § 281 Abs. 1 Satz 3 BGB). Hierfür wird unter anderem angeführt, dass der Dienstberechtigte die Vergütung nur für eine dem vertraglich vereinbarten Qualitätsstandard entsprechende Leistung schulden wolle, d. h. die Schlechtleistung soll das Synallagma und nicht lediglich die Nebenpflichten berühren.[125] Eine andere Beurteilung würde dem Dienstberechtigten das Risiko einer vertragswidrigen *Tätigkeit* aufbürden, obwohl er nach dem Vertragsinhalt lediglich das *Erfolgsrisiko* tragen soll.

---

[120] Anschaulich zu den daraus resultierenden Abgrenzungsproblemen BGH 22.05.1990 NJW 1990, 2549 f.

[121] *Jauernig/Mansel* § 611 Rn. 16; *Larenz* BT 1, § 52 II a, S. 315 f.; RGRK/*Schliemann* § 611 Rn. 1531; *Staudinger/Richardi/Fischinger* (2016) § 611 Rn. 1285.

[122] So z. B. *Harke* Rn. 236.

[123] BT-Drucks. 14/6040, S. 135.

[124] *Esser/Weyers* BT 1, § 29 I 1, S. 243 f.; a. A. im Ergebnis *Ullrich* NJW 1984, 585 (588 f.).

[125] *Erman/Edenfeld* § 611 Rn. 408; *Esser/Weyers* BT 1, § 29 I 1, S. 244 f.; *Motzer* Die „positive Forderungsverletzung" des Arbeitnehmers, 1982, S. 115 ff.; *Roth* VersR 1979, 494 (498 ff.).

Nach dieser Ansicht muss jedoch insbesondere in Bezug auf zwei Punkte diffe-   **65** renziert werden: Erstens kommt es darauf an, ob die Dienstleistung (mangelfrei) nachgeholt werden kann. Zweitens müsste hinsichtlich des Ersatzes eingetretener Schäden unterschieden werden, ob das Leistungsinteresse (aufgrund der mangelhaften Dolmetscherleistung entgeht ein Gewinn) oder das Integritätsinteresse (der Arzt verletzt durch eine nachlässige Operation die körperliche Integrität des Patienten) betroffen ist, da nach der Systematik der §§ 280 ff. BGB auch bei Verletzungen der Leistungspflicht gemäß den §§ 281 ff. BGB nur das Erfüllungsinteresse geschuldet wird (Schadensersatz *statt* der Leistung), Integritätsschäden aber nach § 280 Abs. 1 BGB zu ersetzen sind.[126] Im Einzelnen gilt nach dieser Konzeption Folgendes:

Kann eine mangelfreie Neuleistung gemäß § 275 Abs. 1 BGB nicht erfolgen   **66** (Zeitablauf bei absoluter Fixschuld etc.), bemisst sich der Ersatz eines etwaigen Nichterfüllungsschadens (Schadensersatz statt der Leistung) nach Maßgabe des § 283 BGB. Somit ist anhand der Erheblichkeit der Leistungsstörung (§§ 283, 281 Abs. 1 Satz 3 BGB) zu entscheiden, ob der Dienstberechtigte Schadensersatz statt der ganzen Leistung wegen der Schlechterfüllung verlangen kann. Das ist insbesondere zu bejahen, wenn der Leistungsmangel nicht abgrenzbar ist,[127] im obigen Beispiel also z. B., wenn ein Dolmetscher mangelhafte Übersetzungsleistungen erbringt, woraufhin die Vertragsverhandlungen scheitern.

Problematisch ist das Schicksal der Vergütungspflicht, wenn die Dienstleistung   **67** schlecht erfüllt wurde und nicht mehr nachgeholt werden kann. Diese Frage ist insbesondere bedeutsam, wenn kein Schadensersatzanspruch nach § 283 BGB besteht, weil sich z. B. der Dienstverpflichtete gemäß § 280 Abs. 1 Satz 2 BGB exkulpieren kann oder auch bei ordnungsgemäßer Leistung kein Arbeitserfolg eingetreten wäre, sodass kein Schlechterfüllungsschaden vorliegt. Diejenigen Autoren, die die Einhaltung des vertragsgemäßen Qualitätsstandards als Problem des Leistungsinhalts begreifen, nahmen bei nicht korrigierbarer Schlechtleistung vor der Neufassung des Leistungsstörungsrechts konsequenterweise einen Fall der Teilunmöglichkeit i. S. des § 323 Abs. 1 BGB a. F. mit der Folge einer entsprechenden Minderung der Gegenleistungspflicht (Vergütungspflicht) an.[128]

Eine entsprechende Vorschrift enthält auch § 326 Abs. 1 Satz 1 Halbsatz 2 BGB   **68** n. F.; allerdings hat der Gesetzgeber im Zuge der Neuregelung des Leistungsstörungsrechts durch § 326 Abs. 1 Satz 2 BGB zugleich entschieden, dass die nicht korrigierbare Schlechtleistung *keine* Teilunmöglichkeit i. S. des § 326 Abs. 1 Satz 1 Halbsatz 2 BGB mit der Rechtsfolge einer automatischen Minderung der Gegenleistung nach Maßgabe des § 441 Abs. 3 BGB bewirkt.[129] Der Begriff der Teilunmöglichkeit soll vielmehr auf die Nichterbringung gegenständlich abgrenzbarer

---

[126] Dazu BT-Drucks. 14/6040, S. 135 ff.; zur Unterscheidung von Erfüllungs- und Integritätsinteresse *H. Lange/Schiemann* Schadensersatz, 3. Aufl. 2003, § 2 IV 3, S. 65 f. und V 5, S. 70.

[127] BT-Drucks. 14/6040, S. 140.

[128] *Emmerich* MünchKomm. Bd. 2, 4. Aufl., § 323 Rn. 31 f.; *Medicus/Lorenz* Rn. 630; *Schlechtriem* Rn. 377; *Soergel/Kraft* § 611 Rn. 114; siehe auch *Tillmanns* Strukturfragen des Dienstvertrages, 2007, S. 384 ff.

[129] BT-Drucks. 14/6040, S. 189.

Leistungsteile begrenzt sein. Für den Fall der nicht korrigierbaren Schlechtleistung
sehen demgegenüber die §§ 326 Abs. 5, 323 BGB ein Rücktrittsrecht ohne Fristsetzungserfordernis vor, sofern die Pflichtverletzung nicht „unerheblich" ist (§ 323
Abs. 5 Satz 2 BGB).[130] Da das Rücktrittsrecht auch im Rahmen von § 323 BGB für
Dienstverträge durch ein Kündigungsrecht ersetzt wird,[131] passt § 323 Abs. 5 BGB
bei schlechterfüllten Dauerschuldverhältnissen jedoch nicht für die Beantwortung
der Frage, ob und inwieweit die Vergütung noch geschuldet wird. Aus diesem Grund
ist für derartige Vertragsverhältnisse eine planwidrige Regelungslücke anzunehmen
und durch eine *analoge* Anwendung des § 326 Abs. 1 Satz 1 Halbsatz 2 BGB zu
schließen.[132] Wird das geschuldete Dienstleistungsniveau in den Leistungsbegriff
integriert, dann mindert sich nach Maßgabe des § 441 Abs. 3 BGB die Vergütungspflicht, wenn keine mangelfreie Nachleistung möglich ist. Der Rechtsgedanke des
§ 323 Abs. 5 Satz 2 BGB ist jedoch insoweit zu berücksichtigen, dass bei „unerheblichen" Schlechtleistungen keine (auch keine geringe) Minderung der Vergütungspflicht eintritt.

69   Kann die schlecht erfüllte Leistung hingegen mangelfrei wiederholt werden,
dann ist fraglich, ob noch ein Erfüllungsanspruch gemäß § 611 Abs. 1 BGB i. S.
einer Neuleistung besteht. Diese Frage korrespondiert genau mit derjenigen nach
dem Schicksal der Vergütungspflicht bei nicht korrigierbarer Schlechtleistung.
Wird die Schlechtleistung als teilweise Nichterfüllung angesehen, dann kann Nacherfüllung verlangt werden, soweit die Schlechtleistung mehr als nur unerheblich
war (Rechtsgedanke des § 323 Abs. 5 Satz 2 BGB).[133] Andernfalls hat der Dienstverpflichtete trotz der geringfügigen Pflichtverletzung gemäß § 362 Abs. 1 BGB
erfüllt. Muss neu geleistet werden, so ist ein Verzögerungsschaden nach Maßgabe
der §§ 280 Abs. 1 und 2 BGB i. V. mit § 286 BGB ersatzfähig. Die Vergütung kann
bis zur Neuleistung nach Maßgabe des § 320 BGB zurückgehalten werden. Ferner
kann der Dienstberechtigte unter den Voraussetzungen des § 323 BGB – d. h. ohne
Rücksicht auf das Vorliegen eines Schuldnerverzugs – den Vertrag aufgrund der
Leistungsverzögerung auch beenden (§ 323 Abs. 5 Satz 2 BGB), wobei an die Stelle
des Rücktritts i. S. der §§ 346 ff. BGB wiederum die Rechtsfolge einer *ex nunc* wirkenden Kündigung tritt.[134] Darüber hinaus können auch die Voraussetzungen einer
Kündigung gemäß den §§ 626, 627 BGB vorliegen.[135] Ist der Vertrag nach Maßgabe

---

[130] Dazu BT-Drucks. 14/6040, S. 186 f.

[131] Siehe oben § 7 Rn. 58.

[132] Dies entspricht konstruktiv der referierten Literaturauffassung zu § 323 Abs. 1 BGB a. F. Ausdrücklich gegenteiliger Ansicht BAG 18.07.2007 AP Nr. 1 zu § 611 BGB Minderleistung Rn. 3;
Harke Rn. 236; *Looschelders* Rn. 582; ausführlich *Tillmanns* Strukturfragen des Dienstvertrages,
2007, S. 385 ff. a. A. auch *Peukert* AcP 205 (2005), 430 (454 ff.), der eine Minderung ablehnt, bei
nachholbarer Leistung aber – insoweit widersprüchlich – eine Nacherfüllungspflicht bejaht (461);
dazu sogleich § 7 Rn. 69.

[133] Ähnlich *Esser/Weyers* BT 1, § 29 I 1, S. 243 f.; *Medicus/Lorenz* Rn. 630; *Roth* VersR 1979, 494
(498); *Schlechtriem* Rn. 374.

[134] Siehe oben § 7 Rn. 58.

[135] Dazu näher unten § 7 Rn. 112 ff.

des § 323 BGB gekündigt, kann der Dienstberechtigte zudem (vgl. § 325 BGB) einen leistungsbezogenen Schlechterfüllungsschaden gemäß § 281 Abs. 1 Satz 3 BGB liquidieren. Erfolgte die Kündigung aufgrund der Schlechterfüllung gemäß den §§ 626 oder 627 BGB, ist der Schadensersatz statt der Leistung hingegen nach § 628 Abs. 2 BGB geschuldet, der wie dargelegt über seinen Wortlaut hinaus ebenfalls ein vertragswidriges Verhalten voraussetzt.[136] Mit der Kündigung reduziert sich schließlich die Vergütungspflicht nach Maßgabe des § 628 Abs. 1 BGB (bei Kündigung gemäß § 323 BGB in analoger Anwendung).

2. Verletzung von Nebenpflichten

Verletzt der Dienstverpflichtete seine regelmäßig durch die §§ 241 Abs. 2, 242   **70** BGB zu konkretisierenden Nebenpflichten, dann richten sich etwaige Ersatzansprüche nach § 280 Abs. 1 BGB. Droht eine Wiederholung der Pflichtverletzung (z. B. Verstoß gegen ein Konkurrenzverbot[137]), dann steht dem Dienstberechtigten auch das Recht zu, von dem Dienstverpflichteten Unterlassung zu verlangen.[138] In derartigen Sachverhalten kommt zudem ein Anspruch auf Schadensersatz statt der Leistung nach Maßgabe des § 282 BGB in Betracht. Letztlich kann auch eine Nebenpflichtverletzung als wichtiger Grund für eine außerordentliche Kündigung des Dienstverhältnisses gemäß § 626 BGB zu bewerten sein,[139] der insoweit lex specialis zu den §§ 314, 324 BGB ist.

3. Anzuwendender Haftungsmaßstab

Soweit die vorstehend erörterten Rechtsfolgen davon abhängen, ob die Verletzung   **71** der Pflicht zur Dienstleistung von dem Dienstverpflichteten zu vertreten ist, bemisst sich dieses im Grundsatz nach den §§ 276 ff. BGB. Dabei ist im Rahmen des § 276 Abs. 2 BGB der Sorgfaltsmaßstab nicht subjektiv, sondern objektiv-typisiert zu bestimmen, was für besondere Berufsgruppen (Ärzte, Rechtsanwälte etc.) i. S. einer berufsüblichen Sorgfalt zu konkretisieren ist (siehe § 630a Abs. 2 BGB).[140] Ein Mitverschulden des Dienstberechtigten ist nach allgemeinen Grundsätzen anspruchsmindernd zu berücksichtigen (§ 254 BGB).

---

[136] Siehe oben § 7 Rn. 59.

[137] Dazu oben § 7 Rn. 52.

[138] BGH 19.10.1987 NJW-RR 1988, 352 f.; *Schlechtriem* Rn. 374.

[139] Näher § 7 Rn. 113 ff.

[140] *Esser/Weyers* BT 1, § 28 II 1c, S. 239; *Grundmann* MünchKomm. § 276 Rn. 59; *Larenz* BT 1, § 52 II a, S. 315; *Soergel/Kraft* § 611 Rn. 111. Von diesem Haftungsmaßstab bei Pflichtverletzungen ist die logisch vorrangige Frage des geschuldeten Leistungsstandards, d. h. die Konkretisierung der Pflicht selbst, zu unterscheiden. In diese können auch subjektive Momente eingehen (siehe oben § 7 Rn. 48).

72   Im Arbeitsverhältnis wird mit unterschiedlichen Begründungen hingegen eine abgestufte Haftungsmilderung bei fahrlässigem Verhalten angenommen.[141] Die Legitimation für diese Haftungsmilderung liefert jedoch im Wesentlichen der Umstand, dass sich mit der Einbindung in die fremde Arbeitsorganisation[142] ein Teil des sog. Betriebsrisikos auf den Arbeitnehmer verlagert und der eingeschränkte Haftungsmaßstab dies ausgleichen soll. Dieser Gedanke trifft auf das Austauschverhältnis des freien Dienstvertrages, bei dem der Dienstverpflichtete die Risiken seiner eigenverantwortlichen Tätigkeit selbst kalkulieren muss, in aller Regel nicht zu, sodass es bei den Regelungen der §§ 276 ff. BGB bleibt.[143]

E. Pflichten und Haftung des Dienstberechtigten

I. Vergütungspflicht des Dienstberechtigten

1. Allgemeines

73   Nach § 611 Abs. 1 BGB ist der Dienstberechtigte zur Zahlung der vereinbarten Vergütung verpflichtet. Diese ist typischerweise, aber nicht notwendig in Geld bemessen.[144] Die Höhe der Vergütung bestimmt sich nach den Abreden der Parteien. Fehlen diese, dann gilt gemäß § 612 Abs. 1 BGB eine Vergütung als vereinbart, wenn die Dienstleistung den Umständen nach nur gegen eine Vergütung zu erwarten ist (§ 612 Abs. 2 BGB).[145]

74   Aus § 614 BGB ergibt sich, dass der Dienstverpflichtete – sofern die Parteien keine andere Abrede treffen – abweichend von § 320 Abs. 1 BGB vorleistungspflichtig ist. Sein Vergütungsanspruch ist erst nach der Leistung der versprochenen Dienste fällig (§ 614 Satz 1 BGB). Entsprechendes gilt, wenn die Vergütung nach Zeitabschnitten bemessen ist. In diesem Fall ist die Vergütung erst mit Ablauf der einzelnen Zeitabschnitte fällig (§ 614 Satz 2 BGB).

---

[141] Statt aller *Staudinger/Richardi/Fischinger* (2016) § 619a Rn. 37 ff. m. w. N. Siehe zum verwandten Problemkreis des innerbetrieblichen Schadensausgleichs über § 670 BGB analog noch unten § 11 Rn. 60 ff.

[142] Siehe oben § 7 Rn. 21 ff.

[143] BGH 07.10.1969 NJW 1970, 34 (35); *Brox/Walker* § 20 Rn. 111, 12; *Esser/Weyers* BT 1, § 28 II 1c, S. 239 f.; *Harke* Rn. 237; *Looschelders* Rn. 574; *Schlechtriem* Rn. 380; *Soergel/Kraft* § 611 Rn. 111. Im Grundsatz auch *Larenz* BT 1, § 52 II d, S. 329 f., der jedoch bei besonders gefahrgeneigter Tätigkeit des nicht gewerbsmäßig handelnden Dienstverpflichteten eine entsprechende Anwendung der arbeitsrechtlichen Haftungsmilderungen in Betracht zieht.

[144] *Erman/Edenfeld* § 611 Rn. 387 ff.; *Esser/Weyers* BT 1, § 28 III 1, S. 241 f.; *Soergel/Kraft* § 611 Rn. 212 f.; *Staudinger/Richardi/Fischinger* (2016) § 611 Rn. 1580 ff. Ist eine andere Vergütung als Geld geschuldet, so handelt es sich um einen sog. Vertrag mit anderstypischer Gegenleistung; dazu unten § 16 Rn. 15 f.

[145] Näher dazu oben § 7 Rn. 35 ff.

Die Vorschrift trifft jedoch lediglich eine Fälligkeitsregelung und hat die syn- **75** allagmatische Verknüpfung von Dienstleistung und Vergütung („ohne Arbeit kein Lohn") weder zum Gegenstand, noch hebt sie dieses Gegenseitigkeitsverhältnis materiell auf.[146] Die aus § 614 BGB folgende Vorleistungspflicht verlagert lediglich das faktische Risiko der Insolvenz des Dienstberechtigten auf den Dienstverpflichteten. Deshalb kann der Dienstverpflichtete bei einer nachträglichen Vermögensverschlechterung des Dienstberechtigten nach § 321 BGB seine Dienste zurückhalten, bis für seine Vergütung eine Sicherheitsleistung erbracht ist.[147]

Wenn die Vergütung nach Zeitabschnitten bemessen wird und der Dienstberech- **76** tigte nach Abschluss eines solchen Abschnitts nicht gemäß § 614 Satz 2 BGB die geschuldete Vergütung leistet, dann kann der Dienstverpflichtete seine zukünftige Tätigkeit jedoch nur gemäß § 273 Abs. 1 BGB zurückhalten; § 320 Abs. 1 BGB greift insoweit nicht ein, da die spätere Dienstleistung mit der Vergütung für die frühere nicht im Synallagma steht.[148]

Erfüllt der Dienstberechtigte den fälligen Vergütungsanspruch nicht, dann haftet **77** er unter den Voraussetzungen des § 286 BGB gemäß § 280 Abs. 1 und 2 BGB auf Ersatz des Verzögerungsschadens. Zudem ist der geschuldete Betrag nach Verzugseintritt zu verzinsen (§ 288 BGB).

2. Aufrechterhaltung der Vergütung ohne Dienstleistung

Erbringt der Dienstverpflichtete die geschuldete Tätigkeit nicht, muss der Dienstbe- **78** rechtigte aufgrund der synallagmatischen Leistungsverknüpfung i. S. der §§ 320 ff. BGB grundsätzlich auch die Vergütung nicht entrichten. Hiervon bestehen jedoch einige Ausnahmen, die teils die allgemeinen Vorschriften für gegenseitige Verträge anordnen, teilweise aber auch aus dienstvertraglichen Sonderregelungen folgen.

a) Vergütung trotz Leistungsbefreiung gemäß § 275 BGB

aa) Allgemeines

Nach § 326 Abs. 1 Satz 1 BGB entfällt der Vergütungsanspruch, wenn der Dienst- **79** verpflichtete von seiner Leistung gemäß § 275 Abs. 1 bis 3 BGB frei wird. Dabei statuiert § 275 Abs. 2 und 3 BGB zunächst lediglich ein Leistungsverweigerungsrecht, das die Gegenleistung nach § 326 Abs. 1 Satz 1 BGB nur entfallen lässt, wenn

---

[146] RGRK/*Hilger* § 614 Rn. 3; *Soergel/Raab* § 614 Rn. 1; z. T. a. A. BAG 21.03.1958 AP Nr. 1 zu § 614 BGB.

[147] *Erman/Belling/Riesenhuber* § 614 Rn. 2; RGRK/*Hilger* § 614 Rn. 49; *Staudinger/Richardi/ Fischinger* (2016) § 614 Rn. 23.

[148] *Erman/Belling/Riesenhuber* § 614 Rn. 2; *Müller-Glöge* MünchKomm. § 614 Rn. 12; *Staudinger/ Richardi/Fischinger* (2016) § 614 Rn. 18 f.; für Anwendung des § 320 Abs. 1 BGB: RGRK/*Hilger* § 614 Rn. 50; ausführlich zu diesem Problemkreis *Oetker* Das Dauerschuldverhältnis und seine Beendigung, 1994, S. 390 ff.

sich der Schuldner auf sein Leistungsverweigerungsrecht beruft.[149] Zu denken ist z. B. an den von § 275 Abs. 3 BGB erfassten Fall, dass die Klavierlehrerin wegen einer schweren Erkrankung ihres Kindes eine fest terminierte Unterrichtsstunde nicht abhalten kann.

80 Von der Rechtsfolge in § 326 Abs. 1 Satz 1 BGB existieren jedoch zwei wesentliche Ausnahmen, die den Vergütungsanspruch trotz eines nach § 275 BGB eintretenden Wegfalls der Dienstleistungspflicht aufrechterhalten: Erstens die allgemeine Vorschrift des § 326 Abs. 2 BGB und zweitens die dienstvertragliche Regelung in § 616 BGB.

81 Da beide Normen die Rechtsfolge des § 326 Abs. 1 Satz 1 BGB einschränken, setzt deren Anwendung voraus, dass die Erfüllung der Dienstleistungspflicht nach § 275 Abs. 1 bis 3 BGB dauerhaft nicht mehr geschuldet wird. Bei § 616 BGB ergibt sich dies aus dem Tatbestandsmerkmal der „Dienstverhinderung".[150] Wenn im obigen Beispiel die Klavierlehrerin die Unterrichtsstunde nachholen kann, liegt lediglich ein vorübergehendes Leistungshindernis vor, sodass § 326 Abs. 1 Satz 1 BGB schon grundsätzlich nicht eingreift und dementsprechend auch § 616 BGB nicht zur Anwendung gelangen kann. Vielmehr wird die Dienstleistung weiterhin geschuldet und ist erst nach deren Erbringung zu vergüten (§ 614 BGB). Die spezifische Problematik eines „Lohns ohne Arbeit" stellt sich deshalb nicht bei lediglich verzögernden Leistungshindernissen, sondern nur bei Leistungsbefreiungen gemäß § 275 Abs. 1 bis 3 BGB. Dementsprechend kommt eine Anwendung der §§ 326, 616 BGB zumeist dann in Betracht, wenn die Tätigkeit eine absolute Fixschuld darstellt und mit Zeitablauf die Befreiung von der Leistungspflicht nach § 275 Abs. 1 BGB eingreift.[151]

bb) Aufrechterhaltung des Vergütungsanspruchs gemäß § 326 Abs. 2 BGB

82 Nach § 326 Abs. 2 Satz 1 BGB entfällt der Vergütungsanspruch trotz Befreiung des Dienstverpflichteten von der Pflicht zur Leistung nicht, wenn der Dienstberechtigte für den Grund der Leistungsbefreiung entweder alleine bzw. weit überwiegend[152] verantwortlich ist (§ 326 Abs. 2 Satz 1 Alt. 1 BGB) oder aber die vom Schuldner nicht zu vertretende Leistungsbefreiung zu einem Zeitpunkt eintritt, in dem sich der Dienstberechtigte im Annahmeverzug befand (§ 326 Abs. 2 Satz 1 Alt. 2 BGB). Dessen Voraussetzungen richten sich nach den §§ 293 ff. BGB, das die Anwendung des § 326 Abs. 2 Satz 1 Alt. 2 BGB ausschließende Vertretenmüssen des Dienstverpflichteten während des Annahmeverzugs nach § 300 Abs. 1 BGB (Vorsatz und grobe Fahrlässigkeit).

---

[149] Vgl. BT-Drucks. 14/6040, S. 188; *Canaris* JZ 2001, 499 (504 f.).

[150] BAG 25.04.1960 AP Nr. 23 zu § 616 BGB; *Erman/Belling/Riesenhuber* § 616 Rn. 21 ff.; RGRK/ *Matthes* § 616 Rn. 11; *Soergel/Kraft* § 616 Rn. 13 ff.; *Staudinger/Oetker* (2016) § 616 Rn. 45 ff.

[151] Siehe oben § 7 Rn. 54.

[152] Zu der Frage, ob durch diese Regelung das früher sehr umstrittene Problem der beiderseitig zu vertretenden Leistungsbefreiung i. S. einer „alles oder nichts"-Lösung entschieden worden ist, oben § 2 Rn. 439 in Fn. 1037.

Darüber hinaus stellt § 326 Abs. 2 Satz 1 Alt. 1 BGB nicht auf ein Vertreten-   **83**
müssen des Leistungshindernisses durch den Dienstberechtigten, sondern auf
dessen „Verantwortlichkeit" ab. Ein Vertretenmüssen i. S. der §§ 276 ff. BGB greift
unmittelbar nur für den *Schuldner* der jeweiligen Leistung (hier: der Dienstleistung) ein, während dem Gläubiger lediglich ein sog. Verschulden gegen sich selbst
zur Last fallen kann (Verantwortlichkeit). Dies bedeutet bei freien Dienstverträgen
im Ergebnis allerdings regelmäßig eine entsprechende Anwendung der §§ 276 ff.
BGB.[153] Daher greift § 326 Abs. 2 Satz 1 Alt. 1 BGB z. B. ein, wenn ein Privatunterricht dauerhaft aufgrund einer Verletzung nicht mehr erteilt werden kann, die sich
der Lehrer in den mangelhaft gesicherten Räumlichkeiten des Dienstberechtigten
zugezogen hat. Auch bei einer entsprechenden Anwendung der §§ 276 ff. BGB
bleibt aber zu beachten, dass diese nicht nur vorsätzliches oder fahrlässiges Verhalten, sondern auch weitere Sachverhalte einbeziehen, in denen die Verantwortlichkeit aus dem Inhalt des Schuldverhältnisses zu entnehmen ist (siehe § 276 Abs. 1
Satz 1 BGB). Dies kann es in Einzelfällen rechtfertigen, eine Verantwortlichkeit des
Dienstberechtigten selbst dann zu bejahen, wenn ihm kein vorsätzliches oder fahrlässiges Verhalten zur Last fällt,[154] ohne dass hierdurch die auf Arbeitsverhältnisse
beschränkte Risikozurechnung in § 615 Satz 3 BGB indirekt auf freie Dienstverträge übertragen wird. In beiden Fällen des § 326 Abs. 2 Satz 1 BGB mindert sich
die Vergütung jedoch um infolge der Leistungsbefreiung ersparte Aufwendungen
bzw. den Betrag, den der Schuldner durch anderweitige Verwendung seiner Arbeitskraft erwirbt oder zu erwerben böswillig unterlässt (§ 326 Abs. 2 Satz 2 BGB).[155]

cc) Persönliche Dienstverhinderung gemäß § 616 BGB

Der Abhängigkeit der Dienstleistung von der Person des Dienstverpflichteten trägt   **84**
§ 616 Satz 1 BGB dadurch Rechnung, dass er dessen Vergütungsanspruch unter
bestimmten Voraussetzungen auch dann entgegen § 326 Abs. 1 Satz 1 BGB aufrechterhält, wenn er durch einen in seiner Person liegenden Grund an der Dienstleistung verhindert ist, d. h. hierdurch eine Leistungsbefreiung i. S. des § 275 Abs. 1
bis 3 BGB eintritt.[156]

Ein in der Person des Dienstverpflichteten liegender Grund ist von objektiven   **85**
Leistungshindernissen abzugrenzen. Für derartige Sachverhalte gilt § 616 BGB
nicht,[157] da bei ihnen der besondere personale Bezug fehlt, welcher der Vorschrift
zugrunde liegt. Die Verhinderung darf nicht einen unbestimmten Personenkreis

---

[153] Vgl. allgemein *Ernst* MünchKomm. § 326 Rn. 49 ff.; zu der für das Arbeitsrecht mittlerweile
in § 615 Satz 3 BGB kodifizierten Betriebsrisikolehre statt aller *Staudinger/Richardi/Fischinger*
(2016) § 615 Rn. 196 ff.

[154] Treffend im Ansatz auch *Looschelders* Rn. 597.

[155] Näher zur Parallelvorschrift in § 615 Satz 2 BGB unten § 7 Rn. 97.

[156] Siehe oben § 7 Rn. 54.

[157] RGRK/*Matthes* § 616 Rn. 12; *Soergel/Kraft* § 616 Rn. 18; *Looschelders* Rn. 599; *Staudinger/
Oetker* (2016) § 616 Rn. 73 ff.

treffen, sondern muss in der persönlichen Sphäre des Schuldners begründet sein, ohne dass es sich um eine Eigenschaft desselben handeln muss.[158]

86 Eine persönliche Dienstverhinderung liegt daher z. B. bei eigener Krankheit,[159] Pflegebedürftigkeit naher Angehöriger (insbesondere Kinder) oder einem Todesfall in der Familie vor, jedoch immer nur, wenn der Umstand in Bezug auf die Pflicht zur Dienstleistung die Voraussetzungen des § 275 Abs. 1 bis 3 BGB erfüllt. Ein objektives Leistungshindernis, das nicht in der Sphäre des Dienstverpflichteten wurzelt, stellt demgegenüber z. B. ein Verkehrsstau dar.

87 Des Weiteren muss der persönliche Umstand *condicio sine qua non* für die Leistungsbefreiung sein (vgl. § 616 Satz 1 BGB: „durch"), was überwiegend nicht ganz unmissverständlich „alleinige Ursache" genannt wird.[160] Z. B. kommt § 616 Satz 1 BGB nicht in Betracht, wenn eine Klavierlehrerin eine Unterrichtsstunde absagt, weil ihr Kind erkrankt ist, sie den Leistungsort aufgrund eines länger anhaltenden Verkehrsstaus aber ohnehin nicht zu der vorgesehenen Zeit erreicht hätte.

88 Ferner darf den Dienstverpflichteten kein Verschulden an dem Grund der Dienstverhinderung treffen. Obwohl hiermit ein Verhalten des Dienstverpflichteten zu beurteilen ist, nimmt § 616 BGB diesen dabei nicht in seiner Funktion als Schuldner i. S. der §§ 276 ff. BGB in Bezug. Denn es geht um die Frage, auf welche Weise der betreffende persönliche Umstand hervorgerufen wurde, der zwar das Leistungshindernis nach sich zieht, dessen Nichtherbeiführung aber als solche nicht zu den dienstvertraglichen Pflichten zählt.[161] Vielmehr steht – ähnlich wie bei § 254 BGB – ein Verschulden gegen sich selbst in Rede.[162] Um den Handlungsspielraum des Dienstverpflichteten nicht unbillig einzuengen, setzt dies bei § 616 Satz 1 BGB einen „gröblichen Verstoß" gegen das verständig ermittelte Eigeninteresse voraus.[163] Ein solcher ist z. B. anzunehmen, wenn sich der Dienstverpflichtete in unvernünftiger Weise einer Verletzungsgefahr aussetzt (Nichtanlegen des Sicherheitsgurts im Straßenverkehr).

89 Schließlich greift § 616 Satz 1 BGB als Ausnahme von § 326 Abs. 1 Satz 1 BGB nur ein, wenn die Dienstverhinderung für eine verhältnismäßig nicht erhebliche Zeit eintritt. Wird diese überschritten, entfällt der Vergütungsanspruch vollständig und nicht lediglich für die Zeitspanne, die die Verhältnismäßigkeitsgrenze

---

[158] BAG 19.07.1978 AP Nr. 48 zu § 616 BGB; *Erman/Belling/Riesenhuber* § 616 Rn. 21; RGRK/ *Matthes* § 616 Rn. 12; *Staudinger/Oetker* (2016) § 616 Rn. 53.

[159] Für Arbeitnehmer gilt insoweit das Entgeltfortzahlungsgesetz v. 26.05.1994, BGBl I S. 1014.

[160] *Henssler* MünchKomm. § 616 Rn. 55; *Soergel/Kraft* § 616 Rn. 8 ff.; *Staudinger/Oetker* (2016) § 616 Rn. 84 f.

[161] *Larenz* BT 1, § 52 II b, S. 321 f.; *Staudinger/Oetker* (2016) § 616 Rn. 104 m. w. N.; a. A. *Harke* Rn. 235.

[162] A. A. *Harke* Rn. 235.

[163] BAG 05.04.1962 AP Nr. 28 zu § 63 HGB; *Erman/Belling/Riesenhuber* § 616 Rn. 42; *Henssler* MünchKomm. § 616 Rn. 56 ff.; *Soergel/Kraft* § 616 Rn. 20; a. A. *Harke* Rn. 235, der jedoch aus dem Rechtsgedanken des § 617 Abs. 1 BGB ableitet, dass der Dienstverpflichtete lediglich eine vorsätzliche oder grob fahrlässige Herbeiführung der Dienstverhinderung zu vertreten hat.

überschreitet.[164] Umgekehrt ist die Erheblichkeit für nacheinander eintretende, voneinander unabhängige persönliche Hinderungsgründe jeweils isoliert und nicht summarisch zu beurteilen (anders aber z. B. bei einer Fortsetzungserkrankung).[165]

Die h. M. ermittelt die Erheblichkeit bzw. Nichterheblichkeit des Verhinderungs-zeitraums anhand der Umstände des Einzelfalls, indem sie die Ausfallzeit zu der (voraussichtlichen) Gesamtdauer des Vertragsverhältnisses in Beziehung setzt.[166] Daher hat § 616 Satz 1 BGB bei freien Dienstverträgen nur eine relativ geringe Bedeutung.[167] Wenn diese nur über eine kurze Zeit laufen, wird die Dienstverhinde-rung regelmäßig die Grenze des Unerheblichen überschreiten. Bei länger andauern-den freien Dienstverträgen stellt die Dienstleistungspflicht aber häufig keine abso-lute Fixschuld dar, sodass es an dem Erfordernis einer Leistungsbefreiung gemäß § 275 Abs. 1 bis 3 BGB fehlt: Eine wegen Erkrankung der Klavierlehrerin ausge-fallene Klavierstunde ist z. B. typischerweise nachholbar. Ist dies aber im Einzelfall anders, fallen selbst bei lange andauernden Dienstverhältnissen nur Verhinderungen von wenigen Tagen unter § 616 Satz 1 BGB.[168]   **90**

Wird der Vergütungsanspruch nach § 616 Satz 1 BGB aufrechterhalten, muss sich der Dienstverpflichtete zudem nach § 616 Satz 2 BGB gewisse Leistungen aus Pflichtversicherungen anrechnen lassen, die er wegen des persönlichen Umstandes erhält, der das Leistungshindernis hervorruft.   **91**

Aufgrund der Interessenwahrungspflicht gemäß § 241 Abs. 2 BGB ist die Dienst-verhinderung dem Gläubiger unverzüglich (§ 121 Abs. 1 Satz 1 BGB) anzuzeigen.[169] Verletzt der Dienstverpflichtete diese Pflicht, entfällt zwar nicht die Aufrechterhal-tung der Vergütungspflicht gemäß § 616 Satz 1 BGB, aus der Unterlassung resultie-rende Schäden sind aber nach Maßgabe des § 280 Abs. 1 BGB zu ersetzen.   **92**

Hat ein Dritter den persönlichen Umstand, der das Dienstleistungshindernis begründet, in einer zum Schadensersatz verpflichtenden Art und Weise hervorgeru-fen (z. B. § 823 Abs. 1 BGB), muss der Dienstverpflichtete diesen Ersatzanspruch dem Dienstberechtigten gemäß den §§ 255, 285 Abs. 1 BGB abtreten. Ein ersatzfä-higer Schaden in Höhe der Vergütung ergibt sich dabei entweder aus dem Gedanken eines normativen Eigenschadens des Dienstverpflichteten (da § 616 Satz 1 BGB   **93**

---

[164] BAG 18.12.1959 AP Nr. 22 zu § 616 BGB; *Esser/Weyers* BT 1, § 29 II 3, S. 247; RGRK/*Matt-hes* § 616 Rn. 19; *Soergel/Kraft* § 616 Rn. 24; a. A. *Harke* Rn. 235; *Zöllner/Loritz/Hergenröder* Arbeitsrecht, 7. Aufl. 2015, § 21 Rn. 37.

[165] *Erman/Belling/Riesenhuber* § 616 Rn. 56; *Soergel/Kraft* § 616 Rn. 23; *Staudinger/Oetker* (2016) § 616 Rn. 101.

[166] BAG 13.11.1969 AP Nr. 41 zu § 616 BGB; RGRK/*Matthes* § 616 Rn. 19; *Soergel/Kraft* § 616 Rn. 22; kritisch *Staudinger/Oetker* (2016) § 616 Rn. 96 ff.

[167] Vgl. *Esser/Weyers* BT 1, § 29 II 3, S. 247; *Larenz* BT 1, § 52 II b, S. 320 f.; *Medicus/Lorenz* Rn. 644.

[168] RGRK/*Matthes* § 616 Rn. 19; *Staudinger/Oetker* (2016) § 616 Rn. 97; *Henssler* MünchKomm. § 616 Rn. 60; großzügiger *Erman/Belling/Riesenhuber* § 616 Rn. 51.

[169] *Erman/Belling/Riesenhuber* § 616 Rn. 57; RGRK/*Matthes* § 616 Rn. 48; *Soergel/Kraft* § 616 Rn. 26.

keine Entlastung des Drittschädigers bezweckt) oder einer Drittschadensliquidation zugunsten des Dienstberechtigten.[170]

b) Vergütung bei Annahmeverzug des Dienstberechtigten

94 Gerät der Dienstberechtigte in Bezug auf die Dienstleistung nach den allgemeinen Regeln der §§ 293 ff. BGB in Annahmeverzug, kann der Dienstverpflichtete die vereinbarte Vergütung verlangen, ohne zur Nachleistung verpflichtet zu sein (§ 615 Satz 1 BGB). Während eine entsprechende Rechtsfolge gemäß § 326 Abs. 2 Satz 1 Alt. 2 BGB nur eintritt, wenn der Dienstschuldner während des Annahmeverzuges von seiner Leistungspflicht nach § 275 Abs. 1 bis 3 BGB frei wird, ordnet § 615 Satz 1 BGB diese Leistungsbefreiung selbst an. Die Vorschrift findet ihre Legitimation darin, dass es unbillig wäre, das Zeitbudget und somit gegebenenfalls auch weitere Erwerbsmöglichkeiten des Dienstschuldners durch eine Aufrechterhaltung seiner Verpflichtung zu belasten, obwohl er diese ohne den Annahmeverzug bereits erfüllt hätte.[171] Da der Annahmeverzug vom Fortbestand des Dienstverhältnisses abhängt, scheidet eine Anwendung des § 615 BGB jedoch aus, wenn in der Annahmeverweigerung zugleich eine wirksame fristlose Kündigung zu erblicken ist;[172] in diesem Fall beantwortet sich die Vergütungsfrage insbesondere nach § 628 Abs. 1 BGB.[173]

95 Hat der Dienstberechtigte hingegen nicht wirksam gekündigt, dann besteht das Dienstverhältnis fort, und ein tatsächliches Angebot i. S. des § 294 BGB kann zur Herbeiführung des Annahmeverzugs je nach der Lage des Einzelfalls gemäß § 295 BGB oder § 296 BGB entbehrlich sein.[174] Zudem besteht weitgehend Einigkeit darüber, dass ein den Annahmeverzug wegen § 297 BGB ausschließendes Unvermögen zur Dienstleistung nicht vorliegt, wenn deren Erbringung am Zustand des durch den *Dienstberechtigten* zu stellenden sachlichen oder persönlichen Leistungssubstrats scheitert.[175] Denn bei einer anderen Entscheidung würde die gesetzgeberische Wertung umgangen, dass der Gläubigerverzug unabhängig davon eintritt, ob der Gläubiger das in seiner Sphäre wurzelnde Annahmehindernis i. S. der

---

[170] Ausführlich und m. w. N. zum Ganzen *Staudinger/Oetker* (2016) § 616 Rn. 128 ff.

[171] *Erman/Belling/Riesenhuber* § 615 Rn. 1; *Esser/Weyers* BT 1, § 29 II 2, S. 246; *Larenz* BT 1, § 52 II b, S. 319 f; *Looschelders* Rn. 593; *Staudinger/Richardi/Fischinger* (2016) § 615 Rn. 1.

[172] RGRK/*Matthes* § 615 Rn. 57; *Henssler* MünchKomm. § 615 Rn. 47; *Soergel/Kraft* § 615 Rn. 45 f. Bei Arbeitsverhältnissen steht diesem Ansatz hingegen das Schriftformerfordernis in § 623 BGB entgegen.

[173] Näher unten § 7 Rn. 123.

[174] Vgl. BAG 09.08.1984 BAGE 46, 234 ff.; *Erman/Belling/Riesenhuber* § 615 Rndr. 15 ff.; *Soergel/Kraft* § 615 Rn. 17 ff.; *Staudinger/Richardi/Fischinger* (2016) § 615 Rn. 56 ff.

[175] Mot. II, S. 68; BGH 11.04.1957 BGHZ 24, 91 (96); RGRK/*Matthes* § 615 Rn. 42; *Soergel/Kraft* § 615 Rn. 30; *Staudinger/Richardi/Fischinger* (2016) § 615 Rn. 80, 85.

§§ 276 ff. BGB zu vertreten hat. So greift § 297 BGB z. B. nicht ein, wenn der zu Unterrichtende wegen einer Krankheit lernunfähig ist.

Problematisch ist die Rechtslage, wenn die Erbringung der Tätigkeit gerade **96** durch die Nichtannahme der Dienstleistung i. S. des § 275 Abs. 1 BGB unmöglich wird, insbesondere wenn eine absolute Fixschuld vorliegt. In diesem Fall greift § 326 Abs. 2 Satz 1 Alt. 2 BGB nicht ein, weil dieser eine Leistungsbefreiung nach § 275 BGB *während* des Annahmeverzugs voraussetzt. Andererseits erfordert ein Annahmeverzug i. S. des § 615 Satz 1 BGB nach h. M. die Nachholbarkeit der Dienstleistung, wird also durch § 275 Abs. 1 BGB ausgeschlossen.[176] Für die Lösung dieses Problems gibt es im Wesentlichen zwei Wege: Entweder wird für einen Annahmeverzug i. S. des § 615 Satz 1 BGB auf die Nachholbarkeit der Leistung verzichtet, sodass der Vergütungsanspruch auch bei einer sog. Annahmeunmöglichkeit bestehen bleibt,[177] oder die Wertung des § 615 BGB wird in den Begriff der Gläubigerverantwortlichkeit i. S. des § 326 Abs. 2 Satz 1 Alt. 1 BGB implementiert, d. h. diese liegt nicht nur bei einem Verschulden gegen sich selbst analog den §§ 276 ff. BGB vor,[178] sondern auch, wenn der Gläubiger der unmöglich gewordenen Dienstleistung durch die Dienstbereitschaft des Schuldners bei unterstellter Nachholbarkeit der Dienstleistung in Annahmeverzug geraten wäre (was gemäß den §§ 293 ff. BGB keines Verschuldens bedarf).[179] Bei diesem Ansatz wird der Vergütungsanspruch durch § 326 Abs. 2 Satz 1 Alt. 1 BGB aufrechterhalten.

Gemäß § 615 Satz 2 BGB (bei einer Lösung über § 326 Abs. 2 BGB nach § 326 **97** Abs. 2 Satz 2 BGB) muss sich der Dienstverpflichtete auf seinen Vergütungsanspruch ersparte Aufwendungen (z. B. Fahrtkosten zum Ort der Dienstleistung) sowie einen infolge der Dienstbefreiung erlangten oder böswillig unterlassenen anderweitigen Erwerb anrechnen lassen. Ein böswilliges Unterlassen des Vermögenserwerbs setzt dabei voraus, dass der von der Dienstleistung Befreite eine mögliche und ihm zumutbare anderweitige Tätigkeit mit dem Bewusstsein ablehnt, der mögliche Erwerb hätte die Vergütungsschuld seines Vertragspartners gemindert.[180] Einer darüber hinausgehenden Schädigungsabsicht bedarf es jedoch nicht.

---

[176] RG 06.02.1923 RGZ 106, 272 (276); BGH 11.04.1957 BGHZ 24, 91 (96); *Palandt/Grüneberg* § 293 Rn. 3; *Schlechtriem* Rn. 373.

[177] Ausführlich *Picker* JZ 1985, 693 (699 ff.); *ders.* Festschrift für U. Huber, 2006, S. 497 ff. sowie *Staudinger/Richardi/Fischinger* (2016) § 615 Rn. 19 ff.; ebenso *Esser/Weyers* BT 1, § 29 II 2, S. 246; *Larenz* BT 1, § 52 II b, S. 320.

[178] Siehe oben § 7 Rn. 83.

[179] So *Larenz* SchR AT, § 21 I c, S. 314; *Köhler* Unmöglichkeit und Geschäftsgrundlage bei Zweckstörungen im Schuldverhältnis, 1971, S. 55 ff.; *Soergel/Wiedemann* Vor § 293 Rn. 16. Weitergehend *Beuthien* Zweckerreichung und Zweckstörung im Schuldverhältnis, 1969, S. 251, der den Verantwortlichkeitsbegriff in § 326 Abs. 2 Satz 1 BGB (= § 324 Abs. 1 BGB a.F.) i. S. der Zuweisung einer umfassenden Risikosphäre des Gläubigers deutet. Damit verwandt ist die im Arbeitsrecht gemäß § 615 Satz 3 BGB anzuwendende Betriebsrisikolehre; dazu *Staudinger/Richardi/Fischinger* (2016) § 615 Rn. 196 ff. m. w. N.

[180] BAG 18.10.1958 BAGE 6, 306 (309); *Henssler* MünchKomm. § 615 Rn. 74; *Soergel/Kraft* § 615 Rn. 57; *Staudinger/Richardi/Fischinger* (2016) § 615 Rn. 169.

II. Nebenpflichten des Dienstberechtigten

98   Für die Konkretisierung der Nebenpflichten ist auch hinsichtlich des Dienstberechtigten auf die §§ 241 Abs. 2, 242 BGB zurückzugreifen. So wie der Dienstverpflichtete auf die berechtigten Interessen des Dienstberechtigten Rücksicht nehmen muss, ist hierzu auch der Dienstberechtigte gegenüber seinem Vertragspartner verpflichtet.

99   Diese Nebenpflicht, die in der überkommenen arbeitsrechtlichen Terminologie häufig mit dem Begriff der Fürsorgepflicht umschrieben wird,[181] umfasst vor allem den Schutz der körperlichen Integrität des Dienstverpflichteten. Diesen sah der Gesetzgeber bereits bei Schaffung des BGB als so wesentlich an, dass er ihm mit § 618 BGB in einer eigenständigen Vorschrift Ausdruck verlieh, die nach § 619 BGB nicht zur Disposition der Vertragsparteien steht. Die vom Dienstberechtigten zur Verrichtung der Dienstleistung zur Verfügung gestellten Räume, Vorrichtungen oder Gerätschaften sowie die zur Ausführung der Dienstleistung erteilten Anordnungen müssen so beschaffen sein, dass der Dienstverpflichtete vor Gefahren für Leben und Gesundheit bestmöglich geschützt ist. Allerdings relativiert § 618 Abs. 1 BGB a.E. diese Verpflichtung durch die Natur der Dienstleistung, d. h. die mit der Dienstleistung untrennbar verbundenen und nicht vermeidbaren Gefahren muss der Dienstverpflichtete selbst dann hinnehmen, wenn diese mit Schäden für Leben und Gesundheit verbunden sein können. § 618 Abs. 2 BGB erweitert die Schutzpflichten für den Fall, dass der Dienstverpflichtete in die häusliche Gemeinschaft des Dienstberechtigten aufgenommen wurde.[182]

100   Nach heute überwiegender Ansicht steht dem Dienstverpflichteten wegen der besonderen Bedeutung der Schutzpflichten grundsätzlich ein einklagbarer Anspruch auf deren Erfüllung zu.[183] Allerdings zwingt dies nicht dazu, § 618 Abs. 1 BGB den Charakter eines Leistungsanspruches beizumessen. Dagegen spricht, dass sich die Sicherungsmaßnahmen nicht auf einen Gütertransfer, sondern auf den Schutz bestehender Güter richten.[184] Vielmehr handelt es sich um eine Schutzpflicht i. S. des § 241 Abs. 2 BGB; die Einklagbarkeit einer derartigen Pflicht ist begrifflich nicht ausgeschlossen, sondern setzt lediglich ein Rechtsschutzbedürfnis voraus, das bei § 618 BGB besteht.[185]

101   Bei Nichterfüllung dieser Schutzpflicht steht dem Dienstverpflichteten hinsichtlich seiner Tätigkeit folgerichtig auch ein Zurückbehaltungsrecht gemäß § 273

---

[181] *Esser/Weyers* BT 1, § 28 III 2, S. 242; *Larenz* BT 1, § 52 II c, S. 323; *Schlechtriem* Rn. 366.

[182] Zum Begriff der häuslichen Gemeinschaft näher unten § 7 Rn. 127.

[183] *Erman/Belling/Riesenhuber* § 618 Rn. 30; *Harke* Rn. 228; *Henssler* MünchKomm. § 618 Rn. 86; RGRK/*Schick* § 618 Rn. 170 ff.; *Soergel/Kraft* § 618 Rn. 21; *Staudinger/Oetker* (2016) § 618 Rn. 248 ff. mit Angaben zu möglichen Ausnahmen (z. B. kein Erfüllungsanspruch, wenn weder eine tatsächliche Beschäftigung erfolgt noch ein Beschäftigungsanspruch besteht).

[184] Vgl. zum Leistungsbegriff bei § 812 als Vermögensverschiebung *Larenz/Canaris* BT 2, § 67 II 1d, S. 132 f. m. w. N.

[185] Dazu allgemein *Bachmann* MünchKomm. § 241 Rn. 109.

Abs. 1 BGB zu.[186] Daraus kann dann nach den §§ 274, 298 BGB ein Annahmeverzug des Dienstberechtigten mit der Folge des § 615 BGB resultieren.[187] Aus dem Schutzpflichtcharakter ergibt sich zudem, dass der Schadensersatz im Verletzungsfall nach § 280 Abs. 1 BGB und nicht nach den §§ 281 ff. BGB zu erfolgen hat.[188] Dabei bezieht § 618 Abs. 3 BGB in den Ersatzanspruch auch mittelbar verletzte Personen ein, indem er die §§ 842 bis 846 BGB für entsprechend anwendbar erklärt. Zudem kommt nach § 626 BGB eine außerordentliche Kündigung in Betracht, wenn der Dienstberechtigte in erheblicher Weise gegen § 618 BGB verstößt.[189]

Problematisch ist weiterhin, ob den Dienstberechtigten neben der Vergütungsschuld eine Nebenpflicht dergestalt trifft, den Dienstverpflichteten die Tätigkeit tatsächlich ausüben zu lassen. Aus § 611 Abs. 1 BGB folgt dies nicht, da dieser lediglich einen *Anspruch* auf die Dienstleistung begründet. Im Arbeitsrecht ist ein Beschäftigungsanspruch weithin anerkannt.[190] Bei freien Dienstverträgen kann – sofern nicht berechtigte Interessen des Dienstberechtigten entgegenstehen – eine derartige Pflicht nach § 241 Abs. 2 BGB hingegen nur *ausnahmsweise* angenommen werden, wenn der Dienstverpflichtete nach der Art seiner Tätigkeit auf die berufliche Praxis bzw. einen öffentlichen Wirkungskreis besonders angewiesen ist (z. B. Künstler)[191] *und* zumindest die Möglichkeit besteht, dass er bei Nichtabschluss des Vertrages seine Dienste hätte anderweitig einsetzen können. In dieser Konstellation liegt eine einklagbare Schutzpflicht auf Beschäftigung i. S. des § 241 Abs. 2 BGB vor, bei deren Verletzung wiederum nach § 280 Abs. 1 BGB Schadensersatz geschuldet sein kann. **102**

F. Beendigung des Dienstverhältnisses

I. Überblick

Für die Beendigung des Dienstverhältnisses gilt zunächst die allgemeine Regel des **103** § 362 BGB. Wenn nur eine bestimmte Tätigkeit oder ein bestimmter Tätigkeitskomplex geschuldet ist, tritt mit der Erbringung der betreffenden Tätigkeiten Erfüllung i. S. des § 362 Abs. 1 BGB ein, z. B. wenn der Rechtsanwalt die vorzunehmende Prozessvertretung beendet hat. Mangels abweichender Vereinbarung endet das Dienstverhältnis auch mit dem Tod des Dienstverpflichteten (§ 613 Satz 1 BGB).[192]

---

[186] Zum Ganzen ausführlich m. w. N. *Staudinger/Oetker* (2016) § 618 Rn. 257 ff.

[187] Siehe oben § 7 Rn. 94 ff.

[188] *Staudinger/Oetker* (2016) § 618 Rn. 285 m. w. N.

[189] Dazu näher unten § 7 Rn. 113 ff.

[190] *Staudinger/Richardi/Fischinger* (2016) § 611 Rn. 1694 ff.

[191] *Esser/Weyers* BT 1, § 28 III 2, S. 242; *Larenz* BT 1, § 52 II c 3, S. 325 f.; i. E. auch *Looschelders* Rn. 590; weiter wohl *Harke* Rn. 227, der darauf abstellt, ob der Dienstverpflichtete in vergleichbarer Weise wie ein Arbeitnehmer von der Tätigkeit für den Dienstberechtigten betroffen ist.

[192] Näher oben § 7 Rn. 46.

104   Wie die Formulierung des § 620 Abs. 1 BGB belegt, ging der Gesetzgeber bei Schaffung des BGB für die Beendigung des Dienstverhältnisses im Übrigen von dem Regelfall einer Befristung des Vertragsverhältnisses i. S. des § 163 BGB aus. Diese Grundannahme trifft zwar nicht für Arbeitsverträge, wohl aber für freie Dienstverträge auch heute noch zu. Dementsprechend kann für das freie Dienstverhältnis auch eine auflösende Bedingung i. S. des § 158 Abs. 2 BGB vereinbart werden (Beispiel: Klavierunterricht, bis der Schüler eine bestimmte Eingangsprüfung besteht).[193] Befristung und Bedingung sind danach abzugrenzen, ob der Eintritt des Beendigungstatbestandes gewiss ist – ohne dass zugleich auch der Zeitpunkt seines Eintritts ex ante feststehen müsste – (dann Befristung) oder nicht (dann Bedingung).[194] Schließlich gewinnt die Beendigung des Vertragsverhältnisses durch Ausübung eines einseitigen Gestaltungsrechts (Kündigung) besondere Bedeutung. Bei diesem ist zwischen der ordentlichen Kündigung gemäß den §§ 620 Abs. 2, 621 BGB auf der einen Seite (Rn. 108 ff.) und der außerordentlichen Kündigung nach den §§ 626, 627 BGB auf der anderen Seite (Rn. 111 ff.) zu unterscheiden. Daneben kann das Dienstverhältnis jederzeit von den Vertragsparteien einvernehmlich beendet werden. Der Abschluss eines derartigen Aufhebungsvertrages unterliegt den allgemeinen Vorschriften zum Abschluss von Verträgen; eine Form ist nicht einzuhalten, da das Schriftformerfordernis in § 623 BGB ausschließlich für Arbeitsverhältnisse gilt.

105   Nach § 625 BGB „gilt" ein Dienstverhältnis jedoch als auf unbestimmte Zeit verlängert, wenn der Dienstverpflichtete dieses nach dessen Ablauf mit Wissen und ohne unverzüglichen (vgl. § 121 Abs. 1 Satz 1 BGB) Widerspruch des anderen Teils fortsetzt. Der Grund für den Ablauf des Dienstverhältnisses darf dabei keine Erfüllung oder Zweckerreichung sein, im Übrigen ist dieser aber irrelevant (Fristablauf, Kündigung etc.).[195] Nach h. M. begründet die Vorschrift zulasten des nicht widersprechenden Dienstberechtigten eine unwiderlegliche Vermutung seines Verlängerungswillens, sodass die Rechtsfolgen des § 625 BGB nur eintreten, wenn der Dienstberechtigte eine entsprechende Willenserklärung hätte abgeben können, d. h. insbesondere geschäftsfähig war.[196] Dementsprechend soll § 625 BGB auch eingreifen, wenn dem Dienstberechtigten die eingetretene Beendigung des Dienstverhältnisses nicht bewusst war. Ferner begründet ein Irrtum über die Rechtswirkungen seines unterbliebenen Widerspruchs keinen Anfechtungsgrund i. S. des § 119 Abs. 1 BGB.[197]

---

[193] *Soergel/Kraft* § 620 Rn. 7; *Staudinger/Preis* (2016) § 620 Rn. 7.

[194] *Wolf/Neuner* § 52 Rn. 1 ff.

[195] *Erman/Belling/Riesenhuber* § 625 Rn. 3; *Esser/Weyers* BT 1, § 30/3, S. 248; RGRK/*Röhsler* § 625 Rn. 12.

[196] BAG 02.12.1998 AP Nr. 8 zu § 625 BGB; ähnlich („schlüssiges Verhalten kraft gesetzlicher Fiktion") *Larenz* BT 1, § 52 III, S. 331; RGRK/*Röhsler* § 625 Rn. 2; *Staudinger/Preis* (2016) § 625 Rn. 7, 9; a. A. *Henssler* MünchKomm. § 625 Rn. 9 ff.: erforderlich ist potenzielles Erklärungsbewusstsein des Dienstberechtigten; dazu allgemein *Flume* AT 2, § 20/3, S. 414 f.

[197] *Erman/Belling/Riesenhuber* § 625 Rn. 3 f.; *Soergel/Kraft* § 625 Rn. 5, 9; *Staudinger/Preis* (2016) § 625 Rn. 13; a. A. konsequent *Henssler* MünchKomm. § 625 Rn. 9.

II. Beendigung infolge Zeitablaufs

Anders als bei Arbeitsverträgen, bei denen die Befristung dazu eingesetzt werden **106** könnte, den arbeitsrechtlichen Kündigungsschutz zu unterlaufen,[198] ist die Aufnahme einer Befristung in einen freien Dienstvertrag uneingeschränkt zulässig. Vor Ablauf der Frist kann dieses grundsätzlich nicht *ordentlich* gekündigt werden, wie ein Umkehrschluss aus § 620 Abs. 2 BGB ergibt. Dieser Ausschluss folgt aus dem Zweck der Befristung, da diese sicherstellen soll, dass das Dienstverhältnis eine bestimmte Zeitspanne andauert. Deshalb schließt die Aufnahme einer Befristung in den Vertrag konkludent das Recht zur ordentlichen Kündigung aus.[199] Diese für Arbeitsverhältnisse in § 15 Abs. 3 TzBfG aufgegriffene Begründung zeigt, dass den Vertragsparteien die Möglichkeit offensteht, eine abweichende Regelung zu treffen, indem sie ein ordentliches Kündigungsrecht vereinbaren. Die Befristung hat in diesem Fall nur den Sinn, eine Höchstdauer des Dienstverhältnisses ohne das Erfordernis einer Kündigung zu fixieren, während sie im Normalfall neben der Höchst- auch die regelmäßige Mindestdauer der Vertragsbeziehung festlegt. Selbst ohne ausdrückliche Regelung steht den Parteien eines befristeten Dienstverhältnisses jedoch das Recht zur *außerordentlichen* Kündigung nach den §§ 626, 627 BGB zu.[200]

Übermäßigen Freiheitsbeschränkungen durch eine lange Befristung des Dienst- **107** verhältnisses beugt § 624 BGB vor, der ein zwingendes außerordentliches Recht zur Kündigung für Verträge normiert, die auf Lebenszeit oder für eine längere Zeit als fünf Jahre abgeschlossen wurden (§ 624 Satz 1 BGB). Ein solches Dienstverhältnis kann der *Dienstverpflichtete* mit einer Kündigungsfrist von sechs Monaten beenden, wenn dieses die Dauer von fünf Jahren überschritten hat (§ 624 Satz 2 BGB). Umgekehrt kann der Dienstverpflichtete den *Dienstberechtigten* durch Allgemeine Geschäftsbedingungen wegen § 309 Nr. 9a BGB nicht für einen längeren Zeitraum als zwei Jahre binden. Ist danach eine Klausel unwirksam, so befürwortet eine verbreitete Auffassung nach § 306 Abs. 2 BGB i. V. mit § 620 Abs. 2 BGB ein unbefristetes Dienstverhältnis, das gemäß § 621 BGB ordentlich kündbar ist.[201] Über diese formale Regelung hinaus hat der BGH entschieden, dass formularmäßige Vollunterrichtsverträge, die eine Laufzeit von ca. zwei Jahren aufweisen, mit Rücksicht auf die Berufsausbildungsfreiheit des Dienstberechtigten aus Art. 12 Abs. 1 Satz 1 GG regelmäßig gegen § 307 Abs. 1 Satz 1 BGB verstoßen; in diesem Fall soll eine ergänzende Vertragsauslegung gemäß § 306 Abs. 2 BGB zu einem Kündigungsrecht zum Ende des ersten Unterrichtsjahres führen.[202]

---

[198] Dazu statt aller *Staudinger/Preis* (2016) § 620 Rn. 9 ff.

[199] BGH 04.11.1992 BGHZ 120, 108 (116); *Erman/Belling/Riesenhuber* § 621 Rn. 2; RGRK/*Röhsler* § 621 Rn. 3. Zum Parallelproblem bei der Befristung eines Mietverhältnisses oben § 5 Rn. 118.

[200] Siehe unten § 7 Rn. 112 ff., auch zur Frage der Abdingbarkeit des außerordentlichen Kündigungsrechts.

[201] Näher hierzu *Oetker* Das Dauerschuldverhältnis und seine Beendigung, 1994, S. 548 ff., 557 ff. m. w. N.

[202] BGH 04.11.1992 BGHZ 120, 108 (118 ff.); vgl. auch schon BGH 08.03.1984 BGHZ 90, 280 (283 ff.).

III. Beendigung durch Kündigung

108   Im Gegensatz zu einem Rücktritt, der gemäß den §§ 346 ff. BGB zur Rückabwicklung der erbrachten Vertragsleistungen führt, beseitigt die Kündigung die
vertraglichen Hauptleistungspflichten lediglich *ex nunc* mit dem Wirksamwerden
der Kündigungserklärung. Als einseitiges Gestaltungsrecht bedarf die Kündigung
einer gesetzlichen Grundlage, die sich (neben den soeben für befristete Dienstverhältnisse besprochenen eingeschränkten Kündigungsmöglichkeiten) im Recht des
freien Dienstvertrages aus den §§ 620 Abs. 2, 621 BGB (ordentliche Kündigung)
sowie den §§ 626, 627 BGB (außerordentliche Kündigung) ergibt. Anders als bei
Arbeitsverhältnissen (vgl. § 623 BGB) muss die Kündigungserklärung keiner Form
genügen. Bei einer aufschiebend bedingten Kündigung als einseitigem Rechtsgeschäft kann zum Schutz des Erklärungsempfängers die Kündigungsfrist erst zu
laufen beginnen bzw. bei fristloser Kündigung dieselbe erst wirksam werden, wenn
der Gekündigte von dem Bedingungseintritt sicher erfährt; dieses Schutzbedürfnis
besteht nur dann nicht, wenn der Bedingungseintritt ausschließlich vom Willen des
Empfängers der Kündigungserklärung abhängt (sog. Potestativbedingung).[203]

1. Ordentliche Kündigung

109   Die ordentliche Kündigung eines freien Dienstvertrages kommt mangels abweichender Vereinbarung nach § 620 Abs. 2 BGB nur in Betracht, wenn das Dienstverhältnis weder befristet noch sonst durch die Umstände in seiner Dauer beschränkt ist
(Beispiel: Beschränkung der Dauer durch vorab genau festgelegte einmalige Tätigkeit). Dabei zeichnet sich die ordentliche Kündigung durch zwei Merkmale aus:
110   Erstens bedarf es für deren Rechtswirksamkeit keines Kündigungsgrundes. Es
gilt der Grundsatz der Kündigungsfreiheit, der auch eine Begründungsbedürftigkeit
der Kündigung ausschließt.[204] Die Geltung der privatrechtlichen Außenschranken
(§§ 134, 138, 242 BGB) bleibt hiervon jedoch unberührt.
111   Zweitens tragen Kündigungsfristen dem Dispositionsschutz des von der Kündigung betroffenen Vertragspartners Rechnung. Diese führen dazu, dass die Beendigung des Dienstverhältnisses nicht mit Zugang der Kündigungserklärung (§ 130
BGB), sondern erst nach Ablauf einer bestimmten Zeitspanne nach deren Zugang
eintritt. Für diese knüpft § 621 BGB an die für die Vergütung vorgesehene Zeitspanne an und trägt dem Vertrauen des anderen Vertragsteiles in den Fortbestand
des Dienstverhältnisses und der hieraus folgenden Verdienstmöglichkeit Rechnung.
Je länger die Zeitspanne für die Vergütung ist, desto länger ist die Kündigungsfrist
(siehe im Einzelnen § 621 Nr. 1 bis 5 BGB). Das kann sogar dazu führen, dass ein
Dispositionsschutz fast vollständig entfällt, wenn extrem kurze Vergütungsperioden

---

[203] *Flume* AT 2, § 38/5, S. 697 f.; *Staudinger/Oetker* (2016) Vorbem. zu §§ 620 ff. Rn. 129.
[204] RGRK/*Röhsler* § 621 Rn. 19; *Hesse* MünchKomm. § 621 Rn. 15; *Staudinger/Preis* (2016) § 620
Rn. 5.

vereinbart wurden: So sieht z. B. § 621 Nr. 1 BGB vor, dass eine Kündigung an jedem Tag für den Ablauf des folgenden Tages erklärt werden kann, wenn die Vergütung nach Tagen bestimmt ist. Die Fristen sind nach den §§ 186 ff. BGB zu berechnen. Sofern das Dienstverhältnis nicht sofort mit Vertragsschluss in Vollzug gesetzt wird, löst eine vor Dienstantritt ausgesprochene Kündigung nach wohl h. M. den Beginn des Ablaufs der in § 621 BGB genannten Frist sofort und nicht erst mit Invollzugsetzung aus.[205] Die Kündigungsfristen des § 621 BGB sind dispositiv, bei einer Verlängerung durch Allgemeine Geschäftsbedingungen sind jedoch die zeitlichen Grenzen für befristete Dienstverhältnisse zu beachten.[206]

2. Außerordentliche Kündigung

Ein Recht zur außerordentlichen fristlosen Kündigung von Dienstverhältnissen für beide Vertragsparteien enthalten die §§ 626, 627 BGB.   **112**

a) Außerordentliche Kündigung nach § 626 BGB

Die nicht abdingbare Vorschrift des § 626 Abs. 1 BGB setzt voraus, dass ein wichtiger Grund vorliegt, der dem Kündigenden die Fortsetzung des Vertragsverhältnisses bis zu dessen ordentlicher Beendigung (Fristablauf, ordentliche Kündigung etc.) unzumutbar macht. Es handelt sich um eine Spezialregelung zu dem allgemeinen Grundsatz in § 314 BGB, nach dem Dauerschuldverhältnisse bei Vorliegen eines wichtigen Grundes fristlos gekündigt werden können.   **113**

Für die Ermittlung, ob die Fortsetzung des Dienstverhältnisses bis zu dessen regelgerechter Beendigung unzumutbar ist, sind im Rahmen einer Zukunftsprognose alle Umstände des Einzelfalls zu berücksichtigen und die Interessen der Vertragsparteien gegeneinander abzuwägen (§ 626 Abs. 1 BGB). Aus dieser Verknüpfung folgt, dass sich die Anforderungen an den wichtigen Grund umgekehrt proportional zu der Länge der Kündigungsfrist bzw. der noch vertraglich vorgesehenen Laufzeit verhalten.[207] Je kürzer diese ist, desto gewichtiger müssen die zur sofortigen Beendigung des Dienstverhältnisses angeführten Gründe sein, um eine Unzumutbarkeit der Vertragsfortführung zu bewirken.   **114**

Im Übrigen kann die Prüfung eines wichtigen Grundes zur fristlosen Kündigung in *zwei Stufen* erfolgen:[208] Zunächst ist zu fragen, ob der betreffende Umstand „an   **115**

---

[205] *Erman/Belling/Riesenhuber* § 621 Rn. 7; *Staudinger/Preis* (2016) § 621 Rn. 17; differenzierend BAG 09.05.1985 AP Nr. 4 zu § 620 BGB.

[206] Dazu oben § 7 Rn. 107.

[207] BAG 15.12.1955 AP Nr. 6 zu § 626 BGB; *Soergel/Kraft* § 626 Rn. 44; *Staudinger/Preis* (2016) § 626 Rn. 60.

[208] BAG 17.05.1984 AP Nr. 14 zu § 626 BGB; BAG 17.03.1988 AP Nr. 99 zu § 626 BGB; RGRK/ *Corts* § 626 Rn. 30; *Henssler* MünchKomm. § 626 Rn. 74 f., 80; *Soergel/Kraft* § 626 Rn. 33; *Staudinger/Preis* (2016) § 626 Rn. 51 f.

sich", d. h. bei abstrakter Betrachtung, eine sofortige Vertragsbeendigung rechtfertigt. Insoweit sind die aus dem Vertrag, dem Vertragszweck sowie den anzuwendenden gesetzlichen Vorschriften abzuleitenden Risikobereiche der Vertragsparteien von entscheidender Bedeutung. So rechtfertigen Gründe, die dem Einfluss des Kündigungsgegners entzogen sind oder der Interessensphäre des Kündigenden zuzuordnen sind, nur in Ausnahmefällen eine fristlose Kündigung,[209] während umgekehrt ein die fristlose Kündigung rechtfertigender „wichtiger Grund" in der Regel dann in Betracht kommt, wenn dieser im Risikobereich des Kündigungsgegners liegt.

116   Liegt ein „an sich" wichtiger Grund vor, ist auf einer zweiten Stufe das Beendigungsinteresse des Kündigenden mit dem Bestandsinteresse des anderen Teils abzuwägen. Dabei muss wegen der Durchbrechung des Grundsatzes *pacta sunt servanda* das Verhältnismäßigkeitsprinzip streng beachtet werden, insbesondere muss die außerordentliche Kündigung ultima ratio sein.[210] Dem trägt bei Pflichtverletzungen unter anderem das Erfordernis einer vorherigen erfolglosen Abmahnung Rechnung, das jedoch nicht gesondert aus dem Verhältnismäßigkeitsgrundsatz abgeleitet werden muss, sondern auf § 314 Abs. 2 BGB gestützt werden kann, da die *lex specialis* in § 626 BGB insoweit keine Verdrängung der *lex generalis* bewirkt.[211] Entsprechend § 323 Abs. 2 BGB kann wegen der Verweisungsnorm in § 314 Abs. 2 Satz 2 BGB jedoch in einzelnen Sachverhalten auf eine vorherige Abmahnung verzichtet werden. Ein schuldhaft-vertragswidriges Verhalten des zu Kündigenden ist keine Voraussetzung eines wichtigen Grundes i. S. des § 626 Abs. 1 BGB, kann aber bei der Interessenabwägung ins Gewicht fallen.[212] Als wichtiger Grund für die Kündigung eines Internatsvertrages wurde z. B. ein Selbstmordversuch des Internatsschülers anerkannt.[213] Fehlt hingegen ein wichtiger Grund i. S. des § 626 Abs. 1 BGB, dann ist die Erklärung regelmäßig nach § 140 BGB in eine fristgemäße ordentliche Kündigung i. S. des § 621 BGB umzudeuten.[214]

117   Zur Rechtfertigung der Kündigung aus wichtigem Grund können nur solche Umstände herangezogen werden, die dem Kündigungsberechtigten nicht länger als zwei Wochen vor dem Zugang der Kündigungserklärung (§ 130 BGB) bekannt waren (§ 626 Abs. 2 Satz 1 BGB). Hierbei handelt es sich nicht um eine Kündigungsfrist, sondern um eine Kündigungserklärungsfrist, da sich die Frist auf die Erklärung der Kündigung und nicht auf die Beendigung des Dienstverhältnisses bezieht. Die Frist beginnt nicht bereits mit Eintritt des wichtigen Grundes, sondern erst, wenn der Kündigungsberechtigte von den für die Kündigung maßgebenden Tatsachen Kenntnis erlangt (§ 626 Abs. 2 Satz 2 BGB).

---

[209] BGH 11.11.2010 NJW-RR 2011, 916 Rn. 9.

[210] BAG 28.04.1982 BAGE 38, 348 (356); *Brox/Walker* § 21 Rn. 9; *Erman/Belling/Riesenhuber* § 626 Rn. 51; *Looschelders* Rn. 606.

[211] Wie hier *Harke* Rn. 240.

[212] BAG 12.04.1978 AP Nr. 13 zu § 626 BGB; *Henssler* MünchKomm. § 626 Rn. 104; *Staudinger/Preis* (2016) § 626 Rn. 64; ebenso *Harke* Rn. 240; *Looschelders* Rn. 606.

[213] BGH 24.05.1984 NJW 1984, 2091 (2092 f.).

[214] *Erman/Belling/Riesenhuber* § 626 Rn. 26; *Larenz* BT 1, § 52 III d, S. 337; *Soergel/Kraft* § 626 BGB Rn. 104; siehe auch BAG 15.11.2001 AP Nr. 13 zu § 140 BGB.

Auf Verlangen hat der Kündigende dem anderen Teil gemäß § 626 Abs. 2 Satz 3 **118** BGB den Kündigungsgrund unverzüglich (§ 121 Abs. 1 Satz 1 BGB) schriftlich mitzuteilen. Ein Verstoß gegen diese Pflicht führt jedoch nicht zur Unwirksamkeit der Kündigung, sondern verpflichtet zum Ersatz von Schäden (z. B. Prozesskosten) gemäß § 280 Abs. 1 BGB, die aufgrund der Unterlassung eintreten.[215]

b) Außerordentliche Kündigung nach § 627 BGB

Ein außerordentliches Kündigungsrecht sieht das Bürgerliche Gesetzbuch nach **119** § 627 Abs. 1 BGB außerhalb von Arbeitsverhältnissen zudem grundsätzlich für den Sonderfall vor, dass der Dienstverpflichtete Dienste höherer Art zu leisten hat, die aufgrund besonderen Vertrauens übertragen zu werden pflegen. In diesem Fall kann die fristlose Kündigung jederzeit und ohne wichtigen Grund erklärt werden, da § 627 Abs. 1 BGB die Kündigung auch „ohne die in § 626 bezeichnete Voraussetzung" für zulässig erklärt. Anders als das Recht zur fristlosen Kündigung aus wichtigem Grund kann die Kündigungsmöglichkeit nach § 627 Abs. 1 BGB individualvertraglich abbedungen werden; ein Ausschluss durch Allgemeine Geschäftsbedingungen des Gekündigten verstößt jedoch gegen § 307 Abs. 2 Nr. 1 BGB.[216]

Das Kündigungsrecht aus § 627 Abs. 1 BGB rechtfertigt sich dadurch, dass ein **120** Vertrag über die Leistung von Diensten höherer Art regelmäßig auf einem besonderen Vertrauensverhältnis beruht, das in vielfältiger Weise gestört werden kann.[217] Aus diesem einseitig die Entschließungsfreiheit des Kündigenden schützenden Normzweck ergibt sich zugleich die vorgesehene Ausnahme von dem Recht zur nicht begründungsbedürftigen außerordentlichen Kündigung: Eine solche ist nach § 627 Abs. 1 BGB ausgeschlossen, wenn es sich um ein dauerndes Dienstverhältnis mit festen Bezügen handelt.[218] In einem solchen Fall soll das Vertrauen in den Fortbestand des Dienstverhältnisses bis zu einer ordentlichen Beendigung nur unter den Voraussetzungen des § 626 BGB zurückstehen.

Dienste höherer Art i. S. des § 627 Abs. 1 BGB werden geschuldet, wenn die **121** Dienstleistung ein überdurchschnittliches Maß an Fachkenntnis erfordert.[219] Zudem müssen diese Dienste *typischerweise*, d. h. unabhängig vom konkreten Fall,

---

[215] BAG 17.08.1972 AP Nr. 65 zu § 626 BGB; RGRK/*Corts* § 626 Rn. 229; *Staudinger/Preis* (2016) § 626 Rn. 257 f.

[216] BGH 08.03.1984 BGHZ 90, 280 (284); BGH 01.02.1989 BGHZ 106, 341 (346); *Erman/Belling/ Riesenhuber* § 627 Rn. 3 f.; *Henssler* MünchKomm. § 627 Rn. 39.

[217] BGH 13.01.1993 NJW-RR 1993, 505 (506); *Erman/Belling/Riesenhuber* § 627 Rn. 1; *Esser/ Weyers* BT 1, § 30/4b, S. 249; *Staudinger/Preis* (2016) § 627 Rn. 4.

[218] Die beiden Voraussetzungen (dauerndes Dienstverhältnis, feste Bezüge) müssen kumulativ vorliegen, um das Kündigungsrecht auszuschließen: BGH 31.03.1967 BGHZ 47, 303 (305); RGRK/ *Corts* § 627 Rn. 8; *Soergel/Kraft* § 627 Rn. 5; *Staudinger/Preis* (2016) § 627 Rn. 14. Näher zum dauernden Dienstverhältnis unten § 7 Rn. 125 ff.

[219] RGRK/*Corts* § 627 Rn. 2; *Henssler* MünchKomm. § 627 Rn. 20; *Staudinger/Preis* (2016) § 627 Rn. 18.

aufgrund eines besonderen Vertrauens in die Person des Dienstverpflichteten übertragen werden.[220] Daran fehlt es zumeist, wenn der Vertrag mit einer Institution abgeschlossen wird, ohne dass zugleich die Vereinbarung der Tätigkeitserbringung durch eine bestimmte Person erfolgt.[221] § 627 Abs. 1 BGB ist somit z. B. bei Verträgen mit Ärzten und Rechtsanwälten anwendbar, regelmäßig aber nicht bei standardisierten Unterrichtsprogrammen ohne Erziehungscharakter (Repetitorien etc.).

122   Nach § 627 Abs. 2 Satz 1 BGB darf der Dienstverpflichtete das Dienstverhältnis nicht zur Unzeit kündigen, d. h. dergestalt, dass sich der Dienstberechtigte die Dienste nicht anderweitig und für seine Zwecke rechtzeitig beschaffen kann (vgl. auch die §§ 671 Abs. 2 Satz 1, 723 Abs. 2 Satz 1 BGB). Dies gilt nur dann nicht, wenn für die unzeitige Kündigung ein wichtiger Grund vorliegt, der sich aber anders als bei § 626 BGB nicht auf die Beendigung des Dienstverhältnisses als solche, sondern nur auf die Beendigung ohne Rücksicht auf die anderweitige Beschaffungsmöglichkeit seitens des Dienstberechtigten beziehen muss.[222] Gegen § 627 Abs. 2 Satz 1 BGB verstößt z. B. der Abbruch einer ärztlichen Behandlung, ohne dass sich der Patient rechtzeitig in die Obhut eines anderen Arztes begeben kann. Kündigt der Dienstverpflichtete zur Unzeit ohne einen wichtigen Grund, hat er seinem Vertragspartner verschuldensunabhängig den „daraus" – d. h. nur den aus der vorfristigen Auflösung – entstehenden Schaden zu ersetzen (§ 627 Abs. 2 Satz 2 BGB). Im Umkehrschluss bleibt die Wirksamkeit der Kündigung als solche von dem Verstoß gegen § 627 Abs. 2 Satz 1 BGB unberührt; die Norm ist kein Verbotsgesetz i. S. des § 134 BGB.[223]

c) Vergütung und Schadensersatz nach außerordentlicher Kündigung

123   Wurde das Dienstverhältnis nach Invollzugsetzung gemäß den §§ 626, 627 BGB wirksam gekündigt, so kann der Dienstverpflichtete eine seinen bisherigen Leistungen entsprechende Teilvergütung verlangen (§ 628 Abs. 1 Satz 1 BGB). Das gilt allerdings nach § 628 Abs. 1 Satz 2 BGB insoweit nicht, als er

- erstens entweder selbst gekündigt hat, ohne dass ein vertragswidriges Verhalten des Dienstberechtigten dafür den Ausschlag gab, oder wenn er durch ein vertragswidriges Verhalten die Kündigung des anderen Teils veranlasst hat und
- zweitens die Teilleistung für den Dienstberechtigten kein Interesse hat.

---

[220] RG 11.12.1934 RGZ 146, 116 (117); BGH 26.11.1959 BGHZ 31, 224 (228); *Soergel/Kraft* § 627 Rn. 4.

[221] BGH 08.03.1984 BGHZ 90, 280 (282 f.); *Erman/Belling/Riesenhuber* § 627 Rn. 7; *Soergel/ Kraft* § 627 Rn. 4.

[222] *Erman/Belling/Riesenhuber* § 627 Rn. 14; *Soergel/Kraft* § 627 Rn. 9; *Staudinger/Preis* (2016) § 627 Rn. 31.

[223] BGH 24.06.1987 LM Nr. 9 zu § 627 BGB; *Larenz* BT 1, § 52 III d, S. 338; RGRK/*Corts* § 627 Rn. 17; *Henssler* MünchKomm. § 627 Rn. 34; a. A. lediglich *van Venrooy* JZ 1981, 53 (57).

Dabei ist als vertragswidriges Verhalten i. S. des § 628 Abs. 1 Satz 2 BGB nur eine schuldhafte Pflichtwidrigkeit anzuerkennen.[224] § 628 Abs. 1 Satz 3 BGB regelt die Rückgewähr im Voraus entrichteter Vergütungen.

Schließlich gewährt § 628 Abs. 2 BGB dem außerordentlich Kündigenden einen **124** Anspruch auf Ersatz seines Nichterfüllungsschadens, wenn die Kündigung auf einem schuldhaft-vertragswidrigen Verhalten des anderen Teils beruht.[225] Dabei ist nach dem Erfordernis des Rechtswidrigkeitszusammenhangs das Erfüllungsinteresse nur bis zu demjenigen Zeitpunkt zu ersetzen, in dem der sich vertragswidrig Verhaltende das Dienstverhältnis rechtmäßig hätte beenden können, z. B. durch eine ordentliche Kündigung gemäß § 621 BGB (sog. Verfrühungsschaden).[226]

G. Sonderbestimmungen für dauernde Dienstverhältnisse

I. Begriff des „dauernden Dienstverhältnisses"

Die §§ 617, 629, 630 BGB enthalten Sonderbestimmungen für sog. dauernde Dienst- **125** verhältnisse. Der Begriff des dauernden Dienstverhältnisses ist *nicht* mit demjenigen des dienstvertraglichen Dauerschuldverhältnisses identisch.[227] Während nahezu alle Dienstverträge aufgrund ihres Zeitbezugs Dauerschuldverhältnisse begründen,[228] sind an ein dauerndes Dienstverhältnis weitere Anforderungen zu stellen, die die spezifischen Rechtsfolgen der §§ 617, 629, 630 BGB rechtfertigen.

Teilweise wird hierfür darauf abgestellt, ob das Dienstverhältnis im Gegensatz **126** zu sog. vorübergehenden Dienstverhältnissen auf eine „längere Zeit" angelegt ist.[229] Richtig erscheint es jedoch, eine besondere Qualität der zu erbringenden Tätigkeit dergestalt zu fordern, dass ein dauerndes Dienstverhältnis immer dann vorliegt, wenn sich die Tätigkeiten nicht in isolierbaren – einmaligen oder mehrmaligen – Einzelleistungen erschöpfen.[230] Deshalb kann auch ein befristeter Dienstvertrag ein dauerndes Dienstverhältnis sein.[231]

---

[224] Prot. II, S. 306; BAG 05.10.1962 AP Nr. 2 zu § 628 BGB; *Larenz* BT 1, § 52 III d, S. 339; *Staudinger/Preis* (2016) § 628 Rn. 24.

[225] Siehe oben § 7 Rn. 59 sowie BAG 26.07.2001 BAGE 98, 275 (280 f.).

[226] BGH 29.11.1965 BGHZ 44, 271 (277); BGH 03.03.1993 BGHZ 122, 9 (14 f.); BAG 23.03.1984 AP Nr. 8 zu § 276 BGB Vertragsbruch; BAG 26.07.2001 BAGE 98, 275 (289 ff.); *Erman/Belling/ Riesenhuber* § 628 Rn. 43; *Schlechtriem* Rn. 394; *Soergel/Kraft* § 628 Rn. 14 ff.; *Staudinger/Preis* (2016) § 628 Rn. 44.

[227] Vgl. statt aller die Unterscheidung bei *Oetker* Das Dauerschuldverhältnis und seine Beendigung, 1994, S. 152 und S. 195 ff.

[228] Siehe oben § 7 Rn. 2.

[229] RGRK/*Matthes* § 617 Rn. 9; *Henssler* MünchKomm. § 617 Rn. 5; *Soergel/Kraft* § 617 Rn. 2.

[230] *Erman/Belling/Riesenhuber* § 617 Rn. 4; *Staudinger/Oetker* (2016) § 617 Rn. 18 f.; im Ansatz auch BGH 31.03.1967 BGHZ 47, 303 (307).

[231] BGH 31.03.1967 BGHZ 47, 303 (307); *Henssler* MünchKomm. § 617 Rn. 5; *Soergel/Kraft* § 617 Rn. 2; *Staudinger/Oetker* (2016) § 617 Rn. 19.

II. Krankenfürsorge (§ 617 BGB)

127 Nach § 617 Abs. 1 Satz 1 BGB hat bei dauernden Dienstverhältnissen, die die Erwerbstätigkeit des Dienstverpflichteten zumindest hauptsächlich in Anspruch nehmen und in deren Rahmen er in die häusliche Gemeinschaft aufgenommen wurde, der Dienstberechtigte im Krankheitsfall bis zu sechs Wochen die erforderliche Verpflegung und ärztliche Behandlung zu gewähren. Der Anspruch ist gemäß § 619 BGB zwingend. Eine Aufnahme in die häusliche Gemeinschaft liegt nur vor, wenn sowohl Verpflegung als auch Wohnraum gewährt werden.[232] Nach heute h. M. muss diese Gemeinschaft nicht mit dem Dienstberechtigten bestehen, sondern kann auch unter mehreren Dienstverpflichteten vorliegen.[233]

128   Der Anspruch ist ausgeschlossen, wenn die Erkrankung durch den Dienstverpflichteten vorsätzlich oder grob fahrlässig herbeigeführt wurde (§ 617 Abs. 1 Satz 1 BGB a.E.), wofür die zu § 616 Satz 1 BGB dargelegten Grundsätze heranzuziehen sind,[234] oder eine Versicherung für die betreffenden Kosten aufkommt (§ 617 Abs. 2 BGB). Die Aufwendungen für die Krankenfürsorge können zudem auf die für den Krankheitszeitraum geschuldete Vergütung angerechnet werden (§ 617 Abs. 1 Satz 3 BGB), soweit diese trotz der Leistungsunfähigkeit fortentrichtet wird, z. B. gemäß § 616 BGB.[235] Die Kostentragungspflicht endet regelmäßig mit der Beendigung des Dienstverhältnisses (§ 617 Abs. 1 Satz 1 BGB). Hiervon sieht § 617 Abs. 1 Satz 4 BGB lediglich für den Fall eine durch den Normzweck legitimierte Ausnahme vor, dass das Dienstverhältnis *wegen* der Erkrankung gemäß § 626 BGB fristlos gekündigt wurde. In diesem Fall besteht die Fürsorgepflicht bis zum Ablauf der ordentlichen Kündigungsfrist i. S. des § 621 BGB fort.

III. Freizeit zur Stellensuche (§ 629 BGB)

129 Nach der Kündigung eines dauernden Dienstverhältnisses ist dem Dienstverpflichteten eine angemessene Zeit zur Suche eines neuen Dienstverhältnisses einzuräumen (§ 629 BGB). Allerdings berechtigt die Vorschrift den Dienstverpflichteten nur zu einer nach den Umständen erforderlichen Befreiung von der Pflicht zur Dienstleistung. Zur Fortzahlung der Vergütung ist der Dienstberechtigte für diesen Zeitraum nur unter den Voraussetzungen des § 616 BGB verpflichtet.[236]

---

[232] RGRK/*Matthes* § 617 Rn. 13; *Soergel/Kraft* § 617 Rn. 4; *Staudinger/Oetker* (2016) § 617 Rn. 24.

[233] BAG 08.06.1955 AP Nr. 1 zu § 618 BGB; RGRK/*Matthes* § 617 Rn. 14; *Henssler* MünchKomm. § 617 Rn. 7; a. A. *Erman/Belling/Riesenhuber* § 617 Rn. 6; *Staudinger/Oetker* (2016) § 617 Rn. 28.

[234] Siehe oben § 7 Rn. 88.

[235] Dazu oben § 7 Rn. 84 ff.

[236] BAG 13.11.1969 AP Nr. 41 zu § 616 BGB; *Larenz* BT 1, § 52 III d, S. 340; *Soergel/Kraft* § 629 Rn. 11; *Staudinger/Preis* (2016) § 629 Rn. 21; für eine generelle Pflicht zur Fortzahlung der Vergütung *Brox/Walker* § 21 Rn. 16, allerdings ohne Angabe einer Rechtsgrundlage.

IV. Erteilung eines Dienstzeugnisses (§ 630 BGB)

Schließlich begründet § 630 BGB zugunsten des Dienstverpflichteten einen **130**
Anspruch auf die schriftliche Erteilung eines Dienstzeugnisses, wobei die elektronische Form (§ 126a BGB) gemäß § 630 Satz 3 BGB ausgeschlossen ist. Bei freien Dienstverträgen besteht der Anspruch auf eine Zeugniserteilung im Wege einer teleologischen Reduktion der Vorschrift aber nur, wenn der Dienstverpflichtete in besonderem Maße sozial schutzbedürftig ist,[237] was vor allem bei sog. arbeitnehmerähnlichen Personen angenommen wird.[238] Alle anderen freien Dienstleistenden (Rechtsanwälte, Steuerberater etc.) werden auf den aus ihrer Tätigkeit resultierenden Werbeeffekt verwiesen.

Inhaltlich sind zwei Arten von Zeugnissen zu unterscheiden: Erstens das sog. *einfache Zeugnis*, das sich lediglich auf das Dienstverhältnis und dessen Dauer erstreckt **131**
(§ 630 Satz 1 BGB). Zweitens das sog. *qualifizierte Zeugnis*; dieses umfasst insbesondere eine Leistungsbeurteilung (§ 630 Satz 2 BGB). Dabei steht das Wahlrecht, welche Art von Zeugnis zu erstellen ist, dem Dienstverpflichteten zu (vgl. § 630 Satz 2 BGB: „auf Verlangen").

Bei Erteilung eines qualifizierten Zeugnisses besteht ein Anspruch auf eine verständig-wohlwollende Beurteilung, die das Fortkommen des Dienstverpflichteten **132**
nicht ungerechtfertigt erschwert.[239] Zugleich muss die Einschätzung aber auch den Kriterien der Vollständigkeit und Wahrheit entsprechen. Genügt das Zeugnis nicht diesen Anforderungen, soll der Aussteller nach der Rechtsprechung des BGH Dritten, die bestimmungsgemäß mit der Beurteilung in Kontakt kommen und sich auf deren Inhalt verlassen, zumindest dann nicht nur nach § 826 BGB, sondern auch vertragsähnlich gemäß den §§ 280 Abs. 1, 276 ff. BGB auf Schadensersatz haften, wenn er oder seine Erfüllungsgehilfen die Unrichtigkeit des Zeugnisses entweder von vornherein kannten oder später erkennen und ihnen bekannte Dritte nicht warnen.[240]

Dogmatisch lehnt sich diese Rechtsprechung an die extensive Annahme von Auskunftsverträgen als „Ausnahme" von der grundsätzlich nur deliktischen Haftung **133**
für Rat und Empfehlung an (vgl. § 675 Abs. 2 BGB).[241] Insoweit passt sich aber die vom BGH vertretene Haftungsausnahme für bloß fahrlässig falsche Angaben nur schwer in die Kategorie einer vertraglichen oder quasi-vertraglichen Haftung ein. Daher kann die Rechtsprechung nur als ergebnisorientierte Umgehung der

---

[237] RG 07.01.1916 RGZ 87, 440 (443); BGH 09.11.1967 BGHZ 49, 30 (31 f.); *Staudinger/Preis* (2016) § 630 Rn. 3.

[238] Dazu oben § 7 Rn. 25.

[239] BAG 03.03.1993 AP Nr. 20 zu § 630 BGB; *Medicus/Lorenz* Rn. 657; *Henssler* MünchKomm. § 630 Rn. 41.

[240] BGH 15.05.1979 BGHZ 74, 281 (287 ff.); *Erman/Belling/Riesenhuber* § 630 Rn. 28; *Staudinger/Preis* (2016) § 630 Rn. 82.

[241] Zu weiteren Einzelheiten der Auskunftshaftung unten § 11 Rn. 19 ff.

Exkulpationsmöglichkeit für vorsätzlich handelnde Verrichtungsgehilfen nach
§ 831 Abs. 1 Satz 2 BGB gedeutet werden.[242]

134   Der Dienstverpflichtete hat auf die Ausstellung eines den vorstehenden Maßstäben
entsprechenden Zeugnisses einen klagbaren und vertraglich im Voraus nicht abdingbaren Erfüllungsanspruch,[243] der solange besteht, bis der Dienstberechtigte ein den
gesetzlichen Anforderungen genügendes Zeugnis erteilt hat. Bei einer Verletzung des
Erfüllungsanspruchs bestehen zudem die allgemeinen Rechtsbehelfe der §§ 280 ff.
BGB. Die Pflicht zur Zeugniserteilung ist jedoch wegen Verwirkung (§ 242 BGB)
nicht mehr durchsetzbar, wenn der Dienstverpflichtete diese nicht in angemessener
Zeit nach der Beendigung des Dienstverhältnisses geltend gemacht hat.[244]

H. Anhang: Der Behandlungsvertrag

I. Allgemeines

135   Als neuer Vertragstyp ist in den §§ 630a bis h BGB der Behandlungsvertrag in das
Zweite Buch des BGB eingefügt worden, der insbesondere den mit approbierten
Ärzten abgeschlossenen Arztvertrag zumindest in zentralen haftungsrechtlichen
Fragen unter weitgehender Übernahme der von der höchstrichterlichen Rechtsprechung entwickelten Grundsätze ausgestaltet.[245] Die §§ 630a ff. BGB enthalten indes
keine vollständige Kodifizierung des Behandlungsvertrages, sondern die für diesen
maßgeblichen Regelungen erschließen sich häufig erst durch einen Rückgriff auf
die subsidiär anzuwendenden Vorschriften über Dienstverträge (§ 630b BGB) sowie
das allgemeine Vertragsrecht einschließlich des Rechts der Pflichtverletzungen.
Hinzu tritt eine Inhaltskontrolle vorformulierter Behandlungsverträge am Maßstab
der §§ 305 ff. BGB.

136   Das auf das Zwei-Personen-Verhältnis Patient und Behandelnder zugeschnittene
Regelungsgefüge des Behandlungsvertrages darf nicht darüber hinwegtäuschen,
dass die medizinische Behandlung bereits dann in ein Mehr-Personen-Verhältnis zu
integrieren ist, wenn diese in einem Krankenhaus erbracht wird.[246] Besonderheiten

---

[242] Kritisch zur Linie des BGH auch *Soergel/Kraft* § 630 Rn. 22; zustimmend demgegenüber
Henssler MünchKomm. § 630 Rn. 75.

[243] BAG 16.09.1974 AP Nr. 9 zu § 630 BGB; RGRK/*Eisemann* § 630 Rn. 4; *Staudinger/Preis*
(2016) § 630 Rn. 7.

[244] BAG 17.02.1988 AP Nr. 18 zu § 630 BGB; *Erman/Belling/Riesenhuber* § 630 Rn. 18; *Larenz*
BT 1, § 52 III e, S. 340.

[245] Dazu *Katzenmeier* NJW 2013, 817 ff.; *Olzen/Kaya* Jura 2013, 663 ff.; *Spickhoff* VersR 2013,
267 ff. Zum Regierungsentwurf BT-Drucks. 17/10488; dazu z. B. *Deutsch* NJW 2012, 2009 ff.;
Hassner VersR 2013, 23 ff.; *Olzen/Uzun*ovic JR 2012, 447 ff.; *Wagner* VersR 2012, 789 ff. Zum
Referentenentwurf siehe *Katzenmeier* SGb. 2012, 125 ff.; *Olzen/Metzmacher* JR 2012, 271 ff.;
Spickhoff ZRP 2012, 65 ff.

[246] Dazu unten § 7 Rn. 147.

resultieren zudem aus dem Umstand, dass für die medizinische Behandlung verbreitet ein Versicherungsschutz besteht. Das betrifft weniger die Absicherung im Rahmen der privaten Krankenversicherung,[247] sondern gravierende Eingriffe in das bürgerlich-rechtliche Gefüge des Behandlungsvertrages bewirkt vor allem das Recht der gesetzlichen Krankenversicherung, wenn die medizinische Behandlung an Personen erbracht wird, die nach Maßgabe des SGB V zu den versicherten Personen gehören,[248] da sie die medizinische Behandlung in der Regel als Leistung der Krankenkasse erhalten. In dieser Konstellation überlagert insbesondere die Rechtsbeziehung zwischen den Vertragsärzten und der Krankenkasse sowie der in die Abwicklung zwischengeschalteten Kassenärztlichen Vereinigungen das Vertragsverhältnis zwischen Vertragsarzt und Patient.

II. Rechtsnatur des Behandlungsvertrages

Bezüglich der Rechtsnatur des Behandlungsvertrages greifen die §§ 630a ff. BGB die bislang für den Arztvertrag vorherrschende Dogmatik auf, die diesen den Dienstverträgen zuordnete,[249] da der Erfolg der medizinischen Behandlung von dem Behandelnden nicht beherrscht werden kann, sodass dem Vertrag die für den Werkvertrag charakteristische Erfolgsbezogenheit fehlt.[250] Dies hat sowohl durch die Einfügung des Behandlungsvertrages in den 8. Titel („Dienstvertrag und ähnliche Verträge") als auch durch die Verweisungsnorm in § 630b BGB eine gesetzliche Anerkennung erfahren.[251]   **137**

Trotz der Einordnung des Behandlungsvertrages in das Dienstvertragsrecht war die vertragstypologische Zuordnung insbesondere des Arztvertrages zum Dienstvertragsrecht nach den bislang maßgebenden Grundsätzen lediglich eine auf der Auslegung des Vertrages beruhende Regel, die Raum für abweichende Zuordnungen zum Werkvertragsrecht beließ. Nur bei formaler Betrachtung scheint dieser Weg nunmehr durch die Zuordnung der §§ 630a ff. BGB zum Dienstvertragsrecht versperrt zu sein. Vielmehr unterliegen auch Verträge über medizinische Behandlungen dem Grundsatz der Vertragsfreiheit, weshalb es den Vertragsparteien überlassen bleibt, ihre Vertragsbeziehung ganz oder teilweise dem Regime eines anderen Vertragstyps zu unterstellen. Dem ist im Hinblick auf die §§ 630a und b BGB dadurch Rechnung zu tragen, dass diese nur dann zur Anwendung gelangen, wenn es sich bei dem Behandlungsvertrag um ein dem Dienstvertrag ähnliches Vertragsverhältnis handelt. Weist der Behandlungsvertrag dieses Element nicht auf, dann handelt es   **138**

---

[247] Dazu näher z. B. *Schäfer* in: Igl/Welti (Hrsg.), Gesundheitsrecht, 2. Aufl. 2014, Rn. 633 ff.

[248] Zu diesen näher die §§ 5 ff. SGB V.

[249] BGH 03.02.1967 BGHZ 47, 75 ff.; BGH 18.03.1980 BGHZ 76, 259 (261); BGH 25.03.1986 BGHZ 97, 273 (276).

[250] Treffend auch *Wagner* MünchKomm. § 630a Rn. 5.

[251] BT-Drucks. 17/10488, S. 17.

sich nicht um einen solchen i. S. der §§ 630a ff. BGB,[252] sodass eine eigenständige vertragstypologische Zuordnung vorzunehmen ist. Dies belässt den notwendigen Spielraum, um auch den Behandlungsvertrag in atypischen Konstellationen dem Werkvertragsrecht und insbesondere dem für diesen charakteristischen erfolgsbezogenen Haftungsregime zu unterstellen.[253]

139 Die Vertragsfreiheit legitimiert schließlich auch eine Integration der medizinischen Behandlung in einen Typenkombinationsvertrag, ohne die medizinische Behandlung hierdurch insbesondere den §§ 630c ff. BGB zu entziehen. Praktisch bedeutsam ist dies bei sog. totalen Krankenhausaufnahmeverträgen,[254] kommt aber auch dann in Betracht, wenn die medizinische Behandlung werkvertragliche Elemente enthält (z. B. technische Anfertigung von Zahnersatz). Diese unterliegen den Bestimmungen des Werkvertragsrechts, ohne indes den dienstvertraglichen Charakter des Behandlungsvertrages gänzlich aufzuheben.[255]

III. Inhalt des Behandlungsvertrages

140 Den Inhalt des Behandlungsvertrages umschreibt § 630a Abs. 1 BGB mit den Worten „medizinische Behandlung eines Patienten". Hieraus folgen für den Behandlungsvertrag zwei Begrenzungen:

141 Erstens muss eine „medizinische" Behandlung geschuldet sein. Das geht deutlich über ärztliche Behandlungsleistungen durch approbierte Ärzte hinaus und erfasst alle Dienstleistungen, die auf die Gesundheit des Vertragspartners abzielen, sodass auch die Vertragsbeziehungen mit Hebammen, Masseuren, Physiotherapeuten und Heilpraktikern den §§ 630a ff. BGB unterliegen.[256] Reine Betreuungsleistungen im Bereich der Pflege[257] werden allerdings ebenso wenig im Rahmen eines Behandlungsvertrages erbracht, wie sonstige Tätigkeiten am Körper, die dessen äußeres Erscheinungsbild verändern. Weder die Dienstleistung des Frisörs noch diejenige eines Tätowierers unterliegen deshalb den §§ 630a ff. BGB.[258] Anders ist hingegen bei sonstigen, nicht-ärztlichen Heilbehandlungen zu entscheiden, die z. B. durch Psychotherapeuthen, Masseure, Logopäden oder Heilpraktiker erbracht werden.[259] Ambivalent ist die Einordnung von Schönheitsoperationen. Werden diese nicht zur Beseitigung oder Linderung von Krankheiten durchgeführt, sind diese also nicht

---

[252] Treffend *Olzen/Metzmacher* JR 2012, 271 (271); *Spickhoff* ZRP 2012, 65 (66).

[253] Ebenso BT-Drucks. 17/10488, S. 17; ferner *Wagner* MünchKomm. § 630a Rn. 7.

[254] Dazu unten § 7 Rn. 147.

[255] Siehe z. B. *Nebendahl* in: Igl/Welti (Hrsg.), Gesundheitsrecht, 2. Aufl. 2014, Rn. 881.

[256] Siehe *Wagner* MünchKomm. § 630a Rn. 9.

[257] BT-Drucks. 17/10488, S. 17; *Wagner* MünchKomm. § 630a Rn. 10.

[258] *Wagner* VersR 2012, 789 (790).

[259] BT-Drucks. 17/10488, S. 18; *Spickhoff* ZRP 2012, 65 (66); *Wagner* MünchKomm. § 630a Rn. 9.

medizinisch indiziert, so sprechen gute Gründe dafür, sie an sich dem allgemeinen Dienstvertragsrecht zu unterstellen, ohne hierdurch eine entsprechende Anwendung der §§ 630c ff. BGB zwingend auszuschließen.[260]

Zweitens stellt § 630a Abs. 1 BGB durch den Zusatz „eines Patienten" klar, dass **142** die vertraglich geschuldete Dienstleistung an einem Menschen erbracht werden muss, der wegen der Legaldefinition des „Patienten" in § 630a Abs. 1 Halbs. 2 BGB zugleich Vertragspartner des Behandelnden ist. Ein Behandlungsvertrag im Sinne der §§ 630a ff. BGB erfasst deshalb insbesondere keine tierärztlichen Behandlungen.[261] Verträge über diese Tätigkeiten unterliegen deshalb ebenso dem allgemeinen Dienstvertragsrecht[262] wie die Tätigkeit eines bei einem Krankenhausträger angestellten Arztes im Rahmen eines Arbeitsvertrages erbracht wird, obwohl sich auch er vertraglich zur Erbringung medizinischer Behandlungsleistungen verpflichtet.

Mit dem Begriff der medizinischen Behandlung umschreibt das Gesetz die von **143** dem Behandelnden zu erbringende vertragstypische Hauptleistung. Diese korrespondiert mit der vom Patienten geschuldeten Vergütung (§ 630a Abs. 1 Halbs. 2 BGB); beide stehen – nicht anders als beim Dienstvertrag – in einem Gegenseitigkeitsverhältnis.[263] Abweichendes gilt, wenn die medizinische Behandlung als Dienstleistung im Rahmen der gesetzlichen Krankenversicherung erbracht wird, da sich der Vergütungsanspruch des Behandelnden in dieser Konstellation nicht gegen den Patienten, sondern über die Kassenärztlichen Vereinigungen gegen die Krankenkasse richtet.[264] Deshalb nimmt der Behandlungsvertrag zwischen Behandelndem und Patient in diesem Fall den (atypischen) Charakter eines einseitig verpflichtenden Schuldvertrages an.[265]

IV. Vertragsabschluss und Vertragsparteien

Nach dem Grundmodell des § 630a Abs. 1 BGB wird der Behandlungsvertrag zwi- **144** schen dem Behandelnden und dem Patienten abgeschlossen. Mangels spezialgesetzlicher Regelungen sind auf den Vertragsschluss die allgemeinen Bestimmungen zum Vertragsrecht anzuwenden. Es gilt deshalb auch der allgemeine Grundsatz der Abschlussfreiheit.[266] Dieser wird zwar auch bei Behandlungsverträgen unter Umständen bei Massengeschäften i. S. von § 19 Abs. 1 Nr. 1 AGG durch einen

---

[260] Siehe insoweit auch § 52 Abs. 2 SGB V, der eine Kostenbeteiligung des Versicherten bei medizinisch nicht indizierten ästhetischen Operationen vorsieht.

[261] BT-Drucks. 17/10488, S. 18; *Spickhoff* ZRP 2012, 65 (66); *Wagner* VersR 2012, 789 (790).

[262] Siehe *Wagner* MünchKomm. § 630a Rn. 11.

[263] BT-Drucks. 17/10488, S. 18; *Wagner* MünchKomm. § 630a Rn. 50.

[264] Dazu unten § 7 Rn. 170.

[265] Ebenso BT-Drucks. 17/10488, S. 19.

[266] *Wagner* MünchKomm. § 630a Rn. 42; siehe auch oben § 7 Rn. 28.

Kontrahierungszwang eingeschränkt,[267] Verträge über medizinische Behandlungen begründen aber regelmäßig ein besonderes Nähe- und Vertrauensverhältnis i. S. des § 19 Abs. 5 Satz 1 AGG, sodass der zivilrechtliche Diskriminierungsschutz nicht eingreift.[268] Auch der Kassenarzt unterliegt im Rahmen der gesetzlichen Krankenversicherung keinem Kontrahierungszwang.[269] Entsprechendes gilt für das interne Berufsrecht.[270] Dies schließt indes nicht aus, dass eine indirekte Pflicht zur Tätigkeit besteht, wenn das Unterlassen den Tatbestand eines Strafgesetzes verwirklicht (z. B. unterlassene Hilfeleistung, § 323c StGB); zu einem Vertragsschluss muss es hierbei jedoch nicht kommen.[271]

145   Probleme im Hinblick auf die Vertragspartei kann die Erbringung medizinischer Behandlungen an Personen bereiten, die nicht voll geschäftsfähig sind (Minderjährige, Betreute, Geschäftsunfähige). In diesem Fall kann der Vertrag entweder von dem jeweiligen gesetzlichen Vertreter im Namen des Vertretenen abgeschlossen werden oder aber von dem gesetzlichen Vertreter im eigenen Namen als echter Vertrag zugunsten Dritter, sodass Vertragspartnerstellung und Adressat der medizinischen Behandlung auseinanderfallen, wovon mangels gegenteiliger Anhaltspunkte typischerweise auszugehen sein wird.[272] Kommt es bei Geschäftsunfähigen oder Bewusstlosen nicht zum Abschluss eines Behandlungsvertrages, richten sich die Ansprüche des Behandelnden nach den Bestimmungen der Geschäftsführung ohne Auftrag (§§ 677 ff.),[273] insbesondere ist der Patient nach § 683 BGB i. V. mit § 670 zum Aufwendungsersatz verpflichtet.[274]

146   Besonderheiten im Hinblick auf die Vertragspartnerstellung treten auf, wenn die medizinische Behandlung als Dienstleistung im Rahmen der gesetzlichen Krankenversicherung erbracht wird. In diesem Fall bestehen zwar besondere und im SGB V näher ausgestaltete Rechtsbeziehungen zwischen den Vertragsärzten bzw. den von ihnen gebildeten Kassenärztlichen Vereinigungen und den Krankenkassen (§§ 69 ff. SGB V), gleichwohl besteht in dieser Konstellation nach vorherrschendem Verständnis kein vertragsloser Zustand zwischen Behandelndem und Patient. Vom Abschluss eines Behandlungsvertrages auch bei Kassenpatienten geht ebenfalls der Gesetzgeber aus,[275] da andernfalls die als Vertragspflichten ausgestalteten §§ 630c ff. BGB in zentralen Bereichen der medizinischen Behandlung leerliefen.[276]

---

[267] Näher oben § 7 Rn. 28.

[268] *Wagner* MünchKomm. § 630a Rn. 42.

[269] *Wagner* MünchKomm. § 630a Rn. 43.

[270] Siehe die Musterberufsordnung für in Deutschland tätige Ärztinnen und Ärzte (MBO-Ä 1997).

[271] Siehe unten § 7 Rn. 145 a. E.

[272] *Deutsch/Spickhoff* Medizinrecht, 7. Aufl. 2014, Rn. 127; *Looschelders* Rn. 614a; *Wagner* MünchKomm. § 630a Rn. 21.

[273] Statt aller *Looschelders* Rn. 614a.

[274] *Deutsch/Spickhoff* Medizinrecht, 7. Aufl. 2014, Rn. 130; zur Vergütung der Tätigkeit im Gewande des Aufwendungsersatzes unten § 11 Rn. 57 ff.

[275] Siehe BT-Drucks. 17/10488, S. 18 f; ebenso z. B. *Wagner* VersR 2012, 789 (790).

[276] *Brox/Walker* § 22 Rn. 4 ff.; *Deutsch/Spickhoff* Medizinrecht, 7. Aufl. 2014, Rn. 106; *Looschelders* Rn. 614; *Medicus/Lorenz* Rn. 686; ebenso bereits vor Einfügung der §§ 630a ff. BGB BGH 29.06.1999 BGHZ 142, 126 (132); BGH 28.04.2005 BGHZ 163, 42 (46); *Deutsch/Spickhoff* Medizinrecht, 6. Aufl. 2008, Rn. 79.

Wird die medizinische Behandlung in einem Krankenhaus erbracht, kommt es **147**
nur beim sog. *gespaltenen Krankenhausaufnahmevertrag* und beim *totalen Krankenhausaufnahmevertrag mit Arztzusatzvertrag* zu einer Vertragsbeziehung zwischen dem Patienten und dem Behandelnden.[277] Anders ist die Rechtslage beim
totalen Krankenhausaufnahmevertrag, da bei diesem die medizinische Behandlung
lediglich integraler Bestandteil eines aus verschiedenen Leistungen kombinierten
Vertrages ist.[278] In diesem Fall unterliegt der Krankenhausaufnahmevertrag zwar
nach den allgemeinen Grundsätzen für Typenkombinationsverträge[279] auch den
Bestimmungen der §§ 630c ff. BGB; Vertragspartner und damit „Behandelnder"
i. S. des § 630a Abs. 1 BGB bleibt aber der Krankenhausträger, der zur Erfüllung
seiner Pflichten aus dem Behandlungsvertrag den Arzt und andere im Rahmen
der medizinischen Behandlung tätige Personen als Erfüllungsgehilfen im Sinne
des § 278 BGB einsetzt.[280] Da der Vertrag ausschließlich zwischen dem Patienten
und dem Krankenhausträger besteht, richten sich die vertraglichen Ansprüche des
Patienten stets gegen diesen und nicht gegen den behandelnden Arzt, ebenso wie
diesem umgekehrt keine Vergütungsansprüche gegenüber dem Patienten zustehen.

V. Pflichten und Haftung des Behandelnden

1. Erbringung der medizinischen Behandlung

Die im Gegenseitigkeitsverhältnis stehende Hauptpflicht besteht in der Erbringung **148**
der medizinischen Behandlung.[281] Deren Inhalt unterliegt der Vereinbarung zwischen den Vertragsparteien, wobei es sich oftmals um eine offene Verpflichtung
handelt, die sich erst im weiteren Verlauf der Behandlung konkretisiert. Entsprechendes gilt für den im Rahmen der Behandlung von dem Behandelnden zu wahrenden Standard. Als diesen legt § 630a Abs. 2 BGB zwar die zur Zeit der Behandlung bestehenden, allgemein anerkannten fachlichen Standards fest, stellt diese
jedoch zugleich unter den Vorbehalt einer abweichenden Vereinbarung zwischen
den Vertragsparteien. Dies ist insbesondere von Bedeutung für das Vorliegen eines
Behandlungsfehlers und der hierin liegenden Pflichtverletzung.

Wegen der Verweisung in § 630b BGB auf § 613 BGB ist die medizinische **149**
Behandlung eine höchstpersönliche Leistung, was aber nur dann gilt, wenn der

---

[277] BT-Drucks. 17/10488, S. 18 sowie *Brox/Walker* § 22 Rn. 9 f.; *Deutsch/Spickhoff* Medizinrecht,
7. Aufl. 2014, Rn. 109 ff.; *Wagner* MünchKomm. § 630a Rn. 32, 35.

[278] Siehe *Wagner* MünchKomm. § 630a Rn. 27.

[279] Dazu unten § 16 Rn. 24 ff.

[280] In diesem Sinne auch BT-Drucks. 17/10488, S. 18 sowie stellvertretend *Deutsch/Spickhoff*
Medizinrecht, 7. Aufl. 2014, Rn. 85; *Looschelders* Rn. 619; *Nebendahl* in: Igl/Welti (Hrsg.),
Gesundheitsrecht, 2. Aufl. 2014, Rn. 917 ff.; *Wagner* MünchKomm. § 630a Rn. 28.

[281] Ebenso im Sinne einer Hauptleistungspflicht BT-Drucks. 17/10488, S. 17.

Behandelnde selbst als Vertragspartei die medizinische Behandlung schuldet.[282] Eine Identität von Vertragspartei und Behandelndem ist zwar vom Wortlaut des § 630a Abs. 1 BGB nahegelegt, aber nicht zwingend. Insbesondere beim Vertragsschluss mit juristischen Personen (z. B. beim totalen Krankenhausaufnahmevertrag) fehlt diese,[283] ohne dass die Anwendbarkeit der §§ 630a ff. BGB infrage gestellt ist.[284] Das die Behandlung erbringende Personal wird in dieser Konstellation als Erfüllungsgehilfe tätig.

2. Nebenpflichten

a) Informations- und Erläuterungspflichten

150 Abgesehen von den allgemeinen (vor-)vertraglichen Verhaltenspflichten erlegt § 630c Abs. 2 und 3 BGB dem Behandelnden spezielle Informationspflichten auf, die sich insbesondere auf die vertraglich geschuldete Behandlung beziehen (sog. therapeutische Aufklärung).[285] Hierzu zählen alle wesentlichen Umstände der Behandlung, wie vor allem die Diagnose und die Therapie einschließlich der zu ihrer Durchführung beabsichtigten Maßnahmen. Diese Verpflichtung steht jedoch unter dem Vorbehalt, dass besondere Umstände vorliegen, weil z. B. der Patient auf die Information verzichtet oder die Information wegen der akuten Behandlungsbedürftigkeit nicht mehr rechtzeitig erfolgen kann (§ 630c Abs. 4 BGB). Besondere Umstände können auch aus der Person des Patienten folgen, so z. B. bei besonderer Sachkunde (Patient ist selbst Arzt) oder einer akuten Gefahr, dass der Patient aufgrund der Information sein Leben oder seine Gesundheit gefährdet.[286] Soweit die Informationspflicht besteht, erschöpft sich diese nicht in einer bloßen Mitteilungspflicht, wie dies in der Konstellation des § 630c Abs. 3 Satz 1 BGB der Fall ist, sondern beinhaltet eine Erläuterung, die auch die Beantwortung ergänzender Nachfragen umfasst. Darüber hinaus begründet § 630c Abs. 3 BGB eine in Textform zu erfüllende Informationspflicht (sog. wirtschaftliche Aufklärung) über die voraussichtlichen Kosten der Behandlung, wenn deren vollständige Übernahme durch Dritte nicht gesichert ist oder hierfür hinreichende Anhaltspunkte bestehen.[287]

---

[282] *Wagner* MünchKomm. § 630a Rn. 64.

[283] *Wagner* MünchKomm. § 630a Rn. 65.

[284] Siehe insoweit auch BT-Drucks. 17/10488, S. 20; *Olzen/Metzmacher* JR 2012, 271 (272) sowie oben § 7 Rn. 147.

[285] Vor der Einfügung der §§ 630a ff. BGB wurde die Aufklärung des Patienten hingegen verbreitet den Hauptpflichten des Arztes aus dem Dienstvertrag zugeordnet, da die Aufklärung unabdingbare Voraussetzung für die nach dem Behandlungsvertrag geschuldete Leistung sei (so zuletzt *Janda* JZ 2012, 932 [933], m. w. N.). Einer Fortschreibung dieses Verständnisses steht nunmehr § 630a Abs. 1 BGB entgegen, der die aufgrund des Behandlungsvertrages beiderseits geschuldeten Hauptpflichten festlegt.

[286] BT-Drucks. 17/10488, S. 23.

[287] Näher dazu z. B. *Deutsch/Spickhoff* Medizinrecht, 7. Aufl. 2014, Rn. 561 ff.; zu den Rechtsfolgen einer Pflichtverletzung siehe unten § 7 Rn. 163.

Hinsichtlich des Zeitpunktes der Information stellt § 630c Abs. 2 BGB nicht – **151** wie z. B. bei Verbraucherdarlehensverträgen (siehe § 491a Abs. 1 BGB i. V. mit Art. 247 § 1 EGBGB) – auf den Vertragsabschluss, sondern auf den Beginn der Behandlung ab, was nicht zwingend deckungsgleich ist. Gegebenenfalls hat die Erläuterung auch während der Behandlung zu erfolgen, insbesondere dann, wenn sich Veränderungen in der Diagnose ergeben oder die zu ihrer Therapie einzuleitenden Maßnahmen modifiziert werden müssen. Zwischen „zu Beginn der Behandlung" (so § 630c Abs. 2 Satz 1 BGB) und „vor Beginn der Behandlung" (so § 630c Abs. 3 BGB) besteht hinsichtlich des Zeitpunktes der Erläuterung bzw. Unterrichtung hingegen kein Unterschied.

Besonders hervorgehoben sind die Informationspflichten des Behandelnden im **152** Hinblick auf – gegebenenfalls auch eigene – Behandlungsfehler.[288] Allerdings geht § 630c Abs. 2 Satz 2 BGB nicht so weit, eine generelle Pflicht zur unaufgeforderten Information über einen dem Behandelnden unterlaufenen Behandlungsfehler zu statuieren.[289] Vielmehr wird die Informationspflicht grundsätzlich erst durch eine Nachfrage des Patienten ausgelöst. Zu einer unaufgeforderten Information ist der Behandelnde lediglich verpflichtet, wenn gesundheitliche Gefahren infolge des Behandlungsfehlers abzuwenden sind. Vor allem aber beschränkt § 630c Abs. 2 Satz 2 BGB die Informationspflicht auf solche Behandlungsfehler, die für den Behandelnden erkennbar sind. Zu einer eigenständigen Recherche bzw. Untersuchung zur Feststellung von Behandlungsfehlern ist der Behandelnde nicht verpflichtet.[290] Die Informationspflichten des Behandelnden nach § 630c Abs. 2 Satz 2 BGB bestehen mangels einschränkender Formulierungen nicht nur während der Behandlung, sondern vor allem auch nach deren Abschluss und erleichtern hierdurch dem Patienten die Durchsetzung seiner Rechte. Aufgrund seiner systematischen Stellung erstreckt sich der Vorbehalt in § 630c Abs. 4 BGB[291] auch auf die in § 630c Abs. 2 Satz 2 BGB begründete Informationspflicht.

b) Einwilligung und Aufklärung

Zu den vertraglichen Pflichten des Behandelnden zählt es nach § 630d Abs. 1 BGB **153** auch, medizinische Maßnahmen nur aufgrund einer vorherigen Einwilligung des Patienten durchzuführen.[292] Hierdurch ist die Einwilligung nicht nur ein Rechtfertigungsgrund für Eingriffe in die körperliche Integrität,[293] sondern integraler Bestandteil des vertraglichen Pflichtengefüges im Sinne einer Pflicht zur Unterlassung nicht

---

[288] Näher dazu z. B. *Wagner* VersR 2012, 789 (795).

[289] BT-Drucks. 17/10488, S. 21; *Wagner* MünchKomm. § 630c Rn. 42.

[290] BT-Drucks. 17/10488, S. 21; *Wagner* VersR 2012, 789 (796).

[291] Dazu oben § 7 Rn. 148.

[292] So ausdrücklich BT-Drucks. 17/10488, S. 23.

[293] So aber wohl *Spickhoff* ZRP 2012, 65 (68), wonach die §§ 630d und e BGB Rechtfertigungsgründe für das Recht des medizinischen Behandlungsvertrages schaffen; in diesem Sinne auch noch *Wagner* VersR 2012, 789 (793).

einwilligungsgedeckter Behandlungsmaßnahmen.[294] Eine Ausnahme gilt nur bei unaufschiebbaren Maßnahmen (§ 630d Abs. 1 Satz 4 BGB), bei denen auf den mutmaßlichen Willen des Patienten abzustellen ist. Eine rechtswirksame Einwilligung des Patienten, die nicht den Kategorien rechtsgeschäftlicher Willenserklärungen unterliegt,[295] setzt nach den §§ 630d und e BGB Zweierlei voraus:

154   Erstens ist der Patient vor der Einwilligung umfassend über alle hierfür wesentlichen Umstände aufzuklären (§ 630e Abs. 1 Satz 1 BGB; sog. Selbstbestimmungsaufklärung). Ohne eine den gesetzlichen Vorgaben entsprechende vorherige Aufklärung ist eine gleichwohl erklärte Einwilligung des Patienten rechtsunwirksam (§ 630d Abs. 2 BGB). Etwas Anderes gilt – wie bei den Informationspflichten (siehe § 630c Abs. 4 BGB) – nur in dem Sonderfall unaufschiebbar notwendiger Maßnahmen oder bei einem rechtswirksamen Verzicht des Patienten auf eine Aufklärung (§ 630e Abs. 3 BGB). Den Umfang der notwendigen Aufklärung präzisiert § 630e Abs. 1 Satz 2 und 3 BGB, während § 630e Abs. 2 BGB die näheren Modalitäten der Aufklärung festlegt. Diese kann, muss aber nicht durch den Behandelnden erfolgen. Die Aushändigung schriftlicher Unterlagen reicht für sich alleine nicht aus, § 630e Abs. 2 Satz 1 Nr. 1 BGB eröffnet diese Form der Aufklärung nur ergänzend zu einer mündlichen Aufklärung.[296] Diese muss rechtzeitig vor der Maßnahme erfolgen und dem Patienten hinreichend Zeit für eine Entscheidung über die Einwilligung belassen (§ 630e Abs. 2 Satz 1 Nr. 2 BGB). Schließlich muss die Aufklärung für den Patienten verständlich sein (§ 630e Abs. 2 Satz 1 Nr. 3 BGB), was bei ausländischen Patienten ebenso Schwierigkeiten bereiten kann, wie bei Behandelnden mit unzureichenden Sprachkompetenzen. Adressat der Aufklärung ist diejenige Person, die die Einwilligung zu erklären hat, also in der Regel der Patient, gegebenenfalls aber auch ein Dritter, wenn dieser berechtigt ist, für den Patienten die Einwilligung zu erklären (§ 630e Abs. 4 BGB).

155   Zweitens setzt eine rechtswirksame Einwilligung aufseiten des Erklärenden die Einwilligungsfähigkeit voraus, die das Gesetz jedoch nicht näher präzisiert. Es beschränkt sich auf eine Regelung für den Fall, dass der Patient einwilligungsunfähig ist. Bei diesen Patienten tritt an deren Stelle ein zur Erteilung der Einwilligung Berechtigter. Durch die offene Formulierung, die ausschließlich auf die Berechtigung zur Einwilligung abstellt, erfasst § 630d Abs. 1 Satz 2 BGB nicht nur die Sachverhalte einer gesetzlichen Vertretung, sondern ebenso solche einer rechtsgeschäftlichen Bevollmächtigung.[297] Die Einwilligungsfähigkeit ist nach dem Zweck der Einwilligung, der Wahrung des Selbstbestimmungsrechts,[298] zu konkretisieren. Dies schließt es aus, die Einwilligungsfähigkeit mit der unbeschränkten

---

[294] Wie hier *Olzen/Metzmacher* JR 2012, 271 (274); *Wagner* MünchKomm. § 630d Rn. 2 sowie nunmehr auch *Deutsch/Spickhoff* Medizinrecht, 7. Aufl. 2014, Rn. 413.

[295] Treffend *Deutsch/Spickhoff* Medizinrecht, 7. Aufl. 2014, Rn. 419 ff.; *Wagner* MünchKomm. § 630d Rn. 9.

[296] Zur Dokumentationspflicht siehe § 630 f Abs. 2 BGB.

[297] BT-Drucks. 17/10488, S. 23.

[298] BT-Drucks. 17/10488, S. 23; *Wagner* MünchKomm. § 630d Rn. 4.

Geschäftsfähigkeit gleichzusetzen,[299] wenngleich bei diesen Personen die Einwilligungsfähigkeit in der Regel zu bejahen ist.[300] Ähnlich wie bei der Deliktsfähigkeit kommt es jedoch letztlich auf die (natürliche) Willensfähigkeit des Patienten an, ob er also die notwendige Einsichts- und Urteilsfähigkeit hat, um Bedeutung und Tragweite der medizinischen Maßnahme zu erkennen.[301] Die Einwilligungsfähigkeit ist deshalb insbesondere bei Minderjährigen nicht allein altersabhängig zu bestimmen, sondern hängt von deren Einsichtsfähigkeit und insbesondere von Art und Komplexität der medizinischen Maßnahme ab.[302] Ist der Minderjährige nach diesem Maßstab einwilligungsfähig, kann er die Einwilligung alleine erteilen. Offen bleibt jedoch, ob den Eltern aufgrund ihres Personensorgerechts trotz der Einwilligung des Minderjährigen ein Vetorecht verbleibt.[303] Ebenso beantwortet das Gesetz nicht die Frage, ob dem Einwilligungsunfähigen trotz wirksamer Einwilligung des (der) gesetzlichen Vertreter(s) ein Vetorecht zusteht.[304] Hierfür spricht die Ableitung des Einwilligungserfordernisses aus dem Selbstbestimmungsrecht;[305] auch ein Vetorecht des Minderjährigen setzt aber voraus, dass er über die notwendige Einsichts- und Urteilsfähigkeit verfügt, um Bedeutung und Tragweite einer unterbliebenen medizinischen Behandlung einschätzen zu können.

156 Zur Form der Einwilligung trifft § 630d BGB keine Vorgaben; hat der Einwilligende diese jedoch schriftlich erteilt, ist ihm von dieser eine Abschrift auszuhändigen (§ 630e Abs. 2 Satz 2 BGB). Unabhängig davon trifft den Behandelnden die Pflicht, die von dem Patienten oder dem Berechtigten erklärte Einwilligung in der Patientenakte zu dokumentieren (§ 630 f Abs. 2 BGB).

157 An die Einwilligung ist der Patient aufgrund ihres Zwecks nicht gebunden. Vielmehr kann er diese jederzeit, gegebenenfalls auch während der Maßnahme, widerrufen, ohne dass es hierfür eines besonderen Grundes bedarf (§ 630d Abs. 3 BGB). Voraussetzung ist jedoch auch in diesem Fall, dass der Patient im Zeitpunkt des Widerrufs über die notwendige Einwilligungsfähigkeit verfügt.

c) Dokumentationspflichten

158 Schließlich trifft den Behandelnden in Übernahme der bisherigen höchstrichterlichen Rechtsprechung[306] eine vertragliche Verpflichtung zur Führung einer

---

[299] Treffend *Wagner* MünchKomm. § 630d Rn. 36.

[300] BT-Drucks. 17/10488, S. 23.

[301] BT-Drucks. 17/10488, S. 23; *Wagner* MünchKomm. § 630d Rn. 20.

[302] BT-Drucks. 17/10488, S. 23: „behandlungsspezifische natürliche Einsichtsfähigkeit"; siehe auch *Deutsch/Spickhoff* Medizinrecht, 7. Aufl. 2014, Rn. 425.

[303] Siehe *Wagner* MünchKomm. § 630d Rn. 41.

[304] Näher dazu z. B. *Nebendahl* MedR 2009, 197 ff. Zugunsten eines Vetorechts im Rahmen der deliktischen Haftung BGH 10.10.2006 NJW 2007, 217 (218).

[305] Hierfür z. B. *Wagner* MünchKomm. § 630d Rn. 41 a. E.

[306] Siehe z. B. BGH 27.06.1978 BGHZ 72, 132 (137).

Patientenakte, wobei § 630 f Abs. 1 BGB dem Behandelnden die Wahl belässt, diese in Papierform oder in elektronischer Form zu führen. In der Patientenakte sind alle wesentlichen Maßnahmen und Ergebnisse aufzuzeichnen; hierzu zählen neben den Untersuchungsergebnissen, den Therapien und deren Wirkungen auch die nach § 630e BGB vorgenommene Aufklärung und eine vom Patienten erteilte Einwilligung (§ 630 f Abs. 2 Satz 1 BGB) sowie schriftliche Dokumente, die im Rahmen der Behandlung zwischen den die Behandlung durchführenden Personen ausgetauscht werden (Arztbriefe, § 630 f Abs. 2 Satz 2 BGB).

159   Bedeutsam ist die Patientenakte nicht nur aus therapeutischer Sicht,[307] sondern vor allem im Hinblick auf die Schwierigkeiten der Beweisführung, wenn der Patient Ersatzansprüche wegen etwaiger Pflichtverletzungen gegen den Behandelnden geltend machen will.[308] Um dem Patienten die notwendigen Informationen zu verschaffen, korrespondiert die Dokumentationspflicht des Behandelnden mit einer Pflicht, dem Patienten Einsicht in die Patientenakte zu gewähren (§ 630g Abs. 1 BGB)[309] sowie aus diesen auf Verlangen des Patienten Abschriften zu fertigen (§ 630g Abs. 3 Satz 1 BGB). Hierbei handelt es sich um vertragliche Nebenleistungspflichten, die mit einem eigenständigen Erfüllungsanspruch des Patienten bewehrt sind.

160   Vor allem im Hinblick auf die Funktion der Patientenakte, dem Patienten gegebenenfalls eine Beweisführung zu erleichtern, verlangt § 630 f Abs. 1 BGB nicht nur einen zeitlichen Zusammenhang der Dokumentation mit der Behandlung, sondern sichert auch die Unverfälschtheit der Patientenakte, indem bei späteren Berichtigungen und Änderungen der ursprüngliche Inhalt erkennbar bleiben muss (§ 630 f Abs. 1 Satz 2 BGB). Den mit der Führung von Patientenakten verbundenen Belastungen für den Behandelnden trägt § 630 f Abs. 3 BGB durch eine nach Abschluss der Behandlung beginnende Aufbewahrungsfrist (zehn Jahre) sowie die Verpflichtung des Patienten Rechnung, die Kosten der auf sein Verlangen gefertigten Abschriften zu tragen (§ 630g Abs. 2 Satz 2 BGB).

d) Weitere Nebenpflichten

161   Die §§ 630a bis g BGB erheben nicht den Anspruch einer abschließenden Regelung für die Pflichten des Behandelnden. Vielmehr gelten auch für den Behandlungsvertrag die allgemeine Vorschrift des § 241 Abs. 2 BGB sowie die hieraus abzuleitenden Schutz- und Interessenwahrungspflichten, da diese in den §§ 630a ff. BGB nur einen punktuellen Niederschlag gefunden haben. Den Behandelnden treffen deshalb nicht nur Schutzpflichten im Hinblick auf die körperliche Integrität des Patienten (z. B. in den Behandlungsräumen),[310] sondern auch im Übrigen ist er zur

---

[307] Siehe BGH 02.06.1987 NJW 1988, 762 (763).

[308] BT-Drucks. 17/10488, S. 26.

[309] Dazu bereits BGH 23.11.1982 BGHZ 85, 339 ff.; BGH 02.10.1984 NJW 1985, 674 (675).

[310] Zur Verkehrssicherungspflicht des Behandelnden siehe auch *Wagner* MünchKomm. § 630a Rn. 162, § 630b Rn. 10.

Rücksichtnahme insbesondere auf grundrechtlich geschützte Belange des Patienten verpflichtet.

Das betrifft unter anderem den Persönlichkeits- und Datenschutz. Die *ärztliche* **162** *Schweigepflicht* besteht angesichts dessen nicht erst aufgrund des jeweiligen Berufsrechts (§ 9 der Berufsordnungen der jeweiligen Landesärztekammern) oder der strafrechtlichen Bewehrung (§ 203 Abs. 1 Nr. 1 StGB), sondern ist integraler Bestandteil der aus dem Behandlungsvertrag folgenden Interessenwahrungspflichten.[311] Auswirkungen hat diese Pflicht darüber hinaus auf die *Führung der Patientenakten*. Diese sind nicht nur vor einer Einsichtnahme zu schützen, sondern dürfen Dritten nur dann überlassen werden, wenn der Patient hiermit einverstanden ist. Entsprechendes gilt, wenn der Behandelnde Dritte (z. B. Verrechnungsstellen) mit der Geltendmachung der Vergütung beauftragt.[312] Praktisch bedeutsam ist dies auch nach Beendigung des Behandlungsvertrages, wenn der Behandelnde seine Praxis an einen Dritten überträgt. Hiervon sind aufgrund der nachvertraglichen Interessenwahrungspflichten die Patientenakten ausgenommen, sofern nicht der Patient zuvor in die Überlassung an den Erwerber (z. B. zwecks weiterer Aufbewahrung) eingewilligt hat.[313]

3. Haftung bei Pflichtverletzungen

Im Hinblick auf die Haftung des Behandelnden für die Verletzung der aus dem **163** Behandlungsvertrag folgenden Pflichten verzichten die §§ 630a ff. BGB entsprechend der Dogmatik des Dienstvertragsrechts auf spezielle Regelungen. Deshalb gilt für den Behandlungsvertrag insoweit das allgemeine Recht der Pflichtverletzungen, insbesondere die Verpflichtung zum Schadensersatz nach § 280 Abs. 1 BGB. Das gilt auch für Pflichtverletzungen im Rahmen der nach § 630c Abs. 3 BGB geschuldeten wirtschaftlichen Aufklärung.[314] In dem Fall steht dem Patienten ein Schadensersatzanspruch in Höhe der von Dritten nicht übernommenen Behandlungskosten zu, den er dem Vergütungsanspruch des Behandelnden entgegenhalten und durch Aufrechnungserklärung in Höhe des Schadensersatzanspruches zum Erlöschen bringen kann (§ 389 BGB).[315]

Den bei der Durchsetzung von Ersatzansprüchen bestehenden Problemen des **164** Patienten, die anspruchsbegründenden Tatsachen beweisen zu müssen,[316] trägt nicht nur die ohnehin geltende Vermutung in § 280 Abs. 1 Satz 2 BGB Rechnung, dass der Schuldner die Pflichtverletzung zu vertreten hat.[317] Ergänzend normiert § 630h

---

[311] Ebenso *Brox/Walker* § 22 Rn. 25; *Looschelders* Rn. 615d; *Medicus/Lorenz* Rn. 677.

[312] BGH 10.07.1991 BGHZ 115, 123 ff.

[313] Siehe BGH 11.12.1991 BGHZ 116, 268 ff.

[314] Siehe oben § 7 Rn. 150.

[315] *Wagner* MünchKomm. § 630c Rn. 64; im Ergebnis auch *Deutsch/Spickhoff* Medizinrecht, 7. Aufl. 2014, Rn. 565.

[316] Zur Unterstützung des Patienten durch die gesetzlichen Krankenkassen siehe § 66 SGB V.

[317] BT-Drucks. 17/10488, S. 27 f.

BGB in weitgehender Übernahme früherer Rechtsprechungsgrundsätze zusätzliche und über § 280 Abs. 1 Satz 2 BGB hinausgehende Beweiserleichterungen, die sowohl das Vorliegen eines Behandlungs- oder Aufklärungsfehlers als auch dessen Ursächlichkeit für den Eintritt einer Verletzung des Lebens, des Körpers oder der Gesundheit betreffen.

165   So ist nach § 630h Abs. 1 BGB das Vorliegen eines Behandlungs- oder Aufklärungsfehlers zu vermuten, wenn sich ein allgemeines Behandlungsrisiko verwirklicht hat, das von dem Behandelnden voll beherrschbar war.[318] Die gesetzliche Vermutung ist durch den Beweis des Gegenteils widerlegbar, der sowohl im Hinblick auf das Vorliegen eines Behandlungs- oder Aufklärungsfehlers als auch gegen das Vorliegen eines voll beherrschbaren Behandlungsrisikos geführt werden kann.[319] Selbst wenn nach § 630h Abs. 1 BGB ein Behandlungs- oder Aufklärungsfehler zu vermuten ist, entbindet dies den Patienten nicht davon, dessen Ursächlichkeit für den Schaden zu beweisen.[320] Sofern diesbezüglich nicht die Vermutungen in § 630h Abs. 4 und 5 BGB eingreifen, bleiben die allgemeinen Grundsätze der Beweiserleichterung (z. B. Anscheinsbeweis) anwendbar. Diese gelten zudem für das Vorliegen eines Behandlungs- oder Aufklärungsfehlers, der nicht von der Vermutung in § 630h Abs. 1 BGB erfasst wird. Sofern die Pflichtverletzung jedoch darauf beruht, dass der Behandelnde eine medizinisch gebotene wesentliche Maßnahme mutmaßlich unterlassen hat, erleichtert § 630h Abs. 3 BGB die Beweisführung des Patienten durch die Vermutung, dass eine solche Maßnahme nur dann vorgenommen wurde, wenn diese in der Patientenakte dokumentiert worden ist, ohne dass dem Behandelnden hierdurch jedoch der Beweis des Gegenteils abgeschnitten wird.[321]

166   Bezüglich der Kausalität ist neben der Vermutung in § 630h Abs. 4 BGB die in § 630h Abs. 5 BGB aufgegriffene Rechtsprechung zur Kausalitätsvermutung beim Vorliegen eines groben Behandlungsfehlers bedeutsam, sofern es dem Behandelnden nicht gelingt, die Beweislastumkehr auszuräumen, indem er z. B. nachweist, dass der Ursachenzusammenhang aufgrund der Besonderheiten des Einzelfalls äußerst unwahrscheinlich ist.[322] Umgekehrt entbindet § 630h Abs. 5 BGB den Patienten nicht davon, das Vorliegen eines Behandlungsfehlers zu beweisen.[323] Ebenso trägt er das Risiko für die Bewertung, dass der von ihm bewiesene Behandlungsfehler „grob" war, das Fehlverhalten also bei Anlegung des für den Behandelnden geltenden Ausbildungs- und Wissensstandes nicht mehr verständlich erscheint, weil ein derartiger Fehler dem Behandelnden schlechterdings nicht unterlaufen darf.[324] Auf „einfache" Behandlungsfehler ist § 630h Abs. 5 BGB nicht analog anwendbar,

---

[318] Mit Recht kritisch gegenüber der durch den Gesetzeswortlaut nahe gelegten Ausgrenzung „besonderer Behandlungsrisiken" *Deutsch* NJW 2012, 2009 (2011); *Spickhoff* ZRP 2012, 65 (69).

[319] BT-Drucks. 17/10488, S. 28.

[320] *Olzen/Metzmacher* JR 2012, 271 (276).

[321] BT-Drucks. 17/10488, S. 30.

[322] BT-Drucks. 17/10488, S. 31.

[323] BT-Drucks. 17/10488, S. 30.

[324] BGH 27.04.2004 BGHZ 159, 48 (54).

da die Beschränkung der Beweislastumkehr auf „grobe Behandlungsfehler" einer bewusst getroffenen Abwägungsentscheidung des Gesetzgebers entsprungen ist.[325]

Die Beweiserleichterungen in § 630h Abs. 1 sowie Abs. 3 bis 5 BGB sind **167** zudem auf Verletzungen des Lebens, des Körpers und der Gesundheit des Patienten beschränkt. Soweit dieser geltend macht, dass infolge der Behandlung andere absolute Rechte oder das Vermögen verletzt wurden, bleibt es bei den allgemeinen Regeln zur Verteilung der Beweislast. Eine Ausnahme gilt nur für die auf das Vorliegen einer Einwilligung bezogene Beweislastverteilung in § 630h Abs. 2 BGB, da dort der Gesetzgeber ausdrücklich auf die vorgenannte Einschränkung verzichtet hat. Abgesehen davon gilt § 630h BGB unabhängig von dem Anspruchsziel, insbesondere auch, wenn der Patient wegen der Verletzung des Lebens, des Körpers oder der Gesundheit einen Ausgleich seines Nichtvermögensschadens begehrt.

Bei Verletzungen der Nebenpflichten, wie sie insbesondere die §§ 630c ff. BGB fest- **168** legen, verbleibt es nicht nur bei der allgemeinen Haftungsnorm in § 280 Abs. 1 BGB, sondern auch bei den allgemeinen und lediglich durch § 280 Abs. 1 Satz 2 BGB erleichterten Regeln zur Verteilung der Darlegungs- und Beweislast. Eine Ausnahme gilt lediglich nach § 630h Abs. 2 BGB für die einwilligungsbezogenen Aufklärungspflichten in § 630e BGB. Insoweit erlegt § 630h Abs. 2 Satz 1 BGB dem Behandelnden die Beweislast für eine gesetzeskonforme Aufklärung auf, die er jedoch durch den Einwand pflichtgemäßen Alternativverhaltens abwenden kann (§ 630h Abs. 2 Satz 2 BGB).

Sofern infolge der Pflichtverletzung des Behandelnden eine Verletzung der in **169** § 823 Abs. 1 BGB aufgezählten absoluten Rechte verursacht wurde, bleiben konkurrierende deliktsrechtliche Ansprüche unberührt.[326] Da die in § 630h BGB ausdrücklich getroffenen Beweiserleichterungen durchweg die bisherigen, im Rahmen der deliktischen Ansprüche entwickelten Grundsätze der höchstrichterlichen Rechtsprechung übernehmen, sprechen gute Gründe dafür, die Beweiserleichterungen aus § 630h BGB auch dann (analog) anzuwenden, wenn der Patient seinen Anspruch auf eine deliktsrechtliche Anspruchsgrundlage stützt.[327]

VI. Pflichten und Haftung des Patienten

1. Vergütungspflicht

Den Patienten trifft insbesondere die Pflicht zur Vergütung der medizinischen **170** Behandlung, die zu dieser in einem Gegenseitigkeitsverhältnis steht. Allerdings trägt § 630a Abs. 1 BGB durch den Vorbehalt der Zahlungspflicht eines Dritten den

---

[325] Siehe BT-Drucks. 17/10488, S. 30; *Olzen/Metzmacher* JR 2012, 271 (277).

[326] BT-Drucks. 17/10488, S. 27; *Wagner* MünchKomm. § 823 Rn. 910 („Gleichlaufprinzip") sowie näher Vor § 630a Rn. 11 ff., 23 ff. Zur Problematik des verletzten absoluten Rechts bei Eingriffen ohne rechtswirksame Einwilligung (Körperverletzung oder Verletzung des Persönlichkeitsrechts) siehe *Janda* JZ 2012, 932 (934 ff.).

[327] Im Ergebnis auch *Spickhoff* ZRP 2012, 65 (69).

Besonderheiten der gesetzlichen Krankenversicherung Rechnung. Der Vergütungsanspruch des Vertragsarztes richtet sich über die Kassenärztliche Vereinigung an die
Krankenkasse (siehe § 85 Abs. 4 Satz 1 und 2 SGB V), sodass angesichts der öffent-
lich-rechtlich strukturierten Vergütungspflicht[328] wegen des Vorbehalts in § 630a
Abs. 1 BGB kein vertraglicher Vergütungsanspruch aus dem Behandlungsvertrag
besteht. Ein solcher Vertrag liegt zwar auch bei der medizinischen Behandlung von
in der gesetzlichen Krankenversicherung versicherten Patienten vor;[329] er hat in
diesem Fall jedoch den Charakter eines einseitig verpflichtenden Schuldvertrages.

171   Ist die Vergütungspflicht des Patienten im Behandlungsvertrag ausgeformt, dann
richtet sich die geschuldete Vergütung nach der zwischen den Vertragsparteien
getroffenen Abrede. Allerdings zeigt die Informationspflicht des Behandelnden in
§ 630c Abs. 3 BGB,[330] dass bei Abschluss des Behandlungsvertrages die Vergütung
oftmals nicht abschließend vereinbart werden kann, da sich die Notwendigkeit der
zur medizinischen Behandlung zu ergreifenden Maßnahmen erst im Verlauf der
Behandlung ergibt. Dieses Manko gleicht der über § 630b BGB subsidiär anwendbare § 612 BGB aus, wobei sich die Höhe des Vergütungsanspruchs sowie dessen
Ermittlung zum Teil nach staatlich erlassenen Vergütungsordnungen bemisst,[331] wie
z. B. bei Ärzten und Zahnärzten.[332] Abweichende Vereinbarungen sind hierdurch
zwar nicht ausgeschlossen, bedürfen aber einer ausdrücklichen schriftlichen Abrede
vor Beginn der Behandlung und nach entsprechender Aufklärung (siehe § 2 GOÄ,
§ 2 GOZ).

172   Der Vergütungsanspruch des Behandelnden unterliegt den allgemeinen Bestimmungen des Leistungsstörungsrechts; insbesondere geht der Vergütungsanspruch
nach § 326 Abs. 1 BGB unter, wenn die geschuldete Behandlungsleistung unmöglich wird. In Betracht kommt auch ein Annahmeverzug des Patienten, wenn dieser
die von dem Behandelnden z. B. zu einem bestimmten Behandlungstermin durch
Nichterscheinen nicht annimmt (§ 615 Satz 1 BGB).[333] In diesem Fall bleibt der
Vergütungsanspruch bestehen, ohne dass der Behandelnde zur Nachholung der
Behandlungsleistung verpflichtet ist.[334]

173   Kommt der Patient seiner vertraglichen Pflicht zur Zahlung der Vergütung nicht
nach, gelten die allgemeinen Bestimmungen zum Verzug des Schuldners (§ 286
BGB), wobei die Fälligkeit der Vergütung nach § 630b BGB i. V. mit § 614 BGB
von dem Abschluss der Behandlung abhängt, sofern nicht spezielle Vorschriften
abweichende Regelungen treffen.[335] So bestimmen § 12 Abs. 1 GOÄ und § 10

---

[328] Dazu im Überblick *Igl* in: Igl/Welti (Hrsg.), Gesundheitsrecht, 2. Aufl. 2014, Rn. 239 ff.

[329] Siehe oben § 7 Rn. 146.

[330] Dazu oben § 7 Rn. 150.

[331] Siehe BT-Drucks. 17/10488, S. 20.

[332] Siehe die Gebührenordnung für Ärzte (GOÄ) v. 09.02.1996 (BGBl. I S. 210) sowie die Gebührenordnung für Zahnärzte (GOZ) v. 22.10.1987 (BGBl. I S. 2316).

[333] Näher *Wagner* MünchKomm. § 630a Rn. 56 f.

[334] Zu § 615 Satz 1 BGB siehe oben § 7 Rn. 94 ff.

[335] Siehe *Wagner* MünchKomm. § 630b Rn. 8.

Abs. 1 GOZ, dass die Fälligkeit der Vergütung erst eintritt, wenn dem Patienten eine der Verordnung entsprechende Rechnung erteilt worden ist. Ist der Behandlungsvertrag von einem Verheirateten abgeschlossen worden, eröffnet § 1357 BGB[336] dem Behandelnden einen Weg, den anderen Ehegatten wegen der Vergütungsforderung in Anspruch zu nehmen.[337]

2. Nebenpflichten

Auch den Patienten treffen aufgrund des Behandlungsvertrages die allgemeinen Schutz- und Interessenwahrungspflichten (§ 241 Abs. 2 BGB). Abgesehen von dem Kooperationsgebot in § 630c Abs. 1 BGB[338] verzichten die Bestimmungen des BGB zum Behandlungsvertrag jedoch auf vertragsspezifische Ausformungen, sodass es bei den allgemeinen Grundsätzen zu § 241 Abs. 2 BGB verbleibt. In diesem Rahmen trifft den Patienten auch die Pflicht, in Bewertungsportalen keine falschen Tatsachenbehauptungen aufzustellen oder Schmähkritik zu üben.[339] Verletzt der Patient die aus § 241 Abs. 2 BGB folgenden Pflichten, ist er dem Behandelnden nach § 280 Abs. 1 BGB zum Schadensersatz verpflichtet. Unter Umständen kann die Pflichtverletzung den Behandelnden auch zu einer außerordentlichen Kündigung (§ 626 BGB) des Behandlungsverhältnisses berechtigen. **174**

VII. Beendigung des Behandlungsvertrages

Keine besonderen Regelungen treffen die §§ 630a ff. BGB für die Beendigung des Behandlungsvertrages. Über § 630b BGB gelten deshalb die Bestimmungen in den §§ 620 ff. BGB für den Dienstvertrag.[340] Wegen des Vertragsinhalts, der auf die Durchführung einer medizinischen Behandlung gerichtet ist, kommt eine *ordentliche Kündigung* des Behandlungsvertrages nach § 620 Abs. 2 BGB in der Regel weder für den Behandelnden noch für den Patienten in Betracht. Vielmehr endet der Behandlungsvertrag, ohne dass es einer Kündigung bedarf, mit Abschluss der Behandlung. **175**

---

[336] Zu dessen Geltung für Lebenspartner siehe § 8 Abs. 2 LPartG.

[337] Ebenso *Deutsch/Spickhoff* Medizinrecht, 7. Aufl. 2014, Rn. 132 f.

[338] Bei diesem handelt es sich aber nicht um eine Nebenpflicht, sondern um eine Obliegenheit (siehe BT-Drucks. 17/10488, S. 21), sodass Verletzungen des Kooperationsgebots nicht zum Schadensersatz nach § 280 Abs. 1 BGB führen, wohl aber im Rahmen des Mitverschuldens (§ 254 BGB) zu berücksichtigen sind. Bedeutung hat das Kooperationsgebot im Hinblick auf die für die medizinische Behandlung notwendige Aufklärung des Behandelnden durch den Patienten sowie dessen Mitwirkung an therapeutischen Maßnahmen.

[339] Siehe *Wagner* MünchKomm. § 630a Rn. 63; zur Zulässigkeit derartiger Bewertungsportale siehe insbesondere BGH 23.09.2014 NJW 2015, 489 ff.

[340] Dazu auch *Wagner* MünchKomm. § 630a Rn. 45 ff.

176   Unberührt von § 620 Abs. 2 BGB bleibt das Recht jeder Vertragspartei, den Behandlungsvertrag wegen eines „wichtigen Grundes" ohne Einhaltung einer Frist *außerordentlich* zu kündigen (§ 626 Abs. 1 BGB). Die dortigen Restriktionen sind jedoch bedeutungslos, wenn es sich bei der geschuldeten Behandlung um Dienste höherer Art handelt, die aufgrund eines besonderen Vertrauens übertragen werden (§ 627 Abs. 1 BGB), da in diesem Fall die fristlose Kündigung unabhängig vom Vorliegen eines (wichtigen) Kündigungsgrundes erklärt werden kann.[341] Die im Rahmen einer medizinischen Behandlung zu erbringenden Leistungen sind zwar nicht zwingend, wohl aber regelmäßig solche „höherer Art", die – wie z. B. bei Ärzten – aufgrund eines besonderen Vertrauens übertragen werden.

---

[341] *Wagner* MünchKomm. § 630a Rn. 46; näher oben § 7 Rn. 119 ff.

§ 8 Werkverträge

Inhaltsverzeichnis

© Springer-Verlag GmbH Deutschland, ein Teil von Springer Nature 2018
H. Oetker, F. Maultzsch, *Vertragliche Schuldverhältnisse*, Springer-Lehrbuch,
https://doi.org/10.1007/978-3-662-57500-0_8

A. Überblick zu den gesetzlichen Vorschriften

Das BGB enthält in den §§ 631 bis 650 BGB „allgemeine Vorschriften" für Werk- **1** verträge. Diese beschränken sich allerdings auf ein Grundmodell, von dem in verschiedener Hinsicht Abweichungen auftreten können.

Den praktisch wichtigsten Sonderkomplex bilden dabei *Werkverträge im Bau-* **2** *sektor*. Für diese hat der Gesetzgeber zum 01.01.2018 in den §§ 650a bis 650v BGB umfangreichere Sonderregelungen zur Verfügung gestellt, die der spezifischen Interessenlage bei baubezogenen Werkleistungen Rechnung tragen sollen.[1] Die Neuregelungen sind dabei vor dem Hintergrund zu sehen, dass die dispositiven allgemeinen Vorschriften des Werkvertragsrechts bei baubezogenen Werkverträgen in der Vertragspraxis bereits zuvor regelmäßig durch Allgemeine Geschäftsbedingungen weitgehend verdrängt worden sind. Das zentrale Beispiel hierfür bildet der *Teil B der Vergabe- und Vertragsordnung für Bauleistungen (VOB/B)*.[2] Die VOB/B wird auch unter der neuen Rechtslage noch häufig für baubezogene Verträge von den Parteien als Vertragsbestandteil vereinbart.[3] Dem Gesetzgeber war jedoch daran gelegen, zumindest die wichtigsten Teilfragen des privaten Baurechts einer, teils dispositiven und teils zwingenden, gesetzlichen Regelung zuzuführen.[4] Sofern die Regelungen der §§ 631 ff., 650a ff. BGB dispositiv sind, können sie von den Vertragsparteien jedoch nicht nur durch standardisierte Klauselwerke wie die VOB/B abgeändert werden, sondern auch durch *individualvertragliche Absprachen*. Letzteres spielt eine große Rolle bei komplexen und hochgradig spezialisierten (Bau-)Leistungen. So enthalten z. B. Verträge im Industrieanlagenbau regelmäßig mehrere hundert separat ausgehandelte Vorschriften sowie zahlreiche Anlagen mit technischen Beschreibungen, die vor allem die vertragsgemäße Beschaffenheit des Werkes festlegen. Schließlich existieren für den Bausektor auch zusätzliche

---

[1] Hierzu unten § 8 Rn. 279 ff.

[2] Vergabe- und Vertragsordnung für Bauleistungen Teil B: Allgemeine Vertragsbedingungen für die Ausführung von Bauleistungen in der Fassung v. 07.01.2016, BAnz. AT v. 19.01.2016, B3.

[3] Siehe zur Einbeziehung der VOB/B in den Vertrag unten § 8 Rn. 22.

[4] Dazu BT-Drucks. 18/8486, S. 24 f.

spezialgesetzliche Regelungen. So werden bei Bauträgerverträgen die §§ 650u, 650v BGB durch Rechtsverordnungen ergänzt, welche die Zulässigkeit von Abschlagszahlungen regeln (siehe § 650v BGB i. V. mit Art. 244 EGBGB) oder Sicherungen zugunsten des Bestellers festschreiben.[5] Bei Architekten- und Ingenieurverträgen ist neben den §§ 650p bis 650t BGB auch die Honorarordnung für Architekten und Ingenieure (HOAI)[6] von zentraler Bedeutung, die zwingende Vorgaben für das Verhältnis von Leistung und Gegenleistung aufstellt.[7]

3   Auch für andere Sonderformen von Werkverträgen hat der Gesetzgeber spezialgesetzliche Regelungen als erforderlich angesehen. So hält z. B. das Handelsgesetzbuch für bestimmte Formen von *Transportverträgen* Sondervorschriften bereit (z. B. Frachtvertrag, §§ 407 ff. HGB; Speditionsvertrag, §§ 453 ff. HGB).[8]

B. Begriff des Werkvertrages und Abgrenzung zu anderen Vertragstypen

4   Den Gegenstand des Werkvertrages, der zur Anwendbarkeit der §§ 631 bis 650 BGB führt, umschreibt § 631 BGB. Aus Abs. 1 dieser Vorschrift ergibt sich zunächst, dass der Werkvertrag ein zweiseitig verpflichtendes Schuldverhältnis begründet. Der Unternehmer verspricht die Herstellung eines Werkes und der Besteller die Entrichtung der vereinbarten Vergütung. Zwischen beiden Verpflichtungen besteht eine synallagmatische Verknüpfung, sodass der Werkvertrag ein *gegenseitiger Vertrag* i. S. der §§ 320 ff. BGB ist.[9]

5   Als Partei eines Werkvertrages kommt jede natürliche oder juristische Person in Betracht. Das gilt auch für diejenige Vertragspartei, welche die Herstellung des Werkes verspricht. Ihre Bezeichnung als *„Unternehmer"* in den §§ 631 ff. BGB darf nicht zu dem Fehlschluss verleiten, es müsse sich hierbei um einen Unternehmer i. S. des § 14 BGB handeln.[10] Die dort verwendete Legaldefinition steht in einem Sinnzusammenhang mit dem Verbraucherbegriff in § 13 BGB und dient dazu, den personalen Anwendungsbereich der verbraucherschützenden Vorschriften im BGB zu konkretisieren. Im Rahmen des Werkvertragsrechts muss es sich daher bei dem „Unternehmer" nur dann auch um einen Unternehmer i. S. des § 14 BGB

---

[5] Zum Bauträgervertrag noch unten § 8 Rn. 325 ff.

[6] BGBl. I 2013, S. 2276.

[7] Zu Architekten- und Ingenieurverträgen noch unten § 8 Rn. 315 ff.

[8] Näher *Canaris* Handelsrecht, 24. Aufl. 2006, § 31, S. 484 ff.; *Oetker* Handelsrecht, 7. Aufl. 2015, § 10, S. 269 ff.; *K. Schmidt* Handelsrecht, 6. Aufl. 2014, § 32 f., S. 1059 ff.

[9] Sofern für die Erbringung einer Werkleistung kein Entgelt geschuldet wird, liegt entweder ein Auftrag i. S. der §§ 662 ff. BGB vor oder es handelt sich um einen atypischen Vertrag, auf den gegebenenfalls einzelne Vorschriften der §§ 631 ff. BGB analog anzuwenden sind, soweit diese nicht gerade an die Entgeltlichkeit der Tätigkeit anknüpfen; siehe noch unten § 11 Rn. 7 ff.

[10] Treffend *Busche* MünchKomm. § 631 Rn. 32.

handeln, sofern der spezifische Anwendungsbereich des Verbraucherbauvertrags-rechts nach § 650i Abs. 1 BGB in Rede steht.[11]

Den möglichen Gegenstand des Werkes umschreibt § 631 Abs. 2 BGB näher, der **6** zugleich das entscheidende Abgrenzungsmerkmal zu anderen Tätigkeitsverträgen nennt. Werkverträge sind danach ausschließlich solche Verträge, in denen der zur Tätigkeit Verpflichtete *nicht nur die Tätigkeit als solche, sondern einen über diese hinausgehenden Erfolg* (das „Werk") verspricht.[12] Mit anderen Worten ist die Tätig-keit des Unternehmers bei einem Werkvertrag das Mittel zur Herbeiführung des vertraglich geschuldeten Erfolges. Für dessen Konkretisierung lässt § 631 Abs. 2 BGB den Vertragsparteien einen denkbar weiten Spielraum. Er kann in der Herstel-lung oder Veränderung einer Sache (sog. *körperliches Werk*) oder in jedem anderen durch Arbeit oder Dienstleistung herbeizuführenden Erfolg (sog. *unkörperliches Werk*) bestehen.[13] Neben der Errichtung eines Bauwerkes kann somit z. B. auch eine Theateraufführung[14] oder eine Beförderungsleistung[15] Gegenstand eines Werk-vertrages sein.

Durch die Erfolgsbezogenheit unterscheidet sich die Leistungspflicht des Unter- **7** nehmers i. S. des § 631 Abs. 1 BGB insbesondere von derjenigen des Dienstver-pflichteten i. S. des § 611 Abs. 1 BGB. Die *Abgrenzung zu einem Dienstvertrag*, d. h. die Frage, ob ein bestimmter Erfolg zum Inhalt der Leistungspflicht gehört und somit ein Werkvertrag vorliegt, bemisst sich im Zweifel nach der *angemes-senen vertraglichen Risikozuweisung*.[16] Während beispielsweise Ärzte wegen ihres begrenzten Einflusses auf den Heilungserfolg regelmäßig im Rahmen eines Dienst-vertrages tätig werden und Architekten umgekehrt eine Werkleistung erbringen (siehe jetzt auch die §§ 650p ff. BGB), kommt es z. B. bei Rechtsanwälten auf den konkreten Gegenstand der Tätigkeit an (Prozessvertretung = Dienstleistung; Gutachtenerstellung = Werkleistung).[17] Eine differenzierte Beurteilung nimmt die Rechtsprechung auch bei internetbezogenen Verträgen vor. Hierbei wird die bloße Zurverfügungstellung eines Internetzugangs (sog. Access-Provider-Vertrag) regel-mäßig als Dienstleistung i. S. des § 611 BGB eingeordnet, während Verträge, welche die Hinterlegung und die Abrufbarkeit einer Website des Kunden zum Gegenstand

---

[11] *Busche* MünchKomm. § 650i Rn. 5 sowie unten § 8 Rn. 305.

[12] BGH 04.06.1970 BGHZ 54, 106 (107); BR/*Voit* § 631 Rn. 6; *Busche* MünchKomm. § 631 Rn. 1; *Larenz* BT 1, § 53 I, S. 342; *Medicus/Lorenz* Rn. 687; *Staudinger/Peters/Jacoby* (2014) Vorbem. zu §§ 631 ff. Rn. 26.

[13] Siehe z. B. BR/*Voit* § 631 Rn. 8 f. sowie die Aufzählung von Einzelfällen in Rn. 11 ff.

[14] *Busche* MünchKomm. § 631 Rn. 65; *Larenz* BT 1, § 53 I, S. 344. Hingegen stellt der Vertrag des Unternehmensträgers eines Theaters mit den Schauspielern regelmäßig einen Arbeitsvertrag, d. h. eine Form des Dienstvertrages, dar; siehe oben § 7 Rn. 19 ff.

[15] RG 23.06.1883 RGZ 10, 164 (167); BGH 21.12.1973 BGHZ 62, 71 (75); *Esser/Weyers* BT 1, § 31/1, S. 249; *Looschelders* Rn. 622.

[16] Siehe oben § 7 Rn. 11. Eingehend zu den diesbezüglichen Abgrenzungsfragen *Greiner* AcP 211 (2011), 221 ff.

[17] Näher oben § 7 Rn. 12.

haben (sog. Host-Provider-Vertrag), aufgrund ihrer Erfolgsbezogenheit als Werkverträge eingeordnet werden.[18]

8   Von dem *Kauf einer Sache mit Montageverpflichtung* (vgl. § 434 Abs. 2 Satz 1 BGB) ist der Werkvertrag danach abzugrenzen, ob die Lieferung der Sache im Vordergrund steht (dann Kauf) oder die Montage aufgrund ihrer Komplexität den Schwerpunkt bildet (dann Werkvertrag).[19] Auch wenn mit der Lieferung einer Sache *Planungsleistungen* des Lieferanten für die zukünftige Verwendung des Vertragsgegenstandes bei dem Kunden verbunden sind, entscheidet eine Schwerpunktbetrachtung für die Zuordnung zum Kauf- bzw. Werkvertragsrecht.[20] Für die Rechtslage vor der Schuldrechtsreform vertrat die Rechtsprechung zudem, dass ein *Vertrag über den Kauf eines neuerrichteten Hauses* hinsichtlich der Mängelhaftung dem Werkvertragsrecht unterfalle.[21] Diese Rechtsprechung beruhte aber im Wesentlichen darauf, dass nach den §§ 459 ff. BGB a. F. im Kaufrecht kein umfassender Nacherfüllungsanspruch bestand, während dieser im Werkvertragsrecht gegeben war (§ 633 Abs. 2 BGB a. F.). Da diese Diskrepanz durch § 439 BGB weitgehend behoben ist, besteht für eine Anwendung des Werkvertragsrechts somit kein hinreichendes Bedürfnis mehr.[22]

9   Sofern der Unternehmer mit dem Werkvertrag zugleich ein Geschäft des Bestellers ausführt (sog. *Geschäftsbesorgung*), finden gemäß § 675 Abs. 1 BGB neben den §§ 631 ff. BGB zahlreiche Vorschriften des Auftragsrechts Anwendung.[23] Dies gilt z. B. für die Tätigkeit von Banken (vgl. auch die §§ 675c ff. BGB).[24]

C. Anwendung des Kaufrechts auf bestimmte Werkverträge

I. Ausgangspunkt der Problematik

10   Die §§ 631 ff. BGB gehen konzeptionell davon aus, dass der Unternehmer durch seine Tätigkeit den vertraglich geschuldeten Erfolg herbeiführt. Gerade bei der Erstellung von körperlichen Werken, d. h. der Herstellung oder Veränderung einer

---

[18] BGH 04.03.2010 BGHZ 184, 345 Rn. 15 ff. m. w. N. Zum ersatzfähigen Schaden bei Ausfall eines Internetanschlusses siehe BGH 24.01.2013 BGHZ 196, 101 Rn. 8 ff.

[19] BGH 22.07.1998 NJW 1998, 3197 (3198); BGH 02.06.2016 NJW 2016, 2876 Rn. 11; BR/*Voit* § 631 Rn. 3; *Busche* MünchKomm. § 631 Rn. 156; *Soergel/Huber* Vor § 433 Rn. 279 sowie oben § 2 Rn. 83. Siehe zur Verbrauchsgüterkauf-RL auch EuGH 07.09.2017 NJW 2017, 3215 Rn. 38 und 44.

[20] BGH 23.07.2009 BGHZ 182, 140 Rn. 25; BR/*Voit* § 651 Rn. 12; *Busche* MünchKomm. § 650 Rn. 6.

[21] BGH 05.05.1977 BGHZ 68, 372 (373 ff.).

[22] Vgl. BT-Drucks. 14/6857, S. 59; für eine Fortschreibung der bisherigen Rechtsprechung aber NK-BGB/*Büdenbender* § 433 Rn. 9 (unter Verweis auf die nur im Rahmen des Werkvertragsrechts bestehende Selbstvornahmemöglichkeit nach § 637 BGB) und wohl auch BGH 26.04.2007 NJW 2007, 3275 Rn. 19.

[23] Dazu näher unten § 11 Rn. 77 ff.

[24] Zur Geschäftsbesorgung im Bankverkehr unten § 11 Rn. 86 ff.

Sache (§ 631 Abs. 2 BGB), besteht aber eine besondere differenzierte Problemlage, weil sowohl der Unternehmer als auch der Besteller das Leistungssubstrat (den sog. Stoff) stellen kann. Dabei entspricht es dem *klassischen Bild des Werkvertrages, dass der Besteller den Stoff zur Verfügung stellt*, z. B. einem Schuhmacher Schuhe oder einer Kfz-Werkstatt seinen PKW zur Reparatur überlässt. Selbst dann kann sich die Tätigkeit des Unternehmers jedoch unter weiteren Voraussetzungen als eine *Verarbeitung i. S. des § 950 Abs. 1 BGB* darstellen, die zu einem gesetzlichen Eigentumserwerb des Unternehmers an der neu hergestellten Sache führt.[25] Eine solche Konstellation kann z. B. gegeben sein, wenn ein Schneider aus dem Stoff des Bestellers einen Anzug schneidert, sofern nicht der Wert der Verarbeitung erheblich geringer als der Wert des verarbeiteten Stoffes ist. Nach der Erstellung des Werkes muss die neu hergestellte Sache (im Beispiel: der Anzug) dann an den Besteller übereignet werden, wodurch eine Gemeinsamkeit mit den Veräußerungsverträgen entsteht.[26] Noch offenkundiger ist die Parallele zu den Veräußerungsverträgen, insbesondere zum Kaufvertrag, wenn der *Unternehmer eine Sache aus einem eigenen Stoff für den Besteller herstellt.* In diesem Fall tritt das Tätigkeitsmoment weitgehend hinter die zur Vertragserfüllung notwendige Sachverschaffung zurück.

Dieser Annäherung verschiedener Werkverträge an den Typus des Kaufvertrages trägt § 650 Satz 1 BGB Rechnung, indem er auf einen *Werkvertrag, der die Lieferung herzustellender oder zu erzeugender beweglicher Sachen zum Gegenstand hat*, grundsätzlich das Kaufrecht für anwendbar erklärt.[27] Hierdurch setzt das BGB auch die Vorgabe aus Art. 1 Abs. 4 der Verbrauchsgüterkauf-RL um. Nach dieser Vorschrift müssen die in der Richtlinie zugunsten von Verbrauchern geregelten Schutzvorschriften, die der deutsche Gesetzgeber in die §§ 433 ff. BGB und insbesondere in die §§ 474 ff. BGB integriert hat, unabhängig davon gelten, ob der Vertragsgegenstand nach der vertraglichen Vereinbarung erst noch herzustellen oder zu erzeugen ist und somit nach der Dogmatik des BGB ein Werkvertrag vorliegt.[28]   **11**

II. Voraussetzungen des § 650 Satz 1 BGB

Nach § 650 Satz 1 BGB muss zunächst die Lieferung einer herzustellenden oder zu erzeugenden *beweglichen Sache* den Gegenstand des Vertrages bilden. Die Verweisung auf das Kaufrecht greift daher nicht bei Arbeiten an Grundstücken, insbesondere bei der Erstellung von Bauwerken, ein. Das gilt auch für Gegenstände   **12**

---

[25] Näher zu § 950 BGB *Baur/Stürner* § 53 Rn. 13 ff. sowie zu dem – umstrittenen – Eigentumserwerb des Unternehmers noch unten § 8 Rn. 15 ff.

[26] Zu den zentralen Unterschieden der jeweiligen gesetzlichen Regelungen z. B. *Metzger* AcP 204 (2004), 231 (234 ff.).

[27] Näher dazu *Hagen* JZ 2004, 713 ff.; *Leistner* JA 2007, 81 ff.; *Mankowski* MDR 2003, 854 ff.; *Schuhmann* ZGS 2005, 250 ff.

[28] BT-Drucks. 14/6040, S. 268. Zur Richtlinie zum Verbrauchsgüterkauf näher oben § 2 Rn. 2 ff. und 578 ff.

(Einbauküche, Badewanne etc.), die durch den Unternehmer in ein bereits existierendes Bauwerk eingebaut und hierdurch wesentlicher Bestandteil des betreffenden Grundstücks werden (§ 94 Abs. 1 Satz 1 und Abs. 2 BGB).[29] Hingegen kommt bei der Herstellung von Baukomponenten, die erst durch den Abnehmer in ein Bauwerk eingebaut werden sollen, durchaus eine Anwendung des Kaufrechts i. S. des § 650 Satz 1 BGB in Betracht.[30] Schließlich liegt bei der Erstellung von Individualsoftware (die Gegenstand eines Werkvertrages ist[31]), selbst dann keine unter § 650 BGB fallende Lieferung einer beweglichen Sache vor, wenn sich die Software auf einem körperlichen Datenträger befindet. Denn im Vordergrund der vertraglich geschuldeten Leistung steht in diesem Fall das Software-Programm als unkörperliches Werk.[32]

13   Weiterhin setzt § 650 Satz 1 BGB die *Herstellung oder Erzeugung* einer beweglichen Sache voraus. Diese liegt nur dann vor, wenn die geschuldete Tätigkeit darauf gerichtet ist, dass eine neue (i. S. von: zuvor nicht bestehende, nicht notwendig „neuwertige") Sache entsteht. Dies ist insbesondere problematisch, sofern der zu bearbeitende Stoff von dem Besteller geliefert wird. Die Herstellung einer neuen beweglichen Sache liegt dann nur bei einer Verarbeitung i. S. des § 950 Abs. 1 BGB vor, nicht aber bei bloßen Reparaturarbeiten unter Wahrung der bisherigen Sachidentität. Auf Letztere finden ausschließlich die §§ 631 bis 649 BGB Anwendung.[33] Dies ist z. B. bei der Ausbesserung von Schuhen des Bestellers der Fall, während der Unternehmer durch das Schneidern eines Anzugs aus dem Stoff des Bestellers i. S. des § 650 Satz 1 BGB eine neue bewegliche Sache herstellt. Auch wenn der Unternehmer die erforderlichen Materialien selbst stellt, kommt eine Anwendung des § 650 BGB nur dann in Betracht, wenn nach der vertraglichen Vereinbarung im Zuge des Herstellungsprozesses eine neue bewegliche Sache entstehen soll. Treffen die Parteien demgegenüber keinerlei Absprachen zu der Frage, ob die letztlich zu liefernde Sache durch den Schuldner aus eigenen Materialien erst noch herzustellen ist oder ob sie bereits vorrätig ist, liegt somit selbst dann ein reiner Kaufvertrag i. S. des § 433 BGB vor, wenn der Schuldner intern tatsächlich erst nach Vertragsschluss eine Herstellung vornimmt.[34] Werden schließlich bereits existierende Materialien des Schuldners in eine Sache des Gläubigers eingebaut, ohne dass aber eine neue Sache entstünde oder ein gesetzlicher Eigentumserwerb des Gläubigers an den

---

[29] *Erman/Schwenker/Rodemann* § 650 Rn. 4a; *Staudinger/Peters/Jacoby* (2014) § 651 Rn. 8; differenzierend *Harke* Rn. 26. Davon zu unterscheiden ist die Rechtslage bei Scheinbestandteilen i. S. des § 95 BGB, deren Herstellung an sich dem Anwendungsbereich des § 650 Satz 1 BGB unterfällt, was jedoch regelmäßig nicht der Interessenlage der Parteien entspricht; vgl. dazu z. B. BR/*Voit* § 651 Rn. 3; *Metzger* AcP 204 (2004), 231 (244 ff.); *Nietsch* AcP 211 (2011), 737 (743 f.).

[30] BGH 23.07.2009 BGHZ 182, 140 Rn. 13 ff.; *Erman/Schwenker/Rodemann* § 650 Rn. 4b; *Rudolph* Die Abgrenzung zwischen Kauf- und Werkvertragsrecht gemäß § 651 BGB, 2009, S. 82 ff.

[31] BGH 04.11.1987 BGHZ 102, 135 (141 ff.); BGH 18.10.1989 BGHZ 109, 97 (99). Demgegenüber bildet Standardsoftware den Gegenstand eines Kaufvertrages; siehe oben § 2 Rn. 16. Weiterführend *Bydlinski* AcP 198 (1998), 309 ff.

[32] Wie hier z. B. *Busche* MünchKomm. § 650 Rn. 12 m. w. N.

[33] BR/*Voit* § 651 Rn. 5; *Busche* MünchKomm. § 650 Rn. 6; NK-BGB/*Raab* § 651 Rn. 23.

[34] BGH 02.04.2014 BGHZ 200, 337 Rn. 18.

Materialen stattfände (Beispiel: Einbau eines Austauschmotors in einen PKW),[35] handelt es sich um einen gemischten Vertrag, der bezüglich des Tätigkeitsmomentes (Einbau) dem Werkvertragsrecht und hinsichtlich des verwendeten Materials (im Beispiel: der Austauschmotor) dem Kaufrecht unterliegt.[36] § 650 Satz 1 BGB findet hingegen wiederum keine Anwendung, weil das verwendete Material nach dem Vertragsinhalt nicht erst herzustellen oder zu erzeugen ist.

Schließlich muss die neu hergestellte oder erzeugte Sache an den Besteller *zu liefern* sein, damit auf den Werkvertrag gemäß § 650 Satz 1 BGB Kaufrecht Anwendung findet. Da die Verweisung auf das Kaufrecht auch die Übereignungspflicht des Unternehmers i. S. des § 433 Abs. 1 Satz 1 BGB einschließt, setzt dies richtigerweise voraus, dass der *Unternehmer an der neu hergestellten Sache zunächst Eigentum erworben hat*, das sodann durch eine Übereignung auf den Besteller übertragen wird.[37] Unproblematisch ist diese Voraussetzung, wenn der Unternehmer zu der Herstellung eigene Materialien verwendet (Beispiel: der Unternehmer stellt den Stoff für den zu schneidernden Maßanzug). In diesem Fall erlangt der Unternehmer an dem fertig geschneiderten Anzug zunächst nach § 950 Abs. 1 Satz 1 BGB Eigentum, das er dann gemäß § 433 Abs. 1 Satz 1 BGB i. V. mit § 650 Satz 1 BGB auf den Besteller übertragen muss. **14**

Umstritten sind die Wechselwirkungen zwischen den Eigentumsverhältnissen an der neu hergestellten Sache und der Anwendbarkeit des § 650 Satz 1 BGB hingegen für den Fall, dass der *Stoff von dem Besteller zur Verfügung gestellt wird*. Wie sich aus § 650 Satz 2 BGB ergibt, kann § 650 Satz 1 BGB auch in diesen Fällen erfüllt sein.[38] Ein originärer Eigentumserwerb des Unternehmers an der neuen Sache liegt dann aber nur vor, wenn zu seinen Gunsten die Voraussetzungen des § 950 Abs. 1 BGB vorliegen. Dies setzt jedenfalls voraus, dass der Wert der Verarbeitungsleistung nicht erheblich geringer ist als der Wert des Stoffes (§ 950 Abs. 1 Satz 1 BGB a. E.). Zudem müsste der Unternehmer in den beschriebenen werkvertraglichen Konstellationen auch derjenige sein, der i. S. des § 950 Abs. 1 Satz 1 BGB als „Hersteller" anzusehen ist. Dies erscheint deswegen problematisch, weil der BGH in seiner Rechtsprechung vor der Schuldrechtsreform den Herstellerbegriff nach der Verkehrsauffassung definierte und auf dieser Grundlage den Besteller, der den Stoff für die Herstellung des Werkes zur Verfügung stellt, selbst als Hersteller i. S. des § 950 Abs. 1 Satz 1 BGB ansah.[39] Angesichts der durch § 650 BGB neu gezogenen **15**

---

[35] Dazu, dass bei dem Einbau eines Austauschmotors kein gesetzlicher Eigentumserwerb des Gläubigers an dem Motor nach den §§ 946 ff. BGB erfolgt, BGH 27.06.1973 BGHZ 61, 80 (81 ff.).

[36] Für reinen Werkvertrag *Busche* MünchKomm. § 650 Rn. 11; *Erman/Schwenker/Rodemann* § 650 Rn. 8; NK-BGB/*Raab* § 651 Rn. 23. Mit dieser Einordnung lässt sich jedoch die Übereignungspflicht des Schuldners in Bezug auf das verwendete Material nicht erklären.

[37] BR/*Voit* § 651 Rn. 10; *Busche* MünchKomm. § 650 Rn. 4; *Jauernig/Mansel* § 651 Rn. 1; a. A. OLG Celle 08.06.2009 NZI 2009, 726 f.; *Baur/Stürner* § 53 Rn. 15; NK-BGB/*Raab* § 651 Rn. 28 f.

[38] Siehe auch BT-Drucks. 14/6040, S. 268; *Busche* MünchKomm. § 650 Rn. 4; *Looschelders* Rn. 625.

[39] BGH 28.06.1954 BGHZ 14, 114 (117); BGH 03.03.1956 BGHZ 20, 159 (163 f.).

Abgrenzung zwischen Kaufvertrags- und Werkvertragsrecht ist jedoch zweifelhaft, ob an dieser Judikatur noch festgehalten werden kann.[40] Vor dem Hintergrund des neuen Rechts sprechen die besseren Gründe vielmehr dafür, im Einklang mit dem äußerlichen Ablauf des Verarbeitungsprozesses den Unternehmer als Hersteller anzusehen und den Anwendungsbereich des § 650 Satz 1 BGB zugleich auf diejenigen Fälle zu beschränken, in denen der Unternehmer nach Maßgabe des § 950 Abs. 1 BGB Eigentum an der Sache erwirbt, die er aus dem bestellereigenen Stoff gefertigt hat. Letzteres ist nach § 950 Abs. 1 Satz 1 BGB a. E. nicht der Fall, wenn der Wert der Verarbeitung erheblich hinter dem Wert des Stoffes zurückbleibt.

16   Verknüpft man die Anwendbarkeit des § 650 Satz 1 BGB in den Fällen, in denen der Unternehmer aus einem Stoff des Bestellers eine neue Sache herstellt, mit einem gesetzlichen Eigentumserwerb des Unternehmers nach § 950 Abs. 1 BGB, stellt sich letztlich die Frage, ob diese Lösung die *Risiken einer Insolvenz* der jeweils anderen Vertragspartei angemessen verteilt. Dies ist zunächst für den Fall zu bejahen, dass der Wert der Verarbeitungsleistung wesentlich geringer ist als der Wert des Ausgangsstoffes. Denn in diesem Fall bleibt einerseits der Besteller nach § 950 Abs. 1 Satz 1 BGB a. E. auch Eigentümer der neu hergestellten Sache und ist somit für den Fall einer Insolvenz des Unternehmers hinreichend abgesichert. Umgekehrt findet auf einen solchen Vertrag nach der hier vertretenen Auffassung „reines" Werkvertragsrecht Anwendung, sodass der Unternehmer für seinen Arbeitsaufwand durch das Werkunternehmerpfandrecht des § 647 BGB abgesichert ist.[41] Bleibt der Wert der Verarbeitung hingegen nicht erheblich hinter dem Wert des Ausgangsstoffes zurück, erwirbt nach der hier vertretenen Auffassung zunächst der Unternehmer nach § 950 Abs. 1 BGB das Eigentum, sodass der Besteller das Insolvenzrisiko trägt. Diese Konsequenz veranlasst eine Auffassung dazu, im Einklang mit der Rechtsprechung zum alten Recht bei einer Herstellung der neuen Sache aus einem bestellereigenen Stoff stets den Besteller als Hersteller anzusehen, aber gleichwohl den § 650 Satz 1 BGB i. V. mit den §§ 433 ff. BGB anzuwenden und dem Unternehmer für seine Arbeitsleistung analog § 647 BGB ein Pfandrecht an der neuen Sache zu gewähren.[42] Diese Lösung ist zwar dem Bestreben nach einem angemessenen Interessenausgleich unter den Vertragsparteien verpflichtet, entfernt sich jedoch recht weit von der gesetzlichen Systematik. Denn sie wendet über § 650 Satz 1 BGB das Kaufrecht auch auf eine Konstellation an, in welcher der Besteller bereits Eigentümer der Sache ist und die Pflicht aus § 433 Abs. 1 Satz 1 BGB daher leerläuft. Daher sprechen die besseren Gründe dafür, unter der neuen Rechtslage stets den Unternehmer als Hersteller i. S. des § 950 Abs. 1 Satz 1 BGB anzusehen,

---

[40] Für den Unternehmer als Hersteller unter der Geltung des neuen Rechts daher *Hagen* JZ 2004, 713 (716); *Looschelders* Rn. 625; *Prütting* Sachenrecht, 36. Aufl. 2017, Rn. 465; *Röthel* NJW 2005, 625 (627); für ein Festhalten an der bisherigen Judikatur jedoch OLG Celle 08.06.2009 NZI 2009, 726 f.; *Baur/Stürner* § 53 Rn. 15; *Busche* MünchKomm. § 650 Rn. 4; *Klinck* JR 2006, 1 (4).

[41] Insoweit zustimmend BR/*Voit* § 651 Rn. 10.

[42] *Baur/Stürner* § 53 Rn. 21; *Klinck* JR 2006, 1 (4); eingehend *Rudolph* Die Abgrenzung zwischen Kauf- und Werkvertragsrecht gemäß § 651 BGB, 2009, S. 120 ff.

auch wenn dies für den Besteller mit einem gewissen Insolvenzrisiko verbunden ist, wenn der Wert der Verarbeitung nicht wesentlich hinter dem Wert des (durch den Besteller gestellten) Stoffes zurückbleibt.

III. Rechtsfolgen des § 650 Satz 1 und 2 BGB

Wenn der Werkvertrag im dargelegten Sinne auf die Lieferung einer herzustellen- **17** den oder zu erzeugenden beweglichen Sache gerichtet ist, finden auf ihn im Grundsatz nicht die §§ 632a bis 649 BGB Anwendung,[43] sondern die *kaufrechtlichen Vorschriften*.[44] Damit gelten die spezifischen werkvertraglichen Regelungen in ihrer Gesamtheit lediglich bei folgenden Werkleistungen:[45]

- der Herstellung unkörperlicher Werke (z. B. Theateraufführung),
- Werkleistungen an unbeweglichen Sachen (insbesondere Bauleistungen) und
- Werkleistungen an einem Stoff des Bestellers, ohne dass die Voraussetzungen des § 950 Abs. 1 BGB zugunsten des Unternehmers erfüllt werden (insbesondere bloße Reparaturarbeiten).

Ist hingegen nach § 650 Satz 1 BGB das Kaufrecht anzuwenden, so muss *bei* **18** *Mängeln die Sonderregelung des § 650 Satz 2 BGB* beachtet werden. Diese ordnet an, dass der Ausschlusstatbestand des § 442 Abs. 1 Satz 1 BGB auch eingreift, wenn der Mangel auf den vom Besteller gelieferten Stoff zurückzuführen ist. In diesem Fall stellt die mangelbehaftete Lieferung des Unternehmers somit nach dem oben zum Kaufrecht Gesagten keine Pflichtverletzung dar und löst folgerichtig auch nicht die in § 437 BGB genannten Rechte aus.[46] Auf den vom Besteller gelieferten Stoff ist ein Mangel i. S. des § 434 BGB „zurückzuführen", wenn die Beschaffenheit des Stoffes von derjenigen abweicht, die entweder von den Parteien gesondert vereinbart oder mangels einer solchen Vereinbarung typischerweise zu erwarten

---

[43] Zu einer Ergänzung des Kaufrechts durch einzelne werkvertragliche Regelungen gemäß § 650 Satz 3 BGB unten § 8 Rn. 19. Die §§ 631, 632 BGB finden hingegen auch auf die von § 650 Satz 1 BGB erfassten Verträge Anwendung, da diese Norm das Bestehen eines Werkvertrages voraussetzt, was aus § 631 BGB und gegebenenfalls § 632 BGB folgt. Zu § 632 BGB noch unten § 8 Rn. 23 f.

[44] Hierzu gehören neben den §§ 433 bis 479 BGB gemäß § 381 Abs. 2 HGB gegebenenfalls auch die §§ 373 ff. HGB; siehe *Busche* MünchKomm. § 650 Rn. 14.

[45] Vgl. BT-Drucks. 14/6040, S. 268; BGH 23.07.2009 BGHZ 182, 140 Rn. 21. Kritisch zu der weitgehenden Verdrängung des Werkvertragsrechts und zu Möglichkeiten einer privatautonomen „Rückverlagerung" von Verträgen i. S. des § 650 Satz 3 BGB in das Normengefüge der §§ 631 ff. BGB eingehend *Nietsch* AcP 211 (2011), 737 (751 ff.) und *Schuhmann* JZ 2008, 115 ff.

[46] Siehe oben § 2 Rn. 101 ff. sowie 183 ff. Ist mangels eines Eigentumserwerbs des Unternehmers § 650 Satz 1 BGB nicht erfüllt, so führt die Anwendung des Werkvertragsrechts zu keinem abweichenden Ergebnis, da etwaige Ansprüche des Bestellers wegen seiner Verantwortlichkeit für den Mangel ausgeschlossen sind; siehe dazu unten § 8 Rn. 103 f.

war, und dadurch die vertragswidrige Beschaffenheit des Werkes verursacht wurde. Dies ist aber nicht gegeben, wenn der Unternehmer die Qualität des Stoffes kannte und irrtümlich glaubte, aus diesem ein Werk mit bestimmten, dem Besteller zugesagten Eigenschaften herstellen zu können. In diesem Fall ist die vertragswidrige Beschaffenheit des Werkes dem Risikobereich des Unternehmers zuzurechnen und begründet einen Sachmangel i. S. des § 434 Abs. 1 Satz 1 BGB.[47]

IV. Ergänzende Anwendung des Werkvertragsrechts bei der Herstellung nicht vertretbarer Sachen (sog. Werklieferungsvertrag)

19   Die Regelung des § 650 Satz 1 BGB ordnet die Geltung des Kaufrechts unabhängig von der Art der herzustellenden beweglichen Sache an. Wenn diese in besonderem Maß auf die individuellen Bedürfnisse des Bestellers zugeschnitten ist, kann sich trotz der Verwandtschaft des in Rede stehenden Vertrages mit einem Kaufvertrag aber die Anwendung bestimmter werkvertraglicher Vorschriften als sachgerecht erweisen. Dementsprechend ordnet § 650 Satz 3 BGB an, dass neben den §§ 433 ff. BGB (§ 650 Satz 3 BGB: „auch") einzelne werkvertragliche Regelungen zu bestimmten Leistungsstörungen aus der Verantwortungssphäre des Bestellers (§§ 642, 643, 645 BGB) und zum Kündigungsrecht des Bestellers (§§ 648, 649 BGB) Anwendung finden, wenn der Vertrag eine *nicht vertretbare Sache* zum Gegenstand hat (sog. *Werklieferungsvertrag*). Eine Angleichung an das Kaufrecht findet allerdings auch im Rahmen der Anwendung dieser Vorschriften wiederum insoweit statt, als hinsichtlich des Gefahrübergangs an die Stelle der Abnahme der nach den §§ 446, 447 BGB maßgebliche Zeitpunkt tritt.[48]

20   Den Maßstab für die Abgrenzung, ob eine Sache vertretbar oder unvertretbar (= nicht vertretbar i. S. des § 650 Satz 3 BGB) ist, liefert die Legaldefinition für vertretbare Sachen in § 91 BGB.[49] Da die Vorschrift auf die Bestimmung nach Zahl, Maß oder Gewicht im Rechtsverkehr und somit auf die Austauschbarkeit dieser Sachen abstellt, liegt eine nicht vertretbare Sache vor, wenn sie von dem Besteller abhängige individuelle Merkmale aufweist und deshalb nicht leicht am allgemeinen Markt absetzbar ist.[50] Dies trifft z. B. auf Auftragswerke der bildenden Kunst,[51] die

---

[47] Noch großzügiger BR/*Voit* § 651 Rn. 16, wonach wegen einer Parallelwertung zu § 645 Abs. 1 Satz 1 BGB nur solche Stoffmängel erfasst werden, die von dem Unternehmer nicht hätten bemerkt werden müssen. Nur in derartigen Sachverhalten sei ein Verlust der Rechte des Bestellers teleologisch gerechtfertigt.

[48] Dazu ausführlich oben § 2 Rn. 442 ff.

[49] BR/*Voit* § 651 Rn. 17; *Busche* MünchKomm. § 650 Rn. 17; *Staudinger/Peters/Jacoby* (2014) § 651 Rn. 17.

[50] BGH 30.06.1971 NJW 1971, 1793 (1794); BR/*Voit* § 651 Rn. 17; *Busche* MünchKomm. § 650 Rn. 17 f.; *Erman/Schwenker/Rodemann* § 650 Rn. 18; *Staudinger/Peters/Jacoby* (2014) § 651 Rn. 17.

[51] BGH 24.01.1956 BGHZ 19, 382 (383).

Herstellung eines speziell zugeschnittenen Teppichbodens[52] oder individuelle Werbematerialien zu,[53] z. B. solche mit dem Firmenaufdruck des Bestellers. Hingegen führt die bloße Anpassung standardisierter Waren (z. B. Maschinen) an die Bedürfnisse des Bestellers solange nicht zur Unvertretbarkeit, als dies die Absetzbarkeit am Markt nicht erheblich beeinträchtigt.[54]

D. Abschluss und Wirksamkeit des Werkvertrages

Für den Abschluss des Werkvertrages gelten im Grundsatz die *allgemeinen rechts-* **21** *geschäftlichen Regelungen* der §§ 104 ff., 145 ff. BGB. So darf der Vertragsinhalt keinem Verbotsgesetz i. S. des § 134 BGB zuwiderlaufen, wobei die neuere Rechtsprechung insbesondere bei einem *beiderseitigen Verstoß gegen das Schwarzarbeitsbekämpfungsgesetz (SchwarzArbG)*[55] strenge Nichtigkeitsfolgen anlegt. In diesem Sinne wird aufgrund der Regelung des § 817 Satz 2 Halbsatz 1 BGB nunmehr einem vorleistenden Schwarzarbeiter auch ein bereicherungsrechtlicher Anspruch versagt;[56] umgekehrt kann der Besteller seinerseits keine Mängelrechte i. S. des § 634 BGB geltend machen.[57] Bei Werkverträgen, die der Staat oder eine seiner Untergliederungen abschließt, muss dem Vertragsschluss nach öffentlichem Recht regelmäßig ein besonderes *Vergabeverfahren* (Ausschreibung) vorausgehen, das bei Bauleistungen in der VOB/A,[58] im Übrigen im Kartellrecht (§§ 97 ff. GWB; Vergabegesetze der Bundesländer) geregelt ist.

Sollen *Allgemeine Geschäftsbedingungen des Unternehmers* Vertragsbestand- **22** teil werden, müssen die Einbeziehungsvoraussetzungen des § 305 Abs. 2 und 3 BGB erfüllt sein, sofern nicht der Ausnahmetatbestand des § 310 Abs. 1 Satz 1 BGB eingreift. Das gilt auch, wenn in einem Werkvertrag über Bauleistungen die *VOB/B*[59] zur Konkretisierung der gegenseitigen Rechte und Pflichten Inhalt des Vertrages werden soll, da diese ebenfalls Allgemeine Geschäftsbedingungen enthält, wie sich aus § 310 Abs. 1 Satz 3 BGB ergibt.[60] Nach dieser Vorschrift

---

[52] BGH 16.05.1991 NJW 1991, 2486 (2487).

[53] BGH 27.09.1984 BGHZ 92, 200 (201 f.).

[54] *Esser/Weyers* BT 1, § 31/3, S. 252; *Staudinger/Peters/Jacoby* (2014) § 651 Rn. 17.

[55] Gesetz zur Bekämpfung der Schwarzarbeit und illegalen Beschäftigung v. 23.07.2004, BGBl. I, S. 1842.

[56] BGH 10.04.2014 BGHZ 201 Rn. 20 ff.; großzügiger noch BGH 31.05.1990 BGHZ 111, 308 (311 ff.).

[57] BGH 01.08.2013 BGHZ 198, 141 Rn. 27 ff.; großzügiger zu „Ohne-Rechnung-Abreden" nach alter Rechtslage noch BGH 24.04.2008 BGHZ 176, 198 Rn. 11 ff.

[58] Vergabe- und Vertragsordnung für Bauleistungen Teil A in der Fassung v. 01.07.2016, BAnz AT v. 1. 7. 2016, B4.

[59] Dazu bereits oben § 8 Rn. 2.

[60] Ausführlich und m. w. N. *Busche* MünchKomm. § 650a Rn. 47 ff.

darf jedoch bei Unternehmerverträgen, denen die VOB/B in ihrer Gesamtheit und ohne inhaltliche Abweichungen zugrunde gelegt wurde, für die Beurteilung, ob eine unangemessene Benachteiligung i. S. des § 307 Abs. 1 und 2 BGB vorliegt, nicht isoliert eine einzelne Klausel in den Blick genommen werden. Denn die VOB/B strebt gerade durch die Gesamtheit ihrer Regelungen, die in einigen Punkten für den Werkunternehmer, in anderen Punkten wiederum für den Besteller vorteilhaft ausgestaltet sind, einen angemessenen Interessenausgleich an. Bei Unternehmer-Verbraucher-Verträgen bleibt es hingegen im Umkehrschluss zu § 310 Abs. 1 Satz 3 BGB bei einer separaten Inhaltskontrolle jeder einzelnen Vorschrift der VOB/B, selbst wenn diese dem Vertrag in ihrer Gesamtheit zugrunde gelegt wurde.[61]

23   Der Begriff des Werkvertrages setzt nach § 631 Abs. 1 BGB voraus, dass die *Werkleistung gegen ein Entgelt* erbracht wird. Im Hinblick auf die deshalb notwendige Vergütungsabrede regelt § 632 Abs. 1 und 2 BGB allerdings eine Besonderheit, die strukturell den §§ 612, 653 und 689 BGB entspricht. Fehlt in dem Vertrag eine Abrede zur Vergütung, so „gilt" eine solche nach § 632 Abs. 1 BGB als stillschweigend vereinbart, wenn die Herstellung des Werkes nach den Umständen nur gegen eine Vergütung zu erwarten ist. Nach der hier zum Dienstvertragsrecht vertretenen Auffassung ordnet diese Vorschrift keine Fiktion, sondern eine besondere Form einer widerleglichen Vermutung an, deren Rechtswirkung nur eine abweichende positive Erklärung mindestens einer Partei ausschließen kann.[62] Folgerichtig steht dem Besteller, der trotz des Vorliegens der Voraussetzungen des § 632 Abs. 1 BGB von einer Unentgeltlichkeit der Werkleistung ausging, auch kein Anfechtungsrecht nach § 119 Abs. 1 BGB zu.[63] Für die Anwendung des § 632 BGB muss jedoch zumindest eine ausdrückliche oder konkludente Abrede vorliegen, welche den Unternehmer zur Erbringung seiner Leistung verpflichtet.[64] Ob diese Leistung i. S. des § 632 BGB nur gegen eine Vergütung zu erwarten war, bestimmt sich nach objektiven Kriterien, insbesondere dem zu leistenden Aufwand. Danach kann § 632 Abs. 1 BGB in Ausnahmefällen auch für Vorarbeiten (Entwürfe, Skizzen) zu einem potenziellen späteren Werk eingreifen.[65] Ein reiner *Kostenanschlag* ist aber nach § 632 Abs. 3 BGB im Zweifel nicht zu vergüten. Abweichendes können die Parteien vereinbaren, was aber bei der Verwendung von Allgemeinen Geschäftsbedingungen

[61] *Basedow* MünchKomm. § 310 Rn. 13a; für die Rechtslage vor der Neufassung des § 310 Abs. 1 Satz 3 BGB bereits auch BGH 24.07.2008 BGHZ 178, 1 Rn. 28 ff.

[62] Näher oben § 7 Rn. 35 ff.; offengelassen von BGH 4.04.2006 NJW-RR 2007, 56.

[63] Ebenso im Ergebnis BR/*Voit* § 632 Rn. 2; *Busche* MünchKomm. § 632 Rn. 6; RGRK/*Glanzmann* § 632 Rn. 6; *Staudinger/Peters/Jacoby* (2014) § 632 Rn. 45.

[64] Siehe oben § 7 Rn. 38, auch zu den Konstellationen eines sog. Fehlschlagens der Vergütungserwartung.

[65] Vgl. BR/*Voit* § 632 Rn. 3 f.; *Busche* MünchKomm. § 632 Rn. 7 ff.; *Erman/Schwenker/Rodemann* § 632 Rn. 2.

durch den Unternehmer gegen § 305c Abs. 1 BGB und § 307 Abs. 2 Nr. 1 BGB verstößt.[66]

Gilt eine Vergütung für die Werkleistung nach § 632 Abs. 1 BGB als stillschwei- **24** gend vereinbart oder haben sich die Vertragsparteien in anderen Fällen nicht über die Vergütungshöhe verständigt, so greift gemäß § 632 Abs. 2 BGB eine *taxmäßige Vergütung bzw. eine übliche Vergütung* ein, wenn keine einschlägige Taxe existiert. Als Taxe i. S. des § 632 Abs. 2 BGB sind nur staatlich festgesetzte Vergütungssätze anzusehen (z. B. Honorarordnungen für freie Berufe).[67] Aufgrund der subsidiären Maßgeblichkeit einer üblichen Vergütung[68] scheidet ein Leistungsbestimmungs-recht des Unternehmers nach den §§ 315, 316 BGB regelmäßig aus. Ein solches ist erst anzuerkennen, wenn Anhaltspunkte für eine „übliche Vergütung" fehlen und auch eine ergänzende Auslegung des Vertrages zu keinem Ergebnis führt.[69]

E. Pflichten des Unternehmers

I. Hauptpflichten des Unternehmers

Die im Synallagma stehenden Hauptleistungspflichten des Unternehmers ergeben **25** sich aus den §§ 631 Abs. 1, 633 Abs. 1 BGB. Danach ist er erstens zur *Herstellung des versprochenen Werkes* verpflichtet und muss dieses dem Besteller zweitens *frei von Rechts- und Sachmängeln* i. S. des § 633 Abs. 2 und 3 BGB verschaffen.

1. Herstellung des versprochenen Werkes

Die von dem Unternehmer gemäß § 631 Abs. 1 BGB geschuldete Herstellung des **26** versprochenen Werkes umfasst die Entfaltung einer bestimmten Tätigkeit und den daraus resultierenden Erfolg, der über die Tätigkeit als solche hinausgeht (Beispiel: Errichtung eines Einfamilienhauses auf dem Grundstück des Bestellers).[70] Für den

---

[66] BT-Drucks. 14/6040, S. 260 mit Verweis auf BGH 03.12.1981 NJW 1982, 765 ff. Kritisch NK-BGB/*Raab* § 632 Rn. 19 mit der Erwägung, dass zumindest § 307 Abs. 2 Nr. 1 BGB nicht ein-schlägig sei, da § 632 Abs. 3 BGB nur eine Zweifelsregelung enthalte und deshalb eine – diese Zweifelsregelung widerlegende – Klausel nicht i. S. des § 307 Abs. 3 Satz 1 BGB von Rechtsvor-schriften „abweiche". Dies ist jedoch nicht zwingend, da einer gesetzlichen Vermutungsregelung über ihre formelle Funktion (insbesondere Beweislastverteilung) hinaus auch eine materielle Wert-entscheidung (hier: grundsätzlich kein Ersatz für Kostenanschlag) entnommen werden kann, an der Allgemeine Geschäftsbedingungen zu messen sind. Es kommt somit für § 307 Abs. 2 Nr. 1 BGB nur darauf an, ob § 632 Abs. 3 BGB einen „wesentlichen Grundgedanken" des Werkver-tragsrechts begründet.

[67] *Staudinger/Peters/Jacoby* (2014) § 632 Rn. 48.

[68] Näher zu deren Bemessung BGH 04.04.2006 NJW-RR 2007, 56 (57).

[69] So auch BGH 04.04.2006 NJW-RR 2007, 56 (57) sowie zuvor BGH 13.03.1985 BGHZ 94, 98 (100 ff.).

[70] Siehe oben § 8 Rn. 6 f.

Inhalt des geschuldeten Erfolges ist der Vertrag maßgebend. Wenn z. B. einem Architekten nur die Bauleitung und Bauüberwachung eines von anderen Unternehmern herzustellenden Bauwerkes übertragen worden ist, schuldet dieser nicht das Entstehen des Bauwerkes als solches, sondern lediglich eine fachgerechte Koordinierung und Überwachung der einzelnen Bauleistungen.[71] Bei genauer Betrachtung handelt es sich in diesem Fall somit um einen Vertrag über ein unkörperliches Werk i. S. des § 631 Abs. 2 Alt. 2 BGB.

27   Wegen der Erfolgsbezogenheit des Werkvertrages schuldet der Unternehmer – anders als bei dem auf eine Tätigkeit beschränkten Dienstvertrag (§ 613 Satz 1 BGB) – *im Zweifel keine persönliche Tätigkeit*. Er kann deshalb nicht nur weisungsgebundene Verrichtungsgehilfen als Erfüllungsgehilfen hinzuziehen, sondern die Erstellung des Werkes oder einzelner Teilleistungen auch selbstständigen *Subunternehmern* übertragen.[72] Da den Unternehmer jedoch weiterhin die Leistungspflicht aus § 631 Abs. 1 BGB trifft, bleiben auch selbstständige Subunternehmer seine Erfüllungsgehilfen i. S. des § 278 BGB.[73] Zudem kann sich, obwohl das Werkvertragsrecht keine dem § 613 Satz 1 BGB entsprechende Regelung enthält, im Einzelfall aus besonderen Umständen eine persönliche Leistungspflicht des Unternehmers ergeben. Das kommt z. B. in Betracht, wenn es für die Erstellung des Werkes gerade auf die besonderen Fähigkeiten des konkreten Unternehmers ankommt, wie bei dem Engagement eines bekannten Schauspielensembles für ein Gastspiel.[74]

28   Sofern das Werk nicht in der räumlichen Sphäre des Bestellers (Beispiel: Arbeiten an einem Grundstück) herzustellen ist, verpflichtet der Werkvertrag den Unternehmer über den Wortlaut des § 631 Abs. 1 BGB hinaus nicht nur zur Herstellung, sondern er muss das *Werk dem Besteller auch zur Verfügung stellen*, insbesondere zur Abnahme i. S. des § 640 BGB anbieten.[75] Eine Autowerkstatt muss daher den defekten PKW nicht nur reparieren, sondern Zug um Zug gegen Zahlung der Vergütung (§§ 320, 641 Abs. 1 Satz 1 BGB) auch an den Besteller herausgeben. Ob der Unternehmer in diesen Fällen darüber hinaus verpflichtet ist, dem Besteller das Werk an dessen Wohn- oder Geschäftssitz abzuliefern, ergibt sich aus den Parteiabreden (§ 269 Abs. 1 BGB).

---

[71] BGH 22.10.1981 BGHZ 82, 100 (105 f.); *Busche* MünchKomm. § 650p Rn. 14; *Larenz* BT 1, § 53 I, S. 343.

[72] BR/*Voit* § 631 Rn. 45; *Erman/Schwenker/Rodemann* § 631 Rn. 30; *Looschelders* Rn. 635; *Staudinger/Peters/Jacoby* (2014) § 631 Rn. 32 ff.; enger jedoch *Busche* MünchKomm. § 631 Rn. 36.

[73] Denkbar ist jedoch auch ein dem Dienstverschaffungsvertrag (§ 7 Rn. 15 ff.) entsprechender Werkverschaffungsvertrag, bei dem der Unternehmer als Erfolg nur die Vermittlung eines zur Erbringung der Werkleistung geeigneten und bereiten Dritten verspricht, ohne die Werkleistung selbst schulden zu wollen; näher dazu *Fikentscher* AcP 190 (1990), 34 ff.

[74] *Brox/Walker* § 24 Rn. 1; *Busche* MünchKomm. § 631 Rn. 73.

[75] BR/*Voit* § 631 Rn. 46; *Busche* MünchKomm. § 631 Rn. 61; *Oechsler* Rn. 1092; RGRK/*Glanzmann* § 631 Rn. 13; *Staudinger/Peters/Jacoby* (2014) § 631 Rn. 17 f.

Schließlich kann bei einem körperlichen Werk auch die Situation eintreten, dass **29** der Unternehmer zwar Eigentümer des fertiggestellten Werkes ist, der Vertrag aber gleichwohl nicht nach § 650 Satz 1 BGB dem Kaufrecht unterliegt.[76] Dies ist insbesondere dann der Fall, wenn sich der Unternehmer verpflichtet, auf einem ihm gehörenden Grundstück ein Bauwerk für den Besteller zu errichten. In einer derartigen Konstellation ist aus der vertraglichen Abrede, gegebenenfalls unter analoger Anwendung des § 433 Abs. 1 Satz 1 BGB, eine Pflicht des Unternehmers abzuleiten, das *Werk dem Besteller zu übereignen* (im Beispiel das bebaute Grundstück).[77] Werden bei einem unkörperlichen Werk Sachen des Unternehmers als „Trägermedium" verwendet (Beispiele: das entwickelte Softwareprogramm wird auf einer CD-ROM gespeichert, der Entwurf des Architekten zu Papier gebracht), so steht aus Sicht der Interessenlage zwar nicht die Übereignung dieser Sachen im Vordergrund, sondern die Verschaffung eines tatsächlichen Zugriffs auf das Werk und eines urheberrechtlichen Nutzungsrechts i. S. der §§ 31 ff. UrhG.[78] Aus Gründen der Rechtsklarheit sollte die besagte Übereignungspflicht aber auch bei geistigen Werken nicht als bloße Nebenpflicht,[79] sondern als Teil der Herstellungspflicht des Unternehmers angesehen werden.

2. Mängelfreie Verschaffung des Werkes

Zu den Hauptpflichten des Unternehmers zählt es auch, das Werk frei von Rechts- **30** und Sachmängeln herzustellen (§ 633 Abs. 1 BGB). Da bereits § 631 Abs. 1 BGB eine Pflicht zur Herstellung des „versprochenen Werkes" enthält, stehen die beiden Regelungen in einem systematischen Zusammenhang, in dem die Regelung des § 633 Abs. 1 BGB diejenige aus § 631 Abs. 1 BGB näher ausformt.[80] Wann das Werk mangelfrei ist, ergibt sich wiederum aus einer Negativabgrenzung zu den Begriffen des Rechts- und Sachmangels, die § 633 Abs. 2 und 3 BGB im Einzelnen umschreibt: Seiner Pflicht aus § 633 Abs. 1 BGB ist der Unternehmer nicht vollständig nachgekommen, wenn das Werk einen derartigen Mangel aufweist.[81]

a) Freiheit von Sachmängeln

Wann ein Werk frei von Sachmängeln ist, bestimmt sich nach § 633 Abs. 2 Satz 1 **31** und 2 BGB anhand der folgenden „Hierarchie" von Beurteilungsmaßstäben:

---

[76] Zu Letzterem oben § 8 Rn. 12 ff.

[77] BR/*Voit* § 631 Rn. 46; *Esser/Weyers* BT 1, § 32 I 2, S. 256; *Schlechtriem* Rn. 402; *Staudinger/Peters/Jacoby* (2014) § 631 Rn. 18.

[78] *Esser/Weyers* BT 1, § 32 I 1c, S. 256.

[79] So aber *Schlechtriem* Rn. 402 und auch noch die Vorauflage unter § 8 Rn. 27.

[80] BR/*Voit* § 633 Rn. 1; *Busche* MünchKomm. § 633 Rn. 3; *Esser/Weyers* BT 1, § 32 I 1a, S. 255; *Staudinger/Peters/Jacoby* (2014) § 633 Rn. 1.

[81] Vgl. oben § 2 Rn. 50.

- Haben die Parteien ausdrücklich oder konkludent eine bestimmte *Beschaffenheit* *vereinbart*, ist deren Vorliegen das maßgebliche Kriterium (§ 633 Abs. 2 Satz 1 BGB; sog. *subjektiver Mangelbegriff*).
- Soweit eine Beschaffenheitsvereinbarung fehlt, kommt es primär darauf an, ob sich das Werk für eine *nach dem Vertrag vorausgesetzte Verwendung* eignet (§ 633 Abs. 2 Satz 2 Nr. 1 BGB). Dies gilt auch dann, wenn neben einer vertraglich vereinbarten Beschaffenheit zugleich eine bestimmte Funktionstauglichkeit vereinbart wird. Beispiel: Der Vertrag sieht für die einzubauende Heizungsanlage eine bestimmte Typbeschreibung vor, fordert zugleich aber eine hinreichende Heizleistung der Anlage für das betreffende Gebäude, die mit dem vorgesehenen Typ nicht erzielbar ist. Hier wird nach richtiger Ansicht die betreffende Funktionstauglichkeit gemäß § 633 Abs. 2 Satz 2 Nr. 1 BGB geschuldet, da die Beschaffenheitsvereinbarung insoweit keine Wirkung zeitigt und somit der Weg für den Maßstab der vertraglich vorausgesetzten Verwendung frei ist.[82] Kann die in der Beschaffenheitsvereinbarung beschriebene Heizungsanlage die zugleich vertraglich vorausgesetzte Heizleistung nicht erbringen, schuldet der Unternehmer somit unter Umständen den Einbau einer leistungsfähigeren Anlage, um seiner Pflicht zur Verschaffung eines mangelfreien Werkes nachzukommen.
- Liegt weder eine Beschaffenheits- noch eine Verwendungsvereinbarung vor, so muss das Werk kumulativ für die gewöhnliche Verwendung tauglich sein, eine für Werke dieser Art übliche sowie eine Beschaffenheit haben, die der Besteller nach der Art des Vertragsgegenstandes erwarten kann (§ 633 Abs. 2 Satz 2 Nr. 2 BGB; sog. *objektiver Mangelbegriff*).

32   Im Rahmen des § 633 Abs. 2 BGB ist deshalb zunächst festzustellen, ob bezüglich des herzustellenden Werkes eine Beschaffenheits- oder eine Verwendungsvereinbarung existiert. In Zweifelsfällen bedarf es hierzu einer Vertragsauslegung nach den §§ 133, 157 BGB, bei der insbesondere die angemessene Risikoverteilung zwischen den Vertragsparteien eine zentrale Rolle spielt.[83] Sofern eine entsprechende Vereinbarung zu bejahen ist und das Werk nicht die entsprechenden Eigenschaften aufweist, ist es mit einem Sachmangel behaftet. Liegt hingegen weder eine Beschaffenheits- noch eine Verwendungsvereinbarung vor, gilt dies nur, wenn das vom Unternehmer hergestellte Werk hinter den in § 633 Abs. 2 Satz 2 Nr. 2 BGB genannten Anforderungen zurückbleibt. Die werkvertragsrechtliche Regelung des § 633 Abs. 2 BGB ist somit exakt *§ 434 Abs. 1 Satz 1 und 2 BGB nachgebildet*, der für den Kaufvertrag die Voraussetzungen für die Sachmangelfreiheit festlegt. Die Ausführungen zu diesen Vorschriften gelten deshalb für den Werkvertrag entsprechend.[84]

---

[82] Im Ergebnis ebenso, allerdings unter alleiniger Anwendung des § 633 Abs. 2 Satz 1 BGB: BGH 08.11.2007 BGHZ 174, 110 Rn. 15 ff.; BGH 29.09.2011 NJW 2011, 3780 Rn. 11 und BGH 08.05.2014 BGHZ 201, 148 Rn. 14. Siehe zur Parallelproblematik beim Kaufvertrag auch oben § 2 Rn. 66.

[83] BGH 08.05.2014 BGHZ 201, 148 Rn. 15 f. und BGH 09.07.2014 NJW 2014, 3368 Rn. 20 f.: Risiko des Bruchs montierter Glasscheiben wegen nicht erkennbarer Nickelsulfid-Einschlüsse.

[84] Siehe oben § 2 Rn. 53 ff.

Ein Sachmangel aufgrund einer für den Besteller nachteiligen Abweichung von **33** der vereinbarten Beschaffenheit (§ 633 Abs. 2 Satz 1 BGB) liegt z. B. vor, wenn der Grundriss eines gebauten Hauses nicht mit demjenigen übereinstimmt, der in dem Vertrag festgelegt worden ist. Die vorgenommene Umrüstung einer Maschine widerspricht der nach dem Vertrag vorausgesetzten Verwendung (§ 633 Abs. 2 Satz 2 Nr. 1 BGB), wenn die Maschine anschließend nicht einem Dauerbetrieb standhält, den die Umrüstung ermöglichen sollte. Eine negative Abweichung von anerkannten technischen Standards (z. B. DIN-Normen) führt schließlich dazu, dass das Werk nicht der üblichen Beschaffenheit von Werken dieser Art entspricht (§ 633 Abs. 2 Satz 2 Nr. 2 BGB).[85] Ausdrücklich Bezug auf die „anerkannten Regeln der Technik" nimmt § 13 Abs. 1 Satz 2 VOB/B, deren Konkretisierung insbesondere durch die Allgemeinen Technischen Vertragsbedingungen für Bauleistungen (VOB/C) erfolgt (siehe § 1 Abs. 1 Satz 2 VOB/B). Von einer Fachwerkstatt wird bei der Reparatur eines Gegenstandes darüber hinaus die Einhaltung von einschlägigen Herstellervorgaben erwartet, selbst wenn diese über die anerkannten Regeln der Technik hinausgehen.[86] Der in § 633 Abs. 2 BGB verwendete Begriff des „Sachmangels" darf zudem nicht zu der Annahme verleiten, ein solcher Mangel könne nur einem körperlichen Werk i. S. des § 631 Abs. 2 Alt. 1 BGB anhaften. Vielmehr müssen auch unkörperliche Werke, wie z. B. individuell entwickelte Softwareprogramme oder Theateraufführungen, eine nach den jeweiligen Umständen zu bemessende vertragsgemäße Beschaffenheit i. S. des § 633 Abs. 2 Satz 1 und 2 BGB aufweisen, deren Verfehlung einen Sachmangel begründet.[87]

Der Gesetzgeber hat davon abgesehen, in das Werkvertragsrecht eine Vorschrift **34** wie § 434 Abs. 1 Satz 3 BGB aufzunehmen, nach dem unter bestimmten Voraussetzungen auch *öffentliche Äußerungen* des Verkäufers oder eines Herstellers die Beschaffenheit des Vertragsgegenstandes i. S. des § 434 Abs. 1 Satz 2 Nr. 2 BGB (entspricht § 633 Abs. 2 Satz 2 Nr. 2 BGB) konkretisieren. Dies beruht darauf, dass Werkleistungen typischerweise nicht wie standardisierte Kaufgegenstände in einer Absatzkette beworben werden.[88] Liegt jedoch bei einem bestimmten Werkvertrag eine Interessenlage vor, die mit der in § 434 Abs. 1 Satz 3 BGB geregelten Konstellation übereinstimmt, so ist eine analoge Anwendung der Vorschrift denkbar.[89] Zwar beruht diese Vorschrift auf Art. 2 Abs. 2 lit. d der Verbrauchsgüterkauf-RL, die für

---

[85] BGH 14.05.1998 BGHZ 139, 16 ff.; BR/*Voit* § 633 Rn. 12; *Busche* MünchKomm. § 633 Rn. 29; *Erman/Schwenker/Rodemann* § 633 Rn. 13; *Staudinger/Peters/Jacoby* (2014) § 633 Rn. 179.

[86] BGH 23.07.2009 NJW-RR 2009, 1467.

[87] Insbesondere bei künstlerischen Werken ist dem Unternehmer jedoch ein gewisser Freiraum für eine schöpferische Entfaltung zu gewähren: BGH 24.01.1956 BGHZ 19, 382 (384 ff.). Bewegt er sich in dessen Rahmen, ist sein Werk als vertragsgemäß zu betrachten.

[88] BT-Drucks. 14/6040, S. 261.

[89] BR/*Voit* § 633 Rn. 7; *Grigoleit* in: Artz/Gsell/Lorenz, Zehn Jahre Schuldrechtsmodernisierung, 2014, S. 55 (93); *Oechsler* Rn. 1101; *Staudinger/Peters/Jacoby* (2014) § 633 Rn. 183; im Grundsatz auch *Jauernig/Mansel* § 633 Rn. 4; für eine Lösung über konkludente Beschaffenheitsvereinbarungen i. S. des § 633 Abs. 2 Satz 1 BGB *Busche* MünchKomm. § 633 Rn. 1; *Looschelders* Rn. 668.

nicht unter § 650 Satz 1 BGB fallende Werkleistungen keine Geltung beansprucht. Dies rechtfertigt aber keine Sperrwirkung gegenüber einer Analogie.[90] Beispiel: Wenn ein Hersteller von Materialien für ein Fertighaus bestimmte Werbeangaben über die Beschaffenheit seiner Produkte macht, muss sich ein Werkunternehmer, der auf dem Grundstück des Bestellers ein Fertighaus mit diesen Materialien errichtet, den Inhalt dieser Angaben nach Maßgabe des § 633 Abs. 2 Satz 2 Nr. 2 BGB i. V. mit § 434 Abs. 1 Satz 3 BGB analog zurechnen lassen. Eine mit § 434 Abs. 2 BGB vergleichbare Sonderregelung zu *Montagemängeln* war im Werkvertragsrecht aufgrund der durch den Unternehmer geschuldeten Hauptleistung hingegen verzichtbar: Da die Montage bei einem Werkvertrag bereits Teil des herzustellenden Werkes ist, bildet eine negative Abweichung der Montage von den Standards des § 633 Abs. 2 BGB automatisch einen Sachmangel.

35   Anders als § 434 Abs. 1 Satz 1 BGB, der für die Pflicht zur Verschaffung einer mangelfreien Sache auf den Zeitpunkt des Übergangs der Gegenleistungsgefahr abstellt, fehlen in § 633 Abs. 2 BGB explizite Angaben dazu, bis zu welchem *Zeitpunkt* das Werk die betreffende Beschaffenheit aufweisen muss, um frei von Sachmängeln zu sein. Es ist jedoch allgemein anerkannt, dass auch bei einem Werkvertrag hierfür auf den Zeitpunkt des Gefahrübergangs abzustellen ist. Gemäß § 644 Abs. 1 Satz 1 BGB ergibt sich dieser im Grundsatz aus der Abnahme des Werkes nach § 640 BGB; es kommen aber auch einige alternative Tatbestände des Übergangs der Gegenleistungsgefahr in Betracht.[91]

b) Freiheit von Rechtsmängeln

36   Das Werk ist nach § 633 Abs. 3 BGB frei von Rechtsmängeln, wenn Dritte in Bezug auf dieses keine oder nur die in dem Werkvertrag von dem Besteller übernommenen Rechte geltend machen können. Auch insoweit besteht eine *Parallele zu der kaufrechtlichen Regelung in § 435 Satz 1 BGB*, sodass die Ausführungen zu dieser Vorschrift wiederum entsprechend gelten.[92] Beispielsweise liegt ein Rechtsmangel bei der Erstellung eines Software-Programms vor, wenn ein Dritter sein Urheberrecht gegenüber der Verwendung des Programms durch den Besteller geltend machen kann.[93]

37   Wie bei § 435 Satz 1 BGB kommt es für das Vorliegen eines Rechtsmangels nur auf die *rechtliche Möglichkeit* an, dass das Recht gegenüber dem Besteller geltend gemacht werden kann; ein tatsächliches Vorgehen des Dritten gegen den Besteller ist nicht erforderlich.[94] Die – aufgrund der identischen Rechtsfolgen in der Praxis

---

[90] A. A. wohl *H. Roth* JZ 2001, 543 (547).

[91] BR/*Voit* § 633 Rn. 3; *Busche* MünchKomm. § 633 Rn. 6; *Harke* Rn. 107. Näher zum Gefahrübergang unten § 8 Rn. 199 ff.

[92] Ebenso *Busche* MünchKomm. § 633 Rn. 33; *Staudinger/Peters/Jacoby* (2014) § 631 Rn. 198; näher oben § 2 Rn. 90 ff.

[93] BT-Drucks. 14/6040, S. 261.

[94] Siehe oben § 2 Rn. 91.

wenig bedeutsame – *Abgrenzung zwischen Rechts- und Sachmängeln* bemisst sich in Zweifelsfällen wie im Kaufrecht danach, ob der betreffende Umstand seinen Grund in der physischen Beschaffenheit des Werkes findet (dann Sachmangel) oder nicht (dann Rechtsmangel).[95] Darf z. B. ein Bauwerk aufgrund eines Verstoßes gegen öffentlich-rechtliche Bauvorschriften nicht bewohnt oder in dem vorgesehenen Umfang als Gewerbebetrieb genutzt werden, so stellt dies einen Sachmangel i. S. des § 633 Abs. 2 Satz 2 Nr. 1 BGB dar.[96] Auch die Pflicht zur Verschaffung des Werkes frei von Rechtsmängeln bezieht sich auf den Zeitpunkt des Gefahrübergangs, wobei es ausreicht, wenn die betreffende Rechtsposition des Dritten zu diesem Zeitpunkt bereits angelegt war.[97]

c) Ausschluss oder Beschränkung der Unternehmerpflicht aus § 633 Abs. 1 BGB

Einschränkungen kann die Pflicht des Unternehmers zu einer sach- und rechtsmängelfreien Verschaffung des Werkes insbesondere durch eine *vertragliche Vereinbarung* erfahren. Keine Ausnahme zu § 633 Abs. 1 BGB stellt hingegen § 640 Abs. 3 BGB dar. Dieser knüpft an die Abnahme eines mangelhaften Werkes an und schließt deshalb nicht den ursprünglichen Erfüllungsanspruch, sondern nur die in § 634 Nr. 1 bis 3 BGB genannten Mängelrechte aus, die ab dem Zeitpunkt der Abnahme den Anspruch aus § 633 Abs. 1 BGB verdrängen.[98]   **38**

aa) Ausschluss oder Beschränkung durch Individualvereinbarungen

Den Anspruch des Bestellers auf eine von Sach- und Rechtsmängeln freie Erstellung des Werkes können Individualvereinbarungen grundsätzlich bis zur Grenze der §§ 138, 242 BGB ausschließen. Einschränkend legt § 639 BGB allerdings – wie § 444 BGB im Kaufrecht – fest, dass sich der Unternehmer auf eine Vereinbarung, welche die Rechte des Bestellers wegen eines Mangels ausschließt oder beschränkt, nicht berufen kann, wenn er den Mangel arglistig verschwiegen oder eine Garantie für die Beschaffenheit des Werkes übernommen hat. Da das Gesetz für diese Fälle nicht die Nichtigkeit der Vereinbarung anordnet, sondern zulasten des Unternehmers lediglich deren Bindungswirkung beseitigt, ist die Privilegierung des Unternehmers zwar unwirksam, führt aber nicht nach Maßgabe des § 139 BGB zur Nichtigkeit des Gesamtvertrages.[99]   **39**

---

[95] Näher oben § 2 Rn. 50 ff.

[96] Exemplarisch BGH 05.07.2001 NJW 2001, 3476 (3477).

[97] Wenn der Werkunternehmer außerhalb des § 650 Satz 1 BGB jedoch ausnahmsweise eine Übereignung des Werkes schuldet (vgl. oben § 8 Rn. 29), ist der für die Beurteilung von Rechtsmängeln maßgebliche Zeitpunkt wie beim Kaufvertrag derjenige der Rechtsverschaffung; in einem derartigen Fall kann auch die Abgrenzung von Sach- und Rechtsmängeln praktische Relevanz erlangen. Siehe dazu oben § 2 Rn. 60.

[98] Näher dazu unten § 8 Rn. 60 ff.

[99] *Busche* MünchKomm. § 639 Rn. 10; NK-BGB/*Raab* § 639 Rn. 21; *Staudinger/Peters/Jacoby* (2014) § 639 Rn. 10.

40   Für ein *arglistiges Verschweigen eines Mangels*, das dem Unternehmer nach § 639 BGB die Möglichkeit verwehrt, sich auf eine vertragliche Pflichtenbeschränkung zu berufen, muss der Unternehmer jeweils zumindest bedingt vorsätzlich das Vorliegen eines Mangels und die Unkenntnis des Bestellers von diesem sowie die Erheblichkeit des Mangels für die Vertragsentscheidung des Bestellers annehmen.[100] Einer besonderen Schädigungsabsicht bedarf es hingegen nicht.[101] Diese Voraussetzungen erfüllen auch Behauptungen „ins Blaue hinein", bei denen der Unternehmer ohne jegliche Informationsbasis Erklärungen über die Beschaffenheit des Werkes abgibt.[102] Dabei muss die Arglist des Unternehmers spätestens im Zeitpunkt der Abnahme des Werkes i. S. des § 640 Abs. 1 Satz 1 BGB, subsidiär bei Vollendung des Werkes (§ 646 BGB) vorliegen.[103]

41   Eine *Garantie für die Beschaffenheit des Werkes* i. S. des § 639 BGB meint – wie bei § 444 BGB – eine solche i. S. des § 276 Abs. 1 Satz 1 BGB, d. h. das Vorliegen eines unbedingten, verschuldensunabhängigen Einstandswillens des Unternehmers für die betreffende Beschaffenheit.[104] Entsprechend den Ausführungen zu § 444 BGB steht § 639 BGB jedoch einer inhaltlichen Beschränkung der Garantie (z. B. summenmäßigen Haftungshöchstgrenzen) nicht entgegen.[105]

bb) Ausschluss oder Beschränkung durch Allgemeine Geschäftsbedingungen

42   Über § 639 BGB hinausgehende Wirksamkeitsvoraussetzungen bestehen, wenn die Pflicht des Unternehmers zu einer sach- oder rechtsmängelfreien Leistung in Allgemeinen Geschäftsbedingungen ganz oder teilweise ausgeschlossen werden soll.[106]

43   So legt *§ 309 Nr. 8b BGB* detaillierte Vorgaben für die vertragliche Modifizierung der Pflicht aus § 633 Abs. 1 BGB fest. Diese sind auch bei der Verwendung Allgemeiner Geschäftsbedingungen gegenüber einem Unternehmer zu beachten. In diesem Fall findet zwar § 309 Nr. 8b BGB gemäß § 310 Abs. 1 Satz 1 BGB keine direkte Anwendung, das Klauselverbot ist aber bei der Beurteilung einer unangemessenen Benachteiligung i. S. des § 307 Abs. 1 und 2 BGB als Indiz zu würdigen,[107] wobei allerdings die Gewohnheiten und Gebräuche des Handelsverkehrs berücksichtigt werden müssen (§ 310 Abs. 1 Satz 2 BGB).

---

[100] BGH 20.12.1973 BGHZ 62, 63 (66); *Erman/Schwenker/Rodemann* § 639 Rn. 3; *Staudinger/Peters/Jacoby* (2014) § 639 Rn. 11 ff.

[101] BGH 05.12.1985 NJW 1986, 980; BR/*Voit* § 639 Rn. 13.

[102] Siehe oben § 2 Rn. 100.

[103] RGRK/*Glanzmann* § 638 Rn. 25; *Staudinger/Peters/Jacoby* (2014) § 639 Rn. 14. Erfährt der Unternehmer zu einem späteren Zeitpunkt von dem Vorliegen eines Mangels, greift zwar § 639 BGB nicht ein, es besteht aber eine Offenbarungspflicht gegenüber dem Besteller aus § 241 Abs. 2 BGB, deren Verletzung nach Maßgabe des § 280 Abs. 1 BGB zum Schadensersatz verpflichtet.

[104] BT-Drucks. 14/7052, S. 205; BR/*Voit* § 639 Rn. 17 und oben § 2 Rn. 100 und 413.

[105] Näher oben § 2 Rn. 107.

[106] Ausführlich dazu *Staudinger/Peters/Jacoby* (2014) § 639 Rn. 20 ff.

[107] BT-Drucks. 14/6040, S. 157 f.; BGH 19.09.2007 BGHZ 174, 1 Rn. 11 f.; *Wolf/Neuner* § 47 Rn. 59.

II. Nebenpflichten des Unternehmers

Die Nebenpflichten des Unternehmers ergeben sich aus den §§ 241 Abs. 2, 242 **44**
BGB. So schuldet er z. B. eine *Aufklärung über besondere Gefahren*, die mit der
Benutzung des Werkes verbunden sind. Eine Hinweis- und Beratungspflicht kann
im Einzelfall allerdings sogar den synallagmatischen Hauptpflichten des Unterneh-
mers zuzurechnen sein, z. B. wenn ihre Erfüllung überhaupt erst den Gebrauch des
Werkes durch den Besteller ermöglicht (Beispiel: Einweisung in eine entwickelte
Software).[108]

Ferner zählt es nach § 649 Abs. 2 BGB zu den Nebenpflichten des Unterneh- **45**
mers, eine *zu erwartende Überschreitung eines Kostenanschlages* unverzüglich
(vgl. § 121 Abs. 1 Satz 1 BGB) anzuzeigen.[109] Soll das Werk in der Sphäre des
Unternehmers aus einem von dem Besteller gelieferten Stoff hergestellt werden,
so erlangt zudem eine *Obhutspflicht* aus § 241 Abs. 2 BGB besondere Bedeutung.
Danach muss der Unternehmer unter anderem für einen angemessenen Schutz vor
einem Diebstahl des Stoffes sorgen.[110] Auch *gegenüber Dritten*, die in den Schutzbereich des Werkvertrages einbezogen sind, können Schutzpflichten bestehen, so
insbesondere bei der Erstellung von Gutachten.[111]

F. Pflichtverletzungen und Haftung des Unternehmers

Hinsichtlich der Rechtsfolgen bei Pflichtverletzungen des Unternehmers ist auf **46**
einer ersten Ebene zwischen *Hauptpflichten und Nebenpflichten*[112] zu unterscheiden. In Bezug auf Hauptpflichten ist sodann danach zu differenzieren, ob eine
Nichtleistung mit der Konsequenz einer direkten Anwendung der Vorschriften des
allgemeinen Leistungsstörungsrechts gegeben ist[113] oder ein unter die lex specialis des § 634 BGB zu fassender *Sonderfall der mangelhaften Leistung* vorliegt.[114]
Damit entspricht das Regelungsgefüge für den Werkvertrag weitgehend demjenigen
beim Kaufvertrag, sodass im Folgenden zu großen Teilen auf die dortigen Ausführungen verwiesen werden kann.

---

[108] Zur Abgrenzung näher *Busche* MünchKomm. § 631 Rn. 76 ff.; *Staudinger/Peters/Jacoby* (2014)
§ 631 Rn. 49 ff.
[109] Zum Kostenanschlag noch unten § 8 Rn. 269 ff.
[110] BGH 23.09.1982 NJW 1983, 113.
[111] Dazu näher unten § 11 Rn. 23.
[112] Zu Nebenpflichtverletzungen siehe unten § 8 Rn. 179 f.
[113] Dazu unten § 8 Rn. 47 ff.
[114] Siehe unten § 8 Rn. 57 ff.

I. Nichtleistung des Unternehmers

1. Tatbestände der Nichtleistung

47   Wenn der Unternehmer seine Pflichten aus den §§ 631 Abs. 1, 633 Abs. 1 BGB nicht oder nicht ordnungsgemäß erfüllt, liegt im Grundsatz die Verletzung einer synallagmatischen Hauptpflicht mit den *Rechtsfolgen der §§ 280 ff., 320 ff. BGB* vor. Die Pflichtverletzung kann darin bestehen, dass der Unternehmer das versprochene Werk ganz oder teilweise nicht,[115] verspätet oder mit einem Mangel i. S. des § 633 Abs. 2 oder 3 BGB hergestellt hat. Die Abgrenzung zwischen diesen unterschiedlichen Formen der Pflichtverletzung folgt den allgemeinen Grundsätzen. So geht die Rechtsprechung z. B. für den Fall der Verspätung einer Flugbeförderung davon aus, dass weder eine Unmöglichkeit der Leistung vorliegt (mangels Fixschuldcharakters der Flugleistung) noch ein Mangel, sondern eine Leistungsverzögerung i. S. des § 280 Abs. 2 BGB, die unter den Voraussetzungen des § 286 BGB zum Schadensersatz verpflichtet.[116]

48   Auch im Fall einer *mangelbehafteten Herstellung des Werkes* greifen neben dem Anspruch auf Erfüllung, der vorbehaltlich des § 275 BGB fortbesteht, zunächst die §§ 280 ff., 320 ff. BGB ein. Dem steht auch bei unwesentlichen Mängeln § 640 Abs. 1 Satz 2 BGB nicht entgegen. Danach darf der Besteller zwar wegen derartiger Mängel nicht die Abnahme des Werkes verweigern. Hiermit wird aber nur dessen Abnahmepflicht gegenüber § 640 Abs. 1 Satz 1 BGB ausgedehnt,[117] jedoch z. B. nicht das Recht des Bestellers ausgeschlossen, nach Maßgabe des § 320 BGB die versprochene Vergütung (teilweise) zurückzuhalten.

49   Allerdings werden die allgemeinen Vorschriften beim Vorliegen eines Mangels verdrängt, wenn die Voraussetzungen für die Anwendung des *§ 634 BGB als lex specialis* erfüllt sind, der gegenüber einer direkten Anwendung der §§ 280 ff., 323 ff. BGB verschiedene Modifikationen der Rechte des Bestellers anordnet.[118] Wegen der Gleichstellung in § 633 Abs. 2 Satz 3 BGB gilt dies auch dann, wenn der Unternehmer ein anderes als das bestellte Werk (aliud) oder das Werk in zu geringer Menge hergestellt hat. Entscheidendes Kriterium für die Abgrenzung des Anwendungsbereiches der allgemeinen Vorschriften von dem des § 634 BGB ist die *Abnahme des Werkes* i. S. des § 640 BGB bzw. subsidiär dessen Fertigstellung (§ 646 BGB).[119]

---

[115] Zur Unmöglichkeit wegen Betriebsstörungen beim Unternehmer *Wertenbruch* ZGS 2003, 53 ff.

[116] BGH 28.05.2009 NJW 2009, 2743 Rn. 12 ff.

[117] Näher unten § 8 Rn. 237 f.

[118] Zu den Anwendungsvoraussetzungen des § 634 BGB unten § 8 Rn. 59 ff.

[119] Dazu näher unten § 8 Rn. 60 ff.

2. Rechte des Bestellers im Überblick

a) Zurückhaltung der Vergütung

Soweit der Unternehmer nicht nach Maßgabe des § 275 BGB von seiner Leistungs- **50** pflicht befreit ist, berührt die Nichtleistung im Anwendungsbereich der allgemeinen Vorschriften nicht den Erfüllungsanspruch des Bestellers.[120] Bis zur Bewirkung der gemäß den §§ 631 Abs. 1, 633 Abs. 1 BGB geschuldeten Leistung kann der Besteller daher die Vergütung zurückhalten. Dies ergibt sich zum einen aus § 320 BGB. Zum anderen fehlt bei einer Nichtleistung des Unternehmers regelmäßig eine Abnahme des Werkes, sodass der Vergütungsanspruch nicht fällig ist (§ 641 Abs. 1 Satz 1 BGB).

b) Ansprüche auf Schadensersatz

Eine Schadensersatzpflicht des Unternehmers wegen der Verletzung seiner Haupt- **51** pflicht bemisst sich nach den §§ 280 ff. BGB und bei einem anfänglichen unbehebbaren Leistungshindernis nach § 311a Abs. 2 BGB. Ein Verzugsschaden ist nach Maßgabe des § 280 Abs. 2 BGB i. V. mit § 286 BGB zu ersetzen, Schadensersatz statt der Leistung bzw. Ersatz für vergebliche Aufwendungen wird gemäß § 280 Abs. 3 BGB i. V. mit den §§ 281 ff. BGB geschuldet; Integritätsschäden des Bestellers sind nach § 280 Abs. 1 BGB auszugleichen.[121]

Das *Vertretenmüssen der Pflichtverletzung* durch den Unternehmer, das nach § 280 **52** Abs. 1 Satz 2 BGB Voraussetzung für die vorgenannten Ansprüche und dessen Vorliegen nach dieser Vorschrift zugleich zu vermuten ist, erfordert ein Verschulden i. S. der §§ 276 ff. BGB, wenn nicht der Unternehmer für die Leistungserbringung eine Garantie oder ein Beschaffungsrisiko übernommen hat (§ 276 Abs. 1 Satz 1 BGB).[122]

c) Rücktritt oder Wegfall der Pflicht zur Zahlung der Vergütung

Erfüllt der Unternehmer seine Hauptpflichten nicht, so steht dem Besteller unter den **53** Voraussetzungen des § 323 BGB, d. h. regelmäßig nach erfolglosem Ablauf einer angemessenen Nachfrist für die Erfüllung (§ 323 Abs. 1 BGB), ein Recht zum Rücktritt von dem Vertrag zu. Dieses Rücktrittsrecht ist verschuldensunabhängig und schließt die Geltendmachung von Schadensersatzansprüchen nach § 325 BGB nicht aus.

Ist der Unternehmer ganz oder teilweise nach § 275 BGB von seiner Leistungs- **54** pflicht befreit, so entfällt bzw. mindert sich die Pflicht des Bestellers zur Zahlung

---

[120] Zur Anwendbarkeit des § 635 Abs. 3 BGB vor der Abnahme des Werkes siehe unten § 8 Rn. 101 f.

[121] Vgl. oben § 2 Rn. 138 f.

[122] Ausführlich im Rahmen des Kaufrechts oben § 2 Rn. 140 ff.

der Vergütung nach Maßgabe des § 326 Abs. 1 BGB automatisch. Diese Rechtsfolge tritt jedoch nicht ein, wenn das Leistungshindernis dem Besteller gemäß § 326 Abs. 2 zuzurechnen oder die Vergütungsgefahr nach den §§ 644, 645 BGB auf ihn übergegangen ist.[123]

55   Bei der Anwendung des § 275 BGB ist zu beachten, dass die Tatbestände in § 275 Abs. 2 und 3 BGB dem Unternehmer ein Leistungsverweigerungsrecht gewähren, sodass die Gegenleistung gemäß § 326 Abs. 1 Satz 1 BGB erst dann entfällt, wenn sich der Unternehmer hierauf beruft.[124] Praktisch relevant ist dies vor allem für das Leistungsverweigerungsrecht in § 275 Abs. 2 BGB, da ein solches aus § 275 Abs. 3 BGB lediglich in dem Ausnahmefall in Betracht kommt, dass der Unternehmer persönlich zur Leistungserbringung verpflichtet ist.[125] Zudem muss ihm die Werkherstellung in dem vertraglich definierten Zeitraum aus persönlichen Gründen nicht zugemutet werden können (z. B. Unfall eines nahen Angehörigen).[126]

d) Herausgabe des stellvertretenden commodums (§ 285 Abs. 1 BGB)

56   In seltenen Fällen kann der Unternehmer aufgrund des Umstandes, der ihn gemäß § 275 BGB von seiner Leistungspflicht befreit, einen Ersatz oder Ersatzanspruch erlangen. Beispiel: Ein Dritter zerstört den für die Werkerstellung ausgewählten Stoff, der dem Unternehmer gehört und nicht ersetzbar ist, in einer Weise, die den Dritten nach § 823 Abs. 1 BGB zum Schadensersatz verpflichtet. In diesem Fall kann der Besteller nach § 285 Abs. 1 BGB die Übertragung dieses sog. stellvertretenden commodums verlangen (im Beispiel also die Abtretung des Schadensersatzanspruchs). Zum Ausgleich bleibt nach § 326 Abs. 3 BGB die Pflicht zur Zahlung der Vergütung (anteilig) bestehen bzw. ein etwaiger Schadensersatzanspruch mindert sich um den Wert des Ersatzes (§ 285 Abs. 2 BGB).

II. Rechte des Bestellers bei Mängeln nach § 634 BGB

1. Bedeutung der Sondervorschrift in § 634 BGB

57   An sich kommen die §§ 280 ff., 320 ff. BGB auch dann zur Anwendung, wenn der Unternehmer dem Besteller ein mangelhaftes Werk verschafft, da er hierdurch seine Hauptleistungspflicht aus § 633 Abs. 1 BGB verletzt. Nach § 634 BGB stehen dem Besteller jedoch – wie gemäß § 437 BGB bei einem Kaufvertrag – für den Fall einer

---

[123] Zu Letzterem näher unten § 8 Rn. 199 ff.

[124] BT-Drucks. 14/6040, S. 188; *Canaris* JZ 2001, 499 (504 f.).

[125] Siehe dazu bereits oben § 8 Rn. 27.

[126] BT-Drucks. 14/6040, S. 130.

mangelhaften Werkleistung unter bestimmten Voraussetzungen besondere Rechte zu, die zwar zu großen Teilen auf die *allgemeinen Vorschriften* verweisen, diese aber *in den §§ 634a bis 638 BGB teilweise modifizieren.* Dies gilt nicht nur für den Fall eines Mangels im engeren Sinne (§ 633 Abs. 2 Satz 1 und 2, Abs. 3 BGB). Denn § 633 Abs. 2 Satz 3 BGB dehnt den Anwendungsbereich des § 634 BGB und damit zugleich den der §§ 634a bis 638 BGB – wiederum entsprechend dem kaufrechtlichen Modell (§ 434 Abs. 3 BGB) – zusätzlich auf Falsch- und Minderleistungen aus.

Im Rahmen des Kaufrechts wurde zu der Parallelvorschrift in § 437 BGB dargelegt, dass diese „Modifikation" des Anspruchs aus § 433 Abs. 1 Satz 2 BGB als eine *gesetzliche Änderung des Inhaltes des Schuldverhältnisses* zu begreifen ist.[127] Das gilt auch für das Werkvertragsrecht. Greift § 634 BGB ein, so kann der Besteller ausschließlich die dort aufgezählten Ansprüche und Rechte geltend machen und nicht mehr aus § 633 Abs. 1 BGB i. V. mit einer direkten Anwendung der §§ 280 ff., 323 ff. BGB vorgehen.[128] Diese gesetzliche Schuldänderung führt jedoch nicht dazu, dass der Anspruch aus § 633 Abs. 1 BGB[129] i. S. des § 362 Abs. 1 BGB erfüllt oder die Schuld des Unternehmers bei einem nur gattungsmäßig bestimmten Werk nunmehr durch Konkretisierung gemäß § 243 Abs. 2 BGB auf das mangelbehaftete Werk beschränkt wäre.[130] Letzteres wirkt sich insbesondere auf die Frage aus, inwieweit der Besteller, dem ein mangelhaftes Werk geleistet worden ist, erforderlichenfalls eine komplette Neuherstellung verlangen kann.[131]

58

2. Anwendungsvoraussetzungen des § 634 BGB

Die Ansprüche und Rechte des Bestellers bemessen sich nur dann nach § 634 BGB i. V. mit den §§ 634a bis 638 BGB, wenn

59

- das Werk nach § 640 BGB abgenommen oder subsidiär gemäß § 646 BGB fertiggestellt worden ist,
- einen Sach- oder Rechtsmangel aufweist (§ 633 Abs. 2 Satz 1 und 2, Abs. 3 BGB) bzw.
- ein anderes als das geschuldete Werk oder dieses in zu geringer Menge hergestellt wurde (§ 633 Abs. 2 Satz 3 BGB) und jeweils
- „nicht ein anderes bestimmt ist" (§ 634 BGB).

---

[127] Ausführlich dazu oben § 2 Rn. 146 f.

[128] Siehe *Busche* MünchKomm. § 634 Rn. 3. Dies entspricht der bereits für das alte Werkvertragsrecht vor dem 01.01.2002 zu § 633 BGB a. F. geltenden Rechtslage: BGH 10.01.1974 BGHZ 62, 83 (86 f.); RGRK/*Glanzmann* § 633 Rn. 40; *Staudinger/Peters* (2000) § 633 Rn. 9.

[129] Bzw. derjenige auf Herstellung des versprochenen Werkes aus § 631 Abs. 1 BGB bei einer aliud- oder Minderherstellung, die gemäß § 633 Abs. 2 Satz 3 BGB einem Sachmangel gleichsteht.

[130] Oben § 2 Rn. 147.

[131] Dazu unten § 8 Rn. 88 f.

a) Abnahme bzw. Vollendung des Werkes als Voraussetzung für die Rechte nach
§ 634 BGB

60 Wie § 437 Nr. 1 BGB sieht auch § 634 Nr. 1 BGB i. V. mit § 635 BGB als primären Rechtsbehelf eine „Nacherfüllung" vor, was schon begrifflich voraussetzt,
dass zuvor eine, wenn auch *mangelhafte Leistung an den Besteller erfolgt ist.* Vor
diesem Zeitpunkt greift § 633 Abs. 1 BGB i. V. mit den allgemeinen Regelungen der
§§ 280 ff., 320 ff. BGB ein.[132]

61 Im Rahmen des Kaufrechts wurde dargelegt, dass eine Anwendung der speziellen Mängelvorschriften (§§ 438 bis 441 BGB), die im Werkvertragsrecht in den
§§ 634a bis 638 BGB eine weitgehende Entsprechung finden, teleologisch nur
gerechtfertigt ist, wenn ein *Leistungstransfer* vorliegt, der dazu führt, dass der Verkäufer seine Hauptpflichten unter Billigung des Käufers zumindest teilweise erfüllt
hat (sog. Lieferung).[133] Gleiches gilt im Ausgangspunkt auch für den Werkvertrag.
Ein derartiger Leistungstransfer schafft ein *erhöhtes Interesse an Rechtsbeständigkeit,* das z. B. zugunsten des Unternehmers eine Verkürzung der allgemeinen Verjährungsfrist nach den §§ 195, 199 BGB auf zwei Jahre (§ 634a Abs. 1 Nr. 1 BGB)
sowie einen Anspruch des Bestellers auf Ersatz der Aufwendungen für die selbst
vorgenommene Beseitigung von Mängeln (§ 637 Abs. 1 BGB) rechtfertigt.

62 Die an einen solchen Leistungstransfer zu stellenden Anforderungen erfüllt der
Begriff der *Abnahme i. S. des § 640 BGB.* Abnahme bedeutet die tatsächliche Verschaffung des Werkes i. V. mit einer rechtsgeschäftsähnlichen Billigung desselben
als Erfüllung der Pflicht aus § 631 Abs. 1 BGB durch den Besteller.[134] Ist das Werk
abgenommen, findet folglich § 634 BGB i. V. mit den §§ 634a bis 638 BGB Anwendung, wenn ein Sach- oder Rechtsmangel bzw. eine gemäß § 633 Abs. 2 Satz 3
BGB gleichgestellte Pflichtverletzung vorliegt.[135] Hiervon gilt nur dann eine Ausnahme, wenn die Beschaffenheit des Werkes i. S. des § 646 BGB eine Abnahme
ausschließt (z. B. bei der Beförderung in einem öffentlichen Verkehrsmittel).[136]
In diesem Fall ist § 634 BGB wegen § 646 BGB bereits mit der *Vollendung des*

---

[132] Siehe oben § 8 Rn. 47 ff.

[133] Siehe oben § 2 Rn. 152 ff. und näher *Maultzsch* ZGS 2003, 411 (414 ff.).

[134] Näher unten § 8 Rn. 206 ff. Die Billigung bezieht sich dabei jedoch nicht auf die Anerkennung
der Mangelfreiheit des Werkes, da sie gerade erst den Anwendungsbereich der in § 634 BGB
genannten Ansprüche und Rechte eröffnet (vgl. auch § 640 Abs. 2 BGB). Vielmehr schafft die
Billigung nur insoweit eine Vertrauensgrundlage für den Unternehmer (siehe § 363 BGB), als der
Besteller den Leistungstransfer als Erfüllung der Herstellungspflicht gemäß § 631 Abs. 1 BGB
akzeptiert.

[135] Ebenfalls auf die Abnahme abstellend BR/*Voit* § 634 Rn. 22; *Jauernig/Mansel* § 634 Rn. 3;
Oechsler Rn. 1091; *Staudinger/Peters/Jacoby* (2014) § 634 Rn. 11; grundsätzlich auch BGH
19.01.2017 BGHZ 213, 349 Rn. 31 ff.; weiterführend *Schwenker* NJW 2017, 1579 ff. A. A. *Busche*
MünchKomm. § 634 Rn. 3 und *Harke* Rn. 118, die zur Abgrenzung generell auf die Vollendung
des Werkes abstellen.

[136] Näher unten § 8 Rn. 217.

Werkes (im Beispiel: dem Abschluss der Beförderung) anwendbar und verdrängt die allgemeinen Vorschriften.[137] Es fehlt dann zwar an einer Billigung seitens des Bestellers, dies ist aber durch die Art des Werkes bedingt und in dem Vertrag von vornherein angelegt. Aus dem vorstehend Gesagten folgt, dass der Besteller, der vor dem i. S. der §§ 640, 646 BGB maßgeblichen Zeitpunkt einen Mangel entdeckt, die Abnahme des Werkes vorbehaltlich einer Unwesentlichkeit des Mangels i. S. des § 640 Abs. 1 Satz 2 BGB[138] verweigern und z. B. nach den §§ 281, 323 BGB (nicht nach § 634 Nr. 3 und 4 BGB!) vorgehen kann.[139]

Die vorstehend vertretene Abgrenzung des zeitlichen Anwendungsbereiches der **63** allgemeinen Vorschriften über Leistungsstörungen von demjenigen der speziellen Mängelrechte aus § 634 BGB i. V. mit den §§ 634a bis 638 BGB lässt sich ergänzend auf zwei systematisch-historische Argumente stützen. Erstens strebte der Gesetzgeber ausdrücklich eine Übereinstimmung mit dem Anwendungsbereich der parallelen kaufrechtlichen Vorschriften an.[140] Zweitens war auch die überwiegende Meinung zum alten Werkvertragsrecht der Auffassung, dass die allgemeinen Vorschriften (erst) ab der Abnahme bzw. subsidiär ab der Vollendung i. S. des § 646 BGB durch die speziellen Mängelrechte verdrängt werden.[141] Für eine Abkehr von dieser Konzeption enthalten die Gesetzesmaterialien zur Schuldrechtsreform keine Anhaltspunkte.

b) Vorliegen eines Sach- oder Rechtsmangels

Die Anwendung des § 634 BGB setzt grundsätzlich einen Sach- oder Rechtsmangel **64** i. S. des § 633 Abs. 2 Satz 1 und 2 oder Abs. 3 BGB bei dem Werk voraus, wobei hinsichtlich des Mangelbegriffs auf die obigen Ausführungen zu verweisen ist.[142]

c) Besonderheiten bei der Herstellung eines anderen Werkes oder einer Minderherstellung i. S. des § 633 Abs. 2 Satz 3 BGB

Wie im Kaufrecht (§ 434 Abs. 3 BGB) dehnt § 633 Abs. 2 Satz 3 BGB auch für den **65** Werkvertrag den Anwendungsbereich des § 634 BGB zulasten einer direkten und unmodifizierten Anwendung des allgemeinen Leistungsstörungsrechts erheblich aus. Danach steht es einem Sachmangel gleich, wenn der Unternehmer ein anderes als das geschuldete Werk (sog. aliud) oder das Werk in zu geringer Menge herstellt.

---

[137] Vgl. BGH 06.06.2013 NJW 2013, 3022 Rn. 17.

[138] Dazu noch unten § 8 Rn. 237 f.

[139] Siehe oben § 2 Rn. 151 sowie BGH 19.01.2017 BGHZ 213, 349 Rn. 34 ff.

[140] Vgl. BT-Drucks. 14/6040, S. 261.

[141] BGH 10.01.1974 BGHZ 62, 83 (86 f.); *Esser/Weyers* BT 1, § 32 II 3a, S. 259; RGRK/*Glanzmann* § 633 Rn. 40; *Soergel/Teichmann* Vor § 633 Rn. 11; *Staudinger/Peters* (2000) § 633 Rn. 9; teilweise a. A. *Soergel* MünchKomm.[3] § 633 Rn. 4 ff.

[142] Siehe oben § 8 Rn. 30 ff.

aa) Herstellung eines aliuds durch den Unternehmer

(1) Rechte des Bestellers

66   Ein *aliud* liegt vor, wenn der Unternehmer nicht nur ein mit einem Sachmangel behaftetes, sondern ein anderes als das versprochene Werk hergestellt hat. Die Abgrenzung wirft indes große Probleme auf. Z. B. kann fraglich sein, ob bei einer deutlichen Abweichung von dem für ein Bauwerk vorgesehenen Grundriss noch ein Mangel (peius) oder bereits ein anderes als das geschuldete Bauwerk (aliud) vorliegt. Wegen der Gleichstellung in § 633 Abs. 2 Satz 3 BGB kann diese Abgrenzung jedoch dahinstehen, da § 634 BGB in beiden Fällen Anwendung findet. Dies ist um so schlüssiger, als die Pflicht aus § 633 Abs. 1 BGB, die im Fall eines Mangels verletzt ist, lediglich einen Teilausschnitt der umfassenden Pflicht aus § 631 Abs. 1 BGB konkretisiert, das versprochene Werk herzustellen.[143]

67   Die Anwendung des § 634 BGB setzt allerdings auch bei einem aliud voraus, dass das *Werk abgenommen bzw. vollendet worden ist* (§§ 640, 646 BGB). Dafür muss der Besteller bei einem abnahmefähigen Werk dieses (irrtümlich, vgl. § 640 Abs. 3 BGB) als Erfüllung der Pflicht des Unternehmers aus § 631 Abs. 1 BGB billigen. Bejahendenfalls kommt es für die Anwendung des § 634 BGB nicht darauf an, in welchem Maß das hergestellte Werk objektiv von dem versprochenen Werk abweicht.[144] Entscheidend ist allein, dass die Abnahme zwischen den Vertragsparteien ein Interesse an der Rechtsbeständigkeit geschaffen hat, das die in den §§ 634a bis 638 BGB enthaltenen Modifikationen der Rechte des Bestellers trägt. Ist das Werk nach seiner Beschaffenheit nicht abnahmefähig, was insbesondere bei unkörperlichen Werken in Betracht kommt, so finden die speziellen Mängelrechte ab der vollendeten Herstellung des aliuds Anwendung (§ 646 BGB). Beispiel: Das Schauspielensemble gibt zur Verwunderung des Publikums nicht „Faust. Der Tragödie erster Teil", sondern einen rustikalen Bauernschwank.[145] Der darüber erzürnte Besucher ist nunmehr gehalten, nach § 634 BGB i. V. mit den §§ 633 Abs. 2 Satz 3, 646 BGB vorzugehen.

68   Wenn hingegen der *Besteller das abnahmefähige aliud zurückweist* oder es im Fall des § 646 BGB an einer Vollendung des Werkes fehlt, findet nicht § 634 BGB Anwendung, sondern es liegt eine Nichtleistung des Unternehmers in Bezug auf seine Pflicht aus § 631 Abs. 1 BGB vor, sodass die allgemeinen Rechtsfolgen der §§ 280 ff., 320 ff. BGB eingreifen. In diesem Fall ist eine Unterscheidung zwischen aliud und peius jedoch ebenfalls entbehrlich, da jeweils eine Hauptpflicht verletzt wurde. Ob es sich hierbei um die Pflicht aus § 631 Abs. 1 BGB (aliud) oder diejenige aus § 633 Abs. 1 BGB (peius) handelt, ist unerheblich, da in beiden Fällen gleichermaßen die §§ 280 ff., 320 ff. BGB anzuwenden sind.[146]

---

[143] Dazu oben § 8 Rn. 30.

[144] Vgl. oben § 2 Rn. 164 ff.

[145] Dieser Fall ist keineswegs theoretischer Natur, wie LG Salzburg 10.03.2003 JBl. 2003, 587 ff. zeigt (Aufführung der Operette „Die Fledermaus").

[146] Anderes folgt auch nicht aus den Regelungen der §§ 281 Abs. 1 Satz 3, 323 Abs. 5 Satz 2 BGB, da diese selbst bei einem peius erst dann eingreifen, wenn dieses an den Besteller geleistet worden ist; siehe oben § 2 Rn. 160 in Fn. 373 und 375.

(2) Auswirkungen der aliud-Herstellung auf die geschuldete Vergütung

Ist das aliud höherwertiger als das vertragsgemäße Werk, so schuldet der Bestel- **69** ler trotz der Abnahme gleichwohl nur die vertraglich vereinbarte Vergütung, sofern nicht eine gesondert zu prüfende *Vertragsänderung* vorliegt. Insoweit gelten keine anderen Grundsätze als im Kaufrecht.[147] Eine Nacherfüllung, die nach Maßgabe des § 635 Abs. 4 BGB zu einem Rückgewähranspruch des Unternehmers in Bezug auf das aliud führt, wird der Besteller bei Lieferung eines höherwertigen aliuds regelmäßig nicht begehren. Da die aliud-Lieferung den Anspruch des Bestellers aus § 631 Abs. 1 BGB nicht erfüllt, sondern nach § 634 BGB lediglich dessen Rechte modifiziert,[148] fehlt für den Besteller jedoch zugleich ein Rechtsgrund für das Behalten des aliuds i. S. des § 812 BGB.[149] Der Unternehmer kann das höherwertige aliud somit nach § 812 Abs. 1 Satz 1 Alt. 1 BGB herausverlangen, was allerdings nach § 242 BGB unverzüglich i. S. des § 121 Abs. 1 Satz 1 BGB geschehen muss.[150] Setzt er den *Kondiktionsanspruch* durch und revidiert somit den Leistungstransfer als Voraussetzung für die Anwendung des § 634 BGB, so lebt umgekehrt der ursprüngliche Erfüllungsanspruch des Bestellers aus § 631 Abs. 1 BGB in Bezug auf das versprochene Werk wieder auf.

bb) Minderherstellung durch den Unternehmer

Die Anwendbarkeit des § 634 BGB ordnet § 633 Abs. 2 Satz 3 BGB darüber hinaus **70** auch dann an, wenn der Unternehmer das versprochene Werk in einer zu geringen Menge hergestellt hat, z. B. wenn der Schuhmacher versehentlich nur einen Schuh des zur Ausbesserung abgegebenen Paares repariert.

Auch die Minderherstellung ist der Sondervorschrift des § 634 BGB jedoch erst **71** unterstellt, wenn der *Besteller das Werk (irrtümlich) als vollständige Erfüllung abgenommen hat* bzw. wenn die Tätigkeit des Unternehmers vollendet worden ist (§§ 640, 646 BGB).[151] Beanstandet der Besteller bereits bei der Abnahme die Minderleistung, so liegt hingegen eine nach den §§ 280 ff., 320 ff. BGB zu beurteilende teilweise Nichtleistung vor.[152] Dies hat z. B. bei einem Ausschluss der Pflicht zur teilweisen Nachleistung i. S. des § 275 BGB zur Konsequenz, dass vor der Abnahme des Werkes eine automatische anteilige Vergütungsminderung gemäß § 326 Abs. 1 Satz 1 Halbsatz 2 BGB i. V. mit § 441 Abs. 3 BGB eintritt, während nach erfolgter

---

[147] Zum Ganzen näher oben § 2 Rn. 177 f.

[148] Näher oben § 8 Rn. 57.

[149] Siehe *Staudinger/Lorenz* (2007) § 812 Rn. 78, 89.

[150] Vgl. zum Kaufrecht für § 378 HGB a. F. *K. Schmidt* Handelsrecht, 5. Aufl. 1999, § 29 III 5c, S. 823.

[151] Bei einem nicht-abnahmefähigen Werk ist für die Vollendung i. S. des § 646 BGB dabei darauf abzustellen, wann der Unternehmer aus seiner Sicht trotz der objektiv noch unvollständigen Leistung die Herstellungsarbeiten abgeschlossen hat; vgl. BGH 06.06.2013 NJW 2013, 3022 Rn. 17.

[152] Siehe *Busche* MünchKomm. § 633 Rn. 31; teilweise a. A. (parallele Anwendung der allgemeinen Vorschriften und des § 634 BGB) *Staudinger/Peters/Jacoby* (2014) § 634 Rn. 174.

Abnahme gemäß § 326 Abs. 1 Satz 2 BGB die Vergütung zunächst wieder in voller Höhe geschuldet wird, bis der Besteller nach § 634 Nr. 3 oder 4 BGB vorgeht.[153]

d) Keine anderweitige Bestimmung

72 Die im Werkvertragsrecht für den Fall eines Mangels vorgesehenen Rechte kann der Besteller – nicht anders als der Käufer (§ 437 BGB) – nur geltend machen, soweit nicht i. S. des § 634 BGB „ein anderes bestimmt ist". Hierfür kommen sowohl eine *vertragliche Vereinbarung* als auch eine *gesetzliche Regelung* in Betracht.

aa) Vertraglicher Haftungsausschluss

73 Ein vertraglicher Ausschluss der Rechte des Bestellers bei Mängeln oder einer gemäß § 633 Abs. 2 Satz 3 BGB gleichgestellten Vertragswidrigkeit findet seine Grenzen neben den allgemeinen Vorschriften (§§ 138, 242 BGB) in § 639 BGB und unterliegt bei der Verwendung Allgemeiner Geschäftsbedingungen besonderen Einschränkungen (insbesondere § 309 Nr. 8b BGB).[154]

bb) Gesetzlicher Haftungsausschluss bei Abnahme in Kenntnis des Mangels (§ 640 Abs. 3 BGB)

74 Nimmt der Besteller ein mangelhaftes (oder i. S. des § 633 Abs. 2 Satz 3 BGB gleichgestelltes) Werk gemäß § 640 Abs. 1 Satz 1 BGB ab, obwohl er den Mangel kennt, stehen ihm die in § 634 Nr. 1 bis 3 BGB aufgezählten Ansprüche und Rechte nach § 640 Abs. 3 BGB nur dann zu, wenn er sich diese bei der Abnahme vorbehält.[155] Da die Regelung an eine Billigung des Werkes im Rahmen der Abnahme anknüpft, handelt es sich um eine typisierte Ausprägung des *Verbots widersprüchlichen Verhaltens* (venire contra factum proprium, § 242 BGB).[156]

75 Die Obliegenheit zum Vorbehalt der Mängelrechte greift auch dann ein, wenn ein *Mangel i. S. des § 640 Abs. 1 Satz 2 BGB unwesentlich ist.*[157] Denn die in diesem Fall gemäß § 640 Abs. 1 Satz 2 BGB bestehende Abnahmepflicht ändert

---

[153] Ausführlich in Bezug auf unbehebbare Sachmängel beim Kaufrecht in § 2 Rn. 159 ff.

[154] Siehe oben § 8 Rn. 39 ff.

[155] Kritisch zu den Unterschieden zu der vergleichbaren, oben unter § 2 Rn. 99 ff. erläuterten, Bestimmung in § 442 BGB *Grigoleit* in: Artz/Gsell/Lorenz, Zehn Jahre Schuldrechtsmodernisierung, 2014, S. 55 (95 ff.) und *Kohler* JZ 2003, 1081 ff.

[156] Ebenso BR/*Voit* § 640 Rn. 35; *Busche* MünchKomm. § 640 Rn. 34; ähnlich *Staudinger/Peters/Jacoby* (2014) § 640 Rn. 55 (Verwirkung oder Verzicht). Bei einem Abnahmesurrogat i. S. der §§ 640 Abs. 2, 646 BGB findet § 640 Abs. 3 BGB mangels einer vergleichbaren Interessenlage keine entsprechende Anwendung: *Busche* MünchKomm. § 640 Rn. 34; *H. Roth* JZ 2001, 543 (550); i. E. auch BR/*Voit* § 640 Rn. 35.

[157] *Busche* MünchKomm. § 640 Rn. 34; NK-BGB/*Raab* § 640 Rn. 40; a. A. *Hedermann* NJW 2015, 2381 (2383 f.).

nichts daran, dass bei positiver Kenntnis von dem Besteller ein entsprechender Hinweis auf den Mangel erwartet werden kann. Bei *mehreren Mängeln* muss sich die Kenntnis nicht zwingend auf alle Vertragswidrigkeiten beziehen, sondern es genügt, wenn sie für einen von mehreren Mängeln bzw. einen Mangelteil vorliegt. In einem derartigen Fall kommt ein Ausschluss der Rechte aber *nur in Bezug auf die bekannten Umstände* in Betracht.[158] Beispiel: die Kenntnis von Rissen im Putz eines Bauwerkes vermittelt nicht notwendig die Kenntnis von einer mangelhaften Statik des gesamten Gebäudes, sodass bezüglich letzterer die Ansprüche nicht ausgeschlossen sind. Den Vorbehalt der Rechte muss der Besteller im Rahmen des Abnahmegeschehens insoweit erklären, als er den betreffenden Mangel bezeichnet und zu erkennen gibt, dass er die Vertragsverletzung nicht folgenlos hinnehmen will.[159] Auf die konkreten Rechte in § 634 Nr. 1 bis 3 BGB muss er jedoch nicht Bezug nehmen.

Kommt der Besteller der vorstehend skizzierten Obliegenheit nicht nach, so sind **76** seine Rechte auf Nacherfüllung, Aufwendungsersatz für eine Selbstvornahme der Mangelbeseitigung sowie ein Rücktritt oder eine Minderung (§ 634 Nr. 1 bis 3 BGB) ausgeschlossen. Im Umkehrschluss folgt jedoch aus der ausdrücklichen Beschränkung des § 640 Abs. 3 BGB auf die vorgenannten Rechte des Bestellers, dass die in § 634 Nr. 4 BGB aufgezählten *Ansprüche auf Schadens- oder Aufwendungsersatz* unberührt bleiben.[160] Deren Fortbestand lässt sich damit rechtfertigen, dass sie von einem Vertretenmüssen des Unternehmers abhängen und damit in einem Maß in dessen Verantwortungssphäre wurzeln, welches die Obliegenheitsverletzung des Bestellers überwiegt.

3. Rechte des Bestellers gemäß § 634 BGB

a) Überblick

Wenn der Anwendungsbereich des § 634 BGB eröffnet ist, stehen dem Besteller **77** verschiedene Rechte zu, zwischen denen der Besteller aber grundsätzlich nicht frei wählen kann:

---

[158] BGH 29.06.1993 NJW-RR 1993, 1461 (1462); RGRK/*Glanzmann* § 640 Rn. 4; *Busche* MünchKomm. § 640 Rn. 36; *Staudinger/Peters/Jacoby* (2014) § 640 Rn. 58.

[159] BR/*Voit* § 640 Rn. 37; *Busche* MünchKomm. § 640 Rn. 38; *Staudinger/Peters/Jacoby* (2014) § 640 Rn. 59 ff.

[160] BT-Drucks. 14/6040, S. 267; BR/*Voit* § 640 Rn. 41; *Busche* MünchKomm. § 640 Rn. 39; *Looschelders* Rn. 698; a. A. im Hinblick auf das Erfüllungsinteresse OLG Schleswig NJW 2016, 1744 Rn. 47 ff.; *Buchwitz* NJW 2017, 1777 (1779 f.). Sofern der Besteller aufgrund eines durch den Unternehmer i. S. des § 280 Abs. 1 Satz 2 BGB zu vertretenden Mangels Schadensersatz statt der Leistung fordern will, muss der Besteller dem Unternehmer trotz des weggefallenen Nacherfüllungsanspruchs aber zuvor eine angemessene Nachfrist i. S. des § 281 Abs. 1 Satz 1 BGB setzen, da § 640 Abs. 3 BGB anderenfalls zweckwidrig zulasten des Unternehmers angewendet würde: *Oechsler* Rn. 1131.

- Primärer Rechtsbehelf ist die Nacherfüllung gemäß § 635 BGB (§ 634 Nr. 1 BGB).
- Erst in zweiter Linie und unter weiteren Voraussetzungen kann der Besteller nach § 637 BGB den Mangel selbst beseitigen und die dafür erforderlichen Aufwendungen ersetzt verlangen (§ 634 Nr. 2 BGB), von dem Werkvertrag zurücktreten (§ 634 Nr. 3 Alt. 1 BGB) oder gemäß § 638 BGB die Vergütung mindern (§ 634 Nr. 3 Alt. 2 BGB) und Schadensersatz oder Ersatz vergeblicher Aufwendungen verlangen (§ 634 Nr. 4 BGB).

78 Ebenso wie § 437 BGB regelt § 634 BGB diese Ansprüche bzw. Gestaltungsrechte nicht vollständig, sodass sich die jeweilige Anspruchsgrundlage oder das Gestaltungsrecht nicht unmittelbar aus § 634 BGB, sondern aus den von dieser Vorschrift in Bezug genommenen Normen ergibt. Dementsprechend folgt der Anspruch auf Nacherfüllung z. B. aus § 635 Abs. 1 BGB.

b) Anspruch des Bestellers auf Nacherfüllung gemäß § 635 Abs. 1 BGB i. V. mit § 634 Nr. 1 BGB

aa) Einbeziehung des Anspruchs in das werkvertragliche Synallagma

79 Verlangt der Besteller Nacherfüllung, so ist der Unternehmer nach § 635 Abs. 1 BGB verpflichtet, entweder den Mangel zu beseitigen oder ein neues Werk herzustellen. Entsprechend der Rechtslage nach § 439 Abs. 1 BGB ist der Anspruch des Bestellers auf Nacherfüllung somit in zwei Alternativen unterteilt: die *Mangelbeseitigung* (§ 635 Abs. 1 Alt. 1 BGB) und die *Neuherstellung des Werkes* (§ 635 Abs. 1 Alt. 2 BGB).

80 Wie der kaufvertragliche Nacherfüllungsanspruch hängt auch sein werkvertragliches Gegenstück nicht davon ab, ob der Unternehmer den Mangel zu vertreten hat und steht zudem mit der Pflicht des Bestellers zur Entrichtung der Vergütung im *Synallagma*. Deshalb kann dieser die Vergütung[161] nach Maßgabe des § 320 BGB zurückhalten, solange der Unternehmer den Anspruch auf Nacherfüllung nicht erfüllt hat.[162] Lassen sich die Kosten der Nacherfüllung bereits abschätzen, so beschränkt sich das Leistungsverweigerungsrecht gemäß § 641 Abs. 3 BGB auf einen angemessenen Betrag, der aber das Doppelte der voraussichtlichen Kosten umfassen kann, um den Unternehmer zu einer zügigen Nacherfüllung anzuhalten (sog. Druckzuschlag).[163] Die Einbeziehung des Nacherfüllungsanspruchs in das Synallagma erklärt sich dadurch, dass das Recht auf Nacherfüllung zwar an eine Vertragswidrigkeit des Werkes i. S. des § 633 Abs. 2 oder 3 BGB anknüpft, diese aber nicht nach Art eines sekundären Ersatzanspruchs (z. B. auf Schadensersatz)

---

[161] Die mittlerweile gemäß den §§ 641 Abs. 1 Satz 1, 646 BGB fällig geworden ist.

[162] BGH 04.06.1973 BGHZ 61, 42 (44); BR/*Voit* § 635 Rn. 17; *Busche* MünchKomm. § 634 Rn. 15; *Erman/Schwenker/Rodemann* § 633 Rn. 22; *Staudinger/Peters/Jacoby* (2014) § 634 Rn. 28.

[163] Hierdurch wird i. S. einer lex specialis die allgemeine Regelung des § 320 Abs. 2 BGB konkretisiert.

sanktioniert, sondern darauf beruht, dass der Unternehmer wegen der vertragswidrigen Herstellung des Werkes seine Hauptpflicht noch nicht (vollständig) erfüllt hat.[164]

Bezüglich des *Erfüllungsortes* kann sich der Nacherfüllungsanspruch für den **81** Besteller allerdings sogar günstiger als der ursprüngliche Erfüllungsanspruch erweisen, da die Nacherfüllung i. S. des § 635 Abs. 1 BGB regelmäßig unabhängig davon, wo der ursprüngliche Erfüllungsort für die Leistung des Unternehmers lag, am aktuellen Belegenheitsort des mangelhaften Werkes zu erfolgen hat.[165]

bb) Verhältnis der beiden Varianten einer Nacherfüllung zueinander

Ein wesentlicher Unterschied zu § 439 Abs. 1 BGB besteht darin, dass die *Wahl,* **82** ob eine Mängelbeseitigung oder eine Neuherstellung des Werkes zu erfolgen hat, nach § 635 Abs. 1 BGB nicht dem Besteller, sondern *dem Unternehmer zusteht.* Während der Gesetzgeber bei § 439 Abs. 1 BGB und den gemäß § 650 Satz 1 BGB dem Kaufrecht unterfallenden Werkverträgen wegen Art. 3 Abs. 3 der Verbrauchsgüterkauf-RL das Wahlrecht dem Käufer bzw. Besteller einräumen musste, war er im Rahmen des § 635 Abs. 1 BGB frei und hat sich für ein Wahlrecht des Unternehmers entschieden. Dieses findet seine Rechtfertigung darin, dass der Unternehmer aufgrund seiner engen Verbundenheit mit dem Herstellungsprozess am besten die zweckmäßigste und effizienteste Form der Nacherfüllung festlegen kann.[166]

Der Besteller ist somit grundsätzlich darauf beschränkt, allgemein einen Anspruch **83** auf Nacherfüllung geltend zu machen, während der Unternehmer entscheidet, in welcher der Varianten des § 635 Abs. 1 BGB er diesem Verlangen nachkommt.[167] Diese Anspruchsstruktur ändert sich auch dann nicht, wenn eine der Nacherfüllungsformen (Mangelbeseitigung oder Neuherstellung) nicht in Betracht kommt, z. B. weil das Bauwerk derart mangelhaft konstruiert ist, dass nur ein Abriss und vollständiger Neuaufbau zu einem vertragsgemäßen Werk führen kann. Auch in diesem Fall steht dem Besteller strenggenommen kein speziell auf Neuherstellung gerichteter Anspruch zu und ist der Nacherfüllungsanspruch auch nicht teilweise gemäß § 275 Abs. 1 BGB ausgeschlossen. Es bleibt vielmehr bei dem abstrakten Nacherfüllungsanspruch aus § 635 Abs. 1 BGB, der auf das Entstehen eines Werkes gerichtet ist, das den Anforderungen der §§ 631 Abs. 1, 633 Abs. 1 BGB genügt.

---

[164] Siehe oben § 8 Rn. 30 ff.; ebenso *Busche* MünchKomm. § 634 Rn. 13; *Oechsler* Rn. 1095: „modifizierter Erfüllungsanspruch"; siehe auch *Staudinger/Peters/Jacoby* (2014) § 634 Rn. 27.

[165] BGH 08.01.2008 NJW-RR 2008, 724 Rn. 13 m. w. N. Zur Parallelfrage bei einem Kaufvertrag siehe § 2 Rn. 191 f.

[166] BT-Drucks. 14/6040, S. 265; ebenso *Looschelders* Rn. 674; *Oechsler* Rn. 1104; mit Vorbehalten auch *Busche* MünchKomm. § 634 Rn. 13. Generell kritisch gegenüber Gläubigerwahlrechten in Bezug auf die Form der Nacherfüllung *Grigoleit* in: Artz/Gsell/Lorenz, Zehn Jahre Schuldrechtsmodernisierung, 2014, S. 55 (93 f.).

[167] Aus diesem Grund ist das zu § 439 Abs. 1 BGB befürwortete Verständnis einer elektiven Konkurrenz nicht auf die durch den Unternehmer geschuldete Nacherfüllung übertragbar (so aber *Busche* MünchKomm. § 635 Rn. 3; *Spickhoff* BB 2003, 589 (593)). Während § 439 Abs. 1 BGB zugunsten des Käufers zwei Ansprüche mit unterschiedlichem Inhalt begründet, betrifft § 635 Abs. 1 BGB die Erfüllung des einheitlich auf „Nacherfüllung" gerichteten Anspruchs des Bestellers.

Dass der Unternehmer diesen Anspruch in dem gegebenen Beispiel nur durch eine Neuherstellung erfüllen kann, ist ein rein faktischer Umstand. Die Varianten des § 635 Abs. 1 BGB stecken somit nur die äußeren Grenzen dessen ab, worauf der Nacherfüllungsanspruch des Bestellers gerichtet ist, während sich der Unternehmer bei dessen Erfüllung in diesem Rahmen grundsätzlich frei bewegen kann.

84   Eine Ausnahme ist lediglich anzuerkennen, wenn die Durchführung einer der beiden tatsächlich möglichen Nacherfüllungsformen *nach Treu und Glauben für den Besteller unzumutbar* wäre. Dann ergibt sich aus § 242 BGB i. V. mit dem Rechtsgedanken der §§ 636, 637 Abs. 2 Satz 2 BGB, die ebenfalls das Kriterium der Unzumutbarkeit aufgreifen, dass der Besteller einen Anspruch auf die Durchführung der anderen Form der Nacherfüllung hat.[168] Beispiel: Bei einem aufgrund der verwendeten Baustoffe mit Chemikalien verseuchten Bauwerk könnte der Unternehmer mit ungefähr jeweils gleichen Kosten eine relativ zügig durchführbare Sanierung oder einen langwierigen Neuaufbau durchführen. Dann hat der Besteller aus § 635 Abs. 1 BGB i. V. mit § 242 BGB einen Anspruch auf Sanierung des bestehenden Gebäudes.

cc) Inhalt des Anspruchs auf Nacherfüllung

85   Der konkrete Inhalt des Nacherfüllungsanspruchs divergiert je nachdem, ob der Unternehmer eine Mangelbeseitigung oder eine Neuherstellung des versprochenen Werkes vornimmt.

(1) Mangelbeseitigung (§ 635 Abs. 1 Alt. 1 BGB)

86   Mit der Beseitigung des Mangels meint § 635 Abs. 1 Alt. 1 BGB bei einem *Sachmangel* die Angleichung der Beschaffenheit des Werkes an den vertraglich geschuldeten Zustand, ohne dass ein komplett neues Werk erstellt wird. Dies ist z. B. der Fall, wenn die mangelhafte Reparatur eines defekten PKW-Getriebes nachgebessert wird. Wird das Werk mittels eines durch den Besteller zur Verfügung gestellten Stoffes erstellt, gehört zur Mangelbeseitigung auch der *Ausgleich aller Verschlechterungen an dem bestellereigenen Stoff*, die durch eine vertragswidrige Vornahme der Werkleistung eingetreten sind.[169] Bestehen für die Mangelbeseitigung *mehrere geeignete Varianten*, steht in den Grenzen der Zumutbarkeit für den Besteller wiederum dem Unternehmer das Wahlrecht in Bezug auf die Art der Mangelbeseitigung zu.[170]

87   Bei einem *Rechtsmangel* i. S. des § 633 Abs. 3 BGB ist das Drittrecht zu beseitigen. So kann der Unternehmer, der ein Software-Programm unter Verletzung des

---

[168] BT-Drucks. 14/6040, S. 265; i. E. auch *Busche* MünchKomm. § 635 Rn. 11.

[169] D. h. auch insoweit greift nicht nur ein verschuldensabhängiger Schadensersatzanspruch aus den §§ 280 Abs. 1, 241 Abs. 2 BGB bzw. § 823 Abs. 1 BGB ein; vgl. BGH 13.12.1962 NJW 1963, 805 (806). Näher unten § 8 Rn. 143 und 176 ff.

[170] Vgl. BGH 05.05.2011 NJW 2011, 1872 Rn. 17 sowie zu § 4 Nr. 7 Satz 1 VOB/B auch BGH 07.03.2013 NJW 2013, 1528 Rn. 15.

Urheberrechts eines Dritten entwickelt hat, welcher deshalb gegen die Verwendung durch den Besteller vorgehen könnte, nacherfüllen, indem er den Dritten dazu bewegt, dem Besteller ein Nutzungsrecht an dem Programm einzuräumen.

(2) Neuherstellung (§ 635 Abs. 1 Alt. 2 BGB)

Die Herstellung eines neuen Werkes geschieht durch *komplette Neuleistung unter* **88** *Beseitigung des mangelhaften Werkes*. Schulbeispiel ist der Abriss und die Neuerrichtung eines statisch nicht korrekt berechneten Hauses. Dass der Unternehmer auch mit einer Neuherstellung seine vertraglichen Pflichten erfüllen kann und er diese umgekehrt sogar schuldet, wenn eine Mängelbeseitigung keinen Erfolg verspricht, ergibt sich daraus, dass die Schuld des Unternehmers trotz der Abnahme eines mangelhaften Werkes durch den Besteller nicht auf dasselbe konkretisiert worden ist.[171]

In manchen Fällen, insbesondere bei mangelhaft erbrachten Reparaturleistungen, **89** kann zweifelhaft sein, ob die Nacherfüllung noch unter die Form einer Mangelbeseitigung i. S. des § 635 Abs. 1 Alt. 1 BGB fällt oder bereits eine Neuherstellung des Werkes i. S. des § 635 Abs. 1 Alt. 2 BGB darstellt. Einer exakten Abgrenzung bedarf es jedoch nicht, da der Nacherfüllungsanspruch des Bestellers einheitlicher zu verstehen ist und kein separat auf eine der beiden Varianten gerichtetes Recht umfasst.[172]

(3) Besonderheiten bei Minderherstellung und Herstellung eines aliuds

Kommt § 635 Abs. 1 BGB über die §§ 634 Nr. 1, 633 Abs. 2 Satz 3 Alt. 2 BGB **90** wegen einer *Minderleistung* des Unternehmers zur Anwendung, so ist grundsätzlich eine Mangelbeseitigung (§ 635 Abs. 1 Alt. 1 BGB) durch *Nachleistung der Differenz* vorzunehmen, da eine Neuherstellung (§ 635 Abs. 1 Alt. 2 BGB) den „Austausch" der mangelbehafteten Leistung voraussetzt, was bei einem Quantitätsmangel regelmäßig nicht notwendig ist. Etwas anderes kann aber dann gelten, wenn es z. B. darauf ankommt, dass die gesamte Menge aus demselben stofflichen Substrat hergestellt wird (Farbnuancen etc.).

Bei einer *aliud-Herstellung* i. S. des § 633 Abs. 2 Satz 3 Alt. 1 BGB ist nur selten **91** eine Nachbesserung möglich, die zu einem vertragsgemäßen Zustand des Werkes führt. Deshalb hat in diesem Fall die Nacherfüllung regelmäßig durch eine *Neuherstellung gemäß § 635 Abs. 1 Alt. 2 BGB* zu erfolgen. Da die Gleichstellung in § 633 Abs. 2 Satz 3 BGB eine Abgrenzung des aliuds von einem mangelhaften Werk im engeren Sinne (peius) entbehrlich machen soll,[173] muss wegen der fehlenden Unterschiede in den Rechtsfolgen aber im Einzelfall nicht entschieden werden, ob ein

---

[171] Siehe oben § 8 Rn. 58. Dies war im Rahmen des vor dem 01.01.2002 geltenden Werkvertragsrechts zu § 633 Abs. 2 Satz 1 BGB umstritten; vgl. *Larenz* BT 1, § 53 II a, S. 348 ff. m. w. N.

[172] Vgl. auch *Busche* MünchKomm. § 635 Rn. 11; NK-BGB/*Raab* § 635 Rn. 10 sowie *Seiler* in: Ernst/Zimmermann (Hrsg.), Zivilrechtswissenschaft und Schuldrechtsreform, 2001, S. 263 (268 f.); abweichend aber BR/*Voit* § 635 Rn. 7.

[173] Siehe oben § 8 Rn. 66 ff.

Nacherfüllungsanspruch wegen eines peius i. S. des § 633 Abs. 2 Satz 1 und 2 BGB oder eines anderen Werkes i. S. des § 633 Abs. 2 Satz 3 Alt. 1 BGB besteht.

dd) Ausschluss des Anspruchs auf Nacherfüllung

92   Der Anspruch auf Nacherfüllung kann aus verschiedenen Gründen ausgeschlossen sein. Neben § 275 BGB kommt insbesondere ein Leistungsverweigerungsrecht aus § 635 Abs. 3 BGB wegen Unverhältnismäßigkeit in Betracht. Schließlich kann sich ein Ausschluss des Anspruchs auch aus den Rechtsgedanken des § 326 Abs. 2 Satz 1 BGB oder aus der Unvereinbarkeit der Nacherfüllung mit der Ausübung eines der anderen in § 634 BGB genannten Rechtsbehelfe ergeben.

(1) Ausschluss gemäß § 275 BGB

93   Der Anspruch auf Nacherfüllung ist ausgeschlossen, wenn dem Unternehmer dessen Erfüllung entweder i. S. des § 275 Abs. 1 BGB unmöglich ist oder ihm nach § 275 Abs. 2 bzw. 3 BGB ein Leistungsverweigerungsrecht zusteht und sich der Unternehmer auf dieses Recht beruft.[174]

94   Bei der Anwendung des § 275 BGB auf den Nacherfüllungsanspruch erlangt besondere Bedeutung, dass das Wahlrecht zwischen den beiden in § 635 Abs. 1 BGB genannten Formen der Nacherfüllung dem Unternehmer zusteht.[175] Deshalb kommt eine Leistungsbefreiung gemäß § 275 BGB erst dann in Betracht, *wenn ein Tatbestand des § 275 BGB beide Nacherfüllungsformen erfasst*.[176] Anders formuliert bezieht sich der Begriff der Leistung in § 275 BGB im Anwendungsbereich des § 635 Abs. 1 BGB nicht separat auf die Mängelbeseitigung oder die Neuherstellung, sondern einheitlich auf die Nacherfüllung. Diese Abweichung von § 439 Abs. 1 BGB ergibt sich aus der unterschiedlichen Anspruchsstruktur, die auf dem Wahlrecht des Unternehmers im Rahmen des § 635 Abs. 1 BGB beruht.

95   Beispiel: Wenn ein fehlerhaftes Software-Programm nicht nachgebessert werden kann, sondern komplett neu geschrieben werden muss, so liegt keine Teilunmöglichkeit i. S. des § 275 Abs. 1 BGB vor. Denn der Besteller hat keinen Anspruch gerade auf Mangelbeseitigung, sondern nur auf Mangelbeseitigung *oder* Neuherstellung und da Letztere möglich ist, kann der Nacherfüllungsanspruch in vollem Umfang erfüllt werden. Dass hierfür rein tatsächlich nur eine Neuherstellung in Betracht kommt, stellt somit keine (teilweise) Leistungsstörung dar, sondern nimmt dem Unternehmer als Schuldner lediglich faktisch sein Wahlrecht. Eine Leistungsbefreiung i. S. des § 275 Abs. 1 BGB würde in dem Beispiel erst dann eingreifen, wenn ein Software-Programm des versprochenen Inhaltes mit den verfügbaren technischen Mitteln überhaupt nicht herstellbar ist.[177]

---

[174] Zur Rechtsnatur des § 275 Abs. 2 und 3 BGB als Grundlage für ein Leistungsverweigerungsrecht BT-Drucks. 14/6040, S. 188; *Canaris* JZ 2001, 499 (504 f.).

[175] Siehe oben § 8 Rn. 82 ff.

[176] BT-Drucks. 14/6040, S. 265; BR/*Voit* § 635 Rn. 13; vgl. auch *Looschelders* Rn. 675.

[177] Gemäß § 311a Abs. 1 BGB würde dieser Umstand aber nicht die Vertragswirksamkeit berühren.

Für die Befreiung des Unternehmers von der Pflicht zur Nacherfüllung nach **96** § 275 BGB ist hingegen *nicht erforderlich, dass dasselbe Leistungshindernis beide Varianten der Nacherfüllung erfasst.* Die Nacherfüllung ist somit gemäß § 275 Abs. 1 *und* 2 BGB ausgeschlossen, wenn eine Nachbesserung des Software-Programms technisch ausscheidet und eine Neuherstellung am Leistungsinteresse des Bestellers gemessen einen gänzlich irrationalen Aufwand i. S. des § 275 Abs. 2 BGB erfordert. Hingegen sind die Fälle, in denen der Nacherfüllungsaufwand zwar außer Verhältnis zu dem Leistungsinteresse des Bestellers steht, ohne aber die Schwelle des § 275 Abs. 2 BGB zu erreichen, dem § 635 Abs. 3 BGB zuzuordnen.[178] Bloße Äquivalenzstörungen infolge der Nacherfüllung unterfallen schließlich keiner der vorgenannten Vorschriften, sondern allenfalls der Regelung zur Geschäftsgrundlage in § 313 Abs. 1 BGB.[179]

(2) Leistungsverweigerungsrecht des Unternehmers wegen unverhältnismäßiger Kosten (§ 635 Abs. 3 BGB)

(a) Bedeutung der Vorschrift

Darüber hinaus räumt § 635 Abs. 3 BGB dem Unternehmer auch außerhalb des **97** § 275 Abs. 2 und 3 BGB („unbeschadet") und in Übereinstimmung mit § 439 Abs. 3 BGB ein Leistungsverweigerungsrecht ein, wenn er zur Nacherfüllung unverhältnismäßige Kosten aufwenden müsste. Auch diese Einrede greift aber erst dann ein, wenn die *Unverhältnismäßigkeit bezüglich beider Nacherfüllungsvarianten* (Mangelbeseitigung, Neuherstellung) besteht oder wenn bei Unverhältnismäßigkeit einer Variante für die andere ein sonstiger Ausschlussgrund vorliegt.[180] Falls hingegen z. B. eine Nachbesserung i. S. des § 635 Abs. 3 BGB unverhältnismäßig wäre, einer Neuherstellung aber kein relevantes Leistungshindernis entgegensteht, muss sich der Unternehmer in Bezug auf die Mängelbeseitigung nicht auf § 635 Abs. 3 BGB berufen, sondern kann sich schon im Rahmen seines Wahlrechts aus § 635 Abs. 1 BGB auf die Neuherstellung beschränken. Wäre diese ihrerseits nach § 275 Abs. 1 BGB unmöglich, würde sich der Ausschluss des Nacherfüllungsanspruchs aus § 275 Abs. 1 BGB *und* § 635 Abs. 3 BGB ergeben.

Wie § 275 Abs. 2 und 3 BGB lässt § 635 Abs. 3 BGB den Nacherfüllungsanspruch nicht automatisch entfallen, sondern gewährt dem Unternehmer lediglich **98** eine *Einrede* gegen diesen. Er kann somit die Nacherfüllung gleichwohl erbringen, um z. B. die Ausübung eines der in § 634 Nr. 3 und 4 BGB genannten subsidiären Rechte durch den Besteller (z. B. einen Rücktritt) zu verhindern.[181]

---

[178] Vgl. BT-Drucks. 14/6040, S. 130.

[179] Näher zu dieser Abgrenzung oben § 2 Rn. 233.

[180] *Harke* Rn. 112.

[181] BR/*Voit* § 635 Rn. 15; *Busche* MünchKomm. § 635 Rn. 40 ff.

(b) Kriterien der Unverhältnismäßigkeit

99   Die Maßstäbe, anhand derer die Unverhältnismäßigkeit des mit der Nacherfüllung
verbundenen Aufwandes zu bestimmen ist, gibt § 635 Abs. 3 BGB nicht vor. Deshalb
bedarf es einer *umfassenden Abwägung* des Erfüllungsinteresses des Bestellers mit
dem Kosteninteresse des Unternehmers.[182] Wie bei § 439 Abs. 4 Satz 2 BGB spielen
hierbei der Wert der mangelfreien Sache, die Bedeutung des Mangels (scil.: das
Maß der Minderung des Wertes bzw. der Gebrauchstauglichkeit durch diesen) und
ein etwaiges Vertretenmüssen des Mangels durch den Unternehmer (vgl. § 275
Abs. 2 Satz 2 BGB) eine wichtige Rolle.[183]

100   Bei der Verhältnismäßigkeitsprüfung ist zu beachten, dass *§ 635 Abs. 3 BGB
einen Ausnahmetatbestand darstellt*, der nicht dazu dienen darf, die Nacherfüllungspflicht des Unternehmers vorschnell auszuschließen.[184] Insbesondere kann
der im Schadensersatzrecht bei § 251 Abs. 2 Satz 1 BGB praktizierte Richtwert,
nach dem eine Reparatur unverhältnismäßig ist, wenn sie mehr als 130 % des Wiederbeschaffungswertes einer vergleichbaren Sache kostet, nicht unbesehen auf
§ 635 Abs. 3 BGB übertragen werden, da Letzterer das primäre Erfüllungsinteresse des Bestellers schützt.[185] Der Anspruch auf Nacherfüllung entfällt vielmehr
erst, wenn der hiermit erzielbare Erfolg *in keinem vernünftigen Verhältnis* zu den
dafür aufzuwendenden Kosten steht, was regelmäßig nur dann der Fall ist, wenn
der Mangel lediglich zu einer geringfügigen Funktionsstörung des Werkes führt.[186]
Ein unverhältnismäßiger Kostenaufwand kommt danach z. B. in Betracht, wenn
das verlegte Parkett eine ganz geringe Maserung aufweist, die nicht durch eine
Nachbesserung, sondern nur mittels einer kompletten Neuverlegung zu beseitigen
wäre. In diesem Fall kann der Unternehmer den Besteller gemäß § 635 Abs. 3
BGB auf die Rechte aus § 634 Nr. 3 und 4 BGB verweisen.[187] Stört hingegen der
optische Mangel eines Werkes dessen Einfügung in ein Gesamtbauwerk erheblich,
können auch größere finanzielle Aufwendungen für eine Nacherfüllung geschuldet sein, ohne dass sich der Unternehmer auf eine Unverhältnismäßigkeit berufen
kann.[188]

---

[182] BGH 10.10.1985 BGHZ 96, 111 (123); BGH 16.04.2009 NJW 2009, 2123 Rn. 4; BR/*Voit* § 635
Rn. 14; RGRK/*Glanzmann* § 633 Rn. 192; *Staudinger/Peters/Jacoby* (2014) § 635 Rn. 12.

[183] BGH 06.12.2001 NJW-RR 2002, 661 (663); BGH 16.04.2009 NJW 2009, 2123 Rn. 3 ff.; BGH
11.10.2012 NJW 2013, 370 Rn. 12; BR/*Voit* § 635 Rn. 14; *Staudinger/Peters/Jacoby* (2014) § 635
Rn. 12 f.

[184] BGH 06.12.2001 NJW-RR 2002, 661 (663); vgl. auch oben § 2 Rn. 236 ff.

[185] NK-BGB/*Raab* § 635 Rn. 39; *Staudinger/Peters/Jacoby* (2014) § 635 Rn. 13; a. A. *Harke*
Rn. 112.

[186] BGH 04.07.1996 NJW 1996, 3269 f.; BGH 06.12.2001 NJW-RR 2002, 661 (663).

[187] Wobei ein Rücktritt vom Vertrag wiederum nach § 323 Abs. 1 BGB i. V. mit den §§ 634 Nr. 3
Alt. 1, 636 BGB aufgrund einer Unerheblichkeit des Mangels i. S. des § 323 Abs. 5 Satz 2 BGB
ausscheiden dürfte; siehe BR/*Voit* § 635 Rn. 15.

[188] BGH 05.05.2011 NJW 2011, 1872 Rn. 19.

(c) Keine „Vorwirkung" des Leistungsverweigerungsrechts auf den Anspruch aus § 633 Abs. 1 BGB

Nach der hier vertretenen Auffassung ist der Anwendungsbereich des § 635 Abs. 1 **101** BGB über § 634 Nr. 1 BGB erst eröffnet, wenn der Besteller das mangelhafte Werk gemäß § 640 Abs. 1 BGB abgenommen hat bzw. dieses i. S. des § 646 BGB vollendet worden ist.[189] Es stellt sich daher die *Frage, ob dem Unternehmer bereits vor diesem Zeitpunkt ein Leistungsverweigerungsrecht in analoger Anwendung des § 635 Abs. 3 BGB zusteht*, wenn die Herstellung eines vertragsgemäßen Werkes einen unverhältnismäßigen Kostenaufwand auslösen würde.

Eine Auffassung bejaht die analoge Anwendung zumindest dann, wenn der Unter- **102** nehmer das mangelhafte Werk bereits hergestellt hat, ohne dass die Gefahr nach den §§ 640, 644 Abs. 1 Satz 1, 646 BGB auf den Besteller übergegangen ist.[190] Dagegen lässt sich allerdings anführen, dass die Leistungsbefreiung aus § 635 Abs. 3 BGB teleologisch erst gerechtfertigt ist, wenn die Abnahme bzw. Vollendung des Werkes zugunsten des Unternehmers einen besonderen Vertrauenstatbestand geschaffen hat, während er vor diesem Zeitpunkt bis zu den allgemeinen Grenzen des § 275 BGB, insbesondere dessen Abs. 2, an seinem Leistungsversprechen festgehalten wird.[191] Anderes gilt nur für den Beseitigungsaufwand in Bezug auf *unwesentliche Mängel*, da der Unternehmer in diesem Fall nach § 640 Abs. 1 Satz 2 BGB einen Anspruch auf Abnahme hat und es reiner Formalismus wäre, ihn zu zwingen, diesen Abnahmeanspruch gegenüber dem Besteller durchzusetzen, bevor er sich auf § 635 Abs. 3 BGB berufen darf.[192]

(3) Sonstige Fälle des Anspruchsausschlusses

(a) Verantwortlichkeit des Bestellers für den Mangel

Im Rahmen des Kaufrechts wurde oben bereits aus § 326 Abs. 2 Satz 1 Alt. 1 BGB **103** der allgemeine Rechtsgedanke abgeleitet, dass der Gläubiger bei einem gegenseitigen Vertrag in Bezug auf solche Störungen seines Leistungsanspruchs unter Aufrechterhaltung seiner Pflicht zur Gegenleistung keine Rechte geltend machen kann, die er allein oder weit überwiegend zu „verantworten" hat.[193] Dementsprechend muss auch ein Nacherfüllungsanspruch aus § 635 Abs. 1 BGB bei solchen Mängeln entfallen, für die der Besteller allein oder weit überwiegend verantwortlich ist.[194] Dabei ist das Maß für die Verantwortlichkeit des Gläubigers vor allem

---

[189] Näher oben § 8 Rn. 60 ff.

[190] *Harke* Rn. 118; *Staudinger/Peters/Jacoby* (2014) § 635 Rn. 11; ebenso zu der Vorgängervorschrift des § 633 Abs. 2 Satz 3 BGB a. F. *Erman/Seiler* (10. Aufl. 2000) § 633 Rn. 31; *Esser/Weyers* BT 1, § 32 II 3b, S. 261; *Staudinger/Peters* (2000) § 633 Rn. 191.

[191] Vgl. oben § 2 Rn. 244 und näher *Maultzsch* ZGS 2003, 411 ff.

[192] BR/*Voit* § 634 Rn. 3; NK-BGB/*Raab* § 634 Rn. 30.

[193] Siehe oben § 2 Rn. 245.

[194] *Erman/Schwenker/Rodemann* § 635 Rn. 11; *Staudinger/Peters/Jacoby* (2014) § 634 Rn. 16.

einer *analogen Anwendung der §§ 276 ff. BGB* zu entnehmen, die unmittelbar nur das Vertretenmüssen des Schuldners regeln.[195] Eine Verantwortlichkeit des Bestellers wäre z. B. gegeben, wenn er das Werk bei der Abnahme aus Unachtsamkeit beschädigt. Über § 278 BGB analog zuzurechnen wäre dem Besteller eines Bauwerkes etwa eine fehlerhafte Planung, die ein durch ihn eingeschalteter Architekt vornimmt, und aufgrund derer der Unternehmer ein mangelhaftes Bauwerk errichtet.[196] Demgegenüber sind parallel arbeitende andere Werkunternehmer, die eine bereits fertiggestellte Leistung des Unternehmers vor dem Zeitpunkt der Abnahme beschädigen, nicht als Erfüllungsgehilfen des Bestellers anzusehen, sodass dessen Mängelrechte bestehen bleiben.[197] Bei einer beiderseitigen Verantwortlichkeit für den Mangel sind die Lasten der Nacherfüllung nach Maßgabe des § 254 BGB zu verteilen.[198]

104   Darüber hinaus ergibt sich aus den Rechtsgedanken der §§ 645 Abs. 1 Satz 1, 650 Satz 2 BGB, dass dem Verantwortungsbereich des Gläubigers i. S. des § 326 Abs. 2 Satz 1 Alt. 1 BGB auch diejenigen Mängel zuzurechnen sind, die auf einer *Untauglichkeit des durch den Besteller gelieferten Stoffes* für die Herstellung des Werkes oder einer dem Unternehmer *für die Ausführung des Werkes erteilten Anweisung* beruhen.[199] Dies kann z. B. gegeben sein, wenn die mangelnde Festigkeit des Baugrundes, auf dem der Unternehmer ein Gebäude errichten soll, zu Rissen in der Fassade führt. Jedoch ist zu berücksichtigen, dass den Unternehmer unter Umständen eine Pflicht treffen kann, den durch den Besteller zur Verfügung gestellten Stoff bzw. die Anweisung auf ihre Tauglichkeit zu überprüfen. Versäumt er dies, fällt der Mangel wiederum in seinen Verantwortungsbereich, sodass die Mängelrechte des Bestellers erhalten bleiben.[200] Im Einzelnen bedarf es zur Abgrenzung der beiderseitigen Risikosphären einer Auslegung des Vertrages nach den §§ 133, 157 BGB, bei der vor allem die *Sachkunde der Parteien* zu berücksichtigen ist.

---

[195] Näher *Ernst* MünchKomm. § 326 Rn. 53 ff.

[196] BGH 16.10.2014 NJW 2014, 3645 Rn. 24.

[197] Siehe BGH 27.06.1985 BGHZ 95, 128 (131) m. w. N. Zur Würdigung dieser Konstellation im Rahmen des § 645 Abs. 1 Satz 1 BGB noch unten § 8 Rn. 225.

[198] Zu weiteren Einzelheiten, auch in Bezug auf die anderen Rechte aus § 634 BGB *Staudinger/Peters/Jacoby* (2014) § 634 Rn. 17 ff. Man wird demgegenüber nicht davon ausgehen können, dass der Gesetzgeber auch für den Fall eines beiderseitig zu vertretenden Leistungshindernisses durch das Abstellen auf eine weit überwiegende Verantwortlichkeit des Gläubigers in § 326 Abs. 2 Satz 1 Alt. 1 BGB eine „alles oder nichts"-Lösung eingeführt hat, die eine Anwendung des Rechtsgedankens des § 254 BGB ausschließt; vgl. *Canaris* JZ 2001, 499 (511) sowie zum Werkvertrag BT-Drucks. 14/6040, S. 267; a. A. *Gruber* JuS 2002, 1066 ff.

[199] BGH 14.03.1996 BGHZ 132, 189 (191 ff.); BGH 29.09.2011 NJW 2011, 3780 Rn. 14; BR/*Voit* § 633 Rn. 19 ff.; *Busche* MünchKomm. § 634 Rn. 82 ff.; *Esser/Weyers* BT 1, § 32 II 8, S. 273; *Larenz* BT 1, § 53 II a, S. 347. Zu § 645 Abs. 1 Satz 1 BGB, insbesondere zu dem Begriff der Anweisung noch unten § 8 Rn. 218 ff.

[200] BGH 08.11.2007 BGHZ 174, 110 Rn. 21; BGH 29.09.2011 NJW 2011, 3780 Rn. 14; *Emmerich* § 10 Rn. 8.

(b) Annahmeverzug des Bestellers

Da der maßgebliche Zeitpunkt für die Bestimmung von *Sachmängeln* der Gefahr- **105** übergang auf den Besteller ist[201] und dieser auch mit einem Annahmeverzug eintritt (§ 644 Abs. 1 Satz 2 BGB), erlangt der Rechtsgedanke des § 326 Abs. 2 Satz 1 Alt. 2 BGB für einen Ausschluss des Nacherfüllungsanspruchs indes keine Bedeutung. Eine nachteilige Beschaffenheitsveränderung des Werkes, die erst während des Annahmeverzuges des Bestellers eintritt, stellt bereits keinen Sachmangel dar.[202]

Anders gestaltet sich die Rechtslage jedoch unter Umständen bei einem *Rechts-* **106** *mangel*. Ist z. B. eine Übereignung des Werkes an den Besteller erforderlich, so schuldet der Unternehmer die Freiheit von Rechtsmängeln grundsätzlich bis zur Vornahme dieser Rechtsübertragung.[203] Folgerichtig ist in diesen Fällen eine Heranziehung des Rechtsgedankens des § 326 Abs. 2 Satz 1 Alt. 2 BGB erforderlich, um den Nacherfüllungsanspruch in Bezug auf solche Rechtsmängel auszuschließen, die ohne ein Vertretenmüssen des Unternehmers erst zu einem Zeitpunkt eintreten, in dem sich der Besteller nach den §§ 293 ff. BGB im Annahmeverzug befindet. Das Vertretenmüssen des Unternehmers bemisst sich dabei nach § 300 Abs. 1 BGB.[204]

(c) Ausübung subsidiärer Rechtsbehelfe durch den Besteller

Schließlich ist der Anspruch auf Nacherfüllung ausgeschlossen, wenn der Käufer **107** rechtswirksam einen der in § 634 Nr. 2 bis 4 BGB genannten Rechtsbehelfe ausgeübt hat, der mit einer Nacherfüllung unvereinbar ist (z. B. Rücktritt, Schadensersatz statt der Leistung gemäß § 281 Abs. 1 und 4 BGB).

(4) Anrechnung ersparter Aufwendungen

Sofern der Nacherfüllungsanspruch nach Maßgabe des vorstehend Gesagten aus- **108** geschlossen ist, sollen die mit dem Mangel verbundenen Nachteile des Bestellers teils über die subsidiären Rechtsbehelfe nach § 634 Nr. 3 und 4 BGB ausgeglichen werden,[205] teils soll den Besteller aufgrund seines Verantwortungsbeitrags für die Leistungsstörung auch das wirtschaftliche Risiko des Mangels auferlegt werden. Selbst im letzteren Fall muss sich aber der Unternehmer gemäß § 326 Abs. 2 Satz 2 BGB etwaige Aufwendungen auf den Vergütungsanspruch anrechnen lassen, die er im Zusammenhang mit dem Mangel erspart hat. Vor diesem Hintergrund droht eine wertungsmäßig problematische Regelungslücke, wenn der Besteller nicht i. S. des § 326 Abs. 2 Satz 1 BGB für den Mangel verantwortlich ist, ihm aber die Rechte

---

[201] Siehe oben § 8 Rn. 35.

[202] Vgl. bereits oben § 2 Rn. 246.

[203] Näher oben § 8 Rn. 37 mit Fn. 97.

[204] Zum Ganzen auch oben § 2 Rn. 246 f.

[205] Demgegenüber scheidet ein Aufwendungsersatzanspruch nach § 637 BGB i. V. mit § 634 Nr. 2 BGB von vornherein aus, wenn kein durchsetzbarer Nacherfüllungsanspruch besteht; siehe unten § 8 Rn. 115.

aus § 634 Nr. 3 und 4 BGB keinen effektiven Schutz gewähren.[206] Beispiel: Der Unternehmer vernachlässigt bei der Errichtung eines Bauwerks bestimmte Vorgaben des Bestellers. Die Abweichungen führen jedoch zu keiner objektiv messbaren Verkehrswertminderung des Werkes und eine Nachbesserung wäre aufgrund der mit ihr verbundenen Kosten unverhältnismäßig i. S. des § 635 Abs. 3 BGB, worauf der Unternehmer sich auch beruft. In diesem Fall laufen die Rechte auf Minderung und Schadensersatz mangels eines bezifferbaren Minderungs- bzw. Schadensbetrages praktisch „ins Leere". Um einen Wertungswiderspruch zu der Konstellation des § 326 Abs. 2 BGB zu vermeiden, sollten zugunsten des Bestellers dann aber wenigstens *analog § 326 Abs. 2 Satz 2 BGB* etwaige Aufwendungen, die der Unternehmer im Vergleich mit einer ursprünglich mangelfreien Werkherstellung erspart hat, auf die Vergütung angerechnet werden (z. B. ersparte Materialkosten).[207]

ee) Durchführung der Nacherfüllung

(1) Pflicht des Unternehmers zur Kostentragung (§ 635 Abs. 2 BGB)

109 Gemäß § 635 Abs. 2 BGB hat der Unternehmer die zum Zwecke der Nacherfüllung erforderlichen Aufwendungen zu tragen, insbesondere Transport-, Wege-, Arbeits-[208] und Materialkosten. Dies hat verschiedene Konsequenzen: Für eigene Kosten kann der Unternehmer von dem Besteller keinen Ersatz verlangen, was die Vorschrift rein deklaratorisch bestätigt. Nimmt der *Besteller entsprechende Aufwendungen* auf sich (z. B. wenn er das mangelhafte Werk durch einen Fachmann untersuchen lässt oder zu dem Unternehmer einschickt), sind ihm diese nach § 635 Abs. 2 BGB zu ersetzen.[209] Analog § 670 BGB gilt dies jedoch nur insoweit, als der Besteller die Kosten für erforderlich halten durfte.[210] Zudem umfasst § 635 Abs. 2 BGB *keinen Ersatz der Aufwendungen für eine Selbstbeseitigung des Mangels*, der nur nach Maßgabe des § 637 BGB i. V. mit § 634 Nr. 2 BGB gewährt wird. Schäden des Bestellers, die durch die Leistung des mangelhaften Werkes eingetreten sind, unterfallen ebenfalls nicht § 635 Abs. 2 BGB, sondern sind von dem Unternehmer über § 634 Nr. 4 BGB i. V. mit den §§ 280 ff. BGB zu ersetzen.

110 Eine Ausnahme von § 635 Abs. 2 BGB ist für solche Kosten erforderlich, die zwar im Zuge der Nacherfüllung entstehen, die durch den Besteller aber auch zu tragen gewesen wären, wenn das Werk sofort mangelfrei hergestellt worden wäre (sog. *Sowieso-Kosten*).[211] Verspricht der Unternehmer z. B. die Herstellung eines

---

[206] Weiterführend zu dieser Problematik *Maultzsch* JZ 2010, 937 ff.

[207] Siehe *Maultzsch* JZ 2010, 937 (940 f.).

[208] Zu Besonderheiten bei sog. Zeithonorarabreden *Greiner* AcP 211 (2011), 221 (259 f.).

[209] BR/*Voit* § 635 Rn. 9; *Busche* MünchKomm. § 635 Rn. 16; *Staudinger/Peters/Jacoby* (2014) § 635 Rn. 2.

[210] Zur Konkretisierung des Erforderlichkeitsbegriffes unten § 11 Rn. 55 f.

[211] BGH 17.05.1984 BGHZ 91, 206 (211 f.); BGH 25.01.2007 NJW-RR 2007, 597 (598); BR/*Voit* § 635 Rn. 19 ff.; *Busche* MünchKomm. § 635 Rn. 24; *Emmerich* § 10 Rn. 14; *Erman/Schwenker/ Rodemann* § 635 Rn. 10; *Harke* Rn. 111; *Staudinger/Peters/Jacoby* (2014) § 634 Rn. 24 f.

Gebäudes nicht zu einem Festpreis, sondern zu den für die anfallenden Leistungen „üblichen Vergütungssätzen" und verwendet er ein dem Stand der Technik nicht mehr entsprechendes Material zur Isolierung, das kostengünstiger als das vertraglich geschuldete Material ist, so muss er zwar gemäß § 635 Abs. 1 Alt. 1 BGB i. V. mit den §§ 634 Nr. 1, 633 Abs. 2 Satz 2 Nr. 2 BGB die Isolierung nachbessern. Zugleich kann er aber aufgrund des Vertrages eine Vergütung verlangen, die um die Wertdifferenz zwischen dem ursprünglich verwendeten und dem nun bei der Nachbesserung eingesetzten Material erhöht ist. Die übrigen Nacherfüllungskosten muss er allerdings gemäß § 635 Abs. 2 BGB selbst tragen.

(2) Rückgewährpflicht des Bestellers (§ 635 Abs. 4 BGB)

Stellt der Unternehmer zur Nacherfüllung ein neues Werk her (§ 635 Abs. 1 Alt. 2 **111** BGB), so kann er gemäß § 635 Abs. 4 BGB von dem Besteller die Rückgewähr des mangelhaften Werkes nach Maßgabe der §§ 346 bis 348 BGB verlangen. Hierfür gelten die Ausführungen zu der kaufrechtlichen Parallelvorschrift in § 439 Abs. 4 BGB entsprechend.[212]

c) Anspruch des Bestellers auf Aufwendungsersatz bei Selbstvornahme nach § 637 Abs. 1 BGB i. V. mit § 634 Nr. 2 BGB

aa) Allgemeines

Wie das Mietrecht (vgl. § 536a Abs. 2 BGB) eröffnet auch das Werkvertragsrecht **112** dem Besteller in § 637 Abs. 1 BGB unter bestimmten Voraussetzungen die Möglichkeit, einen Mangel an dem Werk auf Kosten des Unternehmers selbst zu beseitigen. Da sich die Befugnis des Bestellers, an dem ihm geleisteten (mangelhaften) Werk Veränderungen vorzunehmen, mangels eines Eingriffs in die Rechtssphäre des Unternehmers von selbst versteht,[213] stellt der Anspruch auf Aufwendungsersatz den eigentlichen Regelungsgehalt der Vorschrift dar.

Das in § 637 Abs. 1 BGB daneben angeordnete *„Recht" zur Selbstvornahme* **113** ist entgegen einer früher verbreiteten Auffassung[214] auch nicht dazu erforderlich, um über dessen einschränkende Tatbestandsvoraussetzungen (insbesondere das grundsätzliche Fristsetzungserfordernis gemäß § 637 Abs. 1 BGB) mittelbar ein Recht des Unternehmers auf einen zweiten Erfüllungsversuch (Nacherfüllung i. S. des § 635 Abs. 1 BGB) zu begründen. Ein solches Recht des Unternehmers existiert nach zutreffender Auffassung nicht.[215] Denn wenn es ein solches gäbe, müsste eine Selbstvornahme der Mängelbeseitigung ohne Vorliegen der Voraussetzungen

---

[212] Siehe oben § 2 Rn. 254 ff.

[213] Dies ist im Mietrecht anders, da die Mietsache regelmäßig im Eigentum des Vermieters steht.

[214] Statt aller *Soergel* MünchKomm.³ § 633 Rn. 145.

[215] Es lässt sich auch nicht aus der Abnahmepflicht des Bestellers nach § 640 Abs. 1 Satz 1 BGB ableiten; vgl. oben § 2 Rn. 262 mit Fn. 616.

des § 637 Abs. 1 und 2 BGB eine Pflichtverletzung des Bestellers gegenüber dem Unternehmer i. S. des § 280 Abs. 1 BGB darstellen. Dies wird aber von niemandem vertreten. Eine „unerlaubte" Selbstvornahme führt lediglich dazu, dass dem Besteller *kein Aufwendungsersatzanspruch* zusteht, weil dessen Voraussetzungen nicht erfüllt sind.[216] Die Festlegung der Voraussetzungen eines solchen Aufwendungsersatzanspruchs im Fall der Selbstvornahme stellt somit den einzig relevanten Regelungsgehalt der Vorschrift dar.

114   Da der Aufwendungsersatzanspruch gemäß § 637 Abs. 1 BGB nur über § 634 Nr. 2 BGB eröffnet wird, müssen dessen Anwendungsvoraussetzungen vorliegen, insbesondere also eine *Abnahme bzw. Vollendung des Werkes* (§§ 640, 646 BGB).[217] Erst ab diesem Zeitpunkt ist das Interesse des Bestellers an einem vertragsgemäßen Werk derart schutzwürdig, dass ihm ein Aufwendungsersatz für die erforderliche Selbstvornahme zu gewähren ist. Vor einem derartigen Leistungstransfer ist er hingegen auf seinen Erfüllungsanspruch gegen den Unternehmer aus den §§ 631 Abs. 1, 633 Abs. 1 BGB bzw. die Rechte aus den §§ 280 ff., 320 ff. BGB beschränkt.[218]

bb) Verhältnis des Aufwendungsersatzes zum Anspruch auf Nacherfüllung

(1) Durchsetzbarer Nacherfüllungsanspruch als Tatbestandsvoraussetzung

115   Ein Anspruch auf Ersatz der für die Mangelbeseitigung getätigten Aufwendungen besteht nur, wenn dem Besteller *im Zeitpunkt der Selbstvornahme ein durchsetzbarer Nacherfüllungsanspruch* zusteht.[219] Dies ergibt sich daraus, dass der Anspruch nach § 637 Abs. 1 BGB entfällt, wenn der Unternehmer die Nacherfüllung zu Recht verweigert. Hierzu zählen nicht nur die Leistungsverweigerungsrechte aus den §§ 275 Abs. 2 und 3, 635 Abs. 3 BGB, sondern auch ein Entfallen des Nacherfüllungsanspruchs wegen einer objektiven oder subjektiven Unmöglichkeit gemäß § 275 Abs. 1 BGB, obwohl dies strenggenommen nicht nur eine Einrede gewährt, sondern den Anspruch aus § 635 Abs. 1 BGB ex lege entfallen lässt.[220] Auch andere Einreden des Unternehmers gegen den Nacherfüllungsanspruch wie z. B. die Verjährungseinrede gemäß § 214 Abs. 1 BGB schließen den Anspruch aus § 637 Abs. 1 BGB aus.[221] Diese Synchronisierung des Aufwendungsersatzanspruchs mit dem Fortbestand eines durchsetzbaren Nacherfüllungsanspruchs des Bestellers ist notwendig, um dem Schutzzweck der jeweiligen Einwendungen oder Einreden des Unternehmers

---

[216] Richtigerweise sollte man daher von einer „Nacherfüllungschance" des Unternehmers sprechen; so *H. Roth* JZ 2001, 543 (549).

[217] Siehe oben § 8 Rn. 60 ff.

[218] A. A. jedoch BGH 27.02.1996 BGHZ 132, 96 (100).

[219] BGH 22.03.1984 BGHZ 90, 344 (347); *Busche* MünchKomm. § 637 Rn. 5; *Looschelders* Rn. 678; *Staudinger/Peters/Jacoby* (2014) § 634 Rn. 78.

[220] *Medicus/Lorenz* Rn. 759; NK-BGB/*Raab* § 637 Rn. 6.

[221] *Staudinger/Peters/Jacoby* (2014) § 634 Rn. 79.

gerecht zu werden. So würde die Wertung des § 635 Abs. 3 BGB umgangen, wenn der Unternehmer die Nacherfüllung zwar aufgrund unverhältnismäßiger Kosten verweigern dürfte, bei einer Selbstvornahme durch den Besteller aber gleichwohl Aufwendungsersatz in regelmäßig nicht geringerer Höhe zu leisten hätte.

Dementsprechend muss der Besteller dem Unternehmer vor der Selbstvornahme **116** die *Gelegenheit zu der Erklärung über ein Leistungsverweigerungsrecht geben*, um seinen Aufwendungsersatzanspruch zu bewahren. Hingegen setzt § 637 Abs. 1 BGB *kein Vertretenmüssen* der Vertragswidrigkeit des Werkes bzw. der Nichtvornahme der Nacherfüllung durch den Unternehmer voraus, da die Selbstvornahme den Nacherfüllungsanspruch des Bestellers i. S. eines Primäranspruchs substituiert.[222]

(2) Grundsätzliche Subsidiarität des Aufwendungsersatzes

Das Gesetz geht davon aus, dass der Unternehmer einen Mangel des Werkes im **117** Grundsatz selbst am effizientesten beseitigen kann.[223] Dies führt nicht nur dazu, dass dem Unternehmer das Wahlrecht zwischen einer Nachbesserung und einer Neuherstellung zusteht,[224] sondern auch der Aufwendungsersatzanspruch für eine Selbstvornahme entsteht gemäß § 637 Abs. 1 BGB regelmäßig erst dann, wenn der Besteller dem Unternehmer erfolglos eine *angemessene Frist für die Nacherfüllung* i. S. des § 635 Abs. 1 BGB gesetzt hat (Subsidiarität der ersatzpflichtigen Selbstvornahme). Die Nachfristsetzung erfolgt durch eine empfangsbedürftige Willenserklärung.[225] Dabei genügt es in inhaltlicher Hinsicht, wenn der Besteller den Unternehmer zur Beseitigung einer hinreichend präzise umschriebenen Funktionsstörung auffordert, während er die genaue Quelle der Störung schon wegen seiner regelmäßig eingeschränkten Sachkunde nicht benennen muss.[226] Setzt der Besteller eine unangemessen kurze Nachfrist, so gilt ex lege eine objektiv angemessene Frist, nach deren Ablauf der Anspruch aus § 637 Abs. 1 BGB besteht.[227]

Beseitigt er den Mangel früher, ohne dass eine der in § 637 Abs. 2 BGB genann- **118** ten Ausnahmen von dem Fristsetzungserfordernis vorliegt, kann er keinen Aufwendungsersatz verlangen. Diese Schutzregelung zugunsten des Unternehmers steht auch Ansprüchen aus einer Geschäftsführung ohne Auftrag oder dem Bereicherungsrecht entgegen, die daher im Anwendungsbereich des § 637 BGB ausgeschlossen sind.[228] Allerdings mindert sich bei einer verfrühten Selbstvornahme aus

---

[222] BT-Drucks. 14/6040, S. 266; BR/*Voit* § 637 Rn. 5; *Harke* Rn. 113; *Staudinger/Peters/Jacoby* (2014) § 634 Rn. 78. Anders noch § 633 Abs. 3 BGB a. F., der einen Verzug des Unternehmers mit der Mangelbeseitigung zur Voraussetzung hatte (vgl. § 286 Abs. 4 BGB).

[223] BT-Drucks. 14/6040, S. 265.

[224] Dazu oben § 8 Rn. 82 ff.

[225] *Ernst* MünchKomm. § 323 Rn. 50 m. w. N.

[226] Vgl. BGH 30.10.2007 NJW 2008, 576 Rn. 10.

[227] *Staudinger/Peters/Jacoby* (2014) § 634 Rn. 55. Zu weiteren Einzelfragen der Fristsetzung siehe oben im Rahmen des Kaufrechts unter § 2 Rn. 263 f.

[228] BGH 22.03.1984 BGHZ 90, 344 (347); BR/*Voit* § 637 Rn. 17; *Busche* MünchKomm. § 637 Rn. 7; *Erman/Schwenker/Rodemann* § 637 Rn. 19.

den im Kaufrecht näher ausgeführten Gründen *analog § 326 Abs. 2 Satz 2 BGB* die Vergütungspflicht des Bestellers um den Betrag, den der Verkäufer für eine Nacherfüllung hätte aufwenden müssen.[229]

(3) Ausnahmen von der Subsidiarität

119   Unter bestimmten Voraussetzungen entbindet § 637 Abs. 2 BGB den Besteller von dem Erfordernis des erfolglosen Ablaufs einer angemessenen Nachfrist. Davon bleiben die übrigen Voraussetzungen des § 637 Abs. 1 BGB (insbesondere: fortbestehender Nacherfüllungsanspruch) jedoch unberührt.

(a) Entsprechende Anwendung des § 323 Abs. 2 BGB

120   Zunächst ordnet § 637 Abs. 2 Satz 1 BGB die entsprechende Anwendung des § 323 Abs. 2 BGB an, der in seinem direkten Regelungsbereich das Recht zum Rücktritt vom Vertrag ohne eine Nachfrist gewährt. Hiernach ist eine Fristsetzung für den Aufwendungsersatzanspruch des Bestellers in den folgenden Fällen entbehrlich:

- Der *Unternehmer verweigert ernsthaft und endgültig die geschuldete Nacherfüllung* (§ 323 Abs. 2 Nr. 1 BGB i. V. mit § 637 Abs. 2 Satz 1 BGB). Hierfür bedarf es keines Verschuldens des Unternehmers, sodass das Erfordernis einer Nachfrist z. B. auch dann entfällt, wenn er ohne Fahrlässigkeit irrig von einer Unverhältnismäßigkeit der Nacherfüllung i. S. des § 635 Abs. 3 BGB ausgeht. Wird die Nacherfüllung hingegen zu Recht verweigert, so scheidet ein Aufwendungsersatzanspruch nach § 637 Abs. 1 BGB aus.[230]
- Der Unternehmer erbringt die Nacherfüllung bei einem sog. *relativen Fixgeschäft*[231] nicht innerhalb des vorgesehenen Zeitraumes (§ 323 Abs. 2 Nr. 2 BGB i. V. mit § 637 Abs. 2 Satz 1 BGB).
- Es liegen besondere Umstände vor, die unter *Abwägung der beiderseitigen Interessen* eine sofortige Selbstvornahme der Mängelbeseitigung rechtfertigen (§ 323 Abs. 2 Nr. 3 BGB i. V. mit § 637 Abs. 2 Satz 1 BGB). Diese Vorschrift dürfte im Rahmen des § 637 Abs. 2 BGB jedoch regelmäßig in der spezielleren Unzumutbarkeitsregelung des § 637 Abs. 2 Satz 2 Alt. 2 BGB aufgehen.[232]

(b) Entbehrlichkeit der Nachfrist gemäß § 637 Abs. 2 Satz 2 BGB

121   Darüber hinaus regelt § 637 Abs. 2 Satz 2 BGB *zwei spezielle Tatbestände*, bei denen das Erfordernis einer erfolglosen Nachfristsetzung als Voraussetzung für einen Aufwendungsersatzanspruch aus § 637 Abs. 1 BGB entfällt.

---

[229] Vgl. § 2 Rn. 251 ff. sowie BR/*Voit* § 637 Rn. 17 und *Medicus/Lorenz* Rn. 761; a. A. *Busche* MünchKomm. § 637 Rn. 16; *Jauernig/Mansel* § 637 Rn. 11.

[230] Siehe oben § 8 Rn. 115 f.

[231] Zu den diesbezüglichen Anforderungen und Abgrenzungsfragen näher *Ernst* MünchKomm. § 323 Rn. 111 ff.

[232] Dazu unten § 8 Rn. 125 f.

(aa) Fehlschlagen der Nacherfüllung (§ 637 Abs. 2 Satz 2 Alt. 1 BGB)

Nach § 637 Abs. 2 Satz 2 Alt. 1 BGB bedarf es keiner Nachfristsetzung, wenn eine **122** durch den Unternehmer versuchte Nacherfüllung fehlgeschlagen ist. Dies entspricht der kaufrechtlichen Vorschrift in § 440 Satz 1 Alt. 2 BGB,[233] sodass auf deren Erläuterung Bezug genommen werden kann.[234]

Regelmäßig wird erst nach einem *erfolglosen zweiten Versuch der Nacherfüllung* **123** von einem Fehlschlag auszugehen sein. Allerdings folgt dies nicht zwingend aus einer analogen Anwendung der Fiktion in § 440 Satz 2 BGB, da der Verzicht auf eine vergleichbare Regelung in § 637 Abs. 2 BGB wegen der parallel erfolgten Neuregelung des Kauf- und des Werkvertragsrechts im Zuge der Schuldrechtsreform kaum als planwidrig zu bewerten ist. Andererseits rechtfertigt dies auch nicht den formallogischen Umkehrschluss, eine Nacherfüllung sei im Werkvertragsrecht stets bereits bei dem ersten erfolglosen Versuch fehlgeschlagen. Vielmehr erscheint die Annahme eines Fehlschlages im Hinblick auf den Zweck der Nachfrist, dem Unternehmer eine sachhaltige Nacherfüllungschance zu geben, regelmäßig erst bei einem zweiten erfolglosen Versuch gerechtfertigt.[235] Einem abweichenden, einzelfallbezogenen Interesse des Bestellers kann ausreichend über § 637 Abs. 2 Satz 2 Alt. 2 BGB i. V. mit § 323 Abs. 2 Nr. 3 BGB (Unzumutbarkeit eines zweiten Nacherfüllungsversuchs) Rechnung getragen werden.

Ein Fehlschlagen der Nacherfüllung liegt zudem vor, wenn der Besteller eine **124** angemessene Nachfrist gesetzt hat und sich bereits vor deren Ablauf abzeichnet, dass der Unternehmer die objektiv noch mögliche Nacherfüllung bis zu deren Ablauf nicht mehr erbringen wird.[236]

(bb) Unzumutbarkeit der Nacherfüllung für den Besteller (§ 637 Abs. 2 Satz 2 Alt. 2 BGB)

Eine Nachfristsetzung i. S. des § 637 Abs. 1 BGB ist schließlich entbehrlich, wenn **125** dem Besteller die Nacherfüllung unzumutbar ist (§ 637 Abs. 2 Satz 2 Alt. 2 BGB). Da er mit der Selbstvornahme und dem für diese geltend gemachten Aufwendungsersatz den Nacherfüllungserfolg selbst herbeiführt, kann sich die Unzumutbarkeit jedoch nicht auf die nachträgliche Herstellung des Leistungserfolges selbst, sondern nur auf *Umstände in der Person des Unternehmers* beziehen.[237] Dies kommt z. B. in Betracht, wenn der Besteller wegen der spezifischen Art des Mangels und einer

---

[233] Bei der das Fehlschlagen der Nacherfüllung allerdings als Voraussetzung für einen *Rücktritt* ohne Nachfristsetzung eingreift.

[234] Siehe oben § 2 Rn. 272 f.

[235] Wie hier *Jauernig/Mansel* § 636 Rn. 4; im Sinne eines Indizes auch BR/*Voit* § 636 Rn. 24; für eine offene Abwägung *Staudinger/Peters/Jacoby* (2014) § 634 Rn. 70.

[236] BT-Drucks. 14/6857, S. 68.

[237] BT-Drucks. 14/6040, S. 266.

darin zum Ausdruck kommenden Unzuverlässigkeit des Unternehmers nicht mehr das Vertrauen haben kann, der Mangel werde ordnungsgemäß behoben.[238]

126 Daneben ist *analog § 536a Abs. 2 Nr. 2 BGB* eine Unzumutbarkeit der Nacherfüllung durch den Unternehmer auch dann zu erwägen, wenn ein sofortiges Handeln des Bestellers erforderlich ist, um eine Ausbreitung des Mangels oder anderweitige Schäden zu verhindern.[239] Dies kann z. B. in Bezug auf die Reparatur eines Wasserrohrbruchs in einem errichteten Bauwerk der Fall sein.[240]

cc) Rechtsfolgen

(1) Art der kompensationsfähigen Selbstvornahme

127 Liegen die Voraussetzungen des § 637 Abs. 1 und 2 BGB vor, so kann der Besteller den Ersatz derjenigen Aufwendungen verlangen, welche für die Selbstvornahme erforderlich waren. Da die Vorschrift darauf abstellt, dass der Mangel „beseitigt" wird, ist allerdings fraglich, ob der Aufwendungsersatzanspruch nur für eine etwaige Nachbesserung i. S. des § 635 Abs. 1 Alt. 1 BGB besteht, nicht aber für eine erforderliche Neuherstellung des Werkes i. S. des § 635 Abs. 1 Alt. 2 BGB. Weil der Aufwendungsersatzanspruch das Interesse des Bestellers an der Nacherfüllung kompensieren soll, muss – in analoger Anwendung des § 637 Abs. 1 BGB – aber *auch eine erforderliche Neuherstellung* ersatzfähig sein.[241] Hierfür spricht auch, dass § 637 Abs. 1 BGB in diesem Punkt nicht von § 633 BGB a. F. abweichen sollte,[242] der nach h. M. die Neuherstellung mitumfasste.[243] Vor einer unverhältnismäßigen Neuherstellung durch den Besteller bei bloß geringfügigen Mängeln schützt den Unternehmer bereits § 635 Abs. 3 BGB ausreichend, da dieser zugleich den Aufwendungsersatzanspruch des Bestellers ausschließt.[244] Daher sind z. B. im Fall des § 633 Abs. 2 Satz 3 Alt. 1 BGB (aliud-Herstellung) unter den Voraussetzungen des § 637 Abs. 1 und 2 BGB auch die Aufwendungen für eine ersatzweise Neuherstellung zu erstatten. Nimmt der Besteller eine Neuherstellung vor, muss er allerdings das mangelhafte Werk bzw. das aliud dem Unternehmer analog § 635 Abs. 4 BGB zurückgewähren.

(2) Umfang des Aufwendungsersatzes

128 In der Höhe begrenzt der *Maßstab der Erforderlichkeit* die ersatzfähigen Aufwendungen, was anhand der Grundsätze zu § 670 BGB zu konkretisieren ist.[245] Danach

---

[238] BGH 08.12.1966 BGHZ 46, 242 (245); BR/*Voit* § 637 Rn. 4; *Busche* MünchKomm. § 637 Rn. 4.

[239] BR/*Voit* § 636 Rn. 21; *Busche* MünchKomm. § 637 Rn. 4.

[240] Näher zu § 536a Abs. 2 Nr. 2 BGB oben § 5 Rn. 67 ff.

[241] BR/*Voit* § 637 Rn. 9; *Staudinger/Peters/Jacoby* (2014) § 634 Rn. 82.

[242] BT-Drucks. 14/6040, S. 266.

[243] Statt aller BGH 10.10.1985 BGHZ 96, 111 (116 ff.) m. w. N.

[244] Näher oben § 8 Rn. 115 f.

[245] *Staudinger/Peters/Jacoby* (2014) § 634 Rn. 82; näher unten § 11 Rn. 54 ff.

sind auch solche Vermögensopfer zu ersetzen, die aus einer objektiven ex ante-Sicht erforderlich erschienen, ex post jedoch nutzlos waren oder über das gebotene Maß hinausgingen.[246] Beispiel: Ein erfolgversprechender Reparaturversuch an einer Industrieanlage erweist sich letztlich doch als undurchführbar. Die als Aufwendungsersatz geschuldete Summe ist gemäß § 256 Satz 1 BGB i. V. mit § 246 BGB zu verzinsen.[247]

Bei den ersatzfähigen Aufwendungen kann es sich auch um *Leistungen an Dritte*	**129** handeln, deren sich der Besteller zur Mängelbeseitigung bedient hat (z. B. Handwerker).[248] Von derartigen Verbindlichkeiten ist er nach Maßgabe des § 257 BGB zu befreien. Der Begriff der *Selbst*-Vornahme bedeutet nur, dass nicht der Unternehmer, sondern der Besteller für die Beseitigung des Mangels sorgt. Wird er dabei persönlich tätig, so schuldet ihm der Unternehmer einen angemessenen Ausgleich für den Einsatz seiner Arbeitskraft, da umgekehrt auch der Besteller dem Unternehmer für seine Tätigkeit eine Vergütung schuldet.[249]

(3) Kostenvorschuss gemäß § 637 Abs. 3 BGB

Liegen die Voraussetzungen des § 637 Abs. 1 und 2 BGB vor, so kann der Besteller	**130** auch schon vor der Selbstvornahme einen Vorschuss in Höhe der vermutlich erforderlichen Aufwendungen von dem Unternehmer verlangen (§ 637 Abs. 3 BGB). Mit diesem Anspruch kann der Besteller insbesondere gegenüber dem Vergütungsanspruch des Unternehmers gemäß den §§ 387 ff. BGB aufrechnen.[250]

Der Vorschuss ist *zweckgebunden*, sodass er analog § 667 BGB zurückzuerstatten	**131** ist, wenn der Besteller entweder subjektiv den Willen zu einer Mangelbeseitigung aufgegeben hat oder objektiv dem Unternehmer nicht nachweist, dass er den Vorschuss in angemessener Frist für die Beseitigung des Mangels verwendet hat.[251] Die zu § 249 Abs. 2 Satz 1 BGB entwickelten schadensersatzrechtlichen Grundsätze, nach denen ein für Vermögensschäden erlangter Geldersatz nicht für eine Naturalrestitution verwendet werden muss,[252] können demgegenüber nicht auf § 637 BGB übertragen werden, da dieser spezifisch die ausgebliebene Nacherfüllung substituiert und nicht allgemein die Kompensation eines Vermögensopfers bezweckt.

---

[246] BGH 29.09.1988 WM 1989, 21 (24); BGH 07.03.2013 NJW 2013, 1528 Rn. 11.

[247] *Staudinger/Peters/Jacoby* (2014) § 634 Rn. 85.

[248] BR/*Voit* § 637 Rn. 9; *Busche* MünchKomm. § 637 Rn. 11; *Erman/Schwenker/Rodemann* § 637 Rn. 9; *Staudinger/Peters/Jacoby* (2014) § 634 Rn. 83.

[249] BGH 12.10.1972 BGHZ 59, 328 (329 ff.); BR/*Voit* § 637 Rn. 10; *Staudinger/Peters/Jacoby* (2014) § 634 Rn. 84; teilweise a. A. *Oechsler* Rn. 1109: Vergütung analog § 1835 Abs. 3 BGB nur dann, wenn die betreffende Tätigkeit zum Beruf des Bestellers gehört.

[250] BGH 13.07.1970 BGHZ 54, 244 (246 ff.); BR/*Voit* § 637 Rn. 15; *Busche* MünchKomm. § 637 Rn. 24; *Oechsler* Rn. 1109; RGRK/*Glanzmann* § 633 Rn. 33.

[251] BGH 20.05.1985 BGHZ 94, 330 (335); BGH 14.01.2010 BGHZ 183, 366 Rn. 13 ff.; BR/*Voit* § 637 Rn. 16; *Busche* MünchKomm. § 637 Rn. 23; *Erman/Schwenker/Rodemann* § 637 Rn. 15; *Harke* Rn. 113.

[252] Vgl. *Oetker* MünchKomm. § 249 Rn. 377 ff.

(4) Verhältnis zu anderen Mängelrechten

132　Sobald der Besteller den Mangel nach Maßgabe des § 637 Abs. 1 BGB beseitigt und der Unternehmer die hierfür erforderlichen Aufwendungen auch tatsächlich ersetzt hat, sind nicht nur der Nacherfüllungsanspruch des Bestellers, sondern darüber hinaus alle diejenigen Mängelrechte i. S. des § 634 BGB ausgeschlossen, die an eine Verletzung des *Erfüllungsinteresses des Bestellers* anknüpfen (Rücktritt, Minderung, Schadensersatz statt der Leistung, Aufwendungsersatz nach § 284 BGB).[253] Dieses Interesse ist durch die kostenneutrale Selbstvornahme befriedigt. Unberührt bleiben jedoch Ansprüche auf den Ersatz von Integritäts- oder Verzugsschäden (§ 280 Abs. 1 und 2 BGB i. V. mit § 634 Nr. 4 BGB).[254] Umgekehrt ist der Anspruch aus § 637 Abs. 1 und 3 BGB seinerseits ausgeschlossen, sobald der Besteller einen anderen Rechtsbehelf aus § 634 BGB ausgeübt hat, der seinen Nacherfüllungsanspruch entfallen lässt (z. B. Rücktritt vom Vertrag).[255]

d) Recht des Bestellers zum Rücktritt vom Vertrag nach § 323 Abs. 1 BGB i. V. mit § 634 Nr. 3 Alt. 1 BGB

aa) Allgemeines

133　Die Vorschrift des § 634 Nr. 3 Alt. 1 BGB räumt dem Besteller im Fall der Leistung eines mangelhaften Werkes oder einer gemäß § 633 Abs. 2 Satz 3 BGB gleichgestellten Vertragsverletzung (Herstellung eines anderen Werkes oder Minderherstellung) unter bestimmten Voraussetzungen auch ein Recht zum Rücktritt von dem Vertrag ein. Die Voraussetzungen und Rechtsfolgen dieses Gestaltungsrechts entsprechen weitgehend denjenigen für einen Rücktritt vom Kaufvertrag nach Maßgabe des § 323 Abs. 1 BGB i. V. mit § 437 Nr. 2 Alt. 1 BGB, sodass auf die Ausführungen hierzu zu verweisen ist.[256]

134　Insbesondere ist das Rücktrittsrecht *grundsätzlich gegenüber dem Anspruch auf Nacherfüllung subsidiär*, d. h. es bedarf des erfolglosen Ablaufs einer für die Nacherfüllung gesetzten, angemessenen Frist (§ 323 Abs. 1 BGB), soweit nicht ein

---

[253] Solange der Besteller hingegen nur gemäß § 637 Abs. 3 BGB einen Vorschuss für die noch nicht erfolgte Mängelbeseitigung erhalten hat, kann er in den Grenzen des § 242 BGB durch Rückzahlung des Vorschusses wieder auf diese Rechte zurückgreifen.

[254] Dazu unten § 8 Rn. 143.

[255] Siehe oben § 8 Rn. 107 und 115.

[256] Siehe oben § 2 Rn. 259 ff. Soweit im Rahmen dieser Ausführungen auf das Wahlrecht des Käufers zwischen den beiden Nacherfüllungsformen i. S. des § 439 Abs. 1 BGB Bezug genommen wird, ist allerdings zu berücksichtigen, dass dieses Wahlrecht bei einem Werkvertrag gemäß § 635 Abs. 1 BGB dem Unternehmer und nicht dem Besteller zusteht; näher dazu oben § 8 Rn. 82.

Ausnahmetatbestand der §§ 323 Abs. 2, 326 Abs. 5 Halbsatz 2,[257] 636 BGB (entspricht § 440 BGB) i. V. mit § 634 Nr. 3 Alt. 1 BGB vorliegt, der zu einem sofortigen Rücktritt berechtigt.[258] Das Rücktrittsrecht ist jedoch ausgeschlossen, wenn der Mangel nur unerheblich (§ 323 Abs. 5 Satz 2 BGB) oder dem Besteller i. S. der §§ 323 Abs. 6 BGB, 645 Abs. 1 Satz 1 BGB zurechenbar ist.[259]

bb) Besonderheiten bei der Rückabwicklung

Kann das Werk nach erfolgtem Rücktritt nicht gemäß § 346 Abs. 1 BGB in natura **135** zurückgewährt werden (z. B. bei mangelhaften Ausschachtungsarbeiten auf dem Grundstück des Bestellers), so gewinnt der Anspruch auf *Wertersatz nach § 346 Abs. 2 Satz 1 Nr. 1 BGB* besondere Bedeutung.[260] Für die Höhe des Wertersatzes ist nach § 346 Abs. 2 Satz 2 BGB zunächst die vertraglich vereinbarte Vergütung zugrunde zu legen, die jedoch sodann entsprechend § 638 Abs. 3 BGB aufgrund des Mangels verhältnismäßig herabzusetzen ist.[261]

Umstritten ist, inwieweit der Besteller nach erfolgtem Rücktritt von dem Unter- **136** nehmer eine *Beseitigung des mangelhaften Werkes* verlangen kann, in dem gegebenen Beispiel also die Beseitigung der mangelhaften Ausschachtung. Während eine Auffassung den Besteller insoweit auf einen verschuldensabhängigen Schadensersatzanspruch verweist,[262] liegt es nahe, die Lösung dieser Problematik regelmäßig in einem Anspruch auf Störungsbeseitigung aus § 1004 Abs. 1 Satz 1 BGB zu suchen. Zwar ist der Unternehmer aufgrund des Werkvertrages tätig geworden, der Besteller hat aber nicht in eine mangelhafte Werkherstellung eingewilligt, weshalb eine beseitigungspflichtige Störung bejaht werden kann.[263] Zur Vermeidung von Wertungswidersprüchen besteht ein solcher Anspruch jedoch nur in den zeitlichen Grenzen des § 634a BGB, d. h. er ist insbesondere dann nicht mehr durchsetzbar, wenn der Besteller sein Rücktrittsrecht nach § 634a Abs. 4 Satz 1 BGB i. V. mit § 218 BGB nicht mehr ausüben kann.

---

[257] Eine Befreiung von der Pflicht zur Nacherfüllung gemäß § 275 Abs. 1 BGB i. S. des § 326 Abs. 1 Satz 2 und Abs. 5 BGB ist beispielsweise auch bei der fehlerhaften Planung eines Architekten anzunehmen, auf deren Grundlage bereits ein Gebäude errichtet worden ist. Zwar könnte der Plan als solcher hier noch nachgebessert bzw. neu hergestellt werden; als geschuldeter Erfolg ist aber die Erstellung eines Planes anzusehen, der als Grundlage für die beabsichtigte Bautätigkeit dienen kann; vgl. *Larenz* BT 1, § 53 II b, S. 358. Zu der Sonderregelung des § 650t BGB bei Überwachungsfehlern noch unten § 8 Rn. 324.

[258] Dazu eingehend oben § 2 Rn. 266 ff.

[259] Zu Letzterem näher oben § 8 Rn. 103 ff.

[260] Wegen der hierbei auftretenden Schwierigkeiten sieht § 13 VOB/B überhaupt kein Rücktrittsrecht bei einer mangelhaften Werkherstellung vor.

[261] BGH 14.07.2011 NJW 2011, 3085 Rn. 5 ff.; *Busche* MünchKomm. § 634 Rn. 29; RGRK/*Glanzmann* § 634 Rn. 13; *Staudinger/Peters/Jacoby* (2014) § 634 Rn. 106.

[262] BR/*Voit* § 636 Rn. 33 f.; *Busche* MünchKomm. § 634 Rn. 27; kritisch *Oechsler* Rn. 1110.

[263] *Esser/Weyers* BT 1, § 32 II 4c, S. 264; RGRK/*Glanzmann* § 634 Rn. 17; *Staudinger/Peters/Jacoby* (2014) § 634 Rn. 104; vgl. auch oben § 2 Rn. 255 zur Rechtslage beim Kauf.

e) Minderung der Vergütung nach § 638 Abs. 1 Satz 1 BGB i. V. mit § 634 Nr. 3
Alt. 2 BGB

137   Statt von dem Werkvertrag zurückzutreten, kann der Besteller diesen gemäß
§ 634 Nr. 3 Alt. 2 BGB bestehen lassen und nach Maßgabe des § 638 BGB die
geschuldete Vergütung mindern. Die Ausübung dieses Gestaltungsrechts wandelt
den Vertrag somit nicht insgesamt in ein Rückgewährschuldverhältnis um, sondern
reduziert lediglich die Vergütungspflicht des Bestellers i. S. des § 638 Abs. 3 Satz 1
BGB. Auch für das Minderungsrecht gelten die Ausführungen zu den kaufrechtlichen Parallelvorschriften in den §§ 441, 437 Nr. 2 Alt. 2 BGB entsprechend.[264]

138   Das Minderungsrecht hat *im Grundsatz dieselben Voraussetzungen wie ein Rücktritt*
(§ 638 Abs. 1 Satz 1 BGB: „statt zurückzutreten"). Allerdings kommt eine Minderung
anders als ein Rücktritt auch dann in Betracht, wenn ein nur *unerheblicher Mangel*
vorliegt (§ 638 Abs. 1 Satz 2 BGB).[265] Die Minderung ist gemäß § 638 Abs. 3 Satz 1
BGB nach der relativen Methode zu berechnen, die das subjektive Äquivalenzverhältnis der in dem Werkvertrag vereinbarten gegenseitigen Leistungen berücksichtigt.[266]

f) Anspruch des Bestellers auf Schadens- oder Aufwendungsersatz

139   Schließlich steht dem Besteller, der ein i. S. des § 633 Abs. 2 und 3 BGB mangelhaftes Werk abgenommen hat bzw. demgegenüber ein solches i. S. des § 646
BGB fertiggestellt worden ist, das Recht zu, nach Maßgabe der in § 634 Nr. 4 BGB
genannten Anspruchsgrundlagen Schadensersatz oder gemäß § 284 BGB den Ersatz
vergeblicher Aufwendungen zu verlangen. Auch insoweit stimmen die Ansprüche
des Bestellers mit denjenigen überein, die § 437 Nr. 3 BGB zugunsten des Käufers
einer mangelhaften Sache begründet.[267]

aa) Ansprüche auf Schadensersatz

140   Daraus ergeben sich für Schadensersatzansprüche bei mangelhaften Werkleistungen die folgenden Grundsätze:

141   Befindet sich der Unternehmer mit der Erfüllung seiner Pflicht zur Nacherfüllung
(§ 635 Abs. 1 BGB) in Verzug, so kann der Besteller nach Maßgabe der §§ 280
Abs. 1 und 2, 286 BGB i. V. mit § 634 Nr. 4 BGB *Ersatz des Verzögerungsschadens*
verlangen.[268] Hierzu zählt nach allerdings umstrittener Auffassung auch ein infolge
des Mangels eingetretener Nutzungsausfall im Hinblick auf das Werk.[269]

---

[264] Siehe oben § 2 Rn. 281 ff.

[265] Siehe auch oben § 2 Rn. 285.

[266] Näher oben § 2 Rn. 286 f.

[267] Ausführlich dazu oben § 2 Rn. 289 ff.

[268] Vgl. § 2 Rn. 294 ff. Dass § 286 BGB in § 634 Nr. 4 BGB nicht erwähnt ist, steht dem nicht
entgegen, da sich der Schadensersatzanspruch aus § 280 Abs. 1 und 2 BGB ergibt und § 286 BGB
nur eine weitere Tatbestandsvoraussetzung (den Verzug) regelt; siehe *H. Roth* JZ 2001, 543 (547).

[269] Näher hierzu oben § 2 Rn. 295 ff.

Unter den Voraussetzungen der §§ 280 Abs. 1 und 3, 281, 283 oder 311a Abs. 2 **142** BGB i. V. mit § 634 Nr. 4 BGB schuldet der Unternehmer *Schadensersatz statt der Leistung*.[270] Dieser Anspruch ist aufgrund des Fristsetzungserfordernisses in § 281 Abs. 1 Satz 1 BGB genauso wie das Rücktrittsrecht *grundsätzlich gegenüber dem Anspruch auf Nacherfüllung subsidiär*, wenn nicht die Voraussetzungen entweder der §§ 311a Abs. 2, 283 BGB (unbehebbarer Mangel[271]) oder der §§ 281 Abs. 2, 636 BGB vorliegen. In diesen Grenzen kann der Besteller gemäß § 281 Abs. 1 Satz 1 BGB jedenfalls den sog. *kleinen Schadensersatz* geltend machen, bei dem er das mangelhafte Werk behält.[272] Der sog. *große Schadensersatz* (Rückgabe des Werkes und Liquidation des gesamten Erfüllungsinteresses) als Schadensersatz statt der ganzen Leistung i. S. des § 281 Abs. 1 Satz 3 BGB kommt demgegenüber nur dann in Betracht, wenn der Mangel nicht unerheblich ist. Den Schadensersatz statt der Leistung kann der Besteller mit einem Rücktritt kombinieren (§ 325 BGB).

Integritätsschäden, die infolge der nicht vertragsgemäßen Leistung des Bestellers **143** entstehen, erfasst § 280 Abs. 1 BGB i. V. mit § 634 Nr. 4 BGB. Da diese Schäden nicht das Erfüllungsinteresse des Bestellers betreffen und somit in der Regel nicht in ein Konkurrenzverhältnis zu dem Nacherfüllungsanspruch treten, bedarf es für ihre Geltendmachung konsequenterweise keiner Nachfristsetzung.[273] Wenn z. B. ein Architekt mit der Ausarbeitung eines Bauplanes für ein Einfamilienhaus beauftragt wird, welches der Besteller in eigener Regie errichtet, stellt der sich aus einem Planungsfehler ergebende Minderwert der Planungsleistung einen Nichterfüllungsschaden i. S. des § 281 BGB dar. Hingegen ist die Baufälligkeit des nach dem Plan errichteten Hauses ebenso ein nach § 280 Abs. 1 BGB zu beurteilender Integritätsschaden wie ein Körperschaden des Bestellers bei dem Einsturz des Gebäudes.[274]

---

[270] Näher oben § 2 Rn. 301 ff.

[271] Ein Fall des § 311a Abs. 2 BGB (anfänglich unbehebbarer Mangel) kann dabei insbesondere dann vorliegen, wenn sich das versprochene Werk nach dem Stand der Technik objektiv nicht realisieren lässt; siehe BGH 09.07.2014 NJW 2014, 3368 Rn. 22.

[272] Zu den ersatzfähigen Einbußen zählen auch die Aufwendungen des Bestellers, die ihm wegen der Durchführung der Mängelbeseitigung entstehen (z. B. Kosten einer Hotelunterbringung); vgl. BGH 10.04.2003 NJW-RR 2003, 878 (879). Zum Umfang des Schadensersatzes siehe auch BGH 27.03.2003 NJW-RR 2003, 1021 (1022).

[273] Vgl. oben § 2 Rn. 311 sowie BR/*Voit* § 636 Rn. 65; *H. Roth* JZ 2001, 543 (548); *Staudinger/ Peters/Jacoby* (2014) § 634 Rn. 120.

[274] Vor der Neufassung des allgemeinen Leistungsstörungsrechts unterschied die h. M. in Bezug auf Integritätsschäden demgegenüber zwischen sog. nahen Mangelfolgeschäden, die nach der Spezialvorschrift des § 635 BGB a. F. zu ersetzen waren, und sog. entfernten Mangelfolgeschäden, bei denen sich ein Schadensersatzanspruch aus dem Institut der positiven Forderungsverletzung ergab. Diese Unterscheidung hatte insbesondere Konsequenzen hinsichtlich der Verjährungsfristen (dazu ausführlich und m. w. N. *Staudinger/Peters* (2000) § 635 Rn. 47 ff.). In dem Beispiel wäre etwa der Minderwert des Bauwerkes als sog. Abbildungsschaden (der Mangel der Planung „bildet" sich in dem Gebäude „ab") als naher Mangelfolgeschaden eingestuft worden (vgl. BGH 09.07.1962 BGHZ 37, 341 (344)), während der Körperschaden den entfernten Mangelfolgeschäden unterfallen wäre. Diese wenig praktikable und kaum sachgerechte Aufteilung ist mit der Neuregelung durch § 634 Nr. 4 BGB überholt, nach der sämtliche Integritätsschäden gemäß § 280 Abs. 1 BGB in den Verjährungsfristen des § 634a BGB zu ersetzen sind; BT-Drucks. 14/6040, S. 263 sowie *Haas* BB 2001, 1313 (1320); *H. Roth* JZ 2001, 543.

Sofern die Einbuße allerdings darin besteht, dass der Unternehmer im Zuge der Werkherstellung einen *durch den Besteller zur Verfügung gestellten Stoff beschädigt*, sind durchaus Wertungswidersprüche zwischen einem sofortigen Schadensersatzanspruch aus § 280 Abs. 1 BGB und dem Vorrang der Nacherfüllung denkbar, sodass insoweit nur § 281 BGB einschlägig ist.[275] Im Umkehrschluss bedeutet dies konsequenterweise aber auch, dass an dem Stoff des Bestellers verursachte Schäden durch den Unternehmer als *Teil der Nacherfüllung gemäß § 635 Abs. 1 BGB* verschuldensunabhängig zu beseitigen sind.[276]

144   Das *Vertretenmüssen* der mangelhaften Leistung durch den Unternehmer ist gemäß § 280 Abs. 1 Satz 2 BGB einheitliche Voraussetzung aller vorgenannten Schadensersatzansprüche. Grundsätzlich hat der Unternehmer ein Verschulden gemäß den §§ 276 ff. BGB zu vertreten. Dabei trifft ihn auch eine Pflicht, den Leistungsgegenstand auf Mängel zu untersuchen, bevor er diesen dem Besteller zur Verfügung stellt.[277] Unterlässt er dies, so liegt regelmäßig Fahrlässigkeit i. S. des § 276 Abs. 2 BGB vor. Bei der Bestimmung des Sorgfaltsmaßstabes sind objektiv-typisierend die branchenüblichen Kenntnisse und Fähigkeiten vorauszusetzen.[278] Als Erfüllungsgehilfen des Unternehmers gemäß § 278 Satz 1 BGB sind vor allem Subunternehmer zu betrachten, welche bei der Herstellung des Werkes eingesetzt werden, nicht aber reine Materiallieferanten.[279]

145   Ein verschuldensunabhängiges Vertretenmüssen liegt vor, wenn der Unternehmer in Bezug auf das Nichtvorliegen eines bestimmten Mangels eine *Garantie* i. S. des § 276 Abs. 1 Satz 1 BGB übernommen hat, was jedoch die Erklärung eines unbedingten Einstandswillens voraussetzt.[280] Insbesondere bei der Annahme konkludenter Garantien ist deshalb Zurückhaltung geboten.[281]

146   Aufgrund der Systematik des § 280 Abs. 1 Satz 2 BGB ist das Vertretenmüssen des Unternehmers zu vermuten. Deshalb trifft den Unternehmer die Darlegungs- und Beweislast dafür, dass er die Pflichtverletzung, d. h. die Erstellung des mit einem Sach- oder Rechtsmangel behafteten Werkes, nicht zu vertreten hat.

---

[275] Näher noch unten § 8 Rn. 176 ff.; a. A. BGH 08.12.2011 NJW-RR 2012, 268 Rn. 7 ff.

[276] Siehe oben § 8 Rn. 86.

[277] *Busche* MünchKomm. § 634 Rn. 80 ff.; *Esser/Weyers* BT 1, § 32 II 5a, S. 265. Anderes gilt im Grundsatz für den reinen Händler beim Kaufvertrag; siehe oben § 2 Rn. 315.

[278] BGH 16.10.1984 BGHZ 92, 308 (311 f.); allg. *Grundmann* MünchKomm. § 276 Rn. 53 ff.

[279] BGH 02.04.2014 BGHZ 200, 337 Rn. 37; BR/*Voit* § 636 Rn. 50; *Busche* MünchKomm. § 634 Rn. 65; auch Materiallieferanten als Erfüllungsgehilfen ansehend jedoch *Staudinger/Peters/Jacoby* (2014) § 634 Rn. 132.

[280] BGH 05.05.1958 BGHZ 27, 215 (218); *Busche* MünchKomm. § 634 Rn. 96; *Larenz* BT 1, § 53 II c 2, S. 360 f.; *Schlechtriem* Rn. 434; näher zum Ganzen *Graf von Westphalen* DB 2001, 799 (803 f.).

[281] Siehe zu Einzelheiten einer Garantieübernahme i. S. des § 276 Abs. 1 Satz 1 BGB oben § 2 Rn. 317 ff. Von dieser unselbständigen Garantie ist zudem ein neben den Werkvertrag tretender selbstständiger Garantievertrag zu unterscheiden, der einen Erfolg zum Gegenstand hat, der über denjenigen hinausgeht, der nach § 631 Abs. 1 BGB geschuldet ist; vgl. oben § 2 Rn. 409 ff. sowie *Larenz* BT 1, § 53 II c 3, S. 362 und *Staudinger/Peters/Jacoby* (2014) § 633 Rn. 172.

bb) Anspruch auf Aufwendungsersatz nach § 284 BGB

Liegen die *Voraussetzungen eines Anspruchs auf Schadensersatz statt der Leistung* **147** vor, so kann der Besteller gemäß § 284 BGB i. V. mit § 634 Nr. 4 BGB von dem Unternehmer alternativ (§ 284 BGB: „anstelle") den Ersatz von Aufwendungen verlangen, die er im Vertrauen auf den Erhalt eines mangelfreien Werkes billigerweise machen durfte und deren Zweck durch die Pflichtverletzung des Unternehmers vereitelt wurde (sog. *frustrierte Aufwendungen*).[282] Dies betrifft unter anderem Vertrags- und Finanzierungskosten, die für das Werk aufgewandt wurden.[283]

4. Verjährung der Rechte des Bestellers wegen eines Mangels (§ 634a BGB)

a) Verhältnis zu den allgemeinen Verjährungsvorschriften

Für die Verjährung der in § 634 BGB genannten Ansprüche und Gestaltungsrechte **148** des Bestellers im Fall einer mangelhaften Werkleistung oder einer gemäß § 633 Abs. 2 Satz 3 BGB gleichgestellten Pflichtverletzung enthält § 634a BGB besondere Bestimmungen.

Diese Sonderregelungen gelten allerdings nur im *Anwendungsbereich des § 634* **149** *BGB.* Liegen dessen Voraussetzungen nicht vor, z. B. weil noch keine Abnahme oder keine Vollendung des Werkes i. S. der §§ 640, 646 BGB erfolgt ist,[284] so finden auf die dann gegebenen Ansprüche und Rechte des Bestellers aus den §§ 280 ff., 323 ff. BGB die allgemeinen Verjährungsvorschriften (§§ 195 ff. BGB) Anwendung. Wie bei der kaufrechtlichen Parallelbestimmung in § 438 BGB[285] beruht die Rechtfertigung für die Sonderregelungen in § 634a BGB auf der spezifischen Interessenlage, die durch die Leistung des (mangelhaften) Gegenstandes geschaffen wurde.

So enthält § 634a Abs. 1 Nr. 2 i. V. mit Abs. 2 BGB beispielsweise den fol- **150** genden Kompromiss: Der Unternehmer soll bei Mängeln eines Bauwerkes oder entsprechender Planungs- und Überwachungsleistungen, die sich erst sehr spät zeigen, nicht wie nach § 199 BGB im Extremfall bis zu dreißig Jahre, sondern nur fünf Jahre haften. Umgekehrt muss der Besteller diese Ansprüche nicht gemäß § 195 BGB binnen drei Jahren nach dem Verjährungsbeginn i. S. des § 199 Abs. 1 BGB geltend machen, sondern erst in fünf Jahren ab der Abnahme oder der Vollendung (§ 634a Abs. 1 Nr. 2 i. V. mit Abs. 2 BGB). Vor dem Leistungstransfer i. S. der §§ 634a Abs. 2, 646 BGB besteht hingegen auch bei baubezogenen Mängeln kein Grund, für die Verjährung des Anspruchs auf Herstellung eines mangelfreien Werkes aus den §§ 631 Abs. 1, 633 Abs. 1 BGB von der allgemeinen Regelung der §§ 195, 199 BGB abzuweichen.

---

[282] Siehe oben § 2 Rn. 320.

[283] BT-Drucks. 14/6040, S. 225.

[284] Vgl. oben § 8 Rn. 60 ff.

[285] Zu dieser oben § 2 Rn. 323 ff.

151   Sobald jedoch der Anwendungsbereich des § 634 BGB eröffnet ist, gelten für die speziellen Mängelrechte ausschließlich die Verjährungsfristen des § 634a BGB. In diesem Fall bleiben die §§ 195 ff. BGB nur noch in Bezug auf solche Rechtsfragen der Verjährung anwendbar, für die § 634a BGB keine Regelung enthält, so unter anderem bezüglich der *Hemmung oder des Neubeginns der Verjährung*. Deshalb ist die Verjährung beispielsweise solange gehemmt, wie die Parteien über eine Mängelhaftung des Unternehmers verhandeln (§ 203 Satz 1 BGB).

b) Länge der Verjährungsfristen nach § 634a BGB

aa) Allgemeines

152   Die Regelung des § 634a Abs. 1 BGB bemisst die Verjährungsfristen *je nach der Art des Werkes* unterschiedlich. In Übereinstimmung mit der allgemeinen Vorschrift des § 194 Abs. 1 BGB gelten diese Fristen unmittelbar nur für die in § 634 Nr. 1, 2 und 4 BGB bezeichneten Ansprüche (Nacherfüllung, Aufwendungsersatz i. S. des § 637 BGB, Schadensersatz, Aufwendungsersatz i. S. des § 284 BGB).

153   Bezüglich der *Gestaltungsrechte aus § 634 Nr. 3 BGB* (Rücktritt, Minderung) passt das Rechtsinstitut der Verjährung nicht unmittelbar, da diesem nach § 194 BGB lediglich Ansprüche unterliegen. Deshalb verweist § 634a Abs. 4 Satz 1 und Abs. 5 BGB auf § 218 BGB. Nach dieser Vorschrift ist die Ausübung der genannten Gestaltungsrechte unwirksam, wenn der ihnen zugrunde liegende Nacherfüllungsanspruch verjährt ist und sich der Unternehmer hierauf beruft. Dies wird durch § 218 Abs. 1 Satz 2 BGB ergänzt, wonach dieselbe Rechtsfolge eintritt, wenn die Nacherfüllung gemäß den §§ 275, 635 Abs. 3 BGB bereits nicht geschuldet wird, ein unterstellter Nacherfüllungsanspruch aber nach § 634a BGB verjährt wäre.

bb) 2-Jahres-Frist (§ 634a Abs. 1 Nr. 1 BGB)

154   Bei einem *körperlichen Werk* (z. B. der Reparatur eines PKW) oder einer darauf bezogenen Planungs- bzw. Überwachungsleistung beträgt die Verjährungsfrist vorbehaltlich der lex specialis in § 634a Abs. 1 Nr. 2 BGB zwei Jahre. Die gegenüber den allgemeinen Vorschriften verkürzte Verjährungsfrist soll dem besonderen Interesse des Unternehmers an Rechtssicherheit sowie dem Umstand Rechnung tragen, dass Mängel bei körperlichen Werken typischerweise relativ eindeutig und frühzeitig erkennbar sind.[286]

cc) 5-Jahres-Frist (§ 634a Abs. 1 Nr. 2 BGB)

155   Besteht das körperliche Werk in einem *Bauwerk*, beträgt die Frist fünf Jahre. Gleiches gilt wiederum für Planungs- oder Überwachungsleistungen, die auf ein Bauwerk bezogen sind, d. h. insbesondere für die Planungsleistungen oder die

---

[286] BT-Drucks. 14/6040, S. 264.

Bauaufsicht eines Architekten. Bei Bauleistungen zeigen sich Mängel häufig nicht so schnell wie bei anderen körperlichen Werken, sodass eine Verlängerung der Frist gegenüber § 634a Abs. 1 Nr. 1 BGB gerechtfertigt ist.[287] Dabei umfasst der Begriff des Bauwerkes einerseits die Neuherstellung einer in Verbindung mit dem Erdboden hergestellten unbeweglichen Sache, andererseits auch *Erneuerungs- bzw. Umbauarbeiten* an einer solchen Sache, sofern sie für deren Bestand oder Benutzbarkeit wesentlich sind.[288] Das ist z. B. bei der kompletten Erneuerung des Badezimmers eines Einfamilienhauses der Fall, nicht aber, wenn lediglich eine neue Badewannenarmatur angebracht wird.

dd) Regelmäßige Verjährungsfrist (§ 634a Abs. 1 Nr. 3 BGB)

In allen übrigen Fällen gilt die dreijährige Frist des § 195 BGB. Davon werden **156** insbesondere *unkörperliche Werke* erfasst, die keine Planungs- oder Überwachungsleistungen i. S. des § 634a Abs. 1 Nr. 1 oder 2 BGB darstellen,[289] z. B. individuell erstellte Software-Programme. Bei diesen Sachverhalten vermeidet das Gesetz mit dem Verweis auf die regelmäßige Verjährungsfrist insbesondere eine vom Dienstvertragsrecht abweichende Verjährung, da der Anwendungsbereich der beiden Vertragstypen bei unkörperlichen Werken häufig schwer voneinander abzugrenzen ist.[290] Die Sonderregelung für die in § 634a Abs. 1 Nr. 1 und 2 BGB genannten Planungs- und Überwachungsleistungen, die an sich ebenfalls unkörperliche Werke darstellen,[291] beruht darauf, dass sich Mängel derartiger Leistungen unmittelbar in den betreffenden körperlichen Werken niederschlagen.[292] Eine Übereinstimmung der Verjährungsfristen erscheint insoweit um so mehr geboten, als die Rechtsprechung den Hersteller eines körperlichen Werkes und denjenigen, der hierfür eine Planungs- oder Überwachungsleistung erbringt, im Verhältnis zu dem Besteller trotz des unterschiedlichen Inhaltes ihrer Verpflichtungen als Gesamtschuldner i. S. der §§ 421 ff. BGB behandelt[293] und unterschiedliche Verjährungsfristen vor diesem Hintergrund insbesondere zu Regressproblemen führen könnten.[294]

---

[287] BGH 02.06.2016 NJW 2016, 2876 Rn. 19; *Harke* Rn. 114; *Looschelders* Rn. 702.

[288] RG 24.03.1904 RGZ 57, 377 (380); BGH 06.11.1969 BGHZ 53, 43 (45 f.); *Busche* Münch-Komm. § 634a Rn. 17 ff.; RGRK/*Glanzmann* § 638 Rn. 38; *Staudinger/Peters/Jacoby* (2014) § 634a Rn. 20 ff.

[289] BT-Drucks. 14/6040, S. 264.

[290] BT-Drucks. 14/6040, S. 264 sowie oben § 7 Rn. 7 ff.

[291] Siehe oben § 8 Rn. 26.

[292] Vgl. BT-Drucks. 14/6857, S. 36 und S. 67 sowie BT-Drucks. 14/7052, S. 204 f.

[293] Siehe BGH 01.02.1965 BGHZ 43, 227 (229 ff.); *Larenz* BT 1, § 53 II b, S. 358; *Staudinger/Peters/Jacoby* (2014) Anh. II zu § 638 Rn. 52 ff. Zu der Sonderregelung des § 650t BGB noch unten § 8 Rn. 324.

[294] *Medicus/Lorenz* Rn. 782.

ee) Sondervorschriften bei Arglist des Unternehmers

157 Entsprechend den kaufrechtlichen Verjährungsbestimmungen (vgl. § 438 Abs. 3 BGB) enthält § 634a Abs. 3 BGB Sondervorschriften für den Fall, dass der Unternehmer den betreffenden Mangel arglistig verschwiegen hat.[295]

c) Beginn der Verjährung

158 Den Verjährungsbeginn legt § 634a Abs. 2 BGB für *körperliche Werke und hierauf bezogene Planungs- und Überwachungsleistungen* auf den Zeitpunkt der Abnahme fest.[296] Bei nicht abnahmefähigen Werken ist gemäß § 646 BGB deren Vollendung maßgeblich. Damit fällt der Beginn der Verjährung der Mängelrechte mit dem des zeitlichen Anwendungsbereiches des § 634 BGB zusammen.[297]

159 Für die übrigen Fälle, d. h. insbesondere für *unkörperliche Werke*, umfasst die Verweisung in § 634a Abs. 1 Nr. 3 BGB auf die allgemeinen Vorschriften auch den regelmäßigen Verjährungsbeginn, den § 199 Abs. 1 BGB festlegt (Schluss des Jahres, in dem der Anspruch entstanden ist und in dem der Besteller hiervon Kenntnis erlangt hat oder ohne grobe Fahrlässigkeit erlangen musste).[298] Zudem enthält § 199 Abs. 2 bis 4 BGB abgestufte absolute Höchstfristen für die Verjährung.

160 Nach der hier im Rahmen des Kaufrechts zu § 438 BGB vertretenen Auffassung beginnt bei einer wiederum *mangelhaften Nacherfüllung* die Verjährung grundsätzlich neu, da das Tätigwerden des Unternehmers – sofern sich dieser nicht auf ein reines Kulanzhandeln beruft[299] – als Anerkenntnis seiner Nacherfüllungspflicht zu bewerten ist (§ 212 Abs. 1 Nr. 1 BGB).[300]

d) Vertragliche Abänderung der Verjährungsfristen aus § 634a BGB

161 Die Verjährungsfristen aus § 634a Abs. 1 BGB können gemäß § 202 Abs. 2 BGB durch eine vertragliche Vereinbarung auf bis zu dreißig Jahre verlängert werden.

162 Die Wirksamkeit vertraglicher Verjährungserleichterungen wird außer durch die §§ 138 Abs. 1, 202 Abs. 1, 242 BGB nur für *Allgemeine Geschäftsbedingungen* begrenzt. Nach § 309 Nr. 8b, ff BGB darf die Frist in den Fällen des § 634a Abs. 1 Nr. 2 BGB grundsätzlich nicht erleichtert und im Übrigen nicht auf unter ein

---

[295] Siehe dazu oben § 2 Rn. 332 f.

[296] Gleich steht dem ein Fristablauf i. S. des § 640 Abs. 2 BGB; hierzu noch näher unten § 8 Rn. 211 ff.

[297] Näher oben § 8 Rn. 60 ff.

[298] BT-Drucks. 14/6040, S. 264; *Busche* MünchKomm. § 634a Rn. 53.

[299] Vgl. BGH 09.07.2014 NJW 2014, 3368 Rn. 15. In einem solchen Fall liegt aber für den Zeitraum der Nacherfüllungshandlungen zumindest eine Hemmung der Verjährung nach § 203 BGB nahe.

[300] Näher dazu oben § 2 Rn. 336; im Grundsatz auch *Staudinger/Peters/Jacoby* (2014) § 634a Rn. 57; restriktiv hingegen *Faber/Werner* NJW 2008, 1910 (1911).

Jahr ab dem Zeitpunkt des gesetzlichen Verjährungsbeginns i. S. der §§ 634a Abs. 2, 199 BGB abgesenkt werden.

Dieses Verbot gilt bei *Unternehmerverträgen* nach § 310 Abs. 1 Satz 1 BGB zwar **163** nicht unmittelbar, kann aber auch in diesem Fall nach Maßgabe des § 310 Abs. 1 Satz 2 BGB eine Indizwirkung für eine unangemessene Benachteiligung des Vertragspartners des Klauselverwenders i. S. des § 307 Abs. 1 und 2 BGB entfalten. Dies gilt jedoch nach § 310 Abs. 1 Satz 3 BGB wiederum nicht für Verträge, in welche die *VOB/B insgesamt einbezogen worden ist*.[301] Das Gesetz geht davon aus, dass die VOB/B für Unternehmerverträge in ihrer Gesamtheit einen angemessenen Interessenausgleich zwischen den Parteien des Werkvertrages schafft,[302] der es z. B. rechtfertigt, die Haftung des Werkunternehmers für Mängel an Bauwerken nach Maßgabe des § 13 Abs. 4 Nr. 1 VOB/B und entgegen § 634a Abs. 1 Nr. 2 BGB auf vier Jahre zu verkürzen. Schließen Allgemeine Geschäftsbedingungen des Werkunternehmers hingegen einzelne, dem Besteller günstige Vorschriften der VOB/B aus, so fehlt es an dem ausgewogenen Interessenausgleich, sodass die Wertung des Klauselverbotes aus § 309 Nr. 8b, ff BGB im Rahmen einer Inhaltskontrolle nach § 307 BGB auch im unternehmerischen Verkehr wiederum eine Indizwirkung für die Unwirksamkeit der verjährungsabkürzenden Klausel entfalten kann.[303]

e) Leistungsverweigerungsrecht des Bestellers gemäß § 634a Abs. 4 und 5 BGB

Wenn ein Rücktritt oder eine Minderung i. S. des § 634 Nr. 3 BGB nach § 634a Abs. 4 **164** Satz 1 oder Abs. 5 BGB i. V. mit § 218 Abs. 1 BGB unwirksam ist, kann sich die Frage stellen, ob der Besteller seinerseits einer noch nicht erfüllten, aber auch nicht gemäß den §§ 195, 199 BGB verjährten Vergütungspflicht nachkommen muss. Das Gesetz gewährt ihm in diesen Fällen das *Recht, die Zahlung der Vergütung zu verweigern*, soweit er dazu bei einer wirksamen Ausübung des betreffenden Gestaltungsrechts berechtigt gewesen wäre (§ 634a Abs. 4 Satz 2 und Abs. 5 BGB) und überträgt damit die Rechtsgedanken des § 438 Abs. 4 und 5 BGB in das Werkvertragsrecht.[304]

5. Konkurrenz des § 634 BGB zu anderen Rechten des Bestellers

Wie bei Kaufverträgen kann sich auch im Rahmen des Werkvertragsrechts die Frage **165** nach dem Konkurrenzverhältnis der in § 634 BGB vorgesehenen Mängelrechte des Bestellers zu anderen Rechten stellen. Hierzu gelten die oben entwickelten kaufrechtlichen Grundsätze trotz gewisser Besonderheiten weitgehend entsprechend.[305]

---

[301] Zur VOB/B bereits oben § 8 Rn. 22.

[302] *Basedow* MünchKomm. § 310 Rn. 13a.

[303] *Wurmnest* MünchKomm. § 309 Nr. 8 Rn. 77.

[304] Näher oben § 2 Rn. 339 ff.

[305] Siehe oben § 2 Rn. 343 ff.

Unberührt bleibt hiervon die Bestimmung des Anwendungsbereiches des § 634 BGB gegenüber einer direkten Anwendung der §§ 280 ff., 323 ff. BGB.[306]

a) Anfechtungsrechte

166 Da das Werk bei Abschluss des Vertrages noch nicht existiert, kann sich der Besteller bei Vertragsschluss in der Regel nicht in einem *Eigenschaftsirrtum* befinden, der sich auf einen Sachmangel i. S. des § 633 Abs. 2 Satz 1 und 2 BGB bezieht. Sollte dies anders sein, z. B. weil der Unternehmer die Erstellung eines Werkes mit Eigenschaften zusagt, die aufgrund der Beschaffenheit des zu bearbeitenden Stoffes überhaupt nicht erzielbar sind, ist eine auf § 119 Abs. 2 BGB gestützte Anfechtung ausgeschlossen.[307] Anderenfalls würde eine Umgehung der Verjährungsfristen des § 634a BGB durch eine Anfechtung in der Frist des § 121 BGB drohen. *Anfechtungsrechte nach den §§ 119 Abs. 1, 123 BGB* bleiben hingegen stets unberührt.[308]

b) Störung der Geschäftsgrundlage (§ 313 BGB)

167 Ein Mangel des Werkes stellt eine Leistungsstörung i. S. einer Pflichtverletzung und somit keine bloße Störung der Geschäftsgrundlage i. S. des § 313 BGB dar, sodass ein Konkurrenzverhältnis bereits im Ansatz ausscheidet.[309]

c) Verletzung vorvertraglicher Pflichten und Nebenpflichtverletzungen

168 Nicht unerhebliche Bedeutung hat auch bei Werkverträgen die Harmonisierung der Ansprüche und Rechte wegen Mängeln mit den Rechtsfolgen bei solchen *Pflichtverletzungen* i. S. der §§ 241 Abs. 2, 311 Abs. 2 BGB, *die sich auf Mängel des Werkes beziehen.*

169 Ein Konkurrenzverhältnis kann sich z. B. ergeben, wenn der Unternehmer aufgrund einer pflichtwidrig unterlassenen Untersuchung des Werkes einen Mangel nicht entdeckt oder den Besteller über eine besonders gefährliche Beschaffenheit des Werkes bei Abschluss des Vertrages nicht informiert, was zugleich dazu führt, dass diese Beschaffenheit gemäß § 633 Abs. 2 Satz 2 Nr. 2 BGB einen Sachmangel bildet. Aus den im Rahmen des Kaufrechts dargelegten Gründen sind die in § 634 BGB eröffneten Rechte in diesen Fällen *leges speciales* gegenüber einem direkten Schadensersatzanspruch aus § 280 Abs. 1 BGB wegen einer Schutzpflichtverletzung.[310]

---

[306] Dazu oben § 8 Rn. 59 ff.

[307] *Staudinger/Peters/Jacoby* (2014) § 631 Rn. 87.

[308] Näher zum Ganzen oben § 2 Rn. 345 ff.

[309] Siehe auch oben § 2 Rn. 353 ff.

[310] Ausführlich oben § 2 Rn. 359.

Nur auf diesem Wege lässt sich insbesondere eine Umgehung der Verjährungsvorschriften des § 634a BGB durch eine Anwendung der allgemeinen Regelungen der §§ 195, 199 BGB verhindern. Dabei gilt der Ausschluss eigenständiger Ansprüche aus den §§ 241 Abs. 2, 311 Abs. 2 BGB nach dem erklärten Willen des Gesetzgebers auch für *Integritätsschäden des Bestellers* (z. B. eine Körperverletzung durch das defekte Werk).[311]

Unberührt bleiben *Nebenpflichtverletzungen, die sich nicht auf einen Mangel des Werkes beziehen.*[312] Beispiel: Der Bauunternehmer sichert die Baustelle mangelhaft, sodass der Besteller bei einer Besichtigung in die Baugrube stürzt. In diesen Fallgestaltungen gelangen die §§ 280 ff., 311 Abs. 2 BGB uneingeschränkt zur Anwendung. **170**

d) Deliktische Ansprüche

In Bezug auf das Verhältnis des § 634 BGB zu deliktischen Ansprüchen des Bestellers ist zwischen der Verursachung von Schäden zu unterscheiden, welche die *vertragsunabhängige Integrität* des Bestellers betreffen und solchen Einbußen, die mit dem *werkvertraglichen Erfüllungsinteresse* zumindest teilweise identisch sind. **171**

aa) Verletzung der vertragsunabhängigen Integrität des Bestellers

Erleidet der Besteller durch eine auf dem Mangel des Werkes beruhende Pflichtverletzung des Unternehmers Einbußen an seiner allgemeinen Integrität (Körperschaden, Vermögensschaden durch Betrug etc.), so finden die §§ 823 ff. BGB uneingeschränkte Anwendung.[313] Die Regelung des § 280 Abs. 1 BGB i. V. mit § 634 Nr. 4 BGB verdrängt in diesen Fällen nicht den allgemeinen Verkehrsschutz. Für die hiernach bestehenden deliktischen Ansprüche gelten insbesondere die allgemeinen Verjährungsvorschriften der §§ 195, 199 BGB und nicht die Sonderregelung des § 634a BGB.[314] **172**

bb) Schäden am Werk

Bei der Beurteilung deliktischer Ansprüche, die sich auf Schäden an dem Werk selbst beziehen, ist zwischen den Fällen des sog. *weiterfressenden Mangels* und **173**

---

[311] Vgl. BT-Drucks. 14/6040, S. 263 sowie *Staudinger/Peters/Jacoby* (2014) § 634a Rn. 8. Nach der h. M. zum alten Recht wurde – wie oben in § 8 Rn. 143 in Fn. 274 dargelegt – der Ersatz sog. entfernter Mangelfolgeschäden dem Institut der positiven Forderungsverletzung (jetzt § 280 Abs. 1 BGB) unterstellt, um insoweit die kurzen Verjährungsfristen nach § 635 BGB a. F. i. V. mit § 638 BGB a. F. (außerhalb von Bauwerken nur sechs Monate) zu vermeiden.

[312] BGH 16.03.1989 NJW 1989, 1922 (1923); BR/*Voit* § 634 Rn. 30; RGRK/*Glanzmann* § 635 Rn. 29; *Staudinger/Peters/Jacoby* (2014) § 634 Rn. 159.

[313] Siehe oben § 2 Rn. 364 ff. sowie *Busche* MünchKomm. § 634 Rn. 9.

[314] Vgl. BGH 04.03.1971 BGHZ 55, 392 (395 ff.); *Soergel/Teichmann* § 638 Rn. 23 f.

einer *Beschädigung des von dem Besteller gelieferten Stoffes* durch eine mangelhafte Werkherstellung zu unterscheiden.

(1) „Weiterfresserschäden"

174   Zum Kaufrecht vertritt die Rechtsprechung die Auffassung, dass ein zunächst begrenzter Mangel, der sich später auf andere Teile der Sache ausdehnt, eine Eigentumsverletzung i. S. des § 823 Abs. 1 BGB darstellen kann.[315] Dies wäre im Werkvertragsrecht z. B. gegeben, wenn ein defektes Wasserrohr in einem erbauten Einfamilienhaus viele Jahre später zu einem Wasserrohrbruch führt, der an dem Haus große Schäden anrichtet. Nach der Rechtsprechung wäre in diesem Fall unter den allgemeinen Voraussetzungen des § 823 Abs. 1 BGB derjenige Schaden zu ersetzen, der „stoffungleich" mit dem ursprünglichen Mangel ist (d. h. sämtliche Einbußen mit Ausnahme des defekten Rohres).[316]

175   Mit diesem Ansatz wird jedoch das Erfüllungsinteresse des Bestellers zu einem deliktisch geschützten Integritätsinteresse umdefiniert und durch eine Anwendung der §§ 195, 199 BGB insbesondere die *Verjährungsregelung des § 634a Abs. 1 Nr. 1 und 2 i. V. mit Abs. 2 BGB umgangen.*[317] Daher greifen auch für solche Einbußen, die auf sich später ausdehnenden Mängeln beruhen, richtigerweise nur die in § 634 Nr. 4 BGB genannten Schadensersatzansprüche ein, nicht aber die §§ 823 ff. BGB.[318]

(2) Beschädigung eines bestellereigenen Stoffes durch mangelhafte Werkherstellung

176   Etwas anders liegt die Problematik, wenn der Besteller das Leistungssubstrat des Werkes zur Verfügung stellt und eine dem § 633 Abs. 2 BGB widersprechende Werkherstellung zu Schäden an diesem Stoff führt. Beispiel: Ausschachtungen auf dem Grundstück des Bestellers werden unsachgemäß durchgeführt. In diesen Fällen schuldet der Unternehmer zunächst nach Maßgabe des § 281 BGB i. V. mit § 634 Nr. 4 BGB Schadensersatz für das Erfüllungsinteresse des Bestellers an einer ordnungsgemäßen Ausschachtung. Fraglich ist aber, ob daneben eine zum Schadensersatz verpflichtende Eigentumsverletzung i. S. des § 823 Abs. 1 BGB vorliegt.

177   Auch in diesem Fall geht es wie bei den Weiterfresserschäden letztlich um das Interesse des Bestellers an einer ordnungsgemäßen Vertragserfüllung und nicht um den Schutz seiner vertragsunabhängigen Integrität. Dafür beanspruchen die *werkvertraglichen Regelungen* nach ihrem Normzweck eine *abschließende Geltung.*[319]

---

[315] Für das Werkvertragsrecht zustimmend *Busche* MünchKomm. § 634 Rn. 9; *Staudinger/Peters/Jacoby* (2014) § 634 Rn. 168.

[316] Näher oben § 2 Rn. 375.

[317] So ausdrücklich zum Werkvertragsrecht auch *H. Roth* JZ 2001, 543 f.

[318] Näher bereits oben § 2 Rn. 374 ff.

[319] *Esser/Weyers* BT 1, § 32 II 6d, S. 271 f.; offen *Larenz* BT 1, § 53 II b, S. 359; a. A. BGH 04.03.1971 BGHZ 55, 392 (394 f.) sowie *Oechsler* Rn. 1114.

Dies ergibt sich bereits aus der Kollision, die bei behebbaren Schäden zwischen dem Erfordernis der Nachfristsetzung gemäß § 281 Abs. 1 Satz 1 BGB i. V. mit § 634 Nr. 4 BGB einerseits und dem Anspruch auf einen sofortigen Geldersatz gemäß § 823 Abs. 1 BGB i. V. mit § 249 Abs. 2 Satz 1 BGB andererseits droht. Zieht eine mangelhafte Werkherstellung den bestellereigenen Stoff in Mitleidenschaft, so findet § 823 Abs. 1 BGB daher keine Anwendung. Dogmatisch kann dies mit einer normativ orientierten Auslegung der Einwilligung des Bestellers in die Bearbeitung des Stoffes begründet werden: Als Ausschlusstatbestand für eine deliktische Haftung[320] bezieht sich diese nicht nur auf ein in allen Einzelheiten vertragsgemäßes Tätigwerden, sondern auf jede Einwirkung auf den Stoff, die final der Herstellung des Werkes dient.[321]

Unberührt bleibt bei der hier verfolgten Argumentation aber die *deliktische* **178** *Haftung für eine nur bei Gelegenheit der Werkherstellung erfolgende Beschädigung* des bestellereigenen Stoffes durch ein Verhalten des Unternehmers oder seiner Verrichtungsgehilfen (§ 831 BGB). Beispiel: Der Automechaniker beschädigt das im Vorfeld einer vereinbarten Reparatur auf dem Hof des Unternehmers abgestellte Fahrzeug des Bestellers durch unsachgemäßes Rangieren mit einem anderen Fahrzeug. Obwohl gewisse Abgrenzungsschwierigkeiten zu denjenigen Einwirkungen, die normativ noch von der Einwilligung des Bestellers gedeckt sind, auftreten können, finden in diesen Fällen die §§ 823 ff. BGB Anwendung.[322]

III. Verletzung von Nebenpflichten

Wenn der Unternehmer die ihn treffenden Nebenpflichten[323] verletzt, greifen im **179** Grundsatz die allgemeinen Haftungsfolgen ein. Das gilt nur dann nicht, wenn sich die Nebenpflichtverletzung auf einen Mangel des Werkes bezieht, der § 634 BGB unterfällt, und dem Besteller daher ausschließlich die speziellen Mängelrechte zustehen.[324]

Sofern keine derartige Subsidiarität vorliegt, haftet der Unternehmer nach **180** Maßgabe des § 280 Abs. 1 BGB für *Integritätsschäden*. Unter den Voraussetzungen der §§ 282, 324 BGB (Unzumutbarkeit der Fortsetzung des Vertragsverhältnisses[325])

---

[320] Anders hingegen in Bezug auf eine Störungsbeseitigung i. S. des § 1004 BGB nach Maßgabe des in § 8 Rn. 136 Gesagten. Dieser Unterschied rechtfertigt sich dadurch, dass im Rahmen des § 1004 BGB kein gravierender Widerspruch zu einem Vorrang der Nacherfüllung durch den Besteller droht.

[321] Ähnlich, wenn auch unter abzulehnender Anbindung des Ausschlusses der Rechtswidrigkeit an einen fortbestehenden Nacherfüllungsanspruch, *Staudinger/Peters/Jacoby* (2014) § 634 Rn. 170.

[322] *Esser/Weyers* BT 1, § 32 II 6d, S. 271 f.

[323] Zu deren Umfang siehe oben § 8 Rn. 44 f.

[324] Näher oben § 8 Rn. 169 f.

[325] Dazu bereits oben § 2 Rn. 408.

kommen auch ein *Ersatz des Erfüllungsinteresses* bzw. ein *Rücktritt von dem Vertrag* in Betracht, die sich nicht gegenseitig ausschließen (§ 325 BGB).

G. Pflichten und Haftung des Bestellers

I. Hauptpflichten des Bestellers

1. Pflicht zur Vergütung der Werkleistung

a) Allgemeines

181   Ein Werkvertrag i. S. des BGB liegt nur vor, wenn der Besteller für die Herstellung des Werkes als Gegenleistung eine Vergütung schuldet (§ 631 Abs. 1 BGB).[326] Diese kann ausdrücklich vereinbart worden sein, nach Maßgabe des § 632 Abs. 1 BGB aber auch als stillschweigend vereinbart gelten. Bei einer fehlenden Einigung über die Höhe der Vergütung ist in der Regel die übliche Vergütung geschuldet (§ 632 Abs. 2 BGB).[327]

182   Typischerweise besteht die Gegenleistung des Bestellers in einer Geldzahlung, wobei die Parteien einen *Festpreis oder eine nach dem tatsächlichen Herstellungs-aufwand bemessene variable Vergütung* (beispielsweise nach Stundensätzen) vereinbaren können. Letzteres kommt insbesondere dann in Betracht, wenn nach Vertragsschluss noch Leistungsänderungen oder Leistungsspezifizierungen zu erwarten sind.[328] Sofern der Besteller ein andersgeartetes Entgelt schuldet, z. B. Dienste i. S. des § 611 BGB, handelt es sich um einen sog. Vertrag mit anderstypischer Gegenleistung, auf dessen werkvertragliche Komponente aber gleichwohl die §§ 631 ff. BGB Anwendung finden.[329]

183   Von einer Vergütungsvereinbarung ist ein bloßer *Kostenanschlag* (oder auch „Kostenvoranschlag") i. S. der §§ 632 Abs. 3, 649 BGB zu unterscheiden. Dieser fixiert ausweislich des § 649 Abs. 1 BGB die Gegenleistung des Bestellers nicht verbindlich, sondern gibt diesem nur einen Anhaltspunkt zu den voraussichtlichen Kosten, die letztlich nach dem tatsächlichen Aufwand abgerechnet werden und in beide Richtungen von dem Kostenanschlag abweichen können.[330] Die *Abgrenzung zu einer verbindlichen (Pauschalpreis-)Vergütungsvereinbarung* ist in Zweifelsfäl-len nach den allgemeinen Grundsätzen zu treffen, d. h. nach dem Vorliegen eines

---

[326] Zu den Voraussetzungen der Anwendbarkeit des Auftragsrechts, wenn es an einer Vergütungs-pflicht fehlt, siehe unten § 11 Rn. 6 ff.

[327] Näher zu § 632 BGB oben § 8 Rn. 23 f.

[328] Ausführlich zu den verschiedenen Vergütungsformen *Staudinger/Peters/Jacoby* (2014) § 632 Rn. 4 ff.; im Überblick *Harke* Rn. 99 f.

[329] Dazu näher unten § 16 Rn. 19 ff.

[330] *Busche* MünchKomm. § 649 Rn. 3.

diesbezüglichen Rechtsbindungswillens der Parteien.[331] Ein solcher ist insbesondere bei komplexen Werken (Bau eines Einfamilienhauses) oder Werkleistungen, für die standardisierte Vergütungseinheiten nach Material- und Zeitaufwand bestehen (z. B. Reparatur technischer Geräte), eher selten.

b) Fälligkeit der Vergütung

Für die Fälligkeit der Vergütung enthält das Werkvertragsrecht eine dispositive   **184**
Sonderregelung.[332] Während die Zahlung nach der allgemeinen Vorschrift in § 271 Abs. 1 BGB sofort fällig wäre, verschiebt § 641 Abs. 1 BGB diesen Zeitpunkt nach hinten. Der Vergütungsanspruch ist hiernach erst fällig, *wenn der Besteller das Werk abgenommen hat* (§ 641 Abs. 1 Satz 1 BGB) oder eines der in den §§ 640 Abs. 2, 646 BGB genannten *Abnahmesurrogate* vorliegt.[333] Zum Schutz des Unternehmers soll die Vergütung nach h. M. zudem fällig werden, wenn der Besteller die Abnahme pflichtwidrig (d. h. entgegen § 640 Abs. 1 Satz 1 und 2 BGB) verweigert.[334] Im Hinblick auf das Abnahmesurrogat des § 640 Abs. 2 BGB, das an die Setzung einer angemessenen Frist gebunden ist, erscheint diese Auffassung nunmehr[335] zweifelhaft.[336] Richtigerweise kommt eine vorgezogene Fälligkeit daher entsprechend § 323 Abs. 2 Nr. 1 BGB nur bei einer ernsthaften und endgültigen Abnahmeverweigerung in Betracht.[337] Bei *Teilabnahmen eines komplexeren Werkes* wird gemäß § 641 Abs. 1 Satz 2 BGB jeweils eine entsprechende Teilvergütung fällig.

Vorbehaltlich einer abweichenden Vereinbarung ist der Unternehmer somit hin-   **185**
sichtlich des *Tätigkeitsmomentes des Werkvertrages* vorleistungspflichtig.[338] In Bezug auf die *Verschaffung des Werkes* gilt jedoch wiederum § 320 BGB, sodass der Unternehmer das Werk nur gegen die Vergütung „aus der Hand" geben muss.[339] Auch hinsichtlich der Werkherstellung ist, trotz der insoweit gegebenen Verdrängung des § 320 BGB durch § 641 Abs. 1 Satz 1 BGB, die synallagmatische Verbundenheit zwischen Herstellungspflicht und Vergütungspflicht nicht gänzlich aufgehoben. Insbesondere kann der Unternehmer bereits seine Tätigkeit nach § 321 Abs. 1 BGB

---

[331] BR/*Voit* § 650 Rn. 4; *Erman/Schwenker/Rodemann* § 649 Rn. 6; *Esser/Weyers* BT 1, § 33 I, S. 279; *Staudinger/Peters/Jacoby* (2014) § 650 Rn. 34.

[332] Zu der Sondervorschrift in § 650g Abs. 4 BGB für Bauverträge noch unten § 8 Rn. 303.

[333] Näher zum Ganzen unten § 8 Rn. 201 ff.

[334] BGH 25.01.1996 NJW 1996, 1280 (1281); *Soergel/Teichmann* § 641 Rn. 14; *Staudinger/Peters/Jacoby* (2014) § 641 Rn. 6.

[335] Eine dem jetzigen § 640 Abs. 2 BGB vergleichbare Regelung existiert seit dem 01.05.2000.

[336] BR/*Voit* § 641 Rn. 8; *H. Roth* JZ 2001, 543 (550); vgl. auch BT-Drucks. 14/1246, S. 7.

[337] BGH 08.11.2007 BGHZ 174, 110 Rn. 29; BR/*Voit* § 641 Rn. 5; auch insoweit ablehnend aber *Harke* Rn. 101.

[338] BGH 16.05.1968 BGHZ 50, 175 (176 f.); BR/*Voit* § 641 Rn. 1; *Busche* MünchKomm. § 641 Rn. 2; *Larenz* BT 1, § 53 III a, S. 362.

[339] BR/*Voit* § 641 Rn. 2; *Busche* MünchKomm. § 641 Rn. 3; *Erman/Schwenker/Rodemann* § 641 Rn. 4a; *Staudinger/Peters/Jacoby* (2014) § 641 Rn. 3c; a. A. *Soergel/Teichmann* § 641 Rn. 9.

zurückhalten oder unter den Voraussetzungen des § 321 Abs. 2 BGB i. V. mit § 323 BGB von dem Vertrag zurücktreten, wenn ein nach Vertragsabschluss eintretender Vermögensverfall des Bestellers seinen Vergütungsanspruch gefährdet.[340]

186   Darüber hinaus enthält § 641 Abs. 2 BGB einige *Sonderregelungen für die Fälligkeit der Vergütung in Leistungsketten*, bei denen der Besteller die Herstellung des Werkes seinerseits einem Dritten versprochen hat. Dies betrifft insbesondere eine Leistungskette von Subunternehmer (Unternehmer i. S. des § 641 Abs. 2 BGB), Hauptunternehmer (Besteller i. S. des § 641 Abs. 2 BGB) und Werkbesteller (Dritter i. S. des § 641 Abs. 2 BGB). In derartigen Fällen soll die Vergütung des Subunternehmers spätestens, d. h. unbeschadet der vorstehend angeführten Vorschriften, fällig werden, wenn der Hauptunternehmer von dem Endbesteller eine Vergütung erhalten hat oder wenn der Endbesteller das Werk abgenommen hat. Dies beruht auf dem Gedanken, dass die Zahlung bzw. die Abnahme des Endbestellers mittelbar auf der Leistung des Subunternehmers basiert und auch diesem somit sein Entgelt nicht länger vorenthalten werden soll.[341]

c) Anspruch des Unternehmers auf Abschlagszahlungen

187   Vor allem wenn der Unternehmer in der Sphäre des Bestellers ein komplexes Werk herstellt, können sich für den Unternehmer aus der Fälligkeitsregelung des § 641 Abs. 1 Satz 1 BGB erhebliche Risiken ergeben. Beispiel: Der Bauunternehmer, der auf dem Grundstück des Bestellers ein Gebäude errichtet, müsste – sofern keine Teilabnahmen i. S. des § 641 Abs. 1 Satz 2 BGB vereinbart sind – erst das komplette Gebäude herstellen, bevor er eine Vergütung beanspruchen könnte. Das Bauwerk wäre in diesem Fall aber bereits nach § 946 BGB in das Eigentum des Bestellers übergegangen, sodass der Unternehmer dessen Insolvenzrisiko zu tragen hätte.

188   Zum Schutz des Unternehmers begründet § 632a Abs. 1 Satz 1 BGB daher einen *Anspruch auf Abschlagszahlungen für erbrachte Teilleistungen*.[342] Die Höhe der zu leistenden Zahlungen bemisst sich dabei nach dem anteiligen Wert des erbrachten Leistungsteils im Verhältnis zu der geschuldeten Gesamtleistung[343] und umfasst bei körperlichen Werken auch den Aufwand für verwendete Stoffe oder Bauteile (§ 632a Abs. 1 Satz 6 BGB). Hierbei ist jedoch stets das vertragliche Äquivalenzgefüge zu berücksichtigen, sodass die für die Abschlagszahlungen einschlägigen

---

[340] BR/*Voit* § 641 Rn. 13; *Kötz* Rn. 690.

[341] Kritisch im Hinblick auf die Relativität des Schuldverhältnisses aber *Staudinger/Peters/Jacoby* (2014) § 641 Rn. 40.

[342] Eine weitere Absicherung folgt aus dem Werkunternehmerpfandrecht gemäß § 647 BGB (dazu unten § 8 Rn. 251 ff.) bzw. den besonderen Sicherheiten bei baubezogenen Werkleistungen aus den §§ 650e, 650f BGB (dazu unten § 8 Rn. 293 ff.).

[343] Nach der vor dem 01.01.2018 geltenden Gesetzesfassung war für die Höhe der Abschlagszahlungen demgegenüber der Wertzuwachs auf der Seite des Bestellers maßgeblich; zu den Hintergründen der Änderung siehe BT-Drucks. 18/8486, S. 46 f.

Summen nicht aus einer objektiven Verkehrswertbetrachtung, sondern aus einem verhältnismäßigen Anteil der vereinbarten Vergütung abzuleiten sind.[344] Sofern die erbrachten Teilleistungen Mängel aufweisen, schließt dies den Anspruch auf Abschlagszahlungen nicht aus, jedoch kann der Besteller nach § 632a Abs. 1 Satz 2 BGB dann einen angemessenen Teil der Zahlung verweigern.[345] Über die Verweisung des § 632a Abs. 1 Satz 4 BGB auf § 641 Abs. 3 BGB bedeutet dies, dass in der Regel das Doppelte der voraussichtlichen Mangelbeseitigungskosten zurückgehalten werden darf.

189 Die Abschlagszahlung hat nur *vorläufigen Charakter* und ist in einer Schlussrechnung auf den Vergütungsanspruch anzurechnen, der hierdurch in der betreffenden Höhe getilgt wird. Etwaige Überzahlungen sind dem Besteller aufgrund einer werkvertraglichen Nebenleistungspflicht analog § 667 BGB zurückzugewähren.[346] Trotz dieser Vorläufigkeit der Zahlung steht der Anspruch des Unternehmers auf Abschlagssummen im Synallagma mit der Herstellungspflicht des Unternehmers aus den §§ 631 Abs. 1, 633 Abs. 1 BGB.[347]

d) Rechtsfolgen einer Verzögerung der Vergütung

190 Unabhängig von den Rechtsfolgen einer Pflichtverletzung, die in der Nichtzahlung der Vergütung liegt, hat der Besteller eine fällige und einredefreie[348] Vergütungsschuld zunächst gemäß § 641 Abs. 4 BGB (gegebenenfalls i. V. mit den §§ 640 Abs. 2, 646 BGB) mit dem gesetzlichen Zinssatz *zu verzinsen*. Die Zinshöhe beträgt dabei 4 % p.a. (§ 246 BGB).

191 Erfüllt der Besteller eine fällige und einredefreie Vergütungsforderung des Unternehmers aus § 631 Abs. 1 BGB (oder eine Abschlagsforderung aus § 632a BGB) nicht und gerät er zusätzlich unter den Voraussetzungen des § 286 BGB in Verzug, so ist er nach Maßgabe des § 280 Abs. 1 und 2 BGB zum *Ersatz eines Verzögerungsschadens* verpflichtet. Daneben besteht die Pflicht zur Zahlung von Verzugszinsen gemäß § 288 BGB.[349] Zudem kann der Unternehmer unter den Voraussetzungen des § 323 BGB *von dem Werkvertrag zurücktreten* und/oder (vgl. § 325 BGB) nach Maßgabe des § 281 BGB seinen *Nichterfüllungsschaden liquidieren*.

---

[344] BR/*Voit* § 632a Rn. 18; NK-BGB/*Raab* § 632a Rn. 28; *Palandt/Sprau* § 632a Rn. 10.

[345] Nach der bis zum 01.01.2018 geltenden Regelung entfiel demgegenüber jeglicher Anspruch auf Abschlagszahlungen, sofern die Mängel nicht nur unwesentlich waren.

[346] BGH 11.02.1999 BGHZ 140, 365 (374).

[347] *Busche* MünchKomm. § 632a Rn. 19; *Staudinger/Peters/Jacoby* (2014) § 632a Rn. 17.

[348] BGH 04.06.1973 BGHZ 61, 42 (46); RGRK/*Glanzmann* § 641 Rn. 9; *Staudinger/Peters/Jacoby* (2014) § 641 Rn. 127.

[349] Dieser Anspruch steht mit dem Zinsanspruch aus § 641 Abs. 4 BGB in Anspruchskonkurrenz, d. h. es setzt sich der jeweils höhere Zinssatz durch.

e) Aufrechterhaltung der Vergütungspflicht trotz Leistungsbefreiung des Unternehmers

aa) Überblick

192 Die Vergütungspflicht des Bestellers entfällt aufgrund ihrer synallagmatischen Verbundenheit mit der Pflicht des Unternehmers zur Herstellung des versprochenen Werkes grundsätzlich gemäß § 326 Abs. 1 Satz 1 BGB, wenn der Unternehmer seinerseits gemäß § 275 BGB von seiner Hauptpflicht befreit ist. Wie bei allen gegenseitigen Verträgen trägt somit der *Besteller die Leistungsgefahr i. S. des § 275 BGB*, während gemäß § 326 Abs. 1 Satz 1 BGB den *Unternehmer die Vergütungsgefahr (Gegenleistungsgefahr)* trifft.[350]

193   Eine Abweichung von diesem Grundsatz, d. h. ein *Übergang der Vergütungsgefahr auf den Besteller*, kann sich bei einem Werkvertrag sowohl aus Bestimmungen des allgemeinen Schuldrechts als auch aus speziellen Vorschriften für den Werkvertrag ergeben. Gemeinsam ist diesen Regelungen, dass sie als Ausnahme von § 326 Abs. 1 Satz 1 BGB die Vergütungspflicht aufrechterhalten, obwohl der Unternehmer von seiner Pflicht zur Herstellung eines mangelfreien Werkes (§§ 631 Abs. 1, 633 Abs. 1 BGB) – gegebenenfalls teilweise – befreit ist. Im *allgemeinen Leistungsstörungsrecht* ordnet diese Rechtsfolge § 326 Abs. 2 BGB an. Darüber hinaus existieren mehrere *Gefahrtragungsregelungen im Werkvertragsrecht*, von denen der Übergang der Vergütungsgefahr mit der Abnahme des Werkes (§ 644 Abs. 1 Satz 1 BGB) den Grundfall bildet.

bb) Vom Besteller zu verantwortende Leistungsbefreiung oder Annahmeverzug des Bestellers (§ 326 Abs. 2 BGB)

(1) Vom Besteller zu verantwortende Leistungsbefreiung (§ 326 Abs. 2 Satz 1 Alt. 1 BGB)

194 Nach § 326 Abs. 2 Satz 1 Alt. 1 BGB entfällt der Vergütungsanspruch des Unternehmers trotz seiner eigenen Leistungsbefreiung nicht, wenn der Besteller den Grund dieser Leistungsbefreiung allein oder weit überwiegend zu verantworten hat.[351] Für den Maßstab der Verantwortlichkeit des Bestellers als Gläubiger des Werkes sind die §§ 276 ff. BGB analog heranzuziehen.[352] Beispiel für einen Fall des § 326 Abs. 2 Satz 1 Alt. 1 BGB ist die unachtsame Zerstörung des individualisierten Stoffes, aus dem das Werk hergestellt werden soll, durch den Besteller.[353]

---

[350] Siehe bereits oben zum Kaufrecht § 2 Rn. 436.

[351] Zum Problem der beiderseitig zu vertretenden Leistungsbefreiung siehe oben § 8 Rn. 103 in Fn. 198.

[352] Allg. *Ernst* MünchKomm. § 326 Rn. 53 ff. Zur Gefahrtragung nach Risikosphären unten § 8 Rn. 221 ff. im Rahmen des § 645 BGB.

[353] Wird das Werk durch die Verantwortlichkeit des Bestellers zwar nicht unausführbar, aber verschlechtert, schließt dies den Anspruch auf Nacherfüllung gemäß § 635 Abs. 1 BGB aus; siehe oben § 8 Rn. 103 f.

(2) Annahmeverzug des Bestellers (§ 326 Abs. 2 Satz 1 Alt. 2 BGB)

Gemäß § 326 Abs. 2 Satz 1 Alt. 2 BGB bleibt der Vergütungsanspruch auch **195** bestehen, wenn das Ereignis, das den Unternehmer gemäß § 275 BGB von seinen Pflichten aus den §§ 631 Abs. 1, 633 Abs. 1 BGB befreit und das er nicht zu vertreten hat, während eines Zeitpunktes eintritt, in dem sich der Besteller nach den §§ 293 ff. BGB im Annahmeverzug befindet.[354] Dabei kann der Annahmeverzug – wie § 642 Abs. 1 BGB zeigt – auch durch *unterlassene Mitwirkungshandlungen* des Bestellers eintreten, die zur Herstellung des Werkes erforderlich sind. Beispiel: Das Unternehmen, das die Erstellung eines Software-Programms in Auftrag gegeben hat, übermittelt nicht wie vereinbart die hierfür erforderlichen Unternehmensdaten. Das den Gefahrübergang gemäß § 326 Abs. 2 Satz 1 Alt. 2 BGB ausschließende *Vertretenmüssen des Unternehmers* bemisst sich während des Annahmeverzuges nach § 300 Abs. 1 BGB und umfasst somit nur Vorsatz und grobe Fahrlässigkeit.

Für eine Leistungsbefreiung des Unternehmers nach § 275 BGB als Voraus- **196** setzung der Anwendung des § 326 Abs. 2 Satz 1 Alt. 2 BGB kann insbesondere auch § 300 Abs. 2 BGB Bedeutung erlangen: *Im Annahmeverzug geht zunächst die Leistungsgefahr auf den Besteller über*, d. h. die geschuldete Leistung wird auf das hergestellte Werk konkretisiert. Beispiel: Der Besteller befindet sich mit der Annahme des erbauten Hauses in Annahmeverzug. Nun brennt das Gebäude ab. Hier wäre es dem Unternehmer an sich möglich, das Haus erneut aufzubauen, sodass keine Leistungsbefreiung nach § 275 Abs. 1 BGB vorläge und auch § 326 Abs. 2 Satz 1 Alt. 2 BGB nicht eingreifen würde, sondern der Besteller seine Vergütung bis zur Neuerrichtung zurückhalten könnte. Diese Rechtsfolgen verhindert jedoch § 300 Abs. 2 BGB. Mit dem Annahmeverzug konkretisiert sich die Schuld des Unternehmers auf das bereits erstellte Gebäude (Übergang der Leistungsgefahr auf den Besteller), und dessen Verschaffung ist ihm nach dem Brand gemäß § 275 Abs. 1 BGB objektiv unmöglich. Nach § 326 Abs. 2 Satz 1 Alt. 2 BGB kann er nun die vereinbarte Vergütung beanspruchen (Übergang der Vergütungsgefahr auf den Besteller).

Allerdings ist zu beachten, dass bei einem *mit Mängeln behafteten Werk* regelmä- **197** ßig nicht die nach § 294 BGB „zu bewirkende" Leistung angeboten wird.[355] Hätte das Gebäude im obigen Beispiel daher einen Mangel aufgewiesen, so wäre kein Annahmeverzug eingetreten, sodass weder nach § 300 Abs. 2 BGB die Leistungsgefahr noch nach § 326 Abs. 2 Satz 1 Alt. 2 BGB die Vergütungsgefahr auf den Besteller übergegangen wäre. Vielmehr müsste der Unternehmer das Gebäude neu errichten. Es ist allerdings zu erwägen, die *Wertung des § 640 Abs. 1 Satz 2 BGB*, nach dem unwesentliche Mängel nicht die Abnahmepflicht des Bestellers ausschließen,

---

[354] Von dem Annahmeverzug als Verletzung einer Gläubigerobliegenheit ist die Pflicht des Bestellers zur Abnahme des Werkes aus § 640 Abs. 1 BGB zu unterscheiden. Dazu näher unten § 8 Rn. 231 ff.

[355] *Staudinger/Peters/Jacoby* (2014) § 644 Rn. 25; allg. *Ernst* MünchKomm. § 294 Rn. 6.

auch auf die Voraussetzungen des Annahmeverzuges zu erstrecken.[356] Ein solcher
läge danach in dem Beispiel auch dann vor, wenn lediglich ein an dem Gebäude
angebrachter Briefkasten defekt gewesen wäre.[357]

(3) Kürzung des Vergütungsanspruchs

198   Sofern die Voraussetzungen des § 326 Abs. 2 Satz 1 Alt. 1 oder 2 BGB vorliegen,
mindert sich die Vergütung um Aufwendungen, die der Unternehmer infolge der
Leistungsbefreiung erspart (z. B. Transportkosten). Ferner muss er sich anrechnen lassen, was er aufgrund einer anderweitigen Verwendung seiner Arbeitskraft
erwirbt oder zu erwerben böswillig unterlässt (jeweils § 326 Abs. 2 Satz 2 BGB).[358]

*cc) Übergang der Vergütungsgefahr auf den Besteller nach werkvertragsrechtlichen
Regelungen*

(1) Allgemeines

199   Neben § 326 Abs. 2 BGB enthalten die §§ 631 ff. BGB verschiedene Gefahrtragungsregelungen, die speziell für den Werkvertrag gelten. In erster Linie wird
der Gefahrübergang dabei an den Tatbestand der *Abnahme des Werkes durch den
Besteller* geknüpft (§ 644 Abs. 1 Satz 1 BGB). Dem stellt § 640 Abs. 2 BGB unter
bestimmten Voraussetzungen die *Nichtabnahme nach Setzung einer angemessenen
Frist* durch den Unternehmer gleich. Ferner tritt bei einem Werk, dessen Beschaffenheit eine Abnahme ausschließt, an deren Stelle gemäß § 646 BGB die *Vollendung
des Werkes*. Zudem sieht § 644 Abs. 1 Satz 2 BGB den Gefahrübergang auch bei
einem *Annahmeverzug des Bestellers* vor, und nach § 644 Abs. 2 BGB findet die
Gefahrtragungsregelung des § 447 Abs. 1 BGB entsprechende Anwendung, wenn
der Unternehmer das Werk auf Verlangen des Bestellers an einen anderen Ort als
den Erfüllungsort versendet.[359] Schließlich ist § 645 BGB, der den *Vergütungsanspruch bei Leistungsstörungen aus der Sphäre des Bestellers* regelt, den Gefahrtragungsregelungen zuzuordnen, was allerdings im Einzelnen nicht unbestritten ist.

200   Soweit die vorgenannten Tatbestände die Vergütungsgefahr auf den Besteller verlagern, d. h. dessen Vergütungspflicht aus § 631 Abs. 1 BGB entgegen der Grundregel des § 326 Abs. 1 Satz 1 BGB aufrechterhalten, gilt dies jedoch nur für die Fälle,
in denen der Unternehmer seine Leistungsbefreiung gemäß § 275 BGB nicht selbst

---

[356] Durch § 640 Abs. 1 Satz 2 BGB wird dem Kriterium des unwesentlichen Mangels eine andere
Bedeutung verliehen als in den allgemeinen Vorschriften der §§ 281 Abs. 1 Satz 3, 323 Abs. 5
Satz 2 BGB. Während letztere Vorschriften nur eine Rückabwicklung des Vertrages nach erfolgtem
Leistungstransfer ausschließen (vgl. oben § 2 Rn. 158 ff.), nimmt § 640 Abs. 1 Satz 2 BGB dem
Besteller das präventive Ablehnungsrecht.

[357] Für eine enge Interpretation des unwesentlichen Mangels in Anlehnung an das Schikaneverbot
Staudinger/Peters/Jacoby (2014) § 640 Rn. 30.

[358] Zu Letzterem näher oben § 7 Rn. 97.

[359] Zu den Einzelheiten ausführlich oben § 2 Rn. 451 ff.

i. S. der §§ 276 ff. BGB zu vertreten hat. Die werkvertragsrechtlichen Regelungen zur Vergütungsgefahr betreffen ausschließlich die *Sachverhalte der zufälligen Leistungsbefreiung* (= Gefahr i. S. des Gesetzes), die von keiner Vertragspartei zu vertreten sind.[360] Hat der Besteller das Leistungshindernis zu verantworten, ergibt sich die Aufrechterhaltung seiner Vergütungspflicht bereits aus § 326 Abs. 2 Satz 1 Alt. 1 BGB.[361] Ist die Leistungsbefreiung hingegen von dem Unternehmer zu vertreten, so verpflichtet ihn dies nicht nur zum Schadensersatz nach den §§ 280 ff. BGB, sondern befreit den Besteller zudem nach Maßgabe des § 326 Abs. 1 Satz 1 BGB von seiner Pflicht zur Zahlung der Vergütung. Beispiel: Nachdem der Besteller i. S. des § 640 Abs. 2 BGB das Werk nicht in einer angemessenen Frist abgenommen hat, verursacht der Unternehmer grob fahrlässig, dass das von ihm errichtete Gebäude niederbrennt. In einem derartigen Fall führt § 644 Abs. 1 Satz 1 BGB nicht dazu, dass der Besteller entgegen § 326 Abs. 1 Satz 1 BGB die Vergütung entrichten muss. Verursacht hingegen ein nicht von § 278 BGB erfasster Dritter den Untergang des Werkes, so liegt wiederum ein zufälliger Untergang i. S. der Gefahrtragungsregelungen vor.[362] In dem gegebenen Beispiel wäre dies etwa der Fall, wenn ein außenstehender Dritter den Gebäudebrand verursachen würde.[363]

(2) Abnahme des Werkes (§ 644 Abs. 1 Satz 1 BGB)

(a) Bedeutung der Vorschrift im System der Leistungsstörungen

Die zentrale werkvertragsrechtliche Gefahrtragungsregelung stellt § 644 Abs. 1 Satz 1 BGB dar, nach dem der Unternehmer „die Gefahr" nur bis zur Abnahme des Werkes trägt. Diese Formulierung wirft zunächst die Frage auf, ob sich die Norm auf die Leistungs- oder die Vergütungsgefahr bezieht. Unbestrittenermaßen trifft *§ 644 Abs. 1 Satz 1 BGB zunächst eine Regelung zur Vergütungsgefahr,*[364] da sich die zentrale Regelung der Leistungsgefahr in § 275 BGB findet.   **201**

Wie oben dargelegt, bezieht sich der Übergang der Vergütungsgefahr auf den Besteller darauf, dass dieser entgegen § 326 Abs. 1 Satz 1 BGB bei einer nach § 275 BGB eintretenden Leistungsbefreiung des Unternehmers verpflichtet bleibt, die Vergütung zu entrichten.[365] Ein Übergang der Vergütungsgefahr auf den Besteller kommt deshalb nur dann in Betracht, wenn der Unternehmer seinerseits gemäß § 275 BGB von der Leistungspflicht aus § 631 Abs. 1 BGB befreit ist. Die Frage der   **202**

---

[360] *Busche* MünchKomm. § 644 Rn. 12; *Erman/Schwenker/Rodemann* § 644 Rn. 1; *Staudinger/ Peters/Jacoby* (2014) § 644 Rn. 1.

[361] Siehe oben § 8 Rn. 194.

[362] *Busche* MünchKomm. § 644 Rn. 15.

[363] Sofern ein Dritter für den Untergang des Werkes schadensersatzpflichtig ist, kann sich das Problem einer Liquidation des Schadens des Bestellers durch den Unternehmer stellen (Drittschadensliquidation). Dazu näher im Rahmen des § 447 BGB oben § 2 Rn. 472 ff.

[364] *Busche* MünchKomm. § 644 Rn. 1; *Looschelders* Rn. 656; *Staudinger/Peters/Jacoby* (2014) § 644 Rn. 2.

[365] Siehe oben § 8 Rn. 193.

Vergütungsgefahr ist somit gegenüber der Tragung der Leistungsgefahr, d. h. einer Leistungsbefreiung des Unternehmers, logisch nachrangig. Daraus ergeben sich für das Verständnis und den Anwendungsbereich des § 644 Abs. 1 Satz 1 BGB zwei Konsequenzen:

203   Erstens stellt sich die *Frage der Vergütungsgefahr nicht,* wenn der Unternehmer seine Herstellungs- und Verschaffungspflicht aus § 631 Abs. 1 BGB i. S. des § 362 Abs. 1 BGB *bereits erfüllt hat.* In diesem Fall scheidet denknotwendig eine Leistungsbefreiung nach § 275 BGB aus. In vielen Fällen der Abnahme des Werkes,[366] die nach § 644 Abs. 1 Satz 1 BGB zum Gefahrübergang führen soll, tritt jedoch zugleich auch eine Erfüllung des Werkvertrages durch den Unternehmer ein, sodass für die Gefahrtragungsregel kein Raum ist. Beispiel: Wenn der Besteller den ordnungsgemäß reparierten PKW in Empfang nimmt und mit diesem das Gelände des Unternehmers verlässt, ist der Werkvertrag in Bezug auf die Pflichten des Unternehmers mit dieser Abnahme zugleich erfüllt, sodass Fragen der Gefahrtragung keine Bedeutung erlangen. Anders kann dies jedoch z. B. sein, wenn der Besteller das auf einem Grundstück des Unternehmers errichtete Einfamilienhaus abnimmt, ohne bereits nach Maßgabe der §§ 873, 925 BGB Grundstückseigentümer geworden zu sein. In diesem Fall gehört die Übereignung zur Herstellungspflicht des Unternehmers aus § 631 Abs. 1 BGB,[367] sodass der Werkvertrag insoweit noch nicht erfüllt ist. Nunmehr kann sich das Problem des Übergangs der Vergütungsgefahr gemäß § 644 Abs. 1 Satz 1 BGB stellen, z. B. wenn das Gebäude noch vor der Übereignung des Grundstücks niederbrennt.

204   Die letzte Konstellation führt zu einem zweiten Problem, welches das *Verhältnis des § 644 Abs. 1 Satz 1 BGB zu einer möglichen Neuherstellung des Werkes* betrifft. Denn bei Werken, die nicht aus einem individualisierten Stoff hergestellt werden, könnte rein tatsächlich auch bei einem Untergang des Werkes nach der Abnahme noch eine Neuherstellung desselben erfolgen. In dem gegebenen Beispiel könnte das abgebrannte Haus wieder aufgebaut werden. Vor dem Übergang der Vergütungsgefahr ist der Unternehmer zu einer solchen Neuherstellung aufgrund der Erfolgsbezogenheit des Werkvertrages gemäß § 631 Abs. 1 BGB verpflichtet.[368] § 644 Abs. 1 Satz 3 BGB bestimmt lediglich deklaratorisch, dass er für einen zufälligen, d. h. von ihm nicht zu vertretenden Untergang oder eine zufällige Verschlechterung des bestellereigenen Stoffes nicht verantwortlich ist, also insoweit keinen Schadensersatz schuldet (casum sentit dominus). Daher scheint § 275 Abs. 1 BGB prima facie aber mangels Unmöglichkeit der Leistungserbringung auch nach

---

[366] Zum genauen Begriff der Abnahme näher unten § 8 Rn. 206 ff.

[367] Siehe oben § 8 Rn. 29.

[368] *Busche* MünchKomm. § 644 Rn. 11; *Larenz* BT 1, § 53 III a, S. 363; *Schlechtriem* Rn. 291; *Staudinger/Peters/Jacoby* (2014) § 644 Rn. 7 ff. Ist ein Dritter für den Untergang des bereits (teilweise) hergestellten, aber noch nicht abgenommenen Werkes verantwortlich, kann der Besteller den aus der Neuherstellungspflicht des Unternehmers entstehenden Drittschaden liquidieren und muss das Erlangte analog den §§ 255, 285 BGB an den Unternehmer abführen: BGH 30.09.1969 NJW 1970, 38 (41); *Soergel/Teichmann* § 644 Rn. 6. Nach einer a. A. ergibt sich ein entsprechendes Ergebnis über einen normativen Eigenschaden des Bestellers; dazu *Oetker* MünchKomm. § 249 Rn. 302 f.

der Abnahme nicht einzugreifen, sodass der Unternehmer aus § 631 Abs. 1 BGB einen Wiederaufbau des Gebäudes schulden und die Anwendung des § 644 Abs. 1 Satz 1 BGB als Regelung der Vergütungsgefahr (Ausnahme zu § 326 Abs. 1 Satz 1 BGB) ausscheiden würde. Damit würde aber der Regelungszweck der Gefahrtragungsvorschrift, welche das Schicksal des Werkes nach der Abnahme in den Risikobereich des Bestellers verlagern soll, weitgehend verfehlt. Deshalb ist der Vorschrift des § 644 Abs. 1 Satz 1 BGB über ihren Wortlaut hinaus auch zu entnehmen, dass sich die *Leistungspflicht des Unternehmers mit der Abnahme des Werkes auf den hergestellten Leistungsgegenstand konkretisiert* und dieser keine Neuherstellung mehr aus § 631 Abs. 1 BGB schuldet.[369] Geht der hergestellte Gegenstand nach der Abnahme unter, so tritt nach § 275 BGB eine Befreiung von der Pflicht aus § 631 Abs. 1 BGB ein (das untergegangene Werk kann nicht mehr verschafft werden), sodass auch die Regelung der Vergütungsgefahr in § 644 Abs. 1 Satz 1 BGB als Ausnahme zu § 326 Abs. 1 Satz 1 BGB Anwendung finden kann. In dem Beispiel könnte der Besteller nach der Abnahme somit keine Neuerrichtung des Hauses verlangen und müsste entgegen § 326 Abs. 1 Satz 1 BGB gemäß § 644 Abs. 1 Satz 1 BGB die vereinbarte Vergütung entrichten. Durch diese Konkretisierungswirkung trifft § 644 Abs. 1 Satz 1 BGB somit *nicht nur eine Regelung zur Vergütungs-, sondern auch zur Leistungsgefahr.*[370]

Bei einer *mangelhaften Werkleistung i. S. des § 633 BGB* tritt demgegenüber auch **205** durch die Abnahme grundsätzlich keine Konkretisierung der Schuld des Unternehmers auf den hergestellten Gegenstand ein.[371] Nach der *Wertung des § 640 Abs. 1 Satz 2 BGB* (Pflicht des Bestellers zur Abnahme auch bei unwesentlichen Mängeln) stehen allerdings nur wesentliche Mängel einer Konkretisierung entgegen. Lagen solche vor, so bleibt der Unternehmer gemäß § 635 Abs. 1 Satz 1 Alt. 2 BGB zu einer Neuherstellung verpflichtet;[372] bis zu deren Vornahme kann der Besteller die Vergütung gemäß § 320 BGB zurückhalten. Auch wenn die Mangelbeseitigung i. S. des § 275 BGB unmöglich ist (Beispiel: die mangelhafte Reparatur eines technischen Gerätes kann nicht nachgebessert werden), führt der Übergang der Vergütungsgefahr gemäß § 644 Abs. 1 Satz 1 BGB nicht dazu, dass der Besteller etwaige *Rechte wegen der Mängel aus § 634 BGB* verliert. Würde somit das zwar schon abgenommene, dem Besteller aber noch nicht übergebene Gerät (daher noch keine Erfüllung der Pflicht aus § 631 Abs. 1 BGB[373]) durch Zufall untergehen, könnte der

[369] BGH 08.03.2012 NJW 2012, 2105 Rn. 19; BR/*Voit* § 644 Rn. 12; *Busche* MünchKomm. § 644 Rn. 10; *Esser/Weyers* BT 1, § 34 II, S. 289 f.; *Oechsler* Rn. 1139; *Staudinger/Peters/Jacoby* (2014) § 644 Rn. 12; siehe allg. auch *Canaris* JuS 2007, 793 (797 f.). Dies gilt selbst dann, wenn der Unternehmer den Untergang des Werkes nach der Abnahme i. S. der §§ 276 ff. BGB zu vertreten hat. Doch liegt in diesem Fall eine nach Maßgabe des § 280 Abs. 1 BGB zum Schadensersatz verpflichtende Verletzung einer Schutzpflicht aus § 241 Abs. 2 BGB vor; vgl. *Staudinger/Peters/ Jacoby* (2014) § 644 Rn. 23.

[370] BR/*Voit* § 644 Rn. 12; *Brox/Walker* § 24 Rn. 8; NK-BGB/*Raab* § 644 Rn. 9.

[371] *Staudinger/Peters/Jacoby* (2014) § 644 Rn. 8; a. A. BR/*Voit* § 644 Rn. 12.

[372] Siehe § 8 Rn. 88.

[373] Vgl. aber auch die Erwägungen unten in § 8 Rn. 206 in Fn. 376.

Besteller gleichwohl noch von dem Werkvertrag gemäß den §§ 326 Abs. 5, 323 BGB i. V. mit § 634 Nr. 3 Alt. 1 BGB zurücktreten und somit das *Vergütungsrisiko auf den Unternehmer zurückverlagern.*[374]

(b) Begriff der Abnahme

206　Ungeachtet der im Einzelnen umstrittenen Voraussetzungen einer Abnahme i. S. der §§ 640 Abs. 1 Satz 1, 644 Abs. 1 Satz 1 BGB besteht Einigkeit darüber, dass ein *körperliches Werk*, das nicht in der Sphäre des Bestellers hergestellt wurde, diesem grundsätzlich *übergeben werden muss* (z. B. der in einer Reparaturwerkstatt gewartete PKW). Im Einzelfall kann es in Bezug auf die Übergabe allerdings ausreichen, wenn das Werk nach seiner Fertigstellung im Einverständnis der Parteien noch im unmittelbaren Besitz des Unternehmers verbleibt, der dem Besteller i. S. des § 868 BGB den Besitz mittelt.[375] Dies ist z. B. der Fall, wenn der Unternehmer den reparierten PKW für den Besteller noch einige Tage verwahrt.[376] Befindet sich das Werk hingegen bereits in der Sphäre des Bestellers (Beispiel: das auf dem Grundstück des Bestellers errichtete Haus) oder handelt es sich um ein unkörperliches Werk, so erlangt das Übergabeerfordernis keine Bedeutung.

207　　Umstritten ist vor allem, ob die Abnahme auch eine *Billigung des Werkes durch den Besteller als in der Hauptsache vertragsgemäße Leistung*, d. h. als Erfüllung der Pflicht aus § 631 Abs. 1 BGB erfordert (sog. zweigliedriger Abnahmebegriff). Eine insbesondere in der älteren Literatur vertretene Auffassung verneint dies.[377] Sie definiert die Abnahme i. S. der §§ 640 Abs. 1 Satz 1, 644 Abs. 1 Satz 1 BGB in strenger Parallele zu der kaufrechtlichen Gefahrtragungsregelung in § 446 Satz 1 BGB. Abnahme bedeutet danach lediglich die Erlangung des Besitzes am Werk. Sofern dies wie bei Werken, die unkörperlich sind oder schon in der Sphäre des Bestellers hergestellt wurden, unmöglich ist, soll stets die Vollendung des Werkes i. S. des § 646 BGB an die Stelle der Abnahme treten. Zur Begründung wird angeführt, dass der Begriff der werkvertraglichen Abnahme mit demjenigen des Kaufrechts aus § 433 Abs. 2 BGB übereinstimmen müsse, der grundsätzlich nur eine tatsächliche Hinnahme umfasst.[378] Weiterhin soll eine Billigung des Werkes nicht

---

[374] *Staudinger/Peters/Jacoby* (2014) § 644 Rn. 22; a. A. *Busche* MünchKomm. § 644 Rn. 6.

[375] Ähnlich *Jakobs* AcP 183 (1983), 114 (158); a. A. *Soergel/Teichmann* § 640 Rn. 9. Zum Parallelproblem beim Kaufvertrag siehe oben § 2 Rn. 46 ff.

[376] In einem solchen Fall könnte man allerdings fragen, ob die Verschaffung des unmittelbaren Besitzes überhaupt noch aus § 631 Abs. 1 BGB oder nicht vielmehr (nur) aus § 695 Satz 1 BGB geschuldet wird (vgl. oben § 2 Rn. 46 ff.). Nähme man Letzteres an, wäre der Werkvertrag seitens des Unternehmers bereits erfüllt, sodass die Abnahme in ihrer Funktion als Gefahrverlagerung keine Bedeutung mehr erlangen würde. Bedeutsam bliebe sie hingegen auch dann in Bezug auf die Fälligkeit der Vergütung (§ 641 Abs. 1 Satz 1 BGB) und den für die Bestimmung des Vorliegens von Mängeln maßgeblichen Zeitpunkt; siehe oben § 8 Rn. 35.

[377] *Adler* AcP 109 (1912), 321 (339 ff.); *Heck* Grundriß des Schuldrechts, 1929, § 117/3 ff., S. 349 ff.; *Siber* Der Rechtszwang im Schuldverhältnis, 1903, S. 43 ff.; jüngst aber auch wieder *Staudinger/Peters/Jacoby* (2014) § 640 Rn. 7, 10 ff.

[378] Siehe oben § 2 Rn. 479.

Bestandteil des Begriffes der Abnahme sein können, da § 646 BGB davon ausgehe, dass die Abnahme in bestimmten Fällen nach der „Beschaffenheit" des Werkes ausgeschlossen ist. Dies treffe nur auf eine Übergabe, nicht aber auf die Billigung des Werkes zu. Zudem solle der Besteller den Gefahrübergang nicht unangemessen hinauszögern können, indem er eine Billigung grundlos verweigert.

Die h. M. geht in Übereinstimmung mit den Gesetzesmaterialien[379] jedoch zu **208** Recht davon aus, dass es für die Abnahme einer Billigung des Werkes durch den Besteller als in der Hauptsache vertragsgemäß bedarf.[380] Damit sind auch solche Werke abnahmefähig, bei denen es keiner Übergabe bedarf, solange deren Billigung in Betracht kommt. Die Billigung stellt dabei eine *rechtsgeschäftsähnliche Handlung* dar, auf welche die §§ 104 ff. BGB entsprechende Anwendung finden.[381] Das Gegenargument, der Besteller könne die Abnahme bei diesem Verständnis unbillig hinauszögern, überzeugt aus mehreren Gründen nicht: Der Besteller ist gemäß § 640 Abs. 1 Satz 1 BGB zur Abnahme eines vertragsgemäßen Werkes verpflichtet, sodass die Vorschriften über den Schuldnerverzug (§§ 280 Abs. 1 und 2, 286 ff. BGB) den Unternehmer hinreichend schützen.[382] Zudem kann der Unternehmer einseitig ein Abnahmesurrogat i. S. des § 640 Abs. 2 BGB herbeiführen. Darüber hinaus wird in einer rügelosen Hinnahme des Werkes regelmäßig eine konkludente Billigung zu erblicken sein. Dass die Anforderungen an eine Abnahme beim Werkvertrag höher sind als im Kaufrecht nach § 433 Abs. 2 BGB, erscheint sachgerecht, weil bei einem erst nach Vertragsschluss zu erstellenden Werk ein stärkeres Bedürfnis nach Rechtssicherheit besteht, dessen Befriedigung nur das Kriterium der Billigung gewährleisten kann. Ausschließlich eine solche Billigung rechtfertigt auch die Zäsur, welche die Abnahme in Bezug auf die Mängelrechte nach § 634 BGB bewirkt.[383] Schließlich trifft es zwar zu, dass eine Billigung nicht aufgrund der „Beschaffenheit" des Werkes i. S. des § 646 BGB ausgeschlossen sein kann, wenn man den Begriff der Beschaffenheit dabei auf Eigenschaften der Werkleistung reduziert. Die Grenze der Billigungs- und damit Abnahmefähigkeit ist aber in Erweiterung des Wortlautes des § 646 BGB anders zu ziehen: Eine Billigung und damit eine *Abnahme i. S. des § 644 Abs. 1 Satz 1 BGB scheidet immer dann aus, wenn sie*

---

[379] Prot. II, S. 317; anders noch Mot. II, S. 490.

[380] RG 24.04.1925 RGZ 110, 404 (406 f.); BGH 18.09.1967 BGHZ 48, 257 (262); BGH 27.02.1996 BGHZ 132, 96 (100); BGH 06.06.2013 NJW 2013, 3022 Rn. 16; *Brox/Walker* § 25 Rn. 11; BR/*Voit* § 640 Rn. 5; *Busche* MünchKomm. § 640 Rn. 2; *Enneccerus/Lehmann* § 152 I 1, S. 653; *Fikentscher/Heinemann* Rn. 1200; RGRK/*Glanzmann* § 640 Rn. 3; *Schlechtriem* Rn. 462; *Soergel/ Teichmann* § 640 Rn. 2; weiterführend *Jakobs* AcP 183 (1983), 145 (155 ff.) und *Temming* AcP 215 (2015), 17 (38 ff.).

[381] BR/*Voit* § 640 Rn. 5; *Erman/Schwenker/Rodemann* § 640 Rn. 6; *Oechsler* Rn. 1141; RGRK/ *Glanzmann* § 640 Rn. 9; *Soergel/Teichmann* § 640 Rn. 10.

[382] Näher zur Abnahmepflicht noch unten § 8 Rn. 231 ff.

[383] Siehe näher oben § 8 Rn. 60 ff. Dabei entspricht die Abnahme im Werkvertragsrecht aufgrund des Billigungskriteriums i. S. einer systematisch geschlossenen Regelung strukturell der Lieferung im Kaufrecht, welche den Anwendungsbereich des § 437 BGB als Parallelvorschrift zu § 634 BGB eröffnet; vgl. oben § 2 Rn. 151 ff.

nicht verkehrstypisch ist.[384] Im Sinne dieser Anlehnung an die Verkehrsauffassung ist der Beschaffenheitsbegriff in § 646 BGB zu verstehen. Daraus ergibt sich z. B., dass eine Theateraufführung als Werkleistung nicht deshalb abnahmefähig ist, weil der Besucher an deren Ende über Applaus oder Missfallensbekundungen seiner Billigung bzw. Nicht-Billigung Ausdruck verleihen könnte. Vielmehr ist in diesem Fall ebenso wie z. B. bei Beförderungsleistungen eine Abnahme nach der Verkehrsauffassung ausgeschlossen.

209   Der *Inhalt der Billigung* bezieht sich dabei aber stets nur auf die Anerkennung des Werkes als im Grundsatz vertragsgemäß, nicht automatisch auch auf dessen Mängelfreiheit. Durch die Abnahme des Werkes verliert der Besteller daher vorbehaltlich der Regelung in § 640 Abs. 3 BGB nicht seine Rechte aus § 634 BGB. Dessen Anwendungsbereich wird durch die Abnahme vielmehr überhaupt erst eröffnet.[385] Umgekehrt liegt eine konkludente Abnahme auch dann vor, wenn der Besteller sich das erkanntermaßen mangelhafte Werk übergeben lässt und wegen der Mängel seine Rechte vorbehält.[386] Dass eine bestimmte nachteilige Beschaffenheit bereits bei der Abnahme vorgelegen hat und somit ein Sachmangel gegeben ist, muss allerdings nun der Besteller beweisen (vgl. § 363 BGB).[387]

210   Somit ergeben sich für den Abnahmebegriff zusammenfassend die folgenden Grundsätze:

- *Körperliche Werke* (§ 631 Abs. 2 Alt. 1 BGB) werden abgenommen, indem sie übergeben und von dem Besteller gebilligt werden. Scheidet eine Übergabe aus, weil sich der Besteller bereits im Besitz des Werkes befindet oder er das Werk nach der Fertigstellung noch im unmittelbaren Besitz des Unternehmers belassen will (Verwahrung etc.), erfolgt die Abnahme durch eine reine Billigung. Nur wenn diese nach der Verkehrsauffassung ausgeschlossen sein sollte, tritt an die Stelle der Abnahme gemäß § 646 BGB die Werkvollendung. Letzteres dürfte jedoch bei körperlichen Werken nur selten der Fall sein.[388]
- Bei *unkörperlichen Werken* (§ 631 Abs. 2 Alt. 2 BGB) ist die Abnahme durch eine Billigung des Werkes zu bewirken. Wenn diese nach der Verkehrsauffassung ausgeschlossen ist, greift § 646 BGB ein.

---

[384] BGH 06.06.2013 NJW 2013, 3022 Rn. 16; *Jauernig/Mansel* § 646 Rn. 1; *Köhler* NJW 1984, 1841 (1843); *Larenz* BT 1, § 53 III a, S. 364 ff.; *Medicus/Lorenz* Rn. 729; RGRK/*Glanzmann* § 646 Rn. 6. Kritisch *Esser/Weyers* BT 1, § 33 II 1, S. 281 ff., die jedoch im Wege einer rechtsfolgenorientierten Analyse zu durchaus vergleichbaren Ergebnissen gelangen. Weiterführend *Temming* AcP 215 (2015), 17 (45 f.).

[385] Siehe oben § 8 Rn. 60 ff.

[386] Anders bei einer Zurückweisung des Werkes aufgrund der Mängel, zu welcher der Besteller vorbehaltlich des § 640 Abs. 1 Satz 2 BGB berechtigt ist.

[387] BGH 04.06.1973 BGHZ 61, 42 (47); BGH 24.11.1998 NJW-RR 1999, 347 (349); *Erman/Schwenker/Rodemann* § 633 Rn. 20.

[388] Ein Ausnahmebeispiel bildet BGH 06.06.2013 NJW 2013, 3022 Rn. 16: Werkvertrag über Schnee- und Eisräumleistungen.

(3) Übergang der Vergütungsgefahr durch Fristsetzung (§ 640 Abs. 2 BGB)

In der Konstellation des § 640 Abs. 2 Satz 1 BGB wird die zum Übergang der Ver- **211**
gütungsgefahr führende Abnahme im Wege einer Fiktion ersetzt (vgl.: „Als abgenommen gilt ein Werk auch [...]).

Danach steht es einer Abnahme gleich, wenn der Unternehmer nach Fertigstel- **212**
lung des Werkes eine angemessene Frist zur Abnahme setzt und der *Besteller die
Abnahme nicht innerhalb der Frist unter Angabe mindestens eines Mangels verweigert*. Sofern eine solche Verweigerung nicht erfolgt, tritt der Gefahrübergang somit
zunächst auch dann ein, wenn dem Werk Mängel anhaften. Dabei kommt es nicht
darauf an, ob diese Mängel unwesentlich i. S. des § 640 Abs. 1 Satz 2 BGB sind.[389]
Folgerichtig kann auch nicht argumentiert werden, dass ein Werk mit wesentlichen
Mängeln noch nicht gemäß § 640 Abs. 2 Satz 1 BGB „fertiggestellt" sei.[390] Diese
für den Besteller tendenziell nachteilige Regelung soll ihn dazu anhalten, etwaige
Mängel möglichst frühzeitig zu rügen und somit die Konfliktbewältigung voran-
zutreiben.[391] Äußert sich der Besteller hingegen auf die Fristsetzung nicht, bewirkt
dies nicht nur einen Gefahrübergang, sondern lässt nach § 641 Abs. 1 Satz 1 BGB
i. V. mit § 640 Abs. 2 Satz 1 BGB auch die Vergütungsforderung des Unternehmers fällig werden. Aufgrund dieser relativ weitreichenden Rechtsfolgen greift die
Regelung des § 640 Abs. 2 Satz 1 BGB gegenüber einem *Verbraucher i. S. des
§ 13 BGB* allerdings nur dann ein, wenn der Unternehmer ihm gemäß § 640 Abs. 2
Satz 2 BGB bei der Fristsetzung einen entsprechenden *Hinweis in Textform (§ 126b
BGB)* erteilt hat. Generell unbenommen von der Wirkung des § 640 Abs. 2 Satz 1
BGB bleiben die Rechte des Bestellers aus § 634 BGB, wenn das Werk tatsächlich
mangelhaft ist.[392]

Die *Angemessenheit der Frist* bestimmt sich nach den Umständen des Einzel- **213**
falles. Die in § 12 Abs. 1 VOB/B vorgesehenen 12 Werktage geben hierfür einen
gewissen Anhaltspunkt. Ist die gesetzte Frist unangemessen kurz, so gilt ex lege
eine objektiv angemessene Frist, mit deren Ablauf die Rechtswirkungen des § 640
Abs. 2 Satz 1 BGB eintreten.[393] Der Besteller kann diese Wirkungen nur durch
eine *substantiierte Mängelrüge* verhindern. Nicht erforderlich ist allerdings, dass
er sämtliche objektiv bestehenden Mängel benennt.[394] Die Rechtsfolgen des § 640
Abs. 2 BGB können sogar dadurch verhindert werden, dass ein letztlich nicht

---

[389] BT-Drucks. 18/8486, S. 48 f.; *Looschelders* Rn. 648a.

[390] BT-Drucks. 18/8486, S. 49; *Bachem/Bürger* NJW 2018, 118 (121 f.); *Breitling* NZBau 2017,
393 (395); a. A. *Leinemann* NJW 2017, 3113 (3114) und wohl auch *Oechsler* Rn. 1146a.

[391] BT-Drucks. 18/8486, S. 48 f.

[392] Siehe oben § 8 Rn. 205.

[393] *Bachem/Bürger* NJW 2018, 118 (119); BR/*Voit* § 640 Rn. 33; NK-BGB/*Raab* § 640 Rn. 29.

[394] BT-Drucks. 18/8486, S. 48; *Erman/Schwenker/Rodemann* § 640 Rn. 28.

vorliegender Mangel angegeben wird, sofern dieser nur nicht offensichtlich ausgeschlossen war.[395] Enthält das Vorbringen des Bestellers aber nur unwesentliche
Mängel, so hindert dies die Wirkung des § 640 Abs. 2 Satz 1 BGB in einer Gesamtschau mit der Wertung des § 640 Abs. 1 Satz 2 BGB richtigerweise nicht.[396]

214   Zu berücksichtigen ist allerdings, dass der Besteller im Fall eines mangelfreien
Werkes regelmäßig bereits infolge des Angebotes der Abnahme in einen *Annahmeverzug i. S. der §§ 293 ff. BGB* gerät. Dieser führt dazu, dass die Vergütungsgefahr
bereits vor dem Fristablauf gemäß den §§ 326 Abs. 2 Satz 1 Alt. 2, 644 Abs. 1 Satz 2
BGB übergeht. Die gerade dem Schutz des Unternehmers dienende Vorschrift des
§ 640 Abs. 2 BGB steht dieser Beurteilung nicht entgegen, da eine Sperrwirkung
mit ihrem Normzweck nicht vereinbar wäre.[397]

(4) Annahmeverzug des Bestellers (§ 644 Abs. 1 Satz 2 BGB)

215   Die Vergütungsgefahr geht darüber hinaus gemäß § 644 Abs. 1 Satz 2 BGB auf den
Besteller über, wenn sich dieser hinsichtlich der Pflicht des Unternehmers zur Verschaffung des Werkes in einem Annahmeverzug i. S. der allgemeinen Vorschriften
der §§ 293 ff. BGB befindet.[398] Allerdings ergibt sich diese Rechtsfolge schon aus
§ 326 Abs. 2 Satz 1 Alt. 2 BGB.[399] Insbesondere findet auch im Rahmen des § 644
Abs. 1 Satz 2 BGB die Regelung des § 326 Abs. 2 Satz 2 BGB (analoge) Anwendung, nach welcher der Vergütungsanspruch des Unternehmers bei einer während
des Annahmeverzuges eintretenden Leistungsbefreiung gegebenenfalls anteilig zu
kürzen ist.[400] Das kommt insbesondere dann in Betracht, wenn das untergegangene
Werk noch nicht vollständig fertiggestellt war, weil der Besteller wegen einer unterlassenen Mitwirkungshandlung i. S. des § 642 Abs. 1 BGB in Annahmeverzug
geraten ist.

216   Die Hauptbedeutung des § 644 Abs. 1 Satz 2 BGB besteht daher darin, dass
nachteilige Beschaffenheitsveränderungen, die nach Eintritt des Annahmeverzuges
auftreten, keinen Sachmangel i. S. des § 633 Abs. 1 und 2 BGB mehr darstellen.
Denn der *maßgebliche Zeitpunkt für die Beurteilung, ob ein Sachmangel vorliegt,*
ist der Übergang der Vergütungsgefahr auf den Besteller,[401] der durch § 644 Abs. 1

---

[395] BT-Drucks. 18/8486, S. 48; *Bachem/Bürger* NJW 2018, 118 (121); *Looschelders* Rn. 648a.
Kritisch gegenüber der hiermit verbundenen „Aufweichung" der Abnahmefiktion gegenüber der
Vorgängerregelung des § 640 Abs. 1 Satz 3 BGB a. F. *Breitling* NZBau 2017, 393; *Erman/Schwen-
ker/Rodemann* § 640 Rn. 30; *Tschäpe/Werner* ZfBR 2017, 419 (421).

[396] Vgl. *Breitling* NZBau 2017, 393 f.; *Leinemann* NJW 2017, 3113 f.; in der Tendenz auch BT-
Drucks. 18/8486, S. 48, wenngleich die Mängel danach „eindeutig" unwesentlich sein müssen;
a. A. *Bachem/Bürger* NJW 2018, 118 (120) und wohl auch *Tschäpe/Werner* ZfBR 2017, 419 (421).

[397] *Staudinger/Peters/Jacoby* (2014) § 640 Rn. 36.

[398] Hiervon zu unterscheiden ist ein Schuldnerverzug mit der Abnahmepflicht aus § 640 Abs. 1
Satz 1 BGB.

[399] Siehe oben § 8 Rn. 195.

[400] RGRK/*Glanzmann* § 644 Rn. 9; *Staudinger/Peters/Jacoby* (2014) § 644 Rn. 25.

[401] Dazu oben § 8 Rn. 35.

Satz 2 BGB angeordnet wird. Das gilt selbst dann, wenn der Unternehmer die Verschlechterung während des Annahmeverzuges des Bestellers nach Maßgabe des § 300 Abs. 1 BGB zu vertreten hat. Beispiel: Der Unternehmer setzt den Besteller mit der Annahme des ordnungsgemäß hergestellten Einfamilienhauses i. S. der §§ 293 ff. BGB in Verzug. Danach verursacht er grob fahrlässig (§ 300 Abs. 1 BGB) einen Brand, der zu Schäden an dem Gebäude führt. Zwar betrifft die Regelung der Vergütungsgefahr als solche nur zufällige Verschlechterungen.[402] Für den Mangelbegriff ist der Gefahrübergang aber in rein zeitlicher Hinsicht bedeutsam, ohne dass der Grund einer später eintretenden Verschlechterung relevant wäre.[403] Somit stellen auch durch den Unternehmer zu vertretende Verschlechterungen ab dem Zeitpunkt des Annahmeverzuges des Bestellers keine Verletzung der Hauptleistungspflicht aus den §§ 631 Abs. 1, 633 Abs. 1 BGB mehr dar, sondern lediglich Schutzpflichtverletzungen i. S. des § 241 Abs. 2 BGB. Sie können den Unternehmer jedoch nach Maßgabe der §§ 280 Abs. 1 und 3, 282 BGB zum Schadensersatz verpflichten und den Besteller gegebenenfalls nach § 324 BGB zum Rücktritt berechtigen.[404]

(5) Vollendung des Werkes (§ 646 BGB)

Wenn ein Werk nach seiner „Beschaffenheit" nicht abnahmefähig ist, d. h., die Verkehrssitte einer rechtsgeschäftsähnlichen Billigung durch den Besteller entgegensteht,[405] tritt gemäß § 646 BGB auch in Bezug auf den Übergang der Vergütungsgefahr die Vollendung des Werkes an die Stelle der Abnahme. Dies ist allerdings nur dann relevant, wenn der Unternehmer mit der Vollendung des Werkes noch nicht seine Pflicht aus § 631 Abs. 1 BGB i. S. des § 362 BGB erfüllt hat. Das ist jedoch regelmäßig der Fall, z. B. mit dem Abschluss einer Theatervorstellung oder der Ankunft des zu befördernden Passagiers am Zielort. Sollte dies im Einzelfall anders sein, so bewirkt die Vollendung des Werkes – wie die Abnahme nach § 644 Abs. 1 Satz 1 BGB – auch eine Konkretisierung der Schuld des Unternehmers auf das hergestellte Werk, sofern dieses keine i. S. des § 640 Abs. 1 Satz 2 BGB wesentlichen Mängel aufweist.[406]

217

(6) Verantwortlichkeit des Bestellers i. S. des § 645 BGB

(a) Stellung der Vorschrift im System der Gefahrtragungsregelungen

Ist das Werk vor der Abnahme infolge eines Mangels des von dem Besteller gelieferten Stoffes oder einer von diesem für die Ausführung erteilten Anweisung untergegangen, verschlechtert oder unausführbar geworden, ohne dass dabei ein

218

---

[402] Siehe oben § 8 Rn. 200.

[403] Vgl. zum Kaufrecht oben § 2 Rn. 442 ff.

[404] Siehe oben § 8 Rn. 179 f.

[405] Siehe oben § 8 Rn. 208.

[406] Dazu oben § 8 Rn. 203 ff.

Umstand mitgewirkt hat, den der Unternehmer zu vertreten hat, so kann dieser von dem Besteller nach § 645 Abs. 1 BGB einen der geleisteten Arbeit entsprechenden Teil der Vergütung und Ersatz seiner in der Vergütung nicht inbegriffenen Auslagen verlangen.

219 Allerdings ist bereits *umstritten, ob* es sich bei dieser Vorschrift um eine *„echte" Gefahrtragungsregelung* handelt, d. h. ob der Besteller trotz einer Leistungsbefreiung des Unternehmers (anteilig) eine Vergütung schuldet.[407] Die Alternative wäre, dass der Unternehmer selbst bei den durch § 645 Abs. 1 Satz 1 BGB erfassten Sachverhalten zu einer Neuherstellung des Werkes verpflichtet bleibt, sofern diese tatsächlich möglich ist (z. B. mit einem durch den Besteller gestellten Ersatzstoff) und hierfür die volle Vergütung aus § 631 Abs. 1 BGB beanspruchen kann, während ihm § 645 Abs. 1 Satz 1 BGB nur einen zusätzlichen anteiligen Vergütungsanspruch für die bereits geleistete erfolglose Arbeit gewährt.[408] Jedoch hat sich der Unternehmer für den Fall, dass eine Leistungsstörung aus der Sphäre des Bestellers i. S. des § 645 Abs. 1 Satz 1 BGB stammt, nicht zu einer erneuten Tätigkeit verpflichtet. Eine derartige Pflicht des Unternehmers zu einer Zweitherstellung ergibt sich auch nicht aus § 242 BGB,[409] sondern ist in der Regel ausgeschlossen, sofern sich die Parteien nicht privatautonom auf einen zweiten Herstellungsversuch geeinigt haben. Geschieht dies nicht, so endet nach der hier vertretenen Auffassung die Herstellungspflicht aus § 631 Abs. 1 BGB selbst dann, wenn eine neue Herstellung tatsächlich möglich wäre, sodass § 645 Abs. 1 Satz 1 BGB *dem Besteller anteilig die Leistungs- und Vergütungsgefahr zuweist.*[410]

220 Erwägenswert erscheint es allenfalls, dem *Unternehmer das einseitige Wahlrecht zuzugestehen*, ob er eine Zweitherstellung vornehmen möchte, wenn diese tatsächlich noch möglich ist.[411] Dies kann insbesondere dann interessant für ihn sein, wenn er bisher nur einen relativ geringen Teil der vorgesehenen Werkherstellung abgeschlossen hat und der nach § 645 Abs. 1 Satz 1 BGB vorgesehene anteilige Vergütungsanspruch daher eine etwaige Gewinnspanne aus dem Vertrag nur zu einem geringen Teil abdeckt.

---

[407] Zum Begriff der Gefahrtragung oben § 8 Rn. 192 f.

[408] So *Beuthien* Zweckerreichung und Zweckstörung im Schuldverhältnis, 1969, S. 128 in Fn. 221; NK-BGB/*Raab* § 645 Rn. 8; *Stamm* AcP 217 (2017), 165 (183) und wohl auch *Jauernig/Mansel* §§ 644, 645 Rn. 1 f.

[409] In diese Richtung aber *Erman/Schwenker/Rodemann* § 645 Rn. 7a; *Staudinger/Peters/Jacoby* (2014) § 644 Rn. 11 m. w. N.

[410] Ebenso *Harke* Rn. 105 und wohl auch *Emmerich* § 10 Rn. 27 f. Wenn das Werk aus einem der in § 645 Abs. 1 Satz 1 BGB genannten Gründe nicht untergegangen, sondern nur verschlechtert ist, schließt dies die Mängelrechte des Bestellers nach § 634 BGB aus, siehe oben § 8 Rn. 104; a. A. *Staudinger/Peters/Jacoby* (2014) § 645 Rn. 9 f.

[411] Siehe allg. zu dem Gedanken einer Befugnis des Schuldners, den Übergang der Leistungsgefahr auf den Gläubiger nach § 242 BGB rückgängig zu machen *Emmerich* MünchKomm. § 243 Rn. 31 ff.

(b) Tatbestandsvoraussetzungen der Gefahrverlagerung

(aa) Leistungsstörung im Verantwortungsbereich des Bestellers

Im Hinblick auf den Anwendungsbereich der Vorschrift ist zunächst festzuhalten, dass **221** § 645 Abs. 1 Satz 1 BGB nicht den Fall erfasst, in dem der Besteller als Gläubiger das Leistungshindernis analog den §§ 276 ff. BGB zu verantworten hat. Wenn dies zu bejahen ist, dann trägt er die Vergütungsgefahr bereits nach Maßgabe des § 326 Abs. 2 Satz 1 Alt. 1 BGB. Deshalb beruht die Zurechnung der Leistungsstörung nach § 645 Abs. 1 Satz 1 BGB auf einem geringeren Verantwortlichkeitsgrad des Bestellers.

Erstens betrifft dies den Fall, dass die Leistungsstörung auf einen *Mangel des* **222** *von dem Besteller gelieferten Stoffes* zurückzuführen ist. Dabei ist der Begriff des „Stoffes" weit auszulegen und umfasst z. B. auch den durch den Besteller zur Verfügung gestellten Baugrund.[412] Die von § 645 BGB geforderte Mangelhaftigkeit des Stoffes bemisst sich nicht nach § 633 Abs. 2 Satz 1 und 2 BGB, sondern danach, ob diesem eine Qualität fehlt, die für die Herstellung des versprochenen Werkes erforderlich ist und deren Vorliegen der Unternehmer erwarten durfte.[413] Letzteres ist z. B. zu verneinen und § 645 Abs. 1 Satz 1 BGB damit nicht einschlägig, wenn der Unternehmer die betreffende Beschaffenheit des Stoffes kannte und irrig glaubte, mit diesem ein bestimmtes Werk herstellen zu können. Beispiel: Der Bauunternehmer geht irrtümlich davon aus, dass die offengelegte Bodenzusammensetzung des Grundstücks des Bestellers für ein Hochhaus hinreichend tragfähig ist.

Zweitens nennt § 645 Abs. 1 Satz 1 BGB den Fall, dass der Untergang oder die **223** Unausführbarkeit auf einer Anweisung des Bestellers beruht. Die Risikoverteilung des § 645 Abs. 1 Satz 1 BGB ist in diesem Fall allerdings nur dann gerechtfertigt, wenn es sich um eine *nachträgliche bindende Anweisung* handelt, der sich der Unternehmer in dem Werkvertrag unterworfen hatte.[414] Es geht daher insbesondere um Leistungskonkretisierungen des Bestellers i. S. der §§ 315, 316 BGB. Muss der Unternehmer hingegen die Weisung nach dem Vertragsinhalt nicht befolgen, sodass es sich um eine bloße Anregung oder Bitte des Bestellers handelt, entlastet dies den Unternehmer nicht i. S. des § 645 Abs. 1 Satz 1 BGB. Das weitere Geschehen bleibt seiner Entscheidungshoheit unterstellt und ist nicht dem Besteller zuzurechnen. Gleiches gilt für Leistungsvorgaben, die bereits in dem ursprünglichen Vertrag von dem Besteller gefordert wurden, da sich der Unternehmer mit diesen unmittelbar einverstanden erklärt und insoweit nicht nur pauschal einer späteren einseitigen Anordnung durch den Besteller zugestimmt hat.[415] Das Risiko der Realisierbarkeit dieser vertraglichen Vereinbarung als solcher muss der Unternehmer selbst tragen.

---

[412] *Erman/Schwenker/Rodemann* § 645 Rn. 2; *Esser/Weyers* BT 1, § 34 III 1a, S. 290; *Soergel/Teichmann* § 645 Rn. 4; *Staudinger/Peters/Jacoby* (2014) § 645 Rn. 12.

[413] BGH 30.11.1972 BGHZ 60, 14 (20).

[414] BGH 14.03.1996 BGHZ 132, 189 (192 ff.) zu § 13 Nr. 3 VOB/B a. F.; BR/*Voit* § 645 Rn. 10; *Busche* MünchKomm. § 645 Rn. 9; *Esser/Weyers* BT 1, § 34 III 1b, S. 291; *Staudinger/Peters/Jacoby* (2014) § 645 Rn. 17.

[415] BGH 11.03.1982 BGHZ 83, 197 (202 f.); *Erman/Schwenker/Rodemann* § 645 Rn. 3; *Staudinger/Peters/Jacoby* (2014) § 645 Rn. 17; a. A. *Harke* Rn. 105 in Fn. 100; RGRK/*Glanzmann* § 645 Rn. 3.

224   Die im Gesetz enthaltene Aufzählung wirft die Frage auf, ob die dort genannten Tatbestände abschließend sind. Nach allgemeiner Ansicht ist das zu verneinen. Umstritten ist jedoch, in welchem Umfang § 645 Abs. 1 Satz 1 BGB einen *verallgemeinerungsfähigen Rechtsgedanken* enthält. Nach einer Ansicht umfasst die Norm alle Risiken, die in der Sphäre des Bestellers wurzeln (sog. *Sphärentheorie*).[416] Dieser generalisierende Ansatz ist allerdings mit dem Makel einer nicht unerheblichen Einbuße an Rechtssicherheit behaftet und droht das differenzierte Gefahrtragungsgefüge des Werkvertragsrechts zu nivellieren. Deshalb befürwortet die h. L. eine Ausdehnung der Vorschrift nur im Wege einer *im Einzelfall zu begründenden Analogie*.[417]

225   In Betracht kommt dabei insbesondere eine teleologische Vergleichbarkeit anderer Leistungshindernisse mit einem Mangel des bestellereigenen Stoffes i. S. des § 645 Abs. 1 Satz 1 BGB, z. B. wenn der Besteller im Umfeld des Leistungssubstrates gefährliche Stoffe lagert, die einen Untergang des Werkes herbeiführen (z. B. Einbringen von Heu in eine noch im Bau befindliche Scheune, das sich später entzündet).[418] Ebenso kann auch das Unterlassen zumutbarer Sicherungsmaßnahmen (Hochwassersicherung etc.) zu einer Verantwortlichkeit des Bestellers i. S. des § 645 Abs. 1 Satz 1 BGB analog führen.[419] Im Wege eines argumentum a fortiori sind auch diejenigen Fälle erfasst, in denen der Besteller es gänzlich versäumt, das Leistungssubstrat in der vorgesehenen Zeitspanne zur Verfügung zu stellen (der Passagier erscheint nicht zu dem gebuchten Linienflug; der Fahrer des abzuschleppenden PKW bringt diesen selbst wieder „in Gang").[420] In allen diesen Fällen kommt es nicht darauf an, ob der Besteller die Leistungsstörung analog den §§ 276 ff. BGB i. S. eines Verschuldens zu vertreten hat, da anderenfalls der Gefahrübergang bereits aus § 326 Abs. 2 Satz 1 Alt. 1 BGB folgen würde und § 645 Abs. 1 Satz 1 BGB gerade hierüber hinausgeht. Darüber hinaus hat der BGH die Regelung des § 645 Abs. 1 Satz 1 BGB entsprechend angewendet, wenn eine Fabrik aufgrund politischer Unruhen auf unabsehbare Zeit nicht an dem vorgesehenen Ort errichtet werden kann.[421] Da die Gewährleistung der erforderlichen Arbeitsbedingungen an dem durch den Besteller gewählten Ort der Werkherstellung mit der Eignung des

---

[416] *Beuthien* Zweckerreichung und Zweckstörung im Schuldverhältnis, 1969, S. 242 ff.; *Enneccerus/Lehmann* § 153 II 1a, S. 657; offen BGH 30.11.1972 BGHZ 60, 14 (19); weiterführend *Erman* JZ 1965, 657 ff.

[417] BR/*Voit* § 645 Rn. 17 ff.; *Busche* MünchKomm. § 645 Rn. 15; *Esser/Weyers* BT 1, § 34 III 1a, S. 291; *Fikentscher/Heinemann* Rn. 1218; *Looschelders* Rn. 658; *Oechsler* Rn. 1165 ff.; RGRK/ *Glanzmann* § 645 Rn. 4; *Staudinger/Peters/Jacoby* (2014) § 645 Rn. 31 ff.

[418] BGH 11.07.1963 BGHZ 40, 71 (75).

[419] BGH 21.08.1997 BGHZ 136, 303 (309); BGH 16.10.1997 BGHZ 137, 35 (38).

[420] BR/*Voit* § 645 Rn. 21; *Busche* MünchKomm. § 645 Rn. 16; *Erman/Schwenker/Rodemann* § 645 Rn. 10a; *Staudinger/Peters/Jacoby* (2014) § 645 Rn. 33 ff. Diese Fälle können gegebenenfalls auch bereits unter § 326 Abs. 2 Satz 1 Alt. 1 oder 2 BGB fallen; siehe allg. zu den Kategorien der Zweckerreichung und des Zweckfortfalls im Leistungsstörungsrecht *Finkenauer* MünchKomm. § 313 Rn. 156 ff.

[421] BGH 11.03.1982 BGHZ 83, 197 (203 ff.).

zu bearbeitenden Stoffes für das Werk vergleichbar ist, überzeugt dies.[422] Eine allgemeine Haftung des Bestellers für höhere Gewalt ist § 645 Abs. 1 Satz 1 BGB indes nicht zu entnehmen.[423] Schließlich wird eine Analogie zu § 645 Abs. 1 BGB grundsätzlich auch dann abgelehnt, wenn die Verschlechterung oder Zerstörung eines bereits fertiggestellten, aber noch nicht abgenommenen Werkes eines Unternehmers darauf beruht, dass ein parallel arbeitender anderer Werkunternehmer sich unsachgemäß verhält (Beispiel: Ein Schweißunternehmen löst einen Brand aus, der bereits vollendete Malerarbeiten auf derselben Baustelle zerstört.).[424]

(bb) Kein Vertretenmüssen des Unternehmers

Ausgeschlossen ist die Anwendung des § 645 Abs. 1 Satz 1 BGB, wenn das Leistungshindernis nicht allein in die Sphäre des Bestellers fällt, sondern ein Umstand hinzutritt, den der Unternehmer „zu vertreten" hat. Dabei ist das Vertretenmüssen nicht technisch i. S. der §§ 276 ff. BGB zu verstehen, sondern umfasst *jede objektiv i. S. des § 280 Abs. 1 Satz 1 BGB pflichtwidrige Verhaltensweise* des Unternehmers.[425] Diese weite Interpretation folgt daraus, dass auch der Verantwortlichkeitsgrad des Bestellers, der zu einer Zurechnung nach § 645 Abs. 1 Satz 1 BGB führen würde (Mangel des Stoffes etc.), objektiver Natur und gegenüber den Maßstäben des § 326 Abs. 2 Satz 1 Alt. 1 BGB (§§ 276 ff. BGB analog) abgeschwächt ist. Aus diesem Grund sind umgekehrt auch an den Ausschlussgrund des Vertretenmüssens des Unternehmers geringere Anforderungen zu stellen. Eine relevante Pflichtwidrigkeit des Unternehmers kann insbesondere darin liegen, dass er eine gebotene Untersuchung des von dem Besteller zur Verfügung gestellten Stoffes unterlässt oder den Besteller nicht auf die mit einer erteilten Anweisung verbundenen Gefahren aufmerksam macht.[426]

226

Dass die Zurechnung zulasten des Bestellers nach § 645 Abs. 1 Satz 1 BGB nicht auf dessen Verantwortlichkeit analog den §§ 276 ff. BGB beruht, bildet auch den maßgeblichen Grund dafür, weshalb bei einem korrespondierenden Vertretenmüssen des Unternehmers i. S. eines objektiv pflichtwidrigen Verhaltens die Rechtsfolgen der Vorschrift überhaupt nicht eingreifen und eine *Abwägung nach Maßgabe des § 254 BGB unterbleibt*.[427] Hat der Unternehmer die Leistungsstörung

227

---

[422] A. A. *Oechsler* Rn. 1169.

[423] *Staudinger/Peters/Jacoby* (2014) § 645 Rn. 42.

[424] BGH 06.11.1980 BGHZ 78, 352 (356 f.). Die angemessene Lösung ist in einer solchen Konstellation vielmehr in einer Liquidation des Drittschadens des betroffenen Unternehmers durch den Besteller bei dem fehlerhaft handelnden Unternehmer zu suchen; siehe *Oetker* MünchKomm. § 249 Rn. 301.

[425] *Staudinger/Peters/Jacoby* (2014) § 645 Rn. 20 f.; a. A. wohl *Busche* MünchKomm. § 645 Rn. 10 f.

[426] BR/*Voit* § 645 Rn. 12; *Busche* MünchKomm. § 645 Rn. 10; *Erman/Schwenker/Rodemann* § 645 Rn. 5; *Esser/Weyers* BT 1, § 34 III 1b, S. 291 f.

[427] BGH 12.07.1973 BGHZ 61, 144 (147) zur Parallelregelung in § 7 Abs. 1 VOB/B; BR/*Voit* § 645 Rn. 12; a. A. *Staudinger/Peters/Jacoby* (2014) § 645 Rn. 29.

im dargelegten Sinne zu vertreten, so ist er zu einer Neuherstellung bzw. Nacherfüllung verpflichtet, soweit diese möglich ist; anderenfalls greift wegen § 275 BGB die Grundregel des § 326 Abs. 1 BGB ein.

(cc) Rechtsfolgen

228 Soweit die Voraussetzungen des § 645 Abs. 1 Satz 1 BGB vorliegen, kann der Unternehmer einen der bereits geleisteten Arbeit entsprechenden Teil der Vergütung sowie den Ersatz der in der Vergütung nicht inbegriffenen Auslagen verlangen. Nach der hier vertretenen Auffassung ist er darüber hinaus selbst dann nicht zu einer Neuherstellung des Werkes bzw. zur Mängelbeseitigung verpflichtet, wenn diese tatsächlich möglich wären.[428]

229 Die *anteilige Vergütung* bemisst sich nicht nach dem Wert des vor dem Untergang oder der Unausführbarkeit bereits erstellten Werkteiles, sondern nach dem Verhältnis der bereits geleisteten zu der insgesamt veranschlagten Arbeitszeit. Hatte der Unternehmer z. B. bereits 50 % der geschuldeten Tätigkeit entfaltet, so steht ihm ein Anspruch auf hälftige Vergütung zu, unabhängig davon, ob er dadurch erst 40 % oder schon 60 % des Werkerfolges erzielt hatte.[429] Wegen dieser Anbindung der Teilvergütung an das Tätigkeitsmoment sind zusätzlich auch die Auslagen des Unternehmers zu ersetzen. Hatte beispielsweise der Unternehmer Material zu beschaffen und während der zu 50 % erbrachten Tätigkeit bereits 100 % des zu verarbeitenden und dann untergegangenen Materials verwendet, steht ihm ein Ersatz des objektiven Wertes auch für die zweiten 50 % des Materials zu, während die andere Hälfte des Materialwertes bereits mit der nach dem Anteil der Arbeitsleistung bemessenen hälftigen Vergütung (inklusive der anteiligen Gewinnspanne) abgegolten ist.

230 Eine *weitergehende Haftung des Bestellers wegen Verschuldens* bleibt nach § 645 Abs. 2 BGB ausdrücklich unberührt. Dies hat zwei Konsequenzen: Soweit der Besteller für die Leistungsstörung über § 645 Abs. 1 Satz 1 BGB hinaus i. S. des § 326 Abs. 2 Satz 1 Alt. 1 BGB i. V. mit den §§ 276 ff. BGB analog verantwortlich ist, steht dem Unternehmer ein nach § 326 Abs. 2 BGB zu bemessender Vergütungsanspruch zu, der gegebenenfalls höher ausfällt.[430] Darüber hinaus schuldet er dem Unternehmer bei einer schuldhaften Schutzpflichtverletzung gemäß § 280 Abs. 1 BGB Schadensersatz. Dies ist z. B. der Fall, wenn der Besteller Material zur Verfügung stellt, dessen Schadhaftigkeit nur für ihn erkennbar war und durch das der Unternehmer dann eine Körperverletzung erleidet.

2. Pflicht zur Abnahme des Werkes (§ 640 Abs. 1 Satz 1 und 2 BGB)

a) Allgemeines

231 Die Abnahme des Werkes ist für verschiedene Rechtsfragen von zentraler Bedeutung. Sie bildet nicht nur den maßgeblichen Zeitpunkt für die Frage, ob eine

---

[428] Siehe oben § 8 Rn. 219.

[429] RGRK/*Glanzmann* § 645 Rn. 8; *Staudinger/Peters/Jacoby* (2014) § 645 Rn. 24.

[430] Siehe oben § 8 Rn. 194 ff.

bestimmte Beschaffenheit des Werkes einen Mangel i. S. des § 633 BGB darstellt[431] und führt zur Anwendbarkeit der Mängelrechte aus § 634 BGB als speziellere Regelung gegenüber den Vorschriften des allgemeinen Leistungsstörungsrechts.[432] Vielmehr droht dem Besteller bei einer vorbehaltlosen Abnahme des Werkes gemäß § 640 Abs. 2 BGB auch ein Rechtsverlust.[433] Schließlich hängen von ihr nach § 641 Abs. 1 Satz 1 BGB die Fälligkeit des Vergütungsanspruchs[434] und gemäß § 644 Abs. 1 Satz 1 BGB der Übergang der Vergütungsgefahr ab.[435]

Daher hat der Gesetzgeber die Abnahme nicht als nur eine *Gläubigerobliegenheit* **232** *des Bestellers* ausgestaltet, deren Verletzung nach Maßgabe der §§ 293 ff. BGB zu einem Annahmeverzug mit den Folgen der §§ 300 ff., 326 Abs. 2, 644 Abs. 1 Satz 2 BGB führt, sondern auch zum Gegenstand eines *eigenständigen Anspruchs des Unternehmers* gegenüber dem Besteller gemacht, der auf § 640 Abs. 1 Satz 1 und 2 BGB beruht. Daher ist der Besteller in Bezug auf die Verschaffung des Werkes sowohl Gläubiger als auch Schuldner.[436] Dabei sind die Voraussetzungen und Rechtsfolgen eines Annahmeverzuges einerseits und einer Verletzung der Abnahmepflicht andererseits jedoch strikt voneinander zu trennen.

b) Einbeziehung der Abnahme in das Synallagma

Umstritten ist, ob die Abnahmepflicht des Bestellers in das *werkvertragliche Synal-* **233** *lagma* eingebunden ist, was zur Anwendbarkeit der §§ 320 ff. BGB führen würde. Diese Frage hat allerdings insoweit an Bedeutung verloren, als das Rücktrittsrecht bei gegenseitigen Verträgen nach § 323 BGB seit der Schuldrechtsreform auch die Nichterfüllung nicht-synallagmatischer Leistungspflichten erfasst.[437] Inhaltlich betrifft der Streit somit nur noch die Geltung der §§ 320 bis 322 BGB für die Abnahmepflicht, der aus praktischer Sicht keine allzu große Bedeutung zukommt.

Die wohl h. M. bejaht den synallagmatischen Charakter der Abnahmepflicht.[438] **234** Dieser kann jedoch kaum mit dem allgemeinen Interesse des Unternehmers an einer Entlastung von dem hergestellten Werk begründet werden, da auch der Verkäufer eines Gegenstandes ein vergleichbares Interesse an einer Abnahme i. S. des § 433 Abs. 2 BGB hat, die jedoch anerkanntermaßen nur in besonderen Fallgestaltungen

---

[431] Vgl. oben § 8 Rn. 31 ff. Insoweit kommen allerdings alternativ auch die anderen, oben unter § 8 Rn. 199 ff. dargestellten Tatbestände der Gefahrverlagerung in Betracht.

[432] Dazu oben § 8 Rn. 60 ff.

[433] Näher oben § 8 Rn. 74 ff.

[434] § 8 Rn. 184 ff. Die Fälligkeit tritt jedoch alternativ auch nach Maßgabe der anderen, unter § 8 Rn. 199 ff. erläuterten Tatbestände der Gefahrverlagerung ein.

[435] Siehe oben § 8 Rn. 201 ff. sowie Rn. 211 ff. zu alternativen Verlagerungen der Vergütungsgefahr.

[436] Statt aller *Oechsler* Rn. 1146.

[437] BT-Drucks. 14/6040, S. 183; *Palandt/Grüneberg* § 323 Rn. 10; a. A. *Ernst* MünchKomm. § 323 Rn. 13.

[438] RG 26.08.1943 RGZ 171, 297 (300 f.); BGH 23.02.1989 BGHZ 107, 75 (77); *Busche* Münch-Komm. § 640 Rn. 42 ff.; *Fikentscher/Heinemann* Rn. 1200; *Larenz* BT 1, § 53 III a, S. 363; RGRK/ *Glanzmann* § 640 Rn. 18.

im Gegenseitigkeitsverhältnis steht.[439] Deshalb wird die Einbeziehung der Abnahmepflicht in das Synallagma hauptsächlich damit begründet, dass an sie für den Unternehmer bedeutsame Rechtsfolgen geknüpft sind, die insbesondere im Eintritt der Fälligkeit seiner Vergütungsforderung bestehen (§ 641 Abs. 1 Satz 1 BGB).

235   Gegen dieses Argument spricht jedoch, dass der Unternehmer durch das Abnahmesurrogat des § 640 Abs. 2 BGB nunmehr[440] die Fälligkeit seiner Werklohnforderung sowie die anderen Rechtswirkungen auch ohne eine reale Abnahme des Werkes durch den Besteller herbeiführen kann. Zudem wird der Gefahrübergang sogar bereits dadurch bewirkt, dass er den Besteller mit der Annahme des Werkes i. S. der §§ 293 ff. BGB in Verzug setzt (§ 644 Abs. 1 Satz 2 BGB). Darüber hinaus ist die Vorstellung, der Unternehmer schließe den Werkvertrag gerade ab, *um das Werk von dem Besteller abnehmen zu lassen* (do ut des), nur in besonderen Einzelfällen überzeugend. Aufgrund des verminderten praktischen Bedürfnisses für eine Einbeziehung der Abnahme in das Synallagma ist diese daher *im Regelfall zu verneinen*.[441] Wie bei der Abnahme gemäß § 433 Abs. 2 BGB kann aber aufgrund der Besonderheiten des Einzelfalles eine abweichende Beurteilung geboten sein, z. B. wenn die Parteien eine Pflicht zur Benutzung des Werkes durch den Besteller vereinbart haben, um einen Werbeeffekt für den Unternehmer zu erzielen. In derartigen Fällen sind auf die Abnahme auch die §§ 320 ff. BGB anwendbar.

c) Voraussetzungen des Abnahmeanspruchs

236   Nach § 640 Abs. 1 Satz 1 BGB ist der Besteller verpflichtet, das vertragsgemäß hergestellte Werk abzunehmen, sofern nicht die Abnahme desselben nach der Beschaffenheit ausgeschlossen ist. Das Werk muss daher zunächst *abnahmefähig* sein; anderenfalls greift § 646 BGB ein. Wann Letzteres der Fall ist, bemisst sich nach dem zugrunde gelegten Abnahmebegriff.[442] Nach der hier vertretenen Auffassung kommt es darauf an, ob nach der Verkehrssitte eine Billigung des Werkes durch den Besteller üblich ist. Dies ist regelmäßig bei körperlichen Werken der Fall, seltener bei unkörperlichen Leistungen (Beförderung, Kunstdarbietung etc.).

237   Da der Besteller nur das *„vertragsmäßig" hergestellte Werk* abnehmen muss, stehen insbesondere Mängel i. S. des § 633 BGB einem Abnahmeanspruch des Unternehmers grundsätzlich entgegen.[443] Hiervon sieht § 640 Abs. 1 Satz 2 BGB jedoch eine *Ausnahme bei unwesentlichen Mängeln* vor. Auch wenn solche vorliegen, besteht für den Besteller eine Pflicht zur Abnahme. Für die Abgrenzung kommt es in Anlehnung an die §§ 281 Abs. 1 Satz 3, 323 Abs. 5 Satz 2 BGB darauf an,

---

[439] Siehe oben § 2 Rn. 480 f.

[440] Eine dem jetzigen § 640 Abs. 2 BGB vergleichbare Regelung existiert seit dem 01.05.2000.

[441] BR/*Voit* § 640 Rn. 30; *Esser/Weyers* BT 1, § 33 II 2, S. 283.

[442] Siehe oben § 8 Rn. 206 ff.

[443] BGH 10.02.1994 NJW 1994, 1276 (1277); BR/*Voit* § 640 Rn. 22; *Busche* MünchKomm. § 640 Rn. 43; *Erman/Schwenker/Rodemann* § 640 Rn. 11.

ob der Mangel die Gebrauchstauglichkeit oder den Wert des Werkes in Relation zu der Gesamtleistung mehr als nur geringfügig beeinträchtigt.[444] Ein unwesentlicher Mangel, der einer Pflicht zur Abnahme nicht entgegensteht, ist z. B. anzunehmen, wenn in einem erbauten Einfamilienhaus eine Türe quietscht, nicht aber, wenn die Stromversorgung defekt ist.

Trotz dieser Parallele darf nicht übersehen werden, dass das Kriterium der Unwe-   **238**
sentlichkeit eines Mangels bei § 640 Abs. 1 Satz 2 BGB eine andere Funktion erfüllt als in den §§ 281 Abs. 1 Satz 3, 323 Abs. 5 Satz 2 BGB. Bei den letztgenannten Vorschriften hindert ein unwesentlicher Mangel aufgrund der durch einen Leistungstransfer geschaffenen Vertrauenslage nur eine nachträgliche Rückabwicklung des gesamten Vertrages. Demgegenüber entzieht § 640 Abs. 1 Satz 2 BGB dem Besteller bereits das präventive Ablehnungsrecht gegenüber einer mangelhaften Werkleistung. Dies spricht dafür, den Begriff der Unwesentlichkeit im Rahmen des § 640 Abs. 1 Satz 2 BGB *restriktiv zu interpretieren*.[445] Darüber hinaus bleibt zu beachten, dass § 640 Abs. 1 Satz 2 BGB zwar die Pflicht zur Abnahme aufrechterhält, vorbehaltlich des § 640 Abs. 2 BGB aber nicht die Rechte des Bestellers aus den §§ 634, 641 Abs. 3 BGB wegen des (unwesentlichen) Mangels ausschließt.[446]

d) Inhalt der Abnahmeverpflichtung

Der Inhalt der Abnahmepflicht bestimmt sich nach dem oben dargestellten Abnah-   **239**
mebegriff.[447] Der Besteller muss daher

- bei einem *körperlichen Werk* dasselbe tatsächlich annehmen (Mitwirkung an der Übergabe), soweit dies nicht aufgrund der Umstände entbehrlich ist, und das Werk als vertragsgemäße Leistung billigen bzw.
- bei einem *unkörperlichen Werk* (z. B. Software-Programm) nur eine Billigung desselben aussprechen.[448]

Die Zeit und der Ort der Abnahme ergeben sich aus der vertraglichen Vereinbarung,   **240**
ersatzweise aus den §§ 269, 271 BGB.

---

[444] Vgl. *Palandt/Sprau* § 640 Rn. 12 sowie exemplarisch OLG Köln 07.03.2003 NJW-RR 2004, 1693 (1694).

[445] *Staudinger/Peters/Jacoby* (2014) § 640 Rn. 30 plädieren sogar noch enger für eine Auslegung des § 640 Abs. 1 Satz 2 BGB als bloßes Schikaneverbot.

[446] *Palandt/Sprau* § 640 Rn. 12. Zu diesen Rechten gehören aufgrund der §§ 281 Abs. 1 Satz 3, 323 Abs. 5 Satz 2 BGB jedoch nicht der Schadensersatz statt der ganzen Leistung („großer Schadensersatz") oder der Rücktritt von dem Vertrag.

[447] Siehe oben § 8 Rn. 206 ff.

[448] Ist diese Billigung nach der Verkehrssitte ausgeschlossen, fehlt es bereits an den Voraussetzungen einer Abnahmepflicht gemäß § 640 Abs. 1 Satz 1 BGB, sodass § 646 BGB eingreift.

e) Folgen einer Verletzung der Abnahmepflicht

241 Befindet sich der Besteller mit der Erfüllung der Abnahmepflicht gemäß § 286 BGB in Schuldnerverzug, so kann der Unternehmer – neben dem Fortbestehen des Abnahmeanspruchs[449] – den *Ersatz des Verzögerungsschadens* verlangen (§ 280 Abs. 1 und 2 BGB).[450] Dies betrifft z. B. anfallende Lagerungskosten, die allerdings auch schon aufgrund eines Annahmeverzuges nach § 304 BGB zu ersetzen sind.

242 Soweit die Abnahme nicht ausnahmsweise in das Synallagma einbezogen ist, findet zwar das *Rücktrittsrecht* aus § 323 BGB, nicht aber die §§ 320 bis 322 BGB Anwendung.[451] Daneben ist der Unternehmer bei beweglichen körperlichen Werken gemäß § 383 BGB zu einem *Selbsthilfeverkauf* im Wege der Versteigerung berechtigt, wenn sich der Besteller zugleich in einem Annahmeverzug befindet.

3. Entschädigungsanspruch bei unterlassener Mitwirkung durch den Besteller (§ 642 BGB)

243 Die Herstellung des Werkes kann je nach Vertragsinhalt in verschiedener Weise von der Mitwirkung des Bestellers abhängen. So kann ein auf seinem Grundstück zu errichtendes Gebäude nur dann entstehen, wenn er dem Unternehmer Zutritt zu der Baustelle gewährt. Ebenso ist ein Software-Programm, das den Produktionsprozess eines Unternehmens steuern soll, nur dann entwickelbar, wenn der Unternehmensträger die hierfür notwendigen Daten zur Verfügung stellt. Dem tragen die Vorschriften des Werkvertragsrechts allerdings nur eingeschränkt Rechnung, da sie eine *Mitwirkungspflicht des Bestellers erst* nach der erfolgten Fertigstellung des Werkes *in Gestalt der Abnahmepflicht* aus § 640 Abs. 1 Satz 1 BGB begründen und diese auch nur bei abnahmefähigen Werken eingreift (vgl. § 646 BGB).[452]

244 Mitwirkungshandlungen des Bestellers, die bereits *im Stadium der Werkherstellung* erforderlich sind, haben vorbehaltlich einer stets möglichen abweichenden Vereinbarung der Parteien deshalb nur den Charakter einer *Gläubigerobliegenheit*.[453] Welche

---

[449] Dieser kann eingeklagt und gegebenenfalls durch die Androhung eines Zwangsgeldes gemäß § 888 ZPO bewehrt werden: BGH 27.02.1996 BGHZ 132, 96 (98 ff.).

[450] Näher z. B. *Oechsler* Rn. 1146.

[451] Dazu oben § 8 Rn. 233.

[452] Näher oben § 8 Rn. 231 ff.

[453] RG 14.08.1941 RGZ 168, 321 (327); BGH 16.05.1968 BGHZ 50, 175 (178); *Busche* Münch-Komm. § 642 Rn. 2 ff.; *Esser/Weyers* BT 1, § 33 II 3, S. 283 f.; *Fikentscher/Heinemann* Rn. 1201; *Larenz* BT 1, § 53 III c, S. 370 f.; *Soergel/Teichmann* § 642 Rn. 7; *Staudinger/Peters/Jacoby* (2014) § 642 Rn. 17; generell für eine Mitwirkungspflicht des Bestellers hingegen *Erman/Schwenker/Rodemann* § 642 Rn. 2 m. w. N.; RGRK/*Glanzmann* § 642 Rn. 2. Wie im Rahmen des Dienstvertragsrechts dargestellt wurde, kann sich eine Mitwirkungspflicht des Bestellers als Schutzpflicht i. S. des § 241 Abs. 2 BGB *in eng begrenzten Fällen* nicht nur aus einer gesonderten Vereinbarung, sondern auch aus § 242 BGB ergeben, wenn der Unternehmer auf einen öffentlichen Wirkungskreis besonders angewiesen ist (künstlerische Darbietungen etc.); näher dazu oben § 7 Rn. 98 ff.

Mitwirkungen dem Gläubiger im Einzelnen obliegen, ist einer Auslegung des Vertrages, hilfsweise der Regelung des § 242 BGB zu entnehmen. Hierzu gehört es jedenfalls, dass der Besteller eine aktive Störung der Werkherstellung unterlässt. Zudem kann er analog § 278 BGB für eine Mitwirkung ihm zurechenbarer Dritter (Angestellte, andere Werkunternehmer) verantwortlich sein.[454] Die Verletzung der Mitwirkungsobliegenheit führt unter den Voraussetzungen der §§ 293 ff. BGB – also verschuldensunabhängig – zu einem *Annahmeverzug* des Bestellers. Hieran knüpfen sich zunächst die Rechtsfolgen der §§ 300 ff., 326 Abs. 2 Satz 1 Alt. 2, 644 Abs. 1 Satz 2 BGB.[455]

Zu berücksichtigen ist jedoch, dass die unterlassene Mitwirkung des Bestellers **245** und die dadurch eintretende Verzögerung den Unternehmer gegebenenfalls daran hindert, andere Erwerbsmöglichkeiten wahrzunehmen. Dem trägt das Recht des Dienstvertrages dadurch Rechnung, dass es aufgrund der ausschließlichen Tätigkeitsbezogenheit dieses Vertragstyps bei einem Annahmeverzug des Dienstberechtigten eine Leistungsbefreiung des Dienstverpflichteten unter grundsätzlich voller Aufrechterhaltung der Vergütungspflicht vorsieht (§ 615 Satz 1 und 2 BGB).[456] Da sich der Unternehmer bei einem Werkvertrag aber nicht nur zu einer Tätigkeit, sondern zur Erzielung eines hierüber hinausgehenden Erfolges verpflichtet hat, verbietet es sich, im Werkvertragsrecht an den bloßen Annahmeverzug des Bestellers eine ebenso drastische Rechtsfolge zu knüpfen. Vielmehr enthalten die §§ 642, 643 BGB einen Kompromiss zur Lösung dieser Problematik:

Vorbehaltlich einer Kündigung gemäß § 643 BGB[457] bleibt der Unternehmer **246** weiterhin zur Herstellung des Werkes verpflichtet. Ferner geht der Anspruch des Bestellers auf Herstellung des Werkes aus § 631 Abs. 1 BGB nur nach den allgemeinen Grundsätzen unter, z. B. wenn die Ausführung des Werkes unmöglich wird (§§ 275 Abs. 1, 326 Abs. 2 Satz 1 Alt. 2, 644 Abs. 1 Satz 2 BGB).[458] Auf der anderen Seite erwirbt der Unternehmer gemäß § 642 Abs. 1 BGB einen *zusätzlichen Entschädigungsanspruch*, der neben seinen fortbestehenden Vergütungsanspruch tritt, wenn der Besteller durch die unterlassene Mitwirkung nach Maßgabe der §§ 293 ff. BGB in Annahmeverzug geraten ist.[459] Dieser Anspruch, der an eine

---

[454] *Staudinger/Peters/Jacoby* (2014) § 642 Rn. 10.

[455] Es ist allerdings umstritten, ob sich die Haftungsmilderung des § 300 Abs. 1 BGB nur auf Leistungspflichten oder auch auf Schutzpflichten wie z. B. die Obhut des Unternehmers über einen von dem Besteller gelieferten Stoff bezieht; dazu allg. *Ernst* MünchKomm. § 300 Rn. 2.

[456] Näher oben § 7 Rn. 94 ff.

[457] Dazu unten § 8 Rn. 276 f.

[458] Wenn ein absolutes Fixgeschäft vorliegt und die Erbringung der Werkleistung daher bereits durch die unterlassene Mitwirkung unmöglich wird, kann sich eine (teilweise) Aufrechterhaltung des Vergütungsanspruchs auch ohne eine Verantwortlichkeit des Bestellers i. S. des § 326 Abs. 2 Satz 1 Alt. 1 BGB aus einer analogen Anwendung des § 645 Abs. 1 Satz 1 BGB ergeben; siehe oben § 8 Rn. 224 f.

[459] Es bedarf somit insbesondere eines tatsächlichen Angebotes der Herstellung durch den Unternehmer gemäß § 294 BGB, sofern dieses nicht nach Maßgabe der §§ 295, 296 BGB entbehrlich ist.

Obliegenheitsverletzung geknüpft ist, soll die für den Unternehmer mit der Herstellungsverzögerung verbundene Belastung ausgleichen. Hingegen ist es ihm vorbehaltlich einer ausnahmsweisen Mitwirkungspflicht des Bestellers nicht möglich, die Nachholung der unterlassenen Mitwirkung gerichtlich zu erzwingen oder nach den §§ 280 ff. BGB Schadensersatz zu verlangen,[460] was wegen der §§ 642, 643 BGB allerdings auch nicht erforderlich ist. Keine Anwendung findet § 642 BGB hingegen, wenn der Besteller das bereits hergestellte Werk obliegenheits- und/oder pflichtwidrig nicht gemäß § 640 Abs. 1 Satz 1 BGB abnimmt.[461] In diesem Fall greifen vielmehr die in Bezug auf Abnahmestörungen dargestellten Rechtsfolgen ein.[462]

247   Für den *Umfang* des durch § 642 Abs. 1 BGB begründeten Entschädigungsanspruchs gibt § 642 Abs. 2 BGB die maßgeblichen Kriterien vor. Die Höhe des Anspruchs bestimmt sich in positiver Hinsicht nach der Dauer des Annahmeverzuges und der vereinbarten Vergütung, während ersparte Aufwendungen oder die Möglichkeit einer anderweitigen Verwendung der Arbeitskraft des Unternehmers den Anspruch verringern.[463] Im Grundsatz soll der Unternehmer – unter Berücksichtigung des fortbestehenden Vergütungsanspruchs – wirtschaftlich so stehen, wie er bei einer rechtzeitigen Mitwirkung des Bestellers bei der Herstellung stünde.

II. Nebenpflichten des Bestellers

248   Die Nebenpflichten des Bestellers gegenüber dem Unternehmer folgen aus den §§ 241 Abs. 2, 242 BGB. Insbesondere in den Fällen, in denen der Unternehmer in der Sphäre des Bestellers tätig wird, erlangen vor allem *Schutzpflichten für die Integrität des Unternehmers* i. S. des § 241 Abs. 2 BGB besondere Bedeutung.[464] Zudem befürwortet die h. M. eine analoge Anwendung des § 618 BGB, die vor allem bei Körperschäden oder Tod des Unternehmers eine entsprechende Anwendung der §§ 842 bis 846 BGB ermöglicht (§ 618 Abs. 3 BGB).[465] Dabei ist jedoch

---

[460] *Larenz* BT 1, § 53 III c, S. 370 f.; *Medicus/Lorenz* Rn. 732; *Staudinger/Peters/Jacoby* (2014) § 642 Rn. 21a; anders BGH 16.05.1968 BGHZ 50, 175 (178 f.).

[461] *Erman/Schwenker* § 642 Rn. 3; *Soergel/Teichmann* § 642 Rn. 5; a. A. *Staudinger/Peters/Jacoby* (2014) § 642 Rn. 22.

[462] Siehe oben § 8 Rn. 241 f.

[463] Anders als bei § 326 Abs. 2 Satz 2 BGB kommt es nicht darauf an, ob der Unternehmer den anderweitigen Erwerb böswillig unterlässt; entscheidend ist nur die Zumutbarkeit für den Unternehmer: *Erman/Schwenker/Rodemann* § 642 Rn. 5; RGRK/*Glanzmann* § 642 Rn. 9; *Staudinger/Peters/Jacoby* (2014) § 642 Rn. 26.

[464] Deren Grenzen sind durch eine Zumutbarkeitsbeurteilung abzustecken: BGH 24.01.2013 NJW-RR 2013, 534 Rn. 11 f.

[465] RG 20.12.1938 RGZ 159, 268 (270 ff.); BGH 15.06.1971 BGHZ 56, 269 (270); *Esser/Weyers* BT 1, § 33 II 3, S. 284; *Kötz* Rn. 693; *Schlechtriem* Rn. 420; *Staudinger/Peters/Jacoby* (2014) Anh. IV zu § 638 Rn. 5. Eine über die allg. Verkehrspflichten hinausgehende Fürsorgepflicht kann allerdings nach der Rechtsprechung auch in Allgemeinen Geschäftsbedingungen des Bestellers abbedungen werden; § 619 BGB findet beim Werkvertrag keine analoge Anwendung: BGH 15.06.1971 BGHZ 56, 269 (272 ff.); *Jauernig/Mansel* § 631 Rn. 24.

zu berücksichtigen, dass einem professionellen Werkunternehmer eher Maßnahmen zum Eigenschutz zuzumuten sind, als einem Dienstverpflichteten.[466] Darüber hinaus erfassen die Schutzpflichten, welche den Besteller treffen, nach den allgemeinen Kriterien des *Vertrages mit Schutzwirkung für Dritte*[467] häufig auch die Erfüllungsgehilfen des Unternehmers, z. B. dessen Angestellte.[468] Verletzt der Besteller seine Nebenpflichten, so ergeben sich die *Rechtsfolgen aus den §§ 280 ff., 324 BGB.*

H. Absicherung der Ansprüche des Unternehmers

I. Allgemeines

Da der Unternehmer hinsichtlich seiner Herstellungstätigkeit nach der dispositiven Gesetzeslage zur Vorleistung verpflichtet ist und sein Vergütungsanspruch gemäß § 641 Abs. 1 Satz 1 BGB grundsätzlich erst mit der Abnahme des Werkes durch den Besteller fällig wird,[469] besteht auf seiner Seite ein erhebliches wirtschaftliches Interesse an der Absicherung seiner Forderung. Dem trägt unter anderem § 632a BGB Rechnung, der einen Anspruch auf Abschlagszahlungen für erfolgte Teilleistungen begründet.[470] Weitergehende Sicherheiten (Bürgschaften etc.) können zwar durch eine vertragliche Vereinbarung der Parteien bestellt werden.[471] Hierfür ist der Unternehmer aber auf das Einverständnis des Bestellers angewiesen, das er am Markt häufig nicht durchsetzen kann. Aus diesem Grund enthält das Werkvertragsrecht spezifische Instrumentarien, um die Forderungen des Unternehmers abzusichern. In den allgemeinen Regelungen des Werkvertragsrechts zählt hierzu das *Unternehmerpfandrecht an beweglichen Sachen (§ 647 BGB).* Hat der Werkvertrag die Herstellung oder die Ausbesserung eines in das Schiffsregister eingetragenen Schiffes zum Gegenstand, geht dem allerdings der *Anspruch auf Einräumung einer Schiffshypothek nach § 647a BGB* als lex specialis vor.[472] Bei Bauwerken sind schließlich in den Sonderregelungen der §§ 650a ff. BGB ein *Anspruch auf Bestellung einer Sicherungshypothek (§ 650e BGB)* sowie auf eine *Bauhandwerkersicherung (§ 650f BGB)* vorgesehen.[473]

249

---

[466] *Larenz* BT 1, § 53 III d, S. 372; *Staudinger/Peters/Jacoby* (2014) Anh. IV zu § 638 Rn. 5.

[467] Zu diesen *Gottwald* MünchKomm. § 328 Rn. 164 ff.

[468] Insoweit kann die Schutzpflicht nicht durch eine vertragliche Vereinbarung mit dem Unternehmer ausgeschlossen werden: BGH 20.02.1958 BGHZ 26, 365 (372). Der Drittschutz beruht auf einem Vertrauensverhältnis als gesetzlichem Schuldverhältnis und folgt daher gegebenenfalls anderen Regeln als der Vertrag; grundlegend *Canaris* JZ 1965, 475 (477 ff.).

[469] Siehe oben § 8 Rn. 184 ff.

[470] Dazu oben § 8 Rn. 187 ff.

[471] Zu den Grundformen der Sicherungsrechte siehe unten § 13 Rn. 1 ff.

[472] Dazu BT-Drucks. 18/8486, S. 49.

[473] Hierzu unten § 8 Rn. 293 ff.

250   Obwohl dem Unternehmer diese Sicherheiten bzw. Ansprüche auf Sicherheiten vor allem wegen des Bedürfnisses nach Absicherung seiner Vergütungsforderung aus § 631 Abs. 1 BGB gewährt werden, sind sie nicht auf diese beschränkt, sondern umfassen auch andere Geldforderungen aus dem Werkvertrag, insbesondere solche, die als Schadensersatzanspruch (§ 280 Abs. 2 und 3 BGB) aus einer Verletzung der Vergütungspflicht durch den Besteller resultieren (vgl. §§ 647, 650e Satz 1 BGB: „seine Forderungen aus dem Vertrag"; § 650f Abs. 1 Satz 1 BGB: „einschließlich dazugehöriger Nebenforderungen").[474]

II. Unternehmerpfandrecht (§ 647 BGB)

1. Voraussetzungen

a) Allgemeines

251   Ist durch den Unternehmer eine bewegliche Sache herzustellen oder auszubessern, dann entsteht gemäß § 647 BGB *kraft Gesetzes ein Pfandrecht an den beweglichen Sachen des Bestellers*, wenn diese im Zusammenhang mit der Werkleistung in den Besitz des Unternehmers gelangt sind. Hierbei kommt neben einem unmittelbaren Besitz (§ 854 BGB) auch ein mittelbarer Besitz (§ 868 BGB) des Unternehmers in Betracht.[475] Letzterer liegt insbesondere dann vor, wenn der Besteller die zu bearbeitende Sache direkt einem Subunternehmer des Unternehmers aushändigt.[476] Falls die Herstellung des Werkes in den Räumlichkeiten des Bestellers stattfindet (Beispiel: Wartung einer EDV-Anlage), ist von einem (unmittelbaren) Besitz des Unternehmers jedoch nur dann auszugehen, wenn er ohne weitere Rücksprache befugt sein soll, die Sache erforderlichenfalls aus der Sphäre des Bestellers zu entfernen (z. B. die EDV-Anlage mit in seine Werkstatt zu nehmen). Fehlt es hieran, so erlangt der Unternehmer keinen Besitz, sondern allenfalls die Stellung eines Besitzdieners i. S. des § 855 BGB, weshalb ein Unternehmerpfandrecht i. S. des § 647 BGB ausscheidet.[477] Zudem muss der Unternehmer den Besitz nach dem Wortlaut der Vorschrift im Einverständnis mit dem Besteller erlangt haben, sodass eine einseitige Wegnahme durch den Unternehmer das Sicherungsrecht nicht auslöst.

252   Weiterhin verlangt der Tatbestand des § 647 BGB, dass es sich um hergestellte oder ausgebesserte bewegliche *Sachen des Bestellers* handelt. Dies bedeutet zweierlei:

---

[474] Statt aller *Staudinger/Peters/Jacoby* (2014) § 647 Rn. 2, § 648 Rn. 28 sowie § 648a Rn. 8.

[475] BR/*Voit* § 647 Rn. 6; *Busche* MünchKomm. § 647 Rn. 9; RGRK/*Glanzmann* § 647 Rn. 16.

[476] Der Subunternehmer ist in diesem Fall unmittelbarer Fremdbesitzer (§ 854 BGB), der Unternehmer mittelbarer Fremdbesitzer erster Stufe (§ 868 BGB) und der Besteller mittelbarer Eigenbesitzer zweiter Stufe (§§ 868, 871, 872 BGB).

[477] *Erman/Schwenker/Rodemann* § 647 Rn. 6; *Staudinger/Peters/Jacoby* (2014) § 647 Rn. 18.

- Erstens darf der Unternehmer durch seine Tätigkeit nicht selbst gemäß § 950 BGB das Eigentum an den Sachen erwerben. In diesem Fall besteht kein Sicherungsbedürfnis, da der Unternehmer die Übereignung des Werkes an den Besteller bis zur Zahlung der Vergütung zurückhalten kann. Darüber hinaus findet in einem solchen Fall gemäß § 650 Satz 1 BGB auf den Werkvertrag das Kaufrecht Anwendung, sodass schon aus diesem Grund § 647 BGB nicht einschlägig ist.[478] Wenn der Vertrag die Herstellung einer neuen Sache aus einem Stoff des Bestellers zum Gegenstand hat, kann das Pfandrecht also nur dann entstehen, wenn der Unternehmer aufgrund des Wertverhältnisses gemäß § 950 Abs. 1 Satz 1 BGB a. E. kein Eigentum erwirbt. Den Hauptanwendungsbereich des § 647 BGB stellen somit reine Reparaturarbeiten dar, insbesondere an Kraftfahrzeugen.
- Zweitens entsteht das Unternehmerpfandrecht grundsätzlich nur an Gegenständen, die im Eigentum des Bestellers stehen. Wenn dieser an der Sache ein Anwartschaftsrecht innehat (z. B. bei einem Erwerb unter Eigentumsvorbehalt), entsteht das Pfandrecht an diesem Anwartschaftsrecht als „Minus" zum Volleigentum.[479] Das Pfandrecht hängt in diesem Fall allerdings vom Fortbestand der Anwartschaft ab.[480]

b) Rechtslage bei bestellerfremden Sachen

Sehr umstritten ist die Rechtslage, wenn die von dem Besteller zur Verfügung **253** gestellten Sachen im Eigentum eines Dritten stehen. Praktisch relevant wird dies z. B., wenn der Halter ein kreditfinanziert erworbenes Kraftfahrzeug in eine Werkstatt zur Reparatur gibt, das Kraftfahrzeug aber zuvor bereits zur Sicherheit der darlehensgebenden Bank übereignet worden ist.[481] In derartigen Fällen sind *mehrere Problemkreise aus verschiedenen Teilgebieten des Bürgerlichen Rechts* zu unterscheiden, die hier nur angedeutet werden können:[482]

Wenn der Eigentümer mit der Werkleistung einverstanden ist (im Beispiel: die **254** Bank mit einer Reparatur des PKW nach einem Unfall), stellt sich die Frage, ob der Unternehmer das Pfandrecht aufgrund einer *Ermächtigung analog § 185 Abs. 1 BGB* erwirbt.[483] Dem kann nicht die Unzulässigkeit einer sog. Verpflichtungsermächtigung entgegengehalten werden,[484] da der Eigentümer nicht aus dem Werkvertrag schuldrechtlich verpflichtet werden, sondern nur zu seinen Lasten das Pfandrecht

---

[478] Siehe oben § 8 Rn. 14 f. sowie *Jauernig/Mansel* § 647 Rn. 3.

[479] *Baur/Stürner* § 55 Rn. 41; BR/*Voit* § 647 Rn. 9; *Larenz* BT 1, § 53 III e, S. 374; *Schlechtriem* Rn. 464; *Soergel/Teichmann* § 647 Rn. 5.

[480] Näher zum Anwartschaftsrecht des Vorbehaltskäufers oben § 2 Rn. 505 ff.

[481] Allg. zur Sicherungsübereignung *Baur/Stürner* § 57, S. 784 ff.

[482] Überblick zum Meinungsspektrum auch bei *Oechsler* Rn. 1155 ff.; *Staudinger/Peters/Jacoby* (2014) § 647 Rn. 10 ff., 26 ff.

[483] Dafür *Erman/Schwenker/Rodemann* § 647 Rn. 4a; *Medicus/Petersen* Rn. 594; *Oechsler* Rn. 1157 f.; *Staudinger/Peters/Jacoby* (2008) § 647 Rn. 12 f.

[484] Dazu allg. *Flume* AT 2, 57/1d, S. 905 ff.

entstehen soll.[485] Da ein Eigentümer, welcher der Reparatur zustimmt bzw. den Besteller vielleicht sogar zur Vornahme einer solchen verpflichtet, willentlich die Vorteile aus dieser zieht, wäre die vorstehende Lösung auch durchaus interessengerecht. Als dogmatisches Problem steht ihr jedoch entgegen, dass der Besteller das Pfandrecht nicht i. S. einer Verfügung (§ 185 Abs. 1 BGB), d. h. rechtsgeschäftlich einräumt, sondern dass dieses kraft Gesetzes entsteht. Darüber hinaus ist die bloße Besitzübergabe an den Unternehmer als Realakt kaum teleologisch mit einer Verfügung vergleichbar, was aber Voraussetzung für eine Analogie zu § 185 Abs. 1 BGB wäre.[486]

255   Als weitere Variante kommt – und zwar unabhängig von einem Einverständnis des Eigentümers – ein *gutgläubiger Erwerb des Unternehmerpfandrechts* analog den §§ 1207, 932 ff. BGB in Betracht.[487] Dem steht jedoch entgegen, dass auf gesetzliche Pfandrechte, zu denen § 647 BGB zählt, die Vorschriften über das Pfandrecht gemäß § 1257 BGB nur insoweit Anwendung finden, als das gesetzliche Pfandrecht bereits entstanden ist, sodass die Verweisungsnorm den Entstehungstatbestand des § 1207 BGB gerade nicht erfasst. Dies legt vielmehr den Gegenschluss nahe, dass ein gutgläubiger Erwerb gesetzlicher Pfandrechte nicht möglich ist. Dieses Argument kann nicht mit einem Verweis auf § 366 Abs. 3 HGB entkräftet werden, da diese Vorschrift einen gutgläubigen Erwerb bestimmter gesetzlicher Besitzpfandrechte nur in handelsrechtlichen Sonderfällen zulässt.[488] Diese Diskrepanz zu § 1207 BGB ist teleologisch gerechtfertigt, da die bloße Besitzübergabe an den Unternehmer keine mit einer rechtsgeschäftlichen Pfandrechtsbestellung i. S. des § 1205 BGB vergleichbare Basis für einen Rechtsschein zugunsten des Unternehmers begründet. Die Rechtsprechung verweist den Unternehmer deshalb auf die Möglichkeit, in dem Werkvertrag (gegebenenfalls auch in Allgemeinen Geschäftsbedingungen) zusätzlich ein *rechtsgeschäftliches Pfandrecht* vorzusehen, für das nach Maßgabe der §§ 1207, 932 ff. BGB dann ein gutgläubiger Erwerb möglich ist.[489] Gegen die Wirksamkeit einer derartigen Verpfändungsklausel bestehen jedoch durchgreifende

---

[485] *Medicus/Petersen* Rn. 594.

[486] Ablehnend daher die wohl h. M.: BGH 21.12.1960 BGHZ 34, 122 (125 ff.); *Baur/Stürner* § 55 Rn. 40; BR/*Voit* § 647 Rn. 10; *Busche* MünchKomm. § 647 Rn. 13; *Fikentscher/Heinemann* Rn. 1220; *Larenz* BT 1, § 53 III e, S. 373 f.; RGRK/*Glanzmann* § 647 Rn. 7.

[487] Befürwortend *Baur/Stürner* § 55 Rn. 40; *Damrau* MünchKomm. § 1257 Rn. 3; *Staudinger/Wiegand* (2009) § 1257 Rn. 14; weiterführend *J. Hager* Verkehrsschutz durch gutgläubigen Erwerb, 1990, S. 113 ff. Dabei soll die Gutgläubigkeit des Unternehmers bei der Reparatur eines PKW nicht dadurch ausgeschlossen sein, dass er sich nicht den Kfz-Brief vorlegen lässt (vgl. BGH 04.05.1977 BGHZ 68, 323 (326 ff.) zum Vertragspfandrecht).

[488] Ablehnend daher BGH 21.12.1960 BGHZ 34, 153 (154 f.); BGH 25.02.1987 BGHZ 100, 95 (101); BR/*Voit* § 647 Rn. 11; *Erman/Schwenker/Rodemann* § 647 Rn. 5; *Larenz* BT 1, § 53 III e, S. 373; *Looschelders* Rn. 661; RGRK/*Glanzmann* § 647 Rn. 6; *Busche* MünchKomm. § 647 Rn. 11; *Staudinger/Peters/Jacoby* (2014) § 647 Rn. 15 f.

[489] BGH 04.05.1977 BGHZ 68, 323 (325 ff.); BGH 14.07.1987 BGHZ 101, 307 (315 ff.).

Bedenken: Da der Unternehmer an den bestellereigenen Sachen schon kraft Gesetzes ein Pfandrecht erwirbt, ist die Klausel ihrem Sinngehalt nach darauf gerichtet,
Sicherungsrechte an Drittsachen zu erwerben. Dies macht den Unternehmer zwar
noch nicht im Einzelfall i. S. des § 932 Abs. 2 BGB bösgläubig, dürfte aber aufgrund der drittschädigenden Tendenz zur Sittenwidrigkeit der Klausel gemäß § 138
Abs. 1 BGB führen.[490]

Aus diesen Gründen erblickt die h. M. die Lösung des Problems darin, dass dem **256**
Unternehmer als Besitzer gegenüber dem Eigentümer regelmäßig *Verwendungsersatzansprüche nach den §§ 994 ff. BGB* zuständen, auf die er ein Zurückbehaltungsrecht gegenüber einem Herausgabeverlangen aus § 985 BGB stützen könne
(§ 1000 Satz 1 BGB).[491] Es ist jedoch fraglich, ob „Verwender" i. S. der §§ 994 ff.
BGB nicht vielmehr der Besteller ist, der die Reparatur auf eigene Rechnung betreiben lässt.[492] Danach wäre der Unternehmer bei bestellerfremden Sachen letztlich
auf seinen ungesicherten Vergütungsanspruch aus § 631 Abs. 1 BGB verwiesen. Es
erscheint deshalb schwierig, eine sowohl rechtsdogmatisch als auch wirtschaftlich
befriedigende Lösung des Schutzproblems zu finden.

2. Rechtsfolgen

Wenn ein Pfandrecht gemäß § 647 BGB entstanden ist, gewährt es dem Unter- **257**
nehmer nach § 1257 BGB die Stellung des Inhabers eines vertraglich begründeten Pfandrechts, insbesondere ein eigenständiges *Besitzrecht*. Erfüllt der Besteller Zahlungsansprüche aus dem Werkvertrag nach deren Fälligkeit nicht, so kann
der Unternehmer das Pfand zur Befriedigung seiner Forderungen *nach Maßgabe
der §§ 1228 ff. BGB verwerten.* Soweit der Besteller den Vergütungsanspruch des
Unternehmers erfüllt, erlischt das Pfandrecht (§ 1252 BGB i. V. mit § 1257 BGB).
Allerdings tritt diese Rechtsfolge auch dann ein, wenn der Pfandgläubiger (= Unternehmer) das Pfand dem Verpfänder (= Besteller) zuvor zurückgibt (§ 1253 Abs. 1
BGB i. V. mit § 1257 BGB).

---

[490] *Picker* NJW 1978, 1417 f.; unter nicht überzeugender Beschränkung auf Allgemeine Geschäftsbedingungen auch *Staudinger/Peters/Jacoby* (2014) § 647 Rn. 14; ähnlich *Esser/Weyers* BT 1,
§ 33 III 1, S. 286. Allg. zur Sittenwidrigkeit von drittschädigenden Vereinbarungen *Wolf/Neuner*
§ 46 Rn. 45 f.

[491] BGH 21.12.1960 BGHZ 34, 122 (131); *G. Hager* JuS 1987, 877 (881); *Fikentscher/Heinemann*
Rn. 1221; *Larenz* BT 1, § 53 III e, S. 374; *RGRK/Pikart* § 994 Rn. 17. Dabei sollen die §§ 994 ff.
BGB auch dann (analog) anwendbar sein, wenn die Besitzberechtigung des Unternehmers gegenüber dem Eigentümer erst nach der Reparatur wegfällt; vgl. BGH 21.12.1960 BGHZ 34, 122
(131).

[492] So *Medicus/Petersen* Rn. 591; *Staudinger/Gursky* (2012) Vorbem. zu §§ 994 ff. Rn. 20 f.;
ähnlich auch *M. Wolf* AcP 166 (1966), 188 (206 ff.).

I. Kündigung des Vertragsverhältnisses

I. Einführung

258 Den regulären Beendigungstatbestand für das werkvertragliche Rechtsverhältnis bildet die Erfüllung der beiderseitigen Forderungen der Parteien i. S. des § 362 BGB. Darüber hinaus kommen auch andere Beendigungsgründe nach den allgemeinen Regeln in Betracht, wie z. B. eine auflösende Bedingung (§ 158 Abs. 2 BGB), die Abwicklung des Vertrages im Rahmen von Leistungsstörungen oder ein Aufhebungsvertrag.

259 Ferner sehen die *§§ 643, 648, 648a und 649 BGB verschiedene Kündigungsrechte* vor, deren wirksame Ausübung durch eine empfangsbedürftige Willenserklärung (§§ 130 ff. BGB) zu einer *Abwicklung des Vertragsverhältnisses ex nunc* führt. Ein solcher Beendigungstatbestand ist für Dauerschuldverhältnisse, wie z. B. den Dienstvertrag i. S. der §§ 611 ff. BGB, typisch.[493] Anders als ein Dienstvertrag zeichnet sich der Werkvertrag jedoch durch seine Erfolgsbezogenheit aus, die im Regelfall auch die Beendigung des Rechtsverhältnisses bestimmt (z. B. Erfüllung mit Fertigstellung des zu errichtenden Gebäudes). Gleichwohl weist die Leistungserbringung des Unternehmers aufgrund seiner vorgelagerten Werktätigkeit eine gewisse zeitliche Dimension auf. Diese Herstellungstätigkeit unterliegt zwar der Organisationshoheit des Unternehmers, stellt aber keine bloße Vorbereitungshandlung dar, sondern gehört bereits zu dem werkvertraglichen Pflichtenprogramm. Hieraus ergibt sich eine gewisse Vergleichbarkeit des Werkvertrages mit Dauerschuldverhältnissen,[494] was die gesetzliche Anordnung verschiedener Kündigungsrechte trägt.

260 Gleichwohl bildet der Werkvertrag wegen der Erfolgsbezogenheit der Werkleistung in der Regel *kein Dauerschuldverhältnis im engeren Sinn*.[495] Dies führt z. B. dazu, dass bei Vorliegen entsprechender Voraussetzungen auch noch nach der Invollzugsetzung des Vertrages eine *Rückabwicklung möglich bleibt* (z. B. Rücktritt gemäß § 323 Abs. 1 BGB i. V. mit § 634 Nr. 3 Alt. 1 BGB).[496]

261 Zu den „echten" Dauerschuldverhältnissen zählen allerdings *langfristig angelegte Verträge*, die auf die fortgesetzte Erbringung gleichartiger Werkleistungen gerichtet sind. Ein Beispiel bilden auf unbestimmte Zeit abgeschlossene Wartungsverträge für Industrieanlagen. In einem solchen Fall beanspruchen die *allgemeinen Regelungen für Dauerschuldverhältnisse* uneingeschränkte Beachtung, sodass z. B. an die Stelle des jederzeitigen Kündigungsrechts des Bestellers aus § 648 Satz 1 BGB eine ordentliche Kündigung mit angemessener Frist tritt.[497]

---

[493] Näher oben § 7 Rn. 103 ff.

[494] Zur Zeitbezogenheit des Dauerschuldverhältnisses bereits oben § 7 Rn. 2.

[495] *Larenz* BT 1, § 53 III b, S. 368 f.; ausführlich *Oetker* Das Dauerschuldverhältnis und seine Beendigung, 1994, S. 154 ff. m. w. N.

[496] Anders z. B. bei einem Dienstvertrag; siehe § 7 Rn. 58.

[497] *Erman/Schwenker/Rodemann* § 648 Rn. 9a; RGRK/*Glanzmann* § 649 Rn. 25. Näher zu diesen Langzeitverträgen *Esser/Weyers* BT 1, § 34a/2, S. 295 f.

II. Kündigungsrechte des Bestellers

Für den Besteller sieht das Werkvertragsrecht in den §§ 648, 648a und 649 BGB **262**
drei verschiedene Kündigungstatbestände vor.

1. Freie Kündigung (§ 648 BGB)

Nach § 648 Satz 1 BGB kann der Besteller das Vertragsverhältnis *bis zur Voll-* **263**
endung des Werkes jederzeit kündigen. Dabei liegt eine Vollendung des Werkes i. S.
dieser Vorschrift solange nicht vor, wie das Werk Mängel aufweist, auf deren Beseitigung der Besteller nach den §§ 633 Abs. 1, 635 Abs. 1 BGB einen Anspruch hat.[498]
Dieses Kündigungsrecht setzt keine Begründung voraus und beendet das Vertragsverhältnis ohne den Lauf einer Kündigungsfrist. Eine das freie Kündigungsrecht
aus § 648 BGB ausschließende Parteivereinbarung ist zwar möglich, bedarf jedoch
hinreichend konkreter Anhaltspunkte in dem Vertrag.[499] Fehlt es, wie regelmäßig,
an einer solchen abweichenden Vereinbarung, ist die Kündigung selbst dann nicht
gemäß § 242 BGB als treuwidrig anzusehen, wenn das Werk bereits kurz vor seiner
Vollendung stand.[500]

Die *Legitimation für dieses weitgehende Kündigungsrecht* des Bestellers beruht **264**
auf zwei miteinander zusammenhängenden Umständen:[501] Erstens ist der Besteller
vorbehaltlich einer gesonderten Vereinbarung nicht verpflichtet, eine für die Herstellung des Werkes erforderliche Mitwirkung zu erbringen.[502] Dies setzt § 648
Satz 1 BGB konsequent fort, da die *Werkleistung dem Besteller nicht „aufgedrängt"*
werden soll.[503] Zweitens verstößt das freie Kündigungsrecht regelmäßig nicht gegen
die berechtigten Interessen des Unternehmers, weil dieser nach § 648 Satz 2 BGB
seinen *ursprünglichen Vergütungsanspruch behält*, der lediglich um den Betrag zu
kürzen ist, den der Unternehmer infolge der Aufhebung des Vertrages an Aufwendungen erspart oder den er durch eine anderweitige Verwendung seiner Arbeitskraft
erwirbt oder zu erwerben böswillig unterlässt. Die etwaige Anspruchskürzung folgt

---

[498] *Busche* MünchKomm. § 648 Rn. 10 f.; RGRK/*Glanzmann* § 649 Rn. 22; *Staudinger/Peters/*
Jacoby (2014) § 649 Rn. 14.

[499] Hierzu vor dem Hintergrund besonderer Vertragsdurchführungsinteressen des Unternehmers
näher *Bitter/Rauhut* JZ 2007, 964 (967 f.) und *Rudowski* Jura 2011, 567 (568 f.).

[500] *Staudinger/Peters/Jacoby* (2014) § 649 Rn. 12.

[501] *Busche* MünchKomm. § 649 Rn. 2; *Erman/Schwenker/Rodemann* § 648 Rn. 1; *Looschelders*
Rn. 709; *Staudinger/Peters/Jacoby* (2014) § 649 Rn. 5.

[502] Siehe oben § 8 Rn. 243 ff.

[503] Deshalb kann eine Vertragsauslegung unter Umständen ergeben, dass auch das freie Kündigungsrecht aus § 648 Satz 1 BGB konkludent ausgeschlossen sein soll, wenn die Parteien ausnahmsweise eine Mitwirkungspflicht des Bestellers vereinbart haben; vgl. *Esser/Weyers* BT 1,
§ 34a/1, S. 294.

daher den Grundsätzen des § 615 Satz 2 BGB.[504] Ergänzend legt § 648 Satz 3 BGB zugunsten des Unternehmers eine Vermutung fest, nach der ihm auch für noch nicht erbrachte Teilleistungen jedenfalls 5 % der anteiligen Vergütung zustehen.[505] Vorbehaltlich eines positiven Beweises des Gegenteils ist somit davon auszugehen, dass der Unternehmer in dieser Höhe nicht i. S. des § 648 Satz 2 BGB Aufwendungen erspart oder einen anderweitigen Vermögenserwerb getätigt bzw. böswillig unterlassen hat (Vermutung einer Gewinnmarge). Da § 648 BGB den Unternehmer trotz der Auflösung des Rechtsverhältnisses „schadlos halten" soll,[506] sind ihm über den Wortlaut des § 648 Satz 2 und 3 BGB hinaus aber auch solche Mehraufwendungen zu ersetzen, die ihm erst durch die Kündigung entstehen (z. B. für den Abtransport von Material vom Grundstück des Bestellers).[507]

2. Kündigung aus wichtigem Grund (§ 648a BGB)

265 Wie oben dargelegt, handelt es sich bei Werkverträgen in der Regel nicht um Dauerschuldverhältnisse im engeren Sinne, sodass eine Anwendung des § 314 BGB typischerweise nicht in Betracht kommt.[508] Sofern der Besteller einen „wichtigen Grund" für die Beendigung des Vertragsverhältnisses hat, wäre es jedoch unangemessen, ihn auf das freie Kündigungsrecht mit der relativ nachteiligen Kostenfolge des § 648 Satz 2 und 3 BGB zu verweisen. Deshalb enthält § 648a BGB ein Kündigungsrecht aus wichtigem Grund, dessen Rechtsfolgen der spezifischen Interessenlage in dieser Konstellation Rechnung tragen sollen.[509] Dieses Kündigungsrecht steht nach § 648a Abs. 1 Satz 1 BGB allerdings nicht nur dem Besteller, sondern *beiden Vertragsparteien* zu. Kündigt der Besteller, so ist durch eine Auslegung zu ermitteln, ob er sich auf das freie Kündigungsrecht aus § 648 BGB oder auf einen wichtigen Grund i. S. des § 648a BGB stützt. Liegt ein solcher Grund objektiv vor, ist aufgrund der günstigeren Rechtsfolgen des § 648a BGB im Zweifel Letzteres anzunehmen. Wollte er aus einem wichtigen Grund kündigen, fehlt es aber tatsächlich an einem solchen, kann die Erklärung unter Umständen nach Maßgabe des § 140 BGB in eine freie Kündigung nach § 648 BGB umgedeutet werden.[510]

266   Ein wichtiger Grund liegt nach § 648a Abs. 1 Satz 2 BGB vor, wenn der kündigenden Vertragspartei unter Berücksichtigung der einzelfallspezifischen Umstände und bei einer umfassenden Interessenabwägung die *Fortsetzung des*

---

[504] Dazu näher § 7 Rn. 94 ff.

[505] Zu Einzelheiten BGH 28.07.2011 NJW-RR 2011, 1588 f.

[506] Mot. II, S. 503.

[507] *Staudinger/Peters/Jacoby* (2014) § 649 Rn. 53.

[508] Siehe oben § 8 Rn. 260 f.

[509] Vgl. BT-Drucks. 18/8486, S. 52. Zu der umstrittenen Herleitung eines solchen Kündigungsrechts vor dem Inkrafttreten des § 648a BGB zum 01.01.2018 siehe die Vorauflage unter § 8 Rn. 264 f.

[510] Dies setzt allerdings die Berechtigung der Annahme voraus, dass der Besteller sich auch unter Inkaufnahme der Vergütungsfolgen aus § 648 Satz 2 und 3 BGB von dem Vertrag hätte lösen wollen; dies i. S. einer Regelvermutung bejahend BGH 24.07.2003 BGHZ 156, 82 (87 ff.).

Vertragsverhältnisses nicht zumutbar ist. Hiermit wird im Ausgangspunkt der Standard aufgegriffen, der für eine fristlose Kündigung bei Dauerschuldverhältnissen gilt, sodass grundsätzlich die zu § 314 Abs. 1 Satz 2 BGB entwickelten Standards herangezogen werden können.[511] Ein Unterschied besteht aber insoweit, als der „wichtige Grund" bei Dauerschuldverhältnissen die Grenzlinie zu einer ordentlichen fristgebundenen Kündigung zieht, während es bei § 648a BGB zumindest für den Besteller um eine Abgrenzung zu dem freien Kündigungsrecht aus § 648 BGB geht. Sofern eine Kündigung durch den Besteller in Rede steht, lässt sich die Problematik somit dahin gehend konkretisieren, ob es aufgrund der Umstände nicht mehr angemessen erscheint, den Besteller mit seiner Kündigung auf die strikten Kostenfolgen des § 648 Satz 2 und 3 BGB zu verweisen, da im Fall einer Kündigung nach § 648a BGB regelmäßig nur eine geringere Vergütung geschuldet wird.[512] Dies setzt zumindest in der Regel voraus, dass der Kündigungsgrund in gewisser Weise in der Sphäre des Unternehmers wurzelt. Dementsprechend kann ein wichtiger Grund i. S. des § 648a Abs. 1 Satz 2 BGB beispielsweise anzunehmen sein, wenn der Unternehmer das Vertrauensverhältnis der Parteien in irreversibler Weise untergraben hat. In Anlehnung an § 8 Abs. 2 Nr. 1 VOB/B wird eine Kündigung durch den Besteller auch regelmäßig gerechtfertigt sein, wenn über das Vermögen des Unternehmers ein Insolvenzverfahren eröffnet wird, es sei denn, der Insolvenzverwalter stellt substantiiert eine ordnungsgemäße Durchführung des Vertrages in Aussicht.[513]

Liegt ein wichtiger Grund für eine Kündigung vor, so kann der Berechtigte diese nach § 648a Abs. 2 BGB auch *auf abgrenzbare Teile des geschuldeten Werkes* beziehen.[514] Hat sich beispielsweise ein Unternehmer, der eine besonders zu sichernde Industrieanlage zu errichten hat, in der Vergangenheit als nicht vollständig zuverlässig erwiesen, kann die Kündigung etwa auch nur die Installation der spezifischen Sicherungsvorrichtungen umfassen. Soll die Kündigung an eine Pflichtwidrigkeit der anderen Vertragsseite anknüpfen, muss dieser über § 648a Abs. 3 BGB i. V. mit § 314 Abs. 2 BGB grundsätzlich noch eine *Abhilfefrist bzw. Abmahnung* erteilt werden. Zudem ist der Berechtigte über die Verweisung auf § 314 Abs. 3 BGB gehalten, die *Kündigung innerhalb einer angemessenen Frist* nach Erlangung der Kenntnis von dem wichtigen Grund auszusprechen; anderenfalls ist das Kündigungsrecht verwirkt. Für die Länge der Frist gibt die Zwei-Wochen-Regelung der parallelen dienstvertraglichen Vorschrift (§ 626 Abs. 2 Satz 1 BGB) einen gewissen Anhalt.[515] **267**

Erfolgt eine Kündigung aus wichtigem Grund, *reduziert sich der Vergütungsanspruch des Unternehmers* nach § 648a Abs. 5 BGB auf diejenige Höhe, die dem bis zur Kündigung (= Zugang i. S. der §§ 130 ff. BGB) bereits erbrachten Teil des **268**

---

[511] BT-Drucks. 18/8486, S. 50; zu diesen im Einzelnen *Gaier* MünchKomm. § 314 Rn. 10 ff.

[512] Siehe unten § 8 Rn. 268.

[513] Zu weiteren Einzelheiten BT-Drucks. 18/8486, S. 50; *Erman/Schwenker/Rodemann* § 648a Rn. 2.

[514] Hierzu BT-Drucks. 18/8486, S. 51.

[515] Zu dieser Regelung oben § 7 Rn. 117.

Werkes entspricht. Um nachträgliche Streitigkeiten über den Umfang der bis zu diesem Zeitpunkt bereits erbrachten Teilleistung möglichst zu vermeiden, legt das Gesetz den Vertragsparteien eine *Obliegenheit zur Mitwirkung an einer Feststellung des Leistungsstandes* auf, deren Einzelheiten in § 648a Abs. 4 BGB geregelt sind.[516] Schließlich wird durch die Kündigung ein etwaiger *Schadensersatzanspruch nicht ausgeschlossen*, der zugunsten einer der Vertragsparteien besteht. Ein solcher kommt insbesondere dann in Betracht, wenn die Kündigung durch eine Pflichtverletzung der anderen Seite i. S. des § 280 Abs. 1 Satz 1 BGB ausgelöst worden ist.

3. Kündigung bei wesentlicher Überschreitung eines Kostenanschlages (§ 649 BGB)

269   Ein weiteres spezielles, zugunsten des Bestellers eingreifendes, Kündigungsrecht enthält § 649 Abs. 1 BGB für den Fall, dass die Parteien keine Pauschalpreisvereinbarung getroffen haben, sondern dem Vertragsabschluss einen *unverbindlichen Kostenanschlag* zugrunde legen. Trotz seiner fehlenden Verbindlichkeit bildet dieser für den Werkvertrag *gleichsam eine Geschäftsgrundlage*, auf deren Störung § 649 BGB mit einer Sonderregelung reagiert; diese schließt zugleich den Rückgriff auf § 313 Abs. 1 BGB aus, soweit allein die Überschreitung eines Kostenanschlages zu beurteilen ist.[517]

270   Tatbestandlich setzt § 649 Abs. 1 BGB voraus, dass der Besteller wegen der Überschreitung des Kostenanschlages das Vertragsverhältnis gekündigt hat. Obwohl sich dies aus dem Wortlaut der Norm nicht unmittelbar erschließt, *begründet § 649 Abs. 1 BGB ein eigenständiges Kündigungsrecht* zugunsten des Bestellers und beschränkt sich nicht nur darauf, die Rechtsfolge des § 648 Satz 2 und 3 BGB zu modifizieren, wenn der Besteller sein freies Kündigungsrecht aus § 648 Satz 1 BGB ausgeübt hat.[518]

271   Das Kündigungsrecht aus § 649 Abs. 1 BGB steht unter der einschränkenden Voraussetzung, dass eine *„wesentliche"* Überschreitung des Kostenanschlages vorliegt, was je nach Art und Umfang der Werkleistung Mehrkosten zwischen 10 % und 25 % erfordert.[519] Bleibt die Überschreitung des Kostenanschlages unterhalb der Wesentlichkeitsschwelle, so kann sich der Besteller bis zur Vollendung des

---

[516] Näher BT-Drucks. 18/8486, S. 51; *Erman/Schwenker/Rodemann* § 648a Rn. 6; *Oechsler* Rn. 1125a.

[517] Hinsichtlich der Umstände, die zur Überschreitung des Kostenanschlages geführt haben, bleibt ein Rückgriff auf § 313 Abs. 1 BGB jedoch uneingeschränkt möglich.

[518] *Staudinger/Peters/Jacoby* (2014) § 650 Rn. 1; für eine bloße Modifikation des § 648 BGB hingegen wohl *Jauernig/Mansel* § 650 Rn. 1.

[519] Mot. II, S. 503; *Busche* MünchKomm. § 649 Rn. 10; *Erman/Schwenker/Rodemann* § 649 Rn. 7; RGRK/*Glanzmann* § 650 Rn. 11; gegen jedwede Formalisierung *Staudinger/Peters/Jacoby* (2014) § 650 Rn. 24; zurückhaltend auch BR/*Voit* § 650 Rn. 7.

Werkes zwar nach § 648 Satz 1 BGB von dem Vertragsverhältnis lösen, schuldet dann aber die nach § 648 Satz 2 und 3 BGB zu bemessende höhere Vergütung.

Dies zeigt, dass der wesentliche Unterschied des § 649 Abs. 1 BGB zu § 648 **272** BGB vor allem die Rechtsfolgenebene betrifft. Aufgrund der wesentlichen Überschreitung des Kostenanschlages wäre es nicht gerechtfertigt, wenn der Besteller dem weitreichenden Anspruch aus § 648 Satz 2 BGB ausgesetzt wäre. Deshalb beschränkt § 649 Abs. 1 BGB den Unternehmer auf *eine nach den Maßstäben des § 645 Abs. 1 Satz 1 BGB zu bemessende Vergütung*, sodass der Besteller dem Unternehmer nur einen der bereits geleisteten Arbeit entsprechenden Teil der Vergütung zahlen sowie die in dieser Teilvergütung nicht enthaltenen Auslagen ersetzen muss.[520]

Für sich allein wäre § 649 Abs. 1 BGB jedoch unvollkommen, da es regelmäßig **273** nur für den Unternehmer rechtzeitig erkennbar ist, ob eine wesentliche Überschreitung des Kostenanschlages droht. Vor allem würde die Abschwächung der Vergütungspflicht leerlaufen, wenn der Unternehmer die Arbeiten gleichwohl ausführt. Deshalb begründet § 649 Abs. 2 BGB eine *Anzeigepflicht des Unternehmers*, um dem Besteller die Entscheidung darüber zu ermöglichen, ob er das Kündigungsrecht nach § 649 Abs. 1 BGB ausüben will.

Dies löst die Frage nach den *Rechtsfolgen einer Verletzung der Anzeigepflicht* aus, **274** insbesondere nach etwaigen Rückwirkungen auf die Höhe der Vergütung gemäß § 645 Abs. 1 Satz 1 BGB i. V. mit § 649 Abs. 1 BGB. In Betracht kommt dies, wenn der Unternehmer in Kenntnis der drohenden Überschreitung des Kostenanschlages noch weitere Arbeiten vornimmt, die seinen Teilvergütungsanspruch erhöhen würden. In einem derartigen Fall steht dem Besteller gemäß § 280 Abs. 1 BGB i. V. mit § 649 Abs. 2 BGB ein Schadensersatzanspruch zu, der gemäß § 249 Abs. 1 BGB darauf gerichtet ist, ihn so zu stellen, wie er bei rechtzeitiger Information stünde. Somit hat er im Ergebnis einen eigenständigen Anspruch darauf, dass seine Vergütungspflicht aus § 645 Abs. 1 Satz 1 BGB auf den Betrag reduziert wird, den er geschuldet hätte, wenn unmittelbar nach einer rechtzeitigen Information gemäß § 649 Abs. 1 BGB gekündigt worden wäre.[521]

Hat der Unternehmer hingegen den *Kostenanschlag von Beginn an schuldhaft zu* **275** *niedrig bemessen* und hätte der Besteller den Vertrag bei Kenntnis der wirklich zu erwartenden Kosten gar nicht abgeschlossen, so ist der Vertrag gemäß § 249 Abs. 1 BGB i. V. mit den §§ 280 Abs. 1, 241 Abs. 2, 311 Abs. 2 Nr. 1 BGB aufzuheben (negatives Interesse); einen Anspruch auf Herstellung des Werkes zu dem im Kostenanschlag zu niedrig angesetzten Betrag erlangt der Besteller in Abgrenzung zu einer Pauschalpreisvereinbarung hingegen nicht.[522]

---

[520] Zu weiteren Einzelheiten oben § 8 Rn. 228 ff.

[521] BR/*Voit* § 650 Rn. 15; *Busche* MünchKomm. § 649 Rn. 16; *Erman/Schwenker/Rodemann* § 649 Rn. 8; *Staudinger/Peters/Jacoby* (2014) § 650 Rn. 12 ff.

[522] Vgl. *Staudinger/Peters/Jacoby* (2014) § 650 Rn. 13.

III. Kündigungsrecht des Unternehmers bei unterlassener Mitwirkung des Bestellers (§ 643 BGB)

276   Gerät der Besteller durch die Nichtvornahme einer ihm obliegenden Mitwirkungshandlung in Annahmeverzug, so kann der Unternehmer nicht nur nach Maßgabe des § 642 BGB eine angemessene Entschädigung für die Leistungsverzögerung verlangen.[523] Vielmehr eröffnet ihm § 643 BGB einen Weg, um sich wegen der unterlassenen Mitwirkungshandlung des Bestellers von dem Werkvertrag zu lösen.

277   Hierfür genügt allerdings nicht bereits der Annahmeverzug des Bestellers. Dieser ist zwar erforderlich (§ 643 Satz 1 BGB: „im Falle des § 642"), darüber hinaus muss der Unternehmer aber – in Parallele zu der schadensersatzrechtlichen Vorschrift des § 250 Satz 1 BGB – dem Besteller zunächst eine *angemessene Frist zur Nachholung der Mitwirkungshandlung* setzen und diese zugleich mit der Erklärung verbinden, dass er den Vertrag für den Fall der nicht fristgerechten Mitwirkungshandlung kündigen wird. Versäumt der Besteller auch die ihm gesetzte Nachfrist, dann „gilt" der Vertrag gemäß § 643 Satz 2 BGB als aufgehoben. Wegen dieser Formulierung bedarf es nach dem Fristablauf *keiner erneuten Kündigungserklärung* durch den Unternehmer, sondern das Vertragsverhältnis ist automatisch aufgehoben.[524] Sofern die Voraussetzungen des § 643 Satz 2 BGB erfüllt sind, räumt § 645 Abs. 1 Satz 2 BGB dem Unternehmer zudem einen *Teilvergütungsanspruch in der durch § 645 Abs. 1 Satz 1 BGB festgelegten Höhe* ein.[525]

278   Da dieser Anspruch typischerweise niedriger ausfällt als eine nach § 648 Satz 2 und 3 BGB zu leistende Entschädigung, kann dies einem Besteller, der an dem Vertrag nicht festhalten möchte, prima facie einen Anreiz geben, nicht seinerseits nach § 648 Satz 1 BGB zu kündigen, sondern mittels einer Verweigerung von Mitwirkungshandlungen die Vertragsaufhebung durch den Unternehmer i. S. des § 643 BGB „zu provozieren". Daher ist für die Fälle des § 643 BGB eine analoge Anwendung des § 648 Satz 2 und 3 BGB vorgeschlagen worden.[526] Dies wiederspricht jedoch nicht nur der eindeutigen Regelung des § 645 Abs. 1 Satz 2 BGB, sondern ist auch deswegen unnötig, weil die berechtigten Interessen des Unternehmers bei einer verweigerten Mitwirkung des Bestellers über die Entschädigung aus § 642 BGB[527] gewahrt werden, die kumulativ zu dem Teilvergütungsanspruch aus § 645 Abs. 1 Satz 1 und 2 BGB hinzutritt.[528]

---

[523] Dazu oben § 8 Rn. 243 ff.

[524] *Busche* MünchKomm. § 643 Rn. 7; *Rudowski* Jura 2011, 567 (571); *Staudinger/Peters/Jacoby* (2014) § 643 Rn. 14.

[525] Näher zum Umfang oben § 8 Rn. 228 ff.

[526] BR/*Voit* § 643 Rn. 7; *Staudinger/Peters/Jacoby* (2014) § 643 Rn. 18; ablehnend *Rudowski* Jura 2011, 567 (571).

[527] Hierzu oben § 8 Rn. 243 ff.

[528] Vgl. *Jauernig/Mansel* §§ 642, 643 Rn. 7.

J. Anhang: Werkverträge und verwandte Verträge im Bausektor

Mit Wirkung zum 01.01.2018 hat der Gesetzgeber in den §§ 650a bis 650v BGB **279** umfangreichere Sonderregelungen zu Werkverträgen und verwandten Verträgen im Bausektor geschaffen. Hiermit wird der besonderen Bedeutung dieser Vertragstypen im Rechtsverkehr Rechnung getragen und werden zugleich – teils dispositive, teils zwingende – Leitlinien für die Vertragspraxis in diesen Bereichen geschaffen.[529] Im Einzelnen finden sich in den §§ 650a bis 650o BGB Regelungen zu *Bauverträgen*,[530] während die §§ 650p bis 650t BGB *Architekten- und Ingenieurverträge*[531] betreffen und die §§ 650u, 650v BGB Vorschriften zu *Bauträgerverträgen*[532] enthalten.

I. Der Bauvertrag (§§ 650a bis 650o BGB)

Die Vorschriften zu Bauverträgen untergliedern sich in allgemeine Regelungen **280** (§§ 650a bis 650 h BGB) und in spezielle Regelungen für Verbraucherbauverträge (§§ 650i bis 650o BGB).

1. Allgemeine Regelungen

a) Begriff des Bauvertrages und anwendbare Vorschriften

Ein Bauvertrag stellt nach § 650a Abs. 1 BGB Satz 1 einen Vertrag über die Her- **281** stellung, Wiederherstellung, Beseitigung oder den Umbau eines Bauwerkes oder eines Teiles davon dar. Damit lehnt sich die Definition an die bereits im Rahmen der verjährungsrechtlichen Regelung des § 634a Abs. 1 Nr. 2 BGB *etablierte Begriffs- bestimmung* an.[533] Somit kommt es auch im Rahmen des § 650a Abs. 1 Satz 1 BGB für das Vorliegen eines „Umbaus" darauf an, ob die betreffenden Arbeiten für den Bestand oder die Benutzbarkeit des Bauwerkes wesentlich sind.[534] In vergleichbarer Weise ordnet § 650a Abs. 2 BGB Verträge über die Instandhaltung eines Bauwerkes dem Bauvertragsrecht zu, wenn die Instandhaltung für die Konstruktion, den Bestand oder den bestimmungsgemäßen Gebrauch von wesentlicher Bedeutung ist.[535]

---

[529] Siehe BT-Drucks. 18/8486, S. 24 f.

[530] Hierzu unten § 8 Rn. 280 ff.

[531] Siehe unten § 8 Rn. 315 ff.

[532] Hierzu unten § 8 Rn. 325 ff.

[533] BT-Drucks. 18/8486, S. 52 f. Zu § 634a Abs. 1 Nr. 2 BGB oben § 8 Rn. 155.

[534] Hierzu mit Blick auf § 634a Abs. 1 Nr. 2 BGB RG 24.03.1904 RGZ 57, 377 (380); BGH 06.11.1969 BGHZ 53, 43 (45 f.); *Busche* MünchKomm. § 650a Rn. 8; RGRK/*Glanzmann* § 638 Rn. 38; *Staudinger/Peters/Jacoby* (2014) § 634a Rn. 20 ff.

[535] Die Gesetzesbegründung erwähnt insoweit Verträge „zur Pflege und Wartung von tragenden oder sonst für den Bestand eines Bauwerks wichtigen Teilen"; BT-Drucks. 18/8486, S. 53.

282　　In Zweifelsfällen, die vor allem bei *Umbau- und Instandhaltungsarbeiten* auftreten können, spricht für eine Bauleistung i. S. der §§ 650a ff. BGB insbesondere, wenn die Arbeiten zu einer festen Verbindung neuer, mehr als nur unbedeutender Materialien mit der vorhandenen Bausubstanz führen und wenn die Arbeiten für die Erhaltung der bisherigen Funktionsweise des Bauwerkes wichtig sind oder diesem eine neue Funktionalität erschließen. Beispiele: Die komplette Erneuerung des Badezimmers eines Einfamilienhauses stellt einen Fall des § 650a Abs. 1 Satz 1 BGB (Wiederherstellung oder Umbau) dar, während die bloße Erneuerung einer Badewannenarmatur noch nicht die Schwelle einer wesentlichen Instandhaltung i. S. des § 650a Abs. 2 BGB überschreiten dürfte und daher den Gegenstand eines allgemeinen Werkvertrages nach den §§ 631 ff. BGB bildet. Bei der Installation einer Photovoltaikanlage auf dem Dach eines Gebäudes ist von einer Bauleistung gemäß § 650a Abs. 1 Satz 1 BGB in Form eines Umbaus dann auszugehen, wenn die Anlage in fester Weise mit dem Gebäude verbunden wird; in diesem Fall kommt es dann nicht mehr darauf an, ob der mittels der Anlage erzeugte Strom in dem Haus selbst verbraucht werden soll, da sich die Funktionalität des Umbaus auch auf eine neue Nutzungsdimension beziehen kann (Einbindung des Gebäudes in die allgemeine Stromproduktion).[536]

283　　Schließlich stellt § 650a Abs. 1 Satz 1 BGB einem Bauwerk im Hinblick auf die Vertragsinhalte der Herstellung, Wiederherstellung, Beseitigung oder den Umbau eine *Außenanlage* bzw. einen Teil derselben gleich. Daher unterfallen beispielsweise auch die Errichtung einer Gartenanlage oder die Beseitigung eines Teiches dem Bauvertragsrecht.[537] Die Gleichstellung erfasst nach der eindeutigen Systematik des § 650a BGB aber nicht Instandhaltungsverträge über Außenanlagen.[538] Ein Vertrag zur gärtnerischen Pflege einer Parkanlage unterfällt daher selbst dann nicht den §§ 650a ff. BGB, sondern lediglich den §§ 631 ff. BGB, wenn er ein umfangreiches Leistungsprogramm umfasst.

284　　Nach dem Regelungsansatz des BGB stellt der Bauvertrag einen *speziellen Unterfall des Werkvertrages* dar. Dies folgt bereits daraus, dass die Vorschriften der §§ 650a ff. BGB zwar in einem eigenständigen Kapitel enthalten sind, aber einen Teil des Untertitels zu Werkverträgen bilden. Somit gelten auch für Bauverträge grundsätzlich die allgemeinen Regelungen der §§ 631 ff. BGB. Ergänzend greifen gemäß § 650a Abs. 1 Satz 2 BGB die Vorschriften der §§ 650b bis 650h BGB ein.

285　　Eine erste Besonderheit folgt dabei aus der Regelung des § 650h BGB zur *Schriftform der Kündigung* eines Bauvertrages.[539] Im Einklang mit der parallelen Regelung bei Mietverhältnissen in § 568 Abs. 1 BGB, aber anders als bei der Kündigung eines

---

[536] Siehe im Rahmen des § 634a Abs. 1 Nr. 2 BGB BGH 02.06.2016 NJW 2016, 2876 Rn. 19 ff.

[537] Vgl. BT-Drucks. 18/8486, S. 66 f. sowie BGH 24.02.2005 NJW-RR 2005, 750 Rn. 10.

[538] *Busche* MünchKomm. § 650a Rn. 10; *Palandt/Sprau* § 650a Rn. 9; kritisch hierzu BeckOGK/ *Merkle*, 01.02.2018, § 650a Rn. 72; ein korrekturfähiges Redaktionsversehen annehmend *Leinemann* NJW 2017, 3113 (3115).

[539] Zu den einschlägigen Kündigungsgründen der §§ 643, 648, 648a, 649 Abs. 1 BGB siehe oben § 8 Rn. 262 ff. BGB. Im Fall des § 643 BGB bedeutet dies, dass bereits die Fristsetzung zur Vornahme der Mitwirkungshandlung der Schriftform bedarf; vgl. oben § 8 Rn. 276.

Arbeitsverhältnisses nach § 623 BGB ist die elektronische Form dabei nicht ausgeschlossen, sodass die Kündigung des Bauvertrages nicht nur nach Maßgabe der allgemeinen Schriftformregelung des § 126 BGB, sondern auch in der Form des § 126a BGB erfolgen kann. Das Schriftformerfordernis des § 650h BGB bezweckt, neben einer gewissen Warnfunktion im Hinblick auf die Tragweite der Kündigungsentscheidung, vor allem eine Beweisfunktion.[540]

b) Anordnungsrecht des Bestellers und Vergütungsanpassung (§§ 650b bis 650d BGB)

Gerade bei umfangreicheren Bauprojekten kann sich mit zunehmendem Fortschritt **286** der Leistungserbringung die Situation ergeben, dass die ursprünglich vereinbarten Leistungsinhalte entweder in sachlicher oder in kostenbezogener Hinsicht nicht mehr hinreichend den Vorstellungen des Bestellers entsprechen.[541] Nach den allgemeinen (werk-)vertragsrechtlichen Regelungen muss eine solche Situation mittels einer privatautonomen Neuverhandlung des Vertrages durch die Parteien oder gegebenenfalls auch durch die Ausübung des Kündigungsrechts aus § 648 BGB gelöst werden. Für Bauverträge, die aus wirtschaftlicher Sicht in besonderem Maße einer zügigen und reibungslosen Abwicklung bedürfen, hat es der Gesetzgeber jedoch für geboten erachtet, einen *zusätzlichen Mechanismus der Vertragsanpassung* bereitzustellen, um unangemessenen Blockadehaltungen oder unbotmäßigen Spekulationen durch eine Vertragspartei zulasten der anderen vorzubeugen. Dieser ist in den §§ 650b bis 650d BGB geregelt.

Den Ausgangspunkt dieses Interessenausgleiches stellen die Regelungen zu **287** einem *Änderungsbegehren bzw. Anordnungsrecht des Bestellers* in § 650b BGB dar. Ein gewisses Vorbild für diese Regelung bilden die in der bauvertraglichen Praxis verbreiteten Regelungen aus § 1 Abs. 3 und 4 VOB/B,[542] wobei § 650b BGB allerdings im Einzelnen anders ausgestaltet ist. Sofern der Besteller entweder eine Änderung des vereinbarten Werkerfolges (§ 650b Abs. Satz 1 Nr. 1 BGB)[543] oder eine Leistungsänderung, die zur Erreichung des vereinbarten Werkerfolges notwendig ist (§ 650b Abs. 1 Satz 1 Nr. 2 BGB), begehrt, haben die Parteien zunächst eine einvernehmliche Vereinbarung über die Vertragsänderung einschließlich einer daran geknüpften Mehr- oder Mindervergütung anzustreben. Das Gesetz lässt es jedoch nicht bei einem bloßen Appell an die Nachverhandlungsbereitschaft der

---

[540] BT-Drucks. 18/8486, S. 61; *Erman/Schwenker/Rodemann* § 650h Rn. 1; *Orlowski* ZfBR 2016, 419 (429).

[541] BT-Drucks. 18/8486, S. 53.

[542] Siehe BT-Drucks. 18/8486, S. 53.

[543] Hierunter fällt allerdings nicht ein etwaiger Wunsch des Bestellers nach einer veränderten zeitlichen Gestaltung des Bauprojektes, insbesondere nach einer schnelleren Fertigstellung als vertraglich vereinbart. Insoweit greifen lediglich die allgemeinen privatautonomen Nachverhandlungsmechanismen ein; näher BeckOGK/*Mundt*, 01.02.2018, § 650b Rn. 21 f.; *Orlowski* ZfBR 2016, 419 (426).

Vertragsparteien bewenden, sondern legt diesen in § 650b Abs. 1 Satz 2 bis 4 BGB gewisse *Pflichten bzw. Obliegenheiten zur Förderung des Nachverhandlungsprozesses* auf. So ist der Unternehmer nach näherer Maßgabe des § 650b Abs. 1 Satz 2 BGB verpflichtet, ein Angebot über eine Mehr- oder Mindervergütung der geänderten Leistung zu erstellen, während den Besteller nach § 650b Abs. 1 Satz 4 BGB die Obliegenheit trifft, eine hierfür erforderliche Planung zu erstellen, soweit ihn nach dem Vertrag die Planungsverantwortung trifft.

288   Für den Fall des Scheiterns der Nachverhandlung sieht § 650b Abs. 2 BGB ein *einseitiges Recht des Bestellers zur Anordnung der Vertragsänderung* vor, womit für den Unternehmer zugleich mittelbar Anreize für eine effektive Mitwirkung an dem vorrangigen Nachverhandlungsprozess geschaffen werden.[544] Gemäß § 650b Abs. 2 Satz 1 BGB greift dieses Anordnungsrecht in zeitlicher Hinsicht ein, wenn binnen 30 Tagen nach Zugang des Änderungsbegehrens i. S. des § 650b Abs. 1 Satz 1 BGB keine Einigung zwischen den Vertragsparteien erzielt worden ist, und wird in formeller Hinsicht eine Erklärung des Bestellers in Textform gemäß § 126b BGB gefordert. Der Bauunternehmer ist sodann grundsätzlich verpflichtet, der Anordnung des Bestellers nachzukommen, d. h. seine Leistungspflichten ändern sich aufgrund einer einseitigen Erklärung des Bestellers, sodass dem Anordnungsrecht ein Gestaltungscharakter im Hinblick auf das vertragliche Pflichtenprogramm zukommt (§ 650b Abs. 2 Satz 2 BGB).

289   Dabei steht diese Gestaltungswirkung zum Schutz des Bauunternehmers jedoch unter *zwei Einschränkungen bzw. Folgewirkungen*: Zum einen führt die Änderung nach näherer Maßgabe des § 650c BGB auch zu einer *gesetzlichen Anpassung der Vergütung*, sodass beispielsweise ein Mehraufwand des Unternehmers regelmäßig zusätzlich zu vergüten ist.[545] Zum anderen muss der Bauunternehmer einer solchen Änderung, die sich nicht nur auf Leistungsschritte zur Erreichung eines gleichbleibenden Werkerfolges, sondern auf den Werkerfolg selbst bezieht, nur dann nachkommen, wenn die Änderung i. S. einer Interessenabwägung für ihn *zumutbar* ist (§ 650b Abs. 2 Satz 2 BGB).[546] Hieraus kann sich das Erfordernis einer Abgrenzung zwischen einer Änderung des Werkerfolges selbst und einer solchen Änderung ergeben, die der Erreichung eines gleichbleibenden Werkerfolges dient. Ein geänderter Werkerfolg liegt beispielsweise vor, wenn die Dimensionen eines Bauwerkes angepasst werden sollen (z. B. die Errichtung eines zusätzlichen Gebäudegeschosses). Demgegenüber liegt eine Leistungsänderung zur Erreichung eines gleichbleibenden Werkerfolges beispielsweise dann vor, wenn sich behördliche Anforderungen an die technische Gestaltung des Bauprozesses geändert haben.[547] Generell wird man einen Fall des § 650b Abs. 1 Satz 1 Nr. 1 BGB immer dann

---

[544] Zu hiermit verbundenen verfassungsrechtlichen Bedenken im Hinblick auf die Vertrags- und Berufsausübungsfreiheit der Bauunternehmer (Art. 12 Abs. 1 Satz 2 GG) näher *Göbel* DZWIR 2017, 10 (13 ff.) m. w. N.

[545] Dazu noch unten § 8 Rn. 291 f.

[546] Weiterführend zum Kriterium der Zumutbarkeit *Englert/Englert* NZBau 2017, 579 ff.

[547] BT-Drucks. 18/8486, S. 53; *Busche* MünchKomm. § 650b Rn. 5; *Erman/Schwenker/Rodemann* § 650b Rn. 3.

anzunehmen haben, wenn Anpassungen in Rede stehen, die auf geänderten Wünschen des Bestellers beruhen, da in diesem Fall der Zumutbarkeitsfilter zum Schutz des Unternehmers angemessen erscheint.[548] Sofern es danach auf die Zumutbarkeit der Änderung für den Unternehmer ankommt, kann sich eine Unzumutbarkeit unter anderem aus betriebsinternen Beschränkungen des Unternehmers oder seiner Erfüllungsgehilfen[549] ergeben (z. B. aus Kapazitätserwägungen),[550] wobei er für deren Vorliegen aber beweispflichtig bleibt (§ 650b Abs. 1 Satz 3 i. V. mit Abs. 2 Satz 3 BGB). Demgegenüber dürften die rein vergütungsbezogenen Folgen der Leistungsänderung in aller Regel nicht zu einer Unzumutbarkeit führen, da die Regelungen zu einer Vergütungsanpassung in § 650c BGB insoweit einen vorrangigen Interessenausgleich enthalten.

Der Umstand, dass ein Mehraufwand, der bei einer Anordnung des Bestellers **290** i. S. des § 650b Abs. 2 BGB anfällt, unter Umständen zu einer erhöhten Vergütung des Unternehmers nach § 650c BGB führt, macht es zudem erforderlich, eine Änderung gemäß § 650b Abs. 1 BGB *von der Pflicht* des Unternehmers zu einer mangelfreien Herstellung des Werkes *nach § 633 BGB abzugrenzen.* Letzterer hat der Unternehmer ohne einen Anspruch auf Mehrvergütung nachzukommen. Die Abgrenzung beurteilt sich dabei regelmäßig danach, in wessen Sphäre der Änderungsbedarf vor dem Hintergrund der jeweiligen vertraglichen Vereinbarung wurzelt.[551] Hat der Unternehmer beispielsweise zugesagt, ein Gebäude mit einem bestimmten Schallschutzniveau für eine bestimmte Vergütung errichten zu können und stellt sich sodann heraus, dass hierfür höherwertige Fenstertypen erforderlich sind, als der Unternehmer ursprünglich in Anschlag gebracht hat, muss er die Anpassung ohne eine Mehrvergütung vornehmen, um seiner Pflicht aus § 633 BGB nachzukommen.[552] Hatte demgegenüber der Besteller seinerseits in der Baubeschreibung Vorgaben zu dem zu verwendenden Fenstertyp gemacht und stellt sich nun ein Änderungsbedarf heraus, liegt ein Fall des § 650b BGB vor.

Die *vergütungsbezogenen Folgen einer Änderungsanordnung* nach § 650 Abs. 2 **291** BGB sind in § 650c BGB näher ausgeformt. Die zentrale Regelung besteht hierbei darin, dass sich die Höhe des Vergütungsanspruchs des Unternehmers aus § 631 Abs. 1 BGB nach Maßgabe des durch die Änderung vermehrten oder verminderten Aufwandes für die Werkleistung anpasst, wobei das Maß der Anpassung an

---

[548] In diese Richtung auch BeckOGK/*Mundt*, 01.02.2018, § 650b Rn. 29 und *Oechsler* Rn. 1132, der den Schutz des Unternehmers jedoch zum Teil über eine entsprechende Anwendung des § 645 Abs. 1 BGB sicherstellen will.

[549] Siehe BT-Drucks. 18/8486, S. 54; in der Tendenz a. A. *Erman/Schwenker/Rodemann* § 650b Rn. 4.

[550] Hierbei kann die Unzumutbarkeit sich nicht nur darauf stützen, dass eine Leistungserweiterung für den Unternehmer nicht zu bewältigen wäre, sondern auch darauf, dass eine Leistungsverminderung zu einer Frustrierung von bereitgehaltenen Sach- bzw. Personalkapazitäten führen würde; siehe *Deckers* ZfBR 2017, 523 (534).

[551] Vgl. andeutungsweise BT-Drucks. 18/8486, S. 53 und BT-Drucks. 18/11437, S. 40 f.; siehe auch *Göbel* DZWIR 2017, 10 (16 f.); *Palandt/Sprau* § 650b Rn. 4.

[552] Siehe zu derartigen Problemen im Rahmen des § 633 BGB bereits oben § 8 Rn. 31.

den tatsächlichen Kosten mit angemessenen Zuschlägen, insbesondere für einen Unternehmergewinn, zu kalkulieren ist (§ 650c Abs. 1 BGB). Dies bedeutet insbesondere, dass Vergütungssätze aus dem ursprünglichen Vertrag, die aufgrund einer besonderen Verhandlungssituation deutlich über- oder unterhalb der marktüblichen Sätze lagen, für den angepassten Teil der Vergütung nicht ohne weiteres zugrunde gelegt werden können.[553] Wenn der *Bauunternehmer auch die Planung des Werkes schuldet* und sich die Änderung i. S. des § 650b Abs. 1 Satz 1 Nr. 1 BGB bei gleichbleibendem Werkerfolg nur auf die für dessen Erreichung erforderlichen Herstellungsleistungen bezieht, kann er nach § 650c Abs. 1 Satz 2 BGB für einen etwaigen Mehraufwand jedoch keine erhöhte Vergütung verlangen. Diese Regelung beruht auf der Einschätzung, dass die Änderung in diesem Fall in einer unzureichenden Planung des Unternehmers wurzelt.[554] Sie kann somit als spezieller Fall der Abgrenzung einer vergütungsrelevanten Vertragsänderung von der Pflicht des Unternehmers zu einer mangelfreien Leistung i. S. des § 633 BGB begriffen werden.[555]

292 Die Regelungen des § 650c Abs. 2 und 3 BGB enthalten nähere Vorgaben für die Ermittlung einer nach § 650 Abs. 1 BGB anzupassenden Vergütung bzw. für die hierdurch bedingte Änderung von Abschlagszahlungen. Schließlich erleichtert § 650d BGB bei Streitigkeiten über das Anordnungsrecht und daraus resultierende Vergütungsänderungen den *Erlass von einstweiligen Verfügungen* i. S. der §§ 935 ff. ZPO insoweit, als es nach Beginn der Bauausführung keiner gesonderten Glaubhaftmachung eines Verfügungsgrundes bedarf. Somit ist nach dem Gesetz in dieser Konstellation gleichsam unwiderlegbar zu vermuten, dass ein besonderes Eil- und Sicherungsbedürfnis für eine vorläufige Regelung des Rechtsstreites besteht, vor allem um einem schädlichen Baustillstand und unbotmäßigen Liquiditätsengpässen vorzubeugen.[556]

c) Absicherung der Ansprüche des Bauunternehmers

293 Große praktische Bedeutung hat für Bauunternehmer die Absicherung ihrer Zahlungsansprüche, da sie ihr Werk auf einem fremden Grundstück, in der Regel einem solchen des Bestellers, errichten. In Bezug auf das erstellte Bauwerk scheidet ein isoliertes Pfandrecht aus, weil das Bauwerk als Bestandteil des Grundstückseigentums nicht Gegenstand selbstständiger Rechte sein kann (§§ 93, 94 BGB). Um den Vergütungsanspruch des Unternehmers abzusichern, kommt deshalb nur eine Sicherheit an dem bebauten Grundstück oder ein eigenständiges Sicherungsrecht in Betracht, das sich nicht auf das Bauwerk bzw. das Baugrundstück bezieht. Hierzu hat der Gesetzgeber den Anspruch auf *Einräumung einer Sicherungshypothek*

---

[553] Vgl. die Ausführungen in BT-Drucks. 18/8486, S. 56.

[554] Denkbar bleibt vor diesem Hintergrund aber ein erhöhter Vergütungsanspruch für sog. Sowieso-Kosten, die auch bei einer mangelfreien Planung angefallen wären; siehe oben § 8 Rn. 110.

[555] Siehe BT-Drucks. 18/11437, S. 41; *Erman/Schwenker/Rodemann* § 650c Rn. 7 sowie dazu bereits oben § 8 Rn. 290.

[556] Vgl. BT-Drucks. 18/11437, S. 42 f. sowie allgemein zu den Anforderungen an einen Verfügungsgrund *Baur/Stürner/Bruns* Zwangsvollstreckungsrecht, 13. Aufl. 2006, § 53.8 und § 53.25.

(§ 650e BGB) bzw. auf *Stellung einer Bauhandwerkersicherung* (§ 650f BGB) geschaffen. Gemeinsam ist diesen beiden Regelungen, dass sie nicht nur der Absicherung der Vergütungsforderung des Bauunternehmers aus § 631 Abs. 1 BGB dienen, sondern auch sonstiger Geldforderungen aus dem Werkvertrag (insbesondere Schadensersatzforderungen).[557]

aa) Sicherungshypothek (§ 650e BGB)

Diesen Rahmenbedingungen versucht zunächst § 650e Satz 1 BGB dadurch zu entsprechen, dass er zugunsten des Unternehmers einen Anspruch auf Bestellung einer Sicherungshypothek begründet.[558] Die Vorschrift ist als wesentlicher Grundgedanke des Gesetzes i. S. des § 307 Abs. 2 Nr. 1 BGB zu begreifen und kann daher in Allgemeinen Geschäftsbedingungen des Bestellers nicht ohne einen adäquaten Ausgleich abbedungen werden.[559] Darüber hinaus dehnt § 650q Abs. 1 BGB den Anspruch auf *Planungs- und Überwachungsleistungen von Architekten und Ingenieuren* aus. Da durch diese Vorschrift aber nur eine entsprechende Anwendung des § 650e BGB angeordnet wird, entsteht der Anspruch auf Bestellung einer Sicherungshypothek für Architekten und Ingenieure im Einklang mit der bisherigen Rechtsprechung nur soweit, als sich deren unkörperliche Werkleistungen bereits in einem realen Bauwerk niedergeschlagen haben.[560]

294

Das Gesetz ordnet – anders als im Fall des Mobiliarpfandrechts gemäß § 647 BGB – *keine Entstehung der Sicherungshypothek kraft Gesetzes*, sondern lediglich einen entsprechenden schuldrechtlichen Bestellungsanspruch des Unternehmers an. Dies dient in erster Linie dem Zweck, dass an Grundstücken bestehende Sicherungsrechte möglichst transparent im Grundbuch ersichtlich sein sollen. Deshalb muss sich der Unternehmer mit dem Besteller zunächst dinglich über die Bestellung der Hypothek einigen (§ 873 BGB) bzw. diese als Erfüllung seines Anspruchs aus § 650e Satz 1 BGB gerichtlich erzwingen (vgl. § 894 ZPO) und die Eintragung der Hypothek im Grundbuch bewirken (§§ 873 Abs. 1, 1115 Abs. 1 BGB). Sobald die Hypothek begründet ist, richten sich die weiteren Einzelheiten nach den §§ 1113 ff. BGB mit den für Sicherungshypotheken in den §§ 1184 ff. BGB angeordneten Besonderheiten.[561] Soweit der Besteller fällige Forderungen aus dem Werkvertrag nicht begleicht, hat der Unternehmer daher insbesondere ein Verwertungsrecht an dem Grundstück gemäß § 1147 BGB.

295

In der Praxis weist die Absicherung durch § 650e Satz 1 BGB jedoch *erhebliche Schwächen* auf. So entsteht der Anspruch auf die Hypothekenbestellung nicht schon mit dem Abschluss des Werkvertrages, sondern immer nur anteilig nach Maßgabe

296

---

[557] Siehe bereits oben § 8 Rn. 250.

[558] Eine vergleichbare Regelung trifft § 647a BGB für in das Schiffsregister eingetragene Schiffe; vgl. oben § 8 Rn. 249.

[559] BGH 03.05.1984 BGHZ 91, 139 (144 ff.) m. w. N.

[560] Siehe BGH 05.12.1968 BGHZ 51, 190 (191 f.) sowie BT-Drucks. 18/8486, S. 68.

[561] Zur Sicherungshypothek näher *Baur/Stürner* § 42, S. 549 ff.

des jeweiligen Baufortschrittes (§ 650e Satz 2 BGB).[562] Da die Durchsetzung des Anspruchs zudem erhebliche Zeit beanspruchen kann, geht die Sicherungshypothek des Bauunternehmers bei einer drohenden Insolvenz des Bestellers vielfach „ins Leere", weil in der Zwischenzeit andere Gläubiger auf das Grundstück als Sicherungsobjekt zugreifen können. Man könnte daran denken, diese Risiken durch die Bestellung einer Vormerkung i. S. des § 883 BGB zu kompensieren, die den Anspruch des Unternehmers auf Bestellung einer Sicherungshypothek rangwahrend absichert (siehe § 883 Abs. 3 BGB) und die gemäß § 883 Abs. 1 Satz 2 BGB auch für künftige Ansprüche möglich ist. Jedoch wird die Regelung des § 650e Satz 2 BGB als eine lex specialis zu § 883 Abs. 1 Satz 2 BGB begriffen, sodass auch eine Vormerkung immer nur für denjenigen Teil der Vergütungsforderung erwirkt werden kann, dem bereits ein realer Baufortschritt gegenübersteht.[563] Schließlich scheidet ein Anspruch auf Bestellung der Hypothek gänzlich aus, wenn das Grundstück nicht im Eigentum des Bestellers, sondern eines Dritten steht (§ 650e Satz 1 BGB: „Baugrundstück des Bestellers").[564]

bb) Bauhandwerkersicherung (§ 650f BGB)

297 Die praktischen Unzulänglichkeiten des Anspruchs auf Bestellung einer Sicherungshypothek versucht das Bauvertragsrecht durch § 650f Abs. 1 Satz 1 BGB auszugleichen, welcher dem Unternehmer[565] die nicht abdingbare (§ 650f Abs. 7 BGB) Möglichkeit einräumt, von dem Besteller[566] eine Sicherheit für die zu erbringenden Vorleistungen zu verlangen.[567]

---

[562] Zur Berechnung des Teiles der Vergütungsforderung, für die ein Anspruch gemäß § 650e BGB besteht, siehe oben § 8 Rn. 229 zu der entsprechenden Vorschrift in § 645 Abs. 1 Satz 1 BGB. Zum Schicksal des Anspruchs aus § 650e BGB bei mangelhafter Werkleistung im Überblick BGH 10.03.1977 BGHZ 68, 180 (182 ff.).

[563] RG 21.06.1904 RGZ 58, 301 (303); BGH 26.07.2001 NJW 2001, 3701 f.; *Erman/Schwenker/ Rodemann* § 650e Rn. 13; RGRK/*Glanzmann* § 648 Rn. 20; *Staudinger/Peters/Jacoby* (2014) § 648 Rn. 40.

[564] Zu denkbaren Ausnahmen bei einer wirtschaftlichen Verflechtung des Bestellers mit dem Grundstückseigentümer *Staudinger/Peters/Jacoby* (2014) § 648 Rn. 23 ff. Zu dem Parallelproblem beim Maklervertrag näher unten § 10 Rn. 22 ff. Wenn hingegen ein Nichteigentümer-Besteller eine Sicherungshypothek tatsächlich einräumt, kommt ein gutgläubiger Erwerb derselben durch den Unternehmer gemäß § 892 BGB in Betracht, da es sich anders als bei § 647 BGB um ein rechtsgeschäftlich bestelltes Sicherungsrecht handelt (zu dem Problem im Rahmen des § 647 BGB oben § 8 Rn. 253 ff.).

[565] Über § 650q Abs. 1 BGB sind neben Bauunternehmern im engeren Sinne wiederum auch Architekten und Ingenieure in entsprechender Anwendung erfasst. Da eine Sicherung i. S. des § 650f BGB anders als eine Sicherungshypothek nach § 650e BGB aber nicht auf dem Baugrundstück lastet, verlangt die h.M. hier anders als bei § 650e BGB (siehe oben § 8 Rn. 294) als Anspruchsvoraussetzung nicht, dass sich die Leistung des Architekten bzw. Ingenieurs bereits werterhöhend in einem Bauerfolg niedergeschlagen hat; siehe zum Meinungsstand NK-BGB/*Raab* § 648a Rn. 8 m. w. N.

[566] Allerdings greift die Norm nicht ein, wenn der Besteller zu den in § 650f Abs. 6 BGB aufgezählten Personen gehört; zu den Hintergründen der Bereichsausnahme für Verbraucherverträge i. S. des § 650f Abs. 6 Satz 1 Nr. 2 BGB näher BT-Drucks. 18/8486, S. 58 f.

[567] Überblick zu Einzelfragen bei *V. Schmidt* NJW 2013, 497 ff. Zu dem parallel in Betracht kommenden, in jüngster Zeit mehrfach novellierten, praktisch aber wenig bedeutsamen Gesetz über die Sicherung von Bauforderungen v. 01.07.1909 (RGBl. I, S. 449) *Leidig* NJW 2009, 2919 ff.

Zunächst gewährt § 650f Abs. 1 Satz 1 BGB dem Unternehmer gegenüber dem **298** Besteller einen *einklagbaren Anspruch* auf Stellung der Sicherheit.[568] Hat der Unternehmer für die Stellung der Sicherheit erfolglos eine angemessene Frist gesetzt, kann er zudem gemäß § 650f Abs. 5 Satz 1 BGB entweder seine Leistung verweigern oder den Vertrag kündigen. Die vorgenannten Rechte des Unternehmers bestehen dabei gemäß § 650f Abs. 1 Satz 3 BGB auch noch nach Abnahme des Werkes. Weitere Einzelheiten zum *Umfang und zur Durchführung der Sicherheitsleistung* sind in § 650f Abs. 1 bis 3 BGB geregelt. Insbesondere kann die Sicherheit über die allgemeinen Regelungen der §§ 232 ff. BGB hinaus auch durch eine Garantie oder Bürgschaft eines Kreditinstitutes erbracht werden (§ 650f Abs. 2 BGB). Soweit der Besteller dem Verlangen ordnungsgemäß nachkommt, ist der Anspruch des Unternehmers auf die Einräumung einer Sicherungshypothek (§ 650e BGB) mangels eines fortbestehenden Sicherungsinteresses nach § 650f Abs. 4 BGB ausgeschlossen.

Kündigt der Unternehmer aufgrund eines Unterbleibens der Sicherheitsleistung **299** nach § 650f Abs. 5 Satz 1 BGB den Vertrag, so kann er gemäß § 650f Abs. 5 Satz 2 BGB die vereinbarte Vergütung verlangen, die lediglich um den Betrag zu kürzen ist, den der Unternehmer infolge der Aufhebung des Vertrages an Aufwendungen erspart oder den er durch eine anderweitige Verwendung seiner Arbeitskraft erwirbt oder zu erwerben böswillig unterlässt. Damit greifen dieselben Rechtsfolgen ein wie bei einer Kündigung des Bestellers nach § 648 BGB,[569] sodass der Besteller keinen wirtschaftlichen Anreiz hat, der Stellung einer Sicherheit durch eine Eigenkündigung zu entgehen.[570]

d) Zustandsfeststellung und Fälligkeit der Vergütung (§ 650g BGB)

In der werk- und insbesondere in der bauvertraglichen Praxis treten häufig dadurch **300** Probleme auf, dass der Besteller eine Abnahme i. S. des § 640 Abs. 1 Satz 1 BGB nicht vornimmt. Ob dies unberechtigt oder aufgrund von (wesentlichen; siehe § 640 Abs. 1 Satz 2 BGB) Mängeln berechtigter Weise erfolgt, ist häufig streitig und im Rahmen eines späteren Rechtsstreites oftmals nur mit großem Aufwand zu rekonstruieren.[571] Eine erste Reaktion auf diese Schwierigkeiten stellt die allgemeine *Regelung des § 640 Abs. 2 BGB* dar, nach der es einer Abnahme gleichsteht, wenn der Besteller das Werk nicht innerhalb einer durch den Unternehmer für die Abnahme gesetzten angemessenen Frist wegen relevanter Mängel zurückweist.[572] Für den Fall einer solchen Zurückweisung regelt § 650g Abs. 1 bis 3 BGB nun eine *beweisrechtliche (Folge-)Problematik*, die spezifisch für Bauverträge gilt.

---

[568] Diese Rechtslage besteht seit dem 01.01.2009; siehe NK-BGB/*Raab* § 648a Rn. 12.

[569] Dazu oben § 8 Rn. 263 f.

[570] BT-Drucks. 16/511, S. 17; NK-BGB/*Raab* § 648a Rn. 38.

[571] Siehe BT-Drucks. 18/8486, S. 59.

[572] Dazu oben § 8 Rn. 211 ff.

301   Nach § 650g Abs. 1 Satz 1 BGB kann der Unternehmer bei einer auf Mängel gestützten Abnahmeverweigerung des Bestellers verlangen, dass dieser an einer gemeinsamen Feststellung des Zustandes des Werkes mitwirkt. Hierdurch soll für die weitere Abwicklung des Vertragsverhältnisses möglichst sicher geklärt werden, ob und welche Mängel an dem Bauwerk tatsächlich vorliegen und dem Verantwortungsbereich des Unternehmers zuzurechnen sind. § 650g Abs. 1 Satz 2 BGB regelt weitere Einzelheiten zu der Ausgestaltung der Zustandsfeststellung. Bei der Mitwirkung an der Zustandsfeststellung handelt es sich allerdings nicht um eine Rechtspflicht im engeren Sinne, sondern um eine *Obliegenheit des Bestellers*.[573] Diese ist durch den Unternehmer im Fall der Nichterfüllung nicht klageweise durchzusetzen, sondern er hat nach näherer Maßgabe des § 650g Abs. 2 BGB grundsätzlich auch die *Möglichkeit zu einer einseitigen Zustandsfeststellung*, wenn der Besteller zu einem vereinbarten oder durch den Unternehmer in angemessener Weise gesetzten Termin der Zustandsfeststellung fernbleibt.[574] Dies gilt gemäß § 650g Abs. 2 Satz 2 BGB allerdings nicht, wenn der Besteller sein Fernbleiben nicht zu vertreten hat und die hierfür maßgeblichen Gründe dem Unternehmer unverzüglich (siehe § 121 Abs. 1 Satz 1 BGB) mitteilt. Für diese Voraussetzungen ist der Besteller allerdings im Streitfall beweispflichtig. *Abzugrenzen* ist die fehlende Mitwirkung des Bestellers an einer Zustandsfeststellung i. S. des § 650g Abs. 2 BGB von einer Konstellation, in der sich die Vertragsparteien nicht auf einen gemeinsamen Inhalt der Zustandsfeststellung einigen können.[575] In diesem Fall muss der Unternehmer den Rechtsweg gegen den Besteller beschreiten.

302   Die rechtlichen Konsequenzen einer konsensual oder nach Maßgabe des § 650g Abs. 2 BGB einseitig erfolgten Zustandsfeststellung sind in § 650g Abs. 3 BGB geregelt. Ist das Werk dem Besteller verschafft worden und ein offenkundiger Mangel nicht in der Feststellung angegeben, so besteht eine *Vermutungswirkung*, dass dieser erst nach der Zustandsfeststellung entstanden und von dem Besteller zu vertreten ist. Somit muss der Unternehmer für einen derartigen Mangel grundsätzlich nicht mehr einstehen,[576] während er nach den allgemeinen werkvertragsrechtlichen Regelungen bis zur Abnahme grundsätzlich die Beweislast für das Fehlen relevanter Mängel tragen würde.[577] Eine *Verschaffung des Werkes* i. S. des § 650g Abs. 3 Satz 1 BGB, die eine Voraussetzung für die Vermutungswirkung bildet, setzt

[573] BT-Drucks. 18/8486, S. 59; *Erman/Schwenker/Rodemann* § 650g Rn. 3; *Oechsler* Rn. 1146a; *Orlowski* ZfBR 2016, 419 (429).

[574] Einem Fernbleiben ist dabei der Umstand gleichzustellen, dass der Besteller zwar erscheint, aber nicht sachlich an der Feststellung mitwirkt: BeckOGK/*Kögl*, 01.02.2018, § 650g Rn. 76 ff.; *Tschäpe/Werner* ZfBR 2017, 419 (423); offen insoweit *Breitling* NZBau 2017, 393 (396).

[575] BT-Drucks. 18/8486, S. 60; *Busche* MünchKomm. § 650g Rn. 7. Kritisch zur praktischen Wirksamkeit des Instituts der Zustandsfeststellung daher *Breitling* NZBau 2017, 393 (396) und *Deckers* ZfBR 2017, 523 (536).

[576] *Deckers* ZfBR 2017, 523 (535) sowie allg. dazu, dass der Unternehmer selbst für vor der Abnahme auftretende Mängel dann nicht einstehen muss, wenn diese in den Verantwortungsbereich des Bestellers fallen, oben § 8 Rn. 103 ff.

[577] BT-Drucks. 18/8486, S. 60.

voraus, dass der Besteller die tatsächliche Sachherrschaft über das Werk i. S. des
§ 854 BGB erlangt hat.[578] Nach dem Zweck der Regelung muss diese Verschaffung
zeitlich spätestens mit der Zustandsfeststellung erfolgen, da nur in diesem Fall aufgrund der Einwirkungsmöglichkeiten des Bestellers die Vermutung gerechtfertigt
ist, dass ein in der Zustandsfeststellung nicht erwähnter Mangel seinem Verantwortungsbereich zuzurechnen ist.[579] Dabei setzt die Vermutung allerdings weiterhin
voraus, dass der *Mangel „offenkundig" ist*, d. h. von einem Besteller des jeweiligen Verkehrskreises bei einer Zustandsfeststellung unschwer zu erkennen war.[580]
Schließlich gilt die Vermutung nach § 650g Abs. 3 Satz 2 BGB selbst bei offenkun-
digen Mängeln dann nicht, wenn diese ihrer Art nach nicht durch den Besteller verursacht worden sein können. Dies trifft beispielsweise auf Fehler zu, die technisch
nur durch eine mangelhafte originäre Baugestaltung eingetreten sein können.[581]
Auch in anderen Fällen bleiben dem Besteller seine Mängelrechte erhalten, wenn
er i. S. eines *Beweises des Gegenteils nach § 292 ZPO* nachweisen kann, dass der
betreffende Mangel nicht seinem Verantwortungsbereich entstammt,[582] da § 650g
Abs. 1 bis 3 BGB nicht die materiell-rechtlichen Verantwortungsbereiche zwischen
dem Unternehmer und dem Besteller verschiebt, sondern nur die diesbezügliche
Beweislast auf den Besteller verlagert.[583]

Schließlich greift § 650g Abs. 4 BGB mögliche Unsicherheiten auf, die für   **303**
den Besteller im Hinblick auf die Nachvollziehbarkeit einer Vergütung entstehen
können, die der Unternehmer beansprucht. Dementsprechend macht die Regelung
eine *Fälligkeit der Vergütung* neben den allgemeinen Voraussetzungen des § 641
BGB[584] von der zusätzlichen Bedingung abhängig, dass der Unternehmer eine i. S.
des § 650g Abs. 4 Satz 2 BGB *prüffähige Schlussrechnung* erteilt hat.[585] Damit
hieraus umgekehrt kein unangemessenes Blockadepotenzial für den Besteller
entsteht, unterstellt § 650g Abs. 4 Satz 3 BGB im Wege einer Fiktion die hinreichende Prüffähigkeit einer erteilten Rechnung, wenn der Besteller nicht innerhalb von 30 Tagen seit Zugang begründete Einwendungen gegen die Prüffähigkeit
erhoben hat.

---

[578] Vgl. BT-Drucks. 18/8486, S. 60; BeckOGK/*Kögl*, 01.02.2018, § 650g Rn. 137; *Busche* Münch-
Komm. § 650g Rn. 10; *Palandt/Sprau* § 650g Rn. 6.

[579] *Orlowski* ZfBR 2016, 419 (429).

[580] BT-Drucks. 18/8486, S. 60; *Erman/Schwenker/Rodemann* § 650g Rn. 7.

[581] *Erman/Schwenker/Rodemann* § 650g Rn. 7.

[582] Letzteres ist auch dann gegeben, wenn bei dem zeitlich-räumlichen Zusammenwirken mehrerer
Werkunternehmer das Werk des einen durch Fehlleistungen eines anderen verschlechtert oder zer-
stört wird, da der Besteller für das Fehlverhalten anderer Werkunternehmer weder i. S. des § 278
BGB noch analog § 645 Abs. 1 Satz 1 BGB einzustehen hat; siehe oben § 8 Rn. 103 und 225.

[583] *Breitling* NZBau 2017, 393 (396); *Tschäpe/Werner* ZfBR 2017, 419 (422). Insofern ist die Formulierung in BT-Drucks. 18/8486, S. 59, dass § 650g BGB eine „modifizierte Gefahrtragung"
anordne, zumindest missverständlich.

[584] Zu diesen oben § 8 Rn. 184 ff.

[585] Zu einzelnen Voraussetzungen der Prüffähigkeit siehe BT-Drucks. 14/11437, S. 43 und *Busche*
MünchKomm. § 650g Rn. 14.

2. Sonderregelungen für Verbraucherbauverträge

304 In den §§ 650i bis 650o BGB sind Sonderregelungen für sog. Verbraucherbauverträge enthalten, die auf dem besonderen Schutzbedürfnis von Verbrauchern bei wirtschaftlich bedeutsamen Bauleistungen aufbauen.[586]

a) Anwendungsbereich und anwendbare Vorschriften

305 Den Anwendungsbereich dieser Sonderregelungen definiert § 650i Abs. 1 BGB. Danach ist in *persönlicher Hinsicht* zunächst erforderlich, dass der Besteller als Verbraucher i. S. des § 13 BGB agiert.[587] Zugleich muss es sich bei dem „Unternehmer" aber in Anknüpfung an die allgemeine Struktur des Verbraucherschutzrechts nicht nur um einen solchen i. S. des § 631 Abs. 1 BGB handeln, sondern müssen für diesen auch die Voraussetzungen des Unternehmerbegriffes aus § 14 BGB erfüllt sein.[588] Somit liegt insbesondere dann kein Verbraucherbauvertrag vor, wenn ein Privater nur ganz gelegentlich und somit nicht-gewerblich eine Bauleistung für einen anderen Privaten erbringt. Die mit dem Unternehmererfordernis verbundene Einschränkung des Anwendungsbereiches der §§ 650i ff. BGB relativiert sich aber bei einem Querblick auf den *sachlichen Anwendungsbereich* dieser Vorschriften. Denn dieser erfasst nicht jegliche Bauleistungen i. S. des § 650a BGB, sondern gemäß § 650i Abs. 1 BGB nur Verträge über den *Bau eines neuen Gebäudes oder über erhebliche Umbaumaßnahmen* an einem bestehenden Gebäude. Derartige umfangreiche Leistungen werden typischerweise nur durch Unternehmer i. S. des § 14 BGB erbracht. Für geringfügigere Bauleistungen gelten auch in Unternehmer-Verbraucher-Konstellationen abschließend die §§ 631 ff., 650a ff. BGB, nicht aber die §§ 650i ff. BGB.

306 Schwierigkeiten kann es insbesondere bereiten, den *Begriff der „erheblichen Umbaumaßnahmen"* zu definieren. Praktische Relevanz hat diese Frage nicht nur im Hinblick auf die Anwendbarkeit der Sonderregelungen aus den §§ 650j ff. BGB, sondern auch wegen des Formerfordernisses, das § 650i Abs. 2 BGB aufstellt. Danach muss ein *Verbraucherbauvertrag in Textform (§ 126b BGB)* abgeschlossen werden und ist das Rechtsgeschäft in Ermangelung dieser Form nach § 125 Satz 1 BGB nichtig, was zu einer Abwicklung nach Bereicherungsrecht gemäß den §§ 812 ff. BGB führt. Somit kann es insbesondere bei einer Nichteinhaltung der Textform für die Ermittlung der anwendbaren Vorschriften (Vertrags- oder Bereicherungsrecht) sehr wichtig sein, ob ein Vertrag zwischen einem Unternehmer und einem Verbraucher bereits eine „erhebliche" Umbaumaßnahme betrifft oder noch unterhalb dieser Schwelle liegt und somit keiner Form bedarf. Die Gesetzesbegründung stellt für die Beurteilung der Erheblichkeit maßgeblich auf den Umfang

---

[586] BT-Drucks. 18/8486, S. 61.

[587] Näher zum Verbraucherbegriff des § 13 BGB oben unter § 2 Rn. 586 ff.

[588] Siehe bereits oben § 8 Rn. 5 sowie näher zum Unternehmerbegriff des § 14 BGB oben unter § 2 Rn. 591.

und die Komplexität der Baumaßnahmen sowie das Ausmaß des Eingriffes in die bauliche Substanz des Gebäudes ab.[589] Danach sollen bloße Anbauten (Garagen, Wintergärten) oder Instandsetzungs- und Renovierungsarbeiten in der Regel keine erheblichen Umbaumaßnahmen darstellen, sofern sie nicht in ihrem Ausmaß mit dem Bau eines neuen Gebäudes vergleichbar sind.

Wenn es sich bei einem Vertrag um einen Verbraucherbauvertrag i. S. des § 650i Abs. 1 BGB handelt, finden gemäß § 650i Abs. 3 BGB ergänzend die Vorschriften der §§ 650j bis 650n BGB Anwendung. Dies bedeutet, dass auch für einen Verbraucherbauvertrag vorbehaltlich der spezielleren Regelungsanordnungen die *allgemeinen Vorschriften der §§ 631 ff. BGB sowie die Vorgaben für Bauverträge aus den §§ 650a ff. BGB* gelten.[590] **307**

Schließlich ordnet § 650o Satz 1 BGB an, dass einige Vorschriften bei Verbraucherbauverträgen *zugunsten des Verbrauchers halbseitig zwingend* sind, d. h. es darf auch individualvertraglich nicht zum Nachteil des Verbrauchers von ihnen abgewichen werden. Hierbei handelt es sich um das Hinweiserfordernis im Zusammenhang mit der Abnahmefiktion des § 640 Abs. 2 BGB (§ 640 Abs. 2 Satz 2 BGB)[591] sowie die meisten Regelungen des Kapitels zum Verbraucherbauvertrag selbst (§§ 650i bis 650l BGB und § 650n BGB). Dabei sind diese Regelungen nicht nur gegen eine unmittelbare vertragliche Abänderung zulasten des Verbrauchers bewehrt, sondern sie finden nach § 650o Satz 2 BGB auch dann Anwendung, wenn sie durch anderweitige Gestaltungen umgangen werden. Letzteres kommt beispielsweise in Betracht, wenn ein Bauunternehmer einen privaten „Strohmann" als Vertragspartner des Verbrauchers vorschiebt und hiermit die Anwendbarkeit der §§ 650i ff. BGB auszuschließen versucht.[592] Im Hinblick auf die von der halbzwingenden Geltung nicht erfasste Vorschrift zu Abschlagszahlungen und Vergütungsabsicherungen (§ 650m BGB) setzt § 309 Nr. 15 BGB immerhin solchen Abreden zulasten des Verbrauchers Grenzen, die in Allgemeinen Geschäftsbedingungen enthalten sind. **308**

b) Widerrufsrecht des Verbrauchers (§ 650l BGB)

Nach § 650l Satz 1 BGB steht dem Verbraucher ein *zweiwöchiges Widerrufsrecht gemäß § 355 BGB* zu, das an die besondere wirtschaftliche Bedeutung eines Verbraucherbauvertrages i. S. des § 650i Abs. 1 BGB anknüpft.[593] Das Recht greift nicht ein, wenn der Vertrag notariell beurkundet wird, da in diesem Fall die Beratungspflicht **309**

---

[589] BT-Drucks. 18/8486, S. 61 in Anknüpfung an die Ausführungen zum Begriff der „erheblichen Umbaumaßnahmen" i. S. des Art. 3 Abs. 3 f der Verbraucherrechte-Richtlinie in Erwägungsgrund 26 Satz 3 dieser Richtlinie; zu weiteren Einzelheiten BeckOGK/*Merkle*, 01.02.2018, § 650i Rn. 36 ff.; *Erman/Schwenker/Rodemann* § 650l Rn. 3; *Omlor* NJW 2018, 817 ff.

[590] BT-Drucks. 18/8486, S. 61; *Palandt/Sprau* § 650i Rn. 7.

[591] Dazu bereits oben § 8 Rn. 212.

[592] Näher zu Umgehungsgeschäften zulasten von Verbrauchern oben im Rahmen des Verbrauchsgüterkaufs unter § 2 Rn. 582 ff. und 611 ff.

[593] BT-Drucks. 18/8486, S. 63.

des Notars und der Ablauf des Beurkundungsprozesses bereits einen hinreichenden Reflexionsprozess des Verbrauchers über die Vertragsentscheidung ermöglichen.[594] Sofern das Widerrufsrecht besteht, muss der Unternehmer den Verbraucher hierüber nach § 650l Satz 2 BGB i. V. mit Art. 249 § 3 EGBGB informieren, was gemäß § 356e Satz 1 BGB zugleich eine Voraussetzung für den Lauf der Widerrufsfrist darstellt. Wurden vor dem Widerruf bereits Leistungen erbracht, sind diese nach näherer Maßgabe der §§ 355 Abs. 3 Satz 1, 357d BGB zurück zu gewähren.

c) Baubeschreibung und Vertragsinhalt (§§ 650j, 650k BGB)

310   Nach § 650j BGB hat der Unternehmer dem Verbraucher vorvertraglich in einer sog. *Baubeschreibung* umfangreiche Informationen in Textform (§ 126b BGB)[595] zur Verfügung zu stellen, die in Art. 249 EGBGB näher ausgeformt sind und deren Kern die Angaben zu wesentlichen Eigenschaften des Bauwerkes i. S. des Art. 249 § 2 Abs. 1 EGBGB bilden. Diese Pflicht besteht nur dann nicht, wenn der Verbraucher-Besteller selbst oder ein durch ihn Beauftragter (insbesondere ein Architekt) die Planung des Vorhabens übernimmt, da in diesen Fällen die wesentlichen Eigenschaften des Werkes von der Bestellerseite festgelegt werden. Bei der Zurverfügungstellung der Baubeschreibung handelt es sich um eine *echte Rechtspflicht i. S. der §§ 311 Abs. 2, 280 ff. BGB.*[596] Zugleich werden die Angaben der Baubeschreibung nach § 650k Abs. 1 BGB *Inhalt des späteren Vertrages*, sofern die Parteien nicht ausdrücklich etwas anderes vereinbaren.

311   Das Erfordernis einer „ausdrücklichen Vereinbarung" wirft die Frage auf, ob *Vertragsinhalte, die von der vorangehenden Baubeschreibung abweichen,* sich auch dann durchsetzen, wenn die Abweichung von dem Unternehmer ausgeht und er den Besteller vor dessen Vertragserklärung nicht gesondert auf sie hinweist. Einen systematischen Anhaltspunkt für die Lösung dieser Problematik bietet die Regelung des § 650k Abs. 3 BGB. Danach muss der Bauvertrag auch Angaben zum Zeitpunkt der Fertigstellung des Bauwerkes bzw. zur Dauer der Bauausführung enthalten; (nur) sofern dies nicht der Fall ist, werden die diesbezüglichen Angaben in der Baubeschreibung zum Vertragsinhalt. Insoweit setzen sich also abweichende Angaben im Vertrag unabhängig von einem spezifischen Hinweis auf die Abweichung durch.[597] Im Umkehrschluss spricht dies dafür, dass sonstige Abweichungen des Vertrages von der Baubeschreibung (insbesondere im Hinblick auf Eigenschaften des Bauwerkes nach § 650j BGB i. V. mit Art. 249 § 2 Abs. 1 EGBGB) sich

---

[594] *Oechsler* Rn. 1090; *Omlor* NJW 2018, 817 (821); *Orlowski* ZfBR 2016, 419 (431).

[595] Siehe § 650j BGB i. V. mit Art. 249 § 1 EGBGB.

[596] BT-Drucks. 18/8486, S. 62 f.; BeckOGK/*Merkle*, 01.02.2018, § 650j Rn. 30 ff.; *Orlowski* ZfBR 2016, 419 (431).

[597] BeckOGK/*Merkle*, 01.02.2018, § 650k Rn. 25 f.

zulasten des Verbrauchers nur dann durchsetzen können, wenn dieser ihnen nach einem entsprechenden Hinweis gesondert zustimmt.[598] Ist der Vertragsinhalt zu den Eigenschaften des Bauwerkes hingegen für den Besteller günstiger als die Baubeschreibung, so sollte sich demgegenüber i. S. des verbraucherschützenden Charakters der §§ 650i ff. BGB der Vertragsinhalt auch ohne einen gesonderten Hinweis durchsetzen.[599]

Sofern die *Baubeschreibung unvollständig oder unklar* ist, muss der Vertrag **312** i. S. des § 650k Abs. 2 Satz 1 BGB (ergänzend) ausgelegt werden, wobei etwaige *Zweifel im Hinblick auf die geschuldete Bauleistung zu Lasten des Unternehmers* gehen (§ 650k Abs. 2 Satz 2 BGB). Hiermit wird ein Gedanke, der nach § 305c Abs. 2 BGB für die Verwender von Allgemeinen Geschäftsbedingungen gilt, für den Verbraucherbauvertrag allgemein angewendet, d. h. unabhängig davon, ob dieser einen AGB-Charakter hat und auf welche der Vertragsparteien die zweifelhafte Bestimmung zurückgeht.[600] Hierdurch werden dem Unternehmer zugleich Anreize gegeben, die Baubeschreibung und den Vertragsinhalt möglichst präzise abzufassen.

d) Modifikationen der Leistungspflichten der Vertragsparteien

Die Regelung des § 650m BGB zieht zunächst dem Recht des Unternehmers Grenzen, **313** von dem Verbraucher vor der Abnahme des Bauwerkes *Abschlagszahlungen* nach § 632a BGB[601] zu verlangen. Hiermit wird zugleich die praktische Wirksamkeit des Rechts des Bestellers aus § 641 Abs. 3 BGB geschützt, Teile der Vergütung zurückzuhalten, wenn er bei der Abnahme Mängel erkennt.[602] So regelt § 650m Abs. 1 BGB, dass der Gesamtbetrag von Abschlagszahlungen 90 % der Gesamtvergütung einschließlich etwaiger Nachvergütungen i. S. des § 650c BGB nicht übersteigen darf. Zugleich beschränkt § 650m Abs. 4 BGB die Möglichkeit des Unternehmers, sich neben den Abschlagszahlungen vertraglich eine Sicherheitsleistung des Bestellers für die Vergütung versprechen zu lassen,[603] wobei die Grenze des Zulässigen die Höhe der jeweils nächsten Abschlagszahlung oder pauschal 20 % der vereinbarten Vergütung beträgt. Da der Besteller bei Abschlagszahlungen stets das Risiko eingeht, Zahlungen vorzunehmen, bevor eine ordnungsgemäße Fertigstellung des

---

[598] In diese Richtung zu der Parallelregelung des § 312d Abs. 1 Satz 2 BGB auch *Wendehorst* MünchKomm. § 312d Rn. 9.

[599] Vgl. wiederum *Wendehorst* MünchKomm. § 312d Rn. 10; a. A. *Palandt/Sprau* § 650k Rn. 3.

[600] Siehe BT-Drucks. 18/8486, S. 62; *Busche* MünchKomm. § 650k Rn. 7; *Erman/Schwenker/Rodemann* § 650k Rn. 2.

[601] Hierzu bereits oben § 8 Rn. 187 ff.

[602] BT-Drucks. 18/8486, S. 64; *Erman/Schwenker/Rodemann* § 650n Rn. 1.

[603] Der gesetzliche Anspruch auf Stellung einer Bauhandwerkersicherung i. S. des § 650f BGB greift bei Verbraucherbauverträgen gemäß § 650f Abs. 6 Nr. 2 BGB ohnehin nicht ein.

Bauwerkes erfolgt, muss ihm umgekehrt der Unternehmer eine *Sicherheit für die rechtzeitige und mangelfreie Herstellung des Werkes* nach näherer Maßgabe des § 650m Abs. 2 und 3 BGB leisten.

314   Bereits nach der allgemeinen werkvertraglichen Regelung des § 633 BGB schuldet der Bauunternehmer die Einhaltung einschlägiger technischer Standards und öffentlich-rechtlicher Vorschriften für das Bauwerk.[604] Da der Verbraucher als Bauherr nach Maßgabe des Öffentlichen Rechts nicht selten gehalten ist, den zuständigen Behörden die Einhaltung derartiger Regelungen nachzuweisen, räumt ihm § 650n BGB einen *Anspruch auf die Bereitstellung einschlägiger Unterlagen* durch den Unternehmer ein, der diesen Nachweis ermöglicht.[605] Dieser Anspruch erstreckt sich – sofern der Unternehmer auch die Planung übernimmt – vor Beginn der Bauausführung auf Unterlagen, die eine ordnungsgemäße Planung des Bauwerkes dokumentieren (§ 650n Abs. 1 BGB) und mit Fertigstellung des Werkes auf die rechtskonforme Ausführung des Baus (§ 650n Abs. 2 BGB). Während sich § 650n Abs. 1 und 2 BGB auf die Einhaltung allgemeiner öffentlich-rechtlicher Vorgaben beziehen, können Dritte von dem Bauherren unter Umständen auch weitere Nachweise zu dem Bauwerk verlangen. Z. B. mag ein baufinanzierender Kreditgeber von dem Verbraucher-Besteller Nachweise zu bestimmten Qualitätsstandards des Baus verlangen, da von diesen die Werthaltigkeit etwaiger Sicherheiten für den Kredit abhängen kann (Grundpfandrechte etc.). In diesem Fall kann der Verbraucher von dem Unternehmer gemäß § 650n Abs. 3 BGB auch derartige Nachweise verlangen, wenn der Unternehmer die berechtigte Erwartung des Verbrauchers geweckt hat, er werde diese Bedingungen einhalten. Da der Unternehmer dann aber gleichsam im Vorgriff der Erstellung der Unterlagen verpflichtet ist, die besagten Bedingungen (eine bestimmte Bauqualität etc.) auch tatsächlich einzuhalten, wird man von einer dahin gehenden „berechtigten Erwartung" des Verbrauchers nur dann ausgehen können, wenn der Unternehmer die Erfüllung der Bedingungen nach Maßgabe der §§ 631, 633 BGB vertraglich schuldet.[606] Soweit den Unternehmer nach § 650n BGB eine Pflicht zur Bereitstellung von Unterlagen trifft, handelt es sich um eine *synallagmatische Hauptpflicht*, auf welche die §§ 320 ff. BGB Anwendung finden.[607]

---

[604] Siehe oben § 8 Rn. 33 und 37.

[605] BT-Drucks. 18/8486, S. 65.

[606] *Palandt/Sprau* § 650n Rn. 6; offener insoweit BT-Drucks. 18/8486, S. 65 f.

[607] Siehe *Orlowski* ZfBR 2016, 419 (433).

II. Architekten- und Ingenieurverträge (§§ 650p bis 650t BGB)

1. Rechtsnatur und anwendbare Vorschriften

In den §§ 650p bis 650t BGB enthält das BGB einige Sonderregelungen für Archi-   **315**
tekten- und Ingenieurverträge, die Planungs- und Überwachungsleistungen für
Bauwerke[608] oder Außenanlagen[609] zum Gegenstand haben (siehe § 650p Abs. 1
BGB).[610] Im Ausgangspunkt stellen derartige Verträge aufgrund ihrer Erfolgsbezogenheit Werkverträge dar, wobei es sich um *Verträge über unkörperliche Werke*
i. S. des § 631 Abs. 2 Alt. 2 BGB handelt, da die betreffenden Unternehmer nicht
das Bauwerk als solches, sondern nur darauf bezogene Planungs- und/oder Überwachungsleistungen schulden.[611] Aus Sicht des Gesetzgebers weisen derartige Verträge trotz ihrer Erfolgsbezogenheit aber unter Umständen auch Charakteristika
anderer Vertragstypen (insbesondere des Dienstvertragsrechts) auf.[612] Deshalb sind
Architekten- und Ingenieurverträge in den §§ 650p ff. BGB nicht schlicht als ein
weiterer Unterfall des Werkvertrages geregelt, sondern als *„ähnliche Verträge"* in
einem eigenständigen Untertitel.

    Gleichwohl sind gemäß § 650q Abs. 1 BGB auf Architekten- und Ingenieurver-   **316**
träge grundsätzlich, d. h. vorbehaltlich besonderer Regelungen in den §§ 650p ff.
BGB, alle *Regelungen des allgemeinen Werkvertragsrechts entsprechend anwendbar* (§§ 631 bis 649 BGB). Ergänzend greifen aufgrund der vergleichbaren Interessenlage auch *einige Spezialvorschriften des Bauvertragsrechts entsprechend ein.*[613]
Es handelt sich hierbei um die Regelungen zum Anordnungsrecht des Bestellers
(§ 650b BGB),[614] zu Sicherungsrechten (§§ 650e, 650f BGB),[615] zur Beweissicherung durch Zustandsfeststellung und zur Fälligkeit der Vergütung (§ 650g BGB)[616]
sowie zur Schriftform bei Kündigungen (§ 650h BGB).[617]

---

[608] Insoweit gilt der oben zu § 634a Abs. 1 Nr. 2 BGB skizzierte Begriff des Bauwerkes; siehe oben § 8 Rn. 155.

[609] Zu diesem Begriff im Einzelnen BT-Drucks. 18/8486, S. 66 f. sowie BGH 24.02.2005 NJW-RR 2005, 750 Rn. 10.

[610] Eingehend hierzu *Deckers* ZfBR 2017, 523 ff.; *Fuchs* NZBau 2015, 675 ff. und *Motzke* NZBau 2017, 251 ff.

[611] Dazu bereits oben § 7 Rn. 14 und § 8 Rn. 26, jeweils m. w. N.

[612] BT-Drucks. 18/8486, S. 66; näher *Deckers* ZfBR 2017, 523 f.

[613] Näher BT-Drucks. 18/8486, S. 68; *Erman/Schwenker/Rodemann* § 650q Rn. 1.

[614] Siehe oben § 8 Rn. 286 ff.

[615] Dazu oben § 8 Rn. 293 ff.

[616] Näher oben § 8 Rn. 300 ff.

[617] Siehe oben § 8 Rn. 285.

2. Pflichten des Unternehmers

317 Eine Besonderheit von Architekten- und Ingenieurverträgen besteht darin, dass der Inhalt der Leistung des Unternehmers in der Regel bei Vertragsschluss noch nicht abschließend feststeht, sondern sich im Laufe eines komplexen Planungsprozesses fortentwickelt. Dem trägt die Regelung des § 650p Abs. 1 BGB Rechnung, indem sie den Unternehmer verpflichtet, die nach dem *jeweiligen Stand der Planung und Ausführung des Bauwerkes erforderlichen Leistungen* zu erbringen. Für typische Bauprojekte geben die sog. Grundleistungen i. S. des § 3 Abs. 2 HOAI einen gewissen Anhaltspunkt für das jeweils Erforderliche.[618] Den letztlich entscheidenden Gradmesser für das Pflichtenprogramm des Unternehmers bilden jedoch nach § 650p Abs. 1 BGB a. E. die zwischen den Vertragsparteien vereinbarten übergeordneten *Planungs- und Überwachungsziele* (z. B. ein bestimmter vertraglich angestrebter Bauenderfolg).[619]

318 Selbst deren genauer Inhalt kann ursprünglich aber noch ungewiss sein und gerade auch von kontinuierlichen (Vor-)Arbeiten des Unternehmers abhängen (sog. *zieloffener Planungsvertrag*).[620] Beispielsweise mag der Bauherr einer Industrieanlage zwar gewisse Rahmenvorstellungen von der gewünschten Funktionalität der Anlage haben, ohne dass diese und deren Realisierbarkeit aber bei Abschluss eines Architekten- oder Ingenieurvertrages bereits abschließend feststünden.[621] In einem solchen Fall ist der Unternehmer nach § 650p Abs. 2 Satz 1 BGB zunächst verpflichtet, eine *Planungsgrundlage* zur Ermittlung und Konkretisierung der endgültigen Vertragsziele zu erstellen. Nach § 650p Abs. 2 Satz 2 BGB ist hierfür auch eine korrespondierende *Kosteneinschätzung* zu erarbeiten, da das Zusammenspiel zwischen der Ausgestaltung des angestrebten Bauwerkes und den damit verbundenen Kosten für den Besteller in der Regel zentral für dessen weitere Vertragsentscheidungen ist. Die auf diesem Wege eintretende sukzessive Konkretisierung der geschuldeten Planungs- und Überwachungsleistung ist von einer einseitigen Änderungsanordnung des Bestellers i. S. des § 650b Abs. 2 BGB i. V. mit § 650q Abs. 1 BGB abzugrenzen, die von zuvor festgelegten Leistungsinhalten abweicht und nach Maßgabe des § 650q Abs. 2 BGB eine Vergütungsanpassung auslöst.[622]

319 Kommt der Besteller bei einem zieloffenen Planungsvertrag aufgrund einer nach § 650p Abs. 2 BGB erstellten Planungsgrundlage und Kosteneinschätzung zu dem Ergebnis, dass ein weiteres Betreiben des Bauvorhabens nicht seinen Vorstellungen entspricht, so räumt ihm § 650r Abs. 1 BGB ein *Sonderkündigungsrecht* ein.[623]

---

[618] *Busche* MünchKomm. § 650p Rn. 24; *Dammert* BauR 2017, 421 (423); zurückhaltender *Deckers* ZfBR 2017, 523 (526 f.).

[619] *Motzke* NZBau 2017, 251 (252); weiter differenzierend *Deckers* ZfBR 2017, 523 (525) m. w. N.

[620] *Motzke* NZBau 2017, 251 (252 f.).

[621] Vgl. BT-Drucks. 18/8486, S. 67.

[622] BT-Drucks. 18/8486, S. 67; zu § 650q Abs. 2 BGB noch unten § 8 Rn. 321.

[623] Zu der Problematik des Kündigungsrechts des Bestellers vor Abschluss der Planungsgrundlage und Vorlage der Kosteneinschätzung siehe *Deckers* ZfBR 2017, 523 (538).

Dieses soll ihn vor den Risiken schützen, die eintreten können, wenn er sich in dem Architekten- oder Ingenieurvertrag bereits ohne Kenntnis der Planungsgrundlage zur Abnahme und Vergütung weiterer Planungs- oder Überwachungsleistungen verpflichtet hatte.[624] Übt der Besteller das Sonderkündigungsrecht aus, so kann der Unternehmer nach § 650r Abs. 3 BGB nur eine Vergütung für die bereits bis zur Kündigung erbrachten Leistungen verlangen. In dieser Regelung liegt die besondere praktische Bedeutung des § 650r Abs. 1 BGB für den Besteller, der insoweit nicht auf eine freie Kündigung gemäß § 648 BGB i. V. mit § 650p Abs. 1 BGB verwiesen ist, an die sich die ungünstige Vergütungsfolge des § 648 Satz 2 und 3 BGB knüpfen würde.[625] Da aber umgekehrt auch der Unternehmer vor einer unbotmäßigen Schwebelage geschützt werden soll, die sich an eine erarbeitete Planungsgrundlage anschließen könnte, räumt § 650r Abs. 2 BGB auch ihm ein Kündigungsrecht ein, wenn der Besteller der erstellten Planungsgrundlage und Kosteneinschätzung nicht in einer gesetzten angemessenen Frist i. S. des § 650p Abs. 2 Satz 2 BGB zustimmt und dadurch einen Fortgang des Leistungsaustausches ermöglicht.[626] Auch bei der Kündigung durch den Unternehmer greift für die Vergütung die Rechtsfolge des § 650r Abs. 3 BGB ein. In jedem Fall bedarf eine Kündigung i. S. des § 650r BGB über die §§ 650q Abs. 1, 650h BGB der Schriftform.[627]

Auch jenseits der Regelung des § 650p Abs. 2 BGB hat ein Architekt eine *aktive Rolle bei der Beratung des Bestellers* einzunehmen und muss vor allen relevanten Planungsschritten stets deren Kompatibilität mit den Kostenvorstellungen des Bestellers abklären.[628] Im Übrigen gelten für die Leistungspflichten des Architekten bzw. Ingenieurs die allgemeinen Vorschriften der §§ 631 ff. BGB entsprechend.[629] **320**

3. Sonderregelungen zur Vergütung

Für die Vergütung der Tätigkeit von Architekten und Ingenieuren ist im Ausgangspunkt die vertragliche Vereinbarung maßgebend (§ 631 Abs. 1 BGB i. V. mit § 650q Abs. 1 BGB), die allerdings durch die zwingenden Vorgaben der HOAI normativ überformt wird.[630] Dieser *Vorrangstellung der HOAI* trägt § 650q Abs. 2 BGB auch für den Fall Rechnung, dass infolge einer einseitigen Änderungsanordnung des Bestellers (§ 650b Abs. 2 BGB i. V. mit § 650q Abs. 1 BGB) eine **321**

---

[624] BT-Drucks. 18/8486, S. 69; *Erman/Schwenker/Rodemann* § 650r Rn. 1; kritisch zur Schutzbedürftigkeit des Bestellers *Deckers* ZfBR 2017, 523 (530 f.) und *Motzke* NZBau 2017, 251 (254).

[625] Siehe dazu oben § 8 Rn. 264.

[626] Sehr kritisch zur praktischen Notwendigkeit der Einräumung eines Kündigungsrechts *Deckers* ZfBR 2017, 523 (539 f.).

[627] *Deckers* ZfBR 2017, 523 (538); *Palandt/Sprau* § 650r Rn. 4; tendenziell auch *Orlowski* ZfBR 2016, 419 (436).

[628] BGH 21.03.2013 BGHZ 197, 93 Rn. 9 ff.

[629] Im Einzelnen oben § 8 Rn. 25 ff.

[630] Siehe bereits oben § 8 Rn. 2.

Vergütungsanpassung notwendig wird. Während die Vergütungsanpassung im Bauvertragsrecht dann nach näherer Maßgabe des § 650c BGB an den tatsächlichen (veränderten) Kosten mit angemessenen Zuschlägen zu orientieren ist,[631] gelten bei Architekten- und Ingenieurverträgen auch für die Anpassung gemäß § 650q Abs. 2 Satz 1 BGB vorrangig die zwingenden Entgeltregelungen der HOAI.[632] Nur soweit die Änderungen nicht in deren Anwendungsbereich fallen, können die Vertragsparteien die Anpassung frei vereinbaren (§ 650q Abs. 2 Satz 2 BGB) bzw. greift subsidiär die bauvertragliche Regelung des § 650c BGB entsprechend ein (§ 650q Abs. 2 Satz 3 BGB).[633]

4. Haftungsverhältnis zu bauausführenden Unternehmern

322 Wird ein Bauwerk durch einen oder mehrere Bauunternehmer errichtet (Bauvertrag i. S. der §§ 650a ff. BGB) und diese Errichtung durch einen Architekten oder Ingenieur geplant und/oder überwacht (Architekten- oder Ingenieurvertrag i. S. der §§ 650p ff. BGB), kann sich häufig die Situation ergeben, dass sowohl der/die Bauunternehmer als auch der Architekt oder Ingenieur für etwaige Mängel i. S. der §§ 634 ff. BGB verantwortlich sind. Die Verantwortlichkeit des Bauunternehmers folgt dabei aus der fehlerhaften Bauleistung, während der Architekt oder Ingenieur für die hierauf bezogene fehlerhafte Planung oder Überwachung verantwortlich sein kann. In derartigen Konstellationen sind die beteiligten Unternehmer gegenüber dem Besteller nach der Rechtsprechung als *Gesamtschuldner i. S. der §§ 421 ff. BGB* anzusehen.[634] Dieser Einschätzung hat sich der Gesetzgeber im Zuge der Schaffung der §§ 650p ff. BGB ausdrücklich angeschlossen.[635] Hieraus können sich für denjenigen Unternehmer, der die Planungs- und/oder Überwachungsleistung erbringt, allerdings in verschiedener Hinsicht *besondere Haftungsrisiken* ergeben.

323 Das erste dieser Risiken ist verjährungsrechtlicher Natur und besteht darin, dass Architekten und Ingenieure in umfassend angelegten Verträgen häufig auch Leistungspflichten übernehmen, die zeitlich über die reine Bauphase hinausreichen. Beispielsweise kann es zu den Leistungspflichten eines Ingenieurs zählen, nach der Errichtung einer Industrieanlage noch über einen längeren Zeitraum an Einstellungen der Anlage mitzuwirken bzw. deren Betrieb zu überwachen. In einem solchen Fall wird der Anspruch des Ingenieurs auf Abnahme seines Gesamtwerkes nach

---

[631] Hierzu oben § 8 Rn. 291 f.

[632] Näher und teilweise kritisch *Deckers* ZfBR 2017, 523 (537 f.).

[633] Das Verhältnis zwischen diesen Vorschriften und der Anpassungsregelung des § 10 HOAI hat der Gesetzgeber ausdrücklich offengelassen: BT-Drucks. 18/8486, S. 68; kritisch *Motzke* NZBau 2017, 251 (256).

[634] Siehe BGH 01.02.1965 BGHZ 43, 227 (229 ff.); BGH 11.10.2007 NJW-RR 2008, 260 Rn. 14 sowie *Larenz* BT 1, § 53 II b, S. 358; *Staudinger/Peters/Jacoby* (2014) Anh. II zu § 638 Rn. 52 ff. und bereits oben § 8 Rn. 156.

[635] BT-Drucks. 18/8486, S. 70 f.

§ 640 Abs. 1 Satz 1 BGB erst wesentlich später als der korrespondierende Abnahmeanspruch des bauausführenden Unternehmers fällig. Damit *droht ein Verjährungs-
unterschied*, da die Verjährungsfrist bezüglich der Mängelansprüche gegen den
Ingenieur gemäß § 634a Abs. 2 BGB erst später als diejenigen gegen den Bauausführenden zu laufen beginnen würde.[636] Während der Ingenieur somit noch gegenüber dem Besteller für Mängel einstehen müsste, wäre ein effektiver Regress gegenüber dem Bauausführenden häufig nicht mehr möglich, da sich dieser im Rahmen
des über die cessio legis nach § 426 Abs. 2 BGB erfolgenden Regresses gegenüber
dem Ingenieur auf die zu seinen Gunsten eingetretene Verjährung berufen könnte
(siehe § 425 BGB).[637] Auf dieses Problem reagiert § 650s BGB: Indem er zugunsten
des Architekten oder Ingenieurs in Abweichung von § 640 Abs. 1 Satz 1 BGB einen
Anspruch auf Teilabnahme der bisher erbrachten Planungs- und Überwachungsleistungen einräumt, der akzessorisch an die tatsächlich erfolgte Abnahme der letzten
Leistung des bauausführenden Unternehmers anknüpft, beginnt für bereits entstandene Mängel auch gegenüber dem Architekten oder Ingenieur nach § 634a Abs. 2
BGB die Verjährung zu laufen. Soweit einschlägig, gelten über die Globalverweisung auf das Werkvertragsrecht insoweit auch die Regelungen zu den Abnahme-
surrogaten der §§ 640 Abs. 2, 646 BGB.[638] Sofern das Bauobjekt durch mehrere
bauausführende Unternehmer errichtet wird, setzt der Zweck eines effektiven verjährungsrechtlichen Schutzes des Architekten oder Ingenieurs aber voraus, dass der
Anspruch auf Teilabnahme nicht erst an die Abnahme der letzten Teilleistung aller
bauausführenden Unternehmer, sondern bereits an die Abnahme der letzten Teilleistung eines jeden einzelnen bauausführenden Unternehmers geknüpft wird.[639] Denn
anderenfalls könnte bei Mängeln, die auf Fehler eines Bauausführenden zurückgehen, dessen Leistungen im Gesamtbauprojekt bereits relativ frühzeitig fertiggestellt
und abgenommen werden, wiederum eine erhebliche Verjährungsdiskrepanz zulasten des Architekten oder Ingenieurs eintreten.

Ein zweites Risiko besteht darin, dass durch die gesamtschuldnerische Haftung **324**
zwischen dem Architekten oder Ingenieur auf der einen Seite und dem bauausführenden Unternehmer auf der anderen Seite der *Vorrang der Nacherfüllung unterlaufen werden könnte*. Wenn sich der Besteller wegen eines in dem Bauwerk verkörperten Mangels an den bauausführenden Unternehmer hält, muss er diesem regelmäßig
zunächst eine angemessene Nachfrist für die Mangelbeseitigung setzen, bevor er
zu Schadensersatzansprüchen statt der Leistung i. S. der §§ 280 ff. BGB i. V. mit

---

[636] BT-Drucks. 18/8486, S. 70.

[637] Allg. *Bydlinski* MünchKomm. § 426 Rn. 40 sowie im Rahmen des § 634a BGB bereits oben § 8
Rn. 156. Auch im Hinblick auf den eigenständigen Regressanspruch aus § 426 *Abs. 1* BGB gestal-
tet sich die verjährungsrechtliche Lage für den Architekten oder Ingenieur häufig nicht günstiger:
Dieser verjährt nach den §§ 195, 199 Abs. 1 BGB regelmäßig in drei Jahren ab dem Schluss des
Jahres, in dem die Gesamtschuld entstanden ist; siehe BGH 18.06.2009 BGHZ 181, 310 Rn. 11 ff.
m .w. N.

[638] Vgl. *Deckers* ZfBR 2017, 523 (541); *Kuhn* ZfBR 2017, 211 (212).

[639] A. A. die h. L.: BeckOGK/*Kögl*, 01.02.2018, § 650s Rn. 61 f.; *Deckers* ZfBR 2017, 523 (541 f.);
Kuhn ZfBR 2017, 211 (214); *Palandt/Sprau* § 650s Rn. 3; zweifelnd *Erman/Schwenker/Rodemann*
§ 650s Rn. 2.

§ 634 Nr. 4 BGB übergehen kann.[640] Hält er sich hingegen an den Architekten oder Ingenieur, der aufgrund eines Planungs- oder Überwachungsmangels ebenfalls für den betreffenden Fehler mitverantwortlich ist, so geht zumindest die Rechtsprechung von einem sofortigen Anspruch auf Schadensersatz statt der Leistung aus, da der Mangel der Planungs- oder Überwachungsleistung aufgrund des bereits in dem Bauwerk eingetretenen „Realisierungsschadens" nicht mehr durch eine Nacherfüllung beseitigt werden könne (§ 283 BGB).[641] Dies führt einerseits zu einer gewissen Tendenz der Besteller, in derartigen Fällen in erster Linie auf die Architekten bzw. Ingenieure zurückzugreifen,[642] und kann andererseits mittelbar sogar das Nacherfüllungsrecht des bauausführenden Unternehmers unterlaufen. Denn wenn der Architekt oder Ingenieur seinerseits Schadensersatz statt der Leistung an den Besteller geleistet hat, richtet sich auch ein gesamtschuldnerischer Regressanspruch gegen den Bauunternehmer i. S. des § 426 BGB auf einen unmittelbaren Geldersatz.[643] Zur Abmilderung dieser drohenden Konsequenzen *ordnet § 650t BGB einen (begrenzten) Vorrang der Nacherfüllung an*: Sofern neben einem Überwachungsfehler des Architekten oder Ingenieurs auch der ausführende Bauunternehmer für den Mangel mitverantwortlich ist, kann der Architekt oder Ingenieur seine Leistung verweigern, solange der Besteller dem Bauausführenden noch nicht erfolglos eine Frist für die Nacherfüllung gesetzt hat. Hierbei handelt es sich um eine Einrede, auf die sich der Architekt oder Ingenieur berufen muss.[644] Wenn eine Fristsetzung gegenüber dem Bauausführenden nach den §§ 323 Abs. 2 BGB, 636 BGB entbehrlich ist, so gilt dies auch im Rahmen des § 650t BGB gegenüber dem Architekten oder Ingenieur.[645] Dies beruht darauf, dass die Vorschrift von dem Besteller ohnehin nicht verlangt, seine Nacherfüllungsrechte vorrangig gegenüber dem Bauunternehmer (klageweise) durchzusetzen, sondern nur eine vorrangige Fristsetzung vorzunehmen;[646] deren Zweck hat sich aber in den Fällen der §§ 323 Abs. 2, 636 BGB

---

[640] Näher oben § 8 Rn. 142.

[641] Vgl. BGH 01.02.1965 BGHZ 43, 227 (232 f.); BGH 11.10.2007 NJW-RR 2008, 260 Rn. 15; zustimmend *Erman/Schwenker/Rodemann* § 650t Rn. 5. Dogmatisch zwingend ist dies allerdings keineswegs: Man könnte auch argumentieren, dass im Wege einer zweistufigen Nacherfüllung der Architekt/Ingenieur seine Planungs- bzw. Überwachungsleistung und der bauausführende Unternehmer seine Bauleistung jeweils i. S. des § 635 BGB nachbessern solle; siehe *Kirberger*, Festschrift Koeble, 2010, S. 120 f.

[642] Diese Tendenz wird praktisch dadurch verstärkt, dass Architekten/Ingenieure – anders als Bauunternehmer – regelmäßig berufshaftpflichtversichert sind und somit aus Sicht des Bestellers mit der Versicherung ein attraktiver Schuldner im Hintergrund steht; siehe BT-Drucks. 18/8486, S. 70 f.

[643] BGH 01.02.1965 BGHZ 43, 227 (231 ff.); *Erman/Schwenker/Rodemann* § 650t Rn. 2; eingehend und m. w. N. zur Problematik *Meier/Leidner* BauR 2016, 1375 ff.

[644] *Deckers* ZfBR 2017, 523 (543); *Oechsler* Rn. 1097.

[645] BeckOGK/*Kober*, 01.02.2018, § 650t Rn. 74; *Palandt/Sprau* § 650t Rn. 3. Ähnlich *Deckers* ZfBR 2017, 523 (544), der allerdings auf die Entbehrlichkeitsgründe des § 637 Abs. 2 BGB abstellt; dies würde jedoch nicht den Fall einschließen, dass der Bauunternehmer die Nacherfüllung nach § 635 Abs. 3 BGB zu Recht wegen Unverhältnismäßigkeit verweigert. Vgl. auch *Fuchs* NZBau 2015, 675 (683).

[646] Vgl. *Busche* MünchKomm. § 650t Rn. 3; *Erman/Schwenker/Rodemann* § 650t Rn. 3.

erledigt. Nach dem Zweck der Regelung kann sich das Leistungsverweigerungsrecht darüber hinaus richtigerweise nur auf eine Schadensersatzleistung beziehen;
eine erneute und ordnungsgemäße Überwachung der Nacherfüllungsleistung des
Bauausführenden schuldet der Architekt oder Ingenieur seinerseits als Nacherfüllung gemäß § 635 Abs. 1 BGB i. V. mit den §§ 634 Nr. 1, 650q Abs. 1 BGB. Zudem
betrifft die Sonderregelung des § 650t BGB nach ihrem eindeutigen Wortlaut und
dem erklärten Willen des Gesetzgebers[647] *nur Überwachungsfehler.* Die drohende
Umgehung der Nacherfüllung in der parallelen Konstellation, in der ein Planungsfehler zu einem (auch durch den Bauausführenden zu verantwortenden) Mangel an
dem Bauwerk geführt hat, bleibt somit unbewältigt.[648]

III. Der Bauträgervertrag (§§ 650u, 650v BGB)

Praktisch bedeutsame Sonderregelungen sind auch für den Bauträgervertrag zu **325**
beachten. Nach § 650u Abs. 1 Satz 1 BGB handelt es sich hierbei um einen Vertrag,
der die Errichtung oder den Umbau eines Hauses oder eines vergleichbaren Bauwerkes[649] zum Gegenstand hat, und darüber hinaus die Verpflichtung des Unternehmers (= Bauträger) enthält, dem Besteller das Eigentum oder ein Erbbaurecht[650]
an dem Grundstück zu verschaffen. Es handelt sich somit um einen *Typenkombinationsvertrag,* bei dem die Leistung des Bauträgers sowohl werkvertragliche als auch
kaufvertragliche Elemente aufweist.[651] Die Vorschrift des § 650u Abs. 1 Satz 2 BGB
reagiert hierauf mit der Anordnung, dass auf den Bauträgervertrag hinsichtlich der
Pflicht zur Verschaffung des Eigentums bzw. eines Erbbaurechts die Vorschriften
über den Kauf Anwendung finden,[652] während für die baubezogene Herstellungspflicht grundsätzlich die Vorschriften des Untertitels 1 gelten. Zu Letzteren zählen
neben den allgemeinen werkvertraglichen Regelungen (§§ 631 ff. BGB) auch die
Sonderregelungen für Bauverträge (§§ 650a ff. BGB), einschließlich der Vorgaben
für Verbraucherbauverträge (§§ 650i ff. BGB).

---

[647] BT-Drucks. 18/8486, S. 71.

[648] Zu den denkbaren Abgrenzungsproblemen zwischen Planungs- und Überwachungsfehlern siehe
Motzke NZBau 2017, 251 (257) m. w. N.

[649] Hierbei kann es sich beispielsweise um Wohneigentum i. S. des § 1 WEG handeln.

[650] Dieses wird im Gesetz über das Erbbaurecht (Erbbaurechtsgesetz – ErbbauRG) in der Fassung
v. 23.11.2007, BGBl. I, S. 2614, näher geregelt.

[651] Allg. zu der Kategorie des Typenkombinationsvertrages noch unten § 16 Rn. 12 ff.

[652] Sofern dem Besteller das Eigentum an dem bebauten Grundstück zu beschaffen ist, sind insoweit die Vorschriften über den Sachkauf anwendbar. Bei der Pflicht zur Verschaffung eines Erbbaurechts handelt es sich im Ausgangspunkt um einen Rechtskauf i. S. des § 453 BGB, der sich
über die Anwendbarkeit der Regelung des § 453 Abs. 3 BGB (zum Besitzrecht des Erbbauberech-
tigten siehe § 11 Abs. 1 Satz 1 ErbbauRG) allerdings in seinen Rechtsfolgen wiederum deutlich
einem Sachkauf annähert; vgl. *Staudinger/Beckmann* (2014) § 453 Rn. 18 sowie zu § 453 Abs. 3
BGB allg. oben § 2 Rn. 121.

326   Allerdings werden von dieser Globalverweisung auf das Werkvertragsrecht durch § 650u Abs. 2 BGB einige Vorschriften ausgenommen. Dies erklärt sich im Kern dadurch, dass der Bauträgervertrag, wie dargelegt, neben der werkvertraglichen Komponente auch eine zentrale kaufrechtliche Komponente enthält und dass die in § 650u Abs. 2 BGB genannten Vorschriften vor diesem Hintergrund nicht passend erscheinen. So werden beispielsweise die Kündigungsrechte aus den §§ 648, 648a BGB für nicht anwendbar erklärt. Insoweit liegt der gesetzlichen Regelung ein *gewisser Vorrang der kaufrechtlichen Komponente* zugrunde, die auf eine stärkere Vertragsstabilität ausgerichtet ist („pacta sunt servanda").[653] Folgerichtig erfasst das nach § 311b Abs. 1 BGB unmittelbar nur für den kaufrechtlichen Teil angeordnete Erfordernis einer notariellen Beurkundung aufgrund einer einheitlichen Betrachtung auch die werkvertraglichen Elemente des Bauträgervertrages und führt im Fall der Nichtbeachtung zu einer Gesamtnichtigkeit des Rechtsgeschäftes.[654]

327   Aufgrund der Besonderheit des Bauträgervertrages, dass das Bauwerk nicht auf einem im Eigentum des Bestellers stehenden Grundstück errichtet wird, besteht *für den Besteller ein besonderes Ausfall- und Insolvenzrisiko*, wenn er dem Bauträger bereits vor der dinglichen Rechtsverschaffung eine Vergütung gewährt. Hierauf reagiert der Gesetzgeber dadurch, dass der Bauträger gemäß § 650v BGB und in Abweichung von der allgemeinen Regelung des § 632a BGB *Abschlagszahlungen* nur dann verlangen darf, wenn sie einerseits vertraglich vereinbart sind und die Vereinbarung andererseits im Einklang mit einer nach Art. 244 EGBGB erlassenen Rechtsverordnung steht. Diese zwingende[655] Regelung führt zu einer relativ komplizierten Verweisungskette, da § 1 der nach Art. 244 EGBGB erlassenen Verordnung über Abschlagszahlungen bei Bauträgerverträgen (HausbauVO)[656] seinerseits auf die *Makler- und Bauträgerverordnung (MaBV)*[657] Bezug nimmt. Diese regelt im Ausgangspunkt öffentlich-rechtliche Pflichten von Bauträgern, die über die skizzierte Verweisungskette aber im Hinblick auf Abschlagszahlungen auch für das zivilrechtliche Verhältnis zwischen Bauträger und Besteller Geltung beanspruchen.[658] In der Sache gestattet § 3 MaBV die Entgegennahme von Vermögenswerten des Auftraggebers grundsätzlich erst bei einer ausreichenden Absicherung des Auftraggebers (insbesondere: Eintragung einer Vormerkung gemäß § 3 Abs. 1 Satz 1 Nr. 2 MaBV und Freistellung von Grundpfandrechten nach § 3 Abs. 1 Satz 1 Nr. 3, Satz 2 bis 5 MaBV). Darüber hinaus verknüpft § 3 Abs. 2 MaBV die Entgegennahme von Teilbeträgen mit dem Baufortschritt.

---

[653] Siehe BT-Drucks. 18/8486, S. 72; *Busche* MünchKomm. § 650u Rn. 22 f.; *Erman/Schwenker/ Rodemann* § 650u Rn. 4 sowie zum alten Recht BGH 21.11.1985 NJW 1986, 925 ff.

[654] Vgl. *Kanzleiter* MünchKomm. § 311b Rn. 50 sowie BT-Drucks. 18/8486, S. 72.

[655] *Busche* MünchKomm. § 650v Rn. 8; *Staudinger/Peters/Jacoby* (2014) § 632a Rn. 25.

[656] BGBl. I 2001, S. 981.

[657] BGBl. I 1990, S. 2479.

[658] *Palandt/Sprau* § 650v Rn. 2; zu weiteren Einzelheiten und abweichenden Konstruktionen *Staudinger/Peters/Jacoby* (2014) § 632a Rn. 27 m. w. N.

§ 9 Der Pauschalreisevertrag

Inhaltsverzeichnis

© Springer-Verlag GmbH Deutschland, ein Teil von Springer Nature 2018   691
H. Oetker, F. Maultzsch, *Vertragliche Schuldverhältnisse*, Springer-Lehrbuch,
https://doi.org/10.1007/978-3-662-57500-0_9

A. Überblick zur gesetzlichen Regelung

1 Die Pauschalreise als Gegenstand eines vertraglichen Leistungsaustauschs bildete lange ein anschauliches Beispiel für die rechtlichen Probleme gemischttypischer Vertragsgestaltungen. Bei dieser vereinen sich Elemente des Dienst-, Miet- und auch des Geschäftsbesorgungsvertrages, vor allem aber stellt die Erbringung der Reiseleistung einen Erfolg dar, der eine Verwandtschaft mit dem Werkvertrag begründet.[1] Angesichts der Unsicherheiten bei der rechtlichen Erfassung erhielt der in der Rechtspraxis besonders bedeutsame „Reisevertrag" im Jahr 1979 eine eigene Regelung im BGB (§§ 651a ff. BGB), die – der Rechtsnatur des Vertrages entsprechend – als Untertitel in den mit „Werkvertrag und ähnliche Verträge" überschriebenen Neunten Titel des Zweiten Buches aufgenommen wurde. Im Unterschied zu der früheren Rechtslage, die die Erbringung einer Gesamtheit von Reiseleistungen noch als „Reisevertrag" bezeichnete,[2] hat das am 01.07.2018 in Kraft getretene

---

[1] BGH 29.06.1995 BGHZ 130, 128 (132); *Larenz* BT 1, § 53 V a, S. 379 ff.; *Tonner* MünchKomm. Vor § 651a Rn. 18 f.; weiterführend *Wolter* AcP 183 (1983), 59 ff.; für reinen Unterfall des Werkvertrages RGRK/*Recken* § 651 Rn. 26; *Staudinger/Staudinger* (2016) § 651a Rn. 7 ff.

[2] So nach § 651a Abs. 1 BGB a. F. sowie die frühere Überschrift des 2. Untertitels.

Dritte Gesetz zur Änderung reiserechtlicher Vorschriften[3] zu einer terminologischen Änderung geführt, da der Vertrag über eine Gesamtheit von Reiseleistungen – der Terminologie des Unionsrechts folgend[4] – nunmehr als „Pauschalreisevertrag" bezeichnet wird,[5] ohne dass hiermit jedoch eine grundsätzliche inhaltliche Veränderung verbunden ist. Auch die bisherige Regelung in den §§ 651a ff. BGB a. F. erfasste aufgrund der Legaldefinition in § 651a Abs. 1 Satz 1 BGB a. F. trotz der sprachlichen Weite ausschließlich den Pauschalreisevertrag.

Obwohl die §§ 651a bis 651y BGB den Pauschalreisevertrag relativ detailliert   **2** ausgestalten, können zur Schließung von Regelungslücken wegen der systematischen Anbindung an das Werkvertragsrecht erforderlichenfalls die Vorschriften über den Werkvertrag herangezogen werden,[6] da dies am ehesten der Wertentscheidung des Gesetzes gerecht wird, den Pauschalreisevertrag als einen dem Werkvertrag „ähnlichen" Vertrag einzuordnen. Darüber hinaus konkretisieren die Art. 250 und 251 EGBGB die Pflichten des Reiseveranstalters, insbesondere im Hinblick auf die gegenüber dem Reisenden vor Abschluss des Vertrages geschuldeten Informationen. In ihrer Gesamtheit streben die Regelungen zum Pauschalreisevertrag einen Schutz des Reisenden an[7] und entfalten nach § 651y Satz 1 BGB halbseitig zwingende Wirkung, die abweichende vertragliche Abreden nur zugunsten des Reisenden erlaubt und die Anwendung der Vorschriften zudem sicherstellt, wenn sie durch anderweitige Gestaltungen umgangen werden (§ 651y Satz 2 BGB). Die gesetzlichen Bestimmungen eröffnen somit eine weitgehende vertragliche Inhaltskontrolle, die sich zuvor nur auf die §§ 138, 242 BGB stützen konnte.

Seit dem Jahr 1990 wird das Pauschalreisevertragsrecht unionsrechtlich durch   **3** die Pauschalreise-RL überlagert,[8] die zur Beseitigung von Wettbewerbsverzerrungen und zur Stärkung des Binnenmarktes einen einheitlichen Schutz des Reisenden begründet und mit der Richtlinie (EU) 2015/2302 des Europäischen Parlaments und des Rates v. 25.11.2015 über Pauschalreisen und verbundene Reiseleistungen (im Folgenden: Pauschalreise-RL)[9] auf eine neue Grundlage gestellt wurde. Nicht zuletzt wegen dieses unionsrechtlichen Hintergrundes unterliegt das Pauschalreisevertragsrecht einer dynamischen Entwicklung, die dazu geführt hat, dass die die

---

[3] Dazu unten § 9 Rn. 3 a. E.

[4] Siehe § 9 Rn. 3 a. E.

[5] Entsprechend wurde auch die Überschrift des 4. Untertitels angepasst („Pauschalreisevertrag, Reisevermittlung und Vermittlung verbundener Reiseleistungen").

[6] BGH 12.03.1987 BGHZ 100, 157 (163); *Emmerich* § 11 Rn. 8; *Jauernig/Teichmann* § 651a Rn. 2; *Looschelders* Rn. 716; *Staudinger/Staudinger* (2016) § 651a Rn. 9; *Tonner* MünchKomm. Vor § 651a Rn. 19; einschränkend *Larenz* BT 1, § 53 V, S. 381; *Erman/Schmid* Vor § 651a Rn. 2.

[7] Dementsprechend zählt § 2 Satz 1 Abs. 2 Nr. 1 lit. g UKlaG die Vorschriften des Bürgerlichen Rechts, die auch für Pauschalreiseverträge zwischen einem Unternehmer und einem Verbraucher gelten, zu den Verbraucherschutzgesetzen, obwohl die §§ 651a ff. BGB den Schutz des Reisenden nicht mit der Verbrauchereigenschaft i. S. des § 13 BGB verknüpfen; siehe auch unten § 9 Rn. 4.

[8] Richtlinie 90/314/EWG des Rates v. 13.06.1990 über Pauschalreisen, ABl. EG Nr. L 158 v. 23.06.1990, S. 59.

[9] ABl EU Nr. L 326 v. 11.12.2015, S. 1.

reiserechtlichen Bestimmungen zusammenfassende Untertitel 4 des Titels zu den Werkverträgen und ähnlichen Verträgen durch das Dritte Gesetz zur Änderung reiserechtlicher Vorschriften v. 17.07.2017[10] mit Wirkung zum 01.07.2018 neu gefasst wurde. Wegen der unionsrechtlich vorgegebenen Vollharmonisierung (Art. 4 der Richtlinie [EU] 2015/2303) hat dies die Rechtsstellung des Reisenden im Vergleich zur bisherigen Rechtslage nicht nur verbessert, sondern partiell auch verschlechtert.

B. Begriff des Pauschalreisevertrages und Abgrenzungen

I. Allgemeines

4   Der Pauschalreisevertrag verpflichtet den Reiseveranstalter, die vereinbarte Reise durchzuführen (§ 651a Abs. 1 Satz 1 BGB), und den Reisenden, den vereinbarten Reisepreis zu zahlen (§ 651a Abs. 1 Satz 2 BGB), sodass es sich um einen gegenseitigen Vertrag i. S. der §§ 320 ff. BGB handelt. Während § 651a Abs. 1 Satz 1 BGB den Reisenden als Vertragspartei nicht konkretisiert und für diesen auch nicht die Verbrauchereigenschaft i. S. des § 13 BGB fordert, verknüpft die Vorschrift den Reiseveranstalter mit dem Unternehmerbegriff i. S. des § 14 BGB; hierdurch werden nichtgewerblich agierende Anbieter von Reiseleistungen von den §§ 651a ff. BGB ausgeklammert.[11] Zu beachten bleibt allerdings, dass § 651a Abs. 1 Satz 1 BGB der Umsetzung der Pauschalreise-RL dient, sodass die dortige Legaldefinition des Unternehmerbegriffs (Art. 3 Nr. 7) wegen des Gebots einer unionsrechtskonformen Auslegung letztlich den Ausschlag gibt. Danach muss der Anbieter der Pauschalreise zu Zwecken tätig werden, die seiner „gewerblichen, geschäftlichen, handwerklichen oder beruflichen Tätigkeit zugerechnet werden können". So unterliegt die von einem Fußballverein organisierte Fanreise in das Trainingslager der Profimannschaft nicht den §§ 651a ff. BGB, selbst wenn hierbei Flug und Beherbergung zu einer Gesamtheit verbunden werden.

5   Den für die Anwendung der §§ 651a ff. BGB maßgeblichen Begriff der Pauschalreise definiert § 651a Abs. 2 BGB. Für die danach erforderliche „Gesamtheit von Reiseleistungen" bedarf es mindestens zweier Arten von Reiseleistungen, die § 651a Abs. 2 Satz 1 BGB abschließend aufzählt (Beförderung, Beherbergung, Vermietung von Kraftfahrzeugen und Krafträdern, touristische Leistung). Zu einer „Gesamtheit" werden diese aber nur, wenn der Schuldner sie als „Paket" anbietet. Hierfür müssen die Teilleistungen wie z. B. Übernachtung und Beförderung zeitlich, räumlich und funktional zu einer Gesamtleistung verbunden sein. Nur in diesem Fall handelt es sich trotz der Verschiedenartigkeit der Reiseleistungen um „eine" Reise mit einem einheitlichen Zweck (siehe § 651a Abs. 2 Satz 1 BGB: „Zweck derselben Reise"). Besonderheiten gelten lediglich für touristische Leistungen (§ 651a Abs. 3

---

[10] BGBl. I S. 2394.

[11] Reg. Begr., BT-Drucks. 18/10822, S. 65.

Satz 1 Nr. 4 BGB), wenn ausschließlich diese (z. B. Eintrittskarte) mit einer (!) der in § 651a Abs. 3 Satz 1 Nr. 1 bis 3 BGB aufgezählten Reiseleistungen verbunden wird (z. B. Beherbergung). Eine Pauschalreise liegt in dieser Konstellation lediglich dann vor, wenn der Wert der touristischen Leistung mindestens 25 % des Gesamtwertes der Reiseleistungen erreicht (§ 651a Abs. 4 BGB).

Diesem *Leitbild der Pauschalreise* als Regelungsgegenstand des Pauschalreise-   **6** vertragsrechts im Gegensatz zu einer Individualreise stand es bereits nach bisherigem Recht nicht entgegen, dass der Reisende die Leistung aus mehreren vorgefertigten Elementen nach einem „Baukastensystem" selbst zusammenstellt.[12] Der EuGH lässt es sogar ausreichen, wenn der Veranstalter die Teilleistungen erst auf Betreiben des Reisenden individuell zu einer „Gesamtheit" zusammenstellt.[13] Mit § 651a Abs. 2 Satz 2 Nr. 1 BGB hat der Gesetzgeber diese Sichtweise nunmehr ausdrücklich in das Gesetz übernommen.[14] Andererseits liegt kein Pauschalreise-, sondern in der Regel ein Werkvertrag vor, wenn mehrere Leistungen ohne spezifische innere Verbundenheit angeboten werden, z. B. Linienflug und Hotel für einen Geschäftsreisenden.[15] In Grenzfällen können als Indizien für das Vorliegen einer Gesamtheit von Reiseleistungen i. S. des § 651a Abs. 2 Satz 1 BGB das Angebot zu einem Gesamtpreis oder die einheitliche Bewerbung in einem Prospekt herangezogen werden, auch wenn diese Umstände keine notwendige Voraussetzung für das Vorliegen eines Pauschalreisevertrages sind.[16]

II. Analoge Anwendung des Pauschalreisevertragsrechts auf Einzelleistungen

Obwohl der Wortlaut des § 651a Abs. 2 Satz 1 BGB – nicht anders als § 651a Abs. 1   **7** Satz 1 BGB a. F. – ausdrücklich auf eine „Gesamtheit von Reiseleistungen" abstellt, wandte der BGH – mit überwiegender Zustimmung der Lehre – die §§ 651a ff. BGB unter bestimmten Voraussetzungen bislang auch auf Verträge über Einzelleistungen analog an. Danach war die bloße Einzelleistung den gesetzlich geregelten Fällen gleichzustellen, wenn sie von *entscheidender Prägekraft für die Durchführung des*

---

[12] *Soergel/H.-W. Eckert* § 651a Rn. 11; *Staudinger/Staudinger* (2016) § 651a Rn. 19a; *Tonner* MünchKomm. § 651a Rn. 25.

[13] EuGH 30.04.2002 EuZW 2002, 402 f. sowie näher *Tonner* MünchKomm. § 651a Rn. 21 ff; ferner BGH 09.12.2015 BGHZ 203, 335 ff.; gegenläufig noch BGH 30.09.2010 NJW 2011, 599 Rn. 11 ff.

[14] Reg. Begr., BT-Drucks. 18/10822, S. 65.

[15] *Erman/Schmid* § 651a Rn. 14; *Soergel/H.-W. Eckert* § 651a Rn. 11.

[16] *Erman/Schmid* § 651a Rn. 14; *Larenz* BT 1, § 53 V a, S. 380; *Staudinger/Staudinger* (2016) § 651a Rn. 19 ff.; *Tonner* MünchKomm. § 651a Rn. 12 ff.; exemplarisch BGH 28.10.2010 NJW 2011, 371 Rn. 15 („Rail & Fly Ticket").

Urlaubs ist und *von dem Veranstalter in eigener Verantwortung ausgeführt wird.*[17] Dies hatte der BGH insbesondere für das Bereitstellen einer Ferienunterkunft (Ferienhaus oder Ferienwohnung) angenommen,[18] für das Chartern einer Hochseeyacht hingegen abgelehnt.[19]

8 Diese Diskrepanz zeigt, dass für die Grenzziehung zwischen einer analogen Anwendung des Pauschalreisevertragsrechts einerseits und dem Recht des Miet- bzw. Werkvertrages andererseits keine eindeutigen Kriterien entwickelt wurden.[20] Die Gleichstellung mit einer Mehrheit von Reiseleistungen widersprach nach bisheriger Rechtslage zwar dem eindeutigen Willen des historischen Gesetzgebers;[21] gleichwohl war aber der Analogie unter den genannten Voraussetzungen zuzustimmen, wenn zwei Prämissen zugrunde gelegt werden: Erstens muss aus rechtsmethodischer Sicht angenommen werden, dass sich das Vorliegen einer planwidrigen Gesetzeslücke nicht nach historischen, sondern objektiv-teleologischen Gesichtspunkten bemisst.[22] Zweitens darf der Zweck des Pauschalreisevertragsrechts nicht auf den Schutz des Verbrauchers im Fall einer Koordinierung mehrerer Teilleistungen beschränkt werden, sondern vielmehr muss weitergehend als Regelungsanliegen ein Interessenausgleich bei allen *prägenden* Reiseleistungen angenommen werden, die der Veranstalter in Eigenverantwortung organisiert.

9 Unter den genannten Prämissen war eine Analogie bei Einzelleistungen wertungsmäßig schlüssig. Es ist z. B. kein Grund ersichtlich, warum dem „Mieter" eines Ferienhauses der Schadensersatzanspruch wegen vertanen Urlaubs (§ 651f Abs. 2 BGB a. F.) oder die Sicherung eines vorausgezahlten Entgelts (§ 651k BGB a. F.) vorenthalten werden sollte.[23] Hingegen wird mit der Durchführung einer ausschließlichen Transportleistung (Flug, Bahnfahrt) keine einem Reiseveranstalter i. S. des § 651a Abs. 1 Satz 1 BGB vergleichbare Verantwortung für die Durchführung des Urlaubs übernommen.[24] Gleiches gilt für die isolierte Zurverfügungstellung einer

---

[17] BGH 09.07.1992 BGHZ 119, 152 (161 ff.); BGH 29.06.1995 BGHZ 130, 128 (131 ff.); *Emmerich* § 11 Rn. 11; *Esser/Weyers* BT 1, § 34b II, S. 298 f.; *Looschelders* Rn. 718; *Soergel/H.-W. Eckert* § 651a Rn. 16, 21 f.; *Tonner* MünchKomm. § 651a Rn. 28 ff.; im Grundsatz auch *Erman/ Schmid* Vor § 651a Rn. 20 ff.; a. A. *Staudinger/Staudinger* (2016) § 651a Rn. 30.

[18] BGH 09.07.1992 BGHZ 119, 152 (161 ff.); ebenso nachfolgend für eine von einem Reiseveranstalter angebotene Hotelunterkunft BGH 20.05.2014 NJW 2014, 2995 Rn. 9.

[19] BGH 29.06.1995 BGHZ 130, 128 (131 ff.); a. A. *Soergel/H.-W. Eckert* § 651a Rn. 24; *Tonner* MünchKomm. § 651a Rn. 33 sowie für die Teilnahme an einem Segeltörn AG Lübeck 14.08.2003 NJW-RR 2004, 1648.

[20] Die Gegenüberstellung von „bloßer" Einzelleistung und Einzelleistung als „Reise" in BGH 29.06.1995 BGHZ 130, 128 (131 f.) bleibt farblos; zu Recht kritisch *Staudinger/Staudinger* (2016) § 651a Rn. 10.

[21] BT-Drucks. 8/2343, S. 7; dies erachtet *Staudinger/Staudinger* (2016) § 651a Rn. 30 für verbindlich und bewertet die von der Rechtsprechung vorgenommene Gleichstellung daher als einen Verstoß gegen die Gesetzesbindung aus Art. 20 Abs. 3 GG.

[22] Dazu ausführlich *Canaris* Die Feststellung von Lücken im Gesetz, 2. Aufl. 1983, S. 31 ff.

[23] Dies erkennt auch *Staudinger/Staudinger* (2016) § 651a Rn. 32 an.

[24] LG Frankfurt a. M. 09.08.1993 NJW-RR 1993, 1270; *Soergel/H.-W. Eckert* § 651a Rn. 26; *Staudinger/Staudinger* (2016) § 651a Rn. 36.

Hotelunterkunft, wenn diese nicht speziell als Ferienhotel angeboten wird.[25] Selbst wenn gewichtige teleologische Gründe für eine Fortsetzung der durch die Rechtsprechung eingeleiteten Entwicklung sprechen, sind methodische Zweifel unübersehbar, da der Gesetzgeber eine Überführung der bisherigen und ihm bekannten Judikatur in das neugestaltete Pauschalreisevertragsrecht ausdrücklich abgelehnt hat.[26] Deshalb fällt es schwer, in dem Schweigen des Gesetzes zur Rechtslage bei Einzelleistungen noch eine planwidrige Unvollständigkeit der *lex lata* zu sehen,[27] die der BGH für das früher geltende Reisevertragsrecht noch diagnostiziert hatte.[28]

C. Abschluss und Änderung des Pauschalreisevertrages sowie Drittrechtsbeziehungen

I. Abschluss des Pauschalreisevertrages

1. Allgemeines

Auf den Abschluss des Pauschalreisevertrages finden die allgemeinen Regelungen der §§ 145 ff. BGB Anwendung.[29] Dabei ist der Katalog oder Prospekt des Reiseveranstalters zunächst nur eine *invitatio ad offerendum,* auf der der konkrete Antrag des Reisenden aufbaut.[30] Dieser geht meist dem Reisebüro als Vertreter des Reiseveranstalters zu und wird entweder unmittelbar durch ein Buchungsprogramm oder spätestens durch die Reisebestätigung des Reiseveranstalters angenommen.[31]   **10**

Der Abschluss des Pauschalreisevertrages unterliegt keinem Formerfordernis. Der Reisende muss aber gemäß § 651d Abs. 3 Satz 2 BGB i. V. mit Art. 250 § 6 EGBGB spätestens unverzüglich nach Vertragsschluss eine Reisebestätigung mit den gesetzlich geforderten Angaben erhalten, ohne dass hiervon jedoch die Rechtswirksamkeit des Vertrages abhängt. Eine andere Sichtweise würde den Zweck der Reisebestätigung (Schutz des Reisenden) konterkarieren und in das Gegenteil verkehren. Weicht die Reisebestätigung von dem Angebot des Reisenden ab, so gilt   **11**

---

[25] Es handelt sich dann um einen gemischten Vertrag mit miet-, dienst-, werk- und verwahrungsvertraglichen Elementen: BGH 29.03.1978 BGHZ 71, 175 (177); anders demgegenüber aber für die von einem Reiseveranstalter angebotene Hotelunterkunft BGH 20.05.2014 NJW 2014, 2995 Rn. 9.

[26] Reg. Begr., BT-Drucks. 18/10822, S. 66.

[27] Siehe insoweit auch die Kritik von *Staudinger/Staudinger* (2016) § 651 Rn. 30 an der bisherigen Rechtsprechung; gegenläufig indes zur neuen Rechtslage *Looschelders* Rn. 718; wie hier jedoch *Emmerich* § 11 Rn. 9.

[28] Siehe ausdrücklich zuletzt BGH 20.05.2014 NJW 2014, 2955 Rn. 9.

[29] Diese werden durch die Vorgaben der Pauschalreise-RL (siehe Art. 2 Abs. 3) nicht berührt.

[30] Ebenso z. B. *Looschelders* Rn. 729.

[31] *Looschelders* Rn. 729; *Soergel/H.-W. Eckert* § 651a Rn. 40; *Staudinger/Staudinger* (2016) § 651a Rn. 69; *Tonner* MünchKomm. § 651a Rn. 62 ff.

diese gemäß § 150 Abs. 2 BGB als neues Angebot des Reiseveranstalters, sofern die Reisebestätigung als konstitutive Annahmeerklärung zu bewerten ist. Der Reisende muss das neue Angebot annehmen, wobei es genügt, wenn dies konkludent (z. B. Leistung einer Vorauszahlung) geschieht.[32]

12 An den abgeschlossenen Pauschalreisevertrag sind die Vertragsparteien grundsätzlich gebunden. Vor Beginn der Pauschalreise steht dem Reisenden jedoch ein entschädigungspflichtiges freies *Rücktrittsrecht* zu (§ 651h Abs. 1 BGB),[33] während dem Reiseveranstalter demgegenüber nur bei den in § 651h Abs. 4 Satz 1 BGB abschließend aufgezählten Sachverhalten ein Rücktrittsrecht zukommt.[34] Zusätzlich steht dem Reisenden nach § 312 Abs. 7 Satz 2 BGB i. V. mit § 312g Abs. 1 BGB ein *Widerrufsrecht* zu, wenn es sich bei dem Reisenden um einen Verbraucher i. S. des § 13 BGB handelt und der Pauschalreisevertrag außerhalb von Geschäftsräumen abgeschlossen wurde (§ 312b Abs. 1 Satz 1 BGB), sofern die vorherigen mündlichen Verhandlungen nicht auf Bestellung des Reisenden geführt wurden (§ 312g Abs. 2 Satz 2 BGB). Das zugunsten des Verbrauchers bestehende Widerrufsrecht bei Fernabsatzgeschäften (§ 312g Abs. 1 BGB i. V. mit § 312c BGB) besteht indes nicht bei dem Abschluss von Pauschalreiseverträgen, da § 312 Abs. 7 BGB die Regelung des § 312g Abs. 1 BGB nur dann für anwendbar erklärt, wenn der Pauschalreisevertrag außerhalb von Geschäftsräumen geschlossen wurde. Hieraus folgt *per argumentum e contrario,* dass bei im Fernabsatz geschlossenen Pauschalreiseverträgen kein Widerrufsrecht besteht (siehe auch § 312g Abs. 2 Satz 1 Nr. 9, Satz 2 BGB).[35]

2. Rechtsverhältnis zu Reisevermittlern

13 Ein Pauschalreisevertrag kommt stets nur zwischen dem Reisenden und dem *Reiseveranstalter* zustande, der die Reise gemäß § 651a Abs. 1 Satz 1 BGB als eigene Leistung anbietet, unabhängig davon, ob er die dafür notwendigen Teilleistungen selbst erbringt oder hierfür andere Leistungserbringer (Fluggesellschaft etc.) einschaltet.[36]

14 Der Reisende schließt daher mit dem *Reisevermittler*, regelmäßig einem Reisebüro, keinen Pauschalreisevertrag. Vielmehr kommt mit der Buchung (= Abgabe des Antrags zum Abschluss des Pauschalreisevertrages gegenüber dem Reiseveranstalter) zwischen dem Reisenden und dem Reisevermittler ein selbstständiger sog. Reisevermittlungsvertrag zustande, der die Vermittlung eines Pauschalreisevertrages mit dem gewählten Reiseveranstalter zum Inhalt hat. Da sich der Reisevermittler zu

---

[32] Statt aller *Tonner* MünchKomm. § 651a Rn. 67.

[33] Dazu unten § 9 Rn. 31 ff.

[34] Dazu unten § 9 Rn. 34 f.

[35] *Looschelders* Rn. 730a. Bestätigt wird dies durch die Aufzählung in Art. 3 Abs. 3 lit. g der Richtlinie 2011/83/EU sowie die Option in Art. 12 Abs. 5 der Pauschalreise-RL, die das Widerrufsrecht auf Pauschalreiseverträge beschränkt, die außerhalb von Geschäftsräumen abgeschlossen worden sind und nicht zugleich auf im Fernabsatz abgeschlossene Pauschalreiseverträge erstreckt.

[36] *Erman/Schmid* § 651a Rn. 16; *Staudinger/Staudinger* (2016) § 651a Rn. 45; *Tonner* MünchKomm. Vor § 651a Rn. 10.

dieser Tätigkeit verpflichtet, ist sein Vertrag mit dem Reisenden kein Maklervertrag i. S. der §§ 652 ff. BGB, sondern ein Werkvertrag in Gestalt eines Geschäftsbesorgungsvertrages (§ 675 Abs. 1 BGB),[37] für den § 651v BGB und § 651w BGB eigenständige Sonderregelungen treffen, die danach unterscheiden, ob die Reisevermittlung eine Pauschalreise (§ 651v BGB) oder verbundene Reiseleistungen (§ 651w BGB)[38] zum Gegenstand hat.

Bei dem mit dem Reisevermittler abgeschlossenen Geschäftsbesorgungsvertrag bezieht sich der vom Reisevermittler geschuldete Erfolg auf den Abschluss des Pauschalreisevertrages zwischen Reiseveranstalter und Reisendem bzw. den Unternehmern und dem Reisenden (bei verbundenen Reiseleistungen); die Entgeltlichkeit seiner Tätigkeit i. S. des § 631 Abs. 1 BGB ergibt sich daraus, dass ihm ein Teil des von dem Reisenden gezahlten Reisepreises als Vergütung verbleibt. Zugleich agiert der Reisevermittler in Bezug auf den Abschluss des Pauschalreisevertrages als Bote oder Stellvertreter des Reiseveranstalters. Ist er zudem von diesem in die Abwicklung des Reisevertrages einbezogen (z. B. bei der Aushändigung von Flugscheinen etc.), so wird er als dessen Erfüllungsgehilfe i. S. des § 278 BGB tätig.[39] Für den Vermittler verbundener Reiseleistungen gilt dies entsprechend. **15**

Vor der Buchung der Pauschalreise bzw. einer einzelnen verbundenen Reiseleistung besteht zu dem (Reise)Vermittler in der Regel nur nach Maßgabe des § 311 Abs. 3 BGB ein Rechtsverhältnis mit Schutz- und Interessenwahrungspflichten gegenüber dem Reiseinteressenten. Ein eigenständiger Beratungsvertrag kommt jedoch zustande, wenn der Reisevermittler bereits für die Auskunft über Reisemöglichkeiten ein Entgelt fordert.[40] **16**

3. Auslegung sog. Vermittlerklauseln (§ 651b Abs. 1 Satz 2 und 3 BGB)

Da als Reiseveranstalter nur derjenige auftritt und nach § 651a Abs. 1 Satz 1 BGB verpflichtet wird, der die Reiseleistung als eigene anbietet,[41] besteht das Risiko, dass Reiseveranstalter zwar Pauschalreiseangebote bewerben, zugleich aber erklären, nur Verträge mit Personen zu vermitteln, welche die *einzelnen Teilleistungen* **17**

---

[37] BGH 24.06.1969 BGHZ 52, 194 (198); *Looschelders* Rn. 721; *Soergel/H.-W. Eckert* vor § 651a Rn. 13; *Tonner* MünchKomm. § 651a Rn. 46 f.; siehe auch BGH 25.04.2006 VersR 2006, 1129 (1130 f.); a. A. *Emmerich* § 11 Rn. 9: Geschäftsbesorgungsvertrag mit Dienstleistungscharakter.

[38] Bei diesem Rechtsinstitut handelt es sich um eine auf Art. 19 der Pauschalreise-RL beruhende Neuregelung, die mit Schutzvorschriften auf die vor allem im Internet zunehmende Geschäftspraxis reagiert, dass ein einheitlicher Vermittler an Kunden reisebezogene Einzelverträge mit verschiedenen Anbietern vermittelt, ohne dass die Voraussetzungen des § 651b Abs. 1 Satz 2 und 3 BGB für eine eigene Veranstalterrolle des Vermittlers erfüllt wären (dazu § 9 Rn. 17 ff.). Allgemein zur Bewältigung der mit derartigen „Bausteinverträgen" für den Kunden verbundenen Aufspaltungsrisiken *Maultzsch/Czarnecki* ZEuP 2016, 832 ff; ferner *Looschelders* Rn. 722 f.

[39] BGH 19.11.1981 NJW 1982, 377 f.; *Looschelders* Rn. 721; *Staudinger/Staudinger* (2016) § 651a Rn. 67.

[40] Näher zu Auskunftsverträgen unten § 11 Rn. 19 ff.

[41] Siehe z. B. BGH 28.10.2010 NJW 2011, 371 Rn. 11.

(Flug, Unterbringung etc.) ausführen und die § 651b Abs. 1 Satz 2 BGB als sog. Leistungserbringer definiert. Dies hätte zur Konsequenz, dass der Reisende keinen einheitlichen Pauschalreisevertrag abschließen, sondern jeweils in einzelne Vertragsbeziehungen zu der Fluggesellschaft, dem Hotelier etc. treten würde, wodurch seine Rechtsstellung erheblich schwächer wäre.

18 Daher ordnet § 651b Abs. 1 Satz 2 BGB zum Schutz des Reisenden an, dass sich der Unternehmer nicht darauf berufen kann, nur Verträge mit Leistungserbringern zu vermitteln, wenn für den Zweck derselben Reise zwei Reiseleistungen erbracht werden sollen und der Unternehmer nach außen erkennbar durch die in § 651b Abs. 1 Satz 2 BGB abschließend aufgezählten Tatbestände den Eindruck erweckt, er füge die verschiedenen Reiseleistungen zu einer Einheit (= Pauschalreise) zusammen und erbringe diese in eigener Verantwortung. Für diesen gesetzlich geregelten Fall eines widersprüchlichen Verhaltens *(venire contra factum proprium)*[42] schreibt § 651b Abs. 1 Satz 3 BGB fest, dass gleichwohl ein Pauschalreisevertrag i. S. des § 651a Abs. 1 BGB mit dem Erklärenden als Reiseveranstalter und keine Einzelverträge mit den jeweiligen Leistungserbringern zustande kommen.

19 Zugleich ist § 651b Abs. 1 BGB in Anlehnung an den Rechtsgedanken des § 164 Abs. 2 BGB zu entnehmen, dass dem Erklärenden unter den genannten Voraussetzungen auch kein Recht zur Anfechtung gemäß § 119 Abs. 1 Alt. 1 BGB zusteht, wenn er darüber im Irrtum ist, dass durch sein in § 651b Abs. 1 Satz 2 umschriebenes Verhalten ein Pauschalreisevertrag zustande kommt.[43]

II. Vertragsänderungen

1. Allgemeine Schranken für Änderungsvorbehalte

20 Den Pauschalreisevertrag können grundsätzlich nur die Parteien durch eine Einigung ändern, es sei denn, der Reiseveranstalter hat sich das Recht zur einseitigen Änderung vertraglich vorbehalten.[44] Derartige Änderungsvorbehalte können jedoch nicht schrankenlos vereinbart werden; vielmehr sind sie durch § 651f BGB und § 651g BGB begrenzt. Einer gesonderten Inhaltskontrolle von Änderungsvorbehalten in Allgemeinen Geschäftsbedingungen am Maßstab von § 308 Nr. 4 BGB und § 309 Nr. 1 BGB steht § 651f Abs. 3 BGB entgegen, der sich sowohl auf Preisänderungsvorbehalte als auch auf Änderungsvorbehalte bezüglich anderer Vertragsbedingungen erstreckt. Das Änderungsrecht übt der Reiseveranstalter prinzipiell mittels einer Gestaltungserklärung aus, die auf einem dauerhaften Datenträger enthalten sein muss (§ 651f Abs. 1 Satz 2, Abs. 2 Satz 2 BGB).

---

[42] BGH 26.06.1980 BGHZ 77, 310 (318); *Emmerich* § 11 Rn. 10; *Tonner* MünchKomm. § 651a Rn. 9; a. A. *Harke* Rn. 137 mit Fn. 257.

[43] *Brox* JA 1979, 493 (494); *Larenz* BT 1, § 53 V a, S. 382 f.

[44] *Erman/Schmid* § 651a Rn. 43; *Staudinger/Staudinger* (2016) § 651a Rn. 156; siehe auch BGH 28.10.2010 NJW 2011, 371 Rn. 11 f.

Der Reisende muss einseitig erklärte Vertragsänderungen stets hinnehmen, wenn **21** die Änderung unerheblich ist (§ 651f Abs. 2 Satz 1 BGB) bzw. der Reisepreis nicht um mehr als acht Prozent erhöht wird (§ 651g Abs. 1 Satz 1 BGB). Überschreitet die Änderung diese Schranke, kommt es wegen § 651f Abs. 2 BGB nur dann zu einer Vertragsänderung, wenn sich der Reisende mit dieser einverstanden erklärt (näher § 651g Abs. 1 BGB). Andernfalls untersagt § 651f Abs. 2 Satz 1 BGB einseitige Vertragsänderungen durch den Reiseveranstalter, wenn die Änderung der Vertragsbedingung mehr als nur unerheblich ist.

2. Besonderheiten bei einer Erhöhung des Reisepreises

Eine Erhöhung des Reisepreises ist dem Veranstalter bei einem Änderungsvorbe- **22** halt in Allgemeinen Geschäftsbedingungen nach § 651f Abs. 1 Satz 3 BGB höchstens bis zum zwanzigsten Tag vor der Abreise erlaubt. Zudem muss der Vertrag die Berechnungsgrundlagen für die Preiserhöhung angeben (§ 651f Abs. 1 Satz 1 Nr. 1 BGB), und die Preisänderung darf sich nur auf die Veränderung solcher Kosten stützen, die von dem Reiseveranstalter nicht beeinflusst werden, wie z. B. Flughafengebühren, Beförderungskosten oder Wechselkurse (§ 651f Abs. 1 Satz 1 Nr. 2 BGB). Steigt der Reisepreis durch eine rechtswirksame Erhöhungserklärung um mehr als acht Prozent, kann diese nicht mehr einseitig erklärt werden. Der Reiseveranstalter kann dem Reisenden die acht Prozent übersteigende Preiserhöhung jedoch anbieten und dieser das Angebot binnen einer angemessenen Frist annehmen oder von dem Vertrag zurücktreten (§ 651g Abs. 1 Satz 2 BGB). Nach Ablauf der Frist gilt das Angebot als angenommen (§ 651g Abs. 2 Satz 3 BGB).

3. Anspruch auf Vertragsübernahme nach § 651e BGB

Nach § 651e Abs. 1 Satz 1 BGB hat der Reisende bis zum Beginn der Pauschal- **23** reise einen Anspruch darauf, dass der Reiseveranstalter der Übernahme des Pauschalreisevertrages durch einen Dritten zustimmt, um die in der Regel frühzeitige vertragliche Bindung des Reisenden vor Reisebeginn zu mildern.[45] Hierfür ist der Reiseveranstalter auf Verlangen des Reisenden verpflichtet, mit diesem und dem eintretenden Dritten einen dreiseitigen Übernahmevertrag abzuschließen oder einem Übernahmevertrag zwischen dem Reisenden und dem Dritten zuzustimmen.[46] Der

---

[45] Siehe noch zu § 651b BGB a. F. *Esser/Weyers* BT 1, § 34b III 2, S. 300 f.; *Soergel/H.-W. Eckert* § 651b Rn. 5; *Staudinger/Staudinger* (2016) § 651b Rn. 4. Für Anspruch auf Abschluss eines berechtigenden Vertrages zugunsten Dritter *Tonner* MünchKomm. § 651b Rn. 5; ähnlich *Erman/Schmid* § 651b Rn. 1, der aber ab Reisebeginn eine Vertragsübernahme durch den Dritten annimmt.

[46] Siehe mit m. w. N. zu der im Einzelnen strittigen Konstruktion der Vertragsübernahme *Staudinger/Staudinger* (2016) § 651b Rn. 18 f.; abweichend i. S. einer gesetzlichen Ersetzungsbefugnis zugunsten des Reisenden z. B. *Looschelders* Rn. 736; *Medicus/Lorenz* Rn. 820.

Veranstalter darf dem Eintritt des Dritten in den Vertrag nur unter der Voraussetzung widersprechen (scil.: der Anspruch aus § 651e Abs. 1 Satz 1 BGB besteht nicht), dass der Dritte die vertraglichen Reiseerfordernisse nicht erfüllt (§ 651e Abs. 2 BGB), weil er z. B. für den Abenteuerurlaub gesundheitlich nicht geeignet ist.[47]

24   Verweigert der Reiseveranstalter zu Unrecht die Vertragsübernahme, dann kann der Reisende auf Zustimmung klagen; die Erklärung des Reiseveranstalters wird gemäß § 894 ZPO ersetzt. Eine derartige Durchsetzung des Anspruchs aus § 651e Abs. 1 Satz 1 BGB ist jedoch rein zeitlich vor dem Beginn der Pauschalreise häufig nicht möglich, sodass in einem solchen Fall Schadensersatzansprüche des Reisenden gemäß den §§ 280 ff. BGB aufgrund der pflichtwidrigen Verweigerung der Zustimmung in Betracht kommen. Dieser Anspruch steht allerdings nicht dem Dritten (der aus § 651e Abs. 1 Satz 1 BGB selbst nicht berechtigt wird), sondern nur dem Reisenden zu mit der Konsequenz, dass wegen der geschuldeten Naturalrestitution (§ 249 Abs. 1 BGB) seine Verpflichtung zur Zahlung des Reisepreises entfällt.[48]

25   Wird hingegen die Vertragsübernahme vollzogen, dann haften der (ursprüngliche) Reisende und der Dritte dem Reiseveranstalter für den Reisepreis und die durch den Eintritt entstehenden Mehrkosten, z. B. wegen einer erforderlichen Neuausstellung von Flugtickets, als Gesamtschuldner (§ 651e Abs. 3 Satz 1 BGB). Im Übrigen tritt der Dritte in alle Rechte und Pflichten aus dem Pauschalreisevertrag ein.

III. Drittrechtsbeziehungen aufgrund des Pauschalreisevertrages

1. Rechtsverhältnis des Reisenden zu den Leistungserbringern

26   Mit den Leistungserbringern des Reiseveranstalters i. S. des § 651b Abs. 1 Satz 2 BGB, wie Hotelbetreibern oder Fluggesellschaften, schließt der Reisende keinen Vertrag. Ein solcher besteht nur zwischen dem Reiseveranstalter und dem jeweiligen Leistungserbringer, der in Bezug auf den Pauschalreisevertrag für den Veranstalter als Erfüllungsgehilfe tätig wird.[49] Gleichwohl ist dieser Vertrag nicht ohne Rechtswirkungen für den Reisenden.

27   Erstens entfaltet der Vertrag zwischen dem Reiseveranstalter und dem Leistungserbringer eine *Schutzwirkung i. S. des § 241 Abs. 2 BGB* zugunsten des Reisenden, sodass der Leistungserbringer gemäß § 280 Abs. 1 BGB alle Schäden ersetzen muss, die infolge seines schuldhaft-pflichtwidrigen Verhaltens an der Integrität

---

[47] *Staudinger/Staudinger* (2016) § 651b Rn. 10; *Tonner* MünchKomm. § 651b Rn. 9.

[48] RGRK/*Recken* § 651b Rn. 17; *Soergel/H.-W. Eckert* § 651b Rn. 17; *Staudinger/Staudinger* (2016) § 651b Rn. 16.

[49] *Larenz* BT 1, § 53 V a, S. 380; *Looschelders* Rn. 723; *Medicus/Lorenz* Rn. 814; *Staudinger/Staudinger* (2016) § 651a Rn. 54; *Tonner* MünchKomm. § 651a Rn. 18.

des Reisenden eingetreten sind (Beispiel: Körperverletzung aufgrund unsicheren Swimmingpools im Hotel).[50]

Zweitens ist der Vertrag regelmäßig als echter Vertrag zugunsten des Reisenden **28** i. S. des § 328 BGB auszulegen, der einen eigenen *Erfüllungsanspruch* des Reisenden gegenüber dem Leistungserbringer begründet.[51] Nach der Rechtsprechung soll sogar das Recht des Leistungserbringers, sich gegenüber den Ansprüchen des Reisenden gemäß § 334 BGB auf Einwendungen aus dem Vertrag zu berufen (z. B. auf § 320 BGB bei nicht rechtzeitiger Zahlung des Reiseveranstalters), konkludent abbedungen worden sein.[52] Bei Auslandsreisen ist jedoch hinsichtlich der Rechtsbeziehungen zu Leistungsträgern vor Ort zu bedenken, dass diese regelmäßig nicht dem deutschen Recht unterliegen.

2. Rechtsstellung von Mitreisenden

Wenn der Reisende die Pauschalreise bei dem Reiseveranstalter im eigenen Namen **29** auch für weitere Personen – z. B. Familienangehörige – gebucht hat, stellt sich der Pauschalreisevertrag für diese als ein echter Vertrag zugunsten Dritter dar, sodass ihnen nach Maßgabe der §§ 328 ff. BGB alle Rechte aus diesem zustehen.[53] Das gilt auch im Hinblick auf etwaige Ersatzansprüche wegen einer mangelhaften Reiseleistung.[54] Ihr Rechtsverhältnis zu den Leistungserbringern entspricht ebenfalls demjenigen des Reisenden.[55]

D. Rücktritt vom Pauschalreisevertrag

Neben dem Rücktrittsrecht des Reisenden wegen einer wesentlichen Änderung der **30** Reiseleistung gemäß § 651g Abs. 1 Satz 2 BGB[56] und dem Kündigungsrecht bei mangelhafter Erbringung der Reiseleistung aus § 651l BGB[57] regelt § 651h Abs. 1

---

[50] *Jauernig/Teichmann* § 651a Rn. 8; a. A. *Medicus/Lorenz* Rn. 814; *Staudinger/Staudinger* (2016) § 651a Rn. 60; wohl auch *Looschelders* Rn. 725. Zugleich haftet hierfür auch der Reiseveranstalter, da der Leistungserbringer sein Erfüllungsgehilfe i. S. des § 278 BGB ist.

[51] BGH 17.01.1985 BGHZ 93, 271 (274 f.); *Emmerich* § 11 Rn. 12; *Harke* Rn. 137; *Larenz* BT 1, § 53 V a, S. 381; *Tonner* MünchKomm. § 651a Rn. 39; a. A. *Looschelders* Rn. 725; *Staudinger/Staudinger* (2016) § 651a Rn. 59.

[52] BGH 17.01.1985 BGHZ 93, 271 (275 ff.).

[53] Vgl. BGH 26.05.2010 NJW 2010, 2950 Rn. 14; *Looschelders* Rn. 728; *Staudinger/Staudinger* (2016) § 651a Rn. 86; *Tonner* MünchKomm. § 651a Rn. 85. Bei Ehegatten ist darüber hinaus eine Mitverpflichtung gemäß § 1357 BGB in Betracht zu ziehen.

[54] BGH 26.05.2010 NJW 2010, 2950 Rn. 15.

[55] Siehe vorstehend § 9 Rn. 26 ff.

[56] Siehe oben § 9 Rn. 22.

[57] Dazu unter § 9 Rn. 68 ff.

BGB einen weiteren Tatbestand, der zur Lösung von dem Reisevertrag berechtigt, jedoch bis zum Beginn der Pauschalreise ausgeübt werden muss. Das zuvor in § 651j BGB a. F. normierte Kündigungsrecht wegen höherer Gewalt ist ersatzlos entfallen, was für den Reisenden durch das Rücktrittsrecht in § 651h Abs. 1 BGB und für den Reiseveranstalter durch das Rücktrittsrecht in § 651h Abs. 4 Nr. 2 BGB ausgeglichen wird.

I. Rücktrittsrecht des Reisenden nach § 651h Abs. 1 BGB

31   Bis zum Reisebeginn hat der Reisende gemäß § 651h Abs. 1 Satz 1 BGB ein freies Rücktrittsrecht, dessen Ausübung unter keinen inhaltlichen Voraussetzungen steht. Wenn es ihm aus einem in seiner Sphäre liegenden Grund nicht möglich ist, die Reise anzutreten (z. B. Versäumnis der Einholung eines Visums, Krankheit), ist hierin nach der h. M. auch ohne eine gesonderte Rücktrittserklärung ein Rücktritt gemäß § 651h Abs. 1 Satz 1 BGB zu sehen.[58] Dies wird damit begründet, dass die Vorschrift des § 651h Abs. 1 Satz 2 und 3 BGB in Bezug auf das Schicksal der Pflicht zur Zahlung des Reisepreises in solchen Fällen eine sachnähere Regelung enthält als die alternativ in Betracht kommenden §§ 326 Abs. 2, 645 Abs. 1 Satz 1 BGB. Nach dem Antritt der Reise findet das Rücktrittsrecht nach der eindeutigen Regelung in § 651h Abs. 1 Satz 1 BGB keine Anwendung mehr.[59]

32   Infolge des Rücktritts verliert der Reiseveranstalter zwar gemäß § 651h Abs. 1 Satz 2 BGB seinen Anspruch auf den Reisepreis. Er kann jedoch eine angemessene Entschädigung verlangen (§ 651h Abs. 1 Satz 3 BGB), die sich nach dem verein-barten Reisepreis abzüglich ersparter Aufwendungen sowie dessen bemisst, was der Reiseveranstalter durch eine anderweitige Verwendung der Reiseleistung erwerben kann (§ 651h Abs. 2 Satz 2 BGB). Die hierbei regelmäßig bestehenden Berech-nungsschwierigkeiten haben in der Praxis dazu geführt, dass Reiseveranstalter die Entschädigung in dem Vertrag auf einen Prozentsatz des Reisepreises pauschalieren (Entschädigungspauschalen). In diesem Fall muss die Pauschale jedoch die nach Maßgabe des jeweiligen Rücktrittszeitpunkts *gewöhnlich zu erwartenden* Aufwen-dungsersparnisse und Möglichkeiten einer anderweitigen Verwertung der Reiseleis-tung berücksichtigen (§ 651h Abs. 2 Satz 1 BGB).[60] Trägt der Pauschalbetrag den gewöhnlich zu erwartenden Ersparnissen des Reiseveranstalters nicht ausreichend

---

[58] So zu der bisherigen Regelung in § 651i BGB a. F. BT-Drucks. 8/2343, S. 12; *Larenz* BT 1, § 53 V c, S. 392; *Soergel/H.-W. Eckert* § 651i Rn. 3; *Staudinger/Staudinger* (2016) § 651i Rn. 13; *Tonner* MünchKomm. § 651i Rn. 9; teilweise a. A. *Wolter* AcP 183 (1983), 35 (70 ff.).

[59] Ebenso zu § 651i BGB a. F. *Erman/Schmid* § 651i Rn. 5; *Soergel/H.-W. Eckert* § 651i Rn. 5 f.; *Staudinger/Staudinger* (2016) § 651i Rn. 9; *Tonner* MünchKomm § 651i Rn. 6; a. A. RGRK/*Recken* § 651i Rn. 2.

[60] Zu Einzelheiten *Staudinger/Staudinger* (2016) § 651i Rn. 33 ff.

Rechnung, dann ist die Vertragsklausel gemäß § 651y Satz 1 BGB unwirksam und es greift die konkrete Berechnung der Entschädigung nach § 651h Abs. 2 Satz 2 BGB ein.[61]

Die Rechtsfolge des § 651h Abs. 1 Satz 3 BGB ist für den Reisenden regelmäßig **33** besonders nachteilig, was im Hinblick auf die Voraussetzungslosigkeit des Rücktrittsrechts aus § 651h Abs. 1 Satz 1 BGB jedoch sachgerecht ist. Eine Kündigung gemäß § 651l BGB stellt den Reisenden regelmäßig besser. Liegen deren Voraussetzungen vor, dann ist eine Lösungserklärung des Reisenden dementsprechend als Vorgehen nach § 651l BGB zu beurteilen, die in ihrem Anwendungsbereich als *lex specialis* gegenüber § 651h BGB zu betrachten ist.[62]

II. Rücktrittsrecht des Reiseveranstalters nach § 651h Abs. 4 BGB

Im Unterschied zum früheren Recht, das für den Reiseveranstalter in § 651j BGB **34** a. F. lediglich bei höherer Gewalt ein Recht zur Lösung vom Pauschalreisevertrag begründete, räumt ihm § 651h Abs. 4 BGB ebenfalls ein vor Beginn der Reise auszuübendes Rücktrittsrecht ein. Dieses ist kein mit § 651h Abs. 1 Satz 1 BGB vergleichbares freies Rücktrittsrecht, sondern tatbestandlich an die in § 651h Abs. 4 Satz 1 BGB abschließend aufgezählten Sachverhalte gebunden. Neben dem Nichterreichen einer im Vertrag angegebenen Mindestteilnehmerzahl (§ 651h Abs. 4 Satz 1 Nr. 1 BGB) zählen hierzu die bislang von § 651j Abs. 1 BGB a. F. erfassten Sachverhalte höherer Gewalt, die das Gesetz nunmehr als „unvermeidbare, außergewöhnliche Umstände" beschreibt (§ 651h Abs. 4 Satz 1 Nr. 2 BGB). Wegen der Legaldefinition in Art. 3 Nr. 12 der Pauschalreise-RL ist hierunter eine Situation außerhalb der Kontrolle derjenigen Partei zu verstehen, die sich hierauf beruft, und deren Folgen sich auch dann nicht hätten vermeiden lassen, wenn alle zumutbaren Vorkehrungen getroffen worden wären.

Übt der Reiseveranstalter sein Rücktrittsrecht innerhalb der im Vertrag bestimm- **35** ten Frist (§ 651h Abs. 4 Satz 1 Nr. 1 BGB) bzw. unverzüglich nach Kenntnis des Rücktrittsgrundes (§ 651h Abs. 4 Satz 1 Nr. 2 BGB) aus, dann geht der Anspruch auf den Reisepreis – nicht anders als bei einem Rücktritt des Reisenden (§ 651h Abs. 1 Satz 2 BGB) – kraft Gesetzes unter (§ 651h Abs. 4 Satz 2 BGB). Ein bereits vom Reisenden geleisteter Reisepreis ist vom Reiseveranstalter nach § 346 Abs. 1 BGB zurück zu gewähren; hierfür räumt ihm § 651h Abs. 5 BGB eine Maximalfrist von 14 Tagen ein.

---

[61] So noch zu § 651i BGB a. F. *Erman/Schmid* § 651i Rn. 10; *Staudinger/Staudinger* (2016) § 651i Rn. 64 ff.; für geltungserhaltende Reduktion der Klausel auf den noch zulässigen Prozentsatz hingegen *Palandt/Sprau* § 651i Rn. 4.

[62] BGH 20.03.1986 BGHZ 97, 255 (261); *Staudinger/Staudinger* (2016) § 651i Rn. 3.

E. Pflichten des Reiseveranstalters

I. Hauptpflichten des Reiseveranstalters

36   Zu den im Synallagma stehenden Hauptpflichten des Reiseveranstalters zählen sowohl die mangelfreie Erbringung der Pauschalreise (§ 651i Abs. 1 BGB) als auch die Informationspflichten nach § 651d Abs. 1 Satz 1 BGB i. V. mit Art. 250 §§ 1 bis 3 EGBGB.

1. Pflicht zur Erbringung einer mangelfreien Pauschalreise

a) Allgemeines

37   Der Reiseveranstalter ist verpflichtet, die versprochene Pauschalreise durchzuführen, indem er die einzelnen Reiseleistungen erbringt sowie diese räumlich und zeitlich zu einer Gesamtheit koordiniert.[63] Er muss die Pauschalreise insbesondere durch Auswahl und Überwachung der Leistungsträger vorbereiten sowie alle Reisehindernisse beseitigen, indem er den Reisenden z. B. über die Passpflicht und die Notwendigkeit eines Visums informiert (Art. 250 § 3 Nr. 6 EGBGB).[64]

b) Mangelfreiheit gemäß § 651i Abs. 1 und 2 BGB

aa) Struktur und Inhalt des Mangelbegriffes

38   Des Weiteren ist der Reiseveranstalter verpflichtet, die Reise frei von Reisemängeln zu erbringen (§ 651i Abs. 1 BGB). Hierbei unterschied das Gesetz früher zwischen dem Vorhandensein zugesicherter Eigenschaften und der Abwesenheit von Fehlern, die den Wert oder die Tauglichkeit zu dem gewöhnlichen oder nach dem Vertrag vorausgesetzten Nutzen der Reise aufheben oder mindern. Mit der nunmehr geltenden Regelung in § 651i Abs. 2 BGB hat der Gesetzgeber die bisherige Unterscheidung aufgegeben und die Konzeption des Kauf- und Werkvertragsrechtes übernommen (siehe §§ 434 Abs. 1, 633 Abs. 2 BGB). Danach ist primär zu prüfen, ob die Pauschalreise die vereinbarte Beschaffenheit hat (§ 651i Abs. 2 Satz 1 BGB). Für den Fall, dass eine Beschaffenheitsvereinbarung fehlt, beurteilt sich die Mängelfreiheit nach dem vertraglich vorausgesetzten Nutzen (§ 651i Abs. 2 Satz 2 Nr. 2 BGB). Ebenso zählt § 651i Abs. 3 BGB in konzeptioneller Übernahme von §§ 437 und 634 BGB die Rechte des Reisenden auf, wenn die Pauschalreise mangelhaft ist.

---

[63] *Soergel/H.-W. Eckert* § 651a Rn. 46; *Staudinger/Staudinger* (2016) § 651a Rn. 130; *Tonner* MünchKomm. § 651a Rn. 74.

[64] Zu den Informationspflichten auch unten § 9 Rn. 46 f.

Demgegenüber sollte das Vorhandensein von Eigenschaften der Reise, die in **39** dem Pauschalreisevertrag besonders zugesichert wurden, nach der früheren Rechtslage unabhängig davon zum Pflichtenprogramm des Reiseveranstalters gerechnet werden, ob sich aus deren Abwesenheit ein Fehler der Reiseleistung ergeben würde. Da sich die Frage nach der Beeinträchtigung des Reisenutzens vorrangig an der vertraglichen Vereinbarung (§ 651i Abs. 2 Satz 2 Nr. 1 BGB) und nur bei deren Fehlen an objektiven Kriterien (gewöhnlicher Nutzen etc.) orientiert (§ 651i Abs. 2 Satz 2 Nr. 2 BGB), führt allerdings jedwedes Fehlen einer zugesicherten Eigenschaft *per se* zu einer Minderung der Tauglichkeit der Reise, die sich nach der vertraglichen Vereinbarung und somit der Eigenschaftszusicherung (Beschaffenheitsvereinbarung) bemisst (§ 651i Abs. 2 Satz 1 BGB). Beispiel: Wird einem Safariteilnehmer „zugesichert", während der Reise einen Elefanten erlegen zu können, beeinträchtigt das Ausbleiben dieser Möglichkeit aufgrund des Vorrangs der Parteivereinbarung selbst dann den Wert bzw. die Tauglichkeit der Reise, wenn dies nach „objektiven Kriterien" (welchen?) nicht der Fall wäre. Im Ergebnis stellt somit *jede* für den Reisenden negative Abweichung der Reise von der vertraglichen Vereinbarung einen Reisemangel dar und beeinträchtigt automatisch den Wert der Pauschalreise.

Die früher geltende Unterscheidung in § 651c Abs. 1 BGB a. F. zwischen zuge- **40** sicherten Eigenschaften und Fehlern war nur vor dem Hintergrund des überkommenen Modells verständlich, nach dem die Mangelfreiheit bei erfolgsbezogenen Verträgen (Kaufvertrag, Mietvertrag, Werkvertrag, Reisevertrag) nicht ohne weiteres zum Inhalt der Hauptleistungspflicht des jeweiligen Schuldners gehört, sondern vielmehr Gegenstand einer besonderen Gewährleistung war, die im alten Kaufrecht in den §§ 459 ff. BGB a. F. ausgeformt war und auf der Unterscheidung von Fehlern und zugesicherten Eigenschaften beruhte.[65] Dieses System der Gewährleistung hat das Schuldrechtsmodernisierungsgesetz ausdrücklich aufgegeben.[66] Folgerichtig wurden im Kauf- und Werkvertragsrecht die Kategorien des Fehlers und der zugesicherten Eigenschaft durch den einheitlichen Begriff des Sachmangels ersetzt (§§ 434, 633 Abs. 2 BGB). Beim Mietvertrag verwendet § 536 Abs. 2 BGB den Begriff der zugesicherten Eigenschaft zwar noch, dieser begründet aber keine eigenständige Pflichtenkategorie mehr neben der Mangelfreiheit.[67] In konsequenter Fortführung der bisherigen Reformgesetzgebung hat das Recht des Pauschalreisevertrages die Dichotomie des § 651c Abs. 1 BGB a. F. nunmehr aufgegeben und in § 651i Abs. 2 zu einem einheitlichen Mangelbegriff zusammengeführt. Auf der Linie des Regelungsansatzes in § 434 Abs. 3 BGB und § 633 Abs. 2 Satz 3 BGB werden zudem die Nichterbringung von Reiseleistungen oder deren unangemessene Verspätung einem Reisemangel gleichgestellt (§ 651i Abs. 2 Satz 3 BGB).

---

[65] Eingehend hierzu *Herberger* Rechtsnatur, Aufgabe und Funktion der Sachmängelhaftung nach dem BGB, 1974; Überblick bei *Larenz* BT 1, § 41 I, S. 36 ff.

[66] Siehe zum Kaufrecht BT-Drucks. 14/6040, S. 210 ff. Dementsprechend trat in § 309 Nr. 8 der Begriff „Pflichtverletzung" an die Stelle des bisherigen Terminus „Gewährleistung" und auch Art. 246 Abs. 1 Nr. 5 EGBGB und Art. 246a Abs. 1 Nr. 8 EGBGB sprechen konsequent von einem „gesetzlichen Mängelhaftungsrecht".

[67] Näher oben § 5 Rn. 57 f.

41   Der Reiseveranstalter schuldet daher gemäß § 651i Abs. 2 Satz 1 BGB in erster Linie, dass die Reise der vereinbarten Beschaffenheit genügt. Insoweit dienen neben individuellen Vereinbarungen insbesondere Kataloge und Prospekte des Veranstalters, auf die der Vertrag Bezug nimmt, dazu, mit ihrer Leistungsbeschreibung die vertraglichen Pflichten zu bestimmen (siehe Art. 250 § 3 EGBGB).[68] Hiervon sind unverbindliche allgemeine Anpreisungen („Traumurlaub") abzugrenzen.[69] Wie im Rahmen des § 434 Abs. 1 Satz 3 BGB bestimmt sich dies danach, ob über eine reine Wertung hinaus auf konkrete Eigenschaften Bezug genommen wird (z. B. zu bejahen bei den Angaben „ruhiges Zimmer" oder „paradiesischer Sandstrand").[70]

42 • Soweit eine Beschaffenheitsvereinbarung fehlt, muss die Pauschalreise dem nach dem Vertrag vorausgesetzten Nutzen entsprechen (§ 651i Abs. 2 Satz 2 Nr. 1 BGB). Beispiel: Wer einen „Erholungsurlaub für gestresste Manager" bucht, kann auch ohne gesonderte Vereinbarung davon ausgehen, dass in der Hotelanlage nicht jede Nacht unter entsprechender Geräuschkulisse ausgelassene Feste stattfinden.

• Liegen weder eine Beschaffenheitsvereinbarung noch ein vertraglich besonders vorausgesetzter Nutzen vor, dann ist der gewöhnliche Reisenutzen und die bei Pauschalreisen gleicher Art übliche Beschaffenheit geschuldet (§ 651i Abs. 2 Satz 2 Nr. 2 BGB). Das betrifft z. B. das Vorhandensein der am Zielort üblichen Sicherheitsstandards von Fahrzeugen, Hotelanlagen etc. Auch wenn die Beeinträchtigung der Reise auf *höherer Gewalt* beruht (Naturkatastrophen etc.), stellt dies eine Vertragswidrigkeit dar.[71] Die Leistungspflicht des Reiseveranstalters wird daher nicht durch dessen Einflussbereich begrenzt;[72] der Reisende kann vielmehr als Gegenleistung für seinen Reisepreis den objektiven Reiseerfolg erwarten. Im Rahmen des neuen Rechts spricht hierfür insbesondere auch ein Gegenschluss aus § 651n Abs. 1 Nr. 3 BGB, der bei „unvermeidbare[n], außergewöhnliche[n] Umstände[n]" lediglich den Anspruch auf Schadensersatz und nicht bereits einen Reisemangel ausschließt. Hingegen begründen ortsspezifische Besonderheiten keinen Mangel, solange die durchschnittlichen Anforderungen an die Reiseleistung nicht unterschritten sind (Beispiel: die südländische Speise führt zu einer Magenverstimmung).[73] Gleiches gilt für *allgemeine Lebensrisiken*,

---

[68] BGH 14.12.1999 NJW 2000, 1188 (1190); BGH 28.10.2010 NJW 2011, 371 Rn. 14; BGH 21.11.2017 NJW 2018, 789 Rn. 8 f.; *Harke* Rn. 140; *Medicus/Lorenz* Rn. 828; *Staudinger/Staudinger* (2016) § 651c Rn. 10; *Tonner* MünchKomm. § 651c Rn. 8.

[69] *Staudinger/Staudinger* (2016) § 651c Rn. 11.

[70] Siehe oben § 2 Rn. 73.

[71] BGH 23.09.1982 NJW 1983, 33 ff.; *Erman/Schmid* § 651c Rn. 2; *Staudinger/Staudinger* (2016) § 651c Rn. 55.

[72] BGH 06.12.2016 NJW 2017, 958 Rn. 13 (drittverschuldeter Unfall während reisevertraglich geschuldeter Transportleistung); *Staudinger/Staudinger* (2016) § 651c Rn. 9 ; a. A. *Tempel* JuS 1984, 81 (87).

[73] *Tonner* MünchKomm. § 651c Rn. 12.

z. B. dasjenige, Opfer eines Verkehrsunfalls, der sich außerhalb von Transportleistungen des Reiseveranstalters ereignet, oder einer Straftat zu werden.[74]

bb) Pauschalreise als Bezugspunkt der Mangelfreiheit

Gegenstand der geschuldeten Mangelfreiheit ist nach § 651i Abs. 1 BGB die Pauschalreise, nicht aber die einzelne Teilleistung. Dies hat im Wesentlichen zwei Konsequenzen: **43**

Erstens liegt ein Mangel der Pauschalreise im oben dargelegten Sinn auch dann **44** vor, wenn die Teilleistungen als solche zwar ordnungsgemäß erbracht, aber nicht in der geschuldeten Weise koordiniert worden sind.[75] Beispiel: Nach der Reisebeschreibung sollte sich an eine herausfordernde Studienexpedition ein erholsamer Badeurlaub anschließen. Vor Ort ändert der Veranstalter die Reihenfolge, sodass die Reisenden von der Studienexpedition gestresst zurückkehren.

Zweitens liegt umgekehrt ein Mangel bei nicht ordnungsgemäßer Erbringung von **45** Teilleistungen erst vor, wenn dieser auf den Nutzen der Pauschalreise als Gesamtheit durchschlägt.[76] Dies wird zwar bei gewichtigen Beeinträchtigungen der Teilleistungen stets der Fall sein. Der Reisende muss aber bloße Unannehmlichkeiten sowie geringfügige Störungen im Rahmen des Massentourismus hinnehmen, ohne dass der Veranstalter hierdurch seine Hauptleistungspflicht verletzt.[77] Daher liegt z. B. kein Mangel der Pauschalreise vor, wenn in dem Hotel am Morgen keine Frühstückseier angeboten werden.[78]

2. Informationspflichten

Zu den Hauptpflichten des Reiseveranstalters zählen auch die in Art. 250 § 3 und 6 **46** EGBGB festgelegten Informationspflichten, da deren Erfüllung für das Erreichen des Vertragszwecks essenzielle Bedeutung hat.[79] Zudem sind sie aus verbraucherschützender Sicht für den Reisenden wesentlich, da sie ihn in die Lage versetzen, seine Rechte ordnungsgemäß geltend zu machen.[80]

---

[74] LG Frankfurt a. M. 01.03.1993 NJW-RR 1993, 632; *Looschelders* Rn. 741; *Medicus/Lorenz* Rn. 828; *Soergel/H.-W. Eckert* § 651c Rn. 17; *Staudinger/Staudinger* (2016) § 651c Rn. 56.

[75] *Tonner* MünchKomm. § 651c Rn. 14.

[76] BGH 20.03.1986 BGHZ 97, 255 (260); *Larenz* BT 1, § 53 V b, S. 384, 389; *Staudinger/Staudinger* (2016) § 651c Rn. 42; a. A. LG Frankfurt a. M. 06.06.1983 NJW 1983, 2264 (2265).

[77] *Erman/Schmid* § 651c Rn. 6; *Looschelders* Rn. 739; *Staudinger/Staudinger* (2016) § 651c Rn. 43; *Tonner* MünchKomm. § 651c Rn. 12.

[78] Zu einem skurrileren Fall AG Mönchengladbach 25.04.1991 NJW 1995, 884 f.

[79] *Soergel/H.-W. Eckert* § 651a Rn. 46; *Staudinger/Staudinger* (2016) § 651a Rn. 129; *Tonner* MünchKomm. § 651a Rn. 74.

[80] Siehe Art. 250 § 6 Nr. 4 lit. b und Nr. 5 EGBGB.

47 Nach Art. 250 § 3 Nr. 6 EGBGB muss der Reiseveranstalter den Reisenden z. B. über etwaige Pass- und Visaerfordernisse in Kenntnis setzen. Ferner hat er dem Reisenden eine Reisebestätigung zur Verfügung zu stellen, die alle in Art. 250 § 6 EGBGB aufgezählten Angaben enthält (§ 651d Abs. 3 BGB). Vor dem Reisebeginn muss der Reiseveranstalter schließlich auch rechtzeitig die Details der Beförderung zum Reiseziel sowie eine Kontaktadresse mitteilen (Art. 250 § 3 Nr. 1 lit.c, § 6 Nr. 4 EGBGB).

II. Nebenpflichten des Reiseveranstalters

48 Die Nebenpflichten des Reiseveranstalters haben einen begrenzten Umfang, da die Informationspflichten zu seinen Hauptpflichten zählen, sodass vor allem Schutz- und Obhutspflichten im Hinblick auf die Rechtsgüter des Reisenden i. S. des § 241 Abs. 2 BGB als Anwendungsfall der Nebenpflichten verbleiben.

49 Des Weiteren muss der Reiseveranstalter gemäß § 651r BGB sicherstellen, dass für den Fall eines insolvenzbedingten Ausfalls von Reiseleistungen etwaige Ansprüche des Reisenden auf Rückzahlung des Reisepreises oder auf Aufwendungsersatz erfüllt werden und zu diesem Zweck eine Versicherung abschließen oder ein Zahlungsversprechen eines Kreditinstituts beibringen (§ 651r Abs. 2 Satz 1 BGB).[81] Der Reisende hat gegenüber dem Reiseveranstalter einen Erfüllungsanspruch auf die Stellung der Sicherheit; zuvor darf der Reisepreis nicht gefordert oder angenommen werden (§ 651t BGB). Ein alleiniger Schadensersatzanspruch wäre kein hinreichender Schutz vor der Vereitelung der Rechte des Reisenden, weil der Veranstalter im Schadensfall insolvent ist.[82] Deshalb ist dem Reisenden ein Sicherungsschein auszustellen, der seinen Anspruch gegen den Versicherer oder das Kreditinstitut aus einem echten Vertrag zugunsten Dritter bestätigt (§ 651r Abs. 4 Satz 1 BGB). Im Insolvenzfall kann sich der Reisende dann direkt an den Sicherungsgeber halten. Diesem Anspruch kann der Sicherungsgeber keine Einwendungen aus seinem Vertrag mit dem Reiseveranstalter entgegenhalten (§ 651r Abs. 4 Satz 2 BGB). Im Gegenzug geht der Anspruch des Reisenden gegen den Reiseveranstalter kraft Gesetzes auf den Sicherungsgeber über (§ 651r Abs. 4 Satz 3 BGB).

F. Pflichtverletzungen und Haftung des Reiseveranstalters

50 Hinsichtlich der Pflichtverletzungen des Reiseveranstalters ist zwischen Hauptpflichten und Nebenpflichten[83] zu unterscheiden. Im Rahmen der Ersteren ist die früher maßgebliche Unterscheidung zwischen einer Nichtleistung mit der Anwendung

---

[81] Die verspätete Einführung dieser Vorschrift als Umsetzung des Art. 7 der EG-Pauschalreise-Richtlinie führte im Jahr 1993 zu einer Staatshaftung der Bundesrepublik Deutschland gegenüber geschädigten Urlaubern: EuGH 08.10.1996 NJW 1996, 3141.

[82] *Erman/Schmid* § 651k Rn. 1; *Staudinger/Staudinger* (2016) § 651k Rn. 3a.

[83] Dazu unten § 9 Rn. 91.

des allgemeinen Leistungsstörungsrechts[84] und den speziellen Vorschriften für eine mangelhafte Reiseleistung entfallen, da § 651i Abs. 2 Satz 3 BGB sowohl die Nichtleistung als auch die Reiseleistung mit unangemessener Verspätung – vergleichbar mit § 434 Abs. 3 BGB und § 633 Abs. 2 Satz 3 BGB – als Reisemangel bewertet.[85] Den Rahmen zulässiger Haftungsbeschränkungen steckt § 651p BGB ab.[86]

I. Rechtsfolgen einer Nichtleistung in Abgrenzung zu Reisemängeln

Wenn der Reiseveranstalter seinen Pflichten aus den §§ 651a Abs. 1 Satz 1 und **51** Abs. 3, 651i Abs. 1 BGB nicht nachkommt, würden an sich die allgemeinen Regeln der §§ 280 ff., 311a Abs. 2, 320 ff. BGB zur Anwendung gelangen. Die §§ 651i ff. BGB verdrängen in ihrem Anwendungsbereich diese aber als speziellere Regelungen. Im Unterschied zu der bisherigen Rechtslage ist die Abgrenzung zwischen Nichtleistung und mangelhafter Reiseleistung wegen der Gleichstellung in § 651i Abs. 2 Satz 3 BGB nur noch von theoretischem Interesse.

Besondere Schwierigkeiten bereitete diese Abgrenzung früher, wenn nach Rei- **52** seantritt einzelne Teilleistungen nicht erbracht werden. So war z. B. die Frage zu beantworten, ob eine teilweise Nichtleistung oder eine mangelhafte Reiseleistung vorlag, wenn im Rahmen einer Rundreise ein Tagesausflug zu einer Touristenattraktion ausfällt. Gegen den Vorschlag, in derartigen Fällen darauf abzustellen, ob ein „wesentlicher Teil" der Reise nicht durchgeführt wurde (dann allgemeine Leistungsstörung, sonst Reisemangel),[87] sprach die damit verbundene Rechtsunsicherheit. Da der Gesetzgeber in § 434 Abs. 3 BGB und § 633 Abs. 2 Satz 3 BGB sogar „wesentliche" Abweichungen von der geschuldeten Leistung einem Mangel ausdrücklich gleichstellt, befürwortete die h. M. bereits zum früheren Recht, alle Leistungsstörungen, die *nach dem Reiseantritt* auftreten, ausschließlich als Reisemangel i. S. der §§ 651c ff. BGB a. F. zu behandeln, selbst wenn diese dazu führten, dass ein wesentlicher Teil der gebuchten Reise gänzlich ausfällt.[88] Mit der nunmehr in § 651i Abs. 2 Satz 3 BGB getroffenen Regelung hat der Gesetzgeber diese Auffassung ausdrücklich bestätigt und übernommen.[89]

Die h. M. ging sogar noch einen Schritt weiter. Danach verdrängten die Män- **53** gelvorschriften die allgemeinen Vorschriften i. S. einer Einheitslösung selbst dann,

---

[84] Näher nachfolgend § 9 Rn. 51 ff.

[85] Dazu unten § 9 Rn. 54.

[86] Siehe unten § 9 Rn. 92 ff.

[87] So OLG Celle 04.12.1981 NJW 1982, 770 (771); *Blaurock/Wagner* Jura 1985, 177 f.

[88] BGH 18.11.1982 BGHZ 85, 301 (302 ff.); *Bartl* NJW 1983, 1092 (1096); *Staudinger/Staudinger* (2016) Vorbem. zu §§ 651c-g Rn. 19.

[89] Reg. Begr., BT-Drucks. 18/10822, S. 78 f.; *Looschelders* Rn. 762.

wenn die Reiseleistung aus einem Grund, der nicht allein in der Person des Reisenden liegt, *zur Gänze* nicht erbracht wird, d. h., die Pauschalreise gar nicht angetreten werden kann.[90] Diese sog. Einheitslösung war jedoch Bedenken ausgesetzt, da sie im offenen Widerspruch zu dem Willen des Gesetzgebers stand, der mit den Mängelrechten entgegen der ursprünglichen Planung ausdrücklich nicht alle Leistungsstörungen erfassen wollte.[91]

54   Mit der Gleichstellung der Nichtleistung in § 651i Abs. 2 Satz 3 BGB mit dem Reisemangel hat der Gesetzgeber die bisherige Einheitslösung ausdrücklich übernommen,[92] ohne dass es auf den Zeitpunkt der Nichtleistung ankommt. Ob das zur Nichtleistung führende Leistungshindernis vor oder nach Antritt der Pauschalreise eintritt, ist für die Anwendung des Mängelhaftungsrechts ohne Bedeutung. Gleichgestellt wird in § 651i Abs. 2 Satz 3 BGB nicht nur die Nichtleistung, sondern auch die Verschaffung der Reiseleistung mit „unangemessener Verspätung". Beim Vorliegen eines Schuldnerverzugs (Verspätung) ist allerdings zu beachten, dass die Reiseleistung wegen ihrer zeitlichen Gebundenheit häufig eine absolute Fixschuld darstellt, sodass die Leistungserbringung mit Zeitablauf gemäß § 275 Abs. 1 BGB unmöglich wird[93] und damit eine Nichtleistung vorliegt.

II. Rechtsfolgen eines Reisemangels

1. Überblick

55   Sofern die durchgeführte Pauschalreise mangelhaft ist, begründet das Reisevertragsrecht verschiedene Rechte des Reisenden und Rechtsfolgen, die § 651i Abs. 3 BGB abschließend aufzählt. Hierzu zählen insbesondere

- der Anspruch auf Abhilfe (§ 651k Abs. 1 BGB),
- der Anspruch auf Aufwendungsersatz bei Selbstabhilfe (§ 651k Abs. 2 Satz 1 BGB),
- das Recht zur Minderung des Reisepreises (§ 651m BGB),
- die Kündigung des Pauschalreisevertrages (§ 651l BGB) sowie
- der Anspruch auf Schadensersatz (§ 651n BGB).

---

[90] BGH 20.03.1986 BGHZ 97, 255 (259 f.); BGH 12.03.1987 BGHZ 100, 157 (180 f.); *Esser/Weyers* BT 1, § 34b III 4 a, S. 302; *Harke* Rn. 141; *Looschelders* Rn. 762 f.; *Medicus/Lorenz* Rn. 827; RGRK/*Recken* § 651c Rn. 2; *Soergel/H.-W. Eckert* vor § 651c Rn. 7; *Tonner* MünchKomm. § 651c Rn. 124 ff.

[91] Vgl. BT-Drucks. 8/2343, S. 9 gegenüber BT-Drucks. 8/786, S. 25 f.; *Staudinger/Staudinger* (2016) Vorbem. zu §§ 651c-g Rn. 18.

[92] Siehe Reg. Begr., BT-Drucks. 18/10822, S. 77 f.

[93] BGH 26.06.1980 BGHZ 77, 320 (323); BGH 18.11.1982 BGHZ 85, 301 (304); *Looschelders* Rn. 761; a. A. *Tonner* MünchKomm. § 651c Rn. 131: relatives Fixgeschäft; ebenso in der Regel gegen ein absolutes Fixgeschäft im Hinblick auf den Flugbeförderungsvertrag BGH 28.05.2009 NJW 2009, 2743 Rn. 12.

2. Anspruch des Reisenden auf Abhilfe (§ 651k Abs. 1 BGB)

Der Reisende kann nach § 651k Abs. 1 Satz 1 BGB von dem Reiseveranstalter **56** verlangen, dass er in Bezug auf den Reisemangel Abhilfe schafft. Diese kann der Veranstalter allerdings verweigern, wenn sie unmöglich ist oder einen unverhältnismäßigen Aufwand erfordert (§ 651k Abs. 1 Satz 2 BGB). Bei dem Anspruch auf Abhilfe handelt es sich um einen modifizierten Erfüllungsanspruch des Reisenden, der folgerichtig nicht von einem Verschulden des Reiseveranstalters abhängt[94] und in seiner Struktur zu großen Teilen dem werkvertraglichen Nacherfüllungsanspruch gemäß § 635 BGB entspricht,[95] sodass auf die diesbezüglichen Ausführungen verwiesen werden kann.[96]

Insbesondere unterliegt es auch im Rahmen des § 651k Abs. 1 Satz 1 BGB bis **57** zur Grenze des § 242 BGB der Entscheidungshoheit des Reiseveranstalters, auf welche Weise er Abhilfe schafft. Die ausgefallene Klimaanlage des Hotelzimmers kann daher einerseits kurzfristig repariert werden (vergleichbar mit der Mängelbeseitigung gemäß § 635 Abs. 1 Alt. 1 BGB). Es ist aber auch möglich, dem Reisenden ein anderes Hotelzimmer der gleichen Kategorie zur Verfügung zu stellen (vergleichbar mit der Neuherstellung i. S. des § 635 Abs. 1 Alt. 2 BGB). Entscheidend ist ausschließlich, dass der Reiseveranstalter die betreffende Vertragswidrigkeit für die Zukunft beseitigt.[97] Dabei kann der Reisende bis zur Grenze der Unverhältnismäßigkeit (§ 651k Abs. 1 Satz 2 Nr. 2 BGB) auch eine höherwertige Leistung verlangen (z. B. Linienflug statt Charterflug), wenn der Veranstalter dem Mangel nur auf diesem Wege abhelfen kann.[98]

Dem Reiseveranstalter steht es frei, auf sein Leistungsverweigerungsrecht aus **58** § 651k Abs. 1 Satz 2 BGB zu verzichten und einen unverhältnismäßigen Abhilfeaufwand zu leisten, was insbesondere in Betracht kommt, wenn er die Ausübung subsidiärer Rechte durch den Reisenden (z. B. eine Kündigung gemäß § 651l BGB) vermeiden möchte. Keine der beiden Vertragsparteien muss aber eine Leistungsänderung akzeptieren, welche die Identität der Reise berührt (z. B. Verlegung des Urlaubsortes). Dies könnte nicht mehr als „Abhilfe" bewertet werden.[99]

Den Anspruch auf Abhilfe übt der Reisende durch eine *rechtsgeschäftsähnliche* **59** *Handlung*[100] aus; eine bloße Mängelanzeige i. S. des § 651o Abs. 1 BGB genügt

---

[94] *Looschelders* Rn. 742; ebenso zu § 651c Abs. 2 BGB a. F. *Staudinger/Staudinger* (2016) § 651c Rn. 152; *Medicus/Lorenz* Rn. 830; *Tonner* MünchKomm. § 651c Rn. 139.

[95] *Harke* Rn. 142; *Looschelders* Rn. 742; *Staudinger/Staudinger* (2016) § 651c Rn. 152; *Tonner* MünchKomm. § 651c Rn. 139.

[96] Siehe oben § 8 Rn. 79 ff.

[97] *Erman/Schmid* § 651c Rn. 29; *Larenz* BT 1, § 53 V b, S. 384; *Staudinger/Staudinger* (2016) § 651c Rn. 163.

[98] *Jauernig/Teichmann* § 651c Rn. 4; *Staudinger/Staudinger* (2016) § 651c Rn. 163.

[99] LG Frankfurt a. M. 12.03.1990 NJW-RR 1990, 699 (700); *Soergel/H.-W. Eckert* § 651c Rn. 33.

[100] Ebenso *Staudinger/Staudinger* (2016) § 651c Rn. 153; a. A. die h. L., die das Abhilfeverlangen als empfangsbedürftige Willenserklärung qualifiziert, so z. B. *Erman/Schmid* § 651c Rn. 34; *Tonner* MünchKomm. § 651c Rn. 136.

hierfür nicht.[101] Die Erklärung ist an den Reiseveranstalter oder seinen Vertreter am Reiseort, zumeist den Reiseleiter, zu richten. Zu erwägen ist aber auch, dass sich der Reisende mit dem Abhilfeverlangen an den Erbringer der mangelhaften Leistung (Restaurant, Hotel) wenden kann. Dabei sind jedoch zwei Fragen zu unterscheiden: Einen Anspruch auf Beseitigung des Mangels hat der Reisende gegenüber dem Leistungserbringer nur nach Maßgabe des § 328 BGB aus dem Vertrag zwischen Letzterem und dem Reiseveranstalter;[102] § 651k Abs. 1 BGB selbst gewährt nur Rechte gegenüber dem Reiseveranstalter als Partei des Pauschalreisevertrages. Soweit die Geltendmachung anderer Rechte aber ein (erfolgloses) Abhilfeverlangen voraussetzt (§§ 651k Abs. 2, 651l Abs. 1 BGB etc.), muss dieses auch subsidiär gegenüber dem Leistungserbringer erklärt werden können, wenn *weder* der Reiseveranstalter *noch* dessen Vertreter erreichbar sind.[103] Dem Reiseveranstalter obliegt es, die Voraussetzungen für die Möglichkeit einer Mängelanzeige zu schaffen, und im Fall einer Verletzung dieser Obliegenheit erscheint der Leistungserbringer als der geeignetste Ersatzadressat. Darüber hinaus genügt es zur Abwendung der Rechtsfolgen in § 651o Abs. 2 BGB, wenn der Reisende die Mängel dem Vermittler der Pauschalreise mitteilt, da der Reisevermittler nach § 651v Abs. 4 Satz 1 BGB als ermächtigt gilt, Mängelanzeigen des Reisenden bezüglich der Erbringung der Reiseleistungen entgegenzunehmen, der diese seinerseits (§ 651v Abs. 4 Satz 2 BGB) unverzüglich an den Reiseveranstalter weiterzuleiten hat.

3. Anspruch auf Aufwendungsersatz bei Selbstabhilfe (§ 651k Abs. 2 Satz 1 BGB)

60 Kommt der Reiseveranstalter einer bestehenden und geltend gemachten Pflicht zur Mängelbeseitigung[104] nicht nach, dann kann der Reisende dem Mangel selbst abhelfen und gemäß § 651k Abs. 2 Satz 1 BGB Ersatz der dafür erforderlichen Aufwendungen verlangen.

61 Der Reisende muss dem Reiseveranstalter zuvor zusammen mit dem Abhilfeverlangen grundsätzlich eine angemessene Frist zur Abhilfe gesetzt haben. Deren Länge bemisst sich nach Art und Schwere des Mangels, die mit dem Interesse des Reisenden an der Mangelfreiheit, insbesondere der Länge seines Urlaubs, abzuwägen ist.[105] Eine Abhilfefrist ist indes nach § 651k Abs. 2 Satz 2 BGB

---

[101] *Erman/Schmid* § 651c Rn. 36; *Staudinger/Staudinger* (2016) § 651c Rn. 153; *Tonner* Münch-Komm. § 651c Rn. 135.

[102] Siehe oben § 9 Rn. 26.

[103] Mit Tendenz dazu auch BGH 15.06.1989 NJW 1989, 2750 (2752); offen insoweit *Staudinger/Staudinger* (2016) § 651c Rn. 157.

[104] Eine solche ist insbesondere ausgeschlossen, wenn die Voraussetzungen des § 651k Abs. 2 Satz 1 BGB vorliegen und sich der Reiseveranstalter auf sein Leistungsverweigerungsrecht beruft.

[105] *Erman/Schmid* § 561c Rn. 38; *Staudinger/Staudinger* (2016) § 651c Rn. 173.

entbehrlich, wenn der Reiseveranstalter die Abhilfe zu Unrecht verweigert oder der Reisende ein besonderes Interesse an der sofortigen Durchführung der Abhilfe hat (wie z. B. bei der Inanspruchnahme eines Taxis an Stelle des ausgefallenen Busservices, um den Heimflug zu erreichen). Dieses Regelungsgefüge entspricht weitgehend den werkvertraglichen Vorschriften zur Selbstvornahme in § 637 Abs. 1 und 2 BGB, sodass für die näheren Einzelheiten auf deren Erläuterung verwiesen werden kann.[106]

Die Erforderlichkeit der Aufwendungen für die Selbstabhilfe bemisst sich wie bei **62** § 670 BGB nach einer objektiven Betrachtung *ex ante*.[107] Dies kann den Reisenden unter Umständen auch dazu berechtigen, eine höherwertige als die geschuldete Teilleistung auf Kosten des Reiseveranstalters in Anspruch zu nehmen, sofern sich hierdurch nicht die Identität der Reise ändert.[108] Analog § 637 Abs. 3 BGB steht dem Reisenden ein Vorschuss für die erforderlichen Aufwendungen zu.[109]

4. Minderung des Reisepreises für die Dauer des Reisemangels (§ 651m BGB)

a) Allgemeines

Ebenso wie im Mietvertragsrecht (vgl. § 536 BGB) verringert sich infolge der **63** Mangelhaftigkeit der Pauschalreise der Reisepreis für die Dauer des Mangels *kraft Gesetzes* (§ 651m Abs. 1 Satz 1 BGB). Die Minderung stellt daher im Pauschalreisevertragsrecht – anders als im Kaufrecht und im Werkvertragsrecht (§§ 441, 638 BGB) – kein subjektives (Gestaltungs-)Recht, sondern eine spezielle Ausprägung des Rechtsgedankens des § 326 Abs. 1 Satz 1 BGB dar.

Für die Berechnung des Minderungsbetrages und den vertraglichen Anspruch auf **64** Rückerstattung eines zu viel gezahlten Reisepreises übernimmt § 651m Abs. 1 und 2 BGB die entsprechenden Vorschriften des Werkvertragsrechts (§§ 638 Abs. 3 und 4 BGB).[110] Bei der Höhe der Minderung hat in der Rechtspraxis die sog. Frankfurter Tabelle zur Reisepreisminderung besondere Bedeutung.[111] Nach dieser bewirkt z. B. ein über die gesamte Reisezeit „eintöniger Speisezettel" eine Minderung um 10 %, während dauernder „Lärm am Tage" zu einer Herabsetzung um 10 bis 40 % führen soll. Dabei bemisst sich der Minderungsbetrag im Einklang mit dem Wortlaut des § 651m Abs. 1 Satz 1 BGB („Dauer des Reisemangels") im Ausgangspunkt nach dem Zeitraum, während dessen der Mangel besteht. Da Maßstab der Minderung

---

[106] Siehe oben § 8 Rn. 112 ff.

[107] Näher unten § 11 Rn. 55.

[108] *Erman/Schmid* § 651c Rn. 40; *Staudinger/Staudinger* (2016) § 651c Rn. 179; *Tonner* Münch-Komm. § 651c Rn. 158 sowie oben § 9 Rn. 58.

[109] Statt aller *Staudinger/Staudinger* (2016) § 651c Rn. 180 m. w. N.; näheres oben § 8 Rn. 130 f.

[110] Dazu näher oben § 8 Rn. 137 f.

[111] Abgedruckt bei *Staudinger/Staudinger* (2016) Anh. zu § 651d. Zur damit vergleichbaren Tabelle des ADAC *Schattenkirchner* NJW 2005, 2506 ff.

aber letztlich die Beeinträchtigung des Reisenutzens ist, kommt bei entsprechend gravierenden Beeinträchtigungen auch eine Minderungshöhe in Betracht, die den anteiligen Reisepreis übersteigt, der auf die Dauer des Mangels entfällt.[112] Ein etwaiger Anspruch des Reisenden auf Rückzahlung folgt aus § 651m Abs. 2 Satz 1 BGB.

b) Erfordernis der Mängelanzeige

65 Die Minderung tritt nach § 651o Abs. 2 Nr. 1 BGB nicht ein, soweit der Reisende es schuldhaft unterlassen hat, den Mangel anzuzeigen. Das Anzeigeerfordernis dient der Beweissicherung und soll dem Reiseveranstalter ausweislich des § 651o Abs. 2 BGB die Möglichkeit geben, für Abhilfe zu sorgen, um hierdurch seine Haftung zu begrenzen.[113] Deswegen ist der Reisende von dem Erfordernis der Anzeige von vornherein befreit, wenn der Reiseveranstalter den Mangel entweder kennt[114] oder ihm eine Abhilfe ohnehin nicht möglich war.[115]

66 Die Mängelanzeige ist für den Reisenden – anders als gemäß § 536c BGB bei der Miete – keine vertragliche Pflicht, sondern nur eine Obliegenheit zur Wahrung seiner eigenen Rechte.[116] Dementsprechend ist das Verschulden in § 651o Abs. 2 BGB nicht nach den §§ 276 ff. BGB zu konkretisieren. Die Obliegenheit entsteht vielmehr nur, wenn der Reisende nach Art. 250 § 6 Nr. 4 lit. b EGBGB über die Notwendigkeit der Mängelanzeige belehrt wurde[117] und er positive Kenntnis von dem Mangel hat.[118] Sobald diese Voraussetzungen vorliegen, hat er die Anzeige jedoch unverzüglich i. S. des § 121 Abs. 1 Satz 1 BGB zu übermitteln (§ 651o Abs. 1 BGB).

67 Taugliche Adressaten der Anzeige sind der Reiseveranstalter oder sein Vertreter, das Reisebüro als bloßer Reisevermittler nach § 651v Abs. 4 Satz 1 BGB unabhängig davon, ob es als Handelsvertreter i. S. des § 84 HGB für den Reiseveranstalter tätig wird. Sind die in diesem Sinne zuständigen Stellen nicht erreichbar, scheidet eine Verletzung des Unverzüglichkeitserfordernisses aus (vgl. § 121 Abs. 1 Satz 1 BGB: „ohne schuldhaftes Zögern").

---

[112] Siehe BGH 15.07.2008 BGHZ 177, 249 Rn. 9 ff.: Beinahe-Absturz auf Rückflug.

[113] Ebenso zu § 651d Abs. 2 BGB a. F. BT-Drucks. 8/2343, S. 10; BGH 20.09.1984 BGHZ 92, 177 (181 f.).

[114] Siehe zu § 651d Abs. 2 BGB a. F. LG Frankfurt a. M. 06.12.1982 NJW 1983, 233 (234); *Jauernig/Teichmann* § 651d Rn. 2; *Harke* Rn. 143; *Staudinger/Staudinger* (2016) § 651d Rn. 29; *Tonner* MünchKomm. § 651d Rn. 12; a. A. *Erman/Schmid* § 651d Rn. 11 sowie zu § 651o Abs. 2 BGB *Brox/Walker* § 28 Rn. 42; *Looschelders* Rn. 746.

[115] *Brox/Walker* § 28 Rn. 42; *Looschelders* Rn. 746; ebenso zu § 651d Abs. 2 BGB a. F. BGH 20.09.1984 BGHZ 92, 177 (179); *Soergel/H.-W. Eckert* § 651d Rn. 7; *Staudinger/Staudinger* (2016) § 651d Rn. 29.

[116] So bereits zu § 651d Abs. 2 BGB a. F. *Erman/Schmid* § 651d Rn. 1; *Staudinger/Staudinger* (2016) § 651d Rn. 11.

[117] *Looschelders* Rn. 746 sowie zur bisherigen Rechtslage RGRK/*Recken* § 651d Rn. 5; *Tonner* MünchKomm. § 651d Rn. 13; *Soergel/H.-W. Eckert* § 651d Rn. 7.

[118] *Staudinger/Staudinger* (2016) § 651d Rn. 32.

5. Kündigung des Pauschalreisevertrages (§ 651l BGB)

a) Voraussetzungen des Kündigungsrechts

Der Reisende kann sich durch eine Kündigungserklärung nach § 651l Abs. **68**
1 Satz 1 BGB von dem Vertrag lösen, wenn ein Mangel die Reise erheblich beeinträchtigt.
Entscheidende Voraussetzung ist in allen Fällen die Erheblichkeit der Reisebeeinträchtigung infolge des Mangels. Hierfür ist vorbehaltlich besonderer Umstände auf
Art und Zweck der Reise sowie die vom Reiseveranstalter zu schaffende Güte abzustellen.[119] Kurzfristige oder geringfügige Mängel genügen nicht, um eine Kündigung
zu rechtfertigen. Ob der Mangel auf unvermeidbare oder außergewöhnliche Umstände
zurückzuführen ist, bleibt im Rahmen von § 651l Abs. 1 BGB ebenso ohne Bedeutung wie ein fehlendes Verschulden des Reiseveranstalters oder der von ihm betrauten
Leistungserbringer.[120] Andernfalls hätte der Gesetzgeber im Rahmen von § 651l BGB
mit § 651n Abs. 1 BGB vergleichbare Ausschlusstatbestände schaffen müssen.

Entgegen der bisherigen Rechtslage (§ 651e Abs. 1 BGB a. F.) kennt § 651l Abs. 1 **69**
BGB keine Regelung für den Sonderfall, dass die Pauschalreise infolge eines Reisemangels aus einem wichtigen und für den Reiseveranstalter erkennbaren Grund unzumutbar ist. Relevant ist dies vor allem, wenn der Reisemangel nicht die in § 651l Abs. 1
Satz 1 BGB gezogene Erheblichkeitsschwelle überschreitet. Wegen der durch die Pauschalreise-RL vorgegebenen Vollharmonisierung kann dieses Regelungsdefizit nicht
durch eine großzügige Anwendung der Erheblichkeitsschwelle ausgeglichen werden.

Bevor der Reisende kündigen kann, muss er von dem Reiseveranstalter grund- **70**
sätzlich Abhilfe i. S. des § 651k Abs. 1 BGB verlangt und ihm hierfür erfolglos
eine angemessene Frist gesetzt haben (§ 651l Abs. 1 Satz 2 BGB).[121] Hiervon gilt
gemäß § 651l Abs. 1 Satz 2 BGB i. V. mit § 651k Abs. 2 Satz 2 BGB nur dann eine
Ausnahme, wenn die Abhilfe unmöglich ist, der Reiseveranstalter sie zu Recht (vgl.
§ 651k Abs. 1 Satz 2 BGB) oder zu Unrecht verweigert hat oder ein besonderes
Interesse des Reisenden die sofortige Kündigung rechtfertigt. Letzteres ist z. B. der
Fall, wenn das Vertrauen des Reisenden in eine ordnungsgemäße Abhilfe durch den
unzuverlässigen Reiseveranstalter in nachvollziehbarer Weise erschüttert ist.[122]

b) Rechtsfolgen einer wirksamen Kündigung

Infolge der Kündigung des Reisenden erlöschen die Hauptleistungspflichten der **71**
Parteien und der Vertrag wandelt sich *ex nunc* in ein Abwicklungsverhältnis um.[123]

---

[119] *Erman/Schmid* § 651e Rn. 4; *Larenz* BT 1, § 53 V b, S. 385; *Staudinger/Staudinger* (2016)
§ 651e Rn. 15.

[120] Siehe Reg. Begr., BT-Drucks. 18/10822, S. 82.

[121] Siehe hierzu im Rahmen des § 651k Abs. 2 Satz 1 BGB oben § 9 Rn. 61.

[122] BT-Drucks. 8/786, S. 29; *Erman/Schmid* § 651e Rn. 10; *Staudinger/Staudinger* (2016) § 651e Rn. 31.

[123] So bereits zu § 651e BGB a. F. *Larenz* BT 1, § 53 V b, S. 385; *Tonner* MünchKomm. § 651e Rn. 15.

Im Gegensatz zu der früheren Rechtslage (§ 651e Abs. 3 Satz 1 BGB a. F.) entfällt der Anspruch des Reiseveranstalters auf den vereinbarten Reisepreis nicht vollständig, sondern bleibt hinsichtlich der bereits erbrachten oder zur Beendigung der Reise noch zu erbringenden Reiseleistungen bestehen (§ 651l Abs. 2 Satz 1 BGB). Lediglich hinsichtlich der nicht mehr zu erbringenden Reiseleistungen entfällt der Anspruch auf den vereinbarten Reisepreis (§ 651l Abs. 2 Satz 2 BGB). Hat der Reisende bereits den nach § 651l Abs. 2 Satz 2 BGB nicht geschuldeten Reisepreis entrichtet, so steht ihm ein Rückerstattungsanspruch zu, der jedoch nicht aus § 812 Abs. 1 Satz 2 Alt. 1 BGB, sondern unmittelbar aus § 651l Abs. 2 Satz 2 BGB folgt.

72   Weiterhin verpflichtet § 651l Abs. 3 Satz 1 BGB den Veranstalter, die notwendigen Maßnahmen für die Abwicklung des Vertrages zu treffen; exemplarisch nennt das Gesetz den Rücktransport, wenn die Rückbeförderung vertraglich geschuldet war. Dazu kann auch die weitere Gewährung von Unterkunft und Verpflegung gehören, sofern die Rückreise nicht sofort erfolgen kann.[124] Die hierfür gegenüber der versprochenen Reiseleistung anfallenden *Mehrkosten* hat der Reiseveranstalter zu tragen (§ 651l Abs. 3 Satz 2 BGB). Kommt der Reiseveranstalter seinen Pflichten aus § 651k Abs. 3 Satz 1 BGB nicht nach, dann hat der Reisende nicht nur nach Maßgabe der §§ 280 ff. BGB Anspruch auf Schadensersatz, sondern er kann analog § 651k Abs. 2 Satz 1 BGB auch Aufwendungsersatz für eine erforderliche Selbstabhilfe verlangen.[125]

6. Anspruch auf Schadensersatz (§ 651n BGB)

a) Schadensersatz (§ 651n Abs. 1 BGB)

aa) Allgemeines

73   Nach § 651n Abs. 1 BGB kann der Reisende unbeschadet der Minderung oder Kündigung Schadensersatz verlangen, es sei denn, dass einer der drei in § 651n Abs. 1 BGB abschließend aufgezählten Sachverhalte vorliegt, in denen der Reisemangel dem Reiseveranstalter nicht zugerechnet werden kann, insbesondere weil der Reisende oder ein Dritter den Reisemangel verschuldet hat (§ 651n Abs. 1 Nr. 1 und 2 BGB). Im Unterschied zu § 651f Abs. 1 BGB a. F., der noch eine Haftung für ein vermutetes Verschulden des Reiseveranstalters begründete, ist das Vertretenmüssen des Reiseveranstalters i. S. der §§ 276 BGB keine Anspruchsvoraussetzung,[126] sondern § 651n Abs. 1 BGB legt abschließend drei Sachverhalte fest,

---

[124] Ebenso zu § 651e Abs. 4 Satz 1 BGB a. F. *Erman/Schmid* § 651e Rn. 19; *Staudinger/Staudinger* (2016) § 651e Rn. 60; *Tonner* MünchKomm. § 651e Rn. 22.

[125] So auch zu § 651e BGB a. F. *Erman/Schmid* § 651e Rn. 19; RGRK/*Recken* § 651e Rn. 17; *Tonner* MünchKomm. § 651e Rn. 25.

[126] Mit abweichendem dogmatischen Ansatz Reg. Begr., BT-Drucks. 18/10822, S. 83: „verschuldensabhängiger Schadensersatzanspruch mit Beweislastumkehr".

die zu einer Haftungsbefreiung führen und aufgrund der Gesetzessystematik von dem in Anspruch genommenen Reiseveranstalter darzulegen und zu beweisen sind. Soweit die Tatbestände in § 651n Abs. 1 Nr. 1 und 2 BGB auf das „Verschulden" des Reisenden bzw. Dritten abstellen, bleibt zu beachten, dass es sich nicht um ein Verschulden i. S. der §§ 276 BGB handelt, da der Reisende bzw. der Dritte keine Rechtspflicht gegenüber dem Reiseveranstalter verletzt. Dieses Verständnis ist auch deshalb geboten, weil Art. 14 Abs. 3 der Pauschalreise-RL dem Reiseveranstalter die Exkulpation bereits dann eröffnet, wenn die Vertragswidrigkeit, d. h. der Reisemangel, dem Reisenden bzw. dem Dritten „zugerechnet" werden kann. Dies geht über ein Verschulden i. S. der §§ 276 ff. BGB hinaus.

Dabei haftet der Veranstalter auch für ein Fehlverhalten der Leistungserbringer, **74** da § 651n Abs. 1 Nr. 2 BGB die Exkulpation wegen eines Verschuldens des Leistungserbringers ausdrücklich versperrt. Umstritten ist in diesem Zusammenhang, welche Auswirkungen Streiks von Arbeitnehmern des Reiseveranstalters oder derjenigen des Leistungserbringers auf die Schadensersatzpflicht hat. Hierbei kann es nicht auf die arbeitsrechtliche Zulässigkeit des Streiks im jeweiligen Rechtsverhältnis zwischen Arbeitgeber und Arbeitnehmer ankommen,[127] sondern maßgeblich muss das Pflichtenverhältnis des Reiseveranstalters zum Reisenden sein. Da Ersterer die Erfüllung der insoweit bestehenden Pflichten auf Dritte übertragen hat, muss er sich deren Streikverhalten, für das im Rechtsverhältnis zum Reisenden kein Rechtfertigungsgrund besteht, zurechnen lassen.[128] Dementsprechend verwehrt § 651n Abs. 1 Nr. 2 BGB die Exkulpation nicht nur für das Verhalten von Leistungserbringern, sondern stellt ihnen alle Personen gleich, die in anderer Weise an der Erbringung der von dem Pauschalreisevertrag umfassten Reiseleistungen beteiligt sind. Voraussetzung ist jedoch stets, dass es sich um das Personal von Erfüllungsgehilfen handelt, was z. B. nicht für allgemeines Flughafenpersonal oder Fluglotsen gilt.[129]

bb) Keine Garantiehaftung analog § 536a Abs. 1 Alt. 1 BGB

Da § 536a Abs. 1 Alt. 1 BGB für die anfänglichen Mängel einer Mietsache eine **75** Garantiehaftung begründet, wurde unter der früheren Rechtslage auch im Reisevertragsrecht eine Garantiehaftung für anfängliche Mängel in Bezug auf solche Leistungsgegenstände erwogen, die bei isolierter Überlassung Gegenstand eines Mietvertrages wären (Hotelzimmer, im Reisepreis enthaltener „Mietwagen" etc.). Da die §§ 651a ff. BGB den Reisenden *besser* als bei der Behandlung des Pauschalreisevertrages als typengemischtem Vertrag stellen sollten, dürfe ihm die Garantiehaftung aus § 536a Abs. 1 Alt. 1 BGB nicht entzogen werden.[130]

---

[127] So aber *Löwisch* AcP 174 (1974), 202 (205); *Teichmann* JZ 1979, 739 (740).

[128] LG Frankfurt a. M. 14.04.1980 NJW 1980, 1696 (1697); *Soergel/H.-W. Eckert* § 651f Rn. 10; *Tonner* MünchKomm. § 651f Rn. 40; siehe auch *Staudinger/Staudinger* (2016) § 651f Rn. 30 ff.

[129] *Erman/Schmid* § 651f Rn. 6; *Staudinger/Staudinger* (2016) § 651f Rn. 35.

[130] *Tempel* JuS 1984, 81 (90); zustimmend auch *Harke* Rn. 149.

76   Dies konnte bereits unter der früheren Rechtslage nicht überzeugen. Der Gesetzgeber hat mit der eigenständigen Regelung des Pauschalreisevertrages zum Ausdruck gebracht, dass es sich bei diesem nicht lediglich um eine Summe aus Teilen
anderer Vertragstypen handelt, sondern um ein *aliud*, für das er in den §§ 651a ff.
BGB eine ausgewogene Regelung mit zahlreichen Begünstigungen des Reisenden
aufstellt. Dieser Interessenausgleich darf nicht durch die Übertragung einer von
§ 651n Abs. 1 BGB abweichenden Garantiehaftung aus dem Recht des Mietvertrages unterlaufen werden.[131] Ebenso scheidet ein Rückgriff auf die Gastwirtshaftung
nach den §§ 701 ff. BGB aus.[132]

cc) Anzeigeobliegenheit

77   Nach § 651o Abs. 2 Nr. 2 BGB ist der Schadensersatzanspruch des Reisenden ausgeschlossen, soweit er es schuldhaft unterlassen hat, dem Reiseveranstalter den
Mangel anzuzeigen.[133]

dd) Arten des ersatzfähigen Schadens

78   In § 651n Abs. 1 BGB wird ein Anspruch auf „Schadensersatz" gewährt. Dieser
umfasst nicht nur das Erfüllungsinteresse des Reisenden (Schadensersatz statt der
Leistung i. S. des § 281 BGB), sondern auch etwaige Integritätsschäden, die aus
dem Mangel resultieren (Körperverletzungen etc.).[134]

79   Bei einer anderen Interpretation, die den Ersatzanspruch auf einen Schadensersatz statt der Leistung verkürzen würde, verlöre die Vorschrift weitgehend ihren
Anwendungsbereich, da die kraft Gesetzes eintretende Minderung des Reisepreises
gemäß § 651m Abs. 1 BGB bereits in aller Regel das Erfüllungsinteresse des Reisenden abdeckt. Mit dem offenen Wortlaut des § 651n Abs. 1 BGB („Schadensersatz") ist die Einbeziehung von Integritätsschäden ohne weiteres vereinbar, weil
auch diese durch den Mangel hervorgerufen worden sind. Somit gelten für alle
infolge des Reisemangels eingetretenen Schadenspositionen auch die Regelungen
des § 651j BGB zur verkürzten Verjährungsfrist;[135] ferner ist ein Rückgriff auf die
allgemeinen Vorschriften in den §§ 280 ff. BGB ausgeschlossen.

---

[131] Ebenso bereits für die bisherige Rechtslage *Erman/Schmid* Vor §§ 651c –651g Rn. 12; *Stau-
dinger/Staudinger* (2016) Vorbem. zu §§ 651c-g Rn. 35; offen *Larenz* BT 2, § 53 V b, S. 386.

[132] *Staudinger/Staudinger* (2016) Vorbem. zu §§ 651c-g Rn. 36 m. w. N.

[133] Siehe noch zur früheren Rechtslage BGH 20.09.1987 BGHZ 92, 177 (179 ff.); *Erman/Schmid*
§ 651f Rn. 3; *Soergel/H.-W. Eckert* § 651f Rn. 6; a. A. *Staudinger/Staudinger* (2016) § 651f Rn. 13;
Tonner MünchKomm. § 651f Rn. 22, die aber über die allgemeine Vorschrift des § 254 Abs. 1 BGB
zu ähnlichen Ergebnissen gelangen.

[134] *Looschelders* Rn. 754; ebenso bereits trotz des Gesetzeswortlauts („Schadensersatz wegen
Nichterfüllung") zu § 651f Abs. 1 BGB a. F. BGH 20.09.1987 BGHZ 92, 177 (180); *Emmerich*
§ 11 Rn. 23; *Medicus/Lorenz* Rn. 834; *Erman/Schmid* § 651f Rn. 8; *Staudinger/Staudinger* (2016)
§ 651f Rn. 38 ff.

[135] Dazu näher unten § 9 Rn. 86 f.

b) Entschädigung wegen nutzlos aufgewendeter Urlaubszeit (§ 651n Abs. 2 BGB)

Das Interesse des Reisenden an der vertragsgemäßen Erbringung der Reiseleistung **80** ist in aller Regel nur bezüglich des von ihm geschuldeten Reisepreises vermögensrechtlicher Natur. Darüber hinaus hat für ihn aber gerade auch der Erlebnis- bzw. Erholungswert der Pauschalreise besondere Bedeutung. Folgerichtig ordnet § 651n Abs. 2 BGB an, dass der Anspruch auf Schadensersatz auch eine angemessene Entschädigung wegen nutzlos aufgewendeter Urlaubszeit umfasst, wenn der Mangel die Pauschalreise vereitelt oder erheblich beeinträchtigt.

Bereits zu der früheren Regelung in § 651f Abs. 2 BGB a. F. war die Rechtsna- **81** tur des Anspruchs auf Entschädigung lange umstritten.[136] Nach deren Einführung wurde sie in Anknüpfung an eine frühere Rechtsprechung des BGH[137] teilweise noch als besondere Ausprägung eines Vermögensschadens verstanden, der in der sog. Frustrierung des durch die Arbeitsleistung „erkauften" Urlaubs Berufstätiger erblickt wurde (vgl. auch § 284 BGB).[138] Nach dieser Auffassung hätten jedoch Nichterwerbstätige (Schüler, Studenten, Rentner, Arbeitssuchende etc.) folgerichtig keinen Anspruch aus § 651f Abs. 2 BGB a. F. ableiten können. In Übereinstimmung mit den Gesetzesmaterialien[139] wurde die Vorschrift daher ganz überwiegend als Anordnung der Ersatzfähigkeit entgangener Urlaubsfreude als Nichtvermögensschaden beurteilt, d. h. als Ausnahme zu § 253 Abs. 1 BGB.[140] Diese Interpretation überzeugt und gilt in gleicher Weise für die unverändert fortgeführte Regelung in § 651n Abs. 2 BGB, weil auch Nichterwerbstätige für eine Reise in der Regel besonders disponieren müssen und in den Verlauf des Urlaubs besondere Erwartungen legen.[141]

Ein Entschädigungsanspruch besteht allerdings nur, wenn die Pauschalreise **82** durch den Mangel vereitelt oder erheblich beeinträchtigt wurde.[142] Während eine Vereitelung voraussetzt, dass die Reise nicht angetreten oder unmittelbar nach ihrem Beginn abgebrochen wurde,[143] ist eine erhebliche Beeinträchtigung anzunehmen, wenn trotz Fortführung der Reise deren Zweck (Erlebnisse, Erholung etc.)

---

[136] Nähere Darstellung bei *Staudinger/Staudinger* (2016) § 651f Rn. 53 ff.

[137] BGH 10.10.1974 BGHZ 63, 98 (100 ff.).

[138] BGH 12.05.1980 BGHZ 77, 116 (120); *Teichmann* JZ 1979, 737 (740).

[139] BT-Drucks. 8/786, S. 30.

[140] So zu § 651f Abs. 2 BGB a. F. BGH 11.01.2005 BGHZ 161, 389 (397 f.); *Emmerich* § 11 Rn. 24; *Erman/Schmid* § 651f Rn. 11; *Larenz* BT 1, § 53 V b, S. 387; *Soergel/H.-W. Eckert* § 651f Rn. 16; *Staudinger/Staudinger* (2016) § 651f Rn. 62 ff.; *Tonner* MünchKomm. § 651f Rn. 54 ff.

[141] *Emmerich* § 11 Rn. 24; *Looschelders* Rn. 755; so auch EuGH 12.03.2002 NJW 2002, 1255 f. zu Art. 5 Abs. 2 der Richtlinie 90/314/EWG.

[142] Zweifelhaft ist, ob die Erheblichkeitsschwelle in § 651n Abs. 2 BGB mit der Vorgabe in Art. 14 Abs. 2 der Pauschalreise-RL vereinbar ist, da diese wegen der alleinigen Anknüpfung an die Vertragswidrigkeit (siehe auch Art. 3 Nr. 13 der Pauschalreise-RL) keinen vergleichbaren Vorbehalt kennt und der Schadensbegriff der Richtlinie auch den Ersatz nutzlos aufgewendeter Urlaubszeit umfasst (siehe EuGH 12.03.2002 NJW 2002, 1235 f.). Für eine Vereinbarkeit mit der Pauschalreise-RL jedoch BGH 21.11.2017 NJW 2018, 789 Rn. 14.

[143] Siehe BGH 18.11.1982 BGHZ 85, 301 (303 f.); *Tonner* MünchKomm. § 651f Rn. 48; *Soergel/H.-W. Eckert* § 651f Rn. 14.

zu größeren Teilen nicht erreicht wurde.[144] Inwieweit die Urlaubszeit infolgedessen „nutzlos aufgewendet" und in welcher Höhe die Entschädigung hierfür angemessen ist, bemisst sich nach dem Restwert der Reise nach Maßgabe des jeweiligen Urlaubszwecks bzw. bei einem gänzlichen Ausfall nach dem Erlebnis- bzw. Erholungswert der von dem Reisenden gefundenen Ersatzbeschäftigung.[145] Auch der Reisepreis und die mutmaßlichen Aufwendungen für einen Ersatzurlaub sind im Rahmen einer umfassenden Abwägung zu berücksichtigen.[146] Für Kleinstkinder wird z. B. ein Urlaub zu Hause häufig einen ähnlichen Wert haben wie eine Reise, sodass allenfalls eine geringe Entschädigung angemessen ist.

7. Gesetzlicher Ausschluss der Haftung für Reisemängel

83   Allgemeine Regelungen zum Ausschluss etwaiger Ansprüche und Rechte wegen eines Reisemangels kennt das reformierte Recht des Pauschalreisevertrages nicht. Insbesondere wurde die früher in § 651g Abs. 1 BGB a. F. normierte Ausschlussfrist, die den Reisenden zur Geltendmachung beim Reiseveranstalter binnen eines Monats zwang, nicht in das neue Recht des Pauschalreisevertrages übernommen. Dem stand wegen des Zwangs zur Vollharmonisierung der Verzicht auf eine vergleichbare Bestimmung in der Pauschalreise-RL entgegen.[147]

84   Die §§ 651i ff. BGB sehen lediglich für einzelne Aussprüche des Reisenden ausdrücklich geregelte Ausschlusstatbestände vor. So kann die schuldhaft unterlassene Mängelanzeige nach § 651o Abs. 2 BGB der Minderung oder einem Schadensersatzanspruch aus § 651n BGB entgegenstehen, wenn der Reiseveranstalter infolge der unterbliebenen Anzeige keine Abhilfe schaffen konnte. Darüber hinaus schließt § 651n Abs. 1 BGB eine Schadensersatzhaftung des Reiseveranstalters insbesondere für den Fall aus, dass der Reisemangel von dem Reisenden verschuldet (§ 651n Abs. 1 Nr. 1 BGB) oder durch unvermeidbare und außergewöhnliche Umstände verursacht wurde (§ 651n Abs. 1 Nr. 3 BGB).

85   Ob die in § 651n Abs. 1 BGB aufgezählten Ausschlusstatbestände über den Anspruch aus § 651n Abs. 1 BGB hinaus mittels einer Analogie auf andere Ansprüche und Rechte in den §§ 651i ff. BGB ausgedehnt werden können, erschließt sich aus dem neu gefassten Recht des Pauschalreisevertrages nicht. Dagegen spricht die gesetzliche Konzeption, da die Ansprüche und Rechte des Reisenden ausschließlich von der Vertragswidrigkeit der Reiseleistung abhängen, ohne dass es hierfür auf die

---

[144] BGH 21.11.2017 NJW 2018, 789 Rn. 13; *Larenz* BT 1, § 53 V b, S. 388; RGRK/*Recken* § 651f Rn. 9; *Staudinger/Staudinger* (2016) § 651f Rn. 72 ff.

[145] BGH 12.05.1980 BGHZ 77, 116 (123); *Staudinger/Staudinger* (2016) § 651f Rn. 77.

[146] So zu § 651f Abs. 2 BGB a. F. BT-Drucks. 8/2343, S. 11; BGH 21.11.2017 NJW 2018, 789 Rn. 22; RGRK/*Recken* § 651f Rn. 12; *Soergel/H.-W. Eckert* § 651f Rn. 17. Demgegenüber ist das Einkommen des Reisenden wegen des Normzwecks (§ 9 Rn. 81) entgegen der früheren Rechtsprechung ohne Bedeutung; siehe BGH 11.01.2005 BGHZ 161, 389 (396 ff.).

[147] Siehe Reg. Begr., BT-Drucks. 18/10822, S. 79.

Ursache des Mangels ankommt. Zumindest für den Anspruch auf Entschädigung kommt eine gegenteilige Würdigung in Betracht, da Art. 14 Abs. 3 der Pauschalreise-RL die Ausschlusstatbestände generell auf den Anspruch auf Schadensersatz bezieht und dieser auch die Entschädigung für Nichtvermögensschäden einschließt. Entsprechendes hat auch für eine Minderung zu gelten, wenn der Reisemangel dem Reisenden zuzurechnen ist. Diesem in Art. 14 Abs. 1 der Pauschalreise-RL vorgesehenen Vorbehalt zugunsten des Reiseveranstalters ist wegen des Gebots einer richtlinienkonformen Gesetzesanwendung durch eine analoge Anwendung von § 651n Abs. 1 Nr. 1 BGB Rechnung zu tragen.

8. Verjährung der Mängelansprüche (§ 651j BGB)

Die in § 651i Abs. 3 BGB aufgezählten Ansprüche des Reisenden verjähren nach **86** § 651j BGB in zwei Jahren von dem Tag ab, an dem die Reise nach dem Vertrag enden sollte. Abweichend von Art. 14 Abs. 6 der Pauschalreise-RL, der die dem § 651j BGB entsprechende Verjährungsbestimmung ausdrücklich auf die Preisminderung und den Schadensersatz beschränkt, erstreckt sich § 651j BGB auf alle in § 651i Abs. 3 BGB aufgezählten Ansprüche und damit auch auf die in § 651i Abs. 3 Nr. 2 und 7 BGB genannten Ansprüche auf Aufwendungsersatz. Wegen der Verknüpfung mit den in § 651i Abs. 3 BGB aufgezählten Rechten gilt dies auch für Rückzahlungsansprüche bei einer Minderung (§ 651m Abs. 2 Satz 1 BGB) oder einer Kündigung (§ 651l Abs. 2 Satz 2 BGB). Entsprechendes gilt, wenn die Reise endgültig ausfällt, da § 651i Abs. 2 Satz 3 BGB diesen Sachverhalt als Reisemangel bewertet, sodass auf diesen nicht die Bestimmungen des allgemeinen Leistungsstörungsrechts, sondern das spezielle Haftungsregime für Reisemängel zur Anwendung gelangt.

Die Verjährung konnte gemäß § 651m Satz 2 BGB a. F. – auch in Allgemeinen **87** Geschäftsbedingungen[148] – erleichtert werden, vor Mitteilung des Mangels jedoch nicht auf unter ein Jahr. Die nunmehr maßgebliche Bestimmung in § 651y Satz 1 BGB lässt eine derartige Modifikation nicht mehr zu; vielmehr untersagt § 651y Satz 1 BGB jegliche Abreden, die zum Nachteil des Reisenden von den gesetzlichen Vorschriften abweichen.[149]

9. Konkurrenzen

a) Allgemeines

Die §§ 651i ff. BGB sind eine Sonderregelung für alle Reisemängel und verdrän- **88** gen in ihrem Anwendungsbereich nicht nur die Bestimmungen des allgemeinen

---

[148] BT-Drucks. 14/6040, S. 269.

[149] Siehe insoweit auch die Vorgabe in Art. 23 Abs. 3 der Richtlinie (EU) 2015/2303.

Leistungsstörungsrechts, sondern stehen unter Umständen auch mit anderen Rechtsbehelfen (Anfechtung, Störung der Geschäftsgrundlage, Verletzung von Nebenpflichten etc.) in Konkurrenz. Insoweit gelten die Ausführungen zum Werkvertrag entsprechend.[150]

b) Deliktshaftung für Integritätsschäden

89 Schädigt ein Mangel der Pauschalreise die Integrität des Reisenden (Körper, Eigentum etc.), so greifen neben § 651n BGB auch die deliktischen Anspruchsgrundlagen in den §§ 823 ff. BGB ein. Insbesondere gilt die Vorschrift des § 651j BGB (verkürzte Verjährung) für die deliktischen Ansprüche nur, wenn sie aufgrund einer vertraglichen Vereinbarung auf diese erstreckt worden ist.[151]

90 Für das deliktische Handeln der Leistungserbringer haftet der Reiseveranstalter nicht nach § 831 Abs. 1 BGB, da sie als selbstständige Unternehmen keine persönlich weisungsgebundenen Verrichtungsgehilfen des Reiseveranstalters sind. Um diese Schwäche und die Geltung des § 651j BGB für die vertraglichen Ansprüche zu „kompensieren", dehnt die Rechtsprechung die Verkehrssicherungspflichten des Reiseveranstalters extensiv aus, was zu einem direkten Anspruch aus § 823 Abs. 1 BGB gegen diesen führt. So ist z. B. der Veranstalter verpflichtet, die Leistungserbringer sorgfältig auszuwählen und zu überwachen, da er als Anbieter der Reise die Organisationsgewalt hat (sog. Organisationsverschulden).[152] Darüber hinaus soll er verpflichtet sein, alle sicherheitsrelevanten Teile eines Hotels wie z. B. die Balkonbrüstung in regelmäßigen Abständen zu überprüfen.[153] Sogar für Leistungen, die nicht Bestandteil der Pauschalreise sind, sondern die der Leistungserbringer vor Ort gegen ein Entgelt erbringt (z. B. Reitausflug), wird eine Verkehrssicherungspflicht angenommen, wenn der Reiseprospekt diese Aktivitätsmöglichkeiten bewirbt.[154]

III. Verletzung von Nebenpflichten

91 Wenn der Reiseveranstalter eine seiner Nebenpflichten[155] verletzt, dann knüpfen sich hieran die Rechtsfolgen der §§ 280 ff., 324 BGB.

---

[150] Siehe oben § 8 Rn. 165 ff.

[151] So zu § 651g BGB a. F. *Tonner* MünchKomm. § 651 g Rn. 10; *Staudinger/Staudinger* (2016) § 651 g Rn. 40 f.; ferner zu § 651j BGB *Looschelders* Rn. 758.

[152] BGH 25.02.1988 BGHZ 103, 298 (303); BGH 14.12.1999 NJW 2000, 1188 (1190); OLG Düsseldorf 21.01.2000 NJW-RR 2000, 787 (789).

[153] BGH 25.02.1988 BGHZ 103, 298 (304 ff.); *Tonner* MünchKomm. § 651f Rn. 18 ff.

[154] BGH 14.12.1999 NJW 2000, 1188 (1190).

[155] Dazu oben § 9 Rn. 48 f.

IV. Grenzen vertraglicher Haftungsbeschränkungen

§ 651y Satz 1 BGB schließt nicht nur aus, dass der Reiseveranstalter seine Pflicht zur **92** mangelfreien Durchführung der Reise abbedingt, sondern grundsätzlich auch, dass er die Haftungsfolgen aus den §§ 651i ff. BGB vertraglich ausschließt oder beschränkt.

Durch § 651p Abs. 1 BGB wird dem Reiseveranstalter aber unter gewissen Voraus- **93** setzungen erlaubt, seine Schadensersatzpflicht summenmäßig auf den dreifachen Reisepreis zu beschränken, wenn es sich nicht um Körperschäden handelt. Alternative Voraussetzung einer rechtswirksamen Haftungsbeschränkung ist, dass der Schaden weder vorsätzlich noch fahrlässig herbeigeführt wurde (§ 651p Abs. 1 Nr. 2 BGB). Da das Gesetz nicht nach dem Verschuldensgrad differenziert, steht jede Fahrlässigkeit und nicht wie früher lediglich grobe Fahrlässigkeit einer Haftungsbeschränkung entgegen.[156]

Daneben unterliegt eine Haftungsbeschränkung bei der Verwendung Allgemei- **94** ner Geschäftsbedingungen den Vorgaben der §§ 305 ff. BGB. Soweit das Verschulden von Leistungserbringern in Rede steht, ist § 651p Abs. 1 BGB allerdings *lex specialis* gegenüber § 309 Nr. 7b BGB, da ansonsten die interessenausgleichende Wirkung des § 651p Abs. 1 BGB vereitelt würde. Da § 651p Abs. 1 Nr. 2 BGB, anders als noch § 651h Abs. 1 BGB a. F., keine Differenzierung mehr zwischen einem Eigenverschulden des Reiseveranstalters und einem über § 278 BGB zuzurechnenden Verschulden von Leistungserbringern enthält, ist somit auch bei letzterem nach neuem Recht eine Haftungsbegrenzung stets ausgeschlossen.[157]

Die Vorschrift des § 651p Abs. 1 BGB steht im systematischen Zusammenhang **95** mit § 651y Satz 1 BGB und gilt daher nur für vertragliche, nicht aber für deliktische Ansprüche.[158] Für diese gelten die allgemeinen Grenzen der §§ 305 ff. BGB bei Allgemeinen Geschäftsbedingungen (d. h. insbesondere § 309 Nr. 7 BGB) sowie die §§ 138, 242 BGB bei Individualvereinbarungen.

G. Pflichten und Haftung des Reisenden

I. Zahlung des vereinbarten Reisepreises als Hauptpflicht

Die vertragliche Hauptpflicht des Reisenden besteht in der Zahlung des Reiseprei- **96** ses (§ 651a Abs. 1 Satz 2 BGB). Mangels einer eigenen Regelung des Pauschalreisevertragsrechts ist dieser analog den §§ 641 Abs. 1 Satz 1, 646 BGB fällig, wenn die Reise beendet ist und der Reiseveranstalter somit seine Leistung vollendet hat.[159]

---

[156] Siehe Reg. Begr., BT-Drucks. 18/10822, S. 85.

[157] Zum Diskussionsstand im Rahmen des § 651h Abs. 1 BGB a. F. siehe *Harke* Rn. 151; *Larenz* BT 2, § 53 V c, S. 390; *Erman/Schmid* § 651h Rn. 6; *Tonner* MünchKomm. § 651h Rn. 14.

[158] BGH 12.03.1987 BGHZ 100, 157 (182 ff.); *Harke* Rn. 151; *Looschelders* Rn. 759; *Erman/Schmid* § 651h Rn. 5; a. A. *Larenz* BT 1, § 53 V c, S. 390 f.; *Staudinger/Staudinger* (2016) § 651h Rn. 18.

[159] RGRK/*Recken* § 651a Rn. 47.

97   In der Praxis vereinbaren die Parteien regelmäßig eine davon abweichende Vorleistungspflicht des Reisenden, sodass die Zahlung bereits vor Reisebeginn fällig
wird. Eine solche Abrede schließt § 651y Satz 1 BGB nicht aus, da sich die grundsätzliche Vorleistungspflicht des Reiseveranstalters, von der abgewichen wird, nicht
aus den §§ 651a ff. BGB ergibt. Indirekt wird die Zulässigkeit zudem durch § 651t
BGB bestätigt, der die Vorleistungspflicht des Reisenden mit der Pflicht des Reiseveranstalters zur Absicherung der von Reisenden erbrachten Zahlungen verknüpft.
Die Vorleistungspflicht des Reisenden kann sowohl individualvertraglich als auch
in Allgemeinen Geschäftsbedingungen rechtswirksam vereinbart werden.[160] Eine
unangemessene Benachteiligung des Reisenden liegt hierin schon deshalb nicht,
weil dessen Vorleistungspflicht nur entsteht, wenn der Reiseveranstalter ihm einen
Sicherungsschein ausgehändigt hat, der den Anforderungen des § 651r BGB genügt
(§ 651t BGB) und der den Reisenden vor dem insolvenzbedingten Ausfall von Reiseleistungen schützt.[161]

98   Der Reisende kann sowohl an den Reiseveranstalter als auch an das Reisebüro
zahlen, wenn dieses eine Inkassovollmacht hat. Fehlt diese, dann „gilt" das Reisebüro als Reisevermittler nach § 651v Abs. 2 BGB zugunsten des Reisenden gleichwohl als berechtigt, die Zahlung entgegen zu nehmen, wenn es dem Reisenden den
Sicherungsschein übergeben hat oder sonstige Anhaltspunkte den nicht in hervor-
gehobener Form widerlegten Anschein einer Berechtigung zum Inkasso begründen
(§ 651v Abs. 2 Satz 2 und 3 BGB). Dadurch statuiert das Gesetz – vergleichbar mit
§ 56 HGB – eine Anscheinsvollmacht für die Annahme von Zahlungen,[162] sodass
für Einzelfragen auf die zu § 56 HGB anerkannten Grundsätze zu verweisen ist.[163]

99   Verletzt der Reisende seine Hauptpflicht, dann gerät er unter den Voraussetzungen des § 286 BGB in Verzug und haftet dem Reiseveranstalter nach § 280 Abs. 1
und 2 BGB auf den Ersatz des Verzögerungsschadens und schuldet gemäß § 288
BGB Verzugszinsen. Unabhängig von einem Schuldnerverzug kann der Reiseveranstalter unter den Voraussetzungen des § 323 BGB von dem Vertrag zurücktreten.

II. Nebenpflichten

100   Als vertragliche Nebenpflichten treffen den Reisenden während der Reise vor
allem Schutz- und Interessenwahrungspflichten; z. B. darf er das Hotelzimmer
nicht beschädigen etc. Gegenüber den Leistungserbringern oder Mitreisenden
treffen den Reisenden in der Regel keine Pflichten i. S. des § 241 Abs. 2 BGB,
doch ist er dem Reiseveranstalter gemäß § 280 Abs. 1 BGB regresspflichtig, wenn

---

[160] *Erman/Schmid* § 651a Rn. 40; *Larenz* BT 1, § 53 V a, S. 383; mit Einschränkungen auch *Stau-
dinger/Staudinger* (2016) § 651a Rn. 139 ff.

[161] Näher zur Sicherung gemäß § 651r BGB oben § 9 Rn. 41.

[162] BT-Drucks. 14/5944, S. 12 f.

[163] Dazu näher *Canaris* Handelsrecht, 24. Aufl. 2006, § 14 Rn. 1 ff.; *Oetker* Handelsrecht, 7. Aufl.
2015, § 5 Rn. 57 ff.; *K. Schmidt* Handelsrecht, 6. Aufl. 2014, § 16 Rn. 120 ff.

Dritte aufgrund seines Verhaltens gegenüber dem Reiseveranstalter Rechte geltend machen können.[164]

Hingegen ist die Herstellung der Voraussetzungen, die in der Person des Reisen- **101** den für die Durchführung der Reise erforderlich sind (Einholung von Visa, Impfungen etc.), keine Pflicht, sondern lediglich eine *Obliegenheit* des Reisenden.[165] Eine Verletzung derselben kann dazu führen, dass der Reisende Rechte wegen eines Mangels nach den Rechtsgedanken des § 651o Abs. 2 BGB nicht geltend machen kann.[166] Dies gilt aber nur, wenn der Reiseveranstalter über die jeweiligen Obliegenheiten gemäß Art. 250 § 6 EGBGB korrekt informiert hatte, da er ansonsten gegenüber dem Reisenden selbst schadensersatzpflichtig ist.

---

[164] *Erman/Schmid* § 651a Rn. 42; *Staudinger/Staudinger* (2016) § 651a Rn. 154. Zu dem Problemfeld auch OLG Frankfurt a. M. 01.12.1982 NJW 1983, 235 f.

[165] Abweichend wohl *Erman/Schmid* § 651a Rn. 40; *Staudinger/Staudinger* (2016) § 651a Rn. 154.

[166] Siehe oben § 9 Rn. 65.

§ 10 Der Maklervertrag

Inhaltsverzeichnis

A. Erscheinungsformen des Maklervertrages

Die §§ 652 bis 655 BGB schaffen ein Grundmodell für alle Formen von **1** Maklerverträgen. Darüber hinaus enthält das BGB Sonderbestimmungen für Verträge, die auf die Vermittlung von Darlehen (§§ 655a bis 655e BGB) sowie

© Springer-Verlag GmbH Deutschland, ein Teil von Springer Nature 2018   729
H. Oetker, F. Maultzsch, *Vertragliche Schuldverhältnisse*, Springer-Lehrbuch,
https://doi.org/10.1007/978-3-662-57500-0_10

einer Ehe (§ 656 BGB) gerichtet sind. In Abgrenzung zu anderen spezialgesetzlichen Regelungen kann die Gesamtheit dieser Vorschriften als das Recht des
„Zivilmaklers" bezeichnet werden.

2   Außerhalb des BGB ist der Handelsmakler geregelt (§§ 93 bis 104 HGB). Seine
Tätigkeit ist enger als diejenige des Zivilmaklers, da sich diese auf die Vermittlung
von Verträgen über die Anschaffung oder Veräußerung von Gegenständen des Handelsverkehrs bezieht.[1] Spezielle Vorschriften gelten ferner für die Wohnungsvermittlung,[2] die Arbeitsvermittlung[3] und die Vermittlung von Versicherungen.[4] Diese
ergänzen bzw. modifizieren die bürgerlich-rechtlichen Bestimmungen für den Zivilmakler, verdrängen diese jedoch nicht vollständig.

B. Zivilmakler (§§ 652 bis 655 BGB)

I. Inhalt des Maklervertrages (§ 652 BGB)

3   Ein Maklervertrag zeichnet sich dadurch aus, dass der Makler in bestimmter Art und
Weise im Vorfeld eines Vertragsschlusses zwischen *zwei anderen Parteien* (dem sog.
Hauptvertrag) tätig wird. Dabei kann der Zivilmakler nach § 652 Abs. 1 Satz 1 BGB in
unterschiedlichen Funktionen handeln: Entweder als Nachweismakler oder als Vermittlungsmakler. Während der *Nachweismakler* seinen Vertragspartner – den Auftraggeber[5] –
durch das bloße Benennen eines Interessenten über die Gelegenheit zu einem Vertragsabschluss informiert, wirkt der *Vermittlungsmakler* bei dem Abschluss des Hauptvertrages darüber hinaus fördernd mit, z. B. durch Teilnahme an den Vertragsverhandlungen.[6]

4   Die Besonderheit des Maklervertrages besteht nach dem Grundmodell des § 652
BGB darin, dass der Makler zu den genannten Tätigkeiten nicht verpflichtet ist. Nur
wenn dies – wie z. B. beim sog. Maklerdienstvertrag – zusätzlich vereinbart wird,[7]
kann der Auftraggeber von dem Makler ein bestimmtes Tätigwerden (Erbringung
des Nachweises oder der Vertragsvermittlung) verlangen. Der Maklervertrag i. S.
des § 652 BGB ist deshalb ein einseitig verpflichtender Vertrag, der ausschließlich
für den Auftraggeber eine Leistungspflicht begründet.[8]

---

[1] Siehe auch unten § 10 Rn. 55 ff.

[2] Gesetz zur Regelung der Wohnungsvermittlung v. 04.11.1971, BGBl. I S. 1747; dazu unten § 10
Rn. 58 f.

[3] §§ 296 ff. SGB III; dazu unten § 10 Rn. 60 ff.

[4] Dazu die Sonderregelungen in den §§ 59 Abs. 3, 60 bis 67 VVG sowie unten § 10 Rn. 63.

[5] Es handelt sich bei einem Maklervertrag jedoch nicht um ein Auftragsverhältnis i. S. der §§ 662 ff.
BGB; dazu unten § 11 Rn. 4 ff.

[6] *Esser/Weyers* BT 1, § 36 II 1, S. 321 f.; *Larenz* BT 1, § 54, S. 399; *Medicus/Lorenz* Rn. 903.

[7] Zumeist verspricht der Auftraggeber in diesem Fall dem „Makler" zusätzlich zu der Provision
eine gesonderte Vergütung für seine Tätigkeit.

[8] *Fikentscher/Heinemann* Rn. 1288; *Harke* Rn. 152; BR/*Kotzian-Marggraf* § 652 Rn. 2; *Larenz* BT
1, § 54, S. 396; *Medicus/Lorenz* Rn. 896; *Soergel/Engel* vor § 652 Rn. 3.

Die von dem Auftraggeber geschuldete Leistung bezeichnet das Gesetz als Mäk- **5**
lerlohn, im heutigen Sprachgebrauch jedoch regelmäßig Provision genannt. Sie
ist keine Gegenleistung für die Tätigkeit des Maklers, da er zu dieser nicht verpflichtet ist. Vielmehr ist die Provision erfolgsbezogen, d. h. erst geschuldet, wenn
der Vertrag zwischen Auftraggeber und Drittem unter kausaler Mitwirkung des
Maklers wirksam zustande gekommen ist (Vertragsschluss als aufschiebende Bedingung i. S. des § 158 Abs. 1 BGB).[9] Der Provisionsanspruch setzt somit eine an
die Maklertätigkeit anknüpfende Entscheidung des Auftraggebers voraus, nämlich
den Abschluss des Hauptvertrages. Eine Pflicht dazu besteht für den Auftraggeber
mangels abweichender Vereinbarung jedoch auch gegenüber dem Makler nicht;[10]
dementsprechend führt § 162 Abs. 1 BGB regelmäßig nicht zu einem Provisionsanspruch des Maklers.[11]

Wird nach der Parteiabrede selbst bei einem Vertragsabschluss keine Provision **6**
geschuldet, handelt es sich nicht um einen Maklervertrag. Da in diesem Fall keine
der Parteien eine Leistungspflicht trifft, handelt es sich um ein Gefälligkeitsverhältnis.[12] Zu beachten ist allerdings, dass ein Maklerlohn gemäß § 653 Abs. 1 BGB als
stillschweigend vereinbart gilt, wenn die Leistung den Umständen nach nur gegen
eine Vergütung erwartet werden durfte. Da die Vorschrift nicht eingreift, wenn trotz
der Üblichkeit der Vergütung eine solche ausgeschlossen wurde, handelt es sich
bei § 653 Abs. 1 BGB weder um eine Fiktion noch um eine unwiderlegliche Vermutung, sondern die Norm begründet eine gesetzliche Vermutung, die nur durch
eine abweichende positive Erklärung mindestens einer Partei widerlegt werden
kann.[13] Eine ergänzende Regelung für Fälle, in denen die Höhe der Vergütung nicht
bestimmt ist, trifft § 653 Abs. 2 BGB. Danach ist bei Nichtvorliegen einer Taxe
eine übliche Provision geschuldet, sodass das Leistungsbestimmungsrecht nach
§ 315 BGB regelmäßig keine Anwendung findet. Wie die §§ 612, 632 BGB für den
Dienst- bzw. den Werkvertrag verhindert § 653 BGB somit in vielen Fällen, dass
das Zustandekommen eines Maklervertrages an einem versteckten Dissens über die
Vergütung oder deren Höhe scheitert.

Der Abschluss des Maklervertrages begründet trotz fehlender Leistungspflicht **7**
des Maklers und der nur aufschiebend bedingten Leistungspflicht des Auftraggebers von Beginn an ein Schuldverhältnis zwischen den Parteien, das von § 242 BGB
beherrscht wird. Ferner treffen auch die Parteien eines Maklervertrages Nebenleis-
tungs- und Schutzpflichten (§ 241 Abs. 2 BGB).[14]

---

[9] Näher dazu unten § 10 Rn. 16 ff.

[10] *Esser/Weyers* BT 1, § 36 II 1, S. 322; *Fikentscher/Heinemann* Rn. 1288; *Larenz* BT 1, § 54,
S. 397; *Looschelders* Rn. 770; *Medicus/Lorenz* Rn. 908.

[11] Weitergehend *Larenz* BT 1, § 54, S. 403.

[12] *Roth* MünchKomm. § 652 Rn. 24; *Staudinger/Arnold* (2016) Vorbem. zu §§ 652 ff. Rn. 18.

[13] In diese Richtung auch *Erman/Fischer* § 653 Rn. 2; *Roth* MünchKomm. § 653 Rn. 3; für eine
Fiktion hingegen *Larenz* BT 1, § 54, S. 399.

[14] Statt aller *Esser/Weyers* BT 1, § 36 II 2, S. 322 f.; BR/*Kotzian-Marggraf* § 652 Rn. 2; *Schlechtriem*
Rn. 540; *Soergel/Engel* vor § 652 ff. Rn. 3; *Staudinger/Arnold* (2016) §§ 652, 653 Rn. 206, 213 ff.;
näher dazu unten § 10 Rn. 35 ff. und 38.

8   Die geringe Regelungsdichte der §§ 652 ff. BGB sowie die nach dem Grundmo- dell des BGB relativ schwache Rechtsstellung des Maklers haben dazu geführt, dass die Parteien umfangreiche vertragliche Abreden treffen, wobei häufig vom Makler gestellte Allgemeine Geschäftsbedingungen zum Einsatz kommen. Sie beschränken sich indes zumeist nicht nur auf die Schließung von Regelungslücken, sondern ver- suchen regelmäßig auch, die in § 652 Abs. 1 BGB genannten Voraussetzungen für den Vergütungsanspruch zugunsten des Maklers zu verändern (z. B. Verzicht auf das Kausalitätserfordernis).

9   Zudem kommt in Betracht, die Rechtsstellung des Maklers dadurch zu stärken, dass die Beauftragung anderer Makler (Alleinauftrag), die Kündbarkeit des Mak- lervertrages (Festauftrag) sowie unter Umständen das Recht zum maklerfreien Abschluss (Eigengeschäft) ausgeschlossen werden. Bei einer derart engen Bindung des Auftraggebers an den Makler befürwortet die Rechtsprechung jedoch im Wege der Vertragsauslegung umgekehrt und entgegen dem Grundmodell des § 652 Abs. 1 Satz 1 BGB auch eine Tätigkeitspflicht des Maklers.[15] Bleibt dieser untätig, dann kann dies Schadensersatzansprüche des Auftraggebers nach § 280 Abs. 2, Abs. 3 BGB i. V. mit den §§ 281 ff. BGB auslösen. Allein die Tätigkeitspflicht des Maklers führt jedoch nicht dazu, dass der Maklervertrag zum gegenseitigen Vertrag i. S. der §§ 320 ff. BGB wird, da der Provisionsanspruch auch in diesem Fall an den Ver- tragsabschluss und nicht an die Nachweis- oder Vermittlungstätigkeit anknüpft.[16] Ein Synallagma entsteht vielmehr erst, wenn der Auftraggeber neben der Provision eine Tätigkeitsvergütung verspricht bzw. diese nach Maßgabe des § 612 BGB als vereinbart gilt.[17] Bei einer derartigen Ausgestaltung handelt es sich um einen sog. Maklerdienstvertrag, auf den neben den §§ 652 ff. BGB auch die §§ 611 ff. BGB Anwendung finden[18] und der sich vom gesetzlichen Leitbild des Maklervertrages relativ weit entfernt.

10   Wegen der vorstehend skizzierten Gestaltungsspielräume und der mit dem Einsatz Allgemeiner Geschäftsbedingungen verbundenen Gefahr einer einseitigen Durchsetzung der Interessen des Maklers hat die Inhaltskontrolle von Allgemei- nen Geschäftsbedingungen im Maklerrecht große Bedeutung. Bei dieser bilden vor allem § 307 Abs. 2 Nr. 1 BGB i. V. mit den in den §§ 652 ff. BGB zum Ausdruck gelangten gesetzlichen Grundgedanken des Maklervertrages den Prüfungsmaßstab. Hiernach gilt für die angeführten Sonderformen des Zivilmaklervertrages folgendes:

11   Ein Alleinauftrag kann formularvertraglich vereinbart werden, da die der Ver- tragsabrede zu entnehmende Tätigkeitspflicht des Maklers das Verbot kompensiert, weitere Makler einzuschalten.[19] Eine wesentliche Abweichung vom gesetzlichen Leitbild des Maklervertrages, d. h. ein Verstoß gegen § 307 Abs. 2 Nr. 1 BGB liegt

---

[15] BGH 21.03.1966 NJW 1966, 1405 (1406).

[16] BGH 08.05.1973 BGHZ 60, 377 (381 f.); *Larenz* BT 1, § 54, S. 401; *Roth* MünchKomm. § 652 Rn. 25; *Staudinger/Arnold* (2016) Vorbem. zu §§ 652 ff. Rn. 11; a. A. *Brox/Walker* § 29 Rn. 69; *Knieper* NJW 1970, 1293 (1298); unklar BGH 08.04.1987 NJW-RR 1987, 944.

[17] Zu § 612 BGB näher oben § 7 Rn. 34 ff.

[18] BGH 25.05.1983 BGHZ 87, 309 (313 ff.); *Roth* MünchKomm. § 652 Rn. 27.

[19] BGH 08.05.1973 BGHZ 60, 377 (381); *Staudinger/Arnold* (2016) §§ 652, 653 Rn. 230.

jedoch vor, wenn Allgemeine Geschäftsbedingungen den Auftraggeber auch für den Fall zur Zahlung einer Provision verpflichten, in dem er den nachgewiesenen oder vermittelten Vertrag nicht abschließt, sondern

- entweder mit einem selbst organisierten Vertragspartner kontrahiert (Eigengeschäft) oder
- gänzlich von dem Vertragsschluss Abstand nimmt (sog. Nichtabschluss-Klausel).

Eine erfolgsunabhängige Provision stellt bei materieller Betrachtung ein Tätigkeitsentgelt dar, für welches die Parteien einen Maklerdienstvertrag individuell vereinbaren müssen.[20] Ferner kann die Kündigung des Maklervertrages in Allgemeinen Geschäftsbedingungen für eine längere Zeit nur ausgeschlossen werden (Festauftrag), wenn diese dem Auftraggeber nicht zugleich Eigengeschäfte untersagen.[21] Andernfalls würde ihm die von § 652 Abs. 1 Satz 1 BGB vorausgesetzte Hoheit über den Abschluss des nachgewiesenen oder vermittelten Vertrages faktisch entzogen. Zudem kann das Recht zur außerordentlichen Kündigung aus wichtigem Grund (§ 314 BGB) weder formularmäßig noch individualvertraglich ausgeschlossen werden.

II. Abschluss des Maklervertrages

Der Abschluss des Maklervertrages erfolgt nach Maßgabe der §§ 145 ff. BGB, **12** gegebenenfalls also auch konkludent.[22] Letzteres kommt insbesondere in Betracht, wenn ein am Abschluss eines Vertrages mit einem Dritten Interessierter von dem Makler Leistungen entgegennimmt. Hierfür genügt es allerdings regelmäßig nicht, dass ein Kontakt mit dem Makler zustande kommt. Vielmehr muss Letzterer hinreichend deutlich zu erkennen geben, dass der Interessent sein Auftraggeber sein soll. Insbesondere muss für diesen ersichtlich sein, dass der Makler von ihm ein Entgelt erwartet (§§ 133, 157 BGB). Es ist deshalb ein Verhalten des Auftraggebers erforderlich, das aus dem objektiven Empfängerhorizont als Inanspruchnahme oder Gefallenlassen von Maklerdiensten in Kenntnis ihrer Entgeltlichkeit verstanden werden kann.[23]

---

[20] Vgl. im Einzelnen BGH 22.02.1967 NJW 1967, 1225 (1226); BGH 28.01.1987 BGHZ 99, 374 (382); *Fikentscher/Heinemann* Rn. 1289; *Medicus/Lorenz* Rn. 915; *Schlechtriem* Rn. 537; *Staudinger/ Arnold* (2016) §§ 652, 653 Rn. 265; großzügiger *Roth* MünchKomm. § 652 Rn. 7.

[21] BGH 06.11.1985 NJW 1986, 1173 f.; *Roth* MünchKomm. § 652 Rn. 256.

[22] Erfolgt der Abschluss des Maklervertrages unter Einsatz von Fernkommunikationsmitteln (z. B. Internetplattform), dann kommt nach § 312 g Abs. 1 BGB i. V. mit § 312c BGB ein Widerrufsrecht des Verbrauchers in Betracht; siehe zu § 312b BGB a. F. BGH 07.07.2016 NJW 2017, 1024 Rn. 33 ff. („ImmobilienScout 24").

[23] BGH 25.05.1983 NJW 1984, 232; BGH 22.09.2005 WM 2005, 2277 (2278); BGH 03.05.2012 NJW 2012, 2268 Rn. 10; BGH 07.07.2016 NJW 2017, 1024 Rn. 17; OLG Braunschweig 13.11.2008 NJW-RR 2009, 1145 (1145 f.); OLG Naumburg 29.06.2012 NJW-RR 2013, 564 (564); BR/*Kotzian-Marggraf* § 652 Rn. 17; *Roth* MünchKomm. § 652 Rn. 47.

13 Hierfür reicht die bloße Entgegennahme eines Angebotes des Maklers in der Regel nicht aus.[24] Ebenso liegt ein Vertragsschluss nicht bereits darin, dass ein Interessent die Tätigkeit des Maklers ausnutzt, wenn er annehmen darf, der Makler erbringe diese für die andere Seite.[25] Dass der Makler jeweils einen Vertrag mit beiden Interessenten schließt (sog. Doppelmakler), weicht vom typischen Bild des Zivilmaklers als Interessenvertreter ab (vgl. § 654 BGB) und bedarf deshalb grundsätzlich einer unzweideutigen Vereinbarung.[26] Andererseits hat die Rechtsprechung einen stillschweigenden Vertragsschluss bejaht, wenn der Makler in einem Zeitungs- oder Internetinserat sein Provisionsverlangen gegenüber dem Interessenten unmissverständlich zum Ausdruck gebracht hat und dieser nach entsprechender Nachfrage den Namen und die Adresse des Verkäufers entgegennimmt[27] oder den Makler zur Organisation eines Besichtigungstermins auffordert.[28] Ebenso bejaht die Rechtsprechung eine stillschweigende Annahmeerklärung, wenn während eines Besichtigungstermins ein Exposé des Maklers entgegengenommen und lediglich die hierin genannte Höhe der Maklerprovision nicht akzeptiert wird.[29] In diesem Fall schließt § 653 Abs. 2 BGB die mangels Einigung über die Provisionshöhe verbliebene Lücke der Vereinbarung. Das gilt jedoch nicht, wenn der Interessent die Zahlung einer Provision generell ablehnt.[30] Unklarheiten hinsichtlich des Vertragsschlusses gehen nach den allgemeinen Beweislastregeln zulasten des Maklers, wenn dieser einen Vergütungsanspruch geltend macht.[31]

14 Für den Abschluss des Maklervertrages bestehen *grundsätzlich keine Formerfordernisse*.[32] Das gilt regelmäßig auch, wenn der vermittelte Vertrag seinerseits formbedürftig ist (z. B. Grundstückskaufvertrag, § 311b Abs. 1 BGB). Entsprechende Vorschriften, wie z. B. § 311b Abs. 1 BGB, finden erst dann *direkte* Anwendung, wenn sich der Auftraggeber bereits in dem Maklervertrag gegenüber dem Makler verpflichtet, ein Grundstück zu feststehenden Bedingungen anzukaufen oder zu

---

[24] BGH 25.05.1983 NJW 1984, 232; BGH 04.10.1995 NJW-RR 1996, 114 (114); BGH 22.09.2005 WM 2005, 2277 (2278); BGH 03.05.2012 NJW 2012, 2268 Rn. 10.

[25] BGH 08.10.1986 NJW-RR 1987, 173 (173); BGH 28.11.1990 NJW-RR 1991, 371 (371); *Schlechtriem* Rn. 539; *Staudinger/Arnold* (2016) §§ 652, 653 Rn. 4.

[26] BGH 25.09.1985 BGHZ 95, 393 (395); *Esser/Weyers* BT 1, § 36 II 3, S. 324; *Larenz* BT 1, § 54, S. 400 f.; einschränkend bei Immobiliengeschäften BGH 30.04.2003 NJW-RR 2003, 991. Wird der Makler nur für eine Seite tätig, dann ist er in der Regel Erfüllungsgehilfe des Auftraggebers im Verhältnis zu dem Dritten, wenn ihm die Vertragsverhandlungen weitgehend überlassen wurden: BGH 24.11.1995 NJW 1996, 451 f.

[27] BGH 03.05.2012 NJW 2012, 2268 Rn. 11; siehe auch BGH 17.12.2015 NJW 2016, 2317 Rn. 13.

[28] BGH 07.07.2016 NJW 2017, 1024 Rn. 22 f.

[29] OLG Frankfurt a. M. 15.09.1999 NJW-RR 2000, 58 (59); siehe aber auch BGH 16.11.2006 NJW-RR 2007, 400 (401 f.); OLG Rostock 07.09.2005 NJW-RR 2006, 857 (858 f.); OLG Schleswig 21.07.2006 NJW 2007, 1982 (1983)

[30] BGH 04.10.1995 NJW-RR 1996, 114 f.

[31] BGH 25.05.1983 NJW 1984, 232; BGH 04.10.1995 NJW-RR 1996, 114.

[32] Ausnahme: Wohnraumvermittlung, da § 2 Abs. 1 Satz 2 WoVermittG für den Vertrag die Textform (§ 126b BGB) vorschreibt; ähnlich § 296 Abs. 1 Satz 1 SGB III für die Arbeitsvermittlung, der die schriftliche Form vorschreibt.

verkaufen,[33] da § 311b Abs. 1 BGB nicht voraussetzt, dass die Verpflichtung gerade gegenüber dem Veräußerer bzw. Erwerber begründet wird. Ferner ist der Schutzzweck des § 311b Abs. 1 BGB einschlägig, wenn der Maklervertrag den Auftraggeber zwar nicht rechtlich zu dem Erwerb des Grundstücks verpflichtet, wohl aber indirekt (z. B. Versprechen einer erfolgsunabhängigen Provision) „zwingt", einen entsprechenden Vertrag abzuschließen.[34] Da der Auftraggeber hierdurch unter einen erheblichen Druck gerät und sich bereits materiell seiner Freiheit zum Abschluss des vermittelten Vertrages begibt, ist die gesetzliche Formvorschrift auf einen derartigen Maklervertrag analog anzuwenden.[35] Allerdings tritt umgekehrt analog § 311b Abs. 1 Satz 2 BGB eine Heilung des Formmangels ein, wenn der Auftraggeber den Grundstückskaufvertrag unter Beachtung der vorgeschriebenen Form abgeschlossen hat.[36] In derartigen Fällen kann der Vergütungsanspruch des Maklers jedoch analog § 654 BGB wegen Treuwidrigkeit verwirkt sein.[37]

III. Pflichten des Auftraggebers

1. Vergütungsanspruch des Maklers

a) Entstehen der Provisionszahlungspflicht

Soweit ein Maklervertrag abgeschlossen wurde, steht der Anspruch des Maklers auf   **15**
Zahlung der Provision nach § 652 Abs. 1 Satz 1 BGB unter der Bedingung, dass „der Vertrag infolge des Nachweises oder der Vermittlung des Mäklers zustande kommt". Deshalb muss der Hauptvertrag

- zwischen dem Auftraggeber und einem Dritten wirksam abgeschlossen werden,
- eine inhaltliche Kongruenz mit dem nachzuweisenden oder zu vermittelnden Vertrag bestehen und
- die Tätigkeit des Maklers für den Abschluss des Vertrages kausal geworden sein.

aa) Vertragsabschluss zwischen Auftraggeber und Drittem

Der Anspruch auf die Provision entsteht nach § 652 Abs. 1 Satz 1 BGB nur, wenn   **16**
zwischen dem Auftraggeber und einem Dritten ein Vertrag (Hauptvertrag) zustande

---

[33] BGH 04.10.1989 NJW-RR 1990, 57; *Staudinger/Arnold* (2016) §§ 652, 653 Rn. 21; zu sog. Reservierungsvereinbarungen BGH 10.02.1988 BGHZ 103, 235 ff.

[34] BGH 02.07.1986 NJW 1987, 54 f.; BR/*Kotzian-Marggraf* § 652 Rn. 19; *Roth* MünchKomm. § 652 Rn. 60.

[35] Vergleichbares gilt als Ausnahme von § 167 Abs. 2 BGB konsequenterweise auch für eine zum Abschluss des Grundstücksgeschäftes erteilte Vollmacht; siehe dazu *Wolf/Neuner* § 50 Rn. 21.

[36] BGH 28.01.1987 NJW 1987, 1628 (1629).

[37] BGH 15.03.1989 NJW-RR 1989, 760; BGH 04.10.1989 NJW-RR 1990, 57 f. sowie unten § 10 Rn. 30 ff.

kommt. Maßgebend ist der schuldrechtliche Vertrag, da dieser bereits eine Bindung begründet, auf deren Herbeiführung die Tätigkeit des Maklers abzielt. Für den Vergütungsanspruch ist es deshalb unerheblich, ob anschließend auch das Erfüllungsgeschäft zur Ausführung gelangt.[38] Das diesbezügliche Risiko fällt in die Sphäre des Auftraggebers.[39]

17   Nach dem Wortlaut des § 652 Abs. 1 Satz 1 BGB kommt es ausschließlich auf das Zustandekommen des Vertrages an, womit das Gesetz den *rechtswirksamen* Vertragsschluss meint.[40] Deshalb entsteht die Provisionspflicht nicht, wenn der Hauptvertrag aufgrund einer bereits in seinem Abschluss begründeten Unvollkommenheit keine Bindungswirkung entfaltet. Die Formnichtigkeit des Vertrages (§ 125 BGB), der Verstoß gegen ein gesetzliches Verbot (§ 134 BGB) sowie die wirksame Anfechtung (§ 142 Abs. 1 BGB) stehen ebenfalls einem Provisionsanspruch entgegen.[41] Bedarf der Vertrag einer behördlichen Genehmigung, dann entsteht der Anspruch erst, wenn diese vorliegt, wobei den Auftraggeber im Verhältnis zum Makler keine Nebenpflicht trifft, sich um deren Erteilung zu bemühen.[42]

18   Entsprechendes gilt, wenn der Vertrag eine *aufschiebende Bedingung* (§ 158 Abs. 1 BGB) enthält. Für diesen Fall legt § 652 Abs. 1 Satz 2 BGB ausdrücklich fest, dass der Maklerlohn erst mit Eintritt der Bedingung verlangt werden kann. Umstritten ist die Rechtslage für die umgekehrte Konstellation einer *auflösenden Bedingung* (§ 158 Abs. 2 BGB). Insoweit ist zu erwägen, ob deren Eintritt den Provisionsanspruch beseitigt.[43] Aus einem Umkehrschluss zu § 652 Abs. 1 Satz 2 BGB ist zwar nichts über das endgültige Schicksal der Provisionspflicht im Fall eines derartigen Bedingungseintritts zu entnehmen, sondern nur, dass der Anspruch trotz einer auflösenden Bedingung sofort entsteht. Von einem „Mangel" des bis zum Bedingungseintritt voll wirksamen Vertrages kann aber aufgrund der bewussten Entscheidung der Parteien des Hauptvertrages für die Bedingung (im Gegensatz etwa zum Vorliegen eines Anfechtungsgrundes) nur schwerlich die Rede sein. Zudem spricht das Interesse an Rechtsbeständigkeit dafür, dass der Anspruch des Maklers nach Eintritt einer auflösenden Bedingung nicht entfällt.

19   Da § 652 Abs. 1 Satz 1 BGB auf das wirksame Zustandekommen des Vertrages zwischen Auftraggeber und Drittem abstellt, ist das weitere Schicksal des Vertrages für den Anspruch auf den Maklerlohn auch sonst zumeist bedeutungslos.[44] Andernfalls würde das Erfüllungsrisiko entgegen der gesetzlichen Konzeption auf den

---

[38] BGH 11.11.1992 NJW-RR 1993, 248 (249); *Schlechtriem* Rn. 544.

[39] BGH 21.09.1973 WM 1974, 257 (259); *Roth* MünchKomm. § 652 Rn. 158.

[40] BGH 11.11.1992 WM 1993, 342 (343); BR/*Kotzian-Marggraf* § 652 Rn. 33; *Medicus/Lorenz* Rn. 912; *Staudinger/Arnold* (2016) §§ 652, 653 Rn. 89.

[41] Für die ständige Rechtsprechung BGH 09.07.2009 NJW 2009, 2810 Rn. 9.

[42] BGH 08.05.1973 BGHZ 60, 385 (386 f.); BGH 16.01.1991 WM 1991, 819 (821).

[43] Dagegen jedoch BGH 07.07.1982 WM 1982, 1098; BR/*Kotzian-Marggraf* § 652 Rn. 36; *Roth* MünchKomm. § 652 Rn. 160; *Schlechtriem* Rn. 544; anders aber *Erman/Fischer* § 652 Rn. 38; *Staudinger/Arnold* (2016) §§ 652, 653 Rn. 106.

[44] Zu den verschiedenen Konstellationen für die Ausübung von Vorkaufsrechten *Staudinger/Arnold* (2016) §§ 652, 653 Rn. 114 ff. m. w. N.

Makler übertragen.[45] Ein späterer *Rücktritt* von dem Hauptvertrag lässt somit den bereits entstandenen Anspruch auf den Maklerlohn regelmäßig unberührt, da dieser den bindenden Vertrag lediglich in ein Rückgewährschuldverhältnis umgestaltet.[46] Nur im Fall eines zeitlich befristeten vertraglichen Rücktrittsrechtes, dessen Ausübung an keine Voraussetzungen gebunden ist, gilt dies nicht.[47] Dann tritt bei materieller Betrachtung eine wirkliche vertragliche Bindung erst mit Ablauf der Frist ein, sodass der Anspruch auf die Provision analog § 652 Abs. 1 Satz 2 BGB nicht vor diesem Zeitpunkt entsteht.

Ohne dies ausdrücklich auszusprechen, geht § 652 BGB davon aus, dass der Auftraggeber den *Vertrag mit einem Dritten* abschließt. Makler kann somit nicht sein, wer zugleich Partei des vermittelten Vertrages ist,[48] sodass auch kein Provisionsanspruch entsteht, wenn der Makler den Hauptvertrag selbst im eigenen Namen abschließt. Da der Makler verpflichtet ist, die Interessen seines Auftraggebers zu wahren, scheidet ein Vergütungsanspruch aus § 652 BGB zudem aus, wenn der Makler mit dem Dritten *wirtschaftlich* identisch bzw. an diesem nicht völlig unbedeutend beteiligt ist (z. B. Allein- oder Mehrheitsgesellschafter einer den Hauptvertrag abschließenden GmbH) oder eine andere Form der Verflechtung mit dem Vertragspartner seines Kunden besteht (z. B. Zustimmungserfordernis des Maklers zu dem Vertragsabschluss), die bei dem Makler zu einem *institutionalisierten, d. h. typisierbaren Interessenkonflikt* führt.[49] Für die Wohnungsvermittlung trifft § 2 Abs. 2 Nr. 2 und 3 WoVermittG eine spezielle Ausgestaltung dieses allgemeinen Grundsatzes. **20**

Rein persönliche Beziehungen des Maklers zu dem Vertragspartner des Auftraggebers schließen allerdings im Interesse der Rechtssicherheit den Provisionsanspruch nicht aus.[50] Zudem steht die Verflechtung des Maklers mit dem Dritten lediglich einem auf § 652 Abs. 1 Satz 1 BGB gestützten Vergütungsanspruch entgegen, nicht hingegen einem von den Voraussetzungen des § 652 BGB unabhängigen, sog. selbstständigen Provisionsversprechen. Hiervon ist aber erst auszugehen, wenn der die Provision Versprechende eine derartige Erklärung in Kenntnis der Umstände abgibt, die den Provisionsempfänger an einer Maklertätigkeit hindern, weil es ihm dennoch und gerade auf die Einschaltung dieser Person ankommt.[51] **21**

[45] Siehe auch *Harke* Rn. 156; BR/*Kotzian-Marggraf* § 652 Rn. 33, 35.

[46] BGH 11.11.1992 NJW-RR 1993, 248 (249); BGH 20.02.1997 NJW 1997, 1583. Ebenso für die Beseitigung des Vertrages im Rahmen eines „großen Schadensersatzes" BGH 09.07.2009 NJW 2009, 2810 Rn. 7, 10.

[47] BGH 05.05.1976 BGHZ 66, 270 (271); BGH 11.11.1992 NJW-RR 1993, 248; BR/*Kotzian-Marggraf* § 652 Rn. 36; *Medicus/Lorenz* Rn. 912; *Roth* MünchKomm. § 652 Rn. 172.

[48] *Esser/Weyers* BT 1, § 36 III 1, S. 325; BR/*Kotzian-Marggraf* § 652 Rn. 38; *Larenz* BT 1, § 54, S. 397; *Soergel/Engel* § 652 Rn. 63.

[49] BGH 19.02.2009 NJW 2009, 1809 Rn. 9; BGH 01.03.2012 NJW 2012, 1504 Rn. 9; OLG Frankfurt a. M. 02.04.2003 NJW-RR 2003, 1428 f.; *Staudinger/Arnold* (2016) §§ 652, 653 Rn. 155 ff.

[50] BGH 19.02.2009 NJW 2009, 1809 Rn. 9; BR/*Kotzian-Marggraf* § 652 Rn. 40; *Roth* MünchKomm. § 652 Rn. 128.

[51] BGH 26.09.1990 BGHZ 112, 240 (242); BGH 06.02.2003 WM 2003, 2055 f.; *Soergel/Engel* § 652 Rn. 80; *Staudinger/Arnold* (2016) §§ 652, 653 Rn. 172 f.

bb) Inhaltliche Kongruenz des Hauptvertrages mit dem Inhalt des Maklervertrages

22   Darüber hinaus muss der tatsächlich zustande gekommene Vertrag mit demjenigen kongruent sein, der nach dem Maklervertrag abgeschlossen werden sollte.[52] Hieran fehlt es, wenn der geschlossene Vertrag in sachlicher oder persönlicher Hinsicht wesentlich von dem beabsichtigten Vertrag abweicht, wobei die Identität nach *wirtschaftlichen Gesichtspunkten* zu beurteilen ist.[53]

23   *Sachliche* Abweichungen stehen der Identität bei diesem Maßstab nicht entgegen, wenn der Auftraggeber mit dem tatsächlich abgeschlossenen Vertrag den gleichen wirtschaftlichen Erfolg wie mit dem beabsichtigten Vertrag erzielt.[54] Deshalb ist von einer Kongruenz auszugehen, wenn der Auftraggeber sogar einen für ihn günstigeren Preis als den im Maklervertrag anvisierten erzielt;[55] umgekehrt sprechen erheblich schlechtere Konditionen gegen die Identität.[56] So fehlt es z. B. an einer wirtschaftlichen Identität, wenn ein bebautes Grundstück nachgewiesen wurde, dieses aber ohne die aufstehenden und wesentlich wertbildenden Gebäude verkauft wird.[57]

24   In *personeller* Hinsicht muss der Hauptvertrag zwischen dem Dritten und dem Auftraggeber abgeschlossen worden sein. Ein Vertragsschluss des Dritten mit einer vom Auftraggeber verschiedenen Person begründet für den Makler in der Regel keinen Vergütungsanspruch, da dieser den Vertrag für den Auftraggeber vermitteln soll. Etwas anderes gilt jedoch nach dem allgemeinen Maßstab zur Bestimmung der Kongruenz, wenn zwischen dem Auftraggeber und dem Vertragschließenden eine wirtschaftliche Identität besteht.[58] Ein Vergütungsanspruch des Maklers ist deshalb auch zu bejahen, wenn dieser von einer GmbH beauftragt wurde, jedoch deren Alleingesellschafter oder ein maßgeblich beteiligter Gesellschafter den Vertrag mit dem Dritten abschließt. Ferner begründet eine persönliche Beziehung des Auftraggebers zu derjenigen Partei, die an seiner Stelle den Hauptvertrag mit dem Dritten abschließt, eine hinreichende Identität, wenn eine rechtliche Typisierung möglich ist, insbesondere also bei Verwandtschafts- oder Eheverhältnissen, nicht aber z. B. bei bloßen Lebensgefährten oder

---

[52] Statt aller BGH 06.02.2014 NJW 2014, 2352 Rn. 10; BGH 03.07.2014 WM 2014, 1920 Rn. 18; *Esser/Weyers* BT 1, § 36 III 3, S. 326; *Soergel/Engel* § 652 Rn. 104.

[53] BGH 14.12.1988 NJW 1989, 1486; BGH 13.12.2007 NJW 2008, 651 Rn. 16; BGH 03.07.2014 NJW-RR 2014, 1272 Rn. 18; *Roth* MünchKomm. § 652 Rn. 145.

[54] BGH 21.10.1987 NJW 1988, 967 (968); BGH 13.12.2007 NJW 2008, 651 Rn. 16; *Schlechtriem* Rn. 545.

[55] Siehe jedoch BGH 06.02.2014 NJW 2014, 2352 Rn. 11; BGH 03.07.2014 NJW-RR 2014, 1272 Rn. 21, soweit sich die Preisabweichung noch in einem erwartbaren Rahmen bewegt. Bei Preisabweichungen von mehr als 50 % ist jedoch zu vermuten, dass diese auf Umständen beruht, die die wirtschaftliche Identität des nachgewiesenen zum abgeschlossenen Geschäft infrage stellen.

[56] *Roth* MünchKomm. § 652 Rn. 150 f.; *Staudinger/Arnold* (2016) §§ 652, 653 Rn. 86 ff.

[57] So BGH 06.02.2014 NJW 2014, 2352 Rn. 15.

[58] BGH 05.10.1995 NJW 1995, 3311; BGH 13.12.2007 NJW 2008, 651 Rn. 22; OLG Karlsruhe 18.05.2001 VersR 2003, 202 (203); siehe auch BGH 03.07.2014 WM 2014, 1920 Rn. 19.

Geschäftsfreunden.[59] Für die personelle Identität gelten somit ähnliche Grundsätze wie für die Verflechtung des Maklers mit dem Vertragspartner des Auftraggebers.[60] In diesen Fällen materieller Identität ergibt sich der Provisionsanspruch bereits aus einer Auslegung des § 652 Abs. 1 Satz 1 BGB, sodass es eines Rückgriffs auf § 162 Abs. 1 BGB nicht bedarf.[61] Zu beachten ist jedoch, dass nach dem Inhalt des Maklervertrages auch in diesen Fällen der Auftraggeber und nicht derjenige, der als mit dem Auftraggeber wirtschaftlich oder persönlich Verbundener den Hauptvertrag abschließt, zur Zahlung der Provision verpflichtet ist.

cc) Kausalität der Tätigkeit des Maklers

Für den Vergütungsanspruch des Maklers verlangt § 652 Abs. 1 Satz 1 BGB mit der **25** Formulierung „infolge" einen inneren Zusammenhang zwischen der vereinbarten Tätigkeit des Maklers (Nachweis oder Vermittlung) und dem Vertragsschluss des Auftraggebers mit dem Dritten.[62]

Allerdings muss die Nachweis- oder Vermittlungstätigkeit des Maklers für den **26** späteren Vertragsabschluss zwischen seinem Auftraggeber und dem Dritten nicht allein ursächlich geworden sein.[63] Es genügt, wenn diese kausal war (condicio sine qua non). Aus diesem Grund kann bei der Einschaltung mehrerer Makler unter Umständen allen die Provision geschuldet sein, so z. B. wenn ein Nachweismakler einen Interessenten benennt und ein Vermittlungsmakler mit diesem über den Hauptvertrag verhandelt.[64] An einer (Mit-)Ursächlichkeit fehlt es jedoch bei einem Nachweismakler, wenn der Auftraggeber den Partner des Hauptvertrages schon vor dem Nachweis als Interessenten kannte (Vorkenntnis).[65] In diesem Fall kommt lediglich noch eine Tätigkeit als Vermittlungsmakler in Betracht.

Schwierigkeiten im Hinblick auf den Nachweis der Kausalität mildert die **27** Rechtsprechung mit einer Vermutung ab, wenn der Auftraggeber von dem Makler ein Angebot erhält und er danach einen Vertrag abschließt, der dem Angebot entspricht. In einer derartigen Konstellation spreche der sachliche und zeitliche Zusammenhang zwischen Angebot und Vertragsabschluss nach der Lebenserfahrung dafür, dass die Tätigkeit des Maklers für den späteren Vertragsschluss kausal

---

[59] BGH 12.10.1983 NJW 1984, 358 (359); BGH 13.12.2007 NJW 2008, 651 Rn. 22; ThürOLG 03.08.2005 NJW-RR 2005, 1509 (1509 f.); BR/*Kotzian-Marggraf* § 652 Rn. 32; *Roth* MünchKomm. § 652 Rn. 155 ff.; *Staudinger/Arnold* (2016) §§ 652, 653 Rn. 84.

[60] Dazu oben § 10 Rn. 20 f.

[61] So aber *Schäfer* BB 1990, 2275 (2277).

[62] Zum Ausschluss des Kausalitätserfordernisses in Allgemeinen Geschäftsbedingungen siehe oben § 10 Rn. 11.

[63] BGH 28.11.1990 NJW-RR 1991, 371 (372); BGH 18.01.1996 NJW-RR 1996, 691; BGH 03.07.2014 WM 2014, 1920 Rn. 16.

[64] BR/*Kotzian-Marggraf* § 652 Rn. 44; *Larenz* BT 1, § 54, S. 399 f.; *Roth* MünchKomm. § 652 Rn. 178; *Staudinger/Arnold* (2016) §§ 652, 653 Rn. 143 ff.; ausführlich zur Einschaltung mehrerer Makler mit zum Teil a. A. *Knütel* ZHR 144 (1980), 289 ff.

[65] Dazu im Einzelnen *Roth* MünchKomm. § 652 Rn. 179 f.

geworden sei.[66] Allerdings ist die Kausalitätsvermutung lediglich ein aus der Lebenserfahrung geschöpfter Beweis des ersten Anscheins,[67] den der Auftraggeber durch einen von ihm gegebenenfalls zu beweisenden atypischen Lebenssachverhalt entkräften kann.[68]

28   Über die natürliche Kausalität hinaus muss sich der Vertragsabschluss auch bei *wertender Betrachtung* als wesentliche Verwirklichung der in dem Maklervertrag vereinbarten Maklertätigkeit darstellen.[69] War z. B. die Provision für eine Vermittlung des Hauptvertrages vereinbart, weist der Makler jedoch lediglich die Abschlussmöglichkeit nach, dann entsteht auch dann keine Provisionszahlungspflicht, wenn infolge des Nachweises der Vertrag abgeschlossen wird. Nach wertenden Kriterien ist ebenfalls zu beurteilen, ob sich der Auftraggeber auf eine Unterbrechung des Kausalzusammenhangs berufen kann. Hierfür ist erforderlich, dass sein Interesse an dem Vertragsschluss mit dem Dritten endgültig und vollkommen erloschen war und es erst später aufgrund gänzlich neuer Verhandlungen zu einem Vertragsabschluss kommt.[70] Lediglich unterbrochene Verhandlungen[71] reichen hierfür ebenso wenig aus wie eine längere Zeitspanne zwischen dem Nachweis des Maklers und dem späteren Vertragsschluss. Auch eine Kündigung des Maklervertrages[72] vor Abschluss des Vertrages mit dem Dritten unterbricht nicht den Kausalzusammenhang.[73]

b) Höhe des Maklerlohns

29   Die Höhe des Maklerlohns legen grundsätzlich die Parteien des Maklervertrages fest. Fehlt hierüber eine Einigung, dann greift § 653 BGB ein.[74] Vereinbarungen zur Höhe des Maklerlohns werden für den Zivilmakler i. S. der §§ 652 ff. BGB nur durch die allgemeinen Schranken der Privatautonomie (§ 138 BGB, § 134 BGB

---

[66] BGH 25.05.1983 NJW 1984, 232; BGH 13.12.2007 NJW 2008, 651 Rn. 10; BGH 03.07.2014 NJW-RR 2014, 1272 Rn. 16.

[67] *Staudinger/Arnold* (2016) §§ 652, 653 Rn. 142; a. A. *Roth* MünchKomm. § 652 Rn. 192: Beweislastumkehr nach Gefahrenbereichen.

[68] Siehe z. B. BGH 03.07.2014 WM 2014, 1920 Rn. 16, wenn der Kunde die ihm vom Makler gegebenen Informationen bereits vor Abschluss des Maklervertrages anderweitig erlangt hatte.

[69] BGH 18.01.1996 NJW-RR 1996, 691; BGH 13.12.2007 NJW 2008, 651 Rn. 12; BGH 03.07.2014 NJW-RR 2014, 1272 Rn. 16; *Esser/Weyers* BT 1, § 36 III 2, S. 326; *Harke* Rn. 154; BR/*Kotzian-Marggraf* § 652 Rn. 41; *Roth* MünchKomm. § 652 Rn. 174; *Staudinger/Arnold* (2016) §§ 652, 653 Rn. 124.

[70] BGH 14.12.1959 MDR 1960, 283 (283); OLG Karlsruhe 07.10.1994 NJW-RR 1995, 753; *Roth* MünchKomm. § 652 Rn. 184.

[71] Hierzu BGH 18.01.1996 NJW-RR 1996, 691: Vom Auftraggeber eingeleitete Verhandlungen werden nach ihrer Beendigung von dem Dritten wieder aufgegriffen und führen zum Vertragsschluss.

[72] Zu dieser unten § 10 Rn. 41 f.

[73] RG 24.09.1935 RGZ 148, 354 (356); BR/*Kotzian-Marggraf* § 652 Rn. 43; *Larenz* BT 1, § 54, S. 402 f.

[74] Dazu oben § 10 Rn. 6.

i. V. mit § 291 Abs. 1 Satz 1 Nr. 4 StGB) begrenzt.[75] Lediglich im Hinblick auf die Provision für den Abschluss eines Dienstvertrages eröffnet § 655 Satz 1 BGB die Möglichkeit, einen unverhältnismäßig hohen Maklerlohn durch gerichtliches Urteil herabzusetzen, wenn dieser noch nicht entrichtet ist (§ 655 Satz 2 BGB: Gedanke der Rechtsbeständigkeit), und übernimmt damit eine Regelungstechnik aus dem Recht der Vertragsstrafe (§ 343 Abs. 1 BGB). Für eine entsprechende Anwendung des § 655 BGB auf alle Maklerverträge fehlen die methodischen Voraussetzungen, da § 655 BGB ausschließlich auf den Abschluss von Dienstverträgen gerichtete Maklerverträge erfassen soll.[76]

c) Verwirkung des Provisionsanspruches (§ 654 BGB)

Einen speziellen Ausschlusstatbestand für den Vergütungsanspruch des Maklers **30** normiert § 654 Alt. 1 BGB. Dieser greift ein, wenn der Makler entgegen dem durch Auslegung nach den §§ 133, 157 BGB zu ermittelnden Inhalt des Maklervertrages auch für den Vertragspartner des Auftraggebers tätig gewesen ist (verbotene Doppelmakelei). Im Zweifel bedarf die Erlaubnis zur Doppeltätigkeit wegen der damit regelmäßig verbundenen Interessenkonflikte einer besonderen Vereinbarung.[77]

Die Rechtsprechung hat darüber hinaus in Analogie zu § 654 BGB einen allgemei- **31** nen Ausschlusstatbestand entwickelt. Hierfür geht sie davon aus, dass § 654 BGB die Rechtsfolgen bei einem besonders schweren Verstoß des Maklers gegen seine Pflicht zur Wahrung der Interessen des Auftraggebers regelt (Treuepflichtverletzung). Deshalb ist § 654 BGB in allen Fällen analog anzuwenden, in denen der Makler in anderer und vergleichbar schwerwiegender Weise gegenüber dem Auftraggeber seine Treuepflicht verletzt.[78] Hierdurch erhält die Bestimmung den Charakter einer umfassenden Sanktionsvorschrift, die ihre Rechtswirkung durch den Wegfall des Provisionsanspruches unabhängig von einem Schaden beim Auftraggeber entfaltet.[79]

Subjektive Voraussetzung für eine analoge Anwendung des § 654 BGB ist aller- **32** dings, dass der Makler bzw. seine Erfüllungsgehilfen die Interessen des Auftraggebers vorsätzlich, zumindest aber in einer dem Vorsatz nahekommenden „grob leichtfertigen" Weise verletzt haben und der Makler aus diesem Grund die Vergütung nach allgemeinem Rechts- und Billigkeitsempfinden nicht verdient hat.[80]

---

[75] Exemplarisch BGH 20.02.2003 VersR 2003, 1035 (1036): 30 % des Verkaufspreises bei steuerbegünstigten Kapitalanlagen.

[76] BGH 12.05.2016 NJW 2016, 3233 Rn. 19.

[77] BGH 18.05.1973 BGHZ 61, 17 (21). Verzichtbar soll die ausdrückliche Gestattung bei Immobiliengeschäften sein, weil bei diesen eine Doppeltätigkeit des Maklers weitgehend üblich ist; so BGH 30.04.2003 NJW-RR 2003, 991.

[78] BGH 26.09.1984 BGHZ 92, 184 (185); BGH 18.03.1992 NJW-RR 1992, 817; *Esser/Weyers* BT 1, § 36 II 1, S. 323; *Harke* Rn. 158; BR/*Kotzian-Marggraf* § 654 Rn. 17 ff.; kritisch *Staudinger/Arnold* (2016) § 654 Rn. 15; *Roth* MünchKomm. § 654 Rn. 2.

[79] BGH 05.02.1962 BGHZ 36, 323 (326); BGH 29.11.1989 NJW-RR 1990, 372; BR/*Kotzian-Marggraf* § 654 Rn. 2, 4.

[80] BGH 05.02.1962 BGHZ 36, 323 (327); BGH 26.09.1984 BGHZ 92, 184 (185).

Dies ist z. B. der Fall, wenn der Makler die Rechtsunkenntnis des Auftraggebers ausnutzt, um ihm eine in Wirklichkeit noch nicht bestehende rechtliche Bindung vorzuspiegeln,[81] oder der Makler in Bezug auf den Hauptvertrag als Mitkonkurrent des Auftraggebers tätig wird.[82]

33   Bei Pflichtverletzungen von geringerem Gewicht, insbesondere lediglich fahrlässigem Verhalten, ist eine entsprechende Anwendung des § 654 BGB nicht gerechtfertigt, weshalb es bei Schadensersatzansprüchen aus § 280 Abs. 1 BGB i. V. mit § 241 Abs. 2 BGB unter Aufrechterhaltung der Provisionszahlungspflicht bleibt.[83] Mit diesen Ersatzansprüchen kann der Auftraggeber jedoch aufrechnen, sodass der Provisionsanspruch in Höhe der Schadensersatzverpflichtung erlischt (§ 389 BGB).

2. Aufwendungsersatz

34   Zur Durchführung des Maklervertrages unternimmt der Makler regelmäßig Anstrengungen, die mit Kosten verbunden sind (z. B. Anzeigen in Tageszeitungen). Deshalb erschiene es nicht unangemessen, zugunsten des Maklers einen Anspruch auf Ersatz seiner Aufwendungen zumindest für den Fall zu begründen, in dem der angestrebte Vertrag nicht zustande kommt und er daher keine Provision beanspruchen kann. Anders jedoch § 652 Abs. 2 BGB: Aufwendungen des Maklers sind nur zu ersetzen, wenn eine entsprechende Vereinbarung vorliegt, was ausdrücklich auch für den Fall des Nichtzustandekommens des Hauptvertrages gilt (§ 652 Abs. 2 Satz 2 BGB). Die Erstattung wirklich entstandener Aufwendungen kann allerdings auch in Allgemeinen Geschäftsbedingungen des Maklers vereinbart werden.[84] Gemäß § 654 Alt. 2 BGB (analog) entfällt der Anspruch auf Aufwendungsersatz jedoch bei einer schweren Treuepflichtverletzung des Maklers gegenüber dem Auftraggeber.[85]

3. Nebenpflichten

35   Neben der Pflicht zur Provisionszahlung und einem unter Umständen vereinbarten Aufwendungsersatz treffen den Auftraggeber Nebenpflichten, insbesondere Schutzpflichten i. S. des § 241 Abs. 2 BGB, bei deren schuldhafter Verletzung er nach § 280 Abs. 1 BGB auf Schadensersatz haftet.

36   Obwohl der Auftraggeber nicht zum Abschluss des Hauptvertrages verpflichtet ist,[86] verletzt er z. B. seine Schutzpflicht gegenüber dem Makler, wenn er ihn

---

[81] BGH 18.03.1992 NJW-RR 1992, 817 (818).

[82] BGH 25.09.1991 WM 1991, 1995.

[83] BGH 05.02.1962 BGHZ 36, 323 (327).

[84] BGH 28.01.1987 BGHZ 99, 374 (383); *Medicus/Lorenz* Rn. 916; *Roth* MünchKomm. § 652 Rn. 213; *Staudinger/Arnold* (2016) §§ 652, 653 Rn. 201. Zu den hierbei zu beachtenden Grenzen z. B. BR/*Kotzian-Marggraf* § 652 Rn. 51 m. w. N.

[85] Siehe oben § 10 Rn. 31 ff.

[86] Siehe oben 10 Rn. 5.

Bemühungen unternehmen lässt, obwohl er den Abschluss eines Hauptvertrages nicht beabsichtigt. Richtigerweise begründet diese Pflichtverletzung jedoch nur einen Anspruch auf Ersatz der sinnlos entstandenen Aufwendungen (Vertrauensschaden),[87] nicht aber einen solchen auf Zahlung der Provision.[88] Letzterer ließe sich dogmatisch nur aus einer Umkehrung des § 654 BGB begründen, der aber entgegensteht, dass den Auftraggeber keine vergleichbar strenge Interessenwahrungspflicht wie den Makler trifft.[89]

Der Auftraggeber darf einen erbrachten Nachweis nicht an Dritte weiterreichen, damit diese sodann den Hauptvertrag abschließen können.[90] Problematisch sind auch in diesem Fall die Rechtsfolgen eines Pflichtverstoßes. Einem Schadensersatzanspruch aus § 280 Abs. 1 BGB steht in der Regel entgegen, dass die Weitergabe bei dem Makler nicht zu *wirtschaftlichen Nachteilen* führt. Andererseits darf ohne dogmatische Begründung aus der Weitergabe keine Pflicht zur Zahlung der Provision abgeleitet werden.[91] Eine (analoge) Anwendung des § 162 Abs. 1 BGB[92] scheitert daran, dass der Auftraggeber auch nach Treu und Glauben nicht gehalten ist, den Hauptvertrag abzuschließen. Ein Provisionsanspruch entsteht aus der Weitergabe richtigerweise daher nur, wenn in deren Folge ein Dritter den Hauptvertrag abschließt und dieser aufgrund einer wirtschaftlichen oder persönlichen Verflechtung als mit dem Auftraggeber materiell identisch zu betrachten ist. In diesem Fall ist nach den oben dargelegten Grundsätzen ein Vertrag zustande gekommen, der mit demjenigen kongruent ist, auf dessen Abschluss die Tätigkeit des Maklers gerichtet war.[93] Im Übrigen kann sich der Makler dadurch schützen, dass er eine Provisionszahlungspflicht vertraglich auf den Fall ausdehnt, in dem aufgrund einer Weitergabe von Informationen Dritte den Hauptvertrag abschließen, was auch in Allgemeinen Geschäftsbedingungen geschehen kann.[94]

37

IV. Pflichten des Maklers

Die Vertrauensstellung des Maklers rechtfertigt es, von einer besonderen „Treuepflicht" desselben zu sprechen.[95] Für den Makler folgen daher aus § 242 BGB i. V. mit § 241 Abs. 2 BGB z. B. Verschwiegenheitspflichten sowie Aufklärungs- und

38

---

[87] *Staudinger/Arnold* (2016) §§ 652, 653 Rn. 208.

[88] So aber BGH 18.04.1966 NJW 1966, 1404 (1405).

[89] *Roth* MünchKomm. § 654 Rn. 27.

[90] BGH 14.01.1987 WM 1987, 632 (633); *Roth* MünchKomm. § 654 Rn. 28; *Schlechtriem* Rn. 546.

[91] So aber BGH 14.01.1987 WM 1987, 632 (633); im Grundsatz auch BR/*Kotzian-Marggraf* § 654 Rn. 21; wie hier *Erman/Fischer* § 652 Rn. 66; *Staudinger/Arnold* (2016) §§ 652, 653 Rn. 210.

[92] Dafür *Schäfer* BB 1990, 2275 (2277).

[93] Siehe oben § 10 Rn. 20 f.

[94] BGH 14.01.1987 WM 1987, 632 (633); *Staudinger/Arnold* (2016) §§ 652, 653 Rn. 210.

[95] Siehe oben § 10 Rn. 31.

Beratungspflichten.[96] Er hat dem Auftraggeber alle ihm bekannten Umstände mitzuteilen, die für dessen Entscheidung zum Abschluss des Hauptvertrages von Bedeutung sein können.[97] Ebenso muss er Weisungen des Auftraggebers befolgen, da er in dessen Interesse tätig wird. Zu einer Tätigkeit für beide Parteien des Hauptvertrages (Doppelmakelei) ist der Makler aufgrund drohender Interessenkonflikte nur bei einer entsprechenden Vereinbarung mit dem jeweiligen Auftraggeber berechtigt.[98] Er bleibt aber auch in diesem Fall zu „strenger Unparteilichkeit" verpflichtet.[99]

39 Verletzt der Makler diese Pflichten, dann ist er dem Auftraggeber nicht nur nach § 280 Abs. 1 BGB zum Schadensersatz verpflichtet. Zugleich verwirkt er unter den oben erörterten Voraussetzungen in direkter oder analoger Anwendung des § 654 BGB bei schweren Treuepflichtverletzungen seinen Provisionsanspruch.[100] Bleibt dieser hingegen von der Pflichtverletzung des Maklers unberührt, dann kann der Auftraggeber mit einer gegebenenfalls zu bejahenden Schadensersatzforderung gegenüber dem Provisionsanspruch die Aufrechnung erklären.

V. Beendigung des Maklervertrages

40 Für die Beendigung des Maklervertrages treffen die §§ 652 bis 655 BGB keine Regelung. Deshalb bleibt es den Vertragsparteien überlassen, die Beendigungstatbestände autonom festzulegen. So kann der Maklervertrag mit Abschluss eines Aufhebungsvertrages, Ablauf einer vereinbarten Zeit oder Eintritt einer auflösenden Bedingung (§ 158 Abs. 2 BGB) enden. Auch ohne ausdrückliche Abrede endet der Maklervertrag durch Zweckerreichung, wenn der vom Auftraggeber angestrebte Vertragsschluss mit einem Dritten zustande kommt.

41 Fehlt eine vertragliche Abrede zur Beendigung des Maklervertrages, dann liegt es wegen seines auftragsähnlichen Charakters nahe, die §§ 671 bis 673 BGB analog anzuwenden. In diesem Sinn ist der Auftraggeber berechtigt, den Maklervertrag jederzeit zu „widerrufen", d. h. zu kündigen (§ 671 Abs. 1 BGB analog).[101] Der Widerruf wirkt allerdings nur für die Zukunft, ist also nicht in der Lage, einen Vergütungsanspruch auszuschließen, wenn der Makler seine Tätigkeit vor dem Widerruf erbracht hat, der Vertrag mit dem Dritten aber erst zu einem späteren Zeitpunkt abgeschlossen wird.[102] Eine verbreitete Auffassung billigt auch dem Makler analog

---

[96] *Esser/Weyers* BT 1, § 36 II 1, S. 322 f.; *Medicus/Lorenz* Rn. 907; *Looschelders* Rn. 774; *Schlechtriem* Rn. 540.

[97] *Larenz* BT 1, § 54, S. 402.

[98] Siehe oben § 10 Rn. 30.

[99] BGH 25.10.1967 NJW 1968, 150 (151); *Roth* MünchKomm. § 654 Rn. 11; *Staudinger/Arnold* (2016) §§ 652, 653 Rn. 225.

[100] Siehe oben § 10 Rn. 31 f.

[101] BGH 06.11.1985 WM 1986, 72 f.; BR/*Kotzian-Marggraf* § 652 Rn. 22; *Roth* MünchKomm. § 652 Rn. 87; *Soergel/Engel* § 652 Rn. 39; im Ergebnis auch *Staudinger/Arnold* (2016) §§ 652, 653 Rn. 65.

[102] BGH 17.12.1975 WM 1976, 503 (504).

§ 671 Abs. 1 BGB ein jederzeitiges Kündigungsrecht zu.[103] Darüber hinaus ist eine Beendigung des Maklervertrages analog § 673 Satz 1 BGB im Zweifel beim Tod des Maklers zu bejahen.[104]

Abweichende Abreden der Parteien, insbesondere solche, die ein Widerrufsrecht **42** des Auftraggebers oder das Kündigungsrecht des Maklers dauernd oder befristet ausschließen oder mit einer einzuhaltenden Frist verknüpfen, sind grundsätzlich rechtswirksam.[105] Das Recht zum Widerruf oder zur Kündigung aus wichtigem Grund darf jedoch nicht ausgeschlossen werden.[106]

C. Besondere Arten des Maklervertrages

I. Darlehensvermittlung

Besteht der Gegenstand des Maklervertrages in einer entgeltlichen Darlehens- **43** vermittlung an einen Verbraucher i. S. der §§ 13, 513 BGB,[107] dann sind nach den §§ 655a, 655e Abs. 2 BGB die Sonderregelungen in den §§ 655a Abs. 2 bis 655d BGB zu beachten, sofern nicht ein Ausnahmetatbestand des § 491 Abs. 2 Satz 2 BGB eingreift (§ 655a Abs. 1 Satz 2 BGB).[108] Diese Vorschriften, die insbesondere die Vermittlung von Verbraucherdarlehensverträgen i. S. des § 491 BGB erfassen, sind nach § 655e Abs. 1 BGB zugunsten des Verbrauchers zwingend und gegen Umgehungen bewehrt.[109] Im Einzelnen gelten folgende Besonderheiten:

Der Vertragsabschluss bedarf der Schriftform (§ 655b Abs. 1 Satz 1 BGB). Zudem **44** muss der Darlehensvermittler vor Vertragsschluss in Textform über bestimmte Vertragsinhalte unterrichten (§ 655b Abs. 2 BGB i. V. mit Art. 247 § 13 Abs. 2, § 13b EGBGB);[110] eine Verletzung dieser Pflicht führt nach § 655b Abs. 2 BGB zur Nichtigkeit des Vermittlungsvertrages.

Für den Anspruch des Darlehensvermittlers auf die geschuldete Vergütung **45** bestimmt § 655c Satz 1 BGB ergänzend zu § 652 BGB, dass dieser erst entsteht, wenn

---

[103] Hierfür *Larenz* BT 1, § 54, S. 403; *Roth* MünchKomm. § 652 Rn. 87; *Schlechtriem* Rn. 547; *Soergel/Engel* § 652 Rn. 39; *Staudinger/Arnold* (2016) §§ 652, 653 Rn. 65.

[104] BGH 17.12.1975 WM 1976, 503 (505); BR/*Kotzian-Marggraf* § 652 Rn. 22; *Roth* MünchKomm. § 652 Rn. 89; *Soergel/Engel* § 652 Rn. 40; a. A. *Staudinger/Arnold* (2016) §§ 652, 653 Rn. 69.

[105] Hierzu statt aller *Staudinger/Arnold* (2016) §§ 652, 653 Rn. 67.

[106] BGH 14.05.1969 NJW 1969, 1626 (1627); *Schlechtriem* Rn. 547; *Staudinger/Arnold* (2016) §§ 652, 653 Rn. 68.

[107] Zur Einbeziehung der Existenzgründer i. S. des § 513 BGB siehe § 655e Abs. 2 BGB.

[108] Zur Neuregelung im Überblick *Habersack/Schürnbrand* WM 2003, 261 ff.

[109] Exemplarisch BGH 10.05.2012 NJW-RR 2012, 1073 Rn. 13.

[110] Dazu BGH 10.05.2012 NJW-RR 2012, 1073 Rn. 16 ff.

- erstens das Darlehen ausgezahlt ist – insoweit trägt der Darlehensvermittler anders als bei § 652 Abs. 1 Satz 1 BGB das Erfüllungsrisiko[111] – und
- zweitens ein Widerruf nach § 355 BGB[112] nicht mehr möglich ist. Damit verhindert das Gesetz, dass der Verbraucher dem Darlehensvermittler eine Vergütung leisten muss, obwohl der Darlehensvertrag wegen der Ausübung des Widerrufsrechts nicht endgültig zustande gekommen ist. Zudem wahrt § 655c Satz 1 BGB die Entschließungsfreiheit zur Ausübung des Widerrufsrechts, da der Verbraucher nicht wegen einer bereits gezahlten Vergütung an den Darlehensvermittler von der Ausübung seines Widerrufsrechts absehen soll.

46   Die Effektivität einer *Umschuldung* sichert § 655c Satz 2 BGB ab, indem er den Vergütungsanspruch des Vermittlers unter den Vorbehalt stellt, dass der von ihm vermittelte Umschuldungskredit bei dem Darlehensgeber nicht zu einem höheren effektiven Jahreszins führt.[113] Schließlich untersagt § 655d Satz 1 BGB die Vereinbarung zusätzlicher Entgelte neben der Vergütung,[114] ohne allerdings Abreden zur Erstattung objektiv erforderlicher Auslagen[115] auszuschließen (§ 655d Satz 2 BGB).

II. Ehevermittlung

47   Eine aus heutiger Sicht rechtspolitisch fragwürdige[116] Besonderheit, die jedoch auch im Rahmen der jüngsten Gesetzesänderungen nicht beseitigt wurde, legt § 656 BGB fest, wenn der Maklervertrag die Eingehung einer Ehe zum Gegenstand hat. Die Ehevermittlung sieht das Gesetz nur mit Einschränkungen als schutzwürdig an. Der Gesetzgeber ging zwar nicht so weit, derartige Vermittlungsverträge als sittenwidrig und damit nach § 138 Abs. 1 BGB nichtig anzusehen (siehe § 38 Abs. 1 Satz 1 Nr. 3 GewO); mit § 656 Abs. 1 Satz 1 BGB entzieht er aber dem Makler den Rechtsschutz für die *Durchsetzung* seines Vergütungsanspruchs. Wie bei Spiel und Wette (§ 762 Abs. 1 Satz 1 BGB) begründet der Maklervertrag keine Verbindlichkeit.

48   Allerdings beseitigt das Gesetz ausweislich des § 652 Abs. 1 Satz 2 nicht den Rechtsgrund für aufgrund des Maklervertrages bereits erbrachte Leistungen. Wie § 762 Abs. 1 Satz 2 BGB legt die Vorschrift fest, dass ein aufgrund des Versprechens geleisteter Maklerlohn nicht zurückgefordert werden kann und bringt damit

---

[111] *Habersack* MünchKomm. § 655c Rn. 11; *Staudinger/Herresthal* (2016) § 655c Rn. 1.

[112] Das Recht zum Widerruf folgt aus § 495 BGB, wenn es sich bei dem vermittelten Vertrag um einen Verbraucherdarlehensvertrag handelt, bei sonstigen Finanzierungshilfen hingegen aus § 506 Abs. 1 Satz 1 BGB i. V. mit § 495 BGB.

[113] Dazu im Einzelnen *Staudinger/Herresthal* (2016) § 655c Rn. 22 ff.

[114] Exemplarisch für eine „interne Wertermittlungsgebühr" BGH 10.05.2012 NJW-RR 2012, 1073 Rn. 13.

[115] Dazu BGH 10.05.2012 NJW-RR 2012, 1073 Rn. 14.

[116] Siehe z. B. *Emmerich* § 11 Rn. 28; *Looschelders* Rn. 781; *Roth* MünchKomm. § 656 Rn. 2; *Staudinger/Arnold* (2016) § 656 Rn. 2.

zum Ausdruck, dass ein Fordern-Dürfen strengeren Anforderungen unterliegen kann als ein Behalten-Dürfen (Gedanke der Rechtsbeständigkeit). Das Versprechen eines Maklerlohns hat bei der Ehevermittlung somit lediglich den Charakter einer Natural-obligation, d. h. einer zwar erfüllbaren, aber gerichtlich nicht durchsetzbaren Pflicht.[117]

Der Wortlaut des § 656 Abs. 1 BGB beschränkt diese Rechtsfolge auf die Ehe-vermittlung und wirft zwangsläufig die Frage auf, ob die Vorschrift auf die *Partnerschaftsvermittlung*, zu der auch Lebenspartnerschaften nach dem LPartG zählen können, entsprechend anzuwenden ist. Unter Rückgriff auf die bei der Entstehung der Vorschrift maßgebenden Motive und mögliche Schwierigkeiten, Ehe- und Partnerschaftsvermittlung voneinander abzugrenzen, bejaht der BGH eine analoge Anwendung des § 656 BGB.[118] Zwar wurde § 656 BGB im Rahmen des Gesetzes zur Modernisierung des Schuldrechts im Jahre 2002 der Untertitel „Ehevermitt-lung" vorangestellt; aus den Gesetzesmaterialien ergeben sich aber keine Anhalts-punkte, dass hierdurch die vorgenannte Analogie ausgeschlossen werden sollte.[119] **49**

Die schwache Rechtsstellung des Ehevermittlers im Hinblick auf seine Vergü-tung kann dieser ausgleichen, indem er den Nachweis oder die Vermittlung erst nach Zahlung eines Vorschusses durch den Auftraggeber erbringt (§ 656 Abs. 1 Satz 2 BGB) oder aber auf andere Vertragsgestaltungen ausweicht. Besonders nahe liegt hierfür ein Dienstvertrag, in dem der Ehe- bzw. Partnerschaftsvermittler eine Pflicht zur Tätigkeit übernimmt und sich für diese eine Vergütung versprechen lässt, gleichgültig ob ein Vermittlungserfolg eintritt. Zu bejahen ist das z. B., wenn sich ein Institut zur Erstellung eines Kundenpersönlichkeitsprofils und eines Wunsch-partnerprofils auf der Grundlage entsprechender Analysen und zu einer Vorauswahl potenzieller Partnervorschläge aus dem Bestand an Interessenten sowie zu einer Hauptauswahl von Vorschlägen in angemessener Zahl durch individuellen Persön-lichkeitsvergleich verpflichtet.[120] **50**

Allerdings ist dieser Schritt zum Dienstvertrag mit einem nicht an einen „wichti-gen Grund" gebundenen außerordentlichen Kündigungsrecht belastet (§ 627 Abs. 1 BGB), das Allgemeine Geschäftsbedingungen wegen § 307 Abs. 2 Nr. 1 BGB nicht ausschließen darf.[121] Ferner gebietet es die als Gesetzesumgehung zu betrachtende „Flucht in den Dienstvertrag", § 656 Abs. 1 BGB bei derartigen Vertragsgestal-tungen analog anzuwenden.[122] Damit entfällt im Gegenzug allerdings analog § 139 **51**

---

[117] BGH 25.05.1983 BGHZ 87, 309 (314 f.); *Esser/Weyers* BT 1, § 36 V 1, S. 328; *Fikentscher/Heinemann* Rn. 1291; BR/*Kotzian-Marggraf* § 656 Rn. 1; *Looschelders* Rn. 781; *Soergel/Ciolek-Krepold* § 656 Rn. 2. Nach einer a. A. (so wohl *Larenz* BT 1, § 54, S. 403 Fn. 34) wird bereits eine Verbindlichkeit begründet (sog. Konventionalschuld), was insbesondere für das Ent-stehen von akzessorischen Sicherungsrechten Bedeutung erlangt; dazu m. w. N. *Staudinger/Arnold* (2016) § 656 Rn. 12.

[118] BGH 11.07.1990 BGHZ 112, 122 (124 ff.); a. A. noch *Larenz* BT 1, § 54, S. 404.

[119] Vgl. BT-Drucks. 14/6040, S. 269; siehe auch LG Dresden 27.05.2003 NJW-RR 2004, 346 f.

[120] BGH 01.02.1989 BGHZ 106, 341 (344 f.).

[121] BGH 01.02.1989 BGHZ 106, 341 (346 f.).

[122] BGH 11.07.1990 NJW 1990, 2550 (2551); *Schlechtriem* Rn. 549; hiergegen jedoch *Esser/Weyers* BT 1, § 36 V 3, S. 329.

BGB auch die Möglichkeit, die Vermittlungstätigkeit einzuklagen. Die vorstehenden Erwägungen gelten letztlich ebenfalls für Bestrebungen, auf den Typus des Werkvertrages auszuweichen. Bei diesem ist nicht nur die entsprechende Anwendung des § 656 BGB, sondern auch die des § 627 BGB zu erwägen.[123]

52   Eine weitere Variante zur Absicherung der Vergütung ist die *drittfinanzierte Ehevermittlung*. Bei dieser schließt der Auftraggeber auf Vermittlung des Maklers einen Darlehensvertrag mit einem Kreditinstitut ab und weist dieses an, das Darlehen unmittelbar an den Makler auszuzahlen, um einen Rechtsgrund i. S. des § 656 Abs. 1 Satz 2 BGB zu schaffen. Makler- und Darlehensvertrag bilden in diesem Fall verbundene Geschäfte i. S. des § 358 BGB, wenn die Voraussetzungen des § 358 Abs. 3 BGB vorliegen, also z. B. der Darlehensgeber im Vorfeld mit dem Makler zusammengearbeitet hat, sodass ein Widerruf des Darlehensvertrages nach § 495 BGB i. V. mit § 355 BGB wegen § 358 Abs. 2 BGB auch auf den Maklervertrag ausstrahlt. Nach § 491 Abs. 2 Satz 2 Nr. 1 BGB besteht das Widerrufsrecht aber nicht bei einem Nettodarlehensbetrag unter 200 €. Ist das Widerrufsrecht in Bezug auf den Darlehensvertrag nach Maßgabe des § 356b Abs. 2 BGB erloschen, kann der Auftraggeber nach § 359 BGB i. V. mit § 656 Abs. 1 Satz 1 BGB über den sog. Einwendungsdurchgriff immer noch die Rückzahlung des Darlehens verweigern, wenn der Maklerlohn mindestens 200 € beträgt (§ 359 Abs. 2 BGB).[124]

53   Sind weniger als 200 € geschuldet, ist zu erwägen, ob der Auftraggeber die Darlehensrückzahlung analog § 656 Abs. 2 BGB verweigern kann.[125] Hierfür spricht der Rechtsgedanke der Vorschrift, dass eine die Rechtsbeständigkeitsregelung des § 656 Abs. 1 Satz 2 BGB rechtfertigende Bewirkung der Provision nur vorliegt, wenn der Auftraggeber den Betrag der Provision effektiv und nicht bloß formal wie durch die Eingehung einer weiteren Verbindlichkeit geleistet hat.[126] Dafür ist es aber im Grundsatz irrelevant, ob die Verbindlichkeit gerade gegenüber dem Ehevermittler eingegangen wird (wie dies § 656 Abs. 2 BGB vorsieht) oder eine Darlehensverbindlichkeit gegenüber einem Dritten begründet ist. Zum Schutz des Darlehensgebers ist jedoch zu fordern, dass diesem der Darlehensverwendungszweck zugerechnet werden kann, was nur der Fall ist, wenn ein verbundenes Geschäft i. S. des § 358 Abs. 3 BGB vorliegt.[127] In diesem Fall stellt somit bei der drittfinanzierten Ehe- und Partnervermittlung auch die Darlehensforderung analog § 656 Abs. 2 BGB i. V. mit § 656 Abs. 1 BGB lediglich eine Naturalobligation dar.

54   Die Vorschrift des § 656 BGB betrifft nur die Pflicht zur Zahlung der Provision. Da der Ehevermittlungsvertrag nicht insgesamt nichtig ist, bleiben die gewöhnlichen Schutzpflichten hiervon unberührt. Daher kann den Ehevermittler eine – einklagbare –

---

[123] Hierfür *Esser/Weyers* BT 1, § 36 V, S. 330; *Schlechtriem* Rn. 550.

[124] *Habersack* MünchKomm. § 359 Rn. 16.

[125] So *Esser/Weyers* BT 1, § 36 V, S. 330; *Soergel/Ciolek-Krepold* § 656 Rn. 22; *Staudinger/Arnold* (2016) § 656 Rn. 18; a. A. *Habersack* MünchKomm. § 359 Rn. 16, der § 656 Abs. 1 Satz 1 BGB heranzieht; für eine analoge Anwendung des § 656 Abs. 1 BGB BR/*Kotzian-Marggraf* § 656 Rn. 16.

[126] *Erman/Fischer* § 656 Rn. 9; *Roth* MünchKomm. § 656 Rn. 27.

[127] *Roth* MünchKomm. § 656 Rn. 30.

Schadensersatzpflicht nach § 280 Abs. 1 BGB treffen, wenn er den Auftraggeber nicht über wesentliche Eigenschaften des vermittelten Partners aufklärt.[128]

III. Handelsmakler

Spezielle Regelungen gelten für den Handelsmakler, die in den §§ 93 bis 104 HGB **55** zusammengefasst und in ihren Einzelheiten im Handelsrecht darzustellen sind.[129] Für deren Anwendung ist die Kaufmannseigenschaft des Handelsmaklers nicht zwingend erforderlich. Handelsmakler kann nach § 93 Abs. 3 HGB auch sein, wer Kleingewerbetreibender ist und sein Optionsrecht zur Erlangung der Kaufmannseigenschaft (§ 2 Satz 2 HGB) nicht ausgeübt hat.

Im Unterschied zum Zivilmakler beschränkt das Gesetz den Handelsmakler auf **56** bestimmte Vertragsabschlüsse. Diese müssen sich auf „Gegenstände des Handelsverkehrs" beziehen (§ 93 Abs. 1 HGB), von denen § 93 Abs. 2 HGB Geschäfte über unbewegliche Sachen (z. B. Grundstücke) ausdrücklich ausnimmt. Insbesondere Immobilienmakler sind deshalb stets Zivilmakler. Ferner muss die Tätigkeit des Handelsmaklers auf die *Vermittlung* von Verträgen gerichtet sein. Den Nachweismakler erfassen die §§ 93 ff. HGB nicht; für ihn gelten ausschließlich die §§ 652 ff. BGB, selbst wenn sich die Nachweistätigkeit auf „Gegenstände des Handelsverkehrs" bezieht.

Die Vorschriften über den Handelsmakler weichen von denjenigen zum Zivil- **57** makler insbesondere dadurch ab, dass sie den Handelsmakler zur Erstellung einer Schlussnote verpflichten (§ 94 HGB; siehe aber auch § 104 Satz 1 HGB) und hinsichtlich des Maklerlohns vorsehen, dass dieser von jeder Partei zur Hälfte zu entrichten ist, soweit eine abweichende Parteiabrede fehlt (§ 99 HGB). Vor allem die Vergütungsregelung zeigt, dass der Handelsmakler grundsätzlich kein Wahrer der Interessen nur einer Seite, sondern beiden Parteien als ein neutraler und objektiver Vermittler verpflichtet ist.[130] Dementsprechend besteht gegenüber beiden Parteien des Hauptvertrages im Verschuldensfall eine Schadensersatzpflicht gemäß § 98 HGB, wenn der Handelsmakler gegen seine Pflichten verstößt.

IV. Wohnungsvermittlung

Von den §§ 652 ff. BGB abweichende Bestimmungen enthält zum Schutz des **58** Wohnungssuchenden das Gesetz zur Regelung der Wohnungsvermittlung vom 04.11.1971.[131] Für das Maklerrecht sind vor allem die §§ 2 und 3 WoVermittG

---

[128] BGH 08.07.1957 BGHZ 25, 124 (125 ff.); BR/*Kotzian-Marggraf* § 656 Rn. 7; *Larenz* BT 1, § 54, S. 404.

[129] Siehe dazu *Canaris* Handelsrecht, 24. Aufl. 2006, § 19, S. 322 ff.; *Oetker* Handelsrecht, 7. Aufl. 2015, § 6 Rn. 62 ff.; *K. Schmidt* Handelsrecht, 6. Aufl. 2014, § 26 Rn. 1 ff.

[130] *Esser/Weyers* BT 1, § 36 IV, S. 327; *Larenz* BT 1, § 54, S. 400; *K. Schmidt* Handelsrecht, 6. Aufl. 2014, § 26 Rn. 11.

[131] Siehe oben Fn. 2.

bedeutsam. Dabei legt § 2 Abs. 1 Satz 1 WoVermittG in Übereinstimmung mit § 652
Abs. 1 BGB – im Unterschied zu diesem aber zwingend – fest, dass dem Wohnungsvermittler ein Entgeltanspruch nur zusteht, wenn zwischen dem Abschluss des Mietvertrages und seiner Tätigkeit ein kausaler Zusammenhang besteht. Zum Schutz des
Wohnungssuchenden bestimmt § 2 Abs. 1a WoVermittG, dass der Wohnungsvermittler von diesem grundsätzlich kein Entgelt fordern darf;[132] da der Wohnungsvermittler Wohnräume nur aufgrund eines Auftrags des Vermieters anbieten darf (§ 16
Abs. 1 WoVermittG), gilt im Hinblick auf das Entgelt des Wohnungsvermittlers
zwingend (siehe § 2 Abs. 5 Nr. 1 WoVermittG) das sog. Bestellerprinzip. Ferner
schließt § 2 Abs. 2 WoVermittG den Entgeltanspruch in einzelnen Fällen aus, insbesondere bei einem Eigeninteresse des Wohnungsvermittlers an dem Mietvertrag,
weil er z. B. zugleich Vermieter oder Verwalter der Wohnräume ist (§ 2 Abs. 2 Nr. 2
und 3 WoVermittG). Damit greift das Gesetz die allgemeine Verflechtungsproble-
matik auf[133] und konkretisiert diese für den Sonderfall der Wohnungsvermittlung.

59   Für die Höhe des geschuldeten Entgelts legt § 3 Abs. 1 WoVermittG zwingend
fest, dass dieses in einem Bruchteil oder Vielfachen der Monatsmiete anzugeben ist
und zwei Monatsmieten zuzüglich der gesetzlichen Umsatzsteuer nicht übersteigen
darf (§ 3 Abs. 2 WoVermittG). Eine Abrede zwischen dem Wohnungsvermittler und
dem Wohnungssuchenden, die diese Begrenzung überschreitet, ist nichtig (§ 134
BGB). Wurde ein Entgelt geleistet, das dem Wohnungsvermittler nach dem Gesetz
nicht zusteht, dann fehlt für dieses der Rechtsgrund und kann nach den allgemeinen Vorschriften (§ 812 Abs. 1 Satz 1 Alt. 1 BGB) zurückgefordert werden (§ 5
Abs. 1 WoVermittG), ohne dass § 817 Satz 2 BGB einem Bereicherungsanspruch
entgegensteht (§ 5 Abs. 1 Satz 1 letzter Halbsatz WoVermittG). Aufwendungsersatz darf nur für den Fall des Nichtzustandekommens des Hauptvertrages vereinbart
werden (§ 3 Abs. 3 Satz 3 WoVermittG).

V. Arbeitsvermittlung

60   Bis zu dem Änderungsgesetz vom 23.03.2002[134] unterlag die private Arbeitsvermittlung grundsätzlich einem Erlaubnisvorbehalt (vgl. § 291 SGB III a. F.). Mit
dessen Aufhebung durch das vorgenannte Gesetz wurden zugleich die §§ 296 ff.
SGB III grundlegend umgestaltet, die nunmehr auch das Vertragsverhältnis zwischen Arbeitsuchendem und Vermittler regeln.[135]

61   Abweichend von § 652 BGB schreibt § 296 Abs. 1 Satz 1 SGB III für den
Abschluss des Vermittlungsvertrages die Schriftform vor, wobei der Urkunde insbesondere die Höhe der Vergütung zu entnehmen sein muss (§ 296 Abs. 1 Satz 2

---

[132] Ausnahme: Der Wohnungsvermittler holt den Auftrag zur Vermittlung der Wohnung von dem
Vermieter ausschließlich wegen des Vermittlungsvertrages mit dem Wohnungssuchenden ein.

[133] Siehe oben § 10 Rn. 20 f.

[134] BGBl. I S. 1130.

[135] Dazu im Überblick *Rixen* NZS 2002, 466 ff.; zur früheren Rechtslage siehe die 1. Aufl., S. 554.

SGB III). Die Verletzung der Schriftform hat die Unwirksamkeit des Vermittlungsvertrages zur Folge (§ 297 Nr. 1 SGB III); § 125 Satz 1 BGB wird insoweit von
der sozialrechtlichen *lex specialis* verdrängt. Zum Schutz des Arbeitsuchenden
bestimmt § 296 Abs. 1 Satz 3 SGB III, dass die vom Vermittler geschuldete Leistung auch die zur Vorbereitung und Durchführung der Vermittlung erforderlichen
Maßnahmen umfasst und verhindert damit, dass der Vermittler hierüber gesonderte
Vereinbarungen trifft und auf diese Weise die Schranken zur Höhe der Vergütung
unterläuft;[136] deren Unwirksamkeit ordnet § 297 Nr. 1 SGB III ausdrücklich an.
Ferner untersagt § 297 Nr. 4 SGB III einen Alleinauftrag zur Arbeitsvermittlung.

Entgegen der früheren Rechtslage kann der Vermittlungsvertrag grundsätzlich **62**
den Arbeitsuchenden zur Zahlung der Vergütung verpflichten; lediglich für die Aus-
bildungsvermittlung führt § 296a Satz 1 SGB III die früher geltende Konzeption
fort, wonach regelmäßig nur von dem Arbeitgeber eine Vergütung verlangt und
entgegengenommen werden durfte.[137] Zum Schutz des Arbeitsuchenden legt § 296
Abs. 2 SGB III jedoch zwingend die Erfolgsabhängigkeit der Vergütung fest[138]
und untersagt das Verlangen sowie die Entgegennahme von Vorschüssen (§ 296
Abs. 2 Satz 2 SGB III).[139] Ferner setzt § 296 Abs. 3 SGB III für die Höhe der Vergütung Obergrenzen, die einschließlich der gesetzlichen Umsatzsteuer in der Regel
2000,00 € nicht übersteigen darf.[140] Abreden, die diese Grenzen überschreiten, sind
unwirksam (§ 297 Nr. 1 SGB III).[141]

VI. Versicherungsvermittlung

Besondere Bestimmungen trifft das Versicherungsvertragsgesetz für solche Makler, **63**
die gewerbsmäßig für einen Auftraggeber die Vermittlung oder den Abschluss von
Versicherungsverträgen übernehmen, wenn es sich bei dem Auftraggeber weder
um einen Versicherer noch um einen Versicherungsvertreter handelt.[142] Unter dieser
Voraussetzung erlegt das Gesetz dem Makler im Verhältnis zu seinem Vertragspartner (Versicherungsnehmer) zahlreiche Beratungs- und Informationspflichten
auf (§ 61 VVG) und sichert zudem die Grundlagen der Beratung ab (§ 60 VVG).
Verletzt der Versicherungsmakler gegenüber seinem Auftraggeber die in den §§ 60
und 61 VVG festgelegten Pflichten, hat er ihm den hieraus erwachsenden Schaden
zu ersetzen. Insoweit trifft § 63 VVG eine spezielle Regelung, die die allgemeine

---

[136] Siehe auch *Staudinger/Arnold* (2016) § 655 Rn. 3.

[137] Zur Unwirksamkeit einer § 296a SGB III widersprechenden Vereinbarung siehe § 297 Nr. 2
SGB III.

[138] Ebenso für die Vermittlung von Verbraucherdarlehensverträgen § 655 Satz 1 BGB.

[139] Zu den Auswirkungen auf die Vereinbarung eines erfolgsunabhängigen Aufwendungsersatzes
Staudinger/Arnold (2016) § 655 Rn. 4.

[140] Näher *Staudinger/Arnold* (2016) § 655 Rn. 6.

[141] Dazu näher *Staudinger/Arnold* (2016) § 655 Rn. 8.

[142] Siehe die Legaldefinition in § 59 Abs. 3 VVG.

Vorschrift des § 280 Abs. 1 BGB verdrängt. Ebenso wie § 280 Abs. 1 Satz 2 BGB eröffnet § 63 Satz 2 VVG dem Versicherungsmakler die Möglichkeit einer Exkulpation, wobei die Darlegungs- und Beweislast für sein fehlendes Verschulden wegen der Gesetzessystematik dem Versicherungsmakler obliegt. Abgesehen von den vorgenannten Bestimmungen, von denen nicht zum Nachteil des Versicherungsnehmers abgewichen werden darf (§ 67 VVG), unterliegt der zwischen Versicherungsmakler und Auftraggeber abgeschlossene Vertrag den §§ 652 ff. BGB, sofern der Versicherungsmakler kein Handelsmakler (§ 93 VVG) ist.[143] Abweichend von diesem Regelungsmodell erhält der Versicherungsmakler seine Provision jedoch in der Regel nicht von dem Auftraggeber, sondern von dem Versicherer.[144]

---

[143] Siehe BGH 22.05.1985 BGHZ 94, 356 (359).

[144] BGH 20.01.2005 NJW 2005, 1357 (1358) sowie zuvor BGH 22.05.1985 BGHZ 94, 356 (359).

§ 11 Auftrag und Geschäftsbesorgungsverträge

Inhaltsverzeichnis

© Springer-Verlag GmbH Deutschland, ein Teil von Springer Nature 2018
H. Oetker, F. Maultzsch, *Vertragliche Schuldverhältnisse*, Springer-Lehrbuch,
https://doi.org/10.1007/978-3-662-57500-0_11

A. Allgemeines

1 Schließen zwei Parteien einen Vertrag, so verfolgen sie typischerweise in erster Linie jeweils ihre eigenen Interessen. In reiner Form trifft dies bei klassischen Austauschverträgen wie z. B. dem Kaufvertrag zu: Jeder begehrt die Leistung des anderen, sodass beide Parteien den Austausch als für sich vorteilhaft ansehen. Zwar ist auch in diesem Rahmen auf die Interessen des jeweils anderen Rücksicht zu nehmen; dies geschieht aber regelmäßig nur in Gestalt von Schutzpflichten i. S. des § 241 Abs. 2 BGB. Eine Einschränkung erfährt dieses Bild bereits bei den auf Freigiebigkeit beruhenden unentgeltlichen Verschaffungs- und Überlassungsverträgen wie der Schenkung und der Leihe, bei denen derjenige, der eine unentgeltliche Leistung erbringt, lediglich in einem sehr eingeschränkten, mittelbaren Sinn eigene Interessen verfolgt. Auch in diesem Fall bleiben aber die Interessensphären der Vertragsparteien im Grundsatz getrennt, da der Leistungsempfänger seinen Geschäftskreis eigenständig organisiert und in diesen lediglich die Leistung des anderen aufnimmt.

2 Bei steigender Komplexität der Lebensverhältnisse kann es jedoch erforderlich sein, seine eigenen Interessen unmittelbar durch einen anderen wahrnehmen zu lassen, der die betreffende Aufgabe besser bewältigen kann. In diesem Fall stehen sich die Vertragspartner nicht einmal mehr typisiert schlicht „gegenüber", sondern die Vertragsbeziehung wird von einer *Überlagerung der Interessensphären der Parteien* geprägt. Daraus resultieren rechtliche Probleme, die einer besonderen Regelung bedürfen.[1]

3 Hiermit befasst sich der 12. Titel des Zweiten Buches im BGB, der die Überschrift „Auftrag, Geschäftsbesorgungsvertrag und Zahlungsdienste" trägt. In diesem treffen die §§ 662 bis 676c BGB allerdings keine umfassende und abschließende Regelung der Leistungen, die nicht „an", sondern „für" einen anderen erbracht werden. In der römisch-rechtlichen Tradition des sog. mandatum (der unentgeltlichen Geschäftsbesorgung) wird der Auftrag in den §§ 662 bis 674 BGB relativ umfangreich geregelt.[2] Die entgeltliche Geschäftsbesorgung (Geschäftsbesorgungsvertrag) findet nur insoweit Berücksichtigung, als § 675 Abs. 1 BGB für bestimmte Formen von Dienst- und Werkverträgen zahlreiche Vorschriften des Auftragsrechts

---

[1] Zu dem aufgezeigten Problemzusammenhang auch *Esser/Weyers* BT 1, § 35 I 1, S. 308 ff.; *Larenz* BT 1, § 56 I, S. 408.
[2] Dazu § 11 Rn. 4 ff.

für ergänzend anwendbar erklärt.[3] Die §§ 675c bis 676c BGB enthalten schließlich Vorschriften über im Bankverkehr eingesetzte Vertragstypen (Einzelzahlungsvertrag, Zahlungsdiensterahmenvertrag) als Sonderformen des Geschäftsbesorgungsvertrages (§ 675c Abs. 1 BGB: Geschäftsbesorgungsvertrag, der die Einbringung von Zahlungsdiensten zum Gegenstand hat). Diese sind zentraler Bestandteil des Bankvertragsrechts und werden hier deshalb lediglich in ihren Grundlinien skizziert.[4]

B. Der Auftrag

I. Übergreifende Bedeutung der Vorschriften

Den Auftrag als unentgeltliche Geschäftsbesorgung regeln im Einzelnen die §§ 662 bis 674 BGB. Die Bedeutung der Vorschriften reicht indes mangels allgemeiner Bestimmungen für alle Formen der Geschäftsbesorgung weit über ihren unmittelbaren Anwendungsbereich hinaus. Sie stellen ein Grundmodell dispositiver Vorschriften bereit, das andere Normen als Verweisungsobjekt aufgreifen, um auch sonstige Geschäftsbesorgungs- oder Geschäftsführungsverhältnisse zu strukturieren.[5] Dies betrifft nicht nur den (entgeltlichen) Geschäftsbesorgungsvertrag (§ 675 Abs. 1 BGB). Verbreitet ist diese Regelungstechnik vor allem im Gesellschaftsrecht für das Rechtsverhältnis zwischen den geschäftsführenden Organen und der Gesellschaft. Exemplarisch ist auf die Geschäftsführung der Vorstandsmitglieder eines eingetragenen Vereins hinzuweisen, da § 27 Abs. 3 BGB bezüglich des Rechtsverhältnisses zwischen Vorstand und Verein die §§ 664 bis 670 BGB für entsprechend anwendbar erklärt. Eine identische Verweisung enthält § 713 BGB hinsichtlich der geschäftsführenden Gesellschafter einer BGB-Gesellschaft, die über die Verweisungsnormen in den § 105 Abs. 3 HGB und § 161 Abs. 2 HGB auch für die Offene Handelsgesellschaft und die Kommanditgesellschaft gilt.

4

Ebenso verfährt das BGB teilweise auch für andere Personen, die mit der Wahrnehmung fremder Interessen betraut sind (z. B. Testamentsvollstrecker, § 2218 Abs. 1 BGB). Teilweise dient das Auftragsrecht auch erkennbar als Grundlage, um es mit geringen Modifikationen an die Besonderheiten des jeweiligen Rechtsverhältnisses anzupassen (z. B. Vormundschaft, § 1835 Abs. 1 BGB). Über diese gesetzlichen Verweisungen hinaus zieht die Rechtsprechung das Auftragsrecht gelegentlich im Wege der Rechtsfortbildung zur Abwicklung eines atypischen fremdnützigen Tätigwerdens heran.[6] Von besonderer Bedeutung ist schließlich, dass die Rechtsstellung des Geschäftsführers im Rahmen des gesetzlichen Schuldverhältnisses

5

---

[3] Siehe § 11 Rn. 77 ff.

[4] Unten § 11 Rn. 86 ff.

[5] *Larenz* BT 1, § 56 I, S. 408.

[6] Z. B. BGH 12.7.1984 BGHZ 92, 123 ff.

der Geschäftsführung ohne Auftrag gemäß den §§ 681 Satz 2, 683 Satz 1 BGB in weiten Teilen derjenigen eines Beauftragten entspricht.

II. Begriff des Auftrags

6 Das Wesen des Auftrags umschreibt § 662 BGB. Nur wenn die dort genannten Elemente vorliegen, ist der direkte Anwendungsbereich der §§ 662 bis 674 BGB eröffnet. Danach muss der Beauftragte

- ein ihm übertragenes Geschäft besorgen (Geschäftsbesorgung),
- dies unentgeltlich tun und
- sich zu dessen Ausführung verpflichtet haben.

1. Besorgung eines übertragenen Geschäftes

7 Die h. M. legt den Begriff der Geschäftsbesorgung in § 662 BGB sehr weit aus. Danach soll jedes Tätigwerden im Interesse eines anderen, sei es wirtschaftlicher oder ideeller, rechtsgeschäftlicher oder tatsächlicher Natur, umfasst sein.[7] Nach der Rechtsprechung zählen hierzu nicht nur die Hilfe für verletzte Personen,[8] sondern ebenso das Verteilen von Flugblättern,[9] sodass auch jedwede unentgeltliche Erbringung von Dienst- oder Werkleistungen (z. B. Reparatur eines Radiogerätes) eine Geschäftsbesorgung i. S. des § 662 BGB wäre.[10]

8 Die Problematik eines derart weiten Geschäftsbegriffs zeigt sich bei einem Blick auf die Voraussetzungen einer *entgeltlichen* Geschäftsbesorgung i. S. des § 675 Abs. 1 BGB: Danach findet das Auftragsrecht nur auf einen solchen Dienst- oder Werkvertrag entsprechende Anwendung, „der eine Geschäftsbesorgung zum Gegenstand hat". Deshalb stellt im Rahmen des § 675 Abs. 1 BGB nicht jede Tätigkeit, die eine Leistung an einen anderen beinhaltet, eine Geschäftsbesorgung dar. Die h. M. löst dieses Problem dadurch, dass sie für die entgeltliche Geschäftsbesorgung i. S. des § 675 Abs. 1 BGB einen engeren Geschäftsbegriff verwendet,[11] es im Rahmen des § 662 BGB aber bei der angeführten weiten Definition belässt. Diese

---

[7] BGH 17.5.1971 BGHZ 56, 204 (207); *Erman/K.P. Berger* § 662 Rn. 13; *Fikentscher/Heinemann* Rn. 1245; *Looschelders* Rn. 802; *Schäfer* MünchKomm. § 662 Rn. 18.

[8] BGH 7.11.1960 BGHZ 33, 251 (257).

[9] BGH 17.5.1971 BGHZ 56, 204 (207).

[10] *Erman/K.P. Berger* § 662 Rn. 13; *Esser/Weyers* BT 1, § 35 I 1, S. 310; *Larenz* BT 1, § 56 I, S. 409 f.; *Medicus/Lorenz* Rn. 848; *Oechsler* Rn. 665.

[11] Siehe z. B. *Staudinger/Martinek/Omlor* (2017) Vorbem. zu §§ 662 ff. Rn. 17, 22 sowie unten § 11 Rn. 79 ff.

Vorgehensweise ist dem Umstand geschuldet, dass für die Erbringung unentgeltlicher Dienst- und Werkleistungen eine umfassende gesetzliche Regelung fehlt,[12] während im Bereich entgeltlicher Tätigkeiten das Dienst- und Werkvertragsrecht eingreift, sodass dort für eine extensive zusätzliche Anwendung des § 675 Abs. 1 BGB kein Bedürfnis besteht.[13]

Es erscheint jedoch zweifelhaft, ob die §§ 662 ff. BGB für jede Form unentgelt- **9** licher Tätigkeiten im Interesse eines anderen angemessene Vorschriften enthalten. Der Inhalt des Begriffes der Geschäftsbesorgung i. S. des § 662 BGB darf nicht allein aufgrund einer unentgeltlichen Erbringung der jeweiligen Tätigkeit uferlos ausgedehnt werden.[14] Dies entspräche nicht der Regelungssystematik des § 662 BGB, der Geschäftsbesorgung und Unentgeltlichkeit als zwei parallele Voraussetzungen des Auftrags benennt und nicht ersteren Begriff über letzteren definiert.

Zur Konturierung des Begriffes der Geschäftsbesorgung wird deshalb als **10** Alternative vorgeschlagen, die §§ 662 ff. BGB auf Tätigkeiten „höherer Art" zu beschränken, die ein gewisses Maß an Eigeninitiative und Selbstständigkeit erfordern.[15] Diese Eingrenzung kann sich zwar auf den Typus des Mandats im römischen Recht berufen, trifft aber nicht den eigentlichen Kern des Problems. Vielmehr muss es darum gehen, bloße Leistungen „an" einen anderen – die natürlich durchaus auch in dessen Interesse liegen, sonst würde er sie nicht annehmen – von den Leistungen „für" einen anderen abzugrenzen, bei denen der Beauftragte *unmittelbar* die Interessen eines anderen verfolgt und damit die für die Konfliktlösung der §§ 662 bis 674 BGB typische *Überlagerung der Interessensphären* eintritt.[16] Nur in diesem Fall, nicht aber bei einem bloßen Leistungstransfer seitens des tätig Werdenden entsteht die für das Auftragsrecht typische *engere Bindung*, die die Rechtsfolgenregelungen in den §§ 663 bis 674 BGB (persönliches Tätigwerden, Auskunftspflicht etc.) als Ausdruck einer besonderen Vertrauensstellung legitimiert. Dies spricht dafür, eine Geschäftsbesorgung i. S. des § 662 BGB in Anlehnung an die Rechtsprechung des RG nur anzunehmen, wenn der Beauftragte eine Tätigkeit erbringt, die bereits vor dem Abschluss des betreffenden Vertrages *zu dem Geschäftskreis des Auftraggebers gehörte*.[17] Auch der Wortlaut des § 662 BGB, nach dem das Geschäft „übertragen" wird, weist in diese Richtung.

Wann eine solche Zugehörigkeit zum Geschäftskreis vorliegt, ist nach den **11** Umständen des Einzelfalls zu ermitteln. Dafür sprechen insbesondere

---

[12] Einen kleinen Teilbereich decken die Regelungen für die unentgeltliche Verwahrung in den §§ 688 ff. BGB ab, die dem Auftragsrecht unstreitig als leges speciales vorgehen.

[13] *Esser/Weyers* BT 1, § 35 I 1, S. 310.

[14] Ebenso *Esser/Weyers* BT 1, § 35 I 1, S. 310.

[15] *Esser/Weyers* BT 1, § 35 I 1, S. 310; *Larenz* BT 1, § 56 I, S. 410.

[16] Siehe oben § 11 Rn. 2.

[17] RG 29.10.1919 RGZ 97, 61 (65 f.): Die Tätigkeit muss an und für sich der Sorge des Auftraggebers obliegen; ebenso *Harke* Rn. 417; *Jauernig/Mansel* § 662 Rn. 10; *Staudinger/Martinek/Omlor* (2017) Vorbem. zu §§ 662 ff. Rn. 26.

- eine rechtliche Verpflichtung des Auftraggebers, die Tätigkeit zu erbringen bzw. ihren Erfolg zu bewirken oder alternativ
- eine dahin gehende Obliegenheit nach den Lebensanschauungen oder
- eine bewusste Entscheidung des Auftraggebers, mit der dieser die Tätigkeit „zu seiner Angelegenheit macht".

Beispiele:

Jeder Steuerpflichtige ist verpflichtet, eine Steuererklärung einzureichen (auch wenn ihm die notwendigen Kenntnisse fehlen!), sodass die (unentgeltliche) Erstellung einer solchen Erklärung für einen anderen eine Geschäftsbesorgung i. S. des § 662 BGB darstellt. Gleiches gilt, wenn der Auftraggeber die Leistung eines Dritten erstrebt und den Beauftragten zu deren *Übermittlung* einsetzt (z. B. Auftrag, einen bestimmten Gegenstand für den Geschäftsherrn zu erwerben). In diesem Fall hat der Geschäftsherr durch das Erstreben der Leistung des Dritten deren Abwicklung „zu seiner Angelegenheit gemacht". Wenn er hierfür einen anderen einsetzt, wird Letzterer im Geschäftskreis des Geschäftsherrn, d. h. „für" diesen tätig.

12   Umgekehrt gehört es nach den Lebensanschauungen zwar zum Geschäftskreis eines jeden Menschen, sich zu bekleiden, nicht aber, sich einen bestimmten Anzug zu schneidern. Übernimmt dies ein anderer, so handelt es sich nicht um eine Leistung „für", sondern lediglich „an" einen anderen. In diesem Fall fehlt die typische Überlagerung der Interessensphären und es liegt keine Besorgung eines übertragenen Geschäfts vor. Die Stimmigkeit dieser Lösung zeigt sich schon dadurch, dass in diesem Fall typische Regelungen des Auftragsrechts deplaziert wären: Es ist regelmäßig bedeutungslos, ob diese Tätigkeit einem anderen übertragen wird (anders § 664 Satz 1 BGB); auch eine Rechenschaftspflicht des Schneiders (§ 666 BGB) erscheint unangemessen: Wichtig ist nur die erfolgreiche Tätigkeit als Leistung „an" den anderen. Derartige „reine" unentgeltliche Dienst- oder Werkleistungen unterfallen somit nicht dem Auftragsrecht,[18] sondern stellen atypische Verträge dar, auf die jeweils das Dienst- bzw. Werkvertragsrecht analog angewendet werden kann, soweit die betreffende Vorschrift nicht gerade an die Entgeltlichkeit anknüpft.[19]

13   Das vorstehende Kriterium ermöglicht zwar keine logisch zwingenden Abgrenzungen,[20] entspricht aber eher dem Regelungsgefüge der §§ 662 bis 674 BGB als der von der h. M. favorisierte konturenlose Begriff der Geschäftsbesorgung. Wird

---

[18] So aber *Schäfer* MünchKomm. § 662 Rn. 18: Der Auftrag umfasst den vollen Leistungsbereich des Dienst- und Werkvertrages.

[19] Siehe auch oben § 7 Rn. 18.

[20] Zu deren Nichterreichbarkeit ausführlich *Erman/K.P. Berger* § 662 Rn. 2 ff.

in diesem Sinn eine dem Geschäftskreis des Auftraggebers zugehörige Tätigkeit erbracht, steht es dem treuhänderischen Charakter des Auftrags nicht entgegen, wenn die Durchführung des Geschäftes auch im Interesse des Beauftragten liegt.[21] Bei derartigen Geschäften ist allerdings stets zu prüfen, ob die Parteien einzelne Rechte und Pflichten gegebenenfalls konkludent abweichend von den §§ 664 bis 670 BGB ausgestaltet haben. Dies ist wegen des von dem Beauftragten verfolgten Eigeninteresses insbesondere für die Verpflichtung des Auftraggebers zum Aufwendungsersatz (§ 670 BGB) zu erwägen.

2. Unentgeltlichkeit des Geschäftes

Konstitutives Element für den Auftrag ist nach § 662 BGB die Einigung über die Unentgeltlichkeit des Geschäftes; der Auftrag ist deshalb kein gegenseitiger Vertrag i. S. der §§ 320 ff. BGB. Bei einer entgeltlichen Geschäftsbesorgung, die aufgrund eines Dienst- oder Werkvertrages erbracht wird, finden die Vorschriften des Auftragsrechts nur Anwendung, soweit dies § 675 Abs. 1 BGB anordnet. Im Rahmen von Dienst- und Werkverträgen ist insbesondere zu berücksichtigen, dass nach den §§ 612, 632 BGB ein Entgelt als stillschweigend vereinbart gelten kann. Der Unentgeltlichkeit steht jede Gegenleistung des Auftraggebers entgegen, die dieser dem Beauftragten wegen der Übernahme der Geschäftsbesorgung gewährt und die über den Ersatz von Aufwendungen (§ 670 BGB) hinausgeht, der lediglich Einbußen des Beauftragten ausgleichen soll.[22] Hinsichtlich der weiteren Einzelheiten ist auf die Ausführungen zur Schenkung zu verweisen.[23]   **14**

Gemeinsam mit der Schenkung und der Leihe zählt der Auftrag zu den sog. Gefälligkeitsverträgen. Wie sich aus § 517 Alt. 1 BGB ergibt, bewirkt die vom Auftragnehmer geschuldete unentgeltliche Tätigkeit aber keine Vermögensminderung i. S. des § 516 Abs. 1 BGB, sodass das Schenkungsrecht auf den Auftrag weder direkt noch analog ergänzend anwendbar ist.[24] Das gilt auch für die Haftungsbeschränkung nach § 521 BGB, für die im Auftragsrecht keine vergleichbare Regelung existiert. Dieser Unterschied beruht auf der Besonderheit des Auftragsrechts, dass der Beauftragte in fremdem Interesse tätig wird und damit eine besondere Vertrauensstellung einnimmt, mit der eine Haftungserleichterung nicht vereinbar wäre.[25]   **15**

---

[21] BGH 17.5.1971 BGHZ 56, 204 (207); *Larenz* BT 1, § 56 I, S. 410; *Looschelders* Rn. 803; *Schäfer* MünchKomm. § 662 Rn. 44; *Staudinger/Martinek/Omlor* (2017) Vorbem. zu §§ 662 ff. Rn. 28.

[22] *Medicus/Lorenz* Rn. 849; *Schäfer* MünchKomm. § 662 Rn. 45 ff; *Staudinger/Martinek/Omlor* (2017) § 662 Rn. 5.

[23] Siehe oben § 4 Rn. 10 ff.

[24] *Brox/Walker* § 29 Rn. 8; *Schäfer* MünchKomm. § 662 Rn. 21; *Staudinger/Martinek/Omlor* (2017) § 662 Rn. 4

[25] BGH 22.6.1956 BGHZ 21, 102 (110); *Jauernig/Mansel* § 662 Rn. 14; *Staudinger/Martinek/Omlor* (2017) § 662 Rn. 42.

3. Verpflichtung des Beauftragten zur Ausführung

16   Hinzukommen muss schließlich, dass der Beauftragte sich verpflichtet, das an ihn herangetragene Geschäft auszuführen. Die Übernahme einer derartigen Verpflichtung zur Tätigkeit durch einen Vertrag gehört zu den konstitutiven Elementen des Auftrags.

17   Aus diesem Grund unterfallen dem Auftrag entgegen dem allgemeinen Sprachgebrauch zum einen nicht *einseitig erteilte Weisungen*, die lediglich eine aus einem anderen Vertragsverhältnis resultierende Leistungspflicht gemäß den §§ 315, 316 BGB konkretisieren.[26] Die damit verbundenen Abgrenzungsschwierigkeiten zeigen sich deutlich bei der aufgrund eines Girovertrages (= Zahlungsdiensterahmenvertrag i. S. des § 675f Abs. 2 BGB) durchgeführten Überweisung, die nach früherem Recht auch dann auf einem eigenständigen Vertrag (sog. Überweisungsvertrag, § 676a BGB a. F.) beruhte, wenn die Überweisung im Rahmen eines Girovertrages ausgeführt wurde (§ 676f Satz 1 BGB a. F.: „abgeschlossene Überweisungsverträge […] abzuwickeln"). Nach neuem Recht ist der Zahlungsdienstleister zwar ebenfalls aufgrund eines Zahlungsdiensterahmenvertrages verpflichtet, Zahlungsvorgänge für den Zahlungsdienstnutzer abzuwickeln (§ 675f Abs. 2 Satz 1 BGB); bei dem für den einzelnen Zahlungsvorgang notwendigen Zahlungsauftrag (§ 675f Abs. 4 BGB) handelt es sich nach verbreiteter Auffassung nunmehr entgegen der früheren Rechtslage jedoch um eine Weisung innerhalb des Zahlungsdiensterahmenvertrages.[27] Hiergegen und für den Abschluss eines Einzelzahlungsvertrages wird zwar angeführt, dass der Zahlungsvorgang (Überweisung) gegenüber dem Zahler nur dann rechtswirksam ist, wenn er diesem zugestimmt hat,[28] andererseits legt § 675n Abs. 1 Satz 1 BGB ausdrücklich fest, dass der Zahlungsauftrag bereits mit Zugang bei dem Zahlungsdienstleister des Zahlers wirksam wird.

18   Mittels des Verpflichtungsmomentes ist der Auftrag von den sog. Gefälligkeitsverhältnissen abzugrenzen.[29] Bei diesen erklärt sich eine Partei zwar ebenfalls bereit, im Interesse eines anderen ein bestimmtes Geschäft auszuführen, will sich hierzu aber nicht verpflichten. Insoweit fehlt ihr ein Rechtsbindungswille. Für dessen Ermittlung sind die allgemeinen Grundsätze maßgebend, sodass darauf abzustellen ist, ob der Leistungsempfänger aus dem Handeln des Leistenden unter den gegebenen Umständen nach Treu und Glauben auf einen Rechtsbindungswillen schließen durfte (§§ 133, 157 BGB),[30] wobei vor allem der Wert der Geschäftsbesorgung, deren wirtschaftliche Bedeutung und das erkennbare Interesse des Begünstigten

---

[26] *Larenz* BT 1, § 56 I, S. 410; *Medicus/Lorenz* Rn. 851; *Schlechtriem* Rn. 421.

[27] So z. B. *Casper* MünchKomm. § 675f Rn. 42; *Emmerich* § 12 Rn. 19; *Harke* Rn. 424; *Looschelders* Rn. 826; *Medicus/Lorenz* Rn. 889; *Staudinger/Omlor* (2012) § 675f Rn. 34.

[28] Deshalb den Zahlungsauftrag als eigenständigen Vertrag qualifizierend *Erman/v. Westphalen* § 675f Rn. 38. Auch aus Art. 248 § 12 Satz 1 EGBGB folgt indirekt, dass Einzelzahlungsverträge Gegenstand eines Zahlungsdiensterahmenvertrages sein können.

[29] Siehe auch *Larenz* BT 1, § 56 I, S. 411 f.; *Medicus/Lorenz* Rn. 854.

[30] Näher z. B. BGH 22.6.1956 BGHZ 21, 102 (106 f.); *Bork* Rn. 675 ff.; *Wolf/Neuner* § 28 Rn. 18 ff.

von Bedeutung sind. Sollte danach ein Vertrag zu verneinen sein, stellt sich gegebenenfalls die Streitfrage, ob in einem Gefälligkeitsverhältnis gleichwohl Schutzpflichten i. S. des § 241 Abs. 2 BGB bestehen können.[31]

4. Exkurs: Rat und Empfehlung

Die Abgrenzung zwischen rechtserheblichen Sonderverbindungen und bloßen **19** Gefälligkeitsverhältnissen betrifft auch die Regelung in § 675 Abs. 2 BGB zu den Haftungsfolgen bei der Erteilung eines – unrichtigen oder unvollständigen – Rates oder einer Empfehlung. Derjenige, der die Auskunft erteilt, ist danach „unbeschadet" eines Vertragsverhältnisses bzw. des Vorliegens einer unerlaubten Handlung oder einer speziellen Haftungsbestimmung zum Ersatz von Schäden nicht verpflichtet, die sich aus seiner Empfehlung ergeben.

Damit stellt § 675 Abs. 2 BGB lediglich deklaratorisch klar, dass ein Rat oder **20** eine Empfehlung nicht stets schon *als solche* Leistungspflichten oder Schutzpflichten i. S. des § 241 Abs. 2 BGB begründen, die bei ihrer schuldhaften Verletzung eine Schadensersatzhaftung gemäß den §§ 280 ff. BGB nach sich ziehen. Das schließt indes nicht aus, dass sich aus den *allgemeinen Kriterien* (Rechtsbindungswille etc.) das Vorliegen eines Auskunftsvertrages oder aber zumindest aus einem besonderen Kontakt Schutzpflichten nach § 241 Abs. 2 BGB mit den entsprechenden Haftungsfolgen ergeben können.[32]

Der daraus gezogenen Folgerung, dass kein „Sonderrecht" der Auskunftsertei- **21** lung existieren soll,[33] kann zwar im formal-dogmatischen Sinne insoweit zugestimmt werden, als die betreffenden Pflichten und Haftungsfolgen grundsätzlich dem allgemeinen Anspruchssystem zu entnehmen sind. Das Recht der Haftung für Rat und Empfehlung hat sich aber materiell in großen Teilen verselbstständigt, da Rechtsprechung und Lehre verschiedene Konzeptionen entwickelt haben, die die allgemeinen Kriterien für die Auskunftsproblematik nicht nur in spezifischer Weise konkretisieren, sondern auch fortbilden. In ihrer *Gesamtheit* tendieren diese Grundsätze der Auskunftshaftung zu einer gleichrangig neben Vertrags- und Deliktshaftung stehenden Vertrauenshaftung, auch wenn sie *im Einzelnen* stets auf eine Konkretisierung anerkannter Rechtsinstitute gestützt werden.[34] Diese Haftungskategorien, die zumeist die „Schwächen" des Deliktsrechts ausgleichen sollen,[35] können im Folgenden nur skizziert werden.[36]

---

[31] Dazu oben § 6 Rn. 11.

[32] *Esser/Weyers* BT 1, § 35 I 3c, S. 313; *Medicus/Lorenz* Rn. 877; *Heermann* MünchKomm. § 675 Rn. 122 f.; *Staudinger/Martinek/Omlor* (2017) § 675 Rn. C 12 ff.

[33] So *Heermann* MünchKomm. § 675 Rn. 113.

[34] *Canaris* Festschrift für Larenz, 1983, S. 77 ff.; *Esser/Weyers* BT 1, § 35 I 3c, S. 314 f.; *Schlechtriem* Rn. 497 f.

[35] Da die aus einer Auskunftserteilung entstehenden Schäden regelmäßig primäre Vermögensschäden darstellen, kommt insoweit zumeist nur § 826 BGB mit seinen restriktiven Voraussetzungen in Betracht.

[36] Ausführlicher *Larenz* BT 1, § 56 VI, S. 423 ff.; *Staudinger/Martinek/Omlor* (2017) § 675 Rn. C 12 ff.

22   Nach ständiger Rechtsprechung ist der stillschweigende Abschluss eines Auskunftsvertrages aufgrund eines Rechtsbindungswillens der Parteien in der Regel
zu bejahen, wenn die Auskunft einerseits erkennbar für den Empfänger von besonderer Bedeutung ist und andererseits der Erteilende – zumeist aufgrund seiner
herausgehobenen beruflichen oder sozialen Stellung – eine besondere Sachkunde
für sich in Anspruch nimmt.[37] Als Paradebeispiel können Auskünfte von Banken
außerhalb einer bestehenden Geschäftsbeziehung gelten. Liegt eine derartige Vertragsbeziehung bereits vor, dann ergibt sich der rechtsgeschäftliche Charakter der
Auskunft schon aus diesem Vertrag.[38] Ist ein Auskunftsvertrag zustande gekommen oder existiert ohnehin eine weitergehende Geschäftsbeziehung, dann ist der
Umfang der Pflicht, für deren schuldhafte Verletzung gehaftet wird, wiederum aus
den Gesamtumständen zu ermitteln, wobei insbesondere die strukturelle Informa-
tionsverteilung zwischen den Beteiligten von Bedeutung ist (z. B. bei spekulativen
Anlagegeschäften).[39] So muss z. B. eine Bank, *wenn* sie einem Nicht-Kunden Auskunft über die Solvenz eines ihrer Kunden erteilt, alle ihr verfügbaren Informationen berücksichtigen.

23   Wird eine vertragliche Schutzpflicht in Bezug auf den Rat oder die Empfehlung
bejaht, dann sind in deren Schutzbereich nach den allgemeinen Regeln des Vertrages mit Schutzwirkung zugunsten Dritter auch andere Personen einbezogen, an die
der unmittelbare Empfänger der Auskunft die Information *erkennbar* weitergeben
wollte.[40] Das betrifft insbesondere Gutachten über den Wert bestimmter Gegenstände, die der Auftraggeber des Gutachtens unter Zugrundelegung desselben an
eine andere Person veräußern will. Dabei soll nach der Rechtsprechung die Schutzwirkung zugunsten des Dritten nicht daran scheitern, dass der Vertragspartner des
Gutachters und der Dritte in Bezug auf die Bewertung des Gegenstandes gegenläufige Interessen haben: Auch wenn eine zu hohe Bewertung der jeweiligen Sache im
Interesse des Auftraggebers liegt (d. h. der Vertrag als solcher nicht verletzt wurde!),
soll der Gutachter dem Dritten als Käufer des Gegenstandes aufgrund pflichtwidriger Auskunft haften.[41] Dies überzeugt, wenn man das Rechtsinstitut des Vertrages mit Schutzwirkung zugunsten Dritter nicht auf eine ergänzende Auslegung des

---

[37] BGH 6.7.1993 BGHZ 123, 126 ff.; BGH 26.9.2000 BGHZ 145, 187 ff.; BGH 11.1.2007 NJW
2007, 1362 (1363). Für die Lösung dieser Fälle über ein gesetzliches Schuldverhältnis hingegen
Larenz BT 1, § 56 VI, S. 430 f.

[38] Dabei kann im Einzelfall eine korrekte Auskunft als Leistung geschuldet sein oder nur eine
Schutzpflicht i. S. des § 241 Abs. 2 BGB zur Vermeidung irreführender Empfehlungen bestehen.
Für die hier behandelte Haftungsfrage im Fall falscher Auskünfte hat diese Unterscheidung jedoch
kaum Auswirkungen. Wichtig wird diese jedoch, wenn die Frage zu entscheiden ist, *ob* eine Auskunft erteilt werden muss.

[39] BGH 06.07.1993 BGHZ 123, 126 ff.; *Heermann* MünchKomm. § 675 Rn. 123.

[40] BGH 26.11.1986 NJW 1987, 1758 (1759); BGH 11.10.1988 NJW 1989, 1029 (1030); zusam-
menfassender Überblick zur Entwicklung der Rechtsprechung in BGH 26.6.2001 NJW 2001, 3115
(3116 f.). Zur Haftung gegenüber Dritten für unrichtige Dienstzeugnisse i. S. des § 630 BGB siehe
oben § 7 Rn. 130 ff.

[41] BGH 10.11.1994 NJW 1995, 392 ff.; BGH 13.11.1997 NJW 1998, 1059 ff.

Vertrages, sondern eine aus § 242 BGB folgende Vertrauensbeziehung des Gutachters zu dem Dritten stützt.[42] Fehlt es aber an einer für den Auskunft Erteilenden erkennbaren Berührung des Dritten mit der Auskunft und damit an den Voraussetzungen für eine Erstreckung der Schutzwirkung, dann darf dies nicht durch die Annahme eines Auskunftsvertrages „mit dem, den es angeht" umgangen werden.[43]

Analog zu den Kriterien für den konkludenten Abschluss eines Auskunftsvertrages ist auch die Frage zu beantworten, wann eine Person, die die Auskunft im Namen eines Geschäftsherrn erteilt oder im Vorfeld der Erteilung mitwirkt, eigene Schutzpflichten i. S. des § 241 Abs. 2 BGB gegenüber dem Auskunftsempfänger hat (sog. Eigenhaftung des Vertreters bzw. Sachwalters). Hierzu ergibt sich aus § 311 Abs. 3 Satz 2 BGB,[44] dass für schuldhaft pflichtwidrige Informationen derjenige gemäß § 280 Abs. 1 BGB haftet, der gegenüber dem Auskunftsempfänger in besonderem Maße Vertrauen für sich in Anspruch genommen hat.[45] Das trifft z. B. für einen Anlagenvermittler zu, der ausdrücklich auf seine Sachkunde hinweist.[46] Einen besonderen Teilbereich dieser Eigenhaftung Dritter im Rahmen von Auskunftsverhältnissen bildet die bürgerlich-rechtliche Prospekthaftung.[47] Danach haften alle, die an der Erstellung von Emissionsprospekten für Publikums-Kommanditgesellschaften oder sog. Bauherrenmodelle unter Inanspruchnahme besonderen persönlichen Vertrauens mitwirken (Rechtsanwälte, Wirtschaftsprüfer etc.), den Adressaten des Prospekts nach Maßgabe des § 280 Abs. 1 BGB für Vollständigkeit und Richtigkeit der veröffentlichten Informationen.[48] **24**

III. Abschluss des Vertrages

Der Auftrag erfordert einen Konsens der Parteien nach den §§ 145 ff. BGB. Die rechtliche Verpflichtung des Beauftragten wird – wie § 662 BGB ausdrücklich festhält – mit der „Annahme" des Auftrags begründet. **25**

Eine in gewisser Hinsicht dem § 362 HGB nachgebildete Besonderheit legt § 663 BGB für den Vertragsschluss fest, wenn ein Antrag auf Abschluss eines Auftrages vorliegt. Grundsätzlich steht es dem Empfänger des Antrages frei, diesen **26**

---

[42] Vertiefend zur gesamten Problematik in diesem Zusammenhang *Canaris* JZ 1995, 441 ff.

[43] BGH 20.1.1954 BGHZ 12, 105 (108 f.); *Heermann* MünchKomm. § 675 Rn. 124; *Staudinger/Martinek/Omlor* (2017) § 675 Rn. C 32.

[44] Es handelt sich um eine „sonstige gesetzliche Bestimmung" i. S. des § 675 Abs. 2 BGB.

[45] Dazu allgemein BT-Drucks. 14/6040, S. 163 sowie speziell zur Eigenhaftung Dritter bei Auskunftserteilung *Heermann* MünchKomm. § 675 Rn. 128.

[46] BGH 3.10.1989 NJW 1990, 389 f.

[47] Vgl. zur Prospekthaftung für öffentlich angebotene Vermögensanlagen die §§ 20 ff. VermAnlG; siehe ferner § 306 Abs. 1 KAGB im Hinblick auf den Vertrieb Alternativer Investmentfonds (AIF).

[48] BGH 24.4.1978 BGHZ 71, 284 ff.; BGH 31.5.1990 BGHZ 111, 314 ff.; *Esser/Weyers* BT 1, § 35 I 3c, S. 315.

anzunehmen. Nur unter den besonderen, in § 663 BGB genannten Voraussetzungen muss der Empfänger des Angebots seine Vertragsablehnung unverzüglich (vgl.
§ 121 Abs. 1 Satz 1 BGB) anzeigen. Dies trifft denjenigen, der zur Besorgung
gewisser Geschäfte öffentlich bestellt ist (§ 663 Satz 1 Alt. 1 BGB)[49] sowie denjenigen, der sich zu ihrer Erbringung öffentlich (§ 663 Satz 1 Alt. 2 BGB)[50] oder gerade
gegenüber dem potenziellen Auftraggeber erboten hat (§ 663 Satz 2 BGB), wenn
dieser ein inhaltlich dem „Erbieten" oder der öffentlichen Bestellung entsprechendes Vertragsangebot unterbreitet.

27   Keine ausdrückliche Regelung trifft das Gesetz zu den Rechtsfolgen, wenn die
Ablehnungsanzeige – die als rechtsgeschäftsähnliche Handlung den §§ 104 ff.
BGB analog unterliegt[51] – unterbleibt oder den Empfänger verspätet erreicht. Damit
weicht § 663 BGB in einem zentralen Aspekt von § 362 HGB ab, der in Abs. 1 ausdrücklich festlegt, dass das Schweigen des Empfängers als Annahme des Antrages
gilt. Aus dieser Rechtsfolge in § 362 HGB ist im Umkehrschluss abzuleiten, dass
das Schweigen im Anwendungsbereich des § 663 BGB nicht zur Entstehung eines
Auftragsverhältnisses zwischen den Parteien führt.[52] § 663 BGB modifiziert somit
letztlich *nicht* die allgemeinen Voraussetzungen für einen Vertragsschluss.

28   Gleichwohl bleibt eine Verletzung des § 663 BGB nicht sanktionslos. Vielmehr
konkretisiert das Gesetz mit dieser Vorschrift vorvertragliche Verhaltenspflichten,
sodass die unterlassene oder verspätete Anzeige zu Schadensersatzansprüchen nach
den §§ 311 Abs. 2, 280 Abs. 1 BGB führen kann,[53] die jedoch stets auf das negative
Interesse begrenzt sind.[54] Zu ersetzen ist dem Anbietenden deshalb nur der Schaden,
der ihm dadurch entstanden ist, dass er wegen der unterbliebenen oder verspäteten
Anzeige auf das Zustandekommen des Auftrags vertraut und gegebenenfalls eine
günstige Ersatzbeschaffung nicht wahrgenommen hat.[55] Die weitergehende Zubil-
ligung des positiven Interesses würde die im Umkehrschluss aus § 362 HGB abzuleitende Wertung des Gesetzes konterkarieren, sodass ein Verstoß gegen § 663 BGB
keine Erfüllungsansprüche begründet. Der Antragende darf aber durch den Schadensersatz nicht besser gestellt werden, als er stünde, wenn der Auftrag zustande
gekommen wäre (§§ 122 Abs. 1, 179 Abs. 2 BGB analog).[56]

---

[49] Etwa einen Fremdenverkehrsverein in Bezug auf Zimmernachweise.

[50] Z. B. durch Inserate in Zeitungen oder im Internet.

[51] *Schäfer* MünchKomm. § 663 Rn. 11; *Staudinger/Martinek/Omlor* (2017) § 663 Rn. 11.

[52] *Schäfer* MünchKomm. § 663 Rn. 12; *Staudinger/Martinek/Omlor* (2017) § 663 Rn. 14.

[53] BGH 17.10.1983 NJW 1984, 866 (867); *Larenz* BT 1, § 56 II, S. 414; *Looschelders* Rn. 801;
Medicus/Lorenz Rn. 855; *Schlechtriem* Rn. 499; *Schäfer* MünchKomm. § 663 Rn. 12; *Staudinger/
Martinek/Omlor* (2017) § 663 Rn. 13.

[54] *Esser/Weyers* BT 1, § 35 II 1, S. 316; *Looschelders* Rn. 801; *Schäfer* MünchKomm. § 663 Rn. 12;
Staudinger/Martinek/Omlor (2017) § 663 Rn. 14.

[55] *Jauernig/Mansel* § 663 Rn. 3; *Medicus/Lorenz* Rn. 855.

[56] RGRK/*Steffen* § 663 Rn. 10; a. A. *Schäfer* MünchKomm. § 663 Rn. 12; *Staudinger/Martinek/
Omlor* (2017) § 663 Rn. 14.

Die Einhaltung einer bestimmten Form schreibt das Gesetz für den Auftrags- **29** vertrag nicht vor. Die Formvorschrift des § 311b Abs. 1 BGB greift jedoch ein, wenn ein Beauftragter im eigenen Namen, aber für Rechnung des Auftraggebers ein Grundstück erwerben soll (mittelbare Stellvertretung). In diesem Fall bedürfen – jeweils mit der Heilungsmöglichkeit des § 311b Abs. 1 Satz 2 BGB – die Pflicht des Beauftragten, das Grundstück zu erwerben, sowie die Pflicht des Auftraggebers, es diesem später abzunehmen, der notariellen Beurkundung. Das gilt jedoch nicht für die Pflicht des Beauftragten, das Grundstück an den Auftraggeber weiter zu über- eignen, da er von vornherein nur „Zwischeneigentum" erwerben sollte, sodass es insoweit keiner besonderen Warnung bedarf.[57]

IV. Pflichten des Beauftragten

1. Durchführung des Auftrags

Die Hauptleistungspflicht des Beauftragten umfasst, das ihm übertragene Geschäft **30** im Interesse des Auftraggebers durchzuführen (§ 662 BGB).[58] Hiermit korrespon- diert ein Anspruch des Auftraggebers gegenüber dem Beauftragten auf Durchfüh- rung des Auftrags (vgl. § 664 Abs. 2 BGB). Dabei hat der Beauftragte neben den in den §§ 665 bis 668 BGB genannten Pflichten nach § 241 Abs. 2 BGB die *Interessen* des Auftraggebers bestmöglich unter Berücksichtigung des *Zwecks des Auftrags* zu wahren.[59] Hierzu können z. B. eine Einarbeitung in die Angelegenheit sowie Diskre- tion gehören.[60] Allerdings besteht diese Interessenwahrungspflicht nicht in einem umfassenden Sinne, sondern ist begrenzt auf die Durchführung des dem Beauftrag- ten übertragenen Geschäftes.

Da der Auftrag auf die Wahrung der Interessen des Auftraggebers ausgerichtet **31** ist, besteht in der Regel zwischen ihm und dem Beauftragten ein Vertrauensverhält- nis.[61] Wer sich dafür entscheidet, ein im eigenen Interesse liegendes Geschäft durch einen anderen besorgen zu lassen, legt im Zweifel besonderes Gewicht auf die Person des Beauftragten, seine Vertrauenswürdigkeit und Zuverlässigkeit. Hieraus zieht § 664 Abs. 1 Satz 1 BGB die Konsequenz und errichtet ein Substitutions- verbot, über das die Vertragsparteien allerdings („im Zweifel") disponieren dürfen. Es schließt ohnehin – wie § 664 Abs. 1 Satz 3 BGB zeigt – nicht aus, dass der

---

[57] Zum Ganzen BGH 5.11.1982 BGHZ 85, 245 (248 ff.).

[58] *Larenz* BT 1, § 56 II, S. 413; *Medicus/Lorenz* Rn. 862; *Schlechtriem* Rn. 502.

[59] *Larenz* BT 1, § 56 II, S. 413; siehe aber auch *Schäfer* MünchKomm. § 662 Rn. 51 f., der die allgemeine Interessenwahrungspflicht bereits unmittelbar aus § 662 BGB ableitet und zudem (Rn. 55) eine Optimierungspflicht ablehnt.

[60] Ebenso für eine Verschwiegenheitspflicht *Schäfer* MünchKomm. § 662 Rn. 57.

[61] *Fikentscher/Heinemann* Rn. 1248; *Larenz* BT 1, § 56 II, S. 413 f.; siehe auch *Schäfer* Münch- Komm. § 662 Rn. 2.

Beauftragte bei der Besorgung des Geschäfts Gehilfen hinzuzieht,[62] sodass § 664 Abs. 1 Satz 1 BGB nur untersagt, einem Dritten die Durchführung des Auftrags in eigener Verantwortung zu überlassen. Eine derartige „Übertragung" ist materiell zu definieren und liegt unabhängig von einem formellen Übertragungsakt vor, wenn dem Dritten intern oder extern die Besorgung des Geschäfts vollständig oder teilweise zur selbstständigen und eigenverantwortlichen Erledigung übertragen wird.[63] In diesem Fall würde der Dritte in die Stellung des Beauftragten einrücken,[64] was jedoch nicht mit dem Vertrauensverhältnis zum Auftraggeber im Einklang steht. Umgekehrt legt § 664 Abs. 2 BGB folgerichtig fest, dass auch der Auftraggeber den Anspruch auf Ausführung des Auftrags im Zweifel nicht auf einen anderen übertragen darf.

32   Der Auftrag beschränkt sich auf die schuldrechtliche Beziehung zwischen Auftraggeber und Beauftragtem. Benötigt Letzterer zur Durchführung des Auftrags die Rechtsmacht, Willenserklärungen mit Wirkung für und gegen den Auftraggeber abzugeben, dann bedarf es hierfür einer eigenständigen Vollmacht (§ 167 BGB). Allerdings muss der Auftraggeber diese nicht ausdrücklich erklären. Gegebenenfalls ist sie bereits konkludent mit dem Abschluss des Auftragsvertrages erteilt, wenn der Beauftragte im Namen des Auftraggebers handeln soll.[65] Wegen der Abstraktheit der Vollmacht vom jeweiligen Innenverhältnis schlägt in diesem Fall ein bloßes Überschreiten der internen Geschäftsbesorgungsbefugnis jedoch nur nach den Grundsätzen über den Missbrauch der Vertretungsmacht auf das Außenverhältnis durch.[66] Soll der Beauftragte gegenüber Dritten hingegen im eigenen Namen handeln, liegt ein Fall sog. mittelbarer Stellvertretung vor, bei der die aus der Geschäftsbesorgung erwachsenden Rechtspositionen (z. B. Erwerb eines Gegenstandes) zunächst den Beauftragten selbst treffen und erst nachträglich im Verhältnis zum Auftraggeber abzuwickeln sind (siehe insbesondere die §§ 667, 670 BGB).[67]

2. Weisungsgebundenheit des Beauftragen

33   Wegen des fremdnützigen Charakters des Auftrags und der in § 241 Abs. 2 BGB fundierten Interessenwahrungspflicht muss der Beauftragte im Hinblick auf die Durchführung des Auftrags Weisungen des Auftraggebers befolgen.[68] Nur vor

---

[62] Für die allg. Ansicht *Looschelders* Rn. 804; *Staudinger/Martinek/Omlor* (2017) § 664 Rn. 2, 16 f.

[63] BGH 17.12.1992 NJW 1993, 1704 (1705); *Esser/Weyers* BT 1, § 35 II 2, S. 316; in diesem Sinne auch *Schäfer* MünchKomm. § 664 Rn. 6: Substitution, wenn der Dritte bei wesentlichem Teil der Auftragsausführung an die Stelle des Beauftragten tritt.

[64] Treffend insoweit auch *Schäfer* MünchKomm. § 664 Rn. 6.

[65] *Larenz* BT 1, § 56 I, S. 413; *Staudinger/Martinek/Omlor* (2017) Vorbem. zu §§ 662 ff. Rn. 34.

[66] Dazu *Bork* Rn. 1573 ff.; *Wolf/Neuner* § 49 Rn. 102 ff.

[67] Siehe auch *Schäfer* MünchKomm. § 662 Rn. 28.

[68] *Larenz* BT 1, § 56 II, S. 415; *Medicus/Lorenz* Rn. 863; *Schäfer* MünchKomm. § 665 Rn. 1; *Schlechtriem* Rn. 503; *Staudinger/Martinek/Omlor* (2017) § 665 Rn. 1.

diesem Hintergrund ist § 665 BGB verständlich, der den Beauftragten lediglich unter engen Voraussetzungen berechtigt, von den Weisungen des Auftraggebers abzuweichen. Dies setzt denknotwendig voraus, dass der Beauftragte im Normalfall an die Weisungen des Auftraggebers gebunden ist.

Eine Abweichung von den Weisungen des Auftraggebers ist dem Beauftragten **34** nur in Bezug auf Umstände gestattet, die bei deren Erteilung nicht vorhergesehen wurden und bei denen deshalb nicht auszuschließen ist, dass der Auftraggeber seine Weisung bei Kenntnis der Umstände revidieren oder modifizieren würde. In dieser Situation entspricht es gerade dem besonderen Interessenwahrungscharakter des Auftrags, wenn der Beauftragte nicht im „blinden Gehorsam" an der einmal erteilten Weisung festhält, sondern überprüft, ob das Interesse des Auftraggebers eine Abweichung gebietet („denkender Gehorsam").[69] Allerdings berechtigt § 665 Satz 1 BGB ihn nur dann zu einer Abweichung von der ursprünglich erteilten Weisung, wenn der Beauftragte den Umständen nach damit rechnen darf, dass der Auftraggeber mit der konkreten Abweichung einverstanden ist.

Die Interessenwahrungspflicht gebietet es jedoch auch unter diesen Umständen, **35** dass der Auftraggeber soweit als möglich Herr des Geschehens bleibt und selbst entscheidet, ob er an der Weisung festhält oder von dieser abweicht. Das stellt § 665 Satz 2 BGB ausdrücklich klar, indem er den Beauftragten zunächst zu einer Anzeige an den Auftraggeber verpflichtet, wenn er von dessen Weisung abweichen will, und ihn zudem im Grundsatz zwingt, die Entscheidung des Auftraggebers abzuwarten.

Das Gesetz schweigt allerdings zu den Rechtsfolgen, wenn auch nach Ablauf **36** einer angemessenen Frist keine Entscheidung des Auftraggebers vorliegt. Nach einer verbreiteten Ansicht im Schrifttum soll der Beauftragte in diesem Fall eigenmächtig von der Weisung abweichen dürfen.[70] Trotz des Interessenwahrungscharakters des Auftrags ist dem zuzustimmen, da die Pflicht des Beauftragten zur Durchführung des Auftrags unverändert besteht und der Auftraggeber mit dem Verstreichenlassen der Frist zu erkennen gibt, dass er an der uneingeschränkten Durchführung der ursprünglich erteilten Weisung kein Interesse hat oder mit dem Vorgehen des Beauftragten einverstanden ist.

Zu einem *sofortigen* Abweichen von einer Weisung des Auftraggebers berechtigt **37** § 665 Satz 2 BGB den Beauftragten nur, wenn die andernfalls eintretende Zeitverzögerung mit einer Gefahr verbunden ist. Aufgrund seiner Interessenwahrungspflicht ist er hierzu unter Umständen sogar verpflichtet.[71] Wenn die Art der Gefahr nicht nur ein Abwarten der Entschließung des Auftraggebers, sondern bereits eine vorherige Anzeige der Abweichung ausschließt, ist diese gemäß § 666 BGB nachzuholen.[72]

---

[69] *Esser/Weyers* BT 1, § 35 II 2, S. 316.

[70] So *Palandt/Sprau* § 665 Rn. 6; *Staudinger/Martinek/Omlor* (2017) § 665 Rn. 12; a. A. *Schäfer* MünchKomm. § 665 Rn. 19.

[71] *Medicus/Lorenz* Rn. 863; *Schäfer* MünchKomm. § 665 Rn. 22.

[72] *Brox/Walker* § 29 Rn. 12; *Looschelders* Rn. 805; *Staudinger/Martinek/Omlor* (2017) § 665 Rn. 23.

Auch in diesen Sonderfällen bleibt der Beauftragte jedoch an § 665 Satz 1 BGB gebunden, d. h. er darf selbst bei einer Gefahr nur nach Maßgabe des hypothetischen Willens des Auftraggebers von dessen Weisung abweichen.[73]

3. Informationspflichten

38 Zum Ausdruck kommen die Interessenwahrungspflichten des Beauftragten zudem in den Informationspflichten gegenüber dem Auftraggeber, die § 666 BGB normiert. Diese konkretisieren die Treuepflicht des Beauftragten, sind aber nicht abschließend; die Vorschrift verwehrt es deshalb nicht, aus § 242 BGB zusätzliche Informationspflichten des Beauftragten abzuleiten.[74] Umgekehrt finden die in § 666 BGB genannten Informationspflichten ihre Schranke in § 242 BGB.[75] Im Einzelnen begründet § 666 BGB eine Benachrichtigungspflicht, eine Auskunfts- und eine Rechenschaftspflicht.

39 Die Pflicht des Beauftragten zur *Benachrichtigung* fasst § 666 BGB bewusst vage; auch der dort ausdrücklich i. S. einer Begrenzung angesprochene Erforderlichkeitsgrundsatz trägt nur wenig zur Präzisierung bei. Deshalb ist der konkrete Inhalt der Benachrichtigungs- bzw. Anzeigepflicht vor allem aus der Fremdnützigkeit des Auftrags sowie aus dem Gegenstand des zu besorgenden Geschäftes abzuleiten. Eine derartige Benachrichtigung bezweckt vor allem, dem Auftraggeber die Erteilung oder Präzisierung von Weisungen zu ermöglichen. Als speziellen Fall regelt bereits § 665 Satz 2 BGB die Pflicht zur Anzeige, wenn der Beauftragte von Weisungen des Auftraggebers abweichen will. Von sich aus muss der Beauftragte dem Auftraggeber alle Umstände mitteilen, die geeignet sind, dessen Interessen im Hinblick auf das zu besorgende Geschäft zu berühren.[76] Die betreffende Information ist unverzüglich (vgl. § 121 Abs. 1 Satz 1 BGB) weiterzugeben.[77]

40 Die Pflicht zur *Auskunft* besteht aufgrund eines Verlangens des Auftraggebers. In diesem Fall muss der Beauftragte jederzeit Auskunft über den Stand der Ausführung des Auftrags erteilen. Seine Grenze findet das Auskunftsrecht in § 242 BGB; insbesondere muss der Auftraggeber sein Auskunftsverlangen auf ein berechtigtes Interesse stützen können und die begehrte Auskunft darf für den Beauftragten nicht unzumutbar sein.[78] Deshalb ist die Information z. B. nicht geschuldet bei der Gefahr einer Verwendung zu vertragsfremden Zwecken[79] oder wenn feststeht, dass

---

[73] BGH 7.10.1976 VersR 1977, 421 (423); *Medicus/Lorenz* Rn. 863; *Schäfer* MünchKomm. § 665 Rn. 21.

[74] *Schlechtriem* Rn. 504.

[75] Siehe *Schäfer* MünchKomm. § 666 Rn. 12.

[76] *Erman/K.P. Berger* § 666 Rn. 9; *Schäfer* MünchKomm. § 666 Rn. 21.

[77] RGRK/*Steffen* § 666 Rn. 4; *Schäfer* MünchKomm. § 666 Rn. 5.

[78] BGH 16.5.1984 WM 1984, 1164 (1165); *Schäfer* MünchKomm. § 666 Rn. 9; *Staudinger/Martinek/Omlor* (2017) § 666 Rn. 10.

[79] BGH 28.10.1953 BGHZ 10, 385 (387).

der Gläubiger aufgrund der Information keinesfalls etwas fordern könnte.[80] In derartigen Fällen mangelt es an einer Geschäftsbezogenheit der Information. Andererseits kann der Beauftragte eine geschäftsbezogene Auskunft selbst dann nicht unter Rückgriff auf § 242 BGB verweigern, wenn er sich bei wahrheitsgemäßer Information einer strafbaren Handlung bezichtigen müsste.[81] Betrifft die geforderte Auskunft einen Inbegriff von Gegenständen (z. B. die Gesamtheit der aus der Ausführung des Auftrags erlangten Sachen), so gilt ergänzend § 260 BGB.

Eine Pflicht zur umfassenden *Rechenschaft* sieht § 666 BGB erst vor, wenn der Auftrag ausgeführt wurde. Zuvor kann der Auftraggeber lediglich die weniger umfangreiche Auskunft verlangen.[82] Konkretisiert wird die Rechenschaftspflicht in § 259 Abs. 1 BGB: Danach hat der Beauftragte dem Auftraggeber die Einnahmen und Ausgaben zusammenzustellen und gegebenenfalls die hierzu gehörenden Belege vorzulegen. Unter Umständen muss der Beauftragte auch an Eides statt versichern, dass er die Einnahmen nach bestem Wissen vollständig angegeben hat (§ 259 Abs. 2 BGB). **41**

4. Herausgabepflicht

Während und nach der Durchführung des Auftrags trifft den Beauftragten eine umfassende Herausgabepflicht (§ 667 BGB), die ebenfalls der Besonderheit des Auftrags Rechnung trägt, dass dessen Durchführung im Interesse des Auftraggebers liegt. Sie umfasst alle Gegenstände, die der Beauftragte in einem inneren Zusammenhang mit der Geschäftsbesorgung, d. h. zu (§ 667 Alt. 1 BGB) oder aus (§ 667 Alt. 2 BGB) deren Ausführung erhalten und nicht zu deren ordnungsgemäßer Ausführung verbraucht hat.[83] **42**

Die Herausgabepflicht besteht unabhängig von der Person, von der der Beauftragte etwas erlangt hat. Es kann sowohl der Auftraggeber als auch ein Dritter sein, wobei es gleichgültig ist, ob der Dritte dem Beauftragten etwas auf Veranlassung des Auftraggebers gegeben oder ob der Beauftragte etwas von dem Dritten bei der Durchführung des Auftrags erlangt hat. Der Behebung von Unklarheiten über das vom Beauftragten aus der Geschäftsbesorgung Erlangte dient die Auskunfts- und Rechenschaftspflicht nach § 666 BGB. **43**

In gegenständlicher Hinsicht grenzt § 667 BGB die Herausgabepflicht nicht ein. Deshalb bezieht sich diese auf bewegliche und unbewegliche Sachen sowie Rechte. Es kann sich insbesondere um Unterlagen und ähnliche Gegenstände handeln, die der Beauftragte von dem Auftraggeber zur Durchführung des Auftrags erhalten hat.[84] Nach dem Zweck des Auftragsverhältnisses sind aber derartige Gegenstände **44**

---

[80] BGH 4.10.1989 BGHZ 108, 393 (399).
[81] BGH 30.11.1989 NJW 1990, 510 (511).
[82] Siehe aber zu langfristig angelegten Auftragsverhältnissen BGH 16.5.1984 WM 1984, 1164 (1165).
[83] *Schäfer* MünchKomm. § 667 Rn. 9; *Staudinger/Martinek/Omlor* (2017) § 667 Rn. 5.
[84] Für Handakten eines Rechtsanwalts siehe § 50 BRAO und BGH 30.11.1989 BGHZ 109, 260 (264).

solange nicht herauszugeben, wie der Beauftragte diese für die Durchführung der Geschäftsbesorgung – vorbehaltlich einer Kündigung des Auftrags[85] – benötigt (vgl. § 271 Abs. 1 BGB).[86] Darüber hinaus unterliegen gezogene Nutzungen sowie Schadensersatz- oder Rückerstattungsansprüche der Herausgabepflicht.

45   Ebenso sind Geld und Forderungen, die der Beauftragte aus oder bei der Durchführung des Auftrags von Dritten erlangt hat, an den Auftraggeber herauszugeben.[87] Hierzu können zwecks umfassender Wahrung der Interessen des Auftraggebers auch Schmiergelder gehören, die der Beauftragte ohne Billigung des Auftraggebers von Dritten im Zusammenhang mit der Durchführung des Auftrags entgegengenommen hat.[88] Da es sich aber bei § 667 BGB auch in den Fällen der Erlangung von Geld um einen Herausgabeanspruch in Bezug auf das „Erlangte" ohne Differenzierung nach seiner Gestalt und nicht um eine funktionelle Geldschuld handelt, finden die Regelungen des § 270 BGB (insbesondere die Gefahrtragungsregelung des Abs. 1) auf den Beauftragten keine Anwendung.[89]

46   Der konkrete Inhalt des Herausgabeanspruchs richtet sich nach der Rechtsstellung des Beauftragten. Ist er lediglich Besitzer, was insbesondere bei beweglichen Sachen in Betracht kommt, die er von dem Auftraggeber erhalten oder in dessen Namen gemäß § 164 Abs. 1 BGB erworben hat, dann verpflichtet § 667 BGB den Beauftragten dazu, den Besitz an den Auftraggeber zu übertragen (§ 854 BGB). Hat er hingegen Eigentum erlangt, z. B. beim Erwerb einer Sache zwar für Rechnung des Auftraggebers, aber im eigenen Namen (mittelbare Stellvertretung), dann muss er nach § 667 BGB diejenigen Handlungen vornehmen, die erforderlich sind, um das Eigentum auf den Auftraggeber zu übertragen; bewegliche Sachen muss er nach § 929 BGB übereignen und bei Grundstücken die Auflassung erklären (§ 925 BGB). Erlangte Forderungen, zu denen auch solche auf Schadensersatz gegenüber Dritten zählen können, sind an den Auftraggeber nach § 398 BGB abzutreten.

5. Pflichtverletzungen des Beauftragten

47   Verletzt der Beauftragte seine Pflichten aus den §§ 662, 664 ff. BGB, dann richten sich die Rechtsfolgen nach den Vorschriften des Allgemeinen Schuldrechts. Da der Besorgung des Geschäfts durch den Beauftragten wegen der Unentgeltlichkeit des Auftrags keine Gegenleistung des Auftraggebers gegenübersteht, gelangen nicht die

---

[85] Dazu unten § 11 Rn. 72 f.

[86] *Larenz* BT 1, § 56 II, S. 416; *Schlechtriem* Rn. 437; *Schäfer* MünchKomm. § 667 Rn. 19.

[87] Exemplarisch BGH 7.10.1994 NJW 1994, 3346 f.

[88] Siehe hierzu BGH 5.12.1990 NJW-RR 1991, 483 (484); *Esser/Weyers* BT 1, § 35 III, S. 317 f.; *Looschelders* Rn. 808; a. A. *Schäfer* MünchKomm. § 667 Rn. 12: die Vorteile gebühren nicht dem Auftraggeber.

[89] BGH 14.7.1958 BGHZ 28, 123 (127 ff.); *Schäfer* MünchKomm. § 667 Rn. 19; differenzierend *Staudinger/Martinek/Omlor* (2017) § 667 Rn. 17.

§§ 320 ff. BGB zur Anwendung.[90] Verletzt der Beauftragte seine Leistungspflichten (§§ 662, 666, 667 BGB), dann haftet er nach Maßgabe des § 280 Abs. 2 und 3 BGB i. V. mit den §§ 281 ff. BGB auf Schadensersatz statt der Leistung. Bei Schutzpflichtverletzungen (insbesondere § 665 Satz 2 BGB) greift § 280 Abs. 1 BGB ein.

Der Beauftragte hat grundsätzlich für jede schuldhafte Verletzung seiner Pflichten einzustehen, insbesondere haftet er unabhängig von dem Grad der Fahrlässigkeit. Im Gegensatz zu anderen unentgeltlichen Verträgen verzichtet das Auftragsrecht auf eine generelle Haftungsprivilegierung zugungsten des Beauftragten. Die §§ 662 ff. BGB beschränken dessen Haftung weder auf Vorsatz und grobe Fahrlässigkeit noch auf die Sorgfalt, die er in eigenen Angelegenheiten anzuwenden pflegt. Der Grund hierfür liegt in der besonderen Vertrauensstellung des Beauftragten.[91] Nur wenn die Geschäftsbesorgung der Abwehr einer dringenden Gefahr dient und somit der Beauftragte seine Tätigkeit unter besonderem Druck verrichtet, ist analog § 680 BGB die Haftung für einfache Fahrlässigkeit ausgeschlossen.[92] Im Übrigen bleibt es den Vertragsparteien vorbehalten, sich unter Beachtung der Grenze in § 276 Abs. 3 BGB (kein Ausschluss der Haftung wegen Vorsatz) auf eine Haftungsbeschränkung zu verständigen (zu den Schranken bei Allgemeinen Geschäftsbedingungen des Beauftragten siehe § 309 Nr. 7 lit. b BGB).[93] **48**

Für das Verhalten von Gehilfen bei der Ausführung des Auftrags hat der Beauftragte nach § 278 BGB einzustehen, was § 664 Abs. 1 Satz 3 BGB ausdrücklich klarstellt. Insoweit kann die Haftung des Beauftragten allerdings vollständig ausgeschlossen werden (§ 278 Satz 2 BGB; siehe aber die Einschränkung durch § 309 Nr. 7 BGB bei Allgemeinen Geschäftsbedingungen). **49**

Eine haftungsrechtliche Besonderheit gilt bei der *Substitution* (§ 664 Abs. 1 BGB). Geschah diese *im Einvernehmen* mit dem Auftraggeber, dann trägt § 664 Abs. 1 Satz 2 BGB dem Umstand Rechnung, dass der Substitut den Auftrag selbstständig und eigenverantwortlich ausführt: Der Beauftragte hat lediglich für ein Auswahl- und Einweisungsverschulden einzustehen. Daraus folgt zugleich, dass er für ein Verschulden des Substituten bei der Ausführung des Auftrags nicht haftet.[94] Hierbei handelt es sich im dogmatischen Sinn allerdings nicht um einen Haftungsausschluss, **50**

---

[90] *Esser/Weyers* BT 1, § 35 I 3a, S. 312; *Looschelders* Rn. 801; *Medicus/Lorenz* Rn. 848; *Schlechtriem* Rn. 491.

[91] Siehe oben § 11 Rn. 15.

[92] *Harke* Rn. 419; *Palandt/Sprau* § 662 Rn. 11; *Schäfer* MünchKomm. § 662 Rn. 71.

[93] Sehr weitgehend *Esser/Weyers* BT 1, § 35 II 4, S. 317, der über § 157 BGB der Vereinbarung „oft" eine Milderung der Haftung auf „Sorgfalt wie in eigenen Angelegenheiten" entnimmt.

[94] Der Auftraggeber ist deshalb auf Ersatzansprüche gegen den Substituten beschränkt, mit dem er in der Regel keinen Vertrag geschlossen hat. Neben einer deliktischen Haftung ist aber zu erwägen, ob zwischen Beauftragtem und Substituten eine Vertragsbeziehung existiert, die als Vertrag zugunsten Dritter (hier: des Auftraggebers) qualifiziert werden kann. Scheidet der letztgenannte Weg aus, dann kommt in Betracht, dass der Beauftragte den Schaden des Auftraggebers bei dem Substituten im Wege der Drittschadensliquidation geltend macht; auf eine Abtretung dieses Ersatzanspruchs hat der Auftraggeber nach § 667 BGB einen Anspruch (siehe *Staudinger/Martinek/ Omlor* [2017] § 664 Rn. 15).

sondern das Gesetz trägt dem Umstand Rechnung, dass der Beauftragte bei erlaubter Substitution die ordnungsgemäße Durchführung der Geschäftsbesorgung selbst bereits *nicht schuldet*.[95] Aus abweichenden Umständen kann sich allerdings eine Überwachungspflicht des Beauftragten über den Substituten ergeben.[96]

51   Anders ist die Rechtslage bei einem *Verstoß gegen das Substitutionsverbot* des § 664 Abs. 1 Satz 1 BGB, wenn die Substitution also ohne Gestattung des Auftraggebers erfolgte. In diesem Fall haftet der Beauftragte bereits wegen des Verstoßes gegen das Substitutionsverbot und hat für alle Schäden einzustehen, die der „Substitut" verursacht, gleichgültig, ob dieser seinerseits pflichtwidrig gehandelt hat oder ihn ein Verschulden trifft.[97]

V. Pflichten des Auftraggebers

1. Aufwendungsersatz

a) Überblick

52   Die Durchführung des Auftrags erfolgt im Interesse des Auftraggebers und kann damit verbunden sein, dass dem Beauftragten bei der Besorgung des Geschäfts Kosten entstehen. Der typischen Interessenlage beim Auftrag entspricht es, dass § 670 BGB den Auftraggeber zum Ersatz dieser Aufwendungen verpflichtet. Auf Verlangen des Beauftragten muss er diesem zudem einen Vorschuss für die erforderlichen Aufwendungen zur Verfügung zu stellen (§ 669 BGB). Ferner ist der durch den Auftraggeber nach § 670 BGB zu erstattende Betrag von der Zeit der Aufwendung an zu verzinsen (§ 256 Satz 1 BGB i. V. mit § 246 BGB). Im Rahmen seiner Verpflichtung zum Aufwendungsersatz muss er den Beauftragten auch von Verbindlichkeiten befreien, die dieser eingeht, um den Auftrag durchzuführen (§ 257 BGB).

53   Der Umfang des Aufwendungsersatzes wird kontrovers diskutiert, wobei die beiden wichtigsten Streitfragen (Arbeitsleistungen des Beauftragten, Ersatz für unfreiwillige Vermögensopfer) weniger durch den unmittelbaren Anwendungsbereich des § 670 BGB ausgelöst werden, sondern vor allem aus der an verschiedenen Stellen im Gesetz angeordneten entsprechenden Anwendung des § 670 BGB resultieren. Besonders bedeutsam ist dies bei der berechtigten Geschäftsführung ohne Auftrag (§§ 677 ff. BGB), da § 683 Satz 1 BGB dem Geschäftsführer zubilligt, den Ersatz von Aufwendungen wie ein Beauftragter verlangen zu können.

---

[95] RG 2.3.1912 RGZ 78, 310 (312); RGRK/*Steffen* § 664 Rn. 6.

[96] *Brox/Walker* § 29 Rn. 21; *Schäfer* MünchKomm. § 664 Rn. 15.

[97] *Palandt/Sprau* § 664 Rn. 5; *Staudinger/Martinek/Omlor* (2017) § 664 Rn. 4.

b) Begriff der erforderlichen Aufwendungen

Den Begriff der Aufwendungen definiert das Gesetz nicht. Einigkeit besteht inso- **54** weit aber darüber, dass bei dem Beauftragten ein Vermögensopfer eintreten muss. Ferner geht § 670 BGB davon aus, dass der Beauftragte die Vermögensminderung zur Durchführung des Auftrags und damit final veranlasst hat. Im Gesetz kommt dies durch das Wort „macht" sowie die dem Beauftragten auferlegte Erforderlichkeitsprüfung zum Ausdruck, die nur bei einer bewussten Disposition denkbar ist. Deshalb sind Aufwendungen i. S. des § 670 BGB *nur freiwillige Vermögensopfer* im Gegensatz zu Schäden, bei denen es sich um unfreiwillige Einbußen handelt.[98]

Aufwendungsersatz schuldet der Auftraggeber nur in den Grenzen der Erforder- **55** lichkeit. Hierbei ist nicht die persönliche Sichtweise des konkreten Beauftragten (subjektiver Maßstab) maßgeblich. Vielmehr ist eine *objektive Prüfung* vorzunehmen, die jedoch nach dem Wortlaut des § 670 BGB auf den Erkenntnishorizont *ex ante* abzielt. Da die Norm darauf abstellt, ob der Beauftragte die Aufwendungen den Umständen nach für erforderlich halten durfte, sind auch solche Aufwendungen zu ersetzen, die keinen Erfolg zeitigen bzw. aus Sicht ex post zu dessen Erzielung nicht notwendig waren, wenn der Beauftragte seine Entscheidung aufgrund einer objektiv verständigen, den Umständen des Einzelfalles angemessenen Prüfung getroffen hat, die an den Interessen des Auftraggebers ausgerichtet war.[99]

Für diese Erforderlichkeitsprüfung sind die Höhe der Aufwendungen in ein Ver- **56** hältnis zur Bedeutung des Geschäftes sowie zu dem erstrebten Erfolg zu stellen. Je bedeutsamer das Geschäft für den Auftraggeber ist, umso höher können deshalb die „erforderlichen" Aufwendungen sein. Spezielle Weisungen des Auftraggebers gehen einer objektiven Erforderlichkeitsprüfung stets vor.[100] Im Interesse der Einheit der Rechtsordnung sind grundsätzlich solche Aufwendungen nicht „erforderlich" i. S. des § 670 BGB, welche das Gesetz missbilligt (siehe auch § 817 Satz 2 BGB). Der Auftraggeber schuldet deshalb keinen Ersatz für durch den Beauftragten gezahlte Schmiergelder[101] oder gesetzlich verbotene Leistungen (z. B. Tätigkeitsverbote für Abschlussprüfer nach § 319 Abs. 2 HGB).[102]

c) Arbeitskraft des Beauftragten als Aufwendung

Der Aufwendungsersatz beschränkt sich auf Einbußen im Vermögen des Beauftrag- **57** ten. Deshalb schuldet der Auftraggeber keinen Ersatz für die Arbeitskraft, die der

---

[98] Statt aller *Erman/K.P. Berger* § 670 Rn. 19; *Esser/Weyers* BT 1, § 35 III 2, S. 318; *Schäfer* MünchKomm. § 670 Rn. 11. Zur analogen Erstreckung des § 670 BGB auf Schäden unten § 11 Rn. 60 ff.

[99] BGH 19.9.1985 BGHZ 95, 375 (388); *Brox/Walker* § 29 Rn. 28; *Esser/Weyers* BT 1, § 35 III 2, S. 318; *Harke* Rn. 421; *Medicus/Lorenz* Rn. 874.

[100] *Schlechtriem* Rn. 506.

[101] BGH 9.11.1964 NJW 1965, 293 (294); differenzierend aber *Esser/Weyers* BT 1, § 35 III 2, S. 318.

[102] BGH 30.4.1992 BGHZ 118, 142 (150).

Beauftragte bei der Durchführung des Auftrags eingesetzt hat. Andernfalls würde die Unentgeltlichkeit des Auftrags infrage gestellt.[103]

58   Das gilt selbst dann, wenn die Tätigkeit des Beauftragten zu seinem ausgeübten Beruf oder Gewerbe gehört. Unter Hinweis auf § 1835 Abs. 3 BGB wird allerdings teilweise eine gegenteilige Position formuliert.[104] Nach dieser Vorschrift gelten Dienste eines Vormunds, die zu seinem Gewerbe oder Beruf zählen, als Aufwendungen. Aus der Systematik des § 1835 BGB ergibt sich aber, dass sich dessen Abs. 3 nicht auf eine Konkretisierung des allgemeinen Aufwendungsbegriffs beschränkt, da § 1835 Abs. 1 BGB diesen bereits unter Verweis auf die Vorschrift des § 670 BGB verwendet. Deshalb normiert § 1835 Abs. 3 BGB eine ergänzende Fiktion, die bereits der Gesetzeswortlaut („gelten") zum Ausdruck bringt und welche die Dienste des Vormunds den Aufwendungen gleichstellt. Diese Regelungstechnik verwehrt es, die im Vormundschaftsrecht speziell angeordnete Fiktion zu einem allgemeinen Rechtsgedanken aufzuwerten und durch eine Interpretation des Aufwendungsbegriffs oder mittels einer Gesetzesanalogie in das Auftragsrecht zu übertragen.

59   Eine Ausnahme ist lediglich zu erwägen, wenn sich die zum Beruf oder Gewerbe des Beauftragten zuzurechnende Tätigkeit *erst nach Abschluss des Vertrages* unvorhersehbar (z. B. zur Gefahrenabwehr) als erforderlich erweist.[105] Hätte der Beauftragte in dieser Situation einen Dritten mit der Tätigkeit betraut, so wären die hierfür entstandenen Aufwendungen vom Auftraggeber zu tragen. In dieser Konstellation darf der Auftraggeber nicht entlastet werden, wenn der Beauftragte darauf verzichtet, einen Dritten hinzuzuziehen und die Tätigkeit selbst ausführt.[106] Die Unentgeltlichkeit des Auftrags steht dem nicht entgegen, da sich die Tätigkeit erst im Nachhinein als erforderlich erwiesen hat und insoweit keine Unentgeltlichkeitsabrede besteht. Allerdings bleibt in Bezug auf die unvorhergesehene Tätigkeit zu beachten, dass der Beauftragte gemäß § 665 BGB vorrangig eine Weisung einholen muss, sofern dies nicht aus Gründen der Gefahrenabwehr ausscheidet; in diesem Rahmen kann dann auch die Vergütungsfrage geklärt werden. Besonders relevant ist die Einbeziehung der Arbeitsleistung in den Aufwendungsbegriff regelmäßig nicht für die unmittelbare Anwendung des § 670 BGB, sondern wenn andere Vorschriften auf diese Vorschrift verweisen. Insbesondere bei der Geschäftsführung ohne Auftrag (siehe § 683 Satz 1 BGB) tritt das Problem in den Vordergrund, wenn die Tätigkeit des Geschäftsführers zu seinem Beruf oder Gewerbe gehört.

---

[103] BGH 12.10.1972 BGHZ 59, 328 (331); *Looschelders* Rn. 813; *Medicus/Lorenz* Rn. 870; *Schlechtriem* Rn. 507; *Schäfer* MünchKomm. § 670 Rn. 9; *Staudinger/Martinek/Omlor* (2017) § 670 Rn. 10.

[104] So für Testamentsvollstrecker RG 25.10.1935 RGZ 149, 121 (124); ebenso, wenn § 670 BGB aufgrund einer Verweisung zur Anwendung gelangt, *Medicus/Lorenz* Rn. 871.

[105] So *Esser/Weyers* BT 1, § 35 III 2, S. 318; *Harke* Rn. 421; *Looschelders* Rn. 811; *Palandt/Sprau* § 670 Rn. 3; *Schäfer* MünchKomm. § 670 Rn. 10; *Schlechtriem* Rn. 507.

[106] In diese Richtung auch *Esser/Weyers* BT 1, § 35 III 2, S. 318.

d) Gleichstellung von Schäden mit Aufwendungen

Wie dargelegt, muss es sich bei den von § 670 BGB erfassten Aufwendungen um **60** freiwillige Vermögensopfer handeln.[107] Diesen werden Schäden gegenübergestellt, die der Beauftragte bei der Durchführung des Auftrags erleidet. Sie sind unfreiwillig erlittene Vermögensopfer und deshalb an sich nicht nach § 670 BGB ersatzfähig.

Die generelle Ablehnung eines Ersatzes für Schäden, die der Beauftragte bei der **61** Durchführung des Auftrags erleidet, wird indes verbreitet als unbefriedigend angesehen. Zum Teil lassen sich die Defizite jedoch abmildern, wenn dem Auftraggeber die Verletzung einer vertraglichen Schutzpflicht i. S. des § 241 Abs. 2 BGB vorzuwerfen ist, die für den eingetretenen Schaden ursächlich wurde. In diesem Fall steht dem geschädigten Beauftragten nach § 280 Abs. 1 BGB ein eigenständiger Schadensersatzanspruch zu, der ein Verschulden des Auftraggebers erfordert,[108] das allerdings nach der Systematik der Vorschrift zu vermuten ist.

Einen weitergehenden und verschuldensunabhängigen Ersatzanspruch stützt die **62** h. M. auf eine analoge Anwendung des § 670 BGB.[109] Allerdings stellt sie Schäden nicht stets den Aufwendungen gleich, sondern nur, wenn die Durchführung des Auftrags mit einer für beide Seiten erkennbaren Gefahr verbunden ist und sich bei der Ausführung des Auftrags diese *typische Gefahr* verwirklicht hat (Beispiel: bei einem privaten Nottransport in das Krankenhaus kommt es aufgrund der gebotenen rasanten Fahrweise zu einem Unfall).[110] Die teleologische Vergleichbarkeit mit Aufwendungen lässt sich in derartigen Fällen darauf stützen, dass der Beauftragte zwar nicht das betreffende Vermögensopfer als solches, wohl aber das *Risiko* seines Eintritts zur Erfüllung des Auftrags freiwillig eingegangen ist. Daraus ergibt sich zugleich, dass Schäden, die aus dem allgemeinen Lebensrisiko des Beauftragten resultieren, unstreitig nicht ersatzfähig sind (Beispiel: der Beauftragte stürzt auf einem im Rahmen des Auftrags zu erledigenden Weg).[111] Besteht der tätigkeitsspezifische Schaden des Beauftragten in der Ersatzpflicht gegenüber einem Dritten, soll der Beauftragte von dem Auftraggeber analog § 257 BGB Freistellung verlangen können.[112]

Der Weg einer Analogie zu § 670 BGB hat den methodischen Vorzug, dass er **63** den Aufwendungsbegriff nicht konturenlos ausdehnt. Dogmatisch ist er gleichwohl unbefriedigend, weil er einen Schadensersatzanspruch in das Gewand eines Aufwendungsersatzanspruchs presst[113] sowie zu weiteren Analogiebildungen zwingt, um z. B. ein Mitverschulden des Geschädigten erfassen zu können, da § 254 BGB

---

[107] Siehe oben § 11 Rn. 54.

[108] *Esser/Weyers* BT 1, § 35 III 2, S. 318 f.; *Schlechtriem* Rn. 508.

[109] BGH 7.11.1960 BGHZ 33, 251 (257); *Brox/Walker* § 29 Rn. 30 ff.; *Fikentscher/Heinemann* Rn. 1250; *Harke* Rn. 422; *Staudinger/Martinek/Omlor* (2017) § 670 Rn. 23.

[110] *Erman/K.P. Berger* § 670 Rn. 19; *Fikentscher/Heinemann* Rn. 1250; *Harke* Rn. 422; *Schäfer* MünchKomm. § 670 Rn. 16 f.; *Staudinger/Martinek/Omlor* (2017) § 670 Rn. 25.

[111] *Schäfer* MünchKomm. § 670 Rn. 16 f.

[112] BGH 5.12.1983 BGHZ 89, 153 (156 ff.); *Medicus/Lorenz* Rn. 873.

[113] So z. B. *Schäfer* MünchKomm. § 670 Rn. 14: „Typologisch handelt es sich um keinen Schadensersatzanspruch, sondern weiterhin um einen Aufwendungsersatzanspruch.

an sich nur auf Schadensersatzansprüche anwendbar ist.[114] Diese Schwierigkeiten vermeidet die von *Canaris* entwickelte Risikozurechnung, die aus der Fremdnützigkeit der Tätigkeit einen eigenständigen Schadensersatzanspruch ableitet.[115] Einen gesetzlichen Anhalt findet dieser Gedanke insbesondere im Schadensersatzanspruch des Geschäftsführers einer Offenen Handelsgesellschaft nach § 110 Abs. 1 HGB. Erforderlich ist jedoch auch hiernach eine mit der Durchführung des Auftrags verbundene erhöhte Gefahr; nur das hieraus resultierende spezifische Schadensrisiko soll vom Auftraggeber zu tragen sein. Das muss konsequenterweise auch dazu führen, dass der Beauftragte für die Beschädigung einer Sache des Auftraggebers, die aus einer typischen Auftragsgefahr resultiert, trotz eines dahin gehenden Verschuldens lediglich einen geminderten Schadensersatz schuldet (Auftragsgefahr als Äquivalent zum Mitverschulden nach § 254 BGB).[116]

64   Praktisch bedeutsam ist die Ersatzfähigkeit von unfreiwilligen Vermögenseinbußen vor allem bei der Geschäftsführung ohne Auftrag, weil § 683 Satz 1 BGB bezüglich des Ersatzes von Aufwendungen auf das Auftragsrecht und damit auf § 670 BGB verweist. Gerade bei den mittels der Geschäftsführung ohne Auftrag zu erfassenden Rettungsfällen erleidet der Geschäftsführer oftmals Schäden, deren Ersatz von besonderer Wichtigkeit ist. Die analoge Anwendung der §§ 670, 257 BGB zum Ersatz von Schäden wird auch herangezogen, um Teilbereiche des sog. innerbetrieblichen Schadensausgleichs im Arbeitsrecht zu lösen[117] und zudem auf ehrenamtlich tätige Vereinsmitglieder ausgeweitet.[118] Bei entgeltlichen Geschäftsbesorgungsverträgen, bezüglich derer § 675 Abs. 1 BGB ebenfalls auf § 670 BGB verweist, ist indes zu berücksichtigen, dass das Entgelt etwaige Risiken abdecken kann und deshalb eine Risikohaftung des Geschäftsherrn regelmäßig ausscheidet.[119]

2. Nebenpflichten

65   Auch den Auftraggeber treffen Nebenpflichten, die allerdings im Unterschied zu denen des Beauftragten im Auftragsrecht ungeregelt sind und deshalb aus allgemeinen Grundsätzen folgen.

---

[114] Siehe auch *Larenz* BT 1, § 56 III, S. 418 f.; a. A. im Hinblick auf eine analoge Anwendung des § 254 BGB *Schäfer* MünchKomm. § 670 Rn. 32. Nach Auffassung des RG sollen im Fall des Todes des Beauftragten auch die §§ 844 bis 846 BGB analog angewendet werden: RG 7.5.1941 RGZ 167, 85 (89).

[115] *Canaris* RdA 1966, 41 ff.; *Erman/K.P. Berger* § 670 Rn. 19; ebenso *Larenz* BT 1, § 56 III, S. 418: auf richterlicher Rechtsfortbildung beruhende Risikohaftung des Geschäftsherrn; vertiefend *Genius* AcP 173 (1973), 481 ff.

[116] *Larenz* BT 1, § 56 III, S. 419.

[117] Das betrifft unter anderem den Rückgriff des Arbeitnehmers bei dem Arbeitgeber, wenn der Arbeitnehmer bei einer betrieblichen Tätigkeit die Rechtsgüter eines Dritten verletzt und deshalb dem Dritten zum Schadensersatz verpflichtet ist. Ausführlich dazu z. B. *Reichold* Münchener Handbuch zum Arbeitsrecht, 3. Aufl. 2009, § 52 Rn. 14 ff.

[118] BGH 5.12.1983 BGHZ 89, 153 (156 ff.); näher *Röckrath* JuS 2005, 783 ff.

[119] Siehe *Erman/K.P. Berger* § 670 Rn. 4 m. w. N.

Zu den von § 241 Abs. 2 BGB erfassten Schutzpflichten zählen unter anderem **66** Informationspflichten; insbesondere muss der Auftraggeber den Beauftragten auf ihm bekannte Gefahren hinweisen, die mit der Ausführung des Geschäfts verbunden sind.[120] Eine gesteigerte Schutzpflicht besteht, wenn der Beauftragte das ihm übertragene Geschäft in den Räumen des Auftraggebers ausführt. Insofern enthält § 618 BGB einen allgemeinen Rechtsgedanken, der auch außerhalb des Dienstvertragsrechts zur Anwendung gelangt, sodass hinsichtlich dieser speziellen Schutzpflicht auf eine Analogie zu § 618 BGB und nicht die §§ 241 Abs. 2, 242 BGB zurückzugreifen ist.[121]

Da den Auftraggeber keine *Pflicht* trifft, die Durchführung der Geschäftsbesor- **67** gung zu ermöglichen (vgl. § 662 BGB: „verpflichtet sich der Beauftragte"), muss er hierfür erforderliche Handlungen (z. B. die Überlassung von Unterlagen) nicht vornehmen. Ihn trifft aber eine dahin gehende *Obliegenheit*, deren Verletzung eigene Ansprüche ausschließen oder mindern kann.[122] Überlassene Gegenstände müssen zudem den üblichen Sicherheitsstandards entsprechen (Schutzpflicht).[123]

3. Pflichtverletzungen

Kommt der Auftraggeber seiner Pflicht zum Ersatz der Aufwendungen oder gege- **68** benenfalls zur Freistellung von Verbindlichkeiten nicht nach, dann sind hinsichtlich seines Schuldnerverzuges die §§ 280, 286 ff. BGB anzuwenden. Die §§ 320 ff. BGB greifen insoweit nicht ein, weil die Pflicht zum Aufwendungsersatz bzw. zur Freistellung von Verbindlichkeiten nicht in einem Gegenseitigkeitsverhältnis mit der Besorgung des Geschäfts durch den Beauftragten steht. Darüber hinaus ist der Auftraggeber nach § 280 Abs. 1 BGB zum Schadensersatz verpflichtet, wenn er seine Nebenpflichten gegenüber dem Beauftragten schuldhaft verletzt. Das kommt insbesondere in Betracht, wenn dem Auftraggeber bekannt ist, dass die Durchführung des Auftrags mit Gefahren verbunden ist und er den Beauftragten nicht auf diese hinweist.

VI. Beendigung des Auftrags

Regelmäßig endet das Auftragsverhältnis durch Erfüllung gemäß § 362 Abs. 1 **69** BGB. Insbesondere für Aufträge, die auf unbestimmte Zeit erteilt wurden, normieren die §§ 671 bis 673 BGB zusätzlich drei spezielle Beendigungstatbestände: den

---

[120] *Looschelders* Rn. 814; *Medicus/Lorenz* Rn. 875; *Schlechtriem* Rn. 510.

[121] So BGH 9.2.1955 BGHZ 16, 265 (267 ff.); *Schäfer* MünchKomm. § 662 Rn. 76; *Schlechtriem* Rn. 510; *Staudinger/Oetker* (2016) § 618 Rn. 104.

[122] *Schäfer* MünchKomm. § 662 Rn. 74.

[123] *Brox/Walker* § 29 Rn. 34; *Schäfer* MünchKomm. § 662 Rn. 77.

Widerruf durch den Auftraggeber, die Kündigung durch den Beauftragten sowie das Erlöschen durch Tod bzw. Geschäftsunfähigkeit. Grundgedanke ist dabei eine relativ freie Lösbarkeit, die dem besonderen Vertrauenscharakter des Auftragsverhältnisses entspricht.

1. Widerruf durch den Auftraggeber

70   Der Auftraggeber kann den Auftrag nach § 671 Abs. 1 BGB jederzeit widerrufen. Eines Grundes bedarf es hierfür nicht, auch eine Widerrufsfrist muss er nicht einhalten. Der Widerruf stellt eine empfangsbedürftige Willenserklärung dar, auf die die §§ 104 ff. BGB anzuwenden sind.[124] Den schutzwürdigen Interessen des Beauftragten trägt der Aufwendungsersatzanspruch (§ 670 BGB) ausreichend Rechnung. Die bis zum Zugang des Widerrufs entstandenen Aufwendungen sind ihm stets zu ersetzen. Auch eine bestimmte Form schreibt das Gesetz für den Widerruf nicht vor, die Parteien können diese jedoch vereinbaren.

71   Ebenso kann der Auftraggeber auf sein Widerrufsrecht grundsätzlich verzichten, allerdings sind die hierfür bestehenden Grenzen bislang nicht abschließend geklärt. Eine zwingende freie Widerruflichkeit wird man annehmen müssen, wenn der Auftrag einzig dem Interesse des Auftraggebers dient.[125] Im Übrigen ist ein Verzicht auf den Widerruf jedenfalls unwirksam, wenn der Auftraggeber hierdurch gezwungen würde, an dem Auftrag festzuhalten, obwohl ein wichtiger Grund (siehe § 314 BGB) für die Lösung vorliegt (Rechtsgedanke des § 671 Abs. 3 BGB).[126]

2. Kündigung durch den Beauftragten

72   Auch der Beauftragte kann den Auftrag jederzeit durch Erklärung einer Kündigung beenden (§ 671 Abs. 1 BGB). Eine Form schreibt das Gesetz für diese ebensowenig vor wie eine Kündigungsfrist, beides können die Parteien aber vertraglich vereinbaren. So kann ein konkludenter Ausschluss des Rechts zur ordentlichen Kündigung z. B. in der Vereinbarung eines Auftrags über eine bestimmte Zeit liegen.[127] Lediglich auf das Recht zur Kündigung aus wichtigem Grund kann der Beauftragte nicht verzichten (§ 671 Abs. 3 BGB).

73   Dem Dispositionsinteresse des Auftraggebers trägt § 671 Abs. 2 BGB Rechnung, der es dem Beauftragten verwehrt, den Auftrag durch eine Kündigung zur Unzeit zu beenden, sofern für die sofortige Beendigung des Vertragsverhältnisses nicht ein wichtiger Grund i. S. des § 314 BGB vorliegt (siehe auch die §§ 627 Abs. 2 Satz 1,

---

[124] *Schäfer* MünchKomm. § 671 Rn. 7; *Staudinger/Martinek/Omlor* (2017) § 671 Rn. 5.

[125] Prot. II, S. 370; *Staudinger/Martinek/Omlor* (2017) § 671 Rn. 10.

[126] So auch *Larenz* BT 1, § 56 IV, S. 420; RGRK/*Steffen* § 671 Rn. 9; *Schäfer* MünchKomm. § 671 Rn. 14.

[127] *Schäfer* MünchKomm. § 671 Rn. 16.

723 Abs. 2 Satz 1 BGB). Eine bestimmte Frist normiert das Gesetz nicht, es muss dem Auftraggeber jedoch genügend Zeit verbleiben, um Maßnahmen zur anderweitigen Durchführung des zu besorgenden Geschäfts zu treffen, damit die Kündigung nicht zur „Unzeit" erfolgt. Spricht der Beauftragte die Kündigung entgegen § 671 Abs. 2 Satz 1 BGB zur Unzeit aus, dann schuldet er dem Auftraggeber nur Ersatz für den hieraus – d. h. den aus der *vorfristigen* Auflösung – entstandenen Schaden (§ 671 Abs. 2 Satz 2 BGB). Im Umkehrschluss bleibt die Wirksamkeit der Kündigung von dem Verstoß gegen § 671 Abs. 2 Satz 1 BGB unberührt.[128] Die Vorschrift ist weder ein Verbotsgesetz i. S. des § 134 BGB noch verstößt die Kündigung stets gegen § 242 BGB, sodass das Auftragsverhältnis somit auch durch eine Kündigung zur Unzeit endet.

3. Tod einer Vertragspartei

Für den Tod einer der Vertragsparteien – und bezüglich der Person des Auftragge- **74** bers auch für den Eintritt der Geschäftsunfähigkeit – stellen die §§ 672, 673 BGB zwei Auslegungsregeln auf, die „im Zweifel" anzuwenden sind. Aufseiten des Auftraggebers legt § 672 Satz 1 BGB – in gewissem Widerspruch zum Rechtsgedanken des § 664 Abs. 2 BGB – fest, dass das Auftragsverhältnis hierdurch regelmäßig nicht erlischt. Anderes kann sich z. B. daraus ergeben, dass eine höchstpersönliche Angelegenheit des Auftraggebers zu besorgen war.

Die umgekehrte Anordnung trifft § 673 Satz 1 BGB aufgrund der Vertrauensbe- **75** ziehung zu dem Beauftragten, wenn dieser stirbt: Im Zweifel erlischt der Auftrag, wodurch das Substitutionsverbot des § 664 BGB konsequent fortgeführt wird. Für den Fall der Beendigung trifft das Gesetz jedoch Vorsorge, um die Interessen des Auftraggebers bzw. seines Erben zu wahren. Der Auftrag gilt jeweils als fortbestehend, wenn der Aufschub mit einer Gefahr verbunden ist, längstens jedoch bis der Auftraggeber bzw. dessen gesetzlicher Vertreter oder Erbe „anderweit Fürsorge treffen" konnte (§§ 672 Satz 2, 673 Satz 2 BGB). Bis dahin existieren für beide Seiten weiterhin alle Rechte und Pflichten aus dem Vertrag. Im Fall des Todes des Beauftragten begründet § 673 Satz 2 BGB zugleich eine Pflicht des Erben zur unverzüglichen Anzeige gegenüber dem Auftraggeber.

4. Weitere Beendigungstatbestände

Die §§ 671 bis 673 BGB zählen die Beendigungstatbestände nicht abschließend auf. **76** Vor allem privatautonome Abreden können zur Beendigung des Auftrags führen, ohne dass es hierfür einer rechtsgestaltenden Willenserklärung (Widerruf oder Kündigung) durch eine Vertragspartei bedarf. Insbesondere kann für den Auftrag

---

[128] *Larenz* BT 1, § 56 IV, S. 420; *Looschelders* Rn. 817; *Medicus/Lorenz* Rn. 857; *Schlechtriem* Rn. 514; *Schäfer* MünchKomm. § 671 Rn. 20.

eine feste Zeit bestimmt werden, sodass das Auftragsverhältnis mit deren Ablauf endet. Ebenso können die Parteien eine auflösende Bedingung vereinbaren. Darüber hinaus erlischt der Auftrag nach Maßgabe des § 275 Abs. 1 BGB.

C. Geschäftsbesorgungsverträge

I. Allgemeines

77 Das BGB kennt zwar den Begriff des Geschäftsbesorgungsvertrages, trifft für diesen aber kaum eigenständige Regelungen. Vielmehr beschränkt sich § 675 Abs. 1 BGB darauf, einzelne Vorschriften des Auftragsrechts bei Dienst- oder Werkverträgen für entsprechend anwendbar zu erklären, die „eine Geschäftsbesorgung zum Gegenstand" haben. Deshalb ist bei Geschäftsbesorgungsverträgen jeweils zunächst das Dienst- oder Werkvertragsrecht anzuwenden und § 675 Abs. 1 BGB hat insoweit lediglich eine Ergänzungsfunktion. Dieser Gesetzessystematik stünde es entgegen, wenn die §§ 664 bis 670 BGB pauschal auf alle Dienst- und Werkverträge analog angewendet würden. Vielmehr geht § 675 Abs. 1 BGB davon aus, dass es Dienst- und Werkverträge mit Geschäftsbesorgungscharakter und solche ohne diese Eigenschaft gibt.[129] Eine an § 663 angelehnte Sonderregelung zum Abschluss von Geschäftsbesorgungsverträgen trifft § 675a BGB, wenn der Geschäftsbesorger öffentlich die Besorgung von Geschäften anbietet. Handelt es sich hierbei um sog. Standardgeschäfte, hat er grundsätzlich Informationen über Entgelte und Auslagen der Geschäftsbesorgung unentgeltlich zur Verfügung zu stellen. Abweichend von dem tradierten Regelungsmodell in § 675 Abs. 1 BGB treffen die §§ 675c bis 676c BGB detaillierte Bestimmungen für die Erbringung von Zahlungsdiensten. Die hierauf bezogenen Vertragsbeziehungen ordnet § 675c Abs. 1 BGB ausdrücklich als Geschäftsbesorgungsvertrag ein und bekräftigt dies durch die § 675 Abs. 1 BGB nachgebildete Verweisungsnorm in § 675c Abs. 2 BGB.

1. Begriff der Geschäftsbesorgung in § 675 Abs. 1 BGB

78 Die in § 675 Abs. 1 BGB angelegte Aufteilung der Dienst- und Werkverträge verträgt sich nicht mit dem weiten Geschäftsbegriff, den die h. M. im Rahmen des § 662 BGB befürwortet und der jede Dienst- oder Werkleistung umfasst, die für einen anderen erbracht wird.[130] Würde dieser Begriff auf § 675 Abs. 1 BGB

---

[129] *Erman/K.P. Berger* § 675 Rn. 5.

[130] Dazu oben § 11 Rn. 7.

übertragen, dann käme § 675 Abs. 1 BGB auf alle entgeltlichen Dienst- und Werkverträge zur Anwendung, was aber dem Regelungsanliegen des § 675 Abs. 1 BGB
widerspricht.[131]

Die h. M. behilft sich damit, den Geschäftsbegriff in § 675 BGB enger als in   **79**
§ 662 BGB auszulegen,[132] da er nur „eine selbständige Tätigkeit wirtschaftlicher
Art zur Wahrnehmung fremder Vermögensinteressen" erfassen soll.[133] Diese Formel
mag zwar in eine zutreffende Richtung weisen; die unterschiedliche Definition des
Geschäftsbesorgungsbegriffs in § 662 BGB und § 675 Abs. 1 BGB bleibt aber
willkürlich.[134] Eine klare Konzeption wird vielmehr erst möglich, wenn als Voraussetzung des Geschäftsbesorgungsbegriffs sowohl im Auftragsrecht als auch bei
§ 675 Abs. 1 BGB die *Übernahme einer Tätigkeit verlangt wird, die schon vor der
Übertragung dem Geschäftskreis des Geschäftsherrn angehörte.* Nur dadurch lässt
sich das auch von der h. M. für § 675 Abs. 1 BGB geforderte Kriterium stimmig
erklären, dass der Interessenwahrungscharakter des Dienst- oder Werkvertrages im
Vordergrund stehen muss. Damit scheiden aus dem Geschäftsbesorgungsbegriff
alle Verträge aus, die sich in der Leistung „an" einen anderen erschöpfen und die
deshalb ausschließlich Dienst- oder Werkverträge darstellen (Beispiel: das Schneidern eines Anzugs).

Neben dieser Voraussetzung der Interessenwahrung kommt dem von der h. M.   **80**
geforderten Kriterium der Tätigkeit „wirtschaftlicher Art" kaum eine weitere
Abgrenzungsfunktion zu. Die damit bezweckte Ausgrenzung künstlerischer, wissenschaftlicher, pädagogischer oder heilender Tätigkeiten aus dem Geschäftsbesorgungsbegriff[135] ergibt sich in aller Regel bereits aus dem Umstand, dass die Leistung in derartigen Fällen nicht „für", sondern „an" einen anderen erbracht wird.
Ähnliches gilt für das Merkmal der „selbständigen" Tätigkeit. Dass dies keine absolute Ungebundenheit bedeuten kann, ergibt sich bereits aus dem Weisungsrecht des
Geschäftsherrn, das wegen der Verweisung in § 675 Abs. 1 BGB auf § 665 BGB
auch beim Geschäftsbesorgungsvertrag besteht. Auch das Erfordernis einer gewissen sachlichen und persönlichen Selbstständigkeit, der ein umfassendes Direktionsrecht wie z. B. in Arbeitsverhältnissen entgegensteht,[136] ist bereits in dem Merkmal
des „Übernehmens" der Wahrnehmung fremder Interessen bei der Tätigkeit enthalten. Solange sich der Geschäftsherr ein umfangreiches Direktionsrecht vorbehält,
delegiert er die betreffende Aufgabe nicht wirklich auf einen anderen i. S. einer

---

[131] Treffend *Looschelders* Rn. 821; *Medicus/Lorenz* Rn. 883.

[132] *Larenz* BT 1, § 56 V, S. 421; *Medicus/Lorenz* Rn. 883; *Schlechtriem* Rn. 519.

[133] BGH 25.4.1966 BGHZ 45, 223 (228 f.); *Larenz* BT 1, § 56 V, S. 422; *Medicus/Lorenz* Rn. 883;
Staudinger/Martinek/Omlor (2017) § 675 Rn. A 9.

[134] Siehe § 11 Rn. 9 ff.; in diesem Sinne auch *Heermann* MünchKomm. § 675 Rn. 2, der jedoch die
Lösung dieses Problems entgegen der hier vertretenen Auffassung in einer weiten Definition des
Geschäftsbegriffs auch bei § 675 Abs. 1 BGB sieht.

[135] *Larenz* BT 1, § 56 V, S. 422; *Schlechtriem* Rn. 519; *Staudinger/Martinek/Omlor* (2017) § 675
Rn. A 16.

[136] *Larenz* BT 1, § 56 V, S. 422; *Staudinger/Martinek/Omlor* (2017) § 675 Rn. A 11 ff.

Einbeziehung desselben in die eigene Interessensphäre, sondern nimmt seine Interessen zumindest materiell weiterhin selber wahr. Auch in diesem Fall bleibt es bei einer bloßen Leistung „an" einen anderen durch den Dienst- oder Werkvertrag.

81   Zusammenfassend liegt eine Geschäftsbesorgung sowohl gemäß § 662 BGB als auch i. S. des § 675 Abs. 1 BGB vor, wenn dem Tätigwerdenden die Besorgung einer Aufgabe übertragen wird, die zu dem Geschäftskreis des Geschäftsherrn gehört. Geschieht dies im Rahmen eines entgeltlichen Dienst- oder Werkvertrages, handelt es sich um einen Geschäftsbesorgungsvertrag i. S. des § 675 Abs. 1 BGB. Zu den Geschäftsbesorgungsverträgen gehören danach insbesondere Vertragsbeziehungen mit Rechtsanwälten und Steuerberatern, aber z. B. auch sog. Baubetreuungsverträge.[137] Für den wichtigen Bereich Zahlungsdienste treffen die §§ 675c bis 676c BGB Sonderregelungen.[138]

2. Entgeltliche Geschäftsbesorgung außerhalb von Dienst- und Werkverträgen

82   Die Begrenzung des § 675 Abs. 1 BGB auf Dienst- und Werkverträge scheint den formal-logischen Umkehrschluss zu legitimieren, dass insbesondere die §§ 664 bis 670 BGB bei anderen als den von § 675 Abs. 1 BGB erfassten entgeltlichen Verträgen nicht eingreifen. Allerdings sind die vorgenannten Bestimmungen weniger von der Natur der jeweiligen Leistung als Dienst- oder Werkleistung, sondern von ihrem treuhänderischen Charakter geprägt. Im Mittelpunkt steht die Tätigkeit in der Interessensphäre eines anderen, eben die Geschäftsbesorgung. Das ist auch der tragende Grund dafür, warum der Gesetzgeber bei verschiedenen Rechtsbeziehungen die §§ 664 bis 670 BGB für entsprechend anwendbar erklärt und zwar unabhängig davon, ob die Geschäftsbesorgung im Rahmen eines bestimmten Vertragstyps übernommen wurde.[139] Dies rechtfertigt es, § 675 Abs. 1 BGB auf alle entgeltlichen Verträge analog anzuwenden, soweit sie auch eine Geschäftsbesorgung zum Inhalt haben (Beispiel: der Verkäufer eines Neuwagens übernimmt für den Käufer zugleich die Anmeldung des Fahrzeugs bei der Zulassungsstelle).[140]

3. Nach § 675 Abs. 1 BGB anwendbare Vorschriften

83   § 675 Abs. 1 BGB verweist für den entgeltlichen Geschäftsbesorgungsvertrag auf die §§ 663, 665 bis 670 und 672 bis 674 BGB,[141] die *neben*, nicht statt der

---

[137] Umfangreiche Typisierung bei *Heermann* MünchKomm. § 675 Rn. 26 ff. sowie *Staudinger/ Martinek/Omlor* (2017) § 675 Rn. B 6 ff.

[138] Dazu im Überblick unten § 11 Rn. 86 ff.

[139] Siehe dazu oben § 11 Rn. 4 f.

[140] Vgl. aus der Rechtsprechung BGH 12.7.1984 BGHZ 92, 123 ff.

[141] Siehe im Einzelnen oben § 11 Rn. 26.

Regelungen des Dienst- und Werkvertragsrechts Anwendung finden. In Bezug auf den Aufwendungsersatz nach § 670 BGB ist deshalb stets zu prüfen, ob das geschuldete Entgelt diesen bereits abdecken soll.[142] Das in § 675 Abs. 1 BGB ausdrücklich verankerte Gebot einer „entsprechenden" Anwendung liefert eine tragfähige methodische Grundlage dafür, bei einzelnen Geschäftsbesorgungsverträgen von einer Anwendung der auftragsrechtlichen Bestimmungen abzusehen.

Die Unanwendbarkeit des sofortigen Kündigungs- und Widerrufsrechts in § 671 **84** BGB ergibt sich aus dem entgeltlichen Charakter der geschuldeten Tätigkeit.[143] Es gelten die Kündigungsregelungen des jeweiligen Vertragstyps. Steht dem Verpflichteten aber nach dem Vertrag ausnahmsweise das Recht zu einer fristlosen Kündigung zu, dann darf er dieses gemäß den §§ 675 Abs. 1 BGB a. E., 671 Abs. 2 Satz 1 BGB nicht zur Unzeit ausüben, wenn er eine Schadensersatzpflicht nach § 671 Abs. 2 Satz 2 BGB vermeiden will.[144]

Umstritten ist, ob § 664 BGB trotz seiner Nichterwähnung in § 675 Abs. 1 BGB **85** auf den Geschäftsbesorgungsvertrag analog anzuwenden ist.[145] Dagegen spricht, dass § 675 Abs. 1 BGB die Vorschrift offensichtlich bewusst nicht erwähnt und sich zudem deren Rechtsfolgen beim Geschäftsbesorgungsvertrag regelmäßig auch auf anderem Wege begründen lassen: So folgen das Substitutionsverbot und die Nichtabtretbarkeit des Anspruchs auf die Tätigkeit beim Dienstvertrag aus § 613 BGB.[146] Beim Werkvertrag fehlt zwar eine entsprechende Vorschrift; besteht aufgrund des Geschäftsbesorgungscharakters aber ein besonderes gegenseitiges Vertrauensverhältnis, folgen entsprechende Regelungen aus einer ergänzenden Vertragsauslegung.[147] Ist die Substitution ausnahmsweise gestattet, so lässt sich eine § 664 Abs. 1 Satz 2 BGB entsprechende Rechtsfolge beim Geschäftsbesorgungsvertrag bereits daraus ableiten, dass der „Beauftragte" in diesem Fall die Tätigkeit des Substituten nicht selbst schuldet und daher für diese auch nicht einzustehen hat.[148] Schließlich verweist § 664 Abs. 1 Satz 3 BGB ohnehin lediglich deklaratorisch auf § 278 BGB. Eine analoge Anwendung des § 664 beim Geschäftsbesorgungsvertrag ist deshalb mangels planwidriger Regelungslücke weder möglich noch zur Erzielung bestimmter Ergebnisse notwendig.

---

[142] Treffend *Erman/K.P. Berger* § 675 Rn. 19; *Medicus/Lorenz* Rn. 884.

[143] *Fikentscher/Heinemann* Rn. 1255; *Heermann* MünchKomm. § 675 Rn. 25. *Larenz* BT 1, § 56 V, S. 423; *Medicus/Lorenz* Rn. 884.

[144] Dazu oben § 11 Rn. 73.

[145] Dafür – mit Unterschieden im Einzelnen – z. B. *Brox/Walker* § 29 Rn. 48; *Erman/K.P. Berger* § 664 Rn. 1; *Larenz* BT 1, § 56 V, S. 423; *Schlechtriem* Rn. 524; a. A. RG 19.4.1940 RGZ 163, 377 (378); *Harke* Rn. 418; *Looschelders* Rn. 822; RGRK/*Steffen* § 664 Rn. 12; *Schäfer* MünchKomm. § 664 Rn. 3.

[146] Statt aller *Brox/Walker* § 29 Rn. 48; *Harke* Rn. 418; *Looschelders* Rn. 822.

[147] Siehe *Heermann* MünchKomm. § 675 Rn. 24; *Looschelders* Rn. 822; *Jauernig/Mansel* § 675 Rn. 11.

[148] Dazu bereits oben § 11 Rn. 50.

II. Zahlungsdienste als Gegenstand der Geschäftsbesorgung

1. Allgemeines

86   Bereits die bis zum 31. Oktober 2009 geltenden Bestimmungen in den §§ 676 bis
676h BGB a. F. gestalteten einige der wichtigsten Geschäftsbesorgungsverträge im
Bankverkehr aus, um den Schutz des Bankkunden in Ansehung der Vorgaben durch
die Richtlinie 97/5/EG[149] zu verbessern. So enthielt das BGB insbesondere Vorschriften zum Überweisungsvertrag (§§ 676a bis 676c BGB a. F.), zum Zahlungs-
vertrag zwischen zwei Kreditinstituten (§§ 676d und 676e BGB a. F.) sowie über
den Girovertrag (§§ 676 f und 676g BGB a. F.). Aufgrund der im Jahre 2007 mit
dem Ziel der Vollharmonisierung verabschiedeten Richtlinie 2007/64/EG über Zahlungsdienste im Binnenmarkt[150] wurden die vorgenannten Bestimmungen durch
die in einem eigenen Untertitel unter der Überschrift „Zahlungsdienste" zusammengefassten §§ 675c bis 676c BGB ersetzt und durch die Regelungen in Art. 248
EGBGB ergänzt.[151] Infolge der Ablösung der Richtlinie 2007/64/EG durch die
Richtlinie (EU) 2015/2366[152] wurden die §§ 675c bis 676c BGB durch das Gesetz
zur Umsetzung der Zweiten Zahlungsdiensterichtlinie v. 17.07.2017[153] grundlegend
überarbeitet. Wegen der umfassenden unionsrechtlichen Überlagerung der vorgenannten Bestimmungen sind diese stets im Einklang mit der genannten Richtlinie
sowie unter Beachtung der mit ihr intendierten Vollharmonisierung auszulegen.
Ergänzt werden die §§ 675c bis 676c BGB durch die Sonderbestimmungen des
Zahlungskontengesetzes (ZKG), die für den auf Abschluss eines Zahlungsdiensterahmenvertrages über die Führung von Zahlungskonten (§ 1 Abs. 17 ZAG) nicht
nur spezifische Informationspflichten (§§ 5 bis 15 ZKG) begründen, sondern neben
einem allgemeinen Benachteiligungsverbot (§ 3 ZKG) im Hinblick auf Basiskonto-
verträge einen Kontrahierungszwang (§§ 31 ff. ZKG) festlegen[154] sowie den hierauf
bezogenen Zahlungsdiensterahmenvertrag inhaltlich ausgestalten (§§ 38 bis 45
ZKG). Ebenso wie die §§ 675c bis 676c BGB sind auch die vorgenannten Bestimmungen des Zahlungskontengesetzes unionsrechtlich überlagert.[155]

87   Von den §§ 675c bis 676c BGB darf grundsätzlich nicht zum Nachteil des Zahlungsdienstnutzers abgewichen werden (§ 675e Abs. 1 BGB). Ausnahmen sieht

---

[149] Richtlinie 97/5/EG des Europäischen Parlaments und des Rates v. 27.1.1997 über grenzüber-
schreitende Überweisungen, ABl. EG Nr. L 43 v. 14.2.1997, S. 25 ff.

[150] ABl. EU Nr. L 319 v. 5.12.2007, S. 1 ff.

[151] Dazu im Überblick z. B. *Grundmann* WM 2009, 1109 ff., 1157 ff.; *Köndgen* JuS 2011, 481 ff.

[152] ABl. EU Nr. L 337 v. 23.12.2015, S. 35.

[153] BGBl. I S. 2446.

[154] Siehe unten § 11 Rn. 89.

[155] Richtlinie 2014/92/EU über die Vergleichbarkeit von Zahlungskontoentgelten, den Wechsel von
Zahlungskonten und den Zugang zu Zahlungskonten mit grundlegenden Funktionen v. 23.7.2014,
ABl. EU Nr. L 257 v. 28.8.2014, S. 214.

das Gesetz nur vor, wenn die Zahlungsdienste in der Währung eines Staates außerhalb des Europäischen Wirtschaftsraumes oder von einem dort belegenen Zahlungsdienstleistern erbracht werden (§ 675e Abs. 2 BGB i. V. mit § 675d Abs. 6 Satz 1 Nr. 1 und 2 BGB); ferner stehen einzelne Bestimmungen zur Disposition der Vertragsparteien, wenn der Zahlungsdienstnutzer kein Verbraucher i. S. des § 13 BGB ist (§ 675e Abs. 4 BGB).

2. Abschluss und Inhalt des Zahlungsdienstevertrages

Für die Erbringung von Zahlungsdiensten unterscheidet das Gesetz zwischen dem   **88**
Einzelzahlungsvertrag (§ 675f Abs. 1 BGB) und dem Zahlungsdiensterahmenvertrag (§ 675f Abs. 2 BGB). Während der Einzelzahlungsvertrag auf die Ausführung eines einzelnen Zahlungsvorganges gerichtet ist, zeichnet sich der Zahlungsdiensterahmenvertrag dadurch aus, dass er die Ausführung mehrerer aufeinander folgender Zahlungsvorgänge oder die Führung eines Zahlungskontos zum Gegenstand hat. Typisches Beispiel für einen Zahlungsdiensterahmenvertrag ist der Girovertrag, den der Kunde (= Zahlungsdienstnutzer) mit einer Bank (= Zahlungsdienstleister) abschließt.[156] Da es sich bei diesem um einen auf Führung eines Zahlungskontos gerichteten Vertrag handelt, finden auf diesen ergänzend die Bestimmungen des Zahlungskontengesetzes Anwendung.

Der Abschluss des Zahlungsdienstevertrages unterliegt grundsätzlich den all-   **89**
gemeinen bürgerlich-rechtlichen Vorschriften. Zweifelhaft ist in diesem Zusammenhang die Reichweite des durch § 19 Abs. 1 Nr. 1 AGG begründeten Verbots der Diskriminierung aus den dort genannten personenbezogenen Merkmalen, was insbesondere bei dem Abschluss von Zahlungsdiensterahmenverträgen relevant sein kann. Verbreitet wird die Anwendung des § 19 Abs. 1 Nr. 1 AGG auf den Abschluss von Giroverträgen mit der Begründung verneint, dass bei deren Abschluss das Ansehen der Person (Bonität) von entscheidender Bedeutung sei.[157] Ungeachtet dessen besteht nach § 3 ZKG im Hinblick auf den Abschluss eines Zahlungsdiensterahmenvertrages über die Führung eines Zahlungskontos (§ 1 Abs. 17 ZAG) zugunsten von Verbrauchern ein allgemeines Benachteiligungsverbot, das neben den in § 1 AGG aufgezählten Merkmalen auch eine Benachteiligung aus Gründen der Staatsangehörigkeit, der Sprache und des Wohnsitzes untersagt. Eingeschränkt ist die Abschlussfreiheit bei Zahlungsdiensterahmenverträgen, die die Führung eines sog. Basiskontos zum Gegenstand haben. Institute, die Verbrauchern Zahlungskonten anbieten, trifft nach § 31 Abs. 1 ZKG die Rechtspflicht, mit jedem Verbraucher einen Basiskontovertrag abzuschließen, wenn dieser einen entsprechenden Antrag auf Abschluss eines Basiskontovertrages (§ 33 Abs. 1 ZKG) stellt. Ausgeschlossen ist der durch § 31 Abs. 1 ZKG begründete Kontrahierungszwang

---

[156] *Casper* MünchKomm. § 675f Rn. 20.
[157] So *Adomeit/Mohr* AGG, 2. Aufl. 2011, § 2 Rn. 164; *Bauer/Krieger* AGG, 4. Aufl. 2015, § 19 Rn. 9; a. A. *Bachmann* ZBB 2006, 257 (266 f.); *Thüsing* MünchKomm. § 19 AGG Rn. 26.

zulasten des Instituts nur in den von §§ 35 bis 37 ZKG genannten Sachverhalten (z. B. strafbares Verhalten, Verstoß gegen ein gesetzliches Verbot).

90   Ergänzend erlegt § 675d Abs. 1 BGB dem Zahlungsdienstleister umfangreiche Informationspflichten auf, die vor Vertragsabschluss in Textform zu erfüllen sind. Hinsichtlich des Inhalts der geschuldeten Informationen ist zwischen dem Zahlungsdiensterahmenvertrag (Art. 248 § 4 EGBGB) und dem Einzelzahlungsvertrag (Art. 248 § 13 EGBGB) zu unterscheiden. Spezielle Informationspflichten gelten nach den §§ 5 bis 15 ZKG, wenn der Zahlungsdiensterahmenvertrag auf die Führung eines Zahlungskontos gerichtet ist. Für Änderungen des Zahlungsdiensterahmenvertrages trifft § 675g BGB Sonderregelungen, die als leges speciales zu § 308 Nr. 5 BGB insbesondere die Vereinbarung ermöglichen, dass bei einer nicht rechtzeitigen Anzeige der Ablehnung durch den Zahlungsdienstnutzer dessen Zustimmung zur Vertragsänderung als erteilt gilt (§ 675g Abs. 2 Satz 1 BGB).

91   Inhaltlich hat der Zahlungsdienstevertrag die Erbringung eines Zahlungsdienstes zum Gegenstand; dies umfasst wegen der Verweisung in § 675c Abs. 3 BGB auf die Begriffsbestimmungen in § 1 Abs. 1 Satz 2 des Zahlungsdiensteaufsichtsgesetzes (ZAG) insbesondere Ein- und Auszahlungsgeschäfte (§ 1 Abs. 1 Satz 2 Nr. 1 und 2 ZAG), Lastschriftgeschäfte (§ 1 Abs. 1 Satz 2 Nr. 3 lit. a ZAG), Zahlungskartengeschäfte (§ 1 Abs. 1 Satz 2 Nr. 3 lit. b ZAG) sowie Überweisungsgeschäfte (§ 1 Abs. 1 Satz 2 Nr. 3 lit. c ZAG). Ferner kann sich aus einem Zahlungsdiensterahmenvertrag die Verpflichtung zur Führung eines Zahlungskontos ergeben, das auf den Namen eines Zahlungsdienstnutzers lautet und der Ausführung von Zahlungsvorgängen dient (siehe auch § 1 Abs. 17 ZAG).[158] Für die Ausführung der vorgenannten Zahlungsvorgänge hat der Zahlungsdienstnutzer das vereinbarte Entgelt zu entrichten (§ 675f Abs. 5 Satz 1 BGB), das aber grundsätzlich nicht von dem Betrag einbehalten werden darf, der Gegenstand des Zahlungsvorganges ist (§ 675q Abs. 1 und 2 BGB).

92   Darüber hinaus legen die §§ 675c bis 676c BGB sowohl dem Zahlungsdienstleister als auch dem Zahlungsdienstnutzer bzw. Zahler detaillierte Nebenpflichten auf. Das betrifft insbesondere den Zahlungsdienstleister, der während der Laufzeit eines Zahlungsdiensterahmenvertrages zahlreichen Informationspflichten unterliegt (näher Art. 248 §§ 5 bis 9 EGBGB). Besondere Pflichten begründet das Gesetz, wenn für die Autorisierung von Zahlungsvorgängen ein bestimmtes Zahlungsinstrument zum Einsatz kommt (§ 675j Abs. 1 Satz 4 BGB). Diesbezüglich treffen nicht nur den Zahlungsdienstleister bestimmte Pflichten (§ 675m BGB), sondern auch der Zahler ist verpflichtet, alle zumutbaren Vorkehrungen zu treffen, um die personifizierten Sicherheitsmerkmale vor einem unbefugten Zugriff zu schützen (§ 675l Abs. 1 Satz 1 BGB). Darüber hinaus treffen ihn Anzeigepflichten gegenüber dem Zahlungsdienstleister, wenn er insbesondere von dem Verlust oder einer missbräuchlichen Verwendung des Zahlungsinstruments Kenntnis erlangt hat (§ 675l Abs. 1 Satz 2 BGB). Vereinbarungen zwischen dem Zahlungsdienstnutzer und dem

---

[158] Handelt es sich bei dem Zahlungskonto um ein solches mit grundlegenden Funktionen (Basiskonto), gelten zusätzlich die Vorgaben in § 38 ZKG.

Zahlungsdienstleister zur Nutzung des Zahlungsinstruments dürfen zwar getroffen werden, müssen aber sachlich, verhältnismäßig und nicht benachteiligend sein (§ 675l Abs. 2 BGB).

3. Ausführung des Zahlungsdienstes

Auf der Grundlage des Einzelzahlungs- oder des Zahlungsdiensterahmenvertrages **93** trifft den Zahlungsdienstleister die Pflicht, den bzw. die Zahlungsvorgänge auszuführen, worunter nach § 675f Abs. 4 Satz 1 BGB jede Bereitstellung, Übermittlung oder Abhebung eines Geldbetrages fällt. Grundlage hierfür ist jedoch nicht bereits der Zahlungsdienstevertrag, sondern ein hiervon zu unterscheidender Auftrag an den Zahlungsdienstleister, einen Zahlungsvorgang auszuführen (§ 675f Abs. 4 Satz 2 BGB). Während dieser bei dem Einzelzahlungsvertrag regelmäßig bereits Vertragsbestandteil ist, wird ein entsprechender Zahlungsauftrag im Rahmen eines Zahlungsdiensterahmenvertrages von dem Zahler gesondert erteilt.

Der Zahlungsauftrag wird mit dessen Zugang beim Zahlungsdienstleister **94** wirksam (§ 675n Abs. 1 Satz 1 BGB) und kann ab diesem Zeitpunkt grundsätzlich nicht widerrufen werden (§ 675p Abs. 1 BGB). Ein freies Widerrufsrecht besteht nur, wenn ein bestimmter Termin für die Ausführung des Zahlungsauftrages vereinbart ist; in diesem Fall kann der Auftrag bis zum Ende des Geschäftstages vor dem vereinbarten Tag widerrufen werden (§ 675p Abs. 3 BGB).

Die dogmatische Einordnung des Zahlungsauftrages ist bislang nicht abschlie- **95** ßend geklärt. Gute Gründe sprechen dafür, diesen als Weisung im Sinne des § 665 BGB i. V. mit § 675c Abs. 1 BGB zu qualifizieren;[159] der Zahlungsdienstleister ist unter Umständen berechtigt, die Ausführung des Zahlungsauftrages abzulehnen, hat hierüber aber den Zahlungsdienstnutzer zu unterrichten (§ 675o Abs. 1 Satz 1 BGB). Vor allem aufgrund der im Zahlungsdiensterahmenvertrag festgelegten Ausführungsbedingungen kann ein Ablehnungsrecht des Zahlungsdienstleisters jedoch ausgeschlossen sein (§ 675o Abs. 2 BGB).

Für die Ausführung eines Zahlungsvorganges legt § 675s BGB nicht nur eine Frist **96** fest, sondern § 675t BGB regelt zudem Wertstellung und Verfügbarkeit von Geldbeträgen. Vor allem aber bestimmt § 675j Abs. 1 Satz 1 BGB, dass ein Zahlungsvorgang gegenüber dem Zahler nur dann wirksam ist, wenn er diesem zugestimmt hat (Autorisierung). Hierfür kann insbesondere der Einsatz bestimmter Zahlungsinstrumente vereinbart werden (§ 675j Abs. 1 Satz 4 BGB). Ohne eine derartige Autorisierung ist der Zahlungsdienstleister nicht berechtigt, von dem Zahler die Erstattung von Auslagen zu beanspruchen bzw. ist verpflichtet, entsprechende Belastungen eines Zahlungskontos wieder rückgängig zu machen (§ 675u BGB). Besonderheiten sind zu beachten, wenn der Zahlungsvorgang ausschließlich anhand der angegebenen

---

[159] So z. B. *Casper* MünchKomm. § 675f Rn. 42; *Emmerich* § 12 Rn. 19; *Harke* Rn. 424; *Looschelders* Rn. 826; *Medicus/Lorenz* Rn. 689; *Staudinger/Omlor* (2012) § 675f Rn. 34; a. A. *Erman/v. Westphalen* § 675f Rn. 38.

Kundenkennung (Kontonummer) durchgeführt wird. In diesem Fall gilt der Auftrag im Hinblick auf den mit der Kundenkennung bezeichneten Zahlungsempfänger als ordnungsgemäß ausgeführt (§ 675r Abs. 1 Satz 2 BGB).

4. Haftung

97   Neben der Haftung des Zahlungsdienstleisters für nicht autorisierte Zahlungsvorgänge (§ 675u BGB), trifft § 675y Abs. 1 BGB eine entsprechende Regelung, wenn der Zahlungsvorgang von dem Zahlungsdienstleister nicht, fehlerhaft oder verspätet ausgeführt wurde, wobei § 676 BGB ihm den Nachweis auferlegt, dass der Zahlungsvorgang ordnungsgemäß aufgezeichnet und verbucht sowie nicht durch eine Störung beeinträchtigt wurde. Umgekehrt trifft den Zahlungsdienstnutzer eine Obliegenheit zur unverzüglichen Anzeige, wenn er einen nicht autorisierten oder fehlerhaft ausgeführten Zahlungsvorgang feststellt (§ 676b Abs. 1 BGB); zudem legt § 676b Abs. 2 Satz 1 BGB eine Ausschlussfrist fest, innerhalb derer der Zahlungsdienstnutzer den Zahlungsdienstleister von dem nicht autorisierten oder fehlerhaft ausgeführten Zahlungsvorgang unterrichten muss (13 Monate nach dem Tag der Belastung). Ausdrücklich ausgeschlossen ist die Haftung des Zahlungsdienstleisters in konsequenter Fortsetzung von § 675r Abs. 1 Satz 2 BGB, wenn der Zahlungsauftrag in Übereinstimmung mit einer vom Zahlungsdienstnutzer angegebenen fehlerhaften Kundenkennung (Kontonummer) ausgeführt wurde (§ 675y Abs. 5 Satz 1 BGB); der Zahlungsdienstnutzer kann in diesem Fall von dem Zahlungsdienstleister jedoch verlangen, dass dieser sich im Rahmen seiner Möglichkeiten um die Rückerlangung des Zahlungsbetrages bemüht (§ 675y Abs. 5 Satz 2 BGB).

98   Eine besondere Haftung des Zahlers legt § 675v BGB für den Fall eines nicht von ihm autorisierten Zahlungsvorganges fest. Ungeachtet der für diesen Fall vorgesehenen Verantwortlichkeit des Zahlungsdienstleisters nach § 675u BGB trifft den Zahler eine auf 50 € begrenzte Schadensersatzpflicht, wenn der Zahlungsvorgang auf der Nutzung eines abhanden gekommenen Zahlungsinstruments beruhte (§ 675v Abs. 1 BGB) oder dieses missbräuchlich verwendet wurde und der Zahler die persönlichen Sicherheitsmerkmale nicht sicher aufbewahrt hat (§ 675v Abs. 1 BGB). Zum vollständigen Schadensausgleich ist der Zahler hingegen nur verpflichtet, wenn er vorsätzlich oder grob fahrlässig seine Sorgfaltspflicht nach § 675l Satz 1 BGB verletzt und hierdurch den nicht autorisierten Zahlungsvorgang herbeigeführt hat (§ 675v Abs. 3 BGB). Ausgeschlossen ist eine Haftung des Zahlers demgegenüber für solche Schäden, die nach Erstattung der in § 675l Satz 2 BGB vorgesehenen Anzeige gegenüber dem Zahlungsdienstleister entstanden sind (§ 675v Abs. 5 Satz 1 BGB).

99   Einen besonderen Erstattungsanspruch zugunsten des Zahlers begründet § 675x BGB, wenn der autorisierte Zahlungsvorgang von oder über den Zahlungsempfänger ausgeführt wurde. Dieser Anspruch besteht vor allem, wenn bei der Autorisierung nicht der genaue Betrag angegeben wurde (§ 675x Abs. 1 Satz 1 Nr. 1 BGB). Für die Geltendmachung des Ersatzanspruchs gegenüber dem Zahlungsdienstleister bestimmt § 675x Abs. 4 BGB eine Ausschlussfrist von acht Wochen.

5. Beendigung des Zahlungsdienstevertrages

Besondere Regelungen für die Beendigung eines Zahlungsdienstevertrages legt **100** das Gesetz ausschließlich für den Zahlungsdiensterahmenvertrag fest.[160] Wurde für diesen keine Kündigungsfrist vereinbart, kann der Zahlungsdienstnutzer diesen selbst dann jederzeit fristlos kündigen, wenn der Vertrag für einen bestimmten Zeitraum geschlossen wurde (§ 675h Abs. 1 Satz 1 BGB). Die Vereinbarung einer von dem Zahlungsdienstnutzer zu wahrenden Kündigungsfrist bleibt den Vertragsparteien überlassen; die Frist darf jedoch einen Monat nicht überschreiten (§ 675h Abs. 1 Satz 2 BGB). Entsprechendes gilt für die Kündigung eines Basiskontovertrages durch den Kontoinhaber, da § 44 ZKG auf § 675h Abs. 1 BGB verweist.

Umgekehrt schränkt § 675h Abs. 2 BGB das Recht des Zahlungsdienstleisters **101** zur ordentlichen Kündigung des Zahlungsdiensterahmenvertrages stark ein. Diese ist gänzlich ausgeschlossen bei Verträgen auf bestimmte Zeit und bei solchen auf unbestimmte Zeit nur aufgrund einer im Vertrag getroffenen Vereinbarung (§ 675h Abs. 2 Satz 1 BGB) eröffnet, wobei die Kündigungsfrist zwei Monate nicht unterschreiten darf (§ 675h Abs. 2 Satz 2 BGB). Ferner schreibt § 675h Abs. 2 Satz 3 BGB durch die Verweisung auf Art. 248 § 3 EGBGB für die Kündigungserklärung die Textform vor. Deutlich restriktiver sind die Vorgaben in den §§ 42 und 43 ZKG für die Kündigung eines Basiskontovertrages durch das kontoführende Institut (z. B. Beschränkung auf bestimmte Gründe, die in der Kündigungserklärung anzugeben sind).

---

[160] Bezüglich des Basiskontovertrages gelten als *leges speciales* die §§ 42 bis 44 ZKG.

§ 12 Der Verwahrungsvertrag

Inhaltsverzeichnis

A. Gesetzliche Regelung im Überblick

Der Verwahrungsvertrag hat die Überlassung von beweglichen Sachen[1] zur Aufbe- **1**
wahrung zum Inhalt. Hierdurch erschöpft sich die Verwahrung nicht in einem punktuellen Leistungsgeschehen, sondern begründet ein Dauerschuldverhältnis.[2] Die

---

[1] Die Bewachung von Grundstücken kann Gegenstand eines Auftragsverhältnisses oder eines
Dienst- oder Werkvertrages sein: *Esser/Weyers* BT 1, § 38 I 3a, S. 336; *Henssler* MünchKomm.
§ 688 Rn. 8.

[2] *Esser/Weyers* BT 1, 38 II 2, S. 337; *Henssler* MünchKomm. § 688 Rn. 5; *Larenz* BT 1, § 58,
S. 458; *Looschelders* Rn. 886; *Staudinger/Reuter* (2015) Vorbem. §§ 688 ff. Rn. 4.

© Springer-Verlag GmbH Deutschland, ein Teil von Springer Nature 2018   791
H. Oetker, F. Maultzsch, *Vertragliche Schuldverhältnisse*, Springer-Lehrbuch,
https://doi.org/10.1007/978-3-662-57500-0_12

Aufbewahrung kann entgeltlich oder unentgeltlich erfolgen.[3] Das Gesetz bezeichnet denjenigen, der den Gegenstand zur Verwahrung übergibt, als Hinterleger und
seinen Vertragspartner als Verwahrer. Geregelt ist die Verwahrung in den §§ 688
bis 700 BGB,[4] deren Anwendung in der Praxis jedoch häufig verdrängt wird, weil
Lagerung und Aufbewahrung von beweglichen Sachen gewerbsmäßig übernommen
werden und hierfür die Vorschriften über das Lagergeschäft (§§ 467 bis 475h HGB)[5]
leges speciales sind. Zudem treffen die §§ 2 bis 17a DepotG für die Verwahrung von
Wertpapieren eine Sonderregelung.[6]

B. Verwahrung als Rechtsbegriff

2   Nach dem Gesetz ist der Verwahrungsvertrag dadurch gekennzeichnet, dass sich
     der Verwahrer verpflichtet, „eine ihm von dem Hinterleger übergebene Sache auf-
     zubewahren" (§ 688 BGB), worunter die Gewährung von Raum und Obhut für die
     Sache zu verstehen ist; hierin besteht die typische Hauptleistungspflicht des Ver-
     wahrungsvertrages.[7] Deshalb stellt die Ergreifung der nach Maßgabe der jeweiligen
     Vertragsumstände zumutbaren Obhutsmaßnahmen beim Verwahrungsvertrag nicht
     lediglich eine Schutzpflicht i. S. des § 241 Abs. 2 BGB, sondern eine Leistungs-
     pflicht dar, ohne deren ordnungsgemäße Erfüllung der geschuldete Leistungserfolg
     nicht eintreten kann.

I. Abgrenzung zu anderen Vertragstypen

3   Anhand des Vorliegens einer so gearteten Aufbewahrungspflicht kann die Verwah-
     rung von der Miete bzw. Leihe der beweglichen Sache einerseits und der Miete
     bzw. Leihe des für die Aufbewahrung benötigten Raumes andererseits abgegrenzt
     werden:
4   Bei der Verwahrung liegt die Überlassung der beweglichen Sache im Inter-
     esse des Übergebenden (des Hinterlegers); im Fall der Miete und der Leihe einer
     Sache geschieht dies hingegen im Interesse des Mieters bzw. Entleihers, also des

---

[3] Zum Bestehen einer Vergütungspflicht des Hinterlegers näher unten § 12 Rn. 35 ff.

[4] Zur Anwendung der §§ 688 ff. BGB auf die öffentlich-rechtliche Verwahrung BGH
05.10.1989 NJW 1990, 1230 (1230); BGH 18.02.2014 NJW 2014, 2577 Rn. 14; *Henssler* Münch-
Komm. § 688 Rn. 63 f.; *Staudinger/Reuter* (2015) Vorbem. §§ 688 ff. Rn. 58; *Soergel/Schur* Vor
§ 688 Rn. 16 f.

[5] Zu diesen im Überblick *K.Schmidt* Handelsrecht, 6. Aufl. 2014, § 34, Rn. 1 ff.

[6] Dazu näher *Peters* JuS 1976, 424 ff.

[7] BGH 05.10.1951 BGHZ 3, 200 (202); *Esser/Weyers* BT 1, § 38 I 3a, S. 336; *Henssler* Münch-
Komm. § 688 Rn. 7; *Staudinger/Reuter* (2015) Vorbem. zu §§ 688 ff. Rn. 5.

Empfängers.[8] Dementsprechend besteht die vertragstypische Hauptleistung bei dem Verwahrungsvertrag nicht in der Überlassung der Sache an den Verwahrer, sondern in der Verpflichtung des Verwahrers, die ihm übergebene Sache im oben genannten Sinne aufzubewahren. Den Mieter bzw. Entleiher trifft hingegen eine Pflicht zur Obhut lediglich als Schutzpflicht i. S. des § 241 Abs. 2 BGB. Im Gegensatz zum Verwahrer darf er die betreffende Sache gebrauchen.[9] Dafür muss er im Fall der Miete ein Nutzungsentgelt (Miete) entrichten, während bei der Verwahrung folgerichtig allenfalls – nämlich bei der entgeltlichen Verwahrung – der Hinterleger ein Entgelt schuldet.

Da die Verwahrung die Gewährung von Raum einschließt, ist sie zudem von   **5** einer Vermietung bzw. Verleihung dieses Raumes abzugrenzen. Praktisch relevant ist diese Unterscheidung insbesondere für die Rechtsfolgen bei sog. Schlechterfüllungen: Einerseits wird nur bei der Raumvermietung für die anfängliche Mangelfreiheit des betreffenden Raumes gemäß § 536a Abs. 1 Alt. 1 BGB verschuldensunabhängig gehaftet.[10] Andererseits schuldet einzig der Verwahrer die Ergreifung der zumutbaren Obhutsmaßnahmen als Leistungserfolg, sodass deren gänzliche oder teilweise Nichterbringung eine Leistungsstörung im engeren Sinne darstellt,[11] während die vom Vermieter oder Verleiher zu erbringende Leistung die Überlassung des Raumes umfasst und Obhutpflichten allenfalls in Gestalt von Schutzpflichten (§ 241 Abs. 2 BGB) bestehen.

Entscheidendes Kriterium für die Abgrenzung ist somit wiederum, ob derjenige,   **6** der den Raum zur Verfügung stellt, in erster Linie eine nach dem Inhalt und den Umständen des jeweiligen Vertrages zu konkretisierende Obhutsleistung verspricht und der Raum lediglich als Mittel zum Zweck dieser Obhutsgewährung in Anspruch genommen wird. In diesem Fall ist eine „übergebene bewegliche Sache aufzubewahren" (§ 688 BGB), und es liegt eine Verwahrung vor.[12] Wird hingegen dem Inhaber der Sache lediglich die Möglichkeit zur Unterbringung derselben gegeben, ohne dass für die Sache über die allgemeinen Schutzpflichten aus § 241 Abs. 2 BGB hinausgehende Obhutpflichten übernommen werden, ist der betreffende Raum vermietet bzw. verliehen. Insbesondere wenn Gepäckschließfächer oder Parkraum zur Verfügung gestellt werden, ist deshalb durch Auslegung des Vertrages zu ermitteln, ob sich derjenige, der den Raum zur Verfügung stellt, in erster Linie zur Obhut für die eingebrachten Sachen verpflichtet. Für einen Verwahrungsvertrag spricht dabei

---

[8] *Emmerich* § 11 Rn. 31; *Esser/Weyers* BT 1, § 38 I 3a, S. 335 f.; *Fikentscher/Heinemann* Rn. 1298; *Looschelders* Rn. 888; *Medicus/Lorenz* Rn. 939; *Staudinger/Reuter* (2015) Vorbem. zu §§ 688 ff. Rn. 27.

[9] Das nicht bestehende Gebrauchsrecht des Verwahrers ist auch der Grund dafür, dass er – vorbehaltlich weiterer Schadensersatzpflichten – gemäß § 698 BGB i. V. mit § 246 BGB für die Verwendung hinterlegten Geldes jedenfalls Zinsen zu zahlen hat.

[10] Siehe BGH 18.12.1974 BGHZ 63, 333 ff. sowie § 5 Rn. 66.

[11] Dazu ausführlicher unten § 12 Rn. 24.

[12] BGH 05.10.1951 BGHZ 3, 200 (202); *Esser/Weyers* BT 1, § 38 I 3a, S. 336; *Henssler* MünchKomm. § 688 Rn. 43; *Staudinger/Reuter* (2015) Vorbem. zu §§ 688 ff. Rn. 27; *Soergel/Schur* § 688 Rn. 11.

das Vorhandensein von Kontroll- und Überwachungseinrichtungen, die die eingebrachten Sachen vor Entwendung oder Beschädigung sichern sollen (z. B. bewachter Parkplatz).[13] Bei der entgeltlichen Inanspruchnahme von Bankschließfächern
handelt es sich in der Regel um reine Mietverträge, bei denen die Bank keine Obhut
als Hauptleistung schulden will.[14]

7   Anhand der Gewährung bzw. Nichtgewährung von Obhut bestimmen sich typischerweise auch die Besitzverhältnisse. Während der Verwahrer die übergebene
Sache regelmäßig in unmittelbaren Besitz i. S. des § 854 BGB nimmt (Übergabe
i. S. des § 688 BGB) und dem Hinterleger den Besitz i. S. des § 868 BGB mittelt,[15]
bleibt umgekehrt derjenige, der fremden Raum leih- oder mietweise in Anspruch
nimmt, Besitzer der dort aufbewahrten Sache und erhält in der Regel auch unmittelbaren Fremdbesitz an dem betreffenden Raum(-teil).[16]

8   Weil neben der Gewährung von Obhut auch die Gewährung von Raum für die
fremde Sache ein Wesensmerkmal der Verwahrung darstellt, liegt kein Verwah-
rungs-, sondern ein Dienst- oder Werkvertrag vor, wenn die Obhut über bewegliche
Sachen in den Räumen des Sachinhabers übernommen wird (Wachschutz etc.).[17] In
diesem Fall wird die Sache nicht i. S. des § 688 BGB „übergeben".

II. Abgrenzung von der Aufbewahrung als Nebenpflicht

9   Der in den §§ 688 bis 700 BGB geregelte Verwahrungsvertrag erfasst nur den Fall,
in dem die Verwahrung die geschuldete Hauptleistung ist. Oftmals ist die Aufbewahrung von Gegenständen indes auch Bestandteil eines anderen Vertrages, so z. B.
bei dem Werkunternehmer, der die ihm zur Reparatur übergebene Sache i. S. einer
Nebenpflicht bis zur Abholung durch den Besteller „verwahrt". Ebenso leitet der
BGH aus dem (öffentlich-rechtlichen) Benutzungsverhältnis zwischen dem Studierenden und der Universität deren Pflicht ab, für eine diebessichere Aufbewahrung

---

[13] Siehe BGH 05.10.1951 BGHZ 3, 200 (202); OLG Karlsruhe 14.07.2004 VersR 2005, 951 f.;
OLG Hamm 20.06.2005 NJW-RR 2005, 1334 (1335); *Henssler* MünchKomm. § 688 Rn. 52 f.;
Erman/Zetzsche § 688 Rn. 10.

[14] *Larenz* BT 1, § 58, S. 456; *Staudinger/Reuter* (2015) Vorbem. zu §§ 688 ff. Rn. 28; *Werner*
JuS 1980, 175 (176). Die Einordnung als Mietvertrag steht einer auf § 241 Abs. 2 BGB gestützten Obhutspflicht des Vermieters nicht zwingend entgegen; siehe KG 02.03.2016 WM 2016, 923
(924 f.) sowie § 12 Rn. 4.

[15] *Esser/Weyers* BT 1, § 38 I 3a, S. 335; *Staudinger/Reuter* (2015) Vorbem. zu § 688 ff. Rn. 8.

[16] Aus diesem Grund soll nach *Staudinger/Reuter* (2015) Vorbem. zu §§ 688 ff. Rn. 35 auch bei
bewachten Parkplätzen ein Mietvertrag und keine Verwahrung vorliegen, da dem Parkplatzinhaber
nicht der Besitz am Fahrzeug übertragen werde. Jedoch stellt der Besitzübergang nur eine *typische
Folge* der Obhutspflicht dar, kann aber nicht als unentbehrliche Voraussetzung eines Verwahrungs-
vertrages gelten; so auch *Medicus/Lorenz* Rn. 939.

[17] *Henssler* MünchKomm. § 688 Rn. 52.

der Garderobe des Studierenden zu sorgen.[18] Auf eine derartige, regelmäßig den vertraglichen Nebenpflichten zuzuordnende „Verwahrung" sind die §§ 688 bis 700 BGB weder direkt noch analog anzuwenden;[19] es gilt vielmehr das Recht des Hauptvertrages.

Auf die Haftungsprivilegierung des § 690 BGB kann sich der zur Obhut Verpflichtete in diesen Fällen nicht berufen, da die Einbeziehung in das Hauptrechtsverhältnis eine unentgeltliche Verwahrung ausschließt.[20] Jedoch erfordert eine Nebenpflicht zur Obhut in der Regel keine gleichermaßen intensive Bewachung wie bei einem Verwahrungsvertrag. Darüber hinaus muss die Schaffung von Möglichkeiten zur Ablage von Gegenständen nicht einmal stets eine Nebenpflicht zur Obhut begründen. So verpflichten Garderobenständer in Arztpraxen oder Restaurants den Inhaber regelmäßig nicht zu Sicherungsvorrichtungen, die über die allgemeinen Regeln des § 241 Abs. 2 BGB hinausgehen.[21] Eine Nebenpflicht zur Obhut besteht nach der Interessenlage demgegenüber, wenn ein Besucher mitgebrachte Gegenstände aufgrund einer entsprechenden Aufforderung durch den Inhaber der Räume außerhalb seines Sichtfeldes ablegen muss.[22] Im Einzelfall kann allerdings neben einem anderen Vertrag ein selbstständiger Verwahrungsvertrag abgeschlossen worden sein, für den aber besondere Umstände vorliegen müssen (wie z. B. einer gesonderten, entgeltlichen Garderobenablage in einem Theater).

10

C. Abschluss und Rechtsnatur des Verwahrungsvertrages

Der Abschluss des Verwahrungsvertrages hängt entgegen dem historisch bedingten Wortlaut in § 688 BGB nach heute überwiegender Auffassung nicht untrennbar mit der Überlassung der beweglichen Sache an den Verwahrer zusammen. Vielmehr entsteht das Schuldverhältnis bereits aufgrund der Willensübereinstimmung zwischen Hinterleger und Verwahrer, also gegebenenfalls vor Überlassung der Sache. Der Verwahrungsvertrag ist daher kein Real-, sondern ein Konsensualvertrag.[23] Eine

11

---

[18] BGH 20.09.1973 NJW 1973, 2102 (2103); zu weiteren Beispielen *Henssler* MünchKomm. § 688 Rn. 47; anschaulich ferner AG Bad Segeberg 27.06.2013 NJW-RR 2013, 1435 (1436): keine Verwahrungspflicht einer Ballettschule für die von den Schülern mitgebrachten Handys.

[19] *Henssler* MünchKomm. § 688 Rn. 45; für analoge Anwendung *Staudinger/Reuter* (2015) Vorbem. zu §§ 688 ff. Rn. 41; zurückhaltend auch *Medicus/Lorenz* Rn. 942.

[20] *Soergel/Schur* § 690 Rn. 3. Das konzedieren auch diejenigen Autoren, die ansonsten für eine entsprechende Anwendung der §§ 688 ff. BGB plädieren; siehe *Staudinger/Reuter* (2015) Vorbem. zu §§ 688 ff. Rn. 42.

[21] *Erman/Zetzsche* § 688 Rn. 11; *Larenz* BT 1, § 58, S. 454.

[22] LG Hamburg 19.12.1985 NJW-RR 1986, 829; *Brox/Walker* § 30 Rn. 5; *Staudinger/Reuter* (2015) Vorbem. zu §§ 688 ff. Rn. 43.

[23] *Fikentscher/Heinemann* Rn. 1298; *Henssler* MünchKomm. § 688 Rn. 4; *Larenz* BT 1, § 58, S. 456; *Staudinger/Reuter* (2015) Vorbem. zu §§ 688 ff. Rn. 2; *Soergel/Schur* § 688 Rn. 3; offengelassen für den Verwahrungsvertrag, aber bejahend für den Lagervertrag BGH 11.07.1966 BGHZ 46, 43 (48 ff.); zugunsten eines Realvertrages noch *Oertmann* Vor § 688 Anm. 1.

bestimmte Form ist bei dessen Abschluss nicht zu beachten; er kann durch ausdrückliche oder konkludente Abrede zustande kommen. Stets müssen sich die Beteiligten aber rechtsgeschäftlich binden wollen. Insbesondere bei Alltagsgefälligkeiten (z. B. „Aufpassen" auf den Mantel des Nachbarn im Kino) fehlt es hieran häufig.[24]

12   Wird allein die in § 688 BGB festgelegte Pflicht des Verwahrers zur Aufbewahrung betrachtet, dann scheint der Verwahrungsvertrag ein einseitig verpflichtendes Schuldverhältnis zu begründen.[25] Die Obhutspflicht des Verwahrers ist zwar die vertragstypische Hauptleistung; der Verwahrungsvertrag löst aber auch Pflichten des Hinterlegers aus (z. B. Aufwendungsersatz nach § 693 BGB, Rücknahmepflicht gemäß § 696 BGB), sodass es gerechtfertigt ist, das Schuldverhältnis zumindest als unvollkommen zweiseitigen Vertrag zu qualifizieren.[26] Zum gegenseitigen (vollkommen zweiseitigen) Vertrag wird der Verwahrungsvertrag, wenn der Hinterleger aufgrund einer vertraglichen Abrede für die Aufbewahrung eine Vergütung schuldet. In diesem Fall stehen Aufbewahrung und Vergütung in einem Gegenseitigkeitsverhältnis, auf das die §§ 320 ff. BGB Anwendung finden.[27]

D. Vertragspflichten und Haftung des Verwahrers

I. Aufbewahrungspflicht

13   Die Hauptpflicht des Verwahrers umschreibt § 688 BGB dahin gehend, dass dieser zur Aufbewahrung der beweglichen Sache verpflichtet ist. Sie setzt mit deren Übergabe (in der Regel Besitzübertragung nach § 854 BGB) ein und umfasst neben der Gewährung von Raum die Obhut des Verwahrers für die Sache.[28] Er übernimmt durch den Abschluss des Verwahrungsvertrages die Pflicht, die ihm überlassene Sache vor Beschädigung, Entwendung oder Zerstörung zu bewahren. Bei unmittelbar drohenden Gefahren kann dies auch schadensvorbeugende Rettungshandlungen umfassen.[29] Eine Pflicht zur Instandhaltung der Sache besteht allerdings mangels besonderer Vereinbarung nur, wenn dies in Bezug auf die hinterlegte Sache typischerweise erforderlich und ohne unvorhergesehenen Aufwand erbracht werden

---

[24] Das schließt allerdings nicht aus, bei der hiervon unberührt bleibenden deliktischen Haftung die Privilegierung des § 690 BGB analog anzuwenden; so *Henssler* MünchKomm. § 690 Rn. 3, 8. Zum Problem der Haftung in Gefälligkeitsverhältnissen oben § 6 Rn. 11.

[25] So für die unentgeltliche Verwahrung *Fikentscher/Heinemann* Rn. 1298.

[26] Hierfür auch *Henssler* MünchKomm. § 688 Rn. 3; *Staudinger/Reuter* (2015) Vorbem. zu §§ 688 ff. Rn. 3.

[27] *Fikentscher/Heinemann* Rn. 1298; *Henssler* MünchKomm. § 688 Rn. 3; *Larenz* BT 1, § 58, S. 455 f.; *Staudinger/Reuter* (2015) Vorbem. zu §§ 688 ff. Rn. 3; *Schlechtriem* Rn. 560.

[28] Siehe oben § 12 Rn. 2.

[29] *Henssler* MünchKomm. § 688 Rn. 12; *Looschelders* Rn. 890; *Staudinger/Reuter* (2015) § 688 Rn. 7; *Soergel/Schur* § 688 Rn. 28.

kann (z. B. Blumengießen, Tierfütterung).[30] In diesem Fall hat umgekehrt der Verwahrer einen Anspruch auf Ersatz seiner Aufwendungen.[31]

Ferner legt § 691 Satz 1 BGB fest, dass der Verwahrer wegen seiner besonderen **14** Vertrauensstellung die Sache im Zweifel bei sich selbst aufbewahren muss. Die Aufbewahrung durch einen Dritten kann jedoch im Verwahrungsvertrag vereinbart werden (§ 691 Satz 2 BGB). Allerdings erfasst diese Vorschrift – nicht anders als § 664 BGB[32] – nur die sog. Substitution, bei der der Dritte die Aufbewahrung in eigener Verantwortung ohne weiteren Einfluss des Verwahrers übernimmt.[33] Der Einsatz von Gehilfen ist dem Verwahrer demgegenüber unabhängig davon stets gestattet, wie § 691 Satz 3 BGB belegt. In Abgrenzung zur Substitution sind als Gehilfen i. S. des § 691 BGB aber lediglich solche Personen anzuerkennen, die Hilfsleistungen für den Verwahrer übernehmen, ohne dass dieser – wenn auch intern – die Obhut gänzlich delegiert.[34] So verstößt z. B. die Anmietung von Räumlichkeiten bei Dritten, um dort die übergebene Sache zu verwahren, nicht gegen das Substitutionsverbot des § 691 Satz 1 BGB.

Über die Art der Verwahrung entscheidet grundsätzlich der Verwahrer allein. Ein **15** Mitspracherecht kann sich der Hinterleger nur durch eine gesonderte Vereinbarung sichern. Will der Verwahrer in diesem Fall die Art der Aufbewahrung ändern, so ist er hierzu grundsätzlich nur im Einvernehmen mit dem Hinterleger berechtigt (§ 692 BGB). Eigenmächtig darf er dies – nicht anders als im Auftragsrecht (§ 665 BGB) – nur, wenn eine akute Gefahr besteht, deren Behebung keinen Aufschub duldet und der Hinterleger bei Kenntnis der Sachlage die Änderung vermutlich billigen würde (§ 692 Satz 1 BGB). Soweit möglich, muss der Verwahrer jedoch zuvor die Stellungnahme des Hinterlegers einholen (§ 692 Satz 2 BGB).

II. Rückgabepflicht

Neben der Pflicht zur Aufbewahrung trifft den Verwahrer eine Pflicht zur Rückgabe, **16** wenn der Hinterleger die überlassene Sache zurückfordert. Hierzu ist dieser jederzeit berechtigt (§ 695 Satz 1 BGB), da der Verwahrer die Sache nicht im eigenen, sondern im Interesse des Hinterlegers in seine Obhut genommen hat. Die Pflicht zur jederzeitigen Rückgabe besteht selbst dann, wenn für die Dauer der Aufbewahrung eine Zeit bestimmt und ein Verwahrungsentgelt vereinbart worden ist.[35]

---

[30] *Larenz* BT 1, § 58, S. 457; *Staudinger/Reuter* (2015) § 688 Rn. 6.

[31] Siehe unten § 12 Rn. 39 f.

[32] Zu § 664 BGB oben § 11 Rn. 30 ff.

[33] *Erman/Zetzsche* § 691 Rn. 1; *Henssler* MünchKomm. § 691 Rn. 3; *Looschelders* Rn. 891.

[34] So auch *Larenz* BT 1, § 58, S. 457; RGRK/*Krohn* § 691 Rn. 1; *Staudinger/Reuter* (2015) § 691 Rn. 2.

[35] Zur Vergütung bei vorzeitiger Rückforderung unten § 12 Rn. 38.

17   Abweichende Abreden, die den Rückforderungsanspruch des Hinterlegers für einen bestimmten Zeitraum ausschließen, können die Parteien des Verwahrungs-vertrages jedoch treffen.[36] Allerdings dürfen diese wegen des Rechtsgedankens in § 314 BGB nicht den Fall erfassen, in dem die weitere Belassung der Sache beim Verwahrer bis zum Ablauf der vereinbarten Zeit für den Hinterleger unzumutbar ist (z. B. bei schweren Vertragsverletzungen des Verwahrers).

18   Die Pflicht zur jederzeitigen Rückgabe (§ 695 BGB) schließt nicht das Recht des Verwahrers aus, ein Zurückbehaltungsrecht i. S. des § 273 BGB geltend zu machen, wenn ihm gegenüber dem Hinterleger Ansprüche zustehen (z. B. Aufwendungs-ersatz nach § 693 BGB).[37] Die Verjährung des Rückgabeanspruches beginnt gemäß § 695 Satz 2 BGB mit der Rückforderung.

19   Das Rückforderungsrecht des Hinterlegers sowie die hiermit korrespondierende Rückgabepflicht des Verwahrers hängen nicht davon ab, dass der Verwahrungsver-trag zuvor gekündigt wurde. Jedoch enden die Leistungspflichten des Verwahrers gleichzeitig mit der Rückforderung der überlassenen Sache, da der Verwahrer mit diesem Begehren konkludent die Kündigung des Vertragsverhältnisses erklärt.[38] Ab diesem Zeitpunkt wird Obhut daher allenfalls noch als Schutzpflicht i. S. des § 241 Abs. 2 BGB geschuldet.

20   Hinsichtlich des Ortes der Rückgabe legt § 697 BGB fest, dass dies derjenige ist, an dem die Sache aufzubewahren war. Der Verwahrer ist deshalb nicht verpflichtet, die Sache dem Hinterleger zu bringen. Dementsprechend hat der Hinterleger die Kosten der Rücknahme zu tragen.[39] Allerdings ist § 697 BGB dispositiv, sodass die Vertragsparteien vereinbaren können, dass die Pflicht zur Rückgabe am Wohn- oder Geschäftsort des Hinterlegers zu erfüllen ist.[40]

21   Ist der Hinterleger nicht der Eigentümer der verwahrten Sache, so kann ein Kon-kurrenzverhältnis zwischen dem Rückforderungsanspruch aus § 695 BGB und dem Herausgabeanspruch nach § 985 BGB bestehen. Der Streit über dessen Auflösung ist aus den zum Parallelproblem bei der Leihe genannten Gründen zugunsten der Pflicht aus § 985 BGB zu entscheiden; deren Erfüllung begründet keine Pflichtver-letzung in Bezug auf die nach § 695 BGB bestehende Pflicht zur Rückgewähr.[41] Entgegen der h. M.[42] gilt dies auch, wenn dem Hinterleger Gegenansprüche gegen den Eigentümer zustehen; der Verwahrer ist allerdings nach § 242 BGB verpflichtet,

---

[36] Sehr streitig; wie hier *Henssler* MünchKomm. § 695 Rn. 2 m. w. N. zum Meinungsstand.

[37] OLG Celle 10.02.1967 NJW 1967, 1967 (1968); *Henssler* MünchKomm. § 695 Rn. 10; *Soergel/ Schur* § 695 Rn. 4.

[38] So für die h. M. *Henssler* MünchKomm. § 695 Rn. 3; *Staudinger/Reuter* (2015) § 695 Rn. 3; *Palandt/Sprau* § 695 Rn. 1; *Soergel/Schur* § 695 Rn. 2; a. A. auf Basis der Realvertragstheorie *Krampe* NJW 1992, 1264 (1269): Beendigung erst mit Rückgabe.

[39] *Henssler* MünchKomm. § 697 Rn. 5.

[40] *Henssler* MünchKomm. § 697 Rn. 1; *Staudinger/Reuter* (2015) § 697 Rn. 2; *Soergel/Schur* § 697 Rn. 1.

[41] Siehe oben § 6 Rn. 25 ff.

[42] *Henssler* MünchKomm. § 695 Rn. 9; *Staudinger/Reuter* (2015) § 695 Rn. 6.

diese gegenüber dem Eigentümer geltend zu machen, wenn ihn der Hinterleger dazu ermächtigt hat.[43]

III. Pflichtverletzungen und Haftung des Verwahrers

1. Anspruchsgrundlagen

Eigenständige Anspruchsgrundlagen zur Haftung des Verwahrers, wenn dieser vertragliche Pflichten verletzt, kennt das Recht der Verwahrung nicht. Anzuwenden sind deshalb die Vorschriften des Allgemeinen Schuldrechts.   **22**

Bezüglich der Pflicht des Verwahrers zur Rückgabe als einseitiger Leistungspflicht (§ 695 BGB) sind die §§ 275, 280 ff. BGB einschlägig.[44] So kann der Verwahrer nach § 280 Abs. 1 und 2 BGB i. V. mit § 286 BGB zum Schadensersatz verpflichtet sein, wenn er mit der Rückgabe der überlassenen Sache an den Hinterleger in Verzug gerät. Liegt bezüglich der Rückgabe der überlassenen Sache Unmöglichkeit vor, dann wird der Verwahrer von der Rückgabepflicht frei (§ 275 Abs. 1 BGB), ist aber bei einer von ihm zu vertretenden[45] Unmöglichkeit zum Schadensersatz statt der Leistung verpflichtet (§ 280 Abs. 1, Abs. 3 BGB i. V. mit § 283 BGB).[46]   **23**

Komplizierter gestaltet sich die Rechtslage, wenn die Sache durch eine Verletzung der Obhutspflicht des Verwahrers – die auch bei einer unzulässigen Substitution gemäß § 691 BGB oder einer nicht nach § 692 BGB gerechtfertigten Abweichung von der vereinbarten Verwahrungsart vorliegt – lediglich beschädigt wird. Die h. M. hält in diesem Fall einen Schadensersatzanspruch nach Maßgabe des § 280 Abs. 1 BGB für einschlägig.[47] Dem steht jedoch entgegen, dass die Obhutspflicht bei der Verwahrung nicht lediglich eine Schutzpflicht i. S. des § 241 Abs. 2 BGB darstellt, sondern die Ergreifung der geschuldeten Obhutsmaßnahmen zum Inhalt des zu bewirkenden Leistungserfolges gehört.[48] Auch eine diesbezügliche Schlechterfüllung ist daher eine teilweise Nichterfüllung der Leistungspflicht, die „nicht wie geschuldet" erbracht wurde (vgl. § 281 Abs. 1 Satz 1 BGB). Dementsprechend handelt es sich bei dem aus einer Verletzung der Obhutspflicht entstehenden Schaden stets um einen solchen, dessen Ersatz i. S. des § 280 Abs. 3 BGB „statt der Leistung" verlangt wird. Da die Gewährung der vertragsgemäßen Obhut bei der Verwahrung als Dauerschuldverhältnis zudem nicht einmalig, sondern für die Laufzeit des Vertrages kontinuierlich geschuldet ist, stellt auch die Erbringung   **24**

---

[43] Dazu näher oben § 6 Rn. 29.

[44] *Fikentscher/Heinemann* Rn. 1300; *Henssler* MünchKomm. § 688 Rn. 15; *Looschelders* Rn. 894.

[45] Zum Verschuldensmaßstab § 12 Rn. 27 ff.

[46] BGH 05.10.1989 NJW 1990, 1230 (1230); *Henssler* MünchKomm. § 695 Rn. 12; *Staudinger/ Reuter* (2015) § 688 Rn. 10; *Soergel/Schur* § 688 Rn. 26.

[47] Siehe *Henssler* MünchKomm. § 688 Rn. 20; *Looschelders* Rn. 895.

[48] Siehe § 12 Rn. 4.

der Obhutsleistung zu einem bestimmten Zeitpunkt einen Bestandteil des zu bewirkenden Leistungserfolges dar (absolute Fixschuld). Aus diesen Gründen wird dem
Verwahrer die Erfüllung seiner Leistungspflicht sowohl bei gänzlicher Nichtgewährung als auch einer Schlechterfüllung der geschuldeten Obhut für den betreffenden
Zeitabschnitt i. S. des § 275 Abs. 1 BGB (teilweise) unmöglich, sodass der Hinterleger Ersatz für die daraus resultierende Beschädigung gemäß § 283 BGB i. V. mit
§ 281 Abs. 1 Satz 2 oder 3 BGB beanspruchen kann.

25   Geht die Sache aufgrund einer Pflichtverletzung des Verwahrers unter oder wird
sie hierdurch beschädigt, kommen ergänzend zu den vertraglichen Rechten deliktische Ansprüche in Betracht (z. B. gemäß § 823 Abs. 1 BGB wegen Verletzung des
Eigentums).

26   Ist für die Verwahrung ein Entgelt geschuldet, entfällt nach Maßgabe des § 326
Abs. 1 BGB konsequenterweise die Pflicht zur Zahlung des Verwahrungsentgelts
für den Zeitraum, in dem der Verwahrer seiner Obhutpflicht nicht nachkommt,
weil die Erbringung der vertragsgemäßen Obhut zu einem bestimmten Zeitpunkt
zum Inhalt des geschuldeten Leistungserfolges gehört. Bei einer Schlechterfüllung
bestünde nach dem Konzept des § 326 Abs. 1 Satz 2, Abs. 5 BGB i. V. mit § 323
Abs. 5 Satz 2 BGB gegebenenfalls ein Rücktrittsrecht. Für den Dienstvertrag wurde
jedoch dargelegt, dass diese Konstruktion für schlechterfüllte Dauerschuldverhältnisse nicht passt, bei denen an die Stelle des Rücktritts ein Kündigungsrecht tritt,
das die für vergangene Zeitabschnitte vereinbarte Vergütung nicht berührt.[49] Vielmehr führt bei derartigen Vertragsverhältnissen – zu denen auch die Verwahrung
zählt[50] – eine nicht korrigierbare Schlechterfüllung zu einer Minderung der Vergütung analog § 326 Abs. 1 Satz 1 BGB i. V. mit § 441 Abs. 3 BGB.[51]

2. Verschuldensmaßstab

27   Hinsichtlich des Haftungsmaßstabes ist zu differenzieren: Schuldet der Hinterleger für die Aufbewahrung eine Vergütung, dann haftet der Verwahrer für Vorsatz
und jede Fahrlässigkeit (§ 276 BGB).[52] Für ein Verschulden von Erfüllungsgehilfen
hat er nach § 278 BGB einzustehen (§ 691 Satz 3 BGB), während er bei erlaubter
Substitution nach § 691 Satz 2 BGB nur ein Auswahlverschulden in Bezug auf die
Person des Substituten zu vertreten hat.

28   Bei einer unentgeltlichen Verwahrung schreibt § 690 BGB hingegen einen günstigeren Haftungsmaßstab für den Verwahrer fest. Er hat hiernach nur für die Sorgfalt einzustehen, die er in eigenen Angelegenheiten anzuwenden pflegt (*diligentia
quam in suis*); eine Befreiung von der Haftung für grobe Fahrlässigkeit oder Vorsatz
ist hiermit aber nicht verbunden (§ 277 BGB). Der Anwendungsbereich des § 690
BGB ist im Einzelnen jedoch problematisch:

---

[49] Siehe oben § 7 Rn. 67.

[50] Vgl. oben § 12 Rn. 1.

[51] Näher oben § 7 Rn. 67.

[52] *Looschelders* Rn. 897; *Medicus/Lorenz* Rn. 947.

Besondere Haftungsbeschränkungen oder -verschärfungen des Allgemeinen **29** Schuldrechts lässt § 690 BGB unberührt; die Norm modifiziert lediglich die §§ 276, 278 BGB. Relevant ist dies z. B., wenn hinsichtlich der Rückgabe Verzug eingetreten ist. Gerät der Verwahrer mit der Erfüllung seiner Rückgabepflicht in einen Schuldnerverzug, dessen *Eintritt* gemäß § 286 Abs. 4 BGB i. V. mit § 690 BGB eine Verletzung der eigenüblichen Sorgfalt voraussetzt, dann muss er *während* des Verzuges nach § 287 BGB auch für den zufälligen Untergang der Sache einstehen.[53] Befindet sich umgekehrt der Hinterleger nach Geltendmachung der Rückforderung (§ 695 BGB) im Annahmeverzug, dann haftet der Verwahrer unabhängig vom Maßstab seiner eigenüblichen Sorgfalt nur noch für Vorsatz und grobe Fahrlässigkeit (§ 300 Abs. 1 BGB). Dieser Fall kann insbesondere eintreten, wenn der Hinterleger die überlassene Sache – wie von § 697 BGB vorgesehen – am Ort der Aufbewahrung abholen muss. Erscheint dieser z. B. nicht zum vereinbarten Termin bei dem Verwahrer, dann hat Letzterer fortan nur noch bei Vorsatz oder grober Fahrlässigkeit den Untergang der überlassenen Sache zu vertreten.

Wie bei den Haftungsprivilegierungen durch § 521 BGB (Schenkung) und § 599 **30** BGB (Leihe) ist umstritten, in Bezug auf welche Pflichten als „Verwahrer" i. S. des § 690 BGB mit der Folge der Haftungsmilderung gehandelt wird. Es gilt das zu den §§ 521, 599 BGB Ausgeführte:[54] Nach h. M. greift das Unentgeltlichkeitsprivileg nur hinsichtlich solcher Pflichten ein, die sich auf den verwahrten Gegenstand beziehen, während der Verwahrer für die Verletzung allgemeiner Schutzpflichten (der Hinterleger rutscht in den Räumen des Verwahrers auf einer Bananenschale aus) nach den §§ 276, 278 BGB haften soll.[55] Gegen diese Begrenzung spricht jedoch die Vereinheitlichung des Begriffs der Pflichtverletzung in den §§ 280 ff. BGB, die Leistungs- und Schutzpflichten gleichermaßen erfassen.

Verwirklicht die Verletzung der vertraglichen Pflichten zusätzlich einen delik- **31** tischen Haftungstatbestand, so ist auf diesen § 690 BGB in seinem (umstrittenen) Anwendungsbereich analog anzuwenden. Andernfalls würde die vom Gesetz gewollte Privilegierung des unentgeltlich Verwahrenden unterlaufen.[56]

Haftungsbeschränkungen zugunsten des Verwahrers, die über § 691 BGB hinaus- **32** gehen, bedürfen einer Vereinbarung, sind jedoch nicht in der Lage, die Haftung für eigenen Vorsatz auszuschließen (§ 276 Abs. 3 BGB). Verwendet der Verwahrer Allgemeine Geschäftsbedingungen, so können diese wegen § 309 Nr. 7 lit. b BGB die Haftung für vorsätzliches oder grob fahrlässiges Verhalten generell nicht abbedingen. Darüber hinaus dürfen Allgemeine Geschäftsbedingungen die Haftung für die Obhutspflicht als sog. Kardinalpflicht nach § 307 Abs. 1 Satz 1 BGB i. V. mit § 307

---

[53] Dazu bereits im Zusammenhang mit § 521 BGB oben § 4 Rn. 32.

[54] Siehe oben § 4 Rn. 33 ff. und § 6 Rn. 17.

[55] *Gerhardt* JuS 1970, 597 (600); *Larenz* BT 1, § 58, S. 457; *Looschelders* Rn. 899; *Staudinger/ Reuter* (2015) § 690 Rn. 5; *Schlechtriem* Rn. 561; *Soergel/Schur* § 690 Rn. 5.

[56] *Henssler* MünchKomm. § 690 Rn. 8; *Looschelders* Rn. 899; *Schlechtriem* Rn. 564; *Soergel/ Schur* § 690 Rn. 1; allg. auch BGH 20.12.1966 BGHZ 46, 313 (316 f.). Zum Parallelproblem bei Schenkung und Leihe siehe § 4 Rn. 34 und § 6 Rn. 20 f.

Abs. 2 Nr. 1 BGB selbst bei einfach fahrlässigem Verhalten nur in angemessener Weise der Höhe nach begrenzen, nicht aber völlig ausschließen.[57]

3. Geltendmachung von Drittschäden durch den Hinterleger/Verwahrer

33　Da die dem Verwahrer übergebene Sache nicht im Eigentum des Hinterlegers stehen muss,[58] kann eine Pflichtverletzung des Verwahrers unter Umständen auch bei einem Dritten zu einem Schaden führen. In diesem Fall hat der Hinterleger nach den §§ 280 ff. BGB zwar grundsätzlich einen Ersatzanspruch, ohne aber einen Schaden zu erleiden, während dem geschädigten Dritten gegenüber dem Verwahrer allenfalls deliktische Ansprüche zustehen (vor allem aus § 823 Abs. 1 BGB), da der Verwahrungsvertrag regelmäßig keine Schutzwirkungen zugunsten Dritter entfaltet.[59] Die deliktische Haftung geht jedoch wegen der Exkulpationsmöglichkeit (§ 831 Abs. 1 Satz 2 BGB) ins Leere, wenn der Dritte seinen Anspruch gegen den Verwahrer ausschließlich auf § 831 BGB stützen kann, sodass ein „zufälliges", d. h. den Schädiger unbillig entlastendes, Auseinanderfallen von Ersatzanspruch und Schaden eintritt. Deshalb gesteht die überwiegende Ansicht dem Hinterleger im Einklang mit den allgemeinen Grundsätzen das Recht zu, den Schaden des Dritten gegenüber dem Verwahrer geltend zu machen (Drittschadensliquidation).[60] Die Ersatzforderung bzw. das aus ihr Erlangte muss der Hinterleger jedoch nach § 285 BGB an den Dritten weiterreichen.

34　Eine Drittschadensliquidation kommt auch in einer anderen Konstellation in Betracht: Wenn ein Dritter, der nicht Erfüllungsgehilfe des Verwahrers im Verhältnis zum Hinterleger ist, die verwahrte Sache bei dem Verwahrer unter Verletzung einer vertraglichen oder quasi-vertraglichen Pflicht gegenüber diesem zerstört oder beschädigt, ohne dass der Verwahrer dabei seine eigene Obhutspflicht für die Sache verletzt hätte, so steht diesem zwar ein entsprechender Ersatzanspruch zu, ihm fehlt aber ein korrespondierender Schaden, da er dem Hinterleger mangels Pflichtverletzung seinerseits nicht zum Schadensersatz verpflichtet ist. Der Hinterleger wiederum hat gegen den Dritten allenfalls deliktische Ansprüche, die mit den besagten Schwächen behaftet sind. Folglich muss auch in diesem Fall der Verwahrer den Drittschaden des Hinterlegers geltend machen können, um den Ersatzanspruch oder den erlangten Ersatz anschließend auf den Hinterleger gemäß § 285 BGB (analog) zu übertragen.[61]

---

[57] *Staudinger/Reuter* (2015) Vorbem. zu §§ 688 ff. Rn. 13; ebenso noch zu § 11 Nr. 8 lit. b AGBG BGH 09.11.1989 NJW 1990, 761 (764).

[58] Statt aller *Henssler* MünchKomm. § 688 Rn. 9; *Staudinger/Reuter* (2015) § 688 Rn. 4.

[59] Als Ausnahme aber KG 29.10.1993 NJW-RR 1994, 688 (689): Verwahrungsvertrag zwischen dem Land Berlin und einer Tiersammelstelle entfaltet Schutzwirkung zugunsten der Eigentümer der Tiere.

[60] BGH 10.05.1984 NJW 1985, 2411 (2411 f.); *Henssler* MünchKomm. § 688 Rn. 25; *Staudinger/ Reuter* (2015) Vorbem. zu §§ 688 ff. Rn. 14.

[61] *Henssler* MünchKomm. § 688 Rn. 23.

E. Vertragspflichten und Haftung des Hinterlegers

I. Vergütungspflicht

Der Verwahrungsvertrag begründet in § 688 BGB lediglich für den Verwahrer eine **35** Pflicht. Das Gesetz stellt es jedoch in die Autonomie der Vertragsparteien, ob sie die Verwahrung durch Vereinbarung eines Vergütungsanspruches zugunsten des Verwahrers als gegenseitigen Vertrag i. S. der §§ 320 ff. BGB ausgestalten.

Haben die Parteien eine Vergütung nicht ausdrücklich vereinbart oder ausge- **36** schlossen, so greift § 689 BGB hinsichtlich des Bestehens einer Vergütungspflicht auf eine Regelungstechnik aus dem Recht anderer Tätigkeitsverträge zurück. Wie § 612 BGB für den Dienstvertrag, § 632 BGB für den Werkvertrag und § 653 BGB für den Maklervertrag legt § 689 BGB fest, dass eine Vergütung als stillschweigend vereinbart gilt, wenn die Aufbewahrung den Umständen nach nur gegen eine Vergütung zu erwarten ist.[62] Davon ist insbesondere auszugehen, wenn die Verwahrung mit besonderen Kosten verbunden ist und sich für den Hinterleger der Eindruck aufdrängen musste, der Verwahrer erbringe seine Leistung nicht unentgeltlich. Da § 689 BGB nicht eingreift, wenn trotz der Üblichkeit der Vergütung eine solche ausgeschlossen wurde, begründet die Vorschrift weder eine Fiktion noch eine unwiderlegbare Vermutung, sondern eine gesetzliche Vermutung, die nur durch abweichende positive Erklärung mindestens einer Partei widerlegt werden kann.[63]

Im Unterschied zu den §§ 612, 632, 653 BGB nennt § 689 BGB keine Anhalts- **37** punkte für die Höhe der Vergütung, wenn diesbezüglich eine Einigung der Parteien fehlt. Lediglich zur Fälligkeit trifft § 699 BGB eine Regelung: Nach dieser ist die Vergütung entweder bei der Beendigung der Aufbewahrung oder nach Ablauf vereinbarter Zeitabschnitte zu entrichten (§ 699 Abs. 1 BGB). Der Rechtsgedanke der §§ 612 Abs. 2, 632 Abs. 2, 653 Abs. 2 BGB findet aber auch bei der Verwahrung Anwendung. Erst wenn weder eine Taxe besteht noch eine übliche Vergütung ermittelt werden kann, ist der Verwahrer berechtigt, die Vergütung einseitig nach den §§ 315, 316 BGB festzulegen.[64]

Endet der Verwahrungsvertrag durch vorzeitige Rückforderung nach § 695 BGB, **38** so kann der Verwahrer gemäß § 699 Abs. 2 BGB im Zweifel (nur) einen anteiligen Betrag der für die ursprünglich beabsichtigte Verwahrungsdauer geschuldeten Vergütung verlangen. Zudem entfällt bzw. mindert sich die Vergütungspflicht des Hinterlegers nach § 326 Abs. 1 Satz 1 BGB, wenn der Verwahrer seine Obhutspflicht nicht wie geschuldet erfüllt.[65]

---

[62] Näher zur Dogmatik siehe oben § 7 Rn. 34 ff.

[63] In diese Richtung auch *Henssler* MünchKomm. § 689 Rn. 1; *Staudinger/Reuter* (2015) § 689 Rn. 1.

[64] Für die h. M. *Henssler* MünchKomm. § 689 Rn. 5; *Staudinger/Reuter* (2015) § 689 Rn. 2; *Schlechtriem* Rn. 562; *Soergel/Schur* § 689 Rn. 4.

[65] Siehe oben § 12 Rn. 26.

II. Aufwendungsersatz

39   Der Hinterleger ist nach § 693 BGB zum Ersatz der Aufwendungen[66] verpflichtet,
die dem Verwahrer aus der Aufbewahrung entstanden sind. Hierüber darf aber eine
eventuell geschuldete Vergütung für die Verwahrung nicht unzulässigerweise indirekt erhöht bzw. bei unentgeltlicher Verwahrung nicht die Unentgeltlichkeit umgangen werden. Zu den Aufwendungen i. S. des § 693 BGB zählen daher mangels
abweichender Vereinbarung nicht diejenigen Vermögenseinbußen, welche die
Gewährung von Raum und Obhut als Hauptleistungspflicht des Verwahrers vorher-
sehbarerweise erfordern; diese sind einzig durch ein etwaiges Verwahrungsentgelt
auszugleichen.[67] So schuldet der Hinterleger z. B. keinen Aufwendungsersatz für
eine vom Verwahrer eingesetzte Arbeitskraft oder eine unter Umständen aufgewen-
dete Miete.[68]

40   Raum für einen Aufwendungsersatz bleibt danach in Bezug auf Versicherungs-
prämien, entrichtete Steuern, Kosten einer über die bloße Obhut hinausgehenden
Instandhaltung (Tierfütterung etc.) oder den Aufwand für eine unvorhergesehen
notwendig gewordene Rettung der Sache. Wie bei der Parallelvorschrift im Auftragsrecht (§ 670 BGB) ist der Ersatzanspruch des Verwahrers auf Aufwendungen
beschränkt, die er den Umständen nach für erforderlich halten durfte. Zudem sind
Schäden, die der Verwahrer an eigenen Rechtsgütern erleidet und die aus der typischen Gefahr der Verwahrung resultieren, analog § 693 BGB zu ersetzen.[69] Einen
Anspruch auf Aufwendungsersatz kann der Verwahrer dem Rückgabeanspruch des
Hinterlegers gemäß § 273 Abs. 1, Abs. 2 BGB entgegenhalten.

III. Rücknahmepflicht

41   Der Pflicht des Verwahrers zur Rückgabe der überlassenen Sache (§ 695 BGB) entspricht eine Pflicht des Hinterlegers, die überlassene Sache am Ort der vertragsmäßigen Aufbewahrung (§ 697 BGB) zurückzunehmen, wenn der Verwahrer dies verlangt
(§ 696 BGB). Die Vorschrift begrenzt den Dispositionsschutz für den Hinterleger auf
diejenigen Fälle, in denen die Aufbewahrung für eine bestimmte Zeit geschuldet ist.

---

[66] Zum Begriff der Aufwendungen oben § 11 Rn. 52 ff.

[67] Weniger eng, aber ohne tragfähige Abgrenzungskriterien die h. M.: *Esser/Weyers* BT 1, § 38
II, S. 337 f.; *Henssler* MünchKomm. § 693 Rn. 3; *Staudinger/Reuter* (2015) § 693 Rn. 4 f. Wenn
allerdings der Verwahrer bei unentgeltlicher Verwahrung im Einverständnis mit dem Hinterleger
Opfer aus seiner Vermögenssubstanz erbringt, die nicht nach § 693 BGB zu ersetzen sind, sprechen gute Gründe dafür, insoweit die §§ 516 ff. BGB analog anzuwenden (zum Parallelproblem
bei der Leihe oben § 6 Rn. 6).

[68] *Henssler* MünchKomm. § 693 Rn. 3; *Larenz* BT 1, § 58, S. 458; *Staudinger/Reuter* (2015) § 693
Rn. 4.

[69] *Henssler* MünchKomm. § 693 Rn. 2; zu § 670 BGB oben § 11 Rn. 60 ff.

In dieser Konstellation ist der Hinterleger schutzbedürftig, da er wegen der Zeitbestimmung von anderweitigen Vorkehrungen zur Verwahrung der Sache häufig absieht bzw. diese erst unmittelbar vor dem Zeitablauf einleitet. Angesichts dessen kann der Verwahrer die vorzeitige Rücknahme der überlassenen Sache von dem Hinterleger nur verlangen, wenn ein wichtiger Grund vorliegt (§ 696 Satz 2 BGB).

Wurde hingegen für die Aufbewahrung keine Zeit vereinbart, genießt das Interesse des Verwahrers den Vorrang und der Hinterleger ist jederzeit zur Rücknahme verpflichtet, wenn der Verwahrer seinen Rücknahmeanspruch geltend macht. Den Parteien steht es jedoch frei, insoweit vertragliche Beschränkungen (z. B. Kündigungsfrist, Ankündigungsfrist) zu vereinbaren. Diese sind rechtswirksam, solange der Anspruch des Verwahrers auf Rücknahme aus wichtigem Grund nicht ausgeschlossen oder beschränkt wird (vgl. § 314 BGB).[70] **42**

Durch ein wirksames Rücknahmeverlangen des Verwahrers wird der Verwahrungsvertrag als solcher wie im Fall der Rückforderung nach § 695 BGB gekündigt.[71] Ab diesem Moment bzw. mit Ablauf einer vereinbarten Verwahrungsfrist ist der Verwahrer zur Rückgabe und der Hinterleger zur Rücknahme verpflichtet, sodass Letzterer mit der unterlassenen Rücknahme sowohl unter den Voraussetzungen der §§ 293 ff. BGB in Gläubigerverzug als auch nach § 286 BGB in Schuldnerverzug geraten kann.[72] Die Verjährung des Anspruches beginnt gemäß § 696 Satz 3 BGB mit dem Rücknahmeverlangen. **43**

IV. Haftung des Hinterlegers

Der Hinterleger hat primär für die Zahlung einer Vergütung einzustehen, die er aufgrund einer entsprechenden Vereinbarung oder gemäß § 689 BGB schuldet. Kommt er dieser Pflicht nicht nach, richten sich die Rechte des Verwahrers nach den §§ 280 ff., 320 ff. BGB. **44**

Verletzt der Hinterleger seine Rücknahmepflicht (§ 696 BGB), dann greifen die §§ 280 ff. BGB, insbesondere die Verzugsregelung des § 286 BGB, ein.[73] Weitergehend wird bei einer entgeltlichen Verwahrung teilweise eine Pflicht zur Fortzahlung des Entgelts gemäß § 546a Abs. 1 BGB analog befürwortet, wenn der Hinterleger die Sache verspätet zurücknimmt.[74] Da jedoch der Hinterleger anders als ein Mieter sein Entgelt nicht nur für die Überlassung des Aufbewahrungsraumes, sondern gerade auch für die Obhut schuldet und die diesbezügliche Verpflichtung des Verwahrers mit der Beendigung des Vertragsverhältnisses erlischt,[75] fehlt es an **45**

---

[70] So auch *Henssler* MünchKomm. § 696 Rn. 2.

[71] Dazu oben § 12 Rn. 19.

[72] *Palandt/Sprau* § 696 Rn. 1; *Staudinger/Reuter* (2015) § 696 Rn. 2.

[73] *Henssler* MünchKomm. § 696 Rn. 7; *Staudinger/Reuter* (2015) § 696 Rn. 2.

[74] *Larenz* BT 1, § 58, S. 458 f.

[75] Siehe oben § 12 Rn. 19.

der teleologischen Vergleichbarkeit mit der in § 546a BGB geregelten Konstellation, sodass bei der Verwahrung ausschließlich die Vorschriften über den Verzug eingreifen.

46   Einer besonderen Haftungsregelung bedarf es, wenn von der überlassenen Sache Gefahren ausgehen, die sich bei dem Verwahrer während der Aufbewahrung aktualisieren (z. B. ansteckende Krankheiten bei in Verwahrung genommenen Tieren). Für diesen Fall ordnet § 694 BGB eine Haftung des Hinterlegers an, die allein voraussetzt, dass dem Verwahrer infolge der Beschaffenheit der überlassenen Sache ein Schaden entstanden ist. Ausgeschlossen ist die Ersatzpflicht jedoch, wenn der Hinterleger die aus der Beschaffenheit der Sache drohenden Gefahren weder kannte noch kennen musste oder diese dem Verwahrer angezeigt wurden (auf Kenntnisnahme kommt es nicht an: § 130 Abs. 1 Satz 1 BGB analog[76]) bzw. ihm anderweitig positiv bekannt waren (Verschuldenshaftung mit Beweislastumkehr).

F. Die unregelmäßige Verwahrung

47   Die §§ 688 bis 699 BGB regeln den Normalfall, dass die überlassene Sache bei dem Verwahrer erhalten bleibt und er diese anschließend dem Hinterleger zurückgibt. Insbesondere im Bankverkehr sind indessen Fallgestaltungen denkbar, in denen das überlassene Geld bei jederzeitiger Verfügbarkeit für den Hinterleger vor allem sicher verwahrt werden soll (sog. Sichteinlagen, z. B. Girokonto). Von der „klassischen" Verwahrung unterscheidet sich dieser Sachverhalt in zwei zentralen Punkten. Im Vordergrund des Interesses des Hinterlegers stehen nicht die übergebenen Geldscheine, sondern der in diesen verkörperte Wert. Umgekehrt wird der Empfänger zu der Verwahrung nur bereit sein, wenn er die überlassene Sache frei verwenden kann und sich seine Rückgabepflicht auf gleichartige Sachen beschränkt.

48   Auf diesen Sonderfall ist § 700 BGB zugeschnitten, der die sog. unregelmäßige Verwahrung ausgestaltet. Diese ist nach vorherrschendem Verständnis weder Verwahrung noch Geld- bzw. Sachdarlehen, sondern ein eigenständiger Vertragstyp, der Elemente beider Vertragsarten in sich vereint (sog. Typenverschmelzungsvertrag).[77] Die systematische Stellung der Vorschrift am Ende des Abschnitts zur Verwahrung beruht auf historischen Gründen, weil das gemeine Recht das depositum irregulare noch als einen Sonderfall der Verwahrung einordnete.[78]

49   Für die unregelmäßige Verwahrung ist kennzeichnend, dass der Verwahrer die überlassene Sache anders als bei der reinen Verwahrung nicht als solche zurückgewähren muss, weil diese entweder mit der Übergabe in das Eigentum des Verwahrers übergegangen ist (§ 700 Abs. 1 Satz 1 BGB) oder von ihm nach der Hinterlegung

---

[76] Prot. II, S. 400 f.; *Henssler* MünchKomm. § 694 Rn. 6; *Staudinger/Reuter* (2015) § 694 Rn. 5.

[77] *Henssler* MünchKomm. § 700 Rn. 2; *Soergel/Schur* § 700 Rn. 5; siehe auch *Staudinger/Reuter* (2015) § 700 Rn. 2 f.

[78] Siehe *Staudinger/Reuter* (2015) § 700 Rn. 1.

verbraucht werden darf (Aneignungsgestattung: § 700 Abs. 1 Satz 2 BGB). Aus diesem Grund beschränkt sich die Rückgabepflicht des Verwahrers auf Sachen gleicher Art, Güte und Menge.

Wegen der hierin zum Ausdruck kommenden Ähnlichkeit mit dem Geld- bzw. **50** Sachdarlehen (siehe § 488 BGB und § 607 BGB) ist auf die unregelmäßige Verwahrung grundsätzlich das Recht des Geld- bzw. Sachdarlehens anzuwenden. Allerdings gilt dies nicht einschränkungslos. Während das reine Geld- bzw. Sachdarlehen vornehmlich dem Interesse des Darlehensnehmers an der Nutzung der betreffenden Sachen dient, werden bei der unregelmäßigen Verwahrung in erster Linie dem Hinterleger die Last und Gefahr[79] der Aufbewahrung abgenommen.[80] Deshalb ist für Zeit und Ort der Rückerstattung der besonderen Interessenlage bei der unregelmäßigen Verwahrung dadurch Rechnung zu tragen, dass im Zweifel die entsprechenden Bestimmungen zur Verwahrung, also die §§ 695 bis 697 BGB anzuwenden sind (§ 700 Abs. 1 Satz 3 BGB). Abweichende Abreden der Parteien genießen jedoch den Vorrang.

Abzugrenzen ist die unregelmäßige Verwahrung von der sog. *Tauschverwahrung.* **51** Bei dieser handelt es sich zunächst um eine normale Verwahrung, auf die die §§ 688 bis 699 BGB anzuwenden sind, bei der dem Verwahrer aber gestattet ist, anstelle der übergebenen Sachen solche gleicher Art und Güte an Erfüllungs statt zurückzugewähren (§ 364 Abs. 1 BGB).[81]

---

[79] Aufgrund seines Eigentumserwerbs muss derjenige, der eine unregelmäßige Verwahrung besorgt, auch bei zufälligem Untergang der Sachen Gegenstände gleicher Art und Güte zurückgewähren.

[80] *Esser/Weyers* BT 1, § 38 III 1, S. 338; *Larenz* BT 1, § 58, S. 460; *Medicus/Lorenz* Rn. 952.

[81] *Esser/Weyers* BT 1, § 38 III 3, S. 339.

§ 13 Der Bürgschaftsvertrag

Inhaltsverzeichnis

© Springer-Verlag GmbH Deutschland, ein Teil von Springer Nature 2018   809
H. Oetker, F. Maultzsch, *Vertragliche Schuldverhältnisse*, Springer-Lehrbuch,
https://doi.org/10.1007/978-3-662-57500-0_13

A. Überblick zum Bürgschaftsrecht

1 Der Bürgschaftsvertrag stellt einen bedeutenden Teilbereich der sog. Sicherungsrechte dar. Diesen ist gemeinsam, dass der Inhaber einer Forderung – der Sicherungsnehmer – deren Befriedigung absichern will, indem er sich eine weitere Rechtsposition gegen den Sicherungsgeber einräumen lässt, die die Sicherstellung der Befriedigung der Forderung bezweckt. Dabei sind zwei Grundformen der Sicherungsrechte zu unterscheiden: Realsicherheiten und Personalsicherheiten.[1]

2 Bei den *Realsicherheiten* haften der jeweilige Eigentümer einer beweglichen oder unbeweglichen Sache mit derselben bzw. der Inhaber eines Rechts mit diesem Recht für die Befriedigung der gesicherten Forderung, nicht aber mit ihrem sonstigen Vermögen. Das trifft z. B. auf die Hypothek (§§ 1113 ff. BGB), das Pfandrecht an beweglichen Sachen oder Rechten (§§ 1204 ff. BGB) sowie die gesetzlich nicht geregelte Sicherungsübereignung einer Sache[2] und die Sicherungsabtretung einer Forderung[3] zu. Die *Personalsicherheiten* zeichnen sich demgegenüber dadurch aus, dass eine natürliche oder juristische Person mit ihrem gesamten Vermögen für die Erfüllung einer fremden Verbindlichkeit einsteht.

---

[1] Umfassend zum System der Sicherungsrechte *Reinicke/Tiedtke* Kreditsicherung, 5. Aufl. 2006.

[2] Dazu *Reinicke/Tiedtke* a. a. O., Rn. 662 ff.

[3] Näher *Reinicke/Tiedtke* a. a. O., Rn. 771 ff.

Die in den §§ 765 bis 777 BGB geregelte Bürgschaft bildet die Grundform der **3**
Personalsicherheiten. Durch den Bürgschaftsvertrag verpflichtet sich der Bürge
gegenüber dem Gläubiger eines Dritten, für die Erfüllung dieser Verbindlichkeit –
der sog. Hauptschuld – mit seinem Vermögen einzustehen (§ 765 Abs. 1 BGB). Der
Bürge fungiert somit als Sicherungsgeber, während der Gläubiger der Hauptforderung als Sicherungsnehmer auftritt. Mit Erteilung der Bürgschaft entsteht somit
eine Dreiecksbeziehung, bei der drei Rechtsverhältnisse zu unterscheiden sind.
Neben dem Bürgschaftsvertrag zwischen Gläubiger und Bürgen steht das Rechtsverhältnis zwischen Gläubiger und Hauptschuldner (z. B. Kaufvertrag), aus dem
die Hauptverbindlichkeit entspringt und für deren Erfüllung der Bürge einzustehen
verspricht. Dieses Leistungsversprechen des Bürgen an den Gläubiger beruht regelmäßig, aber nicht zwingend auf einem eigenständigen Vertragsverhältnis zwischen
dem Bürgen und dem Hauptschuldner, z. B. auf einem Auftrag oder einer entgeltlichen Geschäftsbesorgung.[4] Mängel in diesem Rechtsverhältnis strahlen jedoch
grundsätzlich nicht auf die Rechtswirksamkeit der Bürgschaft aus.

Die §§ 765 bis 777 BGB sind weitgehend dispositiv, sodass es den Vertragspar- **4**
teien freisteht, der Bürgschaft durch eine Modifizierung der gesetzlichen Bestimmungen eine atypische Ausgestaltung zu verleihen. Hierbei haben sich in der Vertragspraxis einige Sonderformen herausgebildet, die mit feststehenden Begriffen
umschrieben werden. Zu diesen atypischen Sonderformen zählen die selbstschuldnerische Bürgschaft, die Bürgschaft auf erstes Anfordern, die Ausfallbürgschaft,
die Nachbürgschaft sowie die Rückbürgschaft.[5] Aufgrund der Gefahren, die mit der
Erteilung einer Bürgschaft für den Bürgen verbunden sind, gewinnt die Inhaltskontrolle entsprechender Vereinbarungen, z. B. am Maßstab des § 138 Abs. 1 BGB oder
der Vorschriften über die Verwendung Allgemeiner Geschäftsbedingungen (§§ 305
bis 310 BGB), besondere Bedeutung.[6]

Darüber hinaus kennt das Wertpapierrecht zwei Sonderformen der Bürgschaft, **5**
wenn die Zahlung der durch das Wertpapier verkörperten Verbindlichkeit gesichert
werden soll. Sowohl die Bezahlung eines Wechsels als auch die eines Schecks
können durch eine Wechsel- bzw. Scheckbürgschaft gesichert werden. Hinsichtlich
der Form der Bürgschaftserklärung und der Haftung des Wechsel- bzw. Scheck-
bürgen gelten Sonderregeln, die gegenüber den §§ 765 bis 777 BGB *leges speciales*
sind (für die Wechselbürgschaft: Art. 30 bis 32 WG; für die Scheckbürgschaft:
Art. 25 bis 27 ScheckG).

---

[4] Dazu oben § 11, S. 681 ff.

[5] Zu den vorgenannten Sonderformen näher unten § 13 Rn. 83, 110 ff.

[6] Dazu unten § 13 Rn. 50 ff.

B. Begriff des Bürgschaftsvertrages und Abgrenzung zu anderen Personalsicherheiten

I. Besonderheiten der Bürgschaft als Ausgangspunkt der Abgrenzungsproblematik

6   Die Bürgschaft zeichnet sich nach dem Leitbild der §§ 765 bis 777 BGB dadurch aus, dass sie im Hinblick auf die Hauptverbindlichkeit *akzessorisch und subsidiär* ist. Das bedeutet zum einen, dass die Schuld des Bürgen in Bestand und Umfang von derjenigen der Hauptverbindlichkeit abhängt (Akzessorietät) und zum anderen, dass der Bürge gegenüber dem Hauptschuldner grundsätzlich nur nachrangig haftet (Subsidiarität).[7]

7   Den Sicherungsbedürfnissen des Gläubigers der Hauptforderung trägt dies zuweilen nicht ausreichend Rechnung. Aufgrund der Vertragsfreiheit haben sich deshalb in der Praxis mit dem *Schuldbeitritt* und dem *selbständigen Garantievertrag* zusätzliche, gesetzlich nicht geregelte Formen von Personalsicherheiten herausgebildet. Für beide Vertragsgestaltungen ist charakteristisch, dass sie die Akzessorietät und die Subsidiarität im Verhältnis zu der Hauptverbindlichkeit aufheben bzw. abschwächen. Aus diesem Grund finden bei Schuldbeitritt und Garantievertrag die auf diese Eigenschaften der Bürgschaft bezogenen Regelungen in den §§ 766 bis 777 BGB grundsätzlich keine Anwendung.[8]

8   Die Abgrenzung des Garantievertrages bzw. des Schuldbeitritts von der Bürgschaft ist von zentraler Bedeutung, weil die Rechtsstellung des Sicherungsgebers bei den nicht geregelten Sicherungsverträgen wesentlich schwächer als bei der Bürgschaft ist, wenn auch bei gewissen Sonderformen der Bürgschaft[9] eine Annäherung an Schuldbeitritt und Garantie eintreten kann. Im Leistungsfall beruft sich der Gläubiger deshalb im Zweifel darauf, es liege ein Garantievertrag bzw. ein Schuldbeitritt vor, während der in Anspruch Genommene zu seinem Schutz auf Bestimmungen des Bürgschaftsrechts verweist. Insbesondere wird er die Verletzung des Formerfordernisses (§ 766 BGB),[10] Einwendungen und Einreden aus der Hauptverbindlichkeit (§§ 767 f. BGB) oder die Einrede der Vorausklage (§ 771 BGB) geltend machen. Stets ist dann durch Auslegung der Vereinbarung zu ermitteln, ob ein Garantievertrag bzw. ein Schuldbeitritt oder eine Bürgschaft vorliegt.

---

[7] Ausführlich zur Akzessorietät und zur Subsidiarität unten § 13 Rn. 67 ff.

[8] *Staudinger/Horn* (2013) Vorbem. zu §§ 765 ff. Rn. 214, 399; ebenso für den Garantievertrag *Habersack* MünchKomm. Vor § 765 Rn. 19, abweichend jedoch für den Schuldbeitritt, Rn. 15.

[9] Dazu unten § 13 Rn. 83 und Rn. 111 ff.

[10] Die Formproblematik stellt sich allerdings nicht, wenn der betreffende Sicherungsgeber gemäß § 350 HGB eine Bürgschaft formfrei erteilen kann. Dazu näher unten § 13 Rn. 48.

II. Abgrenzung vom Schuldbeitritt

Die Sicherung des Gläubigers einer Hauptverbindlichkeit kann nicht nur dadurch   **9**
erreicht werden, dass ein Dritter sein Einstehen für die Hauptverbindlichkeit für
den Fall verspricht, dass der Hauptschuldner seine Leistung nicht erbringt (Bürgschaft). Ein vergleichbarer Zugriff auf das Vermögen eines Dritten ist dem Gläubiger auch dann eröffnet, wenn er mit dem Dritten einen Schuldbeitritt (sog. kumulative Schuldübernahme) vereinbart.[11] Durch diesen wird der Beitretende neben dem
schon zuvor Verpflichteten gleichrangig und selbstständig Schuldner der „gesicherten" Verbindlichkeit; beide Personen sind infolge des Beitritts Gesamtschuldner i. S.
der §§ 421 ff. BGB. Der vertragliche Schuldbeitritt ist gesetzlich nicht geregelt,[12]
aufgrund der Vertragsfreiheit (§ 311 Abs. 1 BGB) und in Analogie zur befreienden (privativen) Schuldübernahme i. S. der §§ 415 ff. BGB aber anerkannt.[13] Die
Abgrenzung zwischen Bürgschaft und Schuldbeitritt ist insbesondere wegen folgender Punkte bedeutsam:

Von einer Akzessorietät der Haftung wie bei der Bürgschaft kann für den Schuld-   **10**
beitritt nicht gesprochen werden. Zwar hängt die Schuld des Beitretenden analog
§ 417 Abs. 1 BGB im Ausgangspunkt von Bestand und Inhalt der Forderung im
Zeitpunkt des Schuldbeitritts ab, sodass der Beitretende alle Einwendungen und
Einreden geltend machen kann, die im Zeitpunkt seines Beitritts gegenüber der Verbindlichkeit begründet waren.[14] Während sich aber bei der Bürgschaft die Schuld
des Bürgen wegen der Akzessorietät auch bei späteren Veränderungen nach dem
Inhalt der Hauptverbindlichkeit richtet (§ 767 Abs. 1 BGB), entwickelt sich die
gesamtschuldnerische Haftung im Fall des Schuldbeitritts für die beiden Schuldner
nach Maßgabe des § 425 BGB weitgehend selbstständig.[15]

Zudem verhindert die Begründung einer Gesamtschuld durch den Schuldbeitritt   **11**
eine nur subsidiäre Haftung wie bei einem Bürgen. Der Gläubiger der Gesamtschuldner kann diese nach Belieben in Anspruch nehmen (§ 421 Satz 1 BGB),
während sich der Gläubiger eines Bürgen nach § 771 BGB grundsätzlich vorrangig
an den Schuldner der Hauptforderung wenden muss.[16] Sowohl die Akzessorietät,
vornehmlich aber die Subsidiarität der Bürgenhaftung kommt darüber hinaus in
dem automatischen Übergang der Hauptforderung auf den Bürgen im Fall einer
Leistung an den Gläubiger gemäß § 774 Abs. 1 Satz 1 BGB zum Ausdruck. Deshalb

---

[11] Hierzu *Grigoleit/Herresthal* Jura 2002, 825 ff.

[12] Anwendungsfälle eines gesetzlich angeordneten Schuldbeitritts enthalten § 2382 BGB sowie die
§§ 25, 28 HGB.

[13] RG 14.11.1904 RGZ 59, 232 (233); BR/*Rohe* §§ 414, 415 Rn. 30; *Habersack* MünchKomm. Vor
§ 765 Rn. 10; *Staudinger/Horn* (2013) Vorbem. zu §§ 765 ff. Rn. 396.

[14] BGH 15.01.1987 NJW 1987, 1698 (1699); *Erman/Röthel* Vor § 414 Rn. 26; im Ergebnis auch
Habersack MünchKomm. Vor § 765 Rn. 11.

[15] BGH 03.07.1952 BGHZ 6, 385 (397); *Habersack* MünchKomm. Vor § 765 Rn. 11; *Staudinger/
Horn* (2013) Vorbem. zu §§ 765 ff. Rn. 396; ferner *Grigoleit/Herresthal* Jura 2002, 825 f.

[16] Zum Sonderfall der Bürgschaft auf erstes Anfordern unten § 13 Rn. 111 ff.

kann der Bürge wegen seiner lediglich nachrangigen Haftung typischerweise im Innenverhältnis vom Hauptschuldner vollen Ausgleich verlangen. Demgegenüber steht der interne Ausgleich unter Gesamtschuldnern nach § 426 BGB von vornherein unter dem Vorbehalt einer besonders zu ermittelnden Ausgleichspflicht desjenigen Gesamtschuldners, der nicht an den Gläubiger geleistet hat; andernfalls ist intern von einer anteiligen Haftung auszugehen (§ 426 Abs. 1 Satz 1 BGB).

12   Die ohnehin ungünstigere Rechtsposition des Sicherungsgebers bei einem Schuldbeitritt wird für den Abschluss des Sicherungsgeschäftes zudem dadurch verschärft, dass der Schuldbeitritt nicht dem Formerfordernis des § 766 BGB unterliegt und die h. M. auch dessen analoge Anwendung ablehnt.[17] Wegen der strengeren Haftung des zu einer Schuld Beitretenden mag dies verwundern, jedoch besteht der Zweck des § 766 BGB vornehmlich darin, denjenigen zu warnen, der keine unbedingte, sondern nur eine subsidiäre Leistung verspricht und daher gegebenenfalls das damit verbundene Risiko verdrängt.[18] Dieser Warnzweck ist bei der Begründung einer selbstständigen eigenen Verbindlichkeit (Schuldbeitritt) nicht einschlägig.[19] Allerdings schließt das nicht aus, die für die Bürgschaft entwickelten Grundsätze einer materiellen Inhaltskontrolle (z. B. anhand des § 138 Abs. 1 BGB) auch bei einem Schuldbeitritt anzuwenden.[20] Da die gesamtschuldnerische Haftung infolge eines Schuldbeitritts gegenüber der Bürgenhaftung kein „Minus", sondern ein *aliud* darstellt, kann zudem eine formnichtige Bürgschaft nicht nach § 140 BGB in einen Schuldbeitritt umgedeutet werden.[21]

13   Allerdings löst dies nicht das schwerer wiegende Problem, wie die Bürgschaft vom Schuldbeitritt abzugrenzen ist, wenn die Parteien von einer ausdrücklichen Zuordnung absehen. Methodisch handelt es sich hierbei um eine Frage der Auslegung von Willenserklärungen nach den §§ 133, 157 BGB. Für deren Beantwortung ist zu unterscheiden, ob der Sicherungsgeber mit seiner Schuld für eine fremde Verbindlichkeit einstehen will (Bürgschaft) oder sich gegenüber dem Gläubiger der Hauptforderung weitergehend dazu bereit erklärt, diese Verbindlichkeit selbstständig und gleichrangig zu seiner eigenen zu machen (Schuldbeitritt). Letzteres kommt

---

[17] BGH 08.12.1992 BGHZ 121, 1 (3); *Erman/Röthel* Vor § 414 Rn. 20; *Looschelders* Rn. 939; *Palandt/Grüneberg* Vor § 414 Rn. 3; mit Bedenken wohl auch *Staudinger/Horn* (2013) Vorbem. zu §§ 765 ff. Rn. 399; a. A. noch RG 14.11.1904 RGZ 59, 232 (233) sowie stellvertretend für das Schrifttum *Grigoleit/Herresthal* Jura 2002, 825 (830 f.); *Habersack* MünchKomm. Vor § 765 Rn. 15 m. w. N.

[18] RG 08.03.1904 RGZ 57, 258 (263); BGH 27.05.1957 BGHZ 24, 297 ff.; *Erman/Zetzsche* § 766 Rn. 1.

[19] Jedoch ist weitgehend anerkannt, dass der Schuldbeitritt der Form genügen muss, die gegebenenfalls für die Begründung der Hauptverbindlichkeit zu beachten war, wenn der Zweck dieser Formvorschrift auch den Beitretenden erfasst (BGH 08.12.1992 BGHZ 121, 1 [2 ff.]; *Erman/Röthel* Vor § 414 Rn. 21; *Staudinger/Horn* (2013) Vorbem. zu §§ 765 ff. Rn. 401). So gilt z. B. § 492 BGB, wenn ein Verbraucher einer Darlehensschuld beitritt.

[20] BGH 26.04.1994 NJW 1994, 1726 (1727 f.); *Esser/Weyers* BT 1, § 40 V 3, S. 359; näher zur Inhaltskontrolle des Bürgschaftsvertrages unten § 13 Rn. 50 ff.

[21] Statt aller BR/*Rohe* §§ 414, 415 Rn. 47; *Bydlinski* MünchKomm. Vor § 414 Rn. 22.

mangels einer ausdrücklichen Bezeichnung durch die Parteien ausschließlich in Betracht, wenn der Versprechende ein ausgeprägtes eigenes *wirtschaftliches oder rechtliches Interesse* an der Erfüllung der gesicherten Verbindlichkeit hat.[22] Nur bei einem derartigen Eigeninteresse des Sicherungsgebers erscheint insbesondere auch die Nichterstreckung des Formerfordernisses aus § 766 BGB auf den Schuldbeitritt plausibel, da in diesem Fall ein Bedürfnis nach Warnung entfällt.

Das wirtschaftliche Eigeninteresse muss sich unmittelbar auf die Erfüllung der **14** Hauptverbindlichkeit, d. h. das Rechtsverhältnis zum Gläubiger beziehen.[23] Es reicht deshalb nicht, wenn der Sicherungsgeber im Verhältnis zum Hauptschuldner wirtschaftliche Interessen verfolgt, z. B. weil er diesem für die Stellung der Sicherheit ein Entgelt berechnet (z. B. Avalprovision für Bankbürgschaft). Ein unmittelbares Interesse an der Erfüllung der Hauptverbindlichkeit ist demgegenüber bei dem Geschäftsführer einer GmbH angenommen worden, der mit seiner Verpflichtung die Insolvenz der Gesellschaft abwenden wollte.[24] Rein persönliche Interessen, wie sie z. B. der Bürgschaftserteilung von Familienangehörigen häufig zugrunde liegen, genügen indes nicht für ein rechtliches oder wirtschaftliches Eigeninteresse.[25]

III. Abgrenzung vom Garantievertrag

Der Garantievertrag zeichnet sich dadurch aus, dass der Garant gegenüber dem **15** Begünstigten für den Eintritt eines in der Zukunft liegenden Erfolges einstehen will. Auch diese Vertragsart ist gesetzlich nicht geregelt, als privatautonome Gestaltung von Rechtsverhältnissen aber anzuerkennen (§ 311 Abs. 1 BGB).[26] Dabei lassen sich zwei Grundformen der Garantie unterscheiden: die Gewährleistungs- und die sog. Interzessionsgarantie.

Bei der *Gewährleistungsgarantie* steht der Garant (z. B. der Hersteller eines **16** Produktes) in einem bestimmten zeitlichen Rahmen für die Mangelfreiheit einer Leistung ein (siehe § 443 BGB). Garant kann dabei auch der Vertragspartner des Begünstigten sein (sog. Eigengarantie). Diese Form der Garantie steht der Haftung für Sachmängel im Kauf- und Werkvertragsrecht nahe und wirft keine besonderen Schwierigkeiten im Hinblick auf die Abgrenzung zur Bürgschaft auf.[27] Diese bestehen jedoch bei der sog. *Interzessionsgarantie*, bei der der Garant gegenüber

---

[22] BGH 19.09.1985 NJW 1986, 580 f.; BGH 14.12.2000 NJW-RR 2001, 1130 f.; *Brox/Walker* § 32 Rn. 3; *Esser/Weyers* BT 1, § 40 V 3, S. 359; *Fikentscher/Heinemann* Rn. 1348; *Grigoleit/ Herresthal* Jura 2002, 825 (827 f.); *Medicus/Lorenz* Rn. 1010; mit Einschränkungen auch *Erman/ Röthel* Vor § 414 Rn. 17.

[23] RG 03.05.1909 RGZ 71, 113 (118); *Staudinger/Horn* (2013) Vorbem. zu §§ 765 ff. Rn. 406.

[24] BGH 19.09.1985 NJW 1986, 580 f.

[25] RG 28.09.1917 RGZ 90, 415 (418); *Staudinger/Horn* (2013) Vorbem. zu §§ 765 ff. Rn. 407.

[26] Vgl. Mot. II, S. 658.

[27] Näher zur Gewährleistungsgarantie *Larenz/Canaris* BT 2, § 64 II, S. 67 ff. sowie oben § 2 Rn. 409 ff.

dem Gläubiger die Verpflichtung übernimmt, diesen entsprechend den §§ 249 ff.
BGB schadlos zu halten, wenn der Garantiefall eintritt, d. h. der von ihm verschiedene Hauptschuldner seine Leistung nicht erbringt (Erfüllungshaftung).[28]

17   Eine mit der Schuldübernahme übereinstimmende Besonderheit der Garantie
gegenüber der Bürgschaft besteht darin, dass der Garant seine Leistung selbstständig neben der gesicherten Hauptverbindlichkeit, d. h. nicht-akzessorisch verspricht. Insbesondere kann der Garant gegenüber einer Inanspruchnahme durch
den Gläubiger nicht die Einwendungen und Einreden aus der Hauptforderung (vgl.
§ 768 BGB) geltend machen, da ihn eine eigenständige Verbindlichkeit trifft.[29]
Vielmehr dient die Garantie häufig gerade dazu, etwaige rechtliche Mängel der
Hauptschuld aufzufangen.[30] Aus der Auslegung des Garantievertrages kann sich
allerdings ergeben, dass gewisse Mängel der Hauptschuld auch einer Haftung des
Garanten entgegenstehen, d. h. den Eintritt des Garantiefalls ausschließen sollen.
Jedoch muss dies einerseits gesondert festgestellt werden und andererseits sehen die
Garantiebedingungen für diesen Fall häufig vor, dass der Garant zunächst, d. h. „auf
erstes Anfordern" zu leisten hat (formeller Garantiefall) und seine Einwendungen
bzw. Einreden in einem Rückforderungsprozess vorbringen muss,[31] sofern nicht der
Mangel des materiellen Garantiefalls offensichtlich ist (Einwand des Rechtsmiss-
brauchs gemäß § 242 BGB).[32]

18   Wie der Bürge und anders als der Schuldbeitretende[33] haftet der Garant nicht
gesamtschuldnerisch, sondern nur im Garantiefall.[34] Aus diesem Grund ist umstritten, ob der gesetzliche Forderungsübergang nach § 774 Abs. 1 BGB als Ausdruck
vornehmlich der Subsidiarität der Bürgschaft analog eingreift, wenn der Garant
den Gläubiger befriedigt.[35] Obwohl der Garant nicht gemeinsam mit dem Hauptschuldner Gesamtschuldner ist, kann nicht in gleichem Maße wie bei der Bürgschaft von einer Subsidiarität der Garantie gesprochen werden, da für die Garantie
z. B. die Einrede der Vorausklage (§ 771 BGB) nicht eingreift.[36] Deshalb sollte auch

---

[28] BGH 11.07.1985 NJW 1985, 2941 (2942); *Erman/Zetzsche* § 765 Rn. 26; *Habersack* Münch-
Komm. Vor § 765 Rn. 16.

[29] BGH 08.03.1967 NJW 1967, 1020; *Erman/Zetzsche* § 765 Rn. 23; *Staudinger/Horn* (2013)
Vorbem. zu §§ 765 ff. Rn. 221.

[30] RG 29.06.1905 RGZ 61, 157 ff.; *Larenz/Canaris* BT 2, § 64 III 1a, S. 73 f.; *Looschelders* Rn. 941.

[31] Dieser Regress erfolgt bei der Interzessionsgarantie zudem regelmäßig nicht gegenüber dem
Garantiebegünstigten, sondern dem Hauptschuldner; siehe BGH 10.11.1998 BGHZ 140, 49 ff.

[32] BGH 12.03.1984 BGHZ 90, 287 (292 ff.); *Habersack* MünchKomm. Vor § 765 Rn. 28, 34;
Larenz/Canaris BT 2, § 65 III 4/5, S. 78 ff.; *Schlechtriem* Rn. 649; *Staudinger/Horn* (2013)
Vorbem. zu §§ 765 ff. Rn. 334 ff.; zur ähnlichen Konstellation bei der Bürgschaft auf erstes Anfor-
dern siehe unten § 13 Rn. 111 ff.

[33] Dazu oben § 13 Rn. 11.

[34] Ebenso *Looschelders* Rn. 941.

[35] Dagegen RG 26.06.1919 RGZ 96, 136 (139); RGRK/*Mormann* § 774 Rn. 9; *Staudinger/Horn*
(2013) Vorbem. zu §§ 765 ff. Rn. 245 ff.; anders hingegen *von Caemmerer* Festschrift für Riese,
1964, S. 306; *Larenz/Canaris* BT 2, § 64 III 3c, S. 77; *Schlechtriem* Rn. 650.

[36] *Erman/Zetzsche* § 771 Rn. 1; *Larenz/Canaris* BT 2, § 64 III 3c, S. 78; *Staudinger/Horn* (2013)
Vorbem. zu §§ 765 ff. Rn. 213.

eine analoge Anwendung des § 774 BGB abgelehnt werden. Vielmehr bedarf es einer Abtretung der Hauptforderung an den leistenden Garanten, die mangels einer Gesamtschuld zwischen Hauptschuldner und Garant unabhängig von den Voraussetzungen des § 426 Abs. 2 BGB nicht mit der Befriedigung des Gläubigers durch den Garanten erlischt. Da bei der Garantie weder eine Akzessorietät noch eine mit der Bürgschaft vergleichbare Subsidiarität vorliegen, unterliegt der Garantievertrag mangels Einschlägigkeit der Warnfunktion[37] auch nicht analog dem Formerfordernis in § 766 BGB.[38]

Ob die Parteien einen Bürgschaftsvertrag oder einen Garantievertrag abgeschlossen haben, ist wie bei der Abgrenzung zwischen Bürgschaft und Schuldbeitritt dem Vertrag im Wege der Auslegung zu entnehmen. Bleibt die Vereinbarung zweideutig, ist insbesondere wegen der weitreichenden Haftungsübernahme bei der Annahme einer Garantie Zurückhaltung geboten.[39] Die Umstände des Vertragsabschlusses müssen deutliche Anhaltspunkte dafür erkennen lassen, dass sich der Sicherungsgeber im Hinblick auf die Forderung gegenüber einem anderen selbstständig zur Leistung verpflichten wollte. Das eigene wirtschaftliche oder rechtliche Interesse an der gesicherten Verbindlichkeit liefert hierfür wie bei dem Schuldbeitritt ein positives Indiz.[40] Ohne derartige Anhaltspunkte ist im Zweifel nicht davon auszugehen, dass sich der Erklärende im Hinblick auf die Erfüllung der Hauptverbindlichkeit selbstständig verpflichten wollte.[41] Das gilt insbesondere, wenn der Vertrag nicht auf schriftlichen Erklärungen der Parteien beruht, um eine Aushöhlung des § 766 BGB zu verhindern.

19

IV. Exkurs: Patronatserklärung

Neben dem Schuldbeitritt und der Interzessionsgarantie hat sich als weitere gesetzlich nicht geregelte Personalsicherheit im Unternehmensbereich die sog. Patronatserklärung herausgebildet. Sie zeichnet sich dadurch aus, dass ein Unternehmen gegenüber dem (potenziellen) Gläubiger eines anderen, in der Regel von ihm abhängigen (vgl. die §§ 15 ff. AktG) Unternehmens erklärt, dieses Unternehmen finanziell so auszustatten, dass es in der Lage sein wird, seine Verbindlichkeit gegenüber dem Gläubiger zu erfüllen. Dabei sind zwei Formen zu unterscheiden: Die „harte" und die „weiche" Patronatserklärung.[42]

20

---

[37] Siehe oben § 13 Rn. 12.

[38] BGH 08.03.1967 NJW 1967, 1020 (1021); *Esser/Weyers* BT 1, § 40 V 4, S. 359; *Habersack* MünchKomm. Vor § 765 Rn. 19; *Staudinger/Horn* (2013) Vorbem. zu §§ 765 ff. Rn. 240; a. A. *Larenz/Canaris* BT 2, § 64 III 3b, S. 77.

[39] BGH 22.02.1962 WM 1962, 576 (577); *Erman/Zetzsche* § 765 Rn. 24; *Looschelders* Rn. 942.

[40] Siehe oben § 13 Rn. 13 f.

[41] *Esser/Weyers* BT 1, § 40 V 4, S. 359; *Staudinger/Horn* (2013) Vorbem. zu §§ 765 ff. Rn. 234.

[42] Exemplarisch OLG München 24.01.2003 DB 2003, 711 f. sowie zu Patronatserklärungen in der Konzernpraxis z. B. *von Rosenberg/Kruse* BB 2003, 641 ff.; ferner allgemein *Maier-Reimer/Etzbach* NJW 2011, 1110 ff.

21 Bei der *„harten" Patronatserklärung* verpflichtet sich der Patron rechtsgeschäftlich gegenüber dem (potenziellen) Gläubiger des anderen Unternehmens, die notwendige finanzielle Ausstattung des Letzteren vorzunehmen. Hierin liegt ein unechter Vertrag zugunsten Dritter (des schuldnerischen Unternehmens), bei dem das schuldnerische Unternehmen selbst kein Forderungsrecht haben soll (§ 328 Abs. 2 BGB). Aufgrund dieses Vertrages kann vielmehr nur der begünstigte Gläubiger von dem Patron die zur Befriedigung seiner Forderung notwendige finanzielle Leistung an das schuldnerische Unternehmen verlangen.[43] Von der Bürgschaft sowie dem Schuldbeitritt und der Garantie unterscheidet sich die „harte" Patronatserklärung dadurch, dass die Leistung nicht an den Gläubiger der Hauptforderung selbst, sondern nur an den Hauptschuldner verlangt werden kann, wodurch dieser die Mittel erhält, um seine Verbindlichkeit gegenüber dem Gläubiger zu erfüllen.[44] Dadurch hat der Patron einen relativ großen Spielraum, wie er die Solvenz des Hauptschuldners herstellt und in seiner Bilanz verbucht. Allerdings kann der Patron alternativ die Verbindlichkeit des schuldnerischen Unternehmens auch direkt gegenüber dem Gläubiger begleichen; ein Ablehnungsrecht (§ 267 Abs. 2 BGB) steht dem Gläubiger nach den §§ 157, 242 BGB nicht zu.[45]

22 Wenn das protegierende Unternehmen keine rechtsgeschäftliche Verbindlichkeit eingehen will, was nach den allgemeinen Kriterien zum Vorliegen eines Rechtsbindungswillens gemäß den §§ 133, 157 BGB zu ermitteln ist,[46] handelt es sich um eine sog. *weiche Patronatserklärung*. Bei dieser ist der Patron gegenüber dem Gläubiger der Hauptschuld nicht zu einer Leistung an das schuldnerische Unternehmen verpflichtet. Wohl aber können ihn aufgrund seiner vertrauenerweckenden Äußerung Schutzpflichten i. S. des § 241 Abs. 2 BGB i. V. mit § 311 Abs. 3 BGB treffen, deren Verletzung nach Maßgabe des § 280 Abs. 1 BGB einen Schadensersatzanspruch begründet.[47] So darf eine „weiche" Patronatserklärung nicht abgegeben werden, wenn von vornherein keine Bereitschaft besteht, die finanzielle Ausstattung des Hauptschuldners vorzunehmen, oder es ist der Gläubiger zu informieren, wenn diese Bereitschaft aufgrund eines Wechsels der Geschäftspolitik später aufgegeben wird.

---

[43] *Erman/Zetzsche* § 765 Rn. 22; *Esser/Weyers* BT 1, § 40 V 4, S. 360; *Habersack* MünchKomm. Vor § 765 Rn. 50; *Looschelders* Rn. 947; *Medicus/Lorenz* Rn. 1029a.

[44] *Esser/Weyers* BT 1, § 40 V 4, S. 360; *Larenz/Canaris* BT 2, § 64 V 1a, S. 82; *Looschelders* Rn. 947; *Staudinger/Horn* (2013) Vorbem. zu §§ 765 ff. Rn. 459; zu den Besonderheiten in der Insolvenz des Hauptschuldners siehe BGH 30.01.1992 BGHZ 117, 127 ff.

[45] *Habersack* MünchKomm. Vor § 765 Rn. 50; *Larenz/Canaris* BT 2, § 64 V 1b, S. 83.

[46] Dazu *Wolf/Neuner* § 28 Rn. 18 ff.

[47] *Fikentscher/Heinemann* Rn. 1357; *Habersack* MünchKomm. Vor § 765 Rn. 54; *Larenz/Canaris* BT 2, § 64 V 2b, S. 83 f.; *Staudinger/Horn* (2013) Vorbem. zu §§ 765 ff. Rn. 465; siehe auch *Saenger/Merkelbach* WM 2007, 2309 ff.

C. Abschluss und Inhalt des Bürgschaftsvertrages

I. Voraussetzungen und Form des Vertragsschlusses

1. Einigung zwischen Bürge und Gläubiger

Aus § 765 Abs. 1 BGB ergibt sich, dass die Bürgschaft auf einem Vertrag beruht. Das **23** Gesetz spricht ausdrücklich davon, dass der Bürge die Verpflichtung aufgrund eines Bürgschaftsvertrages übernimmt, den dieser mit dem Gläubiger der zu sichernden Hauptverbindlichkeit abschließt.

Für das Zustandekommen des Bürgschaftsvertrages gelten die Vorschriften des All- **24** gemeinen Teils zum Vertragsschluss (§§ 145 ff. BGB) bzw. zu den Willenserklärungen (§§ 104 ff. BGB). Soll der Bürgschaftsvertrag einen nicht voll Geschäftsfähigen verpflichten, so benötigen die gesetzlichen Vertreter (§ 1629 Abs. 1 Satz 2 BGB: beide Elternteile) für dessen Abschluss die Genehmigung des Familiengerichts (§ 1643 Abs. 1 BGB i. V. mit § 1822 Nr. 10 BGB). Ohne diese ist die Erteilung der Bürgschaft nach § 1643 Abs. 3 BGB i. V. mit den §§ 1829 f. BGB schwebend unwirksam.

Da die Bürgschaft gerade das Risiko einer Nichtleistung durch den Haupt- **25** schuldner abdecken soll, berechtigt eine falsche Vorstellung über dessen Solvenz den Bürgen weder zur Anfechtung nach § 119 Abs. 2 BGB, noch stellt diese eine Geschäftsgrundlage des Vertrages i. S. des § 313 BGB dar.[48] Der Gläubiger ist deshalb regelmäßig auch nicht zur Aufklärung gegenüber dem Bürgen verpflichtet, sofern er die Fehlvorstellung nicht selbst hervorgerufen hat.[49]

Eine besondere Anfechtungsproblematik entsteht erst, wenn der Hauptschuld- **26** ner den Bürgen durch arglistige Täuschung zur Übernahme der Bürgschaft bewegt. Gemäß § 123 Abs. 2 Satz 1 BGB kann der Bürge seine Erklärung gegenüber dem Gläubiger in diesem Fall jedoch nur anfechten, wenn dieser die Täuschung kannte oder kennen musste (vgl. § 122 Abs. 2 BGB), falls der Hauptschuldner im Verhältnis zum Gläubiger als „Dritter" i. S. des § 123 Abs. 2 BGB zu betrachten ist, d. h. Letzterem nicht nach dem Rechtsgedanken des § 278 BGB zuzurechnen ist.[50] Insoweit geht die heute h. M. zu Recht davon aus, dass das Verhalten des Hauptschuldners dem Gläubiger selbst dann nicht zuzurechnen ist, wenn dieser auf der Beibringung einer Bürgschaft bestanden hat.[51] Aufgrund ihrer entgegengesetzten Interessen stehen Gläubiger und Hauptschuldner auch in diesem Fall nicht „in einem Lager", sodass der Schuldner Dritter i. S. des § 123 Abs. 2 Satz 1 BGB ist.

---

[48] BGH 22.09.1987 NJW 1988, 3205 ff.; BR/*Rohe* § 765 Rn. 87 f.; *Brox/Walker* § 32 Rn. 26; *Looschelders* Rn. 969; *Schlechtriem* Rn. 631.

[49] BGH 18.01.1996 NJW 1996, 1274 (1275); BGH 26.04.2001 NJW 2001, 2466 (2467 f.); *Larenz/Canaris* BT 2, § 60 II 4, S. 10 f.; *Staudinger/Horn* (2013) § 765 Rn. 215 ff.

[50] Dazu allgemein *Wolf/Neuner* § 41 Rn. 111 f. In diesem Fall stünde dem Bürgen das Anfechtungsrecht gegenüber dem Gläubiger unabhängig von den Einschränkungen des § 123 Abs. 2 BGB zu.

[51] BGH 26.04.2001 NJW 2001, 2466 (2469); *Wolf/Neuner* § 41 Rn. 112; *Staudinger/Horn* (2013) § 765 Rn. 171; a. A. noch BGH 26.09.1962 NJW 1962, 2195 f.; differenzierend *Larenz/Canaris* BT 2, § 60 II 3c, S. 10.

27   Ob die verbraucherschützenden Widerrufsrechte nach den §§ 312g Abs. 1, 495 BGB i. V. mit § 355 BGB auf die Übernahme einer Bürgschaft anwendbar sind, wurde vor allem vor der Umsetzung der RL 2011/83/EU[52] kontrovers diskutiert. In Bezug auf das *Widerrufsrecht bei Haustürgeschäften* (§ 312 BGB a. F.) hatte der IX. Zivilsenat des Bundesgerichthofes zunächst die Ausdehnung auf Bürgschaften kategorisch verneint, da diese mangels einer Gegenleistung des Gläubigers nicht auf eine „entgeltliche Leistung" (§ 312 Abs. 1 BGB a. F.) gerichtet seien.[53] Dem wurde zutreffend entgegengehalten, dass nicht schon der lediglich einseitig-verpflichtende Charakter der Bürgschaft, sondern nur ein Freigiebigkeitsmoment die Entgeltlichkeit i. S. des § 312 Abs. 1 BGB a. F. ausschließen könne (Unentgeltlichkeit),[54] das bei der Bürgschaft regelmäßig fehle.[55] Dem hatte sich der XI. Zivilsenat des BGH zunächst unter Verweis auf die § 312 BGB a. F. zugrunde liegende EG-Richtlinie angeschlossen.[56] Auf Vorlage des BGH[57] hat der EuGH jedoch sodann einschränkend entschieden, dass die Bürgschaft nur dann § 312 BGB a. F. unterfällt, wenn sowohl sie selbst als *auch die gesicherte Hauptschuld* die Voraussetzungen eines Verbraucher-Haustürgeschäftes i. S. des § 312 BGB a. F. erfüllt.[58] Dagegen spricht jedoch, dass § 312 BGB a. F. an die situative psychologische Überforderung des erklärenden Verbrauchers anknüpft, sodass es für dessen Anwendbarkeit auch bei der Bürgschaft nur auf die Lage des Bürgen, nicht aber auf die des Hauptschuldners ankommen kann.[59] Diesem Einwand schloss sich auch der BGH an und stellte allein darauf ab, ob sich der Bürge in einer von § 312 BGB a. F. erfassten Vertragsabschlusssituation befand.[60] Dieses Ergebnis war zwar angesichts der Judikatur des EuGH nicht durch das Unionsrecht gefordert, ließ sich aber auf eine durch den Normzweck des § 312 BGB a. F. gebotene (ggf. analoge) Rechtsanwendung stützen.

28   Dies gilt auch nach Umsetzung der EU-Richtlinie 2011/83/EU in den §§ 312 ff. BGB, da die Vorschrift über außerhalb von Geschäftsräumen geschlossene Verträge (§ 312b BGB), die an die Stelle von § 312 BGB a. F. getreten ist, wegen § 312 Abs. 1 BGB nur auf Verträge Anwendung findet, die eine entgeltliche Leistung des Unternehmers zum Gegenstand haben. Die mit der EU-Richtlinie 2011/83/EU mit Wirkung zum 13.06.2014 vorgegebene Vollharmonisierung (Art. 4) steht dem nicht entgegen, da die Mitgliedstaaten unverändert befugt sind, den Schutz des Verbrauchers auf von der Richtlinie nicht erfasste Bereiche

---

[52] ABl. EU Nr. L 304 v. 22.11.2011, S. 64 ff.

[53] BGH 24.01.1991 BGHZ 113, 287 (288 ff.).

[54] Dazu oben § 4 Rn. 10 ff.

[55] *Habersack* MünchKomm. Vor § 765 Rn. 9; *Larenz/Canaris* BT 2, § 60 II 3a, S. 8 f.; *Staudinger/ Horn* (2013) Vorbem. zu §§ 765 ff. Rn. 81; a. A. *Esser/Weyers* BT 1, § 40 II 2, S. 347.

[56] BGH 09.03.1993 NJW 1993, 1594 (1595).

[57] BGH 11.01.1996 NJW 1996, 930 ff.

[58] EuGH 17.03.1998 NJW 1998, 1295 f.; ebenso im Anschluss BGH 14.05.1998 BGHZ 139, 21 ff.

[59] So BR/*Rohe* § 765 Rn. 24; *Erman/Zetzsche* § 765 Rn. 49; *Looschelders* Rn. 963; *S. Lorenz* NJW 1998, 2937 ff.; *Medicus/Lorenz* Rn. 1006; *Reinicke/Tiedtke* ZIP 1998, 893 ff.

[60] BGH 10.01.2006 BGHZ 165, 363 (367 f.).

auszudehnen.[61] Dies ist jedoch der Fall, wenn § 312b BGB auf Sachverhalte angewendet wird, die keine entgeltliche Leistung gegenüber dem Verbraucher (= Bürgen) zum Gegenstand haben. Erst recht besteht die Notwendigkeit einer entsprechenden Anwendung, wenn Bürgschaftsverträge in den Anwendungsbereich der Richtlinie 2011/83/EU einbezogen werden.[62] Hierfür spricht, dass die Richtlinie 2011/83/EG ihren Geltungsbereich in Art. 3 Abs. 1 nicht auf „entgeltliche Leistungen" beschränkt, sondern „jegliche Verträge" erfasst, die zwischen einem Unternehmer und einem Verbraucher geschlossen werden.

Umstritten ist ferner, ob und unter welchen Voraussetzungen die Bürgschaft dem **29** *Widerrufsrecht bei Verbraucherdarlehen* nach § 495 BGB unterfällt, wenn die gesicherte Hauptschuld eine Darlehensschuld ist. Eine unmittelbare Anwendung scheidet aus, da die Bürgschaft selbst kein Darlehensvertrag ist. Mit der h. M.[63] und der Rechtsprechung des EuGH[64] ist auch eine analoge Erstreckung des § 495 BGB auf den Bürgen abzulehnen. Das dortige Widerrufsrecht bezweckt einen Übereilungsschutz für den Darlehensnehmer aufgrund seiner typisiert angenommenen informationellen Unterlegenheit.[65] In einer derartigen Situation befindet sich zwar auch der Schuldbeitretende, auf den § 495 BGB demzufolge anzuwenden ist.[66] Hiervon zu unterscheiden ist aber die Situation des akzessorisch haftenden Bürgen.[67] Für diesen regelt § 766 BGB den Übereilungsschutz einheitlich und ohne eine weitere Differenzierung nach der Art der Hauptschuld. Zudem kann der Hauptschuldner seine Willenserklärung nach § 495 BGB widerrufen, was über den Akzessorietätsgrundsatz auch dem Bürgen zugutekommt, da dessen Verpflichtung vom Bestand der Hauptverbindlichkeit abhängt.[68]

2. Entstehen einer zu sichernden Forderung (Entstehungsakzessorietät)

Wegen der akzessorischen Rechtsnatur der Bürgschaft[69] kann diese nur begründet **30** werden, wenn eine gesicherte Hauptschuld ihrerseits rechtswirksam entstanden ist

---

[61] Siehe Erwägungsgrund 13 zur EU-Richtlinie 2011/83/EU.

[62] Hierfür *Habersack* MünchKomm. Vor § 765 Rn. 9a; kritisch *Erman/Zetzsche* § 765 Rn. 49.

[63] BGH 21.04.1998 BGHZ 138, 321 ff.; OLG Düsseldorf 12.09.2007 WM 2007, 2009 (2010 f.); BR/*Rohe* § 765 Rn. 21; *Erman/Zetzsche* § 765 Rn. 48; *Habersack* MünchKomm. Vor § 765 Rn. 8; *Looschelders* Rn. 965.

[64] EuGH 23.03.2000 NJW 2000, 1323 f.; dazu *Fischer* ZIP 2000, 828 ff. sowie *Ulmer* JZ 2000, 781 ff.

[65] Siehe oben § 3 Rn. 62 ff.

[66] BGH 08.11.2005 BGHZ 165, 43 (46) m. w. N.; *Staudinger/Horn* (2013) Vorbem. zu §§ 765 ff. Rn. 83; im Ergebnis auch *Erman/Röthel* Vor § 414 Rn. 21, die eine entsprechende Anwendung befürwortet.

[67] A. A. *Bülow* ZIP 1996, 1694 (1698).

[68] Siehe unten § 13 Rn. 30 ff. auch zu der Frage, inwieweit etwaige gesetzliche Rückabwicklungsansprüche als verbürgt anzusehen sind.

[69] Siehe oben § 13 Rn. 6.

(vgl. § 765 Abs. 1: „für die Erfüllung der *Verbindlichkeit* eines Dritten"). Fehlt aus einem beliebigen Rechtsgrund die rechtswirksame Begründung einer Hauptver-bindlichkeit (Dissens, Anfechtung, Widerruf nach § 355 BGB etc.), ist auch die Erteilung der Bürgschaft unwirksam, wenn diese ausschließlich die unwirksame Verbindlichkeit absichern sollte.[70]

31   Allerdings kann an die Stelle der ursprünglich in Bezug genommenen unwirk-samen Hauptverbindlichkeit (z. B. einer Darlehensrückzahlungsforderung) ein gesetzlicher Rückabwicklungsanspruch treten, insbesondere aus § 812 Abs. 1 Satz 1 Alt. 1 BGB. Liegt insoweit ein vergleichbares Interesse der Parteien des Bürgschaftsvertrages an der Sicherung vor, ist die Bürgschaft unter Umständen im Wege einer Umdeutung nach § 140 BGB als Sicherungsinstrument für diesen gesetzlichen Rückabwicklungsanspruch aufrechtzuerhalten. Dass diese Umdeutung stets eingreifen soll,[71] ist jedoch nicht zu befürworten. Vielmehr bedarf es einer Auslegung des Bürgschaftsvertrages im Einzelfall,[72] wobei z. B. zu berücksichtigen ist, dass die unwirksame Hauptforderung Konditionen vorgesehen haben kann, die für den Bürgen günstig sind (z. B. eine längere Zahlungsfrist des Hauptschuldners). Nur wenn diese über § 818 Abs. 3 BGB auch für den Bereicherungsanspruch auf-rechterhalten bleiben, trifft den Bürgen keine stärkere Belastung als bei der ver-meintlichen Hauptschuld, was Voraussetzung einer Umdeutung der Bürgschaft ist.[73]

32   Inhaltlich kann eine Bürgschaft grundsätzlich jede Forderung i. S. einer obliga-torischen Verbindlichkeit unabhängig von ihrem Entstehungsgrund (Vertrag oder Gesetz) sichern. § 765 Abs. 1 BGB verlangt lediglich, dass es sich um die Ver-bindlichkeit eines Dritten, also eine fremde Verbindlichkeit handeln muss. Für die Erfüllung einer eigenen Verbindlichkeit scheidet deshalb eine Verbürgung aus. Aus diesem Grund ist eine Bürgschaft, die wechselseitig von zwei Gesamtschuldnern gegenüber dem Gläubiger übernommen wird, nicht von § 765 Abs. 1 BGB abge-deckt, da es sich bei der Verbindlichkeit des anderen Gesamtschuldners zugleich um eine eigene Verbindlichkeit handelt (§ 421 BGB), die mit der des anderen Gesamtschuldners identisch ist.[74] In der Konsequenz bedeutet dies, dass eine Bürg-schaft nicht für den eigenen Ehegatten übernommen werden kann, wenn dieser im Rahmen des § 1357 BGB zur angemessenen Deckung des Lebensbedarfs eine

---

[70] *Habersack* MünchKomm. § 765 Rn. 62; zu den weiteren Ausprägungen der Akzessorietät siehe unten § 13 Rn. 67 ff.

[71] So *Habersack* MünchKomm. § 765 Rn. 62; *Larenz/Canaris* BT 2, § 60 III 1c, S. 12; a. A. *Medicus/Lorenz* Rn. 1012.

[72] BGH 12.02.1987 NJW 1987, 2076 (2077); *Brox/Walker* § 32 Rn. 21; *Looschelders* Rn. 966; *Staudinger/Horn* (2013) § 765 Rn. 95.

[73] Somit trifft es auch nicht zu, dass bei Unwirksamkeit eines gewährten Darlehens der Rückforde-rungsanspruch aus § 812 Abs. 1 Satz 1 Alt. 1 BGB lediglich eine andere Anspruchsgrundlage als § 488 Abs. 1 Satz 2 BGB bei Identität des Anspruchs darstellt (so *Larenz/Canaris* BT 2, § 60 III 1c, S. 12). Vielmehr beruht die Forderung aus Darlehen auf einem wesentlich anderen *Sachverhalt* (eben dem Vertrag) als die Kondiktion, sodass es sich um unterschiedliche Ansprüche handelt.

[74] A. A. *Staudinger/Horn* (2013) Vorbem. zu §§ 765 Rn. 28 a. E.: ein Gesamtschuldner kann für den anderen Gesamtschuldner bürgen.

Verbindlichkeit begründet hat, da der Ehegatte hierdurch kraft Gesetzes (§ 1357 Abs. 1 Satz 2 BGB) als Gesamtschuldner mit verpflichtet wird.[75]

Bei der Drittverbindlichkeit muss es sich nicht um eine auf Geldzahlung gerich- **33** tete Schuld handeln,[76] obwohl die Verbürgung für die Schuld aus einem Gelddarlehen den praktisch wichtigsten Anwendungsfall der Bürgschaft darstellt. Umfasst die Hauptverbindlichkeit die Erbringung unvertretbarer Leistungen, ist die Bürgschaft jedoch so auszulegen, dass der Bürge für die aus der Nichtleistung gemäß den §§ 280 ff. BGB resultierenden Schadensersatzansprüche einzustehen hat.[77] Die Verbürgung für eine vertretbare Leistung, welche nicht in Geld besteht, bedarf im Einzelfall einer Auslegung, ob der Bürge die Leistung *in natura* zu erbringen hat oder wiederum nur das schadensrechtliche Erfüllungsinteresse des Gläubigers sichern soll.[78]

Die Hauptforderung muss schließlich nach Art und Umfang sowie den Personen **34** des Gläubigers und des Hauptschuldners *bestimmbar* sein, damit das übernommene Risiko überschaubar bleibt.[79] Dafür muss die Verbindlichkeit im Zeitpunkt der Verbürgung jedoch nicht bereits entstanden sein, denn § 765 Abs. 2 BGB lässt die Verbürgung für bedingte Verbindlichkeiten ausdrücklich zu und stellt diesen „künftige" zur Seite. Bei Letzteren muss für die Bestimmbarkeit im Zeitpunkt der Verbürgung noch nicht einmal ein fester Rechtsgrund für die Hauptforderung gelegt sein, wie er bei bedingten Verbindlichkeiten existiert. Vielmehr reicht es aus, wenn im *Zeitpunkt der Forderungsentstehung* nach Maßgabe des Inhalts der Bürgschaftsvereinbarung eindeutig feststeht, ob die jeweilige Verbindlichkeit von der Bürgschaft umfasst sein soll.[80] Sicherungsfähig sind daher auch zukünftige Forderungen. Aus Gründen der Akzessorietät kann der Bürge in diesen Fällen jedoch erst in Anspruch genommen werden, wenn die Hauptverbindlichkeit entstanden und fällig ist.[81] Mit dem Bestimmbarkeitserfordernis ist es zudem vereinbar, alle gegenwärtigen und künftigen Forderungen eines Gläubigers gegen einen bestimmten Hauptschuldner zu sichern (sog. Globalbürgschaft),[82] wenngleich der Bestimmtheitsgrundsatz damit kaum noch eine Begrenzungsfunktion erfüllt. Bei der Verwendung von Allgemeinen

---

[75] Für Lebenspartner i. S. des LPartG gilt dies wegen der Verweisung auf § 1357 BGB in § 8 Abs. 2 LPartG entsprechend.

[76] *Esser/Weyers* BT 1, § 40 II 1, S. 347; *Habersack* MünchKomm. § 765 Rn. 65.

[77] Mot. II, S. 659; RGRK/*Mormann* § 765 Rn. 3; *Staudinger/Horn* (2013) § 765 Rn. 113.

[78] Vgl. BGH 21.03.1989 NJW 1989, 1856 (1857); *Erman/Zetzsche* § 765 Rn. 37; *Habersack* MünchKomm. § 765 Rn. 79.

[79] BGH 05.04.1990 NJW 1990, 1909 (1910); *Habersack* MünchKomm. § 765 Rn. 68; *Staudinger/Horn* (2013) § 765 Rn. 13.

[80] *Erman/Zetzsche* § 765 Rn. 5; *Habersack* MünchKomm. § 765 Rn. 70; *Larenz/Canaris* BT 2, § 60 II 2b, S. 8; *Staudinger/Horn* (2013) § 765 Rn. 114.

[81] *Erman/Zetzsche* § 765 Rn. 5; *Habersack* MünchKomm. § 765 Rn. 67; *Schlechtriem* Rn. 638.

[82] BGH 18.05.1995 BGHZ 130, 19 (21 f.) gegen BGH 10.10.1957 BGHZ 25, 319 (321); *Larenz/Canaris* BT 2, § 60 II 2a, S. 7.

Geschäftsbedingungen schützt allerdings deren Inhaltskontrolle den Bürgen vor unüberschaubaren Risiken.[83]

3. Formerfordernis des § 766 BGB

a) Allgemeine Grundsätze zum Formerfordernis

35 Da die Bürgschaft zu Lasten des Bürgen wegen des noch ungewissen, zugleich aber uneingeschränkten Zugriffs auf das gesamte Vermögen eine sehr weitreichende und risikoreiche Verpflichtung begründet, stellt § 766 BGB für das wirksame Zustandekommen eines Bürgschaftsvertrages ein Formerfordernis auf.[84] Zum Schutz des Bürgen vor einer übereilten Übernahme der Verpflichtung (Warnfunktion), aber auch, um Inhalt und Umfang seines Verpflichtungswillens zu dokumentieren (Beweisfunktion), verlangt § 766 Satz 1 BGB eine „schriftliche Erteilung der Bürgschaftserklärung".

36 Nach dem Wortlaut des § 766 Satz 1 BGB erstreckt sich das Formerfordernis nur auf die „Bürgschaftserklärung". Andere Formvorschriften reichen bei einem Vergleich des Gesetzeswortlauts indes weiter. So erfasst z. B. das Formerfordernis des § 311b Abs. 1 Satz 1 BGB ausdrücklich den „Vertrag". Aus dieser Gegenüberstellung folgt für den Bürgschaftsvertrag, dass lediglich die Annahme bzw. der Antrag des *Bürgen* dem Formerfordernis des § 766 Satz 1 BGB unterliegt; nur bei ihm trifft der dargelegte Warnzweck zu. Demgegenüber ist die für das Zustandekommen des Bürgschaftsvertrages notwendige Willenserklärung des *Gläubigers* nicht formbedürftig. Deshalb reicht es für einen formwirksamen Bürgschaftsvertrag aus, wenn der Bürge eine schriftliche Erklärung aufsetzt, diese unterschreibt und anschließend dem Gläubiger übergibt, der diese seinerseits zu den Unterlagen nimmt. Hierdurch hat der Gläubiger konkludent das ihm unterbreitete und dem Formerfordernis des § 766 Satz 1 BGB entsprechende Angebot zum Abschluss eines Bürgschaftsvertrages angenommen.

37 Das Formerfordernis des § 766 Satz 1 BGB besteht aus zwei Elementen, welche beide erfüllt sein müssen, damit eine rechtswirksame Willenserklärung des Bürgen vorliegt: erstens der Schriftform und zweitens der „Erteilung". Fehlt eines von diesen, ist die Willenserklärung des Bürgen nach § 125 Satz 1 BGB nichtig.

b) Schriftform i. S. des § 126 BGB

38 Wegen der von § 766 Satz 1 BGB geforderten Schriftlichkeit muss die Willenserklärung des Bürgen den Anforderungen des § 126 BGB, d. h. der gesetzlichen Schriftform, genügen, insbesondere durch eine eigenhändige Unterschrift des Bürgen

---

[83] Näher unten § 13 Rn. 50 ff.
[84] Siehe oben § 13 Rn. 12.

abgeschlossen werden (§ 126 Abs. 1 BGB). Die elektronische Form (§ 126 Abs. 3 BGB i. V. mit § 126a BGB) scheidet nach § 766 Satz 2 BGB für die Bürgschaft ausdrücklich aus; möglich ist aber eine Ersetzung der Schriftform durch notarielle Beurkundung (§ 126 Abs. 4 BGB).

Wie bei anderen Vorschriften, die für rechtsgeschäftliche Erklärungen ein **39** Schriftformerfordernis aufstellen, muss die schriftliche Erklärung alle wesentlichen Bestandteile der Bürgschaft umfassen.[85] Aus der Urkunde müssen deshalb die Person des Gläubigers, der Verpflichtungswille des Bürgen, die durch die Bürgschaft gesicherte Hauptverbindlichkeit sowie – zur effektiven Gewährleistung des Bürgenschutzes – auch haftungserweiternde Nebenabreden zu entnehmen sein.[86] Insoweit deckt sich das Schriftformerfordernis weitgehend mit den Anforderungen an die Bestimmbarkeit der Hauptschuld.[87]

Im Übrigen gilt auch für die Bürgschaftserklärung, dass diese wie alle Willens- **40** erklärungen nach den §§ 133, 157 BGB gegebenenfalls auszulegen ist. Dabei ist der für formbedürftige Willenserklärungen anerkannte Grundsatz zu beachten, dass nur diejenigen Umstände in die Auslegung einfließen, für die sich in der Urkunde wenigstens ein Anhaltspunkt finden lässt (sog. Andeutungstheorie).[88] Die Unschädlichkeit übereinstimmender Falschbezeichnungen wird hierdurch nicht berührt (falsa demonstratio non nocet).[89]

c) Schriftliche „Erteilung"

Das Formerfordernis des § 766 Satz 1 BGB kann nicht auf die Einhaltung der **41** Schriftform i. S. des § 126 BGB verkürzt werden. Die Vorschrift verlangt als zweites Element eine schriftliche „Erteilung" der Bürgschaftserklärung. Es genügt deshalb nicht, wenn der Bürge seine Willenserklärung den Anforderungen des § 126 BGB entsprechend schriftlich abfasst und den Gläubiger darüber mündlich unterrichtet. Vielmehr muss hinzukommen, dass er die schriftliche Urkunde willentlich dem Gläubiger zu seiner – zumindest vorübergehenden – Verfügung *übergibt*.[90] Die Formvorschrift des § 766 Satz 1 BGB ist deshalb mit der Nichtigkeitsfolge des § 125 Satz 1 BGB z. B. nicht eingehalten, wenn der Bürge ein entsprechendes Formular unterzeichnet, dieses aber in seinem Besitz behält. Gleiches gilt, wenn der

---

[85] Dazu allgemein *Wolf/Neuner* § 44 Rn. 20 f.

[86] BGH 29.02.1996 BGHZ 132, 119 (122); BR/*Rohe* § 766 Rn. 4 f.; *Erman/Zetzsche* § 766 Rn. 7; *Habersack* MünchKomm. § 766 Rn. 8; *Looschelders* Rn. 952.

[87] Siehe oben § 13 Rn. 34.

[88] BGH 14.11.1991 NJW 1992, 1448 (1449); BGH 12.07.2001 NJW 2001, 3327 (3328); BR/*Rohe* § 766 Rn. 4; *Habersack* MünchKomm. § 766 Rn. 6; *Staudinger/Horn* (2013) § 766 Rn. 19.

[89] BGH 30.03.1995 ZIP 1995, 812 (813); *Staudinger/Horn* (2013) § 766 Rn. 21.

[90] BGH 30.11.1977 WM 1978, 266 (267); BR/*Rohe* § 766 Rn. 7; *Erman/Zetzsche* § 766 Rn. 8; *Esser/Weyers* BT 1, § 40 II 1c, S. 346; *Habersack* MünchKomm. § 766 Rn. 24; *Staudinger/Horn* (2013) § 766 Rn. 33.

Gläubiger die Urkunde ohne den Willen des Bürgen an sich nimmt, soweit es in diesem Fall nicht schon an der Abgabe einer Willenserklärung durch den Letztgenannten fehlt.

42   Wegen der beiden Elemente, aus denen sich das Formerfordernis in § 766 Satz 1 BGB zusammensetzt, hat der BGH mit Recht entschieden, dass eine dem Gläubiger per Telefax übermittelte Bürgschaftserklärung nicht wirksam ist:[91] Die dem Gläubiger gesendete Telekopie genügt als solche nicht der gesetzlichen Schriftform nach § 126 Abs. 1 BGB, weil diese keine eigenhändige Unterschrift enthält. Das von dem Bürgen unterzeichnete Original verbleibt hingegen in dessen Besitz, d. h. wird dem Gläubiger gerade nicht i. S. des § 766 Satz 1 BGB erteilt. Gleiches gilt für eine Bürgschaftserklärung per Telegramm, wofür auch ein Umkehrschluss aus § 127 Satz 2 BGB spricht.[92]

d) Blankobürgschaft

43   Besondere Probleme bereitet die Formvorschrift des § 766 Satz 1 BGB bei einer Blankobürgschaft. Bei dieser unterzeichnet der Bürge eine unvollständige Urkunde, die ein Dritter später aufgrund einer ihm erteilten Ausfüllungsermächtigung in Bezug auf die verbürgte Schuld vervollständigt. Entgegen der früheren Rechtsprechung vertritt der BGH nunmehr die Auffassung, dass eine derartige Ausfüllungsermächtigung bei der Bürgschaft selbst den Anforderungen des § 766 Satz 1 BGB genügen muss, um die Warnfunktion dieser Vorschrift nicht zweckwidrig auszuhöhlen.[93] Andernfalls sollen die Ausfüllungsermächtigung und damit die Bürgschaft nach § 125 Satz 1 BGB *stets* nichtig sein.

44   Dem ist nur teilweise zuzustimmen, da die Ausfüllungsermächtigung einer Vollmacht ähnelt, sodass § 167 Abs. 2 BGB gegen eine generelle Formbedürftigkeit derselben spricht. Andererseits ist zu § 167 Abs. 2 BGB anerkannt, dass die Vollmacht aufgrund einer teleologischen Reduktion der Norm dann dem Formerfordernis des Hauptgeschäftes unterliegt, wenn der Bevollmächtigte aufgrund einer typisierbaren Interessenkollision nicht die von § 167 Abs. 2 BGB vorausgesetzte „Repräsentantenrolle" für den Vollmachtgeber einnimmt, z. B. die Vollmacht unwiderruflich erteilt oder der Bevollmächtigte vom Verbot des § 181 BGB befreit wurde.[94] Nur soweit eine derart *typisierbare Interessenkollision zwischen dem Bürgen und dem zur Ausfüllung Ermächtigten* besteht, bedarf folglich die Ausfüllungsermächtigung[95]

---

[91] BGH 28.01.1993 BGHZ 121, 224 (229 ff.); ebenso *Brox/Walker* § 32 Rn. 19; *Habersack* Münch-Komm. § 766 Rn. 25; *Staudinger/Horn* (2013) § 766 Rn. 29.

[92] BGH 27.05.1957 BGHZ 24, 297 (302); RGRK/*Mormann* § 766 Rn. 2.

[93] BGH 29.02.1996 BGHZ 132, 119 (123 ff.) m. w. N.; zustimmend *Habersack* MünchKomm. § 766 Rn. 22 und ausführlich *Binder* AcP 207 (2007), 155 (159 ff.).

[94] Dazu allgemein *Wolf/Neuner* § 50 Rn. 21.

[95] Gleiches würde für eine Vollmacht gelten.

selbst der Form des § 766 Satz 1 BGB.[96] Dies trifft z. B. zu, wenn der Gläubiger[97] oder der Schuldner der gesicherten Hauptverbindlichkeit zur Ausfüllung ermächtigt wird (vgl. § 181 BGB). Nach richtiger Auffassung ist jedoch auch in diesem Fall nicht die ausgefüllte Bürgschaft, sondern lediglich die Ausfüllungsermächtigung nach § 125 Satz 1 BGB nichtig, was für die Bürgschaft selbst eine schwebende Unwirksamkeit analog § 177 Abs. 1 BGB mit der Möglichkeit einer Genehmigung nach sich zieht.[98]

Ist eine Ausfüllungsermächtigung nach § 125 Satz 1 BGB nichtig oder führt   **45** der Ausfüllende diese abredewidrig aus (sog. Blankettmissbrauch), so kommt eine *Rechtsscheinhaftung des Blankett-Bürgen* in Betracht, da dieser mit der Unterschrift den Anschein erweckt hat, der Urkundeninhalt rühre von ihm her. Gegenüber einem in Bezug auf den Ausfüllungsmangel gutgläubigen Partner des Bürgschaftsvertrages gilt die Bürgschaft daher analog den §§ 172 Abs. 2, 173 BGB als wirksam erteilt, ohne dass dem Bürgen ein Recht zur Anfechtung zusteht.[99]

e) Heilung des Formmangels

Vergleichbar mit § 311b Abs. 1 Satz 2 BGB (Heilung durch Auflassung und Eintra-   **46** gung in das Grundbuch) sieht § 766 Satz 3 BGB eine Heilung des Verstoßes gegen das Formerfordernis in § 766 Satz 1 BGB vor, wenn der Bürge seine Verbindlich-keit (unpräzise § 766 Satz 3 BGB: „die Hauptverbindlichkeit"[100]) erfüllt. Wegen der willentlichen Vornahme der Erfüllungshandlung bedarf es des Warnzwecks der Schriftform nicht mehr.

f) Ausnahmen von § 766 BGB

Sofern die Bürgschaftserklärung nicht der Formvorschrift des § 766 Satz 1 BGB   **47** genügt und eine Auslegung der Vereinbarung i. S. eines Garantievertrages oder eines Schuldbeitritts ausscheidet,[101] liegt in Sonderfällen gleichwohl eine rechts-wirksame Verpflichtung des Bürgen vor.

Erstens gilt § 766 Satz 1 BGB nach § 350 HGB nicht, wenn sich ein Kaufmann   **48** i. S. der §§ 1 ff. HGB verbürgt und die Bürgschaft für ihn nach § 343 Abs. 1 HGB ein

---

[96] So auch *Keim* NJW 1996, 2774 (2775); *Larenz/Canaris* BT 2, § 60 II 1b/c, S. 5 f.

[97] Einen solchen Fall betraf die Entscheidung des BGH.

[98] So *Keim* NJW 1996, 2774 (2776); *Staudinger/Horn* (2013) § 766 Rn. 45.

[99] BGH 25.11.1963 BGHZ 40, 297 (304 ff.); BGH 29.02.1996 BGHZ 132, 119 (127 f.); *Habersack* MünchKomm. § 766 Rn. 23; *Staudinger/Horn* (2013) § 766 Rn. 46; in Bezug auf eine formnich-tige Ausfüllungsermächtigung a. A. *Binder* AcP 207 (2007), 155 (191 ff.); *Bülow* ZIP 1996, 1694 (1695 f.).

[100] Treffend *Looschelders* Rn. 955; *Medicus/Lorenz* Rn. 1008.

[101] Siehe oben § 13 Rn. 9 f., 15 ff.

Handelsgeschäft darstellt. Dabei ist die Zugehörigkeit der Bürgschaft zum Betrieb des Handelsgewerbes des Kaufmannes gemäß § 344 Abs. 1 HGB zu vermuten. Auf Bürgschaften, die Gesellschafter einer Kapitalgesellschaft im Zusammenhang mit deren Geschäftstätigkeit abgeben, ist § 350 HGB nach umstrittener, aber richtiger Ansicht selbst dann nicht anzuwenden, wenn sie geschäftsführend für die Gesellschaft tätig sind.[102] Zwar kann hier eine mit Privatleuten vergleichbare Schutzbedürftigkeit fehlen; § 350 HGB knüpft aber formal an die Kaufmannseigenschaft an, die gemäß § 6 Abs. 1 HGB i. V. mit den §§ 3 Abs. 1 AktG, 13 Abs. 3 GmbHG nur die jeweilige Gesellschaft aufweist. Gleiches gilt für Gesellschafter von Personenhandelsgesellschaften (Offene Handelsgesellschaft, Kommanditgesellschaft), sofern diese als Einzelpersonen nicht als Kaufleute zu betrachten sind.[103]

49   Schließlich kann eine Berufung auf die Formnichtigkeit der Bürgschaft gemäß § 242 BGB in eng begrenzten Ausnahmefällen ausgeschlossen sein, wenn der Bürge entweder den Gläubiger über die Formbedürftigkeit getäuscht oder aber aus der verbürgten Hauptschuld erhebliche und irreversible Vorteile gezogen hat (unzulässige Rechtsausübung).[104]

II. Inhaltskontrolle des Bürgschaftsvertrages

50   Der Abschluss des Bürgschaftsvertrages ist für den Bürgen mit einem hohen Risiko verbunden, da er sein eigenes Leistungsversprechen untrennbar mit dem Leistungsvermögen des Schuldners verknüpft. Insoweit trägt der rein formale Schutz des § 766 BGB[105] den Interessen des Bürgen nicht immer in angemessener Weise Rechnung. Deshalb nehmen Rechtsprechung und Lehre vor allem in zwei Fallkonstellationen eine relativ umfassende materielle Inhaltskontrolle des Bürgschaftsvertrages vor: bei Globalbürgschaften sowie Bürgschaften durch nahe Angehörige des Hauptschuldners.

1. Globalbürgschaften in Allgemeinen Geschäftsbedingungen

51   Globalbürgschaften erweisen sich für den Bürgen als besonders risikoreich, da sie alle gegenwärtigen und häufig auch alle zukünftigen Verbindlichkeiten eines Gläubigers gegen einen Hauptschuldner in die Bürgschaft einbeziehen. Obwohl der

---

[102] BGH 28.01.1993 BGHZ 121, 224 (228); a. A. *K. Schmidt* ZIP 1986, 1510 (1515 f.); *Staudinger/ Horn* (2013) § 766 Rn. 6.

[103] Dazu allgemein *Oetker* Handelsrecht, 7. Aufl. 2015, § 2 Rn. 22.

[104] BGH 28.11.1957 BGHZ 26, 142 (151 f.); BGH 29.02.1996 BGHZ 132, 119 (128 f.); BR/*Rohe* § 767 Rn. 16; *Habersack* MünchKomm. § 766 Rn. 30; *Staudinger/Horn* (2013) § 766 Rn. 51. Allgemein zur Unbeachtlichkeit von Formverstößen nach § 242 BGB *Wolf/Neuner* § 44 Rn. 61 ff.

[105] Siehe oben § 13 Rn. 35 ff.

Bürge die aus einer derartigen Bürgschaft resultierenden Risiken häufig nur schwer kalkulieren kann, verstoßen Globalbürgschaften nach heute h. M. nicht gegen das Erfordernis der Bestimmbarkeit der Hauptverbindlichkeit.[106] Es obliegt grundsätzlich dem Bürgen, die potenziellen Verpflichtungen bei Übernahme einer Globalbürgschaft sachgerecht einzuschätzen. Dieser Gedanke trifft jedoch gegebenenfalls dann nicht mehr zu, wenn der Gläubiger die Globalbürgschaft in Allgemeinen Geschäftsbedingungen vorformuliert und dem Bürgen zur Unterzeichnung vorlegt. In diesem Fall kann ein Bedürfnis bestehen, den Bürgen durch § 305c Abs. 1 BGB bzw. § 307 BGB vor unüberschaubaren Haftungsrisiken zu schützen.[107] Hierbei sind jedoch zwei Fallgestaltungen zu unterscheiden:

Häufig tritt die Konstellation auf, dass eine konkrete Hauptforderung Anlass **52** für die Verbürgung ist, die Allgemeinen Geschäftsbedingungen des Gläubigers die Bürgschaft aber auf alle gegenwärtigen und zukünftigen Forderungen gegen den betreffenden Hauptschuldner ausdehnen. In diesem Fall geht die Rechtsprechung zutreffend davon aus, dass nach § 307 Abs. 3 BGB als essentialium negotii nur *die* Verbürgung nicht am Maßstab des § 307 Abs. 1 Satz 1 i. V. mit Abs. 2 BGB kontrollfähig ist, die sich auf die Forderung bezieht, welche den Anlass des Sicherungsgeschäftes bildete. Demgegenüber ist die formularmäßige Ausdehnung auf weitere Hauptverbindlichkeiten als sog. Nebenverpflichtung am Verbot einer unangemessenen Benachteiligung nach § 307 Abs. 1 Satz 1 i. V. mit Abs. 2 BGB zu messen.[108] Dabei wird maßgeblich darauf abgestellt, dass die Ausdehnung i. S. des § 307 Abs. 2 Nr. 1 BGB gegen den Grundgedanken des § 767 Abs. 1 Satz 3 BGB verstoße, da die Erweiterung der gesicherten Verbindlichkeiten den Bürgen *der Fremddisposition des Hauptschuldners unterwerfe*, auf dessen Schuldenpolitik er keinen Einfluss habe.[109] Folgerichtig soll ein Verstoß gegen § 307 Abs. 1 und 2 BGB ausnahmsweise nicht vorliegen, wenn der Bürge der hauptschuldnerischen Gesellschaft als Gesellschafter angehört, auf deren Kreditgeschäfte er maßgeblichen Einfluss nehmen und die Bürgschaft daher gegebenenfalls rechtzeitig kündigen kann.[110] Soweit eine globale Ausdehnung der Bürgschaft nicht wirksam in den Vertrag einbezogen worden ist, sichert die Bürgschaft gem. § 306 Abs. 1 BGB nur die Hauptverbindlichkeit, die den Anlass für die Verbürgung darstellte.

Die Begründung der Unwirksamkeit derartiger Globalbürgschaften über den **53** Rechtsgedanken des § 767 Abs. 1 Satz 3 BGB ist aus zwei Gründen problematisch. Erstens kann damit von vornherein nur die Erstreckung der Bürgschaft auf künftig

---

[106] Dazu oben § 13 Rn. 34.

[107] *Habersack* MünchKomm. § 765 Rn. 72; *Larenz/Canaris* BT 2, § 60 II 2a, S. 7; ausführlich *Bydlinski* WM 1992, 1301 (1304 ff.).

[108] BGH 18.05.1995 BGHZ 130, 19 (31 ff.); BGH 15.07.1999 BGHZ 142, 213 (215 f.); *Erman/Zetzsche* § 765 Rn. 33; *Medicus/Lorenz* Rn. 1007.

[109] BGH 18.05.1995 BGHZ 130, 19 (31 ff.); BGH 15.07.1999 BGHZ 142, 213 (215 f.); *Habersack* MünchKomm. § 765 Rn. 73; *Staudinger/Horn* (2013) § 765 Rn. 50.

[110] BGH 01.06.1994 BGHZ 126, 174 (177); BGH 15.07.1999 BGHZ 142, 213 (216 f.) mit weiteren Einzelheiten. Dazu auch *Ehricke* JZ 2000, 466 ff. Zur Kündigung der Bürgschaft unten § 13 Rn. 86 f.

entstehende Verbindlichkeiten als unwirksam erachtet werden, nicht aber auch auf
bereits bestehende Hauptschulden, die über die Forderung hinausgehen, welche den
Anlass zu der Verbürgung gab.[111] Zweitens widerspricht die Haftung des Bürgen
dem Rechtsgedanken des § 767 Abs. 1 Satz 3 BGB nur bei solchen nach Abschluss
des Bürgschaftsvertrages entstehenden Verbindlichkeiten, die nicht in den Bürg-
schaftsinhalt aufgenommen worden sind (vgl. § 765 Abs. 2 BGB). Ausschließlich
dann liegt eine wirkliche „Fremddisposition" durch den Gläubiger vor. Wenn die
betreffende Formularklausel die künftigen Verbindlichkeiten aber ausdrücklich einschließt, wäre es somit zirkulär, sie über § 307 Abs. 2 Nr. 1 BGB i. V. mit § 767
Abs. 1 Satz 3 BGB zu Fall zu bringen.

54   Entscheidendes Kriterium ist vielmehr, dass eine Ausdehnung der in die Bürgschaft einbezogenen Verbindlichkeiten über die Schuld hinaus, die den Anlass für
den Vertrag bildete, einerseits dem Bürgen *kaum überschaubare Risiken aufbürdet*
(Gefährdung des Vertragszwecks gemäß § 307 Abs. 2 Nr. 2 BGB) und andererseits als *überraschende Klausel i. S. des § 305c Abs. 1 BGB* nicht in den Vertrag
einbezogen worden ist.[112] Das gilt unabhängig davon, ob sich die Ausdehnung auf
gegenwärtige oder künftige Verbindlichkeiten bezieht. Allerdings können bei dieser
Begründung auch solche Bürgen vor einer formularmäßigen Globalbürgschaft
geschützt sein, die als Gesellschafter des Hauptschuldners Einfluss auf den künftigen Schuldenstand ausüben, da auch sie gegebenenfalls von der Ausdehnung der
Bürgschaft i. S. des § 305c Abs. 1 BGB „überrascht" werden.[113] Dieses Ergebnis ist
jedoch gerechtfertigt, da das entscheidende Kriterium nicht die Unterwerfung unter
eine Fremddisposition durch die Globalbürgschaft, sondern der Umstand ist, dass
der Bürge nicht mit einer kaum kalkulierbaren Haftungsausdehnung zu rechnen
brauchte.

55   Hat der Bürge seine Erklärung hingegen nicht anlässlich der Sicherung einer
bestimmten Forderung abgegeben, sondern war der (vorformulierte) Bürgschaftsvertrag von vornherein auf eine Globalbürgschaft gerichtet, so gehört die globale
Haftung in ihrer Gesamtheit zu den essentialia negotii. Diese sind lediglich nach
Maßgabe des § 307 Abs. 3 BGB auf eine unangemessene Benachteiligung kontrollfähig, denn es liegt kein „Primärzweck" der Verbürgung vor, von dem sich eine
Haftungsausdehnung als Nebenverpflichtung abgrenzen ließe.[114] Das muss entgegen der neueren Rechtsprechung auch in Bezug auf die Haftung für zukünftige

---

[111] Vgl. BGH 07.03.1996 NJW 1996, 1470 (1472).

[112] So zum Teil auch die Rechtsprechung: BGH 01.06.1994 BGHZ 126, 174 (176 ff.); BGH
18.05.1995 BGHZ 130, 19 (24 ff.); *Esser/Weyers* BT 1, § 40 II 1, S. 345; *Habersack* MünchKomm.
§ 765 Rn. 72; *Larenz/Canaris* BT 2, § 60 II 2a, S. 7; *Schlechtriem* Rn. 636 Fn. 31; *Staudinger/
Horn* (2013) § 765 Rn. 49.

[113] A. A. BGH 18.05.1995 BGHZ 130, 19 (30) unter Bezugnahme auf den Mangel an Fremddisposition, der im Rahmen des § 305c Abs. 1 BGB aber richtigerweise keine entscheidende Rolle
spielt.

[114] *Larenz/Canaris* BT 2, § 60 II 2a, S. 7; *Staudinger/Horn* (2013) § 766 Rn. 51; so auch noch BGH
04.06.1987 NJW 1987, 3126 (3127).

Verbindlichkeiten des Hauptschuldners gelten.[115] Folglich greift die Inhaltskontrolle im Hinblick auf eine unangemessene Benachteiligung des Bürgen nach § 307 Abs. 3 BGB nur hinsichtlich der Verständlichkeit der Klausel ein (§ 307 Abs. 1 Satz 2 BGB), die nicht in Zweifel steht. Auch eine überraschende Klausel i. S. des § 305c Abs. 1 BGB liegt in diesem Fall nicht vor, da sich die Bürgschaftserklärung von vornherein auf alle gegenwärtigen und zukünftigen Verbindlichkeiten des Hauptschuldners richtet.[116] Aus diesem Grund hält eine derartige Bürgschaftsklausel der Inhalts- und Einbeziehungskontrolle anhand der §§ 305 ff. BGB stand. In Betracht kommt allenfalls eine Sittenwidrigkeit der Bürgschaft gemäß § 138 Abs. 1 BGB.[117]

2. Sittenwidrigkeit der Bürgschaft naher Angehöriger des Hauptschuldners

Die mögliche Sittenwidrigkeit von Bürgschaften gemäß § 138 Abs. 1 BGB erweist **56** sich insbesondere dann als relevant, wenn zwischen dem Hauptschuldner und dem Bürgen ein besonderes Näheverhältnis besteht (Ehegatte, Lebenspartner, Kinder, Geschwister des Hauptschuldners). Ein Angehöriger des Hauptschuldners kann häufig nicht so frei wie ein Unbeteiligter anhand wirtschaftlicher Risikokalkulationen über die Erteilung der Bürgschaft entscheiden. Das gilt insbesondere, wenn von seiner Verbürgung die Kreditfähigkeit des ihm nahestehenden Hauptschuldners abhängt, der nicht selten aufgrund des persönlichen Näheverhältnisses sogar Druck auf den Bürgen ausübt. Eine derartige Beeinflussung erfüllt im Verhältnis zum *Gläubiger* jedoch nur selten die Voraussetzungen des § 123 BGB,[118] sodass sich die Frage nach einer Sittenwidrigkeit der Bürgschaft gemäß § 138 Abs. 1 BGB stellt.[119]

Die diesbezügliche Rechtsprechung kann auf eine wechselvolle Geschichte **57** blicken, die nicht zuletzt durch Divergenzen zwischen dem IX. und dem XI. Zivilsenat des BGH geprägt ist und zu einer Vorlage der betreffenden Rechtsfragen an den Großen Senat für Zivilsachen geführt hat (vgl. § 132 GVG).[120] Die Problematik der Sittenwidrigkeit von Bürgschaften resultiert zu einem nicht unerheblichen Teil daraus, dass ein „Verstoß gegen das Anstandsgefühl aller billig und gerecht Denkenden" i. S. des § 138 Abs. 1 BGB nach der ursprünglichen gesetzgeberischen Konzeption an sich ein individuelles Machtgefälle zwischen den Parteien des

---

[115] A. A. BGH 18.01.1996 BGHZ 132, 6 (9) mit der merkwürdigen Begründung, aus „objektiver Sicht" strebe der Bürge nur eine Sicherung der gegenwärtigen Verbindlichkeiten an, sodass die Haftung für zukünftige Verbindlichkeiten nicht zu den einer Inhaltskontrolle entzogenen essentialia negotii gehöre. Der neuen Rechtsprechung folgend *Habersack* MünchKomm. § 765 Rn. 74.

[116] BGH 18.05.1995 BGHZ 130, 19 (30 f.); BGH 07.03.1996 NJW 1996, 1470 (1472 f.); *Habersack* MünchKomm. § 765 Rn. 72.

[117] Dazu unten § 13 Rn. 56 ff.

[118] Siehe bereits oben § 13 Rn. 26.

[119] § 138 Abs. 2 BGB kann auf die Bürgschaft als bloß einseitig verpflichtenden Vertrag keine Anwendung finden; statt aller BGH 26.04.2001 NJW 2001, 2466 (2467); *Erman/Arnold* § 138 Rn. 13.

[120] BGH (XI. Zivilsenat) 29.06.1999 NJW 1999, 2584 ff. mit Überblick zur Entwicklung der Rechtsprechung; dazu Replik in BGH (IX. Zivilsenat) 15.02.2000 NJW 2000, 1185 f.

Rechtsgeschäfts voraussetzt, welches eine Partei zudem „in verwerflicher Gesinnung" ausgenutzt hat (arg. § 138 Abs. 2 BGB).[121]

58   Im Zusammenhang mit den Bürgschaften naher Angehöriger des Hauptschuldners entschied das BVerfG jedoch, dass über die zivilrechtlichen Generalklauseln (§§ 138, 242 BGB) nicht nur individuell nachweisbare, sondern auch *„strukturelle* Störungen der Vertragsparität" zu berücksichtigen sind, um der „Fremdbestimmung" eines Vertragspartners vorzubeugen.[122] Dieser Ansatz ist Ausdruck eines im Privatrecht zu beobachtenden Paradigmenwechsels, der das liberale Bild einer maßgeblich formell definierten Privatautonomie (Grundsatz der Richtigkeitsgewähr des willentlich geschlossenen Vertragsverhältnisses)[123] zugunsten einer am Sozialstaatsprinzip orientierten materiellen Gerechtigkeitskontrolle zurückdrängt.[124] Obwohl die Konkretisierung dieser Prinzipien für die Frage der Sittenwidrigkeit von Angehörigenbürgschaften noch nicht als vollständig abgeschlossen bezeichnet werden kann,[125] lassen sich folgende Grundsätze festhalten:[126]

59   Nachdem ursprünglich insbesondere der IX. Zivilsenat des BGH Bürgschaften von Kindern des Hauptschuldners einer strengeren Kontrolle unterwarf als diejenigen von Ehegatten,[127] ist nunmehr die Tendenz zur Bildung eines einheitlichen „Grundtatbestands" der Sittenwidrigkeit von Bürgschaften naher Angehöriger des Hauptschuldners festzustellen. Danach liegt Sittenwidrigkeit regelmäßig vor, wenn der Bürge einerseits durch die Verpflichtung unter Berücksichtigung seiner gegenwärtigen Vermögensverhältnisse finanziell krass überfordert wird[128] und der Vertragsschluss andererseits Ausdruck einer strukturell ungleichen Verhandlungslage

---

[121] Dazu allgemein *Wolf/Neuner* § 46 Rn. 43 f.

[122] BVerfG 19.10.1993 BVerfGE 89, 214 (233 f.); ferner BVerfG 05.08.1994 NJW 1994, 2749 (2750).

[123] *Schmidt-Rimpler* AcP 147 (1942), 130 (151).

[124] Grundlegend zu diesem Problemkreis *Canaris* AcP 200 (2000), 273 ff. sowie aus jüngerer Zeit *G. Wagner* in: Blaurock/Hager (Hrsg.), Obligationenrecht im 21. Jahrhundert, 2010, S. 13 ff.

[125] Der oben bei Fn. 120 erwähnte Vorlagebeschluss des XI. Zivilsenats hat sich aufgrund einer Rücknahme der zugrundeliegenden Revision erledigt. Die Divergenzen zwischen dem IX. und dem XI. Zivilsenat des BGH spielen allerdings insoweit keine entscheidende Rolle mehr, als mittlerweile der XI. Zivilsenat alleinzuständig für das Bürgschaftsrecht ist.

[126] Überblick zur neueren Rechtsprechung auch bei *Tiedtke* NJW 2001, 1015 ff.

[127] Vgl. einerseits für Kinder BGH (IX. Zivilsenat) 24.02.1994 BGHZ 125, 206 (210 ff.); andererseits für Ehegatten BGH (IX. Zivilsenat) 25.02.1996 BGHZ 132, 328 (339).

[128] Über die Konkretisierung dieses Erfordernisses bestand zwischen den Senaten des BGH wiederum Streit: Einerseits wird durch den nunmehr alleinzuständigen XI. Zivilsenat darauf abgestellt, ob der Bürge auf absehbare Zeit finanziell nicht einmal in der Lage sein wird, die Zinsen der Hauptschuld zu bedienen; so BGH (XI. Zivilsenat) 29.06.1999 NJW 1999, 2584 (2586); BGH XI. Zivilsenat 16.06.2009 NJW 2009, 2671 Rn. 18. Nach dem entgegengesetzten Konzept sollte maßgeblich sein, ob das pfändbare Vermögen des Bürgen ausreichen wird, um innerhalb von 5 Jahren 25 % der Hauptschuld abzutragen: BGH (IX. Zivilsenat) 18.09.1997 BGHZ 136, 347 (351).

zwischen den Vertragsparteien (Bürge und Gläubiger) ist.[129] Eine derartige strukturelle Ungleichheit kann nicht nur aus der emotionalen Bindung des Bürgen an den Hauptschuldner,[130] sondern auch aus einer Bagatellisierung des Bürgschaftsrisikos durch den Gläubiger resultieren.[131] Zudem ist bedeutsam, dass nach der neueren Rechtsprechung „regelmäßig" bereits aus dem Eingehen einer den Bürgen wirtschaftlich krass überfordernden Verbindlichkeit das Vorliegen eines strukturellen Ungleichgewichts abzuleiten sein soll.[132] Damit ist in der Praxis die Grundvoraussetzung der Sittenwidrigkeit von Angehörigenbürgschaften auf das Erfordernis einer krassen finanziellen Überforderung am Maßstab des bei Vertragsschluss vorhandenen Vermögens des Bürgen reduziert.[133] Diese muss der Gläubiger zudem nicht zwingend kennen; für einen Verstoß gegen § 138 Abs. 1 BGB reicht es aus, wenn er sich obliegenheitswidrig nicht über die Vermögenslage des Angehörigen des Hauptschuldners erkundigt.[134]

Sofern diese Voraussetzungen gegeben sind, kann die Sittenwidrigkeit der Bürgschaft nur aufgrund besonderer Umstände entfallen, die sich in zwei Fallgruppen zusammenfassen lassen: **60**

• Erstens liegt aufseiten des Bürgen ein angemessener Ausgleich für die finanzielle Überforderung vor, wenn dieser ein *unmittelbares Eigeninteresse* an der Begründung der gesicherten Hauptverbindlichkeit hat, z. B. aus einem Darlehen in vergleichbarer Weise Vorteile zieht, wie der Hauptschuldner.[135] Lediglich mittelbare Vorteile, wie z. B. die Aussicht eines Ehegatten auf höhere Unterhaltsleistungen aufgrund einer Darlehensaufnahme des Partners, genügen hierfür jedoch nicht.[136]

---

[129] BGH 24.11.1992 BGHZ 120, 272 (275 ff.); BGH 24.02.1994 BGHZ 125, 206 (210 ff.); BGH 05.11.1996 BGHZ 134, 42 (48 ff.); *Habersack* MünchKomm. § 765 Rn. 23 ff.; *Staudinger/Horn* (2013) § 765 Rn. 198 ff. Problematisch ist insofern auch, ob die strukturell ungleiche Verhandlungslage ausschließlich im Verhältnis zu gewerblichen Kreditgebern bestehen kann; siehe dazu z. B. OLG Brandenburg 02.04.2007 WM 2007, 1021 (1022).

[130] Dazu näher *Staudinger/Horn* (2013) Vorbem. zu §§ 765 Rn. 199 sowie *Braun* Jura 2004, 474 ff.

[131] Vgl. den Fall in BVerfG 19.10.1993 BVerfGE 89, 214 ff., in dem der Vertreter der Gläubigerbank angab, die Bürgschaft „nur für die Akten" zu benötigen; *Medicus/Lorenz* Rn. 1007; *Schlechtriem* Rn. 632.

[132] BGH 18.12.1997 BGHZ 137, 329 (333 f.); BGH 08.10.1998 NJW 1999, 58 f.; BGH 26.04.2001 NJW 2001, 2466 (2467).

[133] So auch BGH 29.06.1999 NJW 1999, 2584 (2586); *Brox/Walker* § 32 Rn. 9 ff.; *Erman/Zetzsche* § 765 Rn. 53.

[134] BGH 24.02.1994 BGHZ 125, 206 (212 f.); BGH 08.10.1998 NJW 1999, 58 (60); *Habersack* MünchKomm. § 765 Rn. 25.

[135] BGH 24.11.1992 BGHZ 120, 272 (278); BGH 05.11.1996 BGHZ 134, 42 (49); OLG Naumburg 27.02.2003 ZIP 2003, 1929 (1932); *Habersack* MünchKomm. § 765 Rn. 26; *Staudinger/Horn* (2013) Vorbem. zu §§ 765 Rn. 194 f.

[136] BGH 29.06.1999 NJW 1999, 2584 (2588); a. A. noch BGH 05.01.1995 BGHZ 128, 230 (234).

- Zweitens entfällt der Vorwurf der Sittenwidrigkeit, wenn *ein berechtigtes Interesse des Gläubigers an der Bürgschaft des Angehörigen* gegeben ist. Das ist bei Ehegattenbürgschaften der Fall, wenn die Gefahr von Vermögensverlagerungen zwischen den Ehepartnern besteht.[137] Des Weiteren kann eine Bürgschaft dann nicht als sittenwidrig bewertet werden, wenn ein mit hinreichender Wahrscheinlichkeit zu erwartender Vermögenserwerb des Bürgen die krasse finanzielle Überforderung aufheben wird.[138] Vage Aussichten (wie z. B. in der Regel auf Erbschaften, vgl. § 2253 BGB) reichen hierfür jedoch selbst dann nicht aus, wenn sie sich nach Abschluss des Bürgschaftsvertrages tatsächlich verwirklichen.[139] Nach neuerer Rechtsprechung hindern die genannten Interessen des Gläubigers eine Sittenwidrigkeit des Bürgschaftsvertrages zudem nur, wenn in der schriftlichen Urkunde von vornherein festgehalten wird, dass die Haftung des Bürgen lediglich in den betreffenden Fällen (Vermögensverlagerung, Vermögenserwerb) eingreifen soll.[140] Sofern diese nicht eintreten, haftet der Bürge dann schon nach dem Vertragsinhalt nicht.[141]

61 Wenn die Bürgschaft eines Angehörigen nicht gegen § 138 Abs. 1 BGB verstößt, können sich Haftungsbeschränkungen aus dem Verfahren der Restschuldbefreiung nach den §§ 286 ff. InsO ergeben.[142] In Bezug auf Bürgschaften durch minderjährige Kinder des Hauptschuldners ist – sofern diese ausnahmsweise nicht sittenwidrig sind – auch die Haftungsbeschränkung nach § 1629a BGB zu berücksichtigen.

---

[137] BGH 23.01.1997 BGHZ 134, 325 (328); BGH 18.09.1997 BGHZ 136, 347 (353); siehe ferner BGH 09.12.2008 NJW 2009, 437 Rn. 22.

[138] BGH 25.04.1996 BGHZ 132, 328 (334 f.); BGH 11.03.1997 BGHZ 135, 66 (70).

[139] BGH 29.06.1999 NJW 1999, 2584 (2587).

[140] BGH (IX. Zivilsenat) 08.10.1998 NJW 1999, 58 (60) für ab dem 01.01.1999 geschlossene Bürgschaftsverträge; sachlich gleichlautend, aber ohne den zeitlichen Vertrauensschutz dann BGH (XI. Zivilsenat) 14.05.2002 BGHZ 151, 34 (39 ff.); aus der Literatur in diese Richtung auch *Habersack* MünchKomm. § 765 Rn. 28; *Larenz/Canaris* BT 2, § 60 II 3b, S. 10.

[141] Die ältere Rechtsprechung, nach der die angeführten Zweckbeschränkungen nicht vertraglich fixiert werden mussten, behalf sich damit, dass die Bürgschaft bei der Erwartung eines Vermögenserwerbes des Bürgen nicht vor diesem Erwerb fällig wurde bzw. dass bei der Gefahr von Vermögensverlagerungen unter Ehegatten mit dem Ende dieser Gefahr (z. B. bei Scheidung) die Geschäftsgrundlage der Bürgschaft entfiel; so BGH 23.01.1997 BGHZ 134, 325 (328 ff.).

[142] Dazu, dass die Möglichkeit der Restschuldbefreiung einer Nichtigkeit von Bürgschaftsverträgen nach § 138 Abs. 1 BGB, die den Bürgen krass überfordern, nicht entgegensteht, siehe BGH 16.06.2009 NJW 2009, 2671 Rn. 30 f.; OLG Frankfurt a. M. 24.03.2004 NJW 2004, 2392 (2393 f.); *Looschelders* Rn. 959; abweichend in der Tendenz *Habersack* MünchKomm. § 765 Rn. 20 m. w. N.

III. Pflichten der Parteien des Bürgschaftsvertrages

1. Leistungspflichten

Nach dem gesetzlichen Regelfall ist die Bürgschaft ein einseitig verpflichtender **62** Vertrag.[143] Dementsprechend legt § 765 Abs. 1 BGB als Verpflichtung des Bürgen gegenüber dem Gläubiger der gesicherten Hauptverbindlichkeit das Einstehenmüssen für die Erfüllung der Verbindlichkeit des Dritten fest.[144] Diesen Inhalt hat die Bürgschaft regelmäßig, wenn der Gläubiger zum Vertragsschluss mit dem Hauptschuldner nur deshalb bereit ist, weil sich der Bürge verpflichtet, für die Erfüllung der Verbindlichkeit des Dritten einzustehen. Nicht selten vereinbart der Bürge zudem mit dem *Hauptschuldner* ein Entgelt für die Übernahme der Bürgschaft (z. B. Bankbürgschaft).

Allerdings ist diese Ausgestaltung des Bürgschaftsvertrages nicht zwingend. **63** Das Gesetz gestattet auch eine Abrede, durch die sich der Gläubiger der Hauptverbindlichkeit verpflichtet, eine Gegenleistung an den Bürgen zu erbringen.[145] In Betracht kommt z. B. eine Verpflichtung des (potenziellen) Gläubigers gegenüber dem Bürgen, dem Hauptschuldner den zu sichernden oder einen weiteren Kredit zu gewähren.[146] Zahlt der Gläubiger dem Bürgen für die Sicherung der Hauptverbindlichkeit eine Provision, kann von einer Kreditversicherung gesprochen werden.[147] In diesen Konstellationen ist der Bürgschaftsvertrag ein gegenseitiger Vertrag und unterliegt den §§ 320 ff. BGB.[148]

2. Nebenpflichten

Des Weiteren können die Parteien Nebenpflichten, insbesondere Schutzpflich- **64** ten i. S. des § 241 Abs. 2 BGB treffen. Im Mittelpunkt stehen dabei vornehmlich Aufklärungspflichten des Gläubigers zugunsten des Bürgen vor (vgl. § 311 Abs. 2 BGB) und nach Vertragsschluss.

---

[143] Statt aller *Looschelders* Rn. 934.

[144] Zum Inhalt der Bürgenpflicht bei nicht auf Geldzahlung gerichteten Hauptverbindlichkeiten oben § 13 Rn. 32.

[145] BGH 11.01.1996 NJW 1996, 930 (931); *Habersack* MünchKomm. § 765 Rn. 6; *Staudinger/Horn* (2013) § 765 Rn. 148.

[146] In diesem Fall ist durch Auslegung zu ermitteln, ob auch der (potenzielle) Hauptschuldner gemäß § 328 Abs. 1 BGB einen Anspruch auf die Darlehensauszahlung erhalten soll; *Staudinger/Horn* (2013) Vorbem. zu §§ 765 ff. Rn. 7. Zudem liegt es aufgrund der Ähnlichkeit eines solchen Vertragsverhältnisses mit einem Kreditauftrag i. S. des § 778 BGB nahe, wie bei diesem auf das Formerfordernis des § 766 BGB zu verzichten: *Larenz/Canaris* BT 2, § 60 VI 2b, S. 23 f. sowie unten § 13 Rn. 120 ff.

[147] *Medicus/Lorenz* Rn. 1005.

[148] *Esser/Weyers* BT 1, § 40 II 4, S. 347; *Habersack* MünchKomm. § 765 Rn. 6; *Staudinger/Horn* (2013) § 765 Rn. 132.

65 Allerdings ist der Gläubiger grundsätzlich nicht verpflichtet, besonders über die Risiken einer Bürgschaft aufzuklären, sofern er nicht selbst einen diesbezüglichen Irrtum des Bürgen verursacht hat.[149] Ihn trifft nach der gesetzlichen Risikovertei-lung des Bürgschaftsvertrages keine allgemeine Interessenwahrungspflicht gegen-über dem Bürgen.[150] Umgekehrt dürfen jedoch weder er noch seine Erfüllungsge-hilfen (§ 278 BGB)[151] die Risiken der Bürgschaft bagatellisieren.[152] Ebenso darf er einen Bürgschaftsvertrag nicht mehr ohne entsprechende Aufklärung abschließen, wenn ihm eine bevorstehende Insolvenz des Hauptschuldners sicher bekannt ist, da in diesem Fall nicht die Abdeckung eines (ungewissen) Risikos, sondern eine Ver-lustabwälzung im Vordergrund steht.[153] Schließlich muss der Gläubiger dem Bürgen auf Verlangen Auskunft über den Stand der Hauptschuld geben.[154]

66 Hat der Gläubiger die Verletzung seiner Schutzpflichten zu vertreten, ist er nach § 280 Abs. 1 BGB zum Schadensersatz verpflichtet. Wurde eine vorvertragliche Aufklärungspflicht verletzt, bei deren Erfüllung der Bürge den Vertrag nicht abge-schlossen hätte, ist dieser nach § 249 Abs. 1 BGB von seiner Verpflichtung befreit,[155] da § 311 Abs. 2 BGB i. V. mit § 280 Abs. 1 BGB zum Schadensersatz in Form einer Naturalrestitution führt.

D. Akzessorietät und Subsidiarität der Bürgschaft

I. Akzessorietät der Bürgschaft

67 Bereits nach dem Wortlaut des § 765 Abs. 1 BGB ist die Bürgschaft untrennbar mit der Hauptverbindlichkeit verknüpft. Dies entspricht ihrem Zweck, da sie ledig-lich die Erfüllung einer fremden Verbindlichkeit absichern soll. Aus diesem Grund gestalten die §§ 765 bis 777 BGB die Bürgschaft streng akzessorisch zu der Haupt-verbindlichkeit aus. Neben der Entstehungsakzessorietät, nach der die Bürgschaft eine rechtswirksam begründete Hauptverbindlichkeit voraussetzt,[156] kommt dies in weiteren Regelungen des Bürgschaftsrechts zum Ausdruck.

---

[149] Siehe oben § 13 Rn. 25.

[150] BGH 18.01.1996 NJW 1996, 2274 (2275); *Habersack* MünchKomm. § 765 Rn. 84 f.; *Larenz/Canaris* BT 2, § 60 III 4b, S. 14 f.; *Staudinger/Horn* (2013) § 765 Rn. 135. Zu Gläubigerobliegen-heiten im Zusammenhang mit dem Regress des Bürgen siehe unten § 13 Rn. 90 ff.

[151] Zu diesen zählt nicht der Hauptschuldner; siehe oben § 13 Rn. 26.

[152] BGH 09.10.1978 BGHZ 72, 198 (204); BR/*Rohe* § 765 Rn. 44; *Esser/Weyers* BT 1, § 40 II 4, S. 348; *Medicus/Lorenz* Rn. 1007.

[153] *Habersack* MünchKomm. § 765 Rn. 89; *Larenz/Canaris* BT 2, § 60 II 4, S. 11; *Staudinger/Horn* (2013) § 765 Rn. 219.

[154] *Habersack* MünchKomm. § 765 Rn. 91; *Schlechtriem* Rn. 644.

[155] BGH 15.07.1999 NJW 1999, 3195 (3197); *Erman/Zetzsche* § 765 Rn. 44; *Habersack* Münch-Komm. § 765 Rn. 96.

[156] Siehe oben § 13 Rn. 30 ff.

1. Bestand der Hauptverbindlichkeit (§ 767 Abs. 1 Satz 1 BGB)

Die §§ 767 f., 770 BGB betreffen die inhaltliche Akzessorietät der Bürgschaft. So **68** hängt deren Umfang im Grundsatz von dem jeweiligen Bestand der Hauptverbindlichkeit ab (§ 767 Abs. 1 Satz 1 BGB).[157] Erlischt die Hauptschuld ganz oder teilweise (z. B. durch Erfüllung gemäß § 362 BGB), dann entfällt in dem betreffenden Umfang auch die Verpflichtung des Bürgen.[158] Wegen des Akzessorietätsprinzips ist die Vorschrift insoweit nicht dispositiv: Wird sie individualvertraglich abbedungen, liegt keine Bürgschaft, sondern ein Garantievertrag vor;[159] eine entsprechende Klausel in Allgemeinen Geschäftsbedingungen verstößt gegen § 307 Abs. 2 Nr. 1 BGB und ist unwirksam (§ 307 Abs. 1 Satz 1 BGB).[160]

Eine teleologische Reduktion des § 767 Abs. 1 Satz 1 BGB kommt in Betracht, **69** wenn gerade die mangelnde wirtschaftliche Leistungsfähigkeit des Hauptschuldners zum Untergang der Hauptverbindlichkeit führt (z. B. Auflösung einer schuldnerischen Gesellschaft wegen Vermögenslosigkeit).[161] Für den Fall des Untergangs der Hauptverbindlichkeit durch einen Insolvenzplan oder eine Restschuldbefreiung im Insolvenzverfahren legen dies die §§ 254 Abs. 2 Satz 1, 301 Abs. 2 Satz 1 InsO ausdrücklich fest.

Deren Rechtsgedanke trifft nach richtiger, wenngleich nicht herrschender Ansicht **70** z. B. auch zu, wenn sich verbürgte Unterhaltsansprüche später nach Maßgabe der Leistungsfähigkeit des Unterhaltspflichtigen gemäß den §§ 1361, 1581, 1603 BGB mindern[162] oder der Hauptschuldner aufgrund wirtschaftlicher Unzumutbarkeit gemäß § 313 BGB (teilweise) von der Verbindlichkeit befreit wird.[163] Denn in diesen Fällen verwirklicht sich gerade das Risiko, das die Bürgschaft abdecken soll.[164] Eine Ausnahme von § 767 Abs. 1 Satz 1 BGB bei Unterhaltsansprüchen abzulehnen, bei § 313 BGB aber mit der Begründung zuzulassen, dass im ersteren Fall die Abhängigkeit von der Leistungsfähigkeit von Anfang an bestehe, im letzteren Fall aber erst später eine Herabsetzung eintrete,[165] überzeugt nicht. Auch der Regelungsgehalt des

---

[157] Zur Bürgschaft auf erstes Anfordern unten § 13 Rn. 109 ff.

[158] BR/*Rohe* § 767 Rn. 5; *Erman/Zetzsche* § 767 Rn. 3; *Habersack* MünchKomm. § 767 Rn. 3 f.; *Staudinger/Horn* (2013) § 767 Rn. 10.

[159] Siehe oben § 13 Rn. 17.

[160] BGH 19.09.1985 BGHZ 95, 350 (356 f.); *Esser/Weyers* BT 1, § 40 III 3, S. 350.

[161] BGH 25.11.1981 BGHZ 82, 323 (326 f.); *Habersack* MünchKomm. § 767 Rn. 6; *Schlechtriem* Rn. 636.

[162] RGRK/*Mormann* § 767 Rn. 8; a. A. RG 14.03.1940 RGZ 163, 91 (98 f.); *Larenz/Canaris* BT 2, § 60 III 1d, S. 12; *Staudinger/Horn* (2013) § 767 Rn. 51.

[163] *Jauernig/Stadler* § 767 Rn. 9; *Medicus* JuS 1971, 497 (500); a. A. BGH 03.07.1952 BGHZ 6, 385 (396 ff.).

[164] Hingegen sind nachträgliche Unterhaltssteigerungen aufgrund verbesserter Leistungsfähigkeit des Unterhaltspflichtigen mangels einer gesonderten Vereinbarung im Bürgschaftsvertrag nicht von der Haftung umfasst; so für den Regelfall auch *Staudinger/Horn* (2013) § 767 Rn. 35.

[165] So *Erman/Zetzsche* § 767 Rn. 5, 7; *Habersack* MünchKomm. § 767 Rn. 6.

§ 313 BGB begrenzt sachlich von vornherein jede Schuld nach den dortigen Zumutbarkeitsgesichtspunkten, selbst wenn die Realisierung aus Gründen der Rechtssicherheit erst später über einen richterlichen Gestaltungsakt erfolgt.[166] Wird die Akzessorietät in diesen Fällen aus teleologischen Gründen gelöst, liegt sachlich nicht mehr eine Bürgschaft, sondern ein Garantievertrag vor.[167] Insbesondere kann der Bürge nicht gemäß § 774 Abs. 1 Satz 1 BGB bei dem Hauptschuldner Regress nehmen, da dessen Verbindlichkeit untergegangen ist (vgl. §§ 254 Abs. 2 Satz 2, 301 Abs. 2 Satz 2 InsO).

71   Umgekehrt kann sich der Umfang der Bürgenhaftung nach § 767 Abs. 1 Satz 2 BGB auch erweitern. So z. B., wenn der Gläubiger gegen den Schuldner der Hauptverbindlichkeit wegen dessen Nichterfüllung einen Schadensersatzanspruch (z. B. aus § 280 Abs. 1 BGB oder § 281 Abs. 1 BGB) erlangt. Hierfür dehnt § 767 Abs. 1 Satz 2 BGB die Bürgschaft auf den Schadensersatzanspruch aus, ohne dass die Haftung des Bürgen der Höhe nach auf den Umfang der Hauptverbindlichkeit beschränkt ist. Dem liegt der Rechtsgedanke zugrunde, dass die Bürgschaft diese *kraft Gesetzes* eintretenden Weiterungen umfassen soll, wenn die Parteien keine abweichenden Vereinbarungen getroffen haben. In diesem Sinne haftet der Bürge nach § 767 Abs. 2 BGB auch für die Kosten, die dem Gläubiger aus der – gerichtlichen und außergerichtlichen – Geltendmachung seiner Hauptforderung entstehen. Allerdings sind § 767 Abs. 1 Satz 2 und Abs. 2 BGB dispositiv, sodass insbesondere ein absoluter Höchstbetrag die Haftung des Bürgen wirksam beschränken kann (sog. Höchstbetragsbürgschaft).[168]

72   In Abgrenzung zu § 767 Abs. 1 Satz 2 BGB legt § 767 Abs. 1 Satz 3 BGB jedoch fest, dass zwischen Gläubiger und Hauptschuldner nachträglich *rechtsgeschäftlich* vereinbarte Erweiterungen der Hauptverbindlichkeit nicht die Verpflichtung des Bürgen durchschlagen. Andernfalls läge eine mit Art. 2 Abs. 1 GG nicht vereinbare Fremddisposition zulasten des Bürgen vor (Vertrag zulasten Dritter).[169] Eine Haftung des Bürgen für nachträgliche rechtsgeschäftliche Erweiterungen kann aber in dem Bürgschaftsvertrag vereinbart werden; in diesem Fall liegt eine Haftung für eine künftige Verbindlichkeit i. S. des § 765 Abs. 2 BGB vor.[170]

2. Einreden des Hauptschuldners (§ 768 BGB)

73   § 768 Abs. 1 Satz 1 BGB dehnt die inhaltliche Akzessorietät der Bürgschaft folgerichtig auf peremptorische und dilatorische *Einreden* aus, die dem Hauptschuldner zustehen. Das gilt insbesondere für die Einrede des nicht erfüllten Vertrages (§ 320

---

[166] Bezeichnenderweise stellen einen Hauptanwendungsfall des § 313 BGB Unterhaltsverträge (!) dar: BT-Drucks. 14/6040, S. 174 f.; vgl. dazu für die Bürgschaft i. S. der hier vertretenen Auffassung auch RG 14.03.1940 RGZ 163, 91 (99).

[167] Dazu oben § 13 Rn. 17.

[168] *Brox/Walker* § 32 Rn. 24; *Habersack* MünchKomm. § 767 Rn. 8.

[169] *Habersack* MünchKomm. § 767 Rn. 10; *Medicus/Lorenz* Rn. 1013; *Staudinger/Horn* (2013) § 767 Rn. 38.

[170] Siehe dazu im Zusammenhang mit Globalbürgschaften schon § 13 Rn. 53.

BGB), etwaige Zurückbehaltungsrechte (§ 273 BGB) sowie die Verjährung der
Hauptverbindlichkeit (§ 214 BGB).[171]

Hat der Bürge in Unkenntnis einer derartigen Einrede bereits geleistet, kommt   **74**
eine bereicherungsrechtliche Rückforderung nach § 813 Abs. 1 BGB jedoch nicht
in Betracht, wenn dem Hauptschuldner lediglich eine vorübergehende (dilatorische)
Einrede oder die Einrede der Verjährung zustand. *Einwendungen, die den Bestand*
der Hauptverbindlichkeit betreffen, fallen nicht unter § 768 BGB, sondern bereits
unter § 767 Abs. 1 Satz 1 BGB.[172]

Nach § 768 Abs. 1 Satz 2 BGB kann sich der Bürge im Fall des Todes des Haupt-   **75**
schuldners nicht auf eine gemäß den §§ 1975 ff. BGB beschränkte Haftung der
Erben berufen. Wie bei dem Wegfall der Hauptverbindlichkeit mangels Leistungsfähigkeit des Hauptschuldners gebietet auch hier der Sicherungszweck der Bürgschaft
eine Lockerung der Akzessorietät, da diese einen Schutz vor der Unzulänglichkeit
des Vermögens des Hauptschuldners bieten soll, auf der die betreffenden erbrechtlichen Haftungsbeschränkungen beruhen.[173] Der Regelung des § 768 Abs. 2 BGB
liegt wie § 767 Abs. 1 Satz 3 BGB das Verbot der Fremddisposition zugrunde, wenn
hiernach ein rechtsgeschäftlicher Verzicht des Hauptschuldners auf eine Einrede
nicht zu Lasten des Bürgen wirkt.

§ 768 BGB ist im Gegensatz zu § 767 Abs. 1 Satz 1 BGB dispositiv, da trotz   **76**
der Einrede der Bestand der zu sichernden Forderung und damit die Akzessorietät gewahrt bleiben. Weil die Norm aber gleichwohl eine wesentliche Ausprägung
des Akzessorietätsprinzips der Bürgschaft darstellt, liegt bei einer Abbedingung
durch Allgemeine Geschäftsbedingungen des Gläubigers ein Verstoß gegen § 307
Abs. 2 Nr. 1 BGB vor, sodass die entsprechende Klausel unwirksam ist (§ 307
Abs. 1 Satz 1 BGB).[174]

3. Einrede der Anfechtbarkeit und Aufrechenbarkeit (§ 770 BGB)

Ergänzend zu § 767 Abs. 1 Satz 1 BGB und § 768 Abs. 1 Satz 1 BGB begründet   **77**
§ 770 BGB zugunsten des Bürgen zwei selbstständige Einreden und reagiert auf
die Besonderheit, dass dem *Hauptschuldner* das Recht zusteht, seine Willenserklärung gegenüber dem Gläubiger nach den allgemeinen Vorschriften (§§ 119 ff. BGB)
anzufechten (§ 770 Abs. 1 BGB) oder der *Gläubiger* gegen die fällige Hauptforderung aufrechnen kann (§ 770 Abs. 2 BGB).

---

[171] Dabei wird die Verjährung der Hauptverbindlichkeit nicht durch eine Klage gegen den Bürgen
gemäß § 204 Abs. 1 Nr. 1 BGB gehemmt: BGH 09.07.1998 BGHZ 139, 214 (216).

[172] *Habersack* MünchKomm. § 768 Rn. 2; a. A. *Erman/Zetzsche* § 768 Rn. 1; *Staudinger/Horn*
(2013) § 768 Rn. 1.

[173] *Erman/Zetzsche* § 768 Rn. 7; *Esser/Weyers* BT 1, § 40 III 4, S. 351; *Larenz/Canaris* BT 2, § 60
III 1d, S. 12; *Staudinger/Horn* (2013) § 768 Rn. 2.

[174] *Habersack* MünchKomm. § 768 Rn. 3.

78   Soweit der jeweils Berechtigte diese Gestaltungsrechte ausgeübt hat, greift bereits § 767 Abs. 1 Satz 1 BGB ein. Zuvor begründet ein Gestaltungsrecht für den Inhaber jedoch keine Einrede, und dem Bürgen selbst steht die Gestaltungsbefugnis nicht zu, sodass § 770 BGB zu seinem Schutz in Ergänzung zu § 768 Abs. 1 Satz 1 BGB erforderlich ist.[175] Wegen dieses Zweckes ist § 770 Abs. 1 BGB auf andere Gestaltungsrechte des Hauptschuldners analog anzuwenden, deren Ausübung zu einem Untergang der Hauptverbindlichkeit führt (z. B. das Widerrufsrecht nach § 355 BGB).[176] Hat der Bürge bereits geleistet, steht ihm aber kein Rückforderungsrecht nach § 813 Abs. 1 BGB zu, da § 770 BGB keine dauernden, sondern lediglich aufschiebende Einreden begründet. Zu berücksichtigen ist, dass § 770 Abs. 2 BGB nach seinem Wortlaut eine Aufrechnungsbefugnis des Gläubigers voraussetzt. Da die Vorschrift auf einer vorrangigen Befriedigungsmöglichkeit des Gläubigers beruht,[177] kann sie mangels teleologischer Vergleichbarkeit nicht analog angewendet werden, wenn nur der Hauptschuldner aufrechnen kann (vgl. die §§ 390, 393 f. BGB).[178] Dies ist im Ergebnis jedoch unschädlich, weil die Aufrechnungsbefugnis des Hauptschuldners ein Gestaltungsrecht darstellt, sodass § 770 Abs. 1 BGB analog anwendbar ist.[179]

79   Die Einreden aus § 770 BGB erlöschen mit dem betreffenden Gestaltungsrecht (z. B. aufgrund der §§ 121, 124 BGB). Da dessen Ausübung von vornherein im Belieben des jeweiligen Inhabers steht und die Hauptverbindlichkeit im Übrigen voll wirksam ist, erlischt die Einrede des § 770 Abs. 1 BGB anders als bei § 768 Abs. 2 BGB auch bei einem Verzicht des Hauptschuldners auf sein Gestaltungsrecht.[180] Entsprechendes gilt für einen Verzicht des Gläubigers auf seine Aufrechnungsbefugnis oder einen anderweitigen „Verbrauch" derselben (§ 770 Abs. 2 BGB), wenn er dabei nicht ausschließlich zur Schädigung des Bürgen handelt (§ 242 BGB).[181] Ein Verzicht des Bürgen auf den Schutz durch § 770 BGB ist individualvertraglich

---

[175] *Brox/Walker* § 32 Rn. 33; *Esser/Weyers* BT 1, § 40 III 5, S. 351; *Larenz/Canaris* BT 2, § 60 III 1a, S. 11.

[176] BGH 10.01.2006 BGHZ 165, 363 (368); BR/*Rohe* § 770 Rn. 5; *Erman/Zetzsche* § 770 Rn. 7; *Habersack* MünchKomm. § 770 Rn. 6; *Schlechtriem* Rn. 636; *Staudinger/Horn* (2013) § 770 Rn. 20 ff.

[177] § 770 Abs. 2 BGB ist daher genaugenommen kein Ausdruck der Akzessorietät, sondern der Subsidiarität der Bürgschaft. Dazu näher unten § 13 Rn. 82 ff.

[178] RG 16.06.1932 RGZ 137, 34 (36); *Staudinger/Horn* (2013) § 770 Rn. 9; a. A. *Esser/Weyers* BT 1, § 40 III 5, S. 352; ausführlich ferner *Kiehnle* AcP Bd. 208 (2008), 635 ff.

[179] *Erman/Zetzsche* § 770 Rn. 6; *Habersack* MünchKomm. § 770 Rn. 7; a. A. *Larenz/Canaris* BT 2, § 60 III 3b, S. 13; offengelassen von BGH 30.11.1964 BGHZ 42, 396 (398).

[180] *Erman/Zetzsche* § 770 Rn. 6; *Habersack* MünchKomm. § 770 Rn. 5. In diesem Fall kann gegebenenfalls aber noch eine Einrede des Hauptschuldners bestehen (z. B. aus § 853 BGB bei einem Betrug des Gläubigers gegenüber diesem), für die dann § 768 Abs. 2 BGB gilt: BGH 19.09.1985 BGHZ 95, 350 (357).

[181] BGH 16.02.1984 NJW 1984, 2455 (2456); *Habersack* MünchKomm. § 770 Rn. 9; *Staudinger/Horn* (2013) § 770 Rn. 6 f. Zur Aufgabe von Sicherheiten durch den Gläubiger (§ 776 BGB) vgl. noch unten § 13 Rn. 90 ff.

möglich. Verwendet der Gläubiger eine derartige Klausel in Allgemeinen Geschäfts-
bedingungen, verstößt diese nach richtiger Ansicht jedoch gegen § 307 Abs. 2 Nr. 1
BGB, da § 770 BGB ein wesentlicher Ausdruck der akzessorischen und subsidiären
Natur der Bürgschaft ist.[182]

4. Übergang der Bürgschaft gemäß § 401 BGB

Schließlich setzt sich die Akzessorietät der Bürgschaft wegen § 401 Abs. 1 BGB **80**
auch bei einem Wechsel des Gläubigers der Hauptforderung infolge Abtretung oder
Legalzession (§ 412 BGB) durch. Die Bürgschaft geht in diesen Fällen kraft Gesetzes
auf den neuen Gläubiger über. Die Vorschrift ist als zentrale Ausprägung des Akzessorietätsprinzips insoweit nicht dispositiv, als die Personenidentität zwischen dem
Gläubiger der Hauptforderung und dem Gläubiger der Bürgschaft gewahrt bleiben
muss. Folglich führt eine Abtretung der Hauptforderung ohne die Bürgschaft analog
§ 1250 Abs. 2 BGB zum Untergang derselben und eine Übertragung der Bürgschaft
ohne die Hauptforderung ist analog § 1250 Abs. 1 Satz 2 BGB unwirksam.[183]

II. Subsidiarität der Bürgschaft

Für die Bürgschaft ist neben der Akzessorietät charakteristisch, dass der Bürge **81**
lediglich subsidiär für die Erfüllung der Hauptverbindlichkeit durch den Hauptschuldner einstehen muss.[184] Bereits die Aufrechnungseinrede in § 770 Abs. 2 BGB
bringt diesen Grundsatz zum Ausdruck.[185] Diese Rechtsposition des Bürgen dehnt
§ 771 Satz 1 BGB zu einem generellen Leistungsverweigerungsrecht aus. Danach
soll der Gläubiger primär gegen den Schuldner der Hauptverbindlichkeit vorgehen
und gegebenenfalls gegen diesen die Zwangsvollstreckung betreiben. Solange und
soweit dies nicht (erfolglos) geschehen ist, steht dem Bürgen die sog. *Einrede der
Vorausklage* zu.

Die Vorschrift gewährt dem Bürgen einen rein formalen Schutz, der lediglich einen **82**
Vollstreckungsversuch bei dem Hauptschuldner nach Abschluss des Bürgschaftsvertrages gebietet; eine spätere Verbesserung der Vermögenslage des Hauptschuldners lässt die Gläubigerobliegenheit aus § 771 Satz 1 BGB nicht erneut aufleben.[186]
Während des Vorgehens im Wege der Zwangsvollstreckung ist die Verjährung der

---

[182] *Habersack* MünchKomm. § 770 Rn. 3; a. A. BGH 19.09.1985 BGHZ 95, 350 (357); *Esser/
Weyers* BT 1, § 40 III 5, S. 352; offen jetzt BGH 26.04.2001 NJW 2001, 2466 (2468).

[183] BGH 19.09.1991 BGHZ 115, 177 (182 ff.); *Esser/Weyers* BT 1, § 40 III 3, S. 351; a. A. *Larenz/
Canaris* BT 2, § 60 III 2b, S. 13.

[184] Dazu oben § 13 Rn. 6.

[185] Siehe oben bei und in Fn. 176.

[186] Mot. II, S. 669 ff.; RG 14.02.1918 RGZ 92, 219 (220); *Habersack* MünchKomm. § 771 Rn. 3;
Staudinger/Horn (2013) § 771 Rn. 7.

Bürgenschuld zudem nach Maßgabe des § 771 Satz 2 BGB gehemmt. § 772 BGB gestaltet den vorrangigen Vollstreckungsversuch bei Bürgschaften für Geldforderungen (§ 772 Abs. 1 BGB) und Sicherungsrechten an beweglichen Sachen des Hauptschuldners (§ 772 Abs. 2 BGB) näher aus.[187] Hat der Bürge sich für mehrere Gesamtschuldner verbürgt, muss ein Vollstreckungsversuch gegenüber jedem unternommen werden.[188] Ob bei der Verbürgung für die Schuld einer Personengesellschaft gemäß § 771 Satz 1 BGB auch vorrangig gegen die persönlich haftenden Gesellschafter vollstreckt werden muss, ist umstritten.[189] Wenn man richtigerweise davon ausgeht, dass die Personengesellschaft als Außengesellschaft eigene Rechtssubjektivität besitzt,[190] ist dies zu verneinen.

83   Von § 771 Satz 1 BGB bestehen jedoch mehrere Ausnahmen. Vier von ihnen regelt § 773 Abs. 1 BGB:

- Deklatorisch bringt § 773 Abs. 1 Nr. 1 BGB zum Ausdruck, dass der Bürge auf die Einrede der Vorausklage verzichten kann. In diesem Fall liegt die Sonderform einer sog. *selbstschuldnerischen Bürgschaft* vor.[191] Der Verzicht auf die Einrede der Vorausklage kann auch in Allgemeinen Geschäftsbedingungen des Gläubigers enthalten sein,[192] muss jedoch der Form des § 766 BGB genügen.[193]
- Die Einrede der Vorausklage entfällt zudem, wenn im Zeitpunkt der Inanspruchnahme des Bürgen die Rechtsverfolgung gegenüber dem Hauptschuldner aufgrund eines nachträglichen dauerhaften Ortswechsels desselben wesentlich erschwert ist (§ 773 Abs. 1 Nr. 2 BGB). Hierfür bedarf es einer Würdigung aller Umstände des Einzelfalles, wobei eine Verlegung des Wohnsitzes oder des Aufenthaltes an einen bekannten Ort im Inland regelmäßig unbeachtlich ist.[194]
- Ist über das Vermögen des Schuldners das Insolvenzverfahren eröffnet oder würde die Zwangsvollstreckung voraussichtlich nicht zu einer, sei es auch nur teilweisen Befriedigung des Gläubigers führen, dann wäre eine Verweisung des Gläubigers auf einen Vollstreckungsversuch unzumutbar bzw. im Fall des Insolvenzverfahrens gegebenenfalls sogar rechtlich unmöglich (vgl. die §§ 89 f. InsO), sodass aus diesem Grund die Einrede der Vorausklage ausgeschlossen ist

---

[187] Dazu zählt analog auch etwaiges Sicherungseigentum: *Erman/Zetzsche* § 772 Rn. 1; *Palandt/ Sprau* § 772 Rn. 2; RGRK/*Mormann* § 772 Rn. 2.

[188] *Habersack* MünchKomm. § 771 Rn. 4.

[189] Vgl. RGRK/*Mormann* § 771 Rn. 1 (ablehnend) und *Staudinger/Horn* (2013) § 771 Rn. 8 (befürwortend).

[190] Dazu BGH 29.01.2001 BGHZ 146, 341 (343 ff.).

[191] Auch in diesem Fall hemmt eine Klage gegen den Bürgen jedoch nicht i. S. des § 204 Abs. 1 Nr. 1 BGB die Verjährung der Hauptschuld (siehe oben Fn. 170), auf die sich auch der selbstschuldnerische Bürge gemäß § 768 Abs. 1 Satz 1 BGB berufen kann: BGH 12.03.1980 BGHZ 76, 222 (226); siehe ferner BGH 28.11.2017 NJW 2018, 701 Rn. 30.

[192] *Esser/Weyers* BT 1, § 40 III 2, S. 349; *Habersack* MünchKomm. § 773 Rn. 3; *Staudinger/Horn* (2013) § 773 Rn. 3.

[193] BGH 25.09.1968 NJW 1968, 2332; *Brox/Walker* § 32 Rn. 28; *Erman/Zetzsche* § 773 Rn. 3.

[194] RG 02.12.1881 RGZ 6, 154 (156); *Erman/Zetzsche* § 773 Rn. 6; *Habersack* MünchKomm. § 773 Rn. 7; *Staudinger/Horn* (2013) § 773 Rn. 6.

(§ 773 Abs. 1 Nr. 3 und 4 BGB). § 773 Abs. 2 BGB sieht jedoch gewisse Ausnahmen vor, wenn Sicherungsrechte des Gläubigers an beweglichen Sachen des Hauptschuldners bestehen.

Schließlich ist die Einrede der Vorausklage nach § 349 Satz 1 HGB ausgeschlossen, wenn ein Kaufmann i. S. der §§ 1 ff. HGB die Bürgschaft erteilt hat und diese für ihn gemäß § 343 HGB ein Handelsgeschäft darstellt, was bei Kaufleuten nach § 344 Abs. 1 HGB widerlegbar zu vermuten ist.

E. Erlöschen der Bürgschaft

I. Allgemeine Tatbestände

Die Verpflichtung des Bürgen kann aus unterschiedlichen Gründen erlöschen. **84** Neben dem Untergang der gesicherten Hauptverbindlichkeit als Ausprägung der Akzessorietät der Bürgschaft (§ 767 Abs. 1 Satz 1 BGB)[195] gelten für die Bürgschaft als Schuldverhältnis i. S. des § 241 Abs. 1 BGB die allgemeinen Erlöschenstatbestände wie die Erfüllung (§ 362 BGB) oder das Vorliegen eines Erfüllungssurrogates (z. B. Aufrechnung gemäß § 389 BGB). Auch eine auflösende Bedingung oder Befristung (§§ 158 ff. BGB) kann vereinbart werden.

II. Verspätete Anzeige der Inanspruchnahme (§ 777 BGB)

Wird eine Bürgschaft für eine bereits bestehende Hauptschuld befristet übernom- **85** men (sog. Zeitbürgschaft[196]), trifft § 777 BGB einige Sonderregelungen:[197] Diese sehen eine Befreiung des Bürgen vor, wenn der Gläubiger nicht unverzüglich (vgl. § 121 Abs. 1 Satz 1 BGB) nach Fristablauf die Einziehung der Forderung nach Maßgabe des § 772 BGB betreibt und im Fall der Erfolglosigkeit dem Bürgen unverzüglich seine Inanspruchnahme anzeigt (§ 777 Abs. 1 Satz 1 BGB). Handelt es sich um eine selbstschuldnerische Bürgschaft i. S. des § 773 Abs. 1 Nr. 1 BGB,[198]

---

[195] Dazu oben § 13 Rn. 68 ff.

[196] Näher zur Abgrenzung von einer gegenständlich beschränkten Bürgschaft BGH 15.01.2004 NJW 2004, 2232 ff.

[197] Die Vorteile des § 777 BGB greifen zugunsten des Bürgen demgegenüber nicht ein, wenn er sich für in einem definierten Zeitraum entstehende künftige Verbindlichkeiten verbürgt hat; für diese haftet er – vorbehaltlich der Verjährungsvorschriften – unbefristet: BGH 12.01.1966 WM 1966, 275 (276); *Erman/Zetzsche* § 777 Rn. 1; *Habersack* MünchKomm. § 777 Rn. 4; *Staudinger/Horn* (2013) § 777 Rn. 5.

[198] Näher oben § 13 Rn. 83.

bedarf es folgerichtig nur der unverzüglichen Anzeige (§ 777 Abs. 1 Satz 2 BGB). In jedem Fall wirken Erweiterungen der Hauptschuld, die nach den betreffenden Zeitpunkten eintreten, entgegen § 767 Abs. 1 Satz 2 BGB nicht mehr zu Lasten des Bürgen (§ 777 Abs. 2 BGB).

III. Kündigung der Bürgschaft

86 Wird die Bürgschaft für Verbindlichkeiten übernommen, die erst künftig entstehen und noch nicht abschließend spezifiziert sind (z. B. Globalbürgschaft),[199] liegt ein Dauerschuldverhältnis vor, sodass eine Kündigung der Bürgschaft in Betracht kommt. So ist eine ordentliche Kündigung bei *unbefristeter* Verbürgung unter Einhaltung einer angemessenen Kündigungsfrist möglich,[200] die sich im Grundsatz an § 488 Abs. 3 Satz 2 BGB (drei Monate) zu orientieren hat.[201] Die Wirksamkeit der Kündigung wird dabei nicht davon berührt, dass diese im Verhältnis zwischen Hauptschuldner und Bürge gegebenenfalls eine Pflichtverletzung des Letzteren darstellt (keine *exceptio ex iure tertii*).[202]

87 Des Weiteren kann eine – befristete oder unbefristete – Bürgschaft für künftige Forderungen gemäß § 314 BGB ohne Einhaltung einer Kündigungsfrist gekündigt werden, wenn hierfür ein wichtiger Grund vorliegt. Einen solchen stellt z. B. eine Verschlechterung der Vermögenslage des Hauptschuldners dar, die bei Abschluss des Bürgschaftsvertrages nicht vorhersehbar war.[203] Jedoch wirkt eine Kündigung nur *ex nunc*, sodass der Bürge – auch i. S. des § 767 Abs. 1 Satz 2 und Abs. 2 BGB – für alle Hauptverbindlichkeiten einzustehen hat, die bis zum Wirksamwerden der Kündigung entstanden sind.

IV. Befreiende Schuldübernahme

88 Nach § 418 Abs. 1 Satz 1 BGB erlischt die Bürgschaft grundsätzlich, wenn die Person des Hauptschuldners infolge einer befreienden Schuldübernahme wechselt, da der Verpflichtungswille des Bürgen regelmäßig von der Person des Hauptschuldners abhängt. Anderes gilt nach § 418 Abs. 1 Satz 2 BGB nur, wenn der

---

[199] Dazu oben § 13 Rn. 51 ff.

[200] BGH 06.05.1993 NJW 1993, 1917 (1918); *Erman/Zetzsche* § 765 Rn. 42; *Habersack* MünchKomm. § 765 Rn. 55.

[201] *Derleder* NJW 1986, 97 (102); *Erman/Zetzsche* § 765 Rn. 42; *Habersack* MünchKomm. § 765 Rn. 55; *Staudinger/Horn* (2013) § 765 Rn. 267.

[202] *Larenz/Canaris* BT 2, § 60 V 1b, S. 19.

[203] BGH 21.01.1993 NJW-RR 1993, 944; *Erman/Zetzsche* § 765 Rn. 42; *Habersack* MünchKomm. § 765 Rn. 56; *Staudinger/Horn* (2013) § 765 Rn. 265.

Bürge gemäß § 183 BGB in die Schuldübernahme eingewilligt hat; eine Genehmigung i. S. des § 184 BGB genügt nach dem eindeutigen gesetzlichen Wortlaut nicht.[204] Da eine solche Einwilligung materiell einer Neuverbürgung nahekommt, unterliegt diese aufgrund einer entsprechenden Anwendung dem Formerfordernis des § 766 BGB.[205] Dem steht § 182 Abs. 2 BGB nicht entgegen, da hieraus nur entnommen werden kann, dass die Einwilligung nicht den – regelmäßig ohnehin nicht bestehenden – Formvorschriften für die Schuldübernahme genügen muss. Ein bloßer Schuldbeitritt eines Dritten zur Hauptschuld belastet den Bürgen – der auch im Anschluss nur für den alten Hauptschuldner haftet – nicht und bedarf daher nicht der Einwilligung.[206] Gleiches gilt, wenn der Hauptschuldner nicht durch Rechtsgeschäft, sondern kraft Gesetzes wechselt, z. B. gemäß § 1922 Abs. 1 BGB im Wege der Erbfolge (arg. e § 768 Abs. 1 Satz 2 BGB).

V. Aufgabe von Sicherungsrechten durch den Gläubiger (§ 776 BGB)

Schließlich enthält auch § 776 BGB eine Regelung über das Erlöschen der Bürgschaft, die den Rückgriff des Bürgen gegen andere Sicherungsgeber sichern soll.[207] Zu diesem Zweck bestimmt § 776 Satz 1 BGB, dass die rechtsgeschäftliche Aufgabe von anderen akzessorischen Sicherungsrechten durch den Gläubiger zum Erlöschen der Bürgenhaftung führt, soweit der Bürge aus den Sicherungsrechten nach § 774 BGB infolge seiner Leistung an den Gläubiger hätte Regress nehmen können. Denn mit der Forderung gegen den Hauptschuldner gehen nach den §§ 774 Abs. 1 Satz 1, 412, 401 Abs. 1 BGB alle akzessorischen Sicherungsrechte auf den Bürgen über, was durch deren Preisgabe seitens des Gläubigers vor Inanspruchnahme des Bürgen vereitelt wird.

89

Wie bereits der Wortlaut des § 776 BGB verdeutlicht, begründet die Vorschrift zugunsten des Bürgen nicht lediglich eine Einrede, die gegebenenfalls bei einer Rückübertragung der Sicherheit wieder erlischt, sondern der Bürge wird von seiner Verpflichtung dauerhaft befreit.[208] Die Vorschrift des § 776 BGB ist dispositiv; als grundlegende Ausprägung des Verbots der Fremddisposition verstößt ihre formularmäßige Abbedingung jedoch gegen § 307 Abs. 2 Nr. 1 BGB.[209] Wegen der Dispositivität des § 776 BGB führt ein Einverständnis des Bürgen mit der Aufgabe der

90

[204] *Soergel/Zeiß* § 418 Rn. 4; im Grundsatz auch *Erman/Röthel* § 418 Rn. 4.

[205] *Palandt/Grüneberg* § 418 Rn. 1; *Habersack* MünchKomm. § 766 Rn. 13; RGRK/*Mormann* § 766 Rn. 1; a. A. RG 18.03.1909 RGZ 70, 411 (415 f.); *Staudinger/Horn* (2013) § 765 Rn. 249.

[206] *Erman/Röthel* § 418 Rn. 1; *Staudinger/Horn* (2013) § 765 Rn. 253.

[207] BGH 04.06.2013 NJW 2013, 2508 Rn. 15. Soweit der Gläubiger den Hauptschuldner aus seiner Verbindlichkeit entlässt (§ 397 BGB), erlischt die Bürgenschuld bereits gemäß § 767 Abs. 1 Satz 1 BGB.

[208] BGH 04.06.2013 NJW 2013, 2508 Rn. 16 ff.

[209] BGH 26.04.2001 NJW 2001, 2466 (2468); *Habersack* MünchKomm. § 776 Rn. 3; im Grundsatz auch *Staudinger/Horn* (2013) § 776 Rn. 21; a. A. noch BGH 19.09.1985 BGHZ 95, 350 (358 f.).

Sicherheit dazu, dass seine Verpflichtung bestehen bleibt. Da es sich hierbei um eine den Bürgen belastende Abrede handelt, unterliegt diese nach dem Zweck des § 766 BGB[210] dem dortigen Schriftformerfordernis.[211] Das gilt auch dann, wenn der Bürge die Erklärung nach Aufgabe der Sicherheit abgibt; wegen des vorherigen Erlöschens der Verpflichtung aus der Bürgschaft ist die nachträgliche Erklärung des Bürgen als Neubegründung der Verpflichtung zu bewerten und unterliegt deshalb dem Schriftformerfordernis.[212]

91 Nach dem Zweck des § 776 BGB tritt die Befreiung des Bürgen stets nur insoweit ein, als

- erstens der Bürge nach dem Innenverhältnis zu dem anderen Sicherungsgeber tatsächlich von diesem einen Ausgleich hätte verlangen können (vgl. § 776 Satz 1 BGB a.E.),[213]
- zweitens dieser Ausgleich nicht *trotz* der Aufgabe des Sicherungsrechts aus dem Innenverhältnis der Sicherungsgeber verlangt werden kann[214] und
- drittens die aufgegebene Sicherheit auch wertmäßig den Regressanspruch tatsächlich abgedeckt hat.[215]

Erst wenn diese drei Voraussetzungen kumulativ vorliegen, hat der Gläubiger durch die Aufgabe des Sicherungsrechts wirklich einen Regress des Bürgen vereitelt.

92 Umgekehrt findet § 776 BGB nach seinem Zweck analoge Anwendung, wenn der Gläubiger nach den dargelegten Maßstäben einen Regress des Bürgen aus einem nicht-akzessorischen Sicherungsrecht (z. B. Sicherungseigentum) durch Aufgabe desselben vereitelt, das zwar aufgrund fehlender Akzessorietät nicht mit der Hauptschuld nach den §§ 774 Abs. 1 Satz 1, 412, 401 Abs. 1 BGB kraft Gesetzes auf den Bürgen übergegangen wäre, diesem aber nach § 242 BGB *rechtsgeschäftlich* hätte übertragen werden müssen.[216] Darüber hinaus ist aus dem Rechtsgedanken des § 776 BGB – der direkt nur eine rechtsgeschäftliche Aufgabe von Sicherungsrechten umfasst – eine umfassendere Gläubigerobliegenheit entwickelt worden. Nach ihr wird der Bürge frei, soweit ein faktisches Tun (z. B. Zerstörung des Sicherungsgutes) oder Unterlassen des Gläubigers (z. B. unzulänglicher Schutz eines Pfandgegenstandes gegen Diebstahl) den Regress des Bürgen gegen andere Sicherungsgeber wider Treu und Glauben (d. h. mindestens fahrlässig) vereitelt.[217]

---

[210] Dazu oben § 13 Rn. 35 ff.

[211] BGH 04.06.2013 NJW 2013, 2508 Rn. 24.

[212] BGH 04.06.2013 NJW 2013, 2508 Rn. 26.

[213] Dazu näher unten § 13 Rn. 103 ff.

[214] *Staudinger/Horn* (2013) § 776 Rn. 15; näher unten § 13 Rn. 106 ff.

[215] *Erman/Zetzsche* § 776 Rn. 8; *Habersack* MünchKomm. § 776 Rn. 11.

[216] BGH 15.06.1964 BGHZ 42, 53 (57); BGH 24.09.1980 BGHZ 78, 137 (143); RGRK/*Mormann* § 776 Rn. 1; *Staudinger/Horn* (2013) § 776 Rn. 10.

[217] *Habersack* MünchKomm. § 776 Rn. 8 ff.; *Schlechtriem* Rn. 637; *Staudinger/Horn* (2013) § 776 Rn. 3; enger (nur vorsätzliches Tun): BGH 22.06.1966 NJW 1966, 2009; *Erman/Zetzsche* § 776 Rn. 6; *Esser/Weyers* BT 1, § 40 III 6, S. 353.

F. Rechtsverhältnis zwischen Bürge und Hauptschuldner

I. Erfüllungs- und Befreiungsanspruch des Bürgen

Im Rechtsverhältnis zwischen Bürge und Hauptschuldner stellt sich zunächst die **93** Frage, inwieweit der Erstere von Letzterem verlangen kann, tätig zu werden, um eine Inanspruchnahme des Bürgen von vornherein zu verhindern.

Eine solche Pflicht des Hauptschuldners kann sich zunächst aus einem Vertrags- **94** verhältnis zwischen dem Bürgen und dem Hauptschuldner ergeben. Der Erteilung einer Bürgschaft liegt häufig ein Auftrag gemäß den §§ 662 ff. BGB oder – im Fall der Entgeltlichkeit – ein Geschäftsbesorgungsvertrag i. S. des § 675 Abs. 1 BGB (z. B. Bankbürgschaft) zugrunde.[218] Denkbar ist auch eine berechtigte Geschäfts- führung ohne Auftrag gemäß § 683 BGB. In diesen Fällen hat der Bürge nach dem Rechtsgedanken des § 670 BGB i. V. mit § 257 BGB gegen den Hauptschuldner einen *Anspruch darauf, dass dieser seine Schuld ordnungs- und fristgemäß erfüllt*, sofern andernfalls eine Inanspruchnahme des Bürgen droht. Der Anspruch besteht nur dann nicht, wenn der Bürge im Verhältnis zum Hauptschuldner die Belas- tung ausnahmsweise endgültig tragen soll.[219] Verletzt der Hauptschuldner diese Pflicht, haftet er nach § 280 Abs. 2 und 3 BGB i. V. mit den §§ 281 ff. BGB auf Schadensersatz.

Unabhängig davon regelt § 775 BGB, in welchen Konstellationen der Bürge von **95** dem Hauptschuldner *Befreiung von seiner Verbindlichkeit* verlangen kann, wenn er die Rechtsstellung eines Beauftragten hat. Anders als der Anspruch auf Erfüllung der Hauptverbindlichkeit ist der Befreiungsanspruch abstrakt auf ein Erlöschen der Bürgenverpflichtung gerichtet. Dies kann der Hauptschuldner nach seiner Wahl auf verschiedene Art bewirken (Erfüllung seiner Schuld; Veranlassung des Gläu- bigers, gemäß § 397 Abs. 1 BGB die Bürgenschuld zu erlassen).[220] Vor der Fällig- keit der Hauptverbindlichkeit kann der Schuldner nach § 775 Abs. 2 BGB auch Sicherheit leisten. Weil dem Bürgen, der die Rechtsstellung eines Beauftragten hat, grundsätzlich schon ein Befreiungsanspruch nach den §§ 670, 257 BGB zusteht, ist der eigentliche Regelungsgehalt des § 775 BGB eine *Einschränkung und Ver- drängung* dieser Vorschriften sowie des § 669 BGB, obwohl § 775 BGB formal eine Anspruchsgrundlage für die Befreiung bildet.[221] Die Befreiung kann nur in den Fällen verlangt werden, die § 775 Abs. 1 BGB enumerativ aufzählt. Liegen diese nicht vor, so bleibt dem Bürgen nach der hier vertretenen Auffassung aber noch der Anspruch gegen den Hauptschuldner auf Erfüllung seiner Verbindlichkeit.

---

[218] Zu diesen Vertragstypen näher oben § 11 Rn. 4 ff., 77 ff.

[219] Vgl. *Esser/Weyers* BT 1, § 40 IV, S. 354.

[220] BGH 21.12.1970 BGHZ 55, 117 (120); *Erman/Zetzsche* § 775 Rn. 5; *Habersack* MünchKomm. § 775 Rn. 11 ff.; *Staudinger/Horn* (2013) § 775 Rn. 4.

[221] Prot. II, S. 385; *Habersack* MünchKomm. § 775 Rn. 1; *Medicus/Lorenz* Rn. 1021; RGRK/*Mor- mann* § 775 Rn. 1; *Staudinger/Horn* (2013) § 775 Rn. 1.

96   Die Tatbestände des § 775 Abs. 1 BGB knüpfen an eine erhebliche Erhöhung des Bürgenrisikos nach der Übernahme der Bürgschaft an: Wesentliche Verschlechterung der Vermögensverhältnisse des Hauptschuldners (§ 775 Abs. 1 Nr. 1 BGB), Erschwerung der Rechtsverfolgung durch Wechsel des Wohn- oder Aufenthaltsortes desselben (§ 775 Abs. 1 Nr. 2 BGB),[222] Verzug des Hauptschuldners (§ 775 Abs. 1 Nr. 3 BGB) sowie Erlass eines vollstreckbaren Titels gegen den Bürgen zugunsten des Gläubigers (§ 775 Abs. 1 Nr. 4 BGB).

97   Die Vorschrift des § 775 BGB ist dispositiv; der Bürge kann auf den Befreiungsanspruch gänzlich verzichten[223] (so z. B., wenn er die Last der Hauptschuld im Verhältnis zum Hauptschuldner endgültig zu tragen hat) oder mit dem Schuldner einen weitergehenden Befreiungsanspruch vereinbaren.[224] Die Rechtsstellung des Bürgen zum Gläubiger bleibt von § 775 BGB unberührt.

II. Regress des Bürgen

98   Hat der Bürge bereits an den Gläubiger geleistet, so kommt ein Rückgriff des Bürgen gegen den Hauptschuldner infrage. Für diesen sind zwei Anspruchsgrundlagen zu unterscheiden.

1. Innenverhältnis zwischen Bürge und Hauptschuldner

99   Zunächst kommt für den Rückgriff ein separates Schuldverhältnis zwischen Bürgen und Hauptschuldner als Anspruchsgrundlage in Betracht. Ist der Bürge Beauftragter des Hauptschuldners oder hat er die Rechtsstellung eines solchen (§§ 675 Abs. 1, 683 BGB), kann er seine Leistung an den Gläubiger als Aufwendung nach § 670 BGB von dem Hauptschuldner ersetzt verlangen.[225] Hätte der Bürge die Leistung an den Gläubiger verweigern können (z. B. gemäß § 768 BGB), kommt es für die Berechtigung zum Aufwendungsersatz darauf an, ob diese Umstände für ihn ex ante erkennbar waren (§ 670 BGB: „Aufwendungen, die er den Umständen nach für erforderlich halten darf").[226] Der Aufwendungsersatz erfasst auch die Kosten

---

[222] Siehe bereits oben § 13 Rn. 83 zu § 773 Abs. 1 Nr. 2 BGB.

[223] Da ein solcher Verzicht gegenüber dem Hauptschuldner nicht zum Inhalt des Bürgschaftsvertrages mit dem Gläubiger gehört, bedarf dieser nicht der Form des § 766 BGB: RG 22.09.1904 RGZ 59, 10 (13 f.); *Erman/Zetzsche* § 775 Rn. 2; *Staudinger/Horn* (2013) § 775 Rn. 13; a. A. *Habersack* MünchKomm. § 775 Rn. 5.

[224] BGH 23.06.1995 NJW 1995, 2635 (2637); *Habersack* MünchKomm. § 775 Rn. 4; *Staudinger/ Horn* (2013) § 775 Rn. 12.

[225] Da er zu der Zahlung an den Gläubiger verpflichtet ist, handelt es sich strenggenommen nicht um ein freiwilliges Vermögensopfer (Aufwendung), sondern einen den Aufwendungen gleichzustellenden auftragstypischen Schaden; siehe oben § 11 Rn. 60 ff.

[226] Näher oben § 11 Rn. 55.

und Folgeschäden, die dem Bürgen aus der Inanspruchnahme entstehen.[227] Ein Aufwendungsersatzanspruch scheidet jedoch aus, wenn der Bürge aufgrund einer Vereinbarung mit dem Hauptschuldner die Last der Hauptverbindlichkeit ausnahmsweise endgültig tragen soll, z. B. weil die Bürgschaft schenkungsweise eingegangen worden ist.

2. Gesetzlicher Forderungsübergang (§ 774 Abs. 1 BGB)

Neben einem etwaigen Regressanspruch des Bürgen aus dem Innenverhältnis zwischen ihm und dem Hauptschuldner ordnet § 774 Abs. 1 Satz 1 BGB einen Übergang der Hauptforderung auf den zahlenden Bürgen an. Soweit er den Gläubiger befriedigt – also gegebenenfalls nur teilweise[228] –, geht der Anspruch gegen den Hauptschuldner im bestehenden Umfang auf ihn über. Konstruktiv ist dies möglich, weil die Leistung des Bürgen lediglich dazu führt, dass *seine* Verbindlichkeit gegenüber dem Gläubiger durch Erfüllung (§ 362 Abs. 1 BGB) oder ein Erfüllungssurrogat (z. B. § 389 BGB)[229] erlischt, darin aber keine Leistung auf die Hauptverbindlichkeit i. S. des § 362 Abs. 2 BGB liegt. Die Bürgenschuld sichert lediglich die Hauptschuld, ist aber nicht mit dieser identisch.[230] **100**

Anders als der Aufwendungsersatz im Innenverhältnis deckt der gesetzliche Übergang der Forderung keine Nebenkosten ab, die dem Bürgen aus der Inanspruchnahme entstanden sind.[231] Ferner kann der Hauptschuldner, anders als im Rahmen von § 670 BGB, der übergegangenen Forderung gemäß den §§ 412, 404 BGB alle Einwendungen und Einreden aus dem *Rechtsverhältnis zum Gläubiger* entgegenhalten, die im Zeitpunkt der Leistung des Bürgen begründet waren **101**

---

[227] *Habersack* MünchKomm. § 774 Rn. 19; *Staudinger/Horn* (2013) § 774 Rn. 4.

[228] Zwischen dem Gläubiger und dem Bürgen kann allerdings – in der Form des § 766 BGB – vereinbart sein, dass die Hauptforderung erst bei vollständiger Leistung des Bürgen auf diesen übergeht. Ob diese Vereinbarung auf der Basis Allgemeiner Geschäftsbedingungen des Gläubigers getroffen werden kann, ist umstritten: dafür BGH 23.09.1986 NJW 1987, 374 (375); *Erman/Zetzsche* § 774 Rn. 13; dagegen *Habersack* MünchKomm. § 774 Rn. 5.

[229] Jedoch darf der Insolvenzverwalter eines in Insolvenz geratenen Gläubigers der Aufrechnung unter der Voraussetzung eines Verzichts auf die Bürgschaft widersprechen, um zu verhindern, dass der Bürge durch die (gemäß § 271 BGB grundsätzlich mögliche) vorzeitige Aufrechnung gegenüber dem Gläubiger (vgl. § 94 InsO) seine illiquide Gegenforderung durch die Wirkung des § 774 Abs. 1 Satz 1 BGB quasi gegen die – gegebenenfalls noch werthaltige – Hauptverbindlichkeit „austauscht"; *Esser/Weyers* BT 1, § 40 III 5, S. 352; *Larenz/Canaris* BT 2, § 60 III 3b, S. 14; *Staudinger/Horn* (2013) § 774 Rn. 29. Infolge des Verzichts kann der Insolvenzverwalter die Forderung gegen den Hauptschuldner in voller Höhe beitreiben und muss den Bürgen für seine Gegenforderung nur in Höhe der Insolvenzquote befriedigen (vgl. § 38 InsO); im Fall der Aufrechnung wäre diese Wertdifferenz zweckwidrig dem Bürgen als neuem Inhaber der Hauptschuld zugutegekommen, der mit der Bürgschaft sozusagen seine Gegenforderung gegen den Gläubiger „gesichert" hätte.

[230] Dazu oben § 13 Rn. 9.

[231] Siehe oben § 13 Rn. 99.

(Verjährung etc.). Hat er von der Leistung des Bürgen an den Hauptschuldner und damit dem Forderungsübergang keine Kenntnis, genießt er den Rechtsscheinschutz der §§ 406 ff. BGB i. V. mit § 412 BGB. Umgekehrt kommt der *Vorrang der Regelungen des Innenverhältnisses* zwischen Bürge und Hauptschuldner (d. h. regelmäßig des Auftrags- oder Geschäftsbesorgungsvertrages) darin zum Ausdruck, dass Letzterer Einreden und Einwendungen aus diesem Verhältnis gemäß § 774 Abs. 1 Satz 3 BGB auch der übergegangenen[232] Hauptforderung entgegenhalten kann.

102   Ein Vorteil der Legalzession nach § 774 Abs. 1 Satz 1 BGB gegenüber dem Anspruch auf Aufwendungsersatz gemäß § 670 BGB besteht jedoch darin, dass nach den §§ 412, 401 Abs. 1 BGB mit der Hauptforderung weitere akzessorische Sicherungsrechte, die für die Hauptverbindlichkeit bestehen, auf den zahlenden Bürgen übergehen. Nicht-akzessorische Sicherungsrechte wie z. B. Sicherungseigentum sind mangels abweichender Vereinbarung gemäß § 242 BGB *rechtsgeschäftlich* auf den zahlenden Bürgen zu übertragen.[233] Sofern also der Hauptschuldner auch gegenüber dem Bürgen als neuem Forderungsinhaber nicht erfüllt, kann dieser Befriedigung aus den weiteren Sicherungsrechten suchen.[234] Da der gesetzliche Übergang der Forderung gemäß § 774 Abs. 1 Satz 2 BGB nicht zum Nachteil des Gläubigers geltend gemacht werden kann, erhält der Bürge bei teilweiser Leistung an den weiteren Sicherungsrechten jedoch lediglich ein dem Gläubiger gegenüber nachrangiges Befriedigungsrecht und muss insoweit auch im Insolvenzverfahren über das Vermögen des Hauptschuldners hinter dem Restanspruch des Gläubigers zurückstehen.[235]

G. Ausgleich mit anderen Sicherungsgebern

103   Wenn für die Hauptforderung noch weitere Sicherungsrechte bestehen, stellt sich im Fall der Leistung des Bürgen das Problem des Ausgleichs unter den verschiedenen Sicherungsgebern.

I. Ausgleich unter Mitbürgen

104   Eine gesetzliche Regelung hat die Kollision verschiedener Sicherungsrechte in § 774 Abs. 2 BGB für das Verhältnis unter Mitbürgen erfahren. Dabei ist zu berücksichtigen, dass nach der dispositiven Vorschrift des § 769 BGB mehrere Bürgen

---

[232] Die Gegenrechte des Hauptschuldners hindern nicht schon die Legalzession als solche: *Staudinger/Horn* (2013) § 774 Rn. 40; a. A. *Esser/Weyers* BT 1, § 40 IV 2, S. 355.

[233] BGH 11.01.1990 BGHZ 110, 41 (43); BGH 23.06.1995 NJW 1995, 2635 (2636); *Esser/Weyers* BT 1, § 40 IV 2, S. 355; *Larenz/Canaris* BT 2, § 60 IV 2a, S. 15; *Looschelders* Rn. 977; *Staudinger/Horn* (2013) § 774 Rn. 21 f.

[234] Dazu näher unten § 13 Rn. 103 ff.

[235] BGH 11.01.1990 BGHZ 110, 41 (45 f.); *Brox/Walker* § 32 Rn. 40; *Esser/Weyers* BT 1, § 40 IV 2, S. 355; *Larenz/Canaris* BT 2, § 60 IV 2b, S. 15.

entgegen der allgemeinen Regel des § 427 BGB auch dann als Gesamtschuldner (Mitbürgen) haften, wenn sie die Bürgschaften nicht gemeinschaftlich, d. h. ohne wechselseitige Bezugnahme aufeinander übernommen haben. Die Bürgen haften dem Gläubiger nicht gemäß § 420 BGB lediglich anteilig, sondern sie trifft eine Gesamtschuld i. S. der §§ 421 ff. BGB. Im Verhältnis der Haftung der Bürgen zu derjenigen des Hauptschuldners bleibt es jedoch bei der akzessorischen Natur der Haftung, für die die §§ 421 ff. BGB nicht gelten.[236]

Für den Regressanspruch eines an den Gläubiger leistenden Mitbürgen zieht **105** § 774 Abs. 2 BGB die Konsequenz aus dem bestehenden Gesamtschuldverhältnis. Die anderen Mitbürgen haften dem Leistenden nur nach Maßgabe des § 426 BGB. Das bedeutet zweierlei:

- Erstens tritt zwar die *cessio legis* gemäß § 774 Abs. 1 Satz 1 BGB in vollem Umfang zugunsten des Leistenden ein, die übrigen Bürgschaften gehen aber nach § 774 Abs. 2 BGB i. V. mit § 426 Abs. 2 Satz 1 BGB nur in Höhe des internen Verlustanteils nach den §§ 412, 401 Abs. 1 BGB mit der Hauptforderung auf den zahlenden Bürgen über. Diese Verlusttragungspflicht tritt nach § 426 Abs. 1 Satz 1 BGB im Zweifel zu gleichen Anteilen ein. Im Übrigen erlöschen die Bürgschaften.[237] Beispiel: Für eine Schuld des S in Höhe von 9000 € haben sich A, B und C verbürgt. A befriedigt den Gläubiger G. Nach § 774 Abs. 1 Satz 1 BGB geht die Forderung gegen S in voller Höhe auf A über. Die Bürgschaften des B und des C erwirbt er nach den §§ 774 Abs. 2, 426 Abs. 2 Satz 1 BGB über die §§ 412, 401 Abs. 1 BGB jedoch jeweils nur in Höhe von 3000 € (§ 426 Abs. 1 Satz 1). Der Rest der Bürgschaften des B und des C erlischt. Obwohl also A durch seine Zahlung an G 6000 € mehr geleistet hat, als er im Innenverhältnis zu tragen verpflichtet ist, kann er nicht jeweils von B oder C diese 6000 € fordern. Dieses Ergebnis liegt in der Logik des § 426 BGB begründet, nach dem die Mitbürgen *im Regress untereinander* nicht wiederum Gesamt-, sondern nur Teilschuldner sind.[238] Hat der zahlende Bürge nur eine Teilleistung erbracht, kann er nach h. M. für diese von den übrigen Mitbürgen einen anteiligen Ausgleich grundsätzlich auch dann verlangen, wenn seine Teilleistung an den Gläubiger den von ihm im Innenverhältnis zu tragenden Anteil nicht übersteigt (im Beispiel: A zahlt an G 2700 € und kann nach h. M. von B und C jeweils 900 € verlangen).[239]

---

[236] Siehe oben § 13 Rn. 9.

[237] BGH 14.07.1983 BGHZ 88, 185 (189 f.); *Habersack* MünchKomm. § 774 Rn. 22; RGRK/*Mormann* § 774 Rn. 7; *Staudinger/Horn* (2013) § 774 Rn. 43.

[238] Vgl. *Bydlinski* MünchKomm. § 426 Rn. 29 ff. mit Nachweisen auch zu abweichenden Konzeptionen.

[239] BGH 17.03.1982 BGHZ 83, 206 (208 f.); *Erman/Zetzsche* § 774 Rn. 16; *Habersack* Münch-Komm. § 774 Rn. 26; zweifelnd *Staudinger/Horn* (2013) § 774 Rn. 47. In diesem Fall darf der Übergang der Bürgschaften jedoch nicht zum Nachteil des Gläubigers geltend gemacht werden (§ 426 Abs. 2 Satz 2 BGB); siehe dazu oben § 13 Rn. 100.

• Zweitens schließt die Verweisung in § 774 Abs. 2 BGB auf § 426 BGB ein, dass
  der den Gläubiger befriedigende Bürge gegen die Mitbürgen neben dem anteiligen Übergang der Bürgschaften auf ihn auch einen direkten anteiligen Ausgleichsanspruch gemäß § 426 Abs. 1 Satz 1 BGB erhält.[240] § 426 Abs. 1 Satz 1
  BGB ist als eigenständige Anspruchsgrundlage neben § 426 Abs. 2 Satz 1 BGB
  zu begreifen[241] und führt – vorbehaltlich abweichender ausdrücklicher oder konkludenter Vereinbarung – zu einem nach Kopfteilen zu bemessenden Ausgleichsanspruch.[242] Vor seiner Zahlung hat ein in Anspruch genommener Mitbürge
  gemäß den §§ 774 Abs. 2, 426 Abs. 1 Satz 1 BGB gegen die übrigen Bürgen
  zudem einen Anspruch auf anteilige Befreiung von seiner Bürgenschuld.[243] Aus
  dem selbstständigen Ausgleichsanspruch nach den §§ 774 Abs. 2, 426 Abs. 1
  Satz 1 BGB ergibt sich auch, dass § 776 BGB[244] entgegen seinem Wortlaut (gibt
  „der Gläubiger [...] das Recht gegen einen Mitbürgen auf") für den Verzicht
  auf eine Mitbürgschaft regelmäßig keine Bedeutung erlangt: Die Aufgabe der
  Bürgschaft verhindert zwar deren anteiligen Übergang gemäß den §§ 774 Abs. 1
  Satz 1, 412, 401 Abs. 1, 774 Abs. 2, 426 Abs. 2 Satz 1 BGB auf den leistenden
  Bürgen; der Verzicht berührt aber – wenn keine Zustimmung der anderen Mitbürgen vorliegt – nicht den mit Eingehung der Mitbürgschaft bereits entstandenen Ausgleichsanspruch aus den §§ 774 Abs. 2, 426 Abs. 1 Satz 1 BGB gegen
  den „befreiten" Mitbürgen.[245] Denn der Gläubiger und der „befreite" Mitbürge
  können nicht über das Rechtsverhältnis der Mitbürgen untereinander aus § 426
  Abs. 1 Satz 1 BGB disponieren (kein Vertrag zu Lasten Dritter). Somit wird im
  Ergebnis der Regress durch den Verzicht auf eine Mitbürgschaft nicht vereitelt,
  was wie oben dargelegt aber Voraussetzung des § 776 BGB wäre.[246] Anders ist
  die Rechtslage allerdings, wenn für die aufgegebene Mitbürgschaft ein akzesso-
  risches Sicherungsrecht bestanden hat, z. B. eine Nachbürgschaft.[247] Diese wäre
  auf den leistenden Bürgen wiederum nur zusammen mit der Mitbürgschaft gemäß
  den §§ 774 Abs. 2, 426 Abs. 2 Satz 1 BGB i. V. mit § 401 Abs. 1 BGB übergegangen; den internen Ausgleichsanspruch aus § 426 Abs. 1 Satz 1 BGB sichert
  sie nicht. Soweit der in Anspruch genommene Bürge also aus der Nachbürgschaft
  hätte Regress nehmen können (was im Einzelfall zu ermitteln ist), wird er durch
  den Verzicht auf die nachverbürgte Mitbürgschaft gemäß § 776 BGB frei.

---

[240] *Erman/Zetzsche* § 774 Rn. 17; *Habersack* MünchKomm. § 774 Rn. 22; *Staudinger/Horn* (2013)
§ 774 Rn. 51.

[241] Vgl. *Bydlinski* MünchKomm. § 426 Rn. 1.

[242] BGH 27.09.2016 NJW 2017, 557 Rn. 16.

[243] BGH 15.05.1986 NJW 1986, 3131 (3132); *Staudinger/Horn* (2013) § 774 Rn. 48. Zum Inhalt
des Befreiungsanspruchs oben § 13 Rn. 93.

[244] Näher oben § 13 Rn. 90 ff.

[245] BGH 11.06.1992 NJW 1992, 2286 (2287); BGH 13.01.2000 NJW 2000, 1034 (1035); *Habersack* MünchKomm.§ 776 Rn. 5; *Staudinger/Horn* (2013) § 776 Rn. 15; zweifelnd *Esser/Weyers*
BT 1, § 40 IV 3, S. 356.

[246] Siehe oben § 13 Rn. 91.

[247] Zu dieser näher § 13 Rn. 116 f.

II. Ausgleich mit anderen Sicherungsgebern

Der in § 774 Abs. 1 Satz 1 BGB angeordnete gesetzliche Übergang der Forderung **106** auf den Bürgen führt nach § 412 BGB i. V. mit § 401 Abs. 1 BGB grundsätzlich dazu, dass auch andere akzessorische Sicherungsrechte als Mitbürgschaften auf den Bürgen als neuen Gläubiger übergehen (z. B. Hypotheken). Zudem ist der befriedigte Gläubiger verpflichtet, nicht-akzessorische Sicherheiten gemäß § 242 BGB auf den leistenden Bürgen zu übertragen.[248] Entsprechendes gilt für den anderen Sicherungsgeber, d. h. er erwirbt kraft Gesetzes die Hauptschuld und die Bürgschaft, wenn er den Gläubiger befriedigt (z. B. gemäß §§ 1143 Abs. 1 Satz 1, 401 Abs. 1 BGB). Sofern nach dem Inhalt der Verträge kein ausdrückliches Rangverhältnis zwischen den Sicherungsrechten besteht, erscheint es unter teleologischen Gesichtspunkten problematisch, ob der jeweils an den Gläubiger Zahlende bei dem „gleichstufigen" anderen Sicherungsgeber vollen Regress nehmen können soll. Da eine gesetzliche Kollisionsregelung, wie sie § 774 Abs. 2 BGB für Mitbürgen vorsieht, fehlt, werden zur Lösung der Problematik im Wesentlichen zwei Ansätze vertreten:[249]

Nach h. M.[250] besteht zwischen den verschiedenartigen Sicherungsgebern ein **107** Gesamtschuldverhältnis analog § 774 Abs. 2 BGB i. V. mit § 426 BGB, das zu dem für Mitbürgen bereits dargelegten anteiligen Ausgleich führt.[251] Hierfür spricht, dass ein anteiliger Ausgleich als eine gerechte Lösung des Interessenkonflikts zwischen gleichstufigen Sicherungsgebern erscheint, die über das Verhältnis von Mitbürgen hinaus Geltung beanspruchen kann, wie der Verweis in § 1225 Satz 2 BGB auf § 774 Abs. 2 BGB für den Ausgleich unter mehreren Verpfändern zeigt. Wenn der andere Sicherungsgeber nicht unbeschränkt persönlich, sondern als Realsicherer nur mit einem Gegenstand haftet (z. B. der Hypothekenschuldner mit seinem Grundstück; vgl. § 1147 BGB), sind bei der Bestimmung der Ausgleichsanteile i. S. des § 426 BGB jedoch gegebenenfalls die unterschiedlichen Werte des jeweiligen Sicherungssubstrats zu berücksichtigen.[252] Beispiel: Hat sich ein Sicherungsgeber B für eine Schuld in Höhe von 12.000 € verbürgt und ein weiterer Sicherungsgeber H für diese Schuld eine Hypothek an einem Grundstück im Wert von 6000 € bestellt, bemessen sich die Regressanteile im Rahmen des § 426 BGB nach dem Verhältnis

---

[248] Siehe oben § 13 Rn. 102.

[249] Umfassende Übersicht zum Meinungsstand bei *Gursky* 20 Probleme aus dem BGB, Sachenrecht ohne Eigentümer-Besitzer-Verhältnis, 7. Aufl. 2008, 20. Problem, S. 111 ff.

[250] BGH 29.06.1989 BGHZ 108, 179 (182 ff.); BGH 09.12.2008 NJW 2009, 437 Rn. 13; *Bayer/Wandt* JuS 1987, 271 (274); *Erman/Zetzsche* § 774 Rn. 18; *Esser/Weyers* BT 1, § 40 IV 3, S. 356 f.; *Habersack* MünchKomm. § 774 Rn. 25; *Larenz/Canaris* BT 2, § 60 IV 3a, S. 16; *Looschelders* Rn. 986; vertiefend *Schanbacher* AcP 191 (1991), 87 (96 ff.).

[251] Siehe oben § 13 Rn. 104 f.

[252] BGH 09.12.2008 NJW 2009, 437 Rn. 15 ff.; *Habersack* MünchKomm. § 774 Rn. 30 i. V. mit Rn. 23 f.; *Larenz/Canaris* BT 2, § 60 IV 3b, S. 16 ff.; *Medicus/Lorenz* Rn. 1022.

2 (B) : 1 (H), d. h. H haftet B mit seinem Grundstück nicht für 6000 €, sondern nur für 4000 €, wenn B in voller Höhe in Anspruch genommen wurde (Relation der Werte der Sicherungssubstrate als „anderweitige Bestimmung" der Anteilsverpflichtung i. S. des § 426 Abs. 1 Satz 1 BGB). Deckte der Grundstückswert den vollen Schuldbetrag, sind hingegen von B und H auch gleiche Ausgleichsanteile i. S. des § 426 Abs. 1 Satz 1 BGB zu tragen (jeweils 6000 €).[253] Ist der andere Sicherungsgeber Realsicherer (wie im Beispiel H als Hypothekenschuldner), trifft ihn allerdings auch im Regress des Bürgen nach § 426 BGB keine persönliche Schuld, sondern er hat lediglich die anteilige Verwertung des Sicherungsgegenstandes zu dulden.

108   Demgegenüber plädiert eine starke Mindermeinung dafür, den Bürgen gegenüber anderen Realsicherern (z. B. Hypothekenschuldnern) dergestalt zu bevorzugen, dass er bei eigener Zahlung vollständig auf die Realsicherheit zugreifen kann, bei einer Leistung des Realsicherers an den Gläubiger die Bürgschaft aber erlöschen soll.[254] Hierfür wird vor allem auf den Rechtsgedanken des § 776 BGB verwiesen, der eine Privilegierung des Bürgen gegenüber anderen Sicherungsgebern gebiete. Die Berufung auf § 776 BGB stellt jedoch insoweit einen Zirkelschluss dar, als die Norm lediglich eine Privilegierung *im Verhältnis zum Gläubiger* anordnet, wenn (!) der Bürge bei dem anderen Sicherungsgeber Regress hätte nehmen können, was gerade umstritten ist.[255] Für das Verhältnis der Sicherungsgeber untereinander ist § 776 BGB daher unergiebig. Auch der Umstand, dass die Bürgschaft mit der persönlichen Haftung ein höheres Risiko begründet als die Gewährung einer Realsicherheit, liefert kein Argument für eine Privilegierung des Bürgen.

109   Da die besseren Gründe für einen gesamtschuldnerischen Ausgleich analog § 774 Abs. 2 BGB sprechen, spielt die Vorschrift des § 776 BGB für die Aufgabe gleichrangiger Sicherheiten durch den Gläubiger regelmäßig keine Rolle. Wie für die Mitbürgschaft dargelegt, berührt der Verzicht auf das andere Sicherungsrecht nicht den Ausgleichsanspruch aus den §§ 774 Abs. 2 BGB, 426 Abs. 1 Satz 1 BGB und vereitelt damit nicht den Bürgenregress.[256]

H. Sonderformen der Bürgschaft

110   Im Rahmen der Erörterungen zu den §§ 765 bis 777 BGB hat sich in verschiedenen Stellen gezeigt, dass Parteivereinbarungen die Prinzipien der Akzessorietät und Subsidiarität der Bürgschaft in gewissen Grenzen modifizieren können. Ein Beispiel dafür bildet die selbstschuldnerische Bürgschaft, bei der ein Verzicht des

---

[253] Vgl. auch für die Bestimmung der Haftungsanteile bei Gesellschaftern, die für eine Verbindlichkeit ihrer Gesellschaft Sicherheiten bestellen, BGH 24.09.1992 NJW 1992, 3228 (3229).

[254] *Baur/Stürner* § 38 Rn. 102 ff.; RGRK/*Mormann* § 774 Rn. 8; *Staudinger/Horn* (2013) § 774 Rn. 68.

[255] *Esser/Weyers* BT 1, § 40 IV 3, S. 357; *Larenz/Canaris* BT 2, § 60 IV 3a, S. 16.

[256] Siehe oben § 13 Rn. 105.

Bürgen auf die Einrede der Vorausklage (§ 771 BGB) den Subsidiaritätsgrundsatz erheblich einschränkt.[257] Darüber hinaus haben sich in der Vertragspraxis weitere Sonderformen der Bürgschaft herausgebildet, die entweder dem Bürgschaftsvertrag durch Abweichung von den §§ 765 bis 777 BGB eine atypische Ausgestaltung verleihen oder aber mehrere Bürgschaften in verschiedener Art und Weise miteinander kombinieren.

I. Bürgschaft auf erstes Anfordern

In dem Streben nach Verselbstständigung der Bürgschaft von der Hauptverbindlichkeit geht die sog. Bürgschaft auf erstes Anfordern am weitesten. Bei dieser Form der Bürgschaft wird vereinbart, dass der Bürge grundsätzlich bereits auf eine bloße Aufforderung des Gläubigers seine Leistung erbringen muss, ohne dass er dem Gläubiger Einwendungen oder Einreden aus den §§ 767 bis 777 BGB entgegenhalten kann.[258] **111**

Allerdings geht die Verknüpfung mit der gesicherten Hauptverbindlichkeit bei der Bürgschaft auf erstes Anfordern nicht völlig verloren. Es obliegt jedoch dem Bürgen, den von ihm geleisteten Betrag von dem Gläubiger nachträglich zurückzufordern, wenn materiell eine Einwendung oder Einrede nach den §§ 767 bis 777 BGB begründet war.[259] Anspruchsgrundlage für die Rückforderung ist nach Auffassung der Rechtsprechung[260] § 812 Abs. 1 Satz 1 Alt. 1 BGB, nach der Gegenansicht[261] der nach den §§ 157, 242 BGB auszulegende Bürgschaftsvertrag. Hieraus erklärt sich auch, dass der Bürge die Leistung an den Gläubiger verweigern kann, wenn ein Gegenrecht i. S. der §§ 767 bis 777 BGB objektiv unbezweifelbar vorliegt; der Verweisung des Bürgen auf eine spätere Rückforderung steht in diesem Fall der Einwand des Rechtsmissbrauchs entgegen (§ 242 BGB).[262] Dies gilt z. B. für die mangelnde Fälligkeit der gesicherten Forderung. Da der materielle Bürgschaftsfall noch nicht eingetreten sein kann, steht dem Gläubiger in diesem Fall aus der Bürgschaft kein Anspruch zu.[263] **112**

---

[257] Dazu § 13 Rn. 83.

[258] BGH 03.04.2003 NJW 2003, 2231 (2233); *Staudinger/Horn* (2013) Vorbem. zu §§ 765 ff. Rn. 24 m. w. N.; siehe ferner *Oepen* NJW 2009, 1110 ff.

[259] BGH 03.04.2003 NJW 2003, 2231 (2233).

[260] BGH 02.05.1979 BGHZ 74, 244 (248); BGH 27.02.1992 NJW 1992, 1881 (1883); ebenso *Brox/ Walker* § 32 Rn. 50; *Looschelders* Rn. 974.

[261] *Habersack* MünchKomm. § 765 Rn. 104; *Larenz/Canaris* BT 2, § 64 IV 2, S. 81.

[262] BGH 17.10.1996 NJW 1997, 255 (256); BGH 05.03.2002 NJW 2002, 1493 m. w. N.; *Fikentscher/Heinemann* Rn. 1354; *Habersack* MünchKomm. § 765 Rn. 103; *Erman/Zetzsche* § 765 Rn. 17; *Looschelders* Rn. 974; *Medicus/Lorenz* Rn. 1028; *Staudinger/Horn* (2013) Vorbem. zu §§ 765 ff. Rn. 32.

[263] BGH 12.09.2002 WM 2002, 2325.

113 Folglich bleiben die Akzessorietät und Subsidiarität materiell letztendlich erhalten, sodass weiterhin eine Bürgschaft und keine Interzessionsgarantie vorliegt.[264] Da der Gläubiger den Bürgen jedoch – vorbehaltlich eines Rechtsmissbrauchs – unbedingt in Anspruch nehmen kann und Letzterem die Rückforderungslast obliegt, kann die Bürgschaft auf erstes Anfordern aber als Garantie nicht im materiellen, wohl aber formellen Sinne bezeichnet werden. Auch stellt sich das eingangs erörterte Abgrenzungsproblem zwischen Bürgschaft und Garantie[265] in besonderer Schärfe, wenn eine Bürgschaft auf erstes Anfordern in Betracht kommt und eine eindeutige Vereinbarung fehlt. Auf das Innenverhältnis zwischen Bürge und Hauptschuldner[266] wirken sich die Besonderheiten der Bürgschaft auf erstes Anfordern insbesondere hinsichtlich des Regresses nur aus, wenn die Eingehung einer derartigen Bürgschaft auch im Innenverhältnis (Auftrag, Geschäftsbesorgungsvertrag) vorgesehen war.[267]

114 Da die Bürgschaft auf erstes Anfordern die Bürgenschuld zumindest formell von der Hauptverbindlichkeit weitgehend löst, stellt ihre Vereinbarung in Allgemeinen Geschäftsbedingungen des Gläubigers eine unangemessene Benachteiligung i. S. des § 307 Abs. 1 Satz 1 BGB i. V. mit § 307 Abs. 2 Nr. 1 BGB dar, wenn der Bürge kein Kreditinstitut ist.[268] Auch eine individualvertraglich vereinbarte Bürgschaft auf erstes Anfordern soll nach den §§ 133, 157 BGB als „normale" Bürgschaft auszulegen sein, wenn der Gläubiger objektiv nicht erwarten durfte, dass der Bürge die juristische Tragweite einer solchen Vereinbarung versteht. Dies ist nach der Rechtsprechung immer dann anzunehmen, wenn der Bürge nicht im Bank- oder besonders kreditbezogenen Handelsverkehr (z. B. Baugewerbe) tätig ist; die bloße Kaufmannseigenschaft macht ihn noch nicht schutzunwürdig.[269] Wenn eine Bürgschaft auf erstes Anfordern nach Auslegung der individualvertraglichen Regelung nicht zustande gekommen ist, bleibt allerdings zu erwägen, die Vereinbarung anstelle einer normalen Bürgschaft als selbstschuldnerische Bürgschaft auszulegen, die sogar in Allgemeinen Geschäftsbedingungen vereinbart werden kann.[270]

---

[264] Siehe oben § 13 Rn. 15 ff. Zum Diskussionsstand *Dieckmann* DZWIR 2003, 177 (179 f.) m. w. N. sowie BGH 03.04.2003 NJW 2003, 2231 (2233); BGH 10.04.2003 ZIP 2003, 1388 (1390).

[265] Dazu oben § 13 Rn. 15 ff.

[266] Dazu oben § 13 Rn. 93 ff.

[267] *Esser/Weyers* BT 1, § 40 III 2, S. 349 f.

[268] BGH 05.07.1990 NJW-RR 1990, 1265; *Habersack* MünchKomm. § 765 Rn. 100; *Looschelders* Rn. 974; *Medicus/Lorenz* Rn. 1028; großzügiger bei Kaufleuten *Erman/Zetzsche* § 765 Rn. 14; *Larenz/Canaris* BT 2, § 64 IV 4, S. 81 f.; *Staudinger/Horn* (2013) Vorbem. zu §§ 765 ff. Rn. 25.

[269] BGH 12.03.1992 NJW 1992, 1446 (1447); BGH 23.01.1997 NJW 1997, 1435 (1437); BGH 02.04.1998 NJW 1998, 2280 (2281).

[270] Siehe oben § 13 Rn. 83.

II. Ausfallbürgschaft

Gleichsam das Gegenstück zu einer Bürgschaft auf erstes Anfordern bildet die sog.   **115**
Ausfallbürgschaft. Bei dieser ist die Rechtsstellung des Bürgen insoweit gestärkt,
als ihm nicht lediglich die Einrede der Vorausklage nach Maßgabe der §§ 771 f.
BGB zugute kommt, sondern seine Verpflichtung von vornherein unter der aufschiebenden Bedingung (§ 158 Abs. 1 BGB) steht, dass der Gläubiger trotz einer
mit gehöriger Sorgfalt durchgeführten Zwangsvollstreckung in das gesamte Vermögen des Schuldners und Inanspruchnahme aller anderen vorhandenen Sicherheiten keine Befriedigung erlangt hat.[271] Die Vereinbarung einer Ausfallbürgschaft
ist – auch in Allgemeinen Geschäftsbedingungen – zulässig, wird jedoch von dem
Bürgen nur selten durchsetzbar sein.

III. Nachbürgschaft[272]

Die Nachbürgschaft setzt voraus, dass sich eine Person für die Erfüllung einer   **116**
Hauptverbindlichkeit verbürgt (Vorbürgschaft) und eine andere Person – der Nachbürge – wiederum gemäß § 765 Abs. 1 BGB gegenüber dem Gläubiger für die
Erfüllung der Vorbürgschaft einsteht.[273] Die durch die Nachbürgschaft gesicherte
„Hauptverbindlichkeit" ist deshalb nicht der Anspruch gegen den Hauptschuldner, sondern derjenige gegen den Vorbürgen. Der Nachbürge kann bei einer Inanspruchnahme dem Gläubiger nach § 767 BGB alle den Bestand der Vorbürgschaft
betreffenden Einwendungen entgegenhalten, wobei die Vorbürgschaft über den
Akzessorietätsgrundsatz auch dann wegfällt, wenn die durch sie gesicherte Hauptverbindlichkeit nicht oder nicht mehr besteht. Gemäß § 768 BGB kann der Nachbürge ferner alle Einreden des Vorbürgen gegen den Gläubiger geltend machen,
wozu die Einreden aus der Vorbürgschaft und – wiederum über § 768 BGB – alle
Einreden gegen die mit der Vorbürgschaft gesicherte Hauptschuld gehören. Über
§ 768 Abs. 1 Satz 1 BGB i. V. mit § 771 BGB kann der Nachbürge verlangen, dass
der Gläubiger zunächst den Hauptschuldner in Anspruch nimmt. Dass er den Gläubiger auch auf eine vorrangige Zwangsvollstreckung gegen den Vorbürgen verweisen kann, ergibt sich aus einer direkten Anwendung des § 771 BGB.

---

[271] BGH 02.02.1989 NJW 1989, 1484 (1485); BGH 19.03.1998 NJW 1998, 2138 (2141); OLG
München 06.04.2006 WM 2007, 1786 (1787); *Erman/Zetzsche* § 765 Rn. 12; *Habersack* Münch-
Komm. § 765 Rn. 106; *Medicus/Lorenz* Rn. 1025; *Staudinger/Horn* (2013) § 771 Rn. 11.

[272] Die folgenden Ausführungen zur Nachbürgschaft und Rückbürgschaft sind zum Teil sehr
komplex. Sie stellen keinen „Lernstoff" dar, sondern ergeben sich ganz überwiegend aus einer prä-
zisen Anwendung des Gesetzes. Der studentische Leser sollte sich daher bemühen, die erläuterten
Rechtsverhältnisse anhand der jeweils angeführten gesetzlichen Bestimmungen nachzuvollziehen.

[273] *Staudinger/Horn* (2013) Vorbem. zu §§ 765 ff. Rn. 59 m. w. N.

117   Befriedigt der Hauptschuldner den Gläubiger, so erlischt gemäß § 767 Abs. 1 Satz 1
BGB die Vorbürgschaft und in deren Folge ihrerseits nach § 767 Abs. 1 Satz 1 BGB die
Nachbürgschaft. Zahlt der Vorbürge, erwirbt dieser gemäß § 774 Abs. 1 Satz 1 BGB die
Hauptforderung; die Nachbürgschaft erlischt gemäß § 767 Abs. 1 Satz 1 BGB, weil die
gesicherte Vorbürgschaft nach § 362 Abs. 1 BGB untergegangen ist. Problematischer
ist die Lage, wenn der Nachbürge an den Gläubiger leistet. Nach § 774 Abs. 1 Satz 1
BGB erwirbt er die Vorbürgschaft;[274] der Vorbürge kann dem Nachbürgen alle gegenüber dem Gläubiger begründeten Einwendungen entgegenhalten (§§ 412, 404 BGB,
d. h. gemäß § 768 BGB auch solche gegen die Hauptschuld) sowie gemäß § 774 Abs. 1
Satz 3 BGB alle Einwendungen aus dem Innenverhältnis zum Nachbürgen. Da die
Bürgschaft und die gesicherte Hauptverbindlichkeit nicht getrennt werden dürfen,[275]
erwirbt der Nachbürge mit der Vorbürgschaft auch die Hauptverbindlichkeit.[276] Der
Hauptschuldner kann dann gemäß den §§ 412, 404 BGB dem Nachbürgen alle Ein-
wendungen entgegenhalten, die ihm gegenüber dem Gläubiger zustanden. Umstritten
ist, ob ihm gegenüber dem Nachbürgen analog § 774 Abs. 1 Satz 3 BGB auch die
Einwendungen aus dem Innenverhältnis zu dem Vorbürgen zustehen. Nach richtiger
Ansicht ist dies zu verneinen, weil dem Hauptschuldner diese Einreden auch nicht
gegenüber dem ursprünglichen Gläubiger zustanden und der Nachbürge in dessen
Rechtsstellung eingerückt ist, ohne dem Hauptschuldner für die Verpflichtungen des
Vorbürgen verantwortlich zu sein.[277]

IV. Rückbürgschaft

118   Während die Nachbürgschaft ebenso wie die Vorbürgschaft den Gläubiger der
Hauptverbindlichkeit begünstigt, wird die sog. Rückbürgschaft zugunsten des
Bürgen (Hauptbürgen) erklärt. Sie bezieht sich nach § 765 Abs. 1 und 2 BGB auf

---

[274] Vor- und Nachbürge sind keine Mitbürgen i. S. des § 769 BGB, da sie sich für verschiedene
Verbindlichkeiten verbürgt haben.

[275] Siehe oben § 13 Rn. 80.

[276] Im Ergebnis ebenso BGH 13.12.1978 BGHZ 73, 94 (96 f.); *Erman/Zetzsche* § 765 Rn. 11;
Habersack MünchKomm. § 765 Rn. 117; *Larenz/Canaris* BT 2, § 60 V 3, S. 20; *Medicus/Lorenz*
Rn. 1026. Entgegen der dort geäußerten Ansicht erwirbt der Nachbürge jedoch nicht gemäß § 774
Abs. 1 Satz 1 BGB (analog) die durch die Vorbürgschaft gesicherte Hauptschuld und mit dieser
nach den §§ 412, 401 Abs. 1 BGB auch die Vorbürgschaft. Vielmehr ist für den Nachbürgen
„Hauptschuldner" i. S. des § 774 Abs. 1 Satz 1 BGB der *Vorbürge*, sodass die Legalzession die
Vorbürgschaft umfasst. Die durch diese gesicherte Hauptverbindlichkeit geht nur aufgrund des
Akzessorietätsprinzips mit auf den Nachbürgen über; so auch zutreffend *Staudinger/Horn* (2013)
Vorbem. zu §§ 765 ff. Rn. 60 m. w. N. Befriedigt dann der Vorbürge den Nachbürgen als neuen
Gläubiger der Hauptverbindlichkeit, geht in direkter Anwendung des § 774 Abs. 1 Satz 1 BGB die
Hauptverbindlichkeit auf ihn über.

[277] *Habersack* MünchKomm. § 765 Rn. 117; *Larenz/Canaris* BT 2, § 60 V 3, S. 20 f.; a. A. *Erman/
Zetzsche* § 765 Rn. 11; *Esser/Weyers* BT 1, § 40 V 1, S. 358; *Staudinger/Horn* (2013) Vorbem. zu
§§ 765 ff. Rn. 61.

den – aufschiebend bedingten – Rückgriffsanspruch des Hauptbürgen gegen den Hauptschuldner aus der Legalzession (§ 774 Abs. 1 Satz 1 BGB) sowie gegebenenfalls aus § 670 BGB[278] und sichert den Hauptbürgen für den Fall, dass der Hauptschuldner diese Rückgriffsverbindlichkeiten gegenüber dem Hauptbürgen nicht erfüllt.[279] Die Verpflichtung des Rückbürgen entsteht nur, wenn der Hauptbürge tatsächlich einen Rückgriffsanspruch gegen den Hauptschuldner gemäß § 774 Abs. 1 Satz 1 BGB und/oder aus § 670 BGB erlangt (§ 767 Abs. 1 Satz 1 BGB). Nach § 768 BGB kann der Rückbürge alle Einreden des Hauptschuldners gegen den gesicherten Rückgriffsanspruch geltend machen, d. h. solche aus dem Verhältnis zum ursprünglichen Gläubiger (die gemäß den §§ 774 Abs. 1 Satz 1, 412, 404 BGB fortbestehen) und solche aus dem Innenverhältnis des Hauptbürgen zum Hauptschuldner (§ 774 Abs. 1 Satz 3 BGB). Zudem stehen ihm nach § 774 Abs. 1 Satz 3 BGB alle Einwendungen aus seinem Innenverhältnis zum Hauptbürgen zu. Nach § 771 BGB kann der Rückbürge verlangen, dass der Hauptbürge in Bezug auf seinen Rückgriffsanspruch einen Vollstreckungsversuch bei dem Hauptschuldner unternimmt.

Erfüllt der Hauptschuldner seine Verbindlichkeit, erlischt diese gemäß § 362 **119** BGB und nach § 767 Abs. 1 Satz 1 BGB die Hauptbürgschaft. Damit kann kein Rückgriffsanspruch gegen den Hauptschuldner mehr entstehen, sodass die Rückbürgschaft ihrerseits gemäß § 767 Abs. 1 Satz 1 BGB untergeht. Befriedigt der Hauptbürge den Gläubiger und bleibt sein Regress bei dem Hauptschuldner erfolglos, tritt wie dargelegt für den Rückbürgen der Bürgschaftsfall ein. Leistet dieser an den Hauptbürgen, erwirbt er gemäß § 774 Abs. 1 Satz 1 BGB die Rückgriffsansprüche gegen den Hauptschuldner.[280] Soweit dies die nach § 774 Abs. 1 Satz 1 BGB zunächst auf den Hauptbürgen übergegangene Hauptverbindlichkeit ist, kann der Hauptschuldner dem Rückbürgen gemäß den §§ 412, 404 BGB alle Einwendungen entgegensetzen, die gegenüber dem Gläubiger begründet waren. Gemäß den §§ 412, 404, 774 Abs. 1 Satz 3 BGB bleiben ihm auch die Einreden aus dem Innenverhältnis zum Hauptbürgen erhalten. Soweit der Rückbürge infolge seiner Leistung an den Hauptbürgen gemäß § 774 Abs. 1 Satz 1 BGB auch einen etwaigen Rückgriffsanspruch desselben aus § 670 BGB erwirbt, kann der Hauptschuldner dem Rückbürgen gegen diesen Anspruch alle Einwendungen aus dem Innenverhältnis zum Hauptbürgen entgegenhalten (§§ 412, 404 BGB).

---

[278] Siehe oben § 13 Rn. 99.

[279] *Staudinger/Horn* (2013) Vorbem. zu §§ 765 ff. Rn. 62 m. w. N. Zu einer Kombination von Nach- und Rückbürgschaft siehe BGH 13.12.1978 BGHZ 73, 94 ff.; für die „Hintereinanderschaltung" mehrerer Rückbürgschaften vgl. RG 03.12.1934 RGZ 146, 67 ff.

[280] *Esser/Weyers* BT 1, § 40 V 1, S. 357; *Fikentscher/Heinemann* Rn. 1355; *Habersack* Münch-Komm. § 765 Rn. 122; *Larenz/Canaris* BT 2, § 60 VI 4, S. 21; *Medicus/Lorenz* Rn. 1027; *Staudinger/Horn* (2013) Vorbem. zu §§ 765 ff. Rn. 63; a. A. RG 03.12.1934 RGZ 146, 67 (70), jedoch ohne nachvollziehbare Begründung.

I. Anhang: Kreditauftrag

120   Nach § 778 BGB haftet derjenige, der einen anderen beauftragt, im eigenen Namen und auf eigene Rechnung einem Dritten ein Gelddarlehen (§ 488 BGB)[281] oder eine Finanzierungshilfe (§ 506 Abs. 1 und 2 BGB) zu gewähren, dem Beauftragten für die daraus entstehende Verbindlichkeit des Dritten „als Bürge".

121   *Tatbestandlich* muss ein Auftrags- oder Geschäftsbesorgungsvertrag (§§ 662 ff., 675 Abs. 1 BGB) vorliegen, nach dessen gemäß den §§ 133, 157 BGB zu ermittelndem Inhalt der Beauftragte zwar im eigenen Namen und – abweichend von § 667 BGB – auch auf eigene Rechnung, aber *auf Risiko des Auftraggebers* verpflichtet ist, einem Dritten ein Darlehen oder eine Finanzierungshilfe zu gewähren.[282] Das für den Auftrag typische Moment des Handelns für fremde Rechnung muss also nach dem Parteiwillen durch ein Handeln des Beauftragten auf fremdes (d. h. des Auftraggebers) Risiko ersetzt worden sein.[283] Für diesen Haftungswillen des Kreditauftraggebers kann im Zweifel insbesondere ein wirtschaftliches Interesse desselben an der Kreditgewährung sprechen.[284] Fehlt es daran oder an einem anderen Erfordernis des Kreditauftrags (z. B. kein Rechtsbindungswille aufseiten des „Beauftragten"), dann findet § 778 BGB keine Anwendung.

122   Als *Rechtsfolge* sieht § 778 BGB vor, dass der Auftraggeber wie ein Bürge haftet. Der Tatbestand des im vorstehenden Sinne konkretisierten Auftrags- oder Geschäftsbesorgungsvertrages wird also mit den Rechtsfolgen einer Bürgschaft des Auftraggebers gegenüber dem Beauftragten versehen.[285] Der Auftraggeber trägt aufgrund seiner Bürgenhaftung somit das Risiko des Kreditgeschäftes zwischen dem Beauftragten und dem Dritten, während eine aus diesem resultierende Gewinnchance entgegen § 667 BGB bei dem Beauftragten verbleibt, da er auf eigene Rechnung handelt.[286] Legitimieren lässt sich diese Rechtsfolge dadurch, dass der Beauftragte sich gegenüber dem Auftraggeber *verpflichtet* hat, das gegebenenfalls risikoreiche

---

[281] Aus der Gegenüberstellung von (Geld-)Darlehen und Sachdarlehen in den §§ 488, 607 BGB ergibt sich, dass § 778 BGB mit „Darlehen" nur das Erstere meint (vgl. BT-Drucks. 14/6040, S. 270). Der Auftrag zur Erteilung eines Sachdarlehens unterliegt daher nur den §§ 662 ff. BGB.

[282] Am klarsten: *Larenz/Canaris* BT 2, § 60 VI 1b, S. 22; sachlich auch BGH 23.02.1956 WM 1956, 463 (465); BGH 23.02.1960 WM 1960, 879 (880); *Habersack* MünchKomm. § 778 Rn. 5; RGRK/*Mormann* § 778 Rn. 1; *Staudinger/Horn* (2013) § 778 Rn. 4.

[283] A. A. *Erman/Zetzsche* § 778 Rn. 2.

[284] BGH 28.03.1956 WM 1956, 1211 (1212); *Habersack* MünchKomm. § 778 Rn. 4; *Staudinger/ Horn* (2013) § 778 Rn. 4.

[285] Dass das Rechtsverhältnis trotz des Handelns des Beauftragten auf eigene Rechnung dem oben in § 11 Rn. 7 ff. entwickelten Begriff der Besorgung eines übertragenen, d. h. der Sphäre des Auftraggebers zugehörigen Geschäfts genügt, ergibt sich daraus, dass der Auftraggeber die Kreditgewährung an den Dritten schon vor der Beauftragung zu „seiner Angelegenheit" gemacht hat (siehe oben § 11 Rn. 11).

[286] *Habersack* MünchKomm. § 778 Rn. 3.

Kreditgeschäft mit dem Dritten vorzunehmen und nicht mit Sicherheit davon ausgehen kann, dass entweder der Dritte oder der Auftraggeber aufgrund seiner Bürgenhaftung seine Ansprüche erfüllen werden.

Anders als die Bürgschaft (§ 766 BGB) kann der Kreditauftrag formfrei abge- **123** schlossen werden, obwohl er für den Auftraggeber die Bürgenhaftung nach sich zieht. Dies stellt keinen Widerspruch dar, weil der Kreditauftraggeber im Gegensatz zum Bürgen i. S. des § 765 BGB gegen den Beauftragten einen *Anspruch* auf die Gewährung des Kredits an den Dritten erlangt,[287] an der er regelmäßig wirtschaftlich interessiert ist.

Das Rechtsverhältnis zwischen Kreditauftraggeber und Kreditbeauftragtem **124** bestimmt sich im Grundsatz nach den §§ 662 ff. BGB[288] mit folgenden Modifizierungen: Der Beauftragte ist nicht gemäß § 667 BGB zur Herausgabe von Gewinnen aus dem Kreditgeschäft verpflichtet, da er auf eigene Rechnung handelt; die Pflichten des Auftraggebers zu Vorschuss und Aufwendungsersatz sind durch die Bürgenhaftung nach den §§ 767 ff. BGB substituiert.[289]

---

[287] *Esser/Weyers* BT 1, § 40 V 2, S. 358 f.; *Habersack* MünchKomm. § 778 Rn. 8; *Larenz/Canaris* BT 2, § 60 VI 2a, S. 22 f.; RGRK/*Mormann* § 778 Rn. 2; *Staudinger/Horn* (2013) 778 Rn. 8. Aus diesem Grund spricht vieles dafür, § 766 BGB mit *Larenz/Canaris* BT 2, § 60 VI 2b, S. 23 f. auf solche, dem Kreditauftrag ähnliche Bürgschaften nicht anzuwenden, bei denen sich der Gläubiger zur Gewährung eines Darlehens an Dritte gegenüber dem Bürgen verpflichtet (siehe bereits oben Fn. 139).

[288] Siehe oben § 11 Rn. 30 ff.

[289] *Erman/Zetzsche* § 778 Rn. 4 f.; *Habersack* MünchKomm. § 778 Rn. 7, 9; *Staudinger/Horn* (2013) § 778 Rn. 11 ff. Unrichtig *Brox/Walker* § 32 Rn. 5; *Schlechtriem* Rn. 447: § 670 BGB neben Bürgenhaftung. Dies kann schon deshalb nicht überzeugen, weil dann die Einrede des Kreditauftraggebers nach § 771 BGB umgangen würde.

§ 14 Der Vergleich

Inhaltsverzeichnis

A. Überblick

Nach § 779 Abs. 1 BGB ist ein Vertrag, durch den die Parteien einen Streit oder eine **1** Ungewissheit im Wege gegenseitigen Nachgebens beseitigen, unwirksam, wenn der dabei als feststehend zugrunde gelegte Sachverhalt nicht zutraf und diese Fehlvorstellung für den Streit oder die Ungewissheit kausal war. Aus der Rechtsfolgenperspektive betrifft § 779 Abs. 1 BGB einen Sonderfall des Fehlens der Geschäftsgrundlage[1] (vgl. auch § 313 Abs. 2 BGB). Auf der Tatbestandsseite definiert § 779 Abs. 1 BGB zugleich einen eigenen Vertragstyp: den Vergleich. Sein charakteristischer Inhalt besteht in der Ausräumung einer subjektiven Unsicherheit über bestehende Rechtsverhältnisse durch gegenseitiges Nachgeben.

---

[1] BGH 18.11.1993 NJW-RR 1994, 434 (435); *Esser/Weyers* BT 1, § 42 III 2a, S. 374; *Larenz* SchR AT, § 7 IV, S. 96; *Schlechtriem* Rn. 654; *Staudinger/Marburger* (2015) § 779 Rn. 69; a. A. *Stötter* JZ 1963, 123 (125 ff.).

© Springer-Verlag GmbH Deutschland, ein Teil von Springer Nature 2018   863
H. Oetker, F. Maultzsch, *Vertragliche Schuldverhältnisse*, Springer-Lehrbuch,
https://doi.org/10.1007/978-3-662-57500-0_14

2   Verbreitet wird der Vergleich als *Feststellungsvertrag* klassifiziert,[2] was jedoch missverständlich ist. Soweit dies zum Ausdruck bringen soll, dass der Vergleich das Rechtsverhältnis fixiert, das zukünftig für die Parteien maßgeblich ist, wird ein „Feststellungscharakter" angesprochen, der jedem Vertragsschluss innewohnt. Auch ein Kaufvertrag stellt in diesem Sinne die zukünftigen Rechte und Pflichten der Parteien fest. Soweit mit der gewählten Formulierung eine Feststellung über das bisherige, streitige oder ungewisse Rechtsverhältnis gemeint ist, erweckt dies ebenfalls Bedenken. Die privatautonome Vereinbarung bestimmt lediglich, was nunmehr gelten soll, besagt aber nichts darüber, was zwischen den Beteiligten objektiv rechtens war.[3] Deshalb ist es mit dem Begriff des Vergleichs nicht unvereinbar, wenn den Parteien sogar bewusst ist, dass sein Inhalt nicht einmal teilweise mit dem Inhalt des umstrittenen Rechtsverhältnisses identisch sein kann, d. h. wenn das Nachgeben zumindest einer Partei sich nicht auf das streitige Rechtsverhältnis bezieht.[4] So liegt ein Vergleich z. B. auch vor, wenn der Streit, ob A 100 Kisten Orangen an B zu liefern hat, dadurch beseitigt wird, dass A sich verpflichtet, B 50 Kisten Zitronen zu liefern (hier hat A nicht in Bezug auf seine streitige Pflicht zur Lieferung von Orangen nachgegeben). Aus diesen Gründen ist der Vergleich kein Feststellungs-, sondern ein *Bereinigungsvertrag*, der darauf abzielt, Rechtsgewissheit herzustellen.[5]

3   Besondere Bedeutung hat der Vergleich im Rahmen gerichtlicher Streitigkeiten. Die Verfahrensbeteiligten können den Prozess nicht nur durch die Herbeiführung eines Urteils, sondern auch durch eine gütliche Einigung beenden. Einem derartigen Prozessvergleich (vgl. die §§ 160 Abs. 3 Nr. 1, 278 Abs. 6, 794 Abs. 1 Nr. 1 ZPO) kommt nach h. M. in aller Regel eine „Doppelnatur" zu; er ist einerseits prozessuale Handlung, andererseits materiellrechtlicher Vergleich i. S. des § 779 BGB.[6] Daraus folgt, dass *anfängliche* Mängel des materiellen Rechtsgeschäfts grundsätzlich auch auf die prozessuale Seite des Vergleichs durchschlagen, das gerichtliche Verfahren also nicht beenden. Demgegenüber beeinflusst die Unwirksamkeit des prozessualen Teils (z. B. unterlassene Protokollierung, § 160 Abs. 3 Nr. 1 ZPO) die Wirksamkeit des materiellrechtlichen Vertrages i. S. des § 779 BGB nur, wenn dieser nach dem Willen der Parteien *inhaltlich* auch die prozessbeendigende Wirkung umfassen sollte.

B. Begriff des Vergleichs

4   Ein Vergleichsvertrag liegt nur vor, wenn die Vereinbarung die Voraussetzungen der Legaldefinition in § 779 Abs. 1 BGB erfüllt. Danach muss

---

[2] *Esser/Weyers* BT 1, § 42 I, S. 372; *Habersack* MünchKomm. § 779 Rn. 31; *Larenz* SchR AT, § 7 IV, S. 94; *Staudinger/Marburger* (2015) § 779 Rn. 37.

[3] *Bork* Der Vergleich, 1988, S. 155 ff.; *Habersack* MünchKomm. § 779 Rn. 31.

[4] RG 12.02.1927 RGZ 116, 143 (146); BGH 22.06.1983, BGHZ 88, 28 (29); *Habersack* MünchKomm. § 779 Rn. 26; *Staudinger/Marburger* (2015) § 779 Rn. 27.

[5] *Bork* Der Vergleich, 1988, S. 158.

[6] BGH 22.12.1982 BGHZ 86, 184 (186); *Esser/Weyers* BT 1, § 42 III 3, S. 376; *Schlechtriem* Rn. 658; *Staudinger/Marburger* (2015) § 779 Rn. 91; zum Sonderfall des sog. abstrakten Prozessvergleichs *Habersack* MünchKomm. § 779 Rn. 76. A. A. die Lehre vom „Doppeltatbestand": *Wolfsteiner* MünchKomm. ZPO § 794 Rn. 12 ff.

- ein Rechtsverhältnis in Rede stehen,
- über das Streit oder Ungewissheit herrscht,
- den der Vertrag im Wege gegenseitigen Nachgebens beseitigt.

I. Vergleichsfähiges Rechtsverhältnis

Rechtsverhältnis i. S. des § 779 Abs. 1 BGB ist jede rechtliche Beziehung im   5
weitesten Sinne,[7] wobei es sich um materiellrechtliche oder prozessuale Rechtsbeziehungen handeln kann. § 779 Abs. 2 BGB stellt dem Rechtsverhältnis ausdrücklich die Verwirklichung eines Anspruchs gleich. Rein faktische Verhältnisse
genügen indes nicht. Allerdings kann eine Vereinbarung über das Vorliegen bzw.
Nichtvorliegen gewisser Tatsachen insoweit einen Vergleich darstellen, als die
Parteien dadurch festlegen, sich *rechtlich* so behandeln lassen zu wollen, *als ob*
die Tatsachen vorlägen bzw. nicht vorlägen (sog. Tatsachenvergleich).[8] Unerheblich ist, ob das Rechtsverhältnis tatsächlich existiert; es genügt, wenn zumindest
eine Partei dessen Bestehen behauptet.[9] Bietet z. B. die Frage, ob ein bestimmter
Vertrag abgeschlossen wurde, Anlass zu Streit, so kann dieser durch einen Vergleich ausgeräumt werden.

Weitere Anforderungen an das für einen Vergleich notwendige (vermeintliche)   6
Rechtsverhältnis folgen aus dem Umstand, dass der Vergleich über dieses durch
gegenseitiges Nachgeben verfügt. Deshalb muss das Rechtsverhältnis der Dispositionsbefugnis der Parteien unterliegen,[10] was eine Identität zwischen den Parteien
des Rechtsverhältnisses und des Vergleichs voraussetzt.[11] Ungeachtet dessen kann
der Vergleich eine Rechtsfolge zugunsten eines Dritten festlegen; er ist in diesem
Fall ein Vertrag zugunsten Dritter i. S. der §§ 328 ff. BGB. Weiterhin darf ein Vergleich nicht im Widerspruch zu zwingenden Normen auf ein Rechtsverhältnis einwirken.[12] So ist kein Vergleich über das Bestehen oder die Auflösung einer Ehe
möglich, da hierfür die zwingenden Eheschließungs- und Scheidungsvorschriften
gelten.[13] Ebenso kann wegen der §§ 1614 Abs. 1, 1360a Abs. 3 BGB auf (vermeintliche) Unterhaltsansprüche für die Zukunft auch durch einen Vergleich nicht verzichtet werden. Schließlich können Vergleiche über Rechtsverhältnisse, die möglicherweise nach den §§ 134, 138 BGB oder anderen Vorschriften nichtig sind, nur

---

[7] BGH 28.05.1979 NJW 1980, 889 (890); *Habersack* MünchKomm. § 779 Rn. 3; *Staudinger/ Marburger* (2015) § 779 Rn. 2.

[8] RG 09.01.1937 RGZ 153, 329 (331 f.); *Habersack* MünchKomm. § 779 Rn. 32.

[9] BGH 06.11.1991 NJW-RR 1993, 363; *Habersack* MünchKomm. § 779 Rn. 4; *Staudinger/ Marburger* (2015) § 779 Rn. 4.

[10] BGH 05.10.1954 BGHZ 14, 381 (387 f.); *Esser/Weyers* BT 1, § 42 II 1, S. 372; *Staudinger/ Marburger* (2015) § 779 Rn. 5.

[11] RG 27.01.1930 RGZ 127, 126 (128); *Habersack* MünchKomm. § 779 Rn. 5.

[12] *Erman/Müller* § 779 Rn. 4; *Palandt/Sprau* § 779 Rn. 6; *Staudinger/Marburger* (2015) § 779 Rn. 5.

[13] BGH 06.03.1952 BGHZ 5, 251 (258); BGH 18.11.1954 BGHZ 15, 190 (193).

dann wirksam abgeschlossen werden, wenn ein verständiger Streit über oder ein ernsthafter Zweifel an der Nichtigkeit besteht.[14] Andernfalls würden die jeweiligen Nichtigkeitsvorschriften umgangen.

II. Streit oder Ungewissheit über das Rechtsverhältnis

7   Weiterhin muss für einen Vergleich i. S. des § 779 BGB über das Rechtsverhältnis Streit oder Ungewissheit herrschen. Dem steht nach § 779 Abs. 2 BGB wiederum die Unsicherheit über die Verwirklichung eines Anspruchs gleich (z. B. Erzielbarkeit eines Vollstreckungserfolges). Ein Rechtskonflikt i. S. des § 779 BGB kann indes erst entstehen, wenn das Rechtsverhältnis (vermeintlich) schon besteht; rein vorsorgliche Rechtsgestaltungen erfüllen niemals die Voraussetzungen eines Vergleichs.[15] Inhaltlich können sich der Streit oder die Ungewissheit auf alle das jeweilige Rechtsverhältnis betreffenden Fragen beziehen, z. B. Existenz, Rechtswirksamkeit oder Inhalt desselben.

8   Wegen der „Bereinigungsfunktion" des Vergleichs[16] ist für das Vorliegen eines Streites oder einer Ungewissheit keine objektive Würdigung, sondern die Sichtweise der Parteien im Zeitpunkt des Vertragsschlusses maßgebend (vgl. § 779 Abs. 1 BGB). Als Streit sind dabei ernstlich entgegengesetzte Vorstellungen der Parteien zu begreifen, während sich die Ungewissheit auf eine Unsicherheit bezieht, die nicht auf entgegengesetzten Vorstellungen aufbaut (z. B. Unklarheit über die zukünftige Rechtsentwicklung, welche für das Rechtsverhältnis relevant ist).[17] Diese muss auf beiden Seiten bestehen; die Ungewissheit bloß bei einer Partei reicht nur dann aus, wenn sie der anderen bekannt ist.[18] Obwohl sich der Streit bzw. die Ungewissheit nach der Sicht der Parteien bestimmt, muss die Unsicherheit dennoch wirklich bestehen und nicht nur vorgetäuscht sein. Andernfalls sind die Voraussetzungen für einen Vergleich nicht gegeben.[19]

III. Beseitigung im Wege gegenseitigen Nachgebens

9   Schließlich setzt ein Vergleich inhaltlich voraus, dass er den betreffenden Konflikt im Wege eines gegenseitigen Nachgebens beseitigt.[20] Macht nur eine Seite Zugeständnisse, ist § 779 BGB nicht anwendbar. Der Begriff des Nachgebens ist i. S.

---

[14] BGH 15.02.1955 BGHZ 16, 296 (303); BGH 12.05.1975 BGHZ 65, 147 (151 f.); BGH 22.09.2011 NJW 2012, 61 Rn. 12; *Habersack* MünchKomm. § 779 Rn. 58; *Staudinger/Marburger* (2015) § 779 Rn. 78.

[15] BGH 08.06.1972 BGHZ 59, 69 (71 f.); *Habersack* MünchKomm. § 779 Rn. 4; *Staudinger/Marburger* (2015) § 779 Rn. 4.

[16] Siehe oben § 14 Rn. 2.

[17] BGH 24.03.1976 BGHZ 66, 250 (255); *Erman/Müller* § 779 Rn. 15 ff.; *Staudinger/Marburger* (2015) § 779 Rn. 22 ff.

[18] *Habersack* MünchKomm. § 779 Rn. 24; *Palandt/Sprau* § 779 Rn. 4.

[19] *Bork* Der Vergleich, 1988, S. 233 ff.; *Staudinger/Marburger* (2015) § 779 Rn. 25.

[20] Zur Frage, inwieweit hierdurch ein Synallagma i. S. der §§ 320 ff. BGB begründet wird, siehe unten § 14 Rn. 28.

des allgemeinen Sprachgebrauchs weit zu verstehen und umfasst jedes gänzliche oder teilweise Aufgeben eines zuvor eingenommenen Standpunktes zugunsten der anderen Partei, selbst wenn das „Opfer" nur geringfügig ist.[21] Ein Nachgeben des Gläubigers einer Forderung liegt daher z. B. schon dann vor, wenn er dem Schuldner eine kurzfristige Stundung gewährt. Die Wirksamkeit eines Vergleichs hängt deshalb bis zur Grenze des § 138 Abs. 1 BGB nicht davon ab, dass die jeweiligen Konzessionen der Parteien objektiv gleichwertig sind.

In Bezug auf das Nachgeben ist wiederum die subjektive Sichtweise der Parteien **10** maßgebend. Auch der teilweise Verzicht auf einen nur vermeintlich, nicht aber wirklich bestehenden Anspruch stellt deshalb einen Vergleich dar.[22] Dagegen liegt z. B. bei der Abwicklung von Haftpflichtschäden kein Nachgeben seitens der Versicherung vor, wenn sie dem Geschädigten einen geringeren als den geforderten Betrag anbietet, ohne vorher wirklich den Standpunkt vertreten zu haben, noch weniger oder überhaupt nichts zu schulden, selbst wenn sie dieses nach außen vorgibt.[23]

Das Nachgeben muss sich nicht zwingend auf das kontroverse Rechtsverhältnis **11** beziehen. Es genügt, wenn das Entgegenkommen zur Beilegung des Streites oder der Ungewissheit beiträgt. So gibt auch im obigen Beispiel des Disputs um die Pflicht zur Lieferung von Orangen derjenige i. S. des § 779 BGB nach, der sich statt dessen zur Lieferung von Zitronen bereit erklärt, obwohl er in Bezug auf die Lieferung der Orangen keine Zugeständnisse gemacht hat.[24]

Schließlich muss das gegenseitige Nachgeben den Streit oder die Ungewissheit **12** „beseitigen". Hierfür genügt eine teilweise Beilegung des Konflikts; ein Vergleich liegt dann aber auch nur bezüglich dieses Teils vor.[25]

C. Abschluss und Wirksamkeit des Vergleichsvertrages

I. Allgemeines

Für den Abschluss des Vergleichs gelten die §§ 104 ff., 145 ff. BGB. Der Vormund, **13** der diesen in Vertretung seines Mündels vereinbaren will, benötigt hierfür nach § 1822 Nr. 12 BGB die Genehmigung des Familiengerichts; für Eltern, die als gesetzliche Vertreter für ihr Kind den Vergleich abschließen, gilt dies nicht, da § 1643 Abs. 1 BGB den vorgenannten Katalogtatbestand nicht in das Erfordernis einer Genehmigung durch das Familiengericht einbezieht.

---

[21] Prot. II, S. 524 f.; RG 21.01.1938 RGZ 158, 210 (213); BGH 31.01.1963 BGHZ 39, 60 (62 ff.); kritisch *Esser/Weyers* BT 1, § 42 II 3, S. 373.

[22] RG 21.01.1938 RGZ 158, 210 (213); *Schlechtriem* Rn. 655; *Staudinger/Marburger* (2015) § 779 Rn. 27.

[23] BGH 13.04.1970 NJW 1970, 1122 (1124); *Habersack* MünchKomm. § 779 Rn. 26; *Staudinger/Marburger* (2015) § 779 Rn. 29.

[24] Siehe oben § 14 Rn. 2.

[25] BGH 14.10.1971 NJW 1972, 157; *Staudinger/Marburger* (2015) § 779 Rn. 30; teilweise enger *Erman/Müller* § 779 Rn. 19.

14 Problematisch ist das Vorliegen einer Einigung, wenn ein Schuldner dem Gläubiger einen Scheck über einen Teilbetrag des Geforderten mit der Erklärung übersendet, diesen dürfe er nur einlösen, wenn damit seine Schuld insgesamt als getilgt gelte. Löst der Gläubiger sodann den Scheck ein, könnte hierdurch ein Vergleich zustande gekommen sein. Vorrangig muss hierfür der Schuldner subjektiv wirklich den Standpunkt vertreten haben, auch diesen Teilbetrag nicht zu schulden; andernfalls fehlt es bereits an einem Nachgeben von seiner Seite, sodass kein Vergleich, sondern allenfalls ein Teilerlassvertrag i. S. des § 397 Abs. 1 BGB in Betracht kommt.[26] Aber auch im Übrigen ist eine Annahme des Angebots i. S. des § 151 BGB durch den Gläubiger nur zu bejahen, wenn ein objektiver Dritter aus der Einlösung des Schecks unter Berücksichtigung aller Umstände des Einzelfalles auf einen Annahmewillen des Gläubigers (§ 133 BGB) schließen würde (eine Auslegung nach dem Empfängerhorizont gemäß § 157 BGB erfolgt mangels Empfangsbedürftigkeit der Annahmeerklärung nach § 151 BGB nicht).[27] Selbst in diesem Fall ist aber noch eine Anfechtung seitens des Gläubigers nach § 119 Abs. 1 BGB analog in Betracht zu ziehen, wenn dieser keinen wirklichen Annahmewillen hatte (fehlendes Erklärungsbewusstsein).

15 Falls für das durch den Vergleich zu bereinigende Rechtsverhältnis eine Nichtigkeit in Betracht kommt, kann ein Vergleich über dieses nur geschlossen werden, wenn verständige Zweifel an der Unwirksamkeit bestehen.[28] Bei der Prüfung, ob der Vergleich *selbst* wegen eines Missverhältnisses von Leistung und Gegenleistung nach § 138 Abs. 1 oder 2 BGB nichtig ist, darf aufgrund des Bereinigungszweckes des Vergleichs[29] nicht auf das Verhältnis der dort festgehaltenen Verpflichtungen, sondern nur auf das *subjektive* Maß des gegenseitigen Nachgebens abgestellt werden.[30] Deshalb weist z. B. ein Vergleich, der A gegenüber B zur Zahlung von 100.000 € verpflichtet und daraus resultiert, dass B 200.000 € zu fordern können glaubte, nicht deshalb ein grobes Missverhältnis auf, weil sich später herausstellt, dass A tatsächlich nichts schuldete.

16 Einer bestimmten Form muss der Vergleich als solcher grundsätzlich nicht genügen.[31] Anders ist dies nur, wenn er Verpflichtungen enthält, deren Begründung einem Formerfordernis unterliegt.[32] So bedarf z. B. ein Vergleich, der zur

---

[26] Siehe oben § 14 Rn. 10.

[27] Vgl. BGH 18.12.1985 NJW-RR 1986, 415; BGH 28.03.1990 BGHZ 111, 97 (101 f.); BGH 10.05.2001 NJW 2001, 2324 f.

[28] Näher oben § 14 Rn. 6.

[29] Siehe oben § 14 Rn. 2.

[30] BGH 24.10.1968 BGHZ 51, 141 (143); BGH 11.12.1980 BGHZ 79, 131 (139); *Habersack* MünchKomm. § 779 Rn. 57; RGRK/*Steffen* § 779 Rn. 48; a. A. noch RG 14.12.1937 RGZ 156, 265 (267): Vergleich zwischen den objektiven Verpflichtungen vor und nach Abschluss des Vergleichs.

[31] Anders für den Prozessvergleich, dessen prozessuale Wirksamkeit von der Protokollierung gemäß § 160 Abs. 3 Nr. 1 ZPO abhängt (siehe oben § 14 Rn. 3), die nach § 127a BGB allerdings auch eine ausnahmsweise erforderliche notarielle Beurkundung des materiellrechtlichen Vergleichs (dazu sogleich) ersetzt. Siehe neben § 160 Abs. 3 Nr. 2 ZPO auch § 278 Abs. 6 ZPO.

[32] RG 13.11.1918 RGZ 94, 147 (152 f.); *Brox/Walker* § 33 Rn. 6; *Esser/Weyers* BT 1, § 42 II 4, S. 373; *Staudinger/Marburger* (2015) § 779 Rn. 34; *Looschelders* Rn. 990.

Übereignung eines Grundstücks verpflichtet, nach § 311b Abs. 1 Satz 1 BGB einer notariellen Beurkundung.

II. Unwirksamkeit wegen Fehlens der Vergleichsgrundlage

Nach § 779 Abs. 1 BGB ist der Vergleich wegen Fehlens der Geschäftsgrundlage[33] **17** unwirksam, wenn der dem Vertrag als feststehend zugrunde gelegte Sachverhalt nicht der Wirklichkeit entspricht und der Streit bzw. die Ungewissheit bei Kenntnis der wahren Sachlage nicht entstanden sein würde. Wegen der Bezugnahme der Vorschrift auf den Vertragsinhalt muss es sich um einen beiderseitigen Irrtum handeln, der die vertraglichen Erklärungen erkennbar beeinflusst hat,[34] ohne dass jedoch die irrtümliche Annahme *selbst* Inhalt der vertraglichen Vereinbarung geworden ist, da es sich lediglich um eine Geschäftsgrundlage handelt.[35] Als „feststehend" kann zudem nur ein Sachverhalt zugrunde gelegt werden, der bereits bei Vertragsschluss vermeintlich vorliegt. Betreffen die Fehlvorstellungen spätere Entwicklungen, so unterfallen diese nicht § 779 Abs. 1 BGB, sondern der allgemeinen Vorschrift in § 313 Abs. 1 BGB.[36] Rechtsfolge ist dann aber niemals eine *ex lege* eintretende Unwirksamkeit des Vergleichs, sondern lediglich ein Anpassungs- bzw. Rücktrittsrecht (vgl. § 313 Abs. 1 und 3 BGB).

Mit dem von den Parteien als feststehend zugrunde gelegten Sachverhalt knüpft **18** § 779 Abs. 1 BGB die Unwirksamkeitsfolge an die sog. *Vergleichsgrundlage*. Davon zu unterscheiden ist erstens die durch den Vergleich getroffene Regelung selbst (*Vergleichsinhalt*) und zweitens der Sachverhalt, der den Gegenstand des Streites oder der Ungewissheit bildet (*Vergleichsgegenstand*). Ein – sei es auch beiderseitiger – Irrtum über Letzteren kann nicht zur Unwirksamkeit des Vergleichs führen, da dessen Sinn gerade darin besteht, die diesbezüglichen Unklarheiten endgültig und unabhängig davon zu regeln, ob sie sich später aufklären lassen.[37] Die Abgrenzung zwischen Vergleichs*grundlage* und Vergleichs*gegenstand* richtet sich nach dem Inhalt des Vergleichsvertrages. Gehen z. B. A und B davon aus, dass Letzterer den Ersteren im Gedränge zu Fall gebracht hat, aber zweifelhaft ist, ob B hierbei sorgfaltswidrig gehandelt hat (§ 276 Abs. 2 BGB) und beide daraufhin einen Vergleich schließen, nach dem A die Hälfte seines Schadens ersetzt bekommt, so gehört die Annahme der kausalen Verletzungshandlung zur Vergleichsgrundlage. Der Vertrag ist folglich gemäß § 779 Abs. 1 BGB unwirksam, wenn in Wirklichkeit nicht B,

---

[33] Siehe oben § 14 Rn. 1.

[34] *Erman/Müller* § 779 Rn. 25; *Staudinger/Marburger* (2015) § 779 Rn. 70.

[35] RG 13.11.1918 RGZ 147, 280 (286); *Staudinger/Marburger* (2015) § 779 Rn. 70; a. A. *Habersack* MünchKomm. § 779 Rn. 62.

[36] BGH 24.04.1985 NJW 1985, 1835 (1836); BGH 04.10.1988 BGHZ 105, 243 (245 ff.); BGH 12.02.2008 NJW-RR 2008, 649 Rn. 9 ff.; *Erman/Müller* § 779 Rn. 35; *Palandt/Sprau* § 779 Rn. 16.

[37] BGH 18.06.1986 NJW-RR 1986, 1258 (1259); *Habersack* MünchKomm. § 779 Rn. 62; *Staudinger/Marburger* (2015) § 779 Rn. 70.

sondern C den Sturz des A bewirkt hat. Hingegen stellt es die Rechtswirksamkeit nicht infrage, wenn B tatsächlich nicht fahrlässig gehandelt hat und daher dem A nach § 823 Abs. 1 BGB keinen Schadensersatz geschuldet hätte (Vergleichsgegenstand). Später aufgefundene Beweismittel in Bezug auf einen streitigen Vergleichsgegenstand berühren die Vergleichsgrundlage nur, wenn das Nichtvorhandensein derartiger Beweismittel in diese einbezogen wurde, wovon aber nur unter besonderen Umständen ausgegangen werden kann.[38]

19   Umstritten ist, ob auch Rechtsfragen die Vergleichsgrundlage bilden können. Die Rechtsprechung vertritt eine restriktive Auffassung. Danach kann ein gemeinsamer Rechtsirrtum die Unwirksamkeitsfolge des § 779 Abs. 1 BGB nur auslösen, wenn er nicht „lediglich" Rechtsfragen, sondern auch Tatsachen umschließt, die den Abschluss des Vergleichs beeinflusst haben.[39] Deshalb könnte bei dem Streit über das Bestehen eines wirksamen Kaufvertrages z. B. die gemeinsame irrige Auffassung die Grundlage eines Vergleichs bilden, dass eine der Parteien ein wirksames Kaufangebot abgegeben hat. Nicht unter § 779 Abs. 1 BGB fiele dagegen die Annahme, ein bestimmter Irrtum einer Partei erfülle die rechtlichen Voraussetzungen eines Anfechtungsgrundes nach § 119 Abs. 2 BGB. Dieser Beschränkung der Beachtlichkeit gemeinsamer Rechtsirrtümer ist mit der h. L. zu widersprechen:[40] Ebenso, wie eine reine Rechtsfrage unstrittig einen tauglichen Vergleichsgegenstand bilden kann, muss diese bei einer übereinstimmenden beiderseitigen Annahme auch die Vergleichsgrundlage bilden können. Der Wortlaut des § 779 Abs. 1 BGB, der auf den „Sachverhalt" abstellt, liefert kein tragfähiges Gegenargument, da zu diesem auch *im Vorfeld* gelegene Rechtsfragen gehören. Was im obigen Beispiel in Bezug auf den streitigen Kaufvertrag eine reine Rechtsfrage darstellt (Unterfällt der Irrtum § 119 Abs. 2 BGB?), ist für den Vergleich folglich eine Sachverhaltsfrage.

20   Weiterhin tritt die Unwirksamkeitsfolge nur ein, wenn der Streit oder die Ungewissheit nicht entstanden wäre, hätten die Parteien den wahren, auf die Vergleichsgrundlage bezogenen Sachverhalt gekannt. Ob bei Kenntnis der Sachlage ein *anderer* Streit oder eine *andere* Ungewissheit aufgetreten wäre, selbst wenn dies letztendlich zu einem Vergleich mit ähnlichem Inhalt geführt hätte, steht der Rechtsfolge des § 779 Abs. 1 BGB nicht entgegen.[41]

III. Anfechtbarkeit des Vergleichs

21   Die Unterscheidung zwischen Vergleichsinhalt, Vergleichsgegenstand und Vergleichsgrundlage strahlt auch auf eine mögliche Anfechtbarkeit des Vergleichs wegen eines Irrtums aus.

---

[38] BGH 17.03.1975 WM 1975, 566 (567); *Esser/Weyers* BT 1, § 42 III 2a, S. 374.

[39] RG 12.04.1938 RGZ 157, 266 (269 ff.); BGH 23.10.1957 BGHZ 25, 390 (394); BGH 21.12.2006 NJW 2007, 838.

[40] *Habersack* MünchKomm. § 779 Rn. 64; *Schlechtriem* Rn. 652; *Soergel/Lorentz* § 779 Rn. 20; *Looschelders* Rn. 993; *Staudinger/Marburger* (2015) § 779 Rn. 71.

[41] RG 01.11.1935 RGZ 149, 140 (142); *Habersack* MünchKomm. § 779 Rn. 65.

Ein *Inhalts- oder Erklärungsirrtum* i. S. des § 119 Abs. 1 BGB kann sich defi-   **22**
nitionsgemäß nur auf das im Vergleichsvertrag Erklärte, also den Vergleichsinhalt
beziehen (Beispiel: eine Partei versteht die Verpflichtungen, die sie durch den Vergleich übernimmt, falsch). Insoweit ist eine Anfechtung nach § 119 Abs. 1 BGB
uneingeschränkt möglich.

Bei einem *Eigenschaftsirrtum* (§ 119 Abs. 2 BGB) ist zu differenzieren: Eine   **23**
irrtümliche Vorstellung in Bezug auf den Vergleichsgegenstand berechtigt nicht zur
Anfechtung, da dieser als streitig oder ungewiss feststeht und der Vergleichsvertrag
diesen abschließend regeln soll, unabhängig davon, ob sich später die wirkliche
Sach- oder Rechtslage herausstellt.[42] In diesem Fall fehlt stets die nach dem jeweiligen Vertragszweck zu bestimmende Verkehrswesentlichkeit des Irrtums i. S. des
§ 119 Abs. 2 BGB.[43]

Problematisch sind indes Eigenschaftsirrtümer, die sich nicht auf den beiderseits   **24**
als streitig oder ungewiss erkannten Sachverhalt (Vergleichsgegenstand) beziehen,
sondern Annahmen betreffen, die nicht zur Vergleichsgrundlage gehören, weil
lediglich eine Partei sie als feststehend betrachtet hat. Beispiel: Zwischen A und B
ist streitig, ob Letzterer dem Ersteren nach § 823 Abs. 1 BGB zum Ersatz des dem
A aus einem Sturz entstandenen Schadens verpflichtet ist. Sie schließen einen Vergleich, bei dem B fest davon ausgeht, dass er zumindest die kausale Verletzungshandlung vollzogen hat, während A – ohne Wissen des B – die Möglichkeit in Betracht
zieht, dass ihm C den Stoß versetzt haben könnte, was auch tatsächlich zutrifft. Aus
§ 779 Abs. 1 BGB, nach dem nur die konsentierte Vergleichsgrundlage beachtlich
ist, wird man schließen müssen, dass auch Sachverhaltselemente, die nur von einer
Seite als feststehend unterstellt wurden, für den Vergleich nicht verkehrswesentlich i. S. des § 119 Abs. 2 BGB sind (argumentum e contrario).[44] Es handelt sich
insoweit – wie bei Fehlvorstellungen in Bezug auf den Vergleichsgegenstand – um
unbeachtliche Motivirrtümer.

Eine Anfechtung wegen *arglistiger Täuschung* oder *widerrechtlicher Drohung* ist   **25**
nach Maßgabe des § 123 BGB möglich. Dies gilt hinsichtlich einer Täuschung auch
dann, wenn sie sich auf den Vergleichsgegenstand bezieht.[45]

D. Rechtswirkungen des Vergleichs

Nach Abschluss des Vergleichs können sich die Parteien im Hinblick auf das streitige   **26**
oder ungewisse Rechtsverhältnis nicht mehr auf die vorherige Rechtslage berufen.
Wie weit die Wirkung des Vertrages dabei reicht, d. h., in welchem Umfang er den

---

[42] RG 02.12.1939 RGZ 162, 198 (201 f.); BGH 12.01.1951 BGHZ 1, 57 (61); BGH 21.12.2006 NJW
2007, 838; *Habersack* MünchKomm. § 779 Rn. 60; *Soergel/Lorentz* § 779 Rn. 24.

[43] Zur Konkretisierung des Begriffs der Verkehrswesentlichkeit nach Maßgabe des jeweiligen
Vertragszwecks allgemein *Flume* AT 2, § 24/2a-d, S. 476 ff.; *Wolf/Neuner* § 41 Rn. 62 f.

[44] *Habersack* MünchKomm. § 779 Rn. 60; RGRK/*Steffen* § 779 Rn. 50; für Beurteilung im Einzelfall
Staudinger/Marburger (2015) § 779 Rn. 80.

[45] Statt aller *Palandt/Sprau* § 779 Rn. 27.

Streit oder die Ungewissheit beilegt, ist durch Auslegung gemäß den §§ 133, 157 BGB zu ermitteln.[46] Umstritten ist allerdings, wie sich die Umgestaltung des „bereinigten" tatsächlichen oder vermeintlichen Rechtsverhältnisses genau vollzieht.

27 Nach früher h. M. stellt der Vergleich ein reines Verpflichtungsgeschäft dar, das auf das strittige oder ungewisse Rechtsverhältnis nicht unmittelbar, d. h. verfügend einwirkt.[47] Danach müssen die Parteien des Vergleichs die Umgestaltung des Ausgangsrechtsverhältnisses (oder die Neubegründung eines Rechtsverhältnisses für den Fall, dass in Wirklichkeit zuvor gar kein solches bestand) durch von dem Vergleich zu unterscheidende Rechtsgeschäfte als Erfüllung des Vergleichs vornehmen (Erlassverträge gemäß § 397 Abs. 1 BGB, abstrakte Schuldanerkenntnisse gemäß § 781 BGB etc.). Diese Aufspaltung entspricht zwar dem Willen des historischen Gesetzgebers,[48] verkompliziert die Rechtslage aber unnötig. Mit einer neueren Auffassung ist deshalb davon auszugehen, dass Rechtsakte, die das Ausgangsrechtsverhältnis umgestalten, bereits Bestandteil des Vergleichsinhaltes sind, in dem sie daneben zugleich auch ihren Rechtsgrund i. S. des § 812 BGB finden.[49] Beseitigt der Vergleich z. B. (teilweise) eine Forderung, dann enthält dieser deshalb bereits selbst die betreffende Erlassvereinbarung (anstelle einer auf den Abschluss eines Erlassvertrages gerichteten Verpflichtung); soll eine Forderung neu begründet oder erweitert werden, so gehört ein dahingehendes kausales Schuldanerkenntnis zum Vergleichsinhalt (an Stelle einer Verpflichtung zur Abgabe eines abstrakten Schuldanerkenntnisses nach der Gegenauffassung). Daraus ergibt sich, dass bei einer Unwirksamkeit des Vergleichs (z. B. nach § 779 Abs. 1 BGB) auch diese Änderungen des Ausgangsrechtsverhältnisses *eo ipso* nichtig sind und nicht gemäß § 812 Abs. 1 Satz 1 Alt. 1 BGB kondiziert werden müssen. Ebenso lebt bei einem vertraglich vorbehaltenen Rücktritt vom Vergleich die alte Rechtslage automatisch wieder auf und muss nicht durch gegenläufige Rechtsgeschäfte gemäß § 346 Abs. 1 BGB wiederhergestellt werden.[50]

28 Mit dieser Einordnung ist auch die Beantwortung der Frage verbunden, inwieweit es sich bei dem Vergleich um einen gegenseitigen Vertrag i. S. der §§ 320 ff. BGB handelt. Wird der Vergleich – entsprechend der früher h. M. – als reines Verpflichtungsgeschäft aufgefasst, so ist dies aufgrund der durch gegenseitiges Nachgeben begründeten jeweiligen Verpflichtungen (zum Abschluss eines Erlassvertrages, zur Erteilung eines Schuldanerkenntnisses etc.) stets zu bejahen.[51] Nach der

---

[46] Zu der praktisch wichtigen Frage, ob der Vergleich eines Geschädigten mit einem Versicherer auch unvorhersehbare Spätschäden umfasst: BGH 19.06.1990 NJW 1991, 1535; *Staudinger/Marburger* (2015) § 779 Rn. 59 jeweils m. w. N.

[47] BGH 10.03.1955 BGHZ 16, 388 (392 f.); *Enneccerus/Lehmann* § 198 II, S. 811; *Erman/Müller* § 779 Rn. 25; RGRK/*Steffen* § 779 Rn. 20, 35.

[48] Mot. II, S. 650; Prot. II, S. 2624 f.

[49] *Fikentscher/Heinemann* Rn. 349; *Habersack* MünchKomm. § 779 Rn. 35; *Larenz* SchR AT, § 7 IV, S. 94 f.; *Schlechtriem* Rn. 656; *Staudinger/Marburger* (2015) § 779 Rn. 41 ff.

[50] *Habersack* MünchKomm. § 779 Rn. 36; *Schlechtriem* Rn. 656; *Staudinger/Marburger* (2015) § 779 Rn. 52; a. A. BGH 10.03.1955 BGHZ 16, 388 (392 f.).

[51] *Enneccerus/Lehmann* § 198 II, S. 811; *Erman/Müller* § 779 Rn. 25; RGRK/*Steffen* § 779 Rn. 22; offengelassen in BGH 12.12.1991 BGHZ 116, 319 (330).

hier vertretenen Auffassung ist hingegen zu unterscheiden:[52] Soweit der Vergleich auf das Ausgangsrechtsverhältnis *verfügend* einwirkt, kommt eine Anwendung der §§ 320 ff. BGB nicht in Betracht. Die Verknüpfung wechselseitiger Verfügungen (z. B. beiderseitiger Schulderlass) erfolgt vielmehr über § 139 BGB. Begründet der Vergleich dagegen eine Verpflichtung, so ist im Einzelfall zu ermitteln, ob diese mit einer Verpflichtung der anderen Partei in einem Gegenseitigkeitsverhältnis steht. Deshalb sind die §§ 320 ff. BGB z. B. auf das neu begründete Rechtsverhältnis anwendbar, wenn der Vergleich den Streit darüber, ob zwischen A und B ein Kaufvertrag über die Lieferung von 100 Kisten Orangen zum Preis von 1000 € besteht, dadurch beilegt, dass sich A verpflichtet, B 50 Kisten Zitronen für 500 € zu liefern.

Soweit der Vergleich bereits bestehende Verpflichtungen inhaltlich ganz oder teilweise aufrechterhält, handelt es sich mangels einer besonderen Vereinbarung nicht um eine Novation (sog. Schuldumschaffung), sondern eine Schuldänderung.[53] In diesem Fall behält die Verpflichtung daher ihre ursprüngliche Rechtsnatur (Kaufvertrag etc.), und für sie bestellte akzessorische Sicherungsrechte (z. B. Bürgschaft) sowie Einreden bzw. Einwendungen bleiben bestehen.[54]

29

[52] *Esser/Weyers* BT 1, § 42 III 2c, S. 375 f.; *Habersack* MünchKomm. § 779 Rn. 36 f.; *Schlechtriem* Rn. 656; *Staudinger/Marburger* (2015) § 779 Rn. 49 ff.
[53] Dazu allgemein *Larenz* SchR AT, § 7 II bis III, S. 88 ff.
[54] RG 11.06.1940 RGZ 164, 212 (216 f.); BGH 27.03.1969 BGHZ 52, 39 (46); *Brox/Walker* § 33 Rn. 9; *Looschelders* Rn. 995; RGRK/*Steffen* § 779 Rn. 36; *Schlechtriem* Rn. 657.

§ 15 Schuldversprechen und Schuldanerkenntnis

Inhaltsverzeichnis

A. Überblick

In den §§ 780 bis 782 BGB stellt das BGB Formvorschriften für bestimmte Rechts-   **1**
geschäfte auf. Ähnlich wie beim Vergleich (§ 779 BGB),[1] enthalten diese Normen
zugleich eine Legaldefinition der betreffenden Vertragstypen und erkennen sie
damit gesetzlich an. Es handelt sich erstens um den Vertrag, durch den eine Leistung
derart versprochen wird, dass das Versprechen eine selbstständige Verpflichtung
begründet (Schuldversprechen, § 780 BGB), und zweitens um den Vertrag, durch

---

[1] Siehe oben § 14 Rn. 1.

© Springer-Verlag GmbH Deutschland, ein Teil von Springer Nature 2018   875
H. Oetker, F. Maultzsch, *Vertragliche Schuldverhältnisse*, Springer-Lehrbuch,
https://doi.org/10.1007/978-3-662-57500-0_15

den das Bestehen eines Schuldverhältnisses anerkannt wird (Schuldanerkenntnis, § 781 BGB). Die Bedeutung dieser Vertragstypen erschließt sich durch einen Blick auf die Funktion von Schuldverträgen.

2   Schließen zwei Parteien einen Vertrag, so verfolgen sie hiermit bestimmte Zwecke, die in unterschiedlicher Beziehung zu dem abgeschlossenen Rechtsgeschäft stehen können: So kann es sich um unverbindliche Vorstellungen (z. B. die Annahme, den erworbenen Gegenstand sinnvoll nutzen zu können) oder eine Geschäftsgrundlage i. S. des § 313 BGB handeln. Regelmäßig wird aber zumindest ein Teil der Zweck-verfolgung zum Inhalt des Vertrages selbst gemacht: Der Zweck der unentgeltlichen Zuwendung gehört zum Inhalt eines Schenkungsvertrages, bei gegenseitigen Ver-trägen wird der Austauschzweck in den Vertrag aufgenommen (z. B. die entgeltliche Übereignung einer Sache beim Kauf). Durch diese Zweckvereinbarung enthalten die entsprechenden Verträge den Rechtsgrund (causa) für die durch sie begründeten Rechte und Pflichten in sich selbst.[2] Deshalb bedürfen Schenkungsverträge, Kauf-verträge etc. keines außerhalb ihrer selbst gelegenen Rechtsgrundes i. S. des § 812 BGB, um rechtsbeständig zu sein. Daher spricht man in solchen Fällen von *kausa-len Schuldverträgen*.[3]

3   Im Rechtsverkehr kann jedoch auch ein Bedürfnis bestehen, vertragliche Ver-bindlichkeiten zu begründen, die zunächst unabhängig von der Einbeziehung einer causa im dargelegten Sinne in den Vertrag (Zweckvereinbarung) existieren. Um derartige Verträge handelt es sich bei dem Schuldversprechen und dem Schuldaner-kenntnis i. S. der §§ 780, 781 BGB. Diese bedürfen notwendigerweise eines außer-halb ihrer selbst gelegenen Rechtsgrundes i. S. des § 812 BGB, um konditionsfest zu sein, den regelmäßig wiederum ein kausaler Schuldvertrag bildet. Ihre Existenz ist aber anders als bei kausalen Schuldverträgen nicht *unmittelbar* von dem Vor-liegen einer derartigen wirksamen Zweckvereinbarung abhängig. Zum Ausdruck kommt das z. B. in der Formulierung des § 780 BGB, nach der das Versprechen die Verpflichtung *selbständig* begründet. Rechtsgeschäfte i. S. der §§ 780, 781 BGB werden demgemäß als *abstrakte Schuldverträge* bezeichnet.[4] Fehlt es für diese an einem rechtfertigenden Grund, so sind die aus ihnen resultierenden Ansprüche Gegenstand einer Kondiktion gemäß § 812 Abs. 1 Satz 1 Alt. 1 BGB.

4   Insoweit gleichen abstrakte Schuldverträge anderen abstrakten (scil.: in ihrer Wirksamkeit von einer Zweckvereinbarung losgelösten) Verträgen. Bedeutendstes Beispiel dafür ist die Übereignung einer Sache nach den §§ 873 ff., 929 ff. BGB. Auch bei dieser berührt das Fehlen einer Zweckvereinbarung (z. B. Übereignung infolge Kaufs etc.) nicht deren Rechtswirksamkeit, sondern die Zweckvereinba-rung fungiert lediglich als Rechtsgrund i. S. des § 812 BGB, bei dessen Fehlen das Eigentum kondiziert werden kann. Bei den abstrakten Schuldverträgen tritt an

---

[2] Vgl. *Flume* AT 2, § 12 II 4b, S. 170: „Bezogen auf das schuldrechtliche Kausalgeschäft selbst ist die causa nichts anderes als der Inhalt des Schuldvertrages […].“

[3] Statt aller *Gernhuber* Das Schuldverhältnis, 1989, § 18 I 2, S. 432.

[4] *Brox/Walker* § 33 Rn. 13; *Habersack* MünchKomm. § 780 Rn. 2; *Staudinger/Marburger* (2015) Vorbem. zu §§ 780–782 Rn. 2.

die Stelle einer sachenrechtlichen Verfügung die Begründung einer obligatorischen Verbindlichkeit.

Daraus folgt, dass die Rechtsstellung des Verpflichteten schwächer als bei kau- **5** salen Schuldverträgen ist: Wer aus einem Kaufvertrag Rechte geltend macht, muss dessen Existenz und damit beispielsweise eine wirksame Einigung über die nach dem Austauschzweck erforderlichen essentialia negotii (Kaufgegenstand, Kaufpreis) beweisen. Wer aus einem abstrakten Schuldvertrag vorgeht, muss zwar auch die Existenz dieses Vertrages beweisen, nicht aber, dass zugleich eine wirksame Zweckvereinbarung in Bezug auf sein Forderungsrecht vorliegt. Es bleibt dem Verpflichteten überlassen, seine Inanspruchnahme über die Einrede der ungerechtfertigten Bereicherung (vgl. § 821 BGB) durch den Beweis abzuwenden, dass es an einer kausalen Verbindlichkeit fehlt oder diese ihrerseits mit einer Einrede behaftet ist.[5] In prozessualer Hinsicht kommt hinzu, dass abstrakte Verbindlichkeiten bei schriftlicher Fixierung in einem Urkundenprozess nach den §§ 592 ff. ZPO eingeklagt werden können, der dem Beklagten eine schwächere Stellung einräumt als im normalen Zivilprozess. Insbesondere ermöglicht dieser es dem Kläger, ein Urteil zu erlangen, das ohne Sicherheitsleistung vorläufig vollstreckbar ist (§ 708 Nr. 4 ZPO).

Der Abschluss eines abstrakten Schuldvertrages kommt daher den Bedürfnissen **6** des Gläubigers nach Rechtsklarheit und Verkehrsfähigkeit seines Anspruchs entgegen. So kann sich z. B. der Verkäufer einer Sache neben seinem Anspruch aus § 433 Abs. 2 BGB dieselbe Summe zusätzlich nach den §§ 780, 781 BGB versprechen lassen. Der Geltendmachung dieses Anspruchs stehen dann etwaige Mängel des Kaufvertrages oder Einreden aus demselben nur unter den Voraussetzungen der Einrede einer ungerechtfertigten Bereicherung entgegen, welche die Erlangung der abstrakten Forderung erfasst. Aus der Nichteinbeziehung einer Zweckvereinbarung in den abstrakten Schuldvertrag ergibt sich auch, dass es sich bei diesem niemals um einen gegenseitigen, sondern stets um einen einseitig verpflichtenden Vertrag handelt.[6] Dies schließt allerdings nicht aus, dass dort begründete Verpflichtungen im Einzelfall über eine Bedingung i. S. der §§ 158 ff. BGB mit anderen Rechtsgeschäften verknüpft werden.[7]

Das Gesetz unterscheidet danach, ob eine Leistung „versprochen" (§ 780 **7** BGB) oder das Bestehen eines Schuldverhältnisses „anerkannt" (§ 781 BGB) wird. Dabei umfasst der Begriff des Schuldverhältnisses keine umfassende obligatorische Rechtsbeziehung (Schuldverhältnis im weiteren Sinne, z. B. Verträge), sondern ein Forderungsrecht i. S. des § 241 Abs. 1 Satz 1 BGB (Schuldverhältnis im engeren Sinne).[8] Dementsprechend liegt ein Schuldanerkenntnis gemäß § 781 BGB vor, wenn durch den Vertrag ein (gegebenenfalls nur vermeintlicher) anderer,

---

[5] Siehe näher unten § 15 Rn. 30 ff.

[6] RG 29.09.1924 RGZ 108, 410 (412); *Erman/Wilhelmi* Vor § 780 Rn. 3; RGRK/*Steffen* § 780 Rn. 4; *Soergel/Häuser* §§ 780, 781 Rn. 4.

[7] BGH 30.11.1993 BGHZ 124, 263 (269); *Habersack* MünchKomm. § 780 Rn. 14; *Staudinger/Marburger* (2015) § 780 Rn. 3.

[8] *Staudinger/Marburger* (2015) § 781 Rn. 1 ff.

regelmäßig aus einem kausalen Vertrag resultierender Anspruch durch Hinzufügung einer abstrakten Forderung ergänzt werden soll (wie im soeben angeführten Beispiel des Kaufs). Das Schuldversprechen nach § 780 BGB betrifft demgegenüber eine gänzliche Neubegründung ohne Ergänzung einer vorhergehenden kausalen Rechtsbeziehung, wie es z. B. bei der schenkweisen Einräumung einer Forderung in Betracht kommt (A schenkt B kein Bargeld, sondern eine Forderung gegen sich in bestimmter Höhe). Es ist jedoch allgemein anerkannt, dass diese Unterschiede rein terminologischer Natur sind und sich Schuldversprechen und Schuldanerkenntnis im Übrigen in Tatbestand und Rechtsfolgen gleichen.[9]

8   Besondere Bedeutung erlangen abstrakte Schuldverträge dadurch, dass nach h. M. zahlreiche wertpapierrechtliche Verpflichtungen aus derartigen Verträgen resultieren (sog. Begebungsverträge).[10] Dies trifft z. B. auf die Schuld des Wechselbezogenen nach Art. 28 Abs. 1 WG zu. Einen weiteren wichtigen Anwendungsfall stellt nach überwiegender Auffassung die Saldofeststellung beim kaufmännischen Kontokorrent i. S. des § 355 HGB dar.[11] Im Bürgerlichen Recht wird dementsprechend die Kontogutschrift im Rahmen eines Zahlungsdiensterahmenvertrages (Girovertrag; § 675f Abs. 2 BGB)[12] als abstrakter Schuldvertrag eingeordnet.[13] Die Bank schuldet dem Kontoinhaber die betreffende Summe daher grundsätzlich auch dann, wenn die Voraussetzungen eines Herausgabeanspruchs nach den §§ 675 Abs. 1, 667 BGB nicht gegeben sind, z. B. weil sie von dem „Überweisenden" keine Deckung erhalten hat.

B. Abgrenzungsfragen

I. Abgrenzung zum einseitigen Schuldanerkenntnis

9   Das Vorliegen eines abstrakten Schuldvertrages i. S. der §§ 780, 781 BGB setzt bereits begrifflich eine rechtsverbindliche Einigung der Parteien gemäß den §§ 145 ff. BGB voraus. Hiervon sind Fälle zu unterscheiden, in denen eine Person einseitig erklärt, eine gewisse Verpflichtung zu haben bzw. bereit zu sein, diese zu erfüllen. Hierbei handelt es sich nicht um eine Willenserklärung, sondern eine bloße

---

[9] Prot. II, S. 499 ff.; *Esser/Weyers* BT 1, § 41 I, S. 366; *Habersack* MünchKomm. § 780 Rn. 3; *Looschelders* Rn. 997; *Medicus/Lorenz* Rn. 1046; *Palandt/Sprau* § 780 Rn. 1; RGRK/*Steffen* vor § 780 Rn. 6.

[10] Überblick zum Streit über den Ursprung wertpapierrechtlicher Verbindlichkeiten bei *Hueck/Canaris* Recht der Wertpapiere, 12. Aufl. 1986, § 3, S. 28 ff.

[11] Dazu *Canaris* Handelsrecht, 24. Aufl. 2006, § 25 Rn. 29 f.; *Oetker* Handelsrecht, 7. Aufl. 2015, § 7 Rn. 84 ff.; *K. Schmidt* Handelsrecht, 6. Aufl. 2014, § 21 Rn. 30 ff.

[12] Siehe oben § 11 Rn. 90.

[13] BGH 25.01.1988 BGHZ 103, 143 (146); *Esser/Weyers* BT 1, § 41 IV, S. 372; *Palandt/Sprau* § 675f Rn. 28.

Wissenserklärung und damit nicht um ein Rechtsgeschäft.[14] Die Abgrenzung zum
abstrakten Schuldvertrag bemisst sich dabei zunächst nach den allgemeinen Kriterien zur Feststellung eines Rechtsbindungswillens,[15] wobei zu berücksichtigen ist,
dass es selbst beim Vorliegen eines solchen auf der Seite des Anerkennenden noch
einer – gegebenenfalls konkludenten – Annahmeerklärung durch den Adressaten
bedarf, um einen Schuldvertrag zu begründen (selbst dann kann es sich aber immer
noch um ein kausales im Gegensatz zu einem abstrakten Schuldanerkenntnis i. S.
des § 781 BGB handeln).[16]

Von einer einseitigen Wissenserklärung ist z. B. auszugehen, wenn nach einem **10**
Verkehrsunfall einer der Beteiligten spontan und ohne Aufforderung durch den
anderen erklärt, den Unfall „verschuldet" zu haben. Der Abschluss eines (abstrakten oder kausalen) Schuldanerkenntnisses liegt demgegenüber näher, wenn die
Erklärung einen bereits entstandenen Streit oder eine entstandene Ungewissheit
(ohne *gegenseitiges* Nachgeben; dann läge ein Vergleich i. S. des § 779 BGB vor)[17]
schlichten soll.[18] Jedoch darf das Vorliegen einer gegenwärtigen Kontroverse entgegen der h. M. nicht zur notwendigen Bedingung einer vertraglichen Einigung
stilisiert werden, sondern es ist stets der Parteiwille im Einzelfall maßgeblich.[19] So
wird es bei dem Schuldner einer zur Abtretung vorgesehenen Forderung, der gegenüber dem potenziellen Zessionar deren Bestehen „bestätigt", im Zweifel an einem
Rechtsbindungswillen in Bezug auf ein Schuldanerkenntnis fehlen und bei einer
Unrichtigkeit der Auskunft allenfalls eine Haftung nach den §§ 280 Abs. 1, 311
Abs. 3 BGB in Betracht kommen.[20]

Mangels vertraglicher Einigung erzeugt ein einseitiges Schuldanerkenntnis keine **11**
eigenständige Verpflichtung des „Erklärenden" (im Beispiel etwa zum Ersatz der
Unfallkosten). Es bewirkt jedoch in einem späteren Rechtsstreit – der entstehen
kann, wenn die Aussage „widerrufen" wird – beweisrechtliche Nachteile, insbesondere wenn aufgrund des Anerkenntnisses eine nun nicht mehr nachholbare Beweis-
aufnahme unterblieben ist.[21] Darüber hinaus führt das einseitige Anerkenntnis nach

[14] BGH 10.10.1977 BGHZ 69, 328 (330); *Erman/Wilhelmi* § 781 Rn. 1; *Habersack* MünchKomm.
§ 781 Rn. 7; *Larenz/Canaris* BT 2, § 61 II 1a/b, S. 31 f.; *Looschelders* Rn. 1006; *Staudinger/*
Marburger (2015) § 781 Rn. 27.
[15] Dazu allgemein *Wolf/Neuner* § 28 Rn. 18 ff.
[16] Zur diesbezüglichen Abgrenzung unten § 15 Rn. 12 ff.
[17] Dazu oben § 14 Rn. 7 ff.
[18] BGH 24.03.1976 BGHZ 66, 250 (255); BGH 24.06.1999 NJW 1999, 2889 f.; *Habersack* Münch-
Komm. § 781 Rn. 30 f.; *Staudinger/Marburger* (2015) § 781 Rn. 39; weitergehend *Larenz/Canaris*
BT 2, § 61 II 2a, S. 33 f.
[19] *Larenz/Canaris* BT 2, § 61 II 1c, S. 33; *Lindacher* JuS 1973, 79 (80).
[20] *Habersack* MünchKomm. § 781 Rn. 19; *Larenz/Canaris* BT 2, § 61 II 2b, S. 35; *Soergel/Häuser*
§§ 780, 781 Rn. 194; *Staudinger/Marburger* (2015) § 781 Rn. 34. Für ein kausales Schuldanerkenntnis (dazu sogleich unter § 15 Rn. 12 ff.) die früher h. M.: BGH 10.10.1977 BGHZ 69, 328
(331); RGRK/*Steffen* § 780 Rn. 14. Näher zur Haftung für unrichtige Auskünfte oben § 11 Rn. 19 ff.
[21] BGH 10.10.1977 BGHZ 69, 328 (332); BGH 10.01.1984 NJW 1984, 799 f.; *Esser/Weyers* BT 1,
§ 41 II, S. 367; *Habersack* MünchKomm. § 781 Rn. 32; RGRK/*Steffen* Rn. 17.

§ 212 Abs. 1 Nr. 1 BGB zu einem Neubeginn der Verjährung, wenn tatsächlich ein Anspruch gegen den Anerkennenden bestand. Diese nachteilige Rechtsfolge tritt jedoch nur ein, sofern das einseitige Schuldanerkenntnis wenigstens den Wirksamkeitsvoraussetzungen für rechtsgeschäftsähnliche Handlungen genügt, d. h. insbesondere die Geschäftsfähigkeit des Erklärenden nach den §§ 104 ff. BGB vorlag.[22]

II. Abgrenzung zum kausalen Schuldanerkenntnis

12 Treffen die Parteien eine vertragliche Regelung über die jeweilige Verpflichtung, so liegt damit noch nicht automatisch ein abstrakter Schuldvertrag vor. Vielmehr bedarf es zusätzlich der Abgrenzung von einem kausalen Schuldanerkenntnis, das gesetzlich nicht geregelt ist. Ein kausales Schuldanerkenntnis begründet – anders als ein abstrakter Schuldvertrag – keine *selbständige* Verpflichtung, sondern wirkt nur insoweit auf eine tatsächlich oder vermeintlich bereits bestehende Verbindlichkeit (aus Vertrag, Delikt etc.) ein, als es dem Anerkennenden zukünftig versagt ist, sich auf das etwaige Nichtbestehen *dieser* Schuld oder auf Einreden gegen diese zu berufen, soweit er mit dem betreffenden Hinderungsgrund bei Abschluss des kausalen Schuldanerkenntnisses zumindest rechnete.[23] In Bezug auf den Ausschluss dieser Einwände kann der Vertrag aber durchaus auch eine gestaltende Wirkung entfalten, sodass die nicht unübliche Bezeichnung des kausalen Schuldanerkenntnisses als „deklaratorisch"[24] missverständlich ist.[25] Bei präziser Betrachtung werden etwaige Einwände gegen die Verpflichtung durch das kausale Schuldanerkenntnis aber nicht in jedem Fall beseitigt (denn möglicherweise bestanden diese bei unklarer Sach- oder Rechtslage gar nicht), sondern für unerheblich erklärt (sog. potenziell konstitutive Wirkung).[26]

13 Ob einer Person lediglich Einwände gegenüber einer tatsächlich oder vermeintlich bereits bestehenden Verbindlichkeit abgeschnitten werden sollen (kausales Schuldanerkenntnis) oder eine neue, selbstständige Verpflichtung mit demselben Inhalt begründet wird (abstraktes Schuldanerkenntnis i. S. des § 781 BGB), ist durch Auslegung gemäß den §§ 133, 157 BGB zu ermitteln, wobei der Zweck des

---

[22] Zu Begriff und Wirksamkeitsvoraussetzungen geschäftsähnlicher Handlungen *Wolf/Neuner* § 28 Rn. 8 ff.

[23] BGH 24.03.1976 BGHZ 66, 250 (254); BGH 11.06.1986 NJW-RR 1987, 43 (44); OLG Stuttgart 21.12.2011 NJW-RR 2012, 851 (852); *Esser/Weyers* BT 1, § 42 III 1a, S. 368; *Looschelders* Rn. 1004; RGRK/*Steffen* § 781 Rn. 9; *Soergel/Häuser* §§ 780, 781 Rn. 165; *Staudinger/Marburger* (2015) § 781 Rn. 11. Umstände, die außerhalb des Erkenntnishorizontes lagen, können hingegen weiter vorgetragen werden: *Larenz/Canaris* BT 2, § 61 II 2a, S. 34.

[24] So z. B. BGH 16.03.1988 BGHZ 104, 18 (24); OLG Stuttgart 21.12.2011 NJW-RR 2012, 851 (852); *Erman/Wilhelmi* § 781 Rn. 1.

[25] *Esser/Weyers* BT 1, § 41 II, S. 367; *Habersack* MünchKomm. § 781 Rn. 3; *Larenz/Canaris* BT 2, § 61 II 1c, S. 32 f.; *Soergel/Häuser* §§ 780, 781 Rn. 171.

[26] *Larenz/Canaris* BT 2, § 61 II 1c, S. 32 f.; *Staudinger/Marburger* (2015) § 781 Rn. 11.

Rechtsgeschäftes besondere Bedeutung hat.[27] Besteht dieser ausschließlich darin, einen Streit oder eine Ungewissheit auszuräumen, so ist regelmäßig von einem lediglich kausalen Schuldanerkenntnis auszugehen, das diese Bereinigungsfunktion vollständig erfüllt.[28] Gibt z. B. nach einem Verkehrsunfall ein unfallbeteiligter Fahrzeughalter nicht bloß ein einseitiges Schuldanerkenntnis ab, sondern gesteht vertraglich seine Ersatzpflicht zu, dann liegt nur in Bezug auf eine Verpflichtung aus § 7 Abs. 1 StVG ein kausales Schuldanerkenntnis vor. Der Betreffende kann sich dann z. B. später nicht mehr darauf berufen, dass der Unfall auf höherer Gewalt i. S. des § 7 Abs. 2 StVG beruhte. Wohl aber kann er ein Mitverschulden des Geschädigten gemäß § 9 StVG geltend machen, wenn er mit dessen Vorliegen bei Abschluss des Anerkenntnisvertrages nicht rechnete, weil Grund seiner Haftung nach dem kausalen Anerkenntnis ausschließlich § 7 Abs. 1 StVG und nicht eine selbstständige Verbindlichkeit i. S. der §§ 780, 781 BGB ist.

Verfolgt das kausale Schuldanerkenntnis eine Bereinigungsfunktion, dann ähnelt **14** es bis auf das Fehlen eines gegenseitigen Nachgebens dem Vergleich i. S. des § 779 BGB. Daher ist in diesem Fall die Unwirksamkeitsvorschrift des § 779 Abs. 1 BGB bei einem beiderseitigen Irrtum über die als feststehend angenommene Sachverhaltsgrundlage des Vertrages analog anzuwenden.[29] Im Beispiel wäre das Anerkenntnis z. B. nichtig, wenn die Vertragschließenden davon ausgingen, dass nur einer von ihnen den Unfall verursacht haben kann, in Wirklichkeit aber ein Dritter dafür verantwortlich war. Dem Vertragszweck entsprechend kann derjenige, der das kausale Anerkenntnis abgibt, seine Willenserklärung aber nicht gemäß § 119 Abs. 2 BGB wegen eines Irrtums über diejenigen Einwände gegen seine Verpflichtung anfechten, deren Vorbringen das kausale Schuldanerkenntnis gerade ausschließen soll.[30] Es fehlt insoweit an der nach dem Zweck des Rechtsgeschäftes zu bestimmenden Verkehrswesentlichkeit des Irrtums.

Nach h. M. bedarf das kausale Schuldanerkenntnis mangels Begründung einer **15** selbstständigen abstrakten Verbindlichkeit *nicht* analog den §§ 780, 781 BGB der Schriftform.[31] Wie bei einem Vergleich i. S. des § 779 BGB ist aber eine Form einzuhalten, wenn diese gesetzlich für die Begründung der Verpflichtung vorgesehen ist, die durch das kausale Schuldanerkenntnis potenziell gestaltet wird (z. B. § 311b Abs. 1 Satz 1 BGB).[32]

---

[27] BGH 24.03.1976 BGHZ 66, 250 (255); BGH 14.01.2008 NJW-RR 2008, 1589 Rn. 15; *Erman/Wilhelmi* § 781 Rn. 1; *Habersack* MünchKomm. § 781 Rn. 4; *Staudinger/Marburger* (2015) § 781 Rn. 24.

[28] OLG Stuttgart 21.12.2011 NJW-RR 2012, 851 (852); RGRK/*Steffen* § 781 Rn. 19; *Staudinger/Marburger* (2015) § 781 Rn. 36.

[29] *Staudinger/Marburger* (2015) § 781 Rn. 18 m. w. N. Zu weiteren Einzelheiten oben § 14 Rn. 17 ff.

[30] BGH 19.09.1963 NJW 1963, 2316 (2317); RGRK/*Steffen* § 781 Rn. 14. Auch insoweit liegt eine Parallele zum Vergleich vor; näher oben § 14 Rn. 23.

[31] *Erman/Wilhelmi* § 781 Rn. 9; *Habersack* MünchKomm. § 781 Rn. 3; *Larenz/Canaris* § 61 II 1c, S. 32; *Soergel/Häuser* §§ 780, 781 Rn. 170.

[32] *Medicus/Lorenz* Rn. 1048 sowie zum Vergleich oben § 14 Rn. 16.

III. Abgrenzung zum negativen Schuldanerkenntnis

16 Anders als abstrakte Schuldverträge i. S. der §§ 780, 781 BGB ist das formlos wirksame sog. negative Schuldanerkenntnis nach § 397 Abs. 2 BGB nicht auf die Begründung, sondern die Aufhebung einer Verpflichtung gerichtet. Auch bei diesem bedarf es wiederum der Abgrenzung von lediglich einseitigen bzw. kausalen negativen Schuldanerkenntnissen.[33]

C. Abschluss und Wirksamkeit des abstrakten Schuldvertrages

I. Allgemeines

17 Für den Abschluss abstrakter Schuldverträge gelten die §§ 104 ff. BGB. Ein Irrtum über den Bestand oder den Inhalt des dem Vertrag zugrunde liegenden Kausalverhältnisses[34] begründet aufgrund der Abstraktheit jedoch nicht die Anfechtbarkeit nach § 119 BGB.[35]

18 Wird ein abstrakter Schuldvertrag mittels Allgemeiner Geschäftsbedingungen des durch ihn Begünstigten abgeschlossen, so verstößt dies nicht gegen § 309 Nr. 12 BGB.[36] Zwar obliegt es dem Verpflichteten, das Fehlen eines mangelfreien Kausalverhältnisses zu beweisen, um seine Inanspruchnahme aus dem abstrakten Schuldvertrag zu verhindern. § 309 Nr. 12 BGB verbietet aber nur eine Beweislastveränderung zugunsten des Verwenders der Allgemeinen Geschäftsbedingungen *innerhalb eines Rechtsverhältnisses*. In den hier in Rede stehenden Konstellationen erfolgt jedoch eine Kombination zweier Rechtsverhältnisse (Kausalverhältnis und abstrakter Schuldvertrag), ohne dass jeweils im Rahmen eines der Rechtsverhältnisse die Beweislast entgegen dem gesetzlichen Regelfall verändert würde. Die Rechtsprechung nimmt allerdings eine Unwirksamkeit gemäß § 307 Abs. 1 Satz 1 i. V. mit Abs. 2 Nr. 1 BGB an, wenn demjenigen, der für eine fremde Verbindlichkeit eine Sicherheit bestellt (z. B. eine Hypothek), in dem Sicherungsvertrag formularmäßig zugleich auch noch eine mit der fremden Schuld inhaltlich identische persönliche Haftung aus einem abstrakten Schuldvertrag auferlegt wird.[37]

---

[33] Exemplarisch BAG 07.11.2007 NJW 2008, 461 Rn. 15 sowie im Einzelnen *Schlüter* Münch-Komm. § 397 Rn. 14 m. w. N.

[34] Siehe oben § 15 Rn. 5.

[35] *Esser/Weyers* BT 1, § 41 III 1b, S. 369; *Habersack* MünchKomm. § 780 Rn. 50; *Staudinger/Marburger* (2015) § 780 Rn. 18.

[36] BGH 18.12.1986 BGHZ 99, 274 (284 f.); BGH 05.03.1991 BGHZ 114, 9 (12); *Habersack* MünchKomm. § 780 Rn. 23; *Soergel/Häuser* §§ 780, 781 Rn. 38; a. A. *Stürner* JZ 1971, 431 f.

[37] BGH 05.03.1991 BGHZ 114, 9 (14 f.); *Braunert* NJW 1991, 805 (808); *Staudinger/Marburger* (2015) § 780 Rn. 20.

II. Formerfordernisse der §§ 780 bis 782 BGB

1. Grundsätze

Gemäß den §§ 780 Satz 1, 781 Satz 1 BGB bedarf es grundsätzlich einer schriftli- **19**
chen Erteilung der Erklärung durch denjenigen, der sich in dem abstrakten Schuldvertrag verpflichtet. Wie bei § 766 BGB ist die Erklärung des *Begünstigten* nicht
formbedürftig.[38] Sie kann daher gegebenenfalls konkludent durch die Entgegennahme einer von dem Verpflichteten ausgestellten Urkunde erfolgen.

    Der Zweck des Formerfordernisses ist umstritten. Nach einer Meinung soll es **20**
lediglich Beweissicherheit herstellen.[39] Demgegenüber ist mit einer abweichenden
Ansicht anzunehmen, dass es zugleich und sogar in erster Linie einen Übereilungsschutz für den Schuldner bezweckt, um der Gefährlichkeit Rechnung zu tragen, die
in der Begründung einer eigenständigen abstrakten Verbindlichkeit liegt.[40] Hierfür
spricht, dass nur die Erklärung des sich Verpflichtenden formbedürftig ist. Des weiteren schließt § 350 HGB das Formerfordernis für Kaufleute wie bei der Bürgschaft
aus, was sich nur aus einem mangelnden Bedürfnis nach Warnung erklären lässt,
da die beweisrechtliche Klarheit im kaufmännischen Verkehr nicht von geringerem Interesse als im allgemeinen Privatrechtsverkehr ist. In dieselbe Richtung weist
auch der Ausschluss der elektronischen Form (§§ 126 Abs. 3, 126a BGB) durch die
§§ 780 Satz 2, 781 Satz 2 BGB, die zwar die Beweisfunktion, nicht aber den Übereilungsschutz hinreichend gewährleisten könnte.

    Das Formerfordernis der §§ 780 Satz 1, 781 Satz 1 BGB besteht aus zwei Ele- **21**
menten, die beide erfüllt sein müssen, damit eine rechtswirksame Willenserklärung
des sich Verpflichtenden vorliegt: erstens der Schriftform und zweitens der „Erteilung". Fehlt auch nur eines von diesen, ist die Willenserklärung nach § 125 Satz 1
BGB nichtig. Im Einzelnen gelten die Ausführungen zu der für die Bürgschaft identisch strukturierten Formvorschrift in § 766 Satz 1 BGB entsprechend.[41]

2. Ausnahmen

Von dem Grundsatz des Schriftformgebots für abstrakte Schuldverträge existieren **22**
in verschiedener Hinsicht Ausnahmen:

    Erstens kann ein derartiger Vertrag nach § 350 HGB formfrei abgeschlossen **23**
werden, wenn der Schuldner ein Kaufmann i. S. der §§ 1 ff. HGB und der abstrakte

---

[38] Vgl. oben § 13 Rn. 35 ff.

[39] BGH 08.12.1992 BGHZ 121, 1 (4 ff.); *Habersack* MünchKomm. § 780 Rn. 21; *Staudinger/
Marburger* (2015) § 780 Rn. 7.

[40] *Brox/Walker* § 33 Rn. 16; *Esser/Weyers* BT 1, § 41 III 2b, S. 370; *Fikentscher/Heinemann*
Rn. 1375; *Larenz/Canaris* BT 2, § 61 I 1b, S. 26; *Looschelders* Rn. 1002; *Medicus/Lorenz*
Rn. 1048; *Schlechtriem* Rn. 659.

[41] Siehe oben § 13 Rn. 35 ff.

Schuldvertrag für ihn ein Handelsgeschäft i. S. des § 343 Abs. 1 HGB ist. Dabei wird die Zugehörigkeit der Schuldvereinbarung zum Betrieb des Handelsgewerbes des Kaufmannes nach § 344 Abs. 1 HGB vermutet. Nach der hier bereits zu § 766 Satz 1 BGB vertretenen Auffassung findet die Ausnahmevorschrift des § 350 HGB allerdings keine Anwendung auf solche abstrakten Schuldverträge, die Gesellschafter in Bezug auf die Geschäftstätigkeit der Gesellschaft abschließen.[42]

24   Zweitens entfällt das Formerfordernis der §§ 780 Satz 1, 781 Satz 1 BGB nach § 782 BGB, wenn die abstrakte Verbindlichkeit aufgrund einer Abrechnung oder im Wege eines Vergleichs eingegangen wird. In diesen Fällen ist den Beteiligten typischerweise die Tragweite ihres Handelns bewusst, sodass es einer besonderen Warnung nicht bedarf. Als Abrechnung ist dabei die vertragliche Feststellung einer Endsumme aus mehreren Rechnungsposten zu begreifen;[43] Hauptbeispiel ist das Kontokorrent i. S. des § 355 HGB. Inwieweit die Formfreiheit abstrakter Schuldvereinbarungen, die im Zuge eines Vergleichs erfolgen, praktische Relevanz erlangt, hängt von der oben erörterten Frage ab, ob dem Vergleich lediglich eine verpflichtende Wirkung beizumessen ist, die eine Erfüllung durch Rechtsgeschäfte i. S. der §§ 780, 781 BGB erforderlich macht.[44]

25   Nach den §§ 780 Satz 1 a. E., 781 Satz 3 BGB bleiben jedoch gesetzlich angeordnete strengere Formerfordernisse ausdrücklich unberührt. So bedarf z. B. die Erklärung desjenigen, der eine abstrakte Verpflichtung schenkweise (*donandi causa*) eingeht, der notariellen Beurkundung (§ 518 Abs. 1 Satz 2 BGB) bzw. der testamentarischen Form (§ 2301 Abs. 1 Satz 2 BGB). Diese Formvorschriften sollen verhindern, dass mit dem Abschluss des schenkungsweise versprochenen abstrakten Schuldvertrages eine Heilung formnichtiger Schenkungsversprechen gemäß den §§ 518 Abs. 2, 2301 Abs. 2 BGB durch Bewirkung der versprochenen Leistung eintritt, da die Eingehung einer abstrakten Verbindlichkeit noch nicht die von den Heilungsvorschriften vorausgesetzte faktische Vermögensminderung herbeiführt.[45] Dementsprechend genügt in diesen Fällen wiederum die einfache Schriftform gemäß den §§ 780 Satz 1, 781 Satz 1 BGB, wenn das *Schenkungsversprechen selbst* bereits formgültig i. S. der §§ 518 Abs. 1 Satz 1, 2301 Abs. 1 Satz 1 BGB abgegeben wurde.[46] Anders soll die Rechtslage bei Formvorschriften sein, die gerade an den Inhalt der Verpflichtung anknüpfen: Wird in einem abstrakten Schuldvertrag die Übereignung eines Grundstücks versprochen, so muss dieser nach einer teilweise vertretenen Auffassung auch dann gemäß § 311b Abs. 1 Satz 1 BGB notariell beurkundet werden, wenn daneben bereits ein formgültiger Kausalvertrag (z. B. Kaufvertrag) vorliegt.[47]

---

[42] Siehe oben § 13 Rn. 48.

[43] RG 17.02.1919 RGZ 95, 18 (20); *Habersack* MünchKomm. § 782 Rn. 3; RGRK/*Steffen* § 782 Rn. 13; *Soergel/Häuser* § 782 Rn. 3.

[44] Näher oben § 14 Rn. 26 ff.

[45] Siehe oben § 4 Rn. 26 f.

[46] RG 16.06.1909 RGZ 71, 289 (291); *Habersack* MünchKomm. § 782 Rn. 5; RGRK/*Steffen* § 780 Rn. 31; a. A. *Staudinger/Marburger* (2015) § 780 Rn. 11.

[47] So *Staudinger/Marburger* (2015) § 780 Rn. 11; offengelassen von BGH 10.07.1987 NJW 1988, 130 (131); a. A. *Habersack* MünchKomm. § 782 Rn. 5; *Erman/Wilhelmi* § 780 Rn. 6.

D. Zusammenhang des abstrakten Schuldvertrages mit dem Kausalverhältnis

I. Allgemeines

Wie dargelegt begründet der abstrakte Schuldvertrag eine selbstständige Verbindlich-   **26**
keit einer Partei.[48] Die Verbindlichkeit kann inhaltlich mit einer Forderung identisch
sein, die bereits aus dem zugrundeliegenden Kausalvertrag resultiert. So kann sich
z. B. der Verkäufer einer Sache neben seinem Kaufpreisanspruch aus § 433 Abs. 2
BGB zusätzlich ein abstraktes Schuldversprechen über dieselbe Summe gemäß § 780
BGB erteilen lassen. Nach der Auslegungsregel des § 364 Abs. 2 BGB ersetzt die abstrakte Verbindlichkeit dabei im Zweifel nicht die kausale Forderung (hier aus § 433
Abs. 2 BGB), sondern tritt neben diese (sog. Schuldverstärkung).[49] Zwingend ist dies
jedoch nicht. Die Parteien können auch vereinbaren, dass die Begründung der abstrakten Forderung die kausale Verbindlichkeit zum Erlöschen bringen lassen soll (Novation).[50] Wenn dies – wie regelmäßig – nicht der Fall ist, bewirkt die Erfüllung der
abstrakten Schuld trotzdem zugleich auch das Erlöschen des kausalen Anspruches.[51]

II. Auswirkungen von Mängeln des Kausalverhältnisses

1. Ausnahmsweise unmittelbare Beachtlichkeit für den abstrakten Schuldvertrag

Die Abstraktheit der gemäß den §§ 780, 781 BGB begründeten Forderung führt   **27**
grundsätzlich dazu, dass rechtliche Mängel des Kausalverhältnisses die selbstständige Verpflichtung nicht unmittelbar berühren. Dieser Grundsatz gilt allerdings
nicht uneingeschränkt.

Gemäß den §§ 656 Abs. 1, 762 Abs. 1 BGB begründen eine entgeltliche Hei-   **28**
ratsvermittlung sowie Spiel und Wette keine klagbaren Verbindlichkeiten, sondern
lediglich einen Behaltensgrund i. S. des § 812 BGB für bereits geleistete Zahlungen
(sog. Naturalobligation).[52] Zusätzlich schränken die §§ 656 Abs. 2, 762 Abs. 2 BGB

---

[48] Siehe § 15 Rn. 3.

[49] *Habersack* MünchKomm. § 780 Rn. 46; *Larenz/Canaris* BT 2, § 61 I 6, S. 31; *Looschelders*
Rn. 1000; *Staudinger/Marburger* (2015) § 780 Rn. 15.

[50] Siehe z. B. BGH 12.07.1995 BGHZ 130, 288 (292). Für das Saldoanerkenntnis im Rahmen des
Kontokorrents i. S. des § 355 HGB ist die novierende Wirkung umstritten; siehe näher *Oetker*
Handelsrecht, 7. Aufl. 2015, § 7 Rn. 84 ff.

[51] *Staudinger/Marburger* (2015) § 780 Rn. 16. Zur Auswirkung der Erfüllung der kausalen Verbindlichkeit auf die abstrakte Forderung sogleich unter § 15 Rn. 31.

[52] Näher zu § 656 BGB oben § 10 Rn. 47 f.

die Wirkung derartiger Rechtsverhältnisse als Rechtsgrund dahingehend ein, dass abstrakte Schuldverträge, die zur Erfüllung der jeweiligen Naturalobligation eingegangen worden sind, ebenfalls keine klagbare Verbindlichkeit begründen. Denn in diesem Fall liegt lediglich eine formale Leistungsbewirkung in Form der Eingehung einer neuen (abstrakten) Verbindlichkeit vor, während der Rückforderungsausschluss gemäß den §§ 656 Abs. 1 Satz 2, 762 Abs. 1 Satz 2 BGB nur gerechtfertigt ist, wenn eine effektive Zahlung erfolgt ist.

29   Vor allem ist jedoch umstritten, ob die Nichtigkeit des Kausalgeschäftes nach den §§ 134, 138 BGB i. S. einer Doppelwirkung automatisch auch einen zur Schuldverstärkung abgeschlossenen abstrakten Schuldvertrag erfasst, wenn dieser bei isolierter Betrachtung nicht mit dem entsprechenden Nichtigkeitsgrund behaftet ist. Beispiel: Ist ein Kaufvertrag nach § 138 Abs. 2 BGB wegen eines wucherischen Verhaltens des Verkäufers nichtig, so kann § 138 Abs. 2 BGB für ein zugleich erteiltes abstraktes Schuldversprechen des Käufers in Höhe des Kaufpreises nicht direkt eingreifen, da der Wuchertatbestand einen gegenseitigen Vertrag voraussetzt.[53] Nach der wohl h. M. erfasst in derartigen Sachverhalten der Nichtigkeitsgrund aus den §§ 134, 138 BGB den abstrakten Schuldvertrag nicht.[54] Hierfür spricht neben dem Gedanken der Abstraktion[55] in systematischer Hinsicht insbesondere § 817 Satz 2 BGB, der bei einem Gesetzes- oder Sittenverstoß in Bezug auf das Kausalverhältnis die Kondiktion der abstrakten Forderung gestattet und damit implizit deren wirksame Begründung voraussetzt. Das Gesetz hat somit selbst den Weg vorgezeichnet, dass auch in diesem Fall der Mangel des Kausalverhältnisses ausschließlich über das Bereicherungsrecht berücksichtigt werden soll.[56]

2. Bereicherungsrechtliche Relevanz

30   Obwohl rechtliche Mängel des Kausalverhältnisses den abstrakten Schuldvertrag in aller Regel nicht unmittelbar erfassen, sind diese für Letzteren nicht bedeutungslos, weil das Kausalverhältnis und der abstrakte Schuldvertrag nach dem Parteiwillen zumindest mittelbar verknüpft sind. Daher stellen die §§ 812 ff. BGB den dogmatischen Anknüpfungspunkt für die Geltendmachung der Mängel gegenüber

---

[53] Vgl. *Armbrüster* MünchKomm. § 138 Rn. 143.

[54] RG 06.03.1915 RGZ 86, 301 (303); BGH 10.05.1976 WM 1976, 907 (909); *Larenz/Canaris* BT 2, § 61 I 4b, S. 29 f.; *Looschelders* Rn. 1000; RGRK/*Steffen* § 780 Rn. 41; *Soergel/Häuser* §§ 780, 781 Rn. 157; a. A. *Brox/Walker* § 33 Rn. 19; *Esser/Weyers* BT 1, § 41 III 1b, S. 369; *Habersack* MünchKomm. § 780 Rn. 53; *Staudinger/Marburger* (2015) § 780 Rn. 22.

[55] Umgekehrt erfasst der Verstoß des Grundverhältnisses gegen die §§ 134, 138 BGB ein *kausales* Schuldanerkenntnis (siehe oben § 15 Rn. 12 ff.) unstrittig grundsätzlich automatisch: BGH 16.03.1988 BGHZ 104, 18 (24 f.), sofern nicht das Anerkenntnis ernsthafte Zweifel über die Gesetzes- oder Sittenwidrigkeit des Ausgangsgeschäfts beheben soll; siehe BGH 22.09.2011 NJW 2012, 61 Rn. 11 f.

[56] Dazu sogleich näher unter § 15 Rn. 31.

der abstrakten Verpflichtung dar. Hierbei kann danach unterschieden werden, ob die Kausalverbindlichkeit nicht (mehr) besteht oder diese mit einer Einrede behaftet ist.

a) Nichtbestehen der Kausalverbindlichkeit

Fehlt für die abstrakte Verbindlichkeit ein Rechtsgrund, kann diese gemäß § 812   **31**
Abs. 1 BGB kondiziert werden, was § 812 Abs. 2 BGB ausdrücklich klarstellt.
Erteilt z. B. der Käufer für seine Kaufpreisverbindlichkeit schuldverstärkend ein abstraktes Schuldversprechen, so kann er dieses gemäß § 812 Abs. 1 Satz Alt. 1 bzw. Satz 2 Alt. 1 BGB kondizieren, wenn die Kaufpreisschuld nicht entstanden oder später weggefallen ist (z. B. durch Erfüllung gemäß § 362 BGB).[57] Ausgeschlossen ist die Kondiktion allerdings nach § 814 BGB, wenn dem Schuldner bei Abschluss des abstrakten Schuldvertrages positiv bekannt war, dass die Kausalverbindlichkeit nicht besteht.

Problematisch ist die Rechtslage, wenn der Verpflichtete den Kondiktionsan-   **32**
spruch noch nicht durchgesetzt hat und zur Zahlung aufgrund der abstrakten Verbindlichkeit aufgefordert wird. In diesem Fall kann er wegen des Nichtbestehens der Kausalverbindlichkeit die aus dem Rechtsgedanken des § 821 BGB abgeleitete Einrede der ungerechtfertigten Bereicherung erheben:[58] Sofern der Verpflichtete die Forderung aus dem abstrakten Schuldvertrag aufgrund des Nichtbestehens der Kausalforderung kondiziert, fällt mit dem abstrakten Schuldvertrag zugleich der Rechtsgrund für seine Zahlung weg; dies kann er einredeweise dem Anspruch aus den §§ 780, 781 BGB schon zuvor entgegenhalten. Gemäß § 404 BGB wirkt diese Einrede auch gegenüber einem Zessionar, an den der Anspruch aus dem abstrakten Schuldvertrag abgetreten wurde. Hat der Verpflichtete die Zahlung bereits geleistet, kann er sie folgerichtig gemäß § 813 Abs. 1 Satz 1 BGB zurückfordern.

b) Behaftung der Kausalverbindlichkeit mit einer Einrede

Wenn die Kausalverbindlichkeit zwar besteht, diese aber mit einer Einrede behaf-   **33**
tet ist, so kann die abstrakte Verbindlichkeit unter den Voraussetzungen des § 813 Abs. 1 BGB kondiziert werden. Hierfür bedarf es jedoch einer dauerhaften (peremptorischen) Einrede, während ein bloß vorübergehendes (dilatorisches) Gegenrecht (z. B. Einrede gemäß § 320 BGB in Bezug auf den zugrundeliegenden Kaufvertrag) das Vorliegen eines Rechtsgrundes für den abstrakten Schuldvertrag nicht berührt. Gemäß § 813 Abs. 1 Satz 2 BGB berechtigt auch die Verjährung der Kausalforderung nicht zu einer Kondiktion der schuldverstärkend eingeräumten abstrakten Verbindlichkeit i. S. der §§ 780, 781 BGB. Insoweit kommt es allein auf die eigenständige Verjährung der abstrakten Schuld nach den §§ 195, 199 BGB an.

---

[57] RG 27.04.1936 RGZ 151, 123 (128); BGH 30.11.1998 NJW-RR 1999, 573 (574); *Habersack* MünchKomm. § 780 Rn. 47; *Staudinger/Marburger* (2015) § 780 Rn. 25.

[58] *Brox/Walker* § 33 Rn. 21; *Larenz/Canaris* BT 2, § 61 I 5, S. 30; *Looschelders* Rn. 1001; *Medicus/Lorenz* Rn. 1047; *Staudinger/Marburger* (2015) § 780 Rn. 28.

34   Nur wenn der Schuldner die abstrakte Forderung gemäß § 813 Abs. 1 Satz 1 BGB kondizieren könnte, kann er seiner Inanspruchnahme aus den §§ 780, 781 BGB präventiv die Einrede der ungerechtfertigten Bereicherung entgegenhalten, die gemäß § 404 BGB wiederum auch gegenüber einem Zessionar wirkt. Hingegen verbietet es die Abstraktheit des Schuldversprechens bzw. -anerkenntnisses, dem Zessionar nicht unter § 813 Abs. 1 BGB fallende Einreden aus dem Kausalverhältnis entgegenzuhalten.[59]

---

[59] *Larenz/Canaris* BT 2, § 61 I 5, S. 30 f.; *Zöllner* ZHR 148 (1984), 313 (326 ff.); teilweise a. A. für abstrakte Wertpapierverbindlichkeiten BGH 08.11.1982 BGHZ 85, 346 (348).

§ 16 Atypische und gemischte Verträge (insbesondere Factoring, Franchising, Leasing)

Inhaltsverzeichnis

© Springer-Verlag GmbH Deutschland, ein Teil von Springer Nature 2018
H. Oetker, F. Maultzsch, *Vertragliche Schuldverhältnisse*, Springer-Lehrbuch,
https://doi.org/10.1007/978-3-662-57500-0_16

A. Allgemeine Grundsätze der rechtlichen Erfassung

I. Verhältnis zwischen gesetzlicher Regelung und Vertragsfreiheit als Ausgangspunkt der Problematik

1   Die in das BGB aufgenommenen vertraglichen Schuldverhältnisse zeichnen sich dadurch aus, dass das Gesetz für diese ein Ordnungsmodell zur Verfügung stellt, das im Grundsatz aus zwei Komponenten besteht: zwingenden und dispositiven Vorschriften.[1]

2   Dabei gibt das zwingende Gesetzesrecht den Vertragsparteien für ihre Gestaltungshoheit (Privatautonomie) zur Erreichung unterschiedlicher Zwecke eine nicht überschreitbare Grenze vor. Diese folgt zum Teil aus allgemeinen, d. h. für alle Verträge anwendbaren Vorschriften (z. B. §§ 134, 138 BGB), gilt teilweise aber – was hier von besonderem Interesse ist – auch nur für einzelne Vertragstypen (z. B. das Schriftformerfordernis in § 766 Satz 1 BGB für die Erteilung einer Bürgschaft[2]).

3   Hiervon sind die dispositiven Vorschriften des Vertragsrechts zu unterscheiden. Deren Eingreifen für einen bestimmten Vertragstyp steht quasi unter einer „Bedingung": Sie sind nur maßgeblich, wenn die Parteien in Bezug auf den jeweiligen Aspekt (z. B. die Haftung für Mängel einer verkauften Sache) keine individuelle Vereinbarung getroffen haben. Für diese „Vertragslücken" stellt das BGB mit seinen Vorschriften einen Lösungsmechanismus bereit. Die Parteien haben es jedoch in der Hand, durch detaillierte Ausformulierung ihres Vertragsverhältnisses das Entstehen derartiger „Lücken" zu verhindern. In den Schranken des zwingenden Gesetzesrechts gilt als Teilbereich des Prinzips der Privatautonomie der Grundsatz der Vertragsfreiheit (vgl. § 311 Abs. 1 BGB).[3] Danach fungiert der gemeinsame Wille der Parteien als Geltungsgrund für die in ihrem relativen Rechtsverhältnis verbindlichen Regelungen. Deshalb ist im Konfliktfall auch bei den gesetzlich geregelten Vertragstypen zunächst das vertragliche Regelungsprogramm als Problemlösungsinstrument

---

[1] Allgemein zu dispositivem und zwingendem Gesetzesrecht *Wolf/Neuner* § 3 Rn. 8 ff.

[2] Siehe dazu im Einzelnen oben § 13 Rn. 35 ff.

[3] Grundlegend *Flume* AT 2, § 1, S. 1 ff., insbesondere S. 12 ff.

heranzuziehen. Erst wenn dieses nach seiner Auslegung noch lückenhaft ist, kommt der Rückgriff auf das dispositive Ordnungsmodell des BGB in Betracht.[4]

Der Grundsatz der Vertragsfreiheit schränkt aber nicht nur den Anwendungsbe- **4** reich „an sich" einschlägiger dispositiver Normen ein, sondern kann auch zu Vereinbarungen führen, die sich nicht ohne Weiteres einem der gesetzlich geregelten Vertragstypen zuordnen lassen. Das ist der Fall, wenn die Vertragschließenden ihre Rechte und Pflichten gegenüber einem gesetzlichen Grundmodell (z. B. des Kaufvertrages) nicht bloß modifizieren (auch der Verkauf einer Sache unter Ausschluss der Mängelhaftung bleibt ein Kaufvertrag), sondern wesensmäßig anders ausgestalten. Dabei ergibt sich das Wesen eines Vertrages – sein Typus – in der Regel aus dem Inhalt der jeweiligen Hauptpflichten der Parteien (den *essentialia*), wenn auch die Grenze zwischen bloßen Modifikationen im Rahmen eines Vertragstyps und einer wesensmäßigen Abweichung fließend ist.[5] Anders als das Sachenrecht kennt das Schuldvertragsrecht somit keinen Typenzwang.[6]

Dispositive Vorschriften hat der Gesetzgeber nicht für alle denkbaren Inhalte eines **5** Vertragsverhältnisses geschaffen. Er beschränkt sich vielmehr darauf, für die in der Praxis häufigsten Verträge eine Regelungshilfe zur Verfügung zu stellen. Hierzu zählen vornehmlich die klassischen Verträge, wie z. B. Kauf, Schenkung, Miete, Pacht, Darlehen, Dienstvertrag, Werkvertrag und Auftrag. Zudem haben spätere Änderungen des BGB neueren Entwicklungen des Wirtschaftslebens Rechnung getragen, so z. B. die Regelung des Pauschalreisevertrages, des Teilzeit-Wohnrechtevertrages oder des Verbraucherdarlehens. Ergänzt werden diese Bestimmungen durch Sonderregelungen für bestimmte Vertragstypen im HGB (z. B. Kommissionsgeschäft, §§ 383 ff. HGB) oder in anderen Spezialgesetzen (z. B. zum Versicherungsvertrag im VVG[7]). Mit der Anerkennung der Vertragsfreiheit durch das BGB ist jedoch nahezu zwingend die Konsequenz verbunden, dass sich die gestalterische Phantasie der Parteien nicht stets passgenau in die Schablone der dispositiven Vertragsordnung einfügt, sondern eigene Wege beschreitet. Dabei können sich gesetzlich nicht eigens geregelte Vertragsmuster durch häufiges Auftreten im Wirtschaftsverkehr wiederum zu – außergesetzlichen – Vertragstypen entwickeln, was z. B. für das Factoring, das Franchising sowie das Leasing zutrifft.[8]

---

[4] Hierbei ist allerdings in Bezug auf die ergänzende Vertragsauslegung zu beachten, dass diese nicht auf einen wirklichen, sondern objektiv-normativierten hypothetischen Willen der Parteien abstellt. Daher kann sie im Verhältnis zu den dispositiven Gesetzesregelungen, die selbst schon auf einen typischerweise gerechten Ausgleich abzielen, nur bei einer atypischen Interessenlage den Vorrang beanspruchen. Siehe im Einzelnen *Flume* AT 2, § 16/4, S. 321 ff.

[5] So werden z. B. Energielieferungsverträge von der Rechtsprechung trotz ihrer Besonderheiten als Kaufverträge behandelt; BGH 02.07.1969 NJW 1969, 1903 (1905). Allgemein zu den Voraussetzungen für die Zuordnung eines Sachverhaltes zu einem Rechtstypus *Larenz* Methodenlehre der Rechtswissenschaft, 6. Aufl. 1991, S. 461 ff.

[6] *Fikentscher/Heinemann* Rn. 792; *Larenz/Canaris* BT 2, § 63 I 1a, S. 41. Zum Typenzwang im Sachenrecht, der in der absoluten Wirkung dinglicher Rechte wurzelt, *Baur/Stürner* § 1 Rn. 7.

[7] Gesetz über den Versicherungsvertrag v. 23.11.2007, BGBl. I S. 2631.

[8] *Staudinger/Löwisch/Feldmann* (2013) § 311 Rn. 31. *Emmerich* MünchKomm. § 311 Rn. 25 spricht in diesem Fall von verkehrstypischen Vertragsgestaltungen. Die Bezeichnung dieser

6   Aus dem Vorstehenden folgt, dass eine Vertragsgestaltung, die keinem der gesetzlichen Typen unterfällt, keine besonderen Fragen aufwirft, wenn die Parteien den streitigen Aspekt selbst *rechtswirksam* geregelt haben.[9] Die maßgeblichen Rechtsfolgen ergeben sich in diesem Fall aus dem ausgelegten Vertrag selbst. Es verbleiben zwei Probleme[10]: Erstens gestaltet sich die rechtliche Behandlung kompliziert, wenn derartige Verträge hinsichtlich bestimmter Punkte keine Regelung treffen und somit ein Bedürfnis nach Anwendung dispositiver Gesetzesnormen besteht. Zweitens unterliegt die Privatautonomie den Schranken des zwingenden Gesetzesrechts, die nicht ausschließlich in den allgemeinen Vorschriften (z. B. §§ 134, 138 BGB) enthalten sind, sondern z. T. nur für bestimmte Vertragstypen gelten (z. B. das Schriftformerfordernis in § 766 Satz 1 BGB für die Erteilung einer Bürgschaft). In diesem Fall stellt sich die Frage, ob eine derartige Vorschrift auch auf einen Vertrag anzuwenden ist, der dem jeweiligen gesetzlichen Vertragstyp zwar nicht unmittelbar entspricht, mit diesem aber doch in gewisser Weise „verwandt" ist. Ebenso kann bei gesetzlich nicht geregelten Verträgen die Kontrolle Allgemeiner Geschäftsbedingungen Schwierigkeiten bereiten, da die Generalklausel des § 307 Abs. 2 Nr. 1 BGB auf das Leitbild des dispositiven Gesetzesrechts abstellt, was dessen Ermittlung voraussetzt.[11] Es ist daher zu beantworten, nach welchen Regeln gesetzlich nicht typisierte Verträge „auszufüllen" sind, wenn die Parteien für eine Frage keine Regelung getroffen haben und an welchen Maßstäben die Rechtswirksamkeit vorliegender Parteivereinbarungen über die für alle Verträge geltenden Schranken der Privatautonomie hinaus zu prüfen ist.

7   Obwohl sich bei der Lösung dieser Problematik jedes schematische Vorgehen verbietet, haben sich einige allgemeine Grundsätze für die rechtliche Behandlung von Verträgen herausgebildet, die sich nicht eindeutig einem gesetzlichen Vertragstyp zuordnen lassen. Verbreitet wird hierfür zwischen atypischen und gemischten Verträgen unterschieden.[12]

Kategorie als typische Verträge „kraft Gewohnheitsrechts" (etwa *Erman/Kindl* Vor § 311 Rn. 11) ist jedoch abzulehnen, da die auf die betreffenden Verträge anwendbaren Normen nicht einem eigenständigen Gewohnheitsrecht, sondern dem Gesetzesrecht in direkter oder analoger Anwendung entnommen werden; näher dazu vor allem unten § 16 Rn. 19 ff.

[9] Statt aller *Gernhuber* Das Schuldverhältnis, 1989, § 7 IV 6, S. 156.

[10] *Larenz/Canaris* BT 2, § 63 I 2, S. 43; *Medicus/Lorenz* Rn. 1076; *Soergel/Wolf* § 305 Rn. 26; *Staudinger/Löwisch/Feldmann* (2013) § 311 Rn. 35; *Stoffels* Gesetzlich nicht geregelte Schuldverträge, 2001, S. 103 ff.

[11] Dass nach § 307 Abs. 2 Nr. 1 BGB vertragliche Vereinbarungen am Leitbild des dispositiven Gesetzesrechts zu messen sind, widerspricht nicht der Subsidiarität des dispositiven Gesetzesrechts. Denn diese gilt uneingeschränkt nur gegenüber ausgehandelten Vereinbarungen. Durch die Verwendung vorformulierter Geschäftsbedingungen besteht jedoch typischerweise ein Ungleichgewicht zwischen den Vertragspartnern, das es rechtfertigt, diese gemäß § 307 Abs. 2 Satz 1 BGB zumindest an den wesentlichen Grundentscheidungen des dispositiven Gesetzesrechts zu messen (vgl. *Wolf/Neuner* § 47 Rn. 4 f.).

[12] Die Terminologie ist uneinheitlich: Die hiesige Unterteilung erfolgt im Anschluss an *Fikentscher/Heinemann* Rn. 792 f.; *Staudinger/Löwisch/Feldmann* (2013) § 311 Rn. 30 ff. sowie *Emmerich* MünchKomm. § 311 Rn. 24 ff. Demgegenüber bezeichnen *Larenz/Canaris* BT 2, § 63, S. 41 ff. und *Medicus/Lorenz* Rn. 1076 ff., 1087 die hier „atypisch" genannten Verträge als „typenfremd".

II. Atypische Verträge

Atypische Verträge zeichnen sich dadurch aus, dass die geschuldeten Hauptleistun- **8**
gen ganz oder teilweise weder einem noch verschiedenen der gesetzlich geregelten
Vertragstypen zugeordnet werden können.[13] Sie markieren somit quasi die weiteste
Entfernung von dem gesetzlichen Ordnungsrahmen.

Die Beispiele für derartige Typenneuschaffungen sind allerdings nicht sehr zahl- **9**
reich, da die in der Praxis denkbaren Leistungen der Vertragspartner zumeist die
Voraussetzungen verschiedener, gesetzlich geregelter Vertragstypen erfüllen.[14] Viel-
zitiertes Beispiel eines reinen atypischen Vertrages ist der Garantievertrag, insbesondere die sog. Interzessionsgarantie.[15] Deren Inhalt begründet eine umfassende
Einstandspflicht des Schuldners für die Erfüllung einer fremden Verbindlichkeit,
die im Gegensatz zur Bürgschaft nicht den Prinzipien der Akzessorietät und der
Subsidiarität folgt, sodass für eine analoge Anwendung der §§ 765 ff. BGB grundsätzlich die teleologische Vergleichbarkeit fehlt.[16] Die Verpflichtung des Garanten
weist einen anderen Wesenskern auf als diejenige des Bürgen, sodass ein atypischer Vertrag vorliegt. Wegen dieser Selbstständigkeit des Inhalts atypischer Verträge kann hinsichtlich des mangels besonderer Parteivereinbarung anzuwendenden
Rechts generell nur auf das Allgemeine Schuldrecht verwiesen werden. So bemisst
sich z. B. der Umfang der Einstandspflicht bei der Interzessionsgarantie nach den
§§ 249 ff. BGB.[17] Im Übrigen ist anhand der Umstände des Einzelfalls zu ermitteln,
ob zu Bestimmungen gesetzlich geregelter Vertragstypen eine punktuelle Analogie
in Betracht kommt oder der Parteiwillen mittels einer ergänzenden Vertragsauslegung gemäß den §§ 157, 242 BGB zu vervollständigen ist.[18]

III. Gemischte Verträge

Gemischten Verträgen ist gemeinsam, dass die von den Parteien übernommenen **10**
Leistungspflichten die Charakteristika verschiedener Vertragstypen aufweisen.[19] In
diesem Fall gewinnt die Ermittlung der anwendbaren Normen sowohl in Bezug
auf zwingende Vorschriften als auch das im Fall einer „Vertragslücke" eingreifende

---

[13] *Erman/Kindl* Vor § 311 Rn. 12; *Larenz/Canaris* BT 2, § 63 IV 1a, S. 60; *Looschelders* Rn. 14;
Medicus/Lorenz Rn. 1087.

[14] In diesem Fall liegt ein sog. gemischter Vertrag vor; dazu sogleich unten § 16 Rn. 10 ff.

[15] Statt aller *Staudinger/Löwisch/Feldmann* (2013) § 311 Rn. 34.

[16] Siehe im Einzelnen oben § 13 Rn. 15 ff.

[17] Näher oben § 13 Rn. 16.

[18] *Erman/Kindl* Vor § 311 Rn. 11 f.

[19] *Fikentscher/Heinemann* Rn. 795; *Staudinger/Löwisch/Feldmann* (2013) § 311 Rn. 31; *Emmerich*
MünchKomm. § 311 Rn. 28.

dispositive Recht besondere Bedeutung. So z. B., wenn für die in Betracht kommenden Vertragstypen unterschiedliche Formvorschriften oder Kündigungsfristen eingreifen. Bevor auf die Methoden für die Ermittlung des auf gemischte Verträge anwendbaren Rechts eingegangen werden kann, bedürfen derartige Verträge jedoch weiterer Unterteilungen.

1. Typenkombinationsverträge

11 Wählen die Vertragsparteien den Weg, dass die Gesamtheit der geschuldeten Leistungen verschiedenen Vertragstypen unterfällt, die Leistungen aber quasi gegenständlich so in einzelne Elemente aufgespalten werden können, dass Letztere jeweils nur einem Vertragstyp zuzuordnen sind, so spricht man von einer Typenkombination. Als solche treten grundsätzlich zwei verschiedene Arten auf.

a) Typenkombinationsvertrag im engeren Sinne

12 Sehr verbreitet sind Typenkombinationsverträge, bei denen sich die vertragstypische Hauptleistung aus Elementen verschiedener Vertragsarten zusammensetzt und der Gläubiger für die Erbringung dieses Leistungsbündels eine einheitliche Gegenleistung verspricht (Typenkombinationsvertrag im engeren Sinne).[20] Wird z. B. bei der Übernachtung in einem Hotel neben der Benutzung des Zimmers auch ein Frühstück geschuldet, so enthält der von dem Gast abgeschlossene Vertrag eine Vielzahl unterschiedlicher Leistungen für einen einheitlichen Gesamtpreis. Neben mietvertraglichen Elementen (Raumüberlassung) treten Dienstleistungen (Bedienung), aber auch Elemente des Kaufs (Frühstücksbrötchen) oder gar eventuell der Schenkung (Schokoladenstück auf dem Kopfkissen) hinzu. Sind einzelne „Teilleistungen" mangelhaft und fehlt eine autonome vertragliche Problemlösung, dann ist zu klären, welches der verschiedenen dispositiven Modelle zur Anwendung gelangen soll.

13 Voraussetzung für diese Form des Typenkombinationsvertrages ist jedoch stets ein einheitlicher Vertrag. Davon abzugrenzen ist der Abschluss mehrerer Verträge, deren rechtlicher Bestand gegebenenfalls i. S. des § 139 BGB analog miteinander verknüpft ist (sog. zusammengesetzte Verträge).[21] Wird z. B. beim Kauf eines Anzugs für einen Änderungswunsch ein separates Entgelt berechnet, so handelt es sich um einen Kaufvertrag und einen Werkvertrag und jeder der Verträge folgt im Ausgangspunkt seinen eigenen Regelungen. Wenn die Verträge jedoch nach dem Parteiwillen miteinander „stehen und fallen sollen", strahlt die Unwirksamkeit oder die Auflösung des einen Vertrages auch auf den anderen aus. Darüber

---

[20] *Looschelders* Rn. 12; *Medicus/Lorenz* Rn. 1079; *Staudinger/Löwisch/Feldmann* (2013) § 311 Rn. 41. *Larenz/Canaris* BT 2, § 63 I 1b, S. 42 sprechen insoweit von Verträgen mit mehrfachtypischer Leistung; nach *Fikentscher/Heinemann* Rn. 797 handelt es sich um Typenverbindungsverträge.

[21] *Larenz/Canaris* BT 2, § 63 I, 1c, S. 43; *Staudinger/Löwisch/Feldmann* (2013) § 311 Rn. 52.

hinaus soll sich nach h. M. das für einen der zusammengesetzten Verträge geltende Formerfordernis (z. B. § 311b Abs. 1 Satz 1 BGB) auch auf den anderen Vertrag erstrecken.[22] Dogmatisch ist dies allerdings zweifelhaft, da die Verträge lediglich in ihrer Unwirksamkeits*folge* über § 139 BGB analog miteinander verknüpft sind, das Formerfordernis aber eine Wirksamkeits*voraussetzung* betrifft.

Für die Abgrenzung zusammengesetzter Verträge von Typenkombinationsverträgen gelten folgende Grundsätze: Ein einziger Vertrag und damit ein Typenkombinationsvertrag kommt von vornherein nicht bei Vereinbarungen mit verschiedenen Personen in Betracht. Exemplarisch zeigt dies der drittfinanzierte Kauf, bei dem jedoch unter den Voraussetzungen eines verbundenen Vertrages i. S. des § 358 Abs. 3 BGB der Widerruf des einen Vertrages auch den anderen erfasst (§ 358 Abs. 1 und 2 BGB) und § 359 BGB zudem einen Einwendungsdurchgriff ermöglicht. Wurden die Vereinbarungen hingegen von denselben Parteien getroffen, so muss sich die Abgrenzung zwischen dem Vorliegen eines einzigen Vertrages oder mehrerer zusammengesetzter Verträge an dem Parteiwillen orientieren[23]: Soll für die Gesamtheit der „gemischten" Leistung einer Partei nur eine Gegenleistung geschuldet sein, liegt ein Typenkombinationsvertrag vor. Bei einseitig verpflichtenden Verträgen kommt es darauf an, in welchem Maß die Leistungselemente nach der Interessenlage der Parteien trennbar sind. **14**

b) Verträge mit anderstypischer Gegenleistung

Eine andere Form des Typenkombinationsvertrages liegt vor, wenn sich die Art der synallagmatisch verknüpften Hauptleistungen ganz oder teilweise jeweils verschiedenen Vertragstypen zuordnen lässt (sog. Vertrag mit anderstypischer Gegenleistung).[24] So wird z. B. bei der Erbringung von Hausmeisterdiensten gegen Überlassung einer kostenlosen Wohnung für die Dienstleistung des Hausmeisters als „Entgelt" die Überlassung der Wohnung zur Nutzung geschuldet,[25] sodass aus dieser Perspektive ein Dienstvertrag i. S. der §§ 611 ff. BGB, gegebenenfalls in der Form eines Arbeitsvertrages vorliegt. Andererseits handelt es sich in Bezug auf die Wohnung um einen Mietvertrag gemäß den §§ 535 ff. BGB, bei dem als Miete i. S. des § 535 Abs. 2 BGB die Dienstleistung geschuldet wird.[26] Bei derartigen Vertragsgestaltungen kann insbesondere bei der Beendigung des Vertrages zwischen **15**

---

[22] BGH 16.03.1988 BGHZ 104, 18 (22 f.); *Fikentscher/Heinemann* Rn. 794; *Staudinger/Löwisch/Feldmann* (2013) § 311 Rn. 52.

[23] *Erman/Kindl* Vor § 311 Rn. 20; *Medicus/Lorenz* Rn. 1077; *Staudinger/Löwisch/Feldmann* (2013) § 311 Rn. 53.

[24] *Larenz/Canaris* BT 2, § 63 I 1b, S. 42; *Looschelders* Rn. 12; *Medicus/Lorenz* Rn. 1085. Von einem Vertrag mit atypischer Gegenleistung sprechen *Erman/Kindl* Vor § 311 Rn. 18; *Emmerich* MünchKomm. § 311 Rn. 32.

[25] Dazu, dass das Entgelt i. S. des § 611 Abs. 1 BGB nicht in einer Geldzahlung bestehen muss, oben § 7 Rn. 72.

[26] Auch die Miete besteht nicht notwendig in Geld; siehe oben § 5 Rn. 84.

den dienst- bzw. arbeitsvertraglichen Kündigungsvorschriften auf der einen und den mietvertraglichen Kündigungsbestimmungen auf der anderen Seite eine Kollision eintreten. Das Gesetz regelt insoweit in § 576b BGB nur einen Teilbereich, indem es für den Fall der Beendigung des Dienstverhältnisses die Mietkomponente vorbehaltlich der mietrechtlichen Kündigungsvorschriften fortbestehen lässt.

16   Denkbar ist auch eine Gestaltung, bei der die Gegenleistung für eine gesetzlich typisierte Leistung ihrerseits eine Typenkombination enthält. So erbringt z. B. der Erntehelfer bei der Arbeit auf einem Bauernhof zur Erntezeit eine Arbeitsleistung, für die der Bauer nicht nur eine Geldsumme, sondern wegen der erbrachten Dienste auch freie Kost und Logis als Entgelt i. S. des § 611a Abs. 2 BGB bzw. der §§ 105, 107 f. GewO verspricht. Damit liegt zwar eine typische Leistung vor, die geschuldete Gegenleistung ist aber gemischt, da die Geldzahlungskomponente um diejenigen der Bewirtung und der Vermietung ergänzt wird. Auch hier stellt sich z. B. in Bezug auf Pflichtverletzungen oder die vorzeitige Beendigung des Vertragsverhältnisses die Frage, welchem Vertragstyp die anzuwendenden Vorschriften zu entnehmen sind.

2. Typenverschmelzungsverträge

17   Neben Typenkombinationsverträgen zählen sog. Typenverschmelzungsverträge zu den gemischten Vertragsverhältnissen. Bei ihnen trägt die vertragstypische Hauptleistung Züge verschiedener Vertragsarten, ohne dass diese wie beim Typenkombinationsvertrag im engeren Sinne[27] gegenständlich in entsprechende Elemente aufgespalten werden könnte.[28]

18   Das zeigt z. B. das klassische Beispiel der gemischten Schenkung.[29] Bei dieser wird eine Sache zu einem deutlich unter dem Marktwert liegenden Preis mit der Vereinbarung „verkauft", dass die Wertdifferenz unentgeltlich zugewendet werden soll. In diesem Fall weist die Zuwendung der betreffenden Sache Elemente der Schenkung und solche des Verkaufs auf, ohne dass die Leistung – sofern die Sache selbst nicht in natura teilbar ist – gegenständlich in zwei entsprechende Teile aufgespalten werden könnte. Ein weiteres Beispiel für eine Typenverschmelzung bilden die sog. partiarischen Rechtsgeschäfte. Bei diesen erhält eine Partei für ihre Leistung (z. B. ein Darlehen) keine fixe Gegenleistung, sondern wird an dem Gewinn des Empfängers aus der Leistung beteiligt, wodurch der jeweilige Vertrag gesellschaftsrechtliche Züge annimmt.[30] Während sich also beim Typenkombinationsvertrag im engeren Sinne die Einheitlichkeit des Vertrages „nur" aus der Vertragsgestaltung

---

[27] Dazu oben § 16 Rn. 12.

[28] *Erman/Kindl* Vor § 311 Rn. 23; *Fikentscher/Heinemann* Rn. 798; *Larenz/Canaris* BT 2, § 63 I 1b, S. 42; *Looschelders* Rn. 13; *Medicus/Lorenz* Rn. 1082; *Staudinger/Löwisch/Feldmann* (2013) § 311 Rn. 48.

[29] Dazu näher auch oben § 4 Rn. 18 ff.

[30] Siehe dazu näher *Larenz/Canaris* BT 2, § 63 III 2, S. 56 ff.

ergibt und eine Aufspaltung in mehrere Teilverträge möglich wäre, ergibt sich die
Einheitlichkeit des Vertrages beim Typenverschmelzungsvertrag aus der Natur der
Sache.

3. Methoden für die rechtliche Behandlung gemischter Verträge

Bei sämtlichen Erscheinungsformen gemischter Verträge kann sich die Frage   **19**
stellen, aus welchem der berührten gesetzlichen Vertragstypen die maßgeblichen
Rechtsnormen zu entnehmen sind. Nach den obigen Ausführungen[31] tritt die Problematik jedoch nur in zwei Konstellationen auf:

- Erstens kann die Anwendbarkeit der auf einen spezifischen Vertragstyp bezogenen zwingenden Gesetzesvorschrift fraglich sein. So ist z. B. für die gemischte
  Schenkung zu beantworten, inwieweit der Vertrag der Formvorschrift des § 518
  BGB unterfällt.
- Zweitens ist das anwendbare Recht zweifelhaft, wenn der (gegebenenfalls auch
  ergänzend[32]) auszulegende Vertrag in Bezug auf einen Streitpunkt keine Regelung trifft *und* die dispositiven Vorschriften der berührten Vertragsarten zu einem
  unterschiedlichen Ergebnis führen. Aus diesem Grund hat sich die rechtliche
  Behandlung gemischter Verträge mit der Harmonisierung der Mängelhaftung
  für verschiedene Vertragsarten durch das Schuldrechtsmodernisierungsgesetz
  vereinfacht. Wurde z. B. ein Anzug mit der Vereinbarung einer Änderung des
  Jacketts verkauft und diese mangelhaft ausgeführt, so sind Erwägungen darüber
  entbehrlich, ob auf die Änderungsvereinbarung die §§ 433 ff. BGB oder die
  §§ 631 ff. BGB anwendbar sind, wenn sowohl die §§ 434 ff. BGB als auch die
  §§ 633 ff. BGB das Begehren des „Käufers" (Nachbesserung, Minderung etc.)
  tragen.

Ist nach Maßgabe dessen über die Anwendbarkeit von Vorschriften eines bestimm-   **20**
ten Vertragstyps zu entscheiden, so kommen hierfür im Grundsatz zwei Methoden
in Betracht[33]:

Die erste Möglichkeit ist die sog. *Absorptionsmethode*.[34] Sie ist bestrebt, die   **21**
Vertragsbeziehung einem einzigen Vertragstyp unterzuordnen. Hierfür soll das
dominierende Element der Vertragsbeziehung herausgefiltert werden, das dem
Rechtsverhältnis seinen Charakter verleiht, und die für dieses Element vorgesehene
Vertragsrechtsordnung auf den gesamten Vertrag zur Anwendung gelangen. Hierdurch werden die untergeordneten Elemente der Vertragsbeziehung von dem domi-
nierenden Element absorbiert. Danach wäre z. B. für die gemischte Schenkung zu

---

[31] Siehe § 16 Rn. 2 ff.

[32] Vgl. aber oben in Fn. 4.

[33] Dazu ausführlich *Stoffels* Gesetzlich nicht geregelte Schuldverträge, 2001, S. 153 ff.

[34] Grundlegend *Lotmar* Der Arbeitsvertrag, Bd. 1, 1902, S. 176 ff.

ermitteln, ob der unentgeltliche Teil den Gesamtvertrag prägt, und bejahendenfalls auf den Vertrag einheitlich Schenkungsrecht anzuwenden (z. B. § 518 BGB). Die Schwächen dieser Methode liegen auf der Hand. Erstens kann es bereits Schwierigkeiten bereiten, das dominierende Element einer Vertragsbeziehung zu ermitteln, was insbesondere bei Verträgen mit anderstypischer Gegenleistung der Fall ist.[35] Bei diesen gehören die sich gegenüberstehenden Hauptleistungspflichten verschiedenen Vertragstypen an, sodass die Ermittlung einer charakteristischen Leistung kaum möglich erscheint. Zweitens kann die Unterordnung einzelner Elemente dazu führen, dass für diese wenig sachgerechte Vorschriften eines fremden Vertragstyps anzuwenden sind.[36] Exemplarisch lassen sich diese Probleme an einem Bewirtungsvertrag aufzeigen. Er enthält nicht nur Elemente eines gemäß § 650 BGB nach Kaufrecht zu beurteilenden Werkvertrages (Verzehr der dargebotenen Speisen), sondern auch des Dienstvertrages (Bedienung) sowie des Mietvertrages (Nutzung von Raum, Stuhl und Geschirr). Wenn hierbei das kaufvertragliche Element in den Vordergrund gerückt wird, ist es nicht sachgerecht, auch die Dienstleistung sowie die Gebrauchsüberlassung nach den Bestimmungen des Kaufrechts zu behandeln.[37] Ebenso wäre es bei der gemischten Schenkung zweifelhaft, für den Fall eines Mangels der betreffenden Sache den milden Haftungsmaßstab des § 524 BGB anstelle der §§ 434 ff. BGB auch auf den (ideellen) Teil anzuwenden, dem ein Entgelt gegenübersteht.

22   Die Starrheit der Absorptionsmethode vermeidet die sogenannte *Kombinationsmethode*.[38] Sie trägt den Besonderheiten eines gemischten Vertrages dadurch Rechnung, dass sie auch die für die Problemlösung heranzuziehenden Gesetzesbestimmungen miteinander kombiniert. Hierfür ordnet sie die unterschiedlichen Leistungsteile den jeweils einschlägigen Vertragstypen zu und wendet die dafür vorgesehenen Gesetzesbestimmungen an. In dem angeführten Beispiel des Bewirtungsvertrages bedeutet dies, dass hinsichtlich der dargebotenen Speisen das Kaufrecht, bezüglich der Bedienung das Dienstvertragsrecht und für die Gebrauchsüberlassung das Mietrecht zur Anwendung gelangt und damit die Friktionen der Absorptionsmethode vermieden werden. Allerdings führt auch die Kombinationsmethode insbesondere bei Typenverschmelzungsverträgen zu Schwierigkeiten, bei denen sich die vertragstypische Leistung nicht wie von der Kombinationsmethode im Ausgangspunkt vorausgesetzt gegenständlich aufteilen lässt. So müsste bei der gemischten Schenkung eines nicht teilbaren Gegenstandes die gesamte Vertragsbeziehung in fiktive Wertteile zerlegt werden.[39] Des Weiteren sind die Konsequenzen der Kombinationsmethode problematisch, wenn die Wirksamkeit oder der Fortbestand des Vertrages als solche zu beurteilen sind und die Normen der verschiedenen

---

[35] Siehe oben § 16 Rn. 15 f.

[36] *Larenz/Canaris* BT 2, § 63 I 3b, S. 44 f.; *Staudinger/Löwisch/Feldmann* (2013) § 311 Rn. 37.

[37] Weiterführend *Ramrath* AcP 189 (1989), 559 ff.

[38] Grundlegend *Rümelin* Dienstvertrag und Werkvertrag, 1905, S. 320 ff. sowie *Hoeniger* Die gemischten Verträge in ihren Grundformen, 1910.

[39] So in der Tat die Auffassung des RG; siehe oben § 4 Rn. 20.

Vertragstypen hierfür zu unterschiedlichen Ergebnissen führen (z. B. Formvorschriften, unterschiedliche Kündigungsfristen etc.).[40] Der von den Parteien gewollten Einheitlichkeit des Schicksals der verschiedenen Vertragsteile kann die Kombinationsmethode dann nur über eine – gegebenenfalls analoge – Anwendung des § 139 BGB Rechnung tragen. Da dies jedoch ein Charakteristikum zusammengesetzter Verträge ist,[41] verlöre die Unterscheidung dieser Kategorie von den gemischten Verträgen an Konturen, obwohl doch gerade die gemischten Verträge nach dem Vertragsinhalt eine engere Verbindung der einzelnen Teile vorsehen.

Eine sachgerechte Problemlösung lässt sich deshalb nicht aus dem schematischen **23** Dualismus zweier Methoden gewinnen, die ohnehin nicht durch das Gesetz vorgeben sind. Vielmehr ist die anwendbare gesetzliche Regelung individuell nach dem Zweck des Vertrages und den infrage kommenden Rechtsnormen zu ermitteln.[42] Dies wird in manchen Fällen auf die Anwendung entweder der Absorptions- oder der Kombinationsmethode hinauslaufen, kann gegebenenfalls aber auch zu „Zwischenlösungen" führen. Unter dem Vorbehalt, dass die Umstände des Einzelfalles eine abweichende Würdigung gebieten, sind jedoch folgende Verallgemeinerungen möglich:

Bei den *Typenkombinationsverträgen im engeren Sinne*, bei denen sich die ver- **24** tragstypische Hauptleistung aus Elementen verschiedener Vertragsarten zusammensetzt,[43] ist auf einer ersten Stufe danach zu fragen, ob eines der Leistungselemente eine stark untergeordnete Rolle spielt. In diesem Fall ist es aus Gründen der Praktikabilität gerechtfertigt, das Absorptionsprinzip anzuwenden.[44] Dies trifft z. B. auf die Vermietung eines Studentenapartments mit dem Service gelegentlicher Reinigung zu; das Reinigungsmoment tritt hier so stark zurück, dass ausschließlich Mietrecht und nicht daneben auch Werkvertragsrecht anwendbar ist. Sofern die Reinigung nicht korrekt ausgeführt wird, handelt es sich deshalb um einen Mangel der Mietsache i. S. des § 536 BGB und nicht um ein mangelhaftes Werk i. S. des § 633 BGB. Wenn ein Teil der Leistung derart untergeordnet ist, spricht sogar vieles dafür, diesen nicht zur Hauptleistungspflicht zu rechnen, sondern als Nebenleistungspflicht einzuordnen. Dann sind zwar die Voraussetzungen eines gemischten Vertrages im eigentlichen Sinne nicht erfüllt, der von einer inhomogenen Hauptleistung ausgeht. Die Frage, ob auf diese Nebenleistung das Recht eines anderen Vertragstyps anzuwenden ist, kann dann aber genauso gestellt (und sinnvoller Weise i. S. des Absorptionsprinzips beantwortet) werden[45]: Sachliche juristische Probleme lösen sich nicht durch eine andere begriffliche Zuordnung auf.

---

[40] *Larenz/Canaris* BT 2, § 63 I 3b, S. 44 f.; *Staudinger/Löwisch/Feldmann* (2013) § 311 Rn. 38.

[41] Siehe oben § 16 Rn. 13.

[42] *Enneccerus/Lehmann* § 100 B, S. 395 f.; *Erman/Kindl* Vor § 311 Rn. 17; *Larenz/Canaris* BT 2, § 63 I 3, S. 44 ff.; *Looschelders* Rn. 13; *Soergel/Wolf* 305 Rn. 31 ff.; *Staudinger/Löwisch/Feldmann* (2013) § 311 Rn. 39; *Emmerich* MünchKomm.§ 311 Rn. 29.

[43] Oben § 16 Rn. 12.

[44] *Fikentscher/Heinemann* Rn. 798; *Staudinger/Löwisch/Feldmann* (2013) § 311 Rn. 48; *Emmerich* MünchKomm. § 311 Rn. 29; kritisch *Erman/Kindl* Vor § 311 Rn. 18.

[45] Vgl. *Enneccerus/Lehmann* § 100 B I, S. 396.

25   Wenn die Hauptleistungspflicht einer Partei eine Typenkombination aufweist, ohne dass eines der Elemente nach dem Willen der Parteien deutlich dominiert, ist im Grundsatz die Kombinationsmethode angemessen.[46] Eine gesetzliche Stütze findet diese Auffassung in § 675 Abs. 1 BGB für Geschäftsbesorgungsverträge, nach der auf die einzelnen Leistungselemente neben Dienst- und Werkvertragsrecht verschiedene Auftragsvorschriften Anwendung finden.[47] Für den beispielhaft zu nennenden Bewirtungsvertrag bedeutet dies, dass Fragen der Minderung und des Schadensersatzes nach dem für die „Teilleistung" einschlägigen Vertragstyp zu beantworten sind. Insoweit lässt sich allerdings auch zeigen, dass stets der Normzweck der betreffenden Vorschrift Berücksichtigung finden muss: So ist die verschuldensunabhängige Haftung des § 536a Abs. 1 Alt. 1 BGB für anfängliche Mängel im Fall des Bewirtungsvertrages auch auf das mietrechtliche Element nicht anwendbar (der Stuhl bricht aufgrund eines unerkennbaren Defekts zusammen), da diese Vorschrift auf dem Gedanken eines besonders intensiven Kontaktes des Mieters mit der Mietsache beruht, der bei einem flüchtigen Restaurantbesuch fehlt.[48]

26   Die Kombinationsmethode führt jedoch bei typenkombinierten Leistungen in der Regel nur zu sachgerechten Ergebnissen, wenn sich der Streitpunkt lediglich auf einen isolierbaren Leistungsteil bezieht. Sofern jedoch die Wirksamkeit oder der Fortbestand des Vertrages zu beurteilen ist (Formvorschriften, Kündigung etc.), muss die insoweit anzuwendende Rechtsnorm den gesamten Vertrag erfassen, wenn die einzelnen Leistungselemente eine wirtschaftliche Einheit bilden.[49] In diesem Fall ist die Frage, auf das Recht welchen Vertragstyps zurückzugreifen ist, nach dem primären Vertragszweck zu beantworten (Schwerpunkt der Vertragsbeziehung),[50] denn es würde regelmäßig nicht dem Parteiwillen entsprechen, wenn untergeordnete Leistungselemente in der Lage wären, das gesamte Vertragsgefüge infrage zu stellen. So kann z. B. ein Altenheimvertrag, der sich insbesondere aus miet- und dienstvertraglichen Elementen zusammensetzt, nur einheitlich nach den Vorschriften über die Wohnraummiete gekündigt werden, die nach ihrem Schutzzweck und der vertraglichen Gestaltung das dienstvertragliche Kündigungsrecht verdrängen.[51] Ebenso ist dem Gast in dem vielzitierten Fall der „Schnecke im Salat" des Restaurantmenüs ein sofortiges Rücktrittsrecht von dem gesamten Vertrag nach § 323 Abs. 1 und Abs. 2 Nr. 3 BGB i. V. mit den §§ 437 Nr. 2, 434, 651

---

[46] *Enneccerus/Lehmann* § 100 B II, S. 400; *Fikentscher/Heinemann* Rn. 797; *Larenz/Canaris* BT 2, § 63 II 2a, S. 47 f.; *Medicus/Lorenz* Rn. 1080; *Staudinger/Löwisch/Feldmann* (2013) § 311 Rn. 42.

[47] Näher oben § 11 Rn. 77 ff.

[48] *Larenz/Canaris* BT 2, § 63 II 2d, S. 49 f. Demgegenüber begründet RG 11.12.1906 RGZ 65, 11 (13) dieses Ergebnis damit, dass das mietvertragliche Element beim Bewirtungsvertrag eine ganz untergeordnete Bedeutung habe.

[49] *Fikentscher/Heinemann* Rn. 797; *Larenz/Canaris* BT 2, § 63 II 2c, S. 48 f.; *Medicus/Lorenz* Rn. 1081; *Staudinger/Löwisch/Feldmann* (2013) § 311 Rn. 43.

[50] BGH 29.10.1980 NJW 1981, 341 (342); BGH 22.03.1989 NJW 1989, 1673 (1674); *Medicus/Lorenz* Rn. 1081; *Emmerich* MünchKomm. § 311 Rn. 30.

[51] BGH 21.02.1979 NJW 1979, 1288.

BGB zuzubilligen.[52] Der Verweis auf eine Nachbesserung oder die Fortsetzung des übrigen Menüs wäre hier unzumutbar. Gemäß § 346 Abs. 2 Satz 1 Nr. 2 und Satz 2 BGB muss der Gast jedoch den Teil des Menüpreises entrichten, der auf die bereits verzehrten Speisen entfällt.

Für die rechtliche Behandlung der Verträge mit *anderstypischer Gegenleistung* **27** gibt § 480 BGB einen Anhalt, nach der auf den Tausch für beide Leistungsseiten die Vorschriften über den Kauf entsprechende Anwendung finden. Dementsprechend ist für jede der Hauptleistungen das Recht des ihr entsprechenden Vertragstyps anwendbar.[53] Im Fall des Hausmeisters, dem als Gegenleistung eine kostenlose Wohnung zur Verfügung gestellt wird, sind somit für die Leistung der Hausmeisterdienste die §§ 611 ff. BGB gegebenenfalls i. V. mit den Normen des Arbeitsrechts einschlägig, während sich die Wohnungsüberlassung nach den §§ 535 ff. BGB beurteilt. Probleme bereitet auch hier die Frage, nach welchem Vertragstyp sich die Beendigung des Vertragsverhältnisses, insbesondere eine Kündigung richtet. Da die Typenkombination hier nicht in Bezug auf eine Leistung, sondern im Verhältnis der synallagmatisch verknüpften Leistungen zueinander vorliegt und diese nach dem Parteiwillen per definitionem gleichbedeutend sind, lässt sich ein Schwerpunkt, der auf einen der enthaltenen Vertragstypen bezogen ist, nicht ausmachen.

Aus diesem Grund ist die Lösung darin zu suchen, dass jede der beiden „Ver- **28** tragsseiten" nach den für sie geltenden Bestimmungen separat beendet werden kann, ohne dass dies die andere Seite berührt, wenn die für diese geltenden Beendigungsgründe nicht erfüllt sind.[54] Eine Auflösung des gesamten Rechtsverhältnisses würde in diesen Fällen dem Schutzzweck der nicht erfüllten Beendigungsvorschriften nicht gerecht. Vielmehr tritt an die Stelle der entfallenen Leistungspflicht im Wege der ergänzenden Vertragsauslegung eine Geldzahlungspflicht.[55] Sofern also im angeführten Beispiel der mietrechtliche Teil wirksam gekündigt wird, beseitigt dies das Dienstverhältnis des Hausmeisters nicht, wenn dem z. B. arbeitsrechtliche Kündigungsvorschriften entgegenstehen. Der Dienstberechtigte muss den Hausmeister dann in Geld entlohnen, wofür mangels abweichender Anhaltspunkte der Maßstab des § 612 Abs. 2 BGB analog eingreift.[56] Für den umgekehrten Fall der Kündigung des Dienstverhältnisses legt § 576b BGB ausdrücklich fest, dass unter den dort genannten Voraussetzungen das Mietverhältnis nur nach Maßgabe der mietrechtlichen Kündigungsvorschriften gelöst werden kann. Sind diese nicht

---

[52] Vgl. AG Burgwedel 10.04.1986 NJW 1986, 2647; *Larenz/Canaris* BT 2, § 63 II 3b, S. 52; weiterführend *Ramrath* AcP 189 (1989), 559 ff.

[53] *Fikentscher/Heinemann* Rn. 798; *Medicus/Lorenz* Rn. 1086; *Emmerich* MünchKomm. § 311 Rn. 32; *Staudinger/Löwisch/Feldmann* (2013) § 311 Rn. 50.

[54] *Larenz/Canaris* BT 2, § 63 II 2b, S. 48; für Beendigung des gesamten Rechtsverhältnisses bei wirksamer Auflösung einer Seite hingegen *Erman/Kindl* Vor § 311 Rn. 17; für Abwägung im Einzelfall *Enneccerus/Lehmann* § 100 B III, S. 401; *Staudinger/Löwisch/Feldmann* (2013) § 311 Rn. 50.

[55] *Larenz/Canaris* BT 2, § 63 II 3c, S. 52 f. bevorzugen einen bereicherungsrechtlichen Ausgleich.

[56] Dazu oben § 7 Rn. 34 ff.

erfüllt, so schuldet der Mieter nach der Aufhebung seiner Dienstleistungspflicht aus ergänzender Vertragsauslegung eine angemessene Miete in Geld. Anderes (d. h. eine Auflösung des gesamten Rechtsverhältnisses, wenn ein Vertragsteil wirksam gekündigt wurde) kann nur gelten, wenn die Parteien ausdrücklich festgelegt hatten, dass sie für die Leistung des anderen unter keinen Umständen eine Gegenleistung in Geld entrichten wollen.

29   Auch bei *Typenverschmelzungsverträgen* können weder die Absorptions- noch die Kombinationsmethode generell zur Anwendung gelangen. Vielmehr ist das anwendbare Recht im jeweiligen Einzelfall nach dem Parteiwillen und dem Zweck der in Betracht kommenden Vorschriften zu ermitteln.[57] Dies wurde für die gemischte Schenkung als Hauptbeispiel der Typenverschmelzungsverträge bereits an anderer Stelle konkretisierend dargelegt.[58]

B. Factoringverträge

I. Begriff und Arten

30   Das Factoring dient der Verwertung bzw. Verwaltung der Forderungen eines Unternehmens, wobei ein sog. *Factor* – zumeist ein Kreditinstitut – und das Unternehmen als *Kunde* zunächst einen *Rahmenvertrag* abschließen. Dieser verpflichtet den Kunden, dem Factor alle oder nach bestimmten Kriterien festgelegte Forderungen zum Erwerb anzubieten, welche das Unternehmen im Rahmen seiner Geschäftstätigkeit erlangt. Der Factor verpflichtet sich seinerseits, die ihm angebotenen Forderungen unter bestimmten Voraussetzungen zu übernehmen und dem Kunden den Wert derselben abzüglich eines Diskonts, d. h. eines bestimmten prozentualen Anteils der nominalen Forderungshöhe, gutzuschreiben. Aufgrund dieser Konstruktion hat das Factoringgeschäft stets eine *Finanzierungsfunktion*, weil der Kunde seine Forderungen durch dieses liquide macht, ohne diese im Einzelnen bei den Schuldnern durchsetzen zu müssen.[59] Trotz dieser Gemeinsamkeit sind bei Factoringverträgen das „echte" und das „unechte" Factoring zu unterscheiden, deren rechtliche Beurteilung sich aufgrund ihrer jeweiligen Konstruktion unterscheidet.

1. „Echtes" Factoring

31   Beim echten Factoring ist der Rahmenvertrag darauf gerichtet, dass der Factor die Forderungen des Kunden unbedingt und endgültig übernimmt. Es werden daher

---

[57] BGH 23.05.1959 BGHZ 30, 120 (122 f.); *Enneccerus/Lehmann* § 100 B IV, S. 402; *Larenz/Canaris* BT 2, § 63 III 1, S. 54 ff; *Medicus/Lorenz* Rn. 1084.

[58] Siehe oben § 4 Rn. 18 ff.

[59] *Esser/Weyers* BT 1, § 4 IV 4, S. 28; *Larenz/Canaris* BT 2, § 65 I 1, S. 85; *Staudinger/Martinek/Omlor* (2017) § 675 Rn. B 92.

zur Ausführung des Rahmenvertrages über die einzelnen Forderungen *Forderungs-käufe* i. S. des § 453 Abs. 1 Alt. 1 BGB abgeschlossen, die der Kunde als Verkäufer durch eine Abtretung der Forderungen an den Factor erfüllt.[60] Umgekehrt zahlt der Factor dem Kunden als Gegenleistung jeweils den Nennbetrag der Forderung abzüglich eines bestimmten Diskonts, dessen Höhe sich nach verschiedenen Parametern richtet, insbesondere dem Risiko der Nichtdurchsetzbarkeit der Forderung bei dem Schuldner (Bonitätsrisiko) und den für die Forderung geltenden Zahlungsbedingungen (Fälligkeit etc.).

Da der Kunde bei einem echten Factoring somit nur gemäß § 326 Abs. 1 BGB das **32** Risiko des Bestehens der Forderung (sog. Verität) trägt und sich das Bonitätsrisiko auf den Factor verlagert, wird diesem Geschäftstyp eine sog. *Delkrederefunktion* beigemessen.[61] Das bedeutet, dass der Factor dem Kunden das Risiko der Durchsetzbarkeit abnimmt. Allerdings geht diese Funktion nicht über eine Risikoverlagerung hinaus, die jeder Forderungskauf enthält.[62] Der Ausgleich für diese Risikoverlagerung erfolgt wie allgemein beim Kaufvertrag über die Höhe des Kaufpreises, d. h. den jeweils von dem Factor einbehaltenen Diskont. Die bedeutsamste Abweichung des echten Factorings von einem „schlichten" Forderungskauf besteht somit darin, dass die Ankäufe der Forderungen planmäßig und umfassend aufgrund eines Rahmenvertrages erfolgen.

2. „Unechtes" Factoring

Während das echte Factoring dem Geschäftstyp Kauf zuzuordnen ist, stellt das **33** unechte Factoring einen gemischten Vertrag im engeren Sinne dar.[63] Bei diesem ist der Rahmenvertrag darauf gerichtet, dass der Factor die Forderungen des Kunden nicht „unbedingt" übernimmt, sondern die Übernahme der jeweiligen Forderung wird „rückabgewickelt", wenn sich diese als nicht durchsetzbar erweist, was insbesondere bei einer Insolvenz des Schuldners in Betracht kommt. Im Gegenzug wird der von dem Factor einbehaltene Diskont in der Regel erheblich niedriger sein als bei einem echten Factoring. Für die Vorläufigkeit des Geschäftes über die einzelnen Forderungen kommen verschiedene rechtliche Konstruktionen in Betracht, so z. B. die Vereinbarung einer Übernahme der Forderung unter der aufschiebenden Bedingung der Durchsetzbarkeit (§ 158 Abs. 1 BGB) oder ein Rücktrittsvorbehalt zugunsten des Factors, wenn sich die Forderung als nicht durchsetzbar erweist.[64]

---

[60] BGH 15.04.1987 BGHZ 100, 353 (358); *Staudinger/Martinek/Omlor* (2017) § 675 Rn. B 99; für darlehensrechtliche Deutung hingegen *Larenz/Canaris* BT 2, § 65 II 2b, S. 88 ff.

[61] *Esser/Weyers* BT 1, § 4 IV 4, S. 28 f.; *Larenz/Canaris* BT 2, § 65 I 1, S. 85; *Looschelders* Rn. 226; *H.P. Westermann* MünchKomm. Vor § 433 Rn. 36.

[62] Siehe oben § 2 Rn. 115.

[63] *Staudinger/Martinek/Omlor* (2017) § 675 Rn. B 106 ff.; *H.P. Westermann* MünchKomm. Vor § 433 Rn. 36.

[64] Näheres bei *Staudinger/Martinek/Omlor* (2017) § 675 Rn. B 102.

34   Da das Bonitätsrisiko beim unechten Factoring somit auf der Seite des Kunden verbleibt, entspricht ein derartiges Geschäft nicht dem Leitbild des klassischen Forderungskaufs. Vielmehr hat sich die Auffassung durchgesetzt, dass es sich um ein *Darlehensgeschäft* handelt, bei dem der Factor als Darlehensgeber auftritt und der Kunde als Darlehensnehmer in Bezug auf seine Rückzahlungsschuld aus § 488 Abs. 1 Satz 2 BGB erfüllungshalber die Forderungen gegen Dritte abtritt.[65] Sind diese nicht durchsetzbar, „lebt" der Rückzahlungsanspruch des Factors wieder auf. Die Entgeltlichkeit des Darlehens ergibt sich aus dem von dem Factor einbehaltenen Diskont, d. h. der Differenz zwischen dem Betrag der übernommenen Forderung und dem Betrag, der dem Kunden hierfür erstattet wird und der somit das ausgezahlte Darlehenskapital bildet. Der Diskont übernimmt daher die Funktion des Disagios bei einem reinen Darlehensvertrag.[66] Die oben erwähnte Finanzierungsfunktion ist beim unechten Factoring somit besonders stark ausgeprägt.

35   Der Diskont enthält bei dieser Geschäftsart zudem eine Gegenleistung für die von dem Factor übernommene Debitoren-Buchhaltung und die Durchsetzung der Forderungen als *Verwaltungsfunktion.*[67] Anders als beim echten Factoring werden die Forderungen an den Factor nicht endgültig veräußert, sondern erfüllungshalber und somit nur vorläufig übertragen, sodass deren Durchsetzung zumindest auch dem Geschäftskreis des Kunden zuzurechnen ist. Insoweit enthält das unechte Factoring ein Element der *entgeltlichen Geschäftsbesorgung* i. S. des § 675 Abs. 1 BGB.[68] Hieraus folgt der Interessenwahrungscharakter dieses Vertragstyps,[69] der in den Pflichten der §§ 665 ff. BGB i. V. mit § 675 Abs. 1 BGB seinen Ausdruck findet und z. B. dazu führt, dass der Factor über seine Bemühungen zur Einziehung der Forderungen nach § 666 BGB auskunfts- und rechenschaftspflichtig ist und nicht durchsetzbare Forderungen auf den Kunden zurückübertragen muss (§ 667 BGB). Das unechte Factoring stellt somit einen aus Elementen des Darlehens und der Geschäftsbesorgung gemischten Vertrag dar.

II. Kollision des Factorings mit einem verlängerten Eigentumsvorbehalt

1. Grundsatz

36   Aufgrund des Rahmenvertrages lässt sich der Factor von dem Kunden regelmäßig alle unter die jeweilige Vereinbarung fallenden Forderungen des Kunden – gegebenenfalls

---

[65] BGH 15.04.1987 BGHZ 100, 353 (358); *Esser/Weyers* BT 1, § 4 IV 4, S. 29; *Looschelders* Rn. 229; *Staudinger/Martinek/Omlor* (2017) § 675 Rn. B 104; *H.P. Westermann* MünchKomm. Vor § 433 Rn. 36; für kaufrechtliche Deutung hingegen *Blaurock* ZHR 142 (1978), 325 (341).

[66] Dazu oben § 3 Rn. 24.

[67] *Larenz/Canaris* BT 2, § 65 I 1, S. 85; *Staudinger/Martinek/Omlor* (2017) § 675 Rn. B 108.

[68] *Larenz/Canaris* BT 2, § 65 II 2a, S. 88; *Soergel/Huber* vor § 433 Rn. 300; *H.P. Westermann* MünchKomm. Vor § 433 Rn. 36.

[69] Siehe oben § 11 Rn. 78 ff.

unter der aufschiebenden Bedingung seiner Billigung – im Voraus abtreten (Global-zession).[70] Dies kann indes mit dem Sicherungsinteresse eines Warenlieferanten in Konflikt geraten, der dem Kunden Waren oder Rohmaterial unter Eigentumsvor-behalt liefert, den Kunden aber zur Weiterveräußerung bzw. Verarbeitung desselben ermächtigt und sich im Gegenzug die Forderungen aus einer Weiterveräußerung der betreffenden Sachen im Voraus abtreten lässt (verlängerter Eigentumsvorbehalt).[71]

Die h. M. entscheidet diesen Konflikt bei reinen Kreditgeschäften nicht nach dem **37** Prioritätsprinzip (= Wirksamkeit der zeitlich vorangehenden Abtretung), sondern nimmt an, dass eine Globalzession zugunsten eines Geldkreditgebers gemäß § 138 Abs. 1 BGB nichtig ist, wenn diese auch solche Forderungen erfasst, die Gegen-stand eines verlängerten Eigentumsvorbehaltes werden sollen.[72] In diesem Fall ver-leite die Globalzession den Darlehensnehmer zu einem Vertragsbruch gegenüber seinem Lieferanten, der die Weiterveräußerung der unter Eigentumsvorbehalt ste-henden Ware nur gestattet, wenn ihm die daraus resultierende Forderung gegen den Abnehmer zufällt. Für die Beantwortung der Frage, inwieweit diese Grundsätze auf das Factoringgeschäft übertragen werden können, ist zwischen dem echten und dem unechten Factoring zu unterscheiden[73]:

2. Echtes Factoring

Das echte Factoring stellt kein Kreditgeschäft, sondern einen Forderungskauf **38** dar.[74] Der Factor zahlt dem Kunden für jede Forderung endgültig einen Kaufpreis, unabhängig davon, ob diese durchgesetzt werden kann. Deshalb nimmt die Recht-sprechung an, dass eine Globalzession im Rahmen des echten Factoring nicht mit einem verlängerten Eigentumsvorbehalt des Lieferanten in Konflikt geraten kann.[75] Der Kunde erhält von dem Factor ein Entgelt für die Forderung und kann dieses an den Warenlieferanten weiterleiten. Ein echtes Factoring sei deshalb auch dann nicht sittenwidrig, wenn es Forderungen umfasse, die zugleich Gegenstand eines später vereinbarten verlängerten Eigentumsvorbehaltes sind. Noch weitergehend soll sogar eine Einzugsermächtigung, die der Waren- oder Materiallieferant seinem Vertragspartner (= Kunde im Rahmen des Factoring) in Bezug auf die im Voraus an ihn abgetretene Forderung aus der Weiterveräußerung erteilt, im Zweifel auch

---

[70] Näher *Larenz/Canaris* BT 2, § 65 III 3, S. 90.

[71] Siehe oben § 2 Rn. 509 ff.

[72] Näher *Baur/Stürner* § 59 Rn. 49 ff. m. w. N.

[73] Ausführlich zum ganzen Problemkreis *Canaris* NJW 1981, 249 ff.

[74] Näher oben § 16 Rn. 31 f.

[75] BGH 19.09.1977 BGHZ 69, 254 (258); BGH 15.04.1987 BGHZ 100, 353 (358 f.); zustimmend *Esser/Weyers* BT 1, § 4 IV 4, S. 30; *Larenz/Canaris* BT 2, § 65 III 1, S. 91; *Looschelders* Rn. 232; *Roth/Kieninger* MünchKomm. § 398 Rn. 170 f.; *K. Schmidt* Handelsrecht. 6. Aufl. 2014, § 35 Rn. 47 ff.

zu einem *späteren* Verkauf dieser Forderung im Zuge eines echten Factoring-Geschäfts berechtigen.[76]

39   Dieser Lösung des Konkurrenzproblems zugunsten des echten Factorings lässt sich nicht entgegenhalten, dass der von dem Factor für die Forderung gezahlte Betrag einen Risikoabschlag enthalte und dieser Diskont die Befriedigung des Warenkreditgebers durch den Kunden gefährde. Denn regelmäßig wird sich die aus der Waren- bzw. Materiallieferung an den Kunden resultierende Forderung auf einen niedrigeren Betrag belaufen als der Nennwert der Forderung (Gewinnspanne etc.), die der Kunde aus der Weiterveräußerung erzielt. Dieser „Puffer" kann den Diskont des Factors auffangen und eine unbillige Belastung des Warenkreditgebers verhindern.[77]

3. Unechtes Factoring

40   Wesentlich anders gestaltet sich die Rechtslage nach Auffassung der h. M. beim unechten Factoring, da dieses kein Kauf-, sondern ein Kreditgeschäft darstellt.[78] Wegen der Rückbelastung der von dem Factor an den Kunden gezahlten Beträge, wenn sich die jeweiligen Forderungen als nicht durchsetzbar erweisen, bestehe das typische Kollisionsproblem zwischen einem Geld- und einem Warenkreditgeber, sodass die vorangehende Globalzession im Rahmen eines unechten Factorings als sittenwidrig und damit gemäß § 138 Abs. 1 BGB nichtig betrachtet werden müsse, wenn diese auch Forderungen umfasst, die Gegenstand eines verlängerten Eigentumsvorbehaltes sind.[79] Dementsprechend soll auch eine von dem Lieferanten erteilte Einzugsermächtigung den Kunden nicht dazu berechtigen, über die Forderungen später ein unechtes Factoringgeschäft abzuschließen.[80]

41   Diese Auffassung ist jedoch gewichtigen Einwänden ausgesetzt. Wenn sich die jeweilige Forderung als durchsetzbar erweist, wird dem Kunden der Betrag endgültig gutgeschrieben, mit dem er sodann den Warenkreditgeber befriedigen kann. Das Risiko, dass der Kunde den Factoringerlös nicht zur Befriedigung der Forderung des Warenkreditgebers verwendet, besteht beim unechten wie beim echten Factoring und rechtfertigt keine unterschiedliche Beurteilung beider Geschäftstypen.[81] Falls die Forderung nicht durchsetzbar ist, wird der dem Kunden gezahlte Betrag zwar beim unechten Factoring von dem Factor rückbelastet, doch hätte die Forderung

---

[76] BGH 07.06.1978 BGHZ 72, 15 (20 f.); *Larenz/Canaris* BT 2, § 65 III 3, S. 96; *Roth/Fitz* JuS 1985, 188 (191).

[77] *Medicus/Lorenz* Rn. 1098; *Esser/Weyers* BT 1, § 4 IV 4, S. 30.

[78] Siehe oben § 16 Rn. 33 ff.

[79] BGH 14.10.1981 BGHZ 82, 50 (61); BGH 15.04.1987 BGHZ 100, 353 (358); *Esser/Weyers* BT 1, § 4 IV 4, S. 30; *Looschelders* Rn. 233; *K. Schmidt* Handelsrecht, 6. Aufl. 2014, § 35 Rn. 47 ff.

[80] BGH 14.10.1981 BGHZ 82, 50 (61 f.); *Erman/H.P. Westermann* § 398 Rn. 25; *Serick* BB 1979, 845 (850).

[81] *Roth/Kieninger* MünchKomm. § 398 Rn. 169.

auch dem Warenkreditgeber keine werthaltige Sicherheit geboten. Der Unterschied einer Globalzession im Rahmen eines unechten Factorings zu derjenigen im Rahmen einer gewöhnlichen Darlehensaufnahme besteht in Bezug auf die Konkurrenz zu einem verlängerten Eigentumsvorbehalt somit darin, dass dem Warenkreditgeber durch Letztere gegebenenfalls *werthaltige* Forderungen als Sicherungsmittel entzogen werden, um einen anderen Betriebsmittelkredit abzusichern, während das unechte Factoring für den Kunden einen Vorschuss auf die Forderungen bewirkt, der nur dann versagt, wenn diese auch für den Warenkreditgeber kein taugliches Sicherungsmittel gewesen wären (Nichtdurchsetzbarkeit).[82]

Es sind daher keine stichhaltigen Gründe erkennbar, das unechte Factoring in **42** Bezug auf das Kollisionsproblem anders zu behandeln als das echte Factoring. Eine dem verlängerten Eigentumsvorbehalt für die betreffende Forderung vorangehende Factoringzession ist deshalb nicht sittenwidrig und eine dem Kunden von dem Warenkreditgeber erteilte Einzugsermächtigung berechtigt im Zweifel auch zu einer Verwertung der Forderung im Rahmen eines späteren unechten Factoringgeschäfts.[83]

C. Franchiseverträge

I. Begriff und Abgrenzungen

Unter dem Begriff des Franchisings werden verschiedenartige Vertragsverhält- **43** nisse zusammengefasst, die besondere Vertriebskonzepte für Leistungen (Waren, Dienstleistungen etc.) ausgestalten.[84] Dabei sind dem Kernbereich des Franchisings Rechtsbeziehungen zuzuordnen, die ein „vertikal-kooperativ organisiertes Absatzsystem rechtlich selbstständiger Unternehmer auf der Basis eines vertraglichen Dauerschuldverhältnisses" zum Gegenstand haben.[85] Bei diesen überlässt der *Franchisegeber* sein Produkt (Ware, Dienstleistung) dem *Franchisenehmer* zum Vertrieb unter Verwendung einer einheitlichen Ausstattung, einer einheitlichen Marke bzw. eines einheitlichen Symbols und einer einheitlichen Vertriebsstruktur.[86] Weite Verbreitung hat dieses Konzept im Hotel- und Restaurantgewerbe (z. B. Holiday Inn,

---

[82] *Fikentscher/Heinemann* Rn. 748; *Larenz/Canaris* BT 2, § 65 III 2, S. 92 ff.; *Roth/Kieninger* MünchKomm. § 398 Rn. 163 ff.

[83] Siehe oben § 16 Rn. 38 a. E.

[84] Einteilung in verschiedene Strukturtypen bei *Martinek* Franchising, 1987, S. 231 ff.; ferner im Überblick *K. Schmidt* Handelsrecht, 6. Aufl. 2014, § 28 Rn. 30 ff.

[85] Definition des Deutschen Franchise-Verbandes; zitiert nach *Skaupy* NJW 1992, 1785 (1786).

[86] *K. Schmidt* Handelsrecht, 6. Aufl. 2014, § 28 Rn. 28 f.; *Staudinger/Martinek/Omlor* (2017) § 675 Rn. B 227 ff.

McDonald's) sowie im Einzelhandel gefunden, ist aber auch bei juristischen Repetitorien anzutreffen.

44   Wegen des dargestellten Inhaltes eines Franchisevertrags ist dieser nach überwiegender Auffassung ein Typenkombinationsvertrag, der in der Leistungspflicht des Franchisegebers lizenzvertragliche Elemente mit Momenten der Know-how-Überlassung und gegebenenfalls des Kaufs, der Pacht und der Miete verbindet.[87] Demgegenüber hat die Leistung des Franchisenehmers neben vorgesehenen Geldzahlungen vornehmlich die Natur einer Dienstleistung in Form einer Geschäftsbesorgung (§ 675 Abs. 1 BGB).[88] Während der Franchisenehmer den Absatz von Produkten des Franchisegebers unter dessen „Identität" (Marke, Symbole etc.) fördert, gewährt dieser dem Franchisenehmer die Teilhabe an dem einheitlichen Vertriebs- und Marketingsystem mit einem entsprechenden Bekanntheitsgrad am Markt.

45   Der Franchisevertrag ist in verschiedener Richtung von anderen Vertriebsformen abzugrenzen. Von einem *Handelsvertreter* i. S. der §§ 84 ff. HGB unterscheidet sich der Franchisenehmer dadurch, dass er nicht für einen Unternehmer Geschäfte vermittelt oder in dessen Namen abschließt, sondern im eigenen Namen am Markt tätig wird.[89] Dieses Auftreten wird jedoch durch die Verwendung der Corporate Identity des Franchisegebers (Marke, Symbole etc.) nahezu vollständig „verdeckt", was den Franchisenehmer von einem *Vertragshändler* unterscheidet.[90] Dieser schneidet seinen Absatz zwar auf eine bestimmte Marke zu (wozu er sich aufgrund des Vertragshändlervertrages auch verpflichtet); er tritt aber aufgrund seiner weniger starken Einbindung in das Vertriebssystem seines Vertragspartners daneben mit seiner eigenen Identität am Markt in Erscheinung (Beispiel: VW-Autohaus Müller).

II. Hauptprobleme des Franchising

46   Die unterschiedlichen Erscheinungsformen der Franchiseverträge ziehen eine entsprechend differenzierte rechtliche Beurteilung nach sich.[91] Zumeist enthalten die Vertragswerke umfangreiche Regelungen für möglicherweise auftretende Streitfragen. Bei verbleibenden Lücken ist das anwendbare Recht nach den allgemeinen Grundsätzen anhand des Zwecks des Vertrages und der in Betracht kommenden

---

[87] Abweichend im Grundansatz *Harke* Rn. 368, der das Franchising als Betriebspachtvertrag einordnet.

[88] BGH 03.10.1984 NJW 1985, 1894 (1895); *K. Schmidt* Handelsrecht, 6. Aufl. 2014, § 28 Rn. 33; *Staudinger/Martinek/Omlor* (2017) § 675 Rn. B 237; *Harke* MünchKomm. § 581 Rn. 19 sowie auch *C. Möller* AcP 203 (2003), 319 (325 ff.).

[89] Näher zum Recht des Handelsvertreters *Oetker* Handelsrecht, 7. Aufl. 2015, § 6 Rn. 1 ff.; *K. Schmidt* Handelsrecht, 6. Aufl. 2014, § 27.

[90] *K. Schmidt* Handelsrecht, 6. Aufl. 2014, § 28 Rn. 27.

[91] Dazu im Überblick auch *K. Schreiber* Jura 2009, 115 ff.

Gesetzesvorschriften zu ermitteln.[92] Darüber hinaus haben folgende Problemkreise bei Franchiseverträgen besondere Bedeutung:

- Unter dem Blickwinkel des Kartellrechts kann sich die Frage stellen, inwieweit die mit dem Franchisevertrag eingegangene vertikale Bindung gegen § 1 GWB verstößt oder mit dem Kartellverbot nach Art. 101 AEUV in Konflikt gerät. Die Rechtsprechung des EuGH legt insoweit großzügige Maßstäbe an[93]; insbesondere existiert eine Gruppenfreistellungsverordnung für vertikale Vereinbarungen,[94] die i. V. mit Art. 101 Abs. 3 AEUV den Rahmen zulässiger Wettbewerbsbeschränkungen regelt.
- Häufig sehen Franchiseverträge eine enge Bindung des Franchisenehmers vor, die bezüglich einer eventuell unangemessenen „Knebelung" eine Inhaltskontrolle anhand der §§ 138, 242, 307 BGB erfordert.[95] Stellt der Franchisevertrag für den Franchisenehmer ein Existenzgründungsgeschäft i. S. des § 513 BGB dar und enthält der Vertrag die Verpflichtung zum dauerhaften Bezug von Produkten des Franchisegebers, kann auch die Schutzvorschrift des § 510 BGB über Ratenlieferungsverträge Anwendung finden.[96]
- Erreicht die Einbeziehung des Franchisenehmers in das Vertriebs- und Organisationssystem des Franchisegebers, insbesondere bei einer umfassenden Weisungskompetenz des Letzteren, eine besondere Intensität (sog. Subordinationsfranchising), so tritt das Problem auf, ob der Franchisenehmer den Status eines *Arbeitnehmers* erlangt – was in der Regel zu verneinen ist – oder aufgrund der wirtschaftlichen Abhängigkeit von seinem Vertragspartner zumindest als *arbeitnehmerähnliche Person* zu qualifizieren ist, was zur Anwendbarkeit einzelner arbeitsrechtlicher Vorschriften führt.[97]
- Schließlich stellt sich die Frage, inwieweit Vorschriften des Handelsvertreterrechts (insbesondere das Recht zur außerordentlichen Kündigung nach § 89a HGB und der Ausgleichsanspruch im Fall einer Vertragsbeendigung gemäß § 89b HGB) bei Franchiseverträgen analoge Anwendung finden. Die Erörterung dieses Problems ist Gegenstand des Handelsrechts.[98]

---

[92] Näher oben § 16 Rn. 19 ff.

[93] EuGH 28.01.1986 NJW 1986, 1415 ff. – Pronuptia.

[94] Verordnung (EU) Nr. 330/2010 der Kommission v. 20.04.2010 über die Anwendung von Artikel 101 Absatz 3 des Vertrages über die Arbeitsweise der Europäischen Union auf Gruppen von vertikalen Vereinbarungen und aufeinander abgestimmten Verhaltensweisen, ABl. EU Nr. L 102 v. 23.10.2010, S. 1 ff.

[95] Vgl. BGH 03.10.1984 NJW 1985, 1894 f.; *K. Schmidt* Handelsrecht, 6. Aufl. 2014, § 28 Rn. 39.

[96] Vgl. BGH 14.12.1994 NJW 1995, 722 ff.; näher zu § 510 BGB oben § 3 Rn. 119 ff.

[97] Siehe BGH 04.11.1998 BGHZ 140, 11 ff.; allgemein zum Begriff des Arbeitnehmers und der arbeitnehmerähnlichen Person oben § 7 Rn. 19 ff.

[98] Ausführlich *K. Schmidt* Handelsrecht, 6. Aufl. 2014, § 28 Rn. 42 ff.; ablehnend *C. Möller* AcP 203 (2003), 319 (331 f., 337 ff.), die alternativ für die analoge Anwendung pachtrechtlicher Vorschriften plädiert.

D. Leasingverträge

I. Begriff und Formen

47   Leasingverträge haben im Wirtschaftsverkehr eine sehr große Bedeutung. Sie können nicht nur über bewegliche Sachen (z. B. Kraftfahrzeuge) abgeschlossen werden, sondern auch über Immobilien und unkörperliche Gegenstände wie Software. Im Grundsatz sind alle Leasingverträge auf eine vorübergehende entgeltliche Gebrauchsüberlassung durch den Leasinggeber an den Leasingnehmer gerichtet.[99]

48   Eine grundsätzliche Unterscheidung ergibt sich aus dem Umstand, welche Vertragspartei das Risiko dafür trägt, ob sich der angeschaffte Leasinggegenstand amortisiert. Liegt das Investitionsrisiko bei dem Leasinggeber und beschränkt sich dieser darauf, seine Investitionskosten über die Kalkulation des Entgelts für die Gebrauchsüberlassung an den Leasingnehmer „weiterzugeben", liegt ein sog. *Operatingleasing* vor, das nach ganz überwiegender Auffassung einen klassischen Mietvertrag i. S. der §§ 535 ff. BGB darstellt[100] und deshalb nachfolgend nicht näher behandelt wird.

49   Demgegenüber richtet sich der Vertrag beim sog. *Finanzierungsleasing* nach seinem Inhalt darauf, dass sich die Aufwendungen des Leasinggebers für die Beschaffung des Leasinggegenstandes (Investitionskosten) über die Leasingraten des Leasingnehmers während der festgelegten Vertragslaufzeit vollständig oder zumindest überwiegend amortisieren.[101] Bei diesem Vertragsinhalt befindet sich der Leasinggegenstand bei Abschluss des Vertrages typischerweise noch nicht im Vermögen des Leasinggebers, sondern dessen genaue Gestalt wird erst in dem Leasingvertrag vereinbart (z. B. Modell und Ausstattung eines PKW), woraufhin der Leasinggeber den Gegenstand bei einem Dritten (Lieferanten) beschafft. Nicht selten bildet hierfür eine zwischen dem Leasinggeber und dem Lieferanten bestehende rechtliche oder wirtschaftliche Verbindung die Grundlage. So bieten z. B. spezielle Tochterbanken von Autoherstellern das Leasing von PKW dieses Unternehmens an (indirektes Hersteller- oder Händlerleasing).[102] Für den Leasingnehmer ist das Leasing im Gegensatz zu einem finanzierten Kauf des Gegenstandes von dem Lieferanten häufig aus steuerrechtlichen Gründen interessant, da die von ihm geschuldeten Leasingraten in der Regel eine effektivere Verlustzuweisung begründen als

---

[99] *J. Koch* MünchKomm. Finanzierungsleasing Rn. 26; *Larenz/Canaris* BT 2, § 66 I 1a, S. 100; *K. Schmidt* Handelsrecht, 6. Aufl. 2014, § 36 Rn. 5.

[100] *Esser/Weyers* BT 1, § 24 II 1, S. 200; *Fikentscher/Heinemann* Rn. 1073; *J. Koch* MünchKomm. Finanzierungsleasing Rn. 5; *Larenz/Canaris* BT 2, § 66 I 1a, S. 100; siehe auch *Staudinger/Martinek/Omlor* (2017) § 675 Rn. B 136 ff.; einschränkend BGH 28.03.1990 BGHZ 111, 84 (95 f.).

[101] BGH 11.01.1995 NJW 1995, 1019 (1021); *J. Koch* MünchKomm. Finanzierungsleasing Rn. 4 f.; zur Unterscheidung zwischen Voll- und Teilamortisationsleasing *Larenz/Canaris* BT 2, § 66 I 1b, S. 100 f.

[102] Zur Anwendbarkeit des § 359 BGB i. V. mit § 506 BGB in diesen Fällen noch unten § 16 Rn. 70 ff.

ein Kaufpreis.[103] Gegebenenfalls enthält der Leasingvertrag zusätzlich eine nach Abschluss der Vertragslaufzeit auszuübende Kaufoption zugunsten des Leasingnehmers. Besondere rechtliche Probleme wirft das Finanzierungsleasing aufgrund der Dreiecksbeziehung zwischen Lieferant, Leasinggeber und Leasingnehmer auf.

II. Rechtsnatur der Beziehungen unter den Parteien

Bei der Durchführung des Finanzierungsleasings sind drei Rechtsbeziehungen auseinander zu halten: das Verhältnis des Lieferanten zu dem Leasinggeber, die Rechtsbeziehung zwischen Leasinggeber und Leasingnehmer (d. h. der Leasingvertrag als solcher) sowie das Verhältnis zwischen Leasingnehmer und Lieferanten. **50**

1. Vertragsverhältnis Lieferant-Leasinggeber

Die Beschaffung des Leasinggegenstandes, der in der Regel zuvor in dem Leasingvertrag spezifiziert worden ist (Ausstattung etc.), erfolgt typischerweise aufgrund eines Kaufvertrages zwischen dem Lieferanten als Verkäufer und dem Leasinggeber als Käufer. Während der Leasinggeber aufgrund dessen zur Entrichtung des Kaufpreises verpflichtet ist (§ 433 Abs. 2 BGB), erfüllt der Lieferant seine Übereignungs- und Übergabepflicht (§ 433 Abs. 1 Satz 1 BGB) regelmäßig in der Weise, dass er sich mit dem Leasinggeber über den Eigentumsübergang i. S. des § 929 Satz 1 BGB einigt und der Lieferant den Gegenstand auf Geheiß des Leasinggebers direkt dem Leasingnehmer übergibt (Geheißerwerb).[104] Gegebenenfalls kann der Leasingnehmer auch im Rahmen der dinglichen Einigung als Stellvertreter des Leasinggebers auftreten. **51**

2. Vertragsverhältnis Leasinggeber-Leasingnehmer (Leasingvertrag)

Über die Rechtsnatur des Leasingvertrages besteht keine Einigkeit. Allerdings verliert das Einordnungsproblem in der Praxis regelmäßig an Gewicht, da das Vertragswerk der Parteien die beiderseitigen Rechte und Pflichten detailliert regelt, sodass die maßgeblichen Rechtsfolgen diesem unmittelbar entnommen werden können. Soweit dies nicht möglich ist (z. B. in Bezug auf die Folgen von Leistungsstörungen) oder zwingendes Gesetzesrecht in Betracht kommt (z. B. der Maßstab für eine Kontrolle Allgemeiner Geschäftsbedingungen gemäß § 307 Abs. 2 Nr. 1 BGB), stellt sich jedoch die Frage der Zuordnung des Leasingverhältnisses zu den Vertragstypen des BGB. **52**

---

[103] Näher *J. Koch* MünchKomm. Finanzierungsleasing Rn. 18 ff.

[104] Allgemein zum Geheißerwerb *Baur/Stürner* § 51 Rn. 15, 17.

a) Qualifizierung als atypischer Mietvertrag

53   Die h. M. bewertet den Finanzierungsleasingvertrag als einen atypischen Mietvertrag, der in erster Linie den §§ 535 ff. BGB unterliegt.[105] Danach schuldet der Leasinggeber die Gewährung des Gebrauchs der Leasingsache für die Laufzeit des Vertrages (§ 535 Abs. 1 Satz 1 BGB) gegen die Zahlung der vereinbarten Leasingraten durch den Leasingnehmer (§ 535 Abs. 2 BGB). Das atypische Element des Vertrages, das diesen von einem „reinen" Mietvertrag (und damit auch dem Operatingleasing) unterscheidet, wird in seiner *Finanzierungsfunktion* gesehen.[106] Da der Leasinggeber den Gegenstand nach den Wünschen und Bedürfnissen des Leasingnehmers anschafft, soll dieser nach dem Zweck des Vertrages über seine Leasingraten den Investitionsaufwand des Leasinggebers (d. h. den von diesem an den Lieferanten entrichteten Kaufpreis zuzüglich etwaiger Finanzierungskosten) grundsätzlich auch dann amortisieren, wenn in Bezug auf den Leasinggegenstand Leistungsstörungen eintreten (sog. *Amortisationsprinzip*), sodass der Leasingnehmer das Investitionsrisiko trägt.[107]

54   Ausdruck für diese Risikoverteilung ist unter anderem, dass der Leasinggeber in dem Vertrag regelmäßig seine Haftung für Mängel des Leasinggegenstandes, die ihn nach der h. M. grundsätzlich wegen der §§ 535 Abs. 1 Satz 2, 536 ff. BGB trifft,[108] abbedingt. Im Gegenzug tritt er seine Rechte wegen etwaiger Mängel gegenüber dem Lieferanten aus den §§ 437 ff. BGB an den Leasingnehmer ab.[109] Dies beschränkt sich jedoch auf die *Ausübung* der Rechte, während sich eine etwaige *Rückabwicklung* der Rechtsbeziehungen infolge der Mangelhaftigkeit (z. B. nach einem Rücktritt von dem Kaufvertrag gemäß § 323 BGB i. V. mit § 437 Nr. 2 Alt. 1 BGB) separat in den Rechtsverhältnissen Lieferant-Leasinggeber und Leasinggeber-Leasingnehmer vollziehen soll.[110]

55   Diese Ausgestaltung des Leasingvertrages billigt die Rechtsprechung auch bei einer Aufnahme in Allgemeinen Geschäftsbedingungen des Leasinggebers. Ein Verstoß gegen § 309 Nr. 8 lit. b, aa BGB liegt nicht vor, da diese Vorschrift nur für Kauf- und Werkverträge, nicht aber für Mietverträge gilt.[111] Darüber hinaus soll die Abtretungskonstruktion, anders als bei „reinen" Mietverträgen, auch nicht gegen das Verbot einer unangemessenen Benachteiligung i. S. des § 307 BGB (insbesondere

---

[105] BGH 23.02.1977 BGHZ 68, 118 (123); BGH 19.02.1986 BGHZ 97, 135 (139); *Emmerich* JuS 1990, 1 (4); *J. Hager* AcP 190 (1990), 335 ff.; grundlegend *Flume* DB 1972, 1 (4 ff.).

[106] BGH 16.09.1981 BGHZ 81, 298 (303); BGH 04.07.1990 BGHZ 112, 65 (72); *J. Koch* Münch-Komm. Finanzierungsleasing Rn. 30.

[107] BGH 11.01.1995 BGHZ 128, 255 (262 f.).

[108] BGH 13.11.2013 NJW 2014, 1583 Rn. 15.

[109] BGH 13.03.1991 BGHZ 114, 57 (61); BGH 13.11.2013 NJW 2014, 1583 Rn. 15; *J. Koch* MünchKomm. Finanzierungsleasing Rn. 101 f.; *Looschelders* Rn. 513; *Reiner/Kaune* WM 2002, 2315 (2316 ff.).

[110] Näher unten § 16 Rn. 65 f.

[111] BT-Drucks. 14/6040, S. 157; vgl. bereits BGH 24.04.1985 BGHZ 94, 180 (189).

§ 307 Abs. 2 Nr. 1 und 2 BGB) verstoßen, da der leasingtypische Beschaffungs-
vorgang, der im Interesse des Leasingnehmers erfolgt, eine Verlagerung der Auseinandersetzung über Mängel des Leasinggegenstandes in das Verhältnis zwischen
Leasingnehmer und Lieferanten rechtfertige.[112] Damit werde der Konflikt sinnvoller
Weise zwischen dem für die Leistungsstörung Verantwortlichen (=Lieferanten) und
dem an einer mangelfreien Leistung unmittelbar Interessierten (=Leasingnehmer)
ausgetragen. Voraussetzung für die Rechtswirksamkeit der Abtretungskonstruktion
ist aber, dass der Leasinggeber die Ausübung der Rechte aus § 437 BGB „unbedingt und vorbehaltlos" dem Leasingnehmer überträgt. Hieran fehlt es insbesondere, wenn sich der Leasinggeber in dem Vertrag einen Widerruf der Abtretung
vorbehält.[113]

b) Qualifizierung als kredit- und geschäftsbesorgungsvertragliches Verhältnis

Eine insbesondere auf *Canaris*[114] zurückgehende Auffassung bestreitet hingegen, **56**
dass es sich bei Finanzierungsleasingverträgen um (wenn auch atypische) Mietverträge handele. Hierfür wird die Finanzierungsfunktion des Vertrages stärker in den
Vordergrund gerückt, während die h. M. diese lediglich veranlasst, das mietrechtliche Regelungsgefüge zu modifizieren.

Nach der Gegenauffassung schuldet der Leasinggeber dem Leasingnehmer **57**
nicht einmal die Gebrauchsüberlassung des Gegenstandes für die Dauer der
Vertragslaufzeit i. S. des § 535 Abs. 1 BGB. Vielmehr sieht sie die charakteristische Leistung des Leasinggebers in der Beschaffung und Finanzierung des
Gegenstandes als solcher, was dem Finanzierungsleasing das Gepräge eines aus
Elementen des Kredit- und Geschäftsbesorgungsrechts bestehenden gemischten
Vertrages verleihen soll.[115] Zwar sei der Leasinggeber verpflichtet, den Gegenstand für die Vertragslaufzeit bei dem Leasingnehmer zu belassen; diese Pflicht
habe aber lediglich den Nichtentzug zum Gegenstand, was wesentlich weniger
als eine positive Gebrauchsüberlassungspflicht bedeute. Die Leasingraten seien
keine Gegenleistung für die (nicht geschuldete) Gebrauchsüberlassung, sondern
zunächst Aufwendungsersatz für die Beschaffungskosten gemäß § 670 BGB
i. V. mit § 675 Abs. 1 BGB.[116] Dieser Amortisationsanspruch besteht folglich
auch, wenn der Lieferant den Leasinggegenstand mangelhaft liefert oder dieser

[112] BGH 16.09.1981 BGHZ 81, 298 (301 ff.); BGH 25.01.1989 BGHZ 106, 304 (313); *J. Koch*
MünchKomm. Finanzierungsleasing Rn. 103; *Looschelders* Rn. 513.

[113] BGH 27.04.1988 NJW 1988, 2465 (2467).

[114] NJW 1982, 305 ff.; AcP 190 (1990), 410 ff.; *Larenz/Canaris* BT 2, § 66 II 2, S. 106 ff.; ähnlich
Lieb JZ 1982, 561 ff.; vermittelnd zur h. M. i. S. eines Vertrages sui generis *Esser/Weyers* BT 1,
§ 24 II 2a, S. 203; *J. Koch* MünchKomm. Finanzierungsleasing Rn. 32; *Schlechtriem* Rn. 304;
Staudinger/Martinek/Omlor (2017) § 675 Rn. B 139 m. w. N.

[115] *Canaris* AcP 190 (1990), 410 (450 ff.); *Larenz/Canaris* BT 2, § 66 II 2, S. 106.

[116] *Larenz/Canaris* BT 2, § 66 III 1c, S. 110 f.

während der Vertragslaufzeit untergeht.[117] Im Synallagma steht danach nur die in den Leasingraten enthaltene Gewinnmarge des Leasinggebers, die über die bloße Amortisierung der Investitionskosten hinausgeht und die eine Gegenleistung für die Beschaffungstätigkeit des Leasinggebers und die Kreditierung des Investitionsaufwandes durch die Ratenzahlungen darstellt.[118]

58   Für diese Auffassung sprechen gute Gründe, zumal auch die Rechtsprechung aufgrund der „Besonderheiten des Vertrages" vertragliche Gestaltungen akzeptiert, die bei „reinen" Mietverträgen in Allgemeinen Geschäftsbedingungen an sich unwirksam wären. Der geschäftsbesorgungsrechtlichen Deutung steht auch nicht entgegen, dass der Leasinggeber vorwiegend im eigenen Erwerbsinteresse und nicht im Interesse des Leasingnehmers tätig wird.[119] Denn anders als ein Auftrag gemäß den §§ 662 ff. BGB enthält eine *entgeltliche* Geschäftsbesorgung i. S. des § 675 Abs. 1 BGB immer auch gewichtige Eigeninteressen des Tätigwerdenden. Gleichwohl geht die folgende Darstellung grundsätzlich von der Konzeption der gefestigten h. M. aus, zeigt aber an den entsprechenden Stellen auch die Konsequenzen der abweichenden Auffassung auf.

3. Rechtsverhältnis Lieferant-Leasingnehmer

59   Zwischen dem Lieferanten und dem Leasingnehmer besteht regelmäßig kein Vertragsverhältnis. Lediglich dann, wenn sich der Leasingnehmer vor Abschluss des Leasingvertrages direkt an den Lieferanten wendet, kommen Schutzpflichten des Letzteren gemäß § 311 Abs. 2 und 3 BGB i. V. mit § 241 Abs. 2 BGB und in besonderen Fällen auch ein besonderer Beratungsvertrag in Betracht.[120] Nach der in der Vertragspraxis gängigen Abtretungskonstruktion kann der Leasingnehmer darüber hinaus die ihm von dem Leasinggeber übertragenen kaufvertraglichen Mängelrechte gegenüber dem Lieferanten geltend machen.[121]

III. Leistungsstörungen

60   Die durch die Dreiecksbeziehung und die umstrittene Rechtsnatur des Leasingvertrages aufgeworfenen Rechtsprobleme betreffen insbesondere Leistungsstörungen in Bezug auf den Leasinggegenstand.

---

[117] Näher unten § 16 Rn. 61 ff.

[118] *Larenz/Canaris* BT 2, § 66 III 2a, S. 106 f.

[119] *Canaris* AcP 190 (1990), 410 (450 ff.); *Larenz/Canaris* BT 2, § 66 II 2b, S. 107.

[120] Siehe *Schlechtriem* Rn. 307 sowie BGH 30.03.2011 NJW 2011, 2874 ff. Zur Auskunftshaftung bereits oben § 11 Rn. 19 ff.

[121] Näher unten § 16 Rn. 65 f.

1. Nichtlieferung des Leasinggegenstandes

Wird der Leasinggegenstand dem Leasingnehmer nicht übergeben, so hat der Lea-   **61**
singgeber nach der Konzeption der h. M. seine Pflicht zur Gebrauchsüberlassung
aus § 535 Abs. 1 Satz 1 BGB nicht erfüllt. Folgerichtig kann der Leasingnehmer die
Zahlung der Leasingraten gemäß § 320 BGB zurückhalten, was selbst dann gelten
soll, wenn die unterbliebene Überlassung darauf beruht, dass der Lieferant den
Gegenstand nicht zur Verfügung gestellt hat. Dieser wird sogar als Erfüllungsgehilfe des Leasinggebers in Bezug auf dessen Überlassungspflicht aus § 535 Abs. 1
Satz 1 BGB angesehen, sodass Letzterem im Hinblick auf einen Schadensersatzanspruch des Leasingnehmers aufgrund der Nichtleistung aus den §§ 281, 283 BGB
ein Verschulden des Lieferanten über § 278 BGB zuzurechnen ist.[122] Darüber hinaus
kann der Leasingnehmer den Vertrag nach der mietvertraglichen Konstruktion bei
einer Nichtlieferung des Gegenstandes gemäß § 543 Abs. 1 i. V. mit Abs. 2 Nr. 1
und Abs. 3 BGB kündigen.[123] Hiervon abweichende Klauseln in Allgemeinen
Geschäftsbedingungen des Leasinggebers sollen gemäß den §§ 309 Nr. 2 lit. a, 307
BGB unwirksam sein.[124]

Anders ist die Rechtslage, wenn das Vertragsverhältnis zwischen Leasinggeber   **62**
und Leasingnehmer als Geschäftsbesorgungsvertrag qualifiziert wird[125]: Danach
muss der Leasinggeber gemäß § 667 BGB i. V. mit § 675 Abs. 1 BGB den Gegenstand des Leasingvertrages dem Leasingnehmer nur dann übergeben, wenn er diesen
von dem Lieferanten tatsächlich erhalten hat. Letzterer wird danach auch nicht als
sein Erfüllungsgehilfe tätig.[126] War dem Leasinggeber allerdings die Nichtleistung
des Lieferanten bekannt, so kann er bei einer trotzdem erfolgenden Entrichtung des
Kaufpreises an den Lieferanten nicht die Leasingraten verlangen, soweit sie der
Amortisierung des Kaufpreises dienen. In diesem Fall fehlt es an einer Aufwendung, die der Leasinggeber für erforderlich halten durfte (§ 670 BGB).[127] War die
Nichtlieferung für den Leasinggeber hingegen z. B. wegen unterbliebener Unterrichtung durch den Leasingnehmer nicht ersichtlich, und zahlt der Leasinggeber
deshalb den Kaufpreis, so kann dieser nach der vorstehenden Auffassung gemäß
§ 670 BGB Ersatz für den aufgewendeten Kaufpreis in Höhe der vereinbarten Leasingraten verlangen. Allerdings ist er im Gegenzug gemäß § 667 BGB verpflichtet, seinen Anspruch aus dem Kaufvertrag gegen den Lieferanten auf Übergabe des
Leasinggegenstandes an den Leasingnehmer abzutreten, damit dieser direkt gegen
den Lieferanten vorgehen kann.

---

[122] BGH 30.09.1987 NJW 1988, 198 (199); *Emmerich* JuS 1990, 1 (5); *Schlechtriem* Rn. 308.

[123] BGH 07.10.1992 NJW 1993, 122 (123 f.).

[124] Vgl. BGH 09.10.1985 BGHZ 96, 103 (108 ff.); *J. Koch* MünchKomm. Finanzierungsleasing
Rn. 86.

[125] Siehe oben § 16 Rn. 56 ff.

[126] *Canaris* AcP 190 (1990), 410 (432 f.); *Larenz/Canaris* BT 2, § 66 IV 5a, S. 121.

[127] *Larenz/Canaris* BT 2, § 66 IV 5b, S. 121 f.

2. Untergang bzw. Verschlechterung des Leasinggegenstandes während der Vertragslaufzeit

63   Geht der Leasinggegenstand während der Dauer des Vertrages zufällig unter oder tritt eine Verschlechterung ein, so wäre der Leasingnehmer bei Anwendung des Mietrechts gemäß § 326 Abs. 1 Satz 1 BGB i. V. mit § 535 Abs. 1 BGB für die Zukunft von seiner Pflicht zur Zahlung der Leasingraten befreit bzw. seine Zahlungspflicht gemäß § 536 Abs. 1 BGB gemindert. Für diese Fälle bejaht aber auch die h. M. beim Finanzierungsleasing eine Risikoverlagerung auf den Leasingnehmer, da der Leasinggegenstand in seinem Interesse erworben wurde und er daher auch die Gegenleistungsgefahr tragen müsse.[128]

64   Im Ergebnis folgt dem auch die geschäftsbesorgungsrechtliche Theorie, obwohl sie den Untergang bzw. die Verschlechterung nicht als ein Gefahrtragungsproblem bewertet, da der Leasinggeber nur die Beschaffung und Finanzierung des Gegenstandes schuldet.[129] Dieser Pflicht ist er nachgekommen, sodass der spätere Untergang seinen Aufwendungsersatzanspruch aus § 670 BGB und seine Gewinnmarge nicht berührt. Allerdings soll ein vollständiger Untergang des Leasinggegenstandes beiden Parteien gemäß § 314 BGB ein Recht zur außerordentlichen Kündigung des Leasingvertrages aus wichtigem Grund geben.[130] Dessen Ausübung soll jedoch nicht dazu führen, dass der Leasingnehmer für die Zukunft gänzlich von seiner Pflicht zur Zahlung der Leasingraten befreit ist. Vielmehr entfällt für die Zukunft nur die Gewinnmarge des Leasinggebers, während der Anspruch auf Ersatz des Investitionsaufwandes (Amortisationsanspruch) nach der dargelegten Risikoverteilung bestehen bleibt.[131] Enthält z. B. eine monatliche Leasingrate von 150 € einen Gewinnanteil von 25 €, so muss der Leasingnehmer nach einer außerordentlichen Kündigung wegen Untergangs des Leasinggegenstandes bis zum Ende der vereinbarten Vertragslaufzeit monatlich noch 125 € entrichten. Allerdings kann der Vertrag für den Kündigungsfall auch eine einheitliche Schlusszahlung vorsehen, die dann jedoch aufgrund der vorzeitigen Zahlung eine Abzinsung enthalten muss.[132]

3. Lieferung eines mangelhaften Leasinggegenstandes

a) Allgemeines

65   Stellt der Lieferant dem Leasingnehmer einen mangelhaften Gegenstand zur Verfügung, stehen Letzterem nach der oben dargestellten Abtretungskonstruktion keine

---

[128] BGH 30.09.1987 NJW 1988, 198 (199 f.); BGH 22.01.1986 BGHZ 97, 65 (76); BGH 31.10.2007 NJW 2008, 989 Rn. 19; *J. Koch* MünchKomm. Finanzierungsleasing Rn. 88.

[129] *Larenz/Canaris* BT 2, § 66 IV 1a, S. 112 sowie oben § 16 Rn. 57.

[130] Vgl. BGH 15.07.1998 ZIP 1998, 1535 (1537).

[131] BGH 30.09.1987 NJW 1988, 198 (200); *Larenz/Canaris* BT 2, § 66 IV 1b, S. 112 f.

[132] Näher zur Berechnung *J. Koch* MünchKomm. Finanzierungsleasing Rn. 131 ff.

Rechte gegen den Leasinggeber aus den §§ 535 Abs. 1, 536 ff. BGB zu.[133] Das gilt auch für das Zurückbehaltungsrecht aus § 320 BGB i. V. mit § 535 Abs. 1 BGB.[134] Vielmehr kann der Leasingnehmer die Rechte wegen eines Mangels aus § 437 BGB unmittelbar gegenüber dem Lieferanten geltend machen, die ihm der Leasinggeber in dem Vertrag als Ausgleich für seine eigene Haftungsfreistellung übertragen hat.[135] Allerdings steht dem Leasingnehmer nur die *Ausübung* dieser Rechte zu, während sich die *Abwicklung* derselben in dem Rechtsverhältnis Lieferant-Leasinggeber vollzieht.[136]

Danach kann der Leasingnehmer z. B. gemäß § 439 Abs. 1 Alt. 2 BGB i. V. mit **66** § 437 Nr. 1 BGB nur Nachlieferung eines neuen Leasinggegenstandes an den Leasinggeber verlangen. Diesem und nicht dem Leasingnehmer ist der neue Gegenstand zu übereignen, da Letzterer nach dem Inhalt des Leasingvertrages kein Eigentum erlangen sollte. Der Leasingnehmer kann lediglich den Besitz an dem nachgelieferten Gegenstand für die Restdauer des Leasingvertrages beanspruchen. Umgekehrt trifft die Pflicht zur Herausgabe des mangelhaften Gegenstandes aus § 439 Abs. 4 BGB den Leasinggeber, der allerdings aus dem Leasingvertrag die Mitwirkung des Leasingnehmers an der Herausgabe beanspruchen kann. Gleiches gilt in Bezug auf die Rückgewährpflicht aus § 346 Abs. 1 BGB, wenn der Leasingnehmer ein Rücktrittsrecht nach § 323 BGB i. V. mit § 437 Nr. 2 Alt. 1 BGB ausübt. Umgekehrt steht in diesem Fall der Anspruch aus § 346 Abs. 1 BGB auf Rückzahlung des Kaufpreises dem Leasinggeber und nicht dem Leasingnehmer zu.[137] Bei Schadensersatzansprüchen nach den §§ 280 ff. BGB i. V. mit § 437 Nr. 3 BGB ist zu unterscheiden: Betreffen diese das kaufvertragliche Erfüllungsinteresse (§§ 281, 283 BGB), steht der Ersatz dem Leasinggeber zu, d. h., der Leasingnehmer kann von dem Lieferanten nur Zahlung an den Leasinggeber beanspruchen. Bezüglich des Ersatzes von

---

[133] Siehe oben § 16 Rn. 54.

[134] Nach *Graf von Westphalen* ZIP 2002, 2258 f. begründet jedoch der Erfüllungsanspruch aus den §§ 433 Abs. 1 Satz 2, 439 BGB, der zugunsten des Leasingnehmers gegenüber dem „durch den Lieferanten handelnden" Leasinggeber bestehe, ein Zurückbehaltungsrecht aus § 320 BGB, das Allgemeine Geschäftsbedingungen gemäß § 309 Nr. 2 lit. a BGB bzw. § 307 Abs. 1 und 2 BGB nicht rechtswirksam ausschließen könnten. Dem steht jedoch entgegen, dass der Erfüllungsanspruch aus den §§ 433 Abs. 1 Satz 2, 439 BGB, den der Leasinggeber an den Leasingnehmer abtritt, nur gegenüber dem *Lieferanten* und nicht dem Leasinggeber besteht. Gegenüber Letzterem kommt nur ein Leistungsverweigerungsrecht aus den §§ 535 Abs. 1, 320 BGB in Betracht, dessen Abbedingung die allg. Ansicht aber im Rahmen der Abtretungskonstruktion aufgrund der Besonderheiten des Leasingvertrages zulässt.

[135] Auch die Gestaltungsrechte des Rücktritts und der Minderung i. S. des § 437 Nr. 2 BGB können gemäß den §§ 398, 413 BGB abgetreten werden; vgl. *Roth/Kieninger* MünchKomm. § 398 Rn. 96; zweifelnd *Graf von Westphalen* ZIP 2002, 2258 (2263).

[136] BGH 25.01.1989 BGHZ 106, 304 (309); BGH 13.03.1991 BGHZ 114, 57 (61). Zu der Streitfrage, inwieweit zugunsten des Lieferanten die Rügeobliegenheit des § 377 HGB eingreift, wenn zwar der Leasinggeber, nicht aber der Leasingnehmer Kaufmann ist, bejahend BGH 24.01.1990 BGHZ 110, 130 (138 ff.); verneinend *Canaris* AcP 190 (1990), 410 (428 ff.).

[137] Zum Recht des Leasingnehmers, die Zahlung der Leasingraten vorläufig einzustellen, siehe BGH 16.06.2010 NJW 2010, 2798 Rn. 19 ff.

Integritätsschäden nach § 280 Abs. 1 BGB kann der Leasingnehmer jedoch auch einen eigenen Schaden geltend machen (Beispiel: Körperverletzung durch mangelhaften PKW).[138]

b) Rechtsfolgen einer Rückabwicklung des Kaufvertrages

67   Die Auswirkungen einer Rückabwicklung des Kaufvertrages infolge Ausübung der Rechte wegen eines Mangels durch den Leasingnehmer (Rücktritt, großer Schadensersatz gemäß § 281 Abs. 1 Satz 3 und Abs. 5 BGB) auf den Leasingvertrag sind umstritten.[139] Die Rechtsprechung nimmt in einem solchen Fall an, dass die *Geschäftsgrundlage* des Leasingvertrages durch die Rückabwicklung des Kaufvertrages *ex tunc* gemäß § 313 Abs. 1 BGB *entfällt*, sodass der Leasingnehmer nicht nur seine Zahlungen einstellen,[140] sondern nach Ausübung des Rücktrittsrechts (§ 313 Abs. 3 BGB)[141] über die §§ 346 ff. BGB auch bereits gezahlte Leasingraten abzüglich einer Entschädigung für die erfolgte Nutzung des Leasinggegenstandes zurückfordern kann.[142] Abweichende Klauseln in Allgemeinen Geschäftsbedingungen des Leasinggebers sollen nach § 307 Abs. 1 Satz 1 i. V. mit Abs. 2 Nr. 1 BGB unwirksam sein.[143]

68   Die geschäftsbesorgungsrechtliche Leasingtheorie[144] hält dem entgegen, dass die Risikoverteilung zwischen Leasinggeber und Leasingnehmer bei Lieferung eines mangelhaften Gegenstandes nicht anders ausfallen könne als bei einer nachträglichen

---

[138] *Canaris* NJW 1982, 305 (307).

[139] *Graf von Westphalen* ZIP 2002, 2258 (2259 f.) rechnet zu den Rückabwicklungsfällen auch die Nachlieferung eines mangelfreien Gegenstandes gemäß § 439 Abs. 1 Alt. 2 und Abs. 4 BGB. Dies beruht jedoch auf einem Missverständnis: In diesem Fall wird nur die mangelhafte Lieferung und gerade nicht der Kaufvertrag rückabgewickelt.

[140] Siehe BGH 16.06.2010 NJW 2010, 2798 Rn. 19 ff.; BGH 13.11.2013 NJW 2014, 1583 Rn. 15, insbesondere auch zu der Frage, ob der Leasingnehmer für diese Rechtsfolge seine Ansprüche gegen den Lieferanten klageweise geltend machen muss (Rn. 16 ff.).

[141] Treffend verweist *Looschelders* Rn. 516, darauf, dass eine bloße Kündigung mit *ex nunc*-Wirkung nicht auf die Konstellation eines rückwirkenden Wegfalls der Geschäftsgrundlage passt, sodass auf der Rechtsfolgenebene eine teleologische Reduktion des § 313 Abs. 3 Satz 2 BGB erforderlich ist, wenn der Leasingvertrag als Dauerschuldverhältnis eingeordnet wird. Um die von der Rechtsprechung bezweckte Rückabwicklung zu ermöglichen, muss § 313 Abs. 3 Satz 2 BGB zumindest dann teleologisch reduziert werden, wenn die *ex nunc*-Wirkung der Kündigung bei einzelnen Dauerschuldverhältnissen nicht passt und einer Rückabwicklung keine Hindernisse entgegenstehen. Wie vorstehend im Ansatz auch OLG Frankfurt a. M. 14.01.2009 MDR 2009, 497 Rn. 23 ff.

[142] Statt aller *Looschelders* Rn. 516 sowie seine bisherige Grundposition i. E. bestätigend BGH 16.06.2010 NJW 2010, 2798 Rn. 24; siehe auch *Reiner/Kaune* WM 2002, 2315 (2321 f.); ferner *Greiner* NJW 2012, 961 (962 ff.) sowie zur früher maßgeblichen bereicherungsrechtlichen Rückabwicklung BGH 23.02.1977 BGHZ 68, 118 (126); BGH 13.03.1991 BGHZ 114, 57 (61); *Schlechtriem* Rn. 319.

[143] BGH 13.03.1991 BGHZ 114, 57 (65).

[144] Siehe oben § 16 Rn. 56 ff.

Verschlechterung oder einem nachträglichen Untergang der Sache.[145] Folgerichtig gebe auch die Rückabwicklung des Kaufvertrages dem Leasingnehmer das Recht zur fristlosen Kündigung des Leasingvertrages gemäß § 314 BGB. Dessen Ausübung lasse jedoch nur die Gewinnmarge des Leasinggebers für die Zukunft entfallen, beseitige aber nicht den Amortisationsanspruch aus § 670 BGB i. V. mit § 675 Abs. 1 BGB.[146] Auf diesen Anspruch muss sich der Leasinggeber jedoch dasjenige anrechnen lassen, was er von dem Lieferanten aus der Rückabwicklung des Kaufvertrages erhält (z. B. Rückerstattung des Kaufpreises). Der Unterschied zur Rechtsprechung tritt deshalb im Ergebnis insbesondere in den Fällen auf, in denen der Lieferant insolvent ist. Während die Rechtsprechung dieses Risiko dem Leasinggeber zuweist, hat es nach der geschäftsbesorgungsrechtlichen Sicht der Leasingnehmer als Geschäftsherr zu tragen.[147]

4. Nichtbegleichung der Leasingraten durch den Leasingnehmer

Begleicht der Leasingnehmer die geschuldeten Leasingraten nicht fristgemäß, so   **69**
verletzt er nach der h. M. seine Pflicht aus § 535 Abs. 2 BGB mit den allgemeinen Rechtsfolgen der §§ 280 Abs. 2, 286 ff. BGB sowie einer Kündigungsmöglichkeit des Leasinggebers gemäß § 543 Abs. 1 i. V. mit Abs. 2 Nr. 3 BGB. Nach einer Kündigung kann er zusätzlich (§ 325 BGB) auch gemäß § 283 BGB sein Erfüllungsinteresse liquidieren. Ferner soll bei einer Vorenthaltung des Leasinggegenstandes § 546a BGB eingreifen.[148] Wird der Leasingvertrag demgegenüber als gemischter Kredit- und Geschäftsbesorgungsvertrag eingeordnet, so gilt im Wesentlichen dasselbe, jedoch ergibt sich das Kündigungsrecht des Leasinggebers aus § 314 BGB und § 546a BGB findet keine Anwendung.[149]

IV. Anwendbarkeit des Einwendungsdurchgriffs gemäß § 359 BGB

Nach § 506 Abs. 1 BGB finden auf Finanzierungsleasingverträge zwischen einem   **70**
Unternehmer i. S. des § 14 BGB als Leasinggeber und einem Verbraucher i. S. des § 13 BGB als Leasingnehmer neben verschiedenen Vorschriften zum Verbraucherdarlehen auch die §§ 358 bis 360 BGB entsprechende Anwendung.[150] Hieraus resultiert die Frage, welche Bedeutung dies für den Einwendungsdurchgriff nach § 359

---

[145] *Larenz/Canaris* BT 2, § 66 II 2, S. 113 ff.

[146] Siehe oben § 16 Rn. 64.

[147] *Canaris* AcP 190 (1990), 410 (422 ff.).

[148] BGH 22.03.1989 BGHZ 107, 123 (126); näher zu § 546a BGB oben § 5 Rn. 139 ff.

[149] *Larenz/Canaris* BT 2, § 66 V, S. 123 ff.

[150] Siehe bereits oben § 3 Rn. 110 f.

BGB hat. Nach dessen Abs. 1 Satz 1 kann der Verbraucher – vorbehaltlich der Ausnahmen in §§ 359 Abs. 1 Satz 2 und 3, Abs. 2 BGB – die Rückzahlung des Darlehens (an dessen Stelle im Rahmen der von § 506 Abs. 1 BGB angeordneten entsprechenden Anwendung die Zahlung der Leasingraten tritt) verweigern, soweit ihm aus dem verbundenen Vertrag i. S. des § 358 Abs. 3 BGB Einwendungen gegenüber dem Unternehmer zustehen, mit dem er den verbundenen Vertrag geschlossen hat, und die ihn zur Verweigerung der Leistung berechtigen würden.

71   Beim Finanzierungsleasing besteht allerdings die Besonderheit, dass der Leasingnehmer nicht zwei Verträge, sondern ausschließlich den Leasingvertrag abschließt, was der Gesetzgeber bei der Anordnung einer entsprechenden Anwendung des § 359 BGB auf Finanzierungsleasingverträge offensichtlich nicht bedacht hat.[151] Gleichwohl ist die Verweisung auf § 359 BGB in § 506 Abs. 1 BGB entgegen der im Vordringen befindlichen Ansicht kein Redaktionsversehen,[152] sondern führt zur Anwendung des Einwendungsdurchgriffs, wenn der von dem *Leasinggeber* mit dem Lieferanten abgeschlossene Kaufvertrag die *sachlichen* Kriterien des § 358 Abs. 3 BGB erfüllt.[153] Danach muss das Darlehen (scil.: der Finanzierungsleasingvertrag) ganz oder teilweise der Finanzierung des anderen Vertrages (d. h. des Kaufvertrages) dienen und beide Verträge eine wirtschaftliche Einheit bilden.

72   Ferner ist das Merkmal der Finanzierung des Kaufpreises durch den Leasingvertrag problematisch, da die hierin enthaltene Kreditierung des Investitionsaufwandes gerade durch die Partei erfolgt, welche gegenüber dem Lieferanten den Kaufpreis schuldet, nämlich den Leasinggeber. Dies steht einer entsprechenden Anwendung des § 358 Abs. 3 BGB jedoch nicht kategorisch entgegen, weil andernfalls die Verweisung auf die §§ 358, 359 BGB durch § 506 Abs. 1 BGB stets ins Leere gehen würde.[154] Vielmehr ist dieses Erfordernis bei Leasingverträgen so zu lesen, dass der Leasinggeber durch seinen aus dem Leasingvertrag folgenden Amortisationsanspruch den Kauf des Leasinggegenstandes finanziert.[155] Folglich besteht der Einwendungsdurchgriff des § 359 Satz 1 BGB stets, wenn Kaufvertrag und Leasingvertrag eine wirtschaftliche Einheit i. S. des § 358 Abs. 3 BGB bilden.[156] Dies erscheint sachgerecht, weil dem Leasinggeber eine auf den Lieferanten zurückgehende Leistungsstörung im Verhältnis zu dem Leasingnehmer zuzurechnen ist und deshalb auf den Leasingvertrag durchschlagen muss.[157] Die für einen Einwendungsdurchgriff notwendige wirtschaftliche Einheit liegt nach den Kriterien des § 358 Abs. 3 Satz 2 BGB insbesondere dann vor, wenn zwischen dem Lieferanten (= Unternehmer i. S.

---

[151] Vgl. BT-Drucks. 14/6040, S. 257.

[152] Im Ergebnis a. A. BGH 22.01.2014 NJW 2014, 1519 Rn. 13 ff.; *Erman/Dickersbach* Anh. § 535 Rn. 48; siehe auch *J. Koch* MünchKomm. Finanzierungsleasing Rn. 67 f.

[153] *Canaris* ZIP 1993, 406 ff.; *Larenz/Canaris* BT 2, § 66 IV 3, S. 116 ff.

[154] Treffend ebenso *Looschelders* Rn. 515.

[155] *Larenz/Canaris* BT 2, § 66 IV 3a, S. 116; a. A. BGH 22.01.2014 NJW 2014, 1519 Rn. 17 f.

[156] Näher dazu oben § 3 Rn. 89 ff.

[157] Vgl. *K. Schmidt* Handelsrecht, 6. Aufl. 2014, § 36 Rn. 15: Das formale Dreiecksgeschäft erweist sich funktionell als Zweierbeziehung. Ähnlich *Esser/Weyers* BT 1, § 24 II 1, S. 201.

des § 358 Abs. 3 BGB) und dem Leasinggeber (=Darlehensgeber i. S. des § 358 Abs. 3 BGB) eine Verflechtung besteht, z. B. der Leasinggeber eine Tochterfirma des Lieferanten ist (indirektes Hersteller- oder Händlerleasing).[158]

Unter den in Rn. 71 f. dargelegten Voraussetzungen kann der Leasingnehmer **73** gemäß § 359 Abs. 1 Satz 1 BGB die Zahlung der Leasingraten insoweit verweigern, als ihn Einwendungen und Einreden aus dem Kaufvertrag zur Verweigerung der Zahlung des Kaufpreises gegenüber dem Lieferanten berechtigen *würden*, d. h., wenn er auch dessen Vertragspartner wäre.[159] Daraus ergibt sich z. B., dass der Leasingnehmer unter den Voraussetzungen des § 359 Abs. 1 Satz 1 BGB das Risiko einer Nichtleistung des Lieferanten auch nach der geschäftsbesorgungsrechtlichen Konzeption auf den Leasinggeber überwälzen kann.[160] Gleiches gilt bei Mängeln der Leasingsache i. S. der §§ 434, 435 BGB. Die h. M. entlastet den Leasingnehmer von dem Risiko zumeist schon aufgrund des angenommenen Wegfalls der Geschäftsgrundlage bei einer Rückabwicklung des Kaufvertrages.[161] Zu der Frage, ob der Einwendungsdurchgriff gemäß § 359 Abs. 1 Satz 1 BGB nur dazu berechtigt, präventiv die Zahlung der Leasingraten zu verweigern, oder aber auch die Rückforderung bereits gezahlter Raten ermöglicht, gelten die allgemeinen Ausführungen zu verbundenen Verträgen.[162]

---

[158] *Esser/Weyers* BT 1, § 24 II 2 c, S. 204 f.; *Larenz/Canaris* BT 2, § 66 IV 3b, S. 117.

[159] *Larenz/Canaris* BT 2, § 66 IV 3a, S. 116.

[160] Siehe oben § 16 Rn. 61 f.

[161] Vgl. BGH 22.01.2014 NJW 2014, 1519 Rn. 19 ff.

[162] Dazu § 3 Rn. 99 ff.

Sachregister

(Die Zahlen im Fettdruck bezeichnen die Paragraphen, die Zahlen im Normaldruck die Randnummern.)

A

Abmahnung
  Dienstvertrag, **7** 116
  Nebenpflichtverletzung, **2** 408
  vertragswidriger Gebrauch der Mietsache,
    5 104
Abnahme, **2** 478 ff., **3** 31 f., **8** 62, 201 ff.
Ablieferung, **2** 334 ff.
Abstraktionsprinzip, **2** 28 f.
  Eigentumsvorbehalt (s. auch dort), **2** 494
  Trennungsprinzip (s. auch dort), **2** 24 ff.
  Veräußerungsverträge, **1** 19
Akzessorietät, **13** 6, 9 ff., 30 ff., 68 ff.
aliud, **2** 164 ff., **8** 65 ff.
  Abgrenzung zum Mangel (peius), **2** 163,
    8 65 f.
  Falschlieferung, **2** 164 ff.
  Vertragsänderung, **2** 177 f.
Allgemeine Geschäftsbedingungen
  Bürgschaftsvertrag (s. dort)
  Kaufvertrag (s. dort)
  Maklervertrag (s. dort)
  Tagespreisklauseln, **2** 428
  Werkvertrag (s. dort)
Annahmeverzug
  Annahmeunmöglichkeit, **7** 96
  Ausschluss des Nacherfüllungsanspruchs,
    2 246, **8** 105 f.
  Übergang der Leistungsgefahr, **8** 196
  Übergang der Preisgefahr (s. auch Preis-
    gefahr), **2** 448

Andeutungstheorie
  Beschaffenheitsvereinbarung, **2** 53 ff.
  Schriftform des Bürgschaftsvertrages, **13**
    38 ff.
Anfechtung
  Arglist, **2** 352
  Bürgschaftsvertrag, **13** 25 f.
  Eigenschaftsirrtum (s. auch dort), **2** 345 ff.,
    14 23 f.
  Inhalts- oder Erklärungsirrtum, **2** 351, **14**
    22
  widerrechtliche Drohung, **2** 352
Anwartschaftsrecht (s. auch Eigentumsvor-
    behalt), **2** 507
Arbeitsvertrag (s. auch Dienstvertrag)
  Abgrenzung zum freien Dienstvertrag, **7**
    19 ff.
  Arbeitnehmerbegriff, **7** 20 ff.
  Beschäftigungsanspruch, **7** 102
  fehlerhaftes Arbeitsverhältnis, **7** 32 ff.
  Pflichtverletzung, **7** 71 f.
  persönliche Abhängigkeit, **7** 21
  persönliche Weisungsgebundenheit, **7** 22
  selbständige Tätigkeit, **7** 22
  wirtschaftliche Abhängigkeit, **7** 24
Architektenvertrag (s. auch Bauvertrag), **8**
    315 ff.
  Haftungsverhältnis zu bauausführenden
    Unternehmern, **8** 322 ff.
  Pflichten des Unternehmers, **8** 317 ff.
  Rechtsnatur, **8** 315

© Springer-Verlag GmbH Deutschland, ein Teil von Springer Nature 2018
H. Oetker, F. Maultzsch, *Vertragliche Schuldverhältnisse*, Springer-Lehrbuch,
https://doi.org/10.1007/978-3-662-57500-0

The manufacturer's authorised representative in the EU is Springer
Nature Customer Service Centre GmbH, Europaplatz 3, 69115 Heidelberg,
Germany. If you have any concerns regarding our products, please
contact ProductSafety@springernature.com

Printed and bound by CPI Group (UK) Ltd, Croydon, CR0 4YY
23/04/2026
02095655-0001